进出口税则对照使用手册

OPERATION MANUAL OF CHINESE NATIONAL IMPORT AND EXPORT TARIFF

《进出口税则对照使用手册（中英文对照2024年版）》编写组◎编

2024

中国海关出版社有限公司

图书在版编目（CIP）数据

进出口税则对照使用手册：中英文对照 2024 年版 /《进出口税则对照使用手册（中英文对照 2024 年版）》编写组编 .—北京：中国海关出版社有限公司，2024.1

ISBN 978-7-5175-0729-1

Ⅰ.①进… Ⅱ.①进… Ⅲ.①进出口贸易—关税—税则—中国—2024—手册—汉、英 Ⅳ.① D922.221-62

中国国家版本馆 CIP 数据核字（2023）第 249343 号

进出口税则对照使用手册（中英文对照 2024 年版）

JINCHUKOU SHUIZE DUIZHAO SHIYONG SHOUCE : ZHONGYINGWEN DUIZHAO 2024 NIAN BAN

作　　者：《进出口税则对照使用手册（中英文对照 2024 年版）》编写组
责任编辑：刘　婧
责任印制：赵　宇
出版发行：中国海关出版社有限公司
社　　址：北京市朝阳区东四环南路甲 1 号　　邮政编码：100023
编 辑 部：01065194242-7544（电话）　　01065194231（传真）
发 行 部：01065194221/4238/4246/5127（电话）　　01065194233（传真）
社办书店：01065195616（电话）　　01065195127（传真）
https: //weidian.com/?userid=319526934（网址）
印　　刷：北京中科印刷有限公司　　经　　销：新华书店
开　　本：889mm×1194mm　1/16
印　　张：89　　字　　数：5000 千字
版　　次：2024 年 1 月第 1 版
印　　次：2024 年 1 月第 1 次印刷
书　　号：ISBN 978-7-5175-0729-1
定　　价：360.00 元

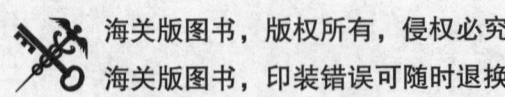

《进出口税则对照使用手册》移动版查询系统

权威准确 实时更新 移动便捷

一、功能简介

为满足读者移动办公及掌握商品实时更新信息的需求，我社开发了针对本书内容的移动版查询系统——“海关数库”微信公众号，免费向本书读者开放，开放时限为2024年全年。该系统具备本书主体内容全文检索查询功能，且将与海关监管库数据同步更新，以便读者实时掌握更新动态，提高通关效率。

二、开通流程

1. 轻刮图书封面防伪标涂层，打开手机微信，扫描二维码。注：每个二维码只能被扫描一次并开通权限，不能重复扫描。如不慎将二维码刮破，可拍照后使用微信“识别图中二维码”功能进行尝试。

2. 扫描成功后，系统自动弹出“中国海关出版社申请获得以下权限”对话框。注：“中国海关出版社”为我社微信统一认证平台，认证结果将作用于“海关数库”微信公众号。

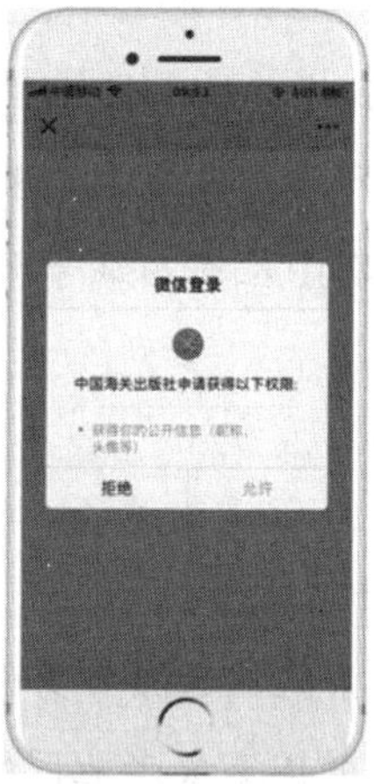

3. 点选“允许”后，首次微信扫码用户，还须进行手机号验证，并设置用户密码，以保证增值服务权益不受损。

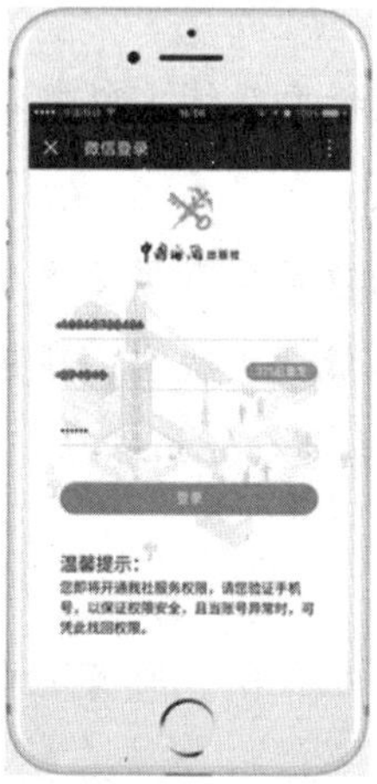

4. 手机号验证成功后，系统自动弹出认证成功提示框。

5. 点选“进入‘海关数库’公众号”后，即可开通“海关数库”微信公众号下方的“税则申报”增值服务权限，点击“税则申报”按钮，进入右侧图示查询界面。

使用说明

2024年版《中华人民共和国进出口税则》(以下简称《税则》)于2024年1月1日起实施。它是基于2022年版《商品名称及编码协调制度》编制的，其税目总数为8957个，与2023年版《税则》相比，净增9个，其中新增16个、删除7个。编者以2024年版《税则》为基础，嵌入口岸通关及涉税相关要素信息，编写了《进出口税则对照使用手册(中英文对照2024年版)》(以下简称《对照使用手册》)。

为了便于读者查询，编者将进口关税与环节税、计量单位、监管证件代码、出口退税率、检验检疫类别等内容整合在“进口关税与环节税、监管证件及其他要素对照表”(以下简称“对照表”)中，并采用跨页编排的方式予以呈现，具体编排样式见“对照表编排图例及说明”。由于对照表版面有限，很多栏目标题均采用简称，下面是各栏目标题全称及内容使用说明。

一、“税号”“货品名称”栏目

1.对照表中8位数的“税号”与《税则》中的“税则号列”相对应，所对应的“货品名称”与《税则》中的“商品名称”相同。

2.对照表中10位数的“商品编号”，是为执行进口商品暂定税率、关税配额商品进口关税税率、出口关税税率、进口环节税税率、相关贸易管制措施，以及海关信息化管理等需要，在8位数税号的基础上拆分而成的。另外，对于没有做拆分的8位数税号，对照表中没有列出其对应的10位数商品编号，填制报关单时只需在8位数税号的基础上补上两个“0”，凑足10位商品编号即可。例如，税号0305.4200应填为商品编号“03054200.00”。

二、“进口关税税率”栏目

本栏目又分为下列3个子栏目，各子栏目税率的适用范围如下：

1.最惠国税率。适用原产于共同适用最惠国待遇条款的世界贸易组织成员的进口货物，原产于与中国签订含有相互给予最惠国待遇条款的双边贸易协定的国家或者地区的进口货物，以及原产于中国境内的进口货物。

2.普通税率。适用原产于享受最惠国税率、协定税率及特惠税率以外的国家或地区的进口货物，以及原产地不明的进口货物。

3.年内暂定税率。2024年，适用最惠国税率的进口货物有暂定税率的，应当适用暂定税率；适用协定税率、特惠税率的进口货物有暂定税率的，应当从低适用税率；适用普通税率的进口货物，不适用暂定税率。应当注意，部分税号项下不是全部商品均设有进口暂定税率。

三、“增值/消费税税率”栏目

本栏目收录了进口环节海关代征的增值税、消费税税率。所有进口商品均须按从价计征的方式缴纳增值税，如商品编号“03052000.10”的“增值/消费税税率”栏目显示为“9”，说明进口该商品编号项下的商品应纳增值税税率为“9%”。另有部分进口商品在缴纳增值税的同时，还须缴纳消费税，消费税有从价和从量两种计征方式。例如，税号2106.9020的“增值/消费税税率”栏目显示为“13/5”，说明进口该税号项下的商品应按从价计征的方式分别缴纳增值税和消费税，税率分别为“13%”和“5%”；再如，税号2710.1220的“增值/消费税税率”栏目显示为“13/1.52元/升”，说明进口该税号项下的商品应按从价计征的方式缴纳增值税，税率为“13%”，并按从量计征的方式缴纳消费税，税率为“1.52元/升”。

四、“出口退税率”栏目

本栏目收录了截至2023年年底国家税务总局实施的出口商品退税率。除部分商品不享受出口退税政策外，其他正常出口商品的出口退税税率与其在国内征收的增值税税率是一致的。

五、“计量单位”栏目

本栏目收录了2024年版《中华人民共和国海关统计商品目录》规定的法定计量单位。其中，部分税号具有两个法定计量单位，如税号2710.1220的“计量单位”栏目显示为“千克/升”，表示该税号的第一法定计量单位为“千克”，第二法定计量单位为“升”。计量单位名称所对应的计量单位代码见附表3。

六、“监管证件代码”栏目

本栏目收录了相应商品在进出口时所需申领的监管证件代码。监管证件代码所代表的监管证件名称见附表4。

七、“检验检疫类别”栏目

本栏目收录了相应商品在进出口时所需办理的检验或检疫类别，斜杠左边为进口检验检疫类别，斜杠右边为出口检验检疫类别，如税号2106.9020的“检验检疫类别”栏目显示为“R/S”，说明进口该税号项下的商品应办理“进口食品卫生监督检验”（R）手续，出口该税号项下的商品应办理“出口食品卫生监督检验”（S）手续。检验检疫代码所代表的检验检疫类别名称见附表5。

八、“协定税率”栏目

本栏目又分为下列17个子栏目，各子栏目税率适用范围如下：

1.东盟。根据《中国—东盟自由贸易协定》，对原产于东盟10国的列入“中国—东盟自由贸易协定税目税率表”的进口商品实施协定税率。适用国家包括：越南、泰国、新加坡、马来西亚、印度尼西亚、文莱、缅甸、老挝、柬埔寨、菲律宾。

2.亚太。根据《亚太贸易协定》，对原产于亚太6国的列入“亚太贸易协定税目税率表”的进口商品实施协定税率。适用国家包括：韩国、印度、斯里兰卡、孟加拉国、老挝和蒙古国。

3.智利。根据《中国—智利自由贸易协定》，对原产于智利的列入“中国—智利自由贸易协定税目税率表”的进口商品实施协定税率。

4.巴基斯坦。根据《中国—巴基斯坦自由贸易协定》，对原产于巴基斯坦的列入“中国—巴基斯坦自由贸易协定税目税率表”的进口商品实施协定税率。

5.冰岛。根据《中国—冰岛自由贸易协定》，对原产于冰岛的列入“中国—冰岛自由贸易协定税目税率表”的进口商品实施协定税率。

6.哥斯达黎加。根据《中国—哥斯达黎加自由贸易协定》，对原产于哥斯达黎加的列入“中国—哥斯达黎加自由贸易协定税目税率表”的进口商品实施协定税率。

7.秘鲁。根据《中国—秘鲁自由贸易协定》，对原产于秘鲁的列入“中国—秘鲁自由贸易协定税目税率表”的进口商品实施协定税率。

8.新西兰。根据《中国—新西兰自由贸易协定》，对原产于新西兰的列入“中国—新西兰自由贸易协定税目税率表”的进口商品实施协定税率。

9.瑞士。根据《中国—瑞士自由贸易协定》，对原产于瑞士的列入“中国—瑞士自由贸易协定税目税率表”的进口商品实施协定税率。

10.新加坡。根据《中国—新加坡自由贸易协定》，对原产于新加坡的列入“中国—新加坡自由贸易协定税目税率表”的进口商品实施协定税率。

11.韩国。根据《中国—韩国自由贸易协定》，对原产于韩国的列入“中国—韩国自由贸易协定税目税率表”的进口商品实施协定税率。

12.澳大利亚。根据《中国—澳大利亚自由贸易协定》，对原产于澳大利亚的列入“中国—澳大利亚自由贸易协定税目税率表”的进口商品实施协定税率。

13.格鲁吉亚。根据《中国—格鲁吉亚自由贸易协定》，对原产于格鲁吉亚的列入“中国—格鲁吉亚自由贸易协定税目税率表”的进口商品实施协定税率。

14.毛里求斯。根据《中国—毛里求斯自由贸易协定》，对原产于毛里求斯的列入“中国—毛里求斯自由贸易协定税目税率表”的进口商品实施协定税率。

15.日本RCEP。根据《区域全面经济伙伴关系协定》（RCEP），2022年1月1日起，对原产于日本、新西兰、澳大利亚、文莱、柬埔寨、老挝、新加坡、泰国、越南9个已生效成员方的部分进口货物实施协定税率。鉴于RCEP是我国与日本达成的首个自由贸易协定，在此仅列出RCEP项下对原产于日本货物适用的协定税率。

16.尼加拉瓜。根据《中华人民共和国政府和尼加拉瓜共和国政府自由贸易协定》，对原产于尼加拉瓜的列入“中国—尼加拉瓜自由贸易协定税目税率表”的进口商品实施协定税率。中国与尼加拉瓜自由贸易协定早期收获关税减让一同实施。

17.港澳台。对原产于中国香港、中国澳门的已完成原产地标准核准的产品实施零关税；对原产于中国台湾的ECFA框架内产品实施协定税率，但《国务院关税税则委员会关于中止〈海峡两岸经济合作框架协议〉部分产品关税减让的公告》（税委会公告2023年第9号）所涉及货物除外。该栏目中三个地区所适用的税率用斜杠隔开，斜杠左边表示中国港澳，斜杠右边表示中国台湾，如税号0305.2000项下商品的“港澳台”一栏显示为“0/”，说明税号0305.2000没有与中国台湾的协定税率，而与中国香港、中国澳门的协定税率为“0”。

九、“特惠税率”栏目

本栏目又分为下列2个子栏目，2个子栏目所适用的税率用斜杠隔开，斜杠左边表示“2国”，斜杠右边表示“41国”，子栏目税率适用范围如下：

1. 2国。根据我国与有关国家或地区签署的关税与贸易优惠协定、双边换文情况以及国务院有关决定，对原产于东帝汶和缅甸产品的95%税目的进口产品，适用税率为零的特惠税率。

2. 41国。根据我国与有关国家或地区签署的关税与贸易优惠协定、双边换文情况以及国务院有关决定，对原产于下列41个国家的98%税目的进口产品，适用税率为零的特惠税率：孟加拉国、老挝、柬埔寨、尼日尔、索马里、埃塞俄比亚、贝宁、布隆迪、厄立特里亚、吉布提、刚果（金）、几内亚、几内亚比绍、科摩罗、利比里亚、马达加斯加、马里、马拉维、毛里塔尼亚、莫桑比克、卢旺达、塞拉利昂、苏丹、南苏丹、坦桑尼亚、多哥、乌干达、赞比亚、莱索托、乍得、中非、阿富汗、尼泊尔、也门、安哥拉、塞内加尔、冈比亚、布基纳法索、基里巴斯、圣多美和普林西比、所罗门群岛。另外，原产于老挝、柬埔寨、缅甸，实施《中国—东盟自由贸易协定》项下特惠税率的商品税率与原产于老挝、孟加拉国，实施《亚太贸易协定》项下特惠税率的商品税率也合并至本栏目中。

十、“Article Description”栏目

本栏目内容为“货品名称”的英文翻译，仅供查阅参考，具体货品名称以中文为准。

本书所收录的内容截止到2023年12月。上述内容与国家相关政策法规不一致的，以政策法规条文为准。

编　者

2023年12月

对照表编排图例及说明

该税号项下没有10位数商品编号，说明其没有做拆分，填制报关单时需在后面补两个“0”，凑足10位数，即“2401109000”。

说明进口该税号项下的商品应按从价计征的方式缴纳增值税，税率为“13%”，无须缴纳消费税。

说明该税号项下的商品出口退税率为“13%”，基于“征多少、退多少”的原则，实际以国内原征收的增值税税率为准。

适用国家包括：越南、泰国、新加坡、马来西亚、印度尼西亚、文莱、缅甸、老挝、柬埔寨、菲律宾。

适用国家包括：韩国、印度、斯里兰卡、孟加拉国、老挝、蒙古国。

税号	货品名称	进口关税（%）最惠国	普通	年内暂定	增值/消费税（%）	出口退税（%）	计量单位	监管证件代码	检验检疫类别	协定税率（%）东盟	亚太	智利
24.01	烟草；烟草废料：											
	- 未去梗的烟草：											
2401.1010	--- 烤烟	10	70		13	13	千克	7AB	P/QS	5	9.4	0
2401.1090	--- 其他	10	70		13	13	千克	7AB	P/QS	5		0
……												
2403.1900	-- 其他	57	180		13/30	13	千克	7AB	P/QS	50	50.2	0
……												
2710.1220	--- 石脑油	6	20	0	13/1.52元/升	0	千克/升	47ABxyv	M/N	0	5.4	0

说明该税号项下的商品2024年度设有进口暂定税率，其具体适用范围见“使用说明”第二、3点。

说明进口税号2403.1900、2710.1220项下的商品均应缴纳增值税和消费税。两者的增值税税率均为“13%”。消费税税率各异，前者采用从价计征的方式，税率为“30%”；后者采用从量计征的方式，税率为“1.52元/升”。

说明该税号项下的商品有两个法定计量单位，第一法定计量单位为“千克”，第二法定计量单位为“升”。

说明进口该税号项下的商品应办理“进口商品检验”（M）手续，出口则应办理“出口商品检验”（N）手续。

适用地区包括：中国香港、中国澳门和中国台湾。中国香港与中国澳门关税相同，“/”前面表示与中国香港和中国澳门的协定税率，后面为与中国台湾的协定税率。

①适用国家包括 2 国：东帝汶、缅甸；②适用国家包括 41 国：埃塞俄比亚、布隆迪、刚果（金）、吉布提、几内亚、几内亚比绍、莱索托、马达加斯加、马拉维、马里、莫桑比克、南苏丹、塞拉利昂、塞内加尔、苏丹、索马里、坦桑尼亚、乌干达、乍得、中非、阿富汗、也门、科摩罗、毛里塔尼亚、多哥、利比里亚、卢旺达、安哥拉、赞比亚、尼泊尔、尼日尔、厄立特里亚、贝宁、柬埔寨、冈比亚、布基纳法索、圣多美和普林西比、孟加拉国、基里巴斯、老挝、所罗门群岛。

协定税率（%）														特惠税率（%）	Article Description
巴基斯坦	冰岛	哥斯达黎加	秘鲁	新西兰	瑞士	新加坡	韩国	澳大利亚	格鲁吉亚	毛里求斯	日本 RCEP	尼加拉瓜	港澳台	①/②	
															Unmanufactured tobacco; tobacco refuse:
															- Tobacco, not stemmed/stripped:
9.4				0									0/		--- Flue-cured
				0									0/		--- Other
50				0									0/		-- Other
0	0	0		0	0	0	2	0	0	0	4.9	4.8	0/	0/0	--- Naphtha

说明该税号与中国香港和中国澳门的协定税率均为“0”，没有与中国台湾的协定税率。

目　录

进口关税与环节税、监管证件及其他要素对照表

出口税则

附 表

进口关税与环节税、
监管证件及其他要素对照表

归类总规则

货品在协调制度中的归类，应遵循以下规则：

规则一　类、章及分章的标题，仅为查找方便而设；具有法律效力的归类，应按税目条文和有关类注或章注确定，如税目、类注或章注无其他规定，则按以下规则确定。

规则二

（一）税目所列货品，应视为包括该项货品的不完整品或未制成品，只要在报验时该项不完整品或未制成品具有完整品或制成品的基本特征；还应视为包括该项货品的完整品或制成品（或按本款规则可作为完整品或制成品归类的货品）在报验时的未组装件或拆散件。

（二）税目中所列材料或物质，应视为包括该种材料或物质与其他材料或物质混合或组合的物品。税目所列某种材料或物质构成的货品，应视为包括全部或部分由该种材料或物质构成的货品。由一种以上材料或物质构成的货品，应按规则三的原则归类。

规则三　当货品按规则二（二）或由于其他原因看起来可归入两个或两个以上税目时，应按下规则归类：

（一）列名比较具体的税目，优先于列名一般的税目。但是，如果两个或两个以上税目都仅述及混合或组合货品所含的某部分材料或物质，或零售的成套货品中的部分货品，即使其中某个税目对该货品描述得更为全面、详细，这些货品在有关税目的列名应视为同样具体。

（二）混合物、不同材料构成或不同部件组成的组合物以及零售的成套货品，如果不能按照规则三（一）归类时，在本款可适用的条件下，应按构成货品基本特征的材料或部件归类。

（三）货品不能按照规则三（一）或（二）归类时，应按号列顺序归入其可归入的最末一个税目。

规则四　根据上述规则无法归类的货品，应归入与其最相类似的货品的税目。

规则五　除上述规则外，本规则适用于下列货品的归类：

（一）制成特殊形状或适用于盛装某一或某套物品，适合长期使用的照像机套、乐器盒、枪套、绘图仪器盒、项链盒及类似容器，如果与所装物品同时报验，并通常与所装物品一同出售的，应与所装物品一并归类。但本款不适用于本身构成整个货品基本特征的容器。

（二）除规则五（一）规定的以外，与所装货品同时报验的包装材料或包装容器，如果通常是用来包装这类货品的，应与所装货品一并归类。但明显可重复使用的包装材料和包装容器不受本款限制。

规则六　货品在某一税目项下各子目的法定归类，应按子目条文或有关的子目注释以及以上各条规则（在必要的地方稍加修改后）来确定，但子目的比较只能在同一数级上进行。除条文另有规定的以外，有关的类注、章注也适用于本规则。

GENERAL RULES FOR THE INTERPRETATION OF THE HARMONIZED SYSTEM

Classification of goods in the nomenclature shall be governed by the following principles:

1. The titles of sections, Chapters and sub-Chapters are provided for ease of reference only;for legal purposes, classification shall be determined according to the terms of the headings and any relative Section or Chapter Notes and Provided such headings or Notes do not otherwise require, according to the following provisions.

2.

(a) Any reference in a heading to an article shall be taken to include a reference to that article incomplete or unfinished, provided that, as presented, the incomplete or unfinished article has the essential character of the complete or finished article.it shall also be taken to include a reference to that article complete or finished (or falling to be classified as complete or finished by virtue of this Rule), presented unassembled or disassembled.

(b) Any reference in a heading to a material or substance shall be taken to include a reference to mixtures or combinations of that material or substance with other materials or substances.Any reference to goods of a given material or substance shall be taken to include a reference to goods consisting wholly or partly of such material or substance. The classification of goods consisting of more than one material or substance shall be according to the principles of Rule 3.

3. When by application of Rule 2 (b) or for any other reason, goods are, *prima facie*, classifiable under two or more headings, classification shall be effected as follows:

(a) The heading which provides the most specific description shall be preferred to headings providing a more general description. However, when two or more headings each refer to part only of the materials or substances contained in mixed or composite goods or to part only of the items in a set put up for retail sale, those headings are to be regarded as equally specific in relation to those goods, even if one of them gives a more complete or precise description of the goods.

(b) Mixtures, composite goods consisting of different materials or made up of different components, and goods put up in sets for retail sale, which cannot be classified by reference to 3(a), shall be classified as if they consisted of the material or component which gives them their essential character, insofar as this criterion is applicable.

(c) When goods cannot be classified by reference to 3(a) or 3(b), they shall be classified under the heading which occurs last in numerical order among those which equally merit consideration.

4. Goods which cannot be classified in accordance with the above rules shall be classified under the heading appropriate to the goods to which they are most akin

5. In addition to the foregoing provisions, the following rules shall apply in respect of the goods referred to therein:

(a) Camera cases, musical instrument cases, gun cases, drawing instrument cases, necklace cases and similar containers, specially shaped or fitted to contain a specific article or set of articles, suitable for long term use and presented with the articles for which they are intended, shall be classified with such articles when of a kind normally sold therewith. This rule does not, however, apply to containers which give the whole its essential character.

(b) Subject to the provisions of rule 5 (a) above, packing materials and packing containers presented with the goods therein shall be classified with the goods if they are of a kind normally used for packing such goods. However, this provision is not binding when such packing materials or packing containers are clearly suitable for repetitive use.

6. For legal purposes, the classification of goods in the subheadings of a heading shall be determined according to the terms of those subheadings and any related Subheading Notes and, mutatis mutandis, to the above Rules, on the understanding that only subheadings at the same level are comparable. For the purposes of this rule the relative section and Chapter Notes also apply, unless the context otherwise requires.

第一类　活动物；动物产品

注释：

一、本类所称的各属种动物，除条文另有规定的以外，均包括其幼仔在内。

二、除条文另有规定的以外，本协调制度所称干的产品，均包括经脱水、蒸发或冷冻干燥的产品。

第一章　活动物

注释：

本章包括所有活动物，但下列各项除外：

一、税目03.01、03.06、03.07或03.08的鱼、甲壳动物、软体动物及其他水生无脊椎动物；

二、税目30.02的培养微生物及其他产品；以及

三、税目95.08的动物。

税号	货品名称	进口关税（%）			增值/消费税（%）	出口退税（%）	计量单位	监管证件代码	检验检疫类别	协定税率（%）		
		最惠国	普通	年内暂定						东盟	亚太	智利
01.01	马、驴、骡：											
	- 马：											
0101.2100	-- 改良种用											
01012100.10	改良种用濒危野马	0	0		9	0	千克/头	AFEB	P/Q	0		0
01012100.90	改良种用马（濒危野马除外）	0	0		0	0	千克/头	AB	P/Q	0		0
0101.2900	-- 其他											
01012900.10	非改良种用濒危野马	10	30		9	0	千克/头	AFEB	P/Q	0		0
01012900.90	非改良种用其他马	10	30		9	9	千克/头	AB	P/Q	0		0
	- 驴：											
0101.3010	--- 改良种用											
01013010.10	改良种用濒危野驴	0	0		9	0	千克/头	AFEB	P/Q	0		0
01013010.90	改良种用驴（濒危野驴除外）	0	0		0	0	千克/头	AB	P/Q	0		0
0101.3090	--- 其他											
01013090.10	非改良种用濒危野驴	10	30		9	0	千克/头	AFEB	P/Q	0		0
01013090.90	非改良种用其他驴	10	30		9	9	千克/头	AB	P/Q	0		0
0101.9000	- 其他	10	30		9	9	千克/头	AB	P/Q	0		0
01.02	牛：											
	- 家牛：											
0102.2100	-- 改良种用	0	0		0	0	千克/头	AB	P/Q	0		0
0102.2900	-- 其他	10	30		9	9	千克/头	4xAB	P/Q	0		0
	- 水牛：											
0102.3100	-- 改良种用											
01023100.10	改良种用濒危水牛	0	0		9	0	千克/头	ABEF	P/Q	0		0
01023100.90	改良种用水牛（濒危水牛除外）	0	0		0	0	千克/头	AB	P/Q	0		0
0102.3900	-- 其他											
01023900.10	非改良种用濒危水牛	10	30		9	0	千克/头	4ABEFx	P/Q	0		0
01023900.90	非改良种用其他水牛	10	30		9	9	千克/头	4ABx	P/Q	0		0
	- 其他：											
0102.9010	--- 改良种用											
01029010.10	改良种用濒危野牛	0	0		9	0	千克/头	AFEB	P/Q	0		0
01029010.90	其他改良种用牛	0	0		9	9	千克/头	AB	P/Q	0		0
0102.9090	--- 其他											
01029090.10	非改良种用濒危野牛	10	30		9	0	千克/头	4xABFE	P/Q	0		0
01029090.90	非改良种用其他牛	10	30		9	9	千克/头	4xAB	P/Q	0		0

SECTION I　LIVE ANIMALS; ANIMAL PRODUCTS

Section Notes:

1. Any reference in this Section to a particular genus or species of an animal, except where the context otherwise requires, includes a reference to the young of that genus or species.
2. Except where the context otherwise requires, throughout the Nomenclature any reference to "dried" products also covers products which have been dehydrated, evaporated or freeze-dried.

Chapter 1　Live animals

Chapter Notes:

This Chapter covers all live animals except:

1. Fish and crustaceans, molluscs and other aquatic invertebrates, of heading 03.01,03.06、03.07 or 03.08;
2. Cultures of micro-organisms and other products of heading 30.02;and
3. Animals of heading 95.08.

协定税率（%）														特惠税率（%）①/②	Article Description
巴基斯坦	冰岛	哥斯达黎加	秘鲁	新西兰	瑞士	新加坡	韩国	澳大利亚	格鲁吉亚	毛里求斯	日本RCEP	尼加拉瓜	港澳台		
															Live horses, asses, mules and hinnies:
															- Horses:
															-- Pure-bred breeding
0	0	0	0	0	0		0	0	0	0	0	0	0/	0/0	Endangered wild horses, pure-bred breeding
0	0	0	0	0	0		0	0	0	0	0	0	0/	0/0	Other horses, pure-bred breeding, other than endangered wild horses
															-- Other
2.5	0	0	0	0	0		0	0	0	0	7.3	9	0/	0/0	Endangered wild horses, non pure-bred breeding
2.5	0	0	0	0	0		0	0	0	0	7.3	9	0/	0/0	Other horses, non pure-bred breeding
															- Asses:
															--- Pure-bred breeding
0	0	0	0	0	0		0	0	0	0	0	0	0/	0/0	Endangered wild asses, pure-bred breeding
0	0	0	0	0	0		0	0	0	0	0	0	0/	0/0	Other asses, pure-bred breeding, other than endangered wild asses
															--- Other
2.5	0	0	0	0	0		0	0	0	0	7.3	9	0/	0/0	Endangered wild asses, non pure-bred breeding
2.5	0	0	0	0	0		0	0	0	0	7.3	9	0/	0/0	Other asses, non pure-bred breeding
2.5	0	0	0	0	0		0	0	0	0	7.3	9	0/	0/0	- Other
															Live bovine animals:
															- Cattle:
0	0	0	0	0	0		0	0	0	0	0	0	0/	0/0	-- Pure-bred breeding
2.5	0	0	0	0	0		0	0	0	0	7.3	9	0/	0/0	-- Other
															- Buffalo:
															-- Pure-bred breeding
0	0	0	0	0	0		0	0	0	0	0	0	0/	0/0	Endangered buffalo, pure-bred breeding
0	0	0	0	0	0		0	0	0	0	0	0	0/	0/0	Other buffaloes, pure-bred breeding, other than endangered wild buffaloes
															-- Other
2.5	0	0	0	0	0		0	0	0	0	7.3	9	0/	0/0	Endangered buffalo, non pure-bred breeding
2.5	0	0	0	0	0		0	0	0	0	7.3	9	0/	0/0	Other buffalo, non pure-bred breeding
															- Other:
															--- Pure-bred breeding
0	0	0	0	0	0		0	0	0	0	0	0	0/	0/0	Endangered wild bovine, pure-bred breeding
0	0	0	0	0	0		0	0	0	0	0	0	0/	0/0	Other bovine, pure-bred breeding
															--- Other
2.5	0	0	0	0	0		0	0	0	0	7.3	9	0/	0/0	Endangered wild bovine, non pure-bred breeding
2.5	0	0	0	0	0		0	0	0	0	7.3	9	0/	0/0	Other bovine, non pure-bred breeding

税　号	货品名称	进口关税（%）			增值/消费税（%）	出口退税（%）	计量单位	监管证件代码	检验检疫类别	协定税率（%）		
		最惠国	普通	年内暂定						东盟	亚太	智利
01.03	猪：											
0103.1000	- 改良种用											
01031000.10	改良种用的濒危猪科动物	0	0		9	0	千克/头	AFEB	P/Q	0		0
01031000.90	改良种用猪（鹿豚、姬猪除外）	0	0		0	0	千克/头	AB	P/Q	0		0
	- 其他：											
	-- 重量在50千克以下：											
0103.9110	--- 重量在10千克以下											
01039110.10	重量在10千克以下的其他濒危猪科动物（改良种用的除外）	10	50		9	0	千克/头	4xABFE	PR/Q	0		0
01039110.90	重量在10千克以下的其他猪（改良种用的除外）	10	50		9	9	千克/头	4xAB	PR/Q	0		0
0103.9120	--- 重量在10千克及以上，但在50千克以下											
01039120.10	10千克≤重量<50千克的其他濒危猪科动物（改良种用的除外）	10	50		9	0	千克/头	4xABFE	PR/Q	0		0
01039120.90	10千克≤重量＜50千克的其他猪（改良种用的除外）	10	50		9	9	千克/头	4xAB	PR/Q	0		0
0103.9200	-- 重量在50千克及以上											
01039200.10	重量在50千克及以上的其他濒危猪科动物（改良种用的除外）	10	50		9	0	千克/头	4xABFE	PR/Q	0		0
01039200.90	重量在50千克及以上的其他猪（改良种用的除外）	10	50		9	9	千克/头	4xAB	PR/Q	0		0
01.04	绵羊、山羊：											
	- 绵羊：											
0104.1010	--- 改良种用	0	0		0	0	千克/头	AB	P/Q	0		0
0104.1090	--- 其他	10	50		9	9	千克/头	AB	PR/Q	0		0
	- 山羊：											
0104.2010	--- 改良种用	0	0		0	0	千克/头	AB	P/Q	0		0
0104.2090	--- 其他	10	50		9	9	千克/头	AB	P/Q	0		0
01.05	家禽，即鸡、鸭、鹅、火鸡及珍珠鸡：											
	- 重量不超过185克：											
	-- 鸡：											
0105.1110	--- 改良种用	0	0		0	0	千克/只	AB	P/Q	0		0
0105.1190	--- 其他	10	50		9	9	千克/只	AB	PR/Q	0		0
	-- 火鸡：											
0105.1210	--- 改良种用	0	0		0	0	千克/只	AB	P/Q	0		0
0105.1290	--- 其他	10	50		9	9	千克/只	AB	PR/Q	0		0
	-- 鸭：											
0105.1310	--- 改良种用	0	0		0	0	千克/只	AB	P/Q	0		0
0105.1390	--- 其他	10	50		9	9	千克/只	AB	PR/Q	0		0
	-- 鹅：											
0105.1410	--- 改良种用	0	0		0	0	千克/只	AB	P/Q	0		0
0105.1490	--- 其他	10	50		9	9	千克/只	AB	PR/Q	0		0
	-- 珍珠鸡：											
0105.1510	--- 改良种用	0	0		0	0	千克/只	AB	P/Q	0		0
0105.1590	--- 其他	10	50		9	9	千克/只	AB	PR/Q	0		0
	- 其他：											
	-- 鸡：											
0105.9410	--- 改良种用	0	0		0	0	千克/只	4xAB	P/Q	0		0
0105.9490	--- 其他	10	50		9	9	千克/只	4xAB	PR/Q	0		0
	-- 其他：											
0105.9910	--- 改良种用	0	0		0	0	千克/只	AB	P/Q	0		0
	--- 其他：											
0105.9991	---- 鸭	10	50		9	9	千克/只	AB	P/Q	0		0
0105.9992	---- 鹅	10	50		9	9	千克/只	AB	P/Q	0		0

协定税率（%）														特惠税率（%）①/②	Article Description
巴基斯坦	冰岛	哥斯达黎加	秘鲁	新西兰	瑞士	新加坡	韩国	澳大利亚	格鲁吉亚	毛里求斯	日本RCEP	尼加拉瓜	港澳台		
															Live swine:
															- Pure-bred breeding
0	0	0	0	0	0		0	0	0	0	0	0	0/	0/0	Babyrousa, Porcula Salvania, pure-bred breeding
0	0	0	0	0	0		0	0	0	0	0	0	0/	0/0	Other swines, pure-bred breeding, other than endangered wild babyrousa and porcula salvania
															- Other:
															-- Weighing less than 50kg:
															--- Weighing less than 10kg
2.5	0	0	0	0	0		0	0	0	0	7.3	9	0/	0/0	Other wild swine, weighing less than 10kg (other than pure-bred breeding)
2.5	0	0	0	0	0		0	0	0	0	7.3	9	0/	0/0	Other swine, weighing less than 10kg (other than pure-bred breeding)
															--- Weighing 10kg or more, but less than 50kg
2.5	0	0	0	0	0		0	0	0	0	7.3	9	0/	0/0	Other wild swine, weighing 10kg or more, but less than 50kg (other than pure-bred breeding)
2.5	0	0	0	0	0		0	0	0	0	7.3	9	0/	0/0	Other swine, weighing 10kg or more, but less than 50kg (other than pure-bred breeding)
															-- Weighing 50kg or more
2.5	0	0	0	0	0		0	0	0	0	7.3	9	0/	0/0	Other wild live swine, weighing 50kg or more (other than pure-bred breeding)
2.5	0	0	0	0	0		0	0	0	0	7.3	9	0/	0/0	Other swine, weighing 50kg or more (other than pure-bred breeding)
															Live sheep and goats:
															- Sheep:
0	0	0	0	0	0		0	0	0	0	0	0	0/	0/0	--- Pure-bred breeding
5	0	0	0	0	0		0	0	0	0	7.3	9	0/	0/0	--- Other
															- **Goats:**
0	0	0	0	0	0		0	0	0	0	0	0	0/	0/0	--- Pure-bred breeding
5	0	0	0	0	0		0	0	0	0	7.3	9	0/	0/0	--- Other
															Live poultry, that is to say, fowls of the species Gallus domesticus, ducks, geese, turkeys and guinea fowls:
															- Weighing not more than 185g:
															-- Fowls of the species Gallus domesticus:
0	0	0	0	0	0		0	0	0	0	0	0	0/	0/0	--- Pure-bred breeding
2.5	0	0	0	0	0		0	0	0	0	7.3	9	0/	0/0	--- Other
															-- Turkeys:
0	0	0	0	0	0		0	0	0	0	0	0	0/	0/0	--- Pure-bred breeding
2.5	0	0	0	0	0		0	0	0	0	7.3	9	0/	0/0	--- Other
															-- Ducks:
0	0	0	0	0	0		0	0	0	0	0	0	0/	0/0	--- Pure-bred breeding
2.5	0	0	0	0	0		0	0	0	0	7.3	9	0/	0/0	--- Other
															-- Geese:
0	0	0	0	0	0		0	0	0	0	0	0	0/	0/0	--- Pure-bred breeding
2.5	0	0	0	0	0		0	0	0	0	7.3	9	0/	0/0	--- Other
															-- Guinea fowls:
0	0	0	0	0	0		0	0	0	0	0	0	0/	0/0	--- Pure-bred breeding
2.5	0	0	0	0	0		0	0	0	0	7.3	9	0/	0/0	--- Other
															- Other:
															-- Fowls of the species Gallus domesticus:
0	0	0	0	0	0		0	0	0	0	0	0	0/	0/0	--- Pure-bred breeding
2.5	0	0	0	0	0		0	0	0	0	7.3	9	0/	0/0	--- Other
															-- Other:
0	0	0	0	0	0		0	0	0	0	0	0	0/	0/0	--- Pure-bred breeding
															--- Other:
2.5	0	0	0	0	0		0	0	0	0	7.3	9	0/	0/0	----Ducks
2.5	0	0	0	0	0		0	0	0	0	7.3	9	0/	0/0	----Geese

税　号	货品名称	进口关税（%） 最惠国	进口关税（%） 普通	进口关税（%） 年内暂定	增值/消费税（%）	出口退税（%）	计量单位	监管证件代码	检验检疫类别	协定税率（%） 东盟	协定税率（%） 亚太	协定税率（%） 智利
0105.9993	----珍珠鸡	10	50		9	9	千克/只	4xAB	P/Q	0		0
0105.9994	----火鸡	10	50		9	9	千克/只	AB	P/Q	0		0
01.06	**其他活动物：**											
	- 哺乳动物：											
	-- 灵长目：											
0106.1110	--- 改良种用	0	0		9	0	千克/只	AFEB	P/Q	0		0
0106.1190	--- 其他	10	50		9	0	千克/只	AFEB	P/Q	0		0
	-- 鲸、海豚及鼠海豚（鲸目哺乳动物）；海牛及儒艮（海牛目哺乳动物）；海豹、海狮及海象（鳍足亚目哺乳动物）：											
	--- 鲸、海豚及鼠海豚（鲸目哺乳动物）；海牛及儒艮（海牛目哺乳动物）：											
0106.1211	----改良种用	10	50	0	9	0	千克/只	AFEB	P/Q	0		0
0106.1219	----其他	10	50		9	0	千克/只	AFEB	P/Q	0		0
	--- 海豹、海狮及海象（鳍足亚目哺乳动物）：											
0106.1221	----改良种用											
01061221.10	改良种用濒危海豹、海狮及海象（鳍足亚目哺乳动物）（包括人工繁育的）	0	0		9	0	千克/只	AFEB	P/Q	0		0
01061221.90	改良种用非濒危海豹、海狮及海象（鳍足亚目哺乳动物）	0	0		9	9	千克/只	AB	P/Q	0		0
0106.1229	----其他											
01061229.10	非改良种用濒危海豹、海狮及海象（鳍足亚目哺乳动物）（包括人工繁育的）	10	50		9	0	千克/只	ABEF	P/Q	0		0
01061229.90	非改良种用非濒危海豹、海狮及海象（鳍足亚目哺乳动物）	10	50		9	9	千克/只	AB	P/Q	0		0
	-- 骆驼及其他骆驼科动物：											
0106.1310	--- 改良种用											
01061310.10	改良种用濒危骆驼科动物	0	0		9	0	千克/只	ABFE	P/Q	0		0
01061310.90	改良种用骆驼及其他骆驼科动物（濒危骆驼及其他濒危骆舵科动物除外）	0	0		0	0	千克/只	AB	P/Q	0		0
0106.1390	--- 其他											
01061390.10	其他濒危骆驼科动物	10	50		9	0	千克/只	AFEB	PR/Q	0		0
01061390.90	其他骆驼及其他骆驼科动物	10	50		9	9	千克/只	AB	PR/Q	0		0
	-- 家兔及野兔：											
0106.1410	--- 改良种用											
01061410.10	改良种用濒危野兔	0	0		9	0	千克/只	ABEF	P/Q	0		0
01061410.90	改良种用家兔及野兔（濒危除外）	0	0		0	0	千克/只	AB	P/Q	0		0
0106.1490	--- 其他											
01061490.10	其他濒危野兔	10	50		9	0	千克/只	AFEB	PR/Q	0		0
01061490.90	其他家兔及野兔	10	50		9	9	千克/只	AB	PR/Q	0		0
	-- 其他：											
0106.1910	--- 改良种用											
01061910.10	其他改良种用濒危哺乳动物	0	0		9	0	千克/只	ABFE	P/Q	0		0
01061910.20	改良种用梅花鹿、马鹿、驯鹿、水貂、银狐、北极狐、貉（濒危除外）	0	0		0	0	千克/只	AB	P/Q	0		0
01061910.90	其他改良种用哺乳动物	0	0		9	9	千克/只	AB	P/Q	0		0

协定税率(%)														特惠税率(%)①/②	Article Description
巴基斯坦	冰岛	哥斯达黎加	秘鲁	新西兰	瑞士	新加坡	韩国	澳大利亚	格鲁吉亚	毛里求斯	日本RCEP	尼加拉瓜	港澳台		
2.5	0	0	0	0	0		0	0	0	0	7.3	9	0/	0/0	----Guinea fowls
2.5	0	0	0	0	0		0	0	0	0	7.3	9	0/	0/0	----Turkeys
															Other live animals:
															- Mammals:
															-- Primates:
0	0	0	0	0	0		0	0	0	0	0	0	0/	0/0	--- Pure-bred breeding
2.5	0	0	0	0	0		0	0	0	0	7.3	9	0/	0/0	--- Other
															-- Whales, dolphins and porpoises (mammals of the order Cetacea); manatees and dugongs (mammals of the order Sirenia); seals, sea lions and walruses (mammals of the suborder Pinnipedia):
															--- Whales, dolphins and porpoises (mammals of the order Cetacea); manatees and dugongs (mammals of the order Sirenia):
2.5	0	0	0	0	0		0	0	0	0		9	0/	0/0	----Pure-bred breeding
2.5	0	0	0	0	0		0	0	0	0	7.3	9	0/	0/0	----Other
															--- Seals, sea lions and walruses (mammals of the suborder Pinnipedia):
															----Pure-bred breeding
0	0	0	0	0	0		0	0	0	0	0	0	0/	0/0	Pure-bred breeding endangered seals, sea lions and walruses (mammals of the suborder Pinnipedia) , including those artificially breeding
0	0	0	0	0	0		0	0	0	0	0	0	0/	0/0	Pure-bred breeding seals, sea lions and walruses (mammals of the suborder Pinnipedia), not endangered
															----Other
2.5	0	0	0	0	0		0	0	0	0	7.3	9	0/	0/0	Endangered seals, sea lions and walruses (mammals of the suborder Pinnipedia), not pure-bred breeding, including those artificially breeding
2.5	0	0	0	0	0		0	0	0	0	7.3	9	0/	0/0	Seals, sea lions and walruses (mammals of the suborder Pinnipedia), not pure-bred breeding or endangered
															-- Camels and other camelids (Camelidae):
															--- Pure-bred breeding
0	0	0	0	0	0		0	0	0	0	0	0	0/	0/0	Endangered camels and other endangered camelids (Camelidae)
0	0	0	0	0	0		0	0	0	0	0	0	0/	0/0	Camels and other camelids (Camelidae), pure-bred breeding, other than endangered camels and other camelids (Camelidae)
															--- Other
2.5	0	0	0	0	0		0	0	0	0	7.3	9	0/	0/0	Other endangered camels and other endangered wild camelids (Camelidae)
2.5	0	0	0	0	0		0	0	0	0	7.3	9	0/	0/0	Other camels and other camelids (Camelidae)
															-- Rabbits and hares:
															--- Pure-bred breeding
0	0	0	0	0	0		0	0	0	0	0	0	0/	0/0	Endangered hares
0	0	0	0	0	0		0	0	0	0	0	0	0/	0/0	Rabbits and hares, pure-bred breeding, other than endangered hares
															--- Other
2.5	0	0	0	0	0		0	0	0	0	7.3	9	0/	0/0	Other endangered hares
2.5	0	0	0	0	0		0	0	0	0	7.3	9	0/	0/0	Other rabbits and hares
															-- Other:
															--- Pure-bred breeding
0	0	0	0	0	0		0	0	0	0	0	0	0/	0/0	Other endangered mammals
0	0	0	0	0	0		0	0	0	0	0	0	0/	0/0	Sika deer, red deer, reindeer, mink, silver fox, vulpes lagopus and raccoon dog, pure-bred breeding, other than those endangered
0	0	0	0	0	0		0	0	0	0	0	0	0/	0/0	Other mammals, pure-bred breeding

税号	货品名称	进口关税（%）			增值/消费税（%）	出口退税（%）	计量单位	监管证件代码	检验检疫类别	协定税率（%）		
		最惠国	普通	年内暂定						东盟	亚太	智利
0106.1990	--- 其他											
01061990.10	其他濒危哺乳动物	10	50		9	0	千克/只	AFEB	PR/Q	0		0
01061990.90	其他哺乳动物	10	50		9	9	千克/只	AB	PR/Q	0		0
	- 爬行动物（包括蛇及龟鳖）：											
	--- 改良种用：											
0106.2011	---- 鳄鱼苗	0	0		9	0	千克/只	AFEB	P/Q	0		0
0106.2019	---- 其他											
01062019.10	其他改良种用濒危爬行动物（包括人工繁育的）	0	0		9	0	千克/只	FEAB	P/Q	0		0
01062019.90	其他改良种用非濒危爬行动物	0	0		9	9	千克/只	AB	P/Q	0		0
0106.2020	--- 食用											
01062020.11	食用濒危蛇（包括人工繁育的）	10	50		9	0	千克/只	AFEB	PR/Q	0		0
01062020.19	食用非濒危蛇	10	50		9	9	千克/只	AB	PR/Q	0		0
01062020.21	食用濒危龟鳖	10	50		9	0	千克/只	ABFE	PR/Q	0		0
01062020.29	其他食用龟鳖（包括人工驯养、繁殖的）	10	50		9	9	千克/只	AB	PR/Q	0		0
01062020.91	其他食用濒危爬行动物	10	50		9	0	千克/只	FEAB	PR/Q	0		0
01062020.99	其他食用爬行动物（包括人工驯养、繁殖的）	10	50		9	9	千克/只	AB	PR/Q	0		0
0106.2090	--- 其他											
01062090.10	其他濒危爬行动物	10	50		9	0	千克/只	FEAB	P/Q	0		0
01062090.90	其他爬行动物（包括人工驯养、繁殖的）	10	50		9	9	千克/只	AB	P/Q	0		0
	- 鸟：											
	-- 猛禽：											
0106.3110	--- 改良种用	0	0		9	0	千克/只	AFEB	P/Q	0		0
0106.3190	--- 其他	10	50		9	0	千克/只	ABFE	P/Q	0		0
	-- 鹦形目（包括普通鹦鹉、长尾鹦鹉、金刚鹦鹉及美冠鹦鹉）：											
0106.3210	--- 改良种用鹦形目的鸟											
01063210.10	改良种用濒危鹦形目的鸟（包括人工繁育的）	0	0		9	0	千克/只	ABFE	P/Q	0		0
01063210.90	改良种用非濒危鹦形目的鸟	0	0		9	9	千克/只	AB	P/Q	0		0
0106.3290	--- 非改良种用鹦形目的鸟											
01063290.10	非改良种用濒危鹦形目的鸟（包括人工繁育的）	10	50		9	0	千克/只	ABFE	P/Q	0		0
01063290.90	非改良种用非濒危鹦形目的鸟	10	50		9	9	千克/只	AB	P/Q	0		0
	-- 鸵鸟；鸸鹋：											
0106.3310	--- 改良种用											
01063310.10	改良种用濒危鸵鸟	0	0		9	0	千克/只	ABFE	P/Q	0		0
01063310.90	改良种用鸵鸟；鸸鹋（濒危鸵鸟除外）	0	0		0	0	千克/只	AB	P/Q	0		0
0106.3390	--- 其他											
01063390.10	其他濒危鸵鸟	10	50		9	0	千克/只	ABFE	PR/Q	0		0
01063390.90	其他鸵鸟、鸸鹋	10	50		9	9	千克/只	AB	PR/Q	0		0
	-- 其他：											
0106.3910	--- 改良种用											
01063910.10	其他改良种用濒危鸟	0	0		9	0	千克/只	ABFE	P/Q	0		0

协定税率（%）														特惠税率（%）①/②	Article Description
巴基斯坦	冰岛	哥斯达黎加	秘鲁	新西兰	瑞士	新加坡	韩国	澳大利亚	格鲁吉亚	毛里求斯	日本RCEP	尼加拉瓜	港澳台		
															--- Other
2.5	0	0	0	0	0		0	0	0	0	7.3	9	0/	0/0	Other endangered mammals
2.5	0	0	0	0	0		0	0	0	0	7.3	9	0/	0/0	Other mammals
															- Reptiles (including snakes and turtles):
															--- Pure-bred breeding:
0	0	0	0	0	0		0	0	0	0	0	0	0/	0/0	----Crocodiles for cultivation
															----Other
0	0	0	0	0	0		0	0	0	0	0	0	0/	0/0	Other pure-bred breeding endangered reptiles, including those artificially breeding
0	0	0	0	0	0		0	0	0	0	0	0	0/	0/0	Other pure-bred breeding reptiles, not endangered
															--- For human consumption
2.5	0	0	0	0	0		0	0	0	0	7.3	9	0/	0/0	Endangered snakes for human comsumption, including those artificially breeding
2.5	0	0	0	0	0		0	0	0	0	7.3	9	0/	0/0	Snakes for human comsumption, not endangered
2.5	0	0	0	0	0		0	0	0	0	7.3	9	0/	0/0	Endangered turtles, for human consumption.
2.5	0	0	0	0	0		0	0	0	0	7.3	9	0/	0/0	Other turtles (including domesticated and artificially propagated), for human consumption.
2.5	0	0	0	0	0		0	0	0	0	7.3	9	0/	0/0	Other endangered reptiles, for human consumption
2.5	0	0	0	0	0		0	0	0	0	7.3	9	0/	0/0	Other reptiles (including those domesticated and artificially propagated), for human consumption
															--- Other
2.5	0	0	0	0	0		0	0	0	0	7.3	9	0/	0/0	Other endangered reptiles (including those domesticated and artificially propagated)
2.5	0	0	0	0	0		0	0	0	0	7.3	9	0/	0/0	Other reptiles (including those domesticated and artificially propagated)
															- Birds:
															-- Birds of prey:
0	0	0	0	0	0		0	0	0	0	0	0	0/	0/0	--- Pure-bred breeding
2.5	0	0	0	0	0		0	0	0	0	7.3	9	0/	0/0	--- Other
															-- Psittaciformes (including parrots, parakeets, macaws and cockatoos):
															--- Pure-bred breeding Psittaciformes
0	0	0	0	0	0		0	0	0	0	0	0	0/	0/0	Pure-bred breeding endangered Psittaciformes, including those artificially breeding
0	0	0	0	0	0		0	0	0	0	0	0	0/	0/0	Pure-bred breeding Psittaciformes, not endangered
															--- Non pure-bred breeding Psittaciformes
2.5	0	0	0	0	0		0	0	0	0	7.3	9	0/	0/0	Endangered Psittaciformes, not pure-bred breeding, including those artificially breeding
2.5	0	0	0	0	0		0	0	0	0	7.3	9	0/	0/0	Psittaciformes, not pure-bred breeding or endangered
															-- Ostriches; emus (Dromaius novaehollandiae):
															--- Pure-bred breeding
0	0	0	0	0	0		0	0	0	0	0	0	0/	0/0	Endangered ostriches
0	0	0	0	0	0		0	0	0	0	0	0	0/	0/0	Ostriches and emus (Dromaius novaehollandiae), pure-bred breeding, other than endangered ostriches
															--- Other
2.5	0	0	0	0	0		0	0	0	0	7.3	9	0/	0/0	Other endangered ostriches
2.5	0	0	0	0	0		0	0	0	0	7.3	9	0/	0/0	Other ostriches and other emus (Dromaius novaehollandiae)
															-- Other:
															--- Pure-bred breeding
0	0	0	0	0	0		0	0	0	0	0	0	0/	0/0	Other endangered birds

税　号	货品名称	进口关税（%）			增值/消费税（%）	出口退税（%）	计量单位	监管证件代码	检验检疫类别	协定税率（%）		
		最惠国	普通	年内暂定						东盟	亚太	智利
01063910.20	改良种用鸽、鹌鹑	0	0		0	0	千克/只	AB	P/Q	0		0
01063910.90	其他改良种用的鸟	0	0		9	9	千克/只	AB	P/Q	0		0
	--- 食用：											
0106.3921	---- 乳鸽	10	50		9	9	千克/只	AB	PR/Q	0		0
0106.3923	---- 野鸭											
01063923.10	食用濒危野鸭	10	50		9	0	千克/只	FEAB	PR/Q	0		0
01063923.90	食用非濒危野鸭	10	50		9	9	千克/只	AB	PR/Q	0		0
0106.3929	---- 其他											
01063929.10	其他食用濒危鸟	10	50		9	0	千克/只	ABFE	PR/Q	0		0
01063929.90	其他食用鸟	10	50		9	9	千克/只	AB	PR/Q	0		0
0106.3990	--- 其他											
01063990.10	其他濒危鸟	10	50		9	0	千克/只	ABFE	PR/Q	0		0
01063990.90	其他鸟	10	50		9	9	千克/只	AB	PR/Q	0		0
	- 昆虫：											
	-- 蜂：											
0106.4110	--- 改良种用	0	0		0	0	千克/只	AB	P/Q	0		0
0106.4190	--- 其他	10	50		9	9	千克/只	AB	P/Q	0	9	0
	-- 其他：											
0106.4910	--- 改良种用											
01064910.10	其他改良种用濒危昆虫	0	0		9	0	千克/只	ABFE	P/Q	0		0
01064910.90	其他改良种用非濒危昆虫	0	0		9	9	千克/只	AB	P/Q	0		0
0106.4990	--- 其他											
01064990.10	其他濒危昆虫	10	50		9	0	千克/只	ABFE	P/Q	0	9	0
01064990.90	其他非濒危昆虫	10	50		9	9	千克/只	AB	P/Q	0	9	0
	- 其他：											
	--- 改良种用：											
0106.9011	---- 蛙苗											
01069011.10	改良种用濒危蛙苗	0	0		9	0	千克/只	ABFE	P/Q	0		0
01069011.90	其他改良种用蛙苗	0	0		9	9	千克/只	AB	P/Q	0		0
0106.9019	---- 其他											
01069019.10	其他改良种用濒危动物	0	0		9	0	千克/只	ABFE	P/Q	0		0
01069019.90	其他改良种用动物	0	0		9	9	千克/只	AB	P/Q	0		0
0106.9090	--- 其他											
01069090.10	其他濒危动物	10	50		9	0	千克/只	ABFE	P/Q	0	9	0
01069090.90	其他动物	10	50		9	9	千克/只	AB	P/Q	0	9	0

协定税率（%）														特惠税率（%）①/②	Article Description
巴基斯坦	冰岛	哥斯达黎加	秘鲁	新西兰	瑞士	新加坡	韩国	澳大利亚	格鲁吉亚	毛里求斯	日本RCEP	尼加拉瓜	港澳台		
0	0	0	0	0	0		0	0	0	0	0	0	0/	0/0	Pigeons and quails, pure-bred breeding
0	0	0	0	0	0		0	0	0	0	0	0	0/	0/0	Other birds, pure-bred breeding
															--- For human consumption:
2.5	0	0	0	0	0		0	0	0	0	7.3	9	0/	0/0	----Squabs
															----Teals
2.5	0	0	0	0	0		0	0	0	0	7.3	9	0/	0/0	Endangered teals for human consumption
2.5	0	0	0	0	0		0	0	0	0	7.3	9	0/	0/0	Teals for human consumption, not endangered
															----Other
2.5	0	0	0	0	0		0	0	0	0	7.3	9	0/	0/0	Other endangered birds, for human consumption
2.5	0	0	0	0	0		0	0	0	0	7.3	9	0/	0/0	Other birds for human consumption
															--- Other
2.5	0	0	0	0	0		0	0	0	0	7.3	9	0/	0/0	Other endangered birds
2.5	0	0	0	0	0		0	0	0	0	7.3	9	0/	0/0	Other birds
															- Insects:
															-- Bees:
0	0	0	0	0	0		0	0	0	0	0	0	0/	0/0	--- Pure-bred breeding
2.5	0	0	0	0	0		0	0	0	0	7.3	9	0/	0/0	--- Other
															-- Other:
															--- Pure-bred breeding
0	0	0	0	0	0		0	0	0	0	0	0	0/	0/0	Other endangered insects
0	0	0	0	0	0		0	0	0	0	0	0	0/	0/0	Other non-endangered insects, pure-bred breeding
															--- Other
2.5	0	0	0	0	0		0	0	0	0	7.3	9	0/	0/0	Other endangered insects
2.5	0	0	0	0	0		0	0	0	0	7.3	9	0/	0/0	Other insects, other than those endangered
															- Other:
															--- Pure-bred breeding:
															----Tadpole and young frogs
0	0	0	0	0	0		0	0	0	0	0	0	0/	0/0	Endangered tadpole and young frogs, pure-bred breeding
0	0	0	0	0	0		0	0	0	0	0	0	0/	0/0	Other tadpole and young frogs, pure-bred breeding
															----Other
0	0	0	0	0	0		0	0	0	0	0	0	0/	0/0	Other endangered animals
0	0	0	0	0	0		0	0	0	0	0	0	0/	0/0	Other animals, pure-bred breeding
															--- Other
2.5	0	0	0	0	0		0	0	0	0	7.3	9	0/	0/0	Other endangered animals
2.5	0	0	0	0	0		0	0	0	0	7.3	9	0/	0/0	Other animals

第二章　肉及食用杂碎

注释：

本章不包括：

一、税目02.01至02.08或02.10的不适合供人食用的产品；

二、可食用的死昆虫（税目04.10）；

三、动物的肠、膀胱、胃（税目05.04）或动物血（税目05.11、30.02）；或

四、税目02.09所列产品以外的动物脂肪（第十五章）。

税号	货品名称	进口关税（%）			增值/消费税（%）	出口退税（%）	计量单位	监管证件代码	检验检疫类别	协定税率（%）		
		最惠国	普通	年内暂定						东盟	亚太	智利
02.01	鲜、冷牛肉：											
0201.1000	- 整头及半头											
02011000.10	整头及半头鲜或冷藏的濒危野牛肉	20	70		9	0	千克	4ABEFx	PR/QS	0		0
02011000.90	其他整头及半头鲜或冷藏的牛肉	20	70		9	9	千克	4ABx	PR/QS	0		0
0201.2000	- 带骨肉											
02012000.10	鲜或冷藏的带骨濒危野牛肉	12	70		9	0	千克	47ABEFx	PR/Q	0		0
02012000.90	其他鲜或冷藏的带骨牛肉	12	70		9	9	千克	47ABx	PR/Q	0		0
0201.3000	- 去骨肉											
02013000.10	鲜或冷藏的去骨濒危野牛肉	12	70		9	0	千克	47ABEFx	PR/QS	0		0
02013000.90	其他鲜或冷藏的去骨牛肉	12	70		9	9	千克	47ABx	PR/QS	0		0
02.02	冻牛肉：											
0202.1000	- 整头及半头											
02021000.10	冻藏的整头及半头濒危野牛肉	25	70		9	0	千克	4ABEFx	PR/QS	0		0
02021000.90	其他冻藏的整头及半头牛肉	25	70		9	9	千克	4ABx	PR/QS	0		0
0202.2000	- 带骨肉											
02022000.10	冻藏的带骨濒危野牛肉	12	70		9	0	千克	47ABEFx	PR/QS	0		0
02022000.90	其他冻藏的带骨牛肉	12	70		9	9	千克	47ABx	PR/QS	0		0
0202.3000	- 去骨肉											
02023000.10	冻藏的去骨濒危野牛肉	12	70		9	0	千克	47ABEFx	PR/QS	0		0
02023000.90	其他冻藏的去骨牛肉	12	70		9	9	千克	47ABx	PR/QS	0		0
02.03	鲜、冷、冻猪肉：											
	- 鲜或冷的：											
	-- 整头及半头：											
0203.1110	--- 乳猪											
02031110.10	鲜或冷藏整头及半头濒危猪科动物乳猪肉	20	70		9	0	千克	4ABEFx	PR/QS	0		0
02031110.90	其他鲜或冷藏的整头及半头乳猪肉	20	70		9	9	千克	4ABx	PR/QS	0		0
0203.1190	--- 其他											
02031190.10	其他鲜或冷藏的整头及半头濒危猪科动物肉	20	70		9	0	千克	4ABEFx	PR/QS	0		0
02031190.90	其他鲜或冷藏的整头及半头猪肉	20	70		9	9	千克	4ABx	PR/QS	0		0
0203.1200	-- 带骨的前腿、后腿及其肉块											
02031200.10	鲜或冷藏的带骨濒危猪科动物前腿、后腿及其肉块	20	70		9	0	千克	47ABEFx	PR/QS	0		0
02031200.90	鲜或冷的带骨猪前腿、后腿及其肉块	20	70		9	9	千克	47ABx	PR/QS	0		0
0203.1900	-- 其他											
02031900.10	其他鲜或冷藏的濒危猪科动物肉	20	70		9	0	千克	47ABEFx	PR/QS	0		0
02031900.90	其他鲜或冷藏的猪肉	20	70		9	9	千克	47ABx	PR/QS	0		0
	- 冻的：											

Chapter 2 Meat and edible meat offal

Chapter Notes:

This Chapter does not cover:

1. Products of the kinds described in headings 02.01 to 02.08 or 02.10, unfit or unsuitable for human consumption;

2. Edible, non-living insects (heading 04.10);

3. Guts, bladders or stomachs of animals (heading 05.04) or animal blood (heading 05.11 or 30.02);

4. Animal fat, other than products of heading 02.09 (Chapter 15).

协定税率（%）														特惠税率（%）①/②	Article Description
巴基斯坦	冰岛	哥斯达黎加	秘鲁	新西兰	瑞士	新加坡	韩国	澳大利亚	格鲁吉亚	毛里求斯	日本RCEP	尼加拉瓜	港澳台		
															Meat of bovine animals, fresh or chilled:
															- Carcasses and half-carcasses
	0	1.3	0	0	0		6.6	0	0	0		0	0/	0/0	Meat of wild bovine animals, carcasses and half-carcasses, fresh or chilled
	0	1.3	0	0	0		6.6	0	0	0		0	0/	0/0	Other meat of bovine animals, carcasses and half-carcasses, fresh or chilled
															- Other cuts with bone in
0	0	0.8	1.4	0	0		4	0	0	0		0	0/	0/0	Meat of wild bovine animals, with bone in, fresh or chilled
0	0	0.8	1.4	0	0		4	0	0	0		0	0/	0/0	Other meat of bovine animals, with bone in, fresh or chilled
															- Boneless
0	0	0.8	1.4	0	0		4	0	0	0		0	0/	0/0	Meat of wild bovine animals, boneless, fresh or chilled
0	0	0.8	1.4	0	0		4	0	0	0		0	0/	0/0	Other meat of bovine animals, boneless, fresh or chilled
															Meat of bovine animals, frozen:
															- Carcasses and half-carcasses
0	0	0	0	0	0		12.5	0		5		0	0/	0/0	Meat of wild bovine animals, carcasses and half-carcasses, frozen
0	0	0	0	0	0		12.5	0		5		0	0/	0/0	Other meat of bovine animals, carcasses and half-carcasses, frozen
															- Other cuts with bone in
0	0	0	1.4	0	0		4	0		0		0	0/	0/0	Meat of wild bovine animals, with bone in, frozen
0	0	0	1.4	0	0		4	0		0		0	0/	0/0	Other meat of bovine animals, with bone in, frozen
															- Boneless
0	0	0	1.4	0	0		4	0		0		0	0/	0/0	Meat of wild bovine animals, boneless, frozen
0	0	0	1.4	0	0		4	0		0		0	0/	0/0	Other meat of bovine animals, boneless, frozen
															Meat of swine, fresh, chilled or frozen:
															- Fresh or chilled:
															-- Carcasses and half-carcasses:
															--- Sucking pig
	0	0	0	0	0		6.6	0	0	0	16.3	18.7	0/	0/0	Meat of wild sucking pig, carcasses and half-carcasses, fresh or chilled
	0	0	0	0	0		6.6	0	0	0	16.3	18.7	0/	0/0	Meat of other sucking pig, carcasses and half-carcasses, fresh or chilled
															--- Other
	0	0	0	0	0		6.6	0	0	0	16.3	18.7	0/	0/0	Other meat of wild swine, carcasses and half-carcasses, fresh or chilled
	0	0	0	0	0		6.6	0	0	0	16.3	18.7	0/	0/0	Other meat of swine, carcasses and half-carcasses, fresh or chilled
															-- Hams, shoulders and cuts thereof, with bone in
	0	0	0	0	0		6.6	0	0	0	16.3	18.7	0/	0/0	Hams, shoulders and cuts of wild swine, with bone in, fresh or chilled
	0	0	0	0	0		6.6	0	0	0	16.3	18.7	0/	0/0	Hams, shoulders and cuts of swine, with bone in, fresh or chilled
															-- Other
	0	0	0	0	0		6.6	0	0	0	16.3	18.7	0/	0/0	Other meat of wild swine, fresh or chilled
	0	0	0	0	0		6.6	0	0	0	16.3	18.7	0/	0/0	Other meat of swine, fresh or chilled
															- Frozen:

税号	货品名称	进口关税（%）最惠国	普通	年内暂定	增值/消费税（%）	出口退税（%）	计量单位	监管证件代码	检验检疫类别	协定税率（%）东盟	亚太	智利
	-- 整头及半头：											
0203.2110	--- 乳猪											
02032110.10	冻整头及半头濒危猪科动物乳猪肉	12	70		9	0	千克	4ABEFx	PR/QS	0		0
02032110.90	冻整头及半头乳猪肉	12	70		9	9	千克	4ABx	PR/QS	0		0
0203.2190	--- 其他											
02032190.10	其他冻整头及半头濒危猪科动物肉	12	70		9	0	千克	47ABEFx	PR/QS	0		0
02032190.90	其他冻整头及半头猪肉	12	70		9	9	千克	47ABx	PR/QS	0		0
0203.2200	-- 带骨的前腿、后腿及其肉块											
02032200.10	冻带骨野猪前腿、后腿及肉	12	70		9	0	千克	47ABEFx	PR/QS	0		0
02032200.90	冻藏的带骨猪前腿、后腿及其肉块	12	70		9	9	千克	47ABx	PR/QS	0		0
0203.2900	-- 其他											
02032900.10	冻藏野猪其他肉	12	70		9	0	千克	47ABEFx	PR/QS	0		0
02032900.90	其他冻藏猪肉	12	70		9	9	千克	47ABx	PR/QS	0		0
02.04	**鲜、冷、冻绵羊肉或山羊肉：**											
0204.1000	- 鲜或冷的整头及半头羔羊	15	70		9	9	千克	7AB	PR/QS	0		0
	- 其他鲜或冷的绵羊肉：											
0204.2100	-- 整头及半头	23	70		9	9	千克	7AB	PR/Q	0		0
0204.2200	-- 带骨肉	15	70		9	9	千克	7AB	PR/QS	0		0
0204.2300	-- 去骨肉	15	70		9	9	千克	7AB	PR/QS	0		0
0204.3000	- 冻的整头及半头羔羊	15	70		9	9	千克	7AB	PR/QS	0		0
	- 其他冻的绵羊肉：											
0204.4100	-- 整头及半头	23	70		9	9	千克	7AB	PR/QS	0		0
0204.4200	-- 带骨肉	12	70		9	9	千克	7AB	PR/QS	0		0
0204.4300	-- 去骨肉	15	70		9	9	千克	7AB	PR/QS	0		0
0204.5000	- 山羊肉	20	70		9	9	千克	7AB	PR/QS	0		0
02.05	**鲜、冷、冻马、驴、骡肉：**											
0205.0000	鲜、冷、冻马、驴、骡肉											
02050000.10	鲜、冷或冻的濒危野马、野驴肉	20	70		9	0	千克	ABFE	PR/QS	0		0
02050000.90	鲜、冷或冻的马、驴、骡肉	20	70		9	9	千克	AB	PR/QS	0		0
02.06	**鲜、冷、冻牛、猪、绵羊、山羊、马、驴、骡的食用杂碎：**											
0206.1000	- 鲜、冷牛杂碎	12	70		9	9	千克	4ABx	PR/QS	0		0
	- 冻牛杂碎：											
0206.2100	-- 舌	12	70		9	9	千克	47ABx	PR/QS	0		0
0206.2200	-- 肝	12	70		9	9	千克	47ABx	PR/QS	0		0
0206.2900	-- 其他	12	70		9	9	千克	47ABx	PR/QS	0		0
0206.3000	- 鲜、冷猪杂碎	20	70		9	9	千克	4ABx	PR/QS	0		0
	- 冻猪杂碎：											
0206.4100	-- 肝	20	70		9	9	千克	47ABx	PR/QS	0		0
0206.4900	-- 其他	12	70		9	9	千克	47ABx	PR/QS	0		0
0206.8000	- 其他鲜或冷杂碎											
02068000.10	鲜或冷的羊杂碎	20	70		9	9	千克	AB	PR/QS	0		0
02068000.90	鲜或冷的马、驴、骡杂碎	20	70		9	9	千克	AB	PR/QS	0		0
0206.9000	- 其他冻杂碎											
02069000.10	冻藏的羊杂碎	18	70		9	9	千克	7AB	PR/QS	0		0
02069000.90	冻藏的马、驴、骡杂碎	18	70		9	9	千克	AB	PR/QS	0		0

协定税率（%）														特惠税率（%）①/②	Article Description
巴基斯坦	冰岛	哥斯达黎加	秘鲁	新西兰	瑞士	新加坡	韩国	澳大利亚	格鲁吉亚	毛里求斯	日本RCEP	尼加拉瓜	港澳台		
															-- Carcasses and half-carcasses:
															--- Sucking pig
6	0	0	0	0	0		0	0	0	0	8.7	11.2	0/	0/0	Meat of wild sucking pig, carcasses and half-carcasses, frozen
6	0	0	0	0	0		0	0	0	0	8.7	11.2	0/	0/0	Meat of sucking pig, carcasses and half-carcasses, frozen
															--- Other
6	0	0	0	0	0		0	0	0	0	8.7	10.8	0/	0/0	Other meat of wild swine, carcasses and half-carcasses, frozen
6	0	0	0	0	0		0	0	0	0	8.7	10.8	0/	0/0	Other meat of swine, carcasses and half-carcasses, frozen
															-- Hams, shoulders and cuts thereof, with bone in
6	0	0	0	0	0		0	0	0	0	8.7	10.8	0/	0/0	Hams, shoulders and cuts thereof of wild boar, with bone in, frozen
6	0	0	0	0	0		0	0	0	0	8.7	10.8	0/	0/0	Hams, shoulders and cuts thereof of swine, with bone in, frozen
															-- Other
6	0	0	0	0	0		0	0	0	0	8.7	10.8	0/	0/0	Other meat of wild boar, frozen
6	0	0	0	0	0		0	0	0	0	8.7	10.8	0/	0/0	Other meat of swine, frozen
															Meat of sheep or goats, fresh, chilled or frozen:
12	0	1	0	0	0		0	0	0	0	10.9	14	0/	0/0	- Carcasses and half-carcasses of lamb, fresh or chilled
															- Other meat of sheep, fresh or chilled:
	0	1.5	0	0	0		11.5	0	0	4.6		21.5	0/	0/0	-- Carcasses and half-carcasses
12	0	1	0	0	0		0	0	0	0	10.9	14	0/	0/0	-- Other cuts with bone in
12	0	1	0	0	0		0	0	0	0	10.9	14	0/	0/0	-- Boneless
12	0	1	1.8	0	0		0	0	0	0	10.9	14	0/	0/0	- Carcasses and half-carcasses of lamb, frozen
															- Other meat of sheep, frozen:
	0	1.5	2.7	0	0		11.5	0	0	4.6		21.5	0/	0/0	-- Carcasses and half-carcasses
6	0	0.8	1.4	0	0		0	0	0	0	8.7	11.2	0/	0/0	-- Other cuts with bone in
12	0	1	1.8	0	0		0	0	0	0	10.9	14	0/	0/0	-- Boneless
0	0	1.3	0	0	0		6.6	0	0	0	16.3	18.7	0/	0/0	- Meat of goats
															Meat of horses, asses, mules or hinnies, fresh, chilled of frozen:
															Meat of horses, asses, mules or hinnies, fresh, chilled or frozen
	0	0	0	0	0		6.6	0	0	0	16.3	18.7	0/	0/0	Meat of endangered wild horses, endangered wild asses, fresh, chilled or frozen
	0	0	0	0	0		6.6	0	0	0	16.3	18.7	0/	0/0	Meat of other horses, asses, mules or hinnies, fresh, chilled or frozen
															Edible offal of bovine animals, swine, sheep, goats, horses, asses, mules or hinnies, fresh, chilled or frozen:
6	0	0	0	0	0		0	0	0	0	8.7	0	0/	0/0	- Of bovine animals, fresh or chilled
															- Of bovine animals, frozen:
6	0	0	0	0	0		0	0	0	0	8.7	0	0/	0/0	-- Tongues
6	0	0	0	0	0		0	0	0	0	8.7	0	0/	0/0	-- Livers
0	0	0	0	0	0		0	0	0	0	8.7	0	0/	0/0	-- Other
	0	0	0	0	0		6.6	0	0	0	16.3	18.7	0/	0/0	- Of swine, fresh of chilled
															- Of swine, frozen:
	0	0	0	0	0		6.6	0	0	0	16.3	18.7	0/	0/0	-- Livers
6	0	0	0	0	0		0	0	0	0	8.7	11.2	0/	0/0	-- Other
															- Other, fresh or chilled
	0	0	0	0	0		6.6	0	0	0	16.3	18.7	0/	0/0	Edible offal of sheep or goats, fresh or chilled
	0	0	0	0	0		6.6	0	0	0	16.3	18.7	0/	0/0	Edible offal of horses, asses, mules or hinnies, fresh or chilled
															- Other, frozen
14.4	0	0	2.1	0	0		6	0	0	0	14.6	16.8	0/	0/0	Edible offal of sheep or goats, frozen
14.4	0	0	2.1	0	0		6	0	0	0	14.6	16.8	0/	0/0	Edible offal of horses, asses, mules or hinnies, frozen

税号	货品名称	进口关税（%）			增值/消费税（%）	出口退税（%）	计量单位	监管证件代码	检验检疫类别	协定税率（%）		
		最惠国	普通	年内暂定						东盟	亚太	智利
02.07	税目01.05所列家禽的鲜、冷、冻肉及食用杂碎：											
	- 鸡：											
0207.1100	-- 整只，鲜或冷的	20	70		9	9	千克	4xAB	PR/QS	0		0
0207.1200	-- 整只，冻的	20	5.6元/千克		9	9	千克	4x7AB	PR/QS	0		0
	-- 块及杂碎，鲜或冷的：											
	--- 块：											
0207.1311	---- 带骨的	20	70		9	9	千克	4xAB	PR/QS	0		0
0207.1319	---- 其他	20	70		9	9	千克	4xAB	PR/QS	0		0
	--- 杂碎：											
0207.1321	---- 翼（不包括翼尖）											
02071321.01	鲜或冷的整翅（翼）	20	70		9	9	千克	4xAB	PR/QS	0		0
02071321.02	鲜或冷的翅（翼）根	20	70		9	9	千克	4xAB	PR/QS	0		0
02071321.03	鲜或冷的翅（翼）中	20	70		9	9	千克	4xAB	PR/QS	0		0
02071321.04	鲜或冷的两节翅（翼）	20	70		9	9	千克	4xAB	PR/QS	0		0
0207.1329	---- 其他											
02071329.01	鲜或冷的翅（翼）尖	20	70		9	9	千克	AB4x	PR/QS	0		0
02071329.02	鲜或冷的鸡膝软骨	20	70		9	9	千克	AB4x	PR/QS	0		0
02071329.90	其他鲜或冷的杂碎	20	70		9	9	千克	AB4x	PR/QS	0		0
	-- 块及杂碎，冻的：											
	--- 块：											
0207.1411	---- 带骨的	0.6元/千克	4.2元/千克		9	9	千克	7AB4x	PR/QS	0		0
0207.1419	---- 其他	10	9.5元/千克		9	9	千克	7AB4x	PR/QS	0		0
	--- 杂碎：											
0207.1421	---- 翼（不包括翼尖）											
02071421.01	冻的整翅（翼）	0.8元/千克	8.1元/千克		9	9	千克	7AB4x	PR/QS	0		0
02071421.02	冻的翅（翼）根	0.8元/千克	8.1元/千克		9	9	千克	7AB4x	PR/QS	0		0
02071421.03	冻的翅（翼）中	0.8元/千克	8.1元/千克		9	9	千克	7AB4x	PR/QS	0		0
02071421.04	冻的两节翅（翼）	0.8元/千克	8.1元/千克		9	9	千克	7AB4x	PR/QS	0		0
0207.1422	---- 鸡爪	1元/千克	3.2元/千克		9	9	千克	7AB4x	PR/QS	0		0
0207.1429	---- 其他											
02071429.01	冻的翅（翼）尖	0.5元/千克	3.2元/千克		9	9	千克	7AB4x	PR/QS	0		0
02071429.02	冻的鸡膝软骨	0.5元/千克	3.2元/千克		9	9	千克	7AB4x	PR/QS	0		0
02071429.90	其他冻的食用杂碎	0.5元/千克	3.2元/千克		9	9	千克	7AB4x	PR/QS	0		0
	- 火鸡：											
0207.2400	-- 整只，鲜或冷的	20	70		9	9	千克	AB	PR/QS	0		0
0207.2500	-- 整只，冻的	20	70		9	9	千克	AB	PR/QS	0		0
0207.2600	-- 块及杂碎，鲜或冷的	20	70		9	9	千克	AB	PR/QS	0		0
0207.2700	-- 块及杂碎，冻的	10	70		9	9	千克	AB	PR/QS	0		0
	- 鸭：											
0207.4100	-- 整只，鲜或冷的	20	70		9	9	千克	AB	PR/QS	0		0
0207.4200	-- 整只，冻的	20	70		9	9	千克	AB	PR/QS	0		0
0207.4300	-- 肥肝，鲜或冷的	20	70		9	9	千克	AB	PR/QS	0		0
0207.4400	-- 其他，鲜或冷的	20	70		9	9	千克	AB	PR/QS	0		0
0207.4500	-- 其他，冻的	20	70		9	9	千克	AB	PR/QS	0		0
	- 鹅：											
0207.5100	-- 整只，鲜或冷的	20	70		9	9	千克	AB	PR/QS	0		0
0207.5200	-- 整只，冻的	20	70		9	9	千克	AB	PR/QS	0		0
0207.5300	-- 肥肝，鲜或冷的	20	70		9	9	千克	AB	PR/QS	0		0

协定税率（%）														特惠税率（%）①/②	Article Description
巴基斯坦	冰岛	哥斯达黎加	秘鲁	新西兰	瑞士	新加坡	韩国	澳大利亚	格鲁吉亚	毛里求斯	日本RCEP	尼加拉瓜	港澳台		
															Meat and edible offal, of the poultry of heading 01.05, fresh, chilled or frozen:
															- Of fowls of the species Gallus domesticus:
	0	0	0	0	0		6.6	0	0	0	16.3	18.7	0/	0/0	-- Not cut in pieces, fresh or chilled
	0	0	0	0	0		0.4元/千克	0	0	0	16.3	18.7	0/	0/0	-- Not cut in pieces, frozen
															-- Chicken cut and offal, fresh or chilled:
															--- Cut:
	0	0	0	0	0		6.6	0	0	0	16.3	18.7	0/	0/0	----With bone
	0	0	0	0	0		6.6	0	0	0	16.3	18.7	0/	0/0	----Other
															--- Offal:
															----Midjoint wing (not including wing tip)
	0	0	0	0	0		6.6	0	0	0	16.3	18.7	0/	0/0	Wing, not cut in pieces, fresh or chilled
	0	0	0	0	0		6.6	0	0	0	16.3	18.7	0/	0/0	Chicken drummet, fresh or chilled
	0	0	0	0	0		6.6	0	0	0	16.3	18.7	0/	0/0	Midjoint wing, fresh or chilled
	0	0	0	0	0		6.6	0	0	0	16.3	18.7	0/	0/0	Two joint wing, fresh or chilled
															----Other
	0	0	0	0	0		6.6	0	0	0	16.3	18.7	0/	0/0	Wing tip, fresh or chilled
	0	0	0	0	0		6.6	0	0	0	16.3	18.7	0/	0/0	Knee cartilage, fresh or chilled
	0	0	0	0	0		6.6	0	0	0	16.3	18.7	0/	0/0	Other offal, fresh or chilled
															-- Cuts and offal, frozen:
															--- Cut:
0	0	0	0	0	0		0元/千克	0	0	0	7.3	9	0/	0/0	----With bone
0	0	0	0	0	0		0元/千克	0	0	0	7.3	9	0/	0/0	----Other
															--- Offal:
															----Midjoint wing
0	0	0	0	0	0		0元/千克	0	0	0	7.3	9	0/	0/0	Wing, not cut in pieces, frozen
0	0	0	0	0	0		0元/千克	0	0	0	7.3	9	0/	0/0	Chicken drummet, frozen
0	0	0	0	0	0		0元/千克	0	0	0	7.3	9	0/	0/0	Midjoint wing, frozen
0	0	0	0	0	0		0元/千克	0	0	0	7.3	9	0/	0/0	Two joint wing, frozen
0	0	0	0	0	0		0元/千克	0	0	0	7.3	9	0/	0/0	----Chicken claw
															----Other
0	0	0	0	0	0		0元/千克	0	0	0	7.3	9	0/	0/0	Wing tip, frozen
0	0	0	0	0	0		0元/千克	0	0	0	7.3	9	0/	0/0	Knee cartilage, frozen
0	0	0	0	0	0		0元/千克	0	0	0	7.3	9	0/	0/0	Other offal, frozen
															- Of turkeys:
	0	0	0	0	0		6.6	0	0	0	16.3	18.7	0/	0/0	-- Not cut in pieces, fresh or chilled
	0	0	0	0	0		6.6	0	0	0	16.3	18.7	0/	0/0	-- Not cut in pieces, frozen
	0	0	0	0	0		6.6	0	0	0	16.3	18.7	0/	0/0	-- Cuts and offal, fresh or chilled
2.5	0	0	0	0	0		0	0	0	0	7.3	9	0/	0/0	-- Cuts and offal, frozen
															- Of ducks:
	0	0	0	0	0		6.6	0	0	0	16.3	18.7	0/	0/0	-- Not cut in pieces, fresh or chilled
	0	0	0	0	0		6.6	0	0	0	16.3	18.7	0/	0/0	-- Not cut in pieces, frozen
	0	0	0	0	0		6.6	0	0	0	16.3	18.7	0/	0/0	-- Fatty livers, fresh or chilled
	0	0	0	0	0		6.6	0	0	0	16.3	18.7	0/	0/0	-- Other, fresh or chilled
	0	0	0	0	0		10	0	0	0	17.1	18.7	0/	0/0	-- Other, frozen
															- Of geese:
	0	0	0	0	0		6.6	0	0	0	16.3	18.7	0/	0/0	-- Not cut in pieces, fresh or chilled
	0	0	0	0	0		6.6	0	0	0	16.3	18.7	0/	0/0	-- Not cut in pieces, frozen
	0	0	0	0	0		6.6	0	0	0	16.3	18.7	0/	0/0	-- Fatty livers, fresh or chilled

税号	货品名称	进口关税（%）最惠国	进口关税（%）普通	进口关税（%）年内暂定	增值/消费税（%）	出口退税（%）	计量单位	监管证件代码	检验检疫类别	协定税率（%）东盟	协定税率（%）亚太	协定税率（%）智利
0207.5400	-- 其他，鲜或冷的	20	70		9	9	千克	AB	PR/QS	0		0
0207.5500	-- 其他，冻的	20	70		9	9	千克	AB	PR/QS	0		0
0207.6000	- 珍珠鸡	20	70		9	9	千克	AB	PR/QS	0		0
02.08	**其他鲜、冷、冻肉及食用杂碎：**											
	- 家兔或野兔的：											
0208.1010	--- 鲜、冷兔肉，兔头除外	20	70		9	9	千克	AB	PR/QS	0		0
0208.1020	--- 冻兔肉，兔头除外	20	70		9	9	千克	AB	PR/QS	0		0
0208.1090	--- 其他											
02081090.10	鲜、冷或冻的濒危野兔肉及其食用杂碎（不包括兔头）	20	70		9	0	千克	ABFE	PR/QS	0		0
02081090.90	鲜、冷或冻家兔食用杂碎	20	70		9	9	千克	AB	PR/QS	0		0
0208.3000	- 灵长目的	23	70		9	0	千克	ABFE	PR/QS	0		0
0208.4000	- 鲸、海豚及鼠海豚（鲸目哺乳动物）的；海牛及儒艮（海牛目哺乳动物）的；海豹、海狮及海象（鳍足亚目哺乳动物）的											
02084000.11	鲜、冷或冻的濒危海豹、海狮及海象（鳍足亚目哺乳动物）的肉及食用杂碎	23	70		9	0	千克	ABFE	PR/QS	0		0
02084000.19	鲜、冷或冻的非濒危海豹、海狮及海象（鳍足亚目哺乳动物）的肉及食用杂碎	23	70		9	9	千克	AB	PR/QS	0		0
02084000.20	鲜、冷或冻的鲸、海豚及鼠海豚（鲸目哺乳动物）、海牛及儒艮（海牛目哺乳动物）的肉及食用杂碎	23	70		9	0	千克	ABFE	PR/QS	0		0
0208.5000	- 爬行动物（包括蛇及龟鳖）的											
02085000.10	鲜、冷或冻的濒危爬行动物肉及食用杂碎	23	70		9	0	千克	ABFE	PR/QS	0		0
02085000.90	鲜、冷或冻的非濒危爬行动物肉及食用杂碎	23	70		9	9	千克	AB	PR/QS	0		0
0208.6000	- 骆驼及其他骆驼科动物的											
02086000.10	鲜、冷或冻的濒危骆驼科动物的肉及食用杂碎	23	70		9	0	千克	ABFE	PR/QS	0		0
02086000.90	其他鲜、冷或冻骆驼及其他骆驼科动物的肉及食用杂碎	23	70		9	9	千克	AB	PR/QS	0		0
	- 其他：											
0208.9010	--- 乳鸽的	20	70		9	9	千克	AB	PR/QS	0		0
0208.9090	--- 其他											
02089090.10	其他鲜、冷或冻的濒危动物肉	23	70		9	0	千克	ABFE	PR/QS	0		0
02089090.90	其他鲜、冷或冻肉及食用杂碎	23	70		9	9	千克	AB	PR/QS	0		0
02.09	**未炼制或用其他方法提取的不带瘦肉的肥猪肉、猪脂肪及家禽脂肪，鲜、冷、冻、干、熏、盐腌或盐渍的：**											
0209.1000	- 猪的	20	70		9	9	千克	AB	PR/Q	0		0
0209.9000	- 其他	20	70		9	9	千克	AB	PR/Q	0		0
02.10	**肉及食用杂碎，干、熏、盐腌或盐渍的；可供食用的肉或杂碎的细粉、粗粉：**											
	- 猪肉：											
	-- 带骨的前腿、后腿及其肉块：											
0210.1110	--- 带骨的腿											
02101110.10	干、熏、盐制的带骨濒危猪科动物的腿	25	80		9	0	千克	ABFE	PR/QS	0		0

协定税率（%）														特惠税率（%）①/②	Article Description
巴基斯坦	冰岛	哥斯达黎加	秘鲁	新西兰	瑞士	新加坡	韩国	澳大利亚	格鲁吉亚	毛里求斯	日本RCEP	尼加拉瓜	港澳台		
	0	0	0	0	0		6.6	0	0	0	16.3	18.7	0/	0/0	-- Other, fresh or chilled
	0	0	0	0	0		6.6	0	0	0	16.3	18.7	0/	0/0	-- Other, frozen
	0	0	0	0	0		6.6	0	0	0	16.3	18.7	0/	0/0	- Of guinea fowls
															Other meat and edible meat offal, fresh, chilled or frozen:
															- Of rabbits or hares:
	0	0	0	0	0		6.6	0	0	0	16.3	18.7	0/	0/0	--- Meat of rabbits, fresh or chilled, excluding head
	0	0	0	0	0		6.6	0	0	0	16.3	18.7	0/	0/0	--- Meat of rabbits, frozen, excluding head
															--- Other
	0	0	0	0	0		6.6	0	0	0	16.3	18.7	0/	0/0	Meat and edible meat offal of endangered hares, other than heads, fresh, chilled or frozen
	0	0	0	0	0		6.6	0	0	0	16.3	18.7	0/	0/0	Edible offal of rabbits, fresh, chilled or frozen
	0	0	0	0	0		0	0	0	4.6	16.7		0/	0/0	- Of primates
															- Of whales, dolphins and porpoises (mammals of the order Cetacea); of manatees and dugongs (mammals of the order Sirenia); of seals, sea lions and walruses (mammals of the suborder Pinnipedia)
	0	0	0	0	0		0	0	0	4.6	16.7		0/	0/0	Meat and edible meat offal of endangered seals, sea lions and walruses (mammals of the suborder Pinnipedia), fresh, chilled or frozen
	0	0	0	0	0		0	0	0	4.6	16.7		0/	0/0	Meat and edible meat offal of not endangered seals, sea lions and walruses (mammals of the suborder Pinnipedia), fresh, chilled or frozen
	0	0	0	0	0		0	0	0	4.6	16.7		0/	0/0	Meat and edible meat offal of whales, dolphins and porpoises (mammals of the order Cetacea) or of manatees and dugongs (mammals of the order Sirenia), fresh, chilled or frozen
															- Of reptiles (including snakes and turtles)
	0	0	0	0	0		0	0	0	4.6	16.7		0/	0/0	Meat and edible meat offal of endangered reptiles, fresh, chilled or frozen
	0	0	0	0	0		0	0	0	4.6	16.7		0/	0/0	Meat and edible meat offal of not endangered reptiles, fresh, chilled or frozen
															- Of camels and other camelids (Camelidae)
	0	0	0	0	0		0	0	0	4.6	16.7		0/	0/0	Meat and edible meat offal of endangered camels and other endangered camelids (Camelidae), fresh, chilled or frozen
	0	0	0	0	0		0	0	0	4.6	16.7		0/	0/0	Meat and edible meat offal of other camels and other camelids (Camelidae), fresh, chilled or frozen
															- Other:
	0	0	0	0	0		6.6	0	0	0		18.7	0/	0/0	--- Of squabs
															--- Other
	0	0	0	0	0		11.5	0	0	4.6		21.5	0/	0/0	Meat of other endangered wild animals, fresh, chilled or frozen
	0	0	0	0	0		11.5	0	0	4.6		21.5	0/	0/0	Other meat and edible offal, fresh, chilled or frozen
															Pig fat free of lean meat and poultry fat not rendered or otherwise extracted, fresh, chilled, frozen, salted, in brine, dried or smoked:
	0	0	0	0	0		6.6	0	0	0	16.3	18.7	0/	0/0	- Of pigs
	0	0	0	0	0		6.6	0	0	0	16.3	18.7	0/	0/0	- Other
															Meat and edible meat offal, sal-ted, in brine, dried or smoked; edible flours and meals of meat or meat offal:
															- Meat of swine:
															-- Hams, shoulders and cuts thereof, with bone in:
															--- Hams and shoulders, with bone in
	0	0	0	0			12.5	0	0	5	21.4	22.5	0/	0/0	Hams and shoulders of Babyrousa, Porcula Salvania, with bone in, salted, in brine, dried or smoked

税 号	货品名称	进口关税（%）			增值/消费税（%）	出口退税（%）	计量单位	监管证件代码	检验检疫类别	协定税率（%）		
		最惠国	普通	年内暂定						东盟	亚太	智利
02101110.90	其他干、熏、盐制的带骨猪腿	25	80		9	9	千克	AB	PR/QS	0		0
0210.1190	--- 其他											
02101190.10	干、熏、盐制的带骨濒危猪科动物的腿肉块	25	80		9	0	千克	ABFE	PR/QS	0		0
02101190.90	其他干、熏、盐制的带骨猪腿肉	25	80		9	9	千克	AB	PR/QS	0		0
0210.1200	-- 腹肉（五花肉）											
02101200.10	干、熏、盐制的濒危猪科动物的腹肉（指五花肉）	25	80		9	0	千克	ABFE	PR/QS	0		0
02101200.90	其他干、熏、盐制的猪腹肉（指五花肉）	25	80		9	9	千克	AB	PR/QS	0		0
0210.1900	-- 其他											
02101900.10	干、熏、盐制的濒危猪科动物的其他肉	25	80		9	0	千克	ABFE	PR/QS	0		0
02101900.90	其他干、熏、盐制的其他猪肉	25	80		9	9	千克	AB	PR/QS	0		0
0210.2000	- 牛肉											
02102000.10	干、熏、盐制的濒危野牛肉	25	80		9	0	千克	ABFE	PR/QS	0		0
02102000.90	干、熏、盐制的其他牛肉	25	80		9	9	千克	AB	PR/QS	0		0
	- 其他，包括可供食用的肉或杂碎的细粉、粗粉：											
0210.9100	-- 灵长目的	25	80		9	0	千克	ABFE	PR/QS	0		0
0210.9200	-- 鲸、海豚及鼠海豚（鲸目哺乳动物）的；海牛及儒艮（海牛目哺乳动物）的；海豹、海狮及海象（鳍足亚目哺乳动物）的											
02109200.11	干、熏、盐制的濒危海豹、海狮及海象（鳍足亚目哺乳动物）的肉及食用杂碎（包括可供食用的肉或杂碎的细粉、粗粉）	25	80		9	0	千克	ABFE	PR/QS	0		0
02109200.19	干、熏、盐制的非濒危海豹、海狮及海象（鳍足亚目哺乳动物）的肉及食用杂碎（包括可供食用的肉或杂碎的细粉、粗粉）	25	80		9	9	千克	AB	PR/QS	0		0
02109200.20	干、熏、盐制的鲸、海豚及鼠海豚（鲸目哺乳动物）、海牛及儒艮（海牛目哺乳动物）的肉及食用杂碎（包括可供食用的肉或杂碎的细粉、粗粉）	25	80		9	0	千克	ABFE	PR/QS	0		0
0210.9300	-- 爬行动物（包括蛇及龟鳖）的											
02109300.10	干、熏、盐制的濒危爬行动物肉及食用杂碎（包括可供食用的肉或杂碎的细粉、粗粉）	25	80		9	0	千克	ABFE	PR/QS	0		0
02109300.90	干、熏、盐制的非濒危爬行动物肉及食用杂碎（包括可供食用的肉或杂碎的细粉、粗粉）	25	80		9	9	千克	AB	PR/QS	0		0
0210.9900	-- 其他											
02109900.10	干、熏、盐制的其他濒危动物的肉及食用杂碎（包括可供食用的肉或杂碎的细粉、粗粉）	25	80		9	0	千克	ABFE	PR/QS	0		0
02109900.90	干、熏、盐制的其他肉及食用杂碎（包括可供食用的肉或杂碎的细粉、粗粉）	25	80		9	9	千克	AB	PR/QS	0		0

协定税率（%）														特惠税率（%）①/②	Article Description
巴基斯坦	冰岛	哥斯达黎加	秘鲁	新西兰	瑞士	新加坡	韩国	澳大利亚	格鲁吉亚	毛里求斯	日本RCEP	尼加拉瓜	港澳台		
	0	0	0	0			12.5	0	0	5	21.4	22.5	0/	0/0	Hams and shoulders of other swine, with bone in, salted, in brine, dried or smoked
															--- Other
	0	0	0	0			12.5	0	0	5	21.4	22.5	0/	0/0	Cuts of hams and shoulders of Babyrousa, Porcula Salvania, with bone in, salted, in brine, dried or smoked
	0	0	0	0			12.5	0	0	5	21.4	22.5	0/	0/0	Cuts of hams and shoulders of other swine, with bone in, salted, in brine, dried or smoked
															-- Bellies (streaky) and cuts thereof
	0	0	0	0			12.5	0	0	5	21.4	23.3	0/	0/0	Bellies (streaky) and cuts of Babyrousa, Porcula Salvania, salted, in brine, dried or smoked
	0	0	0	0			12.5	0	0	5	21.4	23.3	0/	0/0	Bellies (streaky) and cuts of other swine, salted, in brine, dried or smoked
															-- Other
	0	0	0	0			12.5	0	0	5	21.4	23.3	0/	0/0	Other meat of Babyrousa, Porcula Salvania, salted, in brine, dried or smoked
	0	0	0	0			12.5	0	0	5	21.4	23.3	0/	0/0	Other meat of other swine, salted, in brine, dried or smoked
															- Meat of bovine animals
	0	0	0	0	0		12.5	0	0	5	21.4	0	0/	0/0	Meat of endangered wild bovine animals, salted, in brine, dried or smoked
	0	0	0	0	0		12.5	0	0	5	21.4	0	0/	0/0	Meat of other bovine animals, salted, in brine, dried or smoked
															- Other, including edible flours and meals of meat and meat offal:
	0	0	0	0	0		0	0	0	5	18.2		0/	0/0	-- Of primates
															-- Of whales, dolphins and porpoises (mammals of the order Cetacea); of manatees and dugongs (mammals of the order Sirenia); of seals, sea lions and walruses (mammals of the suborder Pinnipedia)
12.5	0	0	0	0	0		0	0	0	5	18.2		0/	0/0	Meat and edible meat offal of endangered seals, sea lions and walruses (mammals of the suborder Pinnipedia), including edible flours and meals of meat or meat offal, salted, in brine, dried or smoked
12.5	0	0	0	0	0		0	0	0	5	18.2		0/	0/0	Meat and edible meat offal of not endangered seals, sea lions and walruses (mammals of the suborder Pinnipedia), including edible flours and meals of meat or meat offal, salted, in brine, dried or smoked
12.5	0	0	0	0	0		0	0	0	5	18.2		0/	0/0	Meat and edible meat offal of whales, dolphins and porpoises (mammals of the order Cetacea) or of manatees and dugongs (mammals of the order Sirenia), including edible flours and meals of meat or meat offal, salted, in brine, dried or smoked
															-- Of reptiles (including snakes and turtles)
	0	0	0	0	0		0	0	0	5	18.2	23.3	0/	0/0	Meat and edible meat offal of endangered reptiles, including edible flours and meals of meat or meat offal, salted, in brine, dried or smoked
	0	0	0	0	0		0	0	0	5	18.2	23.3	0/	0/0	Meat and edible meat offal of not endangered reptiles, including edible flours and meals of meat or meat offal, salted, in brine, dried or smoked
															-- Other
	0	0	0	0	0		12.5	0	0	5	21.4	0	0/	0/0	Meat and edible offal of other endangered animals (including edible flours and meals of meat and meat offal), salted, in brine, dried or smoked
	0	0	0	0	0		12.5	0	0	5	21.4	0	0/	0/0	Meat and edible offal of other endangered animals (including edible flours and meals of meat and meat offal), salted, in brine, dried or smoked

第三章　鱼、甲壳动物、软体动物及其他水生无脊椎动物

注释：

一、本章不包括：

（一）税目01.06的哺乳动物；

（二）税目01.06的哺乳动物的肉（税目02.08或02.10）；

（三）因品种或鲜度不适合供人食用的死鱼（包括鱼肝、鱼卵及鱼精等）、死甲壳动物、死软体动物及其他死水生无脊椎动物（第五章）；不适合供人食用的鱼、甲壳动物、软体动物、其他水生无脊椎动物的粉、粒（税目23.01）；或

（四）鲟鱼子酱及用鱼卵制成的鲟鱼子酱代用品（税目16.04）。

二、本章所称“团粒”，是指直接挤压或加入少量粘合剂制成的粒状产品。

三、税目03.05至03.08不包括适合供人食用的细粉、粗粉及团粒（税目03.09）。

税　号	货品名称	进口关税（%）			增值/消费税（%）	出口退税（%）	计量单位	监管证件代码	检验检疫类别	协定税率（%）		
		最惠国	普通	年内暂定						东盟	亚太	智利
03.01	活鱼：											
	- 观赏鱼：											
0301.1100	-- 淡水鱼											
03011100.10	观赏用濒危淡水鱼	10	80		9	0	千克	ABFE	P/Q	0		0
03011100.20	淡水鱼观赏鱼种苗（濒危除外）	10	80		0	0	千克	AB	P/Q	0		0
03011100.90	观赏用其他淡水鱼（种苗除外）	10	80		9	9	千克	AB	P/Q	0		0
0301.1900	-- 其他											
03011900.10	观赏用濒危非淡水鱼	10	80		9	0	千克	ABFE	P/Q	0		0
03011900.20	非淡水观赏鱼种苗（濒危除外）	10	80		0	0	千克	AB	P/Q	0		0
03011900.90	观赏用其他非淡水鱼（种苗除外）	10	80		9	9	千克	AB	P/Q	0		0
	- 其他活鱼：											
	-- 鳟鱼（河鳟、虹鳟、克拉克大麻哈鱼、阿瓜大麻哈鱼、吉雨大麻哈鱼、亚利桑那大麻哈鱼、金腹大麻哈鱼）：											
0301.9110	--- 鱼苗	0	0		0	0	千克	AB	P/Q	0		0
0301.9190	--- 其他	10	40		9	9	千克	AB	PR/Q	0	7.6	0
	-- 鳗鱼（鳗鲡属）：											
0301.9210	--- 鱼苗											
03019210.10	花鳗鲡鱼苗	0	0		9	0	千克	ABE	P/NQ	0		0
03019210.20	欧洲鳗鲡鱼苗	0	0		9	0	千克	ABEF	P/NQ	0		0
03019210.90	鳗鱼（鳗鲡属）鱼苗（濒危除外）	0	0		0	0	千克	AB	P/NQ	0		0
0301.9290	--- 其他											
03019290.10	花鳗鲡	7	40		9	0	千克	ABE	PR/QS	0	4.7	0
03019290.20	欧洲鳗鲡	7	40		9	0	千克	ABEF	PR/QS	0	4.7	0
03019290.90	其他活鳗鱼（鳗鲡属）	7	40		9	9	千克	AB	PR/QS	0	4.7	0
	-- 鲤科鱼（鲤属、鲫属、草鱼、鲢属、鳑属、青鱼、卡特拉鲃、野鲮属、哈氏纹唇鱼、何氏细须鲃、鲂属）：											
0301.9310	--- 鱼苗											
03019310.10	鲤属鱼鱼苗	0	0		0	0	千克	AB	P/Q	0		0
03019310.90	其他鲤科鱼（鲫属、草鱼、鲢属、鳑属、青鱼、卡特拉鲃、野鲮属、哈氏纹唇鱼、何氏细须鲃、鲂属）鱼苗	0	0		9	9	千克	AB	P/Q	0		0

Chapter 3　Fish and crustaceans, mollusks and other aquatic invertebrates

Chapter Notes:

1. This Chapter does not cover:

   (a) Mammals of heading 01.06;

   (b) Meat of mammals of heading 01.06 (heading 02.08 or 02.10);

   (c) Fish (including livers, roes and milt thereof) or crustaceans, molluscs or other aquatic invertebrates, dead and unfit or unsuitable for human consumption by reason of either their species or their condition (Chapter 5); flours, meals or pellets of fish or of crustaceans, molluscs or other aquatic invertebrates, unfit for human consumption (heading 23.01);or

   (d) Caviar or caviar substitutes prepared from fish eggs (heading 16.04).

2. In this Chapter the term "pellets" means products which have been agglomerated either directly by compression or by the addition of a small quantity of binder.

3. Headings 03.05 to 03.08 do not cover flours, meals and pellets, fit for human consumption (heading 03.09).

协定税率（%）														特惠税率（%）①/②	Article Description
巴基斯坦	冰岛	哥斯达黎加	秘鲁	新西兰	瑞士	新加坡	韩国	澳大利亚	格鲁吉亚	毛里求斯	日本RCEP	尼加拉瓜	港澳台		
															Live fish:
															- Ornamental fish:
															-- Freshwater
14	0	0	0	0	0		5.8	0	0	0		9	0/	0/0	Endangered ornamental freshwater fish
14	0	0	0	0	0		5.8	0	0	0		9	0/	0/0	Fry of ornamental freshwater fish, other than those endangered
14	0	0	0	0	0		5.8	0	0	0		9	0/	0/0	Other ornamental freshwater fish, other than fries
															-- Other
14	0	0	0	0	0		5.8	0	0	0		9	0/	0/0	Other endangered ornamental non-freshwater fish
14	0	0	0	0	0		5.8	0	0	0		9	0/	0/0	Fry of ornamental non-freshwater fish, other than those endangered
14	0	0	0	0	0		5.8	0	0	0		9	0/	0/0	Other ornamental non-freshwater fish, other than fries
															- Other live fish:
															-- Trout (Salmo trutta, Onco-rhynchus my kiss, Oncorhynchus clarki, Oncorhynchus aguabonita, Oncorhynchus gilae, Oncorhynchus apache and Oncorhynchus chrysogaster):
0	0	0	0	0	0		0	0	0	0	0	0	0/	0/0	--- Fry
2.5	0	0	0	0	0		0	0	0	0	7.6	9	0/	0/0	--- Other
															-- Eels (Anguilla spp.):
															--- Fry
0	0	0	0	0	0		0	0	0	0	0	0	0/	0/0	Fry of marbled eel (Anguilla marmorata)
0	0	0	0	0	0		0	0	0	0	0	0	0/	0/0	Fry of European eel (Anguilla anguilla)
0	0	0	0	0	0		0	0	0	0	0	0	0/	0/0	Fries of other eel (Anguilla spp.), other than those endangered
															--- Other
2.5	0	0	0	0	0		0	0	0	0	7.3	0	0/	0/0	Marbled eel (Anguilla marmorata)
2.5	0	0	0	0	0		0	0	0	0	7.3	0	0/	0/0	European eel (Anguilla anguilla)
2.5	0	0	0	0	0		0	0	0	0	7.3	0	0/	0/0	Other live eel (Anguilla spp.)
															-- Carp (Cyprinus spp., Carassius spp., Ctenopharyngodon idellus, Hypophthalmichthys spp., Cirrhinus spp., Mylopharyngodon piceus, Catla catla, Labeo spp., Osteochilus hasselti, Leptobarbus hoeveni, Megalobrama spp.):
															--- Fry
0	0	0	0	0	0		0	0	0	0	0	0	0/	0/0	Fries of cyprinus carpio
0	0	0	0	0	0		0	0	0	0	0	0	0/	0/0	Fries of Carp, other than Carp (Cyprinus carpio, Carassius carassius, Ctenopharyngodon idellus, Cirrhinus spp. Mylopharyngodon piceus)

税　号	货品名称	进口关税（%）最惠国	普通	年内暂定	增值/消费税（%）	出口退税（%）	计量单位	监管证件代码	检验检疫类别	协定税率（%）东盟	亚太	智利
0301.9390	--- 其他	7	40		9	9	千克	AB	PR/QS	0	5.3	0
	-- 大西洋及太平洋蓝鳍金枪鱼：											
0301.9410	--- 鱼苗	0	0		0	0	千克	AB	P/Q	0		0
	--- 其他：											
0301.9491	---- 大西洋蓝鳍金枪鱼	7	40		9	9	千克	AB	P/NQ	0	5.3	0
0301.9492	---- 太平洋蓝鳍金枪鱼	7	40		9	9	千克	AB	P/NQ	0	5.3	0
	-- 南方蓝鳍金枪鱼：											
0301.9510	--- 鱼苗	0	0		0	0	千克	AB	P/Q	0		0
0301.9590	--- 其他	7	40		9	9	千克	AB	P/NQ	0	5.3	0
	-- 其他：											
	--- 鱼苗：											
0301.9911	---- 鲈鱼	0	0		0	0	千克	AB	P/Q	0		0
0301.9912	---- 鲟鱼	0	0		9	0	千克	ABFE	P/Q	0		0
0301.9919	---- 其他											
03019919.10	其他濒危鱼苗	0	0		9	0	千克	ABFE	P/Q	0		0
03019919.90	其他鱼苗（濒危除外）	0	0		0	0	千克	AB	P/Q	0		0
	--- 其他：											
0301.9991	---- 罗非鱼	7	40		9	9	千克	AB	PR/QS	0		0
0301.9992	---- 鲀	10	40		9	9	千克	AB	P/NQ	0	7.6	0
0301.9993	---- 其他鲤科鱼											
03019993.10	活的濒危鲤科鱼	7	40		9	0	千克	ABFE	P/NQ	0	5.3	0
03019993.90	活的其他鲤科鱼［鲤科鱼（鲤属、鲫属、草鱼、鲢属、鳙属、青鱼、卡特拉鲃、野鲮属、哈氏纹唇鱼、何氏细须鲃、鲂属）除外］	7	40		9	9	千克	AB	PR/QS	0	5.3	0
0301.9999	---- 其他											
03019999.10	其他濒危活鱼	7	40		9	0	千克	ABFE	P/NQ	0	5.3	0
03019999.90	其他活鱼	7	40		9	9	千克	AB	PR/QS	0	5.3	0
03.02	**鲜、冷鱼，但税目03.04的鱼片及其他鱼肉除外：**											
	- 鲑科鱼，但子目0302.91至0302.99的可食用鱼杂碎除外：											
0302.1100	-- 鳟鱼（河鳟、虹鳟、克拉克大麻哈鱼、阿瓜大麻哈鱼、吉雨大麻哈鱼、亚利桑那大麻哈鱼、金腹大麻哈鱼）	10	40		9	9	千克	AB	PR/QS	0		0
0302.1300	-- 大麻哈鱼［红大麻哈鱼、细磷大麻哈鱼、大麻哈鱼（种）、大鳞大麻哈鱼、银大麻哈鱼、马苏大麻哈鱼、玫瑰大麻哈鱼］	10	40		9	9	千克	ABU	PR/QS	0		0
	-- 大西洋鲑鱼及多瑙哲罗鱼：											
0302.1410	--- 大西洋鲑鱼	10	40	7	9	9	千克	AB	PR/QS	0		0
0302.1420	--- 多瑙哲罗鱼	7	40		9	9	千克	AB	PR/QS	0		0
0302.1900	-- 其他											
03021900.10	鲜或冷川陕哲罗鲑（子目0302.91至0302.99的可食用鱼杂碎除外）	10	40		9	9	千克	AB	PR/QS	0	6.7	0
03021900.20	鲜或冷秦岭细鳞鲑（子目0302.91至0302.99的可食用鱼杂碎除外）	10	40		9	9	千克	AB	PR/QS	0	6.7	0
03021900.90	其他鲜或冷鲑科鱼（子目0302.91至0302.99的可食用鱼杂碎除外）	10	40		9	9	千克	AB	PR/QS	0	6.7	0
	- 比目鱼（鲽科、鲆科、舌鳎科、鳎科、菱鲆科、刺鲆科），但子目0302.91至0302.99的可食用鱼杂碎除外：											
0302.2100	-- 庸鲽鱼（马舌鲽、庸鲽、狭鳞庸鲽）											

协定税率（%）														特惠税率（%）①/②	Article Description
巴基斯坦	冰岛	哥斯达黎加	秘鲁	新西兰	瑞士	新加坡	韩国	澳大利亚	格鲁吉亚	毛里求斯	日本RCEP	尼加拉瓜	港澳台		
2.5	0	0	0	0	0		0	0	0	0	7.6	0	0/	0/0	--- Other
															-- Atlantic and Pacific bluefin tunas (Thunnus thynnus, Thunnus orientalis):
0	0	0	0	0	0		0	0	0	0	0	0	0/	0/0	--- Fry
															--- Other:
2.5	0	0	0	0	0		0	0	0	0	7.6	0	0/	0/0	----Atlantic bluefin tunas (Thunnus thynnus)
2.5	0	0	0	0	0		0	0	0	0	7.6	0	0/0	0/0	----Pacific bluefin tunas (Thunnus orientalis)
															-- Southern bluefin tunas (Thunnus maccoyii):
0	0	0	0	0	0		0	0	0	0	0	0	0/	0/0	--- Fry
2.5	0	0	0	0	0		0	0	0	0	7.6	0	0/	0/0	--- Other
															-- Other:
															--- Fry:
0	0	0	0	0	0		0	0	0	0	0	0	0/	0/0	----Of perches
0	0	0	0	0	0		0	0	0	0	0	0	0/	0/0	----Of sturgeon
															----Other
0	0	0	0	0	0		0	0	0	0	0	0	0/	0/0	Fry of other endangered fish
0	0	0	0	0	0		0	0	0	0	0	0	0/	0/0	Other fries
															--- Other:
2.5	0	0	0	0	0		0	0	0	0	7.6	0	0/	0/0	----Tilapia
2.5	0	0	0	0	0		0	0	0	0	7.6	9	0/	0/0	----Puffer fish
															----Other carps
2.5	0	0	0	0	0		0	0	0	0	7.6	0	0/	0/0	Live endangered Carp
2.5	0	0	0	0	0		0	0	0	0	7.6	0	0/	0/0	Other live Carp, other than Carp (Cyprinus carpio, Carassius carassius, Ctenopharyngodon idellus, Cirrhinus spp. Mylopharyngodon piceus)
															----Other
2.5	0	0	0	0	0		0	0	0	0	7.6	0	0/0	0/0	Other live endangered fish
2.5	0	0	0	0	0		0	0	0	0	7.6	0	0/0	0/0	Other live fish
															Fish, fresh or chilled, excluding fish fillets and other fish meat of heading 03.04:
															- Salmonidae, excluding edible fish offal of subheading 0302.91 to 0302.99:
6	0	0	0	0	0		0	0	0	0	8.7	9	0/	0/0	-- Trout (Salmo trutta, Oncorhynchus my kiss, Oncorhynchus clarki, Oncorhynchus aguabonita, Oncorhynchus gilae, Oncorhynchus apache and Oncohynchus chrysogaster)
2.5	0	0	0	0	0		0	0	0	0	7.3	9	0/	0/0	-- Pacific salmon (Oncorhynchus nerka, Oncorhynchus gorbuscha, Oncorhynchus keta, Oncorhynchus tschawytscha, Oncorhynchus kisutch, Oncorhynchus masou and Oncorhynchus rhodurus)
															-- Atlantic salmon (Salmo salar) and Danube salmon (Hucho hucho):
2.5	0	0	0	0	0		0	0	0	0	7.3	9	0/	0/0	--- Atlantic salmon (Salmo salar)
2.5	0	0	0	0	0		0	0	0	0	7.3	5.6	0/	0/0	--- Danube salmon (Hucho hucho)
															-- Other
2.5	0	0	0	0	0		0	0	0	0	8.7	9	0/	0/0	Hucho bleekeri (other than livers and roes), fresh or chilled
2.5	0	0	0	0	0		0	0	0	0	8.7	9	0/	0/0	Qinling lenok (Brachymystax lenck tsinlingensis) (other than livers and roes), fresh or chilled
2.5	0	0	0	0	0		0	0	0	0	8.7	9	0/	0/0	Other salmonidae (other than livers and roes), fresh or chilled
															- Flat fish (Pleuronectidae, Bothidae, Cynoglossidae, Soleidae, Scophthalmidae and Citharidae), excluding edible fish offal of subheading 0302.91 to 0302.99:
															-- Halibut (Reinhardtius hippoglossoides, Hippoglossushippoglossus, Hippoglossus stenolepis)

税　号	货品名称	进口关税（%）			增值/消费税（%）	出口退税（%）	计量单位	监管证件代码	检验检疫类别	协定税率（%）		
		最惠国	普通	年内暂定						东盟	亚太	智利
03022100.10	鲜或冷大西洋庸鲽（庸鲽）（子目0302.91至0302.99的可食用鱼杂碎除外）	7	40		9	9	千克	ABU	PR/QS	0	5.3	0
03022100.20	鲜或冷马舌鲽（子目0302.91至0302.99的可食用鱼杂碎除外）	7	40		9	9	千克	ABU	PR/QS	0	5.3	0
03022100.90	其他鲜或冷庸鲽鱼（子目0302.91至0302.99的可食用鱼杂碎除外）	7	40		9	9	千克	AB	PR/QS	0	5.3	0
0302.2200	-- 鲽鱼（鲽）	7	40		9	9	千克	AB	PR/QS	0	5.3	0
0302.2300	-- 鳎鱼（鳎属）	7	40		9	9	千克	AB	PR/QS	0	5.3	0
0302.2400	-- 大菱鲆（瘤棘鲆）	7	40		9	9	千克	AB	PR/QS	0	3.5	0
0302.2900	-- 其他											
03022900.10	鲜或冷的亚洲箭齿鲽（子目0302.91至0302.99的可食用鱼杂碎除外）	7	40		9	9	千克	ABU	PR/QS	0	3.5	0
03022900.90	其他鲜或冷比目鱼（鲽科、鲆科、舌鳎科、鳎科、菱鲆科、刺鲆科）（子目0302.91至0302.99的可食用鱼杂碎除外）	7	40		9	9	千克	AB	PR/QS	0	3.5	0
	- 金枪鱼（金枪鱼属）、鲣，但子目0302.91至0302.99的可食用鱼杂碎除外：											
0302.3100	-- 长鳍金枪鱼	7	40		9	9	千克	AB	PR/QS	0	5.3	0
0302.3200	-- 黄鳍金枪鱼	7	40		9	9	千克	AB	PR/QS	0	5.3	0
0302.3300	-- 鲣	7	40		9	9	千克	AB	PR/QS	0	4.7	0
0302.3400	-- 大眼金枪鱼	7	40		9	9	千克	AB	PR/QS	0		0
	-- 大西洋及太平洋蓝鳍金枪鱼：											
0302.3510	--- 大西洋蓝鳍金枪鱼	7	40		9	9	千克	ABU	PR/QS	0		0
0302.3520	--- 太平洋蓝鳍金枪鱼	7	40		9	9	千克	AB	PR/QS	0	4.7	0
0302.3600	-- 南方蓝鳍金枪鱼	7	40		9	9	千克	AB	PR/QS	0		0
0302.3900	-- 其他	7	40		9	9	千克	AB	PR/QS	0	4.7	0
	- 鲱鱼（大西洋鲱鱼、太平洋鲱鱼）、鳀鱼（鳀属）、沙丁鱼（沙丁鱼、沙瑙鱼属）、小沙丁鱼属、黍鲱或西鲱、鲭鱼［大西洋鲭、澳洲鲭（鲐）、日本鲭（鲐）］、印度鲭（羽鳃鲐属）、马鲛鱼（马鲛属）、对称竹荚鱼、新西兰竹荚鱼及竹荚鱼（竹荚鱼属）、鲹鱼（鲹属）、军曹鱼、银鲳（鲳属）、秋刀鱼、圆鲹（圆鲹属））、多春鱼（毛鳞鱼）、剑鱼、鲔鱼、狐鲣（狐鲣属）、枪鱼、旗鱼、四鳍旗鱼（旗鱼科），但子目0302.91至0302.99的可食用鱼杂碎除外：											
0302.4100	-- 鲱鱼（大西洋鲱鱼、太平洋鲱鱼）											
03024100.10	鲜或冷太平洋鲱鱼（子目0302.91至0302.99的可食用鱼杂碎除外）	7	40		9	9	千克	ABU	PR/QS	0	4.7	0
03024100.90	鲜或冷大西洋鲱鱼（子目0302.91至0302.99的可食用鱼杂碎除外）	7	40		9	9	千克	AB	PR/QS	0	4.7	0
0302.4200	-- 鳀鱼（鳀属）	7	40		9	9	千克	AB	PR/QS	0	4.7	0
0302.4300	-- 沙丁鱼（沙丁鱼、沙瑙鱼属）、小沙丁鱼属、黍鲱或西鲱	7	40		9	9	千克	AB	PR/QS	0	4.7	0
0302.4400	-- 鲭鱼［大西洋鲭、澳洲鲭（鲐）、日本鲭（鲐）］	7	40		9	9	千克	AB	PR/QS	0	4.7	0
0302.4500	-- 对称竹荚鱼、新西兰竹荚鱼及竹荚鱼（竹荚鱼属）	7	40		9	9	千克	AB	PR/QS	0	4.7	0
0302.4600	-- 军曹鱼	7	40		9	9	千克	AB	PR/QS	0	4.7	0

协定税率(%)														特惠税率(%)①/②	Article Description
巴基斯坦	冰岛	哥斯达黎加	秘鲁	新西兰	瑞士	新加坡	韩国	澳大利亚	格鲁吉亚	毛里求斯	日本RCEP	尼加拉瓜	港澳台		
2.5	0	0	0	0	0		0	0	0	0	8.7	5.6	0/	0/0	Hippoglossus hippoglossus (other than livers and roes), fresh or chilled
2.5	0	0	0	0	0		0	0	0	0	8.7	5.6	0/	0/0	Reinhardtius hippoglossoides (other than livers and roes), fresh or chilled
2.5	0	0	0	0	0		0	0	0	0	8.7	5.6	0/	0/0	Other halibut (other than livers and roes), fresh or chilled
2.5	0	0	0	0	0		0	0	0	0	8.7	5.6	0/	0/0	-- Plaice (Pleuronectes platessa)
2.5	0	0	0	0	0		0	0	0	0	8.7	5.6	0/	0/0	-- Sole (Solea spp.)
2.5	0	0	0	0	0		0	0	0	0	8.7	5.6	0/	0/0	-- Turbots (Psetta maxima)
															-- Other
2.5	0	0	0	0	0		0	0	0	0	8.7	5.6	0/	0/0	Atherestes evermanni (other than livers and roes), fresh or chilled
2.5	0	0	0	0	0		0	0	0	0	8.7	5.6	0/	0/0	Other flat fish (excluding edible fish offal of subheading 0302.91 to 0302.99), fresh or chilled
															- Tunas (of the genus Thunnus), skipjack tuna (stripe-bellied bonito) (Katsuwonus pelamis), excluding edible fish offal of subheadings 0302.91 to 0302.99:
2.5	0	0	0	0	0		0	0	0	0	8.7	5.6	0/	0/0	-- Albacore or longfinned tunas (Thunnus alalunga)
2.5	0	0	0	0	0		0	0	0	0	8.7	5.6	0/	0/0	-- Yellowfin tunas (Thunnus albacares)
2.5	0	0	0	0	0		0	0	0	0	8.7	5.6	0/	0/0	-- Skipjack tuna (stripe-bellied bonito) (Katsuwonus pelamis)
6	0	0	0	0	0		0	0	0	0	8.7	5.6	0/	0/0	-- Bigeye tunas (Thunnus obesus)
															-- Atlantic and Pacific bluefin tunas (Thunnus thynnus, Thunnus orientalis):
6	0	0	0	0	0		0	0	0	0	8.7	0	0/	0/0	--- Atlantic bluefin tunas (Thunnus thynnus)
2.5	0	0	0	0	0		0	0	0	0	8.7	0	0/	0/0	--- Pacific bluefin tunas (Thunnus orientalis)
6	0	0	0	0	0		0	0	0	0	8.7	5.6	0/	0/0	-- Southern bluefin tunas (Thunnus maccoyii)
2.5	0	0	0	0	0		0	0	0	0	8.7	5.6	0/	0/0	-- Other
															- Herrings (Clupea harengus, Clupea pallasii), anchovies (Engraulis spp.), sardines (Sardina pilchardus, Sardinops spp.), sardinella (sardinella spp.), brisling or sprats (Sprattus Sprattus), mackerel (Scomber scombrus, Scomber australasicus, Scomber japonicus), Indian mackerels (Rastrelliger spp.), seerfishes (Scomberomorus spp.), jack and horse mackerel (Trachurus spp.), jacks, crevalles (Caranx spp.), cobia (Rachycentron canadum), silver pomfrets (Pampus spp.), Pacific saury (Cololabis saira), scads (Decapterus spp.), capelin (Mallotus villosus), swordfish (Xiphias gladius), Kawakawa (Euthynnus affinis), bonitos (Sarda spp.), marlins, sailfishes, spearfish (Istiophoridae), excluding edible fish offal of subheading 0302.91 to 0302.99:
															-- Herrings (Clupea harengus, Clupea pallasii)
2.5	0	0	0	0	0		0	0	0	0	8.7	5.6	0/	0/0	Clupea pallasii (other than livers and roes), fresh or chilled
2.5	0	0	0	0	0		0	0	0	0	8.7	5.6	0/	0/0	Clupea harengus (other than livers and roes), fresh or chilled
2.5	0	0	0	0	0		0	0	0	0	8.7	5.6	0/0	0/0	-- Anchovies (Engraulis spp.)
2.5	0	0	0	0	0		0	0	0	0	8.7	0	0/	0/0	-- Sardines (Sardina pilchardus, Sardinops spp.), sardinella (Sardinella spp.), brisling or sprats (Sprattus sprattus)
2.5	0	0	0	0	0		0	0	0	0	8.7	0	0/	0/0	-- Mackerel (Scomber scombrus, Scomber australasicus, Scomber japonicus)
2.5	0	0	0	0	0		0	0	0	0	9.8	0	0/0	0/0	-- Jack and horse mackerel (Trachurus spp.)
2.5	0	0	0	0	0		0	0	0	0	8.7	0	0/0	0/0	-- Cobia (Rachycentron canad-um)

税　号	货品名称	进口关税（%）			增值/消费税（%）	出口退税（%）	计量单位	监管证件代码	检验检疫类别	协定税率（%）		
		最惠国	普通	年内暂定						东盟	亚太	智利
0302.4700	-- 剑鱼	7	40		9	9	千克	ABU	PR/QS	0	4.7	0
	-- 其他：											
0302.4910	--- 银鲳（鲳属）	7	40		9	9	千克	AB	PR/QS	0	4.7	0
0302.4990	--- 其他	7	40		9	9	千克	AB	PR/QS	0	4.7	0
	- 犀鳕科、多丝真鳕科、鳕科、长尾鳕科、黑鳕科、无须鳕科、深海鳕科及南极鳕科鱼，但子目0302.91至0302.99的可食用鱼杂碎除外：											
0302.5100	-- 鳕鱼（大西洋鳕鱼、格陵兰鳕鱼、太平洋鳕鱼）	7	40		9	9	千克	AB	PR/QS	0	4.7	0
0302.5200	-- 黑线鳕鱼（黑线鳕）	7	40		9	9	千克	AB	PR/QS	0	4.7	0
0302.5300	-- 绿青鳕鱼	7	40		9	9	千克	AB	PR/QS	0	4.7	0
0302.5400	-- 狗鳕鱼（无须鳕属、长鳍鳕属）	7	40		9	9	千克	AB	PR/QS	0	4.7	0
0302.5500	-- 阿拉斯加狭鳕鱼	7	40		9	9	千克	ABU	PR/QS	0	4.7	0
0302.5600	-- 蓝鳕鱼（小鳍鳕、南蓝鳕）	7	40		9	9	千克	AB	PR/QS	0	4.7	0
0302.5900	-- 其他	7	40		9	9	千克	AB	PR/QS	0	4.7	0
	- 罗非鱼（口孵非鲫属）、鲶鱼（鲑鲶属、鲶属、胡鲶属、真鮰属）、鲤科鱼（鲤属、鲫属、草鱼、鲢属、鲮属、青鱼、卡特拉鲃、野鲮属、哈氏纹唇鱼、何氏细须鲃、鲂属）、鳗鱼（鳗鲡属）、尼罗河鲈鱼（尼罗尖吻鲈）及黑鱼（鳢属），但子目0302.91至0302.99的可食用鱼杂碎除外：											
0302.7100	-- 罗非鱼（口孵非鲫属）	7	40		9	9	千克	AB	PR/QS	0		0
0302.7200	-- 鲶鱼（鲑鲶属、鲶属、胡鲶属、真鮰属）	10	40		9	9	千克	AB	PR/QS	0	6.7	0
0302.7300	-- 鲤科鱼（鲤属、鲫属、草鱼、鲢属、鲮属、青鱼、卡特拉鲃、野鲮属、哈氏纹唇鱼、何氏细须鲃、鲂属）	7	40		9	9	千克	AB	PR/QS	0	4.7	0
0302.7400	-- 鳗鱼（鳗鲡属）											
03027400.10	鲜或冷花鳗鲡（子目0302.91至0302.99的可食用鱼杂碎除外）	7	40		9	0	千克	ABE	PR/QS	0	4.7	0
03027400.20	鲜或冷欧洲鳗鲡（子目0302.91至0302.99的可食用鱼杂碎除外）	7	40		9	0	千克	ABEF	PR/QS	0	4.7	0
03027400.90	其他鲜或冷鳗鱼（鳗鲡属）（子目0302.91至0302.99的可食用鱼杂碎除外）	7	40		9	9	千克	AB	PR/QS	0	4.7	0
0302.7900	-- 其他											
03027900.01	鲜或冷尼罗河鲈鱼（尼罗尖吻鲈）（子目0302.91至0302.99的可食用鱼杂碎除外）	7	40		9	9	千克	AB	PR/QS	0	4.7	0
03027900.90	鲜或冷的黑鱼（鳢属）（子目0302.91至0302.99的可食用鱼杂碎除外）	7	40		9	9	千克	AB	PR/QS	0	4.7	0
	- 其他鱼，但子目0302.91至0302.99的可食用鱼杂碎除外：											
0302.8100	-- 角鲨及其他鲨鱼											
03028100.10	鲜或冷濒危鲨鱼（子目0302.91至0302.99的可食用鱼杂碎除外）	7	40		9	0	千克	ABEF	PR/QS	0	5.3	0
03028100.90	鲜或冷其他鲨鱼（子目0302.91至0302.99的可食用鱼杂碎除外）	7	40		9	9	千克	AB	PR/QS	0	5.3	0
0302.8200	-- 魟鱼及鳐鱼（鳐科）	7	40		9	9	千克	AB	PR/QS	0	4.7	0
0302.8300	-- 南极犬牙鱼（南极犬牙鱼属）	7	40		9	9	千克	ABU	PR/QS	0	4.7	0
0302.8400	-- 尖吻鲈鱼（舌齿鲈属）	7	40		9	9	千克	AB	PR/QS	0	4.7	0
0302.8500	-- 菱羊鲷（鲷科）	7	40		9	9	千克	AB	PR/QS	0	4.7	0

协定税率（%）														特惠税率（%）①/②	Article Description
巴基斯坦	冰岛	哥斯达黎加	秘鲁	新西兰	瑞士	新加坡	韩国	澳大利亚	格鲁吉亚	毛里求斯	日本RCEP	尼加拉瓜	港澳台		
2.5	0	0	0	0	0		0	0	0	0	8.7	0	0/	0/0	-- Swordfish (Xiphias gladius)
															-- Other:
2.5	0	0	0	0	0		0	0	0	0	8.7	0	0/0	0/0	--- Silver pomfrets (Pampus spp.)
2.5	0	0	0	0	0		0	0	0	0	8.7	0	0/0	0/0	--- Other
															- Fish of the families Bregmacerotidae, Euclichthyidae, Gadidae, Macrouridae, Melanonidae, Merlucciidae, Moridae and Muraenolepididae, excluding edible fish offal of subheading 0302.91 to 0302.99:
2.5	0	0	0	0	0		0	0	0	0	8.7	0	0/	0/0	-- Cod (Gadus morhua, Gadus ogac, Gadus macrocephalus)
2.5	0	0	0	0	0		0	0	0	0	8.7	0	0/	0/0	-- Haddock (Melanogrammus aeglefinus)
2.5	0	0	0	0	0		0	0	0	0	8.7	0	0/	0/0	-- Coalfish (Pollachius virens)
2.5	0	0	0	0	0		0	0	0	0	8.7	0	0/0	0/0	-- Hake (Merluccius spp., Urophycis spp.)
2.5	0	0	0	0	0		0	0	0	0	8.7	0	0/0	0/0	-- Alaska Pollock (Theragra chalcogramma)
2.5	0	0	0	0	0		0	0	0	0	8.7	0	0/0	0/0	-- Blue whitings (Micromesistius poutassou, Micromesistius australis)
2.5	0	0	0	0	0		0	0	0	0	8.7	0	0/0	0/0	-- Other
															- Tilapias (Oreochromis spp.), catfish (Pangasius spp., Silurus spp., Clarias spp., Ictalurus spp.), carp (Cyprinus spp., Carassius spp., Ctenopharyngodon idellus, Hypophthalmichthys spp., Cirrhinus spp., Mylopharyngodon piceus, Catla catla, Labeo spp., Osteochilus hasselti, Leptobarbus hoeveni, Megalobrama spp.), eels (Anguilla spp.), Nile perch (Lates niloticus) and snakeheads (Channa spp.), excluding edible fish offal of subheading 0302.9:
6	0	0	0	0	0		0	0	0	0	8.7	0	0/	0/0	-- Tilapias (Oreochromis spp.)
2.5	0	0	0	0	0		0	0	0	0	8.7	9	0/0	0/0	-- Catfish (Pangasius spp., Silurus spp., Clarias spp., Ictalurus spp.)
2.5	0	0	0	0	0		0	0	0	0	8.7	0	0/0	0/0	-- Carp (Cyprinus spp., Carassius spp., Ctenopharyngodon idellus, Hypophthalmichthys spp., Cirrhinus spp., Mylopharyngodon piceus, Catla catla, Labeo spp., Osteochilus hasselti, Leptobarbus hoeveni, Megalobrama spp.)
															-- Eels (Anguilla spp.)
2.5	0	0	0	0	0		0	0	0	0	8.7	0	0/	0/0	Marbled eel (Anguilla marmorata)(other than livers and rose), fresh or chilled
2.5	0	0	0	0	0		0	0	0	0	8.7	0	0/	0/0	European eel (Anguilla anguilla)(other than livers and rose), fresh or chilled
2.5	0	0	0	0	0		0	0	0	0	8.7	0	0/	0/0	Other eels (Anguilla spp.)(other than livers and rose), fresh or chilled
															-- Other
2.5	0	0	0	0	0		0	0	0	0	8.7	0	0/0	0/0	Nile perch (Lates niloticus)(other than livers and rose), fresh or chilled
2.5	0	0	0	0	0		0	0	0	0	8.7	0	0/0	0/0	Snakeheads (Channa spp.)(other than livers and rose), fresh or chilled
															- Other fish, excluding edible fish offal of subheading 0302.91 to 0302.99:
															-- Dogfish and other sharks
2.5	0	0	0	0	0		0	0	0	0	8.7	0	0/	0/0	Endangered sharks (other than livers and rose), fresh or chilled
2.5	0	0	0	0	0		0	0	0	0	8.7	0	0/	0/0	Other sharks (other than livers and rose), fresh or chilled
2.5	0	0	0	0	0		0	0	0	0	8.7	0	0/0	0/0	-- Rays and skates (Rajidae)
2.5	0	0	0	0	0		0	0	0	0	8.7	0	0/	0/0	-- Toothfish (Dissostichus spp.)
2.5	0	0	0	0	0		0	0	0	0	8.7	0	0/0	0/0	-- Seabass (Dicentrarchus spp.)
2.5	0	0	0	0	0		0	0	0	0	8.7	0	0/0	0/0	-- Seabream (Sparidae)

税　号	货品名称	进口关税（%）			增值/消费税（%）	出口退税（%）	计量单位	监管证件代码	检验检疫类别	协定税率（%）		
		最惠国	普通	年内暂定						东盟	亚太	智利
	-- 其他：											
0302.8910	--- 带鱼	7	40		9	9	千克	AB	PR/QS	0	4.7	0
0302.8920	--- 黄鱼	7	40		9	9	千克	AB	PR/QS	0	4.7	0
0302.8930	--- 鲳鱼（银鲳除外）	7	40		9	9	千克	AB	PR/QS	0	4.7	0
0302.8940	--- 鲀	10	40		9	9	千克	AB	PR/QS	0	6.7	0
0302.8990	--- 其他											
03028990.01	鲜或冷的其他鲈鱼（子目0302.91至0302.99的可食用鱼杂碎除外）	7	40		9	9	千克	AB	PR/QS	0	4.7	0
03028990.10	其他未列名鲜或冷的濒危鱼（子目0302.91至0302.99的可食用鱼杂碎除外）	7	40		9	0	千克	ABFE	PR/QS	0	4.7	0
03028990.20	鲜或冷的平鲉属（子目0302.91至0302.99的可食用鱼杂碎除外）	7	40		9	9	千克	ABU	PR/QS	0	4.7	0
03028990.30	鲜或冷的鲬鲉属（叶鳍鲉属）（子目0302.91至0302.99的可食用鱼杂碎除外）	7	40		9	9	千克	ABU	PR/QS	0	4.7	0
03028990.90	其他鲜或冷鱼（子目0302.91至0302.99的可食用鱼杂碎除外）	7	40		9	9	千克	AB	PR/QS	0	4.7	0
	- 鱼肝、鱼卵、鱼精、鱼鳍、鱼头、鱼尾、鱼鳔及其他可食用鱼杂碎：											
0302.9100	-- 鱼肝、鱼卵及鱼精											
03029100.10	鲜或冷濒危鱼种的肝、鱼卵及鱼精	7	50		9	0	千克	ABFE	PR/QS	0		0
03029100.20	鲜、冷的鱼卵（濒危除外）	7	50		0	0	千克	AB	P/Q	0		0
03029100.90	其他鲜或冷鱼肝及鱼精	7	50		9	9	千克	AB	PR/QS	0		0
0302.9200	-- 鲨鱼翅											
03029200.10	鲜或冷濒危鲨鱼翅	12	40		9	0	千克	ABFE	PR/QS	0	9	0
03029200.90	其他鲜或冷鲨鱼翅	12	40		9	9	千克	AB	PR/QS	0	9	0
0302.9900	-- 其他											
03029900.10	其他鲜或冷可食用濒危鱼杂碎	7	40		9	0	千克	ABFE	PR/QS	0		0
03029900.20	鲜或冷的大菱鲆、比目鱼、鲱鱼、鲭鱼、鲳鱼、带鱼、尼罗河鲈鱼、尖吻鲈鱼、其他鲈鱼的可食用其他鱼杂碎	7	40		9	9	千克	AB	PR/QS	0		0
03029900.90	其他鲜或冷可食用其他鱼杂碎	7	40		9	9	千克	AB	PR/QS	0		0
03.03	**冻鱼，但税目03.04的鱼片及其他鱼肉除外：**											
	- 鲑科鱼，但子目0303.91至0303.99的可食用鱼杂碎除外：											
0303.1100	-- 红大麻哈鱼	7	40		9	9	千克	ABU	PR/QS	0	4.7	0
0303.1200	-- 其他大麻哈鱼［细磷大麻哈鱼、大麻哈鱼（种）、大鳞大麻哈鱼、银大麻哈鱼、马苏大麻哈鱼、玫瑰大麻哈鱼］	7	40		9	9	千克	ABU	PR/QS	0	4.7	0
	-- 大西洋鲑鱼及多瑙哲罗鱼：											
0303.1310	--- 大西洋鲑鱼	7	40	5	9	9	千克	AB	PR/QS	0		0
0303.1320	--- 多瑙哲罗鱼	7	40		9	9	千克	AB	PR/QS	0		0
0303.1400	-- 鳟鱼（河鳟、虹鳟、克拉克大麻哈鱼、阿瓜大麻哈鱼、吉雨大麻哈鱼、亚利桑那大麻哈鱼、金腹大麻哈鱼）	12	40		9	9	千克	AB	PR/QS	0		0
0303.1900	-- 其他											
03031900.10	冻川陕哲罗鲑（子目0303.91至0303.99的可食用鱼杂碎除外）	10	40		9	9	千克	AB	PR/QS	0	6.7	0
03031900.20	冻秦岭细鳞鲑（子目0303.91至0303.99的可食用鱼杂碎除外）	10	40		9	9	千克	AB	PR/QS	0	6.7	0
03031900.90	其他冻鲑科鱼（子目0303.91至0303.99的可食用鱼杂碎除外）	10	40		9	9	千克	AB	PR/QS	0	6.7	0

协定税率（%）														特惠税率（%）①/②	Article Description
巴基斯坦	冰岛	哥斯达黎加	秘鲁	新西兰	瑞士	新加坡	韩国	澳大利亚	格鲁吉亚	毛里求斯	日本RCEP	尼加拉瓜	港澳台		
															-- Other:
0	0	0	0	0	0		0	0	0	0	8.7	0	0/	0/0	--- Scabbard fish (Trichiurus)
2.5	0	0	0	0	0		0	0	0	0	8.7	0	0/	0/0	--- Yellow croaker (Pseudosica-ena)
4	0	0	0	0	0		0	0	0	0	8.7	0	0/	0/0	--- Butterfish (Pamus spp.)
2.5	0	0	0	0	0		0	0	0	0	8.7	9	0/	0/0	--- Puffer fish
															--- Other
2.5	0	0	0	0	0		0	0	0	0	8.7	0	0/0	0/0	Other perch (other than livers and rose), fresh or chilled
2.5	0	0	0	0	0		0	0	0	0	8.7	0	0/0	0/0	Other endangered fish, not elsewhere specified or included (other than livers and rose), fresh or chilled
2.5	0	0	0	0	0		0	0	0	0	8.7	0	0/0	0/0	Genus Sebastes (other than livers and rose), fresh or chilled
2.5	0	0	0	0	0		0	0	0	0	8.7	0	0/0	0/0	Genus Sebastolobus (other than livers and rose), fresh or chilled
2.5	0	0	0	0	0		0	0	0	0	8.7	0	0/0	0/0	Other fish (other than livers and rose), fresh or chilled
															- Livers, roes, milt, fish fins, heads, tails, maws and other edible fish offal:
															-- Livers, roes and milt
6	0	0	0	0	0		0	0	0	0	8.7	0	0/	0/0	Livers, roes and spermary of endangered fish, fresh or chilled
6	0	0	0	0	0		0	0	0	0	8.7	0	0/	0/0	Roes, fresh or chilled, other than those of endangered
6	0	0	0	0	0		0	0	0	0	8.7	0	0/	0/0	Other livers and spermary of fish, fresh or chilled
															-- Shark fins
2.5	0	0	0	0	0		0	0	0		8.7	10.8	0/	0/0	Endangered shark fins, fresh or chilled
2.5	0	0	0	0	0		0	0	0		8.7	10.8	0/	0/0	Other shark fins, fresh or chilled
															-- Other
2.5	0	0	0	0	0		0	0	0	0	7.3	0	0/	0/0	Other endangered edible fish offal, fresh or chilled
2.5	0	0	0	0	0		0	0	0	0	7.3	0	0/	0/0	Other edible fish offal, fresh or chilled
2.5	0	0	0	0	0		0	0	0	0	7.3	0	0/	0/0	Other edible fish offal, fresh or chilled
															Fish, frozen, excluding fish fillets and other fish meat of heading 03.04:
															- Salmonidae, excluding edible fish offal of subheading 0303.91 to 0303.99:
2.5	0	0	0	0	0		0	0	0	0	7.3	0	0/	0/0	-- Sockeye salmon (red salmon) (Oncorhynchus nerka)
2.5	0	0	0	0	0		0	0	0	0	8.6	0	0/	0/0	-- Other Pacific salmon (Oncorhynchus gorbuscha, Oncorhynchus keta, Oncorhynchus tschawytscha, Oncorhynchus kisutch, Oncorhynchus masou and Oncorhynchus rhodurus)
															-- Atlantic salmon (Salmo salar) and Danube salmon (Hucho hucho):
2.5	0	0	0	0	0		0	0	0	0	7.3	0	0/	0/0	--- Atlantic salmon (Salmo salar)
2.5	0	0	0	0	0		0	0	0	0	7.3	0	0/	0/0	--- Danube salmon (Hucho hucho):
6	0	0	0	0	0		0	0	0	0	8.7	10.8	0/	0/0	-- Trout (Salmo trutta, Oncorhynchus mykiss, Oncorhynchus clarki, Oncorhynchus aguabonita, Oncorhynchus gilae, Oncorhynchus apache and Oncorhynchus chrysogaster)
															-- Other
2.5	0	0	0	0	0		0	0	0	0	7.3	9	0/	0/0	Hucho bleekeri (other than livers and rose), frozen
2.5	0	0	0	0	0		0	0	0	0	7.3	9	0/	0/0	Qinling lenok (Brachymystax lenck tsinlingensis)(other than livers and rose), frozen
2.5	0	0	0	0	0		0	0	0	0	7.3	9	0/	0/0	Other Salmonidae (other than livers and rose), frozen

税号	货品名称	进口关税（%）			增值/消费税（%）	出口退税（%）	计量单位	监管证件代码	检验检疫类别	协定税率（%）		
		最惠国	普通	年内暂定						东盟	亚太	智利
	- 罗非鱼（口孵非鲫属）、鲶鱼（鲑鲶属、鲶属、胡鲶属、真鮰属）、鲤科鱼（鲤属、鲫属、草鱼、鲢属、鲮属、青鱼、卡特拉鲃、野鲮属、哈氏纹唇鱼、何氏细须鲃、鲂属）、鳗鱼（鳗鲡属）、尼罗河鲈鱼（尼罗尖吻鲈）及黑鱼（鳢属），但子目0303.91至0303.99的可食用鱼杂碎除外：											
0303.2300	-- 罗非鱼（口孵非鲫属）	7	40		9	9	千克	AB	PR/QS	0	3.5	0
0303.2400	-- 鲶鱼（鲑鲶属、鲶属、胡鲶属、真鮰属）	10	40		9	9	千克	AB	PR/QS	0	5	0
0303.2500	-- 鲤科鱼（鲤属、鲫属、草鱼、鲢属、鲮属、青鱼、卡特拉鲃、野鲮属、哈氏纹唇鱼、何氏细须鲃、鲂属）	10	40		9	9	千克	AB	PR/QS	0	5	0
0303.2600	-- 鳗鱼（鳗鲡属）											
03032600.10	冻花鳗鲡（子目0303.91至0303.99的可食用鱼杂碎除外）	10	40		9	0	千克	ABE	PR/QS	0	6.7	0
03032600.20	冻欧洲鳗鲡（子目0303.91至0303.99的可食用鱼杂碎除外）	10	40		9	0	千克	ABEF	PR/QS	0	6.7	0
03032600.90	其他冻鳗鱼（鳗鲡属）（子目0303.91至0303.99的可食用鱼杂碎除外）	10	40		9	9	千克	AB	PR/QS	0	6.7	0
0303.2900	-- 其他											
03032900.01	冻尼罗河鲈鱼（尼罗尖吻鲈）（子目0303.91至0303.99的可食用鱼杂碎除外）	7	40		9	9	千克	AB	PR/QS	0	3.5	0
03032900.90	冻黑鱼（鳢属）（子目0303.91至0303.99的可食用鱼杂碎除外）	7	40		9	9	千克	AB	PR/QS	0	3.5	0
	- 比目鱼（鲽科、鲆科、舌鳎科、鳎科、菱鲆科、刺鲆科），但子目0303.91至0303.99的可食用鱼杂碎除外：											
	--庸鲽鱼（马舌鲽、庸鲽、狭鳞庸鲽）：											
0303.3110	--- 马舌鲽（格陵兰庸鲽鱼）	7	40	2	9	9	千克	ABU	PR/QS	0	4.7	0
0303.3190	--- 其他											
03033190.10	冻大西洋庸鲽（庸鲽）（子目0303.91至0303.99的可食用鱼杂碎除外）	10	40		9	9	千克	ABU	PR/QS	0	6.7	0
03033190.90	其他冻庸鲽鱼（子目0303.91至0303.99的可食用鱼杂碎除外）	10	40		9	9	千克	AB	PR/QS	0	6.7	0
0303.3200	-- 鲽鱼（鲽）	7	40	2	9	9	千克	AB	PR/QS	0	4.7	0
0303.3300	-- 鳎鱼（鳎属）	7	40		9	9	千克	AB	PR/QS	0	4.7	0
0303.3400	-- 大菱鲆（瘤棘鲆）	7	40		9	9	千克	AB	PR/QS	0	5.6	0
0303.3900	-- 其他											
03033900.10	冻亚洲箭齿鲽（子目0303.91至0303.99的可食用鱼杂碎除外）	7	40		9	9	千克	ABU	PR/QS	0	5.6	0
03033900.90	其他冻比目鱼（鲽科、鲆科、舌鳎科、鳎科、菱鲆科、刺鲆科）（子目0303.91至0303.99的可食用鱼杂碎除外）	7	40		9	9	千克	AB	PR/QS	0	5.6	0
	- 金枪鱼（金枪鱼属）、鲣，但子目0303.91至0303.99的可食用鱼杂碎除外：											
0303.4100	-- 长鳍金枪鱼	7	40	6	9	9	千克	AB	PR/QS	0	5.3	0
0303.4200	-- 黄鳍金枪鱼	7	40	6	9	9	千克	AB	PR/QS	0	5.3	0

协定税率（%）														特惠税率（%）①/②	Article Description
巴基斯坦	冰岛	哥斯达黎加	秘鲁	新西兰	瑞士	新加坡	韩国	澳大利亚	格鲁吉亚	毛里求斯	日本RCEP	尼加拉瓜	港澳台		
															- Tilapias (Oreochromis spp.), catfish (Pangasius spp., Silurus spp., Clarias spp., Ictalurus spp.), carp (Cyprinus spp., Carassius spp., Ctenopharyngodon idellus, Hypophthalmichthys spp., Cirrhinus spp., Mylopharyngodon piceus, Catla catla, Labeo spp., Osteochilus hasselti, Leptobarbus hoeveni, Megalobrama spp.), eels (Anguilla spp.), Nile perch (Lates niloticus) and snakeheads (Channa spp.), excluding edible fish offal of subheading 0303.91 to 0303.99:
2.5	0	0	0	0	0		0	0	0	0	7.3	0	0/	0/0	-- Tilapias (Oreochromis spp.)
5	0	0	0	0	0		0	0	0	0	7.3	9	0/0	0/0	-- Catfish (Pangasius spp., Silurus spp., Clarias spp., Ictalurus spp.)
0	0	0	0	0	0		0	0	0	0	7.3	9	0/0	0/0	-- Carp (Cyprinus spp., Carassius spp., Ctenopharyngodon idellus, Hypophthalmichthys spp., Cirrhinus spp., Mylopharyngodon piceus, Catla catla, Labeo spp., Osteochilus hasselti, Leptobarbus hoeveni, Megalobrama spp.)
															-- Eels (Anguilla spp.)
8	0	0	0	0	0		0	0	0	0	8.7	9	0/	0/0	Marbled eel (Anguilla marmorata)(other than livers and rose), frozen
8	0	0	0	0	0		0	0	0	0	8.7	9	0/	0/0	European eel (Anguilla anguilla)(other than livers and rose), frozen
8	0	0	0	0	0		0	0	0	0	8.7	9	0/	0/0	Other eels (Anguilla spp.)(other than livers and rose), frozen
															-- Other
5	0	0	0	0	0		0	0	0	0	7.3	0	0/0	0/0	Nile perch (Lates niloticus)(other than livers and rose), frozen
5	0	0	0	0	0		0	0	0	0	7.3	0	0/0	0/0	Snakeheads (Channa spp.)(other than livers and rose), frozen
															- Flat fish (Pleuronectidae, Bothidae, Cynoglossidae, Soleidae, Scophthalmidae and Citharidae), excluding edible fish offal of subheading 0303.91 to 0303.99 :
															-- Halibut (Reinhardtius hippoglossoides, Hippoglossus hippoglossus, Hippoglossus stenolepis):
2.5	0	0	0	0	0		0	0	0	0		0	0/	0/0	--- Greenland halibut
															--- Other
2.5	0	0	0	0	0		0	0	0	0	7.3	9	0/	0/0	Hippoglossus hippoglossus (excluding Greenland halibut (other than livers and rose)), frozen
2.5	0	0	0	0	0		0	0	0	0	7.3	9	0/	0/0	Other halibut (excluding Greenland halibut (other than livers and rose)), frozen
8	0	0	0	0	0		0	0	0	0		0	0/	0/0	-- Plaice (Pleuronectes platessa)
8	0	0	0	0	0		0	0	0	0	8.7	0	0/	0/0	-- Sole (Solea spp.)
8	0	0	0	0	0		0	0	0	0	7.3	0	0/	0/0	-- Turbots (Psetta maxima)
															-- Other
0	0	0	0	0	0		0	0	0	0		0	0/	0/0	Atherestes evermanni (other than livers and rose), frozen
0	0	0	0	0	0		0	0	0	0		0	0/	0/0	Other flat fish (Pleuronectidae, Bothidae, Cynoglossidae, Soleidae, Scophthalmidae and Citharidae (other than livers and rose)), frozen
															- Tunas (of the genus Thunnus), skipjack tuna (stripe-bellied bonito) (Katsuwonus pelamis), excluding edible fish offal of subheadings 0303.91 to 0303.99:
2.5	0	0	0	0	0		0	0	0	0	8.7	0	0/	0/0	-- Albacore or longfinned tunas (Thunnus alalunga)
2.5	0	0	0	0	0		0	0	0	2.4	8.7	0	0/	0/0	-- Yellowfin tunas (Thunnus albacares)

税号	货品名称	进口关税（%）			增值/消费税（%）	出口退税（%）	计量单位	监管证件代码	检验检疫类别	协定税率（%）		
		最惠国	普通	年内暂定						东盟	亚太	智利
0303.4300	-- 鲣	7	40		9	9	千克	AB	PR/QS	0	5.3	0
0303.4400	-- 大眼金枪鱼	7	40	6	9	9	千克	ABU	PR/QS	0		0
	-- 大西洋及太平洋蓝鳍金枪鱼：											
0303.4510	--- 大西洋蓝鳍金枪鱼	7	40	6	9	9	千克	ABU	PR/QS	0		0
0303.4520	--- 太平洋蓝鳍金枪鱼	7	40	6	9	9	千克	AB	PR/QS	0	5.3	0
0303.4600	-- 南方蓝鳍金枪鱼	7	40	6	9	9	千克	AB	PR/QS	0		0
0303.4900	-- 其他	7	40		9	9	千克	AB	PR/QS	0	5.3	0
	- 鲱鱼（大西洋鲱鱼、太平洋鲱鱼）、鳀鱼（鳀属）、沙丁鱼（沙丁鱼、沙瑙鱼属）、小沙丁鱼属、黍鲱或西鲱、鲭鱼［大西洋鲭、澳洲鲭（鲐）、日本鲭（鲐）］、印度鲭（羽鳃鲐属）、马鲛鱼（马鲛属）、对称竹荚鱼、新西兰竹荚鱼及竹荚鱼（竹荚鱼属）、鲹鱼（鲹属）、军曹鱼、银鲳（鲳属）、秋刀鱼、圆鲹（圆鲹属）、多春鱼（毛鳞鱼）、剑鱼、鲔鱼、狐鲣（狐鲣属）、枪鱼、旗鱼、四鳍旗鱼（旗鱼科），但子目0303.91至0303.99的可食用鱼杂碎除外：											
0303.5100	-- 鲱鱼（大西洋鲱鱼、太平洋鲱鱼）											
03035100.10	冻太平洋鲱鱼（子目0303.91至0303.99的可食用鱼杂碎除外）	7	40	2	9	9	千克	ABU	PR/QS	0	4.7	0
03035100.90	冻大西洋鲱鱼（子目0303.91至0303.99的可食用鱼杂碎除外）	7	40	2	9	9	千克	AB	PR/QS	0	4.7	0
0303.5300	-- 沙丁鱼（沙丁鱼、沙瑙鱼属）、小沙丁鱼属、黍鲱或西鲱	7	40		9	9	千克	AB	PR/QS	0	4.7	0
0303.5400	-- 鲭鱼［大西洋鲭、澳洲鲭（鲐）、日本鲭（鲐）］	7	40		9	9	千克	AB	PR/QS	0	4.7	0
0303.5500	-- 对称竹荚鱼、新西兰竹荚鱼及竹荚鱼（竹荚鱼属）	7	40		9	9	千克	AB	PR/QS	0	3.5	0
0303.5600	-- 军曹鱼	7	40		9	9	千克	AB	PR/QS	0	3.5	0
0303.5700	-- 剑鱼	7	40		9	9	千克	ABU	PR/QS	0	3.5	0
	-- 其他：											
0303.5910	--- 银鲳（鲳属）	7	40		9	9	千克	AB	PR/QS	0	3.5	0
0303.5990	--- 其他											
03035990.10	冻毛鳞鱼，但食用杂碎除外	7	40	5	9	9	千克	AB	PR/QS	0	3.5	0
03035990.90	其他子目0303.5项下冻的鱼［鳀鱼（鳀属）、印度鲭（羽鳃鲐属）、马鲛鱼（马鲛属）、鲹鱼（鲹属）、秋刀鱼、圆鲹（圆鲹属）、鲔鱼、狐鲣（狐鲣属）、枪鱼、旗鱼、四鳍旗鱼（旗鱼科），但子目0303.91至0303.99的可食用鱼杂碎除外］	7	40		9	9	千克	AB	PR/QS	0	3.5	0
	- 犀鳕科、多丝真鳕科、鳕科、长尾鳕科、黑鳕科、无须鳕科、深海鳕科及南极鳕科鱼，但子目0303.91至0303.99的可食用鱼杂碎除外：											
0303.6300	-- 鳕鱼（大西洋鳕鱼、格陵兰鳕鱼、太平洋鳕鱼）	7	40	2	9	9	千克	AB	PR/QS	0	4.7	0
0303.6400	-- 黑线鳕鱼（黑线鳕）	7	40		9	9	千克	AB	PR/QS	0	4.7	0
0303.6500	-- 绿青鳕鱼	7	40		9	9	千克	AB	PR/QS	0	4.7	0

协定税率（%）巴基斯坦	冰岛	哥斯达黎加	秘鲁	新西兰	瑞士	新加坡	韩国	澳大利亚	格鲁吉亚	毛里求斯	日本RCEP	尼加拉瓜	港澳台	特惠税率（%）①/②	Article Description
2.5	0	0	0	0	0		6	0	0	0		0	0/	0/0	-- Skipjack tuna (stripe-bellied bonito) (Katsuwonus pelamis)
6	0	0	0	0	0		0	0	0	2.4	8.7	0	0/	0/0	-- Bigeye tunas (Thunnus obesus)
															-- Atlantic and Pacific bluefin tunas (Thunnus thynnus, Thunnus orientalis):
6	0	0	0	0	0		0	0	0	0	8.7	0	0/	0/0	--- Atlantic bluefin tunas (Thunnus thynnus)
2.5	0	0	0	0	0		0	0	0	0	8.7	0	0/	0/0	--- Pacific bluefin tunas (Thunnus orientalis)
6	0	0	0	0	0		0	0	0	0	8.7	0	0/	0/0	-- Southern bluefin tunas (Thunnus maccoyii)
2.5	0	0	0	0	0		0	0	0	0	8.7	0	0/	0/0	-- Other
															- Herrings (Clupea harengus, Clupea pallasii), anchovies (Engraulis spp.), sardines (Sardina pilchardus, Sardinops spp.), sardinella (Sardinella spp.), brisling or sprats (Sprattus sprattus), mackerel (Scomber scombrus, Scomber australasicus, Scomber japonicus), Indian mackerels (Rastrelliger spp.), seerfishes (Scomberomorus spp), jack and horse mackerel (Trachurus spp.), jacks, crevalles (Caranx spp.), cobia (Rachycentron canadum), silver pomfrets (Pampus spp.), Pacific saury (Cololabis saira), scads (Decapterus spp.), capelin (Mallotus villosus), swordfish (Xiphias gladius), Kawakawa (Euthynnus affinis), bonitos (Sarda spp.), marlins, sailfishes, spearfish (Istiophoridae), excluding edible fish offal of subheading 0303.91 to 0303.99:
															-- Herrings (Clupea harengus, Clupea pallasii)
2.5	0	0	0	0	0		0	0	0	0	7.3	0	0/	0/0	Clupea pallasii (other than livers and rose), frozen
2.5	0	0	0	0	0		0	0	0	0	7.3	0	0/	0/0	Clupea harengus (other than livers and rose), frozen
0	0	0	0	0	0		0	0	0	0	8.7	0	0/	0/0	-- Sardines (Sardina pilchardus, Sardinops spp.), sardinella (Sardinella spp.), brisling or sprats (Sprattus sprattus)
0	0	0	0	0	0		0	0	0	0	7.3	0	0/	0/0	-- Mackerel (Scomber scombrus, Scomber australasicus, Scomber japonicus)
5	0	0	0	0	0		0	0	0	0	7.3	0	0/0	0/0	-- Jack and horse mackerel (Trachurus spp.)
5	0	0	0	0	0		0	0	0	0	7.3	0	0/0	0/0	-- Cobia (Rachycentron canadum)
5	0	0	0	0	0		0	0	0	0	7.3	0	0/	0/0	-- Swordfish (Xiphias gladius)
															-- Other:
0	0	0	0	0	0		3.3	0	0	0	8.1	0	0/0	0/0	--- Silver pomfrets (Pampus spp.)
															--- Other
0	0	0	0	0	0		3.3	0	0	0	8.1	0	0/0	0/0	Mallotus villosus, frozen, excluding edible fish offal
0	0	0	0	0	0		3.3	0	0	0	8.1	0	0/0	0/0	Other frozen fish of subheading 0303.5 (anchovies (Engraulis spp.), Indian mackerels (Rastrelliger spp.), seerfishes (Scomberomorus spp), crevalles (Caranx spp.), silver pomfrets (Pampus spp.), Pacific saury (Cololabis saira), scads (Decapterus spp.), capelin (Mallotus villosus), Kawakawa (Euthynnus affinis), bonitos (Sarda spp.), marlins, sailfishes, spearfish (Istiophoridae), excluding edible fish offal of subheading 0303.91 to 0303.99)
															- Fish of the families Bregmacerotidae, Euclichthyidae, Gadidae, Macrouridae, Melanonidae, Merlucciidae, Moridae and Muraenolepididae, excluding edible fish offal of subheading 0303.91 to 0303.99:
2.5	0	0	0	0	0		0	0	0	0	7.3	0	0/	0/0	-- Cod (Gadus morhua, Gadus ogac, Gadus macrocephalus)
2.5	0	0	0	0	0		0	0	0	0	8.7	0	0/	0/0	-- Haddock (Melanogrammus aeglefinus)
2.5	0	0	0	0	0		0	0	0	0	8.7	0	0/	0/0	-- Coalfish (Pollachius virens)

税　号	货品名称	进口关税（%）			增值/消费税（%）	出口退税（%）	计量单位	监管证件代码	检验检疫类别	协定税率（%）		
		最惠国	普通	年内暂定						东盟	亚太	智利
0303.6600	-- 狗鳕鱼（无须鳕属、长鳍鳕属）	7	40		9	9	千克	AB	PR/QS	0		0
0303.6700	-- 阿拉斯加狭鳕鱼	7	40	2	9	9	千克	ABU	PR/QS	0	3.5	0
0303.6800	-- 蓝鳕鱼（小鳍鳕、南蓝鳕）	7	40	2	9	9	千克	AB	PR/QS	0	3.5	0
0303.6900	-- 其他	7	40		9	9	千克	AB	PR/QS	0	3.5	0
	- 其他鱼，但子目0303.91至0303.99的可食用鱼杂碎除外：											
0303.8100	-- 角鲨及其他鲨鱼											
03038100.10	冻濒危鲨鱼（子目0303.91至0303.99的可食用鱼杂碎除外）	7	40		9	0	千克	ABFE	PR/QS	0	5.3	0
03038100.90	冻其他鲨鱼（子目0303.91至0303.99的可食用鱼杂碎除外）	7	40		9	9	千克	AB	PR/QS	0	5.3	0
0303.8200	-- 魟鱼及鳐鱼（鳐科）	7	40		9	9	千克	AB	PR/QS	0	3.5	0
0303.8300	-- 南极犬牙鱼（南极犬牙鱼属）	7	40		9	9	千克	ABU	PR/QS	0	3.5	0
0303.8400	-- 尖吻鲈鱼（舌齿鲈属）	7	40		9	9	千克	AB	PR/QS	0	4.7	0
	-- 其他：											
0303.8910	--- 带鱼	7	40	5	9	9	千克	AB	PR/QS	0	3.5	0
0303.8920	--- 黄鱼	7	40		9	9	千克	AB	PR/QS	0	3.5	0
0303.8930	--- 鲳鱼（银鲳除外）	7	40		9	9	千克	AB	PR/QS	0	3.5	0
0303.8990	--- 其他											
03038990.01	其他冻鲈鱼（子目0303.91至0303.99的可食用鱼杂碎除外）	7	40		9	9	千克	AB	PR/QS	0	3.5	0
03038990.10	其他未列名冻的濒危鱼（但子目0303.91至0303.99的可食用鱼杂碎除外：）	7	40		9	0	千克	ABFE	PR/QS	0	3.5	0
03038990.20	冻平鲉属鱼（但子目0303.91至0303.99的可食用鱼杂碎除外）	7	40	5	9	9	千克	ABU	PR/QS	0	3.5	0
03038990.30	冻鲪鲉属（叶鳍鲉属）（子目0303.91至0303.99的可食用鱼杂碎除外）	7	40		9	9	千克	ABU	PR/QS	0	3.5	0
03038990.90	其他未列名冻鱼（子目0303.91至0303.99的可食用鱼杂碎除外）	7	40		9	9	千克	AB	PR/QS	0	3.5	0
	- 鱼肝、鱼卵、鱼精、鱼鳍、鱼头、鱼尾、鱼鳔及其他可食用杂碎：											
0303.9100	-- 鱼肝、鱼卵及鱼精											
03039100.10	冻濒危鱼种的肝、鱼卵及鱼精	7	50		9	0	千克	ABFE	PR/QS	0	6.3	0
03039100.20	冻的种用鱼卵（濒危除外）	7	50		0	0	千克	AB	PR/QS	0	6.3	0
03039100.90	其他冻鱼肝及鱼精	7	50		9	9	千克	AB	PR/QS	0	6.3	0
0303.9200	-- 鲨鱼翅											
03039200.10	冻濒危鲨鱼翅	12	40		9	0	千克	ABFE	PR/QS	0	9	0
03039200.90	其他冻鲨鱼翅	12	40		9	9	千克	AB	PR/QS	0	9	0
0303.9900	-- 其他											
03039900.10	其他冻可食用濒危鱼杂碎	7	40		9	0	千克	ABFE	PR/QS	0	4.7	0
03039900.20	冻的大菱鲆、比目鱼、鲱鱼、鲭鱼、鲳鱼、带鱼、尼罗河鲈鱼、尖吻鲈鱼、其他鲈鱼的可食用其他鱼杂碎	7	40		9	9	千克	AB	PR/QS	0	4.7	0
03039900.90	其他冻可食用其他鱼杂碎	7	40		9	9	千克	AB	PR/QS	0	4.7	0
03.04	**鲜、冷、冻鱼片及其他鱼肉（不论是否绞碎）：**											
	- 鲜或冷的罗非鱼（口孵非鲫属）、鲶鱼（鲑鲶属、鲶属、胡鲶属、真鮰属）、鲤科鱼（鲤属、鲫属、草鱼、鲢属、鲮属、青鱼、卡特拉鲃、野鲮属、哈氏纹唇鱼、何氏细须鲃、鲂属）、鳗鱼（鳗鲡属）、尼罗河鲈鱼（尼罗尖吻鲈）及黑鱼（鳢属）的鱼片：											
0304.3100	-- 罗非鱼（口孵非鲫属）	7	70		9	9	千克	AB	PR/QS	0	5.3	0

协定税率（%）														特惠税率（%）①/②	Article Description
巴基斯坦	冰岛	哥斯达黎加	秘鲁	新西兰	瑞士	新加坡	韩国	澳大利亚	格鲁吉亚	毛里求斯	日本RCEP	尼加拉瓜	港澳台		
6	0	0	0	0	0		0	0	0	0	8.7	0	0/	0/0	-- Hake (Merluccius spp., Urophycis spp.)
5	0	0	0	0	0		0	0	0	0	8.6	0	0/0	0/0	-- Alaska Pollock (Theragra chalcogramma)
5	0	0	0	0	0		0	0	0	0	7.3	0	0/0	0/0	-- Blue whitings (Micromesistius poutassou, Micromesistius australis)
5	0	0	0	0	0		0	0	0	0	7.3	0	0/0	0/0	-- Other
															- Other fish, excluding edible fish offal of subheading 0303.91 to 0303.99:
															-- Dogfish and other sharks
9	0	0	0	0	0		0	0	0	0	8.7	0	0/	0/0	Endangered shark (other than livers and roes), frozen
9	0	0	0	0	0		0	0	0	0	8.7	0	0/	0/0	Other sharks (other than livers and roes), frozen
5	0	0	0	0	0		0	0	0	0	7.3	0	0/0	0/0	-- Rays and skates (Rajidae)
5	0	0	0	0	0		0	0	0	0	7.3	0	0/	0/0	-- Toothfish (Dissostichus spp.)
2.5	0	0	0	0	0		0	0	0	0	8.7	5.6	0/	0/0	-- Seabass (Dicentrarchus spp.)
															-- Other:
0	0	0	0	0	0		0	0	0	0	7.3	0	0/	0/0	--- Scabbard fish (Trichiurus)
0	0	0	0	0	0		0	0	0	0	7.3	0	0/	0/0	--- Yellow croaker (Pseudosicaena)
0	0	0	0	0	0		0	0	0	0	7.3	5.6	0/	0/0	--- Butterfish (Pampus spp.)
															--- Other
0	0	0	0	0	0		3.3	0	0	2	8.1	5.6	0/0	0/0	Other perch (other than livers and roes), frozen
0	0	0	0	0	0		3.3	0	0	2	8.1	5.6	0/0	0/0	Other endangered fish, not elsewhere specified or included (other than livers and roes), frozen
0	0	0	0	0	0		3.3	0	0	2	8.1	5.6	0/0	0/0	Genus Sebastes (other than livers and roes), frozen, other than edible fish offal of subheading 0303.91 to 0303.99
0	0	0	0	0	0		3.3	0	0	2	8.1	5.6	0/0	0/0	Genus Sebastolobus (other than livers and roes), frozen
0	0	0	0	0	0		3.3	0	0	2	8.1	5.6	0/0	0/0	Other fish, not elsewhere specified or included (other than livers and roes), frozen
															- Livers, roes, milt, fish fins, heads, tails, maws and other edible fish offal:
															-- Livers, roes and milt
2.5	0	0		0	0		0	0	0	0	7.3	5.6	0/	0/0	Livers, roes and spermary of endangered fish, frozen
2.5	0	0		0	0		0	0	0	0	7.3	5.6	0/	0/0	Roes, frozen, other than those of endangered
2.5	0	0		0	0		0	0	0	0	7.3	5.6	0/	0/0	Other livers and spermary of fish, frozen
															-- Shark fins
9	0	0	0	0	0		0	0	0		8.7	11.2	0/	0/0	Endangered shark fins, frozen
9	0	0	0	0	0		0	0	0		8.7	11.2	0/	0/0	Other shark fins, frozen
															-- Other
0	0	0	0	0	0		0	0	0	0	7.3	0	0/	0/0	Other endangered edible fish offal, frozen
0	0	0	0	0	0		0	0	0	0	7.3	0	0/	0/0	Other edible fish offal, frozen
0	0	0	0	0	0		0	0	0	0	7.3	0	0/	0/0	Other edible fish offal, frozen
															Fish fillets and other fish meat (whether or not minced), fresh, chilled or frozen:
															- Fresh or chilled fillets of tilapias (Oreochromis spp.), catfish (Pangasius spp., Silurus spp., Clarias spp., Ictalurus spp.), carp (Cyprinus spp., Carassius spp., Ctenopharyngodon idellus, Hypophthalmichthys spp., Cirrhinus spp., Mylopharyngodon piceus, Catla catla, Labeo spp., Osteochilus hasselti, Leptobarbus hoeveni, Megalobrama spp.), eels (Anguilla spp.), Nile perch (Lates niloticus) and snakeheads (Channa spp.):
2.5	0	0	0	0	0		0	0	0	0	8.7	0	0/	0/0	-- Tilapias (Oreochromis spp.)

税　号	货品名称	进口关税（%）			增值/消费税（%）	出口退税（%）	计量单位	监管证件代码	检验检疫类别	协定税率（%）		
		最惠国	普通	年内暂定						东盟	亚太	智利
0304.3200	-- 鲶鱼（𩷶鲶属、鲶属、胡鲶属、真鮰属）	7	70		9	9	千克	AB	PR/QS	0	5.3	0
0304.3300	-- 尼罗河鲈鱼（尼罗尖吻鲈）	7	70		9	9	千克	AB	PR/QS	0	5.3	0
0304.3900	-- 其他											
03043900.10	鲜或冷的花鳗鲡鱼片	7	70		9	0	千克	ABE	PR/QS	0	5.3	0
03043900.20	鲜或冷的欧洲鳗鲡鱼片	7	70		9	0	千克	ABEF	PR/QS	0	5.3	0
03043900.90	鲜或冷的鲤科鱼（鲤属、鲫属、草鱼、鲢属、鳙属、青鱼、卡特拉鲃、野鲮属、哈氏纹唇鱼、何氏细须鲃、鲂属）、其他鳗鱼（鳗鲡属）及黑鱼（鳢属）的鱼片	7	70		9	9	千克	AB	PR/QS	0	5.3	0
	- 鲜或冷的其他鱼片：											
0304.4100	-- 大麻哈鱼［红大麻哈鱼、细磷大麻哈鱼、大麻哈鱼（种）、大鳞大麻哈鱼、银大麻哈鱼、马苏大麻哈鱼、玫瑰大麻哈鱼］、大西洋鲑鱼及多瑙哲罗鱼	7	70		9	9	千克	AB	PR/QS	0	5.3	0
0304.4200	-- 鳟鱼（河鳟、虹鳟、克拉克大麻哈鱼、阿瓜大麻哈鱼、吉雨大麻哈鱼、亚利桑那大麻哈鱼、金腹大麻哈鱼）	7	70		9	9	千克	AB	PR/QS	0	5.3	0
0304.4300	-- 比目鱼（鲽科、鲆科、舌鳎科、鳎科、菱鲆科、刺鲆科）	7	70		9	9	千克	AB	PR/QS	0	5.3	0
0304.4400	-- 犀鳕科、多丝真鳕科、鳕科、长尾鳕科、黑鳕科、无须鳕科、深海鳕科及南极鳕科鱼	7	70		9	9	千克	AB	PR/QS	0	5.3	0
0304.4500	-- 剑鱼	7	70		9	9	千克	ABU	PR/QS	0	5.3	0
0304.4600	-- 南极犬牙鱼（南极犬牙鱼属）	7	70		9	9	千克	ABU	PR/QS	0	5.3	0
0304.4700	-- 角鲨及其他鲨鱼											
03044700.10	鲜或冷的濒危鲨鱼的鱼片	7	70		9	0	千克	ABFE	PR/QS	0	5.3	0
03044700.90	鲜或冷的其他鲨鱼的鱼片	7	70		9	9	千克	AB	PR/QS	0	5.3	0
0304.4800	-- 魟鱼及鳐鱼（鳐科）											
03044800.10	鲜或冷的濒危魟鱼及鳐鱼的鱼片	7	70		9	0	千克	ABFE	PR/QS	0	5.3	0
03044800.90	鲜或冷的其他魟鱼及鳐鱼的鱼片	7	70		9	9	千克	AB	PR/QS	0	5.3	0
0304.4900	-- 其他											
03044900.10	鲜或冷的其他濒危鱼的鱼片	7	70		9	0	千克	ABFE	PR/QS	0	5.3	0
03044900.90	鲜或冷的其他鱼的鱼片	7	70		9	9	千克	AB	PR/QS	0	5.3	0
	- 其他，鲜或冷的：											
0304.5100	-- 罗非鱼（口孵非鲫属）、鲶鱼（𩷶鲶属、鲶属、胡鲶属、真鮰属）、鲤科鱼（鲤属、鲫属、草鱼、鲢属、鳙属、青鱼、卡特拉鲃、野鲮属、哈氏纹唇鱼、何氏细须鲃、鲂属）、鳗鱼（鳗鲡属）、尼罗河鲈鱼（尼罗尖吻鲈）及黑鱼（鳢属）											
03045100.10	鲜或冷的花鳗鲡的鱼肉（不论是否绞碎）	7	70		9	0	千克	ABE	PR/QS	0	5.3	0
03045100.20	鲜或冷的欧洲鳗鲡的鱼肉（不论是否绞碎）	7	70		9	0	千克	ABEF	PR/QS	0	5.3	0

协定税率（%）														特惠税率（%）①/②	Article Description
巴基斯坦	冰岛	哥斯达黎加	秘鲁	新西兰	瑞士	新加坡	韩国	澳大利亚	格鲁吉亚	毛里求斯	日本RCEP	尼加拉瓜	港澳台		
2.5	0	0	0	0	0		0	0	0	0	8.7	0	0/	0/0	-- Catfish (Pangasius spp., Silurus spp., Clarias spp., Ictalurus spp.)
2.5	0	0	0	0	0		0	0	0	0	8.7	5.6	0/	0/0	-- Nile Perch (Lates niloticus)
															-- Other
2.5	0	0	0	0	0		0	0	0	0	8.7	0	0/	0/0	Fillets of Marbled eel (Anguilla marmorata), fresh or chilled
2.5	0	0	0	0	0		0	0	0	0	8.7	0	0/	0/0	Fillets of European eel (Anguilla anguilla), fresh or chilled
2.5	0	0	0	0	0		0	0	0	0	8.7	0	0/	0/0	Fillets of Carp (Cyprinus carpio, Carassius carassius, Ctenopharynngodon idellus, Hypophthalmichthys spp., Cirrhinus spp., Mylopharyngodon piceus), other eels (Anguilla spp.) and snakeheads (Channa spp.), fresh or chilled
															- Fresh or chilled fillets of other fish:
2.5	0	0	0	0	0		0	0	0	0	8.7	0	0/	0/0	-- Pacific salmon (Oncorhynchus nerka, Oncorhynchus gorbuscha, Oncorhynchus keta, Oncorhynchus tschawytscha, Oncorhynchus kisutch, Oncorhynchus masou and Oncorhynchus rhodurus), Atlantic salmon (Salmo salar) and Danube salmon (Hucho hucho)
2.5	0	0	0	0	0		0	0	0	0	8.7	5.6	0/	0/0	-- Trout (Salmo trutta, Onco-rhynchus mykiss, Oncorhynchus clarki, Oncorhynchus aguabonita, Oncorhynchus gilae, Oncorhynchus apache and Oncorhynchus chrysogaster)
2.5	0	0	0	0	0		0	0	0	0	8.7	5.6	0/	0/0	-- Flat fish (Pleuronectidae, Bothidae, Cynoglossidae, Soleidae, Scophthalmidae and Citharidae)
2.5	0	0	0	0	0		0	0	0	0	8.7	5.6	0/	0/0	-- Fish of the families Bregmacerotidae, Euclichthyidae, Gadidae, Macrouridae, Melanonidae, Merlucciidae, Moridae and Muraenolepididae
2.5	0	0	0	0	0		0	0	0	0	8.7	0	0/	0/0	-- Swordfish (Xiphias gladius)
2.5	0	0	0	0	0		0	0	0	0	8.7	5.6	0/	0/0	-- Toothfish (Dissostichus spp.)
															-- Dogfish and other sharks
2.5	0	0	0	0	0		0	0	0	0	8.7	5.6	0/	0/0	Fillets of endangered shark, fresh or chilled
2.5	0	0	0	0	0		0	0	0	0	8.7	5.6	0/	0/0	Fillets of other shark, fresh or chilled
															-- Rays and skates (Rajidae)
2.5	0	0	0	0	0		0	0	0	0	8.7	5.6	0/	0/0	Fillets of endangered Rays and skates (Rajidae), fresh or chilled
2.5	0	0	0	0	0		0	0	0	0	8.7	5.6	0/	0/0	Fillets of other Rays and skates (Rajidae), fresh or chilled
															-- Other
2.5	0	0	0	0	0		0	0	0	0	8.7	0	0/	0/0	Fillets of other endangered fish, fresh or chilled
2.5	0	0	0	0	0		0	0	0	0	8.7	0	0/	0/0	Fillets of other fish, fresh or chilled
															-- Other, fresh or chilled:
															-- Tilapias (Oreochromis spp.), catfish (Pangasius spp., Silurus spp., Clarias spp., Ictalurus spp.), carp (Cyprinus spp., Carassius spp., Ctenopharyngodon idellus, Hypophthalmichthys spp., Cirrhinus spp., Mylopharyngodon piceus, Catla catla, Labeo spp., Osteochilus hasselti, Leptobarbus hoeveni, Megalobrama spp.), eels (Anguilla spp.), Nile perch (Lates niloticus) and snakeheads (Channa spp.)
2.5	0	0	0	0	0		0	0	0	0	8.7	5.6	0/	0/0	Meat of Marbled eel (Anguilla marmorata) (whether or not minced), fresh or chilled
2.5	0	0	0	0	0		0	0	0	0	8.7	5.6	0/	0/0	Meat of European eel (Anguilla anguilla) (whether or not minced), fresh or chilled

税　号	货品名称	进口关税（%）			增值/消费税（%）	出口退税（%）	计量单位	监管证件代码	检验检疫类别	协定税率（%）		
		最惠国	普通	年内暂定						东盟	亚太	智利
03045100.90	鲜或冷的罗非鱼（口孵非鲫属）、鲶鱼（鮰鲶属、鲶属、胡鲶属、真鮰属）、鲤科鱼（鲤属、鲫属、草鱼、鲢属、鲮属、青鱼、卡特拉鲃、野鲮属、哈氏纹唇鱼、何氏细须鲃、鲂属）、其他鳗鱼（鳗鲡属）、尼罗河鲈鱼（尼罗尖吻鲈）及黑鱼（鳢属）的鱼肉	7	70		9	9	千克	AB	PR/QS	0	5.3	0
0304.5200	-- 鲑科鱼	7	70		9	9	千克	AB	PR/QS	0	5.3	0
0304.5300	-- 犀鳕科、多丝真鳕科、鳕科、长尾鳕科、黑鳕科、无须鳕科、深海鳕科及南极鳕科鱼	7	70		9	9	千克	AB	PR/QS	0	5.3	0
0304.5400	-- 剑鱼	7	70		9	9	千克	ABU	PR/QS	0	5.3	0
0304.5500	-- 南极犬牙鱼（南极犬牙鱼属）	7	70		9	9	千克	ABU	PR/QS	0	5.3	0
0304.5600	-- 角鲨及其他鲨鱼											
03045600.10	鲜或冷的濒危鲨鱼肉（不论是否绞碎）	7	70		9	0	千克	ABEF	PR/QS	0	5.3	0
03045600.90	鲜或冷的其他鲨鱼肉（不论是否绞碎）	7	70		9	9	千克	AB	PR/QS	0	5.3	0
0304.5700	-- 魟鱼及鳐鱼（鳐科）											
03045700.10	鲜或冷的濒危魟鱼及鳐鱼的鱼肉（不论是否绞碎）	7	70		9	0	千克	ABEF	PR/QS	0	5.3	0
03045700.90	鲜或冷的其他魟鱼及鳐鱼的鱼肉（不论是否绞碎）	7	70		9	9	千克	AB	PR/QS	0	5.3	0
0304.5900	-- 其他											
03045900.10	鲜或冷的其他濒危鱼的鱼肉（不论是否绞碎）	7	70		9	0	千克	ABEF	PR/QS	0	5.3	0
03045900.90	鲜或冷的其他鱼的鱼肉（不论是否绞碎）	7	70		9	9	千克	AB	PR/QS	0	5.3	0
	- 冻的罗非鱼（口孵非鲫属）、鲶鱼（鮰鲶属、鲶属、胡鲶属、真鮰属）、鲤科鱼（鲤属、鲫属、草鱼、鲢属、鲮属、青鱼、卡特拉鲃、野鲮属、哈氏纹唇鱼、何氏细须鲃、鲂属）、鳗鱼（鳗鲡属）、尼罗河鲈鱼（尼罗尖吻鲈）及黑鱼（鳢属）的鱼片：											
0304.6100	-- 罗非鱼（口孵非鲫属）	7	70		9	9	千克	AB	PR/QS	0		0
	-- 鲶鱼（鮰鲶属、鲶属、胡鲶属、真鮰属）：											
	--- 叉尾鮰鱼（真鮰属）：											
0304.6211	---- 斑点叉尾鮰鱼	7	70		9	9	千克	AB	PR/QS	0		0
0304.6219	---- 其他	7	70		9	9	千克	AB	PR/QS	0		0
0304.6290	--- 其他	7	70		9	9	千克	AB	PR/QS	0		0
0304.6300	-- 尼罗河鲈鱼（尼罗尖吻鲈）	7	70		9	9	千克	AB	PR/QS	0		0
0304.6900	-- 其他											
03046900.10	冻的花鳗鲡鱼片	7	70		9	0	千克	ABE	PR/QS	0		0
03046900.20	冻的欧洲鳗鲡鱼片	7	70		9	0	千克	ABEF	PR/QS	0		0
03046900.90	冻的鲤科鱼（鲤属、鲫属、草鱼、鲢属、鲮属、青鱼、卡特拉鲃、野鲮属、哈氏纹唇鱼、何氏细须鲃、鲂属）、其他鳗鱼（鳗鲡属）及黑鱼（鳢属）的鱼片	7	70		9	9	千克	AB	PR/QS	0		0
	- 冻的犀鳕科、多丝真鳕科、鳕科、长尾鳕科、黑鳕科、无须鳕科、深海鳕科及南极鳕科鱼的鱼片：											

协定税率（%）														特惠税率（%）①/②	Article Description
巴基斯坦	冰岛	哥斯达黎加	秘鲁	新西兰	瑞士	新加坡	韩国	澳大利亚	格鲁吉亚	毛里求斯	日本RCEP	尼加拉瓜	港澳台		
2.5	0	0	0	0	0		0	0	0	0	8.7	5.6	0/	0/0	Meat of Tilapias (Oreochromis spp.), catfish (Pangasius spp., Silurus spp., Clarias spp., Ictalurus spp.), carp (Cyprinus carpio, Carassius carassius, Ctenopharyngodon idellus, Hypophthalmichthys spp., Cirrhinus spp., Mylopharyngodon piceus), other eels (Anguilla spp.), Nile perch (Lates niloticus) and snakeheads (Channa spp.) (whether or not minced), fresh or chilled
2.5	0	0	0	0	0		0	0	0	0	8.7	0	0/	0/0	-- Salmonidae
2.5	0	0	0	0	0		0	0	0	0	8.7	0	0/	0/0	-- Fish of the families Bregmacerotidae, Euclichthyidae, Gadidae, Macrouridae, Melanonidae, Merlucciidae, Moridae and Muraenolepididae
2.5	0	0	0	0	0		0	0	0	0	8.7	0	0/	0/0	-- Swordfish (Xiphias gladius)
2.5	0	0	0	0	0		0	0	0	0	8.7	0	0/	0/0	-- Toothfish (Dissostichus spp.)
															-- Dogfish and other sharks
2.5	0	0	0	0	0		0	0	0	0	8.7	0	0/	0/0	Meat of endangered shark (whether or not minced), fresh or chilled
2.5	0	0	0	0	0		0	0	0	0	8.7	0	0/	0/0	Meat of other shark (whether or not minced), fresh or chilled
															-- Rays and skates (Rajidae)
2.5	0	0	0	0	0		0	0	0	0	8.7	0	0/	0/0	Meat of endangered Rays and skates (Rajidae) (whether or not minced), fresh or chilled
2.5	0	0	0	0	0		0	0	0	0	8.7	0	0/	0/0	Meat of other Rays and skates (Rajidae) (whether or not minced), fresh or chilled
															-- Other
2.5	0	0	0	0	0		0	0	0	0	8.7	0	0/	0/0	Meat of other endangered fish (whether or not minced), fresh or chilled
2.5	0	0	0	0	0		0	0	0	0	8.7	0	0/	0/0	Meat of other fish (whether or not minced), fresh or chilled
															- Frozen fillets of tilapias (Oreochromis spp.), catfish (Pangasius spp., Silurus spp., Clarias spp., Ictalurus spp.), carp (Cyprinus spp., Carassius spp., Ctenopharyngodon idellus, Hypophthalmichthys spp., Cirrhinus spp., Mylopharyngodon piceus, Catla catla, Labeo spp., Osteochilus hasselti, Leptobarbus hoeveni, Megalobrama spp.), eels (Anguilla spp.), Nile perch (Lates niloticus) and snakeheads (Channa spp.):
2.5	0	0	0	0	0		0	0	0	0	7.3	0	0/	0/0	-- Tilapias (Oreochromis spp.)
															-- Catfish (Pangasius spp., Silurus spp., Clarias spp., Ictalurus spp.):
															--- Ictalurus:
2.5	0	0	0	0	0		0	0	0	0	7.3	0	0/	0/0	----Channel catfish (Ictalurus Punctatus)
2.5	0	0	0	0	0		0	0	0	0	7.3	0	0/	0/0	----Other
2.5	0	0	0	0	0		0	0	0	0	7.3	0	0/0	0/0	--- Other
2.5	0	0	0	0	0		0	0	0	0	7.3	5.6	0/0	0/0	-- Nile Perch (Lates niloticus)
															-- Other
2.5	0	0	0	0	0		0	0	0	0	7.3	0	0/0	0/0	Fillets of Marbled eel (Anguilla marmorata), frozen
2.5	0	0	0	0	0		0	0	0	0	7.3	0	0/0	0/0	Fillets of European eel (Anguilla anguilla), frozen
2.5	0	0	0	0	0		0	0	0	0	7.3	0	0/0	0/0	Fillets of carp (Cyprinus carpio, Carassius carassius, Ctenopharyngodon idellus, Hypophthalmichthys spp., Cirrhinus spp., Mylopharyngodon piceus), other eels (Anguilla spp.) and snakeheads (Channa spp.), frozen
															- Frozen fillets of fish of the families Bregmacerotidae, Euclichthyidae, Gadidae, Macrouridae, Melanonidae, Merlucciidae, Moridae and Muraenolepididae:

税　号	货品名称	进口关税（%）最惠国	普通	年内暂定	增值/消费税（%）	出口退税（%）	计量单位	监管证件代码	检验检疫类别	协定税率（%）东盟	亚太	智利
0304.7100	-- 鳕鱼（大西洋鳕鱼、格陵兰鳕鱼、太平洋鳕鱼）	7	70		9	9	千克	AB	PR/QS	0		0
0304.7200	-- 黑线鳕鱼（黑线鳕）	7	70		9	9	千克	AB	PR/QS	0		0
0304.7300	-- 绿青鳕鱼	7	70		9	9	千克	AB	PR/QS	0		0
0304.7400	-- 狗鳕鱼（无须鳕属、长鳍鳕属）	7	70		9	9	千克	AB	PR/QS	0		0
0304.7500	-- 阿拉斯加狭鳕鱼	7	70		9	9	千克	AB	PR/QS	0		0
0304.7900	-- 其他	7	70		9	9	千克	AB	PR/QS	0		0
	- 其他冻鱼片：											
0304.8100	-- 大麻哈鱼［红大麻哈鱼、细磷大麻哈鱼、大麻哈鱼（种）、大鳞大麻哈鱼、银大麻哈鱼、马苏大麻哈鱼、玫瑰大麻哈鱼］、大西洋鲑鱼及多瑙哲罗鱼	7	70		9	9	千克	AB	PR/QS	0		0
0304.8200	-- 鳟鱼（河鳟、虹鳟、克拉克大麻哈鱼、阿瓜大麻哈鱼、吉雨大麻哈鱼、亚利桑那大麻哈鱼、金腹大麻哈鱼）	7	70		9	9	千克	AB	PR/QS	0		0
0304.8300	-- 比目鱼（鲽科、鲆科、舌鳎科、鳎科、菱鲆科、刺鲆科）	7	70		9	9	千克	AB	PR/QS	0		0
0304.8400	-- 剑鱼	7	70		9	9	千克	ABU	PR/QS	0		0
0304.8500	-- 南极犬牙鱼（南极犬牙鱼属）	7	70		9	9	千克	ABU	PR/QS	0		0
0304.8600	-- 鲱鱼（大西洋鲱鱼、太平洋鲱鱼）	7	70		9	9	千克	AB	PR/QS	0		0
0304.8700	-- 金枪鱼（金枪鱼属）、鲣	7	70		9	9	千克	AB	PR/QS	0		0
0304.8800	-- 角鲨、其他鲨鱼、魟鱼及鳐鱼（鳐科）											
03048800.10	冻的濒危鲨鱼、魟鱼及鳐鱼的鱼片	7	70		9	0	千克	ABEF	PR/QS	0		0
03048800.90	冻的其他鲨鱼、魟鱼及鳐鱼的鱼片	7	70		9	9	千克	AB	PR/QS	0		0
0304.8900	-- 其他											
03048900.10	冻的其他濒危鱼片	7	70		9	0	千克	ABEF	PR/QS	0		0
03048900.90	冻的其他鱼片	7	70		9	9	千克	AB	PR/QS	0		0
	- 其他，冻的：											
0304.9100	-- 剑鱼	7	70		9	9	千克	ABU	PR/QS	0		0
0304.9200	-- 南极犬牙鱼（南极犬牙鱼属）	7	70		9	9	千克	ABU	PR/QS	0		0
0304.9300	-- 罗非鱼（口孵非鲫属）、鲶鱼（鲑鲶属、鲶属、胡鲶属、真鮰属）、鲤科鱼（鲤属、鲫属、草鱼、鲢属、鲮属、青鱼、卡特拉鲃、野鲮属、哈氏纹唇鱼、何氏细须鲃、鲂属）、鳗鱼（鳗鲡属）、尼罗河鲈鱼（尼罗尖吻鲈）及黑鱼（鳢属）											
03049300.10	冻的花鳗鲡鱼肉（不论是否绞碎）	7	70		9	0	千克	ABE	PR/QS	0		0
03049300.20	冻的欧洲鳗鲡鱼肉（不论是否绞碎）	7	70		9	0	千克	ABEF	PR/QS	0		0
03049300.90	冻的罗非鱼（口孵非鲫属）、鲶鱼（鲑鲶属、鲶属、胡鲶属、真鮰属）、鲤科鱼（鲤属、鲫属、草鱼、鲢属、鲮属、青鱼、卡特拉鲃、野鲮属、哈氏纹唇鱼、何氏细须鲃、鲂属）、其他鳗鱼（鳗鲡属）、尼罗河鲈鱼（尼罗尖吻鲈）及黑鱼（鳢属）鱼肉（不论是否绞碎）	7	70		9	9	千克	AB	PR/QS	0		0

协定税率（%）														特惠税率（%）①/②	Article Description
巴基斯坦	冰岛	哥斯达黎加	秘鲁	新西兰	瑞士	新加坡	韩国	澳大利亚	格鲁吉亚	毛里求斯	日本RCEP	尼加拉瓜	港澳台		
2.5	0	0	0	0	0		0	0	0	0	7.3	0	0/0	0/0	-- Cod (Gadus morhua, Gadus ogac, Gadus macrocephalus)
2.5	0	0	0	0	0		0	0	0	0	7.3	0	0/0	0/0	-- Haddock (Melanogrammus aeglefinus)
2.5	0	0	0	0	0		0	0	0	0	7.3	0	0/0	0/0	-- Coalfish (Pollachius virens)
2.5	0	0	0	0	0		0	0	0	0	7.3	0	0/0	0/0	-- Hake (Merluccius spp., Urophycis spp.)
2.5	0	0	0	0	0		0	0	0	0	7.3	0	0/0	0/0	-- Alaska Pollock (Theragra chalcogramma)
2.5	0	0	0	0	0		0	0	0	0	7.3	0	0/0	0/0	-- Other
															- Frozen fillets of other fish:
2.5	0	0	0	0	0		0	0	0	0	7.3	0	0/0	0/0	-- Pacific salmon (Oncorhynchus nerka, Oncorhynchus gorbuscha, Oncorhynchus keta, Oncorhynchus tschawytscha, Oncorhynchus kisutch, Oncorhynchus masou and Oncorhynchus rhodurus), Atlantic salmon (Salmo salar) and Danube salmon (Hucho hucho)
2.5	0	0	0	0	0		0	0	0	0	7.3	5.6	0/0	0/0	-- Trout (Salmo trutta, Oncorhynchus mykiss, Oncorhynchus clarki, Oncorhynchus aguabonita, Oncorhynchus gilae, Oncorhynchus apache and Oncorhynchus chrysogaster)
2.5	0	0	0	0	0		0	0	0	0	7.3	0	0/0	0/0	-- Flat fish (Pleuronectidae, Bothidae, Cynoglossidae, Soleidae, Scophthalmidae and Citharidae)
2.5	0	0	0	0	0		0	0	0	0	7.3	0	0/	0/0	-- Swordfish (Xiphias gladius)
2.5	0	0	0	0	0		0	0	0	0	7.3	0	0/	0/0	-- Toothfish (Dissostichus spp.)
2.5	0	0	0	0	0		0	0	0	0	7.3	5.6	0/0	0/0	-- Herrings (Clupea harengus, Clupea pallasii)
2.5	0	0	0	0	0		0	0	0	2	7.3	0	0/0	0/0	-- Tunas (of the genus Thunnus), skipjack tuna (stripe-bellied bonito) (Katsuwonus pelamis)
															-- Dogfish, other sharks, rays and skates (Rajidae)
2.5	0	0	0	0	0		0	0	0	0	7.3	5.6	0/0	0/0	Fillets of endangered shark, Rays and skates (Rajidae), frozen
2.5	0	0	0	0	0		0	0	0	0	7.3	5.6	0/0	0/0	Fillets of other shark, Rays and skates (Rajidae), frozen
															-- Other
2.5	0	0	0	0	0		0	0	0	0	7.3	0	0/0	0/0	Fillets of other endangered fish, frozen
2.5	0	0	0	0	0		0	0	0	0	7.3	0	0/0	0/0	Fillets of other fish, frozen
															- Other, frozen:
2.5	0	0	0	0	0		0	0	0	0	7.3	0	0/	0/0	-- Swordfish (Xiphias gladius)
2.5	0	0	0	0	0		0	0	0	0	7.3	0	0/	0/0	-- Toothfish (Dissostichus spp.)
															-- Tilapias (Oreochromis spp.), catfish (Pangasius spp., Silurus spp., Clarias spp., Ictalurus spp.), carp (Cyprinus spp., Carassius spp., Ctenopharyngodon idellus, Hypophthalmichthys spp., Cirrhinus spp., Mylopharyngodon piceus, Catla catla, Labeo spp., Osteochilus hasselti, Leptobarbus hoeveni, Megalobrama spp.), eels (Anguilla spp.), Nile perch (Lates niloticus) and snakeheads (Channa spp.)
0	0	0	0	0	0		0	0	0	0	7.3	0	0/	0/0	Meat of Marbled eel (Anguilla marmorata) (whether or not minced), frozen
0	0	0	0	0	0		0	0	0	0	7.3	0	0/	0/0	Meat of European eel (Anguilla anguilla) (whether or not minced), frozen
0	0	0	0	0	0		0	0	0	0	7.3	0	0/	0/0	Meat of Tilapias (Oreochromis spp.), catfish (Pangasius spp., Silurus spp., Clarias spp., Ictalurus spp.), carp (Cyprinus carpio, Carassius carassius, Ctenopharyngodon idellus, Hypophthalmichthys spp., Cirrhinus spp., Mylopharyngodon piceus), other eels (Anguilla spp.), Nile perch (Lates niloticus) and snakeheads (Channa spp.) (whether or not minced), frozen

税号	货品名称	进口关税（%）			增值/消费税（%）	出口退税（%）	计量单位	监管证件代码	检验检疫类别	协定税率（%）		
		最惠国	普通	年内暂定						东盟	亚太	智利
0304.9400	-- 阿拉斯加狭鳕鱼	7	70		9	9	千克	AB	PR/QS	0		0
0304.9500	-- 犀鳕科、多丝真鳕科、鳕科、长尾鳕科、黑鳕科、无须鳕科、深海鳕科及南极鳕科鱼，阿拉斯加狭鳕鱼除外	7	70		9	9	千克	AB	PR/QS	0		0
0304.9600	-- 角鲨及其他鲨鱼											
03049600.10	冻的濒危鲨鱼肉（不论是否绞碎）	7	70		9	0	千克	ABFE	PR/QS	0		0
03049600.90	冻的其他鲨鱼肉（不论是否绞碎）	7	70		9	9	千克	AB	PR/QS	0		0
0304.9700	-- 虹鱼及鳐鱼（鳐科）											
03049700.10	冻的濒危虹鱼及鳐鱼的鱼肉（不论是否绞碎）	7	70		9	0	千克	ABFE	PR/QS	0		0
03049700.90	冻的其他虹鱼及鳐鱼的鱼肉（不论是否绞碎）	7	70		9	9	千克	AB	PR/QS	0		0
0304.9900	-- 其他											
03049900.10	冻的其他濒危鱼的鱼肉（不论是否绞碎）	7	70		9	0	千克	ABFE	PR/QS	0		0
03049900.90	其他冻鱼肉（不论是否绞碎）	7	70		9	9	千克	AB	PR/QS	0		0
03.05	**干、盐腌或盐渍的鱼；熏鱼，不论在熏制前或熏制过程中是否烹煮：**											
0305.2000	- 干、熏、盐腌或盐渍的鱼肝、鱼卵及鱼精											
03052000.10	干、熏、盐制的濒危鱼种肝、卵及鱼精	7	80		9	0	千克	ABFE	PR/QS	0		0
03052000.90	其他干、熏、盐制的鱼肝、鱼卵及鱼精	7	80		9	9	千克	AB	PR/QS	0		0
	- 干、盐腌或盐渍的鱼片，但熏制的除外：											
0305.3100	-- 罗非鱼（口孵非鲫属）、鲶鱼（鲑鲶属、鲶属、胡鲶属、真鮰属）、鲤科鱼（鲤属、鲫属、草鱼、鲢属、鲮属、青鱼、卡特拉鲃、野鲮属、哈氏纹唇鱼、何氏细须鲃、鲂属）、鳗鱼（鳗鲡属）、尼罗河鲈鱼（尼罗尖吻鲈）及黑鱼（鳢属）											
03053100.10	干、盐腌或盐渍的花鳗鲡鱼片（熏制的除外）	7	80		9	0	千克	ABE	PR/QS	0	5.5	0
03053100.20	干、盐腌或盐渍的欧洲鳗鲡鱼片（熏制的除外）	7	80		9	0	千克	ABEF	PR/QS	0	5.5	0
03053100.90	干、盐腌或盐渍的罗非鱼（口孵非鲫属）、鲶鱼（鲑鲶属、鲶属、胡鲶属、真鮰属）、鲤科鱼（鲤属、鲫属、草鱼、鲢属、鲮属、青鱼、卡特拉鲃、野鲮属、哈氏纹唇鱼、何氏细须鲃、鲂属）、鳗鱼（鳗鲡属）、尼罗河鲈鱼（尼罗尖吻鲈）及黑鱼（鳢属）的鱼片（熏制的除外）	7	80		9	9	千克	AB	PR/QS	0	5.5	0
0305.3200	-- 犀鳕科、多丝真鳕科、鳕科、长尾鳕科、黑鳕科、无须鳕科、深海鳕科及南极鳕科鱼	7	80		9	9	千克	AB	PR/QS	0	5.5	0
0305.3900	-- 其他											
03053900.10	干、盐腌或盐渍的濒危鱼类的鱼片（熏制的除外）	7	80		9	0	千克	ABEF	PR/QS	0	5.5	0
03053900.90	其他干、盐腌或盐渍的鱼片（熏制的除外）	7	80		9	9	千克	AB	PR/QS	0	5.5	0

协定税率（%）															特惠税率（%）①/②	Article Description
巴基斯坦	冰岛	哥斯达黎加	秘鲁	新西兰	瑞士	新加坡	韩国	澳大利亚	格鲁吉亚	毛里求斯	日本RCEP	尼加拉瓜	港澳台			
2.5	0	0	0	0	0		0	0	0	0	7.3	5.6	0/		0/0	-- Alaska Pollock (Theragra chalcogramma)
2.5	0	0	0	0	0		0	0	0	0	7.3	0	0/		0/0	-- Fish of the families Bregmacerotidae, Euclichthyidae, Gadidae, Macrouridae, Melanonidae, Merlucciidae, Moridae and Muraenolepididae, other than Alaska Pollock (Theragra chalcogramma)
																-- Dogfish and other sharks
0	0	0	0	0	0		0	0	0	0	7.3	0	0/		0/0	Meat of endangered shark, frozen
0	0	0	0	0	0		0	0	0	0	7.3	0	0/		0/0	Meat of other shark, frozen
																-- Rays and skates (Rajidae)
0	0	0	0	0	0		0	0	0	0	7.3	0	0/		0/0	Meat of endangered Rays and skates (Rajidae) (whether or not minced), frozen
0	0	0	0	0	0		0	0	0	0	7.3	0	0/		0/0	Meat of other Rays and skates (Rajidae) (whether or not minced), frozen
																-- Other
0	0	0	0	0	0		0	0	0	0	7.3	0	0/		0/0	Meat of other endangered fish (whether or not minced), frozen
0	0	0	0	0	0		0	0	0	0	7.3	0	0/		0/0	Meat of other fish (whether or not minced), frozen
																Fish, dried, salted or in brine; smoked fish, whether or not cooked before or during the smoking process:
																- Livers, roes and milt of fish, dried, smoked, salted or in brine
2.5	0	0		0			0	0	0	0	7.3	5.6	0/		0/0	Livers, roes and spermary of endangered fish, dried, smoked, salted or in brine
2.5	0	0		0			0	0	0	0	7.3	5.6	0/		0/0	Livers, roes and spermary of other fish, dried, smoked, salted or in brine
																- Fish fillets, dried, salted or in brine, but not smoked:
																-- Tilapias (Oreochromis spp.), catfish (Pangasius spp., Silurus spp., Clarias spp., Ictalurus spp.), carp (Cyprinus spp., Carassius spp., Ctenopharyngodon idellus, Hypophthalmichthys spp., Cirrhinus spp., Mylopharyngodon piceus, Catla catla, Labeo spp., Osteochilus hasselti, Leptobarbus hoeveni, Megalobrama spp.), eels (Anguilla spp.), Nile perch (Lates niloticus) and snakeheads (Channa spp.)
2.5	0	0	0	0			0	0	0	0	7.3	5.6	0/		0/0	Fillets of Marbled eel (Anguilla marmorata), dried, salted or in brine, but not smoked
2.5	0	0	0	0			0	0	0	0	7.3	5.6	0/		0/0	Fillets of European eel (Anguilla anguilla), dried, salted or in brine, but not smoked
2.5	0	0	0	0			0	0	0	0	7.3	5.6	0/		0/0	Fillets of Tilapias (Oreochromis spp.), catfish (Pangasius spp., Silurus spp., Clarias spp., Ictalurus spp.), carp (Cyprinus carpio, Carassius carassius, Ctenopharyngodon idellus, Hypophthalmichthys spp., Cirrhinus spp., Mylopharyngodon piceus), other eels (Anguilla spp.), Nile perch (Lates niloticus) and snakeheads (Channa spp.), dried, salted or in brine, but not smoked
2.5	0	0	0	0			0	0	0	0	7.3	0	0/		0/0	-- Fish of the families Bregmacerotidae, Euclichthyidae, Gadidae, Macrouridae, Melanonidae, Merlucciidae, Moridae and Muraenolepididae
																-- Other
2.5	0	0	0	0			0	0	0	0	7.3	0	0/		0/0	Fillets of endangered fish, dried, salted or in brine, but not smoked
2.5	0	0	0	0			0	0	0	0	7.3	0	0/		0/0	Fillets of other fish, dried, salted or in brine, but not smoked

税号	货品名称	进口关税（%）			增值/消费税（%）	出口退税（%）	计量单位	监管证件代码	检验检疫类别	协定税率（%）		
		最惠国	普通	年内暂定						东盟	亚太	智利
	- 熏鱼，包括鱼片，但食用杂碎除外：											
	-- 大麻哈鱼［红大麻哈鱼、细磷大麻哈鱼、大麻哈鱼（种）、大鳞大麻哈鱼、银大麻哈鱼、马苏大麻哈鱼、玫瑰大麻哈鱼］、大西洋鲑鱼及多瑙哲罗鱼：											
0305.4110	--- 大西洋鲑鱼	14	80		9	9	千克	AB	PR/Q	0		0
0305.4120	--- 大马哈鱼及多瑙哲罗鱼	7	80		9	9	千克	AB	PR/Q	0		0
0305.4200	-- 鲱鱼（大西洋鲱鱼、太平洋鲱鱼）	7	80		9	9	千克	AB	PR/Q	0		0
0305.4300	-- 鳟鱼（河鳟、虹鳟、克拉克大麻哈鱼、阿瓜大麻哈鱼、吉雨大麻哈鱼、亚利桑那大麻哈鱼、金腹大麻哈鱼）	14	80		9	9	千克	AB	PR/QS	0		0
0305.4400	-- 罗非鱼（口孵非鲫属）、鲶鱼（鮰鲶属、鲶属、胡鲶属、真鮰属）、鲤科鱼（鲤属、鲫属、草鱼、鲢属、鲮属、青鱼、卡特拉鲃、野鲮属、哈氏纹唇鱼、何氏细须鲃、鲂属）、鳗鱼（鳗鲡属）、尼罗河鲈鱼（尼罗尖吻鲈）及黑鱼（鳢属）											
03054400.10	熏制花鳗鲡及鱼片（食用杂碎除外）	7	80		9	0	千克	ABE	PR/QS	0		0
03054400.20	熏制欧洲鳗鲡及鱼片（食用杂碎除外）	7	80		9	0	千克	ABEF	PR/QS	0		0
03054400.90	熏制罗非鱼（口孵非鲫属）、鲶鱼（鮰鲶属、鲶属、胡鲶属、真鮰属）、鲤科鱼（鲤属、鲫属、草鱼、鲢属、鲮属、青鱼、卡特拉鲃、野鲮属、哈氏纹唇鱼、何氏细须鲃、鲂属）、鳗鱼（鳗鲡属）、尼罗河鲈鱼（尼罗尖吻鲈）及黑鱼（鳢属）（食用杂碎除外）	7	80		9	9	千克	AB	PR/QS	0		0
0305.4900	-- 其他											
03054900.20	熏制其他濒危鱼及鱼片（食用杂碎除外）	7	80		9	0	千克	ABEF	PR/QS	0		0
03054900.90	其他熏鱼及鱼片（食用杂碎除外）	7	80		9	9	千克	AB	PR/QS	0		0
	- 干鱼（不包括食用杂碎），不论是否盐腌，但熏制的除外：											
0305.5100	-- 鳕鱼（大西洋鳕鱼、格陵兰鳕鱼、太平洋鳕鱼）	7	80		9	9	千克	AB	PR/QS	0		0
0305.5200	-- 罗非鱼（口孵非鲫属）、鲶鱼（鮰鲶属、鲶属、胡鲶属、真鮰属）、鲤科鱼（鲤属、鲫属、草鱼、鲢属、鲮属、青鱼、卡特拉鲃、野鲮属、哈氏纹唇鱼、何氏细须鲃、鲂属）、鳗鱼（鳗鲡属）、尼罗河鲈鱼（尼罗尖吻鲈）及黑鱼（鳢属）	7	80		9	9	千克	AB	PR/QS	0		0
0305.5300	-- 犀鳕科、多丝真鳕科、鳕科、长尾鳕科、黑鳕科、无须鳕科、深海鳕科及南极鳕科鱼，鳕鱼（大西洋鳕鱼、格陵兰鳕鱼、太平洋鳕鱼）除外	7	80		9	9	千克	AB	PR/QS	0		0

协定税率(%)														特惠税率(%)①/②	Article Description
巴基斯坦	冰岛	哥斯达黎加	秘鲁	新西兰	瑞士	新加坡	韩国	澳大利亚	格鲁吉亚	毛里求斯	日本RCEP	尼加拉瓜	港澳台		
															- Smoked fish, including fillets, other than edible fish offal:
															-- Pacific salmon (Oncorhynchus nerka, Oncorhynchus gorbuscha, Oncorhynchus keta, Oncorhynchus tschawytscha, Oncorhynchus kisutch, Oncorhynchus masou and oncorhynchus rhodurus), Atlantic salmon (Salmo salar) and Danube salmon (Hucho hucho):
7	0	0	0	0			0	0	0	0	10.2	13.1	0/	0/0	--- Atlantic salmon
11.2	0	0	0	0			0	0	0	0	10.2	5.6	0/	0/0	--- Pacific salmon and Danube salmon
12.8	0	0	0	0			5.3	0	0	0		5.6	0/	0/0	-- Herrings (Clupea harengus, Clupea pallasii)
11.2	0	0	0	0			0	0	0	0	10.2	13.1	0/	0/0	-- Trout (Salmo trutta, Oncorhynchus mykiss, Oncorhynchus clarki, Oncorhynchus aguabonita, Oncorhynchus gilae, Oncorhynchus apache and Oncorhynchus chrysogaster)
															-- Tilapias (Oreochromis spp.), catfish (Pangasius spp., Silurus spp., Clarias spp., Ictalurus spp.), carp (Cyprinus spp., Carassius spp., Ctenopharyngodon idellus, Hypophthalmichthys spp., Cirrhinus spp., Mylopharyngodon piceus, Catla catla, Labeo spp., Osteochilus hasselti, Leptobarbus hoeveni, Megalobrama spp.), eels (Anguilla spp.), Nile perch (Lates niloticus) and snakeheads (Channa spp.)
11.2	0	0	0	0			0	0	0	0	10.2	0	0/	0/0	Smoked Marbled eel (Anguilla marmorata) and its fillets (other than edible fish offal)
11.2	0	0	0	0			0	0	0	0	10.2	0	0/	0/0	Smoked European eel (Anguilla anguilla) and its fillets (other than edible fish offal)
11.2	0	0	0	0			0	0	0	0	10.2	0	0/	0/0	Smoked Tilapias (Oreochromis spp.), catfish (Pangasius spp., Silurus spp., Clarias spp., Ictalurus spp.), carp (Cyprinus carpio, Carassius carassius, Ctenopharyngodon idellus, Hypophthalmichthys spp., Cirrhinus spp., Mylopharyngodon piceus), other eels (Anguilla spp.), Nile perch (Lates niloticus) and snakeheads (Channa spp.)(other than edible fish offal)
															-- Other
11.2	0	0	0	0			0	0	0	0	10.2	0	0/	0/0	Smoked endangered fish and its fillets (other than edible fish offal)
11.2	0	0	0	0			0	0	0	0	10.2	0	0/	0/0	Other smoked fish and its fillets (other than edible fish offal)
															- Dried fish, other than edible fish offal, whether or not salted but not smoked:
12.8	0	0	0	0	0		5.3	0	0	0	13	0	0/	0/0	-- Cod (Gadus morhua, Gadus ogac, Gadus macrocephalus)
	0	0	0	0	0		5.3	0	0	0	13	0	0/	0/0	-- Tilapias (Oreochromis spp.), catfish (Pangasius spp., Silurus spp., Clarias spp., Ictalurus spp.), carp (Cyprinus spp., Carassius spp., Ctenopharyngodon idellus, Hypophthalmichthys spp., Cirrhinus spp., Mylopharyngodon piceus, Catla catla, Labeo spp., Osteochilus hasselti, Leptobarbus hoeveni, Megalobrama spp.), eels (Anguilla spp.), Nile perch (Lates niloticus) and snakeheads (Channa spp.)
	0	0	0	0	0		5.3	0	0	0	13	0	0/	0/0	-- Fish of the families Bregmacerotidae, Euclichthyidae, Gadidae, Macrouridae, Melanonidae, Merlucciidae, Moridae and Muraenolepididae, other than cod (Gadus morhua, Gadus ogac, Gadus macrocephalus)

税号	货品名称	进口关税（%）最惠国	普通	年内暂定	增值/消费税（%）	出口退税（%）	计量单位	监管证件代码	检验检疫类别	协定税率（%）东盟	亚太	智利
	-- 鲱鱼（大西洋鲱鱼、太平洋鲱鱼）、鳀鱼（鳀属）、沙丁鱼（沙丁鱼、沙瑙鱼属）、小沙丁鱼属、黍鲱或西鲱、鲭鱼［大西洋鲭、澳洲鲭（鲐）、日本鲭（鲐）］、印度鲭（羽鳃鲐属）、马鲛鱼（马鲛属）、对称竹荚鱼、新西兰竹荚鱼及竹荚鱼（竹荚鱼属）、鲹鱼（鲹属）、军曹鱼、银鲳（鲳属）、秋刀鱼、圆鲹（圆鲹属）、多春鱼（毛鳞鱼）、剑鱼、鲔鱼、狐鲣（狐鲣属）、枪鱼、旗鱼、四鳍旗鱼（旗鱼科）:											
0305.5410	--- 银鲳（鲳属）	7	80		9	9	千克	AB	PR/QS	0		0
0305.5490	--- 其他	7	80		9	9	千克	AB	PR/QS	0		0
	-- 其他:											
0305.5910	--- 海龙、海马											
03055910.10	干海马，食用杂碎除外（不论是否盐腌，但熏制的除外）	2	20		9	0	千克	FEAB	PR/Q	0		0
03055910.20	干海龙，食用杂碎除外（不论是否盐腌，但熏制的除外）	2	20		9	9	千克	AB	PR/Q	0		0
0305.5990	--- 其他											
03055990.10	其他干的濒危鱼，食用杂碎除外（不论是否盐腌，但熏制的除外）	7	80		9	0	千克	AFEB	PR/QS	0		0
03055990.90	其他干鱼，食用杂碎除外（不论是否盐腌，但熏制的除外）	7	80		9	9	千克	AB	PR/QS	0		0
	- 盐腌及盐渍的鱼（不包括食用杂碎），但干或熏制的除外:											
0305.6100	-- 鲱鱼（大西洋鲱鱼、太平洋鲱鱼）	7	80		9	9	千克	AB	PR/Q	0	4.8	0
0305.6200	-- 鳕鱼（大西洋鳕鱼、格陵兰鳕鱼、太平洋鳕鱼）	7	80		9	9	千克	AB	PR/QS	0	5.3	0
0305.6300	-- 鳀鱼（鳀属）	7	80		9	9	千克	AB	PR/Q	0	5.3	0
0305.6400	-- 罗非鱼（口孵非鲫属）、鲶鱼（鲑鲶属、鲶属、胡鲶属、真鮰属）、鲤科鱼（鲤属、鲫属、草鱼、鲢属、鲮属、青鱼、卡特拉鲃、野鲮属、哈氏纹唇鱼、何氏细须鲃、鲂属）、鳗鱼（鳗鲡属）、尼罗河鲈鱼（尼罗尖吻鲈）及黑鱼（鳢属）											
03056400.10	盐腌及盐渍的花鳗鲡，食用杂碎除外（干或熏制的除外）	10	80		9	0	千克	ABE	PR/QS	0		0
03056400.20	盐腌及盐渍的欧洲鳗鲡，食用杂碎除外（干或熏制的除外）	10	80		9	0	千克	ABEF	PR/QS	0		0
03056400.90	盐腌及盐渍的罗非鱼（口孵非鲫属）、鲶鱼（鲑鲶属、鲶属、胡鲶属、真鮰属）、鲤科鱼（鲤属、鲫属、草鱼、鲢属、鲮属、青鱼、卡特拉鲃、野鲮属、哈氏纹唇鱼、何氏细须鲃、鲂属）、其他鳗鱼（鳗鲡属）、尼罗河鲈鱼（尼罗尖吻鲈）及黑鱼（鳢属），食用杂碎除外（干或熏制的除外）	10	80		9	9	千克	AB	PR/QS	0		0
	-- 其他:											
0305.6910	--- 带鱼	7	80		9	9	千克	AB	PR/QS	0		0

协定税率（%）														特惠税率（%）①/②	Article Description
巴基斯坦	冰岛	哥斯达黎加	秘鲁	新西兰	瑞士	新加坡	韩国	澳大利亚	格鲁吉亚	毛里求斯	日本RCEP	尼加拉瓜	港澳台		
															-- Herrings (Clupea harengus, Clupea pallasii), anchovies (Engraulis spp.), sardines (Sardina pilchardus, Sardinops spp.), sardinella (Sardinella spp.), brisling or sprats (Sprattus sprattus), mackerel (Scomber scombrus, Scomber australasicus, Scomber japonicus), Indian mackerels (Rastrelliger spp.), seerfishes (Scomberomorus spp.), jack and horse mackerel (Trachurus spp.), jacks, crevalles (Caranx spp.), cobia (Rachycentron canadum), silver pomfrets (Pampus spp.), Pacific saury (Cololabis saira), scads (Decapterus spp.), capelin (Mallotus villosus), swordfish (Xiphias gladius), Kawakawa (Euthynnus affinis), bonitos (Sarda spp.), marlins, sailfishes, spearfish (Istiophoridae):
	0	0	0	0	0		5.3	0	0	0	13	0	0/	0/0	--- Silver pomfrets (Pampus spp.)
	0	0	0	0	0		5.3	0	0	0	13	0	0/	0/0	--- Other
															-- Other:
															--- Pipefish and hippocampi
0	0	0	0	0	0		0	0	0	0	0	0	0/	0/0	Dried hippocampi, other than edible offal, whether or not salted but not smoked
0	0	0	0	0	0		0	0	0	0	0	0	0/	0/0	Dried pipefish, other than edible offal, whether or not salted but not smoked
															--- Other
	0	0	0	0	0		5.3	0	0	0	13	0	0/	0/0	Other dried endangered fish (other than edible fish offal), whether or not salted but not smoked
	0	0	0	0	0		5.3	0	0	0	13	0	0/	0/0	Other dried fish (other than edible fish offal), whether or not salted but not smoked
															- Fish, salted but not dried or smoked and fish in brine, other than edible fish offal:
8	0	0	0	0	0		5.3	0	0	0	13	0	0/	0/0	-- Herrings (Clupea harengus, Clupea pallasii)
8	0	0	0	0	0		5.3	0	0	0	13	0	0/	0/0	-- Cod (Gadus morhua, Gadus ogac, Gadus Macrocephalus)
8	0	0	0	0	0		5.3	0	0	0	13	0	0/	0/0	-- Anchovies (Engraulis spp.)
															-- Tilapias (Oreochromis spp.), catfish (Pangasius spp., Silurus spp., Clarias spp., Ictalurus spp.), carp (Cyprinus spp., Carassius spp., Ctenopharyngodon idellus, Hypophthalmichthys spp., Cirrhinus spp., Mylopharyngodon piceus, Catla Catla, Labeo spp., Osteochilus hasselti, Leptobarbus hoeveni, Megalobrama spp.), eels (Anguilla spp.), Nile perch (Lates niloticus) and snakeheads (Channa spp.)
12.8	0	0	0	0	0		5.3	0	0	0	13	9	0/	0/0	Marbled eel (Anguilla marmorata)(other than edible fish offal), salted but not dried or smoked and in brine
12.8	0	0	0	0	0		5.3	0	0	0	13	9	0/	0/0	European eel (Anguilla anguilla)(other than edible fish offal), salted but not dried or smoked and in brine
12.8	0	0	0	0	0		5.3	0	0	0	13	9	0/	0/0	Tilapias (Oreochromis spp.), catfish (Pangasius spp., Silurus spp., Clarias spp., Ictalurus spp.), carp (Cyprinus carpio, Carassiuscarassius, Ctenopharyngodon idellus, Hypophthalmichthys spp., Cirrhinus spp., Mylopharyngodon piceus) , other eels (Anguilla spp.), Nile perch (Lates niloticus) and snakeheads (Channa spp.), other than edible fish offal, salted but not dried or smoked and in brine
															-- Other:
12.8	0	0	0	0	0		5.3	0	0	0	13	0	0/	0/0	--- Scabber fish (Trichurius)

税　号	货品名称	进口关税（%）最惠国	普通	年内暂定	增值/消费税（%）	出口退税（%）	计量单位	监管证件代码	检验检疫类别	协定税率（%）东盟	亚太	智利
0305.6920	--- 黄鱼	10	80		9	9	千克	AB	PR/QS	0		0
0305.6930	--- 鲳鱼（银鲳除外）	7	80		9	9	千克	AB	PR/QS	0		0
0305.6990	--- 其他											
03056990.10	盐腌及盐渍的其他濒危鱼，食用杂碎除外（干或熏制的除外）	7	80		9	0	千克	ABFE	PR/QS	0		0
03056990.90	盐腌及盐渍的其他鱼，食用杂碎除外（干或熏制的除外）	7	80		9	9	千克	AB	PR/QS	0		0
	- 鱼鳍、鱼头、鱼尾、鱼鳔及其他可食用杂碎：											
0305.7100	-- 鲨鱼翅											
03057100.10	濒危鲨鱼鱼翅（不论是否干制、盐腌、盐渍和熏制）	15	80		9	0	千克	ABEF	PR/QS	0		0
03057100.90	其他鲨鱼鱼翅（不论是否干制、盐腌、盐渍和熏制）	15	80		9	9	千克	AB	PR/QS	0		0
0305.7200	-- 鱼头、鱼尾、鱼鳔											
03057200.10	濒危鱼的鱼头、鱼尾、鱼鳔（不论是否干制、盐腌、盐渍和熏制）	7	80		9	0	千克	ABEF	PR/QS	0		0
03057200.90	其他鱼的鱼头、鱼尾、鱼鳔（不论是否干制、盐腌、盐渍和熏制）	7	80		9	9	千克	AB	PR/QS	0		0
0305.7900	-- 其他											
03057900.10	其他濒危可食用鱼杂碎（不论是否干制、盐腌、盐渍和熏制）	7	80		9	0	千克	ABEF	PR/QS	0		0
03057900.90	其他可食用鱼杂碎（不论是否干制、盐腌、盐渍和熏制）	7	80		9	9	千克	AB	PR/QS	0		0
03.06	**带壳或去壳的甲壳动物，活、鲜、冷、冻、干、盐腌或盐渍的；熏制的带壳或去壳甲壳动物，不论在熏制前或熏制过程中是否烹煮；蒸过或用水煮过的带壳甲壳动物，不论是否冷、冻、干、盐腌或盐渍的：**											
	- 冻的：											
0306.1100	-- 岩礁虾和其他龙虾（真龙虾属、龙虾属、岩龙虾属）	7	70		9	9	千克	AB	PR/QS	0		0
0306.1200	-- 螯龙虾(螯龙虾属)	7	70		9	9	千克	AB	PR/QS	0	5	0
	-- 蟹：											
0306.1410	--- 梭子蟹	7	70		9	9	千克	AB	PR/QS	0		0
0306.1490	--- 其他											
03061490.10	冻的全霸王蟹（帝王蟹）、毛蟹、仿石蟹（仿岩蟹）、堪察加拟石蟹、短足拟石蟹、扁足拟石蟹、雪蟹、日本雪蟹	7	70	5	9	9	千克	ABU	PR/QS	0		0
03061490.90	其他冻蟹	7	70	5	9	9	千克	AB	PR/QS	0		0
0306.1500	-- 挪威海螯虾	7	70		9	9	千克	AB	PR/QS	0		0
	-- 冷水小虾及对虾（长额虾属、褐虾）：											
0306.1630	--- 虾仁	7	70		9	9	千克	AB	PR/QS	0	3.5	0
0306.1640	--- 其他，北方长额虾	5	70	2	9	9	千克	AB	PR/QS	0	2.5	0
0306.1690	--- 其他	5	70		9	9	千克	AB	PR/QS	0	2.5	0
	-- 其他小虾及对虾：											
0306.1730	--- 虾仁	7	70		9	9	千克	AB	PR/QS	0	3.5	0
0306.1790	--- 其他											
03061790.10	其他冻小虾（对虾属除外）（虾仁除外）	5	70	2	9	9	千克	AB	PR/QS	0	2.5	0
03061790.90	冻对虾（对虾属）（虾仁除外）	5	70	2	9	9	千克	AB	PR/QS	0	2.5	0
	-- 其他：											
	--- 淡水小龙虾：											

协定税率（%）														特惠税率（%）①/②	Article Description
巴基斯坦	冰岛	哥斯达黎加	秘鲁	新西兰	瑞士	新加坡	韩国	澳大利亚	格鲁吉亚	毛里求斯	日本RCEP	尼加拉瓜	港澳台		
12.8	0	0	0	0	0		5.3	0	0	0	13	9	0/	0/0	--- Yellow croaker (Pseudosicaena)
12.8	0	0	0	0	0		5.3	0	0	0	13	0	0/	0/0	--- Butterfish (Pampus)
															--- Other
12.8	0	0	0	0	0		5.3	0	0	0	13	0	0/	0/0	Other endangered fish (other than edible fish offal), salted but not dried or smoked and in brine
12.8	0	0	0	0	0		5.3	0	0	0	13	0	0/	0/0	Other fish (other than edible fish offal), salted but not dried or smoked and in brine
															- Fish fins, heads, tails, maws and other edible fish offal:
															-- Shark fins
	0	0	0	0	0				0			14	0/	0/0	Endangered sharks fins, whether or not dried, salted or in brine, smoked
	0	0	0	0	0				0			14	0/	0/0	Other Shark fins, whether or not dried, salted or in brine, smoked
															-- Fish heads, tails and maws
12.8	0	0	0	0			5.3	0	0	0	13	0	0/	0/0	Endangered fish heads, tails and maws, whether or not dried, salted or in brine, smoked
12.8	0	0	0	0			5.3	0	0	0	13	0	0/	0/0	Other fish heads, tails and maws, whether or not dried, salted or in brine, smoked
															-- Other
12.8	0	0	0	0			5.3	0	0	0	13	0	0/	0/0	Other edible endangered fish offal, whether or not dried, salted or in brine, smoked
12.8	0	0	0	0			5.3	0	0	0	13	0	0/	0/0	Other edible fish offal, whether or not dried, salted or in brine, smoked
															Crustaceans, whether in shell or not, live, fresh, chilled, frozen, dried, salted or in brine; smoked crustaceans, whether in shell or not, whether or not cooked before or during the smoking process; crustaceans, in shell, cooked by steaming or by boiling in water, whether or not chilled, frozen, dried, salted or in brine:
															- Frozen:
2.5	0	0	0	0	0		0	0	0	0	7.3	0	0/	0/0	-- Rock lobster and other sea crawfish (Palinurus spp., Panulirus spp., Jasus spp.)
2.5	0	0	0	0	0		0	0	0	0	7.3	0	0/	0/0	-- Lobsters (Homarus spp.)
															-- Crabs:
2.5	0	0	0	0	0		0	0	0	0	7.3	0	0/	0/0	--- Swimming crab
															--- Other
2.5	0	0	0	0	0		3.3	0	0	0		0	0/	0/0	Lithodes aequispinus, Erimacrus spp., Paralomis verrilli, Paralithodes camtschaticus, Paralithodes brevipes, Parailithodes platypus, Chionoecetes spp. and Chionoecetes japonicus, frozen
2.5	0	0	0	0	0		3.3	0	0	0		0	0/	0/0	Other crabs, frozen
12.8	0	0	0	0	0		5.3	0	0	0	13	0	0/	0/0	-- Norway lobsters (Nephrops norvegicus)
															-- Cold-water shrimps and prawns (Pandalus spp., Crangon crangon):
0	0	0	0	0	0		0	0	0	0	5.8	0	0/	0/0	--- Shelled
0	0	0	0	0	0		0	0	0	0	0	0	0/	0/0	--- Other, Northern pandalus (Pandalus borealis)
0	0	0	0	0	0		0	0	0	0	0	0	0/	0/0	--- Other
															-- Other shrimps and prawns:
0	0	0	0	0	0		0	0	0	0	5.8	0	0/	0/0	--- Shelled
															--- Other
0	0	0	0	0	0		0	0	0	0	0	0	0/	0/0	Other frozen shrimps (Non-penaeus spp.), other than shelled
0	0	0	0	0	0		0	0	0	0	0	0	0/	0/0	Frozen prawns (Penaeus spp.), other than shelled
															-- Other:
															--- Freshwater crawfish:

税号	货品名称	进口关税（%）			增值/消费税（%）	出口退税（%）	计量单位	监管证件代码	检验检疫类别	协定税率（%）		
		最惠国	普通	年内暂定						东盟	亚太	智利
0306.1911	----虾仁	7	70		9	9	千克	AB	PR/QS	0		0
0306.1919	----其他	7	70		9	9	千克	AB	PR/QS	0		0
0306.1990	---其他	7	70		9	9	千克	AB	PR/QS	0		0
	-活、鲜或冷的：											
	--岩礁虾及其他龙虾（真龙虾属、龙虾属、岩龙虾属）：											
0306.3110	---种苗	0	0		0	0	千克	AB	P/Q	0		0
0306.3190	---其他	7	70	5	9	9	千克	AB	PR/QS	0		0
	--螯龙虾(螯龙虾属)：											
0306.3210	---种苗	0	0		0	0	千克	AB	P/Q	0		0
0306.3290	---其他	7	70		9	9	千克	AB	PR/QS	0		0
	--蟹：											
0306.3310	---种苗	0	0		0	0	千克	AB	P/Q	0		0
	---其他：											
0306.3391	----中华绒螯蟹	7	70		9	9	千克	AB	PR/QS	0		0
0306.3392	----梭子蟹	14	70		9	9	千克	AB	PR/QS	0		0
0306.3399	----其他											
03063399.10	活、鲜或冷的金霸王蟹（帝王蟹）、毛蟹、仿石蟹（仿岩蟹）、堪察加拟石蟹、短足拟石蟹、扁足拟石蟹、雪蟹、日本雪蟹	7	70		9	9	千克	ABU	PR/QS	0		0
03063399.90	其他活、鲜或冷的带壳或去壳蟹	7	70		9	9	千克	AB	PR/QS	0		0
	--挪威海螯虾：											
0306.3410	---种苗	0	0		9	9	千克	AB	P/Q	0		0
0306.3490	---其他	7	70		9	9	千克	AB	PR/QS	0		0
	--冷水小虾及对虾（长额虾属、褐虾）：											
0306.3510	---种苗	0	0		0	0	千克	AB	P/Q	0		0
0306.3590	---其他											
03063590.10	鲜、冷的冷水小虾及对虾（长额虾属、褐虾）（种苗除外）	10	70		9	9	千克	AB	PR/QS	0		0
03063590.90	活的冷水小虾及对虾（长额虾属、褐虾）（种苗除外）	10	70		9	9	千克	AB	PR/QS	0		0
	--其他小虾及对虾：											
0306.3610	---种苗	0	0		0	0	千克	AB	P/Q	0		0
0306.3690	---其他											
03063690.10	其他鲜、冷的小虾（对虾属除外）（种苗除外）	12	70		9	9	千克	AB	PR/QS	0		0
03063690.90	活、鲜或冷的对虾（对虾属）（种苗除外）；其他活的小虾（对虾属除外）（种苗除外）	12	70		9	9	千克	AB	PR/QS	0		0
	--其他：											
0306.3910	---种苗	0	0		0	0	千克	AB	P/Q	0		0
0306.3990	---其他											
03063990.10	其他甲壳动物的卵	7	70		0	0	千克	AB	PR/QS	0		0
03063990.90	其他活、鲜、冷的带壳或去壳甲壳动物	7	70		9	9	千克	AB	PR/QS	0		0
	-其他：											
0306.9100	--岩礁虾及其他龙虾（真龙虾属、龙虾属、岩龙虾属）	7	70		9	9	千克	AB	PR/QS	0		0
0306.9200	--螯龙虾（螯龙虾属）	7	70		9	9	千克	AB	PR/QS	0		0
	--蟹：											
0306.9310	---中华绒螯蟹	7	70		9	9	千克	AB	PR/QS	0		0
0306.9320	---梭子蟹	7	70		9	9	千克	AB	PR/QS	0		0
0306.9390	---其他	7	70		9	9	千克	AB	PR/QS	0		0

协定税率（%）巴基斯坦	冰岛	哥斯达黎加	秘鲁	新西兰	瑞士	新加坡	韩国	澳大利亚	格鲁吉亚	毛里求斯	日本RCEP	尼加拉瓜	港澳台	特惠税率（%）①/②	Article Description
12.8	0	0	0	0	0		5.3	0	0	0	13	0	0/	0/0	----Shelled
12.8	0	0	0	0	0		5.3	0	0	0	13	0	0/	0/0	----Other
0	0	0	0	0	0		5.3	0	0	0	13	0	0/	0/0	--- Other
															- Live, fresh or chilled:
															-- Rock lobster and other sea crawfish (Palinurus spp., Panulirus spp., Jasus spp.):
0	0	0	0	0	0		0	0	0	0	0	0	0/	0/0	--- For cultivation
0	0	0	0	0	0		0	0	0	0	10.9	0	0/	0/0	--- Other
															-- Lobsters (Homarus spp.):
0	0	0	0	0	0		0	0	0	0	0	0	0/	0/0	--- For cultivation
12	0	0	0	0	0		0	0	0	0	10.9	0	0/	0/0	--- Other
															-- Crabs:
0	0	0	0	0	0		0	0	0	0	0	0	0/	0/0	--- For cultivation
															--- Other:
3.5	0	0	0	0	0		0	0	0	0	10.2	0	0/	0/0	----Freshwater crabs, live
0	0	0	0	0	0		0	0	0	0	10.2	13.1	0/	0/0	----Swimming crab
															--- Other
0	0	0	0	0	0		0	0	0	0	10.2	0	0/	0/0	Lithodes aequispinus, Erimacrus spp., Paralomis verrilli, Paralithodes camtschaticus, Paralithodes brevipes, Parailithodes platypus, Chionoecetes spp. and Chionoecetes japonicus, fresh or chilled
0	0	0	0	0	0		0	0	0	0	10.2	0	0/	0/0	Other crabs, whether in shell or not, live, fresh or chilled
															-- Norway lobsters (Nephrops norvegicus):
0	0	0	0	0	0		0	0	0	0	0	0	0/	0/0	--- For cultivation
11.2	0	0	0	0	0		0	0	0	0	10.2	0	0/	0/0	--- Other
															-- Cold-water shrimps and prawns (Pandalus spp., Crangon crangon):
0	0	0	0	0	0		0	0	0	0	0	0	0/	0/0	--- For cultivation
															--- Other
7.5	0	0	0	0	0		0	0	0	0	8.7	0	0/	0/0	Cold-water shrimps and prawns (Pandalus spp., Crangon crangon), fresh or chilled, other than for cultivation
7.5	0	0	0	0	0		0	0	0	0	8.7	0	0/	0/0	Cold-water shrimps and prawns (Pandalus spp., Crangon crangon), alive, other than for cultivation
															-- Other shrimps and prawns:
0	0	0	0	0	0		0	0	0	0	0	0	0/	0/0	--- For cultivation
															--- Other
7.5	0	0	0	0	0		0	0	0	0	8.7	0	0/	0/0	Shrimps (Non-penaeus spp.), fresh or chilled, other than for cultivation
7.5	0	0	0	0	0		0	0	0	0	8.7	0	0/	0/0	Prawns (Penaeus spp.), alive, fresh or chilled, other than for cultivation;other shrimps (non-penaeus spp.), alive, other than for cultivation
															-- Other:
0	0	0	0	0	0		0	0	0	0	0	0	0/	0/0	--- For cultivation
															--- Other
11.2	0	0	0	0	0		0	0	0	0	10.2	0	0/	0/0	Eggs of other crustaceans
11.2	0	0	0	0	0		0	0	0	0	10.2	0	0/	0/0	Other crustaceans, whether in shell or not, live, fresh or chilled
															- Other:
0	0	0	0	0	0		0	0	0	0	10.9	0	0/	0/0	-- Rock lobster and other sea crawfish (Palinurus spp., Panulirus spp., Jasus spp.)
12	0	0	0	0	0		0	0	0	0	10.9	0	0/	0/0	-- Lobsters (Homarus spp.)
															-- Crabs:
3.5	0	0	0	0	0		0	0	0	0	10.2	0	0/	0/0	--- Freshwater crabs, live
0	0	0	0	0	0		0	0	0	0	10.2	0	0/	0/0	--- Swimming crab
0	0	0	0	0	0		0	0	0	0	10.2	0	0/	0/0	--- Other

税　号	货品名称	进口关税（%）			增值/消费税（%）	出口退税（%）	计量单位	监管证件代码	检验检疫类别	协定税率（%）		
		最惠国	普通	年内暂定						东盟	亚太	智利
0306.9400	-- 挪威海螯虾	7	70		9	9	千克	AB	PR/QS	0		0
	-- 小虾及对虾：											
0306.9510	--- 冷水小虾及对虾（长额虾属、褐虾）	10	70		9	9	千克	AB	PR/QS	0		0
0306.9590	--- 其他小虾及对虾	10	70		9	9	千克	AB	PR/QS	0		0
0306.9900	-- 其他	7	70		9	9	千克	AB	PR/QS	0		0
03.07	**带壳或去壳的软体动物，活、鲜、冷、冻、干、盐腌或盐渍的；熏制的带壳或去壳软体动物，不论在熏制前或熏制过程中是否烹煮：**											
	- 牡蛎（蚝）：											
	-- 活、鲜或冷的：											
0307.1110	--- 种苗	0	0		0	0	千克	AB	P/Q	0		0
0307.1190	--- 其他	7	70		9	9	千克	AB	PR/QS	0		0
0307.1200	-- 冻的	10	70		9	9	千克	AB	PR/QS	0		0
0307.1900	-- 其他	10	70		9	9	千克	AB	PR/QS	0		0
	- 扇贝及其他扇贝科的软体动物：											
	-- 活、鲜或冷的：											
0307.2110	--- 种苗	0	0		0	0	千克	AB	P/Q	0		0
	--- 其他：											
0307.2191	---- 扇贝（扇贝属、栉孔扇贝属、巨扇贝属）	10	70		9	9	千克	AB	PR/QS	0		0
0307.2199	---- 其他	7	70		9	9	千克	AB	PR/QS	0		0
	-- 冻的：											
0307.2210	--- 扇贝（扇贝属、栉孔扇贝属、巨扇贝属）	10	80		9	9	千克	AB	PR/QS	0		0
0307.2290	--- 其他	7	70		9	9	千克	AB	PR/QS	0		0
	-- 其他											
0307.2910	--- 扇贝（扇贝属、栉孔扇贝属、巨扇贝属）	10	80		9	9	千克	AB	PR/QS	0		0
0307.2990	--- 其他	7	70		9	9	千克	AB	PR/QS	0		0
	- 贻贝：											
	-- 活、鲜或冷的：											
0307.3110	--- 种苗	0	0		0	0	千克	AB	P/Q	0		0
0307.3190	--- 其他											
03073190.01	鲜、冷贻贝	10	70		9	9	千克	AB	PR/QS	0		0
03073190.90	其他活贻贝	10	70		9	9	千克	AB	PR/QS	0		0
0307.3200	-- 冻的	10	70		9	9	千克	AB	PR/QS	0	7	0
0307.3900	-- 其他	10	70		9	9	千克	AB	PR/QS	0	7	0
	- 墨鱼及鱿鱼：											
	-- 活、鲜或冷的：											
0307.4210	--- 种苗	0	0		0	0	千克	AB	P/Q	0		0
	--- 其他：											
0307.4291	---- 墨鱼（乌贼属、巨粒僧头乌贼、耳乌贼属）及鱿鱼（柔鱼属、枪乌贼属、双柔鱼属、拟乌贼属）	12	70		9	9	千克	AB	PR/QS	0		0
0307.4299	---- 其他	14	70		9	9	千克	AB	PR/QS	0		0
	-- 冻的：											
0307.4310	--- 墨鱼（乌贼属、巨粒僧头乌贼、耳乌贼属）及鱿鱼（柔鱼属、枪乌贼属、双柔鱼属、拟乌贼属）	12	70		9	9	千克	AB	PR/QS	0	10	0
0307.4390	--- 其他	10	70		9	9	千克	AB	PR/QS	0		0
	-- 其他：											
0307.4910	--- 墨鱼（乌贼属、巨粒僧头乌贼、耳乌贼属）及鱿鱼（柔鱼属、枪乌贼属、双柔鱼属、拟乌贼属）	12	70		9	9	千克	AB	PR/QS	0	10	0

协定税率（%）														特惠税率（%）①/②	Article Description
巴基斯坦	冰岛	哥斯达黎加	秘鲁	新西兰	瑞士	新加坡	韩国	澳大利亚	格鲁吉亚	毛里求斯	日本RCEP	尼加拉瓜	港澳台		
11.2	0	0	0	0	0		0	0	0	0	10.2	0	0/	0/0	-- Norway lobsters (Nephrops norvegicus)
															-- Shrimps and prawns:
3	0	0	0	0	0		0	0	0	0	8.7	0	0/	0/0	--- Cold-water shrimps and prawns (Pandalus spp., Crangon crangon):
3	0	0	0	0	0		0	0	0	0	8.7	0	0/	0/0	--- Other shrimps and prawns:
11.2	0	0	0	0	0		0	0	0	0	10.2	0	0/	0/0	-- Other
															Molluscs, whether in shell or not, live, fresh, chilled, frozen, dried, salted or in brine; smoked molluscs, whether in shell or not, whether or not cooked before or during the smoking process:
															- Oysters:
															-- Live, fresh or chilled:
0	0	0	0	0	0		0	0	0	0	0	0	0/	0/0	--- For cultivation
11.2	0	0	0	0	0		0	0	0	0	10.2	0	0/	0/0	--- Other
11.2	0	0	0	0	0		0	0	0	0	10.2	9	0/	0/0	-- Frozen
11.2	0	0	0	0	0		0	0	0	0	10.2	9	0/	0/0	-- Other
															- Scallops and other molluscs of the family Pectinidae:
															-- Live, fresh or chilled:
0	0	0	0	0	0		0	0	0	0	0	0	0/	0/0	--- For cultivation
															--- Other:
11.2	0	0	0	0	0		0	0	0	0	10.2	9	0/	0/0	----Scallops (Pecten spp., Chlamys spp., Placopecten spp.)
11.2	0	0	0	0	0		0	0	0	0	10.2	0	0/	0/0	----Other
															-- Frozen:
11.2	0	0	0	0	0		0	0	0	0	12	9	0/	0/0	--- Scallops (Pecten spp., Chlamys spp., Placopecten spp.)
	0	0	0	0	0		5	0	0	0		0	0/	0/0	--- Other
															-- Other
11.2	0	0	0	0	0		0	0	0	0	12	9	0/	0/0	--- Scallops (Pecten spp., Chlamys spp., Placopecten spp.)
	0	0	0	0	0		5	0	0	0		0	0/	0/0	--- Other
															- Mussels (Mytilus spp., Perna spp.):
															-- Live, fresh or chilled:
0	0	0	0	0	0		0	0	0	0	0	0	0/	0/0	--- For cultivation
															--- Other
11.2	0	0	0	0	0		0	0	0	0	10.2	9	0/	0/0	Mussels, fresh or chilled
11.2	0	0	0	0	0		0	0	0	0	10.2	9	0/	0/0	Other mussels, live
3.5	0	0	0	0	0		0	0	0	0	10.2	9	0/	0/0	-- Frozen
3.5	0	0	0	0	0		0	0	0	0	10.2	9	0/	0/0	-- Other
															- Cuttle fish and squid:
															-- Live, fresh or chilled:
0	0	0	0	0	0		0	0	0	0	0	0	0/	0/0	--- For cultivation
															--- Other:
3	0	0	0	0	0		0	0	0	0	8.7	10.8	0/	0/0	---- Cuttle fish (Sepia of ficinalis, Rossia macrosoma, Sepiola spp.) and squid (Ommastrephes spp., Loligo spp., Nototodarus spp., Sepioteuthis spp.)
11.2	0	0	0	0	0		0	0	0	0	10.2	13.1	0/	0/0	---- Other
															-- Frozen:
10	0	0	0	0	0		6	0	0	0	10.3	11.2	0/	0/0	--- Cuttle fish (Sepia of ficinalis, Rossia macrosoma, Sepiola spp.) and squid (Ommastrephes spp., Loligo spp., Nototodarus spp., Sepioteuthis spp.)
	0	0	0	0	0		5	0	0	0		9.3	0/	0/0	--- Other
															-- Other:
10	0	0	0	0	0		6	0	0	0	10.3	11.2	0/	0/0	--- Cuttle fish (Sepia of ficinalis, Rossia macrosoma, Sepiola spp.) and squid (Ommastrephes spp., Loligo spp., Nototodarus spp., Sepioteuthis spp.)

税号	货品名称	进口关税（%）			增值/消费税（%）	出口退税（%）	计量单位	监管证件代码	检验检疫类别	协定税率（%）		
		最惠国	普通	年内暂定						东盟	亚太	智利
0307.4990	---其他	10	70		9	9	千克	AB	PR/QS	0		0
	- 章鱼：											
0307.5100	-- 活、鲜或冷的	7	70		9	9	千克	AB	PR/QS	0		0
0307.5200	-- 冻的	7	70		9	9	千克	AB	PR/QS	0		0
0307.5900	-- 其他	7	70		9	9	千克	AB	PR/QS	0		0
	- 蜗牛及螺，海螺除外：											
0307.6010	--- 种苗											
03076010.10	濒危蜗牛及螺种苗，海螺除外	0	0		9	0	千克	ABFE	P/Q	0		0
03076010.90	蜗牛及螺种苗，海螺除外（濒危除外）	0	0		0	0	千克	AB	P/Q	0		0
0307.6090	--- 其他											
03076090.10	其他濒危蜗牛及螺，海螺除外	7	70		9	0	千克	ABFE	PR/QS	0		0
03076090.90	其他活、鲜、冷、冻、干、盐腌或盐渍的蜗牛及螺，海螺除外（包括熏制的带壳或去壳的，不论在熏制前或熏制过程中是否烹煮）	7	70		9	9	千克	AB	PR/QS	0		0
	- 蛤、鸟蛤及舟贝（蚶科、北极蛤科、鸟蛤科、斧蛤科、缝栖蛤科、蛤蜊科、中带蛤科、海螂科、双带蛤科、截蛏科、竹蛏科、砗磲科、帘蛤科）：											
	-- 活、鲜或冷的：											
0307.7110	--- 种苗											
03077110.10	砗磲的种苗	0	0		9	0	千克	ABEF	P/Q	0		0
03077110.90	蛤、鸟蛤及舟贝种苗（濒危除外）	0	0		0	0	千克	AB	P/Q	0		0
	--- 其他：											
0307.7191	---- 蛤	10	70		9	9	千克	AB	PR/QS	0		0
0307.7199	---- 其他											
03077199.10	活、鲜、冷砗磲	10	70		9	0	千克	ABEF	PR/QS	0		0
03077199.20	活、鲜、冷的粗饰蚶	10	70		9	9	千克	ABU	PR/QS	0		0
03077199.90	活、鲜、冷鸟蛤及舟贝（蚶科、北极蛤科、鸟蛤科、斧蛤科、缝栖蛤科、蛤蜊科中带蛤科、海螂科、双带蛤科、截蛏科、竹蛏科、帘蛤科）	10	70		9	9	千克	AB	PR/QS	0		0
0307.7200	-- 冻的											
03077200.10	冻的砗磲	10	70		9	0	千克	ABEF	PR/QS	0		0
03077200.20	冻的粗饰蚶	10	70		9	9	千克	ABU	PR/QS	0		0
03077200.90	冻的其他蛤、鸟蛤及舟贝（蚶科、北极蛤科、鸟蛤科、斧蛤科、缝栖蛤科、蛤蜊科、中带蛤科、海螂科、双带蛤科、截蛏科、竹蛏科、帘蛤科）	10	70		9	9	千克	AB	PR/QS	0		0
0307.7900	-- 其他											
03077900.10	干、盐渍的砗磲（包括熏制的带壳或去壳的，不论在熏制前或熏制过程中是否烹煮）	10	70		9	0	千克	ABEF	PR/QS	0		0
03077900.20	干、盐制的粗饰蚶（包括熏制的带壳或去壳的，不论在熏制前或熏制过程中是否烹煮）	10	70		9	9	千克	ABU	PR/QS	0		0
03077900.90	干、盐制其他蛤、鸟蛤及舟贝（蚶科、北极蛤科、鸟蛤科、斧蛤科、缝栖蛤科、蛤蜊科、中带蛤科、海螂科、双带蛤科、截蛏科、竹蛏科、帘蛤科）（包括熏制的带壳或去壳的，不论在熏制前或熏制过程中是否烹煮）	10	70		9	9	千克	AB	PR/QS	0		0

协定税率（%）														特惠税率（%）①/②	Article Description
巴基斯坦	冰岛	哥斯达黎加	秘鲁	新西兰	瑞士	新加坡	韩国	澳大利亚	格鲁吉亚	毛里求斯	日本RCEP	尼加拉瓜	港澳台		
	0	0	0	0	0		5	0	0	0		9	0/	0/0	--- Other:
															- Octopus (Octopus spp.):
13.6	0	0	0	0	0		5.6	0	0	0		5.6	0/	0/0	-- Live, fresh or chilled
13.6	0	0	0	0	0		5.6	0	0	0		0	0/	0/0	-- Frozen
13.6	0	0	0	0	0		5.6	0	0	0		5.6	0/	0/0	-- Other
															- Snails, other than sea snails:
															--- For cultivation
0	0	0	0	0	0		0	0	0	0	0	0	0/	0/0	Endangered snails (other than sea snails) for cultivation
0	0	0	0	0	0		0	0	0	0	0	0	0/	0/0	Snails (other than sea snails) for cultivation, other than thoes endangered
															--- Other
11.2	0	0	0	0	0		0	0	0	0	10.2	0	0/	0/0	Other endangered snails (other than sea snails) for cultivation
11.2	0	0	0	0	0		0	0	0	0	10.2	0	0/	0/0	Other snails (other than sea snails), live, fresh, chilled, frozen, dried, salted or in brine (including smoked, whether in shell or not, whether or not cooked before or during the smoking process)
															- Clams, cockles and arkshells (families Arcidae, Arcticidae, Cardiidae, Donacidae, Hiatellidae, Mactridae, Mesodesmatidae, Myidae, Semelidae, Solecurtidae, Solenidae, Tridacnidae and Veneridae):
															-- Live, fresh or chilled:
															--- For cultivation
0	0	0	0	0	0		0	0	0	0	0	0	0/	0/0	Tridacnidae for cultivation
0	0	0	0	0	0		0	0	0	0	0	0	0/	0/0	Clams, cockles and ark shells for cultivation, other than thoes endangered
															--- Other:
11.2	0	0	0	0	0		0	0	0	0	10.2	9	0/	0/0	---- Clams
															---- Other
11.2	0	0	0	0	0		0	0	0	0	10.2	9	0/	0/0	Tridacnidae, live, fresh or chilled
11.2	0	0	0	0	0		0	0	0	0	10.2	9	0/	0/0	Anadara broughtoni, live, fresh or chilled
11.2	0	0	0	0	0		0	0	0	0	10.2	9	0/	0/0	Clams, cockles and ark shells (families Arcidae, Arcticidae, Cardiidae, Donacidae, Hiatellidae, Mactridae, Mesodesmatidae, Myidae, Semelidae, Solecurtidae, Solenidae, Veneridae), live, fresh or chilled
															-- Frozen
	0	0		0	0		0	0	0	0	7.3	9	0/	0/0	Tridacnidae, frozen
	0	0		0	0		0	0	0	0	7.3	9	0/	0/0	Anadara broughtoni, frozen
	0	0		0	0		0	0	0	0	7.3	9	0/	0/0	Other clams, cockles and arkshells (families Arcidae, Arcticidae, Cardiidae, Donacidae, Hiatellidae, Mactridae, Mesodesmatidae, Myidae, Semelidae, Solecurtidae, Solenidae, Tridacnidae and Veneridae), frozen
															-- Other
	0	0	0	0	0		3.3	0	0	0	7.3	9	0/	0/0	Tridacnidae, dried or salted (including smoked, whether in shell or not, whether or not cooked before or during the smoking process)
	0	0	0	0	0		3.3	0	0	0	7.3	9	0/	0/0	Anadara broughtoni, dried or salted (including smoked, whether in shell or not, whether or not cooked before or during the smoking process)
	0	0	0	0	0		3.3	0	0	0	7.3	9	0/	0/0	Other clams, cockles and arkshells (families Arcidae, Arcticidae, Cardiidae, Donacidae, Hiatellidae, Mactridae, Mesodesmatidae, Myidae, Semelidae, Solecurtidae, Solenidae, Tridacnidae and Veneridae), dried or salted (including smoked, whether in shell or not, whether or not cooked before or during the smoking process)

税　号	货品名称	进口关税（%）			增值/消费税（%）	出口退税（%）	计量单位	监管证件代码	检验检疫类别	协定税率（%）		
		最惠国	普通	年内暂定						东盟	亚太	智利
	- 鲍鱼（鲍属）及凤螺（凤螺属）:											
	-- 活、鲜或冷的鲍鱼（鲍属）:											
0307.8110	--- 种苗	0	0		0	0	千克	AB	P/Q	0		0
0307.8190	--- 其他	10	80	7	9	9	千克	AB	PR/QS	0		0
	-- 活、鲜或冷的凤螺（凤螺属）											
0307.8210	--- 种苗	0	0		0	0	千克	AB	P/Q	0		0
0307.8290	--- 其他	10	70		9	9	千克	AB	PR/QS	0		0
0307.8300	-- 冻的鲍鱼（鲍属）	10	80		9	9	千克	AB	PR/QS	0		0
0307.8400	-- 冻的凤螺（凤螺属）	10	70		9	9	千克	AB	PR/QS	0		0
0307.8700	-- 其他鲍鱼（鲍属）	10	80		9	9	千克	AB	PR/QS	0		0
0307.8800	-- 其他凤螺（凤螺属）	10	70		9	9	千克	AB	PR/QS	0		0
	- 其他:											
	-- 活、鲜或冷的:											
0307.9110	--- 种苗											
03079110.11	大珠母贝的种苗	0	0		9	0	千克	ABE	P/Q	0		0
03079110.19	其他濒危软体动物的种苗（大珠母贝除外）	0	0		9	0	千克	ABEF	P/Q	0		0
03079110.90	其他软体动物的种苗	0	0		9	9	千克	AB	P/Q	0		0
0307.9190	--- 其他											
03079190.11	活、鲜、冷大珠母贝（种苗除外）	7	70		9	0	千克	ABE	PR/QS	0		0
03079190.19	活、鲜、冷的其他濒危软体动物（种苗除外）	7	70		9	0	千克	ABEF	PR/QS	0		0
03079190.20	其他活、鲜、冷的濒危软体动物	7	70		9	9	千克	ABU	PR/QS	0		0
03079190.90	其他活、鲜、冷的软体动物	7	70		9	9	千克	AB	PR/QS	0		0
0307.9200	-- 冻的											
03079200.11	冻的大珠母贝	7	80		9	0	千克	ABE	PR/QS	0		0
03079200.19	冻的其他濒危软体动物	7	70		9	0	千克	ABEF	PR/QS	0		0
03079200.20	其他冻的濒危软体动物	7	70		9	9	千克	ABU	PR/QS	0		0
03079200.90	其他冻的软体动物	7	70		9	9	千克	AB	PR/QS	0		0
0307.9900	-- 其他											
03079900.11	干、盐腌或盐渍的大珠母贝（包括熏制的带壳或去壳的，不论在熏制前或熏制过程中是否烹煮）	7	80		9	0	千克	ABE	PR/QS	0		0
03079900.19	干、盐腌或盐渍的其他濒危软体动物（包括熏制的带壳或去壳的，不论在熏制前或熏制过程中是否烹煮）	7	70		9	0	千克	ABEF	PR/QS	0		0
03079900.20	其他干、盐腌或盐渍的濒危软体动物（包括熏制的带壳或去壳的，不论在熏制前或熏制过程中是否烹煮）	7	70		9	9	千克	ABU	PR/QS	0		0
03079900.90	其他干、盐腌或盐渍软体动物（包括熏制的带壳或去壳的，不论在熏制前或熏制过程中是否烹煮）	7	70		9	9	千克	AB	PR/QS	0		0
03.08	**不属于甲壳动物及软体动物的水生无脊椎动物，活、鲜、冷、冻、干、盐腌或盐渍的；熏制的不属于甲壳动物及软体动物的水生无脊椎动物，不论在熏制前或熏制过程中是否烹煮:**											
	- 海参（仿刺参、海参纲）:											
	-- 活、鲜或冷的:											
0308.1110	--- 种苗											
03081110.10	暗色刺参的种苗	0	0		9	0	千克	ABEF	P/Q	0		0

协定税率（%）														特惠税率（%）①/②	Article Description
巴基斯坦	冰岛	哥斯达黎加	秘鲁	新西兰	瑞士	新加坡	韩国	澳大利亚	格鲁吉亚	毛里求斯	日本RCEP	尼加拉瓜	港澳台		
															- Abalone (Haliotis spp.) and stromboid conchs (Strombus spp.):
															-- Live, fresh or chilled abalone (Haliotis spp.):
0	0	0	0	0	0		0	0	0	0	0	0	0/	0/0	--- For cultivation
11.2	0	0	0	0	0		0	0	0	0	10.2	9	0/	0/0	--- Other
															-- Live, fresh or chilled stromboid conchs (Strombus spp.):
0	0	0	0	0	0		0	0	0	0	0	0	0/	0/0	--- For cultivation
11.2	0	0	0	0	0		0	0	0	0	10.2	9	0/	0/0	--- Other
2.5	0	0		0	0		0	0	0	0	7.3	9	0/	0/0	-- Frozen abalone (Haliotis spp.)
	0	0	0	0	0		5	0	0	0		9	0/	0/0	-- Frozen stromboid conchs (Strombus spp.)
2.5	0	0		0	0		0	0	0	0	7.3	9	0/	0/0	-- Other abalone (Haliotis spp.)
	0	0	0	0	0		5	0	0	0		9	0/	0/0	-- Other stromboid conchs (Strombus spp.)
															- Other:
															-- Live, fresh or chilled:
															--- For cultivation
0	0	0	0	0	0		0	0	0	0	0	0	0/	0/0	Pearl oysters (Pinctada maxima) for cultivation
0	0	0	0	0	0		0	0	0	0	0	0	0/	0/0	Other endangered molluscs for cultivation, not including pearl oysters (Pinctada maxima)
0	0	0	0	0	0		0	0	0	0	0	0	0/	0/0	Other molluscs for cultivation
															--- Other
11.2	0	0	0	0	0		0	0	0	0	10.2	0	0/	0/0	Pearl oysters (Pinctada maxima), live, fresh or chilled, other than those for cultivation
11.2	0	0	0	0	0		0	0	0	0	10.2	0	0/	0/0	Other endangered molluscs, live, fresh or chilled, other than those for cultivation
11.2	0	0	0	0	0		0	0	0	0	10.2	0	0/	0/0	Genus Corbicula, live, fresh or chilled, other than those for cultivation
11.2	0	0	0	0	0		0	0	0	0	10.2	0	0/	0/0	Other molluscs, live, fresh or chilled
															-- Frozen
	0	0	0	0	0		5	0	0	0		0	0/	0/0	Pearl oysters (Pinctada maxima), frozen
	0	0	0	0	0		5	0	0	0		0	0/	0/0	Other endangered molluscs, frozen
	0	0	0	0	0		5	0	0	0		0	0/	0/0	Genus Corbicula, frozen
	0	0	0	0	0		5	0	0	0		0	0/	0/0	Other molluscs, frozen
															-- Other
	0	0	0	0	0		5	0	0	0		0	0/	0/0	Other pearl oysters (Pinctada maxima), dried, salted or in brine (including smoked, whether in shell or not, whether or not cooked before or during the smoking process)
	0	0	0	0	0		5	0	0	0		0	0/	0/0	Other endangered molluscs, dried, salted or in brine (including smoked, whether in shell or not, whether or not cooked before or during the smoking process)
	0	0	0	0	0		5	0	0	0		0	0/	0/0	Genus Corbicula, dried, salted or in brine (including smoked, whether in shell or not, whether or not cooked before or during the smoking process)
	0	0	0	0	0		5	0	0	0		0	0/	0/0	Other molluscs, dried, salted or in brine (including smoked, whether in shell or not, whether or not cooked before or during the smoking process)
															Aquatic invertebrates other than crustaceans and molluscs, live, fresh, chilled, frozen, dried, salted or in brine; smoked aquatic invertebrates other than crustaceans and molluscs, whether or not cooked before or during the smoking process:
															- Sea cucumbers (Stichopus japonicus, Holothuroidea):
															-- Live, fresh or chilled:
															--- For cultivation
0	0	0	0	0	0		0	0	0	0	0	0	0/	0/0	Isostichopus fuscus for cultivation

税　号	货品名称	进口关税（%） 最惠国	普通	年内暂定	增值/消费税（%）	出口退税（%）	计量单位	监管证件代码	检验检疫类别	协定税率（%） 东盟	亚太	智利
03081110.90	海参（仿刺参、海参纲）种苗（濒危除外）	0	0		0	0	千克	AB	P/Q	0		0
0308.1190	--- 其他											
03081190.10	活、鲜或冷的暗色刺参	10	70		9	0	千克	ABEF	PR/QS	0		0
03081190.20	活、鲜或冷的刺参	10	70		9	9	千克	ABU	PR/QS	0		0
03081190.90	活、鲜或冷的其他海参（仿刺参、海参纲）	10	70		9	9	千克	AB	PR/QS	0		0
0308.1200	-- 冻的											
03081200.10	冻的暗色刺参	10	80		9	0	千克	ABEF	PR/QS	0		0
03081200.20	冻的其他刺参	10	80		9	9	千克	ABU	PR/QS	0		0
03081200.90	冻的其他海参（仿刺参、海参纲）	10	80		9	9	千克	AB	PR/QS	0		0
0308.1900	-- 其他											
03081900.10	干、盐腌或盐渍暗色刺参（包括熏制的，不论在熏制前或熏制过程中是否烹煮）	10	80		9	0	千克	ABEF	PR/QS	0		0
03081900.20	干、盐腌或盐渍的其他刺参（包括熏制的，不论在熏制前或熏制过程中是否烹煮）	10	80		9	9	千克	ABU	PR/QS	0		0
03081900.90	干、盐腌或盐渍的其他海参（仿刺参、海参纲）（包括熏制的，不论在熏制前或熏制过程中是否烹煮）	10	80		9	9	千克	AB	PR/QS	0		0
	- 海胆（球海胆属、拟球海胆、智利海胆、食用正海胆）：											
	-- 活、鲜或冷的：											
0308.2110	--- 种苗	0	0		0	0	千克	AB	P/Q	0		0
0308.2190	--- 其他											
03082190.10	活、鲜或冷的食用海胆纲	10	70		9	9	千克	ABU	PR/QS	0		0
03082190.90	其他活、鲜或冷的海胆	10	70		9	9	千克	AB	PR/QS	0		0
0308.2200	-- 冻的											
03082200.10	冻食用海胆纲	10	70		9	9	千克	ABU	PR/QS	0		0
03082200.90	其他冻海胆	10	70		9	9	千克	AB	PR/QS	0		0
0308.2900	-- 其他											
03082900.10	干、盐制食用海胆纲（包括熏制的，不论在熏制前或熏制过程中是否烹煮）	10	70		9	9	千克	ABU	PR/QS	0		0
03082900.90	其他干、盐制海胆（包括熏制的，不论在熏制前或熏制过程中是否烹煮）	10	70		9	9	千克	AB	PR/QS	0		0
	- 海蜇（海蜇属）：											
	--- 活、鲜或冷的：											
0308.3011	---- 种苗	0	0		0	0	千克	AB	P/Q	0		0
0308.3019	---- 其他	7	70		9	9	千克	AB	PR/QS	0		0
0308.3090	--- 其他	10	70		9	9	千克	AB	PR/QS	0		0
	- 其他：											
	--- 活、鲜或冷的：											
0308.9011	---- 种苗											
03089011.10	活、鲜或冷的其他濒危水生无脊椎动物的种苗（甲壳动物及软体动物除外）	0	0		9	0	千克	ABFE	P/Q	0		0
03089011.90	其他水生无脊椎动物的种苗（甲壳动物及软体动物和其他濒危水生无脊椎动物除外）（甲壳动物及软体动物除外）	0	0		0	0	千克	AB	P/Q	0		0
0308.9012	---- 沙蚕，种苗除外	7	70		9	9	千克	AB	PR/QS	0		0

协定税率（%）														特惠税率（%）①/②	Article Description
巴基斯坦	冰岛	哥斯达黎加	秘鲁	新西兰	瑞士	新加坡	韩国	澳大利亚	格鲁吉亚	毛里求斯	日本RCEP	尼加拉瓜	港澳台		
0	0	0	0	0	0		0	0	0	0	0	0	0/	0/0	Sea cucumbers (Stichopus japonicus, Holothurioidea) for cultivation, other than those endangered
															--- Other
11.2	0	0	0	0	0		0	0	0	0	10.2	0	0/	0/0	Isostichopus fuscus, live, fresh or chilled
11.2	0	0	0	0	0		0	0	0	0	10.2	0	0/	0/0	Apostichopus japonicus, live, fresh or chilled
11.2	0	0	0	0	0		0	0	0	0	10.2	0	0/	0/0	Other sea cucumbers (Stichopus japonicus, Holothurioidea), live, fresh or chilled
															-- Frozen
	0	0	0	0	0		0	0	0	0		0	0/	0/0	Isostichopus fuscus, frozen
	0	0	0	0	0		0	0	0	0		0	0/	0/0	Other Apostichopus japonicus, frozen
	0	0	0	0	0		0	0	0	0		0	0/	0/0	Other sea cucumbers (Stichopus japonicus, Holothurioidea), frozen
															-- Other
	0	0	0	0	0		0	0	0	0		0	0/	0/0	Apostichopus japonicus, dried, salted or in brine (including smoked, whether or not cooked smoked before or during the smoking process)
	0	0	0	0	0		0	0	0	0		0	0/	0/0	Other Isostichopus fuscus, dried, salted or in brine (including smoked, whether or not cooked smoked before or during the smoking process)
	0	0	0	0	0		0	0	0	0		0	0/	0/0	Other sea cucumbers (Stichopus japonicus, Holothurioidea), dried, salted or in brine (including smoked, whether or not cooked smoked before or during the smoking process)
															- Sea urchins (Strongylocentrotus spp., Paracentrotus lividus, Loxechinus albus, Echichinus esculentus) :
															-- Live, fresh or chilled:
0	0	0	0	0	0		0	0	0	0	0	0	0/	0/0	--- For cultivation
															--- Other
11.2	0	0	0	0	0		0	0	0	0	10.2	9	0/	0/0	Class Echinoidea for human consumption, live, fresh or chilled
11.2	0	0	0	0	0		0	0	0	0	10.2	9	0/	0/0	Other sea urchins, live, fresh or chilled
															-- Frozen
	0	0	0	0	0		3.3	0	0	0	8.1	9	0/	0/0	Class Echinoidea for human consumption, frozen
	0	0	0	0	0		3.3	0	0	0	8.1	9	0/	0/0	Other sea urchins, frozen, other than crustaceans and molluscs
															-- Other
	0	0	0	0	0		3.3	0	0	0	8.1	9	0/	0/0	Class Echinoidea for human consumption, dried, salted or in brine (including smoked, whether or not cooked smoked before or during the smoking process)
	0	0	0	0	0		3.3	0	0	0	8.1	9	0/	0/0	Other sea urchins, dried, salted or in brine (including smoked, whether or not cooked smoked before or during the smoking process)
															- Jellyfish (Rhopilema spp.):
															--- Live, fresh or chilled:
0	0	0	0	0	0		0	0	0	0	0	0	0/	0/0	----For cultivation
9	0	0	0	0	0		0	0	0	0	10.2	0	0/	0/0	----Other
	0	0	0	0	0		3.3	0	0	0		9	0/	0/0	--- Other
															- Other:
															--- Live, fresh or chilled:
															----For cultivation
0	0	0	0	0	0		0	0	0	0	0	0	0/	0/0	Endangered Aquatic invertebrates for cultivation, other than crustaceans and molluscs
0	0	0	0	0	0		0	0	0	0	0	0	0/	0/0	Other aquatic invertebrates for cultivation, other than crustaceans, molluscs and other endangered aquatic invertebrates
9	0	0	0	0	0		0	0	0	0	10.2	0	0/	0/0	----Clamworm, other than those for cultivation

税号	货品名称	进口关税（%）			增值/消费税（%）	出口退税（%）	计量单位	监管证件代码	检验检疫类别	协定税率（%）		
		最惠国	普通	年内暂定						东盟	亚太	智利
0308.9019	----其他											
03089019.10	活、鲜或冷的其他濒危水生无脊椎动物（甲壳动物及软体动物除外）	7	70		9	0	千克	ABFE	PR/QS	0		0
03089019.90	活、鲜或冷的其他水生无脊椎动物（甲壳动物及软体动物除外）	7	70		9	9	千克	AB	PR/QS	0		0
0308.9090	---其他											
03089090.10	其他冻、干、盐制濒危水生无脊椎动物（包括熏制的，不论在熏制前或熏制过程中是否烹煮）	7	70		9	0	千克	ABFE	PR/QS	0		0
03089090.90	其他冻、干、盐制水生无脊椎动物（包括熏制的，不论在熏制前或熏制过程中是否烹煮）	7	70		9	9	千克	AB	PR/QS	0		0
03.09	**适合供人食用的鱼、甲壳动物、软体动物和其他水生无脊椎动物的细粉、粗粉及团粒：**											
0309.1000	-鱼的											
03091000.10	适合供人食用的濒危鱼的细粉、粗粉及团粒	7	80		9	0	千克	ABEF	PR/QS	0		0
03091000.90	其他适合供人食用的鱼的细粉、粗粉及团粒	7	80		9	9	千克	AB	PR/QS	0		0
0309.9000	-其他											
03099000.10	适合供人食用的濒危甲壳动物、软体动物和其他水生无脊椎动物的细粉、粗粉及团粒	7	70		9	0	千克	ABEF	PR/QS	0		0
03099000.90	其他适合供人食用的甲壳动物、软体动物和其他水生无脊椎动物的细粉、粗粉及团粒	7	70		9	9	千克	AB	PR/QS	0		0

协定税率（%）														特惠税率（%）①/②	Article Description
巴基斯坦	冰岛	哥斯达黎加	秘鲁	新西兰	瑞士	新加坡	韩国	澳大利亚	格鲁吉亚	毛里求斯	日本RCEP	尼加拉瓜	港澳台		
															----Other
11.2	0	0	0	0	0		0	0	0	0	10.2	0	0/	0/0	Other endangered Aquatic invertebrates, live, fresh or chilled
11.2	0	0	0	0	0		0	0	0	0	10.2	0	0/	0/0	Other Aquatic invertebrates, live, fresh or chilled
															--- Other
	0	0	0	0	0		3.3	0	0	0	8.1	0	0/	0/0	Other endangered Aquatic invertebrates, frozen, dried, salted or in brine (including smoked, whether or not cooked smoked before or during the smoking process)
	0	0	0	0	0		3.3	0	0	0	8.1	0	0/	0/0	Other Aquatic invertebrates, frozen, dried, salted or in brine (including smoked, whether or not cooked smoked before or during the smoking process)
															Flours, meals and pellets of fish, crustaceans, molluscs and other aquatic invertebrates, fit for human consumption:
															- Of fish
2.5	0	0	0	0	0		0	0	0	0	7.3	0	0/	0/0	Flours, meals and pellets of endangered fish, fit for human consumption
2.5	0	0	0	0	0		0	0	0	0	7.3	0	0/	0/0	Flours, meals and pellets of other fish, fit for human consumption
															- Other
11.2	0	0	0	0	0		2.3	0	0	0	7.3	0	0/	0/0	Flours, meals and pellets of endangered crustaceans, molluscs and other aquatic invertebrates, fit for human consumption
11.2	0	0	0	0	0		2.3	0	0	0	7.3	0	0/	0/0	Flours, meals and pellets of crustaceans, molluscs and other aquatic invertebrates, fit for human consumption

第四章　乳品；蛋品；天然蜂蜜；其他食用动物产品

注释：

一、所称“乳”，是指全脂乳及半脱脂或全脱脂的乳。

二、税目04.03所称“酸乳”可以浓缩或调味，可以含糖或其他甜味物质、水果、坚果、可可、巧克力、调味香料、咖啡或咖啡提取物、其他植物或植物的部分、谷物或面包制品，但添加的任何物质不能用于全部或部分取代任何乳成分，而且产品需保留酸乳的基本特征。

三、税目04.05所称：

（一）“黄油”，仅指从乳中提取的天然黄油、乳清黄油及调制黄油（新鲜、加盐或酸败的，包括罐装黄油），按重量计乳脂含量在80%及以上，但不超过95%，乳的无脂固形物最大含量不超过2%，以及水的最大含量不超过16%。黄油中不含添加的乳化剂，但可含有氯化钠、食用色素、中和盐及无害乳酸菌的培养物。

（二）“乳酱”是一种油包水型可涂抹的乳状物，乳脂是该制品所含的唯一脂肪，按重量计其含量在39%及以上，但小于80%。

四、乳清经浓缩并加入乳或乳脂制成的产品，若同时具有下列三种特性，则视为乳酪归入税目04.06：

（一）按干重计乳脂含量在5%及以上的；

（二）按重量计干质成分至少为70%，但不超过85%的；以及

（三）已成型或可以成型的。

五、本章不包括：

（一）不适合供人食用的死昆虫（税目05.11）；

（二）按重量计乳糖含量（以干燥无水乳糖计）超过95%的乳清制品（税目17.02）；

（三）以一种物质（例如，油酸酯）代替乳中一种或多种天然成分（例如，丁酸酯）而制得的产品（税目19.01或21.06）；或

（四）白蛋白（包括按重量计干质成分的乳清蛋白含量超过80%的两种或两种以上的乳清蛋白浓缩物）（税目35.02）及球蛋白（税目35.04）。

六、税目04.10所称“昆虫”是指全部或部分食用的死昆虫，新鲜的、冷藏的、冷冻的、干燥的、烟熏的、盐腌或盐渍的；以及适合供人食用的昆虫的细粉和粗粉。但本税目不包括用其他方法制作或保藏的食用的死昆虫（第四类）。

子目注释：

一、子目0404.10所称“改性乳清”，是指由乳清成分构成的制品，即全部或部分去除乳糖、蛋白或矿物质的乳清、加入天然乳清成分的乳清及由混入天然乳清成分制成的产品。

二、子目0405.10所称“黄油”，不包括脱水黄油及印度酥油（子目0405.90）。

税　号	货品名称	进口关税（%）			增值/消费税（%）	出口退税（%）	计量单位	监管证件代码	检验检疫类别	协定税率（%）		
		最惠国	普通	年内暂定						东盟	亚太	智利
04.01	未浓缩及未加糖或其他甜物质的乳及稀奶油：											
0401.1000	- 按重量计脂肪含量不超过1%	15	40		9	9	千克	7AB	PR/QS	0		0
0401.2000	- 按重量计脂肪含量超过1%，但不超过6%	15	40		9	9	千克	7AB	PR/QS	0		0
0401.4000	- 按重量计脂肪含量超过6%，但不超过10%	15	40		13	13	千克	7AB	PR/QS	0		0
0401.5000	- 按重量计脂肪含量超过10%	15	40		13	13	千克	7AB	PR/QS	0		0
04.02	浓缩、加糖或其他甜物质的乳及稀奶油：											
0402.1000	- 粉状、粒状或其他固体形状，按重量计脂肪含量不超过1.5%	10	40		13	13	千克	7AB	MPR/QS	0	7	0

Chapter 4 Dairy produce; birds' eggs; natural honey; edible products of animal origin, not elsewhere specified or included

Chapter Notes:

1. The expression "milk" means full cream milk or partially or completely skimmed milk.

2. For the purposes of heading 04.03, yogurt may be concentrated or flavoured and may contain added sugar or other sweetening matter, fruit, nuts, cocoa, chocolate, spices, coffee or coffee extracts, plants, parts of plants, cereals or bakers' wares, provided that any added substance is not used for the purpose of replacing, in whole or in part, any milk constituent, and the product retains the essential character of yogurt.

3. For the purposes of heading 04.05:

   (a) The term "butter" means natural butter, whey butter or recombined butter (fresh, salted or rancid, including canned butter) derived exclusively from milk, with a milkfat content of 80% or more but not more than 95% by weight, a maximum milk solids-not-fat content of 2% by weight and a maximum water content of 16% by weight. Butter does not contain added emulsifiers, but may contain sodium chloride, food colours, neutralising salts and cultures of harmless lactic-acid-producing bacteria.

   (b) The expression "dairy spreads" means a spreadable emulsion of the water-in-oil type, containing milkfat as the only fat in the product, with a milkfat content of 39% or more but less than 80% by weight.

4. Products obtained by the concentration of whey and with the addition of milk or milkfat are to be classified as cheese in heading 04.06 provided that they have the three following characteristics:

   (a) a milkfat content, by weight of the dry matter, of 5% or more;

   (b) a dry matter content, by weight, of at least 70% but not exceeding 85%; and

   (c) they are moulded or capable of being moulded.

5. This Chapter does not cover:

   (a) Non-living insects, unfit for human consumption (heading 05.11);

   (b) Products obtained from whey, containing by weight more than 95% lactose, expressed as anhydrous lactose, calculated on the dry matter (heading 17.02);

   (c) Products obtained from milk by replacing one or more of its natural constituents (e.g., butyric fats) by another substance (e.g., oleic fats) (heading 19.01 or 21.06); or

   (d) Albumins (including concentrates of two or more whey proteins, containing by weight more than 80% whey proteins, calculated on the dry matter) (heading 35.02) or globulins (heading 35.04).

6. For the purposes of heading 04.10, the term "insects" means edible non-living insects, whole or in parts, fresh, chilled, frozen, dried, smoked, salted or in brine, as well as flours and meals of insects, fit for human consumption. However, it does not cover edible non-living insects otherwise prepared or preserved (generally Section IV).

Subheading Notes:

1. For the purposes of subheading 0404.10, the expression "modified whey" means products consisting of whey constituents, that is, whey from which all or part of the lactose, proteins or minerals have been removed, whey to which natural whey constituents have been added, and products obtained by mixing natural whey constituents.

2. For the purposes of subheading 0405.10 the term "butter" does not include dehydrated butter or ghee (subheading 0405.90).

协定税率（%）														特惠税率（%）①/②	Article Description
巴基斯坦	冰岛	哥斯达黎加	秘鲁	新西兰	瑞士	新加坡	韩国	澳大利亚	格鲁吉亚	毛里求斯	日本RCEP	尼加拉瓜	港澳台		
															Milk and cream, not concentrated nor containing added sugar or other sweetening matter:
12	0	1	0	0	0			0	0	0		14	0/	0/0	- Of a fat content, by weight, not exceeding 1%
0	0	1	0	0	0			0	0	0		14	0/	0/0	- Of a fat content, by weight, exceeding 1% but not exceeding 6%
12	0	1	0	0	0			0	0	0		14	0/	0/0	- Of a fat content, by weight, exceeding 6% but not exceeding 10%
12	0	1	0	0	0			0	0	0		14	0/	0/0	- Of a fat content, by weight, exceeding 10%
															Milk and cream, concentrated or containing added sugar or other sweetening matter:
5	0	0.7	1.2	0	0			1.7	0	0			0/	0/0	- In powder, granules or other solid forms, of a fat content, by weight, not exceeding 1.5%

税号	货品名称	进口关税（%）			增值/消费税（%）	出口退税（%）	计量单位	监管证件代码	检验检疫类别	协定税率（%）		
		最惠国	普通	年内暂定						东盟	亚太	智利
	- 粉状、粒状或其他固体形状，按重量计脂肪含量超过1.5%：											
0402.2100	-- 未加糖或其他甜物质	10	40		13	13	千克	7AB	MPR/QS	0	7	0
0402.2900	-- 其他	10	40		13	13	千克	7AB	PR/QS	0		0
	- 其他：											
0402.9100	-- 未加糖或其他甜物质	10	90		13	13	千克	AB	PR/QS	0		0
0402.9900	-- 其他	10	90		13	13	千克	AB	PR/QS	0		0
04.03	**酸乳；酪乳、结块的乳及稀奶油、酸乳、酸乳酒及其他发酵或酸化的乳和稀奶油，不论是否浓缩、加糖、加其他甜物质、加香料、加水果、加坚果或加可可：**											
	- 酸乳：											
0403.2010	--- 不论是否浓缩，除允许添加的添加剂外，仅可含糖或其他甜味物质、香料、水果、坚果、可可	10	90		13	13	千克	AB	PR/QS	0		0
0403.2090	--- 其他	10	80		13	13	千克	AB	PR/QS	0		0
0403.9000	- 其他	20	90		13	13	千克	AB	PR/Q	0		0
04.04	**乳清，不论是否浓缩、加糖或其他甜物质；其他税目未列名的含天然乳的产品，不论是否加糖或其他甜物质：**											
0404.1000	- 乳清及改性乳清，不论是否浓缩、加糖或其他甜物质											
04041000.10	饲料用乳清（按重量计蛋白含量2%～7%，乳糖含量76%～88%）（不论是否浓缩、加糖或其他甜物质）	6	30	2	13	13	千克	AB	PR/Q	0		0
04041000.90	其他乳清及改性乳清（不论是否浓缩、加糖或其他甜物质）	6	30	2	13	13	千克	AB	PR/Q	0		0
0404.9000	- 其他	20	90		13	13	千克	AB	PR/Q	0		0
04.05	**黄油及其他从乳中提取的脂和油；乳酱：**											
0405.1000	- 黄油	10	90		13	13	千克	AB	PR/QS	0		0
0405.2000	- 乳酱	10	90		13	13	千克	AB	PR/QS	0	8.1	0
0405.9000	- 其他	10	90		13	13	千克	AB	PR/QS	0		0
04.06	**乳酪及凝乳：**											
0406.1000	- 鲜乳酪（未熟化或未固化的），包括乳清乳酪；凝乳	12	90		13	13	千克	AB	PR/Q	0		0
0406.2000	- 各种磨碎或粉化的乳酪	12	90	8	13	13	千克	AB	PR/QS	0		0
0406.3000	- 经加工的乳酪，但磨碎或粉化的除外	12	90	8	13	13	千克	AB	PR/Q	0		0
0406.4000	- 蓝纹乳酪和娄地青霉生产的带有纹理的其他乳酪	15	90	8	13	13	千克	AB	PR/Q	0		0
0406.9000	- 其他乳酪	12	90	8	13	13	千克	AB	PR/Q	0		0
04.07	**带壳禽蛋，鲜、腌制或煮过的：**											
	- 孵化用受精禽蛋：											
0407.1100	-- 鸡的	0	0		0	0	千克/个	AB	P/Q	0		0
0407.1900	-- 其他											
04071900.10	其他孵化用受精濒危禽蛋	0	0		9	0	千克/个	AFEB	P/Q	0		0
04071900.90	其他孵化用受精禽蛋（濒危禽蛋除外）	0	0		0	0	千克/个	AB	P/Q	0		0
	- 其他鲜蛋：											
0407.2100	-- 鸡的	20	80		9	9	千克/个	AB	PR/QS	0		0
0407.2900	-- 其他											

协定税率（%）														特惠税率（%）①/②	Article Description
巴基斯坦	冰岛	哥斯达黎加	秘鲁	新西兰	瑞士	新加坡	韩国	澳大利亚	格鲁吉亚	毛里求斯	日本RCEP	尼加拉瓜	港澳台		
															- In powder, granules or other solid forms, of a fat content, by weight, exceeding 1.5%:
0	0	0.7	1.2	0				1.7	0	0			0/	0/0	-- Not containing added sugar or other sweetening matter
5	0	0.7	1.2	0	0			1.7	0	0			0/	0/0	-- Other
															- Other:
5	0	0.7	0	0				1.7	0	0			0/	0/0	-- Not containing added sugar or other sweetening matter
5	0	0.7	1.2	0				1.7	0	0		9	0/	0/0	-- Other
															Yogurt; buttermilk, curdled milk and cream, kephir and other fermented or acidified milk and cream, whether or not concentrated or containing added sugar or other sweetening matter or flavoured or containing added fruit, nuts or cocoa:
															- Yogurt:
5	0	0.7	0	0	0.8			0	0	0		9	0/	0/0	--- Only containing added sugar or other sweetening matter, flavoured, fruit, nuts or cocoa, other than permitted additives, whether or not concentrated
0	0	0	0	0	0	0	3.3	0	0	0	8.1	9	0/	0/0	--- Other
	0	1.3	0	0				0	0	0		18.7	0/	0/0	- Other
															Whey, whether or not concentrated or containing added sugar or other sweetening matter; products consisting of natural milk constituents, whether or not containing added sugar or other sweetening matter, not elsewhere specified or included:
															- Whey and modified whey, whether or not concentrated or containing added sugar or other sweetening matter
5	0	0.4	0	0			2	0	0	0	4.9	4.8	0/	0/0	Whey, of a kind used in animal feeding, of a protein content between 2-7% by weight, of a lactose content between 76-88% by weight
5	0	0.4	0	0			2	0	0	0	4.9	4.8	0/	0/0	Other whey and modified whey
	0	1.3	0	0			6.6	0	0	0	16.3	18.7	0/	0/0	- Other
															Butter and other fats and oils derived from milk; dairy spreads:
5	0	0.7	0	0	0		3.3	0	0	0	8.1	9	0/	0/0	- Butter
5	0	0.7	0	0	0		3.3	0	0	0	8.1	9	0/	0/0	- Dairy spreads
5	0	0.7	0	0			3.3	0	0	0	8.1	9	0/	0/0	- Other
															Cheese and curd:
6	0	0.8	0	0	4.8		4	0	0	0	9.8	11.2	0/	0/0	- Fresh (unripened or uncured) cheese, including whey cheese, and curd
6	0	0.8	0	0	4.8		4	0	0	0	9.8	11.2	0/	/0	- Grated or powdered cheese, of all kinds
6	0	0.8	0	0	4.8		4	0	0	0	9.8	11.2	0/	0/0	- Processed cheese, not grated or powdered
12	0	1	0	0			5	0	0	0	12.2	14	0/	0/0	- Blue-veined cheese and other cheese containing veins produced by penicillium roqueforti
6	0	0.8	0	0	4.8		4	0	0	0	9.8	11.2	0/	0/0	- Other cheese
															Birds eggs, in shell, fresh, preserved or cooked:
															- Fertilised eggs for incubation:
0	0	0	0	0	0		0	0	0	0	0	0	0/	0/0	-- Of fowls of the species Gallus domesticus
															-- Other
0	0	0	0	0	0		0	0	0	0	0	0	0/	0/0	Other fertilized endangered eggs for incubation
0	0	0	0	0	0		0	0	0	0	0	0	0/	0/0	Fertilized eggs for incubation, other than thoes of the engdangered fowls
															- Other fresh eggs:
	0	0	0	0	0		6.6	0	0	0	16.3	18.7	0/	0/0	-- Of fowls of the species Gallus domesticus
															-- Other

税号	货品名称	进口关税（%）			增值/消费税（%）	出口退税（%）	计量单位	监管证件代码	检验检疫类别	协定税率（%）		
		最惠国	普通	年内暂定						东盟	亚太	智利
04072900.10	其他鲜的带壳濒危禽蛋	20	80		9	0	千克/个	ABFE	PR/QS	0		0
04072900.90	其他鲜的带壳禽蛋	20	80		9	9	千克/个	AB	PR/QS	0		0
	- 其他：											
0407.9010	--- 咸蛋	20	90		9	9	千克/个	AB	PR/QS	0		0
0407.9020	--- 皮蛋	20	90		9	9	千克/个	AB	PR/QS	0		0
0407.9090	--- 其他											
04079090.10	其他腌制或煮过的带壳濒危鸟类的蛋	20	90		9	0	千克/个	ABFE	PR/QS	0		0
04079090.90	其他腌制或煮过的带壳禽蛋	20	90		9	9	千克/个	AB	PR/QS	0		0
04.08	**去壳禽蛋及蛋黄，鲜、干、冻、蒸过或水煮、制成型或用其他方法保藏的，不论是否加糖或其他甜物质：**											
	- 蛋黄：											
0408.1100	-- 干的	20	90		9	9	千克	AB	PR/QS	0		0
0408.1900	-- 其他	20	90		9	9	千克	AB	PR/QS	0		0
	- 其他：											
0408.9100	-- 干的	20	90		9	9	千克	AB	PR/QS	0		0
0408.9900	-- 其他	20	90		9	9	千克	AB	PR/QS	0		0
04.09	**天然蜂蜜：**											
0409.0000	天然蜂蜜	15	80		9	9	千克	AB	PR/QS	0		0
04.10	**其他税目未列名的昆虫及其他食用动物产品：**											
0410.1000	- 昆虫											
04101000.10	食用濒危昆虫	20	70		13	0	千克	ABFE	PR/QS	0		0
04101000.90	其他食用昆虫	20	70		13	13	千克	AB	PR/QS	0		0
	- 其他：											
0410.9010	--- 燕窝	25	80		13	13	千克	AB	PR/QS	0		0
	--- 蜂产品：											
0410.9021	---- 鲜蜂王浆	15	70		9	9	千克	AB	PR/QS	0		0
0410.9022	---- 鲜蜂王浆粉	15	70		13	13	千克	AB	PR/QS	0		0
0410.9023	---- 蜂花粉	20	70		13	13	千克	AB	PR/QS	0		0
0410.9029	---- 其他	20	70		13	13	千克	AB	PR/QS	0		0
0410.9090	--- 其他											
04109090.10	其他编号未列名的食用濒危动物产品	20	70		13	0	千克	ABFE	PR/QS	0		0
04109090.90	其他编号未列名的食用动物产品	20	70		13	13	千克	AB	PR/QS	0		0

协定税率（%）														特惠税率（%）①/②	Article Description
巴基斯坦	冰岛	哥斯达黎加	秘鲁	新西兰	瑞士	新加坡	韩国	澳大利亚	格鲁吉亚	毛里求斯	日本RCEP	尼加拉瓜	港澳台		
	0	0	0	0	0		6.6	0	0	0	16.3	18.7	0/	0/0	Other endangered fresh eggs, in shell
	0	0	0	0	0		6.6	0	0	0	16.3	18.7	0/	0/0	Other fresh eggs, in shell
															- Other:
	0	0	0	0	0		6.6	0	0	0	16.3	18.7	0/	0/0	--- Salted eggs
	0	0	0	0	0		6.6	0	0	0	16.3	18.7	0/	0/0	--- Lime-preserved eggs
															--- Other
	0	0	0	0	0		6.6	0	0	0	16.3	18.7	0/	0/0	Other endangered wild bird egg, in shell, preserved or cooked
	0	0	0	0	0		6.6	0	0	0	16.3	18.7	0/	0/0	Other bird egg, in shell, preserved or cooked
															Birds eggs, not in shell, and egg yolks, fresh, dried, cooked by steaming or by boiling in water, moulded, frozen or otherwise preserved, whether or not containing added sugar or other sweetening matter:
															- Egg yolks:
	0	0	0	0	0		6.6	0	0	0	16.3	18.7	0/	0/0	-- Dried
	0	0	0	0	0		6.6	0	0	0	16.3	18.7	0/	0/0	-- Other
															- Other:
	0	0	0	0	0		6.6	0	0	0	16.3	18.7	0/	0/0	-- Dried
	0	0	0	0	0		6.6	0	0	0	16.3	18.7	0/	0/0	-- Other
															Natural honey:
0	0	0	0	0	0		5	0	0	0	12.2	14	0/	0/0	Natural honey
															Insects and other edible products of animal origin, not elsewhere specified or included:
															- Insects
	0	0	0	0	0		6.6	0	0	0	16.3	18.7	0/0	0/0	Edible endangered insects
	0	0	0	0	0		6.6	0	0	0	16.3	18.7	0/0	0/0	Other edible insects
															- Other:
	0	0	0	0	0		0	0	0	5	18.2	23.3	0/	0/0	--- Salanganes nests
															--- Bee products:
12	0	0	0	0	0		0	0	0	0	10.9	14	0/	0/0	----Pure royal jelley
12	0	0	0	0	0		0	0	0	0	10.9	13.5	0/	0/0	----Pure royal jelley, in powder
	0	0	0	0	0		6.6	0	0	0	16.3	18.7	0/	0/0	----Bee pollen
	0	0	0	0	0		6.6	0	0	0	16.3	18.7	0/	0/0	----Other
															--- Other
	0	0	0	0	0		6.6	0	0	0	16.3	18.7	0/0	0/0	Other edible products of endangered animal origin, not elsewhere specified or included
	0	0	0	0	0		6.6	0	0	0	16.3	18.7	0/0	0/0	Other edible products of animal origin, not elsewhere specified or included

第五章　其他动物产品

注释：

一、本章不包括：

（一）食用产品（整个或切块的动物肠、膀胱和胃以及液态或干制的动物血除外）；

（二）生皮或毛皮（第四十一章、第四十三章），但税目05.05的货品及税目05.11的生皮或毛皮的边角废料仍归入本章；

（三）马毛及废马毛以外的动物纺织原料（第十一类）；或

（四）供制帚、制刷用的成束、成簇的材料（税目96.03）。

二、仅按长度而未按发根和发梢整理的人发，视为未加工品，归入税目05.01。

三、本协调制度所称“兽牙”，是指象、河马、海象、一角鲸和野猪的长牙、犀角及其他动物的牙齿。

四、本协调制度所称“马毛”，是指马科、牛科动物的鬃毛和尾毛。税目05.11主要包括马毛及废马毛，不论是否制成带衬垫或不带衬垫的毛片。

税号	货品名称	进口关税（%）			增值/消费税（%）	出口退税（%）	计量单位	监管证件代码	检验检疫类别	协定税率（%）		
		最惠国	普通	年内暂定						东盟	亚太	智利
05.01	**未经加工的人发，不论是否洗涤；废人发：**											
0501.0000	未经加工的人发，不论是否洗涤；废人发	15	90		13	13	千克	9B	V/W	0		0
05.02	**猪鬃、猪毛；獾毛及其他制刷用兽毛；上述鬃毛的废料：**											
	- 猪鬃、猪毛及其废料：											
0502.1010	--- 猪鬃	20	90		9	9	千克	AB	P/Q	0		0
0502.1020	--- 猪毛	20	90		9	9	千克	AB	P/Q	0		0
0502.1030	--- 废料	20	90		9	9	千克	9B	P/Q	0		0
	- 其他：											
	--- 獾毛及其他制刷用兽毛：											
0502.9011	---- 山羊毛	20	90		9	9	千克	AB	P/Q	0		0
0502.9012	---- 黄鼠狼尾毛	20	90		9	0	千克	ABEF	P/Q	0		0
0502.9019	---- 其他											
05029019.10	濒危獾毛及其他制刷用濒危兽毛	20	90		9	0	千克	ABFE	P/Q	0		0
05029019.90	其他獾毛及其他制刷用兽毛	20	90		9	9	千克	AB	P/Q	0		0
0502.9020	--- 废料											
05029020.10	濒危獾毛及其他制刷用濒危兽毛废料	20	90		9	0	千克	BEF	P/Q	0		0
05029020.90	其他獾毛及其他制刷用兽毛的废料	20	90		9	9	千克	9B	P/Q	0		0
05.04	**整个或切块的动物（鱼除外）的肠、膀胱及胃，鲜、冷、冻、干、熏、盐腌或盐渍的：**											
	--- 肠衣：											
0504.0011	---- 盐渍猪肠衣（猪大肠头除外）	20	90		9	9	千克	AB	PR/QS	0	10	0
0504.0012	---- 盐渍绵羊肠衣	18	90		9	9	千克	AB	PR/QS	0	9	0
0504.0013	---- 盐渍山羊肠衣	18	90		9	9	千克	AB	PR/QS	0	9	0
0504.0014	---- 盐渍猪大肠头	20	90		9	9	千克	AB	PR/QS	0	10	0
0504.0019	---- 其他	18	90		9	9	千克	AB	PR/QS	0	9	0
	--- 胃：											
0504.0021	---- 冷，冻的鸡肫	20	7.7元/千克		9	9	千克	7AB	PR/QS	0	10	0
0504.0029	---- 其他	20	90		9	9	千克	AB	PR/QS	0	10	0
0504.0090	--- 其他	20	80		9	9	千克	AB	PR/QS	0	10	0
05.05	**带有羽毛或羽绒的鸟皮及鸟体其他部分；羽毛及不完整羽毛（不论是否修边）、羽绒，仅经洗涤、消毒或为了保藏而做过处理，但未经进一步加工；羽毛或不完整羽毛的粉末及废料：**											

Chapter 5 Products of animal origin, not elsewhere specified or included

Chapter Notes:

1. This Chapter does not cover:
   (a) Edible products (other than guts, bladders and stomachs of animals, whole and pieces thereof, and animal blood, liquid or dried);
   (b) Hides or skins (including furskins) other than goods of heading 05.05 and parings and similar waste of raw hides or skins of heading 05.11 (Chapter 41 or 43);
   (c) Animal textile materials, other than horsehair and horsehair waste (Section XI); or
   (d) Prepared knots or tufts for broom or brush making (heading 96.03).
2. For the purposes of heading 05.01, the sorting of hair by length (provided the root ends and tip ends respectively are not arranged together) shall be deemed not to constitute working.
3. Throughout the Nomenclature, elephant, hippopotamus, walrus, narwhal and wild boar tusks, rhinoceros horns and the teeth of all animals are regarded as "ivory"
4. Throughout the Nomenclature, the expression "horsehair" means hair of the manes or tails of equine or bovine animals. Heading 05.11 covers, inter alia, horsehair and horsehair waste, whether or not put up as a layer with or without supporting material.

协定税率（%）														特惠税率（%）①/②	Article Description
巴基斯坦	冰岛	哥斯达黎加	秘鲁	新西兰	瑞士	新加坡	韩国	澳大利亚	格鲁吉亚	毛里求斯	日本RCEP	尼加拉瓜	港澳台		
															Human hair, unworked, whether or not washed or scoured; waste of human hair:
6	0	0	0	0	0		0	0	0	0	10.9	14	0/	0/0	Human hair, unworked, whether or not washed or scoured; waste of human hair
															Pigs, hogs or boars bristles and hair; badger hair and other brush making hair; waste of such bristles or hair:
															- Pigs, hogs or boars bristles and hair and waste thereof:
10	0	0	0	0	0		6.6	0	0	0	14.5	18.7	0/	0/0	--- Bristles
10	0	0	0	0	0		6.6	0	0	0	14.5	18.7	0/	0/0	--- Hair
10	0	0	0	0	0		6.6	0	0	0	14.5	18.7	0/	0/0	--- Waste
															- Other:
															--- Badger hair and other brush making hair:
	0	0	0	0	0		6.6	0	0	0	16.3	18.7	0/	0/0	----Goat hair
	0	0	0	0	0		6.6	0	0	0	16.3	18.7	0/	0/0	----Weasel tail hair
															----Other
	0	0	0	0	0		6.6	0	0	0	16.3	18.7	0/	0/0	Endangered badger hair and other brush making hair of endangered animal
	0	0	0	0	0		6.6	0	0	0	16.3	18.7	0/	0/0	Other badger hair and other brush making hair
															--- Waste
	0	0	0	0	0		6.6	0	0	0	16.3	18.7	0/	0/0	Waste of endangered badger hair and other brush making hair of endangered animal
	0	0	0	0	0		6.6	0	0	0	16.3	18.7	0/	0/0	Waste of other badger hair and other brush making hair
															Guts, bladders and stomachs of animals (other than fish), whole and pieces thereof, fresh, chilled, frozen, salted, in brine, dried or smoked:
															--- Casings:
10	0	0	0	0	0		6.6	0	0	0	16.3	18.7	0/	0/0	----Hog casings, salted (excluding hog fat-ends)
9	0	0	0	0	0		6	0	0	0	14.6	16.8	0/	0/0	----Sheep casings, salted
9	0	0	0	0	0		6	0	0	0	14.6	16.8	0/	0/0	----Goat casings, salted
10	0	0	0	0	0		6.6	0	0	0	16.3	18.7	0/	0/0	----Hog fat-ends, salted
9	0	0	0	0	0		6	0	0	0	14.6	16.8	0/	0/0	----Other
															--- Gizzard:
0.65元/千克	0	0	0	0	0		0.4元/千克	0	0	0	16.3	18.7	0/	0/0	----Cold, frozen gizzard of fowls
10	0	0	0	0	0		6.6	0	0	0	16.3	18.7	0/	0/0	----Other
10	0	0	0	0	0		6.6	0	0	0	16.3	18.7	0/	0/0	--- Other
															Skins and other parts of birds, with their feathers or down; feathers and parts of feathers (Whether or not with trimmed edges) and down, not further worked than cleaned, disinfected or treated for preservation; powder and waste of feathers or parts of feathers:

税　号	货品名称	进口关税（%）最惠国	进口关税（%）普通	进口关税（%）年内暂定	增值/消费税（%）	出口退税（%）	计量单位	监管证件代码	检验检疫类别	协定税率（%）东盟	协定税率（%）亚太	协定税率（%）智利
0505.1000	- 填充用羽毛；羽绒											
05051000.10	填充用濒危鸟类的羽毛、羽绒（仅经洗涤、消毒等处理，未进一步加工）	10	100	2	9	0	千克	ABFE	P/Q	0	7.5	0
05051000.90	其他填充用羽毛、羽绒（仅经洗涤、消毒等处理，未进一步加工）	10	100	2	9	9	千克	AB	P/Q	0	7.5	0
	- 其他：											
0505.9010	--- 羽毛或不完整羽毛的粉末及废料	10	35		9	9	千克	9AB	P/Q	0		0
0505.9090	--- 其他											
05059090.10	其他濒危鸟类的羽毛、羽绒（包括带有羽毛或羽绒的鸟皮及鸟体的其他部分）	10	90		9	0	千克	AFEB	P/Q	0		0
05059090.90	其他羽毛，羽绒（包括带有羽毛或羽绒的鸟皮及鸟体的其他部分）	10	90		9	9	千克	AB	P/Q	0		0
05.06	**骨及角柱，未经加工或经脱脂、简单整理（但未切割成形）、酸处理或脱胶；上述产品的粉末及废料：**											
0506.1000	- 经酸处理的骨胶原及骨	12	50		13	0	千克	AB	P/Q	0		0
	- 其他：											
	--- 骨粉、骨废料：											
0506.9011	---- 含牛羊成分的											
05069011.10	含牛羊成分的骨废料（未经加工或仅经脱脂等加工的）	12	35		13	0	千克	9AB	P/Q	0		0
05069011.90	含牛羊成分的骨粉（未经加工或仅经脱脂等加工的）	12	35		13	0	千克	AB	MP/Q	0		0
0506.9019	---- 其他											
05069019.10	其他骨废料（未经加工或仅经脱脂等加工的）	12	35		13	0	千克	9AB	P/Q	0		0
05069019.90	其他骨粉（未经加工或仅经脱脂等加工的）	12	35		13	0	千克	AB	MP/Q	0		0
0506.9090	--- 其他											
05069090.11	已脱胶的虎骨（指未经加工或经脱脂等加工的）	12	50		9	0	千克	89AB	P/Q	0		0
05069090.19	未脱胶的虎骨（指未经加工或经脱脂等加工的）	12	50		9	0	千克	89AB	P/Q	0		0
05069090.21	已脱胶的豹骨（指未经加工或经脱脂等加工的）	12	50		9	0	千克	ABFE	P/Q	0		0
05069090.29	未脱胶的豹骨（指未经加工或经脱脂等加工的）	12	50		9	0	千克	ABFE	P/Q	0		0
05069090.31	已脱胶的濒危动物的骨及角柱（不包括虎骨、豹骨，指未经加工或经脱脂等加工的）	12	50		9	0	千克	AFEB	P/Q	0		0
05069090.39	未脱胶的濒危动物的骨及角柱（不包括虎骨、豹骨，指未经加工或经脱脂等加工的）	12	50		9	0	千克	AFEB	P/Q	0		0
05069090.91	已脱胶的其他骨及角柱（不包括虎骨、豹骨.指未经加工或经脱脂等加工的）	12	50		9	0	千克	AB	P/Q	0		0
05069090.99	未脱胶的其他骨及角柱（不包括虎骨、豹骨.指未经加工或经脱脂等加工的）	12	50		9	0	千克	AB	P/Q	0		0
05.07	**兽牙、龟壳、鲸须、鲸须毛、角、鹿角、蹄、甲、爪及喙，未经加工或仅简单整理但未切割成形；上述产品的粉末及废料：**											
0507.1000	- 兽牙；兽牙粉末及废料											
05071000.10	犀牛角	10	30		9	9	千克	89AB	P/Q	0		0

协定税率(%) 巴基斯坦	冰岛	哥斯达黎加	秘鲁	新西兰	瑞士	新加坡	韩国	澳大利亚	格鲁吉亚	毛里求斯	日本RCEP	尼加拉瓜	港澳台	特惠税率(%)①/②	Article Description
															- Feathers of a kind used for stuffing; down
2.5	0	0	0	0	0		0	0	0	0	7.3	9	0/	0/0	Feathers of endangered wild birds and down of endangered wild birds, of a kind used for stuffing (not further worked than cleaned, disinfected or treated for preservation)
2.5	0	0	0	0	0		0	0	0	0	7.3	9	0/	0/0	Feathers of a kind used for stuffing; down (not further worked than cleaned, disinfected or treated for preservation)
															- Other:
2.5	0	0	0	0	0		0	0	0	0	7.3	9	0/	0/0	--- Powder and waste of feathers or parts of feathers
															--- Other
2.5	0	0	0	0	0		0	0	0	0	7.3	9	0/	0/0	Feathers and down of other endangered wild birds, including skins and other parts of birds, with their feathers or down
2.5	0	0	0	0	0		0	0	0	0	7.3	9	0/	0/0	Other feathers and down, including skins and other parts of birds, with their feathers or down
															Bones and horn-cores, unworked, defatted, simply prepared (but not cut to shape), treated with acid or degelatinized; powder and waste of these products:
3	0	0	0	0	0		0	0	0	0	8.7	11.2	0/	0/0	- Ossein and bones treated with acid
															- Other:
															--- Powder and waste of bones:
															----Of bovine and sheep
3	0	0	0	0	0		0	0	0	0	8.7	10.8	0/	0/0	Waste of bones, of bovine or sheep (unworked, defatted, simply prepared)
3	0	0	0	0	0		0	0	0	0	8.7	10.8	0/	0/0	Powder of bones, of bovine and sheep (unworked, defatted, simply prepared)
															----Other
3	0	0	0	0	0		0	0	0	0	8.7	10.8	0/	0/0	Other waste of bones (unworked, defatted, simply prepared)
3	0	0	0	0	0		0	0	0	0	8.7	10.8	0/	0/0	Other powder of bones (unworked, defatted, simply prepared)
															--- Other
4.8	0	0	0	0	0		0	0	0	0	8.7	11.2	0/	0/0	Tiger-bone, degelatinized (unworked, defatted, simply prepared)
4.8	0	0	0	0	0		0	0	0	0	8.7	11.2	0/	0/0	Tiger-bone, not degelatinized (unworked, defatted, simply prepared)
4.8	0	0	0	0	0		0	0	0	0	8.7	11.2	0/	0/0	Leopard-bone, degelatinized (unworked, defatted, simply prepared)
4.8	0	0	0	0	0		0	0	0	0	8.7	11.2	0/	0/0	Leopard-bone, not degelatinized (unworked, defatted, simply prepared)
4.8	0	0	0	0	0		0	0	0	0	8.7	11.2	0/	0/0	Bones and horn-cores of endangered wild animals, degelatinized (unworked, defatted, simply prepared), other than tiger-bone, leopard-bone
4.8	0	0	0	0	0		0	0	0	0	8.7	11.2	0/	0/0	Bones and horn-cores of endangered wild animals, not degelatinized (unworked, defatted, simply prepared), other than tiger-bone, leopard-bone
4.8	0	0	0	0	0		0	0	0	0	8.7	11.2	0/	0/0	Bones and horn-cores of other animals, degelatinized (unworked, defatted, simply prepared), other than tiger-bone, leopard-bone
4.8	0	0	0	0	0		0	0	0	0	8.7	11.2	0/	0/0	Bones and horn-cores of other animals, not degelatinized (unworked, defatted, simply prepared), other than tiger-bone, leopard-bone
															Ivory, tortoise-shell, whalebone and whalebone hair, horns, antlers, hooves, nails, claws and beaks, unworked or simply prepared but not cut to shape; powder and waste of these products:
															- Ivory; ivory powder and waste
2.5	0	0	0	0	0		0	0	0	0	7.3	9	0/	0/0	Rhinoceros horn

税 号	货品名称	进口关税（%）			增值/消费税（%）	出口退税（%）	计量单位	监管证件代码	检验检疫类别	协定税率（%）		
		最惠国	普通	年内暂定						东盟	亚太	智利
05071000.20	其他濒危兽类的牙、牙粉末及废料	10	30		9	0	千克	AFEB	P/Q	0		0
05071000.30	其他兽牙	10	30		9	9	千克	AB	P/Q	0		0
05071000.90	其他兽牙粉末及废料	10	30		9	9	千克	9AB	P/Q	0		0
	- 其他：											
0507.9010	--- 羚羊角及其粉末和废料	3	14		9	0	千克	ABFE	P/Q	0		0
0507.9020	--- 鹿茸及其粉末											
05079020.10	濒危鹿茸及其粉末	11	30		9	0	千克	ABFE	P/Q	0		0
05079020.90	非濒危鹿茸及其粉末	11	30		9	9	千克	AB	P/Q	0		0
0507.9090	--- 其他											
05079090.11	濒危龟壳及鹿角（包括粉末和废料）	10	50		9	0	千克	AFEB	P/Q	0		0
05079090.19	非濒危龟壳及鹿角（包括粉末和废料）	10	50		9	0	千克	AB	P/Q	0		0
05079090.20	鲸须、鲸须毛（包括粉末和废料）	10	50		9	0	千克	AFEB	P/Q	0		0
05079090.30	其他濒危动物角（包括蹄、甲、爪及喙及其粉末和废料）	10	50		9	0	千克	AFEB	P/Q	0		0
05079090.90	其他动物角（包括蹄、甲、爪及喙及其粉末和废料）	10	50		9	9	千克	AB	P/Q	0		0
05.08	**珊瑚及类似品，未经加工或仅简单整理但未经进一步加工；软体动物壳、甲壳动物壳、棘皮动物壳、墨鱼骨，未经加工或仅简单整理但未切割成形，上述壳、骨的粉末及废料：**											
0508.0010	--- 粉末及废料											
05080010.10	濒危珊瑚及濒危水产品的粉末、废料（包括介、贝、棘皮动物壳，不包括墨鱼骨的粉末、废料）	12	35		9	0	千克	AFEB	P/Q	0		0
05080010.90	其他水产品壳、骨的粉末及废料（包括介、贝壳，棘皮动物壳，墨鱼骨的粉末及废料）	12	35		9	9	千克	AB	P/Q	0		0
0508.0090	--- 其他											
05080090.10	濒危珊瑚及濒危水产品的壳、骨（包括介、贝、棘皮动物的壳，不包括墨鱼骨）	12	50		9	0	千克	AFEB	P/Q	0		0
05080090.90	其他水产品的壳、骨（包括介、贝、棘皮动物的壳，墨鱼骨）	12	50		9	9	千克	AB	P/Q	0		0
05.10	**龙涎香、海狸香、灵猫香及麝香；斑蝥；胆汁，不论是否干制；供配制药用的腺体及其他动物产品，鲜、冷、冻或用其他方法暂时保藏的：**											
0510.0010	--- 黄药											
05100010.10	牛黄	3	14		9	9	千克	8A	P/Q	0		0
05100010.20	猴枣	3	14		9	0	千克	QAFEB	P/Q	0		0
05100010.90	其他黄药（不包括牛黄）	3	14		9	0	千克	AFEB	P/Q	0		0
0510.0020	--- 龙涎香、海狸香、灵猫香											
05100020.10	海狸香、灵猫香	7	50		9	0	千克	AEB	P/Q	0		0
05100020.20	龙涎香	7	50		9	9	千克	AB	P/Q	0		0
0510.0030	--- 麝香											
05100030.10	天然麝香	7	20		9	0	千克	8AEF	P/Q	0		0
05100030.90	其他麝香	7	20		9	0	千克	8A	P/Q	0		0
0510.0040	--- 斑蝥	7	50		9	9	千克	QAB	P/Q	0		0
0510.0090	--- 其他											

协定税率（%）巴基斯坦	冰岛	哥斯达黎加	秘鲁	新西兰	瑞士	新加坡	韩国	澳大利亚	格鲁吉亚	毛里求斯	日本RCEP	尼加拉瓜	港澳台	特惠税率（%）①/②	Article Description
2.5	0	0	0	0	0		0	0	0	0	7.3	9	0/	0/0	Ivory, ivory powder and waste of other endangered wild animals
2.5	0	0	0	0	0		0	0	0	0	7.3	9	0/	0/0	Other Ivory
2.5	0	0	0	0	0		0	0	0	0	7.3	9	0/	0/0	Ivory, ivory powder and waste of other animals
															- Other:
0	0	0	0	0	0		0	0	0	0	0	0	0/	0/0	--- Antelope horns and powder or waste thereof
															--- Pilose antlers and powder thereof
2.5	0	0	0	0	0		0	0	0	0	8	9.9	0/	0/0	Pilose antlers of endangered species and powder thereof
2.5	0	0	0	0	0		0	0	0	0	8	9.9	0/	0/0	Pilose antlers not of endangered species and powder thereof
															--- Other
2.5	0	0	0	0	0		0	0	0	0	7.3	9	0/	0/0	Tortoise-shell and tortoise-shell of endangered species and powder and waste thereof
2.5	0	0	0	0	0		0	0	0	0	7.3	9	0/	0/0	Tortoise-shell and tortoise-shell not of endangered species and powder and waste thereof
2.5	0	0	0	0	0		0	0	0	0	7.3	9	0/	0/0	Whalebone and whalebone hair and powder and waste thereof
2.5	0	0	0	0	0		0	0	0	0	7.3	9	0/	0/0	Horns, hooves, nails, claws and beaks of other endangered species and powder and waste thereof
2.5	0	0	0	0	0		0	0	0	0	7.3	9	0/	0/0	Other horns (including hooves, nails, claws and beaks, powder and waste of these products)
															Coral and similar materials, unworked or simply prepared but not otherwise worked; shells of molluscs, crustaceans or echinoderms and cuttle-bone, unworked or simply prepared but not cut to shape, powder and waste thereof:
															--- Powder and waste
	0	0	0	0	0		0	0	0	0	8.7	10.8	0/	0/0	Powder and waste of endangered coral and aquatic products (including shells of molluscs, crustaceans or echinoderms, excluding cuttle-bone)
	0	0	0	0	0		0	0	0	0	8.7	10.8	0/	0/0	Powder and waste of other aquatic products (including shells of molluscs, crustaceans or echinoderms and cuttlebone)
															--- Other
6	0	0	0	0	0		0	0	0	0		10.8	0/	0/0	Shells and bone of endangered coral and aquatic products (including shells of molluscs, crustaceans or echinoderms, other than cuttle-bone)
6	0	0	0	0	0		0	0	0	0		10.8	0/	0/0	Shells and bone of other aquatic product (including shells of molluscs, crustaceans or echinoderms and cuttle-bone)
															Ambergris, castoreum, civet and musk; cantharides; bile, whether of not dried; glands and other animal products used in the preparation of pharmaceutical products, fresh, chilled, frozen or otherwise provisionally preserved:
															--- Bezoar
0	0	0	0	0	0		0	0	0	0	0	0	0/	0/0	Calculus bovis
0	0	0	0	0	0		0	0	0	0	0	0	0/	0/0	Monkey bezoar (rhesus macaque bezoar)
0	0	0	0	0	0		0	0	0	0	0	0	0/	0/0	Other bezoar (other than calculus bovis)
															--- Ambergris, castoreum and civet
0	0	0	0	0	0		0	0	0	0	0	0	0/	0/0	Castoreum, civet
0	0	0	0	0	0		0	0	0	0	0	0	0/	0/0	Ambergris
															--- Musk
0	0	0	0	0	0		0	0	0	0	0	0	0/	0/0	Natural musk
0	0	0	0	0	0		0	0	0	0	0	0	0/	0/0	Other musk
0	0	0	0	0	0		0	0	0	0	0	0	0/	0/0	--- Cantharides
															--- Other

税　号	货品名称	进口关税（%）			增值/消费税（%）	出口退税（%）	计量单位	监管证件代码	检验检疫类别	协定税率（%）		
		最惠国	普通	年内暂定						东盟	亚太	智利
05100090.10	其他濒危动物的胆汁及其他产品（不论是否干制；鲜、冷、冻或用其他方法暂时保藏的）	6	20		9	0	千克	AFEB	P/Q	0		0
05100090.90	胆汁，配药用腺体及其他动物产品（不论是否干制；鲜，冷，冻或用其他方法暂时保藏的）	6	20		9	9	千克	AB	P/Q	0		0
05.11	**其他税目未列名的动物产品；不适合供人食用的第一章或第三章的死动物：**											
0511.1000	- 牛的精液											
05111000.10	濒危野牛的精液	0	0		9	0	千克/支	ABFE	P/Q	0		0
05111000.90	牛的精液（濒危野牛的精液除外）	0	0		0	0	千克/支	AB	P/Q	0		0
	- 其他：											
	-- 鱼、甲壳动物、软体动物、其他水生无脊椎动物的产品；第三章的死动物：											
	--- 鱼的：											
0511.9111	---- 受精鱼卵											
05119111.10	濒危鱼的受精卵	12	35	0	9	0	千克	ABFE	P/Q	0		0
05119111.90	受精鱼卵（包括发眼卵，濒危除外）	12	35	0	0	0	千克	AB	P/Q	0		0
0511.9119	---- 其他											
05119119.10	濒危鱼的非食用产品（包括鱼肚）	12	35		9	0	千克	ABFE	P/Q	0		0
05119119.90	其他鱼的非食用产品（包括鱼肚）	12	35		9	9	千克	AB	P/Q	0		0
0511.9190	--- 其他											
05119190.10	濒危水生无脊椎动物产品（包括甲壳动物、软体动物，第三章死动物）	12	35		9	0	千克	ABFE	P/Q	0		0
05119190.20	丰年虫卵（丰年虾卵）	12	35	6	9	9	千克	AB	P/Q	0		0
05119190.90	其他水生无脊椎动物产品（包括甲壳动物、软体动物、第三章死动物）	12	35		9	9	千克	AB	P/Q	0		0
	-- 其他：											
0511.9910	--- 动物精液（牛的精液除外）											
05119910.10	濒危动物的精液(牛的精液除外)	0	0		9	0	千克	AFEB	P/Q	0		0
05119910.90	其他动物精液（牛的精液和其他濒危动物精液除外）	0	0		0	0	千克	AB	P/Q	0		0
0511.9920	--- 动物胚胎											
05119920.10	濒危动物的胚胎	0	0		9	0	千克	AFEB	P/Q	0		0
05119920.20	猪、牛、山羊、绵羊胚胎	0	0		0	0	千克	AB	P/Q	0		0
05119920.90	其他动物胚胎	0	0		9	9	千克	AB	P/Q	0		0
0511.9930	--- 蚕种	0	0		9	9	千克	AB	P/Q	0		0
0511.9940	--- 马毛及废马毛，不论是否制成有或无衬垫的毛片											
05119940.10	废马毛（不论是否制成有或无衬垫的毛片）	15	90		9	9	千克	9B	P/Q	0		0
05119940.90	其他马毛（不论是否制成有或无衬垫的毛片）	15	90		9	9	千克	AB	P/Q	0		0
0511.9990	--- 其他											
05119990.10	其他编号未列名的濒危动物产品（包括不适合供人食用的第一章的死动物）	12	35		9	0	千克	AFEB	P/Q	0		0
05119990.90	其他编号未列名的动物产品（包括不适合供人食用的第一章的死动物）	12	35		9	9	千克	AB	P/Q	0		0

协定税率（%）														特惠税率（%）①/②	Article Description
巴基斯坦	冰岛	哥斯达黎加	秘鲁	新西兰	瑞士	新加坡	韩国	澳大利亚	格鲁吉亚	毛里求斯	日本RCEP	尼加拉瓜	港澳台		
4	0	0	0	0	0		0	0	0	0	0	0	0/	0/0	Bile and other products of endangered wild animals, whether or not dried, fresh, chilled, frozen or otherwise provisionally preserved
4	0	0	0	0	0		0	0	0	0	0	0	0/	0/0	Bile, glands and other animal products used in the preparation of pharmaceutical products, whether or not dried, fresh, chilled, frozen or otherwise provisionally preserved
															Animal products not elsewhere specified or included; dead animals of Chapter 1 or 3, unfit for human consumption:
															- Bovine semen
0	0	0	0	0	0		0	0	0	0	0	0	0/	0/0	Endangered wild bovine semen
0	0	0	0	0	0		0	0	0	0	0	0	0/	0/0	Bovine semen, other than those of endangered wild bovine
															- Other:
															-- Products of fish or crustaceans, molluscs or other aquatic invertebrates; dead animals of Chapter 3:
															--- Fish:
															----Fertilized fish eggs
6	0	0	0	0	0		0	0	0	0	8.7	10.8	0/	0/0	Fertilized eggs of endangered fish
6	0	0	0	0	0		0	0	0	0	8.7	10.8	0/	0/0	Fertilized fish eggs, including eyed eggs, other than those of endangered fish
															----Other
	0	0	0	0	0		0	0	0	0	8.7	10.8	0/	0/0	Endangered fish products (including fish maw), not for human consumption
	0	0	0	0	0		0	0	0	0	8.7	10.8	0/	0/0	Other fish products (including fish maw), not for human consumption
															--- Other
3	0	0	0	0	0		0	0	0	0	8.7	10.8	0/	0/0	Products of endangered aquatic invertebrates (including crustaceans, molluscs, dead animals of Chapter 3)
3	0	0	0	0	0		0	0	0	0	8.7	10.8	0/	0/0	Artemia cysts
3	0	0	0	0	0		0	0	0	0	8.7	10.8	0/	0/0	Products of other aquatic invertebrates (including crustaceans, molluscs, dead animals of Chapter 3)
															-- Other:
															--- Animal semen, other than bovine semen
0	0	0	0	0	0		0	0	0	0	0	0	0/	0/0	Endangered wild animal semen (other than bovine semen)
0	0	0	0	0	0		0	0	0	0	0	0	0/	0/0	Other animal semen, other than those of bovine or other endangered animals
															--- Animal embryo
0	0	0	0	0	0		0	0	0	0	0	0	0/	0/0	Endangered wild animal embryo
0	0	0	0	0	0		0	0	0	0	0	0	0/	0/0	Embryo of swine, bovin, goats and sheepes
0	0	0	0	0	0		0	0	0	0	0	0	0/	0/0	Embryo of other animals
0	0	0	0	0	0		0	0	0	0	0	0	0/	0/0	--- Silkworm graine
															--- Horsehair and horsehair waste, whether or not put up as a layer with or without supporting material
6	0	0	0	0	0		0	0	0	0	10.9	14	0/	0/0	Horsehair waste, whether or not put up as a layer with or without supporting material
6	0	0	0	0	0		0	0	0	0	10.9	14	0/	0/0	Other horsehair, whether or not put up as a layer with or without supporting material
															--- Other
3	0	0	0	0	0		0	0	0	0	8.7	11.2	0/	0/0	Endangered wild animal products not elsewhere specified or included (including dead animals of Chapter 1, unfit for human consumption)
3	0	0	0	0	0		0	0	0	0	8.7	11.2	0/	0/0	Other animal products, not elsewhere specified or included (including dead animals of Chapter 1, unfit for human consumption)

第二类　植物产品

注释：

本类所称“团粒”，是指直接挤压或加入按重量计比例不超过3%的粘合剂制成的粒状产品。

第六章　活树及其他活植物；鳞茎、根及类似品；插花及装饰用簇叶

注释：

一、除税目06.01的菊苣植物及其根以外，本章只包括通常由苗圃或花店供应为种植或装饰用的活树及其他货品（包括植物秧苗）；但不包括马铃薯、洋葱、青葱、大蒜及其他第七章的产品。

二、税目06.03、06.04的各种货品，包括全部或部分用这些货品制成的花束、花篮、花圈及类似品，不论是否有其他材料制成的附件。但这些货品不包括税目97.01的拼贴画或类似的装饰板。

税　号	货品名称	进口关税（%）			增值/消费税（%）	出口退税（%）	计量单位	监管证件代码	检验检疫类别	协定税率（%）		
		最惠国	普通	年内暂定						东盟	亚太	智利
06.01	鳞茎、块茎、块根、球茎、根颈及根茎，休眠、生长或开花的；菊苣植物及其根，但税目12.12的根除外：											
	- 休眠的鳞茎、块茎、块根、球茎、根颈及根茎：											
0601.1010	--- 番红花球茎	4	14		0	0	个/千克	AB	P/Q	0	2	0
	--- 百合球茎：											
0601.1021	---- 种用											
06011021.10	种用休眠的濒危野生百合球茎（不包括人工培植的）	0	0		9	0	个/千克	ABE	P/Q	0		0
06011021.90	种用休眠的其他百合球茎	0	0		0	0	个/千克	AB	P/Q	0		0
0601.1029	---- 其他											
06011029.10	非种用休眠的濒危野生百合球茎（不包括人工培植的）	5	40		9	0	个/千克	ABE	P/Q	0	2.5	0
06011029.90	非种用休眠的其他百合球茎	5	40		9	0	个/千克	AB	P/Q	0	2.5	0
	--- 其他：											
0601.1091	---- 种用											
06011091.10	种用休眠的兰花块茎（包括球茎、根颈及根茎）	0	0		9	0	个/千克	AFEB	P/Q	0		0
06011091.91	种用休眠其他濒危植物鳞茎等（包括球茎、根颈、根茎、鳞茎、块茎、块根）	0	0		9	0	个/千克	ABFE	P/Q	0		0
06011091.99	种用休眠的鳞茎、块茎、块根、球茎、根颈及根茎（野生兰花、其他濒危植物除外）	0	0		0	0	个/千克	AB	P/Q	0		0
0601.1099	---- 其他											
06011099.10	其他休眠的兰花块茎（包括球茎、根颈及根茎）	5	40		9	0	个/千克	AFEB	P/Q	0	2.5	0
06011099.91	其他休眠濒危植物鳞茎等（包括球茎、根颈、根茎、鳞茎、块茎、块根）	5	40		9	0	个/千克	AFEB	P/Q	0	2.5	0
06011099.99	其他休眠的其他鳞茎、块茎、块根（包括球茎、根颈及根茎）	5	40		9	9	个/千克	AB	P/Q	0	2.5	0
0601.2000	- 生长或开花的鳞茎、块茎、块根、球茎、根颈及根茎；菊苣植物及其根											
06012000.10	生长或开花的兰花块茎（包括球茎、根颈及根茎）	15	80		9	0	个/千克	AFEB	P/Q	0	7.5	0

SECTION II VEGETABLE PRODUCTS

Section Notes:

In this Section the term "pellets" means products which have been agglomerated either directly by compression or by the addition of a binder in a proportion not exceeding 3% by weight.

Chapter 6 Live trees and other plants; bulbs, roots and the like; cut flowers and ornamental foliage

Chapter Notes:

1. Subject to the second part of heading 06.01, this Chapter covers only live trees and goods (including seedling vegetables) of a kind commonly supplied by nursery gardeners or florists for planting or for ornamental use; nevertheless it does not include potatoes, onions, shallots, garlic or other products of Chapter 7.
2. Any reference in heading 06.03 or 06.04 to goods of any kind shall be construed as including a reference to bouquets, floral baskets, wreaths and similar articles made wholly or partly of goods of that kind, account not being taken of accessories of other materials. However, these headings do not include collages or similar decorative plaques of heading 97.01.

协定税率（%）														特惠税率（%）①/②	Article Description
巴基斯坦	冰岛	哥斯达黎加	秘鲁	新西兰	瑞士	新加坡	韩国	澳大利亚	格鲁吉亚	毛里求斯	日本RCEP	尼加拉瓜	港澳台		
															Bulbs, tubers, tuberous roots, corms, crowns and rhizomes, dormant, in growth or in flower; chicory plants and roots other than roots of heading 12.12:
															- Bulbs, tubers, tuberous roots, corms, crowns and rhizomes, Dormant:
0	0	0	0	0	0		0	0	0	0	0	0	0/	0/0	--- Stigma croci corms
															--- Lily corms:
															----Seed
0	0	0	0	0	0		0	0	0	0	0	0	0/	0/0	Endangered wild dormant Lily corms for seedling, other than those artificially cultivated
0	0	0	0	0	0		0	0	0	0	0	0	0/	0/0	Other dormant Lily corms for seedling
															----Other
0	0	0	0	0	0		0	0	0	0	0	0	0/	0/0	Endangered wild dormant Lily corms, other than those for seedling, other than those artificially cultivated
0	0	0	0	0	0		0	0	0	0	0	0	0/	0/0	Other dormant Lily corms, other than those for seedling
															--- Other:
															----Seed
0	0	0	0	0	0		0	0	0	0	0	0	0/	0/0	Seed of orchid tubers (including corms, crowns and rhizomes), dormant
0	0	0	0	0	0		0	0	0	0	0	0	0/	0/0	Seed of bulbs of other endangered plants (including corms, crowns, rhizomes, tubers, tuberous roots), dormant
0	0	0	0	0	0		0	0	0	0	0	0	0/	0/0	Seed of other bulbs, tubers, tuberous roots (including corms, crowns and rhizomes), dormant, other than those of wild orchids or other endangered plants
															----Other
0	0	0	0	0	0		0	0	0	0	0	0	0/	0/0	Other orchid tubers (including corms, crowns and rhizomes), dormant
0	0	0	0	0	0		0	0	0	0	0	0	0/	0/0	Bulbs of other endangered plants (including corms, crowns, rhizomes, tubers, tuberous roots), dormant
0	0	0	0	0	0		0	0	0	0	0	0	0/	0/0	Other bulbs, tubers, tuberous roots (including corms, crowns and rhizomes), dormant
															- Bulbs, tubers, tuberous roots, corms, crowns and rhizomes, in growth or in flower; chicory plants and roots
3.8	0	0	0	0	0		0	0	0	0	10.9	14	0/	0/0	Orchid tubers (including corms, crowns and rhizomes), in growth or in flower

税号	货品名称	进口关税（%）			增值/消费税（%）	出口退税（%）	计量单位	监管证件代码	检验检疫类别	协定税率（%）		
		最惠国	普通	年内暂定						东盟	亚太	智利
06012000.20	生长或开花的仙客来鳞茎	15	80		9	0	个/千克	AFEB	P/Q	0	7.5	0
06012000.91	生长或开花的其他濒危植物鳞茎等（包括球茎、根颈、根茎、鳞茎、块茎、块根、菊苣植物）	15	80		9	0	个/千克	AFEB	P/Q	0	7.5	0
06012000.99	生长或开花的鳞茎、块茎、块根、球茎、根颈及根茎；菊苣植物及其根（濒危除外）（包括块茎、块根、球茎、根颈及根茎，税目12.12的根除外）	15	80		0	0	个/千克	AB	P/Q	0	7.5	0
06.02	**其他活植物（包括其根）、插枝及接穗；蘑菇菌丝：**											
0602.1000	- 无根插枝及接穗											
06021000.10	濒危植物的无根插枝及接穗	0	0		9	0	株/千克	ABFE	P/Q	0		0
06021000.90	无根插枝及接穗（濒危除外）	0	0		0	0	株/千克	AB	P/Q	0		0
	- 食用水果或食用坚果的树、灌木，不论是否嫁接：											
0602.2010	--- 种用苗木	0	0		0	0	株/千克	AB	P/Q	0		0
0602.2090	--- 其他	10	80		9	9	株/千克	AB	P/Q	0	5	0
	- 杜鹃，不论是否嫁接：											
0602.3010	--- 种用											
06023010.10	种用濒危野生杜鹃（不论是否嫁接，不包括人工培植的）	0	0		9	0	株/千克	ABE	P/Q	0		0
06023010.90	种用其他杜鹃（不论是否嫁接）	0	0		9	9	株/千克	AB	P/Q	0		0
0602.3090	--- 其他											
06023090.10	非种用濒危野生杜鹃（不论是否嫁接，不包括人工培植的）	15	80		9	0	株/千克	ABE	P/Q	0		0
06023090.90	非种用其他杜鹃（不论是否嫁接）	15	80		9	9	株/千克	AB	P/Q	0		0
	- 玫瑰，不论是否嫁接：											
0602.4010	--- 种用											
06024010.10	种用濒危野生玫瑰（不论是否嫁接，不包括人工培植的）	0	0		9	0	株/千克	ABE	P/Q	0		0
06024010.90	种用其他玫瑰（不论是否嫁接）	0	0		9	9	株/千克	AB	P/Q	0		0
0602.4090	--- 其他											
06024090.10	非种用濒危野生玫瑰（不论是否嫁接，不包括人工培植的）	15	80		9	0	株/千克	ABE	P/Q	0		0
06024090.90	非种用其他玫瑰（不论是否嫁接）	15	80		9	9	株/千克	AB	P/Q	0		0
	- 其他：											
0602.9010	--- 蘑菇菌丝	0	0		9	9	千克	AB	P/Q	0		0
	--- 其他：											
0602.9091	---- 种用苗木											
06029091.10	种用兰花	0	0		9	0	株/千克	AFEB	P/Q	0		0
06029091.20	种用红豆杉苗木	0	0		9	0	株/千克	AFEB	P/Q	0		0
06029091.91	其他濒危植物种用苗木	0	0		9	0	株/千克	AFEB	P/Q	0		0
06029091.99	其他种用苗木（濒危除外）	0	0		0	0	株/千克	AB	P/Q	0		0
0602.9092	---- 兰花	10	80		9	0	株/千克	ABFE	P/Q	0		0
0602.9093	---- 菊花	10	80		9	0	株/千克	AB	P/Q	0		0
0602.9094	---- 百合											
06029094.10	芦荟（种用除外）	10	80		9	0	株/千克	ABQ	P/Q	0		0
06029094.20	非种用其他芦荟（翠叶芦荟除外）	10	80		9	0	株/千克	ABEFQ	P/Q	0		0
06029094.30	其他非种用濒危野生百合（不包括人工培植的）	10	80		9	0	株/千克	ABE	P/Q	0		0
06029094.90	其他百合（种用除外）	10	80		9	0	株/千克	AB	P/Q	0		0
0602.9095	---- 康乃馨	10	80		9	9	株/千克	AB	P/Q	0		0
0602.9099	---- 其他											

协定税率（%）														特惠税率（%）①/②	Article Description
巴基斯坦	冰岛	哥斯达黎加	秘鲁	新西兰	瑞士	新加坡	韩国	澳大利亚	格鲁吉亚	毛里求斯	日本RCEP	尼加拉瓜	港澳台		
3.8	0	0	0	0	0		0	0	0	0	10.9	14	0/	0/0	Cyclamen bulbs, in growth or in flower
3.8	0	0	0	0	0		0	0	0	0	10.9	14	0/	0/0	Bulbs of other endangered plants (including corms, crowns, rhizomes, tubers, tuberous roots, chicory plants), in growth or in flower
3.8	0	0	0	0	0		0	0	0	0	10.9	14	0/	0/0	Bulbs, tubers, tuberous roots, corms, crowns and rhizomes, in growth or in flower; chicory plants and roots; other than those of endangered plants
															Other live plants (including their roots) cuttings and ships; mushroom spawn:
															- Unrooted cuttings and slips
0	0	0	0	0	0		0	0	0	0	0	0	0/	0/0	Unrooted cuttings and slips of endangered plants
0	0	0	0	0	0		0	0	0	0	0	0	0/	0/0	Unrooted cuttings and slips, other than those of endangered plants
															- Trees, shrubs and bushes, grafted or not, of kinds which bear edible fruit or nuts:
0	0	0	0	0	0		0	0	0	0	0	0	0/	0/0	--- Seedlings
2.5	0	0	0	0	0		0	0	0	0	7.3	9	0/	0/0	--- Other
															- Rhododendrons and azaleas, grafted or not:
															--- Seedlings
0	0	0	0	0	0		0	0	0	0	0	0	0/	0/0	Endangered wild rhododendrons and azaleas for seedling, grafted or not, other than those artificially cultivated
0	0	0	0	0	0		0	0	0	0	0	0	0/	0/0	Other rhododendrons and azaleas for seedling, grafted or not
															--- Other
9.6	0	0	0	0	0		0	0	0	0		14	0/	0/0	Endangered wild rhododendrons and azaleas, other than those for seedling, grafted or not, other than those artificially cultivated
9.6	0	0	0	0	0		0	0	0	0		14	0/	0/0	Other rhododendrons and azaleas, grafted or not, other than those for seedling
															- Roses, grafted or not:
															--- Seedlings
0	0	0	0	0	0		0	0	0	0	0	0	0/	0/0	Endangered wild roses for seedling, grafted or not, other than those artificially cultivated
0	0	0	0	0	0		0	0	0	0	0	0	0/	0/0	Other roses for seedling, grafted or not
															--- Other
9.6	0	0	0	0	0		0	0	0	0	10.9	14	0/	0/0	Endangered wild roses, other than those for seedling, grafted or not, other than those artificially cultivated
9.6	0	0	0	0	0		0	0	0	0	10.9	14	0/	0/0	Other roses, grafted or not, other than those for seedling
															- Other:
0	0	0	0	0	0		0	0	0	0	0	0	0/	0/0	--- Mushroom spawn
															--- Other:
															----Seedlings
0	0	0	0	0	0		0	0	0	0	0	0	0/	0/0	Orchid, seedlings
0	0	0	0	0	0		0	0	0	0	0	0	0/	0/0	Taxaceae, seedlings
0	0	0	0	0	0		0	0	0	0	0	0	0/	0/0	Other endangered plants, seedlings
0	0	0	0	0	0		0	0	0	0	0	0	0/	0/0	Seedlings, other than those of endangered plants
2.5	0	0	0	0	0		0	0	0	0	7.3	9	0/	0/0	----Orchid
2.5	0	0	0	0	0		0	0	0	0	7.3	9	0/	0/0	----Chrysanthemum
															----Lily
2.5	0	0	0	0	0		0	0	0	0	7.3	9	0/	0/0	Aloe vera (except for planting)
2.5	0	0	0	0	0		0	0	0	0	7.3	9	0/	0/0	Other aloe spp., other than those for seedling, not including aloe vera
2.5	0	0	0	0	0		0	0	0	0	7.3	9	0/	0/0	Other endangered wild lilies, other than those artificially cultivated or for seedling
2.5	0	0	0	0	0		0	0	0	0	7.3	9	0/	0/0	Other lily, other than seedlings
2.5	0	0	0	0	0		0	0	0	0	7.3	9	0/	0/0	----Carnation
															----Other

税　号	货品名称	进口关税（%） 最惠国	普通	年内暂定	增值/消费税（%）	出口退税（%）	计量单位	监管证件代码	检验检疫类别	协定税率（%） 东盟	亚太	智利
06029099.10	苏铁（铁树）类	10	80		9	0	株/千克	ABFE	P/Q	0	5	0
06029099.20	仙人掌（包括仙人球、仙人柱、仙人指等仙人掌科植物）	10	80		9	0	株/千克	ABFE	P/Q	0	5	0
06029099.30	红豆杉（种用除外）	10	80		9	0	株/千克	ABFE	P/Q	0	5	0
06029099.91	其他濒危活植物（种用除外）	10	80		9	0	株/千克	AFEB	P/Q	0	5	0
06029099.99	其他活植物（种用除外）	10	80		9	9	株/千克	AB	P/Q	0	5	0
06.03	**制花束或装饰用的插花及花蕾，鲜、干、染色、漂白、浸渍或用其他方法处理的：**											
	- 鲜的：											
0603.1100	-- 玫瑰	10	100		9	9	千克/枝	AB	P/Q	0	5	0
0603.1200	-- 康乃馨	10	100		9	9	千克/枝	AB	P/Q	0	5	0
0603.1300	-- 兰花	10	100		9	0	千克/枝	ABEF	P/Q	0	5	0
0603.1400	-- 菊花	10	100		9	9	千克/枝	AB	P/Q	0	5	0
0603.1500	-- 百合花（百合属）	10	100		9	9	千克/枝	AB	P/Q	0	5	0
0603.1900	-- 其他											
06031900.10	鲜的濒危植物插花及花蕾（制花束或装饰用的）	10	100		9	0	千克/枝	ABFE	P/Q	0	5	0
06031900.90	其他鲜的插花及花蕾（制花束或装饰用的）	10	100		9	9	千克/枝	AB	P/Q	0	5	0
0603.9000	- 其他											
06039000.10	干或染色等加工濒危植物插花及花蕾（制花束或装饰用的，鲜的除外）	23	100		13	0	千克/枝	ABFE	P/Q	0	11.5	0
06039000.90	其他干或染色等加工的插花及花蕾（制花束或装饰用的，鲜的除外）	23	100		13	13	千克/枝	AB	P/Q	0	11.5	0
06.04	**制花束或装饰用的不带花及花蕾的植物枝、叶或其他部分、草、苔藓及地衣，鲜、干、染色、漂白、浸渍或用其他方法处理的：**											
	- 鲜的：											
0604.2010	--- 苔藓及地衣											
06042010.10	鲜的濒危野生苔藓及地衣（不包括人工培植的）	23	100		9	0	千克	ABE	P/Q	0		0
06042010.90	鲜的其他苔藓及地衣	23	100		9	9	千克	AB	P/Q	0		0
0604.2090	--- 其他											
06042090.10	其他鲜濒危植物枝、叶或其他部分，草（枝、叶或其他部分是指制花束或装饰用并且不带花及花蕾）	10	100		9	0	千克	ABFE	P/Q	0		0
06042090.90	其他鲜植物枝、叶或其他部分，草（枝、叶或其他部分是指制花束或装饰用并且不带花及花蕾）	10	100		9	9	千克	AB	P/Q	0		0
	- 其他：											
0604.9010	--- 苔藓及地衣											
06049010.10	其他濒危野生苔藓及地衣（不包括人工培植的）	23	100		9	0	千克	ABE	P/Q	0		0
06049010.90	其他苔藓及地衣	23	100		9	9	千克	AB	P/Q	0		0
0604.9090	--- 其他											
06049090.10	其他染色或经加工濒危植物枝、叶或其他部分，草等（枝、叶或其他部分是指制花束或装饰用并且不带花及花蕾）	10	100		13	0	千克	ABFE	P/Q	0		0
06049090.90	其他染色或加工的植物枝、叶或其他部分，草（枝、叶或其他部分是指制花束或装饰用并且不带花及花蕾）	10	100		13	13	千克	AB	P/Q	0		0

协定税率（%）														特惠税率（%）①/②	Article Description
巴基斯坦	冰岛	哥斯达黎加	秘鲁	新西兰	瑞士	新加坡	韩国	澳大利亚	格鲁吉亚	毛里求斯	日本RCEP	尼加拉瓜	港澳台		
2.5	0	0	0	0	0		0	0	0	0		9	0/	0/0	Cycasrevoluta Thunb (Sago cycas)
2.5	0	0	0	0	0		0	0	0	0		9	0/	0/0	Cactus (including ball cactus, columnar cactus, finger cactus)
2.5	0	0	0	0	0		0	0	0	0		9	0/	0/0	Taxaceae (other than seedlings)
2.5	0	0	0	0	0		0	0	0	0		9	0/	0/0	Other endangered live plants (other than seedlings)
2.5	0	0	0	0	0		0	0	0	0		9	0/	0/0	Other live plants (other than seedlings)
															Cut flowers and flower buds of akind suitable for bouquets or for ornamental purposes, fresh, dried, dyed, bleached, impregnated or otherwise prepared:
															- Fresh:
2.5	0	0	0	0	0		0	0	0	0	7.3	8	0/	0/0	-- Roses
2.5	0	0	0	0	0		0	0	0	0	7.3	9	0/	0/0	-- Carnations
2.5	0	0	0	0	0		0	0	0	0	7.3	9	0/0	0/0	-- Orchids
2.5	0	0	0	0	0		0	0	0	0	7.3	9	0/	0/0	-- Chrysanthemums
2.5	0	0	0	0	0		0	0	0	0	7.3	9	0/	0/0	-- Lilies (Lilium spp.)
															-- Other
2.5	0	0	0	0	0		0	0	0	0	7.3	8	0/	0/0	Cut flowers and flower buds of endangered plants, of a kind suitable for bouquets or for ornamental purposes, fresh
2.5	0	0	0	0	0		0	0	0	0	7.3	8	0/	0/0	Other cut flowers and flower buds of a kind suitable for bouquets or for ornamental purposes, fresh
															- Other
5.8	0	0	0	0	0		11.5	0	0	4.6	19.7	20.7	0/	0/0	Cut flowers and flower buds of endangered plants, of a kind suitable for bouquets or for ornamental purposes, dried or dyed, other than fresh
5.8	0	0	0	0	0		11.5	0	0	4.6	19.7	20.7	0/	0/0	Other cut flowers and flower buds, of a kind suitable for bouquets or for ornamental purposes, dried or dyed, other than fresh
															Foliage, branches and other parts of plants, without flowers or flowerbuds, and grasses, mosses and lichens, being goods of a kind suitable for bouquets or for ornamental purposes, fresh, dried, dyed, bleached, impregnated or otherwise prepared:
															- Fresh:
															--- Mosses and lichens
18.4	0	0	0	0	0		0	0	0	4.6	16.7	21.5	0/	0/0	Other fresh endangered wild mosses and lichens, other than those artificially cultivated
18.4	0	0	0	0	0		0	0	0	4.6	16.7	21.5	0/	0/0	Other fresh mosses and lichens
															--- Other
2.5	0	0	0	0	0		0	0	0	0	7.3	9	0/	0/0	Foliage, branches, and other parts of endangered plants (without flowers or flower buds, of a kind suitable for bouquets or for ornamental purposes), grasses, fresh
2.5	0	0	0	0	0		0	0	0	0	7.3	9	0/	0/0	Foliage, branches and other parts of other plants (without flowers or flowerbuds, a kind suitable for bouquets or for ornamental purposes), grasses, fresh
															- Other:
															--- Mosses and lichens
18.4	0	0	0	0	0		0	0	0	4.6	16.7	20.7	0/	0/0	Other endangered wild mosses and lichens, other than those artificially cultivated
18.4	0	0	0	0	0		0	0	0	4.6	16.7	20.7	0/	0/0	Other mosses and lichens
															--- Other
2.5	0	0	0	0	0		0	0	0	0	7.3	9	0/	0/0	Foliage, branches and other parts of endangered plants (without flowers or flowerbuds, a kind suitable for bouquets or for ornamental purposes), grasses, dyed or otherwise prepared
2.5	0	0	0	0	0		0	0	0	0	7.3	9	0/	0/0	Foliage, branches and other parts of other plants (without flowers or flowerbuds, of a kind suitable for bouquets or for ornamental purposes), grasses, dyed or otherwise prepared

第七章 食用蔬菜、根及块茎

注释：

一、本章不包括税目12.14的草料。

二、税目07.09、07.10、07.11及07.12所称“蔬菜”，包括食用的蘑菇、块菌、油橄榄、刺山柑、菜葫芦、南瓜、茄子、甜玉米、辣椒、茴香菜、欧芹、细叶芹、龙蒿、水芹、甜茉乔栾那。

三、税目07.12包括干制的归入税目07.01至07.11的各种蔬菜，但下列各项除外：

（一）作蔬菜用的脱荚干豆（税目07.13）；

（二）税目11.02至11.04所列形状的甜玉米；

（三）马铃薯细粉、粗粉、粉末、粉片、颗粒及团粒（税目11.05）；

（四）用税目07.13的干豆制成的细粉、粗粉及粉末（税目11.06）。

四、本章不包括辣椒干及辣椒粉（税目09.04）。

五、税目07.11适用于使用前在运输或贮存时仅为暂时保藏而进行处理（例如，使用二氧化硫气体、盐水、亚硫酸水或其他防腐液）的蔬菜，但不适于直接食用的。

税号	货品名称	进口关税（%）			增值/消费税（%）	出口退税（%）	计量单位	监管证件代码	检验检疫类别	协定税率（%）		
		最惠国	普通	年内暂定						东盟	亚太	智利
07.01	鲜或冷藏的马铃薯：											
0701.1000	- 种用	13	70		9	0	千克	AB	P/Q	0		0
0701.9000	- 其他	13	70		9	0	千克	AB	PR/QS	0	9	0
07.02	鲜或冷藏的番茄：											
0702.0000	鲜或冷藏的番茄	13	70		9	0	千克	AB	PR/QS	0		0
07.03	鲜或冷藏的洋葱、青葱、大蒜、韭葱及其他葱属蔬菜：											
	- 洋葱及青葱：											
0703.1010	--- 洋葱	13	70		9	0	千克	AB	PR/QS	0	6.5	0
0703.1020	--- 青葱	13	70		9	0	千克	AB	PR/QS	0	6.5	0
	- 大蒜：											
0703.2010	--- 蒜头	13	70		9	0	千克	AB	PR/QS	0	6.5	0
0703.2020	--- 蒜薹及蒜苗（青蒜）	13	70		9	0	千克	AB	PR/QS	0	6.5	0
0703.2090	--- 其他	13	70		9	0	千克	AB	PR/QS	0	6.5	0
	- 韭葱及其他葱属蔬菜：											
0703.9010	--- 韭葱	13	70		9	0	千克	AB	PR/QS	0		0
0703.9020	--- 大葱	13	70		9	0	千克	AB	PR/QS	0		0
0703.9090	--- 其他	13	70		9	0	千克	AB	PR/QS	0		0
07.04	鲜或冷藏的卷心菜、菜花、球茎甘蓝、羽衣甘蓝及类似的食用芥菜类蔬菜：											
	- 菜花及西兰花：											
0704.1010	--- 菜花	10	70		9	9	千克	AB	PR/QS	0		0
0704.1090	--- 其他											
07041090.10	鲜或冷的硬花甘蓝	11	70		9	9	千克	AB	PR/QS	0		0
07041090.90	鲜或冷的西兰花	11	70		9	9	千克	AB	PR/QS	0		0
0704.2000	- 抱子甘蓝	13	70		9	0	千克	AB	PR/QS	0		0
	- 其他：											
0704.9010	--- 卷心菜	13	70		9	0	千克	AB	PR/QS	0		0
0704.9090	--- 其他											
07049090.01	鲜、冷其他甘蓝	13	70		9	0	千克	AB	PR/QS	0		0
07049090.90	鲜或冷藏的其他食用芥菜类蔬菜	13	70		9	0	千克	AB	PR/QS	0		0
07.05	鲜或冷藏的莴苣及菊苣：											
	- 莴苣：											
0705.1100	-- 结球莴苣（包心生菜）	10	70		9	0	千克	AB	PR/QS	0		0
0705.1900	-- 其他	10	70		9	0	千克	AB	PR/QS	0		0
	- 菊苣：											

Chapter 7 Edible vegetables and certain roots and tubers

Chapter Notes:

1. This Chapter does not cover forage products of heading 12.14.
2. In headings 07.09, 07.10, 07.11 and 07.12 the word " vegetables " includes edible mushrooms, truffles, olives, capers, marrows, pumpkins, aubergines, sweet corn (Zea mays var. saccharata), fruits of the genus Capsicum or of the genus Pimenta, fennel, parsley, chervil, tarragon, cress and sweet marjoram (Majorana hortensis or Origanum majorana).
3. Heading 07.12 covers all dried vegetables of the kinds falling in headings 07.01 to 07.11, other than:

   (a) dried leguminous vegetables, shelled (heading 07.13);

   (b) sweet corn in the forms specified in headings 11.02 to 11.04;

   (c) flour, meal, powder, flakes, granules and pellets of potatoes (heading 11.05);

   (d) flour, meal and powder of the dried leguminous vegetables of heading 07.13 (heading 11.06).
4. However, dried or crushed or ground fruits of the genus Capsicum or of the genus Pimenta are excluded from this Chapter (heading 09.04).
5. Heading 07.11 applies to vegetables which have been treated solely to ensure their provisional preservation during transport or storage prior to use (for example, by sulphur dioxide gas, in brine, in sulphur water or in other preservative solutions), provided they remain unsuitable for immediate consumption in that state.

协定税率（%）														特惠税率（%）①/②	Article Description
巴基斯坦	冰岛	哥斯达黎加	秘鲁	新西兰	瑞士	新加坡	韩国	澳大利亚	格鲁吉亚	毛里求斯	日本RCEP	尼加拉瓜	港澳台		
															Potatoes, fresh or chilled:
3.3		0	0	0	0		0	0	0	0	9.5	12.1	0/	0/0	- Seeds
2.5	0	0	0	0	0		0	0	0	0	9.5	11.7	0/	0/0	- Other
															Tomatoes, fresh or chilled:
3.3	0	0	0	0	0		0	0	0	0	9.5	11.7	0/	0/0	Tomatoes, fresh or chilled
															Onions, shallots, garlic, leeks and other alliaceous vegetables, fresh or chilled:
															- Onions and shallots:
2.5	0	0	0	0	0		0	0	0	0	9.5	12.1	0/	0/0	--- Onions
2.5	0	0	0	0	0		0	0	0	0	9.5	12.1	0/	0/0	--- Shallots
															- Garlic:
0	0	0	0	0	0		0	0	0	0	9.5	11.7	0/	0/0	--- Garlic bulbs
0	0	0	0	0	0		0	0	0	0	9.5	12.1	0/	0/0	--- Garlic stems, garlic seedlings
0	0	0	0	0	0		0	0	0	0	9.5	12.1	0/	0/0	--- Other
															- Leeks and other alliaceous vegetables:
3.3	0	0	0	0	0		0	0	0	0	9.5	12.1	0/	0/0	--- Leeks
3.3	0	0	0	0	0		0	0	0	0	9.5	12.1	0/	0/0	--- Scallion
3.3	0	0	0	0	0		0	0	0	0	9.5	12.1	0/	0/0	--- Other
															Cabbages, cauliflowers, kohlrabi, kale and similar edible brassicas, fresh or chilled:
															- Cauliflowers and broccoli:
2.5		0	0	0	0		0	0	0	0	7.3	9	0/	0/0	--- Cauliflowers
															--- Other
2.9	0	0	0	0	0		0	0	0	0	7.3	10.6	0/	0/0	Cabbage, fresh or chilled
2.9	0	0	0	0	0		0	0	0	0	7.3	10.6	0/	0/0	Broccolis (Brassica oleracea var. italica), fresh or chilled
3.3	0	0	0	0	0		0	0	0	0	9.5	12.1	0/	0/0	- Brussels sprouts
															- Other:
3.3	0	0	0	0	0		0	0	0	0	9.5	12.1	0/	0/0	--- Cabbages (Brassica oleracea var. capitata)
															--- Other
3.3	0	0	0	0	0		0	0	0	0	9.5	12.1	0/	0/0	Other Cabbage, fresh or chilled
3.3	0	0	0	0	0		0	0	0	0	9.5	12.1	0/	0/0	Other edible brassicas, fresh or chilled
															Lettuce (lactuca sativa) and chicory (Cichorium spp.), fresh or chilled:
															- Lettuce:
0	0	0	0	0	0		0	0	0	0	7.3	9	0/	0/0	-- Cabbage lettuce (head lettuce)
0	0	0	0	0	0		0	0	0	0	7.3	9	0/	0/0	-- Other
															- Chicory:

税号	货品名称	进口关税（%）			增值/消费税（%）	出口退税（%）	计量单位	监管证件代码	检验检疫类别	协定税率（%）		
		最惠国	普通	年内暂定						东盟	亚太	智利
0705.2100	-- 维特罗夫菊苣	13	70		9	0	千克	AB	PR/Q	0		0
0705.2900	-- 其他	13	70		9	0	千克	AB	PR/Q	0		0
07.06	**鲜或冷藏的胡萝卜、芜菁、色拉甜菜根、婆罗门参、块根芹、萝卜及类似的食用根茎：**											
0706.1000	- 胡萝卜及芜菁											
07061000.01	鲜、冷胡萝卜	13	70		9	0	千克	AB	PR/QS	0		0
07061000.90	鲜或冷藏的芜菁	13	70		9	0	千克	AB	PR/QS	0		0
0706.9000	- 其他	13	70		9	0	千克	AB	PR/QS	0		0
07.07	**鲜或冷藏的黄瓜及小黄瓜：**											
0707.0000	鲜或冷藏的黄瓜及小黄瓜	13	70		9	0	千克	AB	PR/QS	0	6.5	0
07.08	**鲜或冷藏的豆类蔬菜，不论是否脱荚：**											
0708.1000	- 豌豆	13	70		9	0	千克	AB	PR/QS	0	6.5	0
0708.2000	- 豇豆属及菜豆属	13	70		9	0	千克	AB	PR/QS	0	6.5	0
0708.9000	- 其他豆类蔬菜	13	70		9	0	千克	AB	PR/QS	0	6.5	0
07.09	**鲜或冷藏的其他蔬菜：**											
0709.2000	- 芦笋	13	70		9	0	千克	AB	PR/QS	0	6.5	0
0709.3000	- 茄子	13	70		9	0	千克	AB	PR/QS	0	6.5	0
0709.4000	- 芹菜，但块根芹除外	10	70		9	0	千克	AB	PR/QS	0		0
	- 蘑菇及块菌：											
0709.5100	-- 伞菌属蘑菇	13	90		9	0	千克	AB	PR/QS	0		0
0709.5200	-- 牛肝菌属蘑菇	13	90		9	9	千克	AB	PR/QS	0		0
0709.5300	-- 鸡油菌属蘑菇	13	90		9	9	千克	AB	PR/QS	0		0
0709.5400	-- 香菇	13	90		9	9	千克	AB	PR/QS	0		0
0709.5500	-- 松茸（松口蘑、美洲松口蘑、雪松口蘑、甜味松口蘑、欧洲松口蘑）											
07095500.10	鲜或冷藏的松口蘑	13	90		9	0	千克	ABE	PR/QS	0		0
07095500.90	鲜或冷藏的美洲松口蘑、雪松口蘑、甜味松口蘑、欧洲松口蘑	13	90		9	9	千克	AB	PR/QS	0		0
0709.5600	-- 块菌（松露属）											
07095600.10	鲜或冷藏的濒危野生块菌（松露属）（不包括人工培植的）	13	90		9	0	千克	ABE	PR/QS	0		0
07095600.90	鲜或冷藏的其他块菌（松露属）	13	90		9	9	千克	AB	PR/QS	0		0
	-- 其他：											
0709.5910	--- 其他松茸	13	90		9	0	千克	AB	PR/QS	0		0
0709.5930	--- 金针菇	13	90		9	0	千克	AB	PR/QS	0		0
0709.5940	--- 草菇	13	90		9	0	千克	AB	PR/QS	0		0
0709.5950	--- 口蘑											
07095950.10	鲜或冷藏的濒危野生口蘑（不包括人工培植的）	13	90		9	0	千克	ABE	PR/QS	0		0
07095950.90	鲜或冷藏的其他口蘑	13	90		9	0	千克	AB	PR/QS	0		0
0709.5960	--- 其他块菌	13	90		9	9	千克	AB	PR/QS	0		0
0709.5990	--- 其他	13	90		9	0	千克	AB	PR/QS	0		0
0709.6000	- 辣椒属及多香果属的果实	13	70		9	0	千克	AB	PR/QS	0	6.5	0
0709.7000	- 菠菜	13	70		9	0	千克	AB	PR/QS	0		0
	- 其他：											
0709.9100	-- 洋蓟	13	70		9	9	千克	AB	PR/QS	0		0
0709.9200	-- 油橄榄	13	70		9	9	千克	AB	PR/QS	0		0
0709.9300	-- 南瓜、笋瓜及瓠瓜（南瓜属）	13	70		9	0	千克	AB	PR/QS	0		0
	-- 其他：											

协定税率（%）														特惠税率（%）①/②	Article Description
巴基斯坦	冰岛	哥斯达黎加	秘鲁	新西兰	瑞士	新加坡	韩国	澳大利亚	格鲁吉亚	毛里求斯	日本RCEP	尼加拉瓜	港澳台		
0	0	0	0	0	0		0	0	0	0	9.5	12.1	0/	0/0	-- Witloof chicory (Cichoriym intybus var. foliosum)
0	0	0	0	0	0		0	0	0	0	9.5	12.1	0/	0/0	-- Other
															Carrots, turnips, salad beetroot, salsify, celeriac, radishes and similar edible roots, fresh or chilled:
															- Carrots and turnips
3.3		0	0	0	0		0	0	0	0	9.5	12.1	0/	0/0	Carrots, fresh or chilled
3.3		0	0	0	0		0	0	0	0	9.5	12.1	0/	0/0	Turnip, fresh or chilled
3.3	0	0	0	0	0		0	0	0	0	9.5	12.1	0/	0/0	- Other
															Cucumbers and gherkins, fresh or chilled:
2.5	0	0	0	0	0		0	0	0	0	9.5	12.1	0/	0/0	Cucumbers and gherkins, fresh or chilled
															Leguminous vegetables, shelled or unshelled, fresh or chilled:
0	0	0	0	0	0		0	0	0	0	9.5	12.1	0/	0/0	- Peas (Pisum sativum)
0	0	0	0	0	0		0	0	0	0	9.5	12.1	0/	0/0	- Beans (Vigna spp., Phaseolus spp.)
0	0	0	0	0	0		0	0	0	0	9.5	12.1	0/	0/0	- Other leguminous vegetables
															Other vegetables, fresh or chilled:
0	0	0	0	0	0		0	0	0	0	9.5	12.1	0/	0/0	- Asparagus
0	0	0	0	0	0		0	0	0	0	9.5	12.1	0/	0/0	- Aubergines (egg-plants)
0	0	0	0	0	0		0	0	0	0	7.3	9	0/	0/0	- Celery other than celeriac
															- Mushrooms and truffles:
0	0	0	0	0	0		0	0	0	0	9.5	12.1	0/	0/0	-- Mushrooms of the genus Agaricus
0	0	0	0	0	0		0	0	0	0	9.5	12.1	0/	0/0	-- Mushrooms of the genus Boletus
0	0	0	0	0	0		0	0	0	0	9.5	12.1	0/	0/0	-- Mushrooms of the genus Cantharellus
0	0	0	0	0	0		0	0	0	0	9.5	12.1	0/	0/0	-- Shiitake (Lentinus edodes)
															-- Matsutake (Tricholoma matsutake, Tricholoma magnivelare, Tricholoma anatolicum, Tricholoma dulciolens, Tricholoma caligatum)
0	0	0	0	0	0		0	0	0	0	9.5	12.1	0/	0/0	Tricholoma matsutake, fresh or chilled
0	0	0	0	0	0		0	0	0	0	9.5	12.1	0/	0/0	Tricholoma magnivelare, tricholoma anatolicum, tricholoma dulciolens and tricholoma caligatum, fresh or chilled
															-- Truffles (Tuber spp.)
0	0	0	0	0	0		0	0	0	0	9.5	12.1	0/	0/0	Endangered wild truffles (Tuber spp.), fresh or chilled, other than those artificially cultivated
0	0	0	0	0	0		0	0	0	0	9.5	12.1	0/	0/0	Other truffles (Tuber spp.), fresh or chilled
															-- Other:
0	0	0	0	0	0		0	0	0	0	9.5	12.1	0/	0/0	--- Other matsutake
0	0	0	0	0	0		0	0	0	0	9.5	12.1	0/0	0/0	--- Winter mushroom
0	0	0	0	0	0		0	0	0	0	9.5	12.1	0/	0/0	--- Paddy Straw mushroom
															--- Tricholoma mongolicum Imai
0	0	0	0	0	0		0	0	0	0	9.5	12.1	0/	0/0	Endangered wild Tricholoma mongolicum Imai, fresh or chilled, other than those artificially cultivated
0	0	0	0	0	0		0	0	0	0	9.5	12.1	0/	0/0	Other Tricholoma mongolicum Imai, fresh or chilled
0	0	0	0	0	0		0	0	0	0	9.5	12.1	0/	0/0	--- Other truffle
0	0	0	0	0	0		0	0	0	0	9.5	12.1	0/	0/0	--- Other
0	0	0	0	0	0		0	0	0	0	9.5	12.1	0/	0/0	- Fruits of the genus Capsicum or of the genus Pimenta
0	0	0	0	0	0		0	0	0	0	9.5	12.1	0/	0/0	- Spinach, New Zealand spinach and orache spinach (garden spinach)
															- Other:
0	0	0	0	0	0		0	0	0	0	9.5	12.1	0/	0/0	-- Globe artichokes
0	0	0	0	0	0		0	0	0	0	9.5	12.1	0/	0/0	-- Olives
0	0	0	0	0	0		0	0	0	0	9.5	12.1	0/	0/0	-- Pumpkins, squash and gourds (Cucurbita spp.)
															-- Other:

税 号	货品名称	进口关税（%）			增值/消费税（%）	出口退税（%）	计量单位	监管证件代码	检验检疫类别	协定税率（%）		
		最惠国	普通	年内暂定						东盟	亚太	智利
0709.9910	--- 竹笋	13	70		9	0	千克	AB	PR/QS	0		0
0709.9990	--- 其他											
07099990.01	鲜或冷藏的丝瓜	13	70		9	0	千克	AB	PR/QS	0		0
07099990.02	鲜或冷藏的青江菜	13	70		9	0	千克	AB	PR/QS	0		0
07099990.03	鲜或冷藏的小白菜	13	70		9	0	千克	AB	PR/QS	0		0
07099990.04	鲜或冷藏的苦瓜	13	70		9	0	千克	AB	PR/QS	0		0
07099990.05	鲜或冷藏的山葵	13	70		9	0	千克	AB	PR/QS	0		0
07099990.10	鲜或冷藏的蕨菜	13	70		9	0	千克	ABE	PR/QS	0		0
07099990.90	鲜或冷藏的其他蔬菜	13	70		9	0	千克	AB	PR/QS	0		0
07.10	冷冻蔬菜（不论是否蒸煮）:											
0710.1000	- 马铃薯	13	70		9	9	千克	AB	PR/QS	0		0
	- 豆类蔬菜，不论是否脱荚:											
0710.2100	-- 豌豆	13	70		9	9	千克	AB	PR/QS	0		0
	-- 豇豆属及菜豆属:											
0710.2210	--- 红小豆（赤豆）	13	70		9	9	千克	AB	PR/QS	0		0
0710.2290	--- 其他	13	70		9	9	千克	AB	PR/QS	0		0
0710.2900	-- 其他	13	70		9	9	千克	AB	PR/QS	0		0
0710.3000	- 菠菜	13	70		9	9	千克	AB	PR/QS	0		0
0710.4000	- 甜玉米	10	70		9	9	千克	AB	PR/QS	0		0
	- 其他蔬菜:											
0710.8010	--- 松茸	13	70		9	0	千克	ABE	PR/QS	0		0
0710.8020	--- 蒜薹及蒜苗（青蒜）	13	70		9	9	千克	AB	PR/QS	0		0
0710.8030	--- 蒜头	13	70		9	9	千克	AB	PR/QS	0		0
0710.8040	--- 牛肝菌	13	70		9	9	千克	AB	PR/QS	0		0
0710.8090	--- 其他											
07108090.10	冷冻的大蒜瓣（不论是否蒸煮）	13	70		9	9	千克	AB	PR/QS	0		0
07108090.20	冷冻的香菇（不论是否蒸煮）	13	70		9	9	千克	AB	PR/QS	0		0
07108090.30	冷冻蕨菜（不论是否蒸煮）	13	70		9	0	千克	ABE	PR/QS	0		0
07108090.90	冷冻的未列名蔬菜（不论是否蒸煮）	13	70		9	9	千克	AB	PR/QS	0		0
0710.9000	- 什锦蔬菜	10	70		9	9	千克	AB	PR/QS	0		0
07.11	暂时保藏的蔬菜，但不适于直接食用的:											
0711.2000	- 油橄榄	13	70		9	9	千克	AB	PR/QS	0		0
0711.4000	- 黄瓜及小黄瓜	13	70		9	9	千克	AB	PR/QS	0		0
	- 蘑菇及块菌:											
	-- 伞菌属蘑菇:											
	--- 盐水的:											
0711.5112	---- 白蘑菇	13	90		9	9	千克	AB	PR/QS	0		0
0711.5119	---- 其他	13	90		9	9	千克	AB	PR/QS	0		0
0711.5190	--- 其他	13	90		9	9	千克	AB	PR/QS	0		0
	-- 其他:											
	--- 盐水的:											
0711.5911	---- 松茸	13	90		9	0	千克	EAB	PR/QS	0		0
0711.5919	---- 其他											
07115919.10	盐水的香菇（不适于直接食用的）	13	90		9	9	千克	AB	PR/QS	0		0
07115919.20	盐水的野生中华夏块菌（不适于直接食用的，不包括人工培植的）	13	90		9	0	千克	ABE	PR/QS	0		0

协定税率（%）巴基斯坦	冰岛	哥斯达黎加	秘鲁	新西兰	瑞士	新加坡	韩国	澳大利亚	格鲁吉亚	毛里求斯	日本RCEP	尼加拉瓜	港澳台	特惠税率（%）①/②	Article Description
0	0	0	0	0	0		0	0	0	0	9.5	11.7	0/	0/0	--- Bamboo shoots
															--- Other
0	0	0	0	0	0		0	0	0	0	9.5	12.1	0/	0/0	Loofah (Luffa spp.), fresh or chilled
0	0	0	0	0	0		0	0	0	0	9.5	12.1	0/	0/0	Spoon cabbage, fresh or chilled
0	0	0	0	0	0		0	0	0	0	9.5	12.1	0/	0/0	Baby bok choy, fresh or chilled
0	0	0	0	0	0		0	0	0	0	9.5	12.1	0/	0/0	Balsam pear, fresh or chilled
0	0	0	0	0	0		0	0	0	0	9.5	12.1	0/	0/0	Wasabi Japanese Horseradish, fresh or chilled
0	0	0	0	0	0		0	0	0	0	9.5	12.1	0/	0/0	Water shield, fresh or chilled
0	0	0	0	0	0		0	0	0	0	9.5	12.1	0/	0/0	Other vegetables, fresh or chilled
															Vegetables (uncooked or cooked by steaming or boiling in water), frozen:
3.3		0	0	0	0		0	0	0	0	9.5	12.1	0/	0/0	- Potatoes
															- Leguminous vegetables, shelled or unshelled:
3.3	0	0	0	0	0		0	0	0	0	9.5	12.1	0/	0/0	-- Peas (Pisum sativum)
															-- Beans (Vigna spp., Phaseolusspp.):
3.3	0	0	0	0	0		0	0	0	0	9.5	12.1	0/	0/0	--- Small red (Adzuki) beans (Phaseolus or Vigna angularis)
3.3	0	0	0	0	0		0	0	0	0	9.5	12.1	0/	0/0	--- Other
3.3	0	0	0	0	0		0	0	0	0	9.5	12.1	0/	0/0	-- Other
3.3	0	0	0	0	0		0	0	0	0	9.5	12.1	0/	0/0	- Spinach, New Zealand spinach and orache spinach (garden spinach)
2.5	0	0	0	0	0		0	0	0	0	7.3	9	0/	0/0	- Sweet corn
															- Other vegetables:
3.3	0	0	0	0	0		0	0	0	0	9.5	12.1	0/	0/0	--- Sungmo
3.3	0	0	0	0	0		0	0	0	0	9.5	12.1	0/	0/0	--- Garlic stems, garlic seedlings
3.3	0	0	0	0	0		0	0	0	0	9.5	12.1	0/	0/0	--- Garlic bulbs
3.3	0	0	0	0	0		0	0	0	0	9.5	12.1	0/	0/0	--- Boletus
															--- Other
3.3	0	0	0	0	0		0	0	0	0	9.5	12.1	0/	0/0	Garlic bulblet (uncooked or cooked by steaming or boiling in water), frozen
3.3	0	0	0	0	0		0	0	0	0	9.5	12.1	0/	0/0	Shiitake (uncooked or cooked by steaming or boiling in water), frozen
3.3	0	0	0	0	0		0	0	0	0	9.5	12.1	0/	0/0	Water shield (uncooked or cooked by steaming or boiling in water), frozen
3.3	0	0	0	0	0		0	0	0	0	9.5	12.1	0/	0/0	Other vegetables, not elsewhere specified or included (uncooked or cooked by steaming or boiling in water), frozen
2.5	0	0	0	0	0		0	0	0	0	7.3	9	0/	0/0	- Mixtures of vegetables
															Vegetables provisionally preserved, but unsuitable in that state for immediate consumption:
0	0	0	0	0	0		0	0	0	0	9.5	12.1	0/	0/0	- Olives
0	0	0	0	0	0		0	0	0	0	9.5	12.1	0/	0/0	- Cucumbers and gherkins
															- Mushrooms and truffles:
															-- Mushrooms of the genus Agaricus:
															--- In brine:
0	0	0	0	0	0		0	0	0	0	9.5	12.1	0/	0/0	----White mushroom
0	0	0	0	0	0		0	0	0	0	9.5	12.1	0/	0/0	----Other
0	0	0	0	0	0		0	0	0	0	9.5	12.1	0/	0/0	--- Other
															-- Other:
															--- In brine:
0	0	0	0	0	0		0	0	0	0	9.5	12.1	0/	0/0	----Sungmo
															----Other
0	0	0	0	0	0		0	0	0	0	9.5	12.1	0/	0/0	Shiitake in brine (unfit for immediate consumption)
0	0	0	0	0	0		0	0	0	0	9.5	12.1	0/	0/0	Wild tuber sinoaestivum in brine (unfit for immediate consumption, other than those artificially cultivated)

税　号	货品名称	进口关税（%） 最惠国	进口关税（%） 普通	进口关税（%） 年内暂定	增值/消费税（%）	出口退税（%）	计量单位	监管证件代码	检验检疫类别	协定税率（%） 东盟	协定税率（%） 亚太	协定税率（%） 智利
07115919.90	盐水的其他非伞菌属蘑菇及块菌（不适于直接食用的）	13	90		9	9	千克	AB	PR/QS	0		0
0711.5990	--- 其他											
07115990.10	暂时保藏的香菇（不适于直接食用的）	13	90		9	9	千克	AB	PR/QS	0		0
07115990.90	暂时保藏的蘑菇及块菌（不适于直接食用的）	13	90		9	9	千克	AB	PR/QS	0		0
	- 其他蔬菜；什锦蔬菜：											
	--- 盐水的：											
0711.9031	---- 竹笋	13	70		9	9	千克	AB	PR/QS	0	6.5	0
0711.9034	---- 大蒜											
07119034.10	盐水简单腌制的大蒜头、大蒜瓣（无论是否去皮，但不适于直接食用）	13	70		9	9	千克	AB	PR/QS	0	6.5	0
07119034.90	盐水简单腌制的其他大蒜（不含蒜头、蒜瓣，无论是否去皮，但不适于直接食用）	13	70		9	9	千克	AB	PR/QS	0	6.5	0
0711.9039	---- 其他	13	70		9	9	千克	AB	PR/QS	0	6.5	0
0711.9090	--- 其他	13	90		9	9	千克	AB	PR/QS	0	6.5	0
07.12	**干蔬菜，整个、切块、切片、破碎或制成粉状，但未经进一步加工的：**											
0712.2000	- 洋葱	13	80		9	9	千克	AB	PR/QS	0		0
	- 蘑菇、木耳、银耳及块菌：											
0712.3100	-- 伞菌属蘑菇	13	80		9	9	千克	AB	PR/QS	0	9	0
0712.3200	-- 木耳	13	100		9	9	千克	AB	PR/QS	0		0
0712.3300	-- 银耳	13	90		9	9	千克	AB	PR/QS	0		0
0712.3400	-- 香菇	13	100		9	9	千克	AB	PR/QS	0	9	0
	-- 其他：											
0712.3920	--- 金针菇	13	100		9	9	千克	AB	PR/QS	0	9	0
0712.3950	--- 牛肝菌	13	100		9	9	千克	AB	PR/QS	0	9	0
	--- 其他											
0712.3991	---- 羊肚菌	13	100		9	9	千克	AB	PR/QS	0	9	0
0712.3999	---- 其他											
07123999.10	干制松茸（整个，切块，切片，破碎或制成粉状，但未经进一步加工的）	13	100		9	0	千克	ABE	PR/QS	0	9	0
07123999.20	干制野生中华夏块菌（整个，切块，切片，破碎或制成粉状，但未经进一步加工的，不包括人工培植的）	13	100		9	0	千克	ABE	PR/QS	0	9	0
07123999.90	其他干制蘑菇及块菌（整个，切块，切片，破碎或制成粉状，但未经进一步加工的）	13	100		9	9	千克	AB	PR/QS	0	9	0
	- 其他蔬菜；什锦蔬菜：											
0712.9010	--- 笋干丝	13	80		9	9	千克	AB	PR/QS	0		0
0712.9020	--- 紫萁（薇菜干）	13	80		9	9	千克	AB	PR/QS	0		0
0712.9030	--- 金针菜（黄花菜）	13	80		9	9	千克	AB	PR/QS	0		0
0712.9040	--- 蕨菜	13	80		9	9	千克	AB	PR/QS	0		0
0712.9050	--- 大蒜											
07129050.10	干燥或脱水的大蒜头、大蒜瓣（无论是否去皮）	13	80		13	0	千克	AB	PR/QS	0		0
07129050.90	干燥或脱水的其他大蒜（不含蒜头、蒜瓣，无论是否去皮）	13	80		13	13	千克	AB	PR/QS	0		0
	--- 其他：											
0712.9091	---- 辣根	13	80		9	9	千克	AB	PR/QS	0		0
0712.9099	---- 其他											
07129099.10	干莼菜（整个、切块、切片、破碎或制成粉状，但未经进一步加工的）	13	80		9	0	千克	ABE	PR/QS	0		0

协定税率（%）														特惠税率（%）①/②	Article Description
巴基斯坦	冰岛	哥斯达黎加	秘鲁	新西兰	瑞士	新加坡	韩国	澳大利亚	格鲁吉亚	毛里求斯	日本RCEP	尼加拉瓜	港澳台		
0	0	0	0	0	0		0	0	0	0	9.5	12.1	0/	0/0	Other mushroom and truffles in brine, other than the genus Agaricus (unfit for immediate consumption)
															--- Other
0	0	0	0	0	0		0	0	0	0	9.5	12.1	0/	0/0	Shiitake provisionally preserved, unfit for immediate consumption
0	0	0	0	0	0		0	0	0	0	9.5	12.1	0/	0/0	Mushrooms and truffles provisionally preserved, unfit for immediate consumption
															- Other vegetables; mixtures of vegetables:
															--- In brine:
0	0	0	0	0	0		0	0	0	0	9.5	12.1	0/	0/0	----Bamboo shoots
															----Garlic
0	0	0	0	0	0		0	0	0	0	9.5	12.1	0/	0/0	Garlic bulbs and garlic bulblet in brine, whether or not skinned, unfit for immediate consumption
0	0	0	0	0	0		0	0	0	0	9.5	12.1	0/	0/0	Other garlic in brine, other than garlic bulbs and garlic bulblet, whether or not skinned, unfit for immediate consumption
0	0	0	0	0	0		0	0	0	0	9.5	12.1	0/	0/0	----Other
0	0	0	0	0	0		0	0	0	0	9.5	12.1	0/	0/0	--- Other
															Dried vegetables, whole, cut, sliced, broken or in powder, but not further prepared:
3.3	0	0	0	0	0		0	0	0	0	9.5	12.1	0/	0/0	- Onions
															- Mushrooms, wood ears (Auri-culariaspp.), jelly fungi (Tremella spp.) and truffles:
2.5	0	0	0	0	0		0	0	0	0	9.5	12.1	0/	0/0	-- Mushrooms of the genus Agaricus
3.3	0	0	0	0	0		0	0	0	0	9.5	12.1	0/	0/0	-- Wood ears (Auricularia spp.)
3.3	0	0	0	0	0		0	0	0	0	9.5	12.1	0/	0/0	-- Jelly fungi (Tremella spp.)
2.5	0	0	0	0	0		0	0	0	0	9.5	12.1	0/	0/0	-- Shiitake (Lentinus edodes)
															-- Other:
2.5	0	0	0	0	0		0	0	0	0	9.5	12.1	0/	0/0	--- Winter mushroom
2.5	0	0	0	0	0		0	0	0	0	9.5	12.1	0/	0/0	--- Boletus
															--- Other
9	0	0	0	0	0		0	0	0	0	9.5	12.1	0/	0/0	----Morchella vulgaris
															----Other
9	0	0	0	0	0		0	0	0	0	9.5	12.1	0/	0/0	Dried tricholoma matsutake (whole, cut, sliced, broken or in powder, but not further prepared)
9	0	0	0	0	0		0	0	0	0	9.5	12.1	0/	0/0	Dried wild tuber sinoaestivum (whole, cut, sliced, broken or in powder, but not further prepared, other than those artificially cultivated)
9	0	0	0	0	0		0	0	0	0	9.5	12.1	0/	0/0	Other dried mushrooms and truffles (whole, cut, sliced, broken or in powder, but not further prepared)
															- Other vegetables; mixtures of vegetables:
3.3	0	0	0	0	0		0	0	0	0	9.5	12.1	0/	0/0	--- Bamboo shoots
3.3	0	0	0	0	0		0	0	0	0	9.5	12.1	0/	0/0	--- Osmund
3.3	0	0	0	0	0		0	0	0	0	9.5	12.1	0/	0/0	--- Day lily flowers
3.3	0	0	0	0	0		0	0	0	0	9.5	12.1	0/	0/0	--- Wild brake
															--- Garlic
3.3	0	0	0	0	0		0	0	0	0	9.5	12.1	0/	0/0	Dried or dewatered garlic bulbs or garlic bulblet, whether or not skinned
3.3	0	0	0	0	0		0	0	0	0	9.5	12.1	0/	0/0	Other dried or dewatered garlic (other than garlic bulbs and garlic bulblet), whether or not skinned
															--- Other:
3.3	0	0	0	0	0		0	0	0	0	9.5	12.1	0/	0/0	----Horseradish
															----Other
3.3	0	0	0	0	0		0	0	0	0	9.5	12.1	0/	0/0	Dried water shield (whole, cut, sliced, broken or in powder, but not further prepared)

税号	货品名称	进口关税（%）			增值/消费税（%）	出口退税（%）	计量单位	监管证件代码	检验检疫类别	协定税率（%）		
		最惠国	普通	年内暂定						东盟	亚太	智利
07129099.20	甜玉米种子	13	80	0	0	0	千克	AB	PR/QS	0		0
07129099.90	干制的其他蔬菜及什锦蔬菜（整个、切块、切片、破碎或制成粉状，但未经进一步加工的）	13	80		9	9	千克	AB	PR/QS	0		0
07.13	**脱荚的干豆，不论是否去皮或分瓣：**											
	- 豌豆：											
0713.1010	--- 种用	0	0		0	0	千克	AB	P/NQ	0		0
0713.1090	--- 其他	5	20		9	0	千克	AB	PR/QS	0		0
	- 鹰嘴豆：											
0713.2010	--- 种用	0	0		9	9	千克	AB	P/NQ	0		0
0713.2090	--- 其他	7	20		9	9	千克	AB	PR/QS	0		0
	- 豇豆属及菜豆属：											
	-- 绿豆：											
0713.3110	--- 种用	0	0		9	9	千克	AB	P/NQ	0		0
0713.3190	--- 其他	3	11		9	9	千克	AB	PR/QS	0	1.5	0
	-- 红小豆（赤豆）：											
0713.3210	--- 种用	0	0		9	9	千克	AB	P/NQ	0		0
0713.3290	--- 其他	3	14		9	9	千克	AB	PR/QS	0		0
	-- 芸豆：											
0713.3310	--- 种用	0	0		0	0	千克	AB	P/NQ	0		0
0713.3390	--- 其他	7.5	20		9	0	千克	AB	PR/QS	0		0
0713.3400	-- 巴姆巴拉豆	7	20		9	9	千克	AB	PR/QS	0	3.5	0
0713.3500	-- 牛豆（豇豆）											
07133500.10	种用牛豆（豇豆）	7	20		0	0	千克	AB	PR/QS	0	3.5	0
07133500.90	其他干牛豆（豇豆）	7	20		9	9	千克	AB	PR/QS	0	3.5	0
0713.3900	-- 其他	7	20		9	0	千克	AB	PR/QS	0	3.5	0
	- 扁豆：											
0713.4010	--- 种用	0	0		9	0	千克	AB	P/NQ	0		0
0713.4090	--- 其他	7	20		9	0	千克	AB	PR/QS	0		0
	- 蚕豆：											
0713.5010	--- 种用	0	0		0	0	千克	AB	P/NQ	0		0
0713.5090	--- 其他	7	20		9	9	千克	AB	PR/QS	0		0
	- 木豆（木豆属）：											
0713.6010	--- 种用	0	0		9	9	千克	AB	P/NQ	0		0
0713.6090	--- 其他	7	20		9	9	千克	AB	PR/QS	0		0
	- 其他：											
0713.9010	--- 种用干豆	0	0		0	0	千克	AB	P/NQ	0		0
0713.9090	--- 其他	7	20		9	9	千克	AB	PR/QS	0		0
07.14	**鲜、冷、冻或干的木薯、竹芋、兰科植物块茎、菊芋、甘薯及含有高淀粉或菊粉的类似根茎，不论是否切片或制成团粒；西谷茎髓：**											
	- 木薯：											
0714.1010	--- 鲜的	10	30		9	9	千克	7AB	PR/QS	0		0
0714.1020	--- 干的	5	30		9	9	千克	7AB	PR/QS	0		0
0714.1030	--- 冷或冻的	10	80		9	9	千克	7AB	PR/Q	0		0
	- 甘薯：											
	--- 鲜的：											
0714.2011	---- 种用	0	50		9	0	千克	AB	P/Q	0		0
0714.2019	---- 其他	13	50		9	0	千克	AB	PR/QS	0	6.5	0

协定税率（%）														特惠税率（%）①/②	Article Description
巴基斯坦	冰岛	哥斯达黎加	秘鲁	新西兰	瑞士	新加坡	韩国	澳大利亚	格鲁吉亚	毛里求斯	日本RCEP	尼加拉瓜	港澳台		
3.3	0	0	0	0	0		0	0	0	0	9.5	12.1	0/	0/0	Seeds of sweet corns
3.3	0	0	0	0	0		0	0	0	0	9.5	12.1	0/	0/0	Other dried vegetables and dried mixtures of vegetables (whole, cut, sliced, broken or in powder, but not further prepared)
															Dried leguminous vegetables, shelled, whether or not skinned or split:
															- Peas (Pisum sativum):
0	0	0	0	0	0		0	0	0	0	0	0	0/	0/0	--- Seed
0	0	0	0	0	0		0	0	0	0	0	0	0/	0/0	--- Other
															- Chickpeas (garbanzos):
0	0	0	0	0	0		0	0	0	0	0	0	0/	0/0	--- Seed
0	0	0	0	0	0		0	0	0	0	0	0	0/	0/0	--- Other
															- beans (Vigna spp.and Phaseolus spp.):
															-- Beans of the species Vigna mungo (L.) Hepper or Vigna radiata (L.) Wilczek:
0	0	0	0	0	0		0	0	0	0	0	0	0/	0/0	--- Seed
0	0	0	0	0	0		0	0	0	0	0	0	0/	0/0	--- Other
															-- Small red (Adzuki) beans (Phaseolus or Vigna angularis):
0	0	0	0	0	0		0	0	0	0	0	0	0/	0/0	--- Seed
0	0	0	0	0	0		0	0	0	0	0	0	0/	0/0	--- Other
															-- Kidney beans, including white pea beans (Phaseolus vulgaris):
0	0	0	0	0	0		0	0	0	0	0	0	0/	0/0	--- Seed
0	0	0	0	0	0		0	0	0	0	0	0	0/	0/0	--- Other
0	0	0	0	0	0		0	0	0	0	0	0	0/	0/0	-- Bambara beans (Vigna subterranea or Voandzeia subterranea)
															-- Cow peas (Vigna unguiculata)
0	0	0	0	0	0		0	0	0	0	0	0	0/	0/0	Seeds of cowpeas
0	0	0	0	0	0		0	0	0	0	0	0	0/	0/0	Other cowpeas
0	0	0	0	0	0		0	0	0	0	0	0	0/	0/0	-- Other
															- Lentils:
0	0	0	0	0	0		0	0	0	0	0	0	0/	0/0	--- Seed
0	0	0	0	0	0		0	0	0	0	0	0	0/	0/0	--- Other
															- Broad beans (Vicia fabavar Major) and horse beans (Viciafaba var. equina, Vicia fabavar. minor):
0	0	0	0	0	0		0	0	0	0	0	0	0/	0/0	--- Seed
0	0	0	0	0	0		0	0	0	0	0	0	0/	0/0	--- Other
															- Pigeon peas (Cajanus cajan):
0	0	0	0	0	0		0	0	0	0	0	0	0/	0/0	--- Seed
0	0	0	0	0	0		0	0	0	0	0	0	0/	0/0	--- Other
															- Other:
0	0	0	0	0	0		0	0	0	0	0	0	0/	0/0	--- Seed
5	0	0	0	0	0		0	0	0	0	0	0	0/	0/0	--- Other
															Manioc, arrowroot, salep, Jerusalem artichokes, sweet potatoes and similar roots and tubers with high starch or inulin content, fresh, chilled, frozen or dried, whether or not sliced or in the form of pellets; sago pith:
															- Manioc (cassava):
2.5	0	0	0	0	0		0	0	0	0	7.3	9	0/	0/0	--- Fresh
0	0	0	0	0	0		0	0	0	0	0	0	0/	0/0	--- Dried
2.5	0	0	0	0	0		0	0	0	0	7.3	9	0/	0/0	--- Chilled or frozen
															- Sweet potatoes:
															--- Fresh:
0	0	0	0	0	0		0	0	0	0	0	0	0/	0/0	----For cultivation
2.5	0	0	0	0	0		0	0	0	0	9.5	12.1	0/	0/0	----Other

税号	货品名称	进口关税（%）			增值/消费税（%）	出口退税（%）	计量单位	监管证件代码	检验检疫类别	协定税率（%）		
		最惠国	普通	年内暂定						东盟	亚太	智利
0714.2020	--- 干的	13	50		9	0	千克	AB	PR/QS	0	6.5	0
0714.2030	--- 冷或冻的	13	80		9	0	千克	AB	PR/QS	0	6.5	0
0714.3000	- 山药	13	50		9	0	千克	AB	PR/Q	0	6.5	0
0714.4000	- 芋头（芋属）											
07144000.01	鲜、冷芋头（芋属）(不论是否切片或制成团粒；芋头又称芋艿，为天南星科芋属植物。分旱芋、水芋)	13	50		9	0	千克	AB	PR/Q	0	6.5	0
07144000.90	冻、干的芋头（芋属）(不论是否切片或制成团粒；芋头又称芋艿，为天南星科芋属植物。分旱芋、水芋)	13	50		9	0	千克	AB	PR/Q	0	6.5	0
0714.5000	- 箭叶黄体芋（黄肉芋属）	13	50		9	9	千克	AB	PR/Q	0	6.5	0
	- 其他：											
0714.9010	--- 荸荠	13	50		9	0	千克	AB	PR/QS	0	6.5	0
	--- 藕：											
0714.9021	---- 种用	0	0		9	0	千克	AB	P/NQ	0		0
0714.9029	---- 其他	13	50		9	0	千克	AB	PR/QS	0	6.5	0
0714.9090	--- 其他											
07149090.10	鲜、冷、冻、干的兰科植物块茎	13	50		9	0	千克	ABFE	PR/Q	0	6.5	0
07149090.91	含高淀粉或菊粉其他濒危类似根茎（不论是否切片或制成团粒，鲜、冷、冻或干的）	13	50		9	0	千克	ABFE	PR/Q	0	6.5	0
07149090.99	含有高淀粉或菊粉的其他类似根茎（包括西谷茎髓，不论是否切片或制成团粒，鲜、冷、冻或干的）	13	50		9	0	千克	AB	PR/Q	0	6.5	0

协定税率（%）														特惠税率（%）①/②	Article Description
巴基斯坦	冰岛	哥斯达黎加	秘鲁	新西兰	瑞士	新加坡	韩国	澳大利亚	格鲁吉亚	毛里求斯	日本RCEP	尼加拉瓜	港澳台		
2.5	0	0	0	0	0		0	0	0	0	9.5	12.1	0/	0/0	--- Dried
2.5	0	0	0	0	0		0	0	0	0	9.5	12.1	0/	0/0	--- Chilled or frozen
2.5	0	0	0	0	0		0	0	0	0	9.5	11.7	0/	0/0	- Yams (Dioscorea spp.)
															- Taro (Colocasia spp.)
2.5	0	0	0	0	0		0	0	0	0	9.5	12.1	0/	0/0	Fresh, chilled taro (Dioscorea spp.), whether or not sliced or in the form of pellets (taros are also called Chinese eddo, belong to Colocasia Schott of the Araceae, classified into ground taros and river taros)
2.5	0	0	0	0	0		0	0	0	0	9.5	12.1	0/	0/0	Frozen, dried taro (Dioscorea spp.), whether or not sliced or in the form of pellets (taros are also called Chinese eddo, belong to Colocasia Schott of the Araceae, classified into ground taros and river taros)
2.5	0	0	0	0	0		0	0	0	0	9.5	12.1	0/	0/0	- Yautia (Xanthosoma spp.)
															- Other:
2.5	0	0	0	0	0		0	0	0	0	9.5	12.1	0/	0/0	--- Water chestnut
															--- Lotus (Nelumbo nucifera) rootstock:
0	0	0	0	0	0		0	0	0	0	0	0	0/	0/0	----For cultivation
2.5	0	0	0	0	0		0	0	0	0	9.5	12.1	0/	0/0	----Other
															--- Other
2.5	0	0	0	0	0		0	0	0	0	9.5	12.1	0/	0/0	Similar roots and tubers of other endangered plants (including sago pith)
2.5	0	0	0	0	0		0	0	0	0	9.5	12.1	0/	0/0	Similar roots and tubers of other endangered plants (including sago pith), with high starch or inulin content, fresh, chilled, frozen or dried, whether or not sliced or in pellets
2.5	0	0	0	0	0		0	0	0	0	9.5	12.1	0/	0/0	Similar roots and tubers of other plants (including sago pith), with high starch or inulin content, fresh, chilled, frozen or dried, whether or not sliced or in pellets

第八章　食用水果及坚果；柑橘属水果或甜瓜的果皮

注释：

一、本章不包括非供食用的坚果或水果。

二、冷藏的水果和坚果应按相应的鲜果税目归类。

三、本章的干果可以部分复水或为下列目的进行其他处理：

（一）为保藏或保持其稳定性（例如，经适度热处理或硫化处理、添加山梨酸或山梨酸钾）；

（二）为改进或保持其外观（例如，添加植物油或少量葡萄糖浆）。

但必须保持干果的特征。

四、税目08.12适用于使用前在运输或贮存时仅为暂时保藏而进行处理（例如，使用二氧化硫气体、盐水、亚硫酸水或其他防腐液）的水果及坚果，但不适于直接食用的。

税　号	货品名称	进口关税（%）			增值/消费税（%）	出口退税（%）	计量单位	监管证件代码	检验检疫类别	协定税率（%）		
		最惠国	普通	年内暂定						东盟	亚太	智利
08.01	鲜或干的椰子、巴西果及腰果，不论是否去壳或去皮：											
	- 椰子：											
0801.1100	-- 干的	12	80	7	9	9	千克	AB	PR/QS	0	6	0
0801.1200	-- 未去内壳（内果皮）	12	80		9	9	千克	AB	PR/QS	0	6	0
	-- 其他：											
0801.1910	--- 种用	0	0		9	9	千克	AB	P/QN	0		0
0801.1990	--- 其他	12	80		9	9	千克	AB	PR/QS	0	6	0
	- 巴西果：											
0801.2100	-- 未去壳	10	80	7	9	9	千克	AB	PR/Q	0		0
0801.2200	-- 去壳	10	80	7	9	9	千克	AB	PR/Q	0		0
	- 腰果：											
0801.3100	-- 未去壳	20	70	5	9	9	千克	AB	PR/QS	0		0
0801.3200	-- 去壳	10	70	7	9	9	千克	AB	PR/QS	0		0
08.02	鲜或干的其他坚果，不论是否去壳或去皮：											
	- 扁桃核及仁：											
0802.1100	-- 未去壳	24	70	10	9	9	千克	AB	PR/QS	0		0
0802.1200	-- 去壳	10	70		9	9	千克	AB	PR/QS	0		0
	- 榛子：											
0802.2100	-- 未去壳	25	70		9	9	千克	AB	PR/QS	0		0
0802.2200	-- 去壳	10	70		9	9	千克	AB	PR/QS	0		0
	- 核桃：											
0802.3100	-- 未去壳	25	70		9	9	千克	AB	PR/QS	0		0
0802.3200	-- 去壳	20	70		9	9	千克	AB	PR/QS	0		0
	- 栗子：											
	-- 未去壳：											
0802.4110	--- 板栗	25	70		9	9	千克	AB	PR/QS	0		0
0802.4190	--- 其他	25	70		9	9	千克	AB	PR/QS	0		0
	-- 去壳：											
0802.4210	--- 板栗	25	70		9	9	千克	AB	PR/QS	0		0
0802.4290	--- 其他	25	70		9	9	千克	AB	PR/QS	0		0
	- 阿月浑子果（开心果）：											
0802.5100	-- 未去壳	10	70	5	9	9	千克	AB	PR/QS	0		0
0802.5200	-- 去壳	10	70	5	9	9	千克	AB	PR/QS	0		0
	- 马卡达姆坚果（夏威夷果）：											
	-- 未去壳：											
0802.6110	--- 种用	0	70		9	9	千克	AB	P/Q	0		0
0802.6190	--- 其他	24	70	12	9	9	千克	AB	PR/QS	0		0
0802.6200	-- 去壳	24	70	12	9	9	千克	AB	PR/QS	0		0
0802.7000	- 可乐果（可乐果属）	24	70		9	9	千克	AB	PR/QS	0		0
0802.8000	- 槟榔果											

Chapter 8 Edible fruit and nuts; peel of citrus fruit or melons

Chapter Notes:

1. This Chapter does not cover inedible nuts or fruits.
2. Chilled fruits and nuts are to be classified in the same headings as the corresponding fresh fruits and nuts.
3. Dried fruit or dried nuts of this Chapter may be partially rehydrated, or treated for the following purposes:

   (a) For additional preservation or stabilisation (for example., by moderate heat treatment, sulphuring, the addition of sorbic acid or potassium sorbate);

   (b) To improve or maintain their appearance (for example, by the addition of vegetable oil or small quantities of glucose syrup), provided that they retain the character of dried fruit or dried nuts.

   but still maintain their character.

4. Heading 08.12 applies to fruit and nuts which have been treated solely to ensure their provisional preservation during transport or storage prior to use (for example, by sulphur dioxide gas, in brine, in sulphur water or in other preservative solutions), provided they remain unsuitable for immediate consumption in that state.

协定税率（%）														特惠税率（%）①/②	Article Description
巴基斯坦	冰岛	哥斯达黎加	秘鲁	新西兰	瑞士	新加坡	韩国	澳大利亚	格鲁吉亚	毛里求斯	日本RCEP	尼加拉瓜	港澳台		
															Coconuts, Brazil nuts and cashew nuts, fresh or dried, whether or not shelled or peeled:
															- Coconuts:
2.5	0	0.8	0	0	0		0	0	0	0	8.7	11.2	0/	0/0	-- Desiccated
2.5	0	0.8	0	0	0		0	0	0	0	8.7	11.2	0/	0/0	-- In the inner shell (endocarp)
															-- Other:
0	0	0	0	0	0		0	0	0	0	0	0	0/	0/0	--- Seedlings
2.5	0	0.8	0	0	0		0	0	0	0	8.7	11.2	0/	0/0	--- Other
															- Brazil nuts:
2.5	0	0.7	0	0	0		0	0	0	0	7.3	9	0/	0/0	-- In shell
2.5	0	0.7	0	0	0		0	0	0	0	7.3	9	0/	0/0	-- Shelled
															- Cashew nuts:
	0	1.3	0	0	0		0	0	0	0	14.5	18.7	0/	0/0	-- In shell
2.5	0	0.7	0	0	0		0	0	0	0	7.3	9	0/	0/0	-- Shelled
															Other nuts, fresh or dried, whether or not shelled or peeled:
															- Almonds:
	0	1.6	0	0	0		0	0	0	4.8	17.5	22.4	0/	0/0	-- In shell
2.5	0	0.7	0	0	0		0	0	0	0	7.3	9	0/	0/0	-- Shelled
															- Hazelnuts or filberts (Corylus spp):
	0	1.7	0	0	0		12.5	0	0	5	21.4		0/	0/0	-- In shell
2.5	0	0.7	0	0	0		0	0	0	0	7.3	9	0/	0/0	-- Shelled
															- Walnuts:
	0	1.7	0	0	0		12.5	0	0	5		23.3	0/	0/0	-- In shell
	0	1.3	0	0	0		6.6	0	0	0	14.5	18.7	0/	0/0	-- Shelled
															- Chestnuts (Castanea spp.):
															-- In shell:
	0	1.7	0	0	0			0	0	5			0/	0/0	--- Chestnuts
	0	1.7	0	0	0		12.5	0	0	5	21.4		0/	0/0	--- Other
															-- Shelled:
	0	1.7	0	0	0		12.5	0	0	5	21.4	23.3	0/	0/0	--- Chestnuts
	0	1.7	0	0	0		12.5	0	0	5	21.4		0/	0/0	--- Other
															- Pistachios:
2.5	0	0.7	0	0	0		0	0	0	0	7.3	9	0/	0/0	-- In shell
2.5	0	0.7	0	0	0		0	0	0	0	7.3	9	0/	0/0	-- Shelled
															- Macadamia nuts:
															-- In shell:
0	0	0	0	0	0		0	0	0	0	0	0	0/	0/0	--- Seed
	0	1.6	0	0	0		0	0	0	4.8	17.5	22.4	0/	0/0	--- Other
	0	1.6	0	0	0		0	0	0	4.8	17.5	22.4	0/	0/0	-- Shelled
	0	1.6	0	0	0		12	0	0	4.8	20.6		0/	0/0	- Kola nuts (Cola spp.)
															- Areca nuts

税号	货品名称	进口关税（%）			增值/消费税（%）	出口退税（%）	计量单位	监管证件代码	检验检疫类别	协定税率（%）		
		最惠国	普通	年内暂定						东盟	亚太	智利
08028000.01	鲜的槟榔果（不论是否去壳或去皮）	10	30		9	9	千克	AB	PR/QS	0	5	0
08028000.90	干的槟榔果（不论是否去壳或去皮）	10	30		9	9	千克	AB	PR/QS	0	5	0
	- 其他：											
0802.9100	-- 未去壳松子											
08029100.11	鲜或干的未去壳野生红松子（不包括人工培植的）	24	70	10	9	0	千克	ABE	PR/QS	0		0
08029100.19	鲜或干的未去壳其他红松子	24	70	10	9	9	千克	AB	PR/QS	0		0
08029100.20	鲜或干的其他未去壳濒危松子	24	70	10	9	0	千克	ABEF	PR/QS	0		0
08029100.90	鲜或干的其他未去壳松子	24	70	10	9	9	千克	AB	PR/QS	0		0
0802.9200	-- 去壳松子											
08029200.11	鲜或干的去壳野生红松子（不包括人工培植的）	25	70	10	9	0	千克	ABE	PR/QS	0		0
08029200.19	鲜或干的去壳其他红松子	25	70	10	9	9	千克	AB	PR/QS	0		0
08029200.20	鲜或干的其他去壳濒危松子	25	70	10	9	0	千克	ABEF	PR/QS	0		0
08029200.90	鲜或干的其他去壳松子	25	70	10	9	9	千克	AB	PR/QS	0		0
	-- 其他：											
0802.9910	--- 白果	25	70		9	9	千克	AB	PR/Q	0		0
0802.9990	--- 其他											
08029990.11	鲜或干的野生榧子（不论是否去壳或去皮，不包括人工培植的）	24	70		9	0	千克	ABE	PR/QS	0		0
08029990.19	鲜或干的其他榧子（不论是否去壳或去皮）	24	70		9	9	千克	AB	PR/QS	0		0
08029990.20	鲜或干的碧根果（不论是否去壳或去皮）	24	70		9	0	千克	ABEF	PR/QS	0		0
08029990.30	鲜或干的榧子（不论是否去壳或去皮）	24	70	7	9	9	千克	AB	PR/QS	0		0
08029990.90	鲜或干的其他坚果（不论是否去壳或去皮）	24	70		9	9	千克	AB	PR/QS	0		0
08.03	**鲜或干的香蕉，包括芭蕉：**											
0803.1000	- 芭蕉	10	40		9	9	千克	AB	PR/QS	0	6.9	0
0803.9000	- 其他	10	40		9	9	千克	AB	PR/QS	0	6.9	0
08.04	**鲜或干的椰枣、无花果、菠萝、鳄梨、番石榴、芒果及山竹果：**											
0804.1000	- 椰枣	15	40		9	9	千克	AB	PR/Q	0		0
0804.2000	- 无花果	30	70		9	9	千克	AB	PR/Q	0		0
0804.3000	- 菠萝											
08043000.01	鲜菠萝	12	80		9	9	千克	AB	PR/QS	0	7.9	0
08043000.90	干菠萝	12	80		9	9	千克	AB	PR/QS	0	7.9	0
0804.4000	- 鳄梨	25	80	7	9	9	千克	AB	PR/Q	0	12.5	0
	- 番石榴、芒果及山竹果：											
0804.5010	--- 番石榴											
08045010.01	鲜番石榴	15	80		9	9	千克	AB	PR/Q	0	7.5	0
08045010.90	干番石榴	15	80		9	9	千克	AB	PR/Q	0	7.5	0
0804.5020	--- 芒果											
08045020.01	鲜芒果	15	80		9	9	千克	AB	PR/Q	0	10.7	0
08045020.90	干芒果	15	80		9	9	千克	AB	PR/Q	0	10.7	0
0804.5030	--- 山竹果	15	80		9	9	千克	AB	PR/Q	0	7.5	0
08.05	**鲜或干的柑橘属水果：**											
0805.1000	- 橙	11	100		9	9	千克	AB	PR/QS	0		0
	- 柑橘（包括小蜜橘及萨摩蜜柑橘）；克里曼丁橘、韦尔金橘及类似的杂交柑橘：											
	-- 柑橘（包括小蜜橘及萨摩蜜柑橘）：											
0805.2110	--- 蕉柑	12	100		9	9	千克	AB	PR/QS	0		0
0805.2190	--- 其他	12	100		9	9	千克	AB	PR/QS	0		0
0805.2200	-- 克里曼丁橘	12	100		9	9	千克	AB	PR/QS	0		0

协定税率（%）														特惠税率（%）①/②	Article Description
巴基斯坦	冰岛	哥斯达黎加	秘鲁	新西兰	瑞士	新加坡	韩国	澳大利亚	格鲁吉亚	毛里求斯	日本RCEP	尼加拉瓜	港澳台		
2.5	0	0.7	0	0	0		0	0	0	0	7.3	9	0/	0/0	Fresh areca nut (whether or not shelled or peeled)
2.5	0	0.7	0	0	0		0	0	0	0	7.3	9	0/	0/0	Dry areca nut (whether or not shelled or peeled)
															- Other:
															-- Pine nuts, in shell
0	0	1.6	0	0	0		12	0	0	4.8		22.4	0/	0/0	Wild Korean pine-nuts, in shell, fresh or dried, other than those artificially cultivated
0	0	1.6	0	0	0		12	0	0	4.8		22.4	0/	0/0	Other Korean pine-nuts, in shell, fresh or dried
0	0	1.6	0	0	0		12	0	0	4.8		22.4	0/	0/0	Other endangered pine-nuts, in shell, fresh or dried
0	0	1.6	0	0	0		12	0	0	4.8		22.4	0/	0/0	Other pine-nuts, in shell, fresh or dried
															-- Pine nuts, shelled
0	0	1.7	0	0	0		12.5	0	0	5	21.4		0/	0/0	Wild Korean pine-nuts, shelled, fresh or dried, other than those artificially cultivated
0	0	1.7	0	0	0		12.5	0	0	5	21.4		0/	0/0	Other Korean pine-nuts, shelled, fresh or dried
0	0	1.7	0	0	0		12.5	0	0	5	21.4		0/	0/0	Other endangered pine-nuts, shelled, fresh or dried
0	0	1.7	0	0	0		12.5	0	0	5	21.4		0/	0/0	Other pine-nuts, shelled, fresh or dried
															-- Other:
	0	1.7	0	0	0		12.5	0	0	5	21.4		0/	0/0	--- Gingko nuts
															--- Other
0	0	1.6	0	0	0		12	0	0	4.8		22.4	0/	0/0	Wild walunts, fresh or dried (whether or not shelled or peeled, other than those artificially cultivated)
0	0	1.6	0	0	0		12	0	0	4.8		22.4	0/	0/0	Other walunts, fresh or dried (whether or not shelled or peeled, other than those artificially cultivated)
0	0	1.6	0	0	0		12	0	0	4.8		22.4	0/	0/0	Double coconut (lodoicea maldivica), fresh or dried
0	0	1.6	0	0	0		12	0	0	4.8		22.4	0/	0/0	Walunts, fresh or dried (whether or not shelled or peeled)
0	0	1.6	0	0	0		12	0	0	4.8		22.4	0/	0/0	Other nuts, fresh or dried (whether or not shelled or peeled)
															Bananas, including plantains, fresh or dried:
2.5	0	0.7	0	0	0		0	0	0	0	7.3	9	0/0	0/0	- Plantains
2.5	0	0.7	0	0	0		0	0	0	0	7.3	9	0/0	0/0	- Other
															Dates, figs, pineapples, avocados, guavas, mangoes and mangosteens, fresh or dried:
0	0	1	0	0	0		0	0	0	0	10.9	14	0/	0/0	- Dates
0	0	2	0	0	12		15	0	0	6	25.7		0/	0/0	- Figs
															- Pineapples
0	0	0.8	0	0	0		0	0	0	0	8.7	11.2	0/	0/0	Pineapples, fresh
0	0	0.8	0	0	0		0	0	0	0	8.7	11.2	0/	0/0	Pineapples, dried
0	0	1.7	0	0	0		12.5	0	0	5	21.4	23.3	0/	0/0	- Avocados
															- Guavas, mangoes and mangosteens:
															--- Guavas
0	0	1	0	0	0		0	0	0	0	10.9	14	0/	0/0	Guavas, fresh
0	0	1	0	0	0		0	0	0	0	10.9	14	0/	0/0	Guavas, dried
															--- Mangoes
0	0	1	0	0	0		0	0	0	0	10.9	14	0/	0/0	Mangoes, fresh
0	0	1	0	0	0		0	0	0	0	10.9	14	0/	0/0	Mangoes, dried
0	0	1	0	0	0		0	0	0	0	10.9	14	0/	0/0	--- Mangosteens
															Citrus fruit, fresh or dried:
0	0	0.7	0	0	0		0	0	0	0	8	9.9	0/0	0/0	- Oranges
															- Mandarins (including tangerines and satsumas); clementines, wilkings and similar citrus hybrids:
															-- Mandarins (including tangerines and satsumas):
0	0	0.8	0	0	0		0	0	0	0	8.7	11.2	0/	0/0	--- Chiao-Kan
0	0	0.8	0	0	0		0	0	0	0	8.7	11.2	0/	0/0	--- Other
0	0	0.8	0	0	0		0	0	0	0	8.7	11.2	0/	0/0	-- Clementines

税 号	货品名称	进口关税（%）			增值/消费税（%）	出口退税（%）	计量单位	监管证件代码	检验检疫类别	协定税率（%）		
		最惠国	普通	年内暂定						东盟	亚太	智利
0805.2900	-- 其他	12	100		9	9	千克	AB	PR/QS	0		0
0805.4000	- 葡萄柚及柚											
08054000.10	鲜的葡萄柚及柚	12	100		9	9	千克	AB	PR/QS	0		0
08054000.90	干的葡萄柚及柚	12	100		9	9	千克	AB	PR/QS	0		0
0805.5000	- 柠檬及酸橙	11	100		9	9	千克	AB	PR/QS	0	5.5	0
0805.9000	- 其他	30	100		9	9	千克	AB	PR/QS	0	15	0
08.06	**鲜或干的葡萄：**											
0806.1000	- 鲜的	13	80		9	9	千克	AB	PR/QS	0		0
0806.2000	- 干的	10	80		9	9	千克	AB	PR/QS	0		0
08.07	**鲜的甜瓜（包括西瓜）及番木瓜：**											
	- 甜瓜，包括西瓜：											
0807.1100	-- 西瓜	25	70		9	9	千克	AB	PR/QS	0	12.5	0
	-- 其他：											
0807.1910	--- 哈密瓜	12	70		9	9	千克	AB	PR/QS	0	6	0
0807.1920	--- 罗马甜瓜及加勒比甜瓜	12	70		9	9	千克	AB	PR/QS	0	6	0
0807.1990	--- 其他	12	70		9	9	千克	AB	PR/QS	0	6	0
0807.2000	- 番木瓜	25	70		9	9	千克	AB	PR/QS	0		0
08.08	**鲜的苹果、梨及榅桲：**											
0808.1000	- 苹果	10	100		9	9	千克	AB	PR/QS	0		0
	- 梨：											
0808.3010	--- 鸭梨及雪梨	12	100		9	9	千克	AB	PR/QS	0	10	0
0808.3020	--- 香梨	12	100		9	9	千克	AB	PR/QS	0	10	0
0808.3090	--- 其他	10	100		9	9	千克	AB	PR/QS	0		0
0808.4000	- 榅桲	16	100		9	9	千克	AB	PR/Q	0		0
08.09	**鲜的杏、樱桃、桃（包括油桃）、李及黑刺李：**											
0809.1000	- 杏											
08091000.10	鲜杏（梅）	25	70		9	9	千克	AB	PR/Q	0		0
08091000.90	其他鲜杏（杏属）	25	70		9	9	千克	AB	PR/Q	0		0
	- 樱桃：											
0809.2100	-- 欧洲酸樱桃	10	70		9	9	千克	AB	PR/Q	0		0
0809.2900	-- 其他	10	70		9	9	千克	AB	PR/Q	0		0
0809.3000	- 桃，包括油桃	10	70		9	9	千克	AB	PR/QS	0		0
0809.4000	- 李及黑刺李											
08094000.10	鲜梅（樱桃李）	10	70		9	9	千克	AB	PR/QS	0		0
08094000.90	其他鲜李子及黑刺李	10	70		9	9	千克	AB	PR/QS	0		0
08.10	**其他鲜果：**											
0810.1000	- 草莓	14	80		9	9	千克	AB	PR/Q	0		0
0810.2000	- 木莓、黑莓、桑葚及罗甘莓	25	80		9	9	千克	AB	PR/Q	0		0
0810.3000	- 黑、白或红的穗醋栗（加仑子）及醋栗	25	80		9	9	千克	AB	PR/Q	0		0
0810.4000	- 蔓越橘、越橘及其他越橘属植物果实	30	80	15	9	9	千克	AB	PR/Q	0		0
0810.5000	- 猕猴桃	20	80		9	9	千克	AB	PR/QS	0	16.4	0
0810.6000	- 榴莲	20	80		9	9	千克	AB	PR/Q	0		0
0810.7000	- 柿子	20	80		9	9	千克	AB	PR/QS	0	16.4	0
	- 其他：											
0810.9010	--- 荔枝	30	80		9	9	千克	AB	PR/QS	0	20.1	0
0810.9030	--- 龙眼	12	80		9	9	千克	AB	PR/QS	0		0
0810.9040	--- 红毛丹	20	80		9	9	千克	AB	PR/QS	0		0
0810.9050	--- 番荔枝	20	80		9	9	千克	AB	PR/QS	0		0
0810.9060	--- 杨桃	20	80		9	9	千克	AB	PR/QS	0		0
0810.9070	--- 莲雾	20	80		9	9	千克	AB	PR/QS	0	16.4	0
0810.9080	--- 火龙果	20	80		9	9	千克	AB	PR/QS	0	16.4	0
0810.9090	--- 其他											
08109090.01	鲜枣	20	80		9	9	千克	AB	PR/QS	0	16.4	0

协定税率（%）														特惠税率（%）①/②	Article Description
巴基斯坦	冰岛	哥斯达黎加	秘鲁	新西兰	瑞士	新加坡	韩国	澳大利亚	格鲁吉亚	毛里求斯	日本RCEP	尼加拉瓜	港澳台		
0	0	0.8	0	0	0		0	0	0	0	8.7	11.2	0/	0/0	-- Other
															- Grapefruit and pomelos
0	0	0.8	0	0	0		0	0	0	0	8.7	11.2	0/	0/0	Fresh grapefruit and pomelos
0	0	0.8	0	0	0		0	0	0	0	8.7	11.2	0/	0/0	Dried grapefruit and pomelos
0	0	0.7	0	0	0		0	0	0	0	8	9.9	0/0	0/0	- Lemons (Citrus limon, Citrus limonum) and limes (Citrus aurantifolia)
0	0	2	0	0	12		15	0	0	6	25.7	28	0/	0/0	- Other
															Grapes, fresh or dried:
3.3	0	0	0	0	0		0	0	0	0	9.5	12.1	0/	0/0	- Fresh
2.5	0	0	0	0	0		0	0	0	0	7.3	9	0/	0/0	- Dried
															Melons (including watermelons) and papaws (papayas), fresh:
															- Melons (including watermelons):
6.3	0	0	0	0	0		12.5	0	0	5		23.3	0/	/0	-- Watermelons
															-- Other:
2.5	0	0	0	0	0		0	0	0	0	8.7	11.2	0/0	0/0	--- Hami melons
2.5	0	0	0	0	0		0	0	0	0	8.7	11.2	0/	0/0	--- Cantaloupe and Calia melons
2.5	0	0	0	0	0		0	0	0	0	8.7	11.2	0/	0/0	--- Other
12.5	0	0	0	0	0		0	0	0	5	18.2	23.3	0/	0/0	- Papaws (papayas)
															Apples, pears and quinces, fresh:
2.5	0	0	0	0	0		0	0	0	0	7.3	9	0/	0/0	- Apples
															- Pears:
2.5	0	0	0	0	0		0	0	0	0	8.7	11.2	0/	0/0	--- Ya pears, Hsueh pears
2.5	0	0	0	0	0		0	0	0	0	8.7	11.2	0/	0/0	--- Fragrant pears
2.5	0	0	0	0	0		0	0	0	0	7.3	9	0/	0/0	--- Other
10.2	0	0	0	0	0		5.3	0	0	0	13	14.9	0/	0/0	- Quinces
															Apricots, cherries, peaches (including nectarines), plums and sloes, fresh:
															- Apricots
20	0	0	0	0	0		12.5	0	0	5	21.4	23.3	0/	0/0	Apricots (prunus mume), fresh
20	0	0	0	0	0		12.5	0	0	5	21.4	23.3	0/	0/0	Other apricots (prunus spp.), fresh
															- Cherries:
2.5	0	0	0	0	0		0	0	0	0	7.3	9	0/	0/0	-- Sour cherries (Prunus cerasus)
0	0	0	0	0	0		0	0	0	0	7.3	9	0/	0/0	-- Other
2.5	0	0	0	0	0		0	0	0	0	7.3	9	0/	0/0	- Peaches, including nectarines
															- Plums and sloes
2.5	0	0	0	0	0		0	0	0	0	7.3	9	0/	0/0	Prunus cerasifera, fresh
2.5	0	0	0	0	0		0	0	0	0	7.3	9	0/	0/0	Other plums and sloes, fresh
															Other fruit, fresh:
7	0	0	0	0	0		0	0	0	0	10.2	13.1	0/	0/0	- Strawberries
20	0	0	0	0	0		12.5	0	0	5	21.4	23.3	0/	0/0	- Raspberries, blackberries, mulberries and loganberries
20	0	0	0	0	0		12.5	0	0	5	21.4		0/	0/0	- Black, white or red currants and gooseberries
24	0	0	0	0	12		15	0	0	6	25.7	28	0/	/0	- Cranberries, bilberries and other fruits of the genus Vaccinium
16	0	0	0	0	0		6.6	0	0	0		18.7	0/	0/0	- Kiwifruit
10	0	0	0	0	0		0	0	0	0	14.5	18.7	0/	0/0	- Durian
12.8	0	0	0	0	0		6.6	0	0	0		18.7	0/	0/0	- Persimmons
															- Other:
10	0	0	0	0	12		15	0	0	6		28	0/	0/0	--- Lychee
3	0	0	0	0	0		0	0	0	0	8.7	11.2	0/	0/0	--- Longan
10	0	0	0	0	0		0	0	0	0	14.5	18.7	0/	0/0	--- Rambutan
10	0	0	0	0	0		0	0	0	0	14.5	18.7	0/	0/0	--- Sugar apple
10	0	0	0	0	0		6.6	0	0	0	16.3	18.7	0/	0/0	--- Carambola
8	0	0	0	0	0		0	0	0	0	14.5	18.7	0/	0/0	--- Wax apple
12.8	0	0	0	0	0		0	0	0	0	14.5	18.7	0/0	0/0	--- Dragon fruit
															--- Other
0	0	0	0	0	0		6.6	0	0	0	16.3	18.7	0/	0/0	Jujube (Chinese Date), fresh

税　号	货品名称	进口关税（%）			增值/消费税（%）	出口退税（%）	计量单位	监管证件代码	检验检疫类别	协定税率（%）		
		最惠国	普通	年内暂定						东盟	亚太	智利
08109090.02	鲜枇杷	20	80		9	9	千克	AB	PR/QS	0	16.4	0
08109090.90	其他鲜果	20	80		9	9	千克	AB	PR/QS	0	16.4	0
08.11	**冷冻水果及坚果，不论是否蒸煮、加糖或其他甜物质：**											
0811.1000	- 草莓	30	80		9	9	千克	AB	PR/QS	0		0
0811.2000	- 木莓、黑莓、桑葚、罗甘莓，黑、白或红的穗醋栗（加仑子）及醋栗	30	80		9	9	千克	AB	PR/Q	0		0
	- 其他：											
0811.9010	--- 栗子，未去壳	30	80		9	9	千克	AB	PR/QS	0		0
0811.9090	--- 其他											
08119090.21	冷冻的红松子（不论是否去壳或去皮）	30	80		9	0	千克	ABE	PR/QS	0		0
08119090.22	冷冻的其他濒危松子（不论是否去壳或去皮）	30	80		9	0	千克	ABEF	PR/QS	0		0
08119090.30	冷冻的榧子	30	80		9	0	千克	ABE	PR/QS	0		0
08119090.50	冷冻的巨籽棕（海椰子）果仁	30	80		9	0	千克	ABEF	PR/QS	0		0
08119090.60	冷冻的鳄梨	30	80	7	9	9	千克	AB	PR/QS	0		0
08119090.90	其他未列名冷冻水果及坚果	30	80		9	9	千克	AB	PR/QS	0		0
08.12	**暂时保藏的水果及坚果，但不适于直接食用的：**											
0812.1000	- 樱桃	30	80		9	9	千克	AB	PR/Q	0		0
0812.9000	- 其他											
08129000.60	暂时保存的白果、红松子、榧子、翅果油树果（但不适于直接食用的）	25	80		9	0	千克	ABE	PR/QS	0		0
08129000.70	暂时保存的其他濒危松子、巨籽棕（海椰子）果仁（但不适于直接食用的）	25	80		9	0	千克	ABEF	PR/QS	0		0
08129000.90	暂时保存的其他水果及坚果（但不适于直接食用的）	25	80		9	9	千克	AB	PR/QS	0		0
08.13	**税目08.01至08.06以外的干果；本章的什锦坚果或干果：**											
0813.1000	- 杏	25	70		9	9	千克	AB	PR/QS	0		0
0813.2000	- 梅及李	25	70		9	9	千克	AB	PR/QS	0		0
0813.3000	- 苹果	25	70		9	9	千克	AB	PR/QS	0		0
	- 其他干果：											
0813.4010	--- 龙眼干、肉	20	70		9	9	千克	AB	PR/QS	0		0
0813.4020	--- 柿饼	25	70		9	9	千克	AB	PR/QS	0		0
0813.4030	--- 红枣	25	70		9	9	千克	AB	PR/QS	0		0
0813.4040	--- 荔枝干	25	70		9	9	千克	AB	PR/QS	0		0
0813.4090	--- 其他											
08134090.20	蔓越橘干	25	70	15	9	9	千克	AB	PR/QS	0		0
08134090.90	其他干果（税目08.01至08.06的干果除外）	25	70		9	9	千克	AB	PR/QS	0		0
0813.5000	- 本章的什锦坚果或干果	18	70		9	9	千克	AB	PR/QS	0		0
08.14	**柑橘属水果或甜瓜（包括西瓜）的果皮，鲜、冻、干或用盐水、亚硫酸水或其他防腐液暂时保藏的：**											
0814.0000	柑橘属水果或甜瓜（包括西瓜）的果皮，鲜、冻、干或用盐水、亚硫酸水或其他防腐液暂时保藏的	25	70		9	9	千克	AB	PR/QS	0		0

协定税率（%）														特惠税率（%）①/②	Article Description
巴基斯坦	冰岛	哥斯达黎加	秘鲁	新西兰	瑞士	新加坡	韩国	澳大利亚	格鲁吉亚	毛里求斯	日本RCEP	尼加拉瓜	港澳台		
0	0	0	0	0	0		6.6	0	0	0	16.3	18.7	0/	0/0	Loquat, fresh
0	0	0	0	0	0		6.6	0	0	0	16.3	18.7	0/	0/0	Other fruit, fresh
															Fruit and nuts, uncooked or cooked by steaming or boiling in water, frozen, whether or not containing added sugar or other sweetening matter:
0	0	0	0	0			15	0	0	6	25.7	28	0/	0/0	- Strawberries
	0	0	0	0			15	0	0	6		28	0/	0/0	- Raspberries, blackberries, mulberries, loganberries, black, white or red currants and gooseberries
															- Other:
	0	0	0	0			15	0	0	6	25.7	28	0/	0/0	--- Chestnuts, in shell
															--- Other
	0	0	0	0			15	0	0	6		28	0/	/0	Korean pine-nuts (whether or not shelled or peeled), forzen
	0	0	0	0			15	0	0	6		28	0/	/0	Other endangered pine-nuts (whether or not shelled or peeled), frozen
	0	0	0	0			15	0	0	6		28	0/	/0	Chinese torreya-nuts, frozen
	0	0	0	0			15	0	0	6		28	0/	/0	Seed of Double coconut (Lodoicea maldivica), frozen
	0	0	0	0			15	0	0	6		28	0/	/0	Avocado, frozen
	0	0	0	0			15	0	0	6		28	0/	/0	Other fruit and nuts, frozen, not elsewhere specified or included
															Fruit and nuts provisionally preserved, but unsuitable in that state for immediate consumption:
	0	0	0	0			15	0	0	6			0/	/0	- Cherries
															- Other
	0	0	0	0	0		12.5	0	0	5	21.4	23.3	0/	0/0	Ginkgo, Korean pine-nuts, Chinese torreya or fruit of Elaeagus mollis Diels, provisionally preserved, unfit for immediate consumption
	0	0	0	0	0		12.5	0	0	5	21.4	23.3	0/	0/0	Seed of other endangered pine-nuts or Lodoicea maldivica (Double coconut), provisionally preserved, unfit for immediate consumption
	0	0	0	0	0		12.5	0	0	5	21.4	23.3	0/	0/0	Other fruit and nuts, provisionally preserved, unfit for immediate consumption
															Fruit, dried, other than that of headings 08.01 to 08.06; mixtures of nuts or dried fruits of this Chapter:
	0	0	0	0	0		12.5	0	0	5		23.3	0/	0/0	- Apricots
	0	0	0	0	0		12.5	0	0	5		23.3	0/	0/0	- Prunes
	0	0	0	0	0		12.5	0	0	5		23.3	0/	0/0	- Apples
															- Other fruit:
0	0	0	0	0	0		0	0	0	0	14.5	18.7	0/	0/0	--- Longans and longan pulps
0	0	0	0	0	0		12.5	0	0	5		23.3	0/	0/0	--- Persimmons
	0	0	0	0	0		12.5	0	0	5	21.4	23.3	0/	0/0	--- Red jujubes
	0	0	0	0	0		0	0	0	5	18.2	23.3	0/	0/0	--- Preserved litchi
															--- Other
0	0	0	0	0	0		12.5	0	0	5		23.3	0/	0/0	Dried cranberry
0	0	0	0	0	0		12.5	0	0	5		23.3	0/	0/0	Other fruit, dried, other than that of headings 08.01 to 08.06
14.4	0	0	0	0	0		6	0	0	0		16.8	0/	0/0	- Mixtures of nuts or dried fruits of this Chapter
															Peel of citrus fruit or melons (including watermelons), fresh, frozen, dried or provisionally preserved in brine, in sulphur water or in other preservative solutions:
	0	0	0	0	0		12.5	0	0	5		23.3	0/	0/0	Peel of citrus fruit or melons (including watermelons), fresh, frozen, dried or provisionally preserved in brine, in sulphur water or in other preservative solutions

第九章　咖啡、茶、马黛茶及调味香料

注释：

一、税目09.04至09.10所列产品的混合物，应按下列规定归类：

（一）同一税目的两种或两种以上产品的混合物仍应归入该税目；

（二）不同税目的两种或两种以上产品的混合物应归入税目09.10。

税目09.04至09.10的产品［或上述（一）或（二）项的混合物］如添加了其他物质，只要所得的混合物保持了原产品的基本特性，其归类应不受影响。基本特性已经改变的，则不应归入本章；构成混合调味品的，应归入税目21.03。

二、本章不包括荜澄茄椒或税目12.11的其他产品。

税　号	货品名称	进口关税（%）			增值/消费税（%）	出口退税（%）	计量单位	监管证件代码	检验检疫类别	协定税率（%）		
		最惠国	普通	年内暂定						东盟	亚太	智利
09.01	**咖啡，不论是否焙炒或浸除咖啡碱；咖啡豆荚及咖啡豆皮；含咖啡的咖啡代用品：**											
	- 未焙炒的咖啡：											
0901.1100	-- 未浸除咖啡碱	8	50		13	13	千克	AB	PR/QS	5		0
0901.1200	-- 已浸除咖啡碱	8	50		13	13	千克	AB	PR/QS	5		0
	- 已焙炒的咖啡：											
0901.2100	-- 未浸除咖啡碱	15	80		13	13	千克	AB	PR/QS	5		0
0901.2200	-- 已浸除咖啡碱	15	80		13	13	千克	AB	PR/QS	0		0
	- 其他：											
0901.9010	--- 咖啡豆荚及咖啡豆皮	10	30		13	13	千克	AB	PR/QS	0		0
0901.9020	--- 含咖啡的咖啡代用品	30	80		13	13	千克	AB	PR/Q	0		0
09.02	**茶，不论是否加香料：**											
	- 绿茶（未发酵），内包装每件净重不超过3千克：											
	--- 花茶：											
0902.1011	---- 茉莉花茶	15	100		9	9	千克	AB	PR/S	0	7.5	0
0902.1019	---- 其他	15	100		9	9	千克	AB	PR/S	0	7.5	0
0902.1020	--- 白茶	15	100		9	9	千克	AB	PR/S	0	7.5	0
0902.1090	--- 其他	15	100		9	9	千克	AB	PR/S	0	7.5	0
	- 其他绿茶（未发酵）：											
	--- 花茶：											
0902.2011	---- 茉莉花茶	15	100		9	9	千克	AB	PR/S	0	7.5	0
0902.2019	---- 其他	15	100		9	9	千克	AB	PR/S	0	7.5	0
0902.2020	--- 白茶	15	100		9	9	千克	AB	PR/S	0	7.5	0
0902.2090	--- 其他	15	100		9	9	千克	AB	PR/S	0	7.5	0
	- 红茶（已发酵）及部分发酵茶，内包装每件净重不超过3千克：											
0902.3010	--- 乌龙茶	15	100		9	9	千克	AB	PR/S	0	7.5	0
	--- 黑茶：											
0902.3031	---- 普洱茶（熟茶）	15	100		9	9	千克	AB	PR/S	0	7.5	0
0902.3039	---- 其他	15	100		9	9	千克	AB	PR/S	0	7.5	0
0902.3090	--- 其他	15	100		9	9	千克	AB	PR/S	0	7.5	0
	- 其他红茶（已发酵）及部分发酵茶：											
0902.4010	--- 乌龙茶	15	100		9	9	千克	AB	PR/S	0	7.5	0
	--- 黑茶：											
0902.4031	---- 普洱茶（熟茶）	15	100		9	9	千克	AB	PR/S	0	7.5	0
0902.4039	---- 其他	15	100		9	9	千克	AB	PR/S	0	7.5	0
0902.4090	--- 其他	15	100		9	9	千克	AB	PR/S	0	7.5	0
09.03	**马黛茶：**											
0903.0000	马黛茶	10	100		9	9	千克	AB	PR/Q	0		0
09.04	**胡椒；辣椒干及辣椒粉：**											

Chapter 9 Coffee, tea, mate and spices

Chapter Notes:

1. Mixtures of the products of headings 09.04 to 09.10 are to be classified as follows:

(a) Mixtures of two or more of the products of the same heading are to be classified in that heading;

(b) Mixtures of two or more of the products of different headings are to be classified in heading 09.10.

The addition of other substances to the products of headings 09.04 to 09.10 (or to the mixtures referred to in paragraph (a) or (b) above) shall not affect their classification provided the resulting mixtures retain the essential character of the goods of those headings. Otherwise such mixtures are not classified in this Chapter; those constituting mixed condiments or mixed seasonings are classified in heading 21.03.

2. This Chapter does not cover Cubeb pepper (Piper cubeba) or other products of heading 12.11.

协定税率（%）														特惠税率（%）①/②	Article Description
巴基斯坦	冰岛	哥斯达黎加	秘鲁	新西兰	瑞士	新加坡	韩国	澳大利亚	格鲁吉亚	毛里求斯	日本RCEP	尼加拉瓜	港澳台		
															Coffee, whether or not roasted or decaffeinated; coffee husks and skins; coffee substitutes containing coffee in any proportion:
															- Coffee, not roasted:
	0	0		0	0		0	0		1.6		7.5	0/	0/0	-- Not decaffeinated
	0			0	0		0	0		1.6			0/	0/0	-- Decaffeinated
															- Coffee, roasted:
	0	0		0	6		0	0		3		14	0/	0/0	-- Not decaffeinated
12	0			0	0		0	0		3	10.9		0/	0/0	-- Decaffeinated
															- Other:
2.5	0	0	0	0	0	0	0	0		2	7.3		0/	0/0	--- Coffee husks and skins
	0			0		0	15	0		6	25.7		0/	0/0	--- Coffee substitutes containing coffee
															Tea, whether or not flavoured:
															- Green tea (not fermented) in immediate packings of a content not exceeding 3kg:
															--- Scented tea:
7.5	0	0	0	0	0	0	0	0	0		10.9	14	0/	0/0	----Jasmine Tea
7.5	0	0	0	0	0	0	0	0	0		10.9	14	0/	0/0	----Other
7.5	0	0	0	0	0	0	0	0	0		10.9	14	0/0	0/0	--- White tea
7.5	0	0	0	0	0	0	0	0	0		10.9	14	0/0	0/0	--- Other
															- Other green tea (not fermented):
															--- Scented tea:
7.5	0	0	0	0	0	0	0	0	0		10.9	14	0/	0/0	----Jasmine Tea
7.5	0	0	0	0	0	0	0	0	0		10.9	14	0/	0/0	----Other
7.5	0	0	0	0	0	0	0	0	0		10.9	14	0/0	0/0	--- White tea
7.5	0	0	0	0	0	0	0	0	0		10.9	14	0/0	0/0	--- Other
															- Black tea (fermented) and partly fermented tea, in immediate packings of a content not exceeding 3kg:
7.5	0	0	0	0	0	0	0	0	0		10.9	14	0/0	0/0	--- Oolong tea
															--- Hei tea:
7.5	0	0	0	0	0	0	0	0	0	6.4	10.9	14	0/	0/0	----Pu-er tea
7.5	0	0	0	0	0	0	0	0	0	6.4	10.9	14	0/0	0/0	----Other
7.5	0	0	0	0	0	0	0	0	0	6.4	10.9	14	0/0	0/0	--- Other
															- Other black tea (fermented) and other partly fermented tea:
7.5	0	0	0	0	0	0	0	0	0		10.9	14	0/0	0/0	--- Oolong tea
															--- Hei tea:
7.5	0	0	0	0	0	0	0	0	0	6.4	10.9	14	0/	0/0	----Pu-er tea
7.5	0	0	0	0	0	0	0	0	0	6.4	10.9	14	0/0	0/0	----Other
7.5	0	0	0	0	0	0	0	0	0	6.4	10.9	14	0/0	0/0	--- Other
															Mate:
2.5	0	0	0	0	0	0	0	0	0	0	7.3	9	0/	0/0	Mate
															Pepper of the genus Piper; dried or crushed or ground fruits of the genus Capsicum or of the genus Pimenta:

税　号	货品名称	进口关税（%） 最惠国	普通	年内暂定	增值/消费税（%）	出口退税（%）	计量单位	监管证件代码	检验检疫类别	协定税率（%） 东盟	亚太	智利
	- 胡椒：											
0904.1100	-- 未磨											
09041100.10	毕拨	20	70		9	9	千克	QAB	PR/QS	5		0
09041100.90	未磨胡椒（毕拨除外）	20	70		9	9	千克	AB	PR/QS	5		0
0904.1200	-- 已磨	20	70		9	9	千克	AB	PR/QS	5	10	0
	- 辣椒：											
0904.2100	-- 干，未磨	20	70		9	0	千克	AB	PR/QS	0	10	0
0904.2200	-- 已磨	20	70		9	9	千克	AB	PR/QS	0	10	0
09.05	**香子兰豆：**											
0905.1000	- 未磨	15	50		9	9	千克	AB	PR/Q	0		0
0905.2000	- 已磨	15	50		9	9	千克	AB	PR/Q	0		0
09.06	**肉桂及肉桂花：**											
	- 未磨：											
0906.1100	-- 锡兰肉桂	5	50		9	9	千克	AB	PR/QS	0		0
0906.1900	-- 其他	5	50		9	9	千克	AB	PR/QS	0		0
0906.2000	- 已磨	15	50		9	9	千克	QAB	PR/QS	0		0
09.07	**丁香（母丁香、公丁香及丁香梗）：**											
0907.1000	- 未磨	3	14		9	9	千克	QAB	PR/Q	0		0
0907.2000	- 已磨	3	14		9	9	千克	QAB	PR/Q	0		0
09.08	**肉豆蔻、肉豆蔻衣及豆蔻：**											
	- 肉豆蔻：											
0908.1100	-- 未磨											
09081100.10	未磨的濒危野生肉豆蔻（不包括人工培植的）	8	30		9	0	千克	QABE	PR/Q	0		0
09081100.90	未磨的其他肉豆蔻	8	30		9	9	千克	QAB	PR/Q	0		0
0908.1200	-- 已磨											
09081200.10	已磨的濒危野生肉豆蔻（不包括人工培植的）	8	30		9	0	千克	QABE	PR/Q	0		0
09081200.90	已磨的其他肉豆蔻	8	30		9	9	千克	QAB	PR/Q	0		0
	- 肉豆蔻衣：											
0908.2100	-- 未磨											
09082100.10	未磨的濒危野生肉豆蔻衣（不包括人工培植的）	8	30		9	0	千克	ABE	PR/Q	0		0
09082100.90	未磨的其他肉豆蔻衣	8	30		9	9	千克	AB	PR/Q	0		0
0908.2200	-- 已磨											
09082200.10	已磨的濒危野生肉豆蔻衣（不包括人工培植的）	8	30		9	0	千克	ABE	PR/Q	0		0
09082200.90	已磨的其他肉豆蔻衣	8	30		9	9	千克	AB	PR/Q	0		0
	- 豆蔻：											
0908.3100	-- 未磨											
09083100.10	未磨的濒危野生豆蔻（不包括人工培植的）	3	14		9	0	千克	QABE	PR/Q	0		0
09083100.90	未磨的其他豆蔻	3	14		9	9	千克	QAB	PR/Q	0		0
0908.3200	-- 已磨											
09083200.10	已磨的濒危野生豆蔻（不包括人工培植的）	3	14		9	0	千克	QABE	PR/Q	0		0
09083200.90	已磨的其他豆蔻	3	14		9	9	千克	QAB	PR/Q	0		0
09.09	**茴芹子、八角茴香、小茴香子、芫荽子、枯茗子及葛蒿子；杜松果：**											
	- 芫荽子：											
0909.2100	-- 未磨											
09092100.10	种用芫荽子	15	50	0	0	0	千克	AB	PR/Q	0		0
09092100.90	其他未磨的芫荽子	15	50		9	9	千克	AB	PR/Q	0		0
0909.2200	-- 已磨	15	50		9	9	千克	AB	PR/Q	0		0
	- 枯茗子：											

协定税率（%）														特惠税率（%）①/②	Article Description
巴基斯坦	冰岛	哥斯达黎加	秘鲁	新西兰	瑞士	新加坡	韩国	澳大利亚	格鲁吉亚	毛里求斯	日本RCEP	尼加拉瓜	港澳台		
															- Pepper:
															-- Neither crushed nor ground
	0	0	0	0	0		6.6	0	0	4		18.7	0/	0/0	Piper longum L..
	0	0	0	0	0		6.6	0	0	4		18.7	0/	0/0	Pepper of the genus piper, neither crushed nor ground (other than piper longum L.)
10	0	0	0	0	0		6.6	0	0	0		18.7	0/	0/0	-- Crushed or ground
															- Fruits of the genus Capsicum or of the genus Pimenta:
10	0	0	0	0	0	0	6.6	0	0	0	9.5	18.7	0/	0/0	- Dried, neither crushed nor ground
10	0	0	0	0	0	0	6.6	0	0	0	9.5	18.7	0/	0/0	-- Crushed or ground
															Vanilla:
12	0	0	0	0	0	0	0	0	0	0	10.9	14	0/	0/0	- Neither crushed nor ground
12	0	0	0	0	0	0	0	0	0	0	10.9	14	0/	0/0	- Crushed or ground
															Cinnamon and cinnamon-tree flowers:
															- Neither crushed nor ground:
0	0	0	0	0	0		0	0	0	0	0	0	0/	0/0	-- Cinnamon (Cinnamomum zeylanicum Blume)
0	0	0	0	0	0		0	0	0	0	0	0	0/	0/0	-- Other
12	0	0	0	0	0	0	0	0	0	0	10.9	14	0/	0/0	- Crushed or ground
															Cloves (whole fruit, cloves and stems):
0	0	0	0	0	0		0	0	0	0	0	0	0/	0/0	-- Neither crushed nor ground
0	0	0	0	0	0		0	0	0	0	0	0	0/	0/0	-- Crushed or ground
															Nutmeg, mace and cardamoms:
															- Nutmeg:
															-- Neither crushed nor ground
0	0	0	0	0	0		0	0	0	0	5.8	0	0/	0/0	Endangered wild nutmeg, neither crushed nor ground, other than those artificially cultivated
0	0	0	0	0	0		0	0	0	0	5.8	0	0/	0/0	Other nutmeg, neither crushed nor ground
															-- Crushed or ground
0	0	0	0	0	0		0	0	0	0	5.8	0	0/	0/0	Endangered wild nutmeg, crushed or ground, other than those artificially cultivated
0	0	0	0	0	0		0	0	0	0	5.8	0	0/	0/0	Other nutmeg, crushed or ground
															- Mace:
															-- Neither crushed nor ground
0	0	0	0	0	0		0	0	0	0	5.8	6.4	0/	0/0	Endangered wild mace, neither crushed nor ground, other than those artificially cultivated
0	0	0	0	0	0		0	0	0	0	5.8	6.4	0/	0/0	Other mace, neither crushed nor ground
															-- Crushed or ground
0	0	0	0	0	0		0	0	0	0	5.8	7.2	0/	0/0	Endangered wild mace, crushed or ground, other than those artificially cultivated
0	0	0	0	0	0		0	0	0	0	5.8	7.2	0/	0/0	Other mace, crushed or ground
															- Cardamoms:
															-- Neither crushed nor ground
0	0	0	0	0	0		0	0	0	0	0	0	0/	0/0	Endangered wild cardamoms, neither crushed nor ground, other than those artificially cultivated
0	0	0	0	0	0		0	0	0	0	0	0	0/	0/0	Other cardamoms, neither crushed nor ground
															-- Crushed or ground
0	0	0	0	0	0		0	0	0	0	0	0	0/	0/0	Endangered wild cardamoms, crushed or ground, other than those artificially cultivated
0	0	0	0	0	0		0	0	0	0	0	0	0/	0/0	Other cardamoms, crushed or ground
															Seeds of anise, badian, fennel, coriander, cumin or caraway; juniper berries:
															- Seeds of coriander:
															-- Neither crushed nor ground
12	0	0	0	0	0	0	0	0	0	0	10.9	14	0/	0/0	Corianders seeds for cultivation
12	0	0	0	0	0	0	0	0	0	0	10.9	14	0/	0/0	Other corianders seeds, ungrounded
12	0	0	0	0	0	0	0	0	0	0	10.9	14	0/	0/0	-- Crushed or ground
															- Seeds of cumin:

税　号	货品名称	进口关税（%）			增值/消费税（%）	出口退税（%）	计量单位	监管证件代码	检验检疫类别	协定税率（%）		
		最惠国	普通	年内暂定						东盟	亚太	智利
0909.3100	-- 未磨	15	50		9	9	千克	AB	PR/Q	0	7.5	0
0909.3200	-- 已磨	15	50		9	9	千克	AB	PR/Q	0	7.5	0
	- 茴芹子或八角茴香、茴蒿子或小茴香子；杜松果：											
	-- 未磨：											
0909.6110	--- 八角茴香	20	90		9	9	千克	QAB	PR/QS	0		0
0909.6190	--- 其他											
09096190.01	种用茴香子	15	50		0	0	千克	ABQ	PR/QS	0		0
09096190.10	未磨的小茴香子；未磨的杜松果	15	50		9	9	千克	ABQ	PR/QS	0		0
09096190.90	未磨的茴芹子；未磨的茴蒿子	15	50		9	9	千克	AB	PR/Q	0		0
	-- 已磨：											
0909.6210	--- 八角茴香	20	90		9	9	千克	QAB	PR/QS	0		0
0909.6290	--- 其他											
09096290.10	已磨的小茴香子；已磨的杜松果	15	50		9	9	千克	QAB	PR/QS	0		0
09096290.90	已磨的茴芹子；已磨的茴蒿子	15	50		9	9	千克	AB	PR/Q	0		0
09.10	**姜、番红花、姜黄、麝香草、月桂叶、咖喱及其他调味香料：**											
	- 姜：											
0910.1100	-- 未磨	15	50		9	0	千克	AB	PR/QS	0	7.5	0
0910.1200	-- 已磨	15	50		9	9	千克	AB	PR/QS	0	7.5	0
0910.2000	- 番红花	2	14		9	9	千克	QAB	PR/QS	0		0
0910.3000	- 姜黄	15	50		9	9	千克	QAB	PR/QS	0	7.5	0
	- 其他调味香料：											
0910.9100	-- 本章注释一（二）所述的混合物	15	50		13	13	千克	AB	PR/QS	0	7.5	0
	-- 其他：											
0910.9910	--- 花椒、竹叶花椒和青花椒	15	50		13	13	千克	AB	PR/QS	0		0
0910.9990	--- 其他	15	50		13	13	千克	AB	PR/QS	0		0

协定税率（%）														特惠税率（%）①/②	Article Description
巴基斯坦	冰岛	哥斯达黎加	秘鲁	新西兰	瑞士	新加坡	韩国	澳大利亚	格鲁吉亚	毛里求斯	日本RCEP	尼加拉瓜	港澳台		
3.8	0	0	0	0	0	0	0	0	0	0	10.9	14	0/	0/0	-- Neither crushed nor ground
3.8	0	0	0	0	0	0	0	0	0	0	10.9	14	0/	0/0	-- Crushed or ground
															- Seeds of anise, badian, caraway or fennel; juniper berries:
															-- Neither crushed nor ground:
	0	0	0	0	0	0	6.6	0	0	0	16.3	18.7	0/	0/0	--- Badian
															--- Other
12	0	0	0	0	0	0	0	0	0	0	10.9	14	0/	0/0	Seed fennel
12	0	0	0	0	0	0	0	0	0	0	10.9	14	0/	0/0	Fennel; juniper berries, neither crushed nor ground
12	0	0	0	0	0	0	0	0	0	0	10.9	14	0/	0/0	Seeds of anise; caraway, neither crushed nor ground
															-- Crushed or ground:
	0	0	0	0	0	0	6.6	0	0	0	16.3	18.7	0/	0/0	--- Badian
															--- Other
12	0	0	0	0	0	0	0	0	0	0	10.9	14	0/	0/0	Fennel; juniper berries, crushed or ground
12	0	0	0	0	0	0	0	0	0	0	10.9	14	0/	0/0	Seeds of anise; caraway, crushed or ground
															Ginger, saffron, turmeric (cnrcuma), thyme, bay leaves, curry and other spices:
															- Ginger:
3.8	0	0	0	0	0	0	0	0	0	0	10.9	13.5	0/	0/0	-- Neither crushed nor ground
3.8	0	0	0	0	0	0	0	0	0	0	10.9	14	0/	0/0	-- Crushed or ground
0	0	0	0	0	0		0	0	0	0	0	0	0/	0/0	- Saffron
3.8	0	0	0	0	0	0	0	0	0	0	10.9	14	0/	0/0	- Turmric (curcuma)
															- Other spices:
0	0	0	0	0	0	0	0	0	0	0	10.9	14	0/	0/0	-- Mixtures referred to in Note 1 (b) to this Chapter
															-- Other:
0	0	0	0	0	0	0	0	0	0	0	10.9	14	0/	0/0	--- Chinese prickly ash (Zanthoxylum bungeanum, Z.armatum and Z.schinifolium)
0	0	0	0	0	0	0	0	0	0	0	10.9	14	0/	0/0	--- Other

第十章　谷　物

注释：

一、

（一）本章各税目所列产品必须带有谷粒，不论是否成穗或带秆。

（二）本章不包括已去壳或经其他加工的谷物。但去壳、碾磨、磨光、上光、半熟或破碎的稻米仍应归入税目10.06。同样，已全部或部分去皮以分离皂苷，但没有经过任何其他加工的昆诺阿藜仍应归入税目10.08。

二、税目10.05不包括甜玉米（第七章）。

子目注释：

所称"硬粒小麦"，是指硬粒小麦属的小麦及以该属具有相同染色体数目（28）的小麦种间杂交所得的小麦。

税　号	货品名称	进口关税（%）			增值/消费税（%）	出口退税（%）	计量单位	监管证件代码	检验检疫类别	协定税率（%）		
		最惠国	普通	年内暂定						东盟	亚太	智利
10.01	小麦及混合麦：											
	- 硬粒小麦：											
1001.1100	-- 种用											
10011100.01	种用硬粒小麦（配额内）	1	180		9	0	千克	4xABty	P/Q	5		
10011100.90	种用硬粒小麦（配额外）	65	180		9	0	千克	4xABy	P/Q	5		
1001.1900	-- 其他											
10011900.01	其他硬粒小麦（配额内）	1	180		9	0	千克	4xABty	PR/QS	5		
10011900.90	其他硬粒小麦（配额外）	65	180		9	0	千克	4xABy	PR/QS	5		
	- 其他：											
1001.9100	-- 种用											
10019100.01	其他种用小麦及混合麦（配额内）	1	180		9	0	千克	4xABty	P/Q	5		
10019100.90	其他种用小麦及混合麦（配额外）	65	180		9	0	千克	4xABy	P/Q	5		
1001.9900	-- 其他											
10019900.01	其他小麦及混合麦（配额内）	1	180		9	0	千克	4xABty	PR/QS	5		
10019900.90	其他小麦及混合麦（配额外）	65	180		9	0	千克	4xABy	PR/QS	5		
10.02	黑麦：											
1002.1000	- 种用	0	0		9	0	千克	AB	P/Q	0		0
1002.9000	- 其他	3	8		9	0	千克	AB	PR/Q	0		0
10.03	大麦：											
1003.1000	- 种用	0	160		9	0	千克	7AB	P/Q	0		0
1003.9000	- 其他	3	160		9	0	千克	7AB	PR/QS	0	0	0
10.04	燕麦：											
1004.1000	- 种用	0	0		0	0	千克	AB	P/Q	0		0
1004.9000	- 其他	2	8		9	0	千克	AB	PR/Q	0		0
10.05	玉米：											
1005.1000	- 种用											
10051000.01	种用玉米（配额内）	1	180		0	0	千克	4xAByt	P/Q			
10051000.90	种用玉米（配额外）	20	180		0	0	千克	4xABy	P/Q			
1005.9000	- 其他											
10059000.01	其他玉米（配额内）	1	180		9	0	千克	4xAByt	PR/QS	50		
10059000.90	其他玉米（配额外）	65	180		9	0	千克	4xABy	PR/QS	50		
10.06	稻谷、大米：											
	- 稻谷：											
	--- 种用：											
1006.1021	---- 长粒米											
10061021.01	种用长粒米稻谷（配额内）	1	180		9	0	千克	4xAByt	P/NQ	50		
10061021.90	种用长粒米稻谷（配额外）	65	180		9	0	千克	4xABy	P/NQ	50		
1006.1029	---- 其他											
10061029.01	其他种用稻谷（配额内）	1	180		9	0	千克	4xAByt	P/NQ	50		
10061029.90	其他种用稻谷（配额外）	65	180		9	0	千克	4xABy	P/NQ	50		
	--- 其他：											

Chapter 10 Cereals

Chapter Notes:

1.

(a) The products specified in the headings of this Chapter are to be classified in those headings only if grains are present, whether or not in the ear or on the stalk.

(b) The Chapter does not cover grains which have been hulled or otherwise worked. However, rice, husked, milled, polished, glazed, parboiled or broken remains classified in heading 10.06. Similarly, quinoa from which the pericarp has been wholly or partly removed in order to separate the saponin, but which has not undergone any other processes, remains classified in heading 10.08.

2. Heading 10.05 does not cover sweet corn (Chapter 7).

Subheading Note:

The term " durum wheat " means wheat of the Triticum durum species and the hybrids derived from the inter-specific crossing of Triticum durum which have the same number (28) of chromosomes as that species.

协定税率（%）															特惠税率（%）①/②	Article Description
巴基斯坦	冰岛	哥斯达黎加	秘鲁	新西兰	瑞士	新加坡	韩国	澳大利亚	格鲁吉亚	毛里求斯	日本 RCEP	尼加拉瓜	港澳台			
																Wheat and maslin:
																- Durum wheat:
																-- Seed
													0/			Seed of durum wheat (in-quota)
													0/			Seed of durum wheat (out-of-quota)
																-- Other
													0/			Other durum wheat (in-quota)
													0/			Other durum wheat (out-of-quota)
																- Other:
																-- Seed
													0/			Seed of other wheat and maslin (in-quota)
													0/			Seed of other wheat and maslin (out-of-quota)
																-- Other
													0/			Other wheat and maslin (in quota)
													0/			Other wheat and maslin (out-of-quota)
																Rye:
0	0	0	0	0	0		0	0	0	0	0	0	0/		0/0	- Seed
0	0	0	0	0	0		0	0	0	0	2.2	0	0/		0/0	- Other
																Barley:
0	0	0	0	0	0		0	0	0	0	0	0	0/		0/0	- Seed
0	0	0	0	0	0		0	0	0	0	2.2	0	0/		0/0	- Other
																Oats:
0	0	0	0	0	0		0	0	0	0	0	0	0/		0/0	- Seed
0	0	0	0	0	0		0	0	0	0	1.5	0	0/		0/0	- Other
																Maize (corn):
																- Seed
													0/			Seed of maize (corn) (in-quota)
													0/			Seed of maize (corn) (out-of-quota)
																- Other
													0/			Other maize (corn) (in-quota)
													0/			Other maize (corn) (out-of-quota)
																Rice:
																- Rice in husk (paddy or rough):
																--- Seed:
																----Long grain
													0/			Seed of rice in husk, long grain (in-quota)
													0/			Seed of rice in husk, long grain (out-of-quota)
																----Other
													0/			Seed of other rice in husk (in-quota)
													0/			Seed of other rice in husk (out-of-quota)
																--- Other:

税号	货品名称	进口关税（%）			增值/消费税（%）	出口退税（%）	计量单位	监管证件代码	检验检疫类别	协定税率（%）		
		最惠国	普通	年内暂定						东盟	亚太	智利
1006.1081	----长粒米											
10061081.01	其他长粒米稻谷（配额内）	1	180		9	0	千克	4xAByt	PR/QS	50		
10061081.90	其他长粒米稻谷（配额外）	65	180		9	0	千克	4xABy	PR/QS	50		
1006.1089	----其他											
10061089.01	其他稻谷（配额内）	1	180		9	0	千克	4xAByt	PR/QS	50		
10061089.90	其他稻谷（配额外）	65	180		9	0	千克	4xABy	PR/QS	50		
	- 糙米：											
1006.2020	--- 长粒米											
10062020.01	长粒米糙米（配额内）	1	180		9	0	千克	4xAByt	PR/QS	50		
10062020.90	长粒米糙米（配额外）	65	180		9	0	千克	4xABy	PR/QS	50		
1006.2080	--- 其他											
10062080.01	其他糙米（配额内）	1	180		9	0	千克	4xAByt	PR/QS	50		
10062080.90	其他糙米（配额外）	65	180		9	0	千克	4xABy	PR/QS	50		
	- 精米，不论是否磨光或上光：											
1006.3020	--- 长粒米											
10063020.01	长粒米精米［不论是否磨光或上光（配额内）］	1	180		9	0	千克	4xAByt	PR/QS	50		
10063020.90	长粒米精米［不论是否磨光或上光（配额外）］	65	180		9	0	千克	4xABy	PR/QS	50		
1006.3080	--- 其他											
10063080.01	其他精米［不论是否磨光或上光（配额内）］	1	180		9	0	千克	4xAByt	PR/QS	50		
10063080.90	其他精米［不论是否磨光或上光（配额外）］	65	180		9	0	千克	4xABy	PR/QS	50		
	- 碎米：											
1006.4020	--- 长粒米											
10064020.01	长粒米碎米（配额内）	1	180		9	0	千克	4xAByt	PR/QS	5		
10064020.90	长粒米碎米（配额外）	10	180		9	0	千克	4xABy	PR/QS	5		
1006.4080	--- 其他											
10064080.01	其他碎米（配额内）	1	180		9	0	千克	4xAByt	PR/QS	5		
10064080.90	其他碎米（配额外）	10	180		9	0	千克	4xABy	PR/QS	5		
10.07	**食用高粱：**											
1007.1000	- 种用	0	0		0	0	千克	7AB	P/NQ	0		0
1007.9000	- 其他	2	8		9	0	千克	7AB	PR/QS	0		0
10.08	**荞麦、谷子及加那利草子；其他谷物：**											
1008.1000	- 荞麦	2	8		9	0	千克	AB	PR/QS	0		0
	- 谷子：											
1008.2100	-- 种用	2	8		9	0	千克	AB	P/Q	0		0
1008.2900	-- 其他	2	8		9	0	千克	AB	PR/QS	0		0
1008.3000	- 加那利草子	2	8		9	9	千克	AB	PR/Q	0		0
	- 直长马唐（马唐属）：											
1008.4010	--- 种用	0	0		9	0	千克	AB	P/NQ	0		0
1008.4090	--- 其他	3	8		9	0	千克	AB	PR/QS	0		0
	- 昆诺阿藜：											
1008.5010	--- 种用	0	0		9	0	千克	AB	P/NQ	0		0
1008.5090	--- 其他	3	8		9	0	千克	AB	PR/QS	0		0
	- 黑小麦：											
1008.6010	--- 种用	0	0		9	0	千克	AB	P/NQ	0		0
1008.6090	--- 其他	3	80		9	0	千克	AB	PR/QS	0		0
	- 其他谷物：											
1008.9010	--- 种用	0	0		9	0	千克	AB	P/NQ	0		0
1008.9090	--- 其他	3	8		9	0	千克	AB	PR/QS	0		0

协定税率（%）														特惠税率（%）①/②	Article Description
巴基斯坦	冰岛	哥斯达黎加	秘鲁	新西兰	瑞士	新加坡	韩国	澳大利亚	格鲁吉亚	毛里求斯	日本RCEP	尼加拉瓜	港澳台		
															----Long grain
													0/		Other rice in husk, long grain (in-quota)
													0/		Other rice in husk, long grain (out-of-quota)
															----Other
													0/		Other rice in husk (in-quota)
													0/		Other rice in husk (out-of-quota)
															- Husked (brown) rice:
															--- Long grain
													0/		Husked (brown) rice, long grain (in-quota)
													0/		Husked (brown) rice, long grain (out-of-quota)
															--- Other
													0/		Other husked (brown) rice (in-quota)
													0/		Other husked (brown) rice (out-of-quota)
															- Semi-missed or wholly missed rice, whether or not polished or glazed:
															--- Long grain
													0/		Semi-milled or wholly milled rice, long grain, whether or not polished or glazed (in-quota)
													0/		Semi-milled or wholly milled rice, long grain, whether or not polished or glazed (out-of-quota)
															--- Other
													0/		Other semi-milled or wholly milled rice, whether or not polished or glazed (in-quota)
													0/		Other semi-milled or wholly milled rice, whether or not polished or glazed (out-of-quota)
															- Broken rice:
															--- Long grain
													0/		Broken rice, long grain (in-quota)
													0/		Broken rice, long grain (out-of-quota)
															--- Other
													0/		Other broken rice (in-quota)
													0/		Other broken rice (out-of-quota)
															Grain sorghum:
0	0	0	0	0	0		0	0	0	0	0	0	0/	0/0	- Seed
0	0	0	0	0	0		0	0	0	0	1.5	0	0/	0/0	- Other
															Buckwheat, millet and canary seed; other cereals:
0	0	0	0	0	0		0	0	0	0	1.5	0	0/	0/0	- Buckwheat
															- Millet:
0	0	0	0	0	0		0	0	0	0	0	0	0/	0/0	-- Seed
0	0	0	0	0	0		0	0	0	0	1.5	0	0/	0/0	-- Other
0	0	0	0	0	0		0	0	0	0	0	0	0/	0/0	- Canary seed
															- Fonio (Digitaria spp.):
0	0	0	0	0	0		0	0	0	0	0	0	0/	0/0	--- Seed
0	0	0	0	0	0		0	0	0	0	0	0	0/	0/0	--- Other
															- Quinoa (Chenopodium quinoa):
0	0	0	0	0	0		0	0	0	0	0	0	0/	0/0	--- Seed
0	0	0	0	0	0		0	0	0	0	0	0	0/	0/0	--- Other
															- Triticale:
0	0	0	0	0	0		0	0	0	0	0	0	0/	0/0	--- Seed
0	0	0	0	0	0		0	0	0	0	0	0	0/	0/0	--- Other
															- Other cereals:
0	0	0	0	0	0		0	0	0	0	0	0	0/	0/0	--- Seed
0	0	0	0	0	0		0	0	0	0	2.2	0	0/	0/0	--- Other

第十一章　制粉工业产品；麦芽；淀粉；菊粉；面筋

注释：

一、本章不包括：

（一）作为咖啡代用品的焙制麦芽（税目09.01或21.01）；

（二）税目19.01的经制作的细粉、粗粒、粗粉或淀粉；

（三）税目19.04的玉米片及其他产品；

（四）税目20.01、20.04或20.05的经制作或保藏的蔬菜；

（五）药品（第三十章）；或

（六）具有芳香料制品或化妆盥洗品性质的淀粉（第三十三章）。

二、（一）下表所列谷物碾磨产品按干制品重量计如果同时符合以下两个条件，应归入本章；但是，整粒、滚压、制片或磨碎的谷物胚芽均归入税目11.04：

1. 淀粉含量（按修订的尤艾斯旋光法测定）超过表列第（2）栏的比例；以及

2. 灰分含量（除去任何添加的矿物质）不超过表列第（3）栏的比例。

否则，应归入税目23.02。

（二）符合上述规定归入本章的产品，如果用表列第（4）或第（5）栏规定孔径的金属丝网筛过筛，其通过率按重量计不低于表列比例的，应归入税目11.01或11.02。

否则，应归入税目11.03或11.04。

谷　物 （1）	淀粉含量 （2）	灰分含量 （3）	通过下列孔径筛子的比率	
			315微米（4）	500微米（5）
小麦及黑麦	45%	2.5%	80%	—
大　麦	45%	3%	80%	—
燕　麦	45%	5%	80%	—
玉米及高粱	45%	2%	—	90%
大　米	45%	1.6%	80%	—
荞　麦	45%	4%	80%	—

三、税目11.03所称“粗粒”及“粗粉”，是指谷物经碾碎所得的下列产品：

（一）玉米产品，用2毫米孔径的金属丝网筛过筛，通过率按重量计不低于95%的；

（二）其他谷物产品，用1.25毫米孔径的金属丝网筛过筛，通过率按重量计不低于95%的。

税　号	货品名称	进口关税（%）			增值/消费税（%）	出口退税（%）	计量单位	监管证件代码	检验检疫类别	协定税率（%）		
		最惠国	普通	年内暂定						东盟	亚太	智利
11.01	**小麦或混合麦的细粉：**											
1101.0000	小麦或混合麦的细粉											
11010000.01	小麦或混合麦的细粉（配额内）	6	130		9	9	千克	4ABtxy	PR/QS	50		
11010000.90	小麦或混合麦的细粉（配额外）	65	130		9	9	千克	4ABxy	PR/QS	50		
11.02	**其他谷物细粉，但小麦或混合麦的细粉除外：**											
1102.2000	- 玉米细粉											
11022000.01	玉米细粉（配额内）	9	130		9	0	千克	4ABtxy	PR/QS			
11022000.90	玉米细粉（配额外）	40	130		9	0	千克	4ABxy	PR/QS			
	- 其他：											
	--- 大米细粉：											
1102.9021	---- 长粒米的											
11029021.01	长粒米大米细粉（配额内）	9	130		9	0	千克	4ABtxy	PR/QS			

Chapter 11 Products of the milling industry; malt; starches; inulin; wheat gluten

Chapter Notes:

1. This Chapter does not cover:

(a) Roasted malt put up as coffee substitutes (heading 09.01 or 21.01);

(b) Prepared flours, groats, meals or starches of heading 19.01;

(c) Corn flakes or other products of heading 19.04;

(d) Vegetables, prepared or preserved, of heading 20.01, 20.04 or 20.05;

(e) Pharmaceutical products (Chapter 30); or

(f) Starches having the character of perfumery, cosmetic or toilet preparations (Chapter 33).

2. (a) Products from the milling of the cereals listed in the table below fall in this Chapter if they have, by weight on the dry product:

(i) a starch content (determined by the modified Ewers polarimetric method) exceeding that indicated in Column (2); and

(ii) an ash content (after deduction of any added minerals) not exceeding that indicated in Column (3).

Otherwise, they fall in heading 23.02. However, germ of cereals, whole, rolled, flaked or ground is always classified in heading 11.04.

(b) Products falling In this Chapter under the above provisions shall be classified in heading 11.01 or 11.02 if the percentage passing through a woven metal wire cloth sieve with the aperture indicated in Column (4) or (5) is not less, by weight, than that shown against the cereal concerned.

Otherwise, they fall in heading 11.03 or 11.04.

Cereal (1)	Starchcontent (2)	Ashcontent (3)	Rate of passage through a sieve with an aperture of	
			315micrometres (microns)(4)	500micrometres (microns)(5)
Wheat and rye	45%	2.5%	80%	–
Barley	45%	3%	80%	–
Oats	45%	5%	80%	–
Maize (corn) and grain Sorghum	45%	2%	–	90%
Rice	45%	1.6%	80%	–
Buckwheat	45%	4%	80%	–

3. For the purposes of heading 11.03, the terms "groats" and "meal" mean products obtained by the fragmentation of cereal grains, of which:

(a) In the case of maize (corn) products, at least 95 % by weight passes through a woven metal wire cloth sieve with an aperture of 2 mm;

(b) In the case of other cereal products, at least 95 % by weight passes through a woven metal wire cloth sieve with an aperture of 1.25 mm.

协定税率（%）														特惠税率（%）①/②	Article Description
巴基斯坦	冰岛	哥斯达黎加	秘鲁	新西兰	瑞士	新加坡	韩国	澳大利亚	格鲁吉亚	毛里求斯	日本RCEP	尼加拉瓜	港澳台		
															Wheat or maslin flour:
															Wheat or maslin flour
													0/		Wheat or maslin flour (in-quota)
													0/		Wheat or maslin flour (out-of-quota)
															Cereal flours other than of wheat or maslin:
															- Maize (corn) flour
													0/		Maize (corn) flour (in-quota)
													0/		Maize (corn) flour (out-of-quota)
															- Other:
															--- Rice flour:
															----Of long grain
													0/		Rice flour of long grain (in-quota)

税 号	货品名称	进口关税（%） 最惠国	普通	年内暂定	增值/消费税（%）	出口退税（%）	计量单位	监管证件代码	检验检疫类别	协定税率（%） 东盟	亚太	智利
11029021.90	长粒米大米细粉（配额外）	40	130		9	0	千克	4ABxy	PR/QS			
1102.9029	----其他											
11029029.01	其他大米细粉（配额内）	9	130		9	0	千克	4ABtxy	PR/QS	40		
11029029.90	其他大米细粉（配额外）	40	130		9	0	千克	4ABxy	PR/QS	40		
1102.9090	--- 其他	5	14		9	0	千克	AB	PR/QS	0		0
11.03	**谷物的粗粒、粗粉及团粒：**											
	- 粗粒及粗粉：											
1103.1100	-- 小麦的											
11031100.01	小麦粗粒及粗粉（配额内）	9	130		9	9	千克	4ABtxy	PR/QS	50		
11031100.90	小麦粗粒及粗粉（配额外）	65	130		9	9	千克	4ABxy	PR/QS	50		
1103.1300	-- 玉米的											
11031300.01	玉米粗粒及粗粉（配额内）	9	130		9	0	千克	4ABtxy	PR/QS	50		
11031300.90	玉米粗粒及粗粉（配额外）	65	130		9	0	千克	4ABxy	PR/QS	50		
	-- 其他：											
1103.1910	--- 燕麦的	5	14		9	0	千克	AB	PR/Q	0		0
	--- 大米的：											
1103.1931	---- 长粒米的											
11031931.01	长粒米大米粗粒及粗粉（配额内）	9	70		9	0	千克	4ABtxy	PR/QS	5		
11031931.90	长粒米大米粗粒及粗粉（配额外）	10	70		9	0	千克	4ABxy	PR/QS	5		
1103.1939	---- 其他											
11031939.01	其他大米粗粒及粗粉（配额内）	9	70		9	0	千克	4ABtxy	PR/QS	5		
11031939.90	其他大米粗粒及粗粉（配额外）	10	70		9	0	千克	4ABxy	PR/QS	5		
1103.1990	--- 其他	5	14		9	0	千克	AB	PR/QS	0		0
	- 团粒：											
1103.2010	--- 小麦的											
11032010.01	小麦团粒（配额内）	10	180		9	9	千克	4ABtxy	PR/Q	50		
11032010.90	小麦团粒（配额外）	65	180		9	9	千克	4ABxy	PR/Q	50		
1103.2090	--- 其他	20	50		9	0	千克	AB	PR/Q	0		0
11.04	**经其他加工的谷物（例如，去壳、滚压、制片、制成粒状、切片或粗磨），但税目10.06的稻谷、大米除外；谷物胚芽，整粒、滚压、制片或磨碎的：**											
	- 滚压或制片的谷物：											
1104.1200	-- 燕麦的	20	50		13	0	千克	AB	PR/Q	0		0
	-- 其他：											
1104.1910	--- 大麦的	20	50		13	0	千克	AB	PR/Q	0		0
1104.1990	--- 其他											
11041990.10	滚压或制片的玉米	20	50		13	0	千克	4ABxy	PR/Q	0		0
11041990.90	滚压或制片的其他谷物	20	50		13	0	千克	AB	PR/Q	0		0
	- 经其他加工的谷物（例如，去壳、制成粒状、切片或粗磨）：											
1104.2200	-- 燕麦的	20	50		13	0	千克	AB	PR/Q	0		0
1104.2300	-- 玉米的											
11042300.01	经其他加工的玉米（配额内）	10	180		9	0	千克	4ABtxy	PR/Q	50		
11042300.90	经其他加工的玉米（配额外）	65	180		9	0	千克	4ABxy	PR/Q	50		
	-- 其他：											
1104.2910	--- 大麦的	65	114		9	0	千克	AB	PR/QS	0		0
1104.2990	--- 其他	20	50		9	0	千克	AB	PR/QS	0		0
1104.3000	- 谷物胚芽，整粒、滚压、制片或磨碎的	20	50		9	0	千克	AB	PR/Q	0		0
11.05	**马铃薯的细粉、粗粉、粉末、粉片、颗粒及团粒：**											
1105.1000	- 细粉、粗粉及粉末	15	50		13	13	千克	AB	PR/Q	0		0
1105.2000	- 粉片、颗粒及团粒	15	50		13	13	千克	AB	PR/Q	0		0
11.06	**用税目07.13的干豆或税目07.14的西谷茎髓及植物根茎、块茎制成的细粉、粗粉及粉末；用第八章的产品制成的细粉、粗粉及粉末：**											

协定税率（%）														特惠税率（%）①/②	Article Description
巴基斯坦	冰岛	哥斯达黎加	秘鲁	新西兰	瑞士	新加坡	韩国	澳大利亚	格鲁吉亚	毛里求斯	日本RCEP	尼加拉瓜	港澳台		
													0/		Rice flour of long grain (out-of-quota)
															----Other
													0/		Other rice flour (in-quota)
													0/		Other rice flour (out-of-quota)
0	0	0	0	0	0		0	0	0	0	3.6	0	0/	0/0	--- Other
															Cereal groats, meal and pellets:
															- Groats and meal:
															-- Of wheat
													0/		Groats and meal of wheat (in-quota)
													0/		Groats and meal of wheat (out-of-quota)
															-- Of maize (corn)
													0/		Groats and meal of maize (corn) (in-quota)
													0/		Groats and meal of maize (corn) (out-of-quota)
															-- Other:
0	0	0	0	0	0		0	0	0	0	3.6	0	0/	0/0	--- Of oats
															--- Of rice:
															----Of long grain
													0/		Groats and meal of rice, long grain (in-quota)
													0/		Groats and meal of rice, long grain (out-of-quota)
															----Other
													0/		Groats and meal of other rice (in-quota)
													0/		Groats and meal of other rice (out-of-quota)
0	0	0	0	0	0		0	0	0	0	3.6	0	0/	0/0	--- Other
															- Pellets:
															--- Of wheat
													0/		Pellets wheat (in-quota)
													0/		Pellets wheat (out-of-quota)
	0	0	0	0	0	0	6.6	0		0	16.3	18.7	0/	0/0	--- Of other cereals
															Cereal grains otherwise worked (for example, hulled, rolled, flaked, pearled, sliced or kibbled), except rice of heading 10.06; germ of cereals, whole, rolled, flaked or ground:
															- Rolled or flaked grains:
	0	0	0	0	0	0	6.6	0		0	16.3	18.7	0/	0/0	-- Of oats
															-- Other:
	0	0	0	0	0	0	6.6	0		0	16.3	18.7	0/	0/0	--- Of barley
															--- Other
	0	0	0	0	0	0	6.6	0		0	16.3	18.7	0/	0/0	Rolled or flaked maize (corn)
	0	0	0	0	0	0	6.6	0		0	16.3	18.7	0/	0/0	Rolled or flaked other grains
															- Other worked grains (for example, hulled, pearled, sliced or kibbled):
	0	0	0	0	0	0	6.6	0		0	16.3	18.7	0/	0/0	-- Of oats
															-- Of maize corn
													0/		Other worked maize (corn) (in-quota)
													0/		Other worked maize (corn) (out-of-quota)
															-- Other:
		0	0	0		0		0		13	55.7	60.7	0/	0/0	--- Of barley
	0	0	0	0	0	0	6.6	0		0	16.3	18.7	0/	0/0	--- Other
	0	0	0	0	0	0	6.6	0	0	0	16.3	18.7	0/	0/0	- Germ of cereals, whole, rolled, flaked or ground
															Flour, meal, powder, flakes, granules and pellets of potatoes:
12	0	0	0	0	0	0	0	0		0	10.9	14	0/	0/0	- Flour, meal and powder
12	0	0	0	0	0	0	0	0		0	10.9	14	0/	0/0	- Flakes, granules and pellets
															Flour, meal and powder of the dried leguminous vegetables of heading 07.13, of sago or of roots or tubers of heading 07.14; or of the products of Chapter 8:

税　号	货品名称	进口关税（%）			增值/消费税（%）	出口退税（%）	计量单位	监管证件代码	检验检疫类别	协定税率（%）		
		最惠国	普通	年内暂定						东盟	亚太	智利
1106.1000	- 用税目07.13的干豆制成的	10	30		13	13	千克	AB	PR/QS	0		0
1106.2000	- 用税目07.14的西谷茎髓及植物根茎、块茎制成的	20	50		13	13	千克	AB	PR/QS	0		0
1106.3000	- 用第八章的产品制成的	20	80		13	13	千克	AB	PR/QS	0	10	0
11.07	**麦芽，不论是否焙制：**											
1107.1000	- 未焙制	10	50		13	13	千克	AB	PR/QS	0		0
1107.2000	- 已焙制	10	50		13	13	千克	AB	PR/QS	0		0
11.08	**淀粉；菊粉：**											
	- 淀粉：											
1108.1100	-- 小麦淀粉	20	50		13	0	千克	AB	PR/QS	0		0
1108.1200	-- 玉米淀粉	20	50		13	13	千克	AB	PR/QS	0		0
1108.1300	-- 马铃薯淀粉	15	50		13	13	千克	AB	PR/QS	0		0
1108.1400	-- 木薯淀粉	10	50		13	13	千克	AB	PR/QS	0		0
1108.1900	-- 其他	20	50		13	13	千克	AB	PR/Q	0		0
1108.2000	- 菊粉	20	50		13	13	千克	AB	PR/QS	0		0
11.09	**面筋，不论是否干制：**											
1109.0000	面筋，不论是否干制	18	80		13	13	千克	AB	PR/QS	0		0

协定税率（%）														特惠税率（%）①/②	Article Description
巴基斯坦	冰岛	哥斯达黎加	秘鲁	新西兰	瑞士	新加坡	韩国	澳大利亚	格鲁吉亚	毛里求斯	日本RCEP	尼加拉瓜	港澳台		
	0	0	0	0	0	0	0	0	0	0	7.3	9	0/	0/0	- Of the dried leguminous vegetables of heading 07.13
	0	0	0	0	0	0	6.6	0	0	0	16.3	18.7	0/	0/0	- Of sago or of roots or tubers of heading 07.14
10	0	0	0	0	0	0	6.6	0	0	0	16.3	18.7	0/	0/0	- Of the products of Chapter 8
															Malt, whether or not roasted:
2.5	0	0	0	0	0	0	0	0	0	0	7.3	9	0/	0/0	- Not roasted
2.5	0	0	0	0	0	0	0	0	0	0	7.3	9	0/	0/0	- Roasted
															Starches; inulin:
															- Starches:
	0	0	0	0	0	0	6.6	0		0	16.3	18.7	0/	0/0	-- Wheat starch
	0	0	0	0	0	0	6.6	0		0	16.3	18.7	0/	0/0	-- Maize (corn) starch
12	0	0	0	0	0	0	0	0		0	10.9	14	0/	0/0	-- Potato starch
5	0	0	0	0	0	0	0	0		0	7.3	9	0/	0/0	-- Manioc (cassava) starch
	0	0	0	0	0	0	6.6	0		0	16.3	18.7	0/	0/0	-- Other starches
	0	0	0	0	0	0	0	0	0	0	14.5	18.7	0/	0/0	- Inulin
															Wheat gluten, whether or not dried:
14.4	0	0	0	0	0	0	6	0	0	0	14.6	16.8	0/	0/0	Wheat gluten, whether or not dried

第十二章　含油子仁及果实；杂项子仁及果实；工业用或药用植物；稻草、秸秆及饲料

注释：

一、税目12.07主要包括棕榈果及棕榈仁、棉子、蓖麻子、芝麻、芥子、红花子、罂粟子、牛油树果，但不包括税目08.01或08.02的产品及油橄榄（第七章或第二十章）。

二、税目12.08不仅包括未脱脂的细粉和粗粉，而且包括部分或全部脱脂以及用其本身的油料全部或部分复脂的细粉和粗粉。但不包括税目23.04至23.06的残渣。

三、甜菜子、草子及其他草本植物种子、观赏用花的种子、蔬菜种子、林木种子、果树种子、巢菜子（蚕豆除外）、羽扇豆属植物种子，可一律视为种植用种子，归入税目12.09。

但下列各项即使作种子用，也不归入税目12.09：

（一）豆类蔬菜或甜玉米（第七章）；

（二）第九章的调味香料及其他产品；

（三）谷物（第十章）；或

（四）税目12.01至12.07或12.11的产品。

四、税目12.11主要包括下列植物或这些植物的某部分：罗勒、琉璃苣、人参、海索草、甘草、薄荷、迷迭香、芸香、鼠尾草及苦艾。

但税目12.11不包括：

（一）第三十章的药品；

（二）第三十三章的芳香料制品及化妆盥洗品；或

（三）税目38.08的杀虫剂、杀菌剂、除草剂、消毒剂及类似产品。

五、税目12.12的“海草及其他藻类”不包括：

（一）税目21.02的已死的单细胞微生物；

（二）税目30.02的培养微生物；或

（三）税目31.01或31.05的肥料。

子目注释：

子目1205.10所称“低芥子酸油菜子”，是指所榨取的固定油中芥子酸含量按重量计低于2%，以及所得的固体成分每克葡萄糖苷酸（酯）含量低于30微摩尔的油菜子。

税　号	货品名称	进口关税（%）			增值/消费税（%）	出口退税（%）	计量单位	监管证件代码	检验检疫类别	协定税率（%）		
		最惠国	普通	年内暂定						东盟	亚太	智利
12.01	**大豆，不论是否破碎：**											
1201.1000	- 种用	0	180		9	0	千克	7AB	P/Q	0		0
	- 其他：											
	--- 黄大豆：											
1201.9011	---- 非转基因	3	180		9	0	千克	7AB	PR/QS	0	0	0
1201.9019	---- 其他	3	180		9	0	千克	7AB	PR/QS	0	0	0
1201.9020	--- 黑大豆	3	180		9	0	千克	7AB	PR/QS	0	0	0
1201.9030	--- 青大豆	3	180		9	0	千克	7AB	PR/QS	0	0	0
1201.9090	--- 其他	3	180		9	0	千克	7AB	PR/QS	0	0	0
12.02	**未焙炒或未烹煮的花生，不论是否去壳或破碎：**											
1202.3000	- 种用	0	0		9	0	千克	AB	P/NQ	0		0
	- 其他：											
1202.4100	-- 未去壳	15	70		9	0	千克	AB	PR/QS	0		0
1202.4200	-- 去壳，不论是否破碎	15	70		9	0	千克	AB	PR/QS	0		0
12.03	**干椰子肉：**											
1203.0000	干椰子肉	15	30		9	9	千克	AB	PR/Q	0	7.5	0
12.04	**亚麻子，不论是否破碎：**											
1204.0000	亚麻子，不论是否破碎											
12040000.10	亚麻种子（不论是否破碎）	15	70	9	0	0	千克	AB	PR/Q	0		0

Chapter 12 Oil seeds and oleaginous fruits; miscellaneous grains, seeds and fruit; industrial or medicinal plants; straw and fodder

Chapter Notes:

1. Heading 12.07 applies, inter alia, to palm nuts and kernels, cotton seeds, castor oil seeds, sesamum seeds, mustard seeds, safflower seeds, poppy seeds and shea nuts (karite nuts). It does not apply to products of heading 08.01 or 08.02 or to olives (Chapter 7 or Chapter 20).
2. Heading 12.08 applies not only to non-defatted flours and meals but also to flours and meals which have been partially defatted or defatted and wholly or partially refatted with their original oils. It does not, however, apply to residues of headings 23.04 to 23.06.
3. For the purposes of heading 12.09, beet seeds, grass and other herbage seeds, seeds of ornamental flowers, vegetable seeds, seeds of forest trees, seeds of fruit trees, seeds of vetches (other than those of the species Vicia faba) or of lupines are to be regarded as "seeds of a kind used for sowing".

   Heading 12.09 does not, however, apply to the following even if for sowing:

   (a) Leguminous vegetables or sweet corn (Chapter 7);

   (b) Spices or other products of Chapter 9;

   (c) Cereals (Chapter 10); or

   (d) Products of headings 12.01 to 12.07 or 12.11.
4. Heading 12.11 applies, inter alia, to the following plants or parts thereof: basil, borage, ginseng, hyssop, liquorice, all species of mint, rosemary, rue, sage and wormwood.

   Heading 12.11 does not, however, apply to:

   (a) Medicaments of Chapter 30;

   (b) Perfumery, cosmetic or toilet preparations of Chapter 33; or

   (c) Insecticides, fungicides, herbicides, disinfectants or similar products of heading 38.08.
5. For the purposes of heading 12.12, the term "seaweeds and other algae" does not include:

   (a) Dead single-cell micro-organisms of heading 21.02;

   (b) Cultures of micro-organisms of heading 30.02; or

   (c) Fertilisers of heading 31.01 or 31.05.

Subheading Notes:

For the purposes of subheading 1205.10, the expression "low erucic acid rape or colza seeds" means rape or cloza seeds yielding a fixed oil which has an erucic acid content of less than 2% by weight and yielding a solid component which contains less than 30 micromoles of glucosinolates per gram.

协定税率(%)														特惠税率(%)①/②	Article Description
巴基斯坦	冰岛	哥斯达黎加	秘鲁	新西兰	瑞士	新加坡	韩国	澳大利亚	格鲁吉亚	毛里求斯	日本RCEP	尼加拉瓜	港澳台		
															Soya beans, whether or not broken:
0	0	0	0	0	0		0	0	0	0	0	0	0/	0/0	- Seed
															- Other:
															--- Yellow soya beans:
0	0	0	0	0	0		0					0	0/	0/0	----Non genetically modified
0	0	0	0	0	0		0					0	0/	0/0	----Other
0	0	0	0	0	0		0					0	0/	0/0	--- Black soya beans
0	0	0	0	0	0		0					0	0/	0/0	--- Green soya beans
0	0	0	0	0	0		0					0	0/	0/0	--- Other
															Ground-nuts, not roasted or otherwise cooked, whether or not shelled or broken:
0	0	0	0	0	0		0	0	0	0	0	0	0/	0/0	- Seed
															- Other:
0	0	0	0	0	0	0	0	0		0	10.9	0	0/	0/0	-- In shell
0	0	0	0	0	0	0	0	0		0	10.9	0	0/	0/0	-- Shelled, whether or not broken
															Copra:
3.8	0	0	0	0	0	0	0	0	0	0	10.9	14	0/	0/0	Copra
															Linseed, whether or not broken:
															Linseed, whether or not broken
12	0	0	0	0	0	0	0	0		0	10.9	14	0/	0/0	Linseed for cultivation

税　号	货品名称	进口关税（%） 最惠国	普通	年内暂定	增值/消费税（%）	出口退税（%）	计量单位	监管证件代码	检验检疫类别	协定税率（%） 东盟	亚太	智利
12040000.90	其他亚麻子（种用除外）（不论是否破碎）	15	70	9	9	9	千克	AB	PR/Q	0		0
12.05	**油菜子，不论是否破碎：**											
	- 低芥子酸油菜子：											
1205.1010	--- 种用	0	80		0	0	千克	7AB	P/NQ	0		0
1205.1090	--- 其他	9	80		9	9	千克	7AB	PR/QS	0	0	0
	- 其他：											
1205.9010	--- 种用	0	80		0	0	千克	7AB	P/NQ	0		0
1205.9090	--- 其他	9	80		9	9	千克	7AB	PR/QS	0	0	0
12.06	**葵花子，不论是否破碎：**											
1206.0010	--- 种用											
12060010.10	观赏用向日葵种子	0	0		0	0	千克	AB	P/NQ	0		0
12060010.90	其他种用葵花子	0	0		9	9	千克	AB	P/NQ	0		0
1206.0090	--- 其他	15	70	9	9	9	千克	AB	PR/QS	0		0
12.07	**其他含油子仁及果实，不论是否破碎：**											
	- 棕榈果及棕榈仁：											
1207.1010	--- 种用											
12071010.10	种用濒危棕榈果及棕榈仁	0	0		9	0	千克	ABEF	P/NQ	0		0
12071010.90	其他种用棕榈果及棕榈仁	0	0		9	9	千克	AB	P/NQ	0		0
1207.1090	--- 其他											
12071090.10	其他濒危棕榈果及棕榈仁（不论是否破碎）	10	70		9	0	千克	ABEF	PR/QS	0		0
12071090.90	其他棕榈果及棕榈仁（不论是否破碎）	10	70		9	9	千克	AB	PR/QS	0		0
	- 棉子：											
1207.2100	-- 种用	0	0		9	9	千克	AB	P/NQ	0		0
1207.2900	-- 其他	15	70		9	9	千克	AB	PR/QS	0		0
	- 蓖麻子：											
1207.3010	--- 种用	0	0		0	0	千克	AB	P/NQ	0		0
1207.3090	--- 其他	15	70		9	9	千克	AB	PR/QS	0		0
	- 芝麻：											
1207.4010	--- 种用	0	0		9	9	千克	AB	P/NQ	0		0
1207.4090	--- 其他	10	70		9	9	千克	AB	PR/QS	0	9	0
	- 芥子：											
1207.5010	--- 种用	0	0		0	0	千克	AB	P/NQ	0		0
1207.5090	--- 其他	15	70		9	9	千克	AB	PR/Q	0		0
	- 红花子：											
1207.6010	--- 种用	0	0		9	9	千克	AB	P/NQ	0		0
1207.6090	--- 其他	20	70		9	9	千克	AB	PR/QS	0		0
	- 甜瓜的子：											
1207.7010	--- 种用	0	0		0	0	千克	AB	P/Q	0		0
	--- 其他：											
1207.7091	---- 黑瓜子	20	80		9	9	千克	AB	PR/QS	0		0
1207.7092	---- 红瓜子	20	80		9	9	千克	AB	PR/QS	0		0
1207.7099	---- 其他	30	70		9	9	千克	AB	PR/QS	0		0
	- 其他：											
1207.9100	-- 罂粟子	20	70		9	9	千克	AB	P/Q	0		0
	-- 其他：											
1207.9910	--- 种用											
12079910.10	大麻子	0	0		0	0	千克	AB	P/NQ	0		0
12079910.20	种用紫苏子	0	0		0	0	千克	AB	P/NQ	0		0
12079910.90	其他种用含油子仁及果实	0	0		9	9	千克	AB	P/NQ	0		0
	--- 其他：											
1207.9991	---- 牛油树果	20	70		9	9	千克	AB	PR/Q	0		0
1207.9999	---- 其他	10	70		9	9	千克	AB	PR/QS	0		0

协定税率（%）														特惠税率（%）①/②	Article Description
巴基斯坦	冰岛	哥斯达黎加	秘鲁	新西兰	瑞士	新加坡	韩国	澳大利亚	格鲁吉亚	毛里求斯	日本RCEP	尼加拉瓜	港澳台		
12	0	0	0	0	0	0	0	0		0	10.9	14	0/	0/0	Linseed, whether or not broken, other than those for cultivation
															Rape or colza seeds, whether or not broken:
															- Low erucic acid rape or colza seeds:
0	0	0	0	0	0		0	0	0		0	0	0/	0/0	--- Seed
0	0	0	0	0	0		0						0/	0/0	--- Other
															- Other:
0	0	0	0	0	0		0	0	0	0	0	0	0/	0/0	--- Seed
0	0	0	0	0	0		0			0			0/	0/0	--- Other
															Sunflower seeds, whether or not broken:
															--- Seed
0	0	0	0	0	0		0	0	0	0	0	0	0/	0/0	Seeds of ornamental sunflowers
0	0	0	0	0	0		0	0	0	0	0	0	0/	0/0	Other sunflower seeds for cultivation
12	0	0	0	0	0	0	0	0		0	10.9	14	0/	0/0	--- Other
															Other oil seeds and oleaginous fruits, whether or not broken:
															- Palm nuts and kernels:
															--- Seed
0	0	0	0	0	0		0	0	0	0	0	0	0/	0/0	Endangered palm fruit and palm kernel, seed
0	0	0	0	0	0		0	0	0	0	0	0	0/	0/0	Other palm fruit and palm kernel, seed
															--- Other
2.5	0	0	0	0	0	0	0	0	0	0	7.3	9	0/	0/0	Other endangered palm fruit and palm kernel (whether or not broken)
2.5	0	0	0	0	0	0	0	0	0	0	7.3	9	0/	0/0	Other palm fruit and palm kernel (whether or not broken)
															- Cotton seeds:
0	0	0	0	0	0		0	0	0	0	0	0	0/	0/0	-- Seed
12	0	0	0	0	0	0	0	0		0	10.9	14	0/	0/0	-- Other
															- Castor oil seeds:
0	0	0	0	0	0		0	0	0	0	0	0	0/	0/0	--- Seed
	0	0	0	0	0	0	0	0		0	10.9	14	0/	0/0	--- Other
															- Sesame seeds:
0	0	0	0	0	0		0	0	0	0	0	0	0/	0/0	--- Seeds for cultivation
0	0	0	0	0	0	0	0	0		0	7.3	9	0/	0/0	--- Other
															- Mustard seeds:
0	0	0	0	0	0		0	0	0	0	0	0	0/	0/0	--- Seeds for cultivation
12	0	0	0	0	0	0	0	0	0	0	10.9	14	0/	0/0	--- Other
															- Safflower (Carthamus tinctorius) seeds:
0	0	0	0	0	0		0	0	0	0	0	0	0/	0/0	--- Seed
	0	0	0	0	0	0	6.6	0	0	0	16.3	18.7	0/	0/0	--- Other
															- Melon seeds:
0	0	0	0	0	0		0	0	0	0	0	0	0/	0/0	--- Seed
															--- Other:
	0	0	0	0	0	0	6.6	0	0	0	16.3	18.7	0/	0/0	----Black watermelon seeds
	0	0	0	0	0	0	6.6	0	0	0	16.3	18.7	0/	0/0	----Red watermelon seeds
	0	0	0	0			15	0	0	6	25.7	28	0/	0/0	----Other
															- Other:
	0	0	0	0	0	0	6.6	0	0	0	16.3	18.7	0/	0/0	-- Poppy seeds
															-- Other:
															--- Seed
0	0	0	0	0	0		0	0	0	0	0	0	0/	0/0	Hemp seeds
0	0	0	0	0	0		0	0	0	0	0	0	0/	0/0	Purple perilla seeds for cultivation
0	0	0	0	0	0		0	0	0	0	0	0	0/	0/0	Other oil seeds or oleaginous fruits for cultivation
															--- Other:
	0	0	0	0	0	0	6.6	0	0	0	16.3	18.7	0/	0/0	----Shea nuts (karite nuts)
5	0	0	0	0	0	0	0	0		0	7.3	9	0/	0/0	----Other

税号	货品名称	进口关税（%）最惠国	普通	年内暂定	增值/消费税（%）	出口退税（%）	计量单位	监管证件代码	检验检疫类别	协定税率（%）东盟	亚太	智利
12.08	**含油子仁或果实的细粉及粗粉，但芥子粉除外：**											
1208.1000	- 大豆粉	9	70		13	0	千克	AB	PR/QS	0		0
1208.9000	- 其他	15	80		13	13	千克	AB	PR/QS	0		0
12.09	**种植用的种子、果实及孢子：**											
1209.1000	- 糖甜菜子	0	0		0	0	千克	AB	P/Q	0		0
	- 饲料植物种子：											
1209.2100	-- 紫苜蓿子	0	0		9	0	千克	AB	P/Q	0		0
1209.2200	-- 三叶草子	0	0		9	0	千克	AB	P/Q	0		0
1209.2300	-- 羊茅子	0	0		9	0	千克	AB	P/Q	0		0
1209.2400	-- 草地早熟禾子	0	0		9	0	千克	AB	P/Q	0		0
1209.2500	-- 黑麦草种子	0	0		9	0	千克	AB	P/Q	0		0
	-- 其他：											
1209.2910	--- 甜菜子，糖甜菜子除外	0	0		0	0	千克	AB	P/Q	0		0
1209.2990	--- 其他	0	0		0	0	千克	AB	P/Q	0		0
1209.3000	- 草本花卉植物种子											
12093000.10	濒危草本花卉植物种子	0	0		9	0	千克	AFEB	P/Q	0		0
12093000.90	草本花卉植物种子（濒危除外）	0	0		0	0	千克	AB	P/Q	0		0
	- 其他：											
	-- 蔬菜种子：											
1209.9110	--- 胡萝卜种子	0	0		0	0	千克	AB	P/Q	0		0
1209.9120	--- 西兰花种子	0	0		0	0	千克	AB	P/Q	0		0
1209.9130	--- 番茄种子	0	0		0	0	千克	AB	P/Q	0		0
1209.9140	--- 洋葱种子	0	0		0	0	千克	AB	P/Q	0		0
1209.9150	--- 菠菜种子	0	0		0	0	千克	AB	P/Q	0		0
1209.9190	--- 其他	0	0		0	0	千克	AB	P/Q	0		0
1209.9900	-- 其他											
12099900.10	其他种植用濒危种子、果实及孢子	0	0		9	0	千克	AFEB	P/Q	0		0
12099900.20	黄麻种子、红麻种子、柴胡种子、当归种子、白芷种子、林木种子	0	0		0	0	千克	AB	P/Q	0		0
12099900.30	果树及其他林木种子（濒危除外）	0	0		0	0	千克	AB	P/Q	0		0
12099900.90	其他种植用的种子、果实及孢子	0	0		9	0	千克	AB	P/Q	0		0
12.10	**鲜或干的啤酒花，不论是否研磨或制成团粒；蛇麻腺：**											
1210.1000	- 啤酒花，未经研磨也未制成团粒	20	50		13	13	千克	AB	PR/QS	0		0
1210.2000	- 啤酒花，经研磨或制成团粒；蛇麻腺	10	50		13	13	千克	AB	PR/QS	0		0
12.11	**主要用作香料、药料、杀虫、杀菌或类似用途的植物或这些植物的某部分（包括子仁及果实），鲜、冷、冻或干的，不论是否切割、压碎或研磨成粉：**											
	- 人参：											
	--- 西洋参：											
1211.2011	---- 鲜的或干的	7.5	70		9	0	千克	AQBFE	PR/QS	0		0
1211.2019	---- 其他	7.5	70		9	0	千克	AQBFE	PR/QS	0		0
	--- 野山参（西洋参除外）：											
1211.2021	---- 鲜的或干的											
12112021.10	鲜或干的野山参（仅限俄罗斯属，西洋参除外）（不论是否切割、压碎或研磨成粉）	20	90		9	0	千克	ABEF	PR/QS	0	16.4	0
12112021.90	鲜或干的野山参（俄罗斯属除外，西洋参除外）（不论是否切割、压碎或研磨成粉）	20	90		9	0	千克	ABE	PR/QS	0	16.4	0

协定税率（%）														特惠税率（%）①/②	Article Description
巴基斯坦	冰岛	哥斯达黎加	秘鲁	新西兰	瑞士	新加坡	韩国	澳大利亚	格鲁吉亚	毛里求斯	日本RCEP	尼加拉瓜	港澳台		
															Flours and meals of oil seeds or oleaginous fruits, other than those of mustard:
5	0	0	0	0	0		0	0	0	0	6.5	8.1	0/	0/0	- Of soya beans
12	0	0	0	0	0	0	0	0		0	10.9	14	0/	0/0	- Other
															Seeds, fruit and spores, of a kind used for sowing:
0	0	0	0	0	0		0	0	0	0	0	0	0/	0/0	- Sugar beet seed
															- Seeds of forage plants:
0	0	0	0	0	0		0	0	0	0	0	0	0/	0/0	-- Lucerne (alfalfa) seed
0	0	0	0	0	0		0	0	0	0	0	0	0/	0/0	-- Clover (Trifblium spp.) seed
0	0	0	0	0	0		0	0	0	0	0	0	0/	0/0	-- Fescue seed
0	0	0	0	0	0		0	0	0	0	0	0	0/	0/0	-- Kentucky blue grass (Poa pratensis L.) seed
0	0	0	0	0	0		0	0	0	0	0	0	0/	0/0	-- Rye grass (Lolium multiflorum Lam., Lolium perenne L.) seed
															-- Other:
0	0	0	0	0	0		0	0	0	0	0	0	0/	0/0	--- Beet seed, excluding sugar beet seed
0	0	0	0	0	0		0	0	0	0	0	0	0/	0/0	--- Other
															- Seeds of herbaceous plants cultivated principally for their flowers
0	0	0	0	0	0		0	0	0	0	0	0	0/	0/0	Endangered herbaceous plants cultivated principally for their flowers, seed
0	0	0	0	0	0		0	0	0	0	0	0	0/	0/0	Seeds of herbaceous plants cultivated principally for their flowers, other than those of endangered plants
															- Other:
															-- Vegetable seeds:
0	0	0	0	0	0		0	0	0	0	0	0	0/	0/0	--- Carrot seeds
0	0	0	0	0	0		0	0	0	0	0	0	0/	0/0	--- Broccoli seeds
0	0	0	0	0	0		0	0	0	0	0	0	0/	0/0	--- Tomato seeds
0	0	0	0	0	0		0	0	0	0	0	0	0/	0/0	--- Onion seeds
0	0	0	0	0	0		0	0	0	0	0	0	0/	0/0	--- Spinach seeds
0	0	0	0	0	0		0	0	0	0	0	0	0/	0/0	--- Other
															-- Other:
0	0	0	0	0	0		0	0	0	0	0	0	0/	0/0	Other endangered seeds, fruits and spores, used for planting
0	0	0	0	0	0		0	0	0	0	0	0	0/	0/0	Seeds of jute, kenaf, bupleurum, Chinese angelica, angelica dahurica or woods
0	0	0	0	0	0		0	0	0	0	0	0	0/	0/0	Seeds of fruit trees or other forest trees, other than those of endangered trees
0	0	0	0	0	0		0	0	0	0	0	0	0/	0/0	Other seeds, fruits and spores, used for planting
															Hop cones, fresh or dried, whether or not ground, powdered or in the form of pellets; lupulin:
16	0	0	0	0	0	0	6.6	0	0	0	16.3	18.7	0/	0/0	- Hop cones, neither ground nor powdered nor in the form of pellets
2.5	0	0	0	0	0	0	0	0	0	0	7.3	9	0/	0/0	- Hop cones, ground, powdered or in the form of pellets; lupulin
															Plants and parts of plants (inclu-ding seeds and fruits), of a kind used primarily in perfumery, in pharmacy or for insecticidal, fungicidal or similar purposes, fresh, chilled, frozen or dried, whether or not cut, crushed or powdered:
															- Ginseng roots:
															--- American ginseng:
0	0	0	0	0	0	0	0	0	0	0	0	6	0/	0/0	----Fresh or dried
0	0	0	0	0	0	0	0	0	0	0	10.9	6	0/	0/0	----Other
															--- Wild ginseng (other than American ginseng):
															----Fresh or dried
16	0	0	0	0	0	0	6.6	0	0	0	16.3	18.7	0/	0/0	Wild ginseng, fresh or dried, Russian genus only, not including American ginseng
16	0	0	0	0	0	0	6.6	0	0	0	16.3	18.7	0/	0/0	Wild ginseng, fresh or dried, other than Russian genus and American ginseng

税　号	货品名称	进口关税（%）最惠国	普通	年内暂定	增值/消费税（%）	出口退税（%）	计量单位	监管证件代码	检验检疫类别	协定税率（%）东盟	亚太	智利
1211.2029	----其他											
12112029.10	冷或冻的野山参（仅限俄罗斯属，西洋参除外）（不论是否切割、压碎或研磨成粉）	20	90		9	0	千克	ABEF	PR/QS	0	16.4	0
12112029.90	冷或冻的野山参（俄罗斯属除外，西洋参除外）（不论是否切割、压碎或研磨成粉）	20	90		9	0	千克	ABE	PR/QS	0	16.4	0
	--- 其他：											
1211.2091	----鲜的											
12112091.10	其他鲜的人参（仅限俄罗斯属）（不论是否切割、压碎或研磨成粉）	20	50		9	0	千克	ABEF	PR/QS	0		0
12112091.91	其他鲜的野生人参（俄罗斯种群除外）（不论是否切割，压碎或研磨成粉，不包括人工培植的）	20	50		9	0	千克	ABE	PR/QS	0		0
12112091.99	其他鲜的非野生人参（俄罗斯种群除外）（不论是否切割，压碎或研磨成粉）	20	50		9	9	千克	AB	PR/QS	0		0
1211.2092	----干的											
12112092.10	其他干的人参（仅限俄罗斯属）（不论是否切割、压碎或研磨成粉）	20	50		9	0	千克	ABEFQ	PR/QS	0		0
12112092.91	其他干的野生人参（俄罗斯种群除外）（不论是否切割，压碎或研磨成粉，不包括人工培植的）	20	50		9	0	千克	ABEQ	PR/QS	0		0
12112092.99	其他干的非野生人参（俄罗斯种群除外）（不论是否切割，压碎或研磨成粉）	20	50		9	9	千克	ABQ	PR/QS	0		0
1211.2099	----其他											
12112099.10	其他冷、冻的人参（仅限俄罗斯属）（不论是否切割、压碎或研磨成粉）	20	50		9	0	千克	ABEFQ	PR/QS	0		0
12112099.91	其他冷、冻的野生人参（俄罗斯种群除外）（不论是否切割，压碎或研磨成粉，不包括人工培植的）	20	50		9	0	千克	ABEQ	PR/QS	0		0
12119039.96	如意博士茶（线叶金雀花）	6	20		9	9	千克	AB	P/Q	0	3	0
12112099.99	其他冷、冻的非野生人参（俄罗斯种群除外）（不论是否切割，压碎或研磨成粉）	20	50		9	9	千克	ABQ	PR/QS	0		0
1211.3000	- 古柯叶											
12113000.10	药用古柯叶（不论是否切割，压碎或研磨成粉）	9	50		9	9	千克	ABI	P/Q	0		0
12113000.20	做香料用古柯叶（不论是否切割，压碎或研磨成粉）	9	50		9	9	千克	AB	P/Q	0		0
12113000.90	杀虫杀菌用古柯叶（不论是否切割，压碎或研磨成粉）	9	50		9	9	千克	AB	P/Q	0		0
1211.4000	- 罂粟秆											
12114000.10	药用罂粟秆（不论是否切割、压碎或研磨成粉）	9	50		9	9	千克	AB	P/Q	0		0
12114000.20	做香料用罂粟秆（不论是否切割、压碎或研磨成粉）	9	50		9	9	千克	AB	P/Q	0		0
12114000.90	杀虫杀菌用罂粟秆（不论是否切割、压碎或研磨成粉）	9	50		9	9	千克	AB	P/Q	0		0
1211.5000	- 麻黄											
12115000.11	药料用麻黄草粉	9	30		9	9	千克	23AQB	P/Q	0	4.5	0
12115000.12	药料用人工种植麻黄草	9	30		9	9	千克	4ABQxy	P/Q	0	4.5	0
12115000.19	药料用麻黄草	9	30		9	9	千克	ABQ	P/Q	0	4.5	0
12115000.21	香料用麻黄草粉	9	30		9	9	千克	23AB	PR/Q	0	4.5	0
12115000.29	香料用麻黄草	9	30		9	9	千克	8A	R/	0	4.5	0
12115000.91	其他用麻黄草粉	9	30		9	9	千克	23AB	P/Q	0	4.5	0
12115000.99	其他用麻黄草	9	30		9	9	千克	8A	P/Q	0	4.5	0
1211.6000	- 非洲李的树皮	6	20		9	0	千克	ABFE	P/Q	0	3	0
	- 其他：											
	--- 主要用作药料的植物及其某部分：											
1211.9011	----当归	6	30		9	9	千克	AQB	PR/Q	0	3	0

协定税率（%）														特惠税率（%）①/②	Article Description
巴基斯坦	冰岛	哥斯达黎加	秘鲁	新西兰	瑞士	新加坡	韩国	澳大利亚	格鲁吉亚	毛里求斯	日本RCEP	尼加拉瓜	港澳台		
															----Other
16	0	0	0	0	0	0	6.6	0	0	0	10.9	18.7	0/	0/0	Wild ginseng, chilled or frozen, Russian genus only, not including American ginseng
16	0	0	0	0	0	0	6.6	0	0	0	10.9	18.7	0/	0/0	Wild ginseng, fresh, chilled, frozen or dried, other than Russian genus and American ginseng
															--- Other:
															----Fresh
	0	0	0	0	0	0	6.6	0	0	0	16.3	18.7	0/	0/0	Other fresh ginseng, Russia genus only
	0	0	0	0	0	0	6.6	0	0	0	16.3	18.7	0/	0/0	Other fresh wild ginseng，other than Russian genus, whether or not cut, crushed or powdered, other than those artificially cultivated
	0	0	0	0	0	0	6.6	0	0	0	16.3	18.7	0/	0/0	Other fresh non-wild ginseng, other than Russian genus, whether or not cut, crushed or powdered
															----Dried
	0	0	0	0	0	0		0	0	0		18.7	0/	0/0	Other dried ginseng, Russia genus only
	0	0	0	0	0	0		0	0	0		18.7	0/	0/0	Other dried wild ginseng, other than Russian genus, whether or not cut, crushed or powdered, other than those artificially cultivated
	0	0	0	0	0	0		0	0	0		18.7	0/	0/0	Other dried non-wild ginseng, other than Russian genus, whether or not cut, crushed or powdered
															----Other
	0	0	0	0	0	0		0	0	0	10.9	18.7	0/	0/0	Other chilled or frozen ginseng, Russia genus only
	0	0	0	0	0	0		0	0	0	10.9	18.7	0/	0/0	Other chilled or frozen wild ginseng, other than Russian genus, whether or not cut, crushed or powdered, other than those artificially cultivated
0	0	0	0	0	0		0	0	0	0	0	0	0/	0/0	Rooibos tea (*aspalathus linearis*)
	0	0	0	0	0	0		0	0	0	10.9	18.7	0/	0/0	Other chilled or frozen non-wild ginseng, other than Russian genus, whether or not cut, crushed or powdered
															- Coca leaf
0	0	0	0	0	0		0	0	0	0	6.5	8.1	0/	0/0	Coca leaf, used in pharmacy (whether or not cut, crushed or powdered)
0	0	0	0	0	0		0	0	0	0	6.5	8.1	0/	0/0	Coca leaf, used in perfumery (whether or not cut, crushed or powdered)
0	0	0	0	0	0		0	0	0	0	6.5	8.1	0/	0/0	Coca leaf, used for insecticidal or fungicidal (whether or not cut, crushed or powdered)
															- Poppy straw
0	0	0	0	0	0		0	0	0	0	6.5	8.1	0/	0/0	Poppy straw, used in pharmacy (whether or not cut, crushed or powdered)
0	0	0	0	0	0		0	0	0	0	6.5	8.1	0/	0/0	Poppy straw, used in perfumery (whether or not cut, crushed or powdered)
0	0	0	0	0	0		0	0	0	0	6.5	8.1	0/	0/0	Poppy straw, used in insecticidal or fungicidal (whether or not cut, crushed or powdered)
															- Ephedra
0	0	0	0	0	0		0	0	0	0	6.5	8.1	0/	0/0	Ephedra powder, used in pharmacy
0	0	0	0	0	0		0	0	0	0	6.5	8.1	0/	0/0	Artificial planting ephedra for medicinal use
0	0	0	0	0	0		0	0	0	0	6.5	8.1	0/	0/0	Ephedra sinica, used in pharmacy
0	0	0	0	0	0		0	0	0	0	6.5	8.1	0/	0/0	Ephedra powder, of a kind used in perfumery
0	0	0	0	0	0		0	0	0	0	6.5	8.1	0/	0/0	Ephedra sinica, of a kind used in perfumery
0	0	0	0	0	0		0	0	0	0	6.5	8.1	0/	0/0	Other ephedra powder
0	0	0	0	0	0		0	0	0	0	6.5	8.1	0/	0/0	Other ephedra sinica
0	0	0	0	0	0		0	0	0	0	0	0	0/	0/0	- Bark of African cherry (Prunus africana)
															- Other:
															--- Of a kind used primarily in pharmacy:
0	0	0	0	0	0		0	0	0	0	0	0	0/	0/0	----Radix angelicae sinensis

税　号	货品名称	进口关税（%）最惠国	普通	年内暂定	增值/消费税（%）	出口退税（%）	计量单位	监管证件代码	检验检疫类别	协定税率（%）东盟	亚太	智利
1211.9012	----三七（田七）	6	20		9	9	千克	AQB	PR/Q	0	3	0
1211.9013	----党参	6	20		9	9	千克	AQB	PR/Q	0	3	0
1211.9014	----黄连											
12119014.10	鲜、冷、冻或干的野生黄连（不论是否切割，压碎或研磨成粉，不包括人工培植的）	6	20		9	0	千克	AQBE	P/Q	0	3	0
12119014.90	鲜、冷、冻或干的其他黄连（不论是否切割，压碎或研磨成粉）	6	20		9	9	千克	AQB	P/Q	0	3	0
1211.9015	----菊花	6	20		9	9	千克	AQB	PR/QS	0	3	0
1211.9016	----冬虫夏草											
12119016.10	鲜、冷、冻或干的野生冬虫夏草（不论是否切割，压碎或研磨成粉，不包括人工培植的）	6	20		9	0	千克	ABEQ	P/Q	0	3	0
12119016.90	鲜、冷、冻或干的其他冬虫夏草（不论是否切割，压碎或研磨成粉）	6	20		9	9	千克	ABQ	P/Q	0	3	0
1211.9017	----贝母											
12119017.10	鲜、冷、冻或干的野生贝母（不论是否切割，压碎或研磨成粉，不包括人工培植的）	6	20		9	0	千克	AQBE	PR/Q	0	3	0
12119017.90	鲜、冷、冻或干的其他贝母（不论是否切割，压碎或研磨成粉）	6	20		9	9	千克	AQB	PR/Q	0	3	0
1211.9018	----川芎	6	20		9	9	千克	AQB	PR/Q	0	3	0
1211.9019	----半夏	6	20		9	9	千克	AQB	P/Q	0	3	0
1211.9021	----白芍	6	20		9	9	千克	AQB	PR/Q	0	3	0
1211.9022	----天麻	6	20		9	0	千克	AQBFE	PR/Q	0	3	0
1211.9023	----黄芪	6	30		9	9	千克	AQB	PR/Q	0	3	0
1211.9024	----大黄、籽黄	6	20		9	9	千克	AQB	PR/Q	0	3	0
1211.9025	----白术	6	20		9	9	千克	AQB	PR/Q	0	3	0
1211.9026	----地黄	6	20		9	9	千克	AQB	PR/Q	0	3	0
1211.9027	----槐米	6	20		9	9	千克	AQB	PR/QS	0	3	0
1211.9028	----杜仲	6	20		9	9	千克	ABQ	PR/Q	0	3	0
1211.9029	----茯苓	6	20		9	9	千克	AQB	PR/QS	0	3	0
1211.9031	----枸杞	6	30		9	9	千克	AQB	PR/QS	0	3	0
1211.9032	----大海子	6	20		9	9	千克	AQB	PR/QS	0	3	0
1211.9033	----沉香	3	20		9	0	千克	AQFEB	P/Q	0	1.5	0
1211.9034	----沙参	6	20		9	9	千克	AQB	PR/Q	0	3	0
1211.9035	----青蒿	6	20		9	0	千克	AB	P/Q	0		0
1211.9036	----甘草	6	30		9	9	千克	AQB4xy	PR/QS	0		0
1211.9037	----黄芩	6	20		9	9	千克	ABQ	P/Q	0	3	0
1211.9038	----椴树（欧椴）花及叶											
12119038.10	海南椴、紫椴（籽椴）花及叶（不论是否切割，压碎或研磨成粉）	6	30		9	0	千克	ABEQ	P/Q	0	3	0
12119038.90	其他椴树（欧椴）花及叶	6	30		9	9	千克	ABQ	P/Q	0	3	0
1211.9039	----其他											
12119039.30	大麻	6	20		9	9	千克	ABI	P/Q	0	3	0
12119039.40	罂粟壳	6	20		9	9	千克	ABI	P/Q	0	3	0
12119039.50	鲜、冷、冻或干的木香（不论是否切割，压碎或研磨成粉）	6	20		9	0	千克	ABFE	P/Q	0	3	0
12119039.60	鲜、冷、冻或干的石斛及枫斗（不论是否切割，压碎或研磨成粉）	6	20		9	0	千克	ABFE	P/Q	0	3	0
12119039.71	鲜、冷、冻或干的濒危苁蓉（不论是否切割，压碎或研磨成粉）	6	20		9	0	千克	ABFE	P/Q	0	3	0

协定税率（%）														特惠税率（%）①/②	Article Description
巴基斯坦	冰岛	哥斯达黎加	秘鲁	新西兰	瑞士	新加坡	韩国	澳大利亚	格鲁吉亚	毛里求斯	日本RCEP	尼加拉瓜	港澳台		
0	0	0	0	0	0		0	0	0	0	0	0	0/	0/0	----Radix pseudoginseng
0	0	0	0	0	0		0	0	0	0	0	0	0/	0/0	----Radix codonopsitis
															----Rhizoma coptidis
0	0	0	0	0	0		0	0	0	0	0	0	0/	0/0	Wild Rhizoma coptidis, fresh, chilled, frozen or dried，whether or not cut, crushed or powdered，other than those artificially cultivated
0	0	0	0	0	0		0	0	0	0	0	0	0/	0/0	Other Rhizoma coptidis，Fresh, chilled, frozen or dried，whether or not cut, crushed or powdered
0	0	0	0	0	0		0	0	0	0	0	0	0/	0/0	----Flos chrysanthemi
															----Cordyceps sinensis
0	0	0	0	0	0		0	0	0	0	0	0	0/	0/0	Wild Cordyceps sinensis, fresh, chilled, frozen or dried, whether or not cut, crushed or powdered, other than those artificially cultivated
0	0	0	0	0	0		0	0	0	0	0	0	0/	0/0	Other Cordyceps sinensis, Fresh, chilled, frozen or dried, whether or not cut, crushed or powdered
															----Bulbs fritillariae thunbergii
0	0	0	0	0	0		0	0	0	0	0	0	0/	0/0	Wild Fritillariae, fresh, chilled, frozen or dried, whether or not cut, crushed or powdered, other than those artificially cultivated
0	0	0	0	0	0		0	0	0	0	0	0	0/	0/0	Other Fritillariae, fresh, chilled, frozen or dried, whether or not cut, crushed or powdered
0	0	0	0	0	0		0	0	0	0	0	0	0/	0/0	----Rhizoma ligustici
0	0	0	0	0	0		0	0	0	0	0	0	0/	0/0	----Rhizoma pinelliae
0	0	0	0	0	0		0	0	0	0	0	0	0/	0/0	----Radix paeoniae lactifiorae
0	0	0	0	0	0		0	0	0	0	0	0	0/	0/0	----Rhizoma gastrodiae
0	0	0	0	0	0		0	0	0	0	0	0	0/	0/0	----Radix astragali
0	0	0	0	0	0		0	0	0	0	0	0	0/	0/0	----Rhubarb
0	0	0	0	0	0		0	0	0	0	0	0	0/	0/0	----Rhizoma atractylodis macrocephalae
0	0	0	0	0	0		0	0	0	0	0	0	0/	0/0	----Radix rehmanniae
0	0	0	0	0	0		0	0	0	0	0	0	0/	0/0	----Flos sophorae
0	0	0	0	0	0		0	0	0	0	0	0	0/	0/0	----Cortex eucommiae
0	0	0	0	0	0		0	0	0	0	0	0	0/	0/0	----Poria
0	0	0	0	0	0		0	0	0	0	0	0	0/	0/0	----Fructus lycii
0	0	0	0	0	0		0	0	0	0	0	0	0/	0/0	----Bantaroi seeds
0	0	0	0	0	0		0	0	0	0	0	0	0/	0/0	----Aloes wood
0	0	0	0	0	0		0	0	0	0	0	0	0/	0/0	----Adenophora axilliflora
5	0	0	0	0	0		0	0	0	0	0	0	0/	0/0	----Southernwood
0	0	0	0	0	0		0	0	0	0	4.4	0	0/	0/0	----Liquorice roots
0	0	0	0	0	0		0	0	0	0	0	0	0/	0/0	----Radix astragali
															----Linden flower and leaf
0	0	0	0	0	0		0	0	0	0	0	0	0/	0/0	Hainan linden, Tilia amurensis (seed linden) flowers and leaves (whether or not cut, crushed or powdered)
0	0	0	0	0	0		0	0	0	0	0	0	0/	0/0	Other linden (European linden) flowers and leaves
															----Other
0	0	0	0	0	0		0	0	0	0	0	0	0/	0/0	Hemp (Cannabis sativa)
0	0	0	0	0	0		0	0	0	0	0	0	0/	0/0	Poppy shell
0	0	0	0	0	0		0	0	0	0	0	0	0/	0/0	Costustoot, fresh or dried (whether or not cut, crushed or powdered)
0	0	0	0	0	0		0	0	0	0	0	0	0/	0/0	Herba dendrobii and dendrobium, fresh, chilled, frozen or dried (whether or not cut, crushed or powdered)
0	0	0	0	0	0		0	0	0	0	0	0	0/	0/0	Endangered Cistanche deserticola Ma, fresh, chilled, frozen or dried, whether or not cut, crushed or powdered

税　号	货品名称	进口关税（%）			增值/消费税（%）	出口退税（%）	计量单位	监管证件代码	检验检疫类别	协定税率（%）		
		最惠国	普通	年内暂定						东盟	亚太	智利
12119039.79	鲜、冷、冻或干的其他苁蓉（不论是否切割，压碎或研磨成粉）	6	20		9	9	千克	AB	P/Q	0	3	0
12119039.82	鲜或干的濒危红豆杉皮、枝叶（不论是否切割，压碎或研磨成粉）	6	20		9	0	千克	ABFE	P/Q	0	3	0
12119039.83	鲜或干的其他红豆杉皮、枝叶（不论是否切割，压碎或研磨成粉）	6	20		9	9	千克	AB	P/Q	0	3	0
12119039.84	冷或冻的濒危红豆杉皮、枝叶（不论是否切割，压碎或研磨成粉）	6	20		9	0	千克	ABFE	P/Q	0	3	0
12119039.85	冷或冻的其他红豆杉皮、枝叶（不论是否切割，压碎或研磨成粉）	6	20		9	9	千克	AB	P/Q	0	3	0
12119039.91	其他主要用作药料鲜、冷、冻或干的濒危植物（包括其某部分，不论是否切割、压碎或研磨成粉）	6	20		9	0	千克	ABFE	P/Q	0	3	0
12119039.92	加纳籽、车前子壳粉、育亨宾皮（包括其某部分，不论是否切割，压碎或研磨成粉）	6	20		9	9	千克	AB	P/Q	0	3	0
12119039.93	恰特草（包括其某部分，不论是否切割、压碎或研磨成粉）	6	20		9	9	千克	ABI	P/Q	0	3	0
12119039.94	牛蒡种子	6	20	0	0	0	千克	ABQ	P/Q	0	3	0
12119039.95	当归种子	6	20		0	0	千克	ABQ	P/Q	0	3	0
12119039.96	如意博士茶（线叶金雀花）（包括其某部分,不论是否切割、压碎或研磨成粉）	6	20		9	9	千克	AB	P/Q	0	3	0
12119039.99	其他主要用作药料的鲜、冷、冻或干的植物（包括其某部分，不论是否切割，压碎或研磨成粉）	6	20		9	9	千克	ABQ	P/Q	0	3	0
1211.9050	--- 主要用作香料的植物及其某部分											
12119050.30	香料用沉香木及拟沉香木（包括其某部分，不论是否切割、压碎或研磨成粉）	8	50		9	0	千克	ABFE	PR/Q	0	4	0
12119050.91	其他主要用作香料的濒危植物（包括其某部分，不论是否切割，压碎或研磨成粉）	8	50		9	0	千克	ABFE	PR/Q	0	4	0
12119050.99	其他主要用作香料的植物（包括其某部分，不论是否切割，压碎或研磨成粉）	8	50		9	9	千克	AB	MPR/NQ	0	4	0
	--- 其他：											
1211.9091	---- 鱼藤根、除虫菊	3	11		9	9	千克	AB	MP/NQ	0	1.5	0
1211.9099	---- 其他											
12119099.91	其他鲜、冷、冻或干的杀虫、杀菌用濒危植物（不论是否切割，压碎或研磨成粉）	9	30		9	0	千克	ABFE	P/Q	0	4.5	0
12119099.99	其他鲜、冷、冻或干的杀虫、杀菌用植物（不论是否切割，压碎或研磨成粉）	9	30		9	9	千克	AB	P/Q	0	4.5	0
12.12	**鲜、冷、冻或干的刺槐豆、海草及其他藻类、甜菜及甘蔗，不论是否碾磨；主要供人食用的其他税目未列名的果核、果仁及植物产品（包括未焙制的菊苣根）：**											
	- 海草及其他藻类：											
	-- 适合供人食用的：											
1212.2110	--- 海带											
12122110.10	不超过10厘米的海带种苗及其配子或孢子（不论是否碾磨）	20	70		0	0	千克	AB	PR/QS	0	10	0

协定税率（%）巴基斯坦	冰岛	哥斯达黎加	秘鲁	新西兰	瑞士	新加坡	韩国	澳大利亚	格鲁吉亚	毛里求斯	日本RCEP	尼加拉瓜	港澳台	特惠税率（%）①/②	Article Description
0	0	0	0	0	0		0	0	0	0	0	0	0/	0/0	Other Cistanche deserticola Ma, fresh, chilled, frozen or dried, whether or not cut, crushed or powdered
0	0	0	0	0	0		0	0	0	0	0	0	0/	0/0	Bark, branch and leaf of endangered Taxaceae, fresh or dried, whether or not cut, crushed or powdered
0	0	0	0	0	0		0	0	0	0	0	0	0/	0/0	Bark, branch and leaf of other Taxaceae, fresh or dried, whether or not cut, crushed or powdered
0	0	0	0	0	0		0	0	0	0	0	0	0/	0/0	Bark, branch and leaf of endangered Taxaceae, chilled or frozen, whether or not cut, crushed or powdered
0	0	0	0	0	0		0	0	0	0	0	0	0/	0/0	Bark, branch and leaf of other Taxaceae, chilled or frozen, whether or not cut, crushed or powdered
0	0	0	0	0	0		0	0	0	0	0	0	0/	0/0	Other endangered plants and parts of them, of a kind used primarily in pharmacy, fresh, chilled, frozen or dried (whether or not cut, crushed or powdered)
0	0	0	0	0	0		0	0	0	0	0	0	0/	0/0	Griffonia seed, plantago seed powder, yohimbine bark, and part of them (whether or not cut, crushed or powdered)
0	0	0	0	0	0		0	0	0	0	0	0	0/	0/0	Catha edulis forssk (whether or not cut, crushed or powdered)
0	0	0	0	0	0		0	0	0	0	0	0	0/	0/0	Seeds of burdocks
0	0	0	0	0	0		0	0	0	0	0	0	0/	0/0	Angelica sinensis seed
0	0	0	0	0	0		0	0	0	0	0	0	0/	0/0	Rooibos tea (aspalathus linearis) (whether or not cut, crushed or powdered)
0	0	0	0	0	0		0	0	0	0	0	0	0/	0/0	Other plants and parts of them, of a kind used primarily in pharmacy, fresh or dried (whether or not cut, crushed or powdered)
															--- Of a kind used primarily in perfumery
0	0	0	0	0	0		0	0	0	3.4	5.8	0	0/	0/0	Eaglewood and agalloch eaglewood, and parts of them, of a kind used in perfumery (whether or not cut, crushed or powdered)
0	0	0	0	0	0		0	0	0	3.4	5.8	0	0/	0/0	Other endangered plants and parts of them, of a kind used in perfumery (whether or not cut, crushed or powdered)
0	0	0	0	0	0		0	0	0	3.4	5.8	0	0/	0/0	Other plants and parts of them, of a kind used in perfumery (whether or not cut, crushed or powdered)
															--- Other:
0	0	0	0	0	0		0	0	0	0	0	0	0/	0/0	----Derris roots and pyrethrum
															----Other
0	0	0	0	0	0		0	0	0	0	6.5	8.1	0/	0/0	Other endangered plants, of a kind used for insecticidal or fungicidal, fresh, chilled, frozen or dried (whether or not cut, crushed or powdered)
0	0	0	0	0	0		0	0	0	0	6.5	8.1	0/	0/0	Other plants, of a kind used for insecticidal or fungicidal, fresh, chilled, frozen or dried (whether or not cut, crushed or powdered)
															Locust beans, seaweeds and other algae, sugar beet and sugar cane, fresh, chilled, frozen or dried, whether or not ground; fruit stones and kernels and other vegetable products (including unroasted chi-cory roots of the variety Cichorium intybus sativum) of a kind used primarily for human consumption, not elsewhere specified or included:
															- Seaweeds and other algae:
															-- Fit for human consumption:
															--- Sea tangle
5	0	0	0	0	0	0	6.6	0	0	0	16.3	18.7	0/	0/0	Kelp sprouts not exceeding 10cm and kelp gametes or spores

税号	货品名称	进口关税（%） 最惠国	进口关税（%） 普通	进口关税（%） 年内暂定	增值/消费税（%）	出口退税（%）	计量单位	监管证件代码	检验检疫类别	协定税率（%） 东盟	协定税率（%） 亚太	协定税率（%） 智利
12122110.90	适合供人食用的鲜、冷、冻或干的海带（不论是否碾磨）	20	70		9	0	千克	AB	PR/QS	0	10	0
1212.2120	--- 发菜	20	70		9	9	千克	8A	PR/QS	0	10	0
	--- 裙带菜：											
1212.2131	---- 干的	15	70		9	9	千克	AB	PR/QS	0	7.5	0
1212.2132	---- 鲜的											
12122132.10	不超过10厘米的裙带菜种苗及其配子或孢子（不论是否碾磨）	15	70		0	0	千克	AB	PR/QS	0	7.5	0
12122132.90	适合供人食用的鲜的裙带菜（不论是否碾磨）	15	70		9	9	千克	AB	PR/QS	0	7.5	0
1212.2139	---- 其他	15	70		9	9	千克	AB	PR/QS	0	7.5	0
	--- 紫菜：											
1212.2141	---- 干的	15	70		9	0	千克	AB	PR/QS	0	7.5	0
1212.2142	---- 鲜的											
12122142.10	不超过5厘米的紫菜种苗及其配子或孢子（不论是否碾磨）	15	70		0	0	千克	AB	PR/QS	0	7.5	0
12122142.90	适合供人食用的鲜的紫菜（不论是否碾磨）	15	70		9	0	千克	AB	PR/QS	0	7.5	0
1212.2149	---- 其他	15	70		9	0	千克	AB	PR/QS	0	7.5	0
	--- 麒麟菜：											
1212.2161	---- 干的											
12122161.10	适合供人食用的干的野生珍珠麒麟菜（不论是否碾，不包括人工培植的）	15	70		9	0	千克	ABE	PR/QS	0	7.5	0
12122161.90	适合供人食用的干的其他麒麟菜（不论是否碾磨）	15	70		9	9	千克	AB	PR/QS	0	7.5	0
1212.2169	---- 其他											
12122169.11	野生珍珠麒麟菜种苗及其配子或孢子（不论是否碾，不包括人工培植的）	15	70		9	9	千克	ABE	PR/QS	0	7.5	0
12122169.19	其他麒麟菜种苗及其配子或孢子（不论是否碾磨）	15	70		0	0	千克	AB	PR/QS	0	7.5	0
12122169.91	适合供人食用的鲜、冷或冻的野生珍珠麒麟菜（不论是否碾，不包括人工培植的）	15	70		9	0	千克	ABE	PR/QS	0	7.5	0
12122169.99	适合供人食用的鲜、冷或冻的其他麒麟菜（不论是否碾磨）	15	70		9	9	千克	AB	PR/QS	0	7.5	0
	--- 江蓠：											
1212.2171	---- 干的	15	70		9	9	千克	AB	PR/QS	0	7.5	0
1212.2179	---- 其他											
12122179.10	江蓠种苗及其配子或孢子（不论是否碾磨）	15	70		0	0	千克	AB	PR/QS	0	7.5	0
12122179.90	适合供人食用的鲜、冷或冻的江蓠（不论是否碾磨）	15	70		9	9	千克	AB	PR/QS	0	7.5	0
1212.2190	--- 其他											
12122190.10	其他适合供人食用的藻类（石花菜、羊栖菜、苔菜等）种苗及其配子或孢子（不论是否碾磨）	15	70	2	0	0	千克	AB	PR/QS	0	7.5	0
12122190.90	其他适合供人食用的海草及藻类（不论是否碾磨）	15	70	2	9	9	千克	AB	PR/QS	0	7.5	0
	-- 其他：											
1212.2910	--- 马尾藻											
12122910.10	鲜、冷、冻或干的野生马尾藻（不论是否碾，不包括人工培植的）	15	70	2	9	0	千克	ABE	P/Q	0	7.5	0
12122910.90	鲜、冷、冻或干的其他马尾藻（不论是否碾磨）	15	70	2	9	9	千克	AB	P/Q	0	7.5	0
1212.2990	--- 其他	15	70	2	9	9	千克	AB	P/Q	0	7.5	0
	- 其他：											
1212.9100	-- 甜菜	20	70		9	9	千克	AB	PR/Q	0		0

协定税率（%） 巴基斯坦	冰岛	哥斯达黎加	秘鲁	新西兰	瑞士	新加坡	韩国	澳大利亚	格鲁吉亚	毛里求斯	日本RCEP	尼加拉瓜	港澳台	特惠税率（%）①/②	Article Description
5	0	0	0	0	0	0	6.6	0	0	0	16.3	18.7	0/	0/0	fresh, chilled, frozen or dried kelp, fit for human consumption, whether or not ground
5	0	0	0	0	0	0	6.6	0	0	0	16.3	18.7	0/	0/0	--- Black moss
															--- Pinnatifida:
3.8	0	0	0	0	0	0	0	0	0	0	10.9	14	0/	0/0	----Dried
															----Fresh
3.8	0	0	0	0	0	0	0	0	0	0	10.9	14	0/	0/0	Undaria pinnatifida sprouts not exceeding 10cm and undaria pinnatifida gametes or spores
3.8	0	0	0	0	0	0	0	0	0	0	10.9	14	0/	0/0	Fresh undaria pinnatifida, fit for human consumption, whether or not ground
3.8	0	0	0	0	0	0	0	0	0	0	10.9	14	0/	0/0	----Other
															--- Laver:
3.8	0	0	0	0	0	0	0	0	0	0	10.9	14	0/	0/0	----Dried
															----Fresh
3.8	0	0	0	0	0	0	0	0	0	0	10.9	14	0/	0/0	Laver sprouts not exceeding 5cm and laver gametes or spores
3.8	0	0	0	0	0	0	0	0	0	0	10.9	14	0/	0/0	Fresh laver, fit for human consumption, whether or not ground
3.8	0	0	0	0	0	0	0	0	0	0	10.9	14	0/	0/0	----Other
															--- Eucheuma:
															----Dried
3.8	0	0	0	0	0		0	0	0	0	10.9	14	0/	0/0	Dried wild Eucheuma okamurai Yamada, suitable for human consumption, whether or not ground, other than those artificially cultivated
3.8	0	0	0	0	0		0	0	0	0	10.9	14	0/	0/0	Dried other Eucheuma, suitable for human consumption, whether or not ground
															----Other
3.8	0	0	0	0	0		0	0	0	0	10.9	14	0/	0/0	Sprouts, gametes and spores of wild Eucheuma okamurai Yamada, whether or not ground, other than those artificially cultivated
3.8	0	0	0	0	0		0	0	0	0	10.9	14	0/	0/0	Sprouts, gametes and spores of other Eucheuma, whether or not ground
3.8	0	0	0	0	0		0	0	0	0	10.9	14	0/	0/0	Wild Eucheuma okamurai Yamada, fresh, chilled or frozen, suitable for human consumption, whether or not ground, other than those artificially cultivated
3.8	0	0	0	0	0		0	0	0	0	10.9	14	0/	0/0	Other Eucheuma, fresh, chilled or frozen, suitable for human consumption, whether or not ground
															--- Gracilaria:
3.8	0	0	0	0	0		0	0	0	0	10.9	14	0/	0/0	----Dried
															----Other
3.8	0	0	0	0	0		0	0	0	0	10.9	14	0/	0/0	Gracilaria sprouts, gametes and spores
3.8	0	0	0	0	0		0	0	0	0	10.9	14	0/	0/0	Fresh, chilled or frozen gracilaria, fit for human consumption, whether or not ground
															--- Other
3.8	0	0	0	0	0	0	0	0	0	0	10.9	14	0/	0/0	Sprouts, gametes or spores of other algae (e.g. agar and sargassum fusiforme)
3.8	0	0	0	0	0	0	0	0	0	0	10.9	14	0/	0/0	Other algae, fit for human consumption, whether or not ground
															-- Other:
															--- Sargassum
3.8	0	0	0	0	0	0	0	0	0	0		14	0/	0/0	Wild Sargassum, fresh, chilled or frozen, whether or not ground, other than those artificially cultivated
3.8	0	0	0	0	0	0	0	0	0	0		14	0/	0/0	Other Sargassum, fresh, chilled or frozen, whether or not ground
3.8	0	0	0	0	0	0	0	0	0	0		14	0/	0/0	--- Other
															- Other:
	0	0	0	0	0	0	6.6	0	0	0	16.3	18.7	0/	0/0	-- Sugar beet

税　号	货品名称	进口关税（%）最惠国	普通	年内暂定	增值/消费税（%）	出口退税（%）	计量单位	监管证件代码	检验检疫类别	协定税率（%）东盟	亚太	智利
1212.9200	-- 刺槐豆	20	70		9	9	千克	AB	PR/Q	0	10	0
1212.9300	-- 甘蔗	20	70		9	9	千克	AB	PR/Q	0		0
1212.9400	-- 菊苣根	20	70		9	9	千克	AB	PR/QS	0		0
	-- 其他：											
	--- 杏、桃（包括油桃）、梅或李的核及核仁：											
1212.9911	---- 苦杏仁	20	80		9	9	千克	QAB	PR/QS	0		0
1212.9912	---- 甜杏仁	20	80		9	9	千克	AB	PR/QS	0		0
1212.9919	---- 其他	20	80		9	9	千克	AB	PR/QS	0		0
	--- 其他：											
1212.9993	---- 白瓜子	20	80		9	9	千克	AB	PR/QS	0		0
1212.9994	---- 莲子	20	80		9	9	千克	AB	PR/QS	0		0
1212.9996	---- 甜叶菊叶	30	70		9	9	千克	AB	PR/QS	0		0
1212.9999	---- 其他											
12129999.10	其他供人食用濒危植物产品（包括未焙制的菊苣根，包括果核、仁等）	30	70		9	0	千克	ABFE	PR/QS	0		0
12129999.90	其他供人食用果核、仁及植物产品（包括未焙制的菊苣根）	30	70		9	9	千克	AB	PR/QS	0		0
12.13	**未经处理的谷类植物的茎、秆及谷壳，不论是否切碎、碾磨、挤压或制成团粒：**											
1213.0000	未经处理的谷类植物的茎、秆及谷壳，不论是否切碎、碾磨、挤压或制成团粒	12	35		9	9	千克	AB	P/Q	0		0
12.14	**芜菁甘蓝、饲料甜菜、饲料用根、干草、紫苜蓿、三叶草、驴喜豆、饲料羽衣甘蓝、羽扇豆、巢菜及类似饲料，不论是否制成团粒：**											
1214.1000	- 紫苜蓿粗粉及团粒	5	35		0	0	千克	AB	P/Q	0		0
1214.9000	- 其他											
12149000.01	其他紫苜蓿（粗粉及团粒除外）	9	35	7	0	0	千克	AB	P/Q	0		0
12149000.02	以除紫苜蓿外的禾本科和豆科为主的多种混合天然饲草	9	35	4	0	0	千克	AB	P/Q	0		0
12149000.90	芜菁甘蓝、饲料甜菜、其他植物饲料（包括饲料用根、干草、三叶草、驴喜豆等，不论是否制成团粒）	9	35		0	0	千克	AB	P/Q	0		0

协定税率（%）														特惠税率（%）①/②	Article Description
巴基斯坦	冰岛	哥斯达黎加	秘鲁	新西兰	瑞士	新加坡	韩国	澳大利亚	格鲁吉亚	毛里求斯	日本RCEP	尼加拉瓜	港澳台		
10	0	0	0	0	0	0	6.6	0	0	0	16.3	18.7	0/	0/0	-- Locust beans (carob)
	0	0	0	0	0		0	0	0	0	14.5	18.7	0/	0/0	-- Sugar cane
	0	0	0	0			6.6	0	0	0	16.3	18.7	0/	0/0	-- Chicory roots
															-- Other:
															--- Apricot, peach (including nectarine) or plum stones and kernels:
	0	0	0	0	0	0	6.6	0	0	0	16.3	18.7	0/	0/0	----Bitter apricot kernels
	0	0	0	0	0	0	6.6	0	0	0	16.3	18.7	0/	0/0	----Sweet apricot kernels
	0	0	0	0	0	0	6.6	0	0	0	16.3	18.7	0/	0/0	----Other
															--- Other:
	0	0	0	0	0	0	6.6	0	0	0	16.3	18.7	0/	0/0	----Pumpkin seeds
	0	0	0	0	0	0	6.6	0	0	0	16.3	18.7	0/	0/0	----Lotus seeds (Semen Nelurnbinis)
	0	0	0	0		0		0	0	6		27	0/	0/0	----Stevia leaf
															----Other
	0	0	0	0		0		0	0	6		28	0/	0/0	Other endangered vegetable products (including unroasted chicory roots, fruit stones and kernels) for human consumption
	0	0	0	0		0		0	0	6		28	0/	0/0	Other fruit stones, kernels and vegetable products (including unroasted chicory roots) for human consumption
															Cereal straw and husks, unprepared, whether or not chopped, ground, pressed or in the form of pellets:
3	0	0	0	0	0	0	0	0	0	0	8.7	10.8	0/	0/0	Cereal straw and husks, unprepared, whether or not chopped, ground, pressed or in the form of pellets
															Swedes, manigolds, fodder roots, hay, lucerne (alfalfa), clover, sainfoin, forage kale, lupines, vetches and similar forage products, whether or not in the form of pellets:
0	0	0	0	0	0		0	0	0	0	0	0	0/	0/0	- Lucerne (alfalfa) meal and pellets
															- Other
0	0	0	0	0	0		0	0	0	0	6.5	8.1	0/	0/0	Other lucerne (alfalfa) (excluding meal and pellets)
0	0	0	0	0	0		0	0	0	0	6.5	8.1	0/	0/0	Mixed natural forage grass based on gramineous and leguminous plants, other than those containing lucerne (alfalfa)
0	0	0	0	0	0		0	0	0	0	6.5	8.1	0/	0/0	Bwede, beet for forage, other vegetable forage (including fodder roots, hay, clover, sainfoin, etc., whether or not in the form of pellets)

第十三章　虫胶；树胶、树脂及其他植物液、汁

注释：

税目13.02主要包括甘草、除虫菊、啤酒花、芦荟的浸膏及鸦片，但不包括：

一、按重量计蔗糖含量在10%以上或制成糖食的甘草浸膏（税目17.04）；

二、麦芽膏（税目19.01）；

三、咖啡精、茶精、马黛茶精（税目21.01）；

四、构成含酒精饮料的植物汁、液（第二十二章）；

五、樟脑、甘草甜及税目29.14或29.38的其他产品；

六、罂粟秆浓缩物，按重量计生物碱含量不低于50%（税目29.39）；

七、税目30.03或30.04的药品及税目38.22的血型试剂；

八、鞣料或染料的浸膏（税目32.01或32.03）；

九、精油、浸膏、净油、香膏、提取的油树脂或精油的水馏液及水溶液；饮料制造业用的以芳香物质为基料的制剂（第三十三章）；或

十、天然橡胶、巴拉塔胶、古塔波胶、银胶菊胶、糖胶树胶或类似的天然树胶（税目40.01）。

本国注释：

税号1302.1100的鸦片，我国禁止进口。

税号	货品名称	进口关税（%）			增值/消费税（%）	出口退税（%）	计量单位	监管证件代码	检验检疫类别	协定税率（%）		
		最惠国	普通	年内暂定						东盟	亚太	智利
13.01	虫胶；天然树胶、树脂、树胶脂及油树脂（例如，香树脂）：											
1301.2000	- 阿拉伯胶	15	40		9	9	千克	AB	PR/Q	0		0
	- 其他：											
1301.9010	--- 胶黄耆树胶（卡喇杆胶）	15	40		9	9	千克	AB	P/Q	0		0
1301.9020	--- 乳香、没药及血竭	3	17		9	9	千克	ABQ	P/Q	0		0
1301.9030	--- 阿魏											
13019030.10	濒危野生阿魏（不包括人工培植的）	3	17		9	0	千克	ABE	P/Q	0		0
13019030.90	其他阿魏	3	17		9	9	千克	AB	P/Q	0		0
1301.9040	--- 松脂											
13019040.10	濒危松科植物的松脂	15	45		9	0	千克	ABE	MP/NQ	0		0
13019040.90	其他松脂	15	45		9	9	千克	AB	MPR/NQ	0		0
1301.9090	--- 其他											
13019090.10	大戟脂、愈疮树脂	15	45		9	0	千克	ABFE	P/Q	0		0
13019090.20	大麻脂	15	45		9	9	千克	ABI	P/Q	0		0
13019090.91	其他濒危植物的天然树胶、树脂（包括天然树胶、树脂及其他油树脂（例如香树脂））	15	45		9	0	千克	ABFE	P/Q	0		0
13019090.99	其他天然树胶、树脂（包括天然树胶、树脂及其他油树脂（例如香树脂））	15	45		9	9	千克	AB	P/Q	0		0
13.02	植物液汁及浸膏；果胶、果胶酸盐及果胶酸酯；从植物产品制得的琼脂、其他胶液及增稠剂，不论是否改性：											
	- 植物液汁及浸膏：											
1302.1100	-- 鸦片	0	0		0	0	千克	9BI	P/Q	0		0
1302.1200	-- 甘草的	6	20		13	13	千克	4xAy	R/	0		0
1302.1300	-- 啤酒花的	10	80		13	13	千克	AB	PR/QS	0		0
1302.1400	-- 麻黄的											
13021400.11	供制农药用麻黄浸膏及浸膏粉	9.5	80		13	13	千克	23AB	P/Q	0	7.1	0
13021400.12	供制医药用麻黄浸膏及浸膏粉	9.5	80		13	13	千克	Q23AB	P/Q	0	7.1	0

Chapter 13 Lac; gums, resins and other vegetable saps and extracts

Chapter Notes:

Heading 13.02 applies, inter alia, to liquorice extract and extract of pyrethrum, extract of hops, extract of aloes and opium.The heading does not apply to:

1. Liquorice extract containing more than 10 % by weight of sucrose or put up as confectionery (heading 17.04);
2. Malt extract (heading 19.01);
3. Extracts of coffee, tea or maté (heading 21.01);
4. Vegetable saps or extracts constituting alcoholic beverages (Chapter 22);
5. Camphor, glycyrrhizin or other products of heading 29.14 or 29.38;
6. Concentrates of poppy straw containing not less than 50% by weight of alkaloids (heading 29.39);
7. Medicaments of heading 30.03 or 30.04 or blood-grouping reagents (heading 38.22);
8. Tanning or dyeing extracts (heading 32.01 or 32.03);
9. Essential oils, concretes, absolutes, resinoids, extracted oleoresins, aqueous distillates or aqueous solutions of essential oils or preparations based on odoriferous substances of a kind used for the manufacture of beverages (Chapter 33); or
10. Natural rubber, balata, gutta-percha, guayule, chicle or similar natural gums (heading 40.01).

National notes:

Opium of Subheading 1302.1100 is subject to import ban.

协定税率（%）														特惠税率（%）①/②	Article Description
巴基斯坦	冰岛	哥斯达黎加	秘鲁	新西兰	瑞士	新加坡	韩国	澳大利亚	格鲁吉亚	毛里求斯	日本RCEP	尼加拉瓜	港澳台		
															Lac; natural gums, resins, gum-resins and oleoresins (for example, balsams):
0	0	0	0	0	0	0	0	0	0	0	10.9	14	0/	0/0	- Gum Arabic
															- Other:
0	0	0	0	0	0	0	0	0	0	0	10.9	14	0/	0/0	--- Gum tragacanth
0	0	0	0	0	0		0	0	0	0	0	0	0/	0/0	--- Olibanum, myrrh and dragons blood
															--- Asafoetida
0	0	0	0	0	0		0	0	0	0	0	0	0/	0/0	Endangered wild Asafoetida, other than those artificially cultivated
0	0	0	0	0	0		0	0	0	0	0	0	0/	0/0	Other Asafoetida
															--- Pine-resin
0	0	0	0	0	0	0	0	0	0	0	10.9	0	0/	0/0	Turpentine of endangered plants of pinaceae
0	0	0	0	0	0	0	0	0	0	0	10.9	0	0/	0/0	Other turpentine
															--- Other
0	0	0	0	0	0	0	0	0	0	0	10.9	14	0/	0/0	Resin of dracaena draco, resin of euphorbiaceae, resin of lignum vitae
0	0	0	0	0	0	0	0	0	0	0	10.9	14	0/	0/0	Cannabis resin
0	0	0	0	0	0	0	0	0	0	0	10.9	14	0/	0/0	Natural gums, resins of other endangered plants (including natural gum, resins and other oleoresins (e.g., balsams))
0	0	0	0	0	0	0	0	0	0	0	10.9	14	0/	0/0	Other natural gums, resins (including natural gum, resins and other oleoresins (e.g., balsams))
															Vegetable saps and extracts; pecticsubstances, pectinates and pectates; a-gar-agar and other mucilages and thickeners, whether or not modified, derived from vegetable products:
															- Vegetable saps and extracts:
0	0	0	0	0	0		0	0	0	0	0	0	0/	0/0	-- Opium
0	0	0	0	0	0		0	0	0	0	0	0	0/	0/0	-- Of liquorice
2.5	0	0	0	0	0	0	0	0	0	0	7.3	9	0/	0/0	-- Of hops
															-- Of ephedra
0	0	0	0	0	0	0	6.6	0	0	0	16.3	8.6	0/	0/0	Ephedra extracts and extract powder used in pesticide
0	0	0	0	0	0	0	6.6	0	0	0	16.3	8.6	0/	0/0	Ephedra extracts and extract powder used in pharmacy

税　号	货品名称	进口关税（%）			增值/消费税（%）	出口退税（%）	计量单位	监管证件代码	检验检疫类别	协定税率（%）		
		最惠国	普通	年内暂定						东盟	亚太	智利
13021400.19	其他麻黄浸膏及浸膏粉	9.5	80		13	13	千克	23AB	P/Q	0	7.1	0
13021400.20	麻黄液汁	9.5	80		13	13	千克	Q23AB	P/Q	0	7.1	0
	-- 其他：											
1302.1910	--- 生漆	20	90		13	13	千克	AB	MP/NQ	0		0
1302.1920	--- 印楝素	3	11		13	13	千克	ABS	P/Q	0		0
1302.1930	--- 除虫菊的或含鱼藤酮植物根茎的											
13021930.10	除虫菊的液汁及浸膏	3	11		13	13	千克	ABS	MP/NQ	0		0
13021930.90	含鱼藤酮植物根茎的液汁及浸膏	3	11		13	13	千克	AB	MP/NQ	0		0
1302.1940	--- 银杏的	9.5	80		13	13	千克	AB	P/Q	0	7.1	0
1302.1990	--- 其他											
13021990.01	苦参碱	9.5	80		13	13	千克	ABS	P/Q	0	7.1	0
13021990.13	供制农药用的濒危植物液汁及浸膏	9.5	80		13	0	千克	ABFE	P/Q	0	7.1	0
13021990.19	供制农药用的其他植物液汁及浸膏	9.5	80		13	13	千克	AB	PR/Q	0	7.1	0
13021990.95	红豆杉液汁及浸膏	9.5	80		13	0	千克	ABFE	P/Q	0	7.1	0
13021990.96	石斛汁液及浸膏	9.5	80		13	0	千克	ABFE	P/Q	0	7.1	0
13021990.97	其他濒危植物液汁及浸膏	9.5	80		13	0	千克	ABFE	P/Q	0	7.1	0
13021990.99	其他植物液汁及浸膏	9.5	80		13	13	千克	AB	MPR/NQS	0	7.1	0
1302.2000	- 果胶、果胶酸盐及果胶酸酯	20	80		13	13	千克	A	R/	0		0
	- 从植物产品制得的胶液及增稠剂，不论是否改性：											
1302.3100	-- 琼脂	10	80		13	13	千克	A	R/	0		0
1302.3200	-- 从刺槐豆、刺槐豆子或瓜尔豆制得的胶液及增稠剂，不论是否改性	10	80		13	13	千克	A	R/	0	6.7	0
	-- 其他：											
	--- 海草及其他藻类制品：											
1302.3911	---- 卡拉胶	8	80		13	13	千克	A	R/	0		0
1302.3912	---- 褐藻胶	8	80		13	13	千克	AB	P/Q	0		0
1302.3919	---- 其他	8	80		13	13	千克	AB	P/Q	0		0
1302.3990	--- 其他											
13023990.10	未列名濒危植物胶液及增稠剂	8	80		13	0	千克	ABFE	P/Q	0		0
13023990.90	其他未列名植物胶液及增稠剂	8	80		13	13	千克	AB	MPR/Q	0		0

协定税率（%）														特惠税率（%）①/②	Article Description
巴基斯坦	冰岛	哥斯达黎加	秘鲁	新西兰	瑞士	新加坡	韩国	澳大利亚	格鲁吉亚	毛里求斯	日本RCEP	尼加拉瓜	港澳台		
0	0	0	0	0	0	0	6.6	0	0	0	16.3	8.6	0/	0/0	Other ephedra extracts and extract powder
0	0	0	0	0	0	0	6.6	0	0	0	16.3	8.6	0/	0/0	Ephedra saps
															-- Other:
	0	0	0	0	0	0	6.6	0	0	0	16.3	18.7	0/	0/0	--- Crude lacquer
0	0	0	0	0	0		0	0	0	0	0	0	0/	0/0	--- Azadirachtin
															--- Of pyrethrum or of the roots of plants containing rotenone
0	0	0	0	0	0		0	0	0	0	0	0	0/	0/0	Saps and extracts of pyrethrum
0	0	0	0	0	0		0	0	0	0	0	0	0/	0/0	Saps and extracts of the roots of plants containing rotenone
15	0	0	0	0	0	0	6.6	0	0	0	16.3	8.6	0/	0/0	--- Of ginkgo
															--- Other
0	0	0	0	0	0	0	6.6	0	0	0	16.3	8.6	0/	0/0	Ephedra extracts powder used in pesticide
0	0	0	0	0	0	0	6.6	0	0	0	16.3	8.6	0/	0/0	Other vegetable saps and extracts used in pesticide
0	0	0	0	0	0	0	6.6	0	0	0	16.3	8.6	0/	0/0	Matrine
0	0	0	0	0	0	0	6.6	0	0	0	16.3	8.6	0/	0/0	Saps and extracts of Chinese yew
0	0	0	0	0	0	0	6.6	0	0	0	16.3	8.6	0/	0/0	Saps and extracts of Herba dendrobii
0	0	0	0	0	0	0	6.6	0	0	0	16.3	8.6	0/	0/0	Saps and extracts of other endangered vegetables
0	0	0	0	0	0	0	6.6	0	0	0	16.3	8.6	0/	0/0	Other vegetable saps and extracts
	0	0	0	0	0	0	6.6	0	0	0	16.3	18.7	0/	0/0	- Pectic substances, pectinates and pec-tates
															- Mucilages and thickeners, whether or not modified, derived from vegetable products:
2.5	0	0	0	0	0	0	0	0	0	0	7.3	9	0/	0/0	-- Agar-agar
0	0	0	0	0	0	0	0	0	0	0	10.9	9	0/	0/0	-- Mucilages and thickeners, whether or not modified, derived from locust beans, locust bean seeds or guar seeds
															-- Other:
															--- Preparations of seaweeds and other algae:
12	0	0	0	0	0	0	0	0	0	0	10.9	0	0/	0/0	----Carrageenan
12	0	0	0	0	0	0	0	0	0	0	10.9	0	0/	0/0	----Algin
12	0	0	1.8	0	0	0	0	0	0	0	10.9	7.2	0/	0/0	----Other
															--- Other
12	0	0	0	0	0	0	0	0	0	0	10.9	0	0/	0/0	Mucilages and thickeners, derived from endangered vegetable products, not elsewhere specified or included
12	0	0	0	0	0	0	0	0	0	0	10.9	0	0/	0/0	Mucilages and thickeners, derived from other vegetable products, not elsewhere specified or included

第十四章　编结用植物材料；其他植物产品

注释：

一、本章不包括归入第十一类的下列产品：主要供纺织用的植物材料或植物纤维，不论其加工程度如何；或经过处理使其只能作为纺织原料用的其他植物材料。

二、税目14.01主要包括竹（不论是否劈开、纵锯、切段、圆端、漂白、磨光、染色或进行不燃处理）、劈开的柳条、芦苇及类似品和藤心、藤丝、藤片。但不包括木片条（税目44.04）。

三、税目14.04不包括木丝（税目44.05）及供制帚、制刷用成束、成簇的材料（税目96.03）。

税号	货品名称	进口关税（%）			增值/消费税（%）	出口退税（%）	计量单位	监管证件代码	检验检疫类别	协定税率（%）		
		最惠国	普通	年内暂定						东盟	亚太	智利
14.01	**主要作编结用的植物材料（例如，竹、藤、芦苇、灯芯草、柳条、酒椰叶，已净、漂白或染色的谷类植物的茎秆，椴树皮）：**											
1401.1000	- 竹	10	70		9	9	千克	AB	P/Q	0		0
1401.2000	- 藤											
14012000.10	濒危藤	10	35		9	0	千克	ABFE	P/Q	0		0
14012000.90	其他藤	10	35		9	9	千克	AB	P/Q	0		0
	- 其他：											
1401.9010	--- 谷类植物的茎秆（麦秸除外）	10	70		9	9	千克	AB	P/Q	0		0
1401.9020	--- 芦苇	10	70		9	9	千克	AB	P/Q	0		0
	--- 灯芯草属：											
1401.9031	---- 蔺草	10	70		9	9	千克	AB4xy	P/Q	0		0
1401.9039	---- 其他	10	70		9	9	千克	AB	P/Q	0		0
1401.9090	--- 其他	10	70		9	9	千克	AB	P/Q	0		0
14.04	**其他品目未列名的植物产品：**											
1404.2000	- 棉短绒	4	30		9	9	千克	AB	P/Q	0		0
	- 其他：											
1404.9010	--- 主要供染料、鞣料用的植物原料	5	45		9	9	千克	AB	P/Q	0	4.3	0
1404.9090	--- 其他											
14049090.10	椰糠（条/块）	15	70	4	9	9	千克	AB	P/Q	0		0
14049090.90	其他编号未列名植物产品	15	70		9	9	千克	AB	P/Q	0		0

Chapter 14 Vegetable plaiting materials; vegetable products not elsewhere specified or included

Chapter Notes:

1. This Chapter does not cover the following products which are to be classified in Section XI: vegetable materials or fibres of vegetable materials of a kind used primarily in the manufacture of textiles, however prepared, or other vegetable materials which have undergone treatment so as to render them suitable for use only as textile materials.
2. Heading 14.01 applies, inter alia, to bamboos (whether or not split, sawn lengthwise, cut to length, rounded at the ends, bleached, rendered non-inflammable, polished or dyed), split osier, reeds and the like, to rattan cores and to drawn or split rattans. The heading does not apply to chipwood (heading 44.04).
3. Heading 14.04 does not apply to wood wool (heading 44.05) and prepared knots or tufts for broom or brush making (heading 96.03).

协定税率（%）														特惠税率（%）①/②	Article Description
巴基斯坦	冰岛	哥斯达黎加	秘鲁	新西兰	瑞士	新加坡	韩国	澳大利亚	格鲁吉亚	毛里求斯	日本RCEP	尼加拉瓜	港澳台		
															Vegetable materials of a kind used primarily for plaiting (for example, bamboos, rattans, reeds，rushes, osier, raffia, cleaned, bleached or dyed cere-al straw, and lime bark):
2.5	0	0	0	0	0	0	0	0	0	0	7.3	9	0/	0/0	- Bamboos
															- Rattans
2.5	0	0	0	0	0	0	0	0	0	0	7.3	9	0/	0/0	Endangered rattans
2.5	0	0	0	0	0	0	0	0	0	0	7.3	9	0/	0/0	Other rattans
															- Other:
2.5	0	0	0	0	0	0	0	0	0	0	7.3	9	0/	0/0	--- Cereal straw (other than wheat straw)
2.5	0	0	0	0	0	0	0	0	0	0	7.3	9	0/	0/0	--- Reeds
															--- Rushes:
2.5	0	0	0	0	0	0	0	0	0	0	7.3	9	0/	0/0	----Mat rush
2.5	0	0	0	0	0	0	0	0	0	0	7.3	9	0/	0/0	----Other
2.5	0	0	0	0	0	0	0	0	0	0	7.3	9	0/	0/0	--- Other
															Vegetable products not elsewhere specified or included:
0	0	0	0	0	0		0	0	0	0	0	0	0/	0/0	- Cotton linters
															- Other:
0	0	0	0	0	0		0	0	0	0	3.6	0	0/	0/0	--- Raw vegetable materials of a kind used primarily in dyeing or tanning
															--- Other
0	0	0	0	0	0	0	0	0	0	0	10.9	13.5	0/	0/0	Bran of coconut (strip/blocks)
0	0	0	0	0	0	0	0	0	0	0	10.9	13.5	0/	0/0	Vegetable products not elsewhere specified or included

第三类　动、植物或微生物油、脂及其分解产品；精制的食用油脂；动、植物蜡

第十五章　动、植物或微生物油、脂及其分解产品；精制的食用油脂；动、植物蜡

注释：

一、本章不包括：

（一）税目02.09的猪脂肪及家禽脂肪；

（二）可可脂、可可油（税目18.04）；

（三）按重量计税目04.05所列产品的含量超过15%的食品（通常归入第二十一章）；

（四）税目23.01的油渣或税目23.04至23.06的残渣；

（五）第六类的脂肪酸、精制蜡、药品、油漆、清漆、肥皂、芳香料制品、化妆盥洗品、磺化油及其他货品；或

（六）从油类提取的油膏（税目40.02）。

二、税目15.09不包括用溶剂提取的橄榄油（税目15.10）。

三、税目15.18不包括变性的油、脂及其分离品，这些货品应归入其相应的未变性油、脂及其分离品的税目。

四、皂料、油脚、硬脂沥青、甘油沥青及羊毛脂残渣，归入税目15.22。

子目注释：

一、子目1509.30所称“初榨油橄榄油”，游离酸度（以油酸计）不超过2.0克/100克，可根据《食品法典标准》（33-1981）与其他初榨油橄榄油类别加以区分。

二、子目1514.11及1514.19所称“低芥子酸菜子油”，是指按重量计芥子酸含量低于2%的固定油。

税号	货品名称	进口关税（%）			增值/消费税（%）	出口退税（%）	计量单位	监管证件代码	检验检疫类别	协定税率（%）		
		最惠国	普通	年内暂定						东盟	亚太	智利
15.01	**猪脂肪（包括已炼制的猪油）及家禽脂肪，但税目02.09及15.03的货品除外：**											
1501.1000	- 猪油	10	35		13	13	千克	AB	MPR/QS	0		0
1501.2000	- 其他猪脂肪	10	35		13	13	千克	AB	MPR/QS	0		0
1501.9000	- 其他	10	35		13	13	千克	AB	MPR/QS	0		0
15.02	**牛、羊脂肪，但税目15.03的货品除外：**											
1502.1000	- 牛、羊油脂	8	30	2	13	13	千克	AB	MPR/QS	0	0	0
1502.9000	- 其他	8	70	4	13	13	千克	AB	MPR/QS	0	0	0
15.03	**猪油硬脂、液体猪油、油硬脂、食用或非食用脂油，未经乳化、混合或其他方法制作：**											
1503.0000	猪油硬脂、液体猪油、油硬脂、食用或非食用脂油，未经乳化、混合或其他方法制作	10	30		13	13	千克	AB	PR/QS	0		0
15.04	**鱼或海生哺乳动物的油、脂及其分离品，不论是否精制，但未经化学改性：**											
1504.1000	- 鱼肝油及其分离品											
15041000.10	濒危鱼鱼肝油及其分离品	12	30		13	0	千克	ABEF	PR/QS	0		0
15041000.90	其他鱼鱼肝油及其分离品	12	30		13	13	千克	AB	PR/QS	0		0
1504.2000	- 除鱼肝油以外的鱼油、脂及其分离品											
15042000.11	濒危鱼油软胶囊（鱼肝油除外）	12	50	6	13	0	千克	ABEF	PR/QS	0		0
15042000.19	濒危鱼其他鱼油、脂及其分离品（鱼肝油除外）	12	50		13	0	千克	ABEF	PR/QS	0		0
15042000.91	其他鱼油软胶囊（鱼肝油除外）	12	50	6	13	13	千克	AB	PR/QS	0		0
15042000.99	其他鱼油、脂及其分离品（鱼肝油除外）	12	50		13	13	千克	AB	PR/QS	0		0

SECTION III ANIMAL, VEGETABLE OR MICROBIAL FATS AND OILS AND THEIR CLEAVAGE PRODUCTS; PREPARED EDIBLE FATS;ANIMAL OR VEGETABLE WAXES

Chapter 15 Animal, vegetable or microbial fats and oils and their cleavage products; prepared edible fats; animal or vegetable waxes

Chapter Notes:

1. This Chapter does not cover:
   (a) Pig fat or poultry fat of heading 02.09;
   (b) Cocoa butter, fat or oil (heading 18.04);
   (c) Edible preparations containing by weight more than 15% of the products of heading 04.05 (generally Chapter 21);
   (d) Greaves (heading 23.01) or residues of headings No.23.04 to 23.06;
   (e) Fatty acids, prepared waxes, medicaments, paints, varnishes, soap, perfumery, cosmetic or toilet preparations, sulphonated oils or other goods of SectionsVI;
   (f) Factice derived from oils (heading 40.02).
2. Heading 15.09 does not apply to oils obtained from olives by solvent extraction (heading 15.10).
3. Heading 15.18 does not cover fats or oils or their fractions, merely denatured, which are to be classified in the heading appropriate to the corresponding undenatured fats and oils and their fractions.
4. Soap-stocks, oil foots and dregs, stearin pitch, glycerol pitch and wool grease residues fall in heading 15.22.

Subheading Notes:

1. For the purposes of subheading 1509.30, virgin olive oil has a free acidity expressed as oleic acid not exceeding 2.0 g/ 100 g and can be distinguished from the other virgin olive oil categories according to the characteristics indicated in the Codex Alimentarius Standard 33-1981.
2. For the purposes of subheadings 1514.11 and 1514.19, the expression"low erucic acid rape or colzaoil" means the fixed oil which has an erucic acid content of less than 2% by weight.

协定税率（%）														特惠税率（%）①/②	Article Description
巴基斯坦	冰岛	哥斯达黎加	秘鲁	新西兰	瑞士	新加坡	韩国	澳大利亚	格鲁吉亚	毛里求斯	日本RCEP	尼加拉瓜	港澳台		
															Pig fat (including lard) and poultry fat, other than that of heading 02.09 or 15.03:
	0	0	0	0	0	0	0	0	0	0	7.3	9	0/	0/0	- Lard
	0	0	0	0	0	0	0	0	0	0	7.3	9	0/	0/0	- Other pig fat
	0	0	0	0	0	0	0	0	0	0	7.3	9	0/	0/0	- Other
															Fats of bovine animals, sheep or goats, other than those of heading 15.03:
0	0	0	0	0	0		0	0	0	0	5.8	0	0/	0/0	- Tallow
0	0	0	0	0	0		0	0	0	0	5.8	0	0/	0/0	- Other
															Lard stearin, lard oil, oleostearin, oleooil and tallow oil, not emulsified or mixed or otherwise prepared:
	0	0	0	0	0	0	0	0	0	0	7.3	9	0/	0/0	Lard stearin, lard oil, oleostearin, oleooil and tallow oil, not emulsified ormixed or otherwise prepared
															Fats and oils and their fractions, of fish or marine mammals, whether or not refined, but not chemically modified:
															- Fish-liver oils and their fractions
	0	0	0	0	0	0	0	0	0	0	8.7	11.2	0/	0/0	Fish-liver oils and their fractions of endangered fish
	0	0	0	0	0	0	0	0	0	0	8.7	11.2	0/	0/0	Fish-liver oils and their fractions of other fish
															- Fats and oils and their fractions, of fish, other than liver oils
	0	0	0	0	4.8	0	0	0	0	2.4	8.7	11.2	0/	0/0	Endangered fish oil capsules (other than liver oils)
	0	0	0	0	4.8	0	0	0	0	2.4	8.7	11.2	0/	0/0	Fats and oils and their fractions of endangered fish (other than liver oils)
	0	0	0	0	4.8	0	0	0	0	2.4	8.7	11.2	0/	0/0	Other fish oil capsules (other than liver oils)
	0	0	0	0	4.8	0	0	0	0	2.4	8.7	11.2	0/	0/0	Other fats and oils and their fractions of fish (other than liver oils)

税 号	货品名称	进口关税（%）			增值/消费税（%）	出口退税（%）	计量单位	监管证件代码	检验检疫类别	协定税率（%）		
		最惠国	普通	年内暂定						东盟	亚太	智利
1504.3000	- 海生哺乳动物的油、脂及其分离品											
15043000.10	濒危哺乳动物的油、脂及其分离品（仅指海生）	14	50		13	0	千克	ABFE	PR/QS	0		0
15043000.90	其他海生哺乳动物油、脂及其分离品	14	50		13	13	千克	AB	PR/QS	0		0
15.05	**羊毛脂及从羊毛脂制得的脂肪物质（包括纯净的羊毛脂）：**											
1505.0000	羊毛脂及从羊毛脂制得的脂肪物质（包括纯净的羊毛脂）	20	70		13	13	千克	AB	P/QS	0		0
15.06	**其他动物油、脂及其分离品，不论是否精制，但未经化学改性：**											
1506.0000	其他动物油、脂及其分离品，不论是否精制，但未经化学改性											
15060000.10	其他濒危动物为原料制取的脂肪（包括河马、熊、野兔、海龟为原料的及海龟蛋油）	20	70		13	0	千克	ABFE	PR/QS	0		0
15060000.90	其他动物油、脂及其分离品（不论是否精制，但未经化学改性）	20	70		13	13	千克	AB	PR/QS	0		0
15.07	**豆油及其分离品，不论是否精制，但未经化学改性：**											
1507.1000	- 初榨的，不论是否脱胶	9	190		9	0	千克	7AB	MPR/QS			
1507.9000	- 其他	9	190		9	0	千克	7AB	MR/S			
15.08	**花生油及其分离品，不论是否精制，但未经化学改性：**											
1508.1000	- 初榨的	10	100		9	0	千克	AB	PR/QS	0		
1508.9000	- 其他	10	100		9	0	千克	AB	MR/S	0		
15.09	**油橄榄油及其分离品，不论是否精制，但未经化学改性：**											
1509.2000	- 特级初榨油橄榄油	10	30		9	0	千克	7AB	PR/QS	0		0
1509.3000	- 初榨油橄榄油	10	30		9	0	千克	7AB	PR/QS	0		0
1509.4000	- 其他初榨油橄榄油	10	30		9	0	千克	7AB	PR/QS	0		0
1509.9000	- 其他	10	30		13	0	千克	7AB	R/S	0		0
15.10	**其他橄榄油及其分离品，不论是否精制，但未经化学改性，包括掺有税目15.09的油或分离品的混合物：**											
1510.1000	- 粗提油橄榄果渣油	10	30		13	0	千克	7AB	PR/QS	0		0
1510.9000	- 其他	10	30		13	0	千克	7AB	PR/QS	0		0
15.11	**棕榈油及其分离品，不论是否精制，但未经化学改性：**											
1511.1000	- 初榨的	9	60		9	0	千克	7AB	MPR/QS			
	- 其他：											
1511.9010	--- 棕榈液油（熔点19℃～24℃）	9	60		9	0	千克	7AB	MR/S			
1511.9020	--- 棕榈硬脂液油（熔点44℃～56℃）											
15119020.01	固态棕榈硬脂（50摄氏度≤熔点≤56摄氏度）（未经化学改性）	8	60	2	9	0	千克	7AB	MR/S			
15119020.90	其他棕榈硬脂（44摄氏度≤熔点<50摄氏度）（未经化学改性）	8	60		9	0	千克	AB	MR/S			
1511.9090	--- 其他	9	60		13	0	千克	7AB	MR/S			
15.12	**葵花油、红花油或棉子油及其分离品，不论是否精制，但未经化学改性：**											
	- 葵花油或红花油及其分离品：											
1512.1100	-- 初榨的	9	160		9	0	千克	AB	PR/QS	0		

协定税率（%）														特惠税率（%）①/②	Article Description
巴基斯坦	冰岛	哥斯达黎加	秘鲁	新西兰	瑞士	新加坡	韩国	澳大利亚	格鲁吉亚	毛里求斯	日本RCEP	尼加拉瓜	港澳台		
															- Fats and oils and their fractions, of marine mammals
	0	0	0	0	0	0	0	0	0	0	10.5	13.1	0/	0/0	Oils, fats and their fractions, of endangered marine mammals
	0	0	0	0	0	0	0	0	0	0	10.5	13.1	0/	0/0	Other oils, fats and and their fractions of marine mammals
															Wool grease and fatty substances derived therefrom (including lanolin):
	0	0	0	0	0	0	6.6	0	0	0	16.3	18.7	0/	0/0	Wool grease and fatty substances derived therefrom (including lanolin):
															Other animal fats and oils and their fractions, whether or not refined, but not chemically mo-dified:
															Other animal fats and oils and their fractions, whether or not refined, but not chemically modified
	0	0	0	0	0	0	6.6	0	0	0	16.3	18.7	0/	0/0	Fats made with materials of other endangered animals (including hippo, bear, hare, green turtle and green turtle egg)
	0	0	0	0	0	0	6.6	0	0	0	16.3	18.7	0/	0/0	Other animals fats and oils and their fractions (whether or not refined, but not chemically modified)
															Soya-bean oil and its fractions, whether or not refined, but not chemically modified:
													0/		- Crude oil whether or not degummed
													0/		- Other
															Ground-nut oil and its fractions, whether or not refined, but not chemically modified:
						0							0/		- Crude oil
						0							0/		- Other
															Olive oil and its fractions, whether or not refined, but not chemically modified:
	0	0	0	0	0	0	0					9	0/	0/0	- Extra virgin olive oil
	0	0	0	0	0	0	0					9	0/	0/0	- Virgin olive oil
	0	0	0	0	0	0	0					9	0/	0/0	- Other virgin olive oils
	0	0	0	0	0	0	0					9	0/	0/0	- Other
															Other oils and their fractions, obtained solely from olives, whether or not refined, but not chemically modified, including blends of these oils or fractions with oils or fractions of heading 15.09:
	0	0	0	0	0	0	0					9	0/	0/0	- Crude olive pomace oil
	0	0	0	0	0	0	0					9	0/	0/0	- Other
															Palm oil and its fractions, whether or not refined, but not chemically modified:
													0/		- Crude oil
															- Other:
													0/		--- Palm olein (its melting point is 19°C or more, but less than 24°C)
															--- Palm stearin (its melting point is 44°C or more, but less than 56°C)
													0/		Solid palm stearin (its melting point is 50°C or more, but less than 56°C, not chemically modified)
													0/		Palm stearin (its melting point is 44°C or more, but less than 50°C, not chemically modified)
													0/		--- Other
															Sunflower-seed, safflower or cottonseed oil and fractions thereof, whether or not refined, but not chemically modified:
															- Sunflower-seed or safflower oil and fractions thereof:
													0/		-- Crude oil

税号	货品名称	进口关税（%）			增值/消费税（%）	出口退税（%）	计量单位	监管证件代码	检验检疫类别	协定税率（%）		
		最惠国	普通	年内暂定						东盟	亚太	智利
1512.1900	-- 其他	9	160		13	0	千克	AB	R/S	0		
	- 棉子油及其分离品：											
1512.2100	-- 初榨的，不论是否去除棉子酚	10	70		9	0	千克	AB	PR/QS	0		
1512.2900	-- 其他	10	70		13	0	千克	AB	R/S	0		
15.13	**椰子油、棕榈仁油或巴巴苏棕榈果油及其分离品，不论是否精制，但未经化学改性：**											
	- 椰子油及其分离品：											
1513.1100	-- 初榨的	9	40		9	0	千克	AB	MPR/QS	0	4.5	0
1513.1900	-- 其他	9	40		9	0	千克	AB	MPR/QS	0	4.5	0
	- 棕榈仁油或巴巴苏棕榈果油及其分离品：											
1513.2100	-- 初榨的	9	40		9	0	千克	AB	MPR/QS	0		0
1513.2900	-- 其他	9	40		13	0	千克	AB	MR/S	0		0
15.14	**菜子油或芥子油及其分离品，不论是否精制，但未经化学改性：**											
	- 低芥子酸菜子油及其分离品：											
1514.1100	-- 初榨的	9	170		9	0	千克	7AB	MPR/QS			
1514.1900	-- 其他	9	170		9	0	千克	7AB	MPR/QS			
	- 其他：											
	-- 初榨的：											
1514.9110	--- 菜子油	9	170		9	0	千克	7AB	MPR/QS	9		
1514.9190	--- 芥子油	9	170		9	0	千克	7AB	MPR/QS			
1514.9900	-- 其他	9	170		13	0	千克	7AB	MR/S	9		
15.15	**其他固定植物或微生物油、脂（包括希蒙得木油）及其分离品，不论是否精制，但未经化学改性：**											
	- 亚麻子油及其分离品：											
1515.1100	-- 初榨的	15	30		9	0	千克	AB	MPR/QS	0		0
1515.1900	-- 其他	15	30		13	0	千克	AB	R/S	0		0
	- 玉米油及其分离品：											
1515.2100	-- 初榨的	10	160		9	0	千克	AB	PR/QS	0		
1515.2900	-- 其他	10	160		13	0	千克	AB	R/S	0		
1515.3000	- 蓖麻油及其分离品	10	70		13	13	千克	AB	MP/QS	0		0
1515.5000	- 芝麻油及其分离品	12	20		9	0	千克	AB	PR/QS	0		0
1515.6000	- 微生物油、脂及其分离品	20	70		13	13	千克	AB	MPR/NQS	0		0
	- 其他：											
1515.9010	--- 希蒙得木油及其分离品	20	70		13	13	千克	AB	PR/QS	0		0
1515.9020	--- 印楝油及其分离品	20	70		13	13	千克	ABS	PR/QS	0		0
1515.9030	--- 桐油及其分离品	20	70		13	13	千克	AB	PR/QS	0		0
1515.9040	--- 茶籽油及其分离品	20	70		13	13	千克	AB	MPR/NQS	0		0
1515.9090	--- 其他											
15159090.10	红松籽油（不论是否精制，但未经化学改性）	20	70		13	0	千克	ABE	PR/QS	0		0
15159090.90	其他固定植物油、脂及其分离品（不论是否精制，但未经化学改性）	20	70		13	0	千克	AB	MPR/NQS	0		0
15.16	**动、植物或微生物油、脂及其分离品，全部或部分氢化、相互酯化、再酯化或反油酸化，不论是否精制，但未经进一步加工：**											
1516.1000	- 动物油、脂及其分离品	5	70		13	13	千克	AB	R/S	0		0
1516.2000	- 植物油、脂及其分离品	25	70		13	0	千克	AB	R/S	0		0
1516.3000	- 微生物油、脂及其分离品	25	70		13	13	千克	AB	R/S	0		0

协定税率（%）巴基斯坦	冰岛	哥斯达黎加	秘鲁	新西兰	瑞士	新加坡	韩国	澳大利亚	格鲁吉亚	毛里求斯	日本RCEP	尼加拉瓜	港澳台	特惠税率（%）①/②	Article Description
													0/		-- Other
															- Cotton-seed oil and its fractions:
						0							0/		-- Crude oil, whether or not gossypol has been removed
						0							0/		-- Other
															Coconut (copra), palm kernel or babassu oil and fractions thereof, whether or not refined, but not chemically modified:
															- Coconut (copra) oil and its fractions:
4.5	0	0	0	0	0		0				7.7	8.1	0/	0/0	-- Crude oil
4.5	0	0	0	0	0		0				7.7	8.1	0/	0/0	-- Other
															- Palm kernel or babassu oil and fractions thereof:
	0	0	0	0	0		0					8.1	0/	0/0	-- Crude oil
	0	0	0	0	0		0					8.1	0/	0/0	-- Other
															Rape, colza or mustard oil and frac- tions thereof, whether or not refined, but not chemically modified:
															- Low erucic acid rape of colza oil and its fractions:
													0/		-- Crude oil
													0/		-- Other
															- Other:
															-- Crude oil:
													0/		--- Rape oil
													0/		--- Mustard oil
													0/		-- Other
															Other fixed vegetable or microbial fats and oils (including jojoba oil) and their fractions, whether or not refined, but not chemically modified:
															- Linseed oil and its fractions:
	0	0	0	0	0	0	0					14	0/	0/0	-- Crude oil
	0	0	0	0	0	0	0					14	0/	0/0	-- Other
															- Maize (corn) oil and its fractions:
						0							0/	0/0	-- Crude oil
						0							0/	0/0	-- Other
	0	0	0	0	0	0	0	0			7.3	9	0/	0/0	- Castor oil and its fractions
	0	0	0	0	0	0	0	0			8.7	10.8	0/	0/0	- Sesame oil and its fractions
	0	0		0	0	0		0				18	0/	0/0	- Microbial fats and oils and their fractions
															- Other:
	0	0		0	0	0	6.6	0			16.3	18.7	0/	0/0	--- Jojoba oil and its fractions
	0	0		0	0	0	6.6	0			16.3	18.7	0/	0/0	--- Neemoil and its fractions
	0	0		0	0	0	6.6	0			16.3	18.7	0/	0/0	--- Tung oil and its fractions
	0	0		0	0	0		0				18	0/	0/0	--- Tea camellia seed oil and its fractions
															--- Other
	0	0		0	0	0		0				18	0/	0/0	Pine nut oil (whether or not refined, but not chemically modified)
	0	0		0	0	0		0				18	0/	0/0	Other fixed vegetable fats and oils, and fractions thereof (whether or not refined, but not chemically modified)
															Animal, vegetable or microbial fats and oils and their fractions, partly or wholly hydrogenated, inter-esterified, re-esterified or elaidinised, whether or not refined, but not further prepared:
	0	0	0	0	0		0	0	0	0	0	0	0/	0/0	- Animal fats and oils and fractions thereof
0	0	0	0	0				0		5		23.3	0/	0/0	- Vegetable fats and oils and fractions thereof
0	0	0	0	0				0		5		23.3	0/	0/0	- Microbial fats and oils and their fractions

税　号	货品名称	进口关税（%） 最惠国	普通	年内暂定	增值/消费税（%）	出口退税（%）	计量单位	监管证件代码	检验检疫类别	协定税率（%） 东盟	亚太	智利
15.17	**人造黄油；本章各种动、植物或微生物油、脂及其分离品混合制成的食用油、脂或制品，但税目15.16的食用油、脂及其分离品除外：**											
1517.1000	- 人造黄油，但不包括液态的	30	80		13	0	千克	AB	MR/S	0		0
	- 其他：											
1517.9010	--- 起酥油											
15179010.01	动物油脂制造的起酥油（税目15.16的食用油、脂及其分离品除外）	25	70		13	13	千克	AB	R/S	0		0
15179010.02	植物油脂制造的起酥油（税目15.16的食用油、脂及其分离品除外）	25	70		9	9	千克	AB	R/S	0		0
15179010.90	植物或微生物油脂制造的起酥油（税目15.16的食用油、脂及其分离品除外）	25	70		9	0	千克	AB	R/S	0		0
1517.9090	--- 其他											
15179090.01	其他混合制成的动物质食用油脂或制品（税目15.16的食用油、脂及其分离品除外）	25	70		13	13	千克	AB	R/S	0		0
15179090.02	其他混合制成的植物质食用油脂或制品（税目15.16的食用油、脂及其分离品除外）	25	70		9	9	千克	AB	R/S	0		0
15179090.03	其他混合制成的微生物质食用油脂或制品（税目15.16的食用油、脂及其分离品除外）	25	70		9	9	千克	AB	R/S	0		0
15.18	**动、植物或微生物油、脂及其分离品，经过熟炼、氧化、脱水、硫化、吹制或在真空、惰性气体中加热聚合及用其他化学方法改性的，但税目15.16的产品除外；本章各种油、脂及其分离品混合制成的其他税目未列名的非食用油、脂或制品：**											
1518.0000	动、植物或微生物油、脂及其分离品，经过熟炼、氧化、脱水、硫化、吹制或在真空、惰性气体中加热聚合及用其他化学方法改性的，但税目15.16的产品除外；本章各种油、脂及其分离品混合制成的其他税目未列名的非食用油、脂或制品	10	70		13	13	千克	AB	MR/S	0		0
15.20	**粗甘油；甘油水及甘油碱液：**											
1520.0000	粗甘油；甘油水及甘油碱液	20	50	6	13	13	千克	AB	MR/S	0		0
15.21	**植物蜡（甘油三酯除外）、蜂蜡、其他虫蜡及鲸蜡，不论是否精制或着色：**											
1521.1000	- 植物蜡											
15211000.10	小烛树蜡	20	80		13	0	千克	ABEF	PR/Q	0		0
15211000.90	其他植物蜡	20	80		13	13	千克	AB	PR/QS	0		0
	- 其他：											
1521.9010	--- 蜂蜡	20	80		13	13	千克	AB	PR/QS	0		0
1521.9090	--- 其他											
15219090.10	鲸蜡（不论是否精制或着色）	20	80		13	0	千克	AFEB	P/Q	0		0
15219090.90	其他虫蜡（不论是否精制或着色）	20	80		13	13	千克	AB	P/Q	0		0
15.22	**油鞣回收脂；加工处理油脂物质及动、植物蜡所剩的残渣：**											
1522.0000	油鞣回收脂；加工处理油脂物质及动、植物蜡所剩的残渣	20	50		13	13	千克	9		0		0

协定税率（%）														特惠税率（%）①/②	Article Description
巴基斯坦	冰岛	哥斯达黎加	秘鲁	新西兰	瑞士	新加坡	韩国	澳大利亚	格鲁吉亚	毛里求斯	日本RCEP	尼加拉瓜	港澳台		
															Margarine; edible mixtures or preparations of animal, vegetable or microbial fats or oils or of fractions of different fats or oils of this Chapter, other than edible fats and oils or their fractions of heading 15.16:
		0		0		0		0		6	25.7	28	0/		- Margarine, excluding liquid margarine
															- Other:
															--- Shortening
	0	0	0	0	0			0		5	21.4	23.3	0/	0/0	Shortening, made of animal fats or oils (other than edible fats or oils, or their fractions of heading 15.16)
	0	0	0	0	0			0		5	21.4	23.3	0/	0/0	Shortening, made of vegetable oils (other than edible fats or oils, or their fractions of heading 15.16)
	0	0	0	0	0			0		5	21.4	23.3	0/	0/0	Shortening, made of vegetable or microbial oils (other than edible fats or oils, or their fractions of heading 15.16)
															--- Other
	0	0	0	0	10							23.3	0/	0/0	Edible mixtures of animal fats or oils or products (other than edible fats or oil or their fractions of heading 15.16)
	0	0	0	0	10							23.3	0/	0/0	Edible mixtures of vegetable fats or oils or products (other than edible fats or oil or their fractions of heading 15.16)
	0	0	0	0	10							23.3	0/	0/0	Edible mixtures of microbial fats or oils or products (other than edible fats or oil or their fractions of heading 15.16)
															Animal, vegetable or microbial fats and oils and their fractions, boiled, oxidised, dehydrated, sulphurised, blown, polymerised by heat in vacuum or in inert gas or otherwise chemically modified, excluding those of heading 15.16; inedible mixtures or preparations of animal, vegetable or microbial fats or oils or of fractions of different fats or oils of this Chapter, not elsewhere specified or included:
	0	0	0	0	0	0	5			0		9	0/	0/0	Animal, vegetable or microbial fats and oils and their fractions, boiled, oxidised, dehydrated, sulphurised, blown, polymerised by heat in vacuum or in inert gas or otherwise chemically modified, excluding those of heading 15.16; inedible mixtures or preparations of animal, vegetable or microbial fats or oils or of fractions of different fats or oils of this Chapter, not elsewhere specified or included
															Glycerol, crude; glycerol waters and glycerol lyes:
	0	0	0	0	0	0	6.6	0	0	0	16.3	18.7	0/	0/0	Glycerol, crude; glycerol waters and glycerol lyes
															Vegetable waxes (other than triglycerides), beeswax, other insect waxes and spermaceti, whether or not refined or coloured:
															- Vegetable waxes
	0	0	0	0	0	0	6.6	0	0	0	14.5	18.7	0/	0/0	Candelilla wax
	0	0	0	0	0	0	6.6	0	0	0	14.5	18.7	0/	0/0	Other vegetable waxes
															- Other:
	0	0	0	0	0	0	6.6	0	0	0	16.3	18.7	0/	0/0	--- Beeswax
															--- Other
	0	0	0	0	0	0	6.6	0	0	0	17.1	18.7	0/	0/0	Spermaceti, whether or not refined or coloured
	0	0	0	0	0	0	6.6	0	0	0	17.1	18.7	0/	0/0	Other insect waxes, whether or not refined or coloured
															Degras; residues resulting from the treatment of fatty substances of animal or vegetable waxes:
	0	0	0	0	0	0	6.6	0	0	0	16.3	18.7	0/	0/0	Degras; residues resulting from the treatment of fatty substances of animal or vegetable waxes

第四类　食品；饮料、酒及醋；烟草、烟草及烟草代用品的制品；非经燃烧吸用的产品，不论是否含有尼古丁；其他供人体摄入尼古丁的含尼古丁的产品

注释：

本类所称“团粒”，是指直接挤压或加入按重量计比例不超过3%的粘合剂制成的粒状产品。

第十六章　肉、鱼、甲壳动物、软体动物及其他水生无脊椎动物的制品

注释：

一、本章不包括用第二章、第三章、第四章注释六及税目 05.04 所列方法制作或保藏的肉、食用杂碎、鱼、甲壳动物、软体动物或其他水生无脊椎动物及昆虫。

二、本章的食品按重量计必须含有 20% 以上的香肠、肉、食用杂碎、动物血、昆虫、鱼、甲壳动物、软体动物或其他水生无脊椎动物及其混合物。对于含有两种或两种以上前述产品的食品，则应按其中重量最大的产品归入第十六章的相应税目。但本条规定不适用于税目 19.02 的包馅食品和税目 21.03 及21.04 的食品。

子目注释：

一、子目 1602.10 的“均化食品”，是指用肉、食用杂碎、动物血或昆虫经精细均化制成适合供婴幼儿食用或营养用的零售包装食品（每件净重不超过 250 克）。为了调味、保藏或其他目的，均化食品中可以加入少量其他配料，还可以含有少量可见的肉粒、食用杂碎粒或昆虫碎粒。归类时该子目优先于税目 16.02 的其他子目。

二、税目 16.04 或 16.05 项下各子目所列的是鱼、甲壳动物、软体动物及其他水生无脊椎动物的俗名，它们与第三章中相同名称的鱼、甲壳动物、软体动物及其他水生无脊椎动物种类范围相同。

税　号	货品名称	进口关税（%）			增值/消费税（%）	出口退税（%）	计量单位	监管证件代码	检验检疫类别	协定税率（%）		
		最惠国	普通	年内暂定						东盟	亚太	智利
16.01	肉、食用杂碎、动物血或昆虫制成的香肠及类似产品；用香肠制成的食品：											
1601.0010	--- 用天然肠衣做外包装的香肠及类似产品											
16010010.10	濒危野生动物肉、杂碎、血或昆虫制天然肠衣香肠（含税目02.08的野生动物，包括类似品）	5	90		13	0	千克	ABFE	PR/QS	0		0
16010010.90	其他动物肉、杂碎、血或昆虫制天然肠衣香肠（包括类似品）	5	90		13	13	千克	AB	PR/QS	0		0
1601.0020	--- 其他香肠及类似产品											
16010020.10	濒危野生动物肉、杂碎、血或昆虫制其他肠衣香肠（含税目02.08的野生动物，包括类似品）	5	90		13	0	千克	ABFE	PR/QS	0		0
16010020.90	其他动物肉、杂碎、血或昆虫制其他肠衣香肠（包括类似品）	5	90		13	13	千克	AB	PR/QS	0		0

SECTION IV　PREPARED FOODSTUFFS; BEVERAGES, SPIRITS AND VINEGAR; TOBACCO AND MANUFACTURED TOBACCO SUBSTITUTES; PRODUCTS, WHETHER OR NOT CONTAINING NICOTINE, INTENDED FOR INHALATION WITHOUT COMBUSTION; OTHER NICOTINE CONTAINING PRODUCTS INTENDED FOR THE INTAKE OF NICOTINE INTO THE HUMAN BODY

Section Notes:

In this Section the term "pellets" means products which have been agglomerated either directly by compression or by the addition of a binder in a proportion not exceeding 3% by weight.

Chapter 16　Preparations of meat, of fish or of crustaceans, ollusks or other aquatic invertebrates

Chapter Notes:

1. This Chapter does not cover meat, meat offal, fish, crustaceans, molluscs or other aquatic invertebrates, as well as insects, prepared or preserved by the processes specified in Chapter 2 or 3, Note 6 to Chapter 4 or in heading 05.04.

2. Food preparations fall in this Chapter provided that they contain more than 20 % by weight of sausage, meat, meat offal, blood, insects, fish or crustaceans, molluscs or other aquatic invertebrates, or any combination thereof. In cases where the preparation contains two or more of the products mentioned above, it is classified in the heading of Chapter 16 corresponding to the component or components which predominate by weight. These provisions do not apply to the stuffed products of heading 19.02 or to the preparations of heading 21.03 or 21.04.

Subheading Notes:

1. For the purposes of subheading 1602.10, the expression "homogenised preparations" means preparations of meat, meat offal, blood or insects, finely homogenised, put up for retail sale as food suitable for infants or young children or for dietetic purposes, in containers of a net weight content not exceeding 250 g. For the application of this definition no account is to be taken of small quantities of any ingredients which may have been added to the preparation for seasoning, preservation or other purposes. These preparations may contain a small quantity of visible pieces of meat, meat offal or insects. This subheading takes precedence over all other subheadings of heading 16.02.
2. The fish, crustaceans, molluscs and other aquatic invertebrates specified in the subheadings of heading 16.04 or 16.05 under their common names only, are of the same species as those mentioned in Chapter 3 under the same name.

协定税率（%）														特惠税率（%）①/②	Article Description
巴基斯坦	冰岛	哥斯达黎加	秘鲁	新西兰	瑞士	新加坡	韩国	澳大利亚	格鲁吉亚	毛里求斯	日本RCEP	尼加拉瓜	港澳台		
															Sausages and similar products, of meat, meat offal, blood or insects; food preparations based on these products:
															--- Sausages and similar products, with a natural casing
12	0	0	0	0	0	0	0	0	0	0	10.9	0	0/	0/0	Sausages and similar products of meat, meat offal or blood of endangered wild animals or endangered insects, coated with natural casings (including similar products of wild animals of heading 02.08)
12	0	0	0	0	0	0	0	0	0	0	10.9	0	0/	0/0	Sausages and similar products of meat, meat offal or blood of other aminals or insects, with natural casing
															--- Other sausages and similar products
12	0	0	0	0	0	0	0	0	0	0	10.9	0	0/	0/0	Sausages and similar products of meat, meal offal or blood of endangered wild animals or insects, with other casings (including similar products of wild animals of heading 02.08)
12	0	0	0	0	0	0	0	0	0	0	10.9	0	0/	0/0	Sausages and similar products of meat, meal offal or blood of other animals or insects, with other casings (including similar products of wild animals of heading 02.08)

税 号	货品名称	进口关税（%）最惠国	普通	年内暂定	增值/消费税（%）	出口退税（%）	计量单位	监管证件代码	检验检疫类别	协定税率（%）东盟	亚太	智利
1601.0030	--- 用香肠制成的食品											
16010030.10	用含濒危野生动物或昆虫成分的香肠制的食品（含税目02.08的野生动物）	5	90		13	0	千克	ABFE	PR/QS	0		0
16010030.90	用含其他动物或昆虫成分的香肠制的食品	5	90		13	13	千克	AB	PR/QS	0		0
16.02	**其他方法制作或保藏的肉、食用杂碎、动物血或昆虫：**											
1602.1000	- 均化食品											
16021000.10	含濒危野生动物或昆虫成分的均化食品（指用肉、食用杂碎、动物血或昆虫经精细均化制成，零售包装）	5	90		13	0	千克	ABFE	R/S	0		0
16021000.90	其他动物肉、食用杂碎或昆虫的均化食品（指用肉、食用杂碎、动物血或昆虫经精细均化制成，零售包装）	5	90		13	13	千克	AB	R/S	0		0
1602.2000	- 动物肝											
16022000.10	制作或保藏的濒危动物肝（第二、三章所列方法制作或保藏的除外）	5	90		13	0	千克	ABEF	PR/QS	0		0
16022000.90	制作或保藏的其他动物肝（第二、三章所列方法制作或保藏的除外）	5	90		13	13	千克	AB	PR/QS	0		0
	- 税目01.05的家禽的：											
1602.3100	-- 火鸡的	5	90		13	13	千克	AB	PR/QS	0		0
	-- 鸡的：											
1602.3210	--- 罐头	5	90		13	13	千克	AB	PR/QS	0		0
	--- 其他：											
1602.3291	---- 鸡胸肉	5	90		13	13	千克	AB	PR/QS	0		0
1602.3292	---- 鸡腿肉	5	90		13	13	千克	AB	PR/QS	0		0
1602.3299	---- 其他	5	90		13	13	千克	AB	PR/QS	0		0
	-- 其他：											
1602.3910	--- 罐头	5	90		13	13	千克	AB	PR/QS	0		0
	--- 其他：											
1602.3991	---- 鸭的	5	90		13	13	千克	AB	PR/QS	0		0
1602.3999	---- 其他	5	90		13	13	千克	AB	PR/QS	0		0
	- 猪的：											
1602.4100	-- 后腿及其肉块											
16024100.10	制作或保藏的濒危猪科动物的后腿及其肉块	5	90		13	0	千克	ABFE	PR/QS	0		0
16024100.90	制作或保藏的猪后腿及其肉块	5	90		13	13	千克	AB	PR/QS	0		0
1602.4200	-- 前腿及其肉块											
16024200.10	制作或保藏的濒危猪科动物的前腿及其肉块	5	90		13	0	千克	ABFE	PR/QS	0		0
16024200.90	制作或保藏的猪前腿及其肉块	5	90		13	13	千克	AB	PR/QS	0		0
	-- 其他，包括混合的肉：											
1602.4910	--- 罐头											
16024910.10	其他含濒危猪科动物肉及杂碎的罐头	5	90		13	0	千克	ABFE	PR/QS	0		0
16024910.90	其他猪肉及杂碎的罐头	5	90		13	13	千克	AB	PR/QS	0		0
1602.4990	--- 其他											
16024990.10	制作或保藏的其他濒危猪科动物的肉、杂碎（包括血等）	5	90		13	0	千克	ABFE	PR/QS	0		0
16024990.90	制作或保藏的其他猪肉，杂碎，血	5	90		13	13	千克	AB	PR/QS	0		0
	- 牛的：											

协定税率（%）														特惠税率（%）①/②	Article Description
巴基斯坦	冰岛	哥斯达黎加	秘鲁	新西兰	瑞士	新加坡	韩国	澳大利亚	格鲁吉亚	毛里求斯	日本RCEP	尼加拉瓜	港澳台		
															--- Food preparations based on sausages and similar produts
12	0	0	0	0	0	0	0	0	0	0	10.9	0	0/	0/0	Food preparations based on sausages, with composition of endangered wild animals or insects (including wild animals of heading 02.08)
12	0	0	0	0	0	0	0	0	0	0	10.9	0	0/	0/0	Food preparations based on sausages, with composition of other animals or insects (including wild animals of heading 02.08)
															Other prepared or preserved meat, meat offal, blood or insects:
															- Homogenized preparations
12	0	0	0	0	0	0	0	0	0	0	10.9	0	0/	0/0	Homogenized preparations with compositions of endangered animals or insects (finely homogenized meat, meat offal, blood or insects, put up for retail sale)
12	0	0	0	0	0	0	0	0	0	0	10.9	0	0/	0/0	Homogenized preparations with compositions of other animals' meat, meat offal, blood or insects (finely homogenized meat, meat offal, blood or insects, put up for retail sale)
															- Of liver of any animal
12	0	0	0	0	0	0	0	0	0	0	10.9	0	0/	0/0	Liver of endangered animals (other than those of Chapter 2 and 3), prepared or preserved
12	0	0	0	0	0	0	0	0	0	0	10.9	0	0/	0/0	Liver of other animals (other than those of Chapter 2 and 3), prepared or preserved
															- Of poultry of heading 01.05:
12	0	0	0	0	0	0	0	0	0	0	10.9	0	0/	0/0	-- Of turkeys
															-- Of fowls of the species Gallus domesticus:
12	0	0	0	0	0	0	0	0	0	0	10.9	0	0/	0/0	--- In airtight containers
															--- Other:
12	0	0	0	0	0	0	0	0	0	0	10.9	0	0/	0/0	----Chicken breast filets
12	0	0	0	0	0	0	0	0	0	0	10.9	0	0/	0/0	----Chicken leg meat
12	0	0	0	0	0	0	0	0	0	0	10.9	0	0/	0/0	----Other
															-- Other:
12	0	0	0	0	0	0	0	0	0	0	10.9	0	0/	0/0	--- In airtight containers
															--- Other:
12	0	0	0	0	0	0	0	0	0	0	10.9	0	0/	0/0	----Of duck
12	0	0	0	0	0	0	0	0	0	0	10.9	0	0/	0/0	----Other
															- Of swine:
															-- Hams and cuts thereof
12	0	0	0	0	0	0	0	0	0	0	10.9	0	0/	0/0	Trail leg and cuts of Babyrousa, Porcula salvania, prepared or preserved
12	0	0	0	0	0	0	0	0	0	0	10.9	0	0/	0/0	Trail leg and cuts of swine, prepared or preserved
															-- Shoulders and cuts thereof
12	0	0	0	0	0	0	0	0	0	0	10.9	0	0/	0/0	Shoulders and cuts of Babyrousa, Porcula salvania, prepared or preserved
12	0	0	0	0	0	0	0	0	0	0	10.9	0	0/	0/0	Shoulders and cuts of swine, prepared or preserved
															-- Other, including mixtures:
															--- In airtight containers
12	0	0	0	0	0	0	0	0	0	0	10.9	0	0/	0/0	Other meat, meat offal of Babyrousa and Porcula salvania, tinned
12	0	0	0	0	0	0	0	0	0	0	10.9	0	0/	0/0	Other meat, meat offal of swine, tinned
															--- Other
12	0	0	0	0	0	0	0	0	0	0	10.9	0	0/	0/0	Meat, meat offal or blood of Babyrousa, Porcula salvania, prepared or preserved
12	0	0	0	0	0	0	0	0	0	0	10.9	0	0/	0/0	Meat, meat offal or blood of other swine, prepared or preserved
															- Of bovine animals:

税 号	货品名称	进口关税（%）			增值/消费税（%）	出口退税（%）	计量单位	监管证件代码	检验检疫类别	协定税率（%）		
		最惠国	普通	年内暂定						东盟	亚太	智利
1602.5010	--- 罐头											
16025010.10	含濒危野牛肉的罐头	5	90		13	0	千克	ABFE	PR/QS	0		0
16025010.90	其他牛肉及牛杂碎罐头（含野牛肉的除外）	5	90		13	13	千克	AB	PR/QS	0		0
1602.5090	--- 其他											
16025090.10	其他制作或保藏的濒危野牛肉、杂碎（包括血等）	5	90		13	0	千克	ABFE	PR/QS	0		0
16025090.90	其他制作或保藏的牛肉，杂碎，血	5	90		13	13	千克	AB	PR/QS	0		0
	- 其他，包括动物血的食品：											
1602.9010	--- 罐头											
16029010.10	其他濒危野生动物肉、杂碎或昆虫罐头	5	90		13	0	千克	ABFE	PR/QS	0		0
16029010.90	其他肉、杂碎或昆虫罐头	5	90		13	13	千克	AB	PR/QS	0		0
1602.9090	--- 其他											
16029090.10	制作或保藏的其他濒危野生动物肉（包括杂碎、血或昆虫）	5	90		13	0	千克	ABFE	PR/QS	0		0
16029090.90	经制作或保藏的其他肉、杂碎、血及昆虫	5	90		13	13	千克	AB	PR/QS	0		0
16.03	**肉、鱼、甲壳动物、软体动物或其他水生无脊椎动物的精及汁：**											
1603.0000	肉、鱼、甲壳动物、软体动物或其他水生无脊椎动物的精及汁											
16030000.10	含濒危动物及鱼类成分的肉（指品目 02.08 及子目 0301.92 野生动物及鱼类）	5	90		13	0	千克	ABFE	PR/QS	0		0
16030000.90	肉及水产品的精、汁（水产品指鱼、甲壳动物、软体动物或其他水生无脊椎动物）	5	90		13	13	千克	AB	PR/QS	0		0
16.04	**制作或保藏的鱼；鲟鱼子酱及鱼卵制的鲟鱼子酱代用品：**											
	- 鱼，整条或切块，但未绞碎：											
	-- 鲑鱼：											
1604.1110	--- 大西洋鲑鱼	10	90		13	13	千克	AB	PR/QS	0		0
1604.1190	--- 其他											
16041190.10	制作或保藏的川陕哲罗鲑鱼（整条或切块，但未绞碎）	10	90		13	13	千克	AB	PR/QS	0		0
16041190.20	制作或保藏的秦岭细鳞鲑鱼（整条或切块，但未绞碎）	10	90		13	13	千克	AB	PR/QS	0		0
16041190.90	制作或保藏的其他鲑鱼	10	90		13	13	千克	AB	PR/QS	0		0
1604.1200	-- 鲱鱼	5	90		13	13	千克	AB	PR/QS	0		0
1604.1300	-- 沙丁鱼、小沙丁鱼属、黍鲱或西鲱	5	90		13	13	千克	AB	PR/QS	0		0
1604.1400	-- 金枪鱼、鲣及狐鲣（狐鲣属）	5	90		13	13	千克	AB	PR/QS	0		0
1604.1500	-- 鲭鱼	5	90		13	13	千克	AB	PR/QS	0		0
1604.1600	-- 鳀鱼	5	90		13	13	千克	AB	PR/QS	0		0
1604.1700	-- 鳗鱼											
16041700.10	制作或保藏的花鳗鲡（整条或切块，但未绞碎）	5	90		13	0	千克	ABE	PR/QS	0	4.1	0
16041700.20	制作或保藏的欧洲鳗鲡（整条或切块，但未绞碎）	5	90		13	0	千克	ABEF	PR/QS	0	4.1	0
16041700.90	其他制作或保藏的鳗鱼（整条或切块，但未绞碎）	5	90		13	13	千克	AB	PR/QS	0	4.1	0
1604.1800	-- 鲨鱼翅											
16041800.10	制作或保藏的濒危鲨鱼鱼翅（整条或切块，但未绞碎）	12	90		13	0	千克	AFEB	PR/QS	0	9.8	0
16041800.90	制作或保藏的其他鲨鱼鱼翅（整条或切块，但未绞碎）	12	90		13	13	千克	AB	PR/QS	0	9.8	0

协定税率（%）														特惠税率（%）①/②	Article Description
巴基斯坦	冰岛	哥斯达黎加	秘鲁	新西兰	瑞士	新加坡	韩国	澳大利亚	格鲁吉亚	毛里求斯	日本RCEP	尼加拉瓜	港澳台		
															--- In airtight containers
6	0	0	0	0	0	0	0	0	0	0	8.7	0	0/	0/0	Meat of endangered wild bovine animals, tinned
6	0	0	0	0	0	0	0	0	0	0	8.7	0	0/	0/0	Other meat, meat offal of bovine animals, tinned (other than those of containing compositions of wild bovine animals)
															--- Other
6	0	0	0	0	0	0	0	0	0	0	8.7	0	0/	0/0	Other meat, meat offal or blood of endangered wild bovine animals, prepared or preserved
6	0	0	0	0	0	0	0	0	0	0	8.7	0	0/	0/0	Other meat, meat offal or blood of bovine animals, prepared or preserved
															- Other, including preparations of blood of any animal:
															--- In airtight containers
12	0	0	0	0	0	0	0	0	0	0	5.8	0	0/	0/0	Other meat, meat offal of endangered animals or insects, tinned
12	0	0	0	0	0	0	0	0	0	0	5.8	0	0/	0/0	Other meat, meat offal of other animals or insects, tinned
															--- Other
12	0	0	0	0	0	0	0	0	0	0	5.8	0	0/	0/0	Other meat, meat offal or blood of endangered animals or insects, prepared or preserved
12	0	0	0	0	0	0	0	0	0	0	5.8	0	0/	0/0	Other meat, meat offal or blood of other animals or insects, prepared or preserved
															Extracts and juices of meat, fish or crustaceans, molluscs or other aquatic invertebrates:
															Extracts and juices of meat, fish or crustaceans, molluscs or other aquatic invertebrates
	0	0	0	0	0	0	11.5	0	0	4.6	19.7	0	0/	0/0	Meat containing compositions of endangered wild animals and fish (i.e., those of heading 02.08 or of subheading 0301.92)
	0	0	0	0	0	0	11.5	0	0	4.6	19.7	0	0/	0/0	Extracts and juices of meat, fish or crustaceans, molluscs or other aquatic invertebrates
															Prepared or preserved fish; caviar and caviar substitutes prepared from fish eggs:
															- Fish，whole or in pieces, but not minced:
															-- Salmon:
3	0	0		0		0	0	0	0	0	8.7	9	0/	0/0	--- Atlantic salmon
															--- Other
3	0	0		0		0	0	0	0	0	8.7	9	0/	0/0	Hucho bleekeri, prepared or preserved, whole or in pieces, but not minced
3	0	0		0		0	0	0	0	0	8.7	9	0/	0/0	Qinling lenok, prepared or preserved, whole or in pieces, but not minced
3	0	0		0		0	0	0	0	0	8.7	9	0/	0/0	Other salmon, prepared or preserved
3	0	0	0	0	0	0	0	0	0	0	8.7	0	0/	0/0	-- Herrings
0	0	0	0	0	0		0	0	0	0	0	0	0/	0/0	-- Sardines, sardinella, brisling or sprats
0	0	0	0	0	0		0	0	0	0	0	0	0/	0/0	-- Tunas, skipjack tuna and bonito (Sarda spp.)
3	0	0	0	0	0	0	0	0	0	0	8.7	0	0/	0/0	-- Mackerel
3	0	0	0	0	0	0	0	0	0	0	8.7	0	0/	0/0	-- Anchovies
															-- Eels
2.5	0	0		0	0	0	0	0	0	0	8.7	4	0/	0/0	Marbled eel, prepared or preserved, whole or in pieces, but not minced
2.5	0	0		0	0	0	0	0	0	0	8.7	4	0/	0/0	European eel, prepared or preserved, whole or in pieces, but not mined
2.5	0	0		0	0	0	0	0	0	0	8.7	4	0/	0/0	Other eels, prepared or preserved, whole or in pieces, but not minced
															-- Shark fins
2.5	0	0		0	0	0	0	0	0		8.7	11.2	0/	0/0	Endangered shark’s fins, prepared or preserved, not whole nor in pieces, not tinned
2.5	0	0		0	0	0	0	0	0		8.7	11.2	0/	0/0	Other shark’s fins, prepared or preserved, not whole nor in pieces, not tinned

税号	货品名称	进口关税（%）			增值/消费税（%）	出口退税（%）	计量单位	监管证件代码	检验检疫类别	协定税率（%）		
		最惠国	普通	年内暂定						东盟	亚太	智利
	-- 其他:											
1604.1920	--- 罗非鱼	5	90		13	13	千克	AB	PR/QS	0		0
	--- 叉尾鮰鱼:											
1604.1931	---- 斑点叉尾鮰鱼	5	90		13	13	千克	AB	PR/QS	0	4.1	0
1604.1939	---- 其他	5	90		13	13	千克	AB	PR/QS	0	4.1	0
1604.1990	--- 其他											
16041990.10	制作或保藏的濒危鱼类（整条或切块，但未绞碎）	5	90		13	0	千克	AFEB	PR/QS	0	4.1	0
16041990.90	制作或保藏的其他鱼（整条或切块，但未绞碎）	5	90		13	13	千克	AB	PR/QS	0	4.1	0
	- 其他制作或保藏的鱼:											
	--- 罐头:											
1604.2011	---- 鲨鱼翅											
16042011.10	濒危鲨鱼鱼翅罐头	12	90		13	0	千克	ABFE	PR/QS	0	9.8	0
16042011.90	其他鲨鱼鱼翅罐头	12	90		13	13	千克	AB	PR/QS	0	9.8	0
1604.2019	---- 其他											
16042019.10	非整条或切块的濒危鱼罐头（鱼翅除外）	5	90		13	0	千克	ABFE	PR/QS	0	4.1	0
16042019.90	非整条或切块的其他鱼罐头（鱼翅除外）	5	90		13	13	千克	AB	PR/QS	0	4.1	0
	--- 其他:											
1604.2091	---- 鲨鱼翅											
16042091.10	制作或保藏的濒危鲨鱼鱼翅（非整条、非切块、非罐头）	12	90		13	0	千克	ABFE	PR/QS	0	9.8	0
16042091.90	制作或保藏其他鲨鱼鱼翅（非整条、非切块、非罐头）	12	90		13	13	千克	AB	PR/QS	0	9.8	0
1604.2099	---- 其他											
16042099.10	其他制作或保藏的濒危鱼（非整条、非切块、非罐头，鱼翅除外）	5	90		13	0	千克	ABFE	PR/QS	0	4.1	0
16042099.90	其他制作或保藏的鱼（非整条、非切块、非罐头，鱼翅除外）	5	90		13	13	千克	AB	PR/QS	0	4.1	0
	- 鲟鱼子酱及鲟鱼子酱代用品:											
1604.3100	-- 鲟鱼子酱	5	90		13	0	千克	ABFE	PR/QS	0		0
1604.3200	-- 鲟鱼子酱代用品	5	90		13	13	千克	AB	PR/QS	0		0
16.05	**制作或保藏的甲壳动物、软体动物及其他水生无脊椎动物:**											
1605.1000	- 蟹	5	90		13	13	千克	AB	PR/QS	0		0
	- 小虾及对虾:											
1605.2100	-- 非密封包装	5	90		13	13	千克	AB	PR/QS	0		0
1605.2900	-- 其他	5	90		13	13	千克	AB	PR/QS	0		0
1605.3000	- 龙虾	5	90		13	13	千克	AB	PR/QS	0		0
	- 其他甲壳动物:											
	--- 淡水小龙虾:											
1605.4011	---- 虾仁	5	90		13	13	千克	AB	PR/QS	0		0
1605.4019	---- 其他	5	90		13	13	千克	AB	PR/QS	0		0
1605.4090	--- 其他	5	90		13	13	千克	AB	PR/QS	0		0
	- 软体动物:											
1605.5100	-- 牡蛎（蚝）	5	90		13	13	千克	AB	PR/QS	0	3.9	0
1605.5200	-- 扇贝，包括海扇											
16055200.10	制作或保藏的大珠母贝	5	90		13	0	千克	ABE	PR/QS	0	3.9	0
16055200.90	其他制作或保藏的扇贝，包括海扇	5	90		13	13	千克	AB	PR/QS	0	3.9	0
1605.5300	-- 贻贝	5	90		13	13	千克	AB	PR/QS	0	3.9	0
1605.5400	-- 墨鱼及鱿鱼	5	90		13	13	千克	AB	PR/QS	0	3.9	0
1605.5500	-- 章鱼	5	90		13	13	千克	AB	PR/QS	0	3.9	0
	-- 蛤、鸟蛤及舟贝:											
1605.5610	--- 蛤	5	90		13	13	千克	AB	PR/QS	0	3.9	0

协定税率(%)														特惠税率(%)①/②	Article Description
巴基斯坦	冰岛	哥斯达黎加	秘鲁	新西兰	瑞士	新加坡	韩国	澳大利亚	格鲁吉亚	毛里求斯	日本RCEP	尼加拉瓜	港澳台		
															-- Other:
3	0	0		0	0	0	0	0	0	0	8.7	0	0/	0/0	--- Tilapia
															--- Ictalurus:
2.5	0	0		0	0	0	0	0	0	0	8.7	0	0/	0/0	----Channel catfish (Ictalurus punctatus)
2.5	0	0		0	0	0	0	0	0	0	8.7	0	0/	0/0	----Other
															--- Other
2.5	0	0		0	0	0	0	0	0	0	8.7	0	0/	0/0	Endangered fish, prepared or preserved, whole or in pieces, but not minced
2.5	0	0		0	0	0	0	0	0	0	8.7	0	0/	0/0	Other fish, prepared or preserved, whole or in pieces, but not minced
															- Other prepared or preserved fish:
															--- In airtight containers:
															---- Shark fins
2.5	0	0	0	0	0	0			0	0	10.3	11.2	0/	0/0	Endangered shark's fins, tinned
2.5	0	0	0	0	0	0			0	0	10.3	11.2	0/	0/0	Other shark's fins, tinned
															----Other
2.5	0	0	0	0	0	0	0	0	0	0	8.7	0	0/	0/0	Endangered fish, not whole nor in pieces, tinned (other than shark's fins)
2.5	0	0	0	0	0	0	0	0	0	0	8.7	0	0/	0/0	Other fish, not whole nor in pieces, tinned (other than shark's fins)
															--- Other:
															----Shark fins
2.5	0	0	0	0	0	0			0	0	10.3	11.2	0/	0/0	Endangered shark's fins, prepared or preserved, not whole nor in pieces, not tinned
2.5	0	0	0	0	0	0			0	0	10.3	11.2	0/	0/0	Other shark's fins, prepared or preserved, not whole nor in pieces, not tinned
															----Other
2.5	0	0	0	0	0	0	0	0	0	0	8.7	0	0/	0/0	Other endangered fish, prepared or preserved, not whole nor in pieces, not tinned, other than shark's fins
2.5	0	0	0	0	0	0	0	0	0	0	8.7	0	0/	0/0	Other fish, prepared or preserved, not whole nor in pieces, not tinned, other than shark's fins
															- Caviar and caviar substitutes:
3	0	0	0	0	0	0	0	0	0	0	8.7	0	0/	0/0	-- Caviar
3	0	0	0	0	0	0	0	0	0	0	8.7	0	0/	0/0	-- Caviar substitutes
															Crustaceans, molluscs and other aquatic invertebrates, prepared or preserved:
0	0	0	0	0	0		0	0	0	0	0	0	0/	0/0	- Crab
															- Shrimps and prawns:
0	0	0	0	0	0		0	0	0	0	0	0	0/	0/0	-- Not in airtight container
0	0	0	0	0	0		0	0	0	0	0	0	0/	0/0	-- Other
0	0	0	0	0	0		0	0	0	0	0	0	0/	0/0	- Lobster
															- Other crustaceans:
															--- Freshwater crawfish:
0	0	0	0	0	0		0	0	0	0	0	0	0/	0/0	----Shelled
0	0	0	0	0	0		0	0	0	0	0	0	0/	0/0	----Other
0	0	0	0	0	0		0	0	0	0	0	0	0/	0/0	--- Other
															- Molluscs:
0	0	0	0	0	0		0	0	0	0	0	0	0/	0/0	-- Oysters:
															-- Scallops, including queen scallops
0	0	0	0	0	0		0	0	0	0	0	0	0/	0/0	Pearloysters, prepared or preserved
0	0	0	0	0	0		0	0	0	0	0	0	0/	0/0	Other scallops, including queen scallops, prepared or preserved
0	0	0	0	0	0		0	0	0	0	0	0	0/	0/0	-- Mussels (Mytilus spp., Perna spp.)
0	0	0	0	0	0		0	0	0	0	0	0	0/	0/0	-- Cuttle fish and squid
0	0	0	0	0	0		0	0	0	0	0	0	0/	0/0	-- Octopus
															- Clams, cockles and arkshells:
0	0	0		0	0		0	0	0	0	3.6	0	0/	0/0	--- Clams

税　号	货品名称	进口关税（%）			增值/消费税（%）	出口退税（%）	计量单位	监管证件代码	检验检疫类别	协定税率（%）		
		最惠国	普通	年内暂定						东盟	亚太	智利
1605.5620	--- 鸟蛤及舟贝											
16055620.10	制作或保藏的砗磲	5	90		13	0	千克	ABEF	PR/QS	0	3.9	0
16055620.90	其他制作或保藏的鸟蛤及舟贝	5	90		13	13	千克	AB	PR/QS	0	3.9	0
1605.5700	-- 鲍鱼	5	90		13	13	千克	AB	PR/QS	0	3.9	0
1605.5800	-- 蜗牛及螺，海螺除外											
16055800.10	制作或保藏的濒危蜗牛及螺，海螺除外	5	90		13	0	千克	ABFE	PR/QS	0	3.9	0
16055800.90	其他制作或保藏的蜗牛及螺，海螺除外	5	90		13	13	千克	AB	PR/QS	0	3.9	0
1605.5900	-- 其他											
16055900.10	其他制作或保藏的濒危软体动物	5	90		13	0	千克	ABFE	PR/QS	0	3.9	0
16055900.90	其他制作或保藏的软体动物	5	90		13	13	千克	AB	PR/QS	0	3.9	0
	- 其他水生无脊椎动物：											
1605.6100	-- 海参											
16056100.10	制作或保藏的暗色刺参	5	90		13	0	千克	ABFE	PR/QS	0	3.9	0
16056100.90	其他制作或保藏的海参	5	90		13	13	千克	AB	PR/QS	0	3.9	0
1605.6200	-- 海胆	5	90		13	13	千克	AB	PR/QS	0	3.9	0
1605.6300	-- 海蜇	5	90		13	13	千克	AB	PR/QS	0		0
1605.6900	-- 其他											
16056900.10	其他制作或保藏的濒危水生无脊椎动物	5	90		13	0	千克	ABFE	PR/QS	0	3.9	0
16056900.90	其他制作或保藏的水生无脊椎动物	5	90		13	13	千克	AB	PR/QS	0	3.9	0

协定税率（%）														特惠税率（%）①/②	Article Description
巴基斯坦	冰岛	哥斯达黎加	秘鲁	新西兰	瑞士	新加坡	韩国	澳大利亚	格鲁吉亚	毛里求斯	日本RCEP	尼加拉瓜	港澳台		
															--- Cockles and arkshells
0	0	0	0	0	0		0	0	0	0	0	0	0/	0/0	Tridacna, prepared or preserved
0	0	0	0	0	0		0	0	0	0	0	0	0/	0/0	Other cockles and ark shells, prepared or preserved
0	0	0	0	0	0		0	0	0	0	0	0	0/	0/0	-- Abalone
															-- Snails, other than sea snails
0	0	0	0	0	0		0	0	0	0	0	0	0/	0/0	Endangered snails, other than sea snails, prepared or preserved
0	0	0	0	0	0		0	0	0	0	0	0	0/	0/0	Other snails, other than sea snails, prepared or preserved
															-- Other
0	0	0	0	0	0		0	0	0	0	0	0	0/	0/0	Other endangered molluscs, prepared or preserved
0	0	0	0	0	0		0	0	0	0	0	0	0/	0/0	Other molluscs, prepared or preserved
															- Other aquatic invertebrates:
															-- Sea cucumbers
0	0	0	0	0	0		0	0	0	0	0	0	0/	0/0	Isostichopus fuscus, prepared or preserved
0	0	0	0	0	0		0	0	0	0	0	0	0/	0/0	Other sea cucumbers, prepared or preserved
0	0	0	0	0	0		0	0	0	0	0	0	0/	0/0	-- Sea urchins
12	0	0		0	0	0	0	0	0	0	10.9	0	0/	0/0	-- Jelly fish
															-- Other
0	0	0	0	0	0		0	0	0	0	0	0	0/	0/0	Other endangered aquatic invertebrates, prepared or preserved
0	0	0	0	0	0		0	0	0	0	0	0	0/	0/0	Other aquatic invertebrates, prepared or preserved

第十七章　糖及糖食

注释：

本章不包括：

一、含有可可的糖食（税目18.06）；

二、税目29.40的化学纯糖（蔗糖、乳糖、麦芽糖、葡萄糖及果糖除外）及其他产品；或

三、第三十章的药品及其他产品。

子目注释：

一、子目1701.12、1701.13及1701.14所称“原糖”，是指按重量计干燥状态的蔗糖含量对应的旋光读数低于99.5°的糖。

二、子目1701.13仅包括非离心甘蔗糖，其按重量计干燥状态的蔗糖含量对应的旋光读数不低于69°但低于93°。该产品仅含肉眼不可见的不规则形状天然他形微晶，外被糖蜜残余及其他甘蔗成分。

税　号	货品名称	进口关税（%）			增值/消费税（%）	出口退税（%）	计量单位	监管证件代码	检验检疫类别	协定税率（%）		
		最惠国	普通	年内暂定						东盟	亚太	智利
17.01	固体甘蔗糖、甜菜糖及化学纯蔗糖：											
	- 未加香料或着色剂的原糖：											
1701.1200	-- 甜菜糖											
17011200.01	未加香料或着色剂的甜菜原糖［按重量计干燥状态的糖含量低于旋光读数99.5度（配额内）］	15	125		13	13	千克	ABqt	MPR/QS			
17011200.90	未加香料或着色剂的甜菜原糖［按重量计干燥状态的糖含量低于旋光读数99.5度（配额外）］	50	125		13	13	千克	7AB	MPR/QS			
1701.1300	-- 本章子目注释二所述的甘蔗糖											
17011300.01	未加香料或着色剂的本章子目注释二所述的甘蔗原糖［按重量计干燥状态的蔗糖含量对应的旋光读数不低于69度，但低于93度（配额内）］	15	125		13	13	千克	ABqt	MPR/QS			
17011300.90	未加香料或着色剂的本章子目注释二所述的甘蔗原糖［按重量计干燥状态的蔗糖含量对应的旋光读数不低于69度，但低于93度（配额外）］	50	125		13	13	千克	7AB	PR/QS			
1701.1400	-- 其他甘蔗糖											
17011400.01	未加香料或着色剂其他甘蔗原糖［按重量计干燥状态的糖含量低于旋光读数99.5度（配额内）］	15	125		13	13	千克	ABqt	PR/QS			
17011400.90	未加香料或着色剂其他甘蔗原糖［按重量计干燥状态的糖含量低于旋光读数99.5度（配额外）］	50	125		13	13	千克	7AB	PR/QS			
	- 其他：											
1701.9100	-- 加有香料或着色剂											
17019100.01	加有香料或着色剂的糖［甘蔗糖、甜菜糖及化学纯蔗糖（配额内）］	15	125		13	13	千克	ABqt	R/S			

[1] 国别关税配额税率：15%。
[2] 关税配额税率：15%。

Chapter 17　Sugars and sugar confectionery

Chapter Notes:

This Chapter does not cover:

1. Sugar confectionery containing cocoa (heading 18.06);
2. Chemically pure sugars (other than sucrose, lactose, maltose, glucose and fructose) or other products of heading 29.40; or
3. Medicaments or other products of Chapter 30.

Subheading Notes:

1. For the purposes of subheadings 1701.12, 1701.13 and 1701.14, "raw sugar" means sugar whose content of sucrose by weight, in the dry state, corresponds to a polarimeter reading of less than 99.5 °.
2. Subheading 1701.13 covers only cane sugar obtained without centrifugation, whose content of sucrose by weight, in the dry state, corresponds to a polarimeter reading of 69° or more but less than 93°., The product contains only natural anhedral microcrystals, of irregular shape, not visible to the naked eye, which are surrounded by residues of molasses and other constituents of sugar cane..

协定税率（%）														特惠税率（%）①/②	Article Description
巴基斯坦	冰岛	哥斯达黎加	秘鲁	新西兰	瑞士	新加坡	韩国	澳大利亚	格鲁吉亚	毛里求斯	日本RCEP	尼加拉瓜	港澳台		
															Cane or beet sugar and chemically pure sucrose, in solid form:
															- Raw sugar not containing added flavouring or colouring matter:
															-- Beet sugar
										[注1]			0/		Raw beet sugar, whose content of sucrose by weight, in the dry state, corresponds to a polarimeter reading of less than 99.5 °, not containing added flavouring or colouring matter (in-quota)
										[注1]			0/		Raw beet sugar, not containing added flavouring or colouring matter (whose content of sucrose by weight, in the dry state, corresponds to a polarimeter reading of less than 99.5 °) (out-of-quota)
															-- Cane sugar specified in subheading Note 2 of this Chapter
										[注1]		[注2]	0/		Raw cane sugar described in Note 2 of this Chapter, not containing added flavouring or colouring matter, whose content of sucrose by weight, in the dry state, corresponds to a polarimeter reading of 69° or more but less than 93 ° (in-quota)
										[注1]		[注2]	0/		Raw cane sugar specified in the Note 2 of this Chapter, not containing added flavouring or colouring matter (whose content of sucrose by weight, in the dry state, corresponds to a polarimeter reading of 69° or more but less than 93°)(out-of-quota)
															-- Other cane sugar
										[注1]		[注2]	0/		Other raw cane sugar, whose content of sucrose by weight, in the dry state, corresponds to a polarimeter reading of less than 99.5°, not containing added flavouring or colouring matter (in-quota))
										[注1]		[注2]	0/		Other raw cane sugar, not containing added flavouring or colouring matter (whose content of sucrose by weight, in the dry state, corresponds to a polarimeter reading of less than 99.5°) (out-of-quota)
															- Other:
															-- Containing added flavouring or colouring matter
										[注1]			0/		Sugar (referring to cane or beet sugar and chemically pure sucrose), containing added flavouring or colouring matter (in-quota)

税　号	货品名称	进口关税（%）最惠国	普通	年内暂定	增值/消费税（%）	出口退税（%）	计量单位	监管证件代码	检验检疫类别	协定税率（%）东盟	亚太	智利
17019100.90	加有香料或着色剂的糖［甘蔗糖、甜菜糖及化学纯蔗糖（配额外）］	50	125		13	13	千克	7AB	R/S			
	-- 其他：											
1701.9910	--- 砂糖											
17019910.10	砂糖（配额内）	15	125		13	13	千克	ABqt	MR/S			
17019910.90	砂糖（配额外）	50	125		13	13	千克	7AB	MR/S			
1701.9920	--- 绵白糖											
17019920.01	绵白糖（配额内）	15	125		13	13	千克	ABqt	R/S			
17019920.90	绵白糖（配额外）	50	125		13	13	千克	7AB	R/S			
1701.9990	--- 其他											
17019990.01	其他精制糖（配额内）	15	125		13	13	千克	ABqt	R/S			
17019990.90	其他精制糖（配额外）	50	125		13	13	千克	7AB	R/S			
17.02	**其他固体糖，包括化学纯乳糖、麦芽糖、葡萄糖及果糖；未加香料或着色剂的糖浆；人造蜜，不论是否掺有天然蜂蜜；焦糖：**											
	- 乳糖及乳糖浆：											
1702.1100	-- 按重量计干燥无水乳糖含量在99%及以上	10	80	5	13	13	千克	AB	R/S	0		0
1702.1900	-- 其他	10	80		13	13	千克	AB	R/S	0		0
1702.2000	- 槭糖及槭糖浆	30	80		13	13	千克	AB	R/S	0		0
1702.3000	- 葡萄糖及葡萄糖浆，不含果糖或按重量计干燥状态的果糖含量在20%以下	30	80		13	13	千克	BA	R/S	0		0
1702.4000	- 葡萄糖及葡萄糖浆，按重量计干燥状态的果糖含量在20%及以上，但在50%以下，转化糖除外	30	80		13	13	千克	BA	R/S	0		0
1702.5000	- 化学纯果糖	30	80		13	13	千克	AB	R/S	0		0
1702.6000	- 其他果糖及果糖浆，按重量计干燥状态的果糖含量在50%以上，转化糖除外	30	80		13	13	千克	BA	R/S	0		0
	- 其他，包括转化糖及其他按重量计干燥状态的果糖含量为50%的糖及糖浆混合物：											
	--- 甘蔗糖或甜菜糖水溶液；蔗糖含量超过50%的甘蔗糖、甜菜糖与其他糖的简单固体混合物：											
1702.9011	---- 甘蔗糖或甜菜糖水溶液	30	80		13	13	千克	AB	R/S	0		0
1702.9012	---- 蔗糖含量超过50%的甘蔗糖、甜菜糖与其他糖的简单固体混合物	30	80		13	13	千克	AB	R/S	0		0
1702.9090	--- 其他											
17029090.10	人造蜜	30	80		13	13	千克	AB	R/S	0		0
17029090.90	其他固体糖、糖浆及焦糖（包括转化糖及按重量计干燥状态果糖含量50%的糖、糖浆）	30	80		13	13	千克	AB	R/S	0		0
17.03	**制糖后所剩的糖蜜：**											
1703.1000	- 甘蔗糖蜜	8	50		13	13	千克	9B	R/S	0		0
1703.9000	- 其他	8	50		13	13	千克	9B	R/S	0		0
17.04	**不含可可的糖食（包括白巧克力）：**											
1704.1000	- 口香糖，不论是否裹糖	12	50		13	13	千克	AB	R/S	0	9.5	0
1704.9000	- 其他	10	50		13	13	千克	AB	R/S	0	8.2	0

[1] 国别关税配额税率：15%。

[2] 关税配额税率：15%。

协定税率（%）														特惠税率（%）①/②	Article Description
巴基斯坦	冰岛	哥斯达黎加	秘鲁	新西兰	瑞士	新加坡	韩国	澳大利亚	格鲁吉亚	毛里求斯	日本RCEP	尼加拉瓜	港澳台		
										[注1]			0/		Sugar, containing added flavouring, colouring matter (referring to cane or beet sugar and chemically pure sucrose)(out-of-quota)
															-- Other:
															--- Granulated sugar
										[注1]		[注2]	0/		Granulated sugar (in-quota)
										[注1]		[注2]	0/		Granulated sugar (out-of-quota)
															--- Superfine sugar
										[注1]		[注2]	0/		Superfine sugar (in-quota)
										[注1]		[注2]	0/		Superfine sugar (out-of-quota)
															--- Other
										[注1]		[注2]	0/		Other refined sugar (in-quota)
										[注1]		[注2]	0/		Other refined sugar (out-of-quota)
															Other sugars, including chemically pure lactose, maltose, glucose and fructose, in solid form; sugar syrups not containing added flavouring or colouring matter; artificial honey, whether or not mixed with natural honey; caramel:
															- Lactose and lactose syrup:
5		0	0	0	0	0	0	0	0	0	7.3		0/	0/0	-- Containing by weight 99% or more lactose, expressed as anhydrous lactose, calculated on the dry matter
5		0	0	0	0	0	0	0	0	0	7.3		0/	0/0	-- Other
		0	0	0		0	15	0		6	25.7		0/	/0	- Maple sugar and maple syrup
0		0	0	0		0		0		6			0/	/0	- Glucose and glucose syrup, not containing fructose or containing in the dry state less than 20% by weight of fructose
		0	0	0		0		0		6			0/	/0	- Glucose and glucose syrup, containing in the dry state at least 20% but less than 50% by weight of fructose, excluding invert sugar
	0	0	0	0		0		0		6			0/	/0	- Chemically pure fructose
	0	0	0	0		0		0		6			0/	/0	- Other fructose and fructose syrup, containing in the dry state more than 50% by weight of fructose, excluding invert sugar
															- Other, including invert sugar and other sugar and sugar syrup blends containing in the dry state more than 50% by weight of fructose:
															--- Aqueous solution of cane sugar or beet sugar; simple solid mixtures of cane sugar, beet sugar and other sugar containing more than 50% by weight of cane sugar:
	0	0	3.5	0	12	0		0		6			0/	0/0	----Aqueous solution of cane sugar or beet sugar
	0	0	3.5	0	12	0		0		6			0/	0/0	----Simple solid mixtures of cane sugar, beet sugar and other sugar containing more than 50% by weight of cane sugar
															--- Other
	0	0	3.5	0	12	0		0		6			0/	0/0	Artificial honey
	0	0	3.5	0	12	0		0		6			0/	0/0	Other sugars in solid form, syrup and caramel, including invert sugar and other sugar and syrup containing in the dry state 50% by weight of fructose
															Molasses resulting from the extraction or refining or sugar:
5	0	0	0	0	0		0	0	0	0	5.8	7.2	0/	0/0	- Cane molasses
5	0	0	0	0	0		0	0	0	0	5.8	7.2	0/	0/0	- Other
															Sugar confectionery (including white chocolate), not containing cocoa:
0	0	0	1.4	0	0	0		0	0	0		11.2	0/	0/0	- Chewing gum, whether or not sugarcoated
0	0	0	0	0	0	0	5	0	0	0		9	0/	0/0	- Other

第十八章　可可及可可制品

注释：

一、本章不包括：

（一）按重量计含香肠、肉、食用杂碎、动物血、昆虫、鱼、甲壳动物、软体动物或其他水生无脊椎动物及其混合物超过20%的食品（第十六章）；

（二）税目04.03、19.01、19.02、19.04、19.05、21.05、22.02、22.08、30.03、30.04的制品。

二、税目18.06包括含有可可的糖食及注释一以外的其他含可可的食品。

税号	货品名称	进口关税（%）			增值/消费税（%）	出口退税（%）	计量单位	监管证件代码	检验检疫类别	协定税率（%）		
		最惠国	普通	年内暂定						东盟	亚太	智利
18.01	**整颗或破碎的可可豆，生的或焙炒的：**											
1801.0000	整颗或破碎的可可豆，生的或焙炒的	8	30	0	13	13	千克	AB	MPR/QS	0		0
18.02	**可可荚、壳、皮及废料：**											
1802.0000	可可荚、壳、皮及废料	10	30		13	13	千克	AB	P/QS	0		0
18.03	**可可膏，不论是否脱脂：**											
1803.1000	- 未脱脂	10	30		13	13	千克	AB	R/S	0		0
1803.2000	- 全脱脂或部分脱脂	10	30		13	13	千克	AB	R/S	0		0
18.04	**可可脂、可可油：**											
1804.0000	可可脂、可可油											
18040000.10	可可脂	22	70	10	13	13	千克	AB	R/S	0		0
18040000.90	可可油	22	70	10	13	13	千克	AB	R/S	0		0
18.05	**未加糖或其他甜物质的可可粉：**											
1805.0000	未加糖或其他甜物质的可可粉	15	40		13	13	千克	AB	PR/QS	0		0
18.06	**巧克力及其他含可可的食品：**											
1806.1000	- 加糖或其他甜物质的可可粉	10	50		13	13	千克	AB	PR/QS	0		0
1806.2000	- 其他重量超过2千克的块状或条状含可可食品，或液状、膏状、粉状、粒状或其他散装形状的含可可食品，容器包装或内包装每件净重超过2千克的	10	50		13	13	千克	AB	R/S	0	7.7	0
	- 其他块状或条状的含可可食品：											
1806.3100	-- 夹心	8	50		13	13	千克	AB	R/S	0	6.4	0
1806.3200	-- 不夹心	10	50		13	13	千克	AB	R/S	0	7.7	0
1806.9000	- 其他	8	50		13	13	千克	AB	R/S	0	6.4	0

Chapter 18 Cocoa and cocoa preparations

Chapter Notes:

1. This Chapter does not cover:

(a) Food preparations containing more than 20 % by weight of sausage, meat, meat offal, blood, insects, fish or crustaceans, molluscs or other aquatic invertebrates, or any combination thereof (Chapter 16);

(b) Preparations of headings 04.03, 19.01, 19.02, 19.04, 19.05, 21.05, 22.02, 22.08, 30.03 or 30.04.

2. Heading 18.06 includes sugar confectionery containing cocoa and, subject to Note 1 to this Chapter, other food preparations containing cocoa.

协定税率（%）														特惠税率（%）①/②	Article Description
巴基斯坦	冰岛	哥斯达黎加	秘鲁	新西兰	瑞士	新加坡	韩国	澳大利亚	格鲁吉亚	毛里求斯	日本RCEP	尼加拉瓜	港澳台		
															Cocoa beans, whole or broken, raw or roasted:
0	0	0	0	0	0		0	0	0	0	5.8	7.2	0/	0/0	Cocoa beans, whole or broken, raw or roasted
															Cocoa shells, husks, skins and other cocoa waste:
2.5	0	0	0	0	0	0	0	0	0	0	7.3	9	0/	0/0	Cocoa shells, husks, skins and other cocoa waste
															Cocoa paste, whether or not defatted:
2.5	0	0	0	0	0		0	0	0	0	7.3	9	0/	0/0	- Not defatted
2.5	0	0	0	0	0		0	0	0	0	7.3	9	0/	0/0	- Wholly or partly defatted
															Cocoa butter, fat and oil:
															Cocoa butter, fat and oil
	0	0	0	0	0		11	0	0	4.4		20.5	0/	0/0	Cocoa butter
	0	0	0	0	0		11	0	0	4.4		20.5	0/	0/0	Cocoa oil
															Cocoa powder, not containing added sugar or other sweetening matter:
12	0	0	0	0	0		0	0	0	0	10.9	14	0/	0/0	Cocoa powder, not containing added sugar or other sweetening matter
															Chocolate and other food preparations containing cocoa:
2.5	0	0	0	0	0		0	0	0	0	7.3		0/	0/0	- Cocoa powder, containing added sugar or other sweetening matter
2.5	0	0	0	0	0	0	0	0	0	0	7.3	9	0/	0/0	- Other preparations in blocks, slabs or bars weighing more than 2kg or in liquid, paste, powder, granular or other bulk form in containers or immediate packings, of a content exceeding 2kg
															- Other, in blocks, slabs or bars:
4	0	0	0	0	0		2.6	0	0	0	6.5	7.2	0/	0/0	-- Filled
4	0	0	0	0	0	0	3.3	0	0	0	8.1	9	0/	0/0	-- Not filled
4	0	0	0	0	0		2.6	0	0	0	6.5	0	0/	0/0	- Other

第十九章　谷物、粮食粉、淀粉或乳的制品；糕饼点心

注释：

一、本章不包括：

（一）按重量计含香肠、肉、食用杂碎、动物血、昆虫、鱼、甲壳动物、软体动物、其他水生无脊椎动物及其混合物超过20%的食品（第十六章），但税目19.02的包馅食品除外；

（二）用粮食粉或淀粉制的专作动物饲料用的饼干及其他制品（税目23.09）；或

（三）第三十章的药品及其他产品。

二、税目19.01所称：

（一）“粗粒”是指第十一章的谷物粗粒；

（二）“细粉”及“粗粉”，是指：

1. 第十一章的谷物细粉及粗粉；以及

2. 其他章植物的细粉、粗粉及粉末，但不包括干蔬菜、马铃薯和干豆类的细粉、粗粉及粉末（应分别归入税目07.12、11.05和11.06）。

三、税目19.04不包括按重量计全脱脂可可含量超过6%或用巧克力完全包裹的食品或税目18.06的其他含可可食品（税目18.06）。

四、税目19.04所称“其他方法制作的”，是指制作或加工程度超过第十章或第十一章各税目或注释所规定范围的。

税　号	货品名称	进口关税（%）			增值/消费税（%）	出口退税（%）	计量单位	监管证件代码	检验检疫类别	协定税率（%）		
		最惠国	普通	年内暂定						东盟	亚太	智利
19.01	麦精；细粉、粗粒、粗粉、淀粉或麦精制的其他税目未列名的食品，不含可可或按重量计全脱脂可可含量低于40%；税目04.01至04.04所列货品制的其他税目未列名的食品，不含可可或按重量计全脱脂可可含量低于5%：											
	- 适合供婴幼儿食用的零售包装食品：											
1901.1010	--- 配方奶粉											
19011010.10	乳基特殊医学用途婴幼儿配方食品（按重量计全脱脂可可含量＜5%乳品制）	15	40	0	13	13	千克	7AB	R/S	0		0
19011010.90	供婴幼儿食用的零售包装配方奶粉（乳基特殊医学用途婴幼儿配方食品除外）（按重量计全脱脂可可含量＜5%乳品制）	15	40	5	13	13	千克	7AB	R/S	0		0
1901.1090	--- 其他	15	40	2	13	13	千克	AB	R/S	0		0
1901.2000	- 供烘焙税目19.05所列面包糕饼用的调制品及面团	10	80		13	13	千克	AB	R/S	0		0
1901.9000	- 其他											
19019000.10	乳基特殊医学用途配方食品（按重量计全脱脂可可含量＜40%粉、淀粉、麦精制；按重量计全脱脂可可含量＜5%乳品制）	10	80	0	13	13	千克	AB	R/S	0		0
19019000.90	其他麦精，粮食粉等制食品及乳制食品（按重量计全脱脂可可含量＜40%粉、淀粉、麦精制；按重量计全脱脂可可含量＜5%乳品制）	10	80	5	13	13	千克	AB	R/S	0		0

Chapter 19 Preparations of cereals, flour, starch or milk; Pastrycooks' products

Chpter Notes:

1. This Chapter does not cover:

(a) Except in the case of stuffed products of heading 19.02, food preparations containing more than 20 % by weight of sausage, meat, meat offal, blood, insects, fish or crustaceans, molluscs or other aquatic invertebrates, or any combination thereof (Chapter 16);

(b) Biscuits or other articles made from flour or from starch, specially prepared for use in animal feeding (heading 23.09); or

(c) Medicaments or other products of Chapter 30.

2. For the purposes of heading 19.01:

(a) The term “groats” means cereal groats of Chapter 11;

(b) The term “flour” and “meal” mean:

(i)Cereal flour and meal of Chapter 11, and

(ii)Flour, meal and power of vegetable origin of any Chapter, other than flour, meal or powder of dried vegetables (heading 07.12), of potatoes (heading 11.05) or of dried leguminous vegetables (heading 11.06).

3. Heading 19.04 does not cover preparations containing more than 6% by weight of cocoa calculated on a totally defatted basis or completely coated with chocolate or other food preparations containing cocoa of heading 18.06 (heading 18.06).

4. For the purposes of heading 19.04, the expression “otherwise prepared” means prepared or processed to an extent beyond that provided for in the headings of or Notes to Chapter 10 or 11.

协定税率（%）														特惠税率（%）①/②	Article Description
巴基斯坦	冰岛	哥斯达黎加	秘鲁	新西兰	瑞士	新加坡	韩国	澳大利亚	格鲁吉亚	毛里求斯	日本RCEP	尼加拉瓜	港澳台		
															Malt extract; food preparations of flour, groats, meal, starch or malt extract, not containing cocoa or containing less than 40% by weight of cocoa calculated on a totally defatted basis, not elsewhere specified or included; food preparations of goods of headings 04.01 to 04.04, not containing cocoa or containing less than 5% by weight of cocoa calculated on a totally defatted basis, not elsewhere specified or included:
															- Preparations suitable for infants or young children, put up for retail sale:
															--- Powdered formulas
0	0	0	0	0	0	0		0		0		13.5	0/	0/0	Milk-based infant formula food for special medical use (made from dairy containing less than 5% by weight of total defatted cocoa)
0	0	0	0	0	0	0		0		0		13.5	0/	0/0	Retail packaged formula for infants (except milk-based infant formula for special medical purposes) (made from dairy containing less than 5% by weight of total defatted cocoa)
0	0	0	0	0	0	0		0		0		13.5	0/	0/0	--- Other
	0	0	0	0	0	0	12.5	0	0	5	21.4	9	0/	0/0	- Mixes and doughs for the pre-paration of bakers wares of heading 19.05
															- Other
0	0	0	0	0	0	0	3.3	0	0	0	8.1	9	0/	0/0	Milk based special medical formula food (made from powder, starch or malt extract containing less than 40% by weight of total defatted cocoa; made from dairy containing less than 5% by weight of total defatted cocoa)
0	0	0	0	0	0	0	3.3	0	0	0	8.1	9	0/	0/0	Other food preparations of malt extract or grain flour and dairy food (made from powder, starch or malt extract containing less than 40% by weight of total defatted cocoa; made from dairy containing less than 5% by weight of total defatted cocoa)

税　号	货品名称	进口关税（%）			增值/消费税（%）	出口退税（%）	计量单位	监管证件代码	检验检疫类别	协定税率（%）		
		最惠国	普通	年内暂定						东盟	亚太	智利
19.02	面食，不论是否煮熟、包馅（肉馅或其他馅）或其他方法制作，例如，通心粉、面条、汤团、馄饨、饺子、奶油面卷；古斯古斯面食，不论是否制作：											
	- 生的面食，未包馅或未经其他方法制作：											
1902.1100	-- 含蛋											
19021100.10	未包馅或未制作的含蛋生面食，非速冻的	10	80		9	9	千克	AB	PR/QS	0		0
19021100.90	其他未包馅或未制作的含蛋生面食	10	80		13	13	千克	AB	PR/QS	0		0
1902.1900	-- 其他											
19021900.10	其他未包馅或未制作的生面食，非速冻的	10	80	8	9	9	千克	AB	PR/QS	0		0
19021900.90	其他未包馅或未制作的生面食	10	80	8	13	13	千克	AB	PR/QS	0		0
1902.2000	- 包馅面食，不论是否烹煮或经其他方法制作	10	80		13	13	千克	AB	PR/QS	0		0
	- 其他面食：											
1902.3010	--- 米粉干	10	80		13	13	千克	AB	PR/QS	0		0
1902.3020	--- 粉丝	10	80		13	13	千克	AB	PR/QS	0		0
1902.3030	--- 即食或快熟面条	10	80		13	13	千克	AB	R/S	0	8.7	0
1902.3090	--- 其他	10	80		13	13	千克	AB	PR/QS	0	8.7	0
1902.4000	- 古斯古斯面食	10	80		13	13	千克	AB	R/S	0		0
19.03	珍粉及淀粉制成的珍粉代用品，片、粒、珠、粉或类似形状的：											
1903.0000	珍粉及淀粉制成的珍粉代用品，片、粒、珠、粉或类似形状的	10	80		13	13	千克	AB	R/S	0		0
19.04	谷物或谷物产品经膨化或烘炒制成的食品（例如，玉米片）；其他税目未列名的预煮或经其他方法制作的谷粒（玉米除外）、谷物片或经其他加工的谷粒（细粉、粗粒及粗粉除外）：											
1904.1000	- 谷物或谷物产品经膨化或烘炒制成的食品	10	80		13	13	千克	AB	R/S	0		0
1904.2000	- 未烘炒谷物片制成的食品及未烘炒的谷物片与烘炒的谷物片或膨化的谷物混合制成的食品	10	80		13	13	千克	AB	PR/QS	0		0
1904.3000	- 碾碎的干小麦	10	80		13	13	千克	AB	PR/QS	0		0
1904.9000	- 其他	10	80		13	13	千克	AB	PR/QS	0		0
19.05	面包、糕点、饼干及其他烘焙糕饼，不论是否含可可；圣餐饼、装药空囊、封缄、糯米纸及类似制品：											
1905.1000	- 黑麦脆面包片	10	80		13	13	千克	AB	R/S	0		0
1905.2000	- 姜饼及类似品	10	80		13	13	千克	AB	R/S	0		0
	- 甜饼干；华夫饼及圣餐饼：											
1905.3100	-- 甜饼干	10	80		13	13	千克	AB	R/S	0	8.2	0
1905.3200	-- 华夫饼及圣餐饼	10	80		13	13	千克	AB	R/S	0	8.2	0
1905.4000	- 面包干、吐司及类似的烤面包	10	80		13	13	千克	AB	R/S	0		0
1905.9000	- 其他	10	80		13	13	千克	AB	R/S	0	8.6	0

协定税率(%)														特惠税率(%)①/②	Article Description
巴基斯坦	冰岛	哥斯达黎加	秘鲁	新西兰	瑞士	新加坡	韩国	澳大利亚	格鲁吉亚	毛里求斯	日本RCEP	尼加拉瓜	港澳台		
															Pasta, whether or not cooked or stuffed (with meat or other sub- stances) or otherwise prepared, such as spaghetti, macaroni, noodles, lasagne, gnocchi, ravioli, cannelloni; couscous, whether or not prepared:
															- Uncooked pasta, not stuffed or other wise prepared:
															-- Containing eggs
12		0	0	0	0	0	0	0	0	0	10.9	9	0/	0/0	Uncooked pasta containing eggs, not stuffed or other wise prepared, not frozen
12		0	0	0	0	0	0	0	0	0	10.9	9	0/	0/0	Other uncooked pasta containing eggs, not stuffed or other wise prepared
															-- Other
0		0	0	0	0	0	5	0	0	0	12.2	9	0/	0/0	Other uncooked pasta, not stuffed or other wise prepared， not frozen
0		0	0	0	0	0	5	0	0	0	12.2	9	0/	0/0	Other uncooked pasta, not stuffed or other wise prepared
12	0	0	0	0		0	5	0	0	0	12.2	9	0/	0/0	- Stuffed pasta, whether or not cooked or otherwise prepared
															- Other pasta:
12	0	0	0	0	0	0	0	0	0	0	10.9	9	0/	0/0	--- Rice vermicelli, cooked
12	0	0	0	0	0	0	0	0	0	0	10.9	9	0/	0/0	--- Bean vermicelli, cooked
7.5	0	0	0	0	0	0	7.5	0	0	0		9	0/	0/0	--- Instant noodle
7.5	0	0	0	0		0	5	0	0	0	12.2	9	0/	0/0	--- Other
	0	0	0	0	0	0	12.5	0	0	5	21.4	9	0/	0/0	- Couscous
															Tapioca and substitutes therefor prepared from starch, in the form of flakes, grains, pearls, siftings or in similar forms:
12	0	0	0	0	0	0	0	0	0	0	10.9	9	0/	0/0	Tapioca and substitutes therefor prepared from starch, in the form of flakes, grains, pearls, siftings or in similar forms
															Prepared foods obtained by the swelling or roasting of cereals or cerealproducts (for example, corn flakes); cereals (other than maize (corn)) in grain form or in the form of flakes or other worked grains (except flour, groats and meal), precooked or otherwise prepared, not elsewhere specified or included:
	0	0	0	0	2.1	0	12.5	0	0	5	21.4	9	0/	0/0	- Prepared foods obtained by the swelling or roasting of cereals or cereal products
	0	0	0	0	0	0	15	0	0	6		9	0/	/0	- Prepared foods obtained from unroasted cereal flakes or from mixtures of unroasted cereal flakes and roasted cereal flakes or swelled cereals
	0	0	0	0		0	15	0	0	6	25.7	9	0/	/0	- Bulgur wheat
	0	0	0	0	0	0	15	0	0	6	25.7	9	0/	/0	- Other
															Bread, pastry, cakes, biscuits and other bakers wares, whether or not containing cocoa; communion wafers, empty cachets of a kind suitable for pharmaceutical use, sealing wafers, rice paper and similar products:
	0	0	0	0	0	0	6.6	0	0	0	16.3	9	0/	0/0	- Crispbread
	0	0	0	0	0	0	6.6	0	0	0	16.3	9	0/	0/0	- Gingerbread and the like
															- Sweet biscuits; waffles and wafers:
0	0	0	0	0	1.3	0	5	0	0	0	12.2	9	0/	0/0	-- Sweet biscuits
7.5	0	0	0	0	0	0	5	0	0	0	12.2	9	0/	0/0	-- Waffles and wafers
		0	0	0	0	0	6.6	0	0	0	16.3	9	0/	0/0	- Rusks, toasted bread and similar toasted products
0	0	0	0	0	0	0	10	0	0	0	17.1	9	0/	0/0	- Other

第二十章　蔬菜、水果、坚果或植物其他部分的制品

注释：

一、本章不包括：

（一）用第七章、第八章或第十一章所列方法制作或保藏的蔬菜、水果或坚果；

（二）植物油、脂（第十五章）；

（三）按重量计含香肠、肉、食用杂碎、动物血、昆虫、鱼、甲壳动物、软体动物、其他水生无脊椎动物及其混合物超过20%的食品（第十六章）；

（四）税目19.05的烘焙糕饼及其他制品；或

（五）税目21.04的均化混合食品。

二、税目20.07及20.08不包括制成糖食的果冻、果膏、糖衣杏仁或类似品（税目17.04）及巧克力糖食（税目18.06）。

三、税目20.01、20.04及20.05仅酌情包括用本章注释一（一）以外的方法制作或保藏的第七章或税目11.05、11.06的产品（第八章产品的细粉、粗粉除外）。

四、干重量在7%及以上的番茄汁归入税目20.02。

五、税目20.07所称“烹煮制成的”，是指在常压或减压状态下，通过减少产品中的水分或其他方法增加产品粘稠度的热处理制得的。

六、税目20.09所称“未发酵及未加酒精的水果汁”，是指按容量计酒精浓度（标准见第二十二章注释二）不超过0.5%的水果汁。

子目注释：

一、子目2005.10所称“均化蔬菜”，是指蔬菜经精细均化制成适合供婴幼儿食用或营养用的零售包装食品（每件净重不超过250克）。为了调味、保藏或其他目的，均化蔬菜中可以加入少量其他配料，还可以含有少量可见的蔬菜粒。归类时，子目2005.10优先于税目20.05的其他子目。

二、子目2007.10所称“均化食品”，是指果实经精细均化制成适合供婴幼儿食用或营养用的零售包装食品（每件净重不超过250克）。为了调味、保藏或其他目的，均化食品中可以加入少量其他配料，还可以含有少量可见的果粒。归类时，子目2007.10优先于税目20.07的其他子目。

三、子目2009.12、2009.21、2009.31、2009.41、2009.61及2009.71所称“白利糖度值”，是指在20℃时直接从白利糖度计读取的度数或从折射计直接读取的以蔗糖百分比含量计的折射率，在其他温度下读取的数值应折算为20℃时的数值。

税　号	货品名称	进口关税（%）			增值/消费税（%）	出口退税（%）	计量单位	监管证件代码	检验检疫类别	协定税率（%）		
		最惠国	普通	年内暂定						东盟	亚太	智利
20.01	蔬菜、水果、坚果及植物的其他食用部分，用醋或醋酸制作或保藏的：											
2001.1000	- 黄瓜及小黄瓜	5	70		13	13	千克	AB	R/S	0		0
	- 其他：											
2001.9010	--- 大蒜											
20019010.10	用醋或醋酸腌制的大蒜头、大蒜瓣（无论是否加糖或去皮）	5	70		13	13	千克	AB	R/S	0		0
20019010.90	用醋或醋酸腌制的其他大蒜（不含蒜头、蒜瓣，无论是否加糖或去皮）	5	70		13	13	千克	AB	R/S	0		0
2001.9090	--- 其他											
20019090.10	用醋或醋酸制作或保藏的松茸	5	70		13	0	千克	ABE	R/S	0		0

Chapter 20 Preparations of vegetables, fruit, nuts or other parts of plants

Chapter Notes:

1. This Chapter does not cover:

(a) Vegetables, fruit or nuts, prepared or preserved by the processes specified in Chapter 7, 8 or 11;

(b) Vegetable fats and oils (Chapter 15);

(c) Food preparations containing more than 20% by weight of sausage, meat, meat offal, blood, insects, fish or crustaceans, molluscs or other aquatic invertebrates, or any combination thereof (Chapter 16);

(d) Bakers' wares and other products of heading 19.05; or

(e) Homogenised composite food preparations of heading 21.04.

2. Headings 20.07 and 20.08 do not apply to fruit jellies, fruit pastes, sugar-coated almonds or the like in the form of sugar confectionery (heading 17.04) or chocolate confectionery (heading 18.06).

3. Headings 20.01, 20.04 and 20.05 cover, as the case may be, only those products of Chapter 7 or of heading 11.05 or 11.06(other than flour, meal and powder of the products of Chapter 8) which have been prepared or preserved by processes other than those referred to in Note 1(a).

4. Tomato juice the dry weight content of which is 7% or more is to be classified in heading 20.02.

5. For the purposes of heading 20.07, the expression "obtained by cooking" means obtained by heat treatment at atmospheric pressure or under reduced pressure to increase the viscosity of a product through reduction of water content or other means.

6. For the purposes of heading 20.09, the expression " juices, unfermented and not containing added spirit " means juices of an alcoholic strength by volume (see Note 2 to Chapter 22) not exceeding 0.5% vol.

Subheading Notes:

1. For the purposes of subheading 2005.10, the expression "homogenised vegetables" means preparations of vegetables, finely homogenised, put up for retail sale as food suitable for infants or young children or for dietetic purposes, in containers of a net weight content not exceeding 250g. For the application of this definition no account is to be taken of small quantities of any ingredients which may have been added to the preparation for seasoning, preservation or other purposes. These preparations may contain a small quantity of visible pieces of vegetables. Subheading 2005.10 takes precedence over all other subheadings of heading 20.05.

2. For the purposes of subheading 2007.10, the expression "homogenised preparations" means preparations of fruit, finely homogenised, put up for retail sale as food suitable for infants or young children or for dietetic purposes, in containers of a net weight content not exceeding 250g. For the application of this definition no account is to be taken of small quantities of any ingredients which may have been added to the preparation for seasoning, preservation or other purposes. These preparations may contain a small quantity of visible pieces of fruit. Subheading 2007.10 takes precedence over all other subheadings of heading 20.07.

3. For the purposes of subheadings 2009.12, 2009.21,2009.31, 2009.41,2009.61 and 2009.71, the expression "Brix value" means the direct reading of degrees Brix obtained form a Brix hydrometer or of refractive index expressed in terms of percentage sucrose content obtained from a refractometer, at a temperature of 20°C or corrected for 20°C if the reading is made at a different temperature.

协定税率（%）														特惠税率（%）①/②	Article Description
巴基斯坦	冰岛	哥斯达黎加	秘鲁	新西兰	瑞士	新加坡	韩国	澳大利亚	格鲁吉亚	毛里求斯	日本RCEP	尼加拉瓜	港澳台		
															Vegetables, fruit, nuts and other edible parts of plants, prepared or preserved by vinegar or acetic acid:
12.5	0	0	0	0	0	0	12.5	0	0	5	21.4	0	0/	0/0	- Cucumbers and gherkins
															- Other:
															--- Garlic
20	0	0	0	0	0	0	12.5	0	0	5	21.4	0	0/	0/0	Garlic heads and garlic bulblet, prepared by vinegar or acetic acid, whether or not added sugar or skinned
20	0	0	0	0	0	0	12.5	0	0	5	21.4	0	0/	0/0	Other garlic prepared by vinegar or acetic acid, whether or not added sugars or skinned (other than garlic heads and garlic bulblet)
															--- Other
	0	0	0	0	0	0	12.5	0	0	5	21.4	0	0/	0/0	Tricholoma matsutake, prepared or preserved by vinegar or acetic acid

税　号	货品名称	进口关税（%）			增值/消费税（%）	出口退税（%）	计量单位	监管证件代码	检验检疫类别	协定税率（%）		
		最惠国	普通	年内暂定						东盟	亚太	智利
20019090.20	用醋或醋酸制作或保藏的酸竹笋	5	70		13	13	千克	AB	R/S	0		0
20019090.30	用醋或醋酸制作或保藏的芦荟	5	70		13	0	千克	ABFE	R/S	0		0
20019090.40	用醋或醋酸制作或保藏的仙人掌植物	5	70		13	0	千克	ABFE	R/S	0		0
20019090.50	用醋或醋酸制作或保藏的莼菜	5	70		13	0	千克	ABE	R/S	0		0
20019090.90	用醋制作的其他果、菜及食用植物（包括用醋酸制作或保藏的）	5	70		13	13	千克	AB	R/S	0		0
20.02	**番茄，用醋或醋酸以外的其他方法制作或保藏的：**											
	- 番茄，整个或切片：											
2002.1010	--- 罐头	5	80		13	13	千克	AB	R/S	0		0
2002.1090	--- 其他	5	70		13	13	千克	AB	PR/Q	0		0
	- 其他：											
	--- 番茄酱罐头：											
2002.9011	---- 重量不超过5千克的	5	80		13	13	千克	AB	R/S	0		0
2002.9019	---- 重量超过5千克的	5	80		13	13	千克	AB	R/S	0		0
2002.9090	--- 其他	5	70		13	13	千克	AB	PR/QS	0		0
20.03	**蘑菇及块菌，用醋或醋酸以外的其他方法制作或保藏的：**											
	- 伞菌属蘑菇：											
	--- 罐头：											
2003.1011	---- 小白蘑菇	5	90		13	13	千克	AB	R/S	0		0
2003.1019	---- 其他	5	90		13	13	千克	AB	R/S	0		0
2003.1090	--- 其他	5	90		13	13	千克	AB	R/S	0		0
	- 其他：											
2003.9010	--- 罐头											
20039010.10	非用醋制作的香菇罐头［用醋或醋酸以外其他方法制作或保藏的（非伞菌属蘑菇）］	5	90		13	13	千克	AB	R/S	0		0
20039010.20	非用醋制作的松茸罐头（用醋或醋酸以外其他方法制作或保藏的）	5	90		13	0	千克	ABE	R/S	0		0
20039010.90	非用醋制作的其他蘑菇罐头［用醋或醋酸以外其他方法制作或保藏的（非伞菌属蘑菇）］	5	90		13	13	千克	AB	R/S	0		0
2003.9090	--- 其他											
20039090.10	非用醋制作的其他香菇［用醋或醋酸以外其他方法制作或保藏的（非伞菌属蘑菇）］	5	90		13	13	千克	AB	PR/QS	0		0
20039090.20	非用醋制作的其他松茸（用醋或醋酸以外其他方法制作或保藏的）	5	90		13	0	千克	ABE	PR/QS	0		0
20039090.90	非用醋制作的其他蘑菇［用醋或醋酸以外其他方法制作或保藏的（非伞菌属蘑菇）］	5	90		13	13	千克	AB	PR/QS	0		0
20.04	**其他冷冻蔬菜，用醋或醋酸以外的其他方法制作或保藏的，但税目20.06的产品除外：**											
2004.1000	- 马铃薯	5	70		13	13	千克	AB	PR/QS	0		0
2004.9000	- 其他蔬菜及什锦蔬菜											
20049000.20	非用醋制作的冷冻酸竹笋	5	70		13	13	千克	AB	PR/QS	0		0
20049000.30	非用醋制作的冷冻芦荟	5	70		13	0	千克	ABFE	PR/QS	0		0
20049000.40	非用醋制作的冷冻仙人掌植物	5	70		13	0	千克	ABFE	PR/QS	0		0
20049000.90	非用醋制作的其他冷冻蔬菜（税目20.06的货品除外）	5	70		13	13	千克	AB	PR/QS	0		0

协定税率（%）														特惠税率（%）①/②	Article Description
巴基斯坦	冰岛	哥斯达黎加	秘鲁	新西兰	瑞士	新加坡	韩国	澳大利亚	格鲁吉亚	毛里求斯	日本RCEP	尼加拉瓜	港澳台		
	0	0	0	0	0	0	12.5	0	0	5	21.4	0	0/	0/0	Bamboo shoots of acidosasa chinensis, prepared or preserved by vinegar or acetic acid
	0	0	0	0	0	0	12.5	0	0	5	21.4	0	0/	0/0	Aloe vera made or preserved with vinegar or acetic acid
	0	0	0	0	0	0	12.5	0	0	5	21.4	0	0/	0/0	Cactus, prepared or preserved by vinegar or acetic acid
	0	0	0	0	0	0	12.5	0	0	5	21.4	0	0/	0/0	Water shield, prepared orpreserved by vinegar oracetic acid
	0	0	0	0	0	0	12.5	0	0	5	21.4	0	0/	0/0	Vegetables, fruit and other edible parts of plants, prepared or preserved by vinegar or acetic acid
															Tomatoes prepared or preserved otherwise than by vinegar or acetic acid:
															- Tomatoes, whole or in pieces:
15.2	0	0	0	0	0	0	6.3	0	0	0	15.4	0	0/	0/0	--- In airtight containers
20	0	0	0	0	0	0	12.5	0	0	5	21.4	0	0/	0/0	--- Other
															- Other:
															--- Tomato paste, in airtight containers:
16	0	0	0	0	0	0	6.6	0	0	0	16.3	0	0/	0/0	----Weighing not more than 5kg
16	0	0	0	0	0	0	0	0	0	0	14.5	0	0/	0/0	----Weighing more than 5kg
11.5	0	0	0	0	0	0	6	0	0	0	14.6	0	0/	0/0	--- Other
															Mushrooms and truffles, prepared or preserved otherwise than by vinegar or acetic acid:
															- Mushrooms:
															--- In airtight containers:
	0	0	0	0	0	0	0	0	0	5	18.2	0	0/	0/0	----Small white agaric
	0	0	0	0	0	0	0	0	0	5	18.2	0	0/	0/0	----Other
	0	0	0	0	0	0	0	0	0	5	18.2	0	0/	0/0	--- Other
															- Other:
															--- In airtight containers
	0	0	0	0	0	0	0	0	0	5	18.2	0	0/	0/0	Shiitake (other than those of the genus Agaricus), tinned, prepared or preserved otherwise than by vinegar or acetic acid
	0	0	0	0	0	0	0	0	0	5	18.2	0	0/	0/0	Tricholoma matsutake, tinned, prepared or preserved otherwise than by vinegar or acetic acid
	0	0	0	0	0	0	0	0	0	5	18.2	0	0/	0/0	Other shiitake (other than those of the genus Agaricus), tinned, prepared or preserved otherwise than by vinegar or acetic acid
															--- Other
	0	0	0	0	0	0	0	0	0	5	18.2	0	0/	0/0	Other shiitake (other than those of the genus Agaricus), prepared or preserved otherwise than by vinegar or acetic acid
	0	0	0	0	0	0	0	0	0	5	18.2	0	0/	0/0	Other Tricholoma matsutake, prepared or preserved otherwise than by vinegar or acetic acid
	0	0	0	0	0	0	0	0	0	5	18.2	0	0/	0/0	Other mushrooms (other than those of the genus Agaricus), prepared or preserved otherwise than by vinegar or acetic acid
															Other vegetables prepared or preserved otherwise than by vinegar or acetic acid, frozen, other than products of heading 20.06:
3.3		0	0	0	0	0	0	0	0	0	9.5	0	0/	0/0	- Potatoes
															- Other vegetables and mixtures of vegetables
	0	0	0	0	0	0	0	0	0	5	18.2	0	0/	0/0	Bamboo shoots of acidosasa chinensis, frozen, not prepared by vinegar
	0	0	0	0	0	0	0	0	0	5	18.2	0	0/	0/0	Frozen aloe made of non-vinegar
	0	0	0	0	0	0	0	0	0	5	18.2	0	0/	0/0	Cactus, frozen, not prepared by vinegar
	0	0	0	0	0	0	0	0	0	5	18.2	0	0/	0/0	Other vegetables, frozen, not prepared by vinegar, frozen (other than products of heading 20.06)

税号	货品名称	进口关税（%）			增值/消费税（%）	出口退税（%）	计量单位	监管证件代码	检验检疫类别	协定税率（%）		
		最惠国	普通	年内暂定						东盟	亚太	智利
20.05	**其他未冷冻蔬菜，用醋或醋酸以外的其他方法制作或保藏的，但税目20.06的产品除外：**											
2005.1000	- 均化蔬菜	5	70		13	13	千克	AB	PR/QS	0		0
2005.2000	- 马铃薯	5	70		13	13	千克	AB	PR/QS	0		0
2005.4000	- 豌豆	5	70		13	13	千克	AB	PR/QS	0		0
	- 豇豆属及菜豆属：											
	-- 脱荚的：											
	--- 罐头：											
2005.5111	---- 赤豆馅	5	80		13	13	千克	AB	R/S	0		0
2005.5119	---- 其他	5	80		13	13	千克	AB	R/S	0		0
	--- 其他：											
2005.5191	---- 赤豆馅	5	70		13	13	千克	AB	PR/QS	0		0
2005.5199	---- 其他	5	70		13	13	千克	AB	PR/QS	0		0
	-- 其他：											
2005.5910	--- 罐头	5	80		13	13	千克	AB	R/S	0		0
2005.5990	--- 其他	5	70		13	13	千克	AB	PR/QS	0		0
	- 芦笋：											
2005.6010	--- 罐头	5	80		13	13	千克	AB	R/S	0		0
2005.6090	--- 其他	5	70		13	13	千克	AB	PR/QS	0		0
2005.7000	- 油橄榄	5	70		13	13	千克	AB	PR/QS	0		0
2005.8000	- 甜玉米	5	80		13	13	千克	AB	PR/QS	0		0
	- 其他蔬菜及什锦蔬菜：											
	-- 竹笋：											
2005.9110	--- 竹笋罐头	5	80		13	13	千克	AB	R/S	0		0
2005.9190	--- 其他	5	70		13	13	千克	AB	PR/QS	0		0
	-- 其他：											
2005.9920	--- 蚕豆罐头	5	80		13	13	千克	AB	R/S	0		0
2005.9940	--- 榨菜	5	70		13	13	千克	AB	R/S	0		0
2005.9950	--- 咸蕨菜	5	70		13	13	千克	AB	R/S	0		0
2005.9960	--- 咸藠头	5	70		13	13	千克	AB	R/S	0		0
2005.9970	--- 蒜制品	5	70		13	13	千克	AB	R/S	0		0
	--- 其他：											
2005.9991	---- 罐头	5	70		13	13	千克	AB	R/S	0		0
2005.9999	---- 其他											
20059999.10	非用醋制作的仙人掌	5	70		13	0	千克	ABFE	PR/QS	0		0
20059999.21	非用醋制作的翠叶芦荟	5	70		13	13	千克	AB	PR/QS	0		0
20059999.29	非用醋制作的其他芦荟（翠叶芦荟除外）	5	70		13	0	千克	ABFE	PR/QS	0		0
20059999.90	非用醋制作的其他蔬菜及什锦蔬菜	5	70		13	13	千克	AB	PR/QS	0		0
20.06	**糖渍蔬菜、水果、坚果、果皮及植物的其他部分（沥干、糖渍或裹糖的）：**											
2006.0010	--- 蜜枣	5	90		13	13	千克	AB	R/S	0		0
2006.0020	--- 橄榄	5	90		13	13	千克	AB	R/S	0		0
2006.0090	--- 其他	5	90		13	13	千克	AB	R/S	0		0
20.07	**烹煮制得的果酱、果冻、柑橘酱、果泥及果膏，不论是否加糖或其他甜物质：**											
2007.1000	- 均化食品	5	80		13	13	千克	AB	R/S	0		0
	- 其他：											
2007.9100	-- 柑橘属水果的	5	80		13	13	千克	AB	R/S	0		0
	-- 其他：											
2007.9910	--- 罐头	5	80		13	13	千克	AB	R/S	0		0
2007.9990	--- 其他	5	80		13	13	千克	AB	R/S	0		0

协定税率（%）														特惠税率（%）①/②	Article Description
巴基斯坦	冰岛	哥斯达黎加	秘鲁	新西兰	瑞士	新加坡	韩国	澳大利亚	格鲁吉亚	毛里求斯	日本RCEP	尼加拉瓜	港澳台		
															Other vegetables prepared or pre-served otherwise than by vinegar or acetic acid, not frozen, other than products of heading 20.06:
	0	0	0	0	0	0	0	0	0	5	18.2	0	0/	0/0	- Homogenized vegetables
0		0	0	0	0	0	0	0	0	0	10.9	0	0/	0/0	- Potatoes
	0	0	0	0	0	0	0	0	0	5	18.2	0	0/	0/0	- Peas (Pisum sativum)
															- Beans (Vigna spp., phaseolus spp.):
															-- Beans, shelled:
															--- In airtight containers:
	0	0	0	0	0	0	0	0	0	5	18.2	0	0/	0/0	----Red bean paste
	0	0	0	0	0	0	12.5	0	0	5	21.4	0	0/	0/0	----Other
															--- Other:
	0	0	0	0	0	0	0	0	0	5	18.2	0	0/	0/0	----Red bean paste
		0	0	0	0	0	12.5	0	0	5	21.4	0	0/	0/0	----Other
															-- Other:
		0	0	0	0	0	0	0	0	5	18.2	0	0/	0/0	--- In airtight containers
		0	0	0	0	0	0	0	0	5	18.2	0	0/	0/0	--- Other
															- Asparagus:
		0	0	0	0	0	0	0	0	5	18.2	0	0/	0/0	--- In airtight containers
	0	0	0	0	0	0	0	0	0	5	18.2	0	0/	0/0	--- Other
2.5	0	0	0	0	0	0	0	0	0	0	7.3	0	0/	0/0	- Olives
2.5	0	0	0	0	0	0	0	0	0	0	7.3	0	0/	0/0	- Sweet corn (Zea mays var. saccharata):
															- Other vegetables and mixtures of vegetables:
															-- Bamboo shoots:
	0	0	0	0	0	0	0	0	0	5	18.2	0	0/	0/0	--- Bamboo shoots, in airtight containers
	0	0	0	0	0	0	0	0	0	5	18.2	0	0/	0/0	--- Other
															-- Other:
12.5	0	0	0	0	0	0	0	0	0	5	18.2	0	0/	0/0	--- Broad beans, in airtight containers
12.5	0	0	0	0	0	0	0	0	0	5	18.2	0	0/	0/0	--- Hot pickled mustard tubers
12.5	0	0	0	0	0	0	0	0	0	5	18.2	0	0/	0/0	--- Chueh tsai (fiddle-head), salted
12.5	0	0	0	0	0	0	0	0	0	5	18.2	0	0/	0/0	--- Scallion, salted
	0	0	0	0	5	0	12.5	0	0	5	21.4	0	0/	0/0	--- Garlic products
															--- Other:
	0	0	0	0	0	0	12.5	0	0	5	21.4	0	0/	0/0	----In airtight containers
															----Other
	0	0	0	0	5	0	12.5	0	0	5		0	0/	0/0	Cactus, not prepared by vinegar
	0	0	0	0	5	0	12.5	0	0	5		0	0/	0/0	Aloe barbadensis，not prepared by vinegar
	0	0	0	0	5	0	12.5	0	0	5		0	0/	0/0	Other Aloe vera，not prepared by vinegar，other than Aloe barbadensis
	0	0	0	0	5	0	12.5	0	0	5		0	0/	0/0	Other vegetables and assorted vegetables, not prepared by vinegar
															Vegetables, fruit, nuts, fruit-peel and other parts of plants, preserved by sugar (drained, glace or crystallized):
	0	0	0	0		0	15	0	0	6	25.7	0	0/	0/0	--- Preserved jujubes
	0	0	3.5	0		0	15	0	0	6	25.7	0	0/	0/0	--- Preserved olives
	0	0	3.5	0	0	0	15	0	0	6		0	0/	0/0	--- Other
															Jams, fruit jellies, marmalades, fruit or nut puree and fruit or nut pastes, being cooked preparations, whether or not containing added sugar or other sweetening matter:
	0	0	3.5	0	0	0	15	0	0	6	25.7	0	0/	/0	- Homogenized preparations
															- Other:
	0	0	0	0	0	0	15	0	0	6	25.7	0	0/	0/0	-- Citrus fruit
															-- Other:
0	0	0	0	0	0		0	0	0	0	0	0	0/	0/0	--- In airtight containers
0	0	0.3	0	0	0		0	0	0	0	3.6	4.5	0/	0/0	--- Other

税号	货品名称	进口关税（%）			增值/消费税（%）	出口退税（%）	计量单位	监管证件代码	检验检疫类别	协定税率（%）		
		最惠国	普通	年内暂定						东盟	亚太	智利
20.08	**用其他方法制作或保藏的其他税目未列名水果、坚果及植物的其他食用部分，不论是否加酒、加糖或其他甜物质：**											
	- 坚果、花生及其他子仁，不论是否混合：											
	-- 花生：											
2008.1110	--- 花生米罐头	5	90		13	13	千克	AB	R/S	0		0
2008.1120	--- 烘焙花生	5	80		13	13	千克	AB	PR/QS	0		0
2008.1130	--- 花生酱	5	90		13	13	千克	AB	R/S	0		0
2008.1190	--- 其他	5	80		13	13	千克	AB	PR/QS	0		0
	-- 其他，包括什锦坚果及其他子仁：											
2008.1910	--- 核桃仁罐头	5	90		13	13	千克	AB	R/S	0	2.5	0
2008.1920	--- 其他果仁罐头	5	90		13	13	千克	AB	R/S	0	2.5	0
	--- 其他：											
2008.1991	---- 栗仁	5	80		13	13	千克	AB	PR/QS	0	2.5	0
2008.1992	---- 芝麻	5	80		13	13	千克	AB	PR/QS	0	2.5	0
2008.1999	---- 其他											
20081999.10	其他方法制作或保藏的红松子仁（用醋或醋酸以外其他方法制作或保藏的）	5	80		13	0	千克	ABE	PR/QS	0	2.5	0
20081999.90	未列名制作或保藏的坚果及其他子仁（用醋或醋酸以外其他方法制作或保藏的）	5	80		13	13	千克	AB	PR/QS	0	2.5	0
	- 菠萝：											
2008.2010	--- 罐头	5	90		13	13	千克	AB	R/S	5		0
2008.2090	--- 其他	5	80		13	13	千克	AB	PR/Q	5		0
	- 柑橘属水果：											
2008.3010	--- 罐头	5	90		13	13	千克	AB	R/S	0		0
2008.3090	--- 其他	5	80		13	13	千克	AB	PR/QS	0		0
	- 梨：											
2008.4010	--- 罐头	5	90		13	13	千克	AB	R/S	0		0
2008.4090	--- 其他	5	80		13	13	千克	AB	PR/Q	0		0
2008.5000	- 杏	5	90		13	13	千克	AB	PR/QS	0		0
	- 樱桃：											
2008.6010	--- 罐头	5	90		13	13	千克	AB	PR/QS	0		0
2008.6090	--- 其他	5	90		13	13	千克	AB	PR/QS	0		0
	- 桃，包括油桃：											
2008.7010	--- 罐头	5	90		13	13	千克	AB	R/S	0		0
2008.7090	--- 其他	5	80		13	13	千克	AB	PR/QS	0		0
2008.8000	- 草莓	5	90		13	13	千克	AB	PR/QS	0		0
	- 其他，包括子目2008.19以外的什锦果实：											
2008.9100	-- 棕榈芯	5	80		13	13	千克	AB	PR/QS	0		0
2008.9300	-- 蔓越橘（大果蔓越橘、小果蔓越橘）、越橘	15	80		13	13	千克	AB	PR/QS	0		0
2008.9700	-- 什锦果实	5	80		13	13	千克	AB	PR/QS	0		0
	-- 其他：											
2008.9910	--- 荔枝罐头	5	90		13	13	千克	AB	R/S	0		0
2008.9920	--- 龙眼罐头	5	80		13	13	千克	AB	R/S	5		0
	--- 海草及其他藻类制品：											
2008.9931	---- 调味紫菜	15	90		13	13	千克	AB	R/S	0	13.8	0
2008.9932	---- 盐腌海带	10	80		13	13	千克	AB	PR/QS	0		0
2008.9933	---- 盐腌裙带菜	10	80		13	13	千克	AB	PR/QS	0		0
2008.9934	---- 烤紫菜	10	80		13	13	千克	AB	R/S	0		0
2008.9939	---- 其他	10	80		13	13	千克	AB	PR/QS	0		0
2008.9940	--- 清水荸荠（马蹄）罐头	5	80		13	13	千克	AB	R/S	0		0
2008.9950	--- 姜制品	5	80		13	13	千克	AB	P/Q	0		0

协定税率（%）巴基斯坦	冰岛	哥斯达黎加	秘鲁	新西兰	瑞士	新加坡	韩国	澳大利亚	格鲁吉亚	毛里求斯	日本RCEP	尼加拉瓜	港澳台	特惠税率（%）①/②	Article Description
															Fruit, nuts and other edible parts of plants, otherwise prepared, or preserved, whether or not containing added sugar or other sweetening matter or spirit, not elsewhere specified or included:
															- Nuts, ground-nuts and other seeds, whether or not mixed together:
															-- Ground-nuts:
	0	0		0		0	15	0	0	6		0	0/	/0	--- ground-nut kernels, in airtight containers
	0	0		0		0	15	0	0	6		0	0/	0/0	--- Roasted ground-Nuts
	0	0		0		0	15	0	0	6	25.7	0	0/	/0	--- Ground-nut butter
	0	0		0		0	15	0	0	6	25.7	0	0/	/0	--- Other
															-- Other, including mixtures:
10	0	0	0	0	0	0	6.6	0	0	0	16.3	0	0/	0/0	--- Walnut meats, in airtight containers
2.5	0	0	0	0	0	0	0	0	0	0	9.5	0	0/	0/0	--- Other Nuts, in airtight containers
															--- Other:
2.5	0	0	0	0	4	0	0	0	0	0	7.3	0	0/	0/0	----Chestnut seed
2.5		0	0	0	0	0	0	0	0	0	7.3	0	0/	0/0	----Sesame
															----Other
2.5	0	0	0	0	0	0	0	0	0	0	7.3	0	0/	0/0	Korean pine seeds, prepared or preserved otherwise than by vinegar or acetic acid
2.5	0	0	0	0	0	0	0	0	0	0	7.3	0	0/	0/0	Nuts and other seeds, prepared or preserved otherwise than by vinegar or acetic acid, not elsewhere specified or included
															- Pineapples:
	0	1	0	0	0		0	0	0	0		0	0/	0/0	--- In airtight containers
	0	1	0	0	0		0	0	0	0		0	0/	0/0	--- Other
															- Citrus fruit:
	0	1.3	0	0	0	0	6.6	0	0	0	14.5	0	0/	0/0	--- In airtight containers
	0	0	0	0	0	0	10	0	0	0		0	0/	0/0	--- Other
															- Pears:
	0	0	0	0	0	0	6.6	0	0	0	16.3	0	0/	0/0	--- In airtight containers
	0	0	0	0	0	0	6.6	0	0	0	16.3	0	0/	0/0	--- Other
	0	0	0	0	0	0	6.6	0	0	0	16.3	0	0/	0/0	- Apricots
															- Cherries:
	0	0	0	0	0	0	6.6	0	0	0	16.3	0	0/	0/0	--- In airtight containers
	0	0	0	0	0	0	6.6	0	0	0	16.3	0	0/	0/0	--- Other
															- Peaches, including nectarines:
2.5	0	0	0	0	0	0	0	0	0	0	7.3	0	0/	0/0	--- In airtight containers
	0	0	0	0	0	0	6.6	0	0	0	16.3	0	0/	0/0	--- Other
12	0	0	0	0	0	0	0	0	0	0	10.9	0	0/	0/0	- Strawberries
															- Other, including mixtures other than those of subheading 2008.19:
0	0	0	0	0	0		0	0	0	0	0	0	0/	0/0	-- Palm hearts
12	0	0	0	0	0	0	0	0	0	0	10.9	14	0/	0/0	-- Cranberries (Vaccinium macrocarpon, Vaccinium oxycoccos); lingonberries (Vaccinium vitis-idaea)
2.5	0	0	0	0	0	0	0	0	0	0	7.3	0	0/	0/0	-- Mixtures
															-- Other:
	0	0	0	0	0	0	6.6	0	0	0	16.3	0	0/	0/0	--- Lychee can
	0	0	0	0	0		0	0	0	0		0	0/	0/0	--- Longan can
															--- Preparations of seaweeds and other algae:
0	0	0	0	0	0	0	7.5	0	0	0		14	0/	0/0	----Seasoned laver
12	0	0	0	0	0		0	0	0	0	10.9	9	0/	0/0	----Sea tangle, salted
0	0	0	0	0	0		0	0	0	0	10.9	9	0/	0/0	----Pinnatifida, salted
6	0	0	0	0	0		0	0	0	0	10.9	9	0/	0/0	----Laver, baked
6	0	0	0	0	0		0	0	0	0	10.9	9	0/	0/0	----Other
12.5	0	0	0	0	0	0	0	0	0	5	18.2	0	0/	0/0	--- Water chestnut, in airtight containers
0	0	0	0	0	0	0	0	0	0	0	10.9	0	0/	0/0	--- Ginger products

税　号	货品名称	进口关税（%）			增值/消费税（%）	出口退税（%）	计量单位	监管证件代码	检验检疫类别	协定税率（%）		
		最惠国	普通	年内暂定						东盟	亚太	智利
2008.9990	--- 其他	5	80		13	13	千克	AB	PR/QS	0		0
20.09	**未发酵及未加酒精的水果汁或坚果汁（包括酿酒葡萄汁及椰子水）、蔬菜汁，不论是否加糖或其他甜物质：**											
	- 橙汁：											
2009.1100	-- 冷冻的	7.5	90		13	13	千克	AB	PR/QS	0		0
2009.1200	-- 非冷冻的，白利糖度值不超过20											
20091200.10	白利糖度值不超过20的非冷冻橙汁，最小独立包装净重≥180千克（未发酵及未加酒精的，不论是否加糖或其他甜物质）	30	90	20	13	13	千克	AB	PR/QS	0		0
20091200.90	其他白利糖度值不超过20的非冷冻橙汁（未发酵及未加酒精的，不论是否加糖或其他甜物质）	30	90		13	13	千克	AB	PR/QS	0		0
2009.1900	-- 其他											
20091900.10	白利糖度值超过20的非冷冻橙汁，最小独立包装净重≥180千克（未发酵及未加酒精的，不论是否加糖或其他甜物质）	30	90	20	13	13	千克	AB	R/S	0		0
20091900.90	其他白利糖度值超过20的非冷冻橙汁（未发酵及未加酒精的，不论是否加糖或其他甜物质）	30	90		13	13	千克	AB	R/S	0		0
	- 葡萄柚汁；柚汁：											
2009.2100	-- 白利糖度值不超过20的	5	90		13	13	千克	AB	PR/QS	0		0
2009.2900	-- 其他	5	90		13	13	千克	AB	R/S	0		0
	- 其他未混合的柑橘属水果汁：											
	-- 白利糖度值不超过20的：											
2009.3110	--- 柠檬汁	5	90		13	13	千克	AB	PR/QS	0	4.7	0
2009.3190	--- 其他	5	90		13	13	千克	AB	PR/QS	0	4.7	0
	-- 其他：											
2009.3910	--- 柠檬汁	5	90		13	13	千克	AB	R/S	0	4.7	0
2009.3990	--- 其他	5	90		13	13	千克	AB	R/S	0	4.7	0
	- 菠萝汁：											
2009.4100	-- 白利糖度值不超过20的	5	90		13	13	千克	AB	PR/QS	5		0
2009.4900	-- 其他	5	90		13	13	千克	AB	R/S	5		0
2009.5000	- 番茄汁	5	80		13	13	千克	AB	R/S	0		0
	- 葡萄汁，包括酿酒葡萄汁：											
2009.6100	-- 白利糖度值不超过30的	5	90		13	13	千克	AB	PR/QS	0		0
2009.6900	-- 其他	5	90		13	13	千克	AB	R/S	0		0
	- 苹果汁：											
2009.7100	-- 白利糖度值不超过20的	5	90		13	13	千克	AB	PR/QS	0		0
2009.7900	-- 其他	10	90		13	13	千克	AB	R/S	0		0
	- 其他未混合的水果汁、坚果汁或蔬菜汁：											
2009.8100	-- 蔓越橘汁（大果蔓越橘、小果蔓越橘）、越橘汁	5	90		13	13	千克	AB	PR/QS	0	2.5	0
	-- 其他：											
	--- 水果汁或坚果汁：											
2009.8912	---- 芒果汁	5	90		13	13	千克	AB	PR/QS	0	4.4	0
2009.8913	---- 西番莲果汁	5	90		13	13	千克	AB	PR/QS	0	4.4	0
2009.8914	---- 番石榴果汁	5	90		13	13	千克	AB	PR/QS	0	4.4	0
2009.8915	---- 梨汁	5	90		13	13	千克	AB	PR/QS	0	2.5	0
2009.8916	---- 沙棘汁	5	90		13	13	千克	AB	PR/QS	0	2.5	0
2009.8919	---- 其他	5	90		13	13	千克	AB	PR/QS	0	2.5	0
2009.8920	--- 蔬菜汁	5	80		13	13	千克	AB	PR/QS	0	2.5	0
	- 混合汁：											
2009.9010	--- 水果汁	5	90		13	13	千克	AB	PR/QS	0	4.4	0
2009.9090	--- 其他	5	80		13	13	千克	AB	PR/QS	0		0

协定税率（%）														特惠税率（%）①/②	Article Description
巴基斯坦	冰岛	哥斯达黎加	秘鲁	新西兰	瑞士	新加坡	韩国	澳大利亚	格鲁吉亚	毛里求斯	日本RCEP	尼加拉瓜	港澳台		
0	0	0	0	0	0	0	0	0	0	0	10.9	0	0/	0/0	--- Other
															Fruit or nut juices (including grape must and coconut water) and vegetable juices, unfermented and not containing added spirit, whether or not containing added sugar or other sweetening matter:
															- Orange juice:
0	0	0	0	0	0		0	0	0	0	5.5	0	0/	0/0	-- Frozen
															-- Not frozen, of a Brix value not exceeding 20
	0		0	0	0	0	15	0	0			28	0/	0/0	Orage juice, not frozen, of a Brix value not exceeding 20, of which minimum independent packaging net weight is not less than 180kg
	0		0	0	0	0	15	0	0			28	0/	0/0	Other orage juice, not frozen, of a Brix value not exceeding 20
															-- Other
	0		0	0		0	15	0	0			28	0/	0/0	Orage juice, not frozen, of a Brix value exceeding 20, of which minimum independent packaging net weight is not less than 180kg
	0		0	0		0	15	0	0			28	0/	0/0	Other orage juice, not frozen, of a Brix value exceeding 20
															- Grapefruit juice; pomelo juice:
12	0	0	0	0	0	0	0	0	0	0	10.9	0	0/	0/0	-- Of a Brix value not exceeding 20
12	0	0	0	0	0	0	0	0	0	0	10.9	0	0/	0/0	-- Other
															- Juice of any other single citrus fruit:
															-- Of a Brix value not exceeding 20:
14.4	0	0	0	0	0	0	6	0	0	0	14.6	0	0/	0/0	--- Lemon juice
14.4	0	0	0	0	0	0	6	0	0	0	14.6	0	0/	0/0	--- Other
															-- Other:
14.4	0	0	0	0	0	0	6	0	0	0	14.6	0	0/	0/0	--- Lemon juice
14.4	0	0	0	0	0	0	6	0	0	0	14.6	0	0/	0/0	--- Other
															- Pineapple juice:
	0	0	0	0	0		0	0	0	0		0	0/	0/0	-- Of a Brix value not exceeding 20
	0	0	0	0	0		0	0	0			0	0/	0/0	-- Other
	0	0	0	0		0	15	0	0		25.7	0	0/	0/0	- Tomato juice
															- Grape juice (including grape must):
	0	0	0	0	0	0	6.6	0	0	0	16.3	0	0/	0/0	-- Of a Brix value not exceeding 30
	0	0	0	0	0	0	6.6	0	0	0	16.3	0	0/	0/0	-- Other
															- Apple juice:
	0	0	0	0	0	0	6.6	0	0	0	16.3	0	0/	0/0	-- Of a Brix value not exceeding 20
	0	0	0	0	0	0	6.6	0	0	0	16.3	9	0/	0/0	-- Other
															- Juice of any other single fruit, nut or vegetable:
10	0	0	0	0	0	0	6.6	0	0	0	16.3	0	0/	0/0	-- Cranberry (Vaccinium macrocarpon, Vaccinium oxycoccos) juice; lingonberry (Vaccinium vitis-idaea) juice
															-- Other:
															--- Juice of fruit or nut:
0	0	0	0	0	0	0	6.6	0	0	0	16.3	0	0/	0/0	----Mango juice
16	0	0	0	0	0	0	6.6	0	0	0	16.3	0	0/	0/0	----Passion-fruit juice
16	0	0	0	0	0	0	6.6	0	0	0	16.3	0	0/	0/0	----Guva juice
0	0	0	0	0	0	0	6.6	0	0	0	16.3	0	0/	0/0	----Pear juice
0	0	0	0	0	0	0	6.6	0	0	0	16.3	0	0/	0/0	----Sea buckthorn juice
0	0	0	0	0	0	0	6.6	0	0	0	16.3	0	0/	0/0	----Other
10	0	0	0	0	0	0	6.6	0	0	0	16.3	0	0/	0/0	--- Vegetable juice
															- Mixtures of juices:
0	0	0	0	0	0	0	6.6	0	0	0	16.3	0	0/	0/0	--- Of fruit juices
0	0	0	0	0	0	0	6.6	0	0	0	16.3	0	0/	0/0	--- Other

第二十一章　杂项食品

注释：

一、本章不包括：

（一）税目07.12的什锦蔬菜；

（二）含咖啡的焙炒咖啡代用品（税目09.01）；

（三）加香料的茶（税目09.02）；

（四）税目09.04至09.10的调味香料或其他产品；

（五）按重量计含香肠、肉、食用杂碎、动物血、昆虫、鱼、甲壳动物、软体动物、其他水生无脊椎动物及其混合物超过20%的食品（第十六章），但税目21.03或21.04的产品除外；

（六）税目24.04的产品；

（七）税目30.03或30.04的药用酵母及其他产品；或

（八）税目35.07的酶制品。

二、上述注释一（二）所述咖啡代用品的精汁归入税目21.01。

三、税目21.04所称“均化混合食品”，是指两种或两种以上的基本配料，例如，肉、鱼、蔬菜或果实等，经精细均化制成适合供婴幼儿食用或营养用的零售包装食品（每件净重不超过250克）。为了调味、保藏或其他目的，可以加入少量其他配料，还可以含有少量可见的小块配料。

税　号	货品名称	进口关税（%）			增值/消费税（%）	出口退税（%）	计量单位	监管证件代码	检验检疫类别	协定税率（%）		
		最惠国	普通	年内暂定						东盟	亚太	智利
21.01	**咖啡、茶、马黛茶的浓缩精汁及以其为基本成分或以咖啡、茶、马黛茶为基本成分的制品；烘焙菊苣和其他烘焙咖啡代用品及其浓缩精汁：**											
	- 咖啡浓缩精汁及以其为基本成分或以咖啡为基本成分的制品：											
2101.1100	-- 浓缩精汁	12	130		13	13	千克	AB	R/S	0		0
2101.1200	-- 以浓缩精汁或咖啡为基本成分的制品	12	130		13	13	千克	AB	R/S	0		0
2101.2000	- 茶、马黛茶浓缩精汁及以其为基本成分或以茶、马黛茶为基本成分的制品	12	130		13	13	千克	AB	R/S	0	6	0
2101.3000	- 烘焙菊苣和其他烘焙咖啡代用品及其浓缩精汁	12	130		13	13	千克	AB	R/S	0		0
21.02	**酵母（活性或非活性）；已死的其他单细胞微生物（不包括税目30.02的疫苗）；发酵粉：**											
2102.1000	- 活性酵母	25	80		13	13	千克	AB	PR/QS	0		0
2102.2000	- 非活性酵母；已死的其他单细胞微生物	25	70		9	9	千克	AB	PR/QS	0		0
2102.3000	- 发酵粉	25	70		13	13	千克	AB	PR/QS	0		0
21.03	**调味汁及其制品；混合调味品；芥子粉及其调制品：**											
2103.1000	- 酱油	12	90		13	13	千克	AB	R/S	0		0
2103.2000	- 番茄沙司及其他番茄调味汁	12	90		13	13	千克	AB	R/S	0		0
2103.3000	- 芥子粉及其调制品	12	70		13	13	千克	AB	PR/QS	0		0

Chapter 21 Miscellaneous edible preparations

Chapter Notes:

1. This Chapter does not cover:

   (a) Mixed vegetables of heading 07.12;

   (b) Roasted coffee substitutes containing coffee in any proportion (heading 09.01);

   (c) Flavoured tea (heading 09.02);

   (d) Spices or other products of headings 09.04 to 09.10;

   (e) Food preparations, other than the products described in heading 21.03 or 21.04, containing more than 20% by weight of sausage, meat, meat offal, blood, insects, fish or crustaceans, molluscs or other aquatic invertebrates, or any combination thereof (Chapter 16) ;

   (f) Products of heading 24.04;

   (g) Yeast put up as a medicament or other products of heading 30.03 or 30.04; or

   (h) Prepared enzymes of heading 35.07.

2. Extracts of the substitutes referred to in Note 1 (b) above are to be classified in heading 21.01.

3. For the purposes of heading 21.04, the expression "homogenised composite food preparations" means preparations consisting of a finely homogenised mixture of two or more basic ingredients such as meat, fish, vegetables or fruit, put up for retail sale as food suitable for infants or young children or for dietetic purposes, in containers of a net weight content not exceeding 250g. For the application of this definition, no account is to be taken of small quantities of any ingredients which may be added to the mixture for seasoning, preservation or other purposes. Such preparations may contain a small quantity of visible pieces of ingredients.

协定税率（%）														特惠税率（%）①/②	Article Description
巴基斯坦	冰岛	哥斯达黎加	秘鲁	新西兰	瑞士	新加坡	韩国	澳大利亚	格鲁吉亚	毛里求斯	日本RCEP	尼加拉瓜	港澳台		
															Extracts, essences and concentrates, of coffee, tea or mate and preparations with a basis of these products or with a basis of coffee, tea or mate; roasted chicory and other roasted coffee substitutes, and extracts, essences and concentrates thereof:
															- Extracts, essences and concentrates of coffee, and preparations with a basis of these extracts, essences or concen-trates or with a basis of coffee:
13.6	0	0		0		0	5.6	0	0	0	13.8	11.2	0/	0/0	-- Extracts, essences and concentrates
	0	0		0		0	15	0	0	6		11.2	0/	/0	-- Preparations with a basis of extracts, essences or concentrates or with a basis of coffee
16	0	0	0	0	0	0		0	0	6.4		11.2	0/	0/0	- Extracts, essences and concentrates, of tea or maté, and preparations with abasis of these extracts, essences or concentrates or with a basis of tea or maté
		0		0		0	16	0	0	6.4	27.4	11.2	0/	0/0	- Roasted chicory and other roasted coffee substitutes, and extracts, essences and concentrates thereof
															Yeasts (active or inactive); other singlecell micro-organisms, dead (but not including vaccines of heading 30.02); prepared baking powders:
20	0	0	0	0	0	0	12.5	0	0	5		23.3	0/	0/0	- Active yeasts
12.5	0	0	0	0	0	0	12.5	0	0	5		23.3	0/	0/0	- Inactive yeasts; other single-cell microorganisms, dead
12.5	0	0	0	0		0	12.5	0	0	5	21.4	23.3	0/	0/0	- Prepared baking powders
															Sauces and preparations therefor; mixed condiments and mixes seasonings; mustard flour and meal and prepared mustard:
14	0	0	0	0	0	0	14	0	0	5.6	24	11.2	0/	0/0	- Soya sauce
12		0	0	0	0	0	0	0	0	0	10.9	11.2	0/	0/0	- Tomato ketchup and other tomato sauces
12		0	0	0	0	0	0	0	0	0	10.9	11.2	0/	0/0	- Mustard flour and meal and prepared mustard

税 号	货品名称	进口关税（%）			增值/消费税（%）	出口退税（%）	计量单位	监管证件代码	检验检疫类别	协定税率（%）		
		最惠国	普通	年内暂定						东盟	亚太	智利
	- 其他：											
2103.9010	--- 味精	12	130		13	13	千克	AB	R/S	0	10.4	0
2103.9020	--- 别特酒（Aromaticbitters），按体积计酒精含量44.2%～49.2%，按重量计含1.5%～6%的香料、各种配料以及4%～10%的糖	12	90		13	13	千克	AB	R/S	0		0
2103.9090	--- 其他	12	90		13	13	千克	AB	R/S	0	10.6	0
21.04	**汤料及其制品；均化混合食品：**											
2104.1000	- 汤料及其制品	12	90		13	13	千克	AB	PR/QS	0		0
2104.2000	- 均化混合食品	12	90	6	13	13	千克	AB	R/S	0		0
21.05	**冰淇淋及其他冰制食品，不论是否含可可：**											
2105.0000	冰淇淋及其他冰制食品，不论是否含可可	12	90		13	13	千克	AB	R/S	0		0
21.06	**其他税目未列名的食品：**											
2106.1000	- 浓缩蛋白质及组织化蛋白质	10	90		13	13	千克	AB	R/S	0		0
	- 其他：											
2106.9010	--- 制造碳酸饮料的浓缩物	12	100		13	13	千克	AB	R/S	0		0
2106.9020	--- 制造饮料用的复合酒精制品	12	180		13/5	13	千克	AB	R/S	0		0
2106.9030	--- 蜂王浆制剂											
21069030.10	含濒危植物成分的蜂王浆制剂	3	80		13	0	千克	ABFE	R/S	0		0
21069030.90	其他蜂王浆制剂	3	80		13	13	千克	AB	R/S	0		0
2106.9040	--- 椰子汁	10	90		13	13	千克	AB	PR/QS	5	9	0
2106.9050	--- 海豹油胶囊											
21069050.10	濒危海豹油胶囊	5	90		13	0	千克	ABEF	R/S	0	4.6	0
21069050.90	其他海豹油胶囊	5	90		13	13	千克	AB	R/S	0	4.6	0
	--- 含香料或着色剂的甘蔗糖或甜菜糖水溶液；蔗糖含量超过50%的甘蔗糖、甜菜糖与其他食品原料的简单固体混合物：											
2106.9061	---- 含香料或着色剂的甘蔗糖或甜菜糖水溶液	12	90		13	13	千克	AB	R/S	0	11	0
2106.9062	---- 蔗糖含量超过50%的甘蔗糖、甜菜糖与其他食品原料的简单固体混合物	12	90		13	13	千克	AB	R/S	0	11	0
2106.9090	--- 其他											
21069090.01	非乳基特殊医学用途婴儿配方食品、非乳基特殊医学用途配方食品	12	90	0	13	13	千克	AB	R/S	0	11	0
21069090.11	含濒危鱼软骨素胶囊	12	90		13	0	千克	ABEF	R/S	0	11	0
21069090.19	含濒危动植物成分的其他编号未列名食品	12	90		13	0	千克	ABEF	R/S	0	11	0
21069090.90	其他编号未列名的食品	12	90		13	13	千克	AB	R/S	0	11	0

协定税率（%）														特惠税率（%）①/②	Article Description
巴基斯坦	冰岛	哥斯达黎加	秘鲁	新西兰	瑞士	新加坡	韩国	澳大利亚	格鲁吉亚	毛里求斯	日本RCEP	尼加拉瓜	港澳台		
															- Other:
9.1	0	0	0	0	0	0	10.5	0	0	0		11.2	0/	0/0	--- Gourmet powder
	0	0	2.5	0	0	0	10.5	0	0	0	18	10.8	0/	0/0	--- Aromatic bitters, 44.2%-49.2%of which is alcoholic strength by volume, 1.5%-6% of which is spiles and various ingredients by weight and 4%-10% of which is sugar by weight
18.4	0	0	0	0	1.8	0	10.5	0	0	0	18	11.2	0/	0/0	--- Other
															Soups and broths and preparations therefor; homogenized composite food preparations:
12	0	0	0	0	0	0	0	0	0	0	10.9	11.2	0/	0/0	- Soups and broths and preparations therefor
		0	0	0		0	16	0	0	6.4	27.4	11.2	0/	0/0	- Homogenized composite food preparations
															Ice cream and other edible ice, whether or not containing cocoa:
0	0	0	0	0	0	0		0	0	0		11.2	0/	0/0	Ice cream and other edible ice, whether or not containing cocoa
															Food preparations not elsewhere specified or included:
2.5	0	0	0	0	0	0	0	0	0	0	7.3	9	0/	0/0	- Protein concentrates and textured protein substances
															- Other:
	0	0	0	0		0	17.5	0	0	7		11.2	0/	0/0	--- Beverage bases
	0	0	0	0	0	0	6.6	0	0	0	16.3	11.2	0/	0/0	--- Compound alcoholic preparations of a kind used for the manufacture of beverages
															--- Royal jelly, put up as tonic essences
0	0	0	0	0	0		0	0	0	0	0	0	0/	0/0	Other royal jelly preparations, containing endangered plants ingredients
0	0	0	0	0	0		0	0	0	0	0	0	0/	0/0	Other royal jelly preparations
9	0	0	0	0	0		0	0	0	0		9	0/	0/0	--- Coconut juice
															--- Seal oil capsules
18.4	0	0	0	0	1.7	0	18.4	0	0	0		0	0/	0/0	Endangered seal oil capsules
18.4	0	0	0	0	1.7	0	18.4	0	0	0		0	0/	0/0	Other seal oil capsules
															--- Aqueous solution of cane sugar or beet sugar containing flavouring and colouring matter; simple solid mixtures of cane sugar, beet sugar and other food ingredients containing more than 50% by weight of sugar:
0	0	0	0	0	1.7	0	18.4	0		4	17.1		0/	0/0	----Aqueous solution of cane sugar or beet sugar containing flavouring and colouring matter
0	0	0	0	0	1.7	0	18.4	0		4	17.1		0/	0/0	----Simple solid mixtures of cane sugar, beet sugar and other food ingredients containing more than 50% by weight of cane sugar
															--- Other
0	0	0	0	0	1.7	0	18.4	0		4	17.1		0/	0/0	Non-milk-based infant formula for special medical use, non-milk-based formula for special medical use
0	0	0	0	0	1.7	0	18.4	0		4	17.1		0/	0/0	Chondroitin capsules, containing endangered fish
0	0	0	0	0	1.7	0	18.4	0		4	17.1		0/	0/0	Other food preparations, containing endangered animals and plants, notelsewhere specified or included
0	0	0	0	0	1.7	0	18.4	0		4	17.1		0/	0/0	Other food preparations, not elsewhere specified or included

第二十二章 饮料、酒及醋

注释：

一、本章不包括：

（一）本章的产品（税目22.09的货品除外）经配制后，用于烹饪而不适于作为饮料的制品（通常归入税目21.03）；

（二）海水（税目25.01）；

（三）蒸馏水、导电水及类似的纯净水（税目28.53）；

（四）按重量计浓度超过10%的醋酸（税目29.15）；

（五）税目30.03或30.04的药品；或

（六）芳香料制品及盥洗品（第三十三章）。

二、本章及第二十章和第二十一章所称“按容量计酒精浓度”，应是温度在20℃时测得的浓度。

三、税目22.02所称“无酒精饮料”，是指按容量计酒精浓度不超过0.5%的饮料。含酒精饮料应分别归入税目22.03至22.06或税目22.08。

子目注释：

子目2204.10所称“汽酒”，是指温度在20℃时装在密封容器中超过大气压力3巴及以上的酒。

税号	货品名称	进口关税（%）			增值/消费税（%）	出口退税（%）	计量单位	监管证件代码	检验检疫类别	协定税率（%）		
		最惠国	普通	年内暂定						东盟	亚太	智利
22.01	**未加糖或其他甜物质及未加味的水，包括天然或人造矿泉水及汽水；冰及雪：**											
	- 矿泉水及汽水：											
2201.1010	--- 矿泉水	5	90		13	0	升/千克	AB	R/S	0		0
2201.1020	--- 汽水	5	90		13	13	升/千克	AB	R/S	0		0
	- 其他：											
	--- 天然水：											
2201.9011	---- 已包装	5	30		13	0	千升/千克	AB	R/S	0		0
2201.9019	---- 其他	5	30		13	0	千升/千克			0		0
2201.9090	--- 其他	5	30		13	0	千升/千克	AB	R/S	0		0
22.02	**加味、加糖或其他甜物质的水，包括矿泉水及汽水，其他无酒精饮料，但不包括税目20.09的水果汁、坚果汁或蔬菜汁：**											
2202.1000	- 加味、加糖或其他甜物质的水，包括矿泉水及汽水											
22021000.10	含濒危动植物成分的加味、加糖或其他甜物质的水（包括矿泉水及汽水）	5	100		13	0	升/千克	ABEF	R/S	0		0
22021000.90	其他加味、加糖或其他甜物质的水（包括矿泉水及汽水）	5	100		13	13	升/千克	AB	R/S	0		0
	- 其他											
2202.9100	-- 无醇啤酒											
22029100.11	含濒危动植物成分散装无醇啤酒	5	100		13	0	升/千克	ABEF	R/S	0	4.2	0
22029100.19	其他散装无醇啤酒	5	100		13	13	升/千克	AB	R/S	0	4.2	0

Chapter 22 Beverages, spirits and vinegar

Chapter Notes:

1. This Chapter does not cover:

   (a) Products of this Chapter (other than those of heading 22.09) prepared for culinary purposes and thereby rendered unsuitable for consumption as beverages (generally heading 21.03);

   (b) Sea water (heading 25.01);

   (c) Distilled or conductivity water or water of similar purity (heading 28.53);

   (d) Acetic acid of a concentration exceeding 10% by weight of acetic acid (heading 29.15);

   (e) Medicaments of heading 30.03 or 30.04; or

   (f) Perfumery or toilet preparations (Chapter 33).

2. For the purposes of this Chapter and of Chapters 20 and 21, the "alcoholic strength by volume" shall be determined at a temperature of 20°C.

3. For the purposes of heading 22.02, the term "non-alcoholic beverages" means beverages of an alcoholic strength by volume not exceeding 0.5% vol. Alcoholic beverages are classified in headings 22.03 to 22.06 or heading 22.08 as appropriate.

Subheading Notes:

For the purposes of subheading 2204.10, the expression "sparkling wine" means wine which, when kept at a temperature of 20°C in closed containers, has an excess pressure of not less than 3 bars.

协定税率（%）														特惠税率（%）①/②	Article Description
巴基斯坦	冰岛	哥斯达黎加	秘鲁	新西兰	瑞士	新加坡	韩国	澳大利亚	格鲁吉亚	毛里求斯	日本RCEP	尼加拉瓜	港澳台		
															Waters, including natural or artificial mineral waters and aerated waters, not containing added sugar or other sweetening matter or flavoured; ice and snow:
															- Mineral waters and aerated waters:
16	0	0	0	0	0	0	10	0	0	0		0	0/	0/0	--- Mineral waters
10	0	0	0	0	0	0	6.6	0	0	0	16.3	0	0/	0/0	--- Aerated waters
															- Other:
															--- Natural waters:
2.5	0	0	0	0	0	0	0	0	0	0	7.3	0	0/		----In packing
2.5	0	0	0	0	0	0	0	0	0	0	7.3	0	0/		----Other
2.5	0	0	0	0	0	0	0	0	0	0	7.3	0	0/	0/0	--- Other
															Waters, including mineral waters and aerated waters, containing added sugar or other sweetening matter or flavoured, and other non-alcoholic beverages, not including fruit, nut or vegetable juices of heading 20.09:
															- waters, including mineral waters and aerated waters, containing added sugar or other sweetening matter or flavoured
0	0	0	0	0	0	0	10	0	0	0	17.1	0	0/	0/0	Waters, containing added sugar or other sweetening matter or flavoured, and containing endangered plants or animals ingredients (including mineral water and carbonated drinks)
0	0	0	0	0	0	0	10	0	0	0	17.1	0	0/	0/0	Other water, containing added sugar or other sweetening matter or flavoured (including mineral water and carbonated drinks)
															- Other
															-- Non-alcoholic beer
29.5	0	0	0	0	2.9	0	17.5	0	0	7		0	0/	0/0	Non-alcoholic beer, in bulk, containing endangered plants or animals ingredients
29.5	0	0	0	0	2.9	0	17.5	0	0	7		0	0/	0/0	Other non-alcoholic beer, in bulk

税　号	货品名称	进口关税（%）最惠国	进口关税（%）普通	进口关税（%）年内暂定	增值/消费税（%）	出口退税（%）	计量单位	监管证件代码	检验检疫类别	协定税率（%）东盟	协定税率（%）亚太	协定税率（%）智利
22029100.91	含濒危动植物成分其他包装无醇啤酒	5	100		13	0	升/千克	ABEF	R/S	0	4.2	0
22029100.99	其他包装无醇啤酒	5	100		13	13	升/千克	AB	R/S	0	4.2	0
2202.9900	-- 其他											
22029900.11	其他含濒危动植物成分散装无酒精饮料（不包括税目20.09的水果汁、坚果汁或蔬菜汁）	5	100		13	0	升/千克	ABEF	R/S	0	4.2	0
22029900.19	其他散装无酒精饮料（不包括税目20.09的水果汁、坚果汁或蔬菜汁）	5	100		13	13	升/千克	AB	R/S	0	4.2	0
22029900.91	其他含濒危动植物成分其他包装无酒精饮料（不包括税目20.09的水果汁、坚果汁或蔬菜汁）	5	100		13	0	升/千克	ABEF	R/S	0	4.2	0
22029900.99	其他包装无酒精饮料（不包括税目20.09的水果汁、坚果汁或蔬菜汁）	5	100		13	13	升/千克	AB	R/S	0	4.2	0
22.03	**麦芽酿造的啤酒：**											
2203.0000	麦芽酿造的啤酒	0	7.5元/千克		13/［注1］	13	升/千克	AB	R/S	0		0
22.04	**鲜葡萄酿造的酒，包括加酒精的；税目20.09以外的酿酒葡萄汁：**											
2204.1000	- 汽酒	14	180		13/10	13	升/千克	AB	R/S	0		0
	- 其他酒；加酒精抑制发酵的酿酒葡萄汁：											
2204.2100	-- 装入2升及以下容器的	14	180		13/10	13	升/千克	AB	R/S	0		0
2204.2200	-- 装入2升以上但不超过10升容器的	20	180		13/10	13	升/千克	AB	R/S	0		0
2204.2900	-- 其他	20	180		13/10	13	升/千克	AB	R/S	0		0
2204.3000	- 其他酿酒葡萄汁	30	90		13/10	13	升/千克	AB	R/S	0		0
22.05	**味美思酒及其他加植物或香料的用鲜葡萄酿造的酒：**											
2205.1000	- 装入2升及以下容器的	65	180	14	13/10	13	升/千克	AB	R/S	0		0
2205.9000	- 其他	65	180		13/10	13	升/千克	AB	R/S	0		0
22.06	**其他发酵饮料（例如，苹果酒、梨酒、蜂蜜酒、清酒）；其他税目未列名的发酵饮料的混合物及发酵饮料与无酒精饮料的混合物：**											
2206.0010	--- 黄酒	40	180		13/［注2］	13	升/千克	AB	R/S	0		0
2206.0090	--- 其他	40	180		13/10	13	升/千克	AB	R/S	0		0
22.07	**未改性乙醇，按容量计酒精浓度在80%及以上；任何浓度的改性乙醇及其他酒精：**											
2207.1000	- 未改性乙醇，按容量计酒精浓度在80%及以上	40	100		13	13	升/千克	ABG	MR/NS	0		0
2207.2000	- 任何浓度的改性乙醇及其他酒精											
22072000.10	任何浓度的改性乙醇	30	80		13	0	升/千克	ABG	MR/NS	0		0
22072000.90	任何浓度的其他酒精	30	80		13	0	升/千克	ABG	MR/NS	0		0
22.08	**未改性乙醇，按容量计酒精浓度在80%以下；蒸馏酒、利口酒及其他酒精饮料：**											
2208.2000	- 蒸馏葡萄酒制得的烈性酒											

1　消费税为：价格≥370美元/吨的，为250元/吨；价格< 370美元/吨的，为220元/吨。

2　消费税为：240元/吨。

协定税率（%）														特惠税率（%）①/②	Article Description
巴基斯坦	冰岛	哥斯达黎加	秘鲁	新西兰	瑞士	新加坡	韩国	澳大利亚	格鲁吉亚	毛里求斯	日本RCEP	尼加拉瓜	港澳台		
29.5	0	0	0	0	2.9	0	17.5	0	0	7		0	0/	0/0	Non-alcoholic beer, in other packing, containing endangered plants or animals ingredients
29.5	0	0	0	0	2.9	0	17.5	0	0	7		0	0/	0/0	Non-alcoholic beer, in other packing -- Other
29.5	0	0	0	0	2.9	0	17.5	0	0	7		0	0/	0/0	Non-alcoholic beverages, in bulk (other than fruit, nut or vegetable juices of heading 20.09), containing endangered plants or animals ingredients
29.5	0	0	0	0	2.9	0	17.5	0	0	7		0	0/	0/0	Non-alcoholic beverages, in bulk (other than fruit, nut or vegetable juices of heading 20.09)
29.5	0	0	0	0	2.9	0	17.5	0	0	7		0	0/	0/0	Non-alcoholic beverages, in other packing, containing endangered plants or animals ingredients (other than fruit, nut or vegetable juices of heading 20.09)
29.5	0	0	0	0	2.9	0	17.5	0	0	7		0	0/	0/0	Non-alcoholic beverages, in other packing (other than fruit, nut or vegetable juices of heading 20.09)
															Beer made from malt:
0	0	0	0	0	0		0	0	0	0	0	0	0/	0/0	Beer made from malt
															Wine of fresh grapes, including fortified wines; grape must other than that of heading 20.09:
11.2	0	0	0	0	0	0	0	0	0	0	10.2	13.1	0/	0/0	- Sparkling wine
															- Other wine; grape must with fermentation prevented or arrested by the addition of alcohol:
11.2	0	0	0	0	0	0	0	0	0	0	10.2	13.1	0/	0/0	-- In containers holding 2 L or less
	0	0	0	0	0	0	6.6	0	0	0	16.3	18.7	0/	0/0	-- In containers holding more than 2 L but not more than 10 L
	0	0	0	0	0	0	6.6	0	0	0	16.3	18.7	0/	0/0	-- Other
	0	0	0	0		0	15	0	0	6		28	0/		- Other grape must
															Vermouth and other wine of fresh grapes flavoured with plants or aromatic substances:
		0	0	0		0	32.5	0	0	13			0/		- In containers holding 2 L or less
		0	0	0		0	32.5	0	0	13			0/		- Other
															Other fermented beverages (for example, cider perry, mead, saké); mixtures of fermented beverages and mixtures of fermented beverages and non-alcoholic beverages, not elsewhere specified or included:
	0	0	0	0		0	20	0	0	8			0/	0/0	--- Huangjiu
	0	0	0	0		0	20	0	0	8	34.3		0/	0/0	--- Other
															Undenatured ethyl alcohol of an alcoholic strength by volume of 80% vol or higher; ethyl alcohol and other spirits, denatured, of any strength:
0	0	0	0	0		0	20	0	0	8		37.3	0/	0/0	- Undenatured ethyl alcohol of an alcoholic, strength by volume of 80% vol or higher
															- Ethyl alcohol and other spirits, denatured of any strength
0	0	0	0	0		0	15	0	0	6			0/	0/0	Ethyl alcohol, denatured, of any strength
0	0	0	0	0		0	15	0	0	6			0/	0/0	Other spirits, of any strength
															Undenaturated ethyl alcohol of an alcoholic strength by volume of less than 80%vol; spirits, liqueurs and other spirituous beverages:
															- Spirits obtained by distilling grape wine or grape marc

税号	货品名称	进口关税（%）			增值/消费税（%）	出口退税（%）	计量单位	监管证件代码	检验检疫类别	协定税率（%）		
		最惠国	普通	年内暂定						东盟	亚太	智利
22082000.10	装入200升及以上容器的蒸馏葡萄酒制得的烈性酒	10	180	5	13/[注1]	13	升/千克	AB	R/S	0		0
22082000.90	其他蒸馏葡萄酒制得的烈性酒	10	180	5	13/[注1]	13	升/千克	AB	R/S	0		0
2208.3000	- 威士忌酒	10	180	5	13/[注1]	13	升/千克	AB	R/S	0		0
2208.4000	- 朗姆酒及蒸馏已发酵甘蔗产品制得的其他烈性酒	10	180		13/[注1]	13	升/千克	AB	R/S	0		0
2208.5000	- 杜松子酒	10	180		13/[注1]	13	升/千克	AB	R/S	0		0
2208.6000	- 伏特加酒	10	180		13/[注1]	13	升/千克	AB	R/S	0	8.8	0
2208.7000	- 利口酒及柯迪尔酒	10	180		13/[注1]	13	升/千克	AB	R/S	0	8.8	0
	- 其他:											
2208.9010	--- 龙舌兰酒											
22089010.10	濒危龙舌兰酒	10	180		13/[注1]	0	升/千克	ABFE	R/S	0	8.8	0
22089010.90	其他龙舌兰酒	10	180		13/[注1]	13	升/千克	AB	R/S	0	8.8	0
2208.9020	--- 白酒	10	180		13/[注1]	13	升/千克	AB	R/S	0	8.8	0
2208.9090	--- 其他											
22089090.01	酒精浓度在80%以下的未改性乙醇	10	180		13	13	升/千克	AB	R/S	0	8.8	0
22089090.21	含濒危动植物成分的薯类蒸馏酒	10	180		13/[注1]	0	升/千克	ABEF	R/S	0	8.8	0
22089090.29	其他薯类蒸馏酒	10	180		13/[注1]	13	升/千克	AB	R/S	0	8.8	0
22089090.91	含濒危动植物成分的其他蒸馏酒及酒精饮料	10	180		13/[注1]	0	升/千克	ABEF	R/S	0	8.8	0
22089090.99	其他蒸馏酒及酒精饮料	10	180		13/[注1]	13	升/千克	AB	MR/NS	0	8.8	0
22.09	**醋及用醋酸制得的醋代用品:**											
2209.0000	醋及用醋酸制得的醋代用品	5	70		13	13	升/千克	AB	R/S	0		0

[1] 消费税为：20%，加1元/千克。

协定税率（%）														特惠税率（%）①/②	Article Description
巴基斯坦	冰岛	哥斯达黎加	秘鲁	新西兰	瑞士	新加坡	韩国	澳大利亚	格鲁吉亚	毛里求斯	日本RCEP	尼加拉瓜	港澳台		
5	0	0	0	0	0	0	0	0	0	0	7.3	9	0/	0/0	Spirits obtained by distilling grape wine or grape marc, in containers holding 200L or more
5	0	0	0	0	0	0	0	0	0	0	7.3	9	0/	0/0	Other spirits obtained by distilling grape wine or grape marc
5	0	0	0	0	0	0	0	0	0	0	7.3	9	0/	0/0	- Whiskies
5	0	0	0	0	0	0	0	0	0	0	7.3	0	0/	0/0	- Rum and other spirits obtained by distilling fermented sugar-caneproducts
2.5		0	0	0	0	0	0	0	0	0	7.3	9	0/	0/0	- Gin and geneva
2.5		0	0	0	0	0	0	0	0	0	7.3	9	0/	0/0	- Vodka
2.5	0	0	0	0	0	0	0	0	0	0	7.3	9	0/	0/0	- Liqueurs and cordials
															- Other:
															--- Tequila, Mezcal
2.5	0	0	0	0	0	0	0	0	0	0	7.3	9	0/	0/0	Tequila, Mezcal, containing endangered wild animals and plants ingredients
2.5	0	0	0	0	0	0	0	0	0	0	7.3	9	0/	0/0	Other tequila, Mezcal
2.5	0	0	0	0	0	0	0	0	0	0	7.3	9	0/	0/0	--- Chinese Baijiu
															--- Other
5	0	0	0	0	0	0	5	0	0	0	8.6	9	0/	0/0	Undenatured ethyl alcohol of an alcoholic strength by volume of less than 80% vol
5	0	0	0	0	0	0	5	0	0	0	8.6	9	0/	0/0	Potato spirits containing endangered wild plants or animals ingredients
5	0	0	0	0	0	0	5	0	0	0	8.6	9	0/	0/0	Other spirits obtained by distilling potatoes
5	0	0	0	0	0	0	5	0	0	0	8.6	9	0/	0/0	Other spirits and spirituous beverages containing endangered wild animals or plants ingredients
5	0	0	0	0	0	0	5	0	0	0	8.6	9	0/	0/0	Other spirits, spirituous beverages
															Vinegar and substitutes for vinegar obtained from acetic acid:
	0	0	0	0	0	0	6.6	0	0	0	16.3	0	0/	0/0	Vinegar and substitutes for vinegar obtained from acetic acid

第二十三章　食品工业的残渣及废料；配制的动物饲料

注释：

税目23.09包括其他税目未列名的配制动物饲料，这些饲料是由动、植物原料加工而成的，并且已改变了原料的基本特性，但加工过程中的植物废料、植物残渣及副产品除外。

子目注释：

子目2306.41所称的“低芥子酸油菜子”，是指第十二章子目注释一所定义的菜子。

税号	货品名称	进口关税（%）			增值/消费税（%）	出口退税（%）	计量单位	监管证件代码	检验检疫类别	协定税率（%）		
		最惠国	普通	年内暂定						东盟	亚太	智利
23.01	不适于供人食用的肉、杂碎、鱼、甲壳动物、软体动物或其他水生无脊椎动物的渣粉及团粒；油渣：											
	- 肉、杂碎的渣粉及团粒；油渣：											
	--- 肉骨粉：											
2301.1011	---- 含牛羊成分的	2	11		9	9	千克	AB	MP/Q	0		0
2301.1019	---- 其他	2	11		9	9	千克	AB	MP/Q	0		0
2301.1020	--- 油渣	5	50		9	0	千克	AB	P/Q	0		0
2301.1090	--- 其他	5	30		9	0	千克	AB	P/Q	0		0
	- 鱼、甲壳动物、软体动物或其他水生无脊椎动物的渣粉及团粒：											
2301.2010	--- 饲料用鱼粉	2	11		0	0	千克	AB	MP/Q	0	0	0
2301.2090	--- 其他	5	30		0	0	千克	AB	P/Q	0	0	0
23.02	谷物或豆类植物在筛、碾或其他加工过程中所产生的糠、麸及其他残渣，不论是否制成团粒：											
2302.1000	- 玉米的	5	30		0	0	千克	AB	P/Q	0		0
2302.3000	- 小麦的	3	30		0	0	千克	AB	P/Q	0		0
2302.4000	- 其他谷物的	5	30		0	0	千克	AB	P/Q	0		0
2302.5000	- 豆类植物的	5	30		9	0	千克	AB	P/Q	0		0
23.03	制造淀粉过程中的残渣及类似的残渣，甜菜渣、甘蔗渣及制糖过程中的其他残渣，酿造及蒸馏过程中的糟粕及残渣，不论是否制成团粒：											
2303.1000	- 制造淀粉过程中的残渣及类似的残渣	5	30		9	9	千克	AB	P/Q	0		0
2303.2000	- 甜菜渣、甘蔗渣及制糖过程中的其他残渣	5	30		9	9	千克	AB	P/Q	0		0
2303.3000	- 酿造及蒸馏过程中的糟粕及残渣											
23033000.11	干玉米酒糟	5	30		0	0	千克	7AB	P/Q	0		0
23033000.19	其他玉米酒糟	5	30		9	0	千克	7AB	P/Q	0		0
23033000.90	其他酿造及蒸馏过程中的糟粕及残渣	5	30		9	0	千克	AB	P/Q	0		0
23.04	提炼豆油所得的油渣饼及其他固体残渣，不论是否碾磨或制成团粒：											
2304.0010	--- 油渣饼	5	30		9	0	千克	7AB	P/NQ	0	0	0
2304.0090	--- 其他	5	30		9	0	千克	7AB	P/NQ	0	0	0
23.05	提炼花生油所得的油渣饼及其他固体残渣，不论是否碾磨或制成团粒：											
2305.0000	提炼花生油所得的油渣饼及其他固体残渣，不论是否碾磨或制成团粒	5	30	0	0	0	千克	AB	P/NQ	0		0

Chapter 23 Residues and waste from the food industries; prepared animal fodder

Chapter Notes:

Heading 23.09 includes products of a kind used in animal feeding, not elsewhere specified or included, obtained by processing vegetable or animal materials to such an extent that they have lost the essential characteristics of the original material, other than vegetable waste, vegetable residues and by-products of such processing.

Subheading Notes:

For the purposes of subheading 2306.41, the expression "low erucic acid rape or colza seeds" means seeds as defined in Subheading Note 1 to Chapter 12.

协定税率（%）														特惠税率（%）①/②	Article Description
巴基斯坦	冰岛	哥斯达黎加	秘鲁	新西兰	瑞士	新加坡	韩国	澳大利亚	格鲁吉亚	毛里求斯	日本RCEP	尼加拉瓜	港澳台		
															Flours, meals and pellets, of meat or meat offal, of fish or of crustaceans, molluscs or other aquatic invertebrates, unfit, for human consumption; greaves:
															- Flours, meals and pellets, of meat or meat offal; greaves:
															--- Flours and meals, of meat bones:
0	0	0	0	0	0		0	0	0	0	0	0	0/	0/0	----Of bovine and sheep
0	0	0	0	0	0		0	0	0	0	0	0	0/	0/0	----Other
0	0	0	0	0	0		0	0	0	0	0	0	0/	0/0	--- Greaves
0	0	0	0	0	0		0	0	0	0	0	0	0/	0/0	--- Other
															- Flours, meals and pellets, of fish or of crustaceans, molluscs or other aquatic invertebrates:
0	0	0	0	0	0		0	0	0	0	1.5	1.6	0/	0/0	--- Flours and meals of fish, of a kind used in animal feeding
0	0	0	0	0	0		0	0	0	0	0	0	0/	0/0	--- Other
															Bran, sharps and other residues, whether or not in the form of pellets, derived from the sifting, milling or other working of cereals or of leguminous plants:
0	0	0	0	0	0		0	0	0	0	3.6	0	0/	0/0	- Of maize (corn)
0	0	0	0	0	0		0	0	0	0	2.2	0	0/	0/0	- Of wheat
0	0	0	0	0	0		0	0	0	0	3.6	0	0/	0/0	- Of other cereals
0	0	0	0	0	0		0	0	0	0	3.6	0	0/	0/0	- Of leguminous plants
															Residues of starch manufacture and similar residues, beet-pulp, bagasses and other waste of sugar manufacture, brewing or distilling dregs and waste, whether or not in the form of pellets:
0	0	0	0	0	0		0	0	0	0	3.6	0	0/	0/0	- Residues of starch manufacture and similar residues
0	0	0	0	0	0		0	0	0	0	3.6	0	0/	0/0	- Beet-pulp, bagasses and other waste of sugar manufacture
															- Brewing or distilling dregs and waste
0	0	0	0	0	0		0	0	0	0	3.6	0	0/	0/0	Dry corn distillers solubles
0	0	0	0	0	0		0	0	0	0	3.6	0	0/	0/0	Other corn distillers solubles
0	0	0	0	0	0		0	0	0	0	3.6	0	0/	0/0	Other dross and residues during the process of brewing and distillation
															Oil-cake and other solid residues, whether or not ground or in the form of pellets, resulting from the extraction of soyabean oil:
0	0	0	0	0	0		0	0	0	0	3.6	0	0/	0/0	--- Oil-cake
0	0	0	0	0	0		0	0	0	0	3.6	0	0/	0/0	--- Other
															Oil-cake and other solid residues, whether or not ground or in the form of pellets, resulting from the extraction of ground nutoil:
0	0	0	0	0	0		0	0	0	0	3.6	0	0/	0/0	Oil-cake and other solid residues, whether or not ground or in the form of pellets, resulting from the extraction of groundnut oil

税　号	货品名称	进口关税（%）			增值/消费税（%）	出口退税（%）	计量单位	监管证件代码	检验检疫类别	协定税率（%）		
		最惠国	普通	年内暂定						东盟	亚太	智利
23.06	**税目23.04或23.05以外的提炼植物或微生物油脂所得的油渣饼及其他固体残渣，不论是否碾磨或制成团粒：**											
2306.1000	- 棉子的	5	30	0	0	0	千克	AB	P/NQ	0		0
2306.2000	- 亚麻子的	5	30	0	0	0	千克	AB	P/NQ	0		0
2306.3000	- 葵花子的	5	30	0	0	0	千克	AB	P/NQ	0		0
	- 油菜子的：											
2306.4100	-- 低芥子酸的	5	30	0	0	0	千克	AB	P/NQ	0		0
2306.4900	-- 其他	5	30	0	0	0	千克	AB	P/NQ	0		0
2306.5000	- 椰子或干椰肉的	5	30	0	9	9	千克	AB	P/NQ	0	2.5	0
2306.6000	- 棕榈果或棕榈仁的											
23066000.10	濒危棕榈果或濒危棕榈仁油渣饼及固体残渣	5	30	0	9	0	千克	ABEF	P/NQ	0		0
23066000.90	其他棕榈果或其他棕榈仁油渣饼及固体残渣	5	30	0	9	9	千克	AB	P/NQ	0		0
2306.9000	- 其他	5	30	0	9	9	千克	AB	P/NQ	0		0
23.07	**葡萄酒渣；粗酒石：**											
2307.0000	葡萄酒渣；粗酒石	5	30		0	0	千克	AB	R/S	0		0
23.08	**动物饲料用的其他税目未列名的植物原料、废料、残渣及副产品，不论是否制成团粒：**											
2308.0000	动物饲料用的其他税目未列名的植物原料、废料、残渣及副产品，不论是否制成团粒	5	35	0	9	9	千克	AB	P/Q	0		0
23.09	**配制的动物饲料：**											
	- 零售包装的狗食或猫食：											
2309.1010	--- 罐头	15	90	4	9	9	千克	AB	P/Q	0		0
2309.1090	--- 其他	15	90	4	9	9	千克	AB	P/Q	0		0
	- 其他：											
2309.9010	--- 制成的饲料添加剂	5	14		13	13	千克	AB	MP/Q	0	2.5	0
2309.9090	--- 其他	6.5	14	4	9	9	千克	AB	MP/Q	0	3.3	0

协定税率（%）														特惠税率（%）①/②	Article Description
巴基斯坦	冰岛	哥斯达黎加	秘鲁	新西兰	瑞士	新加坡	韩国	澳大利亚	格鲁吉亚	毛里求斯	日本RCEP	尼加拉瓜	港澳台		
															Oil-cake and other solid residues, whether or not ground or in the form of pellets, resulting from the extraction of vegetable or microbial fats or oils, other than those of heading 23.04 or 23.05:
0	0	0	0	0	0		0	0	0	0	3.6	0	0/	0/0	- Of cotton seeds
0	0	0	0	0	0		0	0	0	0	3.6	0	0/	0/0	- Of linseed
0	0	0	0	0	0		0	0	0	0	3.6	0	0/	0/0	- Of sunflower seeds
															- Of rape or colza seeds:
0	0	0	0	0	0		0	0	0	0	3.6	0	0/	0/0	-- Of low erucic acid rape or colza seeds
0	0	0	0	0	0		0	0	0	0	3.6	0	0/	0/0	-- Other
0	0	0	0	0	0		0	0	0	0	0	0	0/	0/0	- Of coconut or copra
															- Of palm nuts or kernels
0	0	0	0	0	0		0	0	0	0	0	0	0/	0/0	Endangered palm fruit or endangered palm kernel oil cake and solid residue, whether or not ground or in the form of pellets
0	0	0	0	0	0		0	0	0	0	0	0	0/	0/0	Other palm fruits or palm kernel oil cake and solid residue, whether or not ground or in the form of pellets
0	0	0	0	0	0		0	0	0	0	3.6	0	0/	0/0	- Other
															Wine lees; argol:
0	0	0	0	0	0		0	0	0	0	0	0	0/	0/0	Wine lees; argol
															Vegetable materials and vesetable waste, vegetable residues and by-products, whether or not in the form of pellets, of a kind used in animal feeding, not elsewhere specified or included:
0	0	0	0	0	0		0	0	0	0	0	0	0/	0/0	Vegetable materials and veget-able waste, vegetable residues and by-products, whether or not in the form of pellets, of a kind used in animal feeding, not elsewhere specified or included
															Preparations of a kind used in animal feeding:
															- Dog or cat food, put up for retail sale:
12	0	0	0	0	0	0	0	0	0	0	10.9	14	0/	0/0	--- In airtight containers
12	0	0	0	0	0	0	0	0	0	0	10.9	14	0/	0/0	--- Other
															- Other:
0	0	0	0	0	0		0	0	0	0	0	0	0/	0/0	--- Preparations for use in making the complete feeds or supplementary feeds
0	0	0	0	0	0		0	0	0	0	4.7	0	0/	0/0	--- Other

第二十四章 烟草、烟草及烟草代用品的制品；非经燃烧吸用的产品，不论是否含有尼古丁；其他供人体摄入尼古丁的含尼古丁的产品

注释：

一、本章不包括药用卷烟（第三十章）。

二、既可归入税目24.04又可归入本章其他税目的产品，应归入税目24.04。

三、税目24.04所称“非经燃烧吸用”，是指不通过燃烧，而是通过加热或其他方式吸用。

子目注释：

子目2403.11所称“水烟料”，是指由烟草和甘油混合而成用水烟筒吸用的烟草，不论是否含有芳香油及提取物、糖蜜或糖，也不论是否用水果调味，但供在水烟筒中吸用的非烟草产品除外。

税号	货品名称	进口关税（%）			增值/消费税（%）	出口退税（%）	计量单位	监管证件代码	检验检疫类别	协定税率（%）		
		最惠国	普通	年内暂定						东盟	亚太	智利
24.01	烟草；烟草废料：											
	- 未去梗的烟草：											
2401.1010	--- 烤烟	10	70		13	13	千克	7AB	P/QS	5	9.4	0
2401.1090	--- 其他	10	70		13	13	千克	7AB	P/QS	5		0
	- 部分或全部去梗的烟草：											
2401.2010	--- 烤烟	10	70		13	13	千克	7AB	P/QS	5		0
2401.2090	--- 其他	10	70		13	13	千克	7AB	P/QS	5		0
2401.3000	- 烟草废料	10	70		13	13	千克	AB7	P/QS	5		0
24.02	烟草或烟草代用品制成的雪茄烟及卷烟：											
2402.1000	- 烟草制的雪茄烟	25	180		13/36	0	千克/千支	7				0
2402.2000	- 烟草制的卷烟	25	180		13/［注[1]］	0	千克/千支	7				0
2402.9000	- 其他											
24029000.01	烟草代用品制的卷烟	25	180		13/［注[1]］	0	千克/千支	7				0
24029000.09	烟草代用品制的雪茄烟	25	180		13/36	0	千克/千支	7				0
24.03	其他烟草及烟草代用品的制品；“均化”或“再造”烟草；烟草精汁：											
	- 供吸用的烟草，不论是否含有任何比例的烟草代用品：											
2403.1100	-- 本章子目注释所述的水烟料	57	180		13/30	13	千克	7AB	P/QS	50	50.2	0
2403.1900	-- 其他	57	180		13/30	13	千克	7AB	P/QS	50	50.2	0
	- 其他：											
2403.9100	-- “均化”或“再造”烟草											
24039100.10	再造烟草	57	180		13/30	13	千克	AB7	P/Q	50		0
24039100.90	均化烟草	57	180		13/30	13	千克	AB7	P/Q	50		0
2403.9900	-- 其他											
24039900.10	烟草精汁	57	180		13	13	千克	7AB	MP/NQS	50		0
24039900.90	其他烟草及烟草代用品的制品	57	180		13/30	13	千克	AB	P/QS	50		0

[1] 消费税为：每条价格≥70元人民币的，为56%+150元/标准箱；每条价格＜70元人民币的，为36%+150元/标准箱。

Chapter 24 Tobacco and manufactured tobacco substitutes; products, whether or not containing nicotine, intended for inhalation without combustion; other nicotine containing products intended for the intake of nicotine into the human body

Chapter Notes:

1. This Chapter does not cover medicinal cigarettes (Chapter 30).
2. Any products classifiable in heading 24.04 and any other heading of the Chapter are to be classified in heading 24.04.
3. For the purposes of heading 24.04, the expression "inhalation without combustion" means inhalation through heated delivery or other means, without combustion.

Subheading Notes:

For the purposes of subheading 2403.11, the expression "water pipe tobacco" means tobacco intended for smoking in a water pipe and which consists of a mixture of tobacco and glycerol, whether or not containing aromatic oils and extracts, molasses or sugar, and whether or not flavoured with fruit. However, tobacco-free products intended for smoking in a water pipe are excluded from this subheading.

协定税率（%）														特惠税率（%）①/②	Article Description
巴基斯坦	冰岛	哥斯达黎加	秘鲁	新西兰	瑞士	新加坡	韩国	澳大利亚	格鲁吉亚	毛里求斯	日本RCEP	尼加拉瓜	港澳台		
															Unmanufactured tobacco; tobacco refuse:
															- Tobacco, not stemmed/stripped:
9.4				0									0/		--- Flue-cured
				0									0/		--- Other
															- Tobacco, partly or wholly stemmed/stripped:
				0									0/		--- Flue-cured
				0									0/		--- Other
			0	0									0/	0/0	- Tobacco refuse
															Cigars, cheroots, cigarillos and cigarettes, of tobacco or of tobacco substitutes:
				0									0/		- Cigars, cheroots and cigarillos, containing tobacco
				0									0/		- Cigarettes containing tobacco
															- Other
				0									0/		Cigarettes, of tobacco substitutes
				0									0/		Cigars, cheroots and cigarillos, of tobacco substitutes
															Other manufactured tobacco and manufactured tobacco substitutes; "homogenized" or "reconstituted"tobacco; tobacco extracts and essences:
															- Smoking tobacco, whether or not containing tobacco substitutes in any proportion:
50				0									0/		-- Water pipe tobacco specified in subheading Note 1 of this Chapter
50				0									0/		-- Other
															- Other:
															-- "Homogenized" or "reconstituted" tobacco
				0									0/		Reconstituted tobacco
				0									0/		Homogenized tobacco
															-- Other
				0									0/		Tobacco extracts and essences
				0									0/		Other manufactured tobacco and manufactured tobacco substitutes

税　号	货品名称	进口关税（%）			增值/消费税（%）	出口退税（%）	计量单位	监管证件代码	检验检疫类别	协定税率（%）		
		最惠国	普通	年内暂定						东盟	亚太	智利
24.04	含烟草、再造烟草、尼古丁，或烟草或尼古丁代用品，非经燃烧吸用的产品；其他供人体摄入尼古丁的含尼古丁的产品：											
	- 非经燃烧吸用的产品：											
2404.1100	-- 含烟草或再造烟草的	57	180		13/30	13	千克	7AB	P/Q	50		0
2404.1200	-- 其他，含尼古丁的	6.5	35		13/36	13	千克	7		0	4.2	0
	-- 其他：											
2404.1910	--- 其他，含烟草代用品的	57	180		13/30	13	千克	7AB	P/QS	50		0
2404.1990	--- 其他	6.5	35		13	13	千克	7		0	4.2	0
	- 其他：											
2404.9100	-- 经口腔摄入的											
24049100.10	经口腔摄入的含濒危动植物成分的其他供人体摄入尼古丁的含尼古丁的产品	12	90		13	0	千克	ABEF7	R/S	0	11	0
24049100.90	经口腔摄入的其他供人体摄入尼古丁的含尼古丁的产品	12	90		13	13	千克	AB7	R/S	0	11	0
2404.9200	-- 经皮肤摄入的	6.5	35		13	13	千克	7		0	4.2	0
2404.9900	-- 其他	6.5	35		13	13	千克	7		0	4.2	0

协定税率（%）														特惠税率（%）①/②	Article Description
巴基斯坦	冰岛	哥斯达黎加	秘鲁	新西兰	瑞士	新加坡	韩国	澳大利亚	格鲁吉亚	毛里求斯	日本RCEP	尼加拉瓜	港澳台		
															Products containing tobacco, reconstituted tobacco, nicotine, or tobacco or nicotine substitutes, intended for inhalation without combustion; other nicotine containing products intended for the intake of nicotine into the human body:
															- Products intended for inhalation without combustion:
				0									0/		-- Containing tobacco or reconstituted tobacco
0	0	0	0	0		0	2.1	0	0	0	5.3	0	0/	0/0	-- Other, containing nicotine
															-- Other:
				0									0/		--- Other, containing tobacco subsitutes
0	0	0	0	0		0	2.1	0	0	0	5.3	0	0/	0/0	--- Other
															- Other:
															-- For oral application
0	0	0	0	0	1.7	0	18.4	0		4	17.1		0/	0/0	Nicotine containing products intended for the intake of nicotine into the human body by oral application, containing endangered animal or plant components
0	0	0	0	0	1.7	0	18.4	0		4	17.1		0/	0/0	Other nicotine containing products intended for the intake of nicotine into the human body by oral application
0	0	0	0	0		0	2.1	0	0	0	5.3	0	0/	0/0	-- For transdermal application
0	0	0	0	0		0	2.1	0	0	0	5.3	0	0/	0/0	-- Other

第五类　矿产品

第二十五章　盐；硫磺；泥土及石料；石膏料、石灰及水泥

注释：

一、除条文及注释四另有规定的以外，本章各税目只包括原产状态的矿产品，或只经过洗涤（包括用化学物质清除杂质而未改变产品结构的）、破碎、磨碎、研粉、淘洗、筛分以及用浮选、磁选和其他机械物理方法（不包括结晶法）精选过的货品，但不得经过焙烧、煅烧、混合或超过税目所列的加工范围。

本章产品可含有添加的抗尘剂，但所加剂料并不使原产品改变其一般用途而适合于某些特殊用途。

二、本章不包括：

（一）升华硫磺、沉淀硫磺及胶态硫磺（税目28.02）；

（二）土色料，按重量计三氧化二铁含量在70%及以上（税目28.21）；

（三）第三十章的药品及其他产品；

（四）芳香料制品及化妆盥洗品（第三十三章）；

（五）夯混白云石（税目38.16）；

（六）长方砌石、路缘石、扁平石（税目68.01）、镶嵌石或类似石料（税目68.02）及铺屋顶、饰墙面或防潮用的板岩（税目68.03）；

（七）宝石或半宝石（税目71.02或71.03）；

（八）每颗重量不低于2.5克的氯化钠或氧化镁培养晶体（光学元件除外）（税目38.24）；氯化钠或氧化镁制的光学元件（税目90.01）；

（九）台球用粉块（税目95.04）；或

（十）书写或绘画用粉笔及裁缝划粉（税目96.09）。

三、既可归入税目25.17，又可归入本章其他税目的产品，应归入税目25.17。

四、税目25.30主要包括：未膨胀的蛭石、珍珠岩及绿泥石；不论是否煅烧或混合的土色料；天然云母氧化铁；海泡石（不论是否磨光成块）；琥珀；模制后未经进一步加工的片、条、杆或类似形状的粘聚海泡石及粘聚琥珀；黑玉；菱锶矿（不论是否煅烧），但不包括氧化锶；陶器、砖或混凝土的碎块。

税号	货品名称	进口关税（%）			增值/消费税（%）	出口退税（%）	计量单位	监管证件代码	检验检疫类别	协定税率（%）		
		最惠国	普通	年内暂定						东盟	亚太	智利
25.01	**盐（包括精制盐及变性盐）及纯氯化钠，不论是否为水溶液，也不论是否添加抗结块剂或松散剂；海水：**											
	--- 盐：											
2501.0011	---- 食用盐	0	0		9	9	千克	AB	R/S	0		0
2501.0019	---- 其他	0	0		13	13	千克	AB	R/S	0		0
2501.0020	--- 纯氯化钠	3	35		13	13	千克			0	1.5	0
2501.0030	--- 海水	0	0		13	0	千克			0		0
25.02	**未焙烧的黄铁矿：**											
2502.0000	未焙烧的黄铁矿	3	20	1	13	0	千克			0	1.5	0
25.03	**各种硫磺，但升华硫磺、沉淀硫磺及胶态硫磺除外：**											
2503.0000	各种硫磺，但升华硫磺、沉淀硫磺及胶态硫磺除外	3	17	1	13	0	千克	AB	MR/NS	0	1.5	0
25.04	**天然石墨：**											
	- 粉末或粉片：											

SECTION V　MINERAL PRODUCTS

Chapter 25　Salt; sulphur; earths and stone; plastering materials, lime and cement

Chapter Notes:

1. Except where their context or Note 4 to this Chapter otherwise requires, the headings of this Chapter cover only products which are in the crude state or which have been washed (even with chemical substances eliminating the impurities without changing the structure of the product), crushed, ground, powdered, levigated, sifted, screened, concentrated by flotation, magnetic separation or other mechanical or physical processes (except crystallisation), but not products which have been roasted, calcined, obtained by mixing or subjected to processing beyond that mentioned in each heading.

   The products of this Chapter may contain an added anti-dusting agent, provided that such addition does not render the product particularly suitable for specific use rather than for general use.

2. This Chapter does not cover:

   (a) Sublimed sulphur, precipitated sulphur or colloidal sulphur (heading 28.02);

   (b) Earth colours containing 70% or more by weight of combined iron evaluated as Fe_2O_3 (heading 28.21);

   (c) Medicaments or other products of Chapter 30;

   (d) Perfumery, cosmetic or toilet preparations (Chapter 33);

   (e) Dolomite ramming mix (heading 38.16);

   (f) Setts, curbstones or flagstones (heading 68.01); mosaic cubes or the like (heading 68.02); roofing, facing or damp course slates (heading 68.03);

   (g) Precious or semi-precious stones (heading 71.02 or 71.03);

   (h) Cultured crystals (other than optical elements) weighing not less than 2.5g each, of sodium chloride or of magnesium oxide, of heading 38.24; optical elements of sodium chloride or of magnesium oxide (heading 90.01);

   (ij) Billiard chalks (heading 95.04); or

   (k) Writing or drawing chalks or tailors' chalks (heading 96.09).

3. Any products classifiable in heading 25.17 and any other heading of the Chapter are to be classified in heading 25.17.

4. Heading 25.30 applies, inter alia, to: vermiculite, perlite and chlorites, unexpanded; earth colours, whether or not calcined or mixed together; natural micaceous iron oxides; meerschaum (whether or not in polished pieces); amber; agglomerated meerschaum and agglomerated amber, in plates, rods, sticks or similar forms, not worked after moulding; jet; strontianite (whether or not calcined), other than strontium oxide; broken pieces of pottery, brick or concrete.

协定税率（%）														特惠税率（%）①/②	Article Description
巴基斯坦	冰岛	哥斯达黎加	秘鲁	新西兰	瑞士	新加坡	韩国	澳大利亚	格鲁吉亚	毛里求斯	日本RCEP	尼加拉瓜	港澳台		
															Salt (including table salt and denatured salt) and pure sodium chloride, whether or not in aqueous solution or containing added anticaking or freeflowing agents; sea water:
															--- Salt:
0	0	0	0	0	0		0	0	0	0	0	0	0/	0/0	----Edible salt
0	0	0	0	0	0		0	0	0	0	0	0	0/	0/0	----Other
0	0	0	0	0	0		0	0	0	0	0	0	0/	0/0	--- Pure sodium chloride
0	0	0	0	0	0		0	0	0	0	0	0	0/	0/0	--- Sea water
															Unroasted iron pyrites:
0	0	0	0	0	0		0	0	0	0	0	0	0/	0/0	Unroasted iron pyrites
															Sulphur of all kinds, other than sublimed sulphur, precipitated sulphur and colloidal sulphur:
0	0	0	0	0	0		0	0	0	0	0	0	0/	0/0	Sulphur of all kinds, other than sublimed sulphur, precipitated sulphur and colloidal sulphur
															Natural graphite:
															- In powder or in flakes:

税　号	货品名称	进口关税（%）最惠国	进口关税（%）普通	进口关税（%）年内暂定	增值/消费税（%）	出口退税（%）	计量单位	监管证件代码	检验检疫类别	协定税率（%）东盟	协定税率（%）亚太	协定税率（%）智利
2504.1010	--- 粉片	3	30	1	13	0	千克	3		0	1.5	0
	--- 其他:											
2504.1091	---- 球化石墨	3	30		13	13	千克	3		0		0
2504.1099	---- 其他	3	30		13	0	千克			0	1.5	0
2504.9000	- 其他	3	30		13	0	千克			0	1.5	0
25.05	**各种天然砂，不论是否着色，但第二十六章的含金属矿砂除外：**											
2505.1000	- 硅砂及石英砂	3	40	1	13	0	千克	48xy		0		0
2505.9000	- 其他											
25059000.10	标准砂（不论是否着色，第二十六章的金属矿砂除外）	3	40	1	13	0	千克	4xy		0	1.5	0
25059000.90	其他天然砂（不论是否着色，第二十六章的金属矿砂除外）	3	40	1	13	0	千克	48xy		0	1.5	0
25.06	**石英（天然砂除外）；石英岩，不论是否粗加修整或仅用锯或其他方法切割成矩形（包括正方形）的板、块：**											
2506.1000	- 石英	3	40	1	13	0	千克			0	1.5	0
2506.2000	- 石英岩	3	40	1	13	0	千克			0	1.5	0
25.07	**高岭土及类似土，不论是否煅烧：**											
2507.0010	--- 高岭土	3	50	1	13	0	千克			0		0
2507.0090	--- 其他	3	50	1	13	0	千克			0		0
25.08	**其他粘土（不包括税目68.06的膨胀粘土）、红柱石、蓝晶石及硅线石，不论是否煅烧；富铝红柱石；火泥及第纳斯土：**											
2508.1000	- 膨润土											
25081000.10	钠基膨润土	3	50	1	13	0	千克			0	1.5	0
25081000.90	其他膨润土，不论是否煅烧	3	50		13	0	千克			0	1.5	0
2508.3000	- 耐火粘土	3	20	1	13	0	千克	4xy		0	1.5	0
2508.4000	- 其他粘土	3	50		13	0	千克			0		0
2508.5000	- 红柱石、蓝晶石及硅线石	3	40		13	0	千克			0	1.5	0
2508.6000	- 富铝红柱石	3	40		13	0	千克			0		0
2508.7000	- 火泥及第纳斯土	3	20		13	0	千克			0		0
25.09	**白垩：**											
2509.0000	白垩	3	45		13	0	千克			0		0
25.10	**天然磷酸钙、天然磷酸铝钙及磷酸盐白垩：**											
	- 未碾磨:											
2510.1010	--- 磷灰石	3	11	0	13	0	千克	4xy		0		0
2510.1090	--- 其他	3	20		13	0	千克	4xy		0		0
	- 已碾磨:											
2510.2010	--- 磷灰石	3	11	0	13	0	千克	4xy		0		0
2510.2090	--- 其他	3	20		13	0	千克	4xy		0		0
25.11	**天然硫酸钡（重晶石）；天然碳酸钡（毒重石），不论是否煅烧，但税目28.16的氧化钡除外：**											
2511.1000	- 天然硫酸钡（重晶石）	3	45		13	0	千克			0	1.5	0
2511.2000	- 天然碳酸钡（毒重石）	3	45		13	0	千克			0		0
25.12	**硅质化石粗粉（例如，各种硅藻土）及类似的硅质土，不论是否煅烧，其表观比重不超过1：**											
2512.0010	--- 硅藻土	3	40		13	0	千克	A	R/	0	1.5	0
2512.0090	--- 其他	3	40		13	0	千克			0	1.5	0

协定税率（%）														特惠税率（%）①/②	Article Description
巴基斯坦	冰岛	哥斯达黎加	秘鲁	新西兰	瑞士	新加坡	韩国	澳大利亚	格鲁吉亚	毛里求斯	日本RCEP	尼加拉瓜	港澳台		
0	0	0	0	0	0		0	0	0	0	2.2	0	0/	0/0	--- In flakes
															--- Other:
0	0	0	0	0	0		0	0	0	0	0	0	0/	0/0	----Spheroidized graphite
0	0	0	0	0	0		0	0	0	0	0	0	0/	0/0	----Other
0	0	0	0	0	0		0	0	0	0	0	0	0/	0/0	- Other
															Natural sands of all kinds, whether or not coloured, other than metal-bearing sands of Chapter 26:
0	0	0	0	0	0		0	0	0	0	0	0	0/	0/0	- Silica sands and quartz sands
															- Other
0	0	0	0	0	0		0	0	0	0	0	0	0/	0/0	Standard sand, whether or not coloured, other than mineral ores of Chapter 26
0	0	0	0	0	0		0	0	0	0	0	0	0/	0/0	Other natural sands, whether or not coloured, other than mineral ores of Chapter 26
															Quartz (other than natural sands); quartzite, whether or not roughly trimmed or merely cut, by sawing or otherwise, into blocks or slabs of a rectangular (including square) shape:
0	0	0	0	0	0		0	0	0	0	0	0	0/	0/0	- Quartz
0	0	0	0	0	0		0	0	0	0	0	0	0/	0/0	- Quartzite
															Kaolin and other kaolinic clays, whether or not calcined:
0	0	0	0	0	0		0	0	0	0	0	0	0/	0/0	--- Kaolin
0	0	0	0	0	0		0	0	0	0	0	0	0/	0/0	--- Other
															Other clays (not including expanded clays of heading 68.06), andalusite, kyanite and sillimanite, whether or not calcined; mullite; chamotte or dinas earths:
															- Bentonite
0	0	0	0	0	0		0	0	0	0	0	0	0/	0/0	Sodium bentonite
0	0	0	0	0	0		0	0	0	0	0	0	0/	0/0	Other bentonite, whether or not calcined
0	0	0	0	0	0		0	0	0	0	0	0	0/	0/0	- Fire-clay
0	0	0	0	0	0		0	0	0	0	0	0	0/	0/0	- Other clays
0	0	0	0	0	0		0	0	0	0	0	0	0/	0/0	- Andalusite, kyanite and sillimanite
0	0	0	0	0	0		0	0	0	0	0	0	0/	0/0	- Mullite
0	0	0	0	0	0		0	0	0	0	2.2	0	0/	0/0	- Chamotte or dinas earths
															Chalk:
0	0	0	0	0	0		0	0	0	0	0	0	0/	0/0	Chalk
															Natural calcium phosphates, na-tural aluminium calcium phosphates and phosphatic chalk:
															- Unground:
0	0	0	0	0	0		0	0	0	0	0	0	0/	0/0	--- Apatite
0	0	0	0	0	0		0	0	0	0	0	0	0/	0/0	--- Other
															- Ground:
0	0	0	0	0	0		0	0	0	0	0	0	0/	0/0	--- Apatite
0	0	0	0	0	0		0	0	0	0	0	0	0/	0/0	--- Other
															Natural barinm sulphate (barytes); natural barium carbonate (witherite), whether or not calcined, other than barium oxide of heading 28.16:
0	0	0	0	0	0		0	0	0	0	0	0	0/	0/0	- Natural barium sulphate (barytes)
0	0	0	0	0	0		0	0	0	0	0	0	0/	0/0	- Natural barium carbonate (witherite)
															Siliceous fossil meals (for example, kieselguhr, tripolite and diatomite) and similar siliceous earths, whether or not calcined, of an apparent specific gravity of 1 or less:
0	0	0	0	0	0		0	0	0	0	0	0	0/	0/0	--- Kieselguhr
0	0	0	0	0	0		0	0	0	0	0	0	0/	0/0	--- Other

税　号	货品名称	进口关税（%）			增值/消费税（%）	出口退税（%）	计量单位	监管证件代码	检验检疫类别	协定税率（%）		
		最惠国	普通	年内暂定						东盟	亚太	智利
25.13	**浮石；刚玉岩；天然刚玉砂；天然石榴石及其他天然磨料，不论是否热处理：**											
2513.1000	- 浮石	3	35		13	0	千克			0		0
2513.2000	- 刚玉岩、天然刚玉砂、天然石榴石及其他天然磨料	3	17		13	0	千克			0	1.5	0
25.14	**板岩，不论是否粗加修整或仅用锯或其他方法切割成矩形（包括正方形）的板、块：**											
2514.0000	板岩，不论是否粗加修整或仅用锯或其他方法切割成矩形（包括正方形）的板、块	3	50		13	0	千克			0	1.5	0
25.15	**大理石、石灰华及其他石灰质碑用或建筑用石，表观比重为2.5及以上，蜡石，不论是否粗加修整或仅用锯或其他方法切割成矩形（包括正方形）的板、块：**											
	- 大理石及石灰华：											
2515.1100	-- 原状或粗加修整	4	80	0	13	0	千克			0	2	0
2515.1200	-- 用锯或其他方法切割成矩形（包括正方形）的板、块	4	80	0	13	0	千克			0	2	0
2515.2000	- 其他石灰质碑用或建筑用石；蜡石	3	50	0	13	0	千克			0		0
25.16	**花岗岩、斑岩、玄武岩、砂岩以及其他碑用或建筑用石，不论是否粗加修整或仅用锯或其他方法切割成矩形（包括正方形）的板、块：**											
	- 花岗岩：											
2516.1100	-- 原状或粗加修整	4	50	0	13	0	千克	A	M/	0	2	0
2516.1200	-- 仅用锯或其他方法切割成矩形（包括正方形）的板、块	4	50	0	13	0	千克	A	M/	0	2	0
2516.2000	- 砂岩											
25162000.01	*原状或粗加修整砂岩*	3	50	0	13	0	千克	A	M/	0	2.1	0
25162000.90	*矩形（包括正方形）砂岩（用锯或其他方法切割成矩形的板、块）*	3	50	0	13	0	千克			0	2.1	0
2516.9000	- 其他碑用或建筑用石	3	50	0	13	0	千克			0	2.1	0
25.17	**通常作混凝土粒料、铺路、铁道路基或其他路基用的卵石、砾石及碎石，圆石子及燧石，不论是否热处理；矿渣、浮渣及类似的工业残渣，不论是否混有本税目第一部分所列的材料；沥青碎石；税目25.15、25.16所列各种石料的碎粒、碎屑及粉末，不论是否热处理：**											
2517.1000	- 通常作混凝土粒料、铺路、铁道路基或其他路基用的卵石、砾石及碎石，圆石子及燧石，不论是否热处理	4	50		13	0	千克			0	2	0
2517.2000	- 矿渣、浮渣及类似的工业残渣，不论是否混有子目2517.10所列的材料	3	50		13	0	千克	9		0		0

协定税率(%)														特惠税率(%)①/②	Article Description
巴基斯坦	冰岛	哥斯达黎加	秘鲁	新西兰	瑞士	新加坡	韩国	澳大利亚	格鲁吉亚	毛里求斯	日本RCEP	尼加拉瓜	港澳台		
															Pumice stone; emery; natural corundum, natural garnet and other natural abrasives, whether or not heat-treated:
0	0	0	0	0	0		0	0	0	0	0	0	0/	0/0	- Pumice stone
0	0	0	0	0	0		0	0	0	0	0	0	0/	0/0	- Emery, natural corundum, narural garnet and other natural abrasives
															Slate, whether or not roughly trimmed or merely cut, by sawing or otherwise, into blocks or slabs of a rectangular (including square) shape:
0	0	0	0	0	0		0	0	0	0	0	0	0/	0/0	Slate, whether or not roughly trimmed or merely cut, by sawing or otherwise, into blocks or slabs of a rectangular (including square) shape
															Marble, travertine, ecaussine and other calcareous monumental or building stone of an apparent specific gravity of 2.5 or more, and alabaster, whether or not roughly trimmed or merely cut, by sawing or otherwise, into blocks or slabs of a rectangular (including square) shape:
															- Marble and travertine:
0	0	0	0	0	0		0	0	0	0	0	0	0/	0/0	-- Crude or roughly trimmed
0	0	0	0	0	0		0	0	0	0	0	0	0/	0/0	-- Merely cut, by sawing or otherwise, into blocks or slabs of a rectangular (including square) shape
0	0	0	0	0	0		0	0	0	0	2.2	0	0/	0/0	- Ecaussine and other calcareous monumental or building stone; alabaster
															Granite, porphyry, basalt, sandstone and other monumental or building stone, whether or not building stone, whether or not roughly trimmed or merely cut, by sawing or otherwise, into blocks or slabs of a rectangular (including square) shape:
															- Granite:
0	0	0	0	0	0		0	0	0	0	0	0	0/	0/0	-- Crude or roughly trimmed
0	0	0	0	0	0		0	0	0	0	0	0	0/	0/0	-- Merely cut, by sawing or otherwise, into blocks or slabs of a rectangular (including square) shape
															- Sandstone
0	0	0	0	0	0		0	0	0	0	0	0	0/	0/0	Crude or roughly trimmed sandstone
0	0	0	0	0	0		0	0	0	0	0	0	0/	0/0	Sandstone, cut by sawing or otherwise, into blocks or slabs of rectangular (including square) shape
0	0	0	0	0	0		0	0	0	0	0	0	0/	0/0	- Other monumental or building stone
															Pebbles, gravel, broken or crushed stone, of a kind commonly used for concrete aggregates, for road metalling or for railway or other ballast, shingle and flint, whether or not heat-treated; macadan of slag, dross or similar industrial waste, whether or not incorporating the materials cited in the first part of the heading; tarred macadam; granules, chippings and powder, of stones of heading 25.15 or 25.16, whether or not heat treated:
0	0	0	0	0	0		0	0	0	0	0	0	0/	0/0	- Pebbles, gravel, broken or crushed stone, of a kind commonly used for concrete aggregates, for road metalling or for railway or other ballast, shingle and flint, whether or not bead-treated
0	0	0	0	0	0		0	0	0	0	0	0	0/	0/0	- Macadam of slag, dross or similar industrial waste, whether or not incorporating the materials cited in subheading 2517.10

税　号	货品名称	进口关税（%）			增值/消费税（%）	出口退税（%）	计量单位	监管证件代码	检验检疫类别	协定税率（%）		
		最惠国	普通	年内暂定						东盟	亚太	智利
2517.3000	- 沥青碎石	3	50		13	0	千克	9		0		0
	- 税目25.15及25.16所列各种石料的碎粒、碎屑及粉末，不论是否热处理：											
2517.4100	-- 大理石的	3	50		13	0	千克			0	1.5	0
2517.4900	-- 其他	3	50		13	0	千克			0		0
25.18	**白云石，不论是否煅烧或烧结、粗加修整或仅用锯或其他方法切割成矩形（包括正方形）的板、块：**											
2518.1000	- 未煅烧或烧结的白云石	3	40	0	13	0	千克			0	1.5	0
2518.2000	- 已煅烧或烧结的白云石	3	40	0	13	0	千克			0		0
25.19	**天然碳酸镁（菱镁矿）；熔凝镁氧矿；烧结镁氧矿，不论烧结前是否加入少量其他氧化物；其他氧化镁，不论是否纯净：**											
2519.1000	- 天然碳酸镁（菱镁矿）	3	40	1	13	0	千克	y4x		0		0
	- 其他：											
2519.9010	--- 熔凝镁氧矿	3	40	1	13	0	千克	y4x		0		0
2519.9020	--- 烧结镁氧矿（重烧镁）	3	40	1	13	0	千克	y4x		0		0
2519.9030	--- 碱烧镁（轻烧镁）	3	40	1	13	0	千克	y4x		0		0
	--- 其他：											
2519.9091	---- 化学纯氧化镁	3	35		13	0	千克	A	R/	0		0
2519.9099	---- 其他											
25199099.10	其他氧化镁含量在70%及以上的矿产品	3	40	1	13	0	千克	4xy		0		0
25199099.90	其他氧化镁	3	40		13	0	千克			0		0
25.20	**生石膏；硬石膏；熟石膏（由煅烧的生石膏或硫酸钙构成），不论是否着色，也不论是否带有少量促凝剂或缓凝剂：**											
2520.1000	- 生石膏；硬石膏	5	80		13	0	千克			0	2.5	0
	- 熟石膏：											
2520.2010	--- 牙科用	5	40		13	0	千克			0		0
2520.2090	--- 其他	5	80		13	0	千克			0		0
25.21	**石灰石助熔剂；通常用于制造石灰或水泥的石灰石及其他钙质石：**											
2521.0000	石灰石助熔剂；通常用于制造石灰或水泥的石灰石及其他石灰质石	5	50		13	0	千克			0	2.5	0
25.22	**生石灰、熟石灰及水硬石灰，但税目28.25的氧化钙及氢氧化钙除外：**											
2522.1000	- 生石灰	5	80		13	0	千克			0	2.5	0
2522.2000	- 熟石灰	5	80		13	0	千克			0	2.5	0
2522.3000	- 水硬石灰	5	80		13	0	千克			0		0
25.23	**硅酸盐水泥、矾土水泥、矿渣水泥、富硫酸盐水泥及类似的水凝水泥，不论是否着色，包括水泥熟料：**											
2523.1000	- 水泥熟料	5	30		13	0	千克			0	2.5	0
	- 硅酸盐水泥：											
2523.2100	-- 白水泥，不论是否人工着色	5	30		13	0	千克			0	3.8	0
2523.2900	-- 其他	5	30		13	0	千克	A	M/	0	3.8	0
2523.3000	- 矾土水泥	5	30		13	0	千克			0	2.5	0
2523.9000	- 其他水凝水泥	5	30		13	0	千克	A	M/	0		0

协定税率（%）														特惠税率（%）①/②	Article Description
巴基斯坦	冰岛	哥斯达黎加	秘鲁	新西兰	瑞士	新加坡	韩国	澳大利亚	格鲁吉亚	毛里求斯	日本RCEP	尼加拉瓜	港澳台		
0	0	0	0	0	0		0	0	0	0	0	0	0/	0/0	- Tarred macadam
															- Granules, chippings and powder, stones of heading 25.15 or 25.16, whether or not heat-treated:
0	0	0	0	0	0		0	0	0	0	0	0	0/	0/0	-- Of marble
0	0	0	0	0	0		0	0	0	0	0	0	0/	0/0	-- Other
															Dolomite, whether or not calcined or sintered, including dolomite roughly trimmed or merely cut, by sawing or otherwise, into blocks or slabs of a rectangular (including square) shape:
0	0	0	0	0	0		0	0	0	0	0	0	0/	0/0	- Dolomite, not calcinecd or sintered
0	0	0	0	0	0		0	0	0	0	0	0	0/	0/0	- Calcined or sintered dolomite
															Natural magnesium carbonate (magnesite); fused magnesia; dead- burned (simtered) magnesia, whether or not containing small quantities of other oxides added before sintering; other magnesinm oxide, whether or not pure:
0	0	0	0	0	0		0	0	0	0	0	0	0/	0/0	- Natural magnesium carbonate (magnesite)
															- Other:
0	0	0	0	0	0		0	0	0	0	0	0	0/	0/0	--- Fused magnesia
0	0	0	0	0	0		0	0	0	0	0	0	0/	0/0	--- Dead-burned (sintered) magnesia
0	0	0	0	0	0		0	0	0	0	0	0	0/	0/0	--- Light-burned magnesia
															--- Other:
0	0	0	0	0	0		0	0	0	0	0	0	0/	0/0	----Magnesium oxide, chemically pure
															----Other
0	0	0	0	0	0		0	0	0	0	0	0	0/	0/0	Other mineral products containing by weight more than 70% of magnesium oxide
0	0	0	0	0	0		0	0	0	0	0	0	0/	0/0	Other magnesium oxide
															Gypsum; anhydrite; plasters (consisting of calcined gypsum or calcium sulphate) whether or not coloured, with or without small quantities of accelerators or retarders:
0	0	0	0	0	0		0	0	0	0	3.6	0	0/	0/0	- Gypsum; anhydrite
															- Plasters:
0	0	0	0	0	0		0	0	0	0	0	0	0/	0/0	--- For dental use
0	0	0	0	0	0		0	0	0	0	3.6	0	0/	0/0	--- Other
															Limestone flux; limestone and other calcareous stone, of a kind used for the manufacture of lime or cement:
0	0	0	0	0	0		0	0	0	0	0	0	0/	0/0	Limestone flux; limestone and other calcareous stone, of a kind used for the manufacture of lime or cement
															Quicklime, slaked lime and hydraulic lime, other than calcium oxide and hydroxide of heading 28.25:
0	0	0	0	0	0		0	0	0	0	0	0	0/	0/0	- Quicklime
0	0	0	0	0	0		0	0	0	0	0	0	0/	0/0	- Slaked lime
0	0	0	0	0	0		0	0	0	0	0	0	0/	0/0	- Hydraulic lime
															Portland cement, aluminous cement, slag cement, supersulphate cement and similar hydraulic cements, whether or not co-loured or in the form of clinkers:
0	0	0	0	0	0		0	0	0	0	5.8	0	0/0	0/0	- Cement clinkers
															- Portland cement:
0	0	0	0	0	0		0	0	0	0	0	0	0/0	0/0	-- White cement, whether or not artificially coloured
0	0	0	0	0	0		0	0	0	0	5.8	0	0/0	0/0	-- Other
4	0	0	0	0	0		0	0	0	0	0	0	0/	0/0	- Aluminous cement
0	0	0	0	0	0		0	0	0	0	5.8	0	0/	0/0	- Other hydraulic cements

税　号	货品名称	进口关税（%）最惠国	普通	年内暂定	增值/消费税（%）	出口退税（%）	计量单位	监管证件代码	检验检疫类别	协定税率（%）东盟	亚太	智利
25.24	石棉：											
2524.1000	- 青石棉	5	30		13	0	千克	89		0		0
	- 其他：											
2524.9010	--- 长纤维的											
25249010.10	长纤维阳起石石棉（包括长纤维铁石棉、透闪石石棉及直闪石石棉）	5	30		13	0	千克	89		0		0
25249010.90	其他长纤维石棉	5	30		13	0	千克			0		0
2524.9090	--- 其他											
25249090.10	其他阳起石石棉（包括其他铁石棉、透闪石石棉及直闪石石棉）	5	35		13	0	千克	89		0		0
25249090.90	其他石棉	5	35		13	0	千克			0		0
25.25	云母，包括云母片；云母废料：											
2525.1000	- 原状云母及劈开的云母片	5	30	1	13	0	千克			0	2.5	0
2525.2000	- 云母粉	5	30		13	0	千克			0	2.5	0
2525.3000	- 云母废料	5	30		13	0	千克	9		0		0
25.26	天然冻石，不论是否粗加修整或仅用锯或其他方法切割成矩形（包括正方形）的板、块；滑石：											
	- 未破碎及未研粉：											
2526.1010	--- 天然冻石	3	50		13	0	千克			0		0
2526.1020	--- 滑石	3	50	1	13	0	千克	4xy		0	1.5	0
	- 已破碎或已研粉：											
2526.2010	--- 天然冻石	3	50		13	0	千克			0		0
2526.2020	--- 滑石											
25262020.01	滑石粉（体积百分比90%及以上的产品颗粒度小于等于18微米的）	3	50	1	13	0	千克	4Axy	R/	0		0
25262020.90	已破碎或已研粉的其他天然滑石	3	50	1	13	0	千克	4xy		0		0
25.28	天然硼酸盐及其精矿（不论是否煅烧），但不包括从天然盐水析离的硼酸盐；天然粗硼酸，含硼酸干重不超过85%：											
2528.0010	--- 天然硼砂及其精矿（不论是否煅烧）	3	30	0	13	0	千克	A	M/	0		0
2528.0090	--- 其他	5	30	0	13	0	千克			0		0
25.29	长石；白榴石；霞石及霞石正长岩；萤石（氟石）：											
2529.1000	- 长石	3	50	1	13	0	千克			0	1.5	0
	- 萤石：											
2529.2100	-- 按重量计氟化钙含量≤97%的萤石											
25292100.10	按重量计氟化钙含量≤97%、砷含量≤0.0005%的萤石	3	50	0	13	0	千克	4xy		0	1.5	0
25292100.90	按重量计氟化钙含量≤97%、砷含量＞0.0005%的萤石	3	50		13	0	千克	4xy		0	1.5	0
2529.2200	-- 按重量计氟化钙含量＞97%的萤石											
25292200.10	按重量计氟化钙含量＞97%、砷含量≤0.0005%的萤石	3	50	0	13	0	千克	4xy		0		0
25292200.90	按重量计氟化钙含量＞97%、砷含量＞0.0005%的萤石	3	50		13	0	千克	4xy		0		0
2529.3000	- 白榴石；霞石及霞石正长岩	5	50		13	0	千克			0		0

协定税率（%）														特惠税率（%）①/②	Article Description
巴基斯坦	冰岛	哥斯达黎加	秘鲁	新西兰	瑞士	新加坡	韩国	澳大利亚	格鲁吉亚	毛里求斯	日本RCEP	尼加拉瓜	港澳台		
															Asbestos:
0	0	0	0	0	0		0	0	0	0	0	0	0/	0/0	- Crocidolite
															- Other:
															--- Of long staple
0	0	0	0	0	0		0	0	0	0	0	0	0/	0/0	Long-staple actinolite asbestos (including long-staple amosa asbestos, tremolite asbestos and anthophyllite asbestos)
0	0	0	0	0	0		0	0	0	0	0	0	0/	0/0	Other long-staple asbestos
															--- Other
0	0	0	0	0	0		0	0	0	0	0	0	0/	0/0	Other actinolite asbestos (including other amosa asbestos, tremolite asbestos or anthophyllite asbestos)
0	0	0	0	0	0		0	0	0	0	0	0	0/	0/0	Other asbestos
															Mica, including splittings; mica waste:
0	0	0	0	0	0		0	0	0	0	0	0	0/	0/0	- Crude mica and mica rifted into sheets or splittings
0	0	0	0	0	0		0	0	0	0	0	0	0/	0/0	- Mica powder
0	0	0	0	0	0		0	0	0	0	0	0	0/	0/0	- Mica waste
															Natural steatite, whether or not roughly trimmed or merely cut, by sawing or otherwise, into blocks or slabs or a rectangular (including square) shape; talc:
															- Not crushed, not powdered:
0	0	0	0	0	0		0	0	0	0	0	0	0/	0/0	--- Natural steatite
0	0	0	0	0	0		0	0	0	0	0	0	0/	0/0	--- Talc
															- Crushed or powdered:
0	0	0	0	0	0		0	0	0	0	0	0	0/	0/0	--- Natural steatite
															--- Talc
0	0	0	0	0	0		0	0	0	0	0	0	0/	0/0	Talc powder (products with the volume percentage exceeding 90% and the particle size not exceeding 18 microns)
0	0	0	0	0	0		0	0	0	0	0	0	0/	0/0	Other natural talc, crushed or powdered
															Natural borates and concentrates thereof (whether or not calcined), but not including borates separated from natural brine; natural boric acid containing not more than 85% of H3BO3 calculated on the dry weight:
0	0	0	0	0	0		0	0	0	0	0	0	0/	0/0	--- Natural sodium borates and concentrates thereof (whether or not calcined)
0	0	0	0	0	0		0	0	0	0	0	0	0/	0/0	--- Other
															Felspar; leucite; nepheline and nepheline syenite; fluorspar:
0	0	0	0	0	0		0	0	0	0	0	0	0/	0/0	- Felspar
															- Fluorspar:
															-- Containing by weight 97% or less of calcium fluoride
0	0	0	0	0	0		0	0	0	0	0	0	0/	0/0	Fluorspar containing 97% or less by weight of calcium fluoride and 0.0005% or less by weight of arsenic
0	0	0	0	0	0		0	0	0	0	0	0	0/	0/0	Fluorspar containing 97% or less by weight of calcium fluoride and more than 0.0005% by weight of arsenic
															-- Containing by weight more than 97% of calcium fluoride
0	0	0	0	0	0		0	0	0	0	0	0	0/	0/0	Fluorspar containing by weight more than 97% of calcium fluoride and 0.0005% or less by weight of arsenic
0	0	0	0	0	0		0	0	0	0	0	0	0/	0/0	Fluorspar containing by weight more than 97% of calcium fluoride and more than 0.0005% by weight of arsenic
0	0	0	0	0	0		0	0	0	0	0	0	0/	0/0	- Leucite; nepheline and nepheline syenite

税　号	货品名称	进口关税（%）最惠国	进口关税（%）普通	进口关税（%）年内暂定	增值/消费税（%）	出口退税（%）	计量单位	监管证件代码	检验检疫类别	协定税率（%）东盟	协定税率（%）亚太	协定税率（%）智利
25.30	其他税目未列名的矿产品：											
	- 未膨胀的蛭石、珍珠岩及绿泥石：											
2530.1010	--- 绿泥石	5	30		13	0	千克			0		0
2530.1020	--- 未膨胀的蛭石及珍珠岩	5	30		13	0	千克			0	2.5	0
2530.2000	- 硫镁矾矿及泻盐矿（天然硫酸镁）	3	30		13	0	千克			0		0
	- 其他：											
2530.9010	--- 矿物性药材	3	30		13	0	千克			0		0
2530.9020	--- 稀土金属矿	0	0		13	0	千克	4Bxy	/N	0		0
	--- 其他：											
2530.9091	---- 硅灰石	3	50		13	0	千克			0	1.5	0
2530.9099	---- 其他											
25309099.10	废镁砖	3	50	0	13	0	千克	49xy		0	1.5	0
25309099.20	叶蜡石	3	50	0	13	0	千克			0	1.5	0
25309099.30	未煅烧的水镁石	3	50	0	13	0	千克	4xy		0	1.5	0
25309099.40	钟乳石	3	50	0	13	0	千克	u		0	1.5	0
25309099.92	其他税目未列名氧化镁含量在70%及以上的矿产品	3	50	0	13	0	千克			0	1.5	0
25309099.99	其他矿产品	3	50	0	13	0	千克			0	1.5	0

协定税率（%）														特惠税率（%）①/②	Article Description
巴基斯坦	冰岛	哥斯达黎加	秘鲁	新西兰	瑞士	新加坡	韩国	澳大利亚	格鲁吉亚	毛里求斯	日本RCEP	尼加拉瓜	港澳台		
															Mineral substances not elsewhere specified or included:
															- Vermiculite, perlite and chlorites, unexpanded:
0	0	0	0	0	0		0	0	0	0	0	0	0/	0/0	--- Chlorites
0	0	0	0	0	0		0	0	0	0	0	0	0/	0/0	--- Vermiculite, perlite unexpanded
0	0	0	0	0	0		0	0	0	0	0	0	0/	0/0	- Kieserite, epsomite (natural magnesium sulphates)
															- Other:
0	0	0	0	0	0		0	0	0	0	0	0	0/	0/0	--- Mineral medicinal substances
0	0	0	0	0	0		0	0	0	0	0	0	0/	0/0	--- Ores of rare earth metals
															--- Other:
0	0	0	0	0	0		0	0	0	0	0	0	0/	0/0	----Wollastonite
															----Other
0		0	0	0	0		0	0	0	0	2.2	0	0/	0/0	Waste magnesia bricks
0		0	0	0	0		0	0	0	0	2.2	0	0/	0/0	Pyrophyllite
0		0	0	0	0		0	0	0	0	2.2	0	0/	0/0	Brucite, not calcinecd
0		0	0	0	0		0	0	0	0	2.2	0	0/	0/0	stalactite
0		0	0	0	0		0	0	0	0	2.2	0	0/	0/0	Mineral substances, not elsewhere specified or included, containing by weight 70% or more of magnesium oxide
0		0	0	0	0		0	0	0	0	2.2	0	0/	0/0	Other mineral substances

第二十六章　矿砂、矿渣及矿灰

注释：

一、本章不包括：

（一）供铺路用的矿渣及类似的工业废渣（税目25.17）；

（二）天然碳酸镁（菱镁矿），不论是否煅烧（税目25.19）；

（三）主要含有石油的石油储罐的淤渣（税目27.10）；

（四）第三十一章的碱性熔渣；

（五）矿物棉（税目68.06）；

（六）贵金属或包贵金属的废碎料；主要用于回收贵金属的含贵金属或贵金属化合物的其他废碎料（税目71.12或85.49）；或

（七）通过熔炼所产生的铜锍、镍锍或钴锍（第十五类）。

二、税目26.01至26.17所称"矿砂"，是指冶金工业中提炼汞、税目28.44的金属以及第十四类、第十五类金属的矿物，即使这些矿物不用于冶金工业，也包括在内。但税目26.01至26.17不包括不是以冶金工业正常加工方法处理的各种矿物。

三、税目26.20仅适用于：

（一）在工业上提炼金属或作为生产金属化合物基本原料的矿渣、矿灰及残渣，但焚化城市垃圾所产生的灰、渣除外（税目26.21）；以及

（二）含有砷的矿渣、矿灰及残渣，不论其是否含有金属，用于提取或生产砷或金属及其化合物。

子目注释：

一、子目2620.21所称"含铅汽油的淤渣及含铅抗震化合物的淤渣"，是指含铅汽油及含铅抗震化合物（例如，四乙基铅）储罐的淤渣，主要含有铅、铅化合物以及铁的氧化物。

二、含有砷、汞、铊及其混合物的矿渣、矿灰及残渣，用于提取或生产砷、汞、铊及其化合物，归入子目2620.60。

税　号	货品名称	进口关税（%）			增值/消费税（%）	出口退税（%）	计量单位	监管证件代码	检验检疫类别	协定税率（%）		
		最惠国	普通	年内暂定						东盟	亚太	智利
26.01	铁矿砂及其精矿，包括焙烧黄铁矿：											
	- 铁矿砂及其精矿，但焙烧黄铁矿除外：											
	-- 未烧结：											
2601.1110	--- 平均粒度小于0.8毫米的	0	0		13	0	千克	7A	M/	0		0
2601.1120	--- 平均粒度不小于0.8毫米，但不大于6.3毫米的	0	0		13	0	千克	7A	M/	0		0
2601.1190	--- 其他	0	0		13	0	千克	7A	M/	0		0
2601.1200	-- 已烧结	0	0		13	0	千克	7A	M/	0		0
2601.2000	- 焙烧黄铁矿	0	0		13	0	千克	7A	M/	0		0
26.02	锰矿砂及其精矿，包括以干重计含锰量在20%及以上的锰铁矿及其精矿：											
2602.0000	锰矿砂及其精矿，包括以干重计含锰量在20%及以上的锰铁矿及其精矿	0	0		13	0	千克	A	M/	0		0
26.03	铜矿砂及其精矿：											
2603.0000	铜矿砂及其精矿											
26030000.10	铜矿砂及其精矿（黄金价值部分）	0	0		0	0	千克	7A	M/	0		0
26030000.90	铜矿砂及其精矿（非黄金价值部分）	0	0		13	0	千克	7A	M/	0		0
26.04	镍矿砂及其精矿：											

Chapter 26 Ores, slag and ash

Chapter Notes:

1. This Chapter does not cover:

(a) Slag or similar industrial waste prepared as macadam (heading 25.17);

(b) Natural magnesium carbonate (magnesite), whether or not calcined (heading 25.19);

(c) Sludges from the storage tanks of petroleum oils consisting mainly of such oils (heading 27.10);

(d) Basic slag of Chapter 31;

(e) Slag wool, rock wool or similar mineral wools (heading 68.06);

(f) Waste or scrap of precious metal or of metal clad with precious metal; other waste or scrap containing precious metal or precious metal compounds, of a kind used principally for the recovery of precious metal (heading 71.12 or 85.49) ; or

(g) Copper, nickel or cobalt mattes produced by any process of smelting (Section XV).

2. For the purposes of headings 26.01 to 26.17, the term "ores" means minerals of mineralogical species actually used in the metallurgical industry for the extraction of mercury, of the metals of heading 28.44 or of the metals of Section XIV or XV, even if they are intended for non- metallurgical purposes. Headings 26.01 to 26.17 do not, however, include minerals which have been submitted to processes not normal to the metallurgical industry.

3. Heading 26.20 applies only to:

(a) Slag, ash and residues of a kind used in industry either for the extraction of metals or as a basis for the manufacture of chemical compounds of metals, excluding ash and residues from the incineration of municipal waste (heading 26.21); and

(b) Slag, ash and residues containing arsenic, whether or not containing metals, of a kind used either for the extraction of arsenic or metals or for the manufacture of their chemical compounds.

Subheading Notes:

1. For the purposes of subheading 2620.21, "leaded gasoline sludges and leaded anti- knock compound sludges" mean suldges obtained from storage tanks of leaded gasoline and leaded anti- knock compounds (for example, tetraethyllead), and consisting essentially of lead, lead compounds and iron oxide.

2. Slag, ash and residues containing arsenic, mercury, thallium or their mixtures, of a kind used for the extraction of arsenic or those metals or for the manufacture of their chemical compounds, are to be classified in subheading 2620.60.

协定税率（%）														特惠税率（%）①/②	Article Description
巴基斯坦	冰岛	哥斯达黎加	秘鲁	新西兰	瑞士	新加坡	韩国	澳大利亚	格鲁吉亚	毛里求斯	日本RCEP	尼加拉瓜	港澳台		
															Iron ores and concentrates, including roasted iron pyrites:
															- Iron ores and concentrates, other than roasted iron pyrites:
															-- Non agglomerated:
0	0	0	0	0	0		0	0	0	0	0	0	0/	0/0	--- The average grain size less than 0.8mm
0	0	0	0	0	0		0	0	0	0	0	0	0/	0/0	--- The average grain size not less than 0.8mm, but not more than 6.3mm
0	0	0	0	0	0		0	0	0	0	0	0	0/	0/0	--- Other
0	0	0	0	0	0		0	0	0	0	0	0	0/	0/0	-- Agglomerated
0	0	0	0	0	0		0	0	0	0	0	0	0/	0/0	- Roasted iron pyrites
															Manganese ores and concentrates, including ferruginous manganese ores and concentrates with a manganese content of 20% or more, calculated on the dry weight:
0	0	0	0	0	0		0	0	0	0	0	0	0/	0/0	Manganese ores and concentrates, including ferruginous manganese ores and concentrates with a manganese content of 20% or more, calculated on the dry weight
															Copper ores and concentrates:
															Copper ores and concentrates
0	0	0	0	0	0		0	0	0	0	0	0	0/	0/0	Copper ores and its concentrates (part of the gold value)
0	0	0	0	0	0		0	0	0	0	0	0	0/	0/0	Copper ores and its concentrates (part of the non-gold value)
															Nickel ores and concentrates:

税 号	货品名称	进口关税（%）最惠国	普通	年内暂定	增值/消费税（%）	出口退税（%）	计量单位	监管证件代码	检验检疫类别	协定税率（%）东盟	亚太	智利
2604.0000	镍矿砂及其精矿											
26040000.01	镍矿砂及其精矿（黄金价值部分）	0	0		0	0	千克			0		0
26040000.90	镍矿砂及其精矿（非黄金价值部分）	0	0		13	0	千克			0		0
26.05	钴矿砂及其精矿：											
2605.0000	钴矿砂及其精矿											
26050000.01	钴矿砂及其精矿（黄金价值部分）	0	0		0	0	千克			0		0
26050000.90	钴矿砂及其精矿（非黄金价值部分）	0	0		13	0	千克			0		0
26.06	铝矿砂及其精矿：											
2606.0000	铝矿砂及其精矿	0	0		13	0	千克	4xy		0		0
26.07	铅矿砂及其精矿：											
2607.0000	铅矿砂及其精矿											
26070000.01	铅矿砂及其精矿（黄金价值部分）	0	0		0	0	千克	A	M/	0		0
26070000.90	铅矿砂及其精矿（非黄金价值部分）	0	0		13	0	千克	A	M/	0		0
26.08	锌矿砂及其精矿：											
2608.0000	锌矿砂及其精矿											
26080000.01	灰色饲料氧化锌（氧化锌ZnO含量大于80%）	0	0		13	0	千克	A	M/	0		0
26080000.90	其他锌矿砂及其精矿	0	0		13	0	千克	A	M/	0		0
26.09	锡矿砂及其精矿：											
2609.0000	锡矿砂及其精矿	0	0		13	0	千克	4xy		0		0
26.10	铬矿砂及其精矿：											
2610.0000	铬矿砂及其精矿	0	0		13	0	千克	A	M/	0		0
26.11	钨矿砂及其精矿：											
2611.0000	钨矿砂及其精矿	0	0		13	0	千克	4xy		0		0
26.12	铀或钍矿砂及其精矿：											
2612.1000	- 铀矿砂及其精矿	0	0		13	0	千克			0		0
2612.2000	- 钍矿砂及其精矿	0	0		13	0	千克	4xy		0		0
26.13	钼矿砂及其精矿：											
2613.1000	- 已焙烧	0	0		13	0	千克	4xy		0		0
2613.9000	- 其他	0	0		13	0	千克	4xy		0		0
26.14	钛矿砂及其精矿：											
2614.0000	钛矿砂及其精矿	0	0		13	0	千克			0		0
26.15	铌、钽、钒或锆矿砂及其精矿：											
2615.1000	- 锆矿砂及其精矿	0	0		13	0	千克			0		0
	- 其他：											
2615.9010	--- 水合钽铌原料（钽铌矿富集物）	0	0		13	0	千克			0		0
2615.9090	--- 其他											
26159090.10	铌、钽精矿及其矿砂	0	0		13	0	千克			0		0
26159090.90	钒矿砂；钒精矿	0	0		13	0	千克			0		0
26.16	贵金属矿砂及其精矿：											
2616.1000	- 银矿砂及其精矿	0	0		13	0	千克			0		0
2616.9000	- 其他											
26169000.01	黄金矿砂	0	0		0	0	千克			0		0
26169000.09	其他贵金属矿砂及其精矿	0	0		13	0	千克			0		0
26.17	其他矿砂及其精矿：											
	- 锑矿砂及其精矿：											
2617.1010	--- 生锑（锑精矿，选矿产品）	0	0		13	0	千克	4xy		0		0
2617.1090	--- 其他											

协定税率（%）														特惠税率（%）①/②	Article Description
巴基斯坦	冰岛	哥斯达黎加	秘鲁	新西兰	瑞士	新加坡	韩国	澳大利亚	格鲁吉亚	毛里求斯	日本RCEP	尼加拉瓜	港澳台		
															Nickel ores and concentrates
0	0	0	0	0	0		0	0	0	0	0	0	0/	0/0	Nickel ores and its concentrates (part of gold value)
0	0	0	0	0	0		0	0	0	0	0	0	0/	0/0	Nickel ores and its concentrates (part of the non-gold value)
															Cobalt ores and concentrates:
															Cobalt ores and concentrates
0	0	0	0	0	0		0	0	0	0	0	0	0/	0/0	Cobalt ores and its concentrates (part of the gold value)
0	0	0	0	0	0		0	0	0	0	0	0	0/	0/0	Cobalt ores and its concentrates (part of the non-gold value)
															Aluminium ores and concentrates:
0	0	0	0	0	0		0	0	0	0	0	0	0/	0/0	Aluminium ores and concentrates
															Lead ores and concentrates:
															Lead ores and concentrates
0	0	0	0	0	0		0	0	0	0	0	0	0/	0/0	Lead ores and its concentrates (part of the gold value)
0	0	0	0	0	0		0	0	0	0	0	0	0/	0/0	Lead ores and its concentrates (part of the non-gold value)
															Zinc ores and concentrates:
															Zinc ores and concentrates
0	0	0	0	0	0		0	0	0	0	0	0	0/	0/0	Grey zinc oxide feed, containing by weight more than 80% of ZnO
0	0	0	0	0	0		0	0	0	0	0	0	0/	0/0	Other zinc ores and its concentrates
															Tin ores and concentrates:
0	0	0	0	0	0		0	0	0	0	0	0	0/	0/0	Tin ores and concentrates
															Chromium ores and concentrates:
0	0	0	0	0	0		0	0	0	0	0	0	0/	0/0	Chromium ores and concentrates
															Tungsten ores and concentrates:
0	0	0	0	0	0		0	0	0	0	0	0	0/	0/0	Tungsten ores and concentrates
															Uranium or thorium ores and concentrates:
0	0	0	0	0	0		0	0	0	0	0	0	0/	0/0	- Uranium ores and concentrates
0	0	0	0	0	0		0	0	0	0	0	0	0/	0/0	- Thorium ores and concentrates
															Molybdenum ores and concentrates:
0	0	0	0	0	0		0	0	0	0	0	0	0/	0/0	- Roasted
0	0	0	0	0	0		0	0	0	0	0	0	0/	0/0	- Other
															Titanium ores and concentrates:
0	0	0	0	0	0		0	0	0	0	0	0	0/	0/0	Titanium ores and concentrates
															Niobium, tantalum, vanadium or zirconium ores and concentrates:
0	0	0	0	0	0		0	0	0	0	0	0	0/	0/0	- Zirconium ores and concentrates
															- Other:
0	0	0	0	0	0		0	0	0	0	0	0	0/	0/0	--- Hydrated Tantalum/Niobium materials or enriched materials from Tantalum/Niobium Ore
															--- Other
0	0	0	0	0	0		0	0	0	0	0	0	0/	0/0	Niobium, tantalum concentrates and ores
0	0	0	0	0	0		0	0	0	0	0	0	0/	0/0	Vanadium ores and its concentrates
															Precious metal ores and concentrates:
0	0	0	0	0	0		0	0	0	0	0	0	0/	0/0	- Silver ores and concentrates
															- Other
0	0	0	0	0	0		0	0	0	0	0	0	0/	0/0	Gold ores
0	0	0	0	0	0		0	0	0	0	0	0	0/	0/0	Other precious metal ores and its concentrates
															Other ores and concentrates:
															- Antimony ores and concentrates:
0	0	0	0	0	0		0	0	0	0	0	0	0/	0/0	--- Crude antimony (Antimony concentrates which are mineral products)
															--- Other

税　号	货品名称	进口关税（%）			增值/消费税（%）	出口退税（%）	计量单位	监管证件代码	检验检疫类别	协定税率（%）		
		最惠国	普通	年内暂定						东盟	亚太	智利
26171090.01	其他锑矿砂及其精矿（黄金价值部分）	0	0		0	0	千克	4xy		0		0
26171090.90	其他锑矿砂及其精矿（非黄金价值部分）	0	0		13	0	千克	4xy		0		0
	- 其他：											
2617.9010	--- 朱砂（辰砂）	3	14		13	0	千克			0		0
2617.9090	--- 其他	0	0		13	0	千克			0		0
26.18	**冶炼钢铁所产生的粒状熔渣（熔渣砂）：**											
2618.0010	--- 主要含锰											
26180010.01	主要含锰的冶炼钢铁产生的粒状熔渣，含锰量＞25%（包括熔渣砂）	4	35		13	0	千克	9		0		0
26180010.90	其他主要含锰的冶炼钢铁产生的粒状熔渣（包括熔渣砂）	4	35		13	0	千克	9		0		0
2618.0090	--- 其他	4	35		13	0	千克	9		0	3.2	0
26.19	**冶炼钢铁所产生的熔渣、浮渣（粒状熔渣除外）、氧化皮及其他废料：**											
2619.0000	冶炼钢铁所产生的熔渣、浮渣（粒状熔渣除外）、氧化皮及其他废料											
26190000.10	轧钢产生的氧化皮	4	35		13	0	千克	9		0		0
26190000.21	冶炼钢铁所产生的含钒浮渣、熔渣，五氧化二钒含量＞20%（冶炼钢铁所产生的粒状熔渣除外）	4	35		13	0	千克	9		0		0
26190000.29	其他冶炼钢铁所产生的含钒浮渣、熔渣（冶炼钢铁所产生的粒状熔渣除外）	4	35		13	0	千克	9		0		0
26190000.30	含铁大于80%的冶炼钢铁产生的渣钢铁	4	35		13	0	千克	9		0		0
26190000.90	冶炼钢铁产生的其他熔渣、浮渣及其他废料（冶炼钢铁所产生的粒状熔渣除外）	4	35		13	0	千克	9		0		0
26.20	**含有金属、砷及其化合物的矿渣、矿灰及残渣（冶炼钢铁所产生的灰、渣除外）：**											
	- 主要含锌：											
2620.1100	-- 含硬锌的矿渣、矿灰及残渣	4	35		13	0	千克	9		0		0
2620.1900	-- 其他	4	35		13	0	千克	9		0		0
	- 主要含铅：											
2620.2100	-- 含铅汽油的淤渣及含铅抗震化合物的淤渣	4	35		13	0	千克	9		0		0
2620.2900	-- 其他	4	35		13	0	千克	9		0		0
2620.3000	- 主要含铜	4	35		13	0	千克	9		0		0
2620.4000	- 主要含铝	4	35		13	0	千克	9		0		0
2620.6000	- 含有砷、汞、铊及其混合物，用于提取或生产砷、汞、铊及其化合物	4	35		13	0	千克	9		0		0
	- 其他：											
2620.9100	-- 含有锑、铍、镉、铬或其混合物	4	35		13	0	千克	9		0		0
	-- 其他：											
2620.9910	--- 主要含钨	4	35		13	0	千克	y4x9		0		0
2620.9990	--- 其他											

协定税率（%）巴基斯坦	冰岛	哥斯达黎加	秘鲁	新西兰	瑞士	新加坡	韩国	澳大利亚	格鲁吉亚	毛里求斯	日本RCEP	尼加拉瓜	港澳台	特惠税率（%）①/②	Article Description
0	0	0	0	0	0		0	0	0	0	0	0	0/	0/0	Other antimony ores and its concentrates (part of the gold value)
0	0	0	0	0	0		0	0	0	0	0	0	0/	0/0	Other antimony ores and its concentrates (part of the non-gold value)
															- Other:
0	0	0	0	0	0		0	0	0	0	0	0	0/	0/0	--- Cinnabar
0	0	0	0	0	0		0	0	0	0	0	0	0/	0/0	--- Other
															Granulated slag (slag sand) from the manufacture of iron or steel:
															--- Containing mainly Manganese
0	0	0	0	0	0		0	0	0	0	0	0	0/	0/0	Granulous slag (including slag sand) from the manufacture of iron or steel, containing more than 25% of manganese
0	0	0	0	0	0		0	0	0	0	0	0	0/	0/0	Other granulous slag (including slag sand) from the manufacture of iron or steel, containing mainly manganese
0	0	0	0	0	0		0	0	0	0	0	0	0/	0/0	--- Other
															Slag, dross (other than granulated slag), scalings and other waste from the manufacture of iron or steel:
															Slag, dross (other than granulated slag), scalings and other waste from the manufacture of iron or steel:
0	0	0	0	0	0		0	0	0	0	0	0	0/	0/0	Scalings from the rolling of iron or steel
0	0	0	0	0	0		0	0	0	0	0	0	0/	0/0	The scum and slag with vanadium, containing mord than 20% of vanadium pentoxide, from the manufacture of iron or steel (other than granulated slag)
0	0	0	0	0	0		0	0	0	0	0	0	0/	0/0	Other scum and slag with vanadium from the manufacture of iron or steel (other than granulated slag)
0	0	0	0	0	0		0	0	0	0	0	0	0/	0/0	Slag iron, dross containing more than 80% of iron, from the manufacture of iron or steel
0	0	0	0	0	0		0	0	0	0	0	0	0/	0/0	Other slag, dross (other than granulated slag) and other waste from the manufacture of iron or steel
															Slag, ash and residues (other than from the manufacture of iron or steel) containing metals, arsenic or their compounds:
															- Containing mainly zinc:
0	0	0	0	0	0		0	0	0	0	0	0	0/	0/0	-- Hard zinc spelter
0	0	0	0	0	0		0	0	0	0	0	0	0/	0/0	-- Other
															- Containing mainly lead:
0	0	0	0	0	0		0	0	0	0	0	0	0/	0/0	-- Leaded gasoline sludges and leaded anti-knock compound sludges
0	0	0	0	0	0		0	0	0	0	0	0	0/	0/0	-- Other
0	0	0	0	0	0		0	0	0	0	0	0	0/	0/0	- Containing mainly copper
0	0	0	0	0	0		0	0	0	0	0	0	0/	0/0	- Containing mainly aluminium
0	0	0	0	0	0		0	0	0	0	0	0	0/	0/0	- Containing arsenic, mercury, thallium or their mixtures, of a kind used for the extraction of arsenic or those metals or for the manufacture of their chemical compounds
															- Other:
0	0	0	0	0	0		0	0	0	0	0	0	0/	0/0	-- Containing antimony, beryllinm, cadmium, chromium or their mixtures
															-- Other:
0	0	0	0	0	0		0	0	0	0	0	0	0/	0/0	--- Containing mainly tungsten
															--- Other

税号	货品名称	进口关税（%） 最惠国	进口关税（%） 普通	进口关税（%） 年内暂定	增值/消费税（%）	出口退税（%）	计量单位	监管证件代码	检验检疫类别	协定税率（%） 东盟	协定税率（%） 亚太	协定税率（%） 智利
26209990.11	含其他金属及其化合物的矿渣、矿灰及残渣，五氧化二钒＞20%（冶炼钢铁所产生的及含钒废催化剂除外）	4	35		13	0	千克	9		0		0
26209990.19	含其他金属及其化合物的矿渣、矿灰及残渣，10%＜五氧化二钒≤20%的（冶炼钢铁所产生的及含钒废催化剂除外）	4	35		13	0	千克	9		0		0
26209990.20	含铜大于10%的铜冶炼转炉渣及火法精炼渣、其他铜冶炼渣	4	35		13	0	千克	9		0		0
26209990.90	含其他金属及其化合物的矿渣、矿灰及残渣（冶炼钢铁所产生灰、渣的除外）	4	35		13	0	千克	9		0		0
26.21	**其他矿渣及矿灰，包括海藻灰（海草灰）；焚化城市垃圾所产生的灰、渣：**											
2621.1000	－焚化城市垃圾所产生的灰、渣	4	35		13	0	千克	9		0		0
2621.9000	－其他											
26219000.10	海藻灰及其他植物灰（包括稻壳灰）	4	35		13	0	千克	9		0		0
26219000.90	其他矿渣及矿灰	4	35		13	0	千克	9		0		0

协定税率（%）														特惠税率（%）①/②	Article Description
巴基斯坦	冰岛	哥斯达黎加	秘鲁	新西兰	瑞士	新加坡	韩国	澳大利亚	格鲁吉亚	毛里求斯	日本RCEP	尼加拉瓜	港澳台		
0	0	0	0	0	0		0	0	0	0	0	0	0/	0/0	Slag, ash and residue with other metal and its compound, contaning more than 20% of vanadium pentoxide (other than from the manufacture of iron or steel and disuse catalyzer containing vanadium)
0	0	0	0	0	0		0	0	0	0	0	0	0/	0/0	Slag, ash and residue with other metal and its compound, contaning more than 10% but not exceeding 20% of vanadium pentoxide (other than from the manufacture of iron or steel and disuse catalyzer containing vanadium)
0	0	0	0	0	0		0	0	0	0	0	0	0/	0/0	Slag, ash and residue from the manufacture of copper, containing more than 10% of copper
0	0	0	0	0	0		0	0	0	0	0	0	0/	0/0	Slag, ash and residues, containing other metals or their compounds (other than from the manufacture of iron or steel)
															Other slag and ash, including seaweed ash (kelp); ash and residues from the incineration of municipal waste:
0	0	0	0	0	0			0	0	0		0	0/	0/0	- Ash and residues from the incineration of municipal waste
															- Other
0	0	0	0	0	0		0	0	0	0	0	0	0/	0/0	Seaweed ash (kelp) and other plant ash, including rice husk ash
0	0	0	0	0	0		0	0	0	0	0	0	0/	0/0	Other slag and ash

第二十七章　矿物燃料、矿物油及其蒸馏产品；沥青物质；矿物蜡

注释：

一、本章不包括：

（一）单独的已有化学定义的有机化合物，但纯甲烷及纯丙烷应归入税目27.11；

（二）税目30.03及30.04的药品；或

（三）税目33.01、33.02及38.05的不饱和烃混合物。

二、税目27.10所称“石油及从沥青矿物提取的油类”，不仅包括石油、从沥青矿物提取的油及类似油，还包括那些用任何方法提取的主要含有不饱和烃混合物的油，但其非芳族成分的重量必须超过芳族成分。

然而，它不包括采用减压蒸馏法，在压力转换为1013毫巴下的温度300℃时，以体积计馏出量小于60%的液体合成聚烯烃（第三十九章）。

三、税目27.10所称“废油”，是指主要含石油及从沥青矿物提取的油类（参见本章注释二）的废油，不论其是否与水混合。它们包括：

（一）不再适于作为原产品使用的废油（例如，用过的润滑油、液压油及变压器油）；

（二）石油储罐的淤渣油，主要含废油及高浓度的在生产原产品时使用的添加剂（例如，化学品）；以及

（三）水乳浊液状的或与水混合的废油，例如，浮油、清洗油罐所得的油或机械加工中已用过的切削油。

子目注释：

一、子目2701.11所称“无烟煤”，是指含挥发物（以干燥、无矿物质计）不超过14%的煤。

二、子目2701.12所称“烟煤”，是指含挥发物（以干燥、无矿物质计）超过14%，并且热值（以潮湿、无矿物质计）等于或大于5833大卡/千克的煤。

三、子目2707.10、2707.20、2707.30及2707.40所称“粗苯”、“粗甲苯”、“粗二甲苯”及“萘”，是分别指按重量计苯、甲苯、二甲苯或萘的含量在50%以上的产品。

四、子目2710.12所称“轻油及其制品”，是指根据ISO 3405方法（等同于ASTM D 86方法），温度在210℃时以体积计馏出量（包括损耗）在90%及以上的产品。

五、税目27.10 的子目所称“生物柴油”，是指从动植物油脂或微生物油脂（不论是否使用过）得到的用作燃料的脂肪酸单烷基酯。

税号	货品名称	进口关税（%）			增值/消费税（%）	出口退税（%）	计量单位	监管证件代码	检验检疫类别	协定税率（%）		
		最惠国	普通	年内暂定						东盟	亚太	智利
27.01	煤；煤砖、煤球及用煤制成的类似固体燃料：											
	- 煤，不论是否粉化，但未制成型：											
2701.1100	-- 无烟煤											
27011100.10	无烟煤（不论是否粉化，但未制成型）	3	20		13	0	千克	47Axy	M/	0		0
27011100.90	无烟煤滤料	3	20		13	0	千克	7A	M/	0		0
	-- 烟煤：											
2701.1210	--- 炼焦煤	3	20		13	0	千克	47Axy	M/	0		0
2701.1290	--- 其他	6	20		13	0	千克	47Axy	M/	0		0
2701.1900	-- 其他煤	5	20		13	0	千克	47Axy	M/	0	3.5	0
2701.2000	- 煤砖、煤球及用煤制成的类似固体燃料	5	50		13	0	千克			0		0
27.02	褐煤，不论是否制成型，但不包括黑玉：											

Chapter 27 Mineral fuels, mineral oils and products of their distillation; bituminous substances; mineral waxes

Chapter Notes:

1. This Chapter does not cover:

   (a) Separate chemically defined organic compounds, other than pure methane and propane which are to be classified in heading 27.11;

   (b) Medicaments of heading 30.03 or 30.04; or

   (c) Mixed unsaturated hydrocarbons of heading 33.01, 33.02 or 38.05.

2. References in heading 27.10 to "petroleum oils and oils obtained from bituminous minerals" include not only petroleum oils and oils obtained from bituminous minerals but also similar oils, as well as those consisting mainly of mixed unsaturated hydrocarbons, obtained by any process, provided that the weight of the non-aromatic constituents exceeds that of the aromatic constituents.

   However, the references do not include liquid synthetic polyolefins of which less than 60% by volume distils at 300°C, after conversion to 1,013 millibars when a reduced- pressure distillation method is used (Chapter 39).

3. For the purposes of heading 27.10, "waste oils" means waste containing mainly petroleum oils and oils obtained from bituminous minerals (as described in Note 2 to this Chapter), whether or not mixed with water. These include:

   (a) Such oils no longer fit for use as primary products (for example, used lubricating oils, used hydraulic oils and used transformer oils);

   (b) Sludge oils from the storage tanks of petroleum oils, mainly containing such oils and a high concentration of additives (for example, chemicals) used in the manufacture of the primary products; and

   (c) Such oils in the form of emulsions in water or mixtures with water, such as those resulting from oil spills or storage tank washings, or from the use of cutting oils for machining operations.

Subheading Notes:

1. For the purposes of subheading 2701.11, "anthracite" means coal having a volatile matter limit (on a dry, mineral- matter-free basis) not exceeding 14%.

2. For the purposes of subheading 2701.12, "bituminous coal" means coal having a volatile matter limit (on a dry, mineral-matter- free basis) exceeding 14% and a calorific value limit (on a moist, mineral- matter- free basis) equal to or greater than 5,833 kcal/kg.

3. For the purposes of subheadings 2707.10, 2707.20, 2707.30 and 2707.40 the terms "benzol (benzene)", "toluol (toluene)", "xylol (xylenes)" and "naphthalene" apply to products which contain more than 50 % by weight of benzene, toluene, xylenes or naphthalene, respectively.

4. For the purposes of subheading 2710.12, "light oils and preparations" are those of which 90% or more by volume (including losses) distil at 210°C according to the ISO 3405 method (equivalent to the ASTM D 86 method).

5. For the purposes of the subheadings of heading 27.10, the term "biodiesel" means mono-alkyl esters of fatty acids of a kind used as a fuel, derived from animal, vegetable or microbial fats and oils whether or not used.

协定税率（%）														特惠税率（%）①/②	Article Description
巴基斯坦	冰岛	哥斯达黎加	秘鲁	新西兰	瑞士	新加坡	韩国	澳大利亚	格鲁吉亚	毛里求斯	日本RCEP	尼加拉瓜	港澳台		
															Coal; briquettes, ovoids and similar solid fuels manufactured from coal:
															- Coal, whether or not pulve-rized, but not agglomerated:
															-- Anthracite
0	0	0	0	0	0		0	0	0	0	0	0	0/	0/0	Anthracite (whether or not pulverized, but not agglomerated)
0	0	0	0	0	0		0	0	0	0	0	0	0/	0/0	Anthracite filtering media
															-- Bituminous coal:
0	0	0	0	0	0		0	0	0	0	0	0	0/	0/0	--- Coking coal
0	0	0	0	0	0		0	0	0	0	0	0	0/	0/0	--- Other
0	0	0	0	0	0		0	0	0	0	0	0	0/	0/0	-- Other coal
0	0	0	0	0	0		0	0	0	0	0	0	0/	0/0	- Briquettes, ovoids and similar solid fuels manufactured from coal
															Lignite, whether or not agglome-rated, excluding jet:

税号	货品名称	进口关税（%）			增值/消费税（%）	出口退税（%）	计量单位	监管证件代码	检验检疫类别	协定税率（%）		
		最惠国	普通	年内暂定						东盟	亚太	智利
2702.1000	- 褐煤，不论是否粉化，但未制成型	3	20		13	0	千克	4Axy	M/	0		0
2702.2000	- 制成型的褐煤	3	20		13	0	千克	A	M/	0		0
27.03	**泥煤（包括肥料用泥煤），不论是否制成型：**											
2703.0000	泥煤（包括肥料用泥煤），不论是否制成型											
27030000.10	泥炭（草炭）［沼泽（湿地）中，地上植物枯死、腐烂堆积而成的有机矿体（不论干湿）］	5	20	3	13	0	千克	8AB	P/Q	0	2.5	0
27030000.90	泥煤（包括肥料用泥煤）（不论是否制成型）	5	20	3	13	0	千克	AB	P/Q	0	2.5	0
27.04	**煤、褐煤或泥煤制成的焦炭及半焦炭，不论是否制成型；甑炭：**											
2704.0010	--- 焦炭及半焦炭	5	11	0	13	0	千克	4xy		0	2.5	0
2704.0090	--- 其他	5	11	0	13	0	千克			0	2.5	0
27.05	**煤气、水煤气、炉煤气及类似气体，但石油气及其他烃类气除外：**											
2705.0000	煤气、水煤气、炉煤气及类似气体，但石油气及其他烃类气除外											
27050000.10	煤气	5	20		9	0	千克	AB	M/N	0		0
27050000.90	水煤气、炉煤气及类似气体（石油气及其他烃类气除外）	5	20		9	0	千克			0		0
27.06	**从煤、褐煤或泥煤蒸馏所得的焦油及其他矿物焦油，不论是否脱水或部分蒸馏，包括再造焦油：**											
2706.0000	从煤、褐煤或泥煤蒸馏所得的焦油及其他矿物焦油，不论是否脱水或部分蒸馏，包括再造焦油											
27060000.01	含蒽油≥50%及沥青≥40%的“炭黑油”	6	30	1	13	0	千克			0		0
27060000.90	其他从煤、褐煤或泥煤蒸馏所得的焦油及矿物焦油（不论是否脱水或部分蒸馏，包括再造焦油）	6	30	1	13	0	千克	AB	M/N	0		0
27.07	**蒸馏高温煤焦油所得的油类及其他产品；芳族成分重量超过非芳族成分的类似产品：**											
2707.1000	- 粗苯	6	20		13	0	千克	AB	M/N	0		0
2707.2000	- 粗甲苯	6	30		13	0	千克			0		0
2707.3000	- 粗二甲苯	6	20	2	13	0	千克			0		0
2707.4000	- 萘	7	30		13	0	千克	AB	M/N	0	6	0
2707.5000	- 其他芳烃混合物，根据ISO 3405方法（等同于ASTM D 86方法），温度在250℃时的馏出量以体积计（包括损耗）在65%及以上											
27075000.10	200摄氏度以下时蒸馏出的芳烃以体积计小于95%的其他芳烃混合物［（根据ISO 3405方法（等同于ASTM D 86方法），温度在250℃时的馏出量以体积计（包括损耗）在65%及以上］	7	30		13/1.52元/升	0	千克/升			0		0
27075000.90	其他芳烃混合物［根据ISO 3405方法（等同于ASTM D 86方法），温度在250℃时的馏出量以体积计（包括损耗）在65%及以上］	7	30		13	0	千克/升			0		0

协定税率（%）														特惠税率（%）①/②	Article Description
巴基斯坦	冰岛	哥斯达黎加	秘鲁	新西兰	瑞士	新加坡	韩国	澳大利亚	格鲁吉亚	毛里求斯	日本RCEP	尼加拉瓜	港澳台		
0	0	0	0	0	0		0	0	0	0	0	0	0/	0/0	- Lignite, whether or not pulve-rized, but not agglomerated
0	0	0	0	0	0		0	0	0	0	0	0	0/	0/0	- Agglomerated lignite
															Peat (including peat litter), whether or not agglomerated:
															Peat (including peat litter), whether or not agglomerated
0	0	0	0	0	0		0	0	0	0	0	0	0/	0/0	Peat (peat moss) (formed by dried or rotten plant in swamp and wetland, whether dry or wet)
0	0	0	0	0	0		0	0	0	0	0	0	0/	0/0	Peat (including peat litter), whether or not agglomerated
															Coke and semi-coke of coal, of lignite or of peat, whether or not agglomerated; retort carbon:
0	0	0	0	0	0		0	0	0	0	0	0	0/	0/0	--- Coke and semi-coke
0	0	0	0	0	0		0	0	0	0	0	0	0/	0/0	--- Other
															Coal gas, water gas, producer gas and similar gases, other than petroleum gases and other gaseous hydrocarbons:
															Coal gas, water gas, producer gas and similar gases, other than petroleum gases and other gaseous hydrocarbons
0	0	0	0	0	0		0	0	0	0	0	0	0/	0/0	Coal gas
0	0	0	0	0	0		0	0	0	0	0	0	0/	0/0	Water gas, producer gas and similar gases (other than petroleum gases and other gaseous hydrocarbons)
															Tar distilled from coal, from lignite or from peat, and other mineral tars, whether or not dehydrated or partially distilled, including reconstituted tars:
															Tar distilled from coal, from lignite or from peat, and other mineral tars, whether or not dehydrated or partially distilled, including reconstituted tars
2.5	0	0	0	0	0		0	0	0	0	0	0	0/	0/0	Carbon black oil, containing anthracene oil 50% or more, containing bitumen 40% or more
2.5	0	0	0	0	0		0	0	0	0	0	0	0/	0/0	Other tar and mineral tars, distilled from coal, lignite or peat, whether or not dehydrated or partially distilled, including reconstituted tars
															Oils and other products of the distillation of high temperature coal tar; similar products in which the weight of the aromatic constituents exceeds that of the non-aromatic constituents:
2.5	0	0	0	0	0		2	0	0	0	4.4	0	0/	0/0	- Benzole
2.5	0	0	0	0	0		0	0	0	0	0	0	0/	0/0	- Toluole
2.5	0	0	0	0	0	0	2	0	0	0	4.9	0	0/	0/0	- Xylole
0	0	0	0	0	0	0	2.3	0	0	0		0	0/	0/0	- Naphthalene
															- Other aromatic hydrocarbon mixtures of which 65% or more by volume (including losses) distils at 250 °C by the ISO 3405 method (equivalent to the ASTM D 86 method)
0	0	0	0	0	0	0	2.3	0	0	0	5.7	0	0/	0/0	Other aromatic hydrocarbon mixtures with aromatics distilled below 200°C less than 95% by volume (according to ISO 3405 method (equivalent to ASTM D 86 method), the distillation amount at 250°C is 65% or more by volume (including loss))
0	0	0	0	0	0	0	2.3	0	0	0	5.7	0	0/	0/0	Other aromatic hydrocarbon mixtures (according to ISO 3405 method (equivalent to ASTM D 86 method), the distillate at 250°C is 65% or more by volume (including loss))

税号	货品名称	进口关税（%）最惠国	进口关税（%）普通	进口关税（%）年内暂定	增值/消费税（%）	出口退税（%）	计量单位	监管证件代码	检验检疫类别	协定税率（%）东盟	协定税率（%）亚太	协定税率（%）智利
	- 其他：											
2707.9100	-- 杂酚油	7	30		13	0	千克			0		0
	-- 其他：											
2707.9910	--- 酚	7	30		13	0	千克			0		0
2707.9990	--- 其他	7	30		13/1.52元/升	0	千克/升			0		0
27.08	**从煤焦油或其他矿物焦油所得的沥青及沥青焦：**											
2708.1000	- 沥青	7	35		13	0	千克			0		0
2708.2000	- 沥青焦											
27082000.01	针状沥青焦	6	11	3	13	0	千克			0		0
27082000.90	其他沥青焦	6	11		13	0	千克			0		0
27.09	**石油原油及从沥青矿物提取的原油：**											
2709.0000	石油原油及从沥青矿物提取的原油	0	85元/吨		13	0	千克	4x7AByv	M/N	0		0
27.10	**石油及从沥青矿物提取的油类，但原油除外；以上述油为基本成分（按重量计不低于70%）的其他税目未列名制品；废油：**											
	- 石油及从沥青矿物提取的油类（但原油除外）以及以上述油为基本成分（按重量计不低于70%）的其他税目未列名制品，不含有生物柴油，但废油除外：											
	-- 轻油及其制品：											
2710.1210	--- 车用汽油及航空汽油	5	14	1	13/1.52元/升	13	千克/升	47ABxyv	M/N	0		0
2710.1220	--- 石脑油	6	20	0	13/1.52元/升	0	千克/升	47ABxyv	M/N	0	5.4	0
2710.1230	--- 橡胶溶剂油、油漆溶剂油、抽提溶剂油	6	30		13/1.52元/升	0	千克/升			5		0
	--- 其他：											
2710.1291	---- 壬烯											
27101291.01	壬烯，不含生物柴油（碳九异构体混合物含量高于90%）	9	20	4	13	0	千克	4Axy	M/	5		0
27101291.90	其他壬烯，不含生物柴油	9	20		13	0	千克	4Axy	M/	5		0
2710.1299	---- 其他											
27101299.10	异戊烯同分异构体混合物，不含生物柴油	9	20	5	13/1.52元/升	0	千克/升	4Axy	M/	5		0
27101299.20	脱模剂（包括按重量计含油≥70%的制品）	9	20		13/1.52元/升	0	千克/升	4Axy	M/	5		0
27101299.90	其他轻油及制品，不含生物柴油（包括按重量计含油≥70%的制品）	9	20		13/1.52元/升	0	千克/升	4Axy	M/	5		0
	-- 其他：											
	--- 煤油馏分：											
2710.1911	---- 航空煤油	9	14	0	13	13	千克/升	47ABxyv	M/N	0		0

协定税率（%）														特惠税率（%）①/②	Article Description
巴基斯坦	冰岛	哥斯达黎加	秘鲁	新西兰	瑞士	新加坡	韩国	澳大利亚	格鲁吉亚	毛里求斯	日本RCEP	尼加拉瓜	港澳台		
															- Other:
0	0	0	0	0	0		0	0	0	0	5.1	5.6	0/	0/0	-- Creosote oils
															-- Other:
0	0	0	0	0	0	0	0	0	0	0	5.1	0	0/	0/0	--- Phenols
0	0	0	0	0	0	0	2.3	0	0	0	5.7	0	0/	0/0	--- Other
															Pitch and pitch coke, obtained from coal tar or from other mineral tars:
0	0	0	0	0	0		0	0	0	0	5.1	0	0/	0/0	- Pitch
															- Pitch coke
2.5	0	0	0	0	0		0	0	0	0	4.9	0	0/	0/0	Needle-shaped pitch coke
2.5	0	0	0	0	0		0	0	0	0	4.9	0	0/	0/0	Other pitch coke
															Petroleum oils and oils obtained from bituminous minerals, crude:
0	0	0	0	0	0		0	0	0	0	0	0	0/	0/0	Petroleum oils and oils obtained from bituminous minerals, crude
															Petroleum oils and oils obtained from bituminous minerals, other than crude; preparations not elsewhere specified or included, containing by weight 70% or more of petroleum oils or of oils obtained from bituminous minerals, these oils being the basic constituents of the preparations; waste oils:
															- Petroleum oils and oils obtained from bituminous minerals (other than crude) and preparations not elsewhere specified or included, containing by weight 70% or more of petroleum oils or of oils obtained from bituminous minerals, these oils being the basic constituents of the preparations, other than those containing biodiesel and other than waste oils:
															-- Light oils and preparations:
0	0	0		0	0	0	1.6	0	0	0	4.1	4	0/	0/0	--- Mortor gasoline, aviation gasoline
0	0	0		0	0	0	2	0	0	0	4.9	4.8	0/	0/0	--- Naphtha
	0	0		0	0		2	0	0	0	5.1	4.8	0/	/0	--- Rubber solvent, paint solvent, extractive solvent
															--- Other:
															----Nonene
	0	0		0	0		3	0	0	0	7.7	8.1	0/	/0	Nonene, not containing biodiesel (containing more than 90% of nonene isomeride mixtures)
	0	0		0	0		3	0	0	0	7.7	8.1	0/	/0	Other nonene, not containing biodiesel
															----Other
	0	0		0	0		3	0	0	0	7.7	8.1	0/	/0	Isoamylene isomeride mixtures, not containing biodiesel
	0	0		0	0		3	0	0	0	7.7	8.1	0/	/0	Mould release preparations, including preparations containing, as basic constituents, 70% or more by weight of petroleum oils or of oils
	0	0		0	0		3	0	0	0	7.7	8.1	0/	/0	Other light oil and products, not containing biodiesel (including products containing by weight 70% or more of oils)
															-- Other:
															--- Kerosene distillages:
0	0	0	0	0	0	0	0	0	0	0	6.5	8.1	0/0	0/0	----Aviation kerosene

税　号	货品名称	进口关税(%) 最惠国	普通	年内暂定	增值/消费税(%)	出口退税(%)	计量单位	监管证件代码	检验检疫类别	协定税率(%) 东盟	亚太	智利
2710.1912	----灯用煤油	9	14		13/1.2元/升	0	千克/升	47ABxyv	M/N	5		0
2710.1919	----其他											
27101919.10	正构烷烃(C9-C13),不含生物柴油	6	20		13/1.2元/升	0	千克/升	4xy		0		0
27101919.20	异构烷烃溶剂,不含生物柴油(初沸点225℃,闪点92℃,密度0.79g/cm^3,粘度3.57mm^2/s)	6	20		13/1.2元/升	0	千克/升	4ABxy	M/N	0		0
27101919.90	其他煤油馏分的油及制品,不含生物柴油	6	20		13/1.2元/升	0	千克/升	4ABxy	M/N	0		0
	--- 柴油及其他燃料油:											
2710.1922	----5～7号燃料油											
27101922.10	低硫的5～7号燃料油(硫含量不高于0.5% m/m),不含生物柴油	6	20	1	13/1.2元/升	0	千克/升	47ABxyv	M/N	0		0
27101922.90	其他5～7号燃料油,不含生物柴油	6	20	1	13/1.2元/升	0	千克/升	7ABv	M/N	0		0
2710.1923	----柴油	6	11	1	13/1.2元/升	13	千克/升	47ABxyv	M/N	5		0
2710.1929	----其他											
27101929.10	蜡油,不含生物柴油(350℃以下馏出物体积<20%,550℃以下馏出物体积>80%)	6	20	0	13/1.2元/升	0	千克/升	7ABv	M/N	0		0
27101929.90	其他燃料油,不含生物柴油	6	20		13/1.2元/升	0	千克/升	7ABv	M/N	0		0
	--- 润滑油、润滑脂及其他重油:											
2710.1991	----润滑油	6	17		13/1.52元/升	0	千克/升	4Axy	M/	0	5.4	0
2710.1992	----润滑脂	6	17		13/1.52元/升	0	千克/升	4Axy	M/	0	5.4	0
2710.1993	----润滑油基础油											
27101993.10	润滑油基础油,不含生物柴油(产品黏度100℃时37-47,黏度指数80及以上,颜色实测2.0左右,倾点实测-8℃左右)	6	17		13/1.52元/升	0	千克/升	4xy		0		0
27101993.90	其他润滑油基础油,不含生物柴油	6	17		13/1.52元/升	0	千克/升	4xy		0		0
2710.1994	----液体石蜡和重质液体石蜡	6	20		13	0	千克	AB	MR/NS	0	5.4	0
2710.1999	----其他											
27101999.10	白油(液体烃类混合物组成的无色透明油状液体,由原油分馏所得)(商品成分为100%白矿油,40℃时该产品黏度为65mm^2/s,闪点为225℃,倾点为-10℃,比重(20℃/20℃)为0.885)	6	20		13/1.2元/升	0	千克/升	B	/N	0		0
27101999.90	其他重油;其他重油制品,不含生物柴油(包括按重量计含油≥70%的制品)	6	20		13/1.2元/升	0	千克/升	B	/N	0		0
2710.2000	- 石油及从沥青矿物提取的油类(但原油除外)以及以上述油为基本成分(按重量计不低于70%)的其他税目未列名制品,含有生物柴油,但废油除外	6	20		13/1.2元/升	0	千克/升	4Axy	M/	0		0
	- 废油:											

协定税率（%）														特惠税率（%）①/②	Article Description
巴基斯坦	冰岛	哥斯达黎加	秘鲁	新西兰	瑞士	新加坡	韩国	澳大利亚	格鲁吉亚	毛里求斯	日本RCEP	尼加拉瓜	港澳台		
	0	0	0	0	0		3	0	0	0		8.1	0/	/0	----Lamp-kerosene
															----Other
0	0	0	0	0	0	0	0	0	0	0	0	0	0/0	0/0	Normal paraffin hydrocarbon (C9-C13), not containing biodiesel
0	0	0	0	0	0	0	0	0	0	0	0	0	0/0	0/0	Isoparaffin solvent，not including biodiesel (of an initial boiling point of 225°C，an flash point of 92°C，a density of 0.79g/cm^3 and a viscosity of 3.57mm2/s)
0	0	0	0	0	0	0	0	0	0	0	0	0	0/0	0/0	Other kerosene distillages oils and products, not containing biodiesel
															--- Diesel oils and other fuel oils:
															----Fuel oils No.5 ~ No.7
2.5	0	0	0	0	0	0	0	0	0	0	4.9	0	0/	0/0	Fuel oils No.5 ~ No.7 of low sulfer, containing no more than 0.5% m/m sulfer, other than those containing biobiesel
2.5	0	0	0	0	0	0	0	0	0	0	4.9	0	0/	0/0	Other fuel oils No.5 ~ No.7, other than those containing biobiesel
	0	0	0	0	0		2	0	0	0	5.1	0	0/		----Diesel oils
															----Other
2.5	0	0	0	0	0	0	2	0	0	0	4.9	0	0/	/0	Paraffin oils, not containing biodiesel (in which less than 20% by volume distils at below 350°C, and more than 80% by volume distils at below 550°C)
2.5	0	0	0	0	0	0	2	0	0	0	4.9	0	0/	/0	Other fuel oils, not containing biodiesel
															--- Lubricating oils, lubricating greases and other heavy oils:
0	0	0	0	0	0	0	2	0	0	0	4.9	0	0/	0/0	----Lubricating oils
0	0	0	0	0	0	0	2	0	0	0	4.9	0	0/	0/0	----Lubricating grease
															----Basic oils for lubricating oils
0	0	0	0	0	0	0	2	0	0	0	4.9	0	0/0	0/0	Basic oils for lubricating oils，not containing biodiesel (of a viscosity of 37-47 at 100°C, a viscosity index not less than 80, of a colour of about 2.0 and a pour point of about -8°C)
0	0	0	0	0	0	0	2	0	0	0	4.9	0	0/0	0/0	Other basic oils for lubricating oils，not containing biodiesel
0	0	0	0	0	0	0	0	0	0	0	0	0	0/0	0/0	----Liquid paraffin and heavy liquid paraffin
															----Other
0	0	0	0	0	0	0	3	0	0	0	5.1	0	0/	0/0	White oil (liquid hydrocarbon mixture consisting of colorless and transparent oily liquid, distilled from crude oil), consisting of 100% white mineral oil, heaving a viscosity of 65 mm2/s, a flash point of 225°C, a pour point of -10°C and a proportion of 0.885 (20°C/20°C)
0	0	0	0	0	0	0	3	0	0	0	5.1	0	0/	0/0	Other heavy oils；other heavy oil preparations, not including biodiesel
0	0	0		0	0	0	2	0	0	0	4.9	4.8	0/0	0/0	- Petroleum oils and oils obtained from bituminous minerals (other than crude) and preparations not elsewhere specified or included, containing by weight 70% or more of petroleum oils or of oils obtained from bituminous minerals, these oils being the basic constituents of the preparations, containing biodiesel, other than waste oils
															- Waste oils:

税　号	货品名称	进口关税（%）			增值/消费税（%）	出口退税（%）	计量单位	监管证件代码	检验检疫类别	协定税率（%）		
		最惠国	普通	年内暂定						东盟	亚太	智利
2710.9100	-- 含多氯联苯（PCBs）、多氯三联苯（PCTs）或多溴联苯（PBBs）的	6	20		13	0	千克	9		0		0
2710.9900	-- 其他	6	20		13	0	千克	9		0		0
27.11	**石油气及其他烃类气：**											
	- 液化的：											
2711.1100	-- 天然气	0	20		9	0	千克	4ABxy	M/N	0		0
2711.1200	-- 丙烷	5	20	1	9	0	千克	AB	M/N	0	3.5	0
	-- 丁烷：											
2711.1310	--- 直接灌注香烟打火机及类似打火器用，其包装容器的容积超过300立方厘米	5	80		13	0	千克			0		0
2711.1390	--- 其他	5	20	1	9	0	千克			0		0
2711.1400	-- 乙烯、丙烯、丁烯及丁二烯											
27111400.10	液化的乙烯	5	20		13	0	千克	AB	M/N	0		0
27111400.90	液化的丙烯、丁烯及丁二烯	5	20		13	0	千克			0		0
	-- 其他：											
2711.1910	--- 直接灌注香烟打火机及类似打火器用的燃料，其包装容器的容积超过300立方厘米	5	80		13	0	千克			0	3.5	0
2711.1990	--- 其他											
27111990.10	其他液化石油气	3	20		9	0	千克	AB	M/N	0	2.1	0
27111990.90	其他液化烃类气	3	20		9	0	千克			0	2.1	0
	- 气态的：											
2711.2100	-- 天然气	0	20		9	0	千克	AB	M/N	0		0
2711.2900	-- 其他											
27112900.10	其他气态石油气	5	20		9	0	千克	AB	M/N	0		0
27112900.90	其他气态烃类气	5	20		9	0	千克			0		0
27.12	**凡士林；石蜡、微晶石蜡、疏松石蜡、地蜡、褐煤蜡、泥煤蜡、其他矿物蜡及用合成或其他方法制得的类似产品，不论是否着色：**											
2712.1000	- 凡士林	8	45		13	0	千克	A	R/	0		0
2712.2000	- 石蜡，按重量计含油量小于0.75%	8	45		13	0	千克	4Ax	R/	0		0
	- 其他：											
2712.9010	--- 微晶石蜡											
27129010.10	食品级微晶石蜡	8	45		13	0	千克	4Ax	R/	0		0
27129010.90	其他微晶石蜡，相应指标符合《食品级微晶石蜡》（GB 22160-2008）的要求	8	45		13	0	千克	4Ax	R/	0		0
2712.9090	--- 其他	8	45		13	0	千克			0		0
27.13	**石油焦、石油沥青及其他石油或从沥青矿物提取的油类的残渣：**											
	- 石油焦：											
	-- 未煅烧：											
2713.1110	--- 硫的重量百分比小于3%的	3	11		13	0	千克			0		0
2713.1190	--- 其他	3	11		13	0	千克			0		0
	-- 已煅烧：											
2713.1210	--- 硫的重量百分比小于0.8%的	3	11		13	0	千克			0		0
2713.1290	--- 其他	3	11		13	0	千克			0		0

协定税率（%）														特惠税率（%）①/②	Article Description
巴基斯坦	冰岛	哥斯达黎加	秘鲁	新西兰	瑞士	新加坡	韩国	澳大利亚	格鲁吉亚	毛里求斯	日本RCEP	尼加拉瓜	港澳台		
0	0	0	0	0	0			0	0	0		0	0/	0/0	-- Containing poly chlorinated biphenyls (PCBs), polychlorinated terphenyls (PCTs) or polybrominated biphenyls (PBBs)
0	0	0	0	0	0	0	0	0	0	0	0	0	0/	0/0	-- Other
															Petroleum gases and other gaseous hydrocarbons:
															- Liquefied:
0	0	0	0	0	0		0	0	0	0	0	0	0/	0/0	-- Natural gas
0	0	0	0	0	0	0	0	0	0	0	0	0	0/	0/0	-- Propane
															-- Butanes:
2.5	0	0	0	0	0	0	0	0	0	0	8	0	0/	0/0	--- Liquid or liquefied-gas fuels in containers of a kind used for filling or refilling cigarette or similar lighters and of a capacity exceeding 300cm³
0	0	0	0	0	0	0	0	0	0	0	3.6	0	0/	/0	--- Other
															-- Ethylene, propylene, butylene and butadiene
0	0	0	0	0	0	0	1.6	0	0	0	4.1	0	0/	0/0	Liquefied ethylene
0	0	0	0	0	0	0	1.6	0	0	0	4.1	0	0/	0/0	Liquefied propylene, butene and butadiene
															-- Other:
2.5	0	0	0	0	0	0	0	0	0	0	7.3	0	0/	0/0	--- Liquid or liquefied-gas fuels in containers of a kind used for filling or refilling cigarette or similar lighters and of a capacity exceeding 300cm³
															--- Other
0	0	0	0	0	0	0	0	0	0	0	0	0	0/	/0	Other liquefied petroleum gas
0	0	0	0	0	0	0	0	0	0	0	0	0	0/	/0	Other liquefied hydrocarbon gas
															- In gaseous state:
0	0	0	0	0	0		0	0	0	0	0	0	0/	0/0	-- Natural gas
															-- Other
0	0	0	0	0	0	0	0	0	0	0	0	0	0/	0/0	Other gaseous petroleum gas
0	0	0	0	0	0	0	0	0	0	0	0	0	0/	0/0	Other gaseous hydrocarbon gas
															Petroleum jelly; paraffin wax, microcrystalline petroleum wax, slack wax, ozokerite, lignite wax, peat wax, other mineral waxes, and similar products obtained by synthesis or by other processes, whether or not coloured:
0	0	0	0	0	0		0	0	0	0	5.8	7.2	0/	0/0	- Petroleum jelly
0	0	0	0	0	0		0	0	0	1.6	5.8	0	0/	0/0	- Paraffin wax containing by weight less than 0.75% of oil
															- Other:
															--- Microcrystalline petroleum wax
0	0	0	0	0	0	0	0	0	0	0	5.8	0	0/	0/0	Food grade microcrystalline wax, of which corresponding indexes meet the requirements of national standard <Good Grade Microcrystalline Wax> (GB 22160-2008)
0	0	0	0	0	0	0	0	0	0	0	5.8	0	0/	0/0	Other microcrystalline wax
0	0	0	0	0	0	0	0	0	0	0	5.8	0	0/	0/0	--- Other
															Petroleum coke, Petroleum bitumen and other residues of petroleum oils or of oils obtained from bituminous minerals:
															- Petroleum coke:
															-- Not calcined:
0	0	0	0	0	0		1	0	0	0	2.4	0	0/	0/0	--- Containing by weight less than 3% of Sulphur
0	0	0	0	0	0		1	0	0	0	2.4	0	0/	0/0	--- Other
															-- Calcined:
0	0	0	0	0	0		1	0	0	0	2.4	0	0/	0/0	--- Containing by weight less than 0.8% of Sulphur
0	0	0	0	0	0		1	0	0	0	2.4	0	0/	0/0	--- Other

税　号	货品名称	进口关税（%）			增值/消费税（%）	出口退税（%）	计量单位	监管证件代码	检验检疫类别	协定税率（%）		
		最惠国	普通	年内暂定						东盟	亚太	智利
2713.2000	- 石油沥青	8	35		13	0	千克			0	5.6	0
2713.9000	- 其他石油或从沥青矿物提取的油类的残渣	6	35		13	0	千克	9		0		0
27.14	**天然沥青（地沥青）；沥青页岩、油页岩及焦油砂；沥青岩：**											
2714.1000	- 沥青页岩、油页岩及焦油砂	6	20		13	0	千克			0		0
	- 其他：											
2714.9010	--- 天然沥青（地沥青）	8	35	4	13	0	千克			0		0
2714.9020	--- 乳化沥青	0	20		13	0	千克			0		0
2714.9090	--- 其他	3	20		13	0	千克			0		0
27.15	**以天然沥青（地沥青）、石油沥青、矿物焦油或矿物焦油沥青为基本成分的沥青混合物（例如，沥青胶粘剂、稀释沥青）：**											
2715.0000	以天然沥青（地沥青）、石油沥青、矿物焦油或矿物焦油沥青为基本成分的沥青混合物（例如，沥青胶粘剂、稀释沥青）											
27150000.10	440摄氏度以下时蒸馏出的矿物油以体积计大于5%的沥青混合物（例如，沥青胶粘剂、稀释沥青）[以天然沥青（地沥青）、石油沥青、矿物焦油或矿物焦油沥青为基本成分]	8	35		13/1.2元/升	0	千克/升			0		0
27150000.90	其他沥青混合物（例如，沥青胶粘剂、稀释沥青）[以天然沥青（地沥青）、石油沥青、矿物焦油或矿物焦油沥青为基本成分]	8	35		13	0	千克/升			0		0
27.16	**电力：**											
2716.0000	电力	0	8		13	13	千瓦时			0		0

协定税率（%）														特惠税率（%）①/②	Article Description
巴基斯坦	冰岛	哥斯达黎加	秘鲁	新西兰	瑞士	新加坡	韩国	澳大利亚	格鲁吉亚	毛里求斯	日本RCEP	尼加拉瓜	港澳台		
0	0	0	0	0	0	0	2.6	0	0	0	6.5	0	0/	0/0	- Petroleum bitumen
0	0	0	0	0	0	0	0	0	0	0	0	0	0/	0/0	- Other residues of petroleum oils or of oils obtained from bituminous minerals
															Bitumen and asphalt, natural; bituminous or oil shale and tar sands; asphaltites and asphaltic rocks:
2.5	0	0	0	0	0	0	0	0	0	0	0	0	0/	0/0	- Bituminous or oil shale and tar sands
															- Other:
0	0	0	0	0	0	0	2.6	0	0	0	6.5	0	0/	0/0	--- Natural bitumen and asphalt
0	0	0	0	0	0		0	0	0	0	0	0	0/	0/0	--- Emulsified bitumen and asphalt
0	0	0	0	0	0	0	0	0	0	0	0	0	0/	0/0	--- Other
															Bituminous mixtures based on natural asphalt, on natural bitumen, on petroleum bitumen, on mineral tar or on mineral tar pitch (for example, bituminous mastics, cut-backs):
															Bituminous mixtures based on natura asphalt, on natural bitumen, on petroleum bitumen, on mineral tar or on mineral tar pitch (for example, bituminous mastics, cut-backs)
0	0	0	0	0	0	0	0	0	0	0	5.8	0	0/	0/0	Asphalt mixture (for example, asphalt binder, diluted asphalt) (with natural asphalt (ground asphalt), petroleum asphalt, mineral tar or mineral tar asphalt as the basic component) whose mineral oil distilled below 40°C is more than 5% by volume
0	0	0	0	0	0	0	0	0	0	0	5.8	0	0/	0/0	Other asphalt mixtures (for example, asphalt binder, diluted asphalt) (with natural asphalt (ground asphalt), petroleum asphalt, mineral tar or mineral tar asphalt as the basic component)
															Electrical energy:
0	0	0	0	0	0		0	0	0	0	0	0	0/	0/0	Electrical energy

第六类　化学工业及其相关工业的产品

注释：

一、

（一）凡符合税目28.44或28.45规定的货品（放射性矿砂除外），应分别归入这两个税目而不归入本协调制度的其他税目。

（二）除上述（一）款另有规定的以外，凡符合税目28.43、28.46或28.52规定的货品，应分别归入以上税目而不归入本类的其他税目。

二、除上述注释一另有规定的以外，凡由于按一定剂量或作为零售包装而可归入税目30.04、30.05、30.06、32.12、33.03、33.04、33.05、33.06、33.07、35.06、37.07或38.08的货品，应分别归入以上税目，而不归入本协调制度的其他税目。

三、由两种或两种以上单独成分配套的货品，其部分或全部成分属于本类范围以内，混合后则构成第六类或第七类的货品，应按混合后产品归入相应的税目，但其组成成分必须符合下列条件：

（一）其包装形式足以表明这些成分不需经过改装就可一起使用的；

（二）一起报验的；以及

（三）这些成分的属性及相互比例足以表明是相互配用的。

四、其列名或功能既符合第六类中一个或多个税目的规定，又符合税目38.27的规定的产品，应按列名或功能归入相应税号，而不归入税目38.27。

第二十八章　无机化学品；贵金属、稀土金属、放射性元素及其同位素的有机及无机化合物

注释：

一、除条文另有规定的以外，本章各税目只适用于：

（一）单独的化学元素及单独的已有化学定义的化合物，不论是否含有杂质；

（二）上述（一）款产品的水溶液；

（三）溶于其他溶剂的上述（一）款产品，但该产品处于溶液状态只是为了安全或运输所采取的正常必要方法，其所用溶剂并不使该产品改变其一般用途而适合于某些特殊用途；

（四）为了保存或运输需要，加入稳定剂（包括抗结块剂）的上述（一）、（二）、（三）款产品；

（五）为了便于识别或安全起见，加入抗尘剂或着色剂的上述（一）、（二）、（三）、（四）款产品，但所加剂料并不使原产品改变其一般用途而适合于某些特殊用途。

二、除以有机物质稳定的连二亚硫酸盐及次硫酸盐（税目28.31），无机碱的碳酸盐及过碳酸盐（税目28.36），无机碱的氰化物、氧氰化物及氰络合物（税目28.37），无机碱的雷酸盐、氰酸盐及硫氰酸盐（税目28.42），税目28.43至28.46及28.52的有机产品，以及碳化物（税目28.49）之外，本章仅包括下列碳化合物：

（一）碳的氧化物，氰化氢及雷酸、异氰酸、硫氰酸及其他简单或络合氰酸（税目28.11）；

（二）碳的卤氧化物（税目28.12）；

（三）二硫化碳（税目28.13）；

（四）硫代碳酸盐、硒代碳酸盐、碲代碳酸盐、硒代氰酸盐、碲代氰酸盐、四氰硫基二氨基络酸盐及其他无机碱络合氰酸盐（税目28.42）；

SECTION VI PRODUCTS OF THE CHEMICAL OR ALLIED INDUSTRIE

Section Notes:

1.

(a) Goods (other than radioactive ores) answering to a description in heading 28.44 or 28.45 are to be classified in those headings and in no other heading of the Nomenclature.

(b) Subject to paragraph (a) above, goods answering to a description in heading 28.43, 28.46 or 28.52 are to be classified in those headings and in no other heading of this Section.

2. Subject to Note 1 above, goods classifiable in heading 30.04, 30.05, 30.06, 32.12, 33.03, 33.04, 33.05, 33.06, 33.07, 35.06, 37.07 or 38.08 by reason of being put up in measured doses or for retail sale are to be classified in those headings and in no other heading of the Nomenclature.

3. Goods put up in sets consisting of two or more separate constituents, some or all of which fall in this Section and are intended to be mixed together to obtain a product of Section VI or VII, are to be classified in the heading appropriate to that product, provided that the constituents are:

(a) having regard to the manner in which they are put up, clearly identifiable as being intended to be used together without first being repacked;

(b) presented together; and

(c) identifiable, whether by their nature or by the relative proportions in which they are present, as being complementary one to another.

4. Where a product answers to a description in one or more of the headings in Section VI by virtue of being described by name or function and also to heading 38.27, then it is classifiable in a heading that references the product by name or function and not under heading 38.27.

Chapter 28 Inorganic chemicals; organic or inorganic compounds of precious metals, of rare-earth metals, of radioactive elements or of isotopes

Chapter Notes:

1. Except where the context otherwise requires, the headings of this Chapter apply only to:

(a) Separate chemical elements and separate chemically defined compounds, whether or not containing impurities;

(b) The products mentioned in (a) above dissolved in water;

(c) The products mentioned in (a) above dissolved in other solvents provided that the solution constitutes a normal and necessary method of putting up these products adopted solely for reasons of safety or for transport and that the solvent does not render the product particularly suitable for specific use rather than for general use;

(d) The products mentioned in (a), (b) or (c) above with an added stabiliser (including an anti-caking agent) necessary for their preservation or transport;

(e) The products mentioned in (a), (b), (c) or (d) above with an added anti- dusting agent or a colouring substance added to facilitate their identification or for safety reasons, provided that the additions do not render the product particularly suitable for specific use rather than for general use.

2. In addition to dithionites and sulphoxylates, stabilised with organic substances (heading 28.31), carbonates and peroxocarbonates of inorganic bases (heading28.36), cyanides, cyanide oxides and complex cyanides of inorganic bases (heading 28.37), fulminates, cyanates and thiocyanates, of inorganic bases (heading 28.42), organic products included in heading 28.43 to 28.46 and 28.52 and carbides (heading 28.49), only the following compounds of carbon are to be classified in this Chapter:

(a) Oxides of carbon, hydrogen cyanide and fulminic, isocyanic, thiocyanic and other simple or complex cyanogen acids (heading 28.11);

(b) Halide oxides of carbon (heading 28.12);

(c) Carbon disulphide (heading 28.13);

(d) Thiocarbonates, selenocarbonates, tellurocarbonates, selenocyanates, tellurocyanates, tetrathio-cyanato-diamminochromates (reineckates) and other complex cyanates, of inorganic bases (heading 28.42);

（五）用尿素固化的过氧化氢（税目28.47）、氧硫化碳、硫代羰基卤化物、氰、卤化氰、氨基氰及其金属衍生物（税目28.53），不论是否纯净，但氰氨化钙除外（第三十一章）。

三、除第六类注释一另有规定的以外，本章不包括：

（一）氯化钠或氧化镁（不论是否纯净）及第五类的其他产品；

（二）上述注释二所述以外的有机—无机化合物；

（三）第三十一章注释二、三、四或五所述的产品；

（四）税目32.06的用作发光剂的无机产品；税目32.07的搪瓷玻璃料及其他玻璃，呈粉、粒或粉片状的；

（五）人造石墨（税目38.01）；税目38.13的灭火器的装配药及已装药的灭火弹；税目38.24的零售包装的除墨剂；税目38.24的每颗重量不少于2.5克的碱金属或碱土金属卤化物的培养晶体（光学元件除外）；

（六）宝石或半宝石（天然、合成或再造）及这些宝石、半宝石的粉末（税目71.02至71.05），第七十一章的贵金属及贵金属合金；

（七）第十五类的金属（不论是否纯净）、金属合金或金属陶瓷，包括硬质合金（与金属烧结的金属碳化物）；或

（八）光学元件，例如，用碱金属或碱土金属卤化物制成的（税目90.01）。

四、由本章第二分章的非金属酸和第四分章的金属酸所构成的已有化学定义的络酸，应归入税目28.11。

五、税目28.26至28.42只适用于金属盐、铵盐及过氧酸盐。

除条文另有规定的以外，复盐及络盐应归入税目28.42。

六、税目28.44只适用于：

（一）锝（原子序数43）、钷（原子序数61）、钋（原子序数84）及原子序数大于84的所有化学元素；

（二）天然或人造放射性同位素（包括第十四类及第十五类的贵金属和贱金属的放射性同位素），不论是否混合；

（三）上述元素或同位素的无机或有机化合物，不论是否已有化学定义或是否混合；

（四）含有上述元素或同位素及其无机或有机化合物并且具有某种放射性强度超过74贝克勒尔／克（0.002微居里／克）的合金、分散体（包括金属陶瓷）、陶瓷产品及混合物；

（五）核反应堆已耗尽（已辐照）的燃料元件（释热元件）；

（六）放射性的残渣，不论是否有用。

税目28.44、28.45及本注释所称“同位素”，是指：

1. 单独的核素，但不包括自然界中以单一同位素状态存在的核素；

2. 同一元素的同位素混合物，其中一种或几种同位素已被浓缩，即人工地改变了该元素同位素的自然构成。

七、税目28.53包括按重量计含磷量超过15%的磷化铜（磷铜）。

八、经掺杂用于电子工业的化学元素（例如，硅、硒），如果拉制后未经加工或呈圆筒形、棒形，应归入本章；如果已切成圆片、薄片或类似形状，则归入税目38.18。

子目注释：

子目2852.10所称“已有化学定义”是指符合第二十八章注释一（一）至（五）或第二十九章注释一（一）至（八）规定的汞的无机或有机化合物。

税　号	货品名称	进口关税（%）			增值/消费税（%）	出口退税（%）	计量单位	监管证件代码	检验检疫类别	协定税率（%）		
		最惠国	普通	年内暂定						东盟	亚太	智利
	第一分章　化学元素											
28.01	氟、氯、溴及碘：											
2801.1000	- 氯	5	80		13	0	千克	AB	M/N	0		0
2801.2000	- 碘	5	30	1	13	0	千克	G		0		
	- 氟；溴：											

(e) Hydrogen peroxide, solidified with urea (heading 28.47), carbon oxysulphide, thiocarbonyl halides, cyanogen, cyanogen halides and cyanamide and its metal derivatives (heading 28.53) other than calcium cyanamide, whether or not pure (Chapter 31).

3. Subject to the provisions of Note 1 to Section VI, this Chapter does not cover:

(a) Sodium chloride or magnesium oxide, whether or not pure, or other products of Section V;

(b) Organo-inorganic compounds other than those mentioned in Note 2 above;

(c) Products mentioned in Note 2, 3, 4 or 5 to Chapter 31;

(d) Inorganic products of a kind used as luminophores, of heading 32.06; glass frit and other glass in the form of powder, granules or flakes, of heading 32.07;

(e) Artificial graphite (heading 38.01); products put up as charges for fire- extinguishers or put up in fire-extinguishing grenades, of heading 38.13; ink removers put up in packings for retail sale, of heading 38.24; cultured crystals (other than optical elements) weighing not less than 2.5g each, of the halides of the alkali or alkaline- earth metals, of heading 38.24;

(f) Precious or semi- precious stones (natural, synthetic or reconstructed) or dust or powder of such stones (headings 71.02 to 71.05), or precious metals or precious metal alloys of Chapter 71;

(g) The metals, whether or not pure, metal alloys or cermets, including sintered metal carbides (metal carbides sintered with a metal), of Section XV; or

(h) Optical elements, for example, of the halides of the alkali or alkaline- earth metals (heading 90.01).

4. Chemically defined complex acids consisting of a non- metal acid of sub- Chapter II and a metal acid of sub- Chapter IV are to be classified in heading 28.11.

5. Headings 28.26 to 28.42 apply only to metal or ammonium salts or peroxysalts.

Except where the context otherwise requires, double or complex salts are to be classified in heading 28.42.

6. Heading 28.44 applies only to:

(a) Technetium (atomic No.43), promethium (atomic No.61), polonium (atomic No.84) and all elements with an atomic number greater than 84;

(b) Natural or artificial radioactive isotopes (including those of the precious metals or of the base metals of Sections XIV and XV), whether or not mixed together;

(c) Compounds, inorganic or organic, of these elements or isotopes, whether or not chemically defined, whether or not mixed together;

(d) Alloys, dispersions (including cermets), ceramic products and mixtures containing these elements or isotopes or inorganic or organic compounds thereof and having a specific radioactivity exceeding 74 Bq/g (0.002 μci/g);

(e) Spent (irradiated) fuel elements (cartridges) of nuclear reactors;

(f) Radioactive residues whether or not usable.

The term "isotopes", for the purposes of this Note and of the wording of headings 28.44 and 28.45, refers to:

(i) Individual nuclides, excluding, however, those existing in nature in the monoisotopic state;

(ii) Mixtures of isotopes of one and the same element, enriched in one or several of the said isotopes, that is, elements of which the natural isotopic composition has been artificially modified.

7. Heading 28.53 includes copper phosphide (phosphor copper) containing more than 15% by weight of phosphorus.

8. Chemical elements (for example, silicon and selenium) doped for use in electronics are to be classified in this Chapter, provided that they are in forms unworked as drawn, or in the form of cylinders or rods. When cut in the form of discs, wafers or similar forms, they fall in heading 38.18.

Subheading Note:

For the purposes of subheading 2852.10, the expression "chemically defined" means all organic or inorganic compounds of mercury meeting the requirements of paragraphs (a) to (e) of Note 1 to Chapter 28 or paragraphs (a) to (h) of Note 1 to Chapter 29.

协定税率（%）														特惠税率（%）①/②	Article Description
巴基斯坦	冰岛	哥斯达黎加	秘鲁	新西兰	瑞士	新加坡	韩国	澳大利亚	格鲁吉亚	毛里求斯	日本RCEP	尼加拉瓜	港澳台		
															I. CHEMICAL ELEMENTS
															Fluorine, chlorine, bromine and iodine:
0	0	0	0	0	0		0	0	0	0	0	0	0/	0/0	- Chlorine
0	0	0		0	0		0	0	0	0	4	0	0/	0/0	- Iodine
															- Fluorine; bromine:

税　号	货品名称	进口关税（%）最惠国	普通	年内暂定	增值/消费税（%）	出口退税（%）	计量单位	监管证件代码	检验检疫类别	协定税率（%）东盟	亚太	智利
2801.3010	--- 氟	5	30		13	0	千克	AB	M/N	0	4.5	0
2801.3020	--- 溴	5	30	1	13	0	千克	23AB	M/N	0		0
28.02	**升华硫磺、沉淀硫磺；胶态硫磺：**											
2802.0000	升华硫磺、沉淀硫磺；胶态硫磺	5	17	1	13	0	千克	AB	M/N	0		0
28.03	**碳（碳黑及其他税目未列名的其他形态的碳）：**											
2803.0000	碳（碳黑及其他税目未列名的其他形态的碳）	5	35		13	0	千克			0	3.3	0
28.04	**氢、稀有气体及其他非金属：**											
2804.1000	- 氢	5	30		13	0	千克/立方米	AB	M/N	0		0
	- 稀有气体：											
2804.2100	-- 氩	5	30		13	0	千克/立方米	AB	M/N	0		0
2804.2900	-- 其他											
28042900.10	氦	5	30	1	13	0	千克/立方米			0		0
28042900.20	氖	5	30		13	0	千克/立方米			0		0
28042900.30	氙	5	30		13	0	千克/立方米			0		0
28042900.90	其他稀有气体	5	30		13	0	千克/立方米			0		0
2804.3000	- 氮	5	30		13	0	千克/立方米	AB	M/N	0		0
2804.4000	- 氧	5	80		13	0	千克/立方米	AB	M/N	0		0
2804.5000	- 硼；碲											
28045000.01	碲	5	17	0	13	13	千克			0		0
28045000.10	颗粒＜500微米的硼及其合金（含量≥97%，不论球形，椭球体，雾化，片状，研碎金属燃料）	5	17		13	13	千克	3		0		0
28045000.20	能量密度＞40MJ/kg的硼浆（硼溶于溶剂形成的硼浆）	5	17		13	13	千克	3		0		0
28045000.90	其他硼	5	17		13	13	千克			0		0
	- 硅：											
	-- 按重量计含硅量不少于99.99%：											
	--- 经掺杂用于电子工业的直径在7.5厘米及以上的单晶硅棒：											
2804.6117	---- 直径在30厘米及以上的	4	11		13	13	千克			0		0
2804.6119	---- 其他	4	11		13	0	千克			0		0
2804.6120	--- 经掺杂用于电子工业的其他单晶硅棒	4	17		13	0	千克			0	3.6	0
2804.6190	--- 其他											
28046190.11	含硅量＞99.9999999%的多晶硅废碎料（太阳能级多晶硅除外）	4	30		13	0	千克	9		0		0
28046190.12	含硅量＞99.9999999%的太阳能级多晶硅	4	30		13	0	千克			0		0
28046190.13	含硅量＞99.9999999%的太阳能级多晶硅废碎料	4	30		13	0	千克	9		0		0
28046190.19	其他含硅量＞99.9999999%的多晶硅（太阳能级多晶硅除外）	4	30		13	0	千克			0		0

协定税率（%）														特惠税率（%）①/②	Article Description
巴基斯坦	冰岛	哥斯达黎加	秘鲁	新西兰	瑞士	新加坡	韩国	澳大利亚	格鲁吉亚	毛里求斯	日本RCEP	尼加拉瓜	港澳台		
0	0	0	0	0	0		0	0	0	0	0	0	0/	0/0	--- Fluorine
0	0	0	0	0	0		0	0	0	0	0	0	0/	0/0	--- Bromine
															Sulphur, sublimed or precipitated; colloidal sulphur:
0	0	0	0	0	0		0	0	0	0	0	0	0/	0/0	Sulphur, sublimed or precipitated; colloidal sulphur
															Carbon (carbon blacks and other forms of carbon not elsewhere specified or included):
0		0	0	0	0		1.8	0	0	0	4.5	0	0/0	0/0	Carbon (carbon blacks and other forms of carbon not elsewhere specified or included)
															Hydrogen, rare gases and other non-metals:
0	0	0	0	0	0		0	0	0	0	4	0	0/	0/0	- Hydrogen
															- Rare gases:
0	0	0	0	0	0		0	0	0	0	0	0	0/	0/0	-- Argon
															-- Other
0	0	0	0	0	0		0	0	0	0	0	0	0/	0/0	Helium
0	0	0	0	0	0		0	0	0	0	0	0	0/	0/0	Neon
0	0	0	0	0	0		0	0	0	0	0	0	0/	0/0	Xenon
0	0	0	0	0	0		0	0	0	0	0	0	0/	0/0	Other rare gases
0	0	0	0	0	0		0	0	0	0	0	0	0/	0/0	- Nitrogen
0	0	0	0	0	0		0	0	0	0	0	0	0/	0/0	- Oxygen
															- Boron; tellurium
0	0	0	0	0	0		0	0	0	0	0	0	0/	0/0	Tellurium
0	0	0	0	0	0		0	0	0	0	0	0	0/	0/0	Boron and its alloys, granularity is less than 500μm (containing 97% or more by weight of boron, in the form of spheroid, ellipsoid, atomized, flakes or pulverized metallic fuel)
0	0	0	0	0	0		0	0	0	0	0	0	0/	0/0	Boron paste (boron dissolved in solvent), energy density is more than 40MJ/kg
0	0	0	0	0	0		0	0	0	0	0	0	0/	0/0	Other boron
															- Silicon:
															-- Containing by weight not less than 99.99% of silicon:
															--- Monocrystals doped for use in electronics, in the form of cylinders or rods, 7.5cm or more in diameter:
0	0	0	0	0	0		0	0	0	0	0	0	0/	0/0	----30cm or more in diameter
0	0	0	0	0	0			0	0	0		0	0/	0/0	----Other
0	0	0	0	0	0		0	0	0	0	0	0	0/	0/0	--- Other monocrystals doped for use in electronics, in the form of cylinders or rods
															--- Other
0	0	0	0	0	0		1.3	0	0	0	3.3	0	0/	0/0	Polycrystalline silicon waste or scrap, containing by weight more than 99.9999999% of silicon (other than polycrystalline silicon for solar cells)
0	0	0	0	0	0		1.3	0	0	0	3.3	0	0/	0/0	Polycrystalline silicon, containing by weight more than 99.9999999% of silicon, for solar cells
0	0	0	0	0	0		1.3	0	0	0	3.3	0	0/	0/0	Polycrystalline silicon waste or scrap, containing by weight more than 99.9999999% of silicon, for solar cells
0	0	0	0	0	0		1.3	0	0	0	3.3	0	0/	0/0	Other polycrystalline silicon, containing by weight more than 99.9999999% of silicon (other than polycrystalline silicon for solar cells)

税号	货品名称	进口关税（%）最惠国	普通	年内暂定	增值/消费税（%）	出口退税（%）	计量单位	监管证件代码	检验检疫类别	协定税率（%）东盟	亚太	智利
28046190.91	其他含硅量≥99.99%的硅废碎料（太阳能级多晶硅除外）	4	30		13	0	千克	9		0		0
28046190.92	含硅量≥99.99%的太阳能级多晶硅	4	30		13	0	千克			0		0
28046190.93	含硅量≥99.99%的太阳能级多晶硅废碎料	4	30		13	0	千克	9		0		0
28046190.99	其他含硅量≥99.99%的硅（太阳能级多晶硅除外）	4	30		13	0	千克			0		0
2804.6900	-- 其他	4	30		13	0	千克			0		0
	- 磷：											
2804.7010	--- 黄磷（白磷）	5	30		13	0	千克	AB	M/N	0		0
2804.7090	--- 其他											
28047090.10	红磷	5	30		13	0	千克	ABG	M/N	0		0
28047090.90	其他磷	5	30		13	0	千克			0		0
2804.8000	- 砷	5	30		13	0	千克	AB	M/N	0		0
	- 硒：											
2804.9010	--- 经掺杂用于电子工业的晶体棒	4	17		13	0	千克			0	3.2	0
2804.9090	--- 其他	5	30	0	13	13	千克			0		0
28.05	**碱金属、碱土金属；稀土金属、钪及钇，不论是否相互混合或相互熔合；汞：**											
	- 碱金属及碱土金属：											
2805.1100	-- 钠	5	30		13	0	千克	AB	M/N	0		0
2805.1200	-- 钙											
28051200.10	高纯度钙［金属杂质（除镁外）含量＜1‰，硼含量小于十万分之一］	5	30	1	13	0	千克	3A	M/	0		0
28051200.90	其他钙	5	30	1	13	0	千克			0		0
	-- 其他：											
2805.1910	--- 锂	5	30	1	13	0	千克	AB	M/N	0		0
2805.1990	--- 其他	5	30	1	13	0	千克			0		0
	- 稀土金属、钪及钇，不论是否相互混合或相互熔合：											
	--- 稀土金属、钪及钇，未相互混合或相互熔合：											
2805.3011	---- 钕	5	30	0	13	0	千克	4Bxy	/N	0		0
2805.3012	---- 镝	5	30	0	13	0	千克	4Bxy	/N	0		0
2805.3013	---- 铽	5	30	0	13	0	千克	4Bxy	/N	0		0
2805.3014	---- 镧	5	30	0	13	0	千克	4Bxy	/N	0		0
2805.3015	---- 铈											
28053015.10	颗粒＜500微米的铈及其合金（含量≥97%，不论球形，椭球体，雾化，片状，研碎金属燃料；未相互混合或相互熔合）	5	30	0	13	0	千克	3B	/N	0		0
28053015.90	其他金属铈（未相互混合或相互熔合）	5	30	0	13	0	千克	4Bxy	/N	0		0
2805.3016	---- 镨	5	30	0	13	0	千克	4Bxy	/N	0		0
2805.3017	---- 钇	5	30	0	13	0	千克	4Bxy	/N	0		0
2805.3018	---- 钪	5	30	0	13	13	千克	4Bxy	/N	0		0
2805.3019	---- 其他	5	30	0	13	0	千克	4Bxy	/N	0		0
	--- 稀土金属、钪及钇，相互混合或相互熔合：											
2805.3021	---- 电池级	5	30	0	13	0	千克	4Bxy	/N	0		0
2805.3029	---- 其他	5	30	0	13	0	千克	4Bxy	/N	0		0
2805.4000	- 汞	5	17		13	0	千克	ABX	M/N	0		0
	第二分章　无机酸及非金属无机氧化物											

协定税率（%）														特惠税率（%）①/②	Article Description
巴基斯坦	冰岛	哥斯达黎加	秘鲁	新西兰	瑞士	新加坡	韩国	澳大利亚	格鲁吉亚	毛里求斯	日本RCEP	尼加拉瓜	港澳台		
0	0	0	0	0	0		1.3	0	0	0	3.3	0	0/	0/0	Other silicon waste or scrap, containing by weight 99.99% or more of silicon (other than polycrystalline silicon for solar cells)
0	0	0	0	0	0		1.3	0	0	0	3.3	0	0/	0/0	Polycrystalline silicon, containing by weight 99.99% or more of silicon, for solar cells
0	0	0	0	0	0		1.3	0	0	0	3.3	0	0/	0/0	Waste and scrap of polycrystalline silicon, containing by weight 99.99% or more of silicon, for solar cells
0	0	0	0	0	0		1.3	0	0	0	3.3	0	0/	0/0	Other silicon, containing by weight 99.99% or more of silicon (other than polycrystalline silicon for solar cells)
0	0	0	0	0	0		0	0	0	0	0	0	0/	0/0	-- Other
															- Phosphorus:
0	0	0	0	0	0		0	0	0	0	0	0	0/	0/0	--- Yellow phosphorus (white phosphorus)
															--- Other
0	0	0	0	0	0		0	0	0	0	4	0	0/	0/0	Red phosphorus
0	0	0	0	0	0		0	0	0	0	4	0	0/	0/0	Other phosphorus
0	0	0	0	0	0		0	0	0	0	0	0	0/	0/0	- Arsenic
															- Selenium:
0	0	0	0	0	0		0	0	0	0	0	0	0/	0/0	--- Crystals doped for use in electronics, in the form of cylinders or rods
0	0	0	0.4	0	0		0	0	0	0	4	4	0/	0/0	--- Other
															Alkali or alkaline-earth metals; rare-earth metals, scandium and yttrium, whether or not intermixed or interalloyed; mercury:
															- Alkali metals or alkaline-earth metals:
0	0	0	0	0	0		0	0	0	0	0	0	0/	0/0	-- Sodium
															-- Calcium
0	0	0	0	0	0		0	0	0	0	0	0	0/	0/0	High-purity calcium, metal impurity (other than magnesium) less than 1%, containing less than 1/100000 by weight of boron
0	0	0	0	0	0		0	0	0	0	0	0	0/	0/0	Other calcium
															-- Other:
0	0	0	0	0	0		0	0	0	0	4	0	0/	0/0	--- Lithium
0	0	0	0	0	0		0	0	0	0	4	0	0/	0/0	-- Other
															- Rare-earth metals, scandium and yttrium, whether or not intermixed or interalloyed:
															--- Not intermixed or interalloyed:
0	0	0	0	0	0		0	0	0	0	0	0	0/	0/0	----Neodymium
0	0	0	0	0	0		0	0	0	0	0	0	0/	0/0	----Dysprosium
0	0	0	0	0	0		0	0	0	0	0	0	0/	0/0	----Terbium
0	0	0	0	0	0		0	0	0	0	0	0	0/	0/0	----Lanthanum
															----Cerium
0	0	0	0	0	0		0	0	0	0	0	0	0/	0/0	Cerium and its alloys, granularity is less than 500 μm, containing 97% or more by weight of cerium, in the form of spheroid, ellipsoid, atomized, flakes or pulverized metallic fuel, not intermixed or interalloyed
0	0	0	0	0	0		0	0	0	0	0	0	0/	0/0	Other cerium metal, not intermixed or interalloyed
0	0	0	0	0	0		0	0	0	0	0	0	0/	0/0	----Praseodymium
0	0	0	0	0	0		0	0	0	0	0	0	0/	0/0	----Yttrium
0	0	0	0	0	0		0	0	0	0	0	0	0/	0/0	----Scandium
0	0	0	0	0	0		0	0	0	0	0	0	0/	0/0	----Other
															--- Inuermixed or interalloyed:
0	0	0	0	0	0		0	0	0	0	0	0	0/	0/0	----Battery grade
0	0	0	0	0	0		0	0	0	0	0	0	0/	0/0	----Other
0	0	0	0	0	0		0	0	0	0	0	0	0/	0/0	- Mercury
															Ⅱ. INORGANIC ACIDS ANDINORGANIC; OXYGEN COMPOUNDS OF NON-METALS

税号	货品名称	进口关税（%）			增值/消费税（%）	出口退税（%）	计量单位	监管证件代码	检验检疫类别	协定税率（%）		
		最惠国	普通	年内暂定						东盟	亚太	智利
28.06	**氯化氢（盐酸）；氯磺酸：**											
2806.1000	- 氯化氢（盐酸）	5	80		13	0	千克	23AB	MR/NS	0		0
2806.2000	- 氯磺酸	5	40		13	0	千克	AB	M/N	0		0
28.07	**硫酸；发烟硫酸：**											
2807.0000	硫酸；发烟硫酸											
28070000.10	硫酸	5	35	1	13	0	千克	32		0		0
28070000.90	发烟硫酸	5	35	1	13	0	千克	AB	M/N	0		0
28.08	**硝酸；磺硝酸：**											
2808.0000	硝酸；磺硝酸											
28080000.10	红发烟硝酸	5	40		13	0	千克	3A	M/	0		0
28080000.90	磺硝酸及其他硝酸	5	40		13	0	千克			0		0
28.09	**五氧化二磷；磷酸；多磷酸，不论是否已有化学定义：**											
2809.1000	- 五氧化二磷	1	8		13	0	千克	AB	M/N	0		0
	- 磷酸及多磷酸：											
	--- 磷酸及偏磷酸、焦磷酸：											
2809.2011	---- 食品级磷酸	1	8		13	0	千克	AB	R/NS	0		0
2809.2019	---- 其他	1	8		13	0	千克	B	/N	0		0
2809.2090	--- 其他	5	35		13	0	千克			0		0
28.10	**硼的氧化物；硼酸：**											
2810.0010	--- 硼的氧化物	5	30		13	0	千克			0	4.5	0
2810.0020	--- 硼酸	5	30	2	13	0	千克	AB	M/N	0		0
28.11	**其他无机酸及非金属无机氧化物：**											
	- 其他无机酸：											
	-- 氟化氢（氢氟酸）：											
2811.1110	--- 电子级氢氟酸	5.5	35		13	0	千克	3AB	M/N	0		0
2811.1190	--- 其他	5	35		13	0	千克	3AB	M/N	0		0
2811.1200	-- 氰化氢（氢氰酸）	5	35		13	0	千克	23		0	4	0
	-- 其他：											
2811.1920	--- 硒化氢	5	35		13	0	千克	AB	M/N	0		0
2811.1990	--- 其他											
28111990.10	氢碘酸	5	35		13	0	千克	ABG	M/N	0		0
28111990.20	砷酸、焦砷酸、偏砷酸	5	35		13	0	千克			0		0
28111990.90	其他无机酸	5	35		13	0	千克	AB	MR/NS	0		0
	- 其他非金属无机氧化物：											
2811.2100	-- 二氧化碳	5	30		13	0	千克	AB	MR/NS	0		0
	-- 二氧化硅：											
2811.2210	--- 硅胶	5	30		13	13	千克	A	R/	0		0
2811.2290	--- 其他	5	30		13	13	千克	A	R/	0		0
2811.2900	-- 其他											
28112900.10	三氧化二砷、五氧化二砷[亚砷（酸）酐，砒霜，白砒，氧化亚砷，砷（酸）酐，三氧化砷]	5	30		13	0	千克			0		0
28112900.20	四氧化二氮	5	30		13	0	千克	3A	M/	0		0
28112900.90	其他非金属无机氧化物	5	30		13	0	千克			0		0
	第三分章　非金属卤化物及硫化物											
28.12	**非金属卤化物及卤氧化物：**											
	- 氯化物及氯氧化物：											
2812.1100	-- 碳酰二氯（光气）	5	30		13	0	千克	23		0		0
2812.1200	-- 氧氯化磷	5	30		13	0	千克	23		0		0
2812.1300	-- 三氯化磷	5	30		13	0	千克	23AB	M/N	0		0

协定税率（%）														特惠税率（%）①/②	Article Description
巴基斯坦	冰岛	哥斯达黎加	秘鲁	新西兰	瑞士	新加坡	韩国	澳大利亚	格鲁吉亚	毛里求斯	日本RCEP	尼加拉瓜	港澳台		
															Hydrogen chloride (hydrochloric acid); chorosulphuric acid:
0	0	0	0	0	0		0	0	0	0	0	0	0/	0/0	- Hydrogen chloride (hydrochloric acid)
0	0	0	0	0	0		0	0	0	0	0	0	0/	0/0	- Chlorosulphuric acid
															Sulphuric acid; oleum:
															Sulphuric acid; oleum
0	0	0	0	0	0		0	0	0	0	0	0	0/	0/0	Sulphuric acid
0	0	0	0	0	0		0	0	0	0	0	0	0/	0/0	Oleum
															Nitric acid; sulphonitric acids:
															Nitric acid; sulphonitric acids
0	0	0	0	0	0		0	0	0	0	0	0	0/	0/0	Red fuming nitric acid
0	0	0	0	0	0		0	0	0	0	0	0	0/	0/0	Sulphonitric acids and other nitric acids
															Diphosphorus pentaoxide; phosphoric acid; polyphosphoric acids, whether or not chemically defined:
0	0	0	0	0	0		0	0	0	0	0	0	0/	0/0	- Diphosphorus pentaoxide
															- Phosphoric acid and polyphosphoric acids:
															--- Phosphoric acid, metaphosphoric acid and pyrophosphoric acid:
0	0	0	0	0	0		0	0	0	0	0	0	0/	0/0	----Phosphoric acid, food grade
0	0	0	0	0	0		0	0	0	0	0.7	0	0/	0/0	----Other
0	0	0	0	0	0		0	0	0	0	0	0	0/	0/0	--- Other
															Oxides of boron; boric acids:
0	0	0	0	0	0		0	0	0	0	0	0	0/	0/0	--- Oxides of boron
0	0	0	0	0	0		0	0	0	0	0	0	0/	0/0	--- Boric acids
															Other inorganic acids and other inorganic oxygen compounds of non-metals:
															- Other inorganic acids:
															-- Hydrofluoric acid:
0	0	0	0	0	0		0	0	0	0	4	0	0/	0/0	--- Hydrofluoric acid, electronic-grade
0	0	0	0	0	0		0	0	0	0	4	0	0/	0/0	--- Other
0	0	0	0	0	0		0	0	0	0	0	0	0/	0/0	-- Hydrogen cyanide (hydrocyanic acid)
															-- Other
0	0	0	0	0	0		0	0	0	0	4	0	0/	0/0	--- Hydrogen selenide
															--- Other
0	0	0	0	0	0		0	0	0	0	4	0	0/	0/0	Hydriodic acid
0	0	0	0	0	0		0	0	0	0	4	0	0/	0/0	Arsenic acid, pyroarsenic acid, meta-arsenic acid
0	0	0	0	0	0		0	0	0	0	4	0	0/	0/0	Other inorganic acids
															- Other inorganic oxygen compounds of nonmetals:
0	0	0	0	0	0		0	0	0	0	0	0	0/	0/0	-- Carbon dioxide
															-- Silicon dioxide:
0	0	0	0	0	0		0	0	0	0	0	0	0/	0/0	--- Silica gel
0	0	0	0	0	0		0	0	0	0	0	0	0/	0/0	--- Other
															-- Other
0	0	0	0	0	0		0	0	0	0	0	0	0/	0/0	Arsenic trioxide, arsenic pentaoxide (arsenous anhydride, arsenic, white arsenic, arsenous oxidation, arsenic anhydride, arsenic trioxide)
0	0	0	0	0	0		0	0	0	0	0	0	0/	0/0	Dinitrogen tetroxide
0	0	0	0	0	0		0	0	0	0	0	0	0/	0/0	Other inorganic oxygen compounds of non-metals
															Ⅲ. HALOGEN OR SULPHURCOMPOUNDS OF NON-METALS
															Halides and halide oxides of non-metals:
															- Chlorides and chloride oxides:
0	0	0	0	0	0		0	0	0	0	0	0	0/	0/0	-- Carbonyl dichloride (phosgene)
0	0	0	0	0	0		0	0	0	0	0	0	0/	0/0	-- Phosphorus oxychloride
0	0	0	0	0	0		0	0	0	0	0	0	0/	0/0	-- Phosphorus trichloride

税　号	货品名称	进口关税（%） 最惠国	普通	年内暂定	增值/消费税（%）	出口退税（%）	计量单位	监管证件代码	检验检疫类别	协定税率（%） 东盟	亚太	智利
2812.1400	-- 五氯化磷	5	30		13	0	千克	23AB	M/N	0		0
2812.1500	-- 一氯化硫	5	30		13	0	千克	23AB	M/N	0		0
2812.1600	-- 二氯化硫	5	30		13	0	千克	23AB	M/N	0		0
2812.1700	-- 亚硫酰氯	5	30		13	0	千克	23AB	M/N	0		0
	-- 其他：											
2812.1910	--- 氯化物											
28121910.10	三氯化砷	5	30		13	0	千克	23AB	M/N	0		0
28121910.90	其他非金属氯化物	5	30		13	0	千克			0		0
2812.1990	--- 其他	5	30		13	0	千克			0		0
	- 其他：											
	--- 氟化物及氟氧化物：											
2812.9011	---- 三氟化氮	5	30		13	13	千克	AB	M/N	0		0
2812.9012	---- 六氟化硫	5	30		13	0	千克			0		0
2812.9019	---- 其他											
28129019.10	三氟化氯	5	30		13	0	千克	3A	M/	0		0
28129019.20	三氟化砷（氟化亚砷）	5	30		13	0	千克			0		0
28129019.30	硫酰氟	5	30		13	0	千克	S		0		0
28129019.40	三氟化磷	5	30	3	13	0	千克			0		0
28129019.50	三氟化硼	5	30	3	13	0	千克			0		0
28129019.90	其他氟化物及氟氧化物	5	30		13	0	千克			0		0
2812.9090	--- 其他											
28129090.10	三溴化砷，三碘化砷（溴化亚砷，碘化亚砷）	5	30		13	0	千克			0		0
28129090.90	其他非金属卤化物及卤氧化物	5	30		13	0	千克			0		0
28.13	**非金属硫化物；商品三硫化二磷：**											
2813.1000	- 二硫化碳	5	30		13	0	千克	AB	M/N	0		0
2813.9000	- 其他											
28139000.10	五硫化二磷	5	30		13	0	千克	23		0		0
28139000.20	三硫化二磷	5	30		13	0	千克	AB	M/N	0		0
28139000.90	其他非金属硫化物	5	30		13	0	千克			0		0
	第四分章　无机碱和金属氧化物、氢氧化物及过氧化物											
28.14	**氨及氨水：**											
2814.1000	- 氨	5	35	0	13	0	千克	AB	M/N	0		0
2814.2000	- 氨水											
28142000.10	氨水（含量≥10%）	5	35	0	13	0	千克	AB	M/N	0		0
28142000.90	其他氨水	5	35	0	13	0	千克			0		0
28.15	**氢氧化钠（烧碱）；氢氧化钾（苛性钾）；过氧化钠及过氧化钾：**											
	- 氢氧化钠（烧碱）：											
2815.1100	-- 固体	5	35		13	0	千克	ABG	MR/NS	5	3.3	0
2815.1200	-- 水溶液（氢氧化钠浓溶液及液体烧碱）	5	35		13	0	千克	ABG	M/N	5	3.3	0
2815.2000	- 氢氧化钾（苛性钾）	5	30		13	13	千克	AB	MR/NS	0		0
2815.3000	- 过氧化钠及过氧化钾	5	30		13	0	千克	AB	M/N	0		0
28.16	**氢氧化镁及过氧化镁；锶或钡的氧化物、氢氧化物及过氧化物：**											
2816.1000	- 氢氧化镁及过氧化镁											
28161000.10	过氧化镁	5	30		13	0	千克	AB	M/N	0		0
28161000.90	氢氧化镁	5	30		13	0	千克			0		0
2816.4000	- 锶或钡的氧化物、氢氧化物及过氧化物	5	30	2	13	0	千克			0		0
28.17	**氧化锌及过氧化锌：**											
2817.0010	--- 氧化锌	5	40		13	0	千克	A	R/	0		0
2817.0090	--- 过氧化锌	5	30		13	0	千克	AB	M/N	0	4.5	0

协定税率（%）														特惠税率（%）①/②	Article Description
巴基斯坦	冰岛	哥斯达黎加	秘鲁	新西兰	瑞士	新加坡	韩国	澳大利亚	格鲁吉亚	毛里求斯	日本RCEP	尼加拉瓜	港澳台		
0	0	0	0	0	0		0	0	0	0	0	0	0/	0/0	-- Phosphorus pentachloride
0	0	0	0	0	0		0	0	0	0	0	0	0/	0/0	-- Sulfur monochloride
0	0	0	0	0	0		0	0	0	0	0	0	0/	0/0	-- Sulfur dichloride
0	0	0	0	0	0		0	0	0	0	4	0	0/	0/0	-- Thionyl chloride
															-- Other:
															--- Chlorides
0	0	0	0	0	0		0	0	0	0	4	0	0/	0/0	Arsenic trichloride
0	0	0	0	0	0		0	0	0	0	4	0	0/	0/0	Other chlorides of non-metals
0	0	0	0	0	0		0	0	0	0	0	0	0/	0/0	--- Other
															- Other
															--- Fluoride and oxyfluoride:
0	0	0	0	0	0		1.8	0	0	0	4.5	0	0/	0/0	----Nitrogen trifluoride
0	0	0	0	0	0		0	0	0	0	4	0	0/	0/0	----Sulfur hexafluoride
															----Other
0	0	0	0	0	0		0	0	0	0	4	0	0/	0/0	Chlorine trifluoride
0	0	0	0	0	0		0	0	0	0	4	0	0/	0/0	Arsenous fluoride (arsenous fluorid)
0	0	0	0	0	0		0	0	0	0	4	0	0/	0/0	Sulfuryl fluoride
0	0	0	0	0	0		0	0	0	0	4	0	0/	0/0	Phosphorus trifluoride
0	0	0	0	0	0		0	0	0	0	4	0	0/	0/0	Boron trifluoride
0	0	0	0	0	0		0	0	0	0	4	0	0/	0/0	Other fluorides and oxyfluorides
															--- Other
0	0	0	0	0	0		0	0	0	0	4	0	0/	0/0	Arsenic bromide, arsenic triiodide (arsenous bromide, arsenous iodide)
0	0	0	0	0	0		0	0	0	0	4	0	0/	0/0	Other halides and halide oxides of non-metals
															Sulphides of non-metals; commercial phosphorus trisuiphides:
0	0	0	0	0	0		0	0	0	0	0	0	0/	0/0	- Carbon disulphide
															- Other
0	0	0	0	0	0		0	0	0	0	0	0	0/	0/0	Phosphorus pentasulfide
0	0	0	0	0	0		0	0	0	0	0	0	0/	0/0	Phosphorus trisulfide
0	0	0	0	0	0		0	0	0	0	0	0	0/	0/0	Other sulphides of non-metals
															Ⅳ. INORGANIC BASES AND OXIDES, HYDROXIDES AND PEROXIDES OF METALS
															Ammonia, anhydrous or in aqueous solution:
0	0	0	0	0	0		0	0	0	0	0	0	0/	0/0	- Anhydrous ammonia
															- Ammonia in aqueous solution
0	0	0	0	0	0		0	0	0	0	0	0	0/	0/0	Ammonia water (containing 10% or more)
0	0	0	0	0	0		0	0	0	0	0	0	0/	0/0	Other ammonia water
															Sodium hydroxide (caustic soda); potassium hydroxide (caustic po-tash); peroxides or sodium or postassium:
															- Sodium hydroxide (caustic soda):
7	0	0	0	0	0		0	0	0	0		0	0/	0/0	-- Solid
5.6	0	0	0	0	0		0	0	0	0		0	0/	0/0	-- In aqueous solution (soda lye or liquid soda)
0	0	0	0	0	0		0	0	0	0	0	0	0/	0/0	- Potassium hydroxide (caustic potash)
0	0	0	0	0	0		0	0	0	0	0	0	0/	0/0	- Peroxides of sodium or potassium
															Hydroxide and peroxide of magnesium; oxides, hydroxides and peroxides, of strontium or barium:
															- Hydroxide and peroxide of magnesium
0	0	0	0	0	0		0	0	0	0	4	0	0/	0/0	Peromag
0	0	0	0	0	0		0	0	0	0	4	0	0/	0/0	Magnesium hydroxide
0	0	0	0	0	0		0	0	0	0	0	0	0/	0/0	- Oxides, hydroxides and peroxides, of strontium or barium
															Zinc oxide; Zinc peroxide:
0	0	0	0	0	0		0	0	0	0	0	0	0/	0/0	--- Zinc oxide
0	0	0	0	0	0		0	0	0	0	0	0	0/	0/0	--- Zinc peroxide

税　号	货品名称	进口关税（%）			增值/消费税（%）	出口退税（%）	计量单位	监管证件代码	检验检疫类别	协定税率（%）		
		最惠国	普通	年内暂定						东盟	亚太	智利
28.18	**人造刚玉，不论是否已有化学定义；氧化铝；氢氧化铝：**											
	- 人造刚玉，不论是否已有化学定义：											
2818.1010	--- 棕刚玉	5	20		13	0	千克			0		0
2818.1090	--- 其他	5	20		13	0	千克			0		0
2818.2000	- 氧化铝，但人造刚玉除外	5	30	0	13	0	千克			0		0
2818.3000	- 氢氧化铝	5	30		13	0	千克			0		0
28.19	**铬的氧化物及氢氧化物：**											
2819.1000	- 三氧化铬	5	20		13	0	千克	AB	M/N	0		0
2819.9000	- 其他	5	30		13	0	千克			0		0
28.20	**锰的氧化物：**											
2820.1000	- 二氧化锰	5	40		13	0	千克			0		0
2820.9000	- 其他	5	30		13	0	千克			0		0
28.21	**铁的氧化物及氢氧化物；土色料，按重量计三氧化二铁含量在70%及以上：**											
2821.1000	- 铁的氧化物及氢氧化物	5	30		13	0	千克			0		0
2821.2000	- 土色料	5	45		13	0	千克			0		0
28.22	**钴的氧化物及氢氧化物；商品氧化钴：**											
2822.0010	--- 四氧化三钴	5	30	2	13	13	千克	4xy		0		0
2822.0090	--- 其他	5	30	2	13	0	千克	4xy		0		0
28.23	**钛的氧化物：**											
2823.0000	钛的氧化物	5	30		13	0	千克			0		0
28.24	**铅的氧化物；铅丹及铅橙：**											
2824.1000	- 一氧化铅（铅黄、黄丹）	5	30		13	0	千克	AB	M/N	0		0
	- 其他：											
2824.9010	--- 铅丹及铅橙	5	45		13	0	千克	AB	M/N	0		0
2824.9090	--- 其他	5	30		13	0	千克			0		0
28.25	**肼（联氨）、胲（羟胺）及其无机盐；其他无机碱；其他金属氧化物、氢氧化物及过氧化物：**											
	- 肼（联氨）、胲（羟胺）及其无机盐：											
2825.1010	--- 水合肼											
28251010.10	纯度70%及以上的水合肼	5	30		13	0	千克	3A	M/	0		0
28251010.90	纯度70%以下的水合肼	5	30		13	0	千克	AB	M/N	0		0
2825.1020	--- 硫酸羟胺	5	30		13	0	千克	AB	M/N	0		0
2825.1090	--- 其他	5	30		13	0	千克			0		0
	- 锂的氧化物及氢氧化物：											
2825.2010	--- 氢氧化锂	5	30		13	0	千克	AB	M/N	0		0
2825.2090	--- 其他	5	30		13	0	千克			0		0
	- 钒的氧化物及氢氧化物：											
2825.3010	--- 五氧化二钒	5	30		13	0	千克	4ABxy	M/N	0		0
2825.3090	--- 其他	5	30		13	0	千克	4xy		0		0
2825.4000	- 镍的氧化物及氢氧化物	5	30	2	13	13	千克			0		0
2825.5000	- 铜的氧化物及氢氧化物	5	30		13	0	千克			0		0
2825.6000	- 锗的氧化物及二氧化锆											
28256000.01	锗的氧化物	5	30		13	0	千克	3		0		0
28256000.90	二氧化锆	5	30		13	0	千克	3		0		0
2825.7000	- 钼的氧化物及氢氧化物	5	30		13	0	千克	4xy		0		0
2825.8000	- 锑的氧化物	5	30		13	0	千克	4xBy	/N	0		0
	- 其他：											
	--- 钨的氧化物及氢氧化物：											
2825.9011	---- 钨酸	5	30		13	0	千克	4xy		0		0

协定税率（%）巴基斯坦	冰岛	哥斯达黎加	秘鲁	新西兰	瑞士	新加坡	韩国	澳大利亚	格鲁吉亚	毛里求斯	日本RCEP	尼加拉瓜	港澳台	特惠税率（%）①/②	Article Description
															Artificial corundum, whether or not chemically defined; aluminium oxide; aluminium hydroxide:
															- Artificial corundum, whether or not chemically defined:
0	0	0	0	0	0		0	0	0	0	4	0	0/	0/0	--- Brown fused alumina
0	0	0	0	0	0		0	0	0	0	0	0	0/	0/0	--- Other
0	0	0	0	0	0	0	0	0	0	0	5.8	0	0/	0/0	- Aluminium oxide, other than artificial corundum
0	0	0	0	0	0		0	0	0	0	0	0	0/	0/0	- Aluminium hydroxide
															Chromium oxides and hydroxides:
0	0	0	0	0	0		0	0	0	0	4	0	0/	0/0	- Chromium trioxide
0	0	0	0	0	0		0	0	0	0	0	0	0/	0/0	- Other
															Manganese oxide:
0	0	0	0	0	0		0	0	0	0	0	0	0/	0/0	- Manganese dioxide
0	0	0	0	0	0		0	0	0	0	0	0	0/	0/0	- Other
															Iron oxides and hydroxides; earth colours containing 70% or more by weight of combined iron evaluated as Fe_2O_3:
0	0	0	0	0	0		1.8	0	0	0	4.5	0	0/	0/0	- Iron oxides and hydroxides
0	0	0	0	0	0		0	0	0	0	4	0	0/	0/0	- Earth colours
															Cobalt oxides and hydroxides; commercial cobalt oxides:
0	0	0	0	0	0		0	0	0	0	0	0	0/	0/0	--- Cobalt tetroxide
0	0	0	0	0	0		0	0	0	0	0	0	0/	0/0	--- Other
															Titanium oxides:
0	0	0	0	0	0		0	0	0	0	0	0	0/	0/0	Titanium oxides
															Lead oxides; red lead and orange lead:
0	0	0	0	0	0		0	0	0	0	0	0	0/	0/0	- Lead monoxide (litharge, massicot)
															- Other:
0	0	0	0	0	0		0	0	0	0	0	0	0/	0/0	--- Red lead and orange lead
0	0	0	0	0	0		0	0	0	0	0	0	0/	0/0	--- Other
															Hydrazine and hydroxylamine and their inorganic salts; other inorganic bases; othermetal oxides, hydroxides and peroxides:
															- Hydrazine and hydroxylamine and their inorganic salts:
															--- Hydrazine hydrate
0	0	0	0	0	0		0	0	0	0	4	0	0/	0/0	Hydrazine hydrate, containing 70% or more
0	0	0	0	0	0		0	0	0	0	4	0	0/	0/0	Hydrazine hydrate, containing less than 70%
0	0	0	0	0	0		0	0	0	0	4	0	0/	0/0	--- Hydroxylamine sulfate
0	0	0	0	0	0		0	0	0	0	0	0	0/	0/0	--- Other
															- Lithium oxide and hydroxide:
0	0	0	0	0	0		0	0	0	0	0	0	0/	0/0	--- Lithium hydroxide
0	0	0	0	0	0		0	0	0	0	0	0	0/	0/0	--- Other
															- Vanadium oxides and hydroxides:
0	0	0	0	0	0		0	0	0	0	4	0	0/	0/0	--- Divanadium pentaoxide
0	0	0	0	0	0		0	0	0	0	0	0	0/	0/0	--- Other
0	0	0	0	0	0		0	0	0	0	0	0	0/	0/0	- Nickel oxides and hydroxides
0	0	0	0	0	0		0	0	0	0	0	0	0/	0/0	- Copper oxides and hydroxides
															- Germanium oxides and zirconium dioxide
0	0	0	0	0	0		0	0	0	0	0	0	0/	0/0	Germanium oxides
0	0	0	0	0	0		0	0	0	0	0	0	0/	0/0	Zirconium dioxide
0	0	0		0	0		0	0	0	0	4	0	0/	0/0	- Molybdenum oxides and hydroxides
0	0	0	0	0	0		0	0	0	0	0	0	0/	0/0	- Antimony oxides
															- Other:
															-- Tungsten oxides and hydroxides:
0	0	0	0	0	0		0	0	0	0	0	0	0/	0/0	----Tungstic acid

税 号	货品名称	进口关税（%） 最惠国	普通	年内暂定	增值/消费税（%）	出口退税（%）	计量单位	监管证件代码	检验检疫类别	协定税率（%） 东盟	亚太	智利
2825.9012	---- 三氧化钨	5	30		13	0	千克	4xy		0		0
2825.9019	---- 其他											
28259019.10	蓝色氧化钨	5	30		13	0	千克	4xy		0		0
28259019.90	其他钨的氧化物及氢氧化物	5	30		13	0	千克			0		0
	--- 铋的氧化物及氢氧化物：											
2825.9021	---- 三氧化二铋	5	30		13	13	千克	4Axy	R/	0		0
2825.9029	---- 其他	5	30		13	0	千克	4Axy	R/	0		0
	--- 锡的氧化物及氢氧化物：											
2825.9031	---- 二氧化锡	5	30		13	0	千克	4Axy	R/	0		0
2825.9039	---- 其他	5	30		13	0	千克	4Axy	R/	0		0
	--- 铌的氧化物及氢氧化物：											
2825.9041	---- 一氧化铌	5	30		13	0	千克	A	M/	0		0
2825.9049	---- 其他											
28259049.10	五氧化二铌	5	30	2	13	0	千克	AB	MR/N	0		0
28259049.90	其他铌的氧化物及氢氧化物	5	30		13	0	千克	AB	MR/N	0		0
2825.9090	--- 其他											
28259090.01	氧化镓	5	30		13	0	千克	3AB	MR/NS	0		0
28259090.90	其他氧化物	5	30		13	0	千克	AB	MR/NS	0		0
	第五分章 无机酸盐、无机过氧酸盐及金属酸盐、金属过氧酸盐											
28.26	**氟化物；氟硅酸盐、氟铝酸盐及其他氟络盐：**											
	- 氟化物：											
	-- 氟化铝：											
2826.1210	--- 无水氟化铝	5.5	30		13	0	千克			0		0
2826.1290	--- 其他	5	30		13	0	千克			0		0
	-- 其他：											
2826.1910	--- 铵的氟化物											
28261910.10	氟化氢铵	5	30		13	0	千克	3A	M/	0		0
28261910.90	其他铵的氟化物	5	30		13	0	千克			0		0
2826.1920	--- 钠的氟化物											
28261920.10	氟化钠	5	30		13	0	千克	3AB	MR/NS	0		0
28261920.20	氟化氢钠	5	30		13	0	千克	3A	M/	0		0
28261920.90	其他钠的氟化物	5	30		13	0	千克			0		0
2826.1930	--- 六氟化钨	5	30		13	13	千克			0		0
2826.1990	--- 其他											
28261990.10	氟化钾	5	30		13	0	千克	3A	M/	0		0
28261990.20	氟化氢钾	5	30		13	0	千克	3A	M/	0		0
28261990.30	氟化铅，四氟化铅，氟化镉	5	30		13	0	千克			0		0
28261990.90	其他氟化物	5	30		13	0	千克			0		0
2826.3000	- 六氟铝酸钠（人造冰晶石）	5	30		13	13	千克			0		0
	- 其他：											
2826.9010	--- 氟硅酸盐	5	30		13	0	千克			0		0
2826.9020	--- 六氟磷酸锂	5.5	30		13	13	千克			0		0
2826.9090	--- 其他											
28269090.10	氟钽酸钾	5	30	0	13	0	千克			0		0
28269090.30	氟硼酸铅，氟硼酸镉	5	30		13	0	千克			0		0
28269090.90	氟铝酸盐及其他氟络盐	5	30		13	0	千克			0		0
28.27	**氯化物、氯氧化物及氢氧基氯化物；溴化物及溴氧化物；碘化物及碘氧化物：**											
	- 氯化铵：											
2827.1010	--- 肥料用	4	11		13	0	千克	BG	N	0		0
2827.1090	--- 其他	5	30		13	0	千克	G		0		0
2827.2000	- 氯化钙	5	50		13	13	千克	A	R/	0		0
	- 其他氯化物：											

协定税率（%）														特惠税率（%）①/②	Article Description
巴基斯坦	冰岛	哥斯达黎加	秘鲁	新西兰	瑞士	新加坡	韩国	澳大利亚	格鲁吉亚	毛里求斯	日本 RCEP	尼加拉瓜	港澳台		
0	0	0	0	0	0		0	0	0	0	0	0	0/	0/0	----Tungstic oxide
															----Other
0	0	0	0	0	0		0	0	0	0	0	0	0/	0/0	Blue tungsten oxides
0	0	0	0	0	0		0	0	0	0	0	0	0/	0/0	Other tungsten oxides and tungsten hydroxides
															--- Bismuth oxides and hydroxides:
0	0	0	0	0	0		0	0	0	0	0	0	0/	0/0	----Dibismuth trioxide
0	0	0	0	0	0		0	0	0	0	0	0	0/	0/0	----Other
															--- Tin oxides and hydroxides:
0	0	0	0	0	0		0	0	0	0	0	0	0/	0/0	----Tin dioxide
0	0	0	0	0	0		0	0	0	0	0	0	0/	0/0	----Other
															--- Niobium oxides and hydroxides:
0	0	0	0	0	0		0	0	0	0	0	0	0/	0/0	----Niobium monoxide
															----Other
0	0	0	0	0	0		0	0	0	0	0	0	0/	0/0	Niobium pentoxide
0	0	0	0	0	0		0	0	0	0	0	0	0/	0/0	Other niobium oxides and hydroxides
															--- Other
0	0	0	0	0	0		0	0	0	0	0	0	0/	0/0	Gallium oxide
0	0	0	0	0	0		0	0	0	0	0	0	0/	0/0	Other oxides
															Ⅴ. SALTS AND PEROXYSALTS, OFINORGANIC ACIDS AND METALS
															Fluorides; fluorosilicates, fluoroaluminates and other complex fluorine salts:
															- Fluorides:
															-- Of aluminium:
0	0	0	0	0	0		0	0	0	0	0	0	0/	0/0	--- Aluminium fluoride (anhydrous)
0	0	0	0	0	0		0	0	0	0	0	0	0/	0/0	--- Other
															-- Other:
															--- Of ammonium
0	0	0	0	0	0		0	0	0	0	0	0	0/	0/0	Sodium bifluoride
0	0	0	0	0	0		0	0	0	0	0	0	0/	0/0	Other ammonium fluorid
															--- Of sodium
0	0	0	0	0	0		0	0	0	0	0	0	0/	0/0	Sodium fluoride
0	0	0	0	0	0		0	0	0	0	0	0	0/	0/0	Sodium bifluoride
0	0	0	0	0	0		0	0	0	0	0	0	0/	0/0	Other sodium fluorid
0	0	0	0	0	0		0	0	0	0	0	0	0/	0/0	--- Tungsten hexafluoride
															--- Other
0	0	0	0	0	0		0	0	0	0	0	0	0/	0/0	Potassium fluoride
0	0	0	0	0	0		0	0	0	0	0	0	0/	0/0	Potassium hydrogen fluoride
0	0	0	0	0	0		0	0	0	0	0	0	0/	0/0	Lead fluoride, lead tetrafluoride, cadmium fluoride
0	0	0	0	0	0		0	0	0	0	0	0	0/	0/0	Other fluorides
0	0	0	0	0	0		0	0	0	0	0	0	0/	0/0	- Sodium hexafluoroaluminate (synthetic cryolite)
															- Other:
0	0	0	0	0	0		0	0	0	0	4	0	0/	0/0	--- Fluorosilicates
0	0	0	0	0	0		1.8	0	0	0	4.5	0	0/	0/0	--- Lithium hexafluorophosphate
															--- Other
0	0	0	0	0	0		1.8	0	0	0	4.5	0	0/	0/0	Potassium fluotantalate
0	0	0	0	0	0		1.8	0	0	0	4.5	0	0/	0/0	Lead fluoborate, cadmium fluoborate
0	0	0	0	0	0		1.8	0	0	0	4.5	0	0/	0/0	Fluoroaluminate, Other fluorine complex salt
															Chlorides, chloride oxides and chloride hydroxides; bromides and bromide oxides; iodides and iodide oxides:
															- Ammonium chloride:
0	0	0	0	0	0		0	0	0	0	2.9	0	0/	0/0	--- For use as fertilizer
0	0	0	0	0	0		0	0	0	0	0	0	0/	0/0	--- Other
0	0	0	0	0	0		0	0	0	0	0	0	0/	0/0	- Calcium chloride
															- Other chlorides:

税号	货品名称	进口关税（%）最惠国	普通	年内暂定	增值/消费税（%）	出口退税（%）	计量单位	监管证件代码	检验检疫类别	协定税率（%）东盟	亚太	智利
2827.3100	-- 氯化镁	5	30		13	0	千克	A	R/	0		0
2827.3200	-- 氯化铝	5	30		13	0	千克			0		0
2827.3500	-- 氯化镍	5	30		13	0	千克	AB	M/N	0		0
	-- 其他：											
2827.3910	--- 氯化锂	5	30	0	13	0	千克			0	3.3	0
2827.3920	--- 氯化钡	5	30		13	0	千克	AB	M/N	0	3.3	0
2827.3930	--- 氯化钴	5	30		13	0	千克	4ABxy	MR/NS	0	3.3	0
2827.3990	--- 其他											
28273990.01	四氯化锗	5	30		13	0	千克	3AB	MR/NS	0	3.3	0
28273990.90	其他氯化物	5	30		13	0	千克	AB	MR/NS	0	3.3	0
	- 氯氧化物及氢氧基氯化物：											
2827.4100	-- 铜的氯氧化物及氢氧基氯化物	5	30		13	0	千克			0		0
	-- 其他：											
2827.4910	--- 锆的氯氧化物及氢氧基氯化物	5	30		13	0	千克			0		0
2827.4990	--- 其他	5	30		13	0	千克			0		0
	- 溴化物及溴氧化物：											
2827.5100	-- 溴化钠及溴化钾	5	30		13	0	千克			0		0
2827.5900	-- 其他	5	30		13	0	千克			0		0
2827.6000	- 碘化物及碘氧化物	5	30		13	0	千克	AB	MR/NS	0		0
28.28	**次氯酸盐；商品次氯酸钙；亚氯酸盐；次溴酸盐：**											
2828.1000	- 商品次氯酸钙及其他钙的次氯酸盐	5	80		13	13	千克			0	3.3	0
2828.9000	- 其他	5	30		13	0	千克	AB	MR/NS	0		0
28.29	**氯酸盐及高氯酸盐；溴酸盐及过溴酸盐；碘酸盐及高碘酸盐：**											
	- 氯酸盐：											
2829.1100	-- 氯酸钠	5	30		13	0	千克	AB	M/N	0		0
	-- 其他：											
2829.1910	--- 氯酸钾（洋硝）	5	20		13	0	千克	9B	/N	0		0
2829.1990	--- 其他	5	30		13	0	千克			0		0
2829.9000	- 其他											
28299000.10	颗粒＜500微米的球形高氯酸铵	5	30		13	0	千克	3A	M/	0		0
28299000.20	高氯酸钾	5	30		13	0	千克	3		0		0
28299000.90	其他高氯酸盐，溴酸盐等（包括过溴酸盐、碘酸盐及高碘酸盐）	5	30		13	0	千克			0		0
28.30	**硫化物；多硫化物，不论是否已有化学定义：**											
	- 钠的硫化物：											
2830.1010	--- 硫化钠	5	40		13	0	千克	3AB	M/N	0		0
2830.1090	--- 其他	5	30		13	0	千克			0		0
	- 其他：											
2830.9020	--- 硫化锑	5	45		13	0	千克	B	/N	0		0
2830.9030	--- 硫化钴	5	30		13	0	千克			0		0
2830.9090	--- 其他	5	30		13	0	千克			0		0
28.31	**连二亚硫酸盐及次硫酸盐：**											
	- 钠的连二亚硫酸盐及次硫酸盐：											
2831.1010	--- 钠的连二亚硫酸盐	5	30		13	0	千克	AB	MR/NS	0		0
2831.1020	--- 钠的次硫酸盐	5	30		13	0	千克			0		0
2831.9000	- 其他	5	30		13	0	千克			0		0
28.32	**亚硫酸盐；硫代硫酸盐：**											
2832.1000	- 钠的亚硫酸盐	5	30		13	0	千克			0		0
2832.2000	- 其他亚硫酸盐	5	30		13	0	千克	AB	MR/NS	0		0
2832.3000	- 硫代硫酸盐	5	30		13	0	千克			0		0
28.33	**硫酸盐；矾；过硫酸盐：**											
	- 钠的硫酸盐：											

协定税率(%) 巴基斯坦	冰岛	哥斯达黎加	秘鲁	新西兰	瑞士	新加坡	韩国	澳大利亚	格鲁吉亚	毛里求斯	日本RCEP	尼加拉瓜	港澳台	特惠税率(%) ①/②	Article Description
0	0	0	0	0	0		0	0	0	0	4	0	0/	0/0	-- Of magnesium
0	0	0	0	0	0		0	0	0	0	0	0	0/	0/0	-- Of aluminium
0	0	0	0	0	0		0	0	0	0	0	0	0/	0/0	-- Of nickel
															-- Other:
0	0	0		0	0		0	0	0	0	4	0	0/	0/0	--- Lithium chloride
0	0	0		0			0	0	0	0	4	0	0/	0/0	--- Barium chloride
0	0	0	0	0	0		0	0	0	0	0	0	0/	0/0	--- Cobalt chloride
															--- Other
0	0	0		0	0		0	0	0	0	4	0	0/	0/0	Germanium tetrachloride
0	0	0		0	0		0	0	0	0	4	0	0/	0/0	Other chlorides
															- Chloride oxides and chloride hydroxides:
0	0	0	0	0	0		0	0	0	0	0	0	0/	0/0	-- Of copper
															-- Other:
0	0	0	0	0	0		0	0	0	0	0	0	0/	0/0	--- Of zirconium
0	0	0	0	0	0		0	0	0	0	0	0	0/	0/0	--- Other
															- Bromides and bromide oxides:
0	0	0	0	0	0		0	0	0	0	0	0	0/	0/0	-- Bromides of sodium or of potassium
0	0	0	0	0	0		0	0	0	0	4	0	0/	0/0	-- Other
0	0	0		0	0		0	0	0	0	4	0	0/	0/0	- Iodides and iodide oxides
															Hypochlorites; commercial calcium hypochlorite; chlorites; hypobromites:
2.5	0	0	0	0	0	0	0	0	0	0	8.7	0	0/	0/0	- Commercial calcium hypochlorite and other calcium hypochlorites
0	0	0	0	0	0		0	0	0	0	0	0	0/	0/0	- Other
															Chlorates and perchlorates; bromates and perbromates; iodates and periodates:
															- Chlorates:
6	0	0	0	0	0	0	0	0	0	0	8.7	0	0/	0/0	-- Of sodium
															-- Other:
0	0	0	0	0	0		0	0	0	0	0	0	0/	0/0	--- Potassium chlorate
0	0	0	0	0	0		0	0	0	0	0	0	0/	0/0	--- Other
															- Other
0	0	0	0	0	0		0	0	0	0	0	0	0/	0/0	Ammonium perchlorate, spheroid, granularity less than 500μm
0	0	0	0	0	0		0	0	0	0	0	0	0/	0/0	Potassium perchlorate
0	0	0	0	0	0		0	0	0	0	0	0	0/	0/0	Other perchlorates(bromates and perbromates, iodates and periodates)
															Sulphides; polysulphides, whether or not chemically defined:
															- Sodium sulphides:
0	0	0	0	0	0		0	0	0	0	0	0	0/	0/0	--- Sodium sulphide
0	0	0	0	0	0		0	0	0	0	0	0	0/	0/0	--- Other
															- Other:
0	0	0	0	0	0		0	0	0	0	0	0	0/	0/0	--- Antimony sulphide
0	0	0	0	0	0		0	0	0	0	4	0	0/	0/0	--- Cobalt sulphide
0	0	0	0	0	0		0	0	0	0	0	0	0/	0/0	--- Other
															Dithionites and sulphoxylates:
															- Of sodium:
0	0	0	0	0	0		0	0	0	0	0	0	0/	0/0	--- Sodium dithionites
0	0	0	0	0	0		0	0	0	0	0	0	0/	0/0	--- Sodium sulphoxylates
0	0	0	0	0	0		0	0	0	0	0	0	0/	0/0	- Other
															Sulphites; thiosulphates:
0	0	0	0	0	0		0	0	0	0	0	0	0/	0/0	- Sodium sulphites
0	0	0	0	0	0		0	0	0	0	0	0	0/	0/0	- Other sulphites
0	0	0	0	0	0		0	0	0	0	0	0	0/	0/0	- Thiosulphates
															Sulphates; alums; peroxosulphates (persulphates):
															- Sodium sulphates:

税　号	货品名称	进口关税（%）			增值/消费税（%）	出口退税（%）	计量单位	监管证件代码	检验检疫类别	协定税率（%）		
		最惠国	普通	年内暂定						东盟	亚太	智利
2833.1100	-- 硫酸钠	5	40		13	0	千克	4xy		0	2.5	0
2833.1900	-- 其他	5	30		13	0	千克			0		0
	- 其他硫酸盐：											
2833.2100	-- 硫酸镁	5	30		13	0	千克	A	R/	0		0
2833.2200	-- 硫酸铝	5	30		13	0	千克			0		0
2833.2400	-- 镍的硫酸盐	5	30	0	13	0	千克			0		0
2833.2500	-- 铜的硫酸盐	5	30		13	0	千克			0		0
2833.2700	-- 硫酸钡	5	30		13	0	千克	G		0		0
	-- 其他：											
2833.2910	--- 硫酸亚铁	5	45		13	0	千克	A	R/	0		0
2833.2920	--- 铬的硫酸盐	5	30		13	0	千克			0		0
2833.2930	--- 硫酸锌	5	30		13	13	千克	A	R/	0		0
2833.2990	--- 其他											
28332990.10	硫酸钴	5	30	2	13	0	千克	4ABxy	R/S	0		0
28332990.20	其他钴的硫酸盐	5	30	2	13	0	千克	AB	MR/NS	0		0
28332990.90	其他硫酸盐	5	30		13	0	千克	AB	MR/N	0		0
	- 矾：											
2833.3010	--- 钾铝矾	5	45		13	0	千克			0		0
2833.3090	--- 其他	5	30		13	0	千克			0		0
2833.4000	- 过硫酸盐	5	30		13	0	千克			0		0
28.34	**亚硝酸盐；硝酸盐：**											
2834.1000	- 亚硝酸盐	5	30		13	0	千克	AB	MR/NS	0		0
	- 硝酸盐：											
	-- 硝酸钾：											
2834.2110	--- 肥料用	4	11	0	13	0	千克	AB	M/N	0		0
2834.2190	--- 其他	5	30		13	0	千克	AB	M/N	0		0
	-- 其他：											
2834.2910	--- 硝酸钴	5	30		13	0	千克	AB	M/N	0		0
2834.2990	--- 其他											
28342990.01	硝酸钡	5	30	2	13	0	千克	AB	M/N	0		0
28342990.90	其他硝酸盐	5	30		13	0	千克			0		0
28.35	**次磷酸盐、亚磷酸盐及磷酸盐；多磷酸盐，不论是否已有化学定义：**											
2835.1000	- 次磷酸盐及亚磷酸盐	5	20		13	0	千克			0		0
	- 磷酸盐：											
2835.2200	-- 磷酸一钠及磷酸二钠	5	20		13	0	千克			0		0
2835.2400	-- 钾的磷酸盐	5	20		13	0	千克			0		0
	-- 正磷酸氢钙（磷酸二钙）：											
2835.2510	--- 饲料级的	5	20		13	0	千克	AB	R/S	0		0
2835.2520	--- 食品级的	5	20		13	13	千克	A	R/	0		0
2835.2590	--- 其他	5	20		13	0	千克			0		0
2835.2600	-- 其他磷酸钙	5	20		13	0	千克			0		0
	-- 其他：											
2835.2910	--- 磷酸三钠	5	20		13	0	千克	A	R/	0		0
2835.2990	--- 其他	5	20		13	0	千克	A	MR/	0		0
	- 多磷酸盐：											
	-- 三磷酸钠（三聚磷酸钠）：											
2835.3110	--- 食品级的	5	20		13	13	千克	A	R/	0		0
2835.3190	--- 其他	5	20		13	13	千克			0		0
	-- 其他：											
	--- 六偏磷酸钠：											
2835.3911	---- 食品级的	5	20		13	13	千克	A	R/	0		0
2835.3919	---- 其他	5	20		13	0	千克			0		0

协定税率（%）														特惠税率（%）①/②	Article Description
巴基斯坦	冰岛	哥斯达黎加	秘鲁	新西兰	瑞士	新加坡	韩国	澳大利亚	格鲁吉亚	毛里求斯	日本RCEP	尼加拉瓜	港澳台		
0	0	0	0	0	0		0	0	0	0	4	0	0/	0/0	-- Disodium sulphate
0	0	0	0	0	0		0	0	0	0	0	0	0/	0/0	-- Other
															- Other sulphates:
0	0	0	0	0	0		0	0	0	0	0	0	0/	0/0	-- Of magnesium
0	0	0	0	0	0		0	0	0	0	0	0	0/	0/0	-- Of aluminium
0	0	0	0	0	0		0	0	0	0	0	0	0/	0/0	-- Of nickel
0	0	0	0	0	0		0	0	0	0	0	0	0/	0/0	-- Of copper
0	0	0	0	0	0		0	0	0	0	4	0	0/	0/0	-- Of barium
															-- Other:
0	0	0	0	0	0		0	0	0	0	0	0	0/	0/0	--- Ferrous sulphate
0	0	0	0	0	0		0	0	0	0	0	0	0/	0/0	--- Chromium sulphates
0	0	0	0	0	0		0	0	0	0	4	0	0/	0/0	--- Zine sulphate
															--- Other
0	0	0	0	0	0		0	0	0	0	4	0	0/	0/0	Cobalt sulphate
0	0	0	0	0	0		0	0	0	0	4	0	0/	0/0	Other sulphates of cobalt
0	0	0	0	0	0		0	0	0	0	4	0	0/	0/0	Other sulphates
															- Alums:
0	0	0	0	0	0		0	0	0	0	4	0	0/	0/0	--- Potassium aluminum sulfate
0	0	0	0	0	0		0	0	0	0	4	0	0/	0/0	--- Other
0	0	0	0	0	0		0	0	0	0	4	0	0/	0/0	- Peroxosulphates (persulphates)
															Nitrites; nitrates:
0	0	0	0	0	0		0	0	0	0	0	0	0/	0/0	- Nitrites
															- Nitrates:
															-- Of potassium:
0	0	0	0	0	0		0	0		0	2.9	0	0/	0/0	--- For use as fertilizer
0	0	0	0	0	0		0	0	0	0	0	0	0/	0/0	--- Other
															-- Other:
0	0	0	0	0	0		0	0	0	0	0	0	0/	0/0	--- Of cobalt
															--- Other
0	0	0	0	0	0		0	0	0	0	0	0	0/	0/0	Barium nitrate
0	0	0	0	0	0		0	0	0	0	0	0	0/	0/0	Other nitrates
															Phosphinates (hypophosphites), phosphonates (phosphites) and phosphates; polyphosphates, whether or not chemically defined:
0	0	0	0	0	0		0	0	0	0	0	0	0/	0/0	- Phosphinates (hypophosphites) and phosphonates (phosphites)
															- Phosphates:
0	0	0	0	0	0		0	0	0	0	4	0	0/	0/0	-- Of mono-or disodium
0	0	0	0	0	0		0	0	0	0	0	0	0/	0/0	-- Of potassium
															-- Calcium hydrogenorthophosphate (dicalcium phosphate):
0	0	0	0	0	0		0	0	0	0	0	0	0/	0/0	--- Feed grade
0	0	0	0	0	0		0	0	0	0	0	0	0/	0/0	--- Food grade
0	0	0	0	0	2.2		0	0	0	0	4	0	0/	0/0	--- Other
0	0	0	0	0	0		0	0	0	0	4	0	0/	0/0	-- Other phosphates of calcium
															-- Other:
0	0	0	0	0	0		0	0	0	0	0	0	0/	0/0	--- Trisodium phosphate
0	0	0	0	0	0		0	0	0	0	4	0	0/	0/0	--- Other
															- Polyphosphates:
															-- Sodium triphosphate (sodium tripolyphosphate):
0	0	0	0	0	0		0	0	0	0	0	0	0/	0/0	--- Food grade
0	0	0	0	0	0		0	0	0	0	4	0	0/	0/0	--- Other
															-- Other:
															--- Sodium hexametaphosphate:
0	0	0	0	0	0		0	0	0	0	0	0	0/	0/0	----Food grade
0	0	0	0	0	0		0	0	0	0	4	0	0/	0/0	----Other

税号	货品名称	进口关税（%） 最惠国	普通	年内暂定	增值/消费税（%）	出口退税（%）	计量单位	监管证件代码	检验检疫类别	协定税率（%） 东盟	亚太	智利
2835.3990	--- 其他	5	20		13	0	千克			0		0
28.36	**碳酸盐；过碳酸盐；含氨基甲酸铵的商品碳酸铵：**											
2836.2000	- 碳酸钠（纯碱）	5	35		13	13	千克	AG	MR/	0		0
2836.3000	- 碳酸氢钠（小苏打）	5	45		13	13	千克	AG	R/	0		0
2836.4000	- 钾的碳酸盐	5	30		13	0	千克			0		0
2836.5000	- 碳酸钙	5	45		13	0	千克	A	R/	0		0
2836.6000	- 碳酸钡	5	40	1	13	0	千克			0		0
	- 其他：											
2836.9100	-- 锂的碳酸盐	5	30	0	13	0	千克			0		0
2836.9200	-- 锶的碳酸盐	5	30	2	13	0	千克			0		0
	-- 其他：											
2836.9910	--- 碳酸镁	5	45		13	0	千克	A	R/	0		0
2836.9930	--- 碳酸钴	5	30	0	13	0	千克	4xy		0	4	0
2836.9940	--- 商品碳酸铵及其他铵的碳酸盐	5	30		13	0	千克			0		0
2836.9950	--- 碳酸锆	5	30		13	0	千克	AB	R/S	0		0
2836.9990	--- 其他	5	30		13	13	千克	A	MR/	0		0
28.37	**氰化物、氧氰化物及氰络合物：**											
	- 氰化物及氧氰化物：											
	-- 氰化钠及氧氰化钠：											
2837.1110	--- 氰化钠	5	20		13	0	千克	23AB	M/N	0		0
2837.1120	--- 氧氰化钠	5	30		13	0	千克			0	3.3	0
	-- 其他：											
2837.1910	--- 氰化钾	5	20		13	0	千克	23AB	M/N	0	4	0
2837.1990	--- 其他											
28371990.11	氰化锌，氰化亚铜，氰化铜（氰化高铜）	5	30		13	0	千克			0		0
28371990.12	氰化镍，氰化钙（氰化亚镍）	5	30		13	0	千克			0		0
28371990.13	氰化钡，氰化镉，氰化铅	5	30		13	0	千克			0		0
28371990.14	氰化钴［氰化钴（Ⅱ）\氰化钴（Ⅲ）］	5	30		13	0	千克			0		0
28371990.90	其他氰化物及氧氰化物	5	30		13	0	千克			0		0
2837.2000	- 氰络合物											
28372000.11	氰化镍钾，氰化钠铜锌（氰化钾镍、镍氰化钾、铜盐）	5	30		13	0	千克			0		0
28372000.12	氰化亚铜（三）钠，氰化亚铜（三）钾（紫铜盐、紫铜矾、氰化铜钠、氰化亚铜钾、亚铜氰化钾）	5	30		13	0	千克			0		0
28372000.90	其他氰络合物	5	30		13	0	千克			0		0
28.39	**硅酸盐；商品碱金属硅酸盐：**											
	- 钠盐：											
2839.1100	-- 偏硅酸钠	5	40		13	0	千克	AB	M/N	0		0
	-- 其他：											
2839.1910	--- 硅酸钠	5	30		13	0	千克	A	M/	0		0
2839.1990	--- 其他	5	30		13	0	千克			0		0
2839.9000	- 其他											
28399000.01	锆的硅酸盐	5	30	2	13	0	千克			0		0
28399000.10	硅酸铅	5	30		13	0	千克			0		0
28399000.90	其他硅酸盐；商品碱金属硅酸盐	5	30		13	0	千克			0		0
28.40	**硼酸盐及过硼酸盐：**											
	- 四硼酸钠（精炼硼砂）：											

协定税率（%）														特惠税率（%）①/②	Article Description
巴基斯坦	冰岛	哥斯达黎加	秘鲁	新西兰	瑞士	新加坡	韩国	澳大利亚	格鲁吉亚	毛里求斯	日本RCEP	尼加拉瓜	港澳台		
0		0	0	0	0		0	0	0	0	4	0	0/	0/0	--- Other
															Carbonates; peroxocarbonates (percarbonates); commercial ammonium carbonate containing ammonium carbamate:
0	0	0	0	0	0		0	0	0	0	0	0	0/	0/0	- Disodium carbonate
0	0	0	0	0	0		0	0	0	0	4	0	0/	0/0	- Sodium hydrogencarbonate (sodium bicarbonate)
0	0	0	0	0	0		0	0	0	0	0	0	0/	0/0	- Potassium carbonates
0	0	0	0	0	0		0	0	0	0	0	0	0/	0/0	- Calcium carbonate
0	0	0	0	0	0		0	0	0	0	0	0	0/	0/0	- Barium carbonate
															- Other:
0	0	0		0	0		0	0	0	0	4	0	0/	0/0	-- Lithium carbonates
0	0	0	0	0	0		0	0	0	0	0	0	0/	0/0	-- Strontium carbonate
															-- Other:
0	0	0	0	0	0		0	0	0	0	4	0	0/	0/0	--- Magnesium carbonate
0	0	0	0	0	0		0	0	0	0	0	0	0/	0/0	--- Cobalt carbonate
0	0	0	0	0	0		0	0	0	0	0	0	0/	0/0	--- Commercial ammonium carbonate and other ammonium carbonates
0	0	0	0	0	0		0	0	0	0	0	0	0/	0/0	--- Zirconium carbonate
0	0	0	0	0	0		0	0	0	0	0	0	0/	0/0	--- Other
															Cyanides, cyanide oxides and complex cyanides:
															- Cyanides and cyanide oxides:
															-- Of sodium:
0	0	0	0	0	0		1.8	0	0	0	4.5	0	0/	0/0	--- Sodium cyanide
0	0	0	0	0	0		0	0	0	0	0	0	0/	0/0	--- Sodium cyanide oxide
															-- Other:
0	0	0	0	0	0		0	0	0	0	0	0	0/	0/0	--- Potassium cyanide
															--- Other
0	0	0	0	0	0		1.8	0	0	0	4.5	0	0/	0/0	Zinc cyanide, cuprous cyanide, copper cyanide (cupric cyanide)
0	0	0	0	0	0		1.8	0	0	0	4.5	0	0/	0/0	Nickel cyanide, calcium cyanide (nickelous cyanide)
0	0	0	0	0	0		1.8	0	0	0	4.5	0	0/	0/0	Barium cyanide, cadmium cyanide, lead cyanide
0	0	0	0	0	0		1.8	0	0	0	4.5	0	0/	0/0	Cobaltous cyanide (cobalt cyanide（Ⅱ）\（Ⅲ）)
0	0	0	0	0	0		1.8	0	0	0	4.5	0	0/	0/0	Other cyanides and cyanide oxides
															- Complex cyanides
0	0	0	0	0	0		0	0	0	0	0	0	0/	0/0	Nickel potassium cyanide, sodium copper zinc cyanide salt (potassium nickel cyanide, falcial potassium cyanide, cupreous salt)
0	0	0	0	0	0		0	0	0	0	0	0	0/	0/0	Sodium cuprocyanide, potassium cuprocyanide; red copper salt, red copper alum, copper natrium cyanide, potassium cuprous cyanide, cuprous potassium cuanide
0	0	0	0	0	0		0	0	0	0	0	0	0/	0/0	Other complex cyanide
															Silicates; commercial alkali metal silicates:
															- Of sodium:
0	0	0	0	0	0		0	0	0	0	4	0	0/	0/0	-- Sodium metasilicates
															-- Other:
0	0	0	0	0	0		0	0	0	0	4	0	0/	0/0	--- Sodium silicate
0	0	0	0	0	0		0	0	0	0	4	0	0/	0/0	--- Other
															- Other
0	0	0	0	0	0		0	0	0	0	4	0	0/	0/0	Zirconium silicate
0	0	0	0	0	0		0	0	0	0	4	0	0/	0/0	Lead silicate
0	0	0	0	0	0		0	0	0	0	4	0	0/	0/0	Other silicate, commercial alkali metal silicates
															Borates; peroxoborates (perborates):
															- Disodium tetraborate (refined borax):

税号	货品名称	进口关税（%） 最惠国	进口关税（%） 普通	进口关税（%） 年内暂定	增值/消费税（%）	出口退税（%）	计量单位	监管证件代码	检验检疫类别	协定税率（%） 东盟	协定税率（%） 亚太	协定税率（%） 智利
2840.1100	-- 无水四硼酸钠	5	20	2	13	0	千克			0		0
2840.1900	-- 其他	5	20	2	13	0	千克			0		0
2840.2000	- 其他硼酸盐	5	30		13	0	千克			0		0
2840.3000	- 过硼酸盐	5	30		13	0	千克			0		0
28.41	**金属酸盐及过金属酸盐：**											
2841.3000	- 重铬酸钠	5.5	20		13	0	千克	AB	M/N	0		0
2841.5000	- 其他铬酸盐及重铬酸盐；过铬酸盐	5.5	30		13	0	千克			0		0
	- 亚锰酸盐、锰酸盐及高锰酸盐：											
2841.6100	-- 高锰酸钾	5.5	30		13	0	千克	23AB	MR/NS	0		0
	-- 其他：											
2841.6910	--- 锰酸锂	5.5	30		13	13	千克			0		0
2841.6990	--- 其他	5.5	30		13	0	千克			0		0
	- 钼酸盐：											
2841.7010	--- 钼酸铵	5.5	30		13	0	千克	4xy		0	2.8	0
2841.7090	--- 其他	5.5	30		13	0	千克	4xy		0		0
	- 钨酸盐：											
2841.8010	--- 仲钨酸铵	5.5	30		13	0	千克	4xy		0		0
2841.8020	--- 钨酸钠	5.5	30		13	0	千克	4xy		0		0
2841.8030	--- 钨酸钙	5.5	30		13	0	千克	4xy		0		0
2841.8040	--- 偏钨酸铵	5.5	30		13	0	千克	4xy		0		0
2841.8090	--- 其他	5.5	30		13	0	千克			0	2.8	0
2841.9000	- 其他											
28419000.10	钴酸锂	5.5	30	2	13	13	千克			0		0
28419000.20	铼酸盐及高铼酸盐	5.5	30	0	13	0	千克			0		0
28419000.30	铌酸锂	5.5	30	2	13	0	千克			0		0
28419000.90	其他金属酸盐及过金属酸盐	5.5	30		13	0	千克			0		0
28.42	**其他无机酸盐或过氧酸盐（包括不论是否已有化学定义的硅铝酸盐），但叠氮化物除外：**											
2842.1000	- 硅酸复盐或硅酸络盐，包括不论是否已有化学定义的硅铝酸盐	5.5	30		13	0	千克	AB	MR/NS	0		0
	- 其他：											
	--- 雷酸盐、氰酸盐及硫氰酸盐：											
2842.9011	---- 硫氰酸钠	5.5	30		13	0	千克			0		0
2842.9019	---- 其他											
28429019.10	其他硫氰酸盐	5.5	30		13	0	千克	AB	M/N	0		0
28429019.90	雷酸盐及氰酸盐	5.5	30		13	0	千克			0		0
2842.9020	--- 碲化镉	5.5	30		13	0	千克	AB	M/N	0		0
2842.9030	--- 锂镍钴锰氧化物	5.5	30		13	13	千克	AB	R/S	0		0
2842.9040	--- 磷酸铁锂	5.5	30		13	0	千克			0		0
2842.9050	--- 硒酸盐及亚硒酸盐	5.5	30		13	0	千克	AB	MR/NS	0		0
2842.9060	--- 锂镍钴铝氧化物	5.5	30		13	13	千克	AB	MR/NS	0		0
2842.9090	--- 其他											
28429090.13	亚砷酸钠、亚砷酸钾、亚砷酸钙（偏亚砷酸钠）	5.5	30		13	13	千克			0		0
28429090.14	亚砷酸锶、亚砷酸钡、亚砷酸铁	5.5	30		13	13	千克			0		0
28429090.15	亚砷酸铜、亚砷酸锌、亚砷酸铅（亚砷酸氢铜）	5.5	30		13	13	千克			0		0
28429090.16	亚砷酸锑、砷酸铵、砷酸氢二铵	5.5	30		13	13	千克			0		0
28429090.17	砷酸钠、砷酸氢二钠、砷酸二氢钠（砷酸三钠）	5.5	30		13	13	千克			0		0
28429090.18	砷酸钾、砷酸二氢钾、砷酸镁	5.5	30		13	13	千克			0		0
28429090.19	砷酸钙、砷酸钡、砷酸铁（砷酸三钙）	5.5	30		13	13	千克			0		0

协定税率（%）														特惠税率（%）①/②	Article Description
巴基斯坦	冰岛	哥斯达黎加	秘鲁	新西兰	瑞士	新加坡	韩国	澳大利亚	格鲁吉亚	毛里求斯	日本RCEP	尼加拉瓜	港澳台		
0	0	0	0	0	0		0	0	0	0	0	0	0/	0/0	-- Anhydrous
0	0	0	0	0	0		0	0	0	0	0	0	0/	0/0	-- Other
0	0	0	0	0	0		0	0	0	0	4	0	0/	0/0	- Other borates
0	0	0	0	0	0		0	0	0	0	0	0	0/	0/0	- Peroxoborates (perborates)
															Salts of oxometanic or peroxometallicacids:
0	0	0	0	0	0		0	0	0	0	0	0	0/	0/0	- Sodium dichromate
0	0	0	0	0	0		0	0	0	0	0	0	0/	0/0	- Other chromates and dichromates; peroxochromates
															- Manganites, manganates and perman ganates:
0	0	0	0	0	0		0	0	0	0	0	0	0/	0/0	-- Potassium permanganate
															-- Other:
0	0	0	0	0	0		0	0	0	0	0	0	0/	0/0	--- Lithium manganate
0	0	0	0	0	0		0	0	0	0	0	0	0/	0/0	--- Other
															- Molybdates:
0	0	0	0	0	0		0	0	0	0	0	0	0/	0/0	--- Ammonium molybdates
0	0	0	0	0	0		0	0	0	0	0	0	0/	0/0	--- Other
															- Tungstates (wolframates):
0	0	0	0	0	0		0	0	0	0	0	0	0/	0/0	--- Ammonium paratungstate
0	0	0	0	0	0		0	0	0	0	0	0	0/	0/0	--- Sodium tungstate
0	0	0	0	0	0		0	0	0	0	0	0	0/	0/0	--- Calcium wolframate
0	0	0	0	0	0		0	0	0	0	0	0	0/	0/0	--- Ammonium metatungstate
0	0	0	0	0	0		0	0	0	0	0	0	0/	0/0	--- Other
															- Other
0	0	0	0	0	0		0	0	0	0	4	0	0/	0/0	Lithium cobaltate
0	0	0	0	0	0		0	0	0	0	4	0	0/	0/0	Rhenate and perrhenate
0	0	0	0	0	0		0	0	0	0	4	0	0/	0/0	Lithium niobate
0	0	0	0	0	0		0	0	0	0	4	0	0/	0/0	Other salts of oxometallic or peroxometallic acids
															Other Salts of inorganic acids or peroxoacids (including aluminosilicates whether or not chemically defined), other than azides:
0	0	0	0	0	2.2		0	0	0	0	4	0	0/	0/0	- Double or complex silicates, including aluminosilicates whether or not chemically defined
															- Other:
															--- Fulminates, cyanates and thiocyanate:
0	0	0	0	0	0		0	0	0	0	0	0	0/	0/0	----Sodium thiocyanate
															----Other
0	0	0	0	0	0		0	0	0	0	0	0	0/	0/0	Other thiocyanate
0	0	0	0	0	0		0	0	0	0	0	0	0/	0/0	Fulminate and cyanate
0	0	0	0	0	0		0	0	0	0	0	0	0/	0/0	--- Cadmium telluride
0	0	0	0	0	0		0	0	0	0	0	0	0/	0/0	--- Lithium nickel cobalt manganese oxides
0	0	0	0	0	0		0	0	0	0	4	0	0/	0/0	--- Lithium Iron Phosphate
0	0	0	0	0	0		0	0	0	0	0	0	0/	0/0	--- Selenate and selenite
0	0	0	0	0	0		0	0	0	0	0	0	0/	0/0	--- Lithium nickel cobalt aluminum oxides
															--- Other
0	0	0	0	0	0		0	0	0	0	0	0	0/	0/0	Sodium arsenite, potassium arsenite, calcium arsenite stay (sodium metaarsenite)
0	0	0	0	0	0		0	0	0	0	0	0	0/	0/0	Strontium arsenite, barium arsenite ferric arsenite
0	0	0	0	0	0		0	0	0	0	0	0	0/	0/0	Copper arsenite, zinc arsenite, lead arsenite (hydric cupric arsenite)
0	0	0	0	0	0		0	0	0	0	0	0	0/	0/0	Antimony arsenite, ammonium arsenate, diamine hydrogen arsenate
0	0	0	0	0	0		0	0	0	0	0	0	0/	0/0	Sodium arsenate, sodium arsenate dibasic, sodium arsenate monobasic (sodium arsenate tribasic)
0	0	0	0	0	0		0	0	0	0	0	0	0/	0/0	Potassium arsenate, potassium dihydrogen arsenate, magnesium arsenate
0	0	0	0	0	0		0	0	0	0	0	0	0/	0/0	Calcium arsenate, barium arsenate, ferric arsenate, tricalcium arsenate

税　号	货品名称	进口关税（%）			增值/消费税（%）	出口退税（%）	计量单位	监管证件代码	检验检疫类别	协定税率（%）		
		最惠国	普通	年内暂定						东盟	亚太	智利
28429090.21	砷酸亚铁、砷酸铜、砷酸锌	5.5	30		13	13	千克			0		0
28429090.22	砷酸铅、砷酸锑、偏砷酸钠	5.5	30		13	13	千克			0		0
28429090.23	硒化铅，硒化镉	5.5	30		13	13	千克			0		0
28429090.24	硒化镓	5.5	30		13	13	千克	3AB		0		0
28429090.90	其他无机酸盐及过氧酸盐（迭氮化物除外）	5.5	30		13	13	千克	AB	MR/NS	0		0
	第六分章　杂项产品											
28.43	**胶态贵金属；贵金属的无机或有机化合物，不论是否已有化学定义；贵金属汞齐：**											
2843.1000	- 胶态贵金属	5.5	30		13	0	克			0		0
	- 银化合物：											
2843.2100	-- 硝酸银	5.5	30		13	0	克	AB	M/N	0		0
2843.2900	-- 其他											
28432900.10	氰化银、氰化银钾、亚砷酸银（银氰化钾，砷酸银）	5.5	30		13	0	克			0		0
28432900.20	2,2,3,3,4,4,5,5,6,6,7,7,8,8,8-十五氟辛酸银(1+)盐(1:1)（CAS号335-93-3）	5.5	30		13	0	克	X		0		0
28432900.30	全氟辛酸银	5.5	30		13	0	克	X		0		0
28432900.90	其他银化合物（不论是否已有化学定义）	5.5	30		13	0	克			0		0
2843.3000	- 金化合物											
28433000.10	氰化金，氰化金钾（含金40%）等[包括氰化亚金（Ⅰ）钾（含金68.3%）、氰化亚金（Ⅲ）钾（含金57%）]	5.5	30		13	0	克	J		0	4.4	0
28433000.90	其他金化合物（不论是否已有化学定义）	5.5	30		13	0	克			0	4.4	0
2843.9000	- 其他贵金属化合物；贵金属汞齐											
28439000.10	氯化钯	5.5	30		13	0	克	G		0		0
28439000.20	氯化铂	5.5	30		13	0	克	4xy		0		0
28439000.31	奥沙利铂、卡铂、奈达铂、顺铂	5.5	30	0	3	0	克	4xy		0		0
28439000.39	其他铂化合物	5.5	30		13	0	克	4xy		0		0
28439000.40	燃料电池用氧化铱（铱含量75%及以上，粒径40～100纳米，金属杂质总量小于500ppm）（不论是否已有化学定义）	5.5	30	2	13	0	克	4xy		0		0
28439000.50	二氯双[三[4-(3,3,4,4,5,5,6,6,7,7,8,8,9,9,10,10,10-十七氟癸基)苯基]膦-κP]合钯（CAS号326475-46-1）	5.5	30		13	0	克	X		0		0
28439000.91	贵金属汞齐（不论是否已有化学定义）	5.5	30		13	0	克	4Xxy		0		0
28439000.92	全氟辛酸的盐类和相关化合物（PFOA类）	5.5	30		13	0	克	X		0		0
28439000.99	其他贵金属化合物（不论是否已有化学定义）	5.5	30		13	0	克	4xy		0		0
28.44	**放射性化学元素及放射性同位素（包括可裂变或可转换的化学元素及同位素）及其化合物；含上述产品的混合物及残渣：**											
2844.1000	- 天然铀及其化合物；含天然铀或天然铀化合物的合金、分散体（包括金属陶瓷）、陶瓷产品及混合物											
28441000.10	天然铀及其化合物	5	30	0	13	0	克/百万贝可	23		0		0

协定税率（%）														特惠税率（%）①/②	Article Description
巴基斯坦	冰岛	哥斯达黎加	秘鲁	新西兰	瑞士	新加坡	韩国	澳大利亚	格鲁吉亚	毛里求斯	日本RCEP	尼加拉瓜	港澳台		
0	0	0	0	0	0		0	0	0	0	0	0	0/	0/0	Ferrous arsenate, cupric arsenate, zinc arsenate
0	0	0	0	0	0		0	0	0	0	0	0	0/	0/0	Lead arsenate, antimony arsenate, sodium meta-arsenate
0	0	0	0	0	0		0	0	0	0	0	0	0/	0/0	Lead selenide, cadmium selenide
0	0	0	0	0	0		0	0	0	0	0	0	0/	0/0	Gallium selenide
0	0	0	0	0	0		0	0	0	0	0	0	0/	0/0	Other salts of inorganic acids or peroxoacids (other than azides)
															Ⅵ. MISCELLANEOUS
															Colloidal precious metals;inorganic or organic compounds of precious metals, whether or not chemically defined; amalgams of precious metals:
0	0	0	0	0	0		0	0	0	0	0	0	0/	0/0	- Colloidal precious metals
															- Silver compounds:
0	0	0	0	0	0		0	0	0	0	0	0	0/	0/0	-- Silver nitrate
															-- Other
0	0	0	0	0	0		0	0	0	0	0	0	0/	0/0	Silver cyanide, silver potassium cyanide, silver arsenite (silver potassium cyanide, silver arsenate)
0	0	0	0	0	0		0	0	0	0	0	0	0/	0/0	2, 2, 3, 3, 4, 4, 5, 5, 6, 6, 7, 7, 8, 8-silver (1+) salt (CAS No. 335-93-3)
0	0	0	0	0	0		0	0	0	0	0	0	0/	0/0	Silver perfluorooctanoate
0	0	0	0	0	0		0	0	0	0	0	0	0/	0/0	Other silver compounds, whether or not chemically defined
															- Gold compounds
0	0	0	0	0	0		0	0	0	0	0	0	0/	0/0	Gold cyanide, gold potassium cyanide (containing gold 40%) (including potassium dicyanoaurate (I) (containing gold 68.3%), potassium dicyanoaurate (Ⅲ) (containing gold 57%))
0	0	0	0	0	0		0	0	0	0	0	0	0/	0/0	Other gold compounds, whether or not chemically defined
															- Other compounds; amalgams
0	0	0	0	0			0	0	0	0	4	0	0/	0/0	Palladium chloride
0	0	0	0	0			0	0	0	0	4	0	0/	0/0	Platinum chloride
0	0	0	0	0			0	0	0	0	4	0	0/	0/0	Oxaliplatin, carboplatin, nedaplatin, cis-platinum
0	0	0	0	0			0	0	0	0	4	0	0/	0/0	Other platinum compounds
0	0	0	0	0			0	0	0	0	4	0	0/	0/0	Iridium oxide used for fuel cell(consisting of 75% iridium or more and less than 500 ppmtotal metal impurities, with a particle size of 40 ～ 100 nm,)
0	0	0	0	0			0	0	0	0	4	0	0/	0/0	Dichlorobis [tris [4-(3, 3, 4, 4, 5, 5, 6, 6, 7, 7, 8, 8, 9, 9, 10, 10-heptafluorodecyl) phenyl] phosphine -κP] palladium (CAS No.326475-46-1)
0	0	0	0	0			0	0	0	0	4	0	0/	0/0	Precious amalgam, whether or not chemically defined
0	0	0	0	0			0	0	0	0	4	0	0/	0/0	Salts and related compounds of perfluorooctanoic acid (PFOA)
0	0	0	0	0			0	0	0	0	4	0	0/	0/0	Other precious metal compounds, whether or not chemically defined
															Radioactive chemical elements and radioactive isotopes (including the fissile or fertile chemical elements and isotopes) and their compounds; mixtures and residues containing these products:
															- Natural uranium and its compounds; aloys, dispersions (including cermets), ceramic products and mixtures containing natural uranium or natural uranium compouds
0	0	0	0	0	0		0	0	0	0	0	0	0/	0/0	Natural uranium and its compounds.

税 号	货品名称	进口关税（%）			增值/消费税（%）	出口退税（%）	计量单位	监管证件代码	检验检疫类别	协定税率（%）		
		最惠国	普通	年内暂定						东盟	亚太	智利
28441000.90	含天然铀或天然铀化合物的合金、分散体（包括金属陶瓷）、陶瓷产品及混合物	5	30		13	0	克/百万贝可	23		0		0
2844.2000	- 铀-235浓缩铀及其化合物；钚及其化合物；含铀-235浓缩铀、钚或它们的化合物的合金、分散体（包括金属陶瓷）、陶瓷产品及混合物											
28442000.10	含U235浓度低于5%的低浓铀及其化合物	5	30	0	13	0	克/百万贝可	23		0		0
28442000.90	其他U235浓缩铀，钚及其化合物（包括其合金，分散体，陶瓷产品及混合物）	5	30		13	0	克/百万贝可	23		0		0
2844.3000	- 铀-235贫化铀及其化合物；钍及其化合物；含铀-235贫化铀、钍或它们的化合物的合金、分散体（包括金属陶瓷）、陶瓷产品及混合物	5	30		13	0	克/百万贝可	23		0		0
	- 除子目2844.10、2844.20及2844.30以外的放射性元素、同位素及其化合物；含这些元素、同位素及其化合物的合金、分散体（包括金属陶瓷）、陶瓷产品及混合物；放射性残渣：											
2844.4100	-- 氚及其化合物；含氚及其化合物的合金、分散体（包括金属陶瓷）、陶瓷产品及混合物											
28444100.10	氚、氚化物和氚的混合物，以及含有上述任何一种物质的产品［氚-氢原子比超过千分之一的，不包括含氚（任何形态）量小于1.48×103GBq的产品］	5	30		13	0	克/百万贝可	23		0		0
28444100.90	其他氚及其化合物；其他含氚及其化合物的合金、分散体（包括金属陶瓷）、陶瓷产品及混合物	5	30		13	0	克/百万贝可	2		0		0
	-- 锕-225、锕-227、锎-253、锔-240、锔-241、锔-242、锔-243、锔-244、锿-253、锿-254、钆-148、钋-208、钋-209、钋-210、镭-223、铀-230或铀-232及其化合物；含这些元素及其化合物的合金、分散体（包括金属陶瓷）、陶瓷产品及混合物：											
2844.4210	--- 镭-223及镭-223盐											
28444210.10	氯化镭[223Ra]注射液	4	14	0	3	0	克/百万贝可	2		0		0
28444210.90	其他镭-223及镭-223盐	4	14		13	0	克/百万贝可	2		0		0
2844.4290	--- 其他											
28444290.10	发射α粒子，其α半衰期为10天或更长但小于200年的放射性核素（1.单质；2.含有α总活度为37GBq/kg或更大的任何这类放射性核素的化合物；3.含有α总活度为37GBq/kg或更大的任何这类放射性核素的混合物；4.含有任何上述物质的产品，不包括所含α活度小于3.7GBq的产品）	5	30		13	0	克/百万贝可	23		0		0

协定税率(%) 巴基斯坦	冰岛	哥斯达黎加	秘鲁	新西兰	瑞士	新加坡	韩国	澳大利亚	格鲁吉亚	毛里求斯	日本RCEP	尼加拉瓜	港澳台	特惠税率(%)①/②	Article Description
0	0	0	0	0	0		0	0	0	0	0	0	0/	0/0	Aloys, dispersions(including cermets), ceramic products and mixtures containing natural uranium or natural uranium compouns.
															- Uranium enriched in U235 and its compounds; plutonium and its compounds; alloys dispersion (including cermets), ceramic products and mixtures containing uranium enriched in U235, plutonium or compounds of these products
0	0	0	0	0	0		0	0	0	0	0	0	0/	0/0	Uranium enriched in U235 and its compounds, containing less than 5% of U235
0	0	0	0	0	0		0	0	0	0	0	0	0/	0/0	Other uranium enriched in U235 and its compounds; plutonium and its compounds; alloys dispersion (including cermets), ceramic products and mixtures containing uranium enriched in U235, plutonium or compounds of these products
0	0	0	0	0	0		0	0	0	0	0	0	0/	0/0	- Uranium depleted in U235 and its compounds; thorium and its compounds; alloys, dispersions (including cermets), ceramic products and mixtures containing uranium depleted in U235, thorium or compounds of these products
															- Radioactive elements and isotopes and compounds other than those of subheading 2844.10, 2844.20 or 2844.30; alloys, dispersions (including cermets), ceramic products and mixtures containing these elements, isotopes or compounds; radioactive residues:
															-- Tritium and its compounds; alloys, dispersions (including cermets), ceramic products and mixtures containing tritium or its compounds
0	0	0	0	0	0		0	0	0	0	0	0	0/	0/0	Tritium, tritide, compounds of tritium and products containing any of the above mentioned material (tritium-with hydrogen atoms ratio over 1‰ , not including products whose tritium (any form) quantity is less than 1.48×103GBq)
0	0	0	0	0	0		0	0	0	0	0	0	0/	0/0	Other tritium, tritide, compounds of tritium and products containing any of the above mentioned material
															-- Actinium-225, actinium-227, californium-253, curium-240, curium-241, curium-242, curium-243, curium-244, einsteinium-253, einsteinium-254, gadolinium-148, polonium-208, polonium-209, polonium-210, radium-223, uranium-230 or uranium-232, and their compounds; alloys, dispersions (including cermets), ceramic products and mixtures containing these elements or compounds:
															--- Radium-223 and its salts
0	0	0	0	0	0		0	0	0	0	0	0	0/	0/0	Radium chloride [223Ra] injection
0	0	0	0	0	0		0	0	0	0	0	0	0/	0/0	Other radium-223 and its salts
															--- Other
0	0	0	0	0	0		0	0	0	0	0	0	0/	0/0	Emit radionuclide with α granule whose half-life-period is 10 days or longer but less than 200 years (1. elementary substance; 2. Containing compound of radionuclide any of this type with overall α activity of 37GBq/kg or above; 3. Containing mixture of any radionuclide of this type with α overall activity of 37GBq/kg or above; 4. containing products of any of the abovementioned materials, not including products whose α activity is less than 3.7GBq)

税　号	货品名称	进口关税（%） 最惠国	普通	年内暂定	增值/消费税（%）	出口退税（%）	计量单位	监管证件代码	检验检疫类别	协定税率（%） 东盟	亚太	智利
28444290.90	其他锕-225、锕-227、锎-253、锔-240、锔-241、锔-242、锔-243、锔-244、锿-253、锿-254、钆-148、钋-208、钋-209、钋-210、铀-230或铀-232及其化合物，其他镭-223的化合物；含这些元素及其化合物的合金、分散体（包括金属陶瓷）、陶瓷产品及混合物	5	30		13	0	克/百万贝可	2		0		0
	-- 其他放射性元素、同位素及其化合物；其他含这些元素、同位素及其化合物的合金、分散体（包括金属陶瓷）、陶瓷产品及混合物：											
2844.4310	--- 除镭-223及镭-223盐外的镭及镭盐											
28444310.10	镭-226及其盐（两用物项管制商品）	4	14		13	0	克/百万贝可	23		0		0
28444310.90	其他除镭-223、镭-226及它们的盐外的镭及镭盐	4	14		13	0	克/百万贝可	2		0		0
2844.4320	--- 钴及钴盐	4	14		13	0	克/百万贝可	2		0		0
2844.4390	--- 其他											
28444390.10	铀-233及其化合物（包括呈金属、合金、化合物或浓缩物形态的各种材料）	5	30		13	0	克/百万贝可	23		0		0
28444390.21	镭-226的化合物（镭-226的盐除外）	5	30		13	0	克/百万贝可	23		0		0
28444390.29	镭-226的合金、混合物	5	30		13	0	克/百万贝可	3		0		0
28444390.30	其他发射α粒子，其α半衰期为10天或更长但小于200年的放射性核素（1.单质；2.含有α总活度为37GBq/kg或更大的任何这类放射性核素的化合物；3.含有α总活度为37GBq/kg或更大的任何这类放射性核素的混合物；4.含有任何上述物质的产品，不包括所含α活度小于3.7GBq的产品）	5	30		13	0	克/百万贝可	23		0		0
28444390.40	钇[90]微球注射液（抗癌药）	5	30	0	3	0	克/百万贝可			0		0
28444390.90	其他除子目2844.10、2844.20及2844.30以外的放射性元素、同位素及其化合物；含这些元素、同位素及其化合物的合金、分散体（包括金属陶瓷）、陶瓷产品及混合物	5	30		13	0	克/百万贝可	2		0		0
2844.4400	-- 放射性残渣	5	30		13	0	克/百万贝可	2		0		0
2844.5000	- 核反应堆已耗尽（已辐照）的燃料元件（释热元件）	5	30		13	0	克	3		0		0
28.45	**税目28.44以外的同位素；这些同位素的无机或有机化合物，不论是否已有化学定义：**											
2845.1000	- 重水（氧化氘）	5	30		13	0	克	3		0		0
2845.2000	- 硼-10浓缩硼及其化合物											
28452000.10	硼-10浓缩硼及其化合物（硼-10同位素占硼总量＞20%的硼及其化合物）	5	30		13	13	克/百万贝可	3		0		0
28452000.90	其他硼-10浓缩硼及其化合物	5	30		13	13	克/百万贝可			0		0
2845.3000	- 锂-6浓缩锂及其化合物											

协定税率（%）														特惠税率（%）①/②	Article Description
巴基斯坦	冰岛	哥斯达黎加	秘鲁	新西兰	瑞士	新加坡	韩国	澳大利亚	格鲁吉亚	毛里求斯	日本RCEP	尼加拉瓜	港澳台		
0	0	0	0	0	0		0	0	0	0	0	0	0/	0/0	Other actinium-225, actinium-227, californium-253, curium-240, curium-241, curium-242, curium-243, curium-244, einsteinium-253, einsteinium-254, gadolinium-148, polonium-208, polonium-209, polonium-210, radium-223, uranium-230 or uranium-232, and their compounds; alloys, dispersions (including cermets), ceramic products and mixtures containing these elements or compounds:
															-- Other radioactive elements and isotopes and compounds; other alloys, dispersions (including cermets), ceramic products and mixtures containing these elements, isotopes or compounds:
															--- Radium and its salts, other than radium-223 and its salts
0	0	0	0	0	0		0	0	0	0	0	0	0/	0/0	Radium-226 and its salts
0	0	0	0	0	0		0	0	0	0	0	0	0/	0/0	Radium and its salts, other than radium-223, radium-226 and their salts
0	0	0	0	0	0		0	0	0	0	0	0	0/	0/0	--- Cobalt and its salts
															--- Other
0	0	0	0	0	0		0	0	0	0	0	0	0/	0/0	Uranium-233 and its compounds(including metallic, alloys, compounds and concentration materials)
0	0	0	0	0	0		0	0	0	0	0	0	0/	0/0	Compounds of radium-226, other than its salts
0	0	0	0	0	0		0	0	0	0	0	0	0/	0/0	Alloys and mixtures of radium-226
0	0	0	0	0	0		0	0	0	0	0	0	0/	0/0	Other emit radionuclide with α granule whose half-life-period is 10 days or longer but less than 200 years (1. elementary substance; 2. containing compound of radionuclide any of this type with overall α activity of 37GBq/kg or above; 3. containing mixture of any radionuclide of this type with α overall activity of 37GBq/kg or above; 4. containing products of any of the abovementioned materials, not including products whose α activity is less than 3.7GBq)
0	0	0	0	0	0		0	0	0	0	0	0	0/	0/0	Yttrium[90] microsphere injection(anticancer drugs)
0	0	0	0	0	0		0	0	0	0	0	0	0/	0/0	Other radioactive elements and isotopes and compounds, other than those of subheadings 2844.10, 2844.20 and 2844.30
0	0	0	0	0	0		0	0	0	0	0	0	0/	0/0	-- Radioactive residues
0	0	0	0	0	0		0	0	0	0	0	0	0/	0/0	- Spent (irradiated) fuel elements (cartridges) of nuclear reactors
															Isotopes other than those of heading 28.44; compounds, inorganic or organic, of such isotopes, whether or not chemically defined:
0	0	0	0	0	0		0	0	0	0	0	0	0/	0/0	- Heavy water (deuterium oxide)
															- Boron enriched in boron-10 and its compounds
0	0	0	0	0	0		0	0	0	0	0	0	0/	0/0	Enriched boron-10 and its compounds (containing more than 20% boron-10 in total boron)
0	0	0	0	0	0		0	0	0	0	0	0	0/	0/0	Other enriched boron-10 and its compounds
															- Lithium enriched in lithium-6 and its compounds

税　号	货品名称	进口关税（%）			增值/消费税（%）	出口退税（%）	计量单位	监管证件代码	检验检疫类别	协定税率（%）		
		最惠国	普通	年内暂定						东盟	亚太	智利
28453000.10	富集锂-6同位素及其化合物[富集锂-6同位素指锂-6同位素富集度>7.5%(按原子数计)]	5	30		13	13	克	3		0		0
28453000.90	其他锂-6浓缩锂及其化合物	5	30		13	13	克			0		0
2845.4000	- 氦-3	5	30		13	13	克/百万贝可	3		0		0
2845.9000	- 其他											
28459000.10	除重水外的氘及氘化物	5	30		13	0	克	3		0		0
28459000.20	其他硼-10同位素及其化合物、混合物（硼-10同位素占硼总量>20%的硼及其化合物、混合物）	5	30		13	0	克	3		0		0
28459000.30	其他富集锂-6同位素及其化合物混合物[富集锂-6同位素指锂-6同位素富集度>7.5%(按原子数计)]	5	30		13	0	克	3		0		0
28459000.40	含有氦-3的混合物（不包括氦-3含量<1g的产品）	5	30		13	0	克/百万贝可	3		0		0
28459000.50	甲苯磺酸多纳非尼（抗癌药原料）、氘丁苯那嗪片剂（罕见病药）	5	30	0	3	0	克			0		0
28459000.60	氘丁苯那嗪（片剂除外）	5	30	0	13	0	克			0		0
28459000.90	其他同位素及其他化合物（税目28.44以外的同位素）	5	30		13	0	克			0		0
28.46	**稀土金属、钇、钪及其混合物的无机或有机化合物：**											
	- 铈的化合物：											
2846.1010	--- 氧化铈	5	30	0	13	0	千克	4Bxy	/N	0	2.5	0
2846.1020	--- 氢氧化铈	5	30	0	13	0	千克	4Bxy	/N	0	2.5	0
2846.1030	--- 碳酸铈	5	30	0	13	0	千克	4Bxy	/N	0	2.5	0
2846.1090	--- 其他											
28461090.10	氟化铈	5	30	0	13	0	千克	4Bxy	/N	0	2.5	0
28461090.90	铈的其他化合物	5	30	0	13	0	千克	4Bxy	/N	0	2.5	0
	- 其他：											
	--- 氧化稀土（氧化铈除外）：											
2846.9011	---- 氧化钇	5	30	0	13	0	千克	4xBy	/N	0		0
2846.9012	---- 氧化镧	5	30	0	13	0	千克	4Bxy	/N	0		0
2846.9013	---- 氧化钕	5	30	0	13	0	千克	4Bxy	/N	0		0
2846.9014	---- 氧化铕	5	30	0	13	0	千克	4Bxy	/N	0		0
2846.9015	---- 氧化镝	5	30	0	13	0	千克	4Bxy	/N	0		0
2846.9016	---- 氧化铽	5	30	0	13	0	千克	4Bxy	/N	0		0
2846.9017	---- 氧化镨	5	30	0	13	0	千克	4Bxy	/N	0		0
2846.9018	---- 氧化镥	5	30	0	13	13	千克	4Bxy	/N	0		0
2846.9019	---- 其他											
28469019.20	氧化铒	5	30	0	13	0	千克	4Bxy	/N	0		0
28469019.30	氧化钆	5	30	0	13	0	千克	4Bxy	/N	0		0
28469019.40	氧化钐	5	30	0	13	0	千克	4Bxy	/N	0		0
28469019.70	氧化镱	5	30	0	13	0	千克	4Bxy	/N	0		0
28469019.80	氧化钪	5	30	0	13	0	千克	4Bxy	/N	0		0
28469019.91	灯用红粉	5	30	0	13	0	千克	4Bxy	/N	0		0
28469019.92	按重量计中重稀土总含量≥30%的其他氧化稀土（灯用红粉、氧化铈除外）	5	30	0	13	0	千克	4Bxy	/N	0		0
28469019.99	其他氧化稀土（灯用红粉、氧化铈除外）	5	30	0	13	0	千克	4Bxy	/N	0		0
	--- 氯化稀土：											
2846.9021	---- 氯化铽	5	30	0	13	0	千克	4Bxy	/N	0		0
2846.9022	---- 氯化镝	5	30	0	13	0	千克	4Bxy	/N	0		0
2846.9023	---- 氯化镧	5	30	0	13	0	千克	4Bxy	/N	0		0
2846.9024	---- 氯化钕	5	30	0	13	0	千克	4Bxy	/N	0		0
2846.9025	---- 氯化镨	5	30	0	13	0	千克	4Bxy	/N	0		0
2846.9026	---- 氯化钇	5	30	0	13	0	千克	4Bxy	/N	0		0

协定税率（%）														特惠税率（%）①/②	Article Description
巴基斯坦	冰岛	哥斯达黎加	秘鲁	新西兰	瑞士	新加坡	韩国	澳大利亚	格鲁吉亚	毛里求斯	日本RCEP	尼加拉瓜	港澳台		
0	0	0	0	0	0		0	0	0	0	0	0	0/	0/0	Enriched lithium-6 isotopes and their compounds with lithium-6 isotope enrichment by atom of more than 7.5%
0	0	0	0	0	0		0	0	0	0	0	0	0/	0/0	Other enriched lithium-6 and its compounds
0	0	0	0	0	0		0	0	0	0	0	0	0/	0/0	- Helium-3
															- Other
0	0	0	0	0	0		0	0	0	0	0	0	0/	0/0	Deuterium and deuterides, other than heavy water
0	0	0	0	0	0		0	0	0	0	0	0	0/	0/0	Other boron-10 isotopes and their compounds and mixtures (containing more than 20% boron-10 in total boron)
0	0	0	0	0	0		0	0	0	0	0	0	0/	0/0	Other nriched lithium-6 isotopes and their compounds and mixtures with lithium-6 isotope enrichment by atom of more than 7.5%
0	0	0	0	0	0		0	0	0	0	0	0	0/	0/0	Mixtures of helium-3, other than those containingx less than 1g helium-3
0	0	0	0	0	0		0	0	0	0	0	0	0/	0/0	Donafenib Tosilate(APIs of anticancer drugs),Deuterobenzazine tablets(rare disease drugs)
0	0	0	0	0	0		0	0	0	0	0	0	0/	0/0	Deuterobenzazine (excluding tablets)
0	0	0	0	0	0		0	0	0	0	0	0	0/	0/0	Other isotopes and other compounds (other than those of heading 28.44)
															Compounds, inorganic or organic, of rare-earth metals, of yttrium or of scandium or of mixtures of these metals:
															- Ceric compounds:
0	0	0	0	0	0		0	0	0	0	0	0	0/	0/0	--- Cerium oxide
0	0	0	0	0	0		0	0	0	0	0	0	0/	0/0	--- Cerium hydroxide
0	0	0	0	0	0		0	0	0	0	0	0	0/	0/0	--- Cerium carbonate
															--- Other
0	0	0	0	0	0		0	0	0	0	0	0	0/	0/0	Cerium cyanide
0	0	0	0	0	0		0	0	0	0	0	0	0/	0/0	Other ceric compounds
															- Other:
															--- Rare-earth oxides (other than cerium oxide):
0	0	0	0	0	0		0	0	0	0	0	0	0/	0/0	----Yttrium oxide
0	0	0	0	0	0		0	0	0	0	0	0	0/	0/0	----Lanthanum oxide
0	0	0	0	0	0		0	0	0	0	0	0	0/	0/0	----Neodymium oxide
0	0	0	0	0	0		0	0	0	0	0	0	0/	0/0	----Eurapium oxide
0	0	0	0	0	0		0	0	0	0	0	0	0/	0/0	----Dysprosium oxide
0	0	0	0	0	0		0	0	0	0	0	0	0/	0/0	----Terbium oxide
0	0	0	0	0	0		0	0	0	0	0	0	0/	0/0	----Praseodymium oxide (sesquioxide)
0	0	0	0	0	0		0	0	0	0	0	0	0/	0/0	----Lutecia
															----Other
0	0	0	0	0	0		0	0	0	0	0	0	0/	0/0	Erbium oxide
0	0	0	0	0	0		0	0	0	0	0	0	0/	0/0	Gadolinium oxide
0	0	0	0	0	0		0	0	0	0	0	0	0/	0/0	Samarium oxide
0	0	0	0	0	0		0	0	0	0	0	0	0/	0/0	Ytterbium oxide
0	0	0	0	0	0		0	0	0	0	0	0	0/	0/0	Scandium oxide
0	0	0	0	0	0		0	0	0	0	0	0	0/	0/0	Red powder used for lights
0	0	0	0	0	0		0	0	0	0	0	0	0/	0/0	Other rare-earth oxides, containing by weight 30% or more of heavy rare-earth (other than red powder used for light and cerium oxide)
0	0	0	0	0	0		0	0	0	0	0	0	0/	0/0	Other rare-earth oxides (other than red powder used for lights and cerium oxide)
															--- Rare-earth chlorides:
0	0	0	0	0	0		0	0	0	0	0	0	0/	0/0	----Terbium chloride
0	0	0	0	0	0		0	0	0	0	0	0	0/	0/0	----Dysprosium chloride
0	0	0	0	0	0		0	0	0	0	0	0	0/	0/0	----Lanthanum chloride
0	0	0	0	0	0		0	0	0	0	0	0	0/	0/0	----Neodymium chloride
0	0	0	0	0	0		0	0	0	0	0	0	0/	0/0	----Praseodymium chloride
0	0	0	0	0	0		0	0	0	0	0	0	0/	0/0	----Yttrium chloride

税号	货品名称	进口关税（%）			增值/消费税（%）	出口退税（%）	计量单位	监管证件代码	检验检疫类别	协定税率（%）		
		最惠国	普通	年内暂定						东盟	亚太	智利
2846.9028	---- 混合氯化稀土	5	30	0	13	0	千克	4Bxy	/N	0		0
2846.9029	---- 其他	5	30	0	13	0	千克	4Bxy	/N	0		0
	--- 氟化稀土：											
2846.9031	---- 氟化铽	5	30	0	13	0	千克	4Bxy	/N	0		0
2846.9032	---- 氟化镝	5	30	0	13	0	千克	4Bxy	/N	0		0
2846.9033	---- 氟化镧	5	30	0	13	0	千克	4ABxy	M/N	0		0
2846.9034	---- 氟化钕	5	30	0	13	0	千克	4Bxy	/N	0		0
2846.9035	---- 氟化镨	5	30	0	13	0	千克	4Bxy	/N	0		0
2846.9036	---- 氟化钇	5	30	0	13	0	千克	4Bxy	/N	0		0
2846.9039	---- 其他	5	30	0	13	0	千克	4Bxy	/N	0		0
	--- 碳酸稀土：											
2846.9041	---- 碳酸镧	5	30	0	13	0	千克	4Bxy	/N	0		0
2846.9042	---- 碳酸铽	5	30	0	13	0	千克	4Bxy	/N	0		0
2846.9043	---- 碳酸镝	5	30	0	13	0	千克	4Bxy	/N	0		0
2846.9044	---- 碳酸钕	5	30	0	13	0	千克	4Bxy	/N	0		0
2846.9045	---- 碳酸镨	5	30	0	13	0	千克	4Bxy	/N	0		0
2846.9046	---- 碳酸钇	5	30	0	13	0	千克	4Bxy	/N	0		0
2846.9048	---- 混合碳酸稀土											
28469048.10	按重量计中重稀土总含量≥30%的混合碳酸稀土	5	30	0	13	0	千克	4Bxy	/N	0		0
28469048.90	其他混合碳酸稀土	5	30	0	13	0	千克	4Bxy	/N	0		0
2846.9049	---- 其他	5	30	0	13	0	千克	4Bxy	/N	0		0
	--- 其他：											
2846.9091	---- 镧的其他化合物	5	30	0	13	0	千克	4Bxy	/N	0		0
2846.9092	---- 钕的其他化合物	5	30	0	13	0	千克	4Bxy	M/N	0		0
2846.9093	---- 铽的其他化合物	5	30	0	13	0	千克	4Bxy	/N	0		0
2846.9094	---- 镝的其他化合物	5	30	0	13	0	千克	4Bxy	/N	0		0
2846.9095	---- 镨的其他化合物	5	30	0	13	0	千克	4Bxy	/N	0		0
2846.9096	---- 钇的其他化合物											
28469096.01	LED用荧光粉（成分含钇的其他化合物）	5	30	0	13	0	千克	B	/N	0		0
28469096.90	钇的其他化合物	5	30	0	13	0	千克	4Bxy	/N	0		0
2846.9099	---- 其他											
28469099.01	LED用荧光粉（成分含稀土金属、钪的其他化合物，铈的化合物除外）	5	30	0	13	0	千克	B	/N	0		0
28469099.10	按重量计中重稀土总含量≥30%的稀土金属、钪的其他化合物（铈的化合物除外）	5	30	0	13	0	千克	4Bxy	/N	0		0
28469099.90	其他稀土金属、钪的其他化合物（铈的化合物除外）	5	30	0	13	0	千克	4Bxy	/N	0		0
28.47	**过氧化氢，不论是否用尿素固化：**											
2847.0000	过氧化氢，不论是否用尿素固化	5.5	30		13	0	千克	AB	MR/NS	0		0
28.49	**碳化物，不论是否已有化学定义：**											
2849.1000	- 碳化钙	5.5	45		13	0	千克	AB	M/N	0		0
2849.2000	- 碳化硅	5.5	30		13	0	千克	4xy		0		0
	- 其他：											
2849.9010	--- 碳化硼	5.5	30		13	0	千克			0		0
2849.9020	--- 碳化钨	5.5	30		13	0	千克	4xy		0		0
2849.9090	--- 其他	5.5	30		13	0	千克			0		0
28.50	**氢化物、氮化物、叠氮化物、硅化物及硼化物，不论是否已有化学定义，但可归入税目28.49的碳化物除外：**											
	--- 氮化物：											
2850.0011	---- 氮化锰	5.5	30		13	0	千克			0	3.6	0
2850.0012	---- 氮化硼	5.5	30		13	0	千克			0	3.6	0

协定税率（%）														特惠税率（%）①/②	Article Description
巴基斯坦	冰岛	哥斯达黎加	秘鲁	新西兰	瑞士	新加坡	韩国	澳大利亚	格鲁吉亚	毛里求斯	日本RCEP	尼加拉瓜	港澳台		
0	0	0	0	0	0		0	0	0	0	0	0	0/	0/0	----Mixture of rare-earth chlorides
0	0	0	0	0	0		0	0	0	0	0	0	0/	0/0	----Other
															--- Rare-earth fluorides:
0	0	0	0	0	0		0	0	0	0	0	0	0/	0/0	----Terbium fluoride
0	0	0	0	0	0		0	0	0	0	0	0	0/	0/0	----Dysprosium fluoride
0	0	0	0	0	0		0	0	0	0	0	0	0/	0/0	----Lanthanum fluoride
0	0	0	0	0	0		0	0	0	0	0	0	0/	0/0	----Neodymium fluoride
0	0	0	0	0	0		0	0	0	0	0	0	0/	0/0	----Praseodymium fluoride
0	0	0	0	0	0		0	0	0	0	0	0	0/	0/0	----Yttrium fluoride
0	0	0	0	0	0		0	0	0	0	0	0	0/	0/0	----Other
															--- Rare-earth carbonates:
0	0	0	0	0	0		0	0	0	0	0	0	0/	0/0	----Lanthanum carbonate
0	0	0	0	0	0		0	0	0	0	0	0	0/	0/0	----Terbium carbonate
0	0	0	0	0	0		0	0	0	0	0	0	0/	0/0	----Dysprosium carbonate
0	0	0	0	0	0		0	0	0	0	0	0	0/	0/0	----Neodymium carbonate
0	0	0	0	0	0		0	0	0	0	0	0	0/	0/0	----Praseodymium carbonate
0	0	0	0	0	0		0	0	0	0	0	0	0/	0/0	----Yttrium carbonate
															----Mixture of rare-earth carbonate
0	0	0	0	0	0		0	0	0	0	0	0	0/	0/0	Mixed rare-earth carbonates, containing by weight 30% or more of heavy rare-earth
0	0	0	0	0	0		0	0	0	0	0	0	0/	0/0	Other mixed rare-earth carbonates
0	0	0	0	0	0		0	0	0	0	0	0	0/	0/0	----Other
															--- Other:
0	0	0	0	0	0		0	0	0	0	0	0	0/	0/0	----Other compounds of lanthanum
0	0	0	0	0	0		0	0	0	0	0	0	0/	0/0	----Other compounds of neodymium
0	0	0	0	0	0		0	0	0	0	0	0	0/	0/0	----Other compounds of terbium
0	0	0	0	0	0		0	0	0	0	0	0	0/	0/0	----Other compounds of dysprosium
0	0	0	0	0	0		0	0	0	0	0	0	0/	0/0	----Other compounds of praseodymium
															----Other compounds of yttrium
0	0	0	0	0	0		0	0	0	0	0	0	0/	0/0	Phosphor powder used for LED (with other compounds of yttrium)
0	0	0	0	0	0		0	0	0	0	0	0	0/	0/0	Other compounds of yttrium
															----Other
0	0	0	0	0	0		0	0	0	0	0	0	0/	0/0	Phosphor powder used for LED (with other compounds of yttrium, scandium, other than compounds of cerium)
0	0	0	0	0	0		0	0	0	0	0	0	0/	0/0	Rare-earth metal, containing by weight 30% or more of heavy rare-earth, other compounds of scandium (other than compounds of cerium)
0	0	0	0	0	0		0	0	0	0	0	0	0/	0/0	Other rare-earth metal, other compounds of scandium (other than compound of cerium)
															Hydrogen peroxide, whether or not solidified with urea:
0	0	0	0	0	0		1.8	0	0	0	4.5	0	0/	0/0	Hydrogen peroxide, whether or not solidified with urea
															Carbides, whether or not chemically defined:
0	0	0	0	0	0		0	0	0	0	0	0	0/	0/0	- Of calcium
0	0	0	0	0	0		0	0	0	0	4	0	0/	0/0	- Of silicon
															- Other:
0	0	0	0	0	0		0	0	0	0	0	0	0/	0/0	--- Of boron
0	0	0	0	0	0		0	0	0	0	0	0	0/	0/0	--- Of tungsten
0	0	0	0	0	0		0	0	0	0	0	0	0/	0/0	--- Other
															Hydrides, nitrides, azides, silicides and borides, whether or not chemically defined, other than compounds which are also carbides of heading 28.49:
															--- Nitride:
0	0	0	0	0	0		0	0	0	0	0	0	0/	0/0	----Manganese nitride
0	0	0	0	0	0		0	0	0	0	0	0	0/	0/0	----Boron nitride

税　号	货品名称	进口关税（%） 最惠国	普通	年内暂定	增值/消费税（%）	出口退税（%）	计量单位	监管证件代码	检验检疫类别	协定税率（%） 东盟	亚太	智利
2850.0019	----其他											
28500019.01	氮化镓	5.5	30		13	0	千克	3		0	3.6	0
28500019.90	其他氮化物	5.5	30		13	0	千克			0	3.6	0
2850.0090	--- 其他											
28500090.10	砷化氢（砷烷，砷化三氢，胂）	5.5	30	3	13	0	千克			0	3.6	0
28500090.90	其他氢化物、硅化物等（包括硼化物，可归入税目28.49的碳化物除外）	5.5	30		13	0	千克			0	3.6	0
28.52	**汞的无机或有机化合物，不论是否已有化学定义，汞齐除外：**											
2852.1000	- 已有化学定义的	5.5	30		13	0	千克			0		0
2852.9000	- 其他	5.5	30		13	0	千克			0		0
28.53	**磷化物，不论是否已有化学定义，但磷铁除外；其他无机化合物（包括蒸馏水、导电水及类似的纯净水）；液态空气（不论是否除去稀有气体）；压缩空气；汞齐，但贵金属汞齐除外：**											
2853.1000	- 氯化氰	5.5	30		13	0	千克	23AB	M/N	0		0
	- 其他：											
2853.9010	--- 饮用蒸馏水	5.5	70		13	0	千克	AB	R/S	0		0
2853.9030	--- 镍钴锰氢氧化物	6.5	30		13	13	千克			0		0
2853.9040	--- 磷化物，不论是否已有化学定义，但不包括磷铁											
28539040.10	磷化铝，磷化锌	5.5	20		13	0	千克	S		0		0
28539040.20	磷烷	5.5	20	3	13	0	千克			0		0
28539040.30	磷化镓	5.5	20		13	0	千克	3		0		0
28539040.40	磷锗锌	5.5	20		13	0	千克	3		0		0
28539040.90	其他磷化物（不论是否已有化学定义，但不包括磷铁）	5.5	20		13	0	千克			0		0
2853.9050	---镍钴铝氢氧化物	5.5	30		13	13	千克			0		0
2853.9090	--- 其他											
28539090.10	饮用纯净水	5.5	30		13	0	千克	AB	M/N	0		0
28539090.21	氰，氰化碘，氰化溴（包括氰气，碘化氰，溴化氰）	5.5	30		13	0	千克			0		0
28539090.23	铅汞齐	5.5	30		13	0	千克	X		0		0
28539090.24	其他汞齐	5.5	30		13	0	千克	X		0		0
28539090.25	单氰胺	5.5	30		13	0	千克	S		0		0
28539090.26	砷化镓	5.5	30		13	0	千克	3		0		0
28539090.27	砷化锌	5.5	30		13	0	千克			0		0
28539090.28	铟镓砷	5.5	30		13	0	千克	3		0		0
28539090.29	锑化镓	5.5	30		13	0	千克	3		0		0
28539090.90	其他无机化合物、压缩空气等（包括单氰胺、导电水、液态空气等，贵金属汞齐除外）	5.5	30		13	0	千克			0		0

协定税率（%）巴基斯坦	冰岛	哥斯达黎加	秘鲁	新西兰	瑞士	新加坡	韩国	澳大利亚	格鲁吉亚	毛里求斯	日本RCEP	尼加拉瓜	港澳台	特惠税率（%）①/②	Article Description
															----Other
0	0	0	0	0	0		0	0	0	0	0	0	0/	0/0	Gallium nitride
0	0	0	0	0	0		0	0	0	0	0	0	0/	0/0	Other nitrides
															--- Other
0	0	0	0	0	0		1.8	0	0	0	4.5	0	0/	0/0	Arsenic hydrideArsine (arsenic alkyl, arsenic hydride, arsine)
0	0	0	0	0	0		1.8	0	0	0	4.5	0	0/	0/0	Other hydrides, silicides (including borides, other than carbide compounds of heading 28.49)
															compounds, inorganic or organic, of mercury, excluding amalgams:
0	0	0	0	0	0		0	0	0	0	0	0	0/	0/0	- Chemically defined
0	0	0	0	0	0		0	0	0	0	0	0	0/	0/0	- Other
															Phosphides, whether or not chemically defined, excluding ferrophosphorus; other inorganic compounds (including distilled or conductivity water and water of similar purity); liquid air (whether or not rare gases have been removed); compressed air; amalgams, other than amalgams of precious metals.
0	0	0	0	0	0		0	0	0	0	0	0	0/	0/0	- Cyanogen chloride (chlorcyan)
															- Other:
0	0	0	0	0	0		0	0	0	0	0	0	0/	0/0	--- Distilled water for human consumption
2.5	0	0	0	0	0		0	0	0	0	4.7	0	0/	0/0	--- Nickel cobalt manganese composite hydroxide
															--- Phosphides, whether or not chemically defined, excluding ferrophosphorus
0	0	0	0	0	0		0	0	0	0	4	0	0/	0/0	Aluminium phosphide, zinc phosphide
0	0	0	0	0	0		0	0	0	0	4	0	0/	0/0	Phosphine
0	0	0	0	0	0		0	0	0	0	4	0	0/	0/0	Gallium phosphide
0	0	0	0	0	0		0	0	0	0	4	0	0/	0/0	Phosphogermanium zinc
0	0	0	0	0	0		0	0	0	0	4	0	0/	0/0	Other phosphides, whether or not chemically defined, excluding ferrophosphorus
0	0	0	0	0	0		0	0	0	0	0	0	0/	0/0	--- Nickel cobalt aluminum hydroxide
															--- Other
0	0	0	0	0	0		0	0	0	0	0	0	0/	0/0	Purified water for human consumption
0	0	0	0	0	0		0	0	0	0	0	0	0/	0/0	Cyanogen, cyanogen iodide, bromine cyanide(including cyanogen gas, cyanogen iodide, cyanogen bromide)
0	0	0	0	0	0		0	0	0	0	0	0	0/	0/0	Lead amalgam
0	0	0	0	0	0		0	0	0	0	0	0	0/	0/0	Other amalgam
0	0	0	0	0	0		0	0	0	0	0	0	0/	0/0	Monocyanamide
0	0	0	0	0	0		0	0	0	0	0	0	0/	0/0	Gallium arsenide
0	0	0	0	0	0		0	0	0	0	0	0	0/	0/0	Zinc arsenide
0	0	0	0	0	0		0	0	0	0	0	0	0/	0/0	
0	0	0	0	0	0		0	0	0	0	0	0	0/	0/0	Gallium antimonide
0	0	0	0	0	0		0	0	0	0	0	0	0/	0/0	Other inorganic compounds, compressed air (including conductivity water, liquid air, amalgams and so on, other than amalgamms of precious metals)

第二十九章　有机化学品

注释：

一、除条文另有规定的以外，本章各税目只适用于：

（一）单独的已有化学定义的有机化合物，不论是否含有杂质；

（二）同一有机化合物的两种或两种以上异构体的混合物（不论是否含有杂质），但无环烃异构体的混合物（立体异构体除外），不论是否饱和，应归入第二十七章；

（三）税目29.36至29.39的产品，税目29.40的糖醚、糖缩醛、糖酯及其盐类和税目29.41的产品，不论是否已有化学定义；

（四）上述（一）、（二）、（三）款产品的水溶液；

（五）溶于其他溶剂的上述（一）、（二）、（三）款的产品，但该产品处于溶液状态只是为了安全或运输所采取的正常必要方法，其所用溶剂并不使该产品改变其一般用途而适合于某些特殊用途；

（六）为了保存或运输的需要，加入稳定剂（包括抗结块剂）的上述（一）、（二）、（三）、（四）、（五）各款产品；

（七）为了便于识别或安全起见，加入抗尘剂、着色剂、气味剂或催吐剂的上述（一）、（二）、（三）、（四）、（五）、（六）各款产品，但所加剂料并不使原产品改变其一般用途而适合于某些特殊用途；

（八）为生产偶氮染料而稀释至标准浓度的下列产品：重氮盐，用于重氮盐、可重氮化的胺及其盐类的偶合剂。

二、本章不包括：

（一）税目15.04的货品及税目15.20的粗甘油；

（二）乙醇（税目22.07或22.08）；

（三）甲烷及丙烷（税目27.11）；

（四）第二十八章注释二所述的碳化合物；

（五）税目30.02的免疫制品；

（六）尿素（税目31.02或31.05）；

（七）植物性或动物性着色料（税目32.03）、合成有机着色料、用作萤光增白剂或发光体的合成有机产品（税目为32.04）及零售包装的染料或其他着色料（税目32.12）；

（八）酶（税目35.07）；

（九）聚乙醛、六亚甲基四胺（乌洛托品）及类似物质，制成片、条或类似形状作为燃料用的，以及包装容器的容积不超过300立方厘米的直接灌注香烟打火机及类似打火器用的液体燃料或液化气体燃料（税目36.06）；

（十）灭火器的装配药及已装药的灭火弹（税目38.13）；零售包装的除墨剂（税目38.24）；或

（十一）光学元件，例如，用酒石酸乙二胺制成的（税目90.01）。

三、可以归入本章两个或两个以上税目的货品，应归入有关税目中的最后一个税目。

四、税目29.04至29.06、29.08至29.11及29.13至29.20的卤化、磺化、硝化或亚硝化衍生物均包括复合衍生物，例如，卤磺化、卤硝化、磺硝化及卤磺硝化衍生物。

硝基及亚硝基不作为税目29.29的含氮基官能团。

税目29.11、29.12、29.14、29.18及29.22所称“含氧基”，仅限于税目29.05至29.20的各种含氧基（其特征为有机含氧基）。

五、

（一）本章第一分章至第七分章的酸基有机化合物与这些分章的有机化合物构成的酯，应归入有关分章的最后一个税目。

（二）乙醇与本章第一分章至第七分章的酸基有机化合物所构成的酯，应按有关酸基化合物归类。

（三）除第六类注释一及第二十八章注释二另有规定的以外：

Chapter 29 Organic chemicals

Chapter Notes:

1. Except where the context otherwise requires, the headings of this Chapter apply only to:

(a) Separate chemically defined organic compounds, whether or not containing impurities;

(b) Mixtures of two or more isomers of the same organic compound (whether or not containing impurities), except mixtures of acyclic hydrocarbon isomers (other than stereoisomers), whether or not saturated (Chapter 27);

(c) The products of headings 29.36 to 29.39 or the sugar ethers, sugar acetals and sugar esters, and their salts, of heading 29.40, or the products of heading 29.41, whether or not chemically defined;

(d) The products mentioned in (a), (b) or (c) above dissolved in water;

(e) The products mentioned in (a), (b) or (c) above dissolved in other solvents provided that the solution constitutes a normal and necessary method of putting up these products adopted solely for reasons of safety or for transport and that the solvent does not render the product particularly suitable for specific use rather than for general use;

(f) The products mentioned in (a), (b), (c), (d) or (e) above with an added stabiliser (including an anti- caking agent) necessary for their preservation or transport;

(g) The products mentioned in (a), (b), (c), (d), (e) or (f) above with an added anti-dusting agent or a colouring or odoriferous substance or an emetic added to facilitate their identification or for safety reasons, provided that the additions do not render the product particularly suitable for specific use rather than for general use;

(h) The following products, diluted to standard strengths, for the production of azo dyes: diazonium salts, couplers used for these salts and diazotisable amines and their salts.

2. This Chapter does not cover:

(a) Goods of heading 15.04 or crude glycerol of heading 15.20;

(b) Ethyl alcohol (heading 22.07 or 22.08);

(c) Methane or propane (heading 27.11);

(d) The compounds of carbon mentioned in Note 2 to Chapter 28;

(e) Immunological products of heading 30.02;

(f) Urea (heading 31.02 or 31.05);

(g) Colouring matter of vegetable or animal origin (heading 32.03), synthetic organic colouring matter, synthetic organic products of a kind used as fluorescent brightening agents or as luminophores (heading 32.04) or dyes or other colouring matter put up in forms or packings for retail sale (heading 32.12);

(h) Enzymes (heading 35.07);

(ij) Metaldehyde, hexamethylenetetramine or similar substances, put up in forms (for example, tablets, sticks or similar forms) for use as fuels, or liquid or liquefied-gas fuels in containers of a kind used for filling or refilling cigarette or similar lighters and of a capacity not exceeding $300cm^3$ (heading 36.06);

(k) Products put up as charges for fire- extinguishers or put up in fire- extinguishing grenades, of heading 38.13; ink removers put up in packings for retail sale, of heading 38.24; or

(l) Optical elements, for example, of ethylenediamine tartrate (heading 90.01).

3. Goods which could be included in two or more of the headings of this Chapter are to be classified in that one of those headings which occurs last in numerical order.

4. In headings 29.04 to 29.06, 29.08 to 29.11 and 29.13 to 29.20, any reference to halogenated, sulphonated nitrated or nitrosated derivatives includes a reference to compound derivatives, such as sulphohalogenated nitrohalogenated, nitroslphonated or nitroslphohalogenated derivatives.

Nitro or nitroso groups are not to be taken a "nitrogen-functions" for the purpose of heading 29.29.

For the purposes of headings 29.11, 29.12, 29.14, 29.18 and 29.22, "oxygen function", the characteristic organic oxygen-containing group of those respective headings, is restricted to the oxygen-functions referred to in headings 29.05 to 29.20.

5.

(a) The esters of acid- function organic compounds of sub-Chapters I to VII with organic compounds of these sub- Chapters are to be classified with that compound which is classified in the heading which occurs last in numerical order in these sub- Chapters.

(b) Esters of ethyl alcohol with acid-function organic compounds of sub- Chapters I to VII are to be classified in the same heading as the corresponding acid-function compounds.

(c) Subject to Note 1 to Section VI and Note 2 to Chapter 28:

1. 第一分章至第十分章及税目29.42的有机化合物的无机盐，例如，含酸基、酚基或烯醇基的化合物及有机碱的无机盐，应归入相应的有机化合物的税目；

2. 第一分章至第十分章及税目29.42的有机化合物之间生成的盐，应按生成该盐的碱或酸（包括酚基或烯醇基化合物）归入本章有关税目中的最后一个税目；以及

3. 除第十一分章或税目29.41的产品外，配位化合物应按该化合物所有金属键（金属–碳键除外）“断开”所形成的片段归入第二十九章有关税目中的最后一个税目。

（四）除乙醇外，金属醇化物应按相应的醇归类（税目29.05）。

（五）羧酸酰卤化物应按相应的酸归类。

六、税目29.30及29.31的化合物是指有机化合物，其分子中除含氢、氧或氮原子外，还含有与碳原子直接连接的其他非金属或金属原子（例如，硫、砷或铅）。

税目29.30（有机硫化合物）及税目29.31（其他有机–无机化合物）不包括某些磺化或卤化衍生物（含复合衍生物）。这些衍生物分子中除氢、氧、氮之外，只有具有磺化或卤化衍生物（或复合衍生物）性质的硫原子或卤素原子与碳原子直接连接。

七、税目29.32、29.33及29.34不包括三节环环氧化物、过氧化酮、醛或硫醛的环聚合物、多元羧酸酐、多元醇或酚与多元酸构成的环酯及多元酸酰亚胺。

本条规定只适用于由本条所列环化功能形成环内杂原子的化合物。

八、税目29.37所称：

（一）“激素”，包括激素释放因子、激素刺激和释放因子、激素抑制剂以及激素抗体；

（二）“主要用作激素的”，不仅适用于主要起激素作用的激素衍生物及结构类似物，也适用于在本税目所列产品合成过程中主要用作中间体的激素衍生物及结构类似物。

子目注释：

一、属于本章任一税目项下的一种（组）化合物的衍生物，如果该税目其他子目未明确将其包括在内，而且有关的子目中又无列名为“其他”的子目，则应与该种（组）化合物归入同一子目。

二、第二十九章注释三不适用于本章的子目。

税　号	货品名称	进口关税（%）			增值/消费税（%）	出口退税（%）	计量单位	监管证件代码	检验检疫类别	协定税率（%）		
		最惠国	普通	年内暂定						东盟	亚太	智利
	第一分章　烃类及其卤化、磺化、硝化或亚硝化衍生物											
29.01	无环烃：											
2901.1000	- 饱和	2	30		13	13	千克			0		0
	- 不饱和：											
2901.2100	-- 乙烯	2	20		13	13	千克	AB	M/N	0		0
2901.2200	-- 丙烯	2	20		13	13	千克	AB	M/N	0		0
	-- 丁烯及其异构体：											
2901.2310	--- 1-丁烯	2	20		13	13	千克	AB	M/N	0		0
2901.2320	--- 2-丁烯	2	20		13	13	千克	AB	M/N	0	1.6	0
2901.2330	--- 2-甲基丙烯	2	20		13	13	千克			0		0
	-- 1,3-丁二烯及异戊二烯：											
2901.2410	--- 1,3-丁二烯	2	20		13	13	千克	AB	M/N	0		0
2901.2420	--- 异戊二烯	2	20		13	13	千克			0		0
	-- 其他：											
2901.2910	--- 异戊烯	2	30		13	13	千克	AB	M/N	0	1.6	0
2901.2920	--- 乙炔	2	45		13	13	千克	AB	M/N	0	1.6	0

(i)Inorganic salts of organic compounds such as acid-, phenol- or enol- function compounds or organic bases, of sub-Chapters I to X or heading 29.42, are to be classified in the heading appropriate to the organic compound;

(ii)Salts formed between organic compounds of sub- Chapters I to X or heading 29.42 are to be classified in the heading appropriate to the base or to the acid (including phenol- or enol- function compounds) from which they are formed, whichever occurs last in numerical order in the Chapter; and

(iii)Co- ordination compounds, other than products classifiable in sub-Chapter XI or heading 29.41, are to be classified in the heading which occurs last in numerical order in Chapter 29, among those appropriate to the fragments formed by "cleaving" of all metal bonds, other than meta- carbon bonds.

(d) Metal alcoholates are to be classified in the same heading as the corresponding alcohols except in the case of ethanol (heading 29.05).

(e) Halides of carboxylic acids are to be classified in the same heading as the corresponding acids.

6. The compounds of headings 29.30 and 29.31 are organic compounds the molecules of which contain, in addition to atoms of hydrogen, oxygen or nitrogen, atoms of other nonmetals or of metals (such as sulphur, arsenic or lead) directly linked to carbon atoms.

Heading 29.30 (organo- sulphur compounds) and heading 29.31 (other organo- inorganic compounds) do not include sulphonated or halogenated derivatives (including compound derivatives) which, apart from hydrogen, oxygen and nitrogen, only have directly linked to carbon the atoms of sulphur or of a halogen which give them their nature of sulphonated or halogenated derivatives (or compound derivatives).

7. Headings 29.32, 29.33 and 29.34 do not include epoxides with a three-membered ring, ketone peroxides, cyclic polymers of aldehydes or of thioaldehydes, anhydrides of polybasic carboxylic acids, cyclic esters of polyhydric alcohols or phenols with polybasic acids, or imides of polybasic acids.

These provisions apply only when the ring-position hetero-atoms are those resulting solely from the cyclising function or functions here listed.

8. For the purposes of heading 29.37:

(a) the term "hormones" includes hormone-releasing or hormone-stimulating factors, hormone inhibitors and hormone antagonists (anti-hormones);

(b) the expression "used primarily as hormones" applies not only to hormone derivatives and structural analogues used primarily for their hormonal effect, but also to those derivatives and structural analogues used primarily as intermediates in the synthesis of products Of this heading.

Subheading Notes:

1. Within any one heading of this Chapter, derivatives of a chemical compound (or group of chemical compounds) are to be classified in the same subheading as that compound (or group of compounds) provided that they are not more specifically covered by any other subheading and that there is no residual subheading named "Other" in the series of subheadings concerned.

2. Note 3 to Chapter 29 does not apply to the subheadings of this Chapter.

协定税率(%)														特惠税率(%)①/②	Article Description
巴基斯坦	冰岛	哥斯达黎加	秘鲁	新西兰	瑞士	新加坡	韩国	澳大利亚	格鲁吉亚	毛里求斯	日本RCEP	尼加拉瓜	港澳台		
															Ⅰ. HYDROCARBONS AND THEIRHALOGENATED, SULPHONATED, NITRATED OR NITROSATED DERIVATIVES
															Acyclic hydrocarbons:
0	0	0	0	0	0		0	0	0	0	0	0	0/	0/0	- Saturated
															- Unsaturated:
0	0	0	0	0	0	0	0	0	0	0	1.7	0	0/	0/0	-- Ethylene
0	0	0	0	0	0		0	0	0	0	1.7	0	0/	0/0	-- Propene (propylene)
															-- Butene (butylene) and isomers thereof:
0	0	0	0	0	0		0	0	0	0	1.5	0	0/	0/0	--- 1-Butene
0	0	0	0	0	0		0	0	0	0	0	0	0/	0/0	--- 2-Butene
0	0	0	0	0	0		0	0	0	0	0	0	0/	0/0	--- 2-methyl-propylene
															-- Buta-1,3-diene and isoprene:
0	0	0	0	0	0		0	0	0	0	1.5	0	0/	0/0	--- Buta-1,3-diene
0	0	0	0	0	0		0.6	0	0	0	1.6	0	0/	0/0	--- Isoprene
															-- Other:
0	0	0	0	0	0		0	0	0	0	0	0	0/	0/0	--- Isopentene
0	0	0	0	0	0		0	0	0	0	0	0	0/	0/0	--- Acetylene

税号	货品名称	进口关税（%）最惠国	普通	年内暂定	增值/消费税（%）	出口退税（%）	计量单位	监管证件代码	检验检疫类别	协定税率（%）东盟	亚太	智利
2901.2990	--- 其他											
29012990.10	诱虫烯	2	30		13	13	千克	S		0		0
29012990.90	其他不饱和无环烃	2	30		13	13	千克			0		0
29.02	环烃：											
	- 环烷烃、环烯及环萜烯：											
2902.1100	-- 环己烷	2	30		13	13	千克	AB	M/N	0		0
	-- 其他：											
2902.1910	--- 蒎烯	2	30		13	13	千克			0		0
2902.1920	--- 4-烷基-4'-烷基双环己烷	2	30		13	13	千克			0		0
2902.1990	--- 其他											
29021990.11	1-甲基环丙烯	2	30		13	13	千克	S		0		0
29021990.12	d-柠檬烯	2	30		13	13	千克			0		0
29021990.90	其他环烷烃、环烯及环萜烯	2	30		13	13	千克			0		0
2902.2000	- 苯	2	20		13	0	千克	AB	M/N	0		0
2902.3000	- 甲苯	2	30		13	13	千克	23AB	M/N	0		0
	- 二甲苯：											
2902.4100	-- 邻二甲苯	2	20		13	13	千克			0		0
2902.4200	-- 间二甲苯	2	20		13	13	千克			0		0
2902.4300	-- 对二甲苯	2	20		13	13	千克			0		0
2902.4400	-- 混合二甲苯异构体	2	20		13	13	千克			0		0
2902.5000	- 苯乙烯	2	30		13	13	千克	AB	M/N		1.3	0
2902.6000	- 乙苯	2	30		13	13	千克	AB	M/N	0		0
2902.7000	- 异丙基苯	2	30		13	13	千克	AB	M/N	0		0
	- 其他：											
2902.9010	--- 四氢萘	2	11		13	13	千克			0		0
2902.9020	--- 精萘	2	35		13	13	千克	AB	M/N	0	1.6	0
2902.9030	--- 十二烷基苯	2	30		13	13	千克			0		0
2902.9040	--- 4-（4'-烷基环己基）环己基乙烯	2	30		13	13	千克			0		0
2902.9050	---1-烷基-4-（4-烷烯基-1,1'-双环己基）苯	2	30		13	13	千克			0		0
2902.9090	--- 其他	2	30		13	13	千克			0		0
29.03	烃的卤化衍生物：											
	- 无环烃的饱和氯化衍生物：											
2903.1100	-- 一氯甲烷及氯乙烷	5.5	30		13	13	千克			0		0
2903.1200	-- 二氯甲烷											
29031200.01	纯度在99%及以上的二氯甲烷	8	30		13	13	千克			0		0
29031200.90	其他二氯甲烷	8	30		13	13	千克			0		0
2903.1300	-- 氯仿（三氯甲烷）	10	30		13	13	千克	23AB	M/N	0	9	0
2903.1400	-- 四氯化碳											
29031400.10	四氯化碳（受控用途）（CTC）	8	30		13	13	千克	89		0		0
29031400.90	四氯化碳（用于受控用途除外）（CTC）	8	30		13	13	千克	49xy		0		0
2903.1500	-- 1,2-二氯乙烷（ISO）	5.5	30	1	13	0	千克	AB	MR/NS	5		0
	-- 其他：											
2903.1910	--- 1,1,1-三氯乙烷（甲基氯仿）											
29031910.10	1,1,1-三氯乙烷/甲基氯仿（受控用途）（TCA）	8	30		13	13	千克	18AB	M/N	0		0
29031910.90	1,1,1-三氯乙烷/甲基氯仿（用于受控用途除外）（TCA）	8	30		13	13	千克	14Axy	M/	0		0
2903.1990	--- 其他	5.5	30		13	13	千克			0		0
	- 无环烃的不饱和氯化衍生物：											
2903.2100	-- 氯乙烯	5.5	30	1	13	13	千克	AB	M/N	0	3.6	0
2903.2200	-- 三氯乙烯	8	30		13	13	千克	AB	M/N	0		0
2903.2300	-- 四氯乙烯（全氯乙烯）	5.5	30		13	13	千克	7AB	M/N	0	4.4	0
	-- 其他：											

协定税率（%）														特惠税率（%）①/②	Article Description
巴基斯坦	冰岛	哥斯达黎加	秘鲁	新西兰	瑞士	新加坡	韩国	澳大利亚	格鲁吉亚	毛里求斯	日本RCEP	尼加拉瓜	港澳台		
															--- Other
0	0	0	0	0	0		0	0	0	0	1.5	0	0/	0/0	Muscalure
0	0	0	0	0	0		0	0	0	0	1.5	0	0/	0/0	Other unsaturated acyclic hydrocarbons
															Cyclic hydrocarbons:
															- Cyclanes, cyclenes and cycloterpenes:
0	0	0	0	0	0		0	0	0	0	0	0	0/	0/0	-- Cyclohexane
															-- Other:
0	0	0	0	0	0		0	0	0	0	0	0	0/	0/0	--- Pinene
0	0	0	0	0	0		0	0	0	0	0	0	0/	0/0	--- 4-Alkyl-4'-alkylbicyclohexane
															--- Other
0	0	0	0	0	0		0	0	0	0	0	0	0/	0/0	1-methyl cyclopropene
0	0	0	0	0	0		0	0	0	0	0	0	0/	0/0	D-limonene
0	0	0	0	0	0		0	0	0	0	0	0	0/	0/0	Other cyclanes, cyclenes and cycloterpenes
0	0	0	0	0	0		0.6	0	0	0	1.6	0	0/	0/0	- Benzene
0	0	0	0	0	0	0	0.6	0	0	0	1.6	0	0/	0/0	- Toluene
															- Xylenes:
0	0	0	0	0	0		0	0	0	0	1.5	0	0/	0/0	-- o-Xylene
0	0	0	0	0	0		0	0	0	0	1.5	0	0/	0/0	-- m-Xylene
0	0	0	0	0	0	0		0		0		0	0/	0/0	-- p-Xylene
0	0	0	0	0	0		0	0	0	0	1.5	0	0/	0/0	-- Mixed xylene isomers
0	0	0	0	0	0		1	0	0	0	1.7	0	0/		- Styrene
0	0	0	0	0	0		0	0	0	0	1.6	0	0/	0/0	- Ethylbenzene
0	0	0	0	0	0	0	0	0	0	0	0	0	0/	0/0	- Cumene
															- Other:
0	0	0	0	0	0		0	0	0	0	0	0	0/	0/0	--- Tetrahydronaphthalene (tetralin)
0	0	0	0	0	0		0.6	0	0	0	1.6	0	0/	0/0	--- Naphthalene
0	0	0	0	0	0			0	0	0		0	0/	0/0	--- Dodecylbenzene
0	0	0	0	0	0		0	0	0	0	0	0	0/	0/0	--- 4-(4'-alkylcyclohexyl) cyclohexyl ethylene
0	0	0	0	0	0		0	0	0	0	0	0	0/	0/0	--- 1-alkyl-(N-4-enyl-1,1'-propylcyclohexyl) benzene
0	0	0	0	0	0		0	0	0	0	0	0	0/	0/0	--- Other
															Halogenated derivatives of hydrocarbons:
															- Saturated chlorinated derivatives of acyclic hydrocarbons:
0	0	0	0	0	0		0	0	0	0	0	0	0/	0/0	-- Chloromethane (methyl chloride) and chloroethane (ethyl chloride)
															-- Dichloromethane (methylene chloride)
0	0	0	0	0	0		2.6	0	0	0	6.5	7.2	0/	0/0	Dichloromethane (methylene chloride) which purity is 99% or more
0	0	0	0	0	0		2.6	0	0	0	6.5	7.2	0/	0/0	Other dichloromethane (methylene chloride)
2.5	0	0	0	0	0		0	0	0	0	7.3	9	0/	0/0	-- Chloroform (trichloromethane)
															-- Carbon tetrachloride
0	0	0	0	0	0		0	0	0	0	5.8	7.2	0/	0/0	Carbon tetrachloride, not used in cleaning agent
0	0	0	0	0	0		0	0	0	0	5.8	7.2	0/	0/0	Carbon tetrachloride, used in cleaning agent
	0	0		0	0		0	0	0	0		4.4	0/	/0	-- 1,2-Dichloroethane (ethylene dichloride)
															-- Other:
															--- 1,1,1-Trichloroethane (methylchloro form)
0	0	0	0	0	0		0	0	0	0	5.8	7.2	0/	0/0	1,1,1-trichloroethane, other than used in cleaning agent
0	0	0	0	0	0		0	0	0	0	5.8	7.2	0/	0/0	1,1,1-trichloroethane, used in cleaning agent
4	0	0	0	0	0		0	0	0	0	4	0	0/	0/0	--- Other
															- Unsaturated chlorinated derivatives of acyclic hydrocarbons:
0	0	0	0	0	0		0	0	0	0	4.5	0	0/	0/0	-- Vinyl chloride (chloroethylene)
0	0	0	0	0	0		2.6	0	0	0	5.8	7.2	0/	0/0	-- Trichloroethylene
0	0	0	0	0	0		0	0	0	0	0	0	0/	0/0	-- Tetrachloroethylene (perchloroethylene)
															-- Other:

税　号	货品名称	进口关税（%） 最惠国	普通	年内暂定	增值/消费税（%）	出口退税（%）	计量单位	监管证件代码	检验检疫类别	协定税率（%） 东盟	亚太	智利
2903.2910	--- 3-氯-1-丙烯（氯丙烯）	5.5	30		13	13	千克			0		0
2903.2990	--- 其他											
29032990.10	1,1-二氯乙烯	5.5	30		13	13	千克			0		0
29032990.20	六氯丁二烯	5.5	30		13	13	千克	89		0		0
29032990.90	其他无环烃的不饱和氯化衍生物	5.5	30		13	13	千克			0		0
	- 无环烃的饱和氟化衍生物：											
2903.4100	-- 三氟甲烷（HFC-23）	5.5	30		13	13	千克	14xy		0		0
2903.4200	-- 二氟甲烷（HFC-32）	5.5	30		13	13	千克	14xy		0		0
2903.4300	-- 一氟甲烷（HFC-41）、1,2-二氟乙烷（HFC-152）及1,1-二氟乙烷（HFC-152a）											
29034300.10	一氟甲烷（HFC-41）	5.5	30		13	13	千克	14xy		0		0
29034300.20	1,2-二氟乙烷（HFC-152）及1,1-二氟乙烷（HFC-152a）	5.5	30		13	13	千克	14xy		0		0
2903.4400	-- 五氟乙烷（HFC-125）、1,1,1-三氟乙烷（HFC-143a）及1,1,2-三氟乙烷（HFC-143）											
29034400.10	1,1,1-三氟乙烷（HFC-143a）及1,1,2-三氟乙烷（HFC-143）	5.5	30		13	13	千克	14xy		0		0
29034400.20	五氟乙烷（HFC-125）	5.5	30		13	13	千克	14xy		0		0
2903.4500	-- 1,1,1,2-四氟乙烷（HFC-134a）及1,1,2,2-四氟乙烷（HFC-134）	5.5	30		13	13	千克	14xy		0		0
2903.4600	-- 1,1,1,2,3,3,3-七氟丙烷（HFC-227ea）、1,1,1,2,2,3-六氟丙烷（HFC-236cb）、1,1,1,2,3,3-六氟丙烷（HFC-236ea）、1,1,1,3,3,3-六氟丙烷（HFC-236fa）											
29034600.10	1,1,1,2,3,3-六氟丙烷（HFC-236ea）	5.5	30		13	13	千克	14xy		0		0
29034600.20	1,1,1,3,3,3-六氟丙烷（HFC-236fa）	5.5	30		13	13	千克	14xy		0		0
29034600.30	1,1,1,2,3,3,3-七氟丙烷（HFC-227ea）	5.5	30		13	13	千克	14xy		0		0
29034600.40	1,1,1,2,2,3-六氟丙烷（HFC-236cb）	5.5	30		13	13	千克	14xy		0		0
2903.4700	-- 1,1,1,3,3-五氟丙烷（HFC-245fa）及1,1,2,2,3-五氟丙烷（HFC-245ca）	5.5	30		13	13	千克	14xy		0		0
2903.4800	-- 1,1,1,3,3-五氟丁烷（HFC-365mfc）及1,1,1,2,2,3,4,5,5,5-十氟戊烷（HFC-43-10mee）	5.5	30		13	13	千克	14xy		0		0
2903.4900	-- 其他											
29034900.10	全氟辛酸的盐类和相关化合物（PFOA类）	5.5	30		13	13	千克	X		0		0
29034900.90	其他无环烃的饱和氟化衍生物	5.5	30		13	13	千克			0		0
	- 无环烃的不饱和氟化衍生物：											
2903.5100	-- 2,3,3,3-四氟丙烯（HFO-1234yf）、1,3,3,3-四氟丙烯（HFO-1234ze）及(Z)-1,1,1,4,4,4-六氟-2-丁烯（HFO-1336mzz）	5.5	30		13	13	千克			0		0
	-- 其他：											
2903.5910	--- 1，1，3，3，3-五氟-2-三氟甲基-1-丙烯(全氟异丁烯；八氟异丁烯)	5.5	30		13	13	千克	23		0		0
2903.5990	--- 其他	5.5	30		13	13	千克			0		0
	- 无环烃的溴化或碘化衍生物：											
2903.6100	-- 甲基溴（溴甲烷）	5.5	30		13	0	千克	14ABxy	M/N	0		0
2903.6200	-- 二溴乙烷（ISO）（1,2-二溴乙烷）	5.5	30		13	0	千克	89		0		0
2903.6900	-- 其他											
29036900.10	二溴甲烷、碘甲烷	5.5	30		13	13	千克	AB	M/N	0		0

协定税率（%）														特惠税率（%）①/②	Article Description
巴基斯坦	冰岛	哥斯达黎加	秘鲁	新西兰	瑞士	新加坡	韩国	澳大利亚	格鲁吉亚	毛里求斯	日本RCEP	尼加拉瓜	港澳台		
0	0	0	0	0	0		0	0	0	0	0	0	0/	0/0	--- 3-Chloro-1-propene (Chloro propene)
															--- Other
0	0	0	0	0	0		0	0	0	0	0	0	0/	0/0	1,1-dichloroethylene
0	0	0	0	0	0		0	0	0	0	0	0	0/	0/0	Hexachlorobutadiene
0	0	0	0	0	0		0	0	0	0	0	0	0/	0/0	Other unsaturated chlorinated derivatives of acyclic hydrocarbons
															- Saturated fluorinated derivatives of acyclic hydrocarbons:
2.5	0	0	0	0	0		0	0	0	0	0	0	0/	0/0	-- Trifluoromethane (HFC-23)
2.5	0	0	0	0	0		0	0	0	0	0	0	0/	0/0	-- Difluoromethane (HFC-32)
															-- Fluoromethane (HFC-41), 1,2-difluoroethane (HFC-152) and 1,1-difluoroethane (HFC-152a)
2.5	0	0	0	0	0		0	0	0	0	0	0	0/	0/0	Fluoromethane (HFC-41)
2.5	0	0	0	0	0		0	0	0	0	0	0	0/	0/0	1,2-difluoroethane (HFC-152) and 1,1-difluoroethane (HFC-152a)
															-- Pentafluoroethane (HFC-125), 1,1,1-trifluoroethane (HFC-143a) and 1,1,2-trifluoroethane (HFC-143)
2.5	0	0	0	0	0		0	0	0	0	0	0	0/	0/0	1,1,1-trifluoroethane (HFC-143a) and 1,1,2-trifluoroethane (HFC-143)
2.5	0	0	0	0	0		0	0	0	0	0	0	0/	0/0	Pentafluoroethane (HFC-125)
2.5	0	0	0	0	0		0	0	0	0	0	0	0/	0/0	-- 1,1,1,2-Tetrafluoroethane (HFC-134a) and 1,1,2,2-tetrafluoroethane (HFC-134)
															-- 1,1,1,2,3,3,3-Heptafluoropropane (HFC-227ea), 1,1,1,2,2,3-hexafluoropropane (HFC-236cb), 1,1,1,2,3,3-hexafluoropropane(HFC-236ea) and 1,1,1,3,3,3-hexafluoropropane (HFC-236fa)
2.5	0	0	0	0	0		0	0	0	0	0	0	0/	0/0	1,1,1,2,3,3-hexafluoropropane(HFC-236ea)
2.5	0	0	0	0	0		0	0	0	0	0	0	0/	0/0	1,1,1,3,3,3-hexafluoropropane (HFC-236fa)
2.5	0	0	0	0	0		0	0	0	0	0	0	0/	0/0	1,1,1,2,3,3,3-Heptafluoropropane (HFC-227ea)
2.5	0	0	0	0	0		0	0	0	0	0	0	0/	0/0	1,1,1,2,2,3-hexafluoropropane (HFC-236cb)
2.5	0	0	0	0	0		0	0	0	0	0	0	0/	0/0	-- 1,1,1,3,3-Pentafluoropropane (HFC-245fa) and 1,1,2,2,3-pentafluoropropane (HFC-245ca)
2.5	0	0	0	0	0		0	0	0	0	0	0	0/	0/0	-- 1,1,1,3,3-Pentafluorobutane (HFC-365mfc) and 1,1,1,2,2,3,4,5,5,5-decafluoropentane (HFC-43-10mee)
															-- Other
2.5	0	0	0	0	0		0	0	0	0	0	0	0/	0/0	Salts and related compounds of perfluorooctanoic acid (PFOA)
2.5	0	0	0	0	0		0	0	0	0	0	0	0/	0/0	Saturated fluorinated derivatives of other acyclic hydrocarbons
															- Unsaturated fluorinated derivatives of acyclic hydrocarbons:
2.5	0	0	0	0	0		0	0	0	0	0	0	0/	0/0	-- 2,3,3,3-Tetrafluoropropene (HFO-1234yf), 1,3,3,3-tetrafluoropropene (HFO-1234ze) and (Z)-1,1,1,4,4,4-hexafluoro-2-butene (HFO-1336mzz)
															-- Other:
0	0	0	0	0	0		0	0	0	0	0	0	0/	0/0	--- 1,1,3,3,3-Pentafluro-2-trifluromethyl-1-propene (Perfluorolisobutylene, isobutylene octafluoride)
2.5	0	0	0	0	0		0	0	0	0	0	0	0/	0/0	--- Other
															- Brominated or iodinated derivatives of acyclic hydrocarbons:
2.5	0	0	0	0	0		0	0	0	0	0	0	0/	0/0	-- Methyl bromide (bromomethane)
2.5	0	0	0	0	0		0	0	0	0	0	0	0/	0/0	-- Ethylene dibromide (ISO) (1,2-dibromoethane)
															-- Other:
2.5	0	0	0	0	0		0	0	0	0	0	0	0/	0/0	Dibromomethane, methyl iodide

税 号	货品名称	进口关税（%）			增值/消费税（%）	出口退税（%）	计量单位	监管证件代码	检验检疫类别	协定税率（%）		
		最惠国	普通	年内暂定						东盟	亚太	智利
29036900.90	其他无环烃的溴化或碘化衍生物	5.5	30		13	13	千克			0		0
	- 含有两种或两种以上不同卤素的无环烃卤化衍生物：											
2903.7100	-- 一氯二氟甲烷（HCFC-22）	5.5	30		13	13	千克	14ABxy	M/N	0		0
2903.7200	-- 二氯三氟乙烷（HCFC-123）	5.5	30		13	13	千克	14xy		0		0
2903.7300	-- 二氯一氟乙烷（HCFC-141，141b）											
29037300.10	1,1-二氯-1-氟乙烷	5.5	30		13	13	千克	14xy		0		0
29037300.90	二氯一氟乙烷（1,1-二氯-1-氟乙烷除外）	5.5	30		13	13	千克	14xy		0		0
2903.7400	-- 一氯二氟乙烷（HCFC-142，142b）											
29037400.10	1-氯-1,1-二氟乙烷	5.5	30		13	13	千克	14xy		0		0
29037400.90	一氯二氟乙烷（1-氯-1,1-二氟乙烷除外）	5.5	30		13	13	千克	14xy		0		0
2903.7500	-- 二氯五氟丙烷（HCFC-225，225ca，225cb）	5.5	30		13	13	千克	14xy		0		0
2903.7600	-- 溴氯二氟甲烷（Halon-1211）、一溴三氟甲烷（Halon-1301）及二溴四氟乙烷（Halon-2402）											
29037600.10	溴氯二氟甲烷（Halon-1211）	5.5	30		13	13	千克	14xy		0		0
29037600.20	溴三氟甲烷（Halon-1301）	5.5	30		13	13	千克	14ABxy	M/N	0		0
29037600.30	二溴四氟乙烷（Halon-2402）	5.5	30		13	13	千克	14xy		0		0
	-- 其他，仅含氟和氯的全卤化物：											
2903.7710	--- 三氯氟甲烷	5.5	30		13	13	千克	14xy		0		0
2903.7720	--- 其他仅含氟和氯的甲烷、乙烷及丙烷的全卤化物											
29037720.11	二氯二氟甲烷（CFC-12）	5.5	30		13	13	千克	14ABxy	M/N	0		0
29037720.12	三氯三氟乙烷（用于受控用途除外）（CFC-113）	5.5	30		13	13	千克	14xy		0		0
29037720.13	三氯三氟乙烷（受控用途）（CFC-113）	5.5	30		13	13	千克	89		0		0
29037720.14	二氯四氟乙烷（CFC-114）	5.5	30		13	13	千克	14ABxy	M/N	0		0
29037720.15	一氯五氟乙烷（CFC-115）	5.5	30		13	13	千克	14ABxy	M/N	0		0
29037720.16	一氯三氟甲烷（CFC-13）	5.5	30		13	13	千克	14ABxy	M/N	0		0
29037720.17	五氯一氟乙烷、四氯二氟乙烷（CFC-111、CFC-112）	5.5	30		13	13	千克	14xy		0		0
29037720.18	七氯一氟丙烷、六氯二氟丙烷、五氯三氟丙烷、四氯四氟丙烷、三氯五氟丙烷、二氯六氟丙烷、一氯七氟丙烷（CFC-211、CFC-212、CFC-213、CFC-214、CFC-215、CFC-216、CFC-217）	5.5	30		13	13	千克	14xy		0		0
29037720.90	其他仅含氟和氯的甲烷、乙烷及丙烷的全卤化物	5.5	30		13	13	千克			0		0
2903.7790	--- 其他	5.5	30		13	13	千克			0		0
2903.7800	-- 其他全卤化衍生物											
29037800.10	全氟辛酸的盐类和相关化合物（PFOA类）	5.5	30		13	13	千克	X		0		0
29037800.90	其他无环烃全卤化衍生物	5.5	30		13	13	千克			0		0
	-- 其他：											
2903.7910	--- 其他仅含氟和氯的甲烷、乙烷及丙烷的卤化衍生物											
29037910.11	二氯一氟甲烷（HCFC-21）	5.5	30		13	13	千克	14xy		0		0

协定税率（%）														特惠税率（%）①/②	Article Description
巴基斯坦	冰岛	哥斯达黎加	秘鲁	新西兰	瑞士	新加坡	韩国	澳大利亚	格鲁吉亚	毛里求斯	日本RCEP	尼加拉瓜	港澳台		
2.5	0	0	0	0	0		0	0	0	0	0	0	0/	0/0	Other fluorinated, brominated or iodinated derivatives of acyclic hydrocarbons
															- Halogenated derivatives of acyclic hydrocarbons containing two or more different halogens:
2.5	0	0	0	0	0		0	0	0	0	0	0	0/	0/0	-- Chlorodifluoromethane (HCFC-22)
2.5	0	0	0	0	0		0	0	0	0	0	0	0/	0/0	-- Dichlorotrifluoroethanes (HCFC-123)
															-- Dichlorofluoroethanes (HCFC-141, 141b)
2.5	0	0	0	0	0		0	0	0	0	0	0	0/	0/0	1,1-dichloro-1-fluoroethane
2.5	0	0	0	0	0		0	0	0	0	0	0	0/	0/0	Dichlorofluoroethane, other than 1,1-dichloro-1-fluoroethane
															-- Chlorodifluoroethanes (HCFC-142, 142b)
2.5	0	0	0	0	0		0	0	0	0	0	0	0/	0/0	1-Chloro-1,1-difluoroethane
2.5	0	0	0	0	0		0	0	0	0	0	0	0/	0/0	Monochlorodifluoroethane other than 1-chloro-1,1-difluoroethane
2.5	0	0	0	0	0		0	0	0	0	0	0	0/	0/0	-- Dichloropentafluoropropanes (HCFC-225, 225ca, 225cb)
															-- Bromochlorodifluoromethane (Halon-1211), bromotrifluoromethane (Halon-1301) and dibromotetrafluoroethanes (Halon-2402)
0	0	0	0	0	0		0	0	0	0	0	0	0/	0/0	Rominechlorodifluoromethane(Halon-1211)
0	0	0	0	0	0		0	0	0	0	0	0	0/	0/0	Bromotrifluoromethane(Halon-1301)
0	0	0	0	0	0		0	0	0	0	0	0	0/	0/0	Dibromotetrafluoroethane(Halon-2402)
															-- Other perhalogenated derivatives only with fluorine and chlorine:
2.5	0	0	0	0	0		0	0	0	0	0	0	0/	0/0	--- Trichlorofluoromethane
															--- Other methane, ethane and propane perhalogenated derivatives only with fluorine and chlorine:
0	0	0	0	0	0		0	0	0	0	0	0	0/	0/0	Dichlorodifluoromethane
0	0	0	0	0	0		0	0	0	0	0	0	0/	0/0	Trichloro trifluoro ethane(CFC-113), other than used as cleaning agent
0	0	0	0	0	0		0	0	0	0	0	0	0/	0/0	Trichloro trifluoro ethane(CFC-113), used as cleaning agent
0	0	0	0	0	0		0	0	0	0	0	0	0/	0/0	Dichlorotetrafluoroethane
0	0	0	0	0	0		0	0	0	0	0	0	0/	0/0	Chloropentafluoroethane
0	0	0	0	0	0		0	0	0	0	0	0	0/	0/0	Chlorotrifluoromethane(CFC-13)
0	0	0	0	0	0		0	0	0	0	0	0	0/	0/0	Pentachlorofluoroethane, tetrachlorodifluoroethane (CFC-111, CFC-112)
0	0	0	0	0	0		0	0	0	0	0	0	0/	0/0	Heptachlorotrifluoropropane, hexachlorodifluorpropane, pentachlorotrifluoropropane, tetrachlorotetrafluoropropane, trichloropentafluoropropane, dichlorohexafluoropropane, monochloroheptafluoropropane (CFC-211, CFC-212, CFC-213, CFC-214, CFC-215, CFC-216, CFC-217)
0	0	0	0	0	0		0	0	0	0	0	0	0/	0/0	Other methane, ethane and propane halogenate derivative only with flurorine and chloric
2.5	0	0	0	0	0		0	0	0	0	4	0	0/	0/0	--- Other
															-- Other perhalogenated derivatives
0	0	0	0	0	0		0	0	0	0	0	0	0/	0/0	Salts and related compounds of perfluorooctanoic acid (PFOA)
0	0	0	0	0	0		0	0	0	0	0	0	0/	0/0	Other perhalogenated derivatives of acyclic hydrocarbons
															-- Other:
															--- Other methane, ethane and propane halogenated derivatives only with fluorine and chlorine
2.5	0	0	0	0	0		0	0	0	0	0	0	0/	0/0	Monofluorine Dichloromethane

税号	货品名称	进口关税（%）			增值/消费税（%）	出口退税（%）	计量单位	监管证件代码	检验检疫类别	协定税率（%）		
		最惠国	普通	年内暂定						东盟	亚太	智利
29037910.12	2-氯-1,1,1,2-四氟乙烷（HCFC-124）	5.5	30		13	13	千克	14xy		0		0
29037910.13	一氯三氟乙烷（HCFC-133）	5.5	30		13	13	千克	14xy		0		0
29037910.14	1-氟-1,1-二氯乙烷	5.5	30		13	13	千克			0		0
29037910.15	1,1-二氟-1-氯乙烷	5.5	30		13	13	千克			0		0
29037910.30	全氟辛酸的盐类和相关化合物（PFOA类）	5.5	30		13	13	千克	1X		0		0
29037910.90	其他含氢氯氟烃类物质（这里的“烃”是指甲烷、乙烷及丙烷）	5.5	30		13	13	千克	14xy		0		0
2903.7990	--- 其他											
29037990.10	二溴氯丙烷（1,2-二溴-3-氯丙烷）	5.5	30		13	13	千克	89		0		0
29037990.21	其他溴氟代甲烷、乙烷和丙烷	5.5	30		13	13	千克	14xy		0		0
29037990.22	溴氯甲烷	5.5	30		13	13	千克	14xy		0		0
29037990.30	全氟辛酸的盐类和相关化合物（PFOA类）	5.5	30		13	13	千克	X		0		0
29037990.90	其他无环烃卤化衍生物（含二种或二种以上不同卤素的其他无环烃卤化衍生物）	5.5	30		13	13	千克			0		0
	- 环烷烃、环烯烃或环萜烯烃的卤化衍生物：											
2903.8100	-- 1,2,3,4,5,6-六氯环己烷［六六六（ISO）]，包括林丹（ISO，INN）											
29038100.10	林丹（ISO, INN）	5.5	30		13	0	千克	89		0		0
29038100.20	α-六氯环己烷、β-六氯环己烷	5.5	30		13	0	千克	89		0		0
29038100.90	其他1,2,3,4,5,6-六氯环己烷［六六六（ISO）]（混合异构体）	5.5	30		13	0	千克			0		0
2903.8200	-- 艾氏剂（ISO）、氯丹（ISO）及七氯（ISO）											
29038200.10	艾氏剂（ISO）及七氯（ISO）	5.5	30		13	0	千克	89		0		0
29038200.90	氯丹（ISO）(别名八氯化甲桥茚)	5.5	30		13	0	千克	89		0		0
2903.8300	-- 灭蚁灵（ISO）	5.5	30		13	0	千克	89		0		0
2903.8900	-- 其他											
29038900.10	毒杀芬	5.5	30		13	0	千克	89		0		0
29038900.20	六溴环十二烷	5.5	30		13	0	千克	89		0		0
29038900.30	得克隆及其顺式异构体和反式异构体	5.5	30		13	0	千克	89		0		0
29038900.90	其他环烷烃、环烯烃或环萜烯烃的卤化衍生物	5.5	30		13	13	千克			0		0
	- 芳烃卤化衍生物：											
	-- 氯苯、邻二氯苯及对二氯苯：											
2903.9110	--- 邻二氯苯	5.5	30		13	13	千克			0		0
2903.9190	--- 其他											
29039190.10	1,4-二氯苯（又称对二氯苯）	5.5	30		13	13	千克	S		0		0
29039190.90	氯苯	5.5	30		13	13	千克	AB	M/N	0		0
2903.9200	-- 六氯苯（ISO）及滴滴涕（ISO,INN）[1,1,1-三氯-2,2-双（4-氯苯基）乙烷]	5.5	30		13	0	千克	89		0		0
2903.9300	-- 五氯苯（ISO）	5.5	30		13	13	千克	89		0		0
2903.9400	-- 六溴联苯	5.5	30		13	13	千克	89		0		0
	-- 其他：											
2903.9910	--- 对氯甲苯	5.5	30		13	13	千克	AB	M/N	0		0
2903.9920	--- 3,4-二氯三氟甲苯	5.5	30		13	13	千克			0	4.4	0
2903.9930	--- 4-（4'-烷基苯基）-1-（4'-烷基苯基）-2-氟苯	5.5	30		13	13	千克			0		0
2903.9990	--- 其他											
29039990.10	多氯联苯、多溴联苯	5.5	30		13	13	千克	89		0		0
29039990.30	多氯三联苯（PCT）	5.5	30		13	13	千克	X		0		0

协定税率（%）														特惠税率（%）①/②	Article Description
巴基斯坦	冰岛	哥斯达黎加	秘鲁	新西兰	瑞士	新加坡	韩国	澳大利亚	格鲁吉亚	毛里求斯	日本RCEP	尼加拉瓜	港澳台		
2.5	0	0	0	0	0		0	0	0	0	0	0	0/	0/0	1,1,1,2- Tetrafluorodichloroethane
2.5	0	0	0	0	0		0	0	0	0	0	0	0/	0/0	Trifluoroacetic monochloroethane
2.5	0	0	0	0	0		0	0	0	0	0	0	0/	0/0	1-flurorine-1,1-dichloroethane
2.5	0	0	0	0	0		0	0	0	0	0	0	0/	0/0	1,1-difluoro -1-chloroethane
2.5	0	0	0	0	0		0	0	0	0	0	0	0/	0/0	Salts and related compounds of perfluorooctanoic acid (PFOA)
2.5	0	0	0	0	0		0	0	0	0	0	0	0/	0/0	Other methane, ethane and propane halogenate derivative only with flurorine and chloric
															--- Other
0	0	0	0	0	0		0	0	0	0	0	0	0/	0/0	Dibromochloropropane
0	0	0	0	0	0		0	0	0	0	0	0	0/	0/0	Other methane, ethane and propane halogenate derivative only with fluorine and bromic
0	0	0	0	0	0		0	0	0	0	0	0	0/	0/0	Bromchloromethane
0	0	0	0	0	0		0	0	0	0	0	0	0/	0/0	Salts and related compounds of perfluorooctanoic acid (PFOA)
0	0	0	0	0	0		0	0	0	0	0	0	0/	0/0	Other acyclic hydrocarbon halogenate derivative (with two or more different halogens)
															- Halogenated derivatives of cyclanic, cyclenic or cycloterpenic hydrocarbons:
															-- 1, 2, 3, 4, 5,6-Hexachlorocyclohexane (HCH(ISO)), including linadne (ISO, INN)
0	0	0	0	0	0		0	0	0	0	0	0	0/	0/0	Lindane (ISO, INN)
0	0	0	0	0	0		0	0	0	0	0	0	0/	0/0	α-Hexachlorocyclohexane, β-hexachlorocyclohexane
0	0	0	0	0	0		0	0	0	0	0	0	0/	0/0	1,2,3,4,5,6-Hexachlorocyclohexane (hexachloro-cyclohexane soprocide (ISO))
															-- Aldrin (ISO), chlordane (ISO) and heptachlor (ISO)
0	0	0	0	0	0		0	0	0	0	0	0	0/	0/0	Aldrin (ISO) and heptachlor (ISO)
0	0	0	0	0	0		0	0	0	0	0	0	0/	0/0	Chlordan (ISO)
0	0	0	0	0	0		0	0	0	0	0	0	0/	0/0	-- Mirex (ISO)
															-- Other
0	0	0	0	0	0		0	0	0	0	0	0	0/	0/0	Toxaphene
0	0	0	0	0	0		0	0	0	0	0	0	0/	0/0	Hexabromocyclododecane
0	0	0	0	0	0		0	0	0	0	0	0	0/	0/0	Declone and its cis and trans isomers
0	0	0	0	0	0		0	0	0	0	0	0	0/	0/0	Other Cycloalkanes, cycloolefin or cyc-terpene halogenate dervative
															- Halogenated derivatives of aromatic hydrocarbons:
															-- Chlorobenzene, o-dichlorobenzene and P-dichlorobenzene:
0	0	0	0	0	0		0	0	0	0	4	0	0/	0/0	--- o-Dichlorobenzene
															--- Other
0	0	0	0	0	0		0	0	0	0	0	0	0/	0/0	1,4-dichlorobenzene
0	0	0	0	0	0		0	0	0	0	0	0	0/	0/0	Chlorobenzene
0	0	0	0	0	0		0	0	0	0	0	0	0/	0/0	-- Hexachlorobenzene (ISO) and DDT (ISO) (clofenotane (INN), 1,1,1-trichloro-2,2-bis (p-chlorophenyl) ethane)
0	0	0	0	0	0		0	0	0	0	0	0	0/	0/0	-- Pentachlorobenzene (ISO)
0	0	0	0	0	0		0	0	0	0	0	0	0/	0/0	-- Hexabromobiphenyls
															-- Other:
0	0	0	0	0	0		0	0	0	0	0	0	0/	0/0	--- P-Chlorotoluene
0	0	0	0	0	0		0	0	0	0	0	0	0/	0/0	--- 3,4-Dichlorotrifluoride toluene
0	0	0	0	0	0		0	0	0	0	0	0	0/	0/0	--- 4-(4'-alkylphenyl)-1-(4'-alkylphenyl)-2-fluoroben zene
															--- Other
0	0	0	0	0	0		0	0	0	0	0	0	0/	0/0	Polychlorinated biphenyl, polybrominated biphenyls
0	0	0	0	0	0		0	0	0	0	0	0	0/	0/0	Polychlorinated Terphenyls (PCT)

税号	货品名称	进口关税（%） 最惠国	普通	年内暂定	增值/消费税（%）	出口退税（%）	计量单位	监管证件代码	检验检疫类别	协定税率（%） 东盟	亚太	智利
29039990.40	稗草烯	5.5	30		13	0	千克	S		0		0
29039990.50	单一的二氯萘、三氯萘、四氯萘、五氯萘、六氯萘、七氯萘、八氯萘	5.5	30		13	0	千克	89		0		0
29039990.90	其他芳烃卤化衍生物	5.5	30		13	13	千克			0		0
29.04	**烃的磺化、硝化或亚硝化衍生物，不论是否卤化：**											
2904.1000	- 仅含磺基的衍生物及其盐和乙酯	5.5	30		13	13	千克			0		0
	- 仅含硝基或亚硝基的衍生物：											
2904.2010	--- 硝基苯	5.5	20		13	13	千克	AB	M/N	0	4.4	0
2904.2020	--- 硝基甲苯	5.5	30		13	13	千克			0		0
2904.2030	--- 二硝基甲苯	5.5	20		13	13	千克	AB	M/N	0	4.4	0
2904.2040	--- 三硝基甲苯（TNT）	5.5	40		13	13	千克	ABk	M/N	0	4.4	0
2904.2090	--- 其他											
29042090.10	六硝基芪	5.5	30		13	13	千克	3		0		0
29042090.20	4-硝基联苯	5.5	30		13	13	千克			0		0
29042090.90	其他仅含硝基或亚硝基衍生物	5.5	30		13	13	千克			0		0
	- 全氟辛基磺酸及其盐和全氟辛基磺酰氟：											
2904.3100	-- 全氟辛基磺酸	5.5	30		13	13	千克	89		0		0
2904.3200	-- 全氟辛基磺酸铵	5.5	30		13	13	千克	89		0		0
2904.3300	-- 全氟辛基磺酸锂	5.5	30		13	13	千克	89		0		0
2904.3400	-- 全氟辛基磺酸钾	5.5	30		13	13	千克	89		0		0
2904.3500	-- 其他全氟辛基磺酸盐	5.5	30		13	13	千克	89		0		0
2904.3600	-- 全氟辛基磺酰氟	5.5	30		13	13	千克	89		0		0
	- 其他：											
2904.9100	-- 三氯硝基甲烷（氯化苦）	5.5	30		13	0	千克	23S		0		0
2904.9900	-- 其他											
29049900.11	氯硝丙烷	5.5	30		13	0	千克	S		0		0
29049900.12	四氯硝基苯	5.5	30		13	0	千克	S		0		0
29049900.13	五氯硝基苯	5.5	30		13	0	千克	S		0		0
29049900.14	全氟己基磺酸及其盐类和其相关化合物［全氟己基磺酸及其盐和卤代物（《禁止进口货物目录（第八批）》所列商品）］	5.5	30		13	0	千克	89		0		0
29049900.90	其他烃的磺化、硝化、亚硝化衍生物（不论是否卤化）	5.5	30		13	13	千克			0		0
	第二分章　醇类及其卤化、磺化、硝化或亚硝化衍生物											
29.05	**无环醇及其卤化、磺化、硝化或亚硝化衍生物：**											
	- 饱和一元醇：											
2905.1100	-- 甲醇	5.5	30		13	13	千克	AB	M/N	0		0
	-- 丙醇及异丙醇：											
2905.1210	--- 丙醇	5.5	30		13	13	千克	AB	M/N	0		0
2905.1220	--- 异丙醇	5.5	30		13	13	千克	ABG	M/N	0		0
2905.1300	-- 正丁醇	5.5	30		13	13	千克	AB	MR/NS	0		0

协定税率（%）														特惠税率（%）①/②	Article Description
巴基斯坦	冰岛	哥斯达黎加	秘鲁	新西兰	瑞士	新加坡	韩国	澳大利亚	格鲁吉亚	毛里求斯	日本RCEP	尼加拉瓜	港澳台		
0	0	0	0	0	0		0	0	0	0	0	0	0/	0/0	Tavron
0	0	0	0	0	0		0	0	0	0	0	0	0/	0/0	Single dichloronaphthalene, trichloronaphthalene, tetrachloronaphthalene, pentachloronaphthalene, hexachloronaphthalene, heptachloronaphthalene and octachloronaphthalene
0	0	0	0	0	0		0	0	0	0	0	0	0/	0/0	Other arene halogenate derivative
															Sulphonated, nitrated or nitrosated derivatives of hydrocarbons, whether or not halogenated:
0	0	0	0	0	0		0	0	0	0	0	0	0/	0/0	- Derivatives containing only sulpho groups, their salts and ethyl esters
															- Derivatives containing only nitro or only nitroso groups:
0	0	0	0	0	0		0	0	0	0	0	0	0/	0/0	--- Nitrobenzene
0	0	0	0	0	0		0	0	0	0	0	0	0/	0/0	--- Nitrotoluene and nitrochlorobenzene
0	0	0	0	0	0		0	0	0	0	0	0	0/	0/0	--- Dinitrotoluene and dinitrochlorobenzene
0	0	0	0	0	0		0	0	0	0	0	0	0/	0/0	--- Trinitrotoluene
															--- Other
0	0	0	0	0	0		0	0	0	0	0	0	0/	0/0	Hexanitrostilbene
0	0	0	0	0	0		0	0	0	0	0	0	0/	0/0	4-Nitrobiphenyl
0	0	0	0	0	0		0	0	0	0	0	0	0/	0/0	Other derivatives containing only nitro or only nitroso groups
															- Perfluorooctane sulphonic acid, its salts and perfluorooctane sulphonyl fluoride:
0	0	0	0	0	0		0	0	0	0	0	0	0/	0/0	-- Perfluorooctane sulphonic acid
0	0	0	0	0	0		0	0	0	0	0	0	0/	0/0	-- Ammonium perfluorooctane sulphonate
0	0	0	0	0	0		0	0	0	0	0	0	0/	0/0	-- Lithium perfluorooctane sulphonate
0	0	0	0	0	0		0	0	0	0	0	0	0/	0/0	-- Potassium perfluorooctane sulphonate
0	0	0	0	0	0		0	0	0	0	0	0	0/	0/0	-- Other salts of perfluorooctane sulphonic acid
0	0	0	0	0	0		0	0	0	0	0	0	0/	0/0	-- Perfluorooctane sulphonyl fluoride
															- Other:
0	0	0	0	0	0		0	0	0	0	0	0	0/	0/0	-- Trichloronitromethane (chloropicrin)
															-- Other
0	0	0	0	0	0		0	0	0	0	0	0	0/	0/0	Chloronltropropane
0	0	0	0	0	0		0	0	0	0	0	0	0/	0/0	Tecnazene
0	0	0	0	0	0		0	0	0	0	0	0	0/	0/0	Quintozene
0	0	0	0	0	0		0	0	0	0	0	0	0/	0/0	Perfluorohexylsulfonic acid and its salts and related compounds (perfluorohexylsulfonic acid and its salts and halogenated products (goods listed in the Catalogue of Prohibited Imports (Eighth Batch)))
0	0	0	0	0	0		0	0	0	0	0	0	0/	0/0	Other sulphonated, nitrated, nitrosalted derivatives of hydrocarbons, whether or not halogenated
															Ⅱ. ALCOHOLS AND THEIRHALOGENATED, SULPHONATED, NITRATED OR NITROSATED DERIVATIVES
															Acyclic alcohols and their halogenated, sulphonated, nitrated or nitrosated derivatives:
															- Saturated monohydric alcohols:
0	0	0		0	0			0	0	0		4.4	0/		-- Methanol (methyl alcohol)
															-- Propan-1-ol (propyl alcohol) and propan-2-ol (isopropyl alcohol):
0	0	0	0	0	0		1.8	0	0	0	4.5	0	0/	0/0	--- Propan-1-ol (propyl alcohol)
0	0	0	0	0	0		1.8	0	0	0	4.5	0	0/0	0/0	--- Propan-2-ol (isopropyl alcohol)
0	0	0	0	0	0		1.8	0	0	0	4.5	0	0/0	0/0	-- Butan-1-ol (n-butyl alcohol)

税　号	货品名称	进口关税（%）最惠国	普通	年内暂定	增值/消费税（%）	出口退税（%）	计量单位	监管证件代码	检验检疫类别	协定税率（%）东盟	亚太	智利
	-- 其他丁醇:											
2905.1410	--- 异丁醇	5.5	30		13	13	千克			0		0
2905.1420	--- 仲丁醇	5.5	30		13	13	千克			0		0
2905.1430	--- 叔丁醇	5.5	30		13	13	千克			0		0
	-- 辛醇及其异构体:											
2905.1610	--- 正辛醇	5.5	30		13	13	千克			0		0
2905.1690	--- 其他	5.5	30		13	13	千克			0		0
2905.1700	-- 十二醇、十六醇及十八醇	7	30		13	13	千克			0		0
	-- 其他:											
2905.1910	--- 3,3-二甲基丁-2-醇（频哪基醇）	5.5	30		13	13	千克	23		0	4.4	0
2905.1990	--- 其他											
29051990.10	三十烷醇	5.5	30		13	13	千克	S		0		0
29051990.90	其他饱和一元醇	5.5	30		13	13	千克			0		0
	- 不饱和一元醇:											
	-- 无环萜烯醇:											
2905.2210	--- 香叶醇、橙花醇（3,7-二甲基-2,6-辛二烯-1-醇）	5.5	30		13	13	千克			0		0
2905.2220	--- 香茅醇（3,7-二甲基-6-辛烯-1-醇）	5.5	30		13	13	千克			0		0
2905.2230	--- 芳樟醇	5.5	30		13	13	千克	A	R/	0		0
2905.2290	--- 其他	5.5	30		13	13	千克			0		0
2905.2900	-- 其他	5.5	30		13	13	千克			0		0
	- 二元醇:											
2905.3100	-- 1,2-乙二醇	5.5	30		13	13	千克			5		0
2905.3200	-- 1,2-丙二醇	5.5	30		13	13	千克			0		0
	-- 其他:											
2905.3910	--- 2,5-二甲基已二醇	4	11		13	13	千克			0		0
2905.3990	--- 其他											
29053990.01	1,3-丙二醇	5.5	30	3	13	13	千克	AB	R/S	0		0
29053990.02	1,4-丁二醇	5.5	30		13	13	千克	AB	R/S	0		0
29053990.10	驱蚊醇	5.5	30		13	13	千克	S		0		0
29053990.91	白消安	5.5	30	0	3	3	千克	AB	MR/NS	0		0
29053990.99	其他二元醇	5.5	30		13	13	千克	AB	MR/NS	0		0
	- 其他多元醇:											
2905.4100	-- 2-乙基-2-（羟甲基）丙烷-1,3-二醇（三羟甲基丙烷）	5.5	30		13	13	千克			0		0
2905.4200	-- 季戊四醇	5.5	30		13	13	千克			0		0
2905.4300	-- 甘露糖醇	8	30		13	13	千克	A	R/	0		0
2905.4400	-- 山梨醇	8	40		13	13	千克			0		0
2905.4500	-- 丙三醇（甘油）	8	50	3	13	13	千克	A	R/	0	5.2	0
	-- 其他:											
2905.4910	--- 木糖醇	5.5	30		13	13	千克	A	R/	0		0
2905.4990	--- 其他	5.5	30		13	13	千克			0		0
	- 无环醇的卤化、磺化、硝化或亚硝化衍生物:											
2905.5100	-- 乙氯维诺（INN）	5.5	30		13	13	千克	I		0		0
2905.5900	-- 其他											
29055900.10	乙氯维诺的盐	5.5	30		13	13	千克	I		0		0
29055900.20	2-氯乙醇	5.5	30		13	13	千克	3A	M/	0		0
29055900.40	鼠甘伏，溴硝醇	5.5	30		13	13	千克	S		0		0
29055900.50	全氟辛酸的盐类和相关化合物（PFOA类）	5.5	30		13	13	千克	X		0		0
29055900.90	其他无环醇的卤化、磺化等衍生物	5.5	30		13	13	千克			0		0
29.06	**环醇及其卤化、磺化、硝化或亚硝化衍生物:**											
	- 环烷醇、环烯醇及环萜烯醇:											

协定税率（%）														特惠税率（%）①/②	Article Description
巴基斯坦	冰岛	哥斯达黎加	秘鲁	新西兰	瑞士	新加坡	韩国	澳大利亚	格鲁吉亚	毛里求斯	日本RCEP	尼加拉瓜	港澳台		
															-- Other butanols:
0	0	0	0	0	0		1.8	0	0	0	4.5	0	0/0	0/0	--- Isobutanol
0	0	0	0	0	0		1.8	0	0	0	4.5	0	0/	0/0	--- Secbutanol
0	0	0	0	0	0		1.8	0	0	0	4.5	0	0/	0/0	--- Tertiary butanol
															-- Octanol (octyl alcohol) and isomers thereof:
0	0	0		0	0			0	0	0		4.4	0/		--- n-octanol
0	0	0		0	0			0	0	0		4.4	0/		--- Other
0	0	0	0	0	0		2.3	0	0	0	5.7	0	0/	0/0	-- Dodecan-1-ol (lauryl alcohol), hexade can-1-ol (cetyl alcohol) and octadecan-1-ol (stearyl alcohol)
															-- Other:
0	0	0	0	0	0		0	0	0	0	0	0	0/	0/0	--- 3,3-Dimethyl-2-butanol (pinacolyl alcohol)
															--- Other
0	0	0	0	0	0		0	0	0	0	4	0	0/	0/0	Triacontanol
0	0	0	0	0	0		0	0	0	0	4	0	0/	0/0	Other saturated monohydric alcohols
															- Unsaturated monohydric alcohols:
															-- Acyclic terpene alcohols:
0	0	0	0	0	0		0	0	0	0	0	0	0/	0/0	--- Geraniol, nerol (cis-3,7-Dimethyl-2,6-octadien-1-ol)
0	0	0	0	0	0		0	0	0	0	0	0	0/	0/0	--- Citronellol (3,7-Dimethyl-6-octen-1-ol)
0	0	0	0	0			0	0	0	0	4	0	0/	0/0	--- Linalool
0	0	0	0	0	2.2		0	0	0	0	4	0	0/	0/0	--- Other
0	0	0	0	0	0		0	0	0	0	0	0	0/	0/0	-- Other
															- Diols:
	0	0		0				0		0		4.4	0/		-- Ethylene glycol (ethanediol)
0	0	0	0	0	0		0	0	0	0	4	0	0/	0/0	-- Propylene glycol (propane-1,2-diol)
															-- Other:
0	0	0	0	0	0		0	0	0	0	0	0	0/	0/0	--- 2,5-dimethyl hexandiol
															--- Other
0	0	0	0	0	0			0	0	0		0	0/	0/0	1,3-Propanediol
0	0	0	0	0	0			0	0	0		0	0/	0/0	1,4-Butylene Glycal
0	0	0	0	0	0			0	0	0		0	0/	0/0	Ethohexadiol
0	0	0	0	0	0			0	0	0		0	0/	0/0	Busulfan
0	0	0	0	0	0			0	0	0		0	0/	0/0	Other diatomic alcohols
															- Other polyhydric alcohols:
0	0	0	0	0	0		0	0	0	0	0	0	0/	0/0	-- 2-Ethyl-2-(hydroxymethyl) propane-1,3-diol (trimethylolpropane)
0	0	0	0	0	0		0	0	0	0	4	0	0/	0/0	-- Pentaerythritol
0	0	0	0	0	0		0	0	0	0	5.8	7.2	0/	0/0	-- Mannitol
11.2	0	0	0	0	0	0	0	0	0	0	10.2	0	0/	0/0	-- D-glucitol (sorbitol)
7	0	0	0	0	0	0	0	0	0	0	10.2	0	0/	0/0	-- Glycerol
															-- Other:
0	0	0	0	0	0		0	0	0	0	0	0	0/	0/0	--- Xylitol
0	0	0	0	0	0		0	0	0	0	0	0	0/	0/0	--- Other
															- Halogenated, sulphonated, nitrated ornitrosated derivatives of acyclic alcohols:
0	0	0	0	0	0		0	0	0	0	0	0	0/	0/0	-- Ethchlorvynol (INN)
															-- Other
0	0	0	0	0	0		0	0	0	0	4	0	0/	0/0	Salts of Ethchloivynol (INN)
0	0	0	0	0	0		0	0	0	0	4	0	0/	0/0	2-Chloroethanol
0	0	0	0	0	0		0	0	0	0	4	0	0/	0/0	Gliftor, bromonol
0	0	0	0	0	0		0	0	0	0	4	0	0/	0/0	Salts and related compounds of perfluorooctanoic acid (PFOA)
0	0	0	0	0	0		0	0	0	0	4	0	0/	0/0	Other halogenated, sulphonated derivatives of acyclic alcohol
															Cyclic alcohols and their halogenated, snlphonated, nitrated or nitrosated derivatives:
															- Cyclanic, cyclenic or cycloterpenic:

税号	货品名称	进口关税（%）			增值/消费税（%）	出口退税（%）	计量单位	监管证件代码	检验检疫类别	协定税率（%）		
		最惠国	普通	年内暂定						东盟	亚太	智利
2906.1100	-- 薄荷醇	5	70		13	13	千克			0		0
2906.1200	-- 环已醇、甲基环已醇及二甲基环已醇											
29061200.10	甲基环已醇	5.5	30		13	13	千克	AB	M/N	0		0
29061200.90	环已醇，二甲基环已醇	5.5	30		13	13	千克			0		0
	-- 固醇及肌醇：											
2906.1310	--- 固醇	5.5	30	3	13	13	千克			0		0
2906.1320	--- 肌醇	5.5	30		13	13	千克	A	R/	0		0
	-- 其他：											
2906.1910	--- 萜品醇	5.5	30		13	13	千克			0		0
2906.1990	--- 其他											
29061990.11	5α-雄烷-3α,17α-二醇（阿法雄烷二醇）[包括5α-雄烷-3β,17β-二醇（倍他雄烷二醇）]	5.5	30		13	13	千克	L		0		0
29061990.12	雄甾-4-烯-3α,17α-二醇[4-雄烯二醇（3α,17α）]{包括雄甾-4-烯-3α,17β-二醇[4-雄烯二醇（3α,17β）]}	5.5	30		13	13	千克	L		0		0
29061990.13	雄甾-5-烯-3α,17α-二醇[5-雄烯二醇（3α,17α）]{包括雄甾-5-烯-3α,17β-二醇[5-雄烯二醇（3α,17β）]}	5.5	30		13	13	千克	L		0		0
29061990.14	2-雄烯醇（5α-雄甾-2-烯-17-醇）	5.5	30		13	13	千克	L		0		0
29061990.15	3-雄烯醇（5α-雄甾-3-烯-17-醇）	5.5	30		13	13	千克	L		0		0
29061990.90	其他环烷醇，环烯醇及环萜烯醇	5.5	30		13	13	千克			0		0
	- 芳香醇：											
2906.2100	-- 苄醇	5	30		13	13	千克			0		0
	-- 其他：											
2906.2910	--- 2-苯基乙醇	5.5	30		13	13	千克			0		0
2906.2990	--- 其他											
29062990.11	三氯杀螨醇(CAS:115-32-2)	5.5	30		13	13	千克	89		0		0
29062990.21	三氯杀螨醇(CAS:10606-46-9)	5.5	30		13	13	千克	89		0		0
29062990.90	其他芳香醇	5.5	30		13	13	千克			0		0
	第三分章　酚、酚醇及其卤化、磺化、硝化或亚硝化衍生物											
29.07	酚；酚醇：											
	- 一元酚：											
	-- 苯酚及其盐：											
2907.1110	--- 苯酚	5.5	30		13	13	千克	AB	M/N	0		0
2907.1190	--- 其他	5.5	30		13	13	千克			0		0
	-- 甲酚及其盐：											
	--- 甲酚：											
2907.1211	---- 间甲酚	5.5	30		13	13	千克			0		0
2907.1212	---- 邻甲酚	5.5	30		13	13	千克			0		0
2907.1219	---- 其他	5.5	30		13	13	千克	AB	MR/NS	0		0
2907.1290	--- 其他	5.5	30		13	13	千克			0		0
	-- 辛基酚、壬基酚及其异构体以及它们的盐：											
2907.1310	--- 壬基酚	5.5	30		13	13	千克	AB	M/N	0		0
2907.1390	--- 其他	5.5	30		13	13	千克			0		0
	-- 萘酚及其盐：											
2907.1510	--- 2-萘酚（β-萘酚）	5.5	30		13	13	千克			0		0
2907.1590	--- 其他	5.5	30		13	13	千克	AB	R/S	0		0
	-- 其他：											
2907.1910	--- 邻仲丁基酚、邻异丙基酚											
29071910.10	邻异丙基（苯）酚	4	11	2	13	13	千克	AB	M/N	0		0
29071910.90	邻仲丁基酚	4	11	2	13	13	千克			0		0
2907.1990	--- 其他											
29071990.12	邻烯丙基苯酚及盐	5.5	30		13	0	千克	S		0		0

协定税率（%）														特惠税率（%）①/②	Article Description
巴基斯坦	冰岛	哥斯达黎加	秘鲁	新西兰	瑞士	新加坡	韩国	澳大利亚	格鲁吉亚	毛里求斯	日本RCEP	尼加拉瓜	港澳台		
0	0	0	0	0	0		0	0	0	0	0	0	0/	0/0	-- Menthol
															-- Cyclohexanol, methylcyclohexanols and dimethylcyctohexanols
0	0	0	0	0	0		0	0	0	0	0	0	0/	0/0	Hexahydrocresol
0	0	0	0	0	0		0	0	0	0	0	0	0/	0/0	Cyclohexanol, dimethyl-cyclohexanol
															-- Sterols and inositols:
0	0	0	0	0	0		0	0	0	0	4	0	0/	0/0	--- Sterol
0	0	0	0	0	0		0	0	0	0	0	0	0/	0/0	--- Inositol
															-- Other:
0	0	0	0	0	0		0	0	0	0	0	0	0/	0/0	--- Terpineols
															--- Other
0	0	0	0	0			0	0	0	0	4	0	0/	0/0	α-Dihydroandrosterone (including 5a-androstane- 3p,17p-glycol; p-dihydroandrosterone)
0	0	0	0	0			0	0	0	0	4	0	0/	0/0	Androst-4-ene-3α,17α-diol (including androst-4-ene-3α,17β-diol)
0	0	0	0	0			0	0	0	0	4	0	0/	0/0	Androst-5-ene-3α, 17α-diol (including Androst-5-ene-3α, 17β-diol)
0	0	0	0	0			0	0	0	0	4	0	0/	0/0	2-Androstenol(5α-androst-2-en-17-ol)
0	0	0	0	0			0	0	0	0	4	0	0/	0/0	3-Androstenol(5α-androst-3-en-17-ol)
0	0	0	0	0			0	0	0	0	4	0	0/	0/0	Other cyclanic, cyclenic or cycloterpenic
															- Aromatic:
0	0	0	0	0	0		0	0	0	0	0	0	0/	0/0	-- Benzyl alcohol
															-- Other:
0	0	0	0	0	0		0	0	0	0	0	0	0/	0/0	--- 2-Phenylethyl alcohol
															--- Other
0	0	0	0	0	2.2		0	0	0	0	4	0	0/	0/0	Dicofol
0	0	0	0	0	2.2		0	0	0	0	4	0	0/	0/0	o, p-Dicofol
0	0	0	0	0	2.2		0	0	0	0	4	0	0/	0/0	Other aromatic alcohols
															Ⅲ. PHENOLS, PHENOL-ALCOHOLS, AND THEIR HALOGENATED, SULPHONATED, NITRATED OR NITROSATED DERIVATIVES
															Phenols;phenol-alcohols:
															- Monophenols:
															-- Phenol (hydroxybenzene) and its salts:
0	0	0	0	0	0			0	0	0		0	0/	0/0	--- Phenol
0	0	0	0	0	0			0	0	0		0	0/	0/0	--- Other
															-- Cresol and its salts:
															--- Cresol:
0	0	0	0	0	0		0	0	0	0	0	0	0/	0/0	----m-Cresol
0	0	0	0	0	0		0	0	0	0	0	0	0/	0/0	----o-Cresol
0	0	0	0	0	0		0	0	0	0	4	0	0/	0/0	----Other
0	0	0	0	0	0		0	0	0	0	0	0	0/	0/0	--- Other
															-- Octylphenol, nonylphenol and their isomers; salts thereof:
0	0	0	0	0	0			0	0	0		0	0/	0/0	--- Nonylphenol
0	0	0	0	0	0		1.8	0	0	0	4.5	0	0/	0/0	--- Other
															-- Naphthols and their salts:
0	0	0	0	0	0		0	0	0	0	0	0	0/	0/0	--- 2-Naphthols (β-naphthol)
0	0	0	0	0	0		0	0	0	0	0	0	0/	0/0	--- Other
															-- Other:
															--- o-Sec-butyl phenol, o-isopropyl phenol
0	0	0	0	0	0		0	0	0	0	2.9	0	0/	0/0	o-Isopropyl (benzene) phenol
0	0	0	0	0	0		0	0	0	0	2.9	0	0/	0/0	o-s-Butylphenol
															--- Other
0	0	0	0	0	0		0	0	0	0	4	0	0/	0/0	O-allylphenol and its salt

税号	货品名称	进口关税（%）最惠国	普通	年内暂定	增值/消费税（%）	出口退税（%）	计量单位	监管证件代码	检验检疫类别	协定税率（%）东盟	亚太	智利
29071990.90	其他一元酚	5.5	30		13	13	千克			0		0
	- 多元酚；酚醇：											
2907.2100	-- 间苯二酚及其盐											
29072100.01	间苯二酚	5.5	30		13	13	千克			0		0
29072100.90	间苯二酚盐	5.5	30		13	13	千克			0		0
	-- 对苯二酚及其盐：											
2907.2210	--- 对苯二酚	5.5	30		13	13	千克			0		0
2907.2290	--- 其他	5.5	30		13	13	千克			0		0
2907.2300	-- 4,4'-异亚丙基联苯酚（双酚A，二苯基酚丙烷）及其盐											
29072300.01	双酚A（4,4-异亚丙基联苯酚）	5.5	30		13	13	千克			0		0
29072300.90	双酚A的盐（4,4-异亚丙基联苯酚的盐）	5.5	30		13	13	千克			0		0
	-- 其他：											
2907.2910	--- 邻苯二酚	4	11		13	13	千克			0		0
2907.2990	--- 其他											
29072990.01	特丁基对苯二酚	5.5	30		13	13	千克	AB	MR/NS	0		0
29072990.10	毒菌酚	5.5	30		13	0	千克	S		0		0
29072990.90	其他多元酚；酚醇	5.5	30		13	13	千克	AB	MR/NS	0		0
29.08	**酚及酚醇的卤化、磺化、硝化或亚硝化衍生物：**											
	- 仅含卤素取代基的衍生物及其盐：											
2908.1100	-- 五氯苯酚（ISO）	5.5	30		13	0	千克	89AB	M/N	0		0
	-- 其他：											
2908.1910	--- 对氯苯酚	4	11		13	13	千克			0		0
2908.1990	--- 其他											
29081990.21	格螨酯	5.5	30		13	0	千克	S		0		0
29081990.22	双氯酚	5.5	30		13	0	千克	S		0		0
29081990.23	五氯酚钠	5.5	30		13	0	千克	89S		0		0
29081990.24	五氯酚钠水合物	5.5	30		13	0	千克	89		0		0
29081990.90	其他仅含卤素取代基的衍生物及盐	5.5	30		13	13	千克			0		0
	- 其他：											
2908.9100	-- 地乐酚（ISO）及其盐	5.5	30		13	0	千克	89		0		0
2908.9200	-- 4,6-二硝基邻甲酚[二硝酚（ISO）]及其盐	5.5	30		13	13	千克	89		0		0
	-- 其他：											
2908.9910	--- 对硝基酚、对硝基酚钠											
29089910.10	4-硝基苯酚（对硝基苯酚）	5.5	30		13	13	千克			0		0
29089910.90	对硝基苯酚钠	5.5	30		13	0	千克	S		0		0
2908.9990	--- 其他											
29089990.21	芬螨酯	5.5	30		13	0	千克	S		0		0
29089990.22	消螨酚	5.5	30		13	0	千克	S		0		0
29089990.23	戊硝酚	5.5	30		13	0	千克	S		0		0
29089990.24	特乐酚	5.5	30		13	0	千克	S		0		0
29089990.25	壬菌铜	5.5	30		13	0	千克	S		0		0
29089990.30	苦味酸（2,4,6-三硝基苯酚）	5.5	30		13	13	千克	k		0		0
29089990.90	其他酚及酚醇的卤化等衍生物（包括其磺化、硝化或亚硝化衍生物）	5.5	30		13	13	千克			0		0

协定税率（%）														特惠税率（%）①/②	Article Description
巴基斯坦	冰岛	哥斯达黎加	秘鲁	新西兰	瑞士	新加坡	韩国	澳大利亚	格鲁吉亚	毛里求斯	日本RCEP	尼加拉瓜	港澳台		
0	0	0	0	0	0		0	0	0	0	4	0	0/	0/0	Other Monophenols
															- Polyphenols; phenol-alcohols:
															-- m-Dihydroxybenzene (resorcinol) and its salts
0	0	0	0	0	0		0	0	0	0	4.5	0	0/	0/0	M-Dihydroxybenzene (resorcinol)
0	0	0	0	0	0		0	0	0	0	4.5	0	0/	0/0	Salts of m-Dihydroxybenzene (resorcinol)
															-- p-Dihydroxybenzene (hydroquinone) and its salts:
0	0	0	0	0	0		0	0	0	0	0	0	0/	0/0	--- Hydroquinone
0	0	0	0	0	0		0	0	0	0	0	0	0/	0/0	--- Other
															-- 4,4'-Isopropylidenediphenol (bisphenol A, diphenylolpropane) and its salts
0	0	0	0	0	0			0	0	0		0	0/	0/0	Bisphenol-A (4,4′-Isopropylidenediphenol)
0	0	0	0	0	0			0	0	0		0	0/	0/0	Salts of bisphenol-A (4,4′-Isopropylidene-diphenol)
															-- Other:
0	0	0	0	0	0			0	0	0		0	0/	0/0	--- o-Dihydroxybenzene (catechol, pyrocatechol)
															--- Other
0	0	0	0	0	0		1.8	0	0	0	4.5	0	0/	0/0	Tertiary butylhydroquinone
0	0	0	0	0	0		1.8	0	0	0	4.5	0	0/	0/0	Hexachlorophene
0	0	0	0	0	0		1.8	0	0	0	4.5	0	0/	0/0	Other Polyphenols; phenol-alcohols
															Halogenated, sulphonated, nitrated ornitrosated derivatives of phenols or phenolalcohols:
															- Derivatives containing only halogen substituents and their salts:
0	0	0	0	0	0		0	0	0	0	0	0	0/	0/0	-- Pentachlorophenol (ISO)
															-- Other:
0	0	0	0	0	0		0	0	0	0	0	0	0/	0/0	--- p-Chlorophenol
															--- Other
0	0	0	0	0	0		0	0	0	0	0	0	0/	0/0	Genite
0	0	0	0	0	0		0	0	0	0	0	0	0/	0/0	Dichlorophene
0	0	0	0	0	0		0	0	0	0	0	0	0/	0/0	Sodium pentachlorophenate
0	0	0	0	0	0		0	0	0	0	0	0	0/	0/0	Sodium pentachlorophenol hydrate
0	0	0	0	0	0		0	0	0	0	0	0	0/	0/0	Other derivatives containing only halogen substituents and their salts
															- Other:
0	0	0	0	0	0		0	0	0	0	0	0	0/	0/0	-- Dinoseb (ISO) and its salts
0	0	0	0	0	0		0	0	0	0	0	0	0/	0/0	-- 4,6-Dinitro-o-cresol (DNOC (ISO)) and its salts
															-- Other:
															--- p-Nitrophenol, sodium p-nitro-phenolate
0	0	0	0	0	0		0	0	0	0	0	0	0/	0/0	4-Nitrophenol (p-nitrophenol)
0	0	0	0	0	0		0	0	0	0	0	0	0/	0/0	Sodium para-nitrophenolate
															--- Other
0	0	0	0	0	0		0	0	0	0	4	0	0/	0/0	Fenson
0	0	0	0	0	0		0	0	0	0	4	0	0/	0/0	Dinex
0	0	0	0	0	0		0	0	0	0	4	0	0/	0/0	Dinosam
0	0	0	0	0	0		0	0	0	0	4	0	0/	0/0	Dinoterb
0	0	0	0	0	0		0	0	0	0	4	0	0/	0/0	Nonbacterial copper
0	0	0	0	0	0		0	0	0	0	4	0	0/	0/0	Picric acid (2,4,6-Trinitrophenol)
0	0	0	0	0	0		0	0	0	0	4	0	0/	0/0	Other Halogenated, sulphonated, nitrated or nitrosated derivatives of phenols or phenolalcohols

税　号	货品名称	进口关税（%）			增值/消费税（%）	出口退税（%）	计量单位	监管证件代码	检验检疫类别	协定税率（%）		
		最惠国	普通	年内暂定						东盟	亚太	智利
	第四分章　醚、过氧化醇、过氧化醚、缩醛及半缩醛过氧化物、过氧化酮、三节环环氧化物、缩醛及半缩醛及其卤化、磺化、硝化或亚硝化衍生物											
29.09	**醚、醚醇、醚酚、醚醇酚、过氧化醇、过氧化醚、缩醛及半缩醛过氧化物、过氧化酮（不论是否已有化学定义）及其卤化、磺化、硝化或亚硝化衍生物：**											
	- 无环醚及其卤化、磺化、硝化或亚硝化衍生物：											
2909.1100	-- 乙醚	5.5	30		13	13	千克	23AB	M/N	0		0
	-- 其他：											
2909.1910	--- 甲醚	5.5	30		13	13	千克			0		0
2909.1990	--- 其他											
29091990.11	八氯二丙醚	5.5	30		13	13	千克	S		0		0
29091990.12	二氯异丙醚	5.5	30		13	13	千克	S		0		0
29091990.20	十七氟-1-[(2,2,3,3,4,4,5,5,6,6,7,7,8,8,8-十五氟辛基)氧基]壬烯（CAS号84029-60-7）	5.5	30		13	13	千克	X		0		0
29091990.90	其他无环醚及其卤化等衍生物（包括其磺化、硝化或亚硝化衍生物）	5.5	30		13	13	千克			0		0
2909.2000	- 环烷醚、环烯醚或环萜烯醚及其卤化、磺化、硝化或亚硝化衍生物	5.5	30		13	13	千克			0		0
	- 芳香醚及其卤化、磺化、硝化或亚硝化衍生物：											
2909.3010	--- 1-烷氧基-4-（4-乙烯基环己基）-2,3-二氟苯	5.5	30		13	13	千克			0		0
2909.3020	---4-(4-烷氧基苯基）-4'-烷烯基-1,1'-双环己烷及其氟代衍生物	5.5	30		13	13	千克			0		0
2909.3090	--- 其他											
29093090.11	甲氧滴滴涕、除草醚	5.5	30		13	0	千克	S		0		0
29093090.12	醚菊酯、苄螨醚、三氟醚	5.5	30		13	13	千克	S		0		0
29093090.13	氯苯甲醚、甲氧除草醚	5.5	30		13	13	千克	S		0		0
29093090.14	三氟硝草醚、草枯醚	5.5	30		13	13	千克	S		0		0
29093090.15	氟除草醚、乙氧氟草醚	5.5	30		13	13	千克	S		0		0
29093090.16	四溴二苯醚、五溴二苯醚、六溴二苯醚、七溴二苯醚	5.5	30		13	13	千克	89		0		0
29093090.17	五氯代苯甲醚	5.5	30		13	13	千克	89		0		0
29093090.18	十溴二苯醚	5.5	30		13	13	千克	89		0		0
29093090.90	其他芳香醚及其卤化、磺化、硝化衍生物（包括其亚硝化衍生物）	5.5	30		13	13	千克			0		0
	- 醚醇及其卤化、磺化、硝化或亚硝化衍生物：											
2909.4100	-- 2,2'-氧联二乙醇（二甘醇）	5.5	30	3	13	13	千克			0		0
2909.4300	-- 乙二醇或二甘醇的单丁醚	5.5	30		13	13	千克			0		0
2909.4400	-- 乙二醇或二甘醇的其他单烷基醚											
29094400.10	乙二醇甲醚、二乙二醇甲醚、乙二醇乙醚、二乙二醇乙醚、二乙二醇丙醚、二乙二醇丙醚、乙二醇己醚、二乙二醇己醚、乙二醇异辛醚、二乙二醇异辛醚	5.5	30		13	13	千克			0		0

协定税率（%）														特惠税率（%）①/②	Article Description
巴基斯坦	冰岛	哥斯达黎加	秘鲁	新西兰	瑞士	新加坡	韩国	澳大利亚	格鲁吉亚	毛里求斯	日本RCEP	尼加拉瓜	港澳台		
															Ⅳ. ETHERS, ALCOHOL PEROXIDES, ETHER PEROXIDES, ACETAL AND HEMIACETAL PEROXIDES, KETONE PEROXIDES, EPOXIDES WITH A THREE-MEM BERED RING, ACETALS AND HEMIACETALS, AND THEIR HALOGENATED, SULPHONATED, NITRATED OR NITROSATED DERIVATIVES
															Ethers, ether-alcohols, ether-phenols, ether-alcohol-phenols, alcohol peroxides, ether peroxides, acetal and hemiacetal peroxides, ketone peroxides (whether or not chemically defined), and their halogenated, sulphonated, nitrated or nitrosated derivatives:
															- Acyclic ethers and their halogenated, sulphonated, nitrated or nitrosated derivatives:
0	0	0	0	0	0		0	0	0	0	0	0	0/	0/0	-- Diethyl ether
															-- Other:
0	0	0		0	0		1.8	0	0	0	4.5	4.4	0/	/0	--- Methyl ether
															--- Other
0	0	0		0	0		1.8	0	0	0	4.5	4.4	0/	/0	Octachlorodipropyl ether
0	0	0		0	0		1.8	0	0	0	4.5	4.4	0/	/0	Nemamort
0	0	0		0	0		1.8	0	0	0	4.5	4.4	0/	/0	Heptafluoro-1-[(2, 2, 3, 3, 4, 4, 5, 5, 6, 6, 7, 7, 8, 8-pentafluorooctyl) oxy] nonene (CASNo. 84029-60-7)
0	0	0		0	0		1.8	0	0	0	4.5	4.4	0/	/0	Other acyclic ethers and their halogenated, sulphonated, nitrated or nitrosated derivatives
0	0	0	0	0	0		0	0	0	0	0	0	0/	0/0	- Cyclanic, cyclenic or cycloterpenic ethers and their halogenated, sulphonated, nitrated or nitrosated derivatives
															- Aromatic ethers and their halogenated, sulphonated, nitrated or nitrosated derivatives:
0	0	0	0	0	0		0	0	0	0	0	0	0/	0/0	--- 1-Alkoxy-4-(4-vinylcyclohexyl)-2,3-difluorobenzene
0	0	0	0	0	0		0	0	0	0	0	0	0/	0/0	--- 4-(4-alkoxy)-4'-N-alkenyl-1,1'-and Fluoro derivatives of cyclohexane
															--- Other
0	0	0	0	0	0		0	0	0	0	0	0	0/	0/0	Methoxychlor, nitrofen
0	0	0	0	0	0		0	0	0	0	0	0	0/	0/0	Ethofenprox, halfenprox, trifluoro
0	0	0	0	0	0		0	0	0	0	0	0	0/	0/0	Chloroneb, chlomethoxyfen
0	0	0	0	0	0		0	0	0	0	0	0	0/	0/0	Fluorodifen, chlornitrofen
0	0	0	0	0	0		0	0	0	0	0	0	0/	0/0	Fluoronitrofen, oxyfluorfen
0	0	0	0	0	0		0	0	0	0	0	0	0/	0/0	Tetrabromodiphenyl ether, Pentabromodiphenyl ether, Hexabromodiphenyl ether, heptabromodiphenyl ether
0	0	0	0	0	0		0	0	0	0	0	0	0/	0/0	Pentachloroanisole
0	0	0	0	0	0		0	0	0	0	0	0	0/	0/0	Decabromodiphenyl oxide
0	0	0	0	0	0		0	0	0	0	0	0	0/	0/0	Other aromatic ethers and their halogenated, sulphonated, nitrated or nitrosated derivatives
															- Ether-alcohols and their halogenated, sulphonated, nitrated or nitrosated derivatives:
0	0	0		0	0		0	0	0	0	4	4.4	0/0	/0	-- 2, 2'-Oxydiethanol (diethylene glycol, digol)
0	0	0	0	0	0		0	0	0	0	0	0	0/0	0/0	-- Monobutyl ethers of ethylene glycol or of diethylene glycol
															-- Other monoalkylethers of ethylene glycol or of diethylene glycol
0	0	0	0	0	0		1.8	0	0	0	4.5	0	0/	0/0	Ethylene glycol methyl ether, diethylene glycol methyl ether, ethylene glycol ether, ethylene glycol propyl ether, ethylene glycol propyl ether, ethylene glycol hexyl ether, ethylene glycol hexyl ether, ethylene glycol isooctyl ether and ethylene glycol isooctyl ether

税　号	货品名称	进口关税（%）			增值/消费税（%）	出口退税（%）	计量单位	监管证件代码	检验检疫类别	协定税率（%）		
		最惠国	普通	年内暂定						东盟	亚太	智利
29094400.20	1,1'-[氧基双[(1-甲基-2,1-乙二基)氧基]]双[4,4,5,5,6,6,7,7,8,8,9,9,10,10,11,11,12,12,13,13,14,14,15,15,15-二十五氟-2-十五醇]（CAS号93776-00-2）	5.5	30		13	13	千克	X		0		0
29094400.90	乙二醇或二甘醇的其他单烷基醚	5.5	30		13	13	千克			0		0
	-- 其他：											
2909.4910	--- 间苯氧基苄醇	4	11		13	13	千克			0		0
2909.4990	--- 其他											
29094990.10	三乙二醇甲醚、四乙二醇甲醚、三乙二醇乙醚、丙二醇乙醚、二丙二醇乙醚、丙二醇丙醚、二丙二醇丙醚、丙二醇丁醚、二丙二醇丁醚、三丙二醇丁醚	5.5	30		13	13	千克			0		0
29094990.20	全氟辛酸的盐类和相关化合物（PFOA类）	5.5	30		13	13	千克	X		0		0
29094990.90	其他醚醇及其衍生物（包括其卤化、磺化、硝化或亚硝化衍生物）	5.5	30		13	13	千克			0		0
2909.5000	- 醚酚、醚醇酚及其卤化、磺化、硝化或亚硝化衍生物	5.5	30		13	13	千克			0		0
	- 过氧化醇、过氧化醚、缩醛及半缩醛过氧化物、过氧化酮及其卤化、磺化、硝化或亚硝化衍生物：											
2909.6010	--- 缩醛及半缩醛过氧化物，及其卤化、磺化、硝化或亚硝化衍生物	5.5	30		13	13	千克			0		0
2909.6090	--- 其他	5.5	30		13	13	千克			0		0
29.10	**三节环环氧化物、环氧醇、环氧酚、环氧醚及其卤化、磺化、硝化或亚硝化衍生物：**											
2910.1000	- 环氧乙烷（氧化乙烯）	5.5	30		13	13	千克	AB	M/N	0		0
2910.2000	- 甲基环氧乙烷（氧化丙烯）	5.5	30		13	0	千克			0		0
2910.3000	- 1-氯-2,3-环氧丙烷（表氯醇）	5.5	30		13	0	千克	AB	M/N	0		0
2910.4000	- 狄氏剂（ISO，INN）	5.5	30		13	0	千克	89		0		0
2910.5000	- 异狄氏剂（ISO）	5.5	30		13	0	千克	89		0		0
2910.9000	- 其他											
29109000.20	灭草环	5.5	30		13	13	千克	S		0		0
29109000.30	全氟辛酸的盐类和相关化合物（PFOA类）	5.5	30		13	13	千克	X		0		0
29109000.90	三节环环氧化物，环氧醇（酚，醚）（包括其卤化，磺化，硝化或亚硝化的衍生物）	5.5	30		13	13	千克			0		0
29.11	**缩醛及半缩醛，不论是否含有其他含氧基，及其卤化、磺化、硝化或亚硝化衍生物：**											
2911.0000	缩醛及半缩醛，不论是否含有其他含氧基，及其卤化、磺化、硝化或亚硝化衍生物	5.5	30		13	13	千克			0		0
	第五分章　醛基化合物											
29.12	**醛，不论是否含有其他含氧基；环聚醛；多聚甲醛：**											
	- 不含其他含氧基的无环醛：											

协定税率（%）														特惠税率（%）①/②	Article Description
巴基斯坦	冰岛	哥斯达黎加	秘鲁	新西兰	瑞士	新加坡	韩国	澳大利亚	格鲁吉亚	毛里求斯	日本RCEP	尼加拉瓜	港澳台		
0	0	0	0	0	0		1.8	0	0	0	4.5	0	0/	0/0	1,1'-[Oxybis [(1- methyl -2,1- ethyldiyl) oxy]] bis [4,4,5,6,6,7,7,8,8,9,9,10,11,11,12,12] (CASNo. 93776-00-2)
0	0	0	0	0	0		1.8	0	0	0	4.5	0	0/	0/0	Other monoalkyl ethers of ethylene glycol or diethylene glycol
															-- Other:
0	0	0	0	0	0		0	0	0	0	0	0	0/	0/0	--- m-Phenoxy benzalcohol
															--- Other
0	0	0	0	0	0		1.8	0	0	0	4.5	0	0/	0/0	Triethylene glycol methyl ether, tetraethylene glycol methyl ether, triethylene glycol ether, propylene glycol ether, dipropylene glycol ether, propylene glycol propyl ether, dipropylene glycol propyl ether, propylene glycol butyl ether, dipropylene glycol butyl ether and tripropylene glycol butyl ether
0	0	0	0	0	0		1.8	0	0	0	4.5	0	0/	0/0	Salts and related compounds of perfluorooctanoic acid (PFOA)
0	0	0	0	0	0		1.8	0	0	0	4.5	0	0/	0/0	Other ether alcohols and their derivatives (including their halogenated, sulfonated, nitrated or nitrosated derivatives)
0		0	0	0	0		1.8	0	0	0	4.5	0	0/	0/0	- Ether-phenols, ether-alcohol-phenols and their halogenated, sulphonated, nitrated or nitrosated derivatives
															- Alcohol peroxides, ether peroxides, acetal and hemiacetal peroxides, ketone peroxides and their halogenated, sulphonated, nitrated or nitrosated derivatives:
0	0	0	0	0	2.2		0	0	0	0	4	0	0/	0/0	--- Acetal and hemiacetal peroxides and their halogenated, sulphonated, nitrated or nitrosated derivatives
0	0	0	0	0	0		1.8	0	0	0	4.5	0	0/	0/0	--- Other
															Epoxides, epoxyalcohols, epoxyphenols and epoxyethers, with a three-membered ring, and their halogenated, sulphonated, nitrated or nitrosated derivatives:
0	0	0	0	0	0		1.8	0	0	0	4	0	0/	0/0	- Oxirane (ethylene oxide)
0	0	0	0	0	0		1.8	0	0	0	4.5	0	0/	0/0	- Methyloxirane (propylene oxide)
0	0	0	0	0	0		0	0	0	0	4	0	0/0	0/0	- 1-Chloro-2,3-epoxypropane (epichlorohydrin)
0	0	0	0	0	0		0	0	0	0	0	0	0/	0/0	- Dieldrin (ISO, INN)
0	0	0	0	0	2.2		0	0	0	0	4	0	0/	0/0	- Endrin (ISO)
															- Other
0	0	0	0	0	2.2		0	0	0	0	4	0	0/	0/0	Tridiphane
0	0	0	0	0	2.2		0	0	0	0	4	0	0/	0/0	Salts and related compounds of perfluorooctanoic acid (PFOA)
0	0	0	0	0	2.2		0	0	0	0	4	0	0/	0/0	Epoxides, epoxyalcohols, epoxyphenols and epoxyethers with a three-membered ring, and their halogenated, sulphonated, nitrated or nitrosated derivatives
															Acetals and hemiacetals, whether or not with other oxygen function, and their halogenated, sulphonated, nitrated or nitrosated derivatives:
0	0	0	0	0	2.2		0	0	0	0	4	0	0/	0/0	Acetals and hemiacetals, whether or not with other oxygen function, and their haogenated, sulphonated, nitrated or nitrosated derivatives
															V . ALDEHYDE-FUNCTION COMPOUNDS
															Aldehydes, whether or not with other oxygen function; cyclic polymers of aldehydes; paraformaldehyde:
															- Acyclic aldehydes without other oxygen function:

税号	货品名称	进口关税（%）			增值/消费税（%）	出口退税（%）	计量单位	监管证件代码	检验检疫类别	协定税率（%）		
		最惠国	普通	年内暂定						东盟	亚太	智利
2912.1100	-- 甲醛	5.5	30		13	13	千克	AB	M/N	0		0
2912.1200	-- 乙醛	5.5	30		13	13	千克	AB	M/N	0		0
2912.1900	-- 其他											
29121900.01	乙二醛	5.5	30	3	13	13	千克			0		0
29121900.30	丙烯醛	5.5	30		13	13	千克			0		0
29121900.90	其他无环醛（指不含其他含氧基）	5.5	30		13	13	千克			0		0
	- 不含其他含氧基的环醛：											
2912.2100	-- 苯甲醛	5.5	30		13	13	千克			0		0
	-- 其他：											
2912.2910	--- 铃兰醛（对叔丁基-α-甲基-氧化肉桂醛）	5.5	30		13	13	千克			0	4.4	0
2912.2990	--- 其他	5.5	30		13	13	千克			0		0
	- 醛醇、醛醚、醛酚及含其他含氧基的醛：											
2912.4100	-- 香草醛（3-甲氧基-4-羟基苯甲醛）	5.5	30		13	13	千克			0		0
2912.4200	-- 乙基香草醛（3-乙氧基-4-羟基苯甲醛）	5.5	30		13	13	千克			0		0
	-- 其他：											
2912.4910	--- 醛醇	5.5	30		13	13	千克			0		0
2912.4990	--- 其他											
29124990.10	间苯氧基苯甲醛	5.5	30		13	13	千克			0		0
29124990.90	其他醛醚、醛酚（包括含其他含氧基的醛）	5.5	30		13	13	千克			0		0
2912.5000	- 环聚醛											
29125000.10	四聚乙醛	5.5	30		13	13	千克	S		0		0
29125000.90	其他环聚醛	5.5	30		13	13	千克			0		0
2912.6000	- 多聚甲醛	5.5	30		13	13	千克	AB	M/N	0		0
29.13	**税目29.12所列产品的卤化、磺化、硝化或亚硝化衍生物：**											
2913.0000	税目29.12所列产品的卤化、磺化、硝化或亚硝化衍生物											
29130000.10	三氯乙醛	5.5	30		13	13	千克	ABG	M/N	0		0
29130000.20	全氟辛酸的盐类和相关化合物（PFOA类）	5.5	30		13	13	千克	X	M/N	0		0
29130000.90	税目29.12所列产品的其他衍生物（指卤化、磺化、硝化或亚硝化的衍生物）	5.5	30		13	13	千克			0		0
	第六分章 酮基化合物及醌基化合物											
29.14	**酮及醌，不论是否含有其他含氧基，及其卤化、磺化、硝化或亚硝化衍生物：**											
	- 不含其他含氧基的无环酮：											
2914.1100	-- 丙酮	5.5	20		13	13	千克	23AB	M/N	0		0
2914.1200	-- 丁酮[甲基乙基（甲）酮]	5.5	30		13	13	千克	23		0		0
2914.1300	-- 4-甲基-2-戊酮[甲基异丁基（甲）酮]	5.5	30		13	13	千克	AB	M/N	0		0
2914.1900	-- 其他											
29141900.10	频哪酮	5.5	30		13	13	千克	23		0		0
29141900.90	其他不含其他含氧基的无环酮	5.5	30		13	13	千克			0		0
	- 不含其他含氧基的环烷酮、环烯酮或环萜烯酮：											
2914.2200	-- 环已酮及甲基环己酮	5.5	30		13	13	千克	AB	M/N	0		0
2914.2300	-- 芷香酮及甲基芷香酮	5.5	30		13	13	千克			0		0

协定税率（%）														特惠税率（%）①/②	Article Description
巴基斯坦	冰岛	哥斯达黎加	秘鲁	新西兰	瑞士	新加坡	韩国	澳大利亚	格鲁吉亚	毛里求斯	日本RCEP	尼加拉瓜	港澳台		
0	0	0	0	0	0		0	0	0	0	0	0	0/	0/0	-- Methanal (formaldehyde)
0	0	0	0	0	0		0	0	0	0	0	0	0/	0/0	-- Ethanal (acetaldehyde)
															-- Other
0	0	0	0	0	0		1.8	0	0	0	4.5	0	0/	0/0	Glyoxal
0	0	0	0	0	0		1.8	0	0	0	4.5	0	0/	0/0	Acrolein
0	0	0	0	0	0		1.8	0	0	0	4.5	0	0/	0/0	Other acyclic aldehydes without other oxygen function
															- Cyclic aldehydes without other oxygen function:
0	0	0	0	0	0		0	0	0	0	0	0	0/	0/0	-- Benzaldehyde
															-- Other:
0	0	0	0	0	0		0	0	0	0	0	0	0/	0/0	--- Lilial (p-tert-butyl-α-methyl-oxocinn amaldehyde)
0	0	0	0	0	2.2		0	0	0	0	4	0	0/	0/0	--- Other
															- Aldehyde-alcohols, aldehyde-ethers, aldehyde-phenols and aldehydes with other oxygen function:
0	0	0	0	0	0		0	0	0	0	0	0	0/	0/0	-- Vanillin (4-hydroxy-3-methoxybenzaldehyde)
0	0	0	0	0	0		0	0	0	0	0	0	0/	0/0	-- Ethylvanillin (3-ethoxy-4-hydroxyben-zaldehyde)
															-- Other:
0	0	0	0	0	0		0	0	0	0	0	0	0/	0/0	--- Aldehyde-alcohols
															--- Other
0	0	0	0	0	0		0	0	0	0	0	0	0/	0/0	m-Phenoxy-benzaldehyde
0	0	0	0	0	0		0	0	0	0	0	0	0/	0/0	Other aldehyde-ethers, aldehyde-phenols and aldehydes with other oxygen function
															- Cyclic polymers of aldehydes
0	0	0	0	0			1.8	0	0	0	4.5	0	0/	0/0	Metaldehyde
0	0	0	0	0			1.8	0	0	0	4.5	0	0/	0/0	Other cyclic polymers of aldehydes
0	0	0	0	0	0		1.8	0	0	0	4.5	0	0/	0/0	- Paraformaldehyde
															Halogenated, sulphonated, nitrated or nitrosated derivatives of products of heading 29.12:
															Halogenated, sulphonated, nitrated or nitrosated derivatives of products of heading 29.12
4	0	0	0	0	0		0	0	0	0	0	0	0/	0/0	Chloral
4	0	0	0	0	0		0	0	0	0	0	0	0/	0/0	Salts and related compounds of perfluorooctanoic acid (PFOA)
4	0	0	0	0	0		0	0	0	0	0	0	0/	0/0	Halogenated, sulphonated, nitrated or nitrosated derivatives of products of heading 29.12
															Ⅳ. KETONE-FUNCTION COMPOUNDS AND QUINONEFUNCTION COMPOUNDS
															Ketones and quinones, whether or not with other oxygen function, and their halogenated, sulphonated, nitrated or nitrosated derivatives:
															- Acyclic ketones without other oxygen function:
0	0	0	0	0	0			0	0	0		0	0/	0/0	-- Acetone
0	0	0	0	0	0			0	0	0		0	0/	0/0	-- Butanone (methyl ethyl ketone)
0	0	0	0	0	0		1.8	0	0	0	4.5	0	0/	0/0	-- 4-Methl1-2-pentanone (isobutylmethyl ketone)
															-- Other
0	0	0	0	0	0		1.8	0	0	0	4.5	0	0/	0/0	Pinacolone
0	0	0	0	0	0		1.8	0	0	0	4.5	0	0/	0/0	Other acyclic ketones, without other oxygen function
															- Cyclanic, cyclenic or cycloterpenic ketones without other oxygen function:
0	0	0	0	0	0		1.8	0	0	0	4.5	0	0/	0/0	-- Cyclohexanone and methylcyclohexanone
0	0	0	0	0			0	0	0	0	4	0	0/	0/0	-- Ionones and methylionones

税号	货品名称	进口关税（%）			增值/消费税（%）	出口退税（%）	计量单位	监管证件代码	检验检疫类别	协定税率（%）		
		最惠国	普通	年内暂定						东盟	亚太	智利
	-- 其他：											
2914.2910	--- 樟脑	5.5	40		13	13	千克	B	/N	0		0
2914.2990	--- 其他											
29142990.10	5α-雄烷-2-烯-17-酮	5.5	30		13	13	千克	L		0		0
29142990.11	3-雄烯酮（5α-雄甾-3-烯-17-酮）（指不含其他含氧基的）	5.5	30		13	13	千克	L		0		0
29142990.90	其他环烷酮、环烯酮或环萜烯酮（指不含其他含氧基的）	5.5	30		13	13	千克			0		0
	- 不含其他含氧基的芳香酮：											
2914.3100	-- 苯丙酮（苯基丙-2-酮）	5.5	30		13	13	千克	23		0		0
	-- 其他：											
2914.3910	--- 苯乙酮	4	11		13	13	千克			0		0
2914.3990	--- 其他											
29143990.11	杀鼠酮	5.5	30		13	13	千克	S		0		0
29143990.12	鼠完	5.5	30		13	0	千克	S		0		0
29143990.13	敌鼠	5.5	30		13	13	千克	S		0		0
29143990.15	1-苯基-1-丙酮	5.5	30		13	13	千克	23		0		0
29143990.90	其他不含其他含氧基的芳香酮	5.5	30		13	13	千克			0		0
2914.4000	- 酮醇及酮醛											
29144000.10	敌鼠钠盐	5.5	30		13	0	千克	S		0		0
29144000.20	表雄酮（3β-羟基-5α-雄烷-17-酮）、表睾酮	5.5	30		13	13	千克	L		0		0
29144000.30	1-表雄酮(3β-羟基-5α-雄甾-1-烯-17-酮)、1-雄酮（3α-羟基-5α-雄甾-1-烯-17-酮）	5.5	30		13	13	千克	L		0		0
29144000.90	其他酮醇及酮醛	5.5	30		13	13	千克			0		0
	- 酮酚及含有其他含氧基的酮：											
	--- 酮酚：											
2914.5011	---- 覆盆子酮	5.5	30		13	13	千克			0		0
2914.5019	---- 其他	5.5	30		13	13	千克			0		0
2914.5020	--- 2-羟基-4-甲氧基二苯甲酮	5.5	30		13	13	千克			0		0
2914.5090	--- 其他											
29145090.11	苯草酮，双炔酰菌胺	5.5	30		13	13	千克	S		0		0
29145090.12	甲氧虫酰肼	5.5	30		13	13	千克	S		0		0
29145090.13	14-羟基芸苔素甾醇，苯丙烯菌酮	5.5	30		13	13	千克	S		0		0
29145090.90	含其他含氧基的酮	5.5	30		13	13	千克			0		0
	- 醌：											
2914.6100	-- 蒽醌	5.5	30		13	13	千克			0		0
2914.6200	-- 辅酶Q10[癸烯醌（INN）]	5.5	30		13	13	千克			0		0
2914.6900	-- 其他											
29146900.10	大黄素甲醚	5.5	30		13	13	千克	S		0		0
29146900.90	其他醌	5.5	30		13	13	千克			0		0
	- 卤化、磺化、硝化或亚硝化衍生物											
2914.7100	-- 十氯酮（ISO）	5.5	30		13	13	千克	89		0		0
2914.7900	-- 其他											
29147900.11	氯鼠酮、苯菌酮、茚草酮	5.5	30		13	0	千克	S		0		0
29147900.12	二氯萘醌	5.5	30		13	0	千克	S		0		0
29147900.13	四氯对醌	5.5	30		13	0	千克	S		0		0
29147900.14	六氯丙酮	5.5	30		13	0	千克	S		0		0
29147900.15	氯敌鼠钠盐	5.5	30		13	13	千克	S		0		0
29147900.16	1-苯基-2-溴-1-丙酮	5.5	30		13	13	千克	23		0		0
29147900.17	邻氯苯基环戊酮	5.5	30		13	13	千克	23		0		0
29147900.90	其他酮及醌的卤化、磺化衍生物（包括硝化或亚硝化衍生物）	5.5	30		13	13	千克			0		0

协定税率（%）														特惠税率（%）①/②	Article Description
巴基斯坦	冰岛	哥斯达黎加	秘鲁	新西兰	瑞士	新加坡	韩国	澳大利亚	格鲁吉亚	毛里求斯	日本RCEP	尼加拉瓜	港澳台		
															-- Other:
0	0	0	0	0	0		0	0	0	0	0	0	0/	0/0	--- Camphor
															--- Other
0	0	0	0	0			0	0	0	0	4	0	0/	0/0	5-alpha-androstane-Ene-17-ketones
0	0	0	0	0			0	0	0	0	4	0	0/	0/0	3-Androstenone(5α-androst-3-en-17-one)
0	0	0	0	0			0	0	0	0	4	0	0/	0/0	Other cyclanone, sesquiterpene ketone ring enones or ring
															- Aromatic ketones without other oxygen function:
0	0	0	0	0	0		0	0	0	0	0	0	0/	0/0	-- Propiophenone (phenyl propan-2-one)
															-- Other:
0	0	0	0	0	0		0	0	0	0	0	0	0/	0/0	--- Acetophenone
															--- Other
0	0	0	0	0	0		0	0	0	0	4	0	0/	0/0	Duocide
0	0	0	0	0	0		0	0	0	0	4	0	0/	0/0	Pindone
0	0	0	0	0	0		0	0	0	0	4	0	0/	0/0	Diphacinone
0	0	0	0	0	0		0	0	0	0	4	0	0/	0/0	1-Phenyl-1-propanone
0	0	0	0	0	0		0	0	0	0	4	0	0/	0/0	Other aromatic ketones without other oxygen function
															- Ketone-alcohols and ketone-aldehydes
0	0	0	0	0	0		0	0	0	0	4	0	0/	0/0	Dipterex sodium salt
0	0	0	0	0	0		0	0	0	0	4	0	0/	0/0	Androsterone (3β-hydroxy-5α-androstane-17-ketone), epitestosterone
0	0	0	0	0	0		0	0	0	0	4	0	0/	0/0	1-Epiandrosterone (3β-hydroxy-5α-androst-1-ene-17-one), 1- androsterone (3α- hydroxy -5α-androst -1- ene -17- one)
0	0	0	0	0	0		0	0	0	0	4	0	0/	0/0	Other ketoe-alcohol and ketoe-aldehyde
															- Ketone-phenols and ketones with other oxygen function:
															--- Ketene phenols:
0	0	0	0	0	0		0	0	0	0	0	0	0/	0/0	----Raspberry ketone
0	0	0	0	0	0		0	0	0	0	4	0	0/	0/0	----Other
0	0	0	0	0	0		0	0	0	0	0	0	0/	0/0	--- 2-Hydroxy-4-methoxydibenzophenone
															--- Other
0	0	0	0	0	0		0	0	0	0	4	0	0/	0/0	Tralkoxydim, Mandipropamid
0	0	0	0	0	0		0	0	0	0	4	0	0/	0/0	Methoxyfenozide
0	0	0	0	0	0		0	0	0	0	4	0	0/	0/0	14- hydroxybrassinosteroid, phenylpropenone
0	0	0	0	0	0		0	0	0	0	4	0	0/	0/0	Etone with other oxygen function
															- Quinones:
0	0	0	0	0	0		0	0	0	0	4	0	0/	0/0	-- Anthraquinone
0	0	0	0	0	0		0	0	0	0	4.5	0	0/	0/0	-- Coenzyme Q10 (ubidecarenone (INN)).
															-- Other
0	0	0	0	0	0		0	0	0	0	4.5	0	0/	0/0	Physcione
0	0	0	0	0	0		0	0	0	0	4.5	0	0/	0/0	Other quinones
															- Halogenated, sulphonated, nitrated or nitrosated derivatives:
0	0	0	0	0			0	0	0	0	4	0	0/	0/0	-- Chlordecone (ISO)
															-- Other
0	0	0	0	0			0	0	0	0	4	0	0/	0/0	Chlorophacinone, metrafenone, indanofan
0	0	0	0	0			0	0	0	0	4	0	0/	0/0	Dichlone
0	0	0	0	0			0	0	0	0	4	0	0/	0/0	Chloranil
0	0	0	0	0			0	0	0	0	4	0	0/	0/0	Hexachloroacetone
0	0	0	0	0			0	0	0	0	4	0	0/	0/0	Chlorophacinone Na
0	0	0	0	0			0	0	0	0	4	0	0/	0/0	1-Phenyl-2-bromo-1-acetone
0	0	0	0	0			0	0	0	0	4	0	0/	0/0	O-Chlorophenylcyclopentanone
0	0	0	0	0			0	0	0	0	4	0	0/	0/0	Halogenated, sulphonated, nitrated or nitrosated derivatives of other ketones and quinones

税号	货品名称	进口关税（%）			增值/消费税（%）	出口退税（%）	计量单位	监管证件代码	检验检疫类别	协定税率（%）		
		最惠国	普通	年内暂定						东盟	亚太	智利
	第七分章　羧酸及其酸酐、酰卤化物、过氧化物和过氧酸以及它们的卤化、磺化、硝化或亚硝化衍生物											
29.15	**饱和无环一元羧酸及其酸酐、酰卤化物、过氧化物和过氧酸以及它们的卤化、磺化、硝化或亚硝化衍生物：**											
	- 甲酸及其盐和酯：											
2915.1100	-- 甲酸	5.5	40		13	13	千克	AB	M/N	0		0
2915.1200	-- 甲酸盐	5.5	30		13	13	千克			0		0
2915.1300	-- 甲酸酯	5.5	30		13	13	千克			0		0
	- 乙酸及其盐；乙酸酐：											
	-- 乙酸：											
	--- 冰乙酸：											
2915.2111	---- 食品级的	5.5	30		13	13	千克	ABG	MR/NS	0		0
2915.2119	---- 其他	5.5	30		13	13	千克	G		0		0
2915.2190	--- 其他											
29152190.10	乙酸溶液，80%≥含量＞10%	5.5	50		13	13	千克	ABG	M/N	0		0
29152190.20	乙酸，含量＞80%	5.5	50		13	13	千克	ABG	M/N	0		0
29152190.90	其他乙酸	5.5	50		13	13	千克	ABG	MR/NS	0		0
2915.2400	-- 乙酸酐	5.5	50		13	13	千克	23AB	M/N	0	4.4	0
	-- 其他：											
2915.2910	--- 乙酸钠	5.5	50		13	13	千克	AG	R/	0		0
2915.2990	--- 其他											
29152990.11	乙酸铜	5.5	50		13	13	千克			0		0
29152990.23	乙酸铅（醋酸铅）	5.5	50		13	13	千克			0		0
29152990.90	其他乙酸盐	5.5	50		13	13	千克	AB	MR/NS	0		0
	- 乙酸酯：											
2915.3100	-- 乙酸乙酯	5.5	30		13	13	千克	ABG	MR/NS	0		0
2915.3200	-- 乙酸乙烯酯	5.5	30		13	13	千克	AB	M/N	0		0
2915.3300	-- 乙酸（正）丁酯	5.5	30		13	13	千克	AB	M/N	0		0
2915.3600	-- 地乐酚（ISO）乙酸酯	5.5	30		13	0	千克	S		0		0
2915.3900	-- 其他											
29153900.11	三氯杀虫酯	5.5	30		13	13	千克	S		0		0
29153900.13	特乐酯	5.5	30		13	13	千克	S		0		0
29153900.14	灭螨醌	5.5	30		13	0	千克	S		0		0
29153900.15	信铃酯	5.5	30		13	13	千克	S		0		0
29153900.16	种衣酯	5.5	30		13	13	千克	S		0		0
29153900.17	全氟辛酸的盐类和相关化合物（PFOA类）	5.5	30		13	13	千克	ABX		0		0
29153900.90	其他乙酸酯	5.5	30		13	13	千克	AB	MR/NS	0		0
2915.4000	- 一氯代乙酸、二氯乙酸或三氯乙酸及其盐和酯											
29154000.10	一氯醋酸钠	5.5	30		13	0	千克			0		0
29154000.90	其他一氯代乙酸的盐和酯（包括二氯乙酸或三氯乙酸的盐和酯）	5.5	30		13	13	千克			0		0
	- 丙酸及其盐和酯：											
2915.5010	--- 丙酸	5.5	30		13	13	千克	AB	MR/NS	0		0
2915.5090	--- 其他	5.5	30		13	13	千克	AB	MR/NS	0		0
2915.6000	- 丁酸、戊酸及其盐和酯	5.5	30		13	13	千克			0		0
	- 棕榈酸、硬脂酸及其盐和酯：											
2915.7010	--- 硬脂酸	7	50		13	13	千克	A	R/	0		0
2915.7090	--- 其他											

协定税率（%）													特惠税率（%）①/②	Article Description
巴基斯坦	冰岛	哥斯达黎加	秘鲁	新西兰	瑞士	新加坡	韩国	澳大利亚	格鲁吉亚	毛里求斯	日本RCEP	尼加拉瓜	港澳台		
														Ⅶ. CARBOXYLIC ACIDS AND THEIR ANHYDRIDES, HALIDES, PEROXIDES AND PEROXYACIDS AND THEIR HALOGENATED, SULPHONATED, NITRATED OR NITROSATED DERIVATIVES
														Saturated acyclic monocarboxylic acids and their anhydrides, halides, peroxides and peroxyacids; their halogenated, sulphonated, nitrated or nitrosated derivatives:
														- Formic acid, its salts and esters:
4	0	0	0	0	0		0	0	0	0	4	0	0/	0/0	-- Formic acid
4	0	0	0	0	0		0	0	0	0	4	0	0/	0/0	-- Salts of formic acid
4	0	0	0	0	0		0	0	0	0	0	0	0/	0/0	-- Esters of formic acid
														- Acetic acid and its salts; acetic anhydride:
														-- Acetic acid:
														--- Acetic acid, glacial:
4	0	0	0	0	0		0	0	0	0	0	0	0/0	0/0	----Food grade
4	0	0	0	0	0		0	0	0	0	0	0	0/0	0/0	----Other
														--- Other
4	0	0	0	0	0		0	0	0	0	0	0	0/	0/0	Acetic acid solution, 80%≥content＞10%
4	0	0	0	0	0		0	0	0	0	0	0	0/	0/0	Titanium content＞80%
4	0	0	0	0	0		0	0	0	0	0	0	0/	0/0	Other acetic acid
0	0	0	0	0	0		0	0	0	0	0	0	0/	0/0	-- Acetic anhydride
														-- Other:
4	0	0	0	0	0		0	0	0	0	0	0	0/	0/0	--- Sodium acetate
														--- Other
4	0	0	0	0	0		0	0	0	0	4	0	0/	0/0	Blue verdigris
4	0	0	0	0	0		0	0	0	0	4	0	0/	0/0	Acetate leaching(PbAC)
4	0	0	0	0	0		0	0	0	0	4	0	0/	0/0	Salts of other Acetate acid
														- Esters of acetic acid:
4	0	0	0	0	0		0	0	0	0	0	0	0/	0/0	-- Ethyl acetate
4	0	0	0	0	0		0	0	0	0	0	0	0/0	0/0	-- Vinyl acetate
0	0	0	0	0	0		1.8	0	0	0	4.5	0	0/	0/0	-- n-Butyl acetate
4	0	0	0	0	0		0	0	0	0	0	0	0/	0/0	-- Dinoseb (ISO) acetate
														-- Other
4	0	0	0	0	0		1.8	0	0	0	4.5	0	0/	0/0	Benzethazet acetofenate
4	0	0	0	0	0		1.8	0	0	0	4.5	0	0/	0/0	Dinoterb acetate
4	0	0	0	0	0		1.8	0	0	0	4.5	0	0/	0/0	Acequinocyl
4	0	0	0	0	0		1.8	0	0	0	4.5	0	0/	0/0	Gossyplure
4	0	0	0	0	0		1.8	0	0	0	4.5	0	0/	0/0	Fenitropan
4	0	0	0	0	0		1.8	0	0	0	4.5	0	0/	0/0	Salts and related compounds of perfluorooctanoic acid (PFOA)
4	0	0	0	0	0		1.8	0	0	0	4.5	0	0/	0/0	Esters of other acetic acid
														- Mono-, di-or trichloroacetic acids, their salts and esters
4	0	0	0	0	0		0	0	0	0	0	0	0/	0/0	Sodium monochloracetate
4	0	0	0	0	0		0	0	0	0	0	0	0/	0/0	Other a chloro-acetic acid salts and esters (including dichloroacetic acid or trichloroacetic acid salts and esters)
														- Propionic acid, its salts and esters:
4	0	0	0	0	0		0	0	0	0	0	0	0/	0/0	--- Propionic acid
4	0	0	0	0	0		1.8	0	0	0	4.5	0	0/	0/0	--- Other
4	0	0	0	0	0		0	0	0	0	4	0	0/	0/0	- Butanoic acids, pentanoic acids, their salts and esters
														- Palmitic acid, stearic acid, their salts and esters:
0	0	0	0	0	0		0	0	0	0	5.1	0	0/	0/0	--- Stearic acid
														--- Other

税号	货品名称	进口关税（%） 最惠国	普通	年内暂定	增值/消费税（%）	出口退税（%）	计量单位	监管证件代码	检验检疫类别	协定税率（%） 东盟	亚太	智利
29157090.10	全氟辛酸的盐类和相关化合物（PFOA类）	5.5	30		13	13	千克	X		0		0
29157090.90	棕榈酸及其盐和酯、硬脂酸盐、酯	5.5	30		13	13	千克			0		0
2915.9000	- 其他											
29159000.11	茅草枯	5.5	30		13	0	千克	S		0		0
29159000.12	抑草蓬	5.5	30		13	0	千克	S		0		0
29159000.13	四氟丙酸	5.5	30		13	13	千克	S		0		0
29159000.14	月桂酸五氯苯酚基酯	5.5	30		13	13	千克	89S		0		0
29159000.15	全氟辛酸	5.5	30		13	13	千克	X		0		0
29159000.20	氟乙酸钠	5.5	30		13	13	千克	89		0		0
29159000.30	全氟辛酸的盐类和相关化合物（PFOA类）	5.5	30		13	13	千克	ABX		0		0
29159000.90	其他饱和无环一元羧酸及其酸酐[（酰卤、过氧）化物，过氧酸及其卤化、硝化、磺化、亚硝化衍生物]	5.5	30		13	13	千克	AB	MR/NS	0		0
29.16	**不饱和无环一元羧酸、环一元羧酸及其酸酐、酰卤化物、过氧化物和过氧酸以及它们的卤化、磺化、硝化或亚硝化衍生物：**											
	- 不饱和无环一元羧酸及其酸酐、酰卤化物、过氧化物和过氧酸以及它们的衍生物：											
2916.1100	-- 丙烯酸及其盐	6.5	30		13	13	千克			0		0
	-- 丙烯酸酯：											
2916.1210	--- 丙烯酸甲酯	6.5	30		13	13	千克	AB	M/N	0		0
2916.1220	--- 丙烯酸乙酯	6.5	30		13	13	千克	AB	M/N	0		0
2916.1230	--- 丙烯酸丁酯											
29161230.01	丙烯酸正丁酯	6.5	30		13	13	千克	AB	M/N	0		0
29161230.90	丙烯酸异丁酯	6.5	30		13	13	千克	AB	M/N	0		0
2916.1240	--- 丙烯酸异辛酯	6.5	30		13	13	千克			0		0
2916.1290	--- 其他											
29161290.10	全氟辛酸的盐类和相关化合物（PFOA类）	6.5	30		13	13	千克	X		0		0
29161290.90	其他丙烯酸酯	6.5	30		13	13	千克			0		0
2916.1300	-- 甲基丙烯酸及其盐											
29161300.10	甲基丙烯酸	6.5	80		13	13	千克	AB	M/N	0		0
29161300.90	甲基丙烯酸盐	6.5	80		13	13	千克			0		0
2916.1400	-- 甲基丙烯酸酯											
29161400.10	甲基丙烯酸甲酯	6.5	80		13	13	千克			0		0
29161400.20	全氟辛酸的盐类和相关化合物（PFOA类）	6.5	80		13	13	千克	X		0		0
29161400.90	其他甲基丙烯酸酯	6.5	80		13	13	千克			0		0
2916.1500	-- 油酸、亚油酸或亚麻酸及其盐和酯	6.5	30		13	13	千克			0		0
2916.1600	-- 乐杀螨（ISO）	6.5	30		13	0	千克	S		0		0
2916.1900	-- 其他											
29161900.11	烯虫乙酯	6.5	30		13	13	千克	S		0		0
29161900.12	烯虫炔酯	6.5	30		13	13	千克	S		0		0
29161900.13	消螨普	6.5	30		13	13	千克	S		0		0
29161900.20	全氟辛酸的盐类和相关化合物（PFOA类）	6.5	30		13	13	千克	ABX		0		0
29161900.90	其他不饱和无环一元羧酸（包括其酸酐，酰卤化物，过氧化物和过氧酸及它们的衍生物）	6.5	30		13	13	千克	AB	MR/NS	0		0
	- 环烷一元羧酸、环烯一元羧酸或环萜烯一元羧酸及其酸酐、酰卤化物、过氧化物和过氧酸以及它们的衍生物：											

协定税率（%）														特惠税率（%）①/②	Article Description
巴基斯坦	冰岛	哥斯达黎加	秘鲁	新西兰	瑞士	新加坡	韩国	澳大利亚	格鲁吉亚	毛里求斯	日本RCEP	尼加拉瓜	港澳台		
4	0	0	0	0	0		1.8	0	0	0	4.5	0	0/	0/0	Salts and related compounds of perfluorooctanoic acid (PFOA)
4	0	0	0	0	0		1.8	0	0	0	4.5	0	0/	0/0	Palmitic acid and its salts and esters, stearate salts and esters
															- Other
0	0	0	0	0	0		0	0	0	0	4	0	0/	0/0	Dalapon
0	0	0	0	0	0		0	0	0	0	4	0	0/	0/0	Erbon
0	0	0	0	0	0		0	0	0	0	4	0	0/	0/0	Flupropanate
0	0	0	0	0	0		0	0	0	0	4	0	0/	0/0	Pentachlorophenol laurate
0	0	0	0	0	0		0	0	0	0	4	0	0/	0/0	Perfluorooctanoic acid
0	0	0	0	0	0		0	0	0	0	4	0	0/	0/0	Sodium fluoroacetate
0	0	0	0	0	0		0	0	0	0	4	0	0/	0/0	Salts and related compounds of perfluorooctanoic acid (PFOA)
0	0	0	0	0	0		0	0	0	0	4	0	0/	0/0	Other Saturated acyclic monocarboxylic acids and their anhydrides, halides, peroxides and peroxyacids; their halogenated, sulphonated, nitrated or nitrosated derivatives
															Unsaturated acyclie monocarboxylic acids, cyclic monocarboxylie acids, their anhydrides, halides, peroxides and peroxyacids; their halogenated, sulphonated, nitrated or nitrosated derivatives:
															- Unsaturated acyclic monocarboxylic acids, their anhydrides, halides, peroxides, peroxyacids and their derivatives:
	0	0	0	0	0		2.1	0	0	0	5.3	0	0/	0/0	-- Acrylic acid and its salts
															-- Esters of acrylic acid:
4	0	0	0	0	2.6	0	2.1	0	0	0	5.3	0	0/	0/0	--- Methyl acrylate
4	0	0	0	0	0	0	2.1	0	0	0	5.3	0	0/	0/0	--- Ethyl acrylate
															--- Butyl acrylate
4	0	0	0	0	0	0		0	0	0		0	0/	0/0	N-butyl Aoylate
4	0	0	0	0	0	0		0	0	0		0	0/	0/0	Isobutyl acylate
4	0	0	0	0	0	0	2.1	0	0	0	5.3	0	0/	0/0	--- Isooctyl acrylate
															--- Other
4	0	0	0	0	0	0		0	0	0		0	0/	0/0	Salts and related compounds of perfluorooctanoic acid (PFOA)
4	0	0	0	0	0	0		0	0	0		0	0/	0/0	Other acrylic esters
															-- Methacrylie acid and its salts
4	0	0	0	0	0		0	0	0	0	0	0	0/0	0/0	Methaoylic acid
4	0	0	0	0	0		0	0	0	0	0	0	0/0	0/0	Methyl acylate
															-- Esters of methacrylie acid
0	0	0	0	0	0		0	0	0	0	4.7	0	0/0	0/0	Methyl methacrylate
0	0	0	0	0	0		0	0	0	0	4.7	0	0/0	0/0	Salts and related compounds of perfluorooctanoic acid (PFOA)
0	0	0	0	0	0		0	0	0	0	4.7	0	0/0	0/0	Other methyl acrylate
4	0	0	0	0	0		2.1	0	0	0	5.3	0	0/	0/0	-- Oleic, linoleic or linotenic acids, their salts and esters
4	0	0	0	0	0		0	0	0	0	4.7	0	0/	0/0	-- Binapacryl (ISO)
															-- Other
4	0	0	0	0			0	0	0	0	4.7	0	0/	0/0	Hydroprene
4	0	0	0	0			0	0	0	0	4.7	0	0/	0/0	Kinoprene
4	0	0	0	0			0	0	0	0	4.7	0	0/	0/0	Dinocap
4	0	0	0	0			0	0	0	0	4.7	0	0/	0/0	Salts and related compounds of perfluorooctanoic acid (PFOA)
4	0	0	0	0			0	0	0	0	4.7	0	0/	0/0	Unsaturated acyclic monocarboxylic acids, their anhydrides, halides, peroxides, peroxyacids and their derivatives
															- Cyclanic, cyclenic or cycloterpenic monocarboxylic acids, their anhydrides, halides, peroxides, peroxyacids and their derivatives:

税 号	货品名称	进口关税（%） 最惠国	普通	年内暂定	增值/消费税（%）	出口退税（%）	计量单位	监管证件代码	检验检疫类别	协定税率（%） 东盟	亚太	智利
2916.2010	--- 二溴菊酸、DV菊酸甲酯	4	11		13	13	千克			0		0
2916.2090	--- 其他											
29162090.21	苄菊酯、苯醚菊酯（包括右旋苯醚菊酯、富右旋反式苯醚菊酯）	6.5	30		13	13	千克	S		0		0
29162090.22	苄烯菊酯、氯菊酯（包括生物氯菊酯）	6.5	30		13	13	千克	S		0		0
29162090.23	氯烯炔菊酯、联苯菊酯	6.5	30		13	13	千克	S		0		0
29162090.24	七氟菊酯、四氟苯菊酯、五氟苯菊酯、七氟甲醚菊酯（包括甲氧苄氟菊酯、氯氟醚菊酯）	6.5	30		13	13	千克	S		0		0
29162090.25	戊菊酯、环螨酯	6.5	30		13	13	千克	S		0		0
29162090.26	四氟甲醚菊酯、烯炔菊酯、四氟醚菊酯（包括右旋烯炔菊酯、富右旋反式烯炔菊酯）	6.5	30		13	13	千克	S		0		0
29162090.27	炔丙菊酯（包括右旋炔丙菊酯、富右旋反式炔丙菊酯）	6.5	30		13	13	千克	S		0		0
29162090.28	氯丙炔菊酯（包括右旋反式氯丙炔菊酯、除虫菊素I、瓜叶菊素I、茉酮菊素I）	6.5	30		13	13	千克	S		0		0
29162090.90	其他（环烷、环烯、环萜烯）一元羧酸（包括酸酐，酰卤化物，过氧化物和过氧酸及其衍生物）	6.5	30		13	13	千克	AB	MR/NS	0		0
	- 芳香一元羧酸及其酸酐、酰卤化物、过氧化物和过氧酸以及它们的衍生物：											
2916.3100	-- 苯甲酸及其盐和酯	6.5	30		13	13	千克	AB	MR/NS	0		0
2916.3200	-- 过氧化苯甲酰及苯甲酰氯	6.5	30		13	13	千克	AB	MR/NS	0		0
2916.3400	-- 苯乙酸及其盐											
29163400.10	苯乙酸	6.5	30		13	13	千克	23		0		0
29163400.90	苯乙酸盐	6.5	30		13	13	千克			0		0
	-- 其他：											
2916.3910	--- 邻甲基苯甲酸	6.5	30		13	13	千克			0		0
2916.3920	--- 布洛芬	6.5	30		13	13	千克			0		0
2916.3930	--- 2-(3-碘-4-乙基苯基)-2-甲基丙酸	6.5	30		13	13	千克			0		0
2916.3990	--- 其他											
29163990.12	草芽畏、燕麦酯	6.5	30		13	13	千克	S		0		0
29163990.13	5-硝基邻甲氧基苯酚钠	6.5	30		13	0	千克	S		0		0
29163990.14	对氯苯氧乙酸及其盐	6.5	30		13	13	千克	S		0		0
29163990.15	三碘苯甲酸	6.5	30		13	0	千克	S		0		0
29163990.16	萘乙酸	6.5	30		13	13	千克	S		0		0
29163990.17	伐草克	6.5	30		13	13	千克	S		0		0
29163990.18	α-萘乙酸及其盐	6.5	30		13	13	千克	S		0		0
29163990.90	其他芳香一元羧酸	6.5	30		13	13	千克			0		0
29.17	**多元羧酸及其酸酐、酰卤化物、过氧化物和过氧酸以及它们的卤化、磺化、硝化或亚硝化衍生物：**											
	- 无环多元羧酸及其酸酐、酰卤化物、过氧化物和过氧酸以及它们的衍生物：											
	-- 草酸及其盐和酯：											
2917.1110	--- 草酸	6.5	40		13	13	千克			0		0
2917.1120	--- 草酸钴	9	30		13	13	千克	4xy		0		0
2917.1190	--- 其他	6.5	30		13	13	千克			0		0
2917.1200	-- 己二酸及其盐和酯											
29171200.01	己二酸	6.5	30		13	13	千克	A	R/	0		0
29171200.90	己二酸盐和酯	6.5	30		13	13	千克	A	R/	0		0
	-- 壬二酸、癸二酸及其盐和酯：											

协定税率（%）														特惠税率（%）①/②	Article Description
巴基斯坦	冰岛	哥斯达黎加	秘鲁	新西兰	瑞士	新加坡	韩国	澳大利亚	格鲁吉亚	毛里求斯	日本RCEP	尼加拉瓜	港澳台		
0	0	0	0	0	0		0	0	0	0	0	0	0/	0/0	--- Dibromochrysanthermic acid, DVchrysanthemimono carboxylate
															--- Other
4	0	0	0	0	2.6		0	0	0	0	4.7	0	0/	0/0	Dimethirn, Phenothrin (including dphenothrin, rich-d-trans-phenothrin)
4	0	0	0	0	2.6		0	0	0	0	4.7	0	0/	0/0	Benzyl-ene Permethrin, Permethrin (including Trans-Permethrin)
4	0	0	0	0	2.6		0	0	0	0	4.7	0	0/	0/0	Chlorempenthrin, Bifenthrin
4	0	0	0	0	2.6		0	0	0	0	4.7	0	0/	0/0	Tefluthrin, transfluthrin, fenfluthrin, teflumethrin,(including metofluthrin, Dimefluthrin)
4	0	0	0	0	2.6		0	0	0	0	4.7	0	0/	0/0	Valerate, cycloprate
4	0	0	0	0	2.6		0	0	0	0	4.7	0	0/	0/0	Dimefluthrin, empenthrin, tetramethylfluthrin (including d-empenthrin, rich-d-empenthrin)
4	0	0	0	0	2.6		0	0	0	0	4.7	0	0/	0/0	Prallethrin (including d-prallethrin, rich-d-t-prallethrin)
4	0	0	0	0	2.6		0	0	0	0	4.7	0	0/	0/0	Permethrin (including D-trans permethrin, pyrethrin I, chamomile I and jasmine I)
4	0	0	0	0	2.6		0	0	0	0	4.7	0	0/	0/0	Other (cycloalkane, cyclenes, acyclic terpene) monocarboxylic acids (including acid anhydride, etheride, peroxide and peroxy-acid and their derivatives)
															- Aromatic monocarboxylic acids, their anhydrides, halides, peroxides, peroxyacids and their derivatives:
4	0	0	0	0			0	0	0	0	4.7	0	0/	0/0	-- Benzoic acid, its salts and esters
4	0	0	0	0	0		0	0	0	0	4.7	0	0/	0/0	-- Benzoyl peroxied and Benzoyl chloride
															-- phenylacetic acid and its salts
4	0	0	0	0			0	0	0	0	4.7	0	0/	0/0	Phenylacetic acid
4	0	0	0	0			0	0	0	0	4.7	0	0/	0/0	Salts of phenylacetic acid
															-- Other:
4	0	0	0	0	0		0	0	0	0	4.7	0	0/	0/0	--- o-Methylbenzoic acid
4	0	0	0	0	0		0	0	0	0	4.7	0	0/	0/0	--- Brufen (Ibuprofen)
4	0	0	0	0	2.6		0	0	0	0	4.7	0	0/	0/0	--- 2-(3-iodo-ethylphenyl)-propionic acid
															--- Other
4	0	0	0	0	2.6		0	0	0	0	4.7	0	0/	0/0	2,3,6-TBA, methachlorphenprop
4	0	0	0	0	2.6		0	0	0	0	4.7	0	0/	0/0	5- Sodium nitro-o-methoxy-benzene
4	0	0	0	0	2.6		0	0	0	0	4.7	0	0/	0/0	P-chlorophenoxyacetic acid and its salt
4	0	0	0	0	2.6		0	0	0	0	4.7	0	0/	0/0	Triiodobenzoic acid
4	0	0	0	0	2.6		0	0	0	0	4.7	0	0/	0/0	Naphthylacetic acid
4	0	0	0	0	2.6		0	0	0	0	4.7	0	0/	0/0	Chlorfenac
4	0	0	0	0	2.6		0	0	0	0	4.7	0	0/	0/0	α-Naphthylacetic acid and its salts
4	0	0	0	0	2.6		0	0	0	0	4.7	0	0/	0/0	Other aromatic monocarboxylic acids
															Polycarboxylic acids, their anhydrides, halides, peroxides and peroxyacids;their halogenated, sulphonated, nitrated or nitrosated derivatives:
															- Acyclie polycarboxylic acids, their anhydrides, halides, peroxides, peroxyacids and their derivatives:
															-- Oxalie acid, its salts and esters:
4	0	0	0	0	0		0	0	0	0	4.7	0	0/	0/0	--- Oxalie acid
0	0	0	0	0	0		0	0	0	0	6.5	8.1	0/	0/0	--- Cobalt oxalate
4	0	0	0	0	0		0	0	0	0	4.7	0	0/	0/0	--- Other
															-- Adipic acid, its salts and esters
4	0	0	0	0	0			0	0	0		0	0/	0/0	Adipic acid
4	0	0	0	0	0			0	0	0		0	0/	0/0	Adipic acid salts and esters of adipic and
															-- Azelaic acid, sebacic acid, their salts and esters:

税　号	货品名称	进口关税（%）			增值/消费税（%）	出口退税（%）	计量单位	监管证件代码	检验检疫类别	协定税率（%）		
		最惠国	普通	年内暂定						东盟	亚太	智利
2917.1310	--- 癸二酸及其盐和酯	6.5	30		13	13	千克			0		0
2917.1390	--- 其他	6.5	30		13	13	千克			0	5.2	0
2917.1400	-- 马来酐	6.5	30		13	13	千克			0		0
2917.1900	-- 其他											
29171900.10	驱虫特，硝苯菌酯	6.5	30		13	0	千克	S		0		0
29171900.20	全氟辛酸的盐类和相关化合物（PFOA类）	6.5	30		13	0	千克	X		0		0
29171900.90	其他无环多元羧酸	6.5	30		13	13	千克			0		0
	- 环烷多元羧酸、环烯多元羧酸、环萜烯多元羧酸及其酸酐、酰卤化物、过氧化物和过氧酸以及它们的衍生物：											
2917.2010	--- 四氢苯酐	4	11		13	13	千克			0		0
2917.2090	--- 其他											
29172090.10	驱蚊灵（包括除虫菊素Ⅱ、瓜叶菊素Ⅱ、茉酮菊素Ⅱ）	6.5	30		13	0	千克	S		0		0
29172090.90	其他（环烷、环烯、环萜烯）多元羧酸	6.5	30		13	13	千克	AB	MR/NS	0		0
	- 芳香多元羧酸及其酸酐、酰卤化物、过氧化物和过氧酸以及它们的衍生物：											
2917.3200	-- 邻苯二甲酸二辛酯	6.5	30		13	13	千克			0		0
2917.3300	-- 邻苯二甲酸二壬酯及邻苯二甲酸二癸酯	6.5	30		13	13	千克			0		0
	-- 其他邻苯二甲酸酯：											
2917.3410	--- 邻苯二甲酸二丁酯											
29173410.10	驱蚊叮	6.5	30		13	0	千克	S		0		0
29173410.90	其他邻苯二甲酸二丁酯	6.5	30		13	13	千克			0		0
2917.3490	--- 其他	6.5	30		13	13	千克			0		0
2917.3500	-- 邻苯二甲酸酐	6.5	30		13	13	千克	AB	M/N	0		0
	-- 对苯二甲酸及其盐：											
	--- 对苯二甲酸：											
2917.3611	---- 精对苯二甲酸	6.5	30		13	13	千克			0	6	0
2917.3619	---- 其他	6.5	30		13	13	千克			0	6	0
2917.3690	--- 其他	6.5	30		13	13	千克			0		0
2917.3700	-- 对苯二甲酸二甲酯	6.5	30		13	13	千克			0		0
	-- 其他：											
2917.3910	--- 间苯二甲酸	6.5	30		13	13	千克			0		0
2917.3990	--- 其他											
29173990.11	酞菌酯	6.5	30		13	13	千克	S		0		0
29173990.12	氯酞酸甲酯	6.5	30		13	13	千克	S		0		0
29173990.13	氯酞酸	6.5	30		13	13	千克	S		0		0
29173990.90	其他芳香多元羧酸	6.5	30		13	13	千克			0		0
29.18	**含附加含氧基的羧酸及其酸酐、酰卤化物、过氧化物和过氧酸以及它们的卤化、磺化、硝化或亚硝化衍生物：**											
	- 含醇基但不含其他含氧基的羧酸及其酸酐、酰卤化物、过氧化物和过氧酸以及它们的衍生物：											
2918.1100	-- 乳酸及其盐和酯	6.5	30		13	13	千克	AB	MR/NS	0		0
2918.1200	-- 酒石酸	6.5	35		13	13	千克	A	R/	0		0
2918.1300	-- 酒石酸盐及酒石酸酯	6.5	30		13	13	千克	AB	MR/NS	0		0
2918.1400	-- 柠檬酸	6.5	35		13	13	千克	4Axy	R/	0		0
2918.1500	-- 柠檬酸盐及柠檬酸酯	6.5	30		13	13	千克	4Axy	R/	0		0
2918.1600	-- 葡糖酸及其盐和酯	6.5	30		13	13	千克			0		0
2918.1700	-- 2,2-二苯基-2-羟基乙酸（二苯基乙醇酸	6.5	30		13	13	千克	23		0		0
2918.1800	-- 乙酯杀螨醇（ISO）	6.5	30		13	0	千克	S		0		0

协定税率（%）														特惠税率（%）①/②	Article Description
巴基斯坦	冰岛	哥斯达黎加	秘鲁	新西兰	瑞士	新加坡	韩国	澳大利亚	格鲁吉亚	毛里求斯	日本RCEP	尼加拉瓜	港澳台		
4	0	0	0	0	0		2.1	0	0	0	5.3	0	0/	0/0	--- Sebacic acid, its salts and esters
4	0	0	0	0	0		0	0	0	0	4.7	0	0/	0/0	--- Other
4	0	0	0	0	0		0	0	0	0	4.7	0	0/	0/0	-- Maleic anhydride
															-- Other
4	0	0	0	0	0		0	0	0	0	4.7	0	0/	0/0	Tabatrex, Dibutyl Succinate
4	0	0	0	0	0		0	0	0	0	4.7	0	0/	0/0	Salts and related compounds of perfluorooctanoic acid (PFOA)
4	0	0	0	0	0		0	0	0	0	4.7	0	0/	0/0	Other acyclic polycarboxylic acid
															- Cyclanic, eyclenic or cycloterpenic polycarboxylic acids, their anhydrides, halides, peroxides, peroxyacids and their derivatives:
0	0	0	0	0	0		1.3	0	0	0	3.3	0	0/	0/0	--- Tetrahydrobenzoic anhydride
															--- Other
4	0	0	0	0	0		2.1	0	0	0	5.3	0	0/	0/0	Dimethyl 8,9,10-trinorborn-5-ene-2,3-dicarboxylate (including pyrethrin II, chamomile II and jasmine II)
4	0	0	0	0	0		2.1	0	0	0	5.3	0	0/	0/0	Other (Cyclanic, cyclenic or cycloterpenic) poly- carboxylic acids
															- Aromatic polycarboxylic acids, their anhydrides, halides, peroxides, peroxyacids and their derivatives:
0	0	0	0	0	0			0	0	0		0	0/0	0/0	-- Dioctyl orthophthalates
4	0	0	0	0	0		0	0	0	0	0	0	0/0	0/0	-- Dinonyl or didecyl orthophthalates
															-- Other esters of orthophthalic acid:
															--- Dibutyl orthophthalates
4	0	0	0	0	0		0	0	0	0	4.7	0	0/	0/0	Dibutyl phthalate
4	0	0	0	0	0		0	0	0	0	4.7	0	0/	0/0	Other dibutyl phthalate
4	0	0	0	0	0		0	0	0	0	0	0	0/0	0/0	--- Other
0	0	0	0	0	0			0	0	0		0	0/	0/0	-- Phthalic anhydride
															-- Terephthalie acid and its salts:
															--- Terephthalic acid:
0	0	0		0	2.6	0		0		0		5.2	0/	0/0	----PTA (Purified terephthalic acid)
0	0	0	0	0	2.6	0		0	0	0		0	0/	0/0	----Other
4	0	0	0	0	0			0	0	0		0	0/	0/0	--- Other
4	0	0	0	0	0		2.1	0	0	0	5.3	0	0/	0/0	-- Dimethyl terephthalate
															-- Other:
0	0	0	0	0	0			0	0	0		0	0/	0/0	--- m-phthalic acid
															--- Other
0	0	0	0	0	0		2.1	0	0	0	5.3	0	0/	0/0	Nitrothal-isopropyl
0	0	0	0	0	0		2.1	0	0	0	5.3	0	0/	0/0	Chlorthal-dimethyl
0	0	0	0	0	0		2.1	0	0	0	5.3	0	0/	0/0	Chlorthal
0	0	0	0	0	0		2.1	0	0	0	5.3	0	0/	0/0	Other aromatic polycarboxylic acid
															Carboxylic acids with additional oxygen function and their anhydrides, halides, peroxides and peroxyacids; their halogenated, sulphonated, nitrated or nitrosated derivatives:
															- Carboxylic acids with alcohol function but without other oxygen function, their anhydrides, halides, peroxides, peroxyacids and their derivatives:
4	0	0	0	0	0		0	0	0	0	4.7	0	0/	0/0	-- Lactic acid, its salts and esters
4	0	0	0	0	0		0	0	0	0	4.7	0	0/	0/0	-- Tartaric acid
4	0	0	0	0	0		0	0	0	0	4.7	0	0/	0/0	-- Salts and esters of tartaric acid
4	0	0	0	0	0		0	0	0	0	4.7	0	0/	0/0	-- Citric acid
4	0	0	0	0	0		0	0	0	0	4.7	0	0/	0/0	-- Salts and esters of citric acid
4	0	0	0	0	0		0	0	0	0	4.7	0	0/	0/0	-- Gluconic acid, its salts and esters
4	0	0	0	0	0		0	0	0	0	4.7	0	0/	0/0	-- 2,2-Diphenyl-2-hydroxyacetic acid (benzilic acid)
4	0	0	0	0	0		0	0	0	0	4.7	0	0/	0/0	-- Chlorobenzilate (ISO)

税　号	货品名称	进口关税（%）最惠国	进口关税（%）普通	进口关税（%）年内暂定	增值/消费税（%）	出口退税（%）	计量单位	监管证件代码	检验检疫类别	协定税率（%）东盟	协定税率（%）亚太	协定税率（%）智利
2918.1900	-- 其他：											
29181900.10	二苯乙醇酸甲酯（包括其酸酐，酰卤化物，过氧化物和过氧酸及其衍生物）	6.5	30		13	13	千克	23		0		0
29181900.30	γ-羟基丁酸及其盐	6.5	30		13	13	千克	I		0		0
29181900.41	丙酯杀螨醇	6.5	30		13	0	千克	S		0		0
29181900.42	溴螨酯	6.5	30		13	13	千克	S		0		0
29181900.43	劳丁酯	6.5	30		13	13	千克	S		0		0
29181900.44	整形醇	6.5	30		13	13	千克	S		0		0
29181900.90	其他含醇基但不含其他含氧基羧酸（包括其酸酐，酰卤化物，过氧化物和过氧酸及其衍生物）	6.5	30		13	13	千克			0		0
	- 含酚基但不含其他含氧基的羧酸及其酸酐、酰卤化物、过氧化物和过氧酸以及它们的衍生物：											
	-- 水杨酸及其盐：											
2918.2110	--- 水杨酸、水杨酸钠	6.5	20		13	13	千克			0		0
2918.2190	--- 其他	6.5	30		13	13	千克			0		0
	-- 邻乙酰水杨酸及其盐和酯：											
2918.2210	--- 邻乙酰水杨酸（阿司匹林）	6	20		13	13	千克			0		0
2918.2290	--- 其他	6.5	30		13	13	千克			0		0
2918.2300	-- 水杨酸的其他酯及其盐	6.5	30		13	13	千克			0		0
2918.2900	-- 其他	6.5	30		13	13	千克	A	R/	0		0
2918.3000	- 含醛基或酮基但不含其他含氧基的羧酸及其酸酐、酰卤化物、过氧化物和过氧酸以及它们的衍生物											
29183000.14	环戊烯丙菊酯	6.5	30		13	13	千克	S		0		0
29183000.15	调环酸、抗倒酯、环虫菊酯	6.5	30		13	13	千克	S		0		0
29183000.16	烯丙菊酯（包括右旋烯丙菊酯、富右旋反式烯丙菊酯、右旋反式烯丙菊酯）	6.5	30		13	13	千克	S		0		0
29183000.17	Es-生物烯丙菊酯、生物烯丙菊酯等（包括S-生物烯丙菊酯）	6.5	30		13	13	千克	S		0		0
29183000.18	乙酰氟菊酯	6.5	30		13	13	千克	S		0		0
29183000.21	3-氧-2-苯基丁酸甲酯（CAS号：16648-44-5）	6.5	30		13	13	千克	23		0		0
29183000.90	其他含醛基或酮基不含其他含氧基羧酸（包括酸酐，酰卤化物，过氧化物和过氧酸及其衍生物）	6.5	30		13	13	千克			0		0
	- 其他：											
2918.9100	-- 2,4,5-涕（ISO）（2,4,5-三氯苯氧基乙酸）及其盐和酯	6.5	30		13	0	千克	89		0		0
2918.9900	-- 其他											
29189900.21	2,4-滴及其盐和酯、2,4-滴丙酸、2,4-滴丁酸等（包括精2,4-滴丙酸、苯醚菌酯）	6.5	30		13	13	千克	S		0		0
29189900.22	2甲4氯及其盐和酯、2甲4氯丙酸等（包括精2甲4氯丙酸）	6.5	30		13	13	千克	S		0		0
29189900.23	2甲4氯丁酸	6.5	30		13	13	千克	S		0		0
29189900.24	麦草畏及其盐、杀草畏	6.5	30		13	13	千克	S		0		0
29189900.25	禾草灵、乳氟禾草灵	6.5	30		13	13	千克	S		0		0
29189900.26	氟萘禾草灵、甲羧除草醚	6.5	30		13	13	千克	S		0		0
29189900.27	三氟羧草醚、乙羧氟草醚	6.5	30		13	13	千克	S		0		0
29189900.28	氟乳醚、调果酸、座果酸	6.5	30		13	13	千克	S		0		0
29189900.29	增糖酯、S-诱抗素（包括烯虫酯）	6.5	30		13	13	千克	S		0		0

协定税率(%)														特惠税率(%)①/②	Article Description
巴基斯坦	冰岛	哥斯达黎加	秘鲁	新西兰	瑞士	新加坡	韩国	澳大利亚	格鲁吉亚	毛里求斯	日本RCEP	尼加拉瓜	港澳台		
															-- Other:
4	0	0	0	0	0		0	0	0	0	4.7	0	0/	0/0	Methyl benzilate (including their anhydrides, halides, peroxides, peroxyacids and their derivatives)
4	0	0	0	0	0		0	0	0	0	4.7	0	0/	0/0	γ-hydroxybutanoic acid and its salts
4	0	0	0	0	0		0	0	0	0	4.7	0	0/	0/0	Acaralate
4	0	0	0	0	0		0	0	0	0	4.7	0	0/	0/0	Bromopropylate
4	0	0	0	0	0		0	0	0	0	4.7	0	0/	0/0	Flurenol
4	0	0	0	0	0		0	0	0	0	4.7	0	0/	0/0	Chlorflurenol
4	0	0	0	0	0		0	0	0	0	4.7	0	0/	0/0	Other Carboxylic acids with phenol function but without other oxygen function,(including their anhydrides, etheride, peroxides, peroxyacids and their derivatives)
															- Carboxylic acids with phenol function but without other oxygen function, their anhydrides, halides, peroxides, peroxyacids and their derivatives:
															-- Salicylic acid and its salts:
4	0	0	0	0	2.6		0	0	0	0	4.7	0	0/	0/0	--- Salicylic acid and sodium salicylate
4	0	0	0	0	0		0	0	0	0	4.7	0	0/	0/0	--- Other
															-- o-Acetylsalicylic acid, its salts and esters:
5	0	0	0	0	0		0	0	0	0	0	0	0/	0/0	--- Acetylsalicylic acid(Aspirin)
5	0	0	0	0	0		0	0	0	0	4.7	0	0/	0/0	--- Other
2.5	0	0	0	0			0	0	0	0	4.7	0	0/	0/0	-- Other esters of salicylic acid and their salts
5	0	0	0	0	0		2.1	0	0	0	5.3	0	0/	0/0	-- Other
															- Carboxylic acids with aldehyde or ketone function but without other oxygen function, their anhydrides, halides, peroxides, peroxyacids and their derivatives
5	0	0	0	0	2.6		0	0	0	0	4.7	0	0/	0/0	Terallethrin
5	0	0	0	0	2.6		0	0	0	0	4.7	0	0/	0/0	Prohexadione-calcium, trinexapac-ethyl, Cyclet- hrin-ester
5	0	0	0	0	2.6		0	0	0	0	4.7	0	0/	0/0	Esbiothrin(including d-allethrin, rich-d-trans-allethrin, d-trans-allethrin)
5	0	0	0	0	2.6		0	0	0	0	4.7	0	0/	0/0	E-bioallethrin, bioallethrin(including S-bioallethrin)
5	0	0	0	0	2.6		0	0	0	0	4.7	0	0/	0/0	Acetyl fluthrinate
5	0	0	0	0	2.6		0	0	0	0	4.7	0	0/	0/0	Methyl 3-oxo 2-phenylbutyrate (CASNo.: 16648-44-5)
5	0	0	0	0	2.6		0	0	0	0	4.7	0	0/	0/0	Other carboxylic acids with aldehyde or ketone function but without other oxygen function, their anhydrides, halides, peroxides, peroxyacids and their derivatives
															- Other:
5	0	0	0	0	0		0	0	0	0	4.7	0	0/	0/0	-- 2,4,5-T (ISO) (2,4,5-trichlorophenoxyacetic acid), its salts and esters
															-- Other
5	0	0	0	0	2.6		0	0	0	0	4.7	0	0/	0/0	2,4-D and its salts and esters, dichlorprop, 2,4-DB, including (R)-dichlorprop and 2-[3-(2,5-dimethyl-phenoxymethyl)-phenyl]-3-methoxy-acrylic acid methyl ester
5	0	0	0	0	2.6		0	0	0	0	4.7	0	0/	0/0	MCPA and its salts and esters, mecoprop, including mecoprop-P
5	0	0	0	0	2.6		0	0	0	0	4.7	0	0/	0/0	MCPA butyric acid
5	0	0	0	0	2.6		0	0	0	0	4.7	0	0/	0/0	Dicamba and its salt, tricamba
5	0	0	0	0	2.6		0	0	0	0	4.7	0	0/	0/0	Diclofop-methyl, lactofen
5	0	0	0	0	2.6		0	0	0	0	4.7	0	0/	0/0	Fluoro-naphthalene Diclofop, bifenox
5	0	0	0	0	2.6		0	0	0	0	4.7	0	0/	0/0	Acifluorfen-sodium, Fluoroglycofen
5	0	0	0	0	2.6		0	0	0	0	4.7	0	0/	0/0	Fluorine lactolide, cloprop, cloxyfonac
5	0	0	0	0	2.6		0	0	0	0	4.7	0	0/	0/0	Dicapthon, abscisic acid, (inclduding methoprene)

税号	货品名称	进口关税（%）最惠国	普通	年内暂定	增值/消费税（%）	出口退税（%）	计量单位	监管证件代码	检验检疫类别	协定税率（%）东盟	亚太	智利
29189900.30	调环酸钙	6.5	30		13	13	千克	S		0		0
29189900.41	2甲4氯异辛酯	6.5	30		13	13	千克	S		0		0
29189900.90	其他含其他附加含氧基羧酸（包括其酸酐，酰卤化物，过氧化物和过氧酸及其衍生物）	6.5	30		13	13	千克			0		0
	第八分章　非金属无机酸酯及其盐以及它们的卤化、磺化、硝化或亚硝化衍生物											
29.19	**磷酸酯及其盐，包括乳磷酸盐，以及它们的卤化、磺化、硝化或亚硝化衍生物：**											
2919.1000	- 三（2,3-二溴丙基）磷酸酯	6.5	30		13	13	千克	89		0		0
2919.9000	- 其他											
29199000.20	磷酸三丁酯	6.5	30		13	13	千克	3		0		0
29199000.31	敌敌钙、敌敌畏	6.5	30		13	13	千克	S		0		0
29199000.32	速灭磷、二溴磷	6.5	30		13	13	千克	S		0		0
29199000.33	巴毒磷、杀虫畏	6.5	30		13	0	千克	S		0		0
29199000.34	毒虫畏、甲基毒虫畏	6.5	30		13	0	千克	S		0		0
29199000.35	庚烯磷、特普	6.5	30		13	0	千克	S		0		0
29199000.36	三乙膦酸铝、乙膦酸	6.5	30		13	13	千克	S		0		0
29199000.37	氯瘟磷、伐草磷	6.5	30		13	0	千克	S		0		0
29199000.90	其他磷酸酯及其盐（包括乳磷酸盐）（包括它们的卤化、磺化、硝化或亚硝化衍生物）	6.5	30		13	13	千克	AB	MR/NS	0		0
29.20	**其他非金属无机酸酯（不包括卤化氢的酯）及其盐以及它们的卤化、磺化、硝化或亚硝化衍生物：**											
	- 硫代磷酸酯及其盐以及它们的卤化、磺化、硝化或亚硝化衍生物：											
2920.1100	-- 对硫磷（ISO）及甲基对硫磷（ISO）	6.5	30		13	0	千克			0		0
2920.1900	-- 其他											
29201900.12	氯氧磷、虫螨畏	6.5	30		13	0	千克	S		0		0
29201900.13	杀螟硫磷、除线磷	6.5	30		13	13	千克	S		0		0
29201900.14	异氯磷、皮蝇磷	6.5	30		13	13	千克	S		0		0
29201900.15	溴硫磷、乙基溴硫磷、硝虫硫磷	6.5	30		13	13	千克	S		0		0
29201900.17	碘硫磷、苯稻瘟净	6.5	30		13	0	千克	S		0		0
29201900.18	甲基立枯磷、克菌磷	6.5	30		13	13	千克	S		0		0
29201900.19	速杀硫磷、丰丙磷	6.5	30		13	13	千克	S		0		0
29201900.90	其他硫代磷酸酯及其盐（包括它们的卤化，磺化，硝化或亚硝化衍生物）	6.5	30		13	13	千克			0		0
	- 亚磷酸酯及其盐以及它们的卤化、磺化、硝化或亚硝化衍生物：											
2920.2100	-- 亚磷酸二甲酯	6.5	30		13	13	千克	23		0	5.2	0
2920.2200	-- 亚磷酸二乙酯	6.5	30		13	13	千克	23		0	5.2	0
2920.2300	-- 亚磷酸三甲酯	6.5	30		13	13	千克	23AB	M/N	0	5.2	0
2920.2400	-- 亚磷酸三乙酯	6.5	30		13	13	千克	23AB	M/N	0	5.2	0
	-- 其他：											
2920.2910	--- 其他亚磷酸酯	6.5	30		13	13	千克			0		0
2920.2990	--- 其他											
29202990.10	浸种磷	6.5	30		13	0	千克	S		0		0
29202990.90	其他亚磷酸酯及其盐以及它们的卤化、磺化、硝化或亚硝化衍生物	6.5	30		13	13	千克			0		0

协定税率（%）														特惠税率（%）①/②	Article Description
巴基斯坦	冰岛	哥斯达黎加	秘鲁	新西兰	瑞士	新加坡	韩国	澳大利亚	格鲁吉亚	毛里求斯	日本RCEP	尼加拉瓜	港澳台		
5	0	0	0	0	2.6		0	0	0	0	4.7	0	0/	0/0	Prohexadione calcium
5	0	0	0	0	2.6		0	0	0	0	4.7	0	0/	0/0	Methyl 4-chloro-isooctyl ester
5	0	0	0	0	2.6		0	0	0	0	4.7	0	0/	0/0	Other Carboxylic acids with additional oxygen function and their anhydrides, halides, peroxides and peroxyacids
															Ⅷ. ESTERS OF INORGANIC ACIDS OF NON-METALS AND THEIR SALTS, AND THEIR HALOGENATED, SULPHONATED, NITRATED OR NITROSATED DERIVATIVES
															Phosphoric esters and their salts, including lactophosphates; their halogenated, sulphonated, nitrated or nitrosated derivatives:
5	0	0	0	0	0		0	0	0	0	4.7	0	0/	0/0	- Tris (2,3-dibromopropyl) phosphate
															- Other
5	0	0	0	0	0		0	0	0	0	4.7	0	0/	0/0	Tributyl phosphate
5	0	0	0	0	0		0	0	0	0	4.7	0	0/	0/0	Calvinphos, dichlorovos
5	0	0	0	0	0		0	0	0	0	4.7	0	0/	0/0	Mevinphos, naled
5	0	0	0	0	0		0	0	0	0	4.7	0	0/	0/0	Crotoxyphos, tetrachlorvinphos
5	0	0	0	0	0		0	0	0	0	4.7	0	0/	0/0	Chlorfenvinphos, dimethylvinphos
5	0	0	0	0	0		0	0	0	0	4.7	0	0/	0/0	Heptenophos, TEPP
5	0	0	0	0	0		0	0	0	0	4.7	0	0/	0/0	Fosetyl-aluminium, phosphonoacetic acid
5	0	0	0	0	0		0	0	0	0	4.7	0	0/	0/0	Phosdiphen, tris[2-(2,4-dichlorophenoxy) ethyl] phosphite
5	0	0	0	0	0		0	0	0	0	4.7	0	0/	0/0	Other phosphoric esters and their salts, including lactophosphates; their halogenated, sulphonated, nitrated or nitrosated derivatives
															Esters of other inorganic acids of nonmetals (excluding esters of hydrogen halides) and their salts; their halogenated, sulphonated, nitrated or nitrosated derivatives:
															- Thiophosphoric esters (phosphorothioates) and their salts; theirhalogenated, sulphonated, nitrated or nitrosated derivatives:
5	0	0	0	0	0		0	0	0	0	4.7	0	0/	0/0	-- Parathion (ISO) and parathion-methyl (ISO) (methyl-parathion)
															-- Other
5	0	0	0	0	0		0	0	0	0	4.7	0	0/	0/0	Chlorethoxyfos, methacrifos
5	0	0	0	0	0		0	0	0	0	4.7	0	0/	0/0	Fenitrothion, dichlofenthion
5	0	0	0	0	0		0	0	0	0	4.7	0	0/	0/0	Dicapthon, fenchlorphos
5	0	0	0	0	0		0	0	0	0	4.7	0	0/	0/0	Bromophos, nexagan, Glass insect parathion
5	0	0	0	0	0		0	0	0	0	4.7	0	0/	0/0	Idofenphos, Benzene rice blast net
5	0	0	0	0	0		0	0	0	0	4.7	0	0/	0/0	Tolclofos-methyl, pyrazophos
5	0	0	0	0	0		0	0	0	0	4.7	0	0/	0/0	Heterophos, Aphidan
5	0	0	0	0	0		0	0	0	0	4.7	0	0/	0/0	Other thiophosphoric esters (phosphorothioates) and their salts; their halogenated, sulphonated, nitrated or nitrosated derivatives
															- Phosphite esters and their salts; their halogenated, sulphonated, nitrated or nitrosated derivatives:
5	0	0	0	0	0		0	0	0	0	4.7	0	0/	0/0	-- Dimethyl phosphite
5	0	0	0	0	0		0	0	0	0	4.7	0	0/	0/0	-- Diethyl phosphite
5	0	0	0	0	0		0	0	0	0	4.7	0	0/	0/0	-- Trimethyl phosphite
5	0	0	0	0	0		0	0	0	0	4.7	0	0/	0/0	-- Triethyl phosphite
															-- Other:
5	0	0	0	0	0		0	0	0	0	4.7	0	0/	0/0	--- Other Phosphite esters
															--- Other
5	0	0	0	0	0		0	0	0	0	4.7	0	0/	0/0	Izopamfos
5	0	0	0	0	0		0	0	0	0	4.7	0	0/	0/0	Other phosphite esters or salts; their halogenated, sulphonated, nitrated or nitrosated derivatives

税号	货品名称	进口关税（%）			增值/消费税（%）	出口退税（%）	计量单位	监管证件代码	检验检疫类别	协定税率（%）		
		最惠国	普通	年内暂定						东盟	亚太	智利
2920.3000	- 硫丹（ISO）	6.5	30		13	0	千克	89		0		0
2920.9000	- 其他											
29209000.11	碳酸二苯酯	6.5	30	2	13	13	千克			0		0
29209000.12	治螟磷	6.5	30		13	0	千克	S		0		0
29209000.13	消螨通	6.5	30		13	0	千克	S		0		0
29209000.14	炔螨特	6.5	30		13	13	千克	S		0		0
29209000.15	赛松	6.5	30		13	0	千克	S		0		0
29209000.16	三乙基砷酸酯	6.5	30		13	13	千克			0		0
29209000.20	太安(PETN)（季戊四醇四硝酸酯）	6.5	30		13	13	千克	k		0		0
29209000.30	全氟辛酸的盐类和相关化合物（PFOA类）	6.5	30		13	13	千克	X		0		0
29209000.90	其他无机酸酯（不包括卤化氢的酯）（包括其盐以及它们的卤化、磺化、硝化或亚硝化衍生物）	6.5	30		13	13	千克			0		0
	第九分章　含氮基化合物											
29.21	**氨基化合物：**											
	- 无环单胺及其衍生物以及它们的盐：											
2921.1100	-- 甲胺、二甲胺或三甲胺及其盐											
29211100.10	二甲胺	6.5	30		13	13	千克	23		0		0
29211100.20	二甲胺盐酸盐	6.5	30		13	13	千克	23		0		0
29211100.30	甲胺盐	6.5	30		13	13	千克			0		0
29211100.90	甲胺，三甲胺及其盐，其他二甲胺盐	6.5	30		13	13	千克	AB	M/N	0		0
2921.1200	-- 2-（N, N-二甲基氨基）氯乙烷盐酸盐	6.5	30		13	13	千克	23		0		0
2921.1300	-- 2-（N, N-二乙基氨基）氯乙烷盐酸盐	6.5	30		13	13	千克	23		0		0
2921.1400	-- 2-（N, N-二异丙基氨基）氯乙烷盐酸盐	6.5	30		13	13	千克	23		0		0
	-- 其他：											
2921.1910	--- 二正丙胺	4	11		13	13	千克	AB	M/N	0	3.6	0
2921.1920	--- 异丙胺	6.5	30		13	13	千克			0		0
2921.1930	--- N, N-二（2-氯乙基）乙胺	6.5	30		13	13	千克	32		0	5.2	0
2921.1940	--- N, N-二（2-氯乙基）甲胺	6.5	30		13	13	千克	32		0	5.2	0
2921.1950	--- 三（2-氯乙基）胺	6.5	30		13	13	千克	32		0	5.2	0
2921.1960	--- 二烷（甲、乙、正丙或异丙）氨基乙基-2-氯及其质子化盐	6.5	30		13	13	千克	23		0	5.2	0
2921.1990	--- 其他											
29211990.11	三乙胺（单一成分，用做点火剂）	6.5	30		13	13	千克	3A	M/	0		0
29211990.20	二异丙胺	6.5	30		13	13	千克	3		0		0
29211990.31	2-氨基丁烷	6.5	30		13	0	千克	S		0		0
29211990.33	胺鲜酯	6.5	30		13	13	千克	S		0		0
29211990.90	其他无环单胺及其衍生物及其盐	6.5	30		13	13	千克			0		0
	- 无环多胺及其衍生物以及它们的盐：											
	-- 乙二胺及其盐：											
2921.2110	--- 乙二胺	6.5	30		13	13	千克			0		0
2921.2190	--- 其他	6.5	30		13	13	千克			0		0
	-- 六亚甲基二胺及其盐：											
2921.2210	--- 己二酸己二胺盐（尼龙-6,6盐）	6.5	20		13	13	千克			0	5.2	0
2921.2290	--- 其他	6.5	30		13	13	千克			0		0
2921.2900	-- 其他											
29212900.10	辛菌胺	6.5	30		13	13	千克	S		0		0
29212900.20	1,1-二氨基-2,2-二硝基乙烯（DADE或FOX7）（CAS号145250-81-3）	6.5	30		13	13	千克	3		0		0

协定税率（%）														特惠税率（%）①/②	Article Description
巴基斯坦	冰岛	哥斯达黎加	秘鲁	新西兰	瑞士	新加坡	韩国	澳大利亚	格鲁吉亚	毛里求斯	日本RCEP	尼加拉瓜	港澳台		
5	0	0	0	0	0		0	0	0	0	4.7	0	0/	0/0	- Endosulfan (ISO)
															- Other
5	0	0	0	0	0		0	0	0	0	4.7	0	0/	0/0	Diphenyl carbonate
5	0	0	0	0	0		0	0	0	0	4.7	0	0/	0/0	Sulfotepp
5	0	0	0	0	0		0	0	0	0	4.7	0	0/	0/0	Dinobuton
5	0	0	0	0	0		0	0	0	0	4.7	0	0/	0/0	Propargite
5	0	0	0	0	0		0	0	0	0	4.7	0	0/	0/0	Sesone
5	0	0	0	0	0		0	0	0	0	4.7	0	0/	0/0	Thiethyl arsenate
5	0	0	0	0	0		0	0	0	0	4.7	0	0/	0/0	Pentaerythrite tetranitrate
5	0	0	0	0	0		0	0	0	0	4.7	0	0/	0/0	Salts and related compounds of perfluorooctanoic acid (PFOA)
5	0	0	0	0	0		0	0	0	0	4.7	0	0/	0/0	Other Esters of other inorganic acids (excluding esters of hydrogen halides) and their salts; their halogenated, sulphonated, nitrated or nitrosated derivatives
															Ⅸ. NITROGEN-FUNCTION COMPOUNDS
															Amine-function compounds:
															- Acyclic monoamines and their derivatives; salts thereof:
															-- Methylamine, di-or trimethylamine and their salts
5	0	0	0	0	0		0	0	0	0	4.7	0	0/	0/0	Dimethylamine
5	0	0	0	0	0		0	0	0	0	4.7	0	0/	0/0	Dimethyl amine hydro chloride
5	0	0	0	0	0		0	0	0	0	4.7	0	0/	0/0	Salts of methylamine
5	0	0	0	0	0		0	0	0	0	4.7	0	0/	0/0	Methylamine, trimethylamine and their salts
5	0	0	0	0	0		0	0	0	0	4.7	0	0/	0/0	-- 2-(N, N-Dimethylamino) ethylchloride hydrochloride
5	0	0	0	0	0		0	0	0	0	4.7	0	0/	0/0	-- 2-(N, N-Diethylamino) ethylchloride hydrochloride
5	0	0	0	0	0		0	0	0	0	4.7	0	0/	0/0	-- 2-(N, N-Diisopropylamino) ethylchloride hydrochloride
															-- Other:
0	0	0	0	0	0		0	0	0	0	0	0	0/	0/0	--- Di-n-propylamine
5	0	0	0	0	0		0	0	0	0	0	0	0/	0/0	--- Isopropyl amine
5	0	0	0	0	0		0	0	0	0	4.7	0	0/	0/0	--- N, N-Bis (2-chloroethyl) ethylamine
5	0	0	0	0	0		0	0	0	0	4.7	0	0/	0/0	--- N, N-Bis (2-chloroethyl) methylamine
5	0	0	0	0	0		0	0	0	0	4.7	0	0/	0/0	--- Tri-(2-chloroethyl) amine
5	0	0	0	0	0		0	0	0	0	4.7	0	0/	0/0	--- N, N-Dialkyl (Me, Et, n-Pr or i-Pr) aminoethyl-2-chlorides and corresponding protonated salts
															--- Other
5	0	0	0	0	0		0	0	0	0	4.7	0	0/	0/0	Triethylamine (Single component, used for igniter)
5	0	0	0	0	0		0	0	0	0	4.7	0	0/	0/0	Diisopropylamine
5	0	0	0	0	0		0	0	0	0	4.7	0	0/	0/0	2-aminobutane
5	0	0	0	0	0		0	0	0	0	4.7	0	0/	0/0	Diethylaminoethyl hexanoate
5	0	0	0	0	0		0	0	0	0	4.7	0	0/	0/0	Other acyclic monoamines and its derivatives or its salts
															- Acyclic polyamines and their derivatives; salts thereof:
															-- Ethylenediamine and its salts:
5	0	0	0	0	0		2.1	0	0	0	5.3	0	0/	0/0	--- Ethylenediamine
5	0	0	0	0	2.6		0	0	0	0	4.7	0	0/	0/0	--- Other
															-- Hexamethylenediamine and its salts:
5	0	0	0	0	0		0	0	0	0	4.7	0	0/	0/0	--- Hexamethylene adipamide (nylon-6,6 salt)
5	0	0	0	0	0		0	0	0	0	4.7	0	0/	0/0	--- Other
															-- Other
0	0	0	0	0	0		0	0	0	0	4.7	0	0/	0/0	N-octyl-N'-[2-(octylamino)ethyl] ethylenediamine
0	0	0	0	0	0		0	0	0	0	4.7	0	0/	0/0	2,2-dinitroethene-1,1-diamine(DADE or FOX7)(CAS No.145250-81-3)

税号	货品名称	进口关税（%）			增值/消费税（%）	出口退税（%）	计量单位	监管证件代码	检验检疫类别	协定税率（%）		
		最惠国	普通	年内暂定						东盟	亚太	智利
29212900.90	其他无环多胺及其衍生物（包括它们的盐）	6.5	30		13	13	千克			0		0
2921.3000	- 环烷单胺或多胺、环烯单胺或多胺、环萜烯单胺或多胺及其衍生物以及它们的盐											
29213000.10	丙己君及其盐	6.5	30		13	13	千克	I		0		0
29213000.30	氨基羧酸环丙烷	6.5	30		13	13	千克	S		0		0
29213000.40	乙撑亚胺	6.5	30		13	13	千克	AB	M/N	0		0
29213000.90	其他环（烷.烯.萜烯）单胺或多胺（包括其衍生物及它们的盐）	6.5	30		13	13	千克			0		0
	- 芳香单胺及其衍生物以及它们的盐：											
	-- 苯胺及其盐：											
2921.4110	--- 苯胺	6.5	20		13	13	千克	AB	M/N	0	5.2	0
2921.4190	--- 其他	6.5	30		13	13	千克			0		0
2921.4200	-- 苯胺衍生物及其盐											
29214200.12	敌锈钠	6.5	30		13	13	千克	S		0		0
29214200.13	苯草醚	6.5	30		13	13	千克	S		0		0
29214200.20	邻氯对硝基苯胺	6.5	30		13	13	千克			0		0
29214200.90	其他苯胺衍生物及其盐	6.5	30		13	13	千克			0		0
2921.4300	-- 甲苯胺及其衍生物以及它们的盐											
29214300.01	间甲苯胺或对甲苯胺	6.5	30		13	13	千克			0		0
29214300.10	氟乐灵	6.5	30		13	13	千克	S		0		0
29214300.20	邻甲苯胺	6.5	30		13	13	千克			0		0
29214300.31	溴鼠胺	6.5	30		13	0	千克	S		0		0
29214300.32	乙丁氟灵	6.5	30		13	13	千克	S		0		0
29214300.33	氯乙氟灵	6.5	30		13	13	千克	S		0		0
29214300.34	环丙氟灵	6.5	30		13	13	千克	S		0		0
29214300.35	乙丁烯氟灵	6.5	30		13	13	千克	S		0		0
29214300.36	地乐灵	6.5	30		13	13	千克	S		0		0
29214300.37	氯乙灵	6.5	30		13	13	千克	S		0		0
29214300.38	氟节胺	6.5	30		13	13	千克	S		0		0
29214300.90	甲苯胺盐、甲苯胺衍生物及其盐	6.5	30		13	13	千克			0		0
2921.4400	-- 二苯胺及其衍生物以及它们的盐	6.5	30		13	13	千克			0		0
2921.4500	-- 1-萘胺（α-萘胺）、2-萘胺（β-萘胺）及其衍生物以及它们的盐											
29214500.10	2-萘胺	6.5	30		13	13	千克			0		0
29214500.90	1-萘胺和2-萘胺的衍生物及盐（包括1-萘胺）	6.5	30		13	13	千克			0		0
2921.4600	-- 安非他明（INN）、苄非他明（INN）、右苯丙胺（INN）、乙非他明（INN）、芬坎法明（INN）、利非他明（INN）、左苯丙胺（INN）、美芬雷司（INN）、苯丁胺（INN）以及它们的盐											
29214600.11	安非他明、苄非他明、右苯丙胺（以及它们的盐）	6.5	30		13	13	千克	I		0		0
29214600.12	乙非他明、芬坎法明、利非他明（以及它们的盐）	6.5	30		13	13	千克	I		0		0
29214600.13	左苯丙胺、美芬雷司、芬特明（以及它们的盐）	6.5	30		13	13	千克	I		0		0
	-- 其他：											
2921.4910	--- 对异丙基苯胺	4	11		13	13	千克			0		0
2921.4920	--- 二甲基苯胺	6.5	20		13	13	千克			0		0
2921.4930	--- 2,6-甲基乙基苯胺	4	11		13	13	千克			0	3.2	0
2921.4940	--- 2,6-二乙基苯胺	6.5	20		13	13	千克			0		0
2921.4990	--- 其他											
29214990.11	异丙乐灵	6.5	30		13	13	千克	S		0		0

协定税率（%）														特惠税率（%）①/②	Article Description
巴基斯坦	冰岛	哥斯达黎加	秘鲁	新西兰	瑞士	新加坡	韩国	澳大利亚	格鲁吉亚	毛里求斯	日本RCEP	尼加拉瓜	港澳台		
0	0	0	0	0	0		0	0	0	0	4.7	0	0/	0/0	Other acyclic polyamines and their derivatives (including salts thereof)
															- Cyclanic, cyclenic or cycloterpenic monoor polyamines, and their derivatives; salts thereof
5	0	0	0	0	0		0	0	0	0	4.7	0	0/	0/0	Propylhexedrine and its salts
5	0	0	0	0	0		0	0	0	0	4.7	0	0/	0/0	Aminocyclopropane-1-carboxylicacid
5	0	0	0	0	0		0	0	0	0	4.7	0	0/	0/0	Ethylenimine
5	0	0	0	0	0		0	0	0	0	4.7	0	0/	0/0	Other Cylanic, cyclenic or cycloterpenic monoor polyamines, and their derivatives; salts thereof
															- Aromatic monoamines and theirderivatives; salts thereof:
															-- Aniline and its salts:
5	0	0	0	0	0		0	0	0	0	4.7	0	0/	0/0	--- Aniline
5	0	0	0	0			0	0	0	0	4.7	0	0/	0/0	--- Other
															-- Aniline derivatives and their salts
0	0	0	0	0			0	0	0	0	4.7	0	0/	0/0	Sodium-p-aminobenzensulfonate
0	0	0	0	0			0	0	0	0	4.7	0	0/	0/0	Aclonifen
0	0	0	0	0			0	0	0	0	4.7	0	0/	0/0	o-Chloro-p-nitroaniline
0	0	0	0	0			0	0	0	0	4.7	0	0/	0/0	Other derivatives and their salts of aniline
															-- Toluidines and their derivatives; salts thereof
5	0	0	0	0	0		2.1	0	0	0	5.3	0	0/	0/0	M-Toluidine or p-Toluidine
5	0	0	0	0	0		2.1	0	0	0	5.3	0	0/	0/0	Trifluralin
5	0	0	0	0	0		2.1	0	0	0	5.3	0	0/	0/0	o-Toluidine
5	0	0	0	0	0		2.1	0	0	0	5.3	0	0/	0/0	Bromethalin
5	0	0	0	0	0		2.1	0	0	0	5.3	0	0/	0/0	Benfluralin
5	0	0	0	0	0		2.1	0	0	0	5.3	0	0/	0/0	Fluchloralin
5	0	0	0	0	0		2.1	0	0	0	5.3	0	0/	0/0	Profluralin
5	0	0	0	0	0		2.1	0	0	0	5.3	0	0/	0/0	Ethalfluralin
5	0	0	0	0	0		2.1	0	0	0	5.3	0	0/	0/0	Dipropalin
5	0	0	0	0	0		2.1	0	0	0	5.3	0	0/	0/0	Chlornidine
5	0	0	0	0	0		2.1	0	0	0	5.3	0	0/	0/0	Flumetralin
5	0	0	0	0	0		2.1	0	0	0	5.3	0	0/	0/0	Derivatives and salts of toluidines
5	0	0	0	0			0	0	0	0	4.7	0	0/	0/0	-- Diphenylamine and its derivatives; salts thereof
															-- 1-Naphthylamine (α-naphthy lamine), 2-naphthylamine (β-naphthylamine) and their derivatives;salts thereof
5	0	0	0	0			0	0	0	0	4.7	0	0/	0/0	2-Naphthylamine
5	0	0	0	0			0	0	0	0	4.7	0	0/	0/0	Derivatives and salts of 1-Naphthylamine and 2-Naphthylamine(including 1naphthy- lamine)
															-- Amfetamine (INN), benzfetamine (INN), dexamfetamine (INN), etilamfetamine (INN), fencamfamin (INN), lefetamine (INN), levamfetamine (INN), mefenorex (INN) and phentermine (INN); salts thereof
5	0	0	0	0	0		0	0	0	0	4.7	0	0/	0/0	Amfetamine (INN), benzfetamine (INN), dexamfetamine (INN)(including their salts)
5	0	0	0	0	0		0	0	0	0	4.7	0	0/	0/0	Etilamfetamine (INN), fencamfamin (INN), lefetamine (INN)(including their salts)
5	0	0	0	0	0		0	0	0	0	4.7	0	0/	0/0	Levamfetamine (INN), mefenorex (INN) and phentermine (INN) (including their salts)
															-- Other:
0	0	0	0	0	0		0	0	0	0	0	0	0/	0/0	--- p-Isopropyl-aniline
5	0	0	0	0	0		0	0	0	0	4.7	0	0/	0/0	--- Dimethylanilines
0	0	0	0	0	0		0	0	0	0	0	0	0/	0/0	--- 2, 6-Methyl ethyl aniline
5	0	0	0	0			0	0	0	0	4.7	0	0/	0/0	--- 2, 6-Diethylaniline
															--- Other
5	0	0	0	0			0	0	0	0	4.7	0	0/	0/0	Isopropalin

税号	货品名称	进口关税（%）			增值/消费税（%）	出口退税（%）	计量单位	监管证件代码	检验检疫类别	协定税率（%）		
		最惠国	普通	年内暂定						东盟	亚太	智利
29214990.12	仲丁灵	6.5	30		13	13	千克	S		0		0
29214990.13	二甲戊灵	6.5	30		13	13	千克	S		0		0
29214990.20	4-氨基联苯	6.5	30		13	13	千克			0		0
29214990.31	乙环利定、二甲基安非他明（以及它们的盐）	6.5	30		13	13	千克	I		0		0
29214990.32	芬氟拉明、右旋芬氟拉明（以及它们的盐）	6.5	30		13	13	千克	I		0		0
29214990.33	西布曲明及其盐	6.5	30		13	13	千克	9I		0		0
29214990.34	盐酸舍曲林	6.5	30	0	13	13	千克			0		0
29214990.90	其他芳香单胺及衍生物及它们的盐	6.5	30		13	13	千克			0		0
	- 芳香多胺及其衍生物以及它们的盐：											
	-- 邻-、间-、对-苯二胺、二氨基甲苯及其衍生物以及它们的盐：											
2921.5110	--- 邻苯二胺	4	11		13	13	千克			0	3.2	0
2921.5190	--- 其他											
29215190.11	氨氟灵	6.5	30		13	13	千克	S		0		0
29215190.12	氨氟乐灵	6.5	30		13	13	千克	S		0		0
29215190.20	2,4-二氨基甲苯	6.5	30		13	13	千克			0		0
29215190.30	二氨基三硝基苯（DATB）（CAS号1630-08-6）	6.5	30		13	13	千克	3		0		0
29215190.90	间-、对-苯二胺、二氨基甲苯等（包括衍生物及它们的盐）	6.5	30		13	13	千克			0		0
2921.5900	-- 其他											
29215900.10	三氨基三硝基苯	6.5	30		13	13	千克	3		0		0
29215900.20	联苯胺（4,4’-二氨基联苯）	6.5	30		13	13	千克	89		0		0
29215900.31	4,4’-二氨基-3,3’-二氯二苯基甲烷	6.5	30		13	13	千克			0		0
29215900.32	3,3’-二氯联苯胺	6.5	30		13	13	千克			0		0
29215900.33	4,4’-二氨基二苯基甲烷	6.5	30		13	13	千克			0		0
29215900.34	3,3’-二氨基-2,2’,4,4’,6,6’-六硝基联苯或二苦酰胺（DIPAM）（CAS号17215-44-0）	6.5	30		13	13	千克	3		0		0
29215900.90	其他芳香多胺及衍生物及它们的盐	6.5	30		13	13	千克			0		0
29.22	**含氧基氨基化合物：**											
	- 氨基醇（但含有一种以上含氧基的除外）及其醚和酯，以及它们的盐：											
2922.1100	-- 单乙醇胺及其盐											
29221100.01	单乙醇胺	6.5	30		13	13	千克	AB	MR/NS	0		0
29221100.90	单乙醇胺盐	6.5	30		13	13	千克			0		0
2922.1200	-- 二乙醇胺及其盐											
29221200.01	二乙醇胺	6.5	30		13	13	千克			0		0
29221200.02	全氟己基磺酸及其盐类和其相关化合物［二乙醇胺盐（《禁止进口货物目录（第八批）》所列商品）］	6.5	30		13	13	千克	89		0		0
29221200.90	二乙醇胺盐	6.5	30		13	13	千克			0		0
2922.1400	-- 右丙氧吩（INN）及其盐	6.5	30		13	13	千克	I		0		0
2922.1500	-- 三乙醇胺	6.5	30		13	13	千克	23A	R/	0		0
2922.1600	-- 全氟辛基磺酸二乙醇铵	6.5	30		13	13	千克	89		0		0
2922.1700	-- 甲基二乙醇胺和乙基二乙醇胺	6.5	30		13	13	千克	23		0		0
2922.1800	-- 2-（N, N-二异丙基氨基）乙醇	6.5	30		13	13	千克	23		0		0
	-- 其他：											
2922.1910	--- 乙胺丁醇	6.5	30		13	13	千克			0		0
	--- 二烷（甲、乙、正丙或异丙）氨基乙-2-醇及其质子化盐：											

协定税率（%）巴基斯坦	冰岛	哥斯达黎加	秘鲁	新西兰	瑞士	新加坡	韩国	澳大利亚	格鲁吉亚	毛里求斯	日本RCEP	尼加拉瓜	港澳台	特惠税率（%）①/②	Article Description
5	0	0	0	0			0	0	0	0	4.7	0	0/	0/0	Butralin
5	0	0	0	0			0	0	0	0	4.7	0	0/	0/0	Pendimethalin
5	0	0	0	0			0	0	0	0	4.7	0	0/	0/0	4 - aminobiphenyl
5	0	0	0	0			0	0	0	0	4.7	0	0/	0/0	Eticyclidine, dimethylamphetamine (and their salts)
5	0	0	0	0			0	0	0	0	4.7	0	0/	0/0	Fenfluramine, dexfenfluramine(and their salts)
5	0	0	0	0			0	0	0	0	4.7	0	0/	0/0	Sibutramine and its salts
5	0	0	0	0			0	0	0	0	4.7	0	0/	0/0	Sertraline hydrochloride
5	0	0	0	0			0	0	0	0	4.7	0	0/	0/0	Other aromatic monoamine and derivants and their salts
															- Aromatic polyamines and their derivatives; salts thereof:
															-- o-, m-, p-Phenylenediamine, diaminotoluenes, and their derivatives; salts thereof:
0	0	0	0	0	0		0	0	0	0	0	0	0/	0/0	--- o-Phenylenediamine
															--- Other
5	0	0	0	0	0		0	0	0	0	4.7	0	0/	0/0	Dinitramine
5	0	0	0	0	0		0	0	0	0	4.7	0	0/	0/0	Prodiamine
5	0	0	0	0	0		0	0	0	0	4.7	0	0/	0/0	2, 4 -diaminotoluene
5	0	0	0	0	0		0	0	0	0	4.7	0	0/	0/0	Diamino trinitrobenzene（DATB）（CAS No.1630-08-6）
5	0	0	0	0	0		0	0	0	0	4.7	0	0/	0/0	o-, m-, p-m-phenylene diamine, paraphenylene diamine, diaminotoluene etc.(including their derivatives and salts)
															-- Other
5	0	0	0	0			0	0	0	0	4.7	0	0/	0/0	Triamino trinitrobenzene
5	0	0	0	0			0	0	0	0	4.7	0	0/	0/0	Benzidine (4,4’-diaminodiphenyl)
5	0	0	0	0			0	0	0	0	4.7	0	0/	0/0	4,4’-diamido-3,3’-Dichlorodiphenylmethane
5	0	0	0	0			0	0	0	0	4.7	0	0/	0/0	3,3’-dichloro-benzidine
5	0	0	0	0			0	0	0	0	4.7	0	0/	0/0	4,4’-diaminodiphenylmethane
5	0	0	0	0			0	0	0	0	4.7	0	0/	0/0	2,2’,4,4’,6,6’-hexanitro(1,1’-biphenyl)-3,3’-diamine（DIPAM）（CAS No.17215-44-0）
5	0	0	0	0			0	0	0	0	4.7	0	0/	0/0	Other aromatic polyamines and their derivatives or salts
															Oxygen-function amino-compounds:
															- Amino-alcohols, other than those containing more than one kind of oxygen function, their ethers and esters; salts thereof:
															-- Monoethanolamine and its salts
5	0	0	0	0	0			0	0	0		0	0/	0/0	Monoethanolamine
5	0	0	0	0	0			0	0	0		0	0/	0/0	Monoethanolamine salt
															-- Diethanolamine and its salts
5	0	0	0	0	0			0	0	0		0	0/	0/0	Diethanolamine
5	0	0	0	0	0			0	0	0		0	0/	0/0	Perfluorohexylsulfonic acid, its salts and its related compounds (diethanolamine salts (commodities listed in the Catalogue of Prohibited Imports (Eighth Batch)))
5	0	0	0	0	0			0	0	0		0	0/	0/0	Diethanolamine salts
5	0	0	0	0	0		0	0	0	0	4.7	0	0/	0/0	-- Dextropropoxyphene (INN) and its salts
5	0	0	0	0	0		2.1	0	0	0	5.3	0	0/	0/0	-- Triethanolamine
5	0	0	0	0	0		0	0	0	0	4.7	0	0/	0/0	-- Diethanolammonium perfluorooctane sulphonate
5	0	0	0	0	0		0	0	0	0	4.7	0	0/	0/0	-- Methyldiethanolamine and ethyldiethanolamine
5	0	0	0	0	0		0	0	0	0	4.7	0	0/	0/0	-- 2-(N, N-Diisopropylamino) ethanol
															-- Other:
5	0	0	0	0	0		0	0	0	0	4.7	0	0/	0/0	--- Ethylamino butanol (Ethambutol)
															--- N, N-Dialkyl-(Me, Et, n-Pr or i-Pr) aminoethane-2-ols and corresponding protonated salts:

税　号	货品名称	进口关税（%）			增值/消费税（%）	出口退税（%）	计量单位	监管证件代码	检验检疫类别	协定税率（%）		
		最惠国	普通	年内暂定						东盟	亚太	智利
2922.1921	----二甲氨基乙醇及其质子化盐	6.5	30		13	13	千克			0		0
2922.1922	----二乙氨基乙醇及其质子化盐											
29221922.10	2－二乙氨基乙醇（或称N, N－二乙基乙醇胺）	6.5	30		13	13	千克	3		0		0
29221922.90	二乙氨基乙醇的质子化盐	6.5	30		13	13	千克			0		0
2922.1929	----其他	6.5	30		13	13	千克	23		0	5.2	0
2922.1930	--- 乙基二乙醇胺的盐	6.5	30		13	13	千克			0	5.2	0
2922.1940	--- 甲基二乙醇胺的盐	6.5	30		13	13	千克			0	5.2	0
2922.1950	--- 本芴醇	6.5	30		13	13	千克			0		0
2922.1990	--- 其他											
29221990.10	增产胺	6.5	30		13	13	千克	S		0		0
29221990.20	克仑特罗	6.5	30		13	13	千克	L		0		0
29221990.31	醋美沙朵、阿醋美沙朵、阿法美沙朵（以及它们的盐）	6.5	30		13	13	千克	I		0		0
29221990.32	倍醋美沙多、倍他美沙多（以及它们的盐）	6.5	30		13	13	千克	I		0		0
29221990.33	地美沙多、地美庚醇、诺美沙多（以及它们的盐）	6.5	30		13	13	千克	I		0		0
29221990.41	三乙醇胺盐酸盐	6.5	30		13	13	千克	23		0		0
29221990.49	其他三乙醇胺的盐	6.5	30		13	13	千克			0		0
29221990.50	全氟辛酸的盐类和相关化合物（PFOA类）	6.5	30		13	13	千克	X		0		0
29221990.90	其他氨基醇及其醚、酯和它们的盐（但含有一种以上含氧基的除外）	6.5	30		13	13	千克			0		0
	- 氨基萘酚和其他氨基酚（但含有一种以上含氧基的除外）及其醚和酯，以及它们的盐：											
2922.2100	-- 氨基羟基萘磺酸及其盐	6.5	30		13	13	千克			0		0
	-- 其他：											
2922.2910	--- 茴香胺、二茴香胺、氨基苯乙醚及其盐	6.5	30		13	13	千克			0		0
2922.2990	--- 其他											
29222990.11	布苯丙胺、二甲氧基乙基安非他明（以及它们的盐）	6.5	30		13	13	千克	I		0		0
29222990.12	二甲氧基安非他明、副甲氧基安非他明（以及它们的盐）	6.5	30		13	13	千克	I		0		0
29222990.13	二甲氧基甲苯异丙胺、三甲氧基安非他明（以及它们的盐）	6.5	30		13	13	千克	I		0		0
29222990.14	2,5-二甲氧基-4-溴苯乙胺、地佐辛（以及它们的盐）	6.5	30		13	13	千克	I		0		0
29222990.15	他喷他多	6.5	30		13	13	千克	I		0		0
29222990.16	2,5-二甲氧基-4-碘苯乙胺	6.5	30		13	13	千克	I		0		0
29222990.17	2,5-二甲氧基苯乙胺	6.5	30		13	13	千克	I		0		0
29222990.90	其他氨基萘酚和其他氨基酚及其醚和酯（包括它们的盐，但含有一种以上含氧基的除外）	6.5	30		13	13	千克			0		0
	- 氨基醛、氨基酮和氨基醌，但含有一种以上含氧基的除外，以及它们的盐：											
2922.3100	-- 安非拉酮（INN）、美沙酮（INN）和去甲美沙酮（INN）以及它们的盐											
29223100.10	安非拉酮及其盐	6.5	30		13	13	千克	I		0		0

协定税率（%）														特惠税率（%）①/②	Article Description
巴基斯坦	冰岛	哥斯达黎加	秘鲁	新西兰	瑞士	新加坡	韩国	澳大利亚	格鲁吉亚	毛里求斯	日本RCEP	尼加拉瓜	港澳台		
5	0	0	0	0	0		0	0	0	0	4.7	0	0/	0/0	----N, N-Dimethylaminoethanol and corresponding protonated salts
															----N, N-Diethylaminoethanol and corresponding protonated salts
5	0	0	0	0	0		0	0	0	0	4.7	0	0/	0/0	2-diethylaminoethanol(N, N-diethyl ethylene diamine)
5	0	0	0	0	0		0	0	0	0	4.7	0	0/	0/0	Protonated salts of diethylaminoethanol
5	0	0	0	0	0		0	0	0	0	4.7	0	0/	0/0	----Other
5	0	0	0	0	0		0	0	0	0	4.7	0	0/	0/0	--- Salt of ethyldiethanolamine
5	0	0	0	0	0		0	0	0	0	4.7	0	0/	0/0	--- Salt of methyldiethanolamine
5	0	0	0	0	0		0	0	0	0	4.7	0	0/	0/0	--- Benflumetol
															--- Other
5	0	0	0	0	0		0	0	0	0	4.7	0	0/	0/0	Guayule
5	0	0	0	0	0		0	0	0	0	4.7	0	0/	0/0	Clenbuterol
5	0	0	0	0	0		0	0	0	0	4.7	0	0/	0/0	Acetylmethadol, alphacetylmethadol, alphamethadol (and their salts)
5	0	0	0	0	0		0	0	0	0	4.7	0	0/	0/0	Betacetylmethadol, betamethadol (and their salts)
5	0	0	0	0	0		0	0	0	0	4.7	0	0/	0/0	Dimenoxadol, dimepheptanol, noracymethadol(and their salts)
5	0	0	0	0	0		0	0	0	0	4.7	0	0/	0/0	Triethanolamine hydrochloride
5	0	0	0	0	0		0	0	0	0	4.7	0	0/	0/0	Other salts of triethanolamine
5	0	0	0	0	0		0	0	0	0	4.7	0	0/	0/0	Salts and related compounds of perfluorooctanoic acid (PFOA)
5	0	0	0	0	0		0	0	0	0	4.7	0	0/	0/0	Other alkamine and ether, ester and their salts (other than those containing more than one kind of Oxygen function)
															- Amino-naphthols and amino-phenols, other than those containing more than one kind of oxygen function, their ethers and esters; salts thereof:
5	0	0	0	0	0		0	0	0	0	4.7	0	0/	0/0	-- Aminohydroxynaphthalenesulphonic acid and their salts
															-- Other:
5	0	0	0	0	0		0	0	0	0	4.7	0	0/	0/0	--- Anisidines, dianisidines, phenetidines, and their salts
															--- Other
5	0	0	0	0	0		0	0	0	0	4.7	0	0/	0/0	Brolamfetamine, dimethoxy-ethylamphetamine (and their salts)
5	0	0	0	0	0		0	0	0	0	4.7	0	0/	0/0	Dimethoxyamfetamine, paramethoxyampheta-mine (and their salts)
5	0	0	0	0	0		0	0	0	0	4.7	0	0/	0/0	DOMdimethoxymethylamphetamine, trimethoxyampheta mine (and their salts)
5	0	0	0	0	0		0	0	0	0	4.7	0	0/	0/0	2,5-dimethoxy-4-bromobenzeneethylamine, dezocine (and their salts)
5	0	0	0	0	0		0	0	0	0	4.7	0	0/	0/0	Tapentadol ;CAS No:175591-23-8
5	0	0	0	0	0		0	0	0	0	4.7	0	0/	0/0	2,5-Dimethoxy-4-iodophenethylamine; CAS No:69587-11-7
5	0	0	0	0	0		0	0	0	0	4.7	0	0/	0/0	2,5-Dimethoxy-phenethylamine; CAS No:3600-86-0
5	0	0	0	0	0		0	0	0	0	4.7	0	0/	0/0	Other Amino-naphthols and amino-phenols, other than those containing more than one kind of oxygen function, their ethers and esters; salts thereof
															- Amino-aldehydes, amino-ketones and amino-quinones, other than those containing more than one kind of oxygen function;salts thereof:
															-- Amfepramone (INN), methadone (INN) and normethadone (INN); salts thereof
5	0	0	0	0	0		0	0	0	0	4.7	0	0/	0/0	Amfepramone (INN) and its salts

税　号	货品名称	进口关税（%）			增值/消费税（%）	出口退税（%）	计量单位	监管证件代码	检验检疫类别	协定税率（%）		
		最惠国	普通	年内暂定						东盟	亚太	智利
29223100.20	美沙酮、去甲美沙酮及它们的盐	6.5	30		13	13	千克	I		0		0
	-- 其他：											
2922.3910	--- 4-甲基甲卡西酮	6.5	30		13	13	千克	I		0		0
2922.3920	--- 安非他酮及其盐	6.5	30		13	13	千克			0		0
2922.3990	--- 其他											
29223990.10	氯胺酮及其盐	6.5	30		13	13	千克	I		0		0
29223990.20	灭藻醌	6.5	30		13	13	千克	S		0		0
29223990.30	异美沙酮及其盐	6.5	30		13	13	千克	I		0		0
29223990.40	甲卡西酮及其盐	6.5	30		13	13	千克	I		0		0
29223990.50	4-甲基乙卡西酮（4-MEC）	6.5	30		13	13	千克	I		0		0
29223990.90	其他氨基醛、氨基酮及其盐（包括氨基醌及其盐，但含有一种以上含氧基的除外）	6.5	30		13	13	千克			0		0
	- 氨基酸（但含有一种以上含氧基的除外）及其酯以及它们的盐：											
	-- 赖氨酸及其酯以及它们的盐：											
2922.4110	--- 赖氨酸	5	20		13	13	千克	AB	MP/Q	0		0
2922.4190	--- 其他	6	30		13	13	千克	AB	MPR/Q	0		0
	-- 谷氨酸及其盐：											
2922.4210	--- 谷氨酸	5	90		13	13	千克	A	MP/	0	3.3	0
2922.4220	--- 谷氨酸钠	5	130		13	13	千克	A	MP/	0		0
2922.4290	--- 其他	6.5	30		13	13	千克	A	MP/	0		0
	-- 邻氨基苯甲酸（氨茴酸）及其盐：											
2922.4310	--- 邻氨基苯甲酸（氨茴酸）	6.5	20		13	13	千克	23		0		0
2922.4390	--- 其他	6.5	30		13	13	千克			0		0
2922.4400	-- 替利定（INN）及其盐	6.5	30		13	13	千克	I		0		0
	-- 其他：											
	--- 其他氨基酸：											
2922.4911	---- 氨甲环酸	6.5	20		13	13	千克	AB	MR/S	0		0
2922.4919	---- 其他											
29224919.10	安咪奈丁	6.5	20		13	13	千克	I		0		0
29224919.90	其他氨基酸	6.5	20		13	13	千克	AB	MPR/Q	0		0
	--- 其他：											
2922.4991	---- 普鲁卡因及其盐	6	20		13	13	千克			0	3.6	0
2922.4999	---- 其他											
29224999.11	草灭畏	6.5	30		13	13	千克	AS	MP/	0		0
29224999.12	灭杀威、灭除威、混灭威等（害扑威、速灭威、残杀威、猛杀威）	6.5	30		13	13	千克	ABS	M/N	0		0
29224999.13	兹克威、除害威	6.5	30		13	0	千克	ABS	M/N	0		0
29224999.14	异丙威	6.5	30		13	13	千克	ABS	M/N	0		0
29224999.15	仲丁威、畜虫威、合杀威	6.5	30		13	13	千克	ABS	M/N	0		0
29224999.16	甲萘威、地麦威、蜱虱威	6.5	30		13	13	千克	AS	MP/	0		0
29224999.17	除线威	6.5	30		13	13	千克	AS	MP/	0		0
29224999.18	氨酰丙酸（盐酸盐）	6.5	30		13	13	千克	AS	MP/	0		0
29224999.19	安咪奈丁的盐	6.5	30		13	13	千克	I		0		0
29224999.90	其他氨基酸及其酯及它们的盐（含有一种以上含氧基的除外）	6.5	30		13	13	千克	AB	MR/NQ	0		0
	- 氨基醇酚、氨基酸酚及其他含氧基氨基化合物：											
2922.5010	--- 对羟基苯甘氨酸及其邓钾盐	6.5	30		13	13	千克	A	R/	0		0
2922.5020	--- 莱克多巴胺和盐酸莱克多巴胺											
29225020.10	莱克多巴胺（雷托巴胺）	6.5	30		13	13	千克	L		0		0
29225020.20	盐酸莱克多巴胺	6.5	30		13	13	千克	89		0		0

协定税率（%）														特惠税率（%）①/②	Article Description
巴基斯坦	冰岛	哥斯达黎加	秘鲁	新西兰	瑞士	新加坡	韩国	澳大利亚	格鲁吉亚	毛里求斯	日本RCEP	尼加拉瓜	港澳台		
5	0	0	0	0	0		0	0	0	0	4.7	0	0/	0/0	Methadone (INN), normethadone (INN) and their salts
															-- Other:
5	0	0	0	0	0		0	0	0	0	4.7	0	0/	0/0	--- 4-Methylmethcathinone
5	0	0	0	0	0		0	0	0	0	4.7	0	0/	0/0	--- Bupropion and its salts
															--- Other
5	0	0	0	0	0		0	0	0	0	4.7	0	0/	0/0	Ketamine and its salts
5	0	0	0	0	0		0	0	0	0	4.7	0	0/	0/0	Quinoclamine
5	0	0	0	0	0		0	0	0	0	4.7	0	0/	0/0	Isomethadone and its salts
5	0	0	0	0	0		0	0	0	0	4.7	0	0/	0/0	Methcathinone and its salts
5	0	0	0	0	0		0	0	0	0	4.7	0	0/	0/0	4-Methylethcathinone;CAS No:1225617-18-4
5	0	0	0	0	0		0	0	0	0	4.7	0	0/	0/0	Other amino-aldehydes, amino-ketones and amin o-quinones; salts thereof (other than those containing more than one kind of oxygen function)
															- Amino-acids, other than those containing more than one kind of oxygen function, and their esters; salts thereof:
															-- Lysine and its esters; salts thereof:
0	0	0	0	0	0		1.6	0	0	0	4.1	0	0/	0/0	--- Lysine
5	0	0	0	0	0		0	0	0	0	0	0	0/	0/0	--- Other
															-- Glutamic acid and its salts:
2.5	0	0	0	0	0	0	0	0	0	0	7.3	0	0/	0/0	--- Glutamic acid
2.5	0	0	0	0	0	0	0	0	0	0	7.3	0	0/	0/0	--- Sodium glutamate
5	0	0	0	0	0		0	0	0	0	4.7	0	0/	0/0	--- Other
															-- Anthranilic acid and its salts:
5	0	0	0	0	0		0	0	0	0	4.7	0	0/	0/0	--- Anthranilic acid
5	0	0	0	0	0		0	0	0	0	4.7	0	0/	0/0	--- Other
5	0	0	0	0	0		0	0	0	0	4.7	0	0/	0/0	-- Tilidine (INN) and its salts
															-- Other:
															--- Other amino acids:
5	0	0	0	0	0		2.1	0	0	0	5.3	0	0/	0/0	----Tranexamic acid
															----Other
5	0	0	0	0	0		2.1	0	0	0	5.3	0	0/	0/0	Amineptine
5	0	0	0	0	0		2.1	0	0	0	5.3	0	0/	0/0	Threonine
															--- Other:
5	0	0	0	0	0		0	0	0	0	0	0	0/	0/0	----Procaine and its salts
															----Other
5	0	0	0	0	0		0	0	0	0	4.7	0	0/	0/0	Other amino acids
5	0	0	0	0	0		0	0	0	0	4.7	0	0/	0/0	Chloramben
5	0	0	0	0	0		0	0	0	0	4.7	0	0/	0/0	Meobal, XMC, trimethacarb etc.(etrofol, MTMC, propoxur, promecarb)
5	0	0	0	0	0		0	0	0	0	4.7	0	0/	0/0	Mexacarbate, allyxycarb
5	0	0	0	0	0		0	0	0	0	4.7	0	0/	0/0	Isoprocarb
5	0	0	0	0	0		0	0	0	0	4.7	0	0/	0/0	Fenobucarb, butacarb, bufencarb
5	0	0	0	0	0		0	0	0	0	4.7	0	0/	0/0	Carbaryl, dimetan, promacyl
5	0	0	0	0	0		0	0	0	0	4.7	0	0/	0/0	Cloethocarb
5	0	0	0	0	0		0	0	0	0	4.7	0	0/	0/0	Salts of aminolevulinic
5	0	0	0	0	0		0	0	0	0	4.7	0	0/	0/0	Salts of amineptine
															- Amino-alcohol-phenols, amino-acidphenols and other amino-compounds with oxygen function:
5	0	0	0	0	0		0	0	0	0	4.7	0	0/	0/0	--- D-p-hydroxyphenylglycine and its monopotassium salt
															--- Ractopamine and ractopamine hydrochloride
5	0	0	0	0	0		2.1	0	0	0	4.7	0	0/	0/0	Ractopamine
5	0	0	0	0	0		2.1	0	0	0	4.7	0	0/	0/0	Ractopamine Hydrochloride

税　号	货品名称	进口关税（%） 最惠国	普通	年内暂定	增值/消费税（%）	出口退税（%）	计量单位	监管证件代码	检验检疫类别	协定税率（%） 东盟	亚太	智利
2922.5090	--- 其他											
29225090.10	曲马多	6.5	30		13	13	千克	I		0		0
29225090.20	苏氨酸	6.5	30		13	13	千克	A	R/	0		0
29225090.91	盐酸米托蒽醌	6.5	30	0	3	3	千克	A	R/	0		0
29225090.99	其他氨基醇酚、氨基酸酚（包括其他含氧基氨基化合物）	6.5	30		13	13	千克	A	R/	0		0
29.23	**季铵盐及季铵碱；卵磷脂及其他磷氨基类脂，不论是否已有化学定义：**											
2923.1000	- 胆碱及其盐	6.5	30		13	13	千克	A	R/	0		0
2923.2000	- 卵磷脂及其他磷氨基类脂	6.5	30		13	13	千克	A	R/	0		0
2923.3000	- 全氟辛基磺酸四乙基铵	6.5	30		13	13	千克	89		0		0
2923.4000	- 全氟辛基磺酸二癸基二甲基铵	6.5	30		13	13	千克	89		0		0
2923.9000	- 其他											
29239000.11	矮壮素	6.5	30		13	13	千克	S		0		0
29239000.12	菊胺酯	6.5	30		13	13	千克	S		0		0
29239000.20	全氟辛酸的盐类和相关化合物（PFOA类）	6.5	30		13	13	千克	X		0		0
29239000.90	其他季铵盐及季铵碱	6.5	30		13	13	千克			0		0
29.24	**羧基酰胺基化合物；碳酸酰胺基化合物：**											
	- 无环酰胺（包括无环氨基甲酸酯）及其衍生物以及它们的盐：											
2924.1100	-- 甲丙氨酯（INN）	6.5	30		13	13	千克	I		0		0
2924.1200	-- 氟乙酰胺（ISO）、久效磷（ISO）及磷胺（ISO）											
29241200.10	氟乙酰胺（ISO）（氟乙酰胺别名敌蚜胺）	6.5	30		13	0	千克	89		0		0
29241200.90	久效磷（ISO）及磷胺（ISO）	6.5	30		13	0	千克			0		0
	-- 其他：											
2924.1910	--- 二甲基甲酰胺	6.5	30		13	13	千克			0		0
2924.1990	--- 其他											
29241990.12	百治磷	6.5	30		13	0	千克	S		0		0
29241990.13	溴乙酰胺	6.5	30		13	0	千克	S		0		0
29241990.14	霜霉威及其盐	6.5	30		13	13	千克	S		0		0
29241990.15	叶枯炔	6.5	30		13	0	千克	S		0		0
29241990.16	二丙烯草胺	6.5	30		13	13	千克	S		0		0
29241990.18	驱蚊酯	6.5	30		13	13	千克	S		0		0
29241990.30	甲丙氨酯的盐	6.5	30		13	13	千克	I		0		0
29241990.40	丙烯酰胺	6.5	30		13	13	千克			0		0
29241990.50	全氟辛酸的盐类和相关化合物（PFOA类）	6.5	30		13	13	千克	X		0		0
29241990.90	其他无环酰胺（包括无环氨基甲酸酯）（包括其衍生物及其盐）	6.5	30		13	13	千克			0		0
	- 环酰胺（包括环氨基甲酸酯）及其衍生物以及它们的盐：											
2924.2100	-- 烷基脲及其衍生物以及它们的盐											
29242100.10	氟环脲	6.5	30		13	13	千克	S		0		0
29242100.20	绿麦隆	6.5	30		13	13	千克	S		0		0
29242100.30	全氟辛酸的盐类和相关化合物（PFOA类）	6.5	30		13	13	千克	X		0		0
29242100.90	其他烷基脲及其衍生物以及它们的盐	6.5	30		13	13	千克			0		0
2924.2300	-- 2-乙酰氨基苯甲酸（N-乙酰邻氨基苯甲酸）及其盐											

协定税率（%）巴基斯坦	冰岛	哥斯达黎加	秘鲁	新西兰	瑞士	新加坡	韩国	澳大利亚	格鲁吉亚	毛里求斯	日本RCEP	尼加拉瓜	港澳台	特惠税率（%）①/②	Article Description
															--- Other
5	0	0	0	0	0		0	0	0	0	4.7	0	0/	0/0	Other amino-acids, and their esters; salts thereof (other than those containing more than one kind of oxygen function)
5	0	0	0	0	0		0	0	0	0	4.7	0	0/	0/0	Tramadol
5	0	0	0	0	0		0	0	0	0	4.7	0	0/	0/0	Mitoxantrone hydrochloride
5	0	0	0	0	0		0	0	0	0	4.7	0	0/	0/0	Other Amino-alcohol-phenols, Amino-acid-phenols (including other amino-compounds with oxygen function)
															Quaternary ammonium salts and hydroxides; leeithins and other phosphoaminolipids, whether or not chemically defined:
5	0	0	0	0	0		0	0	0	0	4.7	0	0/	0/0	- Choline and its salts
5	0	0	0	0	0		0	0	0	0	4.7	0	0/	0/0	- Lecithins and other phosphoam-inolipids
5	0	0	0	0	0		0	0	0	0	4.7	0	0/	0/0	- Tetraethylammonium perfluorooctane sulphonate
5	0	0	0	0	0		0	0	0	0	4.7	0	0/	0/0	- Didecyldimethylammonium perfluorooctane sulphonate
															- Other
5	0	0	0	0	0		0	0	0	0	4.7	0	0/	0/0	Chlorocholine chloride
5	0	0	0	0	0		0	0	0	0	4.7	0	0/	0/0	Tetramethrin
5	0	0	0	0	0		0	0	0	0	4.7	0	0/	0/0	Salts and related compounds of perfluorooctanoic acid (PFOA)
5	0	0	0	0	0		0	0	0	0	4.7	0	0/	0/0	Other quaternary ammonium salts and hydroxides
															Carboxyamide-function com-pounds; amidefunction compounds of carbonicacid:
															- Aeyclic amides (including acyclic carbamates) and their derivatives; salts thereof:
5	0	0	0	0	0		0	0	0	0	4.7	0	0/	0/0	-- Meprobamate (INN)
															-- Fluoroacetamide (ISO), monocrotophos (ISO) and phosphamidon (ISO)
5	0	0	0	0	0		0	0	0	0	4.7	0	0/	0/0	Fluoroacetamide (ISO)
5	0	0	0	0	0		0	0	0	0	4.7	0	0/	0/0	Monocrotophos (ISO) and phosphamidon (ISO)
															-- Other:
5	0	0	0	0	0		0	0	0	0	0	0	0/0	0/0	--- N, N-dimethylformamide
															--- Other
5	0	0	0	0	0		2.1	0	0	0	5.3	0	0/	0/0	Dicrotophos
5	0	0	0	0	0		2.1	0	0	0	5.3	0	0/	0/0	Bromoacetamide
5	0	0	0	0	0		2.1	0	0	0	5.3	0	0/	0/0	Propamocarb and its salts
5	0	0	0	0	0		2.1	0	0	0	5.3	0	0/	0/0	Cellocidin
5	0	0	0	0	0		2.1	0	0	0	5.3	0	0/	0/0	Allidochlor
5	0	0	0	0	0		2.1	0	0	0	5.3	0	0/	0/0	Dimethyl phthalate
5	0	0	0	0	0		2.1	0	0	0	5.3	0	0/	0/0	Salts of meprobamate (INN)
5	0	0	0	0	0		2.1	0	0	0	5.3	0	0/	0/0	Acrylamide
5	0	0	0	0	0		2.1	0	0	0	5.3	0	0/	0/0	Salts and related compounds of perfluorooctanoic acid (PFOA)
5	0	0	0	0	0		2.1	0	0	0	5.3	0	0/	0/0	Other cyclic amides (including acyclic carbamates) and their derivatives; salts thereof
															- Cyclic amides (including cyclic carbamates) and their derivatives; salts thereof:
															-- Ureides and their derivatives; salts thereof
5	0	0	0	0	0		0	0	0	0	4.7	0	0/	0/0	Flucycloxuron
5	0	0	0	0	0		0	0	0	0	4.7	0	0/	0/0	Chlortoluron
5	0	0	0	0	0		0	0	0	0	4.7	0	0/	0/0	Salts and related compounds of perfluorooctanoic acid (PFOA)
5	0	0	0	0	0		0	0	0	0	4.7	0	0/	0/0	Other ureides and their derivatives; salts thereof
															-- 2-Acetamidobenzoic acid (N-acety-lanthranilic acid) and its salts

税号	货品名称	进口关税（%）			增值/消费税（%）	出口退税（%）	计量单位	监管证件代码	检验检疫类别	协定税率（%）		
		最惠国	普通	年内暂定						东盟	亚太	智利
29242300.10	2-乙酰氨基苯甲酸、N-乙酰邻氨基苯酸（包括N-乙酰邻氨基苯甲酸）	6.5	30		13	13	千克	23		0		0
29242300.90	2-乙酰氨基苯甲酸的盐	6.5	30		13	13	千克			0		0
2924.2400	-- 炔己蚁胺（INN）	6.5	30		13	13	千克	I		0		0
2924.2500	-- 甲草胺（ISO）	6.5	30		13	13	千克	S		0		0
	-- 其他：											
2924.2910	--- 对乙酰氨基苯乙醚（非那西丁）	6	30		13	13	千克	Q		0	4.8	0
2924.2920	--- 对乙酰氨基酚（扑热息痛）	6	30		13	13	千克	Q		0	4.8	0
2924.2930	--- 阿斯巴甜	6.5	30		13	13	千克			0		0
2924.2990	--- 其他											
29242990.11	避蚊胺、灭锈胺、叶枯酞、水杨菌胺、氟丁酰草胺（包括苯酰菌胺）	6.5	30		13	13	千克	S		0		0
29242990.12	萘草胺、新燕灵、非草隆、氯炔灵、苄草隆	6.5	30		13	13	千克	S		0		0
29242990.13	燕麦灵、苄胺灵、特草灵、特胺灵、环丙酰亚胺	6.5	30		13	13	千克	S		0		0
29242990.14	毒草胺、丁烯草胺、二氯己酰草胺	6.5	30		13	13	千克	S		0		0
29242990.15	萘丙胺、牧草胺、溴丁酰草胺	6.5	30		13	13	千克	S		0		0
29242990.16	氯甲酰草胺、麦草伏M、麦草伏	6.5	30		13	13	千克	S		0		0
29242990.17	氯虫酰肼、异丙甲草胺、苯肽胺酸等（包括精异丙甲草胺、缬霉威）	6.5	30		13	13	千克	S		0		0
29242990.18	灭害威	6.5	30		13	13	千克	S		0		0
29242990.19	苯氧威	6.5	30		13	13	千克	S		0		0
29242990.20	氟酰脲、环丙酰草胺、烯草胺	6.5	30		13	13	千克	S		0		0
29242990.31	苯胺灵、苯霜灵、丙草胺、敌稗等（包括丙炔草胺、草不隆、草完隆、除虫脲、除幼脲）	6.5	30		13	13	千克	S		0		0
29242990.32	敌草胺、敌草隆、二甲苯草胺等（包括丁草胺、丁酰草胺、二甲草胺、氟苯脲、氟草隆）	6.5	30		13	13	千克	S		0		0
29242990.33	庚酰草胺、环丙草胺、环酰草胺等（包括氟虫脲、氟铃脲、氟酰胺、氟蚁灵、氟幼脲）	6.5	30		13	13	千克	S		0		0
29242990.34	甲氯酰草胺、甲霜灵、环草隆等（包括环莠隆、甲氧隆、克草胺、枯草隆）	6.5	30		13	13	千克	S		0		0
29242990.35	甲基杀草隆、枯莠隆、邻酰胺等（包括氯苯胺灵、麦草氟甲酯、麦草氟异丙酯）	6.5	30		13	13	千克	S		0		0
29242990.36	灭草隆、灭幼脲、炔苯酰草胺等（包括麦锈灵、棉胺宁、灭草灵、炔草隆、杀草胺）	6.5	30		13	13	千克	S		0		0
29242990.37	虱螨脲、双苯酰草胺、双酰草胺等（包括杀草隆、杀铃脲、杀螺胺及其盐、莎稗磷）	6.5	30		13	13	千克	S		0		0
29242990.38	甜菜安、特丁草胺、乙氧苯草胺等（包括甜菜宁、戊菌隆、酰草隆、乙草胺、乙霉威）	6.5	30		13	13	千克	S		0		0
29242990.39	乙酰甲草胺、异丙隆、异草完隆等（包括异丙草胺、异丁草胺）	6.5	30		13	13	千克	S		0		0
29242990.40	炔己蚁胺的盐	6.5	30		13	13	千克	I		0		0
29242990.46	溴虫氟苯双酰胺	6.5	30		13	13	千克	S		0		0
29242990.50	地恩丙胺及其盐	6.5	30		13	13	千克	I		0		0
29242990.61	3-氧-2-苯基丁酰胺（CAS号：4433-77-6）	6.5	30		13	13	千克	23		0		0
29242990.62	缬菌胺（CAS号：283159-90-0）	6.5	30		13	13	千克	S		0		0
29242990.70	全氟辛酸的盐类和相关化合物（PFOA类）	6.5	30		13	13	千克	X		0		0
29242990.91	氟他胺	6.5	30	0	3	3	千克			0		0
29242990.99	其他环酰胺（包括环氨基甲酸酯）（包括其衍生物以及它们的盐）	6.5	30		13	13	千克			0		0

协定税率（%）														特惠税率（%）①/②	Article Description
巴基斯坦	冰岛	哥斯达黎加	秘鲁	新西兰	瑞士	新加坡	韩国	澳大利亚	格鲁吉亚	毛里求斯	日本RCEP	尼加拉瓜	港澳台		
5	0	0	0	0			0	0	0	0	4.7	0	0/	0/0	2-Acetamidobenzoic acid, N-acetylanthranilic acid (including N-acetylanthranilic acid)
5	0	0	0	0			0	0	0	0	4.7	0	0/	0/0	Salts of 2-acetamidobenzoic acid
5	0	0	0	0	0		0	0	0	0	4.7	0	0/	0/0	-- Ethinamate (INN)
0	0	0	0	0	0		0	0	0	0	4.7	0	0/	0/0	-- Alachlor (ISO)
															-- Other:
0	0	0	0	0	0		0	0	0	0	0	0	0/	0/0	--- Phenacetin
0	0	0	0	0	0		0	0	0	0	0	0	0/	0/0	--- p-Acetaminophenol (paracetanol)
0	0	0	0	0	0		0	0	0	0	4.7	0	0/	0/0	--- Aspartame
															--- Other
0	0	0	0	0	0		0	0	0	0	4.7	0	0/	0/0	Delphene, mepronil, tecloftalam, Salicin trichlamide
0	0	0	0	0	0		0	0	0	0	4.7	0	0/	0/0	Naptalam, benzoylpropethyl, fenuron, chlorbufam, Cumyluron
0	0	0	0	0	0		0	0	0	0	4.7	0	0/	0/0	Barban, dichlormate, terbucarb, karbutilate, carpropamid
0	0	0	0	0	0		0	0	0	0	4.7	0	0/	0/0	Propachlor, butenachlor, karsil
0	0	0	0	0	0		0	0	0	0	4.7	0	0/	0/0	Naproanilide, tebutam, bromobutide
0	0	0	0	0	0		0	0	0	0	4.7	0	0/	0/0	Clomeprop, flamprop M, flamprop
0	0	0	0	0	0		0	0	0	0	4.7	0	0/	0/0	Halofenozide, metolachlor, phthalanillic etc. (including s-metolachlor, iprovalicarb)
0	0	0	0	0	0		0	0	0	0	4.7	0	0/	0/0	Aminocarb
0	0	0	0	0	0		0	0	0	0	4.7	0	0/	0/0	Fenobucarb
0	0	0	0	0	0		0	0	0	0	4.7	0	0/	0/0	Novaluron, cyclanilide, pethoxamid
0	0	0	0	0	0		0	0	0	0	4.7	0	0/	0/0	Propham, Benalaxyl, Pretilachlor, Propanil etc.(including prynachlor, neburon, tricuron, diflubenzuron, dichlorbenzuron)
0	0	0	0	0	0		0	0	0	0	4.7	0	0/	0/0	Napropamide, Diuron, xylachloretc. (including Butachlor, chloranocryl, dimethachlor, teflubenzuron, Fluometuron)
0	0	0	0	0	0		0	0	0	0	4.7	0	0/	0/0	Monalide, cypromid, cyromazine etc. (including flufenoxuron, Hexaflumuron, flutolanil, nifluridide, penfluron)
0	0	0	0	0	0		0	0	0	0	4.7	0	0/	0/0	Pentanochlor, metalaxyl, siduron, etc. (including cycluron, alachlor, metoxuron, kecaoan, chloroxuron)
0	0	0	0	0	0		0	0	0	0	4.7	0	0/	0/0	Methyldymron, difenoxuron, mebenil, etc. (including chlorpropham, flamprop-methyl, flamprop-isopropyl)
0	0	0	0	0	0		0	0	0	0	4.7	0	0/	0/0	Monuron, dimilin, propyzamide, etc. (including benodanil, phenisopham, swep, buturon, ethaprochlor)
0	0	0	0	0	0		0	0	0	0	4.7	0	0/	0/0	Lufenuron, diphenamid and carbetamide (including daimuron, triflumuron, niclosamide and its salts, anilofos)
0	0	0	0	0	0		0	0	0	0	4.7	0	0/	0/0	Desmedipham, terbuchlor, ethobenzanid, etc. (including phenmedipham, pencycuron, phenobenzuron, Acetochlor, diethofencarb)
0	0	0	0	0	0		0	0	0	0	4.7	0	0/	0/0	Diethatyl ethyl, isoproturon, isonoruron, etc. (including propisochlor, delachlor)
0	0	0	0	0	0		0	0	0	0	4.7	0	0/	0/0	Salts of ethinamate (INN)
0	0	0	0	0	0		0	0	0	0	4.7	0	0/	0/0	Bromobenzene bisamide
0	0	0	0	0	0		0	0	0	0	4.7	0	0/	0/0	Diampromide and its salts
0	0	0	0	0	0		0	0	0	0	4.7	0	0/	0/0	3-oxo-2-phenylbutyramide (CASNo.: 4433-77-6)
0	0	0	0	0	0		0	0	0	0	4.7	0	0/	0/0	Valamin(CASNo.: 283159-90-0)
0	0	0	0	0	0		0	0	0	0	4.7	0	0/	0/0	Salts and related compounds of perfluorooctanoic acid (PFOA)
0	0	0	0	0	0		0	0	0	0	4.7	0	0/	0/0	Flutamide
0	0	0	0	0	0		0	0	0	0	4.7	0	0/	0/0	Other cyclic amides (including cyclic carbamates) and their derivatives; salts thereof

税　号	货品名称	进口关税（%）			增值/消费税（%）	出口退税（%）	计量单位	监管证件代码	检验检疫类别	协定税率（%）		
		最惠国	普通	年内暂定						东盟	亚太	智利
29.25	羧基酰亚胺化合物（包括糖精及其盐）及亚胺基化合物：											
	- 酰亚胺及其衍生物以及它们的盐：											
2925.1100	-- 糖精及其盐	9	90		13	13	千克	A	R/	0		0
2925.1200	-- 格鲁米特（INN）	6.5	30		13	13	千克	I		0		0
2925.1900	-- 其他											
29251900.10	格鲁米特的盐	6.5	30		13	13	千克	I		0		0
29251900.21	腐霉利	6.5	30		13	13	千克	S		0		0
29251900.22	菌核净、菌核利、甲菌利、乙菌利	6.5	30		13	13	千克	S		0		0
29251900.23	氟烯草酸	6.5	30		13	13	千克	S		0		0
29251900.24	胺菊酯（包括右旋胺菊酯、右旋反式胺菊酯、富右旋反式胺菊酯）	6.5	30		13	13	千克	S		0		0
29251900.90	其他酰亚胺及其衍生物、盐	6.5	30		13	13	千克			0		0
	- 亚胺及其衍生物以及它们的盐：											
2925.2100	-- 杀虫脒（ISO）	6.5	30		13	0	千克	89		0		0
2925.2900	-- 其他											
29252900.11	杀螨特、杀螨脒	6.5	30		13	13	千克	S		0		0
29252900.12	单甲脒及其盐、伐虫脒、丙烷脒	6.5	30		13	13	千克	S		0		0
29252900.13	烯肟菌胺、烯肟菌酯、醚菌酯	6.5	30		13	13	千克	S		0		0
29252900.14	双胍辛胺、多果定、双胍辛胺乙酸盐等（包括双胍三辛烷基苯磺酸盐）	6.5	30		13	13	千克	S		0		0
29252900.15	禾草灭、氟草醚、增产肟	6.5	30		13	13	千克	S		0		0
29252900.16	氯代水杨胺、双胍辛乙酸盐、顺己烯醇	6.5	30		13	13	千克	S		0		0
29252900.20	羟亚胺及其盐	6.5	30		13	13	千克	23		0		0
29252900.30	双甲脒	6.5	30		13	13	千克	S		0		0
29252900.90	其他亚胺及其衍生物以及它们的盐	6.5	30		13	13	千克			0		0
29.26	腈基化合物：											
2926.1000	- 丙烯腈	6.5	30		13	13	千克			5		0
2926.2000	- 1-氰基胍（双氰胺）	6.5	30		13	13	千克			0		0
2926.3000	- 芬普雷司（INN）及其盐；美沙酮（INN）中间体（4-氰基-2-二甲氨基-4,4-二苯基丁烷）											
29263000.10	美沙酮中间体（4-氰基-2-二甲氨基-4,4-二苯基丁烷）	6.5	30		13	13	千克	I		0		0
29263000.20	芬普雷司及其盐	6.5	30		13	13	千克	I		0		0
2926.4000	- α-苯基乙酰基乙腈	6.5	30		13	13	千克			0		0
	- 其他：											
2926.9010	--- 对氯氰苄	4	11		13	13	千克			0		0
2926.9020	--- 间苯二甲腈	6.5	30		13	13	千克			0	5.2	0
2926.9090	--- 其他											
29269090.10	甲氰菊酯、S-氰戊菊酯、氯氟氰菊酯（包括氰氟虫腙）	6.5	30		13	13	千克	S		0		0
29269090.20	己二腈	6.5	30	1	13	13	千克			0		0
29269090.31	氯氰菊酯、氟氯氰菊酯等（包括高效氯氰菊酯、高效反式氯氰菊酯、高效氟氯氰菊酯）	6.5	30		13	13	千克	S		0		0
29269090.32	杀螟腈、甲基辛硫磷等（包括敌草腈、碘苯腈、辛酰碘苯腈、溴苯腈、辛酰溴苯腈）	6.5	30		13	13	千克	S		0		0
29269090.33	氰辛硫磷、戊氰威、苯醚氰菊酯等（包括稻瘟酰胺、丙螨氰、右旋苯醚氰菊酯）	6.5	30		13	13	千克	S		0		0
29269090.34	戊烯氰氯菊酯、溴氰菊酯（包括高效氯氟氰菊酯、精高效氯氰菊酯）	6.5	30		13	13	千克	S		0		0
29269090.35	溴氰菊酯、四溴菊酯、氟丙菊酯	6.5	30		13	13	千克	S		0		0
29269090.36	氟氯苯菊酯、氰戊菊酯、乙氰菊酯	6.5	30		13	13	千克	S		0		0
29269090.37	氟氰戊菊酯、溴氟菊酯、溴灭菊酯	6.5	30		13	13	千克	S		0		0

协定税率（%）														特惠税率（%）①/②	Article Description
巴基斯坦	冰岛	哥斯达黎加	秘鲁	新西兰	瑞士	新加坡	韩国	澳大利亚	格鲁吉亚	毛里求斯	日本 RCEP	尼加拉瓜	港澳台		
															Carboxyimide-function com-pounds (including saccharin and its salts) and imine-function compounds:
															- Imides and their derivatives; salts thereof:
0	0	0	0	0	0		0	0		0	6.5	8.1	0/	0/0	-- Saccharin and its salts
5	0	0	0	0	0		0	0	0	0	4.7	0	0/	0/0	-- Glutethimide (INN)
															-- Other
5	0	0	0	0	2.6		0	0	0	0	4.7	0	0/	0/0	Salts of glutethimide (INN)
5	0	0	0	0	2.6		0	0	0	0	4.7	0	0/	0/0	Procymidone
5	0	0	0	0	2.6		0	0	0	0	4.7	0	0/	0/0	Dimetachlone, dichlozolin, myclozolin, chlozolinate
5	0	0	0	0	2.6		0	0	0	0	4.7	0	0/	0/0	Flumiclorac-pentyl
5	0	0	0	0	2.6		0	0	0	0	4.7	0	0/	0/0	Tetramethrin (including d-tetramethrin, d-trans-tetramethrin, rich-d-t-tetramethrin)
5	0	0	0	0	2.6		0	0	0	0	4.7	0	0/	0/0	Other imides and their derivatives; salts thereof
															- Imines and their derivatives; salts thereof:
5	0	0	0	0	0		0	0	0	0	4.7	0	0/	0/0	-- Chlordimeform (ISO)
															-- Other
5	0	0	0	0	0		0	0	0	0	4.7	0	0/	0/0	Aracide, formetanate
5	0	0	0	0	0		0	0	0	0	4.7	0	0/	0/0	Semiamitraz and its salt, formetanate, Propamidine
5	0	0	0	0	0		0	0	0	0	4.7	0	0/	0/0	SYP-1620, enostroburin, kresoxim-methyl
5	0	0	0	0	0		0	0	0	0	4.7	0	0/	0/0	Iminoctadine, dodine, iminoctadine triacetate, etc. (including iminoctadine)
5	0	0	0	0	0		0	0	0	0	4.7	0	0/	0/0	Alloxydim, oxyfluorfen, heptopargil
5	0	0	0	0	0		0	0	0	0	4.7	0	0/	0/0	Chlorosalicvlicamide, uazatine, leaf alcohol
5	0	0	0	0	0		0	0	0	0	4.7	0	0/	0/0	Hydroxylimine and its salts
5	0	0	0	0	0		0	0	0	0	4.7	0	0/	0/0	Amitraz
5	0	0	0	0	0		0	0	0	0	4.7	0	0/	0/0	Other imines and their derivatives and their salts
															Nitrile-function compounds:
	0	0	0	0	0			0		0		0	0/	0/0	- Acrylonitrile
5	0	0	0	0	0		0	0	0	0	4.7	0	0/	0/0	- 1-cyanoguanidine (dicyandiamide)
															- Fenproporex (INN) and its salts; methadone (INN) intermediate (4-cyano-2-dimethylamino-4,4-diphenylbutane)
5	0	0	0	0	0		0	0	0	0	4.7	0	0/	0/0	Methadone (INN) intermediate (4-cyano-2-dimethylamino-4,4-diphenyl butane)
5	0	0	0	0	0		0	0	0	0	4.7	0	0/	0/0	Fenproporex (INN) and its salts
0	0	0	0	0	0		0	0	0	0	4.7	0	0/	0/0	- alpha-Phenylacetoacetonitrile
															- Other:
0	0	0	0	0	0		0	0	0	0	0	0	0/	0/0	--- p-Chlorobenzyl cyanide
5	0	0	0	0	0		0	0	0	0	4.7	0	0/	0/0	--- m-Phthalonitrile
															--- Other
0	0	0	0	0	0		0	0	0	0	4.7	0	0/	0/0	Fenpropathrin, s-fenvalerate, cyhalothrin (including metaflumizone)
0	0	0	0	0	0		0	0	0	0	4.7	0	0/	0/0	Hexanedinitrile
0	0	0	0	0	0		0	0	0	0	4.7	0	0/	0/0	Cypermethrin, cyfluthrin, etc. (including beta- cypermethrin, thetacypermethrin, beta-cyfluthrin)
0	0	0	0	0	0		0	0	0	0	4.7	0	0/	0/0	Cyanophos, phoxiom-methyl, etc. (including dichlobenil, ioxynil, ioxynil octanoate, bromoxynil, bromoxynil octanoate)
0	0	0	0	0	0		0	0	0	0	4.7	0	0/	0/0	Chlorphoxim, nitrilacarb, cyphenothrin, etc. (including fenoxanil, malonoben, d-cyphenothrin)
0	0	0	0	0	0		0	0	0	0	4.7	0	0/	0/0	Pentmethrin, tralocythrin (including lambda-cyhalothrin, gamma-cyhalothrin)
0	0	0	0	0	0		0	0	0	0	4.7	0	0/	0/0	Deltamethrin, tralomerhrin, acrinathrin
0	0	0	0	0	0		0	0	0	0	4.7	0	0/	0/0	Flumethrin, fenvalerate, Cycloprothrin
0	0	0	0	0	0		0	0	0	0	4.7	0	0/	0/0	Flucythrinate, brofluthrinate, brofenvalerate

税号	货品名称	进口关税（%）			增值/消费税（%）	出口退税（%）	计量单位	监管证件代码	检验检疫类别	协定税率（%）		
		最惠国	普通	年内暂定						东盟	亚太	智利
29269090.38	氰菌胺、百菌清、霜脲氰、溴菌腈	6.5	30		13	13	千克	S		0		0
29269090.39	氟胺氰菊酯、氰氟草酯（包括富右旋反式苯氰菊酯）	6.5	30		13	13	千克	S		0		0
29269090.41	氰烯菌酯	6.5	30		13	13	千克	S		0		0
29269090.50	辛硫磷	6.5	30		13	13	千克	S		0		0
29269090.60	丁氟螨酯	6.5	30		13	13	千克	S		0		0
29269090.70	3-氧-2-苯基丁腈	6.5	30		13	13	千克	23		0		0
29269090.81	苯乙腈（CAS号：140-29-4）	6.5	30		13	13	千克	23		0		0
29269090.82	(2S)-3-(4-S-氯-3-氟苯氧基)-N-(4-乙炔基-3-(三氟甲基)苯基-2-羟基-2-甲基丙酰胺（CAS号：1010396-29-8）	6.5	30		13	13	千克	L		0		0
29269090.90	其他腈基化合物	6.5	30		13	13	千克			0		0
29.27	**重氮化合物、偶氮化合物及氧化偶氮化合物：**											
2927.0000	重氮化合物、偶氮化合物及氧化偶氮化合物											
29270000.10	敌磺钠（包括氧化偶氮化合物）	6.5	30		13	13	千克	S		0		0
29270000.90	其他重氮化合物、偶氮化合物等（包括氧化偶氮化合物）	6.5	30		13	13	千克			0		0
29.28	**肼（联氨）及胲（羟胺）的有机衍生物：**											
2928.0000	肼（联氨）及胲（羟胺）的有机衍生物											
29280000.10	偏二甲肼	6.5	20		13	13	千克	3		0		0
29280000.20	甲基肼	6.5	20		13	13	千克	3A	M/	0		0
29280000.31	抑食肼，虫酰肼，丁酰肼，联苯肼酯（包括肟菌酯，苯氧菌胺）	6.5	20		13	13	千克	S		0		0
29280000.32	绿谷隆、溴谷隆、利谷隆、氯溴隆	6.5	20		13	13	千克	S		0		0
29280000.33	溴酚肟、乙二肟	6.5	20		13	13	千克	S		0		0
29280000.34	苯螨特	6.5	20		13	13	千克	S		0		0
29280000.35	醌肟腙	6.5	20		13	13	千克	S		0		0
29280000.36	三甲苯草酮	6.5	20		13	13	千克	S		0		0
29280000.37	环氟菌胺	6.5	20		13	13	千克	S		0		0
29280000.90	其他肼（联氨）及胲（羟胺）的有机衍生物	6.5	20		13	13	千克			0		0
29.29	**其他含氮基化合物：**											
	- 异氰酸酯：											
2929.1010	--- 2,4-和2,6-甲苯二异氰酸酯混合物（甲苯二异氰酸酯TDI）	6.5	30		13	13	千克	AB	M/N	0		0
2929.1020	--- 二甲苯二异氰酸酯（TODI）	6.5	30		13	13	千克			0		0
2929.1030	--- 二苯基甲烷二异氰酸酯（纯MDI）	6.5	30		13	13	千克			0		0
2929.1040	--- 六亚甲基二异氰酸酯	6.5	30		13	13	千克			0		0
2929.1090	--- 其他	6.5	30		13	13	千克			0		0
	- 其他：											
2929.9010	--- 环已基氨基磺酸钠（甜蜜素）	9	90		13	13	千克	A	R/	0	7.2	0
2929.9020	--- 二烷（甲、乙、正丙或异丙）氨基膦酰二卤	6.5	30		13	13	千克	23		0	5.2	0
2929.9030	--- 二烷（甲、乙、正丙或异丙）氨基膦酸二烷（甲、乙、正丙或异丙）酯	6.5	30		13	13	千克	23		0	5.2	0
2929.9040	--- 乙酰甲胺磷	6.5	30		13	13	千克	S		0		0
2929.9090	--- 其他											
29299090.11	胺丙畏、胺草磷、抑草磷、丁苯草酮等（包括甲基胺草磷）	6.5	30		13	13	千克	S		0		0
29299090.12	异柳磷、甲基异柳磷、丙胺氟磷等	6.5	30		13	0	千克	S		0		0
29299090.13	八甲磷、育畜磷、甘氨硫磷等（包括甲氟磷、毒鼠磷、水胺硫磷）	6.5	30		13	13	千克	S		0		0
29299090.14	N-{1-[二烷基（少于或等于10个碳原子的碳链，包括环烷）胺基]亚烷基（氢、少于或等于10个碳原子的碳链，包括环烷）}-P-氟膦酰胺和相应的烷基化盐或质子化盐	6.5	30		13	13	千克	23		0		0

协定税率(%)														特惠税率(%)①/②	Article Description
巴基斯坦	冰岛	哥斯达黎加	秘鲁	新西兰	瑞士	新加坡	韩国	澳大利亚	格鲁吉亚	毛里求斯	日本RCEP	尼加拉瓜	港澳台		
0	0	0	0	0	0		0	0	0	0	4.7	0	0/	0/0	Fenoxanil, chlorothalonil, cymoxanil, bromothalonil
0	0	0	0	0	0		0	0	0	0	4.7	0	0/	0/0	Taufluralinate, cyhalofop-butyl (including rich-d-t-cyphenothrin)
0	0	0	0	0	0		0	0	0	0	4.7	0	0/	0/0	Phenamacril
0	0	0	0	0	0		0	0	0	0	4.7	0	0/	0/0	Phoxim
0	0	0	0	0	0		0	0	0	0	4.7	0	0/	0/0	Cyflumetofen
0	0	0	0	0	0		0	0	0	0	4.7	0	0/	0/0	3-Phenylbutyronitrile
0	0	0	0	0	0		0	0	0	0	4.7	0	0/	0/0	Phenylacetonitrile (CASNo.: 140-29-4)
0	0	0	0	0	0		0	0	0	0	4.7	0	0/	0/0	(S)-3-(4-chloro-3-fluorophenoxy)-N-(4-cyano-3-(trifluoromethyl)phenyl)-2-hydroxy-2-methylpropanamide(CAS No.1010396-29-8)
0	0	0	0	0	0		0	0	0	0	4.7	0	0/	0/0	Other compound with nitrile function
															Diazo-, azo- or azoxy-compounds:
															Diazo-, azo- or azoxy-compounds
5	0	0	0	0	0		0	0	0	0	4.7	0	0/	0/0	Fenaminosulf (including azoxy-compounds)
5	0	0	0	0	0		0	0	0	0	4.7	0	0/	0/0	Other diazo-compounds or azo-compounds (including azoxy-compounds)
															Organic derivatives of hydrazine or of hydroxylamine:
															Organic derivatives of hydrazine or of hydroxylamine
5	0	0	0	0	0		0	0	0	0	4.7	0	0/	0/0	Unsymmetric dimethylhydrazine
5	0	0	0	0	0		0	0	0	0	4.7	0	0/	0/0	Methylhydrazine
5	0	0	0	0	0		0	0	0	0	4.7	0	0/	0/0	RH-5849, tebufenozide, daminozide, bifenazate (including Trifloxystrobin, Metominostrobin)
5	0	0	0	0	0		0	0	0	0	4.7	0	0/	0/0	Monolinuron, metobromuron, linuron, chlorbromuron
5	0	0	0	0	0		0	0	0	0	4.7	0	0/	0/0	Bromofenoxim, glyoxime
5	0	0	0	0	0		0	0	0	0	4.7	0	0/	0/0	Benzoximate
5	0	0	0	0	0		0	0	0	0	4.7	0	0/	0/0	Benquinox
5	0	0	0	0	0		0	0	0	0	4.7	0	0/	0/0	Tralkoxydim
5	0	0	0	0	0		0	0	0	0	4.7	0	0/	0/0	Cyhalothrin
5	0	0	0	0	0		0	0	0	0	4.7	0	0/	0/0	Other organic derivatives of hydrazine or hydroxylamine
															Compounds with other nitrogen function:
															- Isocyanates:
0	0	0	0	0	0		2.1	0	0	0	5.3	0	0/0	0/0	--- Toluene diisocyanate
5	0	0	0	0			0	0	0	0	4.7	0	0/	0/0	--- o-Xylene diisocyanate
0	0	0	0	0	0			0	0	0		0	0/	0/0	--- Diphenylmethane diisocyanate
5	0	0	0	0	0		0	0	0	0	5.3	0	0/	0/0	--- Hexamethelene diisocyanate
0	0	0	0	0	0		0	0	0	0	4.7	0	0/	0/0	--- Other
															- Other:
0	0	0	0	0	0		0	0	0	0	6.5	8.1	0/	0/0	--- Sodium cyclamate
5	0	0	0	0	0		0	0	0	0	4.7	0	0/	0/0	--- N, N-Dialkyl (Me, Et, n-Pr or i-Pr) phosphoramidic dihalides
5	0	0	0	0	0		0	0	0	0	4.7	0	0/	0/0	--- Dialkyl (Me, Et, n-Pr or i-Pr) N, N-dialkyl (Me, Et, n-Pr or i-Pr) -phosphoramidates
5	0	0	0	0	0		0	0	0	0	4.7	0	0/	0/0	--- Acephate
															--- Other
5	0	0	0	0	0		2.1	0	0	0	5.3	0	0/	0/0	Propetamphos, amiprophos, butamifos, butroxydim, etc. (including amiprophos-methl)
5	0	0	0	0	0		2.1	0	0	0	5.3	0	0/	0/0	Isofenphos, isofenphos-methyl, mipafox, etc.
5	0	0	0	0	0		2.1	0	0	0	5.3	0	0/	0/0	Schradan, crufomate, phosglycin, etc. (including dimefox, phosazetin, isocarbophos)
5	0	0	0	0	0		2.1	0	0	0	5.3	0	0/	0/0	N-{1-[dialkyl (carbon chain with less than or equal to 10 carbon atoms including naphthene) amino] alkylene (hydrogen, carbon chain with less than or equal to 10 carbon atoms including naphthene) }-P- fluorophosphamide and corresponding alkylated or protonated salts

税　号	货品名称	进口关税（%）			增值/消费税（%）	出口退税（%）	计量单位	监管证件代码	检验检疫类别	协定税率（%）		
		最惠国	普通	年内暂定						东盟	亚太	智利
29299090.15	N-[1-二烷基（少于或等于10个碳原子的碳链，包括环烷）胺基]亚烷基（氢、少于或等于10个碳原子的碳链，包括环烷）胺基氟磷酸烷（氢、少于或等于10个碳原子的碳链，包括环烷）酯和相应的烷基化盐或质子化盐	6.5	30		13	13	千克	23		0		0
29299090.20	全氟辛酸的盐类和相关化合物（PFOA类）	6.5	30		13	13	千克	X		0		0
29299090.90	其他含氮基化合物	6.5	30		13	13	千克			0		0
	第十分章　有机—无机化合物、杂环化合物、核酸及其盐以及磺（酰）胺											
29.30	**有机硫化合物：**											
2930.1000	- 2-(N, N-二甲基氨基)乙硫醇	6.5	30		13	13	千克			0		0
2930.2000	- 硫代氨基甲酸盐（或酯）及二硫代氨基甲酸盐											
29302000.11	禾草丹、杀螟丹	6.5	30		13	13	千克	S		0		0
29302000.12	威百亩、代森钠、丙森锌、福美铁等（包括福美锌、代森福美锌、安百亩）	6.5	30		13	13	千克	S		0		0
29302000.13	燕麦敌、野麦畏、硫草敌	6.5	30		13	13	千克	S		0		0
29302000.14	苄草丹、戊草丹、坪草丹、仲草丹	6.5	30		13	13	千克	S		0		0
29302000.15	丁草敌、克草敌、茵草敌、灭草敌等（包括环草敌）	6.5	30		13	13	千克	S		0		0
29302000.16	硫菌威、菜草畏	6.5	30		13	13	千克	S		0		0
29302000.90	其他硫代氨基甲酸盐（或酯）（包括二硫代氨基甲酸盐）	6.5	30		13	13	千克			0		0
2930.3000	- 一硫化二烃氨基硫羰、二硫化二烃氨基硫羰及四硫化二烃氨基硫羰											
29303000.10	福美双	6.5	30		13	13	千克	S		0		0
29303000.90	其他一硫化二烃氨基硫羰等（包括二硫化二烃氨基硫羰及四硫化二烃氨基硫羰）	6.5	30		13	13	千克			0		0
2930.4000	- 甲硫氨酸（蛋氨酸）	6.5	30		13	13	千克	A	MP/	0		0
2930.6000	- 2-（N, N-二乙基氨基）乙硫醇	6.5	30		13	13	千克	23		0		0
2930.7000	- 二（2-羟乙基）硫醚[硫二甘醇（INN）]	6.5	30		13	13	千克	23		0		0
2930.8000	- 涕灭威（ISO）、敌菌丹（ISO）及甲胺磷（ISO）											
29308000.10	甲胺磷（ISO）	6.5	30		13	0	千克			0		0
29308000.20	敌菌丹（ISO）	6.5	30		13	0	千克	S		0		0
29308000.30	涕灭威（ISO）	6.5	30		13	0	千克	S		0		0
	- 其他：											
2930.9010	--- 双巯丙氨酸（胱氨酸）	6.5	30		13	13	千克	A	MP/	0		0
2930.9020	--- 二硫代碳酸酯（或盐）[黄原酸酯（或盐）]	6.5	30		13	13	千克			0		0
2930.9090	--- 其他											
29309090.11	烯禾啶，双环磺草酮，氟虫酰胺，氟苯虫酰胺	6.5	30		13	13	千克	S		0		0
29309090.13	2-氯乙基氯甲基硫醚	6.5	30		13	13	千克	32		0		0
29309090.14	二（2-氯乙基）硫醚（即芥子气）	6.5	30		13	13	千克	32		0		0
29309090.15	二（2-氯乙硫基）甲烷	6.5	30		13	13	千克	32		0		0
29309090.16	1,2-二（2-氯乙硫基）乙烷（即倍半芥气）	6.5	30		13	13	千克	32		0		0
29309090.17	1,3-二（2-氯乙硫基）正丙烷	6.5	30		13	13	千克	32		0		0
29309090.18	1,4-二（2-氯乙硫基）正丁烷	6.5	30		13	13	千克	32		0		0
29309090.19	1,5-二（2-氯乙硫基）正戊烷	6.5	30		13	13	千克	32		0		0
29309090.21	二（2-氯乙硫基甲基）醚	6.5	30		13	13	千克	32		0		0
29309090.22	二（2-氯乙硫基乙基）醚（即氧芥气）	6.5	30		13	13	千克	32		0		0

协定税率（%）														特惠税率（%）①/②	Article Description
巴基斯坦	冰岛	哥斯达黎加	秘鲁	新西兰	瑞士	新加坡	韩国	澳大利亚	格鲁吉亚	毛里求斯	日本RCEP	尼加拉瓜	港澳台		
5	0	0	0	0	0		2.1	0	0	0	5.3	0	0/	0/0	N-[1- dialkyl (carbon chain with less than or equal to 10 carbon atoms, including naphthene) amino] alkylene (hydrogen, carbon chain with less than or equal to 10 carbon atoms, including naphthene) amino fluorophosphates (hydrogen, carbon chain with less than or equal to 10 carbon atoms, including naphthene) esters and corresponding alkylated salts or protonated salts
5	0	0	0	0	0		2.1	0	0	0	5.3	0	0/	0/0	Salts and related compounds of perfluorooctanoic acid (PFOA)
5	0	0	0	0	0		2.1	0	0	0	5.3	0	0/	0/0	Other compounds with nitrogen function
															Ⅹ. ORGANO-INORGANIC COM-POUNDS, HETEROCYCLIC COMPOUNDS, NUCLEIC ACIDS AND THEIR SALTS, AND SULPHONAMIDES
															Organo-sulphur compounds:
5	0	0	0	0	0		0	0	0	0	4.7	0	0/	0/0	- 2-(N, N-Dimethylamino) ethanethiol
															- Thiocarbamates and dithiocarbamates
5	0	0	0	0	0		0	0	0	0	4.7	0	0/	0/0	Thiobencarb, cartap
5	0	0	0	0	0		0	0	0	0	4.7	0	0/	0/0	Metam-sodium, nabam, propineb, ferbam, etc. (including ziram, polycarbamate, meta-ammonium)
5	0	0	0	0	0		0	0	0	0	4.7	0	0/	0/0	Diallate, triallate, ethiolate
5	0	0	0	0	0		0	0	0	0	4.7	0	0/	0/0	Prosulfocarb, esprocarb, orbencarb, tiocarbazil
5	0	0	0	0	0		0	0	0	0	4.7	0	0/	0/0	Butylate, pebulate, eradicane, vernolate (including cycloate)
5	0	0	0	0	0		0	0	0	0	4.7	0	0/	0/0	Prothiocarb, sulfallate
5	0	0	0	0	0		0	0	0	0	4.7	0	0/	0/0	Other thiocarbamates (including dithiocarbamates)
															- Thiuram mono-, di or tetrasulphide
5	0	0	0	0	0		0	0	0	0	4.7	0	0/	0/0	Thiram
5	0	0	0	0	0		0	0	0	0	4.7	0	0/	0/0	Other thiuram monosulphides (including di- or tetrasulphide)
0	0	0	0	0	0		0	0	0	0	4.7	0	0/	0/0	- Methionine
5	0	0	0	0	0		0	0	0	0	4.7	0	0/	0/0	- 2-(N, N-Diethylamino) ethanethiol
5	0	0	0	0	0		0	0	0	0	4.7	0	0/	0/0	- Bis (2-hydroxyethyl) sulfide (thiodiglycol (INN))
															- Aldicarb (ISO), captafol (ISO) and methamidophos (ISO)
5	0	0	0	0	0		0	0	0	0	4.7	0	0/	0/0	Methamidophos (ISO)
5	0	0	0	0	0		0	0	0	0	4.7	0	0/	0/0	Captafol (ISO)
5	0	0	0	0	0		0	0	0	0	4.7	0	0/	0/0	Aldicarb(ISO)
															- Other:
5	0	0	0	0	0		0	0	0	0	4.7	0	0/	0/0	--- Cystine
5	0	0	0	0	0		0	0	0	0	4.7	0	0/	0/0	--- Dithiocarbonates (xanthates)
															--- Other
5	0	0	0	0	0		0	0	0	0	4.7	0	0/	0/0	Sethoxydim, benzobicyclon, flubendiamide
5	0	0	0	0	0		0	0	0	0	4.7	0	0/	0/0	2-Chloroethyl ChloroMethyl Ether
5	0	0	0	0	0		0	0	0	0	4.7	0	0/	0/0	Bis (2-chloroethyl) sulfide (mustard gas)
5	0	0	0	0	0		0	0	0	0	4.7	0	0/	0/0	Bis (2-chloroethyl thio) methane
5	0	0	0	0	0		0	0	0	0	4.7	0	0/	0/0	1,2-Bis (2-chloroethyl thio) ethane (sesquimustard)
5	0	0	0	0	0		0	0	0	0	4.7	0	0/	0/0	1,3-Bis (2-chloroethyl thio) propane
5	0	0	0	0	0		0	0	0	0	4.7	0	0/	0/0	1,4-Bis (2-chloroethyl thio) butane
5	0	0	0	0	0		0	0	0	0	4.7	0	0/	0/0	1,5-Bis (2-chloroethyl thio) pentane
5	0	0	0	0	0		0	0	0	0	4.7	0	0/	0/0	Bis (2-chloroethyl thio methyl) ester
5	0	0	0	0	0		0	0	0	0	4.7	0	0/	0/0	Bis (2-chloroethyl thio ethyl) ester (O-mustard)

税　号	货品名称	进口关税（%）			增值/消费税（%）	出口退税（%）	计量单位	监管证件代码	检验检疫类别	协定税率（%）		
		最惠国	普通	年内暂定						东盟	亚太	智利
29309090.23	胺吸膦（硫代磷酸二乙基-S-2-二乙氨基乙酯及烷基化或质子化盐）	6.5	30		13	13	千克	23		0		0
29309090.24	烷基氨基乙-2-硫醇及相应质子盐	6.5	30		13	13	千克	23		0		0
29309090.26	烷基硫代膦酸烷S-2-二烷氨基乙酯（包括相应烷基化盐，质子化盐，烷基指甲，乙，正丙，异丙基）	6.5	30		13	13	千克	23		0		0
29309090.27	含一磷原子与甲、乙、丙基结合化合物（不包括地虫磷）	6.5	30		13	13	千克	23		0		0
29309090.28	内吸磷	6.5	30		13	13	千克			0		0
29309090.31	4-甲基硫基安非他明	6.5	30		13	13	千克	I		0		0
29309090.32	莫达非尼	6.5	30		13	13	千克	I		0		0
29309090.51	甲基硫菌灵、硫菌灵、苯螨醚等（包括乙蒜素、敌灭生、丁酮威、丁酮砜威、棉铃威）	6.5	30		13	13	千克	S		0		0
29309090.52	灭多威、乙硫苯威等（包括杀线威、甲硫威、多杀威、涕灭砜威、硫双威）	6.5	30		13	0	千克	S		0		0
29309090.53	丁醚脲、久效威、苯硫威等（包括敌螨特、2甲4氯乙硫酯）	6.5	30		13	13	千克	S		0		0
29309090.54	杀虫双、杀虫单、灭虫脲等（包括避虫醇、烯虫硫酯、三氯杀螨砜、杀螨醚、杀螨酯）	6.5	30		13	13	千克	S		0		0
29309090.55	代森锌、代森锰、代森锰锌等（包括福美胂、福美甲胂、代森铵、代森联）	6.5	30		13	13	千克	S		0		0
29309090.56	烯草酮、磺草酮、嗪草酸甲酯、硝磺草酮等（包括苯氟磺胺、甲磺乐灵、氯硫酰草胺、脱叶磷）	6.5	30		13	13	千克	S		0		0
29309090.57	灭菌丹、克菌丹、杀螨硫醚等（包括氟杀螨、硫肟醚、莠不生）	6.5	30		13	13	千克	S		0		0
29309090.58	稻瘟净、异稻瘟净、稻丰散等（包括敌瘟磷）	6.5	30		13	13	千克	S		0		0
29309090.59	安妥、灭鼠特、二硫氰基甲烷等（包括灭鼠肼、氟硫隆）	6.5	30		13	13	千克	S		0		0
29309090.61	马拉硫磷、苏硫磷、赛硫磷等（包括丙虫磷、双硫磷、亚砜磷、异亚砜磷）	6.5	30		13	13	千克	S		0		0
29309090.62	丙溴磷、田乐磷、特丁硫磷等（包括硫丙磷、地虫硫膦、乙硫磷、丙硫磷、甲基乙拌磷）	6.5	30		13	13	千克	S		0		0
29309090.63	乐果、益硫磷、氧乐果等（包括甲拌磷、乙拌磷、虫螨磷、果虫磷）	6.5	30		13	13	千克	S		0		0
29309090.64	氯胺磷、家蝇磷、灭蚜磷等（包括安硫磷、四甲磷、丁苯硫磷、苯线磷、蚜灭磷）	6.5	30		13	13	千克	S		0		0
29309090.65	硫线磷、氯甲硫磷、杀虫磺等（包括砜吸磷、砜拌磷、异拌磷、三硫磷、芬硫磷）	6.5	30		13	13	千克	S		0		0
29309090.66	倍硫磷、甲基内吸磷、乙酯磷等（包括丰索磷、内吸磷、发硫磷）	6.5	30		13	13	千克	S		0		0
29309090.67	灭线磷	6.5	30		13	13	千克	S		0		0
29309090.68	青霉胺	6.5	30	0	3	3	千克			0		0
29309090.91	DL-羟基蛋氨酸	6.5	30		13	13	千克	A	MP/	0		0
29309090.92	比卡鲁胺	6.5	30	0	3	3	千克			0		0
29309090.93	全氟已基磺酸及其盐类和其相关化合物	6.5	30		13	13	千克	89		0		0

协定税率（%）														特惠税率（%）①/②	Article Description
巴基斯坦	冰岛	哥斯达黎加	秘鲁	新西兰	瑞士	新加坡	韩国	澳大利亚	格鲁吉亚	毛里求斯	日本RCEP	尼加拉瓜	港澳台		
5	0	0	0	0	0		0	0	0	0	4.7	0	0/	0/0	Amiton (O, O-Diethyl-s-(2-(diethylamino) ethyl) phosphorothiolate, and its alkylated or protonated salts)
5	0	0	0	0	0		0	0	0	0	4.7	0	0/	0/0	N. N-dialkyl aminoethane-2-thiols and corresponding protonated salts
5	0	0	0	0	0		0	0	0	0	4.7	0	0/	0/0	Alkyl alkane thiophosphate-S-2-aminoethyl (including cyclo alkane-S-2-dialkane Methyl, Ethyl, n-propyl and isopropyl aminoethyl and corresponding alkylated or protonated salts)
5	0	0	0	0	0		0	0	0	0	4.7	0	0/	0/0	Chemicals, containing a phosphorus atom to which is boned one methyl, ethyl or propyl group (excluding Fonofos)
5	0	0	0	0	0		0	0	0	0	4.7	0	0/	0/0	Demeton
5	0	0	0	0	0		0	0	0	0	4.7	0	0/	0/0	4-methylthioamfetamine
5	0	0	0	0	0		0	0	0	0	4.7	0	0/	0/0	Modafinil
5	0	0	0	0	0		0	0	0	0	4.7	0	0/	0/0	Thiophanate-methyl, thiophanate, phenproxide, etc. (including ethylsulfonothiolate, dimexano, butocarboxim, butoxycarboxim, alanycarb)
5	0	0	0	0	0		0	0	0	0	4.7	0	0/	0/0	Methomyl, aldicarb, ethiofencarb, etc. (including oxamyl, methiocarb, toxisamate, aldoxycarb, thiodicarb)
5	0	0	0	0	0		0	0	0	0	4.7	0	0/	0/0	Diafenthiuron, thiofanox and fenothiocarb(including chlorfensulphide, Methyl 4 chloro ethyl thioester)
5	0	0	0	0	0		0	0	0	0	4.7	0	0/	0/0	Dimehypo, monosultap, chloromethiuron, etc. (including 2-(octylthio) ethanol, triprene, tetradifon, chlorbenside, chlorfenson)
5	0	0	0	0	0		0	0	0	0	4.7	0	0/	0/0	Zineb, maneb, mancozeb, etc. (including asomate, urbacide, amobam, metiram)
5	0	0	0	0	0		0	0	0	0	4.7	0	0/	0/0	Clethodim, sulcotrione, fluthiacet-methyl, mesotrione, etc. (including dichlofluanid, nitralin, chlorthiamid, Tribufos)
5	0	0	0	0	0		0	0	0	0	4.7	0	0/	0/0	Folpet, captan, tetrasul sulfoxide, etc. (including fluorbenside, Sulfoxime, thioperoxydicarbonicacid)
5	0	0	0	0	0		0	0	0	0	4.7	0	0/	0/0	Kitazine, iprobenfos, phenthoate, etc. (including edifenphos)
5	0	0	0	0	0		0	0	0	0	4.7	0	0/	0/0	Antu, thiosemicarbazide, dithiocyano-methane, etc. (including promurit, fluothiuron)
5	0	0	0	0	0		0	0	0	0	4.7	0	0/	0/0	Malathion, sophamide, amidithion, etc. (including propaphos, temephos, oxydemeton_ methyl, oxydeprofos)
5	0	0	0	0	0		0	0	0	0	4.7	0	0/	0/0	Profenofos, cymetox, terbufos, etc. (including sulprofos, fonofos, ethion, prothiofos, thiometon)
5	0	0	0	0	0		0	0	0	0	4.7	0	0/	0/0	Dimethoate, ethoate-methyl, omethoate, etc. (including phorate, disulfoton, chlorthiophos, cyanthoate)
5	0	0	0	0	0		0	0	0	0	4.7	0	0/	0/0	Chloramine phosphorus, acethion, mecarbam, etc.(including formothion, mecarphon, fosmethilan, fenamiphos, mecarbam)
5	0	0	0	0	0		0	0	0	0	4.7	0	0/	0/0	Cadusafos, chlormephos, bensultap, etc. (including metilmerkaptofosoksid, oxydisulfoton, isothioate, carbophenothion, phenkapton)
5	0	0	0	0	0		0	0	0	0	4.7	0	0/	0/0	Fenthion, methyl demeton, acetoxon, etc. (includeing fensulfothion, demeton, prothoate)
5	0	0	0	0	0		0	0	0	0	4.7	0	0/	0/0	Phonamiphos
5	0	0	0	0	0		0	0	0	0	4.7	0	0/	0/0	Penicillamine
5	0	0	0	0	0		0	0	0	0	4.7	0	0/	0/0	DL-methionine hydroxy analogue
5	0	0	0	0	0		0	0	0	0	4.7	0	0/	0/0	Bicalutamide
5	0	0	0	0	0		0	0	0	0	4.7	0	0/	0/0	Perfluorohexylsulfonic acid and its salts and related compounds

税　号	货品名称	进口关税（%）			增值/消费税（%）	出口退税（%）	计量单位	监管证件代码	检验检疫类别	协定税率（%）		
		最惠国	普通	年内暂定						东盟	亚太	智利
29309090.94	全氟辛酸的盐类和相关化合物（PFOA类）	6.5	30		13	13	千克	X		0		0
29309090.99	其他有机硫化合物	6.5	30		13	13	千克			0		0
29.31	**其他有机–无机化合物：**											
2931.1000	- 四甲基铅及四乙基铅	6.5	30		13	13	千克	ABX	M/N	0		0
2931.2000	- 三丁基锡化合物	6.5	30		13	0	千克	X		0		0
	- 非卤化有机磷衍生物：											
2931.4100	-- 甲基膦酸二甲酯	6.5	30		13	13	千克	23		0		0
2931.4200	-- 丙基膦酸二甲酯	6.5	30		13	13	千克	AB	MR/NS	0		0
2931.4300	-- 乙基膦酸二乙酯	6.5	30		13	13	千克	23		0		0
2931.4400	-- 甲基膦酸	6.5	30		13	13	千克	23		0		0
2931.4500	-- 甲基膦酸和脒基尿素（1:1）生成的盐	6.5	30		13	13	千克	23AB	MR/NS	0		0
2931.4600	-- 1-丙基磷酸环酐	6.5	30		13	13	千克	23AB	MR/NS	0		0
2931.4700	-- (5-乙基-2-甲基-2-氧代-1,3,2-二氧磷杂环己-5-基)甲基膦酸二甲酯	6.5	30		13	13	千克	23		0		0
2931.4800	-- 3,9-二甲基-2,4,8,10-四氧杂-3,9-二磷杂螺[5,5]十一烷-3,9二氧化物	6.5	30		13	13	千克	AB	MR/NS	0		0
	-- 其他：											
2931.4910	--- 双甘膦	6.5	30		13	0	千克	AB	R/S	0		0
2931.4990	--- 其他											
29314990.10	烷基亚膦酰烷基-2-二烷氨基乙酯（包括相应烷基化盐或质子化盐），二烷氨基氰膦酸烷酯10碳原子以下（烷基指甲、乙、正丙、异丙基、例如，塔崩）	6.5	30		13	13	千克	23		0		0
29314990.20	丙基膦酸，甲基膦酸二聚乙二醇酯（CAS号：294675-51-7），甲基膦酸二[5-（5-乙基-2-甲基-2-氧代-1,3,2-二氧磷杂环己基）甲基]酯（CAS号：42595-45-9）	6.5	30		13	13	千克	23		0		0
29314990.30	草甘膦及其盐、草铵膦、精草铵膦、草硫膦、杀木膦、双丙氨膦、增甘膦、苯硫膦、苯腈膦	6.5	30		13	0	千克	S		0		0
29314990.40	双[(5-乙基-2-甲基-2-氧代-1,3,2-二氧磷杂环己-5-基)甲基]甲基膦酸酯（阻燃剂FRC-1）（CAS号：42595-45-9）	6.5	30		13	13	千克	AB	MR/NS	0		0
29314990.50	3-(三羟基硅烷基)丙基甲基膦酸钠	6.5	30		13	13	千克	AB	MR/NS	0		0
29314990.90	其他非卤化有机磷衍生物	6.5	30		13	13	千克	AB	MR/NS	0		0
	- 卤化有机磷衍生物：											
2931.5100	-- 甲基膦酰二氯	6.5	30		13	13	千克	23		0		0
2931.5200	-- 丙基膦酰二氯	6.5	30		13	13	千克	AB	MR/NS	0		0
2931.5300	-- O-(3-氯丙基)O-[4-硝基-3-(三氟甲基)苯基]甲基硫代膦酸酯	6.5	30		13	13	千克	AB	MR/NS	0		0
2931.5400	-- 敌百虫（ISO）	6.5	30		13	13	千克	S		0		0
2931.5900	-- 其他											
29315900.10	氯沙林（甲基氯膦酸异丙酯），氯梭曼（甲基氯膦酸频那酯）	6.5	30		13	13	千克	23		0		0
29315900.20	烷基氟膦酸烷酯，10碳原子以下（烷基指甲、乙、正丙、异丙基，例如，沙林、梭曼）	6.5	30		13	13	千克	23		0		0
29315900.30	烷基膦酰二氟（烷基指甲、乙、正丙、异丙基，例如，DF：甲基膦酰二氟）	6.5	30		13	13	千克	23		0		0

协定税率（%）														特惠税率（%）①/②	Article Description
巴基斯坦	冰岛	哥斯达黎加	秘鲁	新西兰	瑞士	新加坡	韩国	澳大利亚	格鲁吉亚	毛里求斯	日本RCEP	尼加拉瓜	港澳台		
5	0	0	0	0	0		0	0	0	0	4.7	0	0/	0/0	Salts and related compounds of perfluorooctanoic acid (PFOA)
5	0	0	0	0	0		0	0	0	0	4.7	0	0/	0/0	Other organo-sulphur compounds
															Other organo-inorganic compounds:
5	0	0	0	0	0		0	0	0	0	4.7	0	0/	0/0	- Tetramethyl lead and tetraethyl lead
5	0	0	0	0	0		0	0	0	0	4.7	0	0/	0/0	- Tributyltin compounds
															- Non-halogenated organo-phosphorous derivatives:
5	0	0	0	0	0		0	0	0	0	4.7	0	0/	0/0	-- Dimethyl methylphosphonate
5	0	0	0	0	0		0	0	0	0	4.7	0	0/	0/0	-- Dimethyl propylphosphonate
5	0	0	0	0	0		0	0	0	0	4.7	0	0/	0/0	-- Diethyl ethylphosphonate
5	0	0	0	0	0		0	0	0	0	4.7	0	0/	0/0	-- Methylphosphonic acid
5	0	0	0	0	0		0	0	0	0	4.7	0	0/	0/0	-- Salt of methylphosphonic acid and (aminoiminomethyl)urea (1 : 1)
5	0	0	0	0	0		0	0	0	0	4.7	0	0/	0/0	-- 2,4,6-Tripropyl-1,3,5,2,4,6-trioxatriphosphinane 2,4,6-trioxide
5	0	0	0	0	0		0	0	0	0	4.7	0	0/	0/0	-- (5-Ethyl-2-methyl-2-oxido-1,3,2-dioxaphosphinan-5-yl) methyl methyl methylphosphonate
5	0	0	0	0	0		0	0	0	0	4.7	0	0/	0/0	-- 3,9-Dimethyl-2,4,8,10-tetraoxa-3,9-diphosphaspiro[5.5] undecane 3,9-dioxide
															-- Other:
5	0	0	0	0	0		0	0	0	0	4.7	0	0/	0/0	--- N-(Phosphonomethyl) iminodiacetic acid
															--- Other
5	0	0	0	0	0		0	0	0	0	4.7	0	0/	0/0	Alkanes phosphite acid alkyl-2-dialkyl amino ethyl (including the corresponding alkylated salt or protonated salts), Dialkyl amino acid alkyl ester cyanide, under 10 carbon atoms (alkyl refers to methyl, ethyl, n-propyl and isopropyl, e.g., tabun)
5	0	0	0	0	0		0	0	0	0	4.7	0	0/	0/0	Propylphosphonate, methyl phosphonate poly(ethylene glycol)ester (CAS No.294675-51-7) and methylphosphonate di(5-(5-ethyl-2-methyl-2-oxide-1,3,2-dioxaphosphorinanyl) methyl) ester (CAS No.42595-45-9)
5	0	0	0	0	0		0	0	0	0	4.7	0	0/	0/0	Glyphosate and its salt, glufosinate, sulfosate, fosamine, bialaphos, glyphosine, EPN and cyanofenphos
5	0	0	0	0	0		0	0	0	0	4.7	0	0/	0/0	Bis ((5-ethyl-2-methyl-2-oxido-1,3,2-dioxaphosphinan-5-yl) methyl) methylphosphonate
5	0	0	0	0	0		0	0	0	0	4.7	0	0/	0/0	Sodium 3-(trihydroxysilyl) propyl methylphosphonate
5	0	0	0	0	0		0	0	0	0	4.7	0	0/	0/0	Other non-halogenated organo-phosphorous derivatives
															- Halogenated organo-phosphorous derivatives:
5	0	0	0	0	0		0	0	0	0	4.7	0	0/	0/0	-- Methylphosphonic dichloride
5	0	0	0	0	0		0	0	0	0	4.7	0	0/	0/0	-- Propylphosphonic dichloride
5	0	0	0	0	0		0	0	0	0	4.7	0	0/	0/0	-- O-(3-chloropropyl) O-[4-nitro-3-(trifluoromethyl)phenyl] methylphosphonothionate
5	0	0	0	0	0		0	0	0	0	4.7	0	0/	0/0	-- Trichlorfon (ISO)
															-- Other
5	0	0	0	0	0		0	0	0	0	4.7	0	0/	0/0	Chlorine sarin, chlorine soman (methyl phosphonochloridic acid isopropyl ester, pinacolyl methylphosphonochloridate)
5	0	0	0	0	0		0	0	0	0	4.7	0	0/	0/0	Acid alkyl ester alkyl fluoride, under 10 carbon atoms (alkyl refers to methyl, ethyl, n-propyl and isopropyl, for example, sarin and soman)
5	0	0	0	0	0		0	0	0	0	4.7	0	0/	0/0	Alkyl phosphonyl difluoride (alkyl refers to methyl, ethyl, n-propyl and isopropyl, e.g., DF: methyl phosphonic acid fluorine)

税　号	货品名称	进口关税（%）			增值/消费税（%）	出口退税（%）	计量单位	监管证件代码	检验检疫类别	协定税率（%）		
		最惠国	普通	年内暂定						东盟	亚太	智利
29315900.40	三丁氯苄膦，乙烯利，氟硅菊酯，毒壤膦，溴苯膦，丁酯膦	6.5	30		13	13	千克	S		0		0
29315900.50	N-｛1-［二烷基（少于或等于10个碳原子的碳链，包括环烷）胺基］亚烷基（氢、少于或等于10个碳原子的碳链，包括环烷）｝-P-烷基（少于或等于10个碳原子的碳链，包括环烷）氟膦酰胺和相应的烷基化盐或质子化盐	6.5	30		13	13	千克	23		0		0
29315900.60	［双（二乙胺基）亚甲基］甲氟膦酰胺（CAS号：2387496-14-0）	6.5	30		13	13	千克	23		0		0
29315900.70	毒壤膦（壤虫磷）	6.5	30		13	13	千克	23S		0		0
29315900.80	全氟辛酸的盐类和相关化合物（PFOA类）	6.5	30		13	13	千克	XAB		0		0
29315900.90	其他卤化有机磷衍生物	6.5	30		13	13	千克	AB	MR/NS	0		0
2931.9000	-其他											
29319000.01	六甲基环三硅氧烷（包括八甲基环四硅氧烷，十甲基环五硅氧烷，十二甲基环六硅氧烷）	6.5	30		13	13	千克			0		0
29319000.11	2-氯乙烯基二氯胂	6.5	30		13	0	千克	23		0		0
29319000.12	二（2-氯乙烯基）氯胂	6.5	30		13	0	千克	23		0		0
29319000.13	三（2-氯乙烯基）胂	6.5	30		13	0	千克	23		0		0
29319000.14	锆试剂，二甲胂酸等（包括4-二甲氨基偶氮苯-4’-胂酸，卡可基酸，二甲基胂酸钠）	6.5	30		13	0	千克			0		0
29319000.15	4-氨基苯胂酸钠，二氯化苯胂（对氨基苯胂酸钠，二氯苯胂，苯胂化二氯）	6.5	30		13	0	千克			0		0
29319000.16	蒽醌-1-胂酸、三环锡（普特丹）等（包括月桂酸三丁基锡、醋酸三丁基锡）	6.5	30		13	0	千克			0		0
29319000.17	硫酸三乙基锡，二丁基氧化锡等（包括氧化二丁基锡，乙酸三乙基锡，三乙基乙酸锡）	6.5	30		13	13	千克			0		0
29319000.18	四乙基锡，乙酸三甲基锡（四乙锡，醋酸三甲基锡）	6.5	30		13	13	千克			0		0
29319000.19	毒菌锡[三苯基羟基锡（含量＞20%）]	6.5	30		13	13	千克			0		0
29319000.21	乙酰亚砷酸铜，二苯（基）胺氯胂（祖母绿；翡翠绿；醋酸亚砷酸铜，吩吡嗪化氯；亚当氏气）	6.5	30		13	0	千克			0		0
29319000.22	3-硝基-4-羟基苯胂酸（4-羟基-3-硝基苯胂酸）	6.5	30		13	0	千克			0		0
29319000.23	乙基二氯胂，二苯（基）氯胂（包括二氯化乙基胂，氯化二苯胂）	6.5	30		13	0	千克			0		0
29319000.24	甲（基）胂酸，丙（基）胂酸，二碘化苯胂（苯基二碘胂）	6.5	30		13	0	千克			0		0
29319000.25	苯胂酸，2-硝基苯胂酸等（包括邻硝基苯胂酸、3-硝基苯胂酸、间硝基苯胂酸等）	6.5	30		13	0	千克			0		0
29319000.26	4-硝基苯胂酸，2-氨基苯胂酸（对硝基苯胂酸，邻氨基苯胂酸）	6.5	30		13	0	千克			0		0
29319000.27	3-氨基苯胂酸、4-氨基苯胂酸（间氨基苯胂酸、对氨基苯胂酸）	6.5	30		13	0	千克			0		0
29319000.28	三苯锡，三苯基乙酸锡等（包括三苯基氯化锡、三苯基氢氧化锡、苯丁锡、三唑锡）	6.5	30		13	13	千克	S		0		0

协定税率（%）														特惠税率（%）①/②	Article Description
巴基斯坦	冰岛	哥斯达黎加	秘鲁	新西兰	瑞士	新加坡	韩国	澳大利亚	格鲁吉亚	毛里求斯	日本RCEP	尼加拉瓜	港澳台		
5	0	0	0	0	0		0	0	0	0	4.7	0	0/	0/0	Tributyl chlorobenzylphosphonium, ethephon, silafluofen, arichloronat, leptophos, butonat)
5	0	0	0	0	0		0	0	0	0	4.7	0	0/	0/0	N-{1-[dialkyl (carbon chain with less than or equal to 10 carbon atoms including naphthene) amino] alkylene (hydrogen, carbon chain with less than or equal to 10 carbon atoms including naphthene) }-P- alkyl (carbon chain with less than or equal to 10 carbon atoms including naphthene) fluorophosphamide and corresponding alkylated salt or protonated salt
5	0	0	0	0	0		0	0	0	0	4.7	0	0/	0/0	[Bis (diethylamino) methylene] Methylphosphonamide (CAS:2387496-14-0)
5	0	0	0	0	0		0	0	0	0	4.7	0	0/	0/0	Trichloronate
5	0	0	0	0	0		0	0	0	0	4.7	0	0/	0/0	Salts and related compounds of perfluorooctanoic acid (PFOA)
5	0	0	0	0	0		0	0	0	0	4.7	0	0/	0/0	Other halogenated organo-phosphorous derivatives
															- Other
5	0	0	0	0	0		0	0	0	0	4.7	0	0/	0/0	Hexamethylcyclotrisiloxane (including octamethylcyclotetrasiloxane, decamethylcyclopentasiloxane, decamethylcyclopentasiloxane)
5	0	0	0	0	0		0	0	0	0	4.7	0	0/	0/0	2-Chlorovinyldichloroarsine
5	0	0	0	0	0		0	0	0	0	4.7	0	0/	0/0	Dichloro-arsine (2-Chlorovinyl)
5	0	0	0	0	0		0	0	0	0	4.7	0	0/	0/0	Tri-arsine (2-chlorovinyl)
5	0	0	0	0	0		0	0	0	0	4.7	0	0/	0/0	Zirconin, silvisar, etc. (including 4-dimethylamino- azobenzene-4'-arsonic acid, cacodylic acid, sodium dimethyl arsine)
5	0	0	0	0	0		0	0	0	0	4.7	0	0/	0/0	Aminophenyl arsine sodium, chlorodiphenyl-arsine (sodium arsanilate, dichlorophenarsine, phenylarsine dichloride)
5	0	0	0	0	0		0	0	0	0	4.7	0	0/	0/0	Anthrauinone-1-arsonic acid, cyhexatin (pute dan), etc. (including tributyltin laurate, tributyltin acetate)
5	0	0	0	0	0		0	0	0	0	4.7	0	0/	0/0	Triethyltin sulfate, dibutyltin oxide, etc. (including dibutyltin oxide, triethyltin acetate, triethyltin acetate)
5	0	0	0	0	0		0	0	0	0	4.7	0	0/	0/0	Tetraethyltin, acetic acid trimethyl tin (Tetraethyl tin, acetic acid trimethyl tin)
5	0	0	0	0	0		0	0	0	0	4.7	0	0/	0/0	Fentin hydroxide(content of triphenylhydroxytintin ＞20%)
5	0	0	0	0	0		0	0	0	0	4.7	0	0/	0/0	Copper acetoarsenite, diphenylchlorarsine
5	0	0	0	0	0		0	0	0	0	4.7	0	0/	0/0	4-hydroxy-3-nitrophenylarsonic acid
5	0	0	0	0	0		0	0	0	0	4.7	0	0/	0/0	Ethyldich loroarsine, diphenyl –chloroarsine (including ethylarsine dichloride, diphenylarsinechloride)
5	0	0	0	0	0		0	0	0	0	4.7	0	0/	0/0	Methylarsinic acid, alylarsonic acid, phenyldiiodoarsine
5	0	0	0	0	0		0	0	0	0	4.7	0	0/	0/0	Benzenearsonic acid, 2-nitrophenylarsonic acid, etc. (including o-nitrophenylarsonic acid, 3-nitrophenylarsonic acid, m-nitrophenylarsonic acid)
5	0	0	0	0	0		0	0	0	0	4.7	0	0/	0/0	Nitrophenyl arsenic acid, 2-aminophenylarsonic acid (Nitrophenyl arsenic acid, oarsanilic acid)
5	0	0	0	0	0		韩国	0	0	0	4.7	0	0/	0/0	Aminophenylarsonic acid, 4-amino-benzene arsenic acid (Amino benzene arsenic acid, arsanilic acid)
5	0	0	0	0	0		0	0	0	0	4.7	0	0/	0/0	Fentin acetate, fentin acetate (including fentin chloride, fentin hydroxide, fenbutatin oxide, azocyclotin)

税号	货品名称	进口关税（%）最惠国	进口关税（%）普通	进口关税（%）年内暂定	增值/消费税（%）	出口退税（%）	计量单位	监管证件代码	检验检疫类别	协定税率（%）东盟	协定税率（%）亚太	协定税率（%）智利
29319000.29	田安	6.5	30		13	13	千克	S		0		0
29319000.31	乙烯硅	6.5	30		13	13	千克	S		0		0
29319000.40	全氟辛酸的盐类和相关化合物（PFOA类）	6.5	30		13	13	千克	XAB		0		0
29319000.90	其他有机-无机化合物	6.5	30		13	13	千克	AB	MR/NS	0		0
29.32	**仅含有氧杂原子的杂环化合物：**											
	- 结构上含有一个非稠合呋喃环（不论是否氢化）的化合物：											
2932.1100	-- 四氢呋喃	6	20		13	13	千克	AB	M/N	0		0
2932.1200	-- 2-糠醛	6	20		13	13	千克	B	/N	0		0
2932.1300	-- 糠醇及四氢糠醇	6	20		13	13	千克			0		0
2932.1400	-- 三氯蔗糖	6.5	20		13	13	千克			0		0
2932.1900	-- 其他											
29321900.11	喃烯菊酯，炔呋菊酯等（包括甲呋炔菊酯、溴苄呋菊酯、右旋炔呋菊酯）	6.5	20		13	13	千克	S		0		0
29321900.12	呋菌胺，酯菌胺，抑霉胺等（包括环菌胺、甲呋酰胺、二甲呋酰胺）	6.5	20		13	13	千克	S		0		0
29321900.13	呋氧草醚，环庚草醚，呋草酮等（包括茵多酸，莪术醇，呋喃磺草酮）	6.5	20		13	13	千克	S		0		0
29321900.14	楝素，呋霜灵等（包括呋菌隆，螺螨酯）	6.5	20		13	13	千克	S		0		0
29321900.15	苄呋菊酯（包括右旋苄呋菊酯，生物苄呋菊酯）	6.5	20		13	13	千克	S		0		0
29321900.16	呋虫胺	6.5	20		13	13	千克	S		0		0
29321900.17	全氟己基磺酸及其盐类和其相关化合物｛结构上有非稠合呋喃环化合物［《禁止进口货物目录（第八批）》所列商品］｝	6.5	20		13	13	千克	89		0		0
29321900.20	呋芬雷司	6.5	20		13	13	千克	I		0		0
29321900.30	恩格列净	6.5	20	0	13	13	千克			0		0
29321900.90	其他结构上有非稠合呋喃环化合物	6.5	20		13	13	千克			0		0
	- 内酯：											
2932.2010	--- 香豆素、甲基香豆素及乙基香豆素	6.5	20		13	13	千克			0		0
2932.2090	--- 其他内酯											
29322090.11	杀鼠灵、克鼠灵、敌鼠灵、溴鼠灵等（包括氯灭鼠灵、氟鼠灵、鼠得克、杀鼠醚）	6.5	20		13	0	千克	S		0		0
29322090.12	赤霉酸	6.5	20		13	13	千克	S		0		0
29322090.13	蝇毒磷，茴蒿素，溴敌隆，呋酰胺等（包括四氯苯酞，畜虫磷）	6.5	20		13	0	千克	S		0		0
29322090.14	丁香菌酯	6.5	20		13	13	千克	S		0		0
29322090.15	甲氨基阿维菌素及其盐	6.5	20		13	13	千克	S		0		0
29322090.16	阿维菌素	6.5	20		13	13	千克	S		0		0
29322090.17	丙酰芸苔素内酯、螺螨双酯	6.5	20		13	13	千克	S		0		0
29322090.20	鬼臼毒素	6.5	20		13	0	千克	EF		0		0
29322090.31	γ-丁内酯（CAS号：96-48-0）	6.5	20		13	13	千克	23		0		0
29322090.90	其他内酯	6.5	20		13	13	千克			0		0
	- 其他：											
2932.9100	-- 4-丙烯基-1,2-亚甲二氧基苯（异黄樟脑）	6.5	20		13	13	千克	23		0		0
2932.9200	-- 1-（1,3-苯并二噁茂-5-基）丙烷-2-酮	6.5	20		13	13	千克	23		0		0
2932.9300	-- 3,4-亚甲二氧基苯甲醛（胡椒醛）	6.5	20		13	13	千克	23		0		0
2932.9400	-- 4-烯丙基-1,2-亚甲二氧基苯（黄樟脑）	6.5	20		13	13	千克	23		0		0
2932.9500	-- 四氢大麻酚（所有的异构体）	6.5	20		13	13	千克	I		0		0
2932.9600	-- 克百威（ISO）	6.5	20		13	13	千克	S		0		0
	-- 其他：											

协定税率（%）														特惠税率（%）①/②	Article Description
巴基斯坦	冰岛	哥斯达黎加	秘鲁	新西兰	瑞士	新加坡	韩国	澳大利亚	格鲁吉亚	毛里求斯	日本RCEP	尼加拉瓜	港澳台		
5	0	0	0	0	0		0	0	0	0	4.7	0	0/	0/0	Neoasozin
5	0	0	0	0	0		0	0	0	0	4.7	0	0/	0/0	Etacelasil
5	0	0	0	0	0		0	0	0	0	4.7	0	0/	0/0	Salts and related compounds of perfluorooctanoic acid (PFOA)
5	0	0	0	0	0		0	0	0	0	4.7	0	0/	0/0	Other organic-inorganic compound
															Heterocyclic compounds with oxygen hetero-atom (s) only:
															- Compounds containing an unfused furan ring (whether or not hydrogenated) in the structure:
5	0	0	0	0	0		0	0	0	0	0	0	0/0	0/0	-- Tetrahydrofuran
5	0	0	0	0	0		0	0	0	0	0	0	0/	0/0	-- 2-Furaldehyde (furfuraldehyde)
5	0	0	0	0	0		0	0	0	0	0	0	0/	0/0	-- Furfuryl alcohol and tetrahydrofurfuryl alcohol
5	0	0	0	0			0	0	0	0	4.7	0	0/	0/0	-- Sucralose
															-- Other
5	0	0	0	0			0	0	0	0	4.7	0	0/	0/0	Japothrins, furamethrin, etc. (including proparthrin, bromethrin, d-furamethrin)
5	0	0	0	0			0	0	0	0	4.7	0	0/	0/0	Methuroxam, cyprofuram, vangard, etc. (including cyprodinil, fenfuram, furcarbanil)
5	0	0	0	0			0	0	0	0	4.7	0	0/	0/0	Furyloxyfen, cinmethylin, flurtamone, etc. (including endothall, curcumol, furanone)
5	0	0	0	0			0	0	0	0	4.7	0	0/	0/0	Toosedarin, furalaxyl, etc. (including furophanate, spirodiclofen)
5	0	0	0	0			0	0	0	0	4.7	0	0/	0/0	Resmethrin (including d-resmethrin, bioresmethrin)
5	0	0	0	0			0	0	0	0	4.7	0	0/	0/0	Dinotefuran
5	0	0	0	0			0	0	0	0	4.7	0	0/	0/0	Perfluorohexylsulfonic acid, its salts and its related compounds (non-fused furan ring compounds in structure (goods listed in the Catalogue of Prohibited Imports (Eighth Batch)))
5	0	0	0	0			0	0	0	0	4.7	0	0/	0/0	Furfennorex
5	0	0	0	0			0	0	0	0	4.7	0	0/	0/0	Empagliflozin
5	0	0	0	0			0	0	0	0	4.7	0	0/	0/0	Other compounds containing an unfused furan ring in the structure
															- Lactones:
5	0	0	0	0	0		0	0	0	0	4.7	0	0/	0/0	--- Coumarin, methylcoumarins and ethylcoumarins
															--- Other lactones
5	0	0	0	0	0		0	0	0	0	4.7	0	0/	0/0	Warfarin, coumafuryl, melitoxin, brodifacoum, etc. (including coumachlor, flocoumafen, difenacoum and coumatetralyl)
5	0	0	0	0	0		0	0	0	0	4.7	0	0/	0/0	Gibberellic acid
5	0	0	0	0	0		0	0	0	0	4.7	0	0/	0/0	Coumaphos, santonin, bromadiolone, ofurace (including rabcide, dithion)
5	0	0	0	0	0		0	0	0	0	4.7	0	0/	0/0	Coumoxystrobin
5	0	0	0	0	0		0	0	0	0	4.7	0	0/	0/0	Emamectin and its salts
5	0	0	0	0	0		0	0	0	0	4.7	0	0/	0/0	Abamectin
5	0	0	0	0	0		0	0	0	0	4.7	0	0/	0/0	Propyl brassinolide, spirodiclofen diester
5	0	0	0	0	0		0	0	0	0	4.7	0	0/	0/0	Podophyllotoxin
5	0	0	0	0	0		0	0	0	0	4.7	0	0/	0/0	γ-butyrolactone (CASNo.: 96-48-0)
5	0	0	0	0	0		0	0	0	0	4.7	0	0/	0/0	Other lactone
															- Other:
5	0	0	0	0	0		0	0	0	0	4.7	0	0/	0/0	-- Isosafrole
5	0	0	0	0	0		0	0	0	0	4.7	0	0/	0/0	-- 1-(1,3-Benzodioxol-5-yl) propan-2-one
5	0	0	0	0	0		0	0	0	0	4.7	0	0/	0/0	-- Piperonal
5	0	0	0	0	0		0	0	0	0	4.7	0	0/	0/0	-- Safrole
5	0	0	0	0	0		0	0	0	0	4.7	0	0/	0/0	-- Tetrahydrocannabinols (all isomers)
0	0	0	0	0	0		0	0	0	0	4.7	0	0/	0/0	-- Carbofuran (ISO)
															-- Other:

税　号	货品名称	进口关税（%）最惠国	普通	年内暂定	增值/消费税（%）	出口退税（%）	计量单位	监管证件代码	检验检疫类别	协定税率（%）东盟	亚太	智利
2932.9910	--- 7-羟基苯并呋喃（呋喃酚）	4	11		13	13	千克			0	3.6	0
2932.9920	--- 2,2'-双甲氧羰基-4,4'-双甲氧基-5,5',6,6'-双亚甲二氧基联苯（联苯双酯）	6.5	20		13	13	千克			0	5.2	0
2932.9930	--- 蒿甲醚	6.5	20		13	13	千克			0		0
2932.9990	--- 其他											
29329990.12	二氧威，噁虫威，丙硫克百威等（包括丁硫克百威，呋线威）	6.5	20		13	13	千克	S		0		0
29329990.13	因毒磷，敌噁磷，碳氯灵	6.5	20		13	13	千克	S		0		0
29329990.14	增效特、增效砜、增效醚、增效酯等（包括增效环、增效散）	6.5	20		13	13	千克			0		0
29329990.15	吡喃灵、吡喃隆、乙氧呋草黄等（包括呋草黄、氟草肟）	6.5	20		13	13	千克	S		0		0
29329990.16	避蚊酮，苯虫醚，鱼藤酮，环虫酰肼	6.5	20		13	13	千克	S		0		0
29329990.17	调呋酸，芸苔素内酯	6.5	20		13	13	千克	S		0		0
29329990.21	紫杉醇	6.5	20	0	3	0	千克	QFE		0		0
29329990.22	三尖杉宁碱	6.5	20		13	0	千克	FE		0		0
29329990.23	十去乙酰基巴卡丁三（红豆杉提取物10-DAB）	6.5	20		13	0	千克	FE		0		0
29329990.24	十去乙酰基紫杉醇（红豆杉提取物10-DAT）	6.5	20		13	0	千克	FE		0		0
29329990.25	巴卡丁三	6.5	20		13	0	千克	FE		0		0
29329990.26	7-表紫杉醇	6.5	20		13	0	千克	FE		0		0
29329990.27	10-去乙酰7-表紫杉醇	6.5	20		13	0	千克	FE		0		0
29329990.28	7,10-双（三氯乙酰基）-10-去乙酰基巴卡丁三类似物	6.5	20		13	0	千克	EF		0		0
29329990.29	多烯紫杉醇（多西他赛）	6.5	20	0	3	0	千克	EF		0		0
29329990.31	7,10-双（三氯乙酰基）-多西他赛	6.5	20		13	0	千克	EF		0		0
29329990.32	贝前列素钠	6.5	20	0	13	13	千克			0		0
29329990.33	抗癌药原料（淫羊藿素）	6.5	20	0	3	13	千克			0		0
29329990.40	替苯丙胺及其盐	6.5	20		13	13	千克	I		0		0
29329990.51	（1,2-二甲基庚基）羟基四氢甲基二苯吡喃（包括六氢大麻酚）	6.5	20		13	13	千克	I		0		0
29329990.52	甲羟芬胺，乙芬胺，羟芬胺	6.5	20		13	13	千克	I		0		0
29329990.53	二亚甲基双氧安非他明及其盐	6.5	20		13	13	千克	I		0		0
29329990.54	3，4-亚甲二氧基甲卡西酮	6.5	20		13	13	千克	I		0		0
29329990.60	二恶英、呋喃（多氯二苯并对二恶英、多氯二苯并呋喃）	6.5	20		13	13	千克	89		0		0
29329990.70	1,4-二噁烷	6.5	20		13	13	千克			0		0
29329990.80	二氢黄樟素	6.5	20		13	13	千克	G		0		0
29329990.91	其他濒危植物提取的仅含氧杂原子的杂环化合物	6.5	20		13	0	千克	EF		0		0
29329990.92	阿卡波糖水合物	6.5	20	0	13	13	千克			0		0
29329990.93	2-甲基-3-[3,4-（亚甲二氧基）苯基]缩水甘油酸、2-甲基-3-[3,4-(亚甲二氧基)苯基]缩水甘油酸甲酯（CAS号：2167189-50-4、13605-48-6）	6.5	20		13	13	千克	23		0		0
29329990.99	其他仅含氧杂原子的杂环化合物	6.5	20		13	13	千克			0		0
29.33	**仅含有氮杂原子的杂环化合物：**											
	- 结构上含有一个非稠合吡唑环（不论是否氢化）的化合物：											
2933.1100	-- 二甲基苯基吡唑酮（安替比林）及其衍生物	6.5	20		13	13	千克			0	4.2	0
	-- 其他：											
2933.1920	--- 安乃近	6	20		13	13	千克	Q		0	4.8	0

协定税率（%）巴基斯坦	冰岛	哥斯达黎加	秘鲁	新西兰	瑞士	新加坡	韩国	澳大利亚	格鲁吉亚	毛里求斯	日本RCEP	尼加拉瓜	港澳台	特惠税率（%）①/②	Article Description
0	0	0	0	0	0		1.3	0	0	0	3.3	0	0/	0/0	--- Furan phenol
5	0	0	0	0	0		0	0	0	0	4.7	0	0/	0/0	--- Bifendate
5	0	0	0	0	0		0	0	0	0	4.7	0	0/	0/0	--- Artemether
															--- Other
0	0	0	0	0	0		0	0	0	0	4.7	0	0/	0/0	Dioxocarb, bendiocarb, benfuracarb (including carbosulfan, furathiocarb)
0	0	0	0	0	0		0	0	0	0	4.7	0	0/	0/0	Endothion, dioxathion, isobenzan
0	0	0	0	0	0		0	0	0	0	4.7	0	0/	0/0	Bucarpolate, sufoxide, piperonyl butoxide, propyl isome, etc. (including piperonylcyclonene, sesamex)
0	0	0	0	0	0		0	0	0	0	4.7	0	0/	0/0	Pyracarbolin, metobenzuron, ethofumesate, etc. (including ethofumesate, fluxofenim)
0	0	0	0	0	0		0	0	0	0	4.7	0	0/	0/0	Butopyronoxyl, difenolan, rotenone, chromafenozide
0	0	0	0	0	0		0	0	0	0	4.7	0	0/	0/0	Dikegulac, brassinolide
0	0	0	0	0	0		0	0	0	0	4.7	0	0/	0/0	Taxinol
0	0	0	0	0	0		0	0	0	0	4.7	0	0/	0/0	Cephalomannine
0	0	0	0	0	0		0	0	0	0	4.7	0	0/	0/0	10-deacetylate-baccatin III (extracted from taxus 10-DAB)
0	0	0	0	0	0		0	0	0	0	4.7	0	0/	0/0	10-deacetylate-paclitaxel (extracted from taxus 10-DAT)
0	0	0	0	0	0		0	0	0	0	4.7	0	0/	0/0	Baccatine Ⅲ
0	0	0	0	0	0		0	0	0	0	4.7	0	0/	0/0	7-epitaxol
0	0	0	0	0	0		0	0	0	0	4.7	0	0/	0/0	10-deacetyl-7-epitaxol
0	0	0	0	0	0		0	0	0	0	4.7	0	0/	0/0	7,10-bis (trichloroacetyl)-10-deacetyl baccatin Ⅲ analogues
0	0	0	0	0	0		0	0	0	0	4.7	0	0/	0/0	Docetaxel
0	0	0	0	0	0		0	0	0	0	4.7	0	0/	0/0	7,10-bis (trichloroacetyl)-docetaxel
0	0	0	0	0	0		0	0	0	0	4.7	0	0/	0/0	Beraprost Sodium
0	0	0	0	0	0		0	0	0	0	4.7	0	0/	0/0	APIs of anticancer drugs(Icaritin)
0	0	0	0	0	0		0	0	0	0	4.7	0	0/	0/0	Tenamfetamine and its salts
0	0	0	0	0	0		0	0	0	0	4.7	0	0/	0/0	(1,2-Dimetol) Hydroxytetrahydrobiopterin-DMHP (including Parahexyl)
0	0	0	0	0	0		0	0	0	0	4.7	0	0/	0/0	MMDA, N-ethyl MDA, N-hydroxy MDA.
0	0	0	0	0	0		0	0	0	0	4.7	0	0/	0/0	Methylene dioxymethamphetamine (MDMA) and its salts
0	0	0	0	0	0		0	0	0	0	4.7	0	0/	0/0	3,4-methylenedioxy-N-methylcathinone; CAS No:186028-79-5
0	0	0	0	0	0		0	0	0	0	4.7	0	0/	0/0	Dioxin, furan (Polychlorinated dibenzo-p-dioxins, polychlorinated dibenzofurans)
0	0	0	0	0	0		0	0	0	0	4.7	0	0/	0/0	1, 4-Dioxane
0	0	0	0	0	0		0	0	0	0	4.7	0	0/	0/0	Dihydrosafrole
0	0	0	0	0	0		0	0	0	0	4.7	0	0/	0/0	Other heterocyclic compounds with oxygen hetero-atom only, distilled from endangered plants
0	0	0	0	0	0		0	0	0	0	4.7	0	0/	0/0	Acarbose hydrate
0	0	0	0	0	0		0	0	0	0	4.7	0	0/	0/0	2-methyl-3-[3,4- (methylenedioxy) phenyl] glycidic acid, 2-methyl-3-[3,4-(methylenedioxy) phenyl] glycidic acid methyl ester (CASNo.: 2167189-50-4, 13605-48-6)
0	0	0	0	0	0		0	0	0	0	4.7	0	0/	0/0	Other heterocyclic compounds only with oxygen heterocyclic compound
															Heterocyclic compounds with nitrogen hetero-atom (s) only:
															- Compounds containing an unfused pyrazole ring (whether or not hydrogenated) in the structure:
5	0	0	0	0	0		0	0	0	0	4.7	0	0/	0/0	-- Phenazone (antipyrin) and its derivatives
															-- Other:
5	0	0	0	0	0		0	0	0	0	0	0	0/	0/0	--- Analgin

税号	货品名称	进口关税（%） 最惠国	普通	年内暂定	增值/消费税（%）	出口退税（%）	计量单位	监管证件代码	检验检疫类别	协定税率（%） 东盟	亚太	智利
2933.1990	--- 其他											
29331990.11	吡硫磷，吡唑硫磷，敌蝇威，乙虫腈等（包括异索威、吡唑威）	6.5	20		13	13	千克	S		0		0
29331990.12	氟虫腈，唑螨酯，吡螨胺等（包括吡唑醚菌酯）	6.5	20		13	13	千克	S		0		0
29331990.13	吡草醚，吡唑草胺，氟氯草胺等（包括野燕枯、苄草唑、吡唑特、吡草酮）	6.5	20		13	13	千克	S		0		0
29331990.14	吡唑萘菌胺（包括氟唑菌胺、乙唑螨腈、异丙吡草酯、唑虫酰胺、氟唑环菌胺、氟唑菌酰胺、氟唑菌苯胺）	6.5	20		13	13	千克	S		0		0
29331990.15	苯并烯氟菌唑	6.5	20		13	13	千克	S		0		0
29331990.16	苯唑氟草酮、丁虫腈、氟唑菌酰羟胺、腈吡螨酯、嗪虫唑酰胺、三唑磺草酮、双唑草酮、唑菌酯	6.5	20		13	13	千克	S		0		0
29331990.20	抗癌药原料（赛沃替尼）	6.5	20	0	3	13	千克			0		0
29331990.90	其他结构上有非稠合吡唑环化合物	6.5	20		13	13	千克			0		0
	- 结构上含有一个非稠合咪唑环（不论是否氢化）的化合物：											
2933.2100	-- 乙内酰脲及其衍生物	6.5	30		13	13	千克			0		0
2933.2900	-- 其他											
29332900.11	异菌脲	6.5	20		13	13	千克	S		0		0
29332900.12	抑霉唑，咪菌腈，咪鲜胺及其盐等	6.5	20		13	13	千克	S		0		0
29332900.13	咪草酸、丁咪酰胺	6.5	20		13	13	千克	S		0		0
29332900.14	果绿啶	6.5	20		13	13	千克	S		0		0
29332900.15	氟菌唑	6.5	20		13	13	千克	S		0		0
29332900.20	2,4-二硝基咪唑（DNI）（CAS号5213-49-0）	6.5	20		13	13	千克	3		0		0
29332900.31	依托咪酯	6.5	20		13	13	千克	I		0		0
29332900.90	其他结构上有非稠合咪唑环化合物	6.5	20		13	13	千克			0		0
	- 结构上含有一个非稠合吡啶环（不论是否氢化）的化合物：											
2933.3100	-- 吡啶及其盐											
29333100.10	吡啶	6	20		13	13	千克	AB	M/N	0		0
29333100.90	吡啶盐	6	20		13	13	千克			0		0
	-- 六氢吡啶（哌啶）及其盐：											
2933.3210	--- 六氢吡啶（哌啶）	4	11		13	13	千克	23		0		0
2933.3220	--- 六氢吡啶（哌啶）盐	6.5	20		13	13	千克			0		0
2933.3300	-- 阿芬太尼（INN）、阿尼利定（INN）、苯氰米特（INN）、溴西泮（INN）、卡芬太尼（INN）、地芬诺新（INN）、地芬诺酯（INN）、地匹哌酮（INN）、芬太尼（INN）、凯托米酮（INN）、哌醋甲酯（INN）、喷他左辛（INN）、哌替啶（INN）、哌替啶中间体A（INN）、苯环利定（INN）、苯哌利定（INN）、哌苯甲醇（INN）、哌氰米特（INN）、哌丙吡胺（INN）、瑞芬太尼（INN）和三甲利定（INN）以及它们的盐											
29333300.40	阿芬太尼（INN）、阿尼利定（INN）、苯氰米特（INN）、溴西泮（INN）、卡芬太尼（INN）、地芬诺新（INN）、地芬诺酯（INN）、地匹哌酮（INN）、芬太尼（INN）、凯托米酮（INN）、哌醋甲酯（INN）、喷他左辛（INN）（以及它们的盐）	6.5	20		13	13	千克	I		0		0

协定税率（%）														特惠税率（%）①/②	Article Description
巴基斯坦	冰岛	哥斯达黎加	秘鲁	新西兰	瑞士	新加坡	韩国	澳大利亚	格鲁吉亚	毛里求斯	日本RCEP	尼加拉瓜	港澳台		
															--- Other
5	0	0	0	0	0		0	0	0	0	4.7	0	0/	0/0	Pyrazothion, pyraclofos, dimetilan, ethiprole, etc. (including isolan, pyrolan)
5	0	0	0	0	0		0	0	0	0	4.7	0	0/	0/0	Fipronil, fenpyroximate, tebufenpyrad, etc. (including pyraclostrobin)
5	0	0	0	0	0		0	0	0	0	4.7	0	0/	0/0	Pyraflufenethyl, metazachlor, nipyraclofen, etc. (including difenzoquat, pyrazoxyfen, pyrazolate, benzofenap)
5	0	0	0	0	0		0	0	0	0	4.7	0	0/	0/0	Isopyrazam (including fluzolamide, acetazolamide, promethazide, imidazolamide, fluconazole cyclophosphamide, fluconazole amide, fluconazole aniline)
5	0	0	0	0	0		0	0	0	0	4.7	0	0/	0/0	Benzovindiflupyr
5	0	0	0	0	0		0	0	0	0	4.7	0	0/	0/0	Oxfam, chlorfenapyr, trifloxystrobin hydroxylamine, fenpyroximate, oxadiazole amide, trifloxystrobin, oxadiazon, and trifloxystrobin
5	0	0	0	0	0		0	0	0	0	4.7	0	0/	0/0	APIs of anticancer drugs(Savolitinib)
5	0	0	0	0	0		0	0	0	0	4.7	0	0/	0/0	Other compounds containing an unfused pyrazole ring in the structure
															- Compounds containing an unfused imidazole ring (whether or not hydrogenated) in the structure:
5	0	0	0	0	0		0	0	0	0	4.7	0	0/	0/0	-- Hydantoin and its derivatives
															-- Other
5	0	0	0	0	2.6		0	0	0	0	4.7	0	0/	0/0	Iprodione
5	0	0	0	0	2.6		0	0	0	0	4.7	0	0/	0/0	Imazalil, imipenem, prochloraz and its salts
5	0	0	0	0	2.6		0	0	0	0	4.7	0	0/	0/0	Imazamethabenz-methyl, isocarbamide
5	0	0	0	0	2.6		0	0	0	0	4.7	0	0/	0/0	Glyodin
5	0	0	0	0	2.6		0	0	0	0	4.7	0	0/	0/0	Triflumizole
5	0	0	0	0	2.6		0	0	0	0	4.7	0	0/	0/0	2,4-Dinitro-1H-imidazole（DNI）（CAS No.5213-49-0）
5	0	0	0	0	2.6		0	0	0	0	4.7	0	0/	0/0	Etomidate
5	0	0	0	0	2.6		0	0	0	0	4.7	0	0/	0/0	Other compounds containing an unfused imidazole ring in the structure
															- Compounds containing an unfused pyridine ring (whether or not hydrogenated) in the structure:
															-- Pyridine and its salts
5	0	0	0	0	0		0	0	0	0	0	0	0/0	0/0	Pyridine
5	0	0	0	0	0		0	0	0	0	0	0	0/0	0/0	Pyridinium
															-- Piperidine and its salts:
0	0	0	0	0	0		0	0	0	0	0	0	0/	0/0	--- Hexahydropyridine (piperidine)
5	0	0	0	0	0		0	0	0	0	4.7	0	0/	0/0	--- Isoniazidum
															-- Alfentanil (INN), anileridine (INN), bezitramide (INN), bromazepam(INN), carfentanil (INN), difenoxin (INN), diphenoxylate (INN), dipipanone (INN), fentanyl (INN), ketobemidone (INN), methylphenidate (INN), pentazocine (INN), pethidine (INN), pethidine (INN) intermediate A, phencyclidine (INN) (PCP), phenoperidine (INN), pipradrol (INN), piritramide (INN), propiram (INN), remifentanil (INN) and trimeperidine (INN); salts thereof
5	0	0	0	0	0		1.1	0	0	0	4.7	0	0/	0/0	Alfentanil (INN), anileridine (INN), bezitramide (INN), bromazepam(INN), carfentanil (INN), difenoxin (INN), diphenoxylate (INN), dipipanone (INN), fentanyl (INN), ketobemidone (INN), methylphenidate (INN), pentazocine (INN); salts thereof

税　号	货品名称	进口关税（%）			增值/消费税（%）	出口退税（%）	计量单位	监管证件代码	检验检疫类别	协定税率（%）		
		最惠国	普通	年内暂定						东盟	亚太	智利
29333300.50	哌替啶（INN）、哌替啶中间体A（INN）、苯环利定（INN）、苯哌利定（INN）、哌苯甲醇（INN）、哌氰米特（INN）、哌丙吡胺（INN）、瑞芬太尼（INN）和三甲利定（INN）（以及它们的盐）	6.5	20		13	13	千克	I		0		0
2933.3400	-- 其他芬太尼及它们的衍生物											
29333400.10	乙酰阿法甲基芬太尼，阿法甲基芬太尼，倍他羟基芬太尼，倍他羟基-3-甲基芬太尼，对氟芬太尼（以及它们的盐）	6.5	20		13	13	千克	I		0		0
29333400.90	其他芬太尼及它们的衍生物	6.5	20		13	13	千克			0		0
2933.3500	-- 奎宁环-3-醇（3-奎宁醇）	6.5	20		13	13	千克	23		0	5.2	0
2933.3600	-- 4-苯氨基-N-苯乙基哌啶（ANPP）	6.5	20		13	13	千克	23		0		0
2933.3700	-- N-苯乙基-4-哌啶酮（NPP）	6.5	20		13	13	千克	23		0		0
	-- 其他：											
2933.3910	--- 二苯乙醇酸-3-奎宁环酯	6.5	20		13	13	千克	23		0	5.2	0
2933.3990	--- 其他											
29333990.11	烯丙罗定，阿法美罗定，倍他美罗定，阿法罗定，苄替啶，倍他罗定，依托利定，羟哌替啶，美他佐辛，1-甲基-4-苯基-4-哌啶丙酸酯，诺匹哌酮，以及它们的盐	6.5	20		13	13	千克	I		0		0
29333990.12	1-苯乙基-4-苯基-4-哌啶乙酸酯，哌替啶中间体B，哌替啶中间体C，非那丙胺，非那佐辛，匹米诺定，丙哌利定，以及它们的盐；瑞马唑仑及其盐和异构体	6.5	20		13	13	千克	I		0		0
29333990.13	氟氯吡啶酯、氟醚菌酰胺、环吡氟草酮、氯氟吡啶酯、哌虫啶、三氟吡啶胺、四唑虫酰胺	6.5	20		13	13	千克			0		0
29333990.21	精吡氟禾草灵及其酯，毒死蜱，二氯氨基吡啶羧酸（包括二氯吡隆，三氟甲吡醚，氯虫苯甲酰胺，啶酰菌胺，羟哌酯）	6.5	20		13	13	千克	S		0		0
29333990.22	啶虫脒	6.5	20		13	13	千克	S		0		0
29333990.23	精喹禾灵	6.5	20		13	13	千克	S		0		0
29333990.24	喹禾灵、氟吡禾灵、吡氟禾草灵等（包括炔禾灵、氟吡乙禾灵、氟吡菌胺、卤草啶）	6.5	20		13	13	千克	S		0		0
29333990.25	高效氟吡甲禾灵、氟吡甲禾灵等（包括鼠特灵、灭鼠优、灭鼠安、氟鼠啶）	6.5	20		13	13	千克	S		0		0
29333990.26	甲基毒死蜱、吡虫啉等（包括吡氯氰菊酯、啶蜱脲、氟啶脲、哒幼酮、吡丙醚）	6.5	20		13	13	千克	S		0		0
29333990.27	驱蛔啶、烯啶虫胺	6.5	20		13	13	千克	S		0		0
29333990.28	咪唑烟酸，甲咪唑烟酸，咪唑乙烟酸等（包括氨氯吡啶酸，三氯吡氧乙酸及其盐和酯，氯氟吡氧乙酸及其盐和酯，二氯吡啶酸）	6.5	20		13	13	千克	S		0		0
29333990.29	炔草酯及其酸，哌草磷，哌草丹，稗草丹等（包括吡氟酰草胺，氟吡酰草胺，氟啶草酮，氟硫草定，甲氧咪草烟）	6.5	20		13	13	千克	S		0		0
29333990.30	3-羟基-1-甲基哌啶	6.5	20		13	13	千克	23		0		0
29333990.40	3-奎宁环酮	6.5	20		13	13	千克	23		0		0
29333990.51	甲哌鎓、抗倒胺、氯吡脲、吡啶醇	6.5	20		13	13	千克	S		0		0
29333990.52	啶菌噁唑、苯锈啶、啶斑肟等（包括啶菌腈）	6.5	20		13	13	千克	S		0		0
29333990.53	氟啶胺、氟啶虫酰胺、三氯甲基吡啶	6.5	20		13	13	千克	S		0		0
29333990.54	咪唑嗪、丁硫啶、氯苯吡啶、哌丙灵	6.5	20		13	13	千克	S		0		0
29333990.55	氟吡菌酰胺	6.5	20		13	13	千克	S		0		0
29333990.56	氯啶菌酯	6.5	20		13	13	千克	S		0		0

协定税率（%）														特惠税率（%）①/②	Article Description
巴基斯坦	冰岛	哥斯达黎加	秘鲁	新西兰	瑞士	新加坡	韩国	澳大利亚	格鲁吉亚	毛里求斯	日本RCEP	尼加拉瓜	港澳台		
5	0	0	0	0	0		1.1	0	0	0	4.7	0	0/	0/0	Pethidine (INN), pethidine (INN) intermediate A, phencyclidine (INN) (PCP), phenoperidine (INN), pipradrol (INN), piritramide (INN), propiram (INN), remifentanil (INN) and trimeperidine (INN); salts thereof
															-- Other fentanyls and their derivatives
0	0	0	0	0	0		0	0	0	0	4.7	0	0/	0/0	Acetyl-alpha-methylfent, alpha-methylfentanyl, betahydroxyfentanyl, betahydroxy-3-methyl fentanyl, parafluorofentanyl
0	0	0	0	0	0		0	0	0	0	4.7	0	0/	0/0	Other fentanyls and their derivatives
5	0	0	0	0	0		0	0	0	0	4.7	0	0/	0/0	-- 3-Quinuclidinol
0	0	0	0	0	0		0	0	0	0	4.7	0	0/	0/0	-- 4-Anilino-N-phenethylpiperidine (ANPP)
0	0	0	0	0	0		0	0	0	0	4.7	0	0/	0/0	-- N-Phenethyl-4-piperidone (NPP)
															-- Other:
5	0	0	0	0	0		0	0	0	0	4.7	0	0/	0/0	--- Benzilic acid-3-quinuclidinate
															--- Other
0	0	0	0	0	0		0	0	0	0	4.7	0	0/	0/0	Alloprodine, alfamerodine, betamerodine, alfamerodine, benthidine, betalodine, etolidine, hydroxypethidine, metazocine, 1-methyl-4-phenyl-4-piperidine propionate, nopiperone; salts thereof
0	0	0	0	0	0		0	0	0	0	4.7	0	0/	0/0	1-phenethyl-4-phenyl-4-pi-peridine acetate, pethidine intermediate B, pethidine intermediate C, phenampromide, phenazocine, piminodine, properidine and their salts, remimazolam and its slalts and isomers
0	0	0	0	0	0		0	0	0	0	4.7	0	0/	0/0	Fluzopyridyl ester, flufenoxamide, cyhalofop-butyl, fluzopyridyl ester, piperazidine, trifluoropyridine amine and tetrazolamide
0	0	0	0	0	0		0	0	0	0	4.7	0	0/	0/0	Fendiflufenican and its esters, chlorpyrifos, dichloroaminopyridine carboxylic acid (including diflufenzopyr, pyridalyl, chlorantraniliprole, acetaminophen, hydroxypiperazide)
0	0	0	0	0	0		0	0	0	0	4.7	0	0/	0/0	Acetamiprid
0	0	0	0	0	0		0	0	0	0	4.7	0	0/	0/0	Quizalofop-p-ethyl
0	0	0	0	0	0		0	0	0	0	4.7	0	0/	0/0	Quizalofop, haloxyfop, fluazifop, etc. (including chloroazifop-propynyl, haloxyfop-2-ethoxymethyl, fluopicolide, haloxydine)
0	0	0	0	0	0		0	0	0	0	4.7	0	0/	0/0	Haloxyfop-P-methyl, haloxyfop-methyl, etc. (including norbormide, pyrinuron, RH-945, flupropadine)
0	0	0	0	0	0		0	0	0	0	4.7	0	0/	0/0	Chlorpyrifos-methyl, imidacloprid, etc. (including cypermethrin, fluazuron, chlorfluazuron, pyridaben, pyriproxyfen)
0	0	0	0	0	0		0	0	0	0	4.7	0	0/	0/0	2,5-Pyridinedicarboxylicacid, nitenpyram
0	0	0	0	0	0		0	0	0	0	4.7	0	0/	0/0	Imazapyr, imazapic, imazethapyr (including picloram, trichlopyr and its salts and esters, fluroxypyr and its salts and esters, clopyralid)
0	0	0	0	0	0		0	0	0	0	4.7	0	0/	0/0	Clodinafop-propargyl and its free acid, piperophos, dimepiperate, pyributicarb (including diflufenican, fluridone, dithiopyr, imazamox)
0	0	0	0	0	0		0	0	0	0	4.7	0	0/	0/0	3-Hydroxy-1-methyl piperidine
0	0	0	0	0	0		0	0	0	0	4.7	0	0/	0/0	3-Quinuclidone
0	0	0	0	0	0		0	0	0	0	4.7	0	0/	0/0	Mepiquatechloride, inabenfide, forchlorfenuron, pyripropanol
0	0	0	0	0	0		0	0	0	0	4.7	0	0/	0/0	SYP-Z048, fenpropidin, pyrifenox, etc. (including pyridinitril)
0	0	0	0	0	0		0	0	0	0	4.7	0	0/	0/0	Fluazinam, flonicamid, nitrapyrin
0	0	0	0	0	0		0	0	0	0	4.7	0	0/	0/0	Triazoxide, buthiobate, parinol, piperlin
0	0	0	0	0	0		0	0	0	0	4.7	0	0/	0/0	Fluopyram
0	0	0	0	0	0		0	0	0	0	4.7	0	0/	0/0	SYP-7017

税号	货品名称	进口关税（%）			增值/消费税（%）	出口退税（%）	计量单位	监管证件代码	检验检疫类别	协定税率（%）		
		最惠国	普通	年内暂定						东盟	亚太	智利
29333990.57	氯氧吡啶酸	6.5	20		13	13	千克	S		0		0
29333990.58	哌壮素	6.5	20		13	13	千克	S		0		0
29333990.60	啶氧菌酯（包括氟啶虫胺腈、环啶菌胺、四氯虫酰胺、溴氰虫酰胺、玉雄杀）	6.5	20		13	13	千克	S		0		0
29333990.71	2,6-双（苦基氨基）-3,5-二硝基吡啶（PYX）（CAS号38082-89-2）	6.5	20		13	13	千克	3		0		0
29333990.72	全氟辛酸的盐类和相关化合物（PFOA类）	6.5	20		13	13	千克	X		0		0
29333990.91	抗癌药原料（吉美嘧啶、甲磺酸阿帕替尼、西达本胺、甲苯磺酸尼拉帕利）	6.5	20	0	3	3	千克			0		0
29333990.95	胺基甲酸酯类（二甲胺基甲酸吡啶酯类季铵盐和双季铵盐）	6.5	20		13	13	千克	23		0		0
29333990.99	其他结构上含有一个非稠合吡啶环（不论是否氢化）的化合物	6.5	20		13	13	千克			0		0
	- 结构上含有一个喹啉或异喹啉环系（不论是否氢化）的化合物，但未经进一步稠合的：											
2933.4100	-- 左非诺（INN）及其盐	6.5	20		13	13	千克	I		0		0
2933.4900	-- 其他											
29334900.11	丙烯酸喹啉酯，苯氧喹啉	6.5	20		13	13	千克	S		0		0
29334900.12	咯喹酮	6.5	20		13	13	千克	S		0		0
29334900.13	氯甲喹啉酸、二氯喹啉草酮、喹啉铜	6.5	20		13	13	千克	S		0		0
29334900.14	二氯喹啉酸	6.5	20		13	13	千克	S		0		0
29334900.15	FG-4592（CAS号808118-40-3）（一种缺氧诱导因子-脯氨酸羟化酶抑制剂）	6.5	20		13	13	千克			0		0
29334900.21	羟蒂巴酚、左美沙芬、左芬啡烷	6.5	20		13	13	千克	I		0		0
29334900.22	去甲左啡诺、非诺啡烷、消旋甲啡烷、消旋啡烷	6.5	20		13	13	千克	I		0		0
29334900.30	布托啡诺	6.5	20		13	13	千克	I		0		0
29334900.40	抗癌药原料（马来酸吡咯替尼）	6.5	20	0	3	3	千克			0		0
29334900.90	其他含喹啉或异喹啉环系的化合物（但未进一步稠合的）	6.5	20		13	13	千克			0		0
	- 结构上含有一个嘧啶环（不论是否氢化）或哌嗪环的化合物：											
2933.5200	-- 丙二酰脲（巴比土酸）及其盐	6.5	20		13	13	千克			0		0
2933.5300	-- 阿洛巴比妥（INN）、异戊巴比妥（INN）、巴比妥（INN）、布他比妥（INN）、正丁巴比妥（INN）、环己巴比妥（INN）、甲苯巴比妥（INN）、戊巴比妥（INN）、苯巴比妥（INN）、仲丁巴比妥（INN）、司可巴比妥（INN）和乙烯比妥（INN）以及它们的盐											
29335300.11	阿洛巴比妥，仲丁巴比妥（以及它们的盐）	6.5	20		13	13	千克	I		0		0
29335300.12	乙烯比妥、布他比妥、丁巴比妥（以及它们的盐）	6.5	20		13	13	千克	I		0		0
29335300.13	环己巴比妥，甲苯巴比妥（以及它们的盐）	6.5	20		13	13	千克	I		0		0
29335300.14	司可巴比妥，异戊巴比妥（以及它们的盐）	6.5	20		13	13	千克	I		0		0
29335300.15	戊巴比妥、苯巴比妥、巴比妥（以及它们的盐）	6.5	20		13	13	千克	I		0		0
2933.5400	-- 其他丙二酰脲（巴比土酸）的衍生物以及它们的盐	6.5	20		13	13	千克			0		0
2933.5500	-- 氯普唑仑（INN）、甲氯喹酮（INN）、甲喹酮（INN）和齐培丙醇（INN）以及它们的盐											

协定税率(%) 巴基斯坦	冰岛	哥斯达黎加	秘鲁	新西兰	瑞士	新加坡	韩国	澳大利亚	格鲁吉亚	毛里求斯	日本RCEP	尼加拉瓜	港澳台	特惠税率(%)①/②	Article Description
0	0	0	0	0	0		0	0	0	0	4.7	0	0/	0/0	Picloram
0	0	0	0	0	0		0	0	0	0	4.7	0	0/	0/0	Piproctanyl
0	0	0	0	0	0		0	0	0	0	4.7	0	0/	0/0	Picoxystrobin (including sulfoxaflor, ICIA0858, SYP9080, cyantraniliprole, chloretazate)
0	0	0	0	0	0		0	0	0	0	4.7	0	0/	0/0	2,6-Bis(picrylamino)-3,5-dinitropyridine (PYX)(CAS No.38082-89-2)
0	0	0	0	0	0		0	0	0	0	4.7	0	0/	0/0	Salts and related compounds of perfluorooctanoic acid (PFOA)
0	0	0	0	0	0		0	0	0	0	4.7	0	0/	0/0	APIs of anticancer drugs(gimeracil, apatinib mesylate, chidamide and niraparib tosylate)
0	0	0	0	0	0		0	0	0	0	4.7	0	0/	0/0	Aminocarboxylic acid esters (pyridinium dimethylaminoformate quaternary ammonium salt and bis quaternary ammonium salt)
0	0	0	0	0	0		0	0	0	0	4.7	0	0/	0/0	Other compounds containing an unfused pyridine ring (whether or not hydrogenated) in the structure
															- Compounds containing a quinoline or isoquinoline ring-system (whether or not hydrogenated), not further fused:
5	0	0	0	0	0		0	0	0	0	4.7	0	0/	0/0	-- Levorpharol (INN) and its salts
															-- Other
5	0	0	0	0	0		0	0	0	0	4.7	0	0/	0/0	Halacrinate, quinoxyfen
5	0	0	0	0	0		0	0	0	0	4.7	0	0/	0/0	Pyroquilon
5	0	0	0	0	0		0	0	0	0	4.7	0	0/	0/0	Quinmerac, dichloroquinolinone, copper quinolate
5	0	0	0	0	0		0	0	0	0	4.7	0	0/	0/0	Quinclorac
5	0	0	0	0	0		0	0	0	0	4.7	0	0/	0/0	FG-4592 (CAS number: 808118-40-3) (a kind of hypoxia-inducible factor (HIF))
5	0	0	0	0	0		0	0	0	0	4.7	0	0/	0/0	Drotebanol, levomethorphan, levophenacylmorphan
5	0	0	0	0	0		0	0	0	0	4.7	0	0/	0/0	Norlevorphanol, phenomorphan, racemethorphan, racemorphan
5	0	0	0	0	0		0	0	0	0	4.7	0	0/	0/0	Butorphanol
5	0	0	0	0	0		0	0	0	0	4.7	0	0/	0/0	APIs of anticancer drugs(pyrotinib maleate)
5	0	0	0	0	0		0	0	0	0	4.7	0	0/	0/0	Other compounds containing quinoline or isoquinoline ring-system (but not further fused)
															- Compounds containing a pyrimidine ring (whether or not hydrogenated) or piperazine ring in the structure:
5	0	0	0	0	0		0	0	0	0	4.7	0	0/	0/0	-- Malonylurea (barbituric acid) and its salts
															-- Allobarbital (INN), amobarbital(INN), barbital (INN), butalbital (INN), butobarbital (INN), cyclobarbital (INN), methylphenobarbital (INN), pentobarbital (INN), phenobarbital (INN), secbutabarbital (INN), secobarbital (INN) and vinylbital (INN); salts thereof
5	0	0	0	0	0		0	0	0	0	4.7	0	0/	0/0	Allobarbital (INN), secbutabarbital (INN) and their salts
5	0	0	0	0	0		0	0	0	0	4.7	0	0/	0/0	Vinylbital (INN), butalbital (INN), butobarbital (INN) and their salts
5	0	0	0	0	0		0	0	0	0	4.7	0	0/	0/0	Cyclobarbital (INN), methylphenobarbital (INN) and their salts
5	0	0	0	0	0		0	0	0	0	4.7	0	0/	0/0	Secobarbital (INN), amobarbital (INN) and their salts
5	0	0	0	0	0		0	0	0	0	4.7	0	0/	0/0	Pentobarbital (INN), phenobarbital (INN), barbital (INN) and their salts
5	0	0	0	0	0		0	0	0	0	4.7	0	0/	0/0	-- Other derivatives of malonylurea (barbituric acid); salts thereof
															-- Loprazolam (INN), mecloqualone (INN), methaqualone (INN) and zipeprol (INN); salts thereof

税 号	货品名称	进口关税（%） 最惠国	普通	年内暂定	增值/消费税（%）	出口退税（%）	计量单位	监管证件代码	检验检疫类别	协定税率（%） 东盟	亚太	智利
29335500.11	甲氯喹酮，甲喹酮（以及它们的盐）	6.5	20		13	13	千克	I		0		0
29335500.12	氯普唑仑，齐培丙醇（以及它们的盐）	6.5	20		13	13	千克	I		0		0
	-- 其他：											
2933.5910	--- 胞嘧啶	6.5	20		13	13	千克			0	4.2	0
2933.5920	--- 环丙氟哌酸	6.5	20		13	13	千克			0	4.2	0
2933.5990	--- 其他											
29335990.11	嘧啶磷、甲基嘧啶磷、二嗪磷、双苯嘧草酮等（包括嘧啶氧磷、乙嘧硫磷）	6.5	20		13	13	千克	S		0	4.2	0
29335990.12	烯腺嘌呤、苄腺嘌呤、丁基嘧啶磷、嘧啶肟草醚等（包括苄氨基嘌呤、羟烯腺嘌呤）	6.5	20		13	13	千克	S		0	4.2	0
29335990.13	嘧草醚，双草醚，除草定，环草定等（包括异草定，异丙酯草醚，嘧草硫醚，特草定）	6.5	20		13	13	千克	S		0	4.2	0
29335990.14	吡菌磷、嘧霉胺、嘧菌胺、嘧菌酯等（包括嘧菌环胺、嘧菌腙）	6.5	20		13	13	千克	S		0	4.2	0
29335990.15	嘧啶威、抗蚜威、环虫腈、嘧螨醚等（包括嘧螨酯）	6.5	20		13	13	千克	S		0	4.2	0
29335990.16	氯苯嘧啶醇、环丙嘧啶醇、呋嘧醇等（包括氟苯嘧啶醇）	6.5	20		13	13	千克	S		0	4.2	0
29335990.17	氟蚁腙，鼠立死，三氟苯嘧啶	6.5	20		13	13	千克	S		0	4.2	0
29335990.18	二甲嘧酚、乙嘧酚、乙嘧酚磺酸酯	6.5	20		13	13	千克	S		0	4.2	0
29335990.19	嗪氨灵、咪唑喹啉酸、丙酯草醚	6.5	20		13	13	千克	S		0	4.2	0
29335990.20	氟丙嘧草酯、氯丙嘧啶酸	6.5	20		13	13	千克	S		0	4.2	0
29335990.30	溴嘧草醚	6.5	20		13	13	千克	S		0	4.2	0
29335990.40	唑嘧菌胺	6.5	20		13	13	千克	S		0	4.2	0
29335990.51	依他喹酮	6.5	20		13	13	千克	I		0	4.2	0
29335990.52	苄基哌嗪	6.5	20		13	13	千克	I		0	4.2	0
29335990.53	恩替卡韦	6.5	20	0	13	13	千克			0	4.2	0
29335990.60	利格列汀	6.5	20	0	13	13	千克			0	4.2	0
29335990.70	全氟辛酸的盐类和相关化合物（PFOA 类）	6.5	20		13	13	千克	X		0	4.2	0
29335990.91	抗癌药原料（甲磺酸伊马替尼、硫唑嘌呤、培美曲塞二钠、左亚叶酸钙、甲磺酸氟马替尼、甲磺酸阿美替尼、泽布替尼、奥雷巴替尼）	6.5	20	0	3	3	千克			0	4.2	0
29335990.99	其他结构上有嘧啶环等的化合物（包括其他结构上有哌嗪环的化合物）	6.5	20		13	13	千克			0	4.2	0
	- 结构上含有一个非稠合三嗪环（不论是否氢化）的化合物：											
2933.6100	-- 三聚氰胺（蜜胺）	6.5	20		13	13	千克			0		0
	-- 其他：											
2933.6910	--- 三聚氰氯	6	20		13	13	千克			0	5.4	0
	--- 异氰脲酸氯化衍生物：											
2933.6921	---- 二氯异氰脲酸	6.5	20		13	13	千克			0	5.2	0
2933.6922	---- 三氯异氰脲酸	6.5	20		13	13	千克	AB	M/N	0		0
2933.6929	---- 其他											
29336929.10	二氯异氰尿酸钠	6.5	20		13	13	千克	A	R/	0		0
29336929.90	其他异氰脲酸氯化衍生物	6.5	20		13	13	千克			0		0
2933.6990	--- 其他											
29336990.11	西玛津、莠去津、扑灭津、草达津等（包括特丁津、氰草津、环丙津、甘扑津、甘草津）	6.5	20		13	13	千克	S		0		0
29336990.12	西草净、扑草净、敌草净、莠灭净等（包括特丁净、异丙净、异戊乙净、氰草净、氟草净、甲氧丙净）	6.5	20		13	13	千克	S		0		0

协定税率（%）														特惠税率（%）①/②	Article Description
巴基斯坦	冰岛	哥斯达黎加	秘鲁	新西兰	瑞士	新加坡	韩国	澳大利亚	格鲁吉亚	毛里求斯	日本RCEP	尼加拉瓜	港澳台		
5	0	0	0	0	0		0	0	0	0	4.7	0	0/	0/0	Mecloqualone (INN), methaqualone (INN) and their salts
5	0	0	0	0	0		0	0	0	0	4.7	0	0/	0/0	Loprazolam (INN), zipeprol (INN) and their salts
															-- Other:
0	0	0	0	0	0		0	0	0	0	4.7	0	0/	0/0	--- Cytosine
5	0	0	0	0	0		0	0	0	0	4.7	0	0/	0/0	--- Ciprofloxacin
															--- Other
0	0	0	0	0	0		0	0	0	0	4.7	0	0/	0/0	Pyrimithate, pirimiphos-methyl, diazinon, benzfendizone, etc. (including midinyanglin, etrimfos)
0	0	0	0	0	0		0	0	0	0	4.7	0	0/	0/0	Enadenine, benzyladenine, tebupirimfos, pyribenzoxim, etc. (including benzyladenine, oxyenadenine)
0	0	0	0	0	0		0	0	0	0	4.7	0	0/	0/0	Pyriminobac-methyl, bispyribac-sodium, bromacil, lenacil (including isocil, isopropyl oxalate, azoxythioether, terbutadine)
0	0	0	0	0	0		0	0	0	0	4.7	0	0/	0/0	Pyrazophos, pyrimethanil, mepanipyrim, Azoxystrobin, etc. (including cyprodinil ferimzone)
0	0	0	0	0	0		0	0	0	0	4.7	0	0/	0/0	Pyramat, pirimicarb, dicyclanil, pyrimidifen, etc. (including fluacrypyrim)
0	0	0	0	0	0		0	0	0	0	4.7	0	0/	0/0	Fenarimol, ancymidol, flurprimidol, etc. (including nuarimol)
0	0	0	0	0	0		0	0	0	0	4.7	0	0/	0/0	Hydramethylnon, crimidine, triflumezopyrim
0	0	0	0	0	0		0	0	0	0	4.7	0	0/	0/0	Dimethirimol, ethirimol, bupirimate
0	0	0	0	0	0		0	0	0	0	4.7	0	0/	0/0	Triforine, imazaquin, pyribambenz-propyl
0	0	0	0	0	0		0	0	0	0	4.7	0	0/	0/0	Butafenacil, aminocyclopyrachlor
0	0	0	0	0	0		0	0	0	0	4.7	0	0/	0/0	Bromine pyriminobac
0	0	0	0	0	0		0	0	0	0	4.7	0	0/	0/0	Initium
0	0	0	0	0	0		0	0	0	0	4.7	0	0/	0/0	Etaqualone; CAS No: 7432-25-9
0	0	0	0	0	0		0	0	0	0	4.7	0	0/	0/0	Benzylpiperazine;CAS No: 2759-28-6
0	0	0	0	0	0		0	0	0	0	4.7	0	0/	0/0	Entecavir
0	0	0	0	0	0		0	0	0	0	4.7	0	0/	0/0	Linagliptin
0	0	0	0	0	0		0	0	0	0	4.7	0	0/	0/0	Salts and related compounds of perfluorooctanoic acid (PFOA)
0	0	0	0	0	0		0	0	0	0	4.7	0	0/	0/0	APIs of anticancer drugs(imatinib mesylate, azathioprine, pemetrexed disodium, calcium levofolinate, flumatinib mesylate, almonertinib mesilate and zanubrutinib, olverembatinib)
0	0	0	0	0	0		0	0	0	0	4.7	0	0/	0/0	Other compounds containing pyrimidine ring (including other compounds containing piperazine ring)
															- Compounds containing an unfused triazine ring (whether or not hydrogenated) in the structure:
5	0	0	0	0	0		0	0	0	0	4.7	0	0/	0/0	-- Melamine
															-- Other:
5	0	0	0	0	0		0	0	0	0	0	0	0/	0/0	--- Cyanuric chloride
															--- Chloroisocyanurate:
5	0	0	0	0	0		0	0	0	0	4.7	0	0/	0/0	----Dichloroisooyanurate acid
5	0	0	0	0	0		0	0	0	0	4.7	0	0/	0/0	----Trichloroisocyanurate acid
															----Other
5	0	0	0	0	0		0	0	0	0	4.7	0	0/	0/0	Sodium dichloroisocyanurate
5	0	0	0	0	0		0	0	0	0	4.7	0	0/	0/0	Other chloroisocyanuric acid derivatives
															--- Other
5	0	0	0	0	0		0	0	0	0	4.7	0	0/	0/0	Simazine, atrazine, propazine, trietazine, etc. (including terbuthylazine, cyanazine, cyprazine, proglinazine, eglinazine)
5	0	0	0	0	0		0	0	0	0	4.7	0	0/	0/0	Simetryn, prometryn, desmetryn, ametryn, etc. (including terbutryn, dipropetryn, dimethametryn, cyanatryn, SSH 108, methoprotryne)

税号	货品名称	进口关税（%）			增值/消费税（%）	出口退税（%）	计量单位	监管证件代码	检验检疫类别	协定税率（%）		
		最惠国	普通	年内暂定						东盟	亚太	智利
29336990.13	扑灭通，仲丁通	6.5	20		13	13	千克	S		0		0
29336990.14	丁嗪草酮、环嗪酮、嗪草酮等（包括苯嗪草酮、乙嗪草酮）	6.5	20		13	13	千克	S		0		0
29336990.15	灭蚜硫磷、灭蝇胺、吡蚜酮等（包括敌菌灵）	6.5	20		13	13	千克	S		0		0
29336990.16	三嗪氟草胺，茚嗪氟草胺	6.5	20		13	13	千克	S		0		0
29336990.91	奥替拉西钾	6.5	20	0	3	3	千克			0		0
29336990.99	其他结构上含非稠合三嗪环化合物	6.5	20		13	13	千克			0		0
	- 内酰胺：											
2933.7100	-- 6-己内酰胺	9	35		13	13	千克			5		0
2933.7200	-- 氯巴占（INN）及甲乙哌酮（INN）	9	15		13	13	千克	I		0		0
2933.7900	-- 其他内酰胺											
29337900.10	氯巴占和甲乙哌酮的盐	9	20		13	13	千克	I		0		0
29337900.20	灭菌磷，螺虫乙酯	9	20		13	13	千克	S		0		0
29337900.30	佐匹克隆	9	20		13	13	千克	I		0		0
29337900.41	甲氧哌啶乙酯	9	20		13	13	千克	S		0		0
29337900.42	吡非尼酮	9	20	0	3	3	千克			0		0
29337900.43	抗新型冠状病毒药原料（奈玛特韦）	9	20	0	13	13	千克			0		0
29337900.51	吡仑帕奈	9	20		13	13	千克	I		0		0
29337900.91	来那度胺	9	20	0	3	3	千克			0		0
29337900.99	其他内酰胺	9	20		13	13	千克			0		0
	- 其他：											
2933.9100	-- 阿普唑仑（INN）、卡马西泮（INN）、氯氮卓（INN）、氯硝西泮（INN）、氯拉卓酸、地洛西泮（INN）、地西泮（INN）、艾司唑仑（INN）、氯氟卓乙酯（INN）、氟地西泮（INN）、氟硝西泮（INN）、氟西泮（INN）、哈拉西泮（INN）、劳拉西泮（INN）、氯甲西泮（INN）、马吲哚（INN）、美达西泮（INN）、咪达唑仑（INN）、硝甲西泮（INN）、硝西泮（INN）、去甲西泮（INN）、奥沙西泮（INN）、匹那西泮（INN）、普拉西泮（INN）、吡咯戊酮（INN）、替马西泮（INN）、四氢西泮（INN）和三唑仑（INN）以及它们的盐											
29339100.11	阿普唑仑、卡马西泮、氯氮卓（以及它们的盐）	6.5	20		13	13	千克	I		0		0
29339100.12	氯硝西泮、氯拉卓酸、地洛西泮（以及它们的盐）	6.5	20		13	13	千克	I		0		0
29339100.13	地西泮、艾司唑仑、氯氟卓乙酯（以及它们的盐）	6.5	20		13	13	千克	I		0		0
29339100.14	氟地西泮、氟硝西泮、氟西泮（以及它们的盐）	6.5	20		13	13	千克	I		0		0
29339100.15	哈拉西泮、劳拉西泮、氯甲西泮（以及它们的盐）	6.5	20		13	13	千克	I		0		0
29339100.16	马吲哚、咪达唑仑、硝西泮（以及它们的盐）	6.5	20		13	13	千克	I		0		0
29339100.17	奥沙西泮、匹那西泮、普拉西泮（以及它们的盐）	6.5	20		13	13	千克	I		0		0
29339100.18	去甲西泮，三唑仑（以及它们的盐）	6.5	20		13	13	千克	I		0		0
29339100.21	硝甲西泮，美达西泮（以及它们的盐）	6.5	20		13	13	千克	I		0		0
29339100.22	吡咯戊酮、替马西泮、四氢西泮（以及它们的盐）	6.5	20		13	13	千克	I		0		0
2933.9200	-- 甲基谷硫磷（ISO）	6.5	20		13	13	千克			0		0
2933.9900	-- 其他											
29339900.11	抑芽丹、三唑磷、虫线磷、喹硫磷、唑啶草酮等（包括哒嗪硫磷、亚胺硫磷、氯亚胺硫磷、保棉磷、益棉磷、威菌磷）	6.5	20		13	13	千克	S		0		0

协定税率（%）														特惠税率（%）①/②	Article Description
巴基斯坦	冰岛	哥斯达黎加	秘鲁	新西兰	瑞士	新加坡	韩国	澳大利亚	格鲁吉亚	毛里求斯	日本RCEP	尼加拉瓜	港澳台		
5	0	0	0	0	0		0	0	0	0	4.7	0	0/	0/0	Prometon, secbumeton
5	0	0	0	0	0		0	0	0	0	4.7	0	0/	0/0	Menazon, cyromazine, pymetrozine, etc. (including anilazine)
5	0	0	0	0	0		0	0	0	0	4.7	0	0/	0/0	Menazon, cyromazine, pymetrozine, etc. (including anilazine)
5	0	0	0	0	0		0	0	0	0	4.7	0	0/	0/0	Triaziflam, indenazine fluroxypyr
5	0	0	0	0	0		0	0	0	0	4.7	0	0/	0/0	Potassium otiracycline
5	0	0	0	0	0		0	0	0	0	4.7	0	0/	0/0	Compounds containing an unfused triazine ring in the structure
															- Lactams:
	0	0		0	0			0	0	0		8.1	0/		-- 6-Hexanolactam (epsilon-caprolactam)
0	0	0	0	0	0		0	0	0	0	6.5	8.1	0/	0/0	-- Clobazam (INN) and methyprylon (INN)
															-- Other lactams
0	0	0	0	0			0	0	0	0	6.5	8.1	0/	0/0	Salts of clobazam (INN) and methyprylon (INN)
0	0	0	0	0			0	0	0	0	6.5	8.1	0/	0/0	Ditalimfos
0	0	0	0	0			0	0	0	0	6.5	8.1	0/	0/0	Zopiclone; CAS No: 43200-80-2
0	0	0	0	0			0	0	0	0	6.5	8.1	0/	0/0	Ethyl methoxypiperidine
0	0	0	0	0			0	0	0	0	6.5	8.1	0/	0/0	Pirfenidone
0	0	0	0	0			0	0	0	0	6.5	8.1	0/	0/0	API of anti 2019-nCoV drugs(Paxlovid)
0	0	0	0	0			0	0	0	0	6.5	8.1	0/	0/0	Pirampanai
0	0	0	0	0			0	0	0	0	6.5	8.1	0/	0/0	Lenalidomide
0	0	0	0	0			0	0	0	0	6.5	8.1	0/	0/0	Other lactams
															- Other:
															-- Alprazolam (INN), camazepam (INN), chlordiazepoxide (INN), clonazepam (INN), clorazepate, delorazepam (INN), diazepam (INN), estazolam (INN), ethyl loflazepate (INN), fludiazepam (INN), flunitrazepam (INN), flurazepam (INN), halazepam (INN), lorazepam (INN), lormetazepam (INN), mazindol (INN), medazepam (INN), midazolam (INN), nimetazepam (INN), nitrazepam (INN), nordazepam (INN), oxazepam (INN), pinazepam (INN), prazepam (INN), pyrovalerone (INN), temazepam (INN), tetrazepam (INN) and triazolam (INN); salts thereof
5	0	0	0	0	0		0	0	0	0	4.7	0	0/	0/0	Alprazolam (INN), camazepam (INN), chlordiaze- poxide (INN) and their salts
5	0	0	0	0	0		0	0	0	0	4.7	0	0/	0/0	Clonazepam (INN), clorazepate (INN), delorazepam (INN) and their salts
5	0	0	0	0	0		0	0	0	0	4.7	0	0/	0/0	Diazepam (INN), estazolam (INN), ethyl loflazepate (INN) and their salts
5	0	0	0	0	0		0	0	0	0	4.7	0	0/	0/0	Fludiazepam (INN), flunitrazepam (INN), flurazepam (INN) and their salts
5	0	0	0	0	0		0	0	0	0	4.7	0	0/	0/0	Halazepam (INN), lorazepam (INN), lormetazepam (INN) and their salts
5	0	0	0	0	0		0	0	0	0	4.7	0	0/	0/0	Mazindol (INN), midazolam (INN), nitrazepam (INN) and their salts
5	0	0	0	0	0		0	0	0	0	4.7	0	0/	0/0	Oxazepam (INN), pinazepam (INN), prazepam (INN) and their salts
5	0	0	0	0	0		0	0	0	0	4.7	0	0/	0/0	Nordazepam (INN), triazolam (INN) and their salts
5	0	0	0	0	0		0	0	0	0	4.7	0	0/	0/0	Nimetazepam (INN), medazepam (INN) and their salts
5	0	0	0	0	0		0	0	0	0	4.7	0	0/	0/0	Pyrovalerone (INN), temazepam (INN), tetrazepam (INN) and their salts
0	0	0	0	0	2.6		0	0	0	0	4.7	0	0/	0/0	-- Azinphos-methyl (ISO)
															-- Other
0	0	0	0	0	2.6		0	0	0	0	4.7	0	0/	0/0	Maleic hydrazide, triazophos, thionazin, quinalphos, azafenidin, etc. (including pyridaphenthion, phosmet, dialifos, azinphos-methyl, azinphos-ethyl, triamiphos)

税 号	货品名称	进口关税（%） 最惠国	普通	年内暂定	增值/消费税（%）	出口退税（%）	计量单位	监管证件代码	检验检疫类别	协定税率（%） 东盟	亚太	智利
29339900.12	氟唑磷、炔咪菊酯、吲哚酮草酯等（包括呋喃虫酰肼、唑蚜威、不育胺、虫螨腈、抗螨唑、四螨嗪）	6.5	20		13	13	千克	S		0		0
29339900.13	多菌灵，苯菌灵，氰菌灵，麦穗宁，氟哒嗪草酯等（包括咪菌威，丙硫唑，氟氯菌核利，哒菌酮，拌种咯，杀草强）	6.5	20		13	13	千克	S		0		0
29339900.14	三唑酮，醚草敏，三唑醇，唑草酮等（包括四氯喹噁啉，己唑醇，腈苯唑，亚胺唑，四氟醚唑，氟环唑）	6.5	20		13	13	千克	S		0		0
29339900.15	苄氯三唑醇、戊菌唑、粉唑醇等（包括联苯三唑醇、腈菌唑、环丙唑醇、烯唑醇、戊唑醇、氟硅唑）	6.5	20		13	13	千克	S		0		0
29339900.16	环菌唑、叶菌唑、灭菌唑、种菌唑等（包括申嗪霉素、氟喹唑、哒螨灵、喹螨醚、氟草敏、氟咯草酮）	6.5	20		13	13	千克	S		0		0
29339900.17	唑草酯、四环唑、烯唑醇、噁草酸等（包括喹禾糠酯、哒草特、咯草隆、禾草敌、唑草胺、敌草快及其盐、氯草敏、丙硫菌唑、氯氟醚菌唑）	6.5	20		13	13	千克	S		0		0
29339900.18	氟胺草唑、氨唑草酮、三氟苯唑等（包括吲哚丁酸、溴莠敏、吲熟酯、三唑磺、四唑酰草胺）	6.5	20		13	13	千克	S		0		0
29339900.19	多效唑、烯效唑、抑芽唑等（包括叶枯净、叶锈特、吡喃草酮、吲哚乙酸）	6.5	20		13	13	千克	S		0		0
29339900.21	氯尼他秦	6.5	20		13	13	千克	I		0		0
29339900.22	依托尼秦	6.5	20		13	13	千克	I		0		0
29339900.23	普罗庚嗪，布桂嗪	6.5	20		13	13	千克	I		0		0
29339900.30	扎莱普隆，唑吡坦（以及它们的盐）	6.5	20		13	13	千克	I		0		0
29339900.40	齐帕特罗；2-(三氟甲基)-4-[(2R)-2-[(1R)-2,2,2-三氟-1-羟基乙基]-1-吡咯烷基]苯甲腈；3-甲基-4-[[(1R,2S)-1-[5-(4-氰基苯基)-1,3,4-噁二唑-2-基]-2-羟基丙基]氨基]-2-氯苯甲腈	6.5	20		13	13	千克	L		0		0
29339900.51	二甲基色胺，二乙基色胺	6.5	20		13	13	千克	I		0		0
29339900.52	乙色胺，咯环利定	6.5	20		13	13	千克	I		0		0
29339900.53	[1-（5-氟戊基）-1H-吲哚-3-基]（2-碘苯基）甲酮	6.5	20		13	13	千克	I		0		0
29339900.54	1-（5-氟戊基）-3-（1-萘甲酰基）-1H-吲哚	6.5	20		13	13	千克	I		0		0
29339900.55	1-戊基-3-（1-萘甲酰基）吲哚	6.5	20		13	13	千克	I		0		0
29339900.56	1-丁基-3-（1-萘甲酰基）吲哚	6.5	20		13	13	千克	I		0		0
29339900.57	2-(2-甲氧基苯基)-1-(1-戊基-1H-吲哚-3-基)乙酮（CAS号：864445-43-2）	6.5	20		13	13	千克	I		0		0
29339900.58	二硝基甘脲（DNGU或DINGU）（CAS号55510-04-8）	6.5	20		13	13	千克	3		0		0
29339900.59	1,4,5,8-四硝基-哒嗪并[4,5-d]哒嗪（TNP）（CAS号229176-04-9）	6.5	20		13	13	千克	3		0		0
29339900.60	（环）四亚甲基四硝胺（俗名奥托金HMX）	6.5	20		13	13	千克	3k		0		0
29339900.70	（环）三亚甲基三硝基胺（俗名黑索金RDX）	6.5	20		13	13	千克	3k		0		0
29339900.80	丁羟咯酮（包括杀雄啉、杀雄嗪酸、双唑草腈、唑酮草酯）	6.5	20		13	13	千克	S		0		0
29339900.91	阿托伐他汀钙	6.5	20	0	13	13	千克			0		0
29339900.92	抗癌药原料（阿那曲唑、来曲唑、硼替佐米、替莫唑胺、帕米帕利）	6.5	20	0	3	3	千克			0		0
29339900.93	维格列汀	6.5	20	0	13	13	千克			0		0

协定税率（%）														特惠税率（%）①/②	Article Description
巴基斯坦	冰岛	哥斯达黎加	秘鲁	新西兰	瑞士	新加坡	韩国	澳大利亚	格鲁吉亚	毛里求斯	日本RCEP	尼加拉瓜	港澳台		
0	0	0	0	0	2.6		0	0	0	0	4.7	0	0/	0/0	Isazofos, imiprothrin, cinidon-ethyl, etc. (including fufenozide, triazamate, metepa, chlorfenapyr, fenazaflor, clofentezine)
0	0	0	0	0	2.6		0	0	0	0	4.7	0	0/	0/0	Carbendazim, benomyl, cypendazole, fuberidazole, flufenpyr-ethyl (including debacarb, prothioconazole, fluoromide, diclomezine, fenpiclonil, amitrole)
0	0	0	0	0	2.6		0	0	0	0	4.7	0	0/	0/0	Triadimefon, credazine, triadimenol, carfentrazone-ethyl, etc. (including chlorquinox, hexaconazole, fenbuconazole, imibenc-onazole, tertraconazole, epoxiconazole)
0	0	0	0	0	2.6		0	0	0	0	4.7	0	0/	0/0	Diclobutrazol, penconazole, flutriafol, etc. (including bitertanol, myclobutanil, cyproconazole, diniconazole, tebuconazole, flusilazole)
0	0	0	0	0	2.6		0	0	0	0	4.7	0	0/	0/0	Cyproconazole, metconazole, triticonazole, ipco-nazole, etc. (including phenazino-1-carboxylic acid fluquinconazole, pyridaben, fenazaquin, norflurazon, fluorochloridone)
0	0	0	0	0	2.6		0	0	0	0	4.7	0	0/	0/0	Triadimefon, tetracyclozole, diniconazole, oxalic acid, etc. (including fenoxaprop-methyl, fenoxaprop-methyl, clomazone-ethyl, fenoxaprop-methyl, fenoxaprop-methyl, diquat and its salts, chlorfenapyr, trifloxystrobin)
0	0	0	0	0	2.6		0	0	0	0	4.7	0	0/	0/0	Flupoxam, amicarbazone, fluotrimazole, etc. (includeing indolebutyric acid, brompyrazon, ethychlozate, epronaz, fentrazamide)
0	0	0	0	0	2.6		0	0	0	0	4.7	0	0/	0/0	Paclobutrazol, uniconazole, triapenthenol, etc. (including phenazine oxide, butrizol, tepraloxydim, indoleacetic acid)
0	0	0	0	0	2.6		0	0	0	0	4.7	0	0/	0/0	Clonitazene
0	0	0	0	0	2.6		0	0	0	0	4.7	0	0/	0/0	Etonitazene
0	0	0	0	0	2.6		0	0	0	0	4.7	0	0/	0/0	Proheptazine, bucinnazine
0	0	0	0	0	2.6		0	0	0	0	4.7	0	0/	0/0	Zaleplon, zolpidem and their salts
0	0	0	0	0	2.6		0	0	0	0	4.7	0	0/	0/0	Zilpaterol; 2- (trifluoromethyl) -4-[(2R)-2-[(1R)-2,2,2- trifluoro -1- hydroxyethyl]-1-pyrrolidinyl] benzonitrile; 3- methyl -4-[[(1R,2S)-1-[5-(4- cyanophenyl) -1,3,4-oxadiazole -2- yl]-2- hydroxypropyl] amino]-2- chlorobenzonitrile
0	0	0	0	0	2.6		0	0	0	0	4.7	0	0/	0/0	Dimethyltryptamine, diethyltryptamine
0	0	0	0	0	2.6		0	0	0	0	4.7	0	0/	0/0	Etryptamine, rolicyclidine
0	0	0	0	0	2.6		0	0	0	0	4.7	0	0/	0/0	1-[(5-Fluoropentyl)-1H-indol-3-yl]-(2-iodophenyl)methanone; CAS No: 335161-03-0
0	0	0	0	0	2.6		0	0	0	0	4.7	0	0/	0/0	1-(5-Fluoropentyl)-3-(1-naphthoyl)indole; CAS No: 335161-24-5
0	0	0	0	0	2.6		0	0	0	0	4.7	0	0/	0/0	1-Pentyl-3- (1-naphthoyl) indole; CAS No: 209414-07-3
0	0	0	0	0	2.6		0	0	0	0	4.7	0	0/	0/0	1-Butyl-3- (1-naphthoyl) indole; CAS No: 208987-48-8
0	0	0	0	0	2.6		0	0	0	0	4.7	0	0/	0/0	2-(2-Methoxyphenyl) -1-(1-pentyl-1H-indol-3-yl)ethanone; CAS No: 864445-43-2
0	0	0	0	0	2.6		0	0	0	0	4.7	0	0/	0/0	Dinitroglycoluril(DNGU or DINGU)(CAS No.55510-04-8)
0	0	0	0	0	2.6		0	0	0	0	4.7	0	0/	0/0	1,4,5,8-Tetranitropyridazino[4,5-d]pyridazine（TNP）（CAS No.229176-04-9）
0	0	0	0	0	2.6		0	0	0	0	4.7	0	0/	0/0	Cyclotetramethylene tetranitramine (HMX)
0	0	0	0	0	2.6		0	0	0	0	4.7	0	0/	0/0	Trimethylene-trinitramine (RDX)
0	0	0	0	0	2.6		0	0	0	0	4.7	0	0/	0/0	Tenuazonic acid (including sintofen, clofencet, pyraclonil and carfentrazone-ethyl)
0	0	0	0	0	2.6		0	0	0	0	4.7	0	0/	0/0	Atorvastatin calcium
0	0	0	0	0	2.6		0	0	0	0	4.7	0	0/	0/0	APIs of anticancer drugs(anastrozole, letrozole, bortezomib, temozolomide, pamiparib)
0	0	0	0	0	2.6		0	0	0	0	4.7	0	0/	0/0	Vildagliptin

税号	货品名称	进口关税（%）			增值/消费税（%）	出口退税（%）	计量单位	监管证件代码	检验检疫类别	协定税率（%）		
		最惠国	普通	年内暂定						东盟	亚太	智利
29339900.95	全氟己基磺酸及其盐类和其相关化合物(仅含氮杂原子的杂环化合物(《禁止进口货物目录(第八批)》所列商品))	6.5	20		13	13	千克	89		0		0
29339900.96	依他佐辛	6.5	20		13	13	千克	I		0		0
29339900.99	其他仅含氮杂原子的杂环化合物	6.5	20		13	13	千克			0		0
29.34	**核酸及其盐，不论是否已有化学定义；其他杂环化合物：**											
	- 结构上含有一个非稠合噻唑环（不论是否氢化）的化合物：											
2934.1010	--- 三苯甲基氨噻肟酸	6.5	20		13	13	千克			0		0
2934.1090	--- 其他											
29341090.11	噻螨酮	6.5	20		13	13	千克	S		0		0
29341090.12	噻唑膦，噻唑硫磷	6.5	20		13	13	千克	S		0		0
29341090.13	噻唑烟酸，噻唑菌胺	6.5	20		13	13	千克	S		0		0
29341090.14	氟噻啉，氟螨噻	6.5	20		13	13	千克	S		0		0
29341090.15	噻菌灵，噻菌胺，噻丙腈（包括氟噻唑吡乙酮，氟烯线砜，异噻菌胺）	6.5	20		13	13	千克	S		0		0
29341090.16	噻呋酰胺、噻虫胺、噻虫嗪、噻虫啉	6.5	20		13	13	千克	S		0		0
29341090.17	辛噻酮，拌种灵	6.5	20		13	13	千克	S		0		0
29341090.18	稻瘟灵	6.5	20		13	13	千克	S		0		0
29341090.19	甲噻诱胺	6.5	20		13	13	千克	S		0		0
29341090.91	达沙替尼	6.5	20	0	3	3	千克			0		0
29341090.99	其他结构上含有非稠合噻唑环的化合物（非稠合噻唑环不论是否氢化）	6.5	20		13	13	千克			0		0
2934.2000	- 结构上含有一个苯并噻唑环系（不论是否氢化）的化合物，但未经进一步稠合的											
29342000.11	噻螨威，噻霉酮	6.5	20		13	13	千克	S		0		0
29342000.12	苯噻硫氰	6.5	20		13	13	千克	S		0		0
29342000.13	烯丙苯噻唑	6.5	20		13	13	千克	S		0		0
29342000.14	草除灵	6.5	20		13	13	千克	S		0		0
29342000.15	噻唑禾草灵	6.5	20		13	13	千克	S		0		0
29342000.16	苯噻隆	6.5	20		13	13	千克	S		0		0
29342000.17	甲基苯噻隆	6.5	20		13	13	千克	S		0		0
29342000.18	苯噻酰草胺	6.5	20		13	13	千克	S		0		0
29342000.19	苯噻菌酯	6.5	20		13	13	千克	S		0		0
29342000.21	利鲁唑	6.5	20	0	3	3	千克			0		0
29342000.22	苯噻菌胺、毒氟磷	6.5	20		13	13	千克	S		0		0
29342000.90	其他含一个苯并噻唑环系的化合物	6.5	20		13	13	千克			0		0
2934.3000	- 结构上含有一个吩噻嗪环系（不论是否氢化）的化合物，但未经进一步稠合的	6.5	20		13	13	千克			0		0
	- 其他：											
2934.9100	-- 阿米雷司（INN）、溴替唑仑（INN）、氯噻西泮（INN）、氯噁唑仑（INN）、右吗拉胺（INN）、卤噁唑仑（INN）、凯他唑仑（INN）、美索卡（INN）、噁唑仑（INN）、匹莫林（INN）、苯巴曲嗪（INN）、芬美曲嗪（INN）和舒芬太尼（INN）以及它们的盐											
29349100.11	阿米雷司、溴替唑仑、氯噻西泮（以及它们的盐）	6.5	20		13	13	千克	I		0		0

协定税率（%）														特惠税率（%）①/②	Article Description
巴基斯坦	冰岛	哥斯达黎加	秘鲁	新西兰	瑞士	新加坡	韩国	澳大利亚	格鲁吉亚	毛里求斯	日本RCEP	尼加拉瓜	港澳台		
0	0	0	0	0	2.6		0	0	0	0	4.7	0	0/	0/0	Perfluorohexylsulfonic acid, its salts and its related compounds (heterocyclic compounds containing nitrogen heteroatoms only (goods listed in the Catalogue of Prohibited Imports (Eighth Batch)))
0	0	0	0	0	2.6		0	0	0	0	4.7	0	0/	0/0	Itazocine
0	0	0	0	0	2.6		0	0	0	0	4.7	0	0/	0/0	Other heterocyclic compounds with nitrogen hetero-atom (s) only
															Nucleic acids and their salts, whether or not chemically defined; Other heteroeyclic compounds:
															- Compounds containing an unfused thiazole ring (whether or not hydrogenated) in the structure:
5	0	0	0	0	0		2.1	0	0	0	5.3	0	0/	0/0	--- MethoxyiMinoacetic acid
															--- Other
5	0	0	0	0	0		2.1	0	0	0	5.3	0	0/	0/0	Hexythiazox
5	0	0	0	0	0		2.1	0	0	0	5.3	0	0/	0/0	Fosthiazate, colophonate
5	0	0	0	0	0		2.1	0	0	0	5.3	0	0/	0/0	Thiazopyr, ethaboxam
5	0	0	0	0	0		2.1	0	0	0	5.3	0	0/	0/0	Imidaclothiz, flubenzimine
5	0	0	0	0	0		2.1	0	0	0	5.3	0	0/	0/0	Thiazolin, thiabendazole, isothiazolamide, thiabendazole, fluorothiazole pyridone, fluoroalkene sulfone
5	0	0	0	0	0		2.1	0	0	0	5.3	0	0/	0/0	Thifluzamide, clothianidin, thiamethoxam, thiacloprid
5	0	0	0	0	0		2.1	0	0	0	5.3	0	0/	0/0	Octhilinone, seedvax
5	0	0	0	0	0		2.1	0	0	0	5.3	0	0/	0/0	Isoprothiolane
5	0	0	0	0	0		2.1	0	0	0	5.3	0	0/	0/0	Methiadinil
5	0	0	0	0	0		2.1	0	0	0	5.3	0	0/	0/0	Dasatinib
5	0	0	0	0	0		2.1	0	0	0	5.3	0	0/	0/0	Other compounds containing unfused thiazole ring (whether or not hydrogenated) in the structure
															- Compounds containing in the structure a benzothiazole ring-system (whether or not hydrogenated), not further fused
5	0	0	0	0	0		0	0	0	0	4.7	0	0/	0/0	Tazimcarb, Benziothiazolinone
5	0	0	0	0	0		0	0	0	0	4.7	0	0/	0/0	TCMTB
5	0	0	0	0	0		0	0	0	0	4.7	0	0/	0/0	Probenazole
5	0	0	0	0	0		0	0	0	0	4.7	0	0/	0/0	Benazolin-ethyl
5	0	0	0	0	0		0	0	0	0	4.7	0	0/	0/0	Fenthiaprop
5	0	0	0	0	0		0	0	0	0	4.7	0	0/	0/0	Benzthiazuron
5	0	0	0	0	0		0	0	0	0	4.7	0	0/	0/0	Methabenzthiazuron
5	0	0	0	0	0		0	0	0	0	4.7	0	0/	0/0	Mefenacet
5	0	0	0	0	0		0	0	0	0	4.7	0	0/	0/0	Benzothiostrobin
5	0	0	0	0	0		0	0	0	0	4.7	0	0/	0/0	Riluzole
5	0	0	0	0	0		0	0	0	0	4.7	0	0/	0/0	Thiabeam, toxic fluorine and phosphorus
5	0	0	0	0	0		0	0	0	0	4.7	0	0/	0/0	Other Compounds containing in the structure a benzothiazole ring-system
5	0	0	0	0	0		0	0	0	0	4.7	0	0/	0/0	- Compounds containing in the structure a phenothiazine ring-system (whether or not hydrogenated), not further fused
															- Other:
															-- Aminorex (INN), brotizolam (INN), clotiazepam (INN), cloxazolam (INN), dextromoramide (INN), haloxazolam (INN), ketazolam (INN), mesocarb (INN), oxazolam (INN), pemoline (INN), phendimet razine (INN), phenmetrazine (INN) and sufentanil (INN); salts thereof
5	0	0	0	0	0		0	0	0	0	4.7	0	0/	0/0	Aminorex (INN), brotizolam (INN), clotiazepam (INN) and their salts

税　号	货品名称	进口关税（%）			增值/消费税（%）	出口退税（%）	计量单位	监管证件代码	检验检疫类别	协定税率（%）		
		最惠国	普通	年内暂定						东盟	亚太	智利
29349100.12	氯恶唑仑，卤沙（恶）唑仑（以及它们的盐）	6.5	20		13	13	千克	I		0		0
29349100.13	凯他唑仑、美索卡、奥沙（恶）唑仑（以及它们的盐）	6.5	20		13	13	千克	I		0		0
29349100.14	匹莫林、苯甲曲嗪、芬美曲嗪（以及它们的盐）	6.5	20		13	13	千克	I		0		0
29349100.20	右吗拉胺，舒芬太尼（以及它们的盐）	6.5	20		13	13	千克	I		0		0
2934.9200	-- 其他芬太尼以及它们的衍生物											
29349200.10	硫代芬太尼、阿法甲基硫代芬太尼、3-甲基硫代芬太尼以及它们的盐	6.5	20		13	13	千克	I		0		0
29349200.90	其他芬太尼以及它们的衍生物	6.5	20		13	13	千克			0		0
	-- 其他：											
2934.9910	--- 磺内酯及磺内酰胺	6.5	30		13	13	千克			0		0
2934.9920	--- 呋喃唑酮	6	20		13	13	千克	A	M/	0	4.8	0
2934.9930	--- 核酸及其盐											
29349930.10	人类核酸及其盐	6.5	35		13	13	千克	ABV	V/W	0		0
29349930.90	其他核酸及其盐	6.5	35		13	13	千克			0		0
2934.9940	--- 奈韦拉平、依发韦仑、利托那韦及它们的盐	6.5	20		13	13	千克			0		0
2934.9950	--- 克拉维酸及其盐	6.5	20		13	13	千克			0		0
2934.9960	--- 7-苯乙酰氨基-3-氯甲基-4-头孢烷酸对甲氧基苄酯、7-氨基头孢烷酸、7-氨基脱乙酰氧基头孢烷酸	6	20		13	13	千克			0	5	0
2934.9970	--- 6-氨基青霉烷酸（6-APA）	4	20		13	13	千克			0		0
2934.9990	--- 其他											
29349990.01	核苷酸类食品添加剂	6.5	20		13	13	千克	A	R/	0		0
29349990.10	噁草酮，氟噻草胺，活化酯，高效二甲吩草胺（包括吡噻菌胺）	6.5	20		13	13	千克	S		0		0
29349990.21	噁唑磷，蔬果磷，茂硫磷，除害磷等（包括甲基吡噁磷，丁硫环磷，硫环磷，杀扑磷，伏杀硫磷，地胺磷）	6.5	20		13	13	千克	S		0		0
29349990.22	环线威，杀虫环，杀虫钉，多噻烷等（包括甲基硫环磷，噻嗪酮，噁虫酮，茚虫威）	6.5	20		13	13	千克	S		0		0
29349990.23	噁唑禾草灵，毒鼠硅，噻鼠灵等（包括福拉比，噻节因，糠菌唑，精噁唑禾草灵，砜吡草唑，氟吡呋喃酮，氟嘧菌酯，硅噻菌胺，糠氨基嘌呤，双丙环虫酯）	6.5	20		13	13	千克	S		0		0
29349990.24	代森硫，代森环，氟吗啉，咯菌腈等（包括稻瘟酯，烯酰吗啉，噻菌腈，土菌灵，噁霜灵，噁霉灵）	6.5	20		13	13	千克	S		0		0
29349990.25	噻森铜、丙环唑、乙环唑等（包括噁唑菌酮、金核霉素、呋菌唑、叶枯唑、呋醚唑、苯醚甲环唑）	6.5	20		13	13	千克	S		0		0
29349990.26	嗪草酸，噻氟隆，丁噻隆，异噁隆等（包括噻苯隆，磺噻隆，噁唑隆，异噁草醚，噻吩草胺，二甲吩草胺）	6.5	20		13	13	千克	S		0		0
29349990.27	苯草灭，灭草松，灭草唑等（包括异噁草松，噁嗪草酮，环苯草酮，丙炔氟草胺）	6.5	20		13	13	千克	S		0		0
29349990.28	丙炔噁草酮，噻草酮等（包括糖氨基嘌呤，苯螨噻，异噁酰草胺，异噁唑草酮）	6.5	20		13	13	千克	S		0		0
29349990.29	噻唑锌（包括噻菌茂、硅丰环）	6.5	20		13	13	千克	S		0		0

协定税率（%）														特惠税率（%）①/②	Article Description
巴基斯坦	冰岛	哥斯达黎加	秘鲁	新西兰	瑞士	新加坡	韩国	澳大利亚	格鲁吉亚	毛里求斯	日本RCEP	尼加拉瓜	港澳台		
5	0	0	0	0	0		0	0	0	0	4.7	0	0/	0/0	Cloxazolam (INN), haloxazolam (INN) and their salts
5	0	0	0	0	0		0	0	0	0	4.7	0	0/	0/0	Ketazolam (INN), mesocarb (INN), oxazolam (INN) and their salts
5	0	0	0	0	0		0	0	0	0	4.7	0	0/	0/0	Pemoline (INN), phendimetrazine (INN), phenmetrazine (INN) and their salts
5	0	0	0	0	0		0	0	0	0	4.7	0	0/	0/0	Dextromoramide (INN), sufentanil (INN) and their salts
															-- Other fentanyls and their derivatives
0	0	0	0	0	0		0	0	0	0	4.7	0	0/	0/0	Thiofentanyl, alpha-methylthiofentanyl, 3-methylthiofentanyl and their salts
0	0	0	0	0	0		0	0	0	0	4.7	0	0/	0/0	Other fentanyls and their derivatives
															-- Other:
5	0	0	0	0	0		0	0	0	0	4.7	0	0/	0/0	--- Sultones and sultams
5	0	0	0	0			0	0	0	0	4.4	0	0/	0/0	--- Furazolidone
															--- Nucleic acids and their salts
2.5	0	0	0	0	0		0	0	0	0	4.7	0	0/	0/0	Human nucleic acids and their salts
2.5	0	0	0	0	0		0	0	0	0	4.7	0	0/	0/0	Other nucleic acids and their salts
5	0	0	0	0	0		0	0	0	0	4.7	0	0/	0/0	--- Nevirapine, efavirenz, ritonavir and their salts
5	0	0	0	0	0		0	0	0	0	4.7	0	0/	0/0	--- Clavulanic acid and its salts
0	0	0	0	0	0		0	0	0	0	0	0	0/	0/0	--- 4-methoxybenzyl 3-chloromethyl-7-(2-phenylacetamido)-3-cephem-4-carboxylate,7-aminocephalosporianic acid, 7-aminodeacetoxycephalosporanic acid
0	0	0	0	0	0		0	0	0	0	0	0	0/	0/0	--- 6-Aminopenicillanic acid
															--- Other
0	0	0	0	0	0		0	0	0	0	4.7	0	0/	0/0	Food additives of nucleotides
0	0	0	0	0	0		0	0	0	0	4.7	0	0/	0/0	Oxadiazon, flufenacet, acibenzolar, dimethenamid (including penthiopyrad)
0	0	0	0	0	0		0	0	0	0	4.7	0	0/	0/0	Isoxathion, salithion, morphothion, ythidathion, etc. (including azamethiphos, fosthietan, phosfolan, methidathion, phosalone, mephosfolan)
0	0	0	0	0	0		韩国	0	0	0	4.7	0	0/	0/0	Tirpate, thiocyclam, trithialan, polythiacycloalkane, etc. (including phosfolan-methyl, buprofezin, metoxadiazone, indoxacarb)
0	0	0	0	0	0		0	0	0	0	4.7	0	0/	0/0	Fenoxaprop, silatrane, difethialone, etc. (including furametpyr, dimethipin, bromuconazole, fenoxaprop-p-ethyl, flupirone, thiabendazole, furfuryl aminopurine, cyprodinil, oxaprop-amide, thiabendazole, and fluoxystrobin)
0	0	0	0	0	0		0	0	0	0	4.7	0	0/	0/0	Etem (BSI), thiadiazin, flumorph, fludioxonil, etc. (including pefurazoate, dimethomorph, thicyofen, etridiazole, oxadixyl, hymexazol)
0	0	0	0	0	0		0	0	0	0	4.7	0	0/	0/0	N, N-methylene-double (2-amino-5- mercapto (1, 3,4- thiadiazole) copper, Propiconazole, etaconazole, etc. (including famoxadone, aureonucleomycin, furconazole, bismerthiazol, cis-Furconazole, difenoconazole)
0	0	0	0	0	0		0	0	0	0	4.7	0	0/	0/0	Fluthiacet, thiazfluron, tebuthiuron, isouron, etc. (including thidiazuron, ethidimuron, dimefuron, isoxapyrifop, thenychlor, dimethenamid)
0	0	0	0	0	0		0	0	0	0	4.7	0	0/	0/0	Bentranil, bentazone, methazole, etc. (including clomazone, oxaziclomefone, clefoxidim, flumioxazin)
0	0	0	0	0	0		0	0	0	0	4.7	0	0/	0/0	Oxadiargyl, cycloxydim, etc. (including kinetin, triarathene, isoxaben, isoxaflutole)
0	0	0	0	0	0		0	0	0	0	4.7	0	0/	0/0	Zinc thiazole, etc. (including saijunmao, chloromethylsilatrane)

税　号	货品名称	进口关税（%）			增值/消费税（%）	出口退税（%）	计量单位	监管证件代码	检验检疫类别	协定税率（%）		
		最惠国	普通	年内暂定						东盟	亚太	智利
29349990.31	多抗霉素，灰瘟素	6.5	20		13	13	千克	S		0		0
29349990.32	三环唑，氧环唑	6.5	20		13	13	千克	S		0		0
29349990.33	灭螨猛、克杀螨、螨蜱胺	6.5	20		13	13	千克	S		0		0
29349990.34	二氰蒽醌，吗菌威	6.5	20		13	13	千克	S		0		0
29349990.35	十二环吗啉，十三吗啉	6.5	20		13	13	千克	S		0		0
29349990.36	杀螺吗啉，丁苯吗啉	6.5	20		13	13	千克	S		0		0
29349990.37	喹菌酮，肼菌酮	6.5	20		13	13	千克	S		0		0
29349990.38	萎锈灵，氧化萎锈灵	6.5	20		13	13	千克	S		0		0
29349990.39	棉隆，乙烯菌核利	6.5	20		13	13	千克	S		0		0
29349990.41	环酯草醚	6.5	20		13	13	千克	S		0		0
29349990.42	噻菌铜	6.5	20		13	13	千克	S		0		0
29349990.43	苯唑草酮	6.5	20		13	13	千克	S		0		0
29349990.44	丁吡吗啉	6.5	20		13	13	千克	S		0		0
29349990.45	环戊噁草酮	6.5	20		13	13	千克	S		0		0
29349990.46	异噁唑虫酰胺	6.5	20		13	13	千克	S		0		0
29349990.50	噁唑酰草胺（包括环氧虫啶、噻噁菊酯、双苯噁唑酯、乙螨唑、异噁氯草酮、唑啉草酯）	6.5	20		13	13	千克	S		0		0
29349990.63	甲米雷司，替诺环定，二乙噻丁，二甲噻丁，吗苯丁酯，乙甲噻丁，呋替啶，左吗拉胺，吗拉胺中间体，吗哌利定，苯吗庚酮，消旋吗拉胺，以及它们的盐；亚甲基二氧吡咯戊酮（CAS号：687603-66-3）	6.5	20		13	13	千克	I		0		0
29349990.64	泰吉利定、地达西尼	6.5	20		13	13	千克	I		0		0
29349990.76	抗癌药原料（呋喹替尼）	6.5	20	0	3	3	千克			0		0
29349990.81	氨基二硝基苯并氧化呋咱或7-氨基-4,6-硝基苯并呋咱-1-氧化物（ADNBF）（CAS号97096-78-1）	6.5	20		13	13	千克	3		0		0
29349990.82	二氨基氧化偶氮呋咱（DAAOF或DAAF）（CAS号78644-89-0）	6.5	20		13	13	千克	3		0		0
29349990.83	二氨基偶氮呋咱（DAAzF）（CAS号78644-90-3）	6.5	20		13	13	千克	3		0		0
29349990.91	抗癌药原料（地西他滨、氟脲苷、环磷酰胺、吉非替尼、卡培他滨、雷替曲塞、磷酸氟达拉滨、替加氟、盐酸阿糖胞苷、盐酸吉西他滨、盐酸埃克替尼、异环磷酰胺）	6.5	20	0	3	3	千克			0		0
29349990.92	抗癌药原料（阿糖胞苷）	6.5	20	0	3	3	千克			0		0
29349990.93	全氟己基磺酸及其盐类和其相关化合物［其他杂环化合物（《禁止进口货物目录（第八批）》所列商品）］	6.5	20		13	13	千克	89		0		0
29349990.94	奥赛利定、苏沃雷生	6.5	20		13	13	千克	I		0		0
29349990.99	其他杂环化合物	6.5	20		13	13	千克			0		0
29.35	磺（酰）胺：											
2935.1000	- N-甲基全氟辛基磺酰胺	6.5	35		13	13	千克	89		0		0
2935.2000	- N-乙基全氟辛基磺酰胺	6.5	35		13	13	千克	89		0		0
2935.3000	- N-乙基-N-（2-羟乙基）全氟辛基磺酰胺	6.5	35		13	13	千克	89		0		0
2935.4000	- N-（2-羟乙基）-N-甲基全氟辛基磺酰胺	6.5	35		13	13	千克	89		0		0
2935.5000	- 其他全氟辛基磺酰胺	6.5	35		13	13	千克			0		0
2935.9000	- 其他											

协定税率(%)														特惠税率(%)①/②	Article Description
巴基斯坦	冰岛	哥斯达黎加	秘鲁	新西兰	瑞士	新加坡	韩国	澳大利亚	格鲁吉亚	毛里求斯	日本RCEP	尼加拉瓜	港澳台		
0	0	0	0	0	0		0	0	0	0	4.7	0	0/	0/0	Polyoxins, blasticidin
0	0	0	0	0	0		0	0	0	0	4.7	0	0/	0/0	Tricyclazole, azaconazole
0	0	0	0	0	0		0	0	0	0	4.7	0	0/	0/0	Chinomethionate, thioquinox, Cymiazole
0	0	0	0	0	0		0	0	0	0	4.7	0	0/	0/0	Dithianon, carbamorph
0	0	0	0	0	0		0	0	0	0	4.7	0	0/	0/0	Dodemorph, tridemorph
0	0	0	0	0	0		0	0	0	0	4.7	0	0/	0/0	Trifenmorph, fenpropimorph
0	0	0	0	0	0		0	0	0	0	4.7	0	0/	0/0	Oxolinic acid, drazoxolon
0	0	0	0	0	0		0	0	0	0	4.7	0	0/	0/0	Carboxin, oxycarboxin
0	0	0	0	0	0		0	0	0	0	4.7	0	0/	0/0	Dazomet, vinclozolin
0	0	0	0	0	0		0	0	0	0	4.7	0	0/	0/0	Pyriftalid
0	0	0	0	0	0		0	0	0	0	4.7	0	0/	0/0	Thiodiazole copper
0	0	0	0	0	0		0	0	0	0	4.7	0	0/	0/0	Topramezone
0	0	0	0	0	0		0	0	0	0	4.7	0	0/	0/0	Pyrimorph
0	0	0	0	0	0		0	0	0	0	4.7	0	0/	0/0	Pentoxazone
0	0	0	0	0	0		0	0	0	0	4.7	0	0/	0/0	Isoxazole amide
0	0	0	0	0	0		0	0	0	0	4.7	0	0/	0/0	Metamifop (including cycloxaprid, kadethrin, isoxadifen-ethyl, etoxazole, isoxachlortole, pinoxaden)
0	0	0	0	0	0		0	0	0	0	4.7	0	0/	0/0	4-methylaminorex, tenocyclidine, diethylthiambutene, dimethylthiambutene, dioxaphetyl butyrate, ethylmethylthiambutene, furethidine, levomoramide, moramide intermediate, morpheridine, phenadoxone, racemoramide and their salts
0	0	0	0	0	0		0	0	0	0	4.7	0	0/	0/0	4-methylaminorex, tenocyclidine, diethylthiambutene, dimethylthiambutene, dioxaphetyl butyrate, ethylmethylthiambutene, furethidine, levomoramide, moramide intermediate, morpheridine, phenadoxone, racemoramide and their salts
0	0	0	0	0	0		0	0	0	0	4.7	0	0/	0/0	Anticancer drug raw material (furquintinib)
0	0	0	0	0	0		0	0	0	0	4.7	0	0/	0/0	5,7-Dinitro-2,1,3-benzoxadiazol-4-amine 3-oxide(ADNBF)(CAS No.97096-78-1)
0	0	0	0	0	0		0	0	0	0	4.7	0	0/	0/0	Diaminoazoxyfurazan (DAAOF or DAAF) (CAS No.78644-89-0)
0	0	0	0	0	0		0	0	0	0	4.7	0	0/	0/0	4,4'-Diazene-1,2-diylbis(1,2,5-oxadiazol-3-amine) (DAAzF) (CAS No.78644-90-3)
0	0	0	0	0	0		0	0	0	0	4.7	0	0/	0/0	APIs of anticancer drugs(decitabine, floxuridine, cyclophosphamide, gefitinib, capecitabine, raltitrexed, fludarabine phosphate, tegafur, cytarabine hydrochloride, gemcitabine hydrochloride, icotinib hydrochloride, ifosfamide)
0	0	0	0	0	0		0	0	0	0	4.7	0	0/	0/0	APIs of anticancer drugs(cytarabine)
0	0	0	0	0	0		0	0	0	0	4.7	0	0/	0/0	Perfluorohexylsulfonic acid, its salts and its related compounds (other heterocyclic compounds (goods listed in the Catalogue of Prohibited Imports (Eighth Batch)))
0	0	0	0	0	0		0	0	0	0	4.7	0	0/	0/0	Oselidine, Suvoresen
0	0	0	0	0	0		0	0	0	0	4.7	0	0/	0/0	Other heteroeyclic compounds
															Sulphonamides:
0	0	0	0	0	2.6		0	0	0	0	4.7	0	0/	0/0	- N-Methylperfluorooctane sulphonamide
0	0	0	0	0	2.6		0	0	0	0	4.7	0	0/	0/0	- N-Ethylperfluorooctane sulphonamide
0	0	0	0	0	2.6		0	0	0	0	4.7	0	0/	0/0	- N-Ethyl-N-(2-hydroxyethyl) perfluorooctane sulphonamide
0	0	0	0	0	2.6		0	0	0	0	4.7	0	0/	0/0	- N-(2-Hydroxyethyl)-N-methylperfluorooctane sulphonamide
0	0	0	0	0	2.6		0	0	0	0	4.7	0	0/	0/0	- Other perfluorooctane sulphonamides
															- Other

税号	货品名称	进口关税（%）			增值/消费税（%）	出口退税（%）	计量单位	监管证件代码	检验检疫类别	协定税率（%）		
		最惠国	普通	年内暂定						东盟	亚太	智利
29359000.11	氟唑磺隆、氟吡磺隆、磺酰磺隆、氯酯磺草胺等（包括甲酰氨基嘧磺隆、乙氧磺隆、氯磺隆、甲磺隆、苯磺隆、胺苯磺隆）	6.5	35		13	13	千克	S		0		0
29359000.12	醚苯磺隆，噻吩磺隆及其酸，醚磺隆，氟啶嘧磺隆等（包括氟胺磺隆，氟磺隆，甲嘧磺隆，氯嘧磺隆，氟嘧磺隆）	6.5	35		13	13	千克	S		0		0
29359000.13	苄嘧磺隆、吡嘧磺隆、烟嘧磺隆、双氯磺草胺等（包括啶嘧磺隆、砜嘧磺隆、唑嘧磺隆）	6.5	35		13	13	千克	S		0		0
29359000.14	四唑嘧磺隆、唑吡嘧磺隆、三氟甲磺隆等（包括氯吡嘧磺隆、酰嘧磺隆、环丙嘧磺隆、甲基二磺隆）	6.5	35		13	13	千克	S		0		0
29359000.15	氟磺酰草胺、甲磺草胺、嘧苯胺磺隆等（包括唑嘧磺草胺、双氟磺草胺、五氟磺草胺）	6.5	35		13	13	千克	S		0		0
29359000.16	氟磺胺草醚，磺草灵，吲唑磺菌胺等（包括单嘧磺酯，磺草唑胺，三氟啶磺隆钠盐，丙嗪嘧磺隆，单嘧磺隆，氟酮磺草胺，嗪吡嘧磺隆）	6.5	35		13	13	千克	S		0		0
29359000.17	磺草膦、氨磺乐灵、三氟啶磺隆、啶磺草胺等（包括甲基碘磺隆钠盐）	6.5	35		13	13	千克	S		0		0
29359000.18	磺菌胺，增糖胺等（包括甲苯氟磺胺，氟虫胺）	6.5	35		13	13	千克	S		0		0
29359000.19	畜蜱磷、伐灭磷、地散磷等（包括磺菌威，氰霜唑）	6.5	35		13	13	千克	S		0		0
29359000.20	环氧嘧磺隆	6.5	35		13	13	千克	S		0		0
29359000.31	苯嘧磺草胺	6.5	35		13	13	千克	S		0		0
29359000.32	噻酮磺隆	6.5	35		13	13	千克	S		0		0
29359000.33	磺胺嘧啶	6.5	35		13	13	千克			0		0
29359000.34	磺胺双甲基嘧啶	6.5	35		13	13	千克			0		0
29359000.35	磺胺甲噁唑（磺胺甲基异噁唑，新诺明、新明磺）	6.5	35		13	13	千克			0		0
29359000.36	波生坦	6.5	35	0	3	3	千克			0		0
29359000.37	全氟已基磺酸及其盐类和其相关化合物(磺酰胺化合物(《禁止进口货物目录（第八批）》所列商品）)	6.5	35		13	13	千克	89		0		0
29359000.38	全氟辛酸的盐类和相关化合物（PFOA类）	6.5	35		13	13	千克	X		0		0
29359000.90	其他磺（酰）胺	6.5	35		13	13	千克			0		0
	第十一分章　维生素原、维生素及激素											
29.36	**天然或合成再制的维生素原和维生素（包括天然浓缩物）及其主要用作维生素的衍生物，上述产品的混合物，不论是否溶于溶剂：**											
	- 未混合的维生素及其衍生物：											
2936.2100	-- 维生素A及其衍生物	4	20		13	13	千克	A	R/	0		0
2936.2200	-- 维生素B_1及其衍生物	4	20		13	13	千克	A	R/	0		0
2936.2300	-- 维生素B_2及其衍生物	4	20		13	13	千克	A	R/	0		0
2936.2400	-- D或DL-泛酸（维生素B_5）及其衍生物	4	20		13	13	千克	A	R/	0		0
2936.2500	-- 维生素B_6及其衍生物	4	20		13	13	千克	A	R/	0		0

协定税率（%）														特惠税率（%）①/②	Article Description
巴基斯坦	冰岛	哥斯达黎加	秘鲁	新西兰	瑞士	新加坡	韩国	澳大利亚	格鲁吉亚	毛里求斯	日本RCEP	尼加拉瓜	港澳台		
0	0	0	0	0	2.6		0	0	0	0	4.7	0	0/	0/0	Flucarbazone-Sodium, flucetosulfuron, sulfosulfuron, cloransulam-methyl, etc. (including foramsulfuron, ethoxysulfuron, chlorsulfuron, metsulfuron-methyl, tribenuron-methyl, ethametsulfuron-methyl)
0	0	0	0	0	2.6		0	0	0	0	4.7	0	0/	0/0	Triasulfuron, thifensulfuron and its acid, cinosulfuron, Flupyrsulfuron-methyl sodium, etc. (including triflusulfuron-methyl, prosulfuron, sulfometuron-methyl, chlorimuron-ethyl, primisulfuron)
0	0	0	0	0	2.6		0	0	0	0	4.7	0	0/	0/0	Bensulfuron-methyl, pyrazosulfuron-ethyl, nicosulfuron, diclosulam, etc. (including flazasulfuron, rimsulfuron, NC-330)
0	0	0	0	0	2.6		0	0	0	0	4.7	0	0/	0/0	Azimsulfuron, imazosulfuron, tritosulfuron pestanal, etc. (including halosulfuron-methyl, amidosulfuron, cyclosulfamuron, mesosulfuron-methyl)
0	0	0	0	0	2.6		0	0	0	0	4.7	0	0/	0/0	Mefluidide, sulfentrazone, orthosulfamuron, etc. (including flumetsulam, florasulam, penoxsulam)
0	0	0	0	0	2.6		0	0	0	0	4.7	0	0/	0/0	Fomesafen, asulam, amisulbrom, etc. (including monosulfuron ester, metosulam, trifloxysulfuron sodium, fluoxetine, pyrazosulfuron-methyl, propizosulfuron-methyl, and monosulfuron-methyl)
0	0	0	0	0	2.6		0	0	0	0	4.7	0	0/	0/0	Mesyl (methyl) caramoylmethyla-minome-thyl phosphonic acid, oryzalin, trifloxysulfuron, pyroxsulam, etc. (including iodosulfuron methyl sodium)
0	0	0	0	0	2.6		0	0	0	0	4.7	0	0/	0/0	Flusulfamide, fluoridamid, etc. (including tolyfluanid, sulfluramid)
0	0	0	0	0	2.6		0	0	0	0	4.7	0	0/	0/0	Cythioate, famphur, bensulide, etc. (including methasulfocarb, cyazofamid)
0	0	0	0	0	2.6		0	0	0	0	4.7	0	0/	0/0	Oxasulfuron
0	0	0	0	0	2.6		0	0	0	0	4.7	0	0/	0/0	Saflufenacil
0	0	0	0	0	2.6		0	0	0	0	4.7	0	0/	0/0	Thiencarbazone-methyl
0	0	0	0	0	2.6		0	0	0	0	4.7	0	0/	0/0	Sulphadiazine
0	0	0	0	0	2.6		0	0	0	0	4.7	0	0/	0/0	Sulfadimidine
0	0	0	0	0	2.6		0	0	0	0	4.7	0	0/	0/0	Sulfamethoxazole (sufisomezole, sinomin, SMZ)
0	0	0	0	0	2.6		0	0	0	0	4.7	0	0/	0/0	Bosentan
0	0	0	0	0	2.6		0	0	0	0	4.7	0	0/	0/0	Perfluorohexylsulfonic acid, its salts and its related compounds (sulfonamide compounds (commodities listed in the Catalogue of Prohibited Imports (Eighth Batch)))
0	0	0	0	0	2.6		0	0	0	0	4.7	0	0/	0/0	Salts and related compounds of perfluorooctanoic acid (PFOA)
0	0	0	0	0	2.6		0	0	0	0	4.7	0	0/	0/0	Other sulphonamides
															Ⅺ. PROVITAMINS, VITAMINS AND HORMONES
															Provitamins and vitamins, natural or reproduced by synthesis (including natural concentrates), derivatives thereof used primarily as vitamins, and intermixtures of the foregoing, whether or not in any solvent:
															- Vitamins and their derivatives, unmixed:
0	0	0	0	0	1.6		0	0	0	0	2.9	0	0/	0/0	-- Vitamins A and their derivatives
0	0	0	0	0	0		0	0	0	0	0	0	0/	0/0	-- Vitamin B_1 and its derivatives
0	0	0	0	0	0		0	0	0	0	0	0	0/	0/0	-- Vitamin B_2 and its derivatives
0	0	0	0	0	0		0	0	0	0	0	0	0/	0/0	-- D- or DL-Pantothenic acid (Vitamin B_5) and its derivatives
0	0	0	0	0	0		0	0	0	0	0	0	0/	0/0	-- Vitamin B_6 and its derivatives

税　号	货品名称	进口关税（%）最惠国	进口关税（%）普通	进口关税（%）年内暂定	增值/消费税（%）	出口退税（%）	计量单位	监管证件代码	检验检疫类别	协定税率（%）东盟	协定税率（%）亚太	协定税率（%）智利
2936.2600	-- 维生素 B_{12} 及其衍生物	4	20		13	13	千克	A	R/	0		0
2936.2700	-- 维生素C及其衍生物											
29362700.10	未混合的维生素C原粉（不论是否溶于溶剂）	4	20		13	13	千克	A	R/	0		0
29362700.20	未混合的维生素C钙、维生素C钠（不论是否溶于溶剂）	4	20		13	13	千克	A	R/	0		0
29362700.30	颗粒或包衣维生素C（不论是否溶于溶剂）	4	20		13	13	千克	A	R/	0		0
29362700.90	维生素C酯类及其他（不论是否溶于溶剂）	4	20		13	13	千克	A	R/	0		0
2936.2800	-- 维生素E及其衍生物	4	20		13	13	千克	A	R/	0		0
2936.2900	-- 其他维生素及其衍生物	4	20		13	13	千克	A	R/	0		0
	- 其他：											
2936.9010	--- 维生素 AD_3	4	20		13	13	千克	A	R/	0		0
2936.9090	--- 其他	4	20		13	13	千克	A	R/	0		0
29.37	**天然或合成再制的激素、前列腺素、血栓烷、血细胞三烯及其衍生物和结构类似物，包括主要用作激素的改性链多肽：**											
	- 多肽激素、蛋白激素、糖蛋白激素及其衍生物和结构类似物：											
2937.1100	-- 生长激素及其衍生物和结构类似物											
29371100.10	生长激素（GH）	4	20		13	13	千克	L		0		0
29371100.20	其他《兴奋剂目录》所列商品	4	20		13	13	千克	L		0		0
29371100.90	生长激素的衍生物和结构类似物	4	20		13	13	千克			0		0
	-- 胰岛素及其盐：											
2937.1210	--- 重组人胰岛素及其盐	4	20	0	13	13	千克	L		0		0
2937.1290	--- 其他	4	20	0	13	13	千克	L		0		0
2937.1900	-- 其他											
29371900.13	绒促性素、促黄体生成素等（包括生长激素释放肽类（GHRPs）、普拉莫瑞林（生长激素释放肽-2）、CJC-1295（CAS号863288-34-0）、生长激素释放肽-6、生长激素释放激素及其类似物、生长激素促分泌剂）	4	20		13	13	千克	L		0		0
29371900.15	促皮质素类等肽类激素[包括艾瑞莫瑞林、布舍瑞林、可的瑞林、海沙瑞林、伊莫瑞林、舍莫瑞林、替莫瑞林、戈那瑞林、葛瑞林（脑肠肽）及葛瑞林模拟物类]	4	20		13	13	千克	L		0		0
29371900.16	亮丙瑞林	4	20		13	13	千克	L		0		0
29371900.17	其他《兴奋剂目录》所列商品	4	20		13	13	千克	L		0		0
29371900.91	醋酸曲普瑞林	4	20	0	3	3	千克	L		0		0
29371900.93	卵泡抑素	4	20		13	13	千克	L		0		0
29371900.99	其他多肽激素及衍生物和结构类似物（包括蛋白激素、糖蛋白激素及其衍生物和结构类似物）	4	20		13	13	千克	Q		0		0
	- 甾族激素及其衍生物及结构类似物：											
2937.2100	-- 可的松、氢化可的松、脱氢可的松及脱氢皮质醇	4	20		13	13	千克	Q		0		0
	-- 皮质甾类激素的卤化衍生物：											
2937.2210	--- 地塞米松	4	30		13	13	千克	Q		0		0

协定税率（%）														特惠税率（%）①/②	Article Description
巴基斯坦	冰岛	哥斯达黎加	秘鲁	新西兰	瑞士	新加坡	韩国	澳大利亚	格鲁吉亚	毛里求斯	日本RCEP	尼加拉瓜	港澳台		
0	0	0	0	0	0		0	0	0	0	2.9	0	0/	0/0	-- Vitamin B_{12} and its derivatives
															-- Vitamin C and its derivatives
0	0	0	0	0	0		0	0	0	0	0	0	0/	0/0	Natural concentrates of Vitamins C, unmixed (whether or not in any solvent)
0	0	0	0	0	0		0	0	0	0	0	0	0/	0/0	Calcium ascorbate, Sodium ascorbate, unmixed (whether or not in any solvent)
0	0	0	0	0	0		0	0	0	0	0	0	0/	0/0	Vitamin C in granule or lagging cover (whether or not in any solvent)
0	0	0	0	0	0		0	0	0	0	0	0	0/	0/0	Vitamin C esters and others (whether or not in any solvent)
0	0	0	0	0	0		0	0	0	0	2.9	0	0/	0/0	-- Vitamin E and its derivatives
0	0	0	0	0	0		0	0	0	0	2.9	0	0/	0/0	-- Other vitamins and their derivatives
															-- Other:
0	0	0	0	0	0		0	0	0	0	2.9	0	0/	0/0	--- Vitamin AD_3
0	0	0	0	0	0		0	0	0	0	2.9	0	0/	0/0	--- Other
															Hormones, prostaglandins, thromboaxnes and leukotrienes, natural or reproduced by synthesis; derivatives and structural analogues thereof, including chain modified polypeptides, used pri-marily as hormones:
															- Polypeptide hormones, protein hormones and glycoprotein hormones, their derivatives and structural analogues:
															-- Somatotropin, its derivatives and structural analogues
0	0	0	0	0	0		0	0	0	0	0	0	0/	0/0	Somatotropin
0	0	0	0	0	0		0	0	0	0	0	0	0/	0/0	Other commodities listed in the Doping Catalogue
0	0	0	0	0	0		0	0	0	0	0	0	0/	0/0	Derivatives and structural analogues of somatotropin
															-- Insulin and its salts:
0	0	0	0	0	0		0	0	0	0	0	0	0/	0/0	--- Recombinant human insulin and its salts
0	0	0	0	0	0		0	0	0	0	0	0	0/	0/0	--- Other
															-- Other
0	0	0	0	0	0		0	0	0	0	2.9	0	0/	0/0	Chorionic gonadotrophin, luteinizing hormone etc, including GH-Releasing Peptides (GHRPs), pralmorelin (GHRP-2), CJC-1295 (CAS number 863288-34-0), GHRP-6, Growth Hormone Releasing Hormone(GHRH) and its analogues, Growth Hormone Secretagogues (GHS)
0	0	0	0	0	0		0	0	0	0	2.9	0	0/	0/0	Corticotrophin and other peptide hormones, including alexamorelin, anamorelin, buserelin, corticorelin, hexarelin, ipamorelin, sermorelin, tesamorelin, triptorelin, ghrelin and its mimetics
0	0	0	0	0	0		0	0	0	0	2.9	0	0/	0/0	Leuprorelin
0	0	0	0	0	0		0	0	0	0	2.9	0	0/	0/0	Other commodities listed in the Doping Catalogue
0	0	0	0	0	0		0	0	0	0	2.9	0	0/	0/0	Triptorelin acetate
0	0	0	0	0	0		0	0	0	0	2.9	0	0/	0/0	Follistatin
0	0	0	0	0	0		0	0	0	0	2.9	0	0/	0/0	Other polypeptide hormones and their derivatives and structural analogues (including protein hormones, glycoprotein hormones and their derivatives and structural analogues)
															- Steroidal hormones, their derivatives and structural analogues:
0	0	0	0	0	0		0	0	0	0	0	0	0/	0/0	-- Cortisone, hydrocortisone, prednisone (dehydrocortisone) and prednisolone (dehydrohydrocortisone)
															-- Halogenated derivatives of corticosteroidal hormones:
0	0	0	0	0	0		0	0	0	0	0	0	0/	0/0	--- Dexamethasone

税　号	货品名称	进口关税（%）			增值/消费税（%）	出口退税（%）	计量单位	监管证件代码	检验检疫类别	协定税率（%）		
		最惠国	普通	年内暂定						东盟	亚太	智利
2937.2290	--- 其他	4	30		13	13	千克	Q		0		0
	-- 雌（甾）激素和孕激素：											
	--- 动物源的：											
2937.2311	---- 孕马结合雌激素	4	30		13	13	千克	Q		0		0
2937.2319	---- 其他											
29372319.10	福美坦	4	30	0	3	3	千克	Q		0		0
29372319.90	其他动物源雌(甾)激素和孕激素	4	30		13	13	千克	Q		0		0
2937.2390	--- 其他											
29372390.10	泽仑诺、孕三烯酮、替勃龙（包括四氢孕三烯酮）	4	30		13	13	千克	L		0		0
29372390.90	其他雌(甾)激素及孕激素	4	30		13	13	千克	Q		0		0
2937.2900	-- 其他											
29372900.11	1-雄烯二醇，1-雄烯二酮{包括雄甾-4-烯-3β,17α-二醇[4-雄烯二醇（3β,17α）]；雄甾-5-烯-3β,17α-二醇[5-雄烯二醇（3β,17α）]}	4	30		13	13	千克	L		0		0
29372900.12	4-雄烯二醇，5-雄烯二酮{包括5α-雄烷-3α,17β-二醇[雄烷二醇（3α,17β）]；5α-雄烷-3β,17α-二醇[雄烷二醇（3β,17α）]；勃拉睾酮；5β-雄烷-3α,17β-二醇[5β-雄烷二醇（3α,17β）]}	4	30		13	13	千克	L		0		0
29372900.13	勃地酮，卡芦睾酮（包括勃二酮，氯司替勃，甲基氯司替勃）	4	30		13	13	千克	L		0		0
29372900.14	达那唑，去氢氯甲睾酮（包括普拉睾酮，去氧甲睾酮）	4	30		13	13	千克	L		0		0
29372900.15	双氢睾酮，屈他雄酮（包括表双氢睾酮、乙雌烯醇、氟甲睾酮、甲酰勃龙）	4	30		13	13	千克	L		0		0
29372900.16	夫拉扎勃（包括4-羟基睾酮）	4	30		13	13	千克	L		0		0
29372900.17	美雄诺龙、美睾酮、美雄酮（包括甲基屈他雄酮）	4	30		13	13	千克	L		0		0
29372900.18	甲基-1-睾酮、甲睾酮、甲诺睾酮（包括甲二烯诺龙，去甲雄酮）	4	30		13	13	千克	L		0		0
29372900.19	美替诺龙，美雄醇（包括美曲勃龙）	4	30		13	13	千克	L		0		0
29372900.21	米勃酮、诺龙、诺勃酮、诺司替勃（包括19-去甲雄烯二酮，诺乙雄龙）	4	30		13	13	千克	L		0		0
29372900.22	19-去甲胆烷醇酮（包括羟勃龙，氧雄龙）	4	30		13	13	千克	L		0		0
29372900.23	羟甲睾酮，羟甲烯龙（包括前列他唑）	4	30		13	13	千克	L		0		0
29372900.24	奎勃龙、司坦唑醇、司腾勃龙（包括1-睾酮、睾酮、群勃龙）	4	30		13	13	千克	L		0		0
29372900.25	7α-羟基-普拉睾酮	4	30		13	13	千克	L		0		0
29372900.26	7β-羟基-普拉睾酮	4	30		13	13	千克	L		0		0
29372900.27	7-羰基-普拉睾酮	4	30		13	13	千克	L		0		0
29372900.28	胆烷醇酮	4	30		13	13	千克	L		0		0
29372900.31	雄甾-5-烯-3β,17β-二醇[5-雄烯二醇（3β,17β）]	4	30		13	13	千克	L		0		0
29372900.32	雄甾-4-烯-3,17-二酮（4-雄烯二酮）	4	30		13	13	千克	L		0		0
29372900.34	雄酮	4	30		13	13	千克	L		0		0
29372900.35	1,4-雄烯二酮（雄甾-1,4-二烯-3,17-二酮）	4	30		13	13	千克	L		0		0
29372900.36	其他《兴奋剂目录》所列商品	4	30		13	13	千克	L		0		0
29372900.91	依西美坦	4	30	0	3	3	千克	Q		0		0
29372900.99	其他甾类激素及其衍生物和结构类似物	4	30		13	13	千克	Q		0		0
2937.5000	- 前列腺素、血栓烷和白细胞三烯及其衍生物和结构类似物											

协定税率（%）														特惠税率（%）①/②	Article Description
巴基斯坦	冰岛	哥斯达黎加	秘鲁	新西兰	瑞士	新加坡	韩国	澳大利亚	格鲁吉亚	毛里求斯	日本RCEP	尼加拉瓜	港澳台		
0	0	0	0	0	0		0	0	0	0	0	0	0/	0/0	--- Other
															-- Oestrogens and progestogens:
															--- Zoogenic:
0	0	0	0	0	0		0	0	0	0	0	0	0/	0/0	----Progesterone conjugated equine estrogen
															----Other
0	0	0	0	0	0		0	0	0	0	0	0	0/	0/0	Formestane
0	0	0	0	0	0		0	0	0	0	0	0	0/	0/0	Other oestrogens and progestogens of animal origin
															--- Other
0	0	0	0	0	0		0	0	0	0	0	0	0/	0/0	Zeranol, gestrinone, tibolone (including tetrahydrogestrinone)
0	0	0	0	0	0		0	0	0	0	0	0	0/	0/0	Other oestrogens and progestogens
															-- Other
0	0	0	0	0	0		0	0	0	0	0	0	0/	0/0	1-androstenediol; 1-androstenedione (including androst-4-ene-3β,17α-diol); androst-5-ene-3β,17α-diol
0	0	0	0	0	0		0	0	0	0	0	0	0/	0/0	4-androstenediol; 5-androstenedione (including 5α-androstane-3α, 17β-diol; 5α-androstane-3β, 17α-diol; bolasterone;5β-androstane-3α,17β-diol)
0	0	0	0	0	0		0	0	0	0	0	0	0/	0/0	Boldenone, calusterone (including boldione, clostebol)
0	0	0	0	0	0		0	0	0	0	0	0	0/	0/0	Danazol, dehydrochloromethyltestosterone (including prasterone, desoxymethyltestosterone)
0	0	0	0	0	0		0	0	0	0	0	0	0/	0/0	Dihydrotestosterone, dromostanolon (including epi-dihydrotestosterone, ethylestrenol, fluoxymesterone, formebolone)
0	0	0	0	0	0		0	0	0	0	0	0	0/	0/0	Furazabol (including 4- hydroxyl testosterone)
0	0	0	0	0	0		0	0	0	0	0	0	0/	0/0	Mestanolone, mesterolone, methandienone (including Methasterone)
0	0	0	0	0	0		0	0	0	0	0	0	0/	0/0	Methyl-1-testosterone, methyltestosterone, methylnortestosterone (including methyldienolone, 19-norandrosterone)
0	0	0	0	0	0		0	0	0	0	0	0	0/	0/0	Metenolone, methandriol (including metribolone)
0	0	0	0	0	0		0	0	0	0	0	0	0/	0/0	Mibolerone, nandrolone, norboletone, norclostebol (including 19-norandrostenedione, norethandrolone)
0	0	0	0	0	0		0	0	0	0	0	0	0/	0/0	19-noretiocholanolone (including oxabolone, oxandrolone)
0	0	0	0	0	0		0	0	0	0	0	0	0/	0/0	Oxymesterone, oxymetholone (including prostanozol)
0	0	0	0	0	0		0	0	0	0	0	0	0/	0/0	Quinbolone, stanozolol, Stenbolone (including 1-testosterone, testosterone, trenbolone)
0	0	0	0	0	0		0	0	0	0	0	0	0/	0/0	7α-hydroxy- prasterone
0	0	0	0	0	0		0	0	0	0	0	0	0/	0/0	7β-hydroxy- prasterone
0	0	0	0	0	0		0	0	0	0	0	0	0/	0/0	7-carbonyl- prasterone
0	0	0	0	0	0		0	0	0	0	0	0	0/	0/0	Etiocholanolone
0	0	0	0	0	0		0	0	0	0	0	0	0/	0/0	Androst-5-ene-3β, 17β-diol (androstenediol)
0	0	0	0	0	0		0	0	0	0	0	0	0/	0/0	4-Androstene-3,17-dione
0	0	0	0	0	0		0	0	0	0	0	0	0/	0/0	Androsterone
0	0	0	0	0	0		0	0	0	0	0	0	0/	0/0	Boldione (androsta-1,4-diene-3,17-dione)
0	0	0	0	0	0		0	0	0	0	0	0	0/	0/0	Other commodities listed in the Doping Catalogue
0	0	0	0	0	0		0	0	0	0	0	0	0/	0/0	Exemestane
0	0	0	0	0	0		0	0	0	0	0	0	0/	0/0	Other steroid hormones and their derivatives and structural analogues
															- Prostaglandins, thromboxanes and leukotrienes, their derivatives and structural analogues

税　号	货品名称	进口关税（%） 最惠国	普通	年内暂定	增值/消费税（%）	出口退税（%）	计量单位	监管证件代码	检验检疫类别	协定税率（%） 东盟	亚太	智利
29375000.10	罕见病药原料（曲前列尼尔）	4	30	0	3	3	千克			0		0
29375000.90	其他前列腺素、血栓烷和白细胞三烯（包括它们的衍生物和结构类似物）	4	30		13	13	千克			0		0
2937.9000	- 其他											
29379000.10	氨基酸衍生物	4	30		13	13	千克	AQ	R/	0		0
29379000.11	马昔瑞林	4	30		13	13	千克	L		0		0
29379000.90	其他激素及其衍生物和结构类似物	4	30		13	13	千克	Q		0		0
	第十二分章　天然或合成再制的苷（配糖物）、生物碱及其盐、醚、酯和其他衍生物											
29.38	**天然或合成再制的苷（配糖物）及其盐、醚、酯和其他衍生物：**											
2938.1000	- 芸香苷（芦丁）及其衍生物	6.5	20		13	13	千克	Q		0		0
	- 其他：											
2938.9010	--- 齐多夫定、拉米夫定、司他夫定、地达诺新及它们的盐	6.5	20		13	13	千克			0		0
2938.9090	--- 其他											
29389090.10	甘草酸粉	6.5	20	3	13	13	千克	y4x		0		0
29389090.20	甘草酸盐类	6.5	20		13	13	千克	4Axy	R/	0		0
29389090.30	甘草次酸及其衍生物	6.5	20		13	13	千克	y4x		0		0
29389090.40	其他甘草酸	6.5	20	3	13	13	千克	4		0		0
29389090.90	其他天然或合成再制的苷及其盐等（包括醚、酯和其他衍生物）	6.5	20		13	13	千克			0		0
29.39	**天然或合成再制的生物碱及其盐、醚、酯和其他衍生物：**											
	- 鸦片碱及其衍生物以及它们的盐：											
2939.1100	-- 罂粟秆浓缩物、丁丙诺啡（INN）、可待因、双氢可待因（INN）、乙基吗啡、埃托啡（INN）、海洛因、氢可酮（INN）、氢吗啡酮（INN）、吗啡、尼可吗啡（INN）、羟考酮（INN）、羟吗啡酮（INN）、福尔可定（INN）、醋氢可酮（INN）及蒂巴因，以及它们的盐											
29391100.11	罂粟秆浓缩物	4	50		13	13	千克	I		0		0
29391100.12	可待因、双氢可待因、乙基吗啡（以及它们的盐）	4	50		13	13	千克	I		0		0
29391100.13	埃托啡、海洛因、氢可酮（以及它们的盐）	4	50		13	13	千克	I		0		0
29391100.14	氢吗啡酮、吗啡、尼可吗啡（以及它们的盐）	4	50		13	13	千克	I		0		0
29391100.15	羟考酮、羟吗啡酮、福尔可定（以及它们的盐）	4	50		13	13	千克	I		0		0
29391100.16	醋氢可酮，蒂巴因（以及它们的盐）	4	50		13	13	千克	I		0		0
29391100.20	丁丙诺啡及其盐	4	50		13	13	千克	I		0		0
2939.1900	-- 其他											
29391900.10	二氢埃托啡及其盐	4	50		13	13	千克	I		0		0
29391900.21	苄吗啡、可多克辛、地索吗啡、醋托啡（以及它们的盐）	4	50		13	13	千克	I		0		0
29391900.22	双氢吗啡、氢吗啡醇、甲地索啡、甲二氢吗啡（以及它们的盐）	4	50		13	13	千克	I		0		0
29391900.23	美托酮、吗啡-N-氧化物、麦罗啡、去甲吗啡（以及它们的盐）	4	50		13	13	千克	I		0		0

协定税率（%）														特惠税率（%）①/②	Article Description
巴基斯坦	冰岛	哥斯达黎加	秘鲁	新西兰	瑞士	新加坡	韩国	澳大利亚	格鲁吉亚	毛里求斯	日本RCEP	尼加拉瓜	港澳台		
0	0	0	0	0	0		0	0	0	0	0	0	0/	0/0	APIs of rare disease drugs（treprostinil）
0	0	0	0	0	0		0	0	0	0	0	0	0/	0/0	Other prostaglandins, thromboxanes and leukotrienes(including their derivatives and structural analogues)
															- Other
0	0	0	0	0	0		0	0	0	0	0	0	0/	0/0	Derivatives of amino acids
0	0	0	0	0	0		0	0	0	0	0	0	0/	0/0	Macimorelin
0	0	0	0	0	0		0	0	0	0	0	0	0/	0/0	Other hormones and their derivatives and structural analogues
															Ⅻ. GLYCOSIDES AND ALKALOIDS, NATURAL OR REPRODUCED BYSYNTHESIS, AND THEIR SALTS, ETHERS, ESTERS AND OTHER DERIVATIVES
															Glycosides, natural or reproduced bysynthesis, and their salts, ethers, esters and other derivatives:
5	0	0	0	0	0		0	0	0	0	4.7	0	0/	0/0	- Rutoside (rutin) and its derivatives
															- Other:
5	0	0	0	0	0		0	0	0	0	4.7	0	0/	0/0	--- Zidovudine, lamivudine, stavudine, didanosine and their salts
															--- Other
5	0	0	0	0	0		0	0	0	0	4.7	0	0/	0/0	Powders, Glycyrrhizic acid
5	0	0	0	0	0		0	0	0	0	4.7	0	0/	0/0	Glycyrrhizinate
5	0	0	0	0	0		0	0	0	0	4.7	0	0/	0/0	Glycyrrhetinic acid and its derivatives
5	0	0	0	0	0		0	0	0	0	4.7	0	0/	0/0	Other glycyrrhizic acid
5	0	0	0	0	0		0	0	0	0	4.7	0	0/	0/0	Other glycosides, natural or reproduced by synthesis, and their salts, etc. (including ethers, esters and other derivatives)
															Alkaloids, natural or reproduced by synthesis, and their salts, ethers, esters and other derivatives:
															- Alkaloids of opium and their derivatives; salts thereof:
															-- Concentrates of poppy straw; buprenorphine (INN), codeine, dihydrocodeine (INN), ethylmorphine, etorphine (INN), heroin, hydrocodone (INN), hydromorphone (INN), morphine, nicomorphine (INN), oxycodone (INN), oxymorphone (INN), pholcodine (INN), thebacon (INN)and thebaine; salts thereof
0	0	0	0	0	0		0	0	0	0	0	0	0/	0/0	Concentrates of poppy straw
0	0	0	0	0	0		0	0	0	0	0	0	0/	0/0	Codeine, dihydrocodeine (INN), ethylmorphine and their salts
0	0	0	0	0	0		0	0	0	0	0	0	0/	0/0	Etorphine (INN), heroin, hydrocodone (INN) and their salts
0	0	0	0	0	0		0	0	0	0	0	0	0/	0/0	Hydromorphone(INN), morphine, nicomorphine(INN) and their salts
0	0	0	0	0	0		0	0	0	0	0	0	0/	0/0	Oxycodone (INN), oxymorphone (INN), pholcodine (INN) and their salts
0	0	0	0	0	0		0	0	0	0	0	0	0/	0/0	Thebacon (INN) and thebaine and their salts
0	0	0	0	0	0		0	0	0	0	0	0	0/	0/0	Buprenorphine and its salts
															-- Other
0	0	0	0	0	0		0	0	0	0	0	0	0/	0/0	Dihydroetorphine and its salts
0	0	0	0	0	0		0	0	0	0	0	0	0/	0/0	Benzylmorphine, codoxime, desomorphine, acetorphine and their salts
0	0	0	0	0	0		0	0	0	0	0	0	0/	0/0	Dihydromorphine, hydromorphinol, methyldesorphine, methyldihydromorphine and their salts
0	0	0	0	0	0		0	0	0	0	0	0	0/	0/0	Metopon, morphine-N-oxide, myrophine, normorphine and their salts

税 号	货品名称	进口关税（%） 最惠国	普通	年内暂定	增值/消费税（%）	出口退税（%）	计量单位	监管证件代码	检验检疫类别	协定税率（%） 东盟	亚太	智利
29391900.24	醋氢可待因、尼可待因、尼二氢可待因、去甲可待因（以及它们的盐）	4	50		13	13	千克	I		0		0
29391900.25	吗啡甲溴化物及其盐	4	50		13	13	千克	I		0		0
29391900.30	纳布啡及其盐	4	50		13	13	千克	I		0		0
29391900.40	奥列巴文	4	50		13	13	千克	I		0		0
29391900.90	其他鸦片碱及其衍生物及它们的盐	4	50		13	13	千克	Q		0		0
2939.2000	- 金鸡纳生物碱及其衍生物以及它们的盐	4	20		13	13	千克	Q		0		0
2939.3000	- 咖啡因及其盐											
29393000.10	咖啡因	4	20		13	13	千克	AI	R/	0		0
29393000.90	咖啡因的盐	4	20		13	13	千克	AI	R/	0		0
	- 麻黄生物碱及其衍生物，以及它们的盐：											
2939.4100	-- 麻黄碱及其盐											
29394100.10	麻黄碱（麻黄素，盐酸麻黄碱）	4	20		13	13	千克	23Q		0		0
29394100.20	硫酸麻黄碱	4	20		13	13	千克	23Q		0		0
29394100.30	消旋盐酸麻黄碱	4	20		13	13	千克	23Q		0		0
29394100.40	草酸麻黄碱	4	20		13	13	千克	23Q		0		0
29394100.90	麻黄碱盐	4	20		13	13	千克	Q		0		0
2939.4200	-- 假麻黄碱（INN）及其盐											
29394200.10	伪麻黄碱（伪麻黄素，盐酸伪麻黄碱）	4	20		13	13	千克	23Q		0		0
29394200.20	硫酸伪麻黄碱	4	20		13	13	千克	23Q		0		0
29394200.90	假麻黄碱盐（D-2-甲胺基-1-苯基丙醇）	4	20		13	13	千克	Q		0		0
2939.4300	-- d-去甲假麻黄碱（INN）及其盐	4	20		13	13	千克	I		0		0
2939.4400	-- 去甲麻黄碱及其盐	4	20		13	13	千克	23		0		0
2939.4500	-- 左甲苯丙胺、去氧麻黄碱（INN）、去氧麻黄碱外消旋体以及它们的盐	4	20		13	13	千克	I		0		0
2939.4900	-- 其他											
29394900.10	盐酸甲基麻黄碱	4	20		13	13	千克	Q23		0		0
29394900.20	消旋盐酸甲基麻黄碱	4	20		13	13	千克	Q23		0		0
29394900.30	左甲苯丙胺、去氧麻黄碱、去氧麻黄碱外消旋体的其他衍生物（包括酯）	4	20		13	13	千克	I		0		0
29394900.40	氯代麻黄碱	4	20		13	13	千克	23I		0		0
29394900.91	其他麻黄碱及其盐	4	20		13	13	千克	Q		0		0
29394900.99	其他麻黄生物碱衍生物，以及它们的盐	4	20		13	13	千克	ABQ	MR/N	0		0
	- 茶碱和氨茶碱及其衍生物，以及它们的盐：											
2939.5100	-- 芬乙茶碱（INN）及其盐	4	20		13	13	千克	I		0		0
2939.5900	-- 其他	4	20		13	13	千克	Q		0		0
	- 麦角生物碱及其衍生物，以及它们的盐											
2939.6100	-- 麦角新碱（INN）及其盐											
29396100.10	麦角新碱	4	20		13	13	千克	3Q2		0		0
29396100.90	麦角新碱盐	4	20		13	13	千克	Q		0		0
2939.6200	-- 麦角胺（INN）及其盐											
29396200.10	麦角胺	4	20		13	13	千克	3Q2		0		0
29396200.90	麦角胺盐	4	20		13	13	千克	Q		0		0
2939.6300	-- 麦角酸及其盐											
29396300.10	麦角酸	4	20		13	13	千克	3Q2		0		0
29396300.90	麦角酸盐	4	20		13	13	千克	Q		0		0
2939.6900	-- 其他											
29396900.10	麦角二乙胺及其盐	4	20		13	13	千克	I		0		0
29396900.90	其他麦角生物碱及其衍生物（包括它们的盐）	4	20		13	13	千克	Q		0		0

协定税率（%）														特惠税率（%）①/②	Article Description
巴基斯坦	冰岛	哥斯达黎加	秘鲁	新西兰	瑞士	新加坡	韩国	澳大利亚	格鲁吉亚	毛里求斯	日本RCEP	尼加拉瓜	港澳台		
0	0	0	0	0	0		0	0	0	0	0	0	0/	0/0	Acetyldihydrocodeine, nicocodine, nicodicodine, norcodeine and their salts
0	0	0	0	0	0		0	0	0	0	0	0	0/	0/0	Morphine methobromide and its salts
0	0	0	0	0	0		0	0	0	0	0	0	0/	0/0	Nalbuphine and its salts
0	0	0	0	0	0		0	0	0	0	0	0	0/	0/0	Oripavine; CAS No: 467-04-9
0	0	0	0	0	0		0	0	0	0	0	0	0/	0/0	Other alkaloids of opium and their derivatives; salts thereof
0	0	0	0	0	0		0	0	0	0	0	0	0/	0/0	- Alkaloids of cinchona and their derivatives; salts thereof
															- Caffeine and its salts
0	0	0	0	0	0		0	0	0	0	0	0	0/	0/0	Caffeine
0	0	0	0	0	0		0	0	0	0	0	0	0/	0/0	Salts of caffeine
															- Alkaloids of ephedra and their derivatives; salts thereof:
															-- Ephedrine and its salts
0	0	0	0	0	0		0	0	0	0	0	0	0/	0/0	Ephedrine (ephedrine, ephedrini hydrochloride)
0	0	0	0	0	0		0	0	0	0	0	0	0/	0/0	Ephedrine sulfate
0	0	0	0	0	0		0	0	0	0	0	0	0/	0/0	DL-Ephedrine hydrochloride
0	0	0	0	0	0		0	0	0	0	0	0	0/	0/0	Ephedrine oxalate
0	0	0	0	0	0		0	0	0	0	0	0	0/	0/0	Salts of ephedrine
															-- Pseudoephedrine (INN) and its salts
0	0	0	0	0	0		0	0	0	0	0	0	0/	0/0	Pseudoephedrine (pseudoephedrine, pseudoephedrine hydrochloride)
0	0	0	0	0	0		0	0	0	0	0	0	0/	0/0	Pseudoephedrine sulfate
0	0	0	0	0	0		0	0	0	0	0	0	0/	0/0	Salts of pseudoephedrine (D-2- methylamino-1-phenyl propanol)
0	0	0	0	0	0		0	0	0	0	0	0	0/	0/0	-- Cathine (INN) and its salts
0	0	0	0	0	0		0	0	0	0	0	0	0/	0/0	-- Norephedrine and its salts
0	0	0	0	0	0		0	0	0	0	0	0	0/	0/0	-- Levometamfetamine, metamfetamine (INN), metamfetamine racemate and their salts
															-- Other
0	0	0	0	0	0		0	0	0	0	0	0	0/	0/0	Methylephedrine hydrochloride
0	0	0	0	0	0		0	0	0	0	0	0	0/	0/0	DL-Methylephedrine hydrochloride
0	0	0	0	0	0		0	0	0	0	0	0	0/	0/0	Other derivatives of levomethamphetamine, metamfetamine (INN), metamfetamine racemate
0	0	0	0	0	0		0	0	0	0	0	0	0/	0/0	Chloroephedrine
0	0	0	0	0	0		0	0	0	0	0	0	0/	0/0	Alkaloids of ephedra and their salts
0	0	0	0	0	0		0	0	0	0	0	0	0/	0/0	Other alkaloids of ephedra and their derivatives; salts thereof:
															- Theophylline and aminophylline (theophylline-ethylenediamine) and their derivatives; salts thereof:
0	0	0	0	0	0		0	0	0	0	0	0	0/	0/0	-- Fenetylline (INN) and its salts
0	0	0	0	0	0		0	0	0	0	0	0	0/	0/0	-- Other
															- Alkaloids of rye ergot and their derivatives; salts thereof:
															-- Ergometrine (INN) and its salts
0	0	0	0	0	0		0	0	0	0	0	0	0/	0/0	Ergometrine (INN)
0	0	0	0	0	0		0	0	0	0	0	0	0/	0/0	Salts of ergometrine (INN)
															-- Ergotamine (INN) and its salts
0	0	0	0	0	0		0	0	0	0	0	0	0/	0/0	Ergotamine (INN)
0	0	0	0	0	0		0	0	0	0	0	0	0/	0/0	Salts of ergotamine (INN)
															-- Lysergic acid and its salts
0	0	0	0	0	0		0	0	0	0	0	0	0/	0/0	Lysergic acid
0	0	0	0	0	0		0	0	0	0	0	0	0/	0/0	Salts of lysergic acid
															-- Other
0	0	0	0	0	0		0	0	0	0	2.9	0	0/	0/0	Lysergide and its salts
0	0	0	0	0	0		0	0	0	0	2.9	0	0/	0/0	Other ergot alkaloids and their derivatives (including their salts)

税号	货品名称	进口关税（%） 最惠国	普通	年内暂定	增值/消费税（%）	出口退税（%）	计量单位	监管证件代码	检验检疫类别	协定税率（%） 东盟	亚太	智利
	- 其他，植物来源的：											
	-- 可卡因、芽子碱，它们的盐、酯及其他衍生物：											
2939.7210	--- 可卡因及其盐	4	20		13	13	千克	I		0		0
2939.7290	--- 其他	4	20		13	13	千克	I		0		0
	-- 其他：											
2939.7910	--- 烟碱及其盐											
29397910.10	烟碱	4	20		13	13	千克	ABQ	M/N	0		0
29397910.90	烟碱盐	4	20		13	13	千克	Q		0		0
2939.7920	--- 番木鳖碱（士的年）及其盐											
29397920.10	番木鳖碱	4	17		13	13	千克	ABQ	M/N	0		0
29397920.90	番木鳖碱盐	4	17		13	13	千克	Q		0		0
2939.7990	--- 其他											
29397990.11	卡西酮、麦司卡林（以及它们的盐）	4	20		13	13	千克	I		0		0
29397990.12	赛洛新、赛洛西宾（以及它们的盐）	4	20		13	13	千克	I		0		0
29397990.91	酒石酸长春瑞滨、硫酸长春新碱、盐酸托泊替康、盐酸伊立替康	4	20	0	3	3	千克	ABQ	MR/N	0		0
29397990.99	其他植物碱及其衍生物（包括植物碱的盐、酯及其他衍生物）	4	20		13	13	千克	ABQ	MR/N	0		0
	- 其他：											
2939.8010	--- 石房蛤毒素	3	20		13	13	千克	23Q		0		0
2939.8090	--- 其他											
29398090.10	河豚毒素	4	20		13	13	千克	3AB	MR/N	0		0
29398090.90	其他生物碱及其衍生物（包括生物碱的盐、酯及其他衍生物）	4	20		13	13	千克	ABQ	MR/N	0		0
	第十三分章　其他有机化合物											
29.40	**化学纯糖，但蔗糖、乳糖、麦芽糖、葡萄糖及果糖除外；糖醚、糖缩醛和糖酯及其盐，但不包括税目29.37、29.38及29.39的产品：**											
2940.0010	--- 木糖	6	30		13	13	千克	AQ	R/	0		0
2940.0090	--- 其他											
29400090.10	氨基寡糖素	6	30		13	13	千克	AQS	R/	0		0
29400090.90	其他化学纯糖，糖醚、糖酯及其盐（蔗糖、乳糖、麦芽糖、葡萄糖、税目29.37-29.39产品除外）	6	30		13	13	千克	AQ	R/	0		0
29.41	**抗菌素：**											
	- 青霉素和具有青霉烷酸结构的青霉素衍生物及其盐：											
	--- 氨苄青霉素及其盐：											
2941.1011	---- 氨苄青霉素	6	20		13	13	千克	Q		0	3	0
2941.1012	---- 氨苄青霉素三水酸	6	20		13	13	千克	Q		0	3	0
2941.1019	---- 其他	6	20		13	13	千克	Q		0	3	0
	--- 其他：											
2941.1091	---- 羟氨苄青霉素	4	20		13	13	千克	Q		0		0
2941.1092	---- 羟氨苄青霉素三水酸	4	20		13	13	千克	Q		0	3.2	0
2941.1094	---- 青霉素V	4	20		13	13	千克	Q		0		0
2941.1095	---- 磺苄青霉素	4	20		13	13	千克	Q		0		0
2941.1096	---- 邻氯青霉素	4	20		13	13	千克	Q		0		0
2941.1099	---- 其他	4	20		13	13	千克	Q		0		0
2941.2000	- 链霉素及其衍生物以及它们的盐	4	20		13	13	千克	Q		0		0
	- 四环素及其衍生物以及它们的盐：											
	--- 四环素及其盐：											
2941.3011	---- 四环素	4	20		13	13	千克	Q		0		0
2941.3012	---- 四环素盐	4	20		13	13	千克	Q		0		0
2941.3020	--- 四环素衍生物及其盐	4	20		13	13	千克	Q		0		0

协定税率（%）														特惠税率（%）①/②	Article Description
巴基斯坦	冰岛	哥斯达黎加	秘鲁	新西兰	瑞士	新加坡	韩国	澳大利亚	格鲁吉亚	毛里求斯	日本RCEP	尼加拉瓜	港澳台		
															- Other, of vegetal origin:
															-- Cocaine, ecgonine; salts, esters and other derivatives thereof:
0	0	0	0	0	0		0	0	0	0	0	0	0/	0/0	--- Cocaine and its salts
0	0	0	0	0	0		0	0	0	0	0	0	0/	0/0	--- Other
															-- Other:
															--- Nicotine and its salts
0	0	0	0	0	0		0	0	0	0	0		0/	0/0	Nicotine
0	0	0	0	0	0		0	0	0	0	0		0/	0/0	Nicotine salts
															--- Strychnine and its salts
0	0	0	0	0	0		0	0	0	0	0	0	0/	0/0	Strychnine
0	0	0	0	0	0		0	0	0	0	0	0	0/	0/0	Salts of strychnine
															--- Other
0	0	0	0	0	0		0	0	0	0	2.9	0	0/	0/0	Cathinone, mescaline and their salts
0	0	0	0	0	0		0	0	0	0	2.9	0	0/	0/0	Psilocine, psilocybin and their salts
0	0	0	0	0	0		0	0	0	0	2.9	0	0/	0/0	Vinorelbine tartrate, vincristine sulfate, topotecan hydrochloride, irinotecan hydrochloride
0	0	0	0	0	0		0	0	0	0	2.9	0	0/	0/0	Other alkaloids of vegetal origin and their derivatives (including their salts, esters and other derivatives)
															- Other
0	0	0	0	0	0		0	0	0	0	0	0	0/	0/0	--- Saxitoxin
															--- Other
0	0	0	0	0	0		0	0	0	0	2.9	0	0/	0/0	Tetrodotoxin
0	0	0	0	0	0		0	0	0	0	2.9	0	0/	0/0	Other alkaloids and their derivatives (including salts, esters, and other derivatives)
															XIII. OTHER ORGANIC COM-POUNDS
															Sugars, chemically pure, other than sucrose, lactose, maltose, glucose and fructose; sugar ethers, sugar acetals and sugar esters, and their salts, other than products of heading 29.37, 29.38 or 29.39:
5	0	0	0	0	0		0	0		0	4.4	0	0/	0/0	--- Xylose
															--- Other
5	0	0	0	0	0		0	0		0	4.4	0	0/	0/0	Amino oligosaccharide
5	0	0	0	0	0		0	0		0	4.4	0	0/	0/0	Other chemically pure sugars, sugar ethers, sugar esters and their salts (except sucrose, lactose, maltose, glucose and products of heading 29.37-29.39)
															Antibiotics:
															- Penicillins and their derivatives with a penicillanic acid structure; salts thereof:
															--- Ampicillin and its salts:
0	0	0	0	0	0		0	0	0	0	0	0	0/	0/0	----Ampicillin
0	0	0	0	0	0		0	0	0	0	0	0	0/	0/0	----Ampicillin trihydrate
0	0	0	0	0	0		0	0	0	0	0	0	0/	0/0	----Other
															--- Other:
0	0	0	0	0	0		0	0	0	0	0	0	0/	0/0	----Amoxycillin
0	0	0	0	0	0		0	0	0	0	0	0	0/	0/0	----Amoxycillin trihydrate
0	0	0	0	0	0		0	0	0	0	0	0	0/	0/0	----Penicillin V
0	0	0	0	0	0		0	0	0	0	0	0	0/	0/0	----Sulfobenzylpenicillin
0	0	0	0	0	0		0	0	0	0	0	0	0/	0/0	----Cloxacillin
0	0	0	0	0	0		0	0	0	0	0	0	0/	0/0	----Other
0	0	0	0	0	0		0	0	0	0	0	0	0/	0/0	- Streptomycins and their derivatives; salts thereof
															- Tetracyclines and their derivatives; salts thereof:
															--- Tetracyclines and their salts:
0	0	0	0	0	0		0	0	0	0	0	0	0/	0/0	----Tetracyclines
0	0	0	0	0	0		0	0	0	0	0	0	0/	0/0	----Salts of tetracyclines
0	0	0	0	0	0		0	0	0	0	0	0	0/	0/0	--- Tetracyclines derivatives and their salts

税号	货品名称	进口关税（%） 最惠国	普通	年内暂定	增值/消费税（%）	出口退税（%）	计量单位	监管证件代码	检验检疫类别	协定税率（%） 东盟	亚太	智利
2941.4000	- 氯霉素及其衍生物以及它们的盐	4	20		13	13	千克	Q		0		0
2941.5000	- 红霉素及其衍生物以及它们的盐	4	20		13	13	千克	Q		0		0
	- 其他:											
2941.9010	--- 庆大霉素及其衍生物以及它们的盐	4	20		13	13	千克	Q		0		0
2941.9020	--- 卡那霉素及其衍生物以及它们的盐	4	20		13	13	千克	Q		0		0
2941.9030	--- 利福平及其衍生物以及它们的盐	4	20		13	13	千克	Q		0		0
2941.9040	--- 林可霉素及其衍生物以及它们的盐	4	20		13	13	千克	Q		0		0
	--- 头孢菌素及其衍生物以及它们的盐:											
2941.9052	---- 头孢氨苄及其盐	6	20		13	13	千克	Q		0	3.9	0
2941.9053	---- 头孢唑啉及其盐	6	20		13	13	千克	Q		0	3	0
2941.9054	---- 头孢拉啶及其盐	6	20		13	13	千克	Q		0	3	0
2941.9055	---- 头孢三嗪（头孢曲松）及其盐	6	20	0	13	13	千克	Q		0	3	0
2941.9056	---- 头孢哌酮及其盐	6	20		13	13	千克	Q		0	3	0
2941.9057	---- 头孢噻肟及其盐	6	20		13	13	千克	Q		0	3	0
2941.9058	---- 头孢克罗及其盐	6	20		13	13	千克	Q		0	5	0
2941.9059	---- 其他											
29419059.10	放线菌酮	6	20		13	13	千克	QS		0	5	0
29419059.90	其他头孢菌素及其衍生物（包括它们的盐）	6	20		13	13	千克	Q		0	5	0
2941.9060	--- 麦迪霉素及其衍生物以及它们的盐	6	20		13	13	千克	Q		0	3	0
2941.9070	--- 乙酰螺旋霉素及其衍生物以及它们的盐	4	20		13	13	千克	Q		0		0
2941.9090	--- 其他											
29419090.11	中生菌素	6	20		13	13	千克	QS		0	3.9	0
29419090.12	春雷霉素	6	20		13	13	千克	QS		0	3.9	0
29419090.13	吗替麦考酚酯	6	20	0	13	13	千克	Q		0	3.9	0
29419090.14	盐酸阿柔比星	6	20	0	13	13	千克	Q		0	3.9	0
29419090.91	吡柔比星、丝裂霉素、盐酸表柔比星、盐酸多柔比星、盐酸平阳霉素、盐酸柔红霉素、盐酸伊达比星	6	20	0	3	3	千克	Q		0	3.9	0
29419090.99	其他抗菌素	6	20		13	13	千克	Q		0	3.9	0
29.42	**其他有机化合物:**											
2942.0000	其他有机化合物	6.5	30		13	13	千克			0		0

协定税率（%）巴基斯坦	冰岛	哥斯达黎加	秘鲁	新西兰	瑞士	新加坡	韩国	澳大利亚	格鲁吉亚	毛里求斯	日本RCEP	尼加拉瓜	港澳台	特惠税率（%）①/②	Article Description
0	0	0	0	0	0		0	0	0	0	0	0	0/	0/0	- Chloramphenicol and its derivatives; salts thereof
0	0	0	0	0	0		0	0	0	0	0	0	0/	0/0	- Erythromycin and its derivatives; salts thereof
															- Other:
0	0	0	0	0	0		0	0	0	0	0	0	0/	0/0	--- Gentamycin and its derivatives; salts thereof
0	0	0	0	0	0		0	0	0	0	0	0	0/	0/0	--- Kanamycin and its derivatives; salts thereof
0	0	0	0	0	0		0	0	0	0	0	0	0/	0/0	--- Rifampicin (RFP); salts thereof
0	0	0	0	0	0		0	0	0	0	0	0	0/	0/0	--- Lincomycin and its derivatives; salts thereof
															--- Cephamycin and its derivatives; salts thereof:
0	0	0	0	0	0		0	0	0	0	0	0	0/	0/0	----Cefalexin and its salts
0	0	0	0	0	0		0	0	0	0	0	0	0/	0/0	----Cefazolin and its salts
0	0	0	0	0	0		0	0	0	0	0	0	0/	0/0	----Cefradine and its salts
0	0	0	0	0	2.4		0	0	0	0	4.4	0	0/	0/0	----Ceftriaxone and its salts
0	0	0	0	0	0		0	0	0	0	0	0	0/	0/0	----Cefoperazone and its salts
0	0	0	0	0	0		0	0	0	0	0	0	0/	0/0	----Cefotaxime and its salts
0	0	0	0	0	0		0	0	0	0	0	0	0/	0/0	----Cefaclor and its salts
															----Other
0	0	0	0	0	0		0	0	0	0	4.4	0	0/	0/0	Actidione
0	0	0	0	0	0		0	0	0	0	4.4	0	0/	0/0	Other cephalosporins and their derivatives (including their salts)
0	0	0	0	0	0		0	0	0	0	0	0	0/	0/0	--- Midecamycin and its derivatives; salts thereof
0	0	0	0	0	0		0	0	0	0	0	0	0/	0/0	--- Acetyl-spiramycin and its derivatives; salts thereof
															--- Other
0	0	0	0	0	0		0	0	0	0	0	0	0/	0/0	Zhongshengmycin
0	0	0	0	0	0		0	0	0	0	0	0	0/	0/0	Kasugamycin
0	0	0	0	0	0		0	0	0	0	0	0	0/	0/0	Mycophenolate Mofetil
0	0	0	0	0	0		0	0	0	0	0	0	0/	0/0	Aclarubicin hydrochloride
0	0	0	0	0	0		0	0	0	0	0	0	0/	0/0	Pirarubicin, actinomycin D, mitomycin, epirubicin hydrochloride, doxorubicin hydrochloride, pingyangmycin hydrochloride, daunorubicin hydrochloride
0	0	0	0	0	0		0	0	0	0	0	0	0/	0/0	Other antibiotics
															Other organic compounds:
5	0	0	0	0	0		0	0	0	0	4.7	0	0/	0/0	Other organic compounds

第三十章　药　品

注释：

一、本章不包括：

（一）食品及饮料（例如，营养品、糖尿病食品、强化食品、保健食品、滋补饮料及矿泉水），但不包括供静脉摄入用的滋养品（第四类）；

（二）含尼古丁并用于帮助吸烟者戒烟的产品，例如，片剂、咀嚼胶或透皮贴片（税目24.04）；

（三）经特殊煅烧或精细研磨的牙科用熟石膏（税目25.20）；

（四）适合医药用的精油水馏液及水溶液（税目33.01）；

（五）税目33.03至33.07的制品，不论是否具有治疗及预防疾病的作用；

（六）加有药料的肥皂及税目34.01的其他产品；

（七）以熟石膏为基本成分的牙科用制品（税目34.07）；

（八）不作治疗及预防疾病用的血清蛋白（税目35.02）；或

（九）税目38.22的诊断试剂。

二、税目30.02所称的"免疫制品"是指直接参与免疫过程调节的多肽及蛋白质（税目29.37的货品除外），例如，单克隆抗体（MAB）、抗体片段、抗体偶联物及抗体片段偶联物、白介素、干扰素（IFN）、趋化因子及特定的肿瘤坏死因子（TNF）、生长因子（GF）、促红细胞生成素及集落刺激因子（CSF）。

三、税目30.03及30.04以及本章注释四（四）所述的非混合产品及混合产品，按下列规定处理：

（一）非混合产品：

1. 溶于水的非混合产品；

2. 第二十八章及第二十九章的所有货品；以及

3. 税目13.02的单一植物浸膏，只经标定或溶于溶剂的。

（二）混合产品：

1. 胶体溶液及悬浮液（胶态硫磺除外）；

2. 从植物性混合物加工所得的植物浸膏；以及

3. 蒸发天然矿质水所得的盐及浓缩物。

四、税目30.06仅适用于下列物品（这些物品只能归入税目30.06而不得归入本协调制度其他税目）：

（一）无菌外科肠线、类似的无菌缝合材料（包括外科或牙科用无菌可吸收缝线）及外伤创口闭合用的无菌黏合胶布；

（二）无菌昆布及无菌昆布塞条；

（三）外科或牙科用无菌吸收性止血材料；外科或牙科用无菌抗粘连阻隔材料，不论是否可吸收；

（四）用于病人的X光检查造影剂及其他诊断试剂，这些药剂是由单一产品配定剂量或由两种以上成分混合而成的；

（五）安慰剂和盲法（或双盲法）临床试验试剂盒，用于经许可的临床试验，已配定剂量，即使它们可能含有活性药物；

（六）牙科粘固剂及其他牙科填料；骨骼粘固剂；

（七）急救药箱、药包；

（八）以激素、税目29.37的其他产品或杀精子剂为基本成分的化学避孕药物。

（九）专用于人类或作兽药用的凝胶制品，作为外科手术或体检时躯体部位的润滑剂，或者作为躯体和医疗器械之间的偶合剂；

（十）废药物，即因超过有效保存期等原因而不适合作原用途的药品；以及

（十一）可确定用于造口术的用具，即裁切成型的结肠造口术、回肠造口术、尿道造口术用袋及其具有黏性的片或底盘。

Chapter 30 Pharmaceutical products

Chapter Notes:

1. This Chapter does not cover:

(a) Foods or beverages (such as dietetic, diabetic or fortified foods, food supplements, tonic beverages and mineral waters), other than nutritional preparations for intravenous administration (Section IV);

(b) Products, such as tablets, chewing gum or patches (transdermal systems), containing nicotine and intended to assist tobacco use cessation (heading 24.04);

(c) Plasters specially calcined or finely ground for use in dentistry (heading 25.20);

(d) Aqueous distillates or aqueous solutions of essential oils, suitable for medicinal uses (heading 33.01);

(e) Preparations of headings 33.03 to 33.07, even if they have therapeutic or prophylactic properties;

(f) Soap or other products of heading 34.01 containing added medicaments;

(g) Preparations with a basis of plaster for use in dentistry (heading 34.07);

(h) Blood albumin not prepared for therapeutic or prophylactic uses(heading 35.02); or

(ij) Diagnostic reagents of heading 38.22.

2. For the purposes of heading 30.02, the expression "immunological products" applies to peptides and proteins (other than goods of heading 29.37) which are directly involved in the regulation of immunological processes, such as monoclonal antibodies (MAB), antibody fragments, antibody conjugates and antibody fragment conjugates, interleukins, interferons (IFN), chemokines and certain tumor necrosis factors (TNF), growth factors (GF), hematopoietins and colony stimulating factors (CSF).

3. For the purposes of headings 30.03 and 30.04 and of Note 4 (d) to this Chapter, the following are to be treated:

(a) As unmixed products:

(i)Unmixed products dissolved in water;

(ii)All goods of Chapter 28 or 29; and

(iii)Simple vegetable extracts of heading 13.02, merely standardised or dissolved in any solvent;

(b) As products which have been mixed:

(i)Colloidal solutions and suspensions (other than colloidal sulphur);

(ii)Vegetable extracts obtained by the treatment of mixtures of vegetable materials; and

(iii)Salts and concentrates obtained by evaporating natural mineral waters.

4. Heading 30.06 applies only to the following, which are to be classified in that heading and in no other heading of the Nomenclature:

(a) Sterile surgical catgut, similar sterile suture materials (including sterile absorbable surgical or dental yarns) and sterile tissue adhesives for surgical wound closure;

(b) Sterile laminaria and sterile laminaria tents;

(c) Sterile absorbable surgical or dental haemostatics; sterile surgical or dental adhesion barriers, whether or not absorbable;

(d) Opacifying preparations for X-ray examinations and diagnostic reagents designed to be administered to the patient, being unmixed products put up in measured doses or products consisting of two or more ingredients which have been mixed together for such uses;

(e) Placebos and blinded (or double-blinded) clinical trial kits for use in recognised clinical trials, put up in measured doses, even if they might contain active medicaments;

(f) Dental cements and other dental fillings; bone reconstruction cements;

(g) First- aid boxes and kits;

(h) Chemical contraceptive preparations based on hormones, on other products of heading 29.37 or on spermicides;

(ij) Gel preparations designed to be used in human or veterinary medicine as a lubricant for parts of the body for surgical operations or physical examinations or as a coupling agent between the body and medical instruments;

(k) Waste pharmaceuticals, that is, pharmaceutical products which are unfit for their original intended purpose due to, for example, expiry of shelf life; and

(l) Appliances identifiable for ostomy use, that is, colostomy, ileostomy and urostomy pouches cut to shape and their adhesive wafers or faceplates.

子目注释：

一、子目3002.13及3002.14所述的非混合产品、纯物质及混合产品，按下列规定处理：

（一）非混合产品或纯物质，不论是否含有杂质；

（二）混合产品：

1. 上述（一）款所述的产品溶于水或其他溶剂的；

2. 为保存或运输需要，上述（一）款及（二）1.项所述的产品加入稳定剂的；以及

3. 上述（一）款、（二）1.项及（二）2.项所述的产品添加其他添加剂的。

二、子目3003.60和3004.60包括的药品含有与其他药用活性成分配伍的口服用青蒿素（INN），或者含有下列任何一种活性成分，不论是否与其他药用活性成分配伍：阿莫地喹（INN）、蒿醚林酸及其盐（INN）、双氢青蒿素（INN）、蒿乙醚（INN）、蒿甲醚（INN）、青蒿琥酯（INN）、氯喹（INN）、二氢青蒿素（INN）、苯芴醇（INN）、甲氟喹（INN）、哌喹（INN）、乙胺嘧啶（INN）或磺胺多辛（INN）。

税　号	货品名称	进口关税（%）			增值/消费税（%）	出口退税（%）	计量单位	监管证件代码	检验检疫类别	协定税率（%）		
		最惠国	普通	年内暂定						东盟	亚太	智利
30.01	**已干燥的器官疗法用腺体及其他器官，不论是否制成粉末；器官疗法用腺体、其他器官及其分泌物的提取物；肝素及其盐；其他供治疗或预防疾病用的其他税目未列名的人体或动物制品：**											
3001.2000	- 腺体、其他器官及其分泌物的提取物											
30012000.10	其他濒危动物的腺体、器官（包括分泌物）	3	30		13	0	千克	AQFEB	P/Q	0		0
30012000.21	含有人类遗传资源的人类腺体、器官及其分泌物提取物	3	30		13	13	千克	ABV	V/W	0		0
30012000.29	其他人类的腺体、器官及其分泌物提取物	3	30		13	13	千克	ABV	V/W	0		0
30012000.90	其他腺体、器官及其分泌物提取物	3	30		13	13	千克	AB	P/Q	0		0
	- 其他：											
3001.9010	--- 肝素及其盐	3	30		13	13	千克	Q		0		0
3001.9090	--- 其他											
30019090.11	濒危蛇毒制品（供治疗或预防疾病用）	3	30		13	0	千克	AQFEB	PV/QW	0		0
30019090.19	非濒危蛇毒制品（供治疗或预防疾病用）	3	30		13	13	千克	AQB	PV/QW	0		0
30019090.20	含有人类遗传资源的人体制品	3	30		13	13	千克	ABQV	V/W	0		0
30019090.91	其他濒危动物制品（供治疗或预防疾病用）	3	30		13	0	千克	ABFEQ	P/Q	0		0
30019090.92	人类腺体、器官、组织（供治疗或预防疾病用）	3	30		13	13	千克	AB	V/W	0		0
30019090.99	其他未列名的人体或动物制品（供治疗或预防疾病用）	3	30		13	13	千克	ABQ	PV/QW	0		0
30.02	**人血；治病、防病或诊断用的动物血制品；抗血清、其他血份及免疫制品，不论是否修饰或通过生物工艺加工制得；疫苗、毒素、培养微生物（不包括酵母）及类似产品；细胞培养物，不论是否修饰：**											
	- 抗血清、其他血份及免疫制品，不论是否修饰或通过生物工艺加工制得											

Subheading Notes:

1. For the purposes of subheadings 3002.13 and 3002.14, the following are to be treated:

   (a) As unmixed products, pure products, whether or not containing impurities;

   (b) As products which have been mixed:

   (i)The products mentioned in (a) above dissolved in water or in other solvents;

   (ii)The products mentioned in (a) and (b) (i) above with an added stabiliser necessary for their preservation or transport; and

   (iii)The products mentioned in (a), (b) (i) and (b) (ii) above with any other additive.

2. Subheadings 3003.60 and 3004.60 cover medicaments containing artemisinin (INN) for oral ingestion combined with other pharmaceutical active ingredients, or containing any of the following active principles, whether or not combined with other pharmaceutical active ingredients: amodiaquine (INN); artelinic acid or its salts; artenimol (INN); artemotil (INN); artemether (INN); artesunate (INN); chloroquine (INN); dihydroartemisinin (INN); lumefantrine (INN); mefloquine (INN); piperaquine (INN); pyrimethamine (INN) or sulfadoxine (INN).

协定税率（%）														特惠税率（%）①/②	Article Description
巴基斯坦	冰岛	哥斯达黎加	秘鲁	新西兰	瑞士	新加坡	韩国	澳大利亚	格鲁吉亚	毛里求斯	日本RCEP	尼加拉瓜	港澳台		
															Glands and other organs for organotherapeutic uses, dried, whether or not powdered;extracts of glands or other organs or of their secretions for organo-therapeutic uses; heparin and its salts; other human or animal substances prepared for therapeutic or prophylactic uses, not elsewhere specified or included:
															- Extracts of glands or other organs or of their secretions
0	0	0	0	0	0		0	0	0	0	0	0	0/	0/0	Extracts of glands or other organs or of their secretions of endangered wild animals
0	0	0	0	0	0		0	0	0	0	0	0	0/	0/0	Extracts of human glands or other organs or of their secretions, containing human genetic resources
0	0	0	0	0	0		0	0	0	0	0	0	0/	0/0	Other extracts of human glands or organs or of their secretions
0	0	0	0	0	0		0	0	0	0	0	0	0/	0/0	Extracts other of glands or other organs or of their secretions
															- Other:
0	0	0	0	0	0		0	0	0	0	0	0	0/	0/0	--- Heparin and its salts
															--- Other
0	0	0	0	0	0		0	0	0	0	0	0	0/	0/0	Endangered snake venom (for therapeutic or prophylactic use)
0	0	0	0	0	0		0	0	0	0	0	0	0/	0/0	Other snake venom (for therapeutic or prophylactic use)
0	0	0	0	0	0		0	0	0	0	0	0	0/	0/0	Human substances containing human genetic resources
0	0	0	0	0	0		0	0	0	0	0	0	0/	0/0	Other products of endangered animal (for therapeutic or prophylactic use)
0	0	0	0	0	0		0	0	0	0	0	0	0/	0/0	human glands, organs and tissues, for therapeutic or prophylactic uses
0	0	0	0	0	0		0	0	0	0	0	0	0/	0/0	Other human or animal products, not elsewhere specified or included (for therapeutic or prophylactic use)
															Human blood; animal blood prepared for therapeutic, prophylactic or diagnostic uses; antisera, other blood fractions and immunological products, whether or not modified or obtained by means of biotechnological processes; vaccines, toxins, cultures of micro-organisms (excluding yeasts) and similar products; cell cultures, whether or not modified:
															- Antisera and other blood fractions and immunological products, whether or not modified or obtained by means of biotechnological processes

税　号	货品名称	进口关税（%）			增值/消费税（%）	出口退税（%）	计量单位	监管证件代码	检验检疫类别	协定税率（%）		
		最惠国	普通	年内暂定						东盟	亚太	智利
3002.1200	-- 抗血清及其他血份											
30021200.23	含有人类遗传资源的抗血清及其他血份	3	20	0	13	13	千克	ABV	PV/QW	0		0
30021200.30	兽用血清制品	3	20	0	13	13	千克	ABR	PV/QW	0		0
30021200.93	罕见病药品制剂	3	20	0	3	3	千克	AB	PV/QW	0		0
30021200.94	其他含濒危动物成分的抗血清及血份	3	20	0	13	0	千克	ABEF	PV/QW	0		0
30021200.99	其他抗血清及其他血份	3	20	0	13	13	千克	AB	PV/QW	0		0
3002.1300	-- 非混合的免疫制品，未配定剂量或制成零售包装											
30021300.10	非混合的《兴奋剂目录》所列免疫制品，未配定剂量或制成零售包装	3	20	0	13	13	千克	ABL	PV/QW	0		0
30021300.90	其他非混合的免疫制品，未配定剂量或制成零售包装	3	20	0	13	13	千克	AB	PV/QW	0		0
3002.1400	-- 混合的免疫制品，未配定剂量或制成零售包装	3	20	0	13	13	千克	AB	PV/QW	0		0
3002.1500	-- 免疫制品，已配定剂量或制成零售包装											
30021500.10	抗（防）癌药品制剂（不含癌症辅助治疗药品）	3	20	0	3	3	千克	AB	PV/QW	0		0
30021500.30	罕见病药品制剂	3	20	0	3	3	千克	AB	PV/QW	0		0
30021500.40	兽用免疫学体内诊断制品（已配剂量的）	3	20	0	13	13	千克	ABR	PV/QW	0		0
30021500.50	《兴奋剂目录》所列免疫制品，已配定剂量或制成零售包装	3	20	0	13	13	千克	ABL	PV/QW	0		0
30021500.90	其他免疫制品，已配定剂量或制成零售包装	3	20	0	13	13	千克	AB	PV/QW	0		0
	- 疫苗、毒素、培养微生物（不包括酵母）及类似产品：											
3002.4100	-- 人用疫苗											
30024100.11	新型冠状病毒（COVID-19）疫苗，已配定剂量或制成零售包装	3	20	0	13	13	千克	QAB	V/W	0		0
30024100.19	新型冠状病毒（COVID-19）疫苗，未配定剂量或制成零售包装	3	20	0	13	13	千克	QAB	V/W	0		0
30024100.90	其他人用疫苗	3	20	0	13	13	千克	QAB	V/W	0		0
3002.4200	-- 兽用疫苗	3	20		13	13	千克	R		0		0
	-- 其他：											
3002.4920	--- 蓖麻毒素	3	20		13	13	千克	23Q		0		0
3002.4930	--- 细菌及病毒											
30024930.10	两用物项管制细菌及病毒	3	20		13	13	千克/株	3AB	PV/QW	0		0
30024930.20	苏云金杆菌、枯草芽孢杆菌	3	20		13	13	千克/株	ABS	PV/QW	0		0
30024930.90	其他细菌及病毒	3	20		13	13	千克/株	AB	PV/QW	0		0
3002.4990	--- 其他											
30024990.10	噬菌核霉、淡紫拟青霉、哈茨木霉菌、寡雄腐霉菌	3	20	0	13	13	千克	ABS	PV/QW	0		0
30024990.20	其他两用物项管制毒素、培养微生物（不包括酵母）及类似产品	3	20	0	13	13	千克	3AB	PV/QW	0		0
30024990.90	其他毒素、培养微生物（不包括酵母）及类似产品	3	20	0	13	13	千克	AB	PV/QW	0		0
	- 细胞培养物，不论是否修饰：											

协定税率（%）巴基斯坦	冰岛	哥斯达黎加	秘鲁	新西兰	瑞士	新加坡	韩国	澳大利亚	格鲁吉亚	毛里求斯	日本 RCEP	尼加拉瓜	港澳台	特惠税率（%）①/②	Article Description
															-- Antisera and other blood fractions
0	0	0	0	0	1.2		0	0	0	0	2.2	0	0/	0/0	Antisera and other blood components containing human genetic resources
0	0	0	0	0	1.2		0	0	0	0	2.2	0	0/	0/0	Blood fractions preparations for veterinary medicine
0	0	0	0	0	1.2		0	0	0	0	2.2	0	0/	0/0	Medicaments for rare diseases
0	0	0	0	0	1.2		0	0	0	0	2.2	0	0/	0/0	Other Antisera and other blood fractions containing endangered animal components
0	0	0	0	0	1.2		0	0	0	0	2.2	0	0/	0/0	Other antisera and other blood
															-- Immunological products, unmixed, not put up in measured doses or in forms or packings for retail sale
0	0	0	0	0	1.2		0	0	0	0	2.2	0	0/	0/0	Immunological products, unmixed, not put up in measured doses or in forms or packings for retail sale
0	0	0	0	0	1.2		0	0	0	0	2.2	0	0/	0/0	Immunological products, unmixed, not put up in measured doses or in forms or packings for retail sale
0	0	0	0	0	1.2		0	0	0	0	2.2	0	0/	0/0	-- Immunological products, mixed, not put up in measured doses or in forms or packings for retail sale
															-- Immunological products, put up in measured doses or in forms or packings for retail sale
0	0	0	0	0	1.2		0	0	0	0	2.2	0	0/	0/0	Medicaments preparations for therapeutic or prophylactic cancer use (not containing medicaments for auxiliary therapeutic cancer use)
0	0	0	0	0	1.2		0	0	0	0	2.2	0	0/	0/0	Medicaments for rare diseases
0	0	0	0	0	1.2		0	0	0	0	2.2	0	0/	0/0	Immunological in vivo diagnostic products for veterinary use(put up in measured doses)
0	0	0	0	0	1.2		0	0	0	0	2.2	0	0/	0/0	Immunological products listed in the Doping Catalogue, put up in measured doses or in forms or packings for retail sale
0	0	0	0	0	1.2		0	0	0	0	2.2	0	0/	0/0	Other immunological products, put up in measured doses or in forms or packings for retail sale
															- Vaccines, toxins, cultures of micro-organisms (excluding yeasts) and similar products:
															-- Vaccines for human medicine
0	0	0	0	0	0		0	0	0	0	2.2	0	0/	0/0	COVID-19 vaccines, put up in measured doses or in forms or packings for retail sale
0	0	0	0	0	0		0	0	0	0	2.2	0	0/	0/0	COVID-19 vaccines, not put up in measured doses or in forms or packings for retail sale
0	0	0	0	0	0		0	0	0	0	2.2	0	0/	0/0	Other vaccines for human medicine
0	0	0	0	0	0		0	0	0	0	0	0	0/	0/0	-- Vaccines for veterinary medicine
															-- Other:
0	0	0	0	0	0		0	0	0	0	0	0	0/	0/0	--- Ricitoxin
															--- Bacteria and virus
0	0	0	0	0	0		0	0	0	0	2.2	0	0/	0/0	Bacteria and virus under control of Dual-use items and technologies
0	0	0	0	0	0		0	0	0	0	2.2	0	0/	0/0	Bacillus thuringiensis, bacillus subtitlis
0	0	0	0	0	0		0	0	0	0	2.2	0	0/	0/0	Other bacteria and virus
															--- Other
0	0	0	0	0	0		0	0	0	0	0	0	0/	0/0	Coniothyrium minitans, paecilomyces lilacinus, trichoderma harzianum, pythium oligoneum
0	0	0	0	0	0		0	0	0	0	0	0	0/	0/0	Other toxins(including cultures of micro-organisms (other tha yeasts) and similar products) under control of Dual-use items and technologies
0	0	0	0	0	0		0	0	0	0	0	0	0/	0/0	Other toxins (including cultures of micro-organisms (other tha yeasts) and similar products)
															- Cell cultures, whether or not modified:

税　号	货品名称	进口关税（%）			增值/消费税（%）	出口退税（%）	计量单位	监管证件代码	检验检疫类别	协定税率（%）		
		最惠国	普通	年内暂定						东盟	亚太	智利
3002.5100	-- 细胞治疗产品											
30025100.10	抗（防）癌药品清单内的细胞治疗产品	3	20	0	3	3	千克	AB	PV/QW	0		0
30025100.90	其他细胞治疗产品	3	20	0	13	13	千克	AB	PV/QW	0		0
3002.5900	-- 其他	3	20	0	13	13	千克	AB	PV/QW	0		0
	- 其他：											
3002.9040	--- 遗传物质和基因修饰生物体											
30029040.10	两用物项管制遗传物质和基因修饰生物体	3	20	0	13	13	千克	3AB	PV/QW	0		0
30029040.90	其他遗传物质和基因修饰生物体	3	20	0	13	13	千克	AB	PV/QW	0		0
3002.9090	--- 其他											
30029090.01	人血	3	20	0	13	13	千克	ABV	V/W	0		0
30029090.10	治病、防病或诊断用的濒危动物血制品	3	20	0	13	0	千克	ABQFE	P/Q	0		0
30029090.90	其他动物血制品	3	20	0	13	13	千克	ABQ	P/Q	0		0
30.03	**两种或两种以上成分混合而成的治病或防病用药品（不包括税目30.02、30.05或30.06的货品），未配定剂量或制成零售包装：**											
	- 含有青霉素及具有青霉烷酸结构的青霉素衍生物或链霉素及其衍生物：											
	--- 青霉素：											
3003.1011	---- 氨苄青霉素	0	30		13	13	千克	Q		0	0	0
3003.1012	---- 羟氨苄青霉素	0	30		13	13	千克	Q		0	0	0
3003.1013	---- 青霉素V	0	30		13	13	千克	Q		0	0	0
3003.1019	---- 其他	0	30		13	13	千克	Q		0	0	0
3003.1090	--- 其他	0	30		13	13	千克	Q		0	0	0
	- 其他，含有抗菌素：											
	--- 头孢菌素：											
3003.2011	---- 头孢噻肟	0	30		13	13	千克	Q		0	0	0
3003.2012	---- 头孢他啶	0	30		13	13	千克	Q		0	0	0
3003.2013	---- 头孢西丁	0	30		13	13	千克	Q		0	0	0
3003.2014	---- 头孢替唑	0	30		13	13	千克	Q		0	0	0
3003.2015	---- 头孢克罗	0	30		13	13	千克	Q		0	0	0
3003.2016	---- 头孢呋辛	0	30		13	13	千克	Q		0	0	0
3003.2017	---- 头孢三嗪（头孢曲松）	0	30		13	13	千克	Q		0	0	0
3003.2018	---- 头孢哌酮	0	30		13	13	千克	Q		0	0	0
3003.2019	---- 其他	0	30		13	13	千克	Q		0	0	0
3003.2090	--- 其他	0	30		13	13	千克	Q		0	0	0
	- 其他，含有激素或税目29.37的其他产品：											
3003.3100	-- 含有胰岛素	0	30		13	13	千克	Q		0	0	0
3003.3900	-- 其他	0	30		13	13	千克	Q		0	0	0
	- 其他，含有生物碱及其衍生物：											
3003.4100	-- 含有麻黄碱及其盐	5	35		13	13	千克	Q		0		0
3003.4200	-- 含有伪麻黄碱（INN）及其盐	5	30		13	13	千克	Q		0		0
3003.4300	-- 含有去甲麻黄碱及其盐	5	35		13	13	千克	Q		0		0
3003.4900	-- 其他											
30034900.10	含奎宁或其盐的混合药品（未配定剂量或非零售包装，混合指含两种或两种以上成分）	5	35		13	13	千克	Q		0		0

协定税率（%）														特惠税率（%）①/②	Article Description
巴基斯坦	冰岛	哥斯达黎加	秘鲁	新西兰	瑞士	新加坡	韩国	澳大利亚	格鲁吉亚	毛里求斯	日本RCEP	尼加拉瓜	港澳台		
															-- Cell therapy products
0	0	0	0	0	0		0	0	0	0	0	0	0/	0/0	Cell therapy products in the list of anti-cancer drugs
0	0	0	0	0	0		0	0	0	0	0	0	0/	0/0	Other cell therapy products
0	0	0	0	0	0		0	0	0	0	0	0	0/	0/0	-- Other
															- Other:
															--- Genetics material and gene modified organism
0	0	0	0	0	0		0	0	0	0	0	0	0/	0/0	Genetic material and genetically modified objects under control of Dual-use items and technologies
0	0	0	0	0	0		0	0	0	0	0	0	0/	0/0	Other genetic material and genetically modified objects
															--- Other
0	0	0	0	0	0		0	0	0	0	0	0	0/	0/0	Huamn blood
0	0	0	0	0	0		0	0	0	0	0	0	0/	0/0	Blood products of endangered animals for therapeutic, prophylactic or diagnostic uses
0	0	0	0	0	0		0	0	0	0	0	0	0/	0/0	Other blood products of endangered animals for therapeutic, prophylactic or diagnostic uses
															Medicaments (excluding goods of heading 30.02, 30.05 or 30.06) consisting of two or more constituents which have been mixed together for therapeutic or prophylactic uses, not put up in measured doses or in forms or packings for retail sale:
															- Containing penicillins or derivatives thereof, with a penicillanic acid structure, or streptomycins or their derivatives:
															--- Containing penicillins:
0	0	0	0	0	0		0	0	0	0	4.4	0	0/	0/0	----Ampicillin
0	0	0	0	0	0		0	0	0	0	4.4	0	0/	0/0	----Amoxycillin
0	0	0	0	0	0		0	0	0	0	4.4	0	0/	0/0	----Penicillin V
0	0	0	0	0	0		0	0	0	0	4.4	0	0/	0/0	----Other
0	0	0	0	0	0		0	0	0	0	4.4	0	0/	0/0	--- Other
															- Other, containing antibiotics:
															--- Containing cephamycins:
0	0	0	0	0	0		0	0	0	0	4.4	0	0/	0/0	----Cefotaxime
0	0	0	0	0	0		0	0	0	0	4.4	0	0/	0/0	----Ceftazidime
0	0	0	0	0	0		0	0	0	0	4.4	0	0/	0/0	----Cefoxitin
0	0	0	0	0	0		0	0	0	0	4.4	0	0/	0/0	----Ceftezole
0	0	0	0	0	0		0	0	0	0	4.4	0	0/	0/0	----Cefaclor
0	0	0	0	0	0		0	0	0	0	4.4	0	0/	0/0	----Cefuroxime
0	0	0	0	0	0		0	0	0	0	4.4	0	0/	0/0	----Ceftriaxone
0	0	0	0	0	0		0	0	0	0	4.4	0	0/	0/0	----Cefoperazone
0	0	0	0	0	0		0	0	0	0	4.4	0	0/	0/0	----Other
0	0	0	0	0	0		0	0	0	0	4.4	0	0/	0/0	--- Other
															- Other, containing hormones or other products of heading 29.37:
0	0	0	0	0	0		0	0	0	0	3.6	0	0/	0/0	-- Containing insulin
0	0	0	0	0	0		0	0	0	0	4.4	0	0/	0/0	-- Other
															- Other, containing alkaloids or derivatives thereof:
0	0	0	0	0	0		0	0	0	0	0	0	0/	0/0	-- Containing ephedrine or its salts
0	0	0	0	0	0		0	0	0	0	0	0	0/	0/0	-- Containing pseudoephedrine (INN) or its salts
0	0	0	0	0	0		0	0	0	0	0	0	0/	0/0	-- Containing norephedrine or its salts
															-- Other
0	0	0	0	0	0		0	0	0	0	0	0	0/	0/0	Medicaments containing quinine or its salts, consisting of two or more constituents (not put up in measured doses or in forms or packings for retail sale)

税　号	货品名称	进口关税（%）			增值/消费税（%）	出口退税（%）	计量单位	监管证件代码	检验检疫类别	协定税率（%）		
		最惠国	普通	年内暂定						东盟	亚太	智利
30034900.90	含其他生物碱及衍生物的混合药品（未配定剂量或非零售包装，混合指含两种或两种以上成分）	5	30		13	13	千克	Q		0		0
	- 其他，含有本章子目注释二所列抗疟疾活性成分的：											
3003.6010	--- 含有青蒿素及其衍生物	0	30		13	13	千克	Q		0		0
3003.6090	--- 其他											
30036090.10	含有磺胺类的混合药品（未配定剂量或非零售包装，混合指含两种或两种以上成分）	0	30		13	13	千克	Q		0		0
30036090.20	含濒危动植物的混合药品（未配定剂量或非零售包装，混合指含两种或两种以上成分）	0	30		13	0	千克	EFQ		0		0
30036090.90	其他含有本章子目注释二所列抗疟疾活性成分的混合药品（未配定剂量或非零售包装，混合指含两种或两种以上成分）	0	30		13	13	千克	Q		0		0
3003.9000	- 其他											
30039000.10	含紫杉醇的混合药品（未配定剂量或非零售包装，混合指含两种或两种以上成分）	0	30		13	0	千克	EFQ		0		0
30039000.20	其他含未列名濒危动植物混合药品（未配定剂量或非零售包装，混合指含两种或两种以上成分）	0	30		13	0	千克	EFQ		0		0
30039000.30	其他含磺胺类的混合药品（未配定剂量或非零售包装，混合指含两种或两种以上成分）	0	30		13	13	千克	Q		0		0
30039000.40	含西布曲明的混合药品（未配定剂量或非零售包装）	0	30		13	13	千克	9Q		0		0
30039000.90	其他含未列名成分混合药品（未配定剂量或非零售包装，混合指含两种或两种以上成分）	0	30		13	13	千克	Q		0		0
30.04	**由混合或非混合产品构成的治病或防病用药品（不包括税目30.02、30.05或30.06的货品），已配定剂量（包括制成皮肤摄入形式的）或制成零售包装：**											
	- 含有青霉素及具有青霉烷酸结构的青霉素衍生物或链霉素及其衍生物：											
	--- 青霉素：											
3004.1011	---- 氨苄青霉素制剂	0	30		13	13	千克	Q		0	0	0
3004.1012	---- 羟氨苄青霉素制剂											
30041012.10	已配剂量兽用制剂（包括进口兽药管理目录的商品，包括零售包装）	0	30		13	13	千克	R		0	0	0
30041012.90	其他羟氨苄青霉素制剂（包括零售包装）	0	30		13	13	千克	Q		0	0	0

协定税率（%）														特惠税率（%）①/②	Article Description
巴基斯坦	冰岛	哥斯达黎加	秘鲁	新西兰	瑞士	新加坡	韩国	澳大利亚	格鲁吉亚	毛里求斯	日本RCEP	尼加拉瓜	港澳台		
0	0	0	0	0	0		0	0	0	0	0	0	0/	0/0	Medicaments containing alkaloids or derivatives, consisting of two or more constituents (not put up in measured doses or in forms or packings for retail sale)
															- Other, containing antimalarial active principles described in Subheading Note 2 to this Chapter:
0	0	0	0	0	0		0	0	0	0	3.6	0	0/	0/0	--- Containing artemisinins and their derivatives
															--- Other
0	0	0	0	0	0		0	0	0	0	3.6	0	0/	0/0	Medicaments containing sulfa drugs, consisting of two or more constituents (not put up in measured doses or in forms or packings for retail sale)
0	0	0	0	0	0		0	0	0	0	3.6	0	0/	0/0	Medicaments containing constituents from endangered animals and plants, consisting of two or more constituents (not put up in measured doses or in forms or packings for retail sale)
0	0	0	0	0	0		0	0	0	0	3.6	0	0/	0/0	Medicaments containing antimalarial active principles described in Subheading Note 2 to this Chapter, consisting of two or more constituents (not put up in measured doses or in forms or packings for retail sale)
															- Other
0	0	0	0	0	0		0	0	0	0	3.6	0	0/	0/0	Medicaments containing paclitaxel, consisting of two or more constituents (not put up in measured doses or in forms or packings for retail sale)
0	0	0	0	0	0		0	0	0	0	3.6	0	0/	0/0	Medicaments, consisting of two or more constituents from endangered animals and plants, not elsewhere specified or included (not put up in measured doses or in forms or packings for retail sale)
0	0	0	0	0	0		0	0	0	0	3.6	0	0/	0/0	Other medicaments containing sulfa drugs, consisting of two or more constituents (not put up in measured doses or in forms or packings for retail sale)
0	0	0	0	0	0		0	0	0	0	3.6	0	0/	0/0	Medicaments containing sibutramine, consisting of two or more constituents(not put up in measured doses or in forms or packings for retail sale)
0	0	0	0	0	0		0	0	0	0	3.6	0	0/	0/0	Medicaments, consisting of two or more other constituents, not elsewhere specified or included (not put up in measured doses or in forms or packings for retail sale)
															Medicaments (excluding goods of heading 30.02, 30.05 or 30.06) consisting of mixed or unmixed products for therapeutic or prophylactic uses, put up in measured doses (including those in the form of transdermal administration systems) or in forms or packings for retail sale:
															- Containing penicillins or derivatives thereof, with a penicillanic acid structure, or streptomycins or their derivatives:
															--- Containing penicillins:
0	0	0	0	0	0		0	0	0	0	4.4	0	0/	0/0	----Ampicillin
															----Amoxycillin
0	0	0	0	0	0		0	0	0	0	4.4	0	0/	0/0	Preparations put up in measured doses for veterinary medicaments (listed in Catalogue of Imported Veterinary Drugs)(including those in forms or packings for retail sale)
0	0	0	0	0	0		0	0	0	0	4.4	0	0/	0/0	Other preparations containing amoxycillin(including those in forms or packings for retail sale)

税号	货品名称	进口关税（%）			增值/消费税（%）	出口退税（%）	计量单位	监管证件代码	检验检疫类别	协定税率（%）		
		最惠国	普通	年内暂定						东盟	亚太	智利
3004.1013	----青霉素V制剂	0	30		13	13	千克	Q		0	0	0
3004.1019	----其他											
30041019.10	已配剂量兽用制剂（包括进口兽药管理目录的商品，包括零售包装）	0	30		13	13	千克	R		0	0	0
30041019.90	其他已配剂量青霉素制剂（包括零售包装）	0	30		13	13	千克	Q		0	0	0
3004.1090	--- 其他	0	30		13	13	千克	Q		0	0	0
	- 其他，含有抗菌素：											
	--- 头孢菌素：											
3004.2011	----头孢噻肟制剂	0	30		13	13	千克	Q		0	0	0
3004.2012	----头孢他啶制剂	0	30		13	13	千克	Q		0	0	0
3004.2013	----头孢西丁制剂	0	30		13	13	千克	Q		0	0	0
3004.2014	----头孢替唑制剂	0	30		13	13	千克	Q		0	0	0
3004.2015	----头孢克罗制剂	0	30		13	13	千克	Q		0	0	0
3004.2016	----头孢呋辛制剂	0	30		13	13	千克	Q		0	0	0
3004.2017	----头孢三嗪（头孢曲松）制剂	0	30		13	13	千克	Q		0	0	0
3004.2018	----头孢哌酮制剂	0	30		13	13	千克	Q		0	0	0
3004.2019	----其他											
30042019.20	已配剂量兽用制剂（包括进口兽药管理目录的商品，包括零售包装）	0	30		13	13	千克	R		0	0	0
30042019.90	其他已配剂量头孢菌素制剂（包括零售包装的制成品）	0	30		13	13	千克	Q		0	0	0
3004.2090	--- 其他											
30042090.20	已配剂量兽用制剂（包括进口兽药管理目录的商品，包括零售包装）	0	30		13	13	千克	R		0	0	0
30042090.91	抗（防）癌药品制剂（不含癌症辅助治疗药品）（包括抗癌药品清单第一批相关商品）	0	30		3	3	千克	Q		0	0	0
30042090.99	其他已配剂量含有其他抗菌素的药品（包括制成零售包装）（因拆分抗癌药产生的兜底税号）	0	30		13	13	千克	Q		0	0	0
	- 其他，含有激素或税目29.37的其他产品：											
	-- 含有胰岛素：											
3004.3110	--- 含有重组人胰岛素的											
30043110.10	已配剂量含重组人胰岛素的单方制剂（包括零售包装）	0	30		13	13	千克	L		0	0	0
30043110.90	已配剂量含重组人胰岛素的其他药品（不含抗菌素，包括零售包装）	0	30		13	13	千克	Q		0	0	0
3004.3190	--- 其他											
30043190.10	其他已配剂量含胰岛素的单方制剂（包括零售包装）	0	30		13	13	千克	L		0	0	0
30043190.90	其他已配剂量含胰岛素的其他药品（不含抗菌素，包括零售包装）	0	30		13	13	千克	Q		0	0	0
3004.3200	-- 含有皮质甾类激素及其衍生物或结构类似物											
30043200.11	已配剂量含1-雄烯二醇或1-雄烯二酮的单方制剂（包括其衍生物及结构类似物，包括零售包装）	0	30		13	13	千克	L		0	0	0

协定税率（%）														特惠税率（%）①/②	Article Description
巴基斯坦	冰岛	哥斯达黎加	秘鲁	新西兰	瑞士	新加坡	韩国	澳大利亚	格鲁吉亚	毛里求斯	日本RCEP	尼加拉瓜	港澳台		
0	0	0	0	0	0		0	0	0	0	4.4	0	0/	0/0	----Penicillin V
															----Other
0	0	0	0	0	0		0	0	0	0	4.4	0	0/	0/0	Preparations put up in measured doses for veterinary medicaments (listed in Catalogue of Imported Veterinary Drugs)(including those in forms or packings for retail sale)
0	0	0	0	0	0		0	0	0	0	4.4	0	0/	0/0	Other preparations containing penicillins(including those in forms or packings for retail sale)
0	0	0	0	0	0		0	0	0	0	4.4	0	0/	0/0	--- Other
															- Other, containing antibiotics:
															--- Containing cephamycins:
0	0	0	0	0	0		0	0	0	0	4.4	0	0/	0/0	----Cefotaxime
0	0	0	0	0	0		0	0	0	0	4.4	0	0/	0/0	----Ceftazidime
0	0	0	0	0	0		0	0	0	0	4.4	0	0/	0/0	----Cefoxitin
0	0	0	0	0	0		0	0	0	0	4.4	0	0/	0/0	----Ceftezole
0	0	0	0	0	0		0	0	0	0	4.4	0	0/	0/0	----Cefaclor
0	0	0	0	0	0		0	0	0	0	4.4	0	0/	0/0	----Cefuroxime
0	0	0	0	0	0		0	0	0	0	4.4	0	0/	0/0	----Ceftriaxone
0	0	0	0	0	0		0	0	0	0	4.4	0	0/	0/0	----Cefoperazone
															----Other
0	0	0	0	0	0		0	0	0	0	4.4	0	0/	0/0	Preparations put up in measured doses for veterinary medicaments (listed in Catalogue of Imported Veterinary Drugs)(including those in forms or packings for retail sale)
0	0	0	0	0	0		0	0	0	0	4.4	0	0/	0/0	Other Cephalosporin preparations, put up in measured doses (including those in forms or packings for retail sale)
															--- Other
0	0	0	0	0	0		0	0	0	0	4.4	0	0/	0/0	Preparations put up in measured doses for veterinary medicaments (listed in Catalogue of Imported Veterinary Drugs)(including those in forms or packings for retail sale)
0	0	0	0	0	0		0	0	0	0	4.4	0	0/	0/0	Anticancer medicaments, not including tumor therapy adjuvant drugs, listed in Anticancer Medicaments List 1
0	0	0	0	0	0		0	0	0	0	4.4	0	0/	0/0	Other medicaments containing other antibiotics, put up in measured doses (including those in forms or packings for retail sale)
															- Other, containing hormones or other products of heading 29.37:
															-- Containing insulin:
															--- Containing recombinant human insulin
0	0	0	0	0	0		0	0	0	0	3.6	0	0/	0/0	Prescribed preparations containing recombinant human insulin, put up in measured doses (including those in forms or packings for retail sale)
0	0	0	0	0	0		0	0	0	0	3.6	0	0/	0/0	Other medicaments containing recombinant human insulin, put up in measured doses (not containing antibiotics, including those in forms or packings for retail sale)
															--- Other
0	0	0	0	0	0		0	0	0	0	3.6	0	0/	0/0	Other prescribed preparations, containing insulin, put up in measured doses (including those in forms or packings for retail sale)
0	0	0	0	0	0		0	0	0	0	3.6	0	0/	0/0	Other medicaments, containing insulin, put up in measured doses (not containing antibiotics, including in forms or packings for retail sale)
															-- Containing corticosteroid hormones, their derivatives and structural analogues
0	0	0	0	0	0		0	0	0	0	3.6	0	0/	0/0	Prescribed preparations, containing androstenediol or 1-androstenedione (including their derivatives and structural analogues), put up in measured doses (including those in forms or packings for retail sale)

税　号	货品名称	进口关税（%）			增值/消费税（%）	出口退税（%）	计量单位	监管证件代码	检验检疫类别	协定税率（%）		
		最惠国	普通	年内暂定						东盟	亚太	智利
30043200.12	已配剂量含甲酰勃龙的单方制剂（包括其衍生物及结构类似物，包括零售包装）	0	30		13	13	千克	L		0	0	0
30043200.13	已配剂量含雄甾-4-烯-3β,17α-二醇[4-雄烯二醇（3β, 17α）]的单方制剂（包括其衍生物及结构类似物，包括零售包装）	0	30		13	13	千克	L		0	0	0
30043200.14	已配剂量含雄甾-5-烯-3β,17α-二醇[5-雄烯二醇（3β, 17α）]的单方制剂（包括其衍生物及结构类似物，包括零售包装）	0	30		13	13	千克	L		0	0	0
30043200.15	已配剂量含4-雄烯二醇或乙雌烯醇的单方制剂（包括其衍生物及结构类似物，包括零售包装）	0	30		13	13	千克	L		0	0	0
30043200.16	已配剂量含5-雄烯二酮的单方制剂（包括其衍生物及结构类似物，包括零售包装）	0	30		13	13	千克	L		0	0	0
30043200.17	已配剂量含5α-雄烷-3α,17β-二醇[雄烷二醇（3α, 17β）]或5β-雄烷-3α, 17β-二醇[5β-雄烷二醇（3α, 17β）]的单方制剂（包括其衍生物及其结构类似物，包括零售包装）	0	30		13	13	千克	L		0	0	0
30043200.18	已配剂量含5α-雄烷-3β, 17α-二醇[雄烷二醇（3β, 17α）]的单方制剂（包括其衍生物及结构类似物，包括零售包装）	0	30		13	13	千克	L		0	0	0
30043200.19	已配剂量含勃拉睾酮的单方制剂（包括其衍生物及结构类似物，包括零售包装）	0	30		13	13	千克	L		0	0	0
30043200.21	已配剂量含勃地酮的单方制剂（包括其衍生物及结构类似物，包括零售包装）	0	30		13	13	千克	L		0	0	0
30043200.22	已配剂量含勃二酮的单方制剂（包括其衍生物及结构类似物，包括零售包装）	0	30		13	13	千克			0	0	0
30043200.23	已配剂量含卡芦睾酮或达那唑的单方制剂（包括其衍生物及结构类似物，包括零售包装）	0	30		13	13	千克	L		0	0	0
30043200.24	已配剂量含氯司替勃的单方制剂（包括其衍生物及结构类似物，包括零售包装）	0	30		13	13	千克	L		0	0	0
30043200.25	已配剂量含去氢氯甲睾酮的单方制剂（包括其衍生物及结构类似物，包括零售包装）	0	30		13	13	千克	L		0	0	0
30043200.26	已配剂量含甲基氯司替勃的单方制剂（包括其衍生物及结构类似物，包括零售包装）	0	30		13	13	千克	L		0	0	0
30043200.28	已配剂量含普拉睾酮或屈他雄酮的单方制剂（包括其衍生物及结构类似物，包括零售包装）	0	30		13	13	千克	L		0	0	0

协定税率（%）														特惠税率（%）①/②	Article Description
巴基斯坦	冰岛	哥斯达黎加	秘鲁	新西兰	瑞士	新加坡	韩国	澳大利亚	格鲁吉亚	毛里求斯	日本RCEP	尼加拉瓜	港澳台		
0	0	0	0	0	0		0	0	0	0	3.6	0	0/	0/0	Prescribed preparations, containing formebolone (including their derivatives and structural analogues), put up in measured doses (including those in forms or packings for retail sale)
0	0	0	0	0	0		0	0	0	0	3.6	0	0/	0/0	Prescribed preparations, containing androst-4-ene-3β, 17α-diol, put up in measured doses (including their derivatives and structural analogues, in forms or packings for retail sale)
0	0	0	0	0	0		0	0	0	0	3.6	0	0/	0/0	Prescribed preparations, containing androst-5-ene-3β, 17α-diol, put up in measured doses (including their derivatives and structural analogues, in forms or packings for retail sale)
0	0	0	0	0	0		0	0	0	0	3.6	0	0/	0/0	Prescribed preparations, containing 4-androstenediol or ethylestrenol (including their derivatives and structural analogues), put up in measured doses (including those in forms or packings for retail sale)
0	0	0	0	0	0		0	0	0	0	3.6	0	0/	0/0	Prescribed preparations, containing 5-androstenedione (including their derivatives and structural analogues), put up in measured doses (including those in forms or packings for retail sale)
0	0	0	0	0	0		0	0	0	0	3.6	0	0/	0/0	Prescribed preparations, containing 5α-Androstane-3α,17β-Diol or 5β-Androstane-3α,17β-Diol, put up in measured doses (including their derivatives and structural analogues, in forms or packings for retail sale)
0	0	0	0	0	0		0	0	0	0	3.6	0	0/	0/0	Prescribed preparations, containing 5α-Androstane-3β,17α-Diol, put up in measured doses (including their derivatives and structural analogues, in forms or packings for retail sale)
0	0	0	0	0	0		0	0	0	0	3.6	0	0/	0/0	Prescribed preparations, containing bolasterone (including their derivatives and structural analogues), put up in measured doses (including those in forms or packings for retail sale)
0	0	0	0	0	0		0	0	0	0	3.6	0	0/	0/0	Prescribed preparations, containing Boldenone (including their derivatives and structural analogues), put up in measured doses (including those in forms or packings for retail sale)
0	0	0	0	0	0		0	0	0	0	3.6	0	0/	0/0	Prescribed preparations, containing boldione (including their derivatives and structural analogues), put up in measured doses (including those in forms or packings for retail sale)
0	0	0	0	0	0		0	0	0	0	3.6	0	0/	0/0	Prescribed preparations, containing calusterone or danazol (including their derivatives and structural analogues), put up in measured doses (including those in forms or packings for retail sale)
0	0	0	0	0	0		0	0	0	0	3.6	0	0/	0/0	Prescribed preparations, containing clostebol (including their derivatives and structural analogues), put up in measured doses (including those in forms or packings for retail sale)
0	0	0	0	0	0		0	0	0	0	3.6	0	0/	0/0	Prescribed preparations, containing dehydrochloromethyltestosterone, put up in measured doses (including their derivatives and structural analogues, in forms or packings for retail sale)
0	0	0	0	0	0		0	0	0	0	3.6	0	0/	0/0	Prescribed preparations, containing methylclostebol, put up in measured doses (including those in forms or packings for retail sale)
0	0	0	0	0	0		0	0	0	0	3.6	0	0/	0/0	Prescribed preparations, containing prasterone or dromostanolon (including their derivatives and structural analogues), put up in measured doses (including those in forms or packings for retail sale)

税　号	货品名称	进口关税（%）			增值/消费税（%）	出口退税（%）	计量单位	监管证件代码	检验检疫类别	协定税率（%）		
		最惠国	普通	年内暂定						东盟	亚太	智利
30043200.29	已配剂量含去氧甲睾酮或双氢睾酮的单方制剂（包括其衍生物及结构类似物，包括零售包装）	0	30		13	13	千克	L		0	0	0
30043200.31	已配剂量含表双氢睾酮或氟甲睾酮的单方制剂（包括其衍生物及结构类似物，包括零售包装）	0	30		13	13	千克	L		0	0	0
30043200.32	已配剂量含夫拉扎勃的单方制剂（包括其衍生物及结构类似物，包括零售包装）	0	30		13	13	千克	L		0	0	0
30043200.33	已配剂量含孕三烯酮或4-羟基睾酮的单方制剂（包括其衍生物及结构类似物，包括零售包装）	0	30		13	13	千克	L		0	0	0
30043200.34	已配剂量含3α-羟基-5α-雄烷-17-酮的单方制剂（包括其衍生物及结构类似物，包括零售包装）	0	30		13	13	千克			0	0	0
30043200.35	已配剂量含美睾酮或美雄酮的单方制剂（包括其衍生物及结构类似物，包括零售包装）	0	30		13	13	千克	L		0	0	0
30043200.36	已配剂量含甲基屈他雄酮的单方制剂（包括其衍生物及结构类似物，包括零售包装）	0	30		13	13	千克	L		0	0	0
30043200.37	已配剂量含甲二烯诺龙的单方制剂（包括其衍生物及结构类似物，包括零售包装）	0	30		13	13	千克	L		0	0	0
30043200.38	已配剂量含甲基-1-睾酮或甲诺睾酮的单方制剂（包括其衍生物及结构类似物，包括零售包装）	0	30		13	13	千克	L		0	0	0
30043200.39	已配剂量含美曲勃龙的单方制剂（包括其衍生物及结构类似物，包括零售包装）	0	30		13	13	千克	L		0	0	0
30043200.41	已配剂量含美雄诺龙或美替诺龙的单方制剂（包括其衍生物及结构类似物，包括零售包装）	0	30		13	13	千克	L		0	0	0
30043200.42	已配剂量含美雄醇或甲睾酮或米勃酮的单方制剂（包括其衍生物及结构类似物，包括零售包装）	0	30		13	13	千克	L		0	0	0
30043200.43	已配剂量含诺龙或诺勃酮或诺司替勃的单方制剂（包括其衍生物及结构类似物，包括零售包装）	0	30		13	13	千克	L		0	0	0
30043200.44	已配剂量含19-去甲雄烯二酮的单方制剂（包括其衍生物及结构类似物，包括零售包装）	0	30		13	13	千克	L		0	0	0

协定税率（%）														特惠税率（%）①/②	Article Description
巴基斯坦	冰岛	哥斯达黎加	秘鲁	新西兰	瑞士	新加坡	韩国	澳大利亚	格鲁吉亚	毛里求斯	日本RCEP	尼加拉瓜	港澳台		
0	0	0	0	0	0		0	0	0	0	3.6	0	0/	0/0	Prescribed preparations, containing desoxymethyltestosterone or dihydrotestosterone (including their derivatives and structural analogues), put up in measured doses (including those in forms or packings for retail sale)
0	0	0	0	0	0		0	0	0	0	3.6	0	0/	0/0	Prescribed preparations, containing epi-dihydrotestosterone or fluoxymesterone (including their derivatives and structural analogues), put up in measured doses (including those in forms or packings for retail sale)
0	0	0	0	0	0		0	0	0	0	3.6	0	0/	0/0	Prescribed preparations, containing furazabol (including their derivatives and structural analogues), put up in measured doses (including those in forms or packings for retail sale)
0	0	0	0	0	0		0	0	0	0	3.6	0	0/	0/0	Prescribed preparations, containing gestrinone or 4- hydroxyl testosterone (including their derivatives and structural analogues), put up in measured doses (including those in forms or packings for retail sale)
0	0	0	0	0	0		0	0	0	0	3.6	0	0/	0/0	Prescribed preparations, containing 3α-hydroxy-5α-androstan-17-one (including their derivatives and structural analogues), put up in measured doses (including those in forms or packings for retail sale)
0	0	0	0	0	0		0	0	0	0	3.6	0	0/	0/0	Prescribed preparations, containing mesterolone or methandienone (including their derivatives and structural analogues), put up in measured doses (including those in forms or packings for retail sale)
0	0	0	0	0	0		0	0	0	0	3.6	0	0/	0/0	Prescribed preparations, containing Methasterone (including their derivatives and structural analogues), put up in measured doses (including those in forms or packings for retail sale)
0	0	0	0	0	0		0	0	0	0	3.6	0	0/	0/0	Prescribed preparations, containing methyldienolone (including their derivatives and structural analogues), put up in measured doses (including those in forms or packings for retail sale)
0	0	0	0	0	0		0	0	0	0	3.6	0	0/	0/0	Prescribed preparations, containing methyl-1-testosterone or methylnortestosterone (including their derivatives and structural analogues), put up in measured doses (including those in forms or packings for retail sale)
0	0	0	0	0	0		0	0	0	0	3.6	0	0/	0/0	Prescribed preparations, containing metribolone (including their derivatives and structural analogues), put up in measured doses (including those in forms or packings for retail sale)
0	0	0	0	0	0		0	0	0	0	3.6	0	0/	0/0	Prescribed preparations, containing mestanolone or metenolone (including their derivatives and structural analogues), put up in measured doses (including those in forms or packings for retail sale)
0	0	0	0	0	0		0	0	0	0	3.6	0	0/	0/0	Prescribed preparations, containing methandriol or methyltestosterone or mibolerone (including their derivatives and structural analogues), put up in measured doses (including those in forms or packings for retail sale)
0	0	0	0	0	0		0	0	0	0	3.6	0	0/	0/0	Prescribed preparations, containing nandrolone or norboletone or norclostebol (including their derivatives and structural analogues), put up in measured doses (including those in forms or packings for retail sale)
0	0	0	0	0	0		0	0	0	0	3.6	0	0/	0/0	Prescribed preparations, containing 19-norandrostenedione (including their derivatives and structural analogues), put up in measured doses (including those in forms or packings for retail sale)

税　号	货品名称	进口关税（%）			增值/消费税（%）	出口退税（%）	计量单位	监管证件代码	检验检疫类别	协定税率（%）		
		最惠国	普通	年内暂定						东盟	亚太	智利
30043200.45	已配剂量含去甲雄酮或诺乙雄龙的单方制剂（包括其衍生物及结构类似物，包括零售包装）	0	30		13	13	千克	L		0	0	0
30043200.46	已配剂量含19-去甲本胆烷醇酮的单方制剂（包括其衍生物及结构类似物，包括零售包装）	0	30		13	13	千克	L		0	0	0
30043200.47	已配剂量含羟勃龙或氧雄龙的单方制剂（包括其衍生物及结构类似物，包括零售包装）	0	30		13	13	千克	L		0	0	0
30043200.48	已配剂量含羟甲睾酮或羟甲烯龙的单方制剂（包括其衍生物及结构类似物，包括零售包装）	0	30		13	13	千克	L		0	0	0
30043200.49	已配剂量含前列他唑的单方制剂（包括其衍生物及结构类似物，包括零售包装）	0	30		13	13	千克	L		0	0	0
30043200.51	已配剂量含奎勃龙或替勃龙或群勃龙的单方制剂（包括其衍生物及结构类似物，包括零售包装）	0	30		13	13	千克	L		0	0	0
30043200.52	已配剂量含司坦唑醇或司腾勃龙的单方制剂（包括其衍生物及结构类似物，包括零售包装）	0	30		13	13	千克	L		0	0	0
30043200.53	已配剂量含1-睾酮或睾酮的单方制剂（包括其衍生物及结构类似物，包括零售包装）	0	30		13	13	千克	L		0	0	0
30043200.54	已配剂量含四氢孕三烯酮或泽仑诺的单方制剂（包括其衍生物及结构类似物，包括零售包装）	0	30		13	13	千克	L		0	0	0
30043200.61	已配剂量兽用制剂（包括进口兽药管理目录的商品，包括零售包装）	0	30		13	13	千克	R		0	0	0
30043200.71	已配剂量含雄甾-5-烯-3β, 17β-二醇[5-雄烯二醇（3β, 17β）]的单方制剂（包括其衍生物及结构类似物，不含抗菌素，包括零售包装）	0	30		13	13	千克	L		0	0	0
30043200.72	已配剂量含雄甾-4-烯-3,17-二酮(4-雄烯二酮)的单方制剂（包括其衍生物及结构类似物，不含抗菌素，包括零售包装）	0	30		13	13	千克	L		0	0	0
30043200.74	已配剂量含7α-羟基-普拉睾酮的单方制剂（包括其衍生物及结构类似物，不含抗菌素，包括零售包装）	0	30		13	13	千克	L		0	0	0
30043200.75	已配剂量含7β-羟基-普拉睾酮的单方制剂（包括其衍生物及结构类似物，不含抗菌素，包括零售包装）	0	30		13	13	千克	L		0	0	0

协定税率(%)														特惠税率(%)①/②	Article Description
巴基斯坦	冰岛	哥斯达黎加	秘鲁	新西兰	瑞士	新加坡	韩国	澳大利亚	格鲁吉亚	毛里求斯	日本RCEP	尼加拉瓜	港澳台		
0	0	0	0	0	0		0	0	0	0	3.6	0	0/	0/0	Prescribed preparations, containing 19-norandrosterone or norethandrolone (including their derivatives and structural analogues), put up in measured doses (including those in forms or packings for retail sale)
0	0	0	0	0	0		0	0	0	0	3.6	0	0/	0/0	Prescribed preparations, containing 19-noretiocholanolone (including their derivatives and structural analogues), put up in measured doses (including those in forms or packings for retail sale)
0	0	0	0	0	0		0	0	0	0	3.6	0	0/	0/0	Prescribed preparations, containing oxabolone or oxandrolone (including their derivatives and structural analogues), put up in measured doses (including those in forms or packings for retail sale)
0	0	0	0	0	0		0	0	0	0	3.6	0	0/	0/0	Prescribed preparations, containing oxymesterone or oxymetholone (including their derivatives and structural analogues), put up in measured doses (including those in forms or packings for retail sale)
0	0	0	0	0	0		0	0	0	0	3.6	0	0/	0/0	Prescribed preparations, containing prostanozol (including their derivatives and structural analogues), put up in measured doses (including those in forms or packings for retail sale)
0	0	0	0	0	0		0	0	0	0	3.6	0	0/	0/0	Prescribed preparations, containing quinbolone or tibolone or trenbolone (including their derivatives and structural analogues), put up in measured doses (including those in forms or packings for retail sale)
0	0	0	0	0	0		0	0	0	0	3.6	0	0/	0/0	Prescribed preparations, containing stanozolol or stenbolone (including their derivatives and structural analogues), put up in measured doses (including those in forms or packings for retail sale)
0	0	0	0	0	0		0	0	0	0	3.6	0	0/	0/0	Prescribed preparations, containing 1-testosterone or testosterone (including their derivatives and structural analogues), put up in measured doses (including those in forms or packings for retail sale)
0	0	0	0	0	0		0	0	0	0	3.6	0	0/	0/0	Prescribed preparations, containing tetrahydrogestrinone or zeranol (including their derivatives and structural analogues), put up in measured doses (including those in forms or packings for retail sale)
0	0	0	0	0	0		0	0	0	0	3.6	0	0/	0/0	Preparations put up in measured doses for veterinary medicaments (listed in Catalogue of Imported Veterinary Drugs)(including those in forms or packings for retail sale)
0	0	0	0	0	0		0	0	0	0	3.6	0	0/	0/0	Prescribed preparations, containing 5-Androstene-3β,17βb-diol, put up in measured doses (including their derivatives and structural analogues, not containing antibiotics, in forms or packings for retail sale)
0	0	0	0	0	0		0	0	0	0	3.6	0	0/	0/0	Prescribed preparations, containing 4-Androstene-3,17-dione, put up in measured doses (including their derivatives and structural analogues, not containing antibiotics, in forms or packings for retail sale)
0	0	0	0	0	0		0	0	0	0	3.6	0	0/	0/0	Prescribed preparations, containing 7α-hydroxy- Prasterone (other than antibiotics), including their derivatives and structural analogues, put up in measured doses (including those in forms or packings for retail sale)
0	0	0	0	0	0		0	0	0	0	3.6	0	0/	0/0	Prescribed preparations, containing 7β-hydroxy- Prasterone (other than antibiotics), including their derivatives and structural analogues, put up in measured doses (including those in forms or packings for retail sale)

税号	货品名称	进口关税（%）最惠国	普通	年内暂定	增值/消费税（%）	出口退税（%）	计量单位	监管证件代码	检验检疫类别	协定税率（%）东盟	亚太	智利
30043200.76	已配剂量含7-羰基-普拉睾酮的单方制剂（包括其衍生物及结构类似物，不含抗菌素，包括零售包装）	0	30		13	13	千克	L		0	0	0
30043200.77	已配剂量含胆烷醇酮的单方制剂（包括其衍生物及结构类似物，不含抗菌素，包括零售包装）	0	30		13	13	千克	L		0	0	0
30043200.78	已配剂量含1,4-雄烯二酮（雄甾-1,4-二烯-3,17-二酮）的单方制剂（包括其衍生物及结构类似物，不含抗菌素，包括零售包装）	0	30		13	13	千克	L		0	0	0
30043200.99	其他已配剂量含其他皮质甾类激素的药品（包括其衍生物及结构类似物，不含抗菌素，包括零售包装）（因拆分抗癌药产生的兜底税号）	0	30		13	13	千克	Q		0	0	0
3004.3900	-- 其他											
30043900.11	已配剂量含克仑特罗的单方制剂（包括零售包装）	0	30		13	13	千克	L		0	0	0
30043900.21	已配剂量含醋酸戈舍瑞林、醋酸亮丙瑞林、醋酸曲普瑞林或双羟萘酸曲普瑞林的单方制剂	0	30		3	3	千克	L		0	0	0
30043900.22	重组人生长激素注射液［包括含生长激素释放肽类（GHRPs）、生长激素释放肽-1、普拉莫瑞林（生长激素释放肽-2）、生长激素释放肽-3、生长激素释放肽-4、生长激素释放肽-5、生长激素释放肽-6、生长激素（GH）、生长激素片段类、生长激素释放因子类、生长激素释放激素（GHRH）及其类似物、生长激素促分泌剂(GHS)、人生长激素176-191，零售包装］	0	30		13	13	千克	L		0	0	0
30043900.25	其他已配剂量含绒促性素、促黄体生成素等的单方制剂（重组人生长激素注射液除外）［包括含生长激素释放肽类（GHRPs）、普拉莫瑞林（生长激素释放肽-2）、CJC-1295（CAS号863288-34-0）、生长激素释放肽-6、生长激素释放激素及其类似物、生长激素促分泌剂，零售包装］	0	30		13	13	千克	L		0	0	0
30043900.26	已配剂量含促皮质素类等肽类激素的单方制剂［包括零售包装，以及已配剂量或零售包装的艾瑞莫瑞林、阿那瑞林、布舍瑞林、可的瑞林、海沙瑞林、伊莫瑞林、舍莫瑞林、替莫瑞林、戈那瑞林、葛瑞林（脑肠肽）及其模拟物类的单方制剂］	0	30		13	13	千克	L		0	0	0
30043900.27	已配剂量含亮丙瑞林的单方制剂（醋酸亮丙瑞林除外）	0	30		13	13	千克	L		0	0	0
30043900.28	已配剂量含雄酮的单方制剂	0	30		13	13	千克	L		0	0	0
30043900.29	其他《兴奋剂目录》所列商品	0	30		13	13	千克	L		0	0	0
30043900.40	已配剂量兽用制剂（包括进口兽药管理目录的商品，包括零售包装）	0	30		13	13	千克	R		0	0	0

协定税率（%）														特惠税率（%）①/②	Article Description
巴基斯坦	冰岛	哥斯达黎加	秘鲁	新西兰	瑞士	新加坡	韩国	澳大利亚	格鲁吉亚	毛里求斯	日本RCEP	尼加拉瓜	港澳台		
0	0	0	0	0	0		0	0	0	0	3.6	0	0/	0/0	Prescribed preparations, containing 7-carbonyl-Prasterone (other than antibiotics), including their derivatives and structural analogues, put up in measured doses (including those in forms or packings for retail sale)
0	0	0	0	0	0		0	0	0	0	3.6	0	0/	0/0	Prescribed preparations, containing etiocholanolone (other than antibiotics), including their derivatives and structural analogues, put up in measured doses (including those in forms or packings for retail sale)
0	0	0	0	0	0		0	0	0	0	3.6	0	0/	0/0	2-Androstenol(5α-androst-2-en-17-ol) (including their derivatives and structural analogues), in measure doses(not containing antibiotics, including in forms or packings for retail sale)
0	0	0	0	0	0		0	0	0	0	3.6	0	0/	0/0	Other medicaments, containing corticosteroid hormone (other than antibiotics), including their derivatives and structural analogues, put up in measured doses (including those in forms or packings for retail sale)
															-- Other
0	0	0	0	0	0		0	0	0	0	3.6	0	0/	0/0	Prescribed preparations, containing clenbuterol, put up in measured doses (including those in forms or packings for retail sale)
0	0	0	0	0	0		0	0	0	0	3.6	0	0/	0/0	Prescribed preparations containing goserellin acetate, leuprorelin acetate, triptorelin acetate or triptorelin dihydroxynaphthalate, put up in measured doses
0	0	0	0	0	0		0	0	0	0	3.6	0	0/	0/0	Prescribed preparations, containing Chorionic gonadotrophin ,luteinizing hormone, put up in measured doses (including preparations containing GH-Releasing Peptides (GHRPs),pralmorelin (GHRP-2),GHRP-6,Growth Hormone Releasing Hormone(GHRH) and its analogues,Growth Hormone Secretagogues (GHS) ,those in forms or packings for retail sale)
0	0	0	0	0	0		0	0	0	0	3.6	0	0/	0/0	Prescribed preparations, containing Chorionic gonadotrophin, luteinizing hormone, put up in measured doses (including preparations containing GH-Releasing Peptides (GHRPs), pralmorelin (GHRP-2), CJC-1295 (CAS number 863288-34-0), GHRP-6, Growth Hormone Releasing Hormone(GHRH) and its analogues, Growth Hormone Secretagogues (GHS), those in forms or packings for retail sale)
0	0	0	0	0	0		0	0	0	0	3.6	0	0/	0/0	Prescribed preparations, containing Corticotrophin and other peptide hormones, such as alexamorelin, anamorelin, buserelin, corticorelin, hexarelin, ipamorelin, sermorelin, tesamorelin, triptorelin, ghrelin and its mimetics, put up in measured doses (including in forms or packings for retail sale)
0	0	0	0	0	0		0	0	0	0	3.6	0	0/	0/0	Prescribed preparations, containing Leuprorelin，other than leuprolide acetate
0	0	0	0	0	0		0	0	0	0	3.6	0	0/	0/0	Prescribed preparations, containing Androsterone
0	0	0	0	0	0		0	0	0	0	3.6	0	0/	0/0	Other commodities listed in the Doping Catalogue
0	0	0	0	0	0		0	0	0	0	3.6	0	0/	0/0	Preparations put up in measured doses for veterinary medicaments (listed in Catalogue of Imported Veterinary Drugs)(including those in forms or packings for retail sale)

税号	货品名称	进口关税（%）			增值/消费税（%）	出口退税（%）	计量单位	监管证件代码	检验检疫类别	协定税率（%）		
		最惠国	普通	年内暂定						东盟	亚太	智利
30043900.91	抗（防）癌药品制剂（不含癌症辅助治疗药品）（包括抗癌药品清单第一批、第二批相关商品）	0	30		3	3	千克	Q		0	0	0
30043900.92	其他已配剂量含卵泡抑素的单方制剂	0	30		13	13	千克	L		0	0	0
30043900.93	其他已配剂量含马普瑞林的单方制剂	0	30		13	13	千克	L		0	0	0
30043900.95	罕见病药品制剂（包括罕见病药品清单第一批、第二批相关商品）	0	30		3	3	千克	Q		0	0	0
30043900.99	其他已配剂量含激素或税目29.37产品的药品（不含抗菌素，包括零售包装）（因拆分抗癌药产生的兜底税号）	0	30		13	13	千克	Q		0	0	0
	- 其他，含有生物碱及其衍生物：											
3004.4100	-- 含有麻黄碱及其盐											
30044100.10	盐酸麻黄碱片、盐酸麻黄碱注射剂、硫酸麻黄碱片	5	30		13	13	千克	23Q		0		0
30044100.20	其他含麻黄碱及其盐的单方制剂（已配定剂量或制成零售包装）	5	30		13	13	千克	I		0		0
30044100.90	其他含有麻黄碱及其盐的药品（已配定剂量或制成零售包装）	5	30		13	13	千克	Q		0		0
3004.4200	-- 含有伪麻黄碱（INN）及其盐											
30044200.10	盐酸伪麻黄碱片	5	30		13	13	千克	23Q		0		0
30044200.20	其他含伪麻黄碱及其盐的单方制剂（已配定剂量或制成零售包装）	5	30		13	13	千克	I		0		0
30044200.90	其他含有伪麻黄碱及其盐的药品（已配定剂量或制成零售包装）	5	30		13	13	千克	Q		0		0
3004.4300	-- 含有去甲麻黄碱及其盐											
30044300.10	去甲麻黄碱及其盐的单方制剂（已配定剂量或制成零售包装）	5	30		13	13	千克	I		0		0
30044300.90	其他含有去甲麻黄碱及其盐的药品（已配定剂量或制成零售包装）	5	30		13	13	千克	Q		0		0
3004.4900	-- 其他											
30044900.10	含有奎宁或其盐的药品（已配定剂量或制成零售包装）	5	35		13	13	千克	Q		0		0
30044900.20	含可待因及衍生物及盐的复方制剂（已配定剂量或制成零售包装）	5	30		13	13	千克	I		0		0
30044900.31	丁丙诺啡透皮贴剂（包括其衍生物，已配定剂量或制成零售包装）	5	30		13	13	千克	I		0		0
30044900.39	其他含生物碱类精神药品的单方制剂（包括其衍生物，已配定剂量或制成零售包装）	5	30		13	13	千克	I		0		0
30044900.40	含生物碱类麻醉药品的单方制剂（包括其衍生物，已配定剂量或制成零售包装）	5	30		13	13	千克	I		0		0
30044900.50	吗啡阿托品注射液	5	30		13	13	千克	I		0		0

协定税率（%）														特惠税率（%）①/②	Article Description
巴基斯坦	冰岛	哥斯达黎加	秘鲁	新西兰	瑞士	新加坡	韩国	澳大利亚	格鲁吉亚	毛里求斯	日本RCEP	尼加拉瓜	港澳台		
0	0	0	0	0	0		0	0	0	0	3.6	0	0/	0/0	Medicaments preparations for therapeutic or prophylactic cancer use (not containing medicaments for auxiliary therapeutic cancer use)(listed in Anticancer Medicaments List 1 and 2)
0	0	0	0	0	0		0	0	0	0	3.6	0	0/	0/0	3-Androstenol(5α-androst-3-en-17-ol), in measure doses
0	0	0	0	0	0		0	0	0	0	3.6	0	0/	0/0	3-Androstenone(5α-androst-3-en-17-one), in measure doses
0	0	0	0	0	0		0	0	0	0	3.6	0	0/	0/0	Medicaments for rare diseases, listed in Rare Diseease Medicaments List 1 and 2
0	0	0	0	0	0		0	0	0	0	3.6	0	0/	0/0	Other medicaments, containing hormones or products of heading 29.37 (other than antibiotics), put up in measured doses (including those in forms or packings for retail sale)
															- Other, containing alkaloids or derivatives thereof:
															-- Containing ephedrine or its salts
0	0	0	0	0	0		0	0	0	0	0	0	0/	0/0	Ephedrini hydrochloride tablet, ephedrine hydrochloride injection, ephedrine sulfate tablet
0	0	0	0	0	0		0	0	0	0	0	0	0/	0/0	Other prescribed preparations, containing ephedrine or its salts (put up in measured doses or in forms or packings for retail sale)
0	0	0	0	0	0		0	0	0	0	0	0	0/	0/0	Other medicaments, containing ephedrine or its salts (put up in measured doses or in forms or packings for retail sale)
															-- Containing pseudoephedrine (INN) or its salts
0	0	0	0	0	0		0	0	0	0	0	0	0/	0/0	Pseudoephedrine hydrochloride tablet
0	0	0	0	0	0		0	0	0	0	0	0	0/	0/0	Other prescribed preparations, containing pseudoephedrine or its salts (put up in measured doses or in forms or packings for retail sale)
0	0	0	0	0	0		0	0	0	0	0	0	0/	0/0	Other medicaments, containing pseudoephedrine or its salts (put up in measured doses or in forms or packings for retail sale)
															-- Containing norephedrine or its salts
0	0	0	0	0	0		0	0	0	0	0	0	0/	0/0	Other prescribed preparations, containing norephedrine or its salts (put up in measured doses or in forms or packings for retail sale)
0	0	0	0	0	0		0	0	0	0	0	0	0/	0/0	Other medicaments, containing norephedrine or its salts (put up in measured doses or in forms or packings for retail sale)
															-- Other
0	0	0	0	0	0		0	0	0	0	0	0	0/	0/0	Medicaments containing quinine or its salts (put up in measured doses or in forms or packings for retail sale)
0	0	0	0	0	0		0	0	0	0	0	0	0/	0/0	Compound preparations, containing codeine or its derivatives or salts (put up in measured doses or in forms or packings for retail sale)
0	0	0	0	0	0		0	0	0	0	0	0	0/	0/0	Buprenorphine transdermal patch (including its derivatives, put up in measured doses or in forms or packings for retail sale)
0	0	0	0	0	0		0	0	0	0	0	0	0/	0/0	Prescribed preparations, containing alkaloids psychotropic drugs (including its derivatives, put up in measured doses or in forms or packings for retail sale)
0	0	0	0	0	0		0	0	0	0	0	0	0/	0/0	Prescribed preparations, containing alkaloids narcotics (including its derivatives, put up in measured doses or in forms or packings for retail sale)
0	0	0	0	0	0		0	0	0	0	0	0	0/	0/0	Morphine and atropine sulfate injection

税号	货品名称	进口关税（%）			增值/消费税（%）	出口退税（%）	计量单位	监管证件代码	检验检疫类别	协定税率（%）		
		最惠国	普通	年内暂定						东盟	亚太	智利
30044900.61	含有氨酚氢可酮片或其盐	5	30		13	13	千克	I		0		0
30044900.62	含有麦角胺咖啡因片/安钠咖或其盐	5	30		13	13	千克	I		0		0
30044900.63	阿桔片、复方甘草片（含阿片粉，已配定剂量或制成零售包装）	5	30		13	13	千克	I		0		0
30044900.70	氨酚双氢可待因片	5	30		13	13	千克	I		0		0
30044900.80	已配剂量兽用制剂（包括进口兽药管理目录的商品；包括零售包装）	5	30		13	13	千克	R		0		0
30044900.91	具有抗癌作用的含有生物碱及其衍生物的药品（包括抗癌药品清单第一批相关商品，混合或非混合，治病或防病用已配定剂量或零售包装）	5	30	0	3	3	千克	Q		0		0
30044900.92	噻托溴铵粉吸入剂、噻托溴铵喷雾剂、吸入用异丙托溴铵溶液、吸入用复方异丙托溴铵溶液、异丙托溴铵气雾剂（已配定剂量或制成零售包装）	5	30	0	13	13	千克	Q		0		0
30044900.93	盐酸羟考酮缓释片（已配定剂量或制成零售包装）	5	30	0	13	13	千克	I		0		0
30044900.99	其他含有生物碱及其衍生物的药品（已配定剂量或制成零售包装）	5	30		13	13	千克	Q		0		0
3004.5000	- 其他，含有维生素或税目29.36所列产品	0	40		13	13	千克	Q		0	0	0
	- 其他，含有本章子目注释二所列抗疟疾活性成分的：											
3004.6010	--- 含有青蒿素及其衍生物	0	30		13	13	千克	Q		0		0
3004.6090	--- 其他											
30046090.10	含有磺胺类的混合药品（已配定剂量或制成零售包装）	0	30		13	13	千克	Q		0	0	0
30046090.21	含濒危动植物成分的中式成药（已配定剂量或零售包装）	0	30		13	0	千克	EFQ		0	0	0
30046090.29	含其他成分的中式成药（已配定剂量或零售包装）	0	30		13	13	千克	Q		0	0	0
30046090.30	其他含濒危野生动植物成分的药品（已配定剂量或零售包装）	0	30		13	0	千克	EFQ		0	0	0
30046090.90	其他含有本章子目注释二所列抗疟疾活性成分的药品（已配定剂量或零售包装）	0	30		13	13	千克	Q		0	0	0
	- 其他：											
3004.9010	--- 含有磺胺类											
30049010.10	已配剂量兽用制剂（包括进口兽药管理目录的商品，包括零售包装）	0	40		13	13	千克	R		0	0	0
30049010.20	抗（防）癌药品制剂（不含癌症辅助治疗药品）（包括抗癌药品清单第二批相关商品，包括零售包装）	0	40		3	3	千克	Q		0	0	0

协定税率（%）														特惠税率（%）①/②	Article Description
巴基斯坦	冰岛	哥斯达黎加	秘鲁	新西兰	瑞士	新加坡	韩国	澳大利亚	格鲁吉亚	毛里求斯	日本RCEP	尼加拉瓜	港澳台		
0	0	0	0	0	0		0	0	0	0	0	0	0/	0/0	Containing paracetamol and hydrocodone bitartrate tablet or its salts
0	0	0	0	0	0		0	0	0	0	0	0	0/	0/0	Containing carfergot tablet or caffeine sodium benzoate or its salts
0	0	0	0	0	0		0	0	0	0	0	0	0/	0/0	Compound platycodon tablet and compound liquorice tablets (including opium powder, put up in measured doses or in forms or packings for retail sale)
0	0	0	0	0	0		0	0	0	0	0	0	0/	0/0	Paracetamol and dihydrocodeine tartrate tablets
0	0	0	0	0	0		0	0	0	0	0	0	0/	0/0	Preparations put up in measured doses for veterinary medicaments (listed in Catalogue of Imported Veterinary Drugs)(including those in forms or packings for retail sale)
0	0	0	0	0	0		0	0	0	0	0	0	0/	0/0	Medicaments for therapeutic cancer use, containing alkaloids or their derivatives, listed in Anticancer Medicament List 1, whether mixed or not, put up in measured doses or in forms or packings for retail sale
0	0	0	0	0	0		0	0	0	0	0	0	0/	0/0	Compound Ipratropium Bromide Solution for Inhalation, Ipratropium bromide solution for inhalation, Tiotropium Bromide Powder for Inhalation, Tiotropium Bromide Spray or Ipratropium Bromide Aerosol
0	0	0	0	0	0		0	0	0	0	0	0	0/	0/0	OxycodoneHydrochlorideProlonged-releaseTablets, put up in measured doses or in forms or packings for retail sale
0	0	0	0	0	0		0	0	0	0	0	0	0/	0/0	Other medicaments, containing alkaloids or its derivatives, put up in measured doses or in forms or packings for retail sale
0	0	0	0	0	0		0	0	0	0	4.4	0	0/	0/0	- Other, containing vitamins or other products of heading 29.36
															- Other, containing antimalarial active principles described in Subheading Note 2 to this Chapter:
0	0	0	0	0	0		0	0	0	0	2.9	0	0/	0/0	--- Containing artemisinins and their derivatives
															--- Other
0	0	0	0	0	0		0	0	0	0	2.2	0	0/	0/0	Medicaments containing sulfa drugs (put up in measured doses or in forms or packings for retail sale)
0	0	0	0	0	0		0	0	0	0	2.2	0	0/	0/0	Chinese patent medicine, containing constituents from endangered animals and plants (put up in measured doses or in forms or packings for retail sale)
0	0	0	0	0	0		0	0	0	0	2.2	0	0/	0/0	Chinese patent medicine, containing other constituents (put up in measured doses or in forms or packings for retail sale)
0	0	0	0	0	0		0	0	0	0	2.2	0	0/	0/0	Other medicaments, containing constituents from endangered wild animals and plants (put up in measured doses or in forms or packings for retail sale)
0	0	0	0	0	0		0	0	0	0	2.2	0	0/	0/0	Other medicaments, containing antimalarial active principles described in Subheading Note 2 to this Chapter (put up in measured doses or in forms or packings for retail sale)
															- Other:
															--- containing sulfa drugs
0	0	0	0	0	0		0	0	0	0	4.4	0	0/	0/0	Preparations put up in measured doses for veterinary medicaments (listed in Catalogue of Imported Veterinary Drugs)(including those in forms or packings for retail sale)
0	0	0	0	0	0		0	0	0	0	4.4	0	0/	0/0	Anticancer medicaments, not including tumor therapy adjuvant drugs, listed in Anticancer Medicaments List 2, including packing for retail sale

税　号	货品名称	进口关税（%）			增值/消费税（%）	出口退税（%）	计量单位	监管证件代码	检验检疫类别	协定税率（%）		
		最惠国	普通	年内暂定						东盟	亚太	智利
30049010.30	罕见病药品制剂（包括罕见病药品清单第二批相关商品，包括零售包装）	0	40		3	3	千克	Q		0	0	0
30049010.90	其他已配剂量含有磺胺类的药品（包括零售包装）	0	40		13	13	千克	Q		0	0	0
3004.9020	--- 含有联苯双酯	4	30		13	13	千克	Q		0	2	0
	--- 中式成药：											
3004.9051	---- 中药酒											
30049051.10	含濒危动植物成分的中药酒（已配定剂量或零售包装）	0	30		13	0	千克	FE		0	0	0
30049051.90	含其他成分的中药酒（已配定剂量或零售包装）	0	30		13	13	千克			0	0	0
3004.9052	---- 片仔癀											
30049052.10	含天然麝香的片仔癀（已配定剂量或零售包装）	3	30		13	0	千克	QFE		0	1.5	0
30049052.90	其他片仔癀（已配定剂量或零售包装）	3	30		13	13	千克	Q		0	1.5	0
3004.9053	---- 白药											
30049053.10	含天然麝香的白药（已配定剂量或零售包装）	3	30		13	0	千克	FEQ		0	1.5	0
30049053.90	含人工麝香的白药（已配定剂量或零售包装）	3	30		13	13	千克	Q		0	1.5	0
3004.9054	---- 清凉油	0	30		13	13	千克	Q		0	0	0
3004.9055	---- 安宫牛黄丸											
30049055.10	含天然麝香的安宫牛黄丸（已配定剂量或零售包装）	3	30		13	0	千克	QFE		0	1.5	0
30049055.90	其他安宫牛黄丸（已配定剂量或零售包装）	3	30		13	13	千克	Q		0	1.5	0
3004.9059	---- 其他											
30049059.10	含濒危动植物成分的中式成药（已配定剂量或零售包装）	0	30		13	0	千克	QFE		0	0	0
30049059.20	抗（防）癌药品清单内的中式成药（已配定剂量或零售包装）	0	30		3	3	千克	Q		0	0	0
30049059.90	含其他成分的中式成药（已配定剂量或零售包装）	0	30		13	13	千克	Q		0	0	0
3004.9090	--- 其他											
30049090.10	含濒危野生动植物成分的药品（已配定剂量或零售包装，不含紫杉醇）	0	30		13	0	千克	FEQ		0	0	0
30049090.21	含紫杉醇成分的抗癌药清单药品（已配定剂量或制成零售包装，已批准注册）	0	30		3		千克	EFQ		0	0	0
30049090.29	其他含紫杉醇成分的药品（已配定剂量或制成零售包装）	0	30		13	0	千克	EFQ		0	0	0
30049090.30	其他含第29章麻醉药品的单方制剂（已配定剂量或制成零售包装）	0	30		13	13	千克	I		0	0	0

协定税率（%）														特惠税率（%）①/②	Article Description
巴基斯坦	冰岛	哥斯达黎加	秘鲁	新西兰	瑞士	新加坡	韩国	澳大利亚	格鲁吉亚	毛里求斯	日本RCEP	尼加拉瓜	港澳台		
0	0	0	0	0	0		0	0	0	0	4.4	0	0/	0/0	Medicaments for rare diseases, listed in Rare Diseease Medicaments List 2, including packing for retail sale
0	0	0	0	0	0		0	0	0	0	4.4	0	0/	0/0	Medicaments containing sulfonamides, put up in measured dose, including packing for retail sale
0	0	0	0	0	0		0	0	0	0	0	0	0/	0/0	--- Containing biphenyl dicarbxybte
															--- Medicaments of Chinese type:
															----Medicated liquors or wines
0	0	0	0	0	0		0	0	0	0	2.2	0	0/	0/0	Traditional Chinese medicine wine, containing constituents from endangered animals and plants (put up in measured doses or in forms or packings for retail sale)
0	0	0	0	0	0		0	0	0	0	2.2	0	0/	0/0	Traditional Chinese medicine wine, containing other constituents (put up in measured doses or in forms or packings for retail sale)
															----Pien Tzu Huang
0	0	0	0	0	0		0	0	0	0	0	0	0/	0/0	Pien Tzu Huang, containing natural musk(put up in measured doses or in forms or packings for retail sale)
0	0	0	0	0	0		0	0	0	0	0	0	0/	0/0	Other Pien Tzu Huang(put up in measured doses or in forms or packings for retail sale)
															----Bai Yao
0	0	0	0	0	0		0	0	0	0	0	0	0/	0/0	Baiyao, containing natural musk (put up in measured doses or in forms or packings for retail sale)
0	0	0	0	0	0		0	0	0	0	0	0	0/	0/0	Baiyao, containing artificial musk (put up in measured doses or in forms or packings for retail sale)
0	0	0	0	0	0		0	0	0	0	2.2	0	0/	0/0	----Essential balm
															----Angong niuhuang wan
0	0	0	0	0	0		0	0	0	0	0	0	0/	0/0	Angong Niuhuang Wan, containing natural musk (put up in measured doses or in forms or packings for retail sale)
0	0	0	0	0	0		0	0	0	0	0	0	0/	0/0	Other angong Niuhuang Wan, containing natural musk (put up in measured doses or in forms or packings for retail sale)
															----Other
0	0	0	0	0	0		0	0	0	0	2.2	0	0/	0/0	Chinese patent medicine, containing constituents from endangered animals and plants (put up in measured doses or in forms or packings for retail sale)
0	0	0	0	0	0		0	0	0	0	2.2	0	0/	0/0	Chinese patent medicine, in the list of anti-cancer drugs(put up in measured doses or in forms or packings for retail sale)
0	0	0	0	0	0		0	0	0	0	2.2	0	0/	0/0	Chinese patent medicine, containing other constituents (put up in measured doses or in forms or packings for retail sale)
															--- Other
0	0	0	0	0	0		0	0	0	0	2.9	0	0/	0/0	Medicaments, containing constituents from endangered wild animals and plants (other than paclitaxel), put up in measured doses or in forms or packings for retail sale
0	0	0	0	0	0		0	0	0	0	2.9	0	0/	0/0	Medicaments of Anticancer Medicament Lists, containing paclitaxel (put up in measured doses or in forms or packings for retail sale)
0	0	0	0	0	0		0	0	0	0	2.9	0	0/	0/0	Other medicaments, containing paclitaxel (put up in measured doses or in forms or packings for retail sale)
0	0	0	0	0	0		0	0	0	0	2.9	0	0/	0/0	Other prescribed preparations, containing narcotics of Chapter 29 (put up in measured doses or in forms or packings for retail sale)

税　号	货品名称	进口关税（%）			增值/消费税（%）	出口退税（%）	计量单位	监管证件代码	检验检疫类别	协定税率（%）		
		最惠国	普通	年内暂定						东盟	亚太	智利
30049090.41	地芬诺酯复方制剂（已配定剂量或制成零售包装）	0	30		13	13	千克	I		0	0	0
30049090.42	曲马多复方制剂	0	30		13	13	千克	I		0	0	0
30049090.49	其他含第29章精神药品的单方制剂（已配定剂量或制成零售包装）	0	30		13	13	千克	I		0	0	0
30049090.50	含右丙氧芬及其盐的复方制剂（已配定剂量或制成零售包装）	0	30		13	13	千克	I		0	0	0
30049090.60	复方樟脑酊（含阿片酊、樟脑、苯甲酸、八角茴香油等，包括零售包装）	0	30		13	13	千克	I		0	0	0
30049090.71	已配剂量含雄甾-4-烯-3α, 17β-二醇[4-雄烯二醇（3α, 17β）]的单方制剂（包括零售包装）	0	30		13	13	千克	L		0	0	0
30049090.72	已配剂量含雄甾-5-烯-3α, 17α-二醇[5-雄烯二醇（3α, 17α）]的单方制剂（包括零售包装）	0	30		13	13	千克	L		0	0	0
30049090.73	已配剂量含雄甾-5-烯-3α, 17β-二醇[5-雄烯二醇（3α, 17β）]的单方制剂（包括零售包装）	0	30		13	13	千克	L		0	0	0
30049090.74	已配剂量含5α-雄烷-3α, 17α-二醇（阿法雄烷二醇）或雄甾-4-烯-3α, 17α-二醇（4-雄烯二醇（3α, 17α））的单方制剂（包括零售包装）	0	30		13	13	千克	L		0	0	0
30049090.75	已配剂量含5α-雄烷-3β, 17β-二醇（倍他雄烷二醇）的单方制剂（包括零售包装）	0	30		13	13	千克	L		0	0	0
30049090.77	含表雄酮（3β-羟基-5α-雄烷-17-酮）的单方制剂（已配剂量或制成零售包装）	0	30		13	13	千克	L		0	0	0
30049090.78	已配剂量含齐帕特罗的单方制剂（包括零售包装）	0	30		13	13	千克	L		0	0	0
30049090.79	已配剂量含表睾酮的单方制剂（包括零售包装）	0	30		13	13	千克	L		0	0	0
30049090.82	已配剂量含西布曲明的制剂	0	30		13	13	千克	9		0	0	0
30049090.83	含1-表雄酮(3β-羟基-5α-雄甾-1-烯-17-酮)的单方制剂（包括零售包装）	0	30		13	13	千克	L		0	0	0
30049090.84	已配剂量兽用制剂（包括进口兽药管理目录的商品，包括零售包装）	0	30		13	13	千克	R		0	0	0
30049090.85	其他《兴奋剂目录》所列商品（包括零售包装）	0	30		13	13	千克	L		0	0	0
30049090.91	含FG-4592（CAS号：808118-40-3，一种缺氧诱导因子——脯氨酸羟化酶抑制剂）的已配定剂量的制剂（包括零售包装）	0	30		13	13	千克	Q		0	0	0
30049090.92	已配剂量含5α-雄烷-2-烯-17-酮的单方制剂（包括零售包装）	0	30		13	13	千克	L		0	0	0

协定税率（%）														特惠税率（%）①/②	Article Description
巴基斯坦	冰岛	哥斯达黎加	秘鲁	新西兰	瑞士	新加坡	韩国	澳大利亚	格鲁吉亚	毛里求斯	日本RCEP	尼加拉瓜	港澳台		
0	0	0	0	0	0		0	0	0	0	2.9	0	0/	0/0	Compound preparations of diphenoxylate (put up in measured doses or in forms or packings for retail sale)
0	0	0	0	0	0		0	0	0	0	2.9	0	0/	0/0	Compound preparation of tramadol
0	0	0	0	0	0		0	0	0	0	2.9	0	0/	0/0	Other prescribed preparations, containing psychotropic drugs of Chapter 29 (put up in measured doses or in forms or packings for retail sale)
0	0	0	0	0	0		0	0	0	0	2.9	0	0/	0/0	Compound preparations, containing dextropropoxyphene and its salts (put up in measured doses or in forms or packings for retail sale)
0	0	0	0	0	0		0	0	0	0	2.9	0	0/	0/0	Compound camphor tincture (containing tincture of opium, camphor, benzoic acid, star anise oil, etc, including those in forms or packings for retail sale)
0	0	0	0	0	0		0	0	0	0	2.9	0	0/	0/0	Prescribed preparations, containing androst-4-ene-3α, 17β -diol, put up in measured doses (including in forms or packings for retail sale)
0	0	0	0	0	0		0	0	0	0	2.9	0	0/	0/0	Prescribed preparations, containing androst-5-ene-3α, 17α-diol, put up in measured doses (including in forms or packings for retail sale)
0	0	0	0	0	0		0	0	0	0	2.9	0	0/	0/0	Prescribed preparations, containing androst-5-ene-3α, 17β-diol, put up in measured doses (including in forms or packings for retail sale)
0	0	0	0	0	0		0	0	0	0	2.9	0	0/	0/0	Prescribed preparations, containing 5α-androstane-3α, 17α-diol, put up in measured doses (including in forms or packings for retail sale)
0	0	0	0	0	0		0	0	0	0	2.9	0	0/	0/0	Prescribed preparations, containing 5α-androstane-3β,17β-diol, put up in measured doses (including those in forms or packings for retail sale)
0	0	0	0	0	0		0	0	0	0	2.9	0	0/	0/0	Prescribed preparations, containing Androsterone(3β-hydroxy-5α-androstan-17-one)put up in measured doses or in forms or packings for retail sale
0	0	0	0	0	0		0	0	0	0	2.9	0	0/	0/0	Prescribed preparations, containing zilpaterol, put up in measured doses (including those in forms or packings for retail sale)
0	0	0	0	0	0		0	0	0	0	2.9	0	0/	0/0	Prescribed preparations, containing epitestosterone, put up in measured doses (including those in forms or packings for retail sale)
0	0	0	0	0	0		0	0	0	0	2.9	0	0/	0/0	Preparation of sibutramine, put up in measured doses
0	0	0	0	0	0		0	0	0	0	2.9	0	0/	0/0	Prescribed preparations, containing 1-Epiandrosterone (3β-hydroxy-5α-androst-1-ene-17-one), put up in measured doses (including those in forms or packings for retail sale)
0	0	0	0	0	0		0	0	0	0	2.9	0	0/	0/0	Preparations put up in measured doses for veterinary medicaments (including those in Catalogue of Imported Veterinary Drugs)(including those in forms or packings for retail sale)
0	0	0	0	0	0		0	0	0	0	2.9	0	0/	0/0	Other commodities listed in the Doping Catalogue, including those in forms or packings for retail sale
0	0	0	0	0	0		0	0	0	0	2.9	0	0/	0/0	Prescribed preparations, containing FG-4592(CAS:808118-40-3), put up in measured doses (including in forms or packings for retail sale)
0	0	0	0	0	0		0	0	0	0	2.9	0	0/	0/0	Prescribed preparations, containing 5α-androst-2-ene-17-one, put up in measured doses (including in forms or packings for retail sale)

税　号	货品名称	进口关税（%）			增值/消费税（%）	出口退税（%）	计量单位	监管证件代码	检验检疫类别	协定税率（%）		
		最惠国	普通	年内暂定						东盟	亚太	智利
30049090.93	抗（防）癌药品制剂（不含癌症辅助治疗药品）（包括抗癌药品清单第一批、第二批相关商品）	0	30		3	3	千克	Q		0	0	0
30049090.94	已配剂量含2-雄烯醇（5α-雄甾-2-烯-17-醇）的单方制剂（包括零售包装）	0	30		13	13	千克	L		0	0	0
30049090.95	已配剂量含3-雄烯醇（5α-雄甾-3-烯-17-醇）的单方制剂（包括零售包装）	0	30		13	13	千克	L		0	0	0
30049090.96	已配剂量含3-雄烯酮（5α-雄甾-3-烯-17-酮）的单方制剂（包括零售包装）	0	30		13	13	千克	L		0	0	0
30049090.98	罕见病药品制剂（包括罕见病药品清单第一批、第二批相关商品）	0	30		3	3	千克	Q		0	0	0
30049090.99	其他已配定剂量的药品（包括零售包装）	0	30		13	13	千克	Q		0	0	0
30.05	**软填料、纱布、绷带及类似物品（例如，敷料、橡皮膏、泥罨剂），经过药物浸涂或制成零售包装供医疗、外科、牙科或兽医用：**											
	- 胶粘敷料及有胶粘涂层的其他物品：											
3005.1010	--- 橡皮膏	5	70		13	13	千克			0	4	0
3005.1090	--- 其他	5	35		13	13	千克			0		0
	- 其他：											
3005.9010	--- 药棉、纱布、绷带	5	70		13	13	千克			0	3	0
3005.9090	--- 其他	5	35		13	13	千克			0		0
30.06	**本章注释四所规定的医药用品：**											
3006.1000	- 无菌外科肠线、类似的无菌缝合材料（包括外科或牙科用无菌可吸收缝线）及外伤创口闭合用的无菌粘合胶布；无菌昆布及无菌昆布塞条；外科或牙科用无菌吸收性止血材料；外科或牙科用无菌抗粘连阻隔材料，不论是否可吸收	5	30		13	13	千克			0		0
3006.3000	- X光检查造影剂；用于病人的诊断试剂											
30063000.10	碘普罗胺注射液、钆布醇注射液	4	30	2	13	13	千克	ABQ	V/W	0		0
30063000.90	其他X光检查造影剂、诊断试剂	4	30		13	13	千克	ABQ	V/W	0		0
3006.4000	- 牙科粘固剂及其他牙科填料；骨骼粘固剂	5	30		13	13	千克			0		0
3006.5000	- 急救药箱、药包	5	30		13	13	千克			0		0
	- 以激素、税目29.37的其他产品或杀精子剂为基本成分的化学避孕药物：											
3006.6010	--- 以激素为基本成分的避孕药物	0	0		0	0	千克	Q		0		0
3006.6090	--- 其他	0	0		0	0	千克	Q		0		0
3006.7000	- 专用于人类或兽药的凝胶制剂，作为外科手术或体检时躯体部位的润滑剂，或者作为躯体和医疗器械之间的耦合剂	6.5	30		13	13	千克			0		0
	- 其他：											
3006.9100	-- 可确定用于造口术的用具	10	80	5	13	13	千克			0	5	0
3006.9200	-- 废药物	5	30		13	13	千克	9		0		0
3006.9300	-- 安慰剂和盲法（或双盲法）临床试验试剂盒，用于经许可的临床试验，已配定剂量	0	34		13	13	千克	Q		0		0

协定税率（%）														特惠税率（%）①/②	Article Description
巴基斯坦	冰岛	哥斯达黎加	秘鲁	新西兰	瑞士	新加坡	韩国	澳大利亚	格鲁吉亚	毛里求斯	日本RCEP	尼加拉瓜	港澳台		
0	0	0	0	0	0		0	0	0	0	2.9	0	0/	0/0	Anticancer medicaments, not including tumor therapy adjuvant drugs, listed in Anticancer Medicaments List 2
0	0	0	0	0	0		0	0	0	0	2.9	0	0/	0/0	Follistatin, in measure doses (including in forms or packings for retail sale)
0	0	0	0	0	0		0	0	0	0	2.9	0	0/	0/0	Boldione (androsta-1,4-diene-3,17-dione), in measure doses (including in forms or packings for retail sale)
0	0	0	0	0	0		0	0	0	0	2.9	0	0/	0/0	Macimorelin, in measure doses (including in forms or packings for retail sale)
0	0	0	0	0	0		0	0	0	0	2.9	0	0/	0/0	Medicaments for rare diseases, including products of Rare Diseease Medicaments List 1 and 2
0	0	0	0	0	0		0	0	0	0	2.9	0	0/	0/0	Other medicaments (put up in measured doses (including in forms or packings for retail sale)
															Wadding, gauze, bandages and similar articles (for example, dressings, adhesive plasters, poultices), impregnated or coated with pharmaceutical substances or put up in forms or packings for retail sale for medical, surgical, dental or veterinary purposes:
															- Adhesive dressings and other articles having an adhesive layer:
0	0	0	0	0	0		0	0	0	0	0	0	0/	0/0	--- Adhesive plasters
0		0	0	0	0		0	0	0	0	3.6	0	0/	0/0	--- Other
															- Other:
0	0	0	0	0	0		0	0	0	0	0	0	0/	0/0	--- Absorbent cotton, gauze, bandages
0		0	0	0	0		0	0	0	0	3.6	0	0/	0/0	--- Other
															Pharmaceutical goods specified in Note 4 to this Chapter:
0	0	0	0	0	0		0	0	0	0	0	0	0/	0/0	- Sterile surgical catgut, similar sterile suture materials (including sterile absorbable surgical or dental yarns) and sterile tissue adhesives for surgical wound closure; sterile laminaria and sterile laminaria tents; sterile absorbable surgical or dental haemostatics; sterile surgical or dental adhesion barriers, whether or not absorbable
															- Opacifying preparations for X-ray examinations;diagnostic reagents designed to be administered to the patient
0	0	0	0	0	0		0	0	0	0	0	0	0/	0/0	Iopromide injection or gadobutrol injection
0	0	0	0	0	0		0	0	0	0	0	0	0/	0/0	Other opacifying preparations for X-ray examinations;diagnostic reagents designed to be administered to the patient
0	0	0	0	0	0		0	0	0	0	3.6	0	0/	0/0	- Dental cements and other dental fillings; bone reconstruction cements
0	0	0	0	0	0		0	0	0	0	0	0	0/	0/0	- First-aid boxes and kits
															- Chemical contraceptive preparations based on hormones, on other products of heading 29.37 or on spermicides:
0	0	0	0	0	0		0	0	0	0	0	0	0/	0/0	--- contraceptive preparations based on hormones
0	0	0	0	0	0		0	0	0	0	0	0	0/	0/0	--- Other
2.5	0	0	0	0	0		0	0	0	0	4.7	0	0/	0/0	- Gel preparations designed to be used in human or veterinary medicine as a lubricant for parts of the body for surgical operations or physical examinations or as a coupling agent between the body and medical instruments
															- Other:
9.2	0	0	0	0	0	0	0	0	0	0	7.3	9	0/	0/0	-- Appliances identifiable for ostomy use
0	0	0	0	0	0		0	0	0	0	0	0	0/	0/0	-- Waste pharmaceuticals
0	0	0	0	0	0	0	0	0	0	0	0	0	0/	0/0	-- Placebos and blinded (or double-blinded) clinical trial kits for a recognised clinical trial, put up in measured doses

第三十一章　肥　料

注释：

一、本章不包括：

（一）税目05.11的动物血；

（二）单独的已有化学定义的化合物〔符合下列注释二（一）、三（一）、四（一）或五所规定的化合物除外〕；或

（三）税目38.24的每颗重量不低于2.5克的氯化钾培养晶体（光学元件除外）；氯化钾光学元件（税目90.01）。

二、税目31.02只适用于下列货品，但未制成税目31.05所述形状或包装：

（一）符合下列任何一条规定的货品：

1. 硝酸钠，不论是否纯净；
2. 硝酸铵，不论是否纯净；
3. 硫酸铵及硝酸铵的复盐，不论是否纯净；
4. 硫酸铵，不论是否纯净；
5. 硝酸钙及硝酸铵的复盐（不论是否纯净）或硝酸钙及硝酸铵的混合物；
6. 硝酸钙及硝酸镁的复盐（不论是否纯净）或硝酸钙及硝酸镁的混合物；
7. 氰氨化钙，不论是否纯净或用油处理；
8. 尿素，不论是否纯净。

（二）由上述（一）款任何货品相互混合的肥料；

（三）由氯化铵或上述（一）或（二）款任何货品与白垩、石膏或其他无肥效无机物混合而成的肥料；

（四）由上述（一）2或8项的货品或其混合物溶于水或液氨的液体肥料。

三、税目31.03只适用于下列货品，但未制成税目31.05所述形状或包装：

（一）符合下列任何一条规定的货品：

1. 碱性熔渣；
2. 税目25.10的天然磷酸盐，已焙烧或经过超出清除杂质范围的热处理；
3. 过磷酸钙（一过磷酸钙、二过磷酸钙或三过磷酸钙）；
4. 磷酸氢钙，按干燥无水产品重量计含氟量不低于0.2%。

（二）由上述（一）款的任何货品相互混合的肥料，不论含氟量多少。

（三）由上述（一）或（二）款的任何货品与白垩、石膏或其他无肥效无机物混合而成的肥料，不论含氟量多少。

四、税目31.04只适用于下列货品，但未制成税目31.05所述形状或包装：

（一）符合下列任何一条规定的货品：

1. 天然粗钾盐（例如，光卤石、钾盐镁矾及钾盐）；
2. 氯化钾，不论是否纯净，但上述注释一（三）所述的产品除外；
3. 硫酸钾，不论是否纯净；
4. 硫酸镁钾，不论是否纯净。

（二）由上述（一）款任何货品相互混合的肥料。

五、磷酸二氢铵及磷酸氢二铵（不论是否纯净）及其相互之间的混合物应归入税目31.05。

六、税目31.05所称“其他肥料”，仅适用于其基本成分至少含有氮、磷、钾中一种肥效元素的肥料用产品。

Chapter 31 Fertilisers

Chapter Notes:

1. This Chapter does not cover:

(a) Animal blood of heading 05.11;

(b) Separate chemically defined compounds (other than those answering to the descriptions in Note 2 (a), 3 (a), 4 (a) or 5 below); or

(c) Cultured potassium chloride crystals (other than optical elements) weighing not less than 2.5 g each, of heading 38.24; optical elements of potassium chloride (heading 90.01).

2. Heading 31.02 applies only to the following goods, provided that they are not put up in the forms or packages described in heading 31.05:

(a) Goods which answer to one or other of the descriptions given below:

(i)Sodium nitrate, whether or not pure;

(ii)Ammonium nitrate, whether or not pure;

(iii)Double salts, whether or not pure, of ammonium sulphate and ammonium nitrate;

(iv)Ammonium sulphate, whether or not pure;

(v)Double salts (whether or not pure) or mixtures of calcium nitrate and ammonium nitrate;

(vi)Double salts (whether or not pure) or mixtures of calcium nitrate and magnesium nitrate;

(vii)Calcium cyanamide, whether or not pure or treated with oil;

(viii)Urea, whether or not pure.

(b) Fertilisers consisting of any of the goods described In (a) above mixed together;

(c) Fertilisers consisting of ammonium chloride or of any of the goods described in (a) or (b) above mixed with chalk, gypsum or other inorganic non-fertilising substances;

(d) Liquid fertilisers consisting of the goods of subparagraph (a) (ii) or (viii) above, or of mixtures of those goods, in an aqueous or ammoniacal solution.

3. Heading 31.03 applies only to the following goods, provided that they are not put up in the forms or packages described in heading 31.05:

(a) Goods which answer to one or other of the descriptions given below:

(i)Basic slag;

(ii)Natural phosphates of heading 25.10, calcined or further heat-treated than for the removal of impurities;

(iii)Superphosphates (single, double or triple);

(iv)Calcium hydrogenorthophosphate containing not less than 0.2% by weight of fluorine calculated on the dry anhydrous product.

(b) Fertilisers consisting of any of the goods described in (a) above mixed together, but with no account being taken of the fluorine content limit.

(c) Fertilisers consisting of any of the goods described in (a) or (b) above, but with no account being taken of the fluorine content limit, mixed with chalk, gypsum or other inorganic non-fertilising substances.

4. Heading 31.04 applies only to the following goods, provided that they are not put up in the forms or packages described in heading 31.05:

(a) Goods which answer to one or other of the descriptions given below:

(i)Crude natural potassium salts (for example, carnallite, kainite and sylvite);

(ii)Potassium chloride, whether or not pure, except as provided in Note 1 (c) above;

(iii)Potassium sulphate, whether or not pure;

(iv)Magnesium potassium sulphate, whether or not pure.

(b) Fertilisers consisting of any of the goods described in (a) above mixed together.

5. Ammonium dihydrogenorthophosphate (monoammonium phosphate) and diammonium hydrogenorthophosphate (diammonium phosphate), whether or not pure, and intermixtures thereof, are to be classified in heading 31.05.

6. For the purposes of heading 31.05, the term "other fertilisers" applies only to products of a kind used as fertilisers and containing, as an essential constituent, at least one of the fertilising elements nitrogen, phosphorus or potassium.

税号	货品名称	进口关税（%） 最惠国	普通	年内暂定	增值/消费税（%）	出口退税（%）	计量单位	监管证件代码	检验检疫类别	协定税率（%） 东盟	亚太	智利
31.01	**动物或植物肥料，不论是否相互混合或经化学处理；动植物产品经混合或化学处理制成的肥料：**											
	--- 未经化学处理：											
3101.0011	---- 鸟粪	3	11		9	0	千克	AB	P/Q	0		0
3101.0019	---- 其他											
31010019.10	未经化学处理的森林凋落物（包括腐叶、腐根、树皮、树叶、树根等森林腐殖质）	6.5	30		9	0	千克	8AB	P/Q	0	3.3	0
31010019.90	未经化学处理的其他动植物肥料	6.5	30		9	0	千克	AB	P/Q	0	3.3	0
3101.0090	--- 其他											
31010090.10	经化学处理的含动物源性成分（如粪、羽毛等）动植物肥料	4	11		9	0	千克	AB	P/Q	0		0
31010090.20	经化学处理的森林凋落物（包括腐叶、腐根、树皮、树叶、树根等森林腐殖质）	4	11		9	0	千克	8AB	P/Q	0		0
31010090.90	经化学处理的其他动植物肥料	4	11		9	0	千克	AB	P/Q	0		0
31.02	**矿物氮肥及化学氮肥：**											
3102.1000	- 尿素，不论是否水溶液											
31021000.10	尿素（配额内，不论是否水溶液）	4	150	1	9	0	千克	tAB	M/N		40	
31021000.90	尿素（配额外，不论是否水溶液）	50	150		9	0	千克	AB	M/N		40	
	- 硫酸铵；硫酸铵和硝酸铵的复盐及混合物：											
3102.2100	-- 硫酸铵	4	11		9	0	千克	7Av	R/	0		0
3102.2900	-- 其他	4	11		9	0	千克	7v		0		0
3102.3000	- 硝酸铵，不论是否水溶液	4	11		9	0	千克	9kAB	M/N	0		0
3102.4000	- 硝酸铵与碳酸钙或其他无肥效无机物的混合物	4	11		9	0	千克	7vB	N	0		0
3102.5000	- 硝酸钠	4	11		9	0	千克	7ABv	M/NS	0		0
3102.6000	- 硝酸钙和硝酸铵的复盐及混合物	4	11		9	0	千克	7Bv	N	0		0
3102.8000	- 尿素及硝酸铵混合物的水溶液或氨水溶液	4	11		9	0	千克	7Bv	N	0		0
	- 其他，包括上述子目未列名的混合物：											
3102.9010	--- 氰氨化钙	4	11		9	0	千克	7ABv	M/N	0		0
3102.9090	--- 其他	4	11		9	0	千克	7Bv	N	0		0
31.03	**矿物磷肥及化学磷肥：**											
	- 过磷酸钙：											
	-- 按重量计五氧化二磷（P_2O_5）含量在35%及以上：											
3103.1110	--- 重过磷酸钙	4	11	1	9	0	千克	7ABv	M/N	0		0
3103.1190	--- 其他	4	11	1	9	0	千克	7ABv	M/N	0		0
3103.1900	-- 其他	4	11	1	9	0	千克	7ABv	M/N	0		0
3103.9000	- 其他	4	11	1	9	0	千克	7Bv	N	0		0
31.04	**矿物钾肥及化学钾肥：**											
	- 氯化钾：											
3104.2020	--- 纯氯化钾	3	11	0	9	0	千克	7Bv	N	0		0
3104.2090	--- 其他	3	11	0	9	0	千克	7ABv	R/N	0		0
3104.3000	- 硫酸钾	3	11	0	9	0	千克	7ABv	M/N	0		0
	- 其他：											

协定税率（%）														特惠税率（%）①/②	Article Description
巴基斯坦	冰岛	哥斯达黎加	秘鲁	新西兰	瑞士	新加坡	韩国	澳大利亚	格鲁吉亚	毛里求斯	日本RCEP	尼加拉瓜	港澳台		
															Animal or vegetable fertilizers, whether or not mixed together or chemically treated; fertilizers produced by the mixing or chemical treatment of animal or vegetable products:
															--- Not chemically treated:
0	0	0	0	0	0		0	0	0	0	0	0	0/	0/0	----Guano
															----Other
2.5	0	0	0	0	0		0	0	0	0	4.7	0	0/	0/0	Forest litter, not chemically treated (including rotted leaves, rotted roots, bark, leaves, roots and forest humus)
2.5	0	0	0	0	0		0	0	0	0	4.7	0	0/	0/0	Other animal or vegetable fertilizer, not chemically treated
															--- Other
0	0	0	0	0	0		1.3	0	0	0	3.3	0	0/	0/0	Animal or vegetable fertilizer, chemically treated, containing constituents of animal origin (e.g., dung, feather, etc)
0	0	0	0	0	0		1.3	0	0	0	3.3	0	0/	0/0	Forest litter, chemically treated (including rotted leaves, rotted roots, bark, leaves, roots and forest humus)
0	0	0	0	0	0		1.3	0	0	0	3.3	0	0/	0/0	Other animal or vegetable fertilizer, chemically treated
															Mineral or chemical fertilizers, nitrogenous:
															- Urea, whether or not in aqueous solution
40													0/		Urea, whether or not in aqueous solution, in-quota
40													0/		Urea, whether or not in aqueous solution, out-of-quota
															- Ammonium sulphate; double salts and mixtures of ammonium sulphate and ammonium nitrate:
0	0	0	0	0	0		0	0	0	0	0	0	0/	0/0	-- Ammonium sulphate
0	0	0	0	0	0		0	0	0	0	0	0	0/	0/0	-- Other
0	0	0	0	0	0		0	0	0	0	0	0	0/	0/0	- Ammonium nitrate, whether or not in aqueous solution
0	0	0	0	0	0		0	0	0	0	0	0	0/	0/0	- Mixtures of ammonium nitrate with calcium carbonate or other inorganic nonfertilizing substances
0	0	0	0	0	0		0	0	0	0	0	0	0/	0/0	- Sodium nitrate
0	0	0	0	0	0		0	0	0	0	0	0	0/	0/0	- Double salts and mixtures of calcium nitrate and ammonium nitrate
0	0	0	0	0	0		0	0	0	0	2.9	0	0/	0/0	- Mixtures of urea and ammonium nitrate In aqueous or ammoniacal solution
															- Other, including mixtures not specified in the foregoing subheadings:
0	0	0	0	0	0		0	0	0	0	0	0	0/	0/0	--- Calcium cyanamide
0	0	0	0	0	0		0	0	0	0	0	0	0/	0/0	--- Other
															Mineral or chemical fertilizers, phosphatic:
															- Superphosphates:
															-- Containing by weight 35% or more of diphosphorus pentaoxide (P_2O_5):
0	0	0	0	0	0		0	0	0	0	0	0	0/	0/0	--- Triple superphosphates
0	0	0	0	0	0		0	0	0	0	0	0	0/	0/0	--- Other
0	0	0	0	0	0		0	0	0	0	0	0	0/	0/0	-- Other
0	0	0	0	0	0		0	0	0	0	2.9	0	0/	0/0	- Other
															Mineral or chemical fertilizers, potassic:
															- Potassium chloride:
0	0	0	0	0	0		0	0	0	0	0	0	0/	0/0	--- Pure potassium chloride
0	0	0	0	0	0		0	0	0	0	0	0	0/	0/0	--- Other
0	0	0	0	0	0		1	0	0	0	2.4	0	0/	0/0	- Potassium sulphate
															- Other:

税号	货品名称	进口关税（%）			增值/消费税（%）	出口退税（%）	计量单位	监管证件代码	检验检疫类别	协定税率（%）		
		最惠国	普通	年内暂定						东盟	亚太	智利
3104.9010	--- 光卤石、钾盐及其他天然粗钾盐	3	11	0	9	0	千克	7Bv	N	0		0
3104.9090	--- 其他	3	11	0	9	0	千克	7Bv	N	0		0
31.05	**含氮、磷、钾中两种或三种肥效元素的矿物肥料或化学肥料；其他肥料；制成片及类似形状或每包毛重不超过10千克的本章各项货品：**											
3105.1000	- 制成片及类似形状或每包毛重不超过10千克的本章各项货品											
31051000.10	制成片状及类似形状或零售包装的硝酸铵（零售包装每包毛重不超过10千克）	4	11	1	9	0	千克	9B	N	0		0
31051000.90	制成片状及类似形状或零售包装的第31章其他货品（零售包装每包毛重不超过10千克）	4	11	1	9	0	千克	7Bv	N	0		0
3105.2000	- 含氮、磷、钾三种肥效元素的矿物肥料或化学肥料											
31052000.10	化学肥料或矿物肥料（配额内，含氮、磷、钾三种肥效元素）	4	150	1	9	0	千克	ABt	M/N			
31052000.90	化学肥料或矿物肥料（配额外，含氮、磷、钾三种肥效元素）	50	150		9	0	千克	AB	M/N			
3105.3000	- 磷酸氢二铵											
31053000.10	磷酸氢二铵（配额内）	4	150	1	9	0	千克	ABt	R/N			
31053000.90	磷酸氢二铵（配额外）	50	150		9	0	千克	AB	R/N			
3105.4000	- 磷酸二氢铵及磷酸二氢铵与磷酸氢二铵的混合物	4	11	1	9	0	千克	7ABv	M/N	0		0
	- 其他含氮、磷两种肥效元素的矿物肥料或化学肥料：											
3105.5100	-- 含有硝酸盐及磷酸盐	4	11	1	9	0	千克	7ABv	M/N	0		0
3105.5900	-- 其他	4	11	1	9	0	千克	7ABv	M/N	0		0
3105.6000	- 含磷、钾两种肥效元素的矿物肥料或化学肥料	4	11	1	9	0	千克	7ABv	M/N	0		0
	- 其他：											
3105.9010	--- 有机-无机复混肥料	4	11	1	9	0	千克	7ABv	M/N	0		0
3105.9090	--- 其他	4	11	1	9	0	千克	7ABv	M/N	0		0

协定税率（%）														特惠税率（%）①/②	Article Description
巴基斯坦	冰岛	哥斯达黎加	秘鲁	新西兰	瑞士	新加坡	韩国	澳大利亚	格鲁吉亚	毛里求斯	日本RCEP	尼加拉瓜	港澳台		
0	0	0	0	0	0		0	0	0	0	0	0	0/	0/0	--- Carnallite, sylvite and other crude natural potassium salts
0	0	0	0	0	0		0	0		0	2.2	0	0/	0/0	--- Other
															Mineral or chemical fertilizers containing two or three of the fertilizing elements nitrogen, phosphorus and potassium; other fertilizers; goods of this Chapter in tablets or similar forms or in packages of a gross weight not exceeding 10kg:
															- Goods of this Chapter in tablets or similar forms or in packages of a gross weight not exceeding 10kg
0	0	0	0	0	0		0	0	0	0	0	0	0/	0/0	Ammonium nitrate, in tablets or similar forms or in packages for retail sale, of a gross weight not exceeding 10kg
0	0	0	0	0	0		0	0	0	0	0	0	0/	0/0	Other goods of the Chapter 31, in tablets or similar forms or in packages for retail sale, of a gross weight not exceeding 10kg
															- Mineral or chemical fertilizers containing the three fertilizing elements nitrogen, phosphorus and potassium
													0/		Mineral or chemical fertilizers containing the three fertilizing elements nitrogen, phosphorus and potassium, in-quota
													0/		Mineral or chemical fertilizers containing the three fertilizing elements nitrogen, phosphorus and potassium, out-of-quota
															- Diammonium hydrogenorthophosphate(diammonium phosphate)
													0/		Diammonium hydrogenorthophosphate (diammonium phosphate), in-quota
													0/		Diammonium hydrogenorthophosphate (diammonium phosphate), out-of-quota
0	0	0	0	0	0		0	0	0	0	0	0	0/	0/0	- Ammonium dihydrogenorthophosphate (monoammonium phosphate) and mixtures thereof with diammonium hydrogenorthophosphate (diammonium phosphate)
															- Other mineral or chemical fertilizers containing the two fertilizing elements nitrogen and phosphorus:
0	0	0	0	0	0		0	0	0	0	2.9	0	0/	0/0	-- Containing nitrates and phosphates
0	0	0	0	0	0		0	0	0	0	2.9	0	0/	0/0	-- Other
0	0	0	0	0	0		0	0	0	0	2.9	0	0/	0/0	- Mineral or chemical fertilizers containing the two fertilizing elements phosphorus and potassium
															- Other:
0	0	0	0	0	0		0	0	0	0	2.9	0	0/	0/0	--- Fertilizers containing the two fertilizing elements organic and inorganic
0	0	0	0	0	0		0	0	0	0	2.9	0	0/	0/0	--- Other

第三十二章　鞣料浸膏及染料浸膏；鞣酸及其衍生物；染料、颜料及其他着色料；油漆及清漆；油灰及其他类似胶粘剂；墨水、油墨

注释：

一、本章不包括：

（一）单独的已有化学定义的化学元素及化合物（税目32.03及32.04的货品、税目32.06的用作发光体的无机产品、税目32.07所述形状的熔融石英或其他熔融硅石制成的玻璃及税目32.12的零售形状或零售包装的染料及其他着色料除外）；

（二）税目29.36至29.39、29.41及35.01至35.04的鞣酸盐及其他鞣酸衍生物；或

（三）沥青胶粘剂（税目27.15）。

二、税目32.04包括生产偶氮染料用的稳定重氮盐与偶合物的混合物。

三、税目32.03、32.04、32.05及32.06也包括以着色料为基本成分的制品（例如，税目32.06包括以税目25.30或第二十八章的颜料，金属粉片及金属粉末为基本成分的制品）。该制品是用作原材料着色剂的拼料。但以上税目不包括分散在非水介质中呈液状或浆状的制漆用颜料，例如，税目32.12的瓷漆及税目32.07、32.08、32.09、32.10、32.12、32.13及32.15的其他制品。

四、税目32.08包括由税目39.01至39.13所列产品溶于挥发性有机溶剂的溶液（胶棉除外），但溶剂重量必须超过溶液重量的50%。

五、本章所称“着色料”，不包括作为油漆填料的产品，不论这些产品能否用于水浆涂料的着色。

六、税目32.12所称“压印箔”，只包括用以压印诸如书本封面或帽带之类的薄片，这些薄片由以下材料构成：

（一）金属粉（包括贵金属粉）或颜料经胶水、明胶及其他粘合剂凝结而成的；或

（二）金属（包括贵金属）或颜料沉积于任何材料衬片上的。

税　号	货品名称	进口关税（%）			增值/消费税（%）	出口退税（%）	计量单位	监管证件代码	检验检疫类别	协定税率（%）		
		最惠国	普通	年内暂定						东盟	亚太	智利
32.01	植物鞣料浸膏；鞣酸及其盐、醚、酯和其他衍生物：											
3201.1000	- 坚木浸膏	5	35		13	0	千克			0		0
3201.2000	- 荆树皮浸膏	6.5	35		13	0	千克			0		0
	- 其他：											
3201.9010	--- 其他鞣料浸膏											
32019010.10	其他濒危植物鞣料浸膏	6.5	40		13	0	千克	FE		0		0
32019010.90	其他植物鞣料浸膏	6.5	40		13	0	千克			0		0
3201.9090	--- 其他	6.5	35		13	0	千克			0		0
32.02	有机合成鞣料；无机鞣料；鞣料制剂，不论是否含有天然鞣料；预鞣用酶制剂：											
3202.1000	- 有机合成鞣料	6.5	35		13	0	千克			0		0
3202.9000	- 其他											
32029000.10	无铬鞣料（不论是否含有天然鞣料，包括预鞣用酶制剂）	6.5	35	3	13	0	千克			0		0
32029000.90	其他无机鞣料、鞣料制剂等（不论是否含有天然鞣料，包括预鞣用酶制剂）	6.5	35		13	0	千克			0		0
32.03	动植物质着色料（包括染料浸膏，但动物碳黑除外），不论是否已有化学定义；本章注释三所述的以动植物质着色料为基本成分的制品：											

Chapter 32 Tanning or dyeing extracts; tannins and their derivatives; dyes, pigments and other colouring matter; paints and varnishes; putty and other mastics; inks

Chapter Notes:

1. This Chapter does not cover:
   (a) Separate chemically defined elements or compounds (except those of heading 32.03 or 32.04, inorganic products of a kind used as luminophores (heading 32.06), glass obtained from fused quartz or other fused silica in the forms provided for in heading 32.07, and also dyes and other colouring matter put up in forms or packings for retail sale, of heading 32.12);
   (b) Tannates or other tannin derivatives of products of headings 29.36 to 29.39, 29.41 or 35.01 to 35.04; or
   (c) Mastics of asphalt or other bituminous mastics (heading 27.15).
2. Heading 32.04 includes mixtures of stabilised diazonium salts and couplers for the production of azo dyes.
3. Headings 32.03, 32.04, 32.05 and 32.06 apply also to preparations based on colouring matter (including, in the case of heading 32.06, colouring pigments of heading 25.30 or Chapter 28, metal flakes and metal powders), of a kind used for colouring any material or used as ingredients in the manufacture of colouring preparations. The headings do not apply, however, to pigments dispersed in non-aqueous media, in liquid or paste form, of a kind used in the manufacture of paints, including enamels (heading 32.12), or to other preparations of heading 32.07, 32.08, 32.09, 32.10, 32.12, 32.13 or 32.15.
4. Heading 32.08 includes solutions (other than collodions) consisting of any of the products specified in headings 39.01 to 39.13 in volatile organic solvents when the weight of the solvent exceeds 50% of the weight of the solution.
5. The expression "colouring matter" in this Chapter does not include products of a kind used as extenders in oil paints, whether or not they are also suitable for colouring distempers.
6. The expression "stamping foils" in heading 32.12 applies only to thin sheets of a kind used for printing, for example, book covers or hat bands, and consisting of:
   (a) Metallic powder (including powder of precious metal) or pigment, agglomerated with glue, gelatin or other binder; or
   (b) Metal (including precious metal) or pigment, deposited on a supporting sheet of any material.

协定税率（%）														特惠税率（%）①/②	Article Description
巴基斯坦	冰岛	哥斯达黎加	秘鲁	新西兰	瑞士	新加坡	韩国	澳大利亚	格鲁吉亚	毛里求斯	日本RCEP	尼加拉瓜	港澳台		
															Tanning extracts of vegetable origin;tannins and their salts, ethers, esters and other derivatives:
0	0	0	0	0	0		0	0	0	0	0	0	0/	0/0	- Quebracho extract
2.5	0	0	0	0	0		0	0	0	0	4.7	0	0/	0/0	- Wattle extract
															- Other:
															--- Other tanning extracts
2.5	0	0	0	0	0		0	0	0	0	4.7	0	0/	0/0	Other tanning extracts of endangered vegetable origin
2.5	0	0	0	0	0		0	0	0	0	4.7	0	0/	0/0	Other tanning extracts of vegetable origin
0	0	0	0	0	0		0	0	0	0	4.7	0	0/	0/0	--- Other
															Synthetic organic tanning substances; inorganic tanning substances; tanning preparations, whether or not containing natural tanning substances; enzymatic preparations for pre-tanning:
0	0	0	0	0	0		0	0	0	0	4.7	0	0/	0/0	- Synthetic organic tanning substances
															- Other
0	0	0	0	0	0		0	0	0	0	4.7	0	0/	0/0	Tanning substances without chromium, whether or not containing natural tanning substances, including enzymatic preparations for pre-tanning
0	0	0	0	0	0		0	0	0	0	4.7	0	0/	0/0	Other inorganic tanning substances and tanning preparations, whether or not containing natural tanning substances, including enzymatic preparations for pre-tanning
															Colouring matter of vegetable or animal origin (including dyeing extracts but excluding animal black), whether or not chemically defined; preparations as specified in Note 3 to this Chapter based on colouring matter of vegetable or animal origin:

税号	货品名称	进口关税（%）			增值/消费税（%）	出口退税（%）	计量单位	监管证件代码	检验检疫类别	协定税率（%）		
		最惠国	普通	年内暂定						东盟	亚太	智利
	--- 植物质着色料及以其为基本成分的制品：											
3203.0011	---- 天然靛蓝及以其为基本成分的制品	6.5	80		13	0	千克	A	R/	0		0
3203.0019	---- 其他											
32030019.10	濒危植物质着色料及制品（制品是指以植物质着色料为基本成分的）	6.5	45		13	0	千克	ABEF	R/S	0		0
32030019.90	其他植物质着色料及制品（制品是指以植物质着色料为基本成分的）	6.5	45		13	13	千克	AB	R/S	0		0
3203.0020	--- 动物质着色料及以其为基本成分的制品	6.5	50		13	13	千克	A	MR/	0		0
32.04	**有机合成着色料，不论是否已有化学定义；本章注释三所述的以有机合成着色料为基本成分的制品；用作荧光增白剂或发光体的有机合成产品，不论是否已有化学定义：**											
	- 有机合成着色料及本章注释三所述的以有机合成着色料为基本成分的制品：											
3204.1100	-- 分散染料及以其为基本成分的制品	6.5	35		13	0	千克	AB	R/S	0	4.2	0
3204.1200	-- 酸性染料（不论是否预金属络合）及以其为基本成分的制品；媒染染料及以其为基本成分的制品	6.5	35		13	0	千克	AB	R/S	0	4.2	0
3204.1300	-- 碱性染料及以其为基本成分的制品	6.5	35		13	0	千克	AB	R/S	0	4.2	0
3204.1400	-- 直接染料及以其为基本成分的制品	6.5	35		13	0	千克	AB	R/S	0	4.2	0
	-- 瓮染料（包括颜料用的）及以其为基本成分的制品：											
3204.1510	--- 合成靛蓝（还原靛蓝）	6.5	35		13	0	千克	A	R/	0	4.2	0
3204.1590	--- 其他	6.5	35		13	0	千克			0	4.2	0
3204.1600	-- 活性染料及以其为基本成分的制品	6.5	35		13	0	千克			0	4.2	0
3204.1700	-- 颜料及以其为基本成分的制品											
32041700.10	彩色光刻胶用光刻胶颜料分散液	6.5	35	3	13	13	千克			0	4.2	0
32041700.20	酞菁类颜料	6.5	35		13	13	千克			0	4.2	0
32041700.90	其他颜料及以其为基本成分的制品	6.5	35		13	13	千克			0	4.2	0
	-- 类胡萝卜素着色料及以其为基本成分的制品：											
3204.1810	--- 类胡萝卜素（包括胡萝卜素）	6.5	20		13	13	千克			0	4.2	0
3204.1820	--- 以类胡萝卜素（包括胡萝卜素）为基本成分的制品	6.5	35		13	0	千克	AB	R/S	0	4.2	0
	-- 其他，包括由子目3204.11至3204.19中两个或多个子目所列着色料组成的混合物：											
	--- 硫化染料及以其为基本成分的制品：											
3204.1911	---- 硫化黑（硫化青）及以其为基本成分的制品	6.5	35		13	0	千克			0	4.2	0
3204.1919	---- 其他	6.5	35		13	0	千克			0	4.2	0
3204.1990	--- 其他	6.5	35		13	0	千克	AB	R/S	0	4.2	0
3204.2000	- 用作荧光增白剂的有机合成产品	6.5	40		13	13	千克	A	M/	0	4.2	0
	- 其他：											
3204.9010	--- 生物染色剂及染料指示剂	6.5	20		13	0	千克			0	4.2	0
3204.9090	--- 其他	6.5	40		13	0	千克			0	4.2	0
32.05	**色淀；本章注释三所述的以色淀为基本成分的制品：**											

协定税率（%） 巴基斯坦	冰岛	哥斯达黎加	秘鲁	新西兰	瑞士	新加坡	韩国	澳大利亚	格鲁吉亚	毛里求斯	日本RCEP	尼加拉瓜	港澳台	特惠税率（%）①/②	Article Description
															--- Colouring matter of vegetable origin and preparations based thereon:
0	0	0	0.5	0	0		0	0	0	0	4.7	5.2	0/	0/0	----Natural indigo and preparations based thereon
															----Other
4	0	0	0.5	0	0		0	0	0	0	4.7	5.2	0/	0/0	Colouring matter of endangered vegetable origin and preparations based thereon
4	0	0	0.5	0	0		0	0	0	0	4.7	5.2	0/	0/0	Other colouring matter of vegetable origin and preparations based thereon
0	0	0	0.5	0	0		0	0	0	0	4.7	5.2	0/	0/0	--- Colouring matter of animal origin and preparations based thereon
															Synthetic organic colouring matter, whether or not chemically defined; preparations as specified in Note 3 to this Chapter based on synthetic organic colouring natter; synthetic organic products of a kind used as fluorescent brightening agents or as luminophores, whether or not chemically defined:
															- Synthetic organic colouring matter and preparations based thereon as specified in Note 3 to this Chapter:
0	0	0	0	0			0	0	0	0	4.7	0	0/	0/0	-- Disperse dyes and preparations based thereon
0	0	0	0	0	2.6		0	0	0	0	4.7	0	0/0	0/0	-- Acid dyes, whether or not premetallized, and preparations based thereon; mordant dyes and preparations based thereon
0	0	0	0	0	0		0	0	0	0	4.7	0	0/	0/0	-- Basic dyes and preparations based thereon
0	0	0	0	0	0		0	0	0	0	4.7	0	0/0	0/0	-- Direct dyes and preparations based thereon
															-- Vat dyes (including those usable in that state as pigments) and preparations based thereon:
0	0	0	0	0	0		0	0	0	0	4.7	0	0/	0/0	--- Synthetic indigo (reductive indigo)
0	0	0	0	0	0		0	0	0	0	4.7	0	0/	0/0	--- Other
0	0	0	0	0	2.6		0	0	0	0	4.7	0	0/0	0/0	-- Reactive dyes and preparations based thereon
															-- Pigments and preparations based thereon
0	0	0	0	0	0		0	0	0	0	4.7	0	0/0	0/0	Photoresist pigment dispersion for colour photoresist
0	0	0	0	0	0		0	0	0	0	4.7	0	0/0	0/0	Phthalocyanine pigments
0	0	0	0	0	0		0	0	0	0	4.7	0	0/0	0/0	Other pigments and preparations based thereon
															-- Carotenoid colouring matters and preparations based thereon:
0	0	0	0	0	0		0	0	0	0	4.7	0	0/	0/0	--- Carotenoid (including carotene)
0	0	0	0	0			0	0	0	0	4.7	0	0/0	0/0	--- Preparations based on carotenoid (including carotene)
															-- Other, including mixtures of colouring matter of two or more of the subheadings 3204.11 to 3204.19:
															--- Sulphur dyes and preparations based thereon:
0	0	0	0	0	0		0	0	0	0	4.7	0	0/	0/0	----Sulphur black and preparations based thereon
0	0	0	0	0	0		0	0	0	0	4.7	0	0/	0/0	----Other
0	0	0	0	0			0	0	0	0	4.7	0	0/0	0/0	--- Other
0	0	0	0	0	2.6		0	0	0	0	4.7	0	0/0	0/0	- Synthetic organic products of a kind used as flourescent brightening agents
															- Other:
0	0	0	0	0	0		0	0	0	0	5.3	0	0/	0/0	--- Biological stains and dye indicators
0	0	0	0	0	0		0	0	0	0	4.7	0	0/	0/0	--- Other
															Colour lakes;preparations as specified in Note 3 to this Chapter based on colour lakes:

税号	货品名称	进口关税(%)			增值/消费税(%)	出口退税(%)	计量单位	监管证件代码	检验检疫类别	协定税率(%)		
		最惠国	普通	年内暂定						东盟	亚太	智利
3205.0000	色淀；本章注释三所述的以色淀为基本成分的制品	6.5	35		13	0	千克	A	R/	0		0
32.06	**其他着色料；本章注释三所述的制品，但税目32.03、32.04及32.05的货品除外；用作发光体的无机产品，不论是否已有化学定义：**											
	- 以二氧化钛为基本成分的颜料及制品：											
	-- 以干物质计二氧化钛含量在80%及以上的：											
	--- 钛白粉：											
3206.1111	---- 金红石型含量≥99.8%、明度（干粉L*）≥99.0	6.5	30		13	0	千克	4xy		0		0
3206.1119	---- 其他	6.5	30		13	0	千克	4xy		0		0
3206.1190	--- 其他	6.5	30		13	0	千克			0		0
3206.1900	-- 其他	10	30		13	0	千克			0		0
3206.2000	- 以铬化合物为基本成分的颜料及制品	6.5	35		13	0	千克			0		0
	- 其他着色料及其他制品：											
3206.4100	-- 群青及以其为基本成分的制品	6.5	35		13	0	千克			0		0
	-- 锌钡白及以硫化锌为基本成分的其他颜料和制品：											
3206.4210	--- 锌钡白	6.5	30		13	0	千克			0		0
3206.4290	--- 其他	6.5	30		13	0	千克			0		0
	-- 其他：											
	--- 以铋化合物为基本成分的颜料及制品：											
3206.4911	---- 以钒酸铋为基本成分的颜料及制品	6.5	35		13	0	千克			0	3.3	0
3206.4919	---- 其他	6.5	35		13	0	千克			0	3.3	0
3206.4990	--- 其他	6.5	35		13	0	千克			0	3.3	0
3206.5000	- 用作发光体的无机产品	6.5	35		13	0	千克			0	4.2	0
32.07	**陶瓷、搪瓷及玻璃工业用的调制颜料、遮光剂、着色剂、珐琅和釉料、釉底料（泥釉）、光瓷釉以及类似产品；搪瓷玻璃料及其他玻璃，呈粉、粒或粉片状的：**											
3207.1000	- 调制颜料、遮光剂、着色剂及类似制品	5	50		13	0	千克			0		0
3207.2000	- 珐琅和釉料、釉底料（泥釉）及类似制品	5	50		13	0	千克			0		0
3207.3000	- 光瓷釉及类似制品	5	50		13	0	千克			0		0
3207.4000	- 搪瓷玻璃料及其他玻璃，呈粉、粒或粉片状的	5	50		13	0	千克			0		0
32.08	**以合成聚合物或化学改性天然聚合物为基本成分的油漆及清漆（包括瓷漆及大漆），分散于或溶于非水介质的；本章注释四所述的溶液：**											
3208.1000	- 以聚酯为基本成分											
32081000.10	分散于或溶于非水介质的以聚酯为基本成分的油漆及清漆（包括瓷漆及大漆），施工状态下挥发性有机物含量大于420克/升；以聚酯为基本成分、符合本章注释四的规定，且施工状态下挥发性有机物含量大于420克/升的涂料	10	50		13/4	0	千克	A	M/	0	9	0

协定税率（%）														特惠税率（%）①/②	Article Description
巴基斯坦	冰岛	哥斯达黎加	秘鲁	新西兰	瑞士	新加坡	韩国	澳大利亚	格鲁吉亚	毛里求斯	日本RCEP	尼加拉瓜	港澳台		
0	0	0	0	0	0		2.1	0	0	0	5.3	0	0/	0/0	Colour lakes; preparations as specified in Note 3 to this Chapter based on colour lakes
															Other colouring matter;preparations as specified in Note 3 to this Chapter, other than those of heading 32.03, 32.04 or 32.05; inorganic products of a kind used as luminophores, whether or not chemically defined:
															- Pigments and preparations based on titanium dioxide:
															-- Containing 80% or more by weight of titanium dioxide calculated on the dry matter:
															--- Titanium White:
0	0	0	0	0	0		0	0	0	0	0	0	0/0	0/0	----Containing 99.8% or more of rutile, brightness(lightness of powder) ≥ 99.0
0	0	0	0	0	0		0	0	0	0	0	0	0/0	0/0	----Other
0	0	0	0	0	0		0	0	0	0	4.7	0	0/	0/0	--- Other
2.5	0	0	0	0	0	0	0	0	0	0	7.3	9	0/0	0/0	-- Other
0	0	0	0	0	0		0	0	0	0	4.7	0	0/	0/0	- Pigments and preparations based on chromium compounds
															- Other colouring matter and other preparations:
0	0	0	0	0	0		0	0	0	0	4.7	0	0/	0/0	-- Ultramarine and preparations based thereon
															-- Lithopone and other pigments and preparations based on zinc sulphide:
0	0	0	0	0	0		0	0	0	0	4.7	0	0/	0/0	--- Lithopone
0	0	0	0	0	0		0	0	0	0	4.7	0	0/	0/0	--- Other
															-- Other:
															--- Pigments and preparations based on bismuth compounds:
0	0	0	0	0	0		0	0	0	0	4.7	0	0/0	0/0	----Pigments and preparations based on bismuth vanadate
0	0	0	0	0	0		0	0	0	0	4.7	0	0/0	0/0	----Other
0	0	0	0	0	0		0	0	0	0	4.7	0	0/0	0/0	--- Other
4	0	0	0	0	0		0	0	0	0	4.7	0	0/	0/0	- Inorganic products of a kind used as luminophores
															Prepared pigments, prepared opacifiers and prepared colours, vitrifiable enamels and glazes, engobes (slips), liquid lustres and similar preparations, of a kind used in the ceramic, enamelling or glass industry; glass frit and other glass, in the form of powder, granules or flakes:
0	0	0	0	0	0		0	0	0	0	3.6	0	0/	0/0	- Prepared pigments, prepared opacifiers, prepared colours and similar preparations
0	0	0	0	0	0		1.6	0	0	0	4.1	0	0/	0/0	- Vitrifiable enamels and glazes, engobes (slips) and similar preparations
0	0	0	0	0	0		0	0	0	0	0	0	0/	0/0	- Liquid lustres and similar preparations
0	0	0	0	0	0		0	0	0	0	0	0	0/	0/0	- Glass frit and other glass, in the form of powder, granules or flakes
															Paints and varnishes (including enamels and lacquers) based on synthetic polymers or chemically modified natural polymers, dispersed or dissolved in a nonaqueous medium; solutions as defined in Note 4 to this Chapter:
															- based on polyesters
2.5	0	0	0	0	0	0	5	0	0	0	8.6	9	0/0	0/0	Paints and varnishes(including enamels and lacquers) based on polyesters, dispersed or dissolved in a nonaqueous medium, with a VOC more than 420 grams per liter during construction stage；coatings based on polyesters meeting Note 4 to this Chapter with a VOC more than 420 grams per liter during construction stage

税号	货品名称	进口关税（%） 最惠国	普通	年内暂定	增值/消费税（%）	出口退税（%）	计量单位	监管证件代码	检验检疫类别	协定税率（%） 东盟	亚太	智利
32081000.90	分散于或溶于非水介质的以聚酯为基本成分的油漆及清漆（包括瓷漆及大漆），施工状态下挥发性有机物含量大于420克/升的除外；以聚酯为基本成分的本章注释四所述的溶液，施工状态下挥发性有机物含量大于420克/升的涂料除外	10	50		13	0	千克	A	M/	0	9	0
	- 以丙烯酸聚合物或乙烯聚合物为基本成分：											
3208.2010	--- 以丙烯酸聚合物为基本成分											
32082010.20	分散于或溶于非水介质的以丙烯酸聚合物为基本成分的油漆及清漆（包括瓷漆及大漆），施工状态下挥发性有机物含量大于420克/升；以丙烯酸聚合物为基本成分、符合本章注释四的规定，且施工状态下挥发性有机物含量大于420克/升的涂料	10	50		13/4	0	千克	A	M/	0	9	0
32082010.90	分散于或溶于非水介质的以丙烯酸聚合物为基本成分的油漆及清漆（包括瓷漆及大漆），施工状态下挥发性有机物含量大于420克/升的除外；以丙烯酸聚合物为基本成分的本章注释四所述的溶液，施工状态下挥发性有机物含量大于420克/升的涂料除外	10	50		13	0	千克	A	M/	0	9	0
3208.2020	--- 以乙烯聚合物为基本成分											
32082020.10	分散于或溶于非水介质的以乙烯聚合物为基本成分的油漆及清漆（包括瓷漆及大漆），施工状态下挥发性有机物含量大于420克/升；以乙烯聚合物为基本成分、符合本章注释四的规定，且施工状态下挥发性有机物含量大于420克/升的涂料	10	50		13/4	0	千克	A	M/	0	9	0
32082020.90	分散于或溶于非水介质的以乙烯聚合物为基本成分的油漆及清漆（包括瓷漆及大漆），施工状态下挥发性有机物含量大于420克/升的除外；以乙烯聚合物为基本成分的本章注释四所述的溶液，施工状态下挥发性有机物含量大于420克/升的涂料除外	10	50		13	0	千克	A	M/	0	9	0
	- 其他：											
3208.9010	--- 以聚胺酯类化合物为基本成分											
32089010.11	分散于或溶于非水介质的以聚胺酯类化合物为基本成分的光导纤维用涂料，施工状态下挥发性有机物含量大于420克/升；以聚胺酯类化合物为基本成分、符合本章注释四的规定，且施工状态下挥发性有机物含量大于420克/升的光导纤维用涂料（主要成分为聚胺酯丙烯酸酯类化合物）	10	50		13/4	0	千克	A	M/	0	9	0
32089010.19	分散于或溶于非水介质的以聚胺酯类化合物为基本成分的光导纤维用涂料，施工状态下挥发性有机物含量大于420克/升的除外；以聚胺酯类化合物为基本成分、符合本章注释四规定的光导纤维用涂料，施工状态下挥发性有机物含量大于420克/升的除外（主要成分为聚胺酯丙烯酸酯类化合物）	10	50		13	0	千克	A	M/	0	9	0
32089010.91	分散于或溶于非水介质的以聚胺酯类化合物为基本成分的油漆及清漆（包括瓷漆及大漆），施工状态下挥发性有机物含量大于420克/升；以聚胺酯类化合物为基本成分、符合本章注释四的规定，且施工状态下挥发性有机物含量大于420克/升的涂料（不包括主要成分为聚胺酯丙烯酸酯类化合物的光导纤维用涂料）	10	50		13/4	0	千克	A	LM/	0	9	0
32089010.99	分散于或溶于非水介质的以聚胺酯类化合物为基本成分的油漆及清漆（包括瓷漆及大漆），施工状态下挥发性有机物含量大于420克/升的除外；以聚胺酯类化合物为基本成分的本章注释四所述的溶液，施工状态下挥发性有机物含量大于420克/升的涂料除外（不包括主要成分为聚胺酯丙烯酸酯类化合物的光导纤维用涂料）	10	50		13	0	千克	A	LM/	0	9	0
3208.9090	--- 其他											

协定税率（%）														特惠税率（%）①/②	Article Description
巴基斯坦	冰岛	哥斯达黎加	秘鲁	新西兰	瑞士	新加坡	韩国	澳大利亚	格鲁吉亚	毛里求斯	日本RCEP	尼加拉瓜	港澳台		
2.5	0	0	0	0	0	0	5	0	0	0	8.6	9	0/0	0/0	Paints and varnishes(including enamels and lacquers) based on polyesters, dispersed or dissolved in a nonaqueous medium, excluding those with a VOC more than 420 grams per liter during construction stage; solutions based on polyesters as defined in Note 4 to this Chapter excluding those with a VOC more than 420 grams per liter during construction stage
															- Based on acrylic or vinyl polymers:
															--- Based on acrylic polymers
4	0	0	0	0	0	0	5	0	0	0	8.6	9	0/0	0/0	Paints and varnishes(including enamels and lacquers) based on acrylic polymers, dispersed or dissolved in a nonaqueous medium, with a VOC more than 420 grams per liter during construction stage; coatings based on acrylic polymers meeting Note 4 to this Chapter with a VOC more than 420 grams per liter during construction stage
4	0	0	0	0	0	0	5	0	0	0	8.6	9	0/0	0/0	Paints and varnishes(including enamels and lacquers) based on acrylic polymers, dispersed or dissolved in a nonaqueous medium, excluding those with a VOC more than 420 grams per liter during construction stage; solutions based on acrylic polymers as defined in Note 4 to this Chapter excluding those with a VOC more than 420 grams per liter during construction stage
															--- Based on vinyl polymers
2.5	0	0	0	0	0		0	0	0	0	7.3	9	0/	0/0	Paints and varnishes(including enamels and lacquers) based on ethylene polymers, dispersed or dissolved in a nonaqueous medium, with a VOC more than 420 grams per liter during construction stage; coatings based on ethylene polymers meeting Note 4 to this Chapter with a VOC more than 420 grams per liter during construction stage
2.5	0	0	0	0	0		0	0	0	0	7.3	9	0/	0/0	Paints and varnishes(including enamels and lacquers) based on ethylene polymers, dispersed or dissolved in a nonaqueous medium, excluding those with a VOC more than 420 grams per liter during construction stage; solutions based on ethylene polymers as defined in Note 4 to this Chapter excluding those with a VOC more than 420 grams per liter during construction stage
															- Other:
															--- Based on polyurethane polymers
2.5	0	0	0	0	0	0	0	0	0	0	7.3	9	0/	0/0	Coatings for optical fibers(based on polyamide ester acrylic ester compounds), dispersed or dissolved in a nonaqueous medium, with a VOC more than 420 grams per liter during construction stage; coatings based on polyamide ester acrylic ester compounds meeting Note 4 to this Chapter with a VOC more than 420 grams per liter during construction stage
2.5	0	0	0	0	0	0	0	0	0	0	7.3	9	0/	0/0	Coatings for optical fibers(based on polyamide ester acrylic ester compounds), dispersed or dissolved in a nonaqueous medium, excluding those with a VOC content more than 420 grams per liter during construction stage; solutions based on polyamide ester acrylic ester compounds as defined in Note 4 to this Chapter excluding those with a VOC content more than 420 grams per liter during construction stage
2.5	0	0	0	0	0	0	0	0	0	0	7.3	9	0/	0/0	Other polyurethane paint and varnish based on polyurethane with a VOC under construction state greater than 420 g / L (dissolved in a nonaqueous medium with polyamine ester compounds as basic components, including enamel lacquer); coatings based on polyurethane meeting Note 4 to this Chapter with a VOC more than 420 grams per liter during construction stage (excluding coatings for optical fibers based on polyamide ester acrylic ester compounds)
2.5	0	0	0	0	0	0	0	0	0	0	7.3	9	0/	0/0	Other polyurethane paint and varnish (based on polyamide ester acrylic ester compounds) excluding those with a VOC under construction state greater than 420 g / L (dissolved in a nonaqueous medium with polyamine ester compounds as basic components, including enamel lacquer); solutions based on polyurethane as defined in Note 4 to this Chapter excluding those with a VOC more than 420 grams per liter during construction stage (excluding coatings for optical fibers based on polyamide ester acrylic ester compounds)
															--- Other

税　号	货品名称	进口关税（%）			增值/消费税（%）	出口退税（%）	计量单位	监管证件代码	检验检疫类别	协定税率（%）		
		最惠国	普通	年内暂定						东盟	亚太	智利
32089090.10	分散于或溶于非水介质的以其他合成聚合物或化学改性天然聚合物为基本成分的油漆及清漆（包括瓷漆及大漆），施工状态下挥发性有机物含量大于420克/升；其他符合本章注释四的规定，且施工状态下挥发性有机物含量大于420克/升的涂料	10	50		13/4	0	千克	A	LM/	0	9	0
32089090.90	分散于或溶于非水介质的以其他合成聚合物或化学改性天然聚合物为基本成分的油漆及清漆（包括瓷漆及大漆），施工状态下挥发性有机物含量大于420克/升的除外；其他本章注释四所述的溶液，施工状态下挥发性有机物含量大于420克/升的涂料除外	10	50		13	0	千克	A	LM/	0	9	0
32.09	**以合成聚合物或化学改性天然聚合物为基本成分的油漆及清漆（包括瓷漆及大漆），分散于或溶于水介质的：**											
3209.1000	- 以丙烯酸聚合物或乙烯聚合物为基本成分											
32091000.10	分散于或溶于水介质的以丙烯酸聚合物或乙烯聚合物为基本成分的油漆及清漆（包括瓷漆及大漆），施工状态下挥发性有机物含量大于420克/升	10	50		13/4	0	千克	A	M/	0	6.5	0
32091000.90	分散于或溶于水介质的以丙烯酸聚合物或乙烯聚合物为基本成分的油漆及清漆（包括瓷漆及大漆），施工状态下挥发性有机物含量大于420克/升的除外	10	50		13	0	千克	A	M/	0	6.5	0
	- 其他：											
3209.9010	--- 以环氧树脂为基本成分											
32099010.10	分散于或溶于水介质的以环氧树脂为基本成分的油漆及清漆（包括瓷漆及大漆），施工状态下挥发性有机物含量大于420克/升	10	50		13/4	0	千克	A	M/	0		0
32099010.90	分散于或溶于水介质的以环氧树脂为基本成分的油漆及清漆（包括瓷漆及大漆），施工状态下挥发性有机物含量大于420克/升的除外	10	50		13	0	千克	A	M/	0		0
3209.9020	--- 以氟树脂为基本成分											
32099020.10	分散于或溶于水介质的以氟树脂为基本成分的油漆及清漆（包括瓷漆及大漆），施工状态下挥发性有机物含量大于420克/升	10	50		13/4	13	千克	A	M/	0		0
32099020.90	分散于或溶于水介质的以氟树脂为基本成分的油漆及清漆（包括瓷漆及大漆），施工状态下挥发性有机物含量大于420克/升的除外	10	50		13	13	千克	A	M/	0		0
3209.9090	--- 其他											
32099090.10	分散于或溶于水介质的以其他合成聚合物或化学改性天然聚合物为基本成分的油漆及清漆（包括瓷漆及大漆），施工状态下挥发性有机物含量大于420克/升	10	50		13/4	0	千克	A	M/	0		0
32099090.90	分散于或溶于水介质的以其他合成聚合物或化学改性天然聚合物为基本成分的油漆及清漆（包括瓷漆及大漆），施工状态下挥发性有机物含量大于420克/升的除外	10	50		13	0	千克	A	M/	0		0
32.10	**其他油漆及清漆（包括瓷漆、大漆及水浆涂料）；加工皮革用的水性颜料：**											
3210.0000	其他油漆及清漆（包括瓷漆、大漆及水浆涂料）；加工皮革用的水性颜料											
32100000.20	其他油漆及清漆（包括瓷漆、大漆及水浆涂料），施工状态下挥发性有机物含量大于420克/升；加工皮革用的水性颜料，施工状态下挥发性有机物含量大于420克/升	10	50		13/4	0	千克			0	6.5	0

协定税率（%）														特惠税率（%）①/②	Article Description
巴基斯坦	冰岛	哥斯达黎加	秘鲁	新西兰	瑞士	新加坡	韩国	澳大利亚	格鲁吉亚	毛里求斯	日本RCEP	尼加拉瓜	港澳台		
2.5	0	0	0	0	0	0	5	0	0	0	8.6	9	0/0	0/0	Paints and varnishes(including enamels and lacquers) based on other polymers, dispersed or dissolved in a nonaqueous medium with a VOC more than 420 grams per liter during construction stage； other coatings based on other polimers meeting Note 4 to this Chapter with a VOC more than 420 grams per liter during construction stage
2.5	0	0	0	0	0	0	5	0	0	0	8.6	9	0/0	0/0	Paints and varnishes(including enamels and lacquers) based on other polymers, dispersed or dissolved in a nonaqueous medium excluding those with a VOC more than 420 grams per liter during construction stage； other solutions based on other polymers as defined in Note 4 to this Chapter excluding those with a VOC more than 420 grams per liter during construction stage
															Paints and varnishes (including enamels and lacquers) based on synthetic polymers or chemically modified natural polymers, dispersed or dissolved in an aqueous medium:
															- Based on acrylic or vinyl polymers
2.5	0	0	0	0	0	0	0	0	0	0	7.3	9	0/	0/0	Paints and varnishes (including enamels and lacquers) based on acrylic polymers or ethylene polymers, dispersed or dissolved in an aqueous medium of paints and varnishes,with a VOC more than 420 grams per liter during construction stage
2.5	0	0	0	0	0	0	0	0	0	0	7.3	9	0/	0/0	Paints and varnishes (including enamels and lacquers) based on acrylic polymers or ethylene polymers, dispersed or dissolved in an aqueous medium of paints and varnishes, excluding those with a VOC more than 420 grams per liter during construction stage
															- Other:
															--- Based on epoxy resin
2.5	0	0	0	0	0	0	5	0	0	0		9	0/0	0/0	Paints and varnishes (including enamels and lacquers) based on epoxy resin, dispersed or dissolved in an aqueous medium of paints and varnishes,with a VOC more than 420 grams per liter during construction stage
2.5	0	0	0	0	0	0	5	0	0	0		9	0/0	0/0	Paints and varnishes (including enamels and lacquers) based on epoxy resin, dispersed or dissolved in an aqueous medium of paints and varnishes, excluding those with a VOC more than 420 grams per liter during construction stage
															--- based on fluororesin
2.5	0	0	0	0	0	0	0	0	0	0	7.3	9	0/	0/0	Paints and varnishes (including enamels and lacquers) based on fluororesin, dispersed or dissolved in an aqueous medium of paints and varnishes,with a VOC more than 420 grams per liter during construction stage
2.5	0	0	0	0	0	0	0	0	0	0	7.3	9	0/	0/0	Paints and varnishes (including enamels and lacquers) based on fluororesin, dispersed or dissolved in an aqueous medium of paints and varnishes, excluding those with a VOC more than 420 grams per liter during construction stage
															--- Other
2.5	0	0	0	0	0	0	5	0	0	0		9	0/0	0/0	Paints and varnishes (including enamels and lacquers) based on other polymers, dispersed or dissolved in an aqueous medium of paints and varnishes,with a VOC more than 420 grams per liter during construction stage
2.5	0	0	0	0	0	0	5	0	0	0		9	0/0	0/0	Paints and varnishes (including enamels and lacquers) based on other polymers, dispersed or dissolved in an aqueous medium of paints and varnishes, excluding those with a VOC more than 420 grams per liter during construction stage
															Other paints and varnishes (including enamels, lacquers and distempers); prepared water pigments of a kind used for finishing leather:
															Other paints and varnishes (including enamels, lacquers and distempers);prepared water pigments of a kind used for finishing leather
4	0	0	0	0	0	0	0	0	0	0	7.3	9	0/0	0/0	Other paints and varnishes (including enamels, lacquers and distempers) with a VOC more than 420 grams per liter during construction stage; prepared water pigments of a kind used for finishing leather with a VOC more than 420 grams per liter during construction stage

税号	货品名称	进口关税（%）			增值/消费税（%）	出口退税（%）	计量单位	监管证件代码	检验检疫类别	协定税率（%）		
		最惠国	普通	年内暂定						东盟	亚太	智利
32100000.90	其他油漆及清漆（包括瓷漆、大漆及水浆涂料），施工状态下挥发性有机物含量大于420克/升的除外；加工皮革用的水性颜料，施工状态下挥发性有机物含量大于420克/升的除外	10	50		13	0	千克			0	6.5	0
32.11	**配制的催干剂：**											
3211.0000	配制的催干剂	10	50		13	0	千克			0		0
32.12	**制造油漆（含瓷漆）用的颜料（包括金属粉末或金属粉片），分散于非水介质中呈液状或浆状的；压印箔；零售形状及零售包装的染料或其他着色料：**											
3212.1000	- 压印箔	15	80		13	0	千克			0		0
3212.9000	- 其他											
32129000.10	零售形状及零售包装的酞菁类颜料	10	50		13	0	千克			0		0
32129000.90	制造油漆（含瓷漆）用的颜料（包括金属粉末或金属粉片），分散于非水介质中呈液状或浆状的（其他零售形状及零售包装的染料或其他着色料）	10	50		13	0	千克			0		0
32.13	**艺术家、学生和广告美工用的颜料、调色料、文娱颜料及类似品，片状、管装、罐装、瓶装、扁盒装以及类似形状或包装的：**											
3213.1000	- 成套的颜料	6.5	70		13	13	千克			0		0
3213.9000	- 其他	6.5	70		13	13	千克			0	4.2	0
32.14	**安装玻璃用油灰、接缝用油灰、树脂胶泥、嵌缝胶及其他类似胶粘剂；漆工用填料；非耐火涂面制剂，涂门面、内墙、地板、天花板等用：**											
	- 安装玻璃用油灰、接缝用油灰、树脂胶泥、嵌缝胶及其他类似胶粘剂；漆工用填料：											
3214.1010	--- 半导体器件封装材料	9	70		13	13	千克			0		0
3214.1090	--- 其他	9	70		13	13	千克			0		0
3214.9000	- 其他											
32149000.10	非耐火涂面制剂，施工状态下挥发性有机物含量大于420克/升（涂门面、内墙、地板、天花板等用）	9	70		13/4	0	千克			0		0
32149000.90	非耐火涂面制剂，施工状态下挥发性有机物含量大于420克/升的除外（涂门面、内墙、地板、天花板等用）	9	70		13	0	千克			0		0
32.15	**印刷油墨、书写或绘图墨水及其他墨类，不论是否固体或浓缩：**											
	- 印刷油墨：											
3215.1100	-- 黑色											
32151100.10	黑色，用于装入子目8443.31、8443.32或8443.39所列设备的工程形态的固体油墨	0	45		13	0	千克	AB	M/N	0	4.2	0
32151100.90	其他黑色印刷油墨（不论是否固体或浓缩）	6.5	45		13	0	千克	AB	M/N	0	4.2	0
3215.1900	-- 其他											
32151900.10	其他用于装入子目8443.31、8443.32或8443.39所列设备的工程形态的固体油墨	0	45		13	0	千克			0	4.6	0
32151900.90	其他印刷油墨（不论是否固体或浓缩）	6.5	45		13	0	千克			0	4.6	0
	- 其他：											
3215.9010	--- 书写墨水	5	70		13	13	千克			0		0
3215.9020	--- 水性喷墨墨水	10	70		13	13	千克			0		0
3215.9090	--- 其他	10	70		13	13	千克			0		0

协定税率（%）														特惠税率（%）①/②	Article Description
巴基斯坦	冰岛	哥斯达黎加	秘鲁	新西兰	瑞士	新加坡	韩国	澳大利亚	格鲁吉亚	毛里求斯	日本RCEP	尼加拉瓜	港澳台		
4	0	0	0	0	0	0	0	0	0	0	7.3	9	0/0	0/0	Other paints and varnishes (including enamels, lacquers and distempers) excluding those with a VOC more than 420 grams per liter during construction stage; prepared water pigments of a kind used for finishing leather excluding those with a VOC more than 420 grams per liter during construction stage
															Prepared driers:
2.5	0	0	0	0	0	0	3.3	0	0	0	8.1	9	0/	0/0	Prepared driers
															Pigments (including metallic powders and flakes) dispersed in non-aqueous media, in liquid or paste form, of a kind used in the manufacture of paints (including enamels); stamping foils; dyes and other colouring matter put up in forms or packings for retail sale:
12	0	0	0	0	0	0	0	0	0	0	10.9	14	0/	0/0	- Stamping foils
															- Other
2.5	0	0	0	0	0	0	0	0	0	0	7.3	9	0/	0/0	Phthalocyanine pigments put up in forms or packings for retail sale
2.5	0	0	0	0	0	0	0	0	0	0	7.3	9	0/	0/0	Pigments (including metallic powders and flakes) dispersed in non-aqueous media, in liquid or paste form, of a kind used in the manufacture of paints (including enamels)(other dyes and other colouring matter put up in forms or packings for retail sale)
															Artists, students or signboard painters colours, modifying tints, amusement colours and the like, in tablets, tubes, jars, bottles, pans or in similar forms or packings:
2.5	0	0	0	0	0		0	0	0	0	7.3	0	0/	0/0	- Colours in sets
2.5	0	0	0	0	0		0	0	0	2	7.3	0	0/	0/0	- Other
															Glaziers putty, grafting putty, resin cements, caulking compounds and other mastics; painters fillings; non-refractory surfacing preparations for facades, indoor walls, floors, ceilings or the like:
															- Glaziers putty, grafting putty, resin cements, caulking compounds and other mastics;painters fillings:
0	0	0	0	0	0			0	0	0		8.1	0/	0/0	--- Encapsulation material for semiconductor device
0	0	0	0	0	0		0	0	0	0	6.5	8.1	0/	0/0	--- Other
															- Other
4	0	0	0	0	0		3	0	0	0	7.3	8.1	0/	0/0	Non refractory coating formulations for facades, indoor walls, floors, ceilings or the like with a VOC more than 420 grams per liter during construction stage
4	0	0	0	0	0		3	0	0	0	7.3	8.1	0/	0/0	Non refractory coating formulations for facades, indoor walls, floors, ceilings or the like excluding those with a VOC more than 420 grams per liter during construction stage
															Printing ink, writing or drawing ink and other inks, whether or not concentrated or solid:
															- Printing ink:
															-- Black
0	0	0	0	0	0		0	0	0	0	4.7	0	0/	0/0	Solid ink of black colour, in engineered shapes for insertion into apparatus of subheading 8443.31, 8443.32 or 8443.39
0	0	0	0	0	0		0	0	0	0	4.7	0	0/	0/0	Other printing ink of black colour
															-- Other
0	0	0	0	0	0		0	0	0	0	5.3	0	0/0	0/0	Solid ink of other colour, in engineered shapes for insertion into apparatus of subheadings 8443.31, 8443.32 or 8443.39
0	0	0	0	0	0		0	0	0	0	5.3	0	0/0	0/0	Other printing ink
															- Other:
0	0	0	0	0	0		0	0	0	0	4.7	0	0/	0/0	--- Writing or drawing inks
2.5	0	0	0	0	0	0	0	0	0	0	7.3	9	0/	0/0	--- Water-based inkjet inks
2.5	0	0	0	0	0	0	0	0	0	0	7.3	9	0/	0/0	--- Other

第三十三章　精油及香膏；芳香料制品及化妆盥洗品

注释：

一、本章不包括：

（一）税目13.01或13.02的天然油树脂或植物浸膏；

（二）税目34.01的肥皂及其他产品；或

（三）税目38.05的脂松节油、木松节油和硫酸盐松节油及其他产品。

二、税目33.02所称“香料”，仅指税目33.01所列的物质、从这些物质离析出来的香料组分以及合成芳香剂。

三、税目33.03至33.07主要包括适合作这些税目所列用途的零售包装产品，不论其是否混合（精油水馏液及水溶液除外）。

四、税目33.07所称“芳香料制品及化妆盥洗品”，主要适用于下列产品：香袋；通过燃烧散发香气的制品；香纸及用化妆品浸渍或涂布的纸；隐形眼镜片或假眼用的溶液；用香水或化妆品浸渍、涂布、包覆的絮胎、毡呢及无纺织物；动物用盥洗品。

税号	货品名称	进口关税（%）最惠国	进口关税（%）普通	进口关税（%）年内暂定	增值/消费税（%）	出口退税（%）	计量单位	监管证件代码	检验检疫类别	协定税率（%）东盟	协定税率（%）亚太	协定税率（%）智利
33.01	精油（无萜或含萜），包括浸膏及净油；香膏；提取的油树脂；用花香吸取法或浸渍法制成的含浓缩精油的脂肪、固定油、蜡及类似品；精油脱萜时所得的萜烯副产品；精油水馏液及水溶液：											
	- 柑橘属果实的精油：											
3301.1200	-- 橙油	20	80	10	13	13	千克	A	R/	0		0
3301.1300	-- 柠檬油	20	80		13	13	千克	A	R/	0		0
	-- 其他：											
3301.1910	--- 白柠檬油（酸橙油）	20	80		13	13	千克	A	R/	0		0
3301.1990	--- 其他	20	80		13	13	千克	A	R/	0		0
	- 非柑橘属果实的精油：											
3301.2400	-- 胡椒薄荷油	20	90	10	13	13	千克	A	R/	0		0
3301.2500	-- 其他薄荷油	15	90	5	13	13	千克	A	R/	0	14	0
	-- 其他：											
3301.2910	--- 樟脑油	20	90		13	13	千克	AB	MR/N	0		0
3301.2920	--- 香茅油	15	70		13	13	千克	A	R/	0		0
3301.2930	--- 茴香油	20	80		13	13	千克	A	R/	0		0
3301.2940	--- 桂油	20	80		13	13	千克	A	R/	0		0
3301.2950	--- 山苍子油	20	80		13	13	千克	A	R/	0		0
3301.2960	--- 桉叶油	20	80		13	13	千克	AB	MR/N	0		0
	--- 其他：											
3301.2991	---- 老鹳草油（香叶油）	20	80		13	13	千克	A	R/	0		0
3301.2999	---- 其他											
33012999.10	黄樟油	15	80	7	13	13	千克	23A	R/	0		0
33012999.91	其他濒危植物精油（柑橘属果实除外）（包括浸膏及净油）	15	80		13	0	千克	AFE	R/	0		0
33012999.99	其他非柑橘属果实的精油（包括浸膏及净油）	15	80		13	13	千克	A	R/	0		0
	- 香膏：											
3301.3010	--- 鸢尾凝脂	20	80	10	13	13	千克			0		0
3301.3090	--- 其他											
33013090.10	其他濒危植物香膏	20	80		13	0	千克	FE		0		0
33013090.90	其他香膏	20	80		13	13	千克			0		0
	- 其他：											

Chapter 33 Essential oils and resinoids;perfumery, cosmetic or toilet preparations

Chapter Notes:

1. This Chapter does not cover:

   (a) Natural oleoresins or vegetable extracts of heading 13.01 or 13.02;

   (b) Soap or other products of heading 34.01; or

   (c) Gum, wood or sulphate turpentine or other products of heading 38.05.

2. The expression "odoriferous substances" in heading 33.02 refers only to the substances of heading 33.01, to odoriferous constituents isolated from those substances or to synthetic aromatics.

3. Headings 33.03 to 33.07 apply, inter alia, to products, whether or not mixed (other than aqueous distillates and aqueous solutions of essential oils), suitable for use as goods of these headings and put up in packings of a kind sold by retail for such use.

4. The expression "perfumery, cosmetic or toilet preparations" in heading 33.07 applies, *inter alia*, to the following products: scented sachets; odoriferous preparations which operate by burning; perfumed papers and papers impregnated or coated with cosmetics; contact lens or artificial eye solutions; wadding, felt and nonwovens, impregnated, coated or covered with perfume or cosmetics; animal toilet preparations.

协定税率（%）													特惠税率（%）①/②	Article Description
巴基斯坦	冰岛	哥斯达黎加	秘鲁	新西兰	瑞士	新加坡	韩国	澳大利亚	格鲁吉亚	毛里求斯	日本RCEP	尼加拉瓜	港澳台		
															Essential oils (terpeneless or not), including concretes and absolutes; resinoids; extracted oleoresins; concentrates of essential oils in fats, in fixedoils, in waxes or the like, obtained by enfleurage or maceration; terpenic by-products of the deterpenation of essential oils; aqueous distillates and aqueous solutions of essential oils:
															- Essential oils of citrus fruit:
	0	0	0	0	1.7	0	6.6	0	0	0	16.3	18.7	0/	0/0	-- Of orange
	0	0	0	0	0	0	6.6	0	0	0	16.3	18.7	0/	0/0	-- Of lemon
															-- Other:
	0	0	0	0	0	0	6.6	0	0	0	16.3	18.7	0/	0/0	--- Of lime
	0	0	0	0	0	0	6.6	0	0	0	16.3	18.7	0/	0/0	--- Other
															- Essential oils other than those of citrus fruit:
	0	0	0	0	0	0	6.6	0	0	0	16.3	18.7	0/	0/0	-- Of peppermint (mentha piperita)
12	0	0	0	0	0	0	0	0	0	0	10.9	14	0/	0/0	-- Of other mints
															-- Other:
	0	0	0	0	0	0	6.6	0	0	0	16.3	18.7	0/	0/0	--- Of camphor
12	0	0	0	0	0	0	0	0	0	0	10.9	14	0/	0/0	--- Of citronella
	0	0	0	0	0	0	6.6	0	0	0	16.3	18.7	0/	0/0	--- Of aniseed
	0	0	0	0	0	0	6.6	0	0	0	16.3	18.7	0/	0/0	--- Of cassia
	0	0	0	0	0	0	6.6	0	0	0	16.3	18.7	0/	0/0	--- Of litsea cubeba
	0	0	0	0	0	0	6.6	0	0	0	16.3	18.7	0/	0/0	--- Of eucalyptus
															--- Other:
	0	0	0	0	0	0	6.6	0	0	0	16.3	18.7	0/	0/0	----Of geranium
															----Other
12	0	0	0	0	0	0	5	0	0	0	10.9	14	0/	0/0	Sassafras oil
12	0	0	0	0	0	0	5	0	0	0	10.9	14	0/	0/0	Other essential oils of endangered plants (other than those of citrus fruit) (including concretes and absolutes)
12	0	0	0	0	0	0	5	0	0	0	10.9	14	0/	0/0	Other essential oils other than those of citrus fruit (including concretes and absolutes)
															- Resinoids:
	0	0	0	0	0	0	6.6	0	0	0	16.3	18.7	0/	0/0	--- Balsam of irises
															--- Other
	0	0	0	0	0	0	6.6	0	0	0	16.3	18.7	0/	0/0	Other resinoids of endangered plants
	0	0	0	0	0	0	6.6	0	0	0	16.3	18.7	0/	0/0	Other resinoids
															- Other:

税　号	货品名称	进口关税（%）			增值/消费税（%）	出口退税（%）	计量单位	监管证件代码	检验检疫类别	协定税率（%）		
		最惠国	普通	年内暂定						东盟	亚太	智利
3301.9010	--- 提取的油树脂											
33019010.10	濒危植物提取的油树脂	20	80		13	0	千克	FE		0	13	0
33019010.90	其他提取的油树脂	20	80		13	13	千克			0	13	0
3301.9020	--- 柑橘属果实的精油脱萜的萜烯副产品	20	80		13	13	千克			0	13	0
3301.9090	--- 其他	20	80		13	13	千克			0	13	0
33.02	**工业原料用的芳香物质的混合物及以一种或多种芳香物质为基本成分的混合物（包括酒精溶液）；生产饮料用的以芳香物质为基本成分的其他制品：**											
	- 食品或饮料工业用：											
3302.1010	--- 生产饮料用的以香料为基本成分的制品，按容量计酒精浓度不超过0.5%的	15	90		13	13	千克	A	R/	0	9.8	0
3302.1090	--- 其他											
33021090.01	生产食品、饮料用混合香料及制品（含以香料为基本成分的混合物，按容量计酒精浓度＞0.5%）	15	130		13/5	13	千克	A	R/	0		0
33021090.90	其他生产食品用混合香料及制品（含以香料为基本成分的混合物）	15	130		13	13	千克	A	R/	0		0
3302.9000	- 其他	10	130		13	13	千克			0		0
33.03	**香水及花露水：**											
3303.0000	香水及花露水											
33030000.10	包装标注含量以重量计的香水及花露水	3	150		13/15[注1]	13	千克/件	AB	M/N	0	2	0
33030000.20	包装标注含量以体积计的香水及花露水	3	150		13/15[注1]	13	千克/件	AB	M/N	0	2	0
33.04	**美容品或化妆品及护肤品（药品除外），包括防晒油或晒黑油；指（趾）甲化妆品：**											
3304.1000	- 唇用化妆品											
33041000.11	包装标注含量以重量计的含濒危物种成分唇用化妆品	5	150		13/15[注1]	0	千克/件	ABEF	M/N	0		0
33041000.12	包装标注含量以体积计的含濒危物种成分唇用化妆品	5	150		13/15[注1]	0	千克/件	ABEF	M/N	0		0
33041000.13	包装标注规格为“片”或“张”的含濒危物种成分唇用化妆品	5	150		13/15[注1]	0	千克/件	ABEF	M/N	0		0
33041000.20	含汞唇用化妆品（含汞量超过百万分之一）	5	150		13/15[注1]	13	千克/件	89		0		0
33041000.91	包装标注含量以重量计的其他唇用化妆品	5	150		13/15[注1]	13	千克/件	AB	M/N	0		0
33041000.92	包装标注含量以体积计的其他唇用化妆品	5	150		13/15[注1]	13	千克/件	AB	M/N	0		0
33041000.93	包装标注规格为“片”或“张”的其他唇用化妆品	5	150		13/15[注1]	13	千克/件	AB	M/N	0		0

[1] 对高档美容修饰类化妆品和高档护肤类化妆品［进口完税价格在10元/毫升（克）或15元/片（张）及以上的商品］征收15%消费税。

协定税率（%）														特惠税率（%）①/②	Article Description
巴基斯坦	冰岛	哥斯达黎加	秘鲁	新西兰	瑞士	新加坡	韩国	澳大利亚	格鲁吉亚	毛里求斯	日本RCEP	尼加拉瓜	港澳台		
															--- Extracted oleoresins
18	0	0	0	0	0	0	6.6	0	0	0	16.3	18.7	0/	0/0	Extracted oleoresins of endangered plants
18	0	0	0	0	0	0	6.6	0	0	0	16.3	18.7	0/	0/0	Other extracted oleoresins
18	0	0	0	0	0	0	6.6	0	0	0	16.3	18.7	0/	0/0	--- Terpenic byproducts of the deterpenation of essential oils of citrus fruit
18	0	0	0	0	0	0	6.6	0	0	0	16.3	18.7	0/	0/0	--- Other
															Mixtures of odoriferous substances and mixtures (including alcoholic solutions) with a basis of one or more of these substances, of a kind used as raw materials in industry; other preparations based on odoriferous substances, of a kind used for the manufacture of beverages:
															- Of a kind used in the food or drink industry:
0	0	0	0	0	0	0	0	0	0	0	10.9	14	0/	0/0	--- Preparations based on odoriferous substances, of a kind used for the manufacture of beverages, alcoholic strength by volume not exceeding 0.5% vol.
															--- Other
0	0	0	0	0	0	0	0	0	0	0	10.9	14	0/	0/0	Mixtures of odoriferous substances and products, of a kind used for the manufacture of beverages and food (including mixture based on odoriferous substances, alcoholic strength by volume exceeding 0.5%)
0	0	0	0	0	0	0	0	0	0	0	10.9	14	0/	0/0	Other mixtures of odoriferous substances, of a kind used for the manufacture of food (including mixture based on odoriferous substances)
2.5	0	0	0	0	0	0	0	0	0	0	7.3	9	0/	0/0	- Other
															Perfumes and toilet waters:
															Perfumes and toilet waters
2.5	0	0	0	0	0	0		0	0	0		0	0/	0/0	Perfumes and toilet wates, with a package marking of content by weigh
2.5	0	0	0	0	0	0		0	0	0		0	0/	0/0	Perfumes and toilet wates, with a package marking of content by volume
															Beauty or make-up preparations and preparations for the care of the skin (other than medicaments), including sunscreen or sun tan preparations; manicure or pedicure preparations:
															- Lip make-up preparations
2.5	0	0	0	0	0	0		0	0	0		0	0/	0/0	Lip make-up preparations, containing constituents from endangered species, with a package marking of content by weigh
2.5	0	0	0	0	0	0		0	0	0		0	0/	0/0	Lip make-up preparations, containing constituents from endangered species, with a package marking of content by volume
2.5	0	0	0	0	0	0		0	0	0		0	0/	0/0	Lip make-up preparations, containing constituents from endangered species, with a package marking of sepcification in "film" or "piece"
2.5	0	0	0	0	0	0		0	0	0		0	0/	0/0	Lip make-up preparations containing more than 1/1000000 of mercury, not including those using mercury as preservative when there is no effective and safe substitutes
2.5	0	0	0	0	0	0		0	0	0		0	0/	0/0	Other lip make-up preparations, with a package marking of content by weigh
2.5	0	0	0	0	0	0		0	0	0		0	0/	0/0	Other lip make-up preparations, with a package marking of content by volume
2.5	0	0	0	0	0	0		0	0	0		0	0/	0/0	Other lip make-up preparations, with a package marking of sepcification in "film" or" piece"

税号	货品名称	进口关税（%）			增值/消费税（%）	出口退税（%）	计量单位	监管证件代码	检验检疫类别	协定税率（%）		
		最惠国	普通	年内暂定						东盟	亚太	智利
3304.2000	- 眼用化妆品											
33042000.11	包装标注含量以重量计的含濒危物种成分眼用化妆品	5	150		13/15[注1]	0	千克/件	ABEF	M/N	0		0
33042000.12	包装标注含量以体积计的含濒危物种成分眼用化妆品	5	150		13/15[注1]	0	千克/件	ABEF	M/N	0		0
33042000.13	包装标注规格为“片”或“张”的含濒危物种成分眼用化妆品	5	150		13/15[注1]	0	千克/件	ABEF	M/N	0		0
33042000.20	含汞眼用化妆品（含汞量超过百万分之一），不包括以汞为防腐剂且无有效安全替代防腐剂的眼部化妆品	5	150		13/15[注1]	13	千克/件	89		0		0
33042000.91	包装标注含量以重量计的其他眼用化妆品	5	150		13/15[注1]	13	千克/件	AB	M/N	0		0
33042000.92	包装标注含量以体积计的其他眼用化妆品	5	150		13/15[注1]	13	千克/件	AB	M/N	0		0
33042000.93	包装标注规格为“片”或“张”的其他眼用化妆品	5	150		13/15[注1]	13	千克/件	AB	M/N	0		0
3304.3000	- 指（趾）甲化妆品											
33043000.01	包装标注含量以重量计的指（趾）甲化妆品	5	150		13/15[注1]	13	千克/件	AB	M/N	0		0
33043000.02	包装标注含量以体积计的指（趾）甲化妆品	5	150		13/15[注1]	13	千克/件	AB	M/N	0		0
33043000.03	包装标注规格为“片”或“张”的指（趾）甲化妆品	5	150		13/15[注1]	13	千克/件	AB	M/N	0		0
33043000.04	指(趾)甲化妆品(含汞量超过百万分之一)	5	150		13/15[注1]	13	千克/件	89		0		0
	- 其他：											
3304.9100	-- 粉，不论是否压紧											
33049100.10	粉状含汞化妆品（含汞量超过百万分之一），不论是否压紧	5	150		13/15[注1]	13	千克/件	89		0		0
33049100.90	其他粉状化妆品，不论是否压紧	5	150		13/15[注1]	13	千克/件	AB	M/N	0		0
3304.9900	-- 其他											
33049900.10	其他含汞化妆品（含汞量超过百万分之一）	1	150		13/15[注1]	13	千克/件	89		0		0
33049900.21	包装标注含量以重量计含濒危物种成分的美容品或化妆品及护肤品（包括防晒油或晒黑油，但药品除外）	1	150		13/15[注1]	0	千克/件	ABEF	M/N	0		0
33049900.29	包装标注含量以重量计的其他美容品或化妆品及护肤品（包括防晒油或晒黑油，但药品除外）	1	150		13/15[注1]	13	千克/件	AB	M/N	0		0
33049900.31	包装标注含量以体积计的含濒危植物成分美容品或化妆品及护肤品（包括防晒油或晒黑油，但药品除外）	1	150		13/15[注1]	0	千克/件	ABFE	M/N	0		0
33049900.39	包装标注含量以体积计的其他美容品或化妆品及护肤品（包括防晒油或晒黑油，但药品除外）	1	150		13/15[注1]	13	千克/件	AB	M/N	0		0

[1] 对高档美容修饰类化妆品和高档护肤类化妆品［进口完税价格在 10 元 / 毫升（克）或 15 元 / 片（张）及以上的商品］征收 15% 消费税。

协定税率（%）巴基斯坦	冰岛	哥斯达黎加	秘鲁	新西兰	瑞士	新加坡	韩国	澳大利亚	格鲁吉亚	毛里求斯	日本RCEP	尼加拉瓜	港澳台	特惠税率（%）①/②	Article Description
															- Eye make-up preparations
2.5	0	0	0	0	0	0		0	0	0		0	0/	0/0	Eye make-up preparations, containing constituents from endangered species, with a package marking of content by weigh
2.5	0	0	0	0	0	0		0	0	0		0	0/	0/0	Eye make-up preparations, containing constituents from endangered species, with a package marking of content by volume
2.5	0	0	0	0	0	0		0	0	0		0	0/	0/0	Eye make-up preparations, containing constituents from endangered species, with a package marking of sepcification in "film" or" piece"
2.5	0	0	0	0	0	0		0	0	0		0	0/	0/0	Eye make-up preparations containing more than 1/1000000 of mercury, not including those using mercury as preservative when there is no effective and safe substitutes
2.5	0	0	0	0	0	0		0	0	0		0	0/	0/0	Other eye make-up preparations, with a package marking of content by weigh
2.5	0	0	0	0	0	0		0	0	0		0	0/	0/0	Other eye make-up preparations, with a package marking of content by volume
2.5	0	0	0	0	0	0		0	0	0		0	0/	0/0	Other eye make-up preparations, with a package marking of sepcification in "film" or" piece"
															- Manicure or pedicure preparations
0	0	0	0	0	0	0		0	0	0		0	0/	0/0	Manicure or predicure preparations, with a package marking of content by weigh
0	0	0	0	0	0	0		0	0	0		0	0/	0/0	Manicure or predicure preparations, with a package marking of content by volume
0	0	0	0	0	0	0		0	0	0		0	0/	0/0	Manicure or predicure preparations, with a package marking of sepcification in "film" or" piece"
0	0	0	0	0	0	0		0	0	0		0	0/	0/0	Manicure or pedicure preparations containing more than 1/1000000 of mercury
															- Other:
															-- Powders, whether or not compressed
2.5	0	0	0	0	0	0		0	0	0		0	0/	0/0	Make-up preparations in powder form, containing more than 1/1000000 of mercury, whether or not compressed
2.5	0	0	0	0	0	0		0	0	0		0	0/	0/0	Other make-up preparations in powder form, whether or not compressed
															-- Other
0	0	0	0	0	0	0	5.2	0	0	0		0	0/	0/0	Other make-up preparations, containing more than 1/1000000 of mercury
0	0	0	0	0	0	0	5.2	0	0	0		0	0/	0/0	Beauty products or make-up preparations and preparations for the care of the skin (including sunscreen or sun tan preparations, other than medicaments), containing constituents from endangered species, with a package marking of content by weigh
0	0	0	0	0	0	0	5.2	0	0	0		0	0/	0/0	Other beauty products or make-up preparations and preparations for the care of the skin (including sunscreen or sun tan preparations, other than medicaments), with a package marking of content by weigh
0	0	0	0	0	0	0	5.2	0	0	0		0	0/	0/0	Beauty products or make-up preparations and preparations for the care of the skin (including sunscreen or sun tan preparations, other than medicaments), containing constituents from endangered plants, with a package marking of content by volume
0	0	0	0	0	0	0	5.2	0	0	0		0	0/	0/0	Other beauty products or make-up preparations and preparations for the care of the skin (including sunscreen or sun tan preparations, other than medicaments), with a package marking of content by volume

税 号	货品名称	进口关税（%）最惠国	普通	年内暂定	增值/消费税（%）	出口退税（%）	计量单位	监管证件代码	检验检疫类别	协定税率（%）东盟	亚太	智利
33049900.41	包装标注规格为“片”或“张”的含濒危植物成分美容品或化妆品及护肤品（包括防晒油或晒黑油，但药品除外）	1	150		13/15[注1]	0	千克/件	ABFE	M/N	0		0
33049900.49	包装标注规格为“片”或“张”的其他美容品或化妆品及护肤品（包括防晒油或晒黑油，但药品除外）	1	150		13/15[注1]	13	千克/件	AB	M/N	0		0
33049900.91	其他包装标注规格的含濒危植物成分美容品或化妆品及护肤品（包括防晒油或晒黑油，但药品除外）	1	150		13/15[注1]	0	千克/件	ABFE	M/N	0		0
33049900.99	其他包装标注规格的其他美容品或化妆品及护肤品（包括防晒油或晒黑油，但药品除外）	1	150		13/15[注1]	13	千克/件	AB	M/N	0		0
33.05	**护发品：**											
3305.1000	- 洗发剂（香波）											
33051000.10	含濒危物种成分的洗发剂	3	150	2	13	0	千克	ABFE	M/N	0	2	0
33051000.90	其他洗发剂（香波）	3	150	2	13	13	千克	AB	M/N	0	2	0
3305.2000	- 烫发剂	3	150		13	13	千克	AB	M/N	0		0
3305.3000	- 定型剂	3	150		13	13	千克	AB	M/N	0		0
3305.9000	- 其他	3	150		13	13	千克	AB	M/N	0	2	0
33.06	**口腔及牙齿清洁剂，包括假牙稳固剂及粉；清洁牙缝用的纱线（牙线），单独零售包装的：**											
	- 洁齿品：											
3306.1010	--- 牙膏											
33061010.10	含濒危物种成分牙膏	3	150		13	0	千克	ABEF	R/S	0	2	0
33061010.90	其他牙膏	3	150		13	13	千克	AB	R/S	0	2	0
3306.1090	--- 其他	3	150		13	13	千克			0	2	0
3306.2000	- 清洁牙缝用的纱线（牙线）	3	70		13	13	千克			0	2	0
	- 其他：											
3306.9010	--- 漱口剂	3	70		13	13	千克	AB	R/S	0		0
3306.9090	--- 其他	3	70		13	13	千克	AB	R/S	0		0
33.07	**剃须用制剂、人体除臭剂、泡澡用制剂、脱毛剂和其他税目未列名的芳香料制品及化妆盥洗品；室内除臭剂，不论是否加香水或消毒剂：**											
3307.1000	- 剃须用制剂	3	150		13	13	千克	AB	M/N	0	2	0
3307.2000	- 人体除臭剂及止汗剂	3	150		13	13	千克	AB	M/N	0	2	0
3307.3000	- 香浴盐及其他泡澡用制剂	3	150		13	13	千克	AB	M/N	0	2	0
	- 室内散香或除臭制品，包括宗教仪式用的香：											
3307.4100	-- 神香及其他通过燃烧散发香气的制品	3	150		13	13	千克			0		0
3307.4900	-- 其他	3	150		13	13	千克			0		0
3307.9000	- 其他	3	150		13	13	千克			0	2	0

[1] 对高档美容修饰类化妆品和高档护肤类化妆品［进口完税价格在 10 元/毫升（克）或 15 元/片（张）及以上的商品］征收 15% 消费税。

协定税率（%）														特惠税率（%）①/②	Article Description
巴基斯坦	冰岛	哥斯达黎加	秘鲁	新西兰	瑞士	新加坡	韩国	澳大利亚	格鲁吉亚	毛里求斯	日本RCEP	尼加拉瓜	港澳台		
0	0	0	0	0	0	0	5.2	0	0	0		0	0/	0/0	Beauty products or make-up preparations and preparations for the care of the skin (including sunscreen or sun tan preparations, other than medicaments), containing constituents from endangered plants, with a package marking of sepcification in "film" or "piece"
0	0	0	0	0	0	0	5.2	0	0	0		0	0/	0/0	Other beauty products or make-up preparations and preparations for the care of the skin (including sunscreen or sun tan preparations, other than medicaments), with a package marking of sepcification in "film" or "piece"
0	0	0	0	0	0	0	5.2	0	0	0		0	0/	0/0	Beauty products or make-up preparations and preparations for the care of the skin (including sunscreen or sun tan preparations, other than medicaments), containing constituents from endangered plants, with other package marking of sepcification
0	0	0	0	0	0	0	5.2	0	0	0		0	0/	0/0	Other beauty products or make-up preparations and preparations for the care of the skin (including sunscreen or sun tan preparations, other than medicaments), with other package marking of sepcification
															Preparations for use on the hair:
															- Shampoos
0		0	0	0	0	0	4.2	0	0	0		0	0/	0/0	Shampoos containing constituents from endangered species
0		0	0	0	0	0	4.2	0	0	0		0	0/	0/0	Other shampoos
12	0	0	0	0	0	0		0	0	0		0	0/	0/0	- Preparations for permanent waving or straightening
12	0	0	0	0	0	0		0	0	0		0	0/	0/0	- Hair lacquers
4		0	0	0	0	0	6.5	0	0	0		0	0/	0/0	- Other
															Preparations for oral or dental hygiene, including denture fixative pastes and powders; yarn used to clean between the teeth (dental floss), in individual retail package:
															- Dentifrices:
															--- Toothpastes
2.5	0	0	0	0	0	0	0	0	0	0	7.3	0	0/	0/0	Toothpastes containing constituents from endangered species
2.5	0	0	0	0	0	0	0	0	0	0	7.3	0	0/	0/0	Other toothpastes
2.5	0	0	0	0	0	0	0	0	0	0	7.3	0	0/	0/0	--- Other
2.5	0	0	0	0	0		0	0	0	0	7.3	0	0/	0/0	- Yarn used to clean between the teeth (dental floss)
															- Other:
2.5	0	0	0	0	0	0	0	0	0	0	7.3	0	0/	0/0	--- Gargle
2.5	0	0	0	0	0	0	0	0	0	0	7.3	0	0/	0/0	--- Other
															Pre-shave, shaving or after-shave preparations, personal deodorants, bath preparations, depilatories and other perfumery, cosmetic or toilet preparations, not elsewhere specified or included; prepared room deodorizers, whether or not perfumed or having disinfectant properties:
2.5	0	0	0	0	0	0		0	0	0		0	0/	0/0	- Pre-shave, shaving or after-shave preparations
2.5	0	0	0	0	0	0		0	0	0		0	0/	0/0	- Personal deodorants and antiperspirants
2.5	0	0	0	0	0	0	6.5	0	0	0		0	0/	0/0	- Perfumed bath salts and other bath preparations
															- Preparations for perfuming or deodorizing rooms, including odoriferous preparations used during religious rites:
4	0	0	0	0	0	0	0	0	0	0	7.3	0	0/	0/0	-- Agarbatti and other odoriferous preparations which operate by burning
2.5	0	0	0	0	0	0	0	0	0	0	7.3	0	0/	0/0	-- Other
4	0	0	0	0	0		5.8	0	0	0		0	0/	0/0	- Other

第三十四章　肥皂、有机表面活性剂、洗涤剂、润滑剂、人造蜡、调制蜡、光洁剂、蜡烛及类似品、塑型用膏、“牙科用蜡”及牙科用熟石膏制剂

注释：

一、本章不包括：

（一）用作脱模剂的食用动植物或微生物油、脂混合物或制品（税目15.17）；

（二）单独的已有化学定义的化合物；或

（三）含肥皂或其他有机表面活性剂的洗发剂、洁齿品、剃须膏及泡澡用制剂（税目33.05、33.06及33.07）。

二、税目34.01所称“肥皂”，只适用于水溶性肥皂。税目34.01的肥皂及其他产品可以含有添加料（例如，消毒剂、磨料粉、填料或药料）。含磨料粉的产品，只有条状、块状或模制形状可以归入税目34.01。其他形状的应作为“去污粉及类似品”归入税目34.05。

三、税目34.02所称“有机表面活性剂”，是指温度在20℃时与水混合配成0.5%浓度的水溶液，并在同样温度下搁置一小时后与下列规定相符的产品：

（一）成为透明或半透明的液体或稳定的乳浊液而未离析出不溶解物质；以及

（二）将水的表面张力减低到每厘米45达因及以下。

四、税目34.03所称“石油及从沥青矿物提取的油类”，适用于第二十七章注释二所规定的产品。

五、税目34.04所称“人造蜡及调制蜡”，仅适用于：

（一）用化学方法生产的具有蜡质特性的有机产品，不论是否为水溶性的；

（二）各种蜡混合制成的产品；

（三）以一种或几种蜡为基本原料并含有油脂、树脂、矿物质或其他原料的具有蜡质特性的产品。

本税目不包括：

（一）税目15.16、34.02或38.23的产品，不论是否具有蜡质特性；

（二）税目15.21的未混合的动物蜡或未混合的植物蜡，不论是否精制或着色；

（三）税目27.12的矿物蜡或类似产品，不论是否相互混合或仅经着色；或

（四）混合、分散或溶解于液体溶剂的蜡（税目34.05、38.09等）。

税　号	货品名称	进口关税（%）			增值/消费税（%）	出口退税（%）	计量单位	监管证件代码	检验检疫类别	协定税率（%）		
		最惠国	普通	年内暂定						东盟	亚太	智利
34.01	肥皂；作肥皂用的有机表面活性产品及制品，条状、块状或模制形状的，不论是否含有肥皂；洁肤用的有机表面活性产品及制品，液状或膏状并制成零售包装的，不论是否含有肥皂；用肥皂或洗涤剂浸渍、涂面或包覆的纸、絮胎、毡呢及无纺织物：											
	- 肥皂及有机表面活性产品及制品，条状、块状或模制形状的，以及用肥皂或洗涤剂浸渍、涂面或包覆的纸、絮胎、毡呢及无纺织物：											
3401.1100	-- 盥洗用（包括含有药物的产品）											
34011100.10	盥洗用含汞亮肤肥皂（包括含有药物的产品），条状、块状或模制形状的，以及用肥皂浸渍、涂面或包覆的纸、絮胎、毡呢及无纺织物（含汞量超过百万分之一）	6.5	130		13	13	千克	89		0	4.2	0

Chapter 34 Soap, organic surface active agents, washing preparations, lubricating preparations, artificial waxes, prepared waxes, polishing or scouring preparations, candles and similar articles, modelling pastes, "dental waxes" and dental preparations with a basis of plaster

Chapter Notes:

1. This Chapter does not cover:

   (a) Edible mixtures or preparations of animal, vegetable or microbial fats or oils of a kind used as mould release preparations (heading 15.17);

   (b) Separate chemically defined compounds; or

   (c) Shampoos, dentifrices, shaving creams and foams, or bath preparations, containing soap or other organic surface- active agents (heading 33.05, 33.06 or 33.07).

2. For the purposes of heading 34.01, the expression "soap" applies only to soap soluble in water. Soap and the other products of heading 34.01 may contain added substances (for example, disinfectants, abrasive powders, fillers or medicaments). Products containing abrasive powders remain classified in heading 34.01 only if in the form of bars, cakes or moulded pieces or shapes. In other forms they are to be classified in heading 34.05 as "scouring powders and similar preparations".

3. For the purposes of heading 34.02, "organic surface- active agents" are products which when mixed with water at a concentration of 0.5% at 20°C and left to stand for one hour at the same temperature:

   (a) give a transparent or translucent liquid or stable emulsion without separation of insoluble matter; and

   (b) reduce the surface tension of water to 4.5×102 N/m (45 dyne/cm) or less.

4. In heading 34.03 the expression "petroleum oils and oils obtained from bituminous minerals" applies to the products defined in Note 2 to Chapter 27.

5. In heading 34.04, subject to the exclusions provided below, the expression "artificial waxes and prepared waxes" applies only to:

   (a) Chemically produced organic products of a waxy character, whether or not water- soluble;

   (b) Products obtained by mixing different waxes;

   (c) Products of a waxy character with a basis of one or more waxes and containing fats, resins, mineral substances or other materials.

   The heading does not apply to:

   (a) Products of heading 15.16, 34.02 or 38.23, even if having a waxy character;

   (b) Unmixed animal waxes or unmixed vegetable waxes, whether or not refined or coloured, of heading 15.21;

   (c) Mineral waxes or similar products of heading 27.12, whether or not intermixed or merely coloured; or

   (d) Waxes mixed with, dispersed in or dissolved in a liquid medium (headings 34.05, 38.09, etc.).

协定税率（%）														特惠税率（%）①/②	Article Description
巴基斯坦	冰岛	哥斯达黎加	秘鲁	新西兰	瑞士	新加坡	韩国	澳大利亚	格鲁吉亚	毛里求斯	日本RCEP	尼加拉瓜	港澳台		
0	0	0	0	0	0	0	0	0	0	0	7.3	0	0/	0/0	**Soap;organic surface-active products and preparations for use as soap, in the form of bars, cakes, moulded pieces or shapes, whether or not containing soap;organic surface-active products and preparations for washing the skin, in the form of liguid or cream and put up for retail sale, whether or not containing soap;paper, wadding, felt and nonwovens, impregnated, coated or covered with soap or detergent:** - Soap and organic surface-active products and preparations, in the form of bars, cakes, moulded pieces or shapes, and paper, wadding, felt and nonwovens, impregnated, coated or covered with soap or detergent: -- For toilet use (including medicated products) Skin lightening soap containing more than 1/1000000 of mercury, for toliet use(including medicated products), in the form of bars, cakes, moulded pieces or shapes, and paper, wadding, felt and nonwovens, impregnated, coated or covered with soap or detergen

税　号	货品名称	进口关税（%）			增值/消费税（%）	出口退税（%）	计量单位	监管证件代码	检验检疫类别	协定税率（%）		
		最惠国	普通	年内暂定						东盟	亚太	智利
34011100.90	其他盥洗用皂及有机表面活性产品（包括含有药物的产品、呈条状、块状或模制形状）	6.5	130		13	13	千克	AB	M/N	0	4.2	0
	-- 其他：											
3401.1910	--- 洗衣皂	6.5	80		13	13	千克			0		0
3401.1990	--- 其他											
34011990.10	其他含汞亮肤肥皂，条状、块状或模制形状的，以及用肥皂浸渍、涂面或包覆的纸、絮胎、毡呢及无纺织物（含汞量超过百万分之一）	6.5	130		13	13	千克	89		0		0
34011990.90	其他有机表面活性产品及制品（包括用肥皂或洗涤剂浸、涂或包覆的纸、絮胎及无纺织物）	6.5	130		13	13	千克			0		0
3401.2000	- 其他形状的肥皂											
34012000.10	其他形状的含汞亮肤肥皂（含汞量超过百万分之一）	6.5	130		13	13	千克	89		0	4.2	0
34012000.90	其他形状的肥皂（除条状、块状或模制形状以外的）	6.5	130		13	13	千克			0	4.2	0
3401.3000	- 洁肤用的有机表面活性产品及制剂，液状或膏状并制成零售包装的，不论是否含有肥皂											
34013000.10	洁肤用有机表面活性产品及制品，液状或膏状并制成零售包装的，含汞亮肤肥皂（含汞量超过百万分之一）	6.5	130		13	13	千克	89		0		0
34013000.90	洁肤用有机表面活性产品及制品（液状或膏状并制成零售包装的，不论是否含有肥皂）	6.5	130		13	13	千克	AB	M/N	0		0
34.02	**有机表面活性剂（肥皂除外）；表面活性剂制品、洗涤剂（包括助洗剂）及清洁剂，不论是否含有肥皂，但税目34.01的产品除外：**											
	- 阴离子型有机表面活性剂，不论是否零售包装：											
3402.3100	-- 直链烷基苯磺酸及其盐	6.5	30		13	13	千克			0	4.2	0
3402.3900	-- 其他	6.5	30		13	13	千克			0	4.2	0
	- 其他有机表面活性剂，不论是否零售包装：											
3402.4100	-- 阳离子型	6.5	30		13	13	千克			0	4.2	0
3402.4200	-- 非离子型	6.5	30		13	13	千克			0	4.2	0
3402.4900	-- 其他	6.5	30		13	13	千克			0	4.2	0
	- 零售包装的制品：											
3402.5010	--- 合成洗涤粉	6.5	80		13	13	千克			0	4.2	0
3402.5090	--- 其他	6.5	80		13	13	千克			0	4.2	0
3402.9000	- 其他											
34029000.01	十二烷基苯磺酸钙甲醇溶液（非零售包装，十二烷基苯磺酸钙含量高于70%）	6.5	80		13	13	千克			0	4.2	0
34029000.90	非零售包装有机表面活性剂制品（包括洗涤剂及清洁剂，不论是否含有肥皂）	6.5	80		13	13	千克			0	4.2	0

协定税率（%）														特惠税率（%）①/②	Article Description
巴基斯坦	冰岛	哥斯达黎加	秘鲁	新西兰	瑞士	新加坡	韩国	澳大利亚	格鲁吉亚	毛里求斯	日本RCEP	尼加拉瓜	港澳台		
0	0	0	0	0	0	0	0	0	0	0	7.3	0	0/	0/0	Other soap and organic surface-active products and preparations, for toliet use, in the form of bars, cakes, moulded pieces or shapes, and paper, wadding, felt and nonwovens, impregnated, coated or covered with soap or detergen
															-- Other:
2.5	0	0	0	0	0	0		0	0	0		0	0/	0/0	--- Laundry soap
															--- Other
0	0	0	0	0	0		0	0	0	0	10.9	0	0/	0/0	Other skin lightening soap containing more than 1/1000000 of mercury, in the form of bars, cakes, moulded pieces or shapes, and paper, wadding, felt and nonwovens, impregnated, coated or covered with soap or detergen
0	0	0	0	0	0		0	0	0	0	10.9	0	0/	0/0	Other soap and organic surface-active products and preparations, in the form of bars, cakes, moulded pieces or shapes, and paper, wadding, felt and nonwovens, impregnated, coated or covered with soap or detergen
															- Soap in other forms
0	0	0	0	0	0		0	0	0	0	10.9	0	0/	0/0	Skin lightening soap containing more than 1/1000000 of mercury, in other forms
0	0	0	0	0	0		0	0	0	0	10.9	0	0/	0/0	Other soap and organic surface-active products and preparations, other than those in the form of bars, cakes, moulded pieces or shapes
															- Organic surface-active products and preparations for washing the skin, in the form of liquid or cream and put up for retail sale, whether or not cotaining soap
2.5	0	0	0	0	0	0	0	0	0	0	7.3	0	0/	0/0	Organic surface-active products and preparations for washing the skin, in the form of liquid or cream and put up for retail sale, containing more than 1/1000000 of mercury
2.5	0	0	0	0	0	0	0	0	0	0	7.3	0	0/	0/0	Other organic surface-active products and preparations for washing the skin, in the form of liquid or cream and put up for retail, whether or not cotaining soap
															Organic surface-active agents (other than soap); surface-active preparations, washing preparations (including auxiliary washing preparations) and cleaning preparations, whether or not containing soap, other than those of heading 34.01:
															- Anionic organic surface active agents, whether or not put up for retail sale:
4	0	0	0	0	0		4.2	0	0	0		0	0/	0/0	-- Linear alkylbenzene sulphonic acids and their salts
4	0	0	0	0	0		4.2	0	0	0		0	0/	0/0	-- Other
															- Other organic surface active agents, whether or not put up for retail sale:
0	0	0	0	0	0		4.2	0	0	0		0	0/	0/0	-- Cationic
0	0	0	0	0	0	0	2.1	0	0	0	5.3	0	0/0	0/0	-- Non-ionic
0	0	0	0	0	0		4.2	0	0	0		0	0/	0/0	-- Other
															- Preparations put up for retail sale:
2.5	0	0	0	0	0	0	6.5	0	0	0		0	0/	0/0	--- Synthetic detergents in powder form
2.5	0	0	0	0	0	0	6.5	0	0	0		0	0/	0/0	--- Other
															- Other
0	0	0	0	0	0	0	0	0	0	0	6.5	0	0/	0/0	Methanol solution of calcium dodecyl benzene sulfonate (containing more than 70% of calcium dodecyl benzosulfonate, not put up for retail sale)
0	0	0	0	0	0	0	0	0	0	0	6.5	0	0/	0/0	Preparations of organic surface-active agents, not put up for retail sale (including washing and cleaning preparations, whether or not containing soap)

税号	货品名称	进口关税（%）			增值/消费税（%）	出口退税（%）	计量单位	监管证件代码	检验检疫类别	协定税率（%）		
		最惠国	普通	年内暂定						东盟	亚太	智利
34.03	润滑剂（包括以润滑剂为基本成分的切削油制剂、螺栓或螺母松开剂、防锈或防腐蚀制剂及脱模剂）及用于纺织材料、皮革、毛皮或其他材料油脂处理的制剂，但不包括以石油或从沥青矿物提取的油类为基本成分（按重量计不低于70%）的制剂：											
	- 含有石油或从沥青矿物提取的油类：											
3403.1100	-- 处理纺织材料、皮革、毛皮或其他材料的制剂	10	50		13	13	千克			0	6.5	0
3403.1900	-- 其他	10	50		13	13	千克			0		0
	- 其他：											
3403.9100	-- 处理纺织材料、皮革、毛皮或其他材料的制剂	10	50		13	13	千克			0		0
3403.9900	-- 其他	10	50		13	13	千克			0		0
34.04	人造蜡及调制蜡：											
3404.2000	- 聚氧乙烯（聚乙二醇）蜡	10	70		13	13	千克			0		0
3404.9000	- 其他											
34049000.10	短链氯化石蜡（具有人造蜡特性）	10	70		13	0	千克	89		0		0
34049000.90	其他	10	70		13	0	千克			0		0
34.05	鞋靴、家具、地板、车身、玻璃或金属用的光洁剂、擦洗膏、去污粉及类似制品（包括用这类制剂浸渍、涂面或包覆的纸、絮胎、毡呢、无纺织物、泡沫塑料或海绵橡胶），但不包括税目34.04的蜡：											
3405.1000	- 鞋靴或皮革用的上光剂及类似制品	6.5	80		13	13	千克			0		0
3405.2000	- 保养木制家具、地板或其他木制品用的上光剂及类似制品	6.5	80		13	13	千克			0		0
3405.3000	- 车身用的上光剂及类似制品，但金属用的光洁剂除外	6.5	80		13	13	千克			0		0
3405.4000	- 擦洗膏、去污粉及类似制品	6.5	80		13	13	千克			0		0
3405.9000	- 其他	6.5	80		13	13	千克			0	4.2	0
34.06	各种蜡烛及类似品：											
3406.0000	各种蜡烛及类似品											
34060000.10	含濒危动物成分的蜡烛及类似品	6.5	130		13	0	千克	EF		0		0
34060000.90	其他各种蜡烛及类似品	6.5	130		13	13	千克			0		0
34.07	塑型用膏，包括供儿童娱乐用的在内；通称为“牙科用蜡”或“牙科造形膏”的制品，成套、零售包装或制成片状、马蹄形、条状及类似形状的；以熟石膏（煅烧石膏或硫酸钙）为基本成分的牙科用其他制品：											
3407.0010	--- 牙科用蜡及造型膏	6.5	30		13	13	千克			0		0
3407.0020	--- 以熟石膏为基本成分的牙科用其他制品	6.5	40		13	13	千克			0		0
3407.0090	--- 其他	10	100		13	13	千克			0		0

协定税率（%）巴基斯坦	冰岛	哥斯达黎加	秘鲁	新西兰	瑞士	新加坡	韩国	澳大利亚	格鲁吉亚	毛里求斯	日本RCEP	尼加拉瓜	港澳台	特惠税率（%）①/②	Article Description
															Lubricating preparations (including cutting-oil preparations, bolt or nutrelease preparations, anti-rust or anticorrosion preparations and mould release preparations, based on lubricants) and preparations of a kind used for the oil or grease treatment of textile materials, leather, furskins or other materials, but excluding preparations containing, as basic constituents, 70% or more by weight of petroleum oils or of oils obtained from bituminous minerals:
															- Containing petroleum oils or oils obtained from bituminous minerals:
2.5	0	0	0	0	0	0	0	0	0	0	8.1	9	0/	0/0	-- Preparations for the treatment of textile materials, leather, furskins or other materials
4	0	0	0	0	0	0	0	0	0	0	7.3	9	0/	0/0	-- Other
															- Other:
2.5	0	0	0	0	0	0	0	0	0	0	7.3	9	0/	0/0	-- Preparations for the treatment of textile materials, leather, furskins or other materials
2.5	0	0	0	0	0	0	0	0	0	0	8.1	9	0/	0/0	-- Other
															Artificial waxes and prepared waxes:
2.5	0	0	0	0	0			0	0	0		9	0/	0/0	- Of poly (oxyethylene)(polyethyleneglycol)
															- Other
0	0	0	0	0	0		0	0	0	0	7.3	9	0/	0/0	Short chain chlorinated paraffins with artificial wax charateristics
0	0	0	0	0	0		0	0	0	0	7.3	9	0/	0/0	Other
															Polishes and creams for footwear, furniture, floors, coachwork, glass or metal, scouring pastes and powders and similar preparations (whether or not in the form of paper, wadding, felt, nonwovens, cellular plastics or cellular rubber, impregnated, coated or covered with such preparations), excluding waxes of heading 34.04:
2.5	0	0	0	0	0	0	0	0	0	0	7.3	0	0/	0/0	- Polishes, creams and similar preparations for footwear or leather
2.5	0	0	0	0	0	0	0	0	0	0	7.3	0	0/	0/0	- Polishes, creams and similar preparations for the maintenance of wooden furniture, floors or other woodwork
2.5	0	0	0	0	0	0	0	0	0	0	7.3	0	0/	0/0	- Polishes and similar preparations for coachwork, other than metal polishes
2.5	0	0	0	0	0		0	0	0	0	7.3	0	0/	0/0	- Scouring pastes and powders and other scouring preparations
2.5	0	0	0	0	0	0	0	0	0	0	7.3	0	0/	0/0	- Other
															Candles, tapers and the like:
															Candles, tapers and the like
2.5	0	0	0	0	0	0	0	0	0	0	7.3	0	0/	0/0	Candle and tapers and the like, containing composition of endangered animals
2.5	0	0	0	0	0	0	0	0	0	0	7.3	0	0/	0/0	Other candles, tapers and the like
															Modelling pastes, including those put up for children's amusement; preparations known as "dental wax" or as "dental impression compounds", put up in sets, in packings for retail sale or in plates, horseshoe shapes, sticks or similar forms; other preparations for use in dentistry, with a basis of plaster (of calcined gypsum or calcium sulphate):
0	0	0	0	0	0		0	0	0	0	4.7	0	0/	0/0	--- Preparations of a kind known as "dental wax" or as "dental impression compounds"
0	0	0	0	0	0		0	0	0	0	4.7	0	0/	0/0	--- Other preparations for use in dentistry, with a basis of plaster
2.5	0	0	0	0	0		0	0	0	0	7.3	9	0/	0/0	--- Other

第三十五章　蛋白类物质；改性淀粉；胶；酶

注释：

一、本章不包括：

（一）酵母（税目21.02）；

（二）第三十章的血份（非治病、防病用的血清白蛋白除外）、药品及其他产品；

（三）预鞣用酶制剂（税目32.02）；

（四）第三十四章的加酶的浸透剂、洗涤剂及其他产品；

（五）硬化蛋白（税目39.13）；或

（六）印刷工业用的明胶产品（第四十九章）。

二、税目35.05所称“糊精”，是指淀粉的降解产品，其还原糖含量以右旋糖的干重量计不超过10%。

如果还原糖含量超过10%，应归入税目17.02。

税　号	货品名称	进口关税（%）			增值/消费税（%）	出口退税（%）	计量单位	监管证件代码	检验检疫类别	协定税率（%）		
		最惠国	普通	年内暂定						东盟	亚太	智利
35.01	酪蛋白、酪蛋白酸盐及其他酪蛋白衍生物；酪蛋白胶：											
3501.1000	- 酪蛋白	10	35		13	13	千克	AB	R/S	0		0
3501.9000	- 其他	10	35		13	13	千克	A	R/	0		0
35.02	白蛋白（包括按重量计干质成分的乳清蛋白含量超过80%的两种或两种以上的乳清蛋白浓缩物）、白蛋白盐及其他白蛋白衍生物：											
	- 卵清蛋白：											
3502.1100	-- 干的	10	80		13	13	千克	AB	P/Q	0		0
3502.1900	-- 其他	10	80		13	13	千克	AB	P/Q	0		0
3502.2000	- 乳白蛋白，包括两种或两种以上的乳清蛋白浓缩物											
35022000.10	乳清蛋白粉（按重量计干质成分的乳清蛋白含量超过80%）	10	35	5	13	13	千克	AB	R/S	0		0
35022000.20	乳铁蛋白	10	35	5	13	13	千克	AB	R/S	0		0
35022000.90	其他乳白蛋白（包括两种或两种以上乳清蛋白浓缩物）	10	35		13	13	千克	AB	R/S	0		0
3502.9000	- 其他	10	35		13	13	千克	A	R/	0		0
35.03	明胶（包括长方形、正方形明胶薄片，不论是否表面加工或着色）及其衍生物；鱼鳔胶；其他动物胶，但不包括税目35.01的酪蛋白胶：											
3503.0010	--- 明胶及其衍生物	12	35		13	13	千克	AB	PR/Q	0	9.6	0
3503.0090	--- 其他	12	50		13	13	千克	AB	PR/Q	0	9.6	0
35.04	蛋白胨及其衍生物；其他税目未列名的蛋白质及其衍生物；皮粉，不论是否加入铬矾：											
3504.0010	--- 蛋白胨	3	11		13	13	千克	A	R/	0		0
3504.0020	--- 植物蛋白，以干基计蛋白质含量≥90%	8	35		13	13	千克	A	R/	0		0
3504.0090	--- 其他	8	35		13	13	千克	A	R/	0		0
35.05	糊精及其他改性淀粉（例如，预凝化淀粉或酯化淀粉）；以淀粉、糊精或其他改性淀粉为基本成分的胶：											
3505.1000	- 糊精及其他改性淀粉	12	50	6	13	13	千克	A	MR/	0		0

Chapter 35 Albuminoidal substances; modified starches; glues; enzymes

Chapter Notes:

1. This Chapter does not cover:

   (a) Yeasts (heading 21.02);

   (b) Blood fractions (other than blood albumin not prepared for therapeutic or prophylactic uses), medicaments or other products of Chapter 30;

   (c) Enzymatic preparations for pre-tanning (heading 32.02);

   (d) Enzymatic soaking or washing preparations or other products of Chapter 34;

   (e) Hardened proteins (heading 39.13); or

   (f) Gelatin products of the printing industry (Chapter 49).

2. For the purposes of heading 35.05, the term "dextrins" means starch degradation products with a reducing sugar content, expressed as dextrose on the dry substance, not exceeding 10%.

   Such products with a reducing sugar content exceeding 10% fall in heading 17.02.

协定税率(%)														特惠税率(%)①/②	Article Description
巴基斯坦	冰岛	哥斯达黎加	秘鲁	新西兰	瑞士	新加坡	韩国	澳大利亚	格鲁吉亚	毛里求斯	日本RCEP	尼加拉瓜	港澳台		
															Casein, caseinates and other casein derivatives;casein glues:
4	0	0	0	0	0	0	0	0	0	0	7.3	9	0/	0/0	- Casein
2.5	0	0	0	0	0		0	0	0	0	7.3	9	0/	0/0	- Other
															Albumins (including concentrates of two or more whey proteins, containing by weight more than 80% whey proteins, calculated on the dry matter), albuminates and other albumin derivatives:
															- Egg albumin:
2.5	0	0	0	0	0		0	0	0	0	7.3	9	0/	0/0	-- Dried
2.5	0	0	0	0	0		0	0	0	0	7.3	9	0/	0/0	-- Other
															- Milk albumin, including concentrates of two or more whey proteins
2.5	0	0	0	0	0		0	0	0	0	7.3	9	0/	0/0	Lactalbumin powder, containing more than 80% lactalbumin by weight, calculated on the dry matter
2.5	0	0	0	0	0		0	0	0	0	7.3	9	0/	0/0	Lactoferrin
2.5	0	0	0	0	0		0	0	0	0	7.3	9	0/	0/0	Other milk albumin, including concentrates of two or more whey proteins
2.5	0	0	0	0	0		0	0	0	0	7.3	9	0/	0/0	- Other
															Gelatin (including gelatin in rectangular (including square) sheets, whether or not surface-worked or coloured) and gelatin derivatives; isinglass; other glues of animal origin, excluding casein glues of heading 35.01:
0	0	0	0	0	0	0	0	0	0	0	8.7	11.2	0/	0/0	--- Gelatin and gelatin derivatives
6	0	0	0	0	0	0	0	0	0	0	8.7	11.2	0/	0/0	--- Other
															Peptones and their derivatives; other protein substances and their derivatives, not elsewhere specified or included; hide powder, whether or not chromed:
0	0	0	0	0	0		0	0	0	0	0	0	0/	0/0	--- Peptones
0	0	0	0	0	0		0	0	0	0	5.8	0	0/	0/0	--- Proteins of plant, containing 90% or more of proteins, calculated on the dry basis
0	0	0	0	0	0		0	0	0	0	5.8	0	0/	0/0	--- Other
															Dextrins and other modified starches (for example, pregelatinized or esterified starches); glues based on starches, or on dextrins or other modified starches:
4.8	0	0	0	0	0	0	0	0	0	0	8.7	11.2	0/	0/0	- Dextrins and other modified starches

税　号	货品名称	进口关税（%）			增值/消费税（%）	出口退税（%）	计量单位	监管证件代码	检验检疫类别	协定税率（%）		
		最惠国	普通	年内暂定						东盟	亚太	智利
3505.2000	- 胶	20	50		13	13	千克	A	MR/	0		0
35.06	**其他税目未列名的调制胶及其他调制粘合剂；适于作胶或粘合剂用的产品，零售包装每件净重不超过1千克：**											
3506.1000	- 适于作胶或粘合剂用的产品，零售包装每件净重不超过1千克											
35061000.10	硅酮结构密封胶（零售包装每件净重不超过1千克）	10	90		13	13	千克	A	M/	0	6.5	0
35061000.90	其他适于作胶或黏合剂的零售产品（零售包装每件净重不超过1千克）	10	90		13	13	千克			0	6.5	0
	- 其他：											
	-- 以橡胶或税目39.01至39.13的聚合物为基本成分的粘合剂：											
3506.9110	--- 以聚酰胺为基本成分的	10	90		13	13	千克			0	7	0
3506.9120	--- 以环氧树脂为基本成分的	10	90		13	13	千克			0	6.5	0
3506.9190	--- 其他											
35069190.10	非零售，硅酮结构密封胶	10	90		13	13	千克	A	M/	0	7	0
35069190.20	专门或主要用于显示屏或触摸屏制造的光学透明膜黏合剂和光固化液体黏合剂[包括以人造树脂（环氧树脂除外）为基本成分的]	0	90		13	13	千克			0	7	0
35069190.90	其他橡胶或塑料为基本成分黏合剂[包括以人造树脂（环氧树脂除外）为基本成分的]	10	90		13	13	千克			0	7	0
3506.9900	-- 其他	10	90		13	13	千克			0	6.5	0
35.07	**酶；其他税目未列名的酶制品：**											
3507.1000	- 粗制凝乳酶及其浓缩物	6	30		13	13	千克	A	R/	0		0
	- 其他：											
3507.9010	--- 碱性蛋白酶	6	30		13	13	千克	A	R/	0		0
3507.9020	--- 碱性脂肪酶	6	30		13	13	千克	A	R/	0		0
3507.9090	--- 其他											
35079090.10	门冬酰胺酶	6	30	0	3	3	千克	AB	RV/W	0		0
35079090.90	其他酶及酶制品	6	30		13	13	千克	AB	RV/W	0		0

协定税率（%）巴基斯坦	冰岛	哥斯达黎加	秘鲁	新西兰	瑞士	新加坡	韩国	澳大利亚	格鲁吉亚	毛里求斯	日本RCEP	尼加拉瓜	港澳台	特惠税率（%）①/②	Article Description
	0	0	0	0	0	0	6.6	0	0	0	16.3	18.7	0/	0/0	- Glues
															Prepared glues and other prepared adhesives, not elsewhere specified or included; products suitable for use as glues or adhesives, put up for retail sale as glues or adhesives, not exceeding a net weight of 1kg:
															- Products suitable for use as glues or adhesives, put up for retail sale as glues or adhesives, not exceeding a net weight, of 1kg
2.5		0	0	0	0	0	0	0	0	0	8.1	9	0/0	0/0	Structural silicone sealant (put up for retail sale, in packages of a net weight not exceeding 1kg)
2.5		0	0	0	0	0	0	0	0	0	8.1	9	0/0	0/0	Other products suitable for use as glues or adhesives, put up for retail sale (in packages of a net weight not exceeding 1kg)
															- Other:
															-- Adhesives based on polymers of headings 39.01 to 39.13 or on rubber:
2.5	0	0	0	0	0	0	3.3	0	0	0	8.1	9	0/0	0/0	--- based on polyamide
2.5	0	0	0	0	0	0	5	0	0	0	8.6	9	0/0	0/0	--- based on epoxy resin
															--- Other
2.5	0	0	0	0	0	0	0	0	0	0	8.1	9	0/0	0/0	Structural silicone sealant, not put up for retail sale
2.5	0	0	0	0	0	0	0	0	0	0	8.1	9	0/0	0/0	Optically clear free-film adhesive and optically clear curable liquid adhesives of a kind used solely or principally for the manufacture of flat panel displays or touch-sensitive screen panels
2.5	0	0	0	0	0	0	0	0	0	0	8.1	9	0/0	0/0	Other adhesives based on rubber or plastic (including those based on artificial resin, other than epoxy resin)
2.5	0	0	0	0	0	0	5	0	0	0	8.6	9	0/0	0/0	-- Other
															Enzymes; prepared enzymes not elsewhere specified or included:
0	0	0	0	0	0		0	0	0	0	0	0	0/	0/0	- Rennet and concentrates thereof
															- Other:
0	0	0	0	0	0		0	0	0	0	4.4	0	0/	0/0	--- Basic proteinase
0	0	0	0	0	0		0	0	0	0	4.4	0	0/	0/0	--- Basic lipase
															--- Other
0	0	0	0	0	0		0	0	0	0	4.4	0	0/	0/0	Asparaginase
0	0	0	0	0	0		0	0	0	0	4.4	0	0/	0/0	Other enzymes and prepared enzymes

第三十六章　炸药；烟火制品；火柴；引火合金；易燃材料制品

注释：

一、本章不包括单独的已有化学定义的化合物，但下列注释二（一）、（二）所述物品除外。

二、税目36.06所称“易燃材料制品”，只适用于：

（一）聚乙醛、六亚甲基四胺（六甲撑四胺）及类似物质，已制成片、棒或类似形状作燃料用的；以酒精为基本成分的固体或半固体燃料及类似的配制燃料；

（二）直接灌注香烟打火机及类似打火器用的液体燃料或液化气体燃料，其包装容器的容积不超过300立方厘米；以及

（三）树脂火炬、引火物及类似品。

税号	货品名称	进口关税（%）			增值/消费税（%）	出口退税（%）	计量单位	监管证件代码	检验检疫类别	协定税率（%）		
		最惠国	普通	年内暂定						东盟	亚太	智利
36.01	发射药：											
3601.0000	发射药											
36010000.10	模压的胶质推进剂	9	50		13	0	千克	3		0		0
36010000.20	含硝化黏接剂及铝粉＞5%的推进剂	9	50		13	0	千克	3		0		0
36010000.30	黑火药	9	50		13	0	千克	k		0		0
36010000.91	民用的其他发射药	9	50		13	0	千克	k		0		0
36010000.99	其他发射药	9	50		13	0	千克			0		0
36.02	配制炸药，但发射药除外：											
3602.0010	--- 硝铵炸药											
36020010.10	符合特定标准的硝铵炸药（硝胺类物质超过2%，或密度＞1.8g/cm³、爆速＞8000m/s）	9	50		13	0	千克	3		0		0
36020010.91	其他铵梯类炸药、铵油类炸药、膨化硝铵炸药、胶状乳化炸药、粉状乳化炸药、震源药柱、其他工业炸药	9	50		13	0	千克	k		0		0
36020010.99	其他硝铵炸药，但发射药除外	9	50		13	0	千克			0		0
3602.0090	--- 其他											
36020090.10	符合特定标准的其他配制炸药[含有超过2%（按重量计）的下述任何一种物质：（环）四亚甲基四硝胺（HMX）；（环）三亚甲基三硝基胺（RDX）；三氨基三硝基苯（TATB）；氨基二硝基苯并氧化呋咱或7-氨基-4,6-硝基苯并呋咱-1-氧化物；六硝基芪（HNS）等；或晶体密度大于1.8g/cm³、爆速超过8000m/s的各种炸药]	9	50		13	0	千克	3k		0		0
36020090.91	民用的其他配置炸药，但发射药除外	9	50		13	0	千克	k		0		0
36020090.99	其他配制炸药，但发射药除外	9	50		13	0	千克			0		0
36.03	安全导火索；导爆索；火帽或雷管；引爆器；电雷管：											
3603.1000	- 安全导火索											
36031000.10	民用的安全导火索	9	50		13	0	千克	k		0		0
36031000.90	其他安全导火索	9	50		13	0	千克			0		0
3603.2000	- 导爆索											
36032000.10	民用的导爆索	9	50		13	0	千克	k		0		0
36032000.90	其他导爆索	9	50		13	0	千克			0		0

Chapter 36 Explosives; pyrotechnic products; matches; pyrophoric alloys; certain combustible preparations

Chapter Notes:

1. This Chapter does not cover separate chemically defined compounds other than those described in Note 2 (a) or (b) below.
2. The expression “articles of combustible materials” in heading 36.06 applies only to:

(a) Metaldehyde, hexamethylenetetramine and similar substances, put up in forms (for example, tablets, sticks or similar forms) for use as fuels; fuels with a basis of alcohol, and similar prepared fuels, in solid or semi- solid form;

(b) Liquid or liquefied- gas fuels in containers of a kind used for filling or refilling cigarette or similar lighters and of a capacity not exceeding 300cm^3; and

(c) Resin torches, firelighters and the like.

协定税率（%）														特惠税率（%）①/②	Article Description
巴基斯坦	冰岛	哥斯达黎加	秘鲁	新西兰	瑞士	新加坡	韩国	澳大利亚	格鲁吉亚	毛里求斯	日本RCEP	尼加拉瓜	港澳台		
															Propellent powders:
															Propellent powders
0	0	0	0	0	0		0	0	0	0	6.5	8.1	0/	0/0	Molded colloid propellant
0	0	0	0	0	0		0	0	0	0	6.5	8.1	0/	0/0	Propellant, containing more than 5% of nitrified adhesives and aluminum powders
0	0	0	0	0	0		0	0	0	0	6.5	8.1	0/	0/0	Black powder
0	0	0	0	0	0		0	0	0	0	6.5	8.1	0/	0/0	Civil propellent powders
0	0	0	0	0	0		0	0	0	0	6.5	8.1	0/	0/0	Other propellent powders
															Prepared explosives, other than propellent powders:
															--- Based on ammonals nitrate
0	0	0	0	0	0		0	0	0	0	6.5	8.1	0/	0/0	Ammonium nitrate explosives, meet specific criteria (containing more than 2% of nitramines; or density exceeding 1.8g/cm^3, explosion velocity exceeding 8000m/s)
0	0	0	0	0	0		0	0	0	0	6.5	8.1	0/	0/0	Ammonite, mixture of ammonium nitrate and fuel oil, expanded AN explosive, emulsion, powdery emulsion, seismic charge and others
0	0	0	0	0	0		0	0	0	0	6.5	8.1	0/	0/0	Other ammonals nitrate, other than propellent powders
															--- Other
0	0	0	0	0	0		0	0	0	0	6.5	8.1	0/	0/0	Preparation of other explosives that meet specific criteria (containing more than 2% (by weight) of any one of the following materials: (ring) four methylene four nitramine (HMX); Sanya (ring) methyl three nitro amine (RDX); three amino three nitrobenzene (TATB); two amino and nitrobenzene furoxan or 7- -4,6- -1- and nitrobenzene amino furazan oxide; six nitro stilbene (HNS); or the crystal density greater than 1.8g/cm^3, more than 8000m/s of various explosives detonation velocity).
0	0	0	0	0	0		0	0	0	0	6.5	8.1	0/	0/0	Civil prepared explosives, other than propellent powders
0	0	0	0	0	0		0	0	0	0	6.5	8.1	0/	0/0	Other prepared explosives, other than propellent powders
															Safety fuses; detonating cords; percussion or detonating caps; igniters; electric detonators:
															- Safety fuses
0	0	0	0	0	0		0	0	0	0	6.5	8.1	0/	0/0	Safe fusil for civil use
0	0	0	0	0	0		0	0	0	0	6.5	8.1	0/	0/0	Other safe fusil
															- Detonating cords
0	0	0	0	0	0		0	0	0	0	6.5	8.1	0/	0/0	Detonating cords for civil use
0	0	0	0	0	0		0	0	0	0	6.5	8.1	0/	0/0	Other detonating cords

税　号	货品名称	进口关税（%） 最惠国	普通	年内暂定	增值/消费税（%）	出口退税（%）	计量单位	监管证件代码	检验检疫类别	协定税率（%） 东盟	亚太	智利
3603.3000	- 火帽											
36033000.10	民用的火帽	9	50		13	0	千克	k		0		0
36033000.90	其他火帽	9	50		13	0	千克			0		0
3603.4000	- 雷管											
36034000.10	使用单个或多个雷管的装置（由单一点火信号同时起爆，不包括仅使用起爆药的雷管）	9	50		13	0	千克	3		0		0
36034000.30	民用的其他雷管	9	50		13	0	千克	k		0		0
36034000.90	其他雷管	9	50		13	0	千克			0		0
3603.5000	- 引爆器											
36035000.10	炸药雷管点火装置（用于引爆商品编码36036000.10所列雷管的）	9	50		13	0	千克	3		0		0
36035000.20	民用的其他引爆器	9	50		13	0	千克	k		0		0
36035000.90	其他引爆器	9	50		13	0	千克			0		0
3603.6000	- 电雷管											
36036000.10	爆炸桥、爆炸桥丝、冲击片、爆炸箔起爆器	9	50		13	0	千克	3		0		0
36036000.20	民用的其他电雷管	9	50		13	0	千克	k		0		0
36036000.90	其他电雷管	9	50		13	0	千克			0		0
36.04	**烟花、爆竹、信号弹、降雨火箭、浓雾信号弹及其他烟火制品：**											
3604.1000	- 烟花、爆竹	6	130		13/15	13	千克	AB	M/N	0		0
3604.9000	- 其他											
36049000.10	人工影响天气用燃爆器材、海上救生烟火信号及其他特殊用途烟火制品	6	100		13	13	千克	k		0		0
36049000.90	其他信号弹，降雨火箭及其他烟火制品	6	100		13	13	千克			0		0
36.05	**火柴，但税目36.04的烟火制品除外：**											
3605.0000	火柴，但税目36.04的烟火制品除外	6	100		13	0	千克			0		0
36.06	**各种形状的铈铁及其他引火合金；本章注释二所述的易燃材料制品：**											
3606.1000	- 直接灌注香烟打火机及类似打火器用的液体燃料或液化气体燃料，其包装容器的容积不超过300立方厘米	6	80		13	0	千克			0		0
	- 其他：											
	--- 铈铁及其他引火合金：											
3606.9011	---- 已切成形可直接使用	6	80		13	0	千克			0		0
3606.9019	---- 其他	6	50		13	0	千克			0		0
3606.9090	--- 其他	6	80		13	0	千克			0		0

协定税率（%）														特惠税率（%）①/②	Article Description
巴基斯坦	冰岛	哥斯达黎加	秘鲁	新西兰	瑞士	新加坡	韩国	澳大利亚	格鲁吉亚	毛里求斯	日本RCEP	尼加拉瓜	港澳台		
															- Percussion caps
0	0	0	0	0	0		0	0	0	0	6.5	8.1	0/	0/0	Caps for civil use
0	0	0	0	0	0		0	0	0	0	6.5	8.1	0/	0/0	Other caps
															- Detonating caps
0	0	0	0	0	0		0	0	0	0	6.5	8.1	0/	0/0	devices with one or more detonators, perimed by single igniting signal, not including detornators only with priming powder
0	0	0	0	0	0		0	0	0	0	6.5	8.1	0/	0/0	Other detonators for civil use
0	0	0	0	0	0		0	0	0	0	6.5	8.1	0/	0/0	Other detonators
															- Igniters
0	0	0	0	0	0		0	0	0	0	6.5	8.1	0/	0/0	Igniting devices for explosive detonators, priming detonators listed in commodity code 3603600010
0	0	0	0	0	0		0	0	0	0	6.5	8.1	0/	0/0	Igniters for civil use
0	0	0	0	0	0		0	0	0	0	6.5	8.1	0/	0/0	Other igniters
															- Electric detonators
0	0	0	0	0	0		0	0	0	0	6.5	8.1	0/	0/0	Explosive bridge, exploding bridgewire, slapper, explosive foil Initiator
0	0	0	0	0	0		0	0	0	0	6.5	8.1	0/	0/0	Other electric-detonators for civil use
0	0	0	0	0	0		0	0	0	0	6.5	8.1	0/	0/0	Other electric-detonators
															Fireworks, signalling flares, rain rockets, fog signals and other pyrotechnicarticles:
0	0	0	0	0	0		0	0	0	0	0	0	0/	0/0	- Fireworks
															- Other
0	0	0	0	0	0		0	0	0	0	0	0	0/	0/0	Explosive equipments used to influence the weather, marine lifesaving signal flares and other special purpose pyrotechnic articles
0	0	0	0	0	0		0	0	0	0	0	0	0/	0/0	Other signal flares, rainfall rockets and other pyrotechnic articles
															Matches, other than pyrotechnic articles of heading 36.04:
0	0	0	0	0	0		0	0	0	0	0	0	0/	0/0	Matches, other than pyrotechnic articles of heading 36.04
															Ferro-cerium and other pyrophoric alloys in all forms; articles of combustible materials as specified in Note 2 to this Chapter:
2.5	0	0	0	0	0		0	0	0	0	7.3	0	0/	0/0	- Liquid or liquefied-gas fuels in containers of a kind used for filling or refilling cigarette or similar lighters and of a capacity not exceeding $300cm^3$
															- Other:
															--- Ferro-cerium and other pyrophoricalloys:
0	0	0	0	0	0		0	0	0	0	6.5	0	0/	0/0	----Cut to shape, for immediate use
0	0	0	0	0	0		0	0	0	0	6.5	0	0/	0/0	----Other
0	0	0	0	0	0		0	0	0	0	6.5	0	0/	0/0	--- Other

第三十七章 照相及电影用品

注释：

一、本章不包括废碎料。

二、本章所称“摄影”，是指光或其他射线作用于感光面（包括热敏面）上直接或间接形成可见影像的过程。

税 号	货品名称	进口关税（%）			增值/消费税（%）	出口退税（%）	计量单位	监管证件代码	检验检疫类别	协定税率（%）		
		最惠国	普通	年内暂定						东盟	亚太	智利
37.01	未曝光的摄影感光硬片及平面软片，用纸、纸板及纺织物以外任何材料制成；未曝光的一次成像感光平片，不论是否分装：											
3701.1000	- X光用	20	40	10	13	13	千克/平方米			5	16	0
3701.2000	- 一次成像平片	5	40		13	13	千克			0		0
	- 其他硬片及软片，任何一边超过255毫米：											
	--- 照相制版用：											
3701.3021	---- 激光照排片	0	50		13	13	千克/平方米			5		0
3701.3022	----PS版	0	50		13	13	千克/平方米			5	0	0
3701.3024	----CTP版	0	50		13	13	千克/平方米			0		0
3701.3025	---- 柔性印刷版	0	50		13	13	千克/平方米			0		0
3701.3029	---- 其他	0	50		13	13	千克/平方米			5		0
3701.3090	--- 其他	0	70		13	13	千克/平方米			0	0	0
	- 其他：											
3701.9100	-- 彩色摄影用	20	70		13	13	千克			0		0
	-- 其他：											
3701.9920	--- 照相制版用											
37019920.01	石英玻璃基质的未曝光感光硬片	0	40		13	13	千克/平方米			0		0
37019920.90	照相制版用其他未曝光软片及硬片（非彩色摄影用，边长≤255毫米）	0	40		13	13	千克/平方米			0		0
3701.9990	--- 其他	0	70		13	13	千克/平方米			0		0
37.02	成卷的未曝光摄影感光胶片，用纸、纸板及纺织物以外任何材料制成；未曝光的一次成像感光卷片：											
3702.1000	- X光用	10	40		13	13	千克/平方米			5	8	0
	- 无齿孔的其他胶片，宽度不超过105毫米：											
	-- 彩色摄影用：											
3702.3110	--- 一次成像卷片	5	40		13	13	千克/平方米			0		0
3702.3190	--- 其他	56元/平方米	433元/平方米		13	13	千克/平方米			0		0

Chapter 37 Photographic or cinematographic goods

Chapter Notes:

1. This Chapter does not cover waste or scrap.

2. In this Chapter the word "photographic" relates to the process by which visible images are formed, directly or indirectly, by the action of light or other forms of radiation on photosensitive, including thermosensitive, surfaces.

协定税率（%）														特惠税率（%）①/②	Article Description
巴基斯坦	冰岛	哥斯达黎加	秘鲁	新西兰	瑞士	新加坡	韩国	澳大利亚	格鲁吉亚	毛里求斯	日本RCEP	尼加拉瓜	港澳台		
															Photographic plates and film in the flat, sensitized, unexposed, of any material other than paper, paperboard or textiles; instant print film in the flat, sensitized, unexposed, whether or not in packs:
	0	0	0	0	0		16	0	0	0			0/	0/0	- For X-ray
0	0	0	0	0	2		0	0	0	0	3.6	0	0/	0/0	- Instant print film
															- Other plates and film, with any side exceeding 255mm:
															--- For preparing printing plates or cylinders:
	0	0	0	0	0		0元/平方米	0	0	0	0	0	0/	0/0	----Laser phototypesetting film
	0	0	0	0	0		0元/平方米	0	0	0	0	0	0/	0/0	----Precoated sensitized plate
0	0	0	0	0	0		0元/平方米	0	0	0	0	0	0/	0/0	----CTP plate
	0	0	0	0	0		0元/平方米	0	0	0	0	0	0/	0/0	----Flexographic printing plates
	0	0	0	0	0		0元/平方米	0	0	0	0	0	0/	0/0	----Other
	0	0	0	0	0	0	6.6	0	0	0	0	0	0/	0/0	--- Other
															- Other:
	0	0	0	0	0	0		0	0	4.4		18.7	0/	0/0	-- For colour photography (polychrome)
															-- Other:
															--- For preparing printing plates or cylinders
2.5	0	0	0	0	0		0	0	0	0	7.3	0	0/	0/0	Unexposed photosensitive plates based on quartz glass
2.5	0	0	0	0	0		0	0	0	0	7.3	0	0/	0/0	Other plates and film, unexposed, for photolithographic process (not for colour photography, side not more than 255mm)
	0	0	0	0	0	0		0	0	0	18.2	8.5	0/	0/0	--- Other
															Photographic film in rolls, sensitized, unexposed, of any material other than paper, paperboard or textiles; instant print film in rolls, sensitized, unexposed:
	0	0	0	0	0		3.3	0	0	4.3	8.6	9	0/	0/0	- For X-ray
															- Other film, without perforations, of a width not exceeding 105mm:
															-- For colour photography (polychrome):
0	0	0	0	0	0		0	0	0	2.1	0	0	0/	0/0	--- Instant print film
	0	0	0	0		0		0	0	17.1			0/	0/0	--- Other

税　号	货品名称	进口关税（%）最惠国	普通	年内暂定	增值/消费税（%）	出口退税（%）	计量单位	监管证件代码	检验检疫类别	协定税率（%）东盟	亚太	智利
	-- 其他涂卤化银乳液的：											
3702.3210	--- 一次成像卷片	5	40		13	13	千克/平方米			0		0
3702.3220	--- 照相制版用	4.5元/平方米	104元/平方米		13	13	千克/平方米			0		0
3702.3290	--- 其他	21元/平方米	202元/平方米		13	13	千克/平方米			0		0
	-- 其他：											
3702.3920	--- 照相制版用	12元/平方米	104元/平方米		13	13	千克/平方米			0		0
3702.3990	--- 其他	24元/平方米	202元/平方米		13	13	千克/平方米			0		0
	- 无齿孔的其他胶片，宽度超过105毫米：											
3702.4100	-- 彩色摄影用，宽度超过610毫米，长度超过200米	7.1元/平方米	202元/平方米		13	13	千克/平方米					0
	-- 非彩色摄影用，宽度超过610毫米，长度超过200米：											
	--- 照相制版用：											
3702.4221	---- 印刷电路板制造用光致抗蚀干膜	0.6元/平方米	110元/平方米		13	13	千克/平方米			0		0
3702.4229	---- 其他	1.6元/平方米	110元/平方米	1.0元/平方米	13	13	千克/平方米			0	8	0
	--- 其他：											
3702.4292	---- 红色或红外激光胶片											
37024292.01	未曝光红色或红外激光胶片（宽长胶卷指宽度＞800毫米，长度＞1000米）	2.4元/平方米	213元/平方米	0.5元/平方米	13	13	千克/平方米			0	12.8	0
37024292.90	其他未曝光红色或红外激光胶片（610毫米＜宽度≤800毫米，200米＜长度≤1000米）	2.4元/平方米	213元/平方米		13	13	千克/平方米			0	12.8	0
3702.4299	---- 其他	7元/平方米	213元/平方米		13	13	千克/平方米			0	12.8	0
	-- 宽度超过610毫米，长度不超过200米：											
	--- 照相制版用：											
3702.4321	---- 激光照排片	0	104元/平方米		13	13	千克/平方米			0	8	0
3702.4329	---- 其他	3.7元/平方米	104元/平方米		13	13	千克/平方米			0	9	0
3702.4390	--- 其他	17元/平方米	202元/平方米		13	13	千克/平方米			0	16	0
	-- 宽度超过105毫米，但不超过610毫米：											
	--- 照相制版用：											
3702.4421	---- 激光照排片	2元/平方米	115元/平方米		13	13	千克/平方米			0	9	0

协定税率（%）														特惠税率（%）①/②	Article Description
巴基斯坦	冰岛	哥斯达黎加	秘鲁	新西兰	瑞士	新加坡	韩国	澳大利亚	格鲁吉亚	毛里求斯	日本RCEP	尼加拉瓜	港澳台		
															-- Other, with silver halide emulsion:
0	0	0	0	0	0		0	0	0	2.1	0	0	0/	0/0	--- Instant print film
0	0	0	0	0	0		0元/平方米	0	0	4.3	7.3	9	0/	0/0	--- For preparing printing plates or cylinders
	0	0	0	0	0	0	10.5元/平方米	0	0	9.4			0/	0/0	--- Other
															-- Other:
0	0	0	0	0	0		0元/平方米	0	0	4.3	8.1	9	0/	0/0	--- For preparing printing plates or cylinders
	0	0	0	0	0	0	12元/平方米	0	0	9.4			0/	0/0	--- Other
															- Other film, without perforations, of a width exceeding 105mm:
	0	0	0	0	0			0	0	6.9			0/	0/0	-- Of a width exceeding 610mm and of a length exceeding 200m, for colour photography (polychrome)
															-- Of a width exceeding 610mm and of a length exceeding 200m, other than for colour photography:
															--- For preparing printing plates or cylinders:
0	0	0	0	0	0	0		0	0	4.3		9	0/	0/0	----Wide anticorrosive photographic plate for printed circuit processing
0	0	0	0	0	0		0元/平方米	0	0	4.3	7.3	9	0/	0/0	----Other
															--- Other:
															----Red or infrared laser film
	0	0	0	0	0	0	0元/平方米	0	0	6.9	11.6	14.9	0/	0/0	Unexposed red or infrared laser film (of a width exceeding 800mm, of a length exceeding 1000m)
	0	0	0	0	0	0	0元/平方米	0	0	6.9	11.6	14.9	0/	0/0	Other unexposed red or infrared laser film (width exceeding 610mm, but not more than 800mm, length exceeding 200m, but not more than 1000m)
	0	0	0	0	0	0	0元/平方米	0	0	6.9	11.6	14.9	0/	0/0	----Other
															-- Of a width exceeding 610mm and of a length not exceeding 200m:
															--- For preparing printing plates or cylinders:
0	0	0	0	0	0		0元/平方米	0	0	4.3		9	0/	0/0	----Laser phototypesetting film
0	0	0	0	0	0		0元/平方米	0	0	4.3	7.3	9	0/	0/0	----Other
	0	0	0	0	0	0	5.6元/平方米	0	0	8.6	16.3	18.7	0/	0/0	--- Other
															-- Of a width exceeding 105mm but not exceeding 610mm:
															--- For preparing printing plates or cylinders:
0	0	0	0	0	0		0元/平方米	0	0	4.3	7.3	9	0/	0/0	----Laser phototypesetting film

税号	货品名称	进口关税（%） 最惠国	进口关税（%） 普通	进口关税（%） 年内暂定	增值/消费税（%）	出口退税（%）	计量单位	监管证件代码	检验检疫类别	协定税率（%） 东盟	协定税率（%） 亚太	协定税率（%） 智利
3702.4422	----印刷电路板制造用光致抗蚀干膜	5元/平方米	115元/平方米		13	13	千克/平方米			0		0
3702.4429	----其他	2.9元/平方米	115元/平方米		13	13	千克/平方米			0		0
3702.4490	---其他	27元/平方米	202元/平方米		13	13	千克/平方米			0	16	0
	-彩色摄影用的其他胶片：											
3702.5200	--宽度不超过16毫米	91元/平方米	433元/平方米		13	13	千克/平方米			0		0
3702.5300	--幻灯片用，宽度超过16毫米，但不超过35毫米，长度不超过30米	122.6元/平方米	433元/平方米		13	13	千克/平方米			0		0
	--非幻灯片用，宽度超过16毫米，但不超过35毫米，长度不超过30米：											
3702.5410	---宽度为35毫米，长度不超过2米	10元/平方米	433元/平方米		13	13	千克/平方米			5	8	0
3702.5490	---其他	24元/平方米	433元/平方米		13	13	千克/平方米			5	14.4	0
	--宽度超过16毫米，但不超过35毫米，长度超过30米：											
3702.5520	---电影胶片	8.7元/平方米	232元/平方米		13	13	千克/平方米			5	20	0
3702.5590	---其他	27元/平方米	433元/平方米		13	13	千克/平方米			5	32	0
	--宽度超过35毫米：											
3702.5620	---电影胶片	13元/平方米	232元/平方米		13	13	千克/平方米			0		0
3702.5690	---其他	74元/平方米	433元/平方米		13	13	千克/平方米			0		0
	-其他：											
3702.9600	--宽度不超过35毫米，长度不超过30米	21元/平方米	210元/平方米		13	13	千克/平方米			5		0
3702.9700	--宽度不超过35毫米，长度超过30米	9元/平方米	210元/平方米		13	13	千克/平方米			5		0
3702.9800	--宽度超过35毫米	10元/平方米	210元/平方米		13	13	千克/平方米			0		0
37.03	**未曝光的摄影感光纸、纸板及纺织物：**											
	-成卷，宽度超过610毫米：											
3703.1010	---感光纸及纸板	18	100		13	13	千克			5	14.4	0
3703.1090	---其他	18	70		13	13	千克			5	14.4	0
	-其他，彩色摄影用：											
3703.2010	---感光纸及纸板	35	100		13	13	千克			5		0
3703.2090	---其他	18	70		13	13	千克			5		0
	-其他：											

协定税率（%）														特惠税率（%）①/②	Article Description
巴基斯坦	冰岛	哥斯达黎加	秘鲁	新西兰	瑞士	新加坡	韩国	澳大利亚	格鲁吉亚	毛里求斯	日本RCEP	尼加拉瓜	港澳台		
0	0	0	0	0	0			0	0	4.3		9	0/	0/0	----Narrow anticorrosive photographic plate for printed circuit processing
0	0	0	0	0	0		0元/平方米	0	0	4.3	7.3	9	0/	0/0	----Other
	0	0	0	0	0	0	9元/平方米	0	0	8.6	16.3	18.7	0/	0/0	--- Other
															- Other film, for colour photography(pylychrome):
	0	0	0	0		0		0	0	20.1			0/	0/0	-- Of a width not exceeding 16mm
	0	0	0	0		0		0	0	20.1			0/	0/0	-- Of a width exceeding 16mm but not exceeding 35mm and of a length not exceeding 30m, for slides
															-- Of a width exceeding 16mm but not exceeding 35mm and of a length not exceeding 30m, other than for slides:
	0	0	0	0	0		7.3元/平方米	0	0	7.7		9	0/	0/0	--- Of a width 35mm and of a length not exceeding 2m
	0	0	0	0	0		8元/平方米	0	0	7.7			0/	0/0	--- Other
															-- Of a width exceeding 16mm but not exceeding 35mm and of a length exceeding 30m:
	0	0	0	0				0	0	11.1			0/	0/0	--- Cinematographic film
	0	0		0				0	0	17.1		37.3	0/	/0	--- Other
															-- Of a width exceeding 35mm:
	0	0	0	0	0	0	6.5元/平方米	0	0	10.3			0/	0/0	--- Cinematographic film
	0	0	0	0		0		0	0	17.1			0/	0/0	--- Other
															- Other:
	0	0	0	0	0		7元/平方米	0	0	8.6			0/	0/0	-- Of a width not exceeding 35mm and of a length not exceeding 30m
	0	0	0	0	0		3元/平方米	0	0	7.7			0/	0/0	-- Of a width not exceeding 35mm and of a length exceeding 30m
8元/平方米	0	0	0	0	0	0	0元/平方米	0	0	7.7	13.1	16.8	0/	0/0	-- Of a width exceeding 35mm
															Photographic paper, paperboard and textiles, sensitized, unexposed:
															- In rolls of a width exceeding 610mm:
	0	0	0	0	0		6	0	0	7.7		16.8	0/	0/0	--- Photographic paper and paperboard
	0	0	0	0	0		6	0	0	7.7			0/	0/0	--- Other
															- Other, for colour photography (polychrome):
	0	0		0				0	0	15		32.7	0/	/0	--- Photographic paper and paperboard
	0	0	0	0	0		6	0	0	7.7		16.8	0/	0/0	--- Other
															- Other:

税号	货品名称	进口关税（%）			增值/消费税（%）	出口退税（%）	计量单位	监管证件代码	检验检疫类别	协定税率（%）		
		最惠国	普通	年内暂定						东盟	亚太	智利
3703.9010	--- 感光纸及纸板	35	100		13	13	千克			5		0
3703.9090	--- 其他	18	70		13	13	千克			5		0
37.04	**已曝光未冲洗的摄影硬片、软片、纸、纸板及纺织物：**											
3704.0010	--- 电影胶片											
37040010.10	含有人类遗传资源信息资料的电影胶片（已曝光但未冲洗）	6.5	30		13	13	千克	V		0		0
37040010.20	录有广播电影电视节目的电影胶片（已曝光但未冲洗）	6.5	30		13	13	千克	b		0		0
37040010.90	其他电影胶片（已曝光但未冲洗）	6.5	30		13	13	千克			0		0
3704.0090	--- 其他											
37040090.10	含有人类遗传资源信息资料的其他已曝光未冲洗的摄影硬、软片（包括已曝光未冲洗的感光纸、纸板及纺织物）	18	70		13	13	千克	V		0		0
37040090.90	其他已曝光未冲洗的摄影硬、软片（包括已曝光未冲洗的感光纸、纸板及纺织物）	18	70		13	13	千克			0		0
37.05	**已曝光已冲洗的摄影硬片及软片，但电影胶片除外：**											
3705.0010	--- 教学专用幻灯片											
37050010.10	含有人类遗传资源信息资料的教学专用幻灯片（已曝光已冲洗）	0	0		13	13	千克	V		0		0
37050010.20	录有广播电影电视节目的教学专用幻灯片（已曝光已冲洗）	0	0		13	13	千克	b		0		0
37050010.90	其他教学专用幻灯片（已曝光已冲洗）	0	0		13	13	千克			0		0
	--- 缩微胶片：											
3705.0021	---- 书籍、报刊的											
37050021.10	含有人类遗传资源信息资料的书籍、报刊用缩微胶片（已曝光已冲洗）	0	0		13	13	千克	V		0		0
37050021.90	其他书籍、报刊用缩微胶片（已曝光已冲洗）	0	0		13	13	千克			0		0
3705.0029	---- 其他											
37050029.10	含有人类遗传资源信息资料的其他缩微胶片（已曝光已冲洗）	0	14		13	13	千克	V		0		0
37050029.90	其他缩微胶片（已曝光已冲洗）	0	14		13	13	千克			0		0
3705.0090	--- 其他											
37050090.10	含有人类遗传资源信息资料的其他摄影硬、软片（已曝光已冲洗）（电影胶片除外）	0	70		13	13	千克	V		0		0
37050090.90	其他摄影硬、软片（已曝光已冲洗）（电影胶片除外）	0	70		13	13	千克			0		0
37.06	**已曝光已冲洗的电影胶片，不论是否配有声道或仅有声道：**											
	- 宽度在35毫米及以上：											
3706.1010	--- 教学专用											
37061010.10	录有广播电影电视节目的已冲洗的教学专用中宽电影胶片	0	0		13	13	千克/米	b		0		0
37061010.90	其他已冲洗的教学专用中宽电影胶片（中宽胶片指宽度≥35毫米，不论是否配有声道或仅有声道）	0	0		13	13	千克/米			0		0
3706.1090	--- 其他											
37061090.10	录有广播电影电视节目的已冲洗的其他中宽电影胶片	5	14		13	13	千克/米	b		0		0

协定税率（%）														特惠税率（%）①/②	Article Description
巴基斯坦	冰岛	哥斯达黎加	秘鲁	新西兰	瑞士	新加坡	韩国	澳大利亚	格鲁吉亚	毛里求斯	日本RCEP	尼加拉瓜	港澳台		
	0	0		0				0	0	15		32.7	0/	/0	--- Photographic paper and paperboard
	0	0	0	0	0		6	0	0	7.7		16.8	0/	0/0	--- Other
															Photographic plates, film, paper, paperboard and textiles, exposed but not developed:
															--- Cinematographic film
0	0	0	0	0	0		0	0	0	0	4.7	0	0/	0/0	Cinematographic film containing human genetic resources information (exposed but not developed)
0	0	0	0	0	0		0	0	0	0	4.7	0	0/	0/0	Cinematographic film containing radio, film and TV programs (exposed but not developed)
0	0	0	0	0	0		0	0	0	0	4.7	0	0/	0/0	Other cinematographic film (exposed but not developed)
															--- Other
14.4	0	0	0	0	0	0	0	0	0	0	13.1	16.8	0/	0/0	Other photographic plates and film containing human genetic resources information, exposed but not developed
14.4	0	0	0	0	0	0	0	0	0	0	13.1	16.8	0/	0/0	Other photographic plates and film, exposed but not developed
															Photographic plates and film, exposed and developed, other than cinematographic film:
															--- Lantern slides, for educational use only
0	0	0	0	0	0		0	0	0	0	0	0	0/	0/0	Lantern slides containing human genetic resources information, for educational use only, exposed and developed
0	0	0	0	0	0		0	0	0	0	0	0	0/	0/0	Lantern slides containing radio, film and TV programs, for educational use only, exposed and developed
0	0	0	0	0	0		0	0	0	0	0	0	0/	0/0	Other lantern slides, for educational use only, exposed and developed
															--- Microfilms:
															----For printed books and newspapers
0	0	0	0	0	0		0	0	0	0	0	0	0/	0/0	Microfilms for printed books and newspapers, containing human genetic resources information (exposed and developed)
0	0	0	0	0	0		0	0	0	0	0	0	0/	0/0	Other microfilms for printed books and newspapers (exposed and developed)
															----Other
0	0	0	0	0	0		0	0	0	0	0	0	0/	0/0	Microfilms containing human genetic resources information, exposed and developed
0	0	0	0	0	0		0	0	0	0	0	0	0/	0/0	Other microfilms, exposed and developed
															--- Other
14.4	0	0	0	0	0	0	0	0	0	0	0	0	0/	0/0	Photographic plates and film containing human genetic resources information, exposed and developed, other than cinematographic film
14.4	0	0	0	0	0	0	0	0	0	0	0	0	0/	0/0	Other photographic plates and film, exposed and developed, other than cinematographic film
															Cinematographic film, exposed and developed, whether or not incorporating sound track or consisting only of sound track:
															- Of a width of 35mm or more:
															--- For educational use only
0	0	0	0	0	0		0	0	0	0	0	0	0/	0/0	Cinematographic film of radio, film & television programme, exposed and developed, of a width of 35mm or more, for educational use only
0	0	0	0	0	0		0	0	0	0	0	0	0/	0/0	Other cinematographic film, of a width of 35mm or more, exposed and developed, for educational use only
															--- Other
0	0	0	0	0	0		1.6	0	0	0	4.1	0	0/	0/0	Other cinematographic film of radio, film & television programme, exposed and developed, of a width of 35mm or more

税号	货品名称	进口关税（%）最惠国	进口关税（%）普通	进口关税（%）年内暂定	增值/消费税（%）	出口退税（%）	计量单位	监管证件代码	检验检疫类别	协定税率（%）东盟	协定税率（%）亚太	协定税率（%）智利
37061090.90	其他已冲洗的其他中宽电影胶片（中宽胶片指宽度≥35毫米，不论是否配有声道或仅有声道）	5	14		13	13	千克/米			0		0
	- 其他：											
3706.9010	--- 教学专用											
37069010.10	录有广播电影电视节目的教学专用其他已冲洗的电影胶片	0	0		13	13	千克/米	b		0		0
37069010.90	其他教学专用其他已冲洗的电影胶片（宽度＜35毫米）	0	0		13	13	千克/米			0		0
3706.9090	--- 其他											
37069090.10	录有广播电影电视节目的其他已冲洗的电影胶片	4	14		13	13	千克/米	b		0		0
37069090.90	其他已冲洗的电影胶片（宽度＜35毫米）	4	14		13	13	千克/米			0		0
37.07	**摄影用化学制剂（不包括上光漆、胶水、粘合剂及类似制剂）；摄影用未混合产品，定量包装或零售包装可立即使用的：**											
3707.1000	- 感光乳液											
37071000.01	不含银的感光乳液剂	8	35	4	13	13	千克			0		0
37071000.90	其他感光乳液	8	35		13	13	千克			0		0
	- 其他：											
3707.9010	--- 冲洗照相胶卷及相片用	0	100		13	13	千克			0		0
3707.9020	--- 复印机用	0	45		13	13	千克			0		0
3707.9090	--- 其他											
37079090.10	光刻胶	0	35		13	13	千克			0		0
37079090.90	其他摄影用化学制剂	0	35		13	13	千克			0		0

协定税率（%）														特惠税率（%）①/②	Article Description
巴基斯坦	冰岛	哥斯达黎加	秘鲁	新西兰	瑞士	新加坡	韩国	澳大利亚	格鲁吉亚	毛里求斯	日本RCEP	尼加拉瓜	港澳台		
0	0	0	0	0	0		1.6	0	0	0	4.1	0	0/	0/0	Other cinematographic film, of a width of 35mm or more, exposed and developed
															- Other:
															--- For educational use only
0	0	0	0	0	0		0	0	0	0	0	0	0/	0/0	Other cinematographic film of radio, film & television programme, of a width of less than 35mm, exposed and developed, for educational use only
0	0	0	0	0	0		0	0	0	0	0	0	0/	0/0	Other cinematographic film, of a width of less than 35mm, exposed and developed, for educational use only
															--- Other
0	0	0	0	0	0		0	0	0	0	0	0	0/	0/0	Other cinematographic film of radio, film & television programme, of a width of less than 35mm, exposed and developed
0	0	0	0	0	0		0	0	0	0	0	0	0/	0/0	Other cinematographic film, of a width of less than 35mm, exposed and developed
															Chemical preparations for photographic uses (other than varnishes, glues, adhesives and similar preparations); unmixed products for photographic uses, put up in measured portions or put up for retail sale in a form ready for use:
															- Sensitizing emulsions
0	0	0	0	0	0		2.6	0	0	0	6.5	0	0/	0/0	Non-silver sensitising emulsions
0	0	0	0	0	0		2.6	0	0	0	6.5	0	0/	0/0	Other sensitising emulsions
															- Other:
12.8	0	0	0	0	0	0	5.3	0	0	0	11.6	0	0/	0/0	--- For use in developing photographic film and photographs
2.5	0	0	0	0	0	0	0	0	0	0	7.3	0	0/	0/0	--- For use in photo-copying apparatus
															--- Other
0	0	0	0	0	0		0	0	0	0	5.8	0	0/	0/0	Photoresist
0	0	0	0	0	0		0	0	0	0	5.8	0	0/	0/0	Other chemical preparations for photographic uses

第三十八章　杂项化学产品

注释：

一、本章不包括：

（一）单独的已有化学定义的元素及化合物，但下列各项除外：

1. 人造石墨（税目38.01）；

2. 制成税目38.08所述的形状或包装的杀虫剂、杀鼠剂、杀菌剂、除草剂、抗萌剂、植物生长调节剂、消毒剂及类似产品；

3. 灭火器的装配药及已装药的灭火弹（税目38.13）；

4. 下列注释二所规定的检定参照物；

5. 下列注释三（一）及三（三）所规定的产品。

（二）化学品与食品或其他营养物质的混合物，配制食品用的（一般归入税目21.06）；

（三）税目24.04的产品；

（四）含有金属、砷及其混合物，并符合第二十六章注释三（一）或三（二）的规定的矿渣、矿灰和残渣（包括淤渣，但下水道淤泥除外）（税目26.20）；

（五）药品（税目30.03及30.04）；或

（六）用于提取贱金属或生产贱金属化合物的废催化剂（税目26.20），主要用于回收贵金属的废催化剂（税目71.12），或某种形状（例如，精细粉末或纱网状）的金属或金属合金催化剂（第十四类或第十五类）。

二、

（一）税目38.22所称的"检定参照物"，是指附有证书的参照物，该证书标明了参照物属性的指标、确定这些指标的方法以及与每一指标相关的确定度，这些参照物用于分析、校准和比较。

（二）除第二十八和二十九章的产品外，检定参照物在本目录中应优先归入税目38.22。

三、税目38.24包括不归入本协调制度其他税目的下列货品：

（一）每颗重量不小于2.5克的氧化镁、碱金属或碱土金属卤化物制成的培养晶体（光学元件除外）；

（二）杂醇油；骨焦油；

（三）零售包装的除墨剂；

（四）零售包装的蜡纸改正液、其他改正液及改正带（税目96.12的产品除外）；以及

（五）可熔性陶瓷测温器（例如，塞格测温锥）。

四、本目录所称"城市垃圾"，是指从家庭、宾馆、餐厅、医院、商店、办公室等收集来的废物、马路和人行道的垃圾以及建筑垃圾或拆建垃圾。城市垃圾通常含有大量各种各样的材料，例如，塑料、橡胶、木材、纸张、纺织品、玻璃、金属、食物、破烂家具和其他已损坏或被丢弃的物品。但"城市垃圾"不包括：

（一）已从垃圾中分拣出来的单独的材料或物品，例如，废的塑料、橡胶、木材、纸张、纺织品、玻璃、金属和电子电气废弃物及碎料（包括废电池），这些材料或物品应归入本目录中适当税号；

（二）工业废物；

（三）第三十章注释四（十）所规定的废药物；或

（四）本章注释六（一）所规定的医疗废物。

五、税目38.25所称"下水道淤泥"，是指经城市污水处理厂处理的淤泥，包括预处理的废料、刷洗污垢和性质不稳定的淤泥。但适合作为肥料用的性质稳定的淤泥除外（第三十一章）。

六、税目38.25所称的"其他废物"适用于：

（一）医疗废物，即医学研究、诊断、治疗以及其他内科、外科、牙科或兽医治疗所产生的被污染的废物，通常含有病菌和药物，需作专门处理（例如，脏的敷料、用过的手套及注射器）；

（二）废有机溶剂；

Chapter 38 Miscellaneous chemical products

Chapter Notes:

1. This Chapter does not cover:

(a) Separate chemically defined elements or compounds with the exception of the following:

(i)Artificial graphite (heading 38.01);

(ii)Insecticides, rodenticides, fungicides, herbicides, anti- sprouting products and plant-growth regulators, disinfectants and similar products, put up as described in heading 38.08;

(iii)Products put up as charges for fire-extinguishers or put up in fire-extinguishing grenades (heading 38.13);

(iv)Certified reference materials specified in Note 2 below;

(v)Products specified in Note 3 (a) or 3 (c) below.

(b) Mixtures of chemicals with foodstuffs or other substances with nutritive value, of a kind used in the preparation of human foodstuffs (generally heading 21.06);

(c) Products of heading 24.04;

(d) Slag, ash and residues (including sludges, other than sewage sludge), containing metals, arsenic or their mixtures and meeting the requirements of Note 3 (a) or 3 (b) to Chapter 26(heading 26.20);

(e) Medicaments (heading 30.03 or 30.04); or

(f) Spent catalysts of a kind used for the extraction of base metals or for the manufacture of chemical compounds of base metals (heading 26.20), spent catalysts of a kind used principally for the recovery of precious metal (heading 71.12) or catalysts consisting of metals or metal alloys in the form of, for example, finely divided powder or woven gauze (Section XIV or XV).

2.

(a) For the purpose of heading 38.22, the expression "certified reference materials" means reference materials which are accompanied by a certificate which indicates the values of the certified properties, the methods used to determine these values and the degree of certainty associated with each value and which are suitable for analytical, calibrating or referencing purposes.

(b) With the exception of the products of Chapter 28 or 29, for the classification of certified reference materials, heading 38.22 shall take precedence over any other heading in the Nomenclature.

3. Heading 38.24 includes the following goods which are not to be classified in any other heading of the Nomenclature:

(a) Cultured crystals (other than optical elements) weighing not less than 2.5 g each, of magnesium oxide or of the halides of the alkali or alkaline-earth metals;

(b) Fusel oil; Dippel's oil;

(c) Ink removers put up in packings for retail sale;

(d) Stencil correctors, other correcting fluids and correction tapes (other than those of heading 96.12), put up in packings for retail sale; and

(e) Ceramic firing testers, fusible (for example, Seger cones).

4. Throughout the Nomenclature, "municipal waste" means waste of a kind collected from households, hotels, restaurants, hospitals, shops, offices, etc., road and pavement sweepings, as well as construction and demolition waste. Municipal waste generally contains a large variety of materials such as plastics, rubber, wood, paper, textiles, glass, metals, food materials, broken furniture and other damaged or discarded articles. The term "municipal waste", however, does not cover:

(a) Individual materials or articles segregated from the waste, for example wastes of plastics, rubber, wood, paper, textiles, glass or metals, electrical and electronic waste and scrap (including spent batteries) which fall in their appropriate headings of the Nomenclature;

(b) Industrial waste;

(c) Waste pharmaceuticals, as defined in Note 4 (k) to Chapter 30; or

(d) Clinical waste, as defined in Note 6 (a) below.

5. For the purposes of heading 38.25, "sewage sludge" means sludge arising from urban effluent treatment plant and includes pre-treatment waste, scourings and unstabilised sludge.Stabilised sludge when suitable for use as fertiliser is excluded (Chapter 31).

6. For the purposes of heading 38.25, the expression "other wastes" applies to:

(a) Clinical waste, that is, contaminated wastearising from medical research, diagnosis, treatment or other medical, surgical, dental or veterinary procedures, which often contain pathogens and pharmaceutical substances and require special disposal procedures (for example, soiled dressings, used gloves and used syringes);

(b) Waste organic solvents;

（三）废的金属酸洗液、液压油、制动油及防冻液；以及

（四）化学工业及相关工业的其他废物。

但不包括主要含有石油及从沥青矿物提取的油类的废油（税目27.10）。

七、税目38.26所称的"生物柴油"，是指从动植物或微生物油脂（不论是否使用过）得到的用作燃料的脂肪酸单烷基酯。

子目注释：

一、子目3808.52及3808.59仅包括税目38.08的货品，含有一种或多种下列物质：甲草胺（ISO）、涕灭威（ISO）、艾氏剂（ISO）、谷硫磷（ISO）、乐杀螨（ISO）、毒杀芬（ISO）、敌菌丹（ISO）、克百威（ISO）、氯丹（ISO）、杀虫脒（ISO）、乙酯杀螨醇（ISO）、滴滴涕（ISO，INN）[1,1,1-三氯-2,2-双(4-氯苯基)乙烷]、狄氏剂（ISO，INN）、4,6-二硝基邻甲酚[二硝酚（ISO）]及其盐、地乐酚（ISO）及其盐或酯、硫丹（ISO）、1,2-二溴乙烷（ISO）、1,2-二氯乙烷（ISO）、氟乙酰胺（ISO）、七氯（ISO）、六氯苯（ISO）、1,2,3,4,5,6-六氯环己烷[六六六（ISO）]，包括林丹（ISO，INN）、汞化合物、甲胺磷（ISO）、久效磷（ISO）、环氧乙烷（氧化乙烯）、对硫磷（ISO）、甲基对硫磷（ISO）、五氯苯酚（ISO）及其盐或酯、全氟辛基磺酸及其盐、全氟辛基磺胺、全氟辛基磺酰氯、磷胺（ISO）、2,4,5-涕（ISO）（2,4,5-三氯苯氧基乙酸）及其盐或酯、三丁基锡化合物、敌百虫（ISO）。

二、子目3808.61及3808.69仅包括税目38.08项下含有下列物质的货品：α-氯氰菊酯（ISO）、恶虫威（ISO）、联苯菊酯（ISO）、虫螨腈（ISO）、氟氯氰菊酯（ISO）、溴氯菊酯（INN，ISO）、醚菊酯（INN）、杀螟硫磷（ISO）、高效氯氟氰菊酯（ISO）、马拉硫磷（ISO）、甲基嘧啶磷（ISO）、或残杀威（ISO）。

三、子目3824.81至3824.89仅包括含有下列一种或多种物质的混合物及制品：环氧乙烷（氧化乙烯）、多溴联苯（PBBs）、多氯联苯（PCBs）、多氯三联苯（PCTs）、三（2,3-二溴丙基）磷酸酯、艾氏剂（ISO）、毒杀芬（ISO）、氯丹（ISO）、十氯酮（ISO）、滴滴涕（ISO，INN）[1,1,1-三氯-2,2-双(4-氯苯基)乙烷]、狄氏剂（ISO，INN）、硫丹（ISO）、异狄氏剂（ISO）、七氯（ISO）、灭蚁灵（ISO）、1,2,3,4,5,6-六氯环己烷[六六六（ISO）]，包括林丹（ISO，INN）、五氯苯（ISO）、六氯苯（ISO）、全氟辛基磺酸及其盐、全氟辛基磺胺、全氟辛基磺酰氯，四、五、六、七或八溴联苯醚、短链氯化石蜡。

短链氯化石蜡是指分子式为CxH（2x-y+2）Cly（其中x=10-13，y=1-13），按重量计氯含量大于48%的化合物的混合物。

四、子目3825.41和3825.49所称"废有机溶剂"，是指主要含有有机溶剂的废物，不适合再作原产品使用，不论其是否用于回收溶剂。

税　号	货品名称	进口关税（%）			增值/消费税（%）	出口退税（%）	计量单位	监管证件代码	检验检疫类别	协定税率（%）		
		最惠国	普通	年内暂定						东盟	亚太	智利
38.01	人造石墨；胶态或半胶态石墨；以石墨或其他碳为基本成分的糊状、块状、板状制品或其他半制品：											
3801.1000	- 人造石墨											
38011000.10	核级石墨（纯度高于百万分之五硼当量，密度大于1.50g/cm^3）	6.5	30		13	0	千克	3		0		0
38011000.20	人造细晶粒整体石墨（20℃下的密度、拉伸断裂应变、热膨胀系数符合特殊要求）	6.5	30		13	0	千克	3		0		0
38011000.30	高纯度（>99.9%）、高强度（抗折强度>30MPa）、高密度（>1.73克/立方厘米）的人造石墨	6.5	30		13	0	千克	3		0		0
38011000.90	其他人造石墨	6.5	30		13	0	千克			0		0
3801.2000	- 胶态或半胶态石墨	6.5	30		13	0	千克			0		0
3801.3000	- 电极用碳糊及炉衬用的类似糊	6.5	35		13	0	千克			0		0
	- 其他：											
3801.9010	--- 表面处理的球化石墨	6.5	35		13	13	千克	3		0		0

(c) Wastes of metal pickling liquors, hydraulic fluids, brake fluids and anti-freezing fluids; and

(d) Other wastes from chemical or allied industries.

The expression "other wastes" does not, however, cover wastes which contain mainly petroleum oils or oils obtained from bituminous minerals (heading 27.10).

7. For the purposes of heading 38.26, the term "biodiesel" means mono-alkyl esters of fatty acids of a kind used as a fuel, derived from animal, vegetable or microbial fats and oils whether or not used.

Subheading Notes:

1. Subheadings 3808.52 and 3808.59 cover only goods of heading 38.08, containing one or more of the following substances: alachlor (ISO); aldicarb (ISO); aldrin (ISO); azinphos-methyl (ISO); binapacryl (ISO); camphechlor (ISO) (toxaphene); captafol (ISO); carbofuran (ISO); chlordane (ISO); chlordimeform (ISO); chlorobenzilate (ISO); DDT (ISO) (clofenotane (INN), 1,1,1-trichloro-2,2-bis(p-chlorophenyl)ethane); dieldrin (ISO, INN); 4,6-dinitro-o-cresol (DNOC (ISO)) or its salts; dinoseb (ISO), its salts or its esters; endosulfan (ISO); ethylene dibromide (ISO) (1,2-dibromoethane); ethylene dichloride (ISO) (1,2-dichloroethane); fluoroacetamide (ISO); heptachlor (ISO); hexachlorobenzene (ISO); 1,2,3,4,5,6-hexachlorocyclohexane (HCH (ISO)), including lindane (ISO, INN); mercury compounds; methamidophos (ISO); monocrotophos (ISO); oxirane (ethylene oxide); parathion (ISO); parathion-methyl (ISO) (methyl-parathion); pentachlorophenol (ISO), its salts or its esters; perfluorooctane sulphonic acid and its salts; perfluorooctane sulphonamides; perfluorooctane sulphonyl fluoride; phosphamidon (ISO); 2,4,5-T (ISO) (2,4,5-trichlorophenoxyacetic acid), its salts or its esters; tributyltin compounds; trichlorfon (ISO).

2. Subheadings 3808.61 to 3808.69 cover only goods of heading 38.08, containing alpha-cypermethrin (ISO), bendiocarb (ISO), bifenthrin (ISO), chlorfenapyr (ISO), cyfluthrin (ISO), deltamethrin (INN, ISO), etofenprox (INN), fenitrothion (ISO), lambda-cyhalothrin (ISO), malathion (ISO), pirimiphos-methyl (ISO) or propoxur (ISO).

3. Subheadings 3824.81 to 3824.89 cover only mixtures and preparations containing one or more of the following substances: oxirane (ethylene oxide); polybrominated biphenyls (PBBs); polychlorinated biphenyls (PCBs); polychlorinated terphenyls (PCTs); tris(2,3-dibromopropyl) phosphate; aldrin (ISO); camphechlor (ISO) (toxaphene); chlordane (ISO); chlordecone (ISO); DDT (ISO) (clofenotane (INN); 1,1,1-trichloro-2,2-bis(p-chlorophenyl)ethane); dieldrin (ISO, INN); endosulfan (ISO); endrin (ISO); heptachlor (ISO); mirex (ISO); 1,2,3,4,5,6-hexachlorocyclohexane (HCH (ISO)), including lindane (ISO, INN); pentachlorobenzene (ISO); hexachlorobenzene (ISO); perfluorooctane sulphonic acid, its salts; perfluorooctane sulphonamides; perfluorooctane sulphonyl fluoride; tetra-, penta-, hexa-, hepta- or octabromodiphenyl ethers; short-chain chlorinated paraffins.

Short-chain chlorinated paraffins are mixtures of compounds, with a chlorination degree of more than 48% by weight, with the following molecular formula: CxH(2x-y+2)Cly, where x=10 - 13 and y= 1 – 13.

4. For the purposes of subheadings 3825.41 and 3825.49, "waste organic solvents" are wastes containing mainly organic solvents, not fit for further use as presented as primary products, whether or not intended for recovery of the solvents.

协定税率（%）														特惠税率（%）①/②	Article Description
巴基斯坦	冰岛	哥斯达黎加	秘鲁	新西兰	瑞士	新加坡	韩国	澳大利亚	格鲁吉亚	毛里求斯	日本RCEP	尼加拉瓜	港澳台		
															Artificial graphite; colloidal or semicolloidal graphite; preparations based on graphite or other carbon in the form of pastes, blocks, plates or other semi-manufactures:
															- Artificial graphite
0	0	0	0	0	0		0	0	0	0	4.7	0	0/	0/0	Nuclear grade graphite (with a boron content of more than five part per million, density more than 1.50g/cm³)
0	0	0	0	0	0		0	0	0	0	4.7	0	0/	0/0	Artificial fine-grained graphite (Density at 20°C, tensile fracture strain, coefficient of thermal expansion meet specific criteria)
0	0	0	0	0	0		0	0	0	0	4.7	0	0/	0/0	Artificial graphite with high purity (>99.9%), high strength (flexural strength>30MPa), and high density (>1.73 g/cm³)
0	0	0	0	0	0		0	0	0	0	4.7	0	0/	0/0	Other artificial graphite
0	0	0	0	0	0		2.1	0	0	0	5.3	0	0/	0/0	- Colloidal or semi-colloidal graphite
0	0	0	0	0	0		0	0	0	0	4.7	0	0/	0/0	- Carbonaceous pastes for electrodes and similar pastes for furnace linings
															- Other:
0	0	0	0	0	0		0	0	0	0	4.7	0	0/	0/0	--- Spheroidized graphite by Surface treatment

税　号	货品名称	进口关税（%）			增值/消费税（%）	出口退税（%）	计量单位	监管证件代码	检验检疫类别	协定税率（%）		
		最惠国	普通	年内暂定						东盟	亚太	智利
3801.9090	--- 其他											
38019090.10	以高纯度（>99.9%）、高强度（抗折强度>30Mpa）、高密度（>1.73克/立方厘米）的人造石墨为基本成分的半制品；以天然鳞片石墨为基本成分的半制品	6.5	35		13	0	千克	3		0		0
38019090.90	其他以石墨或其他碳为基本成分的糊状、块状、板状制品或其他半制品	6.5	35		13	0	千克			0		0
38.02	**活性炭；活性天然矿产品；动物炭黑，包括废动物炭黑：**											
	- 活性炭：											
3802.1010	--- 木质的	6.5	20		13	0	千克	G		0	4.2	0
3802.1090	--- 其他	6.5	20		13	0	千克	G		0	4.2	0
3802.9000	- 其他											
38029000.10	濒危动物炭黑（包括废动物炭黑）	10	45		13	0	千克	FE		0		0
38029000.90	活性天然矿产品；其他动物炭黑（包括废动物炭黑）	10	45		13	0	千克			0		0
38.03	**妥尔油，不论是否精炼：**											
3803.0000	妥尔油，不论是否精炼	6.5	35		13	0	千克			0		0
38.04	**木浆残余碱液，不论是否浓缩、脱糖或经化学处理，包括木素磺酸盐，但不包括税目38.03的妥尔油：**											
3804.0000	木浆残余碱液，不论是否浓缩、脱糖或经化学处理，包括木素磺酸盐，但不包括税目38.03的妥尔油											
38040000.10	未经浓缩、脱糖或经过化学处理的木浆残余碱液（妥尔油除外）	6.5	35		13	0	千克	9		0		0
38040000.90	经浓缩、脱糖或经过化学处理的木浆残余碱液，包括木素磺酸盐（妥尔油除外）	6.5	35		13	0	千克			0		0
38.05	**脂松节油、木松节油和硫酸盐松节油及其他萜烯油，用蒸馏或其他方法从针叶木制得；粗制二聚戊烯；亚硫酸盐松节油及其他粗制对异丙基苯甲烷；以α萜品醇为基本成分的松油：**											
3805.1000	- 脂松节油、木松节油和硫酸盐松节油	6.5	50		13	0	千克	AB	M/N	0		0
	- 其他：											
3805.9010	--- 松油	6.5	50		13	0	千克	AB	M/N	0		0
3805.9090	--- 其他	6.5	50		13	0	千克			0		0
38.06	**松香和树脂酸及其衍生物；松香精及松香油；再熔胶：**											
	- 松香及树脂酸：											
3806.1010	--- 松香	10	70		13	0	千克			0		0
3806.1020	--- 树脂酸	10	70		13	0	千克			0		0
	- 松香盐、树脂酸盐及松香或树脂酸衍生物的盐，但松香加合物的盐除外：											
3806.2010	--- 松香盐及树脂酸盐	6.5	40		13	13	千克			0		0
3806.2090	--- 其他	6.5	40		13	13	千克			0		0
3806.3000	- 酯胶	6.5	50		13	0	千克	AB	PR/QS	0		0
3806.9000	- 其他	6.5	40		13	0	千克			0		0

协定税率（%）														特惠税率（%）①/②	Article Description
巴基斯坦	冰岛	哥斯达黎加	秘鲁	新西兰	瑞士	新加坡	韩国	澳大利亚	格鲁吉亚	毛里求斯	日本RCEP	尼加拉瓜	港澳台		
															--- Other
0	0	0	0	0	0		0	0	0	0	4.7	0	0/	0/0	Semimanufactures based on artificial graphite with high purity (>99.9%), high strength (flexural strength>30Mpa), and high density (>1.73 g/cm^3) ; Semimanufactures based on natural flake graphite
0	0	0	0	0	0		0	0	0	0	4.7	0	0/	0/0	Other preparations based on graphite or other carbon in the form of pastes, blocks, plates or other semimanufactures
															Activated carbon; activated natural mineral products; animal black, including spent animal black:
															- Activated carbon:
0	0	0	0	0	0		0	0	0	0	4.7	0	0/	0/0	--- Wood based
0	0	0	0	0	0		0	0	0	0	4.7	0	0/	0/0	--- Other
															- Other
2.5	0	0	0	0	0	0	0	0	0	0	7.3	9	0/	0/0	Endangered animal black (including spent animal black)
2.5	0	0	0	0	0	0	0	0	0	0	7.3	9	0/	0/0	Activated natural mineral products; other animal black (including spent animal black)
															Tall oil, whether or not refined:
0	0	0	0	0	0		0	0	0	0	4.7	0	0/	0/0	Tall oil, whether or not refined
															Residual lyes from the manufacture of wood pulp, whether or not concentrated, desugared or chemically treated, including lignin sulphonates, but excluding tall oil of heading 38.03:
															Residual lyes from the manufacture of wood pulp, whether or not concentrated, desugared or chemically treated, including lignin sulphonates, but excluding tall oil of heading 38.03
0	0	0	0	0	0		0	0	0	0	4.7	0	0/	0/0	Residual lyes from the manufacture of wood pulp, not concentrated, not desugared nor chemically treated, including lignin sulphonates (other than tall oil)
0	0	0	0	0	0		0	0	0	0	4.7	0	0/	0/0	Residual lyes from the manufacture of wood pulp, concentrated, desugared or chemically treated, including lignin sulphonates (other than tall oil)
															Gum, wood or sulphate turpentine and othe terpenic oils produced by the distillation or other treatment of coniferous woods; crude dipentene; sulphite turpentine and other crude paracymene; pine oil containing alpha terpineol as the main constituent:
0	0	0	0	0	0		0	0	0	0	4.7	0	0/	0/0	- Gum, wood or sulphate turpentine oils
															- Other:
0	0	0	0	0	0		0	0	0	0	4.7	0	0/	0/0	--- Pine oil
0	0	0	0	0	0		0	0	0	0	4.7	0	0/	0/0	--- Other
															Rosin and resin acids, and derivatives thereof; rosin spirit and rosin oils; rungums:
															- Rosinand resin acids:
2.5	0	0	0	0	0	0	0	0	0	0	7.3	9	0/	0/0	--- Rosin
2.5	0	0	0	0	0		0	0	0	0	7.3	9	0/	0/0	--- Resin acides
															- Salts of rosin, of resin acids or of derivatives of rosin or resin acids, other than salts of rosin adducts:
0	0	0	0	0	0		0	0	0	0	4.7	0	0/	0/0	--- Salts of rosin, of resin acids
0	0	0	0	0	0		0	0	0	0	4.7	0	0/	0/0	--- Other
0	0	0	0	0	0		0	0	0	0	4.7	0	0/	0/0	- Ester gums
0	0	0	0	0	0		0	0	0	0	4.7	0	0/	0/0	- Other

税　号	货品名称	进口关税（%）			增值/消费税（%）	出口退税（%）	计量单位	监管证件代码	检验检疫类别	协定税率（%）		
		最惠国	普通	年内暂定						东盟	亚太	智利
38.07	木焦油；精制木焦油；木杂酚油；粗木精；植物沥青；以松香、树脂酸或植物沥青为基本成分的啤酒桶沥青及类似制品：											
3807.0000	木焦油；精制木焦油；木杂酚油；粗木精；植物沥青；以松香、树脂酸或植物沥青为基本成分的啤酒桶沥青及类似制品	6.5	35		13	0	千克			0		0
38.08	杀虫剂、杀鼠剂、杀菌剂、除草剂、抗萌剂、植物生长调节剂、消毒剂及类似产品，零售形状、零售包装或制成制剂及成品（例如，经硫磺处理的带子、杀虫灯芯、蜡烛及捕蝇纸）：											
	- 本章子目注释一所列货品：											
3808.5200	-- DDT（ISO）[滴滴涕（INN）]，每包净重不超过300克	9	35		9	9	千克	89		0		0
	-- 其他：											
3808.5920	--- 零售包装的											
38085920.30	零售包装含艾氏剂、毒杀芬、氯丹、滴滴涕、狄氏剂、硫丹、七氯、六氯苯、α-六氯环己烷、β-六氯环己烷或林丹的货品	9	37		9	9	千克	89		0		0
38085920.40	零售包装的含有克百威或敌百虫的含汞杀虫剂	9	37		9	9	千克	89		0		0
38085920.50	零售包装的含有克百威或敌百虫，但不含其他第38章子目注释一所列物质的杀虫剂成药	9	37		9	9	千克	AS	M/	0		0
38085920.60	其他零售包装含一种第38章子目注释一所列物质的货品	9	37		9	9	千克	S		0		0
38085920.90	其他零售包装含多种第38章子目注释一所列物质的货品	9	37		9	9	千克			0		0
3808.5990	--- 其他											
38085990.30	非零售包装含艾氏剂、毒杀芬、氯丹、滴滴涕、狄氏剂、硫丹、七氯、六氯苯、α-六氯环己烷、β-六氯环己烷或林丹的货品	6.5	15		9	9	千克	89		0		0
38085990.40	非零售包装的含有克百威或敌百虫的含汞杀虫剂	6.5	15		9	9	千克	89		0		0
38085990.50	非零售包装的含有克百威或敌百虫，但不含其他第38章子目注释一所列物质的杀虫剂成药	6.5	15		9	9	千克	AS	M/	0		0
38085990.60	其他非零售包装含一种第38章子目注释一所列物质的货品	6.5	15		9	9	千克	AS	M/	0		0
38085990.90	其他非零售包装含多种第38章子目注释一所列物质的货品	6.5	15		9	9	千克			0		0
	- 本章子目注释二所列货品：											
3808.6100	-- 每包净重不超过300克	10	35		9	9	千克	AS	M/	0	6.5	0
3808.6200	-- 每包净重超过300克，但不超过7.5千克	10	35		9	9	千克	AS	M/	0	6.5	0

协定税率（%）														特惠税率（%）①/②	Article Description
巴基斯坦	冰岛	哥斯达黎加	秘鲁	新西兰	瑞士	新加坡	韩国	澳大利亚	格鲁吉亚	毛里求斯	日本RCEP	尼加拉瓜	港澳台		
															Wood tar; wood tar oils; wood creosote; wood naphtha; vegetable pitch; brewers pitch and similar preparations based on rosin, resin acids or on vegetable pitch:
0	0	0	0	0	0		0	0	0	0	4.7	0	0/	0/0	Wood tar; wood tar oils; wood creosote; wood naphtha; vegetable pitch; brewers pitch and similar preparations based on rosin, resin acids or on vegetable pitch
															Insecticides, rodenticides, fungicides, herbicides, anti-sprouting products and plantgrowth regulators, disinfectants and similar products, put up in forms or packings for retail sale or as preparations or articles (for example, sulphur-treated bands, wicks and candles, and fly-papers):
															- Goods specified in Subheading Note 1 to this Chapter:
0	0	0	0	0	0		0	0	0	0	6.5	8.1	0/	0/0	-- DDT (ISO) (clofenotane (INN)), in packings of a net weight content not exceeding 300g
															-- Other:
															--- Put up for retail sale
0.8	0	0	0	0	0		0	0	0	0	6.5	8.4	0/	0/0	Goods containing aldrin, toxaphene, chlordane, DDT, dieldrin, endosulfan, heptachlor and hexachlorobenzene, α-hexachlorocyclohexane, β-hexachlorocyclohexane or lindane, put up for retail sale
0.8	0	0	0	0	0		0	0	0	0	6.5	8.4	0/	0/0	Insecticides containing carbofuran or trichlorfon, containing mercury, put up for retail sale
0.8	0	0	0	0	0		0	0	0	0	6.5	8.4	0/	0/0	Insecticides containing carbofuran or trichlorfon, but not containing substances specified in Subheading Note 1 to Chapter 38, put up for retail sale
0.8	0	0	0	0	0		0	0	0	0	6.5	8.4	0/	0/0	Other goods containing one of the substances specified in Subheading Note 1 to Chapter 38, put up for retail sale
0.8	0	0	0	0	0		0	0	0	0	6.5	8.4	0/	0/0	Other goods containing more than one of the substances specified in Subheading Note 1 to Chapter 38, put up for retail sale
															--- Other
0.4	0	0	0	0	0		0	0	0	0	0	2.3	0/	0/0	Goods containing aldrin, toxaphene, chlordane, DDT, dieldrin, endosulfan, heptachlor and hexachlorobenzene, α-hexachlorocyclohexane, β-hexachlorocyclohexane or lindane, put up for retail sale
0.4	0	0	0	0	0		0	0	0	0	0	2.3	0/	0/0	Insecticides containing carbofuran or trichlorfon, containing mercury, put up for retail sale
0.4	0	0	0	0	0		0	0	0	0	0	2.3	0/	0/0	Insecticides containing carbofuran or trichlorfon, but not containing substances specified in Subheading Note 1 to Chapter 38, not put up for retail sale
0.4	0	0	0	0	0		0	0	0	0	0	2.3	0/	0/0	Other goods containing one of the substances specified in Subheading Note 1 to Chapter 38, not put up for retail sale
0.4	0	0	0	0	0		0	0	0	0	0	2.3	0/	0/0	Other goods containing more than one of the substances specified in Subheading Note 1 to Chapter 38, not put up for retail sale
															- Goods specified in Subheading Note 2 to this Chapter:
0	0	0	0	0	0		0	0	0	0	7.3	9	0/		-- In packings of a net weight content not exceeding 300g
0	0	0	0	0	0		0	0	0	0	7.3	9	0/	0/0	-- In packings of a net weight content exceeding 300g but not exceeding 7.5kg

税号	货品名称	进口关税（%）			增值/消费税（%）	出口退税（%）	计量单位	监管证件代码	检验检疫类别	协定税率（%）		
		最惠国	普通	年内暂定						东盟	亚太	智利
3808.6900	-- 其他	6	11		9	9	千克	AS	M/	0	3.9	0
	- 其他：											
	-- 杀虫剂：											
	--- 零售包装：											
3808.9111	---- 蚊香	10	80		13	13	千克	AS	M/	0	0	0
3808.9112	---- 生物杀虫剂											
38089112.10	零售包装的含汞生物杀虫剂	10	35		9	9	千克	89		0	6.5	0
38089112.90	零售包装的其他生物杀虫剂	10	35		9	9	千克	AS	M/	0	6.5	0
3808.9119	---- 其他											
38089119.10	零售包装的含有灭蚁灵或十氯酮的杀虫剂	10	35		9	9	千克	89		0	6.5	0
38089119.20	零售包装的其他含汞杀虫剂	10	35		9	9	千克	89		0	6.5	0
38089119.90	其他零售包装的杀虫剂成药	10	35		9	9	千克	AS	M/	0	6.5	0
3808.9190	--- 其他											
38089190.10	非零售包装的含有灭蚁灵或十氯酮的杀虫剂	6	11		9	9	千克	89		0	3.9	0
38089190.20	非零售包装的含汞杀虫剂	6	11		9	9	千克	89		0	3.9	0
38089190.30	多杀霉素，乙基多杀菌素	6	11		9	9	千克	AS	M/	0	3.9	0
38089190.90	其他非零售包装杀虫剂成药	6	11		9	9	千克	AS	M/	0	3.9	0
	-- 杀菌剂：											
3808.9210	--- 零售包装											
38089210.10	零售包装的含汞杀菌剂	9	35		13	13	千克	89		0		0
38089210.90	零售包装的其他杀菌剂成药	9	35		13	13	千克	S		0		0
3808.9290	--- 其他											
38089290.10	非零售包装的医用杀菌剂	6	11		13	13	千克			0		0
38089290.21	经农药杀菌剂浸渍的纸质水果套袋	6	11		13	13	千克	S		0		0
38089290.29	非零售包装的其他农用杀菌剂成药	6	11		9	9	千克	S		0		0
38089290.30	非零售包装的含汞杀菌剂	6	11		13	13	千克	89		0		0
38089290.90	非零售包装的非农用杀菌剂成药（包括非医用杀菌剂）	6	11		9	9	千克			0		0
	-- 除草剂、抗萌剂及植物生长调节剂：											
	--- 除草剂：											
3808.9311	---- 零售包装											
38089311.10	零售包装的含汞除草剂	9	35		9	9	千克	89		0		0
38089311.90	零售包装的除草剂成药	9	35		9	9	千克	AS	M/	0		0
3808.9319	---- 其他											
38089319.10	非零售包装百草枯母液	5	11		9	9	千克	AS	M/	0	3.3	0
38089319.20	非零售包装的含汞除草剂	5	11		9	9	千克	89		0	3.3	0
38089319.90	其他非零售包装的除草剂成药	5	11		9	9	千克	AS	M/	0	3.3	0
	--- 其他：											
3808.9391	---- 零售包装											
38089391.10	零售包装的含汞抗萌剂及植物生长调节剂	9	35		9	9	千克	89		0	5.9	0
38089391.90	零售包装的其他抗萌剂及植物生长调节剂	9	35		9	9	千克	S		0	5.9	0
3808.9399	---- 其他											
38089399.10	非零售包装的含汞抗萌剂及植物生长调节剂	6	14		9	9	千克	89		0	3.9	0

协定税率（%）														特惠税率（%）①/②	Article Description
巴基斯坦	冰岛	哥斯达黎加	秘鲁	新西兰	瑞士	新加坡	韩国	澳大利亚	格鲁吉亚	毛里求斯	日本RCEP	尼加拉瓜	港澳台		
0	0	0	0	0	0		0	0	0	0	4.4	0	0/	0/0	-- Other
															- Other:
															-- Insecticides:
															--- Put up for retail sale:
0	0	0	0	0	0		0	0	0	0	7.3	9	0/	0/0	----Mosquito smudges
															----Biopesticide
2.5	0	0	0	0	0		0	0	0	0	7.3	9	0/	0/0	Biopesticides containing mercury, put up for retail sale
2.5	0	0	0	0	0		0	0	0	0	7.3	9	0/	0/0	Other biopesticides, put up for retail sale
															----Other
2.5	0	0	0	0	0		0	0	0	0	7.3	9	0/	0/0	Insecticides containing mirex or chlordecone, put up for retail sale
2.5	0	0	0	0	0		0	0	0	0	7.3	9	0/	0/0	Other insecticides containing mercury, put up for retail sale
2.5	0	0	0	0	0		0	0	0	0	7.3	9	0/	0/0	Other insecticides, put up for retail sale
															--- Other
0	0	0	0	0	0		0	0	0	0	4.4	0	0/	0/0	Insecticides containing mirex or chlordecone, not put up for retail sale
0	0	0	0	0	0		0	0	0	0	4.4	0	0/	0/0	Other insecticides containing mercury, not put up for retail sale
0	0	0	0	0	0		0	0	0	0	4.4	0	0/	0/0	Spinosad, ethyl spinosad
0	0	0	0	0	0		0	0	0	0	4.4	0	0/	0/0	Other insecticides, not put up for retail sale
															-- Fungicides:
															--- Put up for retail sale
0	0	0	0	0	0		0	0	0	0	6.5	8.1	0/	0/0	Fungicides containing mercury, put up for retail sale
0	0	0	0	0	0		0	0	0	0	6.5	8.1	0/	0/0	Other fungicides, put up for retail sale
															--- Other
0	0	0	0	0	0		0	0	0	0	4.4	0	0/	0/0	Medical fungicides, not put up for retail sale
0	0	0	0	0	0		0	0	0	0	4.4	0	0/	0/0	Paper fruit bagging, impregnated by pesticide fungicides
0	0	0	0	0	0		0	0	0	0	4.4	0	0/	0/0	Other agricultural fungicides medicaments, not put up for retail sale
0	0	0	0	0	0		0	0	0	0	4.4	0	0/	0/0	Fungicides containing mercury, not put up for retail sale
0	0	0	0	0	0		0	0	0	0	4.4	0	0/	0/0	Non-agricultural fungicides medicaments (including non-medical bactericide), not put up for retail sale
															-- Herbicides, anti-sprouting products and plant-growth regulators:
															--- Herbicides:
															----Put up for retail sale
0	0	0	0	0	0		0	0	0	0	6.5	8.1	0/	0/0	Herbicides containing mercury, put up for retail sale
0	0	0	0	0	0		0	0	0	0	6.5	8.1	0/	0/0	Herbicides, put up for retail sale
															----Other
0	0	0	0	0	0		0	0	0	0	3.6	0	0/	0/0	Paraquat mother-liquor, not put up for retail sale
0	0	0	0	0	0		0	0	0	0	3.6	0	0/	0/0	Herbicides containing mercury, not put up for retail sale
0	0	0	0	0	0		0	0	0	0	3.6	0	0/	0/0	Other herbicides medicine, not put up for retail sale
															--- Other:
															----Put up for retail sale
0	0	0	0	0	0		0	0	0	0	6.5	8.1	0/	0/0	Anti-sprouting products and plant-growth regulators containing mercury, put up for retail sale
0	0	0	0	0	0		0	0	0	0	6.5	8.1	0/	0/0	Other anti-sprouting products and plant-growth regulators, put up for retail sale
															----Other
0	0	0	0	0	0		0	0	0	0	0	0	0/	0/0	Anti-sprouting products and plant-growth regulators containing mercury, not put up for retail sale

税号	货品名称	进口关税（%）最惠国	进口关税（%）普通	进口关税（%）年内暂定	增值/消费税（%）	出口退税（%）	计量单位	监管证件代码	检验检疫类别	协定税率（%）东盟	协定税率（%）亚太	协定税率（%）智利
38089399.90	非零售包装的其他抗萌剂及植物生长调节剂	6	14		9	9	千克	S		0	3.9	0
3808.9400	-- 消毒剂											
38089400.10	医用消毒剂	9	35		13	13	千克			0		0
38089400.30	含汞消毒剂	9	35		9	9	千克	89		0		0
38089400.40	兽用已配剂量消毒剂（进口兽药管理目录的商品）	9	35		9	9	千克	R		0		0
38089400.90	其他非医用消毒剂	9	35		9	9	千克			0		0
	-- 其他：											
3808.9910	--- 零售包装											
38089910.10	零售包装的农业杀螨剂、杀线虫剂	9	35		9	9	千克	S		0		0
38089910.90	零售包装的其他杀鼠剂及其他农药	9	35		9	9	千克	S		0		0
3808.9990	--- 其他											
38089990.10	非零售包装的农业杀螨剂、杀线虫剂	9	14		9	9	千克	S		0		0
38089990.90	非零售包装的其他杀鼠剂及其他农药	9	14		9	9	千克	S		0		0
38.09	**纺织、造纸、制革及类似工业用的其他税目未列名的整理剂、染料加速着色或固色助剂及其他产品和制剂（例如，修整剂及媒染剂）：**											
3809.1000	- 以淀粉物质为基本成分	10	35		13	0	千克			0		0
	- 其他：											
3809.9100	-- 纺织工业及类似工业用	6.5	35		13	0	千克			0	6	0
3809.9200	-- 造纸工业及类似工业用	6.5	35		13	0	千克			0		0
3809.9300	-- 制革工业及类似工业用	6.5	35		13	0	千克			0		0
38.10	**金属表面酸洗剂；焊接用的焊剂及其他辅助剂；金属及其他材料制成的焊粉或焊膏；作焊条芯子或焊条涂料用的制品：**											
3810.1000	- 金属表面酸洗剂；金属及其他材料制成的焊粉或焊膏	6.5	35		13	13	千克			0	6	0
3810.9000	- 其他	6.5	35		13	0	千克			0		0
38.11	**抗震剂、抗氧剂、防胶剂、黏度改良剂、防腐蚀制剂及其他配制添加剂，用于矿物油（包括汽油）或与矿物油同样用途的其他液体：**											
	- 抗震剂：											
3811.1100	-- 以铅化合物为基本成分	6.5	35		13	0	千克			0		0
3811.1900	-- 其他	6.5	35		13	0	千克			0		0
	- 润滑油添加剂：											
3811.2100	-- 含有石油或从沥青矿物提取的油类	6.5	35		13	0	千克			0		0
3811.2900	-- 其他	6.5	35		13	0	千克			0	5.5	0
3811.9000	- 其他	6.5	35		13	0	千克			0		0
38.12	**配制的橡胶促进剂；其他税目未列名的橡胶或塑料用复合增塑剂；橡胶或塑料用抗氧制剂及其他复合稳定剂：**											

协定税率（%）														特惠税率（%）①/②	Article Description
巴基斯坦	冰岛	哥斯达黎加	秘鲁	新西兰	瑞士	新加坡	韩国	澳大利亚	格鲁吉亚	毛里求斯	日本RCEP	尼加拉瓜	港澳台		
0	0	0	0	0	0		0	0	0	0	0	0	0/	0/0	Anti-sprouting products and plant-growth regulators, not put up for retail sale
															-- Disinfectants
2.5	0	0	0	0	0		0	0	0	0	6.5	8.1	0/	0/0	Medical disinfectants
2.5	0	0	0	0	0		0	0	0	0	6.5	8.1	0/	0/0	Disinfectants containing mercury
2.5	0	0	0	0	0		0	0	0	0	6.5	8.1	0/	0/0	Disinfectants for veterinary use (listed in Catalogue of Imported Veterinary Drugs)
2.5	0	0	0	0	0		0	0	0	0	6.5	8.1	0/	0/0	Other non-medical disinfectants
															-- Other:
															--- Put up for retail sale
0	0	0	0	0	0		0	0	0	0	6.5	8.1	0/	0/0	Agricultural acaricide and nematicide, put up for retail sale
0	0	0	0	0	0		0	0	0	0	6.5	8.1	0/	0/0	Other rodenticides and other pesticides, put up for retail sale
															--- Other
0	0	0	0	0	0		0	0	0	0	6.5	8.1	0/	0/0	Agricultural acaricide and nematicide, not put up for retail sale
0	0	0	0	0	0		0	0	0	0	6.5	8.1	0/	0/0	Other rodenticides and other pesticides, not put up for retail sale
															Finishing agents, dye carriers to accelerate the dyeing or fixing of dye-stuffs and other products and preparations (for example, dressings and mordants), of a kind used in the textile, paper, leather or like industries, not elsewhere specified or included:
0	0	0	0	0	0	0	0	0	0	0	7.3	9	0/	0/0	- With a basis of amylaceous substances
															- Other:
0	0	0	0	0	0		0	0	0	0	4.7	0	0/	0/0	-- Of a kind used in the textile or like industries
0	0	0	0	0	0		0	0	0	0	4.7	0	0/	0/0	-- Of a kind used in the paper or like industries
0	0	0	0	0	0		0	0	0	0	4.7	0	0/	0/0	-- Of a kind used in the leather or like industries
															Pickling preparations for metal surfaces; fluxes and other auxiliary preparations for soldering, brazing or welding; soldering, brazing or welding powders and pastes consisting of metal and other materials; preparations of a kind used as cores or coatings for welding electrodes or rods:
0	0	0	0	0	0		2.1	0	0	0	5.3	0	0/	0/0	- Pickling preparations for metal surfaces; soldering, brazing or welding powders and pastes consisting of metal and other materials
0	0	0	0	0	0		2.1	0	0	0	5.3	0	0/	0/0	- Other
															Anti-knock preparations, oxidation inhibitors, gum inhibitors, viscosity improvers, anti-corrosive preparations and other prepared additives, for mineral oils (including gasoline) or for otherliquids used for the same purposes as mineral oils:
															- Anti-knock preparations:
0	0	0	0	0	0		0	0	0	0	4.7	0	0/	0/0	-- Based on lead compounds
0	0	0	0	0	0		0	0	0	0	4.7	0	0/	0/0	-- Other
															- Additives for lubricating oils:
0	0	0	0	0	0		0	0	0	0	4.7	0	0/	0/0	-- Containing petroleum oils or oils obtained from bituminous minerals
0	0	0	0	0	0		0	0	0	0	4.7	0	0/	0/0	-- Other
0	0	0	0	0	0		0	0	0	0	4.7	0	0/	0/0	- Other
															Prepared rubber accelerators; compounds plasticizers for rubber or plastics, not elsewhere specified or included; anti-oxidizing preparations and other compound stabilizers for rubber or plastics:

税号	货品名称	进口关税(%) 最惠国	普通	年内暂定	增值/消费税(%)	出口退税(%)	计量单位	监管证件代码	检验检疫类别	协定税率(%) 东盟	亚太	智利
3812.1000	- 配制的橡胶促进剂	6	20		13	13	千克			0		0
3812.2000	- 橡胶或塑料用复合增塑剂	6.5	35		13	13	千克			0		0
	- 橡胶或塑料用抗氧制剂及其他复合稳定剂:											
3812.3100	-- 2,2,4-三甲基-1,2-二氢化喹啉(TMQ)低聚体混合物	6	20		13	13	千克			0		0
	-- 其他:											
3812.3910	--- 其他橡胶防老剂	6	20		13	13	千克			0		0
3812.3990	--- 其他	6.5	35		13	13	千克			0	4.6	0
38.13	**灭火器的装配药;已装药的灭火弹:**											
3813.0010	--- 灭火器的装配药	6.5	35		13	0	千克		L/	0		0
3813.0020	--- 已装药的灭火弹	10	70		13	0	千克			0		0
38.14	**其他税目未列名的有机复合溶剂及稀释剂;除漆剂:**											
3814.0000	其他税目未列名的有机复合溶剂及稀释剂;除漆剂	10	50		13	0	千克			0	9	0
38.15	**其他税目未列名的反应引发剂、反应促进剂、催化剂:**											
	- 载体催化剂:											
3815.1100	-- 以镍及其化合物为活性物的	6.5	35		13	13	千克			0		0
3815.1200	-- 以贵金属及其化合物为活性物的											
38151200.10	载铂催化剂(为了从重水中回收氚或为了生产重水而专门设计或制备,用于加速氢和水之间的氢同位素交换反应)	6.5	35	5	13	13	千克	3		0		0
38151200.90	其他以贵金属为活性物的载体催化剂	6.5	35	5	13	13	千克			0		0
3815.1900	-- 其他	6.5	35		13	13	千克			0	4.6	0
3815.9000	- 其他	6.5	35		13	13	千克			0	4.2	0
38.16	**耐火的水泥、灰泥、混凝土及类似耐火混合制品,包括夯混白云石,但税目38.01的产品除外:**											
3816.0010	--- 夯混白云石	3	40		13	0	千克			0		0
3816.0020	--- 其他	6.5	35		13	0	千克			0		0
38.17	**混合烷基苯及混合烷基萘,但税目27.07及29.02的货品除外:**											
3817.0000	混合烷基苯及混合烷基萘,但税目27.07及29.02的货品除外	6.5	35		13	13	千克			0		0
38.18	**经掺杂用于电子工业的化学元素,已切成圆片、薄片或类似形状;经掺杂用于电子工业的化合物:**											
	--- 直径在7.5厘米及以上的单晶硅切片:											
3818.0011	---- 直径在15.24厘米及以下的	0	11		13	13	千克/片			0		0
3818.0019	---- 其他											
38180019.10	经掺杂用于电子工业的单晶硅切片,直径超过15.24厘米,但小于20.32厘米	0	11		13	13	千克/片			0		0

协定税率（%）														特惠税率（%）①/②	Article Description
巴基斯坦	冰岛	哥斯达黎加	秘鲁	新西兰	瑞士	新加坡	韩国	澳大利亚	格鲁吉亚	毛里求斯	日本RCEP	尼加拉瓜	港澳台		
0	0	0	0	0	0		2	0	0	0	4.9	0	0/	0/0	- Prepared rubber accelerators
0	0	0	0	0	0		2.1	0	0	0	5.3	0	0/	0/0	- Compound plasticizers for rubber or plastics
															- Anti-oxidizing preparations and other compound stabilizers for rubber or plastics:
0	0	0	0	0	0		2	0	0	0	4.9	0	0/	0/0	-- Mixtures of oligomers of 2,2,4-trimethyl-1,2-dihydroquinoline (TMQ)
															-- Other:
0	0	0	0	0	0		2	0	0	0	4.9	0	0/	0/0	--- Other rubber antioxidants
0	0	0	0	0	0		0	0	0	0	4.7	0	0/	0/0	--- Other
															Preparations and charges for fire-extinguishers; charged fire-extinguishing grenades:
0	0	0	0	0	0		0	0	0	0	4.7	0	0/	0/0	--- Preparations and charges for fire-extinguishers
2.5	0	0	0	0	0		0	0	0	0	7.3	9	0/	0/0	--- Charged fire-extinguishing grenades
															Organic composite solvents and thinners, not elsewhere specified or included; prepared paint or varnish removers:
2.5	0	0	0	0	0	0	5	0	0	0	8.6	9	0/	0/0	Organic composite solvents and thinners, not elsewhere specified or included; prepared paint or varnish removers
															Reaction initiators, reaction accelerators and catalytic preparations, not elsewhere specified or included:
															- Supported catalysts:
0	0	0	0	0	0		0	0	0	0	4.7	0	0/	0/0	-- With nickel or nickel compounds as the active substance
															-- With precious metal or precious metal compounds as the active substance
0	0	0	0	0	0		0	0	0	0	4.7	0	0/	0/0	Supported platinum catalyst (for recycling tritium from heavy water, or specially designed for producing heavy water, used for accelerating exchange reaction of hydrogen isotope between hydrogen and water)
0	0	0	0	0	0		0	0	0	0	4.7	0	0/	0/0	Other supported catalysts with precious metal or its compounds as the active substance
0	0	0	0	0	0		0	0	0	0	4.7	0	0/	0/0	-- Other
0	0	0	0	0	0		0	0	0	0	4.7	0	0/	0/0	- Other
															Refractory cements, mortars, concretes and similar compositions, including dolomite ramming mix, other than products of heading 38.01:
0	0	0	0	0	0		0	0	0	0	0	0	0/	0/0	--- Dolomite ramming mix
0	0	0	0	0	0		0	0	0	0	4.7	0	0/	0/0	--- Other
															Mixed alkylbenzentes and mixed alkylnaphthalenes, other than those of heading 27.07 or 29.02:
0	0	0	0	0	0		2.1	0	0	0	5.3	0	0/0	0/0	Mixed alkylbenzenes and alkylnaphthalenes, other than those of heading 27.07 or 29.02
															Chemical elements doped for use in electronics, in the form of discs, wafers or similar forms; chemical compouds doped for use in electronics:
															--- Monocrystalline sillicon, in the form of discs, wafers or similar form, 7.5cm or more in diameter:
0	0	0	0	0	0		0	0	0	0	0	0	0/	0/0	----Diameter not exceeding 15.24cm
															----Other
0	0	0	0	0	0		0	0	0	0	0	0	0/	0/0	Monocrystalline silicon chips doped for use in the electronics, with a diameter exceeding 15.24cm but less than 20.32cm

税号	货品名称	进口关税（%）			增值/消费税（%）	出口退税（%）	计量单位	监管证件代码	检验检疫类别	协定税率（%）		
		最惠国	普通	年内暂定						东盟	亚太	智利
38180019.20	经掺杂用于电子工业的单晶硅切片，直径在20.32厘米及以上，但小于30.48厘米	0	11		13	13	千克/片			0		0
38180019.90	其他经掺杂用于电子工业的单晶硅切片	0	11		13	13	千克/片			0		0
3818.0090	--- 其他											
38180090.01	经掺杂用于电子工业的氮化镓	0	17		13	13	千克	3		0		0
38180090.02	经掺杂用于电子工业的氧化镓	0	17		13	13	千克	3		0		0
38180090.03	经掺杂用于电子工业的磷化镓	0	17		13	13	千克	3		0		0
38180090.04	经掺杂用于电子工业的砷化镓	0	17		13	13	千克	3		0		0
38180090.05	经掺杂用于电子工业的铟镓砷	0	17		13	13	千克	3		0		0
38180090.06	经掺杂用于电子工业的硒化镓	0	17		13	13	千克	3		0		0
38180090.07	经掺杂用于电子工业的锑化镓	0	17		13	13	千克	3		0		0
38180090.08	经掺杂用于电子工业的磷锗锌	0	17		13	13	千克	3		0		0
38180090.09	经掺杂用于电子工业的二氧化锗	0	17		13	13	千克	3		0		0
38180090.10	经掺杂用于电子工业的四氯化锗	0	17		13	13	千克	3		0		0
38180090.90	其他经掺杂用于电子工业的化学元素，已切成圆片、薄片或类似形状；其他经掺杂用于电子工业的化合物	0	17		13	13	千克			0		0
38.19	**闸用液压油及其他液压传动用液体，不含石油或从沥青矿物提取的油类，或者按重量计石油或从沥青矿物提取的油类含量低于70%：**											
3819.0000	闸用液压油及其他液压传动用液体，不含石油或从沥青矿物提取的油类，或者按重量计石油或从沥青矿物提取的油类含量低于70%	6.5	35		13	0	千克			0		0
38.20	**防冻剂及解冻剂：**											
3820.0000	防冻剂及解冻剂	10	35		13	13	千克			0		
38.21	**制成的供微生物（包括病毒及类似品）或植物细胞、人体细胞、动物细胞生长或维持用的培养基：**											
3821.0000	制成的供微生物（包括病毒及类似品）或植物细胞、人体细胞、动物细胞生长或维持用的培养基	3	11	2	13	0	千克			0		0
38.22	**附于衬背上的诊断或实验用试剂及不论是否附于衬背上的诊断或实验用配制试剂，不论是否制成试剂盒形式，但税目30.06的货品除外；有证标准样品：**											
	- 附于衬背上的诊断或实验用试剂及不论是否附于衬背上的诊断或实验用配制试剂，不论是否制成试剂盒形式，但税目30.06的货品除外：											
3822.1100	-- 疟疾用											
38221100.10	疟疾诊断试剂盒	3	20	0	13	13	千克	AB	PV/QW	0		0
38221100.90	其他疟疾用的附于衬背上的诊断或实验用试剂及不论是否附于衬背上的诊断或实验用配制试剂，不论是否制成试剂盒形式，但税目30.06的货品除外	3	20	0	13	13	千克	AB	PV/QW	0		0

协定税率（%）														特惠税率（%）①/②	Article Description
巴基斯坦	冰岛	哥斯达黎加	秘鲁	新西兰	瑞士	新加坡	韩国	澳大利亚	格鲁吉亚	毛里求斯	日本RCEP	尼加拉瓜	港澳台		
0	0	0	0	0	0		0	0	0	0	0	0	0/	0/0	Monocrystalline silicon chips doped for use in the electronics, with a diameter exceeding 20.32cm but less than 30.48cm
0	0	0	0	0	0		0	0	0	0	0	0	0/	0/0	Other monocrystalline silicon chips doped for use in the electronics
															--- Other
0	0	0	0	0	0		0	0	0	0	0	0	0/	0/0	Gallium nitride doped for use in the electronics
0	0	0	0	0	0		0	0	0	0	0	0	0/	0/0	Gallium oxide doped for use in the electronics
0	0	0	0	0	0		0	0	0	0	0	0	0/	0/0	Gallium Phosphide doped for use in the electronics
0	0	0	0	0	0		0	0	0	0	0	0	0/	0/0	Gallium arsenide doped for use in the electronics
0	0	0	0	0	0		0	0	0	0	0	0	0/	0/0	InGaAs doped for use in the electronics
0	0	0	0	0	0		0	0	0	0	0	0	0/	0/0	Gallium selenide doped for use in the electronics
0	0	0	0	0	0		0	0	0	0	0	0	0/	0/0	Gallium antimonide doped for use in the electronics
0	0	0	0	0	0		0	0	0	0	0	0	0/	0/0	ZGP doped for use in the electronics
0	0	0	0	0	0		0	0	0	0	0	0	0/	0/0	Germanium dioxide doped for use in the electronics
0	0	0	0	0	0		0	0	0	0	0	0	0/	0/0	Germanium tetrachloride doped for use in the electronics
0	0	0	0	0	0		0	0	0	0	0	0	0/	0/0	Other chemical elements doped for use in electronics, in the form of discs, wafers or similar forms; Other chemical compounds doped for use in electronics
															Hydraulic brake fluids and other prepared liquids for hydraulic transmission, not containing or containing less than 70% by weight of petroleum oils or oils obtained from bituminous minerals:
4	0	0	0	0	0		0	0	0	0	4.7	0	0/	0/0	Huydraulic brake fluids and other prepared liquids for hydraulic transmission, not containing or containing less than 70% by weight of petroleum oils or oils obtaines from bituminous minerals
															Anti-freezing preparations and prepared de-icing fluids:
2.5	0	0	0	0	0	0	0	0	0	0	7.3	9	0/	0/0	Anti-freezing preparations and prepared de-icing fluids
															Prepared culture media for the development or maintenance of micro-organisms (including viruses and the like) or of plant, human or animal cells:
0	0	0	0	0	0		0	0	0	0	0	0	0/	0/0	Prepared culture media for the development or maintenance of micro-organisms (including viruses and the like) or of plant, human or animal cells
															Diagnostic or laboratory reagents on a backing, prepared diagnostic or laboratory reagents whether or not on a backing, whether or not put up in the form of kits, other than those of heading 30.06; certified reference materials:
															- Diagnostic or laboratory reagents on a backing, prepared diagnostic or laboratory reagents whether or not on a backing, whether or not put up in the form of kits:
															-- For malaria
0	0	0	0	0	1.2		0	0	0	0	2.2	0	0/	0/0	Malaria diagnostic test kits
0	0	0	0	0	1.2		0	0	0	0	2.2	0	0/	0/0	Other diagnostic or laboratory reagents for malaria on a backing, prepared diagnostic or laboratory reagents whether or not on a backing, other than those of heading 30.06

税　号	货品名称	进口关税（%）			增值/消费税（%）	出口退税（%）	计量单位	监管证件代码	检验检疫类别	协定税率（%）		
		最惠国	普通	年内暂定						东盟	亚太	智利
3822.1200	-- 寨卡病毒及由伊蚊属蚊子传播的其他疾病用	3	26		13	13	千克	AB	PV/QW	0		0
3822.1300	-- 血型鉴定用	3	20		13	13	千克	AB	V/W	0		0
3822.1900	-- 其他											
38221900.10	兽用诊断制品（用于一、二、三类动物疫病诊断的诊断试剂盒、试纸条）（包括已配定剂量或零售包装）	3	26		13	13	千克	ABR	PV/QW	0		0
38221900.20	新型冠状病毒检测试剂盒	3	26		13	13	千克	AB	PV/QW	0		0
38221900.90	其他附于衬背上的诊断或实验用试剂及不论是否附于衬背上的诊断或实验用配制试剂，不论是否制成试剂盒形式，但税目30.06的货品除外	3	26		13	13	千克	AB	V/W	0		0
3822.9000	- 其他	4.5	35		13	13	千克	AB	V/W	0		0
38.23	**工业用单羧脂肪酸；精炼所得的酸性油；工业用脂肪醇：**											
	- 工业用单羧脂肪酸；精炼所得的酸性油：											
3823.1100	-- 硬脂酸	16	50		13	13	千克			0		0
3823.1200	-- 油酸	16	50	8	13	13	千克	A	R/	0		0
3823.1300	-- 妥尔油脂肪酸	16	50		13	0	千克			0		0
3823.1900	-- 其他											
38231900.01	植物酸性油（酸性油仅指精炼所得的）	16	50	5	13	0	千克			0		0
38231900.02	植物油脱臭馏出物（DD油）	16	50	10	13	0	千克			0		0
38231900.90	其他工业用单羧脂肪酸、酸性油（酸性油仅指精炼所得的）	16	50		13	0	千克			0		0
3823.7000	- 工业用脂肪醇	13	50	9	13	0	千克			0		0
38.24	**铸模及铸芯用粘合剂；其他税目未列名的化学工业及其相关工业的化学产品及配制品（包括由天然产品混合组成的）：**											
3824.1000	- 铸模及铸芯用粘合剂	6.5	35		13	13	千克			0		0
3824.3000	- 自身混合或与金属粘合剂混合的未烧结金属碳化物											
38243000.10	混合的未烧结金属碳化钨（包括自身混合或与金属黏合剂混合的）	6.5	35		13	0	千克	4xy		0		0
38243000.90	其他混合的未烧结金属碳化物（包括自身混合或与金属黏合剂混合的）	6.5	35		13	0	千克			0		0
	- 水泥、灰泥及混凝土用添加剂：											
3824.4010	--- 高效减水剂	6.5	35		13	13	千克			0		0
3824.4090	--- 其他	6.5	35		13	0	千克		L/	0		0
3824.5000	- 非耐火的灰泥及混凝土	6.5	35		13	0	千克			0		0
3824.6000	- 子目2905.44以外的山梨醇	14	40		13	0	千克			0		0
	- 本章子目注释三所列货品：											
3824.8100	-- 含环氧乙烷（氧化乙烯）的	6.5	35		13	0	千克			0	4.2	0
3824.8200	-- 含多氯联苯（PCBs）、多氯三联苯（PCTs）或多溴联苯（PBBs）的											
38248200.10	含多氯联苯（PCBs）或六溴联苯的混合物	6.5	35		13	0	千克	89		0	4.2	0

协定税率（%）														特惠税率（%）①/②	Article Description
巴基斯坦	冰岛	哥斯达黎加	秘鲁	新西兰	瑞士	新加坡	韩国	澳大利亚	格鲁吉亚	毛里求斯	日本RCEP	尼加拉瓜	港澳台		
0	0	0	0	0	1.2		0	0	0	0	0	0	0/	0/0	-- For Zika and other diseases transmitted by mosquitoes of the genus Aedes
0	0	0	0	0	0		0	0	0	0	2.2	0	0/	0/0	-- For blood-grouping
															-- Other
0	0	0	0	0	1.2		0	0	0	0	0	0	0/	0/0	Diagnostic test preparations for veterinary medicine(Immunological diagnostic kit and test strip for diagnosis or immune monitoring of class I, II and III animal diseases)(put up in measured doses or in forms or packings for retail sale)
0	0	0	0	0	1.2		0	0	0	0	0	0	0/	0/0	COVID-19 diagnostic test kits
0	0	0	0	0	1.2		0	0	0	0	0	0	0/	0/0	Other diagnostic or laboratory reagents on a backing, prepared diagnostic or laboratory reagents whether or not on a backing, whether or not put up in the form of kits
0	0	0	0	0	0		0	0	0	0	0	0	0/	0/0	- Other
															Industrial monocarboxylic fatty acids; acid oils from refining;industrial fatty alcohols:
															- Industrial monocarboxylic fatty acids; acid oils from refining:
12.8		0	0	0	0		5.3	0	0	0	13	14.9	0/	0/0	-- Stearic acid
12.8		0	0	0	0	0	5.3	0	0	0	13	14.9	0/	0/0	-- Oleic acid
12.8	0	0	0	0	0	0	5.3	0	0	0	13	14.9	0/	0/0	-- Tall oil fatty acids
															-- Other
12.8	0	0	0	0	0	0	5.3	0	0	0	13	14.9	0/	0/0	Plant acid oils (refers to the refined acid oils only)
12.8	0	0	0	0	0	0	5.3	0	0	0	13	14.9	0/	0/0	Plant oil deodorized distillate (DD oil)
12.8	0	0	0	0	0	0	5.3	0	0	0	13	14.9	0/	0/0	Other industrial monocarboxylic fatty acids and acid oils (acids oil refers to the refined acids oil only)
6.5	0	0	0	0	0	0	4.3	0	0	0	10.6	12.1	0/	0/0	- Industrial fatty alcohols
															Prepared binders for foundry moulds or cores; chemical products and preparations of the chemical or allied industries (including those consisting of mixtures of natural products), not elsewhere specified or included:
0	0	0	0	0	0		0	0	0	0	4.7	0	0/	0/0	- Prepared binders for foundry moulds or cores
															- Non-agglomerated metal carbides mixed together or with metallic binders
0	0	0	0	0	0		0	0	0	0	4.7	0	0/	0/0	Non-agglomerated metallic tungsten carbides mixture (including mixed together or with metallic binders)
0	0	0	0	0	0		0	0	0	0	4.7	0	0/	0/0	Other non-agglomerated metallic carbides mixture (including mixed together or with metallic binders)
															- Prepared additives for cements, mortars or concretes:
0	0	0	0	0	0		2.1	0	0	0	5.3	0	0/	0/0	--- High efficiency water reducing agent
0	0	0	0	0	0		0	0	0	0	4.7	0	0/	0/0	--- Other
0	0	0	0	0	0		0	0	0	0	4.7	0	0/	0/0	- Non-refractory mortars and concretes
11.2	0	0	0	0	0	0	0	0	0	0	10.2	13.1	0/	0/0	- Sorbitol other than that of subheading 2905.44
															- Goods specified in Subheading Note 3 to this Chapter:
0	0	0	0	0	0		0	0	0	0	4.7	0	0/	0/0	-- Containing oxirane (ethylene oxide)
															-- Containing polychlorinated biphenyls (PCBs), polychlorinated terphenyls (PCTs) or polybrominated biphenyls (PBBs)
0	0	0	0	0	0		0	0	0	0	4.7	0	0/	0/0	Mixtures containing polychlorinated biphenyls (PCBs) or hexachlorobiphenyl

税　号	货品名称	进口关税（%）最惠国	普通	年内暂定	增值/消费税（%）	出口退税（%）	计量单位	监管证件代码	检验检疫类别	协定税率（%）东盟	亚太	智利
38248200.90	含多氯三联苯(PCTs)或其他多溴联苯(PBBs)的混合物	6.5	35		13	0	千克			0	4.2	0
3824.8300	-- 含三（2,3-二溴丙基）磷酸酯的	6.5	35		13	0	千克			0	4.2	0
3824.8400	-- 含艾氏剂（ISO）、毒杀芬（ISO）、氯丹（ISO）、十氯酮（ISO）、DDT（ISO）[滴滴涕（INN）、1,1,1-三氯-2,2-双（4-氯苯基）乙烷]、狄氏剂（ISO，INN）、硫丹（ISO）、异狄氏剂（ISO）、七氯（ISO）或灭蚁灵（ISO）的	6.5	35		13	0	千克	89		0	4.2	0
3824.8500	-- 含1,2,3,4,5,6-六氯环己烷〔六六六（ISO）〕，包括林丹（ISO，INN）的	6.5	35		13	0	千克	89		0	4.2	0
3824.8600	-- 含五氯苯（ISO）或六氯苯（ISO）的	6.5	35		13	13	千克	89		0	4.2	0
3824.8700	-- 含全氟辛基磺酸及其盐，全氟辛基磺胺或全氟辛基磺酰氯的	6.5	35		13	13	千克			0	4.2	0
3824.8800	-- 含四、五、六、七或八溴联苯醚的											
38248800.10	含四、五、六或七溴联苯醚的	6.5	35		13	13	千克	89		0	4.2	0
38248800.20	含八溴联苯醚的	6.5	35		13	13	千克			0	4.2	0
3824.8900	-- 含短链氯化石蜡的											
38248900.01	不具有人造蜡特性的短链氯化石蜡	6.5	35		13	13	千克	89		0	4.2	0
38248900.90	含短链氯化石蜡的其他编号未列名的化工产品	6.5	35		13	13	千克	89		0	4.2	0
	- 其他：											
3824.9100	-- 主要由（5-乙基-2-甲基-2氧代-1,3,2-二氧磷杂环已-5-基）甲基膦酸二甲酯和双[（5-乙基-2-甲基-2氧代-1,3,2-二氧磷杂环已-5-基）甲基]甲基膦酸酯（阻燃剂FRC-1）组成的混合物及制品	6.5	35		13	13	千克			0	4.2	0
3824.9200	-- 甲基膦酸聚乙二醇酯	6.5	35		13	13	千克			0	4.2	0
	-- 其他：											
3824.9910	--- 杂醇油	6.5	40		13	0	千克			0	4.2	0
3824.9920	--- 除墨剂、蜡纸改正液及类似品	9	80		13	0	千克			0	5.9	0
3824.9930	--- 增炭剂	6.5	35		13	0	千克			0	5.2	0
	--- 其他：											
3824.9991	---- 按重量计含滑石50%以上的混合物	6.5	35		13	0	千克	4xy		0	4.2	0
3824.9992	---- 按重量计含氧化镁70%以上的混合物	6.5	35		13	0	千克	4xy		0	4.2	0
3824.9993	---- 表面包覆钴化物的氢氧化镍（掺杂碳）	6.5	35		13	13	千克			0	4.2	0
3824.9999	---- 其他											
38249999.10	粗制碳化硅[其中碳化硅含量大于15%（按重量计）]	6.5	35		13	0	千克	4xy		0	4.2	0
38249999.20	混胺（二甲胺和三乙胺混合物的水溶液）	6.5	35		13	0	千克	3		0	4.2	0
38249999.30	氰化物的混合物	6.5	35		13	0	千克			0	4.2	0
38249999.40	膨胀石墨	6.5	35		13	0	千克	3		0	4.2	0
38249999.50	三乙醇胺混合物、甲基二乙醇胺混合物、环状膦酸酯A和环状膦酸酯B的混合物	6.5	35		13	13	千克	23		0	4.2	0

协定税率（%）														特惠税率（%）①/②	Article Description
巴基斯坦	冰岛	哥斯达黎加	秘鲁	新西兰	瑞士	新加坡	韩国	澳大利亚	格鲁吉亚	毛里求斯	日本RCEP	尼加拉瓜	港澳台		
0	0	0	0	0	0		0	0	0	0	4.7	0	0/	0/0	Mixtures containing polychlorinated terphenyls (PCTs) or other polybrominated biphenyls (PBBs)
0	0	0	0	0	0		0	0	0	0	4.7	0	0/	0/0	-- Containing tris (2,3-dibromopropyl) phosphate
0	0	0	0	0		0	2.1	0	0	0	5.3	0	0/	0/0	-- Containing aldrin (ISO), camphechlor (ISO) (toxaphene), chlordane (ISO), chlordecone (ISO), DDT (ISO) (clofenotane (INN), 1,1,1-trichloro-2,2-bis (p-chlorophenyl) ethane), dieldrin (ISO, INN), endosulfan (ISO), endrin (ISO), heptachlor (ISO) or mirex (ISO)
0	0	0	0	0		0	2.1	0	0	0	5.3	0	0/	0/0	-- Containing 1,2,3,4,5,6-hexachlorocyclohexane (HCH (ISO)), including lindane (ISO, INN)
0	0	0	0	0		0	2.1	0	0	0	5.3	0	0/	0/0	-- Containing pentachlorobenzene (ISO) or hexachlorobenzene (ISO)
0	0	0	0	0		0	2.1	0	0	0	5.3	0	0/	0/0	-- Containing perfluorooctane sulphonic acid, its salts, perfluorooctane sulphonamides, or perfluorooctane sulphonyl fluoride
															-- Containing tetra-, penta-, hexa-, hepta- or octabromodiphenyl ethers
0	0	0	0	0		0	2.1	0	0	0	5.3	0	0/	0/0	Containing tetra-, penta-, hexa- or hepta- ethers
0	0	0	0	0		0	2.1	0	0	0	5.3	0	0/	0/0	Containing octabromodiphenyl ethers
															-- Containing short-chain chlorinated paraffins
0	0	0	0	0		0	2.1	0	0	0	5.3	0	0/	0/0	Short-chain chlorinated paraffin without artificial wax characteristics
0	0	0	0	0		0	2.1	0	0	0	5.3	0	0/	0/0	Other chemical products containing short-chain chlorinated paraffins, not elsewhere specified or included
															- Other:
0	0	0	0	0		0	2.1	0	0	0	5.3	0	0/	0/0	-- Mixtures and preparations consisting mainly of (5-ethyl-2-methyl-2-oxido-1,3,2-dioxaphosphinan-5-yl) methyl methyl methylphosphonate and bis ((5-ethyl-2-methyl-2-oxido-1,3,2-dioxaphosphinan-5-yl)methyl) methylphosphonate
0	0	0	0	0		0	2.1	0	0	0	5.3	0	0/	0/0	-- Polyglycol esters of methylphosphonic acid
															-- Other:
4	0	0	0	0	0	0	0	0	0	0	4.7	0	0/	0/0	--- Fusel oil
0	0	0	0	0	0	0	0	0	0	0	6.5	8.1	0/	0/0	--- Ink-removers, stencil correctors and the like
0	0	0	0	0	0	0	0	0	0	0	4.7	0	0/	0/0	--- Carburetant
															--- Other:
0	0	0	0	0	0	0	0	0	0	0	4.7	0	0/	0/0	----Mixtures containing more than 50% by weight of talc
0	0	0	0	0	0	0	0	0	0	0	4.7	0	0/	0/0	----Mixtures containing more than 70% by weight of magnesium oxide
0	0	0	0	0		0	2.1	0	0	0	5.3	0	0/	0/0	----Nickelous hydroxide (doped carbon) covered on the face side with cobalt compound
															----Other
0	0	0	0	0		0	2.1	0	0	0	5.3	0	0/	0/0	Crude silicon carbide (containing more than 15% by weight of silicon carbide)
0	0	0	0	0		0	2.1	0	0	0	5.3	0	0/	0/0	Mixed amine (mixtures of dimethylamine and triethylamine in aqueous solution)
0	0	0	0	0		0	2.1	0	0	0	5.3	0	0/	0/0	Mixtures of cyanide
0	0	0	0	0		0	2.1	0	0	0	5.3	0	0/	0/0	Expanded graphite
0	0	0	0	0		0	2.1	0	0	0	5.3	0	0/	0/0	Mixture of methylphosphonic acid (CAS No.170836-68-7), consisting of a mixture of phosphonic acid, methyl-, bis (5-ethyl-2-methyl-2,2-dioxido -1,3,2-dioxaphosphorinan-5-yl) methyl ester (CAS No.41203-81-0) and (5-ethyl-2-methyl-2-oxido-1,3,2-dioxaphosphorinan-5-yl) methyl methyl methylphosphonate (CAS No.42595-45-9)

税号	货品名称	进口关税（%） 最惠国	普通	年内暂定	增值/消费税（%）	出口退税（%）	计量单位	监管证件代码	检验检疫类别	协定税率（%） 东盟	亚太	智利
38249999.60	高钛渣（二氧化钛质量百分含量＞70%的）	6.5	35	0	13	0	千克			0	4.2	0
38249999.70	核苷酸类食品添加剂	6.5	35		13	13	千克	AB	R/S	0	4.2	0
38249999.80	按重量计氧化锌含量在50%及以上的混合物	6.5	35	3	13	0	千克			0	4.2	0
38249999.91	短链氯化石蜡（不具有人造蜡特性）	6.5	35		13	13	千克	89		0	4.2	0
38249999.92	用于生产聚酰胺的发酵液（含氨基酸、有机酸、有机胺、有机醇、核苷酸、多糖等）	6.5	35	0	13	13	千克			0	4.2	0
38249999.93	载金炭	6.5	35	0	13	13	千克			0	4.2	0
38249999.94	全氟辛酸的盐类和相关化合物（PFOA类）	6.5	35		13	13	千克	X		0	4.2	0
38249999.95	粗氢氧化镍钴	6.5	35	3	13	13	千克			0	4.2	0
38249999.99	其他编号未列名的化工产品[包括水解物或水解料、DMC（六甲基环三硅氧烷，八甲基环四硅氧烷，十甲基环五硅氧烷，十二甲基环六硅氧烷中任何2种，3种或4种组成的混合物）]	6.5	35		13	13	千克			0	4.2	0
38.25	**其他税目未列名的化学工业及其相关工业的副产品；城市垃圾；下水道淤泥；本章注释六所规定的其他废物：**											
3825.1000	- 城市垃圾	6.5	35		13	0	千克	9		0		0
3825.2000	- 下水道淤泥	6.5	35		13	0	千克	9		0		0
3825.3000	- 医疗废物	6.5	35		13	0	千克	9		0		0
	- 废有机溶剂：											
3825.4100	-- 卤化物的	6.5	35		13	0	千克	9		0		0
3825.4900	-- 其他	6.5	35		13	0	千克	9		0		0
3825.5000	- 废的金属酸洗液、液压油、制动油及防冻液	6.5	35		13	0	千克	9		0		0
	- 其他化学工业及相关工业的废物：											
3825.6100	-- 主要含有有机成分的	6.5	35		13	0	千克	9		0		0
3825.6900	-- 其他											
38256900.01	经掺杂的氮化镓废物	6.5	35		13	0	千克	39		0		0
38256900.02	经掺杂的氧化镓废物	6.5	35		13	0	千克	39		0		0
38256900.03	经掺杂的磷化镓废物	6.5	35		13	0	千克	39		0		0
38256900.04	经掺杂的砷化镓废物	6.5	35		13	0	千克	39		0		0
38256900.05	经掺杂的铟镓砷废物	6.5	35		13	0	千克	39		0		0
38256900.06	经掺杂的硒化镓废物	6.5	35		13	0	千克	39		0		0
38256900.07	经掺杂的锑化镓废物	6.5	35		13	0	千克	39		0		0
38256900.08	经掺杂的磷锗锌废物	6.5	35		13	0	千克	39		0		0
38256900.09	经掺杂的二氧化锗废物	6.5	35		13	0	千克	39		0		0
38256900.10	经掺杂的四氯化锗废物	6.5	35		13	0	千克	39		0		0
38256900.90	其他化学工业及相关工业的废物	6.5	35		13	0	千克	9		0		0
3825.9000	- 其他											
38259000.10	浓缩糖蜜发酵液	6.5	35		13	0	千克	A	R/	0		0
38259000.90	其他商品编号未列名化工副产品及废物	6.5	35		13	0	千克	9		0		0
38.26	**生物柴油及其混合物，不含或含有按重量计低于70%的石油或从沥青矿物提取的油类：**											
3826.0000	生物柴油及其混合物，不含或含有按重量计低于70%的石油或从沥青矿物提取的油类											

协定税率（%）														特惠税率（%）①/②	Article Description
巴基斯坦	冰岛	哥斯达黎加	秘鲁	新西兰	瑞士	新加坡	韩国	澳大利亚	格鲁吉亚	毛里求斯	日本RCEP	尼加拉瓜	港澳台		
0	0	0	0	0		0	2.1	0	0	0	5.3	0	0/	0/0	Titanium-rich slag (containing more than 70% by weight of titanium dioxide)
0	0	0	0	0		0	2.1	0	0	0	5.3	0	0/	0/0	Nucleotide food additives
0	0	0	0	0		0	2.1	0	0	0	5.3	0	0/	0/0	Mixtures containing no less than 50% of zinc oxide by weight
0	0	0	0	0		0	2.1	0	0	0	5.3	0	0/	0/0	Short chain chlorinated paraffins without artificial wax charateristics
0	0	0	0	0		0	2.1	0	0	0	5.3	0	0/	0/0	Fermentation broth for polyamide production(containing amino acids, organic acids, organic amines, organic alcohols, nucleotides, polysaccharides, etc)
0	0	0	0	0		0	2.1	0	0	0	5.3	0	0/	0/0	Gold-loaded carbon
0	0	0	0	0		0	2.1	0	0	0	5.3	0	0/	0/0	Salts and related compounds of perfluorooctanoic acid (PFOA)
0	0	0	0	0		0	2.1	0	0	0	5.3	0	0/	0/0	Crude nickel cobalt hydroxide
0	0	0	0	0		0	2.1	0	0	0	5.3	0	0/	0/0	Other chemical products, not elsewhere specified or included (including hydrolysate or mixtures of any 2, 3 or 4 of hexamethylcyclotrisiloxane, octamethylcyclotetrasiloxane, decamethylcyclopentasiloxane, dodecylcyclohexasiloxane)
															Residual products of the chemical or allied industries, not elsewhere specified or included; municipal waste; sewage sludge; other wastes specified in Note 6 to this Chapter:
0	0	0	0	0	0		0	0	0	0	4.7	0	0/	0/0	- Municipal waste
0	0	0	0	0	0		0	0	0	0	4.7	0	0/	0/0	- Sewage sludge
0	0	0	0	0	0		0	0	0	0	4.7	0	0/	0/0	- Clinical waste
															- Waste organic solvents:
0	0	0	0	0	0		0	0	0	0	4.7	0	0/	0/0	-- Halogenated
0	0	0	0	0	0		0	0	0	0	4.7	0	0/	0/0	-- Other
0	0	0	0	0	0	0	0	0	0	0	4.7	0	0/	0/0	- Wastes of metal pickling liquors, hydraulic fluids, brake fluids and antifreeze fluids
															- Other wastes from chemical or allied industries:
0	0	0	0	0	0		0	0	0	0	4.7	0	0/	0/0	-- Mainly containing organic constituents
															-- Other
0	0	0	0	0	0		0	0	0	0	4.7	0	0/	0/0	Doped gallium nitride waste
0	0	0	0	0	0		0	0	0	0	4.7	0	0/	0/0	Doped gallium oxide waste
0	0	0	0	0	0		0	0	0	0	4.7	0	0/	0/0	Doped gallium phosphide waste
0	0	0	0	0	0		0	0	0	0	4.7	0	0/	0/0	Doped gallium arsenide waste
0	0	0	0	0	0		0	0	0	0	4.7	0	0/	0/0	Doped indium gallium arsenic waste
0	0	0	0	0	0		0	0	0	0	4.7	0	0/	0/0	Doped gallium selenide waste
0	0	0	0	0	0		0	0	0	0	4.7	0	0/	0/0	Doped gallium antimonide waste
0	0	0	0	0	0		0	0	0	0	4.7	0	0/	0/0	Doped phosphorus germanium zinc waste
0	0	0	0	0	0		0	0	0	0	4.7	0	0/	0/0	Doped germanium dioxide waste
0	0	0	0	0	0		0	0	0	0	4.7	0	0/	0/0	Doped germanium tetrachloride waste
0	0	0	0	0	0		0	0	0	0	4.7	0	0/	0/0	Other wastes from chemical or allied industries
															- Other
0	0	0	0	0	0		0	0	0	0	4.7	0	0/	0/0	Condensed molasses fermentation solubles
0	0	0	0	0	0		0	0	0	0	4.7	0	0/	0/0	Other chemical by-products or waste, not elsewhere specified or included
															Biodiesel and mixtures thereof, not containing or containing less than 70% by weight of petroleum oils or oils obtained from bituminous minerals:
															Biodiesel and mixtures thereof, not containing or containing less than 70% by weight of petroleum oils or oils obtained from bituminous minerals

税　号	货品名称	进口关税（%）			增值/消费税（%）	出口退税（%）	计量单位	监管证件代码	检验检疫类别	协定税率（%）		
		最惠国	普通	年内暂定						东盟	亚太	智利
38260000.01	纯生物柴油	6.5	35		13	0	千克/升			0	4.2	0
38260000.90	其他生物柴油及其混合物	6.5	35		13/1.2元/升	0	千克/升			0	4.2	0
38.27	**其他税目未列名的，含甲烷、乙烷或丙烷的卤化衍生物的混合物：**											
	- 含全氯氟烃（CFCs）的，不论是否含氢氯氟烃（HCFCs）、全氟烃（PFCs）或氢氟烃（HFCs）；含氢溴氟烃（HBFCs）的；含四氯化碳的；含1,1,1-三氯乙烷（甲基氯仿）的：											
3827.1100	-- 含全氯氟烃（CFCs）的，不论是否含氢氯氟烃（HCFCs）、全氟烃（PFCs）或氢氟烃（HFCs）											
38271100.10	二氯二氟甲烷与二氟乙烷的混合物、一氯二氟甲烷与一氯五氟乙烷的混合物、三氟甲烷与一氯三氟甲烷的混合物（R-500、R-502、R-503）	6.5	35		13	0	千克	14ABxy	M/N	0		0
38271100.20	一氯二氟甲烷与二氯二氟甲烷的混合物、二氟甲烷与一氯五氟乙烷的混合物、二氯二氟甲烷与一氯一氟甲烷的混合物、一氯一氟甲烷与二氯四氟乙烷的混合物、二氯二氟甲烷与二氯四氟乙烷的混合物（R-501、R-504、R-505、R-506、R-400）	6.5	35		13	0	千克	14xy		0		0
38271100.90	其他含全氯氟烃（CFCs）的混合物，不论是否含氢氯氟烃（HCFCs）、全氟烃（PFCs）或氢氟烃（HFCs）	6.5	35		13	0	千克	14xy		0		0
3827.1200	-- 含氢溴氟烃（HBFCs）的	6.5	35		13	0	千克	14xy		0		0
3827.1300	-- 含四氯化碳的	6.5	35		13	0	千克			0	4.2	0
3827.1400	-- 含1,1,1-三氯乙烷（甲基氯仿）的	6.5	35		13	0	千克	1		0	4.2	0
3827.2000	- 含溴氯二氟甲烷（Halon-1211）、三氟溴甲烷（Halon-1301）或二溴四氟乙烷（Halon-2402）的	6.5	35		13	0	千克	14xy		0		0
	- 含氢氯氟烃（HCFCs）的，不论是否含全氟烃（PFCs）或氢氟烃（HFCs），但不含全氯氟烃（CFCs）：											
3827.3100	-- 含子目2903.41至2903.48物质的											
38273100.11	一氯二氟甲烷、二氟乙烷和一氯四氟乙烷的混合物	6.5	35		13	0	千克	14xy		0		0
38273100.12	五氟乙烷、丙烷和一氯二氟甲烷的混合物	6.5	35		13	0	千克	14xy		0		0
38273100.13	一氯二氟甲烷、二氟乙烷、一氯二氟乙烷和八氟环丁烷的混合物	6.5	35		13	0	千克	14xy		0		0
38273100.14	五氟乙烷、三氟乙烷和一氯二氟甲烷的混合物	6.5	35		13	0	千克	14xy		0		0

协定税率（%）														特惠税率（%）①/②	Article Description
巴基斯坦	冰岛	哥斯达黎加	秘鲁	新西兰	瑞士	新加坡	韩国	澳大利亚	格鲁吉亚	毛里求斯	日本RCEP	尼加拉瓜	港澳台		
0	0	0	0	0			2.1	0	0	0	5.3	0	0/	0/0	Pure biodiesel BD100 (GB/T 25199)
0	0	0	0	0			2.1	0	0	0	5.3	0	0/	0/0	Other biodiesel and mixtures (except BD100)
															Mixtures containing halogenated derivatives of methane, ethane or propane, not elsewhere specified or included:
															- Containing chlorofluorocarbons (CFCs), whether or not containing hydrochlorofluorocarbons (HCFCs), perfluorocarbons (PFCs) or hydrofluorocarbons (HFCs); containing hydrobromofluorocarbons (HBFCs); containing carbon tetrachloride; containing 1,1,1-trichloroethane (methyl chloroform):
															-- Containing chlorofluorocarbons (CFCs), whether or not containing hydrochlorofluorocarbons (HCFCs), perfluorocarbons (PFCs) or hydrofluorocarbons (HFCs)
0	0	0	0	0	0		0	0	0	0	4.7	0	0/	0/0	Mixture of dichlorodifluoromethane and difluoroethane, mixture of dichlorodifluoromethane and Chloropentafluoroethane, mixture of trifluoromethane and chlorotrifluoromethane (R-500, R-502, R-503)
0	0	0	0	0	0		0	0	0	0	4.7	0	0/	0/0	Mixture of dichlorodifluoromethane and dichlorodifluoromethane, mixture of difluoromethane and Chloropentafluoroethane, mixture of dichlorodifluoromethane and chloromonofluoromethane, mixture of chloromonofluoromethane and dichlorotetrafluoroethane, mixture of dichlorodifluoromethane and dichlorotetrafluoroethane (R-501, R-504, R-505, R-506, R-400)
0	0	0	0	0	0		0	0	0	0	4.7	0	0/	0/0	Other mixtures containing chlorofluorocarbons (CFCs), whether or not containing hydrochlorofluorocarbons (HCFCs), perfluorocarbons (PFCs) or hydrofluorocarbons (HFCs)
0	0	0	0	0	0		0	0	0	0	4.7	0	0/	0/0	-- Containing hydrobromofluorocarbons (HBFCs)
0	0	0	0	0	0		0	0	0	0	4.7	0	0/	0/0	-- Containing carbon tetrachloride
0	0	0	0	0	0		0	0	0	0	4.7	0	0/	0/0	-- Containing 1,1,1-trichloroethane (methyl chloroform)
0	0	0	0	0	0		0	0	0	0	4.7	0	0/	0/0	- Containing bromochlorodifluoromethane (Halon-1211), bromotrifluoromethane (Halon-1301) or dibromotetrafluoroethanes (Halon-2402)
															- Containing hydrochlorofluorocarbons (HCFCs), whether or not containing perfluorocarbons (PFCs) or hydrofluorocarbons (HFCs), but not containing chlorofluorocarbons (CFCs):
															-- Containing substances of subheadings 2903.41 to 2903.48
0	0	0	0	0	0		0	0	0	0	4.7	0	0/	0/0	Mixture of chlorodifluoromethane, difluoroethane and chlorotetrafluoroethane
0	0	0	0	0	0		0	0	0	0	4.7	0	0/	0/0	Mixture of pentafluoroethane, propane and chlorodifluoromethane
0	0	0	0	0	0		0	0	0	0	4.7	0	0/	0/0	Mixture of chlorodifluoromethane, difluoroethane, chlorodifluoroethane and octafluorocyclobutane
0	0	0	0	0	0		0	0	0	0	4.7	0	0/	0/0	Mixture of pentafluoroethane, trifluoroethane and chlorodifluoromethane

税 号	货品名称	进口关税（%）			增值/消费税（%）	出口退税（%）	计量单位	监管证件代码	检验检疫类别	协定税率（%）		
		最惠国	普通	年内暂定						东盟	亚太	智利
38273100.15	丙烯、一氯二氟甲烷和二氟乙烷的混合物	6.5	35		13	0	千克	14xy		0		0
38273100.16	一氯二氟甲烷和二氟乙烷的混合物	6.5	35		13	0	千克	14xy		0		0
38273100.17	四氟乙烷、一氯四氟乙烷和丁烷的混合物	6.5	35		13	0	千克	14xy		0		0
38273100.18	丙烷、一氯二氟甲烷和二氟乙烷的混合物	6.5	35		13	0	千克	14xy		0		0
38273100.90	其他含2903430010、2903430020、2903420000、2903410000、2903440010、2903440020、2903450000、2903470000、2903480000、2903460010、2903460020、2903460030、2903460040对应物质的含氢氯氟烃（这里的烃是指甲烷、乙烷及丙烷）混合物，但不含CFCs	6.5	35		13	0	千克	14xy		0		0
3827.3200	-- 其他，含子目2903.71至2903.75物质的											
38273200.11	丙烷、一氯二氟甲烷和八氟丙烷的混合物	6.5	35		13	0	千克	14xy		0		0
38273200.12	一氯二氟甲烷、2-甲基丙烷和一氯二氟乙烷的混合物	6.5	35		13	0	千克	14xy		0		0
38273200.13	一氯二氟甲烷、一氯四氟乙烷和一氯二氟乙烷的混合物	6.5	35		13	0	千克	14xy		0		0
38273200.14	一氯二氟甲烷、八氟丙烷和一氯二氟乙烷的混合物	6.5	35		13	0	千克	14xy		0		0
38273200.15	一氯二氟甲烷、一氯四氟乙烷、一氯二氟乙烷和2-甲基丙烷的混合物	6.5	35		13	0	千克	14xy		0		0
38273200.16	一氯二氟甲烷和八氟丙烷的混合物	6.5	35		13	0	千克	14xy		0		0
38273200.17	一氯二氟甲烷和一氯二氟乙烷的混合物	6.5	35		13	0	千克	14xy		0		0
38273200.90	其他含2903710000、2903720000、2903730010、2903730090、2903740010、2903740090、2903750000对应物质的含氢氯氟烃（这里的烃是指甲烷、乙烷及丙烷）混合物，但不含全氯氟烃（CFCs）	6.5	35		13	0	千克	14xy		0		0
3827.3900	-- 其他	6.5	35		13	0	千克	14xy		0		0
3827.4000	- 含溴化甲烷（甲基溴）或溴氯甲烷的	6.5	35		13	0	千克	14xy		0		0
	- 含三氟甲烷（HFC-23）或全氟烃（PFCs），但不含全氯氟烃（CFCs）或氢氯氟烃（HCFCs）的：											
3827.5100	-- 含三氟甲烷（HFC-23）的	6.5	35		13	0	千克	14xy		0	4.2	0
3827.5900	-- 其他	6.5	35		13	0	千克			0	4.2	0
	- 含其他氢氟烃（HFCs），但不含全氯氟烃（CFCs）或氢氯氟烃（HCFCs）的：											
3827.6100	-- 按重量计含15%及以上1,1,1-三氟乙烷（HFC-143a）的											
38276100.11	HFC-125，HFC-143a和HFC-134a的混合物，混合比例（质量比）为44:52:4	6.5	35		13	0	千克	14xy		0	4.2	0
38276100.12	HFC-125和HFC-143a的混合物，混合比例（质量比）为50:50	6.5	35		13	0	千克	14xy		0	4.2	0
38276100.90	其他按重量计含15%及以上HFC-143a的混合物，但不含CFCs或HCFCs	6.5	35		13	0	千克	14xy		0	4.2	0

协定税率（%）														特惠税率（%）①/②	Article Description
巴基斯坦	冰岛	哥斯达黎加	秘鲁	新西兰	瑞士	新加坡	韩国	澳大利亚	格鲁吉亚	毛里求斯	日本RCEP	尼加拉瓜	港澳台		
0	0	0	0	0	0		0	0	0	0	4.7	0	0/	0/0	Mixture of propene, chlorodifluoromethane and difluoroethane
0	0	0	0	0	0		0	0	0	0	4.7	0	0/	0/0	Mixture of chlorodifluoromethane and difluoroethane
0	0	0	0	0	0		0	0	0	0	4.7	0	0/	0/0	Mixture of tetrafluoroethane, chlorotetrafluoroethane and butane
0	0	0	0	0	0		0	0	0	0	4.7	0	0/	0/0	Mixture of propane, chlorodifluoromethane and difluoroethane
0	0	0	0	0	0		0	0	0	0	4.7	0	0/	0/0	Other mixture of hydrochlorofluorocarbons containing substances of commodity codes 2903430010,2903430020,2903420000,2903410000,2903440010,2903440020,2903450000,2903470000,2903480000,2903460010,2903460020,2903460030,2903460040, other than CFCs(Hydrocarbons here refer to methane, ethane and propane)
															-- Other, containing substances of subheadings 2903.71 to 2903.75
0	0	0	0	0	0		0	0	0	0	4.7	0	0/	0/0	Mixture of propane, chlorodifluoromethane and octafluoropropane
0	0	0	0	0	0		0	0	0	0	4.7	0	0/	0/0	Mixture of chlorodifluoromethane,2-methylpropane and chlorodifluoroethane
0	0	0	0	0	0		0	0	0	0	4.7	0	0/	0/0	Mixture of chlorodifluoromethane, chlorotetrafluoroethane and chlorodifluoroethane
0	0	0	0	0	0		0	0	0	0	4.7	0	0/	0/0	Mixture of chlorodifluoromethane, octafluoropropane and chlorodifluoroethane
0	0	0	0	0	0		0	0	0	0	4.7	0	0/	0/0	Mixture of chlorodifluoromethane, chlorotetrafluoroethane, chlorodifluoroethane and 2-methylpropane
0	0	0	0	0	0		0	0	0	0	4.7	0	0/	0/0	Mixture of chlorodifluoromethane and octafluoropropane
0	0	0	0	0	0		0	0	0	0	4.7	0	0/	0/0	Mixture of chlorodifluoromethane and chlorodifluoroethane
0	0	0	0	0	0		0	0	0	0	4.7	0	0/	0/0	Other mixture of hydrochlorofluorocarbons containing substances of commodity codes 2903710000, 2903720000, 2903730010, 2903730090, 2903740010,2903740090,2903750000, other than CFCs(Hydrocarbons here refer to methane, ethane and propane)
0	0	0	0	0	0		0	0	0	0	4.7	0	0/	0/0	-- Other
0	0	0	0	0	0		0	0	0	0	4.7	0	0/	0/0	- Containing methyl bromide (bromomethane) or bromochloromethane
															- Containing trifluoromethane (HFC-23) or perfluorocarbons (PFCs) but not containing chlorofluorocarbons (CFCs) or hydrochlorofluorocarbons (HCFCs):
0	0	0	0	0	0		0	0	0	0	4.7	0	0/	0/0	-- Containing trifluoromethane (HFC-23)
0	0	0	0	0	0		0	0	0	0	4.7	0	0/	0/0	-- Other
															- Containing other hydrofluorocarbons (HFCs) but not containing chlorofluorocarbons (CFCs) or hydrochlorofluorocarbons (HCFCs):
															-- Containing 15% or more by mass of 1,1,1-trifluoroethane (HFC-143a)
0	0	0	0	0	0		0	0	0	0	4.7	0	0/	0/0	Mixture of HFC-125，HFC-143a and HFC-134a, of the mix ratio(mass ratio)44:52:4
0	0	0	0	0	0		0	0	0	0	4.7	0	0/	0/0	Mixture of HFC-125 and HFC-143a, of the mix ratio(mass ratio)50:50
0	0	0	0	0	0		0	0	0	0	4.7	0	0/	0/0	Other mixture, containing 15% or more by mass of HFC-143a, other than CFCs or HCFCs

税号	货品名称	进口关税（%）			增值/消费税（%）	出口退税（%）	计量单位	监管证件代码	检验检疫类别	协定税率（%）		
		最惠国	普通	年内暂定						东盟	亚太	智利
3827.6200	-- 其他，不归入上述子目，按重量计含55%及以上五氟乙烷（HFC-125），但不含无环烃的不饱和氟化衍生物（HFOs）的	6.5	35		13	0	千克	14xy		0	4.2	0
3827.6300	-- 其他，不归入上述子目，按重量计含40%及以上五氟乙烷（HFC-125）的											
38276300.10	HFC-125和HFC-32的混合物，混合比例（质量比）为50:50	6.5	35		13	0	千克	14xy		0	4.2	0
38276300.90	其他，不归入上述子目，按重量计含40%及以上HFC-125的混合物，但不含CFCs或HCFCs	6.5	35		13	0	千克	14xy		0	4.2	0
3827.6400	-- 其他，不归入上述子目，按重量计含30%及以上1,1,1,2-四氟乙烷（HFC-134a）的，但不含无环烃的不饱和氟化衍生物（HFOs）											
38276400.10	HFC-32，HFC-125和HFC-134a的混合物，混合比例（质量比）为23:25:52	6.5	35		13	0	千克	14xy		0	4.2	0
38276400.90	其他，不归入上述子目，按重量计含30%及以上HFC-134a，但不含HFOs、CFCs或HCFCs的混合物	6.5	35		13	0	千克	14xy		0	4.2	0
3827.6500	-- 其他，不归入上述子目的，按重量计含20%及以上二氟甲烷（HFC-32）和20%及以上五氟乙烷（HFC-125）的	6.5	35		13	0	千克	14xy		0	4.2	0
3827.6800	-- 其他，不归入上述子目，含子目2903.41至2903.48所列物质的	6.5	35		13	0	千克	14xy		0	4.2	0
3827.6900	-- 其他	6.5	35		13	0	千克			0	4.2	0
3827.9000	- 其他	6.5	35		13	0	千克			0		0

协定税率（%）														特惠税率（%）①/②	Article Description
巴基斯坦	冰岛	哥斯达黎加	秘鲁	新西兰	瑞士	新加坡	韩国	澳大利亚	格鲁吉亚	毛里求斯	日本RCEP	尼加拉瓜	港澳台		
0	0	0	0	0	0		0	0	0	0	4.7	0	0/	0/0	-- Other, not included in the subheading above, containing 55% or more by mass of pentafluoroethane (HFC- 125) but not containing unsaturated fluorinated derivatives of acyclic hydrocarbons (HFOs)
															-- Other, not included in the subheadings above, containing 40% or more by mass of pentafluoroethane (HFC-125)
0	0	0	0	0	0		0	0	0	0	4.7	0	0/	0/0	Mixture of HFC-125 and HFC-32, of the mix ratio(mass ratio)50:50
0	0	0	0	0	0		0	0	0	0	4.7	0	0/	0/0	Other mixture, not included in the subheadings above, containing 40% or more by mass of HFC-125, other than CFCs or HCFCs
															-- Other, not included in the subheadings above, containing 30% or more by mass of 1,1,1,2-tetrafluoroethane (HFC-134a) but not containing unsaturated fluorinated derivatives of acyclic hydrocarbons (HFOs)
0	0	0	0	0	0		0	0	0	0	4.7	0	0/	0/0	Mixture of HFC-32，HFC-125 and HFC-134a, of the mix ratio(mass ratio)23:25:52
0	0	0	0	0	0		0	0	0	0	4.7	0	0/	0/0	Other mixture, not included in the subheadings above, containing 30% or more by mass of HFC-134a, other than HFOs, CFCs or HCFCs
0	0	0	0	0	0		0	0	0	0	4.7	0	0/	0/0	-- Other, not included in the subheadings above, containing 20% or more by mass of difluoromethane (HFC-32) and 20% or more by mass of pentafluoroethane (HFC-125)
0	0	0	0	0	0		0	0	0	0	4.7	0	0/	0/0	-- Other, not included in the subheadings above, containing substances of subheadings 2903.41 to 2903.48
0	0	0	0	0	0		0	0	0	0	4.7	0	0/	0/0	-- Other
0	0	0	0	0	0		0	0	0	0	4.7	0	0/	0/0	- Other

第七类　塑料及其制品；橡胶及其制品

注释：

一、由两种或两种以上单独成分配套的货品，其部分或全部成分属于本类范围以内，混合后则构成第六类或第七类的货品，应按混合后产品归入相应的税目，但其组成成分必须同时符合下列条件：

（一）其包装形式足以表明这些成分不需经过改装就可以一起使用的；

（二）一起报验的；以及

（三）这些成分的属性及相互比例足以表明是相互配用的。

二、除税目39.18或39.19的货品外，印有花纹、文字、图画的塑料、橡胶及其制品，如果所印花纹、字画作为其主要用途，应归入第四十九章。

第三十九章　塑料及其制品

注释：

一、本协调制度所称"塑料"，是指税目39.01至39.14的材料，这些材料能够在聚合时或聚合后在外力（一般是热力和压力，必要时加入溶剂或增塑剂）作用下通过模制、浇铸、挤压、滚轧或其他工序制成一定的形状，成形后除去外力，其形状仍保持不变。

本协调制度所称"塑料"，还应包括钢纸，但不包括第十一类的纺织材料。

二、本章不包括：

（一）税目27.10或34.03的润滑剂；

（二）税目27.12或34.04的蜡；

（三）单独的已有化学定义的有机化合物（第二十九章）；

（四）肝素及其盐（税目30.01）；

（五）税目39.01至39.13所列的任何产品溶于挥发性有机溶剂的溶液（胶棉除外），但溶剂的重量必须超过溶液重量的50%（税目32.08）；税目32.12的压印箔；

（六）有机表面活性剂或税目34.02的制剂；

（七）再熔胶及酯胶（税目38.06）；

（八）配制的添加剂，用于矿物油（包括汽油）或与矿物油同样用途的其他液体（税目38.11）；

（九）以第三十九章的聚乙二醇、聚硅氧烷或其他聚合物为基本成分配制的液压用液体（税目38.19）；

（十）附于塑料衬背上的诊断或实验用试剂（税目38.22）；

（十一）第四十章规定的合成橡胶及其制品；

（十二）鞍具及挽具（税目42.01）；税目42.02的衣箱、提箱、手提包及其他容器；

（十三）第四十六章的缏条、编结品及其他制品；

（十四）税目48.14的壁纸；

（十五）第十一类的货品（纺织原料及纺织制品）；

（十六）第十二类的物品（例如，鞋靴、帽类、雨伞、阳伞、手杖、鞭子、马鞭及其零件）；

（十七）税目71.17的仿首饰；

（十八）第十六类的物品（机器、机械器具或电气器具）；

（十九）第十七类的航空器零件及车辆零件；

（二十）第九十章的物品（例如，光学元件、眼镜架及绘图仪器）；

（二十一）第九十一章的物品（例如，钟壳及表壳）；

（二十二）第九十二章的物品（例如，乐器及其零件）；

SECTION VII PLASTICS AND ARTICLES THEREOF; RUBBER AND ARTICLES THEREOF

Section Notes:

1. Goods put up in sets consisting of two or more separate constituents, some or all of which fall in this Section and are intended to be mixed together to obtain a product of Section VI or VII, are to be classified in the heading appropriate to that product, provided that the constituents are:

(a) having regard to the manner in which they are put up, clearly identifiable as being intended to be used together without first being repacked;

(b) presented together; and

(c) identifiable, whether by their nature or by the relative proportions in which they are present, as being complementary one to another.

2. Except for the goods of heading 39.18 or 39.19, plastics, rubber, and articles thereof, printed with motifs, characters or pictorial representations, which are not merely subsidiary to the primary use of the goods, fall in Chapter 49.

Chapter 39 Plastics and articles thereof

Chapter Notes:

1. Throughout the Nomenclature the expression "plastics" means those materials of headings 39.01 to 39.14 which are or have been capable, either at the moment of polymerisation or at some subsequent stage, of being formed under external influence (usually heat and pressure, if necessary with a solvent or plasticiser) by moulding, casting, extruding, rolling or other process into shapes which are retained on the removal of the external influence.

Throughout the Nomenclature any reference to "plastics" also includes vulcanised fibre. The expression, however, does not apply to materials regarded as textile materials of Section XI.

2. This Chapter does not cover:

(a) Lubricating preparations of heading 27.10 or 34.03;

(b) Waxes of heading 27.12 or 34.04;

(c) Separate chemically defined organic compounds (Chapter 29);

(d) Heparin or its salts (heading 30.01);

(e) Solutions (other than collodions) consisting of any of the products specified in headings 39.01 to 39.13 in volatile organic solvents when the weight of the solvent exceeds 50% of the weight of the solution (heading 32.08); stamping foils of heading 32.12;

(f) Organic surface-active agents or preparations of heading 34.02;

(g) Run gums or ester gums (heading 38.06);

(h) Prepared additives for mineral oils (including gasoline) or for other liquids used for the same purposes as mineral oils (heading 38.11);

(ij) Prepared hydraulic fluids based on polyglycols, silicones or other polymers of Chapter 39 (heading 38.19);

(k) Diagnostic or laboratory reagents on a backing of plastics (heading 38.22);

(l) Synthetic rubber, as defined for the purposes of Chapter 40, or articles thereof;

(m) Saddlery or harness (heading 42.01) or trunks, suitcases, handbags or other containers of heading 42.02;

(n) Plaits, wickerwork or other articles of Chapter 46;

(o) Wall coverings of heading 48.14;

(p) Goods of Section XI (textiles and textile articles);

(q) Articles of Section XII (for example, footwear, headgear, umbrellas, sun umbrellas, walking-sticks, whips, riding- crops or parts thereof);

(r) Imitation jewellery of heading 71.17;

(s) Articles of Section XVI (machines and mechanical or electrical appliances);

(t) Parts of aircraft or vehicles of Section XVII;

(u) Articles of Chapter 90 (for example, optical elements, spectacle frames, drawing instruments);

(v) Articles of Chapter 91 (for example, clock or watch cases);

(w) Articles of Chapter 92 (for example, musical instruments or parts thereof);

（二十三）第九十四章的物品（例如，家具、灯具、照明装置、灯箱及活动房屋）；

（二十四）第九十五章的物品（例如，玩具、游戏品及运动用品）；或

（二十五）第九十六章的物品（例如，刷子、纽扣、拉链、梳子、烟斗的嘴及柄、香烟嘴及类似品、保温瓶的零件及类似品、钢笔、活动铅笔、独脚架、双脚架、三角架及类似品）。

三、税目39.01至39.11仅适用于化学合成的下列货品：

（一）采用减压蒸馏法，在压力转换为1013毫巴下的温度300℃时，以体积计馏出量小于60%的液体合成聚烯烃（税目39.01及39.02）；

（二）非高度聚合的苯并呋喃-茚树脂（税目39.11）；

（三）平均至少有五个单体单元的其他合成聚合物；

（四）聚硅氧烷（税目39.10）；

（五）甲阶酚醛树脂（税目39.09）及其他预聚物。

四、所称“共聚物”，包括在整个聚合物中按重量计没有一种单体单元的含量在95%及以上的各种聚合物。

在本章中，除条文另有规定的以外，共聚物（包括共缩聚物、共加聚物，嵌段共聚物及接枝共聚物）及聚合物混合体应按聚合物中重量最大的那种共聚单体单元所构成的聚合物归入相应税目。在本注释中，归入同一税目的聚合物的共聚单体单元应作为一种单体单元对待。

如果没有任何一种共聚单体单元重量为最大，共聚物或聚合物混合体应按号列顺序归入其可归入的最末一个税目。

五、化学改性聚合物，即聚合物主链上的支链通过化学反应发生了变化的聚合物，应按未改性的聚合物的相应税目归类。本规定不适用于接枝共聚物。

六、税目39.01至39.14所称“初级形状”，只限于下列各种形状：

（一）液状及糊状，包括分散体（乳浊液及悬浮液）及溶液；

（二）不规则形状的块，团、粉（包括压型粉）、颗粒、粉片及类似的散装形状。

七、税目39.15不适用于已制成初级形状的单一的热塑材料废碎料及下脚料（税目39.01至39.14）。

八、税目39.17所称“管子”，是指通常用于输送或供给气体或液体的空心制品或半制品（例如，肋纹浇花软管、多孔管），还包括香肠用肠衣及其他扁平管。除肠衣及扁平管外，内截面如果不呈圆形、椭圆形、矩形（其长度不超过宽度的1.5倍）或正几何形，则不能视为管子，而应作为异型材。

九、税目39.18所称“塑料糊墙品”，适用于墙壁或天花板装饰用的宽度不小于45厘米的成卷产品，这类产品是将塑料牢固地附着在除纸张以外任何材料的衬背上，并且在塑料面起纹、压花、着色、印制图案或用其他方法装饰。

十、税目39.20及39.21所称“板、片、膜、箔、扁条”，只适用于未切割或仅切割成矩形（包括正方形）（含切割后即可供使用的），但未经进一步加工的板、片、膜、箔、扁条（第五十四章的物品除外）及正几何形块，不论是否经过印制或其他表面加工。

十一、税目39.25只适用于第二分章以前各税目未包括的下列物品：

（一）容积超过300升的囤、柜（包括化粪池）、罐、桶及类似容器；

（二）用于地板、墙壁、隔墙、天花板或屋顶等方面的结构件；

（三）槽管及其附件；

（四）门、窗及其框架和门槛；

（五）阳台、栏杆、栅栏、栅门及类似品；

（六）窗板、百叶窗（包括威尼斯式百叶窗）或类似品及其零件、附件；

（七）商店、工棚、仓库等用的拼装式固定大形货架；

（八）建筑用的特色（例如，凹槽、圆顶及鸽棚式）装饰件；以及

(x) Articles of Chapter 94 (for example, furniture, luminaires and lighting fittings, illuminated signs, prefabricated buildings);

(y) Articles of Chapter 95 (for example, toys, games, sports requisites); or

(z) Articles of Chapter 96 (for example, brushes, buttons, slide fasteners, combs, mouthpieces or stems for smoking pipes, cigarette-holders or the like, parts of vacuum flasks or the like, pens, propelling pencils, and monopods, bipods, tripods and similar articles).

3. Headings 39.01 to 39.11 apply only to goods of a kind produced by chemical synthesis, falling in the following categories:

(a) Liquid synthetic polyolefins of which less than 60% by volume distils at 300°C, after conversion to 1,013 milibars when a reduced-pressure distillation method is used (headings 39.01 and 39.02);

(b) Resins, not highly polymerised, of the coumarone- indene type (heading 39.11);

(c) Other synthetic polymers with an average of at least 5 monomer units;

(d) Silicones (heading 39.10);

(e) Resols (heading 39.09) and other prepolymers.

4. The expression "copolymers" covers all polymers in which no single monomer unit contributes 95% or more by weight to the total polymer content.

For the purposes of this Chapter, except where the context otherwise requires, copolymers (including co-polycondensates, co-polyaddition products, block copolymers and graft copolymers) and polymer blends are to be classified in the heading covering polymers of that comonomer unit which predominates by weight over every other single comonomer unit. For the purposes of this Note, constituent comonomer units of polymers falling in the same heading shall be taken together.

If no single comonomer unit predominates, copolymers or polymer blends, as the case may be, are to be classified in the heading which occurs last in numerical order among those which equally merit consideration.

5. Chemically modified polymers, that is those in which only appendages to the main polymer chain have been changed by chemical reaction, are to be classified in the heading appropriate to the unmodified polymer. This provision does not apply to graft copolymers.

6. In headings 39.01 to 39.14, the expression "primary forms" applies only to the following forms:

(a) Liquids and pastes, including dispersions (emulsions and suspensions) and solutions;

(b) Blocks of irregular shape, lumps, powders (including moulding powders), granules, flakes and similar bulk forms.

7. Heading 39.15 does not apply to waste, parings and scrap of a single thermoplastic material, transformed into primary forms (headings 39.01 to 39.14) .

8. For the purposes of heading 39.17, the expression "tubes, pipes and hoses" means hollow products, whether semi-manufactures or finished products, of a kind generally used for conveying, conducting or distributing gases or liquids (for example, ribbed garden hose, perforated tubes). This expression also includes sausage casings and other lay-flat tubing. However, except for the last-mentioned, those having an internal cross-section other than round, oval, rectangular (in which the length does not exceed 1.5 times the width) or in the shape of a regular polygon are not to be regarded as tubes, pipes and hoses but as profile shapes.

9. For the purposes of heading 39.18, the expression "wall or ceiling coverings of plastics" applies to products in rolls, of a width not less than 45cm, suitable for wall or ceiling decoration, consisting of plastics fixed permanently on a backing of any material other than paper, the layer of plastics (on the face side) being grained, embossed, coloured, design-printed or otherwise decorated.

10. In headings 39.20 and 39.21, the expression "plates, sheets, film, foil and strip" applies only to plates, sheets, film, foil and strip (other than those of Chapter 54) and to blocks of regular geometric shape, whether or not printed or otherwise surface-worked, uncut or cut into rectangles (including squares) but not further worked (even if when so cut they become articles ready for use).

11. Heading 39.25 applies only to the following articles, not being products covered by any of the earlier headings of sub-Chapter II:

(a) Reservoirs, tanks (including septic tanks), vats and similar containers, of a capacity exceeding 300L;

(b) Structural elements used, for example, in floors, walls or partitions, ceilings or roofs;

(c) Gutters and fittings thereof;

(d) Doors, windows and their frames and thresholds for doors;

(e) Balconies, balustrades, fencing, gates and similar barriers;

(f) Shutters, blinds (including Venetian blinds) and similar articles and parts and fittings thereof;

(g) Large-scale shelving for assembly and permanent installation, for example, in shops, workshops, warehouses;

(h) Ornamental architectural features, for example, flutings, cupolas, dovecotes; and

（九）固定装于门窗、楼梯、墙壁或建筑物其他部位的附件及架座，例如，球形把手、拉手、挂钩、托架、毛巾架、开关板及其他护板。

子目注释：

一、属于本章任一税目项下的聚合物（包括共聚物）及化学改性聚合物应按下列规则归类：

（一）在同级子目中有一个“其他”子目的：

1. 子目所列聚合物名称冠有“聚（多）”的（例如，聚乙烯及聚酰胺-6,6），是指列名的该种聚合物单体单元含量在整个聚合物中按重量计必须占95%及以上。

2. 子目3901.30、3901.40、3903.20、3903.30及3904.30所列的共聚物，如果该种共聚单体单元含量在整个聚合物中按重量计占95%及以上，应归入上述子目。

3. 化学改性聚合物如未在其他子目具体列名，应归入列明为“其他”的子目内。

4. 不符合上述1、2、3款规定的聚合物，应按聚合物中重量最大的那种单体单元（与其他各种单一的共聚单体单元相比）所构成的聚合物归入该级其他相应子目。为此，归入同一子目的聚合物单体单元应作为一种单体单元对待。只有在同级子目中的聚合物共聚单体单元才可以进行比较。

（二）在同级子目中没有“其他”子目的：

1. 聚合物应按聚合物中重量最大的那种单体单元（与其他各种单一的共聚单体单元相比）所构成的聚合物归入该级相应子目。为此，归入同一子目的聚合物单体单元应作为一种单体单元对待。只有在同级子目中的聚合物共聚单体单元才可以进行比较。

2. 化学改性聚合物应按相应的未改性聚合物的子目归类。

聚合物混合体应按单体单元比例相等、种类相同的聚合物归入相应子目。

二、子目3920.43所称“增塑剂”，包括“次级增塑剂”。

税号	货品名称	进口关税（%）			增值/消费税（%）	出口退税（%）	计量单位	监管证件代码	检验检疫类别	协定税率（%）		
		最惠国	普通	年内暂定						东盟	亚太	智利
	第一分章　初级形状											
39.01	**初级形状的乙烯聚合物：**											
3901.1000	- 聚乙烯，比重小于0.94											
39011000.01	初级形状比重＜0.94的聚乙烯（进口CIF价高于3800美元/吨）	6.5	45	3	13	13	千克				6	0
39011000.90	初级形状比重＜0.94的聚乙烯	6.5	45		13	13	千克				6	0
3901.2000	- 聚乙烯，比重在0.94及以上											
39012000.11	茂金属高密度聚乙烯（密度0.962g/cm³，熔流率0.85g/10min）（进口CIF价高于3800美元/吨）	6.5	45	3	13	13	千克				6	0
39012000.19	茂金属高密度聚乙烯（密度0.962g/cm³，熔流率0.85g/10min）	6.5	45		13	13	千克				6	0
39012000.91	其他初级形状比重≥0.94的聚乙烯（进口CIF价高于3800美元/吨）	6.5	45	3	13	13	千克				6	0
39012000.99	其他初级形状比重≥0.94的聚乙烯	6.5	45		13	13	千克				6	0
3901.3000	- 乙烯-乙酸乙烯酯共聚物	6.5	45		13	13	千克			0	6	0
	- 乙烯-α-烯烃共聚物，比重小于0.94：											
3901.4010	--- 乙烯-丙烯共聚物（乙丙橡胶）											
39014010.10	粘指剂，比重小于0.94（初级形状，乙烯单体单元65%，丙烯单体单元35%）	6.5	45		13	13	千克			0		0

(ij) Fittings and mountings intended for permanent installation in or on doors, windows, staircases, walls or other parts of buildings, for example, knobs, handles, hooks, brackets, towel rails, switch- plates and other protective plates.

Subheading Notes:

1. Within any one heading of this Chapter, polymers (including copolymers) and chemically modified polymers are to be classified according to the following provisions:

(a) Where there is a subheading named “Other” in the same series:

(i) The designation in a subheading of a polymer by the prefix “poly” (for example, polyethylene and polyamide-6, 6) means that the constituent monomer unit or monomer units of the named polymer taken together must contribute 95% or more by weight of the total polymer content.

(ii) The copolymers named in subheadings 3901.30, 3901.40, 3903.20, 3903.30 and 3904.30 are to be classified in those subheadings, provided that the comonomer units of the named copolymers contribute 95% or more by weight of the total polymer content.

(iii) Chemically modified polymers are to be classified in the subheading named “Other”, provided that the chemically modified polymers are not more specifically covered by another subheading.

(iv) Polymers not meeting (i), (ii) or (iii) above, are to be classified in the subheading, among the remaining subheadings in the series, covering polymers of that monomer unit which predominates by weight over every other single comonomer unit. For this purpose, constituent monomer units of polymers falling in the same subheading shall be taken together. Only the constituent comonomer units of the polymers in the series of subheadings under consideration are to be compared.

(b) Where there is no subheading named “Other” in the same series:

(i) Polymers are to be classified in the subheading covering polymers of that monomer unit which predominates by weight over every other single comonomer unit. For this purpose, constituent monomer units of polymers falling in the same subheading shall be taken together. Only the constituent comonomer units of the polymers in the series under consideration are to be compared.

(ii) Chemically modified polymers are to be classified in the subheading appropriate to the unmodified polymer.

Polymer blends are to be classified in the same subheading as polymers of the same monomer units in the same proportions.

2. For the purposes of subheading 3920.43, the term “plasticisers” includes secondary plasticisers.

协定税率（%）														特惠税率（%）①/②	Article Description
巴基斯坦	冰岛	哥斯达黎加	秘鲁	新西兰	瑞士	新加坡	韩国	澳大利亚	格鲁吉亚	毛里求斯	日本RCEP	尼加拉瓜	港澳台		
															Ⅰ. PRIMARY FORMS
															Polymers of ethylene, in primary forms:
															- Polyethylene having a specific gravity of less than 0.94
6	0	0		0	2.6		5.9	0		0			0/		Polyethylene having a specific gravity of less than 0.94, in primary forms (import CIF price more than 3800 U.S. dollars/ton)
6	0	0		0	2.6		5.9	0		0			0/		Polyethylene having a specific gravity of less than 0.94, in primary forms (import CIF price not more than 3800 U.S. dollars/ton)
															- Polyethylene having a specific gravity of 0.94 or more
6	0	0		0	2.6		5.9	0		0			0/		Metallocene HDPE having a density of 0.962g/cm³ and a melting rate of 0.85g/10min, of import CIF price higher than 3800 U.S. dollars/ton
6	0	0		0	2.6		5.9	0		0			0/		Metallocene HDPE heaving a density of 0.962g/cm³ and a melting rate of 0.85g/10min
6	0	0		0	2.6		5.9	0		0			0/		Other polyethylene having a specific gravity of 0.94 or more, in primary forms (import CIF price more than 3800 U.S. dollars/ton)
6	0	0		0	2.6		5.9	0		0			0/		Other polyethylene having a specific gravity of 0.94 or more, in primary forms
4	0	0	0	0	0	0	5.9	0		0			0/	0/0	- Ethylene-vinyl acetate copolymers
															- Ethylene-alpha-olefin copolymers, having a specific gravity of less than 0.94:
															--- Ethylene-propylene copolymers
0	0	0	0	0	0	0	2.1	0	0	0	5.3	0	0/	0/0	Viscosity improvers in primary forms, having a specific gravity of less than 0.94, consisting of 65% of the ethylene monomer unit and 35% of the propylene monomer unit

税号	货品名称	进口关税（%）			增值/消费税（%）	出口退税（%）	计量单位	监管证件代码	检验检疫类别	协定税率（%）		
		最惠国	普通	年内暂定						东盟	亚太	智利
39014010.90	乙烯-丙烯共聚物（乙丙橡胶），比重小于0.94	6.5	45		13	13	千克			0		0
3901.4020	--- 线型低密度聚乙烯											
39014020.10	线型低密度的乙烯与1-辛烃共聚物，比重小于0.94（初级形状的）	6.5	45		13	13	千克			0		0
39014020.90	线型低密度聚乙烯，比重小于0.94（初级形状的）	6.5	45		13	13	千克			0		0
3901.4090	--- 其他	6.5	45		13	13	千克			0	4.2	0
	- 其他：											
3901.9010	--- 乙烯-丙烯共聚物（乙丙橡胶）	6.5	45		13	13	千克			0		0
3901.9090	--- 其他	6.5	45		13	13	千克			0	4.2	0
39.02	**初级形状的丙烯或其他烯烃聚合物：**											
3902.1000	- 聚丙烯											
39021000.10	电工级初级形状聚丙烯树脂（灰分含量不大于30PPM）	6.5	45		13	13	千克			0		0
39021000.20	共聚抗冲等级初级形状聚丙烯［熔融指数MI<0.5g/10min, UL认证黄卡中RTI（相当于长期工作温度）115℃，悬臂梁缺口冲击强度（测量方法ISO180）：23℃时为64KJ/m^2，-40℃时为4.0KJ/m^2］	6.5	45		13	13	千克			0		0
39021000.90	其他初级形状的聚丙烯	6.5	45		13	13	千克			0		0
3902.2000	- 聚异丁烯	6.5	45		13	13	千克	A	R/	0		0
	- 丙烯共聚物：											
3902.3010	--- 乙烯-丙烯共聚物（乙丙橡胶）	6.5	45		13	13	千克			0	6	0
3902.3090	--- 其他	6.5	45		13	13	千克			0	6	0
3902.9000	- 其他											
39029000.10	端羧基聚丁二烯，CTPB（做黏接剂或燃料）	6.5	45		13	13	千克	3		0		0
39029000.20	端羟基聚丁二烯，HTPB（做黏接剂或燃料）	6.5	45		13	13	千克	3		0		0
39029000.90	其他初级形状的烯烃聚合物	6.5	45		13	13	千克			0		0
39.03	**初级形状的苯乙烯聚合物：**											
	- 聚苯乙烯：											
3903.1100	-- 可发性的	6.5	45		13	13	千克			0	6	0
	-- 其他：											
3903.1910	--- 改性的	6.5	45		13	13	千克			0	6	0
3903.1990	--- 其他	6.5	45		13	13	千克			0	6	0
3903.2000	- 苯乙烯-丙烯腈（SAN）共聚物	12	45		13	13	千克			0		0
	- 丙烯腈-丁二烯-苯乙烯（ABS）共聚物：											
3903.3010	--- 改性的	6.5	45		13	13	千克			0	6	0
3903.3090	--- 其他	6.5	45		13	13	千克			0	6	0
3903.9000	- 其他	6.5	45		13	13	千克			0	6	0
39.04	**初级形状的氯乙烯或其他卤化烯烃聚合物：**											
	- 聚氯乙烯，未掺其他物质：											
3904.1010	--- 糊树脂	6.5	45		13	13	千克			0	4.2	0
3904.1090	--- 其他											
39041090.01	聚氯乙烯纯粉（纯指未掺其他物质）	6.5	45		13	13	千克	7		0	4.2	0
39041090.90	其他初级形状的纯聚氯乙烯（纯指未掺其他物质）	6.5	45		13	13	千克	7		0	4.2	0

协定税率（%）														特惠税率（%）①/②	Article Description
巴基斯坦	冰岛	哥斯达黎加	秘鲁	新西兰	瑞士	新加坡	韩国	澳大利亚	格鲁吉亚	毛里求斯	日本RCEP	尼加拉瓜	港澳台		
0	0	0	0	0	0	0	2.1	0	0	0	5.3	0	0/	0/0	Ethylene-propylene copolymers in primary forms consisting of more ethylene monomer unit than propylene monomer unit, having a specific gravity of less than 0.94
															--- Linearity low density polyethylene
0	0	0		0		0		0		0			0/	0/0	Linear low density copolymers of ethylene and 1-octyl hydrocarbon in primary forms, having a specific gravity of less than 0.94
0	0	0		0		0		0		0			0/	0/0	Linearity low density polyethylene in primary forms, having a specific gravity of less than 0.94
0	0	0	0	0	0	0	4.2	0	0	0			0/	0/0	--- Other
															- Other:
0	0	0	0	0	0	0	2.1	0	0	0	5.3	0	0/	0/0	--- Ethylene-propylene copolymers
0	0	0	0	0	0	0	4.2	0	0	0			0/	0/0	--- Other
															Polymers of propylene or of other olefins, in primary forms:
															- Polypropylene
4	0	0		0	2.6	0		0		0			0/		Polypropylene resin of electrical grade, in primary forms (ash content not more than 30PPM ash)
4	0	0		0	2.6	0		0		0			0/		Impact grade polypropylene copolymer in primaiy forms, having a melting index less than 0.5g/10min, a RTI in UL certification card of 115°C(which is equivalent to long-term operating temperature) and a notched izod impact strength (measurement method ISO 180) of 64KJ/m^2 at 23°C and 4.0KJ/m^2 at -40°C
4	0	0		0	2.6	0		0		0			0/		Other polypropylene in primaiy forms
0	0	0	0	0	0			0	0	0			0/	0/0	- Polyisobutylene
															- Propylene copolymers:
0	0	0	0	0	0	0	2.1	0	0	0	5.3	0	0/	0/0	--- Ethylene-propylene copolymers
4	0	0	0	0	0	0	5.9	0		0			0/	0/0	--- Other
															- Other
0	0	0	0	0	0	0		0	0	0			0/	0/0	Carboxyl-terminated polybutadiene (of a kind used as adhesive or fuel)
0	0	0	0	0	0	0		0	0	0			0/	0/0	Carboxyl-terminated polybutadiene (of a kind used as adhesive or fuel)
0	0	0	0	0	0	0		0	0	0			0/	0/0	Other polymers of olefins, in primaiy forms
															Polymers of styrene, in primary forms:
															- Polystyrene:
0	0	0	0	0	0	0	5.9	0	0	0		0	0/	0/0	-- Expansible
															-- Other:
0	0	0	0	0	0	0	3.2	0		0	5.6	0	0/	0/0	--- Modified
0	0	0	0	0	0	0	3.2	0		0	5.6	0	0/	0/0	--- Other
6	0	0	0	0	0	0	9.6	0	0	0			0/0	0/0	- Styrene-acrylonitrile (SAN) copolymers
															- Acrylonitrile-butadiene-styrene (ABS) copolymers:
4	0	0	0	0	2.6	0	3.2	0		0	5.6	0	0/	0/0	--- modified
4	0	0	0	0	0	0	3.2	0		0	5.6	0	0/	0/0	--- Other
0	0	0	0	0	0	0	2.1	0	0	0	5.3	0	0/0	0/0	- Other
															Polymers of vinyl chloride or of other halogenated olefins, in primary forms:
															- Poly (vinyl chloride), not mixed with any other substances:
0	0	0	0	0	0	0	3.2	0	0	0	5.6	0	0/	0/0	--- Paste resins
															--- Other
0	0	0	0	0	0	0	4.2	0		0			0/	0/0	Pure polyvinyl chloride powder (not mixed with any other substances)
0	0	0	0	0	0	0	4.2	0		0			0/	0/0	Pure polyvinyl chloride powder, in primaiy forms (not mixed with any other substances)

税　号	货品名称	进口关税（%）			增值/消费税（%）	出口退税（%）	计量单位	监管证件代码	检验检疫类别	协定税率（%）		
		最惠国	普通	年内暂定						东盟	亚太	智利
	- 其他聚氯乙烯：											
3904.2100	-- 未塑化	6.5	45		13	13	千克			0		0
3904.2200	-- 已塑化	6.5	45		13	13	千克			0		0
3904.3000	- 氯乙烯-乙酸乙烯酯共聚物	9	45		13	13	千克			0	8.6	0
3904.4000	- 其他氯乙烯共聚物	12	45		13	13	千克			0	7.8	0
3904.5000	- 偏二氯乙烯聚合物											
39045000.10	偏二氯乙烯-氯乙烯共聚树脂	6.5	45		13	13	千克			0		0
39045000.90	其他偏二氯乙烯聚合物	6.5	45		13	13	千克			0		0
	- 氟聚合物：											
3904.6100	-- 聚四氟乙烯	10	45		13	13	千克			0		0
3904.6900	-- 其他											
39046900.10	全氟碘代烷（四氟乙烯与五氟一碘烷的调聚物）（CAS号25398-32-7）	6.5	45		13	13	千克	X		0		0
39046900.90	初级形状的其他氟聚合物	6.5	45		13	13	千克			0		0
3904.9000	- 其他	10	45		13	13	千克			0		0
39.05	**初级形状的乙酸乙烯酯或其他乙烯酯聚合物；初级形状的其他乙烯基聚合物：**											
	- 聚乙酸乙烯酯：											
3905.1200	-- 水分散体	10	45		13	13	千克			0		0
3905.1900	-- 其他	10	45		13	13	千克			0		0
	- 乙酸乙烯酯共聚物：											
3905.2100	-- 水分散体	10	45		13	13	千克			0		0
3905.2900	-- 其他	10	45		13	13	千克			0		0
3905.3000	- 聚乙烯醇，不论是否含有未水解的乙酸酯基	14	45		13	13	千克	A	R/	0		0
	- 其他：											
3905.9100	-- 共聚物	10	45		13	13	千克			0		0
3905.9900	-- 其他	10	45		13	13	千克			0		0
39.06	**初级形状的丙烯酸聚合物：**											
3906.1000	- 聚甲基丙烯酸甲酯	6.5	45		13	13	千克			0	6	0
	- 其他：											
3906.9010	--- 聚丙烯酰胺	6.5	45		13	13	千克	A	R/	0	6	0
3906.9020	--- 丙烯酸-丙烯酸钠交联共聚物	6.5	45		13	13	千克			0	6	0
3906.9090	--- 其他											
39069090.10	全氟辛酸的盐类和相关化合物（PFOA类）	6.5	45		13	13	千克	X		0	6	0
39069090.90	其他初级形状的丙烯酸聚合物	6.5	45		13	13	千克			0	6	0
39.07	**初级形状的聚缩醛、其他聚醚及环氧树脂；初级形状的聚碳酸酯、醇酸树脂、聚烯丙基酯及其他聚酯：**											
	- 聚缩醛：											
3907.1010	--- 聚甲醛											
39071010.10	聚甲醛（均聚聚甲醛及改性聚甲醛除外）	6.5	45		13	13	千克			0	6.1	0
39071010.90	其他聚甲醛	6.5	45		13	13	千克			0	6.1	0
3907.1090	--- 其他											
39071090.10	共聚聚甲醛（改性聚甲醛除外）	6.5	45		13	13	千克			0	4.2	0
39071090.90	其他聚缩醛	6.5	45		13	13	千克			0	4.2	0
	- 其他聚醚：											
3907.2100	-- 双（聚氧乙烯）甲基膦酸酯	6.5	45		13	13	千克			0	6.1	0
	-- 其他：											
3907.2910	--- 聚四亚甲基醚二醇	6.5	45	3	13	13	千克			0	6.1	0
3907.2990	--- 其他											

协定税率（%）巴基斯坦	冰岛	哥斯达黎加	秘鲁	新西兰	瑞士	新加坡	韩国	澳大利亚	格鲁吉亚	毛里求斯	日本RCEP	尼加拉瓜	港澳台	特惠税率（%）①/②	Article Description
															- Other poly (vinyl chloride):
0	0	0	0	0	0	0	3.2	0	0	0		6.1	0/	0/0	-- Non-plasticized
	0	0	0	0	0	0	3.2	0		0		6.1	0/	0/0	-- Plasticized
0	0	0	0	0	0		3	0	0	0	7.3	8.1	0/	0/0	- Vinyl chloride-vinyl acetate copolymers
6	0	0	0	0	0	0	4	0	0	0	9.8	11.2	0/	0/0	- Other vinyl chloride copolymers
															- Vinylidene chloride polymers
0	0	0	0	0	0		0	0	0	0	0	0	0/	0/0	Vinylidene chloride - vinyl chloride copolymers resins
0	0	0	0	0	0		0	0	0	0	0	0	0/	0/0	Other vinylidene chloride polymers
															- Fluoro-polymers:
2.5	0	0	0	0	0	0	0	0	0	0	7.3	9	0/	0/0	-- Polytetrafluoroethylene
															-- Other
0	0	0	0	0	0		0	0	0	0	0	0	0/	0/0	Perfluoro iodoane (a fluorotelomer of tetrafluoroethylene and pentafluoro iodoane) (CAS 25398-32-7)
0	0	0	0	0	0		0	0	0	0	0	0	0/	0/0	Other fluoro-polymers, in primary forms
2.5	0	0	0	0	0		3.3	0	0	0	8.1	9	0/	0/0	- Other
															Polymers of vinyl acetate or of other vinyl esters, in primary forms;other vinyl polymers in primary forms:
															- Poly (vinyl acetate):
	0	0	0	0	0	0	3.3	0	0	0	8.1	9	0/	0/0	-- In aqueous dispersion
2.5	0	0	0	0	0		3.3	0	0	0	8.1	9	0/	0/0	-- Other
															- Vinyl acetate copolymers:
2.5	0	0	0	0	0	0	3.3	0	0	0	8.1	9	0/0	0/0	-- In aqueous dispersion
2.5	0	0	0	0		0	3.3	0	0	0	8.1	9	0/	0/0	-- Other
11.2	0	0	0	0	0	0	0	0	0	0		13.1	0/0	0/0	- Poly (vinyl alcohol), whether or not containing unhydrolyzed acetate groups
															- Other:
2.5	0	0	0	0	0		3.3	0	0	0	8.1	9	0/	0/0	-- Copolymers
	0	0	0	0	0		3.3	0	0	0	8.1	9	0/	0/0	-- Other
															Acrylic polymers in primary forms:
0	0	0	0	0	0		5.9	0	0	0		0	0/0	0/0	- Poly (methyl methacrylate)
															- Other:
0	0	0	0	0	0		5.9	0	0	0		0	0/0	0/0	--- Polyacrylamide
0	0	0	0	0	0		0	0	0	0	5.3	0	0/0	0/0	--- Polyacrylamide
															--- Other
0	0	0	0	0	0		0	0	0	0	5.3	0	0/0	0/0	Salts and related compounds of perfluorooctanoic acid (PFOA)
0	0	0	0	0	0		0	0	0	0	5.3	0	0/0	0/0	Other acrylic polymers in primary forms
															Polyacetals, other polyethers and epoxide resins, in primary forms;polycarbonates, alkyd resins, polyallyl esters and other polyesters, in primary forms:
															- Polyacetals:
															--- Polyoxymethylene (POM)
0	0	0	0	0	0	0	2.1	0	0	0	5.3	0	0/0	0/0	Polyoxymethylene (other than homo-polyoxymethylene and modified polyoxymethylene)
0	0	0	0	0	0	0	2.1	0	0	0	5.3	0	0/0	0/0	Other polyoxymethylene
															--- Other
0	0	0	0	0	0	0	0	0	0	0	4.7	0	0/	0/0	Co-polyoxymethylene (other than modified polyoxymethylene)
0	0	0	0	0	0	0	0	0	0	0	4.7	0	0/	0/0	Other polyacetals
															- Other polyethers:
0	0	0	0	0	0	0	2.1	0	0	0	5.3	0	0/	0/0	-- Bis (polyoxyethylene) methylphosphonate
															-- Other:
0	0	0	0	0	0	0	0	0	0	0	0	0	0/0	0/0	--- Polytetramethylene ether glycol (PTMEG)
															--- Other

税　号	货品名称	进口关税（%） 最惠国	普通	年内暂定	增值/消费税（%）	出口退税（%）	计量单位	监管证件代码	检验检疫类别	协定税率（%） 东盟	亚太	智利
39072990.10	初级形状的聚2,6-二甲基-1,4-苯醚（包括化学改性或物理改性的）	6.5	45		13	13	千克			0	6.1	0
39072990.20	培尼沙肽	6.5	45		13	13	千克	L		0	6.1	0
39072990.30	全氟辛酸的盐类和相关化合物（PFOA类）	6.5	45		13	13	千克	X		0	6.1	0
39072990.90	初级形状的其他聚醚	6.5	45		13	13	千克			0	6.1	0
3907.3000	- 环氧树脂											
39073000.01	初级形状溴质量≥18%或进口CIF价>3800美元/吨的环氧树脂（如溶于溶剂，以纯环氧树脂折算溴的百分比含量）	6.5	45	4	13	13	千克	A	M/	0	6.1	0
39073000.90	初级形状的环氧树脂（溴重量百分比含量在18%以下）	6.5	45		13	13	千克	AB	M/N	0	6.1	0
3907.4000	- 聚碳酸酯											
39074000.10	双酚A型聚碳酸酯，按重量计含量不小于99%	6.5	45		13	13	千克			0	6.1	0
39074000.90	其他聚碳酸酯	6.5	45		13	13	千克			0	6.1	0
3907.5000	- 醇酸树脂	10	45		13	13	千克	AB	M/N	0	6.5	0
	- 聚对苯二甲酸乙二酯：											
	-- 粘数在78毫升/克或以上：											
3907.6110	--- 切片	6.5	45		13	13	千克			5		0
3907.6190	--- 其他	6.5	45		13	13	千克			0		0
	-- 其他：											
3907.6910	--- 切片	6.5	45		13	13	千克			5		0
3907.6990	--- 其他	6.5	45		13	13	千克			0		0
3907.7000	- 聚乳酸	6.5	45		13	13	千克			0	4.2	0
	- 其他聚酯：											
3907.9100	-- 不饱和	6.5	45		13	13	千克			0		0
	-- 其他：											
3907.9910	--- 聚对苯二甲酸丁二酯											
39079910.01	未经增强或改性的初级形状PBT树脂	6.5	45		13	13	千克			0	4.2	0
39079910.90	其他聚对苯二甲酸丁二酯	6.5	45		13	13	千克			0	4.2	0
	--- 其他：											
3907.9991	---- 聚对苯二甲酸-己二酸-丁二醇酯											
39079991.10	初级形状的热塑性液晶聚对苯二甲酸-己二酸-丁二醇酯	0	45		13	13	千克	AB	R/S	0	4.2	0
39079991.90	其他初级形状的聚对苯二甲酸-己二酸-丁二醇酯	6.5	45		13	13	千克	AB	R/S	0	4.2	0
3907.9999	---- 其他											
39079999.10	初级形状的热塑性液晶其他聚酯	0	45		13	13	千克	AB	R/S	0	4.2	0
39079999.90	初级形状的其他聚酯	6.5	45		13	13	千克	AB	R/S	0	4.2	0
39.08	**初级形状的聚酰胺：**											
	- 聚酰胺-6、-11、-12、-6,6、-6,9、-6,10或-6,12：											
	--- 切片：											
3908.1011	---- 聚酰胺-6,6切片											
39081011.01	聚酰胺-6,6切片	6.5	45		13	13	千克			0		0
39081011.90	改性聚酰胺-6,6切片（经螺杆二次混炼加入玻璃纤维、矿物质、增韧剂、阻燃剂的改性聚酰胺-6,6切片）	6.5	45		13	13	千克			0		0
3908.1012	---- 聚酰胺-6切片	6.5	45		13	13	千克			0		0
3908.1019	---- 其他	6.5	45		13	13	千克			0		0
3908.1090	--- 其他	6.5	45		13	13	千克			0		0
	- 其他：											

协定税率（%）														特惠税率（%）①/②	Article Description
巴基斯坦	冰岛	哥斯达黎加	秘鲁	新西兰	瑞士	新加坡	韩国	澳大利亚	格鲁吉亚	毛里求斯	日本RCEP	尼加拉瓜	港澳台		
0	0	0	0	0	0	0	2.1	0	0	0	5.3	0	0/	0/0	Poly(2,6-dimethyl-11,4-phenyl ether)
0	0	0	0	0	0	0	2.1	0	0	0	5.3	0	0/	0/0	Penisatide
0	0	0	0	0	0	0	2.1	0	0	0	5.3	0	0/	0/0	Salts and related compounds of perfluorooctanoic acid (PFOA)
0	0	0	0	0	0	0	2.1	0	0	0	5.3	0	0/	0/0	Other polyethers, in primary forms
															- Epoxide resins
0	0	0	0	0	2.6	0	2.1	0	0	0	5.3	0	0/0	0/0	Epoxide resins, in primary forms, containing by weight not less than 18% of bromine or import CIF price is more than 3800 U.S. dollars/ton (if dissolved in solvent, the content of bromine are counted by epoxide resins only)
0	0	0	0	0	2.6	0	2.1	0	0	0	5.3	0	0/0	0/0	Epoxide resins, in primary forms (containing bromine less than 18% by weight)
															- Polycarbonates
0	0	0	0	0	0	0	2.1	0	0	0	5.3	0	0/0	0/0	Bisphenol A polycarbonate, with a content of not less than 99% by weight
0	0	0	0	0	0	0	2.1	0	0	0	5.3	0	0/0	0/0	Other polycarbonate
2.5	0	0	0	0	0	0	0	0	0	0	7.3	9	0/0	0/0	- Alkyd resins
															- Poly (ethylene terephthalate):
															-- Having a viscosity number of 78 mL/g or higher:
	0	0	0	0	0		3.2	0	0	0		0	0/	0/0	--- In the form of slices or chips
0	0	0	0	0	0	0	2.1	0	0	0	5.3	0	0/	0/0	--- Other
															-- Other:
0	0	0	0	0	0		3.2	0		0		0	0/	0/0	--- In the form of slices or chips
0	0	0	0	0	0	0	2.1	0	0	0	5.3	0	0/	0/0	--- Other
0	0	0	0	0	0		0	0	0	0	4.7	0	0/	0/0	- Poly (lactic acid)
															- Other polyesters:
0	0	0	0	0	0	0	0	0	0	0	4.7	0	0/0	0/0	-- Unsaturated
															-- Other:
															--- PBT (Polybutylene terephthalate)
0	0	0	0	0	0	0	2.1	0		0	5.3	0	0/	0/0	PBT resins, in primary forms, not reinforced or modified
0	0	0	0	0	0	0	2.1	0		0	5.3	0	0/	0/0	Other PBT (polybutylene terephthalate)
															--- Other:
															----Poly (terephthalic acid-hexanediol-butanediol ester)
0	0	0	0	0	0	0	0	0	0	0	0	0	0/0	0/0	Thermoplastic liquid crystal poly (terephthalic acid-adipic acid-butanediol ester), in primary form
0	0	0	0	0	0	0	0	0	0	0	0	0	0/0	0/0	Other poly (terephthalic acid-adipic acid-butanediol ester), in primary form
															----Other
0	0	0	0	0	0	0	0	0	0	0	4.7	0	0/0	0/0	Other thermoplastic liquid crystal polyesters, in primary form
0	0	0	0	0	0	0	0	0	0	0	4.7	0	0/0	0/0	Other polyesters, in primary form
															Polyamides in primary forms:
															- Polyamide-6,-11,-12,-6,6,-6,9,-6,10 or -6,12:
															--- In the form of slices or chips:
															----of polyamide -6,6
0	0	0	0	0	0	0		0		0		0	0/	0/0	Polyamide -6,6, slices or chips
0	0	0	0	0	0	0		0		0		0	0/	0/0	Modified polyamide -6,6 slices (by adding glass fibre, minerals, toughening agents, flame retardants via screw-secondary mixing)
0	0	0	0	0	2.6	0		0		0		0	0/	0/0	----Of polyamide -6
0	0	0	0	0	2.6	0		0		0		0	0/	0/0	----Other
0	0	0	0	0	0	0		0		0		0	0/	0/0	--- Other
															- Other:

税号	货品名称	进口关税（%） 最惠国	普通	年内暂定	增值/消费税（%）	出口退税（%）	计量单位	监管证件代码	检验检疫类别	协定税率（%） 东盟	亚太	智利
3908.9010	--- 芳香族聚酰胺及其共聚物	10	45		13	13	千克			0		0
3908.9020	--- 半芳香族聚酰胺及其共聚物	10	45		13	13	千克			0		0
3908.9090	--- 其他	10	45		13	13	千克			0		0
39.09	**初级形状的氨基树脂、酚醛树脂及聚氨酯类：**											
3909.1000	- 尿素树脂；硫脲树脂	6.5	45		13	13	千克			0	4.2	0
3909.2000	- 蜜胺树脂	6.5	45		13	13	千克			0	4.2	0
	- 其他氨基树脂：											
3909.3100	-- 聚（亚甲基苯基异氰酸酯）（粗MDI、聚合MDI）	6.5	35		13	13	千克			0	6.1	0
3909.3900	-- 其他	6.5	45		13	13	千克	AB	M/N	0		0
3909.4000	- 酚醛树脂	6.5	45		13	13	千克	AB	M/N	0	6.1	0
3909.5000	- 聚氨基甲酸酯	6.5	45		13	13	千克	AB	M/N	0	4.2	0
39.10	**初级形状的聚硅氧烷：**											
3910.0000	初级形状的聚硅氧烷	6.5	45		13	13	千克			0	6.1	0
39.11	**初级形状的石油树脂、苯并呋喃-茚树脂、多萜树脂、多硫化物、聚砜及本章注释三所规定的其他税目未列名产品：**											
3911.1000	- 石油树脂、苯并呋喃树脂、茚树脂、苯并呋喃-茚树脂及多萜树脂	6.5	45		13	13	千克			0	4.2	0
3911.2000	- 聚（1,3-亚苯基甲基膦酸酯）	6.5	45		13	13	千克			0		0
3911.9000	- 其他											
39119000.01	芳基酸与芳基胺预缩聚物	6.5	45	3	13	13	千克			0		0
39119000.03	改性三羟乙基脲酸酯类预缩聚物	6.5	45	3	13	13	千克			0		0
39119000.04	聚苯硫醚	6.5	45		13	13	千克			0		0
39119000.05	偏苯三酸酐和异氰酸预缩聚物	6.5	45	3	13	13	千克			0		0
39119000.90	其他初级形状的多硫化物、聚砜等（"等"包括本章注释三所规定的其他编号未列名产品）	6.5	45		13	13	千克			0		0
39.12	**初级形状的其他税目未列名的纤维素及其化学衍生物：**											
	- 乙酸纤维素：											
3912.1100	-- 未塑化	6.5	40		13	0	千克			0		0
3912.1200	-- 已塑化	6.5	40		13	0	千克			0	5.9	0
3912.2000	- 硝酸纤维素（包括胶棉）	6.5	45		13	0	千克			0		0
	- 纤维素醚：											
3912.3100	-- 羧甲基纤维素及其盐	6.5	45		13	0	千克			0		0
3912.3900	-- 其他	6.5	45		13	0	千克			0		0
3912.9000	- 其他	6.5	45		13	0	千克			0		0
39.13	**初级形状的其他税目未列名的天然聚合物（例如，藻酸）及改性天然聚合物（例如，硬化蛋白、天然橡胶的化学衍生物）：**											
3913.1000	- 藻酸及其盐和酯	10	45		13	0	千克	AB	R/S	0		0
3913.9000	- 其他											
39139000.11	香菇多糖	6.5	50		13	13	千克	S		0		0
39139000.90	其他初级形状的未列名天然聚合物[包括改性天然聚合物（如硬化蛋白）]	6.5	50		13	13	千克			0		0
39.14	**初级形状的离子交换剂，以税目39.01至39.13的聚合物为基本成分的：**											
3914.0000	初级形状的离子交换剂，以税目39.01至39.13的聚合物为基本成分的	6.5	45		13	13	千克			0		0

协定税率（%）														特惠税率（%）①/②	Article Description
巴基斯坦	冰岛	哥斯达黎加	秘鲁	新西兰	瑞士	新加坡	韩国	澳大利亚	格鲁吉亚	毛里求斯	日本RCEP	尼加拉瓜	港澳台		
2.5	0	0	0	0		0		0		0			0/	0/0	--- Aromatic polyamide and its copolymer
2.5	0	0	0	0		0		0		0			0/	0/0	--- Semi-aromatic polyamide and its copolymer
2.5	0	0	0	0		0		0		0			0/	0/0	--- Other
															Amino-resins, phenolic resins and polyurethanes, in primary forms:
0	0	0	0	0	0		0	0	0	0	0	0	0/0	0/0	- Urea resins; thiourea resins
0	0	0	0	0	0		0	0	0	0	0	0	0/0	0/0	- Melamine resins
															- Other amino-resins:
0	0	0	0	0	0	0	2.1	0	0	0	5.3	0	0/	0/0	-- Poly (methylene phenyl isocyanate) (crude MDI, polymeric MDI)
0	0	0	0	0	0	0	0	0	0	0	0	0	0/0	0/0	-- Other
0	0	0	0	0	0		0	0	0	0	4.7	0	0/0	0/0	- Phenolic resins
4	0	0	0	0	0	0	0	0	0	0	0	0	0/0	0/0	- Polyurethanes
															Silicones in primary forms:
4	0	0	0	0	0		0	0	0	0	5.3	0	0/0	0/0	Silicones in primary forms
															Petroleum resins, eonmarone-indene resins, polyterpenes, polysulphides, polysulphones and other products specified in Note 3 to this Chapter, not elsewhere specified or included, in primary forms:
0	0	0	0	0	0		2.1	0	0	0	5.3	0	0/0	0/0	- Petroleum resins, coumarone, indene or coumarone-indene resins and polyterpenes
0	0	0	0	0	0		0	0	0	0	4.7	0	0/	0/0	- Poly(1,3-phenylene methylphosphonate)
															- Other
0	0	0	0	0	0		0	0	0	0	4.7	0	0/	0/0	Prepolycondensate of arylacid and arylamine
0	0	0	0	0	0		0	0	0	0	4.7	0	0/	0/0	Prepolycondensate of modified 3-hydroxyethyl urea esters
0	0	0	0	0	0		0	0	0	0	4.7	0	0/	0/0	Polyphenylene sulfide
0	0	0	0	0	0		0	0	0	0	4.7	0	0/	0/0	Prepoly condensate of trimelltic anhydride and isocyanic acid
0	0	0	0	0	0		0	0	0	0	4.7	0	0/	0/0	Polysulfides, polysulfones, in primary forms (including other products in Note 3 in this Chapter, not elsewhere specified or included)
															Cellulose and its chemical derivatives, not elsewhere specified or included, in primary forms:
															- Cellulose acetates:
0	0	0	0	0	0		0	0	0	0	4.7	0	0/	0/0	-- Non-plasticized
0	0	0	0	0	0		0	0	0	0	4.7	0	0/	0/0	-- Plasticized
0	0	0	0	0	0		0	0	0	0	4.7	0	0/	0/0	- Cellulose nitrates (including collodions)
															- Cellulose ethers:
0	0	0	0	0	0		0	0	0	0	4.7	0	0/	0/0	-- Carboxymethylcellulose and its salts
0	0	0	0	0	0		0	0	0	0	4.7	0	0/	0/0	-- Other
0	0	0	0	0	0		0	0	0	0	0	0	0/	0/0	- Other
															Natural polymers (for example, alginic acid) and modified natural polymers (for example, hardened proteins, chemical derivatives of natural rubber), not elsewhere specified or included, in primary forms:
2.5	0	0		0	0	0	0	0	0	0	7.3	9	0/	0/0	- Alginic acid, its salts and esters
															- Other
0	0	0	0	0	0		0	0	0	0	4.7	0	0/	0/0	Fungous proteoglycan
0	0	0	0	0	0		0	0	0	0	4.7	0	0/	0/0	Other natural polymers, including modified natural polymers (for example, hardened proteins), not elsewhere specified or included, in primary forms
															Ion-exchangers based on polymers of headings 39.01 to 39.13, in primary forms:
0		0	0	0	0		0	0	0	0	4.7	0	0/	0/0	Ion-exchangers based on polymersof headings 39.01 to 39.13, in primary forms

税 号	货品名称	进口关税（%）最惠国	普通	年内暂定	增值/消费税（%）	出口退税（%）	计量单位	监管证件代码	检验检疫类别	协定税率（%）东盟	亚太	智利
	第二分章 废碎料及下脚料；半制品；制成品											
39.15	**塑料的废碎料及下脚料：**											
3915.1000	- 乙烯聚合物的	6.5	50		13	0	千克	9		0		0
3915.2000	- 苯乙烯聚合物的	6.5	50		13	0	千克	9		0		0
3915.3000	- 氯乙烯聚合物的	6.5	50		13	0	千克	9		0		0
	- 其他塑料的：											
3915.9010	--- 聚对苯二甲酸乙二酯的	6.5	50		13	0	千克	9		0		0
3915.9090	--- 其他	6.5	50		13	0	千克	9		0		0
39.16	**塑料制的单丝（截面直径超过1毫米）、条、杆、型材及异型材，不论是否经表面加工，但未经其他加工：**											
3916.1000	- 乙烯聚合物制	10	45		13	13	千克			0		0
	- 氯乙烯聚合物制：											
3916.2010	--- 异型材	10	45		13	13	千克			0	6.5	0
3916.2090	--- 其他	10	45		13	13	千克			0	6.5	0
	- 其他塑料制：											
3916.9010	--- 聚酰胺制的	10	45		13	13	千克			0		0
3916.9090	--- 其他	10	45		13	13	千克			0		0
39.17	**塑料制的管子及其附件（例如，接头、肘管、法兰）：**											
3917.1000	- 硬化蛋白或纤维素材料制的人造肠衣（香肠用肠衣）	10	50		13	13	千克	A	R/	0	8	0
	- 硬管：											
3917.2100	-- 乙烯聚合物制	10	45		13	13	千克			0		0
3917.2200	-- 丙烯聚合物制	10	45		13	13	千克			0		0
3917.2300	-- 氯乙烯聚合物制	10	45		13	13	千克			0		0
3917.2900	-- 其他塑料制	10	45		13	13	千克			0		0
	- 其他管：											
3917.3100	-- 软管，最小爆破压力为27.6兆帕斯卡	10	45		13	13	千克			0	6.5	0
3917.3200	-- 其他未装有附件的管子，未经加强也未与其他材料合制	6.5	45		13	13	千克			0	4.6	0
3917.3300	-- 其他装有附件的管子，未经加强也未与其他材料合制	6.5	45		13	13	千克			0	4.2	0
3917.3900	-- 其他	6.5	45		13	13	千克			0	4.2	0
3917.4000	- 管子附件	10	45		13	13	千克			0	6.5	0
39.18	**块状或成卷的塑料铺地制品，不论是否胶粘；本章注释九所规定的塑料糊墙品：**											
	- 氯乙烯聚合物制：											
3918.1010	--- 糊墙品	10	45		13	13	千克			0		0
3918.1090	--- 其他	10	45		13	13	千克			0		0
	- 其他塑料制：											
3918.9010	--- 糊墙品	10	45		13	13	千克			0		0
3918.9090	--- 其他	10	45		13	13	千克			0		0
39.19	**自粘的塑料板、片、膜、箔、带、扁条及其他扁平形状材料，不论是否成卷：**											
	- 成卷，宽度不超过20厘米：											
3919.1010	--- 丙烯酸树脂类为基本成分	6.5	45		13	13	千克			0		0
	--- 其他：											
3919.1091	---- 胶囊型反光膜	6.5	45		13	13	千克			0		0
3919.1099	---- 其他	6.5	45		13	13	千克			0		0
	- 其他：											
3919.9010	--- 胶囊型反光膜	6.5	45		13	13	千克			0	4.2	0

巴基斯坦	冰岛	哥斯达黎加	秘鲁	新西兰	瑞士	新加坡	韩国	澳大利亚	格鲁吉亚	毛里求斯	日本RCEP	尼加拉瓜	港澳台	特惠税率(%)①/②	Article Description
协定税率(%)															
															Ⅱ. WASTE, PARINGS ANDSCRAP;SEMI-MANUFACTURES;ARTICLES
															Waste, parings and scrap, of plastics:
0	0	0	0	0	0	0	2.1	0	0	0	5.3	0	0/	0/0	- Of polymers of ethylene
4	0	0	0	0	0	0	2.1	0	0	0	5.3	0	0/	0/0	- Of polymers of styrene
4	0	0	0	0	0	0	2.1	0	0	0	5.3	0	0/	0/0	- Of polymers of vinyl chloride
															- Of other plastics:
0	0	0	0	0	0	0	2.1	0	0	0	5.3	0	0/	0/0	--- Of pdyethylene glycol tevephthalate
0	0	0	0	0	0	0	2.1	0	0	0	5.3	0	0/	0/0	--- Other
															Monofilament of which any cross-sectional dimension exceeds 1mm, rods, sticks and profile shapes, whether or not surfaceworked but not otherwise worked, of plastics:
2.5	0	0	0	0	0	0	0	0	0	0	7.3	9	0/	0/0	- Of polymers of ethylene
															- Of polymers of vinyl chloride:
2.5	0	0	0	0	0		0	0	0	0	7.3	9	0/	0/0	--- Sections
2.5	0	0	0	0	0		0	0	0	0	7.3	9	0/	0/0	--- Other
															- Of other plastics:
2.5	0	0	0	0	0	0	0	0	0	0	7.3	9	0/	0/0	--- Of polyamides
2.5	0	0	0	0	0	0	0	0	0	0	7.3	9	0/	0/0	--- Other
															Tubes, pipes and hoses, and fittings therefor (for example, joints, elbows, flanges), of plastics:
2.5	0	0	0	0	0		0	0	0	0	7.3	9	0/	0/0	- Artificial guts (sausage casings) of hardened protein or of cellulosic materials
															- Tubes, pipes and hoses, rigid:
2.5	0	0	0	0	0	0	0	0	0	0	7.3	9	0/	0/0	-- Of polymers of ethylene
0	0	0	0	0	0		0	0	0	0	7.3	9	0/	0/0	-- Of polymers of propylene
2.5	0	0	0	0	0	0	0	0	0	0	7.3	9	0/	0/0	-- Of polymers of vinyl chloride
2.5	0	0	0	0	0	0	0	0	0	0	7.3	9	0/	0/0	-- Of other plastics
															- Other tubes, pipes and hoses:
2.5	0	0	0	0	0	0	0	0	0	0	7.3	9	0/	0/0	-- Flexible tubes, pipes and hoses, having a minimum burst pressure of 27.6MPa
0	0	0	0	0	0		0	0	0	0	4.7	0	0/	0/0	-- Other, not reinforced or otherwise combined with other materials, without fittings
0	0	0	0	0	0		0	0	0	0	4.7	0	0/	0/0	-- Other, not reinforced or otherwise combined with other materials, with fittings
0	0	0	0	0	0	0	2.1	0	0	0	5.3	0	0/	0/0	-- Other
2.5	0	0	0	0	0	0	0	0	0	0	7.3	9	0/	0/0	- Fittings
															Floor coverings of plastics, whether or not self-adhesive, in rolls or in the form of tiles; wall or ceiling coverings of plastics, as defined in Note 9 to this Chapter:
															- Of polymers of vinyl chloride:
2.5	0	0	0	0	0		0	0	0	0	7.3	9	0/	0/0	--- Wall or ceiling coverings
2.5	0	0	0	0	0			0	0	0		9	0/	0/0	--- Other
															- Of other plastics:
2.5	0	0	0	0	0		0	0	0	0	7.3	9	0/	0/0	--- Wall or ceiling coverings
2.5	0	0	0	0	0		0	0	0	0	7.3	9	0/	0/0	--- Other
															Self-adhesive plates, sheets, film, foil, tape, strip and other flat shapes, of plastics, whether or not in rolls:
															- In rolls of a width not exceeding 20cm:
0	0	0	0	0	0		0	0	0	0	4.7	0	0/	0/0	--- Based on acrylic resin
															--- Other:
0	0	0	0	0	0		0	0	0	0	4.7	0	0/	0/0	----Encapsulant reflective film
0	0	0	0	0	0			0	0	0	4.7	0	0/0	0/0	----Other
															- Other:
0	0	0	0	0	0		2.1	0	0	0	5.3	0	0/	0/0	--- Encapsulant reflective film

税　号	货品名称	进口关税（%） 最惠国	普通	年内暂定	增值/消费税（%）	出口退税（%）	计量单位	监管证件代码	检验检疫类别	协定税率（%） 东盟	亚太	智利
3919.9090	--- 其他											
39199090.10	半导体晶圆制造用自粘式圆形抛光垫	0	45		13	13	千克			0	4.6	0
39199090.90	其他自粘塑料板、片、膜等材料（包括箔、带、扁条及其他扁平形状材料，不论是否成卷）	6.5	45		13	13	千克			0	4.6	0
39.20	**其他非泡沫塑料的板、片、膜、箔及扁条，未用其他材料强化、层压、支撑或用类似方法合制：**											
	- 乙烯聚合物制：											
3920.1010	--- 乙烯聚合物制电池隔膜	6.5	45	3	13	13	千克			0	4.2	0
3920.1090	--- 其他											
39201090.10	农用非泡沫聚乙烯薄膜（未用其他材料强化、层压、支撑或用类似方法合制）	6.5	45		9	0	千克			0	4.6	0
39201090.90	其他非泡沫乙烯聚合物板、片、膜、箔及扁条（未用其他材料强化、层压、支撑或用类似方法合制，非农用）	6.5	45		13	13	千克			0	4.6	0
	- 丙烯聚合物制：											
3920.2010	--- 丙烯聚合物制电池隔膜	6.5	45		13	13	千克			0		0
3920.2090	--- 其他											
39202090.10	农用非泡沫聚丙烯薄膜（未用其他材料强化、层压、支撑或用类似方法合制）	6.5	45		9	0	千克			0		0
39202090.90	非泡沫丙烯聚合物板、片、膜、箔及扁条（未用其他材料强化、层压、支撑或用类似方法合制，非农用）	6.5	45		13	13	千克			0		0
3920.3000	- 苯乙烯聚合物制	6.5	45		13	13	千克			0	4.2	0
	- 氯乙烯聚合物制：											
3920.4300	-- 按重量计增塑剂含量不小于6%											
39204300.10	农用软质聚氯乙烯薄膜（增塑剂含量≥6%，未用其他材料强化、层压、支撑）	6.5	45		9	0	千克			0	4.2	0
39204300.90	氯乙烯聚合物板、片、膜、箔及扁条（增塑剂含量≥6%，未用其他材料强化、层压、支撑）	6.5	45		13	13	千克			0	4.2	0
3920.4900	-- 其他											
39204900.10	其他农用软质聚氯乙烯薄膜（非泡沫料的，未用其他材料强化、层压、支撑）	6.5	45		9	0	千克			0	4.2	0
39204900.90	其他氯乙烯聚合物板、片、膜、箔及扁条（非泡沫料的，未用其他材料强化、层压、支撑、非农用）	6.5	45		13	13	千克			0	4.2	0
	- 丙烯酸聚合物制：											
3920.5100	-- 聚甲基丙烯酸甲酯制	6.5	45		13	13	千克			0	4.6	0
3920.5900	-- 其他	6.5	45		13	13	千克			0		0
	- 聚碳酸酯、醇酸树脂、聚烯丙酯或其他聚酯制：											
3920.6100	-- 聚碳酸酯制	6.5	45		13	13	千克			0	4.6	0
3920.6200	-- 聚对苯二甲酸乙二酯制	6.5	45		13	13	千克			0	4.6	0
3920.6300	-- 不饱和聚酯制	10	45		13	13	千克			0		0
3920.6900	-- 其他聚酯制	10	45		13	13	千克			0	6.5	0
	- 纤维素及其化学衍生物制：											
3920.7100	-- 再生纤维素制	6.5	45		13	13	千克			0		0
3920.7300	-- 乙酸纤维素制	6.5	45		13	13	千克			0		0

协定税率（%）														特惠税率（%）①/②	Article Description
巴基斯坦	冰岛	哥斯达黎加	秘鲁	新西兰	瑞士	新加坡	韩国	澳大利亚	格鲁吉亚	毛里求斯	日本RCEP	尼加拉瓜	港澳台		
															--- Other
0	0	0	0	0	0		2.1	0	0	0	5.3	0	0/0	0/0	Self-adhesive circular polishing pads of a kind used for the manufacture of semiconductor wafers
0	0	0	0	0	0		2.1	0	0	0	5.3	0	0/0	0/0	Other self-adhesive plates, sheets, film, etc
															Other plates, sheets, film, foil and strip, of plastics, non-cellular and not reinforced, laminated, supported or similarly combined with other materials:
															- Of polymers of ethylene:
0	0	0	0	0	0		0	0	0	0	5.3	0	0/	0/0	--- Battery separator, of polymers of ethylene
															--- Other
0	0	0	0	0	0		2.1	0	0	0	5.3	0	0/0	0/0	Film of polyethylene for agricultural use, non-cellular (not reinforced, laminated, supported or similarly combined with other materials)
0	0	0	0	0	0		2.1	0	0	0	5.3	0	0/0	0/0	Plates, sheets, film, foil and strip, of polymers of ethylene, non-cellular (not reinforced, laminated, supported or similarly combined with other materials, not for agricultural use)
															- Of polymers of propylene:
0	0	0	0	0	0			0	0	0		0	0/	0/0	--- Battery separator, of polymers of propylene
															--- Other
0	0	0	0	0	0		0	0	0	0	4.7	0	0/0	0/0	Film of polypropylene for agricultural use, non-cellular (not reinforced, laminated, supported or similarly combined with other materials)
0	0	0	0	0	0		0	0	0	0	4.7	0	0/0	0/0	Plates, sheets, film, foil and strip, of polymers of propylene, non-cellular (not reinforced, laminated, supported or similarly combined with other materials, not for agricultural use)
0	0	0	0	0	0		0	0	0	0	4.7	0	0/0	0/0	- Of polymers of styrene
															- Of polymers of vinyl chloride:
															-- Containing by weight not less than 6% of plasticisers
0	0	0	0	0	0	0	0	0	0	0	4.7	0	0/0	0/0	Soft polyvinyl chloride film, for agricultural use (containing by weight not less than 6% of plasticisers, not reinforced, laminated, supported with other materials)
0	0	0	0	0	0	0	0	0	0	0	4.7	0	0/0	0/0	Plates, sheets, film, foil and strip, of polymers of vinyl chloride (containing by weight not less than 6% of plasticisers, not reinforced, laminated, supported with other materials)
															-- Other
0	0	0	0	0	0		2.1	0	0	0	5.3	0	0/0	0/0	Other soft polyvinyl chloride film for agricultural use, non-cellular (not reinforced laminated, supported with other materials)
0	0	0	0	0	0		2.1	0	0	0	5.3	0	0/0	0/0	Other plates, sheets, film, foil and strip, of polymers of vinyl chloride (not reinforced laminated, supported with other materials, not for agricultural use)
															- Of acrylic polymers:
0	0	0	0	0	0		0	0	0	0	4.7	0	0/0	0/0	-- Of poly (methyl methacrylate)
0	0	0	0	0	0		2.1	0	0	0	5.3	0	0/	0/0	-- Other
															- Of polycarbonates, alkyd resins, polyallyl esters or other polyesters:
0	0	0	0	0	0		2.1	0	0	0	5.3	0	0/0	0/0	-- Of polycarbonates
0	0	0	0	0	0		2.1	0	0	0	5.3	0	0/0	0/0	-- Of poly (ethylene terephthalate)
2.5	0	0	0	0	0		0	0	0	0	7.3	9	0/	0/0	-- Of unsaturated polyesters
2.5	0	0	0	0	0	0	5	0	0	0	8.6	9	0/0	0/0	-- Of other polyesters
															- Of cellulose or its chemical derivatives:
0	0	0	0	0	0		0	0	0	0	4.7	0	0/	0/0	-- Of regenerated cellulose
0	0	0	0	0	0		0	0	0	0	4.7	0	0/	0/0	-- Of cellulose acetate

税号	货品名称	进口关税（%）最惠国	普通	年内暂定	增值税/消费税（%）	出口退税（%）	计量单位	监管证件代码	检验检疫类别	协定税率（%）东盟	亚太	智利
3920.7900	-- 其他纤维素衍生物制	10	45		13	13	千克			0		0
	- 其他塑料制：											
3920.9100	-- 聚乙烯醇缩丁醛制											
39209100.01	聚乙烯醇缩丁醛膜（厚度不超过3毫米）（非泡沫料的，未用其他材料强化、层压、支撑）	6.5	45	3	13	13	千克			0		0
39209100.90	聚乙烯醇缩丁醛板、片、箔、扁条及厚度超过3毫米的膜（非泡沫料的，未用其他材料强化、层压、支撑）	6.5	45		13	13	千克			0		0
3920.9200	-- 聚酰胺制	10	45		13	13	千克			0		0
3920.9300	-- 氨基树脂制	6.5	45		13	13	千克			0		0
3920.9400	-- 酚醛树脂制	10	45		13	13	千克			0	6.5	0
	-- 其他塑料制：											
3920.9910	--- 聚四氟乙烯制	6.5	45		13	13	千克			0		0
3920.9990	--- 其他塑料制											
39209990.01	聚酰亚胺膜，厚度≤0.03毫米（未用其他材料强化、层压、支撑）	6.5	45	3	13	13	千克			0		0
39209990.90	其他非泡沫塑料板、片、膜、箔、扁条（未用其他材料强化、层压、支撑）	6.5	45		13	13	千克			0		0
39.21	**其他塑料板、片、膜、箔、扁条：**											
	- 泡沫塑料的：											
3921.1100	-- 苯乙烯聚合物制	10	45		13	13	千克			0	6.5	0
	-- 氯乙烯聚合物制：											
3921.1210	--- 人造革及合成革	9	70		13	13	千克/米			0		0
3921.1290	--- 其他	6.5	45		13	13	千克			0		0
	-- 氨酯聚合物制：											
3921.1310	--- 人造革及合成革	9	70		13	13	千克/米			0	5.9	0
3921.1390	--- 其他	6.5	45		13	13	千克			0	4.6	0
3921.1400	-- 再生纤维素制	10	45		13	13	千克			0		0
	-- 其他塑料制：											
3921.1910	--- 人造革及合成革	9	45		13	13	千克/米			0	6.3	0
3921.1990	--- 其他											
39211990.10	电池隔膜	6.5	45	3	13	13	千克			0	4.2	0
39211990.90	其他泡沫塑料板、片、膜、箔、扁条	6.5	45		13	13	千克			0	4.2	0
	- 其他：											
3921.9020	--- 聚乙烯嵌有玻璃纤维的板、片	6.5	45		13	13	千克			0	4.2	0
3921.9030	--- 聚异丁烯为基本成分的附有人造毛毡的板、片、卷材	6.5	45		13	13	千克			0	4.2	0
3921.9090	--- 其他											
39219090.01	离子交换膜	6.5	45	5	13	13	千克			0	4.6	0
39219090.10	两用物项管制结构复合材料的层压板（用纤维和丝材增强而制成的各种预浸件和预成形件，其中增强材料的比拉伸强度大于7.62×10^4米和比模量大于3.18×10^6米）	6.5	45		13	13	千克	3		0	4.6	0
39219090.90	未列名塑料板、片、膜、箔、扁条（离子交换膜、两用物项管制结构复合材料的层压板除外）	6.5	45		13	13	千克			0	4.6	0
39.22	**塑料浴缸、淋浴盘、洗涤槽、盥洗盆、坐浴盆、便盆、马桶座圈及盖、抽水箱及类似卫生洁具：**											

协定税率（%）														特惠税率（%）①/②	Article Description
巴基斯坦	冰岛	哥斯达黎加	秘鲁	新西兰	瑞士	新加坡	韩国	澳大利亚	格鲁吉亚	毛里求斯	日本RCEP	尼加拉瓜	港澳台		
2.5	0	0	0	0	0		0	0	0	0	7.3	9	0/	0/0	-- Of other cellulose derivatives
															- Of other plastics:
															-- Of poly (vinyl butyral)
0	0	0	0	0	0		2.1	0	0	0	5.3	0	0/	0/0	Polyvinyl butyral film, of a thickness not exceeding 3mm (non-cellular, not reinforced, laminated, supported with other materials)
0	0	0	0	0	0		2.1	0	0	0	5.3	0	0/	0/0	Polyvinyl butyral plates, sheets, foil and strip, and film, of a thickness exceeding 3mm (non-cellular, not reinforced, supported with other materials)
2.5	0	0	0	0	0	0	0	0	0	0	7.3	9	0/	0/0	-- Of polyamides
0	0	0	0	0	0		0	0	0	0	4.7	0	0/	0/0	-- Of amino-resins
2.5	0	0	0	0	0	0	0	0	0	0	7.3	9	0/	0/0	-- Of phenolic resins
															-- Of other plastics:
0	0	0	0	0	0		2.1	0	0	0	5.3	0	0/	0/0	--- Of polytetrafluoroethylene
															--- Of other plastics
0	0	0	0	0	0		0	0	0	0	5.3	0	0/0	0/0	Polyimide film, of a thickness not exceeding 0.03mm (not reinforced, laminated, supported with other materials)
0	0	0	0	0	0		0	0	0	0	5.3	0	0/0	0/0	Other plates, sheets, film, foil and strip, of plastics (not reinforced, laminated, supported)
															Other plates, sheets, film, foil and strip, of plastics:
															- Cellular:
2.5	0	0	0	0	0		0	0	0	0	7.3	9	0/	0/0	-- Of polymers of styrene
															-- Of polymers of vinyl chloride:
0	0	0	0	0	0	0	3	0	0	0	7.3	8.1	0/0	0/0	--- Combined with textile fabrics
0	0	0	0	0	0		0	0	0	0	4.7	0	0/	0/0	--- Other
															-- Of polyurethanes:
0	0	0	0	0	0	0	3	0	0	0	7.3	8.1	0/0	0/0	--- Combined with textile fabrics
0	0	0	0	0	0		0	0	0	0	4.7	0	0/	0/0	--- Other
2.5	0	0	0	0	0		0	0	0	0	7.3	9	0/	0/0	-- Of regenerated cellulose
															-- Of other plastics:
0	0	0	0	0	0		3	0	0	0	7.3	8.1	0/	0/0	--- Combined with textile fabrics
															--- Other
0	0	0	0	0	0		2.1	0	0	0	5.3	0	0/0	0/0	Battery separator
0	0	0	0	0	0		2.1	0	0	0	5.3	0	0/0	0/0	Other plates, sheets, film, foil and strip, of cellular plastics
															- Other:
0	0	0	0	0	0		0	0	0	0	4.7	0	0/	0/0	--- Plates, sheets of polyethylene with glass fibres
0	0	0	0	0	0		0	0	0	0	4.7	0	0/	0/0	--- Plates, sheets, coils of poly-isobutylene with man-made felt
															--- Other
0	0	0	0	0	0		2.1	0	0	0	5.3	0	0/0	0/0	Ion exchange membrane
0	0	0	0	0	0		2.1	0	0	0	5.3	0	0/0	0/0	Laminated board made of structure of composite materials under control of Dual-use item and technologies (various prepreg and pre-formed parts reinforced by fibers and threads, the specific tensile strength of reinforcing materials is greater than 7.62×10^4m and specific modulus greater than 3.18×10^6m)
0	0	0	0	0	0		2.1	0	0	0	5.3	0	0/0	0/0	Other plates, sheets, film, foil and strip of plastic, not elsewhere specified or included (other than ion exchange membrane, laminated board made of structure of composite materials under control of Dual-use item and technologies)
															Baths, shower-baths, sinks, washbasins, bidets, lavatory pans, seats and covers, flushing cisterns and similar sanitary ware, of plastics:

税号	货品名称	进口关税（%） 最惠国	普通	年内暂定	增值/消费税（%）	出口退税（%）	计量单位	监管证件代码	检验检疫类别	协定税率（%） 东盟	亚太	智利
3922.1000	- 浴缸、淋浴盘、洗涤槽及盥洗盆	6.5	80		13	13	千克			0		0
3922.2000	- 马桶座圈及盖	6.5	80		13	13	千克			0		0
3922.9000	- 其他	6.5	80		13	13	千克			0		0
39.23	**供运输或包装货物用的塑料制品；塑料制的塞子、盖子及类似品：**											
3923.1000	- 盒、箱（包括板条箱）及类似品											
39231000.10	具有特定形状或装置，供运输或包装半导体晶圆、掩模或光罩的塑料盒、箱、板条箱及类似物品	0	80		13	13	千克			0	6.5	0
39231000.90	其他塑料制盒，箱及类似品（包括塑料制板条箱，供运输或包装货物用的）	10	80		13	13	千克			0	6.5	0
	- 袋及包（包括锥形的）：											
3923.2100	-- 乙烯聚合物制	10	80		13	13	千克			0		0
3923.2900	-- 其他塑料制	10	80		13	13	千克			0		0
3923.3000	- 坛、瓶及类似品	6.5	80		13	13	千克			0		0
3923.4000	- 卷轴、纡子、筒管及类似品	10	35		13	13	千克			0	6.5	0
3923.5000	- 塞子、盖子及类似品	10	80		13	13	千克			0		0
3923.9000	- 其他	10	80		13	13	千克			0	6.5	0
39.24	**塑料制的餐具、厨房用具、其他家庭用具及卫生或盥洗用具：**											
3924.1000	- 餐具及厨房用具	6.5	80		13	13	千克	A	R/	0		0
3924.9000	- 其他	6.5	80		13	13	千克			0		0
39.25	**其他税目未列名的建筑用塑料制品：**											
3925.1000	- 囤、柜、罐、桶及类似容器，容积超过300升	6.5	80		13	13	千克			0		0
3925.2000	- 门、窗及其框架、门槛	6.5	80		13	13	千克			0	4.2	0
3925.3000	- 窗板、百叶窗（包括威尼斯式百叶窗）或类似制品及其零件	6.5	80		13	13	千克			0		0
3925.9000	- 其他	6.5	80		13	13	千克			0		0
39.26	**其他塑料制品及税目39.01至39.14所列其他材料的制品：**											
3926.1000	- 办公室或学校用品	10	80		13	13	千克			0		0
	- 衣服及衣着附件（包括分指手套、连指手套及露指手套）：											
	--- 手套（包括分指手套、连指手套及露指手套）：											
3926.2011	---- 聚氯乙烯制	6.5	90		13	13	千克/双			0		0
3926.2019	---- 其他	6.5	90		13	13	千克/双			0		0
3926.2090	--- 其他	6.5	90		13	13	千克			0		0
3926.3000	- 家具、车厢或类似品的附件	10	80		13	13	千克			0		0
3926.4000	- 小雕塑品及其他装饰品	6.5	100		13	13	千克			0	4.2	0
	- 其他：											
3926.9010	--- 机器及仪器用零件	10	35		13	13	千克			0	6.5	0
3926.9090	--- 其他											
39269090.10	两用物项管制结构复合材料的预成形件和制品（用纤维和丝材增强而制成的各种预浸件和预成形件，其中增强材料的比拉伸强度大于7.62×10^4米和比模量大于3.18×10^6米）	10	80		13	0	千克	3		0	6.5	0
39269090.20	聚氨酯制避孕套	10	80	0	0	0	千克			0	6.5	0
39269090.90	其他塑料制品（包括税目39.01至39.14所列材料的制品）	10	80		13	13	千克			0	6.5	0

协定税率（%）														特惠税率（%）①/②	Article Description
巴基斯坦	冰岛	哥斯达黎加	秘鲁	新西兰	瑞士	新加坡	韩国	澳大利亚	格鲁吉亚	毛里求斯	日本RCEP	尼加拉瓜	港澳台		
2.5	0	0	0	0	0		0	0	0	0	7.3	0	0/	0/0	- Baths, shower-baths, sinks and wash-basins
2.5	0	0	0	0	0		0	0	0	0	7.3	0	0/	0/0	- Lavatory seats and covers
2.5	0	0	0	0	0		0	0	0	0	7.3	0	0/	0/0	- Other
															Articles for the conveyance or packing of goods, of plastics;stoppers, lids, caps and other closures, of plastics:
															- Boxes, cases, crates and similar articles
4	0	0	0	0	0	0	5	0	0	0	8.6	9	0/0	0/0	Boxes, cases, crates and similar articles, of plastic, specially shaped or fitted for conveyance or packing of semiconductor wafers, masks, or reticles
4	0	0	0	0	0	0	5	0	0	0	8.6	9	0/0	0/0	Other boxes, cases and similar articles, of plastics
															- Sacks and bags (including cones):
0	0	0	0	0	0	0	0	0	0	0	7.3	9	0/	0/0	-- Of polymers of ethylene
2.5	0	0	0	0	0	0	3.3	0	0	2	8.1	9	0/	0/0	-- Of other plastics
4	0	0		0	0	0	2.1	0	0	0	5.3	5.2	0/	0/0	- Carboys, bottles, flasks and similar articles
2.5	0	0	0	0	0	0	3.3	0	0	0	8.1	9	0/	0/0	- Spools, cops, bobbins and similar supports
2.5	0	0	0	0	0	0	0	0	0	0	7.3	9	0/0	0/0	- Stoppers, lids, caps and other closures
2.5	0	0	0	0	0	0	5	0	0	0	8.6	9	0/0	0/0	- Other
															Tableware, kitchenware, other household articles and hygienic or toilet articles, of plastics:
2.5	0	0	0	0	0	0	3.3	0	0	2	8.1	0	0/	0/0	- Tableware and kitchenware
0	0	0	0	0	0	0	0	0	0	2	7.3	0	0/	0/0	- Other
															Builders ware of plastics, not elsewhere specified or included:
2.5	0	0	0	0	0		0	0	0	0	7.3	0	0/	0/0	- Reservoirs, tanks, vats and similar containers, of a capacity exceeding 300L
2.5	0	0	0	0	0		0	0	0	0	7.3	0	0/	0/0	- Doors, windows and their frames and thresholds for doors
2.5	0	0	0	0	0		0	0	0	0	7.3	0	0/	0/0	- Shutters, blinds (including Venetian blinds) and similar articles and parts thereof
2.5	0	0	0	0	4		0	0	0	0	7.3	0	0/	0/0	- Other
															Other articles of plastics and articles of other materials of headings 39.01 to 39.14:
2.5	0	0	0	0	0	0	0	0	0	0	7.3	9	0/	0/0	- Office or school supplies
															- Articles of apparel and clothing accessories (including gloves, mittens and mitts):
															----Gloves (including gloves, mittens and mitts):
	0	0	0	0	0	0	0	0	0	0	7.3	0	0/	0/0	----Of poly (vinyl chloride)
	0	0	0	0	0	0	0	0	0	0	7.3	0	0/	0/0	----Other
	0	0	0	0	0	0	0	0	0	0	7.3	0	0/	0/0	--- Other
2.5	0	0	0	0	0	0	3.3	0	0	0	8.1	9	0/	0/0	- Fittings for furniture, coachwork or the like
4	0	0	0	0	0		0	0	0	0	7.3	0	0/	0/0	- Statuettes and other ornamental articles
															- Other:
0	0	0	0	0	0	0	0	0	0	0	8.1	9	0/0	0/0	--- Of a kind for used in machines or instruments
															--- Other
9.2	0	0	0	0	0	0	0	0	0	0	8.1	9	0/0	0/0	Laminated board made of structure of composite materials under control of Dual-use item and technologies (various prepreg and pre-formed parts reinforced by fibers and threads, the specific tensile strength of reinforcing materials is greater than 7.62×10^4m and specific modulus greater than 3.18×10^6m)
9.2	0	0	0	0	0	0	0	0	0	0	8.1	9	0/0	0/0	polyurethane condom
9.2	0	0	0	0	0	0	0	0	0	0	8.1	9	0/0	0/0	Other articles of plastics (containing articles of other materials of headings 39.01 to 39.14)

第四十章　橡胶及其制品

注释：

一、除条文另有规定的以外，本协调制度所称“橡胶”，是指不论是否硫化或硬化的下列产品：天然橡胶、巴拉塔胶、古塔波胶、银胶菊胶、糖胶树胶及类似的天然树胶、合成橡胶、从油类中提取的油膏以及上述物品的再生品。

二、本章不包括：

（一）第十一类的货品（纺织原料及纺织制品）；

（二）第六十四章的鞋靴及其零件；

（三）第六十五章的帽类及其零件（包括游泳帽）；

（四）第十六类的硬质橡胶制的机械器具、电气器具及其零件（包括各种电气用品）；

（五）第九十章、第九十二章、第九十四章或第九十六章的物品；或

（六）第九十五章的物品（运动用分指手套、连指手套及露指手套及税目40.11至40.13的制品除外）。

三、税目40.01至40.03及40.05所称“初级形状”，只限于下列形状：

（一）液状及糊状，包括胶乳（不论是否预硫化）及其他分散体和溶液；

（二）不规则形状的块，团、包、粉、粒、碎屑及类似的散装形状。

四、本章注释一和税目40.02所称“合成橡胶”，适用于：

（一）不饱和合成物质，即用硫磺硫化能使其不可逆地变为非热塑物质，这种物质能在温度18℃～29℃之间被拉长到其原长度的3倍而不致断裂，拉长到原长度的2倍时，在5分钟内能回复到不超过原长度的1.5倍。为了进行上述试验，可以加入交联所需的硫化活化剂或促进剂；也允许含有注释五（二）2及3所述的物质。但不能加入非交联所需的物质，例如，增量剂、增塑剂及填料；

（二）聚硫橡胶（TM）；以及

（三）与塑料接枝共聚或混合而改性的天然橡胶、解聚天然橡胶以及不饱和合成物质与饱和合成高聚物的混合物，但这些产品必须符合以上（一）款关于硫化、延伸及回复的要求。

五、

（一）税目40.01及40.02不适用于任何凝结前或凝结后与下列物质相混合的橡胶或橡胶混合物：

1．硫化剂、促进剂、防焦剂或活性剂（为制造预硫胶乳所加入的除外）；

2．颜料或其他着色料，但仅为易于识别而加入的除外；

3．增塑剂或增量剂（用油增量的橡胶中所加的矿物油除外）、填料、增强剂、有机溶剂或其他物质，但以下（二）款所述的除外；

（二）含有下列物质的橡胶或橡胶混合物，只要仍具有原料的基本特性，应归入税目40.01或40.02：

1．乳化剂或防粘剂；

2．少量的乳化剂分解产品；

3．微量的下列物质：热敏剂（一般为制造热敏胶乳用）、阳离子表面活性剂（一般为制造阳性胶乳用）、抗氧剂、凝固剂、碎裂剂、抗冻剂、胶溶剂、保存剂、稳定剂、黏度控制剂或类似的特殊用途添加剂。

六、税目40.04所称“废碎料及下脚料”，是指在橡胶或橡胶制品生产或加工过程中由于切割、磨损或其他原因明显不能按橡胶或橡胶制品使用的废橡胶及下脚料。

七、全部用硫化橡胶制成的线，其任一截面的尺寸超过5毫米的，应作为带、杆或型材及异型材归入税目40.08。

八、税目40.10包括用橡胶浸渍、涂布、包覆或层压的织物制成的或用橡胶浸渍、涂布、包覆或套裹的纱线或绳制成的传动带、输送带。

Chapter 40 Rubber and articles thereof

Chapter Notes:

1. Except where the context otherwise requires, throughout the Nomenclature the expression "rubber" means the following products, whether or not vulcanised or hard: natural rubber, balata, gutta-percha, guayule, chicle and similar natural gums, synthetic rubber, factice derived from oils, and such substances reclaimed.

2. This Chapter does not cover:

(a) Goods of Section XI (textiles and textile articles);

(b) Footwear or parts thereof of Chapter 64;

(c) Headgear or parts thereof (including bathing caps) of Chapter 65;

(d) Mechanical or electrical appliances or parts thereof of Section XVI (including electrical goods of all kinds), of hard rubber;

(e) Articles of Chapter 90, 92, 94 or 96; or

(f) Articles of Chapter 95 (other than sports gloves, mittens and mitts and articles of headings 40.11 to 40.13).

3. In headings 40.01 to 40.03 and 40.05, the expression "primary forms" applies only to the following forms:

(a) Liquids and pastes (including latex, whether or not pre- vulcanised, and other dispersions and solutions);

(b) Blocks of irregular shape, lumps, bales, powders, granules, crumbs and similar bulk forms.

4. In Note 1 to this Chapter and in heading 40.02, the expression "synthetic rubber" applies to:

(a) Unsaturated synthetic substances which can be irreversibly transformed by vulcanisation with sulphur into non-thermoplastic substances which, at a temperature between 18°C and 29°C, will not break on being extended to three times their original length and will return, after being extended to twice their original length, within a period of five minutes, to a length not greater than one and a half times their original length. For the purposes of this test, substances necessary for the cross-linking, such as vulcanising activators or accelerators, may be added; the presence of substances as provided for by Note 5 (b) (ii) and (iii) is also permitted. However, the presence of any substances not necessary for the cross-linking, such as extenders, plasticisers and fillers, is not permitted;

(b) Thioplasts (TM); and

(c) Natural rubber modified by grafting or mixing with plastics, depolymerised natural rubber, mixtures of unsaturated synthetic substances with saturated synthetic high polymers provided that all the above-mentioned products comply with the requirements concerning vulcanisation, elongation and recovery in (a) above.

5.

(a) Headings 40.01 and 40.02 do not apply to any rubber or mixture of rubbers which has been compounded, before or after coagulation, with:

(i)vulcanising agents, accelerators, retarders or activators (other than those added for the preparation of pre-vulcanised rubber latex);

(ii)pigments or other colouring matter, other than those added solely for the purpose of identification;

(iii)plasticisers or extenders (except mineral oil in the case of oil-extended rubber), fillers, reinforcing agents, organic solvents or any other substances, except those permitted under (b);

(b) The presence of the following substances in any rubber or mixture of rubbers shall not affect its classification in heading 40.01 or 40.02, as the case may be, provided that such rubber or mixture of rubbers retains its essential character as a raw material:

(i)emulsifiers or anti- tack agents;

(ii)small amounts of breakdown products of emulsifiers;

(iii)very small amounts of the following: heat- sensitive agents (generally for obtaining thermosensitive rubber latexes), cationic surface- active agents (generally for obtaining electropositive rubber latexes), antioxidants, coagulants, crumbling agents, freeze-resisting agents, peptisers, preservatives, stabilisers, viscosity-control agents, or similar special- purpose additives.

6. For the purposes of heading 40.04, the expression "waste, parings and scrap" means rubber waste, parings and scrap from the manufacture or working of rubber and rubber goods definitely not usable as such because of cutting-up, wear or other reasons.

7. Thread wholly of vulcanised rubber, of which any cross-sectional dimension exceeds 5mm, is to be classified as strip, rods or profile shapes, of heading 40.08.

8. Heading 40.10 includes conveyor or transmission belts or belting of textile fabric impregnated, coated, covered or laminated with rubber or made from textile yarn or cord impregnated, coated, covered or sheathed with rubber.

九、税目40.01、40.02、40.03、40.05及40.08所称“板”、“片”、“带”，仅指未切割或只简单切割成矩形（包括正方形）的板、片、带及正几何形块，不论是否具有成品的特征，也不论是否经过印制或其他表面加工，但未切割成其他形状或进一步加工。

税目40.08所称“杆”或“型材及异型材”，仅指不论是否切割成一定长度或表面加工，但未经进一步加工的该类产品。

税　号	货品名称	进口关税（%）			增值/消费税（%）	出口退税（%）	计量单位	监管证件代码	检验检疫类别	协定税率（%）		
		最惠国	普通	年内暂定						东盟	亚太	智利
40.01	**天然橡胶、巴拉塔胶、古塔波胶、银胶菊胶、糖胶树胶及类似的天然树胶，初级形状或板、片、带：**											
4001.1000	- 天然胶乳，不论是否预硫化	20	40	10%或900元/吨，两者从低	13	13	千克					0
	- 其他形状的天然橡胶：											
4001.2100	-- 烟胶片	20	40	20%或1500元/吨，两者从低	13	13	千克				17	0
4001.2200	-- 技术分类天然橡胶（TSNR）	20	40	20%或1500元/吨，两者从低	13	13	千克					0
4001.2900	-- 其他	20	40		13	13	千克				17	0
4001.3000	- 巴拉塔胶、古塔波胶、银胶菊胶、糖胶树胶及类似的天然树胶	20	40		13	13	千克			0		0
40.02	**合成橡胶及从油类提取的油膏，初级形状或板、片、带；税目40.01所列产品与本税目所列产品的混合物，初级形状或板、片、带：**											
	- 丁苯橡胶（SBR）；羧基丁苯橡胶（XSBR）：											
	-- 胶乳：											
4002.1110	--- 羧基丁苯橡胶	7.5	14		13	13	千克			0		0
4002.1190	--- 其他	7.5	14		13	13	千克			0		0
	-- 其他：											
	--- 初级形状的：											
4002.1911	---- 未经任何加工的丁苯橡胶（溶聚的除外）	7.5	14		13	13	千克			0		0
4002.1912	---- 充油丁苯橡胶（溶聚的除外）	7.5	14		13	13	千克			0		0
4002.1913	---- 热塑丁苯橡胶	7.5	14		13	13	千克			0		0
4002.1914	---- 充油热塑丁苯橡胶	7.5	14		13	13	千克			0		0
4002.1915	---- 未经任何加工的溶聚丁苯橡胶	7.5	14		13	13	千克			0		0
4002.1916	---- 充油溶聚丁苯橡胶	7.5	14		13	13	千克			0		0
4002.1919	---- 其他	7.5	14		13	13	千克			5		0
4002.1990	--- 其他											
40021990.01	简单处理的丁苯橡胶，热塑或充油热塑丁苯橡胶除外（指为便于运输，对初级形状进行压缩、挤压等简单成型处理）	7.5	35		13	13	千克			0	4.9	0

9. In headings 40.01, 40.02, 40.03, 40.05 and 40.08, the expressions “plates”, “sheets” and “strip” apply only to plates, sheets and strip and to blocks of regular geometric shape, uncut or simply cut to rectangular (including square) shape, whether or not having the character of articles and whether or not printed or otherwise surface-worked, but not otherwise cut to shape or further worked.

In heading 40.08 the expressions “rods” and “profile shapes” apply only to such products, whether or not cut to length or surface-worked but not otherwise worked.

协定税率（%）														特惠税率（%）①/②	Article Description
巴基斯坦	冰岛	哥斯达黎加	秘鲁	新西兰	瑞士	新加坡	韩国	澳大利亚	格鲁吉亚	毛里求斯	日本RCEP	尼加拉瓜	港澳台		
															Natural rubber, balata, gutta-percha, guayule, chicle and similar natural gums, in primary forms or in plates, sheets or strip:
	0	0		0	0		6.6	0					0/		- Natural rubber latex, whether or not prevulcanized
															- Natural rubber in other forms:
17	0	0		0	0		6.6	0					0/		-- Smoked sheets
	0	0		0	0			0					0/		-- Technically specified natural rubber (TSNR)
17	0	0		0	0			0					0/		-- Other
	0	0	0	0	0	0	6.6	0	0		16.3		0/	0/0	- Balata, gutta-percha, guayule, chicleand similar natural gums
															Synthetic rubber and factice derivedfrom oils, in primary forms or in plates, sheets or strip; mixtures of any products of heading 40.01 with any product of this heading, in primary forms or in plates, sheets or strip:
															- Styrene-butadiene rubber (SBR); carboxylated styrene-butadiene rubber (XSBR):
															-- Latex:
0	0	0	0	0	0		2.5	0	0	0	6.1	0	0/	0/0	--- Carboxylated styrene-butadiene rubber (XSBR)
0	0	0	0	0	0		2.5	0	0	0	6.1	0	0/	0/0	--- Other
															-- Other:
															--- In primary forms:
0	0	0	0	0	0	0	2.5	0	0	0	6.1	0	0/	0/0	----SBR, not worked (other than SSBR)
0	0	0	0	0	0	0	2.5	0	0	0	6.1	0	0/	0/0	----SBR, oil-fitted (other than SSBR)
0	0	0	0	0	0	0	2.5	0	0	0	6.1	0	0/	0/0	----SBR, thermo-plasticated
0	0	0	0	0	0	0	2.5	0	0	0	6.1	0	0/	0/0	----SBR, oil-filled and thermo-plasticated
0	0	0	0	0	0	0	2.5	0	0	0	6.1	0	0/	0/0	----Solution polymerized styrene-butadiene rubber (SSBR), not worked
0	0	0	0	0	0	0	2.5	0	0	0	6.1	0	0/	0/0	----SSBR, oil-fitted
	0	0	0	0	0		2.5	0	0	0		0	0/	0/0	----Other
															--- Other
0	0	0	0	0	0	0	2.5	0	0	0	6.1	0	0/	0/0	Styrene-butadiene rubber (SBR) with simple treatment, other than oil-filled and thermo-plasticated SBR (compression, extrusion and other simple treatment to the shape of primary form to facilitate transport)

税号	货品名称	进口关税（%）			增值/消费税（%）	出口退税（%）	计量单位	监管证件代码	检验检疫类别	协定税率（%）		
		最惠国	普通	年内暂定						东盟	亚太	智利
40021990.90	其他丁苯橡胶及羧基丁苯橡胶板，片，带（商品编号40021990.01项下的除外）	7.5	35		13	0	千克			0	4.9	0
	- 丁二烯橡胶（BR）:											
4002.2010	--- 初级形状的	7.5	14		13	13	千克			0		0
4002.2090	--- 其他	7.5	35		13	0	千克			0	7	0
	- 异丁烯-异戊二烯（丁基）橡胶（IIR）；卤代丁基橡胶（CIIR或BIIR）:											
	-- 异丁烯-异戊二烯（丁基）橡胶（IIR）:											
4002.3110	--- 初级形状的	6	14		13	13	千克			0	3.9	0
4002.3190	--- 其他	7.5	35		13	0	千克			0	4.9	0
	-- 其他：											
4002.3910	--- 初级形状的	7.5	14		13	13	千克			0		0
4002.3990	--- 其他	7.5	35		13	0	千克			0	4.9	0
	- 氯丁二烯（氯丁）橡胶（CR）:											
4002.4100	-- 胶乳	7.5	14		13	13	千克			0	4.9	0
	-- 其他：											
4002.4910	--- 初级形状的	7.5	14		13	13	千克	7		0		0
4002.4990	--- 其他	7.5	35		13	0	千克	7		0	4.9	0
	- 丁腈橡胶（NBR）:											
4002.5100	-- 胶乳	7.5	14		13	13	千克			0	4.9	0
	-- 其他：											
4002.5910	--- 初级形状的	7.5	14		13	13	千克			0		0
4002.5990	--- 其他	7.5	35		13	0	千克			0		0
	- 异戊二烯橡胶（IR）:											
4002.6010	--- 初级形状的	3	14		13	13	千克			0		0
4002.6090	--- 其他	5	35		13	0	千克			0	3.3	0
	- 乙丙非共轭二烯橡胶（EPDM）:											
4002.7010	--- 初级形状的	7.5	14		13	13	千克			0		0
4002.7090	--- 其他	7.5	35		13	0	千克			0	7.1	0
4002.8000	- 税目40.01所列产品与本税目所列产品的混合物	7.5	35		13	0	千克			0		0
	- 其他：											
4002.9100	-- 胶乳	7.5	14		13	0	千克			0		0
	-- 其他：											
	--- 其他合成橡胶：											
4002.9911	---- 初级形状的	7.5	14		13	13	千克			0		0
4002.9919	---- 其他	7.5	35		13	0	千克			0		0
4002.9990	--- 其他	4	14		13	13	千克			0		0
40.03	**再生橡胶，初级形状或板、片、带：**											
4003.0000	再生橡胶，初级形状或板、片、带	8	30		13	13	千克			0		0
40.04	**橡胶（硬质橡胶除外）的废碎料、下脚料及其粉、粒：**											
4004.0000	橡胶（硬质橡胶除外）的废碎料、下脚料及其粉、粒											
40040000.10	废轮胎及其切块	8	30		13	0	千克	9		0	5.2	0
40040000.20	硫化橡胶废碎料、下脚料及其粉、粒（硬质橡胶的除外）（不包括符合GB/T 19208标准的硫化橡胶粉产品）	8	30		13	0	千克	9		0	5.2	0
40040000.30	硫化橡胶废碎料、下脚料及其粉、粒（硬质橡胶的除外）（符合GB/T 19208标准的硫化橡胶粉产品）	8	30		13	0	千克	9		0	5.2	0

协定税率（%）巴基斯坦	冰岛	哥斯达黎加	秘鲁	新西兰	瑞士	新加坡	韩国	澳大利亚	格鲁吉亚	毛里求斯	日本RCEP	尼加拉瓜	港澳台	特惠税率（%）①/②	Article Description
0	0	0	0	0	0	0	2.5	0	0	0	6.1	0	0/	0/0	Other SBR and XSBR in plates, sheets or strip (other than any products of heading No.40021990.01)
															- Butadiene rubber (BR):
0	0	0	0	0	0		2.5	0	0	0	6.1	0	0/	0/0	--- In primary forms
0	0	0	0	0	0		2.5	0	0	0	6.1	0	0/	0/0	--- Other
															- Isobutene-isoprene (butyl) rubber (IIR); halo-isobutene-iso prene rubber (CIIR or BIIR):
															-- Isobutene-isoprene (butyl) rubber (IIR):
0	0	0	0	0	0		2	0	0	0	4.9	0	0/	0/0	--- In primary forms
0	0	0	0	0	0		2.5	0	0	0	6.1	0	0/	0/0	--- Other
															-- Other:
0	0	0	0	0	0		2.5	0	0	0	6.1	0	0/	0/0	--- In pimary forms
0	0	0	0	0	0		2.5	0	0	0	6.1	0	0/	0/0	--- Other
															- Chloroprene (ehlorobutadiene) rubber (CR):
0	0	0	0	0	0		0	0	0	0	5.5	0	0/	0/0	-- Latex
															-- Other:
0	0	0	0	0	0			0	0	0		0	0/	0/0	--- In primary forms
0	0	0	0	0	0		2.5	0	0	0	6.1	0	0/	0/0	--- Other
															- Acrylonitrile-butadient rubber (NBR):
0	0	0	0	0	0		2.5	0	0	0	6.1	0	0/	0/0	-- Latex
															-- Other:
0	0	0	0	0	0		2.5	0	0	0	6.1	0	0/	0/0	--- In primary forms
0	0	0	0	0	0		2.5	0	0	0	6.1	0	0/	0/0	--- Other
															- Isoprene rubber (IR):
0	0	0	0	0	0		1	0	0	0	2.4	0	0/	0/0	--- In primary forms
0	0	0	0	0	0		1.6	0	0	0	4.1	0	0/	0/0	--- Other
															- Ethylene-propylene-non-conjugated diene rubber (EPDM):
0	0	0	0	0	0		2.5	0	0	0	6.1	0	0/	0/0	--- In primary forms
0	0	0	0	0	0		2.5	0	0	0	6.1	0	0/	0/0	--- Other
0	0	0	0	0	0		2.5	0	0	0	6.1		0/	0/0	- Mixtures of any product of heading 40.01 with any product of this heading
															- Other:
0	0	0	0	0	0		2.5	0	0	0	6.1	0	0/	0/0	-- Latex
															-- Other:
															--- Other synthetic rubber:
0	0	0	0	0	0		2.5	0	0	0	6.1	0	0/0	0/0	----In primary forms
0	0	0	0	0	0		2.5	0	0	0	6.1	0	0/	0/0	----Other
0	0	0	0	0	0		0	0	0	0	0	0	0/	0/0	--- Other
															Reclaimed rubber in primary forms or in plates, sheets or strip:
0	0	0	0	0	0		2.6	0	0	0	6.5	0	0/	0/0	Reclaimed rubber in primary forms or in plates, sheets or strip
															Waste, parings and scrap of rubber (other than hard rubber) and powders and granules obtained therefrom:
															Waste, parings and scrap of rubber (other than hard rubber) and powders and granules obtained therefrom
0	0	0	0	0	0		0	0	0	0	5.8	7.2	0/	0/0	Waste tyres and their cuts
0	0	0	0	0	0		0	0	0	0	5.8	7.2	0/	0/0	Vulcanized rubber waste and scrap, and powders and granules obtained therefrom (other than products of vulcanized rubber powders meeting GB/T 19208)
0	0	0	0	0	0		0	0	0	0	5.8	7.2	0/	0/0	Vulcanized rubber waste and scrap, and powders and granules obtained therefrom (products of vulcanized rubber powders meeting GB/T 19208)

税号	货品名称	进口关税(%)			增值/消费税(%)	出口退税(%)	计量单位	监管证件代码	检验检疫类别	协定税率(%)		
		最惠国	普通	年内暂定						东盟	亚太	智利
40040000.90	未硫化橡胶废碎料、下脚料及其粉、粒	8	30		13	0	千克	9		0	5.2	0
40.05	**未硫化的复合橡胶，初级形状或板、片、带：**											
4005.1000	- 与碳黑或硅石混合	8	35		13	0	千克	A	M/	0		0
4005.2000	- 溶液；子目4005.10以外的分散体	8	35		13	0	千克	A	M/	0		0
	- 其他：											
4005.9100	-- 板、片、带	8	35		13	0	千克	A	M/	0		0
4005.9900	-- 其他	8	35		13	0	千克	A	M/	0		0
40.06	**其他形状（例如，杆、管或型材及异型材）的未硫化橡胶及未硫化橡胶制品（例如，盘、环）：**											
4006.1000	- 轮胎翻新用胎面补料胎条	8	35		13	0	千克			0		0
	- 其他：											
4006.9010	--- 其他形状的未硫化橡胶	8	35		13	0	千克			0		0
4006.9020	--- 未硫化橡胶制品	14	80		13	0	千克			0		0
40.07	**硫化橡胶线及绳：**											
4007.0000	硫化橡胶线及绳	14	80		13	13	千克			0		0
40.08	**硫化橡胶（硬质橡胶除外）制的板、片、带、杆或型材及异型材：**											
	- 海绵橡胶制：											
4008.1100	-- 板、片、带	8	35		13	13	千克			0		0
4008.1900	-- 其他	8	35		13	13	千克			0		0
	- 非海绵橡胶制：											
4008.2100	-- 板、片、带	8	35		13	13	千克			0		0
4008.2900	-- 其他	8	35		13	13	千克			0		0
40.09	**硫化橡胶（硬质橡胶除外）制的管子，不论是否装有附件（例如，接头、肘管、法兰）：**											
	- 未经加强或未与其他材料合制：											
4009.1100	-- 未装有附件	10	40		13	13	千克			0		0
4009.1200	-- 装有附件	10	40		13	13	千克			0		0
	- 用金属加强或只与金属合制：											
4009.2100	-- 未装有附件	10	40		13	13	千克			0		0
4009.2200	-- 装有附件	10	40		13	13	千克			0		0
	- 用纺织材料加强或只与纺织材料合制：											
4009.3100	-- 未装有附件	10	40		13	13	千克			0		0
4009.3200	-- 装有附件	10	40		13	13	千克			0		0
	- 用其他材料加强或与其他材料合制：											
4009.4100	-- 未装有附件	10	40		13	13	千克			0		0
4009.4200	-- 装有附件	10	40		13	13	千克			0		0
40.10	**硫化橡胶制的传动带或输送带及带料：**											
	- 输送带及带料：											
4010.1100	-- 仅用金属加强的	10	35		13	13	千克			0		0
4010.1200	-- 仅用纺织材料加强的	10	35		13	13	千克			0		0
4010.1900	-- 其他	10	35		13	13	千克			0		0
	- 传动带及带料：											
4010.3100	-- 梯形截面的环形传动带（三角带），V形肋状的，外周长超过60厘米，但不超过180厘米	8	35		13	13	千克			0		0

协定税率（%）														特惠税率（%）①/②	Article Description
巴基斯坦	冰岛	哥斯达黎加	秘鲁	新西兰	瑞士	新加坡	韩国	澳大利亚	格鲁吉亚	毛里求斯	日本RCEP	尼加拉瓜	港澳台		
0	0	0	0	0	0		0	0	0	0	5.8	7.2	0/	0/0	Not vulcanized rubber waste and scrap, and powders and granules obtained therefrom
															Compounded rubber, unvulcanized, in primary forms or in plates, sheets or strip:
0	0	0	0	0	0		2.6	0		0	6.5		0/	0/0	- Compounded with carbon black or silica
0	0	0	0	0	0		2.6	0		0	6.5		0/	0/0	- Solutions; dispersions other than those of subheading 4005.10
															- Other:
0	0	0	0	0	0		0	0		0	5.8		0/	0/0	-- Plates, sheets and strip
0	0	0	0	0	0		2.6	0		0	6.5		0/	0/0	-- Other
															Other forms (for example, rods, tubes and profile shapes) and articles (for example, discs and rings), or unvulcanized rubber:
0	0	0	0	0	0		0	0	0	0	5.8	0	0/	0/0	- Camel-back strips for retreading rubber tyres
															- Other:
0	0	0	0	0	0		0	0	0	0	5.8	0	0/	0/0	--- Other forms of unvulcanized rubber
11.2	0	0	0	0	0	0	0	0	0	0	10.2	13.1	0/	0/0	--- Articles of unvulcanized rubber
															Vulcanized rubber thread and cord:
11.2	0	0	0	0	0	0	0	0	0	0	10.2	13.1	0/	0/0	Vulcanized rubber thread and cord
															Plates, sheets, strip, rods and profile shapes, of vulcanized rubber other than hard rubber:
															- Of cellular rubber:
0	0	0	0	0	0		2.6	0	0	0	6.5	0	0/	0/0	-- Plates, sheets and strip
0	0	0	0	0	0		0	0	0	0	5.8	7.2	0/	0/0	-- Other
															- Of non-cellular rubber:
0	0	0	0	0	0		0	0	0	0	5.8	0	0/	0/0	-- Plates, sheets and strip
0	0	0	0	0	0		0	0	0	0	5.8	0	0/	0/0	-- Other
															Tubes, pipes and hoses, of vulcanized rubber other than hard rubber, witn or without their fittings (for example, joints, elbows, flanges):
															- Not reinforced or otherwise combined with other materials:
2.5	0	0	0	0	0	0	0	0	0	0	7.6	9	0/	0/0	-- Without fittings
2.5	0	0	0	0	0		0	0	0	0	7.3	9	0/	0/0	-- With fittings
															- Reinforced or otherwise combined only with metal:
2.5	0	0	0	0	0	0	0	0	0	0	7.6	9	0/	0/0	-- Without fittings
2.5	0	0	0	0	0	0	0	0	0	0	7.3	9	0/	0/0	-- With fittings
															- Reinforced or otherwise combined only with textile materials:
2.5	0	0	0	0	0	0	5.2	0	0	0	9	9	0/	0/0	-- Without fittings
2.5	0	0	0	0	0		0	0	0	0	7.3	9	0/	0/0	-- With fittings
															- Reinforced or otherwise combined with other materials:
2.5	0	0	0	0	0	0	0	0	0	0	7.6	9	0/	0/0	-- Without fittings
2.5	0	0	0	0	0	0	0	0	0	0	7.3	9	0/	0/0	-- With fittings
															Conveyor or transmission belts or belting, of vulcanized rubber:
															- Conveyor belts or belting:
2.5	0	0	0	0	0.8		0	0	0	0	7.3	9	0/	0/0	-- Reinforced only with metal
2.5	0	0	0	0	0		0	0	0	0	7.3	9	0/	0/0	-- Reinforced only with textile materials
2.5	0	0	0	0	0		0	0	0	0	7.3	9	0/	0/0	-- Other
															- Transmission belts or belting:
0	0	0	0	0	0		0	0	0	0	5.8	0	0/	0/0	-- Endless transmission belts of trapezoidal cross-section (V-belts), V-ribbed, of an outside circumference exceeding 60cm but not exceeding 180cm

税号	货品名称	进口关税（%）			增值/消费税（%）	出口退税（%）	计量单位	监管证件代码	检验检疫类别	协定税率（%）		
		最惠国	普通	年内暂定						东盟	亚太	智利
4010.3200	-- 梯形截面的环形传动带（三角带），外周长超过60厘米，但不超过180厘米，V形肋状的除外	8	35		13	13	千克			0		0
4010.3300	-- 梯形截面的环形传动带（三角带），V形肋状的，外周长超过180厘米，但不超过240厘米	8	35		13	13	千克			0		0
4010.3400	-- 梯形截面的环形传动带（三角带），外周长超过180厘米，但不超过240厘米，V形肋状的除外	8	35		13	13	千克			0		0
4010.3500	-- 环形同步带，外周长超过60厘米，但不超过150厘米	10	35		13	13	千克			0		0
4010.3600	-- 环形同步带，外周长超过150厘米，但不超过198厘米	10	35		13	13	千克			0		0
4010.3900	-- 其他	8	35		13	13	千克			0	5.2	0
40.11	**新的充气橡胶轮胎：**											
4011.1000	- 机动小客车（包括旅行小客车及赛车）用	10	50		13	13	千克/条	A	LM/	0	6.5	0
4011.2000	- 客运机动车辆或货运机动车辆用											
40112000.10	断面宽≥30英寸客或货车用新充气橡胶轮胎（机动车辆用橡胶轮胎，断面宽度≥30英寸）	10	50		13	13	千克/条	A	M/	0	6.5	0
40112000.90	其他客或货车用新充气橡胶轮胎（机动车辆用橡胶轮胎）	10	50		13	13	千克/条	A	LM/	0	6.5	0
4011.3000	- 航空器用	1	11		13	13	千克/条			0		0
4011.4000	- 摩托车用	15	80		13	13	千克/条	A	LM/	0		0
4011.5000	- 自行车用	20	80		13	13	千克/条			0		0
	- 农业或林业车辆及机器用：											
4011.7010	--- 人字形胎面或类似胎面	17	50		13	13	千克/条	A	M/	0		0
4011.7090	--- 其他	25	50		13	13	千克/条			0		0
	- 建筑业、采矿业或工业搬运车辆及机器用：											
	--- 人字形胎面或类似胎面：											
4011.8011	---- 辋圈尺寸不超过61厘米											
40118011.10	断面宽≥24英寸人字形轮胎（建筑业、采矿业或工业搬运车辆及机器用，辋圈≤61厘米，新充气橡胶胎，含类似人字形）	17	50		13	13	千克/条	A	M/	0		0
40118011.90	其他人字形胎面轮胎（建筑业、采矿业或工业搬运车辆及机器用，辋圈≤61厘米，新充气橡胶胎，含类似人字形）	17	50		13	13	千克/条	A	M/	0		0
4011.8012	---- 辋圈尺寸超过61厘米	17	50		13	13	千克/条	A	M/	0		0
	--- 其他：											
4011.8091	---- 辋圈尺寸不超过61厘米	25	50		13	13	千克/条			0		0
4011.8092	---- 辋圈尺寸超过61厘米	25	50		13	13	千克/条			0		0
	- 其他：											
4011.9010	---- 人字形胎面或类似胎面的	17	50		13	13	千克/条	A	M/	0		0
4011.9090	---- 其他											
40119090.10	其他断面宽度≥30英寸轮胎（其他用途，新充气橡胶轮胎，非人字形胎面）	25	50		13	13	千克/条			0		0

协定税率（%）														特惠税率（%）①/②	Article Description
巴基斯坦	冰岛	哥斯达黎加	秘鲁	新西兰	瑞士	新加坡	韩国	澳大利亚	格鲁吉亚	毛里求斯	日本RCEP	尼加拉瓜	港澳台		
0	0	0	0	0	0		0	0	0	0	5.8	0	0/	0/0	-- Endless transmission belts of trapezoidal cross -section (V-belts), other than V-ribbed, of an outside circumference exceeding 60cm but not exceeding 180cm
0	0	0	0	0	0		0	0	0	0	5.8	0	0/	0/0	-- Endless transmission belts of trapezoidal cross -section (V-belts), V -ribbed, of an outside circumference exceeding 180cm but not exceeding 240cm
0	0	0	0	0	0		0	0	0	0	5.8	0	0/	0/0	-- Endless transmission belts of trapezoidal cross-section (V-belts), other than V-ribbed, of an outside circumference exceeding 180cm but not exceeding 240cm
2.5	0	0	0	0	0	0	0	0	0	0	7.3	9	0/	0/0	-- Endless synchronous belts, of an outside circumference exceeding 60cm but not exceeding 150cm
2.5	0	0	0	0	0		0	0	0	0	7.3	9	0/	0/0	-- Endless synchronous belts, of an outside circumference exceeding 150cm but not exceeding 198cm
0	0	0	0	0	0		0	0	0	0	5.8	0	0/	0/0	-- Other
															New pneumatic tyres, of rubber:
4	0	0		0	0	0	3.3	0	0	0	8.1	9	0/0	0/0	- Of a kind used on motor cars (including station wagons and racing cars)
															- Of a kind used on buses or lorries
2.5	0	0	0	0	0	0	3.3	0	0	0	8.1	9	0/0	0/0	New pneumatic tyres of rubber, used on buses or lorries (referring to rubber tyres used on motor vehicles, of a cross-section width exceeding 30 inches)
2.5	0	0	0	0	0	0	3.3	0	0	0	8.1	9	0/0	0/0	Other new pneumatic tyres of rubber, used on buses or lorries (referring to rubber tyres used on motor vehicles)
0	0	0	0	0	0		0	0	0	0	0	0	0/	0/0	- Of a kind used on aircraft
12	0	0	0	0	0	0	5	0	0	0	12.2	14	0/0	0/0	- Of a kind used on motorcycles
	0	0	0	0	0	0	6.6	0	0	0	16.3	18.7	0/0	0/0	- Of a kind used on bicycles
															- Of a kind used on agricultural or forestry vehicles and machines:
14	0	0	0	0	0	0	0	0	0	0	12.7	15.9	0/0	0/0	--- Having a “herring-bone” or similar tread:
	0	0		0		0	12.5	0	0	5		23.3	0/0	0/0	-- Other
															- Of a kind used on construction, mining or industrial handling:
															--- Having a “herring-bone” or similar tread:
															----Rim size exceeding 61cm
14	0	0	0	0	0	0	0	0	0	0	12.7	15.9	0/	0/0	New pneumatic tyres of rubber, with “herring-bone” tread, of a cross-section width exceeding 24 inches, used on construction, mining or industrial handling and having a rim size not exceeding 61cm
14	0	0	0	0	0	0	0	0	0	0	12.7	15.9	0/	0/0	Other new pneumatic tyres of rubber, with “herring-bone” tread, used on construction or industry and having a rim size not exceeding 61cm
14	0	0	0	0	0	0	0	0	0	0	12.7	15.9	0/	0/0	----Rim size not exceeding 61cm
															--- Other:
	0	0		0		0	12.5	0	0	5		23.3	0/	/0	----Rim size not exceeding 61cm
	0	0		0		0	12.5	0	0	5			0/	/0	----Rim size exceeding 61cm
															- Other:
14	0	0	0	0	0	0	0	0	0	0	12.7	15.9	0/0	0/0	----Having a “herring-bone” or similar tread:
															----Other
	0	0		0		0	12.5	0	0	5		23.3	0/	/0	Other new pneumatic tyres of rubber, without “herring-bone” tread, of a cross-section width exceeding 30 inches, used on other field

税号	货品名称	进口关税（%）			增值/消费税（%）	出口退税（%）	计量单位	监管证件代码	检验检疫类别	协定税率（%）		
		最惠国	普通	年内暂定						东盟	亚太	智利
40119090.90	其他新的充气橡胶轮胎（包括旅行小客车及赛车用翻新轮胎）	25	50		13	13	千克/条		L/	0		0
40.12	**翻新的或旧的充气橡胶轮胎；实心或半实心橡胶轮胎、橡胶胎面及橡胶轮胎衬带：**											
	- 翻新轮胎：											
4012.1100	-- 机动小客车（包括旅行小客车及赛车）用	20	50		13	13	千克/条	A	M/	0		0
4012.1200	-- 机动大客车或货运机动车用	20	50		13	13	千克/条	A	M/	0		0
4012.1300	-- 航空器用	20	50	4	13	13	千克/条			0		0
4012.1900	-- 其他	20	50		13	13	千克/条			0		0
	- 旧的充气轮胎：											
4012.2010	--- 汽车用	25	50		13	13	千克/条	A	M/	0		0
4012.2090	--- 其他	25	80		13	13	千克/条			0		0
	- 其他：											
4012.9010	--- 航空器用	3	11		13	13	千克			0		0
4012.9020	--- 汽车用	22	50		13	13	千克	A	M/	0		0
4012.9090	--- 其他	22	50		13	13	千克			0		0
40.13	**橡胶内胎：**											
4013.1000	- 机动小客车（包括旅行小客车及赛车）、客运机动车辆或货运机动车辆用	15	50		13/3	13	千克/条	A	M/	0	13.1	0
4013.2000	- 自行车用	15	80		13	13	千克/条			0		0
	- 其他：											
4013.9010	--- 航空器用	3	11		13	13	千克/条			0	1.8	0
4013.9090	--- 其他	15	50		13/3	13	千克/条			0		0
40.14	**硫化橡胶（硬质橡胶除外）制的卫生及医疗用品（包括奶嘴），不论是否装有硬质橡胶制的附件：**											
4014.1000	- 避孕套	0	0		0	0	千克			0		0
4014.9000	- 其他	17	50		13	13	千克	A	M/	0		0
40.15	**硫化橡胶（硬质橡胶除外）制的衣着用品及附件（包括分指手套、连指手套及露指手套）：**											
	- 分指手套、连指手套及露指手套：											
4015.1200	-- 医疗、外科、牙科或兽医用	8	55		13	13	千克/双			0		0
4015.1900	-- 其他	10	80		13	13	千克/双			0		0
	- 其他：											
4015.9010	--- 医疗、外科、牙科或兽医用	8	30		13	13	千克			0		0
4015.9090	--- 其他	10	90		13	13	千克			0		0
40.16	**硫化橡胶（硬质橡胶除外）的其他制品：**											
	- 海绵橡胶制：											
4016.1010	--- 机器及仪器用零件	8	30		13	13	千克			0		0
4016.1090	--- 其他	15	80		13	13	千克			0		0
	- 其他：											
4016.9100	-- 铺地制品及门垫	10	80		13	13	千克			0		0
4016.9200	-- 橡皮擦	10	80		13	13	千克			0		0
	-- 垫片、垫圈及其他密封件：											
4016.9310	--- 机器及仪器用	8	30		13	13	千克			0		0
4016.9390	--- 其他	15	80		13	13	千克			0		0
4016.9400	-- 船舶或码头的碰垫，不论是否可充气	18	80		13	13	千克			0		0
4016.9500	-- 其他可充气制品											

协定税率(%)														特惠税率(%)①/②	Article Description
巴基斯坦	冰岛	哥斯达黎加	秘鲁	新西兰	瑞士	新加坡	韩国	澳大利亚	格鲁吉亚	毛里求斯	日本RCEP	尼加拉瓜	港澳台		
	0	0		0		0	12.5	0	0	5		23.3	0/	/0	Other new pneumatic tyres of rubber, include refurbished tyres for station wagons and racing cars
															Retreaded or used pneumatic tyres of rubber; solid or cushion tyres, tyre treads and tyre flaps, of rubber:
															- Retreaded tyres:
	0	0	0	0	0	0	6.6	0	0	0	16.3	18.7	0/	0/0	-- Of a kind used on motor cars (including station wagons and racing cars)
	0	0	0	0	0	0	6.6	0	0	0	14.5	18.7	0/	0/0	-- Of a kind used on buses or lorries
	0	0	0	0	0	0	6.6	0	0	0	16.3	18.7	0/	0/0	-- Of a kind used on aircraft
	0	0	0	0	0	0	6.6	0	0	0	16.3	18.7	0/	0/0	-- Other
															- Used pneumatic tyres:
	0	0		0		0	12.5	0	0	5		23.3	0/		--- Of a kind used on motor cars, buses or lorries
	0	0		0		0	12.5	0	0	5		23.3	0/		--- Other
															- Other:
0	0	0	0	0	0		0	0	0	0	0	0	0/	0/0	--- Of a kind used on aircraft
	0	0	0	0	0	0	11	0	0	4.4		20.5	0/	0/0	--- Of a kind used on motor cars, buses or lorries
	0	0	0	0	0	0	11	0	0	4.4		20.5	0/	0/0	--- Other
															Inner tubes, of rubber:
7.5	0	0	0	0	0	0	5	0	0	0	12.2	14	0/	0/0	- Of a kind used on motor cars (including staton wagons and racing cars), buses or lorries
12	0	0	0	0	0	0	0	0	0	0	10.9	14	0/	0/0	- Of a kind used on bicycles
															- Other:
0	0	0	0	0	0		0	0	0	0	0	0	0/	0/0	--- Of a kind used on aircraft
12	0	0	0	0	0	0	0	0	0	0	10.9	14	0/	0/0	--- Other
															Hygienic or pharmaceutical articles (including teats), of vulcanized rubber other than hard rubber, with or without fittings of hard rubber:
0	0	0	0	0	0		0	0	0	0	0	0	0/	0/0	- Sheath contraceptives
14	0	0	0	0	0	0	0	0	0	0	12.7	15.9	0/	0/0	- Other
															Articles of apparel and clothing accessories (including gloves, mittens and mitts), for all purposes, of vulcanized rubber other than hard rubber:
															- Gloves, mittens and mitts:
0	0	0	0	0	0	0	0	0	0	0	5.8	0	0/	0/0	-- Of a kind used for medical, surgical, dental or veterinary purposes
	0	0	0	0	0	0	0	0	0	0	13.1	9	0/	0/0	-- Other
															- Other:
0		0	0	0	0		0	0	0	0	5.8	7.2	0/	0/0	--- Of a kind used for medical, surgical, dental or veterinary purposes
	0	0	0	0	0	0	0	0	0	0	10.9	9	0/	0/0	--- Other
															Other articles of vulcanized rubber other than hard rubber:
															- Of cellular rubber:
0	0	0	0	0	0		2.6	0	0	0	6.5	0	0/	0/0	--- Of a kind used in machines or instruments
12	0	0	0	0	0	0	0	0	0	0	10.9	14	0/	0/0	--- Other
															- Other:
	0	0	0	0	0	0	0	0	0	0	13.1	9	0/	0/0	-- Floor coverings and mats
	0	0	0	0	0		0	0	0	0	13.1	9	0/	0/0	-- Erasers
															-- Gaskets, washers and other seals:
4	0	0	0	0	0		0	0	0	0	6.5	0	0/	0/0	--- Of a kind used in machines or instruments
	0	0	0	0	0	0	0	0	0	0	12.2	14	0/	0/0	--- Other
	0	0	0	0	0	0	0	0	0	0	13.1	16.8	0/	0/0	-- Boat or dock fenders, whether or not inflatable
															-- Other inflatable articles

税号	货品名称	进口关税（%）			增值/消费税（%）	出口退税（%）	计量单位	监管证件代码	检验检疫类别	协定税率（%）		
		最惠国	普通	年内暂定						东盟	亚太	智利
40169500.10	轨道机车用气囊升弓装置	18	80	9	13	13	千克			0		0
40169500.90	硫化橡胶制其他可充气制品	18	80		13	13	千克			0		0
	-- 其他：											
4016.9910	--- 机器及仪器用零件											
40169910.01	奶衬（硬质橡胶除外）	8	30	4	13	13	千克			0	7.6	0
40169910.90	硫化橡胶制机器及仪器用其他零件（硬质橡胶除外）	8	30		13	13	千克			0	7.6	0
4016.9990	--- 其他											
40169990.01	动车组用胶囊，外风挡板（硬质橡胶除外）	10	80	5	13	13	千克			0	6.5	0
40169990.90	其他未列名硫化橡胶制品（硬质橡胶除外）	10	80		13	13	千克			0	6.5	0
40.17	**各种形状的硬质橡胶（例如，纯硬质胶），包括废碎料；硬质橡胶制品：**											
4017.0010	--- 各种形状的硬质橡胶，包括废碎料											
40170010.10	各种形状的硬质橡胶废碎料	8	35		13	13	千克	9		0	4.8	0
40170010.90	各种形状的硬质橡胶	8	35		13	13	千克			0	4.8	0
4017.0020	--- 硬质橡胶制品	15	90		13	13	千克			0		0

协定税率（%）														特惠税率（%）①/②	Article Description
巴基斯坦	冰岛	哥斯达黎加	秘鲁	新西兰	瑞士	新加坡	韩国	澳大利亚	格鲁吉亚	毛里求斯	日本RCEP	尼加拉瓜	港澳台		
	0	0	0	0	0	0	0	0	0	0	13.1	16.8	0/	0/0	Airbag pantograph-rising device for rail locomotives
	0	0	0	0	0	0	0	0	0	0	13.1	16.8	0/	0/0	Other inflatable articles, of vulcanized rubber
															-- Other:
															--- Of a kind used in machines or instruments
0	0	0	0	0	0		2.6	0	0	0	6.5	0	0/	0/0	Milk lining (other than hard rubber)
0	0	0	0	0	0		2.6	0	0	0	6.5	0	0/	0/0	Vulcanized rubber, machinery and instruments (other than hard rubber)
															--- Other
4	0	0	0	0	0	0	0	0	0	0	8.1	9	0/	0/0	Electric Multiple Units (EMU) capsule, outside air damper (other than hard rubber)
4	0	0	0	0	0	0	0	0	0	0	8.1	9	0/	0/0	Other vulcanized rubber (other than hard rubber) not elsewhere specified or included in this Chapter
															Hard rubber (for example, ebonite) in all forms, including waste and scrap; articles of hard rubber:
															--- Hard rubber in all forms, including waste and scrap
0	0	0	0	0	0		0	0	0	0	5.8	7.2	0/	0/0	Hard rubber waste and scrap in all forms
0	0	0	0	0	0		0	0	0	0	5.8	7.2	0/	0/0	Hard rubber in all forms
12	0	0	0	0	0	0	0	0	0	0	10.9	14	0/	0/0	--- Articles of hard rubber

第八类　生皮、皮革、毛皮及其制品；鞍具及挽具；旅行用品、手提包及类似容器；动物肠线（蚕胶丝除外）制品

第四十一章　生皮（毛皮除外）及皮革

注释：

一、本章不包括：

（一）生皮的边角废料（税目05.11）；

（二）税目05.05或67.01的带羽毛或羽绒的整张或部分鸟皮；

(三)带毛生皮或已鞣的带毛皮张(第四十三章)；但下列动物的带毛生皮应归入第四十一章：牛(包括水牛)、马、绵羊及羔羊(不包括阿斯特拉罕羔羊、大尾羔羊、卡拉库尔羔羊、波斯羔羊及类似羔羊，印度、中国或蒙古羔羊)、山羊或小山羊(不包括也门、蒙古或中国西藏的山羊及小山羊)、猪(包括野猪)、小羚羊、瞪羚、骆驼(包括单峰骆驼)、驯鹿、麋、鹿、狍或狗。

二、

（一）税目41.04至41.06不包括经逆鞣（包括预鞣）加工的皮（酌情归入税目41.01至41.03）。

（二）税目41.04至41.06所称“坯革”，包括在干燥前经复鞣、染色或加油（加脂）的皮。

三、本协调制度所称“再生皮革”，仅指税目41.15的皮革。

税　号	货品名称	进口关税（%）			增值/消费税（%）	出口退税（%）	计量单位	监管证件代码	检验检疫类别	协定税率（%）		
		最惠国	普通	年内暂定						东盟	亚太	智利
41.01	生牛皮（包括水牛皮）、生马科动物皮（鲜的、盐渍的、干的、石灰浸渍的、浸酸的或以其他方法保藏，但未鞣制、未经羊皮纸化处理或进一步加工的），不论是否去毛或剖层：											
	- 未剖层的整张皮，简单干燥的每张重量不超过8千克，干盐腌的不超过10千克，鲜的、湿盐腌的或以其他方法保藏的不超过16千克：											
	--- 牛皮：											
4101.2011	---- 经退鞣处理的											
41012011.10	规定重量退鞣未剖层整张濒危生野牛皮（每张，简单干燥≤8千克，干盐渍≤10千克，鲜或湿盐≤16千克）	8	17		9	0	千克/张	ABFE	P/Q	0	6	0
41012011.90	规定重量未剖层退鞣处理整张生牛皮（包括水牛皮）（每张，简单干燥≤8千克，干盐渍≤10千克，鲜或湿盐≤16千克）	8	17		9	0	千克/张	AB	P/Q	0	6	0
4101.2019	---- 其他											
41012019.10	规定重量非退鞣未剖层整张濒危生野牛皮（每张，简单干燥≤8千克，干盐渍≤10千克，鲜或湿盐≤16千克）	5	17		9	0	千克/张	ABFE	P/Q	0		0

SECTION VIII RAW HIDES AND SKINS, LEATHER, FURSKINS AND ARTICLES THEREOF; SADDLERY AND HARNESS; TRAVEL GOODS, HANDBAGS AND SIMILAR CONTAINERS;ARTICLES OF ANIMAL GUT (OTHER THAN SILK- WORM GUT)

Chapter 41 Raw hides and skins (other than furskins) and leather

Chapter Notes:

1. This Chapter does not cover:

(a) Parings or similar waste, of raw hides or skins (heading 05.11);

(b) Birdskins or parts of birdskins, with their feathers or down, of heading 05.05 or 67.01; or

(c) Hides or skins, with the hair or wool on, raw, tanned or dressed (Chapter 43); the following are, however, to be classified in Chapter 41, namely, raw hides and skins with the hair or wool on, of bovine animals (including buffalo), of equine animals, of sheep or lambs (except Astrakhan, Broadtail, Caracul, Persian or similar lambs, Indian, Chinese, Mongolian or Chinese Tibetan lambs), of goats or kids (except Yemen, Mongolian or Tibetan goats and kids), of swine (including peccary), of chamois, of gazelle, of camels (including dromedaries), of reindeer, of elk, of deer, of roebucks or of dogs.

2.

(a) Headings 41.04 to 41.06 do not cover hides and skins which have undergone a tanning (including pre-tanning) process which is reversible (headings 41.01 to 41.03, as the case may be).

(b) For the purposes of headings 41.04 to 41.06, the term "crust" includes hides and skins that have been retanned, coloured or fat-liquored (stuffed) prior to drying.

3. Throughout the Nomenclature the expression "composition leather" means only substances of the kind referred to in heading 41.15.

协定税率（%）														特惠税率（%）①/②	Article Description
巴基斯坦	冰岛	哥斯达黎加	秘鲁	新西兰	瑞士	新加坡	韩国	澳大利亚	格鲁吉亚	毛里求斯	日本RCEP	尼加拉瓜	港澳台		
															Raw hides and skins of bovine (in-cluding buffalo) or equine animals (fresh, or salted, dried limed, pickled or otherwise preserved, but not tanned, parchment-dressed or further prepared), whether or not dehaired or split:
															- Whole hides and skins, unsplit, of a weight per skin not exceeding 8kg when simply dried, 10kg when dry-salted, or 16kg when fresh, wet-salted or otherwise preserved:
															--- Of bovine animals:
															----Have undergone a reversible tanning process
0	0	0	0	0	0		0	0	0	0	5.8	0	0/	0/0	Whole raw hides and skins of endangered wild bovine, have undergone a reversible tanning process (of a weight per skin not exceeding 8kg when simply dried, not exceeding 10kg when dry-salted, not exceeding 16kg when fresh or wet-salted)
0	0	0	0	0	0		0	0	0	0	5.8	0	0/	0/0	Whole raw hides and skins of bovine (including buffalo), have undergone a reversible tanning process (of a weight per skin not exceeding 8kg when simply dried, not exceeding 10kg when dry-salted, not exceeding 16kg when fresh or wet-salted)
															----Other
0	0	0	0	0	0		0	0	0	0	0	0	0/	0/0	Whole raw hides and skins of endangered wild bovine, have not undergone a reversible tanning process (of a weight per skin not exceeding 8kg when simply dried, not exceeding 10kg when dry-salted, not exceeding 16kg when fresh or wet-salted)

税　号	货品名称	进口关税（%）			增值/消费税（%）	出口退税（%）	计量单位	监管证件代码	检验检疫类别	协定税率（%）		
		最惠国	普通	年内暂定						东盟	亚太	智利
41012019.90	规定重量非退鞣未剖层处理整张生牛皮（包括水牛皮）（每张，简单干燥≤8千克，干盐渍≤10千克，鲜或湿盐≤16千克）	5	17		9	0	千克/张	AB	P/Q	0		0
4101.2020	--- 马科动物皮											
41012020.11	规定重量未剖层整张濒危生野驴皮（每张，简单干燥≤8千克，干盐渍≤10千克，鲜或湿盐≤16千克）	5	30	2	9	0	千克/张	ABFE	P/Q	0		0
41012020.19	规定重量未剖层整张其他濒危生马科动物皮（指每张，简单干燥≤8千克，干盐渍≤10千克，鲜或湿盐渍≤16千克）	5	30		9	0	千克/张	ABFE	P/Q	0		0
41012020.91	规定重量未剖层整张生驴皮（每张，简单干燥≤8千克，干盐渍≤10千克，鲜或湿盐≤16千克）	5	30	2	9	0	千克/张	AB	P/Q	0		0
41012020.99	规定重量未剖层整张其他生马科动物皮（每张，简单干燥≤8千克，干盐渍≤10千克，鲜或湿盐≤16千克）	5	30		9	0	千克/张	AB	P/Q	0		0
	- 整张皮，重量超过16千克：											
	--- 牛皮：											
4101.5011	---- 经退鞣处理的											
41015011.10	重＞16千克退鞣整张濒危生野牛皮	8	17		9	0	千克/张	ABFE	P/Q	0	6.6	0
41015011.90	重＞16千克退鞣处理整张生牛皮（包括水牛皮）	8	17		9	0	千克/张	AB	P/Q	0	6.6	0
4101.5019	---- 其他											
41015019.10	重＞16千克非退鞣整张濒危生野牛皮	5	17		9	0	千克/张	ABFE	P/Q	0		0
41015019.90	重＞16千克非退鞣处理整张生牛皮（包括水牛皮）	5	17		9	0	千克/张	AB	P/Q	0		0
4101.5020	--- 马科动物皮											
41015020.10	重＞16千克整张濒危生马科动物皮	5	30		9	0	千克/张	ABFE	P/Q	0		0
41015020.90	重＞16千克整张生马科动物皮	5	30		9	0	千克/张	AB	P/Q	0		0
	- 其他，包括整张或半张的背皮及腹皮：											
	--- 牛皮：											
4101.9011	---- 经退鞣处理的											
41019011.10	其他退鞣处理濒危生野牛皮（包括整张或半张的背皮及腹皮）	8	17		9	0	千克	FEAB	P/Q	0	6.6	0
41019011.90	其他退鞣处理生牛皮（包括整张或半张的背皮及腹皮）	8	17		9	0	千克	AB	P/Q	0	6.6	0
4101.9019	---- 其他											
41019019.10	其他濒危生野牛皮（包括整张或半张的背皮及腹皮）	5	17		9	0	千克	FEAB	P/Q	0		0
41019019.90	其他生牛皮（包括整张或半张的背皮及腹皮）	5	17		9	0	千克	AB	P/Q	0		0

协定税率（%）														特惠税率（%）①/②	Article Description
巴基斯坦	冰岛	哥斯达黎加	秘鲁	新西兰	瑞士	新加坡	韩国	澳大利亚	格鲁吉亚	毛里求斯	日本RCEP	尼加拉瓜	港澳台		
0	0	0	0	0	0		0	0	0	0	0	0	0/	0/0	Whole raw hides and skins of bovine (including buffalo), have not undergone a reversible tanning process (of a weight per skin not exceeding 8kg when simply dried, not exceeding 10kg when dry-salted, not exceeding 16kg when fresh or wet-salted)
															--- Of equine animals
0	0	0	0	0	0		0	0	0	0	3.6	0	0/	0/0	Whole raw hides and skins of endangered wild donkeys (of a weight per skin not exceeding 8kg when simply dried, not exceeding 10kg when dry-salted, not exceeding 16kg when fresh or wet-salted)
0	0	0	0	0	0		0	0	0	0	3.6	0	0/	0/0	Whole raw hides and skins of other endangered wild equine animals (of a weight per skin not exceeding 8kg when simply dried, not exceeding 10kg when dry-salted, not exceeding 16kg when fresh or wet-salted)
0	0	0	0	0	0		0	0	0	0	3.6	0	0/	0/0	Whole raw hides and skins of other donkeys (of a weight per skin not exceeding 8kg when simply dried, not exceeding 10kg when dry-salted, not exceeding 16kg when fresh or wet-salted)
0	0	0	0	0	0		0	0	0	0	3.6	0	0/	0/0	Whole raw hides and skins of other equine animals (of a weight per skin not exceeding 8kg when simply dried, not exceeding 10kg when dry-salted, not exceeding 16kg when fresh or wet-salted)
															- Whole hides and skins, of a weight exceeding 16kg:
															--- Of bovine animals:
															----Have undergone a reversible tanning process
0	0	0	0	0	0		0	0	0	0	6.1	7.2	0/	0/0	Whole raw hides and skins of endangered wild bovine, have undergone a reversible tanning process, of a weight exceeding 16kg
0	0	0	0	0	0		0	0	0	0	6.1	7.2	0/	0/0	Whole raw hides and skins of bovine (including buffalo), have undergone a reversible tanning process, of a weight exceeding 16kg
															----Other
0	0	0	0	0	0		0	0	0	0	0	0	0/	0/0	Whole raw hides and skins of endangered wild bovine, have not undergone a reversible tanning process, of a weight exceeding 16kg
0	0	0	0	0	0		0	0	0	0	0	0	0/	0/0	Whole raw hides and skins of bovine (including buffalo), have not undergone a reversible tanning process, of a weight exceeding 16kg
															--- Of equine animals
0	0	0	0	0	0		0	0	0	0	3.6	0	0/	0/0	Whole raw hides and skins of endangered equine animals, of a weight exceeding 16kg
0	0	0	0	0	0		0	0	0	0	3.6	0	0/	0/0	Whole raw hides and skins of equine animals, of a weight exceeding 16kg
															- Other, including butts, bends and bollies:
															--- Of bovine animals:
															----Have undergone a reversible tanning process
0	0	0	0	0	0		0	0	0	0	6.1	7.2	0/	0/0	Other whole raw hides and skins of endangered wild bovine, have undergone a reversible tanning process (including butts, bends and bellies)
0	0	0	0	0	0		0	0	0	0	6.1	7.2	0/	0/0	Other whole raw hides and skins of bovine, have undergone a reversible tanning process (including butts, bends and bellies)
															----Other
0	0	0	0	0	0		0	0	0	0	0	0	0/	0/0	Other whole raw hides and skins of endangered wild bovine (including butts, bends and bellies)
0	0	0	0	0	0		0	0	0	0	0	0	0/	0/0	Other whole raw hides and skins of bovine (including butts, bends and bellies)

税　号	货品名称	进口关税（%）			增值/消费税（%）	出口退税（%）	计量单位	监管证件代码	检验检疫类别	协定税率（%）		
		最惠国	普通	年内暂定						东盟	亚太	智利
4101.9020	--- 马科动物皮											
41019020.10	其他濒危生马科动物皮（包括整张或半张的背皮及腹皮）	5	30		9	0	千克	FEAB	P/Q	0		0
41019020.90	其他生马科动物皮（包括整张或半张的背皮及腹皮）	5	30		9	0	千克	AB	P/Q	0		0
41.02	**绵羊或羔羊生皮（鲜的、盐渍的、干的、石灰浸渍的、浸酸的或经其他方法保藏，但未鞣制、未经羊皮纸化处理或进一步加工的），不论是否带毛或剖层，但本章注释一（三）所述不包括的生皮除外：**											
4102.1000	- 带毛	7	30		9	0	千克/张	AB	P/Q	0		0
	- 不带毛：											
	-- 浸酸的：											
4102.2110	--- 经退鞣处理的	14	30		9	0	千克/张	AB	P/Q	0		0
4102.2190	--- 其他	9	30		9	0	千克/张	AB	P/Q	0	8	0
	-- 其他：											
4102.2910	--- 经退鞣处理的	14	30		9	0	千克/张	AB	P/Q	0		0
4102.2990	--- 其他	7	30		9	0	千克/张	AB	P/Q	0	6	0
41.03	**其他生皮（鲜的、盐渍的、干的、石灰浸渍的、浸酸的或以其他方法保藏，但未鞣制、未经羊皮纸化处理或进一步加工的），不论是否去毛或剖层，但本章注释一（二）或（三）所述不包括的生皮除外：**											
4103.2000	- 爬行动物皮											
41032000.10	濒危爬行动物的生皮	9	30		9	0	千克/张	FEAB	P/Q	0		0
41032000.90	其他爬行动物的生皮	9	30		9	0	千克/张	AB	P/Q	0		0
4103.3000	- 猪皮											
41033000.10	濒危猪科动物的生皮	9	30		9	0	千克/张	ABFE	P/Q	0		0
41033000.90	生猪皮	9	30		9	0	千克/张	AB	P/Q	0		0
	- 其他：											
	--- 山羊板皮：											
4103.9011	---- 经退鞣处理的	14	35		9	0	千克/张	AB	P/Q	0		0
4103.9019	---- 其他	9	35		9	0	千克/张	AB	P/Q	0		0
	--- 其他山羊或小山羊皮：											
4103.9021	---- 经退鞣处理的	14	30		9	0	千克/张	AB	P/Q	0		0
4103.9029	---- 其他	9	30		9	0	千克/张	AB	P/Q	0		0
4103.9090	--- 其他											
41039090.10	其他濒危动物的生皮［本章注释一(二)或(三)所述不包括的生皮除外］	9	30		9	0	千克/张	ABEF	P/Q	0		0
41039090.90	其他生皮［本章注释一（二）或（三）所述不包括的生皮除外］	9	30		9	0	千克/张	AB	P/Q	0		0
41.04	**经鞣制的不带毛牛皮（包括水牛皮）、马科动物皮及其坯革，不论是否剖层，但未经进一步加工：**											
	- 湿革（包括蓝湿皮）：											
	-- 全粒面未剖层革；粒面剖层革：											
	--- 牛皮：											
4104.1111	---- 蓝湿的											
41041111.10	蓝湿濒危野牛皮（全粒面未剖或粒面剖层，经鞣制不带毛）	6	17	3	13	0	千克	ABFE	P/Q	0	3	0
41041111.90	全粒面未剖层或粒面剖层蓝湿牛皮（经鞣制不带毛）	6	17	3	13	0	千克	AB	P/Q	0	3	0

协定税率(%) 巴基斯坦	冰岛	哥斯达黎加	秘鲁	新西兰	瑞士	新加坡	韩国	澳大利亚	格鲁吉亚	毛里求斯	日本 RCEP	尼加拉瓜	港澳台	特惠税率(%)①/②	Article Description
															--- Of equine animals
0	0	0	0	0	0		0	0	0	0	3.6	0	0/	0/0	Other whole raw hides and skins of endangered equine animals (including butts, bends and bellies)
0	0	0	0	0	0		0	0	0	0	3.6	0	0/	0/0	Other whole raw hides and skins of equine animals (including butts, bends and bellies)
															Raw skins of sheep or lambs (fresh, or salted, dried, limed, pickled or otherwise preserved, but not tanned, parchment-dressed or further prepared), whether or not with wool on or split, other than those excluded by Note 1(c) to this chapter:
0	0	0		0	0		0	0	0	0	5.1	5.6	0/	0/0	- With wool on
															- Without wool on:
															-- Pickled:
11.2	0	0		0	0	0	0	0	0	0	10.2	13.1	0/	0/0	--- Have undergone a reversible tanning process
0	0	0	0	0	0		0	0	0	0	6.5	8.1	0/	0/0	--- Other
															-- Other:
7	0	0	0	0	0	0	0	0	0	0	10.2	13.1	0/	0/0	--- Have undergone a reversible tanning process
0	0	0	0	0	0		0	0	0	0	5.1	0	0/	0/0	--- Other
															Other raw hides and skins (fresh, or salted, dried, limed, pickled or otherwise preserved, but not tanned, parchment-dressed or further prepared), whether or not dehaired or split, other than those excluded by Note l (b)or 1(c) to this Chapter:
															- Of reptiles
0	0	0	0	0	0		0	0	0	0	6.5	8.1	0/	0/0	Of endangered reptiles
0	0	0	0	0	0		0	0	0	0	6.5	8.1	0/	0/0	Of other reptiles
															- Of swine
0	0	0	0	0	0		0	0	0	0	6.5	8.1	0/	0/0	Raw hides and skins of babirusa, porcula salvania
0	0	0	0	0	0		0	0	0	0	6.5	8.1	0/	0/0	Raw hides and skins of swine
															- Other:
															--- Of goats:
7	0	0	0	0	0	0	0	0	0	0	10.2	13.1	0/	0/0	----Have undergone a reversible tanning process
0	0	0	0	0	0		0	0	0	0	6.5	8.1	0/	0/0	----Other
															--- Other, of goats or kids:
7	0	0	0	0	0	0	0	0	0	0	10.2	13.1	0/	0/0	----Have undergone a reversible tanning process
0	0	0	0	0	0		0	0	0	0	6.5	8.1	0/	0/0	----Other
															--- Other
0	0	0	0	0	0		0	0	0	0	6.5	8.1	0/	0/0	Other raw hides and skins of endangered wild animals, other than those excluded by Note 1 (b) or 1 (c) to this Chapter
0	0	0	0	0	0		0	0	0	0	6.5	8.1	0/	0/0	Other raw hides and skins of animals, other than those excluded by Note 1 (b) or 1 (c) to this Chapter
															Tanned or crust hides and skins of bovine (including buffalo) or equineanimals, without hair on, whether or not spilt, but not further prepared:
															- In the wet state (including wet-blue):
															-- Full grains, unsplit; grain splits:
															--- Of bovine animals:
															----Wet-blue
0	0	0	0	0	0		0	0	0	0	5.1	0	0/	0/0	Tanned or crust hides and skins of endangered wild bovine, wet-blue, without hair on (full grains, unsplit or grain splits)
0	0	0	0	0	0		0	0	0	0	5.1	0	0/	0/0	Tanned or crust hides and skins of bovine, wet-blue, without hair on (full grains, unsplit or grain splits)

税号	货品名称	进口关税（%）最惠国	普通	年内暂定	增值/消费税（%）	出口退税（%）	计量单位	监管证件代码	检验检疫类别	协定税率（%）东盟	亚太	智利
4104.1119	----其他											
41041119.10	湿濒危野牛皮（全粒面未剖或粒面剖层，经鞣制不带毛）	6	35		13	0	千克	EF		0	3	0
41041119.90	全粒面未剖层或粒面剖层湿牛皮（经鞣制不带毛）	6	35		13	0	千克			0	3	0
4104.1120	--- 马科动物皮											
41041120.10	湿濒危马科动物皮（全粒面未剖或粒面剖层，经鞣制不带毛）	5	35		13	0	千克	EF		0	2.5	0
41041120.90	全粒面未剖层或粒面剖层湿马科动物皮（经鞣制不带毛）	5	35		13	0	千克			0	2.5	0
	-- 其他：											
	--- 牛皮：											
4104.1911	---- 蓝湿的											
41041911.10	其他蓝湿濒危野牛皮（经鞣制不带毛）	6	17	3	13	0	千克	ABFE	P/Q	0	3	0
41041911.90	其他蓝湿牛皮（经鞣制不带毛）	6	17	3	13	0	千克	AB	P/Q	0	3	0
4104.1919	----其他											
41041919.10	其他湿濒危野牛皮（经鞣制不带毛）	7	35		13	0	千克	EF		0	3.5	0
41041919.90	其他湿牛皮（经鞣制不带毛）	7	35		13	0	千克			0	3.5	0
4104.1920	--- 马科动物皮											
41041920.10	其他湿濒危马科动物皮（经鞣制不带毛）	5	35		13	0	千克	EF		0	2.5	0
41041920.90	其他湿马科动物皮（经鞣制不带毛）	5	35		13	0	千克			0	2.5	0
	- 干革（坯革）：											
4104.4100	-- 全粒面未剖层革；粒面剖层革											
41044100.10	濒危野牛、马科动物干革（全粒面未剖或粒面剖层，经鞣制不带毛）	5	35	3	13	0	千克	EF		0	3.5	0
41044100.90	全粒面未剖层或粒面剖层干革（经鞣制不带毛）	5	35	3	13	0	千克			0	3.5	0
	-- 其他：											
4104.4910	--- 机器带用牛、马皮革											
41044910.10	其他机器带用濒危野牛、马科动物皮革（经鞣制不带毛）	5	20		13	0	千克	FE		0	3.5	0
41044910.90	其他机器带用牛马皮革（经鞣制不带毛）	5	20		13	0	千克			0	3.5	0
4104.4990	--- 其他											
41044990.10	其他濒危野牛、马科动物皮革（经鞣制不带毛）	7	35		13	0	千克	EF		0	4.9	0
41044990.90	其他牛马皮革（经鞣制不带毛）	7	35		13	0	千克			0	4.9	0
41.05	**经鞣制的不带毛绵羊或羔羊皮革及其坯革，不论是否剖层，但未经进一步加工：**											
	- 湿革（包括蓝湿皮）：											
4105.1010	--- 蓝湿的	14	50	10	13	0	千克	AB	P/Q	0	7	0

协定税率(%)														特惠税率(%)①/②	Article Description
巴基斯坦	冰岛	哥斯达黎加	秘鲁	新西兰	瑞士	新加坡	韩国	澳大利亚	格鲁吉亚	毛里求斯	日本RCEP	尼加拉瓜	港澳台		
															----Other
0	0	0	0	0	0		0	0	0	0	5.8	0	0/	0/0	Tanned or crust hides and skins of endangered wild bovine, in the wet state, without hair on, full grains, unsplit or grain splits
0	0	0	0	0	0		0	0	0	0	5.8	0	0/	0/0	Tanned or crust hides and skins of bovine, in the wet state, without hair on, full grains, unsplit or grain splits
															--- Of equine animals
0	0	0	0	0	0		0	0	0	0	3.6	0	0/	0/0	Tanned or crust hides and skins of endangered equine animals, in the wet state, without hair on, full grains, unsplit or grain splits
0	0	0	0	0	0		0	0	0	0	3.6	0	0/	0/0	Tanned or crust hides and skins of equine animals, in the wet state, without hair on, full grains, unsplit or grain splits
															-- Other:
															--- Of bovine animals:
															----Wet-blue
3	0	0	0	0	0		0	0	0	0	4.4	0	0/	0/0	Other tanned or crust hides and skins of endangered wild bovine, wet-blue, without hair on
3	0	0	0	0	0		0	0	0	0	4.4	0	0/	0/0	Other tanned or crust hides and skins of bovine, wet-blue, without hair on
															----Other
0	0	0	0	0	0		0	0	0	0	5.1	0	0/	0/0	Other tanned or crust hides and skins of endangered wild bovine, without hair on, in the wet state
0	0	0	0	0	0		0	0	0	0	5.1	0	0/	0/0	Other tanned or crust hides and skins of bovine, without hair on, in the wet state
															--- Of equine animals
0	0	0	0	0	0		0	0	0	0	5.1	0	0/	0/0	Other tanned or crust hides and skins of endangered wild equine animals, wet, without hair on
0	0	0	0	0	0		0	0	0	0	5.1	0	0/	0/0	Other tanned or crust hides and skins of equine animals, without hair on, in the wet state
															- In the dry state (crust):
															-- Full grain, unsplit; grain splits
0	0	0	0	0	0		0	0	0	0	3.6	0	0/	0/0	Tanned or crust, dry hides and skins of endangered wild bovine or equine animals, without hair on, full grains, unsplit or grain splits
0	0	0	0	0	0		0	0	0	0	3.6	0	0/	0/0	Tanned or crust, dry hides and skins of animals, without hair on, full grains, unsplit or grain splits
															-- Other:
															--- For machinery belting
0	0	0	0	0	0		0	0	0	0	3.6	0	0/	0/0	Other tanned or crust hides and skins of endangered wild bovine or equine animals, without hair on, for machinery belting
0	0	0	0	0	0		0	0	0	0	3.6	0	0/	0/0	Tanned or crust hides and skins of bovine, equine animals, without hair on, for machinery belting
															--- Other
0	0	0	0	0	0		2.3	0	0	0	5.7	0	0/	0/0	Other tanned or crust hides and skins of endangered wild bovine or equine animals, without hair on
0	0	0	0	0	0		2.3	0	0	0	5.7	0	0/	0/0	Other tanned or crust hides and skins of bovine or equine animals, without hair on
															Tanned or crust skins of sheep or lambs, without wool on, whether or not split, but not further prepared:
															- In the wet state (including wet-blue):
4	0	0		0	0	0	0	0	0	0	10.2	13.1	0/	0/0	--- Wet-blue

税号	货品名称	进口关税（%）			增值/消费税（%）	出口退税（%）	计量单位	监管证件代码	检验检疫类别	协定税率（%）		
		最惠国	普通	年内暂定						东盟	亚太	智利
4105.1090	--- 其他	10	50		13	0	千克			0	5	0
4105.3000	- 干革（坯革）	8	50		13	0	千克			0	5.6	0
41.06	**经鞣制的其他不带毛动物皮革及其坯革，不论是否剖层，但未经进一步加工：**											
	- 山羊或小山羊的：											
4106.2100	-- 湿革（包括蓝湿皮）											
41062100.01	蓝湿山羊皮（经鞣制不带毛）	14	50	10	13	0	千克			0	12	0
41062100.90	其他山羊或小山羊湿革（经鞣制不带毛）	14	50		13	0	千克			0	12	0
4106.2200	-- 干革（坯革）	14	50		13	0	千克			0	9.8	0
	- 猪的：											
	-- 湿革（包括蓝湿皮）：											
4106.3110	--- 蓝湿的											
41063110.10	蓝湿濒危猪科动物的皮（经鞣制不带毛）	14	50	10	13	0	千克	FEAB	P/Q	0		0
41063110.90	其他蓝湿猪皮（经鞣制不带毛）	14	50	10	13	0	千克	AB	P/Q	0		0
4106.3190	--- 其他											
41063190.10	濒危猪科动物的湿革（经鞣制不带毛）	14	50		13	0	千克	EF		0		0
41063190.90	其他猪湿革（经鞣制不带毛）	14	50		13	0	千克			0		0
4106.3200	-- 干革（坯革）											
41063200.10	濒危猪科动物的干革（经鞣制不带毛，坯革）	14	50		13	0	千克	EF		0		0
41063200.90	其他猪干革（经鞣制不带毛，坯革）	14	50		13	0	千克			0		0
4106.4000	- 爬行动物的											
41064000.10	濒危爬行动物皮革（经鞣制不带毛）	14	50		13	0	千克	FE		0		0
41064000.90	其他爬行动物皮革（经鞣制不带毛）	14	50		13	0	千克			0		0
	- 其他：											
4106.9100	-- 湿革（包括蓝湿皮）											
41069100.10	其他濒危动物湿革（经鞣制不带毛）	14	50		13	0	千克	FE		0		0
41069100.90	其他动物湿革（经鞣制不带毛）	14	50		13	0	千克			0		0
4106.9200	-- 干革（坯革）											
41069200.10	其他濒危动物干革（经鞣制不带毛）	14	50		13	0	千克	FE		0		0
41069200.90	其他动物干革（经鞣制不带毛）	14	50		13	0	千克			0		0
41.07	**经鞣制或半硝处理后进一步加工的不带毛的牛皮革（包括水牛皮革）或马科动物皮革，包括羊皮纸化处理的皮革，不论是否剖层，但税目41.14的皮革除外：**											
	- 整张的：											
	-- 全粒面未剖层革：											
4107.1110	--- 牛皮											
41071110.10	全粒面未剖层整张濒危野牛皮（经鞣制或半硝后进一步加工，羊皮纸化处理）	6	50		13	0	千克/张	FE		0		0
41071110.90	全粒面未剖层整张牛皮（经鞣制或半硝后进一步加工，羊皮纸化处理）	6	50		13	0	千克/张			0		0
4107.1120	--- 马科动物皮											

协定税率（%）														特惠税率（%）①/②	Article Description
巴基斯坦	冰岛	哥斯达黎加	秘鲁	新西兰	瑞士	新加坡	韩国	澳大利亚	格鲁吉亚	毛里求斯	日本RCEP	尼加拉瓜	港澳台		
4	0	0	0	0	0		0	0	0	0	7.3	9	0/	0/0	--- Other
5.6	0	0	0	0	0		0	0	0	0	5.8	7.2	0/	0/0	- In the dry state (crust)
															Tanned or crust hides and skins of other animals, without wool or hair on, whether or not split, but not further prepared:
															- Of goats or kids:
															-- In the wet state (including wet-blue)
12	0	0	0	0	0	0	0	0	0	0	10.2	13.1	0/	0/0	Tanned or crust, wet-blue hides and skins of goats, without wool on
12	0	0	0	0	0	0	0	0	0	0	10.2	13.1	0/	0/0	Other tanned or crust, wet hides and skins of goats or kids, without wool on
0	0	0		0	0	0	0	0	0	0	10.2	13.1	0/	0/0	-- In the dry state (crust)
															- Of swine:
															-- In the wet state (including wet-blue):
															--- Wet-blue
11.2	0	0	0	0	0	0	0	0	0	0	10.2	13.1	0/	0/0	Tanned or crust, wet-blue hides and skins of Babyrousa or Porcula salvania, without hair on
11.2	0	0	0	0	0	0	0	0	0	0	10.2	13.1	0/	0/0	Other tanned or crust, wet-blue hides and skins of swine, without hair on
															--- Other
7	0	0	0	0	0	0	0	0	0	0	10.2	13.1	0/	0/0	Tanned or crust, wet hides and skins of Babyrousa or Porcula salvania, without hair on
7	0	0	0	0	0	0	0	0	0	0	10.2	13.1	0/	0/0	Other tanned or crust, wet hides and skins of swine, without hair on
															-- In the dry state (crust)
11.2	0	0	0	0	0	0	0	0	0	0	10.2	13.1	0/	0/0	Tanned or crust, dry hides and skins of Babyrousa or Porcula salvania, without hair on
11.2	0	0	0	0	0	0	0	0	0	0	10.2	13.1	0/	0/0	Other tannd or crust, dry hides and skins of swine, without hair on
															- Of reptiles
7	0	0	0	0	0	0	0	0	0	0	10.2	13.1	0/	0/0	Of endangered reptiles (tanned or crust, without hair on)
7	0	0	0	0	0	0	0	0	0	0	10.2	13.1	0/	0/0	Of other reptiles (tanned or crust, without hair on)
															- Other:
															-- In the wet state (including wet-blue)
11.2	0	0	0	0	0	0	0	0	0	0	10.2	13.1	0/	0/0	Tanned or crust, wet hides and skins of other endangered wild animals, without hair on
11.2	0	0	0	0	0	0	0	0	0	0	10.2	13.1	0/	0/0	Tanned or crust, wet hides and skins of other animals, without hair on
															-- In the dry state (crust)
0	0	0	0	0	0	0	0	0	0	0	10.2	13.1	0/	0/0	Tanned or crust, dry hides and skins of other endangered wild animals, without hair on
0	0	0	0	0	0	0	0	0	0	0	10.2	13.1	0/	0/0	Tanned or crust, dry hides and skins of other animals, without hair on
															Leather further prepared after tanning or crusting, including parchment-dressed leather, of bovine (including buffalo) or equine animals, without hair on, whether or not split, other than leather of heading 41.14:
															- Whole hides and skins:
															-- Full grains, unsplit:
															--- Of bovine animals
0	0	0		0	0		2.6	0	0	1.6	6.5	4.8	0/		Leather further prepared after tanning or crusting, including parchment-dressed leather, of endangered wild bovine, whole hides and skins, full grains, unsplit
0	0	0		0	0		2.6	0	0	1.6	6.5	4.8	0/		Leather further prepared after tanning or crusting, including parchment-dressed leather, of bovine, whole hides and skins, full grains, unsplit
															--- Of equine animals

税　号	货品名称	进口关税（%）			增值/消费税（%）	出口退税（%）	计量单位	监管证件代码	检验检疫类别	协定税率（%）		
		最惠国	普通	年内暂定						东盟	亚太	智利
41071120.10	全粒面未剖层整张濒危马科动物皮（经鞣制或半硝后进一步加工，羊皮纸化处理）	5	50		13	0	千克/张	FE		0		0
41071120.90	全粒面未剖层整张马科动物皮（经鞣制或半硝后进一步加工，羊皮纸化处理）	5	50		13	0	千克/张			0		0
	-- 粒面剖层革：											
4107.1210	--- 牛皮											
41071210.10	粒面剖层整张濒危野牛皮（经鞣制或半硝后进一步加工，羊皮纸化处理）	6	50		13	0	千克/张	FE		0		0
41071210.90	粒面剖层整张牛皮（经鞣制或半硝后进一步加工，羊皮纸化处理）	6	50		13	0	千克/张			0		0
4107.1220	--- 马科动物皮											
41071220.10	粒面剖层整张濒危马科动物皮（经鞣制或半硝后进一步加工，羊皮纸化处理）	5	50		13	0	千克/张	FE		0		0
41071220.90	粒面剖层整张马科动物皮（经鞣制或半硝后进一步加工，羊皮纸化处理）	5	50		13	0	千克/张			0		0
	-- 其他：											
4107.1910	--- 机器带用											
41071910.10	其他机器带用整张濒危野牛、马科动物皮革（经鞣制或半硝后进一步加工，羊皮纸化处理）	5	50		13	0	千克/张	FE		0		0
41071910.90	其他机器带用整张牛马皮革（经鞣制或半硝后进一步加工，羊皮纸化处理）	5	50		13	0	千克/张			0		0
4107.1990	--- 其他											
41071990.10	其他整张濒危野牛、马科动物皮革（经鞣制或半硝后进一步加工，羊皮纸化处理）	7	50		13	0	千克/张	EF		0		0
41071990.90	其他整张牛马皮革（经鞣制或半硝后进一步加工，羊皮纸化处理）	7	50		13	0	千克/张			0		0
	- 其他，包括半张的：											
4107.9100	-- 全粒面未剖层革											
41079100.10	全粒面未剖层非整张濒危野牛、马科动物皮（经鞣制或半硝后进一步加工，羊皮纸化处理）	5	50		13	0	千克	EF		0		0
41079100.90	全粒面未剖层非整张革（经鞣制或半硝后进一步加工，羊皮纸化处理）	5	50		13	0	千克			0		0
4107.9200	-- 粒面剖层革											
41079200.10	粒面剖层非整张濒危野牛、马科动物皮革（经鞣制或半硝后进一步加工，羊皮纸化处理）	5	50		13	0	千克	FE		0		0
41079200.90	粒面剖层非整张革（经鞣制或半硝后进一步加工，羊皮纸化处理）	5	50		13	0	千克			0		0
	-- 其他：											
4107.9910	--- 机器带用											

协定税率（%）														特惠税率（%）①/②	Article Description
巴基斯坦	冰岛	哥斯达黎加	秘鲁	新西兰	瑞士	新加坡	韩国	澳大利亚	格鲁吉亚	毛里求斯	日本RCEP	尼加拉瓜	港澳台		
0	0	0	0	0	0		0	0	0	0	3.6	0	0/	0/0	Leather further prepared after tanning or crusting, including parchment-dressed leather, of endangered wild equine animals, whole hides and skins, full grains, unsplit
0	0	0	0	0	0		0	0	0	0	3.6	0	0/	0/0	Leather further prepared after tanning or crusting, including parchment-dressed leather, of equine animals, whole hides and skins, full grains, unsplit
															-- Grain splits:
															--- Of bovine animals
0	0	0		0	0		0	0	0	0	5.8	4.8	0/		Leather further prepared after tanning or crusting, including parchment-dressed leather, of endangered wild bovine, whole hides and skins, grain splits
0	0	0		0	0		0	0	0	0	5.8	4.8	0/		Leather further prepared after tanning or crusting, including parchment-dressed leather, of bovine, whole hides and skins, grain splits
															--- Of equine animals
0	0	0	0	0	0		0	0	0	0	3.6	0	0/	0/0	Leather further prepared after tanning or crusting, including parchment-dressed leather, of endangered wild equine animals, whole hides and skins, grain splits
0	0	0	0	0	0		0	0	0	0	3.6	0	0/	0/0	Leather further prepared after tanning or crusting, including parchment-dressed leather, of equine animals, whole hides and skins, grain splits
															-- Other:
															--- For machinery belting
0	0	0	0	0	0		0	0	0	0	3.6	0	0/	0/0	Other leather further prepared after tanning or crusting, including parchment-dressed leather, of endangered wild bovine or equine animals, whole hides and skins, for machinery belting
0	0	0	0	0	0		0	0	0	0	3.6	0	0/	0/0	Other leather further prepared after tanning or crusting, including parchment-dressed leather, of bovine or equine animals, whole hides and skins, for machinery belting
															--- Other
	0	0		0	0		0	0	0	0	5.1	5.6	0/		Other leather further prepared after tanning or crusting, including parchment-dressed leather, of endangered wild bovine or equine animals, whole hides and skins
	0	0		0	0		0	0	0	0	5.1	5.6	0/		Other leather further prepared after tanning or crusting, including parchment-dressed leather, of bovine or equine animals, whole hides and skins
															- Other, including sides:
															-- Full grains, unsplit
0	0	0	0	0	0		0	0	0	0	3.6	0	0/	0/0	Other leather further prepared after tanning or crusting, including parchment-dressed leather, of endangered wild bovine or equine animals, not whole hides and skins, full grains, unsplit
0	0	0	0	0	0		0	0	0	0	3.6	0	0/	0/0	Leather further prepared after tanning or crusting, including parchment-dressed leather, not whole hides and skins, full grains, unsplit
															-- Grain splits
0	0	0	0	0	0		1.6	0	0	0	4.1		0/	0/0	Leather further prepared after tanning or crusting, including parchment-dressed leather, of endangered wild bovine or equine animals, not whole hides and skins, grain splits
0	0	0	0	0	0		1.6	0	0	0	4.1		0/	0/0	Leather further prepared after tanning or crusting, including parchment-dressed leather, not whole hides and skins, grain splits
															-- Other:
															--- For machinery belting

税号	货品名称	进口关税（%）			增值/消费税（%）	出口退税（%）	计量单位	监管证件代码	检验检疫类别	协定税率（%）		
		最惠国	普通	年内暂定						东盟	亚太	智利
41079910.10	其他机器带用非整张濒危野牛、马科动物皮（经鞣制或半硝后进一步加工，羊皮纸化处理）	5	50		13	0	千克	FE		0		0
41079910.90	其他机器带用非整张牛马皮革（经鞣制或半硝后进一步加工，羊皮纸化处理）	5	50		13	0	千克			0		0
4107.9990	--- 其他											
41079990.10	其他非整张濒危野牛、马科动物皮革（经鞣制或半硝后进一步加工，羊皮纸化处理）	7	50		13	0	千克	EF		0		0
41079990.90	其他非整张牛马皮革（经鞣制或半硝后进一步加工，羊皮纸化处理）	7	50		13	0	千克			0		0
41.12	**经鞣制或半硝处理后进一步加工的不带毛的绵羊或羔羊皮革，包括羊皮纸化处理的皮革，不论是否剖层，但税目41.14的皮革除外：**											
4112.0000	经鞣制或半硝处理后进一步加工的不带毛的绵羊或羔羊皮革，包括羊皮纸化处理的皮革，不论是否剖层，但税目41.14的皮革除外	8	50		13	0	千克			0	5.6	0
41.13	**经鞣制或半硝处理后进一步加工的不带毛的其他动物皮革，包括羊皮纸化处理的皮革，不论是否剖层，但税目41.14的皮革除外：**											
4113.1000	- 山羊或小山羊的	14	50		13	0	千克			0	9.8	0
4113.2000	- 猪的											
41132000.10	加工的濒危猪科动物皮革（经鞣制或半硝后进一步加工，不带毛，羊皮纸化处理）	14	50		13	0	千克	EF		0		0
41132000.90	加工的猪皮革（经鞣制或半硝后进一步加工，不带毛，羊皮纸化处理）	14	50		13	0	千克			0		0
4113.3000	- 爬行动物的											
41133000.10	加工的濒危爬行动物皮革（经鞣制或半硝后进一步加工，不带毛，羊皮纸化处理）	14	50		13	0	千克	FE		0		0
41133000.90	加工的其他爬行动物皮革（经鞣制或半硝后进一步加工，不带毛，羊皮纸化处理）	14	50		13	0	千克			0		0
4113.9000	- 其他											
41139000.10	加工的其他濒危动物皮革（经鞣制或半硝后进一步加工，不带毛，羊皮纸化处理）	14	50		13	0	千克	FE		0		0
41139000.90	加工的其他动物皮革（经鞣制或半硝后进一步加工，不带毛，羊皮纸化处理）	14	50		13	0	千克			0		0
41.14	**油鞣皮革（包括结合鞣制的油鞣皮革）；漆皮及层压漆皮；镀金属皮革：**											
4114.1000	- 油鞣皮革（包括结合鞣制的油鞣皮革）											
41141000.10	油鞣其他濒危动物皮革（包括结合鞣制的油鞣皮革）	14	50		13	0	千克	FE		0		0

协定税率（%）														特惠税率（%）①/②	Article Description
巴基斯坦	冰岛	哥斯达黎加	秘鲁	新西兰	瑞士	新加坡	韩国	澳大利亚	格鲁吉亚	毛里求斯	日本RCEP	尼加拉瓜	港澳台		
0	0	0	0	0	0		0	0	0	0	3.6	0	0/	0/0	Other leather further prepared after tanning or crusting, including parchment-dressed leather, of endangered wild bovine or equine animals, not whole hides and skins, for machinery belting
0	0	0	0	0	0		0	0	0	0	3.6	0	0/	0/0	Other leather further prepared after tanning or crusting, including parchment-dressed leather, of bovine or equine animals, not whole hides and skins, for machineiy belting
															--- Other
	0	0	0	0	0		2.3	0	0	0	5.7	0	0/	0/0	Other leather further prepared after tanning or crusting, including parehment-dressed leather, of endangered wild bovine or equine animals, not whole hides and skins
	0	0	0	0	0		2.3	0	0	0	5.7	0	0/	0/0	Other leather further prepared after tanning or crusting, including parchment-dressed leather, of bovine or equine animals, not whole hides and skins
															Leather further prepared after tanning or crusting, including parchment-dressed leather, of sheep or lamb, without wool on, whether or not split, other than leather of heading 41.14:
0	0	0	0	0	0		2.6	0	0	0	6.5	0	0/	0/0	Leather further prepared after tanning or crusting, including parchment -dressed leather, of sheep or lamb, without wool on, whether or not split, other than leather of heading 41.14
															Leather further prepared after tan-ning or crusting, including parchment-dressed leather, of other animals, without wool or hair on, whether or not split, other than leather of heading 41.14:
0		0		0	0	0	0	0	0	0	10.2	13.1	0/	0/0	- Of goats or kids
															- Of swine
	0	0	0	0	0	0	0	0	0	0	10.2	13.1	0/	0/0	Leather further prepared after tanning or crusting, including parchment-dressed leather, of Babyrousa or Porcula salvania, without hair on
	0	0	0	0	0	0	0	0	0	0	10.2	13.1	0/	0/0	Leather further prepared after tanning or crusting, including parchment-dressed leather, of swine, without hair on
															- Of reptiles
0		0	0	0	0	0	0	0	0	0	10.2	13.1	0/	0/0	Of endangered reptiles (prepared after tan-ning or crusting, including parchment-dressed leather, without hair on)
0		0	0	0	0	0	0	0	0	0	10.2	13.1	0/	0/0	Of other reptiles (prepared after tan-ning or crusting, including parchment-dressed leather, without hair on)
															- Other
0	0	0	0	0	0	0	0	0	0	0	10.2	13.1	0/	0/0	Leather further prepared after tanning or crusting, including parchment-dressed leather, of other endangered wild animals, without hair on
0	0	0	0	0	0	0	0	0	0	0	10.2	13.1	0/	0/0	Leather further prepared after tanning or crusting, including parchment-dressed leather, of other animals, without hair on
															Chamois (including combination chamois) leather; patent leather and patent laminated leather; metallised leather:
															- Chamois (including combination chamois) leather
	0	0	0	0	0	0	0	0	0	0	10.2	13.1	0/	0/0	Chamois (including combination chamois) leather of other endangered wild animals

税号	货品名称	进口关税（%）			增值/消费税（%）	出口退税（%）	计量单位	监管证件代码	检验检疫类别	协定税率（%）		
		最惠国	普通	年内暂定						东盟	亚太	智利
41141000.90	油鞣其他动物皮革（包括结合鞣制的油鞣皮革；野生动物皮革除外）	14	50		13	0	千克			0		0
4114.2000	- 漆皮及层压漆皮；镀金属皮革	10	50		13	0	千克			0	9	0
41.15	**以皮革或皮革纤维为基本成分的再生皮革，成块、成张或成条的，不论是否成卷；皮革或再生皮革的边角废料，不适宜作皮革制品用；皮革粉末：**											
4115.1000	- 以皮革或皮革纤维为基本成分的再生皮革，成块、成张或成条的，不论是否成卷	14	50		13	0	千克			0		0
4115.2000	- 皮革或再生皮革的边角废料，不适宜作皮革制品用；皮革粉末											
41152000.10	皮革废渣、灰渣、淤渣及粉末	14	50		13	0	千克	9		0		0
41152000.90	成品皮革、皮革制品或再生皮革的边角料（经过筛选的，面积不小于200平方厘米的皮革边角料，用于手套、配饰、玩具等的加工）	14	50		13	0	千克	9		0		0

协定税率（%）														特惠税率（%）①/②	Article Description
巴基斯坦	冰岛	哥斯达黎加	秘鲁	新西兰	瑞士	新加坡	韩国	澳大利亚	格鲁吉亚	毛里求斯	日本RCEP	尼加拉瓜	港澳台		
	0	0	0	0	0	0	0	0	0	0	10.2	13.1	0/	0/0	Chamois (including combination chamois) leather of other animals, other than leather of wild animals
9	0	0		0	0	0	5	0	0	0		9	0/		- Patent leather and patent laminated leather; metallised leather
															Composition leather with a basis of leather or leather fibre, in slabs, sheets or strip, whether or not in rolls; parings and other waste of leather or of composition leather, not suitable for the manufacture of leather articles; leather dust, powder and flour:
	0	0		0	0	0	0	0	0	0	10.2	13.1	0/		- Composition leather with a basis of leather or leather fibre, in slabs, sheets or strip, whether or not in rolls
															- Parings and other waste of leather or of composition leather, not suitable for the manufacture of leather articles; leather dust, powder and flour
	0	0	0	0	0	0	0	0	0	0	10.2	13.1	0/	0/0	Waste residue, dust, powder and flour of leather
	0	0	0	0	0	0	0	0	0	0	10.2	13.1	0/	0/0	Parings and other waste of finished leather or leather articles or composition leather, sorted, with an area exceeding 200 square centimetre, for gloves, accessories and toys use

第四十二章　皮革制品；鞍具及挽具；旅行用品、手提包及类似容器；动物肠线（蚕胶丝除外）制品

注释：

一、本章所称的"皮革"包括油鞣皮革（含结合鞣制的油鞣皮革）、漆皮、层压漆皮和镀金属皮革。

二、本章不包括：

（一）外科用无菌肠线或类似的无菌缝合材料（税目30.06）；

（二）以毛皮或人造毛皮衬里或作面（仅饰边的除外）的衣服及衣着附件（分指手套、连指手套及露指手套除外）（税目43.03或43.04）；

（三）网线袋及类似品（税目56.08）；

（四）第六十四章的物品；

（五）第六十五章的帽类及其零件；

（六）税目66.02的鞭子、马鞭或其他物品；

（七）袖扣、手镯或其他仿首饰（税目71.17）；

（八）单独报验的挽具附件或装饰物，例如，马镫、马嚼子、马铃铛及类似品、带扣（一般归入第十五类）；

（九）弦线、鼓面皮或类似品及其他乐器零件（税目92.09）；

（十）第九十四章的物品（例如，家具，灯具及照明装置）；

（十一）第九十五章的物品（例如，玩具、游戏品及运动用品）；或

（十二）税目96.06的纽扣、揿扣、纽扣芯或这些物品的其他零件、纽扣坯。

三、

（一）除上述注释二所规定的以外，税目42.02也不包括：

1. 非供长期使用的带把手塑料薄膜袋，不论是否印制（税目39.23）；

2. 编结材料制品（税目46.02）。

（二）税目42.02及42.03的制品，如果装有用贵金属、包贵金属、天然或养殖珍珠、宝石或半宝石（天然、合成或再造）制的零件，即使这些零件不是仅作为小配件或小饰物的，只要其未构成物品的基本特征，仍应归入上述税目。但如果这些零件已构成物品的基本特征，则应归入第七十一章。

四、税目42.03所称"衣服及衣着附件"，主要适用于分指手套、连指手套及露指手套（包括运动手套及防护手套）、围裙及其他防护用衣着、裤吊带、腰带、子弹带及腕带，但不包括表带（税目91.13）。

税　号	货品名称	进口关税（%）			增值/消费税（%）	出口退税（%）	计量单位	监管证件代码	检验检疫类别	协定税率（%）		
		最惠国	普通	年内暂定						东盟	亚太	智利
42.01	各种材料制成的鞍具及挽具（包括缰绳、挽绳、护膝垫、口套、鞍褥、马褡裢、狗外套及类似品），适合各种动物用：											
4201.0000	各种材料制成的鞍具及挽具（包括缰绳、挽绳、护膝垫、口套、鞍褥、马褡裢、狗外套及类似品），适合各种动物用											
42010000.10	濒危动物材料制的鞍具及挽具（适合各种动物用）	10	100		13	0	千克	FE		0	6	0
42010000.90	各种材料制成的鞍具及挽具（野生动物材料制的除外，适合各种动物用）	10	100		13	13	千克			0	6	0

Chapter 42 Articles of leather; saddlery and harness; travel goods, handbags and similar containers; articles of animal gut (other than silk- worm gut)

Chapter Notes:

1. For the purposes of this Chapter, the term "leather" includes chamois (including combination chamois) leather, patent leather, patent laminated leather and metallised leather.

2. This Chapter does not cover:

(a) Sterile surgical catgut or similar sterile suture materials (heading 30.06);

(b) Articles of apparel or clothing accessories (except gloves, mittens and mitts), lined with furskin or artificial fur or to which furskin or artificial fur is attached on the outside except as mere trimming (heading 43.03 or 43.04);

(c) Made up articles of netting (heading 56.08);

(d) Articles of Chapter 64;

(e) Headgear or parts thereof of Chapter 65;

(f) Whips, riding-crops or other articles of heading 66.02;

(g) Cuff-links, bracelets or other imitation jewellery (heading 71.17);

(h) Fittings or trimmings for harness, such as stirrups, bits, horse brasses and buckles, separately presented (generally Section XV);

(ij) Strings, skins for drums or the like, or other parts of musical instruments (heading 92.09);

(k) Articles of Chapter 94 (for example, furniture, luminaires and lighting fittings);

(l) Articles of Chapter 95 (for example, toys, games, sports requisites); or

(m) Buttons, press-fasteners, snap-fasteners, press-studs, button moulds or other parts of these articles, button blanks, of heading 96.06.

3.

(a) In addition to the provisions of Note 2 above, heading 42.02 does not cover:

(i) Bags made of sheeting of plastics, whether or not printed, with handles, not designed for prolonged use (heading 39.23);

(ii) Articles of plaiting materials (heading 46.02).

(b) Articles of headings 42.02 and 42.03 which have parts of precious metal or metal clad with precious metal, of natural or cultured pearls, of precious or semi-precious stones (natural, synthetic or reconstructed) remain classified in those headings even if such parts constitute more than minor fittings or minor ornamentation, provided that these parts do not give the articles their essential character. If, on the other hand, the parts give the articles their essential character, the articles are to be classified in Chapter 71.

4. For the purposes of heading 42.03, the expression "articles of apparel and clothing accessories" applies, inter alia, to gloves, mittens and mitts (including those for sport or for protection), aprons and other protective clothing, braces, belts, bandoliers and wrist straps, but excluding watch straps (heading 91.13).

协定税率（%）														特惠税率（%）①/②	Article Description
巴基斯坦	冰岛	哥斯达黎加	秘鲁	新西兰	瑞士	新加坡	韩国	澳大利亚	格鲁吉亚	毛里求斯	日本RCEP	尼加拉瓜	港澳台		
															Saddlery and harness for any animal (including traces, leads, knee pads, muzzles, saddle c1oths, saddle bags, dog coats and the like), of any material:
															Saddlery and harness for any animal (including traces, leads, knee pads, muzzles, saddle cloths, saddle bags, dog coats and the like), of any material
10	0	0	0	0	0	0	6.6	0	0	0	16.3	9	0/	0/0	Saddlery and harness for any animal, of material of endangered wild animals
10	0	0	0	0	0	0	6.6	0	0	0	16.3	9	0/	0/0	Saddlery and harness for any animal, of any material (other than the material of wild animals)

税　号	货品名称	进口关税（%）			增值/消费税（%）	出口退税（%）	计量单位	监管证件代码	检验检疫类别	协定税率（%）		
		最惠国	普通	年内暂定						东盟	亚太	智利
42.02	**衣箱、提箱、小手袋、公文箱、公文包、书包、眼镜盒、望远镜盒、照相机套、乐器盒、枪套及类似容器；旅行包、食品或饮料保温包、化妆包、帆布包、手提包、购物袋、钱夹、钱包、地图盒、烟盒、烟袋、工具包、运动包、瓶盒、首饰盒、粉盒、刀叉餐具盒及类似容器，用皮革或再生皮革、塑料片、纺织材料、钢纸或纸板制成，或者全部或主要用上述材料或纸包覆制成：**											
	- 衣箱、提箱、小手袋、公文箱、公文包、书包及类似容器：											
	-- 以皮革或再生皮革作面：											
4202.1110	--- 衣箱											
42021110.10	以含濒危动物皮革或再生皮革作面的衣箱	8	100		13	0	千克/个	FE		0		0
42021110.90	其他以皮革或再生皮革作面的衣箱	8	100		13	13	千克/个			0		0
4202.1190	--- 其他											
42021190.10	以含濒危动物皮革或再生皮革作面的箱包（包括提箱、小手袋、公文包、书包及类似容器，但不包括衣箱）	6	100		13	0	千克/个	FE		0		0
42021190.90	其他以皮革或再生皮革作面的箱包（包括提箱、小手袋、公文包、书包及类似容器，但不包括衣箱）	6	100		13	13	千克/个			0		0
	-- 以塑料或纺织材料作面：											
4202.1210	--- 衣箱	10	100		13	13	千克/个			0	6.5	0
4202.1290	--- 其他	10	100		13	13	千克/个			0	6.5	0
4202.1900	-- 其他	10	100		13	13	千克/个			0		0
	- 手提包，不论是否有背带，包括无把手的：											
4202.2100	-- 以皮革或再生皮革作面											
42022100.10	以含濒危动物皮革或再生皮革作面的手提包（不论是否有背带，包括无把手的）	6	100		13	0	千克/个	FE		0	3.9	0
42022100.90	其他以皮革或再生皮革作面的手提包（不论是否有背带，包括无把手的）	6	100		13	13	千克/个			0	3.9	0
4202.2200	-- 以塑料片或纺织材料作面	6	100		13	13	千克/个			0	3.9	0
4202.2900	-- 其他	10	100		13	13	千克/个			0	6.5	0
	- 通常置于口袋或手提包内的物品：											
4202.3100	-- 以皮革或再生皮革作面											
42023100.10	以含濒危动物皮革或再生皮革作面的钱包等物品（指通常置于口袋或手提包内的物品）	6	100		13	0	千克/个	FE		0	3.9	0

协定税率（%）														特惠税率（%）①/②	Article Description
巴基斯坦	冰岛	哥斯达黎加	秘鲁	新西兰	瑞士	新加坡	韩国	澳大利亚	格鲁吉亚	毛里求斯	日本RCEP	尼加拉瓜	港澳台		
															Trunks, suit-cases, vanity-cases, executive cases, brief-cases, school satchels, spectacle cases, birocular cases, camera cases, musical instrument cases, gun cases, holsters and similar containers; travelling-bags, insulated food or beverages bags, toilet bags, ruck-sacks, handbags, shopping-bags, wallets, purses, map-cases, cigarett-cases, tobacco-pouches, tool bags, sports bags, bottle-cases, jewellery boxes, powder-boxes, cutlery cases and similar containers, of leather or of composition leather, of sheeting of plastics, of textile materials, of vulcanized fibre or of paperboard, or wholly or mainly covered with such materials or with paper:
															- Trunks, suit-cases, vanity-cases, executive-cases, briefcases, school satchels and similar containers:
															-- With outer surface of leather or of composition leather:
															--- Trunks
12	0	0	0	0	0	0	0	0	0	0	10.9	7.2	0/	0/0	Trunks with outer surface of leather or of composition leather, of endangered wild animals
12	0	0	0	0	0	0	0	0	0	0	10.9	7.2	0/	0/0	Other trunks with outer surface of leather or of composition leather
															--- Other
4	0	0	0	0	0		0	0	0	0	7.3	0	0/	0/0	Cases with outer surface of leather or composition leather of endangered wild animals (including suit-cases, vanity-cases, executive-cases, briefcases, school satchels and similar containers, other than trunks)
4	0	0	0	0	0		0	0	0	0	7.3	0	0/	0/0	Other cases with outer surface of leather or composition leather (including suit-cases, vanity-cases, executive-cases, briefcases, school satchels and similar containers, other than trunks)
															-- With outer surface of plastics or of textile materials:
0	0	0	0	0	0	0	6.6	0	0	0	16.3	9	0/0	0/0	--- Trunks
0	0	0	0	0	0	0	0	0	0	4	14.5	8	0/0	0/0	--- Other
0	0	0	0	0	0	0	6.6	0	0	0	16.3	9	0/0	0/0	-- Other
															- Handbags, whether or not with shoulder strap, including those without handle:
															-- With outer surface of leather or of composition leather
0	0	0	0	0	0		0	0	0	0	7.3	0	0/	0/0	Handbags with outer surface of leather or of composition leather of endangered wild animals, whether or not with shoulder strap, including those without handle
0	0	0	0	0	0		0	0	0	0	7.3	0	0/	0/0	Other handbags with outer surface of leather or of composition leather, whether or not with shoulder strap, including those without handle
0	0	0	0	0	0	0	0	0	0	2	7.3	0	0/0	0/0	-- With outer surface of sheeting of plastics or of textile materials
14	0	0	0	0	0	0	6.6	0	0	0	16.3	9	0/	0/0	-- Other
															- Articles of a kind normally carried in the pocket or in the handbag:
															-- With outer surface of leather or of composition leather
4	0	0	0	0	0		0	0	0	0	7.3	0	0/	0/0	Purse and other articles with outer surface of leather or of composition leather of endangered animals (normally carried in the pocket or in the handbag)

税　号	货品名称	进口关税（%） 最惠国	普通	年内暂定	增值税/消费税（%）	出口退税（%）	计量单位	监管证件代码	检验检疫类别	协定税率（%） 东盟	亚太	智利
42023100.90	以皮革或再生皮革作面的钱包等物品（指通常置于口袋或手提包内的物品）	6	100		13	13	千克/个			0	3.9	0
4202.3200	-- 以塑料片或纺织材料作面	10	100		13	13	千克/个			0	6.5	0
4202.3900	-- 其他	10	100		13	13	千克/个			0	6.5	0
	- 其他：											
4202.9100	-- 以皮革或再生皮革作面											
42029100.10	以含濒危动物皮革或再生皮革作面的其他容器	6	100		13	0	千克/个	FE		0	3.9	0
42029100.90	其他皮革或再生皮革作面的其他容器	6	100		13	13	千克/个			0	3.9	0
4202.9200	-- 以塑料片或纺织材料作面	6	100		13	13	千克/个			0	3.9	0
4202.9900	-- 其他	10	100		13	13	千克/个			0		0
42.03	**皮革或再生皮革制的衣服及衣着附件：**											
4203.1000	- 衣服											
42031000.10	含濒危动物皮革制的衣服（包括再生濒危动物皮革制作的）	6	100		13	0	千克/件	EF		0		0
42031000.90	皮革或再生皮革制的衣服（野生动物皮革制作的除外）	6	100		13	13	千克/件			0		0
	- 手套，包括连指或露指的：											
4203.2100	-- 专供运动用											
42032100.10	含濒危动物皮革制的运动手套（包括再生濒危动物皮革制作的）	10	100		13	0	千克/双	FE		0	6.5	0
42032100.90	皮革或再生皮革制的专供运动用手套（包括连指或露指的，野生动物皮革制作的除外）	10	100		13	13	千克/双			0	6.5	0
	-- 其他：											
4203.2910	--- 劳保手套											
42032910.10	含濒危动物皮革制的劳保手套（包括再生濒危动物皮革制作的）	10	100		13	0	千克/双	FE		0		0
42032910.90	皮革或再生皮革制的劳保手套（野生动物皮革制作的除外）	10	100		13	13	千克/双			0		0
4203.2990	--- 其他											
42032990.10	含濒危动物皮革制的其他手套（包括再生濒危动物皮革制作的）	10	100		13	0	千克/双	FE		0		0
42032990.90	皮革或再生皮革制的其他手套（包括连指或露指的）	10	100		13	13	千克/双			0		0
	- 腰带及子弹带：											
4203.3010	--- 腰带											
42033010.10	含濒危动物皮革制的腰带（包括再生濒危动物皮革制作的）	6	100		13	0	千克	FE		0		0
42033010.90	其他动物皮革制的腰带（包括再生动物皮革制作的）	6	100		13	13	千克			0		0
4203.3020	--- 子弹带											
42033020.10	含濒危动物皮革制的子弹带（包括再生濒危动物皮革制作的）	6	100		13	0	千克	FE		0	5.4	0
42033020.90	其他动物皮革制的子弹带（包括再生动物皮革制作的）	6	100		13	13	千克			0	5.4	0
4203.4000	- 其他衣着附件											
42034000.10	含濒危动物皮革制的衣着附件（包括再生濒危动物皮革制作的）	10	100		13	0	千克	FE		0		0
42034000.90	皮革或再生皮革制的其他衣着附件	10	100		13	13	千克			0		0
42.05	**皮革或再生皮革的其他制品：**											

协定税率（%）														特惠税率（%）①/②	Article Description
巴基斯坦	冰岛	哥斯达黎加	秘鲁	新西兰	瑞士	新加坡	韩国	澳大利亚	格鲁吉亚	毛里求斯	日本RCEP	尼加拉瓜	港澳台		
4	0	0	0	0	0		0	0	0	0	7.3	0	0/	0/0	Purse and other articles with outer surface of leather or of composition leather (normally carried in the pocket or in the handbag)
14	0	0	0	0	0	0	0	0	0	4	14.5	9	0/	0/0	-- With outer surface of sheeting of plastics or of textile materials
14	0	0	0	0	0	0	6.6	0	0	0	16.3	9	0/	0/0	-- Other
															- Other:
															-- With outer surface of leather or of composition leather
2.5	0	0	0	0	0		0	0	0	0	7.3	0	0/	0/0	Containers with outer surface of leather or of composition leather of endangered wild animals
2.5	0	0	0	0	0		0	0	0	0	7.3	0	0/	0/0	Other containers with outer surface of leather or of composition leather
0	0	0	0	0	0	0	0	0	0	0	7.3	0	0/	0/0	-- With outer surface of sheeting of plastics or of textile materials
	0	0	0	0	8	0	6.6	0	0	4	16.3	9	0/	0/0	-- Other
															Articles of apparel and clothing accessories, of leather or of composition leather:
															- Articles of apparel
0	0	0	0	0	0		0	0	0	0	7.3	0	0/	0/0	Articles of apparel of leather or of composition leather, of endangered wild animals
0	0	0	0	0	0		0	0	0	0	7.3	0	0/	0/0	Articles of apparel of leather or of composition leather (other than of leather of wild animals)
															- Gloves, mittens and mitts:
															-- Specially designed for use in sports
0		0	0	0	0	0	6.6	0	0	0	16.3	9	0/	0/0	Gloves, specially designed for use in sports, of leather or of composition leather, of endangered wild animals
0		0	0	0	0	0	6.6	0	0	0	16.3	9	0/	0/0	Gloves, mittens and mitts, specially designed for use in sports, of leather or of composition leather (other than of leather of wild animals)
															-- Other:
															--- Working gloves
0		0	0	0	0	0	6.6	0	0	0	16.3	9	0/	0/0	Working gloves, of leather or of composition leather, of endangered wild animals
0		0	0	0	0	0	6.6	0	0	0	16.3	9	0/	0/0	Working gloves, of leather or of composition leather (other than of leather of wild animals)
															--- Other
0		0	0	0	0	0	6.6	0	0	0	16.3	9	0/	0/0	Other gloves, of leather or of composition leather of endangered wild animals
0		0	0	0	0	0	6.6	0	0	0	16.3	9	0/	0/0	Other gloves, mittens and mitts, of leather or of composition leather
															- Belts and bandoliers:
															--- Belts
0	0	0	0	0	0		0	0	0	0	7.3	0	0/	0/0	Belts, of leather or of composition leather, of endangered wild animals
0	0	0	0	0	0		0	0	0	0	7.3	0	0/	0/0	Belts, of leather or of composition leather, of other animals
															--- Bandoliers
0	0	0	0	0	0		0	0	0	0	7.3	0	0/	0/0	Bandoliers, of leather or of composition leather, of endangered wild animals
0	0	0	0	0	0		0	0	0	0	7.3	0	0/	0/0	Bandoliers, of leather or of composition leather, of other animals
															- Other clothing accessories
0		0	0	0	0	0	6.6	0	0	0	16.3	9	0/	0/0	Clothing accessories, of leather or of composition leather, of endangered wild animals
0		0	0	0	0	0	6.6	0	0	0	16.3	9	0/	0/0	Other clothing accessories, of leather or of composition leather
															Other articles of leather or of composition leather:

税 号	货品名称	进口关税（%）			增值/消费税（%）	出口退税（%）	计量单位	监管证件代码	检验检疫类别	协定税率（%）		
		最惠国	普通	年内暂定						东盟	亚太	智利
4205.0010	--- 座套											
42050010.10	含濒危野生动物皮革制的座套（包括再生濒危动物皮革制作的）	6	100		13	0	千克	FE		0		0
42050010.90	其他动物皮革制的座套（包括再生皮革制作的）	6	100		13	13	千克			0		0
4205.0020	--- 机器、机械器具或其他专门技术用途的											
42050020.10	含濒危动物皮革制工业用皮革或再生皮革制品（工业用指机器、机械器具或其他专门技术用途的）	6	35		13	0	千克	FE		0		0
42050020.90	其他工业用皮革或再生皮革制品（工业用指机器、机械器具或其他专门技术用途的）	6	35		13	13	千克			0		0
4205.0090	--- 其他											
42050090.10	含濒危动物皮革的其他制品（包括再生濒危动物皮革制作的）	6	100		13	0	千克	FE		0		0
42050090.20	皮革或再生皮革制宠物用品	6	100		13	13	千克	AB	P/Q	0		0
42050090.90	皮革或再生皮革的其他制品	6	100		13	13	千克			0		0
42.06	**肠线（蚕胶丝除外）、肠膜、膀胱或筋腱制品：**											
4206.0000	肠线（蚕胶丝除外）、肠膜、膀胱或筋腱制品	10	90		13	13	千克			0		0

协定税率（%）														特惠税率（%）①/②	Article Description
巴基斯坦	冰岛	哥斯达黎加	秘鲁	新西兰	瑞士	新加坡	韩国	澳大利亚	格鲁吉亚	毛里求斯	日本RCEP	尼加拉瓜	港澳台		
															--- Cover of seat
0	0	0	0	0	0	0		0	0	0		0	0/	0/0	Cover of seats, of leather or of composition leather, of endangered wild animals
0	0	0	0	0	0	0		0	0	0		0	0/	0/0	Cover of seats, of leather or of composition leather, of other animals
															--- Of a kind used in machinery or mechanical appliances or for other technical uses
0	0	0	0	0	3.2		0	0	0	0	5.8	0	0/	0/0	Articles of leather or of composition leather, of endangered wild animals, used in machinery or mechanical appliances or for other technical uses
0	0	0	0	0	3.2		0	0	0	0	5.8	0	0/	0/0	Other articles of leather or of composition leather, of a kind used in machine or mechanical appliances or for other technical uses
															--- Other
0	0	0	0	0	0	0	4	0	0	2.4	9.8	0	0/	0/0	Other articles, of leather or of composition leather, of endangered wild animals
0	0	0	0	0	0	0	4	0	0	2.4	9.8	0	0/	0/0	Articles for pets, of leather or of composition leather
0	0	0	0	0	0	0	4	0	0	2.4	9.8	0	0/	0/0	Other articles, of leather or of composition leather
															Articles of gut (other than silk-wormgut), of goldbeater's skin, of bladders or of tendons:
	0	0	0	0	0	0	6.6	0	0	0	16.3	9	0/	0/0	Articles of gut (other than silkwormgut), of goldbeater's skin, of bladders or of tendons

第四十三章　毛皮、人造毛皮及其制品

注释：

一、本协调制度所称“毛皮”，是指已鞣的各种动物的带毛毛皮，但不包括税目43.01的生毛皮。

二、本章不包括：

（一）带羽毛或羽绒的整张或部分鸟皮（税目05.05或67.01）；

（二）第四十一章的带毛生皮[参见该章注释一（三）]；

（三）用皮革与毛皮或用皮革与人造毛皮制成的分指手套、连指手套及露指手套（税目42.03）；

（四）第六十四章的物品；

（五）第六十五章的帽件及其零件；或

（六）第九十五章的物品（例如，玩具、游戏品及运动用品）。

三、税目43.03包括加有其他材料缝合的毛皮和毛皮部分品，以及缝合成衣服、衣服部分品、衣着附件或其他制品的毛皮和毛皮部分品。

四、以毛皮或人造毛皮衬里或作面（仅饰边的除外）的衣服及衣着附件（不包括注释二所述的货品），应分别归入税目43.03或43.04，但毛皮或人造毛皮仅作为装饰的除外。

五、本协调制度所称“人造毛皮”，是指以毛、发或其他纤维粘附或缝合于皮革、织物或其他材料之上而构成的仿毛皮，但不包括以机织或针织方法制得的仿毛皮（一般应归入税目58.01或60.01）。

税号	货品名称	进口关税（%）			增值/消费税（%）	出口退税（%）	计量单位	监管证件代码	检验检疫类别	协定税率（%）		
		最惠国	普通	年内暂定						东盟	亚太	智利
43.01	生毛皮（包括适合加工皮货用的头、尾、爪及其他块、片），但税目41.01、41.02或41.03的生皮除外：											
4301.1000	- 整张水貂皮，不论是否带头、尾或爪	15	100	10	9	0	千克	AB	P/Q	0	12	0
4301.3000	- 下列羔羊的整张毛皮，不论是否带头、尾或爪：阿斯特拉罕羔羊、大尾羔羊、卡拉库尔羔羊、波斯羔羊及类似羔羊，印度、中国或蒙古羔羊	20	90		9	0	千克	AB	P/Q	0		0
4301.6000	- 整张狐皮，不论是否带头、尾或爪											
43016000.10	整张濒危生狐皮（不论是否带头、尾或爪）	20	100	10	9	0	千克/张	AFEB	P/Q	0	14	0
43016000.90	其他整张生狐皮（不论是否带头、尾或爪）	20	100	10	9	0	千克/张	AB	P/Q	0	14	0
	- 整张的其他毛皮，不论是否带头、尾或爪：											
4301.8010	--- 整张兔皮，不论是否带头、尾或爪											
43018010.10	整张生濒危野兔皮（不论是否带头、尾或爪）	20	90		9	0	千克/张	AFEB	P/Q	0	14	0
43018010.90	整张生兔皮（不论是否带头、尾或爪）	20	90		9	0	千克/张	AB	P/Q	0	14	0
4301.8090	--- 其他											
43018090.10	整张的其他生濒危动物毛皮（不论是否带头、尾或爪，包括整张濒危生海豹皮）	20	90	10	9	0	千克/张	ABEF	P/Q	0	14	0
43018090.90	整张的其他生毛皮	20	90	10	9	0	千克/张	AB	P/Q	0	14	0
	- 适合加工皮货用的头、尾、爪及其他块、片：											
4301.9010	--- 黄鼠狼尾	20	50		9	0	千克	ABEF	P/Q	0		0
4301.9090	--- 其他											
43019090.10	其他濒危动物未鞣头尾（加工皮货用，包括爪及其他块、片）	20	90		9	0	千克	ABFE	P/Q	0		0

Chapter 43 Furskins and artificial fur; manufactures thereof

Chapter Notes:

1. Throughout the Nomenclature references to "furskins", other than to raw furskins of heading 43.01, apply to hides or skins of all animals which have been tanned or dressed with the hair or wool on.
2. This Chapter does not cover:

   (a) Birdskins or parts of birdskins, with their feathers or down (heading 05.05 or 67.01);

   (b) Raw hides or skins, with the hair or wool on, of Chapter 41 (see Note 1(c) to that Chapter);

   (c) Gloves, mittens and mitts, consisting of leather and furskin or of leather and artificial fur (heading 42.03);

   (d) Articles of Chapter 64;

   (e) Headgear or parts thereof of Chapter 65; or

   (f) Articles of Chapter 95 (for example, toys, games, sports requisites).
3. Heading 43.03 includes furskins and parts thereof, assembled with the addition of other materials, and furskins and parts thereof, sewn together in the form of garments or parts or accessories of garments or in the form of other articles.
4. Articles of apparel and clothing accessories (except those excluded by Note 2) lined with furskin or artificial fur or to which furskin or artificial fur is attached on the outside except as mere trimming are to be classified in heading 43.03 or 43.04 as the case may be.
5. Throughout the Nomenclature the expression "artificial fur" means any imitation of furskin consisting of wool, hair or other fibres gummed or sewn on to leather, woven fabric or other materials, but does not include imitation furskins obtained by weaving or knitting (generally, heading 58.01 or 60.01).

协定税率（%）														特惠税率（%）①/②	Article Description
巴基斯坦	冰岛	哥斯达黎加	秘鲁	新西兰	瑞士	新加坡	韩国	澳大利亚	格鲁吉亚	毛里求斯	日本RCEP	尼加拉瓜	港澳台		
															Raw furskins (including heads, tails, paws and other pieces or cuttings, suitable for furriers use), other than raw hides and skins of heading 41.01,41.02 or 41.03:
12	0	0	0	0	0	0	0	0	0	0	10.9	14	0/	0/0	- Of mink, whole, with or without head, tail or paws
	0	0	0	0	0	0	6.6	0	0	0	16.3	18.7	0/	0/0	- Of lamb, the following: Astrakhan, Broadtail, Caracul, Persian and similar lamb, Indian, Chinese, Mongolian or Tibetan lamb, whole, with or withouthead, tail or paws
															- Of fox, whole, with or without head, tail or paws
	0	0	0	0	0	0	6.6	0	0	0	16.3	18.7	0/	0/0	Raw furskins of endangered fox, whole, with or without head, tail or paws
	0	0	0	0	0	0	6.6	0	0	0	16.3	18.7	0/	0/0	Other raw furskins of fox, whole, with or without head, tail or paws
															- Other furskins, whole, with or without head, tail or paws:
															--- Of rabbit or hare, whole, with or without head, tail or paws
	0	0	0	0	0	0	6.6	0	0	0	16.3	18.7	0/	0/0	Raw furskins of endangered rabbit or hare, whole, with or without head, tail or paws
	0	0	0	0	0	0	6.6	0	0	0	16.3	18.7	0/	0/0	Raw furskins of rabbit or hare, whole, with or without head, tail or paws
															--- Other
	0	0	0	0	0	0	6.6	0	0	0	16.3	18.7	0/	0/0	Raw furskins of other endangered wild animals, whole, with or without head, tail or paws, including endangered raw sealskin
	0	0	0	0	0	0	6.6	0	0	0	16.3	18.7	0/	0/0	Raw furskins of other animals, whole, with or without head, tail or paws, including raw sealskin
															- Heads, tails, paws and other pieces or cuttings, suitable for furriers use:
	0	0	0	0	0	0	6.6	0	0	0	16.3	18.7	0/	0/0	--- Weasel tails
															--- Other
	0	0	0	0	0	0	6.6	0	0	0	16.3	18.7	0/	0/0	Heads or tails (including paws and other pieces or cuttings) of endangered wild animals, not tanned nor dressed, suitable for furriers' use

税 号	货品名称	进口关税（%） 最惠国	普通	年内暂定	增值/消费税（%）	出口退税（%）	计量单位	监管证件代码	检验检疫类别	协定税率（%） 东盟	亚太	智利
43019090.90	适合加工皮货用的其他未鞣头、尾（包括爪及其他块、片）	20	90		9	0	千克	AB	P/Q	0		0
43.02	**未缝制或已缝制（不加其他材料）的已鞣毛皮（包括头、尾、爪及其他块、片），但税目43.03的货品除外：**											
	- 未缝制的整张毛皮，不论是否带头、尾或爪：											
4302.1100	-- 水貂皮	12	130		13	13	千克/张			0	8.4	0
	-- 其他：											
4302.1910	--- 灰鼠皮、白鼬皮、其他貂皮、狐皮、水獭皮、旱獭皮及猞猁皮											
43021910.10	已鞣未缝制的濒危狐皮（兰狐皮、银狐皮除外）	10	130		13	0	千克/张	EF		0	7	0
43021910.20	已鞣未缝制的兰狐皮、银狐皮	10	130		13	13	千克/张			0	7	0
43021910.90	已鞣未缝制的其他贵重濒危动物毛皮（灰鼠皮、白鼬皮、其他貂皮、水獭皮、旱獭皮、猞猁皮）	10	130		13	0	千克/张	EF		0	7	0
4302.1920	--- 兔皮											
43021920.10	已鞣未缝制的整张濒危野兔皮（不论是否带头、尾或爪）	10	100		13	0	千克/张	FE		0		0
43021920.90	已鞣未缝制的整张兔皮（不论是否带头、尾或爪）	10	100		13	13	千克/张			0		0
4302.1930	--- 下列羔羊皮：阿斯特拉罕羔羊、大尾羔羊、卡拉库尔羔羊、波斯羔羊及类似羔羊，印度、中国或蒙古羔羊	20	100		13	13	千克/张			0		0
4302.1990	--- 其他											
43021990.10	已鞣未缝制其他濒危动物毛皮	10	100		13	0	千克/张	EF		0		0
43021990.90	已鞣未缝制的其他毛皮	10	100		13	13	千克/张			0		0
4302.2000	- 未缝制的头、尾、爪及其他块、片											
43022000.10	已鞣未缝濒危动物头、尾、爪等（包括块、片）	20	100		13	0	千克	EF		0		0
43022000.90	已鞣未缝制的头、尾、爪及其他块片	20	100		13	13	千克			0		0
	- 已缝制的整张毛皮及其块、片：											
4302.3010	--- 灰鼠、白鼬、貂、狐、水獭、旱獭及猞猁的整张毛皮及其块、片											
43023010.10	已鞣已缝制貂皮、狐皮及其块、片（兰狐、银狐、水貂、艾虎的整张毛皮及块、片除外）	20	130		13	0	千克	EF		0		0
43023010.90	已鞣已缝制的贵重濒危动物毛皮及其块、片（灰鼠皮、白鼬皮、其他貂皮、水獭皮、旱獭皮、猞猁皮及块、片）	20	130		13	0	千克	EF		0		0
4302.3090	--- 其他											
43023090.10	已鞣已缝制的其他整张濒危动物毛皮（包括块、片）	20	100		13	0	千克	EF		0		0
43023090.90	已鞣已缝制的其他整张毛皮及块片	20	100		13	13	千克			0		0

协定税率（%）														特惠税率（%）①/②	Article Description
巴基斯坦	冰岛	哥斯达黎加	秘鲁	新西兰	瑞士	新加坡	韩国	澳大利亚	格鲁吉亚	毛里求斯	日本RCEP	尼加拉瓜	港澳台		
	0	0	0	0	0	0	6.6	0	0	0	16.3	18.7	0/	0/0	Other heads or tails (including paws and other pieces or cuttings) of animals, not tanned nor dressed, suitable for furriers' use
															Tanned or dressed furskins (including heads, tails, paws and other pieces or cuttings), unassembled, or assembled (without the addition of other materials) other than those of heading 43.03:
															- Whole skins, with or without head, tail or paws, not assembled:
6	0	0	0	0	0	0	0	0	0	0	8.7	11.2	0/	0/0	-- Of mink
															-- Other:
															--- Of grey squirrel, ermine, other marten, fox, otter, marmot and lynx
2.5	0	0	0	0	0		0	0	0	0	7.3	9	0/	0/0	Furskins of endangered fox, tanned or dressed, unassembled (other than furskins of blue fox or silver fox)
2.5	0	0	0	0	0		0	0	0	0	7.3	9	0/	0/0	Furskins of blue fox or silver fox, tanned or dressed, unassembled
2.5	0	0	0	0	0		0	0	0	0	7.3	9	0/	0/0	Precious furskins of endangered animals (grey squirrel, ermine, other marten, fox, otter, marmot and lynx), tanned or dressed, unassembled
															--- Of rabbit or hare
2.5	0	0	0	0	0		0	0	0	0	7.3	9	0/	0/0	Furskins of endangered rabbit and hare, whole, tanned or dressed, unassembled, with or without head, tail or paws
2.5	0	0	0	0	0		0	0	0	0	7.3	9	0/	0/0	Furskins of rabbit and hare, whole, tanned or dressed, unassembled, with or without head, tail or paws
		0	0	0	0	0	6.6	0	0	0	16.3	18.7	0/	0/0	--- Of lamb, the following: Astrakhan, Broadtail, Caracul, Persian and similar lamb, Indian, Chinese, Mongolian or Tibetan lamb
															--- Other
	0	0	0	0	0		0	0	0	0	7.3	9	0/	0/0	Furskins of other endangered wild animals, tanned or dressed, unassembled
	0	0	0	0	0		0	0	0	0	7.3	9	0/	0/0	Other furskins of other animals, tanned or dressed, unassembled
															- Heads, tails, paws and other pieces or cuttings, not assembled
	0	0	0	0	0	0	6.6	0	0	0	16.3	18.7	0/	0/0	Heads, tails, paws and other pieces or cuttings, of endangered wild animals, tanned or dressed, unassembled
	0	0	0	0	0	0	6.6	0	0	0	16.3	18.7	0/	0/0	Tanned or dressed heads, tails, paws and other pieces or cuttings of other animals, unassembled
															- Whole skins and pieces or cuttings thereof, assembled:
															--- Of grey squirrel, ermine, other marten, fox, otter, marmot and lynx
	0	0	0	0	0	0	6.6	0	0	0	14.5	18.7	0/	0/0	Whole skins and pieces or cuttings thereof, of marten or fox, tanned or dressed, assembled (other than of blue fox, silver fox, mink, fitch)
	0	0	0	0	0	0	6.6	0	0	0	14.5	18.7	0/	0/0	Whole skins and pieces or cuttings thereof of endangered precious animals, tanned or dressed, assembled (of grey squirrel, ermine, other marten, fox, otter, marmot and lynx)
															--- Other
		0	0	0	0	0	6.6	0	0	0	16.3	18.7	0/	0/0	Whole skins and pieces or cuttings thereof, of other endangered wild animals, tanned or dressed, assembled
		0	0	0	0	0	6.6	0	0	0	16.3	18.7	0/	0/0	Whole skins and pieces or cuttings thereof, of other animals, tanned or dressed, assembled

税　号	货品名称	进口关税（%）			增值/消费税（%）	出口退税（%）	计量单位	监管证件代码	检验检疫类别	协定税率（%）		
		最惠国	普通	年内暂定						东盟	亚太	智利
43.03	毛皮制的衣服、衣着附件及其他物品：											
	- 衣服及衣着附件：											
4303.1010	--- 毛皮衣服											
43031010.10	含濒危动物毛皮衣服	10	150		13	0	千克/件	EF		0		0
43031010.90	其他毛皮衣服	10	150		13	13	千克/件			0		0
4303.1020	--- 毛皮衣着附件											
43031020.10	含濒危动物毛皮衣着附件	10	150		13	0	千克	EF		0		0
43031020.90	其他毛皮衣着附件	10	150		13	13	千克			0		0
4303.9000	- 其他											
43039000.10	含濒危动物毛皮制其他物品	10	150		13	0	千克	EF		0		0
43039000.90	其他毛皮制物品	10	150		13	13	千克			0		0
43.04	人造毛皮及其制品：											
4304.0010	--- 人造毛皮	10	130		13	13	千克			0		0
4304.0020	--- 人造毛皮制品	10	150		13	13	千克			0		0

协定税率（%）														特惠税率（%）①/②	Article Description
巴基斯坦	冰岛	哥斯达黎加	秘鲁	新西兰	瑞士	新加坡	韩国	澳大利亚	格鲁吉亚	毛里求斯	日本RCEP	尼加拉瓜	港澳台		
															Articles of apparel, clothing accessories and other articles of furskin:
															- Articles of apparel and clothing accessories:
															--- Articles of appare
		0	0	0	0	0	11.5	0	0	4.6		9	0/	0/0	Articles of apparel of furskin of endangered wild animals
		0	0	0	0	0	11.5	0	0	4.6		9	0/	0/0	Articles of apparel of furskin of other animals
															--- Clothing accessories
		0	0	0	0	0	0	0	0	0	13.1	9	0/	0/0	Clothing accessories of furskin of endangered wild animals
		0	0	0	0	0	0	0	0	0	13.1	9	0/	0/0	Clothing accessories of furskin of other animals
															- Other
14.4		0	0	0	0	0	0	0	0	0	13.1	9	0/	0/0	Other articles of furskin of endangered wild animals
14.4		0	0	0	0	0	0	0	0	0	13.1	9	0/	0/0	Other articles of furskin of other animals
															Artifieial fur and articles thereof:
		0	0	0	0	0	0	0	0	0	13.1	9	0/	0/0	--- Artificial fur
14.4		0	0	0	0	0	0	0	0	0	13.1	9	0/	0/0	--- Articles of artificial fur

第九类　木及木制品；木炭；软木及软木制品；稻草、秸秆、针茅或其他编结材料制品；篮筐及柳条编结品

第四十四章　木及木制品；木炭

注释：

一、本章不包括：

（一）主要作香料、药料、杀虫、杀菌或类似用途的木片、刨花、碎木、木粒或木粉（税目12.11）；

（二）竹或主要作编结用的其他木质材料，呈原木状，不论是否经劈开、纵锯或切段（税目14.01）；

（三）主要作染料或鞣料用的木片、刨花、木粒或木粉（税目14.04）；

（四）活性炭（税目38.02）；

（五）税目42.02的物品；

（六）第四十六章的货品；

（七）第六十四章的鞋靴及其零件；

（八）第六十六章的货品（例如，伞、手杖及其零件）；

（九）税目68.08的货品；

（十）税目71.17的仿首饰；

（十一）第十六类或第十七类的货品（例如，机器零件，机器及器具的箱、罩、壳，车辆部件）；

（十二）第十八类的货品（例如，钟壳、乐器及其零件）；

（十三）火器的零件（税目93.05）；

（十四）第九十四章的物品（例如，家具、灯具及照明装置、活动房屋）；

（十五）第九十五章的物品（例如，玩具、游戏品及运动用品）；

（十六）第九十六章的物品（例如，烟斗及其零件、纽扣、铅笔、独脚架、双脚架、三脚架及类似品），但税目96.03所列物品的木身及木柄除外；或

（十七）第九十七章的物品（例如，艺术品）。

二、本章所称“强化木”，是指经过化学或物理方法处理（对于多层粘合木材，其处理应超出一般粘合需要），从而增加了密度或硬度并改善了机械强度、抗化学或抗电性能的木材。

三、税目44.14至44.21适用于碎料板或类似木质材料板、纤维板、层压板或强化木的制品。

四、税目44.10、44.11或44.12的产品，可以加工成税目44.09所述的各种形状，也可以加工成弯曲、瓦楞、多孔或其他形状（正方形或矩形除外），以及经其他任何加工，但未具有其他税目所列制品的特性。

五、税目44.17不包括装有第八十二章注释一所述材料制成的刀片、工作刃、工作面或其他工作部件的工具。

六、除上述注释一及其他条文另有规定的以外，本章税目中所称“木”，也包括竹及其他木质材料。

子目注释：

一、子目4401.31所称“木屑棒”是指由木材加工业、家具制造业及其他木材加工活动中产生的副产品（例如，刨花、锯末及碎木片）直接压制而成或加入按重量计不超过3%的粘合剂后粘聚而成的产品。此类产品呈圆柱状，其直径不超过25毫米，长度不超过100毫米。

二、子目4401.32所称的“木屑块”是指由木材加工业、家具制造业及其他木材加工活动中产生的副产品（例如，刨花、锯末及碎木片）直接压制而成或加入按重量计不超过3%的粘合剂后粘聚而成的产品。此类产品呈立方体、多面体或圆柱状，其最小横截面尺寸大于25毫米。

SECTION IX WOOD AND ARTICLES OF WOOD; WOOD CHARCOAL; CORK AND ARTICLES OF CORK; MANUFACTURES OF STRAW, OF ESPARTO OR OF OTHER PLAITING MATERIALS; BASKETWARE AND WICKERWORK

Chapter 44 Wood and articles of wood; wood charcoal

Chapter Notes:

1. This Chapter does not cover:

(a) Wood, in chips, in shavings, crushed, ground or powdered, of a kind used primarily in perfumery, in pharmacy, or for insecticidal, fungicidal or similar purposes (heading 12.11);

(b) Bamboos or other materials of a woody nature of a kind used primarily for plaiting, in the rough, whether or not split, sawn lengthwise or cut to length (heading 14.01);

(c) Wood, in chips, in shavings, ground or powdered, of a kind used primarily in dyeing or in tanning (heading 14.04);

(d) Activated charcoal (heading 38.02);

(e) Articles of heading 42.02;

(f) Goods of Chapter 46;

(g) Footwear or parts thereof of Chapter 64;

(h) Goods of Chapter 66 (for example, umbrellas and walking-sticks and parts thereof);

(ij) Goods of heading 68.08;

(k) Imitation jewellery of heading 71.17;

(l) Goods of Section XVI or Section XVII (for example, machine parts, cases, covers, cabinets for machines and apparatus and wheelwrights' wares);

(m) Goods of Section XVIII (for example, clock cases and musical instruments and parts thereof);

(n) Parts of firearms (heading 93.05);

(o) Articles of Chapter 94(for example, furniture, luminaires and lighting fittings, prefabricated buildings);

(p) Articles of Chapter 95 (for example, toys, games, sports requisites);

(q) Articles of Chapter 96 (for example, smoking pipes and parts thereof, buttons, pencils, and monopods, bipods, tripods and similar articles) excluding bodies and handles, of wood, for articles of heading 96.03; or

(r) Articles of Chapter 97 (for example, works of art).

2. In this Chapter, the expression "densified wood" means wood which has been subjected to chemical or physical treatment (being, in the case of layers bonded together, treatment in excess of that needed to ensure a good bond), and which has thereby acquired increased density or hardness together with improved mechanical strength or resistance to chemical or electrical agencies.

3. Headings 44.14 to 44.21 apply to articles of the respective descriptions of particle board or similar board, fibreboard, laminated wood or densified wood as they apply to such articles of wood.

4. Products of heading 44.10, 44.11 or 44.12 may be worked to form the shapes provided for in respect of the goods of heading 44.09, curved, corrugated, perforated, cut or formed to shapes other than square or rectangular or submitted to any other operation provided it does not give them the character of articles of other headings.

5. Heading 44.17 does not apply to tools in which the blade, working edge, working surface or other working part is formed by any of the materials specified in Note 1 to Chapter 82.

6. Subject to Note 1 above and except where the context otherwise requires, any reference to "wood" in a heading of this Chapter applies also to bamboos and other materials of a woody nature.

Subheading Note.

1. For the purposes of subheading 4401.31, the expression "wood pellets" means by-products such as cutter shavings, sawdust or chips, of the mechanical wood processing industry, furniture-making industry or other wood transformation activities, which have been agglomerated either directly by compression or by the addition of a binder in a proportion not exceeding 3% by weight. Such pellets are cylindrical, with a diameter not exceeding 25mm and a length not exceeding 100mm.

2. For the purposes of subheading 4401.32, the expression "wood briquettes" means by products such as cutter shavings, saw dust or chips, of the mechanical wood processing industry, furniture making or other wood transformation activities, which have been agglomerated either directly by compression or by addition of a binder in a proportion not exceeding 3% by weight. Such briquettes are in the form of cubiform, polyhedral or cylindrical units with the minimum cross-sectional dimension greater than 25mm.

三、子目4407.13所称“云杉-松木-冷杉”是指来源于云杉、松木、冷杉混合林的木材，其各树种的比例是未知的。

四、子目4407.14所称“铁杉-冷杉”是指来源于西部铁杉、冷杉混合林的木材，其各树种的比例是未知的。

税　号	货品名称	进口关税（%）			增值/消费税（%）	出口退税（%）	计量单位	监管证件代码	检验检疫类别	协定税率（%）		
		最惠国	普通	年内暂定						东盟	亚太	智利
44.01	**薪柴（圆木段、块、枝、成捆或类似形状）；木片或木粒；锯末、木废料及碎片，不论是否粘结成圆木段、块、片或类似形状：**											
	- 薪柴（圆木段、块、枝、成捆或类似形状）：											
4401.1100	-- 针叶木											
44011100.10	濒危针叶木薪柴（圆木段、块、枝、成捆或类似形状）	0	70		13	0	千克	ABEF	P/Q	0		0
44011100.90	其他针叶木薪柴（圆木段、块、枝、成捆或类似形状）	0	70		13	0	千克	AB	P/Q	0		0
4401.1200	-- 非针叶木											
44011200.10	濒危非针叶木薪柴（圆木段、块、枝、成捆或类似形状）	0	70		13	0	千克	ABEF	P/Q	0		0
44011200.90	其他非针叶木薪柴（圆木段、块、枝、成捆或类似形状）	0	70		13	0	千克	AB	P/Q	0		0
	- 木片或木粒：											
4401.2100	-- 针叶木											
44012100.10	濒危针叶木木片或木粒	0	8		13	0	千克	ABFE	P/Q	0		0
44012100.90	其他针叶木木片或木粒	0	8		13	0	千克	AB	P/Q	0		0
4401.2200	-- 非针叶木											
44012200.10	濒危非针叶木木片或木粒	0	8		13	0	千克	ABFE	P/Q	0		0
44012200.90	其他非针叶木木片或木粒	0	8		13	0	千克	AB	P/Q	0		0
	- 锯末、木废料及碎片，粘结成圆木段、块、片或类似形状：											
4401.3100	-- 木屑棒	0	8		13	0	千克	9AB	P/Q	0		0
4401.3200	-- 木屑块	0	8		13	13	千克	9AB	P/Q	0		0
4401.3900	-- 其他	0	8		13	0	千克	9AB	P/Q	0		0
	- 锯末、木废料及碎片，未粘结的：											
4401.4100	-- 锯末	0	8		13	0	千克	9AB	MP/Q	0		0
4401.4900	-- 其他	0	8		13	0	千克	9AB	MP/Q	0		0
44.02	**木炭（包括果壳炭及果核炭），不论是否结块：**											
4402.1000	- 竹的	6	70	0	13	0	千克			0		0
4402.2000	- 果壳的或果核的	6	70	0	13	13	千克			0		0
4402.9000	- 其他											
44029000.10	以木材为原料直接烧制的木炭	6	70	0	13	0	千克	8		0		0
44029000.90	其他木炭（不论是否结块）	6	70	0	13	0	千克			0		0
44.03	**原木，不论是否去皮、去边材或粗锯成方：**											
	- 用油漆、着色剂、杂酚油或其他防腐剂处理：											
4403.1100	-- 针叶木											
44031100.10	油漆、着色剂等处理的红豆杉原木（包括用杂酚油或其他防腐剂处理）	0	8		9	0	千克/立方米	8AEF	P/	0		0

3. For the purposes of subheading 4407.13, “S-P-F” refers to wood sourced from mixed stands of spruce, pine and fir where the proportion of each species varies and is unknown.

4. For the purposes of subheading 4407.14, “Hem-fir” refers to wood sourced from mixed stands of Western hemlock and fir where the proportion of each species varies and is unknown.

协定税率（%）														特惠税率（%）①/②	Article Description
巴基斯坦	冰岛	哥斯达黎加	秘鲁	新西兰	瑞士	新加坡	韩国	澳大利亚	格鲁吉亚	毛里求斯	日本RCEP	尼加拉瓜	港澳台		
															Fuel wood, in logs, in billets, in twigs, in faggots or in similar forms; wood in chips or particles; sawdust and wood waste and scrap, whether or not agglomerated in logs, briquettes, pellets or similar forms:
															- Fuel wood, in logs, in billets, in twigs, in faggots or in similar forms:
															-- Coniferous
0	0	0	0	0	0		0	0	0	0	0	0	0/	0/0	Endangered coniferous fuel wood, in logs, in billets, in twigs, in faggots or in similar forms
0	0	0	0	0	0		0	0	0	0	0	0	0/	0/0	Other coniferous fuel wood, in logs, in billets, in twigs, in faggots or in similar forms
															-- Non-coniferous
0	0	0	0	0	0		0	0	0	0	0	0	0/	0/0	Endangered non-coniferous fuel wood, in logs, in billets, in twigs, in faggots or in similar forms
0	0	0	0	0	0		0	0	0	0	0	0	0/	0/0	Other non-coniferous fuel wood, in logs, in billets, in twigs, in faggots or in similar forms
															- Wood in chips or particles:
															-- Coniferous
0	0	0	0	0	0		0	0	0	0	0	0	0/	0/0	Endangered coniferous wood in chips or particles
0	0	0	0	0	0		0	0	0	0	0	0	0/	0/0	Other coniferous wood in chips or particles
															-- Non-coniferous
0	0	0	0	0	0		0	0	0	0	0	0	0/	0/0	Endangered non-coniferous wood in chips or particles
0	0	0	0	0	0		0	0	0	0	0	0	0/	0/0	Other non-coniferous wood in chips or particles
															- Sawdust and wood waste and scrap, agglomerated in logs, briquettes, pellets or similar:
0	0	0	0	0	0		0	0	0	0	0	0	0/	0/0	-- Wood pellets
0	0	0	0	0	0		0	0	0	0	0	0	0/	0/0	-- Wood briquettes
0	0	0	0	0	0		0	0	0	0	0	0	0/	0/0	-- Other
															- Sawdust and wood waste and scrap, not agglomerated:
0	0	0	0	0	0		0	0	0	0	0	0	0/	0/0	-- Sawdust
0	0	0	0	0	0		0	0	0	0	0	0	0/	0/0	-- Other
															Wood charcoal (including shell or nut charcoal), whether or not agglomerated:
2.5	0	0	0	0	0	0	0	0		0	7.6	0	0/	0/0	- Of bamboo
2.5	0	0	0	0	0	0	0	0		0	7.6	0	0/	0/0	- Of shell or nut
															- Other
2.5	0	0	0	0	0	0	0	0		0	7.6	0	0/	0/0	Wood charcoal, of wood as raw materials, directly burnt
2.5	0	0	0	0	0	0	0	0		0	7.6	0	0/	0/0	Other wood charcoal, whether or not agglomerated
															Wood in the rough, whether or not stripped of bark or sapwood, or roughly squared:
															- Treated with paint, stains, creosote or other preservatives:
															-- Coniferous
0	0	0	0	0	0		0	0	0	0	0	0	0/	0/0	Taxus chinensis wood in the rough, treated with paint, stains (including creosote or other preservatives)

税　号	货品名称	进口关税（%）			增值/消费税（%）	出口退税（%）	计量单位	监管证件代码	检验检疫类别	协定税率（%）		
		最惠国	普通	年内暂定						东盟	亚太	智利
44031100.20	油漆、着色剂等处理的其他濒危针叶木原木（包括用杂酚油或其他防腐剂处理）	0	8		9	0	千克/立方米	8AEF	P/Q	0		0
44031100.90	其他油漆、着色剂等处理的针叶木原木（包括用杂酚油或其他防腐剂处理）	0	8		9	0	千克/立方米	8A	P/Q	0		0
4403.1200	-- 非针叶木											
44031200.10	油漆、着色剂等处理的濒危非针叶木原木（包括用杂酚油或其他防腐剂处理）	0	8		9	0	千克/立方米	8AEF	P/Q	0		0
44031200.90	其他油漆、着色剂等处理的非针叶木原木（包括用杂酚油或其他防腐剂处理）	0	8		9	0	千克/立方米	8A	P/Q	0		0
	- 其他，针叶木：											
	-- 松木（松属），最小截面尺寸在15厘米及以上：											
4403.2110	--- 红松及樟子松											
44032110.10	最小截面尺寸在15厘米及以上的红松原木（用油漆着色剂、杂酚油或其他防腐剂处理的除外）	0	8		9	0	千克/立方米	8AEF	P/Q	0		0
44032110.90	最小截面尺寸在15厘米及以上的樟子松原木（用油漆着色剂、杂酚油或其他防腐剂处理的除外）	0	8		9	0	千克/立方米	8A	P/Q	0		0
4403.2120	--- 辐射松	0	8		9	0	千克/立方米	8A	P/Q	0		0
4403.2190	--- 其他											
44032190.10	最小截面尺寸在15厘米及以上的濒危松木（松属）原木（用油漆着色剂、杂酚油或其他防腐剂处理的除外）	0	8		9	0	千克/立方米	8AEF	MP/Q	0		0
44032190.90	最小截面尺寸在15厘米及以上的其他松木（松属）原木（用油漆着色剂、杂酚油或其他防腐剂处理的除外）	0	8		9	0	千克/立方米	8A	MP/Q	0		0
	-- 其他松木（松属）：											
4403.2210	--- 红松及樟子松											
44032210.10	最小截面尺寸在15厘米以下的红松原木（用油漆着色剂、杂酚油或其他防腐剂处理的除外）	0	8		9	0	千克/立方米	8AEF	P/Q	0		0
44032210.90	最小截面尺寸在15厘米以下的樟子松原木（用油漆着色剂、杂酚油或其他防腐剂处理的除外）	0	8		9	0	千克/立方米	8A	P/Q	0		0
4403.2220	--- 辐射松	0	8		9	0	千克/立方米	8A	P/Q	0		0
4403.2290	--- 其他											
44032290.10	最小截面尺寸在15厘米以下的濒危其他松木（松属）原木（用油漆着色剂、杂酚油或其他防腐剂处理的除外）	0	8		9	0	千克/立方米	8AEF	MP/Q	0		0
44032290.90	最小截面尺寸在15厘米以下的其他松木（松属）原木（用油漆着色剂、杂酚油或其他防腐剂处理的除外）	0	8		9	0	千克/立方米	8A	MP/Q	0		0
4403.2300	-- 冷杉及云杉，最小截面尺寸在15厘米及以上											
44032300.10	最小截面尺寸在15厘米及以上的濒危云杉和冷杉原木（用油漆着色剂、杂酚油或其他防腐剂处理的除外）	0	8		9	0	千克/立方米	8AEF	P/Q	0		0

协定税率（%）														特惠税率（%）①/②	Article Description
巴基斯坦	冰岛	哥斯达黎加	秘鲁	新西兰	瑞士	新加坡	韩国	澳大利亚	格鲁吉亚	毛里求斯	日本RCEP	尼加拉瓜	港澳台		
0	0	0	0	0	0		0	0	0	0	0	0	0/	0/0	Other endangered coniferous wood in the rough, treated with paint, stains (including treated with creosote or other preservatives)
0	0	0	0	0	0		0	0	0	0	0	0	0/	0/0	Other coniferous wood in the rough, treated with paint, stains (including treated with creosote or other preservatives)
															-- Non-coniferous
0	0	0	0	0	0		0	0	0	0	0	0	0/	0/0	Endangered non-coniferous wood in the rough, treated with paint, stains (including treated with creosote or other preservatives)
0	0	0	0	0	0		0	0	0	0	0	0	0/	0/0	Other non-coniferous wood in the rough, treated with paint, stains (including treated with creosote or other preservatives)
															- Other, coniferous:
															-- Of pine (Pinus spp.), of which the smallest cross-sectional dimension is 15cm or more:
															--- Korean pine and Mongolian scotch pine
0	0	0	0	0	0		0	0	0	0	0	0	0/	0/0	Korean pine wood in the rough, of which any smallest cross-sectional dimension is 15cm or more (except treated with paint, stains, creosote or other preservates)
0	0	0	0	0	0		0	0	0	0	0	0	0/	0/0	Mongolian scotch pine wood in the rough, of which any smallest cross-sectional dimension is 15cm or more (except treated with paint, stains, creosote or other preservates)
0	0	0	0	0	0		0	0	0	0	0	0	0/	0/0	--- Radiata pine
															--- Other
0	0	0	0	0	0		0	0	0	0	0	0	0/	0/0	Endangered pine wood (Pinus spp.) in the rough, of which any smallest cross-sectional dimension is 15cm or more (except treated with paint, stains, creosote or other preservates)
0	0	0	0	0	0		0	0	0	0	0	0	0/	0/0	Other pine wood (Pinus spp.) in the rough, of which any smallest cross-sectional dimension is 15cm or more (except treated with paint, stains, creosote or other preservates)
															-- Of pine (Pinus spp.), other:
															--- Korean pine and Mongolian scotch pine
0	0	0	0	0	0		0	0	0	0	0	0	0/	0/0	Korean pine wood in the rough, of which any smallest cross-sectional dimension is less than15cm (except treated with paint, stains, creosote or other preservates)
0	0	0	0	0	0		0	0	0	0	0	0	0/	0/0	Mongolian scotch pine wood in the rough, of which any smallest cross-sectional dimension is less than 15cm (except treated with paint, stains, creosote or other preservates)
0	0	0	0	0	0		0	0	0	0	0	0	0/	0/0	--- Radiata pine
															--- Other
0	0	0	0	0	0		0	0	0	0	0	0	0/	0/0	Endangered other pine wood (Pinus spp.) in the rough, of which any smallest cross-sectional dimension is less than 15cm (except treated with paint, stains, creosote or other preservates)
0	0	0	0	0	0		0	0	0	0	0	0	0/	0/0	Other pine wood (Pinus spp.) in the rough, of which any smallest cross-sectional dimension is less than 15cm (except treated with paint, stains, creosote or other preservates)
															-- Of fir (Abies spp.) and spruce (Picea spp.), of which the smallest cross-sectional dimension is 15cm or more
0	0	0	0	0	0		0	0	0	0	0	0	0/	0/0	Endangered spruce (Picea spp.) and fir (Abies spp.) wood in the rough, of which any smallest cross-sectional dimension is 15cm or more (except treated with paint, stains, creosote or other preservates)

税　号	货品名称	进口关税（%）			增值/消费税（%）	出口退税（%）	计量单位	监管证件代码	检验检疫类别	协定税率（%）		
		最惠国	普通	年内暂定						东盟	亚太	智利
44032300.90	最小截面尺寸在15厘米及以上的其他云杉和冷杉原木（用油漆着色剂、杂酚油或其他防腐剂处理的除外）	0	8		9	0	千克/立方米	8A	P/Q	0		0
4403.2400	-- 其他冷杉及云杉											
44032400.10	最小截面尺寸在15厘米以下的濒危云杉和冷杉原木（用油漆着色剂、杂酚油或其他防腐剂处理的除外）	0	8		9	0	千克/立方米	8AEF	P/Q	0		0
44032400.90	最小截面尺寸在15厘米以下的其他云杉和冷杉原木（用油漆着色剂、杂酚油或其他防腐剂处理的除外）	0	8		9	0	千克/立方米	8A	P/Q	0		0
	-- 其他，最小截面尺寸在15厘米及以上：											
4403.2510	--- 落叶松	0	8		9	0	千克/立方米	8A	P/Q	0		0
4403.2520	--- 花旗松	0	8		9	0	千克/立方米	8A	P/Q	0		0
4403.2590	--- 其他											
44032590.10	最小截面尺寸在15厘米及以上的濒危红豆杉原木（用油漆着色剂、杂酚油或其他防腐剂处理的除外）	0	8		9	0	千克/立方米	8AEF	P/Q	0		0
44032590.20	最小截面尺寸在15厘米及以上的其他濒危针叶木原木（用油漆着色剂、杂酚油或其他防腐剂处理的除外）	0	8		9	0	千克/立方米	8AEF	P/Q	0		0
44032590.90	最小截面尺寸在15厘米及以上的其他针叶木原木（用油漆着色剂、杂酚油或其他防腐剂处理的除外）	0	8		9	0	千克/立方米	8A	P/Q	0		0
	-- 其他：											
4403.2610	--- 落叶松	0	8		9	0	千克/立方米	8A	P/Q	0		0
4403.2620	--- 花旗松	0	8		9	0	千克/立方米	8A	MP/	0		0
4403.2690	--- 其他											
44032690.10	最小截面尺寸在15厘米以下的濒危红豆杉原木（用油漆着色剂、杂酚油或其他防腐剂处理的除外）	0	8		9	0	千克/立方米	8AEF	MP/	0		0
44032690.20	最小截面尺寸在15厘米以下的其他濒危针叶木原木（用油漆着色剂、杂酚油或其他防腐剂处理的除外）	0	8		9	0	千克/立方米	8AEF	MP/	0		0
44032690.90	最小截面尺寸在15厘米以下的其他针叶木原木（用油漆着色剂、杂酚油或其他防腐剂处理的除外）	0	8		9	0	千克/立方米	8A	MP/	0		0
	- 其他，热带木：											
4403.4100	-- 深红色红柳桉木、浅红色红柳桉木及巴栲红柳桉木	0	8		9	0	千克/立方米	8A	P/Q	0		0
4403.4200	-- 柚木	0	35		9	0	千克/立方米	8A	P/Q	0		0
	-- 其他：											
4403.4920	--- 奥克曼（奥克榄）	0	35		9	0	千克/立方米	8A	P/Q	0		0
4403.4930	--- 龙脑香木（克隆）	0	35		9	0	千克/立方米	8A	P/Q	0		0

协定税率（%）														特惠税率（%）①/②	Article Description
巴基斯坦	冰岛	哥斯达黎加	秘鲁	新西兰	瑞士	新加坡	韩国	澳大利亚	格鲁吉亚	毛里求斯	日本RCEP	尼加拉瓜	港澳台		
0	0	0	0	0	0		0	0	0	0	0	0	0/	0/0	Other spruce (Picea spp.) and fir (Abies spp.) wood in the rough, of which any smallest cross-sectional dimension is 15cm or more (except treated with paint, stains, creosote or other preservates)
															-- Of fir (Abies spp.) and spruce (Picea spp.), other
0	0	0	0	0	0		0	0	0	0	0	0	0/	0/0	Endangered spruce (Picea spp.) and fir (Abies spp.) wood in the rough, of which any smallest cross-sectional dimension is less than15cm (except treated with paint, stains, creosote or other preservates)
0	0	0	0	0	0		0	0	0	0	0	0	0/	0/0	Other spruce (Picea spp.) and fir (Abies spp.) wood in the rough, of which any smallest cross-sectional dimension is less than15cm (except treated with paint, stains, creosote or other preservates)
															-- Other, of which the smallest cross-sectional dimension is 15cm or more:
0	0	0	0	0	0		0	0	0	0	0	0	0/	0/0	--- Larch
0	0	0	0	0	0		0	0	0	0	0	0	0/	0/0	--- Douglas fir
															--- Other
0	0	0	0	0	0		0	0	0	0	0	0	0/	0/0	Taxus chinensis wood in the rough, of which any smallest cross-sectional dimension is 15cm or more (except treated with paint, stains, creosote or other preservates)
0	0	0	0	0	0		0	0	0	0	0	0	0/	0/0	Other endangered coniferous wood in the rough, of which any smallest cross-sectional dimension is 15cm or more (except treated with paint, stains, creosote or other preservates)
0	0	0	0	0	0		0	0	0	0	0	0	0/	0/0	Other coniferous wood in the rough, of which any smallest cross-sectional dimension is 15cm or more (except treated with paint, stains, creosote or other preservates)
															-- Other:
0	0	0	0	0	0		0	0	0	0	0	0	0/	0/0	--- Larch
0	0	0	0	0	0		0	0	0	0	0	0	0/	0/0	--- Douglas fir
															--- Other
0	0	0	0	0	0		0	0	0	0	0	0	0/	0/0	Taxus chinensis wood in the rough, of which any smallest cross-sectional dimension is less than 15cm (except treated with paint, stains, creosote or other preservates)
0	0	0	0	0	0		0	0	0	0	0	0	0/	0/0	Other endangered coniferous wood in the rough, of which any smallest cross-sectional dimension is less than 15cm (except treated with paint, stains, creosote or other preservates)
0	0	0	0	0	0		0	0	0	0	0	0	0/	0/0	Other coniferous wood in the rough, of which any smallest cross-sectional dimension is less than 15cm (except treated with paint, stains, creosote or other preservates)
															- Other, of tropical wood:
0	0	0	0	0	0		0	0	0	0	0	0	0/	0/0	-- Dark Red Meranti, Light Red Meranti and Meranti Bakau
0	0	0	0	0	0		0	0	0	0	0	0	0/	0/0	-- Teak
															-- Other:
0	0	0	0	0	0		0	0	0	0	0	0	0/	0/0	--- Okoume (Aukoumed Klaineana)
0	0	0	0	0	0		0	0	0	0	0	0	0/	0/0	--- Dipterocarpus spp. (Keruing)

税号	货品名称	进口关税（%）			增值/消费税（%）	出口退税（%）	计量单位	监管证件代码	检验检疫类别	协定税率（%）		
		最惠国	普通	年内暂定						东盟	亚太	智利
4403.4940	--- 山樟（香木）	0	35		9	0	千克/立方米	8A	P/Q	0		0
4403.4950	--- 印茄木（波罗格）	0	35		9	0	千克/立方米	8A	P/Q	0		0
4403.4960	--- 大干巴豆（门格里斯或康派斯）	0	35		9	0	千克/立方米	8A	P/Q	0		0
4403.4970	--- 异翅香木	0	35		9	0	千克/立方米	8A	P/Q	0		0
4403.4980	--- 红木											
44034980.10	濒危热带红木原木（用油漆、着色剂、杂酚油或其他防腐剂处理的除外）	0	35		9	0	千克/立方米	8AEF	P/Q	0		0
44034980.90	其他热带红木原木（用油漆、着色剂、杂酚油或其他防腐剂处理的除外）	0	35		9	0	千克/立方米	8A	P/Q	0		0
4403.4990	--- 其他											
44034990.10	南美蒺藜木（玉檀木）原木（用油漆、着色剂、杂酚油或其他防腐剂处理的除外）	0	8		9	0	千克/立方米	8AEF	P/Q	0		0
44034990.20	其他濒危热带原木（用油漆、着色剂、杂酚油或其他防腐剂处理的除外）	0	8		9	0	千克/立方米	8AEF	P/Q	0		0
44034990.90	其他热带原木（用油漆、着色剂、杂酚油或其他防腐剂处理的除外）	0	8		9	0	千克/立方米	8A	P/Q	0		0
	- 其他：											
4403.9100	-- 栎木（橡木）											
44039100.10	蒙古栎原木（用油漆、着色剂、杂酚油或其他防腐剂处理的除外）	0	8		9	0	千克/立方米	8AEF	P/Q	0		0
44039100.20	其他濒危野生栎木（橡木）原木（用油漆、着色剂、杂酚油或其他防腐剂处理的除外，不包括人工培植的）	0	8		9	0	千克/立方米	8AE	P/	0		0
44039100.90	其他栎木（橡木）原木（用油漆、着色剂、杂酚油或其他防腐剂处理的除外）	0	8		9	0	千克/立方米	8A	P/Q	0		0
4403.9300	-- 水青冈木（山毛榉木），最小截面尺寸在15厘米及以上											
44039300.10	濒危野生水青冈木（山毛榉木），最小截面尺寸在15厘米及以上（用油漆、着色剂、杂酚油或其他防腐剂处理的除外，不包括人工培植的）	0	8		9	0	千克/立方米	8AE	P/	0		0
44039300.90	其他水青冈木（山毛榉木），最小截面尺寸在15厘米及以上（用油漆、着色剂、杂酚油或其他防腐剂处理的除外）	0	8		9	0	千克/立方米	8A	P/	0		0
4403.9400	-- 其他水青冈木（山毛榉木）	0	8		9	0	千克/立方米	8A	P/Q	0		0
4403.9500	-- 桦木，最小截面尺寸在15厘米及以上	0	8		9	0	千克/立方米	8A	P/	0		0
4403.9600	-- 其他桦木	0	8		9	0	千克/立方米	8A	P/	0		0
4403.9700	-- 杨木	0	8		9	0	千克/立方米	8A	P/Q	0		0
4403.9800	-- 桉木	0	8		9	0	千克/立方米	8A	P/Q	0		0
	-- 其他：											
4403.9930	--- 红木，但税号4403.4980所列热带红木除外											

协定税率（%）														特惠税率（%）①/②	Article Description
巴基斯坦	冰岛	哥斯达黎加	秘鲁	新西兰	瑞士	新加坡	韩国	澳大利亚	格鲁吉亚	毛里求斯	日本RCEP	尼加拉瓜	港澳台		
0	0	0	0	0	0		0	0	0	0	0	0	0/	0/0	--- Kapur (Dryobalanops spp.)
0	0	0	0	0	0		0	0	0	0	0	0	0/	0/0	--- Intsia spp. (Mengaris)
0	0	0	0	0	0		0	0	0	0	0	0	0/	0/0	--- Koompassia spp. (Mengaris or Kempas)
0	0	0	0	0	0		0	0	0	0	0	0	0/	0/0	--- Anisopter spp
															--- Of rosewood
0	0	0	0	0	0		0	0	0	0	0	0	0/	0/0	Endangered tropical rosewood in the rough (except treated with paint, stains, creosote or other preservates)
0	0	0	0	0	0		0	0	0	0	0	0	0/	0/0	Other tropical rosewood in the rough (except treated with paint, stains, creosote or other preservates)
															--- Other
0	0	0	0	0	0		0	0	0	0	0	0	0/	0/0	Other endangered tropical wood in the rough, specified in Subheading Note 2 to this Chapter (except treated with paint, stains, creosote or other preservatives)
0	0	0	0	0	0		0	0	0	0	0	0	0/	0/0	Other endangered tropical wood in the rough (except treated with paint, stains, creosote or other preservates)
0	0	0	0	0	0		0	0	0	0	0	0	0/	0/0	Other Tropical wood wood in the rough, specified in Subheading Note 2 to this Chapter (except treated with paint, stains, creosote or other preservatives)
															- Other:
															-- Of oak (Quercus spp.)
0	0	0	0	0	0		0	0	0	0	0	0	0/	0/0	Mongolian oak in the rough, except treated with paints, stains, creosote or other preservatives
0	0	0	0	0	0		0	0	0	0	0	0	0/	0/0	Other endangered wild oak (Ouercus spp.) in the rough, except treated with paints, stains, creosote or other preservatives, other than those artificially cultivated
0	0	0	0	0	0		0	0	0	0	0	0	0/	0/0	Other oak (Ouercus spp.) in the rough, except treated with paints, stains, creosote or other preservatives
															-- Of beech (Fagus spp.), of which the smallest cross-sectional dimension is 15cm or more
0	0	0	0	0	0		0	0	0	0	0	0	0/	0/0	Endangered wild beech (Fagus spp.), of which the smallest cross-sectional dimension is 15cm or more, except treated with paints, stains, creosote or other preservatives, other than those artificially cultivated
0	0	0	0	0	0		0	0	0	0	0	0	0/	0/0	Other beech (Fagus spp.), of which the smallest cross-sectional dimension is 15cm or more, except treated with paints, stains, creosote or other preservatives
0	0	0	0	0	0		0	0	0	0	0	0	0/	0/0	-- Of beech (Fagus spp.), other
0	0	0	0	0	0		0	0	0	0	0	0	0/	0/0	-- Of birch (Betula spp.), of which the smallest cross-sectional dimension is 15cm or more
0	0	0	0	0	0		0	0	0	0	0	0	0/	0/0	-- Of birch (Betula spp.), other
0	0	0	0	0	0		0	0	0	0	0	0	0/	0/0	-- Of poplar and aspen (Populus spp.)
0	0	0	0	0	0		0	0	0	0	0	0	0/	0/0	-- Of eucalyptus (Eucalyptus spp.)
															-- Other:
															--- Of rosewood, other than tropical wood of subheading 4403.4980

税　号	货品名称	进口关税（%）			增值/消费税（%）	出口退税（%）	计量单位	监管证件代码	检验检疫类别	协定税率（%）		
		最惠国	普通	年内暂定						东盟	亚太	智利
44039930.10	濒危红木原木，但税号4403.4980所列热带红木除外（用油漆、着色剂、杂酚油或其他防腐剂处理的除外）	0	35		9	0	千克/立方米	8AEF	P/Q	0		0
44039930.90	其他红木原木，但税号4403.4980所列热带红木除外（用油漆、着色剂、杂酚油或其他防腐剂处理的除外）	0	35		9	0	千克/立方米	8A	P/Q	0		0
4403.9940	--- 泡桐木	0	8		9	0	千克/立方米	8A	P/Q	0		0
4403.9950	--- 水曲柳	0	8		9	0	千克/立方米	8AEF	P/Q	0		0
4403.9960	--- 北美硬阔叶木	0	8		9	0	千克/立方米	8A	P/Q	0		0
4403.9980	--- 其他未列名的温带非针叶木											
44039980.10	其他未列名温带濒危非针叶木原木（用油漆、着色剂、杂酚油或其他防腐剂处理的除外）	0	8		9	0	千克/立方米	8AEF	P/Q	0		0
44039980.90	其他未列名温带非针叶木原木（用油漆、着色剂、杂酚油或其他防腐剂处理的除外）	0	8		9	0	千克/立方米	8A	P/Q	0		0
4403.9990	--- 其他											
44039990.12	沉香木及拟沉香木原木（用油漆、着色剂、杂酚油或其他防腐剂处理的除外）	0	8		9	0	千克/立方米	8AEF	P/Q	0		0
44039990.19	其他未列名濒危非针叶原木（用油漆、着色剂、杂酚油或其他防腐剂处理的除外）	0	8		9	0	千克/立方米	8AEF	P/Q	0		0
44039990.90	其他未列名非针叶原木（用油漆、着色剂、杂酚油或其他防腐剂处理的除外）	0	8		9	0	千克/立方米	8A	P/Q	0		0
44.04	**箍木；木劈条；已削尖但未经纵锯的木桩；粗加修整但未经车圆、弯曲或其他方式加工的木棒，适合制手杖、伞柄、工具把柄及类似品；木片条及类似品：**											
4404.1000	- 针叶木的											
44041000.10	濒危针叶木的箍木等及类似品	6	50	0	13	0	千克	ABFE	P/Q	0		0
44041000.90	其他针叶木的箍木等及类似品	6	50	0	13	0	千克	AB	P/Q	0		0
4404.2000	- 非针叶木的											
44042000.10	濒危非针叶木箍木等	6	50	0	13	0	千克	ABFE	P/Q	0		0
44042000.90	其他非针叶木箍木等	6	50	0	13	0	千克	AB	P/Q	0		0
44.05	**木丝；木粉：**											
4405.0000	木丝；木粉	6	40	0	13	0	千克	AB	P/Q	0		0
44.06	**铁道及电车道枕木：**											
	- 未浸渍：											
4406.1100	-- 针叶木	0	14		13	0	千克/立方米	4ABxy	P/Q	0		0
4406.1200	-- 非针叶木	0	14		13	0	千克/立方米	4ABxy	P/Q	0		0

协定税率（%）														特惠税率（%）①/②	Article Description
巴基斯坦	冰岛	哥斯达黎加	秘鲁	新西兰	瑞士	新加坡	韩国	澳大利亚	格鲁吉亚	毛里求斯	日本RCEP	尼加拉瓜	港澳台		
0	0	0	0	0	0		0	0	0	0	0	0	0/	0/0	Endangered rosewood logs (with paint, colorant, creosote or other preservatives expept)
0	0	0	0	0	0		0	0	0	0	0	0	0/	0/0	Other mahogany (with paint, colorant, creosote or other preservatives expept)
0	0	0	0	0	0		0	0	0	0	0	0	0/	0/0	--- Of Kiri (Paulownia)
0	0	0	0	0	0		0	0	0	0	0	0	0/	0/0	--- Ash
0	0	0	0	0	0		0	0	0	0	0	0	0/	0/0	--- North American hard wood
															--- Other temperate non-coniferous wood, not elsewhere specified or included
0	0	0	0	0	0		0	0	0	0	0	0	0/	0/0	Other endangered temperate zone non-coniferous wood in the rough, not elsewhere specified or included (except treated with paint, stains, creosote or other preservatives)
0	0	0	0	0	0		0	0	0	0	0	0	0/	0/0	Other temperate zone non-coniferous wood in the rough, not elsewhere specified or included (except treated with paint, stains, creosote or other preservatives)
															--- Other
0	0	0	0	0	0		0	0	0	0	0	0	0/	0/0	Aquilaria spp.and Gyrinops spp., in the rough (except treated with paint, stains, creosote or other preservatives)
0	0	0	0	0	0		0	0	0	0	0	0	0/	0/0	Other endangered non-coniferous wood in the rough, not elsewhere specified or included (except that treated with paint, stains, creosote or other preservatives)
0	0	0	0	0	0		0	0	0	0	0	0	0/	0/0	Other non-coniferous wood in the rough, not elsewhere specified or included (except that treated with paint, stains, creosote or other preservatives)
															Hoopwood; split poles; piles, pickets and stakes of wood, pointed but not sawn lengthwise; wooden sticks, roughly trimmed but not turned, bentor otherwise worked, suitable for the manufacture of walking-sticks, umbrellas, tool handles or the like; chipwood and the like:
															- Coniferous
0	0	0	0	0	0	0	0	0		0	5.8	0	0/	0/0	Hoopwood of endangered coniferous wood and the Similar goods (including split, wooden sticks and the like)
0	0	0	0	0	0	0	0	0		0	5.8	0	0/	0/0	Other Hoopwood of coniferous wood and the similar goods (including split, wooden sticks and the like)
															- Non-coniferous:
0	0	0	0	0	0	0	0	0		0	5.8	0	0/	0/0	Hoopwood of endangered non-coniferous wood and the similar goods (including split, wooden sticks and the like)
0	0	0	0	0	0	0	0	0		0	5.8	0	0/	0/0	Other Hoopwood of non-coniferous wood and the similar goods (including split, wooden sticks and the like)
															Wood wool; wood flour:
0	0	0	0	0	0	0	0	0		0	5.8	0	0/	0/0	Wood wool; wood flour
															Railway or tramway sleepers (crossties) of wood:
															- Not impregnated:
0	0	0	0	0	0		0	0	0	0	0	0	0/	0/0	-- Coniferous
0	0	0	0	0	0		0	0	0	0	0	0	0/	0/0	-- Non-coniferous

税 号	货品名称	进口关税（%）			增值/消费税（%）	出口退税（%）	计量单位	监管证件代码	检验检疫类别	协定税率（%）		
		最惠国	普通	年内暂定						东盟	亚太	智利
	- 其他：											
4406.9100	-- 针叶木											
44069100.10	濒危已浸渍的针叶木铁道及电车道枕木	0	14		13	0	千克/立方米	FE		0		0
44069100.90	其他已浸渍的针叶木铁道及电车道枕木	0	14		13	0	千克/立方米			0		0
4406.9200	-- 非针叶木											
44069200.10	濒危已浸渍的非针叶木铁道及电车道枕木	0	14		13	0	千克/立方米	FE		0		0
44069200.90	其他已浸渍的非针叶木铁道及电车道枕木	0	14		13	0	千克/立方米			0		0
44.07	**经纵锯、纵切、刨切或旋切的木材，不论是否刨平、砂光或端部接合，厚度超过6毫米：**											
	- 针叶木：											
	-- 松木（松属）：											
4407.1110	--- 红松及樟子松											
44071110.11	端部接合的红松厚板材（经纵锯、纵切、刨切或旋切的，厚度超过6毫米）	0	14		13	0	千克/立方米	ABEF	P/Q	0		0
44071110.19	端部接合的樟子松厚板材（经纵锯、纵切、刨切或旋切的，厚度超过6毫米）	0	14		13	0	千克/立方米	AB	P/Q	0		0
44071110.91	非端部接合的红松厚板材（经纵锯、纵切、刨切或旋切的，厚度超过6毫米）	0	14		13	0	千克/立方米	4ABEFxy	P/Q	0		0
44071110.99	非端部接合的樟子松厚板材（经纵锯、纵切、刨切或旋切的，厚度超过6毫米）	0	14		13	0	千克/立方米	4ABxy	P/Q	0		0
4407.1120	--- 辐射松											
44071120.10	端部接合的辐射松厚板材（经纵锯、纵切、刨切或旋切的，厚度超过6毫米）	0	14		13	0	千克/立方米	AB	P/Q	0		0
44071120.90	非端部接合的辐射松厚板材（经纵锯、纵切、刨切或旋切的，厚度超过6毫米）	0	14		13	0	千克/立方米	4ABxy	P/Q	0		0
4407.1190	--- 其他											
44071190.11	端部接合其他濒危松木厚板材（经纵锯、纵切、刨切或旋切的，厚度超过6毫米）	0	14		13	0	千克/立方米	ABEF	P/Q	0		0
44071190.19	端部接合其他松木厚板材（经纵锯、纵切、刨切或旋切的，厚度超过6毫米）	0	14		13	0	千克/立方米	AB	P/Q	0		0
44071190.91	非端部接合其他濒危松木厚板材（经纵锯、纵切、刨切或旋切的，厚度超过6毫米）	0	14		13	0	千克/立方米	4ABEFxy	P/Q	0		0
44071190.99	非端部接合的其他松木厚板材（经纵锯、纵切、刨切或旋切的，厚度超过6毫米）	0	14		13	0	千克/立方米	4ABxy	P/Q	0		0
4407.1200	-- 冷杉及云杉											
44071200.11	端部接合的濒危云杉及冷杉厚板材（经纵锯、纵切、刨切或旋切的，厚度超过6毫米）	0	14		13	0	千克/立方米	ABEF	P/Q	0		0
44071200.19	端部接合的其他云杉及冷杉厚板材（经纵锯、纵切、刨切或旋切的，厚度超过6毫米）	0	14		13	0	千克/立方米	AB	P/Q	0		0
44071200.91	非端部接合濒危云杉及冷杉厚板材（经纵锯、纵切、刨切或旋切的，厚度超过6毫米）	0	14		13	0	千克/立方米	4ABEFxy	P/Q	0		0
44071200.99	非端部接合其他云杉及冷杉厚板材（经纵锯、纵切、刨切或旋切的，厚度超过6毫米）	0	14		13	0	千克/立方米	4ABxy	P/Q	0		0

协定税率（%）巴基斯坦	冰岛	哥斯达黎加	秘鲁	新西兰	瑞士	新加坡	韩国	澳大利亚	格鲁吉亚	毛里求斯	日本RCEP	尼加拉瓜	港澳台	特惠税率（%）①/②	Article Description
															- Other:
															-- Coniferous
0	0	0	0	0	0		0	0	0	0	0	0	0/	0/0	Soaked Railway or tramway sleepers (crossties) of endangered coniferous wood
0	0	0	0	0	0		0	0	0	0	0	0	0/	0/0	Soaked Railway or tramway sleepers (crossties) of other coniferous wood
															-- Non-coniferous
0	0	0	0	0	0		0	0	0	0	0	0	0/	0/0	Soaked Railway or tramway sleepers (crossties) of endangered non-coniferous wood
0	0	0	0	0	0		0	0	0	0	0	0	0/	0/0	Soaked Railway or tramway sleepers (crossties) of other non-coniferous wood
															Wood sawn or chipped lengthwise, sliced or peeled, whether or not planed, sanded or end-jointed, of a thickness exceeding 6mm:
															- Coniferous:
															-- Of pine (Pinus spp.):
															--- Korean pine and Mongolian scotch pine
0	0	0	0	0	0		0	0	0	0	0	0	0/	0/0	Korean pine wood, sawn or chipped lengthwise, sliced or peeled, end-jointed, of a thickness exceeding 6mm
0	0	0	0	0	0		0	0	0	0	0	0	0/	0/0	Mongolian scotch pine wood sawn or chipped lengthwise, sliced or peeled, end-jointed, of a thickness exceeding 6mm
0	0	0	0	0	0		0	0	0	0	0	0	0/	0/0	Korean pine and Mongolian scotch pine wood, sawn or chipped lengthwise, sliced or peeled, not end-jointed, of a thickness exceeding 6mm
0	0	0	0	0	0		0	0	0	0	0	0	0/	0/0	Wood sawn or chipped lengthwise, sliced or peeled, not end-jointed, of Mongolian scocth pine, of a thinkness exceeding 6mm
															--- Rediata pine
0	0	0	0	0	0		0	0	0	0	0	0	0/	0/0	Radiata pine wood sawn or chipped lengthwise, sliced or peeled, end-jointed, of a thickness exceeding 6mm
0	0	0	0	0	0		0	0	0	0	0	0	0/	0/0	Radiata pine wood sawn or chipped lengthwise, sliced or peeled, not end-jointed, of a thickness exceeding 6mm
															--- Other
0	0	0	0	0	0		0	0	0	0	0	0	0/	0/0	Wood of endangered pine, sawn or chipped lengthwise, sliced or peeled, end-jointed, of a thickness exceeding 6mm
0	0	0	0	0	0		0	0	0	0	0	0	0/	0/0	Wood of other pine, sawn or chipped lengthwise, sliced or peeled, end-jointed, of a thickness exceeding 6mm
0	0	0	0	0	0		0	0	0	0	0	0	0/	0/0	Wood sawn or chipped lengthwise, sliced or peeled, of endangered piner, not end-jointed, of a thickness exceeding 6mm
0	0	0	0	0	0		0	0	0	0	0	0	0/	0/0	Wood sawn or chipped lengthwise, sliced or peeled, of other pine, not end-jointed, of a thickness exceeding 6mm
															-- Of fir (Abies spp.) and spruce (Picea spp.)
0	0	0	0	0	0		0	0	0	0	0	0	0/	0/0	Wood of endangered spruce and fir, sawn or chipped lengthwise, sliced or peeled, end-jointed, of a thickness exceeding 6mm
0	0	0	0	0	0		0	0	0	0	0	0	0/	0/0	Wood of other spruce and fir, sawn or chipped lengthwise, sliced or peeled, end-jointed, of a thickness exceeding 6mm
0	0	0	0	0	0		0	0	0	0	0	0	0/	0/0	Wood sawn or chipped lengthwise, sliced or peeled, of endangered spruce and fir, not end-jointed, of a thickness exceeding 6mm
0	0	0	0	0	0		0	0	0	0	0	0	0/	0/0	Wood sawn or chipped lengthwise, sliced or peeled, of other spruce and fir, not end-jointed, of a thickness exceeding 6mm

税号	货品名称	进口关税（%）			增值/消费税（%）	出口退税（%）	计量单位	监管证件代码	检验检疫类别	协定税率（%）		
		最惠国	普通	年内暂定						东盟	亚太	智利
4407.1300	-- 云杉-松木-冷杉											
44071300.11	端部接合的濒危云杉-松木-冷杉厚板材（经纵锯、纵切、刨切或旋切的，厚度超过6毫米）	0	14		13	0	千克/立方米	ABEF	P/Q	0		0
44071300.19	端部接合其他云杉-松木-冷杉厚板材（经纵锯、纵切、刨切或旋切的，厚度超过6毫米）	0	14		13	13	千克/立方米	AB	P/Q	0		0
44071300.91	非端部接合的濒危云杉-松木-冷杉厚板材（经纵锯、纵切、刨切或旋切的，厚度超过6毫米）	0	14		13	0	千克/立方米	ABEF	P/Q	0		0
44071300.99	非端部接合的其他云杉-松木-冷杉厚板材（经纵锯、纵切、刨切或旋切的，厚度超过6毫米）	0	14		13	13	千克/立方米	AB	P/Q	0		0
4407.1400	-- 铁杉-冷杉											
44071400.11	端部接合的濒危铁杉-冷杉厚板材（经纵锯、纵切、刨切或旋切的，厚度超过6毫米）	0	14		13	0	千克/立方米	ABEF	P/Q	0		0
44071400.19	端部接合其他铁杉-冷杉厚板材（经纵锯、纵切、刨切或旋切的，厚度超过6毫米）	0	14		13	13	千克/立方米	AB	P/Q	0		0
44071400.91	非端部接合的濒危铁杉-冷杉厚板材（经纵锯、纵切、刨切或旋切的，厚度超过6毫米）	0	14		13	0	千克/立方米	ABEF	P/Q	0		0
44071400.99	非端部接合的其他铁杉-冷杉厚板材（经纵锯、纵切、刨切或旋切的，厚度超过6毫米）	0	14		13	13	千克/立方米	AB	P/Q	0		0
	-- 其他:											
4407.1910	--- 花旗松											
44071910.10	端部接合的花旗松厚板材（经纵锯、纵切、刨切或旋切的，厚度超过6毫米）	0	14		13	0	千克/立方米	AB	P/Q	0		0
44071910.90	非端部接合的花旗松厚板材（经纵锯、纵切、刨切或旋切的，厚度超过6毫米）	0	14		13	0	千克/立方米	4ABxy	P/Q	0		0
4407.1990	--- 其他											
44071990.11	端部接合其他濒危针叶木厚板材（经纵锯、纵切、刨切或旋切的，厚度超过6毫米）	0	14		13	0	千克/立方米	ABEF	P/Q	0		0
44071990.19	端部接合其他针叶木厚板材（经纵锯、纵切、刨切或旋切的，厚度超过6毫米）	0	14		13	0	千克/立方米	AB	P/Q	0		0
44071990.91	非端部接合其他濒危针叶木厚板材（经纵锯、纵切、刨切或旋切的，厚度超过6毫米）	0	14		13	0	千克/立方米	4ABEFxy	P/Q	0		0
44071990.99	非端部接合的其他针叶木厚板材（经纵锯、纵切、刨切或旋切的，厚度超过6毫米）	0	14		13	0	千克/立方米	4ABxy	P/Q	0		0
	- 热带木:											
4407.2100	-- 美洲桃花心木											
44072100.11	端部接合濒危桃花心木（经纵锯、纵切、刨切或旋切的，厚度超过6毫米）	0	14		13	0	千克/立方米	FEAB	P/Q	0		0
44072100.19	端部接合的其他桃花心木（经纵锯、纵切、刨切或旋切的，厚度超过6毫米）	0	14		13	0	千克/立方米	AB	P/Q	0		0
44072100.91	非端部接合濒危桃花心木（经纵锯、纵切、刨切或旋切的，厚度超过6毫米）	0	14		13	0	千克/立方米	4ABEFxy	P/Q	0		0
44072100.99	非端部接合的其他桃花心木（经纵锯、纵切、刨切或旋切的，厚度超过6毫米）	0	14		13	0	千克/立方米	4ABxy	P/Q	0		0

协定税率（%）														特惠税率（%）①/②	Article Description
巴基斯坦	冰岛	哥斯达黎加	秘鲁	新西兰	瑞士	新加坡	韩国	澳大利亚	格鲁吉亚	毛里求斯	日本RCEP	尼加拉瓜	港澳台		
															-- Of S-P-F (spruce (Picea spp.), pine (Pinus spp.) and fir (Abies spp.))
0	0	0	0	0	0		0	0	0	0	0	0	0/	0/0	Wood of endangered S-P-F, sawn or chipped lengthwise, sliced or peeled, end-jointed, of a thickness exceeding 6mm
0	0	0	0	0	0		0	0	0	0	0	0	0/	0/0	Wood of other S-P-F, sawn or chipped lengthwise, sliced or peeled, end-jointed, of a thickness exceeding 6mm
0	0	0	0	0	0		0	0	0	0	0	0	0/	0/0	Wood sawn or chipped lengthwise, sliced or peeled, of endangered S-P-F, not end-jointed, of a thickness exceeding 6mm
0	0	0	0	0	0		0	0	0	0	0	0	0/	0/0	Wood sawn or chipped lengthwise, sliced or peeled, of other S-P-F, not end-jointed, of a thickness exceeding 6mm
															-- Of Hem-fir (Western hemlock (Tsuga heterophylla) and fir (Abies spp.))
0	0	0	0	0	0		0	0	0	0	0	0	0/	0/0	Wood of endangered Hem-fir, sawn or chipped lengthwise, sliced or peeled, end-jointed, of a thickness exceeding 6mm
0	0	0	0	0	0		0	0	0	0	0	0	0/	0/0	Wood of other Hem-fir, sawn or chipped lengthwise, sliced or peeled, end-jointed, of a thickness exceeding 6mm
0	0	0	0	0	0		0	0	0	0	0	0	0/	0/0	Wood sawn or chipped lengthwise, sliced or peeled, of endangered Hem-fir, not end-jointed, of a thickness exceeding 6mm
0	0	0	0	0	0		0	0	0	0	0	0	0/	0/0	Wood sawn or chipped lengthwise, sliced or peeled, of other Hem-fir, not end-jointed, of a thickness exceeding 6mm
															-- Other:
															--- Douglas fir
0	0	0	0	0	0		0	0	0	0	0	0	0/	0/0	Douglas fir wood sawn or chipped lengthwise, sliced or peeled, end-jointed, of a thickness exceeding 6mm
0	0	0	0	0	0		0	0	0	0	0	0	0/	0/0	Douglas fir wood sawn or chipped lengthwise, sliced or peeled, not end-jointed, of a thickness exceeding 6mm
															--- Other
0	0	0	0	0	0		0	0	0	0	0	0	0/	0/0	Other wood of endangered conifer, sawn or chipped lengthwise, sliced or peeled, end-jointed, of a thickness exceeding 6mm
0	0	0	0	0	0		0	0	0	0	0	0	0/	0/0	Other coniferous wood, sawn or chipped lengthwise, sliced or peeled, end-jointed, of a thickness exceeding 6mm
0	0	0	0	0	0		0	0	0	0	0	0	0/	0/0	Other wood of endangered conifer, sawn or chipped lengthwise, sliced or peeled, not end-jointed, of a thickness exceeding 6mm
0	0	0	0	0	0		0	0	0	0	0	0	0/	0/0	Other coniferous wood sawn or chipped lengthwise, sliced or peeled, not end-jointed, of a thickness exceeding 6mm
															- Of tropical wood:
															-- Mahogany (Swietenia spp.)
0	0	0	0	0	0		0	0	0	0	0	0	0/	0/0	Endangered mahogany wood sawn or chipped lengthwise, sliced or peeled, end-jointed, of a thickness exceeding 6mm
0	0	0	0	0	0		0	0	0	0	0	0	0/	0/0	Other mahogany wood sawn or chipped lengthwise, sliced or peeled, end-jointed, of a thickness exceeding 6mm
0	0	0	0	0	0		0	0	0	0	0	0	0/	0/0	Endangered mahogany wood sawn or chipped lengthwise, sliced or peeled, not end-jointed, of a thickness exceeding 6mm
0	0	0	0	0	0		0	0	0	0	0	0	0/	0/0	Other mahogany wood sawn or chipped lengthwise, sliced or peeled, not end-jointed, of a thickness exceeding 6mm

税　号	货品名称	进口关税（%）			增值/消费税（%）	出口退税（%）	计量单位	监管证件代码	检验检疫类别	协定税率（%）		
		最惠国	普通	年内暂定						东盟	亚太	智利
4407.2200	-- 苏里南肉豆蔻木、细孔绿心樟及美洲轻木											
44072200.10	端部接合的苏里南肉豆蔻木、细孔绿心樟及美洲轻木（经纵锯、纵切、刨切或旋切的，厚度超过6毫米）	0	14		13	0	千克/立方米	AB	P/Q	0		0
44072200.90	非端部接合的苏里南肉豆蔻木、细孔绿心樟及美洲轻木（经纵锯、纵切、刨切或旋切的，厚度超过6毫米）	0	14		13	0	千克/立方米	4ABxy	P/Q	0		0
4407.2300	-- 柚木											
44072300.10	端部接合的柚木板材（经纵锯、纵切、刨切或旋切的，厚度超过6毫米）	0	40		13	0	千克/立方米	AB	P/Q	0		0
44072300.90	非端部接合的柚木板材（经纵锯、纵切、刨切或旋切的，厚度超过6毫米）	0	40		13	0	千克/立方米	4ABxy	P/Q	0		0
4407.2500	-- 深红色红柳桉木、浅红色红柳桉木及巴栲红柳桉木											
44072500.10	端部接合的红柳桉木板材（指深红色、浅红色及巴栲红柳桉木，厚度超过6毫米）	0	14		13	0	千克/立方米	AB	P/Q	0		0
44072500.90	非端部接合的红柳桉木板材（指深红色、浅红色及巴栲红柳桉木，经纵锯、纵切、刨切或旋切的，厚度超过6毫米）	0	14		13	0	千克/立方米	y4xAB	P/Q	0		0
4407.2600	-- 白柳桉木、白色红柳桉木、白色柳桉木、黄色红柳桉木及阿兰木											
44072600.10	端部接合的白柳桉、其他柳桉木和阿兰木板材（经纵锯、纵切、刨切或旋切的，厚度超过6毫米）	0	14		13	0	千克/立方米	AB	P/Q	0		0
44072600.90	非端部接合的白柳桉、其他柳桉木和阿兰木板材（经纵锯、纵切、刨切或旋切的，厚度超过6毫米）	0	14		13	0	千克/立方米	y4xAB	P/Q	0		0
4407.2700	-- 沙比利											
44072700.10	端部接合的沙比利木板材（经纵锯、纵切、刨切或旋切的，厚度超过6毫米）	0	40		13	0	千克/立方米	AB	P/Q	0		0
44072700.90	非端部接合的沙比利木板材（经纵锯、纵切、刨切或旋切的，厚度超过6毫米）	0	40		13	0	千克/立方米	4ABxy	P/Q	0		0
4407.2800	-- 伊罗科木											
44072800.10	端部接合的伊罗科木板材（经纵锯、纵切、刨切或旋切的，厚度超过6毫米）	0	14		13	0	千克/立方米	AB	P/Q	0		0
44072800.90	非端部接合的伊罗科木板材（经纵锯、纵切、刨切或旋切的，厚度超过6毫米）	0	14		13	0	千克/立方米	4ABxy	P/Q	0		0
	-- 其他：											
4407.2920	--- 非洲桃花心木											
44072920.10	端部接合的非洲桃花心木板材（经纵锯、纵切、刨切或旋切的，厚度超过6毫米）	0	40		13	0	千克/立方米	AB	P/Q	0		0
44072920.90	非端部接合的非洲桃花心木板材（经纵锯、纵切、刨切或旋切的，厚度超过6毫米）	0	40		13	0	千克/立方米	AB	P/Q	0		0
4407.2930	--- 波罗格											
44072930.10	端部接合的波罗格Merban板材（经纵锯、纵切、刨切或旋切的，厚度超过6毫米）	0	40		13	0	千克/立方米	AB	P/Q	0		0
44072930.90	非端部接合的波罗格Merban板材（经纵锯、纵切、刨切或旋切的，厚度超过6毫米）	0	40		13	0	千克/立方米	AB	P/Q	0		0

协定税率（%）														特惠税率（%）①/②	Article Description
巴基斯坦	冰岛	哥斯达黎加	秘鲁	新西兰	瑞士	新加坡	韩国	澳大利亚	格鲁吉亚	毛里求斯	日本RCEP	尼加拉瓜	港澳台		
															-- Virola, Imbuia and Balsa
0	0	0	0	0	0		0	0	0	0	0	0	0/	0/0	Virola, Imbuia and Balsa wood sawn or chipped lengthwise sliced or peeled, end-jointed, of a thickness exceeding 6mm
0	0	0	0	0	0		0	0	0	0	0	0	0/	0/0	Virola, Imbuia and Balsa wood sawn or chipped lengthwise, sliced or peeled, not end-joined, of a thickness exceeding 6mm
															-- Teak
0	0	0	0	0	0		0	0	0	0	0	0	0/	0/0	Other wood of endangered conifer, sawn or chipped lengthwise, sliced or peeled, not end-jointed, of a thickness exceeding 6mm
0	0	0	0	0	0		0	0	0	0	0	0	0/	0/0	Other coniferous wood sawn or chipped lengthwise, sliced or peeled, not end-jointed, of a thickness exceeding 6mm
															-- Dark Red Meranti, Light Red Metanti and Meranti Bakau
0	0	0	0	0	0		0	0	0	0	0	0	0/	0/0	Wood sawn or chipped lengthwise, sliced or peeled, of Dark Red Meranti, Light Red Meranti and Meranti Bakau, end-jointed, of a thickness exceeding 6mm
0	0	0	0	0	0		0	0	0	0	0	0	0/	0/0	Wood sawn or chipped lengthwise, sliced or peeled, of Dark Red Meranti, Light Red Meranti and Meranti Bakau, not end-jointed, of a thickness exceeding 6mm
															-- White Lauan, White Meranti, White Seraya, Yellow Meranti and Alan
0	0	0	0	0	0		0	0	0	0	0	0	0/	0/0	Wood sawn or chipped lengthwise, sliced or peeled, of White Lauan, White Meranti, White Seraya, Yellow Meranti and Alan, end-jointed, of a thickness exceeding 6mm
0	0	0	0	0	0		0	0	0	0	0	0	0/	0/0	Wood sawn or chipped lengthwise, sliced or peeled, of White Lauan, White Meranti, White Seraya, Yellow Meranti and Alan, not end-jointed, of a thickness exceeding 6mm
															-- Sapelli
0	0	0	0	0	0		0	0	0	0	0	0	0/	0/0	Sapelli wood sawn or chipped lengthwise, sliced or peeled, end-jointed, of a thickness exceeding 6mm
0	0	0	0	0	0		0	0	0	0	0	0	0/	0/0	Sapelli wood sawn or chipped lengthwise, sliced or peeled, not end-jointed, of a thickness exceeding 6mm
															-- Iroko
0	0	0	0	0	0		0	0	0	0	0	0	0/	0/0	Iroko wood sawn or chipped lengthwise, sliced or peeled, end-jointed, of a thickness exceeding 6mm
0	0	0	0	0	0		0	0	0	0	0	0	0/	0/0	Iroko wood sawn or chipped lengthwise, sliced or peeled, not end-jointed, of a thickness exceeding 6mm
															-- Other:
															--- Acajou
0	0	0	0	0	0		0	0	0	0	0	0	0/	0/0	Acajou wood sawn or chipped lengthwise, sliced or peeled, end-jointed, of a thickness exceeding 6mm
0	0	0	0	0	0		0	0	0	0	0	0	0/	0/0	Acajou wood sawn or chipped lengthwise, sliced or peeled, not end-jointed, of a thickness exceeding 6mm
															--- Merbau
0	0	0	0	0	0		0	0	0	0	0	0	0/	0/0	Merbau wood sawn or chipped lengthwise, sliced or peeled, end-jointed, of a thickness exceeding 6mm
0	0	0	0	0	0		0	0	0	0	0	0	0/	0/0	Merbau wood sawn or chipped lengthwise, sliced or peeled, not end-jointed, of a thickness exceeding 6mm

税　号	货品名称	进口关税（%）			增值/消费税（%）	出口退税（%）	计量单位	监管证件代码	检验检疫类别	协定税率（%）		
		最惠国	普通	年内暂定						东盟	亚太	智利
4407.2940	--- 红木											
44072940.11	端部接合的濒危热带红木厚板材（经纵锯、纵切、刨切或旋切的，厚度超过6毫米）	0	40		13	0	千克/立方米	FEAB	P/Q	0		0
44072940.19	端部接合的其他热带红木厚板材（经纵锯、纵切、刨切或旋切的，厚度超过6毫米）	0	40		13	0	千克/立方米	AB	P/Q	0		0
44072940.91	非端部接合的濒危热带红木厚板材（经纵锯、纵切、刨切或旋切的，厚度超过6毫米）	0	40		13	0	千克/立方米	4ABEFxy	P/Q	0		0
44072940.99	非端部接合的其他热带红木厚板材（经纵锯、纵切、刨切或旋切的，厚度超过6毫米）	0	40		13	0	千克/立方米	4ABxy	P/Q	0		0
4407.2990	--- 其他											
44072990.11	端部接合的拉敏木厚板材（经纵锯、纵切、刨切或旋切的，厚度超过6毫米）	0	14		13	0	千克/立方米	FEAB	P/Q	0		0
44072990.12	端部接合的南美蒺藜木（玉檀木）厚板材（经纵锯、纵切、刨切或旋切的，厚度超过6毫米）	0	14		13	0	千克/立方米	FEAB	P/Q	0		0
44072990.13	端部接合的其他未列名濒危热带木厚板材（经纵锯、纵切、刨切或旋切的，厚度超过6毫米）	0	14		13	0	千克/立方米	FEAB	P/Q	0		0
44072990.19	端部接合的其他未列名热带木厚板材（经纵锯、纵切、刨切或旋切的，厚度超过6毫米）	0	14		13	0	千克/立方米	AB	P/Q	0		0
44072990.91	非端部接合的南美蒺藜木（玉檀木）厚板材（经纵锯、纵切、刨切或旋切的，厚度超过6毫米）	0	14		13	0	千克/立方米	y4xAFEB	P/Q	0		0
44072990.92	非端部接合的其他未列名濒危热带木板材（经纵锯、纵切、刨切或旋切的，厚度超过6毫米）	0	14		13	0	千克/立方米	y4xAFEB	P/Q	0		0
44072990.99	非端部接合的其他未列名热带木板材（经纵锯、纵切、刨切或旋切的，厚度超过6毫米）	0	14		13	0	千克/立方米	y4xAB	P/Q	0		0
	- 其他：											
4407.9100	-- 栎木（橡木）											
44079100.11	端部接合的蒙古栎厚板材（经纵锯、纵切、刨切或旋切的，厚度超过6毫米）	0	14		13	0	千克/立方米	ABEF	P/Q	0		0
44079100.12	端部接合的濒危野生栎木（橡木）厚板材（经纵锯、纵切、刨切或旋切的，厚度超过6毫米，不包括人工培植的）	0	14		13	0	千克/立方米	ABE	P/Q	0		0
44079100.19	端部接合的其他栎木（橡木）厚板材（经纵锯、纵切、刨切或旋切的，厚度超过6毫米）	0	14		13	0	千克/立方米	AB	P/Q	0		0
44079100.91	非端部接合的蒙古栎厚板材（经纵锯、纵切、刨切或旋切的，厚度超过6毫米）	0	14		13	0	千克/立方米	4ABEFxy	P/Q	0		0
44079100.92	非端部接合的濒危野生栎木（橡木）厚板材（经纵锯、纵切、刨切或旋切的，厚度超过6毫米，不包括人工培植的）	0	14		13	0	千克/立方米	y4xABE	P/Q	0		0

协定税率（%）														特惠税率（%）①/②	Article Description
巴基斯坦	冰岛	哥斯达黎加	秘鲁	新西兰	瑞士	新加坡	韩国	澳大利亚	格鲁吉亚	毛里求斯	日本RCEP	尼加拉瓜	港澳台		
															--- Of rosewood
0	0	0	0	0	0		0	0	0	0	0	0	0/	0/0	Other wood of endangered tropical rosewood, sawn or chipped lengthwise, sliced or peeled, end-jointed, of a thickness exceeding 6mm
0	0	0	0	0	0		0	0	0	0	0	0	0/	0/0	Other tropical rosewood, sawn or chipped lengthwise, sliced or peeled, end-jointed, of a thickness exceeding 6mm
0	0	0	0	0	0		0	0	0	0	0	0	0/	0/0	Other wood of endangered tropical rosewood, sawn or chipped lengthwise, sliced or peeled, not end-jointed, of a thickness exceeding 6mm
0	0	0	0	0	0		0	0	0	0	0	0	0/	0/0	Other tropical rosewood sawn or chipped lengthwise, sliced or peeled, not end-jointed, of a thickness exceeding 6mm
															--- Other
0	0	0	0	0	0		0	0	0	0	0	0	0/	0/0	Ramin wood sawn or chipped lengthwise, sliced or peeled, end-jointed, of a thickness exceeding 6mm
0	0	0	0	0	0		0	0	0	0	0	0	0/	0/0	Other endangered tropical wood, not elsewhere specified or included, specified in Subheading Note 2 to this Chapter, sawn or chipped lengthwise, sliced or peeled, end-jointed, of a thickness exceeding 6mm
0	0	0	0	0	0		0	0	0	0	0	0	0/	0/0	Other endangered tropical wood, not elsewhere specified or included, sawn or chipped lengthwise, sliced or peeled, end-jointed, of a thickness exceeding 6mm
0	0	0	0	0	0		0	0	0	0	0	0	0/	0/0	Other tropical wood, not elsewhere specified or included, specified in Subheading Note 2 to this Chapter, sawn or chipped lengthwise, sliced or peeled, end-jointed, of a thickness exceeding 6mm
0	0	0	0	0	0		0	0	0	0	0	0	0/	0/0	Other endangered tropical wood, not elsewhere specified or included, specified in Subheading Note 2 to this Chapter, sawn or chipped lengthwise, sliced or peeled, not end-jointed, of a thickness exceeding 6mm
0	0	0	0	0	0		0	0	0	0	0	0	0/	0/0	Other endangered tropical wood, not elsewhere specified or included, sawn or chipped lengthwise, sliced or peeled, not end-jointed, of a thickness exceeding 6mm
0	0	0	0	0	0		0	0	0	0	0	0	0/	0/0	Other tropical wood, not elsewhere specified or included, specified in Subheading Note 2 to this Chapter, sawn or chipped lengthwise, sliced or peeled, not end-jointed, of a thickness exceeding 6mm
															- Other:
															-- Of oak (Ouercus spp.)
0	0	0	0	0	0		0	0	0	0	0	0	0/	0/0	Mongolian oak wood sawn or chipped lengthwise, sliced or peeled, end-jointed, of a thickness exceeding 6mm
0	0	0	0	0	0		0	0	0	0	0	0	0/	0/0	Endangered wild oak (Ouercus spp.) wood sawn or chipped lengthwise, sliced or peeled, end-jointed, of a thickness exceeding 6mm, other than those artificially cultivated
0	0	0	0	0	0		0	0	0	0	0	0	0/	0/0	Other oak (Ouercus spp.) wood sawn or chipped lengthwise, sliced or peeled, end-jointed, of a thickness exceeding 6mm
0	0	0	0	0	0		0	0	0	0	0	0	0/	0/0	Mongolian oak wood sawn or chipped lengthwise, sliced or peeled, not end-jointed, of a thickness exceeding 6mm
0	0	0	0	0	0		0	0	0	0	0	0	0/	0/0	Endangered wild oak (Ouercus spp.) wood sawn or chipped lengthwise, sliced or peeled, not end-jointed, of a thickness exceeding 6mm, other than those artificially cultivated

税　号	货品名称	进口关税（%）			增值/消费税（%）	出口退税（%）	计量单位	监管证件代码	检验检疫类别	协定税率（%）		
		最惠国	普通	年内暂定						东盟	亚太	智利
44079100.99	非端部接合的其他栎木（橡木）厚板材（经纵锯、纵切、刨切或旋切的，厚度超过6毫米）	0	14		13	0	千克/立方米	y4xAB	P/Q	0		0
4407.9200	-- 水青冈木（山毛榉木）											
44079200.11	端部接合的濒危野生水青冈木（山毛榉木）厚板材（经纵锯、纵切、刨切或旋切的，厚度超过6毫米，不包括人工培植的）	0	14		13	0	千克/立方米	ABE	P/Q	0		0
44079200.19	端部接合的其他水青冈木（山毛榉木）厚板材（经纵锯、纵切、刨切或旋切的，厚度超过6毫米）	0	14		13	0	千克/立方米	AB	P/Q	0		0
44079200.91	非端部接合的濒危野生水青冈木（山毛榉木）厚板材（经纵锯、纵切、刨切或旋切的，厚度超过6毫米，不包括人工培植的）	0	14		13	0	千克/立方米	4ABExy	P/Q	0		0
44079200.99	非端部接合的其他水青冈木（山毛榉木）厚板材（经纵锯、纵切、刨切或旋切的，厚度超过6毫米）	0	14		13	0	千克/立方米	4ABxy	P/Q	0		0
4407.9300	-- 槭木（枫木）											
44079300.11	端部接合的濒危野生槭木（枫木）厚板材（经纵锯、纵切、刨切或旋切的，厚度超过6毫米，不包括人工培植的）	0	14		13	0	千克/立方米	ABE	P/Q	0		0
44079300.19	端部接合的其他槭木（枫木）厚板材（经纵锯、纵切、刨切或旋切的，厚度超过6毫米）	0	14		13	0	千克/立方米	AB	P/Q	0		0
44079300.91	非端部接合的濒危野生槭木（枫木）厚板材（经纵锯、纵切、刨切或旋切的，厚度超过6毫米，不包括人工培植的）	0	14		13	0	千克/立方米	4ABExy	P/Q	0		0
44079300.99	非端部接合的其他槭木（枫木）厚板材（经纵锯、纵切、刨切或旋切的，厚度超过6毫米）	0	14		13	0	千克/立方米	4ABxy	P/Q	0		0
4407.9400	-- 樱桃木											
44079400.10	端部接合的樱桃木厚板材（经纵锯、纵切、刨切或旋切，厚度超过6毫米）	0	14		13	0	千克/立方米	AB	P/Q	0		0
44079400.90	非端部接合的樱桃木厚板材（经纵锯、纵切、刨切或旋切，厚度超过6毫米）	0	14		13	0	千克/立方米	4ABxy	P/Q	0		0
4407.9500	-- 白蜡木											
44079500.11	端部接合的水曲柳厚板材（经纵锯、纵切、刨切或旋切的，厚度超过6毫米）	0	14		13	0	千克/立方米	ABEF	P/Q	0		0
44079500.19	端部接合的其他白蜡木厚板材（经纵锯、纵切、刨切或旋切的，厚度超过6毫米）	0	14		13	0	千克/立方米	AB	P/Q	0		0
44079500.91	非端部接合的水曲柳厚板材（经纵锯、纵切、刨切或旋切的，厚度超过6毫米）	0	14		13	0	千克/立方米	4ABEFxy	P/Q	0		0
44079500.99	非端部接合的其他白蜡木厚板材（经纵锯、纵切、刨切或旋切的，厚度超过6毫米）	0	14		13	0	千克/立方米	4ABxy	P/Q	0		0
4407.9600	-- 桦木											
44079600.10	端部接合的桦木厚板材（经纵锯、纵切、刨切或旋切的，厚度超过6毫米）	0	14		13	0	千克/立方米	AB	P/Q	0		0
44079600.90	非端部结合的桦木厚板材（经纵锯、纵切、刨切或旋切的，厚度超过6毫米）	0	14		13	0	千克/立方米	4ABxy	P/Q	0		0
4407.9700	-- 杨木											
44079700.10	端部接合的杨木厚板材（经纵锯、纵切、刨切或旋切，厚度超过6毫米）	0	14		13	0	千克/立方米	AB	P/Q	0		0

协定税率（%）														特惠税率（%）①/②	Article Description
巴基斯坦	冰岛	哥斯达黎加	秘鲁	新西兰	瑞士	新加坡	韩国	澳大利亚	格鲁吉亚	毛里求斯	日本RCEP	尼加拉瓜	港澳台		
0	0	0	0	0	0		0	0	0	0	0	0	0/	0/0	Other oak (Ouercus spp.) wood sawn or chipped lengthwise, sliced or peeled, not end-jointed, of a thickness exceeding 6mm
															-- Of beech (Fagus spp.)
0	0	0	0	0	0		0	0	0	0	0	0	0/	0/0	Endangered wild beech (Fagus spp.) wood sawn or chipped lengthwise, sliced or peeled, end-jointed, of a thickness exceeding 6mm, other than those artificially cultivated
0	0	0	0	0	0		0	0	0	0	0	0	0/	0/0	Other beech (Fagus spp.) wood sawn or chipped lengthwise, sliced or peeled, end-jointed, of a thickness exceeding 6mm
0	0	0	0	0	0		0	0	0	0	0	0	0/	0/0	Endangered wild beech (Fagus spp.) wood sawn or chipped lengthwise, sliced or peeled, not end-jointed, of a thickness exceeding 6mm, other than those artificially cultivated
0	0	0	0	0	0		0	0	0	0	0	0	0/	0/0	Other beech (Fagus spp.) wood sawn or chipped lengthwise, sliced or peeled, not end-jointed, of a thickness exceeding 6mm
															-- Of maple (Acer spp.)
0	0	0	0	0	0		0	0	0	0	0	0	0/	0/0	Endangered wild maple wood sawn or chipped lengthwise, sliced or peeled, end-jointed, of a thickness exceeding 6mm, other than those artificially cultivated
0	0	0	0	0	0		0	0	0	0	0	0	0/	0/0	Other maple wood sawn or chipped lengthwise, sliced or peeled, end-jointed, of a thickness exceeding 6mm
0	0	0	0	0	0		0	0	0	0	0	0	0/	0/0	Endangered wild maple wood sawn or chipped lengthwise, sliced or peeled, not end-jointed, of a thickness exceeding 6mm, other than those artificially cultivated
0	0	0	0	0	0		0	0	0	0	0	0	0/	0/0	Other maple wood sawn or chipped lengthwise, sliced or peeled, not end-jointed, of a thickness exceeding 6mm
															-- Of cherry (Prunus spp.)
0	0	0	0	0	0		0	0	0	0	0	0	0/	0/0	Cherry wood sawn or chipped lengthwise, sliced or peeled, end-jointed, of a thickness exceeding 6mm
0	0	0	0	0	0		0	0	0	0	0	0	0/	0/0	Cherry wood sawn or chipped lengthwise, sliced or peeled, not end-jointed, of a thickness exceeding 6mm
															-- Of ash (Fraxinus spp.)
0	0	0	0	0	0		0	0	0	0	0	0	0/	0/0	Wood of Fraxinus mandshurica, sawn or chipped lengthwise, sliced or peeled, end-jointed, of a thickness exceeding 6mm
0	0	0	0	0	0		0	0	0	0	0	0	0/	0/0	Other ash wood sawn or chipped lengthwise, sliced or peeled, end-jointed, of a thickness exceeding 6mm
0	0	0	0	0	0		0	0	0	0	0	0	0/	0/0	Wood of Fraxinus mandshurica, sawn or chipped lengthwise, sliced or peeled, not end-jointed, of a thickness exceeding 6mm
0	0	0	0	0	0		0	0	0	0	0	0	0/	0/0	Other ash wood sawn or chipped lengthwise, sliced or peeled, not end-jointed, of a thickness exceeding 6mm
															-- Of birch (Betula spp.)
0	0	0	0	0	0			0	0	0	0	0	0/	0/0	Brich wood, sawn or chipped lengthwise, sliced or peeled, end-jointed, of a thickness exceeding 6mm
0	0	0	0	0	0			0	0	0	0	0	0/	0/0	Brich wood, sawn or chipped lengthwise, sliced or peeled, not end-jointed, of a thickness exceeding 6mm
															-- Of poplar and aspen (Populus spp.)
0	0	0	0	0	0			0	0	0	0	0	0/	0/0	Poplar and aspen wood sawn or chipped lengthwise, sliced or peeled, end-jointed, of a thickness exceeding 6mm

税 号	货品名称	进口关税（%） 最惠国	普通	年内暂定	增值/消费税（%）	出口退税（%）	计量单位	监管证件代码	检验检疫类别	协定税率（%） 东盟	亚太	智利
44079700.90	非端部接合的杨木厚板材（经纵锯、纵切、刨切或旋切，厚度超过6毫米）	0	14		13	0	千克/立方米	4ABxy	P/Q	0		0
	-- 其他：											
4407.9910	--- 红木，但税号4407.2940所列热带红木除外											
44079910.11	端部接合的濒危红木厚板材，但税号4407.2940所列热带红木除外（经纵锯、纵切、刨切或旋切的，厚度超过6毫米）	0	40		13	0	千克/立方米	AFEB	P/Q	0		0
44079910.19	端部接合的其他红木厚板材，但税号4407.2940所列热带红木除外（经纵锯、纵切、刨切或旋切的，厚度超过6毫米）	0	40		13	0	千克/立方米	AB	P/Q	0		0
44079910.91	非端部接合的濒危红木厚板材，但税号4407.2940所列热带红木除外（经纵锯、纵切、刨切或旋切的，厚度超过6毫米）	0	40		13	0	千克/立方米	y4xAFEB	P/Q	0		0
44079910.99	非端部接合的其他红木厚板材，但税号4407.2940所列热带红木除外（经纵锯、纵切、刨切或旋切的，厚度超过6毫米）	0	40		13	0	千克/立方米	4ABxy	P/Q	0		0
4407.9920	--- 泡桐木											
44079920.10	端部接合的泡桐木厚板材（经纵锯、纵切、刨切或旋切的，厚度超过6毫米）	0	14		13	13	千克/立方米	AB	P/Q	0		0
44079920.90	非端部接合的泡桐木厚板材（经纵锯、纵切、刨切或旋切的，厚度超过6毫米）	0	14		13	13	千克/立方米	AB	P/Q	0		0
4407.9930	--- 北美硬阔叶木											
44079930.10	端部接合的北美硬阔叶材厚板材（经纵锯纵切、刨切或旋切的，厚度超过6毫米）	0	14		13	0	千克/立方米	AB	P/Q	0		0
44079930.90	非端部接合的北美硬阔叶材厚板材（经纵锯纵切、刨切或旋切的，厚度超过6毫米）	0	14		13	0	千克/立方米	AB	P/Q	0		0
4407.9980	--- 其他未列名的温带非针叶木											
44079980.11	端部接合其他未列名的温带濒危非针叶板材（纵锯、纵切、刨切或旋切的，厚度超过6毫米）	0	14		13	0	千克/立方米	FEAB	P/Q	0		0
44079980.19	端部接合的其他未列名的温带非针叶厚板材（纵锯、纵切、刨切或旋切的，厚度超过6毫米）	0	14		13	0	千克/立方米	AB	P/Q	0		0
44079980.91	非端部结合其他未列名的温带濒危非针叶厚板材（纵锯、纵切、刨切或旋切的，厚度超过6毫米）	0	14		13	0	千克/立方米	4ABEFxy	P/Q	0		0
44079980.99	非端部接合的其他未列名的温带非针叶厚板材（纵锯、纵切、刨切或旋切的，厚度超过6毫米）	0	14		13	0	千克/立方米	4ABxy	P/Q	0		0
4407.9990	--- 其他											
44079990.12	端部接合的沉香木及拟沉香木厚板材（经纵锯、纵切、刨切或旋切的，厚度超过6毫米）	0	14		13	0	千克/立方米	AFEB	P/Q	0		0
44079990.15	端部接合的其他濒危木厚板材（经纵锯、纵切、刨切或旋切的，厚度超过6毫米）	0	14		13	0	千克/立方米	AFEB	P/Q	0		0

协定税率（%）														特惠税率（%）①/②	Article Description
巴基斯坦	冰岛	哥斯达黎加	秘鲁	新西兰	瑞士	新加坡	韩国	澳大利亚	格鲁吉亚	毛里求斯	日本RCEP	尼加拉瓜	港澳台		
0	0	0	0	0	0			0	0	0	0	0	0/	0/0	Poplar and aspen wood sawn or chipped lengthwise, sliced or peeled, not end-jointed, of a thickness exceeding 6mm
															-- Other:
															--- Of rosewood, other than tropical wood of subheading 4407.2940
0	0	0	0	0	0		0	0	0	0	0	0	0/	0/0	The end of the engagement of endangered nanmu Zhangmu rosewood planks (sawn or chipped lengthwise, sliced or peeled, the thickness is more than 6mm)
0	0	0	0	0	0		0	0	0	0	0	0	0/	0/0	The other end jointed nanmu Zhangmu rosewood planks (sawn or chipped lengthwise, sliced or peeled, the thickness is more than 6mm)
0	0	0	0	0	0		0	0	0	0	0	0	0/	0/0	None end joint engagement nanmu Zhangmu rosewood planks (sawn or chipped lengthwise, sliced or peeled, the thickness is more than 6mm)
0	0	0	0	0	0		0	0	0	0	0	0	0/	0/0	None end joining other nanmu Zhangmu rosewood planks (sawn or chipped lengthwise, sliced or peeled, the thickness is more than 6mm)
															--- Of Paulownia
0	0	0	0	0	0		0	0	0	0	0	0	0/	0/0	Paulownia wood sawn or chipped lengthwise, sliced or peeled, end-jointed, of a thickness exceeding 6mm
0	0	0	0	0	0		0	0	0	0	0	0	0/	0/0	Paulownia wood sawn or chipped lengthwise, sliced or peeled, not end-jointed, of a thickness exceeding 6mm
															--- North American hard wood
0	0	0	0	0	0		0	0	0	0	0	0	0/	0/0	Wood sawn or chipped lengthwise, sliced or peeled, of North American hard wood (including walnut), end-jointed, of a thickness exceeding 6mm
0	0	0	0	0	0		0	0	0	0	0	0	0/	0/0	Wood sawn or chipped lengthwise, sliced or peeled, of North American hardwood (including walnut), not end-jointed, of a thickness exceeding 6mm
															--- Other temperate non-coniferous wood, not elsewhere specified or included
0	0	0	0	0	0		0	0	0	0	0	0	0/	0/0	Wood sawn or chipped lengthwise, sliced or peeled, of other endangered temperate non-coniferous wood, end-jointed, of a thickness exceeding 6mm
0	0	0	0	0	0		0	0	0	0	0	0	0/	0/0	Wood sawn or chipped lengthwise, sliced or peeled, of other temperate non-coniferous wood, end-jointed, of a thickness exceeding 6mm
0	0	0	0	0	0		0	0	0	0	0	0	0/	0/0	Wood sawn or chipped lengthwise, sliced or peeled, of other endangered temperate non-coniferous wood, not end-jointed, of a thickness exceeding 6mm
0	0	0	0	0	0		0	0	0	0	0	0	0/	0/0	Wood sawn or chipped lengthwise, sliced or peeled, of other temperate non-coniferous wood, not end-jointed, of a thickness exceeding 6mm
															--- Other
0	0	0	0	0	0		0	0	0	0	0	0	0/	0/0	Wood, sawn or chipped lengthwise, sliced or peeled, end-jointed, of Aloewood and Quasi eaglewood, of a thickness exceeding 6mm
0	0	0	0	0	0		0	0	0	0	0	0	0/	0/0	Wood sawn or chipped lengthwise, sliced or peeled, end-jointed, of other endangered wood, of a thinkness exceeding 6mm

税　号	货品名称	进口关税（%）最惠国	进口关税（%）普通	进口关税（%）年内暂定	增值/消费税（%）	出口退税（%）	计量单位	监管证件代码	检验检疫类别	协定税率（%）东盟	协定税率（%）亚太	协定税率（%）智利
44079990.19	端部接合的其他木厚板材（经纵锯、纵切、刨切或旋切的，厚度超过6毫米）	0	14		13	0	千克/立方米	AB	P/Q	0		0
44079990.92	非端部接合的沉香木及拟沉香木厚板材（经纵锯、纵切、刨切或旋切的，厚度超过6毫米）	0	14		13	0	千克/立方米	y4xAFEB	P/Q	0		0
44079990.95	非端部接合的其他濒危木厚板材（经纵锯、纵切、刨切或旋切的，厚度超过6毫米）	0	14		13	0	千克/立方米	y4xAFEB	P/Q	0		0
44079990.99	非端部接合的其他木厚板材（经纵锯、纵切、刨切或旋切的，厚度超过6毫米）	0	14		13	0	千克/立方米	y4xAB	P/Q	0		0
44.08	**饰面用单板（包括刨切积层木获得的单板）、制胶合板或类似多层板用单板以及其他经纵锯、刨切或旋切的木材，不论是否刨平、砂光、拼接或端部结合，厚度不超过6毫米：**											
	- 针叶木：											
	--- 饰面用单板：											
4408.1011	---- 用胶合板等多层板制的											
44081011.10	胶合板等多层板制濒危针叶木单板	6	40	0	13	0	千克	ABFE	MP/Q	5		0
44081011.90	其他胶合板等多层板制针叶木单板	6	40	0	13	0	千克	AB	MP/Q	5		0
4408.1019	---- 其他											
44081019.10	其他饰面濒危针叶木单板	4	40	0	13	0	千克	ABFE	MP/Q	0		0
44081019.90	其他饰面针叶木单板	4	40	0	13	0	千克	AB	MP/Q	0		0
4408.1020	--- 制胶合板用单板											
44081020.10	制胶合板用濒危针叶木单板	4	17	0	13	0	千克	ABFE	MP/Q	0		0
44081020.90	其他制胶合板用针叶木单板	4	17	0	13	0	千克	AB	MP/Q	0		0
4408.1090	--- 其他											
44081090.10	其他濒危针叶木单板材	4	30	0	13	0	千克	ABFE	P/Q	0		0
44081090.90	其他针叶木单板材	4	30	0	13	0	千克	AB	P/Q	0		0
	- 热带木：											
	-- 深红色红柳桉木、浅红色红柳桉木及巴栲红柳桉木：											
	--- 饰面用单板：											
4408.3111	---- 用胶合板等多层板制的	6	40	0	13	0	千克	AB	MP/Q	5		0
4408.3119	---- 其他	4	40	0	13	0	千克	AB	P/Q	0		0
4408.3120	--- 制胶合板用单板	4	17	0	13	0	千克	AB	MP/Q	0		0
4408.3190	--- 其他	4	30	0	13	0	千克	AB	P/Q	0		0
	-- 其他：											
	--- 饰面用单板：											
4408.3911	---- 用胶合板等多层板制的											
44083911.10	胶合板多层板制饰面濒危桃花心木单板（厚度≤6毫米）	6	40	0	13	0	千克	ABFE	MP/Q	5	4.2	0
44083911.20	胶合板多层板制饰面拉敏木单板（厚度≤6毫米）	6	40	0	13	0	千克	ABFE	MP/Q	5	4.2	0
44083911.30	胶合板多层板制饰面濒危热带木单板（厚度≤6毫米）	6	40	0	13	0	千克	ABFE	MP/Q	5	4.2	0

协定税率（%）														特惠税率（%）①/②	Article Description
巴基斯坦	冰岛	哥斯达黎加	秘鲁	新西兰	瑞士	新加坡	韩国	澳大利亚	格鲁吉亚	毛里求斯	日本 RCEP	尼加拉瓜	港澳台		
0	0	0	0	0	0		0	0	0	0	0	0	0/	0/0	Other wood sawn or chipped lengthwise, sliced or peeled, end-jointed, of a thickness exceeding 6mm
0	0	0	0	0	0		0	0	0	0	0	0	0/	0/0	Wood sawn or chipped lengthwise, sliced or peeled, not end jointed, of Aloewood and Quasi eaglewood, of a thinkness exceeding 6mm
0	0	0	0	0	0		0	0	0	0	0	0	0/	0/0	Wood sawn or chipped lengthwise, sliced or peeled, not end-jointed, of other endangered wood, of a thinkness exceeding 6mm
0	0	0	0	0	0		0	0	0	0	0	0	0/	0/0	Other wood sawn or chipped lengthwise, sliced or peeled, not end-jointed, of a thickness exceeding 6mm
															Sheets for veneering (including those obtained by slicing laminated wood), for plywood or for similar laminated wood and other wood, sawn lengthwise, sliced or peeled, whether or not planed, sanded, spliced or end-jointed, of a thickness not exceeding 6mm:
															- Coniferous:
															--- Veneer sheets:
															----Of laminated plywood
	0	0	0	0	0		2.6	0		0		0	0/	/0	Sheets for veneering of endangered coniferous wood, of laminated plywood, of a thickness not exceeding 6mm
	0	0	0	0	0		2.6	0		0		0	0/	/0	Other sheets for veneering of coniferous wood, of laminated plywood, of a thickness not exceeding 6mm
															----Other
0	0	0	0	0	0	0	0	0		0	2.9	0	0/	0/0	Other veneer sheets of endangered coniferous wood, of a thickness not exceeding 6mm
0	0	0	0	0	0	0	0	0		0	2.9	0	0/	0/0	Other sheets for veneering of coniferous wood, of a thickness not exceeding 6mm
															--- Sheets for plywood
0	0	0	0	0	0	0	0	0		0	2.9	0	0/	0/0	Sheets for plywood of endangered coniferous wood, of a thickness not exceeding 6mm
0	0	0	0	0	0	0	0	0		0	2.9	0	0/	0/0	Sheets for plywood of other coniferous wood, of a thickness not exceeding 6mm
															--- Other
0	0	0	0	0	0	0	0	0		0	2.9	0	0/	0/0	Other sheets of endangered coniferous wood, sawn or chipped lengthwise, sliced or peeled, of a thickness not exceeding 6mm
0	0	0	0	0	0	0	0	0		0	2.9	0	0/	0/0	Other sheets of coniferous wood, sawn or chipped lengthwise, sliced or peeled, of a thickness not exceeding 6mm
															- Of tropical wood:
															-- Dark Red Meranti, Light Red Meranti and Meranti Bakau:
															--- Veneer sheets:
	0	0	0	0	0		3.3	0		0		0	0/	/0	----Of laminated plywood
0	0	0	0	0	0	0	0	0		0	2.9	0	0/	0/0	----Other
0	0	0	0	0	0	0	0	0		0	2.9	0	0/	0/0	--- Sheets for plywood
0	0	0	0	0	0	0	0	0		0	2.9	0	0/	0/0	--- Other
															-- Other:
															--- Veneer sheets:
															----Of laminated plywood
	0	0	0	0	0		3.3	0		0		0	0/	/0	Veneer sheets, of endangered Acajou d'afrique, of laminated plywood, of a thickness not exceeding 6mm
	0	0	0	0	0		3.3	0		0		0	0/	/0	Veneer sheets, of Ramin wood, of laminated plywood, of a thickness not exceeding 6mm
	0	0	0	0	0		3.3	0		0		0	0/	/0	Veneer sheets, of endangered tropical wood, of laminated plywood, of a thickness not exceeding 6mm

税　号	货品名称	进口关税（%）			增值/消费税（%）	出口退税（%）	计量单位	监管证件代码	检验检疫类别	协定税率（%）		
		最惠国	普通	年内暂定						东盟	亚太	智利
44083911.90	胶合板多层板制饰面热带木单板（厚度≤6毫米）	6	40	0	13	0	千克	AB	MP/Q	5	4.2	0
4408.3919	----其他											
44083919.10	其他饰面用濒危桃花心木单板（厚度≤6毫米）	4	40	0	13	0	千克	ABFE	P/Q	0		0
44083919.30	其他濒危热带木制饰面用单板（厚度≤6毫米）	4	40	0	13	0	千克	ABFE	P/Q	0		0
44083919.90	其他热带木饰面用单板（厚度≤6毫米）	4	40	0	13	0	千克	AB	P/Q	0		0
4408.3920	--- 制胶合板用单板											
44083920.10	其他濒危桃花心木制的胶合板用单板（厚度≤6毫米）	4	17	0	13	0	千克	ABFE	MP/Q	0	3.6	0
44083920.20	其他拉敏木制的胶合板用单板（厚度≤6毫米）	4	17	0	13	0	千克	ABFE	MP/Q	0	3.6	0
44083920.30	其他濒危热带木制的胶合板用单板	4	17	0	13	0	千克	ABFE	MP/Q	0	3.6	0
44083920.90	其他列名热带木制的胶合板用单板	4	17	0	13	0	千克	AB	MP/Q	0	3.6	0
4408.3990	--- 其他											
44083990.10	其他濒危桃花心木制的其他单板（厚度≤6毫米）	4	30	0	13	0	千克	ABFE	P/Q	0		0
44083990.30	其他列名濒危热带木制的其他单板	4	30	0	13	0	千克	ABFE	P/Q	0		0
44083990.90	其他列名的热带木制的其他单板	4	30	0	13	0	千克	AB	P/Q	0		0
	- 其他：											
	--- 饰面用单板：											
4408.9011	----用胶合板等多层板制的											
44089011.10	胶合板多层板制饰面濒危木单板	4	40	0	13	0	千克	ABFE	MP/Q		2.8	0
44089011.90	胶合板多层板制饰面其他木单板	4	40	0	13	0	千克	AB	MP/Q		2.8	0
4408.9012	----温带非针叶木制											
44089012.10	温带濒危非针叶木制饰面用木单板	3	40	0	13	0	千克	ABFE	P/Q	0		0
44089012.90	其他温带非针叶木制饰面用木单板	3	40	0	13	0	千克	AB	P/Q	0		0
4408.9013	----竹制											
44089013.10	濒危竹制饰面用单板	4	40	0	13	0	千克	ABE	P/Q		2.8	0
44089013.90	其他竹制饰面用单板	4	40	0	13	0	千克	AB	P/Q		2.8	0
4408.9019	----其他											
44089019.11	家具饰面用濒危木单板	3	40	0	13	0	千克	ABFE	MP/Q	0		0
44089019.19	其他家具饰面用单板	3	40	0	13	0	千克	AB	MP/Q	0		0
44089019.91	其他饰面用濒危木单板	3	40	0	13	0	千克	ABFE	MP/Q	0		0
44089019.99	其他饰面用单板	3	40	0	13	0	千克	AB	MP/Q	0		0
	--- 制胶合板用单板：											
4408.9021	----温带非针叶木制											
44089021.10	温带濒危非针叶木制胶合板用单板	3	17	0	13	0	千克	ABFE	MP/Q	0		0
44089021.90	其他温带非针叶木制胶合板用单板	3	17	0	13	0	千克	AB	MP/Q	0		0
4408.9029	----其他											
44089029.11	其他濒危木制胶合板用旋切单板	3	17	0	13	0	千克	ABFE	MP/Q	0		0
44089029.19	其他濒危木制胶合板用其他单板	3	17	0	13	0	千克	ABFE	MP/Q	0		0
44089029.91	其他木制胶合板用旋切单板	3	17	0	13	0	千克	AB	MP/Q	0		0
44089029.99	其他木制胶合板用其他单板	3	17	0	13	0	千克	AB	MP/Q	0		0
	--- 其他：											
4408.9091	----温带非针叶木制											

协定税率（%）														特惠税率（%）①/②	Article Description
巴基斯坦	冰岛	哥斯达黎加	秘鲁	新西兰	瑞士	新加坡	韩国	澳大利亚	格鲁吉亚	毛里求斯	日本RCEP	尼加拉瓜	港澳台		
	0	0	0	0	0		3.3	0		0		0	0/	/0	Veneer sheets, of tropical wood, of laminated plywood, of a thickness not exceeding 6mm
															----Other
0	0	0	0	0	0	0	0	0		0	2.2	0	0/	0/0	Other veneer sheets, of endangered Acajou d'afrique, of a thickness not exceeding 6mm
0	0	0	0	0	0	0	0	0		0	2.2	0	0/	0/0	Other veneer sheets, of endangered tropical wood, of a thickness not exceeding 6mm
0	0	0	0	0	0	0	0	0		0	2.2	0	0/	0/0	Other veneer sheets, of tropical wood, of a thickness not exceeding 6mm
															--- Sheets for plywood
0	0	0	0	0	0	0	0	0		0	2.2	0	0/	0/0	Other sheets for plywood, of endangered Acajou d'afrique, of a thickness not exceeding 6mm
0	0	0	0	0	0	0	0	0		0	2.2	0	0/	0/0	Other sheets for plywood of Ramin wood, of a thickness not exceeding 6mm
0	0	0	0	0	0	0	0	0		0	2.2	0	0/	0/0	Other sheets for plywood, of endangered tropical wood
0	0	0	0	0	0	0	0	0		0	2.2	0	0/	0/0	Other sheets for plywood, of tropical wood
															--- Other
0	0	0	0	0	0	0	0	0		0	2.2	0	0/	0/0	Other sheets of other endangered Acajou, of tropical wood, of a thickness not exceeding 6mm
0	0	0	0	0	0	0	0	0		0	2.2	0	0/	0/0	Other sheets of other endangered tropical wood
0	0	0	0	0	0	0	0	0		0	2.2	0	0/	0/0	Other sheets of other specified tropical wood
															- Other:
															--- Veneer sheets:
															----Of laminated plywood
	0	0	0	0	0		1.3	0		0		0	0/	/0	Veneer sheets of endangered wood, of laminated plywood
	0	0	0	0	0		1.3	0		0		0	0/	/0	Veneer sheets of other wood, of laminated plywood
															----Of temperate non-coniferous wood
0	0	0	0	0	0	0	0	0		0	2.2	0	0/	0/0	Veneer sheets of endangered temperate non-coniferous wood
0	0	0	0	0	0	0	0	0		0	2.2	0	0/	0/0	Other veneer sheets of temperate non-coniferous wood
															----Of bamboo
	0	0	0	0	0		1.3	0		0		0	0/	/0	Veneer sheets of endangered bamboo
	0	0	0	0	0		1.3	0		0		0	0/	/0	Other veneer sheets of other bamboo
															----Other
0	0	0	0	0	0	0	0	0		0	2.2	0	0/	0/0	Veneer sheets of endangered wood
0	0	0	0	0	0	0	0	0		0	2.2	0	0/	0/0	Other veneer sheets for furniture
0	0	0	0	0	0	0	0	0		0	2.2	0	0/	0/0	Other Veneer sheets of endangered wood
0	0	0	0	0	0	0	0	0		0	2.2	0	0/	0/0	Other Veneer sheets of wood
															--- Sheets for plywood:
															----Of temperate non-coniferous wood
0	0	0	0	0	0	0	0	0		0	2.2	0	0/	0/0	Sheets for plywood of endangered temperate non-coniferous wood
0	0	0	0	0	0	0	0	0		0	2.2	0	0/	0/0	Other sheets for plywood of temperate non-coniferous wood
															----Other
0	0	0	0	0	0	0	0	0		0	2.2	0	0/	0/0	Other sheets for plywood of endangered wood, peeled
0	0	0	0	0	0	0	0	0		0	2.2	0	0/	0/0	Other sheets for plywood of other endangered wood, other than peeled sheets
0	0	0	0	0	0	0	0	0		0	2.2	0	0/	0/0	Other sheets for plywood of wood, peeled
0	0	0	0	0	0	0	0	0		0	2.2	0	0/	0/0	Other sheets for plywood of other wood, other than peeled sheets
															--- Other:
															----Of temperate non-coniferous wood

税　号	货品名称	进口关税（%）			增值/消费税（%）	出口退税（%）	计量单位	监管证件代码	检验检疫类别	协定税率（%）		
		最惠国	普通	年内暂定						东盟	亚太	智利
44089091.10	温带濒危非针叶木制其他单板材	3	30	0	13	0	千克	ABFE	P/Q	0		0
44089091.90	温带非针叶木制其他单板材	3	30	0	13	0	千克	AB	P/Q	0		0
4408.9099	----其他											
44089099.10	其他濒危木制的其他单板材	3	30	0	13	0	千克	ABFE	P/Q	0		0
44089099.90	其他木材，但针叶木热带木除外	3	30	0	13	0	千克	AB	P/Q	0		0
44.09	**任何一边、端或面制成连续形状（舌榫、槽榫、半槽榫、斜角、V形接头、珠榫、缘饰、刨圆及类似形状）的木材（包括未装拼的拼花地板用板条及缘板），不论其任意一边或面是否刨平、砂光或端部接合：**											
	- 针叶木：											
4409.1010	--- 地板条（块）											
44091010.10	一边或面制成连续形状的濒危针叶木制地板条、块	6	50	0	13/5	0	千克	ABFE	P/Q	0		0
44091010.90	一边或面制成连续形状的其他针叶木地板条、块	6	50	0	13/5	0	千克	AB	P/Q	0		0
4409.1090	--- 其他											
44091090.10	一边或面制成连续形状濒危针叶木材	6	50	0	13	0	千克	ABFE	P/Q	0		0
44091090.90	其他一边或面制成连续形状的针叶木材	6	50	0	13	0	千克	AB	P/Q	0		0
	- 非针叶木：											
	-- 竹的：											
4409.2110	--- 地板条（块）											
44092110.10	一边或面制成连续形状的濒危竹地板条（块）	4	50	0	13	0	千克	ABE	P/Q	0		0
44092110.90	一边或面制成连续形状的竹地板条（块）	4	50	0	13	13	千克	AB	P/Q	0		0
4409.2190	--- 其他											
44092190.10	一边或面制成连续形状的其他濒危竹材	4	50	0	13	0	千克	ABE	P/Q	0		0
44092190.90	一边或面制成连续形状的其他竹材	4	50	0	13	13	千克	AB	P/Q	0		0
	-- 热带木的：											
4409.2210	--- 地板条（块）											
44092210.20	一边或面制成连续形状的濒危桃花心木地板条、块（包括未装拼的桃花心木拼花地板用板条及缘板）	4	50	0	13/5	0	千克	ABFE	P/Q	0		0
44092210.30	一边或面制成连续形状的其他濒危热带木地板条、块	4	50	0	13/5	0	千克	ABFE	P/Q	0		0
44092210.90	一边或面制成连续形状的其他热带木地板条、块	4	50	0	13/5	0	千克	AB	P/Q	0		0
4409.2290	--- 其他											
44092290.20	一边或面制成连续形状的濒危桃花心木	4	50	0	13	0	千克	ABFE	P/Q	0		0
44092290.30	一边或面制成连续形状的其他濒危热带木	4	50	0	13	0	千克	ABFE	P/Q	0		0
44092290.90	一边或面制成连续形状的其他热带木	4	50	0	13	0	千克	AB	P/Q	0		0

协定税率（%）														特惠税率（%）①/②	Article Description
巴基斯坦	冰岛	哥斯达黎加	秘鲁	新西兰	瑞士	新加坡	韩国	澳大利亚	格鲁吉亚	毛里求斯	日本RCEP	尼加拉瓜	港澳台		
0	0	0	0	0	0	0	0	0		0	2.2	0	0/	0/0	Sheets of temperate endangered non-coniferous wood, sawn or chipped lengthwise, sliced or peeled
0	0	0	0	0	0	0	0	0		0	2.2	0	0/	0/0	Other sheets of temperate non-coniferous wood, sawn or chipped lengthwise, sliced or peeled
															----Other
0	0	0	0	0	0	0	0	0		0	2.2	0	0/	0/0	Other sheets of other endangered wood, sawn or chipped lengthwise, sliced or peeled
0	0	0	0	0	0	0	0	0		0	2.2	0	0/	0/0	Other wood, sawn or chipped lengthwise, sliced or peeled (other than coniferous or tropical wood)
															Wood (including strips and friezes for parquet flooring, not assembled) continuously shaped (tongues, grooved, rebated, chamfered, V-jointed, beaded, moulded, rounded or the like) along any of its "edges, ends or faces, whether or not planed, sanded or end-jointed":
															- Coniferous:
															--- Floor board strips
0	0	0	0	0	0	0	0	0		0	5.5	0	0/	0/0	Floor board strips of endangered coniferous wood continuously shaped along any of its edges or faces
0	0	0	0	0	0	0	0	0		0	5.5	0	0/	0/0	Floor board strips of other coniferous wood continuously shaped along any of its edges or faces
															--- Other
0	0	0	0	0	0	0	0	0		0	5.5	0	0/	0/0	Endangered coniferous wood, continuously shaped along any of its edges or faces
0	0	0	0	0	0	0	0	0		0	5.5	0	0/	0/0	Coniferous wood, continuously shaped along any of its edges or faces
															- Non-coniferous:
															-- Of bamboo:
															--- Floor board strips
0	0	0	0	0	0	0	0	0		0	2.9	0	0/	0/0	Floor board strips of endangered bamboo continuously shaped along any of its edges or faces
0	0	0	0	0	0	0	0	0		0	2.9	0	0/	0/0	Floor board strips of bamboo continuously shaped along any of its edges or faces
															--- Other
0	0	0	0	0	0	0	0	0	0	0	0	0	0/	0/0	Other endangered bamboo continuously shaped along any of its edges or faces
0	0	0	0	0	0	0	0	0	0	0	0	0	0/	0/0	Other bamboo, continuously shaped along any of its edges or faces
															-- Of tropical wood:
															--- Floor board strips
0	0	0	0	0	0	0	0	0		0	2.9	0	0/	0/0	Floor board strips of Acajou wood (including strips and friezes for parquet flooring, not assembled) continuously shaped along any of its edges or faces
0	0	0	0	0	0	0	0	0		0	2.9	0	0/	0/0	Floor board strips of other endangered tropical wood continuously shaped along any of its edges or faces
0	0	0	0	0	0	0	0	0		0	2.9	0	0/	0/0	Floor board strips of other tropical wood continuously shaped along any of its edges or faces
															--- Other
0	0	0	0	0	0	0	0	0		0	2.9	0	0/	0/0	Acajou wood, continuously shaped along any of its edges or faces
0	0	0	0	0	0	0	0	0		0	2.9	0	0/	0/0	Other endangered tropical wood continuously shaped along any of its edges or faces
0	0	0	0	0	0	0	0	0		0	2.9	0	0/	0/0	Other endangered wood continuously shaped along any of its edges or faces

税　号	货品名称	进口关税（%）			增值/消费税（%）	出口退税（%）	计量单位	监管证件代码	检验检疫类别	协定税率（%）		
		最惠国	普通	年内暂定						东盟	亚太	智利
	-- 其他：											
4409.2910	--- 地板条（块）											
44092910.30	一边或面制成连续形状的其他濒危木地板条、块	4	50	0	13/5	0	千克	ABFE	P/Q	0		0
44092910.90	一边或面制成连续形状的其他非针叶木地板条、块	4	50	0	13/5	0	千克	AB	P/Q	0		0
4409.2990	--- 其他											
44092990.30	一边或面制成连续形状的其他濒危木	4	50	0	13	0	千克	ABFE	P/Q	0		0
44092990.90	一边或面制成连续形状的其他非针叶木材	4	50	0	13	0	千克	AB	P/Q	0		0
44.10	**碎料板、定向刨花板（OSB）及类似板（例如，华夫板），木或其他木质材料制，不论是否用树脂或其他有机粘合剂粘合：**											
	- 木制：											
4410.1100	-- 碎料板	4	40	0	13	13	千克	AB	P/Q			0
4410.1200	-- 定向刨花板（OSB）	4	40	0	13	13	千克	AB	P/Q			0
4410.1900	-- 其他	4	40	0	13	13	千克	AB	P/Q			0
	- 其他：											
	--- 碎料板：											
4410.9011	---- 麦稻秸秆制	6	40		13	13	千克	AB	P/Q			
4410.9019	---- 其他	6	40		13	13	千克	AB	P/Q			
4410.9090	--- 其他	6	40		13	13	千克	AB	P/Q			
44.11	**木纤维板或其他木质材料纤维板，不论是否用树脂或其他有机粘合剂粘合：**											
	- 中密度纤维板（MDF）：											
	-- 厚度不超过5毫米：											
	--- 密度超过每立方厘米0.8克：											
4411.1211	---- 未经机械加工或盖面的	4	40	0	13	13	千克	AB	P/Q			0
4411.1219	---- 其他	6	40	0	13	13	千克	AB	P/Q			0
	--- 密度超过每立方厘米0.5克，但未超过每立方厘米0.8克：											
4411.1221	---- 辐射松制的	4	40	0	13	13	千克	AB	P/Q			0
4411.1229	---- 其他	4	40	0	13	13	千克	AB	P/Q			0
	--- 其他：											
4411.1291	---- 未经机械加工或盖面的	6	40	0	13	13	千克	AB	P/Q	5		0
4411.1299	---- 其他	4	40	0	13	13	千克	AB	P/Q			
	-- 厚度超过5毫米，但未超过9毫米：											
	--- 密度超过每立方厘米0.8克：											
4411.1311	---- 未经机械加工或盖面的	4	40	0	13	13	千克	AB	P/Q			
4411.1319	---- 其他	6	40	0	13	13	千克	AB	MP/Q			
	--- 密度超过每立方厘米0.5克，但未超过每立方厘米0.8克：											
4411.1321	---- 辐射松制的	4	40	0	13	13	千克	AB	P/Q			0
4411.1329	---- 其他	4	40	0	13	13	千克	AB	P/Q			0
	--- 其他：											
4411.1391	---- 未经机械加工或盖面的	6	40	0	13	13	千克	AB	P/Q	5		0
4411.1399	---- 其他	4	40	0	13	13	千克	AB	P/Q			0
	-- 厚度超过9毫米：											
	--- 密度超过每立方厘米0.8克：											
4411.1411	---- 未经机械加工或盖面的	4	40	0	13	13	千克	AB	P/Q			
4411.1419	---- 其他	6	40	0	13	13	千克	AB	MP/Q			

协定税率（%）巴基斯坦	冰岛	哥斯达黎加	秘鲁	新西兰	瑞士	新加坡	韩国	澳大利亚	格鲁吉亚	毛里求斯	日本RCEP	尼加拉瓜	港澳台	特惠税率（%）①/②	Article Description
															-- Other:
															--- Floor board strips
0	0	0	0	0	0	0	0	0		0	2.9	0	0/	0/0	Floor board strips of other endangered wood (including strips and friezes for parquet flooring, not assembled) continuously shaped along any of its edges or faces
0	0	0	0	0	0	0	0	0		0	2.9	0	0/	0/0	Floor board strips of other non-coniferous wood continuously shaped along any of its edges or faces
															--- Other
0	0	0	0	0	0	0	0	0		0	2.9	0	0/	0/0	Other endangered wood continuously shaped along any of its edges or faces
0	0	0	0	0	0	0	0	0		0	2.9	0	0/	0/0	Other non-coniferous wood, continuously shaped along any of its edges or faces
															Particle board, oriented strand board (OSB) and similar board (for example, waferboard) of wood or other ligneous materials, whether or not agglomerated with resins or other organic binding substances:
															- Of wood:
				0	0					0		3.2	0/		-- Particle board
				0	0					0		0	0/		-- Oriented strand board (OSB)
				0	0					0		3.2	0/		-- Other
															- Other:
															--- Particle board:
															----Of wheat or rice straw
															----Other
															--- Other
															Fibreboard of wood or other ligneous materials, whether or not bonded with resins or other organic substances:
															- Medium density fibreboard (MDF) :
															-- Of a thickness not exceeding 5mm:
															--- Of a density exceeding 0.8g/cm³:
				0	0		1.3			0		3.2	0/		----Not mechanically worked or surface covered
				0	0		0			0		4.8	0/		----Other
															--- Of a density exceeding 0.5g/cm³ but not exceeding 0.8g/cm³ :
				0	0		1.3	0		0		3.2	0/	/0	----Of radiata pine
				0	0		1.3			0		3.2	0/		----Other
															--- Other:
				0	0		2.5			0		4.8	0/		----Not mechanically worked or surface covered
				0	0		1.3			0			0/		----Other
															-- Of a thickness exceeding 5mm but not exceeding 9mm:
															--- Of a density exceeding 0.8g/cm³:
				0	0					0			0/		----Not mechanically worked or surface covered
				0	3					0					----Other
															--- Of a density exceeding 0.5g/cm³ but not exceeding 0.8g/cm³ :
				0	0			0		0		3.2	0/	/0	----Of radiata pine
				0	0					0		3.2	0/		----Other
															--- Other:
				0	0					0		4.8	0/		----Not mechanically worked or surface covered
				0	0		1.3			0		3.2	0/		----Other
															-- Of a thickness exceeding 9mm:
															--- Of a density exceeding 0.8g/cm³:
				0	0		1.3			0			0/		----Not mechanically worked or surface covered
				0	3		2.5			0					----Other

税　号	货品名称	进口关税（%）			增值/消费税（%）	出口退税（%）	计量单位	监管证件代码	检验检疫类别	协定税率（%）		
		最惠国	普通	年内暂定						东盟	亚太	智利
	--- 密度超过每立方厘米0.5克，但未超过每立方厘米0.8克：											
4411.1421	---- 辐射松制的	4	40	0	13	13	千克	AB	P/Q			0
4411.1429	---- 其他	4	40	0	13	13	千克	AB	P/Q			0
	--- 其他：											
4411.1491	---- 未经机械加工或盖面的	6	40	0	13	13	千克	AB	P/Q	5		0
4411.1499	---- 其他	4	40	0	13	13	千克	AB	P/Q			0
	- 其他：											
	-- 密度超过每立方厘米0.8克：											
4411.9210	--- 未经机械加工或盖面的	4	40	0	13	13	千克	AB	P/Q			0
4411.9290	--- 其他	6	40	0	13	13	千克	AB	MP/Q			0
	-- 密度超过每立方厘米0.5克，但未超过每立方厘米0.8克：											
4411.9310	--- 辐射松制的	4	40	0	13	13	千克	AB	P/Q			
4411.9390	--- 其他	4	40	0	13	13	千克	AB	P/Q			0
	-- 密度未超过每立方厘米0.5克：											
4411.9410	--- 密度超过每立方厘米0.35克，但未超过每立方厘米0.5克	6	40	0	13	13	千克	AB	P/Q	5		0
	--- 密度未超过每立方厘米0.35克：											
4411.9421	---- 未经机械加工或盖面的	6	40	0	13	13	千克	AB	P/Q			
4411.9429	---- 其他	4	40	0	13	13	千克	AB	P/Q			
44.12	**胶合板、单板饰面板及类似的多层板：**											
	- 竹制的：											
	--- 仅由薄板制的胶合板，每层厚度不超过6毫米：											
4412.1011	---- 至少有一表层是热带木											
44121011.11	至少有一表层为濒危热带木薄板制濒危竹胶合板	6	30	0	13	0	千克/立方米	ABFE	MP/Q	5		0
44121011.19	至少有一表层为濒危热带木薄板制其他竹胶合板	6	30	0	13	0	千克/立方米	ABFE	MP/Q	5		0
44121011.91	至少有一表层是其他热带木薄板制濒危竹胶合板（每层厚度≤6毫米）	6	30	0	13	0	千克/立方米	ABEF	MP/Q	5		0
44121011.99	至少有一表层是其他热带木薄板制其他竹胶合板	6	30	0	13	13	千克/立方米	AB	MP/Q	5		0
4412.1019	---- 其他											
44121019.11	至少有一表层为濒危非针叶木薄板胶合板	4	30	0	13	0	千克/立方米	ABFE	MP/Q			
44121019.19	其他至少有一表层为非针叶木薄板胶合板	4	30	0	13	13	千克/立方米	AB	MP/Q			
44121019.91	其他濒危竹胶合板	4	30	0	13	0	千克/立方米	ABE	MP/Q			
44121019.99	其他竹胶合板	4	30	0	13	13	千克/立方米	AB	MP/Q			
4412.1020	--- 其他，至少有一表层是非针叶木											
44121020.11	至少有一表层是濒危非针叶木的濒危竹制多层板	6	30	0	13	0	千克/立方米	ABFE	MP/Q	5		
44121020.19	至少有一表层是其他非针叶木的其他濒危竹制多层板（每层厚度≤6毫米）	6	30	0	13	0	千克/立方米	ABEF	MP/Q	5		
44121020.91	至少有一表层是濒危非针叶木的其他竹制多层板	6	30	0	13	0	千克/立方米	ABEF	MP/Q	5		
44121020.99	至少有一表层是其他非针叶木的其他竹制多层板	6	30	0	13	13	千克/立方米	AB	MP/Q	5		

协定税率（%）														特惠税率（%）①/②	Article Description
巴基斯坦	冰岛	哥斯达黎加	秘鲁	新西兰	瑞士	新加坡	韩国	澳大利亚	格鲁吉亚	毛里求斯	日本RCEP	尼加拉瓜	港澳台		
															--- Of a density exceeding 0.5g/cm³ but not exceeding 0.8g/cm³ :
				0	0		1.3	0		0		3.2	0/	/0	----Of radiata pine
				0	0		1.3			0		3.2	0/		----Other
															--- Other:
				0	0		2.5			0		4.8	0/		----Not mechanically worked or surface covered
				0	0		1.3			0		3.2	0/		----Other
															- Other:
															-- Of a density exceeding 0.8g/cm³:
				0	0		1.3			0		3.2	0/		--- Not mechanically worked or surface covered
				0	0		2.5			0		4.8	0/		--- Other
															-- Of a density exceeding 0.5g/cm³ but not exceeding 0.8g/cm³:
				0	0			0		0		3.2	0/	/0	--- Of radiata pine
				0	0					0		3.2	0/		--- Other
															-- Of a density not exceeding 0.5g/cm³:
				0	0		2.5			0		4.8	0/		--- Of a density exceeding 0.35g/cm³ but not exceeding 0.5g/cm³
															--- Of a density not exceeding 0.35g/cm³:
				0	0		2.5			0			0/		----Not mechanically worked or surface covered
				0	0		1.3			0			0/		----Other
															Plywood, veneered panels and similar laminated wood:
															- Of bamboo:
															--- Plywood consisting solely of sheets of wood, each ply not exceeding 6mm thickness:
															----With at least one outer ply of tropical wood
	0	0	0	0	0		4	0		0		0	0/	/0	Plywood consisting of sheets of endangered bamboo, with at least one outer ply of endangered tropical wood
	0	0	0	0	0		4	0		0		0	0/	/0	Plywood consisting of sheets of other bamboo, with at least one outer ply of endangered tropical wood
	0	0	0	0	0		4	0		0		0	0/	/0	Plywood consisting of sheets of endangered bamboo, with at least one outer ply of other tropical wood
	0	0	0	0	0		4	0		0		0	0/	/0	Plywood consisting of sheets of other bamboo, with at least one outer ply of other tropical wood
															----Other
				0	0		1.3			0			0/		Plywood consisting of sheets of endangered non-coniferous wood, with at least one outer ply of temperate non-coniferous wood
				0	0		1.3			0			0/		Plywood consisting of sheets of non-coniferous wood, with at least one outer ply of temperate non-coniferous wood
				0	0		1.3			0			0/		Plywood of other endangered bamboo, each ply thickness not exceeding 6mm
				0	0		1.3			0			0/		Plywood of other bamboo
															--- Other, with at least one outer ply of non-coniferous wood
2.5		0	0	0	0		3.3	0		0		4.8	0/	/0	Laminated wood of endangered bamboo, with at least one outer ply of endangered non-coniferous wood
2.5		0	0	0	0		3.3	0		0		4.8	0/	/0	Laminated wood of other endangered bamboo, with at least one outer ply of other non-coniferous wood
2.5		0	0	0	0		3.3	0		0		4.8	0/	/0	Laminated wood of other bamboo, with at least one outer ply of endangered non-coniferous wood
2.5		0	0	0	0		3.3	0		0		4.8	0/	/0	Laminated wood of other bamboo, with at least one outer ply of other non-coniferous wood

税　号	货品名称	进口关税（%）			增值/消费税（%）	出口退税（%）	计量单位	监管证件代码	检验检疫类别	协定税率（%）		
		最惠国	普通	年内暂定						东盟	亚太	智利
	---其他：											
4412.1093	----中间至少有一层是本章本国注释一所列的热带木											
44121093.10	其他濒危的竹制多层板，中间至少有一层是本章本国注释一所列的热带木	6	30	0	13	0	千克/立方米	ABEF	MP/Q			
44121093.90	其他竹制多层板，中间至少有一层是本章本国注释一所列的热带木	6	30	0	13	13	千克/立方米	AB	MP/Q			
4412.1094	----其他，中间至少有一层是其他热带木											
44121094.10	其他濒危的竹制多层板，中间至少有一层是其他热带木	6	30	0	13	0	千克/立方米	ABEF	MP/Q			
44121094.90	其他竹制多层板，中间至少有一层是其他热带木	6	30	0	13	13	千克/立方米	AB	MP/Q			
4412.1095	----其他，中间至少含有一层木碎料板											
44121095.10	其他中间至少含有一层木碎料板的濒危竹制多层板	6	30	0	13	0	千克/立方米	ABEF	MP/Q			
44121095.90	其他中间至少含有一层木碎料板的其他竹制多层板	6	30	0	13	13	千克/立方米	AB	MP/Q			
4412.1099	----其他											
44121099.10	其他濒危竹制多层板	4	30	0	13	0	千克/立方米	ABE	MP/Q	0		0
44121099.90	其他竹制多层板	4	30	0	13	13	千克/立方米	AB	MP/Q	0		0
	- 仅由薄木板制的其他胶合板（竹制除外），每层厚度不超过6毫米：											
4412.3100	-- 至少有一表层是热带木											
44123100.10	至少有一表层为濒危桃花心木薄板制胶合板（每层厚度≤6毫米）	6	30	0	13	0	千克/立方米	ABFE	MP/Q	5		0
44123100.20	至少有一表层为拉敏木薄板制胶合板（每层厚度≤6毫米）	6	30	0	13	0	千克/立方米	ABFE	MP/Q	5		0
44123100.30	至少有一表层为濒危热带木薄板制胶合板	6	30	0	13	0	千克/立方米	ABFE	MP/Q	5		0
44123100.90	至少有一表层是其他热带木制的胶合板	6	30	0	13	13	千克/立方米	AB	MP/Q	5		0
4412.3300	-- 其他，至少有一表层是下列非针叶木：桤木、白蜡木、水青冈木（山毛榉木）、桦木、樱桃木、栗木、榆木、桉木、山核桃、七叶树、椴木、槭木、栎木（橡木）、悬铃木、杨木、刺槐木、鹅掌楸或核桃木											
44123300.10	至少有一表层是濒危的下列非针叶木：白蜡木、水青冈木（山毛榉木）、樱桃木、榆木、椴木、槭木、鹅掌楸木薄板制胶合板（每层厚度≤6毫米，竹制除外）	4	30	0	13	0	千克/立方米	ABFE	MP/Q			

协定税率（%）巴基斯坦	冰岛	哥斯达黎加	秘鲁	新西兰	瑞士	新加坡	韩国	澳大利亚	格鲁吉亚	毛里求斯	日本RCEP	尼加拉瓜	港澳台	特惠税率（%）①/②	Article Description
															--- Other:
															----With at least one inner ply of tropical wood, specified in national Note 1 to this Chapter
				0	0		2.6			0			0/		Laminated wood of endangered bamboo, containing at least one layer of tropical wood specified in National Note 1 to this Chapter
				0	0		2.6			0			0/		Laminated wood of other bamboo, containing at least one layer of tropical wood specified in National Note 1 to this Chapter
															----Other, with at least one inner ply of other tropical wood
				0	0		2.6			0	2.9		0/		Laminated wood of endangered bamboo, containing at least one layer of other tropical wood
				0	0		2.6			0	2.9		0/		Laminated wood of other bamboo, containing at least one layer of other tropical wood
															----Other, with at least one inner layer of particle board
				0	0		3.3			0			0/		Other laminated wood of endangered bamboo, containing at least one layer of wood particle board
				0	0		3.3			0			0/		Other Laminated wood of other bamboo, containing at least one layer of wood particle board
															----Other
0	0	0	0	0	0	0	0	0		0	2.9	0	0/	0/0	Other laminated wood of endangered bamboo
0	0	0	0	0	0	0	0	0		0	2.9	0	0/	0/0	Other laminated wood of bamboo
															- Other plywood, consisting solely of sheets of wood (other than bamboo), each ply not exceeding 6mm thickness:
															--With at least one outer ply of tropical wood
	0	0	0	0	0		4	0		0		0	0/	/0	Plywood, with at least one outer ply of Acajou, each ply thickness not exceeding 6mm
	0	0	0	0	0		4	0		0		0	0/	/0	Plywood, with at least one outer ply of Ramin wood, each ply thickness not exceeding 6mm
	0	0	0	0	0		4	0		0		0	0/	/0	Plywood, with one outer ply of tropical wood
	0	0	0	0	0		4	0		0		0	0/	/0	Plywood, with at least one outer ply of other tropical wood
															-- Other, with at least one outer ply of non-coniferous wood of the species alder (Alnus spp.), ash (Fraxinus spp.), beech (Fagus spp.), birch (Betula spp.), cherry (Prunus spp.), chestnut (Castanea spp.), elm (Ulmus spp.), eucalyptus (eucalyptus spp.), hickory (Carya spp.), horse chestnut (Aesculus spp.), lime (Tilia spp.), maple (Acer spp.), oak (Quercus spp.), plane tree (Platanus spp.), poplar and aspen (Populus spp.), robinia (robinia spp.), tulipwood (Liriodendron spp.) or walnut (Juglans spp.)
				0	0		1.3			0		0	0/		Other, with at least one outer ply of non-coniferous wood of the species alder (Alnus spp.), ash (Fraxinus spp.), beech (Fagus spp.), birch (Betula spp.), cherry (Prunus spp.), chestnut (Castanea spp.), elm (Ulmus spp.), eucalyptus (eucalyptus spp.), hickory (Carya spp.), horse chestnut (Aesculus spp.), lime (Tilia spp.), maple (Acer spp.), oak (Quercus spp.), plane tree (Platanus spp.), poplar and aspen (Populus spp.), robinia (robinia spp.), tulipwood (Liriodendron spp.) or walnut (Juglans spp.), each ply thickness not exceeding 6mm, not including bamboo)

税号	货品名称	进口关税（%）			增值/消费税（%）	出口退税（%）	计量单位	监管证件代码	检验检疫类别	协定税率（%）		
		最惠国	普通	年内暂定						东盟	亚太	智利
44123300.90	至少有一表层是下列非针叶木：桤木、白蜡木、水青冈木（山毛榉木）、桦木、樱桃木、栗木、榆木、桉木、山核桃、七叶树、椴木、槭木、栎木（橡木）、悬铃木、杨木、刺槐木、鹅掌楸或核桃木薄板制胶合板	4	30	0	13	13	千克/立方米	AB	MP/Q			
	-- 其他，至少有一表层为子目4412.33未具体列名的非针叶木：											
4412.3410	--- 其他，至少有一表层是温带非针叶木（子目4412.33的非针叶木除外）											
44123410.10	至少有一表层是濒危温带非针叶木薄板制胶合板	4	30	0	13	0	千克/立方米	ABEF	MP/Q			
44123410.90	至少有一表层是其他温带非针叶木薄板制胶合板	4	30	0	13	13	千克/立方米	AB	MP/Q			
4412.3490	--- 其他											
44123490.10	至少有一表层是濒危其他非针叶胶合板	4	30	0	13	0	千克/立方米	ABEF	MP/Q			
44123490.90	至少有一表层是其他非针叶胶合板	4	30	0	13	13	千克/立方米	AB	MP/Q			
4412.3900	-- 其他，上下表层均为针叶木											
44123900.10	其他濒危薄板制胶合板，上下表层均为针叶木	4	30	0	13	0	千克/立方米	ABFE	MP/Q	0		0
44123900.90	其他薄板制胶合板，上下表层均为针叶木	4	30	0	13	13	千克/立方米	AB	MP/Q	0		0
	- 单板层积材：											
4412.4100	-- 至少有一表层是热带木											
44124100.10	至少有一表层是濒危热带木的单板层积材	6	30	0	13	0	千克/立方米	ABFE	MP/Q	5		0
44124100.90	其他至少有一表层是热带木的单板层积材	6	30	0	13	13	千克/立方米	AB	MP/Q	5		0
4412.4200	-- 其他，至少有一表层是非针叶木											
44124200.10	其他至少有一表层是濒危非针叶木的单板层积材	6	30	0	13	0	千克/立方米	ABFE	MP/Q	5		0
44124200.90	其他至少有一表层是非针叶木的单板层积材	6	30	0	13	13	千克/立方米	AB	MP/Q	5		0
	-- 其他，上下表层均为针叶木：											
	--- 中间至少有一层是热带木：											
4412.4911	---- 中间至少有一层是本章本国注释一所列的热带木											
44124911.10	其他涉濒危的单板层积材，上下表层均为针叶木，中间至少有一层是本章本国注释一所列热带木	6	30	0	13	0	千克/立方米	ABFE	MP/Q			0
44124911.90	其他单板层积材，上下表层均为针叶木，中间至少有一层是本章本国注释一所列热带木	6	30	0	13	13	千克/立方米	AB	MP/Q			0
4412.4919	---- 其他，中间至少有一层是其他热带木											

协定税率（%）														特惠税率（%）①/②	Article Description
巴基斯坦	冰岛	哥斯达黎加	秘鲁	新西兰	瑞士	新加坡	韩国	澳大利亚	格鲁吉亚	毛里求斯	日本RCEP	尼加拉瓜	港澳台		
				0	0		1.3			0		0	0/		With at least one outer ply of endangered non-coniferous wood of the species alder (Alnus spp.), ash (Fraxinus spp.), beech (Fagus spp.), birch (Betula spp.), cherry (Prunus spp.), chestnut (Castanea spp.), elm (Ulmus spp.), eucalyptus (eucalyptus spp.), hickory (Carya spp.), horse chestnut (Aesculus spp.), lime (Tilia spp.), maple (Acer spp.), oak (Quercus spp.), plane tree (Platanus spp.), poplar and aspen (Populus spp.), robinia (robinia spp.), tulipwood (Liriodendron spp.) or walnut (Juglans spp.)
															-- Other, with at least one outer ply of non-coniferous wood not specified under subheading 4412.33:
															--- With at least one outer ply of temperate non-coniferous wood (other than non-coniferous wood of subheading 4412.33)
				0	0		1.3			0			0/		Plywood, with at least one outer ply of endangered temperate non-coniferous wood
				0	0		1.3			0			0/		Plywood, with at least one outer ply of other temperate non-coniferous wood
															--- Other
				0	0		1.3			0			0/		Plywood, with at least one outer ply of other endangered non-coniferous wood
				0	0		1.3			0			0/		Plywood, with at least one outer ply of other non-coniferous wood
															-- Other, with both outer plies of coniferous wood
0	0	0	0	0	0	0	0	0		0	2.9	0	0/	0/0	Plywood consisting solely of sheets of endangered wood, with both outer plies of coniferous wood
0	0	0	0	0	0	0	0	0		0	2.9	0	0/	0/0	Plywood consisting solely of sheets of wood, with both outer plies of coniferous wood
															- Laminated veneered lumber (LVL):
															-- With at least one outer ply of tropical wood
2.5				0	0		3.3			0		4.8	0/		Laminated veneered lumber (LVL) with at least one outer ply of endangered tropical wood
2.5				0	0		3.3			0		4.8	0/		Other laminated veneered lumber (LVL) with at least one outer ply of endangered tropical wood
															-- Other, with at least one outer ply of non-coniferous wood
2.5				0	0		3.3			0		4.8	0/		Other laminated veneered lumber (LVL) with at least one outer ply of endangered non-coniferous wood
2.5				0	0		3.3			0		4.8	0/		Other laminated veneered lumber (LVL) with at least one outer ply of other non-coniferous wood
															-- Other, with both outer plies of coniferous wood:
															--- With at least one inner ply of tropical wood:
															----With at least one inner ply of tropical wood, specified in national Note 1 to this Chapter
				0	0		2.6			0		4.8	0/		Other laminated veneered lumber (LVL) containing endangered wood, with both outer plies of coniferous wood, with at least one inner ply of tropical wood specified in National Note 1 to this Chapter
				0	0		2.6			0		4.8	0/		Other laminated veneered lumber (LVL) with both outer plies of coniferous wood, with at least one inner ply of tropical wood specified in National Note 1 to this Chapter
															----Other, with at least one inner ply of other tropical wood

税 号	货品名称	进口关税（%）			增值/消费税（%）	出口退税（%）	计量单位	监管证件代码	检验检疫类别	协定税率（%）		
		最惠国	普通	年内暂定						东盟	亚太	智利
44124919.10	其他涉濒危的单板层积材，上下表层均为针叶木，中间至少有一层是其他热带木	6	30	0	13	0	千克/立方米	ABFE	MP/Q			0
44124919.90	其他单板层积材，上下表层均为针叶木，中间至少有一层是其他热带木	6	30	0	13	13	千克/立方米	AB	MP/Q			0
4412.4920	--- 其他，中间至少含有一层木碎料板											
44124920.10	其他涉濒危的单板层积材，上下表层均为针叶木，中间至少含有一层木碎料板	6	30	0	13	0	千克/立方米	ABFE	MP/Q			0
44124920.90	其他单板层积材，上下表层均为针叶木，中间至少含有一层木碎料板	6	30	0	13	13	千克/立方米	AB	MP/Q			0
4412.4990	--- 其他											
44124990.10	其他涉濒危的单板层积材，上下表层均为针叶木	4	30	0	13	0	千克/立方米	ABFE	MP/Q	0	2.8	0
44124990.90	其他单板层积材，上下表层均为针叶木	4	30	0	13	13	千克/立方米	AB	MP/Q	0	2.8	0
	- 木块芯胶合板、侧板条芯胶合板及板条芯胶合板：											
4412.5100	-- 至少有一表层是热带木											
44125100.10	至少有一表层是濒危热带木的木块芯胶合板等（还包括侧板条芯胶合板及板条芯胶合板）	6	30	0	13	0	千克/立方米	ABFE	MP/Q	5		0
44125100.90	至少有一表层是其他热带木的木块芯胶合板等（还包括侧板条芯胶合板及板条芯胶合板）	6	30	0	13	13	千克/立方米	AB	MP/Q	5		0
4412.5200	-- 其他，至少有一表层是非针叶木											
44125200.10	至少有一表层是濒危非针叶木的木块芯胶合板等（还包括侧板条芯胶合板及板条芯胶合板）	6	30	0	13	0	千克/立方米	ABFE	MP/Q	5		0
44125200.90	至少有一表层是其他非针叶木的木块芯胶合板等（还包括侧板条芯胶合板及板条芯胶合板）	6	30	0	13	13	千克/立方米	AB	MP/Q	5		0
	-- 其他，上下表层均为针叶木：											
	--- 中间至少有一层是热带木：											
4412.5911	---- 中间至少有一层是本章本国注释一所列的热带木											
44125911.10	其他涉濒危的木块芯胶合板，上下表层均为针叶木，中间至少有一层是本章本国注释一所列的热带木（还包括侧板条芯胶合板及板条芯胶合板）	6	30	0	13	0	千克/立方米	ABFE	MP/Q			0
44125911.90	其他木块芯胶合板，上下表层均为针叶木，中间至少有一层是本章本国注释一所列的热带木（还包括侧板条芯胶合板及板条芯胶合板）	6	30	0	13	13	千克/立方米	AB	MP/Q			0
4412.5919	---- 其他，中间至少有一层是其他热带木											
44125919.10	其他涉濒危的木块芯胶合板，上下表层均为针叶木，中间至少有一层是其他热带木（还包括侧板条芯胶合板及板条芯胶合板）	6	30	0	13	0	千克/立方米	ABFE	MP/Q			0
44125919.90	其他木块芯胶合板，上下表层均为针叶木，中间至少有一层是其他热带木（还包括侧板条芯胶合板及板条芯胶合板）	6	30	0	13	13	千克/立方米	AB	MP/Q			0
4412.5920	--- 其他，中间至少含有一层木碎料板											
44125920.10	其他涉濒危的木块芯胶合板，上下表层均为针叶木，中间至少含有一层木碎料板（还包括侧板条芯胶合板及板条芯胶合板）	6	30	0	13	0	千克/立方米	ABFE	MP/Q			0

协定税率(%)														特惠税率(%)①/②	Article Description
巴基斯坦	冰岛	哥斯达黎加	秘鲁	新西兰	瑞士	新加坡	韩国	澳大利亚	格鲁吉亚	毛里求斯	日本RCEP	尼加拉瓜	港澳台		
				0	0		2.6			0	2.9	4.8	0/		Other laminated veneered lumber (LVL) containing endangered wood, with both outer plies of coniferous wood, with at least one inner ply of other tropical wood
				0	0		2.6			0	2.9	4.8	0/		Other laminated veneered lumber (LVL) with both outer plies of coniferous wood, with at least one inner ply of other tropical wood
															---Other, with at least one inner layer of particle board
				0	0		3.3			0		4.8	0/		Other laminated veneered lumber (LVL) containing endangered wood, with both outer plies of coniferous wood, with at least one inner ply of wood particle board
				0	0		3.3			0		4.8	0/		Other laminated veneered lumber (LVL) with both outer plies of coniferous wood, with at least one inner ply of wood particle board
															--- Other
0	0	0	0	0	0	0	0	0		0	2.9	0	0/	0/0	Other laminated veneered lumber (LVL) containing endangered wood, with both outer plies of coniferous wood
0	0	0	0	0	0	0	0	0		0	2.9	0	0/	0/0	Other laminated veneered lumber (LVL) with both outer plies of coniferous wood
															- Blockboard, laminboard and battenboard:
															-- With at least one outer ply of tropical wood
2.5				0	0		3.3			0		4.8	0/		Blockboard, laminboard and battenboard, with at least one outer ply of endangered tropical wood
2.5				0	0		3.3			0		4.8	0/		Blockboard, laminboard and battenboard, with at least one outer ply of other tropical wood
															-- Other, with at least one outer ply of non-coniferous wood
2.5				0	0		3.3			0		4.8	0/		Blockboard, laminboard and battenboard, with at least one outer ply of endangered non-coniferous wood
2.5				0	0		3.3			0		4.8	0/		Blockboard, laminboard and battenboard, with at least one outer ply of other non-coniferous wood
															-- Other, with both outer plies of coniferous wood:
															--- With at least one inner ply of tropical wood:
															----With at least one inner ply of tropical wood, specified in National Note 1 to this Chapter
				0	0		2.6			0		4.8	0/		Other blockboard containing endangered wood, with both outer plies of coniferous wood, with at least one inner ply of tropical wood specified in National Note 1 to this Chapter
				0	0		2.6			0		4.8	0/		Other blockboard, with both outer plies of coniferous wood, with at least one inner ply of tropical wood specified in National Note 1 to this Chapter
															----Other, with at least one inner ply of other tropical wood
				0	0		2.6			0	2.9	4.8	0/		Other blockboard containing endangered wood, with both outer plies of coniferous wood, with at least one inner ply of other tropical wood
				0	0		2.6			0	2.9	4.8	0/		Other blockboard, with both outer plies of coniferous wood, with at least one inner ply of other tropical wood
															---Other, with at least one inner layer of particle board
				0	0		3.3			0		4.8	0/		Other blockboard containing endangered wood, with both outer plies of coniferous wood, with at least one inner ply of particle board

税　号	货品名称	进口关税（%）			增值/消费税（%）	出口退税（%）	计量单位	监管证件代码	检验检疫类别	协定税率（%）		
		最惠国	普通	年内暂定						东盟	亚太	智利
44125920.90	其他木块芯胶合板，上下表层均为针叶木，中间至少含有一层木碎料板（还包括侧板条芯胶合板及板条芯胶合板）	6	30	0	13	13	千克/立方米	AB	MP/Q			0
4412.5990	--- 其他											
44125990.10	其他涉濒危的木块芯胶合板，上下表层均为针叶木（还包括侧板条芯胶合板及板条芯胶合板）	4	30	0	13	0	千克/立方米	ABEF	MP/Q	0		0
44125990.90	其他木块芯胶合板，上下表层均为针叶木（还包括侧板条芯胶合板及板条芯胶合板）	4	30	0	13	13	千克/立方米	AB	MP/Q	0		0
	- 其他：											
4412.9100	-- 至少有一表层是热带木											
44129100.10	其他至少有一表层是濒危热带木的多层板	6	30	0	13	0	千克/立方米	ABFE	MP/Q	5		0
44129100.90	其他至少有一表层是热带木的多层板	6	30	0	13	13	千克/立方米	AB	MP/Q	5		0
4412.9200	-- 其他，至少有一表层是非针叶木											
44129200.10	其他至少有一表层濒危非针叶木的多层板	6	30	0	13	0	千克/立方米	ABFE	MP/Q	5		0
44129200.90	其他至少有一表层是非针叶木的多层板	6	30	0	13	13	千克/立方米	AB	MP/Q	5		0
	-- 其他，上下表层均为针叶木：											
4412.9920	--- 中间至少有一层是本章本国注释一所列的热带木											
44129920.10	其他涉濒危的多层板，上下表层均为针叶木，中间至少有一层是本章本国注释一所列的热带木	6	30	0	13	0	千克/立方米	ABFE	MP/Q			0
44129920.90	其他多层板，上下表层均为针叶木，中间至少有一层是本章本国注释一所列的热带木	6	30	0	13	13	千克/立方米	AB	MP/Q			0
4412.9930	--- 其他，中间至少有一层是其他热带木											
44129930.10	其他涉濒危的多层板，上下表层均为针叶木，中间至少有一层是其他热带木	6	30	0	13	0	千克/立方米	ABFE	MP/Q			0
44129930.90	其他多层板，上下表层均为针叶木，中间至少有一层是其他热带木	6	30	0	13	13	千克/立方米	AB	MP/Q			0
4412.9940	--- 其他，中间至少含有一层木碎料板											
44129940.10	其他涉濒危的多层板，上下表层均为针叶木，中间至少含有一层木碎料板	6	30	0	13	0	千克/立方米	ABFE	MP/Q			0
44129940.90	其他多层板，上下表层均为针叶木，中间至少含有一层木碎料板	6	30	0	13	13	千克/立方米	AB	MP/Q			0
4412.9990	--- 其他											
44129990.10	其他涉濒危的多层板，上下表层均为针叶木	4	30	0	13	0	千克/立方米	ABEF	MP/Q	0	2.8	0
44129990.90	其他多层板，上下表层均为针叶木	4	30	0	13	13	千克/立方米	AB	MP/Q	0	2.8	0
44.13	**强化木，成块、板、条或异型的：**											
4413.0000	强化木，成块、板、条或异型的	6	20	0	13	13	千克	AB	MP/Q	0		0
44.14	**木制的画框、相框、镜框及类似品：**											
4414.1000	- 热带木的											

协定税率（%）														特惠税率（%）①/②	Article Description
巴基斯坦	冰岛	哥斯达黎加	秘鲁	新西兰	瑞士	新加坡	韩国	澳大利亚	格鲁吉亚	毛里求斯	日本RCEP	尼加拉瓜	港澳台		
				0	0		3.3			0		4.8	0/		Other blockboard, with both outer plies of coniferous wood, with at least one inner ply of particle board
															--- Other
0	0	0	0	0	0	0	0	0		0	2.9	0	0/	0/0	Other blockboard containing endangered wood, with both outer plies of coniferous wood
0	0	0	0	0	0	0	0	0		0	2.9	0	0/	0/0	Other blockboard, with both outer plies of coniferous wood
															- Other:
															-- With at least one outer ply of tropical wood
2.5				0	0		3.3			0		4.8	0/		Other laminated wood with at least one outer ply of endangered tropical wood
2.5				0	0		3.3			0		4.8	0/		Other laminated wood with at least one outer ply of other tropical wood
															-- Other, with at least one outer ply of non-coniferous wood
2.5				0	0		3.3			0		4.8	0/		Other laminated wood with at least one outer ply of endangered non-coniferous wood
2.5				0	0		3.3			0		4.8	0/		Other laminated wood, with at least one outer ply of non-coniferous wood
															-- Other, with both outer plies of coniferous wood:
															---With at least one inner ply of tropical wood, specified in national Note 1 to this Chapter
				0	0		2.6			0		4.8	0/		Other laminated wood containing endangered wood with both outer plies of coniferous wood, with at least one inner ply of tropical wood specified in National Note 1 to this Chapter
				0	0		2.6			0		4.8	0/		Other laminated wood with both outer plies of coniferous wood, with at least one inner ply of tropical wood specified in National Note 1 to this Chapter
															--- Other, with at least one inner ply of other tropical wood
				0	0		2.6			0	2.9	4.8	0/		Other laminated wood containing endangered wood with both outer plies of coniferous wood, with at least one inner ply of other tropical wood
				0	0		2.6			0	2.9	4.8	0/		Other laminated wood with both outer plies of coniferous wood, with at least one inner ply of other tropical wood
															--- Other, with at least one inner layer of particle board
				0	0		3.3			0		4.8	0/		Other laminated wood containing endangered wood with both outer plies of coniferous wood, with at least one inner ply of particle board
				0	0		3.3			0		4.8	0/		Other laminated wood with both outer plies of coniferous wood, with at least one inner ply of particle board
															---Other
0	0	0	0	0	0	0	0	0		0	2.9	0	0/	0/0	Other laminated wood containing endangered wood with both outer plies of coniferous wood
0	0	0	0	0	0	0	0	0		0	2.9	0	0/	0/0	Other laminated wood with both outer plies of coniferous wood
															Densified wood, in blocks, plates, strips or profile shapes:
0	0	0	0	0	0	0	0	0		0	4.4	0	0/	0/0	Densified wood, in blocks, plates, strips or profile shapes
															Wooden frames for paintings, photographs, mirrors or similar objects:
															- Of tropical wood

税　号	货品名称	进口关税（%）			增值/消费税（%）	出口退税（%）	计量单位	监管证件代码	检验检疫类别	协定税率（%）		
		最惠国	普通	年内暂定						东盟	亚太	智利
44141000.10	濒危热带木制画框、相框、镜框及类似品	7	100		13	0	千克	ABFE	P/Q			
44141000.90	其他热带木制的画框、相框、镜框及类似品	7	100		13	13	千克	AB	P/Q			
	- 其他：											
4414.9010	--- 辐射松制的	7	100	0	13	13	千克	AB	P/Q			0
4414.9090	--- 其他											
44149090.10	濒危木制画框、相框、镜框及类似品	7	100		13	0	千克	ABFE	P/Q			
44149090.90	其他木制的画框、相框、镜框及类似品	7	100		13	13	千克	AB	P/Q			
44.15	**包装木箱、木盒、板条箱、圆桶及类似的木制包装容器；木制电缆卷筒；木托板、箱形托盘及其他装载用木板；木制的托盘护框：**											
4415.1000	- 箱、盒、板条箱、圆桶及类似的包装容器；电缆卷筒											
44151000.10	拉敏木制木箱及类似包装容器	6	80	0	13	0	千克/件	ABFE	P/Q	0		0
44151000.20	濒危木制木箱及类似包装容器	6	80	0	13	0	千克/件	ABFE	P/Q	0		0
44151000.90	木箱及类似的包装容器，电缆卷筒	6	80	0	13	0	千克/件	AB	P/Q	0		0
	- 木托板、箱形托盘及其他装载用木板；木制的托盘护框：											
4415.2010	--- 辐射松制的	6	80	0	13	13	千克/件	AB	P/Q	5		0
4415.2090	--- 其他											
44152090.10	拉敏木托板、箱形托盘及装载木板（包括拉敏木制托盘护框）	6	80	3	13	0	千克/件	ABFE	P/Q	5		
44152090.20	濒危木托板、箱形托盘及装载木板（包括濒危木制托盘护框）	6	80	3	13	0	千克/件	ABFE	P/Q	5		
44152090.90	其他木制托板、箱形托盘及其他装载木板（包括其他木制托盘护框）	6	80	3	13	13	千克/件	AB	P/Q	5		
44.16	**木制大桶、琵琶桶、盆和其他木制箍桶及其零件，包括桶板：**											
4416.0010	--- 辐射松制的	12	80	0	13	0	千克	AB	P/Q			0
4416.0090	--- 其他											
44160090.10	拉敏木制大桶、琵琶桶、盆和其他箍桶及其零件（包括拉敏木制桶板）	12	80		13	0	千克	ABFE	P/Q			
44160090.20	濒危木制大桶、琵琶桶、盆和其他箍桶及其零件（包括濒危木制桶板）	12	80		13	0	千克	ABFE	P/Q			
44160090.30	橡木制大桶、琵琶桶、盆和其他箍桶及其零件（包括橡木制桶板）	12	80	5	13	0	千克	AB	P/Q			
44160090.90	其他木制大桶、琵琶桶、盆和其他箍桶及其零件（包括其他木制桶板）	12	80		13	0	千克	AB	P/Q			
44.17	**木制的工具、工具支架、工具柄、扫帚及刷子的身及柄；木制鞋靴楦及楦头：**											
4417.0010	--- 辐射松制的	12	80	0	13	0	千克	AB	P/Q			0
4417.0090	--- 其他											
44170090.10	拉敏木制工具、工具支架、工具柄、扫帚及刷子的身及柄（包括拉敏木制鞋靴楦及楦头）	12	80		13	0	千克	ABFE	P/Q			
44170090.20	濒危木制工具、工具支架、工具柄、扫帚及刷子的身及柄（包括濒危木制鞋靴楦及楦头）	12	80		13	0	千克	ABFE	P/Q			
44170090.90	其他木制工具、工具支架、工具柄、扫帚及刷子的身及柄（包括其他木制鞋靴楦及楦头）	12	80		13	0	千克	AB	P/Q			

协定税率（%）														特惠税率（%）①/②	Article Description
巴基斯坦	冰岛	哥斯达黎加	秘鲁	新西兰	瑞士	新加坡	韩国	澳大利亚	格鲁吉亚	毛里求斯	日本RCEP	尼加拉瓜	港澳台		
															Endangered tropical wood frames for paintings, photographs, mirrors or similar objects
															Other tropical wood frames for paintings, photographs, mirrors or similar objects
															- Other:
				0				0		0		5.6	0/	/0	--- Of radiata pine
															--- Other
															Endangered wood frames for paintings, photographs, mirrors or similar objects
															Other wood frames for paintings, photographs, mirrors or similar objects
															Packing cases, boxes, crates, drums and similar packings, of wood; cabledrums of wood; pallets, box pallets and other load boards, of wood; pallet collars of wood:
															- Cases, boxes, crates, drums and similar packing; cable-drums
0	0	0	0	0	0	0	0	0		0	5.5	0	0/	0/0	Cases and similar packing of Ramin wood
0	0	0	0	0	0	0	0	0		0	5.5	0	0/	0/0	Cases and similar packing of endangered wood
0	0	0	0	0	0	0	0	0		0	5.5	0	0/	0/0	Cases and similar packing of wood; cabledrums of wood
															- Pallets, box pallets and other load boards; pallet collars:
				0				0		0		4.8	0/	/0	--- of radiata pine
															--- Other
				5											Pallets, box pallets and other load boards, including pallet collars, of Ramin wood
				5											Pallets, box pallets and other load boards, including pallet collars, of endangered wood
				5											Pallets, box pallets and other load boards, including pallet collars, of other wood
															Casks, barrels, vats, tubs and other coopers' products and parts thereof, of wood, including staves:
				0				0		0		11.2	0/	/0	--- Of radiata pine
															--- Other
															Casks, barrels, vats, tubs and other coopers' products and parts thereof, including staves, of Ramin wood
															Casks, barrels, vats, tubs and other coopers' products and parts thereof, including staves, of endangered wood
															Casks, barrels, vats, tubs and other coopers' products and parts thereof, of oka, including staves
															Casks, barrels, vats, tubs and other coopers' products and parts thereof, including staves, of other wood
															Tools, tool bodies, tool handles, broom or brush bodies and handles, of wood; boot or shoe lasts and trees, of wood:
				0				0		0		11.2	0/	/0	--- Of radiata pine
															--- Other
															Tools, tool bodies, tool handles, broom or brush bodies and handles, and boot or shoe lasts and trees, of ramin wood
															Tools, tool bodies, tool handles, broom or brush bodies and handles, and boot or shoe lasts and trees, of endangered wood
															Tools, tool bodies, tool handles, broom or brush bodies and handles, and boot or shoe lasts and trees, of other wood

税　号	货品名称	进口关税（%）			增值/消费税（%）	出口退税（%）	计量单位	监管证件代码	检验检疫类别	协定税率（%）		
		最惠国	普通	年内暂定						东盟	亚太	智利
44.18	**建筑用木工制品，包括蜂窝结构木镶板、已装拼的地板、木瓦及盖屋板：**											
	- 窗、法兰西式（落地）窗及其框架：											
4418.1100	-- 热带木的											
44181100.10	濒危热带木制木窗、落地窗及其框架	4	70	0	13	0	千克	ABFE	P/Q			
44181100.90	其他热带木制木窗、落地窗及其框架	4	70	0	13	13	千克	AB	P/Q			
	-- 其他：											
4418.1910	--- 辐射松制的	4	70	0	13	13	千克	AB	P/Q			
4418.1990	--- 其他											
44181990.10	其他濒危木制木窗、落地窗及其框架	4	70	0	13	0	千克	ABFE	P/Q			
44181990.90	其他木制木窗、落地窗及其框架	4	70	0	13	13	千克	AB	P/Q			
	- 门及其框架和门槛：											
4418.2100	-- 热带木的											
44182100.10	濒危热带木制的木门及其框架和门槛	4	70	0	13	0	千克	ABFE	P/Q	0		0
44182100.90	其他热带木制的木门及其框架和门槛	4	70	0	13	13	千克	AB	P/Q	0		0
4418.2900	-- 其他											
44182900.10	其他濒危木制的木门及其框架和门槛	4	70	0	13	0	千克	ABFE	P/Q	0		0
44182900.90	其他木门及其框架和门槛	4	70	0	13	13	千克	AB	P/Q	0		0
4418.3000	- 柱及梁，子目4418.81至4418.89的货品除外											
44183000.10	濒危木制柱和梁，但子目4418.81至4418.89的货品除外	4	70	0	13	0	千克	ABEF	P/Q	0		0
44183000.90	其他木制柱和梁，但子目4418.81至4418.90的货品除外	4	70	0	13	13	千克	AB	P/Q	0		0
4418.4000	- 水泥构件的模板	4	70	0	13	13	千克	AB	P/Q	0		0
4418.5000	- 木瓦及盖屋板	6	70	0	13	13	千克	AB	P/Q	0		0
	- 已装拼的地板：											
	-- 竹的或至少顶层（耐磨层）是竹的：											
4418.7310	--- 马赛克地板用	4	70	0	13	0	千克	AB	P/Q	0		0
4418.7320	--- 其他，竹制多层的	4	70	0	13	13	千克	AB	P/Q	0		0
4418.7390	--- 其他	4	70	0	13	13	千克	AB	P/Q	0		0
4418.7400	-- 其他，马赛克地板用											
44187400.10	已装拼的拉敏木制马赛克地板	4	70	0	13	0	千克	ABFE	P/Q	0		0
44187400.20	已装拼的其他濒危木制马赛克地板	4	70	0	13	0	千克	ABFE	P/Q	0		0
44187400.90	已装拼的其他木制马赛克地板	4	70	0	13	0	千克	AB	P/Q	0		0
4418.7500	-- 其他，多层的											
44187500.10	已装拼的拉敏木制多层地板	4	70	0	13	0	千克	ABFE	P/Q	0		0
44187500.20	已装拼的其他濒危木制多层地板	4	70	0	13	0	千克	ABFE	P/Q	0		0
44187500.90	已装拼的其他木制多层地板	4	70	0	13	0	千克	AB	P/Q	0		0
4418.7900	-- 其他											
44187900.10	已装拼的拉敏木制其他地板	4	70	0	13	0	千克	ABFE	P/Q	0		0
44187900.20	已装拼的其他濒危木制地板	4	70	0	13	0	千克	ABFE	P/Q	0		0

协定税率（%）														特惠税率（%）①/②	Article Description
巴基斯坦	冰岛	哥斯达黎加	秘鲁	新西兰	瑞士	新加坡	韩国	澳大利亚	格鲁吉亚	毛里求斯	日本RCEP	尼加拉瓜	港澳台		
															Builders' joinery and carpentry of wood, including cellular wood panels, assembled flooring panels, shingles and shakes:
															- Windows, French-windows and their frames:
															-- Of tropical wood
										0			0/	/0	Windows, French-windows and their frames, of endangered tropical wood
										0			0/	/0	Windows, French-windows and their frames, of other tropical wood
															-- Other:
				0				0		0			0/	/0	--- Of radiata pine
															--- Other
										0			0/	/0	Windows, French-windows and their frames, of endangered wood
										0			0/	/0	Windows, French-windows and their frames, of other wood
															- Doors and their frames and thresholds:
															-- Of tropical wood
0	0	0	0	0	0	0	0	0		0	2.9	0	0/	0/0	Doors and their frames and thresholds, of endangered tropical wood
0	0	0	0	0	0	0	0	0		0	2.9	0	0/	0/0	Doors and their frames and thresholds, of other tropical wood
															-- Other
0	0	0	0	0	0	0	0	0		0	2.9	0	0/	0/0	Doors and their frames and thresholds, of other endangered wood
0	0	0	0	0	0	0	0	0		0	2.9	0	0/	0/0	Doors and their frames and thresholds, of other wood
															- Posts and beams other than products of subheadings 4418.81 to 4418.89
0	0	0	0	0	0	0	0	0		0	2.9	0	0/	0/0	Posts and beams other than products of subheadings 4418.81 to 4418.89, of endangered wood
0	0	0	0	0	0	0	0	0		0	2.9	0	0/	0/0	Posts and beams other than products of subheadings 4418.81 to 4418.89, of other wood
0	0	0	0	0	0		0	0		0	2.9	0	0/	0/0	- Shuttering for concrete constructional work
0	0	0	0	0	0		0	0		0	5.5	0	0/	0/0	- Shingles and shakes
															- Assembled flooring panels:
															-- Of bamboo or with at least the top layer (wear layer) of bamboo:
0	0	0	0	0	0	0	0	0		0	2.9	0	0/	0/0	--- For mosaic floors
0	0	0	0	0	0	0	0	0		0	2.9	0	0/	0/0	--- Other, multilayer of bamboo
0	0	0	0	0	0	0	0	0		0	2.9	0	0/	0/0	--- Other
															-- Other, for mosaic floors
0	0	0	0	0	0	0	0	0		0	2.9	0	0/	0/0	Assembled flooring panels for mosaic floor, of Ramin wood
0	0	0	0	0	0	0	0	0		0	2.9	0	0/	0/0	Assembled flooring panels for mosaic floor, of endangered wood
0	0	0	0	0	0	0	0	0		0	2.9	0	0/	0/0	Assembled flooring panels for mosaic floor, of other wood
															-- Other, multilayer
0	0	0	0	0	0	0	0	0	0	0	2.9	0	0/	0/0	Assembled flooring panels, multilayer, of Ramin wood
0	0	0	0	0	0	0	0	0	0	0	2.9	0	0/	0/0	Assembled flooring panels, multilayer, of endangered wood
0	0	0	0	0	0	0	0	0	0	0	2.9	0	0/	0/0	Assembled flooring panels, multilayer, of other wood
															-- Other
0	0	0	0	0	0	0	0	0		0	2.9	0	0/	0/0	Other flooring panels of Ramin wood, assembled
0	0	0	0	0	0	0	0	0		0	2.9	0	0/	0/0	Other flooring panels of endangered wood, assembled

税　号	货品名称	进口关税（%）			增值/消费税（%）	出口退税（%）	计量单位	监管证件代码	检验检疫类别	协定税率（%）		
		最惠国	普通	年内暂定						东盟	亚太	智利
44187900.90	已装拼的木制其他地板	4	70	0	13	0	千克	AB	P/Q	0		0
	- 工程结构木制品：											
4418.8100	-- 集成材											
44188100.10	濒危竹制的集成材（不包括人工培植的）	4	70	0	13	0	千克	ABE	P/Q	0		0
44188100.20	濒危木制的集成材	4	70	0	13	0	千克	ABEF	P/Q	0		0
44188100.90	其他木制的集成材（包括竹制的）	4	70	0	13	13	千克	AB	P/Q	0		0
4418.8200	-- 正交胶合木											
44188200.10	濒危竹制的正交胶合木（不包括人工培植的）	4	70	0	13	0	千克	ABE	P/Q	0		0
44188200.20	濒危木制的正交胶合木	4	70	0	13	0	千克	ABEF	P/Q	0		0
44188200.90	其他木制的正交胶合木（包括竹制的）	4	70	0	13	13	千克	AB	P/Q	0		0
4418.8300	-- 工字梁											
44188300.10	濒危竹制的工字梁（不包括人工培植的）	4	70	0	13	0	千克	ABE	P/Q	0		0
44188300.20	濒危木制的工字梁	4	70	0	13	0	千克	ABEF	P/Q	0		0
44188300.90	其他木制的工字梁（包括竹制的）	4	70	0	13	13	千克	AB	P/Q	0		0
4418.8900	-- 其他											
44188900.10	其他濒危竹制的工程结构木制品（不包括人工培植的）	4	70	0	13	0	千克	ABE	P/Q	0		0
44188900.20	其他濒危木制的工程结构木制品	4	70	0	13	0	千克	ABEF	P/Q	0		0
44188900.90	其他木制的工程结构木制品（包括竹制的）	4	70	0	13	13	千克	AB	P/Q	0		0
	- 其他：											
4418.9100	-- 竹的											
44189100.10	濒危竹制的其他建筑用木工制品（不包括人工培植的）	4	70	0	13	0	千克	ABE	P/Q	0		0
44189100.90	其他竹制的其他建筑用木工制品	4	70	0	13	13	千克	AB	P/Q	0		0
4418.9200	-- 蜂窝结构木镶板											
44189200.10	濒危木制的蜂窝结构木镶板	4	70	0	13	0	千克	ABEF	P/Q	0		0
44189200.90	其他蜂窝结构木镶板	4	70	0	13	13	千克	AB	P/Q	0		0
4418.9900	-- 其他											
44189900.10	濒危木制的其他建筑用木工制品	4	70	0	13	0	千克	ABEF	P/Q	0		0
44189900.90	其他建筑用木工制品	4	70	0	13	13	千克	AB	P/Q	0		0
44.19	**木制餐具及厨房用具：**											
	- 竹的：											
4419.1100	-- 切面包板、砧板及类似板											
44191100.10	濒危野生竹制的切面包板、砧板及类似板（不包括人工培植的）	0	100		13	0	千克	ABE	PR/Q	0		0
44191100.90	其他竹制的切面包板、砧板及类似板	0	100		13	13	千克	AB	PR/Q	0		0
	-- 筷子：											
4419.1210	--- 一次性筷子											
44191210.20	濒危野生竹制一次性筷子（不包括人工培植的）	0	100		13	0	千克	ABE	PR/Q	0		0
44191210.90	其他竹制一次性筷子	0	100		13	13	千克	AB	PR/Q	0		0
4419.1290	--- 其他											
44191290.10	濒危野生竹制的其他筷子（不包括人工培植的）	0	100		13	0	千克	ABE	PR/Q	0		0

协定税率（%）														特惠税率（%）①/②	Article Description
巴基斯坦	冰岛	哥斯达黎加	秘鲁	新西兰	瑞士	新加坡	韩国	澳大利亚	格鲁吉亚	毛里求斯	日本RCEP	尼加拉瓜	港澳台		
0	0	0	0	0	0	0	0	0		0	2.9	0	0/	0/0	Other flooring panels of wood, assembled
															- Engineered structural timber products:
															-- Glue-laminated timber (glulam)
0	0	0	0	0	0	0	0	0		0	2.9	0	0/	0/0	Glue-laminated timber (glulam) of endangered bamboo
0	0	0	0	0	0	0	0	0		0	2.9	0	0/	0/0	Glue-laminated timber (glulam) of endangered wood
0	0	0	0	0	0	0	0	0		0	2.9	0	0/	0/0	Other glue-laminated timber (glulam) of other wood (including other bamboo)
															-- Cross-laminated timber (CLT or X-lam)
0	0	0	0	0	0	0	0	0		0	2.9	0	0/	0/0	Cross-laminated timber (CLT or X-lam) of endangered bamboo
0	0	0	0	0	0	0	0	0		0	2.9	0	0/	0/0	Cross-laminated timber (CLT or X-lam) of endangered wood
0	0	0	0	0	0	0	0	0		0	2.9	0	0/	0/0	Other cross-laminated timber (CLT or X-lam) of other wood (including other bamboo)
															-- I beams
0	0	0	0	0	0	0	0	0		0	2.9	0	0/	0/0	I beams of endangered bamboo
0	0	0	0	0	0	0	0	0		0	2.9	0	0/	0/0	I beams of endangered wood
0	0	0	0	0	0	0	0	0		0	2.9	0	0/	0/0	Other I beams of other wood (including other bamboo)
															-- Other
0	0	0	0	0	0	0	0	0		0	2.9	0	0/	0/0	Other engineered structural timber products, of endangered bamboo
0	0	0	0	0	0	0	0	0		0	2.9	0	0/	0/0	Other engineered structural timber products, of endangered wood
0	0	0	0	0	0	0	0	0		0	2.9	0	0/	0/0	Other engineered structural timber products, of other wood (including bamboo)
															- Other:
															-- Of bamboo
0	0	0	0	0	0	0	0	0		0	2.9	0	0/	0/0	Other builder's joinery and carpentry of endangered bamboo
0	0	0	0	0	0	0	0	0		0	2.9	0	0/	0/0	Other builder's joinery and carpentry of other bamboo
															-- Cellular wood panels
0	0	0	0	0	0	0	0	0		0	2.9	0	0/	0/0	Cellular wood panels of endangered wood
0	0	0	0	0	0	0	0	0		0	2.9	0	0/	0/0	Other Cellular wood panels
															-- Other
0	0	0	0	0	0	0	0	0		0	2.9	0	0/	0/0	Other builders' joinery and carpentry, and cellular wood panels, of Ramin wood (including cellular wood panels)
0	0	0	0	0	0	0	0	0		0	2.9	0	0/	0/0	Other builders' joinery and carpentry, and cellular wood panels, of other wood (including cellular wood panels)
															Tableware and kitchenware, of wood:
															- Of bamboo:
															-- Bread boards, chopping boards and similar boards
0	0	0	0	0	0		0	0	0	0	0	0	0/	0/0	Bread boards, chopping boards and similar boards, of endangered wild bamboo, other than those artificially cultivated
0	0	0	0	0	0		0	0	0	0	0	0	0/	0/0	Other bread boards, chopping boards and similar boards, of bamboo
															-- Chopsticks:
															--- One-time chopsticks
0	0	0	0	0	0		0	0	0	0	0	0	0/	0/0	One-time chopsticks, of endangered wild bamboo, other than those artificially cultivated
0	0	0	0	0	0		0	0	0	0	0	0	0/	0/0	One-time chopsticks, of other bamboo
															--- Other
0	0	0	0	0	0		0	0	0	0	0	0	0/	0/0	Other chopsticks, of endangered wild bamboo, other than those artificially cultivated

税　号	货品名称	进口关税（%）最惠国	普通	年内暂定	增值/消费税（%）	出口退税（%）	计量单位	监管证件代码	检验检疫类别	协定税率（%）东盟	亚太	智利
44191290.90	其他竹制的其他筷子	0	100		13	0	千克	AB	PR/Q	0		0
4419.1900	-- 其他											
44191900.10	濒危野生竹制的其他餐具及厨房用具（不包括人工培植的）	0	100		13	0	千克	ABE	PR/Q	0		0
44191900.90	其他竹制的其他餐具及厨房用具	0	100		13	0	千克	AB	PR/Q	0		0
4419.2000	- 热带木的											
44192000.10	濒危热带木制的餐具及厨房用具	0	100		13	0	千克	ABEF	PR/Q	0		0
44192000.90	其他热带木制的餐具及厨房用具	0	100		13	13	千克	AB	PR/Q	0		0
	- 其他：											
4419.9010	--- 一次性筷子	0	100		13/5	0	千克	AB	P/Q	0		0
4419.9090	--- 其他											
44199090.30	其他濒危木制的其他餐具及厨房用具	0	100		13	0	千克	ABEF	PR/Q	0		0
44199090.90	其他木制的其他餐具及厨房用具	0	100		13	13	千克	AB	PR/Q	0		0
44.20	**镶嵌木（包括细工镶嵌木）；装珠宝或刀具用的木制盒子和小匣子及类似品；木制小雕像及其他装饰品；第九十四章以外的木制家具：**											
	- 木制小雕像及其他装饰品：											
	-- 热带木的：											
4420.1110	--- 木刻											
44201110.10	濒危热带木制的木刻	0	100		13	0	千克	ABEF	P/Q	0		0
44201110.90	其他热带木制的木刻	0	100		13	13	千克	AB	P/Q	0		0
4420.1120	--- 木扇											
44201120.10	濒危热带木制的木扇	0	100		13	0	千克	ABEF	P/Q	0		0
44201120.90	其他热带木制的木扇	0	100		13	13	千克	AB	P/Q	0		0
4420.1190	--- 其他											
44201190.10	其他濒危热带木制的小雕像及其他装饰品	0	100		13	0	千克	ABEF	P/Q	0		0
44201190.90	其他热带木制的小雕像及其他装饰品	0	100		13	13	千克	AB	P/Q	0		0
	-- 其他：											
	--- 木刻及竹刻：											
4420.1911	---- 木刻											
44201911.10	其他濒危木制的木刻	0	100		13	0	千克	ABEF	P/Q	0		0
44201911.90	其他木制的木刻	0	100		13	13	千克	AB	P/Q	0		0
4420.1912	---- 竹刻											
44201912.10	濒危野生竹刻（不包括人工培植的）	0	100		13	0	千克	ABE	P/Q	0		0
44201912.90	其他竹刻	0	100		13	13	千克	AB	P/Q	0		0
4420.1920	--- 木扇											
44201920.10	其他濒危木制的木扇	0	100		13	0	千克	ABEF	P/Q	0		0
44201920.90	其他木制的木扇	0	100		13	13	千克	AB	P/Q	0		0
4420.1990	--- 其他											
44201990.10	其他濒危木制的小雕像及其他装饰品	0	100		13	0	千克	ABEF	P/Q	0		0
44201990.90	其他木制的小雕像及其他装饰品	0	100		13	13	千克	AB	P/Q	0		0
	- 其他：											
4420.9010	--- 镶嵌木											
44209010.10	拉敏木制的镶嵌木	0	45		13	0	千克	FEAB	P/Q	0		0
44209010.20	濒危木制的镶嵌木	0	45		13	0	千克	FEAB	P/Q	0		0
44209010.90	镶嵌木	0	45		13	13	千克	AB	P/Q	0		0
4420.9090	--- 其他											

协定税率（%）														特惠税率（%）①/②	Article Description
巴基斯坦	冰岛	哥斯达黎加	秘鲁	新西兰	瑞士	新加坡	韩国	澳大利亚	格鲁吉亚	毛里求斯	日本RCEP	尼加拉瓜	港澳台		
0	0	0	0	0	0		0	0	0	0	0	0	0/	0/0	Other chopsticks, of other bamboo
															-- Other
0	0	0	0	0	0		0	0	0	0	0	0	0/	0/0	Other tableware and kitchenware of endangered wild bamboo, other than those artificially cultivated
0	0	0	0	0	0		0	0	0	0	0	0	0/	0/0	Other tableware and kitchenware of other bamboo
															- Of tropical wood
0	0	0	0	0	0		0	0	0	0	0	0	0/	0/0	Tableware and kitchenware of endangered tropical wood
0	0	0	0	0	0		0	0	0	0	0	0	0/	0/0	Tableware and kitchenware of other tropical wood
															- Other:
0	0	0	0	0	0		0	0	0	0	0	0	0/	0/0	--- One-time chopsticks
															--- Other
0	0	0	0	0	0		0	0	0	0	0	0	0/	0/0	Other tableware and kitchenware of other endangered wood
0	0	0	0	0	0		0	0	0	0	0	0	0/	0/0	Other tableware and kitchenware of other wood
															Wood marquetry and inlaid wood; caskets and cases for jewellery or cutlery, and similar articles, of wood; statuettes and other ornaments, of wood; wooden articles or furniture not falling in Chapter 94:
															- Statuettes and other ornaments:
															-- Of tropical wood:
															--- Wood carvings
0	0	0	0	0	0		0	0	0	0	0	0	0/	0/0	Wood carvings of endangered tropical wood
0	0	0	0	0	0		0	0	0	0	0	0	0/	0/0	Wood carvings of other tropical wood
															--- Wooden fans
0	0	0	0	0	0		0	0	0	0	0	0	0/	0/0	Wooden fans of endangered tropical wood
0	0	0	0	0	0		0	0	0	0	0	0	0/	0/0	Wooden fans of other tropical wood
															--- Other
0	0	0	0	0	0		0	0	0	0	0	0	0/	0/0	Other statuettes and other ornaments, of endangered tropical wood
0	0	0	0	0	0		0	0	0	0	0	0	0/	0/0	Other statuettes and other ornaments, of tropical wood
															-- Other:
															--- Wood or bamboo carvings:
															----Wood carvings
0	0	0	0	0	0		0	0	0	0	0	0	0/	0/0	Wood carvings of endangered wood
0	0	0	0	0	0		0	0	0	0	0	0	0/	0/0	Wood carvings of other wood
															----Bamboo carvings
0	0	0	0	0	0		0	0	0	0	0	0	0/	0/0	Endangered wild bamboo carvings (other than those artificially cultivated)
0	0	0	0	0	0		0	0	0	0	0	0	0/	0/0	Other bamboo carvings
															--- Wooden fans
0	0	0	0	0	0		0	0	0	0	0	0	0/	0/0	Wooden fans of endangered wood
0	0	0	0	0	0		0	0	0	0	0	0	0/	0/0	Wooden fans of other wood
															--- Other
0	0	0	0	0	0		0	0	0	0	0	0	0/	0/0	Statuettes and other ornaments, of endangered wood
0	0	0	0	0	0		0	0	0	0	0	0	0/	0/0	Statuettes and other ornaments, of other wood
															- Other:
															--- Wood marquetry and inlaid wood
0	0	0	0	0	0		0	0	0	0	0	0	0/	0/0	Inlaid wood, of ramin wood
0	0	0	0	0	0		0	0	0	0	0	0	0/	0/0	Inlaid wood, of endangered wood
0	0	0	0	0	0		0	0	0	0	0	0	0/	0/0	Inlaid wood
															--- Other

税号	货品名称	进口关税（%） 最惠国	普通	年内暂定	增值/消费税（%）	出口退税（%）	计量单位	监管证件代码	检验检疫类别	协定税率（%） 东盟	亚太	智利
44209090.10	拉敏木盒及类似品，非落地木家具（前者用于装珠宝或家具，后者不包括第九十四章的家具）	0	100		13	0	千克	FEAB	P/Q	0		0
44209090.20	濒危木盒及类似品，非落地木家具（前者用于装珠宝或家具，后者不包括第九十四章的家具）	0	100		13	0	千克	FEAB	P/Q	0		0
44209090.90	木盒子及类似品，非落地式木家具（前者用于装珠宝或家具，后者不包括第九十四章的家具）	0	100		13	13	千克	AB	P/Q	0		0
44.21	**其他木制品：**											
4421.1000	- 衣架											
44211000.10	拉敏木制木衣架	0	90		13	0	千克	ABFE	P/Q	0		0
44211000.20	濒危木制木衣架	0	90		13	0	千克	FEAB	P/Q	0		0
44211000.90	木衣架	0	90		13	13	千克	AB	P/Q	0		0
4421.2000	- 棺材											
44212000.10	濒危木制的棺材（包括竹制的）	0	35		13	0	千克	ABEF	P/Q	0		0
44212000.90	其他木制的棺材（包括竹制的）	0	35		13	13	千克	AB	P/Q	0		0
	- 其他：											
	-- 竹的：											
4421.9110	--- 圆签、圆棒、冰果棒、压舌片及类似一次性制品											
44219110.20	濒危野生竹制圆签、圆棒、冰果棒、压舌片及类似一次性制品（不包括人工培植的）	0	35		13	0	千克	ABE	P/Q	0		0
44219110.90	其他竹制圆签、圆棒、冰果棒、压舌片及类似一次性制品	0	35		13	13	千克	AB	P/Q	0		0
4421.9190	--- 其他											
44219190.10	其他未列名的濒危竹制品（不包括人工培植的）	0	90		13	0	千克	ABE	P/Q	0		0
44219190.90	其他未列名的竹制品	0	35		13	13	千克	AB	P/Q	0		0
	-- 其他：											
4421.9910	--- 木制圆签、圆棒、冰果棒、压舌片及类似一次性制品											
44219910.10	拉敏木制圆签、圆棒、冰果棒、压舌片及类似一次性制品	0	35		13	0	千克	FEAB	P/Q	0		0
44219910.20	濒危木制圆签、圆棒、冰果棒、压舌片及类似一次性制品	0	35		13	0	千克	FEAB	P/Q	0		0
44219910.90	其他木制圆签、圆棒、冰果棒、压舌片及类似一次性制品	0	35		13	0	千克	AB	P/Q	0		0
4421.9990	--- 其他											
44219990.30	濒危木制的未列名的木制品	0	35		13	0	千克	ABEF	P/Q	0		0
44219990.90	未列名的木制品	0	35		13	13	千克	AB	P/Q	0		0

协定税率（%）														特惠税率（%）①/②	Article Description
巴基斯坦	冰岛	哥斯达黎加	秘鲁	新西兰	瑞士	新加坡	韩国	澳大利亚	格鲁吉亚	毛里求斯	日本RCEP	尼加拉瓜	港澳台		
0	0	0	0	0	0		0	0	0	0	0	0	0/	0/0	Caskets, cases and similar articles for jewelry or furniture, of Ramin wood; non-floor furniture, of ramin wood, excluding furniture in Chapter 94
0	0	0	0	0	0		0	0	0	0	0	0	0/	0/0	Caskets, cases and similar articles for jewelry or furniture, of endangered wood; non-floor furniture, of endangered wooden, excluding furniture in Chapter 94
0	0	0	0	0	0		0	0	0	0	0	0	0/	0/0	Caskets, cases and similar articles for jewelry or furniture, of wood; non-floor furniture, of wood, excluding furniture in Chapter 94
															Other articles of wood:
															- Clothes hangers
0	0	0	0	0	0		0	0	0	0	0	0	0/	0/0	Clothes hangers of Ramin wood
0	0	0	0	0	0		0	0	0	0	0	0	0/	0/0	Clothes hangers of endangered wood
0	0	0	0	0	0		0	0	0	0	0	0	0/	0/0	Clothes hangers of wood
															- Coffins
0	0	0	0	0	0		0	0	0	0	0	0	0/	0/0	Coffins of endangered wood (including bamboo)
0	0	0	0	0	0		0	0	0	0	0	0	0/	0/0	Coffins of other wood (including bamboo)
															- Other:
															-- Of bamboo:
															--- Circle sticks, circle bars, popsicle sticks, spatula and the like:
0	0	0	0	0	0		0	0	0	0	0	0	0/	0/0	Round picks and sticks, sticks for ice-sucker, spatulas and similar one time articles, of endangered wild bamboo (other than those artificially cultivated)
0	0	0	0	0	0		0	0	0	0	0	0	0/	0/0	Round picks and sticks, sticks for ice-sucker, spatulas and similar one time articles, of other bamboo
															--- Other
0	0	0	0	0	0		0	0	0	0	0	0	0/	0/0	Endangered bamboo, not elsewhere specified or included
0	0	0	0	0	0		0	0	0	0	0	0	0/	0/0	Bamboo, not elsewhere specified or included
															-- Other:
															--- Of wood, circle sticks, circle bars, popsicle sticks, spatula and the like:
0	0	0	0	0	0		0	0	0	0	0	0	0/	0/0	Round picks and sticks, sticks for ice-sucker, spatulas and similar one time articles, of ramin wood
0	0	0	0	0	0		0	0	0	0	0	0	0/	0/0	Round picks and sticks, sticks for ice-sucker, spatulas and similar one time articles, of endangered wood
0	0	0	0	0	0		0	0	0	0	0	0	0/	0/0	Round picks and sticks, sticks for ice-sucker, spatulas and similar one time articles, of other wood
															--- Other
0	0	0	0	0	0		0	0	0	0	0	0	0/	0/0	Articles of endangered wood, not elsewhere specified or included
0	0	0	0	0	0		0	0	0	0	0	0	0/	0/0	Articles of wood, not elsewhere specified or included

第四十五章　软木及软木制品

注释：

本章不包括：

一、第六十四章的鞋靴及其零件；

二、第六十五章的帽类及其零件；或

三、第九十五章的物品（例如，玩具、游戏品及运动用品）。

税　号	货品名称	进口关税（%）			增值/消费税（%）	出口退税（%）	计量单位	监管证件代码	检验检疫类别	协定税率（%）		
		最惠国	普通	年内暂定						东盟	亚太	智利
45.01	**未加工或简单加工的天然软木；软木废料；碎的、粒状的或粉状的软木：**											
4501.1000	- 未加工或简单加工的天然软木	6	17	0	13	0	千克	AB	P/Q	0		0
	- 其他：											
4501.9010	--- 软木废料	0	17		13	0	千克	9AB	P/Q	0		0
4501.9020	--- 碎的、粒状的或粉状的软木（软木碎、软木粒或软木粉）	0	17		13	0	千克	AB	P/Q	0		0
45.02	**天然软木，除去表皮或粗切成方形，或成长方块、正方块、板、片或条状（包括作塞子用的方块坯料）：**											
4502.0000	天然软木，除去表皮或粗切成方形，或成长方块、正方块、板、片或条状（包括作塞子用的方块坯料）	8	30	0	13	0	千克	AB	P/Q	0		0
45.03	**天然软木制品：**											
4503.1000	- 塞子	8	50	0	13	0	千克	AB	P/Q	0		0
4503.9000	- 其他	8	50	0	13	0	千克	AB	P/Q	0		0
45.04	**压制软木（不论是否使用粘合剂压成）及其制品：**											
4504.1000	- 块、板、片及条；任何形状的砖、瓦；实心圆柱体，包括圆片											
45041000.10	压制软木塞	8	30	0	13	0	千克	AB	P/Q	0		0
45041000.90	块、板、片及条状压制软木，压制软木塞除外	8	30	0	13	0	千克	AB	P/Q	0		0
4504.9000	- 其他	0	50		13	0	千克	AB	P/Q	0		0

Chapter 45 Cork and articles of cork

Chapter Notes:

This Chapter does not cover:

1. Footwear or parts of footwear of Chapter 64;
2. Headgear or parts of headgear of Chapter 65;
3. Or Articles of Chapter 95 (for example, toys, games, sports requisites).

协定税率（%）														特惠税率（%）①/②	Article Description
巴基斯坦	冰岛	哥斯达黎加	秘鲁	新西兰	瑞士	新加坡	韩国	澳大利亚	格鲁吉亚	毛里求斯	日本RCEP	尼加拉瓜	港澳台		
															Natural cork, raw or simply prepared; waste cork;crushed, granulated or ground cork:
0	0	0	0	0	0		0	0		0	4.4	0	0/	0/0	- Natrual cork, raw or simply prepared
															- Other:
0	0	0	0	0	0		0	0	0	0	0	0	0/	0/0	--- Waste cork
0	0	0	0	0	0		0	0	0	0	0	0	0/	0/0	--- Crushed, granulated or ground cork
															Natural cork, debarked or roughly squared, or in rectangular (including square) blocks, plates, sheets or strip (including sharp-edged blanks for corks or stoppers):
0	0	0	0	0	0		0	0		0	5.8	7.2	0/	0/0	Natural cork, debarked or roughly squared, or in rectangular (including square) blocks, plates, sheets or strip (including sharp-edged blanks for corks or stoppers)
															Articles of natural cork:
0	0	0	0	0	0		0	0		0	5.8	7.2	0/	0/0	- Corks and stoppers
2.5	0	0	0	0	0	0	0	0		0	7.6	7.2	0/	0/0	- Other
															Agglomerated cork (with or without a binding substance) and articles of agglomerated cork:
															- Blocks, plates, sheets and strip; tiles of any shape; solid cylinders, including discs
0	0	0	0	0	0		0	0		0	6.1	7.2	0/	0/0	Agglomerated corks and stoppers
0	0	0	0	0	0		0	0		0	6.1	7.2	0/	0/0	Agglomerated cork, blocks, plates, sheets and strip, other than agglomerated corks and stoppers
0	0	0	0	0	0		0	0	0	0	0	0	0/	0/0	- Other

第四十六章 稻草、秸秆、针茅或其他编结材料制品；篮筐及柳条编结品

注释：

一、本章所称“编结材料”，是指其状态或形状适于编结、交织或类似加工的材料，包括稻草、秸秆、柳条、竹、藤、灯芯草、芦苇、木片条、其他植物材料扁条（例如，树皮条、狭叶、酒椰叶纤维或其他从阔叶获取的条）、未纺的天然纺织纤维、塑料单丝及扁条、纸带，但不包括皮革、再生皮革、毡呢或无纺织物的扁条、人发、马毛、纺织粗纱或纱线以及第五十四章的单丝和扁条。

二、本章不包括：

（一）税目48.14的壁纸；

（二）不论是否编结而成的线、绳、索、缆（税目56.07）；

（三）第六十四章和第六十五章的鞋靴、帽类及其零件；

（四）编结而成的车辆或车身（第八十七章）；或

（五）第九十四章的物品（例如，家具、灯具及照明装置）。

三、税目46.01所称“平行连结的成片编结材料、缏条或类似的编结材料产品”，是指编结材料、缏条及类似的编结材料产品平行排列连结成片的制品，其连结材料不论是否为纺制的纺织材料。

税号	货品名称	进口关税（%）			增值/消费税（%）	出口退税（%）	计量单位	监管证件代码	检验检疫类别	协定税率（%）		
		最惠国	普通	年内暂定						东盟	亚太	智利
46.01	用编结材料编成的缏条及类似产品，不论是否缝合成宽条；平行连结或编织的成片编结材料、缏条或类似的编结材料产品，不论是否制成品（例如，席子、席料、帘子）：											
	- 植物材料制的席子、席料及帘子：											
4601.2100	-- 竹制的	7	90	0	13	13	千克/张	AB	P/Q	0		0
4601.2200	-- 藤制的	7	100	0	13	13	千克/张	AB	P/Q	0		0
	-- 其他：											
	--- 草制的：											
4601.2911	----灯心草属材料制的											
46012911.11	蔺草制的提花席、双首席、垫子（单位面积＞1平方米，不论是否包边）	7	90	0	13	13	千克/张	4ABxy	P/Q	0		0
46012911.12	蔺草制的其他席子（单位面积＞1平方米，不论是否包边）	7	90	0	13	13	千克/张	4ABxy	P/Q	0		0
46012911.19	蔺草制的其他席子、席料及帘子（单位面积≤1平方米，不论是否包边）	7	90	0	13	13	千克/张	AB	P/Q	0		0
46012911.90	其他灯心草属材料制的席子等（包括席子、席料、帘子、垫子）	7	90	0	13	13	千克/张	AB	P/Q	0		0
4601.2919	----其他	7	90	0	13	13	千克/张	AB	P/Q	0		0
	--- 芦苇制的：											
4601.2921	----苇帘	7	90	0	13	13	千克/张	AB	P/Q	0		0
4601.2929	----其他	7	90	0	13	13	千克/张	AB	P/Q	0		0
4601.2990	--- 其他	7	90	0	13	13	千克/张	AB	P/Q	0		0
	- 其他：											
	-- 竹制的：											
4601.9210	--- 缏条及类似产品，不论是否缝合成宽条	7	100	0	13	13	千克	AB	P/Q	0		0
4601.9290	--- 其他	7	90	0	13	13	千克	AB	P/Q	0		0
	-- 藤制的：											

Chapter 46 Manufactures of straw, of esparto or of other plaiting materials; basketware and wickerwork

Chapter Notes:

1. In this Chapter the expression "plaiting materials" means materials in a state or form suitable for plaiting, interlacing or similar processes; it includes straw, osier or willow, bamboos, rattans, rushes, reeds, strips of wood, strips of other vegetable material (for example, strips of bark, narrow leaves and raffia or other strips obtained from broad leaves), unspun natural textile fibres, monofilament and strip and the like of plastics and strips of paper, but not strips of leather or composition leather or of felt or nonwovens, human hair, horsehair, textile rovings or yarns, or monofilament and strip and the like of Chapter 54.

2. This Chapter does not cover:

 (a) Wall coverings of heading 48.14;

 (b) Twine, cordage, ropes or cables, plaited or not (heading 56.07);

 (c) Footwear or headgear or parts thereof of Chapter 64 or 65;

 (d) Vehicles or bodies for vehicles of basketware (Chapter 87); or

 (e) Articles of Chapter 94 (for example, furniture, luminaires and lighting fittings) .

3. For the purposes of heading 46.01, the expression "plaiting materials, plaits and similar products of plaiting materials, bound together in parallel strands" means plaiting materials, plaits and similar products of plaiting materials, placed side by side and bound together, in the form of sheets, whether or not the binding materials are of spun textile materials.

协定税率（%）														特惠税率（%）①/②	Article Description
巴基斯坦	冰岛	哥斯达黎加	秘鲁	新西兰	瑞士	新加坡	韩国	澳大利亚	格鲁吉亚	毛里求斯	日本RCEP	尼加拉瓜	港澳台		
															Plaits and similar products of plaiting materials, whether or not assembled into strips; plaiting materials, plaits and similar products of plaiting materials, bound together in parallel strands or woven, in sheet form, whether or not being finished articles (for example, mats, matting, screens):
															- Mats, matting and screens of vegetable materials:
0	0	0	0	0	0		0	0	0	0	6.5	0	0/	0/0	-- Of bamboo
0	0	0	0	0	0		0	0	0	0	6.5	0	0/	0/0	-- Of rattan
															-- Other:
															--- Of grass or straw:
															----Of rushes
0	0	0	0	0	0		0	0	0	0	6.5	0	0/	0/0	Jacquard mats, clover mats and cushion, of Schoenoplectus trigueter, of per unit area exceeding 1 m^2 , whether or not edged
0	0	0	0	0	0		0	0	0	0	6.5	0	0/	0/0	Other mats, matting, of Schoenoplectus trigueter, of per unit area exceeding 1 m^2, whether or not edged
0	0	0	0	0	0		0	0	0	0	6.5	0	0/	0/0	Other mats, matting and screens, of Schoenoplectus trigueter, of per unit area not exceeding 1 m^2, whether or not edged
0	0	0	0	0	0		0	0	0	0	6.5	0	0/	0/0	Other mats, matting and screens, of other Rush except Schoenoplectus trigueter
0	0	0	0	0	0		0	0	0	0	6.5	0	0/	0/0	----Other
															--- Of reeds:
0	0	0	0	0	0		0	0	0	0	6.5	0	0/	0/0	----Screens of reeds
0	0	0	0	0	0		0	0	0	0	6.5	0	0/	0/0	----Other
0	0	0	0	0	0		0	0	0	0	6.5	0	0/	0/0	--- Other
															- Other:
															-- Of bamboo:
0	0	0	0	0	0		0	0	0	0	6.5	0	0/	0/0	--- Plaits and similar products of plaiting meterials, whether or not assembled into strips
0	0	0	0	0	0		0	0	0	0	6.5	0	0/	0/0	--- Other
															-- Of rattan:

税　号	货品名称	进口关税(%) 最惠国	普通	年内暂定	增值/消费税(%)	出口退税(%)	计量单位	监管证件代码	检验检疫类别	协定税率(%) 东盟	亚太	智利
4601.9310	--- 缏条及类似产品，不论是否缝合成宽条	7	100	0	13	13	千克	AB	P/Q	0		0
4601.9390	--- 其他	7	90	0	13	13	千克	AB	P/Q	0		0
	-- 其他植物材料制的：											
	--- 稻草制的：											
4601.9411	---- 缏条（绳）	7	90	0	13	13	千克	AB	P/Q	0		0
4601.9419	---- 其他	7	90	0	13	13	千克	AB	P/Q	0		0
	--- 其他：											
4601.9491	---- 鞭条及类似产品，不论是否缝合成宽条	7	100	0	13	13	千克	AB	P/Q	0		0
4601.9499	---- 其他	7	90	0	13	13	千克	AB	P/Q	0		0
	-- 其他：											
4601.9910	--- 缏条及类似产品，不论是否缝合成宽条	7	90	0	13	13	千克			0		0
4601.9990	--- 其他	7	90	0	13	13	千克			0		0
46.02	**用编结材料直接编成或用税目46.01所列货品制成的篮筐、柳条编结品及其他制品；丝瓜络制品：**											
	- 植物材料制：											
4602.1100	-- 竹制的	7	100	0	13	13	千克	AB	P/Q	0	4.2	0
4602.1200	-- 藤制的	7	100	0	13	13	千克	AB	P/Q	0	4.2	0
	-- 其他：											
4602.1910	--- 草制的	7	100	0	13	13	千克	AB	P/Q	0		0
4602.1920	--- 玉米皮制的	7	100	0	13	13	千克	AB	P/Q	0		0
4602.1930	--- 柳条制的	7	100	0	13	13	千克	AB	P/Q	0		0
4602.1990	--- 其他	7	100	0	13	13	千克	AB	P/Q	0		0
4602.9000	- 其他	7	100	0	13	13	千克			0	4.6	0

协定税率（%）														特惠税率（%）①/②	Article Description
巴基斯坦	冰岛	哥斯达黎加	秘鲁	新西兰	瑞士	新加坡	韩国	澳大利亚	格鲁吉亚	毛里求斯	日本RCEP	尼加拉瓜	港澳台		
0	0	0	0	0	0		0	0	0	0	6.5	0	0/	0/0	--- Plaits and similar products of plaiting meterials, whether or not assembled into strips
0	0	0		0	0		0	0	0	0	6.5	5.6	0/	/0	--- Other
															-- Of other vegetable materials:
															--- Of straw:
2.5	0	0	0	0	0		0	0	0	0	7.3	0	0/	0/0	----Plaits
2.5	0	0	0	0	0		0	0	0	0	7.3	0	0/	0/0	----Other
															--- Other:
0	0	0	0	0	0		0	0	0	0	6.5	0	0/	0/0	----Plaits and similar products of plaiting meterials, whether or not assembled into strips
0	0	0	0	0	0		0	0	0	0	6.5	0	0/	0/0	----Other
															-- Other:
0	0	0	0	0	0		0	0	0	0	6.5	0	0/	0/0	--- Plaits and similar products of plaiting materials, whether or not assembled into strips
0	0	0	0	0	0		0	0	0	0	6.5	0	0/	0/0	--- Other
															Basketwork, wickerwork and other articles, made directly to shape from plaiting materials or made up from goods of heading 46.01; articles of loofah:
															- Of vegetable materials:
0	0	0	0	0	0		0	0	0	0	6.5	0	0/	0/0	-- Of bamboo
0	0	0		0	0		0	0	0	0	6.5	5.6	0/	0/0	-- Of rattan
															-- Other:
0	0	0	0	0	0		0	0	0	0	6.5	0	0/	0/0	--- Of grass or straw
0	0	0	0	0	0		0	0	0	0	6.5	0	0/	0/0	--- Of maize-shuck
0	0	0	0	0	0		0	0	0	0	6.5	0	0/	0/0	--- Of osier
0	0	0		0	0		0	0	0	0	6.5	5.6	0/	0/0	--- Other
0	0	0	0	0	0		0	0	0	0	6.5	0	0/	0/0	- Other

第十类　木浆及其他纤维状纤维素浆；回收（废碎）纸或纸板；纸、纸板及其制品

第四十七章　木浆及其他纤维状纤维素浆；回收（废碎）纸或纸板

注释：

税目47.02所称“化学木浆，溶解级”，是指温度在20℃时浸入含18%氢氧化钠的苛性碱溶液内，一小时后，按重量计含有92%及以上的不溶级分的碱木浆或硫酸盐木浆，或者含有88%及以上的不溶级分的亚硫酸盐木浆。对于亚硫酸盐木浆，按重量计灰分含量不得超过0.15%。

税　号	货品名称	进口关税（%）			增值/消费税（%）	出口退税（%）	计量单位	监管证件代码	检验检疫类别	协定税率（%）		
		最惠国	普通	年内暂定						东盟	亚太	智利
47.01	**机械木浆：**											
4701.0000	机械木浆	0	8		13	0	千克			0		0
47.02	**化学木浆，溶解级：**											
4702.0000	化学木浆，溶解级											
47020000.01	用于生产粘胶等化学纤维（不含醋酸纤维）的化学木浆，溶解级［3.7dl/g≤浆粕的黏度＜6.4dl/g，或者350ml/g≤浆粕的黏度＜700ml/g，α纤维素含量（R18，硫酸盐法）＜95.5%，或者α纤维素含量（R18，亚硫酸盐法）＜94%，灰分≤0.15%］	0	8		13	0	千克			0		0
47020000.90	其他化学木浆，溶解级	0	8		13	0	千克			0		0
47.03	**碱木浆或硫酸盐木浆，但溶解级的除外：**											
	- 未漂白：											
4703.1100	-- 针叶木的	0	8		13	0	千克			0		0
4703.1900	-- 非针叶木的	0	8		13	0	千克			0		0
	- 半漂白或漂白：											
4703.2100	-- 针叶木的											
47032100.01	用于生产粘胶等化学纤维（不含醋酸纤维）的漂白针叶木碱木浆或硫酸盐木浆（包括半漂白的，溶解级的除外）[3.7dl/g≤浆粕的黏度＜6.4dl/g，或者350ml/g≤浆粕的黏度＜700ml/g，88%≤α纤维素含量（R18，硫酸盐法）＜95.5%，灰分≤0.15%]	0	8		13	0	千克			0		0
47032100.90	其他漂白针叶木碱木浆或硫酸盐木浆（包括半漂白的，溶解级的除外）	0	8		13	0	千克			0		0
4703.2900	-- 非针叶木的	0	8		13	0	千克			0		0
47.04	**亚硫酸盐木浆，但溶解级的除外：**											
	- 未漂白：											
4704.1100	-- 针叶木的	0	8		13	0	千克			0		0
4704.1900	-- 非针叶木的	0	8		13	0	千克			0		0
	- 半漂白或漂白：											
4704.2100	-- 针叶木的	0	8		13	0	千克			0		0
4704.2900	-- 非针叶木的	0	8		13	0	千克			0		0

SECTION X PULP OF WOOD OR OF OTHER FIBROUS CELLULOSIC MATERIAL; RECOVERED (WASTE AND SCRAP) PAPER OR PAPERBOARD; PAPER AND PAPERBOARD AND ARTICLES THEREOF

Chapter 47 Pulp of wood or of other fibrous cellulosic material;recovered (waste and scrap) paper or paperboard

Chapter Notes:

For the purposes of heading 47.02, the expression "chemical wood pulp, dissolving grades" means chemical wood pulp having by weight an insoluble fraction of 92% or more for soda or sulphate wood pulp or of 88% or more for sulphite wood pulp after one hour in a caustic soda solution containing 18% sodium hydroxide (NaOH) at 20°C, and for sulphite wood pulp an ash content that does not exceed 0.15% by weight.

协定税率(%)														特惠税率(%)①/②	Article Description
巴基斯坦	冰岛	哥斯达黎加	秘鲁	新西兰	瑞士	新加坡	韩国	澳大利亚	格鲁吉亚	毛里求斯	日本RCEP	尼加拉瓜	港澳台		
															Mechanical wood pulp:
0	0	0	0	0	0		0	0	0	0	0	0	0/	0/0	Mechanical wood pulp
															Chemical wood pulp, dissolving grades:
															Chemical wood pulp, dissolving grades
0	0	0	0	0	0		0	0	0	0	0	0	0/	0/0	Chemical wood pulp used in the production of chemical fibers such as viscose other than acetate, dissolving grades (with pulp viscosity 3.7dl/g or more, but less than 6.4dl/g, or with pulp viscosity 350ml/g or more, but less than 700ml/g; with containing cellulose (R18, by Kraft) by weight less than 95.5%, or with containing cellulose (R18, by Sulfite) by weight less than 94%; ash content not exceeding 0.15% by weight)
0	0	0	0	0	0		0	0	0	0	0	0	0/	0/0	Other chemical wood pulp, dissolving grades
															Chemical wood pulp, soda or sulphate, other than dissolving grades:
															- Unbleached:
0	0	0	0	0	0		0	0	0	0	0	0	0/	0/0	-- Coniferous
0	0	0	0	0	0		0	0	0	0	0	0	0/	0/0	-- Non-coniferous
															- Semi-bleached or bleached:
															-- Coniferous
0	0	0	0	0	0		0	0	0	0	0	0	0/	0/0	Bleached Coniferous chemical wood pulp, soda or sulphate including Semi-bleached but other than dissolving grades, used in the production of chemical fibers such as viscose other than acetate, with pulp viscosity 3.7dl/g or more, but less than 6.4dl/g, or with pulp viscosity 350ml/g or more, but less than 700ml/g; with content of cellulose (R18, by Kraft) by weight 88% or more, but less than 95.5%; ash content unexceeding 0.15% by weight)
0	0	0	0	0	0		0	0	0	0	0	0	0/	0/0	Other bleached Coniferous chemical wood pulp, soda or sulphate including Semi-bleached but other than dissolving grades
0	0	0	0	0	0		0	0	0	0	0	0	0/	0/0	-- Non-coniferous
															Chemical wood pulp, sulphite, other than dissolving grades:
															- Unbleached:
0	0	0	0	0	0		0	0	0	0	0	0	0/	0/0	-- Coniferous
0	0	0	0	0	0		0	0	0	0	0	0	0/	0/0	-- Non-coniferous
															- Semi-bleached or bleached:
0	0	0	0	0	0		0	0	0	0	0	0	0/	0/0	-- Coniferous
0	0	0	0	0	0		0	0	0	0	0	0	0/	0/0	-- Non-coniferous

税　号	货品名称	进口关税（%）			增值/消费税（%）	出口退税（%）	计量单位	监管证件代码	检验检疫类别	协定税率（%）		
		最惠国	普通	年内暂定						东盟	亚太	智利
47.05	**用机械和化学联合制浆法制得的木浆：**											
4705.0000	用机械和化学联合制浆法制得的木浆	0	8		13	0	千克			0		0
47.06	**从回收（废碎）纸或纸板提取的纤维浆或其他纤维状纤维素浆：**											
4706.1000	- 棉短绒纸浆											
47061000.01	用于生产粘胶等化学纤维（不含醋酸纤维）的棉短绒浆粕[3.7dl/g≤浆粕的黏度＜6.4dl/g，或者350ml/g≤浆粕的黏度＜700ml/g，α纤维素含量（R18，硫酸盐法）＜95.5%，或者α纤维素含量（R18，亚硫酸盐法）＜94%，灰分≤0.15%]	0	8		13	13	千克			0		0
47061000.90	其他棉短绒纸浆	0	8		13	13	千克			0		0
4706.2000	- 从回收（废碎）纸或纸板提取的纤维浆	0	8		13	0	千克			0		0
4706.3000	- 其他，竹浆											
47063000.01	用于生产粘胶等化学纤维（不含醋酸纤维）的其他纤维状纤维素竹浆（包括机械浆、化学浆、半化学浆）[3.7dl/g≤浆粕的黏度＜6.4dl/g，或者350ml/g≤浆粕的黏度＜700ml/g，α纤维素含量（R18，硫酸盐法）＜95.5%，或者α纤维素含量（R18，亚硫酸盐法）＜94%，灰分≤0.15%]	0	8		13	0	千克			0		0
47063000.90	其他纤维状纤维素竹浆（包括机械浆、化学浆、半化学浆）	0	8		13	0	千克			0		0
	- 其他：											
4706.9100	-- 机械浆	0	8		13	0	千克			0		0
4706.9200	-- 化学浆	0	8		13	0	千克			0		0
4706.9300	-- 用机械和化学联合法制得的浆	0	8		13	0	千克			0		0
47.07	**回收（废碎）纸或纸板：**											
4707.1000	- 未漂白的牛皮纸或纸板及瓦楞纸或纸板	0	8		13	0	千克	9AB	MP/Q	0		0
4707.2000	- 主要由漂白化学木浆制成未经本体染色的其他纸和纸板	0	8		13	0	千克	9AB	MP/Q	0		0
4707.3000	- 主要由机械浆制成的纸或纸板（例如，报纸、杂志及类似印刷品）	0	8		13	0	千克	9AB	MP/Q	0		0
4707.9000	- 其他，包括未分选的废碎品											
47079000.10	回收（废碎）墙（壁）纸、涂蜡纸、浸蜡纸、复写纸（包括未分选的废碎品）	0	8		13	0	千克	9AB	MP/Q	0		0
47079000.90	其他回收纸或纸板（包括未分选的废碎品）	0	8		13	0	千克	9B	MP/Q	0		0

协定税率（%）巴基斯坦	冰岛	哥斯达黎加	秘鲁	新西兰	瑞士	新加坡	韩国	澳大利亚	格鲁吉亚	毛里求斯	日本 RCEP	尼加拉瓜	港澳台	特惠税率（%）①/②	Article Description
															Wood pulp obtained by a combination of mechanical and chemical pulping processes:
0	0	0	0	0	0		0	0	0	0	0	0	0/	0/0	Wood pulp obtained by a combination of mechanical and chemical pulping processes
															Pulps of fibres derived from recovered (waste and scrap) paper or paperboard or of other fibrous cellulosic material:
															- Cotton linters pulp
0	0	0	0	0	0		0	0	0	0	0	0	0/	0/0	Cotton linters pulp used in the production of chemical fibers such as viscose other than acetate, with pulp viscosity 3.7dl/g or more, but less than 6.4dl/g, or with pulp viscosity 350ml/g or more, but less than 700ml/g; with containing cellulose (R18, by Kraft) by weight less than 95.5%, or with containing cellulose (R18, by Sulfite) by weight less than 94%; ash content not exceeding 0.15% by weight)
0	0	0	0	0	0		0	0	0	0	0	0	0/	0/0	Other cotton linters pulp
0	0	0	0	0	0		0	0	0	0	0	0	0/	0/0	- Pulps of fibres derived from recovered (waste and scrap) paper or paperboard
															- Other, of bamboo
0	0	0	0	0	0		0	0	0	0	0	0	0/	0/0	Other bamboo pulp in form of fibers, including mechanical pulp, chemical pulp, semi-chemical pulp, used in the production of chemical fibers such as viscose other than acetate, with pulp viscosity 3.7dl/g or more, but less than 6.4dl/g, or with pulp viscosity 350ml/g or more, but less than 700ml/g; with content of cellulose (R18, by Kraft) by weight 88% or more, but less than 95.5%, or with content of cellulose (R18, by Sulfite) by weight 87% or more, but less than 94%; ash content unexceeding 0.15% by weight)
0	0	0	0	0	0		0	0	0	0	0	0	0/	0/0	Other bamboo pulp in form of fibers, including mechanical pulp, chemical pulp, semi-chemical pulp
															- Other:
0	0	0	0	0	0		0	0	0	0	0	0	0/	0/0	-- Mechanical
0	0	0	0	0	0		0	0	0	0	0	0	0/	0/0	-- Chemical
0	0	0	0	0	0		0	0	0	0	0	0	0/	0/0	-- Obtained by a combination of mechanical and chemical processes
															Recovered (waste and scrap) paper or paperboard:
0	0	0	0	0	0		0	0	0	0	0	0	0/	0/0	- Unbleached kraft paper or paperboard or of corrugated paper or paperboard
0	0	0	0	0	0		0	0	0	0	0	0	0/	0/0	- Other paper or paperboard made mainly of bleached chemical pulp, not coloured in the mass
0	0	0	0	0	0		0	0	0	0	0	0	0/	0/0	- Paper or paperboard made mainly of mechanical pulp (for example, newspapers, journals and similar printed matter)
															- Other, including unsorted waste and scrap
0	0	0	0	0	0		0	0	0	0	0	0	0/	0/0	Recovered (waste and scrap) wallpaper, wax-coated paper or waxed paper and carbon paper (including unsorted waste and scrap)
0	0	0	0	0	0		0	0	0	0	0	0	0/	0/0	Other recovered paper or paperboard (including unsorted waste and scrap)

第四十八章　纸及纸板；纸浆、纸或纸板制品

注释：

一、除条文另有规定外，本章所称“纸”包括纸板（不考虑其厚度或每平方米重量）。

二、本章不包括：

（一）第三十章的物品；

（二）税目32.12的压印箔；

（三）香纸及用化妆品浸渍或涂布的纸（第三十三章）；

（四）用肥皂或洗涤剂浸渍、覆盖或涂布的纸或纤维素絮纸（税目34.01）和用光洁剂、擦光膏及类似制剂浸渍、覆盖或涂布的纸或纤维素絮纸（税目34.05）；

（五）税目37.01至37.04的感光纸或感光纸板；

（六）用诊断或实验用试剂浸渍的纸（税目38.22）；

（七）第三十九章的用纸强化的层压塑料板，用塑料覆盖或涂布的单层纸或纸板（塑料部分占总厚度的一半以上），以及上述材料的制品，但税目48.14的壁纸除外；

（八）税目42.02的物品（例如，旅行用品）；

（九）第四十六章的物品（编结材料制品）；

（十）纸纱线或纸纱线纺织物（第十一类）；

（十一）第六十四章或第六十五章的物品；

（十二）税目68.05的砂纸或税目68.14的用纸或纸板衬底的云母（但涂布云母粉的纸及纸板归入本章）；

（十三）用纸或纸板衬底的金属箔（通常归入第十四类或第十五类）；

（十四）税目92.09的制品；

（十五）第九十五章的物品（例如，玩具、游戏品及运动用品）；或

（十六）第九十六章的物品［例如，纽扣，卫生巾（护垫）及卫生棉条、尿布及尿布衬里］。

三、除注释七另有规定的以外，税目48.01至48.05包括经研光、高度研光、釉光或类似处理、仿水印、表面施胶的纸及纸板；同时还包括用各种方法本体着色或染成斑纹的纸、纸板、纤维素絮纸及纤维素纤维网纸。除税目48.03另有规定的以外，上述税目不适用于经过其他方法加工的纸、纸板、纤维素絮纸或纤维素纤维网纸。

四、本章所称“新闻纸”，是指所含用机械或化学—机械方法制得的木纤维不少于全部纤维重量的50%的未经涂布的报刊用纸，未施胶或微施胶，每面粗糙度［帕克印刷表面粗糙度（1兆帕）］超过2.5微米，每平方米重量不小于40克，但不超过65克，并且仅适用于下列规格的纸：

（一）成条或成卷，宽度超过28厘米；或

（二）成张矩形（包括正方形），一边超过28厘米，另一边超过15厘米（以未折叠计）。

五、税目48.02所称“书写、印刷或类似用途的纸及纸板”、“未打孔的穿孔卡片和穿孔纸带纸”，是指主要用漂白纸浆或用机械或化学–机械方法制得的纸浆制成的纸及纸板，并且符合下列任一标准：

（一）每平方米重量不超过150克的纸或纸板：

1．用机械或化学–机械方法制得的纤维含量在10%及以上，并且

（1）每平方米重量不超过80克；或

（2）本体着色；

2．灰分含量在8%以上，并且

（1）每平方米重量不超过80克；或

（2）本体着色；

3．灰分含量在3%以上，亮度在60%及以上；或

4．灰分含量在3%以上，但不超过8%，亮度低于60%，耐破指数等于或小于2.5千帕斯卡 · 平方米/克；或

Chapter 48 Paper and paperboard; articles of paper pulp, of paper or of paperboard

Chapter Notes:

1. For the purposes of this Chapter, except where the context otherwise requires, a reference to "paper" includes references to paperboard (irrespective of thickness or weight per m^2)
2. This Chapter does not cover:

(a) Articles of Chapter 30;

(b) Stamping foils of heading 32.12;

(c) Perfumed papers or papers impregnated or coated with cosmetics (Chapter 33);

(d) Paper or cellulose wadding impregnated, coated or covered with soap or detergent (heading 34.01), or with polishes, creams or similar preparations (heading 34.05);

(e) Sensitised paper or paperboard of headings 37.01 to 37.04;

(f) Paper impregnated with diagnostic or laboratory reagents (heading 38.22);

(g) Paper-reinforced stratified sheeting of plastics, or one layer of paper or paperboard coated or covered with a layer of plastics, the latter constituting more than half the total thickness, or articles of such materials, other than wall coverings of heading 48.14 (Chapter 39);

(h) Articles of heading 42.02 (for example, travel goods);

(ij) Articles of Chapter 46 (manufactures of plaiting material);

(k) Paper yarn or textile articles of paper yarn (Section XI);

(l) Articles of Chapter 64 or Chapter 65;

(m) Abrasive paper or paperboard (heading 68.05) or paper- or paperboard-backed mica (heading 68.14) (paper and paperboard coated with mica powder are, however, to be classified in this Chapter);

(n) Metal foil backed with paper or paperboard (generally Section XIV or XV);

(o) Articles of heading 92.09;

(p) Articles of Chapter 95 (for example, toys, games, sports requisites); or

(q) Articles of Chapter 96 (for example, buttons, sanitary towels (pads) and tampons, napkins (diapers) and napkin liners).

3. Subject to the provisions of Note 7, headings 48.01 to 48.05 include paper and paperboard which have been subjected to calendering, super-calendering, glazing or similar finishing, false water-marking or surface sizing, and also paper, paperboard, cellulose wadding and webs of cellulose fibres, coloured or marbled throughout the mass by any method. Except where heading 48.03 otherwise requires, these headings do not apply to paper, paperboard, cellulose wadding or webs of cellulose fibres which have been otherwise processed.
4. In this Chapter the expression "newsprint" means uncoated paper of a kind used for the printing of newspapers, of which not less than 50% by weight of the total fibre content consists of wood fibres obtained by a mechanical or chemi-mechanical process, unsized or very lightly sized, having a surface roughness Parker Print Surf (1 MPa) on each side exceeding 2.5 micrometres (microns), weighing not less than $40g/m^2$ and not more than $65g/m^2$, and applies only to paper:

(a) in strips or rolls of a width exceeding 28cm; or

(b) in rectangular (including square) sheets with one side exceeding 28cm and the other side exceeding 15cm in the unfolded state.

5. For the purposes of heading 48.02, the expressions "paper and paperboard, of a kind used for writing, printing or other graphic purposes" and "non perforated punch-cards and punch tape paper" mean paper and paperboard made mainly from bleached pulp or from pulp obtained by a mechanical or chemi-mechanical process and satisfying any of the following criteria:

(A) For paper or paperboard weighing not more than 150 g/m^2:

(a) containing 10 % or more of fibres obtained by a mechanical or chemi-mechanical process, and

1. weighing not more than 80 g/m^2, or

2. coloured throughout the mass; or

(b) containing more than 8% ash, and

1. weighing not more than 80 g/m^2, or

2. coloured throughout the mass; or

(c) containing more than 3% ash and having a brightness of 60% or more; or

(d) containing more than 3% but not more than 8% ash, having a brightness less than 60%, and a burst index equal to or less than 2.5 $kPa\cdot m^2/g$; or

5. 灰分含量在3%及以下，亮度在60%及以上，耐破指数等于或小于2.5千帕斯卡·平方米/克。

（二）每平方米重量超过150克的纸或纸板：

1. 本体着色；或

2. 亮度在60%及以上，并且

（1）厚度在225微米及以下；或

（2）厚度在225微米以上，但不超过508微米，灰分含量在3%以上；或

3. 亮度低于60%，厚度不超过254微米，灰分含量在8%以上。

税目48.02不包括滤纸及纸板(含茶袋纸)或毡纸及纸板。

六、本章所称“牛皮纸及纸板”，是指所含用硫酸盐法或烧碱法制得的纤维不少于全部纤维重量的80%的纸及纸板。

七、除税目条文另有规定的以外，符合税目48.01至48.11中两个或两个以上税目所规定的纸、纸板、纤维素絮纸及纤维素纤维网纸，应按号列顺序归入有关税目中的最末一个税目。

八、税目48.03至48.09仅适用于下列规格的纸、纸板、纤维素絮纸及纤维素纤维网纸：

（一）成条或成卷，宽度超过36厘米；或

（二）成张矩形（包括正方形），一边超过36厘米，另一边超过15厘米（以未折叠计）。

九、税目48.14所称“壁纸及类似品”，仅限于：

（一）适合作墙壁或天花板装饰用的成卷纸张，宽度不小于45厘米，但不超过160厘米：

1. 起纹、压花、染面、印有图案或经其他装饰的（例如，植绒），不论是否用透明的防护塑料涂布或覆盖；

2. 表面饰有木粒或草粒而凹凸不平的；

3. 表面用塑料涂布或覆盖并起纹、压花、染面、印有图案或经其他装饰的；或

4. 表面用不论是否平行连结或编织的编结材料覆盖的；

（二）适于装饰墙壁或天花板用的经上述加工的纸边及纸条，不论是否成卷；

（三）由几幅拼成的壁纸，成卷或成张，贴到墙上可组成印刷的风景画或图案。

既可作铺地制品，也可作壁纸的以纸或纸板为底的产品，应归入税目48.23。

十、税目48.20不包括切成一定尺寸的活页纸张或卡片，不论是否印制、压花、打孔。

十一、税目48.23主要适用于提花机或类似机器用的穿孔纸或卡片，以及纸花边。

十二、除税目48.14及48.21的货品外，印有图案、文字或图画的纸、纸板、纤维素絮纸及其制品，如果所印图案、文字或图画作为其主要用途，应归入第四十九章。

子目注释：

一、子目4804.11及4804.19所称“牛皮衬纸”，是指所含用硫酸盐法或烧碱法制得的木纤维不少于全部纤维重量的80%的成卷机器整饰或上光纸及纸板，每平方米重量超过115克，并且最低缪伦耐破度符合下表所示（其他重量的耐破度可参照下表换算）：

重　量 （克／平方米）	最低缪伦耐破度 （千帕斯卡）
115	393
125	417
200	637
300	824
400	961

(e) containing 3% ash or less, having a brightness of 60% or more and a burst index equal to or less than 2.5 kPa·m^2/g.

(B) For paper or paperboard weighing more than 150 g/m^2:

(a) coloured throughout the mass; or

(b) having a brightness of 60% or more, and

1. a caliper of 225 micrometres (microns) or less, or

2. a caliper of more than 225 micrometres (microns) but not more than 508 micrometres (microns) and an ash content of more than 3%; or

(c) having a brightness of less than 60%, a caliper of 254 micrometres (microns) or less and an ash content of more than 8%.

Heading 48.02 does not, however, cover filter paper or paperboard (including tea-bag paper) or felt paper or paperboard.

6. In this Chapter "kraft paper and paperboard" means paper and paperboard of which not less than 80% by weight of the total fibre content consists of fibres obtained by the chemical sulphate or soda processes.

7. Except where the terms of the headings otherwise require, paper, paperboard, cellulose wadding and webs of cellulose fibres answering to a description in two or more of the headings 48.01 to 48.11 are to be classified under that one of such headings which occurs last in numerical order in the Nomenclature.

8. Headings 48.03 to 48.09 apply only to paper, paperboard, cellulose wadding and webs of cellulose fibres:

(a) in strips or rolls of a width exceeding 36cm; or

(b) in rectangular (including square) sheets with one side exceeding 36cm and the other side exceeding 15cm in the unfolded state.

9. For the purposes of heading 48.14, the expression "wallpaper and similar wall coverings" applies only to:

(a) Paper in rolls, of a width of not less than 45cm and not more than 160cm, suitable for wall or ceiling decoration:

(i)Grained, embossed, surface-coloured, design-printed or otherwise surface-decorated (for example, with textile flock), whether or not coated or covered with transparent protective plastics;

(ii)With an uneven surface resulting from the incorporation of particles of wood, straw, etc.;

(iii)Coated or covered on the face side with plastics, the layer of plastics being grained, embossed, coloured, design-printed or otherwise decorated; or

(iv)Covered on the face side with plaiting material, whether or not bound together in parallel strands or woven;

(b) Borders and friezes, of paper, treated as above, whether or not in rolls, suitable for wall or ceiling decoration;

(c) Wall coverings of paper made up of several panels, in rolls or sheets, printed so as to make up a scene, design or motif when applied to a wall.

Products on a base of paper or paperboard, suitable for use both as floor coverings and as wall coverings, are to be classified in heading 48.23.

10. Heading 48.20 does not cover loose sheets or cards, cut to size, whether or not printed, embossed or perforated.

11. Heading 48.23 applies, inter alia, to perforated paper or paperboard cards for Jacquard or similar machines and paper lace.

12. Except for the goods of heading 48.14 or 48.21, paper, paperboard, cellulose wadding and articles thereof, printed with motifs, characters or pictorial representations, which are not merely subsidiary to the primary use of the goods, fall in Chapter 49.

Subheading Notes:

1. For the purposes of subheadings 4804.11 and 4804.19, "kraftliner" means machine-finished or machine-glazed paper and paperboard, of which not less than 80% by weight of the total fibre content consists of wood fibres obtained by the chemical sulphate or soda processes, in rolls, weighing more than 115 g/m^2 and having a minimum Mullen bursting strength as indicated in the following table or the linearly interpolated or extrapolated equivalent for any other weight.

Weight (g/m^2)	**Minimum Mullen bursting strength (kPa)**
115	393
125	417
200	637
300	824
400	961

二、子目4804.21及4804.29所称“袋用牛皮纸”，是指所含用硫酸盐法或烧碱法制得的木纤维不少于全部纤维重量的80%的成卷机器上光纸，每平方米重量不少于60克，但不超过115克，并且符合下列一种规格：

（一）缪伦耐破指数不小于3.7千帕斯卡·平方米/克，并且横向伸长率大于4.5%，纵向伸长率大于2%；

（二）至少能达到下表所示的最小撕裂度和抗张强度（其他重量的可参照下表换算）：

重量（克/平方米）	最小撕裂度（毫牛顿）		最小抗张强度（千牛顿/米）	
	纵向	纵向加横向	横向	纵向加横向
60	700	1510	1.9	6
70	830	1790	2.3	7.2
80	965	2070	2.8	8.3
100	1230	2635	3.7	10.6
115	1425	3060	4.4	12.3

三、子目4805.11所称“半化学的瓦楞纸”，是指所含用机械和化学联合法制得的未漂白硬木纤维不少于全部纤维重量的65%的成卷纸张，并且在温度为23℃和相对湿度为50%时，经过30分钟的瓦楞芯纸平压强度测定（CMT30），抗压强度超过1.8牛顿/克/平方米。

四、子目4805.12包括主要用机械和化学联合法制得的草浆制成的成卷纸张，每平方米重量在130克及以上，并且在温度为23℃和相对湿度为50%时，经过30分钟的瓦楞芯纸平压强度测定（CMT30），抗压强度超过1.4牛顿/克/平方米。

五、子目4805.24和4805.25包括全部或主要由回收（废碎）纸或纸板制得的纸浆制成的纸和纸板。强韧箱纸板也可以有一面用染色纸或漂白或未漂白的非再生浆制得的纸做表层。这些产品缪伦耐破指数不小于2千帕斯卡·平方米/克。

六、子目4805.30所称“亚硫酸盐包装纸”，是指所含用亚硫酸盐法制得的木纤维超过全部纤维重量的40%的机器研光纸，灰分含量不超过8%，并且缪伦耐破指数不小于1.47千帕斯卡·平方米/克。

七、子目4810.22所称“轻质涂布纸”，是指双面涂布纸，其每平方米总重量不超过72克，每面每平方米的涂层重量不超过15克，原纸中所含用机械方法制得的木纤维不少于全部纤维重量的50%。

税号	货品名称	进口关税（%）			增值/消费税（%）	出口退税（%）	计量单位	监管证件代码	检验检疫类别	协定税率（%）		
		最惠国	普通	年内暂定						东盟	亚太	智利
48.01	成卷或成张的新闻纸：											
4801.0010	--- 成卷的	5	30		13	0	千克					
4801.0090	--- 其他	5	30		13	0	千克					
48.02	书写、印刷或类似用途的未经涂布的纸及纸板、未打孔的穿孔卡片及穿孔纸带纸，成卷或成张矩形（包括正方形），任何尺寸，但税目48.01或48.03的纸除外；手工制纸及纸板：											
	- 手工制纸及纸板：											
4802.1010	--- 宣纸	6	70	4	13	13	千克			5		
4802.1090	--- 其他	6	70	5	13	13	千克			5		
	- 光敏、热敏、电敏纸及纸板的原纸和原纸板：											
4802.2010	--- 照相原纸	6	40	0	13	0	千克					
4802.2090	--- 其他	6	40	0	13	0	千克			5		

2. For the purposes of subheadings 4804.21 and 4804.29, "sack kraft paper" means machine-finished paper, of which not less than 80% by weight of the total fibre content consists of fibres obtained by the chemical sulphate or soda processes, in rolls, weighing not less than 60 g/m^2 but not more than 115 g/m^2 and meeting one of the following sets of specifications:

(a) Having a Mullen burst index of not less than 3.7 kPa·m^2/g and a stretch factor of more than 4.5% in the cross direction and of more than 2% in the machine direction.

(b) Having minima for tear and tensile as indicated in the following table or the linearly interpolated equivalent for any other weight:

Weight (g/m^2)	Minimum tear (mN)		Minimum tensile (kN/m)	
	Machine direction	Machine direction plus cross direction	Cross direction	Machine direction plus cross direction
60	700	1510	1.9	6
70	830	1790	2.3	7.2
80	965	2070	2.8	8.3
100	1230	2635	3.7	10.6
115	1425	3060	4.4	12.3

3. For the purposes of subheading 4805.11, "semi-chemical fluting paper" means paper, in rolls, of which not less than 65% by weight of the total fibre content consists of unbleached hardwood fibres obtained by a combination of mechanical and chemical pulping processes, and having a CMT 30 (Corrugated Medium Test with 30 minutes of conditioning) crush resistance exceeding 1.8 newtons/g/m^2 at 50% relative humidity, at 23°C.

4. Subheading 4805.12 cover paper, in rolls, made mainly of straw pulp obtained by a combination of mechanical and chemical processes, weighing 130g/m^2 or more, and having a CMT 30 (Corrugated Medium Test with 30 minutes of conditioning) crush resistance exceeding 1.4 newtons/g/m^2 at 50% relative humidity, at 23°C.

5. Subheading 4805.24 and 4805.25 cover paper and paperboard made wholly or mainly of pulp of recovered (waste and scrap) paper or paperboard, Testliner may also have a surface layer of dyed paper or of paper made of bleached or unbleached non-recovered pulp. These products have a Mullen burst index of not less than 2kPa·m^2/g.

6. For the purposes of subheading 4805.30, "sulphite wrapping paper" means machine-glazed paper, of which more than 40% by weight of the total fibre content consists of wood fibres obtained by the chemical sulphite process, having an ash content not exceeding 8% and having a Mullen burst index of not less than 1.47 kPa·m^2/g.

7. For the purposes of subheading 4810.22, "light-weight coated paper" means paper, coated on both sides, of a total weight not exceeding 72 g/m^2, with a coating weight not exceeding 15 g/m^2 per side, on a base of which not less than 50% by weight of the total fibre content consists of wood fibres obtained by a mechanical process.

协定税率（%）														特惠税率（%）①/②	Article Description
巴基斯坦	冰岛	哥斯达黎加	秘鲁	新西兰	瑞士	新加坡	韩国	澳大利亚	格鲁吉亚	毛里求斯	日本RCEP	尼加拉瓜	港澳台		
															Newsprint, in rolls or sheets:
															--- In rolls
															--- Other
															Uncoated paper and paperboard, of a kind used for writing, printing or other graphic purposes, and non perforated punch-cards and punch tape paper, in rolls orrectangular (including square) sheets, of any size, other than paper of heading 48.01 or 48.03; hand-made paper and paper-board:
															- Hand-made paper and paperboard:
				5											--- Xuan paper
				5											--- Other
															- Paper and paperboard of a kind used as a base for photo-sensitive, heat-sensitive or electro-sensitive paper or paperboard:
										0			0/	/0	--- Photo paper base
				0						0			0/	/0	--- Other

税 号	货品名称	进口关税（%）			增值/消费税（%）	出口退税（%）	计量单位	监管证件代码	检验检疫类别	协定税率（%）		
		最惠国	普通	年内暂定						东盟	亚太	智利
4802.4000	- 壁纸原纸	6	40	0	13	0	千克					
	- 其他纸及纸板，不含用机械或化学-机械方法制得的纤维或所含前述纤维不超过全部纤维重量的10%：											
4802.5400	-- 每平方米重量小于40克	6	30	0	13	0	千克					
4802.5500	-- 每平方米重量在40克及以上，但不超过150克，成卷的											
48025500.10	40克＜每平方米重≤150克的胶版纸（成卷，机械或化学-机械法制得的纤维含量≤10%）	5	30	0	13	0	千克					
48025500.90	40克＜每平方米重≤150克未涂布中厚纸（书写印刷用，成卷，含机械或化学-机械法制纤维≤10%）	5	30	0	13	0	千克					
4802.5600	-- 每平方米重量在40克及以上，但不超过150克，成张的，以未折叠计一边不超过435毫米，另一边不超过297毫米											
48025600.10	40克＜每平方米重≤150克胶版纸，成张（长≤435毫米，宽≤297毫米含机械或化学-机械法制纤维≤10%）	5	30	0	13	0	千克					
48025600.90	40克＜每平方米重≤150克未涂布纸，成张（书写印刷，长≤435毫米，宽≤297毫米含机械或半化学浆≤10%）	5	30	0	13	0	千克					
4802.5700	-- 其他，每平方米重量在40克及以上，但不超过150克											
48025700.10	其他40克＜每平方米重≤150克的胶版纸（机械或化学-机械法制得的纤维含量≤10%）	5	30	0	13	0	千克					
48025700.90	其他40克＜每平方米重≤150克未涂中厚纸（书写印刷用，含机械或化学-机械法制纤维≤10%）	5	30	0	13	0	千克					
4802.5800	-- 每平方米重量超过150克	5	30	0	13	0	千克					
	- 其他纸及纸板，所含用机械或化学-机械方法制得的纤维超过全部纤维重量的10%：											
4802.6100	-- 成卷的	5	30	0	13	0	千克					
4802.6200	-- 成张的，以未折叠计一边不超过435毫米，另一边不超过297毫米	5	30	0	13	0	千克					
4802.6900	-- 其他	5	30	0	13	0	千克					
48.03	**卫生纸、面巾纸、餐巾纸以及家庭或卫生用的类似纸、纤维素絮纸和纤维素纤维网纸，不论是否起纹、压花、打孔、染面、饰面或印花，成卷或成张的：**											

协定税率（%）														特惠税率（%）①/②	Article Description
巴基斯坦	冰岛	哥斯达黎加	秘鲁	新西兰	瑞士	新加坡	韩国	澳大利亚	格鲁吉亚	毛里求斯	日本RCEP	尼加拉瓜	港澳台		
										0			0/	/0	- Wallpaper base
															- Other paper and paperboard, not containing fibres obtained by a mechanical or chemi-mechanical process or of which not more than 10% by weight of the total fibre content consists of such fibres:
										0			0/	/0	-- Weighing less than 40g/m^2
															-- Weighing 40g/m^2 or more but not more than 150g/m^2, in rolls
										0			0/	/0	Offset paper, weighing more than 40g/m^2 but not more than 150g/m^2 (in rolls, containing fibres not more than 10%, obtained by a mechanical or chemi-mechanical process)
										0			0/	/0	Uncoated paper, weighing more than 40g/m^2 but not more than 150g/m^2 used for writing and printing (in rolls, containing not more than 10% by weight of fibres obtained by a mechanical or chemi-mechanical process)
															-- Weighing 40g/m^2 or more but not more than 150g/m^2, in sheets with one side not exceeding 435mm and the other side not exceeding 297mm in the unfolded state
										0			0/	/0	Offset paper, weighing more than 40g/m^2 but not more than 150g/m^2 (in sheets with one side not exceeding 435mm and the other side not exceeding 297mm, containing not more than 10% by weight of fibres obtained by a mechanical or chemi-mechanical process)
										0			0/	/0	Uncoated paper, weighing more than 40g/m^2 but not more than 150g/m^2, used for writing and printing (in sheets with one side not exceeding 435mm and the other side not exceeding 297mm, containing not more than 10% by weight of fibres obtained by a mechanical or chemi-mechanical process)
															-- Other, weighing 40g/m^2 or more but not more than 150g/m^2
										0			0/	/0	Other offset paper, weighing more than 40g/m^2 but not more than 150g/m^2 (containing not more than 10% by weight of fibres obtained by a mechanical or chemi-mechanical process)
										0			0/	/0	Other uncoated paper, weighing more than 40g/m^2 but not more than 150g/m^2 (used for writing and printing, containing not more than 10% by weight of fibres obtained by a mechanical or chemi-mechanical process)
										0			0/	/0	-- Weighing more than 150g/m^2
															- Other paper and paperboard, of which more than 10% by weight of the total fibre content consists of fibres obtained by a mechanical or chemi-mechanical process:
										0			0/	/0	-- In rolls
										0			0/	/0	-- In sheets with one side not exceeding 435mm and the other side not exceeding 297mm in the unfolded state
										0			0/	/0	-- Other
															Toilet or facial tissue stock, towel or napkin stock and similar paper of a kind used for household or sanitary purposes, cellulose wadding and webs of cellulose fibres, whether or not creped, crinkled, embossed, perforated, surface-coloured, surface-decorated or printed, in rolls or sheets:

税号	货品名称	进口关税（%）			增值/消费税（%）	出口退税（%）	计量单位	监管证件代码	检验检疫类别	协定税率（%）		
		最惠国	普通	年内暂定						东盟	亚太	智利
4803.0000	卫生纸、面巾纸、餐巾纸以及家庭或卫生用的类似纸、纤维素絮纸和纤维素纤维网纸，不论是否起纹、压花、打孔、染面、饰面或印花，成卷或成张的	5	40		13	0	千克	A	M/			
48.04	**成卷或成张的未经涂布的牛皮纸及纸板，但不包括税目48.02或48.03的货品：**											
	- 牛皮衬纸：											
4804.1100	-- 未漂白	5	30		13	0	千克					
4804.1900	-- 其他	5	30		13	0	千克					
	- 袋用牛皮纸：											
4804.2100	-- 未漂白	5	30		13	0	千克					
4804.2900	-- 其他	5	30		13	0	千克					
	- 其他牛皮纸及纸板，每平方米重量不超过150克：											
4804.3100	-- 未漂白											
48043100.20	未漂白的其他薄牛皮纸及纸板［抗张指数（横向+纵向）≥69NM/g，撕裂指数（纵向）≥10mN•m^2/g，抗张能量吸收指数（横向）≥1.0J/g，抗张能量吸收指数（纵向）≥0.8J/g，透气度≥3.4um/(pa.s)，伸长率（纵向）≥2%。］（薄纸指每平方米重≤150克，成卷或成张未经涂布的）	2	30		13	0	千克					
48043100.90	未漂白的其他薄牛皮纸及纸板（薄纸指每平方米重≤150克，成卷或成张未经涂布的）	2	30		13	0	千克					
4804.3900	-- 其他	2	30		13	0	千克					
	- 其他牛皮纸及纸板，每平方米重量超过150克，但小于225克：											
4804.4100	-- 未漂白	2	30		13	0	千克					
4804.4200	-- 本体均匀漂白，所含用化学方法制得的木纤维超过全部纤维重量的95%	5	30		13	0	千克					
4804.4900	-- 其他	2	30		13	0	千克					
	- 其他牛皮纸及纸板，每平方米重量在225克及以上：											
4804.5100	-- 未漂白	2	30		13	0	千克					
4804.5200	-- 本体均匀漂白，所含用化学方法制得的木纤维超过全部纤维重量的95%	5	30		13	0	千克					
4804.5900	-- 其他	2	30		13	0	千克					
48.05	**成卷或成张的其他未经涂布的纸及纸板，加工程度不超过本章注释三所列范围：**											
	- 瓦楞原纸：											
4805.1100	-- 半化学的瓦楞原纸	6	30	0	13	0	千克					
4805.1200	-- 草浆瓦楞原纸	6	30	0	13	0	千克					
4805.1900	-- 其他	6	30	0	13	0	千克			5		
	- 强韧箱纸板（再生挂面纸板）：											
4805.2400	-- 每平方米重量在150克及以下	6	30	0	13	0	千克					
4805.2500	-- 每平方米重量超过150克	6	30	0	13	0	千克					
4805.3000	- 亚硫酸盐包装纸	6	30		13	0	千克					
4805.4000	- 滤纸及纸板	6	30		13	0	千克					

协定税率（%）														特惠税率（%）①/②	Article Description
巴基斯坦	冰岛	哥斯达黎加	秘鲁	新西兰	瑞士	新加坡	韩国	澳大利亚	格鲁吉亚	毛里求斯	日本RCEP	尼加拉瓜	港澳台		
				5.3											Toilet or facial tissue stock, towel or napkin stock and similar paper of a kind used for household or sanitary purposes, cellulose wadding and webs of cellulose fibres, whether or not creped, crinkled, embossed, perforated, surface-coloured, surface-decorated or printed, in rolls or sheets
															Uncoated kraft paper and paper-board, in rolls or sheets, other than that of heading 48.02 or 48.03:
															- Kraftliner:
															-- Unbleached
															-- Other
															- Sack kraft paper:
															-- Unbleached
															-- Other
															- Other kraftpaper and paperboard weighing 150g/m^2 or less:
															-- Unbleached
															Other thin kraft paper and board (transverse + vertical) is greater than or equal to 69NM/g, the tear index (longitudinal)is greater than or equal to 10mN·m^2/g, tensile energy absorption index (horizontal) is greater than or equal to 1.0J/g, tensile energy absorption index (longitudinal) is equal or greater thanto 0.8J/g, permeability greater than or equal to 3.4um/(pa.s).(paper refers to the weight per square meter ≤ 150 grams, in rolls or sheets without coating)
															Other uncoated kraft paper and paperboard, unbleached (weighing 150g/m^2 or less, in rolls or sheets)
															-- Other
															- Other kraft paper and paperboard weighing more than 150g/m^2 but less than 225g/m^2:
															-- Unbleached
															-- Bleached uniformly throughout the mass and of which more than 95% by weight of the total fibre content consists of wood fibres obtained by a chemical process
															-- Other
															- Other kraft paper and paperboard weighing 225g/m^2 or more:
															-- Unbleached
															-- Bleached uniformly throughout the mass and of which more than 95% by weight of the total fibre content consists of wood fibres obtained by a chemical process
															-- Other
															Other uncoated paper and paper-board, in rolls or sheets, not further worked or processed than as specified in Note 3 to this Chapter:
															- Fluting paper:
										0			0/	/0	-- Semi-chemical fluting paper
										0			0/	/0	-- Straw fluting paper
										0			0/	/0	-- Other
															- Testliner (recycled liner board):
										0			0/	/0	-- Weighing 150g/m^2 or less
										0			0/	/0	-- Weighing more than 150g/m^2
															- Sulphite wrapping paper
															- Filter paper and paperboard

税　号	货品名称	进口关税（%）			增值/消费税（%）	出口退税（%）	计量单位	监管证件代码	检验检疫类别	协定税率（%）		
		最惠国	普通	年内暂定						东盟	亚太	智利
4805.5000	- 毡纸及纸板	6	30		13	0	千克					
	- 其他：											
	-- 每平方米重量在150克及以下：											
4805.9110	--- 电解电容器原纸	6	30		13	0	千克			5		
4805.9190	--- 其他	6	30		13	0	千克			5		
4805.9120	--- 装饰原纸	6	30	0	13	0	千克			5		
4805.9200	-- 每平方米重量在150克以上，但小于225克	6	30		13	0	千克					
4805.9300	-- 每平方米重量在225克及以上	6	30	0	13	0	千克					
48.06	**成卷或成张的植物羊皮纸、防油纸、描图纸、半透明纸及其他高光泽透明或半透明纸：**											
4806.1000	- 植物羊皮纸	6	40	5	13	0	千克			5		
4806.2000	- 防油纸	6	40	5	13	0	千克			5		
4806.3000	- 描图纸	6	30	5	13	0	千克			5		
4806.4000	- 高光泽透明或半透明纸	6	40	5	13	0	千克			5		
48.07	**成卷或成张的复合纸及纸板（用粘合剂粘合各层纸或纸板制成），未经表面涂布或未浸渍，不论内层是否有加强材料：**											
4807.0000	成卷或成张的复合纸及纸板（用粘合剂粘合各层纸或纸板制成），未经表面涂布或未浸渍，不论内层是否有加强材料	6	40	5	13	0	千克					
48.08	**成卷或成张的瓦楞纸及纸板（不论是否与平面纸胶合）、皱纹纸及纸板、压纹纸及纸板、穿孔纸及纸板，但税目48.03的纸除外：**											
4808.1000	- 瓦楞纸及纸板，不论是否穿孔	6	30	0	13	0	千克					
4808.4000	- 皱纹牛皮纸，不论是否压花或穿孔	6	40		13	0	千克					
4808.9000	- 其他	6	40		13	0	千克					
48.09	**复写纸、自印复写纸及其他拷贝或转印纸（包括涂布或浸渍的油印蜡纸或胶印版纸），不论是否印制，成卷或成张的：**											
4809.2000	- 自印复写纸	6	40		13	0	千克					
4809.9000	- 其他	6	40		13	0	千克					
48.10	**成卷或成张矩形（包括正方形）的任何尺寸的单面或双面涂布高岭土或其他无机物质（不论是否加粘合剂）的纸及纸板，但未涂布其他涂料，不论是否染面、饰面或印花：**											
	- 书写、印刷或类似用途的纸及纸板，不含用机械或化学—机械方法制得的纤维或所含前述纤维不超过全部纤维重量的10%：											
4810.1300	-- 成卷的											
48101300.01	成卷的铜版纸（所含用机械或化学-机械法制得的纤维≤10%）	5	40	0	13	0	千克					

巴基斯坦	冰岛	哥斯达黎加	秘鲁	新西兰	瑞士	新加坡	韩国	澳大利亚	格鲁吉亚	毛里求斯	日本RCEP	尼加拉瓜	港澳台	特惠税率(%)①/②	Article Description
															- Felt paper and paperboard
															- Other:
															-- Weighing $150g/m^2$ or less:
				0						0			0/	/0	--- Paper base for electrolytic capacitor
				0						0			0/	/0	--- Other
				0						0			0/	/0	--- Decorative base paper
															-- Weighing more than $150g/m^2$ but less than $225g/m^2$
										0			0/	/0	-- Weighing $225g/m^2$ or more
															Vegetable parchment, greaseproof papers, tracing papers and glassine and other glazed transparent or translucent papers, in rolls or sheets:
				5											- Vegetable parchment
				5											- Greaseproof papers
				5											- Tracing papers
				5											- Glassine and other glazed transparent or translucent papers
															Composite paper and paperboard (made by sticking flat layers of paper or paperboard together with an adhesive), not surface-coated or impregnated, whether or not internally reinforced, in rolls or sheets:
															Composite paper and paperboard (made by sticking flat layers of paper or paperboard together with an adhesive), not surface-coated or impregnated, whether or not internally reinforced, in rolls or sheets
															Paper and paperboard, corrugated (with or without glued flat surface sheets), creped, crinkled, embossed or perforated, in rolls or sheets, other than paper of the kind described in heading 48.03:
				0	3					0		0			- Corrugated paper and paperboard, whether or not perforated
															- Kraft paper, creped or crinkled, whether or not embossed or perforated
															- Other
															Carbon paper, self-copy paper and other copying or transfer papers (including coated or impregnated paper for duplicator stencils or offset plates), whether or not printed, in rolls or sheets:
															- Self-copy paper
															- Other
															Paper and paperboard, coated on one or both sides with kaolín (China clay) or other inorganic substances, with or without a binder, and with no other coating, whether or not surface-coloured, surface-decorated or printed, in rolls or rectangular (including square) sheets, of any size:
															- Paper and paperboard of a kind used for writing, printing or other graphic purposes, not containing fibres obtained by a mechanical or chemi-mechanical process or of which not more than 10% by weight of the total fibre content consists of such fibres:
															-- In rolls
				3.5						0			0/	/0	Coated art paper, in rolls, containing not more than 10% by weight of fibres obtained by a mechanical or chemi-mechanical process

税　号	货品名称	进口关税（%）			增值/消费税（%）	出口退税（%）	计量单位	监管证件代码	检验检疫类别	协定税率（%）		
		最惠国	普通	年内暂定						东盟	亚太	智利
48101300.90	涂无机物的其他书写/印刷或类似用途纸/纸板（成卷的，所含用机械或化学-机械法制得的纤维≤10%）	5	40	0	13	0	千克					
4810.1400	-- 成张的，一边不超过435毫米，另一边不超过297毫米（以未折叠计）	5	40	0	13	0	千克					
4810.1900	-- 其他	5	40	0	13	0	千克					
	- 书写、印刷或类似用途的纸及纸板，所含用机械或化学—机械方法制得的纤维超过全部纤维重量的10%：											
4810.2200	-- 轻质涂布纸	5	40		13	0	千克					
4810.2900	-- 其他	5	40	0	13	0	千克					
	- 牛皮纸及纸板，但书写、印刷或类似用途的除外：											
4810.3100	-- 本体均匀漂白，所含用化学方法制得的木纤维超过全部纤维重量的95%，每平方米重量不超过150克											
48103100.10	涂无机物的白板纸、白卡纸（薄纸指重量≤150克/平方米，含用化学方法制得的木纤维）	5	40	0	13	0	千克					
48103100.90	涂无机物的薄漂白牛皮纸及纸板（薄纸指重量≤150克/平方米，含用化学方法制得的木纤维）	5	40	0	13	0	千克					
4810.3200	-- 本体均匀漂白，所含用化学方法制得的木纤维超过全部纤维重量的95%，每平方米重量超过150克											
48103200.10	涂无机物的白板纸、白卡纸（厚纸指重量＞150克/平方米，含用化学方法制得的木纤维）	5	40	0	13	0	千克					
48103200.90	涂无机物的厚漂白牛皮纸及纸板（厚纸指重量＞150克/平方米，含用化学方法制得的木纤维）	5	40	0	13	0	千克					
4810.3900	-- 其他	5	40	0	13	0	千克					
	- 其他纸及纸板：											
4810.9200	-- 多层的	5	40	0	13	0	千克					
4810.9900	-- 其他	6	40	0	13	0	千克			5		
48.11	**成卷或成张矩形（包括正方形）的任何尺寸的经涂布、浸渍、覆面、染面、饰面或印花的纸、纸板、纤维素絮纸及纤维素纤维网纸，但税目48.03、48.09或48.10的货品除外：**											
4811.1000	- 焦油纸及纸板、沥青纸及纸板	6	40	0	13	0	千克			5		
	- 胶粘纸及纸板：											
4811.4100	-- 自粘的	6	40	0	13	0	千克			5		
4811.4900	-- 其他	6	40	0	13	0	千克			5		
	- 用塑料（不包括粘合剂）涂布、浸渍或覆盖的纸及纸板：											

协定税率（%）														特惠税率（%）①/②	Article Description
巴基斯坦	冰岛	哥斯达黎加	秘鲁	新西兰	瑞士	新加坡	韩国	澳大利亚	格鲁吉亚	毛里求斯	日本RCEP	尼加拉瓜	港澳台		
				3.5						0			0/	/0	Other paper and paperboard, coated on inorganic substances, used for writing, printing or other graphic purposes (in rolls, containing not more than 10% byweight of fibres obtained by a mechanical or chemi-mechanical process)
				3.5						0			0/	/0	-- In sheets with one side not exceeding 435mm and the other side not exceeding 297mm in the unfolded state
				3.5						0			0/	/0	-- Other
															- Paper and paperboard of a kind used for writing, printing or other graphic purposes, of which more than 10% by weight of the total fibre content consists of fibres obtained by a mechanical or chemi-mechanical process:
				3.5											-- Light-weight coated paper
				3.5						0			0/	/0	-- Other
															-Kraft paper and paperboard, other than that of a kind used for writing, printing or other graphic purposes:
															-- Bleached uniformly throughout the mass and of which more than 95% by weight of the total fibre content consists of wood fibres obtained by a chemical process, and weighing 150g/m^2 or less
										0			0/	/0	White board and ivory board, coated with inorganic substances, weighing 150g/m^2 or less, containing wood fibres obtained by a chemical process
										0			0/	/0	Kraft paper and paperboard, bleached, coated with inorganic substances, weighing 150g/m^2 or less, containing wood fibres obtained by a chemical process
															-- Bleached uniformly throughout the mass and of which more than 95% by weight of the total fibre content consists of wood fibres obtained by a chemical process, and weighing more than 150g/m^2
				3.5						0			0/	/0	White board and ivory board, coated with inorganic substances, weighing more than 150g/m^2, containing wood fibres obtained by a chemical process
				3.5						0			0/	/0	White kraft paper and paperboard, bleached, coated with inorganic substances, weighing more than 150g/m^2, containing wood fibres obtained by a chemical process
				3.5						0			0/	/0	-- Other
															- Other paper and paperboard:
				3.5						0			0/	/0	-- Multiply
				0						0			0/	/0	-- Other
															Paper, paperboard, cellulose wadding and webs of cellulose fibres, coated, impregnated, covered, surface coloured, surface-decorated or printed, in rolls or rectangular (including square) sheets, of any size, other than goods of the kind described in heading 48.03, 48.09 or 48.10:
				0						0			0/	/0	- Tarred, bituminised or asphalted paper and paperboard
															- Gummed or adhesive paper and paperboard:
				0						0			0/	/0	-- Self-adhesive
				0						0			0/	/0	-- Other
															- Paper and paperboard coated, impregnated or covered with plastics (excluding adhesives):

税 号	货品名称	进口关税（%）			增值/消费税（%）	出口退税（%）	计量单位	监管证件代码	检验检疫类别	协定税率（%）		
		最惠国	普通	年内暂定						东盟	亚太	智利
	-- 漂白的，每平方米重量超过150克：											
4811.5110	--- 彩色相纸用双面涂塑纸	6	40	0	13	0	千克			5		
	--- 其他：											
4811.5191	---- 纸塑铝复合材料	6	40	0	13	13	千克			5		
4811.5199	---- 其他	6	40	0	13	0	千克					
	-- 其他：											
4811.5910	--- 绝缘纸及纸板	6	30	0	13	0	千克			5		
	--- 其他：											
4811.5991	---- 镀铝的	6	40	0	13	13	千克			5		
4811.5999	---- 其他	6	40	0	13	0	千克			5		
	- 用蜡、石蜡、硬脂精、油或甘油涂布、浸渍、覆盖的纸及纸板：											
4811.6010	--- 绝缘纸及纸板	6	30	0	13	0	千克			5		
4811.6090	--- 其他	6	40	0	13	0	千克			5		
4811.9000	- 其他纸、纸板、纤维素絮纸及纤维素纤维网纸	6	40	0	13	0	千克			5		
48.12	**纸浆制的滤块、滤板及滤片：**											
4812.0000	纸浆制的滤块、滤板及滤片	6	40		13	0	千克					
48.13	**卷烟纸，不论是否切成一定尺寸、成小本或管状：**											
4813.1000	- 成小本或管状	7.5	100		13	0	千克	7				
4813.2000	- 宽度不超过5厘米成卷的	7.5	100		13	0	千克	7				
4813.9000	- 其他	7.5	100		13	0	千克	7				
48.14	**壁纸及类似品；窗用透明纸：**											
4814.2000	- 用塑料涂面或盖面的壁纸及类似品，起纹、压花、着色、印刷图案或经其他装饰	6	50	5	13	13	千克			5		
4814.9000	- 其他											
48149000.10	用木粒或草粒等饰面的壁纸	6	50	5	13	0	千克			5		
48149000.90	其他壁纸及类似品，窗用透明纸	6	50	5	13	0	千克			5		
48.16	**复写纸、自印复写纸及其他拷贝或转印纸（不包括税目48.09的纸）、油印蜡纸或胶印版纸，不论是否盒装：**											
4816.2000	- 自印复写纸	6	70		13	0	千克					
	- 其他：											
4816.9010	--- 热敏转印纸	6	40		13	0	千克					
4816.9090	--- 其他	6	70		13	0	千克					
48.17	**纸或纸板制的信封、封缄信片、素色明信片及通信卡片；纸或纸板制的盒子、袋子及夹子，内装各种纸制文具：**											
4817.1000	- 信封	5	80		13	13	千克			5		
4817.2000	- 封缄信片、素色明信片及通信卡片	5	80		13	13	千克			5		
4817.3000	- 纸或纸板制的盒子、袋子及夹子，内装各种纸制文具	5	80		13	13	千克			5		

协定税率（%）														特惠税率（%）①/②	Article Description
巴基斯坦	冰岛	哥斯达黎加	秘鲁	新西兰	瑞士	新加坡	韩国	澳大利亚	格鲁吉亚	毛里求斯	日本RCEP	尼加拉瓜	港澳台		
															-- Bleached, weighing more than 150g/m^2:
				0						0			0/	/0	--- Paper coated on both sides with plastics for colour photography
															--- Other:
				0						0			0/	/0	----Aluminium-plastic composite paper and paperboard
										0			0/	/0	----Other
															-- Other:
				0						0			0/	/0	--- Insulating paper and paperboard
															--- Other:
				0						0			0/	/0	----Aluminium plated
				0						0			0/	/0	----Other
															- Paper and paperboard, coated, impregnated or covered with wax, paraffin wax, stearin, oil or glyecrol:
				0						0			0/	/0	--- Insulating paper and paperboard
				0						0			0/	/0	--- Other
				0						0			0/	/0	- Other paper, paperboard, cellulose wadding and webs of cellulose fibres
															Filter blocks, slabs and plates, of paper pulp:
															Filter blocks, slabs and plates, of paper pulp
															Cigarette paper, whether or not cut to size or in the form of booklets or tubes:
															- In the form of booklets or tubes
															- In rolls of a width not exceeding 5cm
															- Other
															Wallpaper and similar wall coverings; window transparencies of paper:
				5											- Wallpaper and similar wall coverings, consisting of paper coated or covered, on the face side, with a grained, embossed, coloured, design-printed or otherwise decorated layer of plastics
															- Other
				5											Wallpaper with grain of wood or grass
				5											Other wallpaper and similar wall coverings, window transparencies of paper
															Carbon paper, self-copy paper and other copying or transfer papers (other than those of heading 48.09), duplicator stencils and offset plates, of paper, whether or not put up in boxes:
															- Self-copy paper
															- Other:
															--- Heat transfer paper
															--- Other
															Envelopes, letter cards, plain postcards and correspondence cards, of paper or paperboard; boxes, pouches, wallets and writing compendiums, of paper or paperhoard, containing an assortment of paper stationery:
															- Envelopes
															- Letter cards, plain postcards and correspondence cards
															- Boxes, pouches, wallets and writing compendiums, of paper or paperboard, containing an assortment of paper stationery

税　号	货品名称	进口关税（%）			增值/消费税（%）	出口退税（%）	计量单位	监管证件代码	检验检疫类别	协定税率（%）		
		最惠国	普通	年内暂定						东盟	亚太	智利
48.18	卫生纸及类似纸、家庭或卫生用纤维素絮纸及纤维素纤维网纸，成卷宽度不超过36厘米或切成一定尺寸或形状的；纸浆、纸、纤维素絮纸或纤维素纤维网纸制的手帕、面巾、台布、餐巾、床单及类似的家庭、卫生或医院用品、衣服及衣着附件：											
4818.1000	- 卫生纸	5	80		13	13	千克	A	M/			
4818.2000	- 纸手帕及纸面巾	5	90		13	13	千克	A	M/			
4818.3000	- 纸台布及纸餐巾	5	90		13	13	千克	A	M/	5		
4818.5000	- 衣服及衣着附件	5	90	0	13	13	千克			0		0
4818.9000	- 其他	5	90		13	13	千克	A	M/			
48.19	纸、纸板、纤维素絮纸或纤维素纤维网纸制的箱、盒、匣、袋及其他包装容器；纸或纸板制的卷宗盒、信件盘及类似品，供办公室、商店及类似场所使用的：											
4819.1000	- 瓦楞纸或纸板制的箱、盒、匣	5	80	0	13	13	千克					
4819.2000	- 非瓦楞纸或纸板制的可折叠箱、盒、匣	5	80	0	13	13	千克					
4819.3000	- 底宽40厘米及以上的纸袋	6	80	0	13	13	千克			0		0
4819.4000	- 其他纸袋，包括锥形袋	5	80		13	13	千克			5		
4819.5000	- 其他包装容器，包括唱片套	5	80		13	13	千克	A	R/	5		
4819.6000	- 办公室、商店及类似场所使用的卷宗盒、信件盘、存储盒及类似品	5	80		13	13	千克			5		
48.20	纸或纸板制的登记本、账本、笔记本、订货本、收据本、信笺本、记事本、日记本及类似品、练习本、吸墨纸本、活动封面（活页及非活页）、文件夹、卷宗皮、多联商业表格纸、页间夹有复写纸的本及其他文具用品；纸或纸板制的样品薄、粘贴簿及书籍封面：											
4820.1000	- 登记本、账本、笔记本、订货本、收据本、信笺本、记事本、日记本及类似品	5	80		13	13	千克			5		
4820.2000	- 练习本	5	80		13	13	千克			5		
4820.3000	- 活动封面（书籍封面除外）、文件夹及卷宗皮	5	80		13	13	千克			5		
4820.4000	- 多联商业表格纸、页间夹有复写纸的本	5	80	0	13	13	千克			0		0
4820.5000	- 样品簿及粘贴簿	5	80		13	13	千克			5		
4820.9000	- 其他	5	80		13	13	千克			5		
48.21	纸或纸板制的各种标签，不论是否印制：											
4821.1000	- 印制	6	50	0	13	13	千克			5		
4821.9000	- 其他	6	50	5	13	13	千克			5		
48.22	纸浆、纸或纸板（不论是否穿孔或硬化）制的筒管、卷轴、纡子及类似品：											
4822.1000	- 纺织纱线用	6	35	5	13	13	千克			5		
4822.9000	- 其他	6	70	5	13	13	千克			5		

协定税率（%）巴基斯坦	冰岛	哥斯达黎加	秘鲁	新西兰	瑞士	新加坡	韩国	澳大利亚	格鲁吉亚	毛里求斯	日本RCEP	尼加拉瓜	港澳台	特惠税率（%）①/②	Article Description
															Toilet paper and similar paper, cellulose wadding or webs of cellulose fibres, of a kind used for household or sanitary purposes, in rolls of a width not exceeding 36cm, or cut to size or shape; handkerchiefs, cleansing tissues, towels, tablecloths, serviettes, napkins for babies, tampons, bed sheets and similar household, sanitary or hospital articles, articles of apparel and clothing accessories, of paper pulp, paper, cellulose wadding or webs of cellulose fibres:
															- Toilet paper
															- Handkerchiefs, cleansing or facial tissues and towels
															- Tablecloths and serviettes
0	0	0	0	0	0		0	0		0	5.5	0	0/	0/0	- Articles of apparel and clothing accessories
															- Other
															Cartons, boxes, cases, bags and other packing containers, of paper, paperboard, cellulose wadding or webs of cellulose fibres; box files, letter trays and similar articles, of paper or paperboard of a kind used in offices, shops or the like:
										0			0/	/0	- Cartons, boxes and cases, of corrugated paper or paperboard
										0			0/	/0	- Folding cartons, boxes and cases, of noncorrugated paper or paperboard
0	0	0	0	0	0	0	0	0		0	5.5	0	0/	0/0	- Sacks and hags, having a base of a width of 40cm or more
															- Other sacks and bags, including cones
															- Other packing containers, including record sleeves
															- Box files, letter trays, storage boxes and similar articles, of a kind used in offices, shops or the like
															Registers, account books, note books, order books, receipt books, letter pads, memorandum pads, diaries and similar articles, exercise books, blotting-pads, binders (loose-leaf or other), folders, file covers, manifold business forms, interleaved carbon sets and other articles of stationery, of paper or paperboard; albums for samples or for collections and book covers, of paper or paperboard:
															- Registers, account books, note nooks, order books, receipt books, letter pads, memorandum pads, diaries and similar articles
															- Exercise books
															- Binders (other than book covers), folders and file covers
2.5	0	0	0	0	0		0	0		0	5.5	0	0/	0/0	- Manifold business forms and interleaved carbon sets
															- Albums for samples or for collections
															- Other
															Paper or paperboard labels of all kinds, whether or not printed:
				0						0			0/	/0	- Printed
				5											- Other
															Bobbins, spools, cops and similar supports of paper pulp, paper or paperboard (whether or not perforated or hardened):
				5											- Of a kind used for winding textile yarn
				5											- Other

税　号	货品名称	进口关税（%）			增值/消费税（%）	出口退税（%）	计量单位	监管证件代码	检验检疫类别	协定税率（%）		
		最惠国	普通	年内暂定						东盟	亚太	智利
48.23	切成一定尺寸或形状的其他纸、纸板、纤维素絮纸及纤维素纤维网纸；纸浆、纸、纸板、纤维素絮纸及纤维素纤维网纸制的其他物品：											
4823.2000	- 滤纸及纸板	6	30		13	13	千克					
4823.4000	- 已印制的自动记录器用打印纸卷、纸张及纸盘	6	30	5	13	13	千克			5		
	- 纸或纸板制的盘、碟、盆、杯及类似品：											
4823.6100	-- 竹浆纸制	5	90	0	13	13	千克	A	M/	0		0
	-- 其他：											
4823.6910	--- 非木植物浆制	5	90	0	13	13	千克	A	M/	0		0
4823.6990	--- 其他	5	90	0	13	13	千克	A	M/	0		0
4823.7000	- 压制或模制纸浆制品	6	90	5	13	13	千克			5		
	- 其他：											
4823.9010	--- 以纸或纸板为底制成的铺地制品	6	90	0	13	0	千克			5		
4823.9020	--- 神纸及类似用品	6	180	0	13	13	千克			0		0
4823.9030	--- 纸扇	5	90	0	13	13	千克			0		0
4823.9090	--- 其他	6	90	0	13	13	千克					

协定税率（%）														特惠税率（%）①/②	Article Description
巴基斯坦	冰岛	哥斯达黎加	秘鲁	新西兰	瑞士	新加坡	韩国	澳大利亚	格鲁吉亚	毛里求斯	日本RCEP	尼加拉瓜	港澳台		
															Other paper, paperboard, cellulose wadding and webs of cellulose fibres, cut to size or shape; other articles of paper pulp, paper, paperboard, cellulose wadding or webs of cellulose fibres:
															- Filter paper and paperboard
															- Rolls, sheets and dials, printed for self-recording apparatus
															- Trays, dishes, plates, cups and the like, of paper or paperboard:
0	0	0	0	0	0		0	0		0	5.5	0	0/	0/0	-- Of bamboo
															-- Other:
0	0	0	0	0	0		0	0		0	5.5	0	0/	0/0	--- Of vegetable pulp, other than wood pulp
0	0	0	0	0 5	0		0	0		1.5	5.5	0	0/	0/0	--- Other
															- Moulded or pressed articles of paper pulp
															- Other:
				0	0		2.5			0			0/		--- Floor coverings on a base of paper or of paperboard, whether or not cut to size
0	0	0	0	0	0		0	0		0	5.5	0	0/	0/0	--- Joss paper and the like
0	0	0	0	0	0		0	0		0	5.5	0	0/	0/0	--- Paper fans
													0/	/0	--- Other

第四十九章　书籍、报纸、印刷图画及其他印刷品；手稿、打字稿及设计图纸

注释：

一、本章不包括：

（一）透明基的照相负片或正片（第三十七章）；

（二）立体地图、设计图表或地球仪、天体仪，不论是否印刷（税目90.23）；

（三）第九十五章的扑克牌或其他物品；或

（四）雕版画、印刷画、石印画的原本（税目97.02），税目97.04的邮票、印花税票、纪念封、首日封、邮政信笺及类似品，以及第九十七章的超过一百年的古物或其他物品。

二、第四十九章所称“印刷”，也包括用胶版复印机、油印机印制，在自动数据处理设备控制下打印绘制，压印、冲印、感光复印、热敏复印或打字。

三、用纸以外材料装订成册的报纸、杂志和期刊，以及一期以上装订在同一封面里的成套报纸、杂志和期刊，应归入税目49.01，不论是否有广告材料。

四、税目49.01还包括：

（一）附有说明文字，每页编有号数以便装订成一册或几册的整集印刷复制品，例如，美术作品、绘画；

（二）随同成册书籍的图画附刊；以及

（三）供装订书籍或小册子用的散页、集页或书帖形式的印刷品，已构成一部作品的全部或部分。

但没有说明文字的印刷图画或图解，不论是否散页或书帖形式，应归入税目49.11。

五、除本章注释三另有规定的以外，税目49.01不包括主要作广告用的出版物（例如，小册子、散页印刷品、商业目录、同业公会出版的年鉴、旅游宣传品），这类出版物应归入税目49.11。

六、税目49.03所称“儿童图画书”，是指以图画为主、文字为辅，供儿童阅览的书籍。

税　号	货品名称	进口关税（%）			增值/消费税（%）	出口退税（%）	计量单位	监管证件代码	检验检疫类别	协定税率（%）		
		最惠国	普通	年内暂定						东盟	亚太	智利
49.01	书籍、小册子、散页印刷品及类似印刷品，不论是否单张：											
4901.1000	- 单张的，不论是否折叠	0	0		9	9	千克			0		0
	- 其他：											
4901.9100	-- 字典或百科全书及其连续出版的分册	0	0		9	9	千克			0		0
4901.9900	-- 其他	0	0		9	9	千克			0		0
49.02	报纸、杂志及期刊，不论有无插图或广告材料：											
4902.1000	- 每周至少出版四次	0	0		9	9	千克			0		0
4902.9000	- 其他	0	0		9	9	千克			0		0
49.03	儿童图画书、绘画或涂色书：											
4903.0000	儿童图画书、绘画或涂色书	0	0		9	9	千克			0		0
49.04	乐谱原稿或印本，不论是否装订或印有插图：											
4904.0000	乐谱原稿或印本，不论是否装订或印有插图	0	0		9	9	千克			0		0
49.05	各种印刷的地图、水道图及类似图表，包括地图册、挂图、地形图及地球仪、天体仪：											
4905.2000	- 成册的	0	0		13	13	千克			0		0
4905.9000	- 其他	0	0		13	13	千克			0		0

Chapter 49 Printed books, newspapers, pictures and other products of the printing industry; manuscripts, typescripts and plans

Chapter Notes:

1. This Chapter does not cover:

   (a) Photographic negatives or positives on transparent bases (Chapter 37);

   (b) Maps, plans or globes, in relief, whether or not printed (heading 90.23);

   (c) Playing cards or other goods of Chapter 95; or

   (d) Original engravings, prints or lithographs (heading 97.02), postage or revenue stamps, stamp-postmarks, first- day covers, postal stationery or the like of heading 97.04, antiques of an age exceeding one hundred years or other articles of Chapter 97.

2. For the purposes of Chapter 49, the term "printed" also means reproduced by means of a duplicating machine, produced under the control of an automatic data processing machine, embossed, photographed, photocopied, thermocopied or typewritten.

3. Newspapers, journals and periodicals which are bound otherwise than in paper, and sets of newspapers, journals or periodicals comprising more than one number under a single cover are to be classified in heading 49.01, whether or not containing advertising material.

4. Heading 49.01 also covers:

   (a) A collection of printed reproductions of, for example, works of art or drawings, with a relative text, put up with numbered pages in a form suitable for binding into one or more volumes;

   (b) A pictorial supplement accompanying, and subsidiary to, a bound volume; and

   (c) Printed parts of books or booklets, in the form of assembled or separate sheets or signatures, constituting the whole or a part of a complete work and designed for binding.

   However, printed pictures or illustrations not bearing a text, whether in the form of signatures or separate sheets, fall in heading 49.11.

5. Subject to Note 3 to this Chapter, heading 49.01 does not cover publications which are essentially devoted to advertising (for example, brochures, pamphlets, leaflets, trade catalogues, year books published by trade associations, tourist propaganda). Such publications are to be classified in heading 49.11.

6. For the purposes of heading 49.03, the expression "children's picture books" means books for children in which the pictures form the principal interest and the text is subsidiary.

协定税率（%）														特惠税率（%）①/②	Article Description
巴基斯坦	冰岛	哥斯达黎加	秘鲁	新西兰	瑞士	新加坡	韩国	澳大利亚	格鲁吉亚	毛里求斯	日本RCEP	尼加拉瓜	港澳台		
															Printed books, brochures, leaflets and similar printed matter, whether or not in single sheets:
0	0	0	0	0	0		0	0	0	0	0	0	0/	0/0	- In single sheets, whether or not folded
															- Other:
0	0	0	0	0	0		0	0	0	0	0	0	0/	0/0	-- Dictionaries and encyclopaedias, and serial instalments thereof
0	0	0	0	0	0		0	0	0	0	0	0	0/	0/0	-- Other
															Newspapers, journals and periodicals, whether or not illustrated or containing advertising material:
0	0	0	0	0	0		0	0	0	0	0	0	0/	0/0	- Appearing at least four times a week
0	0	0	0	0	0		0	0	0	0	0	0	0/	0/0	- Other
															Children's picture, drawing or colouring books:
0	0	0	0	0	0		0	0	0	0	0	0	0/	0/0	Children' s picture, drawing or colouring books
															Music, printed or in manuscript, whether or not bound or illustrated:
0	0	0	0	0	0		0	0	0	0	0	0	0/	0/0	Music, printed or in manuscript, whether or not bound or illustrated
															Maps and hydrographic or similar charts of all kinds, including atlases, wall maps, topographical plans and globes, printed:
0	0	0	0	0	0		0	0	0	0	0	0	0/	0/0	- In book form
0	0	0	0	0	0		0	0	0	0	0	0	0/	0/0	- Other

税　号	货品名称	进口关税（%）			增值/消费税（%）	出口退税（%）	计量单位	监管证件代码	检验检疫类别	协定税率（%）		
		最惠国	普通	年内暂定						东盟	亚太	智利
49.06	**手绘的建筑、工程、工业、商业、地形或类似用途的设计图纸原稿；手稿；用感光纸照相复印或用复写纸誊写的上述物品复制件：**											
4906.0000	手绘的建筑、工程、工业、商业、地形或类似用途的设计图纸原稿；手稿；用感光纸照相复印或用复写纸誊写的上述物品复制件											
49060000.10	含有人类遗传资源信息的设计图纸原稿或手稿及其复制件（手绘的建筑、工程、工业、商业、地形或类似用途的）	0	0		13	13	千克	V		0		0
49060000.90	其他设计图纸原稿或手稿及其复制件（手绘的建筑、工程、工业、商业、地形或类似用途的）	0	0		13	13	千克			0		0
49.07	**在承认或将承认其面值的国家流通或新发行并且未经使用的邮票、印花税票及类似票证；印有邮票或印花税票的纸品；钞票；空白支票；股票、债券及类似所有权凭证：**											
4907.0010	--- 邮票	6	50	0	13	13	千克			5		
4907.0020	--- 钞票	0	50		13	13	千克			0		0
4907.0030	--- 证券凭证	0	50		13	13	千克			0		0
4907.0090	--- 其他											
49070090.10	给予存取、安装、复制或使用软件（含游戏）、数据、互联网内容物（含游戏内或应用程序内内容物）、服务或电信服务（含移动服务）权利的印刷品	0	50		13	13	千克			5		
49070090.90	其他在承认或将承认其面值的国家流通新发行未使用的印花税票及类似票证（包括印有邮票或印花税票的纸品、空白支票）	6	50	0	13	13	千克			5		
49.08	**转印贴花纸（移画印花法用图案纸）：**											
4908.1000	- 釉转印贴花纸（移画印花法用图案纸）	6	50	0	13	13	千克			5		
4908.9000	- 其他	6	50	0	13	13	千克			5		
49.09	**印刷或有图画的明信片；印有个人问候、祝贺、通告的卡片，不论是否有图画、带信封或饰边：**											
4909.0010	--- 印刷或有图画的明信片	6	50	0	13	13	千克			5		
4909.0090	--- 其他	6	50	0	13	13	千克			5		
49.10	**印刷的各种日历，包括日历芯：**											
4910.0000	印刷的各种日历，包括日历芯	6	50	0	13	13	千克			5		
49.11	**其他印刷品，包括印刷的图片及照片：**											
	- 商业广告品、商税目录及类似印刷品：											
4911.1010	--- 无商业价值的	0	0		13	13	千克			0		0
4911.1090	--- 其他	6	50	0	13	13	千克			5		
	- 其他：											

协定税率（%）														特惠税率（%）①/②	Article Description
巴基斯坦	冰岛	哥斯达黎加	秘鲁	新西兰	瑞士	新加坡	韩国	澳大利亚	格鲁吉亚	毛里求斯	日本RCEP	尼加拉瓜	港澳台		
															Plans and drawings for architectural, engineering, industrial, commercial topographical or similar purposes, being originals drawn by hand; hand-written text; photographic reqroduetions on sensitized paper and carbon copies of the foregoing:
															Plans and drawings for architectural, engineering, industrial, commercial, topographical or similar purposes, being originals drawn by hand; hand-written text; photographic reproductions on sensitized paper and carbon copies of the foregoing
0	0	0	0	0	0		0	0	0	0	0	0	0/	0/0	Plans and drawings, being originals drawn by hand, hand-written texts, and copies of the foregoing, containing human genetic resources (for architectural, engineering, industrial, commercial, topographical or similar purposes)
0	0	0	0	0	0		0	0	0	0	0	0	0/	0/0	Other plans and drawings, being originals drawn by hand, hand-written texts, and copies of the foregoing (for architectural, engineering, industrial, commercial, topographical or similar purposes)
															Unused postage, revenue or similar stamps of current or new issue in the country in which they have, or will have, a recognised face value; stamp-impressed paper; banknotes; cheque forms; stock, share or bond certificates and similar documents of title:
				0	0		2.5			0			0/	0/0	--- Postage
0	0	0	0	0	0		0	0	0	0	0	0	0/	0/0	--- Banknotes
0	0	0	0	0	0		0	0	0	0	0	0	0/	0/0	--- Documents of title
															--- Other
				0	0		2.5			0			0/	0/0	Prints granting the right to access, install, reproduce or otherwise use of software (including games software), data, Internet content (including in-game, or in-application content) or services, or telecommunication services (including mobile services)
				0	0		2.5			0			0/	0/0	Other stamp-impressed paper (including revenue stamps, other than Concession using credential license)
															Transfers (decalcomanias):
				0	0		2.5			0			0/	0/0	- Transfers (decalcomanias), vitrifiable
				0	0		2.5			0			0/	0/0	- Other
															Printed or illustrated postcards; printed cards bearing personal greetings, messages or announcements, whether or not illustrated, with or without envelopes or trimmings:
				0	0		2.5			0			0/	0/0	--- Printed or illustrated postcards
				0	0		2.5			0			0/	0/0	--- Other
															Calendars of any kind, printed, including calendar blocks:
				0	0		2.5			1.5			0/	0/0	Calendars of any kind, printed, including calendar blocks
															Other printed matter, including printed pictures and photographs:
															- Trade advertising material, commercial catalogues and the like:
0	0	0	0	0	0		0	0	0	0	0	0	0/	0/0	--- No commercial value
				0	0		2.5			1.5			0/	0/0	--- Other
															- Other:

税　号	货品名称	进口关税（%）			增值/消费税（%）	出口退税（%）	计量单位	监管证件代码	检验检疫类别	协定税率（%）		
		最惠国	普通	年内暂定						东盟	亚太	智利
4911.9100	-- 图片、设计图样及照片											
49119100.10	含有人类遗传资源信息的印刷图片、设计图样及照片	6	50	0	13	13	千克	V		5		
49119100.90	其他印刷的图片、设计图样及照片	6	50	0	13	13	千克			5		
	-- 其他：											
4911.9910	--- 纸质的											
49119910.10	给予存取、安装、复制或使用软件（含游戏）、数据、互联网内容物（含游戏内或应用程序内内容物）、服务或电信服务（含移动服务）权利的印刷品	0	50		13	13	千克			5		
49119910.20	含有人类遗传资源信息的纸质印刷品	6	50	0	13	13	千克	V		5		
49119910.90	其他纸质的印刷品	6	50	0	13	13	千克			5		
4911.9990	--- 其他											
49119990.10	给予存取、安装、复制或使用软件（含游戏）、数据、互联网内容物（含游戏内或应用程序内内容物）、服务或电信服务（含移动服务）权利的印刷品	0	50		13	13	千克			5		
49119990.20	含有人类遗传资源信息的其他印刷品	6	50	0	13	13	千克	V		5		
49119990.90	其他印刷品	6	50	0	13	13	千克			5		

协定税率（%）														特惠税率（%）①/②	Article Description
巴基斯坦	冰岛	哥斯达黎加	秘鲁	新西兰	瑞士	新加坡	韩国	澳大利亚	格鲁吉亚	毛里求斯	日本RCEP	尼加拉瓜	港澳台		
															-- Pictures, designs and photographs
				0	0		2.5			0			0/	0/0	Printed pictures, designs and photographs, containing human genetic resources
				0	0		2.5			0			0/	0/0	Other printed pictures, designs and photographs
															-- Other:
															--- Of paper
	0			0	3		2.5			0			0/	0/0	Prints granting the right to access, install, reproduce or otherwise use of software (including games software), data, Internet content (including in-game, or in-application content) or services, or telecommunication services (including mobile services)
	0			0	3		2.5			0			0/	0/0	Prints of paper, containing human genetic resources
	0			0	3		2.5			0			0/	0/0	Other paper prints
															--- Other
	0			0	3		2.5			1.5			0/	0/0	Prints granting the right to access, install, reproduce or otherwise use of software (including games software), data, internet content (including in-game, or in-application content) or services, or telecommunication services (including mobile services)
	0			0	3		2.5			1.5			0/	0/0	Other prints, containing human genetic resources
	0			0	3		2.5			1.5			0/	0/0	Other prints

第十一类　纺织原料及纺织制品

注释：

一、本类不包括：

（一）制刷用的动物鬃、毛（税目05.02）；马毛及废马毛（税目05.11）；

（二）人发及人发制品（税目05.01、67.03或67.04），但通常用于榨油机或类似机器的滤布除外（税目59.11）；

（三）第十四章的棉短绒或其他植物材料；

（四）税目25.24的石棉、税目68.12或68.13的石棉制品或其他产品；

（五）税目30.05或30.06的物品；税目33.06的用于清洁牙缝的纱线（牙线），单独零售包装的；

（六）税目37.01至37.04的感光布；

（七）截面尺寸超过1毫米的塑料单丝和表面宽度超过5毫米的塑料扁条及类似品（例如，人造草）（第三十九章），以及上述单丝或扁条的缏条、织物、篮筐或柳条编结品（第四十六章）；

（八）第三十九章的用塑料浸渍、涂布、包覆或层压的机织物、针织物或钩编织物、毡呢或无纺织物及其制品；

（九）第四十章的用橡胶浸渍、涂布、包覆或层压的机织物、针织物或钩编织物、毡呢或无纺织物及其制品；

（十）带毛皮张（第四十一章或第四十三章）、税目43.03或43.04的毛皮制品、人造毛皮及其制品；

（十一）税目42.01或42.02的用纺织材料制成的物品；

（十二）第四十八章的产品或物品（例如，纤维素絮纸）；

（十三）第六十四章的鞋靴及其零件、护腿、裹腿及类似品；

（十四）第六十五章的发网、其他帽类及其零件；

（十五）第六十七章的货品；

（十六）涂有研磨料的纺织材料（税目68.05）以及税目68.15的碳纤维及其制品；

（十七）玻璃纤维及其制品，但可见底布的玻璃线刺绣品除外（第七十章）；

（十八）第九十四章的物品（例如，家具、寝具、灯具及照明装置）；

（十九）第九十五章的物品（例如，玩具、游戏品、运动用品及网具）；

（二十）第九十六章的物品[例如，刷子、旅行用成套缝纫用具、拉链、打字机色带、卫生巾（护垫）及卫生棉条、尿布及尿布衬里]；或

（二十一）第九十七章的物品。

二、

（一）可归入第五十章至第五十五章及税目58.09或59.02的由两种或两种以上纺织材料混合制成的货品，应按其中重量最大的那种纺织材料归类。

当没有一种纺织材料重量较大时，应按可归入的有关税目中最后一个税目所列的纺织材料归类。

（二）应用上述规定时：

1. 马毛粗松螺旋花线（税目51.10）和含金属纱线（税目56.05）均应作为一种单一的纺织材料，其重量应为它们在纱线中的合计重量；在机织物的归类中，金属线应作为一种纺织材料；

2. 在选择合适的税目时，应首先确定章，然后再确定该章的有关税目，至于不归入该章的其他材料可不予考虑；

3. 当归入第五十四章及第五十五章的货品与其他章的货品进行比较时，应将这两章作为一个单一的章对待；

4. 同一章或同一税目所列各种不同的纺织材料应作为单一的纺织材料对待。

（三）上述（一）、（二）两款规定亦适用于以下注释三、四、五或六所述纱线。

SECTION XI TEXTILES AND TEXTILE ARTICLES

Section Notes:

1. This Section does not cover:

(a) Animal brush-making bristles or hair (heading 05.02); horsehair or horsehair waste (heading 05.11);

(b) Human hair or articles of human hair (heading 05.01,67.03 or 67.04), except filtering or straining cloth of a kind commonly used in oil presses or the like (heading 59.11);

(c) Cotton linters or other vegetable materials of Chapter 14;

(d) Asbestos of heading 25.24 or articles of asbestos or other products of heading 68.12 or 68.13;

(e) Articles of heading 30.05 or 30.06; yarn used to clean between the teeth (dental floss), in individual retail packages, of heading 33.06;

(f) Sensitised textiles of headings 37.01 to 37.04;

(g) Monofilament of which any cross-sectional dimension exceeds 1 mm or strip or the like (for example, artificial straw) of an apparent width exceeding 5 mm, of plastics (Chapter 39), or plaits or fabrics or other basketware or wickerwork of such monofilament or strip (Chapter 46);

(h) Woven, knitted or crocheted fabrics, felt or nonwovens, impregnated, coated, covered or laminated with plastics, or articles thereof, of Chapter 39;

(ij) Woven, knitted or crocheted fabrics, felt or nonwovens, impregnated, coated, covered or laminated with rubber, or articles thereof, of Chapter 40;

(k) Hides or skins with their hair or wool on (Chapter 41 or 43) or articles of furskin, artificial fur or articles thereof, of heading 43.03 or 43.04;

(l) Articles of textile materials of heading 42.01 or 42.02;

(m) Products or articles of Chapter 48 (for example, cellulose wadding);

(n) Footwear or parts of footwear, gaiters or leggings or similar articles of Chapter 64;

(o) Hair-nets or other headgear or parts thereof of Chapter 65;

(p) Goods of Chapter 67;

(q) Abrasive-coated textile material (heading 68.05) and also carbon fibres or articles of carbon fibres of heading 68.15;

(r) Glass fibres or articles of glass fibres, other than embroidery with glass thread on a visible ground of fabric (Chapter 70);

(s) Articles of Chapter 94 (for example, furniture, bedding, luminaires and lighting fittings);

(t) Articles of Chapter 95 (for example, toys, games, sports requisites and nets);

(u) Articles of Chapter 96 (for example, brushes, travel sets for sewing, slide fasteners, typewriter ribbons, sanitary towels (pads) and tampons, napkins (diapers) and napkin liners); or

(v) Articles of Chapter 97.

2.

(a) Goods classifiable in Chapters 50 to 55 or of heading 58.09 or in heading 58.09 or 59.02 and of a mixture of two or more textile materials are to be classified as if consisting wholly of that one textile material which predominates by weight over any other single textile material.

When no one textile material predominates by weight, the goods are to be classified as if consisting wholly of that one textile material which is covered by the heading which occurs last in numerical order among those which equally merit consideration.

(b) For the purposes of the above rule:

(i)Gimped horsehair yarn (heading 51.10) and metallised yarn (heading 56.05) are to be treated as a single textile material the weight of which is to be taken as the aggregate of the weights of its components; for the classification of woven fabrics, metal thread is to be regarded as a textile material;

(ii)The choice of appropriate heading shall be effected by determining first the Chapter and then the applicable heading within that Chapter, disregarding any materials not classified in that Chapter;

(iii)When both Chapters 54 and 55 are involved with any other Chapter, Chapters 54 and 55 are to be treated as a single Chapter;

(iv)Where a Chapter or a heading refers to goods of different textile materials, such materials are to be treated as a single textile material.

(c) The provisions of paragraphs (a) and (b) above apply also to the yarns referred to in Note 3, 4, 5 or 6 below.

三、

（一）本类的纱线（单纱、多股纱线或缆线）除下列（二）款另有规定的以外，凡符合以下规格的应作为“线、绳、索、缆”：

1. 丝或绢丝纱线，细度在20000分特以上；

2. 化学纤维纱线（包括第五十四章的用两根及以上单丝纺成的纱线），细度在10000分特以上；

3. 大麻或亚麻纱线：

（1）加光或上光的，细度在1429分特及以上；或

（2）未加光或上光的，细度在20000分特以上；

4. 三股或三股以上的椰壳纤维纱线；

5. 其他植物纤维纱线，细度在20000分特以上；或

6. 用金属线加强的纱线。

（二）下列各项不按上述（一）款规定办理：

1. 羊毛或其他动物毛纱线及纸纱线，但用金属线加强的纱线除外；

2. 第五十五章的化学纤维长丝丝束以及第五十四章的未加捻或捻度每米少于5转的复丝纱线；

3. 税目50.06的蚕胶丝及第五十四章的单丝；

4. 税目56.05的含金属纱线；但用金属线加强的纱线按上述（一）款6项规定办理；以及

5. 税目56.06的绳绒线、粗松螺旋花线及纵行起圈纱线。

四、

（一）除下列（二）款另有规定的以外，第五十章、第五十一章、第五十二章、第五十四章和第五十五章所称“供零售用”纱线，是指以下列方式包装的纱线（单纱、多股纱线或缆线）：

1. 绕于纸板、线轴、纱管或类似芯子上，其重量（含线芯）符合下列规定：

（1）丝、绢丝或化学纤维长丝纱线，不超过85克；或

（2）其他纱线，不超过125克；

2. 绕成团、绞或束，其重量符合下列规定：

（1）细度在3000分特以下的化学纤维长丝纱线，丝或绢丝纱线，不超过85克；

（2）细度在2000分特以下的任何其他纱线，不超过125克；或

（3）其他纱线，不超过500克；

3. 绕成绞或束，每绞或每束中有若干用线分开的小绞或小束，每小绞或小束的重量相等，并且符合下列规定：

（1）丝、绢丝或化学纤维长丝纱线，不超过85克；或

（2）其他纱线，不超过125克。

（二）下列各项不按上述（一）款规定办理：

1. 各种纺织材料制的单纱，但下列两种除外：

（1）未漂白的羊毛或动物细毛单纱；以及

（2）漂白、染色或印色的羊毛或动物细毛单纱，细度在5000分特以上；

2. 未漂白的多股纱线或缆线：

（1）丝或绢丝制的，不论何种包装；或

（2）除羊毛或动物细毛外其他纺织材料制，成绞或成束的；

3. 漂白、染色或印色丝或绢丝制的多股纱线或缆线，细度在133分特及以下；以及

4. 任何纺织材料制的单纱、多股纱线或缆线：

（1）交叉绕成绞或束的；或

（2）绕于纱芯上或以其他方式卷绕，明显用于纺织工业的（例如，绕于纱管、加捻管、纬纱管、锥形筒管或锭子上的或者绕成蚕茧状以供绣花机使用的纱线）。

五、税目52.04、54.01及55.08所称“缝纫线”，是指下列多股纱线或缆线：

（一）绕于芯子（例如，线轴、纱管）上，重量（包括纱芯）不超过1000克；

（二）作为缝纫线上过浆的；以及

（三）终捻为反手（Z）捻的。

3.

(a) For the purposes of this Section, and subject to the exceptions in paragraph (b) below, yarns (single, multiple (folded) or cabled) of the following descriptions are to be treated as "twine, cordage, ropes and cables":

(i)Of silk or waste silk, measuring more than 20,000 decitex;

(ii)Of man-made fibres (including yarn of two or more monofilaments of Chapter 54), measuring more than 10,000 decitex;

(iii)Of true hemp or flax:

(i)Polished or glazed, measuring 1,429 decitex or more; or

(ii)Not polished or glazed, measuring more than 20,000 decitex;

(iv)Of coir, consisting of three or more plies;

(v)Of other vegetable fibres, measuring more than 20,000 decitex; or

(vi)Reinforced with metal thread.

(b) Exceptions:

(i)Yarn of wool or other animal hair and paper yarn, other than yarn reinforced with metal thread;

(ii)Man-made filament tow of Chapter 55 and multifilament yarn without twist or with a twist of less than 5 turns per metre of Chapter 54;

(iii)Silk worm gut of heading 50.06, and monofilaments of Chapter 54;

(iv)Metallised yarn of heading 56.05; yarn reinforced with metal thread is subject to paragraph (a) (vi) above; and

(v)Chenille yarn, gimped yarn and loop wale-yarn of heading 56.06.

4.

(a) For the purposes of Chapters 50, 51, 52, 54 and 55, the expression "put up for retail sale" in relation to yarn means, subject to the exceptions in paragraph (b) below, yarn (single, multiple (folded) or cabled) put up:

(i)On cards, reels, tubes or similar supports, of a weight (including support) not exceeding:

i)85 g in the case of silk, waste silk or man-made filaments; or

ii)125 g in other cases;

(ii)In balls, hanks or skeins of a weight not exceeding:

i)85 g in the case of man-made filament yarn of less than 3,000 decitex, silk or silk waste;

ii)125 g in the case of all other yarns of less than 2,000 decitex; or

iii)500 g in other cases.

(iii)In hanks or skeins comprising several smaller hanks or skeins separated by dividing threads which render them independent one of the other, each of uniform weight not exceeding:

i)85 g in the case of silk, waste silk or man-made filaments; or

ii)125 g in other cases.

(b) Exceptions:

(i)Single yarn of any textile material, except:

i)Single yarn of wool or fine animal hair, unbleached; and

ii)Single yarn of wool or fine animal hair, bleached, dyed or printed, measuring more than 5,000 decitex;

(ii)Multiple (folded) or cabled yarn, unbleached:

i)Of silk or waste silk, however put up; or

ii)Of other textile material except wool or fine animal hair, in hanks or skeins;

(iii)Multiple (folded) or cabled yarn of silk or waste silk, bleached, dyed or printed, measuring 133 decitex or less; and

(iv)Single, multiple (folded) or cabled yarn of any textile material:

i)In cross-reeled hanks or skeins; or

ii)Put up on supports or in some other manner indicating its use in the textile industry (for example, on cops, twisting mill tubes, pirns, conical bobbins or spindles, or reeled in the form of cocoons for embroidery looms).

5. For the purposes of headings 52.04, 54.01 and 55.08, the expression "sewing thread" means multiple (folded) or cabled yarn:

(a) Put up on supports (for example, reels, tubes) of a weight (including support) not exceeding 1,000 g;

(b) Dressed for use as sewing thread; and

(c) With a final "Z" twist.

六、本类所称“高强力纱”，是指断裂强度大于下列标准的纱线：

尼龙、其他聚酰胺或聚酯制的单纱60厘牛顿／特克斯；

尼龙、其他聚酰胺或聚酯制的多股纱线或缆线53厘牛顿／特克斯；

粘胶纤维制的单纱、多股纱线或缆线27厘牛顿／特克斯。

七、本类所称“制成的”，是指：

（一）裁剪成除正方形或长方形以外的其他形状的；

（二）呈制成状态，无需缝纫或其他进一步加工（或仅需剪断分隔联线）即可使用的（例如，某些抹布、毛巾、台布、方披巾、毯子）；

（三）裁剪成一定尺寸，至少有一边为带有可见的锥形或压平形的热封边，其余各边经本注释其他各项所述加工，但不包括为防止剪边脱纱而用热切法或其他简单方法处理的织物；

（四）已缝边或滚边，或者在任一边带有结制的流苏，但不包括为防止剪边脱纱而锁边或用其他简单方法处理的织物；

（五）裁剪成一定尺寸并经抽纱加工的；

（六）缝合、胶合或用其他方法拼合而成的（将两段或两段以上同样料子的织物首尾连接而成的匹头，以及由两层或两层以上的织物，不论中间有无胎料，层叠而成的匹头除外）；

（七）针织或钩编成一定形状，不论报验时是单件还是以若干件相连成幅的。

八、对于第五十章至第六十章：

（一）第五十章至第五十五章和第六十章，以及除条文另有规定以外的第五十六章至第五十九章，不适用于上述注释七所规定的制成货品；以及

（二）第五十章至第五十五章及第六十章不包括第五十六章至第五十九章的货品。

九、第五十章至第五十五章的机织物包括由若干层平行纱线以锐角或直角相互层叠，在纱线交叉点用粘合剂或以热粘合法粘合而成的织物。

十、以纺织材料和橡胶线制成的弹性产品归入本类。

十一、本类所称“浸渍”，包括“浸泡”。

十二、本类所称“聚酰胺”，包括“芳族聚酰胺”。

十三、本类及本协调制度所称“弹性纱线”，是指合成纤维纺织材料制成的长丝纱线（包括单丝），但变形纱线除外。这些纱线可拉伸至原长的三倍而不断裂，并可在拉伸至原长两倍后五分钟内回复到不超过原长度一倍半。

十四、除条文另有规定的以外，各种服装即使成套包装供零售用，也应按各自税目分别归类。本注释所称“纺织服装”，是指税目61.01至61.14及税目62.01至62.11所列的各种服装。

十五、除本类注释一另有规定的以外，装有用作附加功能的化学、机械或电子组件（无论是作为内置组件还是组合在纤维或织物内）的纺织品、服装和其他纺织物，如果其具有本类货品的基本特征，应归入本类相应税目中。

子目注释：

一、本类及本协调制度所用有关名词解释如下：

（一）未漂白纱线

1．带有纤维自然色泽并且未经漂染（不论是否整体染色）或印色的纱线；或

2．从回收纤维制得，色泽未定的纱线（本色纱）。

这种纱线可用无色浆料或易褪色染料（可轻易地用肥皂洗去）处理，如果是化学纤维纱线，则整体用消光剂（例如，二氧化钛）进行处理。

（二）漂白纱线

1．经漂白加工、用漂白纤维制得或经染白（除条文另有规定的以外）（不论是否整体染色）及用白浆料处理的纱线；

6. For the purposes of this Section, the expression "high tenacity yarn" means yarn having a tenacity, expressed in cN/tex (centinewtons per tex), greater than the following:

Single yarn of nylon or other polyamides, or of polyesters 60 cN/tex

Multiple (folded) or cabled yarn of nylon or other polyamides, or of polyesters 53 cN/tex

Single, multiple (folded) or cabled yarn of viscose rayon 27 cN/tex.

7. For the purposes of this Section, the expression "made up" means:

(a) Cut otherwise than into squares or rectangles;

(b) Produced in the finished state, ready for use (or merely needing separation by cutting dividing threads) without sewing or other working (for example, certain dusters, towels, table cloths, scarf squares, blankets);

(c) Cut to size and with at least one heat-sealed edge with a visibly tapered or compressed border and the other edges treated as described in any other subparagraph of this Note, but excluding fabrics the cut edges of which have been prevented from unravelling by hot cutting or by other simple means;

(d) Hemmed or with rolled edges, or with a knotted fringe at any of the edges, but excluding fabrics the cut edges of which have been prevented from unravelling by whipping or by other simple means;

(e) Cut to size and having undergone a process of drawn thread work;

(f) Assembled by sewing, gumming or otherwise (other than piece goods consisting of two or more lengths of identical material joined end to end and piece goods composed of two or more textiles assembled in layers, whether or not padded);

(g) Knitted or crocheted to shape, whether presented as separate items or in the form of a number of items in the length.

8. For the purposes of Chapters 50 to 60:

(a) Chapters 50 to 55 and 60 and, except where the context otherwise requires, Chapters 56 to 59 do not apply to goods made up within the meaning of Note 7 above; and

(b) Chapters 50 to 55 and 60 do not apply to goods of Chapters 56 to 59.

9. The woven fabrics of Chapters 50 to 55 include fabrics consisting of layers of parallel textile yarns superimposed on each other at acute or right angles. These layers are bonded at the intersections of the yarns by an adhesive or by thermal bonding.

10.Elastic products consisting of textile materials combined with rubber threads are classified in this Section.

11.For the purposes of this Section, the expression "impregnated" includes "dipped".

12.For the purposes of this Section, the expression "polyamides" includes "aramids".

13.For the purposes of this Section and, where applicable, throughout the Nomenclature, the expression "elastomeric yarn" means filament yarn, including monofilament, of synthetic textile material, other than textured yarn, which does not break on being extended to three times its original length and which returns, after being extended to twice its original length, within a period of five minutes, to a length not greater than one and a half times its original length.

14.Unless the context otherwise requires, textile garments of different headings are to be classified In their own headings even if put up in sets for retail sale. For the purposes of this Note, the expression "textile garments" means garments of headings 61.01 to 61.14 and headings 62.01 to 62.11.

15.Subject to Note 1 to Section XI, textiles, garments and other textile articles, incorporating chemical, mechanical or electronic components for additional functionality, whether incorporated as built-in components or within the fibre or fabric, are classified in their respective headings in Section XI provided that they retain the essential character of the goods of this Section.

Subheading Notes:

1. In this Section and, where applicable, throughout the Nomenclature, the following expressions have the meanings hereby assigned to them:

(a) Unbleached yarn

Yarn which:

(i)has the natural colour of its constituent fibres and has not been bleached, dyed (whether or not in the mass) or printed; or

(ii)is of indeterminate colour ("grey yarn"), manufactured from garnetted stock.

Such yarn may have been treated with a colourless dressing or fugitive dye (which disappears after simple washing with soap) and, in the case of man-made fibres, treated in the mass with delustring agents (for example, titanium dioxide).

(b) Bleached yarn

Yarn which:

(i)has undergone a bleaching process, is made of bleached fibres or, unless the context otherwise requires, has been dyed white (whether or not in the mass) or treated with a white dressing;

2. 用未漂白纤维和漂白纤维混纺制得的纱线；或

3. 用未漂白纱和漂白纱纺成多股纱线或缆线。

（三）着色（染色或印色）纱线

1. 染成彩色（不论是否整体染色，但白色或易褪色除外）或印色的纱线，以及用染色或印色纤维纺制的纱线；

2. 用各色染色纤维混合纺制或用未漂白或漂白纤维与着色纤维混合制得的纱线（夹色纱或混色纱），以及用一种或几种颜色间隔印色而获得点纹印迹的纱线；

3. 用已经印色的纱条或粗纱纺制的纱线；或

4. 用未漂白纱和漂白纱与着色纱纺成的多股纱线或缆线。

上述定义在必要的地方稍作修改后，可适用于第五十四章的单丝、扁条或类似产品。

（四）未漂白机织物

用未漂白纱线织成后未经漂白、染色或印花的机织物。这类织物可用无色浆料或易褪色染料处理。

（五）漂白机织物

1. 经漂白、染白或用白浆料处理（除条文另有规定的以外）的成匹机织物；

2. 用漂白纱线织成的机织物；或

3. 用未漂白纱线和漂白纱线织成的机织物。

（六）染色机织物

1. 除条文另有规定的以外，染成白色以外的其他单一颜色或用白色以外的其他有色整理剂处理的成匹机织物；或

2. 以单一颜色的着色纱线织成的机织物。

（七）色织机织物

除印花机织物以外的下列机织物：

1. 用各种不同颜色纱线或同一颜色不同深浅（纤维的自然色彩除外）纱线织成的机织物；

2. 用未漂白或漂白纱线与着色纱线织成的机织物；或

3. 用夹色纱线或混色纱线织成的机织物。

不论何种情况，布边或布头的纱线均可忽略不计。

（八）印花机织物

成匹印花的机织物，不论是否用各色纱线织成。

用刷子或喷枪、经转印纸转印、植绒或蜡防印花等方法印成花纹图案的机织物亦可视为印花机织物。

上述各类纱线或织物如经丝光工艺处理并不影响其归类。

上述第（四）至（八）项的定义在必要的地方稍加修改后，可适用于针织或钩编织物。

（九）平纹组织

每根纬纱在并排的经纱间上下交错而过，而每根经纱也在并排的纬纱间上下交错而过的织物组织。

二、

（一）含有两种或两种以上纺织材料的第五十六章至第六十三章的产品，应根据本类注释二对第五十章至第五十五章或税目58.09的此类纺织材料产品归类的规定来确定归类。

（二）运用本条规定时：

1. 应酌情考虑按归类总规则第三条来确定归类；

2. 对由底布和绒面或毛圈面构成的纺织品，在归类时可不考虑底布的属性；

3. 对税目58.10的刺绣品及其制品，归类时应只考虑底布的属性，但不见底布的刺绣品及其制品应根据绣线的属性确定归类。

(ii)consists of a mixture of unbleached and bleached fibres; or

(iii)is multiple (folded) or cabled and consists of unbleached and bleached yarns.

(c) Coloured (dyed or printed) yarn

Yarn which:

(i)is dyed (whether or not in the mass) other than white or in a fugitive colour, or printed, or made from dyed or printed fibres;

(ii)consists of a mixture of dyed fibres of different colours or of a mixture of unbleached or bleached fibres with coloured fibres (marl or mixture yarns), or is printed in one or more colours at intervals to give the impression of dots;

(iii)is obtained from slivers or rovings which have been printed; or

(iv)is multiple (folded) or cabled and consists of unbleached or bleached yarn and coloured yarn.

The above definitions also apply, mutatis mutandis, to monofilament and to strip or the like of Chapter 54.

(d) Unbleached woven fabric

Woven fabric made from unbleached yarn and which has not been bleached, dyed or printed. Such fabric may have been treated with a colourless dressing or a fugitive dye.

(e) Bleached woven fabric

Woven fabric which:

(i)has been bleached or, unless the context otherwise requires, dyed white or treated with a white dressing, in the piece;

(ii)consists of bleached yarn; or

(iii)consists of unbleached and bleached yarn.

(f) Dyed woven fabric

Woven fabric which:

(i)is dyed a single uniform colour other than white (unless the context otherwise requires) or has been treated with a coloured finish other than white (unless the context otherwise requires), in the piece; or

(ii)consists of coloured yarn of a single uniform colour.

(g) Woven fabric of yarns of different colours

Woven fabric (other than printed woven fabric) which:

(i)consists of yarns of different colours or yarns of different shades of the same colour (other than the natural colour of the constituent fibres);

(ii)consists of unbleached or bleached yarn and coloured yarn; or

(iii)consists of marl or mixture yarns.

(In all cases, the yarn used in selvedges and piece ends is not taken into consideration.)

(h) Printed woven fabric

Woven fabric which has been printed in the piece, whether or not made from yarns of different colours.

(The following are also regarded as printed woven fabrics: woven fabrics bearing designs made, for example, with a brush or spray gun, by means of transfer paper, by flocking or by the batik process.)

The process of mercerisation does not affect the classification of yarns or fabrics within the above categories.

The definitions at (d) to (h) above apply, mutatis mutandis, to knitted or crocheted fabrics.

(ij) Plain weave

A fabric construction in which each yarn of the weft passes alternately over and under successive yarns of the warp and each yarn of the warp passes alternately over and under successive yarns of the weft.

2.

(a) Products of Chapters 56 to 63 containing two or more textile materials are to be regarded as consisting wholly of that textile material which would be selected under Note 2 to this Section for the classification of a product of Chapters 50 to 55 consisting of the same textile materials.

(b) For the application of this rule:

(i)where appropriate, only the part which determines the classification under Interpretative Rule 3 shall be taken into account;

(ii)in the case of textile products consisting of a ground fabric and a pile or looped surface no account shall be taken of the ground fabric;

(iii)in the case of embroidery of heading 58.10 and goods thereof, only the ground fabric shall be taken into account. However, embroidery without visible ground, and goods thereof, shall be classified with reference to the embroidering threads alone.

第五十章　蚕　丝

税　号	货品名称	进口关税（%）			增值/消费税（%）	出口退税（%）	计量单位	监管证件代码	检验检疫类别	协定税率（%）		
		最惠国	普通	年内暂定						东盟	亚太	智利
50.01	**适于缫丝的蚕茧：**											
5001.0010	--- 适于缫丝的桑蚕茧	6	70		13	13	千克	AB	P/Q	0		0
5001.0090	--- 其他	6	70		13	13	千克	AB	P/Q	0		0
50.02	**生丝（未加捻）：**											
	--- 桑蚕丝：											
5002.0011	---- 厂丝	9	80		13	13	千克	AB	P/Q	0		0
5002.0012	---- 土丝	9	80		13	13	千克	AB	P/Q	0		0
5002.0013	---- 双宫丝	9	80		13	13	千克	AB	P/Q	0		0
5002.0019	---- 其他	9	80		13	13	千克	AB	P/Q	0		0
5002.0020	--- 柞蚕丝	9	80		13	13	千克	AB	P/Q	0		0
5002.0090	--- 其他	9	80		13	13	千克	AB	P/Q	0		0
50.03	**废丝（包括不适于缫丝的蚕茧、废纱及回收纤维）：**											
	--- 未梳：											
5003.0011	---- 下茧、茧衣、长吐、滞头	9	70		13	13	千克	AB	P/Q	0		0
5003.0012	---- 回收纤维	9	70		13	13	千克	AB	P/Q	0		0
5003.0019	---- 其他	9	70		13	13	千克	AB	P/Q	0		0
	--- 其他：											
5003.0091	---- 绵球	9	70		13	13	千克	AB	P/Q	0		0
5003.0099	---- 其他	9	70		13	13	千克	AB	P/Q	0		0
50.04	**丝纱线（绢纺纱线除外），非供零售用：**											
5004.0000	丝纱线（绢纺纱线除外），非供零售用	6	90		13	13	千克			0		0
50.05	**绢纺纱线，非供零售用：**											
5005.0010	--- 细丝纱线	6	90		13	13	千克			0		0
5005.0090	--- 其他	6	90		13	13	千克			0		0
50.06	**丝纱线及绢纺纱线，供零售用；蚕胶丝：**											
5006.0000	丝纱线及绢纺纱线，供零售用；蚕胶丝	6	100		13	13	千克			0		0
50.07	**丝或绢丝机织物：**											
	- 䌷丝机织物：											
5007.1010	--- 未漂白（包括未练白或练白）或漂白	8	130		13	13	米/千克			0		0
5007.1090	--- 其他	8	130		13	13	米/千克			0		0
	- 其他机织物，按重量计丝或绢丝（䌷丝除外）含量在85%及以上：											
	--- 桑蚕丝机织物：											
5007.2011	---- 未漂白（包括未练白或练白）或漂白	8	130		13	13	米/千克			0	5.2	0
5007.2019	---- 其他	8	130		13	13	米/千克			0	5.2	0
	--- 柞蚕丝机织物：											
5007.2021	---- 未漂白（包括未练白或练白）或漂白	8	130		13	13	米/千克			0	5.2	0
5007.2029	---- 其他	8	130		13	13	米/千克			0	5.2	0
	--- 绢丝机织物：											
5007.2031	---- 未漂白（包括未练白或练白）或漂白	8	130		13	13	米/千克			0	5.2	0
5007.2039	---- 其他	8	130		13	13	米/千克			0	5.2	0
5007.2090	--- 其他	8	130		13	13	米/千克			0	5.2	0
	- 其他机织物：											
5007.9010	--- 未漂白（包括未练白或练白）或漂白	8	130		13	13	米/千克			0	5.2	0
5007.9090	--- 其他	8	130		13	13	米/千克			0	5.2	0

Chapter 50 Silk

协定税率（%）														特惠税率（%）①/②	Article Description
巴基斯坦	冰岛	哥斯达黎加	秘鲁	新西兰	瑞士	新加坡	韩国	澳大利亚	格鲁吉亚	毛里求斯	日本RCEP	尼加拉瓜	港澳台		
															Silk worm cocoons suitable for reeling:
2.5	0	0	0	0	0		0	0	0	0	0	0	0/	0/0	--- Bombyx mori cocoons
4	0	0	0	0	0		0	0	0	0	0	0	0/	0/0	--- Other
															Raw silk (not thrown):
															--- Mulberry silk:
0	0	0	0	0	0		0	0	0	0	6.5	8.1	0/	0/0	----Filature silk
0	0	0	0	0	0		0	0	0	0	6.5	8.1	0/	0/0	----Native silk
0	0	0	0	0	0		0	0	0	0	6.5	8.1	0/	0/0	----Duppion silk
0	0	0	0	0	0		0	0	0	0	6.5	8.1	0/	0/0	----Other
0	0	0	0	0	0		0	0	0	0	6.5	8.1	0/	0/0	--- Tussah silk
0	0	0	0	0	0		0	0	0	0	6.5	8.1	0/	0/0	--- Other
															Silk waste (including cocoons unsuitable for reeling, yarn waste and garnetted stock):
															--- Not carded or combed:
0	0	0	0	0	0		0	0	0	0	6.5	8.1	0/	0/0	----Spoiledcocoon, cocoon outer floss, frison, frigon
0	0	0	0	0	0		0	0	0	0	6.5	8.1	0/	0/0	----Garnetted stock
0	0	0	0	0	0		0	0	0	0	6.5	8.1	0/	0/0	----Other
															--- Other:
0	0	0	0	0	0		0	0	0	0	6.5	8.1	0/	0/0	----Silk top
0	0	0	0	0	0		0	0	0	0	6.5	8.1	0/	0/0	----Other
															Silk yarn (other than yarn spun from silk waste) not put up for retail sale:
0	0	0	0	0	0		0	0	0	0	0	0	0/	0/0	Silk yarn (other than yarn spun from silk waste) not put up for retail sale
															Yarn spun from silk waste, not put up for retail sale:
0	0	0	0	0	0		0	0	0	0	0	0	0/	0/0	--- Spun from noil silk
0	0	0	0	0	0		0	0	0	0	0	0	0/	0/0	--- Other
															Silk yarn and yarn spun from silk waste, put up for retail sale; silk-worm gut:
0	0	0	0	0	0		0	0	0	0	0	0	0/	0/0	Silk yarn and yarn spun from silk waste, put up for retail sale; silk-worm gut
															Woven fabrics of silk or of silk waste:
															- Fabrics of noil silk:
2.5	0	0	0	0	0		0	0	0	0	7.3	7.2	0/	0/0	--- Unbleaded (including unscoured or scoured) or bleached
2.5	0	0	0	0	0		0	0	0	0	7.3	7.2	0/	0/0	--- Other
															- Other woven fabrics, containing 85% or more by weight of silk or of silk waste (other than noil silk):
															--- Of mulberry silk:
2.5	0	0	0	0	0		0	0	0	0	7.3	0	0/	0/0	--- Unbleaded (including unscoured or scoured) or bleached
2.5	0	0	0	0	0		3.3	0	0	0	8.1	0	0/	0/0	----Other
															--- Of tussah silk:
2.5	0	0	0	0	0		0	0	0	0	7.3	0	0/	0/0	--- Unbleaded (including unscoured or scoured) or bleached
2.5	0	0	0	0	0		0	0	0	0	7.3	0	0/	0/0	----Other
															--- Of silk waste:
2.5	0	0	0	0	0		0	0	0	0	7.3	0	0/	0/0	--- Unbleaded (including unscoured or scoured) or bleached
2.5	0	0	0	0	0		0	0	0	0	7.3	7.2	0/	0/0	----Other
2.5	0	0	0	0	0		0	0	0	0	7.3	7.2	0/	0/0	--- Other
															- Other woven fabrics:
2.5	0	0	0	0	0		0	0	0	0	7.3	0	0/	0/0	--- Unbleaded (including unscoured or scoured) or bleached
2.5	0	0	0	0	0		0	0	0	0	7.3	0	0/	0/0	--- Other

第五十一章　羊毛、动物细毛或粗毛；马毛纱线及其机织物

注释：

本协调制度所称：

一、“羊毛”，是指绵羊或羔羊身上长的天然纤维；

二、“动物细毛”，是指下列动物的毛：羊驼、美洲驼、驼马、骆驼（包括单峰骆驼）、牦牛、安哥拉山羊、西藏山羊、喀什米尔山羊及类似山羊（普通山羊除外）、家兔（包括安哥拉兔）、野兔、海狸、河狸鼠或麝鼠；

三、“动物粗毛”，是指以上未提及的其他动物的毛，但不包括制刷用鬃、毛（税目05.02）以及马毛（税目05.11）。

税　号	货品名称	进口关税（%）			增值/消费税（%）	出口退税（%）	计量单位	监管证件代码	检验检疫类别	协定税率（%）		
		最惠国	普通	年内暂定						东盟	亚太	智利
51.01	**未梳的羊毛：**											
	- 含脂羊毛，包括剪前水洗毛：											
5101.1100	-- 剪羊毛											
51011100.01	未梳的含脂剪羊毛（配额内）	1	50		9	9	千克	tAB	P/Q	5		
51011100.90	未梳的含脂剪羊毛（配额外）	38	50		9	9	千克	AB	P/Q	5		
5101.1900	-- 其他											
51011900.01	未梳的其他含脂羊毛（配额内）	1	50		9	9	千克	tAB	P/Q	5		
51011900.90	未梳的其他含脂羊毛（配额外）	38	50		9	9	千克	AB	P/Q	5		
	- 脱脂羊毛，未碳化：											
5101.2100	-- 剪羊毛											
51012100.01	未梳的脱脂剪羊毛（未碳化）（配额内）	1	50		13	13	千克	tAB	P/Q	5		
51012100.90	未梳的脱脂剪羊毛（未碳化）（配额外）	38	50		13	13	千克	AB	P/Q	5		
5101.2900	-- 其他											
51012900.01	未梳的其他脱脂羊毛（未碳化）（配额内）	1	50		13	13	千克	tAB	P/Q	5		
51012900.90	未梳的其他脱脂羊毛（未碳化）（配额外）	38	50		13	13	千克	AB	P/Q	5		
5101.3000	- 碳化羊毛											
51013000.01	未梳碳化羊毛（配额内）	1	50		13	13	千克	tAB	P/Q	5		
51013000.90	未梳碳化羊毛（配额外）	38	50		13	13	千克	AB	P/Q	5		
51.02	**未梳的动物细毛或粗毛：**											
	- 细毛：											
5102.1100	-- 喀什米尔山羊的	9	45		13	0	千克	AB	P/Q	0		0
	-- 其他：											
5102.1910	--- 兔毛											
51021910.10	未梳濒危兔毛	9	50		13	0	千克	ABFE	P/Q	0		0
51021910.90	其他未梳兔毛	9	50		13	13	千克	AB	P/Q	0		0
5102.1920	--- 其他山羊绒	9	45		13	0	千克	AB	P/Q	0		0
5102.1930	--- 骆驼毛、骆驼绒											
51021930.10	未梳濒危骆驼科动物的毛、绒	9	45		13	0	千克	FEAB	P/Q	0		0
51021930.90	其他未梳骆驼毛、绒	9	45		13	13	千克	AB	P/Q	0		0
5102.1990	--- 其他											

[1] 国别关税配额税率：0。

Chapter 51 Wool, fine or coarse animal hair; horsehair yarn and woven fabric

Chapter Notes:

Throughout the Nomenclature:

1.“Wool” means the natural fibre grown by sheep or lambs;

2.“Fine animal hair” means the hair of alpaca, llama, vicuna, camel (including dromedary), yak, Angora, Tibetan, Kashmir or similar goats (but not common goats), rabbit (including Angora rabbit), hare, beaver, nutria or musk-rat;

3.“Coarse animal hair” means the hair of animals not mentioned above, excluding brush-making hair and bristles (heading 05.02) and horsehair (heading 05.11).

协定税率（%）														特惠税率（%）①/②	Article Description
巴基斯坦	冰岛	哥斯达黎加	秘鲁	新西兰	瑞士	新加坡	韩国	澳大利亚	格鲁吉亚	毛里求斯	日本RCEP	尼加拉瓜	港澳台		
															Wool, not carded or combed:
															- Greasy, including fleece-washed wool:
															-- Shorn wool
				[注1]				[注1]					0/		Greasy shorn wool, not carded or combed (in-quota)
				[注1]				[注1]					0/		Greasy shorn wool, not carded or combed (out-of-quota)
															-- Other
				[注1]				[注1]					0/		Other greasy wool, not carded or combed (in-quota)
				[注1]				[注1]					0/		Other greasy wool, not carded or combed (out-of-quota)
															- Degreased, not carbonized:
															-- Shorn wool
				[注1]				[注1]					0/		Degreased shorn wool, not carded or combed, not carbonized (in-quota)
				[注1]				[注1]					0/		Degreased shorn wool, not carded or combed, not carbonized (out-of-quota)
															-- Other
				[注1]				[注1]					0/		Other degreased wool, not carded or combed, not carbonized (in-quota)
				[注1]				[注1]					0/		Other degreased wool, not carded or combed, not carbonized (out-of-quota)
															- Carbonized
				[注1]				[注1]					0/		Carbonized wool, not carded or combed (in-quota)
				[注1]				[注1]					0/		Carbonized wool, not carded or combed (out-of-quota)
															Fine or coarse animal hair, not carded or combed:
															- Fine animal hair:
0	0	0	0	0	0		0	0	0	0	6.5	8.1	0/	0/0	-- Of kashmir (cashmere) goats
															-- Other:
															--- Of rabbit and hare
0	0	0	0	0	0		0	0	0	0	6.5	8.1	0/	0/0	Fine hair of endangered rabbit and hare, not carded or combed
0	0	0	0	0	0		0	0	0	0	6.5	8.1	0/	0/0	Fine hair of other rabbit and hare, not carded or combed
4	0	0	0	0	0		0	0	0	0	6.5	8.1	0/	0/0	--- Of other goats
															--- Of camel
0	0	0	0	0	0		0	0	0	0	6.5	8.1	0/	0/0	Fine hair of endangered wild camel, not carded or combed
0	0	0	0	0	0		0	0	0	0	6.5	8.1	0/	0/0	Fine hair of other camel, not carded or combed
															--- Other

税号	货品名称	进口关税（%）			增值/消费税（%）	出口退税（%）	计量单位	监管证件代码	检验检疫类别	协定税率（%）		
		最惠国	普通	年内暂定						东盟	亚太	智利
51021990.10	未梳的其他濒危动物的细毛	9	45		13	0	千克	FEAB	P/Q	0		0
51021990.90	未梳的其他动物细毛	9	45		13	13	千克	AB	P/Q	0		0
5102.2000	- 粗毛											
51022000.10	未梳的濒危动物的粗毛	9	50		13	0	千克	FEAB	P/Q	0		0
51022000.90	未梳的其他动物粗毛	9	50		13	13	千克	AB	P/Q	0		0
51.03	**羊毛或动物细毛或粗毛的废料，包括废纱线，但不包括回收纤维：**											
	- 羊毛或动物细毛的落毛：											
5103.1010	--- 羊毛落毛											
51031010.01	羊毛落毛（配额内）	1	50		13	13	千克	tAB	P/Q	5		
51031010.90	羊毛落毛（配额外）	38	50		13	13	千克	AB	P/Q	5		
5103.1090	--- 其他											
51031090.10	其他濒危动物细毛的落毛	9	50		13	0	千克	FEAB	P/Q	0		0
51031090.90	其他动物细毛的落毛	9	50		13	13	千克	9B	P/Q	0		0
	- 羊毛或动物细毛的其他废料：											
5103.2010	--- 羊毛废料	13.5	20		13	13	千克	AB	P/Q	0		0
5103.2090	--- 其他											
51032090.10	其他濒危动物的细毛废料（包括废纱线，不包括回收纤维）	9	50		13	0	千克	FEAB	P/Q	0		0
51032090.90	其他动物细毛废料（包括废纱线，不包括回收纤维）	9	50		13	13	千克	9B	P/Q	0		0
5103.3000	- 动物粗毛废料											
51033000.10	濒危动物的粗毛废料（包括废纱线，不包括回收纤维）	9	50		13	0	千克	FEAB	P/Q	0		0
51033000.90	其他动物粗毛废料（包括废纱线，不包括回收纤维）	9	50		13	13	千克	9B	P/Q	0		0
51.04	**羊毛或动物细毛或粗毛的回收纤维：**											
5104.0010	--- 羊毛的回收纤维	15	20		13	13	千克	AB	P/Q	0		0
5104.0090	--- 其他											
51040090.10	其他濒危动物的细毛（包括粗毛回收纤维）	5	50		13	0	千克	FEAB	P/Q	0		0
51040090.90	其他动物细毛或粗毛的回收纤维	5	50		13	13	千克	9B	P/Q	0		0
51.05	**已梳的羊毛及动物细毛或粗毛（包括精梳片毛）：**											
5105.1000	- 粗梳羊毛											
51051000.01	粗梳羊毛（配额内）	3	50		13	13	千克	tAB	P/Q			
51051000.90	粗梳羊毛（配额外）	38	50		13	13	千克	AB	P/Q			
	- 羊毛条及其他精梳羊毛：											
5105.2100	-- 精梳片毛											
51052100.01	精梳羊毛片毛（配额内）	3	50		13	13	千克	tAB	P/Q			
51052100.90	精梳羊毛片毛（配额外）	38	50		13	13	千克	AB	P/Q			
5105.2900	-- 其他											
51052900.01	羊毛条及其他精梳羊毛（配额内）	3	50		13	13	千克	tAB	P/Q			
51052900.90	羊毛条及其他精梳羊毛（配额外）	38	50		13	13	千克	AB	P/Q			
	- 已梳动物细毛：											
5105.3100	-- 喀什米尔山羊的	5	50		13	0	千克	AB	P/Q	0		0
	-- 其他：											
5105.3910	--- 兔毛											

[1] 国别关税配额税率：0。

协定税率（%）														特惠税率（%）①/②	Article Description
巴基斯坦	冰岛	哥斯达黎加	秘鲁	新西兰	瑞士	新加坡	韩国	澳大利亚	格鲁吉亚	毛里求斯	日本RCEP	尼加拉瓜	港澳台		
0	0	0	0	0	0		0	0	0	0	6.5	8.1	0/	0/0	Fine hair of other endangered wild animal, not carded or combed
0	0	0	0	0	0		0	0	0	0	6.5	8.1	0/	0/0	Fine hair of other animal, not carded or combed
															- Coarse animal hair
4	0	0	0	0	0		0	0	0	0	6.5	8.1	0/	0/0	Coarse hair of endangered wild animal, not carded or combed
4	0	0	0	0	0		0	0	0	0	6.5	8.1	0/	0/0	Coarse hair of other animal, not carded or combed
															Waste of wool or of fine or coarse animal hair, including yarn waste but excluding garnetted stock:
															- Noils of wool or of fine animal hair:
															--- Of wool
				[注[1]]				[注[1]]					0/		Noils of wool (in-quota)
				[注[1]]				[注[1]]					0/		Noils of wool (out-of-quota)
															--- Other
0	0	0	0	0	0		0	0	0	0	6.5	8.1	0/	0/0	Noils of fine hair of other endangered wild animal
0	0	0	0	0	0		0	0	0	0	6.5	8.1	0/	0/0	Noils of fine hair of other animal
															- Other waste of wool or of fine animal hair:
6.8	0	0	0	0	0	0	0	0	0	0	9.8	12.6	0/	0/0	--- Of wool
															--- Other
0	0	0	0	0	0		0	0	0	0	6.5	8.1	0/	0/0	Waste of fine hair of other endangered wild animal, including yarn waste but excluding garnetted stock
0	0	0	0	0	0		0	0	0	0	6.5	8.1	0/	0/0	Waste of fine hair of other animal, including yarn waste but excluding garnetted stock
															- Waste of coarse animal hair
0	0	0	0	0	0		0	0	0	0	6.5	8.1	0/	0/0	Waste of coarse hair of endangered wild animal, including yarn waste but excluding garnetted stock
0	0	0	0	0	0		0	0	0	0	6.5	8.1	0/	0/0	Waste of coarse hair of other animal, including yarn waste but excluding garnetted stock
															Garnetted stock of wool or of fine or coarse animal hair:
12	0	0	0	0	0	0	0	0	0	0	10.9	14	0/	0/0	--- Of wool
															--- Other
0	0	0	0	0	0		0	0	0	0	0	0	0/	0/0	Garnetted stock of fine or coarse hair of other endangered wild animal
0	0	0	0	0	0		0	0	0	0	0	0	0/	0/0	Garnetted stock of fine or coarse hair of other animal
															Wool and fine or coarse animal hair, carded or combed (including combed wool in fragments):
															- Carded wool
				[注[1]]									0/		Carded wool (in-quota)
				[注[1]]									0/		Carded wool (out-of-quota)
															- Wool tops and other combed wool:
															-- Combed wool in fragments
				[注[1]]									0/		Combed wool in fragments (in-quota)
				[注[1]]									0/		Combed wool in fragments (out-of-quota)
															-- Other
				[注[1]]									0/		Wool tops and other combed wool (in-quota)
				[注[1]]									0/		Wool tops and other combed wool (out-of-quota)
															- Fine animal hair, carded or combed:
0	0	0	0	0	0		0	0	0	0	0	0	0/	0/0	-- Of kashmir (cashmere) goats
															-- Other:
															--- Of rabbit or hare

税 号	货品名称	进口关税（%）			增值/消费税（%）	出口退税（%）	计量单位	监管证件代码	检验检疫类别	协定税率（%）		
		最惠国	普通	年内暂定						东盟	亚太	智利
51053910.10	已梳濒危野兔毛	5	70		13	0	千克	ABFE	P/Q	0	3.5	0
51053910.90	其他已梳兔毛	5	70		13	13	千克	AB	P/Q	0	3.5	0
	--- 其他山羊绒:											
5105.3921	---- 无毛山羊绒	5	50		13	0	千克	AB	P/Q	0	3.5	0
5105.3929	---- 其他	5	50		13	0	千克	AB	P/Q	0	3.5	0
5105.3990	--- 其他											
51053990.10	其他已梳濒危动物细毛	5	50		13	0	千克	ABEF	P/Q	0	3.5	0
51053990.90	其他已梳动物细毛	5	50		13	13	千克	AB	P/Q	0	3.5	0
5105.4000	- 已梳动物粗毛											
51054000.10	其他已梳濒危动物粗毛	5	50		13	0	千克	FEAB	P/Q	0		0
51054000.90	其他已梳动物粗毛	5	50		13	13	千克	AB	P/Q	0		0
51.06	**粗梳羊毛纱线，非供零售用:**											
5106.1000	- 按重量计羊毛含量在85%及以上	5	70		13	13	千克			0		0
5106.2000	- 按重量计羊毛含量在85%以下	5	70		13	13	千克			0		0
51.07	**精梳羊毛纱线，非供零售用:**											
5107.1000	- 按重量计羊毛含量在85%及以上	5	70		13	13	千克			0	2.5	0
5107.2000	- 按重量计羊毛含量在85%以下	5	70		13	13	千克			0		0
51.08	**动物细毛（粗梳或精梳）纱线，非供零售用:**											
	- 粗梳:											
	--- 按重量计动物细毛含量在85%及以上的:											
5108.1011	---- 山羊绒的	5	70		13	13	千克			0	3.3	0
5108.1019	---- 其他											
51081019.10	非供零售用粗梳其他濒危动物细毛纱线（按重量计其他动物细毛含量≥85%）	5	70		13	0	千克	FE		0	3.3	0
51081019.90	非供零售用粗梳其他动物细毛纱线（按重量计其他动物细毛含量≥85%）	5	70		13	13	千克			0	3.3	0
5108.1090	--- 其他											
51081090.10	非供零售用粗梳其他濒危动物细毛纱线（按重量计其他粗梳动物细毛含量<85%）	5	70		13	0	千克	FE		0	3.3	0
51081090.90	非供零售用粗梳其他动物细毛纱线（按重量计其他粗梳动物细毛含量<85%）	5	70		13	13	千克			0	3.3	0
	- 精梳:											
	--- 按重量计动物细毛含量在85%及以上的:											
5108.2011	---- 山羊绒的	5	70		13	13	千克			0		0
5108.2019	---- 其他											
51082019.10	非供零售用精梳其他濒危动物细毛纱线（按重量计其他动物细毛含量≥85%）	5	70		13	0	千克	FE		0		0
51082019.90	非供零售用精梳其他动物细毛纱线（按重量计其他动物细毛含量≥85%）	5	70		13	13	千克			0		0
5108.2090	--- 其他											
51082090.10	非供零售用精梳其他濒危动物细毛纱线（按重量计其他精梳动物细毛含量<85%）	5	70		13	0	千克	FE		0		0
51082090.90	非供零售用精梳其他动物细毛纱线（按重量计其他精梳动物细毛含量<85%）	5	70		13	13	千克			0		0

协定税率（%）														特惠税率（%）①/②	Article Description
巴基斯坦	冰岛	哥斯达黎加	秘鲁	新西兰	瑞士	新加坡	韩国	澳大利亚	格鲁吉亚	毛里求斯	日本RCEP	尼加拉瓜	港澳台		
0	0	0		0	0		0	0	0	0	3.6	4	0/	0/0	Fine hair of endangered rabbit and hare, carded or combed
0	0	0		0	0		0	0	0	0	3.6	4	0/	0/0	Fine hair of other rabbit and hare, carded or combed
															--- Of other goats:
0	0	0		0	0		0	0	0	0	3.6	4	0/	0/0	----Dehaired goats wool
0	0	0		0	0		0	0	0	0	3.6	4	0/	0/0	----Other
															--- Other
0	0	0		0	0		0	0	0	0	3.6	4	0/	0/0	Fine hair of other wild animal, carded or combed
0	0	0		0	0		0	0	0	0	3.6	4	0/	0/0	Fine hair of other animal, carded or combed
															- Coarse animal hair, carded or combed
0	0	0		0	0		0	0	0	0	3.6	4	0/	0/0	Coarse hair of other endangered wild animal, carded or combed
0	0	0		0	0		0	0	0	0	3.6	4	0/	0/0	Coarse hair of other animal, carded or combed
															Yarn of carded wool, not put up for retail sale:
0	0	0	0	0	0		0	0	0	0	0	0	0/	0/0	- Containing 85% or more by weight of wool
0	0	0	0	0	0		0	0	0	0	0	0	0/	0/0	- Containing less than 85% by weight of wool
															Yarn of combed wool, not put up for retail sale:
0		0	0	0	0		0	0	0	0	3.6	0	0/	0/0	- Containing 85% or more by weight of wool
0	0	0	0	0	0		0	0	0	0	0	0	0/	0/0	- Containing less than 85% by weight of wool
															Yarn of fine animal hair (carded or combed), not put up for retail sale:
															- Carded:
															--- Containing 85% or more by weight of fine animal hair:
0	0	0	0	0	0		0	0	0	0	0	0	0/	0/0	----Of goats
															----Other
0	0	0	0	0	0		0	0	0	0	0	0	0/	0/0	Yarn of fine hair of other endangered animal, containing 85% or more by weight of other fine animal hair, carded, not put up for retail sale
0	0	0	0	0	0		0	0	0	0	0	0	0/	0/0	Yarn of fine hair of other animal, containing 85% or more by weight of other fine animal hair, carded, not put up for retail sale
															--- Other
0	0	0	0	0	0		0	0	0	0	0	0	0/	0/0	Yarn of fine hair of other endangered animal, carded, containing less than 85% by weight of other fine animal hair, not put up for retail sale
0	0	0	0	0	0		0	0	0	0	0	0	0/	0/0	Yarn of fine hair of other animal, carded, containing less than 85% by weight of other fine animal hair, not put up for retail sale
															- Combed:
															--- Containing 85% or more by weight of fine animal hair:
0	0	0		0	0		0	0	0	0	3.6	4	0/	0/0	----Of goats
															----Other
0	0	0		0	0		0	0	0	0	3.6	4	0/	0/0	Yarn of fine hair of other endangered animal, combed, containing 85% or more by weight of other fine animal hair, not put up for retail sale
0	0	0		0	0		0	0	0	0	3.6	4	0/	0/0	Yarn of fine hair of other animal, combed, containing 85% or more by weight of other fine animal hair, not put up for retail sale
															--- Other
0	0	0		0	0		0	0	0	0	3.6	4	0/	0/0	Yarn of fine hair of other endangered animal, combed, containing less than 85% by weight of other fine animal hair, not put up for retail sale
0	0	0		0	0		0	0	0	0	3.6	4	0/	0/0	Yarn of fine hair of other animal, combed, containing less than 85% by weight of other animal hair, not put up for retail sale

税号	货品名称	进口关税（%）			增值/消费税（%）	出口退税（%）	计量单位	监管证件代码	检验检疫类别	协定税率（%）		
		最惠国	普通	年内暂定						东盟	亚太	智利
51.09	**羊毛或动物细毛的纱线，供零售用：**											
	按重量计羊毛或动物细毛含量在85%及以上：											
	--- 动物细毛：											
5109.1011	---- 山羊绒的	6	80		13	13	千克			0		0
5109.1019	---- 其他	6	80		13	13	千克			0		0
5109.1090	--- 其他	6	80		13	13	千克			0		0
	- 其他：											
	--- 动物细毛：											
5109.9011	---- 山羊绒的	6	80		13	13	千克			0	4.2	0
5109.9019	---- 其他	6	80		13	13	千克			0	4.2	0
5109.9090	--- 其他	6	80		13	13	千克			0		0
51.10	**动物粗毛或马毛的纱线（包括马毛粗松螺旋花线），不论是否供零售用：**											
5110.0000	动物粗毛或马毛的纱线（包括马毛粗松螺旋花线），不论是否供零售用											
51100000.10	濒危动物粗毛的纱线（包括马毛粗松螺旋花线，不论是否供零售用）	6	70		13	0	千克	FE		0		0
51100000.90	其他动物粗毛或马毛的纱线（包括马毛粗松螺旋花线，不论是否供零售用）	6	70		13	13	千克			0		0
51.11	**粗梳羊毛或粗梳动物细毛的机织物：**											
	按重量计羊毛或动物细毛含量在85%及以上：											
	-- 每平方米重量不超过300克：											
	--- 动物细毛的：											
5111.1111	---- 山羊绒的	10	130		13	13	米/千克			0	6.5	0
5111.1119	---- 其他	10	130		13	13	米/千克			0	6.5	0
5111.1190	--- 其他	10	130		13	13	米/千克			0	6.5	0
	-- 其他：											
	--- 动物细毛的：											
5111.1911	---- 山羊绒的	10	130		13	13	米/千克			0	6.5	0
5111.1919	---- 其他	10	130		13	13	米/千克			0	6.5	0
5111.1990	--- 其他	10	130		13	13	米/千克			0	6.5	0
5111.2000	- 其他，主要或仅与化学纤维长丝混纺	8	130		13	13	米/千克			0		0
5111.3000	- 其他，主要或仅与化学纤维短纤混纺	8	130		13	13	米/千克			0	5.2	0
5111.9000	- 其他	8	130		13	13	米/千克			0		0
51.12	**精梳羊毛或精梳动物细毛的机织物：**											
	- 按重量计羊毛或动物细毛含量在85%及以上：											
5112.1100	-- 每平方米重量不超过200克	8	130		13	13	米/千克			0	4	0
5112.1900	-- 其他	8	130		13	13	米/千克			0	4	0
5112.2000	- 其他，主要或仅与化学纤维长丝混纺	8	130		13	13	米/千克			0		0
5112.3000	- 其他，主要或仅与化学纤维短纤混纺	8	130		13	13	米/千克			0		0
5112.9000	- 其他	8	130		13	13	米/千克			0		0
51.13	**动物粗毛或马毛的机织物：**											
5113.0000	动物粗毛或马毛的机织物	8	130		13	13	米/千克			0		0

协定税率（%）														特惠税率（%）①/②	Article Description
巴基斯坦	冰岛	哥斯达黎加	秘鲁	新西兰	瑞士	新加坡	韩国	澳大利亚	格鲁吉亚	毛里求斯	日本RCEP	尼加拉瓜	港澳台		
															Yarn of wool or of fine animal hair, put up for retail sale:
															- Containing 85% or more by weight of wool or of fine animal hair:
															--- Of fine animal hair:
0	0	0	0	0	0		0	0	0	0	0	0	0/	0/0	----Of goats
0	0	0	0	0	0		0	0	0	0	0	0	0/	0/0	----Other
0	0	0	0	0	0		0	0	0	0	0	0	0/	0/0	--- Other
															- Other:
															--- Of fine animal hair:
0	0	0		0	0		0	0	0	0	4.4	4.8	0/	0/0	----Of goats
0	0	0		0	0		0	0	0	0	4.4	4.8	0/	0/0	----Other
0	0	0		0	0		0	0	0	0	4.4	4.8	0/	0/0	--- Other
															Yarn of coarse animal hair or of horsehair (including gimped horsehair yarn), whether or not put up for retail sale:
															Yarn of coarse animal hair or of horse hair (including gimped horsehair yarn), whether or not put up for retail sale
0	0	0	0	0	0		0	0	0	0	0	0	0/	0/0	Yarn of coarse hair of endangered animal (including gimped horsehair yarn, whether or not put up for retail sale)
0	0	0	0	0	0		0	0	0	0	0	0	0/	0/0	Yarn of other coarse hair or of horsehair (including gimped horsehair yarn, whether or not put up for retail sale)
															Woven fabrics of carded wool or of carded fine animal hair:
															- Containing 85% or more by weight of wool or of fine animal hair:
															-- Of a weight not exceeding 300g/m^2:
															--- Of fine animal hair:
2.5	0	0	0	0	0	0	0	0	0	0	7.3	9	0/	0/0	----Of goats
2.5	0	0	0	0	0	0	0	0	0	0	7.3	9	0/	0/0	----Other
2.5	0	0	0	0	0	0	0	0	0	0	7.3	9	0/	0/0	--- Other
															-- Other:
															--- Of fine animal hair:
2.5	0	0	0	0	0	0	0	0	0	0	7.3	9	0/	0/0	----Of goats
2.5	0	0	0	0	0	0	0	0	0	0	7.3	9	0/	0/0	----Other
4	0	0	0	0	0	0	0	0	0	0	7.3	9	0/	0/0	--- Other
2.5	0	0	0	0	0	0	0	0	0	0	7.3	0	0/	0/0	- Other, mixed mainly or solely with manmade filaments
2.5	0	0	0	0	0	0	0	0	0	0	7.3	0	0/	0/0	- Other, mixed mainly or solely with manmade staple fibres
2.5		0	0	0	0	0	0	0	0	0	7.3	0	0/	0/0	- Other
															Woven fabrics of combed wool or of combed fine animal hair:
															- Containing 85% or more by weight of wool or of fine animal hair:
2.5	0	0	0	0	0	0	0	0	0	0	7.3	7.2	0/	0/0	-- Of a weight not exceeding 200g/m^2
2.5	0	0	0	0	0	0	0	0	0	0	7.3	7.2	0/	0/0	-- Other
2.5	0	0	0	0	0	0	0	0	0	0	7.3	0	0/	0/0	- Other, mixed mainly or solely with manmade filaments
2.5	0	0	0	0	0	0	0	0	0	0	7.3	0	0/	0/0	- Other, mixed mainly or solely with manmade staple fibres
2.5	0	0	0	0	0	0	0	0	0	0	7.3	7.2	0/	0/0	- Other
															Woven fabrics of coarse animal hair or of horsehair:
2.5	0	0	0	0	0	0	0	0	0	0	7.3	7.2	0/	0/0	Woven fabrics of coarse animal hair or of horsehair

第五十二章　棉　花

子目注释：

子目5209.42及5211.42所称“粗斜纹布（劳动布）”，是指用不同颜色的纱线织成的三线或四线斜纹织物，包括破斜纹组织的织物，这种织物以经纱为面，经纱染成一种相同的颜色，纬纱未漂白或经漂白、染成灰色或比经纱稍浅的颜色。

税　号	货品名称	进口关税（%）			增值/消费税（%）	出口退税（%）	计量单位	监管证件代码	检验检疫类别	协定税率（%）		
		最惠国	普通	年内暂定						东盟	亚太	智利
52.01	**未梳的棉花：**											
5201.0000	未梳的棉花											
52010000.01	未梳的棉花[包括脱脂棉花（配额内）]	1	125		9	9	千克	t4xAB	MP/Q	5		
52010000.80	未梳的棉花[包括脱脂棉花（关税配额外暂定）]	滑准	滑准		9	9	千克	4ABex	MP/Q	5		
52010000.90	未梳的棉花[包括脱脂棉花（配额外）]	40	125		9	9	千克	4xAB	MP/Q	5		
52.02	**废棉（包括废棉纱线及回收纤维）：**											
5202.1000	- 废棉纱线（包括废棉线）	10	30		13	13	千克	9		0		0
	- 其他：											
5202.9100	-- 回收纤维	10	30		13	13	千克	9B	P/Q	0		0
5202.9900	-- 其他	10	30		13	13	千克	9B	P/Q	0		0
52.03	**已梳的棉花：**											
5203.0000	已梳的棉花											
52030000.01	已梳的棉花（配额内）	1	125		13	13	千克	t4xAB	MP/Q			
52030000.90	已梳的棉花（配额外）	40	125		13	13	千克	4xAB	MP/Q			
52.04	**棉制缝纫线，不论是否供零售用：**											
	- 非供零售用：											
5204.1100	-- 按重量计含棉量在85%及以上	5	40		13	13	千克			0		0
5204.1900	-- 其他	5	40		13	13	千克			0		0
5204.2000	- 供零售用	5	50		13	13	千克			0		0
52.05	**棉纱线（缝纫线除外），按重量计含棉量在85%及以上，非供零售用：**											
	- 未精梳纤维纺制的单纱：											
5205.1100	-- 细度在714.29分特及以上（不超过14公支）	5	40		13	13	千克			0	3.5	0
5205.1200	-- 细度在714.29分特以下，但不细于232.56分特（超过14公支，但不超过43公支）	5	40		13	13	千克			0	3.5	0
5205.1300	-- 细度在232.56分特以下，但不细于192.31分特（超过43公支，但不超过52公支）	5	40		13	13	千克			0	3.5	0
5205.1400	-- 细度在192.31分特以下，但不细于125分特（超过52公支，但不超过80公支）	5	40		13	13	千克			0	3.5	0
5205.1500	-- 细度在125分特以下（超过80公支）	5	40		13	13	千克			0	3.5	0
	- 精梳纤维纺制的单纱：											
5205.2100	-- 细度在714.29分特及以上（不超过14公支）	5	40		13	13	千克			0	3.5	0
5205.2200	-- 细度在714.29分特以下，但不细于232.56分特（超过14公支，但不超过43公支）	5	40		13	13	千克			0	3.5	0
5205.2300	-- 细度在232.56分特以下，但不细于192.31分特（超过43公支，但不超过52公支）	5	40		13	13	千克			0	3.5	0
5205.2400	-- 细度在192.31分特以下，但不细于125分特（超过52公支，但不超过80公支）	5	40		13	13	千克			0	3.5	0

Chapter 52 Cotton

Subheading Notes:

For the purposes of subheadings 5209.42 and 5211.42, the expression “denim” means fabrics of yarns of different colours, of 3-thread or 4-thread twill, including broken twill, warp faced, the warp yarns of which are of one and the same colour and the weft yarns of which are unbleached, bleached, dyed grey or coloured a lighter shade of the colour of the warp yarns.

协定税率（%）														特惠税率（%）①/②	Article Description
巴基斯坦	冰岛	哥斯达黎加	秘鲁	新西兰	瑞士	新加坡	韩国	澳大利亚	格鲁吉亚	毛里求斯	日本RCEP	尼加拉瓜	港澳台		
															Cotton, not carded or combed:
															Cotton, not carded or combed
													0/		Cotton, including degreased cotton, not carded or combed (in-quota)
													0/		Cotton, including degreased cotton, not carded or combed (out-of-quota, interim)
													0/		Cotton, including degreased cotton, not carded or combed (out-of-quota)
															Cotton waste (including yarn waste and garnetted stock):
0	0	0	0	0	0	0	0	0			7.3	9	0/	0/0	- Yarn waste (including thread waste)
															- Other:
	0	0	0	0	0	0	0	0			7.3	9	0/	0/0	-- Garnetted stock
0	0	0		0	0	0	0	0				9	0/		-- Other
															Cotton, carded or combed:
															Cotton, carded or combed
													0/		Cotton, carded or combed (in-quota)
													0/		Cotton, carded or combed (out-of-quota)
															Cotton sewing thread, whether or not put up for retail sale:
															- Not put up for retail sale:
0	0	0	0	0	0		0	0	0		0	0	0/	0/0	-- Containing 85% or more by weight of cotton
0	0	0	0	0	0		0	0	0		0	0	0/	0/0	-- Other
0	0	0	0	0	0		0	0	0		0	0	0/	0/0	- Put up for retail sale
															Cotton yarn (other than sewing thread), containing 85% or more by weight of cotton, not put up for retail sale:
															- Single yarn, of uncombed fibres:
0	0	0	0	0	0		1.6	0	0		4.1	0	0/0	0/0	-- Measuring 714.29 decitex or more (not exceeding 14 metric number)
0	0	0	0	0	0		1.6	0	0		4.1	0	0/0	0/0	-- Measuring less than 714.29 decitex but not less than 232.56 decitex (exceeding 14 metric number but not exceeding 43 metric number)
0	0	0	0	0	0		1.6	0	0		4.1	0	0/	0/0	-- Measuring less than 232.56 decitex but not less than 192.31 decitex (exceeding 43 metric number but not exceeding 52 metric number)
0	0	0	0	0	0		3.5	0	0			0	0/	0/0	-- Measuring less than 192.31 decitex but not less than 125 decitex (exceeding 52 metric number but not exceeding 80 metric number)
3.5	0	0	0	0	0		1.6	0	0		4.1	0	0/	0/0	-- Measuring less than 125 decitex (exceeding 80 metric number)
															- Single yarn, of combed fibres:
0	0	0	0	0	0		1.6	0	0		4.1	0	0/	0/0	-- Measuring 714.29 decitex or more (not exceeding 14 metric number)
0	0	0	0	0	0		1.6	0	0		4.1	0	0/	0/0	-- Measuring less than 714.29 decitex but not less than 232.56 decitex (exceeding 14 metric number but not exceeding 43 metric number)
0	0	0	0	0	0		0	0	0			0	0/	0/0	-- Measuring less than 232.56 decitex but not less than 192.31 decitex (exceeding 43 metric number but not exceeding 52 metric number)
0	0	0	0	0	0		0	0	0			0	0/	0/0	-- Measuring less than 192.31 decitex but not less than 125 decitex (exceeding 52 metric number but not exceeding 80 metric number)

税号	货品名称	进口关税（%）			增值/消费税（%）	出口退税（%）	计量单位	监管证件代码	检验检疫类别	协定税率（%）		
		最惠国	普通	年内暂定						东盟	亚太	智利
5205.2600	-- 细度在125分特以下，但不细于106.38分特（超过80公支，但不超过94公支）	5	40		13	13	千克			0		0
5205.2700	-- 细度在106.38分特以下，但不细于83.33分特（超过94公支，但不超过120公支）	5	40		13	13	千克			0		0
5205.2800	-- 细度在83.33分特以下（超过120公支）	5	40		13	13	千克			0		0
	- 未精梳纤维纺制的多股纱线或缆线：											
5205.3100	-- 每根单纱细度在714.29分特及以上（每根单纱不超过14公支）	5	40		13	13	千克			0	4.5	0
5205.3200	-- 每根单纱细度在714.29分特以下，但不细于232.56分特（每根单纱超过14公支，但不超过43公支）	5	40		13	13	千克			0	3.5	0
5205.3300	-- 每根单纱细度在232.56分特以下，但不细于192.31分特（每根单纱超过43公支，但不超过52公支）	5	40		13	13	千克			0		0
5205.3400	-- 每根单纱细度在192.31分特以下，但不细于125分特（每根单纱超过52公支，但不超过80公支）	5	40		13	13	千克			0		0
5205.3500	-- 每根单纱细度在125分特以下（每根单纱超过80公支）	5	40		13	13	千克			0		0
	- 精梳纤维纺制的多股纱线或缆线：											
5205.4100	-- 每根单纱细度在714.29分特及以上（每根单纱不超过14公支）	5	40		13	13	千克			0	4.5	0
5205.4200	-- 每根单纱细度在714.29分特以下，但不细于232.56分特（每根单纱超过14公支，但不超过43公支）	5	40		13	13	千克				3.5	0
5205.4300	-- 每根单纱细度在232.56分特以下，但不细于192.31分特（每根单纱超过43公支，但不超过52公支）	5	40		13	13	千克			0		0
5205.4400	-- 每根单纱细度在192.31分特以下，但不细于125分特（每根单纱超过52公支，但不超过80公支）	5	40		13	13	千克			0		0
5205.4600	-- 每根单纱细度在125分特以下，但不细于106.38分特（每根单纱超过80公支，但不超过94公支）	5	40		13	13	千克			0	4.5	0
5205.4700	-- 每根单纱细度在106.38分特以下，但不细于83.33分特（每根单纱超过94公支，但不超过120公支）	5	40		13	13	千克			0	4.5	0
5205.4800	-- 每根单纱细度在83.33分特以下（每根单纱超过120公支）	5	40		13	13	千克			0	4.5	0
52.06	**棉纱线（缝纫线除外），按重量计含棉量在85%以下，非供零售用：**											
	- 未精梳纤维纺制的单纱：											
5206.1100	-- 细度在714.29分特及以上（不超过14公支）	5	40		13	13	千克			0	3.5	0
5206.1200	-- 细度在714.29分特以下，但不细于232.56分特（超过14公支，但不超过43公支）	5	40		13	13	千克			0	3.5	0

协定税率（%）														特惠税率（%）①/②	Article Description
巴基斯坦	冰岛	哥斯达黎加	秘鲁	新西兰	瑞士	新加坡	韩国	澳大利亚	格鲁吉亚	毛里求斯	日本RCEP	尼加拉瓜	港澳台		
0	0	0	0	0	0		1.6	0	0		4.1	0	0/	0/0	-- Measuring less than 125 decitex but not less than 106.38 decitex (exceeding 80 metric number but not exceeding 94 metric number)
	0	0	0	0	0		1.6	0	0		4.1	0	0/	0/0	-- Measuring less than 106.38 decitex but not less than 83.33 decitex (exceeding 94 metric number but not exceeding 120 metric number)
	0	0	0	0	0		1.6	0	0		4.1	0	0/	0/0	-- Measuring less than 83.33 decitex (exceeding 120 metric number)
															- Multiple (folded) or cabled yarn, of uncombed fibres:
0	0	0		0	0		1.6	0	0		4.1	4	0/		-- Measuring per single yarn 714.29 decitex or more (not exceeding 14 metric number per single yarn)
0	0	0	0	0	0		1.6	0	0		4.1	0	0/	0/0	-- Measuring per single yarn less than 714.29 decitex but not less than 232.56 decitex (exceeding 14 metric number but not exceeding 43 metric number per single yarn)
	0	0	0	0	0		1.6	0	0		4.1	0	0/	0/0	-- Measuring per single yarn less than 232.56 decitex but not less than 192.31 decitex (exceeding 43 metric number but not exceeding 52 metric number per single yarn)
0	0	0	0	0	0		1.6	0	0		4.1	0	0/	0/0	-- Measuring per single yarn less than192.31 decitex but not less than 125 decitex (exceeding 52 metric number but not exceeding 80 metric number per single yarn)
	0	0	0	0	0		1.6	0	0		4.1	0	0/	0/0	-- Measuring per single yarn less than 125 decitex (exceeding 80metric number per single yarn)
															- Multiple (folded) or cabled yarn, of combed fibres:
4.5	0	0		0	0		1.6	0	0		4.1	4	0/	0/0	-- Measuring per single yarn 714.29 decitex or more (not exceeding 14 metric number per single yarn)
0	0	0	0	0	0		3.5	0	0			0	0/	0/0	-- Measuring per single yarn less than 714.29 decitex but not less than 232.56 decitex (exceeding 14 metric number but not exceeding 43 metric number per single yarn)
4	0	0		0	0		1.6	0	0		4.1	4	0/	0/0	-- Measuring per singleyarn less than 232.56 decitex but not less than 192.31 decitex (exceeding 43 metric number but not exceeding 52 metric number per single yarn)
0	0	0	0	0	0		1.6	0	0		4.1	0	0/	0/0	-- Measuring per single yarn less than 192.31 decitex but not less than 125 decitex (exceeding 52 metric number but not exceeding 80 metric number per single yarn)
3.6	0	0	0	0	0		1.6	0	0		4.1	0	0/	0/0	-- Measuring per single yarn less than 125 decitex but not less than 106.38 decitex (exceeding 80 metric number but not exceeding 94 metric number per single yarn)
3.6	0	0	0	0	0		1.6	0	0		4.1	0	0/	0/0	-- Measuring per singleyarn less than 106.38 decitex but not less than 83.33 decitex (exceeding 94 metric number but not exceeding 120 metric number per single yarn)
4.5	0	0	0	0	0		1.6	0	0		4.1	0	0/	0/0	-- Measuring per single yarn less than 83.33 decitex (exceeding 120 metric number per single yarn)
															Cotton yarn (other than sewing thread), containing less than 85% by weight of cotton, not put up for retail sale:
															- Single yarn, of uncombed fibres:
2.8	0	0		0	0		1.6	0	0		4.1	4	0/		-- Measuring 714.29 decitex or more (not exceeding 14 metric number)
0	0	0	0	0	0		1.6	0	0		4.1	0	0/0	0/0	-- Measuring less than 714.29 decitex but not less than 232.56 decitex (exceeding 14 metric number but not exceeding 43 metric number)

税　号	货品名称	进口关税（%）			增值/消费税（%）	出口退税（%）	计量单位	监管证件代码	检验检疫类别	协定税率（%）		
		最惠国	普通	年内暂定						东盟	亚太	智利
5206.1300	-- 细度在232.56分特以下，但不细于192.31分特（超过43公支，但不超过52公支）	5	40		13	13	千克			0		0
5206.1400	-- 细度在192.31分特以下，但不细于125分特（超过52公支，但不超过80公支）	5	40		13	13	千克			0		0
5206.1500	-- 细度在125分特以下（超过80公支）	5	40		13	13	千克			0	3.5	0
	- 精梳纤维纺制的单纱：											
5206.2100	-- 细度在714.29分特及以上（不超过14公支）	5	40		13	13	千克			0	4.5	0
5206.2200	-- 细度在714.29分特以下，但不细于232.56分特（超过14公支，但不超过43公支）	5	40		13	13	千克			0		0
5206.2300	-- 细度在232.56分特以下，但不细于192.31分特（超过43公支，但不超过52公支）	5	40		13	13	千克			0		0
5206.2400	-- 细度在192.31分特以下，但不细于125分特（超过52公支，但不超过80公支）	5	40		13	13	千克			0		0
5206.2500	-- 细度在125分特以下（超过80公支）	5	40		13	13	千克			0		0
	- 未精梳纤维纺制的多股纱线或缆线：											
5206.3100	-- 每根单纱细度在714.29分特及以上（每根单纱不超过14公支）	5	40		13	13	千克			0		0
5206.3200	-- 每根单纱细度在714.29分特以下，但不细于232.56分特（每根单纱超过14公支，但不超过43公支）	5	40		13	13	千克			0		0
5206.3300	-- 每根单纱细度在232.56分特以下，但不细于192.31分特（每根单纱超过43公支，但不超过52公支）	5	40		13	13	千克			0		0
5206.3400	-- 每根单纱细度在192.31分特以下，但不细于125分特（每根单纱超过52公支，但不超过80公支）	5	40		13	13	千克			0		0
5206.3500	-- 每根单纱细度在125分特以下（每根单纱超过80公支）	5	40		13	13	千克			0		0
	- 精梳纤维纺制的多股纱线或缆线：											
5206.4100	-- 每根单纱细度在714.29分特及以上（每根单纱不超过14公支）	5	40		13	13	千克			0		0
5206.4200	-- 每根单纱细度在714.29分特以下，但不细于232.56分特（每根单纱超过14公支，但不超过43公支）	5	40		13	13	千克			0		0
5206.4300	-- 每根单纱细度在232.56分特以下，但不细于192.31分特（每根单纱超过43公支，但不超过52公支）	5	40		13	13	千克			0		0
5206.4400	-- 每根单纱细度在192.31分特以下，但不细于125分特（每根单纱超过52公支，但不超过80公支）	5	40		13	13	千克			0		0
5206.4500	-- 每根单纱细度在125分特以下（每根单纱超过80公支）	5	40		13	13	千克			0		0
52.07	**棉纱线（缝纫线除外），供零售用：**											

协定税率（%）														特惠税率（%）①/②	Article Description
巴基斯坦	冰岛	哥斯达黎加	秘鲁	新西兰	瑞士	新加坡	韩国	澳大利亚	格鲁吉亚	毛里求斯	日本RCEP	尼加拉瓜	港澳台		
	0	0	0	0	0		1.6	0	0		4.1	0	0/	0/0	-- Measuring less than 232.56 decitex but not less than 192.31 decitex (exceeding 43 metric number but not exceeding 52 metric number)
4	0	0	0	0	0		1.6	0	0		4.1	0	0/	0/0	-- Measuring less than 192.31 decitex but not less than 125 decitex (exceeding 52 metric number but not exceeding 80 metric number)
3.5	0	0	0	0	0		1.6	0	0		4.1	0	0/	0/0	-- Measuring less than 125 decitex (exceeding 80 metric number)
															- Single yarn, of combed fibres:
4.5	0	0	0	0	0		1.6	0	0		4.1	0	0/	0/0	-- Measuring 714.29 decitex or more (not exceeding 14 metric number)
0	0	0	0	0	0		1.6	0	0		4.1	0	0/0	0/0	-- Measuring less than 714.29 decitex but not less than 232.56 decitex (exceeding 14 metric number but not exceeding 43 metric number)
	0	0	0	0	0		1.6	0	0		4.1	0	0/	0/0	-- Measuring less than 232.56 decitex but not less than 192.31 decitex (exceeding 43 metric number but not exceeding 52 metric number)
4	0	0	0	0	0		1.6	0	0		4.1	0	0/0	0/0	-- Measuring less than 192.31 decitex but not less than 125 decitex (exceeding 52 metric number but not exceeding 80 metric number)
	0	0	0	0	0		1.6	0	0		4.1	0	0/	0/0	-- Measuring less than 125 decitex (exceeding 80 metric number)
															- Multiple (folded) or cabled yarn, of uncombed fibres:
	0	0	0	0	0		1.6	0	0		4.1	0	0/	0/0	-- Measuring per single yarn 714.29 decitex or more (not exceeding 14 metric number per single yarn)
0	0	0	0	0	0		1.6	0	0		4.1	0	0/	0/0	-- Measuring per single yarn less than 714.29 decitex but not less than 232.56 decitex (exceeding 14 metric number but not exceeding 43 metric number per single yarn)
	0	0	0	0	0		1.6	0	0		4.1	0	0/	0/0	-- Measuring per single yarn less than 232.56 decitex but not less than 192.31 decitex (exceeding 43 metric number but not exceeding 52 metric number per single yarn)
	0	0	0	0	0		1.6	0	0		4.1	0	0/	0/0	-- Measuring per single yarn less than 192.31 decitex but not less than 125 decitex (exceeding 52 metric number but not exceeding 80 metric number per single yarn)
	0	0	0	0	0		1.6	0	0		4.1	0	0/	0/0	-- Measuring per single yarn less than 125 decitex (exceeding 80 metric number per single yarn)
															- Multiple (folded) or cabled yarn, of combed fibres:
	0	0	0	0	0		1.6	0	0		4.1	0	0/	0/0	-- Measuring per single yarn 714.29 decitex or more (not exceeding 14 metric number per single yarn)
	0	0	0	0	0		1.6	0	0		4.1	0	0/	0/0	-- Measuring per single yarn less than 714.29 deeitex but not less than 232.56 decitex (exceeding 14 metric number but not exceeding 43 metric number per single yarn)
	0	0	0	0	0		1.6	0	0		4.1	0	0/	0/0	-- Measuring per single yarn less than 232.56 decitex but not less then 192.31 decitex (exceeding 43 metric number but not exceeding 52 metric number per single yarn)
	0	0	0	0	0		1.6	0	0		4.1	0	0/	0/0	-- Measuring per single yarn less than 192.31 decitex but not less than 125 decitex (exceeding 52 metric number but not exceeding 80 metric number per single yarn)
	0	0	0	0	0		1.6	0	0		4.1	0	0/	0/0	-- Measuring per single yarn less than 125 decitex (exceeding 80 metric number per single yarn)
															Cotton yarn (other than sewing thread) put up for retail sale:

税　号	货品名称	进口关税（%）			增值/消费税（%）	出口退税（%）	计量单位	监管证件代码	检验检疫类别	协定税率（%）		
		最惠国	普通	年内暂定						东盟	亚太	智利
5207.1000	- 按重量计含棉量在85%及以上	5	50		13	13	千克			0	4.2	0
5207.9000	- 其他	5	50		13	13	千克			0		0
52.08	**棉机织物，按重量计含棉量在85%及以上，每平方米重量不超过200克：**											
	- 未漂白:											
5208.1100	-- 平纹机织物，每平方米重量不超过100克	8	70		13	13	米/千克			0		0
5208.1200	-- 平纹机织物，每平方米重量超过100克	8	70		13	13	米/千克			0		0
5208.1300	-- 三线或四线斜纹机织物，包括双面斜纹机织物	8	70		13	13	米/千克			0	5.2	0
5208.1900	-- 其他机织物	8	70		13	13	米/千克			0		0
	- 漂白:											
5208.2100	-- 平纹机织物，每平方米重量不超过100克											
52082100.10	漂白全棉平纹府绸及细平布（每平方米重量≤100克，含棉85%及以上）	8	70		13	13	米/千克			0		0
52082100.20	漂白全棉平纹机织平布（每平方米重量不超过100克，68号及以下）	8	70		13	13	米/千克			0		0
52082100.30	漂白全棉平纹奶酪布（每平方米重量不超过100克，含棉85%及以上）	8	70		13	13	米/千克			0		0
52082100.40	漂白全棉平纹印染用布（每平方米重量不超过100克，43号～68号）	8	70		13	13	米/千克			0		0
52082100.50	漂白全棉平纹巴里纱及薄细布（每平方米重量不超过100克，69号及以上）	8	70		13	13	米/千克			0		0
52082100.60	漂白全棉医用纱布（每平方米重量不超过100克，含棉85%及以上）	8	70		13	13	米/千克			0		0
5208.2200	-- 平纹机织物，每平方米重量超过100克											
52082200.10	漂白全棉平纹府绸及细平布（100克<每平方米重量≤200克，含棉85%及以上）	8	70		13	13	米/千克			0		0
52082200.20	漂白全棉平纹机织平布（100克<每平方米重量≤200克，68号及以下）	8	70		13	13	米/千克			0		0
52082200.30	漂白全棉平纹奶酪布（100克<每平方米重量≤200克，含棉85%及以上）	8	70		13	13	米/千克			0		0
52082200.40	漂白全棉平纹印染用布（100克<每平方米重量≤200克，43号～68号）	8	70		13	13	米/千克			0		0
52082200.50	漂白全棉巴里纱及薄细布（100克<每平方米重量≤200克，69号及以上）	8	70		13	13	米/千克			0		0
5208.2300	-- 三线或四线斜纹机织物，包括双面斜纹机织物	8	70		13	13	米/千克			0		0
5208.2900	-- 其他机织物											
52082900.10	漂白其他全棉机织缎布（每平方米重量不超过200克，含棉85%及以上）	8	70		13	13	米/千克			0		0
52082900.20	漂白其他全棉机织斜纹布（每平方米重量不超过200克，含棉85%及以上）	8	70		13	13	米/千克			0		0
52082900.30	漂白其他全棉机织牛津布（每平方米重量不超过200克，含棉85%及以上）	8	70		13	13	米/千克			0		0
52082900.90	漂白其他全棉机织物（每平方米重量不超过200克，含棉85%及以上）	8	70		13	13	米/千克			0		0

协定税率（%）														特惠税率（%）①/②	Article Description
巴基斯坦	冰岛	哥斯达黎加	秘鲁	新西兰	瑞士	新加坡	韩国	澳大利亚	格鲁吉亚	毛里求斯	日本RCEP	尼加拉瓜	港澳台		
4	0	0	0	0	0		0	0	0		0	0	0/	0/0	- Containing 85% or more by weight of cotton
2.5	0	0	0	0	0		0	0	0		0	0	0/	0/0	- Other
															Woven fabrics of cotton, containing 85% or more by weight of cotton, weighing not more than $200g/m^2$:
															- Unbleached:
0	0	0	0	0	0		0	0	0	0	7.3	7.2	0/	0/0	-- Plain weave, weighing not more than $100g/m^2$
0	0	0	0	0	0	0	0	0	0	0	7.3	0	0/	0/0	-- Plain weave, weighing more than $100g/m^2$
0	0	0	0	0	0		0	0	0	0	7.3	0	0/	0/0	-- 3-thread or 4-thread twill, including cross twill
0	0	0	0	0	0	0	0	0	0	0	7.3	0	0/	0/0	-- Other fabrics
															- Bleached:
															-- Plain weave, weighing not more than $100g/m^2$
0	0	0	0	0	0		0	0	0	0	7.3	7.2	0/	0/0	Plain poplin and fine plain cloth of cotton, bleached, containing 85% or more by weight of cotton, weighing not more than $100g/m^2$
0	0	0	0	0	0		0	0	0	0	7.3	7.2	0/	0/0	Plain cloth of cotton, bleached, weighing not more than $100g/m^2$, No.68 or below
0	0	0	0	0	0		0	0	0	0	7.3	7.2	0/	0/0	Plain cheese cloth of cotton, bleached, containing 85% or more by weight of cotton, weighing not more than $100g/m^2$
0	0	0	0	0	0		0	0	0	0	7.3	7.2	0/	0/0	Plain cloth of cotton for printing and dyeing, bleached, weighing not more than $100g/m^2$, No.43-68
0	0	0	0	0	0		0	0	0	0	7.3	7.2	0/	0/0	Plain voile and muslin of cotton, bleached, weighing not more than $100g/m^2$, No.69 or above
0	0	0	0	0	0		0	0	0	0	7.3	7.2	0/	0/0	Medical gauze of cotton, bleached, containing 85% or more by weight of cotton, weighing not more than $100g/m^2$
															-- Plain weave, weighing more than $100g/m^2$
0	0	0	0	0	0	0	0	0	0	0	7.3	0	0/	0/0	Plain poplin and fine cloth of cotton, bleached, containing 85% or more by weight of cotton, weighing more than $100g/m^2$ but not more than $200g/m^2$
0	0	0	0	0	0	0	0	0	0	0	7.3	0	0/	0/0	Plain cloth of cotton, bleached, weighing more than $100g/m^2$ but not more than $200g/m^2$, No.68 or below
0	0	0	0	0	0	0	0	0	0	0	7.3	0	0/	0/0	Plain cheese cloth of cotton, bleached, containing 85% or more by weight of cotton, weighing more than $100g/m^2$ but not more than $200g/m^2$
0	0	0	0	0	0	0	0	0	0	0	7.3	0	0/	0/0	Plain cloth of cotton for printing and dyeing, bleached, weighing more than $100g/m^2$ but not more than $200g/m^2$, No.43-68
0	0	0	0	0	0	0	0	0	0	0	7.3	0	0/	0/0	Plain voile and muslin of cotton, bleached, weighing more than $100g/m^2$ but not more than $200g/m^2$, No.69 or above
0	0	0	0	0	4.8	0	0	0	0	0	8.7	0	0/	0/0	-- 3-thread or 4-thread twill, inluding cross twill
															-- Other fabrics
0	0	0	0	0	0		0	0	0	0	7.3	0	0/	0/0	Other satin cloth of cotton, bleached, containing 85% or more by weight of cotton, weighing not more than $200g/m^2$
0	0	0	0	0	0		0	0	0	0	7.3	0	0/	0/0	Other twill cloth of cotton, bleached, containing 85% or more by weight of cotton, weighing not more than $200g/m^2$
0	0	0	0	0	0		0	0	0	0	7.3	0	0/	0/0	Other oxford cloth of cotton, bleached, containing 85% or more by weight of cotton, weighing not more than $200g/m^2$
0	0	0	0	0	0		0	0	0	0	7.3	0	0/	0/0	Other woven fabrics of cotton, bleached, containing 85% or more by weight of cotton, weighing not more than $200g/m^2$

税　号	货品名称	进口关税（%）			增值/消费税（%）	出口退税（%）	计量单位	监管证件代码	检验检疫类别	协定税率（%）		
		最惠国	普通	年内暂定						东盟	亚太	智利
	- 染色：											
5208.3100	-- 平纹机织物，每平方米重量不超过100克											
52083100.10	染色全棉手工织布（每平方米重量不超过100克，含棉85%及以上）	8	70		13	13	米/千克			0		0
52083100.91	染色全棉平纹府绸及细平布（每平方米重量不超过100克，含棉85%及以上）	8	70		13	13	米/千克			0		0
52083100.92	染色全棉平纹机织平布（每平方米重量不超过100克，68号及以下）	8	70		13	13	米/千克			0		0
52083100.93	染色全棉平纹奶酪布（每平方米重量不超过100克，含棉85%及以上）	8	70		13	13	米/千克			0		0
52083100.94	染色全棉平纹印染用布（每平方米重量不超过100克，43号～68号）	8	70		13	13	米/千克			0		0
52083100.95	染色全棉巴里纱及薄细布（每平方米重量不超过100克，69号及以上）	8	70		13	13	米/千克			0		0
5208.3200	-- 平纹机织物，每平方米重量超过100克											
52083200.10	染色全棉手工织布（100克<每平方米重量≤200克，含棉85%及以上）	8	70		13	13	米/千克			0	5.2	0
52083200.91	染色全棉平纹府绸及细平布（100克<每平方米重量≤200克，含棉85%及以上）	8	70		13	13	米/千克			0	5.2	0
52083200.92	染色全棉平纹机织平布（100克<每平方米重量≤200克，68号及以下）	8	70		13	13	米/千克			0	5.2	0
52083200.93	染色全棉平纹奶酪布（100克<每平方米重量≤200克，含棉85%及以上）	8	70		13	13	米/千克			0	5.2	0
52083200.94	染色全棉平纹印染用布（100克<每平方米重量≤200克，43号～68号）	8	70		13	13	米/千克			0	5.2	0
52083200.95	染色全棉巴里纱及薄细布（100克<每平方米重量≤200克，69号及以上）	8	70		13	13	米/千克			0	5.2	0
5208.3300	-- 三线或四线斜纹机织物，包括双面斜纹机织物	8	70		13	13	米/千克			0	5.2	0
5208.3900	-- 其他机织物											
52083900.10	染色其他全棉机织缎布（每平方米重量不超过200克，含棉85%及以上）	8	70		13	13	米/千克			0	5.2	0
52083900.20	染色其他全棉机织斜纹布（每平方米重量不超过200克，含棉85%及以上）	8	70		13	13	米/千克			0	5.2	0
52083900.30	染色其他全棉机织牛津布（每平方米重量不超过200克，含棉85%及以上）	8	70		13	13	米/千克			0	5.2	0
52083900.90	染色其他全棉机织物（每平方米重量不超过200克，含棉85%及以上）	8	70		13	13	米/千克			0	5.2	0
	- 色织：											
5208.4100	-- 平纹机织物，每平方米重量不超过100克											
52084100.10	色织的全棉手工织布（每平方米重量不超过100克，含棉85%及以上）	8	70		13	13	米/千克			0		0
52084100.90	色织的全棉平纹机织物（每平方米重量不超过100克，含棉85%及以上）	8	70		13	13	米/千克			0		0
5208.4200	-- 平纹机织物，每平方米重量超过100克											

协定税率（%）														特惠税率（%）①/②	Article Description
巴基斯坦	冰岛	哥斯达黎加	秘鲁	新西兰	瑞士	新加坡	韩国	澳大利亚	格鲁吉亚	毛里求斯	日本RCEP	尼加拉瓜	港澳台		
															- Dyed:
															-- Plain weave, weighing not more than $100g/m^2$
0	0	0	0	0	0		0	0	0	0	7.3	0	0/0	0/0	Handwoven cloth of cotton, dyed, containing 85% or more by weight of cotton, weighing not more than $100g/m^2$
0	0	0	0	0	0		0	0	0	0	7.3	0	0/0	0/0	Plain poplin and fine cloth of cotton, dyed, containing 85% or more by weight of cotton, weighing not more than $100g/m^2$
0	0	0	0	0	0		0	0	0	0	7.3	0	0/0	0/0	Plain cloth of cotton, dyed, weighing not more than $100g/m^2$, No.68 or below
0	0	0	0	0	0		0	0	0	0	7.3	0	0/0	0/0	Plain cheese cloth of cotton, dyed, containing 85% or more by weight of cotton, weighing not more than $100g/m^2$
0	0	0	0	0	0		0	0	0	0	7.3	0	0/0	0/0	Plain cloth of cotton for printing and dyeing, dyed, weighing not more than $100g/m^2$, No.43-68
0	0	0	0	0	0		0	0	0	0	7.3	0	0/0	0/0	Plain voile and muslin of cotton, dyed, weighing not more than $100g/m^2$, No.69 or above
															-- Plain weave, weighing more than $100g/m^2$
0	0	0	0	0	0	0	0	0	0	0	7.3	0	0/0	0/0	Handwoven cloth of cotton, dyed, containing 85% or more by weight of cotton, weighing more than $100g/m^2$ but not more than $200g/m^2$
0	0	0	0	0	0	0	0	0	0	0	7.3	0	0/0	0/0	Plain poplin and fine plain cloth of cotton, dyed, containing 85% or more by weight of cotton, weighing more than $100g/m^2$ but not more than $200g/m^2$
0	0	0	0	0	0	0	0	0	0	0	7.3	0	0/0	0/0	Plain cloth of cotton, dyed, weighing more than $100g/m^2$ but not more than $200g/m^2$, No.68 or below
0	0	0	0	0	0	0	0	0	0	0	7.3	0	0/0	0/0	Plain cheese cloth of cotton, dyed, containing 85% or more by weight of cotton, weighing more than $100g/m^2$ but not more than $200g/m^2$
0	0	0	0	0	0	0	0	0	0	0	7.3	0	0/0	0/0	Plain cloth of cotton for printing and dyeing, dyed, weighing more than $100g/m^2$ but not more than $200g/m^2$, No.43-68
0	0	0	0	0	0	0	0	0	0	0	7.3	0	0/0	0/0	Plain voile and muslin of cotton, dyed, weighing more than $100g/m^2$ but not more than $200g/m^2$, No.69 or above
0	0	0	0	0	0		0	0	0	0	7.3	0	0/	0/0	-- 3-thread or 4-thread twill, including cross twill
															-- Other fabrics
0	0	0	0	0	0	0	0	0	0	0	7.3	0	0/0	0/0	Other satin cloth of cotton, dyed, containing 85% or more by weight of cotton, weighing not more than $200g/m^2$
0	0	0	0	0	0	0	0	0	0	0	7.3	0	0/0	0/0	Other twill cloth of cotton, dyed, containing 85% or more by weight of cotton, weighing not more than $200g/m^2$
0	0	0	0	0	0	0	0	0	0	0	7.3	0	0/0	0/0	Other oxford cloth of cotton, dyed, containing 85% or more by weight of cotton, weighing not more than $200g/m^2$
0	0	0	0	0	0	0	0	0	0	0	7.3	0	0/0	0/0	Other woven fabrics of cotton, dyed, containing 85% or more by weight of cotton, weighing not more than $200g/m^2$
															- Of yarns of different colours:
															-- Plain weave, weighing not more than $100g/m^2$
0	0	0	0	0	0	0	0	0	0	0	7.3	7.2	0/	0/0	Handwoven cloth of cotton, of yarns of different colours, containing 85% or more by weight of cotton, weighing not more than $100g/m^2$
0	0	0	0	0	0	0	0	0	0	0	7.3	7.2	0/	0/0	Plain woven fabrics of cotton, of yarns of different colours, containing 85% or more by weight of cotton, weighing not more than $100g/m^2$
															-- Plain weave, weighing more than $100g/m^2$

税号	货品名称	进口关税（%）			增值/消费税（%）	出口退税（%）	计量单位	监管证件代码	检验检疫类别	协定税率（%）		
		最惠国	普通	年内暂定						东盟	亚太	智利
52084200.10	色织的全棉手工织布（100克<每平方米重量≤200克，含棉85%及以上）	8	70		13	13	米/千克			0	5.2	0
52084200.90	色织的全棉平纹机织物（100克<每平方米重量≤200克，含棉85%及以上）	8	70		13	13	米/千克			0	5.2	0
5208.4300	-- 三线或四线斜纹机织物，包括双面斜纹机织物	8	70		13	13	米/千克			0		0
5208.4900	-- 其他机织物											
52084900.10	色织的其他全棉提花机织物（每平方米重量不超过200克，含棉85%及以上）	8	70		13	13	米/千克			0	5.2	0
52084900.90	色织的其他全棉机织物（每平方米重量不超过200克，含棉85%及以上）	8	70		13	13	米/千克			0	5.2	0
	- 印花：											
5208.5100	-- 平纹机织物，每平方米重量不超过100克											
52085100.10	印花全棉手工织布（每平方米重量不超过100克，含棉85%及以上）	8	70		13	13	米/千克			0		0
52085100.91	印花全棉平纹府绸及细平布（每平方米重量不超过100克，含棉85%及以上）	8	70		13	13	米/千克			0		0
52085100.92	印花全棉平纹机织平布（每平方米重量不超过100克，68号及以下）	8	70		13	13	米/千克			0		0
52085100.93	印花全棉平纹奶酪布（每平方米重量不超过100克，含棉85%及以上）	8	70		13	13	米/千克			0		0
52085100.94	印花全棉平纹印染用布（每平方米重量不超过100克，43号～68号）	8	70		13	13	米/千克			0		0
52085100.95	印花全棉平纹巴里纱及薄细布（每平方米重量不超过100克，69号及以上）	8	70		13	13	米/千克			0		0
5208.5200	-- 平纹机织物，每平方米重量超过100克											
52085200.10	印花的全棉手工织布（100克<每平方米重量≤200克，含棉85%及以上）	8	70		13	13	米/千克			0	5.2	0
52085200.91	印花的全棉平纹府绸及细平布（100克<每平方米重量≤200克，含棉85%及以上）	8	70		13	13	米/千克			0	5.2	0
52085200.92	印花的全棉平纹机织平布（100克<每平方米重量≤200克，68号及以下）	8	70		13	13	米/千克			0	5.2	0
52085200.93	印花的全棉平纹奶酪布（100克<每平方米重量≤200克，含棉85%及以上）	8	70		13	13	米/千克			0	5.2	0
52085200.94	印花的全棉平纹印染用布（100克<每平方米重量≤200克，43号～68号）	8	70		13	13	米/千克			0	5.2	0
52085200.95	印花的全棉巴里纱及薄细布（100克<每平方米重量≤200克，69号及以上）	8	70		13	13	米/千克			0	5.2	0
	-- 其他机织物：											
5208.5910	--- 三线或四线斜纹机织物，包括双面斜纹机织物	8	70		13	13	米/千克			0		0
5208.5990	--- 其他											
52085990.10	印花其他全棉机织缎布（每平方米重量不超过200克，含棉85%及以上）	8	70		13	13	米/千克			0	5.2	0

协定税率（%）巴基斯坦	冰岛	哥斯达黎加	秘鲁	新西兰	瑞士	新加坡	韩国	澳大利亚	格鲁吉亚	毛里求斯	日本RCEP	尼加拉瓜	港澳台	特惠税率（%）①/②	Article Description
0	0	0	0	0	0	0	0	0	0	2	7.3	0	0/0	0/0	Handwoven cloth of cotton, of yarns of different colours, containing 85% or more by weight of cotton, weighing more than 100 g/m^2 but not more than 200g/m^2
0	0	0	0	0	0	0	0	0	0	2	7.3	0	0/0	0/0	Plain woven fabrics of cotton, of yarns of different colours, containing 85% or more by weight of cotton, weighing more than 100 g/m^2 but not more than 200g/m^2
0	0	0	0	0	0		0	0	0	0	7.3	0	0/	0/0	-- 3-thread or 4-thread twill, including cross twill
															-- Other fabrics
0	0	0	0	0	0	0	0	0	0	2	7.3	0	0/	0/0	Other jacquard woven fabrics of cotton, of yarns of different colours, containing 85% or more by weight of cotton, weighing not more than 200g/m^2
0	0	0	0	0	0	0	0	0	0	2	7.3	0	0/	0/0	Other woven fabrics of cotton, of yarns of different colours, containing 85% or more by weight of cotton, weighing not more than 200g/m^2
															- Printed:
															-- Plain weave, weighing not more than 100g/m^2
0	0	0	0	0	0		0	0	0	0	7.3	7.2	0/	0/0	Handwoven cloth of cotton, printed, containing 85% or more by weight of cotton, weighing not more than 100g/m^2
0	0	0	0	0	0		0	0	0	0	7.3	7.2	0/	0/0	Plain poplin and fine plain cloth of cotton, printed, containing 85% or more by weight of cotton, weighing not more than 100g/m^2
0	0	0	0	0	0		0	0	0	0	7.3	7.2	0/	0/0	Plain cloth of cotton, printed, weighing not more than 100g/m^2, No.68 or below
0	0	0	0	0	0		0	0	0	0	7.3	7.2	0/	0/0	Plain cheese cloth of cotton, printed, containing 85% or more by weight of cotton, weighing not more than 100g/m^2
0	0	0	0	0	0		0	0	0	0	7.3	7.2	0/	0/0	Plain cloth of cotton for printing and dyeing, printed, weighing not more than 100g/m^2, No.43-68
0	0	0	0	0	0		0	0	0	0	7.3	7.2	0/	0/0	Plain voile and muslin of cotton, printed, weighing not more than 100g/m^2, No.69 or above
															-- Plain weave, weighing more than 100g/m^2
0	0	0	0	0	0	0	5	0	0	0		0	0/	0/0	Handwoven cloth of cotton, printed, containing 85% or more by weight of cotton, weighing more than 100g/m^2 but not more than 200g/m^2
0	0	0	0	0	0	0	5	0	0	0		0	0/	0/0	Plain poplin and fine cloth of cotton, printed, containing 85% or more by weight of cotton, weighing more than 100g/m^2 but not more than 200g/m^2
0	0	0	0	0	0	0	5	0	0	0		0	0/	0/0	Plain cloth of cotton, printed, weighing more than 100g/m^2 but not more than 200g/m^2, No.68 or below
0	0	0	0	0	0	0	5	0	0	0		0	0/	0/0	Plain cheese cloth of cotton, printed, containing 85% or more by weight of cotton, weighing more than 100g/m^2 but not more than 200g/m^2
0	0	0	0	0	0	0	5	0	0	0		0	0/	0/0	Plain cloth of cotton for printing and dyeing, printed, weighing more than 100g/m^2 but not more than 200g/m^2, No.43-68
0	0	0	0	0	0	0	5	0	0	0		0	0/	0/0	Plain voile and muslin of cotton, printed, weighing more than 100g/m^2 but not more than 200g/m^2, No.69 or above
															-- Other fabrics:
0	0	0	0	0	0		0	0	0	0	7.3	7.2	0/	0/0	--- 3-thread or 4-thread twill, including cross twill
															--- Other
0	0	0	0	0	0		0	0	0	0	7.3	0	0/0	0/0	Other satin cloth of cotton, printed, containing 85% or more by weight of cotton, weighing not more than 200g/m^2

税号	货品名称	进口关税(%)			增值/消费税(%)	出口退税(%)	计量单位	监管证件代码	检验检疫类别	协定税率(%)		
		最惠国	普通	年内暂定						东盟	亚太	智利
52085990.20	印花其他全棉机织斜纹布(每平方米重量不超过200克，含棉85%及以上)	8	70		13	13	米/千克			0	5.2	0
52085990.30	印花其他全棉机织牛津布(每平方米重量不超过200克，含棉85%及以上)	8	70		13	13	米/千克			0	5.2	0
52085990.90	印花其他全棉机织物(每平方米重量不超过200克，含棉85%及以上)	8	70		13	13	米/千克			0	5.2	0
52.09	**棉机织物，按重量计含棉量在85%及以上，每平方米重量超过200克：**											
	- 未漂白：											
5209.1100	-- 平纹机织物	8	70		13	13	米/千克			5		0
5209.1200	-- 三线或四线斜纹机织物，包括双面斜纹机织物	8	70		13	13	米/千克			0	5.2	0
5209.1900	-- 其他机织物	8	70		13	13	米/千克			0		0
	- 漂白：											
5209.2100	-- 平纹机织物	8	70		13	13	米/千克			0		0
5209.2200	-- 三线或四线斜纹机织物，包括双面斜纹机织物	8	70		13	13	米/千克			0		0
5209.2900	-- 其他机织物	8	70		13	13	米/千克			0		0
	- 染色：											
5209.3100	-- 平纹机织物											
52093100.10	染色全棉手工织布(每平方米重量超过200克，含棉85%及以上)	8	70		13	13	米/千克			0	5.2	0
52093100.91	染色全棉平纹府绸及细平布(每平方米重量超过200克，含棉85%及以上)	8	70		13	13	米/千克			0	5.2	0
52093100.92	染色的全棉平纹机织平布(每平方米重量超过200克，含棉85%及以上)	8	70		13	13	米/千克			0	5.2	0
52093100.93	染色的全棉平纹机织帆布(每平方米重量超过200克，含棉85%及以上)	8	70		13	13	米/千克			0	5.2	0
5209.3200	-- 三线或四线斜纹机织物，包括双面斜纹机织物	8	70		13	13	米/千克			0	5.2	0
5209.3900	-- 其他机织物											
52093900.10	染色的其他全棉机织缎布(每平方米重量超过200克，含棉85%及以上)	8	70		13	13	米/千克			0	5.2	0
52093900.20	染色的其他全棉机织斜纹布(每平方米重量超过200克，含棉85%及以上)	8	70		13	13	米/千克			0	5.2	0
52093900.30	染色的其他全棉机织帆布(每平方米重量超过200克，含棉85%及以上)	8	70		13	13	米/千克			0	5.2	0
52093900.90	染色的其他全棉机织物(每平方米重量超过200克，含棉85%及以上)	8	70		13	13	米/千克			0	5.2	0
	- 色织：											
5209.4100	-- 平纹机织物											
52094100.10	色织的全棉手工织布(每平方米重量超过200克，含棉85%及以上)	8	70		13	13	米/千克			0		0
52094100.90	色织的全棉平纹机织物(每平方米重量超过200克，含棉85%及以上)	8	70		13	13	米/千克			0		0
5209.4200	-- 粗斜纹布(劳动布)											
52094200.10	色织全棉蓝粗斜纹布(劳动布)(每平方米重量超过200克，含棉85%及以上)	8	70		13	13	米/千克			0	5.2	0

协定税率（%）														特惠税率（%）①/②	Article Description
巴基斯坦	冰岛	哥斯达黎加	秘鲁	新西兰	瑞士	新加坡	韩国	澳大利亚	格鲁吉亚	毛里求斯	日本RCEP	尼加拉瓜	港澳台		
0	0	0	0	0	0		0	0	0	0	7.3	0	0/0	0/0	Other twill cloth of cotton, printed, containing 85% or more by weight of cotton, weighing not more than $200g/m^2$
0	0	0	0	0	0		0	0	0	0	7.3	0	0/0	0/0	Other oxford cloth of cotton, printed, containing 85% or more by weight of cotton, weighing not more than $200g/m^2$
0	0	0	0	0	0		0	0	0	0	7.3	0	0/0	0/0	Other woven fabrics of cotton, printed, containing 85% or more by weight of cotton, weighing not more than $200g/m^2$
															Woven fabrics of cotton, containing 85% or more by weight of cotton, weighing more than $200g/m^2$:
															- Unbleached:
0	0	0		0	0		5	0	0	0		7.2	0/	0/0	-- Plain weave
0	0	0	0	0	0	0	0	0	0	0	7.3	0	0/	0/0	-- 3-thread or 4-thread twill, including cross twill
0	0	0	0	0	0	0	0	0	0	0	7.3	0	0/	0/0	-- Other fabrics
															- Bleached:
0	0	0	0	0	0	0	0	0	0	0	8.7	7.2	0/	0/0	-- Plain weave
0	0	0	0	0	0	0	0	0	0	0	8.7	0	0/	0/0	-- 3-thread or 4-thread twill, including cross twill
0	0	0	0	0	0	0	0	0	0	0	8.7	0	0/	0/0	-- Other fabrics
															- Dyed:
															-- Plain weave
0	0	0	0	0	0	0	0	0	0	0	7.3	0	0/0	0/0	Handwoven cloth of cotton, dyed, containing 85% or more by weight of cotton, weighing more than $200g/m^2$
0	0	0	0	0	0	0	0	0	0	0	7.3	0	0/0	0/0	Plain poplin and fine plain cloth of cotton, dyed, containing 85% or more by weight of cotton, weighing more than $200g/m^2$
0	0	0	0	0	0	0	0	0	0	0	7.3	0	0/0	0/0	Plain cloth of cotton, dyed, containing 85% or more by weight of cotton, weighing more than $200g/m^2$
0	0	0	0	0	0	0	0	0	0	0	7.3	0	0/0	0/0	Plain woven canvas of cotton, dyed, containing 85% or more by weight of cotton, weighing more than $200g/m^2$
0	0	0	0	0	0	0	0	0	0	0	7.3	0	0/0	0/0	-- 3-thread or 4-thread twill, including cross twill
															-- Other fabrics
0	0	0	0	0	0	0	0	0	0	0	7.3	0	0/0	0/0	Other satin cloth of cotton, dyed, containing 85% or more by weight of cotton, weighing more than $200g/m^2$
0	0	0	0	0	0	0	0	0	0	0	7.3	0	0/0	0/0	Other twill cloth of cotton, dyed, containing 85% by weight of cotton, weighing more than $200g/m^2$
0	0	0	0	0	0	0	0	0	0	0	7.3	0	0/0	0/0	Other woven canvas of cotton, dyed, containing 85% or more by weight of cotton, weighing more than $200g/m^2$
0	0	0	0	0	0	0	0	0	0	0	7.3	0	0/0	0/0	Other woven fabrics of cotton, dyed, containing 85% or more by weight of cotton, weighing more than $200g/m^2$
															- Of yarns of different colours:
															-- Plain weave
0	0	0	0	0	0	0	0	0	0	0	7.3	0	0/0	0/0	Handwoven cloth of cotton, of yarns of different colours, containing 85% or more by weight of cotton, weighing more than $200g/m^2$
0	0	0	0	0	0	0	0	0	0	0	7.3	0	0/0	0/0	Plain woven fabrics of cotton, of yarns of different colours, containing more than 85% by weight of cotton, weighing more than $200g/m^2$
															-- Denim
0	0	0	0	0	0	0	0	0	0	0	7.3	0	0/0	0/0	Blue denim of cotton, of yarns of different colours, containing 85% or more by weight of cotton, weighing more than $200g/m^2$

税号	货品名称	进口关税（%）			增值/消费税（%）	出口退税（%）	计量单位	监管证件代码	检验检疫类别	协定税率（%）		
		最惠国	普通	年内暂定						东盟	亚太	智利
52094200.90	色织其他全棉粗斜纹布（劳动布）（每平方米重量超过200克，含棉85%及以上）	8	70		13	13	米/千克			0	5.2	0
5209.4300	-- 其他三线或四线斜纹机织物，包括双面斜纹机织物	8	70		13	13	米/千克			0	5.2	0
5209.4900	-- 其他机织物											
52094900.10	色织的其他全棉提花机织物（每平方米重量超过200克，含棉85%及以上）	8	70		13	13	米/千克			0		0
52094900.90	色织的其他全棉机织物（每平方米重量超过200克，含棉85%及以上）	8	70		13	13	米/千克			0		0
	- 印花：											
5209.5100	-- 平纹机织物											
52095100.10	印花全棉手工织布（每平方米重量超过200克，含棉85%及以上）	8	70		13	13	米/千克			0	5.2	0
52095100.91	印花全棉平纹府绸及细平布（每平方米重量超过200克，含棉85%及以上）	8	70		13	13	米/千克			0	5.2	0
52095100.92	印花全棉平纹机织平布（每平方米重量超过200克，含棉85%及以上）	8	70		13	13	米/千克			0	5.2	0
52095100.93	印花全棉平纹机织帆布（每平方米重量超过200克，含棉85%及以上）	8	70		13	13	米/千克			0	5.2	0
5209.5200	-- 三线或四线斜纹机织物，包括双面斜纹机织物	8	70		13	13	米/千克			0		0
5209.5900	-- 其他机织物											
52095900.10	印花的其他全棉机织缎布（每平方米重量超过200克，含棉85%及以上）	8	70		13	13	米/千克			0	5.2	0
52095900.20	印花的其他全棉机织斜纹布（每平方米重量超过200克，含棉85%及以上）	8	70		13	13	米/千克			0	5.2	0
52095900.30	印花的其他全棉机织帆布（每平方米重量超过200克，含棉85%及以上）	8	70		13	13	米/千克			0	5.2	0
52095900.90	印花的其他全棉机织物（每平方米重量超过200克，含棉85%及以上）	8	70		13	13	米/千克			0	5.2	0
52.10	**棉机织物，按重量计含棉量在85%以下，主要或仅与化学纤维混纺，每平方米重量不超过200克：**											
	- 未漂白：											
5210.1100	-- 平纹机织物											
52101100.11	未漂白与聚酯短纤混纺的棉制府绸（每平方米重量≤200克，含棉85%以下，含平细布）	8	90	6	13	13	米/千克			0	5.2	0
52101100.12	未漂白与聚酯短纤混纺棉机织平布（每平方米重量≤200克，≤68号，含棉85%以下）	8	90	6	13	13	米/千克			0	5.2	0
52101100.13	未漂白与聚酯短纤混纺棉奶酪布（每平方米重量≤200克，含棉85%以下）	8	90	6	13	13	米/千克			0	5.2	0
52101100.14	未漂白与聚酯短纤混纺棉印染用布（每平方米重量≤200克，43号～68号，含棉85%以下）	8	90	6	13	13	米/千克			0	5.2	0

协定税率（%）														特惠税率（%）①/②	Article Description
巴基斯坦	冰岛	哥斯达黎加	秘鲁	新西兰	瑞士	新加坡	韩国	澳大利亚	格鲁吉亚	毛里求斯	日本RCEP	尼加拉瓜	港澳台		
0	0	0	0	0	0	0	0	0	0	0	7.3	0	0/0	0/0	Denim of cotton, of yarns of different colours, containing 85% or more by weight of cotton, weighing more than 200g/m^2
0	0	0	0	0	0		0	0	0	0	7.3	0	0/	0/0	-- Other fabrics of 3-thread or 4-thread twill, including cross twill
															-- Other fabrics
0	0	0	0	0	0	0	3.3	0	0	0	8.1	0	0/	0/0	Other jacquard woven fabrics of cotton, of yarns of different colours, containing 85% or more by weight of cotton, weighing more than 200g/m^2
0	0	0	0	0	0	0	3.3	0	0	0	8.1	0	0/	0/0	Other woven fabrics of cotton, of yarns of different colours, containing 85% or more by weight of cotton, weighing more than 200g/m^2
															- Printed:
															-- Plain weave
0	0	0	0	0	0	0	0	0	0	0	7.3	0	0/	0/0	Handwoven cloth of cotton, printed, containing 85% or more by weight of cotton, weighing more than 200g/m^2
0	0	0	0	0	0	0	0	0	0	0	7.3	0	0/	0/0	Plain poplin and fine plain cloth of cotton, printed, containing 85% or more by weight of cotton, weighing more than 200g/m^2
0	0	0	0	0	0	0	0	0	0	0	7.3	0	0/	0/0	Plain cloth of cotton, printed, containing 85% or more by weight of cotton, weighing more than 200g/m^2
0	0	0	0	0	0	0	0	0	0	0	7.3	0	0/	0/0	Plain woven canvas of cotton, printed, containing 85% or more by weight of cotton, weighing more than 200g/m^2
0	0	0	0	0	0		0	0	0	0	7.3	7.2	0/	0/0	-- 3-thread or 4-thread twill, including cross twill
															-- Other fabrics
0	0	0	0	0	0		0	0	0	0	7.3	0	0/	0/0	Other satin cloth of cotton, printed, containing 85% or more by weight of cotton, weighing more than 200g/m^2
0	0	0	0	0	0		0	0	0	0	7.3	0	0/	0/0	Other twill cloth of cotton, printed, containing 85% or more by weight of cotton, weighing more than 200g/m^2
0	0	0	0	0	0		0	0	0	0	7.3	0	0/	0/0	Other woven canvas of cotton, printed, containing 85% or more by weight of cotton, weighing more than 200g/m^2
0	0	0	0	0	0		0	0	0	0	7.3	0	0/	0/0	Other woven fabrics of cotton, printed, containing 85% or more by weight of cotton, weighing more than 200g/m^2
															Woven fabrics of cotton, containing less than 85% by weight of cotton, mixed mainly or solely with manmade fibres, weighing not more than 200g/m^2:
															- Unbleached:
															-- Plain weave
0	0	0	0	0	0	0	0	0	0	0	8.7	0	0/	0/0	Plain poplin of cotton, unbleached, mixed with polyester staple fibres, containing less than 85% by weight of cotton, including fine cloth of cotton, weighting not more than 200g/m^2
0	0	0	0	0	0	0	0	0	0	0	8.7	0	0/	0/0	Plain cloth of cotton, unbleached, mixed with polyester staple fibres, containing 85% by weight of cotton, No.68 or below, weighting not more than 200g/m^2
0	0	0	0	0	0	0	0	0	0	0	8.7	0	0/	0/0	Plain cheese cloth of cotton, unbleached, mixed with polyester staple fibres, containing less than 85% by weight of cotton, weighting not more than 200g/m^2
0	0	0	0	0	0	0	0	0	0	0	8.7	0	0/	0/0	Plain cloth of cotton for printing and dyeing, unbleached, mixed with polyester staple fibres, containing less than 85% by weight of cotton, No.43-68, weighting not more than 200g/m^2

税　号	货品名称	进口关税（%）			增值/消费税（%）	出口退税（%）	计量单位	监管证件代码	检验检疫类别	协定税率（%）		
		最惠国	普通	年内暂定						东盟	亚太	智利
52101100.15	未漂白与聚酯短纤混纺棉巴里纱（每平方米重量≤200克，≥69号，含棉85%以下，含薄细布）	8	90	6	13	13	米/千克			0	5.2	0
52101100.91	未漂白与其他化纤混纺棉府绸（每平方米重量≤200克，含棉85%以下，含细平布）	8	90	6	13	13	米/千克			0	5.2	0
52101100.92	未漂白与其他化纤混纺棉机织平布（每平方米重量≤200克，≤68号，含棉85%以下）	8	90	6	13	13	米/千克			0	5.2	0
52101100.93	未漂白与其他化纤混纺棉奶酪布（每平方米重量≤200克，含棉85%以下）	8	90	6	13	13	米/千克			0	5.2	0
52101100.94	未漂白与其他化纤混纺棉印染用布（每平方米重量≤200克，43号～68号，含棉85%以下）	8	90	6	13	13	米/千克			0	5.2	0
52101100.95	未漂白与其他化纤混纺棉巴里纱（每平方米重量≤200克，≥69号，含棉85%以下，含薄细布）	8	90	6	13	13	米/千克			0	5.2	0
	-- 其他机织物：											
5210.1910	--- 三线或四线斜纹机织物，包括双面斜纹机织物	8	90		13	13	米/千克			0	4.8	0
5210.1990	--- 其他											
52101990.11	其他未漂白与聚酯短纤混纺的缎布（每平方米重量≤200克，含棉85%以下）	8	90	6	13	13	米/千克			0		0
52101990.12	其他未漂白与聚酯短纤混纺斜纹布（每平方米重量≤200克，含棉85%以下）	8	90	6	13	13	米/千克			0		0
52101990.13	其他未漂白与聚酯短纤混纺牛津布（每平方米重量≤200克，含棉85%以下）	8	90	6	13	13	米/千克			0		0
52101990.19	其他未漂白与聚酯短纤混纺棉布（每平方米重量≤200克，含棉85%以下）	8	90	6	13	13	米/千克			0		0
52101990.91	其他未漂白与其他化纤混纺缎布（每平方米重量≤200克，含棉85%以下）	8	90	6	13	13	米/千克			0		0
52101990.92	其他未漂白与其他化纤混纺斜纹布（每平方米重量≤200克，含棉85%以下）	8	90	6	13	13	米/千克			0		0
52101990.93	其他未漂白与其他化纤混牛津布（每平方米重量≤200克，含棉85%以下）	8	90	6	13	13	米/千克			0		0
52101990.99	其他未漂白与其他化纤混纺棉布（每平方米重量≤200克，含棉85%以下）	8	90	6	13	13	米/千克			0		0
	- 漂白：											
5210.2100	-- 平纹机织物	8	90		13	13	米/千克			0		0
	-- 其他机织物：											
5210.2910	--- 三线或四线斜纹机织物，包括双面斜纹机织物	8	90		13	13	米/千克			0		0
5210.2990	--- 其他	8	90		13	13	米/千克			0		0
	- 染色：											

协定税率(%)														特惠税率(%)①/②	Article Description
巴基斯坦	冰岛	哥斯达黎加	秘鲁	新西兰	瑞士	新加坡	韩国	澳大利亚	格鲁吉亚	毛里求斯	日本RCEP	尼加拉瓜	港澳台		
0	0	0	0	0	0	0	0	0	0	0	8.7	0	0/	0/0	Plain voile and muslin of cotton, unbleached, mixed with polyester staple fibres, containing less than 85% by weight of cotton, No.69 or above, weighting not more than $200g/m^2$
0	0	0	0	0	0	0	0	0	0	0	8.7	0	0/	0/0	Plain poplin of cotton, unbleached, mixed with other man-made fibres, containing less than 85% by weight of cotton, including fine cloth of cotton, weighting not more than $200g/m^2$
0	0	0	0	0	0	0	0	0	0	0	8.7	0	0/	0/0	Plain cloth of cotton, unbleached, mixed with other man-made fibres, containing less than 85% by weight of cotton, No.68 or above, weighting not more than $200g/m^2$
0	0	0	0	0	0	0	0	0	0	0	8.7	0	0/	0/0	Plain cheese cloth of cotton, unbleached, mixed with other man-made fibres, containing less than 85% by weight of cotton, weighting not more than $200g/m^2$
0	0	0	0	0	0	0	0	0	0	0	8.7	0	0/	0/0	Cloth of cotton for printing and dyeing, unbleached, mixed with other man-made fibres, containing less than 85% by weight of cotton, No.43-68, weighing not more than $200g/m^2$
0	0	0	0	0	0	0	0	0	0	0	8.7	0	0/	0/0	Voile and muslin of cotton, unbleached, mixed with other man-made fibres, containing less than 85% by weight of cotton, No.69 or above, weighing not more than $200g/m^2$
															-- Other fabrics:
0	0	0	0	0	0	0	0	0	0	0	8.7	0	0/	0/0	--- 3-thread or 4-thread twill, including cross twill
															--- Other
0	0	0	0	0	0	0	0	0	0	0	8.7	0	0/	0/0	Other satin cloth, unbleached, mixed with polyester staple fibres, containing less than 85% by weight of cotton, weighing not more than 200 g/m^2
0	0	0	0	0	0	0	0	0	0	0	8.7	0	0/	0/0	Other twill cloth, unbleached, mixed with polyester staple fibres, containing less than 85% by weight of cotton, weighing not more than 200 g/m^2
0	0	0	0	0	0	0	0	0	0	0	8.7	0	0/	0/0	Other oxford cloth, unbleached, mixed with polyester staple fibres, containing less than 85% by weight of cotton, weighing not more than $200g/m^2$
0	0	0	0	0	0	0	0	0	0	0	8.7	0	0/	0/0	Other cloth of cotton, unbleached, mixed with polyester staple fibres, containing less than 85% by weight of cotton, weighing not more than $200g/m^2$
0	0	0	0	0	0	0	0	0	0	0	8.7	0	0/	0/0	Other stain cloth, unbleached, mixed with other man-made fibres, containing less than 85% by weight of cotton, weighing not more than $200g/m^2$
0	0	0	0	0	0	0	0	0	0	0	8.7	0	0/	0/0	Other twill cloth, unbleached, mixed with other man-made fibres, containing less than 85% by weight of cotton, weighing not more than $200g/m^2$
0	0	0	0	0	0	0	0	0	0	0	8.7	0	0/	0/0	Other oxford cloth, unbleached, mixed with other man-made fibres, containing less than 85% by weight of cotton, weighing not more than $200g/m^2$
0	0	0	0	0	0	0	0	0	0	0	8.7	0	0/	0/0	Other cloth of cotton, unbleached, mixed with other man-made fibres, containing less than 85% by weight of cotton, weighing not more than $200g/m^2$:
															- Bleached:
0	0	0	0	0	0	0	0	0	0	0	10.2	0	0/	0/0	-- Plain weave
															-- Other fabrics:
0	0	0	0	0	0	0	0	0	0	0	10.2	0	0/	0/0	--- 3-thread or 4-thread twill, including cross twill
0	0	0	0	0	0	0	0	0	0	0	10.2	0	0/	0/0	--- Other
															- Dyed:

税　号	货品名称	进口关税（%） 最惠国	普通	年内暂定	增值/消费税（%）	出口退税（%）	计量单位	监管证件代码	检验检疫类别	协定税率（%） 东盟	亚太	智利
5210.3100	-- 平纹机织物	8	90		13	13	米/千克			0	5.2	0
5210.3200	-- 三线或四线斜纹机织物，包括双面斜纹机织物	8	90		13	13	米/千克			0	5.2	0
5210.3900	-- 其他机织物	8	90		13	13	米/千克			0	5.2	0
	- 色织：											
5210.4100	-- 平纹机织物	8	90		13	13	米/千克			0		0
	-- 其他机织物：											
5210.4910	--- 三线或四线斜纹机织物，包括双面斜纹机织物	8	90		13	13	米/千克			0		0
5210.4990	--- 其他	8	90		13	13	米/千克			0		0
	- 印花：											
5210.5100	-- 平纹机织物	8	90		13	13	米/千克			0		0
	-- 其他机织物：											
5210.5910	--- 三线或四线斜纹机织物，包括双面斜纹机织物	8	90		13	13	米/千克			0		0
5210.5990	--- 其他	8	90		13	13	米/千克			0		0
52.11	**棉机织物，按重量计含棉量在85%以下，主要或仅与化学纤维混纺，每平方米重量超过200克：**											
	- 未漂白：											
5211.1100	-- 平纹机织物											
52111100.11	未漂白与聚酯短纤混纺棉府绸（每平方米重量>200克，含棉85%以下，含细平布）	8	90	6	13	13	米/千克			0		0
52111100.12	未漂白与聚酯短纤混纺棉机织平布（每平方米重量>200克，含棉85%以下）	8	90	6	13	13	米/千克			0		0
52111100.19	未漂白与聚酯短纤混纺棉平纹帆布（每平方米重量>200克，含棉85%以下）	8	90	6	13	13	米/千克			0		0
52111100.91	未漂白与其他化纤混纺棉府绸（每平方米重量>200克，含棉85%以下，含细平布）	8	90	6	13	13	米/千克			0		0
52111100.92	未漂白与其他化纤混纺棉机织平布（每平方米重量>200克，含棉85%以下）	8	90	6	13	13	米/千克			0		0
52111100.99	未漂白与其他化纤混纺棉平纹帆布（每平方米重量>200克，含棉85%以下）	8	90	6	13	13	米/千克			0		0
5211.1200	-- 三线或四线斜纹机织物，包括双面斜纹机织物											
52111200.10	未漂白聚酯短纤混纺斜纹棉布（每平方米重量>200克，含棉85%以下，三线或四线斜纹布，双面斜纹布）	8	90	6	13	13	米/千克			0		0
52111200.90	未漂白其他化纤混纺斜纹棉布（每平方米重量>200克，含棉85%以下，三线或四斜纹布，双面斜纹布）	8	90	6	13	13	米/千克			0		0
5211.1900	-- 其他机织物	8	90		13	13	米/千克			0		0
5211.2000	- 漂白	8	90		13	13	米/千克			0		0
	- 染色：											
5211.3100	-- 平纹机织物	8	90		13	13	米/千克			0	6.8	0
5211.3200	-- 三线或四线斜纹机织物，包括双面斜纹机织物	8	90		13	13	米/千克			0	5.2	0
5211.3900	-- 其他机织物	8	90		13	13	米/千克			0	5.2	0

协定税率（%）															特惠税率（%）①/②	Article Description
巴基斯坦	冰岛	哥斯达黎加	秘鲁	新西兰	瑞士	新加坡	韩国	澳大利亚	格鲁吉亚	毛里求斯	日本RCEP	尼加拉瓜	港澳台			
0	0	0	0	0	0	0	5	0	0	0		0	0/0		0/0	-- Plain weave
0	0	0	0	0	0	0	0	0	0	0	7.3	0	0/		0/0	-- 3-thread or 4-thread twill, including cross twill
0	0	0	0	0	0	0	3.3	0	0	0	8.1	0	0/0		0/0	-- Other fabrics
																- Of yarns of different colours:
0	0	0	0	0	0	0	0	0	0	0	7.3	0	0/0		0/0	-- Plain weave
																-- Other fabrics:
0	0	0	0	0	0	0	0	0	0	0	7.3	0	0/		0/0	--- 3-thread or 4-thread twill, including cross twill
0	0	0	0	0	0	0	0	0	0	0	7.3	0	0/0		0/0	--- Other
																- Printed:
0	0	0	0	0	0		0	0	0	0	7.3	7.2	0/		0/0	-- Plain weave
																-- Other fabrics:
0	0	0	0	0	0		0	0	0	0	7.3	0	0/		0/0	--- 3-thread or 4-thread twill, including cross twill
0	0	0	0	0	0		0	0	0	0	7.3	7.2	0/		0/0	--- Other
																Woven fabrics of cotton, mixed mainly or solely with man-made fibres, containing less than 85% by weight of cotton, weighing more than 200g/m^2:
																- Unbleached:
																-- Plain weave
0	0	0	0	0	0	0	4	0	0	0		0	0/		0/0	Poplin and fine plain cloth of cotton, unbleached, mixed with polyester staple fibres, containing less than 85% by weight of cotton, weighing more than 200g/m^2
0	0	0	0	0	0	0	4	0	0	0		0	0/		0/0	Plain cloth of cotton, unbleached, mixed with polyester staple fibres, containing less than 85% by weight of cotton, weighing more than 200g/m^2
0	0	0	0	0	0	0	4	0	0	0		0	0/		0/0	Plain canvas of cotton, unbleached, mixed with polyester staple fibres, containing less than 85% by weight of cotton, weighing more than 200g/m^2
0	0	0	0	0	0	0	4	0	0	0		0	0/		0/0	Other poplin and fine plain cloth of cotton, unbleached, mixed with other man-made fibres, containing less than 85% by weight of cotton, weighing more than 200g/m^2
0	0	0	0	0	0	0	4	0	0	0		0	0/		0/0	Other plain cloth of cotton, unbleached, mixed with other man-made fibres, containing less than 85% by weight of cotton, weighing more than 200g/m^2
0	0	0	0	0	0	0	4	0	0	0		0	0/		0/0	Other plain canvas of cotton, unbleached, mixed with other man-made fibres, containing less than 85% by weight of cotton, weighing more than 200g/m^2
																-- 3-thread or 4-thread twill, including cross twill
0	0	0	0	0	0	0	0	0	0	0	8.7	0	0/		0/0	3 or 4-thread twill or double-faced twill cloth of cotton, unbleached, mixed with polyester staple fibres, containing less than 85% by weight of cotton, weighing more than 200g/m^2
0	0	0	0	0	0	0	0	0	0	0	8.7	0	0/		0/0	Other 3 or 4-thread twill or double-faced twill cloth of cotton, unbleached, mixed with other man-made fibres, containing less than 85% by weight of cotton, weighing more than 200g/m^2
0	0	0	0	0	0	0	0	0	0	0	8.7	0	0/		0/0	-- Other fabrics
0	0	0	0	0	0	0	0	0	0	0	10.2	0	0/		0/0	- Bleached
																- Dyed:
0	0	0	0	0	0	0	8.5	0	0	0		7.2	0/		0/0	-- Plain weave
0	0	0	0	0	0	0	0	0	0	0	7.3	0	0/		0/0	-- 3-thread or 4-thread twill, including cross twill
0	0	0	0	0	0	0	3.3	0	0	0	8.1	0	0/0		0/0	-- Other fabrics

税　号	货品名称	进口关税（%）最惠国	进口关税（%）普通	进口关税（%）年内暂定	增值/消费税（%）	出口退税（%）	计量单位	监管证件代码	检验检疫类别	协定税率（%）东盟	协定税率（%）亚太	协定税率（%）智利
	- 色织：											
5211.4100	-- 平纹机织物	8	90		13	13	米/千克			0		0
5211.4200	-- 粗斜纹布（劳动布）											
52114200.10	色织与化纤混纺蓝色粗斜纹棉布（每平方米重量超过200克，含棉85%以下）	8	90		13	13	米/千克			0		0
52114200.90	色织与化纤混纺非蓝色粗斜纹棉布（每平方米重量超过200克，含棉85%以下）	8	90		13	13	米/千克			0		0
5211.4300	-- 其他三线或四线斜纹机织物，包括双面斜纹机织物	8	90		13	13	米/千克			0		0
5211.4900	-- 其他机织物	8	90		13	13	米/千克			0		0
	- 印花：											
5211.5100	-- 平纹机织物	8	90		13	13	米/千克			0		0
5211.5200	-- 三线或四线斜纹机织物，包括双面斜纹机织物	8	90		13	13	米/千克			0		0
5211.5900	-- 其他机织物	8	90		13	13	米/千克			0	5.2	0
52.12	**其他棉机织物：**											
	- 每平方米重量不超过200克：											
5212.1100	-- 未漂白	8	80		13	13	米/千克			0		0
5212.1200	-- 漂白	8	80		13	13	米/千克			0		0
5212.1300	-- 染色	8	80		13	13	米/千克			0		0
5212.1400	-- 色织	8	80		13	13	米/千克			0		0
5212.1500	-- 印花	8	80		13	13	米/千克			0		0
	- 每平方米重量超过200克：											
5212.2100	-- 未漂白											
52122100.11	未漂白其他混纺棉布（每平方米重量>200克，与36%及以上精梳羊毛/动物细毛混纺）	8	80	6	13	13	米/千克			0		0
52122100.19	未漂白其他混纺棉布（每平方米重量>200克，与36%及以下精梳羊毛/动物细毛混纺）	8	80	6	13	13	米/千克			0		0
52122100.21	未漂白其他混纺棉布（每平方米重量>200克，与36%及以上其他羊毛/动物细毛混纺）	8	80	6	13	13	米/千克			0		0
52122100.29	未漂白其他混纺棉布（每平方米重量>200克，与36%及以下其他羊毛/动物细毛混纺）	8	80	6	13	13	米/千克			0		0
52122100.30	未漂白其他混纺府绸及平细布（每平方米重量>200克，与化纤以外其他纤维混纺）	8	80	6	13	13	米/千克			0		0
52122100.40	未漂白其他混纺棉机织平布（每平方米重量>200克，与化纤以外其他纤维混纺）	8	80	6	13	13	米/千克			0		0
52122100.50	未漂白其他混纺棉帆布（每平方米重量>200克，与化纤以外其他纤维混纺）	8	80	6	13	13	米/千克			0		0
52122100.60	未漂白其他混纺棉缎布（每平方米重量>200克，与化纤以外其他纤维混纺）	8	80	6	13	13	米/千克			0		0
52122100.70	未漂白其他混纺斜纹棉布（每平方米重量>200克，与化纤以外其他纤维混纺）	8	80	6	13	13	米/千克			0		0
52122100.90	未漂白其他混纺棉布（每平方米重量>200克，与化纤以外其他纤维混纺）	8	80	6	13	13	米/千克			0		0
5212.2200	-- 漂白	8	80		13	13	米/千克			0		0
5212.2300	-- 染色	8	80		13	13	米/千克			0		0
5212.2400	-- 色织	8	80		13	13	米/千克			0		0
5212.2500	-- 印花	8	80		13	13	米/千克			0		0

协定税率（%）														特惠税率（%）①/②	Article Description
巴基斯坦	冰岛	哥斯达黎加	秘鲁	新西兰	瑞士	新加坡	韩国	澳大利亚	格鲁吉亚	毛里求斯	日本RCEP	尼加拉瓜	港澳台		
															- Of yarns of different colours:
0	0	0	0	0	0		0	0	0	0	7.3	7.2	0/	0/0	-- Plainweave
															-- Denim
0	0	0	0	0	0	0	0	0	0	0	7.3	0	0/	0/0	Blue denim of cotton, of yarns of different colours, mixed with man-made fibres, containing less than 85% by weight of cotton, weighing more than 200g/m^2
0	0	0	0	0	0	0	0	0	0	0	7.3	0	0/	0/0	Non-blue denim of cotton, of yarns of different colours, mixed with man-made fibres, containing less than 85% by weight of cotton, weighing more than 200g/m^2
0	0	0	0	0	0		0	0	0	0	7.3	0	0/	0/0	-- Other fabrics of 3-thread or 4-thread twill, including cross twill
0	0	0	0	0	0	0	3.3	0	0	0	8.1	0	0/	0/0	-- Other fabrics
															- Printed:
0	0	0	0	0	0		0	0	0	0	7.3	0	0/	0/0	-- Plain weave
0	0	0	0	0	0		0	0	0	0	7.3	0	0/	0/0	-- 3-thread or 4-thread twill, including cross twill
0	0	0	0	0	0		0	0	0	0	7.3	0	0/	0/0	-- Other fabrics
															Other woven fabrics of cotton:
															- Weighing not more than 200g/m^2:
0	0	0	0	0	0	0	0	0	0	0	8.7	0	0/	0/0	-- Unbleached
0	0	0	0	0	0	0	0	0	0	0	10.2	7.2	0/	0/0	-- Bleached
0	0	0	0	0	0		0	0	0	0	7.3	0	0/	0/0	-- Dyed
0	0	0	0	0	0		0	0	0	0	7.3	7.2	0/	0/0	-- Of yarns of different colours
0	0	0	0	0	0		0	0	0	0	7.3	7.2	0/	0/0	-- Printed
															- Weighing more than 200g/m^2:
															-- Unbleached
0	0	0	0	0	0	0	0	0	0	0	8.7	7.2	0/	0/0	Other cloth of cotton, unbleached, mixed with 36% or more by weight of combed wool or fine animal hair, weighing more than 200g/m^2
0	0	0	0	0	0	0	0	0	0	0	8.7	7.2	0/	0/0	Other cloth of otton, unbleached, mixed with less than 36% by weight of combed wool or fine animal hair, weighing more than 200g/m^2
0	0	0	0	0	0	0	0	0	0	0	8.7	7.2	0/	0/0	Other cloth of cotton, unbleached, mixed with 36% or more by weight of other wool or fine animal hair, weighing more than 200g/m^2
0	0	0	0	0	0	0	0	0	0	0	8.7	7.2	0/	0/0	Other woven fabrics of cotton, unbleached, mixed with 36% or less by weight of other wool or fine animal hair, weighing more than 200g/m^2
0	0	0	0	0	0	0	0	0	0	0	8.7	7.2	0/	0/0	Other poplin and fine plain cloth, unbleached, mixed with fibres other than man-made fibres, weighing more than 200g/m^2
0	0	0	0	0	0	0	0	0	0	0	8.7	7.2	0/	0/0	Other plain cloth of cotton, unbleached, mixed with fibres other than man-made fibres, weighing more than 200g/m^2
0	0	0	0	0	0	0	0	0	0	0	8.7	7.2	0/	0/0	Other canvas of cotton, unbleached, mixed with fibres other than man-made fibres, weighing more than 200g/m^2
0	0	0	0	0	0	0	0	0	0	0	8.7	7.2	0/	0/0	Other satin cloth of cotton, unbleached, mixed with fibres other than man-made fibres, weighing more than 200g/m^2
0	0	0	0	0	0	0	0	0	0	0	8.7	7.2	0/	0/0	Other twill cloth of cotton, unbleached, mixed with fibres other than man-made fibres, weighing more than 200g/m^2
0	0	0	0	0	0	0	0	0	0	0	8.7	7.2	0/	0/0	Other cloth of cotton, unbleached, mixed with fibres other than man-made fibres, weighing more than 200g/m^2
0	0	0	0	0	0	0	0	0	0	0	10.2	0	0/	0/0	-- Bleached
0	0	0	0	0	0		0	0	0	0	7.3	0	0/	0/0	-- Dyed
0	0	0	0	0	0		0	0	0	0	7.3	0	0/	0/0	-- Of yarns of different colours
0	0	0	0	0	0		0	0	0	0	7.3	7.2	0/	0/0	-- Printed

第五十三章　其他植物纺织纤维；纸纱线及其机织物

税　号	货品名称	进口关税（%）			增值/消费税（%）	出口退税（%）	计量单位	监管证件代码	检验检疫类别	协定税率（%）		
		最惠国	普通	年内暂定						东盟	亚太	智利
53.01	**亚麻，生的或经加工但未纺制的；亚麻短纤及废麻（包括废麻纱线及回收纤维）：**											
5301.1000	- 生的或经沤制的亚麻	6	30		13	13	千克	AB	P/Q	0		0
	- 破开、打成、栉梳或经其他加工但未纺制的亚麻：											
5301.2100	-- 破开的或打成的	6	30	1	13	13	千克	AB	P/Q	0		0
5301.2900	-- 其他	6	30		13	13	千克	AB	P/Q	0		0
5301.3000	- 亚麻短纤及废麻	6	30	1	13	13	千克	AB	P/Q	0		0
53.02	**大麻，生的或经加工但未纺制的；大麻短纤及废麻（包括废麻纱线及回收纤维）：**											
5302.1000	- 生的或经沤制的大麻	6	30		13	13	千克	AB	P/Q	0		0
5302.9000	- 其他	6	30		13	13	千克	AB	P/Q	0		0
53.03	**黄麻及其他纺织用韧皮纤维（不包括亚麻、大麻及苎麻），生的或经加工但未纺制的；上述纤维的短纤及废麻（包括废纱线及回收纤维）：**											
5303.1000	- 生的或经沤制的黄麻及其他纺织用韧皮纤维	5	20		9	9	千克	AB	P/Q	0		0
5303.9000	- 其他	5	30		13	13	千克	AB	P/Q	0		0
53.05	**椰壳纤维、蕉麻（马尼拉麻）、苎麻及其他税目未列名的纺织用植物纤维，生的或经加工但未纺制的；上述纤维的短纤、落麻及废料（包括废纱线及回收纤维）：**											
	--- 苎麻：											
5305.0011	---- 生的	5	30		13	13	千克	AB	P/Q	0		0
5305.0012	---- 经加工但未纺制的	5	30		13	13	千克	AB	P/Q	0	3	0
5305.0013	---- 短纤及废料	5	30		13	13	千克	AB	P/Q	0	3	0
5305.0019	---- 其他	5	20		13	13	千克	AB	P/Q	0		0
5305.0020	--- 蕉麻	3	20		13	13	千克	AB	P/Q	0	1.8	0
	--- 其他：											
5305.0091	---- 西沙尔麻及其他纺织用龙舌兰类纤维	5	30		13	13	千克	AB	P/Q	0	3	0
5305.0092	---- 椰壳纤维	5	30		13	13	千克	AB	P/Q	0	3.3	0
5305.0099	---- 其他	5	30		13	13	千克	AB	P/Q	0	3	0
53.06	**亚麻纱线：**											
5306.1000	- 单纱	5	50		13	13	千克			0		0
5306.2000	- 多股纱线或缆线	5	50		13	13	千克			0		0
53.07	**黄麻纱线或税目53.03的其他纺织用韧皮纤维纱线：**											
5307.1000	- 单纱	5	35		13	13	千克			0		0
5307.2000	- 多股纱线或缆线	5	35		13	13	千克			0		0
53.08	**其他植物纺织纤维纱线；纸纱线：**											
5308.1000	- 椰壳纤维纱线	5	45		13	13	千克			0		0
5308.2000	- 大麻纱线	5	45		13	13	千克			0		0
	- 其他：											
	--- 苎麻纱线：											
5308.9011	---- 按重量计苎麻含量在85%及以上的未漂白或漂白纱线	5	50		13	13	千克			0	3.5	0
5308.9012	---- 按重量计苎麻含量在85%及以上的色纱线	5	50		13	13	千克			0	3.5	0

Chapter 53 Other vegetable textile fibres; paper yarn and woven fabrics of paper yarn

协定税率（%）														特惠税率（%）①/②	Article Description
巴基斯坦	冰岛	哥斯达黎加	秘鲁	新西兰	瑞士	新加坡	韩国	澳大利亚	格鲁吉亚	毛里求斯	日本RCEP	尼加拉瓜	港澳台		
															Flax, raw or processed but not spun; flax tow and waste (including yarn waste and garnetted stock):
0	0	0	0	0	0		0	0	0	0	0	0	0/	0/0	- Flax, raw or retted
															- Flax, broken, scutched, hackled or otherwise processed, but not spun:
0	0	0	0	0	0		0	0	0	0	0	0	0/	0/0	-- Broken or scutched
0	0	0	0	0	0		0	0	0	0	0	0	0/	0/0	-- Other
0	0	0	0	0	0		0	0	0	0	0	0	0/	0/0	- Flax tow and waste
															True hemp (Cannabis sativa L), raw or processed but not spun; tow and waste of true hemp (including yarn waste and garnetted stock):
0	0	0	0	0	0		0	0	0	0	0	0	0/	0/0	- True hemp, raw or retted
0	0	0	0	0	0		0	0	0	0	0	0	0/	0/0	- Other
															Jute and other textile bast fibres (excluding flax, true hemp and ramie), raw or processed but not spun; tow and waste of these fibres (including yarn waste and garnetted stock):
0	0	0	0	0	0		0	0	0	0	0	0	0/	0/0	- Jute and other textile bast fibres, raw or retted
0	0	0	0	0	0		0	0	0	0	0	0	0/	0/0	- Other
															Coconut, abaca (Manila hemp or Musatextilis Nee), ramie and other vegetable textile fibres, not elsewhere specified or included, raw or processed but not spun; tow, noils and waste of these fibres (including yarn waste and garnetted stock):
															--- Remie:
0	0	0	0	0	0		0	0	0	0	0	0	0/	0/0	----Raw
0	0	0	0	0	0		0	0	0	0	0	0	0/	0/0	----Processed but not spun
0	0	0	0	0	0		0	0	0	0	0	0	0/	0/0	----Tow and waste
0	0	0	0	0	0		0	0	0	0	0	0	0/	0/0	----Other
0	0	0	0	0	0		0	0	0	0	0	0	0/	0/0	--- Of abaca
															--- Other:
0	0	0	0	0	0		0	0	0	0	0	0	0/	0/0	----Sisal and other textile fibres of the genus Agave, raw
0	0	0	0	0	0		0	0	0	0	0	0	0/	0/0	----Of coconut (coir)
0	0	0	0	0	0		0	0	0	0	0	0	0/	0/0	----Other
															Flax yarn:
0	0	0	0	0	0		0	0	0	0	0	0	0/	0/0	- single
2.5	0	0	0	0	0		0	0	0	0	7.3	0	0/	0/0	- Multiple (folded) or cabled
															Yarn of jute or of other textile bast fibres of heading 53.03:
0	0	0	0	0	0		0	0	0	0	0	0	0/	0/0	- Single
0	0	0	0	0	0		0	0	0	0	0	0	0/	0/0	- Multiple (folded) or cabled
															Yarn of other vegetable textile fibres; paper yarn:
0	0	0	0	0	0		0	0	0	0	0	0	0/	0/0	- Coir yarn
0	0	0	0	0	0		0	0	0	0	0	0	0/	0/0	- True hemp yarn
															- Other:
															--- Ramie yarn:
0	0	0	0	0	0		0	0	0	0	0	0	0/	0/0	----Unbleached or bleached yarn, containing 85% or more by weight of ramie
0	0	0	0	0	0		0	0	0	0	0	0	0/	0/0	---- Coloured yarn, containing 85% or more by weight of ramie

税　号	货品名称	进口关税（%）			增值/消费税（%）	出口退税（%）	计量单位	监管证件代码	检验检疫类别	协定税率（%）		
		最惠国	普通	年内暂定						东盟	亚太	智利
5308.9013	----按重量计苎麻含量在85%以下的未漂白或漂白纱线	5	50		13	13	千克			0	3.5	0
5308.9014	----按重量计苎麻含量在85%以下的色纱线	5	50		13	13	千克			0	3.5	0
	--- 其他：											
5308.9091	----纸纱线	5	70		13	13	千克			0	3.5	0
5308.9099	----其他	5	45		13	13	千克			0		0
53.09	**亚麻机织物：**											
	- 按重量计亚麻含量在85%及以上：											
	-- 未漂白或漂白：											
5309.1110	--- 未漂白	8	80		13	13	米/千克			0		0
5309.1120	--- 漂白的纯亚麻机织物	8	80		13	13	米/千克			0		0
5309.1900	-- 其他	8	80		13	13	米/千克			0	5.2	0
	- 按重量计亚麻含量在85%以下：											
	-- 未漂白或漂白：											
5309.2110	--- 未漂白	8	80		13	13	米/千克			0		0
5309.2120	--- 漂白	8	80		13	13	米/千克			0		0
5309.2900	-- 其他	8	80		13	13	米/千克			0	5.2	0
53.10	**黄麻或税目53.03的其他纺织用韧皮纤维机织物：**											
5310.1000	- 未漂白	8	40		13	13	米/千克			0		0
5310.9000	- 其他	8	40		13	13	米/千克			0		0
53.11	**其他纺织用植物纤维机织物；纸纱线机织物：**											
	--- 苎麻的：											
5311.0012	----按重量计苎麻含量在85%及以上的未漂白机织物	8	80		13	13	米/千克			0		0
5311.0013	----按重量计苎麻含量在85%及以上的其他机织物	8	80		13	13	米/千克			0		0
5311.0014	----按重量计苎麻含量在85%以下的未漂白机织物	8	80		13	13	米/千克			0	4.8	0
5311.0015	----按重量计苎麻含量在85%以下的其他机织物	8	80		13	13	米/千克			0		0
5311.0020	--- 纸纱线的	8	90		13	13	米/千克			0	4.8	0
5311.0030	--- 大麻的	8	50		13	13	米/千克			0	5.2	0
5311.0090	--- 其他	8	50		13	13	米/千克			0	5.2	0

协定税率（%）														特惠税率（%）①/②	Article Description
巴基斯坦	冰岛	哥斯达黎加	秘鲁	新西兰	瑞士	新加坡	韩国	澳大利亚	格鲁吉亚	毛里求斯	日本RCEP	尼加拉瓜	港澳台		
0	0	0	0	0	0		0	0	0	0	0	0	0/	0/0	---- Unbleached or bleached yarn, containing less than 85% by weight of ramie
0	0	0	0	0	0		0	0	0	0	0	0	0/	0/0	---- Coloured yarn, containing less than 85% by weight of ramie
															--- Other:
0	0	0	0	0	0		0	0	0	0	0	0	0/	0/0	----Paper yarn
0	0	0	0	0	0		0	0	0	0	0	0	0/	0/0	----Other
															Woven fabrics of flax:
															- Containing 85% or more by weight of flax:
															-- Unbleached or bleached:
0	0	0	0	0	0		0	0	0	0	7.3	7.2	0/	0/0	--- Unbleached
0	0	0	0	0	0		0	0	0	0	7.3	7.2	0/	0/0	--- Woven fabrics of flax, bleached
0	0	0	0	0	0		0	0	0	0	7.3	0	0/	0/0	-- Other
															- Containing less than 85% by weight of flax:
															-- Unbleached or bleached:
0	0	0	0	0	0		0	0	0	0	7.3	0	0/	0/0	--- Unbleached
0	0	0	0	0	0		0	0	0	0	7.3	7.2	0/	0/0	--- Bleached
0	0	0	0	0	0		0	0	0	0	7.3	0	0/	0/0	-- Other
															Woven fabrics of jute or of other textilebast fibres of heading 53.03:
2.5	0	0	0	0	0		0	0	0	0	7.3	6.4	0/	0/0	- Unbleached
2.5	0	0	0	0	0		0	0	0	0	7.3	0	0/	0/0	- Other
															Woven fabrics of other vegetable textile fibres; woven fabrics of paper yarn:
															--- Of ramie:
2.5	0	0	0	0	0		0	0	0	0	7.3	6.4	0/	0/0	---- Woven fabrics of ramie, unbleached, containing 85% or more by weight of ramie
6	0	0	0	0	0	0	0	0	0	0	8.7	6.4	0/	0/0	---- Other woven fabrics of ramie, containing 85% or more by weight of ramie
2.5	0	0	0	0	0		0	0	0	0	7.3	0	0/	0/0	----Woven fabrics of ramie, unbleached, containing less than 85% by weight of ramie
6	0	0	0	0	0	0	0	0	0	0	8.7	0	0/	0/0	----Other woven fabrics, containing less than 85% by weight of ramie
2.5	0	0	0	0	0		0	0	0	0	7.3	6.4	0/	0/0	--- Of paper yarn
2.5	0	0	0	0	0		0	0	0	0	7.3	0	0/	0/0	--- Of true hemp
2.5	0	0	0	0	0		0	0	0	0	7.3	0	0/	0/0	--- Other

第五十四章　化学纤维长丝；化学纤维纺织材料制扁条及类似品

注释：

一、本协调制度所称“化学纤维”，是指通过下列任一方法加工制得的有机聚合物的短纤或长丝：

（一）将有机单体物质加以聚合而制成的聚合物，例如，聚酰胺、聚酯、聚烯烃、聚氨基甲酸酯；或通过上述加工得到的聚合物经化学改性制得（例如，聚乙酸乙烯酯水解制得的聚乙烯醇）；或

（二）将天然有机聚合物（例如，纤维素）溶解或化学处理制成聚合物，例如，铜铵纤维或粘胶纤维；或将天然有机聚合物（例如，纤维素、酪蛋白及其他蛋白质或藻酸）经化学改性制成聚合物，例如，醋酸纤维素纤维或藻酸盐纤维。

对于化学纤维，所称“合成”，是指（一）款所述的纤维；所称“人造”，是指（二）款所述的纤维。税目54.04或54.05的扁条及类似品不视作化学纤维。

对于纺织材料，所称“化学纤维”、“合成纤维”及“人造纤维”，其含义应与上述解释相同。

二、税目54.02及54.03不适用于第五十五章的合成纤维或人造纤维的长丝丝束。

税号	货品名称	进口关税（%）			增值/消费税（%）	出口退税（%）	计量单位	监管证件代码	检验检疫类别	协定税率（%）		
		最惠国	普通	年内暂定						东盟	亚太	智利
54.01	**化学纤维长丝纺制的缝纫线，不论是否供零售用：**											
	- 合成纤维长丝纺制：											
5401.1010	--- 非供零售用	5	70		13	13	千克			0		0
5401.1020	--- 供零售用	5	90		13	13	千克			0		0
	- 人造纤维长丝纺制：											
5401.2010	--- 非供零售用	5	35		13	13	千克			0		0
5401.2020	--- 供零售用	5	90		13	13	千克			0		0
54.02	**合成纤维长丝纱线（缝纫线除外），非供零售用，包括细度在67分特以下的合成纤维单丝：**											
	- 尼龙或其他聚酰胺纺制的高强力纱，不论是否经变形加工：											
	-- 芳香族聚酰胺纺制：											
5402.1110	--- 聚间苯二甲酰间苯二胺纺制	5	70		13	13	千克			0		0
5402.1120	--- 聚对苯二甲酰对苯二胺纺制	5	70		13	13	千克			0		0
5402.1190	--- 其他	5	70		13	13	千克			0		0
	-- 其他：											
5402.1910	--- 聚酰胺-6（尼龙-6）纺制的	5	70		13	13	千克			0		0
5402.1920	--- 聚酰胺-6,6（尼龙-6,6）纺制的	5	70		13	13	千克			0		0
5402.1990	--- 其他	5	70		13	13	千克			0		0
5402.2000	- 聚酯高强力纱，不论是否经变形加工											
54022000.10	非零售聚酯高强力纱，不论是否经变形加工（单丝/未捻或捻度<5转/米的复丝单纱）	5	70		13	13	千克			0		0
54022000.20	非零售聚酯高强力纱，不论是否经变形加工（捻度≥5转/米的复丝单纱）	5	70		13	13	千克			0		0
54022000.90	非零售聚酯高强力多股纱，不论是否经变形加工	5	70		13	13	千克			0		0
	- 变形纱线：											
	-- 尼龙或其他聚酰胺纺制，每根单纱细度不超过50特：											
	--- 弹力丝：											
5402.3111	---- 聚酰胺-6（尼龙-6）纺制的	5	80		13	13	千克			0		0
5402.3112	---- 聚酰胺-6,6（尼龙-6,6）纺制的	5	80		13	13	千克			0		0
5402.3113	---- 芳香族聚酰胺纺制的	5	80		13	13	千克			0	3	0

Chapter 54 Man-made filaments; strip and the like of man-made textile materials

Chapter Notes:

1. Throughout the Nomenclature, the term "man-made fibres" means staple fibres and filaments of organic polymers produced by manufacturing processes, either:

   (a) By polymerisation of organic monomers to produce polymers such as polyamides, polyesters, polyolefins or polyurethanes, or by chemical modification of polymers produced by this process (for example, poly(vinyl alcohol) prepared by the hydrolysis of poly(vinyl acetate)); or

   (b) By dissolution or chemical treatment of natural organic polymers (for example, cellulose) to produce polymers such as cuprammonium rayon (cupro) or viscose rayon, or by chemical modification of natural organic polymers (for example, cellulose, casein and other proteins, or alginic acid), to produce polymers such as cellulose acetate or alginates.

   The terms "synthetic" and "artificial", used in relation to fibres, mean: synthetic: fibres as defined at (a); artificial: fibres as defined at (b). Strip and the like of heading 54.04 or 54.05 are not considered to be man-made fibres.

   The terms "man-made", "synthetic" and "artificial" shall have the same meanings when used in relation to "textile materials".

2. Headings 54.02 and 54.03 do not apply to synthetic or artificial filament tow of Chapter 55.

协定税率（%）														特惠税率（%）①/②	Article Description
巴基斯坦	冰岛	哥斯达黎加	秘鲁	新西兰	瑞士	新加坡	韩国	澳大利亚	格鲁吉亚	毛里求斯	日本RCEP	尼加拉瓜	港澳台		
															Sewing thread of man-made fila-ments, whether or not put up for retail sale:
															- Of synthetic filaments:
0	0	0	0	0	0		1.6	0	0	0	4.1	0	0/0	0/0	--- not put up for retail sale
0	0	0	0	0	0		0	0	0	0	0	0	0/	0/0	--- Put up for retail sale
															- Of artificial filaments:
0	0	0	0	0	0		0	0	0	0	0	0	0/	0/0	--- Not put up for retail sale
0	0	0	0	0	0		0	0	0	0	0	0	0/	0/0	--- Put up for retail sale
															Synthetic filament yarn (other than sewing thread), not put up for retail sale, including synthetic monofilament of less than 67 decitex:
															- High tenacity yarn of nylon or other polyamides, whether or not through texturing processing:
															-- Of aramids:
0	0	0	0	0	0		1.6	0	0	0		0	0/	0/0	--- Of polyisophthaloyl metaphenylene diamine
0	0	0	0	0	0		1.6	0	0	0		0	0/	0/0	--- Of poly-p-phenylene terephthamide
0	0	0	0	0	0		1.6	0	0	0		0	0/	0/0	--- Other
															-- Other:
0	0	0	0	0	0			0	0	0		0	0/	0/0	--- Of nylon-6
0	0	0	0	0	0			0	0	0		0	0/	0/0	--- Of nylon-6,6
0	0	0	0	0	0		1.6	0	0	0	4.1	0	0/	0/0	--- Other
															- High tenacity yarn of polyesters, whether or not through texturing processing
0	0	0	0	0	0		1.6	0	0	0	4.1	0	0/0	0/0	High tenacity yarn of polyesters, not put up for retail sale, monofilament /multi-filament single yarn untwisted or with a twist less than 5 turns/m
0	0	0	0	0	0		1.6	0	0	0	4.1	0	0/0	0/0	High tenacity yarn of polyesters, not put up for retail sale, multi-filament single yarn with a twist 5 or more turns/m
0	0	0	0	0	0		1.6	0	0	0	4.1	0	0/0	0/0	High tenacity yarn of polyesters, multiple yarn, not put up for retail sale
															- Textured yarn:
															-- Of nylon or other polyamides, measuring per single yarn not more than 50 tex:
															--- Elastic filament:
0	0	0	0	0	0			0	0	0		0	0/	0/0	----Of nylon-6
0	0	0	0	0	0			0	0	0		0	0/	0/0	----Of nylon-6,6
0	0	0	0	0	0			0	0	0		0	0/	0/0	----Of aramides

税号	货品名称	进口关税（%）最惠国	进口关税（%）普通	进口关税（%）年内暂定	增值/消费税（%）	出口退税（%）	计量单位	监管证件代码	检验检疫类别	协定税率（%）东盟	协定税率（%）亚太	协定税率（%）智利
5402.3119	----其他	5	80		13	13	千克			0		0
5402.3190	---其他	5	70		13	13	千克			0		0
	--尼龙或其他聚酰胺纺制，每根单纱细度超过50特：											
	---弹力丝：											
5402.3211	----聚酰胺-6（尼龙-6）纺制的	5	80		13	13	千克			0		0
5402.3212	----聚酰胺-6,6（尼龙-6,6）纺制的	5	80		13	13	千克			0		0
5402.3213	----芳香族聚酰胺纺制的	5	80		13	13	千克			0		0
5402.3219	----其他	5	80		13	13	千克			0		0
5402.3290	---其他	5	70		13	13	千克			0	3.3	0
	--聚酯纺制：											
5402.3310	---弹力丝	5	90		13	13	千克			0		0
5402.3390	---其他	5	70		13	13	千克					0
5402.3400	--聚丙烯纺制	5	70		13	13	千克			0		0
5402.3900	--其他	5	70		13	13	千克			0		0
	-其他单纱，未加捻或捻度每米不超过50转：											
	--弹性纱线：											
5402.4410	---氨纶纱线	5	70		13	13	千克			0		0
5402.4490	---其他	5	70		13	13	千克			0	3.3	0
	--其他，尼龙或其他聚酰胺纱线：											
5402.4510	---聚酰胺-6（尼龙-6）纺制的	5	70		13	13	千克			0	3.3	0
5402.4520	---聚酰胺-6,6（尼龙-6,6）纺制的	5	70		13	13	千克			0	3.3	0
5402.4530	---芳香族聚酰胺纺制的	5	70		13	13	千克			0	3.3	0
5402.4590	---其他	5	70		13	13	千克			0	3.3	0
5402.4600	--其他，部分定向聚酯纱线	5	70		13	13	千克					0
5402.4700	--其他，聚酯纱线	5	70		13	13	千克				3.3	0
5402.4800	--其他，聚丙烯纱线	5	70		13	13	千克			0		0
	--其他：											
5402.4910	---断裂强度大于等于22厘牛/分特，且初始模量大于等于750厘牛/分特的聚乙烯纱线	5	70		13	13	千克			0		0
5402.4990	---其他											
54024990.01	非弹性氨纶单纱（非供零售用，未加捻或捻度每米不超过50转，缝纫线除外）	5	70		13	13	千克			0		0
54024990.90	其他合成纤维长丝单纱（非供零售用，未加捻或捻度每米不超过50转，缝纫线除外）	5	70		13	13	千克			0		0
	-其他单纱，捻度每米超过50转：											
	--尼龙或其他聚酰胺纱线：											
5402.5110	---聚酰胺-6（尼龙-6）纺制的	5	70		13	13	千克					0
5402.5120	---聚酰胺-6,6（尼龙-6,6）纺制的	5	70		13	13	千克			0	4.5	0
5402.5130	---芳香族聚酰胺纺制的	5	70		13	13	千克			0	3.5	0
5402.5190	---其他	5	70		13	13	千克			0		0
5402.5200	--聚酯纱线	5	70		13	13	千克				3.3	0
5402.5300	--聚丙烯纱线	5	70		13	13	千克			0		0
	--其他：											
5402.5920	---断裂强度大于等于22厘牛/分特，且初始模量大于等于750厘牛/分特的聚乙烯纱线	5	70		13	13	千克			0		0
5402.5990	---其他	5	70		13	13	千克			0		0
	-其他纱线（多股纱线或缆线）：											
	--尼龙或其他聚酰胺纺制：											
5402.6110	---聚酰胺-6（尼龙-6）纺制的	5	70		13	13	千克			0		0
5402.6120	---聚酰胺-6,6（尼龙-6,6）纺制的	5	70		13	13	千克			0		0
5402.6130	---芳香族聚酰胺纺制的	5	70		13	13	千克			0		0

协定税率（%）														特惠税率（%）①/②	Article Description
巴基斯坦	冰岛	哥斯达黎加	秘鲁	新西兰	瑞士	新加坡	韩国	澳大利亚	格鲁吉亚	毛里求斯	日本RCEP	尼加拉瓜	港澳台		
0	0	0	0	0	0		1.6	0	0	0	4.1	0	0/	0/0	----Other
0	0	0	0	0	0		1.6	0	0	0	4.1	0	0/	0/0	--- Other
															-- Of nylon or other polyamides, measuring per single yarn more than 50 tex:
															--- Elastic filament:
0	0	0	0	0	0			0	0	0		0	0/	0/0	----Of nylon-6
0	0	0	0	0	0			0	0	0		0	0/	0/0	----Of nylon-6,6
0	0	0	0	0	0		1.6	0	0	0		0	0/	0/0	----Of aramides
0	0	0	0	0	0			0	0	0		0	0/	0/0	----Other
0	0	0	0	0	0		3.2	0	0	0		0	0/	0/0	--- Other
															-- Of polyesters:
0	0	0	0	0	0		0	0	0	0	0	0	0/0	0/0	--- Elastic filament
0	0	0	0	0	0		0	0	0	0		0	0/	0/0	--- Other
0	0	0	0	0	0		0	0	0	0	3.6	0	0/	0/0	-- Of polypropylene
0	0	0	0	0	0		0	0	0	0	3.6	0	0/	0/0	-- Other
															- Other yarn, single, untwisted or with a twist not exceeding 50 turns per metre:
															-- Elastomeric:
0	0	0	0	0	0			0	0	0		0	0/	0/0	--- Of polyurethane
0	0	0	0	0	0		0	0	0	0	0	0	0/	0/0	--- Other
															-- Other, of nylon or other polyamides:
0	0	0	0	0	0		3.2	0	0	0		0	0/	0/0	--- Of nylon-6
0	0	0	0	0	0		3.2	0	0	0		0	0/	0/0	--- Of nylon-6,6
0	0	0	0	0	0		1.6	0	0	0		0	0/	0/0	--- Of aramides
0	0	0	0	0	0		3.2	0	0	0		0	0/	0/0	--- Other
0	0	0	0	0	0		0	0	0	0		0	0/	0/0	-- Other, of polyesters, partially oriented
0	0	0	0	0	0		3.2	0	0	0		0	0/	0/0	-- Other, of polyesters
0	0	0	0	0	0		0	0	0	0	0	0	0/	0/0	-- Other, of polypropylene
															-- Other:
0	0	0	0	0	0			0	0	0		0	0/	0/0	--- Of polyethylene, with a breaking strength of 22cN/dtex or more and initial modulus of 750cN/dtex or more
															--- Other
0	0	0	0	0	0			0	0	0		0	0/	0/0	Non-elastic polyurethane yarn, not put up for retail sale, untwisted or with a twist not exceeding 50 turns/m, other than sewing thread
0	0	0	0	0	0			0	0	0		0	0/	0/0	Other synthetic filament single yarn, not put up for retail sale, untwisted or with a twist not exceeding 50 turns/m, other than sewing thread
															- Other, yarn, single, with a twist exceeding 50 turns per metre:
															-- Of nylon or other polyamides:
0	0	0	0	0	0			0	0	0		0	0/	0/0	--- Of nylon-6
0	0	0	0	0	0			0	0	0		0	0/	0/0	--- Of nylon-6,6
0	0	0	0	0	0		1.6	0	0	0		0	0/	0/0	--- Of aramides
0	0	0	0	0	0		1.6	0	0	0	4.1	0	0/	0/0	--- Other
0	0	0	0	0	0		0	0	0	0		0	0/	0/0	-- Of polyesters
0	0	0	0	0	0		0	0	0	0	3.6	0	0/	0/0	--- Of polypropylene
															-- Other:
0	0	0	0	0	0		0	0	0	0	0	0	0/	0/0	--- Of polyethylene, with a breaking strength of 22cN/dtex or more and initial modulus of 750cN/dtex or more
0	0	0	0	0	0		0	0	0	0	0	0	0/	0/0	--- Other
															- Other yarn, multiple (folded) or cabled:
															-- Of nylon or other polyamides:
0	0	0	0	0	0		1.6	0	0	0	4.1	0	0/	0/0	--- Of nylon-6
0	0	0	0	0	0		1.6	0	0	0	4.1	0	0/	0/0	--- Of nylon-6,6
0	0	0	0	0	0		1.6	0	0	0		0	0/	0/0	--- Of aramides

税　号	货品名称	进口关税（%）			增值/消费税（%）	出口退税（%）	计量单位	监管证件代码	检验检疫类别	协定税率（%）		
		最惠国	普通	年内暂定						东盟	亚太	智利
5402.6190	--- 其他	5	70		13	13	千克			0		0
5402.6200	-- 聚酯纺制	5	70		13	13	千克			0		0
5402.6300	-- 聚丙烯纺制	5	70		13	13	千克			0		0
	-- 其他：											
5402.6920	--- 氨纶纱线	5	70		13	13	千克			0		0
5402.6990	--- 其他	5	70		13	13	千克			0		0
54.03	**人造纤维长丝纱线（缝纫线除外），非供零售用，包括细度在67分特以下的人造纤维单丝：**											
5403.1000	- 粘胶纤维纺制的高强力纱	5	35		13	13	千克			0		0
	- 其他单纱：											
	-- 粘胶纤维纺制，未加捻或捻度每米不超过120转：											
5403.3110	--- 竹制	5	35		13	13	千克			0		0
5403.3190	--- 其他	5	35		13	13	千克			0		0
	-- 粘胶纤维纺制，捻度每米超过120转：											
5403.3210	--- 竹制	5	35		13	13	千克			0		0
5403.3290	--- 其他	5	35		13	13	千克			0		0
	-- 醋酸纤维纺制：											
5403.3310	--- 二醋酸纤维纺制											
54033310.10	非零售二醋酸纤维单纱（单丝/未捻或捻度每米5转以下的复丝单纱，包括变形纱线）	5	40		13	13	千克			0		0
54033310.20	非零售二醋酸纤维单纱（5转/米≤捻度≤250转/米，包括变形纱线）	5	40		13	13	千克			0		0
54033310.90	非零售二醋酸纤维单纱（捻度超过250转/米）	5	40		13	13	千克			0		0
5403.3390	--- 其他	5	35		13	13	千克			0		0
5403.3900	-- 其他	5	35		13	13	千克			0		0
	- 其他纱线（多股纱线或缆线）：											
5403.4100	-- 粘胶纤维纺制	5	35		13	13	千克			0		0
5403.4200	-- 醋酸纤维纺制	5	35		13	13	千克			0		0
5403.4900	-- 其他	5	35		13	13	千克			0		0
54.04	**截面尺寸不超过1毫米，细度在67分特及以上的合成纤维单丝；表观宽度不超过5毫米的合成纤维纺织材料制扁条及类似品（例如，人造草）：**											
	- 单丝：											
5404.1100	-- 弹性											
54041100.10	细度≥67分特的涤纶纤维弹性单丝（截面尺寸不超过1毫米，细度<67分特的合纤单丝归入税目54.02）	5	80		13	13	千克			0		0
54041100.90	细度≥67分特的其他合成纤维弹性单丝（截面尺寸不超过1毫米，细度<67分特的合纤单丝归入税目54.02）	5	80		13	13	千克			0		0
5404.1200	-- 其他，聚丙烯制	5	80		13	13	千克			0		0
5404.1900	-- 其他											
54041900.10	细度≥67分特的涤纶纤维单丝（截面尺寸不超过1毫米，细度<67分特的合纤单丝归入税目54.02）	5	80		13	13	千克			0		0

协定税率（%）														特惠税率（%）①/②	Article Description
巴基斯坦	冰岛	哥斯达黎加	秘鲁	新西兰	瑞士	新加坡	韩国	澳大利亚	格鲁吉亚	毛里求斯	日本RCEP	尼加拉瓜	港澳台		
0	0	0	0	0	0		0	0	0	0	0	0	0/	0/0	--- Other
0	0	0	0	0	0		0	0	0	0	0	0	0/0	0/0	-- Of polyesters
0	0	0	0	0	0		1.6	0	0	0	4.1	0	0/	0/0	-- Of polypropylene
															-- Other:
0	0	0	0	0	0			0	0	0		0	0/	0/0	--- Of polyurethane
0	0	0	0	0	0		0	0	0	0	3.6	0	0/	0/0	--- Other
															Artificial filament yarn (other than sewing thread), not put up for retail sale, including artificial monofilament of less than 67 decitex:
0	0	0	0	0	0		0	0	0	0	0	0	0/	0/0	- High tenacity yarn of viscose rayon
															- Other yarn, single:
															-- Of viscose rayon, untwisted or with a twist not exceeding 120 turns per metre:
0	0	0	0	0	0		0	0	0	0	0	0	0/	0/0	--- Of bamboo
0	0	0	0	0	0		0	0	0	0	0	0	0/	0/0	--- Other
															-- Of viscose rayon, with a twist exceeding 120 turns per metre:
0	0	0	0	0	0		0	0	0	0	0	0	0/	0/0	--- Of bamboo
0	0	0	0	0	0		0	0	0	0	0	0	0/	0/0	--- Other
															-- Of cellulose acetate:
															--- Of cellulose diacetate
0	0	0	0	0	0		0	0	0	0	0	0	0/	0/0	Single yarn of cellulose diacetate, not put up for retail sale, including textured filament yarn, single filament /multi-filament single yarn, untwisted or with a twist less than 5 turns/m
0	0	0	0	0	0		0	0	0	0	0	0	0/	0/0	Single yarn of cellulose diacetate, not put up for retail sale, including textured yarn, with a twist more than 5 turns/m but not exceeding 250 turns/m
0	0	0	0	0	0		0	0	0	0	0	0	0/	0/0	Single yarn of other cellulose diacetate, single, not put up for retail sale, with a twist exceeding 250 turns/m
0	0	0	0	0	0		0	0	0	0	0	0	0/	0/0	--- Other
0	0	0	0	0	0		0	0	0	0	0	0	0/	0/0	-- Other
															- Other, yarn, multiple (folded) or cabled:
0	0	0	0	0	0		0	0	0	0	0	0	0/	0/0	-- Of viscose rayon
0	0	0	0	0	0		0	0	0	0	0	0	0/	0/0	-- Of cellulose acetate
0	0	0	0	0	0		0	0	0	0	0	0	0/	0/0	-- Other
															Synthetic monofilament of 67 decitex or more and of which no cross-sectional dimension exceeding 1mm; strip and the like (for example, artificial straw) of synthetic textile materials of an apparent width not exceeding 5mm:
															- Monofilament:
															-- Elastomeric
0	0	0	0	0	0		1.6	0	0	0	4.1	0	0/	0/0	Elastomeric polyester monofilament of 67 decitex or more, other than synthetic monofilament of less than 67 decitex and of which no cross-sectional dimension exceeding 1mm classified in heading 54.02
0	0	0	0	0	0		1.6	0	0	0	4.1	0	0/	0/0	Other elastomeric synthetic monofilament of 67 decitex or more, other than synthetic monofilament of less than 67 decitex and of which no cross-sectional dimension exceeding 1mm classified in heading 54.02
0	0	0	0	0	0		0	0	0	0	0	0	0/	0/0	-- Other, of polypropylene
															-- Other
0	0	0	0	0	0		0	0	0	0	3.6	0	0/	0/0	Polyester monofilament of 67 decitex or more, other than synthetic monofilament of less than 67 decitex and of which no cross-sectional dimension exceeding 1mm classified in heading 54.02

税　号	货品名称	进口关税（%）			增值/消费税（%）	出口退税（%）	计量单位	监管证件代码	检验检疫类别	协定税率（%）		
		最惠国	普通	年内暂定						东盟	亚太	智利
54041900.90	细度≥67分特的其他合成纤维单丝（截面尺寸不超过1毫米，细度<67分特的合纤单丝归入税目54.02）	5	80		13	13	千克			0		0
5404.9000	- 其他	5	80		13	13	千克			0		0
54.05	**截面尺寸不超过1毫米，细度在67分特及以上的人造纤维单丝；表观宽度不超过5毫米的人造纤维纺织材料制扁条及类似品（例如，人造草）：**											
5405.0000	截面尺寸不超过1毫米，细度在67分特及以上的人造纤维单丝；表观宽度不超过5毫米的人造纤维纺织材料制扁条及类似品（例如，人造草）	5	80		13	13	千克			0		0
54.06	**化学纤维长丝纱线（缝纫线除外），供零售用：**											
5406.0010	--- 合成纤维长丝纱线	5	90		13	13	千克			0		0
5406.0020	--- 人造纤维长丝纱线	5	90		13	13	千克			0		0
54.07	**合成纤维长丝纱线的机织物，包括税目54.04所列材料的机织物：**											
	- 尼龙或其他聚酰胺高强力纱、聚酯高强力纱纺制的机织物：											
5407.1010	--- 尼龙或其他聚酰胺高强力纱纺制	8	130		13	13	米/千克			0		0
5407.1020	--- 聚酯高强力纱纺制											
54071020.10	聚酯高强力纱纺制机织物（重量≤170克/平方米）	8	130		13	13	米/千克			0		0
54071020.90	聚酯高强力纱纺制机织物（重量>170克/平方米）	8	130		13	13	米/千克			0		0
5407.2000	- 扁条及类似品的机织物	8	130		13	13	米/千克			0		0
5407.3000	- 第十一类注释九所列的机织物	8	130		13	13	米/千克			0		0
	- 其他机织物，按重量计尼龙或其他聚酰胺长丝含量在85%及以上：											
5407.4100	-- 未漂白或漂白	8	130		13	13	米/千克			0		0
5407.4200	-- 染色	8	130		13	13	米/千克			0	5.2	0
5407.4300	-- 色织	8	130		13	13	米/千克			0	5.2	0
5407.4400	-- 印花	8	130		13	13	米/千克			0		0
	- 其他机织物，按重量计聚酯变形长丝含量在85%及以上：											
5407.5100	-- 未漂白或漂白	8	130		13	13	米/千克			0	5.2	0
5407.5200	-- 染色	8	130		13	13	米/千克			0	5.2	0
5407.5300	-- 色织	8	130		13	13	米/千克			0		0
5407.5400	-- 印花	8	130		13	13	米/千克			0		0
	- 其他机织物，按重量计聚酯长丝含量在85%及以上：											
5407.6100	-- 按重量计聚酯非变形长丝含量在85%及以上	8	130		13	13	米/千克			0	5.2	0
5407.6900	-- 其他	8	130		13	13	米/千克			0	5.2	0
	- 其他机织物，按重量计其他合成纤维长丝含量在85%及以上：											
5407.7100	-- 未漂白或漂白	8	130		13	13	米/千克			0	5.2	0
5407.7200	-- 染色	8	130		13	13	米/千克			0	5.2	0
5407.7300	-- 色织	8	130		13	13	米/千克			0		0
5407.7400	-- 印花	8	130		13	13	米/千克			0	5.2	0
	- 其他机织物，按重量计其他合成纤维长丝含量在85%以下，主要或仅与棉混纺：											

协定税率（%）														特惠税率（%）①/②	Article Description
巴基斯坦	冰岛	哥斯达黎加	秘鲁	新西兰	瑞士	新加坡	韩国	澳大利亚	格鲁吉亚	毛里求斯	日本RCEP	尼加拉瓜	港澳台		
0	0	0	0	0	0		0	0	0	0	3.6	0	0/	0/0	Other synthetic monofilament of 67 decitex or more, other than synthetic monofilament of less than 67 decitex and of which no cross-sectional dimension exceeding 1mm classified in heading 54.02
0	0	0	0	0	0		0	0	0	0	3.6	0	0/	0/0	- Other
															Artificial monofilament of 67 decitex or more and of which no cross-sectional dimension exceeds 1mm; strip and the like (for example, artificial straw) of artificial textile materials of an apparent width not exceeding 5mm:
0	0	0	0	0	0		0	0	0	0	0	0	0/	0/0	Artificial monofilament of 67 decitex or more and of which no cross-sectional dimension exceeds 1mm; strip and the like (for example, artificial straw) of artificial textile materials of an apparent width not exceeding 5mm
															Man-made filament yarn, other than sewing thread, put up for retail sale:
0	0	0	0	0	0		0	0	0	0	0	0	0/	0/0	--- Synthetic filament yarn
0	0	0	0	0	0		0	0	0	0	0	0	0/	0/0	--- Artificial filament yarn
															Woven fabrics of synthetic filament yarn, including woven fabrics obtained from materials of heading 54.04:
															- Woven fabrics obtained from high tenacity yarn of nylon or other polyamides or of polyesters:
0	0	0	0	0	0	0	0	0	0	0	7.3	0	0/0	0/0	--- Of nylon or other polyamides
															--- Of polyesters
0	0	0	0	0	0	0	0	0	0	0	7.3	0	0/0	0/0	Woven fabrics of high tenacity yarn of polyester, weighing not exceeding 170g/m^2
0	0	0	0	0	0	0	0	0	0	0	7.3	0	0/0	0/0	Woven fabrics of high tenacity yarn of polyester, weighing exceeding 170g/m^2
0	0	0	0	0	0	0	5	0	0	0		0	0/	0/0	- Woven fabrics obtained from strip or the like
0	0	0	0	0	0	0	0	0	0	0	7.3	0	0/	0/0	- Fabrics specified in Note 9 to Section XI
															- Other woven fabrics, containing 85% or more by weight of filaments of nylon or other polyamides:
0	0	0	0	0	0	0	0	0	0	0	7.3	0	0/0	0/0	-- Unbleached or bleached
0	0	0	0	0	0	0	5	0	0	0	8.6	0	0/0	0/0	-- Dyed
0	0	0	0	0	0	0	0	0	0	0	7.3	0	0/0	0/0	-- Of yarns of different colours
0	0	0	0	0	0	0	5	0	0	0		0	0/	0/0	-- Printed
															- Other woven fabrics, containing 85% or more by weight of textured polyester filaments:
0	0	0	0	0	0	0	0	0	0	0	7.3	0	0/0	0/0	-- Unbleached or bleached
0	0	0	0	0	0	0	5	0	0	0	8.6	0	0/0	0/0	-- Dyed
0	0	0	0	0	0	0	0	0	0	0	7.3	0	0/0	0/0	-- Of yarns of different colours
0	0	0	0	0	0	0	3.3	0	0	0	8.1	0	0/0	0/0	-- Printed
															- Other woven fabrics, containing 85% or more by weight of polyester filaments:
0	0	0	0	0	0	0	5	0	0	0	8.6	0	0/0	0/0	-- Containing 85% or more by weight of non-textured polyester filaments
0	0	0	0	0	0	0	5	0	0	0		0	0/0	0/0	-- Other
															- Other woven fabrics, containing 85% or more by weight of synthetic filaments:
0	0	0	0	0	0	0	0	0	0	0	7.3	0	0/0	0/0	-- Unbleached or bleached
0	0	0	0	0	0	0	5	0	0	0	8.6	0	0/0	0/0	-- Dyed
0	0	0	0	0	0	0	5	0	0	0		0	0/	0/0	-- Of yarns of different colours
0	0	0	0	0	0	0	0	0	0	0	7.3	0	0/	0/0	-- Printed
															- Other woven fabrics, containing less than 85% by weight of synthetic filaments, mixed mainly or solely with cotton:

税　号	货品名称	进口关税（%） 最惠国	普通	年内暂定	增值/消费税（%）	出口退税（%）	计量单位	监管证件代码	检验检疫类别	协定税率（%） 东盟	亚太	智利
5407.8100	-- 未漂白或漂白	8	130		13	13	米/千克			0		0
5407.8200	-- 染色	8	130		13	13	米/千克			0		0
5407.8300	-- 色织	8	130		13	13	米/千克			0		0
5407.8400	-- 印花	8	130		13	13	米/千克			0		0
	- 其他机织物：											
5407.9100	-- 未漂白或漂白	8	130		13	13	米/千克			0		0
5407.9200	-- 染色	8	130		13	13	米/千克			0		0
5407.9300	-- 色织	8	130		13	13	米/千克			0		0
5407.9400	-- 印花	8	130		13	13	米/千克			0		0
54.08	**人造纤维长丝纱线的机织物，包括税目54.05所列材料的机织物：**											
5408.1000	- 粘胶纤维高强力纱的机织物	8	130		13	13	米/千克			0		0
	- 其他机织物，按重量计人造纤维长丝、扁条或类似品含量在85%及以上：											
	-- 未漂白或漂白：											
5408.2110	--- 粘胶长丝制	8	130		13	13	米/千克			0		0
5408.2120	--- 醋纤长丝制	8	130		13	13	米/千克			0		0
5408.2190	--- 其他	8	130		13	13	米/千克			0		0
	-- 染色：											
5408.2210	--- 粘胶长丝制	8	130		13	13	米/千克			0		0
5408.2220	--- 醋纤长丝制	8	130		13	13	米/千克			0		0
5408.2290	--- 其他	8	130		13	13	米/千克			0		0
	-- 色织：											
5408.2310	--- 粘胶长丝制	8	130		13	13	米/千克			0		0
5408.2320	--- 醋纤长丝制	8	130		13	13	米/千克			0		0
5408.2390	--- 其他	8	130		13	13	米/千克			0		0
	-- 印花：											
5408.2410	--- 粘胶长丝制	8	130		13	13	米/千克			0		0
5408.2420	--- 醋纤长丝制	8	130		13	13	米/千克			0		0
5408.2490	--- 其他	8	130		13	13	米/千克			0		0
	- 其他机织物：											
5408.3100	-- 未漂白或漂白	8	130		13	13	米/千克			0		0
5408.3200	-- 染色	8	130		13	13	米/千克			0	5.2	0
5408.3300	-- 色织	8	130		13	13	米/千克			0		0
5408.3400	-- 印花	8	130		13	13	米/千克			0		0

协定税率（%）														特惠税率（%）①/②	Article Description
巴基斯坦	冰岛	哥斯达黎加	秘鲁	新西兰	瑞士	新加坡	韩国	澳大利亚	格鲁吉亚	毛里求斯	日本 RCEP	尼加拉瓜	港澳台		
0	0	0	0	0	0	0	0	0	0	0	7.3	0	0/	0/0	-- Unbleached or bleached
0	0	0	0	0	0	0	5	0	0	0	8.6	0	0/0	0/0	-- Dyed
0	0	0	0	0	0	0	0	0	0	0	7.3	0	0/0	0/0	-- Of yarns of different colours
0	0	0	0	0	0	0	0	0	0	0	7.3	0	0/	0/0	-- Printed
															- Other woven fabrics:
0	0	0	0	0	0	0	5	0	0	0		6.4	0/	0/0	-- Unbleached or bleached
0	0	0	0	0	0	0	5	0	0	0		0	0/0	0/0	-- Dyed
0	0	0	0	0	0	0	0	0	0	0	7.3	0	0/0	0/0	-- Of yarns of different colours
0	0	0	0	0	0	0	0	0	0	0	7.3	0	0/	0/0	-- Printed
															Woven fabrics of artificial filament yarn, including woven fabrics obtained from materials of heading 54.05:
0	0	0	0	0	0	0	0	0	0	0	7.3	6.4	0/	0/0	- Woven fabrics obtained from high tenacity yarn of viscose rayon
															- Other woven fabrics, containing 85% or more by weight of artificial filament or strip or the like:
															-- Unbleached or bleached:
0	0	0	0	0	0	0	0	0	0	0	8.7	0	0/	0/0	--- Of yarns of viscose rayon
0	0	0	0	0	0	0	6	0	0	0		6.4	0/	0/0	--- Of yarns of cellulose acetate
0	0	0	0	0	0	0	0	0	0	0	8.7	6.4	0/	0/0	--- Other
															-- Dyed:
0	0	0	0	0	0	0	0	0	0	0	7.3	0	0/	0/0	--- Of yarns of viscose rayon
0	0	0	0	0	0	0	0	0	0	0	7.3	0	0/0	0/0	--- Of yarns of cellulose acetate
0	0	0	0	0	0	0	0	0	0	0	7.3	0	0/0	0/0	--- Other
															-- Of yarns of different colours:
0	0	0	0	0	0	0	0	0	0	0	7.3	0	0/	0/0	--- Of yarns of viscose rayon
0	0	0	0	0	0	0	0	0	0	0	7.3	0	0/	0/0	--- Of yarns of cellulose acetate
0	0	0	0	0	0	0	0	0	0	0	7.3	0	0/0	0/0	--- Other
															-- Printed:
0	0	0	0	0	0	0	0	0	0	0	7.3	0	0/	0/0	--- Of yarns of viscose rayon
0	0	0	0	0	0	0	0	0	0	0	7.3	6.4	0/	0/0	--- Of yarns of cellulose acetate
0	0	0	0	0	0	0	0	0	0	0	7.3	6.4	0/	0/0	--- Other
															- Other woven fabrics:
0	0	0	0	0	0	0	0	0	0	0	7.3	0	0/	0/0	-- Unbleached or bleached
0	0	0	0	0	0	0	3.3	0	0	0	8.1	6.4	0/0	0/0	-- Dyed
0	0	0	0	0	0	0	0	0	0	0	7.3	0	0/	0/0	-- Of yarns of different colours
0	0	0	0	0	0	0	0	0	0	0	7.3	0	0/	0/0	-- Printed

第五十五章　化学纤维短纤

注释：

税目55.01和55.02仅适用于每根与丝束长度相等的平行化学纤维长丝丝束。前述丝束应同时符合下列规格：

一、丝束长度超过2米；

二、捻度每米少于5转；

三、每根长丝细度在67分特以下；

四、合成纤维长丝丝束，须经拉伸处理，即本身不能被拉伸至超过本身长度的一倍；

五、丝束总细度大于20000分特。

丝束长度不超过2米的归入税目55.03或55.04。

税号	货品名称	进口关税（%）			增值/消费税（%）	出口退税（%）	计量单位	监管证件代码	检验检疫类别	协定税率（%）		
		最惠国	普通	年内暂定						东盟	亚太	智利
55.01	**合成纤维长丝丝束：**											
	- 尼龙或其他聚酰胺制：											
5501.1100	-- 芳族聚酰胺制	5	70		13	13	千克			0		0
5501.1900	-- 其他	5	70		13	13	千克			0		0
5501.2000	- 聚酯制	5	70		13	13	千克					0
5501.3000	- 聚丙烯腈或变性聚丙烯腈制											
55013000.10	聚丙烯腈制长丝丝束（不包括变性聚丙烯腈制）	5	35		13	13	千克				3.3	0
55013000.90	变性聚丙烯腈长丝丝束	5	35		13	13	千克				3.3	0
5501.4000	- 聚丙烯制	5	70		13	13	千克			0		0
5501.9000	- 其他	5	70		13	13	千克			0		0
55.02	**人造纤维长丝丝束：**											
	- 醋酸纤维丝束：											
5502.1010	--- 二醋酸纤维丝束	3	40		13	13	千克	7		0	2	0
5502.1090	--- 其他	5	35		13	13	千克			0	3.3	0
5502.9000	- 其他	5	35		13	13	千克			0	3.3	0
55.03	**合成纤维短纤，未梳或未经其他纺前加工：**											
	- 尼龙或其他聚酰胺制：											
	-- 芳香族聚酰胺制：											
5503.1110	--- 聚间苯二甲酰间苯二胺纺制	5	70		13	13	千克			0		0
5503.1120	--- 聚对苯二甲酰对苯二胺纺制	5	70		13	13	千克			0		0
5503.1190	--- 其他	5	70		13	13	千克			0		0
5503.1900	-- 其他	5	70		13	13	千克			0		0
5503.2000	- 聚酯制	5	70		13	13	千克				3.3	0
5503.3000	- 聚丙烯腈或变性聚丙烯腈制											
55033000.10	未梳或未经其他纺前加工的聚丙烯腈制短纤维（不包括变性聚丙烯腈制）	5	35		13	13	千克				3.3	0
55033000.90	未梳或未经其他纺前加工的变性聚丙烯腈制短纤维	5	35		13	13	千克				3.3	0
5503.4000	- 聚丙烯制	5	70		13	13	千克			0		0
	- 其他：											
5503.9010	--- 聚苯硫醚制	5	70		13	13	千克			0		0
5503.9090	--- 其他	5	70		13	13	千克			0		0
55.04	**人造纤维短纤，未梳或未经其他纺前加工：**											
	- 粘胶纤维制：											
5504.1010	--- 竹制	5	35		13	13	千克			0	4.5	0
	--- 木制：											
5504.1021	---- 阻燃的	5	35		13	13	千克			0	4	0
5504.1029	---- 其他	5	35		13	13	千克			0		0
5504.1090	--- 其他	5	35		13	13	千克			0		0

Chapter 55 Man-made staple fibres

Chapter Notes:

Headings 55.01 and 55.02 apply only to man-made filament tow, consisting of parallel filaments of a uniform length equal to the length of the tow, meeting the following specifications:

1. Length of tow exceeding 2 m;
2. Twist less than 5 turns per metre;
3. Measuring per filament less than 67 decitex;
4. Synthetic filament tow only: the tow must be drawn, that is to say, be incapable of being stretched by more than 100% of its length;
5. Total measurement of tow more than 20,000 decitex.

Tow of a length not exceeding 2 m is to be classified in heading 55.03 or 55.04.

协定税率（%）														特惠税率（%）①/②	Article Description
巴基斯坦	冰岛	哥斯达黎加	秘鲁	新西兰	瑞士	新加坡	韩国	澳大利亚	格鲁吉亚	毛里求斯	日本RCEP	尼加拉瓜	港澳台		
															Synthetic filament tow:
															- Of nylon or other polyamides:
0	0	0	0	0	0		0	0	0	0	0	0	0/	0/0	-- Of aramids
0	0	0	0	0	0		0	0	0	0	0	0	0/	0/0	-- Other
0	0	0	0	0	0		0	0	0	0		0	0/	0/0	- Of polyesters
															- Acrylic or modacrylic
0	0	0		0	0		1.6	0	0	0		4	0/	0/0	Acrylic filament tow, other than those of modacrylic
0	0	0		0	0		1.6	0	0	0		4	0/	0/0	Modacrylic filament tow
0	0	0	0	0	0		0	0	0	0	0	0	0/	0/0	- Of polypropylene
0	0	0	0	0	0		0	0	0	0	3.6	0	0/	0/0	- Other
															Artificial filament tow:
															- Of cellulose acetate:
0	0	0	0	0	0		0	0	0	0	2.2	2.8	0/	0/0	--- Cellulose diacetate filament tow
0	0	0	0	0	0		1.6	0	0	0	4.1	0	0/	0/0	--- Other
0	0	0	0	0	0		1.6	0	0	0	4.1	0	0/	0/0	- Other
															Synthetic staple fibres, not carded, combed or otherwise processed for spinning:
															- Of nylon or other polyamides:
															-- Of aromatic polyamides:
0	0	0	0	0	0			0	0	0		0	0/	0/0	--- Of polyisophthaloyl metaphenylene diamine
0	0	0	0	0	0			0	0	0		0	0/	0/0	--- Of poly-p-phenylene terephthamide
0	0	0	0	0	0			0	0	0		0	0/	0/0	--- Other
0	0	0	0	0	0		0	0	0	0	3.6	0	0/	0/0	-- Other
0	0	0	0	0	0		1.6	0	0	0		0	0/	0/0	- Of polyesters
															- Acrylic or modacrylie
0	0	0	0	0	0		0	0	0	0		0	0/	0/0	Acrylic staple fibres, not carded, combed or otherwise processed for spinning, other than those of modacrylic
0	0	0	0	0	0		0	0	0	0		0	0/	0/0	Modacrylic staple fibres, not carded, combed or otherwise processed for spinning
0	0	0	0	0	0		0	0	0	0	3.6	0	0/	0/0	- Of polypropylene
															- Other:
0	0	0	0	0	0		0	0	0	0	3.6	0	0/0	0/0	--- Of polyphenylene sulfide
0	0	0	0	0	0		0	0	0	0	0	0	0/0	0/0	--- Other
															Artificial staple fibres, not carded, combed or otherwise processed for spinning:
															- Of viscose rayon:
0	0	0	0	0	0		0	0	0	0	0	0	0/	0/0	--- Of bamboo
															--- Of wood:
0	0	0	0	0	0		0	0	0	0	3.6	0	0/	0/0	----Flame resistant
0	0	0	0	0	0		0	0	0	0	3.6	0	0/	0/0	----Other
0	0	0	0	0	0		0	0	0	0	3.6	0	0/	0/0	--- Other

税号	货品名称	进口关税（%）			增值/消费税（%）	出口退税（%）	计量单位	监管证件代码	检验检疫类别	协定税率（%）		
		最惠国	普通	年内暂定						东盟	亚太	智利
5504.9000	- 其他	5	35		13	13	千克			0		0
55.05	**化学纤维废料（包括落绵、废纱及回收纤维）:**											
5505.1000	- 合成纤维的	5	70		13	13	千克	9		0		0
5505.2000	- 人造纤维的	5	70		13	13	千克	9		0	3.5	0
55.06	**合成纤维短纤，已梳或经其他纺前加工:**											
	- 尼龙或其他聚酰胺制:											
	--- 芳族聚酰胺纺制:											
5506.1011	---- 聚间苯二甲酰间苯二胺纺制	5	70		13	13	千克			0		0
5506.1012	---- 聚对苯二甲酰对苯二胺纺制	5	70		13	13	千克			0		0
5506.1019	---- 其他	5	70		13	13	千克			0		0
5506.1090	--- 其他	5	70		13	13	千克			0		0
5506.2000	- 聚酯制	5	70		13	13	千克				3.3	0
5506.3000	- 聚丙烯腈或变性聚丙烯腈制											
55063000.10	已梳或经其他纺前加工的聚丙烯腈制短纤（不包括变性聚丙烯腈制）	5	35		13	13	千克				3.3	0
55063000.90	已梳或经其他纺前加工的变性聚丙烯腈制短纤	5	35		13	13	千克				3.3	0
5506.4000	- 聚丙烯制	5	70		13	13	千克			0		0
	- 其他:											
5506.9010	--- 聚苯硫醚制	5	70		13	13	千克			0		0
5506.9090	--- 其他	5	70		13	13	千克			0		0
55.07	**人造纤维短纤，已梳或经其他纺前加工:**											
5507.0000	人造纤维短纤，已梳或经其他纺前加工	5	35		13	13	千克			0		0
55.08	**化学纤维短纤纺制的缝纫线，不论是否供零售用:**											
5508.1000	- 合成纤维短纤纺制	5	90		13	13	千克			0	3.3	0
5508.2000	- 人造纤维短纤纺制	5	70		13	13	千克			0		0
55.09	**合成纤维短纤纺制的纱线（缝纫线除外），非供零售用:**											
	- 按重量计尼龙或其他聚酰胺短纤含量在85%及以上:											
5509.1100	-- 单纱	5	90		13	13	千克			0		0
5509.1200	-- 多股纱线或缆线	5	90		13	13	千克			0		0
	- 按重量计聚酯短纤含量在85%及以上:											
5509.2100	-- 单纱	5	90		13	13	千克			0		0
5509.2200	-- 多股纱线或缆线	5	90		13	13	千克			0		0
	- 按重量计聚丙烯腈或变性聚丙烯腈短纤含量在85%及以上:											
5509.3100	-- 单纱	5	90		13	13	千克			0		0
5509.3200	-- 多股纱线或缆线	5	90		13	13	千克			0	3.3	0
	- 其他纱线，按重量计合成纤维短纤含量在85%及以上:											
5509.4100	-- 单纱	5	90		13	13	千克			0		0
5509.4200	-- 多股纱线或缆线	5	90		13	13	千克			0		0
	- 其他聚酯短纤纺制的纱线:											
5509.5100	-- 主要或仅与人造纤维短纤混纺	5	90		13	13	千克			0		0
5509.5200	-- 主要或仅与羊毛或动物细毛混纺	5	90		13	13	千克			0		0
5509.5300	-- 主要或仅与棉混纺	5	90		13	13	千克			0	3.3	0
5509.5900	-- 其他	5	90		13	13	千克			0		0
	- 其他聚丙烯腈或变性聚丙烯腈短纤纺制的纱线:											

协定税率（%）巴基斯坦	冰岛	哥斯达黎加	秘鲁	新西兰	瑞士	新加坡	韩国	澳大利亚	格鲁吉亚	毛里求斯	日本RCEP	尼加拉瓜	港澳台	特惠税率（%）①/②	Article Description
0	0	0	0	0	0		0	0	0	0	0	0	0/0	0/0	- Other
															Waste (including noils, yarn waste and garnetted stock) of man-made fibres:
0	0	0	0	0	0		0	0	0	0	3.6	0	0/	0/0	- Of synthetic fibres
0	0	0	0	0	0		0	0	0	0	3.6	0	0/	0/0	- Of artificial fibres
															Synthetic staple fibres, carded, combed or otherwise processed for spinning:
															- Of aromatic polyamides:
															--- Of nylon or other polyamides:
0	0	0	0	0	0			0	0	0		0	0/	0/0	----Of polyisophthaloyl metaphenylene diamine
0	0	0	0	0	0			0	0	0		0	0/	0/0	----Of poly-p-phenylene terephthamide
0	0	0	0	0	0		1.6	0	0	0		0	0/	0/0	----Other
0	0	0	0	0	0		0	0	0	0	0	0	0/	0/0	--- Other
4.5	0	0	0	0	0		0	0	0	0		0	0/	0/0	- Of polyesters
															- Acrylic or modacrylic
4.5	0	0	0	0	0		0	0	0	0		0	0/	0/0	Acrylic staple fibres, carded, combed or otherwise processed for spinning, other than those of modacrylic
4.5	0	0	0	0	0		0	0	0	0		0	0/	0/0	Modacrylic staple fibres, carded, combed or otherwise processed for spinning
0	0	0	0	0	0		1.6	0	0	0	4.1	0	0/	0/0	- Of polypropylene
															- Other
0	0	0	0	0	0		1.6	0	0	0		0	0/	0/0	--- Of polyphenylene sulfide
0	0	0	0	0	0		1.6	0	0	0	4.1	0	0/	0/0	--- Other
															Artificial staple fibres, carded, combed or otherwise processed for spinning:
0	0	0	0	0	0		0	0	0	0	0	0	0/	0/0	Artificial staple fibres, carded, combed or otherwise processed for spinning
															Sewing thread of man-made staple fibres, whether or not put up for retail sale:
0	0	0	0	0	0		0	0	0	0	0	0	0/	0/0	- Of synthetic staple fibres
0	0	0	0	0	0		0	0	0	0	0	0	0/	0/0	- Of artificial staple fibres
															Yarn (other than sewing thread) of synthetic staple fibres, not put up for retail sale:
															- Containing 85% or more by weight of staple fibres of nylon or other polyamides:
0	0	0	0	0	0		0	0	0	0	0	0	0/	0/0	-- Single yarn
0	0	0	0	0	0		0	0	0	0	0	0	0/	0/0	-- Multiple (folded) or cabled yarn
															- Containing 85% or more by weight of polyester staple fibres:
0	0	0	0	0	0		0	0	0	0	0	0	0/	0/0	-- Single yarn
0	0	0	0	0	0		0	0	0	0	0	0	0/	0/0	-- Multiple (folded) or cabled yarn
															- Containing 85% or more by weight of acrylic or modacrylic staple fibres:
0	0	0	0	0	0		0	0	0	0	0	0	0/	0/0	-- Single yarn
0	0	0	0	0	0		0	0	0	0	0	0	0/0	0/0	-- Multiple (folded) or cabled yarn
															- Other yarn, containing 85% or more by weight of synthetic staple fibres:
0	0	0	0	0	0		0	0	0	0	0	0	0/	0/0	-- Single yarn
0	0	0	0	0	0		0	0	0	0	3.6	0	0/	0/0	-- Multiple (folded) or cabled yarn
															- Other yarn, of polyester staple fibres:
0	0	0	0	0	0		0	0	0	0	3.6	0	0/	0/0	-- Mixed mainly or solely with artificial staple fibres
0	0	0	0	0	0		0	0	0	0	0	0	0/	0/0	-- Mixed mainly or solely with wool or fine animal hair
0	0	0	0	0	0		0	0	0	0	0	0	0/0	0/0	-- Mixed mainly or solely with cotton
0	0	0	0	0	0		0	0	0	0	0	0	0/	0/0	-- Other
															- Other yarn, of acrylic or modacrylic staple fibres:

税号	货品名称	进口关税（%）最惠国	进口关税（%）普通	进口关税（%）年内暂定	增值/消费税（%）	出口退税（%）	计量单位	监管证件代码	检验检疫类别	协定税率（%）东盟	协定税率（%）亚太	协定税率（%）智利
5509.6100	-- 主要或仅与羊毛或动物细毛混纺	5	90		13	13	千克			0		0
5509.6200	-- 主要或仅与棉混纺	5	90		13	13	千克			0	3.3	0
5509.6900	-- 其他	5	90		13	13	千克			0		0
	- 其他纱线：											
5509.9100	-- 主要或仅与羊毛或动物细毛混纺	5	90		13	13	千克			0		0
5509.9200	-- 主要或仅与棉混纺	5	90		13	13	千克			0		0
5509.9900	-- 其他	5	90		13	13	千克			0		0
55.10	**人造纤维短纤纺制的纱线（缝纫线除外），非供零售用：**											
	- 按重量计人造纤维短纤含量在85%及以上：											
5510.1100	-- 单纱	5	70		13	13	千克			0	3.3	0
5510.1200	-- 多股纱线或缆线	5	70		13	13	千克			0		0
5510.2000	- 其他纱线，主要或仅与羊毛或动物细毛混纺	5	70		13	13	千克			0		0
5510.3000	- 其他纱线，主要或仅与棉混纺	5	70		13	13	千克			0	3.3	0
5510.9000	- 其他	5	70		13	13	千克			0	3.3	0
55.11	**化学纤维短纤纺制的纱线（缝纫线除外），供零售用：**											
5511.1000	- 按重量计合成纤维短纤含量在85%及以上	5	90		13	13	千克			0		0
5511.2000	- 按重量计合成纤维短纤含量在85%以下	5	90		13	13	千克			0		0
5511.3000	- 人造纤维短纤纺制	5	90		13	13	千克			0		0
55.12	**合成纤维短纤纺制的机织物，按重量计合成纤维短纤含量在85%及以上：**											
	- 按重量计聚酯短纤含量在85%及以上：											
5512.1100	-- 未漂白或漂白	8	130		13	13	米/千克			0	5.2	0
5512.1900	-- 其他	8	130		13	13	米/千克			0		0
	- 按重量计聚丙烯腈或变性聚丙烯腈短纤含量在85%及以上：											
5512.2100	-- 未漂白或漂白	8	130		13	13	米/千克			0		0
5512.2900	-- 其他	8	130		13	13	米/千克			0	5.2	0
	- 其他：											
5512.9100	-- 未漂白或漂白	8	130		13	13	米/千克			0		0
5512.9900	-- 其他	8	130		13	13	米/千克			0		0
55.13	**合成纤维短纤纺制的机织物，按重量计合成纤维短纤含量在85%以下，主要或仅与棉混纺，每平方米重量不超过170克：**											
	- 未漂白或漂白：											
	-- 聚酯短纤纺制的平纹机织物：											
5513.1110	--- 未漂白	8	130		13	13	米/千克			0	4.8	0
5513.1120	--- 漂白											
55131120.10	与棉混纺漂白聚酯短纤平纹府绸（含聚酯纤85%以下，每平方米重量≤170克，含细平布）	8	130		13	13	米/千克			0	4.8	0
55131120.20	与棉混纺漂白聚酯短纤机织平布（混纺为含聚酯短纤85%以下，轻质指每平方米重量≤170克）	8	130		13	13	米/千克			0	4.8	0
55131120.30	与棉混纺漂白聚酯平纹印染用布（混纺为含聚酯短纤85%以下，轻质指每平方米重量≤170克）	8	130		13	13	米/千克			0	4.8	0

协定税率（%）														特惠税率（%）①/②	Article Description
巴基斯坦	冰岛	哥斯达黎加	秘鲁	新西兰	瑞士	新加坡	韩国	澳大利亚	格鲁吉亚	毛里求斯	日本RCEP	尼加拉瓜	港澳台		
0	0	0	0	0	0		0	0	0	0	0	0	0/	0/0	-- Mixed mainly or solely with wool or fine animal hair
0	0	0	0	0	0		0	0	0	0	0	0	0/	0/0	-- Mixed mainly or solely with cotton
0	0	0	0	0	0		0	0	0	0	0	0	0/	0/0	-- Other
															- Other yarn:
0		0	0	0	0		0	0	0	0	3.6	0	0/	0/0	-- Mixed mainly or solely with wool or fine animal hair
0	0	0	0	0	0		0	0	0	0	0	0	0/0	0/0	-- Mixed mainly or solely with cotton
0	0	0	0	0	0		0	0	0	0	0	0	0/	0/0	-- Other
															Yarn (other than sewing thread) of artificial staple fibres, not put up for retail sale:
															- Containing 85% or more by weight of artificial staple fibres:
0	0	0	0	0	0		1.6	0	0	0	4.1	0	0/0	0/0	-- Single yarn
0	0	0	0	0	0		1.6	0	0	0	4.1	0	0/0	0/0	-- Multiple (folded) or cabled yarn
0	0	0	0	0	0		0	0	0	0	0	0	0/	0/0	- Other yarn, mixed mainly or solely with wool or fine animal hair
0	0	0	0	0	0		0	0	0	0	0	0	0/0	0/0	- Other yarn, mixed mainly or solely with cotton
0	0	0	0	0	0		0	0	0	0	3.6	0	0/	0/0	- Other yarn
															Yarn (other than sewing thread) of man-made staple fibres, put up for retail sale:
0	0	0	0	0	0		0	0	0	0	0	0	0/	0/0	- Of synthetic staple fibres, containing 85% or more by weight of such fibres
0	0	0	0	0	0		0	0	0	0	0	0	0/	0/0	- Of synthetic staple fibres, containing less than 85% by weight of such fibres
0	0	0	0	0	0		0	0	0	0	0	0	0/	0/0	- Of artificial staple fibres
															Woven fabrics of synthetic staple fibres, containing 85% or more by weight of synthetic staple fibres:
															- Containing 85% or more by weight of polyester staple fibres:
0	0	0	0	0	0	0	0	0	0	0	10.9	0	0/0	0/0	-- Unbleached or bleached
0	0	0	0	0	0	0	5	0	0	0	8.6	0	0/0	0/0	-- Other
															- Containing 85% or more by weight of acrylic or modacrylic staple fibres:
0	0	0	0	0	0	0	0	0	0	0	9.5	6.4	0/	0/0	-- Unbleached or bleached
0	0	0	0	0	0	0	0	0	0	0	7.3	6.4	0/	0/0	-- Other
															- Other:
0	0	0	0	0	0	0	0	0	0	0	13.1	6.4	0/	0/0	-- Unbleached or bleached
0	0	0	0	0	0	0	3.3	0	0	0	8.1	0	0/0	0/0	-- Other
															Woven fabrics of synthetic staple fibres, containing less than 85% by weight of such fibres, mixed mainly or solely with cotton, of a weight not exceeding $170g/m^2$:
															- Unbleached or bleached:
															-- Of polyester staple fibres, plain weave:
0	0	0	0	0	0	0	0	0	0	0	11.6	0	0/	0/0	--- Unbleached
															--- Bleached
0	0	0	0	0	0	0	0	0	0	0	10.9	0	0/	0/0	Plain poplin and fine plain cloth of polyester staple fibres, bleached, mixed with cotton, containing less than 85% by weight of polyester staple fibres, weighing not exceeding $170g/m^2$
0	0	0	0	0	0	0	0	0	0	0	10.9	0	0/	0/0	Plain cloth of polyester staple fibres, bleached, mixed with cotton, containing less than 85% by weight of polyester staple fibres, weighing not exceeding $170g/m^2$
0	0	0	0	0	0	0	0	0	0	0	10.9	0	0/	0/0	Plain cloth of polyester staple fibres for printing and dyeing, bleached, mixed with cotton, containing less than 85% by weight of polyester staple fibres, weighing not exceeding $170g/m^2$

税 号	货品名称	进口关税（%）			增值/消费税（%）	出口退税（%）	计量单位	监管证件代码	检验检疫类别	协定税率（%）		
		最惠国	普通	年内暂定						东盟	亚太	智利
55131120.40	与棉混纺漂白聚酯短纤平纹奶酪布等（含聚酯短纤<85%，每平方米重量≤170克，含薄细布、巴里纱）	8	130		13	13	米/千克			0	4.8	0
	-- 聚酯短纤纺制的三线或四线斜纹机织物，包括双面斜纹机织物：											
5513.1210	--- 未漂白	8	130		13	13	米/千克			0		0
5513.1220	--- 漂白	8	130		13	13	米/千克			0		0
	-- 其他聚酯短纤纺制的机织物：											
5513.1310	--- 未漂白	8	130		13	13	米/千克			0	7.2	0
5513.1320	--- 漂白	8	130		13	13	米/千克			0		0
5513.1900	-- 其他机织物	8	130		13	13	米/千克			0	4.8	0
	- 染色：											
5513.2100	-- 聚酯短纤纺制的平纹机织物	8	130		13	13	米/千克			0	5.2	0
	-- 其他聚酯短纤纺制的机织物：											
5513.2310	--- 聚酯短纤纺制的三线或四线斜纹机织物，包括双面斜纹机织物	8	130		13	13	米/千克			0		0
5513.2390	--- 其他	8	130		13	13	米/千克			0		0
5513.2900	-- 其他机织物	8	130		13	13	米/千克			0		0
	- 色织：											
5513.3100	-- 聚酯短纤纺制的平纹机织物	8	130		13	13	米/千克			0		0
	-- 其他机织物：											
5513.3910	--- 聚酯短纤纺制的三线或四线斜纹机织物，包括双面斜纹机织物	8	130		13	13	米/千克			0	5.2	0
5513.3920	--- 其他聚酯短纤纺制的机织物	8	130		13	13	米/千克			0		0
5513.3990	--- 其他	8	130		13	13	米/千克			0		0
	- 印花：											
5513.4100	-- 聚酯短纤纺制的平纹机织物	8	130		13	13	米/千克			0		0
	-- 其他机织物：											
5513.4910	--- 聚酯短纤纺制的三线或四线斜纹机织物，包括双面斜纹机织物	8	130		13	13	米/千克			0		0
5513.4920	--- 其他聚酯短纤纺制的机织物	8	130		13	13	米/千克			0		0
5513.4990	--- 其他	8	130		13	13	米/千克			0		0
55.14	**合成纤维短纤纺制的机织物，按重量计合成纤维短纤含量在85%以下，主要或仅与棉混纺，每平方米重量超过170克：**											
	- 未漂白或漂白：											
	-- 聚酯短纤纺制的平纹机织物：											
5514.1110	--- 未漂白	8	130		13	13	米/千克			0	5.2	0
5514.1120	--- 漂白	8	130		13	13	米/千克			0		0
	-- 聚酯短纤纺制的三线或四线斜纹机织物，包括双面斜纹机织物：											
5514.1210	--- 未漂白	8	130		13	13	米/千克			0		0
5514.1220	--- 漂白	8	130		13	13	米/千克			0		0
	-- 其他机织物：											
	--- 聚酯短纤纺制的机织物：											
5514.1911	---- 未漂白	8	130		13	13	米/千克			0		0
5514.1912	---- 漂白	8	130		13	13	米/千克			0		0
5514.1990	--- 其他	8	130		13	13	米/千克			0	5.2	0
	- 染色：											
5514.2100	-- 聚酯短纤纺制的平纹机织物	8	130		13	13	米/千克			0		0
5514.2200	-- 聚酯短纤纺制的三线或四线斜纹机织物，包括双面斜纹机织物	8	130		13	13	米/千克			0		0

协定税率（%）														特惠税率（%）①/②	Article Description
巴基斯坦	冰岛	哥斯达黎加	秘鲁	新西兰	瑞士	新加坡	韩国	澳大利亚	格鲁吉亚	毛里求斯	日本RCEP	尼加拉瓜	港澳台		
0	0	0	0	0	0	0	0	0	0	0	10.9	0	0/	0/0	Plain cheese cloth, voile and muslin of polyester staple fibres, bleached, mixed with cotton, containing less than 85% by weight of polyester staple fibres, weighing not exceeding 170g/m^2
															-- 3-thread or 4-thread twill, including cross twill, of polyester staple fibres:
0	0	0	0	0	0	0	0	0	0	0	11.6	0	0/	0/0	--- Unbleached
0	0	0	0	0	0	0	0	0	0	0	13.1	6.4	0/	0/0	--- Bleached
															-- Other woven fabrics of polyester staple fibres:
0	0	0	0	0	0	0	0	0	0	0	11.6	0	0/	0/0	--- Unbleached
0	0	0	0	0	0	0	0	0	0	0	13.1	0	0/	0/0	--- Bleached
0	0	0	0	0	0	0	0	0	0	0	13.1	6.4	0/	0/0	-- Other woven fabrics
															- Dyed:
0	0	0	0	0	0	0	0	0	0	0	7.3	0	0/0	0/0	-- Of polyester staple fibres, plain weave
															-- Other woven fabrics of polyester staple fibres:
0	0	0	0	0	0	0	0	0	0	0	7.3	6.4	0/	0/0	--- 3-thread or 4-thread twill, including cross twill, of polyester staple fibres
0	0	0	0	0	0	0	0	0	0	0	7.3	0	0/	0/0	--- Other
0	0	0	0	0	0	0	0	0	0	0	7.3	0	0/	0/0	-- Other woven fabrics
															- Of yarns of different colours:
0	0	0	0	0	0	0	0	0	0	0	7.3	0	0/	0/0	-- Of polyester staple fibres, plain weave
															-- Other woven fabrics:
0	0	0	0	0	0	0	0	0	0	0	7.3	0	0/	0/0	--- 3-thread or 4-thread twill, including cross twill, of polyester staple fibres
0	0	0	0	0	0	0	0	0	0	0	7.3	0	0/	0/0	--- Other woven fabrics of polyester staple fibres
0	0	0	0	0	0	0	0	0	0	0	7.3	6.4	0/	0/0	--- Other
															- Printed:
0	0	0	0	0	0	0	0	0	0	0	7.3	0	0/	0/0	-- Of polyester staple fibres, plain weave
															-- Other woven fabrics:
0	0	0	0	0	0	0	0	0	0	0	7.3	6.4	0/	0/0	--- 3-thread or 4-thread twill, including cross twill, of polyester staple fibres
0	0	0	0	0	0	0	0	0	0	0	7.3	0	0/	0/0	--- Other woven fabrics of polyester staple fibres
0	0	0	0	0	0	0	0	0	0	0	7.3	6.4	0/	0/0	--- Other
															Woven fabrics of synthetic staple fibres, containing less than 85% by weight of such fibres, mixed mainly or solely with cotton, of a weight exceeding 170g/m^2:
															- Unbleached or bleached:
															-- Of polyester staple fibres, plain weave:
0	0	0	0	0	0	0	0	0	0	0	11.6	6.4	0/	0/0	--- Unbleached
0	0	0	0	0	0	0	0	0	0	0	13.1	0	0/	0/0	--- Bleached
															-- 3-thread or 4-thread twill, including cross twill, of polyester staple fibres:
0	0	0	0	0	0	0	0	0	0	0	11.6	0	0/	0/0	--- Unbleached
0	0	0	0	0	0	0	0	0	0	0	13.1	0	0/	0/0	--- Bleached
															-- Other woven fabrics:
															--- Woven fabrics of polyester staple fibres:
0	0	0	0	0	0	0	0	0	0	0	11.6	0	0/	0/0	----Unbleached
0	0	0	0	0	0	0	0	0	0	0	13.1	6.4	0/	0/0	----Bleached
0	0	0	0	0	0	0	0	0	0	0	11.6	6.4	0/	0/0	--- Other
															- Dyed:
0	0	0	0	0	0	0	0	0	0	0	7.3	0	0/	0/0	-- Of polyester staple fibres, plain weave
0	0	0	0	0	0	0	0	0	0	0	7.3	0	0/	0/0	-- 3-thread or 4-thread twill, including cross twill, of polyester staple fibres

税 号	货品名称	进口关税（%） 最惠国	普通	年内暂定	增值/消费税（%）	出口退税（%）	计量单位	监管证件代码	检验检疫类别	协定税率（%） 东盟	亚太	智利
5514.2300	-- 其他聚酯短纤纺制的机织物	8	130		13	13	米/千克			0		0
5514.2900	-- 其他机织物	8	130		13	13	米/千克			0		0
	- 色织：											
5514.3010	--- 聚酯短纤纺制的平纹机织物	8	130		13	13	米/千克			0		0
5514.3020	--- 聚酯短纤纺制的三线或四线斜纹机织物，包括双面斜纹机织物	8	130		13	13	米/千克			0		0
5514.3030	--- 其他聚酯短纤纺制的机织物	8	130		13	13	米/千克			0		0
5514.3090	--- 其他机织物	8	130		13	13	米/千克			0		0
	- 印花：											
5514.4100	-- 聚酯短纤纺制的平纹机织物	8	130		13	13	米/千克			0		0
5514.4200	-- 聚酯短纤纺制的三线或四线斜纹机织物，包括双面斜纹机织物	8	130		13	13	米/千克			0		0
5514.4300	-- 其他聚酯短纤纺制的机织物	8	130		13	13	米/千克			0		0
5514.4900	-- 其他机织物	8	130		13	13	米/千克			0		0
55.15	**合成纤维短纤纺制的其他机织物：**											
	- 聚酯短纤纺制：											
5515.1100	-- 主要或仅与粘胶纤维短纤混纺	8	130		13	13	米/千克			0	5.2	0
5515.1200	-- 主要或仅与化学纤维长丝混纺	8	130		13	13	米/千克			0	5.2	0
5515.1300	-- 主要或仅与羊毛或动物细毛混纺	8	130		13	13	米/千克			0		0
5515.1900	-- 其他	8	130		13	13	米/千克			0	5.2	0
	- 聚丙烯腈或变性聚丙烯腈短纤纺制：											
5515.2100	-- 主要或仅与化学纤维长丝混纺	8	130		13	13	米/千克			0		0
5515.2200	-- 主要或仅与羊毛或动物细毛混纺	8	130		13	13	米/千克			0		0
5515.2900	-- 其他	8	130		13	13	米/千克			0		0
	- 其他机织物：											
5515.9100	-- 主要或仅与化学纤维长丝混纺	8	130		13	13	米/千克			0		0
5515.9900	-- 其他	8	130		13	13	米/千克			0	5.2	0
55.16	**人造纤维短纤纺制的机织物：**											
	- 按重量计人造纤维短纤含量在85%及以上：											
5516.1100	-- 未漂白或漂白	8	130		13	13	米/千克			0		0
5516.1200	-- 染色	8	130		13	13	米/千克			0		0
5516.1300	-- 色织	8	130		13	13	米/千克			0		0
5516.1400	-- 印花	8	130		13	13	米/千克			0		0
	- 按重量计人造纤维短纤含量在85%以下，主要或仅与化学纤维长丝混纺：											
5516.2100	-- 未漂白或漂白	8	130		13	13	米/千克			0		0
5516.2200	-- 染色	8	130		13	13	米/千克			0	5.2	0
5516.2300	-- 色织	8	130		13	13	米/千克			0		0
5516.2400	-- 印花	8	130		13	13	米/千克			0		0
	- 按重量计人造纤维短纤含量在85%以下，主要或仅与羊毛或动物细毛混纺：											
5516.3100	-- 未漂白或漂白	8	130		13	13	米/千克			0		0
5516.3200	-- 染色	8	130		13	13	米/千克			0		0
5516.3300	-- 色织	8	130		13	13	米/千克			0		0
5516.3400	-- 印花	8	130		13	13	米/千克			0		0

协定税率（%）														特惠税率（%）①/②	Article Description
巴基斯坦	冰岛	哥斯达黎加	秘鲁	新西兰	瑞士	新加坡	韩国	澳大利亚	格鲁吉亚	毛里求斯	日本RCEP	尼加拉瓜	港澳台		
0	0	0	0	0	0	0	0	0	0	0	7.3	0	0/	0/0	-- Other woven fabrics of polyester staple fibres
0	0	0	0	0	0	0	0	0	0	0	7.3	0	0/	0/0	-- Other woven fabrics
															- Of yarns of different colours:
0	0	0	0	0	0	0	0	0	0	0	7.3	0	0/	0/0	--- Of polyester staple fibres, plain weave
0	0	0	0	0	0	0	0	0	0	0	7.3	6.4	0/	0/0	--- 3-thread or 4-thread twill, including cross twill, of polyester staple fibres
0	0	0	0	0	0	0	0	0	0	0	7.3	0	0/	0/0	--- Other woven fabrics of polyester staple fibres
0	0	0	0	0	0	0	0	0	0	0	7.3	6.4	0/	0/0	--- Other woven fabrics
															- Printed:
0	0	0	0	0	0	0	0	0	0	0	7.3	6.4	0/	0/0	-- Of polyester staple fibres, plain weave
0	0	0	0	0	0	0	0	0	0	0	7.3	0	0/	0/0	-- 3-thread or 4-thread twill, including cross twill, of polyester staple fibres
0	0	0	0	0	0	0	0	0	0	0	7.3	0	0/	0/0	-- Other woven fabrics of polyester staple fibres
0	0	0	0	0	0	0	0	0	0	0	7.3	6.4	0/	0/0	-- Other woven fabrics
															Other woven fabrics of synthetic staple fibres:
															- Of polyester staple fibres:
0	0	0	0	0	0	0	0	0	0	0	7.3	0	0/0	0/0	-- Mixed mainly or solely with viscose rayon staple fibres
0	0	0	0	0	0	0	0	0	0	0	7.3	0	0/0	0/0	-- Mixed mainly or solely with man-made filaments
0	0	0	0	0	0	0	0	0	0	0	7.3	0	0/	0/0	-- Mixed mainly or solely with wool or fine animal hair
0	0	0	0	0	0	0	0	0	0	0	7.3	0	0/	0/0	-- Other
															- Of acrylic or modacrylic staple fibres:
0	0	0	0	0	0	0	0	0	0	0	7.3	6.4	0/	0/0	-- Mixed mainly or solely with man-made filaments
0	0	0	0	0	0	0	0	0	0	0	8.7	6.4	0/	0/0	-- Mixed mainly or solely with wool or fine animal hair
0	0	0	0	0	0	0	0	0	0	0	7.3	6.4	0/	0/0	-- Other
															- Other woven fabrics:
0	0	0	0	0	0	0	0	0	0	0	7.3	0	0/	0/0	-- Mixed mainly or solely with man-made filaments
0	0	0	0	0	0	0	0	0	0	0	7.3	0	0/	0/0	-- Other
															Woven fabrics of artificial staple fibres:
															- Containing 85% or more by weight of artificial staple fibres:
0	0	0	0	0	0	0	0	0	0	0	8.7	0	0/	0/0	-- Unbleached or bleached
0	0	0	0	0	0	0	0	0	0	0	7.3	0	0/0	0/0	-- Dyed
0	0	0	0	0	0	0	0	0	0	0	7.3	0	0/	0/0	-- Of yarns of different colours
0	0	0	0	0	0	0	0	0	0	0	7.3	0	0/	0/0	-- Printed
															- Containing less than 85% by weight of artificial staple fibres, mixed mainly or solely with man-made filaments:
0	0	0	0	0	0	0	0	0	0	0	8.7	0	0/	0/0	-- Unbleached or bleached
0	0	0	0	0	0	0	3.3	0	0	0	8.1	0	0/0	0/0	-- Dyed
0	0	0	0	0	0	0	0	0	0	0	7.3	0	0/	0/0	-- Of yarns of different colours
0	0	0	0	0	0	0	0	0	0	0	7.3	0	0/	0/0	-- Printed
															- Containing less than 85% by weight of artificial staple fibres, mixed mainly or solely with wool or fine animal hair:
0	0	0	0	0	0	0	0	0	0	0	8.7	0	0/	0/0	-- Unbleached or bleached
0	0	0	0	0	0	0	0	0	0	0	7.3	6.4	0/	0/0	-- Dyed
0	0	0	0	0	0	0	0	0	0	0	7.3	0	0/	0/0	-- Of yarns of different colours
0	0	0	0	0	0	0	0	0	0	0	7.3	6.4	0/	0/0	-- Printed

税　号	货品名称	进口关税（%）			增值/消费税（%）	出口退税（%）	计量单位	监管证件代码	检验检疫类别	协定税率（%）		
		最惠国	普通	年内暂定						东盟	亚太	智利
	- 按重量计人造纤维短纤含量在85%以下，主要或仅与棉混纺：											
5516.4100	-- 未漂白或漂白	8	130		13	13	米/千克			0		0
5516.4200	-- 染色	8	130		13	13	米/千克			0		0
5516.4300	-- 色织	8	130		13	13	米/千克			0		0
5516.4400	-- 印花	8	130		13	13	米/千克			0		0
	- 其他：											
5516.9100	-- 未漂白或漂白	8	130		13	13	米/千克			0		0
5516.9200	-- 染色	8	130		13	13	米/千克			0		0
5516.9300	-- 色织	8	130		13	13	米/千克			0		0
5516.9400	-- 印花	8	130		13	13	米/千克			0	5.2	0

协定税率（%）														特惠税率（%）①/②	Article Description
巴基斯坦	冰岛	哥斯达黎加	秘鲁	新西兰	瑞士	新加坡	韩国	澳大利亚	格鲁吉亚	毛里求斯	日本RCEP	尼加拉瓜	港澳台		
															- Containing less than 85% by weight of artificial staple fibres, mixed mainly or solely with cotton:
0	0	0	0	0	0	0	0	0	0	0	8.7	0	0/	0/0	-- Unbleached or bleached
0	0	0	0	0	0	0	0	0	0	0	8.7	0	0/	0/0	-- Dyed
0	0	0	0	0	0	0	0	0	0	0	7.3	6.4	0/	0/0	-- Of yarns of different colours
0	0	0	0	0	0	0	0	0	0	0	7.3	0	0/	0/0	-- Printed
															- Other:
0	0	0	0	0	0	0	0	0	0	0	8.7	0	0/	0/0	-- Unbleached or bleached
0	0	0	0	0	0	0	3.3	0	0	0	8.1	0	0/	0/0	-- Dyed
0	0	0	0	0	0	0	0	0	0	0	7.3	0	0/	0/0	-- Of yarns of different colours
0	0	0	0	0	0	0	0	0	0	0	7.3	0	0/	0/0	-- Printed

第五十六章　絮胎、毡呢及无纺织物；特种纱线；线、绳、索、缆及其制品

注释：

一、本章不包括：

（一）用各种物质或制剂（例如，第三十三章的香水或化妆品、税目34.01的肥皂或洗涤剂、税目34.05的光洁剂、擦洗膏及类似制剂、税目38.09的织物柔软剂）浸渍、涂布、包覆的絮胎、毡呢或无纺织物，其中的纺织材料仅作为承载介质；

（二）税目58.11的纺织产品；

（三）以毡呢或无纺织物为底的砂布及类似品（税目68.05）；

（四）以毡呢或无纺织物为底的粘聚或复制云母（税目68.14）；

（五）以毡呢或无纺织物为底的金属箔（通常归入第十四类或第十五类）；或

（六）税目96.19的卫生巾（护垫）及卫生棉条、尿布及尿布衬里和类似品。

二、所称“毡呢”，包括针刺机制毡呢以及纤维本身通过缝编工序增强了抱合力的纺织纤维网状织物。

三、税目56.02及56.03分别包括用各种性质（紧密结构或泡沫状）的塑料或橡胶浸渍、涂布、包覆或层压的毡呢及无纺织物。

税目56.03还包括用塑料或橡胶作粘合材料的无纺织物。

但税目56.02及56.03不包括：

（一）用塑料或橡胶浸渍、涂布、包覆或层压，按重量计纺织材料含量在50%及以下的毡呢或者完全嵌入塑料或橡胶之内的毡呢（第三十九章或第四十章）；

（二）完全嵌入塑料或橡胶之内的无纺织物，以及用肉眼可辨别出两面都用塑料或橡胶涂布、包覆的无纺织物，涂布或包覆所引起的颜色变化可不予考虑（第三十九章或第四十章）；或

（三）与毡呢或无纺织物混制的泡沫塑料或海绵橡胶板、片或扁条，纺织材料仅在其中起增强作用（第三十九章或第四十章）。

四、税目56.04不包括用肉眼无法辨别出是否经过浸渍、涂布或包覆的纺织纱线或税目54.04或54.05的扁条及类似品（通常归入第五十章至第五十五章）；运用本条规定，可不考虑浸渍、涂布或包覆所引起的颜色变化。

税　号	货品名称	进口关税（%）			增值/消费税（%）	出口退税（%）	计量单位	监管证件代码	检验检疫类别	协定税率（%）		
		最惠国	普通	年内暂定						东盟	亚太	智利
56.01	纺织材料絮胎及其制品；长度不超过5毫米的纺织纤维（纤维屑）、纤维粉末及球结：											
	- 纺织材料制的絮胎及其制品：											
5601.2100	-- 棉制	8	50		13	13	千克			0		0
	-- 化学纤维制：											
5601.2210	--- 卷烟滤嘴	8	100		13	13	千克	7		0		0
5601.2290	--- 其他	8	100		13	13	千克			0		0
5601.2900	-- 其他	8	90		13	13	千克			0		0
5601.3000	- 纤维屑、纤维粉末及球结											
56013000.10	由两种或以上有机聚合物纺制的纤维（横截面为皮芯结构或并列结构或海岛结构，长度不超过5毫米）	8	100	5	13	13	千克			0		0
56013000.90	纺织纤维屑，纤维粉末及球结（纺织纤维长度不超过5毫米）	8	100		13	13	千克			0		0
56.02	毡呢，不论是否浸渍、涂布、包覆或层压：											
5602.1000	- 针刺机制毡呢及纤维缝编织物	8	100		13	13	千克			0		0
	- 其他毡呢，未浸渍、涂布、包覆或层压：											

Chapter 56 Wadding, felt and nonwovens; special yarns; twine, cordage, ropes and cables and articles thereof

Chapter Notes:

1. This Chapter does not cover:

(a) Wadding, felt or nonwovens, impregnated, coated or covered with substances or preparations (for example, perfumes or cosmetics of Chapter 33, soaps or detergents of heading 34.01, polishes, scouring pastes or similar preparations of heading 34.05, fabric softeners of heading 38.09) where the textile material is present merely as a carrying medium;

(b) Textile products of heading 58.11;

(c) Natural or artificial abrasive powder or grain, on a backing of felt or nonwovens (heading 68.05);

(d) Agglomerated or reconstituted mica, on a backing of felt or nonwovens (heading 68.14); or

(e) Metal foil on a backing of felt or nonwovens (generally Section XIV or XV).

(f) Sanitary towels (pads) and tampons, napkins (diapers) and napkin liners and similar articles of heading 96.19.

2. The term "felt" includes needleloom felt and fabrics consisting of a web of textile fibres the cohesion of which has been enhanced by a stitch-bonding process using fibres from the web itself.

3. Headings 56.02 and 56.03 cover respectively felt and nonwovens, impregnated, coated, covered or laminated with plastics or rubber whatever the nature of these materials (compact or cellular).

Heading 56.03 also includes nonwovens in which plastics or rubber forms the bonding substance.

Headings 56.02 and 56.03 do not, however, cover:

(a) Felt impregnated, coated, covered or laminated with plastics or rubber, containing 50% or less by weight of textile material or felt completely embedded in plastics or rubber (Chapter 39 or 40);

(b) Nonwovens, either completely embedded in plastics or rubber, or entirely coated or covered on both sides with such materials, provided that such coating or covering can be seen with the naked eye with no account being taken of any resulting change of colour (Chapter 39 or 40); or

(c) Plates, sheets or strip of cellular plastics or cellular rubber combined with felt or nonwovens, where the textile material is present merely for reinforcing purposes (Chapter 39 or 40).

4. Heading 56.4 does not cover textile yarn, or the like of heading 54.04 or 54.05, in which the impregnation, coating or covering cannot be seen with the naked eye (usually Chapters 50 to 55);for the purpose of this provision, no account should be taken of any resulting change of colour.

协定税率（%）														特惠税率（%）①/②	Article Description
巴基斯坦	冰岛	哥斯达黎加	秘鲁	新西兰	瑞士	新加坡	韩国	澳大利亚	格鲁吉亚	毛里求斯	日本RCEP	尼加拉瓜	港澳台		
															Wadding of textile materials and articles thereof; textile fibres, not exceeding 5mm in length (flock), textile dust and mill neps:
															- Wadding of textile materials and articles thereof:
2.5	0	0	0	0	0	0	0	0	0	0	7.3	0	0/	0/0	-- Of cotton
															-- Of man-made fibres:
4.8	0	0	0	0	0	0				0			0/	0/0	--- Cigarette filter tips
	0	0	0	0	0	0	4	0	0	0	9.8	0	0/0	0/0	--- Other
2.5	0	0	0	0	0	0	0	0	0	0	7.3	0	0/	0/0	-- Other
															- Textile flock and dust and mill neps
2.5	0	0	0	0	0	0	0	0	0	0	7.3	0	0/	0/0	Textile fibres composed of two or more species of organic polymers, with a skin-core or parataxis or sea islands cross-section structure, of a length not exceeding 5mm
2.5	0	0	0	0	0	0	0	0	0	0	7.3	0	0/	0/0	Textile flock, dust and mill neps, of a length not exceeding 5mm
															Felt, whether or not impregnated, coated, covered or laminated:
2.5	0	0	0	0	0	0	0	0	0	0	7.3	0	0/	0/0	- Needleloom felt and stitch-bonded fibre fabrics
															- Other felt, not impregnated, coated, covered or laminated:

税　号	货品名称	进口关税（%）			增值/消费税（%）	出口退税（%）	计量单位	监管证件代码	检验检疫类别	协定税率（%）		
		最惠国	普通	年内暂定						东盟	亚太	智利
5602.2100	-- 羊毛或动物细毛制	8	100		13	13	千克			0		0
5602.2900	-- 其他纺织材料制	8	100		13	13	千克			0		0
5602.9000	- 其他	8	100		13	13	千克			0		0
56.03	**无纺织物，不论是否浸渍、涂布、包覆或层压：**											
	- 化学纤维长丝制：											
	-- 每平方米重量不超过25克：											
5603.1110	--- 经浸渍、涂布、包覆或层压	8	70		13	13	千克			0	5.2	0
5603.1190	--- 其他	8	130		13	13	千克			0	6.8	0
	-- 每平方米重量超过25克，但不超过70克：											
5603.1210	--- 经浸渍、涂布、包覆或层压	8	70		13	13	千克			0	5.2	0
5603.1290	--- 其他	8	130		13	13	千克			0		0
	-- 每平方米重量超过70克，但不超过150克：											
5603.1310	--- 经浸渍、涂布、包覆或层压	8	70		13	13	千克			0	5.2	0
5603.1390	--- 其他	8	130		13	13	千克			0		0
	-- 每平方米重量超过150克：											
5603.1410	--- 经浸渍、涂布、包覆或层压	8	70		13	13	千克			0	5.2	0
5603.1490	--- 其他	8	130		13	13	千克			0	5.2	0
	- 其他：											
	-- 每平方米重量不超过25克：											
5603.9110	--- 经浸渍、涂布、包覆或层压											
56039110.10	每平方米重量≤25克经浸渍的乙烯聚合物制电池隔膜基布（浸渍包括涂布、包覆或压层）	8	70	5	13	13	千克			0	5.2	0
56039110.90	每平方米重量≤25克经浸渍的其他无纺布（浸渍包括涂布、包覆或压层）	8	70		13	13	千克			0	5.2	0
5603.9190	--- 其他	8	85		13	13	千克			0	6.8	0
	-- 每平方米重量超过25克，但不超过70克：											
5603.9210	--- 经浸渍、涂布、包覆或层压											
56039210.10	25克<每平方米重量≤70克浸渍的乙烯聚合物制电池隔膜基布（浸渍包括涂布、包覆或压层）	8	70	5	13	13	千克			0	5.2	0
56039210.90	25克<每平方米重量≤70克浸渍的其他无纺布（浸渍包括涂布、包覆或压层）	8	70		13	13	千克			0	5.2	0
5603.9290	--- 其他	8	85		13	13	千克			0	5.2	0
	-- 每平方米重量超过70克，但不超过150克：											
5603.9310	--- 经浸渍、涂布、包覆或层压											
56039310.10	70克<每平方米重量≤150克浸渍的乙烯聚合物制电池隔膜基布（浸渍包括涂布、包覆或压层）	8	70	5	13	13	千克			0	5.2	0
56039310.90	70克<每平方米重量≤150克浸渍的其他无纺布（浸渍包括涂布、包覆或压层）	8	70		13	13	千克			0	5.2	0
5603.9390	--- 其他	8	85		13	13	千克			0	5.2	0
	-- 每平方米重量超过150克：											
5603.9410	--- 经浸渍、涂布、包覆或层压	8	70		13	13	千克			0	5.2	0
5603.9490	--- 其他	8	85		13	13	千克			0	5.2	0

协定税率（%）														特惠税率（%）①/②	Article Description
巴基斯坦	冰岛	哥斯达黎加	秘鲁	新西兰	瑞士	新加坡	韩国	澳大利亚	格鲁吉亚	毛里求斯	日本RCEP	尼加拉瓜	港澳台		
2.5	0	0	0	0	0	0	0	0	0	0	7.3	6.4	0/	0/0	-- Of wool or fine animal hair
2.5	0	0	0	0	0	0	0	0	0	0	7.3	0	0/	0/0	-- Of other textile materials
2.5	0	0	0	0	0	0	0	0	0	0	7.3	0	0/	0/0	- Other
															Nonwovens, whether or not impregnated, coated, covered or laminated:
															- Of man-made filaments:
															-- Weighing not more than $25g/m^2$:
0	0	0	0	0	0	0	0	0	0	0	7.3	0	0/0	0/0	--- Impregnated, coated, co-vered or laminated
0	0	0	0	0	0	0	0	0	0	0	7.3	0	0/	0/0	--- Other
															-- Weighing more than $25g/m^2$ but not more than $70g/m^2$:
0	0	0	0	0	0	0	3.3	0	0	0	8.1	0	0/	0/0	--- Impregnated, coated, covered or laminated
0	0	0	0	0	0	0	0	0	0	0	7.3	0	0/0	0/0	--- Other
															-- Weighing more than $70g/m^2$ but not more than $150g/m^2$:
0	0	0	0	0	0	0	0	0	0	0	7.3	0	0/0	0/0	--- Impregnated, coated, co-vered or laminated
0	0	0	0	0	0	0	0	0	0	0	7.3	0	0/0	0/0	--- Other
															-- Weighing more than $150g/m^2$:
0	0	0	0	0	0	0	3.3	0	0	0	8.1	0	0/0	0/0	--- Impregnated, coated, co-vered or laminated
0	0	0	0	0	0	0	0	0	0	0	7.3	0	0/0	0/0	--- Other
															- Other:
															-- Weighing not more than $25g/m^2$:
															--- Impregnated, coated, co-vered or laminated
0	0	0	0	0	0	0	0	0	0	0	7.3	6.4	0/	0/0	Battery separator substrates of polyethylene, impregnated, coated, covered or laminated, weighing lnot more than $25g/m^2$
0	0	0	0	0	0	0	0	0	0	0	7.3	6.4	0/	0/0	Other nonwovens, impregnated, coated, covered or laminated, weighing not more than $25g/m^2$
0	0	0	0	0	0	0	0	0	0	0	7.3	0	0/	0/0	--- Other
															-- Weighing more than $25g/m^2$ but not more than $70g/m^2$:
															--- Impregnated, coated, co-vered or laminated
0	0	0	0	0	0	0	0	0	0	0	7.3	6.4	0/	0/0	Battery separator substrates of polyethylene, impregnated, coated, covered or laminated, weighing more than $25g/m^2$ but not more than $70g/m^2$
0	0	0	0	0	0	0	0	0	0	0	7.3	6.4	0/	0/0	Other nonwovens, impregnated, coated, covered or laminated, weighing more than $25g/m^2$ but not more than $70g/m^2$
0	0	0	0	0	0		0	0	0	0	7.3	0	0/0	0/0	--- Other
															-- Weighing more than $70g/m^2$ but not more than $150g/m^2$:
															--- Impregnated, coated, co-vered or laminated
0	0	0	0	0	0	0	0	0	0	0	7.3	6.4	0/	0/0	The impregnation of polymers of ethylene battery diaphragm base fabric per square meter weight greater than 70 grams less than or equal to 150 grams (including dip coated or laminated)
0	0	0	0	0	0	0	0	0	0	0	7.3	6.4	0/	0/0	Other non woven fabrics are more than 70 grams per square meter less than or equal to 150 grams (impregnation, including coating, coating or layer)
0	0	0	0	0	0	0	0	0	0	0	7.3	0	0/0	0/0	--- Other
															-- Weighing more than $150g/m^2$:
0	0	0	0	0	0	0	0	0	0	0	7.3	0	0/0	0/0	--- Impregnated, coated, co-vered or laminated
0	0	0	0	0	0	0	3.3	0	0	0	8.1	0	0/0	0/0	--- Other

税号	货品名称	进口关税（%）最惠国	普通	年内暂定	增值/消费税（%）	出口退税（%）	计量单位	监管证件代码	检验检疫类别	协定税率（%）东盟	亚太	智利
56.04	**用纺织材料包覆的橡胶线及绳；用橡胶或塑料浸渍、涂布、包覆或套裹的纺织纱线及税目54.04或54.05的扁条及类似品：**											
5604.1000	- 用纺织材料包覆的橡胶线及绳	5	80		13	13	千克			0		0
5604.9000	- 其他	5	80		13	13	千克			0		0
56.05	**含金属纱线，不论是否螺旋花线，由纺织纱线或税目54.04或54.05的扁条及类似品与金属线、扁条或粉末混合制得或用金属包覆制得：**											
5605.0000	含金属纱线，不论是否螺旋花线，由纺织纱线或税目54.04或54.05的扁条及类似品与金属线、扁条或粉末混合制得或用金属包覆制得	5	70		13	13	千克			0		0
56.06	**粗松螺旋花线，税目54.04或54.05的扁条及类似品制的螺旋花线（税目56.05的货品及马毛粗松螺旋花线除外）；绳绒线（包括植绒绳绒线）；纵行起圈纱线：**											
5606.0000	粗松螺旋花线，税目54.04或54.05的扁条及类似品制的螺旋花线（税目56.05的货品及马毛粗松螺旋花线除外）；绳绒线（包括植绒绳绒线）；纵行起圈纱线	5	70		13	13	千克			0		0
56.07	**线、绳、索、缆，不论是否编织或编结而成，也不论是否用橡胶或塑料浸渍、涂布、包覆或套裹：**											
	- 西沙尔麻或其他纺织用龙舌兰类纤维纺制：											
5607.2100	-- 包扎用绳	5	50		13	13	千克			0		0
5607.2900	-- 其他	5	50		13	13	千克			0		0
	- 聚乙烯或聚丙烯纺制：											
5607.4100	-- 包扎用绳	5	100		13	13	千克			0		0
5607.4900	-- 其他	5	100		13	13	千克			0		0
5607.5000	- 其他合成纤维纺制	5	100		13	13	千克			0		0
	- 其他：											
5607.9010	--- 蕉麻（马尼拉麻）或其他硬质（叶）纤维纺制	5	50		13	13	千克			0		0
5607.9090	--- 其他	5	100		13	13	千克			0		0
56.08	**线、绳或索结制的网料；纺织材料制成的渔网及其他网：**											
	- 化学纤维材料制：											
5608.1100	-- 制成的渔网	8	50		13	13	千克			0		0
5608.1900	-- 其他	8	100		13	13	千克			0		0
5608.9000	- 其他	8	100		13	13	千克			0		0
56.09	**用纱线、税目54.04或54.05的扁条及类似品或线、绳、索、缆制成的其他税目未列名物品：**											
5609.0000	用纱线、税目54.04或54.05的扁条及类似品或线、绳、索、缆制成的其他税目未列名物品	8	100		13	13	千克			0		0

协定税率（%）														特惠税率（%）①/②	Article Description
巴基斯坦	冰岛	哥斯达黎加	秘鲁	新西兰	瑞士	新加坡	韩国	澳大利亚	格鲁吉亚	毛里求斯	日本RCEP	尼加拉瓜	港澳台		
															Rubber thread and cord, textile covered; textile yarn, and strip and the like of heading 54.04 or 54.05, impregnated, coated, covered or sheathed with rubber or plastics:
0	0	0	0	0	0		0	0	0	0	0	0	0/	0/0	- Rubber thread and cord, textile covered
0	0	0	0	0	0		0	0	0	0	4.1	0	0/	0/0	- Other
															Metallized yarn, whether or not gimped, being textile yarn, or strip or the like of heading 54.04 or 54.05, combined with metal in the form of thread, strip or powder or covered with metal:
0	0	0	0	0	0		0	0	0	0	0	0	0/	0/0	Metallized yarn, whether or not gimped, being textile yarn, or strip or the like of heading 54.04 or 54.05, combined with metal in the form of thread, strip or powder or covered with metal
															Gimped yarn, and strip and the like of heading 54.04 or 54.05, gimped, other than those of heading 56.05 and gimped horsehair yarn; chenille yarn, including flock chenille yarn; loopwale yarn:
0	0	0	0	0	0		0	0	0	0	0	0	0/	0/0	Gimped yarn, and strip and the like of heading 54.04 or 54.05, gimped, other than those of heading 56.05 and gimped horsehair yarn; chenille yarn, including flock chenille yarn; loopwale yarn
															Twine, cordage, rope sand cables, whether or not plaited or braided and whether or not impregnated, coated, covered or sheathed with rubber or plastics:
															- Of sisal or other textile fibres of the genus Agave:
0	0	0	0	0	0		0	0	0	0	0	0	0/	0/0	-- Binder or baler twine
0	0	0	0	0	0		0	0	0	0	0	0	0/	0/0	-- Other
															- Of polyethylene or polypropy-lene:
0	0	0	0	0	0		0	0	0	0	0	0	0/	0/0	-- Binder or baler twine
0	0	0	0	0	0		0	0	0	0	0	0	0/	0/0	-- Other
0	0	0	0	0	0		0	0	0	0	0	0	0/0	0/0	- Of other synthetic fibres
															- Other:
0	0	0	0	0	0		0	0	0	0	0	0	0/	0/0	--- Of abaca (Manila hemp or Muse textilis Nee) or other hard (leaf) fibres
0	0	0	0	0	0		0	0	0	0	0	0	0/	0/0	--- Other
															Knotted netting of twine, cordage or rope; made up fishing nets and other made up nets, of textile materials:
															- Of man-made textile materials:
2.5	0	0	0	0	0		0	0	0	0	7.3	0	0/	0/0	-- Made up fishing nets
0	0	0	0	0	0	0	0	0	0	0	8.7	0	0/0	0/0	-- Other
2.5	0	0	0	0	0		0	0	0	0	7.3	0	0/	0/0	- Other
															Articles of yarn, strip or the like of heading 54.04 or 54.05, twine, cordage, rope or cables, not elsewhere specified or included:
4	0	0	0	0	0		0	0	0	2	7.3	0	0/	0/0	Articles of yarn, strip or the like of heading 54.04 or 54.05, twine, cordage, rope or cables, not elsewhere specified or included

第五十七章　地毯及纺织材料的其他铺地制品

注释：

一、本章所称“地毯及纺织材料的其他铺地制品”，是指使用时以纺织材料作面的铺地制品，也包括具有纺织材料铺地制品特征但作其他用途的物品。

二、本章不包括铺地制品衬垫。

税号	货品名称	进口关税（%）			增值/消费税（%）	出口退税（%）	计量单位	监管证件代码	检验检疫类别	协定税率（%）		
		最惠国	普通	年内暂定						东盟	亚太	智利
57.01	结织栽绒地毯及纺织材料的其他结织栽绒铺地制品，不论是否制成的：											
5701.1000	- 羊毛或动物细毛制	6	130		13	13	千克/平方米			0		0
	- 其他纺织材料制：											
5701.9010	--- 化学纤维制	6	130		13	13	千克/平方米			0		0
5701.9020	--- 丝制	6	100		13	13	千克/平方米			0		0
5701.9090	--- 其他	6	100		13	13	千克/平方米			0		0
57.02	机织地毯及纺织材料的其他机织铺地制品，未簇绒或未植绒，不论是否制成的，包括“开来姆”、“苏麦克”、“卡拉马尼”及类似的手织地毯：											
5702.1000	- “开来姆”、“苏麦克”、“卡拉马尼”及类似的手织地毯	6	130		13	13	千克/平方米			0		0
5702.2000	- 椰壳纤维制的铺地制品	6	100		13	13	千克/平方米			0		0
	- 其他起绒结构的铺地制品，未制成的：											
5702.3100	-- 羊毛或动物细毛制	4	130		13	13	千克/平方米			0		0
5702.3200	-- 化学纤维制	6	130		13	13	千克/平方米			0		0
5702.3900	-- 其他纺织材料制	6	100		13	13	千克/平方米			0		0
	- 其他起绒结构的铺地制品，制成的：											
5702.4100	-- 羊毛或动物细毛制	4	130		13	13	千克/平方米			0		0
5702.4200	-- 化学纤维制	4	130		13	13	千克/平方米			0		0
5702.4900	-- 其他纺织材料制	6	100		13	13	千克/平方米			0	4	0
	- 其他非起绒结构的铺地制品，未制成的：											
5702.5010	--- 羊毛或动物细毛制	6	130		13	13	千克/平方米			0		0
5702.5020	--- 化学纤维制	6	130		13	13	千克/平方米			0		0
5702.5090	--- 其他纺织材料制	6	100		13	13	千克/平方米			0		0
	- 其他非起绒结构的铺地制品，制成的：											
5702.9100	-- 羊毛或动物细毛制	6	130		13	13	千克/平方米			0		0
5702.9200	-- 化学纤维制	6	130		13	13	千克/平方米			0		0
5702.9900	-- 其他纺织材料制	6	100		13	13	千克/平方米			0		0
57.03	簇绒地毯及纺织材料的其他簇绒铺地制品（包括人造草皮），不论是否制成的：											
5703.1000	- 羊毛或动物细毛制	6	130		13	13	千克/平方米			0		0
	- 尼龙或其他聚酰胺制：											

Chapter 57 Carpets and other textile floor coverings

Chapter Notes:

1. For the purposes of this Chapter, the term "carpets and other textile floor coverings" means floor coverings in which textile materials serve as the exposed surface of the article when in use and includes articles having the characteristics of textile floor coverings but intended for use for other purposes.

2. This Chapter does not cover floor covering underlays.

协定税率（%）														特惠税率（%）①/②	Article Description
巴基斯坦	冰岛	哥斯达黎加	秘鲁	新西兰	瑞士	新加坡	韩国	澳大利亚	格鲁吉亚	毛里求斯	日本RCEP	尼加拉瓜	港澳台		
															Carpets and other textile floor coverings knotted, whether or not made up:
0	0	0	0	0	0	0	0	0	0	0	10.2	0	0/	0/0	- Of wool or fine animal hair
															- Of other textile materials:
12.8	0	0	0	0	0	0	0	0	0	0	11.6	0	0/	0/0	--- Of man-made textile materials
7	0	0	0	0	0	0	0	0	0	0	10.2	0	0/	0/0	--- Of silk
7	0	0	0	0	0	0	0	0	0	0	10.2	0	0/	0/0	--- Other
															Carpets and other textile floor coverings, woven, not tufted or flocked, whether or not made up, including "Kelem", "Schumacks", "Karamanie" and similar handwoven rugs:
0	0	0	0	0	0	0	0	0	0	0	10.2	0	0/	0/0	- "Kelem", "Schumacks", "Karamanie" and similar handwoven rugs
0	0	0	0	0	0	0	0	0	0	0	10.2	0	0/	0/0	- Floor coverings of coconut fibres (coir)
															- Other, of pile construction, not made up:
0	0	0	0	0	0	0	0	0	0	0	7.3	0	0/	0/0	-- Of wool or fine animal hair
0	0	0	0	0	0	0	0	0	0	0	11.6	0	0/	0/0	-- Of man-made textile materials
0	0	0	0	0	0	0	0	0	0	0	10.2	0	0/	0/0	-- Of other textile materials
															- Other, of pile construction, made up:
0	0	0	0	0	0	0	0	0	0	0	7.3	0	0/	0/0	-- Of wool or fine animal hair
0	0	0	0	0	0	0	0	0	0	0	7.3	0	0/	0/0	-- Of man-made textile materials
0	0	0	0	0	0	0	0	0	0	0	10.2	0	0/	0/0	-- Of other textile materials
															- Other, not of pile construction, not made up:
0	0	0	0	0	0	0	0	0	0	0	10.2	0	0/	0/0	--- Of wool or fine animal hair
0	0	0	0	0	0	0	0	0	0	0	11.6	0	0/	0/0	--- Of man-made textile materials
0	0	0	0	0	0	0	0	0	0	0	10.2	0	0/	0/0	--- Of other textile materials
															- Other, not of pile construction, made up:
0	0	0	0	0	0	0	0	0	0	0	10.2	0	0/	0/0	-- Of wool or fine animal hair
0	0	0	0	0	0	0	0	0	0	0	11.6	0	0/	0/0	-- Of man-made textile materials
0	0	0	0	0	0	0	0	0	0	0	10.2	0	0/	0/0	-- Of other textile materials
															Carpets and other textile floor coverings (including turf), tufted, whether or not made up:
	0	0	0	0	0	0	0	0	0	0	10.2	0	0/	0/0	- Of wool or fine animal hair
															- Of nylon or other polyamides:

税号	货品名称	进口关税（%）			增值/消费税（%）	出口退税（%）	计量单位	监管证件代码	检验检疫类别	协定税率（%）		
		最惠国	普通	年内暂定						东盟	亚太	智利
5703.2100	-- 人造草皮	4	130		13	13	千克/平方米			0		0
5703.2900	-- 其他	4	130		13	13	千克/平方米			0		0
	- 其他化学纤维制:											
5703.3100	-- 人造草皮	4	130		13	13	千克/平方米			0		0
5703.3900	-- 其他	4	130		13	13	千克/平方米			0		0
5703.9000	- 其他纺织材料制	6	100		13	13	千克/平方米			0		0
57.04	**毡呢地毯及纺织材料的其他毡呢铺地制品，未簇绒或未植绒，不论是否制成的：**											
5704.1000	- 最大表面面积不超过0.3平方米	6	130		13	13	千克/平方米			0		0
5704.2000	- 最大表面积超过0.3平方米但不超过1平方米	4	130		13	13	千克/平方米			0		0
5704.9000	- 其他	4	130		13	13	千克/平方米			0		0
57.05	**其他地毯及纺织材料的其他铺地制品，不论是否制成的：**											
5705.0010	--- 羊毛或动物细毛制	6	130		13	13	千克/平方米			0		0
5705.0020	--- 化学纤维制	4	130		13	13	千克/平方米			0		0
5705.0090	--- 其他纺织材料制	6	100		13	13	千克/平方米			0		0

协定税率（%）														特惠税率（%）①/②	Article Description
巴基斯坦	冰岛	哥斯达黎加	秘鲁	新西兰	瑞士	新加坡	韩国	澳大利亚	格鲁吉亚	毛里求斯	日本RCEP	尼加拉瓜	港澳台		
2.5	0	0	0	0	0	0	5	0	0	0		0	0/	0/0	-- Turf
2.5	0	0	0	0	0	0	5	0	0	0		0	0/	0/0	-- Other
															- Of other man-made textile materials:
	0	0	0	0	0	0	0	0	0	0	7.3	0	0/	0/0	-- Turf
	0	0	0	0	0	0	0	0	0	0	7.3	0	0/	0/0	-- Other
11.2	0	0	0	0	0	0	0	0	0	0	10.2	0	0/	0/0	- Of other textile materials
															Carpets and other textile floor coverings, of felt, not tufted or flocked, whether or not made up:
7	0	0	0	0	0	0	0	0	0	0	10.2	0	0/	0/0	- Tiles, having a maximum surface area of $0.3m^2$
0	0	0	0	0	0	0	0	0	0	0	7.3	0	0/	0/0	- Tiles, having a maximum surface area more then $0.3m^2$ but not more thern $1m^2$
0	0	0	0	0	0	0	0	0	0	0	7.3	0	0/	0/0	- Other
															Other carpets and other textile floor coverings, whether or not made up:
11.2	0	0	0	0	0	0	0	0	0	0	10.2	0	0/	0/0	--- Of wool or fine animal hair
4	0	0	0	0	0	0	0	0	0	0	7.3	0	0/	0/0	--- Of man-made textile materials
11.2	0	0	0	0	0	0	0	0	0	0	10.2	0	0/	0/0	--- Other

第五十八章　特种机织物；簇绒织物；花边；装饰毯；装饰带；刺绣品

注释：

一、本章不适用于经浸渍、涂布、包覆或层压的第五十九章注释一所述的纺织物或第五十九章的其他货品。

二、税目58.01也包括因未将浮纱割断而使表面无竖绒的纬起绒织物。

三、税目58.03所称“纱罗”，是指经线全部或部分由地经纱和绞经纱构成的织物，其中绞经纱绕地经纱半圈、一圈或几圈而形成圈状，纬纱从圈中穿过。

四、税目58.04不适用于税目56.08的线、绳、索结制的网状织物。

五、税目58.06所称“狭幅机织物”，是指：

（一）幅宽不超过30厘米的机织物，不论是否织成或从宽幅料剪成，但两侧必须有织成的、胶粘的或用其他方法制成的布边；

（二）压平宽度不超过30厘米的圆筒机织物；以及

（三）折边的斜裁滚条布，其未折边时的宽度不超过30厘米。

流苏状的狭幅机织物归入税目58.08。

六、税目58.10所称“刺绣品”，除了一般纺织材料绣线绣制的刺绣品外，还包括在可见底布上用金属线或玻璃线刺绣的刺绣品，也包括用珠片、饰珠、纺织材料或其他材料制的装饰用花纹图案所缝绣的贴花织物。该税目不包括手工针绣嵌花装饰毯（税目58.05）。

七、除税目58.09的产品外，本章还包括金属线制的用于衣着、装饰及类似用途的物品。

税　号	货品名称	进口关税（%）			增值/消费税（%）	出口退税（%）	计量单位	监管证件代码	检验检疫类别	协定税率（%）		
		最惠国	普通	年内暂定						东盟	亚太	智利
58.01	起绒机织物及绳绒织物，但税目58.02或58.06的织物除外：											
5801.1000	- 羊毛或动物细毛制	8	130		13	13	米/千克			0		0
	- 棉制：											
5801.2100	-- 不割绒的纬起绒织物	8	70		13	13	米/千克			0		0
5801.2200	-- 割绒的灯芯绒	8	70		13	13	米/千克			0		0
5801.2300	-- 其他纬起绒织物	8	70		13	13	米/千克			0		0
5801.2600	-- 绳绒织物	8	70		13	13	米/千克			0		0
	-- 经起绒织物：											
5801.2710	--- 不割绒的（棱纹绸）	8	70		13	13	米/千克			0		0
5801.2720	--- 割绒的	8	70		13	13	米/千克			0		0
	- 化学纤维制：											
5801.3100	-- 不割绒的纬起绒织物	8	130		13	13	米/千克			0		0
5801.3200	-- 割绒的灯芯绒	8	130		13	13	米/千克			0		0
5801.3300	-- 其他纬起绒织物	8	130		13	13	米/千克			0		0
5801.3600	-- 绳绒织物	8	130		13	13	米/千克			0		0
	-- 经起绒织物：											
5801.3710	--- 不割绒的（棱纹绸）	8	130		13	13	米/千克			0		0
5801.3720	--- 割绒的	8	130		13	13	米/千克			0		0
	- 其他纺织材料制：											
5801.9010	--- 丝及绢丝制	8	130		13	13	米/千克			0		0
5801.9090	--- 其他	8	80		13	13	米/千克			0		0
58.02	毛巾织物及类似的毛圈机织物，但税目58.06的狭幅织物除外；簇绒织物，但税目57.03的产品除外：											
	- 棉制毛巾织物及类似的毛圈机织物：											
5802.1010	--- 未漂白	8	70		13	13	米/千克			0		0
5802.1090	--- 其他	8	70		13	13	米/千克			0		0

Chapter 58 Special woven fabrics; tufted textile fabrics; lace; tapestries; trimmings; embroidery

Chapter Notes:

1. This Chapter does not apply to textile fabrics referred to in Note 1 to Chapter 59, impregnated, coated, covered or laminated, or to other goods of Chapter 59.

2. Heading 58.01 also includes woven weft pile fabrics which have not yet had the floats cut, at which stage they have no pile standing up.

3. For the purposes of heading 58.03, "gauze" means a fabric with a warp composed wholly or in part of standing or ground threads and crossing or doup threads which cross the standing or ground threads making a half turn, a complete turn or more to form loops through which weft threads pass.

4. Heading 58.04 does not apply to knotted net fabrics of twine, cordage or rope, of heading 56.08.

5. For the purposes of heading 58.06, the expression "narrow woven fabrics" means:

   (a) Woven fabrics of a width not exceeding 30cm, whether woven as such or cut from wider pieces, provided with selvedges (woven, gummed or otherwise made) on both edges;

   (b) Tubular woven fabrics of a flattened width not exceeding 30cm; and

   (c) Bias binding with folded edges, of a width when unfolded not exceeding 30cm.

   Narrow woven fabrics with woven fringes are to be classified in heading 58.08.

6. In heading 58.10, the expression "embroidery" means, inter alia, embroidery with metal or glass thread on a visible ground of textile fabric, and sewn appliqué work of sequins, beads or ornamental motifs of textile or other materials. The heading does not apply to needlework tapestry (heading 58.05).

7. In addition to the products of heading 58.09, this Chapter also includes articles made of metal thread and of a kind used in apparel, as furnishing fabrics or for similar purposes.

协定税率（%）														特惠税率（%）①/②	Article Description
巴基斯坦	冰岛	哥斯达黎加	秘鲁	新西兰	瑞士	新加坡	韩国	澳大利亚	格鲁吉亚	毛里求斯	日本RCEP	尼加拉瓜	港澳台		
															Woven pile fabrics and chenille fabrics, other than fabrics of heading 58.02 or 58.06:
0	0	0	0	0	0	0	0	0	0	0	7.3	6.4	0/	0/0	- Of wool or fine animal hair
															- Of cotton:
0	0	0	0	0	0	0	0	0	0	0	8.7	0	0/	0/0	-- Uncut weft pile fabrics
0	0	0	0	0	0		0	0	0	0	7.3	0	0/0	0/0	-- Cut corduroy
0	0	0	0	0	0		0	0	0	0	7.3	6.4	0/	0/0	-- Other weft pile fabrics
0	0	0	0	0	0		0	0	0	0	7.3	6.4	0/	0/0	-- Chenille fabrics
															-- Warp pile fabrics:
0	0	0	0	0	0		0	0	0	0	7.3	6.4	0/	0/0	--- Uncut (èpinglè)
0	0	0	0	0	0		0	0	0	0	7.3	6.4	0/	0/0	--- Cut
															- Of man-made fibres:
0	0	0	0	0	0	0	3.3	0	0	0	8.1	0	0/	0/0	-- Uncut weft pile fabrics
0	0	0	0	0	0	0	0	0	0	0	7.3	0	0/	0/0	-- Cut corduroy
0	0	0	0	0	0	0	0	0	0	0	7.3	0	0/0	0/0	-- Other weft pile fabrics
0	0	0	0	0	0	0	0	0	0	0	7.3	6.4	0/	0/0	-- Chenille fabrics
															-- Warp pile fabrics:
0	0	0	0	0	0	0	0	0	0	0	7.3	6.4	0/	0/0	--- Uncut (èpinglè)
0	0	0	0	0	0	0	0	0	0	0	7.3	0	0/	0/0	--- Cut
															- Of other textile materials:
0	0	0	0	0	0	0	0	0	0	0	7.3	6.4	0/	0/0	--- Of silk or silk waste
0	0	0	0	0	0	0	0	0	0	0	7.3	6.4	0/	0/0	--- Other
															Terry towelling and similar woven terry fabrics, other than narrow fabrics of heading 58.06; tufted textile fabrics, other than products of heading 57.03:
															- Terry towelling and similar woven terry fabrics, of cotton:
0	0	0	0	0	0	0	0	0	0	0	8.7	0	0/	0/0	--- Unbleached
0	0	0	0	0	0		0	0	0	0	7.3	0	0/	0/0	--- Other

税　号	货品名称	进口关税（%）最惠国	普通	年内暂定	增值/消费税（%）	出口退税（%）	计量单位	监管证件代码	检验检疫类别	协定税率（%）东盟	亚太	智利
	- 其他纺织材料制的毛巾织物及类似的毛圈机织物：											
5802.2010	--- 丝及绢丝制	8	130		13	13	米/千克			0		0
5802.2020	--- 羊毛或动物细毛制	8	130		13	13	米/千克			0		0
5802.2030	--- 化学纤维制	8	130		13	13	米/千克			0		0
5802.2090	--- 其他	8	80		13	13	米/千克			0		0
	- 簇绒织物：											
5802.3010	--- 丝及绢丝制	8	130		13	13	米/千克			0		0
5802.3020	--- 羊毛或动物细毛制	8	130		13	13	米/千克			0		0
5802.3030	--- 棉或麻制	8	70		13	13	米/千克			0		0
5802.3040	--- 化学纤维制	8	130		13	13	米/千克			0		0
5802.3090	--- 其他纺织材料制	8	80		13	13	米/千克			0		0
58.03	**纱罗，但税目58.06的狭幅织物除外：**											
5803.0010	--- 棉制	8	70		13	13	米/千克			0		0
5803.0020	--- 丝及绢丝制	8	130		13	13	米/千克			0		0
5803.0030	--- 化学纤维制	8	130		13	13	米/千克			0		0
5803.0090	--- 其他纺织材料制	8	80		13	13	米/千克			0		0
58.04	**网眼薄纱及其他网眼织物，但不包括机织物、针织物或钩编织物；成卷、成条或成小块图案的花边，但税目60.02至60.06的织物除外：**											
	- 网眼薄纱及其他网眼织物：											
5804.1010	--- 丝及绢丝制	8	130		13	13	千克			0	5.2	0
5804.1020	--- 棉制	8	70		13	13	千克			0	5.2	0
5804.1030	--- 化学纤维制	8	130		13	13	千克			0	5.2	0
5804.1090	--- 其他纺织材料制	8	90		13	13	千克			0	5.2	0
	- 机制花边：											
5804.2100	-- 化学纤维制	8	130		13	13	千克			0		0
	-- 其他纺织材料制：											
5804.2910	--- 丝及绢丝制	8	130		13	13	千克			0		0
5804.2920	--- 棉制	8	70		13	13	千克			0		0
5804.2990	--- 其他	8	90		13	13	千克			0		0
5804.3000	- 手工制花边	8	100		13	13	千克			0		0
58.05	**“哥白林”、“弗朗德”、“奥步生”、“波威”及类似式样的手织装饰毯，以及手工针绣嵌花装饰毯（例如，小针脚或十字绣），不论是否制成的：**											
5805.0010	--- 手工针绣嵌花装饰毯	6	130		13	13	平方米/千克			0		0
5805.0090	--- 其他	6	130		13	13	平方米/千克			0		0
58.06	**狭幅机织物，但税目58.07的货品除外；用粘合剂粘合制成的有经纱而无纬纱的狭幅织物（包扎匹头用带）：**											
	- 起绒机织物（包括毛巾织物及类似的毛圈织物）及绳绒织物：											
5806.1010	--- 棉或麻制	8	70		13	13	千克			0	6.4	0
5806.1090	--- 其他纺织材料制	8	80		13	13	千克			0	5.2	0
5806.2000	- 按重量计弹性纱线或橡胶线含量在5%及以上的其他机织物	8	100		13	13	千克			0		0
	- 其他机织物：											
5806.3100	-- 棉制	8	70		13	13	千克			0		0
5806.3200	-- 化学纤维制	8	130		13	13	千克			0	5.2	0
	-- 其他纺织材料制：											
5806.3910	--- 丝及绢丝制	8	130		13	13	千克			0		0
5806.3920	--- 羊毛或动物细毛制	8	130		13	13	千克			0		0

协定税率（%）巴基斯坦	冰岛	哥斯达黎加	秘鲁	新西兰	瑞士	新加坡	韩国	澳大利亚	格鲁吉亚	毛里求斯	日本RCEP	尼加拉瓜	港澳台	特惠税率（%）①/②	Article Description
															- Terry towelling and similar woven terry fabrics, of other textile materials:
0	0	0	0	0	0	0	0	0	0	0	8.7	0	0/	0/0	--- Of silk or silk waste
0	0	0	0	0	0	0	0	0	0	0	8.7	6.4	0/	0/0	--- Of wool or fine animal hair
0	0	0	0	0	0	0	0	0	0	0	10.2	0	0/	0/0	--- Of man-made fibres
0	0	0	0	0	0	0	0	0	0	0	8.7	6.4	0/	0/0	--- Other
															- Tufted textile fabrics:
0	0	0	0	0	0	0	0	0	0	0	7.3	6.4	0/	0/0	--- Of silk or silk waste
0	0	0	0	0	0	0	0	0	0	0	7.3	6.4	0/	0/0	--- Of wool or fine animal hair
0	0	0	0	0	0		0	0	0	0	7.3	6.4	0/	0/0	--- Of cotton or bast fibres
0	0	0	0	0	0	0	0	0	0	0	7.3	6.4	0/	0/0	--- Of man-made fibres
0	0	0	0	0	0	0	0	0	0	0	7.3	6.4	0/	0/0	--- Of other textile materials
															Gauze, other than narrow fabrics of heading 58.06:
0	0	0	0	0	0		0	0	0	0	7.3	6.4	0/	0/0	--- Of cotton
0	0	0	0	0	0	0	0	0	0	0	7.3	6.4	0/	0/0	--- Of silk or silk waste
5	0	0	0	0	0	0	0	0	0	0	7.3	6.4	0/	0/0	--- Of man-made fibres
0	0	0	0	0	0	0	0	0	0	0	7.3	0	0/	0/0	--- Of other textile materials
															Tulles and other net fabrics, not including woven, knitted or crocheted fabrics; lace in the piece, in strips or in motifs, other than fabrics of headings 60.02 to 60.06:
															- Tulles and other net fabrics:
0	0	0	0	0	0	0	0	0	0	0	7.3	0	0/	0/0	--- Of silk or silk waste
0	0	0	0	0	4		0	0	0	0	7.3	0	0/	0/0	--- Of cotton
2.5	0	0	0	0	0	0	6	0	0	0		0	0/0	0/0	--- Of man-made fibres
0	0	0	0	0	0	0	0	0	0	0	7.3	0	0/0	0/0	--- Of other textile materials
															- Mechanically made lace:
4	0	0	0	0	0	0	0	0	0	0	7.3	0	0/0	0/0	-- Of man-made fibres
															-- Of other textile materials:
0	0	0	0	0	0	0	0	0	0	0	7.3	6.4	0/	0/0	--- Of silk or silk waste
0	0	0	0	0	0		0	0	0	0	7.3	0	0/	0/0	--- Of cotton
0	0	0	0	0	0	0	0	0	0	0	7.3	0	0/	0/0	--- Other
0	0	0	0	0	0	0	0	0	0	0	7.3	6.4	0/	0/0	- Hand-made lace
															Hand-woven tapestries of the type Gobelins, Flanders, Aubusson, Beauvais and the like, and needle-worked tapestries (for example, petit point, cross stitch), whether or not made up:
6	0	0	0	0	0	0	0	0	0	0	8.7	0	0/	0/0	--- Needle-worked tapestries
6	0	0	0	0	0	0	0	0	0	0	8.7	0	0/	0/0	--- Other
															Narrow woven fabrics, other than goods of heading 58.07; narrow fabrics consisting of warp without weft assembled by means of an adhesive (bolducs):
															- Woven pile fabrics(including terry towelling and similar terry fabris)and chenille fabrics:
0	0	0	0	0	0		0	0	0	0	7.3	6.4	0/	0/0	--- Of cotton or bast fibres
0	0	0	0	0	0	0	0	0	0	0	7.3	0	0/0	0/0	--- Of other textile materials
0	0	0	0	0	0	0	0	0	0	0	7.3	0	0/0	0/0	- Other woven fabrics, containing 5%or more by weight of elastomeric yarn or rubber thread
															- Other woven fabrics:
4	0	0	0	0	0		0	0	0	0	7.3	0	0/	0/0	-- Of cotton
4	0	0	0	0	0	0	0	0	0	0	7.3	0	0/0	0/0	-- Of man-made fibres
															-- Of other textile materials:
0	0	0	0	0	0	0	0	0	0	0	7.3	0	0/	0/0	--- Of silk or silk waste
0	0	0	0	0	0	0	0	0	0	0	7.3	6.4	0/	0/0	--- Of wool or fine animal hair

税　号	货品名称	进口关税（%）			增值/消费税（%）	出口退税（%）	计量单位	监管证件代码	检验检疫类别	协定税率（%）		
		最惠国	普通	年内暂定						东盟	亚太	智利
5806.3990	--- 其他	8	80		13	13	千克			0		0
	- 用粘合剂粘合制成的有经纱而无纬纱的织物（包扎匹头用带）：											
5806.4010	--- 棉或麻制	8	70		13	13	千克			0	4.8	0
5806.4090	--- 其他纺织材料制	8	80		13	13	千克			0		0
58.07	**非绣制的纺织材料制标签、徽章及类似品，成匹、成条或裁成一定形状或尺寸：**											
5807.1000	- 机织	8	100		13	13	千克			0	5.2	0
5807.9000	- 其他	8	100		13	13	千克			0		0
58.08	**成匹的编带；非绣制的成匹装饰带，但针织或钩编的除外；流苏、绒球及类似品：**											
5808.1000	- 成匹的编带											
58081000.20	蕉麻或苎麻制成匹的编带（适合制造或装饰帽类用）	8	100		13	13	千克			0		0
58081000.90	其他纺织材料制成匹的编带	8	100		13	13	千克			0		0
5808.9000	- 其他	8	100		13	13	千克			0		0
58.09	**其他税目未列名的金属线机织物及税目56.05所列含金属纱线的机织物，用于衣着、装饰及类似用途：**											
5809.0010	--- 与棉混制	8	90		13	13	米/千克			0		0
5809.0020	--- 与化学纤维混制	8	130		13	13	米/千克			0		0
5809.0090	--- 其他	8	100		13	13	米/千克			0		0
58.10	**成匹、成条或成小块图案的刺绣品：**											
5810.1000	- 不见底布的刺绣品	8	130		13	13	千克			0		0
	- 其他刺绣品：											
5810.9100	-- 棉制	8	130		13	13	千克			0		0
5810.9200	-- 化学纤维制	8	130		13	13	千克			0		0
5810.9900	-- 其他纺织材料制	8	130		13	13	千克			0		0
58.11	**用一层或几层纺织材料与胎料经绗缝或其他方法组合制成的被褥状纺织品，但税目58.10的刺绣品除外：**											
5811.0010	--- 丝及绢丝制	8	130		13	13	千克			0	5.6	0
5811.0020	--- 羊毛或动物细毛制	8	130		13	13	千克			0		0
5811.0030	--- 棉制	8	80		13	13	千克			0		0
5811.0040	--- 化学纤维制	8	130		13	13	千克			0		0
5811.0090	--- 其他纺织材料制	8	90		13	13	千克			0		0

协定税率（%）														特惠税率（%）①/②	Article Description
巴基斯坦	冰岛	哥斯达黎加	秘鲁	新西兰	瑞士	新加坡	韩国	澳大利亚	格鲁吉亚	毛里求斯	日本RCEP	尼加拉瓜	港澳台		
0	0	0	0	0	0	0	0	0	0	0	7.3	6.4	0/	0/0	--- Other
															- Fabrics consisting of warp without weft assembled by means of an adhesive (bolducs):
0	0	0	0	0	0		0	0	0	0	7.3	0	0/	0/0	--- Of cotton or bast fibres
0	0	0	0	0	0	0	0	0	0	0	7.3	0	0/	0/0	--- Of other textile materials
															Labels, badges and similar articles of textile materials, in the piece, in strips or cut to shape or size, not embroidered:
0	0	0	0	0	0	0	0	0	0	0	7.3	0	0/0	0/0	- Woven
0	0	0	0	0	0	0	0	0	0	0	7.3	0	0/	0/0	- Other
															Braids in the piece; ornamental trimmings in the piece, without embroidery, other than knitted or crocheted; tassels, pompons and similar articles:
															- Braids in the piece
	0	0	0	0	0	0	0	0	0	0	7.3	0	0/	0/0	Braids of abaca or ramie, in the piece, suitable for manufacturing or decorating headgear
	0	0	0	0	0	0	0	0	0	0	7.3	0	0/	0/0	Braids of other textile materials, in the piece
4	0	0	0	0	0	0	0	0	0	0	7.3	0	0/	0/0	- Other
															Woven fabrics of metal thread and woven fabrics of metallized yarn of heading 56.05, of a kind used in apparel, as furni-shing fabrics or for similar purposes, not elsewhere specified or included:
0	0	0	0	0	0	0	0	0	0	0	7.3	6.4	0/	0/0	--- Mixed with cotton
0	0	0	0	0	0	0	0	0	0	0	7.3	6.4	0/	0/0	--- Mixed with man-made fibres
0	0	0	0	0	0	0	0	0	0	0	7.3	6.4	0/	0/0	--- Other
															Embroidery in the piece, in strips or in motifs:
0	0	0	0	0	0	0	0	0	0	0	7.3	0	0/	0/0	- Embroidery without visible ground
															- Other embroidery:
	0	0	0	0	0	0	0	0	0	0	7.3	0	0/	0/0	-- Of cotton
4	0	0	0	0	0	0	3.3	0	0	0	8.1	0	0/0	0/0	-- Of man-made fibres
4	0	0	0	0	0	0	0	0	0	0	7.3	0	0/	0/0	-- Of other textile materials
															Quilted textile products in the piece, composed of one or more layers of textile materials assembled with padding by stitching or otherwise, other than embroidery of heading 58.10:
0	0	0	0	0	0	0	0	0	0	0	7.3	6.4	0/	0/0	--- Of silk or silk waste
0	0	0	0	0	0	0	0	0	0	0	7.3	0	0/	0/0	--- Of wool or fine animal hair
0	0	0	0	0	0		0	0	0	0	7.3	0	0/	0/0	--- Of cotton
0	0	0	0	0	0	0	6	0	0	0		6.4	0/	0/0	--- Of man-made fibres
0	0	0	0	0	0	0	0	0	0	0	7.3	0	0/	0/0	--- Of other textile materials

第五十九章　浸渍、涂布、包覆或层压的纺织物；工业用纺织制品

注释：

一、除条文另有规定的以外，本章所称“纺织物”，仅适用于第五十章至第五十五章、税目58.03及58.06的机织物、税目58.08的成匹编带和装饰带及税目60.02至60.06的针织物或钩编织物。

二、税目59.03适用于：

（一）用塑料浸渍、涂布、包覆或层压的纺织物，不论每平方米重量多少以及塑料的性质如何（紧密结构或泡沫状的），但下列各项除外：

1. 用肉眼无法辨别出是否经过浸渍、涂布、包覆或层压的织物（通常归入第五十章至第五十五章、第五十八章或第六十章），但由于浸渍、涂布、包覆或层压所引起的颜色变化可不予考虑；

2. 温度在15℃～30℃时，用手工将其绕于直径7毫米的圆柱体上会发生断裂的产品（通常归入第三十九章）；

3. 纺织物完全嵌入塑料内或在其两面均用塑料完全包覆或涂布，而这种包覆或涂布用肉眼是能够辨别出的产品（但由于包覆或涂布所引起的颜色变化可不予考虑）（第三十九章）；

4. 用塑料部分涂布或包覆并由此而形成图案的织物（通常归入第五十章至第五十五章、第五十八章或第六十章）；

5. 与纺织物混制而其中纺织物仅起增强作用的泡沫塑料板、片或带（第三十九章）；或

6. 税目58.11的纺织品。

（二）由税目56.04的用塑料浸渍、涂布、包覆或套裹的纱线、扁条或类似品制成的织物。

三、税目59.03所称“用塑料层压的纺织物”是指由一层或多层纺织物与一层或多层塑料片或膜以任何方式结合在一起的产品，不论其塑料片或膜从横截面上是否肉眼可见。

四、税目59.05所称“糊墙织物”，是指以纺织材料作面，固定在一衬背上或在背面进行处理（浸渍或涂布以便于裱糊），适于装饰墙壁或天花板，且宽度不小于45厘米的成卷产品。

但本税目不适用于以纺织纤维屑或粉末直接粘于纸上（税目48.14）或布底上（通常归入税目59.07）的糊墙物品。

五、税目59.06所称“用橡胶处理的纺织物”是指：

（一）用橡胶浸渍、涂布、包覆或层压的纺织物：

1. 每平方米重量不超过1500克；或

2. 每平方米重量超过1500克，按重量计纺织材料含量在50%以上；

（二）由税目56.04的用橡胶浸渍、涂布、包覆或套裹的纱线、扁条或类似品制成的织物；以及

（三）平行纺织纱线经橡胶粘合的织物，不论每平方米重量多少。

但本税目不包括与纺织物混制而其中纺织物仅起增强作用的海绵橡胶板、片或带（第四十章），也不包括税目58.11的纺织品。

六、税目59.07不适用于：

（一）用肉眼无法辨别出是否经过浸渍、涂布或包覆的织物（通常归入第五十章至第五十五章、第五十八章或第六十章），但由于浸渍、涂布或包覆所引起的颜色变化可不予考虑；

（二）绘有图画的织物（作为舞台、摄影布景或类似品的已绘制的画布除外）；

（三）用短绒、粉末、软木粉或类似品部分覆面并由此而形成图案的织物，但仿绒织物仍归入本税目；

（四）以淀粉或类似物质为基本成分的普通浆料上浆整理的织物；

（五）以纺织物为底的木饰面板（税目44.08）；

（六）以纺织物为底的砂布及类似品（税目68.05）；

（七）以纺织物为底的粘聚或复制云母片（税目68.14）；或

（八）以纺织物为底的金属箔（通常归入第十四类或第十五类）。

Chapter 59 Impregnated, coated, covered or laminated textile fabrics; textile articles of a kind suitable for industrial use

Chapter Notes:

1. Except where the context otherwise requires, for the purposes of this Chapter the expression "textile fabrics" applies only to the woven fabrics of Chapters 50 to 55 and headings 58.03 and 58.06, the braids and ornamental trimmings in the piece of heading 58.08 and the knitted or crocheted fabrics of headings 60.02 to 60.06.

2. Heading 59.03 applies to:

(a) Textile fabrics, impregnated, coated, covered or laminated with plastics, whatever the weight per square metre and whatever the nature of the plastic material (compact or cellular), other than:

(i) Fabrics in which the impregnation, coating or covering cannot be seen with the naked eye (usually Chapters 50 to 55, 58 or 60); for the purpose of this provision, no account should be taken of any resulting change of colour;

(ii) Products which cannot, without fracturing, be bent manually around a cylinder of a diameter of 7 mm, at a temperature between 15°C and 30°C (usually Chapter 39);

(iii) Products in which the textile fabric is either completely embedded in plastics or entirely coated or covered on both sides with such material, provided that such coating or covering can be seen with the naked eye with no account being taken of any resulting change of colour (Chapter 39);

(iv) Fabrics partially coated or partially covered with plastics and bearing designs resulting from these treatments (usually Chapters 50 to 55, 58 or 60);

(v)Plates, sheets or strip of cellular plastics, combined with textile fabric, where the textile fabric is present merely for reinforcing purposes (Chapter 39); or

(vi)Textile products of heading 58.11;

(b) Fabrics made from yarn, strip or the like, impregnated, coated, covered or sheathed with plastics, of heading 56.04.

3. For the purposes of heading 59.03, "textile fabrics laminated with plastics" means products made by the assembly of one or more layers of fabrics with one or more sheets or film of plastics which are combined by any process that bonds the layers together, whether or not the sheets or film of plastics are visible to the naked eye in the cross section.

4. For the purposes of heading 59.05, the expression "textile wall coverings" applies to products in rolls, of a width of not less than 45cm, suitable for wall or ceiling decoration, consisting of a textile surface which has been fixed on a backing or has been treated on the back (impregnated or coated to permit pasting).

This heading does not, however, apply to wall coverings consisting of textile flock or dust fixed directly on a backing of paper (heading 48.14) or on a textile backing (generally heading 59.07).

5. For the purposes of heading 59.06, the expression "rubberised textile fabrics" means:

(a) Textile fabrics impregnated, coated, covered or laminated with rubber,

(i)Weighing not more than 1,500 g/m^2; or

(ii)Weighing more than 1,500 g/m^2 and containing more than 50% by weight of textile material;

(b) Fabrics made from yarn, strip or the like, impregnated, coated, covered or sheathed with rubber, of heading 56.04; and

(c) Fabrics composed of parallel textile yarns agglomcrated with rubber, irrespective of their weight per square metre.

This heading does not, however, apply to plates, sheets or strips of cellular rubber, combined with textile fabric, where the textile fabric is present merely for reinforcing purposes (Chapter 40), or textile products of heading 58.11.

6. Heading 59.07 does not apply to:

(a) Fabrics in which the impregnation, coating or covering cannot be seen with the naked eye (usually Chapters 50 to 55, 58 or 60); for the purpose of this provision, no account should be taken of any resulting change of colour;

(b) Fabrics painted with designs (other than painted canvas being theatrical scenery, studio back-cloths or the like);

(c) Fabrics partially covered with flock, dust, powdered cork or the like and bearing designs resulting from these treatments; however, imitation pile fabrics remain classified in this heading;

(d) Fabrics finished with normal dressings having a basis of amylaceous or similar substances;

(e) Wood veneered on a backing of textile fabrics (heading 44.08);

(f) Natural or artificial abrasive powder or grain, on a backing of textile fabrics (heading 68.05);

(g) Agglomerated or reconstituted mica, on a backing of textile fabrics (heading 68.14); or

(h) Metal foil on a backing of textile fabrics (generally Section XIV or XV).

七、税目59.10不适用于：

（一）厚度小于3毫米的纺织材料制传动带料或输送带料；或

（二）用橡胶浸渍、涂布、包覆或层压的织物制成的或用橡胶浸渍、涂布、包覆或套裹的纱线或绳制成的传动带料及输送带料（税目40.10）。

八、税目59.11适用于下列不能归入第十一类其他税目的货品：

（一）下列成匹的、裁成一定长度或仅裁成矩形（包括正方形）的纺织产品（具有税目59.08至59.10所列产品特征的产品除外）：

1. 用橡胶、皮革或其他材料涂布、包覆或层压的作针布用的纺织物、毡呢及毡呢衬里机织物，以及其他专门技术用途的类似织物，包括用橡胶浸渍的用于包覆纺锤（织轴）的狭幅丝绒织物；

2. 筛布；

3. 用于榨油机器或类似机器的纺织材料制或人发制滤布；

4. 用多股经纱或纬纱平织而成的纺织物，不论是否毡化、浸渍或涂布，通常用于机械或其他专门技术用途；

5. 专门技术用途的增强纺织物；

6. 工业上用作填塞或润滑材料的线绳、编带及类似品，不论是否涂布、浸渍或用金属加强。

（二）专门技术用途的纺织制品（税目59.08至59.10的货品除外），例如，造纸机器或类似机器（如制浆机或制石棉水泥的机器）用的环状或装有连接装置的纺织物或毡呢、密封垫、垫圈、抛光盘及其他机器零件。

税　号	货品名称	进口关税（%）			增值/消费税（%）	出口退税（%）	计量单位	监管证件代码	检验检疫类别	协定税率（%）		
		最惠国	普通	年内暂定						东盟	亚太	智利
59.01	**用胶或淀粉物质涂布的纺织物，作书籍封面及类似用途的；描图布；制成的油画布；作帽里的硬衬布及类似硬挺纺织物：**											
	- 用胶或淀粉物质涂布的纺织物，作书籍封面及类似用途的：											
5901.1010	--- 棉或麻制											
59011010.10	胶或淀粉涂布的棉纺织物（作书籍封面，棉织物重≥50%，经漂染印花）	8	80		13	13	千克			0		0
59011010.90	胶或淀粉涂布的麻及其他棉纺织（作书籍封面及类似用途的）	8	80		13	13	千克			0		0
5901.1020	--- 化学纤维制											
59011020.10	胶或淀粉涂布的涤棉短纤混纺织品（书籍封面及类似用途，聚酯短纤棉混纺漂染织物重>50%）	8	130		13	13	千克			0		0
59011020.90	胶或淀粉涂布的其他化纤纺织物（作书籍封面及类似用途的）	8	130		13	13	千克			0		0
5901.1090	--- 其他											
59011090.10	用胶或淀粉涂布的精梳毛纺织物（书籍封面及类似用途，精梳羊毛或动物细毛织物重≥50%）	8	100		13	13	千克			0		0
59011090.90	用胶或淀粉涂布的其他纺织物（作书籍封面及类似用途的）	8	100		13	13	千克			0		0

7. Heading 59.10 does not apply to:

(a) Transmission or conveyor belting, of textile material, of a thickness of less than 3 mm; or

(b) Transmission or conveyor belts or belting of textile fabric impregnated, coated, covered or laminated with rubber or made from textile yarn or cord impregnated, coated, covered or sheathed with rubber (heading 40.10).

8. Heading 59.11 applies to the following goods, which do not fall in any other heading of Section XI:

(a) Textile products in the piece, cut to length or simply cut to rectangular (including square) shape (other than those having the character of the products of headings 59.08 to 59.10), the following only:

(i) Textile fabrics, felt and felt-lined woven fabrics, coated, covered or laminated with rubber, leather or other material, of a kind used for card clothing, and similar fabrics of a kind used for other technical purposes, including narrow fabrics made of velvet impregnated with rubber, for covering weaving spindles (weaving beams);

(ii) Bolting cloth;

(iii) Filtering or straining cloth of a kind used in oil presses or the like, of textile material or of human hair;

(iv) Flat woven textile fabrics with multiple warp or weft, whether or not felted, impregnated or coated, of a kind used in machinery or for other technical purposes;

(v) Textile fabrics reinforced with metal, of a kind used for technical purposes;

(vi) Cords, braids and the like, whether or not coated, impregnated or reinforced with metal, of a kind used in industry as packing or lubricating materials;

(b) Textile articles (other than those of headings 59.08 to 59.10) of a kind used for technical purposes (for example, textile fabrics and felts, endless or fitted with linking devices, of a kind used in paper-making or similar machines (for example, for pulp or asbestos-cement), gaskets, washers, polishing discs and other machinery parts).

协定税率（%）														特惠税率（%）①/②	Article Description
巴基斯坦	冰岛	哥斯达黎加	秘鲁	新西兰	瑞士	新加坡	韩国	澳大利亚	格鲁吉亚	毛里求斯	日本RCEP	尼加拉瓜	港澳台		
															Textile fabrics coated with gum or amylaceous substances, of a kind used for the outer covers of books or the like; tracing cloth; prepared painting canvas; buckram and similar stiffened textile fabrics of a kind used for hat foundations:
															- Textile fabrics coated with gum or amylaceous substances, of a kind used for the outer covers of books or the like:
															--- Of cotton or bast fibres
0	0	0	0	0	0	0	0	0	0	0	7.3	0	0/	0/0	Textile fabrics of cotton, coated with gum or amylaceous substances, bleached, printed or dyed, containing 50% or more by weight of textile fabrics, of a kind used for the outer covers of books
0	0	0	0	0	0	0	0	0	0	0	7.3	0	0/	0/0	Other textile fabrics of cotton, or of bast fibres, coated with gum or amylaceous substances, of a kind used for the outer covers of books or the like
															--- Of man-made fibres
0	0	0	0	0	0	0	0	0	0	0	7.3	0	0/	0/0	Textile fabrics mixed with polyester staple fibres and cotton, coated with gum or amylaceous substances, bleached or dyed, containing more than 50% by weight of textile fabrics, of a kind used for the outer covers of books or the like
0	0	0	0	0	0	0	0	0	0	0	7.3	0	0/	0/0	Textile fabrics of other man-made fibres, coated with gum or amylaceous substances, of a kind used for the outer covers of books or the like
															--- Other
0	0	0	0	0	0	0	0	0	0	0	7.3	0	0/	0/0	Textile fabrics of combed wool or fine animal hair, coated with gum or amylaceous substances, containing 50% or more by weight of textile fabrics, of a kind used for the outer covers of books or the like
0	0	0	0	0	0	0	0	0	0	0	7.3	0	0/	0/0	Other textile fabrics, coated with gum or amylaceous substances, of a kind used for the outer covers of books or the like

税号	货品名称	进口关税（%）			增值/消费税（%）	出口退税（%）	计量单位	监管证件代码	检验检疫类别	协定税率（%）		
		最惠国	普通	年内暂定						东盟	亚太	智利
	- 其他：											
5901.9010	--- 制成的油画布	8	50		13	13	千克			0		0
	--- 其他：											
5901.9091	---- 棉或麻制											
59019091.10	棉制描图布、帽里硬衬布等（包括类似硬挺纺织物，棉织物重≥50%，经漂染印花）	8	80		13	13	千克			0		0
59019091.90	麻及其他棉制描图布、帽里硬衬布（包括类似硬挺纺织物）	8	80		13	13	千克			0		0
5901.9092	---- 化学纤维制											
59019092.10	聚酯短纤与棉混纺织物制描图布（含帽里硬衬类似硬挺纺织物，织物重≥50%，经漂染印花）	8	130		13	13	千克			0		0
59019092.90	其他化纤制描图布、帽里硬衬布等（包括类似硬挺纺织物）	8	130		13	13	千克			0		0
5901.9099	---- 其他											
59019099.10	精梳毛纺织物制描图布、帽里硬衬布（包括类似硬挺纺织物，精梳羊毛或动物细毛织物重≥50%）	8	100		13	13	千克			0		0
59019099.90	其他纺织物制描图布、帽里硬衬布（包括类似硬挺纺织物）	8	100		13	13	千克			0		0
59.02	**尼龙或其他聚酰胺、聚酯或粘胶纤维高强力纱制的帘子布：**											
	- 尼龙或其他聚酰胺制：											
5902.1010	--- 聚酰胺-6（尼龙-6）制	8	40		13	13	千克			0	5.2	0
5902.1020	--- 聚酰胺-6,6（尼龙-6,6）制	8	40		13	13	千克			0	5.2	0
5902.1090	--- 其他	8	40		13	13	千克			0	5.2	0
5902.2000	- 聚酯制	8	40		13	13	千克			0	5.2	0
5902.9000	- 其他	8	40		13	13	千克			0		0
59.03	**用塑料浸渍、涂布、包覆或层压的纺织物，但税目59.02的货品除外：**											
	- 用聚氯乙烯浸渍、涂布、包覆或层压的：											
5903.1010	--- 绝缘布或带	8	40		13	13	千克			0	5.2	0
5903.1020	--- 人造革	8	70		13	13	千克/米			0	5.2	0
5903.1090	--- 其他	8	90		13	13	千克			0	5.2	0
	- 用聚氨基甲酸酯浸渍、涂布、包覆或层压的：											
5903.2010	--- 绝缘布或带	8	40		13	13	千克			0	5.2	0
5903.2020	--- 人造革	8	70		13	13	千克/米			0	5.2	0
5903.2090	--- 其他	8	90		13	13	千克			0	5.2	0
	- 其他：											
5903.9010	--- 绝缘布或带	8	40		13	13	千克			0	5.2	0
5903.9020	--- 人造革	8	70		13	13	千克/米			0	5.2	0
5903.9090	--- 其他	8	90		13	13	千克			0	5.2	0
59.04	**列诺伦（亚麻油地毡），不论是否剪切成形；以织物为底布经涂布或覆面的铺地制品，不论是否剪切成形：**											
5904.1000	- 列诺伦（亚麻油地毡）	6	90		13	13	千克/平方米			0		0

协定税率（%）														特惠税率（%）①/②	Article Description
巴基斯坦	冰岛	哥斯达黎加	秘鲁	新西兰	瑞士	新加坡	韩国	澳大利亚	格鲁吉亚	毛里求斯	日本RCEP	尼加拉瓜	港澳台		
															- Other:
2.5	0	0	0	0	0		0	0	0	0	7.3	0	0/	0/0	--- Prepared painting canvas
															--- Other:
															----Of cotton or bast fibres
2.5	0	0	0	0	0		0	0	0	0	7.3	0	0/	0/0	Cotton tracing cloth, buckram and similar stiffened textile fabrics of a kind used for hat foundations, bleached, dyed or printed, containing 50% or more by weight of textile fabrics
2.5	0	0	0	0	0		0	0	0	0	7.3	0	0/	0/0	Other tracing cloth, buckram and similar stiffened textile fabrics of a kind used for hat foundations, of cotton or of bast fibres
															----Of man-made fibres
2.5	0	0	0	0	0		0	0	0	0	7.3	0	0/	0/0	Tracing cloth, buckram and similar stiffened textile fabrics of a kind used for hat foundations, mixed with polyester staple fibres and cotton, bleached, dyed or printed, containing 50% or more by weight of textile fabrics
2.5	0	0	0	0	0		0	0	0	0	7.3	0	0/	0/0	Tracing cloth, buckram and similar stiffened textile fabrics of a kind used for hat foundations, of other man-made fibres
															----Other
2.5	0	0	0	0	0		0	0	0	0	7.3	6.4	0/	0/0	Tracing cloth, buckram and similar stiffened textile fabrics of a kind used for hat foundations, of combed wool or fine animal hair, containing 50% or more by weight of textile fabrics
2.5	0	0	0	0	0		0	0	0	0	7.3	6.4	0/	0/0	Tracing cloth, buckram and similar stiffened textile fabrics of a kind used for hat foundations, of other textile fabrics
															Tyre cord fabric of high tenacity yarn of nylon or other polyamides polyesters or viscose rayon:
															- Of nylon or other polyamides:
0	0	0	0	0	0	0	6.5	0	0	0		6.4	0/	0/0	--- Of polyamide-6 (nylon-6)
0	0	0	0	0	0	0	6.5	0	0	0		0	0/	0/0	--- Of polyamide-6,6 (nylon-6,6)
0	0	0	0	0	0	0	0	0	0	0	7.3	6.4	0/	0/0	--- Other
0	0	0	0	0	0	0	5	0	0	0		0	0/	0/0	- Of polyesters
0	0	0	0	0	0		0	0	0	0	7.3	0	0/	0/0	- Other
															Textile fabrics impregnated, coated, covered or laminated with plastics, other than those of heading 59.02:
															- With poly (vinyl chloride):
0	0	0	0	0	0		0	0	0	0	7.3	0	0/	0/0	--- Insulating cloth or tape
4	0	0	0	0	0	0	5	0	0	0	8.6	0	0/0	0/0	--- Imitation leather
4	0	0	0	0	0	0	5	0	0	0		0	0/0	0/0	--- Other
															- With polyurethane:
2.5	0	0	0	0	0		0	0	0	0	7.3	0	0/	0/0	--- Insulating cloth or tape
0	0	0	0	0	0	0	5	0	0	0	8.6	0	0/0	0/0	--- Imitation leather
0	0	0	0	0	0	0	5	0	0	0	8.6	0	0/0	0/0	--- Other
															- Other:
0	0	0	0	0	0		0	0	0	0	7.3	0	0/	0/0	--- Insulating cloth or tape
2.5	0	0	0	0	0	0	3.3	0	0	0	8.1	6.4	0/0	0/0	--- Imitation leather
8.5	0	0	0	0	0	0	5	0	0	0	8.6	0	0/0	0/0	--- Other
															Linoleum, whether or not cut to shape; floor coverings consisting of a coating or covering applied on a textile backing, whether or not cut to shape:
11.2	0	0	0	0	0	0	0	0	0	0	10.2	0	0/	0/0	- Linoleum

税　号	货品名称	进口关税（%）最惠国	普通	年内暂定	增值/消费税（%）	出口退税（%）	计量单位	监管证件代码	检验检疫类别	协定税率（%）东盟	亚太	智利
5904.9000	- 其他	6	90		13	13	千克/平方米			0		0
59.05	**糊墙织物：**											
5905.0000	糊墙织物	8	80		13	13	千克/平方米			0		0
59.06	**用橡胶处理的纺织物，但税目59.02的货品除外：**											
	- 宽度不超过20厘米的胶粘带：											
5906.1010	--- 绝缘带	8	40		13	13	千克			0		0
5906.1090	--- 其他	8	100		13	13	千克			0		0
	- 其他：											
5906.9100	-- 针织或钩编的	8	130		13	13	千克			0		0
	-- 其他：											
5906.9910	--- 绝缘布或带	8	40		13	13	千克			0		0
5906.9990	--- 其他	8	100		13	13	千克			0		0
59.07	**用其他材料浸渍、涂布或包覆的纺织物；作舞台、摄影布景或类似用途的已绘制画布：**											
5907.0010	--- 绝缘布或带	8	40		13	13	千克			0	5.2	0
5907.0020	--- 已绘制画布	8	50		13	13	千克			0	5.2	0
5907.0090	--- 其他	8	100		13	13	千克			0	5.2	0
59.08	**用纺织材料机织、编结或针织而成的灯芯、炉芯、打火机芯、烛芯或类似品；煤气灯纱筒及纱罩，不论是否浸渍：**											
5908.0000	用纺织材料机织、编结或针织而成的灯芯、炉芯、打火机芯、烛芯或类似品；煤气灯纱筒及纱罩，不论是否浸渍	8	70		13	13	千克			0		0
59.09	**纺织材料制的水龙软管及类似的管子，不论有无其他材料作衬里、护套或附件：**											
5909.0000	纺织材料制的水龙软管及类似的管子，不论有无其他材料作衬里、护套或附件	8	35		13	13	千克			0		0
59.10	**纺织材料制的传动带或输送带及带料，不论是否用塑料浸渍、涂布、包覆或层压，也不论是否用金属或其他材料加强：**											
5910.0000	纺织材料制的传动带或输送带及带料，不论是否用塑料浸渍、涂布、包覆或层压，也不论是否用金属或其他材料加强	8	35		13	13	千克			0		0
59.11	**本章注释八所规定的作专门技术用途的纺织产品及制品：**											
	- 用橡胶、皮革或其他材料涂布、包覆或层压的作针布用的纺织物、毡呢及毡呢衬里机织物，以及作专门技术用途的类似织物，包括用橡胶浸渍的、用于包覆纺锤（织轴）的狭幅丝绒织物：											
5911.1010	--- 用橡胶浸渍的、用于包覆纺锤（织轴）的狭幅丝绒织物	8	75		13	13	千克			0	5.2	0
5911.1090	--- 其他	8	35		13	13	千克			0		0
5911.2000	- 筛布，不论是否制成的											
59112000.10	丝制筛布（不论是否制成的）	8	35		13	13	千克			0		0

协定税率（%）														特惠税率（%）①/②	Article Description
巴基斯坦	冰岛	哥斯达黎加	秘鲁	新西兰	瑞士	新加坡	韩国	澳大利亚	格鲁吉亚	毛里求斯	日本RCEP	尼加拉瓜	港澳台		
7	0	0	0	0	0	0	0	0	0	0	10.2	0	0/	0/0	- Other
															Textile wall coverings:
0	0	0	0	0	0	0	0	0	0	0	7.3	0	0/	0/0	Textile wall coverings
															Rubberized textile fabrics, other than those of heading 59.02:
															- Adhesive tape of a width not exceeding 20cm:
0	0	0	0	0	0		0	0	0	0	7.3	0	0/	0/0	--- Insulating tape
0		0	0	0	0	0	0	0	0	0	7.3	0	0/	0/0	--- Other
															- Other:
0	0	0	0	0	0	0	0	0	0	0	7.3	0	0/0	0/0	-- Knitted or crocheted
															-- Other:
0	0	0	0	0	0		0	0	0	0	7.3	6.4	0/	0/0	--- Insulating cloth or tape
0	0	0	0	0	0	0	0	0	0	0	7.3	6.4	0/0	0/0	--- Other
															Textile fabrics otherwise impregnated, coated or covered;painted canvas being theatrical scenery, studio backcloths or the like:
2.5	0	0	0	0	0		0	0	0	0	7.3	6.4	0/	0/0	--- Insulating cloth or tape
2.5	0	0	0	0	0		0	0	0	0	7.3	6.4	0/	0/0	--- Painted canvas
2.5	0	0	0	0	0	0	5	0	0	2		6.4	0/	0/0	--- Other
															Textile wicks, woven, platied or knitted, for lamps, stoves, ligh-ters, candles or the like; incandescent gas mantles and tubular knitted gas mantle fabric therefor, whether or not impregnated:
0	0	0	0	0	0		0	0	0	0	7.3	6.4	0/	0/0	Textile wicks, woven, plaited or knitted, for lamps, stoves, lighters, candles or the like; incandescent gas mantles and tubular knitted gas mantle fabric therefor, whether or not impregnated
															Textile hosepiping and similar textile tubing, with or without lining, armour or accessories of other materials:
0	0	0	0	0	0		0	0	0	0	5.8	6.4	0/	0/0	Textile hosepiping and similar textile tubing, with or without lining, armour or accessories of other materials
															Transmission or conveyor belts or belting, of textile material, whether or not impregnated, coated, covered or laminated with plastics, or reinforced with metal or other material:
0	0	0	0	0	0		0	0	0	0	5.8	6.4	0/0	0/0	Transmission or conveyor belts or belting, of textile material, whether or not impregnated, coated, covered or laminated with plastics, or reinforced with metal or other material
															Textile products and articles, for technical uses, specified in Note 8 to this Chapter:
															- Textile fabrics, felt and felt-lined woven fabrics, coated, covered or laminated with rubber, leather or other material, of a kind used for card clothing, and similar fabrics of a kind used for other technical purposes, including narrow fabrics made of velvet impregnated with rubber, for covering weaving spindles (weaving beams):
0	0	0	0	0	0		0	0	0	0	5.8	6.4	0/	0/0	--- Narrow fabrics made of velvet impregnated with rubber, for covering weaving spindles (weaving beams)
0	0	0	0	0	0		0	0	0	0	5.8	6.4	0/	0/0	--- Other
															- Bolting cloth, whether or not made up
0	0	0	0	0	0		0	0	0	0	5.8	6.4	0/	0/0	Bolting cloth of silk or silk waste, whether or not made up

税　号	货品名称	进口关税（%）			增值/消费税（%）	出口退税（%）	计量单位	监管证件代码	检验检疫类别	协定税率（%）		
		最惠国	普通	年内暂定						东盟	亚太	智利
59112000.90	其他纺织材料制筛布（不论是否制成的，刻版筛网印布除外）	8	35		13	13	千克			0		0
	- 环状或装有连接装置的纺织物及毡呢，用于造纸机器或类似机器（例如，制浆机或制石棉水泥的机器）：											
5911.3100	-- 每平方米重量在650克以下	8	35		13	13	千克			0		0
5911.3200	-- 每平方米重量在650克及以上	8	35		13	13	千克			0		0
5911.4000	- 用于榨油机器或类似机器的滤布，包括人发制滤布	8	35		13	13	千克			0		0
5911.9000	- 其他											
59119000.10	半导体晶圆制造用自粘式圆形抛光垫（见第59章注释八）	0	35		13	13	千克			0		0
59119000.20	体外膜肺氧合机用聚甲基戊烯中空纤维膜（见第59章注释八）	8	35	3	13	13	千克			0		0
59119000.90	其他专门技术用途纺织产品及制品（见第59章注释八）	8	35		13	13	千克			0		0

协定税率（%）														特惠税率（%）①/②	Article Description
巴基斯坦	冰岛	哥斯达黎加	秘鲁	新西兰	瑞士	新加坡	韩国	澳大利亚	格鲁吉亚	毛里求斯	日本RCEP	尼加拉瓜	港澳台		
0	0	0	0	0	0		0	0	0	0	5.8	6.4	0/	0/0	Bolting cloth of other textile materials, whether or not made up, other than screen cloth for block printing
															- Textile fabrics and felts, endless or fitted with linking devices, of a kind used in paper-making or similar machines (for example, for pulp or asbestos-cement):
0	0	0	0	0	0		0	0	0	0	5.8	6.4	0/	0/0	-- Weighing less than 650g/m^2
0	0	0	0	0	0		0	0	0	0	5.8	6.4	0/	0/0	-- Weighing 650g/m^2 or more
0	0	0	0	0	0		0	0	0	0	5.8	6.4	0/	0/0	- Filtering or straining cloth of a kind used in oil presses or the like, including that of human hair
															- Other
0	0	0	0	0	0			0	0	0	5.8	6.4	0/	0/0	Round shape self-adhesive polish gaskets for manufacture of semiconductor wafer (see also Note 8 to Chapter 59)
0	0	0	0	0	0			0	0	0	5.8	6.4	0/	0/0	Polymethylpemtene hollow fiber membrane used for extracorporeal membrane oxygenation(ECMO) machine (see also Note 8 to Chapter 59)
0	0	0	0	0	0			0	0	0	5.8	6.4	0/	0/0	Other textile products and articles, for technical uses (see also Note 8 to Chapter 59)

第六十章　针织物及钩编织物

注释：

一、本章不包括：

（一）税目58.04的钩编花边；

（二）税目58.07的针织或钩编的标签、徽章及类似品；或

（三）第五十九章的经浸渍、涂布、包覆或层压的针织物及钩编织物。但经浸渍、涂布、包覆或层压的起绒针织物及起绒钩编织物仍归入税目60.01。

二、本章还包括用金属线制的用于衣着、装饰或类似用途的织物。

三、本协调制度所称“针织物”，包括由纺织纱线用链式针法构成的缝编织物。

子目注释：

一、子目6005.35包括由聚乙烯单丝或涤纶复丝制成的织物，重量不小于30克/平方米，但不超过55克/平方米，网眼尺寸不小于20孔/平方厘米，但不超过100孔/平方厘米，并且用α-氯氰菊酯（ISO）、虫螨腈（ISO）、溴氰菊酯（INN，ISO）、高效氯氟氰菊酯（ISO）、除虫菊酯（ISO）或甲基嘧啶磷（ISO）浸渍或涂层。

税号	货品名称	进口关税（%）			增值/消费税（%）	出口退税（%）	计量单位	监管证件代码	检验检疫类别	协定税率（%）		
		最惠国	普通	年内暂定						东盟	亚太	智利
60.01	针织或钩编的起绒织物，包括“长毛绒”织物及毛圈织物：											
6001.1000	- “长毛绒”织物	8	130		13	13	米/千克			0	5.2	0
	- 毛圈绒头织物：											
6001.2100	-- 棉制	8	70		13	13	米/千克			0	5.2	0
6001.2200	-- 化学纤维制	8	130		13	13	米/千克			0	5.2	0
6001.2900	-- 其他纺织材料制	8	130		13	13	米/千克			0		0
	- 其他：											
6001.9100	-- 棉制	8	70		13	13	米/千克			0	5.2	0
6001.9200	-- 化学纤维制	8	130		13	13	米/千克			0	5.2	0
6001.9900	-- 其他纺织材料制	8	130		13	13	米/千克			0		0
60.02	宽度不超过30厘米，按重量计弹性纱线或橡胶线含量在5%及以上的针织物或钩编织物，但税目60.01的货品除外：											
	- 按重量计弹性纱线含量在5%及以上，但不含橡胶线：											
6002.4010	--- 棉制	8	70		13	13	米/千克			0	5.2	0
6002.4020	--- 丝及绢丝制	8	130		13	13	米/千克			0	5.2	0
6002.4030	--- 合成纤维制	8	130		13	13	米/千克			0		0
6002.4040	--- 人造纤维制	8	130		13	13	米/千克			0		0
6002.4090	--- 其他	8	130		13	13	米/千克			0	5.2	0
	- 其他：											
6002.9010	--- 棉制	8	70		13	13	米/千克			0	5.2	0
6002.9020	--- 丝及绢丝制	8	130		13	13	米/千克			0	5.2	0
6002.9030	--- 合成纤维制	8	130		13	13	米/千克			0	4	0
6002.9040	--- 人造纤维制	8	130		13	13	米/千克			0	4	0
6002.9090	--- 其他	8	130		13	13	米/千克			0	5.2	0
60.03	宽度不超过30厘米的针织或钩编织物，但税目60.01或60.02的货品除外：											
6003.1000	- 羊毛或动物细毛制	8	130		13	13	米/千克			0		0
6003.2000	- 棉制	8	70		13	13	米/千克			0		0
6003.3000	- 合成纤维制	8	130		13	13	米/千克			0	5.2	0
6003.4000	- 人造纤维制	8	130		13	13	米/千克			0	5.2	0
6003.9000	- 其他	8	130		13	13	米/千克			0		0
60.04	宽度超过30厘米，按重量计弹性纱线或橡胶线含量在5%及以上的针织物或钩编织物，但税目60.01的货品除外：											

Chapter 60 Knitted or crocheted fabrics

Chapter Notes:

1. This Chapter does not cover:

   (a) Crochet lace of heading 58.04;

   (b) Labels, badges or similar articles, knitted or crocheted, of heading 58.07; or

   (c) Knitted or crocheted fabrics, impregnated, coated, covered or laminated, of Chapter 59. However, knitted or crocheted pile fabrics, impregnated, coated, covered or laminated, remain classified in heading 60.01.

2. This Chapter also includes fabrics made of metal thread and of a kind used in apparel, as furnishing fabrics or for similar purposes.

3. Throughout the Nomenclature any reference to "knitted" goods includes a reference to stitch-bonded goods in which the chain stitches are formed of textile yarn.

Subheading Note:

1. Subheading 6005.35 covers fabrics of polyethylene monofilament or of polyester multifilament, weighing not less than 30 g/m^2 and not more than 55 g/m^2, having a mesh size of not less than 20 holes/cm^2 and not more than 100 holes/cm^2, and impregnated or coated with alpha-cypermethrin (ISO), chlorfenapyr (ISO), deltamethrin (INN, ISO), lambda-cyhalothrin (ISO), permethrin (ISO) or pirimiphos-methyl (ISO).

协定税率（%）														特惠税率（%）①/②	Article Description
巴基斯坦	冰岛	哥斯达黎加	秘鲁	新西兰	瑞士	新加坡	韩国	澳大利亚	格鲁吉亚	毛里求斯	日本RCEP	尼加拉瓜	港澳台		
															Pile fabrics, including "long pile" fabrics and terry fabrics, knitted or crocheted:
0	0	0	0	0	0	0	3.3	0	0	0	8.1	6.4	0/	0/0	- "Long pile" fabrics
															- Looped pile fabrics:
0	0	0	0	0	0		0	0	0	0	7.3	6.4	0/	0/0	-- Of cotton
0	0	0	0	0	0	0	0	0	0	0	7.3	6.4	0/	0/0	-- Of man-made fibres
0	0	0	0	0	0	0	0	0	0	0	8.7	6.4	0/	0/0	-- Of other textile materials
															- Other:
0	0	0	0	0	0		0	0	0	0	7.3	6.4	0/	0/0	-- Of cotton
0	0	0	0	0	0	0	5	0	0	0		6.4	0/0	0/0	-- Of man-made fibres
0	0	0	0	0	0	0	0	0	0	0	8.7	6.4	0/	0/0	-- Of other textile materials
															Knitted or crochete fabrics of a width not exceeding 30cm, containing 5% or more by weight of elastomeric yarn or rubber thread, other than those of heading 60.01:
															- Containing 5% or more by weight of elastomeric yarn but not containing rubber thread:
0	0	0	0	0	0		0	0	0	0	7.3	6.4	0/	0/0	--- Of cotton
0	0	0	0	0	0	0	0	0	0	0	7.3	6.4	0/	0/0	--- Of silk or silk waste
0	0	0	0	0	0	0	0	0	0	0	7.3	6.4	0/	0/0	--- Of synthetic fibres
0	0	0	0	0	0	0	0	0	0	0	7.3	6.4	0/	0/0	--- Of artificial fibres
0	0	0	0	0	0	0	0	0	0	0	7.3	6.4	0/	0/0	--- Other
															- Other:
0	0	0	0	0	0		0	0	0	0	7.3	6.4	0/	0/0	--- Of cotton
0	0	0	0	0	0	0	0	0	0	0	7.3	6.4	0/	0/0	--- Of silk or silk waste
0	0	0	0	0	0	0	3.3	0	0	0	8.1	6.4	0/	0/0	--- Of synthetic fibres
0	0	0	0	0	0	0	0	0	0	0	7.3	6.4	0/	0/0	--- Of artificial fibres
0	0	0	0	0	0	0	0	0	0	0	7.3	6.4	0/	0/0	--- Other
															Knitted or crocheted fabrics of a width not exceeding 30cm, other than those of heading 60.01 or 60.02:
0	0	0	0	0	0	0	0	0	0	0	7.3	6.4	0/	0/0	- Of wool or fine animal hair
0	0	0	0	0	0		0	0	0	0	7.3	6.4	0/	0/0	- Of cotton
0	0	0	0	0	0	0	0	0	0	0	7.3	6.4	0/	0/0	- Of synthetic fibres
0	0	0	0	0	0	0	0	0	0	0	7.3	6.4	0/	0/0	- Of artificial fibres
0	0	0	0	0	0	0	0	0	0	0	7.3	6.4	0/	0/0	- Other
															Knitted or crocheted fabrics of a width exceeding 30cm, containing by weight 5% or more elastomeric yarn or rubber thread, other than those of heading 60.01:

税　号	货品名称	进口关税（%）			增值/消费税（%）	出口退税（%）	计量单位	监管证件代码	检验检疫类别	协定税率（%）		
		最惠国	普通	年内暂定						东盟	亚太	智利
	- 按重量计弹性纱线含量在5%及以上，但不含橡胶线：											
6004.1010	--- 棉制	8	70		13	13	米/千克			0	5.2	0
6004.1020	--- 丝及绢丝制	8	130		13	13	米/千克			0	5.2	0
6004.1030	--- 合成纤维制	8	130		13	13	米/千克			0		0
6004.1040	--- 人造纤维制	8	130		13	13	米/千克			0		0
6004.1090	--- 其他	8	130		13	13	米/千克			0	5.2	0
	- 其他：											
6004.9010	--- 棉制	8	70		13	13	米/千克			0	5.2	0
6004.9020	--- 丝及绢丝制	8	130		13	13	米/千克			0	5.2	0
6004.9030	--- 合成纤维制	8	130		13	13	米/千克			0		0
6004.9040	--- 人造纤维制	8	130		13	13	米/千克			0		0
6004.9090	--- 其他	8	130		13	13	米/千克			0	5.2	0
60.05	**经编针织物（包括由镶边针织机织成的），但税目60.01至60.04的货品除外：**											
	- 棉制：											
6005.2100	-- 未漂白或漂白	8	70		13	13	米/千克			0		0
6005.2200	-- 染色	8	70		13	13	米/千克			0		0
6005.2300	-- 色织	8	70		13	13	米/千克			0		0
6005.2400	-- 印花	8	70		13	13	米/千克			0		0
	- 合成纤维制：											
6005.3500	-- 本章子目注释一所列织物	8	130		13	13	米/千克			0	5.2	0
6005.3600	-- 其他，未漂白或漂白	8	130		13	13	米/千克			0	5.2	0
6005.3700	-- 其他，染色	8	130		13	13	米/千克			0	5.2	0
6005.3800	-- 其他，色织	8	130		13	13	米/千克			0	5.2	0
6005.3900	-- 其他，印花	8	130		13	13	米/千克			0	5.2	0
	- 人造纤维制：											
6005.4100	-- 未漂白或漂白	8	130		13	13	米/千克			0	5.2	0
6005.4200	-- 染色	8	130		13	13	米/千克			0	5.2	0
6005.4300	-- 色织	8	130		13	13	米/千克			0	5.2	0
6005.4400	-- 印花	8	130		13	13	米/千克			0	5.2	0
	- 其他：											
6005.9010	--- 羊毛或动物细毛制	8	130		13	13	米/千克			0		0
6005.9090	--- 其他	8	130		13	13	米/千克			0		0
60.06	**其他针织或钩编织物：**											
6006.1000	- 羊毛或动物细毛制	8	130		13	13	米/千克			0		0
	- 棉制：											
6006.2100	-- 未漂白或漂白	8	70		13	13	米/千克			0	5.2	0
6006.2200	-- 染色	8	70		13	13	米/千克			0	5.2	0
6006.2300	-- 色织	8	70		13	13	米/千克			0	5.2	0
6006.2400	-- 印花	8	70		13	13	米/千克			0	5.2	0
	- 合成纤维制：											
6006.3100	-- 未漂白或漂白	8	130		13	13	米/千克			0	5.2	0
6006.3200	-- 染色	8	130		13	13	米/千克			0	5.2	0
6006.3300	-- 色织	8	130		13	13	米/千克			0	5.2	0
6006.3400	-- 印花	8	130		13	13	米/千克			0	5.2	0
	- 人造纤维制：											
6006.4100	-- 未漂白或漂白	8	130		13	13	米/千克			0	5.2	0
6006.4200	-- 染色	8	130		13	13	米/千克			0	5.2	0
6006.4300	-- 色织	8	130		13	13	米/千克			0	5.2	0
6006.4400	-- 印花	8	130		13	13	米/千克			0	5.2	0
6006.9000	- 其他	8	130		13	13	米/千克			0	5.2	0

协定税率（%）														特惠税率（%）①/②	Article Description
巴基斯坦	冰岛	哥斯达黎加	秘鲁	新西兰	瑞士	新加坡	韩国	澳大利亚	格鲁吉亚	毛里求斯	日本RCEP	尼加拉瓜	港澳台		
															- Containing 5% or more by weight of elastomeric yarn but not containing rubber thread:
0	0	0	0	0	0	0	0	0	0	0	7.3	6.4	0/	0/0	--- Of cotton
0	0	0	0	0	0	0	0	0	0	0	7.3	6.4	0/	0/0	--- Of silk or silk waste
0	0	0	0	0	0	0	5	0	0	0	8.6	6.4	0/0	0/0	--- Of synthetic fibres
0	0	0	0	0	0	0	3.3	0	0	0	8.1	6.4	0/	0/0	--- Of artificial fibres
0	0	0	0	0	0	0	0	0	0	0	7.3	6.4	0/0	0/0	--- Other
															- Other:
0	0	0	0	0	0		0	0	0	0	7.3	6.4	0/	0/0	--- Of cotton
0	0	0	0	0	0	0	0	0	0	0	7.3	6.4	0/	0/0	--- Of silk or silk waste
0	0	0	0	0	0	0	5	0	0	0		6.4	0/0	0/0	--- Of synthetic fibres
0	0	0	0	0	0	0	0	0	0	0	7.3	6.4	0/	0/0	--- Of artificial fibres
0	0	0	0	0	0	0	0	0	0	0	7.3	6.4	0/0	0/0	--- Other
															Warp knit fabrics (including those made on galloon knitting machines), other than those of headings 60.01 to 60.04:
															- Of cotton:
0	0	0	0	0	0		0	0	0	0	7.3	6.4	0/	0/0	-- Unbleached or bleached
0	0	0	0	0	0		0	0	0	0	7.3	6.4	0/	0/0	-- Dyed
0	0	0	0	0	0		0	0	0	0	7.3	6.4	0/	0/0	-- Of yarns of different colours
0	0	0	0	0	0		0	0	0	0	7.3	6.4	0/	0/0	-- Printed
															- Of synthetic fibres:
0	0	0	0	0	0	0	0	0	0	0	7.3	6.4	0/0	0/0	-- Fabrics specified in Subheading Note 1 to this Chapter
0	0	0	0	0	0	0	0	0	0	0	7.3	6.4	0/0	0/0	-- Other, unbleached or bleached
0	0	0	0	0	0	0	5	0	0	0		6.4	0/0	0/0	-- Other, dyed
0	0	0	0	0	0	0	0	0	0	0	7.3	6.4	0/	0/0	-- Other, of yarns of different colours
0	0	0	0	0	0	0	0	0	0	0	7.3	6.4	0/	0/0	-- Other, printed
															- Of artificial fibres:
0	0	0	0	0	0	0	0	0	0	0	7.3	6.4	0/	0/0	-- Unbleached or bleached
0	0	0	0	0	0	0	0	0	0	0	7.3	6.4	0/	0/0	-- Dyed
0	0	0	0	0	0	0	0	0	0	0	7.3	6.4	0/	0/0	-- Of yarns of different colours
0	0	0	0	0	0	0	0	0	0	0	7.3	6.4	0/	0/0	-- Printed
															- Other:
0	0	0	0	0	0	0	0	0	0	0	8.7	6.4	0/	0/0	--- Of wool or fine animal hair
0	0	0	0	0	0	0	0	0	0	0	8.7	6.4	0/	0/0	--- Of other textile materials
															Other knitted or crocheted fabrics:
0	0	0	0	0	0	0	0	0	0	0	8.7	6.4	0/	0/0	- Of wool or fine animal hair
															- Of cotton:
0	0	0	0	0	0		3.3	0	0	0	8.1	6.4	0/	0/0	-- Unbleached or bleached
0	0	0	0	0	0	0	0	0	0	2	7.3	6.4	0/	0/0	-- Dyed
0	0	0	0	0	0	0	0	0	0	0	7.3	6.4	0/	0/0	-- Of yarns Of different colours
0	0	0	0	0	0		0	0	0	0	7.3	6.4	0/0	0/0	-- Printed
															- Of synthetic fibres:
0	0	0	0	0	0	0	0	0	0	0	7.3	6.4	0/0	0/0	-- Unbleached or bleached
0	0	0	0	0	0	0	5	0	0	0	8.6	6.4	0/0	0/0	-- Dyed
0	0	0	0	0	0	0	5	0	0	0		6.4	0/0	0/0	-- Of yarns Of different colours
0	0	0	0	0	0	0	5	0	0	0		6.4	0/0	0/0	-- Printed
															- Of artificial fibres:
0	0	0	0	0	0	0	0	0	0	0	7.3	6.4	0/	0/0	-- Unbleached or bleached
0	0	0	0	0	0	0	3.3	0	0	0	8.1	6.4	0/0	0/0	-- Dyed
0	0	0	0	0	0	0	0	0	0	0	7.3	6.4	0/	0/0	-- Of yarns Of different colours
0	0	0	0	0	0	0	0	0	0	0	7.3	6.4	0/	0/0	-- Printed
0	0	0	0	0	0	0	0	0	0	0	8.7	6.4	0/	0/0	- Other

第六十一章　针织或钩编的服装及衣着附件

注释：

一、本章仅适用于制成的针织品或钩编织品。

二、本章不包括：

（一）税目62.12的货品；

（二）税目63.09的旧衣着或其他旧物品；或

（三）矫形器具、外科手术带、疝气带及类似品（税目90.21）。

三、税目61.03及61.04所称：

（一）“西服套装”，是指面料用相同的织物制成的两件套或三件套的下列成套服装：

——一件人体上半身穿着的外套或短上衣，除袖子外，其面料应由四片或四片以上组成；也可附带一件马甲（西服背心），这件马甲（西服背心）的前片面料应与套装其他各件的面料相同，后片面料则应与外套或短上衣的衬里料相同；以及

——一件人体下半身穿着的服装，即不带背带或护胸的长裤、马裤、短裤（游泳裤除外）、裙子或裙裤。

西服套装各件面料质地、颜色及构成必须相同，其款式也必须相同，尺寸大小还须相互般配，但可以用不同织物滚边（在缝口上缝入长条织物）。

如果数件人体下半身穿着的服装同时报验（例如，两条长裤、长裤与短裤、裙子或裙裤与长裤），构成西服套装下装的应是一条长裤，而对于女式西服套装，应是裙子或裙裤，其他服装应分别归类。

所称“西服套装”，包括不论是否完全符合上述条件的下列配套服装：

——常礼服，由一件后襟下垂并下端开圆弧形叉的素色短上衣和一条条纹长裤组成；

——晚礼服（燕尾服），一般用黑色织物制成，上衣前襟较短且不闭合，背后有燕尾；

——无燕尾套装夜礼服，其中上衣款式与普通上衣相似（可以更为显露衬衣前胸），但有光滑丝质或仿丝质的翻领。

（二）“便服套装”，是指面料相同并作零售包装的下列成套服装（西服套装及税目61.07、61.08或61.09的物品除外）：

——一件人体上半身穿着的服装，但套头 衫及背心除外，因为套头衫可在两件套服装中作为内衣，背心也可作为内衣；以及

——一件或两件不同的人体下半身穿着的服装，即长裤、护胸背带工装裤、马裤、短裤（游泳裤除外）、裙子或裙裤。

便服套装各件面料质地、款式、颜色及构成必须相同；尺寸大小也须相互般配。所称“便服套装”，不包括税目61.12的运动服及滑雪服。

四、税目61.05及61.06不包括在腰围以下有口袋的服装、带有罗纹腰带及以其他方式收紧下摆的服装或其织物至少在10厘米×10厘米的面积内沿各方向的直线长度上平均每厘米少于10针的服装。税目61.05不包括无袖服装。

衬衫及仿男式女衬衫是指人体上身穿着并从领口处全开襟或半开襟的长袖或短袖衣服；罩衫也是上半身穿着的宽松服装，但可以无袖，领口处也可以不开襟。衬衫、仿男式女衬衫及罩衫可有衣领。

五、税目61.09不包括带有束带、罗纹腰带或其他方式收紧下摆的服装。

六、对于税目61.11：

（一）所称“婴儿服装及衣着附件”，是指用于身高不超过86厘米幼儿的服装；

Chapter 61 Articles of apparel and clothing accessories, knitted or crocheted

Chapter Notes:

1. This Chapter applies only to made up knitted or crocheted articles.

2. This Chapter does not cover:

(a) Goods of heading 62.12;

(b) Worn clothing or other worn articles of heading 63.09; or

(c) Orthopaedic appliances, surgical belts, trusses or the like (heading 90.21).

3. For the purposes of headings 61.03 and 61.04:

(a) The term "suit" means a set of garments composed of two or three pieces made up, in respect of their outer surface, in identical fabric and comprising:

——One suit coat or jacket the outer shell of which, exclusive of sleeves, consists of four or more panels, designed to cover the upper part of the body, possibly with a tailored waistcoat in addition whose front is made from the same fabric as the outer surface of the other components of the set and whose back is made from the same fabric as the lining of the suit coat or jacket; and

——One garment designed to cover the lower part of the body and consisting of trousers, breeches or shorts (other than swimwear), a skirt or a divided skirt, having neither braces nor bibs.

All of the components of a "suit" must be of the same fabric construction, colour and composition; they must also be of the same style and of corresponding or compatible size. However, these components may have piping (a strip of fabric sewn into the seam) in a different fabric.

If several separate components to cover the lower part of the body are presented together (for example, two pairs of trousers or trousers and shorts, or a skirt or divided skirt and trousers), the constituent lower part shall be one pair of trousers or, in the case of women's or girls' suits, the skirt or divided skirt, the other garments being considered separately.

The term "suit" includes the following sets of garments, whether or not they fulfil all the above conditions:

(i)morning dress, comprising a plain jacket (cutaway) with rounded tails hanging well down at the back and striped trousers;

(ii)evening dress (tailcoat), generally made of black fabric, the jacket of which is relatively short at the front, does not close and has narrow skirts cut in at the hips and hanging down behind;

(iii)dinner jacket suits, in which the jacket is similar in style to an ordinary jacket (though perhaps revealing more of the shirt front), but has shiny silk or imitation silk lapels.

(b) The term "ensemble" means a set of garments (other than suits and articles of heading 61.07, 61.08 or 61.09), composed of several pieces made up in identical fabric, put up for retail sale, and comprising:

——One garment designed to cover the upper part of the body, with the exception of pullovers which may form a second upper garment in the sole context of twin sets, and of waistcoats which may also form a second upper garment, and

——One or two different garments, designed to cover the lower part of the body and consisting of trousers, bib and brace overalls, breeches, shorts (other than swimwear), a skirt or a divided skirt.

All of the components of an ensemble must be of the same fabric construction, style, colour and composition; they also must be of corresponding or compatible size. The term "ensemble" does not apply to track suits or ski suits, of heading 61.12.

4. Headings 61.05 and 61.06 do not cover garments with pockets below the waist, with a ribbed waistband or other means of tightening at the bottom of the garment, or garments having an average of less than 10 stitches per linear centimeter in each direction counted on an area measuring at least 10cm×10cm. Heading 61.05 does not cover sleeveless garments.

"Shirts" and "shirt-blouses" are garments designed to cover the upper part of the body, having long or short sleeves and a full or partial opening starting at the neckline. "Blouses" are loose-fitting garments also designed to cover the upper part of the body but may be sleeveless and with or without an opening at the neckline. "Shirts", "shirt-blouses" and "blouses" may also have a collar.

5. Heading 61.09 does not cover garments with a drawstring, ribbed waistband or other means of tightening at the bottom of the garment.

6. For the purposes of heading 61.11:

(a) The expression "babies' garments and clothing accessories" means articles for young children of a body height not exceeding 86cm;

（二）既可归入税目61.11，也可归入本章其他税目的物品，应归入税目61.11。

七、税目61.12所称“滑雪服”，是指从整个外观和织物质地来看，主要在滑雪（速度滑雪或高山滑雪）时穿着的下列服装或成套服装：

（一）“滑雪连身服”，即上下身连在一起的单件服装；除袖子和领子外，滑雪连身服可有口袋或脚带；或

（二）“滑雪套装”，即由两件或三件构成一套并作零售包装的下列服装：

——一件用一条拉链扣合的带风帽的厚夹克、防风衣、防风短上衣或类似的服装，可以附带一件背心（滑雪背心）；以及

——一条不论是否过腰的长裤、一条马裤或一条护胸背带工装裤。

“滑雪套装”也可由一件类似以上（一）款所述的连身服和一件可套在连身服外面的有胎料背心组成。

“滑雪套装”各件颜色可以不同，但面料质地、款式及构成必须相同；尺寸大小也须相互般配。

八、既可归入税目61.13，也可归入本章其他税目的服装，除税目61.11所列的仍归入该税目外，其余的应一律归入税目61.13。

九、本章的服装，凡门襟为左压右的，应视为男式；右压左的，应视为女式。但本规定不适用于其式样已明显为男式或女式的服装。

无法区别是男式还是女式的服装，应按女式服装归入有关税目。

十、本章物品可用金属线制成。

税　号	货品名称	进口关税（%）			增值/消费税（%）	出口退税（%）	计量单位	监管证件代码	检验检疫类别	协定税率（%）		
		最惠国	普通	年内暂定						东盟	亚太	智利
61.01	针织或钩编的男式大衣、短大衣、斗篷、短斗篷、带风帽的防寒短上衣（包括滑雪短上衣）、防风衣、防风短上衣及类似品，但税目61.03的货品除外：											
6101.2000	- 棉制	8	90		13	13	件/千克			0	5.2	0
6101.3000	- 化学纤维制	8	130		13	13	件/千克			0	5.2	0
	- 其他纺织材料制：											
6101.9010	--- 羊毛或动物细毛制											
61019010.10	毛制针织或钩编非手工制男式防风衣（包括防寒短上衣、防风短上衣及类似品）	10	130		13	13	件/千克			0	6.5	0
61019010.90	毛制针织或钩编其他男大衣、斗篷、防风衣等（包括防寒短上衣、防风短上衣、短大衣、短斗篷及类似品）	10	130		13	13	件/千克			0	6.5	0
6101.9090	--- 其他纺织材料制	8	130		13	13	件/千克			0	5.2	0
61.02	针织或钩编的女式大衣、短大衣、斗篷、短斗篷、带风帽的防寒短上衣（包括滑雪短上衣）、防风衣、防风短上衣及类似品，但税目61.04的货品除外：											
6102.1000	- 羊毛或动物细毛制											
61021000.10	毛制针织或钩编女式大衣等（包括短大衣、斗篷、短斗篷及类似品，雨衣除外）	10	130		13	13	件/千克			0	6.5	0
61021000.21	毛制针织或钩编手工制女式防风衣（包括防寒短上衣、防风短上衣及类似品）	10	130		13	13	件/千克			0	6.5	0
61021000.29	毛制针织或钩编女式防风衣（包括防寒短上衣、防风短上衣及类似品）	10	130		13	13	件/千克			0	6.5	0

(b) Articles which are, prima facie, classifiable both in heading 61.11 and in other headings of this Chapter are to be classified in heading 61.11.

7. For the purposes of heading 61.12, "ski suits" means garments or sets of garments which, by their general appearance and texture, are identifiable as intended to be worn principally for skiing (cross-country or alpine). They consist either of:

(a) a "ski overall", that is, a one-piece garment designed to cover the upper and the lower parts of the body; in addition to sleeves and a collar the ski overall may have pockets or footstraps; or

(b) a "ski ensemble", that is, a set of garments composed of two or three pieces, put up for retail sale and comprising:

——One garment such as an anorak, wind-cheater, wind-jacket or similar article, closed by a slide fastener (zipper), possibly with a waistcoat in addition, and

——One pair of trousers whether or not extending above waist-level, one pair of breeches or one bib and brace overall.

The "ski ensemble" may also consist of an overall similar to the one mentioned in paragraph (a) above and a type of padded, sleeveless jacket worn over the overall.

All the components of a "ski ensemble" must be made up in a fabric of the same texture, style and composition whether or not of the same colour; they also must be of corresponding or compatible size.

8. Garments which are, prima facie, classifiable both in heading 61.13 and in other headings of this Chapter, excluding heading 61.11, are to be classified in heading 61.13.

9. Garments of this Chapter designed for left over right closure at the front shall be regarded as men's or boys' garments, and those designed for right over left closure at the front as women's or girls' garments. These provisions do not apply where the cut of the garment clearly indicates that it is designed for one or other of the sexes.

Garments which cannot be identified as either men's or boys' garments or as women's or girls' garments are to be classified in the headings covering women's or girls' garments.

10. Articles of this Chapter may be made of metal thread.

协定税率（%）														特惠税率（%）①/②	Article Description
巴基斯坦	冰岛	哥斯达黎加	秘鲁	新西兰	瑞士	新加坡	韩国	澳大利亚	格鲁吉亚	毛里求斯	日本RCEP	尼加拉瓜	港澳台		
															Men's or boys' overcoats, car-coats, capes, cloaks, anoraks (including ski-jackets), wind-cheaters, wind-jackets and similar knitted or cro-cheted articles, other than those of heading 61.03:
14	0	0	0	0	0	0	0	0	0	0	12.7	0	0/	0/0	- Of cotton
0	0	0	0	0	0	0	0	0	0	3.5	12.7	0	0/	0/0	- Of man-made fibres
															- Of other textile materials:
															--- Of wool or fine animal hair
0	0	0	0	0	0	0	12.5	0	0	5		9	0/	0/0	Men's or boys' non-handmade wind-cheaters, anoraks, wind-jackets and similar articles, knitted or crocheted, of wool or fine animal hair
0	0	0	0	0	0	0	12.5	0	0	5		9	0/	0/0	Other men's or boys' overcoats, capes, wind-cheaters, anoraks, wind-jackets, carcoats, cloak and similar articles, of wool or fine animal hair, knitted or crocheted
8.8	0	0	0	0	0	0	0	0	0	0	12.7	6.4	0/	0/0	--- Of Other textile materials
															Women's or girls' overcoats, car-coats, capes, cloaks, anoraks (including ski-jackets), wind-cheaters, wind-jackets and similar articles, knitted or crocheted, other than those of heading 61.04:
															- Of wool or fine animal hair
18	0	0	0	0	0	0	12.5	0	0	5		9	0/	0/0	Women's or girls' overcoats, car-coats, capes, cloaks and similar articles, of wool or fine animal hair, knitted or crocheted, other than raincoats
18	0	0	0	0	0	0	12.5	0	0	5		9	0/	0/0	Women's or girls' handmade wind-cheaters, anoraks, wind-jackets and similar articles, of wool or fine animal hair, knitted or crocheted
18	0	0	0	0	0	0	12.5	0	0	5		9	0/	0/0	Women's or girls' wind-cheaters, anoraks, wind-jackets and similar articles, of wool or fine animal hair, knitted or crocheted

税　号	货品名称	进口关税（%） 最惠国	普通	年内暂定	增值/消费税（%）	出口退税（%）	计量单位	监管证件代码	检验检疫类别	协定税率（%） 东盟	亚太	智利
61021000.30	毛制针织或钩编女式雨衣	10	130		13	13	件/千克			0	6.5	0
6102.2000	- 棉制	8	90		13	13	件/千克			0	5.2	0
6102.3000	- 化学纤维制	8	130		13	13	件/千克			0	5.2	0
6102.9000	- 其他纺织材料制	10	130		13	13	件/千克			0	6.5	0
61.03	针织或钩编的男式西服套装、便服套装、上衣、长裤、护胸背带工装裤、马裤及短裤（游泳裤除外）：											
	- 西服套装：											
6103.1010	--- 羊毛或动物细毛制	10	130		13	13	套/千克			0	6.5	0
6103.1020	--- 合成纤维制	10	130		13	13	套/千克			0	6.5	0
6103.1090	--- 其他纺织材料制	8	130		13	13	套/千克			0	5.2	0
	- 便服套装：											
6103.2200	-- 棉制	10	90		13	13	套/千克			0	6.5	0
6103.2300	-- 合成纤维制	10	130		13	13	套/千克			0	6.5	0
	-- 其他纺织材料制：											
6103.2910	--- 羊毛或动物细毛制	10	130		13	13	套/千克			0	6.5	0
6103.2990	--- 其他纺织材料制	10	130		13	13	套/千克			0	6.5	0
	- 上衣：											
6103.3100	-- 羊毛或动物细毛制	6	130		13	13	件/千克			0	3.9	0
6103.3200	-- 棉制	6	90		13	13	件/千克			0	3.9	0
6103.3300	-- 合成纤维制	8	130		13	13	件/千克			0	5.2	0
6103.3900	-- 其他纺织材料制	6	130		13	13	件/千克			0	3.9	0
	- 长裤、护胸背带工装裤、马裤及短裤：											
6103.4100	-- 羊毛或动物细毛制	6	130		13	13	条/千克			0	3.9	0
6103.4200	-- 棉制											
61034200.12	棉针织钩编男童非保暖背带工装裤（2号～7号男童护胸背带工装裤）	6	90		13	13	条/千克	A	M/	0	3.9	0
61034200.21	棉制针织或钩编男童游戏套装长裤（指男童8号～18号）	6	90		13	13	条/千克	A	M/	0	3.9	0
61034200.29	棉针织或钩编其他男童游戏套装裤（包括长裤、马裤、短裤）	6	90		13	13	条/千克	A	M/	0	3.9	0
61034200.90	棉制针织或钩编其他男裤等（包括马裤、短裤及其他长裤）	6	90		13	13	条/千克			0	3.9	0
6103.4300	-- 合成纤维制											
61034300.90	其他合纤制针织或钩编其他男裤（包括马裤、短裤及其他长裤）	8	130		13	13	条/千克			0	5.2	0
61034300.92	其他合纤制男童游戏套装长裤（针织或钩编，指男童8号～18号）	8	130		13	13	条/千克	A	M/	0	5.2	0
61034300.93	其他合纤制男童游戏套装长裤（针织或钩编，包括马裤、短裤及其他长裤）	8	130		13	13	条/千克	A	M/	0	5.2	0
6103.4900	-- 其他纺织材料制											
61034900.13	丝制针织或钩编其他男童长裤、马裤（丝及绢丝含量在70%及以上）	6	130		13	13	条/千克	A	M/	0	3.9	0
61034900.23	人纤制针织或钩编其他男童长裤、马裤（含毛23%及以上）	6	130		13	13	条/千克	A	M/	0	3.9	0
61034900.26	其他人纤制针织或钩编其他男童长裤（包括马裤）	6	130		13	13	条/千克	A	M/	0	3.9	0
61034900.51	其他纺织材料制其他男童长裤、马裤（针织或钩编，棉限内）	6	130		13	13	条/千克	A	M/	0	3.9	0
61034900.52	其他纺织材料制其他男童长裤、马裤（针织或钩编，羊毛限内）	6	130		13	13	条/千克	A	M/	0	3.9	0

协定税率（%）														特惠税率（%）①/②	Article Description
巴基斯坦	冰岛	哥斯达黎加	秘鲁	新西兰	瑞士	新加坡	韩国	澳大利亚	格鲁吉亚	毛里求斯	日本RCEP	尼加拉瓜	港澳台		
18	0	0	0	0	0	0	12.5	0	0	5		9	0/	0/0	Women's or girls' knitted or crocheted raincoats of wool or fine animal hair
14	0	0		0	0	0	0	0	0	3.5	12.7	6.4	0/	0/0	- Of cotton
0	0	0	0	0	0	0	0	0	0	0	12.7	0	0/	0/0	- Of man-made fibres
10	0	0	0	0	0	0	6.6	0	0	0	16.3	9	0/	0/0	- Of other textile materials
															Men's or boys' suits, ensembles, jackets, blazers, trousers, bib and brace overalls, breeches and shorts (other than swimwear), knitted or crocheted:
															- Suits:
18	0	0	0	0	0	0	12.5	0	0	5		9	0/	0/0	--- Of wool or fine animal hair
18	0	0	0	0	0	0	12.5	0	0	5		9	0/	0/0	--- Of synthetic fibres
8.8	0	0	0	0	0	0	0	0	0	0	12.7	6.4	0/	0/0	--- Of Other textile materials
															- Ensembles:
14.8	0	0	0	0	0	0	6.6	0	0	0		9	0/	0/0	-- Of cotton
18	0	0	0	0	0	0	12.5	0	0	5		9	0/	0/0	-- Of synthetic fibres
															-- Of other textile materials:
18	0	0	0	0	0	0	12.5	0	0	5		9	0/	0/0	--- Of wool or fine animal hair
18	0	0	0	0	0	0	12.5	0	0	5		9	0/	0/0	--- Of other textile materials
															- Jackets and blazers:
8	0	0	0	0	0	0	0	0	0	3.2	11.6	0	0/	0/0	-- Of wool or fine animal hair
0	0	0	0	0	0	0	0	0	0	0	11.6	0	0/	0/0	-- Of cotton
0	0	0	0	0	0	0	0	0	0	3.8	13.8	0	0/	0/0	-- Of synthetic fibres
0	0	0	0	0	0	0	0	0	0	0	11.6	0	0/	0/0	-- Of other textile materials
															- Trousers, bib and brace overalls, breeches and shorts:
8	0	0	0	0	0	0	0	0	0	3.2	11.6	0	0/	0/0	-- Of wool or fine animal hair
															-- Of cotton
0	0	0	0	0	0	0	0	0	0	0	11.6	0	0/	0/0	Boys' knitted or crocheted bib and brace overalls, of cotton, not thermal, size 2-7
0	0	0	0	0	0	0	0	0	0	0	11.6	0	0/	0/0	Boys' playsuit trousers, size 8-18, of cotton, knitted or crocheted
0	0	0	0	0	0	0	0	0	0	0	11.6	0	0/	0/0	Other boys' playsuit, including trousers, breeches and shorts, of cotton, knitted or crocheted
0	0	0	0	0	0	0	0	0	0	0	11.6	0	0/	0/0	Other men's or boys' trousers, breeches and shorts, of cotton, knitted or crocheted
															-- Of synthetic fibres
0	0	0	0	0	0	0	0	0	0	0	12.7	0	0/	0/0	Other men's or boys' trousers, bib and brace overalls, breeches and shorts, of other synthetic fibres, knitted or crocheted
0	0	0	0	0	0	0	0	0	0	0	12.7	0	0/	0/0	Other boys' playsuit trousers, size 8-18, of synthetic fibres, knitted or crocheted
0	0	0	0	0	0	0	0	0	0	0	12.7	0	0/	0/0	Other boys' playsuit trousers, including breeches, shorts and other trousers, of synthetic fibres, knitted or crocheted
															-- Of other textile materials
0	0	0	0	0	0	0	0	0	0	0	11.6	0	0/	0/0	Boys' knitted or crocheted trousers and breeches, containing 70% or more by weight of silk or silk waste
0	0	0	0	0	0	0	0	0	0	0	11.6	0	0/	0/0	Other boys' trousers and breeches of artificial fibres, knitted or crocheted, containing 23% or more by weight of wool or fine animal hair
0	0	0	0	0	0	0	0	0	0	0	11.6	0	0/	0/0	Other boys' knitted or crocheted trousers and breeches, of artificial fibres
0	0	0	0	0	0	0	0	0	0	0	11.6	0	0/	0/0	Boys' knitted or crocheted trousers and breeches, of other textile materials, in cotton limit
0	0	0	0	0	0	0	0	0	0	0	11.6	0	0/	0/0	Boys' knitted or crocheted trousers and breeches, of other textile materials, in wool limit

税　号	货品名称	进口关税（%）			增值/消费税（%）	出口退税（%）	计量单位	监管证件代码	检验检疫类别	协定税率（%）		
		最惠国	普通	年内暂定						东盟	亚太	智利
61034900.53	其他纺织材料制其他男童长裤、马裤（针织或钩编，化纤限内）	6	130		13	13	条/千克	A	M/	0	3.9	0
61034900.59	其他纺织材料制其他男童长裤、马裤（针织或钩编）	6	130		13	13	条/千克	A	M/	0	3.9	0
61034900.90	其他纺材制针织或钩编其他男式长裤、护胸背带工装裤、马裤及短裤	6	130		13	13	条/千克			0	3.9	0
61.04	**针织或钩编的女式西服套装、便服套装、上衣、连衣裙、裙子、裙裤、长裤、护胸背带工装裤、马裤及短裤（游泳服除外）：**											
	- 西服套装：											
6104.1300	-- 合成纤维制	10	130		13	13	套/千克			0	6.5	0
	-- 其他纺织材料制：											
6104.1910	--- 羊毛或动物细毛制	8	130		13	13	套/千克			0	5.2	0
6104.1920	--- 棉制	8	90		13	13	套/千克			0	5.2	0
6104.1990	--- 其他	8	130		13	13	套/千克			0	5.2	0
	- 便服套装：											
6104.2200	-- 棉制	8	90		13	13	套/千克			0	5.2	0
6104.2300	-- 合成纤维制	10	130		13	13	套/千克			0	6.5	0
	-- 其他纺织材料制：											
6104.2910	--- 羊毛或动物细毛制	8	130		13	13	套/千克			0	5.2	0
6104.2990	--- 其他	6	130		13	13	套/千克			0	3.9	0
	- 上衣：											
6104.3100	-- 羊毛或动物细毛制	6	130		13	13	件/千克			0	3.9	0
6104.3200	-- 棉制	6	90		13	13	件/千克			0	3.9	0
6104.3300	-- 合成纤维制	10	130		13	13	件/千克			0	6.5	0
6104.3900	-- 其他纺织材料制	6	130		13	13	件/千克			0	3.9	0
	- 连衣裙：											
6104.4100	-- 羊毛或动物细毛制	6	130		13	13	件/千克			0	3.9	0
6104.4200	-- 棉制	6	90		13	13	件/千克			0	3.9	0
6104.4300	-- 合成纤维制	8	130		13	13	件/千克			0	5.2	0
6104.4400	-- 人造纤维制	6	130		13	13	件/千克			0	3.9	0
6104.4900	-- 其他纺织材料制	6	130		13	13	件/千克			0	3.9	0
	- 裙子及裙裤：											
6104.5100	-- 羊毛或动物细毛制	6	130		13	13	件/千克			0	3.9	0
6104.5200	-- 棉制	6	90		13	13	件/千克			0	3.9	0
6104.5300	-- 合成纤维制	6	130		13	13	件/千克			0	3.9	0
6104.5900	-- 其他纺织材料制	6	130		13	13	件/千克			0	3.9	0
	- 长裤、护胸背带工装裤、马裤及短裤：											
6104.6100	-- 羊毛或动物细毛制	6	130		13	13	条/千克			0	3.9	0
6104.6200	-- 棉制											
61046200.30	棉制针织或钩编女童游戏套装长裤（指女童7号～16号，包括马裤）	6	90		13	13	条/千克	A	M/	0	3.9	0
61046200.40	棉针织或钩编其他女童游戏套装裤（包括马裤、短裤、非保暖护胸背带工装裤及其他长裤）	6	90		13	13	条/千克	A	M/	0	3.9	0
61046200.90	棉制针织或钩编其他女裤	6	90		13	13	条/千克			0	3.9	0
6104.6300	-- 合成纤维制											
61046300.90	其他合成纤维制针织或钩编女裤	8	130		13	13	条/千克			0	5.2	0
61046300.91	其他合纤制女童游戏套装长裤、马裤（针织或钩编，指女童7号～16号）	8	130		13	13	条/千克	A	M/	0	5.2	0
61046300.92	其他合成纤维制女童游戏套装裤（针织或钩编，包括短裤及其他长裤）	8	130		13	13	条/千克	A	M/	0	5.2	0

协定税率（%）														特惠税率（%）①/②	Article Description
巴基斯坦	冰岛	哥斯达黎加	秘鲁	新西兰	瑞士	新加坡	韩国	澳大利亚	格鲁吉亚	毛里求斯	日本RCEP	尼加拉瓜	港澳台		
0	0	0	0	0	0	0	0	0	0	0	11.6	0	0/	0/0	Boys' knitted or crocheted trousers and breeches; of other textile materials, in man-made fibres limit
0	0	0	0	0	0	0	0	0	0	0	11.6	0	0/	0/0	Other boys' knitted or crocheted trousers and breeches, of other textile materials
0	0	0	0	0	0	0	0	0	0	0	11.6	0	0/	0/0	Other men's or boys' trousers, bib and brace overalls, breeches and shorts, of other textile materials, knitted or crocheted
															Women's or girls' suits, ensembles, jackets, blazers, dresses, skirts, divided skirts, trousers, bib and brace overalls, breeches and shorts (other than swimwear), knitted or crocheted:
															- Suits:
18	0	0	0	0	0	0	12.5	0	0	5		9	0/	0/0	-- Of synthetic fibres
															-- Of other textile materials:
8.8	0	0	0	0	0	0	0	0	0	0	12.7	6.4	0/	0/0	--- Of wool or fine animal hair
14	0	0	0	0	0	0	0	0	0	0	12.7	6.4	0/	0/0	--- Of cotton
8.8	0	0	0	0	0	0	0	0	0	0	12.7	6.4	0/	0/0	--- Other
															- Ensembles:
14	0	0	0	0	0	0	0	0	0	0	12.7	6.4	0/	0/0	-- Of cotton
18	0	0	0	0	0	0	12.5	0	0	5		9	0/	0/0	-- Of synthetic fibres
															-- Of other textile materials:
8.8	0	0	0	0	0	0	0	0	0	0	12.7	6.4	0/	0/0	--- Of wool or fine animal hair
7.5	0	0	0	0	0	0	0	0	0	0	10.9	0	0/	0/0	--- Other
															- Jackets and blazers:
8	0	0	0	0	0	0	0	0	0	3.2	11.6	0	0/	0/0	-- Of wool or fine animal hair
0	0	0	0	0	0	0	0	0	0	0	11.6	0	0/	0/0	-- Of cotton
7.6	0	0	0	0	0	0	0	0	0	0	13.8	8	0/	0/0	-- Of synthetic fibres
0	0	0	0	0	0	0	0	0	0	0	11.6	0	0/	0/0	-- Of other textile materials
															- Dresses:
8	0	0	0	0	0	0	0	0	0	3.2	11.6	0	0/	0/0	-- Of wool or fine animal hair
0	0	0	0	0	0	0	0	0	0	0	11.6	0	0/	0/0	-- Of cotton
7	0	0	0	0	0	0	0	0	0	0	12.7	6.4	0/	0/0	-- Of synthetic fibres
8	0	0	0	0	0	0	0	0	0	0	11.6	0	0/	0/0	-- Of artificial fibres
0	0	0	0	0	0	0	0	0	0	0	11.6	0	0/	0/0	-- Of other textile materials
															- Skirts and divided skirts:
7	0	0	0	0	0	0	0	0	0	6	10.2	0	0/	0/0	-- Of wool or fine animal hair
5.6	0	0	0	0	0	0	0	0	0	2.8	10.2	0	0/	0/0	-- Of cotton
8	0	0	0	0	0	0	0	0	0	0	11.6	0	0/	0/0	-- Of synthetic fibres
7	0	0	0	0	0	0	0	0	0	2.8	10.2	0	0/	0/0	-- Of other textile materials
															- Trousers, bib and brace overalls, breeches and shorts:
8	0	0	0	0	0	0	0	0	0	3.2	11.6	0	0/	0/0	-- Of wool or fine animal hair
															-- Of cotton
0	0	0	0	0	0	0	0	0	0	0	11.6	0	0/	0/0	Girls' knitted or crocheted playsuit trousers, size 7-16, of cotton, including breeches
0	0	0	0	0	0	0	0	0	0	0	11.6	0	0/	0/0	Other girls' knitted or crocheted playsuit, including breeches, shorts, bib and brace overalls (not thermal) and other trousers, of cotton
0	0	0	0	0	0	0	0	0	0	0	11.6	0	0/	0/0	Other women's and girls' knitted or crocheted shorts and trousers, of cotton
															-- Of synthetic fibres
0	0	0	0	0	0	0	0	0	0	0	12.7	0	0/	0/0	Other women's and girls' trousers, bib and brace overalls, breeches and shorts, of synthetic fibres, knitted or crocheted.
0	0	0	0	0	0	0	0	0	0	0	12.7	0	0/	0/0	Girls' knitted or crocheted playsuit trousers or breeches, size 7-16, of synthetic fibres
0	0	0	0	0	0	0	0	0	0	0	12.7	0	0/	0/0	Other girls' knitted or crocheted playsuit, shorts and other trousers, of synthetic fibres

税号	货品名称	进口关税（%）			增值/消费税（%）	出口退税（%）	计量单位	监管证件代码	检验检疫类别	协定税率（%）		
		最惠国	普通	年内暂定						东盟	亚太	智利
6104.6900	-- 其他纺织材料制	6	130		13	13	条/千克			0	3.9	0
61.05	**针织或钩编的男衬衫：**											
6105.1000	- 棉制											
61051000.11	棉制针织或钩编男童游戏套装衬衫（不带缝制领，指男童8号～18号）	6	90		13	13	件/千克	A	M/	0	3.9	0
61051000.19	棉制其他男童游戏套装衬衫（针织或钩编）	6	90		13	13	件/千克	A	M/	0	3.9	0
61051000.90	其他棉制针织或钩编其他男衬衫	6	90		13	13	件/千克			0	3.9	0
6105.2000	- 化学纤维制											
61052000.21	化纤针织或钩编男童游戏套装衬衫（不带缝制领，指男童8号～18号）	8	130		13	13	件/千克	A	M/	0	5.2	0
61052000.29	化纤制其他男童游戏套装衬衫（针织或钩编）	8	130		13	13	件/千克	A	M/	0	5.2	0
61052000.90	其他化纤制针织或钩编其他男衬衫	8	130		13	13	件/千克			0	5.2	0
6105.9000	- 其他纺织材料制	6	130		13	13	件/千克			0	3.9	0
61.06	**针织或钩编的女衬衫：**											
6106.1000	- 棉制											
61061000.10	棉制针织或钩编女童游戏套装衬衫	6	90		13	13	件/千克	A	M/	0	3.9	0
61061000.90	棉制针织或钩编其他女衬衫	6	90		13	13	件/千克			0	3.9	0
6106.2000	- 化学纤维制											
61062000.20	其他化纤制女童游戏套装衬衫（针织或钩编）	8	130		13	13	件/千克	A	M/	0	5.2	0
61062000.90	其他化纤针织或钩编未列名女衬衫（针织或钩编）	8	130		13	13	件/千克			0	5.2	0
6106.9000	- 其他纺织材料制	6	130		13	13	件/千克			0	3.9	0
61.07	**针织或钩编的男式内裤、三角裤、长睡衣、睡衣裤、浴衣、晨衣及类似品：**											
	- 内裤及三角裤：											
6107.1100	-- 棉制	6	90		13	13	件/千克	A	M/	0		0
6107.1200	-- 化学纤维制	6	130		13	13	件/千克	A	M/	0	3.9	0
	-- 其他纺织材料制：											
6107.1910	--- 丝及绢丝制											
61071910.10	丝及绢丝制男内裤及三角裤（含丝70%及以上，针织或钩编）	6	130		13	13	件/千克	A	M/	0	3.9	0
61071910.90	其他丝及绢丝制男内裤及三角裤（含丝70%以下，针织或钩编）	6	130		13	13	件/千克	A	M/	0	3.9	0
6107.1990	--- 其他											
61071990.10	羊毛或动物细毛制男内裤及三角裤（针织或钩编）	6	130		13	13	件/千克	A	M/	0	3.9	0
61071990.90	其他纺织材料制男内裤及三角裤（针织或钩编）	6	130		13	13	件/千克	A	M/	0	3.9	0
	- 长睡衣及睡衣裤：											
6107.2100	-- 棉制	6	90		13	13	件/千克	A	M/	0		0
6107.2200	-- 化学纤维制	6	130		13	13	件/千克	A	M/	0	3.9	0
	-- 其他纺织材料制：											
6107.2910	--- 丝及绢丝制											
61072910.10	丝及绢丝制针织或钩编男睡衣裤（含丝70%及以上，包括长睡衣）	6	130		13	13	件/千克	A	M/	0	3.9	0
61072910.90	其他丝及绢丝制针织或钩编男睡衣裤（含丝70%以下，包括长睡衣）	6	130		13	13	件/千克	A	M/	0	3.9	0

协定税率（%）														特惠税率（%）①/②	Article Description
巴基斯坦	冰岛	哥斯达黎加	秘鲁	新西兰	瑞士	新加坡	韩国	澳大利亚	格鲁吉亚	毛里求斯	日本RCEP	尼加拉瓜	港澳台		
0	0	0	0	0	0	0	0	0	0	3.2	11.6	0	0/	0/0	-- Of other textile materials
															Men's or boys' shirts, knitted or crocheted:
															- Of cotton
0	0	0		0	0	0	0	0	0	0	11.6	4.8	0/0	0/0	Boys' knitted or crocheted playsuit shirts, size 8-18, of cotton, without stitched collar
0	0	0		0	0	0	0	0	0	0	11.6	4.8	0/0	0/0	Other boys' knitted or crocheted playsuit shirts, of cotton
0	0	0		0	0	0	0	0	0	0	11.6	4.8	0/0	0/0	Other men's and boys' shirts, of cotton, knitted or crocheted
															- Of man-made fibres
0	0	0	0	0	0	0	0	0	0	0	12.7	0	0/	0/0	Boys' knitted or crocheted playsuit shirts, size 8-18, of man-made fibres, without stitched collar
0	0	0	0	0	0	0	0	0	0	0	12.7	0	0/	0/0	Other boys' knitted or crocheted playsuit shirts, of man-made fibres
0	0	0	0	0	0	0	0	0	0	0	12.7	0	0/	0/0	Other men's and boys' shirts, of man-made fibres, knitted or crocheted
0	0	0	0	0	0	0	0	0	0	0	11.6	0	0/	0/0	- Of other textile materials
															Women's or girls' blouses, shirts and shirtblouses, knitted or crocheted:
															- Of cotton
0	0	0	0	0	0	0	0	0	0	3.2	11.6	0	0/	0/0	Girls' knitted or crocheted playsuit shirts, of cotton
0	0	0	0	0	0	0	0	0	0	3.2	11.6	0	0/	0/0	Other women's or girls' knitted or crocheted shirts, of cotton
															- Of man-made fibres
8.8	0	0	0	0	0	0	0	0	0	3.5	12.7	0	0/	0/0	Girls' knitted or crocheted playsuit shirts, of man-made fibres
8.8	0	0	0	0	0	0	0	0	0	3.5	12.7	0	0/	0/0	Other women' or girls' knitted or crocheted shirts, not otherwise specified, of man-made fibres
0	0	0	0	0	0	0	0	0	0	3.2	11.6	0	0/0	0/0	- Of other textile materials
															Men's or boys' underpants, briefs, night-shirts, pyjamas, bathrobes, dressing gowns and similar articles, knitted or crocheted:
															- Underpants and briefs:
0	0	0	0	0	0	0	0	0	0	2.8	10.2	0	0/	0/0	-- Of cotton
6.4	0	0	0	0	0	0	0	0	0	3.2	11.6	0	0/	0/0	-- Of man-made fibres
															-- Of other textile materials:
															--- Of silk or silk waste
7	0	0	0	0	0	0	0	0	0	0	10.2	0	0/	0/0	Men's or boys' knitted or crocheted underpants and briefs, containing 70% or more by weight of silk or silk waste
7	0	0	0	0	0	0	0	0	0	0	10.2	0	0/	0/0	Other men's or boys' knitted or crocheted underpants and briefs, containing less than by weight 70% of silk or silk waste
															--- Other
7	0	0	0	0	0	0	0	0	0	0	10.2	0	0/	0/0	Men's or boys' knitted or crocheted underpants and briefs, of wool or fine animal hair
7	0	0	0	0	0	0	0	0	0	0	10.2	0	0/	0/0	Men's or boys' knitted or crocheted underpants and briefs, of other textile fibres
															- Nightshirts and pyjamas:
0	0	0		0	0	0	0	0	0	0	10.2	4.8	0/	0/0	-- Of cotton
8	0	0	0	0	0	0	0	0	0	0	11.6	0	0/	0/0	-- Of man-made fibres
															-- Of other textile materials:
															--- Of silk or silk waste
7	0	0	0	0	0	0	0	0	0	0	10.2	0	0/	0/0	Men's or boys' knitted or crocheted night-shirts, pyjamas, containing b 70% or more by weightof silk or silk waste
7	0	0	0	0	0	0	0	0	0	0	10.2	0	0/	0/0	Men's or boys' knitted or crocheted night-shirts, pyjamas, containing less than 70% by weight of silk or silk waste

税号	货品名称	进口关税（%）			增值/消费税（%）	出口退税（%）	计量单位	监管证件代码	检验检疫类别	协定税率（%）		
		最惠国	普通	年内暂定						东盟	亚太	智利
6107.2990	--- 其他	6	130		13	13	件/千克	A	M/	0	3.9	0
	- 其他：											
6107.9100	-- 棉制											
61079100.10	棉制针织或钩编其他睡衣裤	6	90		13	13	件/千克	A	M/	0		0
61079100.90	棉制针织或钩编男浴衣、晨衣等（包括类似品）	6	90		13	13	件/千克	A	M/	0		0
	-- 其他纺织材料制：											
6107.9910	--- 化学纤维制	6	130		13	13	件/千克	A	M/	0	3.9	0
6107.9990	--- 其他	6	130		13	13	件/千克	A	M/	0	3.9	0
61.08	**针织或钩编的女式长衬裙、衬裙、三角裤、短衬裤、睡衣、睡衣裤、浴衣、晨衣及类似品：**											
	- 长衬裙及衬裙：											
6108.1100	-- 化学纤维制	6	130		13	13	件/千克			0	3.9	0
	-- 其他纺织材料制：											
6108.1910	--- 棉制	6	90		13	13	件/千克			0		0
6108.1920	--- 丝及绢丝制	6	130		13	13	件/千克			0		0
6108.1990	--- 其他	6	130		13	13	件/千克			0	3.9	0
	- 三角裤及短衬裤：											
6108.2100	-- 棉制	6	90		13	13	件/千克	A	M/	0		0
6108.2200	-- 化学纤维制											
61082200.10	化纤制一次性女三角裤及短衬裤（针织或钩编）	6	130		13	13	件/千克	A	M/	0	3.9	0
61082200.90	化纤制其他女三角裤及短衬裤（针织或钩编）	6	130		13	13	件/千克	A	M/	0	3.9	0
	-- 其他纺织材料制：											
6108.2910	--- 丝及绢丝制											
61082910.10	丝及绢丝制女三角裤及短衬裤（针织或钩编，含丝70%及以上）	6	130		13	13	件/千克	A	M/	0	3.9	0
61082910.90	其他丝及绢丝制女三角裤及短衬裤（针织或钩编，含丝70%以下）	6	130		13	13	件/千克	A	M/	0	3.9	0
6108.2990	--- 其他											
61082990.10	羊毛制女三角裤及短衬裤（针织或钩编）	6	130		13	13	件/千克	A	M/	0	3.9	0
61082990.90	其他纺织材料制女三角裤及短衬裤（针织或钩编）	6	130		13	13	件/千克	A	M/	0	3.9	0
	- 睡衣及睡衣裤：											
6108.3100	-- 棉制	6	90		13	13	件/千克	A	M/	0		0
6108.3200	-- 化学纤维制	6	130		13	13	件/千克	A	M/	0	3.9	0
	-- 其他纺织材料制：											
6108.3910	--- 丝及绢丝制											
61083910.10	丝及绢丝制女睡衣及睡衣裤（针织或钩编，含丝70%及以上）	6	130		13	13	件/千克	A	M/	0	3.9	0
61083910.90	其他丝及绢丝制女睡衣及睡衣裤（针织或钩编，含丝70%以下）	6	130		13	13	件/千克	A	M/	0	3.9	0
6108.3990	--- 其他											
61083990.10	羊毛或动物细毛制女睡衣及睡衣裤（针织或钩编）	6	130		13	13	件/千克	A	M/	0	3.9	0
61083990.90	其他纺织材料制女睡衣及睡衣裤（针织或钩编）	6	130		13	13	件/千克	A	M/	0	3.9	0
	- 其他：											

协定税率（%）														特惠税率（%）①/②	Article Description
巴基斯坦	冰岛	哥斯达黎加	秘鲁	新西兰	瑞士	新加坡	韩国	澳大利亚	格鲁吉亚	毛里求斯	日本RCEP	尼加拉瓜	港澳台		
7	0	0	0	0	0	0	0	0	0	0	10.2	0	0/	0/0	--- Other
															- Other:
															-- Of cotton
5.6	0	0	0	0	0	0	0	0	0	0	10.2	0	0/	0/0	Other men's or boys' knitted or crocheted pyjamas, of cotton
5.6	0	0	0	0	0	0	0	0	0	0	10.2	0	0/	0/0	Men's or boys' knitted or crocheted bathrobes, dressing gowns and similar articles, of cotton
															-- Of other textile materials:
8	0	0	0	0	0	0	0	0	0	0	11.6	0	0/	0/0	--- Of man-made fibres
7	0	0	0	0	0	0	0	0	0	0	10.2	0	0/	0/0	--- Other
															Women's or girls' slips, petticoats, briefs, panties, nightdresses, pyjamas, nèligès, bathrobes, dressing gowns and similar articles, knitted or crocheted:
															- Slips and petticoats:
8	0	0	0	0	0	0	0	0	0	0	11.6	0	0/	0/0	-- Of man-made fibres
															-- Of other textile materials:
7	0	0	0	0	0	0	0	0	0	0	10.2	0	0/	0/0	--- Of cotton
7	0	0	0	0	0	0	0	0	0	0	10.2	0	0/	0/0	--- Of silk or silk waste
7	0	0	0	0	0	0	0	0	0	0	10.2	0	0/	0/0	--- Other
															- Briefs and panties:
0	0	0	0	0	0	0	0	0	0	0	10.2	0	0/	0/0	-- Of cotton
															-- Of man-made fibres
8	0	0	0	0	0	0	0	0	0	3.2	11.6	0	0/	0/0	Women's or girls' knitted or crocheted disposable briefs and panties, of man-made fibres
8	0	0	0	0	0	0	0	0	0	3.2	11.6	0	0/	0/0	Other women's or girls' knitted or crocheted briefs and panties, of man-made fibres
															-- Of other textile materials:
															--- Of silk or silk waste
7	0	0	0	0	0	0	0	0	0	0	10.2	0	0/	0/0	Women's or girls' knitted or crocheted briefs and panties, containing 70%or more by weight of silk or silk waste
7	0	0	0	0	0	0	0	0	0	0	10.2	0	0/	0/0	Other women's or girls' knitted or crocheted briefs and panties, containing less than 70% by weight of silk or silk waste
															--- Other
7	0	0	0	0	0	0	0	0	0	0	10.2	0	0/	0/0	Women's or girls' knitted or crocheted briefs and panties, of wool
7	0	0	0	0	0	0	0	0	0	0	10.2	0	0/	0/0	Women's or girls' knitted or crocheted briefs and panties, of other textile materials
															- Nightdresses and pyjamas:
0	0	0	0	0	0	0	0	0	0	2.8	10.2	0	0/	0/0	-- Of cotton
8	0	0	0	0	0	0	0	0	0	3.2	11.6	0	0/	0/0	-- Of man-made fibres
															-- Of other textile materials:
															--- Of silk or silk waste
7	0	0	0	0	0	0	0	0	0	0	10.2	0	0/	0/0	Women's or girls' knitted or crocheted nightdresses, pyjamas, containing 70% or more by weight of silk or silk waste
7	0	0	0	0	0	0	0	0	0	0	10.2	0	0/	0/0	Other women's or girls' knitted or crocheted nightdresses and pyjamas, containing less than 70 % by weight of silk or silk waste
															--- Other
7	0	0	0	0	0	0	0	0	0	0	10.2	0	0/	0/0	Women's or girls' knitted or crocheted nightdresses and pyjamas, of wool or fine animal hair
7	0	0	0	0	0	0	0	0	0	0	10.2	0	0/	0/0	Women's or girls' knitted or crocheted nightdresses and pyjamas, of other textile materials
															- Other:

税　号	货品名称	进口关税（%）			增值/消费税（%）	出口退税（%）	计量单位	监管证件代码	检验检疫类别	协定税率（%）		
		最惠国	普通	年内暂定						东盟	亚太	智利
6108.9100	-- 棉制											
61089100.10	棉制针织或钩编女内裤、内衣	6	90		13	13	件/千克	A	M/	0		0
61089100.90	其他棉制针织或钩编女浴衣、晨衣等（包括类似品）	6	90		13	13	件/千克	A	M/	0		0
6108.9200	-- 化学纤维制											
61089200.10	化纤制针织或钩编女内裤、内衣	6	130		13	13	件/千克	A	M/	0	3.9	0
61089200.90	其他化纤制针织或钩编女浴衣、晨衣等（包括类似品）	6	130		13	13	件/千克	A	M/	0	3.9	0
6108.9900	-- 其他纺织材料制											
61089900.10	丝及绢丝制女浴衣、晨衣等（针织或钩编，包括类似品，含丝70%及以上）	6	130		13	13	件/千克	A	M/	0	3.9	0
61089900.20	羊毛或动物细毛制女浴衣、晨衣等（针织或钩编，包括类似品）	6	130		13	13	件/千克	A	M/	0	3.9	0
61089900.90	其他纺织材料制女浴衣、晨衣等（针织或钩编，包括类似品）	6	130		13	13	件/千克	A	M/	0	3.9	0
61.09	**针织或钩编的T恤衫、汗衫及其他内衣背心：**											
6109.1000	- 棉制											
61091000.10	棉制针织或钩编T恤衫、汗衫等（内衣式，包括其他背心）	6	90		13	13	件/千克	A	M/	0	3.9	0
61091000.21	其他棉制针织或钩编男式T恤衫（内衣除外）	6	90		13	13	件/千克	A	M/	0	3.9	0
61091000.22	其他棉制针织或钩编女式T恤衫（内衣除外）	6	90		13	13	件/千克	A	M/	0	3.9	0
61091000.91	其他棉制男式汗衫及其他背心（针织或钩编，内衣除外，包括男童8号～18号）	6	90		13	13	件/千克	A	M/	0	3.9	0
61091000.92	其他棉制男式汗衫及其他背心（针织或钩编，内衣除外）	6	90		13	13	件/千克	A	M/	0	3.9	0
61091000.99	其他棉制女式汗衫及其他背心（针织或钩编，内衣除外）	6	90		13	13	件/千克	A	M/	0	3.9	0
	- 其他纺织材料制：											
6109.9010	--- 丝及绢丝制											
61099010.11	丝及绢丝针织或钩编T恤衫、汗衫、背心（内衣式，含丝≥70%）	6	130		13	13	件/千克	A	M/	0	3.9	0
61099010.19	其他丝及绢丝针织或钩编T恤衫、背心（包括汗衫，内衣式，含丝70%以下）	6	130		13	13	件/千克	A	M/	0	3.9	0
61099010.21	丝及绢丝针织钩编汗衫、背心（内衣除外，含丝≥70%，男童8号～18号，女童7号～16号）	6	130		13	13	件/千克	A	M/	0	3.9	0
61099010.29	其他丝及绢丝针织钩编汗衫、背心（内衣除外，含丝<70%，男童8号～18号，女童7号～16号）	6	130		13	13	件/千克	A	M/	0	3.9	0
61099010.91	其他丝及绢丝针织或钩编T恤衫、汗衫（含丝≥70%，包括其他背心）	6	130		13	13	件/千克	A	M/	0	3.9	0
61099010.99	其他丝及绢丝针织或钩编T恤衫、汗衫（含丝<70%，包括其他背心）	6	130		13	13	件/千克	A	M/	0	3.9	0

协定税率(%)														特惠税率(%)①/②	Article Description
巴基斯坦	冰岛	哥斯达黎加	秘鲁	新西兰	瑞士	新加坡	韩国	澳大利亚	格鲁吉亚	毛里求斯	日本RCEP	尼加拉瓜	港澳台		
															-- Of cotton
11.2	0	0	0	0	0	0	0	0	0	2.8	10.2	0	0/	0/0	Women's or girls' knitted or crocheted briefs, panties and underwear, of cotton
11.2	0	0	0	0	0	0	0	0	0	2.8	10.2	0	0/	0/0	Women's or girls' knitted or crocheted bathrobes, dressing gowns and similar articles, of cotton
															-- Of man-made fibres
8	0	0	0	0	0	0	0	0	0	3.2	11.6	0	0/	0/0	Women's or girls' knitted or crocheted briefs, panties and underwear, of man-made fibres
8	0	0	0	0	0	0	0	0	0	3.2	11.6	0	0/	0/0	Women's or girls' knitted or crocheted bathrobes, dressing gowns and similar articles, of man-made fibres
															-- Of Other textile materials
7	0	0	0	0	0	0	0	0	0	0	10.2	0	0/	0/0	Women's or girls' knitted or crocheted bathrobes, dressing gowns and similar articles, containing 70% or more by weight of silk or silk waste
7	0	0	0	0	0	0	0	0	0	0	10.2	0	0/	0/0	Women's or girls' knitted or crocheted bathrobes, dressing gowns and similar articles, of wool or fine animal hair
7	0	0	0	0	0	0	0	0	0	0	10.2	0	0/	0/0	Women's or girls' knitted or crocheted bathrobes, dressing gowns and similar articles, of other textile materials
															T-shirts, singlets and other vests, knitted or crocheted:
															- Of cotton
0	0	0	0	0	0	0	0	0	0	0	10.2	0	0/	0/0	Knitted or crocheted T-shirts, singlets, underwear style, and other vests, of cotton
0	0	0	0	0	0	0	0	0	0	0	10.2	0	0/	0/0	Other men's or boys' knitted or crocheted T-shirts, other than underwear, of cotton
0	0	0	0	0	0	0	0	0	0	0	10.2	0	0/	0/0	Other women's or girls' knitted or crocheted T-shirts, other than underwear, of cotton
0	0	0	0	0	0	0	0	0	0	0	10.2	0	0/	0/0	Other men's knitted or crocheted singlets and other vests (including boys' size 8-18), other than underwear, of cotton
0	0	0	0	0	0	0	0	0	0	0	10.2	0	0/	0/0	Other men's or boys' knitted or crocheted singlets and other vests, other than underwear, of cotton
0	0	0	0	0	0	0	0	0	0	0	10.2	0	0/	0/0	Other women's or girls' knitted or crocheted singlets and othervests, other than underwear, of cotton
															- Of other textile materials:
															--- Of silk or silk waste
0	0	0	0	0	0	0	0	0	0	0	10.2	0	0/	0/0	Knitted or crocheted T-shirts, singlets and other vests, underwear, containing 70% or more by weight of silk or silk waste
0	0	0	0	0	0	0	0	0	0	0	10.2	0	0/	0/0	Other knitted or crocheted T-shirts, singlets and other vests, underwear, containing less than 70% by weight of silk or silk waste
0	0	0	0	0	0	0	0	0	0	0	10.2	0	0/	0/0	Knitted or crocheted singlets, vests (including boys' size 8-18, and girls' size 7-16) , other than underwear, containing 70 % or more by weight of silk or silk waste
0	0	0	0	0	0	0	0	0	0	0	10.2	0	0/	0/0	Other knitted or crocheted singlets, vests (including boys' size 8- 18, and girls' size 7-16) , other than underwear, containing less than 70% by weight of silk or silk waste
0	0	0	0	0	0	0	0	0	0	0	10.2	0	0/	0/0	Other, knitted or crocheted T-shirts, singlets and other vests, containing 70% or more by weight of silk or silk waste
0	0	0	0	0	0	0	0	0	0	0	10.2	0	0/	0/0	Other knitted or crocheted T-shirts, singlets and other vests, containing less than 70% by weight of silk or silk waste

税　号	货品名称	进口关税（%）			增值/消费税（%）	出口退税（%）	计量单位	监管证件代码	检验检疫类别	协定税率（%）		
		最惠国	普通	年内暂定						东盟	亚太	智利
6109.9090	--- 其他											
61099090.11	毛制针织或钩编T恤衫、汗衫等（内衣式，长袖衫）	6	130		13	13	件/千克	A	M/	0	3.9	0
61099090.12	毛制针织或钩编男式T恤衫、汗衫（内衣式，长袖衫除外）	6	130		13	13	件/千克	A	M/	0	3.9	0
61099090.13	毛制针织或钩编女式T恤衫、汗衫（内衣式，长袖衫除外）	6	130		13	13	件/千克	A	M/	0	3.9	0
61099090.21	毛制针织或钩编男式其他T恤衫（内衣除外）	6	130		13	13	件/千克	A	M/	0	3.9	0
61099090.22	毛制针织或钩编女式其他T恤衫（内衣除外）	6	130		13	13	件/千克	A	M/	0	3.9	0
61099090.31	毛制男式汗衫及其他背心（针织或钩编，内衣除外，含男童8号～18号）	6	130		13	13	件/千克	A	M/	0	3.9	0
61099090.32	其他毛制男式汗衫及其他背心（针织或钩编，内衣除外）	6	130		13	13	件/千克	A	M/	0	3.9	0
61099090.33	其他毛制女式汗衫及其他背心（针织或钩编，内衣除外）	6	130		13	13	件/千克	A	M/	0	3.9	0
61099090.40	化纤制针织或钩编内衣	6	130		13	13	件/千克	A	M/	0	3.9	0
61099090.50	化纤制针织或钩编T恤衫（内衣除外）	6	130		13	13	件/千克	A	M/	0	3.9	0
61099090.60	化纤针织或钩编汗衫及其他背心（内衣除外）	6	130		13	13	件/千克	A	M/	0	3.9	0
61099090.91	其他纺织材料制T恤衫、汗衫等（针织或钩编，内衣式，包括其他背心）	6	130		13	13	件/千克	A	M/	0	3.9	0
61099090.92	其他纺材制针织或钩编汗衫及其他背心（内衣除外，包括男童8号～18号，女童7号～16号）	6	130		13	13	件/千克	A	M/	0	3.9	0
61099090.93	其他纺材制针织或钩编T恤衫、汗衫（内衣除外，包括其他背心）	6	130		13	13	件/千克	A	M/	0	3.9	0
61.10	**针织或钩编的套头衫、开襟衫、马甲（背心）及类似品：**											
	- 羊毛或动物细毛制：											
6110.1100	-- 羊毛制	6	130		13	13	件/千克			0	3.9	0
6110.1200	-- 喀什米尔山羊细毛制											
61101200.11	喀什米尔山羊细毛手工起绒男套头衫（针织或钩编，包括开襟衫、外穿背心及类似品）	6	130	5	13	13	件/千克			0	3.9	0
61101200.19	喀什米尔山羊细毛制起绒男套头衫（针织或钩编，包括开襟衫、外穿背心及类似品）	6	130	5	13	13	件/千克			0	3.9	0
61101200.21	喀什米尔山羊细毛手工起绒女套头衫（针织或钩编，包括开襟衫、外穿背心及类似品）	6	130	5	13	13	件/千克			0	3.9	0
61101200.29	喀什米尔山羊细毛制起绒女套头衫（针织或钩编，包括开襟衫、外穿背心及类似品）	6	130	5	13	13	件/千克			0	3.9	0
61101200.31	喀什米尔山羊细毛手工非起绒男套头衫（针织或钩编，包括开襟衫、外穿背心及类似品）	6	130	5	13	13	件/千克			0	3.9	0

协定税率（%）														特惠税率（%）①/②	Article Description
巴基斯坦	冰岛	哥斯达黎加	秘鲁	新西兰	瑞士	新加坡	韩国	澳大利亚	格鲁吉亚	毛里求斯	日本RCEP	尼加拉瓜	港澳台		
															--- Other
0	0	0	0	0	0	0	0	0	0	0	10.2	0	0/	0/0	Knitted or crocheted T-shirts, singlets and other vests, underwear style, long sleeve, of wool or fine animal hair
0	0	0	0	0	0	0	0	0	0	0	10.2	0	0/	0/0	Men's or boys' knitted or crocheted T-shirts, singlets, underwear style, other than long sleeve, of wool or fine animal hair
0	0	0	0	0	0	0	0	0	0	0	10.2	0	0/	0/0	Women's or grils' knitted or crocheted T-shirts, singlets, underwear style, other than long sleeve, of wool or fine animal hair
0	0	0	0	0	0	0	0	0	0	0	10.2	0	0/	0/0	Men's or boys' knitted or crocheted T-shirts, other than underwear, of wool or fine animal hair
0	0	0	0	0	0	0	0	0	0	0	10.2	0	0/	0/0	Women's or girls' knitted or crocheted T-shirts, other than underwear, of wool or fine animal hair
0	0	0	0	0	0	0	0	0	0	0	10.2	0	0/	0/0	Men's knitted or crocheted singlets, other vests (including boys' size 8-18), other than underwear, of wool or fine animal hair
0	0	0	0	0	0	0	0	0	0	0	10.2	0	0/	0/0	Men's or boys' knitted or crocheted singlets, other vests, other than underwear, of wool or fine animal hair
0	0	0	0	0	0	0	0	0	0	0	10.2	0	0/	0/0	Women's or girls knitted or crocheted singlets and other vests, other than underwear, of wool or fine animal hair
0	0	0	0	0	0	0	0	0	0	0	10.2	0	0/	0/0	Other women's or girls' knitted or crocheted underwear, of man-made fibres
0	0	0	0	0	0	0	0	0	0	0	10.2	0	0/	0/0	Women's or girls' knitted or crocheted T-shirts, other than underwear, of man-made fibres
0	0	0	0	0	0	0	0	0	0	0	10.2	0	0/	0/0	Women's or girls' knitted or crocheted singlets, other vests, other than underwear, of man-made fibres
0	0	0	0	0	0	0	0	0	0	0	10.2	0	0/	0/0	Knitted or crocheted T-shirts, singlets and other vests (including underwear style), of other textile materials
0	0	0	0	0	0	0	0	0	0	0	10.2	0	0/	0/0	Knitted or crocheted Singlets, and other vests (including boys' size 8-18 and girls' size 7-16), other than underwear, of other textile materials
0	0	0	0	0	0	0	0	0	0	0	10.2	0	0/	0/0	Knitted or crocheted T-shirts, singlets and other vests, other than underwear, of other textile materials
															Jerseys, pullovers, cardigans, waistcoats and similar articles, knitted or crocheted:
															- Of wool or fine animal hair:
0	0	0	0	0	0	0	0	0	0	2.8	10.2	0	0/0	0/0	-- Of wool
															-- Of kashmir (cashmere) goats
0	0	0	0	0	0	0	0	0	0	2.8	10.2	0	0/	0/0	Handmade Men's or boys' pullovers, cardigans, waistcoats and similar articles, of Kashmir (cashmere) goats, piled, knitted or crocheted
0	0	0	0	0	0	0	0	0	0	2.8	10.2	0	0/	0/0	Men's or boys' pullovers, cardigans, waistcoats and similar articles of Kashmir (cashmere) goats, piled, knitted or crocheted
0	0	0	0	0	0	0	0	0	0	2.8	10.2	0	0/	0/0	Handmade Women's or girls' pullovers, cardigans, waistcoats and similar articles, of Kashmir (cashmere) goats, piled, knitted or crocheted
0	0	0	0	0	0	0	0	0	0	2.8	10.2	0	0/	0/0	Women's or girls' pullovers, cardigans, waistcoats and similar articles, of Kashmir (cashmere) goats, piled, knitted or crocheted
0	0	0	0	0	0	0	0	0	0	2.8	10.2	0	0/	0/0	Handmade men's or boys' pullovers, cardigans, waistcoats and similar articles, of Kashmir (cashmere) goats, not piled, knitted or crocheted

税号	货品名称	进口关税（%）			增值/消费税（%）	出口退税（%）	计量单位	监管证件代码	检验检疫类别	协定税率（%）		
		最惠国	普通	年内暂定						东盟	亚太	智利
61101200.39	喀什米尔山羊细毛非起绒男套头衫（针织或钩编，包括开襟衫、外穿背心及类似品）	6	130	5	13	13	件/千克			0	3.9	0
61101200.41	喀什米尔山羊细毛手工非起绒女套头衫（针织或钩编，包括开襟衫、外穿背心及类似品）	6	130	5	13	13	件/千克			0	3.9	0
61101200.49	喀什米尔山羊细毛非起绒女套头衫（针织或钩编，包括开襟衫、外穿背心及类似品）	6	130	5	13	13	件/千克			0	3.9	0
	-- 其他：											
6110.1910	--- 其他山羊细毛制	6	130		13	13	件/千克			0	3.9	0
6110.1920	--- 兔毛制	6	130		13	13	件/千克			0	3.9	0
6110.1990	--- 其他	6	130		13	13	件/千克			0	3.9	0
6110.2000	- 棉制											
61102000.11	棉制儿童游戏套装紧身衫及套头衫（针织、起绒，轻薄细针翻领、开领、高领，含亚麻36%以下）	6	90		13	13	件/千克	A	M/	0	3.9	0
61102000.12	棉制其他起绒儿童游戏套头衫等（针织、钩编，包括开襟衫、背心及类似品，含亚麻36%以下）	6	90		13	13	件/千克	A	M/	0	3.9	0
61102000.51	其他棉制儿童游戏套装紧身及套头衫（针织、非起绒、轻薄细针翻领、开领、高领）	6	90		13	13	件/千克	A	M/	0	3.9	0
61102000.52	其他棉制儿童游戏套装套头衫等（针织或钩编、非起绒、包括开襟衫、背心及类似品）	6	90		13	13	件/千克	A	M/	0	3.9	0
61102000.90	其他棉制针织或钩编的套头衫、开襟衫、马甲（背心）及类似品	6	90		13	13	件/千克			0	3.9	0
6110.3000	- 化学纤维制											
61103000.11	化纤制儿童游戏套装紧身衫及套头衫（针织、起绒、轻薄细针翻领、开领、高领毛<23%，丝<30%）	6	130		13	13	件/千克	A	M/	0	3.9	0
61103000.12	化纤制起绒儿童游戏套装及套头衫等（针织或钩编，包括开襟衫、背心及类似品含毛<23%，含丝<30%）	6	130		13	13	件/千克	A	M/	0	3.9	0
61103000.41	化纤制其他儿童游戏套装紧身及套头衫（针织、非起绒、轻薄细针翻领、开领、高领）	6	130		13	13	件/千克	A	M/	0	3.9	0
61103000.42	化纤制其他儿童游戏套装套头衫等（针织或钩编、非起绒，包括开襟衫、背心及类似品）	6	130		13	13	件/千克	A	M/	0	3.9	0
61103000.90	其他化纤制针织或钩编的套头衫、开襟衫、马甲（背心）及类似品	6	130		13	13	件/千克			0	3.9	0
	- 其他纺织材料制：											
6110.9010	--- 丝及绢丝制	6	130		13	13	件/千克			0	3.9	0
6110.9090	--- 其他	6	130		13	13	件/千克			0	3.9	0
61.11	**针织或钩编的婴儿服装及衣着附件：**											
6111.2000	- 棉制											
61112000.10	棉制针织或钩编婴儿袜	10	90	6	13	13	千克	A	M/	0		0
61112000.20	棉制婴儿分指、连指、露指手套（针制或钩编）	10	90	6	13	13	千克	A	M/	0		0

协定税率（%）														特惠税率（%）①/②	Article Description
巴基斯坦	冰岛	哥斯达黎加	秘鲁	新西兰	瑞士	新加坡	韩国	澳大利亚	格鲁吉亚	毛里求斯	日本RCEP	尼加拉瓜	港澳台		
0	0	0	0	0	0	0	0	0	0	2.8	10.2	0	0/	0/0	Men's or boys' pullovers, cardigans, waistcoats and similar articles, of Kashmir (cashmere) goats, not piled, knitted or crocheted
0	0	0	0	0	0	0	0	0	0	2.8	10.2	0	0/	0/0	Handmade women's or girls' pullovers, cardigans, waistcoats and similar articles, of Kashmir (cashmere) goats, not piled, knitted or crocheted
0	0	0	0	0	0	0	0	0	0	2.8	10.2	0	0/	0/0	women's or girls' pullovers, cardigans, waistcoats and similar articles, of Kashmir (cashmere) goats, not piled, knitted or crocheted
															-- Other:
0	0	0	0	0	0	0	0	0	0	0	10.2	0	0/	0/0	--- Of other goats
0	0	0	0	0	0	0	0	0	0	0	10.2	0	0/	0/0	--- Of rabbit and hare
0	0	0	0	0	0	0	0	0	0	6	10.2	0	0/	0/0	--- Other
															- Of cotton
0	0	0	0	0	0	0	0	0	0	0	10.2	0	0/0	0/0	Boys' or girls' knitted playsuit, jerseys, pullover, thin and high-gauge, turn-down, open and high-collar, of cotton, containing less than 36% of flax, piled
0	0	0	0	0	0	0	0	0	0	0	10.2	0	0/0	0/0	Other boys' or girls' knitted or crocheted playsuit, pullovers, cardigans, waistcoats and similar articles, of cotton, containing less than 36% of flax
0	0	0	0	0	0	0	0	0	0	0	10.2	0	0/0	0/0	Other boys' or girls' knitted playsuit, jerseys, pullovers, of cotton, thin and high-gauge, turn-down collar, open collar and high collar, not piled
0	0	0	0	0	0	0	0	0	0	0	10.2	0	0/0	0/0	Other boys'or girls' knitted or crochetedplaysuit, pullovers, cardigans, waistcoats and similar articles, of cotton, not piled
0	0	0	0	0	0	0	0	0	0	0	10.2	0	0/0	0/0	Other jerseys, pullovers, cardigans, waistcoats and similar articles, of cotton, knitted or crocheted
															- Of man-made fibres
0	0	0	0	0	0	0	5.3	0	0	0	13	0	0/0	0/0	Boys' or girls' knitted playsuit, jerseys, pull-overs, of man-made fibres, thin and high-gauge, turn-down, open and high collar, containing less than 23% of wool, and less than 30% of silk or silk waste, piled
0	0	0	0	0	0	0	5.3	0	0	0	13	0	0/0	0/0	Boys' or girls' knitted or crocheted playsuit, jerseys, pull-overs, cardigans, waistcoats and similar articles, of man-made fibres, containing less than 23% of wool, and less than 30% of silk or silk waste, piled
0	0	0	0	0	0	0	5.3	0	0	0	13	0	0/0	0/0	Other boys' or girls' knitted playsuit, jerseys, pullovers, not piled, thin and high-gauge, turn-down, open, high collar, of man-made fibres
0	0	0	0	0	0	0	5.3	0	0	0	13	0	0/0	0/0	Other boys' or girls' knitted or crochetedplaysuit, cardigans, waistcoats and similar articles, of man-made fibres, not piled
0	0	0	0	0	0	0	5.3	0	0	0	13	0	0/0	0/0	Other jerseys, pullovers, cardigans, waistcoats and similar articles, of man-made fibres, knitted or crocheted
															- Of other textile materials:
0	0	0	0	0	0	0	0	0	0	0	10.2	0	0/	0/0	--- Of silk or silk waste
0	0	0	0	0	0	0	0	0	0	0	10.2	0	0/	0/0	--- Other
															Babies' garments and clothing accessories, knitted or crocheted:
															- Of cotton
0	0	0	0	0	0	0	0	0	0	0	10.2	9	0/	0/0	Babies' knitted or crocheted hosiery, of cotton
0	0	0	0	0	0	0	0	0	0	0	10.2	9	0/	0/0	Babies' knitted or crocheted gloves, mittens and mitts, of cotton

税号	货品名称	进口关税（%）			增值/消费税（%）	出口退税（%）	计量单位	监管证件代码	检验检疫类别	协定税率（%）		
		最惠国	普通	年内暂定						东盟	亚太	智利
61112000.40	棉制针织婴儿外衣、雨衣、滑雪装（针制或钩编，包括夹克类似品）	10	90	6	13	13	千克	A	M/	0		0
61112000.50	棉制针织钩编婴儿其他服装	10	90	6	13	13	千克	A	M/	0		0
61112000.90	棉制针织钩编婴儿衣着附件	10	90	6	13	13	千克	A	M/	0		0
6111.3000	- 合成纤维制											
61113000.10	合纤制针织或钩编婴儿袜	10	130	6	13	13	千克	A	M/	0	6.5	0
61113000.20	合纤婴儿分指、连指及露指手套（针制或钩编）	10	130	6	13	13	千克	A	M/	0	6.5	0
61113000.40	合纤婴儿外衣、雨衣、滑雪装（针制或钩编，包括夹克类似服装）	10	130	6	13	13	千克	A	M/	0	6.5	0
61113000.50	合纤针织或钩编婴儿其他服装（包括衣着附件）	10	130	6	13	13	千克	A	M/	0	6.5	0
61113000.90	合纤针织或钩编婴儿衣着附件	10	130	6	13	13	千克	A	M/	0	6.5	0
	- 其他纺织材料制：											
6111.9010	--- 羊毛或动物细毛制	10	130	6	13	13	千克	A	M/	0	6.5	0
6111.9090	--- 其他											
61119090.10	人造纤维针织或钩编婴儿袜	10	130	6	13	13	千克	A	M/	0	6.5	0
61119090.90	其他纺织材料制婴儿服装及衣着附件（针织或钩编）	10	130	6	13	13	千克	A	M/	0	6.5	0
61.12	**针织或钩编的运动服、滑雪服及游泳服：**											
	- 运动服：											
6112.1100	-- 棉制	6	90		13	13	套/千克			0	3.9	0
6112.1200	-- 合成纤维制	8	130		13	13	套/千克			0	5.2	0
6112.1900	-- 其他纺织材料制	6	130		13	13	套/千克			0	3.9	0
	- 滑雪服：											
6112.2010	--- 棉制	6	90		13	13	套/千克			0	3.9	0
6112.2090	--- 其他	10	130		13	13	套/千克			0	6.5	0
	- 男式游泳服：											
6112.3100	-- 合成纤维制	8	130		13	13	件/千克			0	5.2	0
6112.3900	-- 其他纺织材料制	6	130		13	13	件/千克			0	3.9	0
	- 女式游泳服：											
6112.4100	-- 合成纤维制	8	130		13	13	件/千克			0	5.2	0
6112.4900	-- 其他纺织材料制	6	130		13	13	件/千克			0	3.9	0
61.13	**用税目59.03、59.06或59.07的针织物或钩编织物制成的服装：**											
6113.0000	用税目59.03、59.06或59.07的针织物或钩编织物制成的服装	6	130		13	13	件/千克			0	3.9	0
61.14	**针织或钩编的其他服装：**											
6114.2000	- 棉制											
61142000.11	棉制针织或钩编儿童非保暖连身裤	6	90		13	13	件/千克	A	M/	0		0
61142000.21	棉制针织或钩编男成人及男童TOPS（8号～18号男童TOPS）	6	90		13	13	件/千克	A	M/	0		0
61142000.22	棉制针织或钩编其他男童TOPS	6	90		13	13	件/千克	A	M/	0		0
61142000.40	棉制针织或钩编夏服、水洗服（包括女成人、女童及男童）	6	90		13	13	件/千克	A	M/	0		0
61142000.90	棉制针织或钩编其他服装	6	90		13	13	件/千克			0		0
6114.3000	- 化学纤维制											
61143000.21	化纤针织或钩编男成人及男TOPS（8号～18号男童TOPS）	8	130		13	13	件/千克	A	M/	0		0
61143000.22	化纤针织或钩编其他男童TOPS	8	130		13	13	件/千克	A	M/	0		0

协定税率（%）														特惠税率（%）①/②	Article Description
巴基斯坦	冰岛	哥斯达黎加	秘鲁	新西兰	瑞士	新加坡	韩国	澳大利亚	格鲁吉亚	毛里求斯	日本RCEP	尼加拉瓜	港澳台		
0	0	0	0	0	0	0	0	0	0	0	10.2	9	0/	0/0	Babies' knitted or crocheted coat, raincoat, ski suit, jacket and similar articles, of cotton
0	0	0	0	0	0	0	0	0	0	0	10.2	9	0/	0/0	Other babies' knitted or crocheted garments, of cotton
0	0	0	0	0	0	0	0	0	0	0	10.2	9	0/	0/0	Babies' knitted or crocheted clothing accessories, of cotton
															Babies' knitted or crocheted hosiery, of cotton
6.4	0	0	0	0	0	0	0	0	0	3.2	11.6	9	0/	0/0	Babies' knitted or crocheted gloves, mittens and mitts, of cotton
6.4	0	0	0	0	0	0	0	0	0	3.2	11.6	9	0/	0/0	Babies' knitted or crocheted gloves, mittens and mitts, of synthetic fibres
6.4	0	0	0	0	0	0	0	0	0	3.2	11.6	9	0/	0/0	babies' knitted or crocheted coat, raincoat, ski suit, jacket and similar articles, of synthetic fibres
6.4	0	0	0	0	0	0	0	0	0	3.2	11.6	9	0/	0/0	Other babies' knitted or crocheted garments and clothing accessories, of synthetic fibres
6.4	0	0	0	0	0	0	0	0	0	3.2	11.6	9	0/	0/0	Babies' knitted or crocheted clothing accessories, of synthetic fibres
															- Of other textile materials:
7	0	0	0	0	0	0	0	0	0	6	10.2	9	0/	0/0	--- Of wool or fine animal hair
															--- Other
7	0	0	0	0	0	0	0	0	0	0	10.2	0	0/	0/0	Babies' knitted or crocheted hosiery, of artificial fibres
7	0	0	0	0	0	0	0	0	0	0	10.2	0	0/	0/0	Babies' knitted or crocheted garments and clothing accessories, of other textile materials
															Track suits, ski suits and swimwear, knitted or crocheted:
															- track suits:
6.4	0	0	0	0	0	0	0	0	0	0	11.6	0	0/	0/0	-- Of cotton
0	0	0	0	0	0	0	0	0	0	0	12.7	6.4	0/	0/0	-- Of synthetic fibres
8	0	0	0	0	0	0	0	0	0	0	11.6	0	0/	0/0	-- Of Other textile materials
															- Ski suits:
8	0	0	0	0	0	0	0	0	0	0	11.6	0	0/	0/0	--- Of cotton
9.5	0	0	0	0	0	0	0	0	0	0	13.8	9	0/	0/0	--- Other
															- Men's or boys' swimwear:
8.8	0	0	0	0	0	0	0	0	0	0	12.7	6.4	0/	0/0	-- Of synthetic fibres
8	0	0	0	0	0	0	0	0	0	0	11.6	0	0/	0/0	-- Of other textile materials
															- Women's or girls' swimwear:
8.8	0	0	0	0	0	0	0	0	0	0	12.7	6.4	0/0	0/0	-- Of synthetic fibres
8	0	0	0	0	0	0	0	0	0	0	11.6	0	0/	0/0	-- Of other textile materials
															Garments, made up of knitted or crocheted fabrics of heading 59.03, 59.06 or 59.07:
8	0	0	0	0	0	0	0	0	0	0	11.6	0	0/	0/0	Garments, made up of knitted or crocheted fabrics of heading 59.03, 59.06 or 59.07
															Other garments, knitted or crocheted:
															- Of cotton
0	0	0		0	0	0	0	0	0	0	11.6	4.8	0/	0/0	Childrens' knitted or crocheted overall, of cotton, not thermal
0	0	0		0	0	0	0	0	0	0	11.6	4.8	0/	0/0	Men's knitted or crocheted TOPS or boys' TOPS (size 8-18), of cotton
0	0	0		0	0	0	0	0	0	0	11.6	4.8	0/	0/0	Other boys' knitted or crocheted TOPS, of cotton
0	0	0		0	0	0	0	0	0	0	11.6	4.8	0/	0/0	Knitted or crocheted summer wear and wash wear (including women's or girls' and boys'), of cotton
0	0	0		0	0	0	0	0	0	0	11.6	4.8	0/	0/0	Other knitted or crocheted garments, of cotton
															- Of man-made fibres
0	0	0	0	0	0	0	0	0	0	0	12.7	0	0/	0/0	Men's or boys' knitted or crocheted TOPS (boys' size 8-18), of man-made fibres
0	0	0	0	0	0	0	0	0	0	0	12.7	0	0/	0/0	Other boys' knitted or crocheted TOPS, of man-made fibres

税号	货品名称	进口关税（%）最惠国	进口关税（%）普通	进口关税（%）年内暂定	增值/消费税（%）	出口退税（%）	计量单位	监管证件代码	检验检疫类别	协定税率（%）东盟	协定税率（%）亚太	协定税率（%）智利
61143000.90	化纤制针织或钩编其他服装	8	130		13	13	件/千克			0		0
	- 其他纺织材料制：											
6114.9010	--- 羊毛或动物细毛制	6	130		13	13	件/千克			0		0
6114.9090	--- 其他	6	130		13	13	件/千克			0		0
61.15	**针织或钩编的连裤袜、紧身裤袜、长统袜、短袜及其他袜类，包括渐紧压袜类（例如，用以治疗静脉曲张的长统袜）和无外绱鞋底的鞋类：**											
6115.1000	- 渐紧压袜类（例如，用以治疗静脉曲张的长统袜）	6	130		13	13	双/千克			0	3.5	0
	- 其他连裤袜及紧身裤袜：											
6115.2100	-- 每根单丝细度在67分特以下的合成纤维制	6	130		13	13	双/千克			0	3.9	0
6115.2200	-- 每根单丝细度在67分特及以上的合成纤维制	6	130		13	13	双/千克			0	3.9	0
	-- 其他纺织材料制：											
6115.2910	--- 棉制	6	90		13	13	双/千克			0		0
6115.2990	--- 其他	6	130		13	13	双/千克			0	3.9	0
6115.3000	- 其他女式长统袜或中统袜，每根单丝细度在67分特以下	6	130		13	13	双/千克			0	3.9	0
	- 其他：											
6115.9400	-- 羊毛或动物细毛制	6	130		13	13	双/千克			0		0
6115.9500	-- 棉制											
61159500.11	棉制针织或钩编矫正袜（外科用带压缩刻度）	6	90		13	13	双/千克			0		0
61159500.19	棉制针织或钩编短袜及其他袜类	6	90		13	13	双/千克			0		0
6115.9600	-- 合成纤维制	6	130		13	13	双/千克			0	3.9	0
6115.9900	-- 其他纺织材料制	6	130		13	13	双/千克			0	3.9	0
61.16	**针织或钩编的分指手套、连指手套及露指手套：**											
6116.1000	- 用塑料或橡胶浸渍、涂布、包覆或层压的	6	122		13	13	双/千克			0		0
	- 其他：											
6116.9100	-- 羊毛或动物细毛制	6	130		13	13	双/千克			0		0
6116.9200	-- 棉制	6	90		13	13	双/千克			0		0
6116.9300	-- 合成纤维制											
61169300.10	合纤制其他针织或钩编手套（含羊毛或动物细毛23%及以上）	6	130		13	13	双/千克			0	3.9	0
61169300.90	合纤制其他针织或钩编手套（含羊毛或动物细毛23%以下）	6	130		13	13	双/千克			0	3.9	0
6116.9900	-- 其他纺织材料制	6	130		13	13	双/千克			0	3.9	0
61.17	**其他制成的针织或钩编的衣着附件；服装或衣着附件的针织或钩编的零件：**											
	- 披巾、头巾、围巾、披纱、面纱及类似品：											
	--- 动物细毛制：											
6117.1011	---- 山羊绒制	6	130		13	13	条/千克			0	3.9	0
6117.1019	---- 其他	6	130		13	13	条/千克			0	3.9	0
6117.1020	--- 羊毛制	6	130		13	13	条/千克			0	3.9	0
6117.1090	--- 其他	6	130		13	13	条/千克			0	3.9	0
	- 其他附件：											
6117.8010	--- 领带及领结	6	130		13	13	千克/条			0	3.9	0
6117.8090	--- 其他	6	130		13	13	千克			0	3.9	0
6117.9000	- 零件	6	130		13	13	千克			0	3	0

协定税率(%)														特惠税率(%)①/②	Article Description
巴基斯坦	冰岛	哥斯达黎加	秘鲁	新西兰	瑞士	新加坡	韩国	澳大利亚	格鲁吉亚	毛里求斯	日本RCEP	尼加拉瓜	港澳台		
0	0	0	0	0	0	0	0	0	0	0	12.7	0	0/	0/0	Other knitted or crocheted garments, of man-made fibres
															- Of other textile materials:
0	0	0	0	0	0	0	0	0	0	0	11.6	0	0/	0/0	--- Of wool or fine animal hair
0	0	0	0	0	0	0	0	0	0	3.2	11.6	0	0/	0/0	--- Other
															Panty hose, tights, stockings, socks and other hosiery, including graduated compression hosiery (for example, stockings for varicose veins) and footwear without applied soles, knitted or crocheted:
0	0	0	0	0	6	0	0	0	0	0	11.6	0	0/	0/0	- Graduated compression hosiery (for example, stockings for varicose veins)
															- Other panty hose and tights:
12.8	0	0	0	0	0	0	0	0	0	0	11.6	0	0/	0/0	-- Of synthetic fibres, measuring per single yarn less than 67 decitex
8	0	0	0	0	0	0	0	0	0	0	11.6	0	0/0	0/0	-- Of synthetic fibres, measuring per single yarn 67 decitex or more
															-- Of other textile materials:
11.2	0	0	0	0	0	0	0	0	0	0	10.2	0	0/	0/0	--- Of cotton
7	0	0	0	0	0	0	0	0	0	0	10.2	0	0/0	0/0	--- Other
0	0	0	0	0	0	0	0	0	0	0	10.2	0	0/	0/0	- Other women's full-length or knee-length hosiery, measuring per single yarn less than 67 decitex
															- Other:
11.2	0	0	0	0	0	0	0	0	0	0	10.2	0	0/	0/0	-- Of wool or fine animal hair
															-- Of cotton
0	0	0	0	0	0	0	0	0	0	0	10.2	0	0/	0/0	Knitted or crocheted orthopedic stockings, with surgical suppressed scale, of cotton
0	0	0	0	0	0	0	0	0	0	0	10.2	0	0/	0/0	Knitted or crocheted socks and other hosiery, of cotton
0	0	0	0	0	0	0	0	0	0	0	11.6	0	0/	0/0	-- Of synthetic fibres
0	0	0	0	0	0	0	0	0	0	0	10.2	0	0/0	0/0	-- Of other textile materials
															Gloves, mittens and mitts, knitted or crocheted:
0	0	0	0	0	0	0	0	0	0	0	10.2	0	0/	0/0	- Impregnated, coated, covered or laminated with plastics or rubber
															- Other:
0	0	0	0	0	0	0	0	0	0	0	10.2	0	0/	0/0	-- Of wool of fine animal hair
0	0	0	0	0	0	0	0	0	0	0	10.2	0	0/	0/0	-- Of cotton
															-- Of synthetic fibres
0	0	0	0	0	0	0	0	0	0	0	11.6	0	0/	0/0	Knitted or crocheted gloves, of synthetic fibres, containing 23% or more of wool or fine animal hair
0	0	0	0	0	0	0	0	0	0	0	11.6	0	0/	0/0	Knitted or crocheted gloves, of synthetic fibres, containing less than 23% of wool or fine animal hair
0	0	0	0	0	0	0	0	0	0	0	10.2	0	0/	0/0	-- Of other textile materials
															Other made up clothing accessories, knitted or crocheted;knitted or crocheted parts of garments or of clothing accessories:
															- Shawls, scarves, mufflers, mantillas, veils and the like:
															--- Of fine animal hair:
0	0	0	0	0	0	0	0	0	0	0	10.2	0	0/	0/0	----Of goats
0	0	0	0	0	0	0	0	0	0	6	10.2	0	0/	0/0	----Other
0	0	0	0	0	0	0	0	0	0	6	10.2	0	0/	0/0	--- Of wool
0	0	0	0	0	0	0	0	0	0	2.8	10.2	0	0/	0/0	--- Other
															- Other accessories:
0	0	0	0	0	0	0	0	0	0	0	10.2	0	0/0	0/0	--- Ties, bow ties and cravats
0	0	0	0	0	0	0	0	0	0	0	10.2	0	0/0	0/0	--- Other accessories
0	0	0	0	0	0	0	0	0	0	0	10.2	0	0/0	0/0	- Parts

第六十二章　非针织或非钩编的服装及衣着附件

注释：

一、本章仅适用于除絮胎以外任何纺织物的制成品，但不适用于针织品或钩编织品（税目62.12的除外）。

二、本章不包括：

（一）税目63.09的旧衣着或其他旧物品；或

（二）矫形器具、外科手术带、疝气带及类似品（税目90.21）。

三、税目62.03及62.04所称：

（一）“西服套装”，是指面料用完全相同织物制成的两件套或三件套的下列成套服装：

——一件人体上半身穿着的外套或短上衣，除袖子外，应由四片或四片以上面料组成；也可附带一件马甲（西服背心），这件马甲（西服背心）的前片面料应与套装其他各件的面料相同，后片面料则应与外套或短上衣的衬里料相同；以及

——一件人体下半身穿着的服装，即不带背带或护胸的长裤、马裤、短裤（游泳裤除外）、裙子或裙裤。

西服套装各件面料质地、颜色及构成必须完全相同，其款式、尺寸大小也须相互般配。但套装的各件可以有不同织物的滚边（缝入夹缝中的成条织物）。

如果数件人体下半身穿着的服装同时报验（例如，两条长裤、长裤与短裤、裙子或裙裤与长裤），构成西服套装下装的应是一条长裤，而对于女式西服套装，应是裙子或裙裤，其他服装应分别归类。

所称“西服套装”，包括不论是否完全符合上述条件的下列配套服装：

——常礼服，由一件后襟下垂并下端开圆弧形叉的素色短上衣和一条条纹长裤组成；

——晚礼服（燕尾服），一般用黑色织物制成，上衣前襟较短且不闭合，背后有燕尾；

——无燕尾套装夜礼服，其中上衣款式与普通上衣相似（可以更为显露衬衣前胸），但有光滑丝质或仿丝质的翻领。

（二）“便服套装”，是指面料相同并作零售包装的下列成套服装（西服套装及税目62.07或62.08的物品除外）：

——一件人体上半身穿着的服装，但背心除外，因为背心可作为内衣；以及

——一件或两件不同的人体下半身穿着的服装，即长裤、护胸背带工装裤、马裤、短裤（游泳裤除外）、裙子或裙裤。

便服套装各件面料质地、款式、颜色及构成必须相同；尺寸大小也须相互般配。所称“便服套装”，不包括税目62.11的运动服及滑雪服。

四、税目62.05及62.06不包括在腰围以下有口袋的服装、带有罗纹腰带及以其他方式收紧下摆的服装。税目62.05不包括无袖服装。

衬衫及仿男式女衬衫是指人体上身穿着并从领口处全开襟或半开襟的长袖或短袖衣服；罩衫也是上半身穿着的宽松服装，但可以无袖，领口处也可以不开襟。衬衫、仿男式女衬衫及罩衫可有衣领。

五、对于税目62.09：

（一）所称“婴儿服装及衣着附件”，是指用于身高不超过86厘米幼儿的服装；

（二）既可归入税目62.09，也可归入本章其他税目的物品，应归入税目62.09；

六、既可归入税目62.10，也可归入本章其他税目的服装，除税目62.09所列的仍归入该税目外，其余的应一律归入税目62.10。

Chapter 62 Articles of apparel and clothing accessories, not knitted or crocheted

Chapter Notes:

1. This Chapter applies only to made up articles of any textile fabric other than wadding, excluding knitted or crocheted articles (other than those of heading 62.12).

2. This Chapter does not cover:

(a) Worn clothing or other worn articles of heading 63.09; or

(b) Orthopaedic appliances, surgical belts, trusses or the like (heading 90.21).

3. For the purposes of headings 62.03 and 62.04:

(a) The term "suit" means a set of garments composed of two or three pieces made up, in respect of their outer surface, in identical fabric and comprising:

——One suit coat or jacket the outer shell of which, exclusive of sleeves, consists of four or more panels, designed to cover the upper part of the body, possibly with a tailored waistcoat in addition whose front is made from the same fabric as the outer surface of the other components of the set and whose back is made from the same fabric as the lining of the suit coat or jacket; and

——One garment designed to cover the lower part of the body and consisting of trousers, breeches or shorts (other than swimwear), a skirt or a divided skirt, having neither braces nor bibs.

All of the components of a "suit" must be of the same fabric construction, colour and composition; they must also be of the same style and of corresponding or compatible size. However, these components may have piping (a strip of fabric sewn into the seam) in a different fabric.

If several separate components to cover the lower part of the body are presented together (for example, two pairs of trousers or trousers and shorts, or a skirt or divided skirt and trousers), the constituent lower part shall be one pair of trousers or, in the case of women's or girls' suits, the skirt or divided skirt, the other garments being considered separately.

The term "suit" includes the following sets of garments, whether or not they fulfil all the above conditions:

(i)morning dress, comprising a plain jacket (cutaway) with rounded tails hanging well down at the back and striped trousers;

(ii)evening dress (tailcoat), generally made of black fabric, the jacket of which is relatively short at the front, does not close and has narrow skirts cut in at the hips and hanging down behind;

(iii)dinner jacket suits, in which the jacket is similar in style to an ordinary jacket (though perhaps revealing more of the shirt front), but has shiny silk or imitation silk lapels.

(b) The term "ensemble" means a set of garments (other than suits and articles of heading 62.07 or 62.08) composed of several pieces made up in identical fabric, put up for retail sale, and comprising:

——One garment designed to cover the upper part of the body, with the exception of waistcoats which may also form a second upper garment, and

——One or two different garments, designed to cover the lower part of the body and consisting of trousers, bib and brace overalls, breeches, shorts (other than swimwear), a skirt or a divided skirt.

All of the components of an ensemble must be of the same fabric construction, style, colour and composition; they also must be of corresponding or compatible size. The term "ensemble" does not apply to track suits or ski suits, of heading 62.11.

4. Headings 62.05 and 62.06 do not cover garments with pockets below the waist, with a ribbed waistband or other means of tightening at the bottom of the garment. Heading 62.05 does not cover sleeveless garments.

"Shirts" and "shirt-blouses" are garments designed to cover the upper part of the body, having long or short sleeves and a full or partial opening starting at the neckline. "Blouses" are loose-fitting garments also designed to cover the upper part of the body but may be sleeveless and with or without an opening at the neckline. "Shirts", "shirt-blouses" and "blouses" may also have a collar.

5. For the purposes of heading 62.09:

(a) The expression "babies' garments and clothing accessories" means articles for young children of a body height not exceeding 86cm;

(b) Articles which are, prima facie, classifiable both in heading 62.09 and in other headings of this Chapter are to be classified in heading 62.09.

6. Garments which are, prima facie, classifiable both in heading 62.10 and in other headings of this Chapter, excluding heading 62.09, are to be classified in heading 62.10.

七、税目62.11所称“滑雪服”，是指从整个外观和织物质地来看，主要在滑雪（速度滑雪和高山滑雪）时穿着的下列服装或成套服装：

（一）“滑雪连身服”，即上下身连在一起的单件服装；除袖子和领子外，滑雪连身服可有口袋或脚带；或

（二）“滑雪套装”，即由两件或三件构成一套并作零售包装的下列服装：

——一件用一条拉链扣合的带风帽的厚夹克、防风衣、防风短上衣或类似的服装，可以附带一件背心（滑雪背心）；以及

——一条不论是否过腰的长裤、一条马裤或一条护胸背带工装裤。

“滑雪套装”也可由一件类似以上（一）款所述的连身服和一件可套在连身服外面的有胎料背心组成。

“滑雪套装”各件颜色可以不同，但面料质地、款式及构成必须相同；尺寸大小也须相互般配。

八、正方形或近似正方形的围巾及围巾式样的物品，如果每边均不超过60厘米，应作为手帕归类（税目62.13）。任何一边超过60厘米的手帕，应归入税目62.14。

九、本章的服装，凡门襟为左压右的，应视为男式；右压左的，应视为女式。但本规定不适用于其式样已明显为男式或女式的服装。

无法区别是男式还是女式的服装，应按女式服装归入有关税目。

十、本章物品可用金属线制成。

税号	货品名称	进口关税（%）			增值/消费税（%）	出口退税（%）	计量单位	监管证件代码	检验检疫类别	协定税率（%）		
		最惠国	普通	年内暂定						东盟	亚太	智利
62.01	**男式大衣、短大衣、斗篷、短斗篷、带风帽的防寒短上衣（包括滑雪短上衣）、防风衣、防风短上衣及类似品，但税目62.03的货品除外：**											
6201.2000	- 羊毛或动物细毛制											
62012000.10	毛制男式大衣、斗篷	6	130	5	13	13	件/千克			0	3.9	0
62012000.90	其他毛制男式上衣[含带风帽的防寒短上衣（包括滑雪短上衣）、防风衣、防风短上衣及类似品，但税目62.03的货品除外]	6	130		13	13	件/千克			0	3.9	0
	- 棉制：											
6201.3010	--- 羽绒服	6	90		13	13	件/千克			0		0
6201.3090	--- 其他											
62013090.10	棉制男式大衣、斗篷	6	90	5	13	13	件/千克			0		0
62013090.90	其他棉制男式上衣[含带风帽的防寒短上衣（包括滑雪短上衣）、防风衣、防风短上衣及类似品，但税目62.03的货品除外]	6	90		13	13	件/千克			0		0
	- 化学纤维制：											
6201.4010	--- 羽绒服	8	130		13	13	件/千克			0	5.2	0
6201.4090	--- 其他	8	130		13	13	件/千克			0	5.2	0
6201.9000	- 其他纺织材料制	6	100		13	13	件/千克			0	3.9	0
62.02	**女式大衣、短大衣、斗篷、短斗篷、带风帽的防寒短上衣（包括滑雪短上衣）、防风衣、防风短上衣及类似品，但税目62.04的货品除外：**											
6202.2000	- 羊毛或动物细毛制											
62022000.10	毛制女式大衣、斗篷	6	130	5	13	13	件/千克			0	3.9	0
62022000.90	其他毛制女式上衣[含带风帽的防寒短上衣（包括滑雪短上衣）、防风衣、防风短上衣及类似品，但税目62.03的货品除外]	6	130		13	13	件/千克			0	3.9	0
	- 棉制：											

7. For the purposes of heading 62.11, "ski suits" means garments or sets of garments which, by their general appearance and texture, are identifiable as intended to be worn principally for skiing (cross-country or alpine). They consist either of:

(a) a "ski overall", that is, a one-piece garment designed to cover the upper and the lower parts of the body; in addition to sleeves and a collar the ski overall may have pockets or footstraps; or

(b) a "ski ensemble", that is, a set of garments composed of two or three pieces, put up for retail sale and comprising:

——One garment such as an anorak, wind-cheater, wind-jacket or similar article, closed by a slide fastener (zipper), possibly with a waistcoat in addition, and

——One pair of trousers whether or not extending above waist-level, one pair of breeches or one bib and brace overall.

The "ski ensemble" may also consist of an overall similar to the one mentioned in paragraph (a) above and a type of padded, sleeveless jacket worn over the overall.

All the components of a "ski ensemble" must be made up in a fabric of the same texture, style and composition whether or not of the same colour; they also must be of corresponding or compatible size.

8. Scarves and articles of the scarf type, square or approximately square, of which no side exceeds 60cm, are to be classified as handkerchiefs (heading 62.13). Handkerchiefs of which any side exceeds 60cm are to be classified in heading 62.14.

9. Garments of this Chapter designed for left over right closure at the front shall be regarded as men's or boys' garments, and those designed for right over left closure at the front as women's or girls' garments. These provisions do not apply where the cut of the garment clearly indicates that it is designed for one or other of the sexes.

Garments which cannot be identified as either men's or boys' garments or as women's or girls' garments are to be classified in the headings covering women's or girls' garments.

10. Articles of this Chapter may be made of metal thread.

协定税率（%）														特惠税率（%）①/②	Article Description
巴基斯坦	冰岛	哥斯达黎加	秘鲁	新西兰	瑞士	新加坡	韩国	澳大利亚	格鲁吉亚	毛里求斯	日本RCEP	尼加拉瓜	港澳台		
															Men's or boys' overcoats, car-coats, capes, cloaks, anoraks (including ski- jackets), wind-cheaters, wind-jackets and similar articles, other than those of heading 62.03:
															- Of wool or fine animal hair
8	0	0	0	0	0	0	0	0	0	1.6	11.6	0	0/	0/0	Men's or boys' overcoats and capes, other than those of heading 62.04, of cotton.
8	0	0	0	0	0	0	0	0	0	1.6	11.6	0	0/	0/0	Men's or boys'car-coats, cloaks, of wool, including anoraks(including ski-jackets), wind-cheaters, wind-jackets and similar articles, other than those of heading 62.03
															- Of cotton:
12.8	0	0	0	0	0	0	0	0	0	0	11.6	0	0/	0/0	--- Padded with feathers or down
															--- Other
12.8	0	0	0	0	0	0	0	0	0	0	11.6	0	0/	0/0	Men's or boys' overcoats and capes, other than those of heading 62.04, of cotton.
12.8	0	0	0	0	0	0	0	0	0	0	11.6	0	0/	0/0	Men's or boys'car-coats, cloaks, of cotton, including anoraks(including ski-jackets), wind-cheaters, wind-jackets and similar articles, other than those of heading 62.03
															- Of man-made fibres:
4.4	0	0	0	0	0	0	0	0		0	12.7	3.2	0/	0/0	--- Padded with feathers or down
4.4	0	0	0	0	0	0	0	0	0	0	12.7	3.2	0/	0/0	--- Other
8	0	0	0	0	0	0	0	0	0	0	11.6	0	0/	0/0	- Of other textile materials
															Women's or girls' overcoats, car-coats, capes, cloaks, anoraks (including ski-jackets), wind-cheaters, wind-jackets and similar articles, other than those of heading 62.04:
															- Of wool or fine animal hair
8	0	0	0	0	0	0	0	0	0	0	11.6	0	0/	0/0	Women's or girls' overcoats and capes, other than those of heading 62.04, of cotton.
8	0	0	0	0	0	0	0	0	0	0	11.6	0	0/	0/0	Women's or girls'car-coats, cloaks, of wool, including anoraks(including ski-jackets), wind-cheaters, wind-jackets and similar articles, other than those of heading 62.03
															- Of cotton:

税　号	货品名称	进口关税（%）			增值/消费税（%）	出口退税（%）	计量单位	监管证件代码	检验检疫类别	协定税率（%）		
		最惠国	普通	年内暂定						东盟	亚太	智利
6202.3010	--- 羽绒服	6	90		13	13	件/千克			0		0
6202.3090	--- 其他											
62023090.10	棉制女式大衣、斗篷	6	90	5	13	13	件/千克			0		0
62023090.90	其他棉制女式上衣[含带风帽的防寒短上衣（包括滑雪短上衣）、防风衣、防风短上衣及类似品，但税目62.03的货品除外]	6	90		13	13	件/千克			0		0
	- 化学纤维制：											
6202.4010	--- 羽绒服	9	130		13	13	件/千克			0	5.9	0
6202.4090	--- 其他	9	130		13	13	件/千克			0	5.9	0
6202.9000	- 其他纺织材料制	6	100		13	13	件/千克			0	3.9	0
62.03	**男式西服套装、便服套装、上衣、长裤、护胸背带工装裤、马裤及短裤（游泳裤除外）：**											
	- 西服套装：											
6203.1100	-- 羊毛或动物细毛制	8	130	5	13	13	套/千克			0	5.2	0
6203.1200	-- 合成纤维制											
62031200.10	合纤制男式西服套装（含羊毛或动物细毛36%及以上）	8	130		13	13	套/千克			0	5.2	0
62031200.90	其他合纤制男式西服套装	8	130		13	13	套/千克			0	5.2	0
	-- 其他纺织材料制：											
6203.1910	--- 丝及绢丝制	8	100		13	13	套/千克			0	5.2	0
6203.1990	--- 其他	8	100		13	13	套/千克			0	5.2	0
	- 便服套装：											
6203.2200	-- 棉制	8	90		13	13	套/千克			0		0
6203.2300	-- 合成纤维制	8	130		13	13	套/千克			0	5.2	0
	-- 其他纺织材料制：											
6203.2910	--- 丝及绢丝制	8	130		13	13	套/千克			0	5.2	0
6203.2920	--- 羊毛或动物细毛制	8	130		13	13	套/千克			0	5.2	0
6203.2990	--- 其他	8	100		13	13	套/千克			0	5.2	0
	- 上衣：											
6203.3100	-- 羊毛或动物细毛制											
62033100.10	毛制男式西服式上衣（羊毛或动物细毛制）	6	130	5	13	13	件/千克			0	3.9	0
62033100.90	毛制男式其他上衣（羊毛或动物细毛制）	6	130	5	13	13	件/千克			0	3.9	0
6203.3200	-- 棉制											
62033200.10	棉制工业及职业用男式上衣	6	90		13	13	件/千克			0	3.9	0
62033200.90	棉制其他男式上衣	6	90		13	13	件/千克			0	3.9	0
6203.3300	-- 合成纤维制	12	130		13	13	件/千克			0	7.8	0
	-- 其他纺织材料制：											
6203.3910	--- 丝及绢丝制											
62033910.10	丝制男式上衣（含丝70%及以上）	6	130		13	13	件/千克			0	3.9	0
62033910.90	丝制男式上衣（含丝70%以下）	6	130		13	13	件/千克			0	3.9	0
6203.3990	--- 其他	6	100		13	13	件/千克			0	3.9	0
	- 长裤、护胸背带工装裤、马裤及短裤：											
6203.4100	-- 羊毛或动物细毛制											
62034100.22	毛制男式长裤、马裤（羊毛或动物细毛制，含8号～18号男童）	6	130		13	13	条/千克	A	M/	0	3.9	0
62034100.29	毛制其他男童长裤、马裤（羊毛或动物细毛制）	6	130		13	13	条/千克	A	M/	0	3.9	0
62034100.90	毛制其他男式长裤、护胸背带工装裤、马裤及短裤	6	130		13	13	条/千克			0	3.9	0

协定税率（%）														特惠税率（%）①/②	Article Description
巴基斯坦	冰岛	哥斯达黎加	秘鲁	新西兰	瑞士	新加坡	韩国	澳大利亚	格鲁吉亚	毛里求斯	日本RCEP	尼加拉瓜	港澳台		
12.8	0	0	0	0	0	0	0	0		0	11.6	0	0/	0/0	--- Padded with feathers or down
															--- Other
12.8	0	0	0	0	0	0	0	0	0	0	11.6	0	0/	0/0	Women's or girls' overcoats and capes, other than those of heading 62.04, of cotton.
12.8	0	0	0	0	0	0	0	0	0	0	11.6	0	0/	0/0	Women's or girls'car-coats, cloaks, of cotton, including anoraks(including ski-jackets), wind-cheaters, wind-jackets and similar articles, other than those of heading 62.03
															- Of man-made fibres:
9.2	0	0	0	0	0	0	0	0		0	12.7	7.7	0/	0/0	--- Padded with feathers or down
8.3	0	0	0	0	0	0	0	0	0	0	12.7	7.7	0/	0/0	--- Other
8	0	0	0	0	0	0	0	0	0	0	11.6	0	0/	0/0	- Of other textile materials
															Men's or boys' suits, ensembles, jackets, blazers, trousers, bib and brace overalls, breeches and shorts (other than swimwear):
															- Suits:
8.8	0	0	0	0	0	0	0	0	0	3.5	12.7	6.4	0/	0/0	-- Of wool or fine animal hair
															-- Of synthetic fibres
8.8	0	0	0	0	0	0	0	0	0	0	12.7	6.4	0/	0/0	Men's or boys' suits, of synthetic fibres, containing 36% or more by weight of wool or fine animal hair
8.8	0	0	0	0	0	0	0	0	0	0	12.7	6.4	0/	0/0	Other men's or boys' suits, of synthetic fibres
															-- Of other textile materials:
0	0	0	0	0	0	0	0	0	0	0	12.7	6.4	0/	0/0	--- Of silk or silk waste
0	0	0	0	0	7	0	0	0	0	3.5	12.7	6.4	0/	0/0	--- Other
															- Ensembles:
0	0	0	0	0	0	0	0	0	0	0	12.7	0	0/	0/0	-- Of cotton
8.8	0	0	0	0	0	0	0	0	0	0	12.7	0	0/	0/0	-- Of synthetic fibres
															-- Of other textile materials:
8.8	0	0	0	0	0	0	0	0	0	0	12.7	0	0/	0/0	--- Of silk or silk waste
8.8	0	0	0	0	0	0	0	0	0	0	12.7	0	0/	0/0	--- Of wool or fine animal hair
8.8	0	0	0	0	0	0	0	0	0	0	12.7	0	0/	0/0	--- Other
															- Jackets and blazers:
															-- Of wool or fine animal hair
8	0	0	0	0	0	0	0	0	0	3.2	11.6	0	0/	0/0	Men's or boys' suit jackets and blazers, of wool or fine animal hair
8	0	0	0	0	0	0	0	0	0	3.2	11.6	0	0/	0/0	Other men's or boys' jackets and blazers, of wool or fine animal hair
															-- Of cotton
0	0	0	0	0	0	0	0	0	0	0	11.6	0	0/	0/0	Men's or boys' jackets and blazers, of cotton, for industrial and occupational use
0	0	0	0	0	0	0	0	0	0	0	11.6	0	0/	0/0	Men's or boys' jackets and blazers, of cotton
0	0	0	0	0	0	0	0	0	0	0	12.7	0	0/	0/0	-- Of synthetic fibres
															-- Of other textile materials:
															--- Of silk or silk waste
0	0	0	0	0	0	0	0	0	0	0	11.6	0	0/	0/0	Men's or boys' jackets and blazers, of silk, containing 70% or more by weight of silk
0	0	0	0	0	0	0	0	0	0	0	11.6	0	0/	0/0	Men's or boys' jackets and blazers, of silk, containing less than 70% by weight of silk
0	0	0	0	0	0	0	0	0	0	3.2	11.6	0	0/	0/0	--- Other
															- Trousers, bib and brace overalls, breeches and shorts:
															-- Of wool or fine animal hair
0	0	0	0	0	0	0	0	0	0	3.2	11.6	0	0/	0/0	Men's trousers and breeches (including boys', size 8-18), of wool or fine animal hair
0	0	0	0	0	0	0	0	0	0	3.2	11.6	0	0/	0/0	Other boys' trousers and breeches, of wool or fine animal hair
0	0	0	0	0	0	0	0	0	0	3.2	11.6	0	0/	0/0	Men's or boys' shorts of wool or fine animal hair

税号	货品名称	进口关税（%）			增值/消费税（%）	出口退税（%）	计量单位	监管证件代码	检验检疫类别	协定税率（%）		
		最惠国	普通	年内暂定						东盟	亚太	智利
	-- 棉制：											
6203.4210	--- 阿拉伯裤	6	90		13	13	条/千克			0	3.9	0
6203.4290	--- 其他											
62034290.15	棉制其他男童护胸背带工装裤（带防寒衬里）	6	90		13	13	条/千克	A	M/	0	3.9	0
62034290.19	棉制其他男童护胸背带工装裤	6	90		13	13	条/千克	A	M/	0	3.9	0
62034290.49	棉制其他男童长裤、马裤（游戏装，不带防寒衬里）	6	90		13	13	条/千克	A	M/	0	3.9	0
62034290.62	棉制男式长裤、马裤（非游戏装，不带防寒衬里，含8号～18号男童）	6	90		13	13	条/千克	A	M/	0	3.9	0
62034290.69	棉制其他男童长裤、马裤（非游戏装，不带防寒衬里）	6	90		13	13	条/千克	A	M/	0	3.9	0
62034290.90	棉制其他男式长裤、护胸背带工装裤、马裤及短裤	6	90		13	13	条/千克			0	3.9	0
	-- 合成纤维制：											
6203.4310	--- 阿拉伯裤	8	130		13	13	条/千克			0	5.2	0
6203.4390	--- 其他											
62034390.15	其他合纤制男童护胸背带工装裤（带防寒衬里）	12	130		13	13	条/千克	A	M/	0	7.8	0
62034390.19	其他合纤制男童护胸背带工装裤	12	130		13	13	条/千克	A	M/	0	7.8	0
62034390.49	其他合纤制男童长裤、马裤（不带防寒衬里，含羊/动物细毛36%及以上）	12	130		13	13	条/千克	A	M/	0	7.8	0
62034390.61	其他合纤制男式长裤、马裤（不带防寒衬里，游戏装，含8号～18号男童）	12	130		13	13	条/千克	A	M/	0	7.8	0
62034390.69	其他合纤制其他男童长裤、马裤（不带防寒衬里，游戏装）	12	130		13	13	条/千克	A	M/	0	7.8	0
62034390.82	其他合纤制男童长裤、马裤（不带防寒衬里，非游戏装和滑雪裤，8号～18号男童）	12	130		13	13	条/千克	A	M/	0	7.8	0
62034390.89	其他合纤制其他男童长裤、马裤（不带防寒衬里，非游戏装和滑雪裤）	12	130		13	13	条/千克	A	M/	0	7.8	0
62034390.90	合纤制其他男式长裤、护胸背带工装裤、马裤及短裤	12	130		13	13	条/千克			0	7.8	0
	-- 其他纺织材料制：											
6203.4910	--- 阿拉伯裤	6	100		13	13	条/千克			0	3.9	0
6203.4990	--- 其他											
62034990.12	人纤制男童护胸背带工装裤（带防寒衬里）	6	100		13	13	条/千克	A	M/	0	3.9	0
62034990.19	人纤制男童护胸背带工装裤	6	100		13	13	条/千克	A	M/	0	3.9	0
62034990.90	其他材料制其他男式长裤、护胸背带工装裤、马裤及短裤	6	100		13	13	条/千克			0	3.9	0
62.04	女式西服套装、便服套装、上衣、连衣裙、裙子、裙裤、长裤、护胸背带工装裤、马裤及短裤（游泳服除外）：											
	- 西服套装：											
6204.1100	-- 羊毛或动物细毛制	8	130	5	13	13	套/千克			0	5.2	0
6204.1200	-- 棉制											
62041200.10	含裤子的棉制女式西服套装	8	90		13	13	套/千克			0		0
62041200.90	不含裤子的棉制女式西服套装	8	90		13	13	套/千克			0		0
6204.1300	-- 合成纤维制											
62041300.10	合纤制女式西服套装（含羊毛或动物细毛36%及以上）	8	130		13	13	套/千克			0	5.2	0

协定税率（%）														特惠税率（%）①/②	Article Description
巴基斯坦	冰岛	哥斯达黎加	秘鲁	新西兰	瑞士	新加坡	韩国	澳大利亚	格鲁吉亚	毛里求斯	日本RCEP	尼加拉瓜	港澳台		
															-- Of cotton:
0	0	0	0	0	0	0	0	0	0	0	11.6	0	0/	0/0	--- Arabian trousers
															--- Other
0	0	0	0	0	0	0	0	0	0	0	11.6	0	0/	0/0	Other boys' bib and brace overalls, with winter liner, of cotton
0	0	0	0	0	0	0	0	0	0	0	11.6	0	0/	0/0	Other boys' bib and brace overalls of cotton
0	0	0	0	0	0	0	0	0	0	0	11.6	0	0/	0/0	Other boys' trousers and breeches, playsuit, without winter line, of cottonr
0	0	0	0	0	0	0	0	0	0	0	11.6	0	0/	0/0	Men's trousers and breeches, without winter liner, including boys', size 8-18(other than playsuit), of cotton
0	0	0	0	0	0	0	0	0	0	0	11.6	0	0/	0/0	Other boys' trousers and breeches, without winter liner (other than playsuit), of cotton
0	0	0	0	0	0	0	0	0	0	0	11.6	0	0/	0/0	Other men's or boys' trousers, bib and brace overalls, breeches and shorts, of cotton
															-- Of synthetic fibres:
8.8	0	0	0	0	0	0	0	0	0	0	12.7	0	0/	0/0	--- Arabian trousers
															--- Other
0	0	0	0	0	0	0	0	0	0	3.5	12.7	0	0/	0/0	Other boys' bib and brace overalls, with winter liner of synthetic fibres
0	0	0	0	0	0	0	0	0	0	3.5	12.7	0	0/	0/0	Other boys' bib and brace overalls of synthetic fibres
0	0	0	0	0	0	0	0	0	0	3.5	12.7	0	0/	0/0	Boys' trousers and breeches, without winter liner of synthetic fibres, containing 36% or more of wool or fine animal hair
0	0	0	0	0	0	0	0	0	0	3.5	12.7	0	0/	0/0	Other men's trousers and breeches, without winter liner, playsuit, including boys' size 8-18, of synthetic fibres
0	0	0	0	0	0	0	0	0	0	3.5	12.7	0	0/	0/0	Other boys' trousers and breeches, without winter liner, playsuit, of synthetic fibres
0	0	0	0	0	0	0	0	0	0	3.5	12.7	0	0/	0/0	Other boy's trousers and breeches, size 8-18 (without winter liner, not playsuit or ski trousers), of synthetic fibres
0	0	0	0	0	0	0	0	0	0	3.5	12.7	0	0/	0/0	Other boys' trousers and breeches, without winter liner (not playsuit or ski trousers), of synthetic fibres
0	0	0	0	0	0	0	0	0	0	3.5	12.7	0	0/	0/0	Other men's or boys' trousers, bib and brace overalls, breeches and shorts, of synthetic fibres
															-- Of other textile materials:
8	0	0	0	0	0	0	0	0	0	0	11.6	0	0/	0/0	--- Arabian trousers
															--- Other
0	0	0	0	0	0	0	0	0	0	0	11.6	0	0/	0/0	Boys' bib and brace overalls, with winter liner, of artificial fibres
0	0	0	0	0	0	0	0	0	0	0	11.6	0	0/	0/0	Boys' bib and brace overalls, of artificial fibres
0	0	0	0	0	0	0	0	0	0	0	11.6	0	0/	0/0	Other men's or boys' trousers, bib and brace overalls, breeches and shorts, of other textile materials
															Women's or girls' suits, ensembles, jackets, blazers, dresses, skirts, divided skirts, trousers, bib and brace overalls, breeches and shorts (other than swimwear):
															- Suits:
8.8	0	0	0	0	0	0	0	0	0	0	12.7	6.4	0/	0/0	-- Of wool or fine animal hair
															-- Of cotton
14	0	0	0	0	0	0	0	0	0	0	12.7	6.4	0/	0/0	Women's or girls' suits, including trousers, of cotton
14	0	0	0	0	0	0	0	0	0	0	12.7	6.4	0/	0/0	Women's or girls' suits, excluding trousers, of cotton
															-- Of synthetic fibres
8.8	0	0	0	0	0	0	0	0	0	0	12.7	6.4	0/	0/0	Women's or girls' suits of synthetic fibres, containing36% or more of wool or fine animal hair

税　号	货品名称	进口关税（%）最惠国	普通	年内暂定	增值/消费税（%）	出口退税（%）	计量单位	监管证件代码	检验检疫类别	协定税率（%）东盟	亚太	智利
62041300.90	其他合纤制女式西服套装	8	130		13	13	套/千克			0	5.2	0
	-- 其他纺织材料制：											
6204.1910	--- 丝及绢丝制	8	100		13	13	套/千克			0	5.2	0
6204.1990	--- 其他	8	100		13	13	套/千克			0	5.2	0
	- 便服套装：											
6204.2100	-- 羊毛或动物细毛制	8	130		13	13	套/千克			0	5.2	0
6204.2200	-- 棉制	8	90		13	13	套/千克			0		0
6204.2300	-- 合成纤维制	10	130		13	13	套/千克			0	6.5	0
	-- 其他纺织材料制：											
6204.2910	--- 丝及绢丝制											
62042910.10	丝制女式便服套装（含丝及绢丝≥70%）	10	130		13	13	套/千克			0	6.5	0
62042910.90	丝制其他女式便服套装（含丝及绢丝<70%）	10	130		13	13	套/千克			0	6.5	0
6204.2990	--- 其他	6	100		13	13	套/千克			0	3.9	0
	- 上衣：											
6204.3100	-- 羊毛或动物细毛制	6	130	5	13	13	件/千克			0	3.9	0
6204.3200	-- 棉制											
62043200.10	棉制女式上衣（工业及职业用）	6	90		13	13	件/千克			0		0
62043200.90	棉制其他女式上衣	6	90		13	13	件/千克			0		0
6204.3300	-- 合成纤维制	12	130		13	13	件/千克			0	7.8	0
	-- 其他纺织材料制：											
6204.3910	--- 丝及绢丝制											
62043910.10	丝制女式上衣（含丝及绢丝70%及以上）	6	130		13	13	件/千克			0	3.9	0
62043910.90	丝制其他女式上衣（含丝及绢丝70%以下）	6	130		13	13	件/千克			0	3.9	0
6204.3990	--- 其他	6	100		13	13	件/千克			0	3.9	0
	- 连衣裙：											
6204.4100	-- 羊毛或动物细毛制	6	130		13	13	件/千克			0	3.9	0
6204.4200	-- 棉制	6	90		13	13	件/千克			0		0
6204.4300	-- 合成纤维制											
62044300.10	合成纤维制女式连衣裙（含羊毛或动物细毛≥36%）	8	130		13	13	件/千克			0	5.2	0
62044300.90	合成纤维制其他女式连衣裙	8	130		13	13	件/千克			0	5.2	0
6204.4400	-- 人造纤维制											
62044400.10	人造纤维制女式连衣裙（含羊毛或动物细毛≥36%）	6	130		13	13	件/千克			0	3.9	0
62044400.90	人造纤维制其他女式连衣裙	6	130		13	13	件/千克			0	3.9	0
	-- 其他纺织材料制：											
6204.4910	--- 丝及绢丝制											
62044910.10	丝制女式连衣裙（含丝及绢丝70%及以上）	6	130		13	13	件/千克			0	3.9	0
62044910.90	丝制其他女式连衣裙（含丝及绢丝70%以下）	6	130		13	13	件/千克			0	3.9	0
6204.4990	--- 其他	6	100		13	13	件/千克			0	3.9	0
	- 裙子及裙裤：											
6204.5100	-- 羊毛或动物细毛制	6	130		13	13	件/千克			0	3.9	0
6204.5200	-- 棉制	6	90		13	13	件/千克			0		0
6204.5300	-- 合成纤维制											

协定税率（%）														特惠税率（%）①/②	Article Description
巴基斯坦	冰岛	哥斯达黎加	秘鲁	新西兰	瑞士	新加坡	韩国	澳大利亚	格鲁吉亚	毛里求斯	日本RCEP	尼加拉瓜	港澳台		
8.8	0	0	0	0	0	0	0	0	0	0	12.7	6.4	0/	0/0	Other women's or girls' suits of synthetic fibres
															-- Of other textile materials:
8.8	0	0	0	0	0	0	0	0	0	0	12.7	6.4	0/	0/0	--- Of silk or silk waste
8.8	0	0	0	0	0	0	0	0	0	0	12.7	6.4	0/	0/0	--- Other
															- Ensembles:
8.8	0	0	0	0	0	0	0	0	0	0	12.7	6.4	0/	0/0	-- Of wool or fine animal hair
0	0	0	0	0	0	0	0	0	0	0	12.7	6.4	0/	0/0	-- Of cotton
10	0	0	0	0	0	0	6.6	0	0	0	16.3	9	0/	0/0	-- Of synthetic fibres
															-- Of other textile materials:
															--- Of silk or silk waste
10	0	0	0	0	0	0	6.6	0	0	0	16.3	9	0/	0/0	Women's or girls' ensembles, containing 70% or more by weight of silk or silk waste
10	0	0	0	0	0	0	6.6	0	0	0	16.3	9	0/	0/0	Women's or girls' ensembles, containing less than 70% by weight of silk or silk waste
7	0	0	0	0	0	0	0	0	0	0	10.2	0	0/	0/0	--- Other
															- Jackets and blazers:
8	0	0	0	0	0	0	0	0	0	3.2	11.6	0	0/	0/0	-- Of wool or fine animal hair
															-- Of cotton
0	0	0	0	0	0	0	0	0	0	3.2	11.6	0	0/	0/0	Women's or girls' jackets and blazers of cotton, for industrial and occupational use
0	0	0	0	0	0	0	0	0	0	3.2	11.6	0	0/	0/0	Other Women's or girls' jackets and blazers of cotton
7	0	0	0	0	0	0	5.8	0	0	3.5	14.2	11.2	0/	0/0	-- Of synthetic fibres
															-- Of other textile materials:
															--- Of silk or silk waste
0	0	0	0	0	0	0	0	0	0	0	11.6	0	0/	0/0	Women's or girls' jackets and blazers of silk, containing 70% or more by weight of silk or silk waste
0	0	0	0	0	0	0	0	0	0	0	11.6	0	0/	0/0	Other women's or girls' jackets and blazers of silk, containing less than 70% by weight of silk or silk waste
0	0	0	0	0	0	0	0	0	0	0	11.6	0	0/	0/0	--- Other
															- Dresses:
8	0	0	0	0	0	0	0	0	0	0	11.6	0	0/	0/0	-- Of wool or fine animal hair
0	0	0	0	0	0	0	0	0	0	3.2	11.6	0	0/	0/0	-- Of cotton
															-- Of synthetic fibres
0	0	0	0	0	0	0	5.8	0	0	0	14.2	6.4	0/	0/0	Women's or girls' dresses of synthetic fibres, containing 36% or more by weight of wool or fine animal hair
0	0	0	0	0	0	0	5.8	0	0	0	14.2	6.4	0/	0/0	Other women's or girls' dresses of synthetic fibres
															-- Of artificial fibres
6.4	0	0	0	0	0	0	0	0	0	0	11.6	0	0/	0/0	Women's or girls' dresses of artificial fibres, containing 36% or more by weight of wool or fine animal hair
6.4	0	0	0	0	0	0	0	0	0	0	11.6	0	0/	0/0	Other women's or girls' dresses of artificial fibres
															-- Of other textile materials:
															--- Of silk or silk waste
0	0	0	0	0	0	0	0	0	0	0	11.6	0	0/	0/0	Women's or girls' dresses of silk, containing 70% or more by weight of silk or silk waste
0	0	0	0	0	0	0	0	0	0	0	11.6	0	0/	0/0	Other women's or girls' dresses of silk, containing less than 70% by weight of silk or silk waste
8	0	0	0	0	0	0	0	0	0	0	11.6	0	0/	0/0	--- Other
															- Skirts and divided skirts:
7	0	0	0	0	0	0	0	0	0	0	10.2	0	0/	0/0	-- Of wool or fine animal hair
0	0	0	0	0	0	0	0	0	0	2.8	10.2	0	0/	0/0	-- Of cotton
															-- Of synthetic fibres

税　号	货品名称	进口关税（%）			增值/消费税（%）	出口退税（%）	计量单位	监管证件代码	检验检疫类别	协定税率（%）		
		最惠国	普通	年内暂定						东盟	亚太	智利
62045300.10	合成纤维制女式裙子及裙裤（含羊毛或动物细毛≥36%）	6	130		13	13	件/千克			0	3.9	0
62045300.90	合成纤维制其他女式裙子及裙裤	6	130		13	13	件/千克			0	3.9	0
	-- 其他纺织材料制：											
6204.5910	--- 丝及绢丝制											
62045910.10	丝制女式裙子及裙裤（含丝70%及以上）	6	130		13	13	件/千克			0	3.9	0
62045910.90	其他丝制女式裙子及裙裤（含丝70%以下）	6	130		13	13	件/千克			0	3.9	0
6204.5990	--- 其他	6	100		13	13	件/千克			0	3.9	0
	- 长裤、护胸背带工装裤、马裤及短裤：											
6204.6100	-- 羊毛或动物细毛制	6	130		13	13	条/千克			0	3.9	0
6204.6200	-- 棉制	6	90		13	13	条/千克			0	3.9	0
6204.6300	-- 合成纤维制	12	130		13	13	条/千克			0	7.8	0
6204.6900	-- 其他纺织材料制	6	100		13	13	条/千克			0	3.9	0
62.05	男衬衫：											
6205.2000	- 棉制											
62052000.10	不带特制领的棉制男成人衬衫（含男童8号～18号衬衫）	6	90		13	13	件/千克	A	M/	0	3	0
62052000.91	其他棉制男童游戏套装衬衫（不包括长衬衫）	6	90		13	13	件/千克	A	M/	0	3	0
62052000.99	其他棉制男式衬衫	6	90		13	13	件/千克			0	3	0
6205.3000	- 化学纤维制											
62053000.11	不带特制领的化学纤维制男式衬衫（含羊毛或动物细毛36%及以上，含男童8号～18号衬衫）	6	130		13	13	件/千克	A	M/	0	3.9	0
62053000.19	不带特制领的化纤制其他男童衬衫（含羊毛或动物细毛36%及以上）	6	130		13	13	件/千克	A	M/	0	3.9	0
62053000.91	化学纤维制其他男成人及男童衬衫（不带特制领，男童衬衫指8号～18号）	6	130		13	13	件/千克	A	M/	0	3.9	0
62053000.92	化学纤维制其他男童游戏套装衬衫	6	130		13	13	件/千克	A	M/	0	3.9	0
62053000.99	化学纤维制其他男成人衬衫	6	130		13	13	件/千克			0	3.9	0
	- 其他纺织材料制：											
6205.9010	--- 丝及绢丝制											
62059010.11	不带特制领的丝制非针织男式衬衫（含丝70%及以上，含男童8号～18号衬衫）	6	130		13	13	件/千克	A	M/	0	3.9	0
62059010.19	丝制非针织其他男式衬衫（含丝70%及以上）	6	130		13	13	件/千克	A	M/	0	3.9	0
62059010.21	丝制其他非针织男式衬衫（棉限内，不带特制领的，含男童8号～18号衬衫）	6	130		13	13	件/千克	A	M/	0	3.9	0
62059010.29	丝制其他非针织其他男式衬衫（棉限内）	6	130		13	13	件/千克	A	M/	0	3.9	0
62059010.31	丝制其他非针织男式衬衫（羊毛限内，不带特制领的，含男童8号～18号衬衫）	6	130		13	13	件/千克	A	M/	0	3.9	0
62059010.39	丝制其他非针织其他男式衬衫（羊毛限内）	6	130		13	13	件/千克	A	M/	0	3.9	0
62059010.41	丝制非针织男式衬衫（化纤限内，不带特制领的，含男童8号～18号衬衫）	6	130		13	13	件/千克	A	M/	0	3.9	0

协定税率（%）														特惠税率（%）①/②	Article Description
巴基斯坦	冰岛	哥斯达黎加	秘鲁	新西兰	瑞士	新加坡	韩国	澳大利亚	格鲁吉亚	毛里求斯	日本RCEP	尼加拉瓜	港澳台		
6.4	0	0	0	0	0	0	0	0	0	0	11.6	0	0/	0/0	Women's or girls' skirts and divided skirts, of synthetic fibres, containing 36% or more by weight of wool or fine animal hair
6.4	0	0	0	0	0	0	0	0	0	0	11.6	0	0/	0/0	Other Women's or girls' skirts and divided skirts, of synthetic fibres
															-- Of other textile materials:
															--- Of silk or silk waste
0	0	0	0	0	0	0	0	0	0	0	10.2	0	0/	0/0	Other women's or girls' skirts and divided skirts of silk, containing 70% or more by weight of silk
0	0	0	0	0	0	0	0	0	0	0	10.2	0	0/	0/0	Women's or girls' skirts and divided skirts of silk, containing less than 70% by weight of silk
0	0	0	0	0	0	0	0	0	0	0	10.2	0	0/	0/0	--- Other
															- Trousers, bib and brace overalls, breeches and shorts:
8	0	0	0	0	0	0	0	0	0	3.2	11.6	0	0/	0/0	-- Of wool or fine animal hair
0	0	0	0	0	0	0	0	0	0	0	11.6	0	0/	0/0	-- Of cotton
0	0	0	0	0	0	0	0	0	0	3.5	12.7	0	0/	0/0	-- Of synthetic fibres
0	0	0	0	0	0	0	0	0	0	3.2	11.6	0	0/	0/0	-- Of Other textile materials
															Men's or boys' shirts:
															- Of cotton
0	0	0	0	0	0	0	0	0	0	0	11.6	0	0/	0/0	Men's shirts and boys', including size 8-18, without specially made collar, of cotton
0	0	0	0	0	0	0	0	0	0	0	11.6	0	0/	0/0	Other boy's shirts, playsuit, other than long shirts, of cotton
0	0	0	0	0	0	0	0	0	0	0	11.6	0	0/	0/0	Other men's or boys' shirts, of cotton
															- Of man-made fibres
6.4	0	0	0	0	0	0	0	0	0	0	11.6	0	0/	0/0	Men's or boys' shirts of man-made fibres, without specially made collar, including boys', size 8-18, containing 36% or more by weight of wool or fine animal hair
6.4	0	0	0	0	0	0	0	0	0	0	11.6	0	0/	0/0	Other boys' shirts, of man-made fibres, without specially made collar, containing 36% or more by weight of wool or fine animal hair
6.4	0	0	0	0	0	0	0	0	0	0	11.6	0	0/	0/0	Other men's or boys' shirts, without specially made collar, including boys', size 8-18, of man-made fibres
6.4	0	0	0	0	0	0	0	0	0	0	11.6	0	0/	0/0	Other boy's shirts of playsuit, of man-made fibres
6.4	0	0	0	0	0	0	0	0	0	0	11.6	0	0/	0/0	Other men's shirts of man-made fibres
															- Of other textile materials:
															--- Of silk or silk waste
0	0	0	0	0	0	0	0	0	0	0	11.6	0	0/	0/0	Men's or boys' shirts of silk, not knitted, without specially made collar, including boys' size 8-18, containing 70% or more by weight of silk
0	0	0	0	0	0	0	0	0	0	0	11.6	0	0/	0/0	Other men's or boys' shirts of silk, not knitted, containing 70% or more by weight of silk
0	0	0	0	0	0	0	0	0	0	0	11.6	0	0/	0/0	Men's or boys' shirts of silk, not knitted, without specially made collar, including boys' size 8-18 (in cotton limit)
0	0	0	0	0	0	0	0	0	0	0	11.6	0	0/	0/0	Men's or boys' shirts of silk, not knitted (in cotton limit)
0	0	0	0	0	0	0	0	0	0	0	11.6	0	0/	0/0	Men's or boys' shirts of silk, not knitted, without specially made collar, including boys' size 8-18 (in wool limit)
0	0	0	0	0	0	0	0	0	0	0	11.6	0	0/	0/0	Other men's or boys' shirts of silk, not knitted, without specially made collar, including boys'size 8-18 (in wool limit)
0	0	0	0	0	0	0	0	0	0	0	11.6	0	0/	0/0	Men's or boys' shirts of silk, not knitted, without specially made collar, including boys' size 8-18 (in man-made fibres limit)

税号	货品名称	进口关税（%）			增值/消费税（%）	出口退税（%）	计量单位	监管证件代码	检验检疫类别	协定税率（%）		
		最惠国	普通	年内暂定						东盟	亚太	智利
62059010.49	丝制其他非针织其他男式衬衫（化纤限内）	6	130		13	13	件/千克	A	M/	0	3.9	0
62059010.91	未列名丝制非针织男式衬衫（含丝70%以下，不带特制领的，含男童8号～18号衬衫）	6	130		13	13	件/千克	A	M/	0	3.9	0
62059010.99	未列名丝制非针织其他男式衬衫（含丝70%以下）	6	130		13	13	件/千克	A	M/	0	3.9	0
6205.9020	---羊毛或动物细毛制	6	100		13	13	件/千克	A	M/	0	3.9	0
6205.9090	---其他											
62059090.11	其他纺织材料制男式衬衫（棉限内，不带特制领的，含男童8号～18号衬衫）	6	100		13	13	件/千克	A	M/	0	3.9	0
62059090.19	其他纺织材料制其他男式衬衫（棉纤限内）	6	100		13	13	件/千克	A	M/	0	3.9	0
62059090.21	其他纺织材料制男式衬衫（羊毛限内，不带特制领的，含男童8号～18号衬衫）	6	100		13	13	件/千克	A	M/	0	3.9	0
62059090.29	其他纺织材料制其他男式衬衫（羊毛限内）	6	100		13	13	件/千克	A	M/	0	3.9	0
62059090.31	其他纺织材料制男式衬衫（化纤限内，不带特制领的，含男童8号～18号衬衫）	6	100		13	13	件/千克	A	M/	0	3.9	0
62059090.39	其他纺织材料制其他男式衬衫（化纤限内）	6	100		13	13	件/千克	A	M/	0	3.9	0
62059090.91	未列名纺织材料制男式衬衫（不带特制领的，含男童8号～18号衬衫）	6	100		13	13	件/千克	A	M/	0	3.9	0
62059090.99	未列名纺织材料制其他男式衬衫	6	100		13	13	件/千克	A	M/	0	3.9	0
62.06	女衬衫：											
6206.1000	-丝或绢丝制											
62061000.11	丝及绢丝制女式衬衫（棉限内，成人及7号～16号女童衬衫）	6	130		13	13	件/千克	A	M/	0	3.9	0
62061000.19	丝及绢丝制其他女童衬衫（棉限内）	6	130		13	13	件/千克	A	M/	0	3.9	0
62061000.21	丝及绢丝制女式衬衫（羊毛限内，成人及7号～16号女童衬衫）	6	130		13	13	件/千克	A	M/	0	3.9	0
62061000.29	丝及绢丝制其他女童衬衫（羊毛限内）	6	130		13	13	件/千克	A	M/	0	3.9	0
62061000.31	丝及绢丝制女式衬衫（化纤限内，成人及7号～16号女童衬衫）	6	130		13	13	件/千克	A	M/	0	3.9	0
62061000.39	丝及绢丝制其他女童衬衫（化纤限内）	6	130		13	13	件/千克	A	M/	0	3.9	0
62061000.41	丝制女成人及7号～16号女童衬衫（含丝70%及以上）	6	130		13	13	件/千克	A	M/	0	3.9	0
62061000.49	其他丝及绢丝制女童衬衫（含丝70%及以上）	6	130		13	13	件/千克	A	M/	0	3.9	0
62061000.91	丝制女成人及7号～16号女童衬衫（含丝70%以下）	6	130		13	13	件/千克	A	M/	0	3.9	0
62061000.99	其他丝及绢丝制女童衬衫（含丝70%以下）	6	130		13	13	件/千克	A	M/	0	3.9	0
6206.2000	-羊毛或动物细毛制											
62062000.10	毛制女成人及7号～16号女童衬衫	6	130		13	13	件/千克	A	M/	0	3.9	0
62062000.90	其他羊毛或动物细毛制女童衬衫	6	130		13	13	件/千克	A	M/	0	3.9	0
6206.3000	-棉制											
62063000.10	棉制女成人及7号～16号女童衬衫	6	90		13	13	件/千克	A	M/	0	3.9	0

协定税率（%）														特惠税率（%）①/②	Article Description
巴基斯坦	冰岛	哥斯达黎加	秘鲁	新西兰	瑞士	新加坡	韩国	澳大利亚	格鲁吉亚	毛里求斯	日本RCEP	尼加拉瓜	港澳台		
0	0	0	0	0	0	0	0	0	0	0	11.6	0	0/	0/0	Other men's or boys' shirts of silk, not knitted (in man-made fibres limit)
0	0	0	0	0	0	0	0	0	0	0	11.6	0	0/	0/0	Men's or boys' shirts of silk, not knitted, without specially made collar, including boys' size 8-18, containing less than 70% of silk, not elsewhere specified or included
0	0	0	0	0	0	0	0	0	0	0	11.6	0	0/	0/0	Other men's or boys' shirts of silk, not knitted, containing less than 70% by weight of silk, not elsewhere specified or included
8	0	0	0	0	0	0	0	0	0	0	11.6	0	0/	0/0	--- Of wool or fine animal hair
															--- Other
0	0	0	0	0	0	0	0	0	0	3.2	11.6	0	0/	0/0	Men's or boys' shirts of other textile materials, without specially made collar, including boys' size 8-18 (in cotton limit)
0	0	0	0	0	0	0	0	0	0	3.2	11.6	0	0/	0/0	Other men's or boys' shirts of other textile materials (in cotton or man-made fibres limit)
0	0	0	0	0	0	0	0	0	0	3.2	11.6	0	0/	0/0	Men's or boys' shirts of other textile materials, without specially made collar, including boys' size 8-18 (in wool limit)
0	0	0	0	0	0	0	0	0	0	3.2	11.6	0	0/	0/0	Other men's or boys' shirts of other textile materials (in wool limit)
0	0	0	0	0	0	0	0	0	0	3.2	11.6	0	0/	0/0	Men's or boys' shirts of other textile materials, without specially made collar, including boys' size 8-18 (in man-made fibres limit)
0	0	0	0	0	0	0	0	0	0	3.2	11.6	0	0/	0/0	Other men's or boys' shirts of other textile materials (in man-made fibres limit)
0	0	0	0	0	0	0	0	0	0	3.2	11.6	0	0/	0/0	Men's or boys' shirts of other textile materials, without specially made collar, including boys' size 8-18, not elsewhere specified or included
0	0	0	0	0	0	0	0	0	0	3.2	11.6	0	0/	0/0	Other men's or boys' shirts of other textile materials, not elsewhere specified or included
															Women's or girls' blouses, shirts and shirtblouses:
															- Of silk or silk waste
8	0	0	0	0	0	0	0	0	0	0	11.6	0	0/	0/0	Women's or girls' shirts of silk or silk waste, including girls' size 7-16 (in cotton limit)
8	0	0	0	0	0	0	0	0	0	0	11.6	0	0/	0/0	Other girls' shirts of silk or silk waste (in cotton limit)
8	0	0	0	0	0	0	0	0	0	0	11.6	0	0/	0/0	Women's or girls' shirts of silk or silk waste, including girls' size 7-16 (in wool limit)
8	0	0	0	0	0	0	0	0	0	0	11.6	0	0/	0/0	Other girls' shirts of silk or silk waste (in wool limit)
8	0	0	0	0	0	0	0	0	0	0	11.6	0	0/	0/0	Women's or girls' shirts of silk or silk waste, including girls' size 7-16 (in man-made fibres limit)
8	0	0	0	0	0	0	0	0	0	0	11.6	0	0/	0/0	Other girls' shirts of silk or silk waste (in man-made fibres limit)
8	0	0	0	0	0	0	0	0	0	0	11.6	0	0/	0/0	Women's shirts of silk, including girls', size 7-16, containing 70% or more by weight of silk
8	0	0	0	0	0	0	0	0	0	0	11.6	0	0/	0/0	Other girls' shirts of silk and silk waste, containing 70% or more by weight of silk
8	0	0	0	0	0	0	0	0	0	0	11.6	0	0/	0/0	Women's shirts of silk, including girls', size 7-16, containing less than 70% by weight of silk
8	0	0	0	0	0	0	0	0	0	0	11.6	0	0/	0/0	Other girls' shirts of silk and silk waste, containing less than 70% by weight of silk
															- Of wool or fine animal hair
8	0	0	0	0	0	0	0	0	0	0	11.6	0	0/	0/0	Women's shirts and girls', size 7-16, of wool or fine animal hair
8	0	0	0	0	0	0	0	0	0	0	11.6	0	0/	0/0	Other girls' shirts of wool or fine animal hair
															- Of cotton
0	0	0	0	0	0	0	0	0	0	3.2	11.6	0	0/	0/0	Women's shirts and girls', size 7-16, of cotton

税　号	货品名称	进口关税（%）			增值/消费税（%）	出口退税（%）	计量单位	监管证件代码	检验检疫类别	协定税率（%）		
		最惠国	普通	年内暂定						东盟	亚太	智利
62063000.20	棉制女童游戏套装衬衫（含游戏套装衬衫）	6	90		13	13	件/千克	A	M/	0	3.9	0
62063000.90	其他棉制女式衬衫	6	90		13	13	件/千克	A	M/	0	3.9	0
6206.4000	- 化学纤维制											
62064000.11	化学纤维制女成人及女童衬衫（含羊毛或动物细毛36%及以上，成人及7号～16号女童衬衫）	8	130		13	13	件/千克	A	M/	0	5.2	0
62064000.19	化学纤维制女成人及女童衬衫（含羊毛或动物细毛36%及以上）	8	130		13	13	件/千克	A	M/	0	5.2	0
62064000.20	化学纤维制女成人及7号～16号女童衬衫	8	130		13	13	件/千克	A	M/	0	5.2	0
62064000.30	化学纤维制女童游戏套装衬衫	8	130		13	13	件/千克	A	M/	0	5.2	0
62064000.90	其他化学纤维制女式衬衫	8	130		13	13	件/千克	A	M/	0	5.2	0
6206.9000	- 其他纺织材料制											
62069000.10	其他纺织材料制女式衬衫（棉限内）	6	100		13	13	件/千克	A	M/	0	3.9	0
62069000.20	其他纺织材料制女式衬衫（羊毛限内）	6	100		13	13	件/千克	A	M/	0	3.9	0
62069000.30	其他纺织材料制女式衬衫（化纤限内）	6	100		13	13	件/千克			0	3.9	0
62069000.91	其他纺织材料制女成人及女童衬衫（女童衬衫指7号～16号）	6	100		13	13	件/千克	A	M/	0	3.9	0
62069000.99	其他纺织材料制女成人及女童衬衫	6	100		13	13	件/千克	A	M/	0	3.9	0
62.07	**男式汗衫及其他内衣背心、内裤、三角裤、长睡衣、睡衣裤、浴衣、晨衣及类似品：**											
	- 内裤及三角裤：											
6207.1100	-- 棉制	6	90		13	13	件/千克	A	M/	0	3.9	0
	-- 其他纺织材料制：											
6207.1910	--- 丝及绢丝制											
62071910.10	含丝70%及以上男式内裤及三角裤	6	130		13	13	件/千克	A	M/	0		0
62071910.90	含丝70%以下男式内裤及三角裤	6	130		13	13	件/千克	A	M/	0		0
6207.1920	--- 化学纤维制	6	130		13	13	件/千克	A	M/	0		0
6207.1990	--- 其他											
62071990.10	毛制男式内裤及三角裤	6	100		13	13	件/千克	A	M/	0		0
62071990.90	其他材料制男式内裤及三角裤	6	100		13	13	件/千克	A	M/	0		0
	- 长睡衣及睡衣裤：											
6207.2100	-- 棉制	6	90		13	13	件/千克	A	M/	0		0
6207.2200	-- 化学纤维制	6	130		13	13	件/千克	A	M/	0		0
	-- 其他纺织材料制：											
6207.2910	--- 丝及绢丝制											
62072910.11	含丝70%及以上男式长睡衣/睡衣裤（含8号～18号男童长睡衣/睡衣裤）	6	130		13	13	件/千克	A	M/	0		0
62072910.19	含丝70%以下男式长睡衣/睡衣裤（含8号～18号男童长睡衣/睡衣裤）	6	130		13	13	件/千克	A	M/	0		0
62072910.91	其他含丝≥70%男童长睡衣/睡衣裤	6	130		13	13	件/千克	A	M/	0		0
62072910.99	其他含丝<70%男童长睡衣/睡衣裤	6	130		13	13	件/千克	A	M/	0		0
6207.2990	--- 其他											
62072990.10	毛制男式长睡衣及睡衣裤	6	100		13	13	件/千克	A	M/	0		0

协定税率（%）														特惠税率（%）①/②	Article Description
巴基斯坦	冰岛	哥斯达黎加	秘鲁	新西兰	瑞士	新加坡	韩国	澳大利亚	格鲁吉亚	毛里求斯	日本RCEP	尼加拉瓜	港澳台		
0	0	0	0	0	0	0	0	0	0	3.2	11.6	0	0/	0/0	Girls' playsuit of cotton, including shirt of playsuit
0	0	0	0	0	0	0	0	0	0	3.2	11.6	0	0/	0/0	Other women's or girls' shirts of cotton
															- Of man-made fibres
8.8	0	0	0	0	0	0	0	0	0	3.5	12.7	0	0/	0/0	Women's shirts and girls', size 7-16, of man-made fibres, containing 36% or more by weight of wool or fine animal hair
8.8	0	0	0	0	0	0	0	0	0	3.5	12.7	0	0/	0/0	Other women's or girls' shirts of man-made fibres, containing 36% or more by weight of wool or fine animal hair
8.8	0	0	0	0	0	0	0	0	0	3.5	12.7	0	0/	0/0	Women's shirts and girls', size 7-16, of man-made fibres
8.8	0	0	0	0	0	0	0	0	0	3.5	12.7	0	0/	0/0	Girls' shirts and playsuit, of man-made fibres
8.8	0	0	0	0	0	0	0	0	0	3.5	12.7	0	0/	0/0	Other women's or girls' shirts of man-made fibres
															- Of Other textile materials
0	0	0	0	0	0	0	0	0	0	0	11.6	0	0/	0/0	Women's or girls' shirts of other textile materials (in cotton limit)
0	0	0	0	0	0	0	0	0	0	0	11.6	0	0/	0/0	Women's or girls' shirts of other textile materials (in wool limit)
0	0	0	0	0	0	0	0	0	0	0	11.6	0	0/	0/0	Women's or girls' shirts of other textile materials (in man-made fibres limit)
0	0	0	0	0	0	0	0	0	0	0	11.6	0	0/	0/0	Women's shirts and girls' , including girls' size 7-16, of other textile materials
0	0	0	0	0	0	0	0	0	0	0	11.6	0	0/	0/0	Other women's or girls' shirts of other textile materials
															Men's or boys' singlets and other vests, underpants, briefs, nightshirts, pyjamas, bathrobes, dressing gowns and similar articles:
															- Underpants and briefs:
7	0	0	0	0	0	0	0	0	0	0	10.2	0	0/	0/0	-- Of cotton
															-- Of other textile materials:
															--- Of silk or silk waste
7	0	0	0	0	0	0	0	0	0	0	10.2	0	0/	0/0	Men's or boys' underpants and briefs, containing 70% or more by weight of silk
7	0	0	0	0	0	0	0	0	0	0	10.2	0	0/	0/0	Men's or boys' underpants and briefs, containing less than 70% by weight of silk
12.8	0	0	0	0	0	0	0	0	0	0	11.6	0	0/	0/0	--- Of man-made fibres
															--- Other
7	0	0	0	0	0	0	0	0	0	0	10.2	0	0/	0/0	Men's or boys' underpants and briefs of wool or fine animal hair
7	0	0	0	0	0	0	0	0	0	0	10.2	0	0/	0/0	Men's or boys' underpants and briefs of other textile materials
															- Nightshirts and pyjamas:
11.2	0	0	0	0	0	0	0	0	0	0	10.2	0	0/	0/0	-- Of cotton
12.8	0	0	0	0	0	0	0	0	0	0	11.6	0	0/	0/0	-- Of man-made fibres
															-- Of other textile materials:
															--- Of silk or silk waste
7	0	0	0	0	0	0	0	0	0	0	10.2	0	0/	0/0	Men's or boys' nightshirts and pyjamas, including boys', size 8-18, containing 70% or more by weight of silk
7	0	0	0	0	0	0	0	0	0	0	10.2	0	0/	0/0	Men's or boys' nightshirts and pyjamas, including boys', size 8-18, containing less than 70% by weight of silk
7	0	0	0	0	0	0	0	0	0	0	10.2	0	0/	0/0	Other boys' nightshirts and pyjamas, containing 70% or more by weight of silk
7	0	0	0	0	0	0	0	0	0	0	10.2	0	0/	0/0	Other boys' nightshirts and pyjamas, containing less than 70% by weight of silk
															--- Other
7	0	0	0	0	0	0	0	0	0	0	10.2	0	0/	0/0	Men's or boys' nightshirts and pyjamas, of wool or fine animal hair

税　号	货品名称	进口关税（%）最惠国	普通	年内暂定	增值/消费税（%）	出口退税（%）	计量单位	监管证件代码	检验检疫类别	协定税率（%）东盟	亚太	智利
62072990.91	其他材料制男式长睡衣及睡衣裤（含8号～18号男童长睡衣及睡衣裤）	6	100		13	13	件/千克	A	M/	0		0
62072990.99	其他材料制男童长睡衣及睡衣裤	6	100		13	13	件/千克	A	M/	0		0
	- 其他：											
6207.9100	-- 棉制											
62079100.11	棉制男式内衣式背心	6	90		13	13	件/千克	A	M/	0		0
62079100.12	棉制男式非内衣式背心（男成人及8号～18号男童背心）	6	90		13	13	件/千克	A	M/	0		0
62079100.19	棉制其他男童非内衣式背心	6	90		13	13	件/千克	A	M/	0		0
62079100.91	棉制男式浴衣、晨衣及类似品	6	90		13	13	件/千克	A	M/	0		0
62079100.92	棉制男式睡衣、睡裤（男成人及8号～18号男童背心）	6	90		13	13	件/千克	A	M/	0		0
62079100.99	棉制男式其他内衣（男成人及8号～18号男童背心）	6	90		13	13	件/千克	A	M/	0		0
	-- 其他纺织材料制：											
6207.9910	--- 丝及绢丝制											
62079910.11	丝制男式内衣式背心（含丝70%及以上）	6	130		13	13	件/千克	A	M/	0	3.9	0
62079910.19	丝制其他男式内衣式背心	6	130		13	13	件/千克	A	M/	0	3.9	0
62079910.21	丝制男式非内衣式背心（含丝70%及以上）	6	130		13	13	件/千克	A	M/	0	3.9	0
62079910.29	丝制其他男式非内衣式背心	6	130		13	13	件/千克	A	M/	0	3.9	0
62079910.91	丝制男睡衣、浴衣、晨衣及类似品（含丝70%及以上）	6	130		13	13	件/千克	A	M/	0	3.9	0
62079910.99	丝制其他男睡衣、浴衣、晨衣（含类似品）	6	130		13	13	件/千克	A	M/	0	3.9	0
6207.9920	--- 化学纤维制											
62079920.11	化学纤维制男式内衣式背心	6	130		13	13	件/千克	A	M/	0		0
62079920.12	化学纤维制男式非内衣式背心（男成人及8号～18号男童背心）	6	130		13	13	件/千克	A	M/	0		0
62079920.19	化学纤维制其他男式非内衣式背心	6	130		13	13	件/千克	A	M/	0		0
62079920.21	化纤制男式浴衣、晨衣（含羊毛或动物细毛36%及以上，含类似品）	6	130		13	13	件/千克	A	M/	0		0
62079920.29	其他化纤制男浴衣、晨衣（含类似品）	6	130		13	13	件/千克	A	M/	0		0
62079920.91	化纤制男睡衣、睡裤（含类似品）	6	130		13	13	件/千克	A	M/	0		0
62079920.99	化纤制男式其他内衣（含类似品）	6	130		13	13	件/千克	A	M/	0		0
6207.9990	--- 其他											
62079990.11	毛制男式内衣式背心	6	100		13	13	件/千克	A	M/	0	3.9	0
62079990.12	毛制男式非内衣式背心（男成人及8号～18号男童背心）	6	100		13	13	件/千克	A	M/	0	3.9	0
62079990.13	毛制其他男式非内衣式背心	6	100		13	13	件/千克	A	M/	0	3.9	0
62079990.19	毛制男睡衣、浴衣、晨衣及类似品	6	100		13	13	件/千克	A	M/	0	3.9	0
62079990.91	其他材料制男式内衣式背心	6	100		13	13	件/千克	A	M/	0	3.9	0
62079990.92	其他材料制男式非内衣式背心	6	100		13	13	件/千克	A	M/	0	3.9	0

协定税率（%）														特惠税率（%）①/②	Article Description
巴基斯坦	冰岛	哥斯达黎加	秘鲁	新西兰	瑞士	新加坡	韩国	澳大利亚	格鲁吉亚	毛里求斯	日本RCEP	尼加拉瓜	港澳台		
7	0	0	0	0	0	0	0	0	0	0	10.2	0	0/	0/0	Men's or boys' nightshirts and pyjamas, including boys', size 8-18, of other textile materials
7	0	0	0	0	0	0	0	0	0	0	10.2	0	0/	0/0	Boys' nightshirts and pyjamas of other textile materials
															- Other:
															-- Of cotton
0	0	0	0	0	0	0	0	0	0	0	10.2	0	0/	0/0	Men's or boys' vest-type singlets of cotton
0	0	0	0	0	0	0	0	0	0	0	10.2	0	0/	0/0	Men's and boys' non-vest type singlets of cotton, including boys', size 8-18
0	0	0	0	0	0	0	0	0	0	0	10.2	0	0/	0/0	Other boy's non-vest type singlets of cotton
0	0	0	0	0	0	0	0	0	0	0	10.2	0	0/	0/0	Men's or boys' bathrobes, dressing gowns and similar articles, of cotton
0	0	0	0	0	0	0	0	0	0	0	10.2	0	0/	0/0	Men's or boys' nightshirts and pyjamas of cotton, including men's or boy's singlets, boys', size 8-18
0	0	0	0	0	0	0	0	0	0	0	10.2	0	0/	0/0	Other men's or boys' vests of cotton, including men's and boys' singlets, boys', size 8-18
															-- Of other textile materials:
															--- Of silk or silk waste
7	0	0	0	0	0	0	0	0	0	0	10.2	0	0/	0/0	Men's or boys' vest-type singlets of silk, containing 70% or more by weight of silk
7	0	0	0	0	0	0	0	0	0	0	10.2	0	0/	0/0	Other men's or boys' vest-type singlets of silk
7	0	0	0	0	0	0	0	0	0	0	10.2	0	0/	0/0	Men's or boys' non-vest-type singlets of silk, containing 70% or more by weight of silk
7	0	0	0	0	0	0	0	0	0	0	10.2	0	0/	0/0	Other men's or boys' non-vest-type singlets of silk
7	0	0	0	0	0	0	0	0	0	0	10.2	0	0/	0/0	Men's or boys' bathrobes, dressing gowns and similar articles, containing 70% or more of silk
7	0	0	0	0	0	0	0	0	0	0	10.2	0	0/	0/0	Other men's or boys' pyjamas, bathrobes, dressing gowns and similar articles, of silk
															--- Of man-made fibres
12.8	0	0	0	0	0	0	0	0	0	0	11.6	0	0/	0/0	Men's or boys' vest-type singlets, of man-made fibres
12.8	0	0	0	0	0	0	0	0	0	0	11.6	0	0/	0/0	Men's or boys' non-vests type singlets, including men's and boys' singlets, boys', size 8-18, of man-made fibres
12.8	0	0	0	0	0	0	0	0	0	0	11.6	0	0/	0/0	Other men's or boys' non-vests type singlets, of man-made fibres
12.8	0	0	0	0	0	0	0	0	0	0	11.6	0	0/	0/0	Men's or boys' bathrobes, dressing gowns and similar articles, of man-made fibres, containing 36% or more by weight of wool or fine animal hair
12.8	0	0	0	0	0	0	0	0	0	0	11.6	0	0/	0/0	Other men's or boys' bathrobes, dressing gowns and similar articles, of man-made fibres
12.8	0	0	0	0	0	0	0	0	0	0	11.6	0	0/	0/0	Men's or boys' nightshirts, pyjamas and similar articles, of man-made fibres
12.8	0	0	0	0	0	0	0	0	0	0	11.6	0	0/	0/0	Other men's or boys' vest and similar articles, of man-made fibres
															--- Other
7	0	0	0	0	0	0	0	0	0	0	10.2	0	0/	0/0	Men's or boys' vest-type singlets, of wool or fine animal hair
7	0	0	0	0	0	0	0	0	0	0	10.2	0	0/	0/0	Men's or boys' non-vest type singlets, including boys' size 8-18, of wool or fine animal hair
7	0	0	0	0	0	0	0	0	0	0	10.2	0	0/	0/0	Other men's or boys' non-vest type singlets of wool or fine animal hair
7	0	0	0	0	0	0	0	0	0	0	10.2	0	0/	0/0	Men's or boys' bathrobes, dressing gowns and similar articles, of wool or fine animal hair
7	0	0	0	0	0	0	0	0	0	0	10.2	0	0/	0/0	Men's or boys' vest type singlets, of other textile materials
7	0	0	0	0	0	0	0	0	0	0	10.2	0	0/	0/0	Men's or boys' non-vest type singlets, of other textile materials

税　号	货品名称	进口关税（%）			增值/消费税（%）	出口退税（%）	计量单位	监管证件代码	检验检疫类别	协定税率（%）		
		最惠国	普通	年内暂定						东盟	亚太	智利
62079990.99	其他材料制男睡衣、浴衣、晨衣（含类似品）	6	100		13	13	件/千克	A	M/	0	3.9	0
62.08	**女式汗衫及其他内衣背心、长衬裙、衬裙、三角裤、短衬裤、睡衣、睡衣裤、浴衣、晨衣及类似品：**											
	- 长衬裙及衬裙：											
6208.1100	-- 化学纤维制	6	130		13	13	件/千克			0		0
	-- 其他纺织材料制：											
6208.1910	--- 丝及绢丝制	6	130		13	13	件/千克			0	4.2	0
6208.1920	--- 棉制	6	90		13	13	件/千克			0		0
6208.1990	--- 其他											
62081990.10	毛制女式长衬裙及衬裙	6	100		13	13	件/千克			0		0
62081990.90	其他材料制女式长衬裙及衬裙	6	100		13	13	件/千克			0		0
	- 睡衣及睡衣裤：											
6208.2100	-- 棉制	6	90		13	13	件/千克	A	M/	0	3.9	0
6208.2200	-- 化学纤维制	6	130		13	13	件/千克	A	M/	0		0
	-- 其他纺织材料制：											
6208.2910	--- 丝及绢丝制											
62082910.10	丝及绢丝≥70%女式睡衣及睡衣裤	6	130		13	13	件/千克	A	M/	0		0
62082910.90	丝及绢丝<70%女式睡衣及睡衣裤	6	130		13	13	件/千克	A	M/	0		0
6208.2990	--- 其他											
62082990.10	毛制女式睡衣及睡衣裤	6	100		13	13	件/千克	A	M/	0		0
62082990.90	其他材料制女式睡衣及睡衣裤	6	100		13	13	件/千克	A	M/	0		0
	- 其他：											
6208.9100	-- 棉制											
62089100.10	棉制女式内衣式背心、三角裤等（包括短衬裤）	6	90		13	13	件/千克	A	M/	0		0
62089100.21	棉制女式非内衣式背心（女成人及7号～16号女童背心）	6	90		13	13	件/千克	A	M/	0		0
62089100.29	棉制其他女式非内衣式背心	6	90		13	13	件/千克	A	M/	0		0
62089100.90	棉制女式浴衣、晨衣及类似品	6	90		13	13	件/千克	A	M/	0		0
6208.9200	-- 化学纤维制											
62089200.10	化纤制女式内衣式背心、三角裤（含短衬裤）	6	130		13	13	件/千克	A	M/	0		0
62089200.21	化纤制女式非内衣式背心（女成人及7号～16号女童背心）	6	130		13	13	件/千克	A	M/	0		0
62089200.29	化纤制其他女式非内衣式背心	6	130		13	13	件/千克	A	M/	0		0
62089200.90	化纤制女式浴衣、晨衣及类似品	6	130		13	13	件/千克	A	M/	0		0
	-- 其他纺织材料制：											
6208.9910	--- 丝及绢丝制											
62089910.11	丝制女内衣式背心、三角裤等（含丝及绢丝≥70%，包括短衬裤）	6	130		13	13	件/千克	A	M/	0	3.9	0
62089910.19	丝制女内衣式背心、三角裤等（含丝及绢丝<70%，包括短衬裤）	6	130		13	13	件/千克	A	M/	0	3.9	0

协定税率（%）														特惠税率（%）①/②	Article Description
巴基斯坦	冰岛	哥斯达黎加	秘鲁	新西兰	瑞士	新加坡	韩国	澳大利亚	格鲁吉亚	毛里求斯	日本RCEP	尼加拉瓜	港澳台		
7	0	0	0	0	0	0	0	0	0	0	10.2	0	0/	0/0	Other men's or boys' bathrobes, dressing gowns and similar articles, of other textile materials
															Women's or girls' singlets and other vests, slips, petticoats, briefs, panties, nightdresses, pyjamas, nègligès, bathrobes, dressing gowns and similar articles:
															- Slips and petticoats:
12.8	0	0	0	0	0	0	0	0	0	0	11.6	0	0/	0/0	-- Of man-made fibres
															-- Of other textile materials:
7	0	0	0	0	0	0	0	0	0	0	10.2	0	0/	0/0	--- Of silk or silk waste
7	0	0	0	0	0	0	0	0	0	0	10.2	0	0/	0/0	--- Of cotton
															--- Other
7	0	0	0	0	0	0	0	0	0	0	10.2	0	0/	0/0	Women's or girls' slips and petticoats of wool or fine animal hair
7	0	0	0	0	0	0	0	0	0	0	10.2	0	0/	0/0	Women's or girls' slips and petticoats of other textile materials
															- Nightdresses and pyjamas:
5.6	0	0	0	0	0	0	0	0	0	0	10.2	0	0/	0/0	-- Of cotton
12.8	0	0	0	0	0	0	0	0	0	0	11.6	0	0/	0/0	-- Of man-made fibres
															-- Of other textile materials:
															--- Of silk or silk waste
7	0	0	0	0	0	0	0	0	0	0	10.2	0	0/	0/0	Women's or girls' nightdresses and pyjamas, containing 70% or more by weight of silk or silk waste
7	0	0	0	0	0	0	0	0	0	0	10.2	0	0/	0/0	Women's or girls' nightdresses and pyjamas, containing less than 70% by weight of silk or silk waste
															--- Other
7	0	0	0	0	0	0	0	0	0	0	10.2	0	0/	0/0	Women's or girls' nightdresses and pyjamas, of wool or fine animal hair
7	0	0	0	0	0	0	0	0	0	0	10.2	0	0/	0/0	Women's or girls' nightdresses and pyjamas of other textile materials
															- Other:
															-- Of cotton
0	0	0	0	0	0	0	0	0	0	0	10.2	0	0/	0/0	Women's or girls' vest-type singlets, briefs, including panties, of cotton
0	0	0	0	0	0	0	0	0	0	0	10.2	0	0/	0/0	Women's or girls' non-vest-type singlets, including girls', size 7-16, of cotton
0	0	0	0	0	0	0	0	0	0	0	10.2	0	0/	0/0	Other women's or girls' non-vest-type singlets of cotton
0	0	0	0	0	0	0	0	0	0	0	10.2	0	0/	0/0	Women's or girls' bathrobes, dressing gowns and similar articles, of cotton
															-- Of man-made fibres
12.8	0	0	0	0	0	0	0	0	0	3.2	11.6	0	0/0	0/0	Women's or girls' vest-type singlets briefs, including panties, of man-made fibres
12.8	0	0	0	0	0	0	0	0	0	3.2	11.6	0	0/0	0/0	Women's or girls' non vest-type singlets, including girls', size 7-16, of man-made fibres
12.8	0	0	0	0	0	0	0	0	0	3.2	11.6	0	0/0	0/0	Other women's or girls' non vest-type singlets of man-made fibres
12.8	0	0	0	0	0	0	0	0	0	3.2	11.6	0	0/0	0/0	Women's or girls' bathrobes of man-made fibres, including dressing gowns and similar articles
															-- Of other textile materials:
															--- Of silk or silk waste
7	0	0	0	0	0	0	0	0	0	0	10.2	0	0/	0/0	Women's or girls' vest-type singlets and briefs, including panties, containing 70% or more by weight of silk or silk waste
7	0	0	0	0	0	0	0	0	0	0	10.2	0	0/	0/0	Women's or girls' singlets, briefs, panties, of silk, vest style, containing less than 70% by weight of silk or silk waste

税 号	货品名称	进口关税（%）			增值/消费税（%）	出口退税（%）	计量单位	监管证件代码	检验检疫类别	协定税率（%）		
		最惠国	普通	年内暂定						东盟	亚太	智利
62089910.21	丝制女式非内衣式背心（含丝及绢丝70%及以上）	6	130		13	13	件/千克	A	M/	0	3.9	0
62089910.29	丝制女式非内衣式背心（含丝70%以下）	6	130		13	13	件/千克	A	M/	0	3.9	0
62089910.91	丝制女式浴衣、晨衣及类似品（含丝及绢丝70%及以上）	6	130		13	13	件/千克	A	M/	0	3.9	0
62089910.99	丝制女式浴衣、晨衣及类似品（含丝及绢丝70%以下）	6	130		13	13	件/千克	A	M/	0	3.9	0
6208.9990	--- 其他											
62089990.11	毛制女式内衣式背心、三角裤等（包括短衬裤）	6	100		13	13	件/千克	A	M/	0	3.9	0
62089990.12	毛制女式非内衣式背心（女成人及7号～16号女童背心）	6	100		13	13	件/千克	A	M/	0	3.9	0
62089990.13	毛制其他女式非内衣式背心	6	100		13	13	件/千克	A	M/	0	3.9	0
62089990.19	毛制女式浴衣、晨衣及类似品	6	100		13	13	件/千克	A	M/	0	3.9	0
62089990.90	其他材料制女式背心、三角裤、短衬裤、浴衣、晨衣及类似品	6	100		13	13	件/千克	A	M/	0	3.9	0
62.09	**婴儿服装及衣着附件：**											
6209.2000	- 棉制	10	90	6	13	13	千克	A	M/	0		0
6209.3000	- 合成纤维制											
62093000.10	合成纤维制婴儿手套、袜子（含分指、连指及露指手套、长袜、短袜及其他袜）	10	130	6	13	13	千克	A	M/	0		0
62093000.20	合成纤维婴儿外衣、雨衣、滑雪装（包括夹克类似服装）	10	130	6	13	13	千克	A	M/	0		0
62093000.30	合成纤维制婴儿其他服装（含裤子、衬衫、裙子、睡衣、内衣等）	10	130	6	13	13	千克	A	M/	0		0
62093000.90	合成纤维制婴儿衣着附件	10	130	6	13	13	千克	A	M/	0		0
	- 其他纺织材料制：											
6209.9010	--- 羊毛或动物细毛制	10	130	6	13	13	千克	A	M/	0		0
6209.9090	--- 其他纺织材料制	10	100	6	13	13	千克	A	M/	0		0
62.10	**用税目56.02、56.03、59.03、59.06或59.07的织物制成的服装：**											
	- 用税目56.02或56.03的织物制成的服装：											
6210.1010	--- 羊毛或动物细毛制	6	130		13	13	件/千克			0	3.9	0
6210.1020	--- 棉或麻制	6	90		13	13	件/千克			0		0
6210.1030	--- 化学纤维制											
62101030.10	化纤制防护服	8	130		13	13	件/千克			0	5.2	0
62101030.90	其他化纤制用税目56.02或56.03的织物制成的服装	8	130		13	13	件/千克			0	5.2	0
6210.1090	--- 其他纺织材料制	6	100		13	13	件/千克			0		0
6210.2000	- 税目62.01所列类型的其他服装	6	100		13	13	件/千克			0	3.9	0
6210.3000	- 税目62.02所列类型的其他服装	6	100		13	13	件/千克			0	3.9	0
6210.4000	- 其他男式服装	6	100		13	13	件/千克			0	3.9	0
6210.5000	- 其他女式服装	6	100		13	13	件/千克			0	3.9	0
62.11	**运动服、滑雪服及游泳服；其他服装：**											
	- 游泳服：											
6211.1100	-- 男式											
62111100.10	羊毛或动物细毛制男式游泳服	6	130		13	13	件/千克			0	3.9	0
62111100.41	丝制男式游泳服（含丝70%及以上）	6	130		13	13	件/千克			0	3.9	0

协定税率（%）														特惠税率（%）①/②	Article Description
巴基斯坦	冰岛	哥斯达黎加	秘鲁	新西兰	瑞士	新加坡	韩国	澳大利亚	格鲁吉亚	毛里求斯	日本RCEP	尼加拉瓜	港澳台		
7	0	0	0	0	0	0	0	0	0	0	10.2	0	0/	0/0	Women's or girls' non vest-type singlets of silk, containing 70% or more of silk or silk waste
7	0	0	0	0	0	0	0	0	0	0	10.2	0	0/	0/0	Women's or girls' non vest-type singlets of silk, containing less than 70% by weight of silk
7	0	0	0	0	0	0	0	0	0	0	10.2	0	0/	0/0	Women's or girls' bathrobes, dressing gowns and similar articles, containing 70% or more by weight of silk or silk waste
7	0	0	0	0	0	0	0	0	0	0	10.2	0	0/	0/0	Women's or girls' bathrobes, dressing gowns and similar articles, containing less than 70% by weight of silk or silk waste
															--- Other
7	0	0	0	0	0	0	0	0	0	2.8	10.2	0	0/	0/0	Women's or girls' vest-type singlets and briefs, including panties, of wool or fine animal hair
7	0	0	0	0	0	0	0	0	0	2.8	10.2	0	0/	0/0	Women's non vest-type singlets, including girls' size 7-16, of wool or fine animal hair
7	0	0	0	0	0	0	0	0	0	2.8	10.2	0	0/	0/0	Other women's or girls' non vest-type singlets, of wool or fine animal hair
7	0	0	0	0	0	0	0	0	0	2.8	10.2	0	0/	0/0	Women's or girls' bathrobes, dressing gowns and similar articles, of wool or fine animal hair
7	0	0	0	0	0	0	0	0	0	2.8	10.2	0	0/	0/0	Women's or girls' vest type singlets, including briefs and panties, of other textile materials
															Babies' garments and clothing accessories:
0	0	0	0	0	0	0	0	0	0	0	10.2	9	0/	0/0	- Of cotton
															- Of synthetic fibres
0	0	0	0	0	0	0	0	0	0	0	11.6	9	0/	0/0	Babies' gloves and stockings of synthetic fibres, including mittens, mitts, socks and similar articles
0	0	0	0	0	0	0	0	0	0	0	11.6	9	0/	0/0	Babies' coats, raincoats and ski-suits, including jackets and similar articles, of synthetic fibres
0	0	0	0	0	0	0	0	0	0	0	11.6	9	0/	0/0	Babies' other garments, including trousers, shirt, skirt, pyjamas, underwear, of synthetic fibres
0	0	0	0	0	0	0	0	0	0	0	11.6	9	0/	0/0	Babies' clothing accessories, of synthetic fibres
															- Of other textile materials:
7	0	0	0	0	0	0	0	0	0	0	10.2	9	0/	0/0	--- Of wool or fine animal hair
5.6	0	0	0	0	0	0	0	0	0	0	10.2	9	0/	0/0	--- Of Other textile materials
															Garments, made up of fabrics of heading 56.02, 56.03, 59.03, 59.06 or 59.07:
															- Of fabrics of heading 56.02 or 56.03:
8	0	0	0	0	0	0	0	0	0	0	11.6	0	0/	0/0	--- Of wool or fine animal hair
12.8	0	0	0	0	0	0	0	0	0	0	11.6	0	0/	0/0	--- Of cotton or bast fibres
															--- Of man-made fibres
8.8	0	0	0	0	0	0	0	0	0	0	12.7	6.4	0/	0/0	Protective clothing made up of manmade fibres
8.8	0	0	0	0	0	0	0	0	0	0	12.7	6.4	0/	0/0	Clothing made up of man-made fibre fabrics of heading 56.02 and 56.03
12.8	0	0	0	0	0	0	0	0	0	0	11.6	0	0/	0/0	--- Of Other textile materials
8	0	0	0	0	0	0	0	0	0	0	11.6	0	0/	0/0	- Other garments, of the type described in headings 62.01
8	0	0	0	0	0	0	0	0	0	0	11.6	0	0/	0/0	- Other garments, of the type described in headings 62.02
0	0	0	0	0	0	0	0	0	0	0	11.6	0	0/	0/0	- Other men's or boys' garments
6.4	0	0	0	0	0	0	0	0	0	0	11.6	0	0/	0/0	- Other women's or girl's garments
															Track suits, ski suits and swimwear; other garments:
															- Swimwear:
															-- men's or boys'
8	0	0	0	0	0	0	0	0	0	3.2	11.6	0	0/	0/0	Men's or boys' swimwear, of wool or fine animal hair
8	0	0	0	0	0	0	0	0	0	3.2	11.6	0	0/	0/0	Men's or boys' swimwear, of silk, containing 70% or more by weight of silk

税　号	货品名称	进口关税（%）			增值/消费税（%）	出口退税（%）	计量单位	监管证件代码	检验检疫类别	协定税率（%）		
		最惠国	普通	年内暂定						东盟	亚太	智利
62111100.49	丝制男式游泳服（含丝70%以下）	6	130		13	13	件/千克			0	3.9	0
62111100.90	其他纺织材料制男式游泳服	6	130		13	13	件/千克			0	3.9	0
6211.1200	-- 女式											
62111200.10	羊毛或动物细毛制女式游泳服	6	130		13	13	件/千克			0	3.9	0
62111200.41	丝制女式游泳服（含丝70%及以上）	6	130		13	13	件/千克			0	3.9	0
62111200.49	丝制女式游泳服（含丝70%以下）	6	130		13	13	件/千克			0	3.9	0
62111200.90	其他纺织材料制女式游泳服	6	130		13	13	件/千克			0	3.9	0
	- 滑雪服：											
6211.2010	--- 棉制	6	90		13	13	套/千克			0		0
6211.2090	--- 其他纺织材料制	10	130		13	13	套/千克			0	6.5	0
	- 其他男式服装：											
	-- 棉制：											
6211.3210	--- 阿拉伯袍	6	90		13	13	件/千克			0		0
6211.3220	--- 运动服	6	90		13	13	套/千克			0		0
6211.3290	--- 其他	6	90		13	13	件/千克			0		0
	-- 化学纤维制：											
6211.3310	--- 阿拉伯袍	8	130		13	13	件/千克			0	5.2	0
6211.3320	--- 运动服	8	130		13	13	套/千克			0	5.2	0
6211.3390	--- 其他	8	130		13	13	件/千克			0	5.2	0
	-- 其他纺织材料制：											
6211.3910	--- 丝及绢丝制	6	130		13	13	件/千克			0	3.9	0
6211.3920	--- 羊毛或动物细毛制	6	130		13	13	件/千克			0	3.9	0
6211.3990	--- 其他	6	100		13	13	件/千克			0	3.9	0
	- 其他女式服装：											
	-- 棉制：											
6211.4210	--- 运动服	6	90		13	13	套/千克			0		0
6211.4290	--- 其他	6	90		13	13	件/千克			0		0
	-- 化学纤维制：											
6211.4310	--- 运动服	8	130		13	13	套/千克			0	5.2	0
6211.4390	--- 其他	8	130		13	13	件/千克			0	5.2	0
	-- 其他纺织材料制：											
6211.4910	--- 丝及绢丝制	6	130		13	13	件/千克			0	3.9	0
6211.4990	--- 其他	6	100		13	13	件/千克			0	3.9	0
62.12	**胸罩、束腰带、紧身胸衣、吊裤带、吊袜带、束袜带和类似品及其零件，不论是否针织或钩编的：**											
	- 胸罩：											
6212.1010	--- 化学纤维制	6	130		13	13	件/千克	A	M/	0	3.9	0
6212.1090	--- 其他纺织材料制											
62121090.10	毛制其他胸罩（不论是否针织或钩编）	6	100		13	13	件/千克	A	M/	0	3.9	0
62121090.20	棉制其他胸罩（不论是否针织或钩编）	6	100		13	13	件/千克	A	M/	0	3.9	0
62121090.31	丝制胸罩（不论是否针织或钩编，含丝70%及以上）	6	100		13	13	件/千克	A	M/	0	3.9	0
62121090.39	丝制其他胸罩（不论是否针织或钩编，含丝70%以下）	6	100		13	13	件/千克	A	M/	0	3.9	0
62121090.90	其他纺织材料制其他胸罩（不论是否针织或钩编）	6	100		13	13	件/千克	A	M/	0	3.9	0
	- 束腰带及腹带：											
6212.2010	--- 化学纤维制	6	130		13	13	件/千克	A	M/	0		0

协定税率（%）巴基斯坦	冰岛	哥斯达黎加	秘鲁	新西兰	瑞士	新加坡	韩国	澳大利亚	格鲁吉亚	毛里求斯	日本RCEP	尼加拉瓜	港澳台	特惠税率（%）①/②	Article Description
8	0	0	0	0	0	0	0	0	0	3.2	11.6	0	0/	0/0	Men's or boys' swimwear, of silk, containing less than 70% by weight of silk
8	0	0	0	0	0	0	0	0	0	3.2	11.6	0	0/	0/0	Other men's or boys' swimwear, of other textile materials
															-- Women's or girls'
8	0	0	0	0	0	0	0	0	0	3.2	11.6	0	0/	0/0	Women's or girls' swimwear, of wool or fine animal hair
8	0	0	0	0	0	0	0	0	0	3.2	11.6	0	0/	0/0	Women's or girls' swimwear of silk, containing 70% or more by weight of silk
8	0	0	0	0	0	0	0	0	0	3.2	11.6	0	0/	0/0	Women's or girls' swimwear of silk, containing less than 70% by weight of silk
8	0	0	0	0	0	0	0	0	0	3.2	11.6	0	0/	0/0	Women's or girls' swimwear of other textile materials
															- Ski suits:
12.8	0	0	0	0	0	0	0	0	0	0	11.6	0	0/	0/0	--- Of cotton
9.5	0	0	0	0	0	0	0	0	0	0	13.8	9	0/	0/0	--- Of other textile materials
															- Other garments, men's or boys':
															-- Of cotton:
12.8	0	0	0	0	0	0	0	0	0	0	11.6	0	0/	0/0	--- Arabian robes
0	0	0	0	0	0	0	0	0	0	3.2	11.6	0	0/	0/0	--- Track suits
0	0	0	0	0	0	0	0	0	0	0	11.6	0	0/	0/0	--- Other
															-- Of man-made fibres:
8.8	0	0	0	0	0	0	0	0	0	0	12.7	6.4	0/	0/0	--- Arabian robes
0	0	0	0	0	0	0	0	0	0	0	13.1	6.4	0/	0/0	--- Track suits
0	0	0	0	0	0	0	0	0	0	0	12.7	0	0/	0/0	--- Other
															-- Of other textile materials:
8	0	0	0	0	0	0	0	0	0	0	11.6	0	0/	0/0	--- Of silk or silk waste
8	0	0	0	0	0	0	0	0	0	6.9	11.6	0	0/	0/0	--- Of wool or fine animal hair
6.4	0	0	0	0	0	0	0	0	0	0	11.6	0	0/	0/0	--- Other
															- Other garments, women's or girls':
															-- Of cotton:
12.8	0	0	0	0	0	0	0	0	0	0	11.6	0	0/	0/0	--- Track suits
12.8	0	0	0	0	0	0	0	0	0	3.2	11.6	0	0/	0/0	--- Other
															-- Of man-made fibres:
8.8	0	0	0	0	0	0	0	0	0	0	12.7	6.4	0/	0/0	--- Track suits
7	0	0	0	0	0	0	0	0	0	3.5	12.7	0	0/	0/0	--- Other
															-- Of other textile materials:
0	0	0	0	0	0	0	0	0	0	0	11.6	0	0/	0/0	--- Of silk or silk waste
0	0	0	0	0	0	0	0	0	0	0	11.6	0	0/	0/0	--- Other
															Brassières, girdles, corsets, braces, suspenders, garters and similar articles and parts thereof, whether or not knitted or crocheted:
															- Brassières:
12.8	0	0	0	0	0	0	0	0	0	3.2	11.6	0	0/0	0/0	--- Of man-made fibres
															--- Of other textile materials
7	0	0	0	0	0	0	0	0	0	2.8	10.2	0	0/0	0/0	Brassieres of wool or fine animal hair, whether or not knitted or crocheted
7	0	0	0	0	0	0	0	0	0	2.8	10.2	0	0/0	0/0	Brassieres of cotton, whether or not knitted or crocheted
7	0	0	0	0	0	0	0	0	0	2.8	10.2	0	0/0	0/0	Brassieres of silk, whether or not knitted or crocheted, containing 70% or more by weight of silk
7	0	0	0	0	0	0	0	0	0	2.8	10.2	0	0/0	0/0	Brassieres of silk, whether or not knitted or crocheted, containing less than 70% by weight of silk
7	0	0	0	0	0	0	0	0	0	2.8	10.2	0	0/0	0/0	Brassieres of other textile materials, whether or not knitted or crocheted
															- Girdles and panty-girdles:
12.8	0	0	0	0	0	0	0	0	0	0	11.6	0	0/0	0/0	--- Of man-made fibres

税　号	货品名称	进口关税（%）最惠国	普通	年内暂定	增值/消费税（%）	出口退税（%）	计量单位	监管证件代码	检验检疫类别	协定税率（%）东盟	亚太	智利
6212.2090	--- 其他纺织材料制											
62122090.10	毛制束胸带及腹带（不论是否针织或钩编）	6	100		13	13	件/千克	A	M/	0		0
62122090.20	棉制束腰带及腹带（不论是否针织或钩编）	6	100		13	13	件/千克	A	M/	0		0
62122090.31	丝制束腰带及腹带（不论是否针织或钩编，含丝70%及以上）	6	100		13	13	件/千克	A	M/	0		0
62122090.39	丝制束腰带及腹带（不论是否针织或钩编，含丝70%以下）	6	100		13	13	件/千克	A	M/	0		0
62122090.90	其他材料制束胸带及腹带（不论是否针织或钩编）	6	100		13	13	件/千克	A	M/	0		0
	- 束腰胸衣:											
6212.3010	--- 化学纤维制	6	130		13	13	件/千克	A	M/	0		0
6212.3090	--- 其他纺织材料制											
62123090.10	毛制紧身胸衣（不论是否针织或钩编）	6	100		13	13	件/千克	A	M/	0		0
62123090.20	棉制紧身胸衣（不论是否针织或钩编）	6	100		13	13	件/千克	A	M/	0		0
62123090.31	丝制紧身胸衣（不论是否针织或钩编，含丝70%及以上）	6	100		13	13	件/千克	A	M/	0		0
62123090.39	丝制其他紧身胸衣（不论是否针织或钩编，含丝70%以下）	6	100		13	13	件/千克	A	M/	0		0
62123090.90	其他材料制紧身胸衣（不论是否针织或钩编）	6	100		13	13	件/千克	A	M/	0		0
	- 其他:											
6212.9010	--- 化学纤维制	6	130		13	13	件/千克			0	3.9	0
6212.9090	--- 其他纺织材料制	6	100		13	13	件/千克			0	3.9	0
62.13	**手帕:**											
	- 棉制:											
6213.2010	--- 刺绣的	6	90		13	13	条/千克			0		0
6213.2090	--- 其他	6	90		13	13	条/千克			0		0
	- 其他纺织材料制:											
6213.9020	--- 刺绣的	6	100		13	13	条/千克			0		0
6213.9090	--- 其他	6	100		13	13	条/千克			0		0
62.14	**披巾、领巾、围巾、披纱、面纱及类似品:**											
6214.1000	- 丝或绢丝制											
62141000.10	含丝70%及以上的披巾、头巾、围巾（包括披纱、面纱等及类似品）	6	130	5	13	13	条/千克			0		0
62141000.90	含丝70%以下的披巾、头巾、围巾（包括披纱、面纱等及类似品）	6	130	5	13	13	条/千克			0		0
	- 羊毛或动物细毛制:											
6214.2010	--- 羊毛制	6	130	5	13	13	条/千克			0		0
6214.2020	--- 山羊绒制	6	130	5	13	13	条/千克			0		0
6214.2090	--- 其他	6	130		13	13	条/千克			0		0
6214.3000	- 合成纤维制	6	130		13	13	条/千克			0		0
6214.4000	- 人造纤维制	6	130		13	13	条/千克			0		0
6214.9000	- 其他纺织材料制											
62149000.10	棉制披巾、头巾及类似品（包括围巾、披纱、面纱）	6	100		13	13	条/千克			0		0
62149000.90	其他材料制披巾、头巾及类似品（包括围巾、披纱、面纱及类似品）	6	100		13	13	条/千克			0		0
62.15	**领带及领结:**											
6215.1000	- 丝或绢丝制	6	130		13	13	条/千克			0		0

协定税率（%）														特惠税率（%）①/②	Article Description
巴基斯坦	冰岛	哥斯达黎加	秘鲁	新西兰	瑞士	新加坡	韩国	澳大利亚	格鲁吉亚	毛里求斯	日本RCEP	尼加拉瓜	港澳台		
															--- Of Other textile materials
11.2	0	0	0	0	0	0	0	0	0	0	10.2	0	0/0	0/0	Girdles and panty-girdles of wool or fine animal hair, whether or not knitted or crocheted
11.2	0	0	0	0	0	0	0	0	0	0	10.2	0	0/0	0/0	Girdles and panty-girdles of cotton whether or not knitted or crocheted
11.2	0	0	0	0	0	0	0	0	0	0	10.2	0	0/0	0/0	Girdles and panty-girdles of silk, whether or not knitted or crocheted, containing 70% or more by weight of silk
11.2	0	0	0	0	0	0	0	0	0	0	10.2	0	0/0	0/0	Girdles and panty-girdles of silk, whether or not knitted or crocheted, containing less than 70% by weight of silk
11.2	0	0	0	0	0	0	0	0	0	0	10.2	0	0/0	0/0	Girdles and panty-girdles of other textile materials, whether or not knitted or crocheted
															- Corselettes:
12.8	0	0	0	0	0	0	0	0	0	3.2	11.6	0	0/	0/0	--- Of man-made fibres
															--- Of other textile materials
7	0	0	0	0	0	0	0	0	0	0	10.2	0	0/	0/0	Corselettes of wool or fine animal hair, whether or not knitted or crocheted
7	0	0	0	0	0	0	0	0	0	0	10.2	0	0/	0/0	Corselettes of cotton, whether or not knitted or crocheted
7	0	0	0	0	0	0	0	0	0	0	10.2	0	0/	0/0	Corselettes of silk, whether or not knitted or crocheted, containing 70% or more by weight of silk
7	0	0	0	0	0	0	0	0	0	0	10.2	0	0/	0/0	Corselettes of silk, whether or not knitted or crocheted, containing less than 70% by weight of silk
7	0	0	0	0	0	0	0	0	0	0	10.2	0	0/	0/0	Corselettes of other textile materials, whether or not knitted or crocheted
															- Other:
12.8	0	0	0	0	0	0	0	0	0	3.2	11.6	0	0/0	0/0	--- Of man-made fibres
7	0	0	0	0	0	0	0	0	0	2.8	10.2	0	0/0	0/0	--- Of Other textile materials
															Handkerchiefs:
															- Of cotton:
7	0	0	0	0	0	0	0	0	0	0	10.2	0	0/	0/0	--- Embroidered
11.2	0	0	0	0	0	0	0	0	0	0	10.2	0	0/	0/0	--- Other
															- Of other textile materials:
7	0	0	0	0	0	0	0	0	0	0	10.2	0	0/	0/0	--- Embroidered
7	0	0	0	0	0	0	0	0	0	0	10.2	0	0/	0/0	--- Other
															Shawls, scarves, mufflers, mantillas, veils and the like:
															- Of silk or silk waste
11.2	0	0	0	0	0	0	0	0	0	0	10.2	0	0/	0/0	Shawls, scarves, mufflers of silk, containing 70% or more by weight of silk or silk waste, including mantillas, veils and the like
11.2	0	0	0	0	0	0	0	0	0	0	10.2	0	0/	0/0	Shawls, scarves, mufflers of silk, containing less than 70% by weight of silk or silk waste, including mantillas, veils and the like
															- Of wool or fine animal hair:
11.2	0	0	0	0	0	0	0	0	0	0	10.2	0	0/	0/0	--- Of wool
11.2	0	0	0	0	0	0	0	0	0	0	10.2	0	0/	0/0	--- Of goats
11.2	0	0	0	0	0	0	0	0	0	0	10.2	0	0/	0/0	--- Other
12.8	0	0	0	0	0	0	0	0	0	0	11.6	0	0/	0/0	- Of synthetic fibres
11.2	0	0	0	0	0	0	0	0	0	0	10.2	0	0/	0/0	- Of artificial fibres
															- Of other textile materials
0	0	0	0	0	0	0	0	0	0	0	10.2	0	0/	0/0	Shawls, scarves and mufflers, of cotton, including mantillas, veils and the like
0	0	0	0	0	0	0	0	0	0	0	10.2	0	0/	0/0	Shawls, scarves and mufflers, of other textile materials, including mantillas, veils and the like
															Ties, bow ties and cravats:
11.2	0	0	0	0	0	0	0	0	0	0	10.2	0	0/	0/0	- Of silk or silk waste

税　号	货品名称	进口关税（%）			增值/消费税（%）	出口退税（%）	计量单位	监管证件代码	检验检疫类别	协定税率（%）		
		最惠国	普通	年内暂定						东盟	亚太	智利
6215.2000	- 化学纤维制	6	130		13	13	条/千克			0	3.9	0
6215.9000	- 其他纺织材料制	6	100		13	13	条/千克			0		0
62.16	**分指手套、连指手套及露指手套：**											
6216.0000	分指手套、连指手套及露指手套	6	100		13	13	双/千克			0		0
62.17	**其他制成的衣着附件；服装或衣着附件的零件，但税目62.12的货品除外：**											
	- 附件：											
6217.1010	--- 袜子及袜套	6	130		13	13	千克/双			0	3.9	0
6217.1020	--- 和服腰带	6	100		13	13	千克/条			0	3.9	0
6217.1090	--- 其他	6	100		13	13	千克			0	3.9	0
6217.9000	- 零件	6	100		13	13	千克			0	3.9	0

协定税率（%）														特惠税率（%）①/②	Article Description
巴基斯坦	冰岛	哥斯达黎加	秘鲁	新西兰	瑞士	新加坡	韩国	澳大利亚	格鲁吉亚	毛里求斯	日本RCEP	尼加拉瓜	港澳台		
12.8	0	0	0	0	0	0	0	0	0	0	11.6	0	0/	0/0	- Of man-made fibres
7	0	0	0	0	0	0	0	0	0	0	10.2	0	0/	0/0	- Of other textile materials
															Gloves, mittens and mitts:
0	0	0	0	0	0	0	0	0	0	0	10.2	0	0/	0/0	Gloves, mittens and mitts
															Other made up clothing accessories; parts of garments or of clothing accessories, other than those of heading 62.12:
															- Accessories:
7	0	0	0	0	0	0	0	0	0	0	10.2	0	0/0	0/0	--- Stocking, socks and socketes
5.6	0	0	0	0	0	0	0	0	0	0	10.2	0	0/0	0/0	--- Kimono belts
0	0	0	0	0	0	0	0	0	0	0	10.2	0	0/0	0/0	--- Other
0	0	0	0	0	0	0	4.6	0	0	0	11.4	0	0/0	0/0	- Parts

第六十三章　其他纺织制成品；成套物品；旧衣着及旧纺织品；碎织物

注释：

一、第一分章仅适用于各种纺织物制成的物品。

二、第一分章不包括：

（一）第五十六章至第六十二章的货品；或

（二）税目63.09的旧衣着或其他旧物品。

三、税目63.09仅适用于下列货品：

（一）纺织材料制品：

1. 衣着和衣着附件及其零件；
2. 毯子及旅行毯；
3. 床上、餐桌、盥洗及厨房用的织物制品；
4. 装饰用织物制品，但税目57.01至57.05的地毯及税目58.05的装饰毯除外。

（二）用石棉以外其他任何材料制成的鞋帽类。

上述物品只有同时符合下列两个条件才能归入本税目：

1. 必须明显看得出穿用过；以及
2. 必须以散装、捆装、袋装或类似的大包装形式报验。

子目注释：

子目6304.20包括用α-氯氰菊酯（ISO）、虫螨腈（ISO）、溴氰菊酯（INN，ISO）、高效氯氟氰菊酯（ISO）、除虫菊酯（ISO）或甲基嘧啶磷（ISO）浸渍或涂层的经编针织物制品。

税　号	货品名称	进口关税（%）			增值/消费税（%）	出口退税（%）	计量单位	监管证件代码	检验检疫类别	协定税率（%）		
		最惠国	普通	年内暂定						东盟	亚太	智利
	第一分章　其他纺织制成品											
63.01	毯子及旅行毯：											
6301.1000	- 电暖毯	6	100		13	13	条/千克	A	M/	0		0
6301.2000	- 羊毛或动物细毛制的毯子（电暖毯除外）及旅行毯											
63012000.10	毛制毯子及旅行毯（羊毛或动物细毛制，非电暖的，长度不超过3米）	6	130	5	13	13	条/千克			0		0
63012000.20	其他毛制毯子及旅行毯（羊毛或动物细毛制，非电暖的，长度超过3米）	6	130	5	13	13	条/千克			0		0
6301.3000	- 棉制的毯子（电暖毯除外）及旅行毯	6	90		13	13	条/千克			0		0
6301.4000	- 合成纤维制的毯子（电暖毯除外）及旅行毯	8	130		13	13	条/千克			0		0
6301.9000	- 其他毯子及旅行毯	6	90		13	13	条/千克			0		0
63.02	床上、餐桌、盥洗及厨房用的织物制品：											
	- 针织或钩编的床上用织物制品：											
6302.1010	--- 棉制	6	90		13	13	条/千克			0		0
6302.1090	--- 其他纺织材料制	6	130		13	13	条/千克			0		0
	- 其他印花的床上用织物制品：											
	-- 棉制：											
6302.2110	--- 床单	6	90		13	13	条/千克			0		0
6302.2190	--- 其他	6	90		13	13	条/千克			0		0
	-- 化学纤维制：											
6302.2210	--- 床单	6	130		13	13	条/千克			0		0
6302.2290	--- 其他	6	130		13	13	条/千克			0		0
	-- 其他纺织材料制：											
6302.2910	--- 丝及绢丝制	6	130		13	13	条/千克			0		0
6302.2920	--- 麻制	6	90		13	13	条/千克			0		0

Chapter 63 Other made up textile articles; sets; worn clothing and worn textile articles; rags

Chapter Notes:

1. Sub-Chapter I applies only to made up articles, of any textile fabric.
2. Sub-Chapter I does not cover:
   (a) Goods of Chapters 56 to 62; or
   (b) Worn clothing or other worn articles of heading 63.09.
3. Heading 63.09 applies only to the following goods:
   (a) Articles of textile materials:
      (i)Clothing and clothing accessories, and parts thereof;
      (ii)Blankets and travelling rugs;
      (iii)Bed linen, table linen, toilet linen and kitchen linen;
      (iv)Furnishing articles, other than carpets of headings 57.01 to 57.05 and tapestries of heading 58.05;
   (b) Footwear and headgear of any material other than asbestos.
   In order to be classified in this heading, the articles mentioned above must comply with both of the following requirements:
      (i)they must show signs of appreciable wear, and
      (ii)they must be presented in bulk or in bales, sacks or similar packings.

Subheading Note:

1. Subheading 6304.20 covers articles made from fabrics, impregnated or coated with alpha-cypermethrin (ISO), chlorfenapyr (ISO), deltamethrin (INN, ISO), lambda-cyhalothrin (ISO), permethrin (ISO) or pirimiphos-methyl (ISO).

协定税率（%）														特惠税率（%）①/②	Article Description
巴基斯坦	冰岛	哥斯达黎加	秘鲁	新西兰	瑞士	新加坡	韩国	澳大利亚	格鲁吉亚	毛里求斯	日本RCEP	尼加拉瓜	港澳台		
															I. OTHER MADE UP TEXTILE ARTICLES
															Blankets and travelling rugs:
12.8	0	0	0	0	0	0	0	0	0	0	11.6	0	0/	0/0	- Electric blankets
															- Blankets (other than electric blankets) and travelling rugs, of wool or of fine animal hair
12.8	0	0	0	0	0	0	0	0	0	6.9	11.6	0	0/	0/0	Non-electric blankets and travelling rugs, of wool or of fine animal hair, of a length not exceeding 3m
12.8	0	0	0	0	0	0	0	0	0	6.9	11.6	0	0/	0/0	Other non-electric blankets and travelling rugs, of wool or of fine animal hair, of a length exceeding 3m
12.8	0	0	0	0	0	0	0	0	0	0	11.6	0	0/	0/0	- Blankets (other than electric blankets) and travelling rugs, of cotton
0	0	0	0	0	0	0	0	0	0	0	12.7	6.4	0/	0/0	- Blankets (other than electric blankets) and travelling rugs, of synthetic fibres
12.8	0	0	0	0	0	0	0	0	0	0	11.6	0	0/0	0/0	- Other blankets and travelling rugs
															Bed linen, table linen, toilet li-nen and kitchen linen:
															- Bed linen, knitted or crocheted:
0	0	0	0	0	0	0	0	0	0	0	10.2	0	0/	0/0	--- Of cotton
0	0	0	0	0	0	0	0	0	0	0	10.2	0	0/	0/0	--- Of other textile materials
															- Other bed linen, printed:
															-- Of cotton:
0	0	0	0	0	5.6	0	0	0	0	0	10.2	0	0/	0/0	--- Bed sheets
0	0	0	0	0	0	0	0	0	0	0	10.2	0	0/	0/0	--- Other
															-- Of man-made fibres:
0	0	0	0	0	0	0	0	0	0	0	11.6	0	0/	0/0	--- Bed sheets
0	0	0	0	0	0	0	0	0	0	0	11.6	0	0/	0/0	--- Other
															-- Of other textile materials:
0	0	0	0	0	0	0	0	0	0	0	10.2	0	0/	0/0	--- Of silk or silk waste
0	0	0	0	0	0	0	0	0	0	0	10.2	0	0/	0/0	--- Of bast fibres

税　号	货品名称	进口关税（%）			增值/消费税（%）	出口退税（%）	计量单位	监管证件代码	检验检疫类别	协定税率（%）		
		最惠国	普通	年内暂定						东盟	亚太	智利
6302.2990	--- 其他	6	100		13	13	条/千克			0		0
	- 其他床上用织物制品：											
	-- 棉制：											
6302.3110	--- 刺绣的	6	90		13	13	条/千克			0		0
	--- 其他：											
6302.3191	---- 床单	6	90		13	13	条/千克			0		0
6302.3192	---- 毛巾被	6	90		13	13	条/千克			0		0
6302.3199	---- 其他	6	90		13	13	条/千克			0		0
	-- 化学纤维制：											
6302.3210	--- 刺绣的	6	130		13	13	条/千克			0		0
6302.3290	--- 其他	6	130		13	13	条/千克			0		0
	-- 其他纺织材料制：											
6302.3910	--- 丝及绢丝制											
63023910.10	丝及绢丝制其他床上用织物制品（含丝85%及以上）	6	130		13	13	条/千克			0		0
63023910.90	丝及绢丝制其他床上用织物制品（含丝85%以下）	6	130		13	13	条/千克			0		0
	--- 麻制：											
6302.3921	---- 刺绣的											
63023921.10	亚麻或苎麻制其他床上用织物制品（刺绣的）	6	90		13	13	条/千克			0		0
63023921.90	其他麻制其他床上用织物制品（刺绣的）	6	90		13	13	条/千克			0		0
6302.3929	---- 其他											
63023929.10	亚麻或苎麻制其他床上用织物制品	6	90		13	13	条/千克			0		0
63023929.90	其他麻制其他床上用织物制品	6	90		13	13	条/千克			0		0
	--- 其他：											
6302.3991	---- 刺绣的											
63023991.10	毛制刺绣床上用织物制品	6	100		13	13	条/千克			0		0
63023991.90	其他材料制刺绣床上用织物制品	6	100		13	13	条/千克			0		0
6302.3999	---- 其他											
63023999.10	毛制非刺绣床上用织物制品	6	100		13	13	条/千克			0		0
63023999.90	其他材料制其他床上用织物制品	6	100		13	13	条/千克			0		0
	- 针织或钩编的餐桌用织物制品：											
6302.4010	--- 手工制	6	100		13	13	件/千克			0		0
6302.4090	--- 其他	6	100		13	13	件/千克			0		0
	- 其他餐桌用织物制品：											
	-- 棉制：											
6302.5110	--- 刺绣的	6	90		13	13	件/千克			0		0
6302.5190	--- 其他	6	90		13	13	件/千克			0		0
	-- 化学纤维制：											
6302.5310	--- 刺绣的	6	130		13	13	件/千克			0		0
6302.5390	--- 其他											
63025390.10	化纤无纺织物制餐桌用织物制品	6	130		13	13	件/千克			0		0
63025390.90	化纤制其他餐桌用织物制品	6	130		13	13	件/千克			0		0
	-- 其他纺织材料制：											
	--- 亚麻制：											
6302.5911	---- 刺绣的	6	90		13	13	件/千克			0		0
6302.5919	---- 其他	6	90		13	13	件/千克			0		0
6302.5990	--- 其他											
63025990.10	羊毛或动物细毛制餐桌用织物制品	6	100		13	13	件/千克			0		0
63025990.90	其他纺织材料制餐桌用织物制品	6	100		13	13	件/千克			0		0
	- 盥洗及厨房用棉制毛巾织物或类似的毛圈织物的制品：											
6302.6010	--- 浴巾											

协定税率(%)														特惠税率(%)①/②	Article Description
巴基斯坦	冰岛	哥斯达黎加	秘鲁	新西兰	瑞士	新加坡	韩国	澳大利亚	格鲁吉亚	毛里求斯	日本RCEP	尼加拉瓜	港澳台		
0	0	0	0	0	0	0	0	0	0	0	10.2	0	0/	0/0	--- Other
															- Other bed linen:
															-- Of cotton:
0	0	0	0	0	0	0	0	0	0	0	10.2	0	0/	0/0	--- Embroidered
															--- Other:
0	0	0	0	0	0	0	0	0	0	0	10.2	0	0/	0/0	----Bed sheets
0	0	0	0	0	0	0	0	0	0	0	10.2	0	0/	0/0	----Towelling coverlets
0	0	0	0	0	0	0	0	0	0	0	10.2	0	0/	0/0	----Other
															-- Of man-made fibres:
0	0	0	0	0	0	0	0	0	0	0	11.6	0	0/	0/0	--- Embroidered
0	0	0	0	0	0	0	0	0	0	0	11.6	0	0/	0/0	--- Other
															-- Of other textile materials:
															--- Of silk or silk waste
0	0	0	0	0	0	0	0	0	0	0	10.2	0	0/	0/0	Other bed linen of silk and silk waste, containing 85% or more by weight of silk
0	0	0	0	0	0	0	0	0	0	0	10.2	0	0/	0/0	Other bed linen of silk and silk waste, containing less than 85% by weight of silk
															--- Of bast fibres:
															----Embroidered
0	0	0	0	0	0	0	0	0	0	0	10.2	0	0/	0/0	Other embroidered bed linen of flax or ramie
0	0	0	0	0	0	0	0	0	0	0	10.2	0	0/	0/0	Other embroidered bed linen of other bast fibres
															----Other
0	0	0	0	0	0	0	0	0	0	0	10.2	0	0/	0/0	Other bed linen of flax or ramie
0	0	0	0	0	0	0	0	0	0	0	10.2	0	0/	0/0	Other bed linen of other bast fibres
															--- Other:
															----Embroidered
0	0	0	0	0	0	0	0	0	0	0	10.2	0	0/	0/0	Other embroidered bed linen of wool or fine animal hair
0	0	0	0	0	0	0	0	0	0	0	10.2	0	0/	0/0	Other embroidered bed linen of other textile materials
															----Other
0	0	0	0	0	0	0	0	0	0	2.8	10.2	0	0/	0/0	Other non-embroidered bed linen of wool or fine animal hair
0	0	0	0	0	0	0	0	0	0	2.8	10.2	0	0/	0/0	Other bed linen of other textile materials
															- Table linen, knitted or crocheted:
0	0	0	0	0	0	0	0	0	0	0	10.2	0	0/	0/0	--- Hand-worked
0	0	0	0	0	0	0	0	0	0	0	10.2	0	0/	0/0	--- Other
															- Other table linen:
															-- Of cotton:
0	0	0	0	0	0	0	0	0	0	0	10.2	0	0/	0/0	--- Embroidered
0	0	0	0	0	0	0	0	0	0	0	10.2	0	0/	0/0	--- Other
															-- Of man-made fibres:
0	0	0	0	0	0	0	0	0	0	0	10.2	0	0/	0/0	--- Embroidered
															--- Other
0	0	0	0	0	0	0	0	0	0	0	11.6	0	0/	0/0	Table linen of non-woven fabrics of man-made fibres
0	0	0	0	0	0	0	0	0	0	0	11.6	0	0/	0/0	Other table linen of man-made fibres
															-- Of other textile materials:
															--- Of flax:
0	0	0	0	0	0	0	0	0	0	0	10.2	0	0/	0/0	----Embroidered
0	0	0	0	0	0	0	0	0	0	0	10.2	0	0/	0/0	----Other
															--- Other
0	0	0	0	0	0	0	0	0	0	0	10.2	0	0/	0/0	Table linen of wool or fine animal hair
0	0	0	0	0	0	0	0	0	0	0	10.2	0	0/	0/0	Table linen of other textile materials
															- Toilet linen and kitchen linen, of terry towelling or similar terry fabrics, of cotton:
															--- Bath towels

税号	货品名称	进口关税(%)			增值/消费税(%)	出口退税(%)	计量单位	监管证件代码	检验检疫类别	协定税率(%)		
		最惠国	普通	年内暂定						东盟	亚太	智利
63026010.10	棉制针织或钩编毛巾、织物、浴巾(含类似毛圈织物的制品)	6	90		13	13	条/千克			0		0
63026010.90	棉制非针织或非钩编毛巾、织物、浴巾(含类似毛圈织物的制品)	6	90		13	13	条/千克			0		0
6302.6090	--- 其他	6	90		13	13	条/千克			0		0
	- 其他:											
6302.9100	-- 棉制	6	90		13	13	条/千克			0		0
6302.9300	-- 化学纤维制											
63029300.10	化纤无纺织物制盥洗及厨房制品	6	130		13	13	条/千克			0		0
63029300.90	化纤制其他盥洗及厨房织物制品	6	130		13	13	条/千克			0		0
	-- 其他纺织材料制:											
6302.9910	--- 亚麻制	6	90		13	13	条/千克			0		0
6302.9990	--- 其他											
63029990.10	毛制盥洗及厨房用织物制品	6	100		13	13	条/千克			0		0
63029990.90	其他材料制盥洗及厨房织物制品	6	100		13	13	条/千克			0		0
63.03	**窗帘(包括帷帘)及帐幔;帘帷或床帷:**											
	- 针织或钩编的:											
	-- 合成纤维制:											
6303.1210	--- 针织的											
63031210.10	合纤制针织百叶窗、卷帘和窗幔	6	130		13	13	千克			0		0
63031210.90	其他合纤制针织窗帘等(包括帷帘、帐幔、帘帷及床帷)	6	130		13	13	千克			0		0
6303.1220	--- 钩编的											
63031220.10	合纤制钩编百叶窗,卷帘和窗幔	6	130		13	13	千克			0		0
63031220.90	其他合纤制钩编的窗帘等(包括帷帘、帐幔、帘帷及床帷)	6	130		13	13	千克			0		0
	-- 其他纺织材料制:											
	--- 棉制:											
6303.1931	----针织的	6	90		13	13	千克			0		0
6303.1932	----钩编的	6	90		13	13	千克			0		0
	--- 其他纺织材料制:											
6303.1991	----针织的	6	130		13	13	千克			0		0
6303.1992	---- 钩编的	6	130		13	13	千克			0		0
	- 其他:											
6303.9100	-- 棉制											
63039100.10	棉制非针织网眼窗帘(包括帷帘、帐幔、帘帷及床帷)	6	90		13	13	千克			0		0
63039100.90	棉制非针织非钩编窗帘(包括帷帘、帐幔、帘帷及床帷)	6	90		13	13	千克			0		0
6303.9200	-- 合成纤维制											
63039200.10	合纤百叶窗,卷帘和窗幔(非针织、非钩编)	6	130		13	13	千克			0		0
63039200.90	其他合纤制非针织、非钩编窗帘等(包括帷帘、帐幔、帘帷及床帷)	6	130		13	13	千克			0		0
6303.9900	-- 其他纺织材料制	6	100		13	13	千克			0		0
63.04	**其他装饰用织物制品,但税目94.04的货品除外:**											

协定税率（%）														特惠税率（%）①/②	Article Description
巴基斯坦	冰岛	哥斯达黎加	秘鲁	新西兰	瑞士	新加坡	韩国	澳大利亚	格鲁吉亚	毛里求斯	日本RCEP	尼加拉瓜	港澳台		
0	0	0	0	0	0	0	0	0	0	0	10.2	0	0/0	0/0	Cotton bath towels of terry towelling or similar terry fabrics, knitted or crocheted
0	0	0	0	0	0	0	0	0	0	0	10.2	0	0/0	0/0	Cotton bath towels of terry towelling or similar terry fabrics, not knitted or crocheted
0	0	0	0	0	0	0	0	0	0	0	10.2	0	0/0	0/0	--- Other
															- Other:
0	0	0	0	0	0	0	0	0	0	0	10.2	0	0/	0/0	-- Of cotton
															-- Of man-made fibres
0	0	0	0	0	0	0	0	0	0	0	11.6	0	0/	0/0	Toilet linen and kitchen linen of non-woven fabrics of man-made fibres
0	0	0	0	0	0	0	0	0	0	0	11.6	0	0/	0/0	Other toilet linen and kitchen linen of man-made fibres
															-- Of other textile materials:
0	0	0	0	0	0	0	0	0	0	0	10.2	0	0/	0/0	--- Of flax
															--- Other
0	0	0	0	0	0	0	0	0	0	0	10.2	0	0/	0/0	Other toilet linen and kitchen linen of wool or other fine animal hair
0	0	0	0	0	0	0	0	0	0	0	10.2	0	0/	0/0	Other toilet linen and kitchen linen of other textile materials
															Curtains (including drapes) and interior blinds; curtain or bed valances:
															- Knitted or crocheted:
															-- Of synthetic fibres:
															--- Knitted
0	0	0	0	0	0	0	0	0	0	0	11.6	0	0/	0/0	Curtains (including drapes) and interior blinds, curtain or bed valances, of synthetic fibres, knitted
0	0	0	0	0	0	0	0	0	0	0	11.6	0	0/	0/0	Other curtains, drapes, interior blinds, curtain and bed valances, of synthetic fibres, knitted
															--- Crocheted
0	0	0	0	0	0	0	0	0	0	0	11.6	0	0/	0/0	Curtains (including drapes) and interior blinds; curtain or bed valances, of synthetic fibres, crocheted
0	0	0	0	0	0	0	0	0	0	0	11.6	0	0/	0/0	Other curtains, including drapes, interior blinds, curtain and bed valances, of synthetic fibres, crocheted
															-- Of other textile materials:
															--- Of cotton:
0	0	0	0	0	0	0	0	0	0	0	10.2	0	0/	0/0	----Knitted
0	0	0	0	0	0	0	0	0	0	0	10.2	0	0/	0/0	----Crocheted
															--- Of other textile materials:
0	0	0	0	0	0	0	0	0	0	0	10.2	0	0/	0/0	----Knitted
0	0	0	0	0	0	0	0	0	0	0	10.2	0	0/	0/0	----Crocheted
															- Other:
															-- Of cotton
0	0	0	0	0	0	0	0	0	0	0	10.2	0	0/	0/0	Curtains (including drapes) and interior blinds; curtain or bed valances, of cotton, openwork, not knitted
0	0	0	0	0	0	0	0	0	0	0	10.2	0	0/	0/0	Curtains (including drapes) and interior blinds; curtain or bed valances, of cotton, openwork, not knitted or crocheted
															-- Of synthetic fibres
0	0	0	0	0	0	0	0	0	0	0	11.6	0	0/	0/0	Curtains (including drapes) and interior blinds; curtain or bed valances, of synthetic fibres, not knitted or crocheted
0	0	0	0	0	0	0	0	0	0	0	11.6	0	0/	0/0	Curtains (including drapes) and interior blinds; curtain or bed valances, of synthetic fibres, not knitted or crocheted
0	0	0	0	0	0	0	0	0	0	0	10.2	0	0/	0/0	-- Of other textile materials
															Other furnishing articles, excluding those of heading 94.04:

税 号	货品名称	进口关税(%) 最惠国	普通	年内暂定	增值/消费税(%)	出口退税(%)	计量单位	监管证件代码	检验检疫类别	协定税率(%) 东盟	亚太	智利
	- 床罩:											
	-- 针织或钩编的:											
	--- 针织的:											
6304.1121	---- 手工制	6	100		13	13	件/千克			0		0
6304.1129	---- 其他	6	100		13	13	件/千克			0		0
	--- 钩编的:											
6304.1131	---- 手工制	6	100		13	13	件/千克			0		0
6304.1139	---- 其他	6	100		13	13	件/千克			0		0
	-- 其他:											
6304.1910	--- 丝及绢丝制											
63041910.10	丝及绢丝制非针织、非钩编床罩(含丝85%及以上)	6	130		13	13	件/千克			0		0
63041910.90	丝及绢丝制非针织、非钩编床罩(含丝85%以下)	6	130		13	13	件/千克			0		0
	--- 棉或麻制:											
6304.1921	---- 刺绣的	6	90		13	13	件/千克			0		0
6304.1929	---- 其他	6	90		13	13	件/千克			0		0
	--- 化学纤维制:											
6304.1931	---- 刺绣的	6	130		13	13	件/千克			0		0
6304.1939	---- 其他	6	130		13	13	件/千克			0		0
	--- 其他纺织材料制:											
6304.1991	---- 刺绣的											
63041991.10	毛制非针织、非钩编刺绣床罩(羊毛或动物细毛制)	6	100		13	13	件/千克			0		0
63041991.90	其他纺织材料制非针织刺绣床罩(含非钩编的)	6	100		13	13	件/千克			0		0
6304.1999	---- 其他											
63041999.10	毛制其他非针织、非钩编床罩(羊毛或动物细毛制)	6	100		13	13	件/千克			0		0
63041999.90	其他材料制非针织、非钩编其他床罩	6	100		13	13	件/千克			0		0
	- 本章子目注释一所列的蚊帐:											
6304.2010	--- 手工制	6	100		13	13	件/千克	S		0		0
6304.2090	--- 其他	6	100		13	13	件/千克	S		0		0
	- 其他:											
	-- 针织或钩编的:											
	--- 针织的:											
6304.9121	---- 手工制	6	100		13	13	千克			0		0
6304.9129	---- 其他	6	100		13	13	千克			0		0
	--- 钩编的:											
6304.9131	---- 手工制	6	100		13	13	千克			0		0
6304.9139	---- 其他	6	100		13	13	千克			0		0
	-- 非针织或非钩编的，棉制:											
6304.9210	--- 刺绣的	6	90		13	13	千克			0		0
6304.9290	--- 其他	6	90		13	13	千克			0		0
	-- 非针织或非钩编的，合成纤维制:											
6304.9310	--- 刺绣的	6	130		13	13	千克			0		0
6304.9390	--- 其他	6	130		13	13	千克			0		0
	-- 非针织或非钩编的，其他纺织材料制:											
6304.9910	--- 丝及绢丝制											
63049910.10	丝制非针织、非钩编的装饰制品(含绢丝制品，含丝85%及以上)	6	130		13	13	千克			0		0
63049910.90	丝制非针织、非钩编的装饰制品(含绢丝制品，含丝85%以下)	6	130		13	13	千克			0		0

协定税率（%）														特惠税率（%）①/②	Article Description
巴基斯坦	冰岛	哥斯达黎加	秘鲁	新西兰	瑞士	新加坡	韩国	澳大利亚	格鲁吉亚	毛里求斯	日本RCEP	尼加拉瓜	港澳台		
															- Bedspreads:
															-- Knitted or crocheted:
															--- Knitted:
7	0	0	0	0	0	0	0	0	0	0	10.2	0	0/	0/0	----Hand-worked
5.6	0	0	0	0	0	0	0	0	0	0	10.2	0	0/	0/0	----Other
															--- Crocheted:
7	0	0	0	0	0	0	0	0	0	0	10.2	0	0/	0/0	----Hand-worked
7	0	0	0	0	0	0	0	0	0	0	10.2	0	0/	0/0	----Other
															-- Other:
															--- Of silk or silk waste
0	0	0	0	0	0	0	0	0	0	0	10.2	0	0/	0/0	Bedspreads of silk or silk waste, containing 85% or more by weight of silk, not knitted or crocheted
0	0	0	0	0	0	0	0	0	0	0	10.2	0	0/	0/0	Bedspreads of silk or silk waste, containing less than 85% by weight of silk, not knitted or crocheted
															--- Of cotton or bast fibres:
0	0	0	0	0	0	0	0	0	0	0	10.2	0	0/	0/0	----Embroidered
0	0	0	0	0	0	0	0	0	0	0	10.2	0	0/	0/0	----Other
															--- Of man-made fibres:
12.8	0	0	0	0	0	0	0	0	0	0	11.6	0	0/	0/0	----Embroidered
12.8	0	0	0	0	0	0	0	0	0	0	11.6	0	0/	0/0	----Other
															--- Of other textile materials:
															----Embroidered
7	0	0	0	0	0	0	0	0	0	0	10.2	0	0/	0/0	Embroidered bedspreads of wool or fine animal hair, not knitted or crocheted
7	0	0	0	0	0	0	0	0	0	0	10.2	0	0/	0/0	Embroidered bedspreads of other textile materials, not knitted or crocheted
															----Other
7	0	0	0	0	0	0	0	0	0	0	10.2	0	0/	0/0	Other bedspreads of wool or fine animal hair, not knitted or crocheted
7	0	0	0	0	0	0	0	0	0	0	10.2	0	0/	0/0	Other bedspreads of other textile materials, not knitted or crocheted
															- Bed nets, of warp-knit fabrics specified in Subheading Note 1 to this Chapter
7	0	0	0	0	0	0	0	0	0	0	10.2	0	0/	0/0	--- Hand-worked
7	0	0	0	0	0	0	0	0	0	0	10.2	0	0/	0/0	--- Other
															- Other:
															-- Knitted or crocheted:
															--- Knitted:
7	0	0	0	0	0	0	0	0	0	0	10.2	0	0/	0/0	----Hand-worked
7	0	0	0.	0	0	0	0	0	0	0	10.2	0	0/	0/0	----Other
															--- Crocheted:
11.2	0	0	0	0	0	0	0	0	0	0	10.2	0	0/	0/0	----Hand-worked
5.6	0	0	0	0	0	0	0	0	0	0	10.2	0	0/	0/0	----Other
															-- Not knitted or crocheted, of cotton:
7	0	0	0	0	0	0	0	0	0	0	10.2	0	0/	0/0	--- Embroidered
0	0	0	0	0	0	0	0	0	0	0	10.2	0	0/	0/0	--- Other
															-- Not knitted or crocheted, of synthetic fibres:
12.8	0	0	0	0	0	0	0	0	0	0	11.6	0	0/	0/0	--- Embroidered
12.8	0	0	0	0	0	0	0	0	0	0	11.6	0	0/	0/0	--- Other
															-- Not knitted or crocheted, of other textile materials:
															--- Of silk or silk waste
7	0	0	0	0	0	0	0	0	0	0	10.2	0	0/	0/0	Other furnishing articles of silk, not knitted or crocheted, containing 85% or more by weight of silk or silk waste
7	0	0	0	0	0	0	0	0	0	0	10.2	0	0/	0/0	Other furnishing articles of silk, not knitted or crocheted, containing less than 85% by weight of silk or silk waste

税号	货品名称	进口关税（%）			增值/消费税（%）	出口退税（%）	计量单位	监管证件代码	检验检疫类别	协定税率（%）		
		最惠国	普通	年内暂定						东盟	亚太	智利
	--- 麻制：											
6304.9921	---- 刺绣的											
63049921.10	亚麻或苎麻非针织其他刺绣装饰品（含非钩编制品）	6	90		13	13	千克			0		0
63049921.90	其他麻制非针织其他刺绣装饰品（包括非钩编的）	6	90		13	13	千克			0		0
6304.9929	---- 其他											
63049929.10	亚麻或苎麻制其他非针织的装饰品（含非钩编制品）	6	90		13	13	千克			0		0
63049929.90	其他麻制其他非针织的装饰制品（含非钩编制品）	6	90		13	13	千克			0		0
6304.9990	--- 其他	6	100		13	13	千克			0		0
63.05	**货物包装用袋：**											
6305.1000	- 黄麻或税目53.03的其他韧皮纺织纤维制											
63051000.10	黄麻制旧的货物包装袋（含税目53.03的其他韧皮纤维制）	4	40		13	13	条/千克			0		0
63051000.90	黄麻制其他货物包装袋（含税目53.03的其他韧皮纤维制）	4	40		13	13	条/千克			0		0
6305.2000	- 棉制	6	90		13	13	条/千克			0		0
	- 化学纤维材料制：											
6305.3200	-- 散装货物储运软袋	6	100		13	13	条/千克			0		0
6305.3300	-- 其他，聚乙烯、聚丙烯扁条或类似材料制											
63053300.10	聚乙烯或聚丙烯制其他货物包装袋（针织或钩编的，用扁条及类似材料制成）	6	100		13	13	条/千克			0	3.9	0
63053300.90	聚乙烯或聚丙烯制其他货物包装袋（非针织或钩编的，用扁条及类似材料制成）	6	100		13	13	条/千克			0	3.9	0
6305.3900	-- 其他	6	100		13	13	条/千克			0		0
6305.9000	- 其他纺织材料制	6	90		13	13	条/千克			0		0
63.06	**油苫布、天篷及遮阳篷；帐篷（包括临时顶篷及类似品）；风帆；野营用品：**											
	- 油苫布、天篷及遮阳篷：											
6306.1200	-- 合成纤维制	6	130		13	13	件/千克			0		0
	-- 其他纺织材料制：											
6306.1910	--- 麻制	6	80		13	13	件/千克			0		0
6306.1920	--- 棉制	6	80		13	13	件/千克			0		0
6306.1990	--- 其他											
63061990.10	人造纤维制油苫布、天篷及遮阳篷	6	100		13	13	件/千克			0		0
63061990.90	其他材料制油苫布、天篷及遮阳篷	6	100		13	13	件/千克			0		0
	- 帐篷（包括临时顶篷及类似品）：											
6306.2200	-- 合成纤维制											
63062200.10	合纤制移动帐篷（包括临时顶篷及类似品）	6	130		13	13	件/千克			0		0
63062200.90	其他合纤制帐篷（包括临时顶篷及类似品）	6	130		13	13	件/千克			0		0
	-- 其他纺织材料制：											
6306.2910	--- 棉制	6	80		13	13	件/千克			0		0
6306.2990	--- 其他	6	100		13	13	件/千克			0		0
	- 风帆：											
6306.3010	--- 合成纤维制	6	130		13	13	件/千克			0		0

协定税率(%)														特惠税率(%)①/②	Article Description
巴基斯坦	冰岛	哥斯达黎加	秘鲁	新西兰	瑞士	新加坡	韩国	澳大利亚	格鲁吉亚	毛里求斯	日本RCEP	尼加拉瓜	港澳台		
															--- Of bast fibres:
															----Embroidered
7	0	0	0	0	0	0	0	0	0	0	10.2	0	0/	0/0	Other embroidered furnishing articles of flax or ramie, not knitted or crocheted
7	0	0	0	0	0	0	0	0	0	0	10.2	0	0/	0/0	Other embroidered furnishing articles of other bast fibres, not knitted or crocheted
															----Other
7	0	0	0	0	0	0	0	0	0	0	10.2	0	0/	0/0	Other furnishing articles of flax or ramie, not knitted or crocheted
7	0	0	0	0	0	0	0	0	0	0	10.2	0	0/	0/0	Other furnishing articles of other bast fibres, not knitted or crocheted,
0	0	0	0	0	0	0	0	0	0	0	10.2	0	0/	0/0	--- Other
															Sacks and bags, of a kind used for the packing of goods:
															- Of jute or of other textile bast fibres of heading 53.03
2.5	0	0	0	0	0		0	0	0	0	7.3	0	0/	0/0	Used sacks and bags, of a kind used for the packing of goods, of jute or of other textile bast fibres of heading 53.03
2.5	0	0	0	0	0		0	0	0	0	7.3	0	0/	0/0	Other sacks and bags, of a kind used for the packing of goods, of jute or of other textile bast fibres of heading 53.03
0	0	0	0	0	0	0	0	0	0	0	11.6	0	0/	0/0	- Of cotton
															- Of man-made textile materials:
12.8	0	0	0	0	0	0	0	0	0	0	11.6	0	0/	0/0	-- Flexible intermediate bulk containers
															-- Other, of polyethylene or poly-propylene strip or the like
0	0	0	0	0	0	0	0	0	0	0	11.6	0	0/	0/0	Other sacks and bags, of a kind used for the packing of goods, of polyethylene or polypropylene strip or the like, knitted or crocheted
0	0	0	0	0	0	0	0	0	0	0	11.6	0	0/	0/0	Other sacks and bags, of a kind used for the packing of goods, of polyethylene or polypropylene strip or the like, not knitted or crocheted
0	0	0	0	0	0	0	0	0	0	0	11.6	0	0/	0/0	-- Other
0	0	0	0	0	0	0	0	0	0	0	10.2	0	0/	0/0	- Of other textile materials
															Tarpaulins, awnings and sunblinds; tents (including temporary canopies and similar articles); sails for boats, sailboards or landcraft; camping goods:
															- Tarpaulins, awnings and sunblinds:
0	0	0	0	0	0	0	0	0	0	0	11.6	0	0/	0/0	-- Of synthetic fibres
															-- Of other textile materials:
0	0	0	0	0	0	0	0	0	0	0	10.2	0	0/	0/0	--- Of bast fibres
0	0	0	0	0	0	0	0	0	0	0	10.2	0	0/	0/0	--- Of cotton
															--- Other
0	0	0	0	0	0	0	0	0	0	0	10.2	0	0/	0/0	Tarpaulins, awnings and sunblinds, of artificial fibres
0	0	0	0	0	0	0	0	0	0	0	10.2	0	0/	0/0	Tarpaulins, awnings and sunblinds, of other textile materials
															- Tents (including temporary canopies and similar articles) :
															-- Of synthetic fibres
0	0	0	0	0	0	0	0	0	0	0	11.6	0	0/	0/0	Moveable tents, of synthetic fibres
0	0	0	0	0	0	0	0	0	0	0	11.6	0	0/	0/0	Other tents of synthetic fibres
															-- Of other textile materials:
0	0	0	0	0	0	0	0	0	0	0	10.2	0	0/	0/0	--- Of cotton
0	0	0	0	0	0	0	0	0	0	0	10.2	0	0/	0/0	--- Other
															- Sails:
0	0	0	0	0	0	0	0	0	0	0	11.6	0	0/	0/0	--- Of synthetic fibres

税 号	货品名称	进口关税（%）最惠国	普通	年内暂定	增值/消费税（%）	出口退税（%）	计量单位	监管证件代码	检验检疫类别	协定税率（%）东盟	亚太	智利
6306.3090	--- 其他纺织材料制	6	100		13	13	件/千克			0		0
	- 充气褥垫：											
6306.4010	--- 棉制	6	80		13	13	件/千克			0		0
6306.4020	--- 化学纤维制	6	130		13	13	件/千克			0		0
6306.4090	--- 其他	6	100		13	13	件/千克			0		0
	- 其他：											
6306.9010	--- 棉制	6	80		13	13	件/千克			0		0
6306.9020	--- 麻制	6	80		13	13	件/千克			0		0
6306.9030	--- 化学纤维制	6	130		13	13	件/千克			0		0
6306.9090	--- 其他	6	100		13	13	件/千克			0		0
63.07	**其他制成品，包括服装裁剪样：**											
6307.1000	- 擦地布、擦碗布、抹布及类似擦拭用布	6	130		13	13	千克			0	3.9	0
6307.2000	- 救生衣及安全带	6	70		13	13	千克/件			0		0
	- 其他：											
6307.9010	--- 口罩											
63079010.10	医疗或外科口罩	6	100		13	13	千克/个			0		0
63079010.90	其他口罩	6	100		13	13	千克/个			0		0
6307.9090	--- 其他	6	100		13	13	千克/个			0		0
	第二分章 成套物品											
63.08	**由机织物及纱线构成的零售包装成套物品，不论是否带附件，用以制作小地毯、装饰毯、绣花台布、餐巾或类似的纺织物品：**											
6308.0000	由机织物及纱线构成的零售包装成套物品，不论是否带附件，用以制作小地毯、装饰毯、绣花台布、餐巾或类似的纺织物品	6	130		13	13	千克			0		0
	第三分章 旧衣着及旧纺织品；碎织物											
63.09	**旧衣物：**											
6309.0000	旧衣物	6	130		13	0	千克	9		0		0
63.10	**纺织材料的新的或旧的碎织物及废线、绳、索、缆及其制品：**											
6310.1000	- 经分拣的											
63101000.10	新的或未使用过的纺织材料制经分拣的碎织物等（新的或未使用过的，包括废线、绳、索、缆及其制品）	6	50		13	13	千克	9		0		0
63101000.90	其他纺织材料制经分拣的碎织物等（包括废线、绳、索、缆及其制品）	6	50		13	13	千克	9		0		0
6310.9000	- 其他											
63109000.10	新的或未使用过的纺织材料制其他碎织物等（新的或未使用过的，包括废线、绳、索、缆及其制品）	6	50		13	13	千克	9		0		0
63109000.90	其他纺织材料制碎织物等（包括废线、绳、索、缆及其制品）	6	50		13	13	千克	9		0		0

协定税率（%）巴基斯坦	冰岛	哥斯达黎加	秘鲁	新西兰	瑞士	新加坡	韩国	澳大利亚	格鲁吉亚	毛里求斯	日本RCEP	尼加拉瓜	港澳台	特惠税率（%）①/②	Article Description
0	0	0	0	0	0	0	0	0	0	0	10.2	0	0/	0/0	--- Of other textile materials
															- Pneumatic mattresses:
0	0	0	0	0	0	0	0	0	0	0	10.2	0	0/	0/0	--- Of cotton
0	0	0	0	0	0	0	0	0	0	0	11.6	0	0/	0/0	--- Of man-made fibres
0	0	0	0	0	0	0	0	0	0	0	10.2	0	0/	0/0	--- Other
															- Other:
0	0	0	0	0	0	0	0	0	0	0	10.2	0	0/	0/0	--- Of cotton
0	0	0	0	0	0	0	0	0	0	0	10.2	0	0/	0/0	--- Of bast fibres
0	0	0	0	0	0	0	0	0	0	0	11.6	0	0/	0/0	--- Of man-made fibres
0	0	0	0	0	0	0	0	0	0	0	10.2	0	0/	0/0	--- Other
															Other made up articles, including dress patterns:
0	0	0	0	0	0	0	0	0	0	0	10.2	0	0/0	0/0	- Floor-cloths, dish-cloths, dus-ters and similar cleaning cloths
11.2	0	0	0	0	0	0	0	0	0	0	10.2	0	0/	0/0	- Life-jackets and life-belts
															- Other:
															--- Mask
0	0	0	0	0	0	0	4.6	0	0	0	11.4	0	0/	0/0	Masks for medical or surgical purpose
0	0	0	0	0	0	0	4.6	0	0	0	11.4	0	0/	0/0	Other masks
0	0	0	0	0	0	0	4.6	0	0	0	11.4	0	0/	0/0	--- Other
															II. SETS
															Sets consisting of woven fabric and yarn, whether or not with accessories, for making up into rugs, tapestries, embroidered table cloths or serviettes, or similar textile articles, put up in packings for retail sale:
7	0	0	0	0	0	0	0	0	0	0	10.2	0	0/	0/0	Sets consisting of woven fabric and yarn, whether or not with accessories, for making up into rugs, tapestries, embroidered table cloths or serviettes, or similar textile articles, put up in packings for retail sale
															III. WORN CLOTHING AND WORN TEXTILE ARTICLES; RAGS
															Worn clothing and other worn articles:
7	0	0	0	0	0	0	0	0	0	0	10.2	0	0/	0/0	Worn clothing and other worn articles
															Used or new rags, scrap twine, cordage, rope and cables and worn out articles of twine, cor-dage, rope or cables, of textile materials:
															- Sorted
0	0	0	0	0	0	0	0	0	0	2.8	10.2	0	0/	0/0	Sorted new or unused rags, including scrap twine, cordage, rope and cables and worn out articles of twine, of textile materials
0	0	0	0	0	0	0	0	0	0	2.8	10.2	0	0/	0/0	Other sorted rags, including scrap twine, cordage, rope and cables and worn out articles of twine, of textile materials
															- Other
0	0	0	0	0	0	0	0	0	0	0	10.2	0	0/	0/0	Other new or unused rags, including scrap twine, cordage, rope and cables and worn out articles of twine, of textile materials
0	0	0	0	0	0	0	0	0	0	0	10.2	0	0/	0/0	Other rags, including scrap twine, cordage, rope and cables and worn out articles of twine, of textile materials

第十二类 鞋、帽、伞、杖、鞭及其零件；已加工的羽毛及其制品；人造花；人发制品

第六十四章 鞋靴、护腿和类似品及其零件

注释：

一、本章不包括：

（一）易损材料（例如，纸、塑料薄膜）制的无外绱鞋底的一次性鞋靴罩或套。这些产品应按其构成材料归类；

（二）纺织材料制的鞋靴，没有用粘、缝或其他方法将外底固定或安装在鞋面上的（第十一类）；

（三）税目63.09的旧鞋靴；

（四）石棉制品（税目68.12）；

（五）矫形鞋靴或其他矫形器具及其零件（税目90.21）；或

（六）玩具鞋及装有冰刀或轮子的滑冰鞋；护胫或类似的运动防护服装（第九十五章）。

二、税目64.06所称“零件”，不包括鞋钉、护鞋铁掌、鞋眼、鞋钩、鞋扣、饰物、编带、鞋带、绒球或其他装饰带（应分别归入相应税目）及税目96.06的钮扣或其他货品。

三、本章所称：

（一）“橡胶”及“塑料”，包括能用肉眼辨出其外表有一层橡胶或塑料的机织物或其他纺织产品；运用本款时，橡胶或塑料仅引起颜色变化的不计在内；以及

（二）“皮革”，是指税目41.07及41.12至41.14的货品。

四、除本章注释三另有规定的以外：

（一）鞋面的材料应以占表面面积最大的那种材料为准，计算表面面积可不考虑附件及加固件，例如，护踝、裹边、饰物、扣子、拉襻、鞋眼或类似附属件；

（二）外底的主要材料应以与地面接触最广的那种材料为准，计算接触面时可不考虑鞋底钉、铁掌或类似附属件。

子目注释：

子目6402.12、6402.19、6403.12、6403.19及6404.11所称“运动鞋靴”，仅适用于：

一、带有或可装鞋底钉、止滑柱、夹钳、马蹄掌或类似品的体育专用鞋靴；

二、滑冰靴、滑雪靴及越野滑雪用鞋靴、滑雪板靴、角力靴、拳击靴及赛车鞋。

税号	货品名称	进口关税（%）			增值/消费税（%）	出口退税（%）	计量单位	监管证件代码	检验检疫类别	协定税率（%）		
		最惠国	普通	年内暂定						东盟	亚太	智利
64.01	橡胶或塑料制外底及鞋面的防水鞋靴，其鞋面不是用缝、铆、钉、旋、塞或类似方法固定在鞋底上的：											
	- 装有金属防护鞋头的鞋靴：											
6401.1010	--- 橡胶制鞋面的	10	100		13	13	千克/双			0	5	0
6401.1090	--- 塑料制鞋面的	10	100		13	13	千克/双			0	5	0
	- 其他鞋靴：											
	-- 鞋靴（过踝但未到膝）：											
6401.9210	--- 橡胶制鞋面的	10	100		13	13	千克/双			0	5	0

SECTION XII FOOTWEAR, HEADGEAR, UMBRELLAS, SUN UMBRELLAS, WALKING- STICKS, SEAT- STICKS, WHIPS, RIDING-CROPS AND PARTS THEREOF; PREPARED FEATHERS AND ARTICLES MADE THEREWITH; ARTIFICIAL FLOWERS; ARTICLES OF HUMAN HAIR

Chapter 64 Footwear, gaiters and the like; parts of such articles

Chapter Notes:

1. This Chapter does not cover:

   (a) Disposable foot or shoe coverings of flimsy material (for example, paper, sheeting of plastics) without applied soles. These products are classified according to their constituent material;

   (b) Footwear of textile material, without an outer sole glued, sewn or otherwise affixed or applied to the upper (Section XI);

   (c) Worn footwear of heading 63.09;

   (d) Articles of asbestos (heading 68.12);

   (e) Orthopaedic footwear or other orthopaedic appliances, or parts thereof (heading 90.21); or

   (f) Toy footwear or skating boots with ice or roller skates attached; shin-guards or similar protective sportswear (Chapter 95).

2. For the purposes of heading 64.06, the term "parts" does not include pegs, protectors, eyelets, hooks, buckles, ornaments, braid, laces, pompons or other trimmings (which are to be classified in their appropriate headings) or buttons or other goods of heading 96.06.

3. For the purposes of this Chapter:

   (a) the terms "rubber" and "plastics" include woven fabrics or other textile products with an external layer of rubber or plastics being visible to the naked eye; for the purpose of this provision, no account should be taken of any resulting change of colour; and

   (b) the term "leather" refers to the goods of headings 41.07 and 41.12 to 41.14.

4. Subject to Note 3 to this Chapter:

   (a) The material of the upper shall be taken to be the constituent material having the greatest external surface area, no account being taken of accessories or reinforcements such as ankle patches, edging, ornamentation, buckles, tabs, eyelet stays or similar attachments;

   (b) The constituent material of the outer sole shall be taken to be the material having the greatest surface area in contact with the ground, no account being taken of accessories or reinforcements such as spikes, bars, nails, protectors or similar attachments.

Subheading Notes:

For the purposes of subheadings 6402.12, 6402.19, 6403.12, 6403.19 and 6404.11, the expression "sports footwear" applies only to:

1. Footwear which is designed for a sporting activity and has, or has provision for the attachment of, spikes, sprigs, stops, clips, bars or the like;

2. Skating boots, ski-boots and cross-country ski footwear, snowboard boots, wrestling boots, boxing boots and cycling shoes.

协定税率（%）														特惠税率（%）①/②	Article Description
巴基斯坦	冰岛	哥斯达黎加	秘鲁	新西兰	瑞士	新加坡	韩国	澳大利亚	格鲁吉亚	毛里求斯	日本RCEP	尼加拉瓜	港澳台		
															Waterproof footwear with outer soles and uppers of rubber or of plastics, the uppers of which are neither fixed to the sole nor assembled by stitching, riveting, nailing, screwing, plugging or similar processes:
															- Footwear incorporating a protective metal toe-cap:
12	0	0	0	0	0	0	12	0	0	4.8	20.6	9	0/	0/0	--- With uppers of rubber
12	0	0	0	0	0	0	12	0	0	4.8	20.6	9	0/	0/0	--- With uppers of plastics
															- Other footwear:
															-- Covering the ankle but not covering the knee:
12	0	0	0	0	0	0	12	0	0	4.8	20.6	9	0/	0/0	--- With uppers of rubber

税　号	货品名称	进口关税（%） 最惠国	普通	年内暂定	增值/消费税（%）	出口退税（%）	计量单位	监管证件代码	检验检疫类别	协定税率（%） 东盟	亚太	智利
6401.9290	--- 塑料制鞋面的	10	100		13	13	千克/双			0	5	0
6401.9900	-- 其他	10	100		13	13	千克/双			0	5	0
64.02	**橡胶或塑料制外底及鞋面的其他鞋靴：**											
	- 运动鞋靴：											
6402.1200	-- 滑雪靴、越野滑雪鞋靴及滑雪板靴											
64021200.10	含濒危动物毛皮橡胶/塑料底及面滑雪靴（包括越野滑雪鞋靴及滑雪板靴）	4	100		13	0	千克/双	EF		0	2	0
64021200.90	其他橡胶/塑料底及面滑雪靴（包括越野滑雪鞋靴及滑雪板靴）	4	100		13	13	千克/双			0	2	0
6402.1900	-- 其他											
64021900.10	含濒危动物毛皮的其他运动鞋靴（橡胶、塑料制底及面）	10	100		13	0	千克/双	EF		0	5	0
64021900.90	橡胶、塑料制底及面的其他运动鞋靴	10	100		13	13	千克/双			0	5	0
6402.2000	- 用栓塞方法将鞋面条带装配在鞋底上的鞋	10	100		13	13	千克/双			0	5	0
	- 其他鞋靴：											
6402.9100	-- 鞋靴（过踝）	10	100		13	13	千克/双			0	5	0
	-- 其他：											
6402.9910	--- 橡胶制鞋面的	10	100		13	13	千克/双			0	5	0
	--- 塑料制鞋面的：											
6402.9921	---- 以机织物或其他纺织材料作衬底的	10	100		13	13	千克/双			0	5	0
6402.9929	---- 其他	10	100		13	13	千克/双			0	5	0
64.03	**橡胶、塑料、皮革或再生皮革制外底，皮革制鞋面的鞋靴：**											
	- 运动鞋靴：											
6403.1200	-- 滑雪靴、越野滑雪鞋靴及滑雪板靴											
64031200.10	含濒危动物皮革制鞋面的滑雪靴	14	100	4	13	0	千克/双	EF		0		0
64031200.90	其他皮革制鞋面的滑雪靴（包括橡胶、塑料、皮革制外底和越野滑雪鞋靴及板靴）	14	100	4	13	13	千克/双			0		0
6403.1900	-- 其他											
64031900.10	含濒危野生动物皮革制鞋面的其他运动鞋靴	10	100		13	0	千克/双	EF		0		0
64031900.90	皮革制鞋面的其他运动鞋靴（橡胶、塑料、皮或再生皮革制外底）	10	100		13	13	千克/双			0		0
6403.2000	- 皮革制外底，由交叉于脚背并绕大脚趾的皮革条带构成鞋面的鞋											
64032000.10	含濒危动物皮革条带为鞋面的皮底鞋	14	100		13	0	千克/双	EF		0		0
64032000.90	其他皮革条带为鞋面的皮底鞋（皮革条带交叉于脚背并绕大脚趾的）	14	100		13	13	千克/双			0		0
6403.4000	- 装有金属防护鞋头的其他鞋靴											
64034000.10	其他含濒危动物皮革面的鞋靴（装有金属护鞋头的）	14	100		13	0	千克/双	FE		0		0

协定税率（%）														特惠税率（%）①/②	Article Description
巴基斯坦	冰岛	哥斯达黎加	秘鲁	新西兰	瑞士	新加坡	韩国	澳大利亚	格鲁吉亚	毛里求斯	日本RCEP	尼加拉瓜	港澳台		
12	0	0	0	0	0	0	12	0	0	4.8	20.6	9	0/	0/0	--- With uppers of plastics
12	0	0	0	0	0	0	12	0	0	4.8	20.6	9	0/	0/0	-- Other
															Other footwear with outer soles and uppers of rubber or plastics:
															- Sports footwear:
															-- Ski-boots, cross-country ski footwear and snowboard boots
0	0	0	0	0	0		0	0	0	0	7.3	0	0/	0/0	Ski-boots with outer soles and uppers of rubber or plastics, containing furskin of endangered animals, including cross-country ski footwear and snowboard boots
0	0	0	0	0	0		0	0	0	0	7.3	0	0/	0/0	Other ski-boots with outer soles and uppers of rubber or plastics, including cross-country ski footwear and snowboard boots
															-- Other
12	0	0	0	0	0	0	12	0	0	4.8		9	0/	0/0	Other sports footwear with outer soles and uppers of rubber or plastics, containing furskin of endangered animals
12	0	0	0	0	0	0	12	0	0	4.8		9	0/	0/0	Other sports footwear with outer soles and uppers of rubber or plastics
12	0	0	0	0	0	0	12	0	0	4.8		9	0/	0/0	- Footwear with upper straps or thongs assembled to the soles by means of plugs
															- Other footwear:
12	0	0	0	0	0	0	12	0	0	4.8		9	0/	0/0	-- Covering the ankle
															-- Other:
12	0	0	0	0	0	0	12	0	0	4.8	20.6	9	0/	0/0	--- With uppers of rubber
															--- With uppers of plastics:
0	0	0	0	0	0	0	12	0	0	4.8		9	0/	0/0	----On a base of woven fabric or other textile materials
0	0	0	0	0	0	0	12	0	0	4.8	20.6	0	0/	0/0	----Other
															Footwear with outer soles of rubber, plastics, leather or composition leather and uppers of leather:
															- Sports footwear:
															-- Ski-boots, cross-country ski footwear and snowboard boots
	0	0	0	0	0	0	12	0	0	4.8	20.6	13.1	0/	0/0	Ski-boots with uppers of leather of endangered wild animals
	0	0	0	0	0	0	12	0	0	4.8	20.6	13.1	0/	0/0	Ski-boots with uppers of other leather and outer soles of rubber, plastics, leather or composition leather, including cross-country ski footwear and snowboard boots
															-- Other
12	0	0	0	0	0	0	0	0	0	0	10.9	9	0/	0/0	Other sports footwear with uppers of leather of endangerde wild animals
12	0	0	0	0	0	0	0	0	0	0	10.9	9	0/	0/0	Other sports footwear with uppers of other leather and outer soles of rubber, plastics, leather or composition leather
															- Footwear with outer soles of leather, and uppers which consist of leather straps across the instep and around the big toe
0	0	0	0	0	0	0	12	0	0	4.8	20.6	12.6	0/	0/0	Footwear with outer soles of leather and with uppers of leather straps of endangerde wild animals
0	0	0	0	0	0	0	12	0	0	4.8	20.6	12.6	0/	0/0	Footwear with outer soles of leather and with uppers which consist of other leather straps across the instep and around the big toe
															- Other footwear, incorporating a protective metal toe-cap
	0	0	0	0	0	0	12	0	0	4.8		13.1	0/	0/0	Other footwear with uppers of leather of endangerde wild animals, incorporating a protective metal toe-cap

税号	货品名称	进口关税（%）最惠国	普通	年内暂定	增值/消费税（%）	出口退税（%）	计量单位	监管证件代码	检验检疫类别	协定税率（%）东盟	亚太	智利
64034000.90	装有金属护鞋头的其他皮革面鞋靴（橡胶、塑料、皮革或再生皮革制外底）	14	100		13	13	千克/双			0		0
	- 皮革制外底的其他鞋靴：											
	-- 鞋靴（过踝）：											
	--- 过脚踝但低于小腿的鞋靴，按内底长度分类：											
6403.5111	---- 小于24厘米的											
64035111.10	含濒危动物皮革制外底皮革面过脚踝但低于小腿的鞋靴（内底长度小于24cm，运动用靴除外）	8	100		13	0	千克/双	FE		0		0
64035111.90	皮革制外底、皮革面，过脚踝但低于小腿的鞋靴（内底长度小于24厘米，运动用靴除外）	8	100		13	13	千克/双	A	M/	0		0
6403.5119	---- 其他											
64035119.10	其他含濒危动物皮革制外底皮革面过脚踝但低于小腿的鞋靴（运动用靴除外）	8	100		13	0	千克/双	EF		0		0
64035119.90	其他皮革制外底的皮革面过脚踝但低于小腿鞋靴（运动用靴除外）	8	100		13	13	千克/双			0		0
	--- 其他，按内底长度分类：											
6403.5191	---- 小于24厘米的											
64035191.10	含濒危动物皮革制外底皮革面的鞋靴（过踝）（内底长度小于24cm，运动用靴除外）	8	100		13	0	千克/双	EF		0		0
64035191.90	皮革制外底的皮革面鞋靴（过踝）（内底长度小于24厘米，运动用靴除外）	8	100		13	13	千克/双	A	M/	0		0
6403.5199	---- 其他											
64035199.10	含濒危动物皮革制外底皮革面的鞋靴（过踝）（运动用靴除外）	8	100		13	0	千克/双	FE		0		0
64035199.90	皮革制外底的皮革面鞋靴（过踝）（运动用靴除外）	8	100		13	13	千克/双			0		0
6403.5900	-- 其他											
64035900.10	含濒危动物皮革制外底皮革面的其他鞋（包括靴，运动用鞋靴除外）	8	100		13	0	千克/双	EF		0		0
64035900.90	皮革制外底的皮革面其他鞋靴（运动用鞋靴除外）	8	100		13	13	千克/双			0		0
	- 其他鞋靴：											
	-- 鞋靴（过踝）：											
	--- 过脚踝但低于小腿的鞋靴，按内底长度分类：											
6403.9111	---- 小于24厘米的											
64039111.10	其他含濒危野生动物皮革制面，过脚踝但低于小腿的鞋靴（内底小于24厘米，橡胶、塑料、再生皮革制外底，运动用靴除外）	8	100		13	0	千克/双	EF		0		0
64039111.90	其他皮革制面，过脚踝但低于小腿的鞋靴（内底小于24厘米，橡胶、塑料、再生皮革制外底，运动用靴除外）	8	100		13	13	千克/双	A	M/	0		0

协定税率（%）														特惠税率（%）①/②	Article Description
巴基斯坦	冰岛	哥斯达黎加	秘鲁	新西兰	瑞士	新加坡	韩国	澳大利亚	格鲁吉亚	毛里求斯	日本RCEP	尼加拉瓜	港澳台		
	0	0	0	0	0	0	12	0	0	4.8		13.1	0/	0/0	Other footwear with uppers of other leather and outer soles of rubber, plastics, leather or composition leather, incorporating a protective metal toe-cap
															- Other footwear with outer soles of leather:
															-- Covering the ankle:
															--- Covering the ankle but not covering the calf, by length of inner soles:
															----Less than 24cm
0	0	0	0	0	0		0	0	0	0	7.3	6.4	0/	0/0	Boots with outer soles of leather of endangerde wild animals and uppers of leather, covering the ankle but not covering the calf, inner sole length less than 24cm, other than sports footwear
0	0	0	0	0	0		0	0	0	0	7.3	6.4	0/	0/0	Boots with outer soles of leather and uppers of leather, covering the ankle but not covering the calf, inner soles length less than 24cm, other than sports footwear
															----Other
0	0	0	0	0	0		0	0	0	0	7.3	6.4	0/	0/0	Other short boots with outer soles of leather of wild animals and uppers of leather, covering the ankle but not covering the calf, other than sports footwear
0	0	0	0	0	0		0	0	0	0	7.3	6.4	0/	0/0	Short boots with outer soles of other leather and uppers of leather, covering the ankle but not covering the calf, other than sports footwear
															--- Other, by length of inner soles:
															----Less than 24cm
0	0	0	0	0	0		0	0	0	0	7.3	6.4	0/	0/0	Short boots with outer soles of leather of endangerde wild animals and uppers of leather, of inner soles length less than 24cm, other than sports footwear
0	0	0	0	0	0		0	0	0	0	7.3	6.4	0/	0/0	Short boots with outer soles of leather and uppers of leather, covering the ankle, of inner soles length less than 24cm, other than sports footwear
															----Other
0	0	0	0	0	0		0	0	0	0	7.3	6.4	0/	0/0	Short boots with outer soles of leather of endangerde wild animals and uppers of leather, other than sports footwear
0	0	0	0	0	0		0	0	0	0	7.3	6.4	0/	0/0	Short boots with outer soles of other leather and uppers of leather, covering the ankle, other than sports footwear
															-- Other
0	0	0	0	0	0		0	0	0	0	7.3	6.4	0/	0/0	Other footwear with outer soles of leather of endangerde wild animals and uppers of leather, including boots, other than sports footwear
0	0	0	0	0	0		0	0	0	0	7.3	6.4	0/	0/0	Other footwear with outer soles of other leather and uppers of leather, other than sports footwear
															- Other footwear:
															-- Covering the ankle:
															--- Covering the ankle but not covering the calf, by length of inner soles:
															----Less than 24cm
2.5	0	0	0	0	0	0	0	0	0	0	7.3	6.4	0/	0/0	Boots with uppers of leather of endangerde wild animals, covering the ankle but lower than calf, outer soles of rubber or plastic or composition leather, of inner soles length less than 24cm, other than sports footwear
2.5	0	0	0	0	0	0	0	0	0	0	7.3	6.4	0/	0/0	Boots with uppers of other leather, covering the ankle but lower than calf, outer soles of rubber or plastic or composition leather, of inner soles length less than 24cm, other than sports footwear

税号	货品名称	进口关税（%）			增值/消费税（%）	出口退税（%）	计量单位	监管证件代码	检验检疫类别	协定税率（%）		
		最惠国	普通	年内暂定						东盟	亚太	智利
6403.9119	----其他											
64039119.10	其他濒危野生动物皮革制面过脚踝但低于小腿的鞋靴（橡胶、塑料、再生皮革制外底，运动用靴除外）	8	100		13	0	千克/双	EF		0		0
64039119.90	其他皮革制面过脚踝但低于小腿的鞋靴（橡胶、塑料、再生皮革制外底，运动用靴除外）	8	100		13	13	千克/双			0		0
	--- 其他，按内底长度分类：											
6403.9191	----小于24厘米的											
64039191.10	其他濒危野生皮革制面的鞋靴（过踝）（内底小于24厘米，橡胶、塑料、再生皮革制外底，运动用靴除外）	8	100		13	0	千克/双	EF		0		0
64039191.90	其他皮革制面的鞋靴（过踝）（内底小于24厘米，橡胶、塑料、再生皮革制外底，运动用靴除外）	8	100		13	13	千克/双	A	M/	0		0
6403.9199	----其他											
64039199.10	其他濒危野生皮革制面的鞋靴（过踝）（橡胶、塑料、再生皮革制外底，运动用靴除外）	8	100		13	0	千克/双	EF		0		0
64039199.90	其他皮革制面的鞋靴（过踝）（橡胶、塑料、再生皮革制外底，运动用靴除外）	8	100		13	13	千克/双			0		0
6403.9900	-- 其他											
64039900.10	含濒危动物皮革制面的其他鞋靴（橡胶、塑料、再生皮革制外底，运动用鞋靴除外）	8	100		13	0	千克/双	EF		0	5.2	0
64039900.90	其他皮革制面的其他鞋靴（橡胶、塑料、再生皮革制外底，运动用鞋靴除外）	8	100		13	13	千克/双			0	5.2	0
64.04	**橡胶、塑料、皮革或再生皮革制外底，用纺织材料制鞋面的鞋靴：**											
	- 橡胶或塑料制外底的鞋靴：											
6404.1100	-- 运动鞋靴；网球鞋、篮球鞋、体操鞋、训练鞋及类似鞋	10	100		13	13	千克/双			0	5	0
	-- 其他：											
6404.1910	--- 拖鞋	10	100		13	13	千克/双			0	5	0
6404.1990	--- 其他	10	100		13	13	千克/双			0	5	0
	- 皮革或再生皮革制外底的鞋靴：											
6404.2010	--- 拖鞋	10	100		13	13	千克/双			0	5	0
6404.2090	--- 其他	10	100		13	13	千克/双			0	5	0
64.05	**其他鞋靴：**											
	- 皮革或再生皮革制鞋面的：											
6405.1010	--- 橡胶、塑料、皮革及再生皮革制外底的	12	100		13	13	千克/双			0	6	0
6405.1090	--- 其他材料制外底的											
64051090.10	含濒危动物皮革制面的其他鞋靴（外底用橡胶、塑料、皮革及再生皮革以外材料制成）	12	100		13	0	千克/双	EF		0	6	0

协定税率（%）														特惠税率（%）①/②	Article Description
巴基斯坦	冰岛	哥斯达黎加	秘鲁	新西兰	瑞士	新加坡	韩国	澳大利亚	格鲁吉亚	毛里求斯	日本RCEP	尼加拉瓜	港澳台		
															----Other
0	0	0	0	0	0	0	0	0	0	0	7.3	6.4	0/	0/0	Short boots with uppers of leather of endangerde wild animals, covering the ankle but lower than calf, outer soles of rubber or plastic or composition leather, other than sports footwear
0	0	0	0	0	0	0	0	0	0	0	7.3	6.4	0/	0/0	Short boots with uppers of other leather, covering the ankle but lower than calf, outer soles of rubber or plastic or composition leather, other than sports footwear
															--- Other, by length of inner soles:
															----Less than 24cm
0	0	0	0	0	0	0	0	0	0	0	7.3	6.4	0/	0/0	Short boots with uppers of leather of endangerde wild animals, covering the ankle, outer soles of rubber or plastic or composition leather, of inner soles length less than 24cm, other than sports footwear
0	0	0	0	0	0	0	0	0	0	0	7.3	6.4	0/	0/0	Short boots with uppers of other leather, covering the ankle, outer soles of rubber or plastic or composition leather, of inner soles length less than 24cm, other than sports footwear
															----Other
0	0	0	0	0	0	0	0	0	0	0	7.3	6.4	0/	0/0	Short boots with uppers of leather of endangerde wild animals, covering the ankle, outer soles of rubber or plastic or composition leather, other than sports footwear
0	0	0	0	0	0	0	0	0	0	0	7.3	6.4	0/	0/0	Short boots with uppers of other leather, covering the ankle, outer soles of rubber or plastic or composition leather, other than sports footwear
															-- Other
0	0	0	0	0	0	0	0	0	0	2	7.3	0	0/	0/0	Other footwear with uppers of leather of endangerde wild animals, outer soles of rubber or plastic or composition leather, other than sports footwear
0	0	0	0	0	0	0	0	0	0	2	7.3	0	0/	0/0	Other footwear with uppers of other leather, outer soles of rubber or plastic or composition leather, other than sports footwear
															Footwear with outer soles of rubber, plastics, leather or composition leather and uppers of textile materials:
															- Footwear with outer soles of rubber or plastics:
0	0	0	0	0	0	0	12	0	0	4.8		9	0/	0/0	-- Sports footwear；tennis shoes, basketball shoes, gym shoes, training shoes and the like
															-- Other:
9.6	0	0	0	0	0	0	12	0	0	4.8	20.6	9	0/		-- Other
9.6	0	0	0	0	0	0	12	0	0	4.8	20.6	0	0/		-- Other
															- Footwear with outer soles of leather or composition leather:
12	0	0	0	0	0	0	12	0	0	4.8	20.6	9	0/		--- Slippers
12	0	0	0	0	0	0	12	0	0	4.8	20.6	9	0/		--- Other
															Other footwear:
															- With uppers of leather or composition leather:
12	0	0	0	0	0	0	12	0	0	4.8	20.6	11.2	0/	0/0	--- With outer soles of rubber, plastics, leather or composition leather
															--- Other
12	0	0	0	0	0	0	12	0	0	4.8	20.6	11.2	0/	0/0	Other footwear with uppers of leather of endangerde wild animals, outer soles of materials other than rubber, plastics, leather or composition leather

税号	货品名称	进口关税（%）			增值/消费税（%）	出口退税（%）	计量单位	监管证件代码	检验检疫类别	协定税率（%）		
		最惠国	普通	年内暂定						东盟	亚太	智利
64051090.90	其他皮革或再生皮革制面的其他鞋靴（外底用橡胶、塑料、皮革及再生皮革以外材料制成）	12	100		13	13	千克/双			0	6	0
6405.2000	- 纺织材料制鞋面的											
64052000.10	羊毛毡呢制内底及鞋面的鞋靴（外底用橡胶、塑料、皮革或再生皮革制以外材料制成）	10	100		13	13	千克/双			0	5	0
64052000.90	纺织材料制鞋面的其他鞋靴（外底用橡胶、塑料、皮革或再生皮革制以外材料制成）	10	100		13	13	千克/双			0	5	0
	- 其他：											
6405.9010	--- 橡胶、塑料、皮革及再生皮革制外底的	6	100		13	13	千克/双			0	3.9	0
6405.9090	--- 其他材料制外底的	6	100		13	13	千克/双			0	3.9	0
64.06	**鞋靴零件（包括鞋面，不论是否带有除外底以外的其他鞋底）；活动式鞋内底、跟垫及类似品；护腿、裹腿和类似品及其零件：**											
6406.1000	- 鞋面及其零件，但硬衬除外											
64061000.10	含濒危动物皮的鞋面及其零件	6	90		13	0	千克/个	FE		0	3.9	0
64061000.90	其他鞋面及其零件（不包括硬衬及毡呢制品）	6	90		13	13	千克/个			0	3.9	0
	- 橡胶或塑料制的外底及鞋跟：											
6406.2010	--- 橡胶制的	6	90		13	13	千克/个			0		0
6406.2020	--- 塑料制的	6	90		13	13	千克/个			0		0
	- 其他：											
6406.9010	--- 木制	6	90		13	13	千克/个			0	3.9	0
	--- 其他材料制：											
6406.9091	---- 活动式鞋内底、跟垫及类似品	6	90		13	13	千克/个			0	3.9	0
6406.9092	---- 护腿、裹腿和类似品及其零件	6	90		13	13	千克/个			0	3.9	0
6406.9099	---- 其他	6	90		13	13	千克/个			0	3.9	0

协定税率（%）														特惠税率（%）①/②	Article Description
巴基斯坦	冰岛	哥斯达黎加	秘鲁	新西兰	瑞士	新加坡	韩国	澳大利亚	格鲁吉亚	毛里求斯	日本RCEP	尼加拉瓜	港澳台		
12	0	0	0	0	0	0	12	0	0	4.8	20.6	11.2	0/	0/0	Other footwear with uppers of other leather or composition leather, outer soles of materials other than rubber, plastics, leather or composition leather
															- With uppers of textile materials
11	0	0	0	0	0	0	11	0	0	4.4	18.9	9	0/	0/0	Footwear with innner soles and uppers of wool felt, outer soles of materials other than rubber, plastics, leather or composition leather
11	0	0	0	0	0	0	11	0	0	4.4	18.9	9	0/	0/0	Other footwear with uppers of textile materials, outer soles of materials other than rubber, plastics, leather or composition leather
															- Other:
0	0	0	0	0	0	0	0	0	0	0	10.9	0	0/	0/0	--- With outer soles of rubber, plastics, leather or composition leather
7.5	0	0	0	0	0	0	0	0	0	0	10.9	0	0/	0/0	--- Other
															Parts of footwear (including uppers whether or not attached to soles other than outer soles); removable in-soles, heel cushions and similar articles;gaiters, leggings and similar articles, and parts thereof:
															- Uppers and parts thereof, other than stiffeners
7.5	0	0	0	0	0	0	7.5	0	0	0		0	0/0	0/0	Uppers and parts thereof, containing leather of endangerde wild animals
7.5	0	0	0	0	0	0	7.5	0	0	0		0	0/0	0/0	Other uppers and parts thereof, excluding stiffeners and felt articles
															- Outer soles and heels, of rubber or plastics:
12	0	0	0	0	0	0	0	0	0	0	10.9	0	0/0	0/0	--- Of rubber
12	0	0	0	0	0	0	0	0	0	0	10.9	0	0/	0/0	--- Of plastics
															- Other:
7.5	0	0	0	0	0	0	0	0	0	0	10.9	0	0/	0/0	--- Of wood
															--- Of other materials:
7.5	0	0	0	0	0	0	7.5	0	0	0		0	0/0	0/0	----Re-movable in-soles, heel cushions and similar articles
6	0	0	0	0	0	0	7.5	0	0	0		0	0/0	0/0	----Gaiters, leggings and similar articles, and parts thereof
6	0	0	0	0	0	0	7.5	0	0	0		0	0/0	0/0	----Other

第六十五章　帽类及其零件

注释：

一、本章不包括：

（一）税目63.09的旧帽类；

（二）石棉制帽类（税目68.12）；或

（三）第九十五章的玩偶帽、其他玩具帽或狂欢节用品。

二、税目65.02不包括缝制的帽坯，但仅将条带缝成螺旋形的除外。

税号	货品名称	进口关税（%）			增值/消费税（%）	出口退税（%）	计量单位	监管证件代码	检验检疫类别	协定税率（%）		
		最惠国	普通	年内暂定						东盟	亚太	智利
65.01	**毡呢制的帽坯、帽身及帽兜，未楦制成形，也未加帽边；毡呢制的圆帽片及制帽用的毡呢筒（包括裁开的毡呢筒）：**											
6501.0000	毡呢制的帽坯、帽身及帽兜，未楦制成形，也未加帽边；毡呢制的圆帽片及制帽用的毡呢筒（包括裁开的毡呢筒）	10	100		13	13	千克			0		0
65.02	**编结的帽坯或用任何材料的条带拼制而成的帽坯，未楦制成形，也未加帽边、衬里或装饰物：**											
6502.0000	编结的帽坯或用任何材料的条带拼制而成的帽坯，未楦制成形，也未加帽边、衬里或装饰物	8	100		13	13	千克			0		0
65.04	**编结帽或用任何材料的条带拼制而成的帽类，不论有无衬里或装饰物：**											
6504.0000	编结帽或用任何材料的条带拼制而成的帽类，不论有无衬里或装饰物	8	130		13	13	个/千克			0		0
65.05	**针织或钩编的帽类，用成匹的花边、毡呢或其他纺织物（条带除外）制成的帽类，不论有无衬里或装饰物；任何材料制的发网，不论有无衬里或装饰物：**											
6505.0010	--- 发网	4	130		13	13	个/千克			0		0
6505.0020	--- 钩编的帽类	8	130		13	13	个/千克			0	5.2	0
	--- 其他：											
6505.0091	---- 用税目65.01的帽身、帽兜或圆帽片制成的毡呢帽类，无论有无衬里或装饰物	8	130		13	13	个/千克			0	4.8	0
6505.0099	---- 其他	8	130		13	13	个/千克			0	5.2	0
65.06	**其他帽类，不论有无衬里或装饰物：**											
6506.1000	- 安全帽											
65061000.10	防护罩（带有能够滤除生物因子滤器的面罩）	4	100		13	13	个/千克	3		0		0
65061000.90	其他安全帽（不论有无衬里或饰物）	4	100		13	13	个/千克			0		0
	- 其他：											
6506.9100	-- 橡胶或塑料制	4	100		13	13	个/千克			0		0
	-- 其他材料制：											
6506.9910	--- 皮革制											
65069910.10	含濒危动物皮革制帽类	8	130		13	0	个/千克	EF		0		0
65069910.90	其他皮革制帽类	8	130		13	13	个/千克			0		0
6506.9920	--- 毛皮制											
65069920.10	含濒危动物毛皮制的帽类（无论有无衬里或饰物）	4	130		13	0	个/千克	EF		0		0
65069920.90	其他毛皮制的帽类（无论有无衬里或饰物）	4	130		13	13	个/千克			0		0

Chapter 65 Headgear and parts thereof

Chapter Notes:

1. This Chapter does not cover:

   (a) Worn headgear of heading 63.09;

   (b) Asbestos headgear (heading 68.12); or

   (c) "Dolls" hats, other toy hats or carnival articles of Chapter 95.

2. Heading 65.02 does not cover hat-shapes made by sewing other than those obtained simply by sewing strips in spirals.

协定税率（%）														特惠税率（%）①/②	Article Description
巴基斯坦	冰岛	哥斯达黎加	秘鲁	新西兰	瑞士	新加坡	韩国	澳大利亚	格鲁吉亚	毛里求斯	日本RCEP	尼加拉瓜	港澳台		
															Hat-forms, hat bodies and hoods of felt, neither blocked to shape nor with made brims; plateaux and manchons (including slit manchons), of felt:
	0	0	0	0	0	0	11	0	0	4.4	18.9	9	0/	0/0	Hat-forms, hat bodies and hoods of felt, neither blocked to shape nor with made brims; plateaux and manchons (including slit manchons), of felt
															Hat-shapes, plaited or made by assembling strips of any materi-al, neither blocked to shape, nor with made brims, nor lined, nor trimmed:
	0	0	0	0	0	0	6.6	0	0	0	16.3	6.4	0/	0/0	Hat-shapes, plaited or made by assembling strips of any material, neither blocked to shape, nor with made brims, nor lined, nor trimmed
															Hats and other headgear, plaited or made by assembling strips of any material, whether or not lined or trimmed:
	0	0	0	0	0	0	6.6	0	0	0	16.3	6.4	0/	0/0	Hats and other headgear, plaited or made by assembling strips of any material, whether or not lined or trimmed
															Hats and other headgear, knitted or crocheted, or made up from lace, felt or other textile fabric, in the piece (by not in strips), whether or not lined or trimmed;hair-nets of any material, whether or not lined or trimmed:
0	0	0	0	0	0		0	0	0	0	7.3	0	0/	0/0	--- Hair-nets
19	0	0	0	0	0	0	6.6	0	0	4	16.3	6.4	0/	0/0	--- Hats and other headgear, crocheted
															--- Other:
	0	0	0	0	0	0	11	0	0	4.4	18.9	6.4	0/	0/0	----Felt hats and other felt headgear, made from the hat bodies, hoods or plateaux of heading 65.01, whether or not lined or trimmed
19	0	0	0	0	0	0	0	0	0	4	14.5	0	0/	0/0	----Other
															Other headgear, whether or not lined or trimmed:
															- Safety headgear
4	0	0	0	0	0		0	0	0	0	7.3	0	0/	0/0	Protective mask with filter which can filter biological factors
4	0	0	0	0	0		0	0	0	0	7.3	0	0/	0/0	Other safety headgear, whether or not lined or trimmed
															- Other:
0	0	0	0	0	0		0	0	0	0	7.3	0	0/	0/0	-- Of rubber or of plastics
															-- Of other materials:
															--- Of leather
4	0	0	0	0	0		0	0	0	0	7.3	6.4	0/	0/0	Other headgear, of leather of wild animals
4	0	0	0	0	0		0	0	0	0	7.3	6.4	0/	0/0	Other headgear, of leather of other animals
															--- Of furskin
0	0	0	0	0	0		0	0	0	0	7.3	0	0/	0/0	Headgear, of furskin of wild animals, whether or not lined or trimmed
0	0	0	0	0	0		0	0	0	0	7.3	0	0/	0/0	Headgear, of furskin of other animals, whether or not lined or trimmed

税 号	货品名称	进口关税（%）			增值/消费税（%）	出口退税（%）	计量单位	监管证件代码	检验检疫类别	协定税率（%）		
		最惠国	普通	年内暂定						东盟	亚太	智利
6506.9990	--- 其他	10	100		13	13	个/千克			0		0
65.07	**帽圈、帽衬、帽套、帽帮、帽骨架、帽舌及帽颏带：**											
6507.0000	帽圈、帽衬、帽套、帽帮、帽骨架、帽舌及帽颏带											
65070000.10	含濒危动物成分的帽类附件（指帽圈、衬、套、帮、骨架、舌及颏带）	10	100		13	0	千克	FE		0		0
65070000.90	其他帽类附件（指帽圈、衬、套、帮、骨架、舌及颏带）	10	100		13	13	千克			0		0

协定税率（%）														特惠税率（%）①/②	Article Description
巴基斯坦	冰岛	哥斯达黎加	秘鲁	新西兰	瑞士	新加坡	韩国	澳大利亚	格鲁吉亚	毛里求斯	日本RCEP	尼加拉瓜	港澳台		
	0	0	0	0	0	0	12	0	0	4.8		9	0/	0/0	--- Other
															Head-bands, linings, covers, hat foundations, hat frames, peaks and chinstraps, for headgear:
															Head-bands, linings, covers, hat foundations, hat frames, peaks and chinstraps, for headgear
	0	0	0	0	0	0	12	0	0	4.8		9	0/	0/0	Headgear accessories, including headbands, linings, covers, hat foundations, hat frames, peaks and chinstraps, containing materials of wild animals
	0	0	0	0	0	0	12	0	0	4.8		9	0/	0/0	Other headgear accessories, including head-bands, linings, covers, hat foundations, hat frames, peaks and chinstraps

第六十六章　雨伞、阳伞、手杖、鞭子、马鞭及其零件

注释：

一、本章不包括：

（一）丈量用杖及类似品（税目90.17）；

（二）火器手杖、刀剑手杖、灌铅手杖及类似品（第九十三章）；或

（三）第九十五章的货品（例如，玩具雨伞、玩具阳伞）。

二、税目66.03不包括纺织材料制的零件、附件及装饰品或者任何材料制的罩套、流苏、鞭梢、伞套及类似品。此类货品即使与税目66.01或66.02的物品一同报验，只要未装配在一起，则不应视为上述税目所列物品的组成零件，而应分别归入各有关税目。

税　号	货品名称	进口关税（%）			增值/消费税（%）	出口退税（%）	计量单位	监管证件代码	检验检疫类别	协定税率（%）		
		最惠国	普通	年内暂定						东盟	亚太	智利
66.01	雨伞及阳伞（包括手杖伞、庭园用伞及类似伞）：											
6601.1000	- 庭园用伞及类似伞	6	130		13	13	千克/把			0		0
	- 其他：											
6601.9100	-- 折叠伞	4	130		13	13	千克/把			0		0
6601.9900	-- 其他	4	130		13	13	千克/把			0		0
66.02	手杖、带座手杖、鞭子、马鞭及类似品：											
6602.0000	手杖、带座手杖、鞭子、马鞭及类似品											
66020000.11	含濒危动物成分的手杖、带座手杖（包括马鞭、鞭子及类似品）	4	130		13	0	千克/把	EF		0		0
66020000.19	动植物材料制手杖、鞭子及类似品（包括带座手杖）	4	130		13	13	千克/把			0		0
66020000.90	其他手杖、带座手杖、鞭子及类似品	4	130		13	13	千克/把			0		0
66.03	税目66.01或66.02所列物品的零件及装饰品：											
6603.2000	- 伞骨，包括装在伞柄上的伞骨	6	130		13	13	千克			0		0
6603.9000	- 其他											
66039000.10	含濒危动物成分的伞、手杖的零件及装饰品（包括鞭子的其他零件及饰品）	6	130		13	0	千克	EF		0		0
66039000.90	伞、手杖及鞭子的其他零件及饰品（罩套、流苏、鞭梢及纺织材料制品除外）	6	130		13	13	千克			0		0

Chapter 66 Umbrellas, sun umbrellas, walking-sticks, seat-sticks, whips, riding-crops, and parts thereof

Chapter Notes:

1. This Chapter does not cover:

(a) Measure walking-sticks or the like (heading 90.17);

(b) Firearm-sticks, sword-sticks, loaded walking-sticks or the like (Chapter 93); or

(c) Goods of Chapter 95 (for example, toy umbrellas, toy sun umbrellas).

2. Heading 66.03 does not cover parts, trimmings or accessories of textile material, or covers, tassels, thongs, umbrella cases or the like, of any material. Such goods presented with, but not fitted to, articles of heading 66.01 or 66.02 are to be classified separately and are not to be treated as forming part of those articles.

协定税率（%）														特惠税率（%）①/②	Article Description
巴基斯坦	冰岛	哥斯达黎加	秘鲁	新西兰	瑞士	新加坡	韩国	澳大利亚	格鲁吉亚	毛里求斯	日本RCEP	尼加拉瓜	港澳台		
															Umbrellas and sun umbrellas (including walking-stick umbrellas, garden umbrellas and similar umbrellas):
7	0	0	0	0	0	0	0	0	0	0	10.2	0	0/	0/0	- Garden or similar umbrellas
															- Other:
0	0	0	0	0	0		0	0	0	0	7.3	0	0/	0/0	-- Having a telescopic shaft
0	0	0	0	0	0		0	0	0	0	7.3	0	0/	0/0	-- Other
															Walking-sticks, seat-sticks, whips, ridingcrops and the like:
															Walking-sticks, seat-sticks, whips, ridingcrops and the like
0	0	0	0	0	0		0	0	0	0	7.3	0	0/	0/0	Walking-sticks, seat-sticks, whips, riding-crops and the like, containing materials of wild animals
0	0	0	0	0	0		0	0	0	0	7.3	0	0/	0/0	Walking-sticks, seat-sticks, whips, riding-crops and the like, of vegetable or animal materials
0	0	0	0	0	0		0	0	0	0	7.3	0	0/	0/0	Other walking-sticks, seat-sticks, whips, riding-crops and the like
															Parts, trimmings and accessories of articles of heading 66.01 or 66.02:
11.2	0	0	0	0	0	0	0	0	0	0	10.2	0	0/	0/0	- Umbrella frames, including frames mounted on shafts (sticks)
															- Other
11.2	0	0	0	0	0	0	0	0	0	0	10.2	0	0/	0/0	Parts, trimmings and accessories of umbrella, walking-sticks, whips, containing composition of wild animals
11.2	0	0	0	0	0	0	0	0	0	0	10.2	0	0/	0/0	Other parts, trimmings and accessories of umbrella, walking-sticks, whips, other than covers, tassels, lash and other articles of textile material

第六十七章　已加工羽毛、羽绒及其制品；人造花；人发制品

注释：

一、本章不包括：

（一）人发制滤布（税目59.11）；

（二）花边、刺绣品或其他纺织物制成的花卉图案（第十一类）；

（三）鞋靴（第六十四章）；

（四）帽类及发网（第六十五章）；

（五）玩具、运动用品或狂欢节用品（第九十五章）；或

（六）羽毛掸帚、粉扑及人发制的筛子（第九十六章）。

二、税目67.01不包括：

（一）羽毛或羽绒仅在其中作为填充料的物品（例如，税目94.04的寝具）；

（二）羽毛或羽绒仅作为饰物或填充料的衣服或衣着附件；或

（三）税目67.02的人造花、叶及其部分品，以及它们的制成品。

三、税目67.02不包括：

（一）玻璃制品（第七十章）；或

（二）用陶器、石料、金属、木料或其他材料经模铸、锻造、雕刻、冲压或其他方法整件制成形的人造花、叶或果实；用捆扎、胶粘及类似方法以外的其他方法将部分品组合而成的上述制品。

税号	货品名称	进口关税（%）			增值/消费税（%）	出口退税（%）	计量单位	监管证件代码	检验检疫类别	协定税率（%）		
		最惠国	普通	年内暂定						东盟	亚太	智利
67.01	**带羽毛或羽绒的鸟皮及鸟体其他部分、羽毛、部分羽毛、羽绒及其制品（税目05.05的货品和经加工的羽管及羽轴除外）：**											
6701.0000	带羽毛或羽绒的鸟皮及鸟体其他部分、羽毛、部分羽毛、羽绒及其制品（税目05.05的货品和经加工的羽管及羽轴除外）											
67010000.10	已加工濒危鸟类的羽毛、羽绒及其制品	8	130		13	0	千克	AFEB	P/Q	0		0
67010000.90	其他已加工羽毛、羽绒及其制品（税目05.05的货品及经加工的羽管及羽轴除外）	8	130		13	13	千克	AB	P/Q	0		0
67.02	**人造花、叶、果实及其零件；用人造花、叶或果实制成的物品：**											
6702.1000	- 塑料制	8	130		13	13	千克			0		0
	- 其他材料制：											
6702.9010	--- 羽毛制											
67029010.10	濒危鸟类羽毛制的花、叶、果实及其制品	8	130		13	0	千克	AFEB	P/Q	0	4.8	0
67029010.90	其他羽毛制花、叶、果实及其制品（包括花、叶、果实的零件）	8	130		13	13	千克	AB	P/Q	0	4.8	0
6702.9020	--- 丝及绢丝制	8	130		13	13	千克			0		0
6702.9030	--- 化学纤维制	8	130		13	13	千克			0		0
6702.9090	--- 其他	8	130		13	13	千克			0		0
67.03	**经梳理、稀疏、脱色或其他方法加工的人发；作假发及类似品用的羊毛、其他动物毛或其他纺织材料：**											

Chapter 67 Prepared feathers and down and articles made of feathers or of down; artificial flowers; articles of human hair

Chapter Notes:

1. This Chapter does not cover:

   (a) Filtering or straining cloth of human hair (heading 59.11);

   (b) Floral motifs of lace, of embroidery or other textile fabric (Section XI);

   (c) Footwear (Chapter 64);

   (d) Headgear or hair-nets (Chapter 65);

   (e) Toys, sports requisites or carnival articles (Chapter 95); or

   (f) Feather dusters, powder-puffs or hair sieves (Chapter 96).

2. Heading 67.01 does not cover:

   (a) Articles in which feathers or down constitute only filling or padding (for example, bedding of heading 94.04);

   (b) Articles of apparel or clothing accessories in which feathers or down constitute no more than mere trimming or padding; or

   (c) Artificial flowers or foliage or parts thereof or made up articles of heading 67.02.

3. Heading 67.02 does not cover:

   (a) Articles of glass (Chapter 70); or

   (b) Artificial flowers, foliage or fruit of pottery, stone, metal, wood or other materials, obtained in one piece by moulding, forging, carving, stamping or other process, or consisting of parts assembled otherwise than by binding, glueing, fitting into one another or similar methods.

协定税率（%）														特惠税率（%）①/②	Article Description
巴基斯坦	冰岛	哥斯达黎加	秘鲁	新西兰	瑞士	新加坡	韩国	澳大利亚	格鲁吉亚	毛里求斯	日本RCEP	尼加拉瓜	港澳台		
															Skins and other parts of birds with their feathers or down, feathers, parts of feathers, down and articles thereof (other than goods of heading 05.05 and worked quills and scapes):
															Skins and other parts of birds with their feathers or down, feathers, parts of feathers, down and articles thereof (other than goods of heading 05.05 and worked quills and scapes)
	0	0	0	0	0	0	6.6	0	0	0	16.3	6.4	0/	0/0	Worked feathers, down and articles thereof, of wild birds
	0	0	0	0	0	0	6.6	0	0	0	16.3	6.4	0/	0/0	Other worked feathers, down and articles thereof, other than goods of heading 05.05 and worked quills and scapes
															Artificial flowers, foliage and fruit and parts thereof;articles made of artificial flowers, foliage or fruit:
	0	0	0	0	0	0	6.6	0	0	0	16.3	6.4	0/	0/0	- Of plastics
															- Of other materials:
															--- Of feathers or down
	0	0	0	0	0	0	6.6	0	0	0	16.3	6.4	0/	0/0	Artificial flowers, foliage and fruit and articles thereof, of feathers or down of wild birds
	0	0	0	0	0	0	6.6	0	0	0	16.3	6.4	0/	0/0	Artificial flowers, foliage and fruit and articles thereof; of other feathers or down, including parts of flowers, foliage and fruit and articles thereof
	0	0	0	0	0	0	12	0	0	4.8	20.6	6.4	0/	0/0	--- Of silk or silk waste
	0	0	0	0	0	0	12	0	0	4.8	20.6	6.4	0/	0/0	--- Of man-made fibres
	0	0	0	0	0	0	6.6	0	0	0	16.3	6.4	0/	0/0	--- Other
															Human hair, dressed, thinned, bleached or otherwise worked; wool or other animal hair or other textile materials, prepared for use in making wigs or the like:

税号	货品名称	进口关税（%）			增值/消费税（%）	出口退税（%）	计量单位	监管证件代码	检验检疫类别	协定税率（%）		
		最惠国	普通	年内暂定						东盟	亚太	智利
6703.0000	经梳理、稀疏、脱色或其他方法加工的人发；作假发及类似品用的羊毛、其他动物毛或其他纺织材料	8	100		13	13	千克			0	5.2	0
67.04	**人发、动物毛或纺织材料制的假发、假胡须、假眉毛、假睫毛及类似品；其他税目未列名的人发制品：**											
	- 合成纤维纺织材料制：											
6704.1100	-- 整头假发	8	130		13	13	千克			0		0
6704.1900	-- 其他	8	130		13	13	千克			0		0
6704.2000	- 人发制	6	130		13	13	千克			0		0
6704.9000	- 其他材料制	8	130		13	13	千克			0		0

协定税率（%）														特惠税率（%）①/②	Article Description
巴基斯坦	冰岛	哥斯达黎加	秘鲁	新西兰	瑞士	新加坡	韩国	澳大利亚	格鲁吉亚	毛里求斯	日本RCEP	尼加拉瓜	港澳台		
18	0	0	0	0	0	0	0	0	0	0	14.5	6.4	0/	0/0	Human hair, dressed, thinned, bleached or otherwise worked; wool or other animal hair or other textile materials, prepared for use in making wigs or the like
															Wigs, false beards, eyebrows and eyelashes, switches and the like, of human or animal hair or of textile materials; articles of human hair not elsewhere specified or included:
															- Of synthetic textile materials:
	0	0	0	0	8	0	12.5	0	0	5	21.4	6.4	0/	0/0	-- Complete wigs
	0	0	0	0	8	0	12.5	0	0	5		6.4	0/	0/0	-- Other
12	0	0	0	0	0	0	0	0	0	0	10.9	0	0/	0/0	- Of human hair
	0	0	0	0	8	0	12.5	0	0	5		6.4	0/	0/0	- Of other materials

第十三类　石料、石膏、水泥、石棉、云母及类似材料的制品；陶瓷产品；玻璃及其制品

第六十八章　石料、石膏、水泥、石棉、云母及类似材料的制品

注释：

一、本章不包括：

（一）第二十五章的货品；

（二）税目48.10或48.11的经涂布、浸渍或覆盖的纸及纸板（例如，用云母粉或石墨涂布的纸及纸板、沥青纸及纸板）；

（三）第五十六章或第五十九章的经涂布、浸渍或包覆的纺织物（例如，用云母粉、沥青涂布或包覆的织物）；

（四）第七十一章的物品；

（五）第八十二章的工具及其零件；

（六）税目84.42的印刷用石板；

（七）绝缘子（税目85.46）或绝缘材料制的零件（税目85.47）；

（八）牙科用磨锉（税目90.18）；

（九）第九十一章的物品（例如，钟及钟壳）；

（十）第九十四章的物品（例如，家具、灯具及照明装置、活动房屋）；

（十一）第九十五章的物品（例如，玩具、游戏品及运动用品）；

（十二）用第九十六章注释二（二）所述材料制成的税目96.02的物品或税目96.06的物品（例如，纽扣）、税目96.09的物品（例如，石笔）、税目96.10的物品（例如，绘画石板）或税目96.20的物品（独脚架、双脚架、三脚架及类似品）；或

（十三）第九十七章的物品（例如，艺术品）。

二、税目68.02所称“已加工的碑石或建筑用石”，不仅适用于已加工的税目25.15、25.16的各种石料，也适用于所有经类似加工的其他天然石料（例如，石英岩、燧石、白云石及冻石），但不适用于板岩。

税号	货品名称	进口关税（%）			增值/消费税（%）	出口退税（%）	计量单位	监管证件代码	检验检疫类别	协定税率（%）		
		最惠国	普通	年内暂定						东盟	亚太	智利
68.01	天然石料（不包括板岩）制的长方砌石、路缘石、扁平石：											
6801.0000	天然石料（不包括板岩）制的长方砌石、路缘石、扁平石	12	70		13	0	千克			0		0
68.02	已加工的碑石或建筑用石（不包括板岩）及其制品，但税目68.01的货品除外；天然石料（包括板岩）制的镶嵌石（马赛克）及类似品，不论是否有衬背；天然石料（包括板岩）制的人工染色石粒、石片及石粉：											
	- 砖、瓦、方块及类似品，不论是否为矩形（包括正方形），其最大面以可置入边长小于7厘米的方格为限；人工染色的石粒、石片及石粉：											
6802.1010	--- 大理石	15	90		13	0	千克			0	9.8	0
6802.1090	--- 其他	15	90		13	0	千克			0	9.8	0
	- 简单切削或锯开并具有一个平面的其他碑石或建筑用石及其制品：											

SECTION XIII ARTICLES OF STONE, PLASTER, CEMENT, ASBESTOS, MICA OR SIMILAR MATERIALS; CERAMIC PRODUCTS; GLASS AND GLASSWARE

Chapter 68 Articles of stone, plaster, cement, asbestos, mica or similar materials

Chapter Notes:

1. This Chapter does not cover:
   - (a) Goods of Chapter 25;
   - (b) Coated, impregnated or covered paper and paperboard of heading 48.10 or 48.11 (for example, paper and paperboard coated with mica powder or graphite, bituminised or asphalted paper and paperboard);
   - (c) Coated, impregnated or covered textile fabric of Chapter 56 or 59 (for example, fabric coated or covered with mica powder, bituminised or asphalted fabric);
   - (d) Articles of Chapter 71;
   - (e) Tools or parts of tools, of Chapter 82;
   - (f) Lithographic stones of heading 84.42;
   - (g) Electrical insulators (heading 85.46) or fittings of insulating material of heading 85.47;
   - (h) Dental burrs (heading 90.18);
   - (ij) Articles of Chapter 91 (for example, clocks and clock cases);
   - (k) Articles of Chapter 94 (for example, furniture, luminaires and lighting fittings, prefabricated buildings);
   - (l) Articles of Chapter 95 (for example, toys, games and sports requisites);
   - (m) Articles of heading 96.02, if made of materials specified in Note 2 (b) to Chapter 96, or of heading 96.06 (for example, buttons), of heading 96.09 (for example, slate pencils), heading 96.10 (for example, drawing slates) or of heading 96.20 (monopods, bipods, tripods and similar articles); or
   - (n) Articles of Chapter 97 (for example, works of art).
2. In heading 68.02 the expression "worked monumental or building stone" applies not only to the varieties of stone referred to in heading 25.15 or 25.16 but also to all other natural stone (for example, quartzite, flint, dolomite and steatite) similarly worked; it does not, however, apply to slate.

协定税率(%)														特惠税率(%)①/②	Article Description
巴基斯坦	冰岛	哥斯达黎加	秘鲁	新西兰	瑞士	新加坡	韩国	澳大利亚	格鲁吉亚	毛里求斯	日本RCEP	尼加拉瓜	港澳台		
															Setts, curbstones and flagstones, of natural stone (except slate):
6	0	0	0	0	0	0	0	0	0	0	8.7	11.2	0/	0/0	Setts, curbstones and flagstones, of natural stone (except slate)
															Worked monumental or building stone (except slate) and articles thereof, other than goods of heading 68.01; mosaic cubes and the like, of natural stone (including slate), whether or not on a backing; artificially co-loured granules, chippings and powder, of natural stone (inclu-ding slate):
															- Tiles, cubes and similar articles, whether or not rectangular (including square), the largest face of which is capable of being enclosed in a square the side of which is less than 7cm; artificially coloured granules, chippings and powder:
0	0	0	0	0	0	0	12	0	0	4.8	20.6	14	0/	0/0	--- Marble
0	0	0	0	0	0	0	6.6	0	0	0	16.3	14	0/	0/0	--- Other
															- Other monumental or building stone and articles thereof, simply cut or sawn, with a flat or even surface:

税　号	货品名称	进口关税（%） 最惠国	普通	年内暂定	增值/消费税（%）	出口退税（%）	计量单位	监管证件代码	检验检疫类别	协定税率（%） 东盟	亚太	智利
	-- 大理石、石灰华及蜡石：											
6802.2110	--- 大理石	10	90		13	0	千克			0		0
6802.2120	--- 石灰华	15	90		13	13	千克			0	10.5	0
6802.2190	--- 其他	15	90		13	0	千克			0	10.5	0
6802.2300	-- 花岗岩	10	90		13	0	千克	A	M/	0	6.5	0
	-- 其他石：											
6802.2910	--- 其他石灰石	15	90		13	0	千克			0		0
6802.2990	--- 其他	15	90		13	0	千克			0		0
	- 其他：											
	-- 大理石、石灰华及蜡石：											
6802.9110	--- 石刻	15	90		13	13	千克			0		0
6802.9190	--- 其他	10	90		13	13	千克			0		0
	-- 其他石灰质石：											
6802.9210	--- 石刻	15	90		13	13	千克			0		0
6802.9290	--- 其他	10	90		13	13	千克			0		0
	-- 花岗岩：											
	--- 石刻：											
6802.9311	---- 墓碑石	15	90		13	13	千克	A	M/	0		0
6802.9319	---- 其他	15	90		13	13	千克	A	M/	0	10.5	0
6802.9390	--- 其他	10	90		13	13	千克	A	M/	0	6.5	0
	-- 其他石：											
6802.9910	--- 石刻	15	90		13	13	千克			0		0
6802.9990	--- 其他	15	90		13	13	千克			0		0
68.03	**已加工的板岩及板岩或粘聚板岩的制品：**											
6803.0010	--- 板岩制	15	80		13	13	千克			0		0
6803.0090	--- 其他	15	80		13	13	千克			0		0
68.04	**未装支架的石磨、石碾、砂轮和类似品及其零件，用于研磨、磨刃、抛光、整形或切割，以及手用磨石、抛光石及其零件，用天然石料、粘聚的天然磨料、人造磨料或陶瓷制成，不论是否装有由其他材料制成的零件：**											
6804.1000	- 碾磨或磨浆用石磨、石碾	8	40		13	13	千克			0		0
	- 其他石磨、石碾、砂轮及类似品：											
	-- 粘聚合成或天然金刚石制：											
6804.2110	--- 砂轮	8	17		13	13	千克			0		0
6804.2190	--- 其他	8	17		13	13	千克			0		0
	-- 其他粘聚磨料制或陶瓷制：											
6804.2210	--- 砂轮	8	17		13	13	千克			0		0
6804.2290	--- 其他	8	40		13	13	千克			0		0
	-- 天然石料制：											
6804.2310	--- 砂轮	8	17		13	13	千克			0		0
6804.2390	--- 其他	8	40		13	13	千克			0		0
	- 手用磨石及抛光石：											
6804.3010	--- 琢磨油石	8	17		13	13	千克			0	5.2	0
6804.3090	--- 其他	8	40		13	13	千克			0	6.4	0
68.05	**砂布、砂纸及以其他材料为底的类似品，不论是否裁切、缝合或用其他方法加工成形：**											
6805.1000	- 砂布	8	40		13	13	千克			0		0

协定税率（%）巴基斯坦	冰岛	哥斯达黎加	秘鲁	新西兰	瑞士	新加坡	韩国	澳大利亚	格鲁吉亚	毛里求斯	日本RCEP	尼加拉瓜	港澳台	特惠税率（%）①/②	Article Description
															-- Marble, travertine and alabaster:
0	0	0	0	0	0		0	0	0	0	7.3	9	0/	0/0	--- Marble
0	0	0	0	0	0	0	12	0	0	4.8	20.6	14	0/	0/0	--- Travertine
0	0	0	0	0	0	0	12	0	0	4.8	20.6	14	0/	0/0	--- Other
0	0	0	0	0	0		0	0	0	0	7.3	9	0/	0/0	-- Granite
															-- Other stone:
0	0	0	0	0	0	0	12	0	0	4.8	20.6	14	0/	0/0	--- Other calcareous stone
0	0	0	0	0	0	0	0	0	0	0	10.9	14	0/	0/0	--- Other
															- Other:
															-- Marble, travertine and alabaster:
0	0	0	0	0	0	0	12	0	0	4.8	20.6	14	0/	0/0	--- Carvings
0	0	0	0	0	0		0	0	0	0	7.3	9	0/	0/0	--- Other
															-- Other calcareous stone:
0	0	0	0	0	0	0	12	0	0	4.8	20.6	14	0/	0/0	--- Carvings
0	0	0	0	0	0		0	0	0	0	7.3	9	0/	0/0	--- Other
															-- Granite:
															--- Carvings:
0	0	0	0	0	0	0	12	0	0	4.8		14	0/	0/0	----Gravestone
0	0	0	0	0	0	0	12	0	0	4.8		14	0/	0/0	----Other
0	0	0	0	0	0		0	0	0	0	7.3	9	0/	0/0	--- Other
															-- Other stone:
0	0	0	0	0	0	0	12	0	0	4.8		14	0/	0/0	--- Carvings
0	0	0	0	0	0	0	12	0	0	4.8		14	0/	0/0	--- Other
															Worked slate and articles of slate or of agglomerated slate:
	0	0	0	0	0	0	6.6	0	0	0	16.3	14	0/	0/0	--- Of slate
	0	0	0	0	0	0	6.6	0	0	0	16.3	14	0/	0/0	--- Other
															Millstones, grindstones, grinding wheels and the like, without frameworks, for grinding, sharpening, polishing, trueing or cutting, hand sharpening or polishing stones, and parts thereof, of natural stone, of agglomerated natural or artificial abrasives, or of ceramics, with or without parts of other materials:
0	0	0	0	0	0		0	0	0	0	5.8	6.4	0/	0/0	- Millstones and grindstones for milling, grinding or pulping
															- Other millstones, grindstones, grinding wheels and the like:
															-- Of agglomerated synthetic or natural diamond:
0	0	0	0	0	0		0	0	0	0	5.8	6.4	0/	0/0	--- Grinding wheels
0	0	0	0	0	0		0	0	0	0	5.8	6.4	0/	0/0	--- Other
															-- Of other agglomerated abrasives or of ceramics:
0	0	0	0	0	0		0	0	0	0	5.8	6.4	0/	0/0	--- Grinding wheels
0	0	0	0	0	0		0	0	0	0	5.8	6.4	0/	0/0	--- Other
															-- Of natural stone:
0	0	0	0	0	0		0	0	0	0	5.8	6.4	0/	0/0	--- Grinding wheels
0	0	0	0	0	0		0	0	0	0	5.8	6.4	0/	0/0	--- Other
															- Hand sharpening or polishing stones:
0	0	0	0	0	0		0	0	0	0	5.8	6.4	0/	0/0	--- Oilstones
0	0	0	0	0	0		0	0	0	0	5.8	6.4	0/	0/0	--- Other
															Natural or artificial abrasive powder or grain, on a base of textile material, of paper, of paperboard or of other materials, whether or not cut to shape or sewn or otherwise made up:
0	0	0	0	0	0		2.6	0	0	0	6.5	6.4	0/	0/0	- On a base of woven textile fabric only

税号	货品名称	进口关税（%）最惠国	普通	年内暂定	增值/消费税（%）	出口退税（%）	计量单位	监管证件代码	检验检疫类别	协定税率（%）东盟	亚太	智利
6805.2000	- 砂纸	8	40		13	13	千克			0		0
6805.3000	- 其他	8	40		13	13	千克			0		0
68.06	**矿渣棉、岩石棉及类似的矿质棉；页状蛭石、膨胀粘土、泡沫矿渣及类似的膨胀矿物材料；具有隔热、隔音或吸音性能的矿物材料的混合物及制品，但税目68.11、68.12或第六十九章的货品除外：**											
	- 矿渣棉、岩石棉及类似的矿质棉（包括其相互混合物），块状、成片或成卷：											
6806.1010	--- 硅酸铝纤维及其制品	10	40		13	13	千克			0		0
6806.1090	--- 其他											
68061090.01	其他矿物纤维，渣球含量小于5%	10	40	5	13	13	千克			0		0
68061090.90	其他矿渣棉、岩石棉及类似矿质棉（包括相互混合物，块状、成片或成卷）	10	40		13	13	千克			0		0
6806.2000	- 页状蛭石、膨胀粘土、泡沫矿渣及类似的膨胀矿物材料（包括其相互混合物）	10	40		13	0	千克			0		0
6806.9000	- 其他	10	50		13	0	千克			0		0
68.07	**沥青或类似原料（例如，石油沥青或煤焦油沥青）的制品：**											
6807.1000	- 成卷	10	50		13	0	千克			0		0
6807.9000	- 其他	10	50		13	0	千克			0	8	0
68.08	**镶板、平板、瓦、砖及类似品，用水泥、石膏及其他矿物粘合材料粘合植物纤维、稻草、刨花、木片屑、木粉、锯末或木废料制成：**											
6808.0000	镶板、平板、瓦、砖及类似品，用水泥、石膏及其他矿物粘合材料粘合植物纤维、稻草、刨花、木片屑、木粉、锯末或木废料制成	8	40		13	13	千克			0		0
68.09	**石膏制品及以石膏为基本成分的混合材料制品：**											
	- 未经装饰的板、片、砖、瓦及类似品：											
6809.1100	-- 仅用纸、纸板贴面或加强的	15	100		13	13	千克			0		0
6809.1900	-- 其他	15	100		13	13	千克			0		0
6809.9000	- 其他制品	15	100		13	13	千克			0		0
68.10	**水泥、混凝土或人造石制品，不论是否加强：**											
	- 砖、瓦、扁平石及类似品：											
6810.1100	-- 建筑用砖及石砌块	10	40		13	13	千克			0	6.5	0
	-- 其他：											
6810.1910	--- 人造石制	10	70		13	13	千克			0	6.5	0
6810.1990	--- 其他	10	70		13	13	千克			0	6.5	0
	- 其他制品：											
	-- 建筑或土木工程用的预制结构件：											
6810.9110	--- 钢筋混凝土和预应力混凝土管、杆、板、桩等	10	40		13	13	千克			0		0
6810.9190	--- 其他	10	40		13	13	千克			0		0
	-- 其他：											

协定税率（%）巴基斯坦	冰岛	哥斯达黎加	秘鲁	新西兰	瑞士	新加坡	韩国	澳大利亚	格鲁吉亚	毛里求斯	日本RCEP	尼加拉瓜	港澳台	特惠税率（%）①/②	Article Description
0	0	0	0	0	0		0	0	0	0	5.8	6.4	0/	0/0	- On a base of paper or paperboard only
0	0	0	0	0	0		0	0	0	0	5.8	6.4	0/	0/0	- On a base of other materials
															Slag wool, rock wool and similar mineral wools; exfoliated vermi-culite, expanded clays, foamed slag and similar expanded mineral materials;mixtures and articles of heat-insulating, soundinsula-ting or soundabsorbing mineral materials, other than those of heading 68.11 or 68.12 or of Chapter 69:
															- Slag wool, rock wool and similar mineral wools (including intermixtures thereof), in bulk, sheets or rolls:
2.5	0	0	0	0	0	0	0	0	0	0	7.6	9	0/	0/0	--- Alumino-silicate fibre and articles of alumino-silicate fibre
															--- Other
2.5	0	0	0	0	0	0	0	0	0	0	7.6	9	0/	0/0	Other mineral fiber, slag content of less than 5%
2.5	0	0	0	0	0	0	0	0	0	0	7.6	9	0/	0/0	Other slag wool, rock wool and similar mineral wools, including inter-mixtures thereof, in bulk, sheets or rolls
2.5	0	0	0	0	0	0	0	0	0	0	7.6	9	0/	0/0	- Exfoliated vermiculite, expanded clays, foamed slag and similar expanded mineral materials (including intermixtures thereof)
0	0	0	0	0	0		3.3	0	0	0	8.1	9	0/	0/0	- Other
															Articles of asphalt or of similarmaterial (for example, petroleum bitumen or coal tar pitch):
6	0	0	0	0	0	0	0	0	0	0	8.7	9	0/	0/0	- In rolls
2.5	0	0	0	0	0	0	0	0	0	0	8.7	9	0/	0/0	- Other
															Panels, boards, tiles, blocks and similar articles of vegetable fibre, of straw or of shavings, chips, particles, sawdust or other waste, of wood, agglomerated with cement, plaster or other mineral binders:
2.5	0	0	0	0	0	0	0	0	0	0	7.6	6.4	0/	0/0	Panels, boards, tiles, blocks and similar articles of vegetable fibre, of straw or of shavings, chips, particles, sawdust or other waste, of wood, agglomerated with cement, plaster or other mineral binders
															Articles of plaster or of compositions based on plaster:
															- Boards, sheets, panels, tiles and similar articles, not ornamented:
	0	0	0	0	0	0		0	0	5.6		14	0/	0/0	-- Faced or reinforced with paper or paper board only
	0	0	0	0		0	12.5	0	0	5		14	0/	0/0	-- Other
	0	0	0	0		0	12.5	0	0	5	21.4	14	0/	0/0	- Other articles
															Articles of cement, of concrete or of artificial stone, whether or not reinforced:
															- Tiles, flagstones, bricks and similar articles:
2.5	0	0	0	0	0	0	0	0	0	0	7.6	9	0/	0/0	-- Building blocks and bricks
															-- Other:
2.5	0	0	0	0	0	0	0	0	0	0	7.6	9	0/	0/0	--- Of artificial stone
2.5	0	0	0	0	0	0	0	0	0	0	7.6	9	0/	0/0	--- Other
															- Other articles:
															-- Prefabricated structural components for building or civil engineering:
2.5	0	0	0	0	0	0	0	0	0	0	7.6	9	0/	0/0	--- Reinforced concrete and prestressed concrete tubes, pipes, rods, plates, piles and similar articles
2.5	0	0	0	0	0	0	0	0	0	0	7.6	9	0/	0/0	--- Other
															-- Other:

税号	货品名称	进口关税（%）最惠国	进口关税（%）普通	进口关税（%）年内暂定	增值/消费税（%）	出口退税（%）	计量单位	监管证件代码	检验检疫类别	协定税率（%）东盟	协定税率（%）亚太	协定税率（%）智利
6810.9910	--- 铁道用水泥枕	8	14		13	13	千克			0		0
6810.9990	--- 其他	10	70		13	13	千克			0		0
68.11	**石棉水泥、纤维素水泥或类似材料的制品：**											
	- 含石棉的：											
6811.4010	--- 瓦楞板	5	40		13	13	千克			0		0
6811.4020	--- 其他片、板、砖、瓦及类似制品	8	40		13	13	千克			0		0
6811.4030	--- 管子及管子附件	8	40		13	13	千克			0		0
6811.4090	--- 其他制品	8	40		13	13	千克			0		0
	- 不含石棉的：											
6811.8100	-- 瓦楞板	5	40		13	13	千克			0		0
6811.8200	-- 其他片、板、砖、瓦及类似制品	8	40		13	13	千克			0		0
	-- 其他制品：											
6811.8910	--- 管子及管子附件	8	40		13	13	千克			0		0
6811.8990	--- 其他	8	40		13	13	千克			0		0
68.12	**已加工的石棉纤维；以石棉为基本成分或以石棉和碳酸镁为基本成分的混合物；上述混合物或石棉的制品（例如，纱线、机织物、服装、帽类、鞋靴、衬垫），不论是否加强，但税目68.11或68.13的货品除外：**											
6812.8000	- 青石棉的	10	40		13	13	千克			0		0
	- 其他：											
6812.9100	-- 服装、衣着附件、鞋靴及帽类	10	40		13	13	千克			0		0
	-- 其他：											
6812.9910	--- 纸、麻丝板及毡子	10	40		13	13	千克			0		0
6812.9920	--- 成片或成卷的压缩石棉纤维接合材料	10	40		13	13	千克			0		0
6812.9990	--- 其他	10	40		13	13	千克			0		0
68.13	**以石棉、其他矿物质或纤维素为基本成分的未装配摩擦材料及其制品（例如，片、卷、带、盘、圈、垫及扇形），适于作制动器、离合器及类似品，不论是否与织物或其他材料结合而成：**											
	- 含石棉的：											
6813.2010	--- 闸衬、闸垫	10	40		13	13	千克			0		0
6813.2090	--- 其他	10	40		13	13	千克			0		0
	- 不含石棉的：											
6813.8100	-- 闸衬、闸垫	10	40		13	13	千克			0		0
6813.8900	-- 其他	10	40		13	13	千克			0		0
68.14	**已加工的云母及其制品，包括粘聚或复制的云母，不论是否附于纸、纸板或其他材料上：**											
6814.1000	- 粘聚或复制云母制的板、片、带，不论是否附于其他材料上	8	35		13	13	千克			0		0
6814.9000	- 其他	8	35		13	13	千克			0		0
68.15	**其他税目未列名的石制品及其他矿物制品（包括碳纤维及其制品和泥煤制品）：**											
	- 碳纤维；非电气用的碳纤维制品；其他非电气用的石墨或其他碳精制品：											
6815.1100	-- 碳纤维											

协定税率（%）														特惠税率（%）①/②	Article Description
巴基斯坦	冰岛	哥斯达黎加	秘鲁	新西兰	瑞士	新加坡	韩国	澳大利亚	格鲁吉亚	毛里求斯	日本RCEP	尼加拉瓜	港澳台		
0	0	0	0	0	0		0	0	0	0	5.8	6.4	0/	0/0	--- Railway sleepers of concrete
2.5	0	0	0	0	0	0	0	0	0	0	7.6	9	0/	0/0	--- Other
															Articles of asbestos-cement, of cellulose fibre-cement or the like:
															- Containing asbestos:
0	0	0	0	0	0		0	0	0	0	0	0	0/	0/0	--- Corrugated sheets
2.5	0	0	0	0	0	0	0	0	0	0	7.6	6.4	0/	0/0	--- Other sheets, panels, tiles and similar articles
0	0	0	0	0	0		0	0	0	0	5.8	6.4	0/	0/0	--- Tubes, pipes and tube or pipe fittings
0	0	0	0	0	0		0	0	0	0	6.1	6.4	0/	0/0	--- Other articles
															- Not containing asbestos:
0	0	0	0	0	0		0	0	0	0	0	0	0/	0/0	-- Corrugated sheets
2.5	0	0	0	0	4.2	0	0	0	0	0	7.6	6.4	0/	0/0	-- Other sheets, panels, tiles and similar articles
															-- Other articles:
0	0	0	0	0	0		0	0	0	0	5.8	6.4	0/	0/0	--- Tubes, pipes and tube or pipe fittings
0	0	0	0	0	0		0	0	0	0	6.1	6.4	0/	0/0	--- Other
															Fabricated asbestos fibres; mixtures with a basis of asbestos or with a basis of asbestos and magnesium carbonate; articles of such mixtures or of asbestos (for example, thread, woven fabric, clothing, headgear, footwear, gaskets), whether or not reinforced, other than goods of heading 68.11 or 68.13:
2.5	0	0	0	0	0	0	0	0	0	0	7.6	9	0/	0/0	- Of crocidolite
															- Other:
2.5	0	0	0	0	0	0	0	0	0	0	7.6	9	0/	0/0	-- Clothing, clothing accessories, footwear and headgear
															-- Other:
2.5	0	0	0	0	0	0	0	0	0	0	7.6	9	0/	0/0	--- Paper, millboard and felt
2.5	0	0	0	0	0	0	0	0	0	0	7.6	9	0/	0/0	--- Compressed asbestos fibre jointing, in sheets or rolls
0	0	0	0	0	0		0	0	0	0	7.3	9	0/	0/0	--- Other
															Friction material and articles thereof (for example, sheets, rolls, strips, segments, discs, washers, pads), not mounted, for brakes, for clutches or the like, with a basis of asbestos, of other mineral substances or of cellulose, whether or not combined with textile or other materials:
															- Containing asbestos:
0	0	0	0	0	0		0	0	0	0	7.3	9	0/	0/0	--- Brake linings and pads
6	0	0	0	0	0	0	0	0	0	0	8.7	9	0/	0/0	--- Other
															- Not containing asbestos:
0	0	0	0	0	0		0	0	0	0	7.3	9	0/	0/0	-- Brake linings and pads
6	0	0	0	0	0	0	0	0	0	0	8.7	9	0/	0/0	-- Other
															Worked mica and articles of mica, including agglomerated or reconstituted mica, whether or not on a support of paper, paperboard or other materials:
2.5	0	0	0	0	0	0	0	0	0	0	7.6	6.4	0/	0/0	- Plates, sheets and strips of agglomerated or reconstituted mica, whether or not on a support
2.5	0	0	0	0	0	0	0	0	0	0	7.6	6.4	0/	0/0	- Other
															Articles of stone or of other mineral substances (including carbon fibres, articles of carbon fibres and articles of peat), not elsewhere specified or included:
															- Carbon fibres; articles of carbon fibres for non-electrical uses; other articles of graphite or other carbon for non-electrical uses:
															-- Carbon fibres

税 号	货品名称	进口关税（%）最惠国	进口关税（%）普通	进口关税（%）年内暂定	增值/消费税（%）	出口退税（%）	计量单位	监管证件代码	检验检疫类别	协定税率（%）东盟	协定税率（%）亚太	协定税率（%）智利
68151100.10	两用物项管制的碳纤维（比模量≥12.7×10⁶m，或比抗拉强度≥23.5×10⁴m）	17	70		13	0	千克	3		0		0
68151100.90	其他碳纤维	17	70		13	0	千克			0		0
6815.1200	-- 碳纤维织物	17	70		13	0	千克			0		0
	-- 其他碳纤维制品：											
6815.1310	--- 碳纤维预浸料											
68151310.10	两用物项管制的碳纤维预浸料（制品）	17	70		13	0	千克	3		0		0
68151310.90	其他碳纤维预浸料（制品）	17	70		13	0	千克			0		0
6815.1390	--- 其他											
68151390.10	燃料电池用气体扩散层	17	70	9	13	0	千克			0		0
68151390.90	其他碳纤维制品	17	70		13	0	千克			0		0
6815.1900	-- 其他											
68151900.10	碳化硅外延生产设备用石墨配件（金属含量≤5ppm）	10	70	5	13	0	千克			0		0
68151900.20	高纯度（>99.9%）、高强度（抗折强度>30MPa）、高密度（>1.73克/立方厘米）的人造石墨制品；天然鳞片石墨制品	10	70		13	0	千克	3		0		0
68151900.90	其他非电气用的石墨或其他碳精制品	10	70		13	0	千克			0		0
6815.2000	- 泥煤制品	10	70		13	0	千克			0		0
	- 其他制品：											
6815.9100	-- 含有菱镁矿、方镁石形态的氧化镁、白云石（包括煅烧形态）或铬铁矿的	10	70		13	0	千克			0		0
	-- 其他：											
6815.9940	--- 玄武岩纤维及其制品	17	70		13	13	千克			0		0
6815.9990	--- 其他											
68159990.10	电熔高锆质砖，氧化锆含量大于87%	10	70	8	13	0	千克			0		0
68159990.90	其他未列名石制品及矿物制品	10	70		13	0	千克			0		0

协定税率（%）														特惠税率（%）①/②	Article Description
巴基斯坦	冰岛	哥斯达黎加	秘鲁	新西兰	瑞士	新加坡	韩国	澳大利亚	格鲁吉亚	毛里求斯	日本RCEP	尼加拉瓜	港澳台		
	0	0	0	0	0	0		0	0	0		15.9	0/	0/0	Carbon fibers under the control of dual-use items, the modulus ≥12.7×10⁶m, or tensile strength ≥23.5×10⁴m
	0	0	0	0	0	0		0	0	0		15.9	0/	0/0	Other carbon fibers
	0	0	0	0	0	0		0	0	0		15.9	0/	0/0	-- Fabrics of carbon fibres
															-- Other articles of carbon fibres:
															--- Pre-preg material of carbon fibres
	0	0	0	0	0	0		0	0	0		15.9	0/	0/0	Carbon fibers prepreg (products) under the control of dual-use items
	0	0	0	0	0	0		0	0	0		15.9	0/	0/0	Other carbon fibers prepreg (products)
															--- Other
	0	0	0	0	0	0		0	0	0		15.9	0/	0/0	Gas diffusion layer for fuel cells
	0	0	0	0	0	0		0	0	0		15.9	0/	0/0	Other articles of carbon fibres
															-- Other
12	0	0	0	0	0	0		0	0	0		9	0/	0/0	Graphite fittings for epitaxial silicon carbide production equipment (metal content ≤5ppm)
12	0	0	0	0	0	0		0	0	0		9	0/	0/0	Articles based on artificial graphite with high purity (>99.9%), high strength (flexural strength>30MPa), and high density (>1.73 g/cm³) ; Articles based on natural flake graphite
12	0	0	0	0	0	0		0	0	0		9	0/	0/0	Other articles of graphite or other carbon for non-electrical uses
12	0	0	0	0	0	0	0	0	0	0	10.9	9	0/	0/0	- Articles of peat
															- Other articles:
12	0	0	0	0	0	0	0	0	0	0	10.9	9	0/	0/0	-- Containing magnesite, magnesia in the form of periclase, dolomite including in the form of dolime, or chromite
															-- Other:
0	0	0	0	0	0	0	0	0	0	0	12.7	15.9	0/	0/0	--- Basalt fiber and articles thereof
															--- Other
0	0	0	0	0	0	0	0	0	0	0	12.7	9	0/	0/0	Zirconia-corundum refractory bricks consisting of more than 87% zirconia
0	0	0	0	0	0	0	0	0	0	0	12.7	9	0/	0/0	Other articles of stone or of other mineral substances, not elsewhere specified or included

第六十九章 陶瓷产品

注释：

一、本章仅适用于成形后经过烧制的陶瓷产品：

（一）税目69.04至69.14仅适用于不能归入税目69.01至69.03的产品；

（二）为树脂固化、加速水合作用、除去水分或其他挥发成分等目的而将其加热至低于800℃的物品，不应视为经过烧制。这些物品不应归入第六十九章；以及

（三）陶瓷制品是用通常在室温下预先调制成形的无机非金属材料烧制而成的。原料主要包括：粘土、含硅材料（包括熔融硅石）、高熔点的材料（例如，氧化物、碳化物、氮化物、石墨或其他碳），有时还有诸如耐火粘土或磷酸盐的粘合剂。

二、本章不包括：

（一）税目28.44的产品；

（二）税目68.04的物品；

（三）第七十一章的物品（例如，仿首饰）；

（四）税目81.13的金属陶瓷；

（五）第八十二章的物品；

（六）绝缘子（税目85.46）或绝缘材料制的零件（税目85.47）；

（七）假牙（税目90.21）；

（八）第九十一章的物品（例如，钟及钟壳）；

（九）第九十四章的物品（例如，家具、灯具及照明装置、活动房屋）；

（十）第九十五章的物品（例如，玩具、游戏品及运动用品）；

（十一）税目96.06的物品（例如，钮扣）或税目96.14的物品（例如，烟斗）；或

（十二）第九十七章的物品（例如，艺术品）。

税号	货品名称	进口关税（%）			增值/消费税（%）	出口退税（%）	计量单位	监管证件代码	检验检疫类别	协定税率（%）		
		最惠国	普通	年内暂定						东盟	亚太	智利
	第一分章 硅化石粉或类似硅土及耐火材料制品											
69.01	**硅质化石粉（例如，各种硅藻土）或类似硅土制的砖、块、瓦及其他陶瓷制品：**											
6901.0000	硅质化石粉（例如，各种硅藻土）或类似硅土制的砖、块、瓦及其他陶瓷制品	8	50		13	0	千克			0	5.2	0
69.02	**耐火砖、块、瓦及类似耐火陶瓷建材制品，但硅质化石粉及类似硅土制的除外：**											
6902.1000	- 单独或同时含有按重量计超过50%的镁、钙或铬（分别以氧化镁、氧化钙或三氧化二铬的含量计）	8	30		13	0	千克			0		0
6902.2000	- 含有按重量计超过50%的三氧化二铝、二氧化硅或其混合物或化合物	8	30		13	0	千克			0		0
6902.9000	- 其他	8	30		13	0	千克			0		0
69.03	**其他耐火陶瓷制品（例如，甑、坩埚、马弗罩、喷管、栓塞、支架、烤钵、管子、护套、棒条及滑阀式水口），但硅质化石粉及类似硅土制的除外：**											
6903.1000	- 含有按重量计超过50%的单体碳	8	20		13	0	千克			0		0

Chapter 69 Ceramic products

Chapter Notes:

1. This Chapter applies only to ceramic products which have been fired after shaping:

   (a) Headings 69.04 to 69.14 apply only to such products other than those classifiable in headings 69.01 to 69.03;

   (b) Articles heated to temperatures less than 800 °C for purposes such as curing of resins, accelerating hydration reactions, or for the removal of water or other volatile components, are not considered to be fired. Such articles are excluded from Chapter 69; and

   (c) Ceramic articles are obtained by firing inorganic, non-metallic materials which have been prepared and shaped previously at, in general, room temperature. Raw materials comprise, inter alia, clays, siliceous materials including fused silica, materials with a high melting point, such as oxides, carbides, nitrides, graphite or other carbon, and in some cases binders such as refractory clays or phosphates.

2. This Chapter does not cover:

   (a) Products of heading 28.44;

   (b) Articles of heading 68.04;

   (c) Articles of Chapter 71 (for example, imitation jewellery);

   (d) Cermets of heading 81.13;

   (e) Articles of Chapter 82;

   (f) Electrical insulators (heading 85.46) or fittings of insulating material of heading 85.47;

   (g) Artificial teeth (heading 90.21);

   (h) Articles of Chapter 91 (for example, clocks and clock cases);

   (ij) Articles of Chapter 94 (for example, furniture, luminaires and lighting fittings, prefabricated buildings);

   (k) Articles of Chapter 95 (for example, toys, games and sports requisites);

   (l) Articles of heading 96.06 (for example, buttons) or of heading 96.14 (for example, smoking pipes); or

   (m) Articles of Chapter 97 (for example, works of art).

协定税率（%）														特惠税率（%）①/②	Article Description
巴基斯坦	冰岛	哥斯达黎加	秘鲁	新西兰	瑞士	新加坡	韩国	澳大利亚	格鲁吉亚	毛里求斯	日本RCEP	尼加拉瓜	港澳台		
															Ⅰ. GOODS OF SILICEOUS FOSSIL MEALS OR OF SIMILAR SILICEOUS EARTHS, AND REFRACTORY GOODS
															Bricks, blocks, tiles and other ceramic goods of siliceous fossil meals (for example, kieselguhr, tripolite or diatomite) or of similar siliceous earths:
0	0	0	0	0	0		0	0	0	0	5.8	6.4	0/	0/0	Bricks, blocks, tiles and other ceramic goods of siliceous fossil meals (for example, kieselguhr, tripolite or diatomite) or of similar siliceous earths
															Refractory bricks, blocks, tiles and similar refractory ceramic constructional goods, other than those of siliceous fossil meals or similar siliceous earths:
0	0	0	0	0	0		0	0	0	0	5.8	6.4	0/	0/0	- Containing by weight, singly or together, more than 50% of the elements Mg, Ca or Cr, expressed as MgO, CaO or Cr_2O_3
0	0	0	0	0	0		0	0	0	0	5.8	6.4	0/	0/0	- Containing by weight more than 50% of alumina (Al_2O_3), of silica (SiO_2) or of a mixture or compound of these products
0	0	0	0	0	0		0	0	0	0	5.8	6.4	0/	0/0	- Other
															Other refractory ceramic goods (for example, retorts, crucibles, muffles, nozzles, plugs, supports, cupels, tubes, pipes, sheaths, rods and slide gates), other than those of siliceous fossil meals or of similar siliceous earths:
0	0	0	0	0	0		0	0	0	0	5.8	6.4	0/	0/0	- Containing, by weight, more than 50% of free carbon

税号	货品名称	进口关税（%）			增值/消费税（%）	出口退税（%）	计量单位	监管证件代码	检验检疫类别	协定税率（%）		
		最惠国	普通	年内暂定						东盟	亚太	智利
6903.2000	- 含有按重量计超过50%的三氧化二铝或三氧化二铝和二氧化硅的混合物或化合物	8	20		13	0	千克			0		0
6903.9000	- 其他	8	20		13	13	千克			0		0
	第二分章　其他陶瓷产品											
69.04	**陶瓷制建筑用砖、铺地砖、支撑或填充用砖及类似品：**											
6904.1000	- 建筑用砖	15	90		13	13	千克/千块		L/	0		0
6904.9000	- 其他	15	90		13	13	千克		L/	0		0
69.05	**屋顶瓦、烟囱罩、通风帽、烟囱衬壁、建筑装饰物及其他建筑用陶瓷制品：**											
6905.1000	- 屋顶瓦	15	90		13	13	千克			0		0
6905.9000	- 其他	15	90		13	13	千克		L/	0		0
69.06	**陶瓷套管、导管、槽管及管子附件：**											
6906.0000	陶瓷套管、导管、槽管及管子附件	15	90	10	13	13	千克			0		0
69.07	**陶瓷贴面砖、铺面砖，包括炉面砖及墙面砖；陶瓷镶嵌砖（马赛克）及其类似品，不论是否有衬背；饰面陶瓷：**											
	- 贴面砖、铺面砖，包括炉面砖及墙面砖，但子目6907.30和6907.40所列商品除外：											
	-- 按重量计吸水率不超过0.5%：											
6907.2110	--- 不论是否矩形，其最大表面积以可置入边长小于7厘米的方格为限	7	100		13	13	千克/平方米		L/	0	4.6	0
6907.2190	--- 其他	7	100		13	13	千克/平方米		L/	0		0
	-- 按重量计吸水率超过0.5%，但不超过10%：											
6907.2210	--- 不论是否矩形，其最大表面积以可置入边长小于7厘米的方格为限	7	100		13	13	千克/平方米			0	4.6	0
6907.2290	--- 其他	7	100		13	13	千克/平方米			0		0
	-- 按重量计吸水率超过10%：											
6907.2310	--- 不论是否矩形，其最大表面积以可置入边长小于7厘米的方格为限	7	100		13	13	千克/平方米			0	4.6	0
6907.2390	--- 其他	7	100		13	13	千克/平方米			0		0
	- 镶嵌砖（马赛克）及其类似品，但子目6907.40的货品除外：											
6907.3010	--- 不论是否矩形，其最大表面积以可置入边长小于7厘米的方格为限	7	100		13	13	千克/平方米		L/	0	4.6	0
6907.3090	--- 其他	7	100		13	13	千克/平方米		L/	0		0
	- 饰面陶瓷：											
6907.4010	--- 不论是否矩形，其最大表面积以可置入边长小于7厘米的方格为限	7	100		13	13	千克/平方米		L/	0	4.6	0

协定税率（%）														特惠税率（%）①/②	Article Description
巴基斯坦	冰岛	哥斯达黎加	秘鲁	新西兰	瑞士	新加坡	韩国	澳大利亚	格鲁吉亚	毛里求斯	日本RCEP	尼加拉瓜	港澳台		
0	0	0	0	0	0		0	0	0	0	5.8	6.4	0/	0/0	- Containing by weight more than 50% of alumina (Al_2O_3) or of a mixture of compound of alumina and of silica(SiO_2)
0	0	0	0	0	0		0	0	0	0	5.8	6.4	0/	0/0	- Other
															Ⅱ. OTHER CERAMIC PRODUCTS
															Ceramic building bricks, flooring blocks, support or filler tiles and the like:
12	0	0	0	0	0	0	0	0	0	0	10.9	14	0/	0/0	- Building bricks
	0	0	0	0	0	0	12.2	0	0	4.9	21	14	0/	0/0	- Other
															Roofing tiles, chimney-pots, cowls, chimney liners, architectural ornaments and other ceramic constructional goods:
	0	0	0	0	0	0	12.2	0	0	4.9		14	0/	0/0	- Roofing tiles
	0	0	0	0	0	0	12.2	0	0	4.9	21	14	0/	0/0	- Other
															Ceramic pipes, conduits, guttering and pipe fittings:
12	0	0	0	0	0	0	0	0	0	0	10.9	14	0/	0/0	Ceramic pipes, conduits, guttering and pipe fittings
															Ceramic flags and paving, hearth or wall tiles; ceramic mosaic cubes and the like, whether or not on a backing; finishing ceramic:
															- Flags and paving, hearth or wall tiles, other than those of subheadings 6907.30 and 6907.40:
															-- Of a water absorption coefficient by weight not exceeding 0.5%:
2.5	0	0	0	0	0	0	0	0	0	0	8.7	0	0/	0/0	--- Whether or not rectangular, the largest surface area of which is capable of being enclosed in a square the side of which is less than 7cm
6	0	0	0	0	0	0	0	0	0	0	8.7	0	0/	0/0	--- Other
															-- Of water absorption coefficient by weight exceeding 0.5% but not exceeding 10%:
2.5	0	0	0	0	0	0	0	0	0	0	8.7	0	0/	0/0	--- Whether or not rectangular, the largest surface area of which is capable of being enclosed in a square the side of which is less than 7cm
6	0	0	0	0	0	0	0	0	0	0	8.7	0	0/	0/0	--- Other
															-- Of water absorption coefficient by weight exceeding 10%:
2.5	0	0	0	0	0	0	0	0	0	0	8.7	0	0/	0/0	--- Whether or not rectangular, the largest surface area of which is capable of being enclosed in a square the side of which is less than 7cm
6	0	0	0	0	0	0	0	0	0	0	8.7	0	0/	0/0	--- Other
															- Mosaic cubes and the like, other than those of subheading 6907.40:
2.5	0	0	0	0	0	0	0	0	0	0	8.7	0	0/	0/0	--- Whether or not rectangular, the largest surface area of which is capable of being enclosed in a square the side of which is less than 7cm
6	0	0	0	0	0	0	0	0	0	0	8.7	0	0/	0/0	--- Other
															- Finishing ceramic:
2.5	0	0	0	0	0	0	0	0	0	0	8.7	0	0/	0/0	--- Whether or not rectangular, the largest surface area of which is capable of being enclosed in a square the side of which is less than 7cm

税号	货品名称	进口关税（%） 最惠国	普通	年内暂定	增值/消费税（%）	出口退税（%）	计量单位	监管证件代码	检验检疫类别	协定税率（%） 东盟	亚太	智利
6907.4090	--- 其他	7	100		13	13	千克/平方米		L/	0		0
69.09	**实验室、化学或其他专门技术用途的陶瓷器；农业用陶瓷槽、缸及类似容器；通常供运输及盛装货物用的陶瓷罐、坛及类似品：**											
	- 实验室、化学或其他专门技术用途的陶瓷器：											
6909.1100	-- 瓷制	8	30		13	13	千克			0		0
6909.1200	-- 莫氏硬度为9或以上的物品	8	30		13	13	千克			0		0
6909.1900	-- 其他	8	30		13	13	千克			0		0
6909.9000	- 其他	15	90		13	13	千克			0		0
69.10	**陶瓷洗涤槽、脸盆、脸盆座、浴缸、坐浴盆、抽水马桶、水箱、小便池及类似的固定卫生设备：**											
6910.1000	- 瓷制	7	100		13	13	千克/件			0	4.6	0
6910.9000	- 其他	7	100		13	13	千克/件	A	M/	0		0
69.11	**瓷餐具、厨房器具及其他家用或盥洗用瓷器：**											
	- 餐具及厨房器具：											
	--- 餐具：											
6911.1011	---- 骨瓷	7	100		13	13	千克	A	R/	0	4.6	0
6911.1019	---- 其他	7	100		13	13	千克	A	R/	0	4.6	0
	--- 厨房器具：											
6911.1021	---- 刀具	7	100		13	13	千克	A	R/	0	4.6	0
6911.1029	---- 其他	7	100		13	13	千克	A	R/	0	4.6	0
6911.9000	- 其他	7	100		13	13	千克			0	4.6	0
69.12	**陶餐具、厨房器具及其他家用或盥洗用陶器：**											
6912.0010	--- 餐具	7	100		13	13	千克	A	R/	0		0
6912.0090	--- 其他	7	100		13	13	千克	A	R/	0		0
69.13	**塑像及其他装饰用陶瓷制品：**											
6913.1000	- 瓷制	7	100		13	13	千克			0		0
6913.9000	- 其他	7	100		13	13	千克			0		0
69.14	**其他陶瓷制品：**											
6914.1000	- 瓷制	15	100		13	13	千克			0		0
6914.9000	- 其他	10	100		13	13	千克			0		0

协定税率（%）														特惠税率（%）①/②	Article Description
巴基斯坦	冰岛	哥斯达黎加	秘鲁	新西兰	瑞士	新加坡	韩国	澳大利亚	格鲁吉亚	毛里求斯	日本RCEP	尼加拉瓜	港澳台		
6	0	0	0	0	0	0	0	0	0	0	8.7	0	0/	0/0	--- Other
															Ceramic wares for laboratory, chemical or other technical uses; ceramic troughs, tubs and similar receptacles of a kind used in agriculture;ceramic pots, jars and similar articles of a kind used for the conveyance or packing of goods:
															- Ceramic wares for laboratory, chemical or other technical uses:
0	0	0	0	0	0		0	0	0	0	5.8	6.4	0/	0/0	-- Of porcelain or china
0	0	0	0	0	0		0	0	0	0	5.8	6.4	0/	0/0	-- Articles having a hardness equivalent to 9 or more on the Mohs scale
0	0	0	0	0	0		0	0	0	0	5.8	6.4	0/	0/0	-- Other
	0	0	0	0	0	0	10.5	0	0	0		14	0/	0/0	- Other
															Ceramic sinks, wash basins, wash basin pedestals, baths, bidets, water closet pans, flushing cisterns, urinals and similar sanitary fixtures:
0	0	0	0	0	0	0	0	0	0	0	7.3	0	0/	0/0	- Of porcelain or china
0	0	0	0	0	0	0	0	0	0	0	7.3	0	0/	0/0	- Other
															Tableware, kitchenware, other household articles and toilet articles, of porcelain or china:
															- Tableware and kitchenware:
															--- Tableware:
2.5	0	0	0	0	0	0	0	0	0	0	8.7	0	0/	0/0	----Bone china
2.5	0	0	0	0	0	0	0	0	0	0	8.7	0	0/	0/0	----Other
															--- Kitchenware:
7.5	0	0	0	0	0	0	0	0	0	0	10.9	0	0/	0/0	----Knives and the like
7.5	0	0	0	0	0	0	0	0	0	0	10.9	0	0/	0/0	----Other
20	0	0	0	0	0	0	12.2	0	0	4.9	21	0	0/	0/0	- Other
															Ceramic tableware, kitchenware, other household articles and toilet articles, other than of procelain or china:
12	0	0	0	0	0	0	0	0	0	0	10.9	0	0/	0/0	--- Tableware
12	0	0	0	0	0	0	0	0	0	0	10.9	0	0/	0/0	--- Other
															Statuettes and other ornamental ceramic articles:
12	0	0	0	0	0	0	0	0	0	0	10.9	0	0/	0/0	- Of porcelain or china
12	0	0	0	0	0	0	0	0	0	0	10.9	0	0/	0/0	- Other
															Other ceramic articles:
	0	0	0	0	0	0	12.2	0	0	4.9		14	0/	0/0	- Of porcelain or china
2.5	0	0	0	0	0	0	3.3	0	0	0	8.1	9	0/	0/0	- Other

第七十章 玻璃及其制品

注释：

一、本章不包括：

（一）税目32.07的货品（例如，珐琅和釉料、搪瓷玻璃料及其他玻璃粉、粒或粉片）；

（二）第七十一章的物品（例如，仿首饰）；

（三）税目85.44的光缆、税目85.46的绝缘子或税目85.47所列绝缘材料制的零件；

（四）第八十六章至第八十八章的运输工具用的带框的前挡风玻璃、后窗或其他窗；

（五）第八十六章至第八十八章的运输工具用的前挡风玻璃、后窗或其他窗，装有加热装置或其他电气或电子装置的，不论是否带框；

（六）光导纤维、经光学加工的光学元件、注射用针管、假眼、温度计、气压计、液体比重计或第九十章的其他物品；

（七）有永久固定电光源的灯具及照明装置、灯箱标志或铭牌和类似品及其零件（税目94.05）；

（八）玩具、游戏品、运动用品、圣诞树装饰品及第九十五章的其他物品（供玩偶或第九十五章其他物品用的无机械装置的玻璃假眼除外）；或

（九）钮扣、保温瓶、香水喷雾器和类似的喷雾器及第九十六章的其他物品。

二、对于税目70.03、70.04及70.05：

（一）玻璃在退火前的各种处理都不视为“已加工”；

（二）玻璃切割成一定形状并不影响其作为板片归类；

（三）所称“吸收、反射或非反射层”，是指极薄的金属或化合物（例如，金属氧化物）镀层，该镀层可以吸收红外线等光线或可以提高玻璃的反射性能，同时仍然使玻璃具有一定程度的透明性或半透明性；或者该镀层可以防止光线在玻璃表面的反射。

三、税目70.06所述产品，不论是否具有制成品的特性仍归入该税目。

四、税目70.19所称“玻璃棉”，是指：

（一）按重量计二氧化硅的含量在60%及以上的矿质棉；

（二）按重量计二氧化硅的含量在60%以下，但碱性氧化物（氧化钾或氧化钠）的含量在5%以上或氧化硼的含量在2%以上的矿质棉。

不符合上述规定的矿质棉归入税目68.06。

五、本协调制度所称“玻璃”，包括熔融石英及其他熔融硅石。

子目注释：

子目7013.21、7013.31及7013.91所称“铅晶质玻璃”，仅指按重量计氧化铅含量不低于24%的玻璃。

税号	货品名称	进口关税（%） 最惠国	进口关税（%） 普通	进口关税（%） 年内暂定	增值/消费税（%）	出口退税（%）	计量单位	监管证件代码	检验检疫类别	协定税率（%） 东盟	协定税率（%） 亚太	协定税率（%） 智利
70.01	**碎玻璃及废玻璃，来源于阴极射线管或税目85.49的其他活化玻璃除外；玻璃块料：**											
7001.0010	--- 无色光学玻璃块料	12	50		13	13	千克			0		0
7001.0090	--- 其他											
70010090.10	废碎玻璃（来源于阴极射线管或税目85.49的其他活化玻璃除外）	12	50		13	13	千克	9		0		0
70010090.90	其他玻璃块料	12	50		13	13	千克			0		0
70.02	**未加工的玻璃球、棒及管（税目70.18的微型玻璃球除外）：**											
7002.1000	- 玻璃球	12	50		13	0	千克			0		0
	- 玻璃棒：											

Chapter 70 Glass and glassware

Chapter Notes:

1. This Chapter does not cover:

   (a) Goods of heading 32.07 (for example, vitrifiable enamels and glazes, glass frit, other glass in the form of powder, granules or flakes);

   (b) Articles of Chapter 71 (for example, imitation jewellery);

   (c) Optical fibre cables of heading 85.44, electrical insulators (heading 85.46) or fittings of insulating material of heading 85.47;

   (d) Front windscreens (windshields), rear windows and other windows, framed, for vehicles of Chapters 86 to 88;

   (e) Front windscreens (windshields), rear windows and other windows, whether or not framed, incorporating heating devices or other electrical or electronic devices, for vehicles of Chapters 86 to 88;

   (f) Optical fibres, optically worked optical elements, hypodermic syringes, artificial eyes, thermometers, barometers, hydrometers or other articles of Chapter 90;

   (g) Luminaires and lighting fittings, illuminated signs, illuminated name-plates or the like, having a permanently fixed light source, or parts thereof of heading 94.05;

   (h) Toys, games, sports requisites, Christmas tree ornaments or other articles of Chapter 95 (excluding glass eyes without mechanisms for dolls or for other articles of Chapter 95); or

   (ij) Buttons, fitted vacuum flasks, scent or similar sprays or other articles of Chapter 96.

2. For the purposes of headings 70.03, 70.04 and 70.05:

   (a) glass is not regarded as "worked" by reason of any process it has undergone before annealing;

   (b) cutting to shape does not affect the classification of glass in sheets;

   (c) the expression "absorbent, reflecting or non-reflecting layer" means a microscopically thin coating of metal or of a chemical compound (for example, metal oxide) which absorbs, for example, infra-red light or improves the reflecting qualities of the glass while still allowing it to retain a degree of transparency or translucency; or which prevents light from being reflected on the surface of the glass.

3. The products referred to in heading 70.06 remain classified in that heading whether or not they have the character of articles.

4. For the purposes of heading 70.19, the expression "glass wool" means:

   (a) Mineral wools with a silica (SiO_2) content not less than 60% by weight;

   (b) Mineral wools with a silica (SiO_2) content less than 60% but with an alkaline oxide (K_2O or Na_2O) content exceeding 5% by weight or a boric oxide (B_2O_3) content exceeding 2% by weight.

   Mineral wools which do not comply with the above specifications fall in heading 68.06.

5. Throughout the Nomenclature, the expression "glass" includes fused quartz and other fused silica.

Subheading Notes:

For the purposes of subheadings 7013.21, 7013.31 and 7013.91, the expression "lead crystal" means only glass having a minimum lead monoxide (PbO) content by weight of 24%.

协定税率（%）														特惠税率（%）①/②	Article Description
巴基斯坦	冰岛	哥斯达黎加	秘鲁	新西兰	瑞士	新加坡	韩国	澳大利亚	格鲁吉亚	毛里求斯	日本RCEP	尼加拉瓜	港澳台		
															Cullet and other waste and scrap of glass, excluding glass from cathode ray tubes or other activated glass of heading 85.49; glass in the mass:
6	0	0	0	0	0	0	0	0	0	0	8.7	11.2	0/	0/0	--- Colourless optical glass in the mass
															--- Other
6	0	0	0	0	0	0	0	0	0	0	8.7	11.2	0/	0/0	Cullet and other waste and scrap of glass, excluding glass from cathode ray tubes or other activated glass of heading 85.49
6	0	0	0	0	0	0	0	0	0	0	8.7	11.2	0/	0/0	Glass in the mass
															Glass in balls (other than microspheres of heading 70.18), rods or tubes, unworked:
6	0	0	0	0	0	0	0	0	0	0	8.7	11.2	0/	0/0	- Balls
															- Rods:

税 号	货品名称	进口关税（%）			增值税/消费税（%）	出口退税（%）	计量单位	监管证件代码	检验检疫类别	协定税率（%）		
		最惠国	普通	年内暂定						东盟	亚太	智利
7002.2010	--- 光导纤维预制棒											
70022010.10	直径≥60毫米的光导纤维预制棒	6	50		13	13	千克			0		0
70022010.90	其他光导纤维预制棒	6	50		13	13	千克			0		0
7002.2090	--- 其他	12	50		13	0	千克			0		0
	- 玻璃管：											
	-- 熔融石英或其他熔融硅石制：											
7002.3110	--- 光导纤维用波导级石英玻璃管	5	17	1	13	13	千克			0		0
7002.3190	--- 其他	12	50		13	0	千克			0		0
7002.3200	-- 温度在0℃至300℃时线膨胀系数不超过5×10⁻⁶/开尔文的其他玻璃制											
70023200.10	药用硼硅玻璃管（三氧化二硼含量≥8%）（0-300℃时线膨胀系数小于5×10⁻⁶/开尔文的玻璃制）	12	50	7	13	13	千克			0		0
70023200.90	其他未加工的玻璃管（0-300℃时线膨胀系数小于5×10⁻⁶/开尔文的玻璃制）	12	50		13	13	千克			0		0
7002.3900	-- 其他	12	50		13	13	千克			0		0
70.03	**铸制或轧制玻璃板、片或型材及异型材，不论是否有吸收、反射或非反射层，但未经其他加工：**											
	- 非夹丝玻璃板、片：											
7003.1200	-- 整块着色、不透明、镶色或具有吸收、反射或非反射层的	15	50		13	0	千克/平方米			0		0
7003.1900	-- 其他											
70031900.01	液晶或有机发光二极管（OLED）显示屏基板用原板玻璃（铸、轧制的非夹丝玻璃板、片，未着色，透明及不具吸收层的，未经其他加工）	15	50	3	13	13	千克/平方米			0		0
70031900.02	手机或平板电脑盖板（包括前盖、后盖）用原板玻璃（未着色，透明及不具吸收层的，未经其他加工）	15	50	5	13	0	千克/平方米			0		0
70031900.90	铸、轧制的其他非夹丝玻璃板、片（未着色，透明及不具吸收层的，未经其他加工）	15	50		13	0	千克/平方米			0		0
7003.2000	- 夹丝玻璃板、片	15	50		13	0	千克/平方米			0		0
7003.3000	- 型材及异型材	15	50		13	0	千克/平方米			0		0
70.04	**拉制或吹制玻璃板、片，不论是否有吸收、反射或非反射层，但未经其他加工：**											
7004.2000	- 整块着色、不透明、镶色或具有吸收、反射或非反射层的	15	50		13	0	千克/平方米			0		0
7004.9000	- 其他玻璃											
70049000.01	光学平板玻璃，厚度0.7毫米以下（未着色，透明及不具吸收层的，未经其他加工）	15	50	9	13	0	千克/平方米			0		0
70049000.02	液晶或有机发光二极管（OLED）显示屏基板用原板玻璃（未着色，透明及不具吸收层的，未经其他加工）	15	50	3	13	0	千克/平方米			0		0

协定税率（%）														特惠税率（%）①/②	Article Description
巴基斯坦	冰岛	哥斯达黎加	秘鲁	新西兰	瑞士	新加坡	韩国	澳大利亚	格鲁吉亚	毛里求斯	日本RCEP	尼加拉瓜	港澳台		
															--- Preformed bars for drawing optical fibre
0	0	0	0	0	0		0	0	0	0	4.4	0	0/	0/0	Preformed bars for drawing optical fibre of diameter ≥60 mm
0	0	0	0	0	0		0	0	0	0	4.4	0	0/	0/0	Other preformed bars for drawing optical fibre
6	0	0	0	0	0	0	0	0	0	0	8.7	11.2	0/	0/0	--- Other
															- Tubes:
															-- Of fused quartz or other fused silica:
0	0	0	0	0	0		0	0	0	0	0	0	0/	0/0	--- Waveguide quartz tubes for optical fibres use
11.2	0	0	0	0	0	0	0	0	0	0	10.2	11.2	0/	0/0	--- Other
															-- Of other glass having a linear coefficient of expansion not exceeding 5×10^{-6}per Kelvin within a temperature range of 0°C to 300°C
6	0	0	0	0	0	0	0	0	0	0	8.7	11.2	0/	0/0	Borosilicate glass tubes for medical use (containing boron trioxide ≥8%), having a linear coefficient of expansion not exceeding 5×10^{-6}per Kelvin within a temperature range of 0°C to 300°C
6	0	0	0	0	0	0	0	0	0	0	8.7	11.2	0/	0/0	Other unworked glass tubes, having a linear coefficient of expansion not exceeding 5×10^{-6}per Kelvin within a temperature range of 0°C to 300°C
6	0	0	0	0	0	0	0	0	0	0	8.7	11.2	0/	0/0	-- Other
															Cast glass and rolled glass, in sheets or profiles, whether or not having an absorbent, reflecting or non-reflecting layer:
															- Non-wired sheets:
12	0	0	0	0	0	0	0	0	0	0	10.9	14	0/	0/0	-- Coloured throughout the mass (body tinted), opacified, flashed or having an absorbent, reflecting or non-reflecting layer
															-- Other
14	0	0	0	0	0	0	0	0	0	0	14.2	14	0/0	0/0	Cast and rolled non-wired origional plate glass, in sheets or profiles, used for liquid crystal or organic light emitting diode (OLED) display, not colored, transparent and not having an absorbent layer, not otherwise worked
14	0	0	0	0	0	0	0	0	0	0	14.2	14	0/0	0/0	Original plate glass for mobile phone or tablet computer cover (including front cover and back cover), not colored, transparent and not having an absorbent layer, not otherwise worked
14	0	0	0	0	0	0	0	0	0	0	14.2	14	0/0	0/0	Other cast and rolled non-wired glass, in sheets or profiles, not colored, transparent and not having an absorbent layer, not otherwise worked
12	0	0	0	0	0	0	0	0	0	0	10.9	14	0/	0/0	- Wired sheets
12	0	0	0	0	0	0	0	0	0	0	10.9	14	0/	0/0	- Profiles
															Drawn glass and blown glass, in sheets, whether or not having an absorbent, reflecting or non-reflecting layer, but not otherwise worked:
14	0	0	0	0	0	0	0	0	0	0	12.7	14	0/	0/0	- Glass, coloured throughout the mass (body tinted), opacified, flashed or having an absorbent, reflecting or non-reflecting layer
															- Other glass
14	0	0	0	0	0	0	8.7	0	0	0	15	14	0/	0/0	Optics plate glass, thickness <0.7mm, not coloured, transparent and not having an absorbent layer, not otherwise worked
14	0	0	0	0	0	0	8.7	0	0	0	15	14	0/	0/0	Origional plate glass, in sheets or profiles, used for liquid crystal or organic light emitting diode (OLED) display, not colored, transparent and not having an absorbent layer, not otherwise worked

税 号	货品名称	进口关税（%）最惠国	普通	年内暂定	增值/消费税（%）	出口退税（%）	计量单位	监管证件代码	检验检疫类别	协定税率（%）东盟	亚太	智利
70049000.03	手机或平板电脑盖板（包括前盖、后盖）用原板玻璃（未着色，透明及不具吸收层的，未经其他加工）	15	50	5	13	0	千克/平方米			0		0
70049000.90	拉、吹制的其他玻璃板、片（未着色，透明及不具吸收层的，未经其他加工）	15	50		13	0	千克/平方米			0		0
70.05	**浮法玻璃板、片及表面研磨或抛光玻璃板、片，不论是否有吸收、反射或非反射层，但未经其他加工：**											
7005.1000	- 具有吸收、反射或非反射层的非夹丝玻璃	15	50		13	0	千克/平方米			0		0
	- 其他非夹丝玻璃：											
7005.2100	-- 整块着色、不透明、镶色或仅表面研磨的	15	50		13	0	千克/平方米			0		0
7005.2900	-- 其他											
70052900.02	液晶或有机发光二极管（OLED）显示屏基板用原板玻璃（非夹丝浮法玻璃板、片）	10	50	3	13	13	千克/平方米			0		0
70052900.03	手机或平板电脑盖板（包括前盖、后盖）用原板玻璃	10	50	5	13	0	千克/平方米			0		0
70052900.90	其他非夹丝浮法玻璃板、片	10	50		13	0	千克/平方米			0		0
7005.3000	- 夹丝玻璃	15	50		13	0	千克/平方米			0		0
70.06	**经弯曲、磨边、镂刻、钻孔、涂珐琅或其他加工的税目70.03、70.04或70.05的玻璃，但未用其他材料镶框或装配：**											
7006.0000	经弯曲、磨边、镂刻、钻孔、涂珐琅或其他加工的税目70.03、70.04或70.05的玻璃，但未用其他材料镶框或装配											
70060000.01	液晶玻璃基板，6代（1850毫米×1500毫米）以上，不含6代（经弯曲、磨边、镂刻、钻孔、涂珐琅等加工，未镶框或装配）	10	50	4	13	13	千克			0		0
70060000.90	经其他加工的税目70.03-70.05的玻璃（经弯曲、磨边、镂刻、钻孔、涂珐琅等加工，未镶框或装配）	10	50		13	13	千克			0		0
70.07	**钢化或层压玻璃制的安全玻璃：**											
	- 钢化安全玻璃：											
	-- 规格及形状适于安装在车辆、航空器、航天器及船舶上：											
7007.1110	--- 航空器、航天器及船舶用											
70071110.01	空载重量≥25吨飞机的挡风玻璃	2	11	1	13	13	千克			0		0
70071110.90	航空航天器及船舶用钢化安全玻璃（其他规格及形状适于安装在航空航天器及船上的）	2	11		13	13	千克			0		0
7007.1190	--- 其他	10	50		13	13	千克	A	L/	0		0
7007.1900	-- 其他	14	50		13	13	千克/平方米		L/	0		0
	- 层压安全玻璃：											
	-- 规格及形状适于安装在车辆、航空器、航天器及船舶上：											
7007.2110	--- 航空器、航天器及船舶用	2	11		13	13	千克			0		0
7007.2190	--- 其他	14	50		13	13	千克	A	L/	0		0

协定税率（%）														特惠税率（%）①/②	Article Description
巴基斯坦	冰岛	哥斯达黎加	秘鲁	新西兰	瑞士	新加坡	韩国	澳大利亚	格鲁吉亚	毛里求斯	日本RCEP	尼加拉瓜	港澳台		
14	0	0	0	0	0	0	8.7	0	0	0	15	14	0/	0/0	Original plate glass for mobile phone or tablet computer cover (including front cover and back cover), not colored, transparent and not having an absorbent layer, not otherwise worked
14	0	0	0	0	0	0	8.7	0	0	0	15	14	0/	0/0	Other drawn glass and blown glass, in sheets, not coloured, transparent and not having an absorbent layer, not otherwise worked
															Float glass and surface ground or polished glass, in sheets, whether or not having an absorbent, reflecting or non-reflecting layer, but not otherwise worked:
12	0	0	0	0	0	0	0	0	0	0	10.9	14	0/	0/0	- Non-wired glass, having an absorbent, reflecting or non-reflecting layer
															- Other non-wired glass:
12	0	0	0	0	0	0	0	0	0	0	10.9	14	0/	0/0	-- Coloured throughout the mass (body tinted), opacified, flashed or merely surface ground
															-- Other
0	0	0	0	0	0	0	0	0	0	0	12.2	9	0/	0/0	Original plate galss used for liquid crystal or organic light emitting diode (OLED) display, non-wired float glass sheets
0	0	0	0	0	0	0	0	0	0	0	12.2	9	0/	0/0	Original plate glass for mobile phone or tablet computer cover (including front cover and back cover)
0	0	0	0	0	0	0	0	0	0	0	12.2	9	0/	0/0	Other non-wired float glass, in sheets
14	0	0	0	0	0	0	0	0	0	0	14.2	14	0/	0/0	- Wired glass
															Glass of heading 70.03,70.04 or 70.05, bent, edge-worked, engraved, drilled, enamelled or otherwise worked, but not framed or fitted with other materials:
															Glass of heading 70.03,70.04 or 70.05, bent, edge-worked, engraved, drilled, enamelled or otherwise worked, but not framed or fitted with other materials
12	0	0	0	0	0	0	5	0	0	0	12.2	9	0/0	0/0	Liquid crystal plate glass, of square > 1850mm×1500mm, bent, edge-worked, engraved, drilled, enamelled or otherwise worked, but not framed or fitted
12	0	0	0	0	0	0	5	0	0	0	12.2	9	0/0	0/0	Glass of headings 70.03 to 70.05, bent, edge-worked, engraved, drilled, enamelled or otherwise worked, but not framed or fitted
															Safety glass, consisting of toughened (tempered) or laminated glass:
															- Toughened (tempered) safety glass:
															-- Of size and shape suitable for incorporation in vehicles, aircraft, spacecraft or vessels:
															--- For aircraft, spacecraft or vessels
0	0	0	0	0	0		0	0	0	0	0	0	0/	0/0	Toughened (tempered) safety glass, for wind shield of aircraft of an unladen weight ≥25 ton
0	0	0	0	0	0		0	0	0	0	0	0	0/	0/0	Other toughened (tempered) safety glass, of size and shape suitable for incorporation in spacecraft or vessels
0	0	0	0	0	0		3.3	0	0	0	8.1	9	0/	0/0	--- Other
11.2	0	0	0	0	0	0	0	0	0	0	10.2	13.1	0/	0/0	-- Other
															- Laminated safety glass:
															-- Of size and shape suitable for incorporation in vehicles, aircraft, spacecraft or vessels:
0	0	0	0	0	0		0	0	0	0	0	0	0/	0/0	--- for aircraft, spacecraft or vessels
16	0	0	0	0	0	0	10	0	0	0		13.1	0/	0/0	--- Other

税号	货品名称	进口关税(%)			增值/消费税(%)	出口退税(%)	计量单位	监管证件代码	检验检疫类别	协定税率(%)		
		最惠国	普通	年内暂定						东盟	亚太	智利
7007.2900	-- 其他	14	50		13	13	千克/平方米		L/	0		0
70.08	**多层隔温、隔音玻璃组件：**											
7008.0010	--- 中空或真空隔温、隔音玻璃	14	50		13	13	千克		L/	0		0
7008.0090	--- 其他	14	50		13	13	千克		L/	0		0
70.09	**玻璃镜（包括后视镜），不论是否镶框：**											
7009.1000	- 车辆后视镜	10	100		13	13	千克		L/	0		0
	- 其他：											
7009.9100	-- 未镶框	14	70		13	13	千克		L/	0		0
7009.9200	-- 已镶框	12	100		13	13	千克			0	7.8	0
70.10	**玻璃制的坛、瓶、缸、罐、安瓿及其他容器，用于运输或盛装货物；玻璃制保藏罐；玻璃塞、盖及类似的封口器：**											
7010.1000	- 安瓿	14	50		13	13	千克			0		0
7010.2000	- 塞、盖及类似的封口器	14	50		13	13	千克			0		0
	- 其他：											
7010.9010	--- 超过1升	14	50		13	13	千克			0		0
7010.9020	--- 超过0.33升，但不超过1升	14	50		13	13	千克			0		0
7010.9030	--- 超过0.15升，但不超过0.33升	14	50		13	13	千克			0		0
7010.9090	--- 不超过0.15升	14	50		13	13	千克			0		0
70.11	**制灯泡和光源、阴极射线管及类似品用的未封口玻璃外壳（包括玻璃泡及管）及其玻璃零件，但未装有配件：**											
7011.1000	- 电灯用	12	80		13	0	千克			0		0
	- 阴极射线管用：											
7011.2010	--- 显像管玻壳及其零件	10	35		13	13	千克	6		0	6.5	0
7011.2090	--- 其他	10	35		13	13	千克	6		0	6.5	0
	- 其他：											
7011.9010	--- 电子管用（阴极射线管用的除外）	8	35		13	13	千克			0		0
7011.9090	--- 其他	14	80		13	0	千克			0		0
70.13	**玻璃器，供餐桌、厨房、盥洗室、办公室、室内装饰或类似用途（税目70.10或70.18的货品除外）：**											
7013.1000	- 玻璃陶瓷制	7	100		13	13	千克			0		0
	- 高脚杯，但玻璃陶瓷制的除外：											
7013.2200	-- 铅晶质玻璃制	7	100		13	13	千克			0		0
7013.2800	-- 其他	7	100		13	13	千克	A	R/	0		0
	- 其他杯子，但玻璃陶瓷制的除外：											
7013.3300	-- 铅晶质玻璃制	7	100		13	13	千克			0		0
7013.3700	-- 其他	7	100		13	13	千克	A	R/	0		0
	- 餐桌或厨房用玻璃器皿（不包括杯子），但玻璃陶瓷制的除外：											
7013.4100	-- 铅晶质玻璃制	7	100		13	13	千克	A	R/	0		0
7013.4200	-- 温度在0℃至300℃时线膨胀系数不超过5×10^{-6}/开尔文的其他玻璃制	7	100		13	13	千克	A	R/	0		0
7013.4900	-- 其他	7	100		13	13	千克	A	R/	0		0
	- 其他玻璃器：											
7013.9100	-- 铅晶质玻璃制	7	100		13	13	千克			0		0
7013.9900	-- 其他	7	100		13	13	千克			0		0

协定税率（%）														特惠税率（%）①/②	Article Description
巴基斯坦	冰岛	哥斯达黎加	秘鲁	新西兰	瑞士	新加坡	韩国	澳大利亚	格鲁吉亚	毛里求斯	日本RCEP	尼加拉瓜	港澳台		
9	0	0	0	0	0	0	0	0	0	0	10.2	13.1	0/	0/0	-- Other
															Multiple-walled insulating units of glass:
5.6	0	0	0	0	0	0	0	0	0	0	10.2	13.1	0/	0/0	--- Sealed or vacuum insulating glass
5.6	0	0	0	0	0	0	0	0	0	0	10.2	13.1	0/	0/0	--- Other
															Glass mirrors, whether or not framed, including rear-view mirrors:
4	0	0	0	0	0	0	5	0	0	0		9	0/0	0/0	- Rear-view mirrors for vehicles
															- Other:
16.8	0	0	0	0	0	0	10.5	0	0	0		13.1	0/	0/0	-- Unframed
4	0	0	0	0	0	0	0	0	0	0	8.7	11.2	0/	0/0	-- Framed
															Carboys, bottles, flasks, jars, pots, phials, ampoules and other containers, of glass, of a kind used for the conveyance or packing of goods;preserving jars of glass;stoppers, lids and other closures, of glass:
9	0	0	0	0	0	0	0	0	0	0	10.2	13.1	0/	0/0	- Ampoules
5.6	0	0	0	0	0	0	0	0	0	0	10.2	13.1	0/	0/0	- Stoppers, lids and other closures
															- Other:
5.6	0	0	0	0	0	0	0	0	0	0	10.2	13.1	0/	0/0	--- Exceeding 1L
5.6	0	0	0	0	0	0	0	0	0	0	10.2	13.1	0/	0/0	--- Exceeding 0.33L but not exceeding 1L
9	0	0	0	0	0	0	0	0	0	0	10.2	13.1	0/	0/0	--- Exceeding 0.15L but not exceeding 0.33L
9	0	0	0	0	0	0	0	0	0	0	10.2	13.1	0/	0/0	--- Not exceeding 0.15L
															Glass envelopes (including bulbs and tubes), open, and glass parts thereof, without fittings, for electric lamps and light sources, cathode-ray tubes or the like:
	0	0	0	0	0	0	10.5	0	0	0		11.2	0/	0/0	- For electric lighting
															- For cathode-ray tubes:
2.5	0	0	0	0	0		0	0	0	0	7.3	9	0/	0/0	--- Glass envelopes for kinescope and glass parts thereof
2.5	0	0	0	0	0			0	0	0		9	0/	0/0	--- Other
															- Other:
0	0	0	0	0	0		0	0	0	0	5.8	6.4	0/	0/0	--- For electronic tubes and valves (other than cathode-ray tubes)
	0	0	0	0	0	0	10.5	0	0	0		13.1	0/	0/0	--- Other
															Glassware of a kind used for table, kitchen, toilet, office, indoor decoration or similar purposes (other than that of heading 70.10 or 70.18):
	0	0	0	0	0	0	12.2	0	0	4.9	21	0	0/	0/0	- Of glass-ceramics
															- Stemware drinking glasses, other than of glass-ceramics:
	0	0	0	0	0	0	12.2	0	0	4.9	21	0	0/	0/0	-- Of lead crystal
0	0	0	0	0	0	0	0	0	0	0	5.8	0	0/	0/0	-- Other
															- Other drinking glasses, other than of glass-ceramics:
	0	0	0	0	0	0	12.2	0	0	4.9		0	0/	0/0	-- Of lead crystal
0	0	0	0	0	0	0	0	0	0	0	5.8	0	0/	0/0	-- Other
															- Glassware of a kind used for table (other than drinking glasses) or kitchen purposes, other than of glass-ceramics:
	0	0	0	0	0	0	12.2	0	0	4.9		0	0/	0/0	-- Of lead crystal
0	0	0	0	0	0	0	0	0	0	0	7.3	0	0/	0/0	-- Of glass having a linear coefficient of expansion not exceeding 5×10^{-6} per Kelvin within a temperature range of 0℃ to 300℃
0	0	0	0	0	0	0	0	0	0	0	7.3	0	0/	0/0	-- Other
															- Other glassware:
0	0	0	0	0	0	0	0	0	0	0	7.3	0	0/	0/0	-- Of lead crystal
0	0	0	0	0	0	0	0	0	0	2	7.3	0	0/	0/0	-- Other

税　号	货品名称	进口关税（%） 最惠国	普通	年内暂定	增值/消费税（%）	出口退税（%）	计量单位	监管证件代码	检验检疫类别	协定税率（%） 东盟	亚太	智利
70.14	未经光学加工的信号玻璃器及玻璃制光学元件（税目70.15的货品除外）：											
7014.0010	--- 光学仪器用光学元件毛坯	10	40		13	13	千克			0		0
7014.0090	--- 其他	15	80		13	13	千克			0		0
70.15	钟表玻璃及类似玻璃、视力矫正或非视力矫正眼镜用玻璃，呈弧面、弯曲、凹形或类似形状但未经光学加工的；制造上述玻璃用的凹面圆形及扇形玻璃：											
	- 视力矫正眼镜用玻璃：											
7015.1010	--- 变色镜片坯件	15	80		13	13	千克			0		0
7015.1090	--- 其他	15	70		13	13	千克			0		0
	- 其他：											
7015.9010	--- 钟表玻璃	15	70		13	0	千克			0		0
7015.9020	--- 平光变色镜片坯件	15	80		13	13	千克			0	10.5	0
7015.9090	--- 其他	12	80		13	0	千克			0	10.8	0
70.16	建筑用压制或模制的铺面用玻璃块、砖、片、瓦及其他制品，不论是否夹丝；供镶嵌或类似装饰用的玻璃马赛克及其他小件玻璃品，不论是否有衬背；花饰铅条窗玻璃及类似品；多孔或泡沫玻璃块、板、片及类似品：											
7016.1000	- 供镶嵌或类似装饰用的玻璃马赛克及其他小件玻璃品，不论是否有衬背	15	100		13	13	千克			0		0
	- 其他：											
7016.9010	--- 花饰铅条窗玻璃及类似品	15	90		13	13	千克			0	10.5	0
7016.9090	--- 其他	15	90		13	13	千克			0	10.5	0
70.17	实验室、卫生及配药用的玻璃器，不论有无刻度或标量：											
7017.1000	- 熔融石英或其他熔融硅石制	0	30		13	13	千克			0		0
7017.2000	- 温度在0℃至300℃时线膨胀系数不超过5×10^{-6}/开尔文的其他玻璃制	8	30		13	13	千克			0		0
7017.9000	- 其他	8	30		13	13	千克			0		0
70.18	玻璃珠、仿珍珠、仿宝石或仿半宝石和类似小件玻璃品及其制品，但仿首饰除外；玻璃假眼，但医用假眼除外；灯工方法制作的玻璃塑像及其他玻璃装饰品，但仿首饰除外；直径不超过1毫米的微型玻璃球：											
7018.1000	- 玻璃珠、仿珍珠、仿宝石或仿半宝石及类似小件玻璃品	10	100		13	13	千克			0		0
7018.2000	- 直径不超过1毫米的微型玻璃球											
70182000.01	熔融球形二氧化硅微粉，直径≤100微米	15	100	5.5	13	13	千克			0		0
70182000.90	其他直径≤1毫米的玻璃珠	15	100		13	13	千克			0		0
7018.9000	- 其他	15	100		13	13	千克			0		0
70.19	玻璃纤维（包括玻璃棉）及其制品（例如，纱线、无捻粗纱及机织物）：											

协定税率（%）														特惠税率（%）①/②	Article Description
巴基斯坦	冰岛	哥斯达黎加	秘鲁	新西兰	瑞士	新加坡	韩国	澳大利亚	格鲁吉亚	毛里求斯	日本RCEP	尼加拉瓜	港澳台		
															Signalling glassware and optical elements of glass (other than those of heading 70.15), not optically worked:
0	0	0	0	0	0	0	0	0	0	0	7.3	9	0/	0/0	--- Blanks of optical elements, for optical instruments
14	0	0	0	0	0	0	0	0	0	0	12.7	14	0/	0/0	--- Other
															Clock or watch glasses and similar glasses, glasses for non-corrective or corrective spectacles, curved, bent, hollowed or the like, not optically worked;hollow glass spheres and their segments, for the manufacture of such glasses:
															- Glasses for corrective spectacles:
	0	0	0	0	0	0	7	0	0	0	17.1	14	0/	0/0	--- Blanks for photochromic spectacles
14	0	0	0	0	0	0	0	0	0	0	12.7	14	0/	0/0	--- Other
															- Other:
14	0	0	0	0	0	0	0	0	0	3.5	12.7	14	0/	0/0	--- Clock and watch glasses
14.4	0	0	0	0	0	0	0	0	0	0	13.1	14	0/	0/0	--- Blanks for plane photochromic spectacles
3	0	0	0	0	4.8	0	0	0	0	0	8.7	11.2	0/	0/0	--- Other
															Paving blocks, slabs, bricks, squares, tiles and other articles of pressed or moulded glass, whether or not wired, of a kind used for building or construction purposes;glass cubes and other glass smallwares, whether or not on a backing, for mosaics or similar decorative purposes; leaded lights and the like;multicellular or foam glass in blocks, panels, plates, shells or similar forms:
	0	0	0	0	0	0	11	0	0	4.4		14	0/	0/0	- Glass cubes and other glass smallwares, whether or not on a backing, for mosaics or similar decorative purposes
															- Other:
	0	0	0	0	0	0	12	0	0	4.8	20.6	14	0/	0/0	--- Leaded lights and the like
	0	0	0	0	0	0	0	0	0	0	13.1	14	0/	0/0	--- Other
															Laboratory, hygienic or pharmaceutical glassware, whether or not graduated or calibrated:
0	0	0	0	0	0		0	0	0	0	0	0	0/	0/0	- Of fused quartz or other fused silica
0	0	0	0	0	3.2		0	0	0	0	5.8	6.4	0/	0/0	- Of other glass having a linear coefficient of expansion not exceeding 5×10^{-6}per Kelvin within a temperature range of 0℃ to 300℃
0	0	0	0	0	0		0	0	0	0	5.8	6.4	0/	0/0	- Other
															Glass beads, imitation pearls, imitation precious or semi-precious stones and similar glass smallwares, and articles thereof other than imitation jewellery; glass eyes other than prosthetic articles; statuettes and other ornaments of lampworked glass, other than imitation jewellery; glass microspheres not exceeding 1mm in diameter:
4	0	0	0	0	0	0	0	0	0	0	7.3	9	0/	0/0	- Glass beads, imitation pearls, imitation precious or semi-precious stones and similar glass smallwares
															- Glass microspheres not exceeding 1mm in diameter
	0	0	0	0	0	0	6.6	0	0	0	16.3	14	0/	0/0	Fine Molten spherical silica powder, diameter $\leq 100\mu m$
	0	0	0	0	0	0	6.6	0	0	0	16.3	14	0/	0/0	Other glass beads of diameter ≤ 1 mm
	0	0	0	0	0	0	6.6	0	0	0	16.3	14	0/	0/0	- Other
															Glass fibres (including glass wool) and articles thereof (for example, yarn, rovings, woven fabrics):

税 号	货品名称	进口关税（%）			增值/消费税（%）	出口退税（%）	计量单位	监管证件代码	检验检疫类别	协定税率（%）		
		最惠国	普通	年内暂定						东盟	亚太	智利
	- 定长纤维纱条、无捻粗纱、纱线、短切原丝及其毡：											
7019.1100	-- 长度不超过50毫米的短切原丝											
70191100.10	两用物项管制的长度不超过50mm的短切原丝（比模量≥3.18×10^6m，以及比抗拉强度≥7.62×10^4m）	10	50		13	13	千克	3		0		0
70191100.90	其他长度不超过50mm的短切原丝	10	50		13	13	千克			0		0
7019.1200	-- 无捻粗纱											
70191200.20	两用物项管制的玻璃纤维无捻粗纱（比模量≥3.18×10^6m，以及比抗拉强度≥7.62×10^4m）	10	50		13	13	千克	3		0		0
70191200.90	其他玻璃纤维无捻粗纱	10	50		13	13	千克			0		0
7019.1300	-- 其他纱线，定长纤维纱条											
70191300.10	其他玻璃纤维或纤丝材料（其“比模量”为3.18×10^6m或更大和“比抗拉强度”为7.62×10^4m或更大的玻璃纤维或纤丝材料）	8	50		13	13	千克	3		0		0
70191300.90	其他纱线、定长纤维纱条	8	50		13	13	千克			0		0
7019.1400	-- 机械结合毡											
70191400.10	两用物项管制的玻璃纤维制的机械结合毡（比模量≥3.18×10^6m，以及比抗拉强度≥7.62×10^4m）	5	40		13	13	千克	3		0		0
70191400.90	其他玻璃纤维制的机械结合毡	5	40		13	13	千克			0		0
7019.1500	-- 化学粘合毡											
70191500.10	两用物项管制的玻璃纤维制的化学粘合毡（比模量≥3.18×10^6m，以及比抗拉强度≥7.62×10^4m）	5	40		13	13	千克	3		0		0
70191500.90	其他玻璃纤维制的化学粘合毡	5	40		13	13	千克			0		0
7019.1900	-- 其他											
70191900.12	两用物项管制的其他短切原丝（其“比模量”为3.18×10^6m或更大和“比抗拉强度”为7.62×10^4m或更大的玻璃纤维或纤丝材料）	8	50		13	13	千克	3		0		0
70191900.90	其他短切原丝	8	50		13	13	千克			0		0
	- 机械结合织物：											
7019.6100	-- 紧密粗纱机织物											
70196100.10	两用物项管制的紧密粗纱机织物（比模量≥3.18×10^6m，以及比抗拉强度≥7.62×10^4m，机械结合的）	10	40		13	13	千克	3		0		0
70196100.90	其他紧密粗纱机织物（机械结合的）	10	40		13	13	千克			0		0
7019.6200	-- 其他紧密粗纱织物											
70196200.10	两用物项管制的其他紧密粗纱织物（比模量≥3.18×10^6m，以及比抗拉强度≥7.62×10^4m，机械结合的，机织物除外）	10	40		13	13	千克	3		0		0
70196200.90	其他紧密粗纱织物（机械结合的，机织物除外）	10	40		13	13	千克			0		0
	-- 纱线制紧密平纹机织物，未经涂布或层压：											
7019.6310	--- 宽度不超过30厘米的											
70196310.10	两用物项管制的宽度≤15mm的玻璃纤维纱线制紧密平纹机织物，未经涂布或层压（机械结合的）	10	40		13	13	千克	3		0		0
70196310.90	其他宽度≤30cm的玻璃纤维纱线制紧密平纹机织物，未经涂布或层压（机械结合的）	10	40		13	13	千克			0		0

协定税率（%）														特惠税率（%）①/②	Article Description
巴基斯坦	冰岛	哥斯达黎加	秘鲁	新西兰	瑞士	新加坡	韩国	澳大利亚	格鲁吉亚	毛里求斯	日本RCEP	尼加拉瓜	港澳台		
															- Slivers, rovings, yarn and chopped strands and mats thereof:
															-- Chopped strands, of a length of not more than 50mm
3	0	0	0	0	0	0	0	0	0	0	8.7	9	0/0	0/0	Chopped strands under the control of dual-use items, of a length of not more than 50mm (the modulus ⩾3.18×10^{6}m, the tensile strength ⩾7.62×10^4 m)
3	0	0	0	0	0	0	0	0	0	0	8.7	9	0/0	0/0	Other chopped strands, of a length of not more than 50mm
															-- Rovings
3	0	0	0	0	0	0		0	0	0		9	0/	0/0	Rovings under the control of dual-use items, the modulus ⩾3.18×10^{6}m, the tensile strength ⩾7.62×10^4 m
3	0	0	0	0	0	0		0	0	0		9	0/	0/0	Other glass fibres rovings
															-- Other yarn, slivers
2.5	0	0	0	0	0		0	0	0	0	7.3	6.4	0/0	0/0	Other glass fiber or filaments (Specific modulus ⩾3.18×10^{6}m, the ultimate tensile strength ⩾7.62×10^{4}m)
2.5	0	0	0	0	0		0	0	0	0	7.3	6.4	0/0	0/0	Other yarn and slivers
															-- Mechanically bonded mats
0	0	0	0	0	0		0	0	0	0	0	0	0/	0/0	Mechanically bonded mats under the control of dual-use items(the modulus ⩾3.18×10^{6}m, the tensile strength ⩾7.62×10^{4}m)
0	0	0	0	0	0		0	0	0	0	0	0	0/	0/0	Other mechanically bonded mats of glass fiber
															-- Chemically bonded mats
0	0	0	0	0	0		0	0	0	0	0	0	0/	0/0	Chemically bonded mats under the control of dual-use items (the modulus ⩾3.18×10^{6}m, the tensile strength ⩾7.62×10^{4}m)
0	0	0	0	0	0		0	0	0	0	0	0	0/	0/0	Other chemically bonded mats of glass fiber
															-- Other
2.5	0	0	0	0	0		0	0	0	0	7.3	6.4	0/0	0/0	Other chopped strands under the control of dual-use items (Specific modulus ⩾3.18×10^{6}m, the ultimate tensile strength ⩾7.62×10^{4}m)
2.5	0	0	0	0	0		0	0	0	0	7.3	6.4	0/0	0/0	Other chopped strands
															- Mechanically bonded fabrics:
															-- Closed woven fabrics of rovings
3	0	0	0	0	0	0	0	0	0	0	8.7	9	0/	0/0	Closed woven fabrics of rovings under the control of dual-use items(the modulus ⩾3.18×10^{6}m, the tensile strength ⩾7.62×10^4 m, mechanically bonded)
3	0	0	0	0	0	0	0	0	0	0	8.7	9	0/	0/0	Other closed woven fabrics of rovings (mechanically bonded)
															-- Other closed fabrics of rovings
2.5	0	0	0	0	0	0	0	0	0	0	7.6	9	0/0	0/0	Other closed fabrics of rovings under the control of dual-use items(the modulus ⩾3.18×10^{6}m, the tensile strength ⩾7.62×10^4 m, mechanically bonded, except woven fabrics)
2.5	0	0	0	0	0	0	0	0	0	0	7.6	9	0/0	0/0	Other closed fabrics of rovings (mechanically bonded, except woven fabrics)
															-- Closed woven fabrics, plain weave, of yarns, not coated or laminated:
															--- Of a width not exceeding 30cm
3	0	0	0	0	0	0	0	0	0	0	8.7	9	0/	0/0	Closed woven fabrics, plain weave, of glass fiber yarns, not coated or laminated, of the width ⩽15mm, under the control of dual-use items (mechanically bonded)
3	0	0	0	0	0	0	0	0	0	0	8.7	9	0/	0/0	Other closed woven fabrics, plain weave, of glass fiber yarns, not coated or laminated, of the width ⩽30cm (mechanically bonded)

税号	货品名称	进口关税（%）最惠国	进口关税（%）普通	进口关税（%）年内暂定	增值/消费税（%）	出口退税（%）	计量单位	监管证件代码	检验检疫类别	协定税率（%）东盟	协定税率（%）亚太	协定税率（%）智利
7019.6320	--- 宽度超过30厘米的长丝平纹织物，每平方米重量不超过110克，单根纱线细度不超过22特克斯											
70196320.10	两用物项管制的玻璃纤维制宽度超过30厘米的长丝平纹织物，每平方米重量不超过110克，单根纱线细度不超过22特克斯（比模量≥3.18×10⁶m，以及比抗拉强度≥7.62×10⁴m，机械结合的）	10	40		13	13	千克	3		0		0
70196320.90	玻璃纤维制宽度超过30厘米的长丝平纹织物，每平方米重量不超过110克，单根纱线细度不超过22特克斯（机械结合的）	10	40		13	13	千克			0		0
7019.6390	--- 其他											
70196390.10	两用物项管制的其他玻璃纤维纱线制紧密平纹机织物，未经涂布或层压（比模量≥3.18×10⁶m，以及比抗拉强度≥7.62×10⁴m，机械结合的）	10	40		13	13	千克	3		0		0
70196390.90	其他玻璃纤维纱线制紧密平纹机织物，未经涂布或层压（机械结合的）	10	40		13	13	千克			0		0
	-- 纱线制紧密平纹机织物，经涂布或层压：											
7019.6410	--- 宽度不超过30厘米的											
70196410.10	两用物项管制的宽度≤15mm的玻璃纤维纱线制紧密平纹机织物，经涂布或层压（机械结合的）	10	40		13	13	千克	3		0		0
70196410.90	其他宽度≤30cm的玻璃纤维纱线制紧密平纹机织物，经涂布或层压（机械结合的）	10	40		13	13	千克			0		0
7019.6490	--- 其他											
70196490.10	两用物项管制的其他玻璃纤维纱线制紧密平纹机织物，经涂布或层压（比模量≥3.18×10⁶m，以及比抗拉强度≥7.62×10⁴m，机械结合的）	10	40		13	13	千克	3		0		0
70196490.90	其他玻璃纤维纱线制紧密平纹机织物，经涂布或层压（机械结合的）	10	40		13	13	千克			0		0
	-- 宽度不超过30厘米的网孔机织物：											
7019.6510	--- 粗纱机织物											
70196510.10	两用物项管制的宽度≤30cm的玻璃纤维粗纱制网孔机织物（比模量≥3.18×10⁶m，以及比抗拉强度≥7.62×10⁴m，机械结合的）	10	40		13	13	千克	3		0		0
70196510.90	宽度≤30cm的玻璃纤维粗纱制网孔机织物（机械结合的）	10	40		13	13	千克			0		0
7019.6590	--- 其他											
70196590.10	两用物项管制的宽度≤15mm的玻璃纤维网孔机织物（机械结合的，但粗纱制的除外）	10	40		13	13	千克	3		0		0
70196590.90	其他宽度≤30cm的玻璃纤维网孔机织物（机械结合的，但粗纱制的除外）	10	40		13	13	千克			0		0
	-- 宽度超过30厘米的网孔机织物：											
7019.6610	--- 粗纱机织物											
70196610.10	两用物项管制的宽度>30cm的玻璃纤维粗纱制网孔机织物（比模量≥3.18×10⁶m，以及比抗拉强度≥7.62×10⁴m，机械结合的）	10	40		13	13	千克	3		0		0

协定税率（%）														特惠税率（%）①/②	Article Description
巴基斯坦	冰岛	哥斯达黎加	秘鲁	新西兰	瑞士	新加坡	韩国	澳大利亚	格鲁吉亚	毛里求斯	日本RCEP	尼加拉瓜	港澳台		
															--- Of a width exceeding 30cm, plain weave, weighing not more than 110g/m^2, of filaments measuring per single yarn not more than 22 tex
3	0	0	0	0	0	0		0	0	0		9	0/	0/0	Of a width exceeding 30cm, plain weave, weighing not more than 110g/m^2, of filaments measuring per single yarn not more than 22 tex, under the control of dual-use items(the modulus ≥3.18×10^6m, the tensile strength ≥7.62×10^4 m, mechanically bonded)
3	0	0	0	0	0	0		0	0	0		9	0/	0/0	Of a width exceeding 30cm, plain weave, weighing not more than 110g/m^2, of filaments measuring per single yarn not more than 22 tex (mechanically bonded)
															--- Other
2.8	0	0	0	0	0	0		0	0	0		9	0/	0/0	Other closed woven fabrics, plain weave, of yarns, not coated or laminated, under the control of dual-use items(the modulus ≥3.18×10^6m, the tensile strength ≥7.62×10^4, mechanically bonded)
2.8	0	0	0	0	0	0		0	0	0		9	0/	0/0	Other closed woven fabrics, plain weave, of yarns, not coated or laminated (mechanically bonded)
															-- Closed woven fabrics, plain weave, of yarns, coated or laminated:
															--- Of a width not exceeding 30cm
3	0	0	0	0	0	0	0	0	0	0	8.7	9	0/	0/0	Closed woven fabrics, plain weave, of glass fiber yarns, coated or laminated, of the width ≤15mm, under the control of dual-use items (mechanically bonded)
3	0	0	0	0	0	0	0	0	0	0	8.7	9	0/	0/0	Other closed woven fabrics, plain weave, of glass fiber yarns, coated or laminated, of the width ≤30cm (mechanically bonded)
															--- Other
2.8	0	0	0	0	0	0		0	0	0		9	0/	0/0	Other closed woven fabrics, plain weave, of yarns, coated or laminated, under the control of dual-use items(the modulus ≥3.18×10^6m, the tensile strength ≥7.62×10^4 m, mechanically bonded)
2.8	0	0	0	0	0	0		0	0	0		9	0/	0/0	Other closed woven fabrics, plain weave, of yarns, coated or laminated (mechanically bonded)
															-- Open woven fabrics of a width not exceeding 30cm:
															--- Woven fabrics of rovings
3	0	0	0	0	0	0	0	0	0	0	8.7	9	0/	0/0	Open woven fabrics of a width not exceeding 30cm, of rovings, under the control of dual-use items(the modulus ≥3.18×10^6m, the tensile strength ≥7.62×10^4 m, mechanically bonded)
3	0	0	0	0	0	0	0	0	0	0	8.7	9	0/	0/0	Open woven fabrics of a width not exceeding 30cm, of rovings, mechanically bonded
															--- Other
3	0	0	0	0	0	0	0	0	0	0	8.7	9	0/	0/0	Open woven fabrics, of glass fiber, of the width ≤15mm, under the control of dual-use items (mechanically bonded, other than of rovings)
3	0	0	0	0	0	0	0	0	0	0	8.7	9	0/	0/0	Other open woven fabrics, of glass fiber, of the width ≤30cm (mechanically bonded, other than of rovings)
															-- Open woven fabrics of a width exceeding 30cm:
															--- Woven fabrics of rovings
3	0	0	0	0	0	0	0	0	0	0	8.7	9	0/	0/0	Open woven fabrics of a width exceeding 30cm, of rovings, under the control of dual-use items(the modulus ≥3.18×10^6m, the tensile strength ≥7.62×10^4 m, mechanically bonded)

税号	货品名称	进口关税（%）			增值/消费税（%）	出口退税（%）	计量单位	监管证件代码	检验检疫类别	协定税率（%）		
		最惠国	普通	年内暂定						东盟	亚太	智利
70196610.90	宽度>30cm的玻璃纤维粗纱制网孔机织物（机械结合的）	10	40		13	13	千克			0		0
7019.6690	--- 其他											
70196690.10	两用物项管制的宽度>30cm的其他玻璃纤维纱线制网孔机织物（比模量≥3.18×10^{6}m，以及比抗拉强度≥7.62×10^{4}m，机械结合的）	10	40		13	13	千克	3		0		0
70196690.90	其他玻璃纤维纱线制网孔机织物（机械结合的）	10	40		13	13	千克			0		0
	-- 其他：											
7019.6910	--- 垫											
70196910.10	两用物项管制的其他玻璃纤维制的垫（比模量≥3.18×10^{6}m，以及比抗拉强度≥7.62×10^{4}m，机械结合的）	10	40		13	13	千克	3		0		0
70196910.90	其他玻璃纤维制的垫（机械结合的）	10	40		13	13	千克			0		0
7019.6920	--- 纤维网、板及类似无纺产品											
70196920.10	两用物项管制的其他玻璃纤维制的网、板及类似无纺产品（比模量≥3.18×10^{6}m，以及比抗拉强度≥7.62×10^{4}m，机械结合的）	10	40		13	13	千克	3		0		0
70196920.90	其他玻璃纤维制的网、板及类似无纺产品（机械结合的）	10	40		13	13	千克			0		0
7019.6930	--- 宽度不超过30厘米的机织物											
70196930.10	两用物项管制的宽度≤15mm的其他玻璃纤维机织物（机械结合的）	10	40		13	13	千克	3		0		0
70196930.90	其他宽度≤30cm的玻璃纤维机织物（机械结合的）	10	40		13	13	千克			0		0
7019.6990	--- 其他											
70196990.10	两用物项管制的其他玻璃纤维织物（比模量≥3.18×10^{6}m，以及比抗拉强度≥7.62×10^{4}m，机械结合的）	10	40		13	13	千克	3		0	6.5	0
70196990.90	其他玻璃纤维织物（机械结合的）	10	40		13	13	千克			0	6.5	0
	- 化学粘合织物：											
7019.7100	-- 覆面毡（薄毡）											
70197100.10	两用物项管制的玻璃纤维制的覆面毡（薄毡）（比模量≥3.18×10^{6}m，以及比抗拉强度≥7.62×10^{4}m，化学粘合的）	10	40		13	13	千克	3		0		0
70197100.90	玻璃纤维制的覆面毡（薄毡）（化学粘合的）	10	40		13	13	千克			0		0
	-- 其他紧密织物：											
7019.7210	--- 垫											
70197210.10	两用物项管制的紧密玻璃纤维垫（比模量≥3.18×10^{6}m，以及比抗拉强度≥7.62×10^{4}m，化学粘合的）	10	40		13	13	千克	3		0		0
70197210.90	紧密玻璃纤维垫（化学粘合的）	10	40		13	13	千克			0		0
7019.7290	--- 其他											
70197290.10	两用物项管制的其他玻璃纤维制紧密织物（比模量≥3.18×10^{6}m，以及比抗拉强度≥7.62×10^{4}m，化学粘合的，不包括垫）	10	40		13	13	千克	3		0		0
70197290.90	其他玻璃纤维制紧密织物（化学粘合的，不包括垫）	10	40		13	13	千克			0		0

协定税率(%)															特惠税率(%)①/②	Article Description
巴基斯坦	冰岛	哥斯达黎加	秘鲁	新西兰	瑞士	新加坡	韩国	澳大利亚	格鲁吉亚	毛里求斯	日本RCEP	尼加拉瓜	港澳台			
3	0	0	0	0	0	0	0	0	0	0	8.7	9	0/		0/0	Open woven fabrics of a width exceeding 30cm, of rovings (mechanically bonded)
																--- Other
2.8	0	0	0	0	0	0		0	0	0		9	0/		0/0	Other open woven fabrics of a width exceeding 30cm, of glass fiber yarns, under the control of dual-use items(the modulus ≥3.18×10^6m, the tensile strength ≥7.62×10^4m, mechanically bonded)
2.8	0	0	0	0	0	0		0	0	0		9	0/		0/0	Other open woven fabrics of glass fiber yarns (mechanically bonded)
																-- Other:
																--- Mattresses
2.5	0	0	0	0	0	0	0	0	0	0	7.6	9	0/0		0/0	Other mattresses of glass fiber, under the control of dual-use items(the modulus ≥3.18×10^6m, the tensile strength ≥7.62×10^4 m, mechanically bonded)
2.5	0	0	0	0	0	0	0	0	0	0	7.6	9	0/0		0/0	Other mattresses of glass fiber (mechanically bonded)
																--- Webs, boards and similar nonwoven products
2.5	0	0	0	0	0	0	0	0	0	0	7.6	9	0/0		0/0	Other webs, boards and similar nonwoven products of glass fiber, under the control of dual-use items(the modulus ≥3.18×10^6m, the tensile strength ≥7.62×10^4 m, mechanically bonded)
2.5	0	0	0	0	0	0	0	0	0	0	7.6	9	0/0		0/0	Other webs, boards and similar nonwoven products of glass fiber (mechanically bonded)
																--- Woven fabrics of a width not exceeding 30cm
3	0	0	0	0	0	0	0	0	0	0	8.7	9	0/		0/0	Other woven fabrics, of glass fiber, of the width ≤15mm, under the control of dual-use items (mechanically bonded)
3	0	0	0	0	0	0	0	0	0	0	8.7	9	0/		0/0	Other woven fabrics, of glass fiber, of the width ≤30cm (mechanically bonded)
																--- Other
2.5	0	0	0	0	0	0	7.8	0	0	0		9	0/		0/0	Other fiberglass fabrics under the control of dual-use items(the modulus ≥3.18×10^6m, the tensile strength ≥7.62×10^4 m, mechanically bonded)
2.5	0	0	0	0	0	0	7.8	0	0	0		9	0/		0/0	Other fiberglass fabrics (mechanically bonded)
																- Chemically bonded fabrics:
																-- Veils (thin sheets)
5.6	0	0	0	0	0	0	0	0	0	0	10.2	9	0/		0/0	Veils (thin sheets) of glass fiber under the control of dual-use items (the modulus ≥3.18×10^6m, the tensile strength ≥7.62×10^4 m, chemically bonded)
5.6	0	0	0	0	0	0	0	0	0	0	10.2	9	0/		0/0	Veils (thin sheets) of glass fiber (chemically bonded)
																-- Other closed fabrics:
																--- Mattresses
2.5	0	0	0	0	0	0	0	0	0	0	7.6	9	0/0		0/0	Mattresses of closed fabrics under the control of dual-use items (the modulus ≥3.18×10^6m, the tensile strength ≥7.62×10^4m, chemically bonded)
2.5	0	0	0	0	0	0	0	0	0	0	7.6	9	0/0		0/0	Mattresses of closed fabrics (chemically bonded)
																--- Other
2.5	0	0	0	0	0	0	0	0	0	0	7.6	9	0/0		0/0	Other closed fabrics under the control of dual-use items (the modulus ≥3.18×10^6m, the tensile strength ≥7.62×10^4 m, chemically bonded, except mattresses)
2.5	0	0	0	0	0	0	0	0	0	0	7.6	9	0/0		0/0	Other closed fabrics (chemically bonded, except mattresses)

税号	货品名称	进口关税（%） 最惠国	普通	年内暂定	增值/消费税（%）	出口退税（%）	计量单位	监管证件代码	检验检疫类别	协定税率（%） 东盟	亚太	智利
	-- 其他网孔织物：											
7019.7310	--- 垫											
70197310.10	两用物项管制的网孔玻璃纤维垫（比模量≥3.18×10^{6}m，以及比抗拉强度≥7.62×10^{4}m，化学粘合的）	10	40		13	13	千克	3		0		0
70197310.90	网孔玻璃纤维垫（化学粘合的）	10	40		13	13	千克			0		0
7019.7390	--- 其他											
70197390.10	两用物项管制的其他玻璃纤维制网孔织物（比模量≥3.18×10^{6}m，以及比抗拉强度≥7.62×10^{4}m，化学粘合的，不包括垫）	10	40		13	13	千克	3		0		0
70197390.90	其他玻璃纤维制网孔织物（化学粘合的，不包括垫）	10	40		13	13	千克			0		0
	- 玻璃棉及其制品：											
7019.8010	--- 垫	10	40		13	13	千克			0		0
7019.8020	--- 纤维网、板及类似无纺产品	10	40		13	13	千克			0		0
7019.8090	--- 其他	7	40		13	13	千克			0		0
	- 其他：											
	-- 玻璃纤维布浸胶制品：											
7019.9021	---- 每平方米重量小于450克											
70199021.10	两用物项管制的玻璃纤维布浸胶的宽度不超过15mm的带（预浸料坯）（用比模量≥3.18×10^{6}m，以及比抗拉强度≥7.62×10^{4}m的玻璃纤维制成并浸渍了热固性树脂，每平方米重量<450克）	7	40		13	13	千克	3		0		0
70199021.90	玻璃纤维布浸胶制品（每平方米重量<450克）	7	40		13	13	千克			0		0
7019.9029	---- 其他											
70199029.10	两用物项管制的其他玻璃纤维布浸胶的宽度不超过15mm的带（预浸料坯）（用比模量≥3.18×10^{6}m，以及比抗拉强度≥7.62×10^{4}m的玻璃纤维制成并浸渍了热固性树脂，每平方米重量≥450克）	7	40		13	13	千克	3		0		0
70199029.90	其他玻璃纤维布浸胶制品（每平方米重量≥450克）	7	40		13	13	千克			0		0
	--- 其他：											
7019.9091	---- 垫											
70199091.10	两用物项管制的其他玻璃纤维制的垫（比模量≥3.18×10^{6}m，以及比抗拉强度≥7.62×10^{4}m）	10	40		13	13	千克	3		0		0
70199091.90	其他玻璃纤维制的垫	10	40		13	13	千克			0		0
7019.9092	---- 其他纤维网、板及类似无纺织产品											
70199092.10	两用物项管制的其他玻璃纤维制的网、板及类似无纺产品（比模量≥3.18×10^{6}m，以及比抗拉强度≥7.62×10^{4}m）	10	40		13	13	千克	3		0		0
70199092.90	其他玻璃纤维制的网、板及类似无纺产品	10	40		13	13	千克			0		0
7019.9099	---- 其他											
70199099.10	两用物项管制的其他玻璃纤维及其制品（比模量≥3.18×10^{6}m，以及比抗拉强度≥7.62×10^{4}m）	7	40		13	13	千克	3		0		0
70199099.20	两用物项管制的其他玻璃纤维及其制品［用比模量≥3.18×10^{6}m，以及比抗拉强度≥7.62×10^{4}m的玻璃纤维制成并浸渍了热固性树脂的连续的细线、粗纱、纱或宽度不超过15mm的带（预浸料坯）］	7	40		13	13	千克	3		0		0
70199099.90	其他玻璃纤维及其制品	7	40		13	13	千克			0		0

协定税率（%）														特惠税率（%）①/②	Article Description
巴基斯坦	冰岛	哥斯达黎加	秘鲁	新西兰	瑞士	新加坡	韩国	澳大利亚	格鲁吉亚	毛里求斯	日本RCEP	尼加拉瓜	港澳台		
															-- Other open fabrics:
															--- Mattresses
2.5	0	0	0	0	0	0	0	0	0	0	7.6	9	0/0	0/0	Mattresses of open fabric under the control of dual-use items (the modulus ≥ 3.18×10^6m, the tensile strength ≥ 7.62×10^4m, chemically bonded)
2.5	0	0	0	0	0	0	0	0	0	0	7.6	9	0/0	0/0	Mattresses of open fabric (chemically bonded)
															--- Other
2.5	0	0	0	0	0	0	0	0	0	0	7.6	9	0/0	0/0	Other open fabrics under the control of dual-use items (the modulus ≥ 3.18×10^6m, the tensile strength ≥ 7.62×10^4m, chemically bonded, other than mattresses)
2.5	0	0	0	0	0	0	0	0	0	0	7.6	9	0/0	0/0	Other open fabrics (chemically bonded, other than mattresses)
															- Glass wool and articles of glass wool:
2.5	0	0	0	0	0	0	0	0	0	0	7.6	9	0/0	0/0	--- Mattresses
2.5	0	0	0	0	0	0	0	0	0	0	7.6	9	0/0	0/0	--- Webs, boards and similar nonwoven products
0	0	0	0	0	0		2.3	0	0	0	5.7	0	0/	0/0	--- Other
															- Other:
															--- Impregnated glass fabrics:
															----Weighing less than 450g/m^2
0	0	0	0	0	0		2.3	0	0	0	5.7	0	0/	0/0	Impregnated tapes (prepregs) under the control of dual-use items, of the width ≤ 15 mm, of glass fiber with specific modulus ≥ 3.18×10^6m and specific tensile strength ≥ 7.62×10^4m, impregnated with thermosetting resin, weighing less than 450 g/m^2
0	0	0	0	0	0		2.3	0	0	0	5.7	0	0/	0/0	Impregnated glass fabrics, weighing less than 450 g/m^2
															----Other
0	0	0	0	0	0		2.3	0	0	0	5.7	0	0/	0/0	Other impregnated tapes (prepregs) under the control of dual-use items, of the width ≤ 15 mm, of glass fiber with specific modulus ≥ 3.18×10^6m and specific tensile strength ≥ 7.62×10^4m, impregnated with thermosetting resin, weighing less than 450 g/m^2
0	0	0	0	0	0		2.3	0	0	0	5.7	0	0/	0/0	Other impregnated glass fabrics, weighing less than 450 g/m^2
															--- Other:
															----Mattresses
2.5	0	0	0	0	0	0	0	0	0	0	7.6	9	0/0	0/0	Other mattresses under the control of dual-use items, of glass fiber with specific modulus ≥ 3.18×10^6 m and specific tensile strength ≥ 7.62×10^4 m
2.5	0	0	0	0	0	0	0	0	0	0	7.6	9	0/0	0/0	Other mattresses of glass fiber
															----Other webs, boards and similar nonwoven products
2.5	0	0	0	0	0	0	0	0	0	0	7.6	9	0/0	0/0	Other webs, boards and similar nonwoven products, under the control of dual-use items, of glass fiber with specific modulus ≥ 3.18×10^6m and specific tensile strength ≥ 7.62×10^4m
2.5	0	0	0	0	0	0	0	0	0	0	7.6	9	0/0	0/0	Other webs, boards and similar nonwoven products, of glass fiber
															----Other
0	0	0	0	0	0		2.3	0	0	0	5.7	0	0/	0/0	Other glass fiber and articles thereof, under the control of dual-use items, of glass fiber with specific modulus ≥ 3.18×10^6m and specific tensile strength ≥ 7.62×10^4m
0	0	0	0	0	0		2.3	0	0	0	5.7	0	0/	0/0	Other glass fiber thin threads, rovings, yarns and tapes (prepregs) of a width ≤ 15 mm, under the control of dual-use items, of glass fiber with specific modulus ≥ 3.18×10^6m and specific tensile strength ≥ 7.62×10^4m
0	0	0	0	0	0		2.3	0	0	0	5.7	0	0/	0/0	Other glass fiber and articles thereof

税号	货品名称	进口关税（%）			增值/消费税（%）	出口退税（%）	计量单位	监管证件代码	检验检疫类别	协定税率（%）		
		最惠国	普通	年内暂定						东盟	亚太	智利
70.20	其他玻璃制品:											
	--- 工业用:											
7020.0011	---- 导电玻璃	10	40		13	13	千克			0		0
7020.0012	---- 绝缘子用玻璃伞盘	10	40		13	0	千克			0	6.5	0
7020.0013	---- 熔融石英或其他熔融硅石制											
70200013.01	半导体晶片生产用石英反应管及夹持器（熔融石英或其他熔融硅石制）（用于插入熔化和氧化炉内）	0	40		13	13	千克			0	6.5	0
70200013.90	熔融石英或其他熔融硅石制工业用其他玻璃制品（导电玻璃及绝缘子用玻璃伞盘除外）	10	40		13	13	千克			0	6.5	0
7020.0019	---- 其他											
70200019.01	半导体晶片生产用石英反应管及夹持器（用于插入熔化和氧化炉内）	0	40		13	0	千克			0	6.5	0
70200019.90	其他工业用玻璃制品	10	40		13	0	千克			0	6.5	0
	--- 其他:											
7020.0091	---- 保温瓶或其他保温容器用的玻璃胆	20	100		13	13	千克/个	A	R/	0		0
7020.0099	---- 其他											
70200099.01	石英玻璃，平整度小于等于1微米	10	100	4	13	0	千克			0	6.5	0
70200099.90	其他非工业用玻璃制品	10	100		13	0	千克			0	6.5	0

协定税率（%）														特惠税率（%）①/②	Article Description
巴基斯坦	冰岛	哥斯达黎加	秘鲁	新西兰	瑞士	新加坡	韩国	澳大利亚	格鲁吉亚	毛里求斯	日本RCEP	尼加拉瓜	港澳台		
															Other articles of glass:
															--- For industrial use:
2.5	0	0	0	0	0	0		0	0	0		9	0/	0/0	----Conductivity glass
2.5	0	0	0	0	0	0	0	0	0	0	7.6	9	0/	0/0	----Glass umbrella for insulator
															----Of fused quartz or other fused silica
2.5	0	0	0	0	0	0	0	0	0	0	7.6	9	0/	0/0	Quartz reactor tubes and grippers for manufacturing semiconductor chips, used for inserting into the melting and oxidation furnace, produced by fused quartz or fused silica
2.5	0	0	0	0	0	0	0	0	0	0	7.6	9	0/	0/0	Other glass articles for technical use, of fused quartz or other fused silica, other than conductive plate of glass and glass umbrella for electrical insulators
															----Other
2.5	0	0	0	0	0	0	0	0	0	0	7.6	9	0/	0/0	Quartz reactor tubes and grippers for manufacturing semiconductor chips, used for inserting into the melting and oxidation furnace
2.5	0	0	0	0	0	0	0	0	0	0	7.6	9	0/	0/0	Other articles of glass for technical use
															--- Other:
	0	0	0	0	0	0	7	0	0	0	17.1	18.7	0/	0/0	----Glass inners for vacuum flasks or for other vacuum vessels
															----Other
3.8	0	0	0	0	0	0	0	0	0	0	10.9	9	0/	0/0	Quartz glass, flatness ≤ 1μm
3.8	0	0	0	0	0	0	0	0	0	0	10.9	9	0/	0/0	Other articles of glass not for technical use

第十四类　天然或养殖珍珠、宝石或半宝石、贵金属、包贵金属及其制品；仿首饰；硬币

第七十一章　天然或养殖珍珠、宝石或半宝石、贵金属、包贵金属及其制品；仿首饰；硬币

注释：

一、除第六类注释一（一）及下列各款另有规定的以外，凡制品的全部或部分由下列物品构成，均应归入本章：

（一）天然或养殖珍珠、宝石或半宝石（天然、合成或再造）；或

（二）贵金属或包贵金属。

二、

（一）税目71.13、71.14及71.15不包括带有贵金属或包贵金属制的小零件或小装饰品（例如，交织字母、套、圈、套环）的制品，上述注释一（二）也不适用于这类制品；

（二）税目71.16不包括含有贵金属或包贵金属（仅作为小零件或小装饰品的除外）的制品。

三、本章不包括：

（一）贵金属汞齐及胶态贵金属（税目28.43）；

（二）第三十章的外科用无菌缝合材料、牙科填料或其他货品；

（三）第三十二章的货品（例如，光瓷釉）；

（四）载体催化剂（税目38.15）；

（五）第四十二章注释三（二）所述的税目42.02或42.03的物品；

（六）税目43.03或43.04的物品；

（七）第十一类的货品（纺织原料及纺织制品）；

（八）第六十四章或第六十五章的鞋靴、帽类及其他物品；

（九）第六十六章的伞、手杖及其他物品；

（十）税目68.04或68.05及第八十二章含有宝石或半宝石（天然或合成）粉末的研磨材料制品；第八十二章装有宝石或半宝石（天然、合成或再造）工作部件的器具；第十六类的机器、机械器具、电气设备及其零件。然而，完全以宝石或半宝石（天然、合成或再造）制成的物品及其零件，除未安装的唱针用已加工蓝宝石或钻石外（税目85.22），其余仍应归入本章；

（十一）第九十章、第九十一章或第九十二章的物品（科学仪器、钟表及乐器）；

（十二）武器及其零件（第九十三章）；

（十三）第九十五章注释二所述物品；

（十四）根据第九十六章注释四应归入该章的物品；或

（十五）雕塑品原件（税目97.03）、收藏品（税目97.05）或超过一百年的古物（税目97.06），但天然或养殖珍珠、宝石及半宝石除外。

四、

（一）所称"贵金属"，是指银、金及铂。

（二）所称"铂"，是指铂、铱、锇、钯、铑及钌。

（三）所称"宝石或半宝石"，不包括第九十六章注释二（二）所述任何物质。

五、含有贵金属的合金（包括烧结及化合的），只要其中任何一种贵金属的含量达到合金重量的2%，即应视为本章的贵金属合金。贵金属合金应按下列规则归类：

SECTION XIV NATURAL OR CULTURED PEARLS, PRECIOUS OR SEMI-PRECIOUS STONES, PRECIOUS METALS, METALS CLAD WITH PRECIOUS METAL, AND ARTICLES THEREOF; IMITATION JEWELLERY; COIN

Chapter 71 Natural or cultured pearls, precious or semi-precious stones, precious metals, metals clad with precious metal, and articles thereof; imitation jewellery; coin

Chapter Notes:

1. Subject to Note 1 (a) to Section VI and except as provided below, all articles consisting wholly or partly:

(a) Of natural or cultured pearls or of precious or semi-precious stones (natural, synthetic or reconstructed), or

(b) Of precious metal or of metal clad with precious metal, are to be classified in this Chapter.

2.

(a) Headings 71.13, 71.14 and 71.15 do not cover articles in which precious metal or metal clad with precious metal is present as minor constituents only, such as minor fittings or minor ornamentation (for example, monograms, ferrules and rims), and Note 1 (b) of the foregoing Note does not apply to such articles;

(b) Heading 71.16 does not cover articles containing precious metal or metal clad with precious metal (other than as minor constituents).

3. This Chapter does not cover:

(a) Amalgams of precious metal, or colloidal precious metal (heading 28.43);

(b) Sterile surgical suture materials, dental fillings or other goods of Chapter 30;

(c) Goods of Chapter 32 (for example, lustres);

(d) Supported catalysts (heading 38.15);

(e) Articles of heading 42.02 or 42.03 referred to in Note 3 (B) to Chapter 42;

(f) Articles of heading 43.03 or 43.04;

(g) Goods of Section XI (textiles and textile articles);

(h) Footwear, headgear or other articles of Chapter 64 or 65;

(ij) Umbrellas, walking-sticks or other articles of Chapter 66;

(k) Abrasive goods of heading 68.04 or 68.05 or Chapter 82, containing dust or powder of precious or semi-precious stones (natural or synthetic); articles of Chapter 82 with a working part of precious or semi-precious stones (natural, synthetic or reconstructed); machinery, mechanical appliances or electrical goods, or parts thereof, of Section XVI. However, articles and parts thereof, wholly of precious or semi- precious stones (natural, synthetic or reconstructed) remain classified in this Chapter, except unmounted worked sapphires and diamonds for styli (heading 85.22);

(l) Articles of Chapter 90, 91 or 92 (scientific instruments, clocks and watches, musical instruments);

(m) Arms or parts thereof (Chapter 93);

(n) Articles covered by Note 2 to Chapter 95;

(o) Articles classified in Chapter 96 by virtue of Note 4 to that Chapter; or

(p) Original sculptures or statuary (heading 97.03), collectors' pieces (heading 97.05) or antiques of an age exceeding one hundred years (heading 97.06), other than natural or cultured pearls or precious or semi-precious stones.

4.

(a) The expression "precious metal" means silver, gold and platinum.

(b) The expression "platinum" means platinum, iridium, osmium, palladium, rhodium and ruthenium.

(c) The expression "precious or semi-precious stones" does not include any of the substances specified in Note 2 (b) to Chapter 96.

5. For the purposes of this Chapter, any alloy (including a sintered mixture and an inter-metallic compound) containing precious metal is to be treated as an alloy of precious metal if any one precious metal constitutes as much as 2%, by weight, of the alloy. Alloys of precious metal are to be classified according to the following rules:

（一）按重量计含铂量在2%及以上的合金，应视为铂合金；

（二）按重量计含金量在2%及以上，但不含铂或按重量计含铂量在2%以下的合金，应视为金合金；

（三）按重量计含银量在2%及以上的其他合金，应视为银合金。

六、除条文另有规定的以外，本协调制度所称贵金属应包括上述注释五所规定的贵金属合金，但不包括包贵金属或表面镀以贵金属的贱金属及非金属。

七、本协调制度所称“包贵金属”，是指以贱金属为底料，在其一面或多面用焊接、熔接、热轧或类似机械方法覆盖一层贵金属的材料。除条文另有规定的以外，也包括镶嵌贵金属的贱金属。

八、除第六类注释一（一）另有规定的以外，凡符合税目71.12规定的货品，应归入该税目而不归入本协调制度的其他税目。

九、税目71.13所称“首饰”，是指：

（一）个人用小饰物(例如，戒指、手镯、项圈、饰针、耳环、表链、表链饰物、垂饰、领带别针、袖扣、饰扣、宗教性或其他勋章及徽章)；以及

（二）通常放置在衣袋、手提包或佩戴在身上的个人用品（例如，雪茄盒或烟盒、鼻烟盒、口香糖盒或药丸盒、粉盒、链袋、念珠）。

这些物品可以和下列物品组合或镶嵌：例如，天然或养殖珍珠、宝石或半宝石、合成或再造的宝石或半宝石、玳瑁壳、珍珠母、兽牙、天然或再生琥珀、黑玉或珊瑚。

十、税目71.14所称“金银器”，包括装饰品、餐具、梳妆用具、吸烟用具及类似的家庭、办公室或宗教用的其他物品。

十一、税目71.17所称“仿首饰”，是指不含天然或养殖珍珠、宝石或半宝石（天然、合成或再造）及贵金属或包贵金属（仅作为镀层或小零件、小装饰品的除外）的上述注释九（一）所述的首饰（不包括税目96.06的纽扣及其他物品或税目96.15的梳子、发夹及类似品）。

子目注释：

一、子目7106.10、7108.11、7110.11、7110.21、7110.31及7110.41所称“粉末”，是指按重量计90%及以上可从网眼孔径为0.5毫米的筛子通过的产品。

二、子目7110.11及7110.19所称“铂”，可不受本章注释四（二）的规定约束，不包括铱、锇、钯、铑及钌。

三、对于税目71.10项下的子目所列合金的归类，按其所含铂、钯、铑、铱、锇或钌中重量最大的一种金属归类。

税号	货品名称	进口关税（%）			增值/消费税（%）	出口退税（%）	计量单位	监管证件代码	检验检疫类别	协定税率（%）		
		最惠国	普通	年内暂定						东盟	亚太	智利
	第一分章　天然或养殖珍珠、宝石或半宝石											
71.01	**天然或养殖珍珠，不论是否加工或分级，但未成串或镶嵌；天然或养殖珍珠，为便于运输而暂穿成串：**											
	- 天然珍珠：											
	--- 未分级：											
7101.1011	---- 黑珍珠	21	100	0	13/10	13	克	AB	P/Q	0		0
7101.1019	---- 其他	21	100		13/10	13	克	AB	P/Q	0		0
	--- 其他：											
7101.1091	---- 黑珍珠	21	130	0	13/10	13	克	AB	P/Q	0		0
7101.1099	---- 其他	21	130		13/10	13	克	AB	P/Q	0		0
	- 养殖珍珠：											
	-- 未加工：											

(a) An alloy containing 2% or more, by weight, of platinum is to be treated as an alloy of platinum;

(b) An alloy containing 2% or more, by weight, of gold but no platinum, or less than 2%, by weight, of platinum, is to be treated as an alloy of gold;

(c) Other alloys containing 2% or more, by weight, of silver are to be treated as alloys of silver.

6. Except where the context otherwise requires, any reference in the Nomenclature to precious metal or to any particular precious metal includes a reference to alloys treated as alloys of precious metal or of the particular metal in accordance with the rules in Note 5 above, but not to metal clad with precious metal or to base metal or non-metals plated with precious metal.

7. Throughout the Nomenclature the expression "metal clad with precious metal" means material made with a base of metal upon one or more surfaces of which there is affixed by soldering, brazing, welding, hot-rolling or similar mechanical means a covering of precious metal. Except where the context otherwise requires, the expression also covers base metal inlaid with precious metal.

8. Subject to Note 1 (a) to Section VI, goods answering to a description in heading 71.12 are to be classified in that heading and in no other heading of the Nomenclature.

9. For the purposes of heading 71.13, the expression "articles of jewellery" means:

(a) Any small objects of personal adornment (for example, rings, bracelets, necklaces, brooches, ear-rings, watch-chains, fobs, pendants, tie-pins, cuff-links, dress-studs, religious or other medals and insignia); and

(b) Articles of personal use of a kind normally carried in the pocket, in the handbag or on theperson (for example, cigar or cigarette cases, snuff boxes, cachou or pill boxes, powderboxes, chain purses or prayer beads).

These articles may be combined or set, for example, with natural or cultured pearls, precious or semi-precious stones, synthetic or reconstructed precious or semi-precious stones, tortoise shell, mother-of-pearl, ivory, natural or reconstituted amber, jet or coral.

10. For the purposes of heading 71.14, the expression "articles of goldsmiths' or silversmiths' wares" includes such articles as ornaments, tableware, toilet-ware, smokers' requisites and other articles of household, office or religious use.

11. For the purposes of heading 71.17, the expression "imitation jewellery" means articles of jewellery within the meaning of paragraph (a) of Note 9 above (but not including buttons or other articles of heading 96.06, or dress-combs, hair-slides or the like, or hairpins, of heading 96.15), not incorporating natural or cultured pearls, precious or semi-precious stones (natural, synthetic or reconstructed) nor (except as plating or as minor constituents) precious metal or metal clad with precious metal.

Subheading Notes.

1. For the purposes of subheadings 7106.10, 7108.11, 7110.11, 7110.21, 7110.31 and 7110.41, the expressions "powder" and "in powder form" mean products of which 90% or more by weight passes through a sieve having a mesh aperture of 0.5 mm.

2. Notwithstanding the provisions of Chapter Note 4 (b), for the purposes of subheadings 7110.11 and 7110.19, the expression "platinum" does not include iridium, osmium, palladium, rhodium or ruthenium.

3. For the classification of alloys in the subheadings of heading 71.10, each alloy is to be classified with that metal, platinum, palladium, rhodium, iridium, osmium or ruthenium which predominates by weight over each other of these metals.

协定税率（%）														特惠税率（%）①/②	Article Description
巴基斯坦	冰岛	哥斯达黎加	秘鲁	新西兰	瑞士	新加坡	韩国	澳大利亚	格鲁吉亚	毛里求斯	日本RCEP	尼加拉瓜	港澳台		
															Ⅰ. NATURAL OR CULTURED PEARLS AND PRECIOUS OR SEMI-PRECIOUS STONES
															Pearls, natural or cultured, whether or not worked or graded but not strung, mounted or set; ungraded pearls, natural or cultured, temporarily strung for convenience of transport:
															- Natural pearls:
															--- Ungraded:
	0	0	0	0	0	0	7	0	0	0	17.1	19.6	0/	0/0	----Tahitian pearls
	0	0	0	0	0	0	7	0	0	0	17.1	19.6	0/	0/0	----Other
															--- Other:
	0	0	0	0	0	0	7	0	0	0	17.1	19.6	0/	0/0	----Tahitian pearls
	0	0	0	0	0	0	7	0	0	0	17.1	19.6	0/	0/0	----Other
															- Cultured pearls:
															-- Unworked:

税号	货品名称	进口关税（%）			增值/消费税（%）	出口退税（%）	计量单位	监管证件代码	检验检疫类别	协定税率（%）		
		最惠国	普通	年内暂定						东盟	亚太	智利
7101.2110	--- 未分级											
71012110.01	未分级，未加工的养殖黑珍珠（未制成制品）	21	100	0	13/10	13	千克	AB	P/Q	0		0
71012110.90	其他未分级，未加工的养殖珍珠（未制成制品）	21	100		13/10	13	千克	AB	P/Q	0		0
7101.2190	--- 其他											
71012190.01	其他未加工的养殖黑珍珠（未制成制品）	21	130	0	13/10	13	千克	AB	P/Q	0		0
71012190.90	其他未加工的养殖珍珠（未制成制品）	21	130		13/10	13	千克	AB	P/Q	0		0
	-- 已加工：											
7101.2210	--- 未分级											
71012210.01	未分级，已加工的养殖黑珍珠（未制成制品）	21	100	0	13/10	13	千克			0		0
71012210.90	其他未分级，已加工的养殖珍珠（未制成制品）	21	100		13/10	13	千克			0		0
7101.2290	--- 其他											
71012290.01	其他已加工的养殖黑珍珠（未制成制品）	21	130	0	13/10	13	千克			0		0
71012290.90	其他已加工的养殖珍珠（未制成制品）	21	130		13/10	13	千克			0		0
71.02	**钻石，不论是否加工，但未镶嵌：**											
7102.1000	- 未分级	3	14		13	0	克拉	D		0		0
	- 工业用：											
7102.2100	-- 未加工或经简单锯开、劈开或粗磨	0	14		13	13	克拉	D		0		0
7102.2900	-- 其他	0	14		13	13	克拉			0		0
	- 非工业用：											
7102.3100	-- 未加工或经简单锯开、劈开或粗磨	3	14		13	0	克拉	D		0		0
7102.3900	-- 其他	4	35		13	0	克拉			0	0	0
71.03	**宝石（钻石除外）或半宝石，不论是否加工或分级，但未成串或镶嵌；未分级的宝石（钻石除外）或半宝石，为便于运输而暂穿成串：**											
7103.1000	- 未加工或经简单锯开或粗制成形	3	14		13/10	13	千克			0	2	0
	- 经其他加工：											
7103.9100	-- 红宝石、蓝宝石、祖母绿	4	35		13/10	13	克拉			0	2	0
	-- 其他：											
7103.9910	--- 翡翠	4	35		13/10	13	克拉			0	2	0
7103.9920	--- 水晶	4	35		13/10	13	克拉			0	2	0
7103.9930	--- 碧玺	4	35		13/10	13	克拉			0	2	0
7103.9940	--- 软玉	4	35		13/10	13	克拉			0	2	0
7103.9990	--- 其他	4	35		13/10	13	克拉			0	2	0
71.04	**合成或再造的宝石或半宝石，不论是否加工或分级，但未成串或镶嵌的；未分级的合成或再造的宝石或半宝石，为便于运输而暂穿成串：**											
7104.1000	- 压电石英	4	14		13	13	克			0		0
	- 其他，未加工或经简单锯开或粗制成形：											
7104.2100	-- 钻石	0	14		13	0	克			0		0
7104.2900	-- 其他	0	14		13/10	13	克			0		0
	- 其他：											
	-- 钻石：											
7104.9110	--- 工业用	4	14		13	13	克			0		0
7104.9190	--- 其他	4	35		13	0	克			0	2.8	0
	-- 其他：											
	--- 工业用：											

协定税率（%）														特惠税率（%）①/②	Article Description
巴基斯坦	冰岛	哥斯达黎加	秘鲁	新西兰	瑞士	新加坡	韩国	澳大利亚	格鲁吉亚	毛里求斯	日本RCEP	尼加拉瓜	港澳台		
															--- Ungraded
	0	0	0	0	0	0	7	0	0	0	17.1	19.6	0/	0/0	Cultured black pearl, unrated and unworked, unfinished
	0	0	0	0	0	0	7	0	0	0	17.1	19.6	0/	0/0	Cultured pearl, unrated and unworked, unfinished
															--- Other
	0	0	0	0	0	0	7	0	0	0	17.1	19.6	0/	0/0	Cultured black pearl, unworked, unfinished
	0	0	0	0	0	0	7	0	0	0	17.1	19.6	0/	0/0	Cultured pearl, unworked, unfinished
															-- Worked:
															--- Ungraded
	0	0	0	0	0	0	10.5	0	0	0		19.6	0/	0/0	Cultured black pearl, unrated and worked, unfinished
	0	0	0	0	0	0	10.5	0	0	0		19.6	0/	0/0	Cultured pearl, unrated and worked, unfinished
															--- Other
	0	0	0	0	0	0	10.5	0	0	0		19.6	0/	0/0	Cultured black pearl, worked, unfinished
	0	0	0	0	0	0	10.5	0	0	0		19.6	0/	0/0	Cultured pearl, worked, unfinished
															Diamonds, whether or not worked, but not mounted or set:
0	0	0	0	0	0		0	0	0	0	0	0	0/	0/0	- Unsorted
															- Industrial:
0	0	0	0	0	0		0	0	0	0	0	0	0/	0/0	-- Unworked or simply sawn, cleaved or bruted
0	0	0	0	0	0		0	0	0	0	0	0	0/	0/0	-- Other
															- Non-industrial:
0	0	0	0	0	0		0	0	0	0	2.2	0	0/	0/0	-- Unworked or simply sawn, cleaved or bruted
0	0	0	0	0	0		0	0	0	0	5.8	0	0/	0/0	-- Other
															Precious stones (other than diamonds) and semi-precious stones, whether or not worked or graded but not strung, mounted or set; ungraded precious stones (other than diamonds) and semi-precious stones, temporarily strung for convenience of transport:
0	0	0	0	0	0		0	0	0	0	2.2	0	0/	0/0	- Unworked or simply sawn or roughly shaped
															- Otherwise worked:
0	0	0	0	0	0		0	0	0	0	5.8	0	0/	0/0	-- Rubies, sapphires and eme-ralds
															-- Other:
0	0	0	0	0	0		0	0	0	0	5.8	0	0/	0/0	--- Jadeite
0	0	0	0	0	0		0	0	0	0	5.8	0	0/	0/0	--- Crystal
0	0	0	0	0	0		0	0	0	0	5.8	0	0/	0/0	--- Tourmaline
0	0	0	0	0	0		0	0	0	0	5.8	0	0/	0/0	--- Nephrite
0	0	0	0	0	0		0	0	0	0	5.8	0	0/	0/0	--- Other
															Synthetic or reconstructed precious or semiprecious stones, whether or not worked or graded but not strung, mounted or set; ungraded synthetic or reconstructed precious or semi-precious stones, temporarily strung for convenience of transport:
0	0	0	0	0	0			0	0	0		0	0/	0/0	- Piezo-electric quartz
															- Other, unworked or simply sawn or roughly shaped:
0	0	0	0	0	0		0	0	0	0	0	0	0/	0/0	-- Diamonds
0	0	0	0	0	0		0	0	0	0	0	0	0/	0/0	-- Other
															- Other:
															-- Diamonds:
0	0	0	0	0	0		0	0	0	0	0	0	0/	0/0	--- For industrial use
0	0	0	0	0	0		0	0	0	0	5.8	3.2	0/	0/0	--- Other
															-- Other:
															--- For industrial use:

税号	货品名称	进口关税（%） 最惠国	普通	年内暂定	增值/消费税（%）	出口退税（%）	计量单位	监管证件代码	检验检疫类别	协定税率（%） 东盟	亚太	智利
7104.9911	----蓝宝石	4	14		13/10	13	克			0		0
7104.9919	----其他	4	14		13/10	13	克			0		0
7104.9990	---其他	4	35		13/10	13	克			0	3.6	0
71.05	**天然或合成的宝石或半宝石的粉末：**											
	-钻石的：											
7105.1010	---天然的	0	17		13	0	克拉			0		0
7105.1020	---人工合成的	0	17		13	13	克拉			0		0
7105.9000	-其他	0	17		13/10	13	克			0		0
	第二分章 贵金属及包贵金属											
71.06	**银（包括镀金、镀铂的银），未锻造、半制成或粉末状：**											
	-银粉：											
	---非片状粉末：											
7106.1011	----平均粒径小于3微米	0	0		13	0	克	4xy		0		0
7106.1019	----其他	0	0		13	0	克	4xy		0		0
	---片状粉末：											
7106.1021	----平均粒径小于10微米	0	0		13	0	克	4xy		0		0
7106.1029	----其他	0	0		13	0	克	4xy		0		0
	-其他：											
	--未锻造：											
7106.9110	---纯度达99.99%及以上	0	0		13	0	克	4xy		0		0
7106.9190	---其他	0	0		13	0	克	4xy		0		0
	--半制成：											
7106.9210	---纯度达99.99%及以上	0	50		13	0	克	4xy		0		0
7106.9290	---其他	0	50		13	0	克	4xy		0		0
71.07	**以贱金属为底的包银材料：**											
7107.0000	以贱金属为底的包银材料	8	50		13	13	千克			0		0
71.08	**金（包括镀铂的金），未锻造、半制成或粉末状：**											
	-非货币用：											
7108.1100	--金粉	0	0		0	0	克	J		0		0
7108.1200	--其他未锻造形状	0	0		0	0	克	J		0		0
7108.1300	--其他半制成形状	0	50		0	0	克	J		0		0
7108.2000	-货币用	0	0		0	0	克	J		0		0
71.09	**以贱金属或银为底的包金材料，加工程度未超过半制成：**											
7109.0000	以贱金属或银为底的包金材料，加工程度未超过半制成	8	50		13	13	克			0		0
71.10	**铂，未锻造、半制成或粉末状：**											
	-铂：											
7110.1100	--未锻造或粉末状	0	0		0	0	克	8x		0		0
	--其他：											
7110.1910	---板、片	0	0		0	0	克	8x		0		0
7110.1990	---其他	3	11		0	0	克	4xy		0		0
	-钯：											
7110.2100	--未锻造或粉末状	0	10		13	0	克	4xy		0		0
	--其他：											
7110.2910	---板、片	0	0		13	0	克	4xy		0		0
7110.2990	---其他	3	11		13	0	克	4xy		0		0
	-铑：											
7110.3100	--未锻造或粉末状	0	0		13	0	克	4xy		0		0

协定税率（%）														特惠税率（%）①/②	Article Description
巴基斯坦	冰岛	哥斯达黎加	秘鲁	新西兰	瑞士	新加坡	韩国	澳大利亚	格鲁吉亚	毛里求斯	日本RCEP	尼加拉瓜	港澳台		
0	0	0	0	0	0		0	0	0	0	0	0	0/	0/0	----Sapphires
0	0	0	0	0	0		0	0	0	0	4.4	3.2	0/	0/0	----Other
0	0	0	0	0	0		0	0	0	0	5.8	3.2	0/	0/0	--- Other
															Dust and powder of natural or synthetic precious or semi-precious stones:
															- Of diamonds:
0	0	0	0	0	0		0	0	0	0	0	0	0/	0/0	--- Natural
0	0	0	0	0	0		0	0	0	0	0	0	0/	0/0	--- Synthetic
0	0	0	0	0	0		0	0	0	0	0	0	0/	0/0	- Other
															Ⅱ. PRECIOUS METALS AND METALS CLAD WITH PRECIOUS METAL
															Silver (including silver plated with gold or platinum), unwrought or in semi-manufactured forms, or in powder form:
															- Powder:
															--- Not Flake:
0	0	0	0	0	0		0	0	0	0	0	0	0/	0/0	----Average diameter less than 3μm
0	0	0	0	0	0		0	0	0	0	0	0	0/	0/0	----Other
															--- Flake:
0	0	0	0	0	0		0	0	0	0	0	0	0/	0/0	----Average diameter less than 10μm
0	0	0	0	0	0		0	0	0	0	0	0	0/	0/0	----Other
															- Other:
															-- Unwrought:
0	0	0	0	0	0		0	0	0	0	0	0	0/	0/0	--- Of a purity of 99.99% or more
0	0	0	0	0	0		0	0	0	0	0	0	0/	0/0	--- Other
															-- Semi-manufactured:
0	0	0	0	0	0		0	0	0	0	0	0	0/	0/0	--- Of a purity of 99.99% or more
0	0	0	0	0	0		0	0	0	0	0	0	0/	0/0	--- Other
															Base metals clad with silver, not further worked than semi-manufactured:
2.5	0	0	0	0	0	0	0	0	0	0	7.6	6.4	0/	0/0	Base metals clad with silver, not further worked than semi-manufactured
															Gold (including gold plated with platinum) unwrought or in semi-manufactured forms, or in powder form:
															- Non-monetary:
0	0	0	0	0	0		0	0	0	0	0	0	0/	0/0	-- Powder
0	0	0	0	0	0		0	0	0	0	0	0	0/	0/0	-- Other unwrought forms
0	0	0	0	0	0		0	0	0	0	0	0	0/	0/0	-- Other semi-manufactured forms
0	0	0	0	0	0		0	0	0	0	0	0	0/	0/0	- Monetary
															Base metals or silver, clad with gold, not further worked than semi-manufactured:
2.5	0	0	0	0	0	0	0	0	0	0	7.6	6.4	0/	0/0	Base metals or silver, clad with gold, not further worked than semi-manufactured
															Platinum, unwrought or in semi-manufactured forms, or in powder form:
															- Platinum:
0	0	0	0	0	0		0	0	0	0	0	0	0/	0/0	-- Unwrought or in powder form
															-- Other:
0	0	0	0	0	0		0	0	0	0	0	0	0/	0/0	--- Plates and sheets
0	0	0	0	0	0		0	0	0	0	0	0	0/	0/0	--- Other
															- Palladium:
0	0	0	0	0	0		0	0	0	0	0	0	0/	0/0	-- Unwrought or In powder form
															-- Other:
0	0	0	0	0	0		0	0	0	0	0	0	0/	0/0	--- Plates and sheets
0	0	0	0	0	0		0	0	0	0	0	0	0/	0/0	--- Other
															- Rhodium:
0	0	0	0	0	0		0	0	0	0	0	0	0/	0/0	-- Unwrought or in powder form

税　号	货品名称	进口关税（%）最惠国	普通	年内暂定	增值/消费税（%）	出口退税（%）	计量单位	监管证件代码	检验检疫类别	协定税率（%）东盟	亚太	智利
	-- 其他：											
7110.3910	--- 板、片	0	0		13	0	克	4xy		0		0
7110.3990	--- 其他	3	11		13	0	克	4xy		0		0
	- 铱、锇及钌：											
7110.4100	-- 未锻造或粉末状	0	0		13	0	克	4xy		0		0
	-- 其他：											
7110.4910	--- 板、片	0	0		13	0	克	4xy		0		0
7110.4990	--- 其他	3	11		13	0	克	4xy		0		0
71.11	**以贱金属、银或金为底的包铂材料，加工程度未超过半制成：**											
7111.0000	以贱金属、银或金为底的包铂材料，加工程度未超过半制成	3	11		13	0	克	4xy		0		0
71.12	**贵金属或包贵金属的废碎料；含有贵金属或贵金属化合物的其他废碎料，主要用于回收贵金属，税目 85.49 的货品除外：**											
	- 含有贵金属或贵金属化合物的灰：											
7112.3010	--- 含有银或银化合物的	8	50		13	13	克	9		0		0
7112.3090	--- 其他	6	50		13	0	克	9		0		0
	- 其他：											
	-- 金及包金的废碎料，但含有其他贵金属的地脚料除外：											
7112.9110	--- 金及包金的废碎料	0	0		13	0	克	9		0		0
7112.9120	--- 含有金或金化合物的废碎料	6	35		13	0	克	9		0		0
	-- 铂及包铂的废碎料，但含有其他贵金属的地脚料除外：											
7112.9210	--- 铂及包铂的废碎料	0	0		13	0	克	49xy		0		0
7112.9220	--- 含有铂或铂化合物的废碎料											
71129220.01	铂含量在3%以上的其他含有铂或铂化合物的废碎料（但税目85.49的货品及含有其他贵金属的地脚料除外，主要用于回收铂）	6	35	0	13	0	克	4xy		0		0
71129220.90	其他含有铂及铂化合物的废碎料（但税目85.49的货品及含有其他贵金属的地脚料除外，主要用于回收铂）	6	35		13	0	克	4xy		0		0
	-- 其他：											
7112.9910	--- 含有银或银化合物的废碎料	8	35		13	13	克	9		0		0
7112.9920	--- 含其他贵金属或贵金属化合物的废碎料	6	35		13	0	克	9		0		0
7112.9990	--- 其他	0	50		13	0	克			0		0
	第三分章　珠宝首饰、金银器及其他制品											
71.13	**贵金属或包贵金属制的首饰及其零件：**											
	- 贵金属制，不论是否包、镀贵金属：											
	-- 银制，不论是否包、镀其他贵金属：											
7113.1110	--- 镶嵌钻石的	8	130		13	0	克			0	5.2	0
7113.1190	--- 其他											

协定税率（%）														特惠税率（%）①/②	Article Description
巴基斯坦	冰岛	哥斯达黎加	秘鲁	新西兰	瑞士	新加坡	韩国	澳大利亚	格鲁吉亚	毛里求斯	日本RCEP	尼加拉瓜	港澳台		
															-- Other:
0	0	0	0	0	0		0	0	0	0	0	0	0/	0/0	--- Plates and sheets
0	0	0	0	0	0		0	0	0	0	0	0	0/	0/0	--- Other
															- Iridium, osmium and ruthenium:
0	0	0	0	0	0		0	0	0	0	0	0	0/	0/0	-- Unwrought or in powder form
															-- Other:
0	0	0	0	0	0		0	0	0	0	0	0	0/	0/0	--- Plates and sheets
0	0	0	0	0	0		0	0	0	0	0	0	0/	0/0	--- Other
															Base metals, silver or gold, clad with platinum, not further worked than semi-manufactured:
0	0	0	0	0	0		0	0	0	0	0	0	0/	0/0	Base metals, silver or gold, clad with platinum, not further worked than semi-manufactured
															Waste and scrap of precious metal or of metal clad with precious metal; other waste and scrap containing precious metal or precious metal compounds, of a kind used principally for the recovery of precious metal other than goods of heading 85.49:
															- Ash containing precious metal or precious metal compounds:
0	0	0	0	0	0		0	0	0	0	5.8	6.4	0/	0/0	--- Of silver or silver compounds
0	0	0	0	0	0		0	0	0	0	0	0	0/	0/0	--- Other
															- Other:
															-- Of gold, including metal clad with gold but excluding sweepings containing other precious metals:
0	0	0	0	0	0		0	0	0	0	0	0	0/	0/0	--- Of gold or gold compounds
0	0	0	0	0	0		0	0	0	0	0	4.8	0/	0/0	--- Waste and scrap with gold or gold compounds
															-- Of platinum, including metal clad with platinum but excluding sweepings containing other precious metals:
0	0	0	0	0	0		0	0	0	0	0	0	0/	0/0	--- Of platinum
															--- Wasted and scrap with platinum
0	0	0	0	0	0		0	0	0	0	0	4.8	0/	0/0	Other waste and scraps containing 3% or more of platinum, excluding goods of heading 85.49 and those sweepings containing other precious metals, used for recycling platinum
0	0	0	0	0	0		0	0	0	0	0	4.8	0/	0/0	Other waste and scraps containing platinum, excluding goods of heading 85.49 and those sweepings containing other precious metals, used for recycling platinum
															-- Other:
0	0	0	0	0	0		0	0	0	0	5.8	6.4	0/	0/0	--- Waste and scrap with silver or silver compounds
0	0	0	0	0	0		0	0	0	0	0	0	0/	0/0	--- Waste and scrap with other precious metals
0	0	0	0	0	0		0	0	0	0	0	0	0/	0/0	--- Other
															Ⅲ. JEWELLERY, GOLDSMITHS AND SILVERSMITHS WARES AND OTHER ARTICLES
															Articles of jewellery and parts thereof, of precious metal or of metal clad with precious metal:
															- Of precious metal whether or not plated or clad with precious metal:
															-- Of silver, whether or not pla-ted or clad with other precious metal:
0	0	0	0	0	8	0	6.6	0	0	0	16.3	6.4	0/	0/0	--- Diamond mounted or set
															--- Other

税号	货品名称	进口关税（%）			增值/消费税（%）	出口退税（%）	计量单位	监管证件代码	检验检疫类别	协定税率（%）		
		最惠国	普通	年内暂定						东盟	亚太	智利
71131190.10	镶嵌濒危物种制品的银首饰及零件（不论是否包、镀其他贵金属）	8	130		13	0	克	FE		0	5.2	0
71131190.90	其他银首饰及其零件（不论是否包、镀其他贵金属）	8	130		13	13	克			0	5.2	0
	-- 其他贵金属制，不论是否包、镀贵金属：											
	--- 黄金制：											
7113.1911	---- 镶嵌钻石的	8	130		13	0	克			0	5.2	0
7113.1919	---- 其他											
71131919.10	镶嵌濒危物种制品的金首饰及零件（不论是否包、镀其他贵金属）	8	130		13	0	克	EF		0	5.2	0
71131919.90	其他黄金制首饰及其零件（不论是否包、镀其他贵金属）	8	130		13	0	克	J		0	5.2	0
	--- 铂制：											
7113.1921	---- 镶嵌钻石的	10	130		13	0	克			0	6.5	0
7113.1929	---- 其他											
71131929.10	镶嵌濒危物种制品的铂金首饰及零件（不论是否包、镀其他贵金属）	10	130		13	0	克	EF		0	6.5	0
71131929.90	其他铂金制首饰及其零件（不论是否包、镀其他贵金属）	10	130		13	0	克			0	6.5	0
	- 以贱金属为底的包贵金属制：											
7113.2010	--- 镶嵌钻石的	10	130		13	0	克			0	6.5	0
7113.2090	--- 其他											
71132090.10	镶嵌濒危物种制品，以贱金属为底的包贵金属制首饰（包括零件）	10	130		13/10	0	克	FE		0	6.5	0
71132090.90	其他以贱金属为底的包贵金属制首饰（包括零件）	10	130		13/10	13	克			0	6.5	0
71.14	**贵金属或包贵金属制的金银器及其零件：**											
	- 贵金属制，不论是否包、镀贵金属：											
7114.1100	-- 银制，不论是否包、镀其他贵金属											
71141100.10	镶嵌濒危物种制品的银器及零件（不论是否包、镀贵金属）	10	100		13	0	克	FE		0		0
71141100.90	其他银器及零件（不论是否包、镀贵金属）	10	100		13	13	克			0		0
7114.1900	-- 其他贵金属制，不论是否包、镀贵金属											
71141900.10	镶嵌濒危物种制品的金银器及零件（不论是否包、镀贵金属）	10	100		13	0	克	FE		0		0
71141900.20	其他贵金属制金器及零件（工艺金章、摆件等，不论是否包、镀贵金属）	10	100		13	0	克	J		0		0
71141900.90	其他贵金属制及零件（不论是否包、镀贵金属）	10	100		13	0	克			0		0
7114.2000	- 以贱金属为底的包贵金属制											
71142000.10	以贱金属为底的包贵金属制金银器（镶嵌濒危物种制品，包括零件）	10	100		13	0	克	FE		0	8	0
71142000.90	其他以贱金属为底的包贵金属制金银器（包括零件）	10	100		13	0	克			0	8	0

协定税率（%）巴基斯坦	冰岛	哥斯达黎加	秘鲁	新西兰	瑞士	新加坡	韩国	澳大利亚	格鲁吉亚	毛里求斯	日本RCEP	尼加拉瓜	港澳台	特惠税率（%）①/②	Article Description
0	0	0	0	0	0	0	6.6	0	0	0	16.3	6.4	0/	0/0	Silver jewellery and parts thereof, inlaid with articles of endangered species, whether or not plated or clad with other precious metal
0	0	0	0	0	0	0	6.6	0	0	0	16.3	6.4	0/	0/0	Other silver jewellery and parts thereof, whether or not plated or clad with other precious metal
															-- Of other precious metal, whether or not plated or clad with predious metal:
															--- Of gold:
0	0	0	0	0	1.7	0	6.6	0	0	0	16.3	6.4	0/	0/0	----Diamond mounted
															----Other
0	0	0	0	0	0	0	0	0	0	0	14.5	6.4	0/	0/0	Gold jewellery and parts thereof, inlaid with articles of endangered species, whether or not plated or clad with other precious metal
0	0	0	0	0	0	0	0	0	0	0	14.5	6.4	0/	0/0	Other gold jewellery and parts thereof, whether or not plated or clad with other precious metal
															--- Of platinum:
0	0	0	0	0		0		0	0	7		9	0/	0/0	----Diamond mounted
															----Other
0	0	0	0	0	0	0		0	0	7		9	0/	0/0	Platinum jewellery and parts thereof, inlaid with articles of endangered species, whether or not plated or clad with other precious metal
0	0	0	0	0	0	0		0	0	7		9	0/	0/0	Other platinum jewellery and parts thereof, whether or not plated or clad with other precious metal
															- Of base metal clad with precious metal:
30		0	0	0	10	0		0	0	7		9	0/	0/0	--- Diamond mounted or set
															--- Other
30	0	0	0	0		0		0	0	7		9	0/	0/0	Jewellery and parts thereof, of base metal clad with precious metal, inlaid with articles of endangered Species
30	0	0	0	0		0		0	0	7		9	0/	0/0	Other jewellery and parts thereof, of base metal clad with precious metal
															Articles of goldsmiths'or silversmiths'wares and parts thereof, of precious metal or of metal clad with precious metal:
															- Of precious metal whether or not plated or clad with precious metal:
															-- Of silver, whether or not pla-ted or clad with Other precious metal
	0	0	0	0	0	0		0	0	7		9	0/	0/0	Silver wares and parts thereof, inlaid with articles of endangered species, whether or not plated or clad with other precious metal
	0	0	0	0	0	0		0	0	7		9	0/	0/0	Other silver wares and parts thereof, whether or not plated or clad with other precious metal
															-- Of Other precious metal, whe-ther or not plated or clad with precious metal
	0	0	0	0	2.9	0		0	0	7		9	0/	0/0	Gold and silver wares and parts thereof, inlaid with articles of endangered species, whether or not plated or clad with other precious metal
	0	0	0	0	2.9	0		0	0	7		9	0/	0/0	Other gold and gold wares and parts thereof, made by noble metals, whether or not plated or clad with other precious metal
	0	0	0	0	2.9	0		0	0	7		9	0/	0/0	Other noble metals and noble metals wares and parts thereof, whether or not plated or clad with other precious metal
															- Of base metal clad with precious metal
	0	0	0	0	10	0		0	0	7		9	0/	0/0	Gold and silver wares and parts thereof, of base metal clad with precious metal, inlaid with articles of endangered Species
	0	0	0	0	10	0		0	0	7		9	0/	0/0	Other gold and silver wares and parts thereof, of base metal clad with precious metal

税　号	货品名称	进口关税（%）			增值/消费税（%）	出口退税（%）	计量单位	监管证件代码	检验检疫类别	协定税率（%）		
		最惠国	普通	年内暂定						东盟	亚太	智利
71.15	**贵金属或包贵金属的其他制品：**											
7115.1000	- 金属丝布或格栅形状的铂催化剂	3	11		13	0	克	4xy		0		0
	- 其他：											
7115.9010	--- 工业或实验室用											
71159010.10	银制工业、实验室用制品	3	11	0	13	13	克			0		0
71159010.20	金制工业、实验室用制品	3	11	0	13	0	克			0		0
71159010.90	其他工业、实验室用贵或包贵金制品	3	11	0	13	0	克			0		0
7115.9090	--- 其他	10	100		13	0	克			0		0
71.16	**用天然或养殖珍珠、宝石或半宝石（天然、合成或再造）制成的物品：**											
7116.1000	- 天然或养殖珍珠制	10	130		13/10	13	千克			0		0
7116.2000	- 宝石或半宝石（天然、合成或再造）制	10	130		13/10	0	千克			0		0
71.17	**仿首饰：**											
	- 贱金属制，不论是否镀贵金属：											
7117.1100	-- 袖扣、饰扣	10	130		13	13	千克			0		0
7117.1900	-- 其他	8	130		13	13	千克			0	5.2	0
7117.9000	- 其他	18	130		13	13	千克			0	11.7	0
71.18	**硬币：**											
7118.1000	- 非法定货币的硬币（金币除外）	0	0		13	13	千克			0		0
7118.9000	- 其他											
71189000.10	金质铸币（金质贵金属纪念币）	0	0		13	0	千克	J		0		0
71189000.90	其他硬币	0	0		13	0	千克			0		0

协定税率（%）														特惠税率（%）①/②	Article Description
巴基斯坦	冰岛	哥斯达黎加	秘鲁	新西兰	瑞士	新加坡	韩国	澳大利亚	格鲁吉亚	毛里求斯	日本RCEP	尼加拉瓜	港澳台		
															Other articles of precious metal or of metal clad with precious metal:
0	0	0	0	0	0		0	0	0	0	0	0	0/	0/0	- Catalysts in the form of wire cloth or grill, of platinum
															- Other:
															--- For industrial or laboratory use
0	0	0	0	0	0		0	0	0	0	0	0	0/	0/0	Articles of silver for technical or laboratory use
0	0	0	0	0	0		0	0	0	0	0	0	0/	0/0	Articles of gold for technical or laboratory use
0	0	0	0	0	0		0	0	0	0	0	0	0/	0/0	Articles of precious metal or of metal clad with precious metal, for technical or laboratory use
	0	0	0	0		0		0	0	7		9	0/	0/0	--- Other
															Articles of natural or cultured pearls, precious or semi-precious stones (natural, synthetic or reconstructed):
	0	0	0	0	0	0		0	0	7		9	0/	0/0	- Of natural or cultured pearls
0	0	0	0	0	0	0		0	0	7		9	0/	0/0	- Of precious or semi-precious stones (natural, synthetic or reconstructed)
															Imitation jewellery:
															- Of base metal, whether or not plated with precious metal:
	0	0	0	0	10	0		0	0	7		9	0/	0/0	-- Cuff-links and studs
13.6	0	0	0	0	0	0	0	0	0	3.4	12.4	6.4	0/	0/0	-- Other
30		0	0	0		0	22.7	0	0	7		16.8	0/	0/0	- Other
															Coin:
0	0	0	0	0	0		0	0	0	0	0	0	0/	0/0	- Coin (other than gold coin), not being legal tender
															- Other
0	0	0	0	0	0		0	0	0	0	0	0	0/	0/0	Gold coins (for commemorate)
0	0	0	0	0	0		0	0	0	0	0	0	0/	0/0	Other coins

第十五类　贱金属及其制品

注释：

一、本类不包括：

（一）以金属粉末为基本成分的调制油漆、油墨或其他产品（税目32.07至32.10、32.12、32.13或32.15）；

（二）铈铁或其他引火合金（税目36.06）；

（三）税目65.06或65.07的帽类及其零件；

（四）税目66.03的伞骨及其他物品；

（五）第七十一章的货品（例如，贵金属合金、以贱金属为底的包贵金属、仿首饰）；

（六）第十六类的物品（机器、机械器具及电气设备）；

（七）已装配的铁道或电车道轨道（税目86.08）或第十七类的其他物品（车辆、船舶、航空器）；

（八）第十八类的仪器及器具，包括钟表发条；

（九）做弹药用的铅弹（税目93.06）或第十九类的其他物品（武器、弹药）；

（十）第九十四章的物品（例如，家具、弹簧床垫，灯具及照明装置、发光标志、活动房屋）；

（十一）第九十五章的物品（例如，玩具、游戏品及运动用品）；

（十二）手用筛子、钮扣、钢笔、铅笔套、钢笔尖、独脚架、双脚架、三脚架及类似品或第九十六章的其他物品（杂项制品）；或

（十三）第九十七章的物品（例如，艺术品）。

二、本协调制度所称"通用零件"，是指：

（一）税目73.07、73.12、73.15、73.17或73.18的物品及其他贱金属制的类似品，不包括专用于医疗、外科、牙科或兽医的植入物（税目90.21）；

（二）贱金属制的弹簧及弹簧片，但钟表发条（税目91.14）除外；以及

（三）税目83.01、83.02、83.08、83.10的物品及税目83.06的贱金属制的框架及镜子。

第七十三章至第七十六章（税目73.15除外）及第七十八章至第八十二章所列货品的零件，不包括上述的通用零件。

除上段及第八十三章注释一另有规定的以外，第七十二章至第七十六章及第七十八章至第八十一章不包括第八十二章、第八十三章的物品。

三、本协调制度所称"贱金属"是指：铁及钢、铜、镍、铝、铅、锌、锡、钨、钼、钽、镁、钴、铋、镉、钛、锆、锑、锰、铍、铬、锗、钒、镓、铪、铟、铌（钶）、铼及铊。

四、本协调制度所称"金属陶瓷"，是指金属与陶瓷成分以极细微粒不均匀结合而成的产品。"金属陶瓷"包括硬质合金（金属碳化物与金属烧结而成）。

五、合金的归类规则（第七十二章、第七十四章所规定的铁合金及母合金除外）：

（一）贱金属的合金按其所含重量最大的金属归类；

（二）由本类的贱金属和非本类的元素构成的合金，如果所含贱金属的总重量等于或超过所含其他元素的总重量，应作为本类贱金属合金归类；

（三）本类所称"合金"，包括金属粉末的烧结混合物、熔化而得的不均匀紧密混合物（金属陶瓷除外）及金属间化合物。

六、除条文另有规定的以外，本协调制度所称的贱金属包括贱金属合金，这类合金应按上述注释五的规则进行归类。

七、复合材料制品的归类规则：

除各税目另有规定的以外，贱金属制品（包括根据"归类总规则"作为贱金属制品的混合材料制品）如果含有两种或两种以上贱金属的，按其所含重量最大的贱金属的制品归类。

SECTION XV BASE METALS AND ARTICLES OF BASE METAL

Section Notes:

1. This Section does not cover:

(a) Prepared paints, inks or other products with a basis of metallic flakes or powder (headings 32.07 to 32.10, 32.12, 32.13 or 32.15);

(b) Ferro-cerium or other pyrophoric alloys (heading 36.06);

(c) Headgear or parts thereof of heading 65.06 or 65.07;

(d) Umbrella frames or other articles of heading 66.03;

(e) Goods of Chapter 71 (for example, precious metal alloys, base metal clad with precious metal, imitation jewellery);

(f) Articles of Section XVI (machinery, mechanical appliances and electrical goods);

(g) Assembled railway or tramway track (heading 86.08) or other articles of Section XVII (vehicles, ships and boats, aircraft);

(h) Instruments or apparatus of Section XVIII, including clock or watch springs;

(ij) Lead shot prepared for ammunition (heading 93.06) or other articles of Section XIX (arms and ammunition);

(k) Articles of Chapter 94 (for example, furniture, mattress supports, luminaires and lighting fittings, illuminated signs, prefabricated buildings);

(l) Articles of Chapter 95 (for example, toys, games, sports requisites);

(m) Hand sieves, buttons, pens, pencil-holders, pen nibs, monopods, bipods, tripods and similar articles or other articles of Chapter 96 (miscellaneous manufactured articles); or

(n) Articles of Chapter 97 (for example, works of art).

2. Throughout the Nomenclature, the expression "parts of general use" means:

(a) Articles of heading 73.07, 73.12, 73.15, 73.17 or 73.18 and similar articles of other base metal, other than articles specially designed for use exclusively in implants in medical, surgical, dental or veterinary sciences (heading 90.21);

(b) Springs and leaves for springs, of base metal, other than clock or watch springs (heading 91.14); and

(c) Articles of headings 83.01, 83.02, 83.08, 83.10 and frames and mirrors, of base metal, of heading 83.06.

In Chapters 73 to 76 and 78 to 82 (but not in heading 73.15) references to parts of goods do not include references to parts of general use as defined above.

Subject to the preceding paragraph and to Note 1 to Chapter 83, the articles of Chapter 82 or 83 are excluded from Chapters 72 to 76 and 78 to 81.

3. Throughout the Nomenclature, the expression "base metals" means: iron and steel, copper, nickel, aluminium, lead, zinc, tin, tungsten (wolfram), molybdenum, tantalum, magnesium, cobalt, bismuth, cadmium, titanium, zirconium, antimony, manganese, beryllium, chromium, germanium, vanadium, gallium, hafnium, indium, niobium (columbium), rhenium and thallium.

4. Throughout the Nomenclature, the term "cermets" means products containing a microscopic heterogeneous combination of a metallic component and a ceramic component. The term "cermets" includes sintered metal carbides (metal carbides sintered with a metal).

5. Classification of alloys (other than ferro-alloys and master alloys as defined in Chapters 72 and 74):

(a) An alloy of base metals is to be classified as an alloy of the metal which predominates by weight over each of the other metals;

(b) An alloy composed of base metals of this Section and of elements not falling within this Section is to be treated as an alloy of base metals of this Section if the total weight of such metals equals or exceeds the total weight of the other elements present;

(c) In this Section the term "alloys" includes sintered mixtures of metal powders, heterogeneous intimate mixtures obtained by melting (other than cermets) and intermetallic compounds.

6. Unless the context otherwise requires, any reference in the Nomenclature to a base metal includes a reference to alloys which, by virtue of Note 5 above, are to be classified as alloys of that metal.

7. Classification of composite articles:

Except where the headings otherwise require, articles of base metal (including articles of mixed materials treated as articles of base metal under the General Interpretative Rules)containing two or more base metals are to be treated as articles of the base metal predominating by weight over each of the other metals.

为此：

（一）钢、铁或不同种类的钢铁，均视为一种金属；

（二）按照注释五的规定作为某一种金属归类的合金，应视为一种金属；以及

（三）税目81.13的金属陶瓷，应视为一种贱金属。

八、本类所用有关名词解释如下：

（一）废碎料

1. 所有金属废碎料；

2. 因破裂、切断、磨损或其他原因而明显不能作为原物使用的金属货品。

（二）粉末

按重量计90%及以上可从网眼孔径为1毫米的筛子通过的产品。

九、第七十四章至第七十六章以及第七十八章至第八十一章所述有关名词解释如下：

（一）条、杆

轧、挤、拔或锻制的实心产品，非成卷的，其全长截面均为圆形、椭圆形、矩形（包括正方形）、等边三角形或规则外凸多边形（包括相对两边为弧拱形，另外两边为等长平行直线的“扁圆形”及“变形矩形”）。对于矩形（包括正方形）、三角形或多边形截面的产品，其全长边角可经磨圆。矩形（包括“变形矩形”）截面的产品，其厚度应大于宽度的十分之一。所述条、杆也包括同样形状及尺寸的铸造或烧结产品。该产品在铸造或烧结后再经加工（简单剪修或去氧化皮的除外），但不具有其他税目所列制品或产品的特征。

第七十四章的线锭及坯段，已具锥形尾端或经其他简单加工以便送入机器制成盘条或管子等的，仍应作为未锻轧铜归入税目74.03。此条注释在必要的地方稍加修改后，适用于第八十一章的产品。

（二）型材及异型材

轧、挤、拔、锻制的产品或其他成型产品，不论是否成卷，其全长截面相同，但与条、杆、丝、板、片、带、箔、管的定义不相符合。同时也包括同样形状的铸造或烧结产品。该产品在铸造或烧结后再经加工（简单剪修或去氧化皮的除外），但不具有其他税目所列制品或产品的特征。

（三）丝

盘卷的轧、挤或拔制实心产品，其全长截面均为圆形、椭圆形、矩形（包括正方形）、等边三角形或规则外凸多边形（包括相对两边为弧拱形，另外两边为等长平行直线的“扁圆形”及“变形矩形”）。对于矩形（包括正方形）、三角形或多边形截面的产品，其全长边角可经磨圆。矩形（包括“变形矩形”）截面的产品，其厚度应大于宽度的十分之一。

（四）板、片、带、箔

成卷或非成卷的平面产品（未锻轧产品除外），截面均为厚度相同的实心矩形（不包括正方形），不论边角是否磨圆（包括相对两边为弧拱形，另外两边为等长平行直线的“变形矩形”），并且符合以下规格：

1. 矩形（包括正方形）的，厚度不超过宽度的十分之一；

2. 矩形或正方形以外形状的，任何尺寸，但不具有其他税目所列制品或产品的特征。

这些税目还适用于具有花样（例如，凹槽、肋条形、格槽、珠粒及菱形）的板、片、带、箔以及穿孔、抛光、涂层或制成瓦楞形的这类产品，但不具有其他税目所列制品或产品的特征。

（五）管

全长截面及管壁厚度相同并只有一个闭合空间的空心产品，成卷或非成卷的，其截面为圆形、椭圆形、矩形（包括正方形）、等边三角形或规则外凸多边形。对于截面为矩形（包括正方形）、等边三角形或规则外凸多边形的产品，不论全长边角是否磨圆，只要其内外截面为同一圆心并为同样形状及同一轴向，也可视为管子。上述截面的管子可经抛光、涂层、弯曲、攻丝、钻孔、缩腰、胀口、成锥形或装法兰、颈圈或套环。

For this purpose:

(a) Iron and steel, or different kinds of iron or steel, are regarded as one and the same metal;

(b) An alloy is regarded as being entirely composed of that metal as an alloy of which, by virtue of Note 5, it is classified; and

(c) A cermet of heading 81.13 is regarded as a single base metal.

8. In this Section, the following expressions have the meanings hereby assigned to them:

(a) Waste and scrap

(i) All metal waste and scrap;

(ii) Metal goods definitely not usable as such because of breakage, cutting-up, wear or other reasons.

(b) Powders

Products of which 90% or more by weight passes through a sieve having a mesh aperture of 1 mm.

9. For the purposes of Chapters 74 to 76 and 78 to 81, the following expressions have the meanings hereby assigned to them:

(a) Bars and rods

Rolled, extruded, drawn or forged products, not in coils, which have a uniform solid cross-section along their whole length in the shape of circles, ovals, rectangles (including squares), equilateral triangles or regular convex polygons (including "flattened circles" and "modified rectangles", of which two opposite sides are convex arcs, the other two sides being straight, of equal length and parallel). Products with a rectangular (including square), triangular or polygonal cross-section may have corners rounded along their whole length. The thickness of such products which have a rectangular (including "modified rectangular") cross-section exceeds one-tenth of the width. The expression also covers cast or sintered products, of the same forms and dimensions, which have been subsequently worked after production (otherwise than by simple trimming or de-scaling), provided that they have not thereby assumed the character of articles or products of other headings.

Wire-bars and billets of Chapter 74 with their ends tapered or otherwise worked simply to facilitate their entry into machines for converting them into, for example, drawing stock (wire-rod) or tubes, are however to be taken to be unwrought copper of heading 74.03. This provision applies mutatis mutandis to the products of Chapter 81.

(b) Profiles

Rolled, extruded, drawn, forged or formed products, coiled or not, of a uniform cross-section along their whole length, which do not conform to any of the definitions of bars, rods, wire, plates, sheets, strip, foil, tubes or pipes. The expression also covers cast or sintered products, of the same forms, which have been subsequently worked after production (otherwise than by simple trimming or de-scaling), provided that they have not thereby assumed the character of articles or products of other headings.

(c) Wire

Rolled, extruded or drawn products, in coils, which have a uniform solid cross-section along their whole length in the shape of circles, ovals, rectangles (including squares), equilateral triangles or regular convex polygons (including "flattened circles" and "modified rectangles, of which two opposite sides are convex arcs, the other two sides being straight, of equal length and parallel). Products with a rectangular (including square), triangular or polygonal cross-section may have corners rounded along their whole length. The thickness of such products which have a rectangular (including "modified rectangular") cross-section exceeds one-tenth of the width.

(d) Plates, sheets, strip and foil

Flat-surfaced products (other than the unwrought products of heading 80.01), coiled or not, of solid rectangular (other than square) cross-section with or without rounded corners (including "modified rectangles" of which two opposite sides are convex arcs, the other two sides being straight, of equal length and parallel) of a uniform thickness, which are:

(i) of rectangular (including square) shape with a thickness not exceeding one-tenth of the width;

(ii) of a shape other than rectangular or square, of any size, provided that they do not assume the character of articles or products of other headings.

Headings for plates, sheets, strip, and foil apply, inter alia, to plates, sheets, strip, and foil with patterns (for example, grooves, ribs, chequers, tears, buttons, lozenges) and to such products which have been perforated, corrugated, polished or coated, provided that they do not thereby assume the character of articles or products of other headings.

(e) Tubes and pipes

Hollow products, coiled or not, which have a uniform cross-section with only one enclosed void along their whole length in the shape of circles, ovals, rectangles (including squares), equilateral triangles or regular convex polygons, and which have a uniform wall thickness. Products with a rectangular (including square), equilateral triangular or regular convex polygonal cross-section, which may have corners rounded along their whole length, are also to be considered as tubes and pipes provided the inner and outer cross-sections are concentric and have the same form and orientation. Tubes and pipes of the foregoing cross-sections may be polished, coated, bent, threaded, drilled, waisted, expanded, cone-shaped or fitted with flanges, collars or rings.

第七十二章 钢 铁

注释：

一、本章所述有关名词解释如下[本条注释（四）、（五）、（六）适用于本协调制度其他各章]：

（一）生铁

无实用可锻性的铁碳合金，按重量计含碳量在2%以上并可含有一种或几种下列含量范围的其他元素：

铬不超过10%；

锰不超过6%；

磷不超过3%；

硅不超过8%；

其他元素合计不超过10%。

（二）镜铁

按重量计含锰量在6%以上，但不超过30%的铁碳合金，其他方面符合上述（一）款所列标准。

（三）铁合金

锭、块、团或类似初级形状、连续铸造而形成的各种形状及颗粒、粉末状的合金，不论是否烧结，通常用于其他合金生产过程中的添加剂或在黑色金属冶炼中作除氧剂、脱硫剂及类似用途，一般无实用可锻性，按重量计铁元素含量在4%及以上并含有下列一种或几种元素：

铬超过10%；

锰超过30%；

磷超过3%；

硅超过8%；

除碳以外的其他元素，合计超过10%，但最高含铜量不得超过10%。

（四）钢

除税目72.03以外的黑色金属材料（某些铸造而成的种类除外），具有实用可锻性，按重量计含碳量在2%及以下，但铬钢可具有较高的含碳量。

（五）不锈钢

按重量计含碳量在1.2%及以下，含铬量在10.5%及以上的合金钢，不论是否含有其他元素。

（六）其他合金钢

不符合以上不锈钢定义的钢，含有一种或几种按重量计符合下列含量比例的元素：

铝0.3%及以上；

硼0.0008%及以上；

铬0.3%及以上；

钴0.3%及以上；

铜0.4%及以上；

铅0.4%及以上；

锰1.65%及以上；

钼0.08%及以上；

镍0.3%及以上；

铌0.06%及以上；

硅0.6%及以上；

钛0.05%及以上；

钨0.3%及以上；

钒0.1%及以上；

Chapter 72 Iron and steel

Chapter Notes:

1. In this Chapter and, in the case of Notes (d), (e) and (f) throughout the Nomenclature, the following expressions have the meanings hereby assigned to them:

(a) Pig iron

Iron-carbon alloys not usefully malleable, containing more than 2% by weight of carbon and which may contain by weight one or more other elements within the following limits:

not more than 10% of chromium,

not more than 6% of manganese,

not more than 3% of phosphorus,

not more than 8% of silicon,

a total of not more than 10% of other elements.

(b) Spiegeleisen

Iron-carbon alloys containing by weight more than 6% but not more than 30% of manganese and otherwise conforming to the specification at (a) above.

(c) Ferro-alloys

Alloys in pigs, blocks, lumps or similar primary forms, in forms obtained by continuous casting and also in granular or powder forms, whether or not agglomerated, commonly used as an additive in the manufacture of other alloys or as de-oxidants, de-sulphurising agents or for similar uses in ferrous metallurgy and generally not usefully malleable, containing by weight 4% or more of the element iron and one or more of the following:

more than 10% of chromium,

more than 30% of manganese,

more than 3% of phosphorus,

more than 8% of silicon,

a total of more than 10% of other elements, excluding carbon, subject to a maximum content of 10% in the case of copper.

(d) Steel

Ferrous materials other than those of heading 72.03 which (with the exception of certain types produced in the form of castings) are usefully malleable and which contain by weight 2% or less of carbon. However, chromium steels may contain higher proportions of carbon.

(e) Stainless steel

Alloy steels containing, by weight, 1.2% or less of carbon and 10.5% or more of chromium, with or without other elements.

(f) Other alloy steel

Steels not complying with the definition of stainless steel and containing by weight one or more of the following elements in the proportion shown:

0.3% or more of aluminium,

0.0008% or more of boron,

0.3% or more of chromium,

0.3% or more of cobalt,

0.4% or more of copper,

0.4% or more of lead,

1.65% or more of manganese,

0.08% or more of molybdenum,

0.3% or more of nickel,

0.06% or more of niobium,

0.6% or more of silicon,

0.05% or more of titanium,

0.3% or more of tungsten (wolfram),

0.1% or more of vanadium,

锆0.05%及以上；

其他元素（硫、磷、碳及氮除外）单项含量在0.1%及以上。

（七）供再熔的碎料钢铁锭

粗铸成形无缩孔或冒口的锭块产品，表面有明显瑕疵，化学成分不同于生铁、镜铁及铁合金。

（八）颗粒

按重量计不到90%可从网眼孔径为1毫米的筛子通过，而90%及以上可从网眼孔径为5毫米的筛子通过的产品。

（九）半制成品

连续铸造的实心产品，不论是否初步热轧；其他实心产品，除经初步热轧或锻造粗制成形以外未经进一步加工，包括角材、型材及异型材的坯件。

本类产品不包括成卷的产品。

（十）平板轧材

截面为矩形（正方形除外）并且不符合以上第（九）款所述定义的下列形状实心轧制产品：

1. 层叠的卷材；或

2. 平直形状，其厚度如果在4.75毫米以下，则宽度至少是厚度的十倍；其厚度如果在4.75毫米及以上，其宽度应超过150毫米，并且至少应为厚度的两倍。

平板轧材包括直接轧制而成并有凸起式样（例如，凹槽、肋条形、格槽、珠粒、菱形）的产品以及穿孔、抛光或制成瓦楞形的产品，但不具有其他税目所列制品或产品的特征。

各种规格的平板轧材（矩形或正方形除外），但不具有其他税目所列制品或产品的特征，都应作为宽度为600毫米及以上的产品归类。

（十一）不规则盘绕的热轧条、杆

经热轧不规则盘绕的实心产品，其截面为圆形、扇形、椭圆形、矩形（包括正方形）、三角形或其他外凸多边形（包括“扁圆形”及“变形矩形”，即相对两边为弧拱形，另外两边为等长平行直线形）。这类产品可带有在轧制过程中产生的凹痕、凸缘、槽沟或其他变形（钢筋）。

（十二）其他条、杆

不符合上述（九）、（十）、（十一）款或“丝”定义的实心产品，其全长截面均为圆形、扇形、椭圆形、矩形（包括正方形）、三角形或其他外凸多边形（包括“扁圆形”及“变形矩形”，即相对两边为弧拱形，另外两边为等长平行直线形）。这些产品可以：

1. 带有在轧制过程中产生的凹痕、凸缘、槽沟或其他变形（钢筋）；

2. 轧制后扭曲的。

（十三）角材、型材及异型材

不符合上述（九）、（十）、（十一）、（十二）款或“丝”定义，但其全长截面均为同样形状的实心产品。

第七十二章不包括税目73.01或73.02的产品。

（十四）丝

不符合平板轧材定义但全长截面均为同样形状的盘卷冷成形实心产品。

（十五）空心钻钢

适合钻探用的各种截面的空心条、杆，其最大外形尺寸超过15毫米但不超过52毫米，最大内孔尺寸不超过最大外形尺寸的二分之一。不符合本定义的钢铁空心条、杆应归入税目73.04。

二、用一种黑色金属包覆不同种类的黑色金属，应按其中重量最大的材料归类。

三、用电解沉积法、压铸法或烧结法所得的钢铁产品，应按其形状、成分及外观归入本章类似热轧产品的相应税目。

0.05% or more of zirconium,

0.1% or more of other elements (except sulphur, phosphorus, carbon and nitrogen), taken separately.

(g) Remelting scrap ingots of iron or steel

Products roughly cast in the form of ingots without feeder-heads or hot tops, or of pigs, having obvious surface faults and not complying with the chemical composition of pig iron, spiegeleisen or ferro-alloys.

(h) Granules

Products of which less than 90% by weight passes through a sieve with a mesh aperture of 1 mm and of which 90% or more by weight passes through a sieve with a mesh aperture of 5 mm.

(ij) Semi-finished products

Continuous cast products of solid section, whether or not subjected to primary hot- rolling; and Other products of solid section, which have not been further worked than subjected to primary hot-rolling or roughly shaped by forging, including blanks for angles, shapes or sections.

These products are not presented in coils.

(k) Flat-rolled products

Rolled products of solid rectangular (other than square) cross-section, which do not conform to the definition at (ij) above in the form of:

(i) Coils of successively superimposed layers, or

(ii) Straight lengths, which if of a thickness less than 4.75 mm are of a width measuring at least ten times the thickness or if of a thickness of 4.75 mm or more are of a width which exceeds 150 mm and measures at least twice the thickness.

Flat-rolled products include those with patterns in relief derived directly from rolling (for example, grooves, ribs, chequers, tears, buttons, lozenges) and those which have been perforated, corrugated or polished, provided that they do not thereby assume the character of articles or products of other headings.

Flat-rolled products of a shape other than rectangular or square, of any size, are to be classified as products of a width of 600 mm or more, provided that they do not assume the character of articles or products of other headings.

(l) Bars and rods, hot-rolled, in irregularly wound coils

Hot-rolled products in irregularly wound coils, which have a solid cross-section in the shape of circles, segments of circles, ovals, rectangles (including squares), triangles or other convex polygons (including "flattened circles" and "modified rectangles", of which two opposite sides are convex arcs, the other two sides being straight, of equal length and parallel). These products may have indentations, ribs, grooves or other deformations produced during the rolling process (reinforcing bars and rods).

(m) Other bars and rods

Products which do not conform to any of the definitions at (ij), (k) or (l) above or to the definition of wire, which have a uniform solid cross-section along their whole length in the shape of circles, segments of circles, ovals, rectangles (including squares), triangles or other convex polygons (including "flattened circles" and "modified rectangles", of which two opposite sides are convex arcs, the other two sides being straight, of equal length and parallel). These products may:

(i) Have indentations, ribs, grooves or other deformations produced during the rolling process (reinforcing bars and rods);

(ii) Be twisted after rolling.

(n) Angles, shapes and sections

Products having a uniform solid cross-section along their whole length which do not conform to any of the definitions at (ij), (k), (l) or (m) above or to the definition of wire.

Chapter 72 does not include products of heading 73.01 or 73.02.

(o) Wire

Cold-formed products in coils, of any uniform solid cross-section along their whole length, which do not conform to the definition of flat-rolled products.

(p) Hollow drill bars and rods

Hollow bars and rods of any cross-section, suitable for drills, of which the greatest external dimension of the cross-section exceeds 15 mm but does not exceed 52 mm, and of which the greatest internal dimension does not exceed one half of the greatest external dimension. Hollow bars and rods of iron or steel not conforming to this definition are to be classified in heading 73.04.

2. Ferrous metals clad with another ferrous metal are to be classified as products of the ferrous metal predominating by weight.

3. Iron or steel products obtained by electrolytic deposition, by pressure casting or by sintering are to be classified, according to their form, their composition and their appearance, in the headings of this Chapter appropriate to similar hot-rolled products.

子目注释：

一、本章所用有关名词解释如下：

（一）合金生铁

按重量计含有一种或几种下列比例的元素的生铁：

铬0.2%以上；

铜0.3%以上；

镍0.3%以上；

0.1%以上的任何下列元素：铝、钼、钛、钨、钒。

（二）非合金易切削钢

按重量计含有一种或几种下列比例的元素的非合金钢：

硫0.08%及以上；

铅0.1%及以上；

硒0.05%以上；

碲0.01%以上；

铋0.05%以上。

（三）硅电钢

按重量计含硅量至少为0.6%但不超过6%，含碳量不超过0.08%的合金钢。这类钢还可含有按重量计不超过1%的铝，但所含其他元素的比例并不使其具有其他合金钢的特性。

（四）高速钢

不论是否含有其他元素，但至少含有按重量计合计含量在7%及以上的钼、钨、钒中两种元素的合金钢，按重量计其含碳量在0.6%及以上，含铬量在3%～6%。

（五）硅锰钢

按重量计同时含有下列元素的合金钢：

碳不超过0.7%；

锰0.5%及以上，但不超过1.9%；以及

硅0.6%及以上，但不超过2.3%。但所含其他元素的比例并不使其具有其他合金钢的特性。

二、税目72.02项下的子目所列铁合金，应按照下列规则归类：

对于只有一种元素超出本章注释一（三）规定的最低百分比的铁合金，应作为二元合金归入相应的子目。以此类推，如果有两种或三种合金元素超出了最低百分比的，则可分别作为三元或四元合金。

在运用本规定时，本章注释一（三）所述的未列名的“其他元素”，按重量计单项含量必须超过10%。

税　号	货品名称	进口关税（%）			增值/消费税（%）	出口退税（%）	计量单位	监管证件代码	检验检疫类别	协定税率（%）		
		最惠国	普通	年内暂定						东盟	亚太	智利
	第一分章　原料；粒状及粉状产品											
72.01	**生铁及镜铁，锭、块或其他初级形状：**											
7201.1000	- 非合金生铁，按重量计含磷量在0.5%及以下	1	8	0	13	0	千克	B	/N	0		0
7201.2000	- 非合金生铁，按重量计含磷量在0.5%以上	1	8	0	13	0	千克	B	/N	0		0
7201.5000	- 合金生铁；镜铁											
72015000.10	合金生铁	1	8	0	13	0	千克	B	/N	0		0
72015000.90	镜铁	1	8	0	13	0	千克	B	/N	0		0
72.02	**铁合金：**											
	- 锰铁：											
7202.1100	-- 按重量计含碳量在2%以上	2	11		13	0	千克	4xy		0		0

Subheading Notes:

1. In this Chapter the following expressions have the meanings hereby assigned to them:

(a) Alloy pig iron

Pig iron containing, by weight, one or more of the following elements in the specified proportions:

more than 0.2% of chromium,

more than 0.3% of copper,

more than 0.3% of nickel,

more than 0.1% of any of the following elements: aluminium, molybdenum, titanium, tungsten (wolfram), vanadium.

(b) Non-alloy free-cutting steel

Non-alloy steel containing, by weight, one or more of the following elements in the specified proportions:

0.08% or more of sulphur,

0.1% or more of lead,

more than 0.05% of selenium,

more than 0.01% of tellurium,

more than 0.05% of bismuth.

(c) Silicon-electrical steel

Alloy steels containing by weight at least 0.6% but not more than 6% of silicon and not more than 0.08% of carbon. They may also contain by weight not more than 1% of aluminium but no other element in a proportion that would give the steel the characteristics of another alloy steel.

(d) High speed steel

Alloy steels containing, with or without other elements, at least two of the three elements molybdenum, tungsten and vanadium with a combined content by weight of 7% or more, 0.6% or more of carbon and 3% to 6% of chromium.

(e) Silico-manganese steel

Alloy steels containing by weight:

not more than 0.7% of carbon,

0.5% or more but not more than 1.9% of manganese, and

0.6% or more but not more than 2.3% of silicon, but no other element in a proportion that would give the steel the characteristics of another alloy steel.

2. For the classification of ferro-alloys in the subheadings of heading 72.02 the following rule should be observed:

A ferro-alloy is considered as binary and classified under the relevant subheading (if it exists) if only one of the alloy elements exceeds the minimum percentage laid down in Chapter Note 1 (c); by analogy, it is considered respectively as ternary or quaternary if two or three alloy elements exceed the minimum percentage.

For the application of this rule the unspecified "other elements" referred to in Chapter Note 1 (c) must each exceed 10% by weight.

协定税率（%）														特惠税率（%）①/②	Article Description
巴基斯坦	冰岛	哥斯达黎加	秘鲁	新西兰	瑞士	新加坡	韩国	澳大利亚	格鲁吉亚	毛里求斯	日本RCEP	尼加拉瓜	港澳台		
															Ⅰ. PRIMARY MATERIALS; PRODUCTS IN GRANULAR OR POWDER FORM
															Pig iron and spiegeleisen in ingots, blocks or other primary forms:
0	0	0	0	0	0		0	0	0	0	0	0	0/	0/0	- Non-alloy pig iron containing by weight 0.5% or less of phosphorus
0	0	0	0	0	0		0	0	0	0	0	0	0/	0/0	- Non-alloy pig iron containing by weight more than 0.5% of phosphorus
															- Alloy pig iron; spiegeleisen
0	0	0	0	0	0		0	0	0	0	0	0	0/	0/0	Alloy pig iron
0	0	0	0	0	0		0	0	0	0	0	0	0/	0/0	Spiegeleisen
															Ferro-alloys:
															- Ferro-manganese:
0	0	0	0	0	0		0	0	0	0	0	0	0/	0/0	-- Containing by weight more than 2% of carbon

税　号	货品名称	进口关税（%）最惠国	进口关税（%）普通	进口关税（%）年内暂定	增值/消费税（%）	出口退税（%）	计量单位	监管证件代码	检验检疫类别	协定税率（%）东盟	协定税率（%）亚太	协定税率（%）智利
7202.1900	-- 其他	2	11		13	0	千克	4xy		0		0
	- 硅铁：											
7202.2100	-- 按重量计含硅量在55%以上											
72022100.10	硅铁，含硅量大于55%，小于90%	2	11		13	0	千克	4xy		0		0
72022100.90	硅铁，含硅量大于90%	2	11		13	0	千克	4xy		0		0
7202.2900	-- 其他											
72022900.10	硅铁，含硅量大于等于30%且不超过55%	2	11		13	0	千克	4xy		0		0
72022900.90	硅铁，含硅量小于30%	2	11		13	0	千克	4xy		0		0
7202.3000	- 硅锰铁	2	11		13	0	千克	4xy		0		0
	- 铬铁：											
7202.4100	-- 按重量计含碳量在4%以上	2	8	0	13	0	千克	4xy		0		0
7202.4900	-- 其他	2	8	0	13	0	千克	4xy		0		0
7202.5000	- 硅铬铁	2	11		13	0	千克	4xy		0		0
7202.6000	- 镍铁	2	11	0	13	0	千克	4xy		0		0
7202.7000	- 钼铁	2	11	1	13	0	千克	4xy		0		0
	- 钨铁及硅钨铁：											
7202.8010	--- 钨铁	2	11	1	13	0	千克	4xy		0		0
7202.8020	--- 硅钨铁	2	11		13	0	千克	4xy		0		0
	- 其他：											
7202.9100	-- 钛铁及硅钛铁	2	11		13	0	千克	4xy		0		0
	-- 钒铁：											
7202.9210	--- 按重量计含钒量在75%及以上	5	30		13	0	千克	4xy		0		0
7202.9290	--- 其他	5	30		13	0	千克	4xy		0		0
7202.9300	-- 铌铁											
72029300.10	铁钽铌合金（钽含量小于10%）	2	11	0	13	0	千克	4xy		0		0
72029300.90	其他铌铁	2	11	0	13	0	千克	4xy		0		0
	-- 其他：											
	--- 钕铁硼合金：											
7202.9911	---- 速凝永磁片	2	11		13	0	千克	4xy		0		0
7202.9912	---- 磁粉	2	11		13	0	千克	4xy		0		0
7202.9919	---- 其他	2	11		13	0	千克	4xy		0		0
	--- 其他：											
7202.9991	---- 按重量计稀土元素总含量在10%以上的											
72029991.10	按重量计中重稀土总含量大于等于30%的铁合金（按重量计稀土元素总含量在10%以上）	2	11		13	0	千克	4xy		0		0
72029991.91	稀土硅铁合金（按重量计稀土元素总含量在10%以上）	2	11		13	0	千克	4xy		0		0
72029991.99	其他按重量计稀土元素总含量在10%以上的铁合金	2	11		13	0	千克	4xy		0		0
7202.9999	---- 其他	2	11		13	0	千克	4xy		0		0
72.03	**直接从铁矿还原所得的铁产品及其他海绵铁产品，块、团、团粒及类似形状；按重量计纯度在99.94%及以上的铁，块、团、团粒及类似形状：**											
7203.1000	- 直接从铁矿还原所得的铁产品	2	8	0	13	0	千克			0		0
7203.9000	- 其他	2	8	0	13	0	千克			0		0

协定税率（%）														特惠税率（%）①/②	Article Description
巴基斯坦	冰岛	哥斯达黎加	秘鲁	新西兰	瑞士	新加坡	韩国	澳大利亚	格鲁吉亚	毛里求斯	日本RCEP	尼加拉瓜	港澳台		
0	0	0	0	0	0		0	0	0	0	0	0	0/	0/0	-- Other
															- Ferro-silicon:
															-- Containing by weight more than 55% of silicon
0	0	0	0	0	0		0	0	0	0	0	0	0/	0/0	Ferro-silicon, containing by weight more than 55% and less than 90% of silicon
0	0	0	0	0	0		0	0	0	0	0	0	0/	0/0	Ferro-silicon, containing by weight more than 90% of silicon
															-- Other
0	0	0	0	0	0		0	0	0	0	0	0	0/	0/0	Ferro-silicon, containing by weight more than 30% and less than 55% of silicon
0	0	0	0	0	0		0	0	0	0	0	0	0/	0/0	Ferro-silicon, containing by weight less than 30% of silicon
0	0	0	0	0	0		0	0	0	0	0	0	0/	0/0	- Ferro-silicon-manganese
															- Ferro-chromium:
0	0	0	0	0	0		0	0	0	0	0	0	0/	0/0	-- Containing by weight more than 4% of carbon
0	0	0	0	0	0		0	0	0	0	0	0	0/	0/0	-- Other
0	0	0	0	0	0		0	0	0	0	0	0	0/	0/0	- Ferro-silicon-chromium
0	0	0	0	0	0		0	0	0	0	0	0	0/	0/0	- Ferro-nickel
0	0	0	0	0	0		0	0	0	0	0	0	0/	0/0	- Ferro-molybdenum
															- Ferro-tungsten and ferro-silicon-tungsten:
0	0	0	0	0	0		0	0	0	0	0	0	0/	0/0	--- Ferro-tungsten
0	0	0	0	0	0		0	0	0	0	0	0	0/	0/0	--- Ferro-silicon-tungsten
															- Other:
0	0	0	0	0	0		0	0	0	0	0	0	0/	0/0	-- Ferro-titanium and ferro-silicon-titanium
															-- Ferro-vanadium:
0	0	0	0	0	0		0	0	0	0	6.5	4	0/	0/0	--- Containing by weight more than 75% of vanadium
0	0	0	0	0	0		0	0	0	0	6.5	4	0/	0/0	--- Other
															-- Ferro-niobium
0	0	0	0	0	0		0	0	0	0	0	0	0/	0/0	Ferro-tantalum-niobium alloy, containing by weight less than 10% of tantalum
0	0	0	0	0	0		0	0	0	0	0	0	0/	0/0	Other ferro-niobium
															-- Other:
															--- Nd-Fe-B alloy:
0	0	0	0	0	0		0	0	0	0	0	0	0/	0/0	----Rapidly solidified permanent magnetic sheet
0	0	0	0	0	0		0	0	0	0	0	0	0/	0/0	----Magnetic powder
0	0	0	0	0	0		0	0	0	0	0	0	0/	0/0	----Other
															--- Other:
															----Containing by weight more than 10% of rare-earth
0	0	0	0	0	0		0	0	0	0	0	0	0/	0/0	Ferro-alloys，containing by weight 30% or more of middle and heavy rare-earth(containing by weight more than 10% of total rare-earth)
0	0	0	0	0	0		0	0	0	0	0	0	0/	0/0	Rare earth ferro-silicon alloy containing by weight more than 10% of rare earth
0	0	0	0	0	0		0	0	0	0	0	0	0/	0/0	Other ferro-alloys containing by weight more than 10% of rare earth
0	0	0	0	0	0		0	0	0	0	0	0	0/	0/0	----Other
															Ferrous products obtained by direct reduction of iron ore and other spongy ferrous products, in lumps, pellets or similar forms;iron having a minimum purity by weight of 99.94%, in lumps, pellets or similar forms:
0	0	0	0	0	0		0	0	0	0	0	0	0/	0/0	- Ferrous products obtained by direct reduction of iron ore
0	0	0	0	0	0		0	0	0	0	0	0	0/	0/0	- Other

税　号	货品名称	进口关税（%） 最惠国	普通	年内暂定	增值/消费税（%）	出口退税（%）	计量单位	监管证件代码	检验检疫类别	协定税率（%） 东盟	亚太	智利
72.04	**钢铁废碎料；供再熔的碎料钢铁锭：**											
7204.1000	- 铸铁废碎料											
72041000.10	符合GB/T 39733-2020标准要求的再生钢铁原料	2	8	0	13	0	千克	A	M/	0		0
72041000.90	其他铸铁废碎料	2	8		13	0	千克	9A	M/	0		0
	- 合金钢废碎料：											
7204.2100	-- 不锈钢废碎料											
72042100.10	其他符合GB/T 39733-2020标准要求的再生钢铁原料	0	8		13	0	千克	A	M/	0		0
72042100.90	其他不锈钢废碎料	0	8		13	0	千克	9A	M/	0		0
7204.2900	-- 其他											
72042900.10	其他符合GB/T 39733-2020标准要求的再生钢铁原料	0	8		13	0	千克	A	M/	0		0
72042900.90	其他合金钢废碎料	0	8		13	0	千克	9A	M/	0		0
7204.3000	- 镀锡钢铁废碎料	2	8		13	0	千克	9		0		0
	- 其他废碎料：											
7204.4100	-- 车、刨、铣、磨、锯、锉、剪、冲加工过程中产生的废料，不论是否成捆											
72044100.10	符合GB/T 39733-2020标准要求的机械加工中产生的再生钢铁原料（机械加工指车、刨、铣、磨、锯、锉、剪、冲加工）	2	8	0	13	0	千克	A	M/	0		0
72044100.90	其他机械加工中产生的钢铁废料（机械加工指车、铣、磨、锯、锉、剪、冲加工）	2	8		13	0	千克	9A	M/	0		0
7204.4900	-- 其他											
72044900.10	废汽车压件	0	8		13	0	千克	9		0		0
72044900.20	以回收钢铁为主的废五金电器	0	8		13	0	千克	9		0		0
72044900.30	符合GB/T 39733-2020标准要求的未列名再生钢铁原料	0	8		13	0	千克	A	M/	0		0
72044900.90	未列名钢铁废碎料	0	8		13	0	千克	9A		0		0
7204.5000	- 供再熔的碎料钢铁锭	0	8		13	0	千克	9		0		0
72.05	**生铁、镜铁及钢铁的颗粒和粉末：**											
7205.1000	- 颗粒	2	30		13	0	千克	B	/N	0		0
	- 粉末：											
7205.2100	-- 合金钢的	2	17		13	0	千克	B	/N	0		0
	-- 其他：											
7205.2910	--- 铁粉，平均粒径小于10微米	2	17		13	0	千克	B	/N	0		0
7205.2990	--- 其他	2	17		13	0	千克	B	/N	0		0
	第二分章　铁及非合金钢											
72.06	**铁及非合金钢，锭状或其他初级形状（税目72.03的铁除外）：**											
7206.1000	- 锭状	2	11	0	13	0	千克	B	/N	0		0
7206.9000	- 其他	2	11	0	13	0	千克	B	/N	0		0
72.07	**铁及非合金钢的半制成品：**											
	- 按重量计含碳量在0.25%以下：											
7207.1100	-- 矩形（包括正方形）截面，宽度小于厚度的两倍	2	11	0	13	0	千克	B	/N	0		0

协定税率（%）														特惠税率（%）①/②	Article Description
巴基斯坦	冰岛	哥斯达黎加	秘鲁	新西兰	瑞士	新加坡	韩国	澳大利亚	格鲁吉亚	毛里求斯	日本RCEP	尼加拉瓜	港澳台		
															Ferrous waste and scrap;remelting scrap ingots of iron steel:
															- Waste and scrap of cast iron
0	0	0	0	0	0		0	0	0	0	0	0	0/	0/0	Recycled steel raw materials meeting the requirements of GB/T 39733-2020 standard
0	0	0	0	0	0		0	0	0	0	0	0	0/	0/0	Other cast iron scrap
															- Waste and scrap of alloy steel:
															-- Of stainless steel
0	0	0	0	0	0		0	0	0	0	0	0	0/	0/0	Other recycled steel raw materials that meet the requirements of GB/T 39733-2020 standard
0	0	0	0	0	0		0	0	0	0	0	0	0/	0/0	Other stainless steel scrap
															-- Other
0	0	0	0	0	0		0	0	0	0	0	0	0/	0/0	Other recycled steel raw materials that meet the requirements of GB/T 39733-2020 standard
0	0	0	0	0	0		0	0	0	0	0	0	0/	0/0	Other alloy steel scrap
0	0	0	0	0	0		0	0	0	0	0	0	0/	0/0	- Waste and scrap of tinned iron or steel
															- Other waste and scrap:
															-- Turnings, shavings, chips, milling waste, sawdust, filings, trimmings and stampings, whether or not in bundles
0	0	0	0	0	0		0	0	0	0	1.5	0	0/	0/0	Recycled steel raw materials produced in machining that meet the requirements of GB/T 39733-2020 standard (machining refers to turning, planing, milling, grinding, sawing, filing, shearing and punching)
0	0	0	0	0	0		0	0	0	0	1.5	0	0/	0/0	Iron and steel wastes generated in other machining (machining refers to turning, milling, grinding, sawing, filing, shearing and punching)
															-- Other
0	0	0	0	0	0		0	0	0	0	0	0	0/	0/0	Scrap cars pressers
0	0	0	0	0	0		0	0	0	0	0	0	0/	0/0	Waste hardware and electric appliance mainly for recovery of steel and iron
0	0	0	0	0	0		0	0	0	0	0	0	0/	0/0	Recycled steel raw materials meeting the requirements of GB/T 39733-2020 standard, not elsewhere specified or included
0	0	0	0	0	0		0	0	0	0	0	0	0/	0/0	Ferrous waste and scrap, not elsewhere specified or included
0	0	0	0	0	0		0	0	0	0	0	0	0/	0/0	- Remelting scrap ingots
															Granules and powders, of pig iron, spiegeleisen, iron or steel:
0	0	0	0	0	0		0	0	0	0	0	0	0/	0/0	- Granules
															- Powders:
0	0	0	0	0	0		0	0	0	0	0	0	0/	0/0	-- Of alloy steel
															-- Other:
0	0	0	0	0	0		0	0	0	0	1.5	0	0/	0/0	--- Iron powders，average diameter less than 10μm
0	0	0	0	0	0		0	0	0	0	1.5	0	0/	0/0	--- Other
															Ⅱ. IRON AND NON-ALLOY STEEL
															Iron and non-alloy steel in ingots or other primary forms (excluding iron of heading 72.03):
0	0	0	0	0	0		0	0	0	0	0	0	0/	0/0	- Ingots
0	0	0	0	0	0		0	0	0	0	0	0	0/	0/0	- Other
															Semi-finished products of iron or non-alloy steel:
															- Containing by weight less than 0.25% of carbon:
0	0	0	0	0	0		0	0	0	0	0	0	0/	0/0	-- Of rectangular (including square) cross-section, the width measuring less than twice the thickness

税　号	货品名称	进口关税（%） 最惠国	普通	年内暂定	增值/消费税（%）	出口退税（%）	计量单位	监管证件代码	检验检疫类别	协定税率（%） 东盟	亚太	智利
7207.1200	-- 其他矩形（正方形除外）截面的											
72071200.10	其他矩形截面的厚度大于400毫米的连铸板坯[含碳量小于0.25%（正方形截面除外）]	2	11	0	13	0	千克	B	/N	0		0
72071200.90	其他矩形截面钢坯[含碳量小于0.25%（正方形截面除外）]	2	11	0	13	0	千克	B	/N	0		0
7207.1900	-- 其他											
72071900.10	其他含碳量小于0.25%的厚度大于400毫米的连铸板坯	2	11	0	13	0	千克	B	/N	0		0
72071900.90	其他含碳量小于0.25%的钢坯	2	11	0	13	0	千克	B	/N	0		0
7207.2000	- 按重量计含碳量在0.25%及以上											
72072000.10	车轮用连铸圆坯（直径为380毫米和450毫米，公差±1.2%，含碳量：0.38%～0.85%，含锰量：0.68%～1.2%，含磷量小于等于0.012%，总氧化物含量小于等于0.0012%）	2	11	0	13	0	千克	B	/N	0		0
72072000.90	其他含碳量不小于0.25%的钢坯	2	11	0	13	0	千克	B	/N	0		0
72.08	**宽度在600毫米及以上的铁或非合金钢平板轧材，经热轧，但未经包覆、镀层或涂层：**											
7208.1000	- 已轧压花纹的卷材，除热轧外未经进一步加工	5	14		13	0	千克			0		0
	- 其他经酸洗的卷材，除热轧外未经进一步加工：											
7208.2500	-- 厚度在4.75毫米及以上	5	14		13	0	千克			0		0
	-- 厚度在3毫米及以上，但小于4.75毫米：											
7208.2610	--- 屈服强度大于355牛顿/平方毫米	5	14		13	0	千克			0		0
7208.2690	--- 其他	5	14		13	0	千克			0		0
	-- 厚度小于3毫米：											
7208.2710	--- 厚度小于1.5毫米	5	14		13	0	千克			0		0
7208.2790	--- 其他	5	14		13	0	千克			0		0
	- 其他卷材，除热轧外未经进一步加工：											
7208.3600	-- 厚度超过10毫米	6	14		13	0	千克			0		0
7208.3700	-- 厚度在4.75毫米及以上，但不超过10毫米	5	14		13	0	千克			0		0
	-- 厚度在3毫米及以上，但小于4.75毫米：											
7208.3810	--- 屈服强度大于355牛顿/平方毫米	5	14		13	0	千克			0		0
7208.3890	--- 其他	5	14		13	0	千克			0		0
	-- 厚度小于3毫米：											
7208.3910	--- 厚度小于1.5毫米	3	14		13	0	千克			0		0
7208.3990	--- 其他	3	14		13	0	千克			0		0
7208.4000	- 已轧压花纹的非卷材，除热轧外未经进一步加工	6	17		13	0	千克			0		0
	- 其他非卷材，除热轧外未经进一步加工：											
	-- 厚度超过10毫米：											
7208.5110	--- 厚度超过50毫米	6	17		13	0	千克			0		0
	--- 厚度在20毫米以上，但不超过50毫米：											

协定税率（%）														特惠税率（%）①/②	Article Description
巴基斯坦	冰岛	哥斯达黎加	秘鲁	新西兰	瑞士	新加坡	韩国	澳大利亚	格鲁吉亚	毛里求斯	日本RCEP	尼加拉瓜	港澳台		
															-- Other, of rectangular (other than square) cross-section
0	0	0	0	0	0		0	0	0	0	0	0	0/	0/0	Other continuous casting steel billets (containing by weight less than 0.25% of carbon), of rectangular (other than square) cross-section with a thickness exceeding 400mm
0	0	0	0	0	0		0	0	0	0	0	0	0/	0/0	Other steel billets (containing by weight less than 0.25% of carbon), of rectangular (other than square) cross-section
															-- Other
0	0	0	0	0	0		0.6	0	0	0	1.6	0	0/	0/0	Other continuous casting steel billets, containing by weight less than 0.25% of carbon, of a thickness excedding 400mm
0	0	0	0	0	0		0.6	0	0	0	1.6	0	0/	0/0	Other steel billets, containing by weight less than 0.25% of carbon
															- Containing by weight 0.25% or more of carbon
0	0	0	0	0	0		0	0	0	0	0	0	0/	0/0	Continuous casting round steel billet for road wheels (which diameter measuring 380mm and 450mm, tolerance ±1.2%, content by weight 0.38%-0.85% of carbon, 0.68%-1.2% of manganese, less than 0.012% of phosphorus, less than 0.0012% of total oxide)
0	0	0	0	0	0		0	0	0	0	0	0	0/	0/0	Other steel billets, containing 0.25% of carbon or more
															Flat-rolled products of iron or non-alloy steel of a width of 600mm or more, hot-rolled, not clad, plated or coated:
0	0	0	0	0	0		0	0	0	0	4.1	4	0/	0/0	- In coils, not further worked than hot-rolled, with patterns in relief
															- Other, in coils, not further worked than hot-rolled, pickled:
0	0	0	0	0	0			0	0	0		4	0/	0/0	-- Of a thickness of 4.75mm or more
															-- Of a thickness of 3mm or more but less than 4.75mm:
0	0	0	0	0	0			0	0	0		4	0/	0/0	--- Of a yield strength exceeding 355N/mm^2
0	0	0	0	0	0			0	0	0		4	0/	0/0	--- Other
															-- Of a thickness of less than 3mm:
0	0	0	0	0	0		1.6	0	0	0	4.1	0	0/	0/0	--- Of a thickness of less than 1.5mm
0	0	0	0	0	0			0	0	0		0	0/0	0/0	--- Other
															- Other, in coils, not further worked than hot-rolled:
0	0	0	0	0	0		0	0	0	0	4.4	0	0/	0/0	-- Of a thickness exceeding 10mm
0	0	0	0	0	0		0	0	0	0	3.6	0	0/	0/0	-- Of a thickness of 4.75mm or more but not exceeding 10mm
															-- Of a thickness of 3mm or more but less than 4.75mm:
0	0	0	0	0	0		0	0	0	0	4.1	0	0/	0/0	--- Of a yield strength exceeding 355N/mm^2
0	0	0	0	0	0		0	0	0	0	4.3	0	0/0	0/0	--- Other
															-- Of a thickness of less than 3mm:
0	0	0	0	0	0		0	0	0	0	2.2	0	0/	0/0	--- Of a thickness of less than 1.5mm
0	0	0	0	0	0		0	0	0	0	2.4	0	0/0	0/0	--- Other
0	0	0	0	0	0		0	0	0	0	4.4	5.4	0/	0/0	- Not in coils, not further worked than hot-rolled, with patterns in relief
															- Other, not in coils, not further worked than hot-rolled:
															-- Of a thickness exceeding 10mm:
0	0	0	0	0	0		2	0	0	0	4.9	5.4	0/	0/0	--- Of a thickness exceeding 50mm
															--- Of a thickness exceeding 20mm but not exceeding 50mm:

税　号	货品名称	进口关税（%）最惠国	普通	年内暂定	增值/消费税（%）	出口退税（%）	计量单位	监管证件代码	检验检疫类别	协定税率（%）东盟	亚太	智利
7208.5121	---- 屈服强度不小于500牛顿/平方毫米	6	17		13	0	千克			0		0
7208.5129	---- 其他	6	17		13	0	千克			0		0
	--- 其他：											
7208.5191	---- 屈服强度不小于500牛顿/平方毫米	6	17		13	0	千克			0		0
7208.5199	---- 其他	6	17		13	0	千克			0		0
7208.5200	-- 厚度在4.75毫米及以上，但不超过10毫米	6	17		13	0	千克			0		0
	-- 厚度在3毫米及以上，但小于4.75毫米：											
7208.5310	--- 屈服强度大于355牛顿/平方毫米	6	17		13	0	千克			0	5.1	0
7208.5390	--- 其他	6	17		13	0	千克			0	5.1	0
	-- 厚度小于3毫米：											
7208.5410	--- 厚度小于1.5毫米	6	17		13	0	千克			0	5.1	0
7208.5490	--- 其他	6	17		13	0	千克			0	5.1	0
7208.9000	- 其他	6	17		13	0	千克			0		0
72.09	**宽度在600毫米及以上的铁或非合金钢平板轧材，经冷轧，但未经包覆、镀层或涂层：**											
	- 卷材，除冷轧外未经进一步加工：											
	-- 厚度在3毫米及以上：											
7209.1510	--- 屈服强度大于355牛顿/平方毫米	6	17		13	0	千克			0		0
7209.1590	--- 其他	6	17		13	0	千克			0		0
	-- 厚度超过1毫米，但小于3毫米：											
7209.1610	--- 屈服强度大于275牛顿/平方毫米	6	17		13	0	千克			0	4.2	0
	--- 其他：											
7209.1691	---- 断后伸长率不小于40%	6	17		13	0	千克			0	4.2	0
7209.1699	---- 其他	6	17		13	0	千克			0	4.2	0
	-- 厚度在0.5毫米及以上，但不超过1毫米：											
7209.1710	--- 屈服强度大于275牛顿/平方毫米	3	17		13	0	千克			0	2.1	0
	--- 其他：											
7209.1791	---- 断后伸长率不小于38%	3	17		13	0	千克			0	2.1	0
7209.1799	---- 其他	3	17		13	0	千克			0	2.1	0
	-- 厚度小于0.5毫米：											
7209.1810	--- 厚度小于0.3毫米	6	17	4	13	0	千克			0	4.2	0
7209.1890	--- 其他	6	17		13	0	千克			0	4.2	0
	- 非卷材，除冷轧外未经进一步加工：											
7209.2500	-- 厚度在3毫米及以上	6	17		13	0	千克			0		0
7209.2600	-- 厚度超过1毫米，但小于3毫米	6	17		13	0	千克			0		0
7209.2700	-- 厚度在0.5毫米及以上，但不超过1毫米	6	17		13	0	千克			0	4.2	0
7209.2800	-- 厚度小于0.5毫米	6	17		13	0	千克			0		0
7209.9000	- 其他	6	17		13	0	千克			0	4.2	0
72.10	**宽度在600毫米及以上的铁或非合金钢平板轧材，经包覆、镀层或涂层：**											
	- 镀或涂锡的：											
7210.1100	-- 厚度在0.5毫米及以上	9	20		13	0	千克			0		0
7210.1200	-- 厚度小于0.5毫米	5	20		13	0	千克			0		0
7210.2000	- 镀或涂铅的，包括镀铅锡钢板	4	20		13	0	千克			0		0
7210.3000	- 电镀锌的	8	20		13	0	千克			0		0

协定税率（%）														特惠税率（%）①/②	Article Description
巴基斯坦	冰岛	哥斯达黎加	秘鲁	新西兰	瑞士	新加坡	韩国	澳大利亚	格鲁吉亚	毛里求斯	日本RCEP	尼加拉瓜	港澳台		
0	0	0	0	0	0		2	0	0	0	4.9	5.4	0/	0/0	----Of a yield strength not less than 500N/mm^2
0	0	0	0	0	0		2	0	0	0	4.9	5.4	0/	0/0	----Other
															--- Other:
0	0	0	0	0	0		0	0	0	0	4.9	5.4	0/	0/0	----Of a yield strength not less than 500N/mm^2
0	0	0	0	0	0		0	0	0	0	4.9	5.4	0/	0/0	----Other
0	0	0	0	0	0		0	0	0	0	4.4	5.4	0/	0/0	-- Of a thickness of 4.75mm or more but not exceeding 10mm
															-- Of a thickness of 3mm or more but less than 4.75mm:
0	0	0	0	0	0		0	0	0	0	4.4	5.4	0/	0/0	--- Of a yield strength exceeding 355N/mm^2
0	0	0	0	0	0		0	0	0	0	4.4	5.4	0/	0/0	--- Other
															-- Of a thickness of less than 3mm:
0	0	0	0	0	0		0	0	0	0	0	5.4	0/	0/0	--- Of a thickness of less than 1.5mm
0	0	0	0	0	0		2	0	0	0	4.9	0	0/	0/0	--- Other
0	0	0	0	0	0			0	0	0		0	0/	0/0	- Other
															Flat-rolled products of iron or non-alloy steel, of a width of 600mm or more, cold-rolled (cold-reduced), not clad, plated or coated:
															- In coils, not further worked than cold-rolled (cold-reduced):
															-- Of a thickness of 3mm or more:
0	0	0	0	0	0		0	0	0	0	4.4	0	0/	0/0	--- Of a yield strength exceeding 355N/mm^2
0	0	0	0	0	0		0	0	0	0	4.4	0	0/	0/0	--- Other
															-- Of a thickness exceeding 1mm but less than 3mm:
0	0	0	0	0	0		0	0	0	0	4.4	0	0/	0/0	--- Of a yield strength exceeding 275N/mm^2
															--- Other
0	0	0	0	0	0		4.2	0	0	0		0	0/0	0/0	----Of a percentage elongation after fracture not less than 40%
0	0	0	0	0	0		4.2	0	0	0		0	0/0	0/0	----Other
															-- Of a thickness of 0.5mm or more but not exceeding 1mm:
0	0	0	0	0	0		1	0	0	0	2.4	0	0/	0/0	-- Of a yield strength exceeding 275N/mm^2
															--- Other
0	0	0	0	0	0		0	0	0	0	2.4	0	0/0	0/0	----Of a percentage elongation after fracture not less than 38%
0	0	0	0	0	0		0	0	0	0	2.4	0	0/0	0/0	----Other
															-- Of a thickness of less than 0.5mm:
0	0	0	0	0	0		4.2	0	0	0		0	0/	0/0	--- Of a thickness of less than 0.3mm
0	0	0	0	0	0		4.2	0	0	0		0	0/0	0/0	--- Other
															- Not in coils, not further worked than cold-rolled (cold-reduced):
0	0	0	0	0	0		0	0	0	0	4.4	0	0/	0/0	-- Of a thickness of 3mm or more
0	0	0	0	0	0			0	0	0		0	0/	0/0	-- Of a thickness exceeding 1mm but less than 3mm
0	0	0	0	0	0		4.2	0	0	0		0	0/	0/0	-- Of a thickness of 0.5mm or more but not exceeding 1mm
0	0	0	0	0	0			0	0	0		0	0/	0/0	-- Of a thickness of less than 0.5mm
0	0	0	0	0	0		0	0	0	0	4.4	0	0/	0/0	- Other
															Flat-rolled products of iron or non-alloy steel, of a width of 600mm or more, clad, plated or coated:
															- Plated or coated with tin:
0	0	0	0	0	0	0	0	0	0	0	7.3	8.1	0/	0/0	-- Of a thickness of 0.5mm or more
0	0	0	0	0	0			0	0	0		0	0/	0/0	-- Of a thickness of less than 0.5mm
0	0	0	0	0	0		0	0	0	0	0	0	0/	0/0	- Plated or coated with lead, including terneplate
0	0	0	0	0	0			0	0	0		6.4	0/0	0/0	- Electrolytically plated or coated with zinc

税　号	货品名称	进口关税（%）最惠国	普通	年内暂定	增值/消费税（%）	出口退税（%）	计量单位	监管证件代码	检验检疫类别	协定税率（%）东盟	亚太	智利
	- 用其他方法镀或涂锌的：											
7210.4100	-- 瓦楞形	8	20		13	0	千克			0		0
	-- 其他：											
7210.4910	--- 抗拉强度不小于440牛顿/平方毫米	4	20		13	0	千克			0		0
7210.4990	--- 其他	4	20		13	0	千克			0		0
7210.5000	- 镀或涂氧化铬或铬及氧化铬的	8	20		13	0	千克			0		0
	- 镀或涂铝的：											
7210.6100	-- 镀或涂铝锌合金的	8	20		13	0	千克			0		0
7210.6900	-- 其他	8	20		13	0	千克			0		0
	- 涂漆或涂塑的：											
7210.7010	--- 厚度小于1.5毫米	4	20		13	0	千克			0		0
7210.7090	--- 其他	4	20		13	0	千克			0		0
7210.9000	- 其他	8	20		13	0	千克			0		0
72.11	**宽度小于600毫米的铁或非合金钢平板轧材，但未经包覆、镀层或涂层：**											
	- 除热轧外未经进一步加工：											
7211.1300	-- 经四面轧制或在闭合匣内轧制的非卷材，宽度超过150毫米，厚度不小于4毫米，未轧压花纹	6	30		13	0	千克			0		0
7211.1400	-- 其他，厚度在4.75毫米及以上	6	30		13	0	千克			0		0
7211.1900	-- 其他	6	30		13	0	千克			0		0
	- 除冷轧外未经进一步加工：											
7211.2300	-- 按重量计含碳量低于0.25%	6	30		13	0	千克			0		0
7211.2900	-- 其他	6	30		13	0	千克			0		0
7211.9000	- 其他	6	30		13	0	千克			0		0
72.12	**宽度小于600毫米的铁或非合金钢平板轧材，经包覆、镀层或涂层：**											
7212.1000	- 镀或涂锡的	5	20		13	0	千克			0		0
7212.2000	- 电镀锌的	8	20		13	0	千克			0		0
7212.3000	- 用其他方法镀或涂锌的	8	20		13	0	千克			0		0
7212.4000	- 涂漆或涂塑的	4	20		13	0	千克			0		0
7212.5000	- 镀或涂其他材料的	8	20		13	0	千克			0		0
7212.6000	- 经包覆的	8	20		13	0	千克			0		0
72.13	**不规则盘卷的铁及非合金钢的热轧条、杆：**											
7213.1000	- 带有轧制过程中产生的凹痕、凸缘、槽沟及其他变形的	3	20		13	0	千克			0		0
7213.2000	- 其他，易切削钢制	3	20		13	0	千克			0		0
	- 其他：											
7213.9100	-- 直径小于14毫米圆形截面的	5	20		13	0	千克			0	4.3	0
7213.9900	-- 其他	5	20		13	0	千克			0		0
72.14	**铁或非合金钢的其他条、杆，除锻造、热轧、热拉拔或热挤压外未经进一步加工，包括轧制后扭曲的：**											
7214.1000	- 锻造的	7	10		13	0	千克			0		0
7214.2000	- 带有轧制过程中产生的凹痕、凸缘、槽沟或其他变形以及轧制后扭曲的	3	20		13	0	千克			0	0	0
7214.3000	- 其他，易切削钢制	7	20		13	0	千克			0		0
	- 其他：											

协定税率(%)														特惠税率(%)①/②	Article Description
巴基斯坦	冰岛	哥斯达黎加	秘鲁	新西兰	瑞士	新加坡	韩国	澳大利亚	格鲁吉亚	毛里求斯	日本RCEP	尼加拉瓜	港澳台		
															- Otherwise plated or coated with zinc:
0	0	0	0	0	0		0	0	0	0	5.8	6.4	0/	0/0	-- Corrugated
															-- Other
0	0	0	0	0	0			0	0	0		0	0/0	0/0	--- Of a tensile strength not less than 440N/mm^2
0	0	0	0	0	0			0	0	0		0	0/0	0/0	--- Other
0	0	0	0	0	0		0	0	0	0	5.8	6.4	0/	0/0	- Plated or coated with chromium oxides or with chromium and chromium oxides
															- Plated or coated with aluminium:
0	0	0	0	0	0			0	0	0		6.4	0/	0/0	-- Plated or coated with aluminium-zinc alloys
0	0	0	0	0	0			0	0	0	5.8	6.4	0/	0/0	-- Other
															- Painted, varnished or coated with plastics:
0	0	0	0	0	0		1.3	0	0	0	3.3	0	0/	0/0	--- Of a thickness of less than 1.5mm
0	0	0	0	0	0		1.3	0	0	0	3.3	0	0/	0/0	--- Other
0	0	0	0	0	0		2.6	0	0	0	6.5	6.4	0/	0/0	- Other
															Flat-rolled products of iron or non-alloy steel, of a width of less than 600mm, not clad, plated or coated:
															- Not further worked than hot-rolled:
0	0	0	0	0	0		0	0	0	0	4.4	0	0/	0/0	-- Rolled on four faces or in a closed box pass, of a width exceeding 150mm and a thickness of not less than 4mm, not in coils and without patterns in relief
0	0	0	0	0	0		0	0	0	0	4.4	0	0/	0/0	-- Other, of a thickness of 4.75mm or more
0	0	0	0	0	0		2	0	0	0	4.9	0	0/	0/0	-- Other
															- Not further worked than cold-rolled (cold-reduced):
0	0	0	0	0	0		2	0	0	0	4.9	0	0/	0/0	-- Containing by weight less than 0.25% of carbon
0	0	0	0	0	0		2	0	0	0	4.9	0	0/	0/0	-- Other
0	0	0	0	0	0		0	0	0	0	4.4	0	0/	0/0	- Other
															Flat-rolled products of iron or non-alloy steel, of a width of less than 600mm, clad, plated or coated:
0	0	0	0	0	0		0	0	0	0	3.6	0	0/	0/0	- Plated or coated with tin
0	0	0	0	0	0		2.6	0	0	0	6.5	6.4	0/	0/0	- Electrolytically plated or coated with zinc
0	0	0	0	0	0		0	0	0	0	5.8	6.4	0/	0/0	- Otherwise plated or coated with zinc
0	0	0	0	0	0		1.3	0	0	0	3.3	0	0/	0/0	- Painted, varnished or coated with plastics
0	0	0	0	0	0		2.6	0	0	0	6.5	6.4	0/	0/0	- Otherwise plated or coated
0	0	0	0	0	0		0	0	0	0	5.8	6.4	0/	0/0	- Clad
															Bars and rods, hot-rolled, in irregularly wound coils, of iron or non-alloy steel:
0	0	0	0	0	0		0	0	0	0	0	0	0/	0/0	- Containing indentations, ribs, grooves or other deformations produced during the rolling process
0	0	0	0	0	0		1	0	0	0	2.4	0	0/	0/0	- Other, of free-cutting steel
															- Other:
0	0	0	0	0	0		0	0	0	0	4.1	0	0/	0/0	-- Of circular cross-section measuring less than 14mm in diameter
0	0	0	0	0	0		1.6	0	0	0	4.1	0	0/	0/0	-- Other
															Other bars and rods of iron or non-alloy steel, not further worked than forged, hot rolled, hot-drawn or hot-extruded, but including those twisted after rolling:
0	0	0	0	0	0		0	0	0	0	5.1	0	0/	0/0	- Forged
0	0	0	0	0	0		0	0	0	0	0	0	0/	0/0	- Containing indentations, ribs, grooves or other deformations produced during the rolling process or twisted after rolling
0	0	0	0	0	0		0	0	0	0	5.1	0	0/	0/0	- Other, of free-cutting steel
															- Other:

税号	货品名称	进口关税（%）			增值/消费税（%）	出口退税（%）	计量单位	监管证件代码	检验检疫类别	协定税率（%）		
		最惠国	普通	年内暂定						东盟	亚太	智利
7214.9100	-- 矩形（正方形除外）截面的	3	20		13	0	千克			0		0
7214.9900	-- 其他	3	20		13	0	千克			0		0
72.15	**铁及非合金钢的其他条、杆：**											
7215.1000	- 易切削钢制，除冷成形或冷加工外未经进一步加工	7	20		13	0	千克			0		0
7215.5000	- 其他，除冷成形或冷加工外未经进一步加工	7	20		13	0	千克			0		0
7215.9000	- 其他	3	20		13	0	千克			0		0
72.16	**铁或非合金钢的角材、型材及异型材：**											
	- 槽钢、工字钢及H型钢，除热轧、热拉拔或热挤压外未经进一步加工，截面高度低于80毫米：											
7216.1010	--- H型钢	3	14		13	0	千克			0		0
7216.1020	--- 工字钢	3	14		13	0	千克			0		0
7216.1090	--- 其他	3	14		13	0	千克			0		0
	- 角钢及丁字钢，除热轧、热拉拔或热挤压外未经进一步加工，截面高度低于80毫米：											
7216.2100	-- 角钢	6	17		13	0	千克			0		0
7216.2200	-- 丁字钢	6	14		13	0	千克			0		0
	- 槽钢、工字钢及H型钢，除热轧、热拉拔或热挤压外未经进一步加工，截面高度在80毫米及以上：											
7216.3100	-- 槽钢	6	14		13	0	千克			0		0
	-- 工字钢：											
7216.3210	--- 截面高度在200毫米以上	6	14		13	0	千克			0		0
7216.3290	--- 其他	6	14		13	0	千克			0		0
	-- H型钢：											
	--- 截面高度在200毫米以上：											
7216.3311	---- 截面高度在800毫米以上	6	14		13	0	千克			0		0
7216.3319	---- 其他	6	14		13	0	千克			0		0
7216.3390	--- 其他	6	14		13	0	千克			0		0
	- 角钢及丁字钢，除热轧、热拉拔或热挤压外未经进一步加工，截面高度在80毫米及以上：											
7216.4010	--- 角钢	3	17		13	0	千克			0		0
7216.4020	--- 丁字钢	3	14		13	0	千克			0		0
	- 其他角材、型材及异型材，除热轧、热拉拔或热挤压外未经进一步加工：											
7216.5010	--- 乙字钢	6	14		13	0	千克			0		0
7216.5020	--- 球扁钢	3	20		13	0	千克			0		0
7216.5090	--- 其他	3	20		13	0	千克			0		0
	- 角材、型材及异型材，除冷成形或冷加工外未经进一步加工：											
7216.6100	-- 平板轧材制的	3	20		13	0	千克			0		0
7216.6900	-- 其他	3	20		13	0	千克			0		0
	- 其他：											
7216.9100	-- 平板轧材经冷成形或冷加工制的	3	20		13	0	千克			0		0
7216.9900	-- 其他	3	20		13	0	千克			0		0
72.17	**铁丝或非合金钢丝：**											
7217.1000	- 未经镀或涂层，不论是否抛光	8	40		13	0	千克			0		0
7217.2000	- 镀或涂锌的	8	40		13	0	千克			0		0
	- 镀或涂其他贱金属的：											
7217.3010	--- 镀或涂铜的	8	40		13	0	千克			0	6.4	0
7217.3090	--- 其他	8	40		13	0	千克			0	6.4	0
7217.9000	- 其他	8	40		13	0	千克			0		0

协定税率（%）														特惠税率（%）①/②	Article Description
巴基斯坦	冰岛	哥斯达黎加	秘鲁	新西兰	瑞士	新加坡	韩国	澳大利亚	格鲁吉亚	毛里求斯	日本RCEP	尼加拉瓜	港澳台		
0	0	0	0	0	0		0	0	0	0	0	0	0/	0/0	-- Of rectangular cross section (other than square)
0	0	0	0	0	0		0	0	0	0	2.6	0	0/	0/0	-- Other
															Other bars and rods of iron or non-alloy steel:
0	0	0	0	0	0		0	0	0	0	5.1	0	0/	0/0	- Of free-cutting steel, not further worked than cold-formed or cold-finished
0	0	0	0	0	0		2.3	0	0	0	5.7	0	0/	0/0	- Other not further worked than cold-formed or cold-finished
0	0	0	0	0	0		0	0	0	0	0	0	0/	0/0	- Other
															Angles, shapes and sections of iron or non-alloy steel:
															- U, I or H sections, not further worked than hot-rolled, hot-drawn or extruded, of a height of less than 80mm:
0	0	0	0	0	0		0	0	0	0	0	0	0/	0/0	--- H sections
0	0	0	0	0	0		0	0	0	0	0	0	0/	0/0	--- I sections
0	0	0	0	0	0		0	0	0	0	0	0	0/	0/0	--- Other
															- L or T sections, not further workedthan hot-rolled, hot-drawn or extruded, of a height of less than 80mm:
0	0	0	0	0	0		0	0	0	0	4.4	0	0/	0/0	-- L sections
0	0	0	0	0	0		0	0	0	0	0	0	0/	0/0	-- T sections
															- U, I or H sections, not further worked than hot-rolled, hot-drawn or extruded of a height of 80mm or more:
0	0	0	0	0	0		0	0	0	0	4.4	0	0/	0/0	-- U sections
															-- I sections:
0	0	0	0	0	0		0	0	0	0	4.4	0	0/	0/0	--- Of a height exceeding 200mm
0	0	0	0	0	0		0	0	0	0	4.4	0	0/	0/0	--- Other
															-- H sections:
															--- Of a height exceeding 200mm:
0	0	0	0	0	0		0	0	0	0	0	0	0/	0/0	----Of a height exceeding 800mm
0	0	0	0	0	0		2	0	0	0	4.9	0	0/	0/0	----Other
0	0	0	0	0	0		0	0	0	0	4.4	0	0/	0/0	--- Other
															- L or T sections, not further worked than hot-rolled, hot-drawn or extruded, of a height of 80mm or more:
0	0	0	0	0	0		0	0	0	0	0	0	0/	0/0	--- L sections
0	0	0	0	0	0		0	0	0	0	0	0	0/	0/0	--- T sections
															- Other angles, shapes and sections, not further worked than hot-rolled, hot-drawn or extruded:
0	0	0	0	0	0		0	0	0	0	0	0	0/	0/0	--- Z sections
0	0	0	0	0	0		0	0	0	0	0	0	0/	0/0	--- Bulb flat steel
0	0	0	0	0	0		0	0	0	0	0	0	0/	0/0	--- Other
															- Angles, shapes and sections, not further worked than cold-formed or cold-finished:
0	0	0	0	0	0		0	0	0	0	0	0	0/	0/0	-- Obtained from flat-rolled products
0	0	0	0	0	0		0	0	0	0	0	0	0/	0/0	-- Other
															- Other:
0	0	0	0	0	0		0	0	0	0	0	0	0/	0/0	-- Cold-formed or cold-finished from flatrolled products
0	0	0	0	0	0		0	0	0	0	0	0	0/	0/0	-- Other
															Wire of iron or non-alloy steel:
0	0	0	0	0	0			0	0	0		6.4	0/0	0/0	- Not plated or coated, whether or not polished
0	0	0	0	0	0		0	0	0	0	5.8	6.4	0/	0/0	- Plated or coated with zinc
															- Plated or coated with other base metals:
0	0	0	0	0	0		6.4	0	0	0		6.4	0/	0/0	--- Plated or coated with copper
0	0	0	0	0	0		2.6	0	0	0	6.5	6.4	0/	0/0	--- Other
0	0	0	0	0	0		0	0	0	0	5.8	6.4	0/	0/0	- Other

税号	货品名称	进口关税（%） 最惠国	普通	年内暂定	增值/消费税（%）	出口退税（%）	计量单位	监管证件代码	检验检疫类别	协定税率（%） 东盟	亚太	智利
	第三分章　不锈钢											
72.18	**不锈钢，锭状或其他初级形状；不锈钢半制成品：**											
7218.1000	- 锭状及其他初级形状	2	11	0	13	0	千克	B	/N	0		0
	- 其他：											
7218.9100	-- 矩形（正方形除外）截面的	2	11	0	13	0	千克	B	/N	0		0
7218.9900	-- 其他											
72189900.10	正方形截面的不锈钢半制成品	2	11	0	13	0	千克	B	/N	0		0
72189900.90	其他半制成品	2	11	0	13	0	千克	B	/N	0		0
72.19	**不锈钢平板轧材，宽度在600毫米及以上：**											
	- 除热轧外未经进一步加工的卷材：											
7219.1100	-- 厚度超过10毫米	4	14		13	0	千克			0		0
	-- 厚度在4.75毫米及以上，但不超过10毫米：											
7219.1210	--- 宽度在600毫米及以上，但不超过1800毫米	4	14		13	0	千克			0		0
7219.1290	--- 其他	4	14		13	0	千克			0		0
	-- 厚度在3毫米及以上，但小于4.75毫米：											
	--- 未经酸洗的：											
7219.1312	---- 按重量计含锰量在5.5%及以上的铬锰系不锈钢	4	14		13	0	千克			0		0
7219.1319	---- 其他	4	14		13	0	千克			0		0
	--- 经酸洗的：											
7219.1322	---- 按重量计含锰量在5.5%及以上的铬锰系不锈钢	4	14		13	0	千克			0		0
7219.1329	---- 其他	4	14		13	0	千克			0		0
	-- 厚度小于3毫米：											
	--- 未经酸洗的：											
7219.1412	---- 按重量计含锰量在5.5%及以上的铬锰系不锈钢	4	14		13	0	千克			0		0
7219.1419	---- 其他	4	14		13	0	千克			0		0
	--- 经酸洗的：											
7219.1422	---- 按重量计含锰量在5.5%及以上的铬锰系不锈钢	4	14		13	0	千克			0		0
7219.1429	---- 其他	4	14		13	0	千克			0		0
	- 除热轧外未经进一步加工的非卷材：											
7219.2100	-- 厚度超过10毫米	6	40		13	0	千克			0	5.6	0
7219.2200	-- 厚度在4.75毫米及以上，但不超过10毫米	6	40		13	0	千克			0	5.6	0
7219.2300	-- 厚度在3毫米及以上，但小于4.75毫米	6	40		13	0	千克			0	5.6	0
	-- 厚度小于3毫米：											
7219.2410	--- 厚度超过1毫米但小于3毫米	6	40		13	0	千克			0	5.6	0
7219.2420	--- 厚度在0.5毫米及以上，但不超过1毫米	6	40		13	0	千克			0	5.6	0
7219.2430	--- 厚度小于0.5毫米	6	40		13	0	千克			0	5.6	0
	- 除冷轧外未经进一步加工：											
7219.3100	-- 厚度在4.75毫米及以上	6	40		13	0	千克			0		0

协定税率（%）														特惠税率（%）①/②	Article Description
巴基斯坦	冰岛	哥斯达黎加	秘鲁	新西兰	瑞士	新加坡	韩国	澳大利亚	格鲁吉亚	毛里求斯	日本RCEP	尼加拉瓜	港澳台		
															Ⅲ. STAINLESS STEEL
															Stainless steel in ingots or other peimary forms; semi-finished products of stainless steel:
0	0	0	0	0	0		0	0	0	0	0	0	0/	0/0	- Ingots and other primary forms
															- Other:
0	0	0	0	0	0		0	0	0	0	0	0	0/	0/0	-- Of rectangular (other than square) crosssection
															-- Other
0	0	0	0	0	0		0	0	0	0	0	0	0/	0/0	Square crosssection
0	0	0	0	0	0		0	0	0	0	0	0	0/	0/0	Other semi-finished products
															Flat-rolled products of stainless steel, of a width of 600mm or more:
															- Not further worked than hot-rolled, in coils:
0	0	0	0	0	0		0	0	0	0	0	0	0/	0/0	-- Of a thickness exceeding 10mm
															-- Of a thickness of 4.75mm or more but not exceeding 10mm
0	0	0	0	0	0		0	0	0	0	2.9	0	0/0	0/0	--- Of a width of 600 mm or more but not exceeding 1800mm
0	0	0	0	0	0		0	0	0	0	2.9	0	0/0	0/0	--- Other
															-- Of a thickness of 3mm or more but less than 4.75mm:
															--- Not acid picked:
0	0	0	0	0	0		0	0	0	0	0	0	0/	0/0	----Containing more than 5.5% or more by weight of manganese of Ferro-chromium-manganese steel
0	0	0	0	0	0		0	0	0	0	2.9	0	0/0	0/0	----Other
															--- Acid pickled:
0	0	0	0	0	0		0	0	0	0	0	0	0/	0/0	----Containing more than 5.5% or more by weight of manganese of Ferro-chromium-manganese steel
0	0	0	0	0	0		0	0	0	0	2.9	0	0/0	0/0	----Other
															-- Of a thickness of less than 3mm:
															--- Not acid picked:
0	0	0	0	0	0		0	0	0	0	0	0	0/	0/0	----Containing more than 5.5% or more by weight of manganese of Ferro-chromium-manganese steel
0	0	0	0	0	0		0	0	0	0	0	0	0/	0/0	----Other
															--- Acid pickled:
0	0	0	0	0	0		0	0	0	0	0	0	0/	0/0	----Containing more than 5.5% or more by weight of manganese of Ferro-chromium-manganese steel
0	0	0	0	0	0		0	0	0	0	0	0	0/	0/0	----Other
															- Not further worked than hot-rolled, not in coils:
0	0	0	0	0	0	0	3.3	0	0	0	8.6	0	0/	0/0	-- Of a thickness exceeding 10mm
0	0	0	0	0	0	0	5	0	0	0		0	0/	0/0	-- Of a thickness of 4.75mm or more but not exceeding 10mm
0	0	0	0	0	0	0	3.3	0	0	0	0	0	0/0	0/0	-- Of a thickness of 3mm or more but less than 4.75mm
															-- Of a thickness of less than 3mm:
0	0	0	0	0	0	0	3.3	0	0	0	0	0	0/0	0/0	--- Of a thickness exceeding 1mm but less than 3mm
0	0	0	0	0	0	0	5	0	0	0	0	0	0/	0/0	--- Of a thickness of 0.5mm or more but not exceeding 1mm
0	0	0	0	0	0	0	3.3	0	0	0	0	0	0/	0/0	--- Of a thickness of less than 0.5mm
															- Not further worked than than cold-rolled (cold-reduced):
0	0	0	0	0	0	0	0	0	0	0	7.3	0	0/0	0/0	-- Of a thickness of 4.75mm or more

税号	货品名称	进口关税（%）			增值/消费税（%）	出口退税（%）	计量单位	监管证件代码	检验检疫类别	协定税率（%）		
		最惠国	普通	年内暂定						东盟	亚太	智利
	-- 厚度在3毫米及以上，但小于4.75毫米：											
7219.3210	--- 宽度在600毫米及以上，但不超过1800毫米	6	40		13	0	千克			0		0
7219.3290	--- 其他	6	40		13	0	千克			0		0
	-- 厚度超过1毫米，但小于3毫米：											
7219.3310	--- 按重量计含锰量在5.5%及以上的铬锰系不锈钢	6	40		13	0	千克			0		0
7219.3390	--- 其他	6	40		13	0	千克			0		0
7219.3400	-- 厚度在0.5毫米及以上，但不超过1毫米	6	40		13	0	千克			0		0
7219.3500	-- 厚度小于0.5毫米	6	40		13	0	千克			0		0
7219.9000	- 其他	6	40		13	0	千克			0		0
72.20	**不锈钢平板轧材，宽度小于600毫米：**											
	- 除热轧外未经进一步加工：											
7220.1100	-- 厚度在4.75毫米及以上	6	20		13	0	千克			0		0
7220.1200	-- 厚度小于4.75毫米	6	20		13	0	千克			0		0
	- 除冷轧外未经进一步加工：											
7220.2020	--- 厚度在0.35毫米及以下	6	20		13	0	千克			0		0
7220.2030	--- 厚度在0.35毫米以上但小于3毫米	6	20		13	0	千克			0		0
7220.2040	--- 厚度在3毫米及以上	6	20		13	0	千克			0		0
7220.9000	- 其他	6	20		13	0	千克			0		0
72.21	**不规则盘卷的不锈钢热轧条、杆：**											
7221.0000	不规则盘卷的不锈钢热轧条、杆	6	20		13	0	千克			0	4.8	0
72.22	**不锈钢其他条、杆；不锈钢角材、型材及异型材：**											
	- 条、杆，除热轧、热拉拔或热挤压外未经进一步加工：											
7222.1100	-- 圆形截面的	6	40		13	0	千克			0	5.4	0
7222.1900	-- 其他	6	40		13	0	千克			0	5.4	0
7222.2000	- 条、杆，除冷成形或冷加工外未经进一步加工	6	40		13	0	千克			0		0
7222.3000	- 其他条、杆	6	40		13	0	千克			0	5.3	0
7222.4000	- 角材、型材及异型材	6	17		13	0	千克			0		0
72.23	**不锈钢丝：**											
7223.0000	不锈钢丝	6	20		13	0	千克			0		0
	第四分章 其他合金钢；合金钢或非合金钢制的空心钻钢											
72.24	**其他合金钢，锭状或其他初级形状；其他合金钢制的半制成品：**											
7224.1000	- 锭状及其他初级形状	2	11	0	13	0	千克	B	/N	0		0
	- 其他：											
7224.9010	--- 单件重量在10吨及以上的粗铸锻件坯	2	11	0	13	0	千克	B	/N	0		0
7224.9090	--- 其他											
72249090.10	其他合金钢圆坯，直径大于等于700毫米（其他合金钢锭及其他初级形态的）	2	11	0	13	0	千克	B	/N	0		0
72249090.90	其他合金钢坯，直径大于等于700毫米的合金钢圆坯除外（其他合金钢锭及其他初级形态的）	2	11	0	13	0	千克	B	/N	0		0
72.25	**其他合金钢平板轧材，宽度在600毫米及以上：**											

协定税率（%） 巴基斯坦	冰岛	哥斯达黎加	秘鲁	新西兰	瑞士	新加坡	韩国	澳大利亚	格鲁吉亚	毛里求斯	日本RCEP	尼加拉瓜	港澳台	特惠税率（%）①/②	Article Description
															-- Of a thickness of 3mm or more but less than 4.75mm:
0	0	0	0	0	0	0	0	0	0	0	7.3	0	0/0	0/0	--- Of a width of 600 or more but not exceeding 1800mm
0	0	0	0	0	0	0	0	0	0	0	7.3	0	0/0	0/0	--- Other
															-- Of a thickness exceeding 1mm but less than 3mm:
0	0	0	0	0	0	0	0	0	0	0	7.3	0	0/0	0/0	--- Of chromium-manganese stainless steel, containing by weight 5.5% of manganese or more
2.5	0	0	0	0	0	0	3.3	0	0	0	8.1	0	0/0	0/0	--- Other
0	0	0	0	0	0	0	5	0	0	0	8.6	0	0/0	0/0	-- Of a thickness of 0.5mm or more but not exceeding 1mm
0	0	0	0	0	0	0	5	0	0	0		0	0/0	0/0	-- Of a thickness of less than 0.5mm
0	0	0	0	0	0	0	0	0	0	0	7.3	0	0/0	0/0	- Other
															Flat-rolled products stainless steel, of a width of less than 600mm:
															- Not further worked than hot-rolled:
0	0	0	0	0	0	0		0	0	0		0	0/	0/0	-- Of a thickness of 4.75mm or more
0	0	0	0	0	0	0	0	0	0	0	7.3	0	0/	0/0	-- Of a thickness of less than 4.75mm
															- Not further worked than cold-rolled (cold-reduced):
0	0	0	0	0	0	0	3.3	0	0	0	8.1	0	0/	0/0	--- Of a thickness of 0.35mm or less
0	0	0	0	0	0	0	3.3	0	0	0	8.1	0	0/	0/0	--- Of a thickness of more than 0.35mm but less than 3mm
0	0	0	0	0	0	0	0	0	0	0	7.3	0	0/	0/0	--- Of a thickness of 3mm or more
0	0	0	0	0	0	0	0	0	0	0	7.3	0	0/0	0/0	- Other
															Bars and rods, hot-rolled, in irregularly wound coils, of stainless steel:
2.5	0	0	0	0	0	0	8	0	0	0	7.3	0	0/	0/0	Bars and rods, hot-rolled, in irregularly wound coils, of stainless steel
															Other bars and rods of stainless steel;angles, shapes and sections of stainless steel:
															- Bars and rods, not further worked than hot-rolled, hot-drawn or extruded:
0	0	0	0	0	0	0	9	0	0	0		0	0/	0/0	-- Of circular cross-section
0	0	0	0	0	0	0	9	0	0	0		0	0/	0/0	-- Other
2.5	0	0	0	0	0	0		0	0	0		0	0/	0/0	- Bars and rods, not further worked than cold-formed or cold-finished
0	0	0	0	0	0	0	9	0	0	0		0	0/	0/0	- Other bars and rods
0	0	0	0	0	0	0		0	0	0		0	0/	0/0	- Angles, shapes and sections
															Wire of stainless steel:
2.5	0	0	0	0	0	0		0	0	0	7.3	0	0/	0/0	Wire of stainless steel
															Ⅳ. OTHER ALLOY STEEL; HOLLOW DRILL BARS AND RODS, OF ALLOY OR NON-ALLOY STEEL
															Other alloy steel in ingots or otherprimary forms; semi-finished products of other alloy steel:
0	0	0	0	0	0		0	0	0	0	0	0	0/	0/0	- Ingots and other primary forms
															- Other:
0	0	0	0	0	0		0	0	0	0	0	0	0/	0/0	--- Raw casting forging stocks, individual piece weight of 10t or more
															--- Other
0	0	0	0	0	0		0	0	0	0	1.7	0	0/	0/0	Other Semi-finished products of alloy steel，of diameter 700mm or more
0	0	0	0	0	0		0	0	0	0	1.7	0	0/	0/0	Other Semi-finished products of alloy steel, other than those of diameter 700mm or more
															Flat-rolled products of other alloy steel, of a width of 600mm or more:

税　号	货品名称	进口关税（%）			增值/消费税（%）	出口退税（%）	计量单位	监管证件代码	检验检疫类别	协定税率（%）		
		最惠国	普通	年内暂定						东盟	亚太	智利
	- 硅电钢制：											
7225.1100	-- 取向性硅电钢											
72251100.10	宽度在600毫米及以上的取向电工钢（按重量计含硅量至少为0.6%，含碳量不超过0.08%，可含有不超过1.0%的铝，所含其他元素的比例并不使其具有其他合金钢的特性；厚度不超过0.56毫米；呈卷状的，则其可为任何宽度；呈板状的，则其宽度至少是厚度的十倍）	3	20		13	0	千克	7		0	2.1	0
72251100.90	其他宽度在600毫米及以上的取向性硅电钢	3	20		13	0	千克	7		0	2.1	0
7225.1900	-- 其他	6	20		13	0	千克			0		0
	- 其他卷材，除热轧外未经进一步加工：											
7225.3010	--- 厚度在2毫米及以下	3	14		13	0	千克			0		0
7225.3090	--- 其他	3	14		13	0	千克			0		0
	- 其他非卷材，除热轧外未经进一步加工：											
7225.4010	--- 工具钢	3	17		13	0	千克			0		0
	--- 其他：											
7225.4091	---- 含硼合金钢	3	17		13	0	千克			0		0
7225.4099	---- 其他	3	17		13	0	千克			0		0
7225.5000	- 其他，除冷轧外未经进一步加工	3	17		13	0	千克			0		0
	- 其他：											
7225.9100	-- 电镀或涂锌的	7	17		13	0	千克			0		0
7225.9200	-- 用其他方法镀或涂锌的	7	17		13	0	千克			0		0
	-- 其他：											
7225.9910	--- 高速钢制	3	17		13	0	千克			0		0
7225.9990	--- 其他	7	17		13	0	千克			0		0
72.26	**其他合金钢平板轧材，宽度小于600毫米：**											
	- 硅电钢制：											
7226.1100	-- 取向性硅电钢											
72261100.10	宽度小于600毫米的取向电工钢（按重量计含硅量至少为0.6%，含碳量不超过0.08%，可含有不超过1.0%的铝，所含其他元素的比例并不使其具有其他合金钢的特性；厚度不超过0.56毫米；呈卷状的，则其可为任何宽度；呈板状的，则其宽度至少是厚度的十倍）	3	20		13	0	千克			0		0
72261100.90	其他宽度小于600毫米的取向性硅电钢	3	20		13	0	千克			0		0
7226.1900	-- 其他	3	20		13	0	千克			0		0
7226.2000	- 高速钢制	3	20		13	0	千克			0		0
	- 其他：											
	-- 除热轧外未经进一步加工：											
7226.9110	--- 工具钢	3	20		13	0	千克			0		0
	--- 其他：											
7226.9191	---- 含硼合金钢	3	20		13	0	千克			0		0
7226.9199	---- 其他											
72269199.10	宽度<600毫米的铁基非晶合金带材（除热轧外未经进一步加工）	3	20		13	0	千克			0		0

协定税率（%）														特惠税率（%）①/②	Article Description
巴基斯坦	冰岛	哥斯达黎加	秘鲁	新西兰	瑞士	新加坡	韩国	澳大利亚	格鲁吉亚	毛里求斯	日本RCEP	尼加拉瓜	港澳台		
															- Of silicon-electrical steel:
															-- Grain-oriented
0	0	0	0	0	0		2.1	0	0	0		0	0/	0/0	Grain-oriented silicon-electrical steel, of a width of 600 mm or more (Containing by weight at least 0.6% of silicon and not more than 0.08% of carbon. They may also contain by weight not more than 1% of aluminium but no other element in a proportion that would give the steel the characteristics of another alloy steel; Of a thickness of not more than 0.56 mm; In coils, it maybe of any width; In the form of plate, the width shall be at least ten times of the thickness)
0	0	0	0	0	0		2.1	0	0	0		0	0/	0/0	Other grain-oriented silicon-electrical steel, of a width of 600 mm or more
0	0	0	0	0	0			0	0	0		0	0/0	0/0	-- Other
															- Other, not further worked than hot-rolled, in coils:
0	0	0	0	0	0			0	0	0		0	0/	0/0	--- Of a thickness of 2mm or less
0	0	0	0	0	0			0	0	0		0	0/	0/0	--- Other
															- Other, not further worked than hot-rolled, not in coils:
0	0	0	0	0	0		0	0	0	0	0	0	0/	0/0	--- Of tool steels
															- Other:
0	0	0	0	0	0		0	0	0	0	0	0	0/	0/0	--- Of boron-containing alloy steel
0	0	0	0	0	0		0	0	0	0	0	0	0/	0/0	----Other
0	0	0	0	0	0			0	0	0		0	0/	0/0	- Other, not further worked than cold-rolled (cold-reduced)
															- Other:
0	0	0	0	0	0		0	0	0	0	5.1	0	0/	0/0	-- Electrolytically plated or coated with zinc
0	0	0	0	0	0		2.3	0	0	0	5.7	0	0/	0/0	-- Otherwise plated or coated with zinc
															-- Other:
0	0	0	0	0	0		0	0	0	0	0	0	0/	0/0	--- Of high speed steel
0	0	0	0	0	0		0	0	0	0	5.1	0	0/	0/0	--- Other
															Flat-rolled products of other alloy steel, of a width of less than 600mm:
															- Of silicon-electrical steel:
															-- Grain-oriented
0	0	0	0	0	0			0	0	0		0	0/	0/0	Grain-oriented silicon-electrical steel, of a width of less than 600 mm (Containing by weight at least 0.6% of silicon and not more than 0.08% of carbon. They may also contain by weight not more than 1% of aluminium but no other element in a proportion that would give the steel the characteristics of another alloy steel; Of a thickness of not more than 0.56 mm; In coils, it maybe of any width; In the form of plate, the width shall be at least ten times of the thickness)
0	0	0	0	0	0			0	0	0		0	0/	0/0	Other grain-oriented silicon-electrical steel, of a width of less than 600 mm
0	0	0	0	0	0			0	0	0		0	0/	0/0	-- Other
0	0	0	0	0	0		0	0	0	0	2.2	0	0/	0/0	- Of high speed steel
															- Other:
															-- Not further worked than hot-rolled:
0	0	0	0	0	0		0	0	0	0	2.2	0	0/	0/0	--- Of tool steels
															--- Other:
0	0	0	0	0	0		0	0	0	0	2.2	0	0/	0/0	----Of boron-containing alloy steel
															----Other
0	0	0	0	0	0		0	0	0	0	2.2	0	0/	0/0	Iron-base amorphous flat-rolled products of other alloy steel, of a width of less than 600mm

税　号	货品名称	进口关税（%）			增值/消费税（%）	出口退税（%）	计量单位	监管证件代码	检验检疫类别	协定税率（%）		
		最惠国	普通	年内暂定						东盟	亚太	智利
72269199.90	宽度<600毫米热轧其他合金钢板材（除热轧外未经进一步加工）	3	20		13	0	千克			0		0
7226.9200	-- 除冷轧外未经进一步加工	3	20		13	0	千克			0		0
	-- 其他：											
7226.9910	--- 电镀或涂锌的	7	20		13	0	千克			0		0
7226.9920	--- 用其他方法镀或涂锌的	7	20		13	0	千克			0		0
7226.9990	--- 其他											
72269990.01	铁镍合金带材（生产集成电路框架用或显示面板精密金属掩膜版用）（宽度<600毫米）	7	20	4	13	0	千克			0		0
72269990.90	其他合金板材（宽度<600毫米）	7	20		13	0	千克			0		0
72.27	**不规则盘卷的其他合金钢热轧条、杆：**											
7227.1000	- 高速钢制	3	20		13	0	千克			0		0
7227.2000	- 硅锰钢制	6	20		13	0	千克			0		0
	- 其他：											
7227.9010	--- 含硼合金钢制	3	20		13	0	千克			0		0
	--- 其他：											
7227.9091	---- 截面为圆形的	3	20		13	0	千克			0		0
7227.9099	---- 其他	3	20		13	0	千克			0		0
72.28	**其他合金钢条、杆；其他合金钢角材、型材及异型材；合金钢或非合金钢制的空心钻钢：**											
7228.1000	- 高速钢条、杆	3	20		13	0	千克			0		0
7228.2000	- 硅锰钢条、杆	6	20		13	0	千克			0		0
	- 其他条、杆，除热轧、热拉拔或热挤压外未经进一步加工：											
7228.3010	--- 含硼合金钢制	3	20		13	0	千克			0		0
	--- 其他：											
7228.3091	---- 截面为圆形的	3	20		13	0	千克			0		0
7228.3099	---- 其他	3	20		13	0	千克			0		0
7228.4000	- 其他条、杆，除锻造外未经进一步加工	3	20		13	0	千克			0		0
7228.5000	- 其他条、杆，除冷成形或冷加工外未经进一步加工	3	20		13	0	千克			0		0
7228.6000	- 其他条、杆	3	20		13	0	千克			0		0
	- 角材、型材及异型材：											
7228.7010	--- 履带板型钢	6	17		13	0	千克			0		0
7228.7090	--- 其他	5	17		13	0	千克			0		0
7228.8000	- 空心钻钢	7	35		13	0	千克			0		0
72.29	**其他合金钢丝：**											
7229.2000	- 硅锰钢制	7	20		13	0	千克			0		0
	- 其他：											
7229.9010	--- 高速钢制	3	20		13	0	千克			0		0
7229.9090	--- 其他	7	20		13	0	千克			0		0

协定税率（%）														特惠税率（%）①/②	Article Description
巴基斯坦	冰岛	哥斯达黎加	秘鲁	新西兰	瑞士	新加坡	韩国	澳大利亚	格鲁吉亚	毛里求斯	日本RCEP	尼加拉瓜	港澳台		
0	0	0	0	0	0		0	0	0	0	2.2	0	0/	0/0	Flat-rolled products of other alloy steel, hot-rolled, of a width of less than 600mm
0	0	0	0	0	0		1	0	0	0	2.4	0	0/	0/0	-- Not further worked than cold-rolled (cold-reduced)
															-- Other:
0	0	0	0	0	0		0	0	0	0	5.1	0	0/	0/0	--- Electrolytically plated or coated with zinc
0	0	0	0	0	0		0	0	0	0	5.1	0	0/	0/0	--- Otherwise plated or coated with zinc
															--- Other
0	0	0	0	0	0		0	0	0	0	5.1	0	0/	0/0	Flat-rolled products of Fe-Ni alloy, of a width of less than 600mm, used for manufacturing the frame for integrated circuits or fine metal mask for display panel)
0	0	0	0	0	0		0	0	0	0	5.1	0	0/	0/0	Other flat-rolled products of other alloy steel, of a width of less than 600mm
															Bars and rods, hot-rolled, in irregularly wound coils, of other alloy steel:
0	0	0	0	0	0		0	0	0	0	0	0	0/	0/0	- Of high speed steel
0	0	0	0	0	0		2	0	0	0	4.9	0	0/	0/0	- Of silico-manganese steel
															- Other:
0	0	0	0	0	0		0	0	0	0	0	0	0/	0/0	--- Of boron-containing alloy steel
															--- Other:
0	0	0	0	0	0		0	0	0	0	0	0	0/	0/0	----Of circular cross-section
0	0	0	0	0	0		0	0	0	0	0	0	0/	0/0	----Other
															Other bars and rods of other alloy steel; angles, shapes and sections, of other alloy steel; hollow drill bars and rods, of alloy or non-alloy steel:
0	0	0	0	0	0		0	0	0	0	2.2	0	0/	0/0	- Bars and rods, of high speed steel
0	0	0	0	0	0		0	0	0	0	4.4	0	0/	0/0	- Bars and rods, of silico-manganese steel
															- Other bars and rods, not further worked than hot-rolled, hot-drawn or extruded:
0	0	0	0	0	0		0	0	0	0		0	0/	0/0	--- Of boron-containing alloy steel
															--- Other:
0	0	0	0	0	0		0	0	0	0	2.6	0	0/	0/0	----Of circular cross-section
0	0	0	0	0	0		0	0	0	0	2.6	0	0/	0/0	----Other
0	0	0	0	0	0		0	0	0	0	2.4	0	0/	0/0	- Other bars and rods, not further worked than forged
0	0	0	0	0	0		0	0	0	0	2.2	0	0/	0/0	- Other bars and rods, not further worked than cold-formed of cold-finished
0	0	0	0	0	0		0	0	0	0	2.2	0	0/	0/0	- Other bars and rods
															- Angles, shapes and sections:
0	0	0	0	0	0		0	0	0	0	0	0	0/	0/0	--- Shapes of crawler tread
0	0	0	0	0	0		0	0	0	0	4.9	0	0/	0/0	--- Other
0	0	0	0	0	0		0	0	0	0	5.1	0	0/	0/0	- Hollow drill bars and rods
															Wire of other alloy steel:
0	0	0	0	0	0		2.3	0	0	0	5.7	0	0/	0/0	- Of silico-manganese steel
															- Other:
0	0	0	0	0	0		0	0	0	0	2.2	0	0/	0/0	--- Of high speed steel
0	0	0	0	0	0			0	0	0		0	0/	0/0	--- Other

第七十三章　钢铁制品

注释：

一、本章所称“铸铁”，适用于经铸造而得的产品，按重量计其铁元素含量超过其他元素单项含量并与第七十二章注释一（四）所述的钢的化学成分不同。

二、本章所称“丝”，是指热或冷成形的任何截面形状的产品，但其截面尺寸均不超过16毫米。

税号	货品名称	进口关税（%）			增值/消费税（%）	出口退税（%）	计量单位	监管证件代码	检验检疫类别	协定税率（%）		
		最惠国	普通	年内暂定						东盟	亚太	智利
73.01	钢铁板桩，不论是否钻孔、打眼或组装；焊接的钢铁角材、型材及异型材：											
7301.1000	- 钢铁板桩	7	20		13	0	千克			0	6.3	0
7301.2000	- 角材、型材及异型材	7	30		13	0	千克			0		0
73.02	铁道及电车道铺轨用钢铁材料（钢轨、护轨、齿轨、道岔尖轨、辙叉、尖轨拉杆及其他叉道段体、轨枕、鱼尾板、轨座、轨座楔、钢轨垫板、钢轨夹、底板、固定板及其他专门用于连接或加固路轨的材料）：											
7302.1000	- 钢轨	6	14		13	0	千克			0		0
7302.3000	- 道岔尖轨、辙叉、尖轨拉杆及其他叉道段体	8	17		13	0	千克			0		0
7302.4000	- 鱼尾板及钢轨垫板	7	17		13	0	千克			0		0
	- 其他：											
7302.9010	--- 轨枕	6	14		13	0	千克			0	5.1	0
7302.9090	--- 其他	7	17		13	0	千克			0	6	0
73.03	铸铁管及空心异型材：											
7303.0010	--- 内径在500毫米及以上的圆形截面管	4	40		13	0	千克			0		0
7303.0090	--- 其他	4	40		13	0	千克			0		0
73.04	无缝钢铁管及空心异型材（铸铁的除外）：											
	- 石油或天然气管道管：											
	-- 不锈钢制：											
7304.1110	--- 外径大于等于215.9毫米，但不超过406.4毫米	5	17		13	0	千克			0		0
7304.1120	--- 外径超过114.3毫米，但小于215.9毫米	5	17		13	0	千克			0		0
7304.1130	--- 外径不超过114.3毫米	5	17		13	0	千克			0		0
7304.1190	--- 其他	5	17		13	0	千克			0		0
	-- 其他：											
7304.1910	--- 外径大于等于215.9毫米，但不超过406.4毫米	5	17		13	0	千克			0		0
7304.1920	--- 外径超过114.3毫米，但小于215.9毫米	5	17		13	0	千克			0		0
7304.1930	--- 外径不超过114.3毫米	5	17		13	0	千克			0		0
7304.1990	--- 其他	5	17		13	0	千克			0		0
	- 钻探石油或天然气用的套管、导管及钻管：											
	-- 不锈钢钻管：											
7304.2210	--- 外径不超过168.3毫米	4	17		13	0	千克			0		0
7304.2290	--- 其他	4	17		13	0	千克			0		0
	-- 其他钻管：											

Chapter 73 Articles of iron or steel

Chapter Notes:

1. In this Chapter the expression "cast iron" applies to products obtained by casting in which iron predominates by weight over each of the other elements and which do not comply with the chemical composition of steel as defined in Note 1 (d) to Chapter 72.
2. In this Chapter the word "wire" means hot or cold-formed products of any cross-sectional shape, of which no cross-sectional dimension exceeds 16 mm.

协定税率（%）														特惠税率（%）①/②	Article Description
巴基斯坦	冰岛	哥斯达黎加	秘鲁	新西兰	瑞士	新加坡	韩国	澳大利亚	格鲁吉亚	毛里求斯	日本RCEP	尼加拉瓜	港澳台		
															Sheet piling of iron or steel, whether or not drilled, punched or made from assembled elements; welded angles, shapes and sections, of iron or steel:
0	0	0	0	0	0		0	0	0	0	5.1	0	0/	0/0	- Sheet piling
0	0	0	0	0	0		0	0	0	0	5.1	0	0/	0/0	- Angles, shapes and sections
															Railway or tramway track construction material of iron or steel, the following: rails, check-rails and rack rails, switch blades, crossing frogs, point rods and other crossing pieces, sleepers (cross-ties), fishplates, chairs, chair wedges, sole plates (base plates), rail clips, bedplates, ties and other material specialized for jointing or fixing rails:
0	0	0	0	0	0		0	0	0	0	4.4	0	0/	0/0	- Rails
0	0	0	0	0	0		0	0	0	0	5.8	6.4	0/	0/0	- Switch blades, crossing frogs, point rods and other crossing pieces
0	0	0	0	0	0		0	0	0	0	5.1	0	0/	0/0	- Fish-plates and sole plates
															- Other:
0	0	0	0	0	0		0	0	0	0	0	0	0/	0/0	--- Sleepers (cross-ties)
0	0	0	0	0	0		0	0	0	0	5.1	0	0/	0/0	--- Other
															Tubes, pipes and hollow profiles, of cast iron:
0	0	0	0	0	0		0	0	0	0	0	0	0/	0/0	--- Tubes and pipes of circular cross-section, of the internal diameter of 500mm or more
0	0	0	0	0	0		0	0	0	0	0	0	0/	0/0	--- Other
															Tubes, pipes and hollow profiles, seamless, of iron (other than cast iron) or steel:
															- Line pipe of a kind used for oil or gas pipelines:
															-- Of stainless steel:
0	0	0	0	0	0		0	0	0	0	3.6	0	0/	0/0	--- Having an outside diameter of 215.9mm or more but not exceeding 406.4mm
0	0	0	0	0	0		0	0	0	0	3.6	0	0/	0/0	--- Having an outside diameter exceeding 114.3mm but less than 215.9mm
0	0	0	0	0	0		0	0	0	0	3.6	0	0/	0/0	--- Having an outside diament not exceeding 114.3mm
0	0	0	0	0	0		0	0	0	0	0	0	0/	0/0	--- Other
															-- Other:
0	0	0	0	0	0		0	0	0	0	3.6	0	0/	0/0	--- Having an outside diameter of 215.9mm or more but not exceeding 406.4mm
0	0	0	0	0	0		0	0	0	0	3.6	0	0/	0/0	--- Having an outside diameter exceeding 114.3mm but less than 215.9mm
0	0	0	0	0	0		0	0	0	0	3.6	0	0/	0/0	--- Having an outside diament not exceeding 114.3mm
0	0	0	0	0	0		0	0	0	0	0	0	0/	0/0	--- Other
															- Casing, tubing and drill pipe, of a kind used in drilling for oil or gas:
															-- Drill pipe of stainless steel:
0	0	0	0	0	0		0	0	0	0	0	0	0/	0/0	--- Having an outside diameter not exceeding 168.3mm
0	0	0	0	0	0		0	0	0	0	0	0	0/	0/0	--- Other
															-- Other drill pipe:

税号	货品名称	进口关税（%）			增值/消费税（%）	出口退税（%）	计量单位	监管证件代码	检验检疫类别	协定税率（%）		
		最惠国	普通	年内暂定						东盟	亚太	智利
7304.2310	--- 外径不超过168.3毫米	4	17		13	0	千克			0		0
7304.2390	--- 其他	4	17		13	0	千克			0		0
7304.2400	-- 其他不锈钢管	4	17		13	0	千克			0	2	0
	-- 其他：											
7304.2910	--- 屈服强度小于552兆帕的	4	17		13	0	千克			0	2	0
7304.2920	--- 屈服强度大于等于552兆帕，但小于758兆帕的	4	17		13	0	千克			0	2	0
7304.2930	--- 屈服强度大于等于758兆帕的	4	17		13	0	千克			0	2	0
	- 铁或非合金钢的其他圆形截面管：											
	-- 冷拔或冷轧的：											
7304.3110	--- 锅炉管	4	17		13	0	千克			0		0
7304.3120	--- 地质钻管、套管	8	17		13	0	千克			0		0
7304.3190	--- 其他	4	17		13	0	千克			0		0
	-- 其他：											
7304.3910	--- 锅炉管	4	17		13	0	千克			0		0
7304.3920	--- 地质钻管、套管	5	17		13	0	千克			0		0
7304.3990	--- 其他	4	17		13	0	千克			0		0
	- 不锈钢的其他圆形截面管：											
	-- 冷拔或冷轧的：											
7304.4110	--- 锅炉管	8	17		13	0	千克			0		0
7304.4190	--- 其他	8	40		13	0	千克			0		0
	-- 其他：											
7304.4910	--- 锅炉管	8	17		13	0	千克			0		0
7304.4990	--- 其他	8	40		13	0	千克			0		0
	- 其他合金钢的其他圆形截面管：											
	-- 冷拔或冷轧的：											
7304.5110	--- 锅炉管											
73045110.01	高温承压用合金钢无缝钢管（抗拉强度≥620兆帕、屈服强度≥440兆帕）[外径在127毫米以上（含127毫米），化学成分（wt%）中0.07≤碳（C）的含量≤0.13、8.5≤铬（Cr）的含量≤9.5、0.3≤钼（Mo）的含量≤0.6、1.5≤钨（W）的含量≤2，抗拉强度≥620兆帕、屈服强度≥440兆帕]	4	17		13	0	千克			0		0
73045110.90	冷轧的其他合金钢无缝锅炉管（冷拔或冷轧的，包括内螺纹）	4	17		13	0	千克			0		0
7304.5120	--- 地质钻管、套管	4	17		13	0	千克			0		0
7304.5190	--- 其他											
73045190.01	高温承压用合金钢无缝钢管（抗拉强度≥620兆帕、屈服强度≥440兆帕）（外径在127毫米以上（含127毫米），化学成分（wt%）中0.07≤碳（C）的含量≤0.13、8.5≤铬（Cr）的含量≤9.5、0.3≤钼（Mo）的含量≤0.6、1.5≤钨（W）的含量≤2，抗拉强度≥620兆帕、屈服强度≥440兆帕）	4	17		13	0	千克			0		0
73045190.90	冷轧的其他合金钢制其他无缝管（冷拔或冷轧的）	4	17		13	0	千克			0		0
	-- 其他：											

协定税率（%）														特惠税率（%）①/②	Article Description
巴基斯坦	冰岛	哥斯达黎加	秘鲁	新西兰	瑞士	新加坡	韩国	澳大利亚	格鲁吉亚	毛里求斯	日本RCEP	尼加拉瓜	港澳台		
0	0	0	0	0	0		0	0	0	0	0	0	0/	0/0	--- Having an outside diameter not exceeding 168.3mm
0	0	0	0	0	0		0	0	0	0	0	0	0/	0/0	--- Other
0	0	0	0	0	0		0	0	0	0	3.4	0	0/	0/0	-- Other, of stainless steel
															-- Other:
0	0	0	0	0	0		0	0	0	0	0	0	0/	0/0	--- Having an yield strength less than 552MPa
0	0	0	0	0	0		0	0	0	0	0	0	0/	0/0	--- Having an yield strength of 552MPa or more but less than 758MPa
0	0	0	0	0	0		0	0	0	0	0	0	0/	0/0	--- Having an yield strength of 758MPa or more
															- Other, of circular cross-section, of iron or non-alloysteel:
															-- Cold-drawn or cold-rolled (cold-reduced):
0	0	0	0	0	0		0	0	0	0	0	0	0/	0/0	--- Boiler tubes and pipes
0	0	0	0	0	0		0	0	0	0	5.8	6.4	0/	0/0	--- Geologicalcasing and drill pipes
0	0	0	0	0	0		0	0	0	0	3.4	0	0/	0/0	--- Other
															-- Other:
0	0	0	0	0	0		0	0	0	0	0	0	0/	0/0	--- Boiler tubes and pipes
0	0	0	0	0	0		0	0	0	0	0	0	0/	0/0	--- Geological casinganddrill pipes
0	0	0	0	0	0		0	0	0	0	2.9	0	0/	0/0	--- Other
															- Other, of circular cross-section, of stainless steel:
															-- Cold-drawn or cold-rolled (cold-reduced):
0	0	0	0	0	0	0	0	0	0	0	8.6	6.4	0/	0/0	--- Boiler tubes and pipes
0	0	0	0	0	0	0	5	0	0	0		6.4	0/	0/0	--- Other
															-- Other:
0	0	0	0	0	0	0	0	0	0	0	7.3	6.4	0/	0/0	--- Boiler tubes and pipes
0	0	0	0	0	0	0	0	0	0	0	7.3	6.4	0/	0/0	--- Other
															- Other, of circular cross-section, of other alloy steel:
															-- Cold-drawn or cold-rolled (cold-reduced):
															--- Boiler tubes and pipes
0	0	0	0	0	0		0	0	0	0	0	0	0/	0/0	Seamless steel tube made of alloy steel, used in high temperature and pressure（tensile strength is not less than 620 MPa and yield strength is not less than 440 MPa）(the external dimension of boiler tubes is not less than 127mm, and the chemical constituent (wt%), containing carbon 0.07 or more but not exceeding 0.13, containing chrome 8.5 or more but not exceeding 9.5, containing molybdenum 0.3 or more but not exceeding 0.6, containing tungsten 1.5 or more but not exceeding 2.0)
0	0	0	0	0	0		0	0	0	0	0	0	0/	0/0	Other seamless boiler tubes of cold-drawn or cold-rolled alloy steel, including internal thread
0	0	0	0	0	0		0	0	0	0	0	0	0/	0/0	--- Geological casing and drill pipes
															--- Other
0	0	0	0	0	0		0	0	0	0	0	0	0/	0/0	Seamless steel tube made of alloy steel, used in high temperature and pressure（tensile strength is not less than 620 MPa and yield strength is not less than 440 MPa）(the external dimension is not less than 127mm, and the chemical constituent (wt%) , containing carbon 0.07 or more but not exceeding 0.13, containing chrome 8.5 or more but not exceeding 9.5, containing molybdenum 0.3 or more but not exceeding 0.6, containing tungsten 1.5 or more but not exceeding 2.0)
0	0	0	0	0	0		0	0	0	0	0	0	0/	0/0	Other seamless tubes of cold-drawn or cold-rolled alloy steel
															-- Other:

税 号	货品名称	进口关税（%） 最惠国	普通	年内暂定	增值/消费税（%）	出口退税（%）	计量单位	监管证件代码	检验检疫类别	协定税率（%） 东盟	亚太	智利
7304.5910	--- 锅炉管											
73045910.01	高温承压用合金钢无缝钢管（抗拉强度≥620兆帕、屈服强度≥440兆帕）（外径在127毫米以上（含127毫米），化学成分（wt%）中0.07≤碳（C）的含量≤0.13、8.5≤铬（Cr）的含量≤9.5、0.3≤钼（Mo）的含量≤0.6、1.5≤钨（W）的含量≤2，抗拉强度≥620兆帕、屈服强度≥440兆帕）	4	17		13	0	千克			0		0
73045910.90	非冷的轧其他合金钢无缝锅炉管（非冷拔或冷轧的）	4	17		13	0	千克			0		0
7304.5920	--- 地质钻管、套管	4	17		13	0	千克			0		0
7304.5990	--- 其他											
73045990.01	高温承压用合金钢无缝钢管（抗拉强度≥620兆帕、屈服强度≥440兆帕）（外径在127毫米以上（含127毫米），化学成分（wt%）中0.07≤碳（C）的含量≤0.13、8.5≤铬（Cr）的含量≤9.5、0.3≤钼（Mo）的含量≤0.6、1.5≤钨（W）的含量≤2.0、抗拉强度≥620兆帕、屈服强度≥440兆帕）	4	17		13	0	千克			0		0
73045990.90	非冷轧的其他合金钢制无缝圆形截面管（非冷拔或冷轧的）	4	17		13	0	千克			0		0
7304.9000	- 其他	4	17		13	0	千克			0		0
73.05	**其他圆形截面钢铁管（例如，焊、铆及用类似方法接合的管），外径超过406.4毫米：**											
	- 石油或天然气管道管：											
7305.1100	-- 纵向埋弧焊接的	7	17		13	0	千克			0		0
7305.1200	-- 其他纵向焊接的	3	17		13	0	千克			0		0
7305.1900	-- 其他	7	17		13	0	千克			0		0
7305.2000	- 钻探石油或天然气用套管	7	17		13	0	千克			0		0
	- 其他焊接的：											
7305.3100	-- 纵向焊接的	6	30		13	0	千克			0		0
7305.3900	-- 其他	6	30		13	0	千克			0		0
7305.9000	- 其他	6	30		13	0	千克			0		0
73.06	**其他钢铁管及空心异型材（例如，辊缝、焊、铆及类似方法接合的）：**											
	- 石油或天然气管道管：											
7306.1100	-- 不锈钢焊缝管	7	17		13	0	千克			0		0
7306.1900	-- 其他	7	17		13	0	千克			0		0
	- 钻探石油或天然气用的套管及导管：											
7306.2100	-- 不锈钢焊缝管	3	17		13	0	千克			0		0
7306.2900	-- 其他	3	17		13	0	千克			0		0
	- 铁或非合金钢制的其他圆形截面焊缝管：											
	--- 外径不超过10毫米的：											
7306.3011	---- 壁厚在0.7毫米及以下	3	30		13	0	千克			0		0
7306.3019	---- 其他	3	30		13	0	千克			0		0

协定税率（%）														特惠税率（%）①/②	Article Description
巴基斯坦	冰岛	哥斯达黎加	秘鲁	新西兰	瑞士	新加坡	韩国	澳大利亚	格鲁吉亚	毛里求斯	日本RCEP	尼加拉瓜	港澳台		
															--- Boiler tubes and pipes
0	0	0	0	0	0		0	0	0	0	0	0	0/	0/0	Seamless steel tube made of alloy steel, used in high temperature and pressure（tensile strength is not less than 620 MPa and yield strength is not less than 440 MPa）(the external dimension of boiler tubes is not less than 127mm, and the chemical constituent (wt%), containing carbon 0.07 or more but not exceeding 0.13, containing chrome 8.5 or more but not exceeding 9.5, containing molybdenum 0.3 or more but not exceeding 0.6, containing tungsten 1.5 or more but not exceeding 2.0)
0	0	0	0	0	0		0	0	0	0	0	0	0/	0/0	Other seamless boiler tubes of non-cold-drawn or non-cold-rolled alloy steel
0	0	0	0	0	0		0	0	0	0	0	0	0/	0/0	--- Geological casing and drill pipes
															--- Other
0	0	0	0	0	0		0	0	0	0	0	0	0/	0/0	Seamless steel tube made of alloy steel, used in high temperature and pressure（tensile strength is not less than 620 MPa and yield strength is not less than 440 MPa）(the external dimension is not less than 127mm, and the chemical constituent (wt%), containing carbon 0.07 or more but not exceeding 0.13, containing chrome 8.5 or more but not exceeding 9.5, containing molybdenum 0.3 or more but not exceeding 0.6, containing tungsten 1.5 or more but not exceeding 2.0)
0	0	0	0	0	0		0	0	0	0	0	0	0/	0/0	Other circular section seamless tubes of non-cold-drawn or non-cold-rolled alloy steel
0	0	0	0	0	0		0	0	0	0	0	0	0/	0/0	- Other
															Other tubes and pipes (for example, welded, riveted or similarly closed), having circular cross-sections, the external diameter of which exceeds 406.4mm, of iron or steel:
															- Line pipe of a kind used for oil or gas pipelines:
0	0	0	0	0	0		2.3	0	0	0	5.7	0	0/	0/0	-- Longitudinally submerged arc welded
0	0	0	0	0	0		0	0	0	0	0	0	0/	0/0	-- Other, longitudinally welded
0	0	0	0	0	0		0	0	0	0	5.1	0	0/	0/0	-- Other
0	0	0	0	0	0		0	0	0	0	5.1	0	0/	0/0	- Casing of a kind used in drilling for oil or gas
															- Other, welded:
0	0	0	0	0	0		2	0	0	0	4.9	0	0/	0/0	-- Longitudinally welded
0	0	0	0	0	0		2	0	0	0	4.9	0	0/	0/0	-- Other
0	0	0	0	0	0		0	0	0	0	0	0	0/	0/0	- Other
															Other tubes, pipes and hollow profiles (for example, open seam or welded, riveted or similarly closed), of iron or steel:
															- Line pipe of a kind used for oil or gas pipelines:
0	0	0	0	0	0		0	0	0	0	5.1	0	0/	0/0	-- Welded, of stainless steel
0	0	0	0	0	0		2.3	0	0	0	5.7	0	0/	0/0	-- Other
															- Casing and tubing of a kind used in drilling for oil or gas:
0	0	0	0	0	0		0	0	0	0	0	0	0/	0/0	-- Welded, of stainless steel
0	0	0	0	0	0		0	0	0	0	0	0	0/	0/0	-- Other
															- Other, welded, of circular cross-section, of iron or non-alloy steel:
															--- Having an outside diameter not exceeding 10mm:
0	0	0	0	0	0		0	0	0	0	0	0	0/	0/0	----Having a wall thickness of 0.7mm or less
0	0	0	0	0	0		1	0	0	0	2.4	0	0/	0/0	----Other

税　号	货品名称	进口关税（%）			增值/消费税（%）	出口退税（%）	计量单位	监管证件代码	检验检疫类别	协定税率（%）		
		最惠国	普通	年内暂定						东盟	亚太	智利
7306.3090	--- 其他	3	30		13	0	千克			0		0
7306.4000	- 不锈钢制的其他圆形截面焊缝管	6	30		13	0	千克			0		0
7306.5000	- 其他合金钢的圆形截面焊缝管	3	30		13	0	千克			0		0
	- 非圆形截面的其他焊缝管：											
7306.6100	-- 矩形或正方形截面的	3	30		13	0	千克			0		0
7306.6900	-- 其他非圆形截面的	3	30		13	0	千克			0		0
7306.9000	- 其他											
73069000.10	多壁式管道（直接与化学品接触，表面由特殊耐腐蚀材料制成）	6	30		13	0	千克/个	3		0		0
73069000.90	未列名的其他钢铁管及空心异型材	6	30		13	0	千克/个			0		0
73.07	**钢铁管子附件（例如，接头、肘管、管套）：**											
	- 铸件：											
7307.1100	-- 无可锻性铸铁制	5	20		13	0	千克			0		0
7307.1900	-- 其他	8	20		13	0	千克			0		0
	- 其他，不锈钢制：											
7307.2100	-- 法兰	8	20		13	0	千克			0	6.4	0
7307.2200	-- 螺纹肘管、弯管及管套	8	20		13	0	千克			0		0
7307.2300	-- 对焊件	8	20		13	0	千克			0		0
7307.2900	-- 其他	8	20		13	0	千克			0		0
	- 其他：											
7307.9100	-- 法兰	7	20		13	0	千克			0		0
7307.9200	-- 螺纹肘管、弯管及管套	4	20		13	0	千克			0		0
7307.9300	-- 对焊件	7	20		13	0	千克			0		0
7307.9900	-- 其他	4	20		13	0	千克			0		0
73.08	**钢铁结构体（税目94.06的活动房屋除外）及其部件（例如，桥梁及桥梁体段、闸门、塔楼、格构杆、屋顶、屋顶框架、门窗及其框架、门槛、百叶窗、栏杆、支柱及立柱）；上述结构体用的已加工钢铁板、杆、角材、型材、异型材、管子及类似品：**											
7308.1000	- 桥梁及桥梁体段	8	30		13	13	千克			0		0
7308.2000	- 塔楼及格构杆	8	30		13	13	千克			0		0
7308.3000	- 门窗及其框架、门槛	8	50		13	13	千克			0		0
7308.4000	- 脚手架、模板或坑道支撑用的支柱及类似设备	8	30		13	13	千克			0		0
7308.9000	- 其他	4	30		13	13	千克			0		0
73.09	**盛装物料用的钢铁囤、柜、罐、桶及类似容器（装压缩气体或液化气体的除外），容积超过300升，不论是否衬里或隔热，但无机械或热力装置：**											
7309.0000	盛装物料用的钢铁囤、柜、罐、桶及类似容器（装压缩气体或液化气体的除外），容积超过300升，不论是否衬里或隔热，但无机械或热力装置	8	35		13	13	千克/个			0		0

协定税率（%）														特惠税率（%）①/②	Article Description
巴基斯坦	冰岛	哥斯达黎加	秘鲁	新西兰	瑞士	新加坡	韩国	澳大利亚	格鲁吉亚	毛里求斯	日本RCEP	尼加拉瓜	港澳台		
0	0	0	0	0	0		1	0	0	0	2.4	0	0/	0/0	--- Other
0	0	0	0	0	0			0	0	0		0	0/	0/0	- Other, welded, of circular cross-section, of stainless steel
0	0	0	0	0	0		1	0	0	0	2.4	0	0/	0/0	- Other, welded, of circular cross-section, of other alloy steel
															- Other, welded, of non-circular cross-section:
0	0	0	0	0	0		0	0	0	0	0	0	0/	0/0	-- Of square or rectangular cross-section
0	0	0	0	0	0		1	0	0	0	2.4	0	0/	0/0	-- Of other non-circular cross-section
															- Other
0	0	0	0	0	0			0	0	0		0	0/	0/0	Multiple-walls pipes, which surface directly contact with the chemicals is made of special corrosion-resistant materials
0	0	0	0	0	0			0	0	0		0	0/	0/0	Other tubes, pipes and hollow profiles, not elsewhere specified or included
															Tube or pipe fittings (for example, couplings, elbows, sleeves), of iron or steel:
															- Cast fittings:
0	0	0	0	0	0		0	0	0	0	0	0	0/	0/0	-- Of non-malleable cast iron
0	0	0	0	0	0		0	0	0	0	5.8	6.4	0/	0/0	-- Other
															- Other, of stainless steel:
4	0	0	0	0	0		0	0	0	0	6.1	6.4	0/	0/0	-- Flanges
0	0	0	0	0	0		0	0	0	0	6.1	6.4	0/	0/0	-- Threaded elbows, bends and sleeves
0	0	0	0	0	0		0	0	0	0	6.1	6.4	0/	0/0	-- Butt welding fittings
0	0	0	0	0	0			0	0	0		6.4	0/	0/0	-- Other
															- Other:
4	0	0	0	0	0		2.3	0	0	0	5.7	0	0/	0/0	-- Flanges
0	0	0	0	0	0		0	0	0	0	0	0	0/	0/0	-- Threaded elbows, bends and sleeves
0	0	0	0	0	0		0	0	0	0	5.1	0	0/	0/0	-- Butt welding fittings
0	0	0	0	0	0		0	0	0	0	0	0	0/	0/0	-- Other
															Structures (excluding prefabricated buildings of heading 94.06) and parts of structures (for example, bridges and bridge-sections, lock-gates, towers, lattice masts, roofs, roofing frameworks, doors and windows and their frames and thresholds for doors, shutters, balustrades, pillars and columns), of iron or steel; plates, rods, angles, shapes, sections, tubes and the like, prepared for use in structures, of iron or steel:
0	0	0	0	0	0		0	0	0	0	5.8	6.4	0/	0/0	- Bridges and bridge-sections
0	0	0	0	0	0		0	0	0	0	6.1	6.4	0/	0/0	- Towers and lattice masts
0	0	0	0	0	0	0	0	0	0	0	7.3	6.4	0/	0/0	- Doors, windows and their frames and thresholds for doors
0	0	0	0	0	0		0	0	0	0	6.1	6.4	0/	0/0	- Equipment for scaffolding, shuttering, propping or pit-propping
0	0	0	0	0	0		0	0	0	0	0	0	0/	0/0	- Other
															Reservoirs, tanks, vats and similar containers for any material (other than compressed or liquefied gas), of iron or steel, of a capacity exceeding 300L, whether or not lined or heat-insulated, but not fitted with mechanical or thermal equipment:
2.5	0	0	0	0	0	0	0	0	0	0	7.6	6.4	0/	0/0	Reservoirs, tanks, vats and similar containers for any material (other than compressed or liquefied gas) , of iron or steel, of a capacity exceeding 300L, whether or not lined or heat-insulated, but not fitted with mechanical or thermal equipment

税　号	货品名称	进口关税（%）			增值/消费税（%）	出口退税（%）	计量单位	监管证件代码	检验检疫类别	协定税率（%）		
		最惠国	普通	年内暂定						东盟	亚太	智利
73.10	**盛装物料用的钢铁柜、桶、罐、听、盒及类似容器（装压缩气体或液化气体的除外），容积不超过300升，不论是否衬里或隔热，但无机械或热力装置：**											
7310.1000	- 容积在50升及以上											
73101000.10	100升<总容积≤300升的容器（与所处理或盛放的化学品接触表面由特殊耐腐蚀材料制成）	8	40		13	13	千克/个	3		0		0
73101000.90	50升≤容积≤300升的其他钢铁制盛物容器（钢铁柜、桶、罐、听及类似容器）	8	40		13	13	千克/个			0		0
	- 容积在50升以下：											
	-- 焊边或卷边接合的罐：											
7310.2110	--- 易拉罐及罐体	8	70		13	13	千克	A	R/	0		0
7310.2190	--- 其他	8	70		13	13	千克			0		0
	-- 其他：											
7310.2910	--- 易拉罐及罐体	8	70		13	13	千克	A	R/	0		0
7310.2990	--- 其他	8	70		13	13	千克	A	R/	0		0
73.11	**装压缩气体或液化气体用的钢铁容器：**											
7311.0010	--- 零售包装用	8	70		13	13	千克	6A	M/	0		0
7311.0090	--- 其他	8	17		13	13	千克	6A	M/	0		0
73.12	**非绝缘的钢铁绞股线、绳、缆、编带、吊索及类似品：**											
7312.1000	- 绞股线、绳、缆	4	20		13	13	千克			0		0
7312.9000	- 其他	4	20		13	13	千克			0		0
73.13	**带刺钢铁丝；围篱用的钢铁绞带或单股扁丝（不论是否带刺）及松绞的双股丝：**											
7313.0000	带刺钢铁丝；围篱用的钢铁绞带或单股扁丝（不论是否带刺）及松绞的双股丝	7	70		13	13	千克			0	6.3	0
73.14	**钢铁丝制的布（包括环形带）、网、篱、格栅；网眼钢铁板：**											
	- 机织品：											
7314.1200	-- 不锈钢制的机器用环形带	8	20		13	13	千克			0		0
7314.1400	-- 不锈钢制的其他机织品	8	20		13	13	千克			0		0
7314.1900	-- 其他	7	20		13	13	千克			0		0
7314.2000	- 交点焊接的网、篱及格栅，其丝的最大截面尺寸在3毫米及以上，网眼尺寸在100平方厘米及以上	7	70		13	13	千克			0		0
	- 其他交点焊接的网、篱及格栅：											
7314.3100	-- 镀或涂锌的	7	70		13	13	千克			0		0
7314.3900	-- 其他	7	70		13	13	千克			0		0
	- 其他布、网、篱及格栅：											
7314.4100	-- 镀或涂锌的	8	20		13	13	千克			0	6	0
7314.4200	-- 涂塑的	8	20		13	13	千克			0		0
7314.4900	-- 其他	8	20		13	13	千克			0		0
7314.5000	- 网眼钢铁板	8	70		13	13	千克			0		0
73.15	**钢铁链及其零件：**											

协定税率(%)														特惠税率(%)①/②	Article Description
巴基斯坦	冰岛	哥斯达黎加	秘鲁	新西兰	瑞士	新加坡	韩国	澳大利亚	格鲁吉亚	毛里求斯	日本RCEP	尼加拉瓜	港澳台		
															Tanks, casks, drums, cans, boxes and similar containers, for any material (other than compressed or liquefied gas), of iron or steel, of a capacity not exceeding 300L, whether or not lined or heat-insulated, but not fitted with mechanical or thermal equipment:
															- Of a capacity of 50L or more
2.5	0	0	0	0	0	0	5.2	0	0	0		6.4	0/	0/0	Containers, of a capacity more than 100L and not exceeding 300L, which surface contact with the treated or contained chemicals is made of special corrosion-resistant materials
2.5	0	0	0	0	0	0	5.2	0	0	0		6.4	0/	0/0	Other tanks, casks, drums, cans, boxes and similar containers, of iron or steel, of a capacity no less than 50 L and not exceeding 300L
															- Of a capacity of less than 50L:
															-- Cans which are to be closed by soldering or crimping:
14	0	0	0	0	0	0	0	0	0	0	12.7	6.4	0/	0/0	--- Tear tab ends and bodies
14	0	0	0	0	0	0	0	0	0	0	12.7	6.4	0/	0/0	--- Other
															-- Other:
14	0	0	0	0	1.5	0	0	0	0	0	12.7	6.4	0/	0/0	--- Tear tab ends and bodies
14	0	0	0	0	1.5	0	0	0	0	0	12.7	6.4	0/	0/0	--- Other
															Containers for compressed or liquefied gas, of iron or steel:
14	0	0	0	0	0	0	0	0	0	0	12.7	6.4	0/	0/0	--- For retail packing
0	0	0	0	0	0		2.6	0	0	0	6.5	6.4	0/	0/0	--- Other
															Stranded wire, ropes, cables, plaited bands, slings and the like, of iron or steel, not electrically insulated:
0	0	0	0	0	0		0	0	0	0	0	0	0/	0/0	- Stranded wire, ropes and cables
0	0	0	0	0	0		0	0	0	0	0	0	0/	0/0	- Other
															Barbed wire of iron or steel; twisted hoop or single flat wire, barbed or not, and loosely twisted double wire, of a kind used for fencing, of iron or steel:
0	0	0	0	0	0		0	0	0	0	5.1	0	0/	0/0	Barbed wire of iron or steel; twisted hoop or single flat wire, barbed or not, and loosely twisted double wire, of a kind used for fencing, of iron or steel
															Cloth (including endless bands), grill, netting and fencing, of iron or steel wire;expanded metal of iron or steel:
															- Woven cloth:
3	0	0	0	0	4.8	0	0	0	0	0	8.7	6.4	0/	0/0	-- Endless bands for machinery, of stainless steel
3	0	0	0	0	0	0	0	0	0	0	8.7	6.4	0/	0/0	-- Other woven cloth, of stainless steel
1.8	0	0	0	0			0	0	0	0	5.1	0	0/	0/0	-- Other
0	0	0	0	0	0		0	0	0	0	5.1	0	0/	0/0	- Grill, netting and fencing, welded at the intersection, of wire with a maximum cross-sectional dimension of 3mm or more and having a mesh size of $100cm^2$ or more
															- Other grill, netting and fencing, weld ed at the intersection:
0	0	0	0	0	0		0	0	0	0	5.1	0	0/	0/0	-- Plated or coated with zinc
0	0	0	0	0	0		0	0	0	0	5.1	0	0/	0/0	-- Other
															- Other grill, netting and fencing:
0	0	0	0	0	0		0	0	0	0	5.8	6.4	0/	0/0	-- Plated or coated with zinc
0	0	0	0	0	0		0	0	0	0	5.8	6.4	0/	0/0	-- Coated whith plastics
0	0	0	0	0	0		0	0	0	0	5.8	6.4	0/	0/0	-- Other
0	0	0	0	0	0		0	0	0	0	5.8	6.4	0/	0/0	- Expanded metal
															Chain and parts thereof, of iron or steel:

税号	货品名称	进口关税（%）			增值/消费税（%）	出口退税（%）	计量单位	监管证件代码	检验检疫类别	协定税率（%）		
		最惠国	普通	年内暂定						东盟	亚太	智利
	- 铰接链及其零件：											
	-- 滚子链：											
7315.1110	--- 自行车用	8	80		13	13	千克			0		0
7315.1120	--- 摩托车用	8	80		13	13	千克			0		0
7315.1190	--- 其他	8	80		13	13	千克			0		0
7315.1200	-- 其他链	8	80		13	13	千克			0		0
7315.1900	-- 零件	8	80		13	13	千克			0		0
7315.2000	- 防滑链	8	80		13	13	千克			0		0
	- 其他链：											
7315.8100	-- 日字环节链	8	80		13	13	千克			0		0
7315.8200	-- 其他焊接链	8	80		13	13	千克			0		0
7315.8900	-- 其他	8	80		13	13	千克			0		0
7315.9000	- 其他零件	8	80		13	13	千克			0		0
73.16	**钢铁锚、多爪锚及其零件：**											
7316.0000	钢铁锚、多爪锚及其零件	8	40		13	13	千克			0		0
73.17	**钢铁制的钉、平头钉、图钉、波纹钉、U形钉（税目83.05的货品除外）及类似品，不论钉头是否用其他材料制成，但不包括铜头钉：**											
7317.0000	钢铁制的钉、平头钉、图钉、波纹钉、U形钉（税目83.05的货品除外）及类似品，不论钉头是否用其他材料制成，但不包括铜头钉	8	80		13	13	千克			0		0
73.18	**钢铁制的螺钉、螺栓、螺母、方头螺钉、钩头螺钉、铆钉、销、开尾销、垫圈（包括弹簧垫圈）及类似品：**											
	- 螺纹制品：											
7318.1100	-- 方头螺钉	8	80		13	13	千克			0		0
7318.1200	-- 其他木螺钉											
73181200.01	非用于民用航空器维护和修理的其他木螺钉（不包括不锈钢紧固件）	8	80		13	13	千克			0		0
73181200.90	其他木螺钉	8	80		13	13	千克			0		0
7318.1300	-- 钩头螺钉及环头螺钉	8	80		13	13	千克			0		0
7318.1400	-- 自攻螺钉											
73181400.01	非用于民用航空器维护和修理的自攻螺钉（不包括不锈钢紧固件）	8	80		13	13	千克			0		0
73181400.90	其他自攻螺钉	8	80		13	13	千克			0		0
	-- 其他螺钉及螺栓，不论是否带有螺母或垫圈：											
7318.1510	--- 抗拉强度在800兆帕及以上的											
73181510.01	抗拉强度≥800兆帕，杆径>6毫米的其他螺钉及螺栓（不包括不锈钢紧固件）（不论是否带有螺母或垫圈，非用于民用航空器维护和修理的）	8	80		13	13	千克			0	4	0
73181510.90	其他抗拉强度≥800兆帕的螺钉及螺栓（不论是否带有螺母或垫圈）	8	80		13	13	千克			0	4	0
7318.1590	--- 其他											
73181590.01	杆径>6毫米的其他螺钉及螺栓（不包括不锈钢紧固件）（不论是否带有螺母或垫圈，非用于民用航空器维护和修理的）	8	80		13	13	千克			0	4	0
73181590.90	其他螺钉及螺栓（不论是否带有螺母或垫圈）	8	80		13	13	千克			0	4	0

协定税率（%）															特惠税率（%）①/②	Article Description
巴基斯坦	冰岛	哥斯达黎加	秘鲁	新西兰	瑞士	新加坡	韩国	澳大利亚	格鲁吉亚	毛里求斯	日本RCEP	尼加拉瓜	港澳台			
																- Articulated link chain and parts thereof:
																-- Roller chain:
4.8	0	0	0	0	0	0	0	0	0	0	8.7	6.4	0/		0/0	--- For bicycles
3	0	0	0	0	0	0	4	0	0	0	9.8	6.4	0/		0/0	--- For motorcycles
3	0	0	0	0	0	0	0	0	0	0	8.7	0	0/		0/0	--- Other
3	0	0	0	0	0	0	6	0	0	0	10.3	6.4	0/		0/0	-- Other chain
3	0	0	0	0	0	0	0	0	0	0	8.7	6.4	0/		0/0	-- Parts
3	0	0	0	0	0	0	0	0	0	0	8.7	6.4	0/		0/0	- Skid chain
																- Other chain:
3	0	0	0	0	0	0	0	0	0	0	8.7	6.4	0/		0/0	-- Stud-link
3	0	0	0	0	0	0	0	0	0	0	8.7	6.4	0/		0/0	-- Other, welded link
3	0	0	0	0	0	0	0	0	0	0	8.7	6.4	0/		0/0	-- Other
0	0	0	0	0	0		0	0	0	0	7.3	6.4	0/		0/0	- Other parts
																Anchors, grapnels and parts thereof, of iron or steel:
0	0	0	0	0	0		0	0	0	0	7.3	6.4	0/		0/0	Anchors, grapnels and parts thereof, of iron or steel
																Nails, tacks, drawing pins, corrugated nails, staples (other than those of heading 83.05) and similar articles, of iron or steel, whether or not with heads of other material, but excluding such articles with heads of copper:
2.5	0	0	0	0	0		0	0	0	0	7.3	6.4	0/		0/0	Nails, tacks, drawing pins, corrugated nails, staples (other than those of heading 83.05) and similar articles, of iron or steel, whether or not with heads of other material, but excluding such articles with heads of copper
																Screws, bolts, nuts, coach screws, screw hooks, rivets, cotters, cotterpins, washers (including spring washers) and similar articles, of iron or steel:
																- Threaded articles:
0	0	0	0	0	0			0	0	0		6.4	0/		0/0	-- Coach screws
																-- Other wood screws
0	0	0	0	0	0		0	0	0	0	7.3	6.4	0/		0/0	Other wood screws, not used for the maintenance and repair of civil aircraft
0	0	0	0	0	0		0	0	0	0	7.3	6.4	0/		0/0	Other wood screws
0	0	0	0	0	0			0	0	0		6.4	0/		0/0	-- Screw hooks and screw rings
																-- self-tapping screws
0	0	0	0	0	0	0		0	0	0	7.3	6.4	0/		0/0	Self-tapping screws, not used for the maintenance and repair of civil aircraft (exceeding stainless steel fasteners)
0	0	0	0	0	0	0		0	0	0	7.3	6.4	0/		0/0	Other self-tapping screws
																-- Other screws and bolts, whether or not with their nuts or washers:
																--- Tensile strength ≥ 800MPa
0	0	0	0	0	0		2.6	0	0	0	6.5	6.4	0/		0/0	Other screws and bolts, with tensile strength ≥ 800MPa and rod diameter>6mm, whether or not with their nuts or washers, not used for the maintenance and repair (exceeding stainless steel fasteners)
0	0	0	0	0	0		2.6	0	0	0	6.5	6.4	0/		0/0	Other screws and bolts, with tensile strength ≥ 800MPa, whether or not with their nuts or washers
																--- other
0	0	0	0	0	0		2.6	0	0	0	6.5	6.4	0/		0/0	Other screws and bolts, with rod diameter>6mm, whether or not with their nuts or washers, not used for the maintenance and repair of civil aircraft (exceeding stainless steel fasteners)
0	0	0	0	0	0		2.6	0	0	0	6.5	6.4	0/		0/0	Other screws and bolts, whether or not with their nuts or washers

税 号	货品名称	进口关税（%）最惠国	进口关税（%）普通	进口关税（%）年内暂定	增值/消费税（%）	出口退税（%）	计量单位	监管证件代码	检验检疫类别	协定税率（%）东盟	协定税率（%）亚太	协定税率（%）智利
7318.1600	-- 螺母	8	80		13	13	千克			0		0
7318.1900	-- 其他	5	80		13	13	千克			0		0
	- 无螺纹制品：											
7318.2100	-- 弹簧垫圈及其他防松垫圈											
73182100.01	弹簧垫圈及其他防松垫圈（不包括不锈钢紧固件）（非用于民用航空器维护和修理的）	8	80		13	13	千克			0		0
73182100.90	其他弹簧垫圈及其他防松垫圈	8	80		13	13	千克			0		0
7318.2200	-- 其他垫圈											
73182200.01	其他垫圈（不包括不锈钢紧固件）（非用于民用航空器维护和修理的）	8	80		13	13	千克			0		0
73182200.90	其他垫圈	8	80		13	13	千克			0		0
7318.2300	-- 铆钉	8	80		13	13	千克			0		0
7318.2400	-- 销及开尾销	8	80		13	13	千克			0		0
7318.2900	-- 其他	8	80		13	13	千克			0		0
73.19	**钢铁制手工缝针、编织针、引针、钩针、刺绣穿孔锥及类似制品；其他税目未列名的钢铁制安全别针及其他别针：**											
	- 安全别针及其他别针：											
7319.4010	--- 安全别针	7	90		13	13	千克			0		0
7319.4090	--- 其他	7	90		13	13	千克			0		0
7319.9000	- 其他	7	80		13	13	千克			0		0
73.20	**钢铁制弹簧及弹簧片：**											
	- 片簧及簧片：											
7320.1010	--- 铁道车辆用	6	14		13	13	千克			0		0
7320.1020	--- 汽车用	8	14		13	13	千克			0		0
7320.1090	--- 其他	8	50		13	13	千克			0		0
	- 螺旋弹簧：											
7320.2010	--- 铁道车辆用	6	14		13	13	千克			0		0
7320.2090	--- 其他	8	50		13	13	千克			0	6.8	0
	- 其他：											
7320.9010	--- 铁道车辆用	6	14		13	13	千克			0		0
7320.9090	--- 其他	8	50		13	13	千克			0		0
73.21	**非电热的钢铁制家用炉、灶（包括附有集中供暖用的热水锅的炉）烤肉架、烤炉、煤气灶、加热板和类似非电热的家用器具及其零件：**											
	- 炊事器具及加热板：											
7321.1100	-- 使用气体燃料或可使用气体燃料及其他燃料的	7	80		13	13	千克/个	6		0		0
	-- 使用液体燃料的：											
7321.1210	--- 煤油炉	7	80		13	13	千克/个			0		0
7321.1290	--- 其他	7	80		13	13	千克/个			0		0
7321.1900	-- 其他，包括使用固体燃料的	7	80		13	13	千克/个			0		0
	- 其他器具：											
7321.8100	-- 使用气体燃料或可使用气体燃料及其他燃料的	7	80		13	13	千克/个	6		0	4.2	0
7321.8200	-- 使用液体燃料的	7	80		13	13	千克/个			0		0
7321.8900	-- 其他，包括使用固体燃料的	7	80		13	13	千克/个			0		0
7321.9000	- 零件	8	80		13	13	千克			0	6.4	0
73.22	**非电热的钢铁制集中供暖用散热器及其零件；非电热的钢铁制空气加热器、暖气分布器（包括可分布新鲜空气或调节空气的）及其零件，装有电动风扇或鼓风机：**											

协定税率（%）														特惠税率（%）①/②	Article Description
巴基斯坦	冰岛	哥斯达黎加	秘鲁	新西兰	瑞士	新加坡	韩国	澳大利亚	格鲁吉亚	毛里求斯	日本RCEP	尼加拉瓜	港澳台		
4	0	0	0	0	0			0	0	0		6.4	0/	0/0	-- Nuts
0	0	0	0	0	0		0	0	0	0	0	0	0/	0/0	-- Other
															- Non-threaded articles:
															-- Spring washers and other lock washers
0	0	0	0	0	0	0		0	0	0	7.3	6.4	0/	0/0	Spring washers and other lock washers, not used for the maintenance and repair of civil aircraft
0	0	0	0	0	0	0		0	0	0	7.3	6.4	0/	0/0	Other spring washers and other lock washers
															-- Other washers
2.5	0	0	0	0	0	0		0	0	0		7.2	0/	0/0	Other washers, not used for the maintenance and repair of civil aircraft (exceeding stainless steel fasteners)
2.5	0	0	0	0	0	0		0	0	0		7.2	0/	0/0	Other washers
0	0	0	0	0	0	0		0	0	0	7.3	6.4	0/	0/0	-- Rivets
2.5	0	0	0	0	0	0	5	0	0	0	8.6	6.4	0/	0/0	-- Cotters and cotter-pins
2.5	0	0	0	0	0	0		0	0	0		7.2	0/	0/0	-- Other
															Sewing needles, knitting needles, bod-kins, crochet hooks, embroidery stilettos and similar articles, for use in the hand, of iron or steel;safety pins and other pins of iron or steel, not elsewhere specified or included:
															- Safety pins and other pins:
0	0	0	0	0	0		0	0	0	0	7.3	0	0/	0/0	--- Safety pins
0	0	0	0	0	0		0	0	0	0	7.3	0	0/	0/0	--- Other
0	0	0	0	0	0			0	0	0		0	0/	0/0	- Other
															Springs and leaves for springs, of iron or steel:
															- Leaf-springs and leaves thereof:
0	0	0	0	0	0		0	0	0	0	0	0	0/	0/0	--- For railway locomotives and rollingstock
0	0	0	0	0	0		5	0	0	0	8.6	6.4	0/	0/0	--- For motor vehicles
0	0	0	0	0	0	0		0	0	0	7.3	6.4	0/	0/0	--- Other
															- Helical springs:
0	0	0	0	0	0		0	0	0	0	0	0	0/	0/0	--- For railway locomotives and rollingstock
4	0	0	0	0	0	0	5	0	0	0	8.6	6.4	0/	0/0	--- Other
															- Other:
0	0	0	0	0	0		0	0	0	0	0	0	0/	0/0	--- For railway locomotives and rollingstock
4.8	0	0	0	0	0	0		0	0	0		7.2	0/	0/0	--- Other
															Stoves, ranges, grates, cookers (including those with subsidiary boilers for central heating), barbecues, braziers, gas-rings, plate warmers and similar non-electric domestic appliances, and parts thereof, of iron or steel:
															- Cooking appliances and plate warmers:
6	0	0	0	0	0	0	0	0	0	0	10.9	0	0/	0/0	-- For gas fuel or for both gas and other fuels
															-- For liquid fuel:
	0	0	0	0	0	0	10.5	0	0	0		0	0/	0/0	--- Kerosene cooking stoves
	0	0	0	0	0	0	10.5	0	0	0		0	0/	0/0	--- Other
	0	0	0	0	0	0	10.5	0	0	0		0	0/	0/0	-- Other, including appliances for solid fuel
															- Other appliances:
5.8	0	0	0	0	0	0	11.5	0	0	4.6		0	0/	0/0	-- For gas fuel or for both gas and other fuels
	0	0	0	0	0	0	10.5	0	0	0		0	0/	0/0	-- For liquid fuel
	0	0	0	0	0	0	10.5	0	0	0		0	0/	0/0	-- Other, including appliances for solid fuel
2.5	0	0	0	0	0	0	0	0	0	0	8.7	6.4	0/	0/0	- Parts
															Radiators for central heating, not electrically heated, and parts thereof, of iron or steel; air heaters and hot air distributors (including distributors which can also distribute fresh or con-ditioned air), not electrically heated, incorporating a motor-dirven fan or blower, and parts thereof, of iron or steel:

税　号	货品名称	进口关税（%）			增值/消费税（%）	出口退税（%）	计量单位	监管证件代码	检验检疫类别	协定税率（%）		
		最惠国	普通	年内暂定						东盟	亚太	智利
	- 散热器及其零件：											
7322.1100	-- 铸铁制	8	80		13	13	千克			0		0
7322.1900	-- 其他	8	80		13	13	千克			0		0
7322.9000	-- 其他	8	80		13	13	千克			0		0
73.23	**餐桌、厨房或其他家用钢铁器具及其零件；钢铁丝绒；钢铁制擦锅器、洗刷擦光用的块垫、手套及类似品：**											
7323.1000	- 钢铁丝绒；擦锅器及洗刷擦光用的块垫、手套及类似品	7	80		13	13	千克	A	R/	0		0
	- 其他：											
7323.9100	-- 铸铁制，未搪瓷	7	80		13	13	千克	A	R/	0		0
7323.9200	-- 铸铁制，已搪瓷	7	100		13	13	千克	A	R/	0		0
7323.9300	-- 不锈钢制	7	80		13	13	千克	A	R/	0	4.9	0
	-- 钢铁（铸铁除外）制，已搪瓷：											
7323.9410	--- 面盆	7	100		13	13	千克	A	R/	0		0
7323.9420	--- 烧锅	7	100		13	13	千克	A	R/	0		0
7323.9490	--- 其他	7	100		13	13	千克	A	R/	0		0
7323.9900	-- 其他	7	80		13	13	千克	A	R/	0		0
73.24	**钢铁制卫生器具及其零件：**											
7324.1000	- 不锈钢制洗涤槽及脸盆	7	80		13	13	千克			0		0
	- 浴缸：											
7324.2100	-- 铸铁制，不论是否搪瓷	7	100		13	13	千克			0		0
7324.2900	-- 其他	7	100		13	13	千克			0		0
7324.9000	- 其他，包括零件	7	100		13	13	千克			0		0
73.25	**其他钢铁铸造制品：**											
	- 无可锻性铸铁制：											
7325.1010	--- 工业用	7	40		13	13	千克			0		0
7325.1090	--- 其他	8	90		13	13	千克			0		0
	- 其他：											
7325.9100	-- 研磨机用的研磨球及类似品	8	40		13	13	千克			0		0
	-- 其他：											
7325.9910	--- 工业用	8	40		13	13	千克			0	6.8	0
7325.9990	--- 其他	8	90		13	13	千克			0	4.8	0
73.26	**其他钢铁制品：**											
	- 经锻造或冲压，但未经进一步加工：											
7326.1100	-- 研磨机用的研磨球及类似品	8	40		13	13	千克			0		0
	-- 其他：											
7326.1910	--- 工业用	8	40		13	13	千克			0		0
7326.1990	--- 其他	8	90		13	13	千克			0		0
	- 钢铁丝制品：											
7326.2010	--- 工业用	8	40		13	13	千克			0	4	0
7326.2090	--- 其他	8	90		13	13	千克			0	5.6	0
	- 其他：											
	--- 工业用：											
7326.9011	---- 钢铁纤维及其制品	8	40		13	13	千克			0	6.8	0
7326.9019	---- 其他	8	40		13	13	千克			0	6.8	0
7326.9090	--- 其他	8	90		13	13	千克			0	6.8	0

协定税率（%）巴基斯坦	冰岛	哥斯达黎加	秘鲁	新西兰	瑞士	新加坡	韩国	澳大利亚	格鲁吉亚	毛里求斯	日本RCEP	尼加拉瓜	港澳台	特惠税率（%）①/②	Article Description
															- Radiators and parts thereof:
	0	0	0	0	0	0	10.5	0	0	0		6.4	0/	0/0	-- Of cast iron
	0	0	0	0	0	0	10.5	0	0	0		6.4	0/	0/0	-- Other
	0	0	0	0	0	0	6.6	0	0	0	16.3	6.4	0/	0/0	- Other
															Table, kitchen or other household articles and parts thereof, of iron or steel; iron or steel wool; pot scourers and scouring or polishing pads, gloves and the like, of iron or steel:
5.6	0	0	0	0	0	0	0	0	0	0	10.2	0	0/	0/0	- Iron or steel wool; pot scourers and scouring or polishing pads, gloves and the like
															- Other:
	0	0	0	0	0	0	6.6	0	0	0		0	0/	0/0	-- Of cast iron, not enamelled
	0	0	0	0	0	0	6.6	0	0	0	16.3	0	0/	0/0	-- Of cast iron, enamelled
2.5	0	0	0	0	0	0	0	0	0	0	8.7	0	0/	0/0	-- Of stainless steel
															-- Of iron (other than cast iron) or steel, enamelled:
	0	0	0	0	0	0	6.6	0	0	0	16.3	0	0/	0/0	--- Basin
	0	0	0	0	0	0	6.6	0	0	0		0	0/	0/0	--- Casserole
	0	0	0	0	0	0	6.6	0	0	0		0	0/	0/0	--- Other
	0	0	0	0	0	0	6.6	0	0	0	16.3	0	0/	0/0	-- Other
															Sanitary ware and parts thereof, of iron or steel:
	0	0	0	0	0	0	0	0	0	0	13.1	0	0/	0/0	- Sinks and wash basins, of stainless steel
															- Baths:
0	0	0	0	0	0	0	0	0	0	0	7.3	0	0/	0/0	-- Of cast iron, whether or not enamelled
	0	0	0	0	0	0	15	0	0	6		0	0/	0/0	-- Other
	0	0	0	0	0	0	12.5	0	0	5		0	0/	0/0	- Other, including parts
															Other cast articles of iron or steel:
															- Of non-malleable cast iron:
0		0	0	0	0		2.3	0	0	0	5.7	0	0/	0/0	--- For industrial use
	0	0	0	0	0	0	6.6	0	0	0	16.3	6.4	0/	0/0	--- Other
															- Other:
2.5	0	0	0	0	0	0	0	0	0	0	7.6	6.4	0/	0/0	-- Grinding balls and similar articles for mills
															-- Other:
2.5	0	0	0	0	0	0	0	0	0	0	7.6	6.4	0/	0/0	--- For industrial use
5	0	0	0	0	0	0	6.6	0	0	0		6.4	0/	0/0	--- Other
															Other articles of iron or steel:
															- Forged or stamped, but not further worked:
2.5	0	0	0	0	0	0	0	0	0	0	7.6	6.4	0/	0/0	-- Grinding balls and similar articles for mills
															-- Other:
0	0	0	0	0	0	0		0	0	0		7.2	0/	0/0	--- For industrial use
0	0	0	0	0	0	0	0	0	0	0	14.5	6.4	0/	0/0	--- Other
															- Articles of iron or steel wire:
4	0	0	0	0	0		0	0	0	0	7.3	6.4	0/	0/0	--- For industrial use
4.5	0	0	0	0	0	0	0	0	0	0	13.1	6.4	0/	0/0	--- Other
															- Other:
															--- For industrial use:
0	0	0	0	0	0	0	0	0	0	0	8.5	6.4	0/	0/0	----Steel fibres and articles thereof
0	0	0	0	0	0	0	0	0	0	0	8.5	6.4	0/	0/0	----Other
0	0	0	0	0	0	0	0	0	0	1.6	6.9	6.4	0/	0/0	--- Other

第七十四章　铜及其制品

注释：

本章所用有关名词解释如下：

一、精炼铜

按重量计含铜量至少为99.85%的金属；或

按重量计含铜量至少为97.5%，但其他各种元素的含量不超过下表中规定的限量的金属：

其他元素表

元素	所含重量百分比
Ag　银	0.25
As　砷	0.5
Cd　镉	1.3
Cr　铬	1.4
Mg　镁	0.8
Pb　铅	1.5
S　硫	0.7
Sn　锡	0.8
Te　碲	0.8
Zn　锌	1
Zr　锆	0.3
其他元素*每种	0.3

*其他元素，例如，铝、铍、钴、铁、锰、镍、硅。

二、铜合金

除未精炼铜以外的金属物质，按重量计含铜量大于其他元素单项含量，但：

(一)按重量计至少有一种其他元素的含量超过上表中规定的限量；或

（二）按重量计其他元素的总含量超过2.5%。

三、铜母合金

含有其他元素，但按重量计含铜量超过10%的合金，该合金无实用可锻性，通常用作生产其他合金的添加剂或用作冶炼有色金属的脱氧剂、脱硫剂及类似用途。但按重量计含磷量超过15%的磷化铜(磷铜)归入税目28.53。

子目注释：

本章所用有关名词解释如下：

一、铜锌合金（黄铜）

铜与锌的合金，不论是否含有其他元素。含有其他元素时：

（一）按重量计含锌量应大于其他各种元素的单项含量；

（二）按重量计含镍量应低于5%[参见铜镍锌合金（德银）]；以及

（三）按重量计含锡量应低于3%[参见铜锡合金（青铜）]。

二、铜锡合金（青铜）

铜与锡的合金，不论是否含有其他元素。含有其他元素时，按重量计含锡量应大于其他各种元素的单项含量。当按重量计含锡量在3%及以上时，锌的含量可大于锡的含量，但必须小于10%。

三、铜镍锌合金（德银）

铜、镍、锌的合金，不论是否含有其他元素，按重量计含镍量在5%及以上[参见铜锌合金（黄铜）]。

四、铜镍合金

铜与镍的合金，不论是否含有其他元素，但按重量计含锌量不得大于1%。含有其他元素时，按重量计含镍量应大于其他各种元素的单项含量。

Chapter 74 Copper and articles thereof

Chapter Notes:

In this Chapter the following expressions have the meanings hereby assigned to them:

1. Refined copper

Metal containing at least 99.85% by weight of copper; or

Metal containing at least 97.5% by weight of copper, provided that the content by weight of any other element does not exceed the limit specified in the following table:

TABLE - Other elements

Element	Limiting content% by weight
Ag Silver	0.25
As Arsenic	0.5
Cd Cadmium	1.3
Cr Chromium	1.4
Mg Magnesium	0.8
Pb Lead	1.5
S Sulphur	0.7
Sn Tin	0.8
Te Tellurium	0.8
Zn Zinc	1
Zr Zirconium	0.3
Other elements*, each	0.3

* Other elements are, for example, Al, Be, Co, Fe, Mn, Ni, Si.

2. Copper alloys

Metallic substances other than unrefined copper in which copper predominates by weight over each of the other elements, provided that:

(i) the content by weight of at least one of the other elements is greater than the limit specified in the foregoing table; or

(ii) the total content by weight of such other elements exceeds 2.5%.

3. Master alloys

Alloys containing with other elements more than 10% by weight of copper, not usefully malleable and commonly used as an additive in the manufacture of other alloys or as de-oxidants, de-sulphurising agents or for similar uses in the metallurgy of non-ferrous metals. However, copper phosphide (phosphor copper) containing more than 15% by weight of phosphorus falls in heading 28.53.

Subheading Notes:

In this Chapter the following expressions have the meanings hereby assigned to them:

1. Copper-zinc base alloys (brasses)

Alloys of copper and zinc, with or without other elements. When other elements are present:

(a) zinc predominates by weight over each of such other elements;

(b) any nickel content by weight is less than 5% (see copper-nickel-zinc alloys (nickel silvers)); and

(c) any tin content by weight is less than 3% (see copper-tin alloys (bronzes)).

2. Copper-tin base alloys (bronzes)

Alloys of copper and tin, with or without other elements. When other elements are present, tin predominates by weight over each of such other elements, except that when the tin content is 3% or more the zinc content by weight may exceed that of tin but must be less than 10%.

3. Copper-nickel-zinc base alloys (nickel silvers)

Alloys of copper, nickel and zinc, with or without other elements. The nickel content is 5% or more by weight (see copper-zinc alloys (brasses)).

4. Copper-nickel base alloys

Alloys of copper and nickel, with or without other elements but in any case containing by weight not more than 1% of zinc. When other elements are present, nickel predominates by weight over each of such other elements.

税号	货品名称	进口关税（%） 最惠国	普通	年内暂定	增值/消费税（%）	出口退税（%）	计量单位	监管证件代码	检验检疫类别	协定税率（%） 东盟	亚太	智利
74.01	**铜锍；沉积铜（泥铜）：**											
7401.0000	铜锍；沉积铜（泥铜）											
74010000.10	沉积铜（泥铜）	2	11		13	0	千克	9		0		0
74010000.90	铜锍	2	11	0	13	0	千克			0		0
74.02	**未精炼铜；电解精炼用的铜阳极：**											
7402.0000	未精炼铜；电解精炼用的铜阳极											
74020000.01	锭状未精炼铜（含黄金价值部分）	2	11	0	0	0	千克			0		0
74020000.90	其他未精炼铜、电解精炼用铜阳极（非黄金价值部分）	2	11	0	13	0	千克			0		0
74.03	**未锻轧的精炼铜及铜合金：**											
	- 精炼铜：											
	-- 阴极及阴极型材：											
	--- 阴极：											
7403.1111	---- 按重量计铜含量超过99.9935%的											
74031111.01	高纯阴极铜（99.9935%<铜含量<99.9999%）（未锻轧的）	2	11	0	13	0	千克			0	1	0
74031111.90	高纯阴极铜（铜含量≥99.9999%）（未锻轧的）	2	11	0	13	0	千克			0	1	0
7403.1119	---- 其他	2	11	0	13	0	千克			0		0
7403.1190	--- 阴极型材	2	11	0	13	0	千克			0		0
7403.1200	-- 线锭	2	11	0	13	0	千克			0		0
7403.1300	-- 坯段	2	11	0	13	0	千克			0		0
7403.1900	-- 其他	2	11	0	13	0	千克			0		0
	- 铜合金：											
7403.2100	-- 铜锌合金（黄铜）	1	14		13	0	千克			0	0.5	0
7403.2200	-- 铜锡合金（青铜）	1	17		13	0	千克			0		0
7403.2900	-- 其他铜合金（税目74.05的铜母合金除外）	1	17		13	0	千克			0		0
74.04	**铜废碎料：**											
7404.0000	铜废碎料											
74040000.10	以回收铜为主的废电机等（包括废电机、电线、电缆、五金电器）	1.5	11		13	0	千克	9		0	0.8	0
74040000.20	符合标准GB/T 38470-2019规定的再生黄铜原料	1.5	11	0	13	0	千克	A	M/	0	0.8	0
74040000.30	符合标准GB/T 38471-2019规定的再生铜原料	1.5	11	0	13	0	千克	A	M/	0	0.8	0
74040000.90	其他铜废碎料	1.5	11		13	0	千克	9		0	0.8	0
74.05	**铜母合金：**											
7405.0000	铜母合金	4	17		13	0	千克			0		0
74.06	**铜粉及片状粉末：**											
	- 非片状粉末：											
7406.1010	--- 精炼铜制	3	14		13	0	千克			0		0
7406.1020	--- 铜镍合金（白铜）或铜镍锌合金（德银）制	6	40		13	0	千克			0	4.2	0
7406.1030	--- 铜锌合金（黄铜）制	6	30		13	0	千克			0		0
7406.1040	--- 铜锡合金（青铜）制	6	30		13	0	千克			0		0
7406.1090	--- 其他铜合金制	6	30		13	0	千克			0		0
	- 片状粉末：											
7406.2010	--- 精炼铜制	4	14		13	0	千克			0		0

协定税率（%）														特惠税率（%）①/②	Article Description
巴基斯坦	冰岛	哥斯达黎加	秘鲁	新西兰	瑞士	新加坡	韩国	澳大利亚	格鲁吉亚	毛里求斯	日本RCEP	尼加拉瓜	港澳台		
															Copper mattes;cement copper (precipitated copper):
															Copper mattes;cement copper (precipitated copper)
0	0	0	0	0	0		0	0	0	0	0	0	0/	0/0	Cement copper (precipitated copper)
0	0	0	0	0	0		0	0	0	0	0	0	0/	0/0	Copper mattes
															Unrefined copper; copper anodes for electrolytic refining:
															Unrefined copper; copper anodes for electrolytic refining
0	0	0		0	0		0	0	0	0.9	1.5	1.6	0/	0/0	Unrefined copper; copper anodes for electrolytic refining, containing gold
0	0	0		0	0		0	0	0	0.9	1.5	1.6	0/	0/0	Other unrefined copper; copper anodes for electrolytic refining, not containing gold
															Refined copper and copper alloys, unwrought:
															- Refined copper:
															-- Cathodes and sections of cathodes:
															--- Cathodes:
															----Containing at least 99.9935% by weight of copper
0	0	0	0	0	0		0	0	0	0	0	0	0/	0/0	High-purity copper cathodes of unwrought, containing more than 99.9935% and less than 99.9999% by weight of copper
0	0	0	0	0	0		0	0	0	0	0	0	0/	0/0	High-purity copper cathodes of unwrought, containing no less than 99.9999% by weight of copper
0	0	0	0	0	0		0	0	0	0	0	0	0/	0/0	----Other
0	0	0	0	0	0		0	0	0	0	0	0	0/	0/0	--- Sections of cathodes
0	0	0	0	0	0		0	0	0	0	1.5	0	0/	0/0	-- Wire-bars
0	0	0	0	0	0		0	0	0	0	1.5	0	0/	0/0	-- Billets
0	0	0	0	0	0		0	0	0	0	1.5	0	0/	0/0	-- Other
															- Copper alloys:
0	0	0	0	0	0		0	0	0	0	0.7	0	0/	0/0	-- Copper-zinc base alloys (brass)
0	0	0	0	0	0		0	0	0	0	0	0	0/	0/0	-- Copper-tin base alloys (bronze)
0	0	0	0	0	0		0	0	0	0	0	0	0/	0/0	-- Other copper alloys other than master alloys of (heading 74.05)
															Copper waste and scrap:
															Copper waste and scrap
0	0	0		0	0		0	0	0	0	1.1	0	0/	0/0	Waste electrical machines, wires, cables, hardware and electric appliance, mainly for recycling copper
0	0	0		0	0		0	0	0	0	1.1	0	0/	0/0	Recycling materials for brass, meet standard GB/T 38470-2019
0	0	0		0	0		0	0	0	0	1.1	0	0/	0/0	Recycling materials for copper, meet standard GB/T 38471-2019
0	0	0		0	0		0	0	0	0	1.1	0	0/	0/0	Other copper waste and scrap
															Master alloys of copper:
0	0	0	0	0	0		0	0	0	0	0	0	0/	0/0	Master alloys of copper
															Copper powders and flakes:
															- Powders of non-lamellar structure:
0	0	0	0	0	0		0	0	0	0	0	0	0/	0/0	--- Of refined copper
0	0	0	0	0	0		0	0	0	0	0	0	0/	0/0	--- Of copper-nickel base alloys (cupronickel) or copper-nickel-zinc ase alloys (nickel silver)
0	0	0	0	0	0		0	0	0	0	4.4	0	0/	0/0	--- Of copper-zinc base alloys (brass)
0	0	0	0	0	0		0	0	0	0	0	0	0/	0/0	--- Of copper-tin base alloys (bronze)
0	0	0	0	0	0		0	0	0	0	0	0	0/	0/0	--- Other
															- Powders of lamellar structure; flakes:
0	0	0	0	0	0		0	0	0	0	0	0	0/	0/0	--- Of refined copper

税　号	货品名称	进口关税（%）最惠国	普通	年内暂定	增值/消费税（%）	出口退税（%）	计量单位	监管证件代码	检验检疫类别	协定税率（%）东盟	亚太	智利
7406.2020	--- 铜镍合金（白铜）或铜镍锌合金（德银）制	6	40		13	0	千克			0	4.2	0
7406.2090	--- 其他铜合金制	6	30		13	0	千克			0	4.2	0
74.07	**铜条、杆、型材及异型材：**											
	- 精炼铜制：											
7407.1010	--- 铬锆铜制	4	14		13	13	千克			0		0
7407.1090	--- 其他	4	14		13	0	千克			0		0
	- 铜合金制：											
	-- 铜锌合金（黄铜）：											
	--- 铜条、杆：											
7407.2111	---- 直线度不大于0.5毫米/米	7	20		13	13	千克			0		0
7407.2119	---- 其他	7	20		13	13	千克			0		0
7407.2190	--- 其他	7	20		13	13	千克			0		0
7407.2900	-- 其他	7	20		13	13	千克			0		0
74.08	**铜丝：**											
	- 精炼铜制：											
7408.1100	-- 最大截面尺寸超过6毫米	4	14		13	13	千克			0	2.6	0
7408.1900	-- 其他											
74081900.01	其他含氧量<5PPM的精炼铜丝（截面尺寸≤6毫米）	4	14	2	13	13	千克			0	2.6	0
74081900.90	其他截面尺寸≤6毫米的精炼铜丝	4	14		13	13	千克			0	2.6	0
	- 铜合金制：											
7408.2100	-- 铜锌合金（黄铜）	7	20		13	13	千克			0		0
	-- 铜镍合金（白铜）或铜镍锌合金（德银）：											
7408.2210	--- 铜镍锌铅合金（加铅德银）	8	40		13	13	千克			0		0
7408.2290	--- 其他	8	40		13	0	千克			0		0
7408.2900	-- 其他	7	20		13	13	千克			0		0
74.09	**铜板、片及带，厚度超过0.15毫米：**											
	- 精炼铜制：											
	-- 盘卷的：											
7409.1110	--- 含氧量不超过10PPM的	4	14		13	13	千克			0		0
7409.1190	--- 其他	4	14		13	13	千克			0		0
7409.1900	-- 其他	4	14		13	13	千克			0		0
	- 铜锌合金（黄铜）制：											
7409.2100	-- 盘卷的	7	20		13	13	千克			0		0
7409.2900	-- 其他	7	20		13	13	千克			0		0
	- 铜锡合金（青铜）制：											
7409.3100	-- 盘卷的	7	20		13	13	千克			0		0
7409.3900	-- 其他	7	20		13	13	千克			0		0
7409.4000	- 铜镍合金（白铜）或铜镍锌合金（德银）制	7	40		13	13	千克			0		0
7409.9000	- 其他铜合金制	7	20		13	13	千克			0		0
74.10	**铜箔（不论是否印花或用纸、纸板、塑料或类似材料衬背），厚度（衬背除外）不超过0.15毫米：**											
	- 无衬背：											
7410.1100	-- 精炼铜制	4	14		13	13	千克			0	2.6	0
	-- 铜合金制：											
7410.1210	--- 铜镍合金（白铜）或铜镍锌合金（德银）	7	40		13	13	千克			0		0
7410.1290	--- 其他	7	20		13	13	千克			0		0

协定税率（%）巴基斯坦	冰岛	哥斯达黎加	秘鲁	新西兰	瑞士	新加坡	韩国	澳大利亚	格鲁吉亚	毛里求斯	日本RCEP	尼加拉瓜	港澳台	特惠税率（%）①/②	Article Description
0	0	0	0	0	0		0	0	0	0	0	0	0/	0/0	--- Of copper-nickel base alloys (cupronickel) or copper-nickel-zinc base alloys (nickel silver)
0	0	0	0	0	0		0	0	0	0	0	0	0/	0/0	--- Other
															Copper bars, rods and profiles:
															- Of refined copper:
0	0	0	0	0	0		0	0	0	0	0	0	0/0	0/0	--- Of chromium zirconium copper
0	0	0	0	0	0		0	0	0	0	0	0	0/0	0/0	--- Other
															- Of copper alloys:
															-- Of copper-zinc base alloys (brass):
															--- Copper bars and rods:
0	0	0	0	0	0			0	0	0		0	0/0	0/0	----Straightness ≤ 0.5mm/m
0	0	0	0	0	0			0	0	0		0	0/0	0/0	----Other
0	0	0	0	0	0			0	0	0		0	0/0	0/0	--- Other
0	0	0	0	0	0		0	0	0	0	5.1	0	0/0	0/0	-- Other
															Copper wire:
															- Of refined copper:
0	0	0	0	0	0		0	0	0	0	0	0	0/0	0/0	-- Of which the maximum cross-sectional dimension exceeds 6mm
															-- Other
0	0	0	0	0	0		0	0	0	0	0	0	0/0	0/0	Other refining copper wire, of an oxygen content less than 5 PPM, of which cross-sectional dimension no more than 6mm
0	0	0	0	0	0		0	0	0	0	0	0	0/0	0/0	Other refining copper wire, of which cross-sectional dimension no more than 6mm
															- Of copper alloys:
0	0	0	0	0	0		2.3	0	0	0	5.7	0	0/0	0/0	-- Of copper-zinc base alloys (brass)
															-- Of copper-nickel base alloys (cupronickel) or copper-nickel-zinc base alloys (nickel silver):
0	0	0	0	0	0		0	0	0	0	5.8	6.4	0/	0/0	--- Of copper-nickel-zinc-lead base alloys (leaded nickel silver)
0	0	0	0	0	0		0	0	0	0	5.8	6.4	0/	0/0	--- Other
0	0	0	0	0	0		0	0	0	0	5.1	0	0/	0/0	-- Other
															Copper plates, sheets and strip, of a thickness exceeding 0.15mm:
															- Of refined copper:
															-- In coils:
0	0	0	0	0	0		0	0	0	0	0	0	0/	0/0	--- Containing oxygen not exceeding 10PPM
0	0	0	0	0	0		0	0	0	0	0	0	0/	0/0	--- Other
0	0	0	0	0	0		0	0	0	0	0	0	0/0	0/0	-- Other
															- Of copper-zinc base alloys (brass):
0	0	0	0	0	0		2.3	0	0	0	5.7	0	0/0	0/0	-- In coils
0	0	0	0	0	0		2.3	0	0	0	5.7	0	0/0	0/0	-- Other
															- Of copper-tin base alloys (bronze):
0	0	0	0	0	0		0	0	0	0	5.1	0	0/0	0/0	-- In coils
0	0	0	0	0	0		0	0	0	0	0	0	0/0	0/0	-- Other
0	0	0	0	0	0		0	0	0	0	0	0	0/0	0/0	- Of copper-nickel base alloys (cupronickel) or copper-nickel-zinc base alloys (nickel silver)
0	0	0	0	0	0		0	0	0	0	5.1	0	0/0	0/0	- Of other copper alloys
															Copper foil (whether or not printed or backed with paper, paperboard, plastics or similar backing materials) of a thickness (excluding any backing) not exceeding 0.15mm:
															- Not backed:
0	0	0	0	0	0		0	0	0	0	0	0	0/0	0/0	-- Of refined copper
															-- Of copper alloys:
0	0	0	0	0	0		0	0	0	0	0	0	0/0	0/0	--- Of copper-nickel base alloys (cupronickel) or copper-nickel-zinc base alloys (nickel silver)
0	0	0	0	0	0		0	0	0	0	0	0	0/0	0/0	--- Other

税　号	货品名称	进口关税（%）			增值/消费税（%）	出口退税（%）	计量单位	监管证件代码	检验检疫类别	协定税率（%）		
		最惠国	普通	年内暂定						东盟	亚太	智利
	- 有衬背：											
	-- 精炼铜制：											
7410.2110	--- 印制电路用覆铜板	4	14		13	13	千克			0	2.6	0
7410.2190	--- 其他	4	14		13	13	千克			0	2.6	0
	-- 铜合金制：											
7410.2210	--- 铜镍合金（白铜）或铜镍锌合金（德银）	7	40		13	13	千克			0		0
7410.2290	--- 其他	7	20		13	13	千克			0		0
74.11	铜管：											
	- 精炼铜制：											
	--- 外径不超过25毫米的：											
7411.1011	---- 带有螺纹或翅片的	4	14		13	13	千克			0	2.6	0
7411.1019	---- 其他											
74111019.01	其他含氧量<5PPM，外径≤25毫米的精炼铜管	4	14	2	13	13	千克			0	2.6	0
74111019.90	外径≤25毫米的其他精炼铜管	4	14		13	13	千克			0	2.6	0
7411.1020	--- 外径超过70毫米的	4	14		13	13	千克			0	2.6	0
7411.1090	--- 其他	4	14		13	13	千克			0	2.6	0
	- 铜合金制：											
	-- 铜锌合金（黄铜）：											
7411.2110	--- 盘卷的	7	20		13	13	千克			0	6.3	0
7411.2190	--- 其他	7	20		13	13	千克			0		0
7411.2200	-- 铜镍合金（白铜）或铜镍锌合金（德银）	7	40		13	13	千克			0		0
7411.2900	-- 其他	7	20		13	13	千克			0		0
74.12	铜制管子附件（例如，接头、肘管、管套）：											
7412.1000	- 精炼铜制	4	14		13	0	千克			0		0
	- 铜合金制：											
7412.2010	--- 铜镍合金（白铜）或铜镍锌合金（德银）	7	40		13	0	千克			0	4.6	0
7412.2090	--- 其他	7	20		13	0	千克			0	4.6	0
74.13	非绝缘的铜丝绞股线、缆、编带及类似品：											
7413.0000	非绝缘的铜丝绞股线、缆、编带及类似品	5	14		13	0	千克			0		0
74.15	铜制或钢铁制带铜头的钉、平头钉、图钉、U形钉（税目83.05的货品除外）及类似品；铜制螺钉、螺栓、螺母、钩头螺钉、铆钉、销、开尾销、垫圈（包括弹簧垫圈）及类似品：											
7415.1000	- 钉、平头钉、图钉、U形钉及类似品	8	80		13	0	千克			0		0
	- 其他无螺纹制品：											
7415.2100	-- 垫圈（包括弹簧垫圈）	8	80		13	0	千克			0		0
7415.2900	-- 其他	8	80		13	0	千克			0		0
	- 其他螺纹制品：											
	-- 螺钉；螺栓及螺母：											
7415.3310	--- 木螺钉	8	80		13	0	千克			0	6.4	0
7415.3390	--- 其他	8	80		13	0	千克			0		0
7415.3900	-- 其他	8	80		13	0	千克			0		0
74.18	餐桌、厨房或其他家用铜制器具及其零件；铜制擦锅器、洗刷擦光用的块垫、手套及类似品；铜制卫生器具及其零件：											

协定税率（%）														特惠税率（%）①/②	Article Description
巴基斯坦	冰岛	哥斯达黎加	秘鲁	新西兰	瑞士	新加坡	韩国	澳大利亚	格鲁吉亚	毛里求斯	日本RCEP	尼加拉瓜	港澳台		
															- Backed:
															-- Of refined copper:
0	0	0	0	0	0		0	0	0	0	3.3	0	0/0	0/0	--- Copper-clad board used to print circuit
0	0	0	0	0	0		0	0	0	0	0	0	0/0	0/0	--- Other
															-- Of copper alloys:
0	0	0	0	0	0		0	0	0	0	5.1	0	0/	0/0	--- Of copper-nickel base alloys (cupronickel) or copper-nickel-zin cbase alloys (nickel silver)
0	0	0	0	0	0		0	0	0	0	5.1	0	0/	0/0	--- Other
															Copper tubes and pipes:
															- Of refined copper:
															--- Having an outside diameter not exceeding 25mm:
0	0	0	0	0	0		0	0	0	0	0	0	0/	0/0	----Threaded or with fins
															----Other
0	0	0	0	0	0		0	0	0	0	0	0	0/	0/0	Other refining copper pipes, of an oxygen content less than 5PPM, of which outside diameter no more than 25mm
0	0	0	0	0	0		0	0	0	0	0	0	0/	0/0	Other refining copper pipes, of which outside diameter no more than 25mm
0	0	0	0	0	0		0	0	0	0	0	0	0/	0/0	--- Having an outside diameter exceeding 70mm
0	0	0	0	0	0		0	0	0	0.8	2.9	0	0/	0/0	--- Other
															- Of copper alloys:
															-- Of copper-zinc base alloys (brass):
0	0	0	0	0	0		0	0	0	0	5.1	0	0/	0/0	--- In coils
0	0	0	0	0	0		2.3	0	0	0	5.7	0	0/	0/0	--- Other
0	0	0	0	0	0		0	0	0	0	5.1	0	0/	0/0	-- Of copper-nickel base alloys (cupronickel) or copper-nickel-zinc base alloys (nickel silver)
0	0	0	0	0	0		0	0	0	0	5.1	0	0/	0/0	-- Other
															Copper tube or pipe fittings (forexample, couplings, elbows, sleeves):
0	0	0	0	0	0		0	0	0	0	2.9	0	0/	0/0	- Of refined copper
															- Of copper alloys:
0	0	0	0	0	0		0	0	0	0	5.1	0	0/	0/0	--- Of copper-nickel base alloys (cupronickel) or copper-nickel-zinc base alloys (nickel silver)
0	0	0	0	0	0		0	0	0	0	5.1	0	0/	0/0	--- Other
															Stranded wire, cables, plaited bands and the like, of copper, not electrically insulated:
0	0	0	0	0	0		1.6	0	0	0	4.1	0	0/	0/0	Stranded wire, cables plaited bands and the like, of copper, not electrically insulated
															Nails, tacks, drawing pins, staples (other than those of heading 83.05) and similar articles, of copper or of iron or steel with heads of copper;screws, bolts, nuts, screw hooks, rivets, cotters, cotter-pins, washers (including spring washers) and similar articles, of copper:
0	0	0	0	0	0		0	0	0	0	5.8	6.4	0/	0/0	- Nails and tacks, drawing pins, staples and similar articles
															- Other articles, not threaded:
0	0	0	0	0	0	0	0	0	0	0	7.3	6.4	0/	0/0	-- Washers (including spring washers)
0	0	0	0	0	0	0	0	0	0	0	7.3	6.4	0/	0/0	-- Other
															- Other threaded articles:
															-- Screws; bolts and nuts:
0	0	0	0	0	0		0	0	0	0	5.8	6.4	0/	0/0	--- Screws for wood
4	0	0	0	0	0		0	0	0	0	5.8	6.4	0/	0/0	--- Other
0	0	0	0	0	0		0	0	0	0	7.3	6.4	0/	0/0	-- Other
															Table, kitchen or other household articles and parts thereof, of copper; potscourers and scouring or polishing pads, gloves and the like, of copper; sanitary ware and parts thereof, of copper:

税　号	货品名称	进口关税（%）			增值/消费税（%）	出口退税（%）	计量单位	监管证件代码	检验检疫类别	协定税率（%）		
		最惠国	普通	年内暂定						东盟	亚太	智利
	- 餐桌、厨房或其他家用器具及其零件；擦锅器及洗刷擦光用的块垫、手套及类似品：											
7418.1010	--- 擦锅器及洗刷擦光用的块垫、手套及类似品	7	80		13	13	千克	A	R/	0		0
7418.1020	--- 非电热的铜制家用烹饪器具及其零件	7	80		13	13	千克	A	R/	0		0
7418.1090	--- 其他	7	80		13	13	千克	A	R/	0		0
7418.2000	- 卫生器具及其零件	9	80		13	13	千克			0		0
74.19	**其他铜制品：**											
	- 铸造、模压、冲压或锻造，但未经进一步加工的：											
7419.2010	--- 链条及其零件	9	80		13	0	千克			0		0
7419.2020	--- 其他，工业用	9	40		13	0	千克			0		0
7419.2090	--- 其他	9	80		13	13	千克			0		0
	- 其他：											
7419.8010	--- 链条及其零件	9	80		13	0	千克			0		0
7419.8020	--- 铜弹簧	9	40		13	13	千克			0		0
7419.8030	--- 铜丝制的布（包括环形带）	7	20		13	13	千克			0		0
7419.8040	--- 铜丝制的网、格栅，网眼铜板	8	20		13	13	千克			0		0
7419.8050	--- 非电热的铜制家用供暖器具及其零件	9	80		13	13	千克			0	6.3	0
	--- 其他：											
7419.8091	---- 工业用	9	40		13	0	千克			0	5.9	0
7419.8099	---- 其他	9	80		13	13	千克			0	5.9	0

协定税率（%）															特惠税率（%）①/②	Article Description
巴基斯坦	冰岛	哥斯达黎加	秘鲁	新西兰	瑞士	新加坡	韩国	澳大利亚	格鲁吉亚	毛里求斯	日本RCEP	尼加拉瓜	港澳台			
																- Table, kitchen or other household articles and parts thereof; pot scourers and scouring or polishing pads, gloves and the like:
7.2	0	0	0	0	0	0	0	0	0	0	13.1	0	0/		0/0	--- Pot scourers and scouring or polishing pads, gloves and the like
	0	0	0	0	0	0	6.6	0	0	0	16.3	0	0/		0/0	--- Cooking apparatus of a kind used for domestic purposes, non-electric, and parts thereof, of copper
7.2	0	0	0	0	0	0	0	0	0	0	13.1	0	0/		0/0	--- Other
0	0	0	0	0	0	0	0	0	0	0	13.1	8.1	0/		0/0	- Sanitary ware and parts thereof
																Other articles of copper:
																- Cast, moulded, stamped or forged, but not further worked:
5.6	0	0	0	0	0	0	0	0	0	0	10.2	8.1	0/		0/0	--- Chain and parts thereof
0	0	0	0	0	0	0	0	0	0	0	7.3	8.1	0/		0/0	--- For industrial use
16	0	0	0	0	0	0	6.6	0	0	0	16.3	8.1	0/		0/0	--- Other
																- Other:
5.6	0	0	0	0	0	0	0	0	0	0	10.2	8.1	0/		0/0	--- Chain and parts thereof
2.5	0	0	0	0	0		0	0	0	0	7.3	8.1	0/		0/0	--- Copper springs
2.8	0	0	0	0	0		0	0	0	0	5.1	0	0/		0/0	--- Cloth (including endless hands), of copper wire
3.2	0	0	0	0	0		0	0	0	0	5.8	6.4	0/		0/0	--- Grill and netting, of copper wire; expanded metal, of copper
16	0	0	0	0	0	0	6.6	0	0	0	14.5	8.1	0/		0/0	--- Heating apparatus of a kind used for domestic purposes, non-electric, and parts thereof, of copper
																--- Other:
2.5		0	0	0	0	0	0	0	0	0	7.3	8.1	0/		0/0	--- For industrial use
16	0	0	0	0	0	0	10	0	0	0		8.1	0/		0/0	----Other

第七十五章　镍及其制品

子目注释：

一、本章所用有关名词解释如下：

（一）非合金镍

按重量计镍及钴的含量至少为99%的金属，但：

1. 按重量计含钴量不超过1.5%；以及

2. 按重量计其他各种元素的含量不超过下表中规定的限量：

其他元素表

元　素	所含重量百分比
Fe　铁	0.5
O　氧	0.4
其他元素，　每种	0.3

（二）镍合金

按重量计含镍量大于其他元素单项含量的金属物质，但：

1. 按重量计含钴量超过1.5%；

2. 按重量计至少有一种其他元素的含量超过上表中规定的限量；或

3. 除镍及钴以外，按重量计其他元素的总含量超过1%。

二、子目7508.10所称“丝”，不受第十五类注释九（三）的限制，仅适用于截面尺寸不超过6毫米的任何截面形状的产品，不论是否盘卷。

税　号	货品名称	进口关税（%）			增值/消费税（%）	出口退税（%）	计量单位	监管证件代码	检验检疫类别	协定税率（%）		
		最惠国	普通	年内暂定						东盟	亚太	智利
75.01	**镍锍、氧化镍烧结物及镍冶炼的其他中间产品：**											
7501.1000	- 镍锍	3	11	0	13	0	千克	4xy		0		0
	- 氧化镍烧结物及镍冶炼的其他中间产品：											
7501.2010	--- 镍湿法冶炼中间品	3	11	0	13	0	千克	4xy		0		0
7501.2090	--- 其他	3	11	0	13	0	千克	4xy		0		0
75.02	**未锻轧镍：**											
	- 非合金镍：											
7502.1010	--- 按重量计镍、钴总量在99.99%及以上的，但钴含量不超过0.005%	3	11	1	13	0	千克	4xy		0		0
7502.1090	--- 其他	3	11	1	13	0	千克	4xy		0		0
7502.2000	- 镍合金	3	11		13	0	千克	4xy		0		0
75.03	**镍废碎料：**											
7503.0000	镍废碎料	1.5	11		13	0	千克	49xy		0		0
75.04	**镍粉及片状粉末：**											
7504.0010	--- 非合金镍粉及片状粉末	4	17	1	13	13	千克	3		0		0
7504.0020	--- 合金镍粉及片状粉末	4	17		13	13	千克			0		0
75.05	**镍条、杆、型材及异型材或丝：**											
	- 条、杆、型材及异型材：											
7505.1100	-- 非合金镍制	6	14		13	13	千克			0		0
7505.1200	-- 镍合金制	6	14		13	13	千克			0		0
	- 丝：											
7505.2100	-- 非合金镍制	6	17		13	13	千克			0		0
7505.2200	-- 镍合金制	6	17		13	13	千克			0		0
75.06	**镍板、片、带、箔：**											
7506.1000	- 非合金镍制	6	14		13	13	千克			0		0

Chapter 75 Nickel and articles thereof

Subheading Notes:

1. In this Chapter the following expressions have the meanings hereby assigned to them:

(a) Nickel, not alloyed

Metal containing by weight at least 99% of nickel plus cobalt, provided that:

(i) the cobalt content by weight does not exceed 1.5%, and

(ii) the content by weight of any other element does not exceed the limit specified in the following table:

TABLE - Other elements

Element		Limiting content% by weight
Fe	Iron	0.5
O	Oxygen	0.4
Other elements,	each	0.3

(b) Nickel alloys

Metallic substances in which nickel predominates by weight over each of the other elements provided that:

(i) the content by weight of cobalt exceeds 1.5%,

(ii) the content by weight of at least one of the other elements is greater than the limit specified in the foregoing table, or

(iii) the total content by weight of elements other than nickel plus cobalt exceeds 1%.

2. Notwithstanding the provisions of Note 9 (c) to Section XV, for the purposes of subheading 7508.10 the term "wire" applies only to products, whether or not in coils, of any cross-sectional shape, of which no cross-sectional dimension exceeds 6mm.

协定税率（%）														特惠税率（%）①/②	Article Description
巴基斯坦	冰岛	哥斯达黎加	秘鲁	新西兰	瑞士	新加坡	韩国	澳大利亚	格鲁吉亚	毛里求斯	日本RCEP	尼加拉瓜	港澳台		
															Nickel mattes, nickel oxide sinters and other intermediate products of nickel metallurgy:
0	0	0	0	0	0		0	0	0	0	0	0	0/	0/0	- Nickel mattes
															- Nickel oxide sinters and other intermediate products of nickel metallurgy:
0	0	0	0	0	0		0	0	0	0	0	0	0/	0/0	--- Intermediate products of nickel metallurgy by wet process
0	0	0	0	0	0		0	0	0	0	0	0	0/	0/0	--- Other
															Unwrought nickel:
															- Nickel, not alloyed:
0	0	0	0	0	0		0	0	0	0	0	0	0/	0/0	--- Containing 99.99% or more by total weight of nickel and cobalt, but containing cobalt not exceeding 0.005%
0	0	0	0	0	0		0	0	0	0	0	0	0/	0/0	--- Other
0	0	0	0	0	0		0	0	0	0	0	0	0/	0/0	- Nickel, alloys
															Nickel waste and scrap:
0	0	0	0	0	0		0	0	0	0	0	0	0/	0/0	Nickel waste and scrap
															Nickel powders and flakes:
0	0	0	0	0	0		0	0	0	0	0	0	0/	0/0	--- Nickel powders and flakes, not alloyed
0	0	0	0	0	0		0	0	0	0	0	0	0/	0/0	--- Nickel powders and flakes, alloys
															Nickel bars, rods, profiles and wire:
															- Bars, rods and profiles:
0	0	0	0	0	0		0	0	0	0	4.4	0	0/	0/0	-- Of nickel, not alloyed
0	0	0	0	0	0		0	0	0	0	4.4	0	0/	0/0	-- Of nickel alloys
															- Wire:
0	0	0	0	0	0		0	0	0	0	4.4	0	0/	0/0	-- Of nickel, not alloyed
0	0	0	0	0	0		0	0	0	0	0	0	0/	0/0	-- Of nickel alloys
															Nickel plates, sheets, strip and foil:
0	0	0	0	0	0		0	0	0	0	4.4	0	0/	0/0	- Of nickel, not alloyed

税　号	货品名称	进口关税（%）			增值/消费税（%）	出口退税（%）	计量单位	监管证件代码	检验检疫类别	协定税率（%）		
		最惠国	普通	年内暂定						东盟	亚太	智利
7506.2000	- 镍合金制	6	14		13	0	千克			0		0
75.07	**镍管及管子附件（例如，接头、肘管、管套）：**											
	- 镍管：											
7507.1100	-- 非合金镍制	6	17		13	0	千克			0		0
7507.1200	-- 镍合金制	6	17		13	13	千克			0		0
7507.2000	- 管子附件	6	17		13	0	千克			0		0
75.08	**其他镍制品：**											
	- 镍丝制的布、网及格栅：											
7508.1010	--- 镍丝布	6	20		13	0	千克			0		0
7508.1080	--- 其他工业用镍制品	6	40		13	0	千克			0		0
7508.1090	--- 其他	6	70		13	0	千克			0		0
	- 其他：											
7508.9010	--- 电镀用镍阳极	4	14		13	0	千克			0		0
7508.9080	--- 其他工业用镍制品	6	40		13	0	千克			0		0
7508.9090	--- 其他	6	70		13	0	千克			0		0

协定税率（%）														特惠税率（%）①/②	Article Description
巴基斯坦	冰岛	哥斯达黎加	秘鲁	新西兰	瑞士	新加坡	韩国	澳大利亚	格鲁吉亚	毛里求斯	日本RCEP	尼加拉瓜	港澳台		
0	0	0	0	0	0		0	0	0	0	0	0	0/	0/0	- Of nickel alloys
															Nickel tubes, pipes and tube or pipe fittings (for example, couplings, elbows, sleeves):
															- Tubes and pipes:
0	0	0	0	0	2.4		0	0	0	0	4.4	0	0/	0/0	-- Of nickel, not alloyed
0	0	0	0	0	0		0	0	0	0	4.4	0	0/	0/0	-- Of nickel alloys
0	0	0	0	0	0		0	0	0	0	0	0	0/	0/0	- Tube or pipe fittings
															Other articles of nickel:
															- Cloth, grill and netting, of nickel wire:
0	0	0	0	0	0		0	0	0	0	0	0	0/	0/0	--- Wire cloth
0	0	0	0	0	0		0	0	0	0	0	0	0/	0/0	--- Other articles of nickel, for industrial use
0	0	0	0	0	0		0	0	0	0	0	0	0/	0/0	--- Other
															- Other:
0	0	0	0	0	0		0	0	0	0	0	0	0/	0/0	--- Electroplating anodes
0	0	0	0	0	0		0	0	0	0	0	0	0/	0/0	--- Other articles of nickel, for industrial use
4	0	0	0	0	0		0	0	0	0	0	0	0/	0/0	--- Other

第七十六章　铝及其制品

子目注释：

一、本章所用有关名词解释如下：

（一）非合金铝

按重量计含铝量至少为99%的金属，但其他各种元素的含量不超过下表中规定的限量：

其他元素表

元素	所含重量百分比
Fe＋Si（铁＋硅）	1
其他元素[(1)]，每种	0.1[(2)]

（1）其他元素，例如，铬、铜、镁、锰、镍、锌。
（2）含铜成分可大于0.1%，但不得大于0.2%，且铬和锰的含量均不得超过0.05%。

（二）铝合金

按重量计含铝量大于其他元素单项含量的金属物质，但：

1. 按重量计至少有一种其他元素或铁加硅的含量大于上表中规定的限量；或

2. 按重量计其他元素的总含量超过1%。

二、子目7616.91所称“丝”，不受第十五类注释九（三）的限制，仅适用于截面尺寸不超过6毫米的任何截面形状的产品，不论是否盘卷。

税　号	货品名称	进口关税（%）			增值/消费税（%）	出口退税（%）	计量单位	监管证件代码	检验检疫类别	协定税率（%）		
		最惠国	普通	年内暂定						东盟	亚太	智利
76.01	**未锻轧铝：**											
	- 非合金铝：											
7601.1010	--- 按重量计含铝量在99.95%及以上											
76011010.10	未锻轧非合金铝（按重量计含铝量在99.995%及以上）	5	14		13	0	千克			0		0
76011010.90	未锻轧非合金铝（按重量计含铝量在99.95%及以上，但小于99.995%的）	5	14		13	0	千克			0		0
7601.1090	--- 其他	5	14	0	13	0	千克			0	2.5	0
7601.2000	- 铝合金	7	14		13	0	千克			0	4.6	0
76.02	**铝废碎料：**											
7602.0000	铝废碎料											
76020000.10	以回收铝为主的废电线等（包括废电线、电缆、五金电器）	1.5	14		13	0	千克	9		0		0
76020000.20	符合标准GB/T 38472-2019规定的再生铸造铝合金原料	1.5	14	0	13	0	千克	A	M/	0		0
76020000.90	其他铝废碎料	1.5	14		13	0	千克	9		0		0
76.03	**铝粉及片状粉末：**											
7603.1000	- 非片状粉末											
76031000.10	颗粒<500微米的微细球形铝粉（颗粒均匀，铝含量≥97%）	6	30		13	0	千克	3A	M/	0		0
76031000.90	其他非片状铝粉	6	30		13	0	千克	AB	M/N	0		0
7603.2000	- 片状粉末	7	30		13	0	千克			0		0
76.04	**铝条、杆、型材及异型材：**											
	- 非合金铝制：											
7604.1010	--- 铝条、杆	5	30		13	0	千克			0		0
7604.1090	--- 其他	5	30		13	0	千克			0		0

Chapter 76 Aluminium and articles thereof

Subheading Notes.

1. In this Chapter the following expressions have the meanings hereby assigned to them:

(a) Aluminium, not alloyed

Metal containing by weight at least 99% of aluminium, provided that the content by weight of any other element does not exceed the limit specified in the following table:

TABLE - Other elements

Element	Limiting content% by weight
Fe + Si (iron plus silicon)	1
Other elements(1), each	0.1(2)

(1) Other elements are, for example Cr, Cu, Mg, Mn, Ni, Zn.
(2) Copper is permitted in a proportion greater than 0.1% but not more than 0.2%, provided that neither the chromium nor manganese content exceeds 0.05%.

(b) Aluminium alloys

Metallic substances in which aluminium predominates by weight over each of the other elements, provided that:

(i)the content by weight of at least one of the other elements or of iron plus silicon taken together is greater than the limit specified in the foregoing table; or

(ii)the total content by weight of such other elements exceeds 1%.

2. Notwithstanding the provisions of Note 9 (c) to Section XV, for the purposes of subheading 7616.91 the term "wire" applies only to products, whether or not in coils, of any cross-sectional shape, of which no cross-sectional dimension exceeds 6mm.

协定税率（%）														特惠税率（%）①/②	Article Description
巴基斯坦	冰岛	哥斯达黎加	秘鲁	新西兰	瑞士	新加坡	韩国	澳大利亚	格鲁吉亚	毛里求斯	日本RCEP	尼加拉瓜	港澳台		
															Unwrought aluminium:
															- Aluminium, not alloyed:
															--- Containing by weight 99.95% or more of aluminium
0	0	0	0	0	0		0	0	0	0	3.6	0	0/	0/0	Aluminium containing by weight 99.995% or more of aluminium, not alloyed
0	0	0	0	0	0		0	0	0	0	3.6	0	0/	0/0	Aluminium containing by weight not less than 99.95% but less than 99.995% of aluminium, not alloyed
0	0	0	0	0	0		0	0	0	0	0	0	0/	0/0	--- Other
0	0	0	0	0	0		0	0	0	0	5.1	0	0/	0/0	- Aluminium alloys
															Aluminium waste and scrap:
															Aluminium waste and scrap
0	0	0		0	0		0	0	0	0	1.1	1.2	0/	0/0	Waste electrical machines, wires, cables, hardware and electric appliance, mainly for recycling aluminium
0	0	0		0	0		0	0	0	0	1.1	1.2	0/	0/0	Recycling materials for aluminium alloys, meet standard GB/T 38472-2019
0	0	0		0	0		0	0	0	0	1.1	1.2	0/	0/0	Other aluminium waste and scrap
															Aluminium powders and flakes:
															- Powders of non-lamellar structure
0	0	0	0	0	0		0	0	0	0	0	0	0/	0/0	Microspherical aluminium powder, granularity <500μm, containing by weight ≥97% of aluminium
0	0	0	0	0	0		0	0	0	0	0	0	0/	0/0	Other aluminium powders of non-lamellar structure
0	0	0	0	0	0		0	0	0	0	5.1	0	0/	0/0	- Powders of lamellar structure; flakes
															Aluminium bars, rods and profiles:
															- Of aluminium, not alloyed:
0	0	0	0	0	0		0	0	0	0	0	0	0/	0/0	--- Bars and rods
0	0	0	0	0	0		1.6	0	0	0	4.1	0	0/	0/0	--- Other

税　号	货品名称	进口关税（%）			增值/消费税（%）	出口退税（%）	计量单位	监管证件代码	检验检疫类别	协定税率（%）		
		最惠国	普通	年内暂定						东盟	亚太	智利
	- 铝合金制:											
7604.2100	-- 空心异型材	5	30		13	13	千克			0		0
	-- 其他:											
7604.2910	--- 铝合金条、杆											
76042910.10	柱形实心体铝合金[在293开尔文（20摄氏度）时的极限抗拉强度能达到460兆帕（0.46×10^9牛顿/平方米）或更大]	5	30		13	13	千克	3		0	3.3	0
76042910.90	其他铝合金制条、杆	5	30		13	0	千克			0	3.3	0
7604.2990	--- 其他	5	30		13	13	千克			0	3.3	0
76.05	**铝丝:**											
	- 非合金铝制:											
7605.1100	-- 最大截面尺寸超过7毫米	8	17		13	0	千克			0		0
7605.1900	-- 其他	8	17		13	0	千克			0	5.2	0
	- 铝合金制:											
7605.2100	-- 最大截面尺寸超过7毫米	8	17		13	0	千克			0		0
7605.2900	-- 其他	8	17		13	0	千克			0		0
76.06	**铝板、片及带，厚度超过0.2毫米:**											
	- 矩形（包括正方形）:											
	-- 非合金铝制:											
	--- 厚度在0.30毫米及以上，但不超过0.36毫米											
7606.1121	---- 铝塑复合的	6	50		13	13	千克			0	4.2	0
7606.1129	---- 其他	6	50		13	13	千克			0	4.2	0
	--- 其他:											
7606.1191	---- 铝塑复合的	6	30		13	13	千克			0	3.9	0
7606.1199	---- 其他	6	30		13	13	千克			0	3.9	0
	-- 铝合金制:											
7606.1220	--- 厚度小于0.28毫米	6	30		13	13	千克			0	4.2	0
7606.1230	--- 厚度在0.28毫米及以上，但不超过0.35毫米	6	30		13	13	千克			0	4.2	0
	--- 厚度在0.35毫米以上，但不超过4毫米:											
7606.1251	---- 铝塑复合的	6	50		13	13	千克			0	3.9	0
7606.1259	---- 其他	6	50		13	13	千克			0	3.9	0
7606.1290	--- 其他	6	50		13	13	千克			0	3.9	0
	- 其他:											
7606.9100	-- 非合金铝制	6	30		13	13	千克			0		0
7606.9200	-- 铝合金制	8	30		13	13	千克			0		0
76.07	**铝箔（不论是否印花或用纸、纸板、塑料或类似材料衬背），厚度（衬背除外）不超过0.2毫米:**											
	- 无衬背:											
	-- 轧制后未经进一步加工的:											
7607.1110	--- 厚度不超过0.007毫米	6	35		13	13	千克			0	3.9	0
7607.1120	--- 厚度大于0.007毫米，但不超过0.01毫米	6	35		13	13	千克			0	3.9	0
7607.1190	--- 其他	6	35		13	13	千克			0	3.9	0
7607.1900	-- 其他	6	35		13	13	千克			0	3.9	0
7607.2000	- 有衬背	6	35		13	13	千克			0		0
76.08	**铝管:**											
7608.1000	- 非合金铝制	8	30		13	13	千克			0		0
	- 铝合金制:											
7608.2010	--- 外径不超过10厘米的											

协定税率（%）														特惠税率（%）①/②	Article Description
巴基斯坦	冰岛	哥斯达黎加	秘鲁	新西兰	瑞士	新加坡	韩国	澳大利亚	格鲁吉亚	毛里求斯	日本RCEP	尼加拉瓜	港澳台		
															- Of aluminium alloys:
0	0	0	0	0	0		1.6	0	0	0	4.1	0	0/	0/0	-- Hollow profiles
															-- Other:
															--- Bars and rods
0	0	0	0	0	0		1.6	0	0	0	4.1	0	0/	0/0	Solid aluminium alloy in column-shaped, of the ultimate tensile strength no less than 460MPa (0.46×10^9N/m^2) at 293K (20°C)
0	0	0	0	0	0		1.6	0	0	0	4.1	0	0/	0/0	Other bars and rods of aluminium alloys
0	0	0	0	0	0		0	0	0	0	0	0	0/	0/0	--- Other
															Aluminium wire:
															- Of aluminium, not alloyed:
0	0	0	0	0	0		0	0	0	0	5.8	6.4	0/	0/0	-- Of which the maximum cross-sectional dimension exceeding 7mm
0	0	0	0	0	0		0	0	0	0	5.8	6.4	0/	0/0	-- Other
															- Of aluminium alloys:
0	0	0	0	0	0		0	0	0	0	5.8	6.4	0/	0/0	-- Of which the maximum cross-sectional dimension exceeding 7mm
0	0	0	0	0	0		0	0	0	0	5.8	6.4	0/	0/0	-- Other
															Aluminium plates, sheets and strip, of a thickness exceeding 0.2mm:
															- Rectangular (including square):
															-- Of aluminium, not alloyed:
															--- Of a thickness of 0.30mm or more but not exceeding 0.36mm:
0	0	0	0	0	0		0	0	0	0	0	0	0/	0/0	----Aluminium-plastic composite
0	0	0	0	0	0		2	0	0	0	4.9	0	0/	0/0	----Other
															--- Other:
0	0	0	0	0	0		0	0	0	0	0	0	0/0	0/0	----Aluminium-plastic composite
0	0	0	0	0	0		0	0	0	0	4.4	0	0/0	0/0	----Other
															-- Of aluminium alloys:
0	0	0	0	0	0		2	0	0	0	4.9	0	0/0	0/0	--- Of a thickness less than 0.28mm
0	0	0	0	0	0		2	0	0	0	4.9	0	0/0	0/0	--- Of a thickness of 0.28mm or more but not exceeding 0.35mm
															--- Of a thickness more than 0.35mm but not exceeding 4mm:
0	0	0	0	0	0		0	0	0	0	4.4	0	0/	0/0	----Aluminium-plastic composite
0	0	0	0	0	0		2	0	0	0	4.9	0	0/	0/0	----Other
0	0	0	0	0	0		0	0	0	0	4.4	0	0/	0/0	--- Other
															- Other:
0	0	0	0	0	0		2	0	0	0	4.9	0	0/0	0/0	-- Of aluminium, not alloyed
0	0	0	0	0	0	0	3.3	0	0	0	8.1	6.4	0/0	0/0	-- Of aluminium alloys
															Aluminium foil (whether or not printed or backed with paper, paperboard, plastics or similar backing materials) of a thickness (excluding any backing) not exceeding 0.2mm:
															- Not backed:
															-- Rolled but not further worked:
0	0	0	0	0	0		2	0	0	0	4.9	0	0/	0/0	--- Of a thickness not exceeding 0.007mm
0	0	0	0	0	0		0	0	0	0	0	0	0/	0/0	--- Of a thickness exceeding 0.007mm but not exceeding 0.01mm
0		0	0	0	0		0	0	0	0	4.4	0	0/0	0/0	--- Other
0		0	0	0	0		0	0	0	0	4.9	0	0/0	0/0	-- Other
0		0	0	0	0		2	0	0	0	4.9	0	0/0	0/0	- Backed
															Aluminium tubes and pipes:
0	0	0	0	0	0		2.6	0	0	0	6.5	6.4	0/	0/0	- Of aluminium, not alloyed
															- Of aluminium alloys:
															--- Having an outside diameter not exceeding 10cm

税　号	货品名称	进口关税（%）最惠国	进口关税（%）普通	进口关税（%）年内暂定	增值/消费税（%）	出口退税（%）	计量单位	监管证件代码	检验检疫类别	协定税率（%）东盟	协定税率（%）亚太	协定税率（%）智利
76082010.10	外径≤10厘米的管状铝合金[在293开尔文（20摄氏度）时的极限抗拉强度能达到460兆帕（0.46×10^9牛顿/平方米）或更大]	8	30		13	13	千克	3		0		0
76082010.90	外径≤10厘米的其他合金制铝管	8	30		13	13	千克			0		0
	--- 其他:											
7608.2091	----壁厚不超过25毫米											
76082091.10	外径>10厘米，壁厚≤25毫米的管状铝合金[在293开尔文（20摄氏度）时的极限抗拉强度能达到460兆帕（0.46×10^9牛顿/平方米）或更大]	8	30		13	13	千克	3		0		0
76082091.90	外径>10厘米，壁厚≤25毫米的其他合金制铝管	8	30		13	13	千克			0		0
7608.2099	----其他											
76082099.10	外径>10厘米，其他管状铝合金[在293开尔文（20摄氏度）时的极限抗拉强度能达到460兆帕（0.46×10^9牛顿/平方米）或更大]	8	30		13	13	千克	3		0		0
76082099.90	外径>10厘米，其他合金制铝管	8	30		13	13	千克			0		0
76.09	**铝制管子附件（例如，接头、肘管、管套）:**											
7609.0000	铝制管子附件（例如，接头、肘管、管套）	8	35		13	13	千克			0		0
76.10	**铝制结构体（税目94.06的活动房屋除外）及其部件（例如，桥梁及桥梁体段、塔、格构杆、屋顶、屋顶框架、门窗及其框架、门槛、栏杆、支柱及立柱）；上述结构体用的已加工铝板、杆、型材、异型材、管子及类似品:**											
7610.1000	- 门窗及其框架、门槛	9	80		13	13	千克			0		0
7610.9000	- 其他	6	50		13	13	千克			0		0
76.11	**盛装物料用的铝制囤、柜、罐、桶及类似容器（装压缩气体或液化气体的除外），容积超过300升，不论是否衬里或隔热，但无机械或热力装置:**											
7611.0000	盛装物料用的铝制囤、柜、罐、桶及类似容器（装压缩气体或液化气体的除外），容积超过300升，不论是否衬里或隔热，但无机械或热力装置	9	35		13	13	千克			0		0
76.12	**盛装物料用的铝制桶、罐、听、盒及类似容器，包括软管容器及硬管容器（装压缩气体或液化气体的除外），容积不超过300升，不论是否衬里或隔热，但无机械或热力装置:**											
7612.1000	- 软管容器	9	50		13	13	千克			0		0
	- 其他:											
7612.9010	--- 易拉罐及罐体	9	100		13	13	千克	A	R/	0		0

协定税率（%）														特惠税率（%）①/②	Article Description
巴基斯坦	冰岛	哥斯达黎加	秘鲁	新西兰	瑞士	新加坡	韩国	澳大利亚	格鲁吉亚	毛里求斯	日本RCEP	尼加拉瓜	港澳台		
0	0	0	0	0	0		2.6	0	0	0	6.5	6.4	0/	0/0	Tubes and pipes of aluminum alloy, of the ultimate tensile strength no less than 460MPa (0.46×10^9 N/m^2) at 293K (20°C), of an outside diameter no more than 10cm
0	0	0	0	0	0		2.6	0	0	0	6.5	6.4	0/	0/0	Other tubes and pipes of aluminum alloy, of an outside diameter no more than 10cm
															--- Other:
															----Having a wall thickness not exceeding 25mm
0	0	0	0	0	0		0	0	0	0	5.8	6.4	0/	0/0	Tubes and pipes of aluminum alloy, of the ultimate tensile strength no less than 460MPa (0.46×10^9 N/m^2) at 293K (20°C), of an outside diameter more than 10cm and of a wall thickness no more than 25mm
0	0	0	0	0	0		0	0	0	0	5.8	6.4	0/	0/0	Other tubes and pipes of aluminum alloy, of an outside diameter more than 10cm and of a wall thickness no more than 25mm
															----Other
0	0	0	0	0	0		0	0	0	0	5.8	6.4	0/	0/0	Other tubes and pipes of aluminum alloy, of the ultimate tensile strength no less than 460MPa (0.46×10^9 N/m^2) at 293K (20°C), of an outside diameter more than 10cm
0	0	0	0	0	0		0	0	0	0	5.8	6.4	0/	0/0	Other tubes and pipes of aluminum alloy, of an outside diameter more than 10cm
															Aluminium tube or pipe fittings (for example, couplings, elbows, sleeves):
0	0	0	0	0	0		0	0	0	0	5.8	6.4	0/	0/0	Aluminium tube or pipe fittings (for example, couplings, elbows, sleeves)
															Aluminium structures (excluding prefabricated buildings of heading 94.06) and parts of structures (for example, bridges and bridge-sections, towers, lattice masts, roofs, roofing frameworks, doors and windows and their frames and thresholds for doors, balustrades, pillars and columns); aluminium plates, rods profiles, tubes and the like, prepared for use in structures:
20	0	0	0	0	0	0	12.5	0	0	5		8.1	0/	0/0	- Doors, windows and their frames and thresholds for doors
0	0	0	0	0	0		0	0	0	0	0	0	0/	0/0	- Other
															Aluminium reservoirs, tanks, vats and similar containers, for any material (other than compressed or liquefied gas), of a capacity exceeding 300L, whether or not lined or heat-insulated, but not fitted with mechanical or thermal equipment:
3	0	0	0	0	0	0	0	0	0	0	8.7	8.1	0/	0/0	Aluminium reservoirs, tanks, vats and similar containers, for any material (other than compressed or liquefied gas), of a capacity exceeding 300L, whether or not lined or heat-insulated, but not fitted with mechanical or thermal equipment
															Aluminium casks, drums, cans, boxes and similar containers (including rigid or collapsible tubular containers), for any material (other than compressed or liquefied gas), of a capacity not exceeding 300L, whether or not lined or heat-insulated, but not fitted with mechanical or thermal equipment:
4.8	0	0	0	0	0	0	0	0	0	0	8.7	8.1	0/	0/0	- Collapsible tubular containers
															- Other:
24	0	0	0	0	0	0		0	0	6		8.1	0/	0/0	--- Tear tab ends and bodies thereof

税　号	货品名称	进口关税（%）			增值/消费税（%）	出口退税（%）	计量单位	监管证件代码	检验检疫类别	协定税率（%）		
		最惠国	普通	年内暂定						东盟	亚太	智利
7612.9090	--- 其他	9	70		13	13	千克			0		0
76.13	**装压缩气体或液化气体用的铝制容器：**											
7613.0010	--- 零售包装用	9	70		13	13	千克			0	7.2	0
7613.0090	--- 其他	6	17		13	13	千克	6		0		0
76.14	**非绝缘的铝制绞股线、缆、编带及类似品：**											
7614.1000	- 带钢芯的	6	20		13	13	千克			0		0
7614.9000	- 其他	6	20		13	13	千克			0	4.8	0
76.15	**餐桌、厨房或其他家用铝制器具及其零件；铝制擦锅器、洗刷擦光用的块垫、手套及类似品；铝制卫生器具及其零件：**											
	- 餐桌、厨房或其他家用器具及其零件；擦锅器及洗刷擦光用的块垫、手套及类似品：											
7615.1010	--- 擦锅器、洗刷、擦光用的块垫、手套及类似品	7	90		13	13	千克	A	R/	0		0
7615.1090	--- 其他											
76151090.10	铝制高压锅	7	90		13	13	千克	A	R/	0		0
76151090.90	其他餐桌厨房等家用铝制器具及其零件	7	90		13	13	千克	A	R/	0		0
7615.2000	- 卫生器具及其零件	8	90		13	13	千克			0		0
76.16	**其他铝制品：**											
7616.1000	- 钉、平头钉、U形钉（税目83.05的货品除外）、螺钉、螺栓、螺母、钩头螺钉、铆钉、销、开尾销、垫圈及类似品	8	40		13	13	千克			0	5.2	0
	- 其他：											
7616.9100	-- 铝丝制的布、网、篱及格栅	8	40		13	13	千克			0		0
	-- 其他：											
7616.9910	--- 工业用											
76169910.10	高度小于直径的柱形实心体铝合金[在293开尔文（20摄氏度）时的极限抗拉强度能达到460兆帕（0.46×10^9牛顿／平方米）或更大]	8	40		13	13	千克	3		0	5.2	0
76169910.90	其他工业用铝制品（不包括铝丝布、网、格栅及栅栏）	8	40		13	13	千克			0	5.2	0
7616.9990	--- 其他	8	80		13	13	千克			0	5.2	0

协定税率（%）														特惠税率（%）①/②	Article Description
巴基斯坦	冰岛	哥斯达黎加	秘鲁	新西兰	瑞士	新加坡	韩国	澳大利亚	格鲁吉亚	毛里求斯	日本RCEP	尼加拉瓜	港澳台		
3	0	0	0	0	0	0	0	0	0	0	8.7	8.1	0/	0/0	--- Other
															Aluminium containers for compressed or liquefied gas:
3	0	0	0	0	4.8	0	0	0	0	0	8.7	8.1	0/	0/0	--- For retail packing
0	0	0	0	0	0		0	0	0	0	0	0	0/	0/0	--- Other
															Stranded wire, cables, plaited bands and the like, of aluminium, not electrically insulated:
0	0	0	0	0	0		0	0	0	0	0	0	0/	0/0	- With steel core
0	0	0	0	0	0		0	0	0	0	0	0	0/	0/0	- Other
															Table, kitchen or other household articles and parts thereof, of aluminium; pot scourers and scouring or polishing pads, gloves and the like, of aluminium; sanitary ware and parts thereof, of aluminium:
															- Table, kitchen or other household articles and parts thereof; pot scourers and scouring or polishing pads, gloves and the like:
7.2	0	0	0	0	0	0	0	0	0	0	13.1	0	0/	0/0	--- Pot scourers and scouring or polishing pads, gloves and the like
															--- Other
6	0	0	0	0	0	0	7.5	0	0	3		0	0/	0/0	Pressure cooker, of aluminium
6	0	0	0	0	0	0	7.5	0	0	3		0	0/	0/0	Other table, kitchen or other household articles and parts thereof, of aluminium
7.2	0	0	0	0	0	0	0	0	0	0	13.1	6.4	0/	0/0	- Sanitary ware and parts thereof
															Other articles of aluminium:
0	0	0	0	0	0	0	0	0	0	0	7.3	6.4	0/	0/0	- Nails, tacks, staples (other than those of heading 83.05), screws, bolts, nuts, screw hooks, rivets, cotters, cotter-pins, washers and similar articles
															- Other:
8	0	0	0	0	0	0	0	0	0	0	7.3	6.4	0/	0/0	-- Cloth, grill, netting and fencing, of aluminium wire
															-- Other:
															--- For industrial use
2.5	0	0	0	0	0	0	5	0	0	0	8.6	6.4	0/	0/0	Solid aluminium alloy in column-shaped, of the ultimate tensile strength no less than 460MPa (0.46×10^9 N/m^2) at 293K (20°C), of an height less than diameter
2.5	0	0	0	0	0	0	5	0	0	0	8.6	6.4	0/	0/0	Other aluminum products for industrial use, excluding cloth, grill, netting and fencing, of aluminium wire
6	0	0	0	0	0	0	0	0	0	0	10.9	6.4	0/	0/0	--- Other

第七十八章　铅及其制品

子目注释:

本章所称"精炼铅",是指:

按重量计含铅量至少为99.9%的金属,但其他各种元素的含量不超过下表中规定的限量:

其他元素表

元　素		所含重量百分比
Ag	银	0.02
As	砷	0.005
Bi	铋	0.05
Ca	钙	0.002
Cd	镉	0.002
Cu	铜	0.08
Fe	铁	0.002
S	硫	0.002
Sb	锑	0.005
Sn	锡	0.005
Zn	锌	0.002
其他(例如,碲)	每种	0.001

税　号	货品名称	进口关税(%) 最惠国	进口关税(%) 普通	进口关税(%) 年内暂定	增值/消费税(%)	出口退税(%)	计量单位	监管证件代码	检验检疫类别	协定税率(%) 东盟	协定税率(%) 亚太	协定税率(%) 智利
78.01	未锻轧铅:											
7801.1000	- 精炼铅	3	20		13	0	千克			0		0
	- 其他:											
7801.9100	-- 按重量计所含其他元素是以锑为主的	3	20		13	0	千克			0		0
7801.9900	-- 其他	3	20		13	0	千克			0	2.7	0
78.02	铅废碎料:											
7802.0000	铅废碎料	1.5	10		13	0	千克	9		0		0
78.04	铅板、片、带、箔;铅粉及片状粉末:											
	- 板、片、带、箔:											
7804.1100	-- 片、带及厚度(衬背除外)不超过0.2毫米的箔	6	30		13	13	千克			0		0
7804.1900	-- 其他	6	30		13	0	千克			0		0
7804.2000	- 粉末及片状粉末	6	35		13	0	千克			0		0
78.06	其他铅制品:											
7806.0010	--- 铅条、杆、型材及异型材或丝	6	30		13	0	千克			0		0
7806.0090	--- 其他	6	40		13	0	千克			0		0

Chapter 78 Lead and articles thereof

Subheading Notes:

In this Chapter the expression "refined lead" means:

Metal containing by weight at least 99.9% of lead, provided that the content by weight of any other element does not exceed the limit specified in the following table:

TABLE - Other elements

Element		Limiting content% by weight	
Ag	Silver		0.02
As	Arsenic		0.005
Bi	Bismuth		0.05
Ca	Calcium		0.002
Cd	Cadmium		0.002
Cu	CoPer		0.08
Fe	Iron		0.002
S	Sulphur		0.002
Sb	Antimony		0.005
Sn	Tin		0.005
Zn	Zinc		0.002
Other (for example Te)	each		0.001

协定税率（%）														特惠税率（%）①/②	Article Description
巴基斯坦	冰岛	哥斯达黎加	秘鲁	新西兰	瑞士	新加坡	韩国	澳大利亚	格鲁吉亚	毛里求斯	日本RCEP	尼加拉瓜	港澳台		
															Unwrought lead:
0	0	0	0	0	0		0	0	0	0	0	0	0/	0/0	- Refined lead
															- Other:
0	0	0	0	0	0		0	0	0	0	2.2	0	0/	0/0	-- Containing by weight antimony as the principal other element
0	0	0	0	0	0		0	0	0	0	0	0	0/	0/0	-- Other
															Lead waste and scrap:
0	0	0	0	0	0		0	0	0	0	0	0	0/	0/0	Lead waste and scrap
															Lead plates sheets, strip and foil; lead powders and flakes:
															- Plates, sheets, strip and foil:
0	0	0	0	0	0		0	0	0	0	0	0	0/	0/0	-- Sheets, strip and foil of a thickness (excluding any backing) not exceeding 0.2mm
0	0	0	0	0	0		0	0	0	0	0	0	0/	0/0	-- Other
0	0	0	0	0	0		0	0	0	0	0	0	0/	0/0	- Powders and flakes
															Other articles of lead:
0	0	0	0	0	0		0	0	0	0	4.4	0	0/	0/0	--- Lead bars, rods, profiles and wire
2.5	0	0	0	0	0		0	0	0	0	0	0	0/	0/0	--- Other

第七十九章　锌及其制品

子目注释：

本章所用有关名词解释如下：

一、非合金锌

按重量计含锌量至少为97.5%的金属。

二、锌合金

按重量计含锌量大于其他元素单项含量的金属物质，但按重量计其他元素的总含量超过2.5%。

三、锌末

冷凝锌雾所得的锌末。该产品由球形微粒组成，比锌粉更为精细，按重量计至少80%的微粒可以通过孔径为63微米的筛子，而且必须含有按重量计至少为85%的金属锌。

税号	货品名称	进口关税（%）			增值/消费税（%）	出口退税（%）	计量单位	监管证件代码	检验检疫类别	协定税率（%）		
		最惠国	普通	年内暂定						东盟	亚太	智利
79.01	**未锻轧锌：**											
	- 非合金锌：											
	-- 按重量计含锌量在99.99%及以上：											
7901.1110	--- 按重量计含锌量在99.995%及以上	3	20	1	13	0	千克			0		0
7901.1190	--- 其他	3	20	1	13	0	千克			0		0
7901.1200	-- 按重量计含锌量低于99.99%	3	20	1	13	0	千克			0		0
7901.2000	- 锌合金	3	20	1	13	0	千克			0		0
79.02	**锌废碎料：**											
7902.0000	锌废碎料	1.5	20		13	0	千克	9		0		0
79.03	**锌末、锌粉及片状粉末：**											
7903.1000	- 锌末	6	20		13	0	千克	A	M/	0		0
7903.9000	- 其他											
79039000.10	颗粒<500微米的锌及其合金（含量≥97%，不论球形、椭球体、雾化、片状、研碎金属燃料）	6	20		13	0	千克	3A	M/	0		0
79039000.90	其他锌粉及片状粉末	6	20		13	0	千克	AB	M/N	0		0
79.04	**锌条、杆、型材及异型材或丝：**											
7904.0000	锌条、杆、型材及异型材或丝	6	30		13	0	千克			0		0
79.05	**锌板、片、带、箔：**											
7905.0000	锌板、片、带、箔	6	30		13	0	千克			0		0
79.07	**其他锌制品：**											
7907.0020	--- 锌管及锌制管子附件（例如，接头、肘管、管套）	6	30		13	0	千克			0		0
7907.0030	--- 电池壳体坯料（锌饼）	6	40		13	0	千克			0	4.2	0
7907.0090	--- 其他	6	40		13	0	千克			0		0

Chapter 79 Zinc and articles thereof

Subheading Notes:

In this Chapter the following expressions have the meanings hereby assigned to them:

1. Zinc, not alloyed

   Metal containing by weight at least 97.5% of zinc.

2. Zinc alloys

   Metallic substances in whichh zinc predominates by weight over each of the other elements, provided that the total content by weight of such other elements exceeds 2.5%.

3. Zinc dust

   Dust obtained by condensation of zinc vapour, consisting of spherical particles which are finer than zinc powders. At least 80% by weight of the particles pass through a sieve with 63 micrometres (microns) mesh. It must contain at least 85% by weight of metallic zinc.

协定税率（%）														特惠税率（%）①/②	Article Description
巴基斯坦	冰岛	哥斯达黎加	秘鲁	新西兰	瑞士	新加坡	韩国	澳大利亚	格鲁吉亚	毛里求斯	日本RCEP	尼加拉瓜	港澳台		
															Unwrought zinc:
															- Zinc, not alloyed:
															-- Containing by weight 99.99% or more of zinc:
0	0	0	0	0	0		0	0	0	0	0	0	0/	0/0	--- Containing by weight 99.995% or more of zinc
0	0	0	0	0	0		0	0	0	0	0	0	0/	0/0	--- Other
0	0	0	0	0	0		0	0	0	0	0	0	0/	0/0	-- Containing by weight less than 99.99% of zinc
0	0	0	0	0	0		0	0	0	0	0	0	0/	0/0	- Zinc alloys
															Zinc waste and scrap:
0	0	0	0	0	0		0	0	0	0	0	0	0/	0/0	Zinc waste and scrap
															Zinc dust, powders and flakes:
0	0	0	0	0	0		0	0	0	0	4.4	0	0/	0/0	- Zinc dust
															- Other
0	0	0	0	0	0		0	0	0	0	4.4	0	0/	0/0	Zinc and its alloys, granularity <500μm (containing by weight ≥97% of zinc, whether is spheroid, ellipsoid, atomized, flake formed or crush metal fuel)
0	0	0	0	0	0		0	0	0	0	4.4	0	0/	0/0	Other zinc powders and flakes
															Zinc bars, rods, profiles and wire:
0	0	0	0	0	0		2	0	0	0	4.9	0	0/	0/0	Zinc bars, rods, profiles and wire
															Zinc plates, sheets, strip and foil:
0	0	0	0	0	0		0	0	0	0	0	0	0/	0/0	Zinc plates, sheets, strip and foil
															Other articles of zinc:
0	0	0	0	0	0		0	0	0	0	0	0	0/	0/0	--- Zinc tubes, pipes and tube or pipe fittings (for example couplings, elbows, sleeves)
0	0	0	0.4	0	0		0	0	0	0	4.4	4.8	0/	0/0	--- Cellpacking blanks (zinc biscuits)
0	0	0	0	0	0		0	0	0	0	0	0	0/	0/0	--- Other

第八十章　锡及其制品

子目注释：

本章所用有关名词解释如下：

一、非合金锡

按重量计含锡量至少为99%的金属，但含铋量或含铜量不超过下表中规定的限量：

其他元素表

元素		所含重量百分比
Bi	铋	0.1
Cu	铜	0.4

二、锡合金

按重量计含锡量大于其他元素单项含量的金属物质，但：

（一）按重量计其他元素的总含量超过1%；或

（二）按重量计含铋量或含铜量应等于或大于上表中规定的限量。

税　号	货品名称	进口关税（%）			增值/消费税（%）	出口退税（%）	计量单位	监管证件代码	检验检疫类别	协定税率（%）		
		最惠国	普通	年内暂定						东盟	亚太	智利
80.01	**未锻轧锡：**											
8001.1000	- 非合金锡	3	20		13	0	千克	4xy		0		0
	- 锡合金：											
8001.2010	--- 锡基巴毕脱合金	3	20		13	0	千克	4xy		0	2.4	0
	--- 焊锡：											
8001.2021	---- 按重量计含铅量在0.1%以下的	3	30		13	0	千克	4xy		0		0
8001.2029	---- 其他	3	30		13	0	千克	4xy		0		0
8001.2090	--- 其他	3	30		13	0	千克	4xy		0		0
80.02	**锡废碎料：**											
8002.0000	锡废碎料	1.5	30		13	0	千克	49xy		0		0
80.03	**锡条、杆、型材及异型材或丝：**											
8003.0000	锡条、杆、型材及异型材或丝	8	40		13	0	千克	4xy		0		0
80.07	**其他锡制品：**											
8007.0020	--- 锡板、片及带，厚度超过0.2毫米	8	40		13	0	千克	4xy		0		0
8007.0030	--- 锡箔（不论是否印花或用纸、纸板、塑料或类似材料衬背），厚度（衬背除外）不超过0.2毫米；锡粉及片状粉末	8	40		13	13	千克			0		0
8007.0040	--- 锡管及管子附件（例如，接头、肘管、管套）	8	45		13	0	千克	4xy		0	6.4	0
8007.0090	--- 其他	8	80		13	0	千克			0		0

Chapter 80 Tin and articles thereof

Subheading Notes:

In this Chapter the following expressions have the meanings hereby assigned to them:

1. Tin, not alloyed

Metal containing by weight at least 99% of tin, provided that the content by weight of any bismuth or coPer is less than the limit specified in the following table:

TABLE - Other elements

Element		Limiting content% by weight
Bi	Bismuth	0.1
Cu	CoPer	0.4

2. Tin alloys

Metallic substances in which tin predominates by weight over each of the other elements, provided that:

(a) the total content by weight of such other elements exceeds 1%; or

(b) the content by weight of either bismuth or coPer is equal to or greater than the limit specified in the foregoing table.

协定税率（%）														特惠税率（%）①/②	Article Description
巴基斯坦	冰岛	哥斯达黎加	秘鲁	新西兰	瑞士	新加坡	韩国	澳大利亚	格鲁吉亚	毛里求斯	日本RCEP	尼加拉瓜	港澳台		
															Unwrought tin:
0	0	0	0	0	0		0	0	0	0	0	0	0/	0/0	- Tin, not alloyed
															- Tin alloys:
0	0	0	0	0	0		0	0	0	0	0	0	0/	0/0	--- Babbitt metal
															--- Solder:
0	0	0	0	0	0		0	0	0	0	0	0	0/	0/0	----Containing by weight less than 0.1% of lead
0	0	0	0	0	0		0	0	0	0	0	0	0/	0/0	----Other
0	0	0	0	0	0		0	0	0	0	0	0	0/	0/0	--- Other
															Tin waste and scrap:
0	0	0	0	0	0		0	0	0	0	0	0	0/	0/0	Tin waste and scrap
															Tin bars, rods, profiles and wire:
0	0	0	0	0	0		0	0	0	0	5.8	6.4	0/	0/0	Tin bars, rods, profiles and wire
															Other articles of tin:
0	0	0	0	0	0		0	0	0	0	5.8	6.4	0/	0/0	--- Tin plates, sheets and strip, of a thickness exceeding 0.2mm
0	0	0	0	0	0		0	0	0	0	5.8	6.4	0/	0/0	--- Tin foil (whether or not printed or backed with paper, paperboard, plastics or similar backing materials), of a thickness (excluding any backing) not exceeding 0.2mm; tin powders and flakes
0	0	0	0	0	0		0	0	0	0	5.8	6.4	0/	0/0	--- Tin tubes, pipes and tube or pipe fittings (for example, couplings, elbows, sleeves)
5.1	0	0	0	0	0		2.6	0	0	0	6.5	6.4	0/	0/0	--- Other

第八十一章 其他贱金属、金属陶瓷及其制品

税 号	货品名称	进口关税（%）			增值/消费税（%）	出口退税（%）	计量单位	监管证件代码	检验检疫类别	协定税率（%）		
		最惠国	普通	年内暂定						东盟	亚太	智利
81.01	钨及其制品，包括废碎料：											
8101.1000	- 粉末											
81011000.10	颗粒<500微米的钨及其合金（含量≥97%，不论球形、椭球体、雾化、片状、研碎金属燃料）	6	20		13	0	千克	3		0		0
81011000.90	其他钨粉末	6	20		13	0	千克	4xy		0		0
	- 其他：											
8101.9400	-- 未锻轧钨，包括简单烧结而成的条、杆	3	20		13	0	千克	4xy		0		0
8101.9600	-- 丝	8	20		13	13	千克			0		0
8101.9700	-- 废碎料	3	20		13	0	千克	49xy		0		0
	-- 其他：											
8101.9910	--- 条、杆，但简单烧结而成的除外；型材及异型材、板、片、带、箔	5	30		13	0	千克			0		0
8101.9990	--- 其他	8	70		13	0	千克			0		0
81.02	钼及其制品，包括废碎料：											
8102.1000	- 粉末	6	20		13	0	千克	4xy		0		0
	- 其他：											
8102.9400	-- 未锻轧钼，包括简单烧结而成的条、杆	3	20		13	0	千克	4xy		0		0
8102.9500	-- 条、杆，但简单烧结而成的除外；型材及异型材、板、片、带、箔	8	30		13	0	千克			0		0
8102.9600	-- 丝	8	20		13	13	千克			0		0
8102.9700	-- 废碎料	3	20		13	0	千克	49xy		0		0
8102.9900	-- 其他	8	70		13	0	千克	4xy		0		0
81.03	钽及其制品，包括废碎料：											
	- 未锻轧钽，包括简单烧结而成的条、杆；粉末：											
	--- 钽粉：											
8103.2011	---- 松装密度小于2.2克/立方厘米的	6	14		13	13	千克	4xy		0	4.2	0
8103.2019	---- 其他	6	14		13	0	千克	4xy		0		0
8103.2090	--- 其他	6	14		13	0	千克	4xy		0		0
8103.3000	- 废碎料	6	14		13	0	千克	49xy		0		0
	- 其他：											
8103.9100	-- 坩埚											
81039100.10	钽坩埚（容积在50ml至2L之间、钽纯度≥98%）	8	30		13	0	千克	3		0	7.2	0
81039100.90	其他钽坩埚	8	30		13	13	千克			0	7.2	0
	-- 其他：											
	--- 钽丝：											
8103.9911	---- 直径小于0.5毫米	8	30		13	13	千克	4xy		0	5.6	0
8103.9919	---- 其他	8	30		13	13	千克	4xy		0	5.6	0
8103.9990	--- 其他	8	30		13	13	千克	4xy		0	7.2	0
81.04	镁及其制品，包括废碎料：											
	- 未锻轧镁：											
8104.1100	-- 按重量计含镁量至少为99.8%	6	20		13	0	千克			0	3	0
8104.1900	-- 其他	6	20		13	0	千克			0		0
8104.2000	- 废碎料	1.5	20		13	0	千克	9		0		0
8104.3000	- 锉屑、车屑及颗粒，已按规格分级的；粉末											

Chapter 81 Other base metals; cermets; articles thereof

协定税率（%）														特惠税率（%）①/②	Article Description
巴基斯坦	冰岛	哥斯达黎加	秘鲁	新西兰	瑞士	新加坡	韩国	澳大利亚	格鲁吉亚	毛里求斯	日本RCEP	尼加拉瓜	港澳台		
															Tungsten (wolfram) and articles thereof, including waste and scrap:
															- Powders
0	0	0	0	0	0		0	0	0	0	0	0	0/	0/0	Tungsten and its alloys, granularity <500μm, (containing by weight ≥97% of tungsten, whether is spheroid, ellipsoid, atomized, flake formed or crush metal fuel)
0	0	0	0	0	0		0	0	0	0	0	0	0/	0/0	Other tungsten powders
															- Other:
0	0	0	0	0	0		0	0	0	0	2.2	0	0/	0/0	-- Unwrought tungsten, including bars and rods obtained simply by sintering
0	0	0	0	0	0		0	0	0	0	5.8	6.4	0/	0/0	-- Wire
0	0	0	0	0	0		0	0	0	0	0	0	0/	0/0	-- Waste and scrap
															-- Other:
0	0	0	0	0	0		0	0	0	0	0	0	0/	0/0	--- Bars and rods, other than those obtained simply by sintering, profiles, plates, sheets, strip and foil
0	0	0	0	0	0		0	0	0	0	5.8	6.4	0/	0/0	--- Other
															Molybdenum and articles thereof, including waste and scrap:
0	0	0	0	0	0		0	0	0	0	0	0	0/	0/0	- Powders
															- Other:
0	0	0	0	0	0		0	0	0	0	0	0	0/	0/0	-- Unwrought molybdenum, including bars and rods obtained simply by sintering
0	0	0	0	0	0		0	0	0	0	5.8	6.4	0/	0/0	-- Bars and rods, other than those obtained simply by sintering, profiles, plates, sheets, strip and foil
0	0	0	0	0	0		0	0	0	0	5.8	6.4	0/	0/0	-- Wire
0	0	0	0	0	0		0	0	0	0	0	0	0/	0/0	-- Waste and scrap
0	0	0	0	0	0		0	0	0	0	5.8	6.4	0/	0/0	-- Other
															Tantalum and articles thereof, including waste and scrap:
															- Unwrought tantalum, including bars and rods obtained simply by sintering; powders:
															--- Powders:
0	0	0	0	0	0		0	0	0	0	4.4	0	0/	0/0	----Loose density less than 2.2g/cm³
0	0	0	0	0	0		0	0	0	0	0	0	0/	0/0	----Other
0	0	0	0	0	0		0	0	0	0	0	0	0/	0/0	--- Other
0	0	0	0	0	0		0	0	0	0	0	0	0/	0/0	- Waste and scrap
															- Other:
															-- Crucibles
0	0	0	0	0	0		0	0	0	0	5.8	6.4	0/	0/0	Tantalum crucible, of a capacity between 50ml and 2L, purity of tantalum ≥98%
0	0	0	0	0	0		0	0	0	0	5.8	6.4	0/	0/0	Other tantalum crucible
															-- Other:
															--- Wire of tantalum:
0	0	0	0	0	0		0	0	0	0	5.8	6.4	0/	0/0	----Less than 0.5mm in diameter
0	0	0	0	0	0		0	0	0	0	5.8	6.4	0/	0/0	----Other
0	0	0	0	0	0		0	0	0	0	5.8	6.4	0/	0/0	--- Other
															Magnesium and articles thereof, including waste and scrap:
															- Unwrought magnesium:
0	0	0	0	0	0		0	0	0	0	0	0	0/	0/0	-- Containing at least 99.8% by weight of magnesium
0	0	0	0	0	0		0	0	0	0	0	0	0/	0/0	-- Other
0	0	0	0	0	0		0	0	0	0	0	0	0/	0/0	- Waste and scrap
															- Raspings, turnings and granules, graded according to size; powders

税　号	货品名称	进口关税（%） 最惠国	普通	年内暂定	增值/消费税（%）	出口退税（%）	计量单位	监管证件代码	检验检疫类别	协定税率（%） 东盟	亚太	智利
81043000.10	颗粒<500微米的镁及其合金（含量≥97%，不论球形、椭球体、雾化、片状、研碎金属燃料）	8	30		13	0	千克	3		0		0
81043000.90	其他已分级的镁锉屑、车屑、颗粒，粉末	8	30		13	0	千克			0		0
	- 其他：											
8104.9010	--- 锻轧镁	8	30		13	0	千克			0		0
8104.9020	--- 镁制品											
81049020.10	镁金属基复合材料（包括各种结构件和制品、各种预成形件，其中增强材料的比拉伸强度大于7.62×10^4m和比模量大于3.18×10^6m）	8	70		13	13	千克	3		0		0
81049020.90	其他镁制品	8	70		13	0	千克			0		0
81.05	**钴锍及其他冶炼钴时所得的中间产品；钴及其制品，包括废碎料：**											
	- 钴锍及其他冶炼钴时所得的中间产品；未锻轧钴；粉末：											
8105.2010	--- 钴湿法冶炼中间品	4	14	0	13	0	千克	4xy		0		0
8105.2020	--- 未锻轧钴	4	14	0	13	0	千克	4xy		0		0
8105.2090	--- 其他											
81052090.01	钴锍及其他冶炼钴时所得中间产品	4	14	0	13	0	千克	4xy		0		0
81052090.10	钴≥99.5%的超细钴粉（费氏粒度0.8微米～1.5微米，松装密度0.4克/立方厘米～0.8克/立方厘米）	4	14		13	0	千克			0		0
81052090.90	其他钴锍、粉末	4	14		13	0	千克	4xy		0		0
8105.3000	- 废碎料	4	14		13	0	千克	49xy		0		0
8105.9000	- 其他											
81059000.10	外科植入用钴铬钼合金棒（钴≥55%，铬26%～30%，钼5%～7%）	8	30	4	13	0	千克	4xy		0		0
81059000.20	血管支架用钴铬合金管（钴含量45%及以上，铬含量19%～21%，钨含量14%～16%，镍含量9%～11%）	8	30	2	13	0	千克	4xy		0		0
81059000.90	其他钴及制品	8	30		13	0	千克	4xy		0		0
81.06	**铋及其制品，包括废碎料：**											
	- 按重量计铋含量在99.99%以上：											
8106.1010	--- 未锻轧铋；废碎料；粉末											
81061010.11	高纯度未锻轧的铋（纯度>99.99%，含银量低于十万分之一）	3	20	1	13	0	千克	3		0		0
81061010.19	高纯度未锻轧的铋废料、粉末（纯度>99.99%，含银量低于十万分之一）	3	20		13	0	千克	3		0		0
81061010.91	其他未锻轧铋（纯度>99.99%）	3	20	1	13	0	千克	4xy		0		0
81061010.92	其他未锻轧铋废碎料（纯度>99.99%）	3	20		13	0	千克	49xy		0		0
81061010.99	其他未锻轧铋粉末（纯度>99.99%）	3	20		13	0	千克	4xy		0		0
8106.1090	--- 其他											
81061090.10	其他高纯度铋及其制品（纯度>99.99%，含银量低于十万分之一）	8	30		13	13	千克	3		0		0

协定税率（%）														特惠税率（%）①/②	Article Description
巴基斯坦	冰岛	哥斯达黎加	秘鲁	新西兰	瑞士	新加坡	韩国	澳大利亚	格鲁吉亚	毛里求斯	日本RCEP	尼加拉瓜	港澳台		
0	0	0	0	0	0		0	0	0	0	5.8	6.4	0/	0/0	Magnesium and its alloys, granularity <500μm (by weight ⩾97% of magnesium, whether is spheroid, ellipsoid, atomized, flake formed or crush metal fuel)
0	0	0	0	0	0		0	0	0	0	5.8	6.4	0/	0/0	Other magnesium raspings, turnings and granules, graded according to size; powders
															- Other:
0	0	0	0	0	0		0	0	0	0	5.8	6.4	0/	0/0	--- Wrought magnesium
															--- Magnesium articles
0	0	0	0	0	0		0	0	0	0	6.1	6.4	0/	0/0	Magnesium composite materials (including all sorts of structural parts and articles and pre-formed parts, tensile strength reinforced materials >7.62×10^{4}m and specific modulus>3.18×10^{6}m)
0	0	0	0	0	0		0	0	0	0	6.1	6.4	0/	0/0	Other magnesium articles
															Cobalt mattes and other intermediate products of cobalt matallurgy; cobalt and articles thereof, including waste and scrap:
															- Cobalt mattes and other intermediate products of cobalt matallurgy; unwrought cobalt; powders:
0	0	0	0	0	0		0	0	0	0	0	0	0/	0/0	--- Intermediate products of cobalt metallurgy by wet process
0	0	0	0	0	0		0	0	0	0	0	0	0/	0/0	--- Unwrought cobalt
															--- Other
0	0	0	0	0	0		0	0	0	0	0	0	0/	0/0	Cobalt mattes and other intermediate products of cobalt metallurgy
0	0	0	0	0	0		0	0	0	0	0	0	0/	0/0	Supper-fine cobalt powders, containing ⩾99.5% of cobalt (Fischer granularinty 0.8-1.5μm, fill density 0.4-0.8g/cm^3)
0	0	0	0	0	0		0	0	0	0	0	0	0/	0/0	Other cobalt mattes; powders
0	0	0	0	0	0		0	0	0	0	0	0	0/	0/0	- Waste and scrap
															- Other
0	0	0	0	0	0		0	0	0	0	5.8	6.4	0/	0/0	Cobalt chromium molybdenum alloy rod for surgical implantation (cobalt ⩾55%, 26%⩽chromium ⩽30%,5%⩽molybdenum⩽7%)
0	0	0	0	0	0		0	0	0	0	5.8	6.4	0/	0/0	Cobalt chromium alloy tube used for intravascular Stent consisting of more than 45% cobalt, 19%-21% chromium, 14%-16% wolfram and 9%-11% nickel
0	0	0	0	0	0		0	0	0	0	5.8	6.4	0/	0/0	Other cobalt and articles thereof
															Bismuth and articles thereof, including waste and scrap:
															- Containing more than 99.99% of bismuth, by weight:
															--- Unwrought bismuth; waste and scrap; powders
0	0	0	0	0	0		0	0	0	0	0	0	0/	0/0	High-purity unwrought bismuth, purity>99.99%
0	0	0	0	0	0		0	0	0	0	0	0	0/	0/0	Powders, waste and scrap of high-purity unwrought bismuth, purity ⩾99.99%, containing by weight <0.001% of silver
0	0	0	0	0	0		0	0	0	0	0	0	0/	0/0	Other unwrought bismuth (purity >99.99%)
0	0	0	0	0	0		0	0	0	0	0	0	0/	0/0	Other unwrought bismuth waste and scrap, purity>99.99%
0	0	0	0	0	0		0	0	0	0	0	0	0/	0/0	Other unwrought bismuth powders, purity >99.99%
															--- Other
0	0	0	0	0	0		0	0	0	0	5.8	6.4	0/	0/0	High-purity unwrought bismuth and articles thereof, purity >99.99%, containing by weight <0.001% of silver

税号	货品名称	进口关税（%）			增值/消费税（%）	出口退税（%）	计量单位	监管证件代码	检验检疫类别	协定税率（%）		
		最惠国	普通	年内暂定						东盟	亚太	智利
81061090.90	其他铋及铋制品（纯度>99.99%）	8	30		13	13	千克	4xy		0		0
	- 其他：											
8106.9010	--- 未锻轧铋；废碎料；粉末											
81069010.11	其他未锻轧铋（纯度为99.99%，含银量低于十万分之一）	3	20	1	13	0	千克	3		0		0
81069010.19	其他未锻轧铋	3	20	1	13	0	千克	4xy		0		0
81069010.21	其他未锻轧铋废碎料（纯度为99.99%，含银量低于十万分之一）	3	20		13	0	千克	39		0		0
81069010.29	其他未锻轧铋废碎料	3	20		13	0	千克	49xy		0		0
81069010.91	其他未锻轧铋粉末（纯度为99.99%，含银量低于十万分之一）	3	20		13	0	千克	3		0		0
81069010.99	其他未锻轧铋粉末	3	20		13	0	千克	4xy		0		0
8106.9090	--- 其他											
81069090.10	其他铋及铋制品（纯度为99.99%，含银量低于十万分之一）	8	30		13	0	千克	3		0		0
81069090.90	其他铋及铋制品	8	30		13	0	千克	4xy		0		0
81.08	**钛及其制品，包括废碎料：**											
	- 未锻轧钛；粉末：											
	--- 未锻轧钛：											
8108.2021	---- 海绵钛	3	14		13	0	千克	4xy		0		0
8108.2029	---- 其他											
81082029.10	颗粒<500微米的钛及其合金（含量≥97%，不论球形、椭球体、雾化、片状、研碎金属燃料）	3	14		13	0	千克	3A	M/	0		0
81082029.90	其他未锻轧钛	3	14		13	0	千克	4xy		0		0
8108.2030	--- 粉末	3	14		13	0	千克	4Axy	M/	0		0
8108.3000	- 废碎料	3	14		13	0	千克	49xy		0		0
	- 其他：											
8108.9010	--- 条、杆、型材及异型材											
81089010.10	钛合金，实心圆柱体，包括锻件（20℃下极限抗拉强度≥900Mpa，外径超过75mm）	8	30		13	13	千克	3		0		0
81089010.20	钛金属基复合材料的条、杆、型材及异型材（其中增强材料的比拉伸强度大于7.62×10^6m和比模量大于3.18×10^7m）	8	30		13	13	千克	3		0		0
81089010.30	外科植入用钛合金条、杆、型材及异型材（钛≥88%，5.5%≤铝≤6.75%，3.5%≤钒≤4.5%），复合材料除外	8	30	4	13	13	千克			0		0
81089010.90	其他钛条、杆、型材及异型材	8	30		13	13	千克			0		0
8108.9020	--- 丝	8	30		13	13	千克			0	6.4	0
	--- 板、片、带、箔：											
8108.9031	---- 厚度不超过0.8毫米	8	30	4	13	13	千克			0		0
8108.9032	---- 厚度超过0.8毫米											
81089032.10	钛金属基复合材料的板、片、带、箔（其中增强材料的比拉伸强度大于7.62×10^4m和比模量大于3.18×10^7m，厚度大于0.8mm）	8	30	4	13	13	千克	3		0		0
81089032.90	其他厚度>0.8mm钛板、片、带、箔	8	30	4	13	13	千克			0		0

协定税率（%）														特惠税率（%）①/②	Article Description
巴基斯坦	冰岛	哥斯达黎加	秘鲁	新西兰	瑞士	新加坡	韩国	澳大利亚	格鲁吉亚	毛里求斯	日本RCEP	尼加拉瓜	港澳台		
0	0	0	0	0	0		0	0	0	0	5.8	6.4	0/	0/0	Other bismuth and articles thereof, purity >99.99%
															- Other:
															--- Unwrought bismuth; waste and scrap; powders
0	0	0	0	0	0		0	0	0	0	0	0	0/	0/0	Other unwrought bismuth (having a purity of 99.99% and a silver content of less than 10PPM)
0	0	0	0	0	0		0	0	0	0	0	0	0/	0/0	Other unwrought bismuth
0	0	0	0	0	0		0	0	0	0	0	0	0/	0/0	Other unwrought bismuth waste and scrap (having a purity of 99.99% and a silver content of less than 10PPM)
0	0	0	0	0	0		0	0	0	0	0	0	0/	0/0	Other unwrought bismuth waste and scrap
0	0	0	0	0	0		0	0	0	0	0	0	0/	0/0	Other unwrought bismuth powders (having a purity of 99.99% and a silver content of less than 10PPM)
0	0	0	0	0	0		0	0	0	0	0	0	0/	0/0	Other unwrought bismuth powders
															--- Other
0	0	0	0	0	0		0	0	0	0	5.8	6.4	0/	0/0	Other bismuth and articles thereof (having a purity of 99.99% and a silver content of less than 10PPM)
0	0	0	0	0	0		0	0	0	0	5.8	6.4	0/	0/0	Other bismuth and articles thereof
															Titanium and articles thereof, including waste and scrap:
															- Unwrougth titanium; powder:
															--- Unwrought titanium:
0	0	0	0	0	0		0	0	0	0	0	0	0/	0/0	----Sponge titanium
															----Other
0	0	0	0	0	0		0	0	0	0	0	0	0/	0/0	Titanium and its alloys, granularity <500μm (containing by weight ≥97% of titanium, whether is spheroid, ellipsoid, atomized, flake formed or ground metallic fuels)
0	0	0	0	0	0		0	0	0	0	0	0	0/	0/0	Other unwrought titanium; powders
0	0	0	0	0	0		0	0	0	0	0	0	0/	0/0	--- Powders
0	0	0	0	0	0		0	0	0	0	0	0	0/	0/0	- Waste and scrap
															- Other:
															--- Bars, rods, shapes and sections
0	0	0	0	0	0		0	0	0	0	5.8	6.4	0/	0/0	Titanium alloys, solid cylinder, including castings (ultimate tensile strength ≥900MPa at 20°C, of an outer diameter >75mm)
0	0	0	0	0	0		0	0	0	0	5.8	6.4	0/	0/0	Bars, rods, shapes and sections, made of composite material of titanium metal (the degree of strength of intensity material >7.62×10^6m, and specific modulus >3.18×10^7m)
0	0	0	0	0	0		0	0	0	0	5.8	6.4	0/	0/0	Bars, rods, shapes and sections, made of titanium alloys for surgical implantation (titanium ≥ 88%,5.5% ≤ aluminium ≤ 6.75%,3.5% ≤ vanadium ≤ 4.5%)
0	0	0	0	0	0		0	0	0	0	5.8	6.4	0/	0/0	Other bars, rods, shapes and sections, of titanium
0	0	0	0	0	0		0	0	0	0	5.8	6.4	0/	0/0	--- Wire
															--- Plates, sheets, strap, foil:
0	0	0	0	0	0		0	0	0	0	5.8	6.4	0/	0/0	----Of a thickness not more than 0.8mm
															----Of a thickness more than 0.8mm
0	0	0	0	0	0		0	0	0	0	5.8	6.4	0/	0/0	Plates, sheets, strap, foil, made of composite material of titanium metal (tensile strength of reinforced material >7.62×10^4m, specific modulus >3.18×10^7m, thickness >0.8mm)
0	0	0	0	0	0		0	0	0	0	5.8	6.4	0/	0/0	Other plates, sheets, strap, foil, of titanium, of a thickness >0.8mm

税号	货品名称	进口关税（%）			增值/消费税（%）	出口退税（%）	计量单位	监管证件代码	检验检疫类别	协定税率（%）		
		最惠国	普通	年内暂定						东盟	亚太	智利
8108.9040	--- 管											
81089040.10	钛合金管（20℃下极限抗拉强度≥900MPa，外径>75mm）	8	30		13	13	千克	3		0		0
81089040.90	其他钛管	8	30		13	13	千克			0		0
8108.9090	--- 其他	8	30		13	13	千克			0		0
81.09	**锆及其制品，包括废碎料：**											
	- 未锻轧锆；粉末：											
8109.2100	-- 按重量计铪与锆之比低于1:500											
81092100.10	颗粒<500μm的锆及其合金，按重量计铪与锆之比低于1:500（含量≥97%，不论球形、椭球体、雾化、片状、研碎金属燃料）	3	20		13	0	千克	3A	M/	0		0
81092100.90	其他未锻轧锆及粉末，按重量计铪与锆之比低于1:500	3	20		13	0	千克	3A	M/	0		0
8109.2900	-- 其他											
81092900.10	其他颗粒<500μm的锆及其合金（含量≥97%，不论球形、椭球体、雾化、片状、研碎金属燃料）	3	20		13	0	千克	3A	M/	0		0
81092900.90	其他未锻轧锆及粉末	3	20		13	0	千克	3A	M/	0		0
	- 废碎料：											
8109.3100	-- 按重量计铪与锆之比低于1:500	3	20		13	0	千克	39		0		0
8109.3900	-- 其他	3	20		13	0	千克	39		0		0
	- 其他：											
8109.9100	-- 按重量计铪与锆之比低于1:500											
81099100.10	锆管（铪与锆重量比低于1:500的锆金属和合金的管或组件）	8	20		13	13	千克	3		0		0
81099100.90	其他锻轧锆及锆制品，按重量计铪与锆之比低于1:500	8	20		13	0	千克	3		0		0
8109.9900	-- 其他	8	20		13	0	千克	3		0		0
81.10	**锑及其制品，包括废碎料：**											
	- 未锻轧锑；粉末：											
8110.1010	--- 未锻轧锑	3	30	1	13	0	千克	4xy		0		0
8110.1020	--- 粉末	3	30		13	0	千克	4Axy	M/	0		0
8110.2000	- 废碎料	3	30		13	0	千克	49xy		0		0
8110.9000	- 其他	8	40		13	0	千克	4xy		0		0
81.11	**锰及其制品，包括废碎料：**											
8111.0010	--- 未锻轧锰；废碎料；粉末											
81110010.10	锰废碎料	3	20		13	0	千克	49xy		0		0
81110010.90	未锻轧锰，粉末	3	20		13	0	千克	4Axy	M/	0		0
8111.0090	--- 其他	8	30		13	0	千克	4xy		0		0
81.12	**铍、铬、铪、铼、铊、镉、锗、钒、镓、铟、铌及其制品，包括废碎料：**											
	- 铍：											
8112.1200	-- 未锻轧铍；粉末	3	30		13	0	千克	3A	M/	0		0

协定税率（%）														特惠税率（%）①/②	Article Description
巴基斯坦	冰岛	哥斯达黎加	秘鲁	新西兰	瑞士	新加坡	韩国	澳大利亚	格鲁吉亚	毛里求斯	日本RCEP	尼加拉瓜	港澳台		
															--- Tubes or pipes
0	0	0	0	0	0		0	0	0	0	6.5	6.4	0/	0/0	Tubes or pipes of titanium alloys (ultimate tensile strength ⩾900MPa at 20°C, of an outer diameter >75mm)
0	0	0	0	0	0		0	0	0	0	6.5	6.4	0/	0/0	Other titanium tubes or pipes
4	0	0	0	0	0		0	0	0	0	5.8	6.4	0/	0/0	--- Other
															Zirconium and articles thereof, including waste and scrap:
															- Unwrought zirconium; powders:
															-- Containing less than 1 part hafnium to 500 parts zirconium by weight
0	0	0	0	0	0		0	0	0	0	0	0	0/	0/0	Zirconium and its alloys, granularity <500μm, containing less than 1 part hafnium to 500 parts zirconium by weight (containing by weight ⩾97% of zirconium, whether is spheroid, ellipsoid, atomized, flake formed or crush metal fuels)
0	0	0	0	0	0		0	0	0	0	0	0	0/	0/0	Other unwrought zirconium and powders, containing less than 1 part hafnium to 500 parts zirconium by weight
															-- Other
0	0	0	0	0	0		0	0	0	0	0	0	0/	0/0	Other zirconium and its alloys, granularity <500μm (containing by weight ⩾97% of zirconium, whether is spheroid, ellipsoid, atomized, flake formed or crush metal fuels)
0	0	0	0	0	0		0	0	0	0	0	0	0/	0/0	Other unwrought zirconium and powders
															- Waste and scrap:
0	0	0	0	0	0		0	0	0	0	0	0	0/	0/0	-- Containing less than 1 part hafnium to 500 parts zirconium by weight
0	0	0	0	0	0		0	0	0	0	0	0	0/	0/0	-- Other
															- Other:
															-- Containing less than 1 part hafnium to 500 parts zirconium by weight
0	0	0	0	0	0		0	0	0	0	5.8	6.4	0/	0/0	Tubes or pipes of zirconium and its alloys (containing less than 1 part hafnium to 500 parts zirconium by weight)
0	0	0	0	0	0		0	0	0	0	5.8	6.4	0/	0/0	Other wrought zirconium and articles thereof (containing less than 1 part hafnium to 500 parts zirconium by weight)
0	0	0	0	0	0		0	0	0	0	5.8	6.4	0/	0/0	-- Other
															Antimony and articles thereof, including waste and scrap:
															- Unwrought antimony; powders:
0	0	0	0	0	0		0	0	0	0	0	0	0/	0/0	--- Unwrought antimony
0	0	0	0	0	0		0	0	0	0	0	0	0/	0/0	--- powders
0	0	0	0	0	0		0	0	0	0	0	0	0/	0/0	- Antimony waste and scrap
0	0	0	0	0	0		0	0	0	0	5.8	6.4	0/	0/0	- Other
															Manganese and articles thereof, including waste and scrap:
															--- Unwrought manganese; waste and scrap; powders
0	0	0	0	0	0		0	0	0	0	0	0	0/	0/0	Manganese waste and scrap
0	0	0	0	0	0		0	0	0	0	0	0	0/	0/0	Unwrought manganese; powders
0	0	0	0	0	0		0	0	0	0	5.8	6.4	0/	0/0	--- Other
															Beryllium, chromium, hafnium, rhenium, thallium, cadmium, germanium, vanadium, gallium, indium and niobium (columbium), articles of these metals, including waste and scrap:
															- Beryllium:
0	0	0	0	0	0		0	0	0	0	0	0	0/	0/0	-- Unwrought; powders

税　号	货品名称	进口关税（%） 最惠国	普通	年内暂定	增值/消费税（%）	出口退税（%）	计量单位	监管证件代码	检验检疫类别	协定税率（%） 东盟	亚太	智利
8112.1300	-- 废碎料	3	30		13	0	千克	39		0		0
8112.1900	-- 其他	8	30		13	0	千克	3		0		0
	- 铬：											
8112.2100	-- 未锻轧铬；粉末	3	20		13	0	千克	4xy		0		0
8112.2200	-- 废碎料	3	20		13	0	千克	49xy		0		0
8112.2900	-- 其他	3	20		13	0	千克	4xy		0		0
	- 铪：											
8112.3100	-- 未锻轧铪；废碎料；粉末											
81123100.11	铪废碎料，按重量计铪含量超过60%	3	20		13	0	千克	39		0	2.7	0
81123100.19	其他铪废碎料	3	20		13	0	千克	9		0	2.7	0
81123100.91	未锻轧的铪或粉末，按重量计铪含量超过60%	3	20		13	13	千克	3A	M/	0	2.7	0
81123100.99	其他未锻轧的铪或粉末	3	20		13	13	千克	A	M/	0	2.7	0
8112.3900	-- 其他											
81123900.10	锻轧的铪及铪制品，按重量计铪含量超过60%	8	30		13	0	千克	3		0	5.6	0
81123900.90	其他锻轧的铪及铪制品	8	30		13	0	千克			0	5.6	0
	- 铼：											
8112.4100	-- 未锻轧铼；废碎料；粉末											
81124100.10	未锻轧的铼废碎料	3	20		13	13	千克	49Axy	M/	0	2.7	0
81124100.90	未锻轧的铼；粉末	3	20		13	13	千克	4xy		0	2.7	0
8112.4900	-- 其他	8	30		13	0	千克	4xy		0	5.6	0
	- 铊：											
8112.5100	-- 未锻轧铊；粉末	3	20		13	0	千克	AB	M/N	0		0
8112.5200	-- 废碎料	3	20		13	0	千克	9		0		0
8112.5900	-- 其他	8	30		13	0	千克			0		0
	- 镉：											
8112.6100	-- 废碎料	3	14		13	0	千克	9		0		0
	-- 其他：											
8112.6910	--- 未锻轧镉；粉末	3	14		13	0	千克			0		0
8112.6990	--- 其他	8	30		13	0	千克			0	5.6	0
	- 其他：											
	-- 未锻轧；废碎料；粉末：											
8112.9210	--- 锗											
81129210.10	未锻轧锗废碎料	3	20	1	13	0	千克	39A		0		0
81129210.90	未锻轧锗，锗粉末	3	20	1	13	0	千克	3		0		0
8112.9220	--- 钒											
81129220.10	未锻轧钒废碎料	3	20		13	0	千克	49Axy	M/	0		0
81129220.90	未锻轧钒，钒粉末	3	20		13	0	千克	4xy		0		0
8112.9230	--- 铟											
81129230.10	未锻轧铟，铟粉末	3	20	1	13	0	千克	4xy		0		0
81129230.90	未锻轧铟废碎料	3	20	1	13	0	千克	49xy		0		0
8112.9240	--- 铌											
81129240.10	铌废碎料	3	20		13	0	千克	49xy		0		0
81129240.90	未锻轧铌，铌粉末	3	20	0	13	0	千克	4xy		0		0
8112.9290	--- 其他											
81129290.10	未锻轧的镓废碎料	3	20		13	0	千克	39A	M/	0	2.7	0
81129290.90	未锻轧的镓；粉末	3	20		13	0	千克	3A	M/	0	2.7	0
	-- 其他：											
8112.9910	--- 锗	3	20	1	13	13	千克	3		0		0
8112.9920	--- 钒											
81129920.01	其他钒氮合金	3	20	0	13	0	千克	4xy		0		0
81129920.90	其他钒及其制品	3	20		13	0	千克	4xy		0		0
8112.9930	--- 铟	8	20	1	13	0	千克	4xy		0		0

协定税率（%）														特惠税率（%）①/②	Article Description
巴基斯坦	冰岛	哥斯达黎加	秘鲁	新西兰	瑞士	新加坡	韩国	澳大利亚	格鲁吉亚	毛里求斯	日本 RCEP	尼加拉瓜	港澳台		
0	0	0	0	0	0		0	0	0	0	0	0	0/	0/0	-- Waste and scrap
0	0	0	0	0	0		0	0	0	0	5.8	6.4	0/	0/0	-- Other
															- Chromium:
0	0	0	0	0	0		0	0	0	0	0	0	0/	0/0	-- Unwrought; powders
0	0	0	0	0	0		0	0	0	0	0	0	0/	0/0	-- Waste and scrap
0	0	0	0	0	0		0	0	0	0	2.2	0	0/	0/0	-- Other
															- Hafnium:
															-- Unwrought; waste and scrap; powders
0	0	0	0	0	0		0	0	0	0	0	0	0/	0/0	Waste and scrap of hafnium, containing by weight 60% or more of hafnium
0	0	0	0	0	0		0	0	0	0	0	0	0/	0/0	Other waste and scrap of hafnium
0	0	0	0	0	0		0	0	0	0	0	0	0/	0/0	Unwrought hafnium or hafnium powders, containing by weight 60% or more of hafnium
0	0	0	0	0	0		0	0	0	0	0	0	0/	0/0	Other unwrought hafnium or hafnium powders
															-- Other
0	0	0	0	0	0		0	0	0	0	5.8	6.4	0/	0/0	Wrought hafnium and articles thereof, containing by weight 60% or more of hafnium
0	0	0	0	0	0		0	0	0	0	5.8	6.4	0/	0/0	Other wrought hafnium and articles thereof
															- Rhenium:
															-- Unwrought; waste and scrap; powders
0	0	0	0	0	0		0	0	0	0	0	0	0/	0/0	Unwrought rhenium waste and scrap
0	0	0	0	0	0		0	0	0	0	0	0	0/	0/0	Unwrought rhenium; powders
0	0	0	0	0	0		0	0	0	0	5.8	6.4	0/	0/0	-- Other
															- Thallium:
0	0	0	0	0	0		0	0	0	0	0	0	0/	0/0	-- Unwrought; powders
0	0	0	0	0	0		0	0	0	0	0	0	0/	0/0	-- Waste and scrap
0	0	0	0	0	0		0	0	0	0	5.8	6.4	0/	0/0	-- Other
															- Cadmium:
0	0	0	0	0	0		0	0	0	0	0	0	0/	0/0	-- Waste and scrap
															-- Other:
0	0	0		0	0		0	0	0	0	2.2	2.4	0/	0/0	--- Unwrought cadmium;powder
0	0	0	0	0	0		0	0	0	0	5.8	6.4	0/	0/0	--- Other
															- Other:
															-- Unwrought; waste and scrap; powders:
															--- Germanium
0	0	0	0	0	0		0	0	0	0	0	0	0/	0/0	Unwrought germanium waste and scrap
0	0	0	0	0	0		0	0	0	0	0	0	0/	0/0	Unwrought germanium; powders
															--- Vanadium
0	0	0	0	0	0		0	0	0	0	0	0	0/	0/0	Unwrought vanadium waste and scrap
0	0	0	0	0	0		0	0	0	0	0	0	0/	0/0	Unwrought vanadium; powders
															--- Indium
0	0	0	0	0	0		0	0	0	0	0	0	0/	0/0	Unwrought indium; powders
0	0	0	0	0	0		0	0	0	0	0	0	0/	0/0	Unwrought indium waste and scrap
															--- Niobium
0	0	0	0	0	0		0	0	0	0	0	0	0/	0/0	Niobium waste and scrap
0	0	0	0	0	0		0	0	0	0	0	0	0/	0/0	Unwrought niobium; powders
															--- Other
0	0	0	0	0	0		0	0	0	0	0	0	0/	0/0	Unwrought gallium; waste and scrap
0	0	0	0	0	0		0	0	0	0	0	0	0/	0/0	Unwrought gallium; powders
															-- Other:
0	0	0	0	0	0		0	0	0	0	0	0	0/	0/0	--- Germanium
															--- Vanadium
0	0	0	0	0	0		0	0	0	0	0	0	0/	0/0	Other vanadium and nitrogen alloys
0	0	0	0	0	0		0	0	0	0	0	0	0/	0/0	Other vanadium and articles thereof
0	0	0	0	0	0		0	0	0	0	5.8	6.4	0/	0/0	--- Indium

税　号	货品名称	进口关税（%）			增值/消费税（%）	出口退税（%）	计量单位	监管证件代码	检验检疫类别	协定税率（%）		
		最惠国	普通	年内暂定						东盟	亚太	智利
8112.9940	--- 铌	8	20		13	0	千克	4xy		0		0
8112.9990	--- 其他	8	30		13	0	千克	3		0	5.6	0
81.13	**金属陶瓷及其制品，包括废碎料：**											
8113.0010	--- 颗粒；粉末											
81130010.10	颗粒或粉末状碳化钨废碎料	8	30		13	0	千克	9		0		0
81130010.90	颗粒或粉末状其他金属陶瓷及其制品	8	30		13	0	千克			0		0
8113.0090	--- 其他											
81130090.10	其他碳化钨废碎料，颗粒或粉末除外	8	30		13	0	千克	9		0		0
81130090.20	铝碳化硅（AlSiC）基板（包括废料）	8	30	4	13	0	千克			0		0
81130090.90	其他金属陶瓷及其制品，颗粒或粉末除外（包括废料）	8	30		13	0	千克			0		0

协定税率（%）														特惠税率（%）①/②	Article Description
巴基斯坦	冰岛	哥斯达黎加	秘鲁	新西兰	瑞士	新加坡	韩国	澳大利亚	格鲁吉亚	毛里求斯	日本RCEP	尼加拉瓜	港澳台		
0	0	0	0	0	0		0	0	0	0	5.8	6.4	0/	0/0	--- Niobium
0	0	0	0	0	0		0	0	0	0	5.8	6.4	0/	0/0	--- Other
															Cermets and articles thereof, including waste and scrap:
															--- Granules, powders
0	0	0	0	0	0			0	0	0		6.4	0/0	0/0	Waste and scrap of tungsten carbide, in granular or powder
0	0	0	0	0	0			0	0	0		6.4	0/0	0/0	Other metal ceramics and related products, in granular or powder
															--- Other
0	0	0	0	0	0			0	0	0		6.4	0/0	0/0	Other waste and scrap of tungsten carbide, other than granules or powder
0	0	0	0	0	0			0	0	0		6.4	0/0	0/0	Aluminium-siliconcarbide (AlSiC) substrate, including waste
0	0	0	0	0	0			0	0	0		6.4	0/0	0/0	Other metal ceramics and related products, including waste, other than granules or powder

第八十二章　贱金属工具、器具、利口器、餐匙、餐叉及其零件

注释：

一、除喷灯、轻便锻炉、带支架的砂轮、修指甲和修脚用器具及税目82.09的货品外，本章仅包括带有用下列材料制成的刀片、工作刃、工作面或其他工作部件的物品：

（一）贱金属；

（二）硬质合金或金属陶瓷；

（三）装于贱金属、硬质合金或金属陶瓷底座上的宝石或半宝石（天然、合成或再造）；或

（四）附于贱金属底座上的磨料，当附上磨料后，所具有的切齿、沟、槽或类似结构仍保持其特性及功能。

二、本章所列物品的贱金属零件，应与该制品归入同一税目，但具体列名的零件及手工工具的工具夹具（税目84.66）除外。第十五类注释二所述的通用零件，均不归入本章。

电动剃须刀及电动毛发推剪的刀头、刀片应归入税目85.10。

三、由税目82.11的一把或多把刀具与税目82.15至少数量相同的物品构成的成套货品应归入税目82.15。

税　号	货品名称	进口关税（%）			增值/消费税（%）	出口退税（%）	计量单位	监管证件代码	检验检疫类别	协定税率（%）		
		最惠国	普通	年内暂定						东盟	亚太	智利
82.01	锹、铲、镐、锄、叉及耙；斧子、钩刀及类似砍伐工具；各种修枝用剪刀；镰刀、秣刀、树篱剪、伐木楔子及其他农业、园艺或林业用手工工具：											
8201.1000	- 锹及铲											
82011000.10	含植物性材料的锹及铲	8	50		9	9	千克/把	AB	P/Q	0		0
82011000.90	其他锹及铲	8	50		9	9	千克/把			0		0
8201.3000	- 镐、锄及耙											
82013000.10	含植物性材料的镐、锄、耙	8	50		9	9	千克/把	AB	P/Q	0		0
82013000.90	其他镐、锄、耙	8	50		9	9	千克/把			0		0
8201.4000	- 斧子、钩刀及类似砍伐工具											
82014000.10	含植物性材料的砍伐工具（包括斧子、钩刀及类似砍伐工具）	8	50		9	9	千克/把	AB	P/Q	0		0
82014000.90	其他斧子、钩刀及类似砍伐工具	8	50		9	9	千克/把			0		0
8201.5000	- 修枝剪及类似的单手操作剪刀（包括家禽剪）											
82015000.10	含植物性材料的单手操作农用剪（包括家禽剪）	8	50		9	9	千克/把	AB	P/Q	0		0
82015000.90	其他修枝剪等单手操作农用剪（包括家禽剪）	8	50		9	9	千克/把			0		0
8201.6000	- 树篱剪、双手修枝剪及类似的双手操作剪刀											
82016000.10	含植物性材料的双手操作农用剪	8	50		9	9	千克/把	AB	P/Q	0		0
82016000.90	其他修枝剪等双手操作农用剪	8	50		9	9	千克/把			0		0
	- 用于农业、园艺或林业的其他手工工具：											
8201.9010	--- 叉											
82019010.10	含植物性材料的农业、园艺、林业用叉	8	50		9	9	千克/把	AB	P/Q	0		0
82019010.90	其他农业、园艺、林业用叉	8	50		9	9	千克/把			0		0
8201.9090	--- 其他											
82019090.10	含植物性材料的农业、园艺、林业用手工工具	8	50		9	9	千克/把	AB	P/Q	0		0

Chapter 82 Tools, implements, cutlery, spoons and forks, of base metal; parts thereof of base metal

Chapter Notes:

1. Apart from blow lamps, portable forges, grinding wheels with frameworks, manicure or pedicure sets, and goods of heading 82.09, this Chapter covers only articles with a blade, working edge, working surface or other working part of:

   (a) Base metal;

   (b) Metal carbides or cermets;

   (c) Precious or semi-precious stones (natural, synthetic or reconstructed) on a suPort of base metal, metal carbide or cermet; or

   (d) Abrasive materials on a suPort of base metal, provided that the articles have cutting teeth, flutes, grooves, or the like, of base metal, which retain their identity and function after the aPlication of the abrasive.

2. Parts of base metal of the articles of this Chapter are to be classified with the articles of which they are parts, except parts separately specified as such and tool-holders for hand tools (heading 84.66). However, parts of general use as defined in Note 2 to Section XV are in all cases excluded from this Chapter.

   Heads, blades and cutting plates for electric shavers and electric hair cliPers are to be classified in heading 85.10.

3. Sets consisting of one or more knives of heading 82.11 and at least an equal number of articles of heading 82.15 are to be classified in heading 82.15.

协定税率（%）														特惠税率（%）①/②	Article Description
巴基斯坦	冰岛	哥斯达黎加	秘鲁	新西兰	瑞士	新加坡	韩国	澳大利亚	格鲁吉亚	毛里求斯	日本RCEP	尼加拉瓜	港澳台		
															Hand tools, the following: spades, shovels, mattocks, picks, hoes, forks and rakes; axes, bill hooks and similar hewing tools; secateurs and prundrs of any kind; scythes, hay knives, hedge shears, timber wedges and other tools of a kind used in agriculture, horticul-ture or forestry:
															- Spades and shovels
4	0	0	0	0	0		0	0	0	0	5.8	6.4	0/	0/0	Spades and shovels, with vegetable materials
4	0	0	0	0	0		0	0	0	0	5.8	6.4	0/	0/0	Other spades and shovels
															- Mattocks, picks, hoes and rakes
0	0	0	0	0	0		0	0	0	0	5.8	6.4	0/	0/0	Mattocks, picks, hoes and rakes, with vegetable materials
0	0	0	0	0	0		0	0	0	0	5.8	6.4	0/	0/0	Other Mattocks, picks, hoes and rakes
															- Axes, bill hooks and similar hewing tools
4	0	0	0	0	0		0	0	0	0	5.8	6.4	0/	0/0	Axes, bill hooks and similar hewing tools, with vegetable materials
4	0	0	0	0	0		0	0	0	0	5.8	6.4	0/	0/0	Other axes, bill hooks and similar hewing tools
															- Secateurs and similar one-handed pruners and shears (including poultry shears)
0	0	0	0	0	0		0	0	0	0	5.8	6.4	0/	0/0	Secateurs and similar one-handed pruners and shears (including poultry shears), with vegetable materials, for use in agriculture
0	0	0	0	0	0		0	0	0	0	5.8	6.4	0/	0/0	Other secateurs and similar one-handed pruners and shears (including poultry shears), for use in agriculture
															- Hedge shears, two-handed pruning shears and similar two-handed shears
0	0	0	0	0	0		0	0	0	0	5.8	6.4	0/	0/0	Two-handed shears, with vegetable materials, used in agriculture
0	0	0	0	0	0		0	0	0	0	5.8	6.4	0/	0/0	Other hedge shears, two-handed pruning shears and similar two-handed shears, for use in agriculture
															- Other hand tools of a kind used in agriculture, horticulture or forestry:
															--- Forks
0	0	0	0	0	0		0	0	0	0	5.8	6.4	0/	0/0	Forks used in agriculture, horticulture or forestry, with vegetable materials
0	0	0	0	0	0		0	0	0	0	5.8	6.4	0/	0/0	Other Forks used in agriculture, horticulture or forestry
															--- Other
0	0	0	0	0	0		0	0	0	0	5.8	6.4	0/	0/0	Hand tools of a kind used in agriculture, horticulture or forestry, with vegetable materials

税　号	货品名称	进口关税（%）			增值/消费税（%）	出口退税（%）	计量单位	监管证件代码	检验检疫类别	协定税率（%）		
		最惠国	普通	年内暂定						东盟	亚太	智利
82019090.90	其他农业、园艺、林业用手工工具	8	50		9	9	千克/把			0		0
82.02	**手工锯；各种锯的锯片（包括切条、切槽或无齿锯片）：**											
8202.1000	- 手工锯	8	50		13	13	千克/把			0		0
	- 带锯片：											
8202.2010	--- 双金属带锯条	8	20		13	13	千克			0		0
8202.2090	--- 其他	8	20		13	13	千克			0		0
	- 圆锯片（包括切条或切槽锯片）：											
8202.3100	-- 带有钢制工作部件	8	20		13	13	千克			0		0
	-- 其他，包括部件：											
8202.3910	--- 带有天然或合成金刚石、立方氮化硼制的工作部件	8	20		13	13	千克			0		0
8202.3990	--- 其他	8	20		13	13	千克			0		0
8202.4000	- 链锯片	8	20		13	13	千克			0		0
	- 其他锯片：											
	-- 直锯片，加工金属用：											
8202.9110	--- 机械锯用	8	20		13	13	千克			0	5.2	0
8202.9190	--- 其他	8	50		13	13	千克			0		0
	-- 其他：											
8202.9910	--- 机械锯用	8	20		13	13	千克			0		0
8202.9990	--- 其他	8	50		13	13	千克			0		0
82.03	**钢锉、木锉、钳子（包括剪钳）、镊子、白铁剪、切管器、螺栓切头器、打孔冲子及类似手工工具：**											
8203.1000	- 钢锉、木锉及类似工具	8	50		13	13	千克/把			0		0
8203.2000	- 钳子（包括剪钳）、镊子及类似工具	8	50		13	13	千克/把			0		0
8203.3000	- 白铁剪及类似工具	8	50		13	13	千克/把			0		0
8203.4000	- 切管器、螺栓切头器、打孔冲子及类似工具	8	50		13	13	千克/把			0		0
82.04	**手动扳手及扳钳（包括转矩扳手，但不包括丝锥扳手）；可互换的扳手套筒，不论是否带手柄：**											
	- 手动扳手及扳钳：											
8204.1100	-- 固定的	8	50		13	13	千克/把			0		0
8204.1200	-- 可调的	8	50		13	13	千克/把			0		0
8204.2000	- 可互换的扳手套筒，不论是否带手柄	8	50		13	13	千克/套			0		0
82.05	**其他税目未列名的手工工具（包括玻璃刀）；喷灯；台钳、夹钳及类似品，但作为机床或水射流切割机附件或零件的除外；砧；轻便锻炉；带支架的手摇或脚踏砂轮：**											
8205.1000	- 钻孔或攻丝工具	8	50		13	13	千克/个			0		0
8205.2000	- 锤子	8	50		13	13	千克/个			0		0
8205.3000	- 木工用刨子、凿子及类似切削工具	8	50		13	13	千克/个			0		0
8205.4000	- 螺丝刀	8	50		13	13	千克/个			0		0
	- 其他手工工具（包括玻璃刀）：											
8205.5100	-- 家用工具	7	50		13	13	千克/个			0		0
8205.5900	-- 其他	8	50		13	13	千克/个			0	5.2	0
8205.6000	- 喷灯	8	50		13	13	千克/个			0		0
8205.7000	- 台钳、夹钳及类似品	8	50		13	13	千克/个			0		0
8205.9000	- 其他，包括由本税目项下两个或多个子目所列物品组成的成套货品	8	50		13	13	千克			0		0

协定税率（%）														特惠税率（%）①/②	Article Description
巴基斯坦	冰岛	哥斯达黎加	秘鲁	新西兰	瑞士	新加坡	韩国	澳大利亚	格鲁吉亚	毛里求斯	日本RCEP	尼加拉瓜	港澳台		
0	0	0	0	0	0		0	0	0	0	5.8	6.4	0/	0/0	Other hand tools of a kind used in agriculture, horticulture or forestry
															Hand saws; blades for saws of all kinds (including slitting, slotting or toothless saw blades):
0	0	0	0	0	0		0	0	0	0	6.1	6.4	0/	0/0	- Hand saws
															- Band saw blades:
0	0	0	0	0	0		0	0	0	0	5.8	6.4	0/	0/0	--- Bimetal band saw blades
0	0	0	0	0	0		0	0	0	0	5.8	6.4	0/	0/0	--- Other
															- Circular saw blades (including slitting or slotting saw blades):
0	0	0	0	0	0		0	0	0	0	5.8	6.4	0/	0/0	-- With working part of steel
															-- Other, including parts:
0	0	0	0	0	0		0	0	0	0	5.8	6.4	0/	0/0	--- With working part of natural or synthetic diamonds or cubic boron nitride
0	0	0	0	0	0		0	0	0	0	5.8	6.4	0/	0/0	--- Other
0	0	0	0	0	0		0	0	0	0	5.8	6.4	0/	0/0	- Chain saw blades
															- Other saw blades:
															-- Straight saw blades, for working metal:
0	0	0	0	0	0		0	0	0	0	5.8	6.4	0/	0/0	--- For sawing machines
0	0	0	0	0	0		0	0	0	0	5.8	6.4	0/	0/0	--- Other
															-- Other:
0	0	0	0	0	0		0	0	0	0	6.1	6.4	0/	0/0	--- For sawing machines
2.5	0	0	0	0	0	0	0	0	0	0	7.6	6.4	0/	0/0	--- Other
															Files, rasps, pliers (including cutting pliers), pincers, tweezers, metal cutting shears, pipe-cutters, bolt croppers, perforating punches and similar hand tools:
4	0	0	0	0	0	0	0	0	0	0	7.6	6.4	0/	0/0	- Files, rasps and similar tools
	0	0	0	0	0	0	0	0	0	0	7.6	6.4	0/0	0/0	- Pliers (including cutting pliers), pincers, tweezers and similar tools
4	0	0	0	0	0	0	0	0	0	0	7.6	6.4	0/	0/0	- Metal cutting shears and similar tools
2.5	0	0	0	0	0	0	0	0	0	0	7.6	6.4	0/	0/0	- Pipe-cutters, bolt croppers, perforating punches and similar tools
															Hand-operated spanners and wrenches (including torque meter wrenches but not including tap wrenches); interchangeable spanner sockets, with or without handles:
															- Hand-operated spanners and wrenches:
2.5	0	0	0	0	0	0	0	0	0	0	7.6	6.4	0/	0/0	-- Non-adjustable
0	0	0	0	0	0		0	0	0	0	7.3	6.4	0/0	0/0	-- Adjustable
0	0	0	0	0	0		0	0	0	0	7.3	6.4	0/	0/0	- Interchangeable spanner sockets, with or without handles
															Hand tools (including glaziers diamonds), not elsewhere specified or included; blow lamps; vices, clamps and the like, other than accessories for and parts of, machine-tools or water-jet cutting machines; anvils; portable forges; hand or pedal operated grinding wheels with frameworks:
0	0	0	0	0	0		0	0	0	0	7.3	6.4	0/	0/0	- Drilling, threading or tapping tools
2.5	0	0	0	0	0		0	0	0	0	7.3	6.4	0/0	0/0	- Hammers and sledge hammers
4	0	0	0	0	0	0	0	0	0	0	7.6	6.4	0/	0/0	- Planes, chisels, gouges and similar cutting tools for working wood
2.5	0	0	0	0	0	0	0	0	0	0	7.6	6.4	0/0	0/0	- Screwdrivers
															- Other hand tools (including glaziers diamonds):
4	0	0	0	0	0	0	0	0	0	0	7.6	0	0/	0/0	-- Household tools
0	0	0	0	0	0		0	0	0	0	7.3	6.4	0/0	0/0	-- Other
0	0	0	0	0	0		0	0	0	0	7.3	6.4	0/	0/0	- Blow lamps
4	0	0	0	0	4.2	0	0	0	0	0	7.6	6.4	0/	0/0	- Vices, clamps and the like
4	0	0	0	0	0	0	0	0	0	0	7.6	6.4	0/	0/0	- Other, including sets of articles of two or more subheadings of this heading

税号	货品名称	进口关税（%）最惠国	进口关税（%）普通	进口关税（%）年内暂定	增值/消费税（%）	出口退税（%）	计量单位	监管证件代码	检验检疫类别	协定税率（%）东盟	协定税率（%）亚太	协定税率（%）智利
82.06	**由税目82.02至82.05中两个或多个税目所列工具组成的零售包装成套货品：**											
8206.0000	由税目82.02至82.05中两个或多个税目所列工具组成的零售包装成套货品	8	50		13	13	千克			0		0
82.07	**手工工具（不论是否有动力装置）及机床（例如，锻压、冲压、攻丝、钻孔、镗孔、铰孔及铣削、车削或上螺丝用的机器）的可互换工具，包括金属拉拔或挤压用模以及凿岩或钻探工具：**											
	- 凿岩或钻探工具：											
8207.1300	-- 带有金属陶瓷制的工作部件	8	20		13	13	千克			0		0
	-- 其他，包括部件：											
8207.1910	--- 带有天然或合成金刚石、立方氮化硼制的工作部件	8	20		13	13	千克			0		0
8207.1990	--- 其他	8	20		13	13	千克			0		0
	- 金属拉拔或挤压用模：											
8207.2010	--- 带有天然或合成金刚石、立方氮化硼制的工作部件	8	20		13	13	千克/套			0		0
8207.2090	--- 其他	8	20		13	13	千克/套			0		0
8207.3000	- 锻压或冲压工具											
82073000.10	加工税目87.03所列车辆车身冲压件用的四种关键模具（侧围外板、翼子板、拼接整体侧围内板、拼焊整体侧围加强板用模具）	8	20	6	13	13	千克			0	6.8	0
82073000.20	加工税目87.03所列车辆车身冲压件用的四种特种模具（σb≥980牛顿/平方毫米的冷冲压、热成型、内高压成型和铝板用模具）	8	20	6	13	13	千克			0	6.8	0
82073000.90	其他锻压或冲压工具	8	20		13	13	千克			0	6.8	0
8207.4000	- 攻丝工具	8	20		13	13	千克/件			0		0
	- 钻孔工具，但凿岩及钻探用的除外：											
8207.5010	--- 带有天然或合成金刚石、立方氮化硼制的工作部件	8	20		13	13	千克/件			0		0
8207.5090	--- 其他	8	20		13	13	千克/件			0		0
	- 镗孔或铰孔工具：											
8207.6010	--- 带有天然或合成金刚石、立方氮化硼制的工作部件	8	20		13	13	千克/件			0		0
8207.6090	--- 其他	8	20		13	13	千克/件			0		0
	- 铣削工具：											
8207.7010	--- 带有天然或合成金刚石、立方氮化硼制的工作部件	8	20		13	13	千克/件			0		0
8207.7090	--- 其他	8	20		13	13	千克/件			0		0
	- 车削工具：											
8207.8010	--- 带有天然或合成金刚石、立方氮化硼制的工作部件	8	20		13	13	千克/件			0	5.2	0
8207.8090	--- 其他	8	20		13	13	千克/件			0	5.2	0
	- 其他可互换工具：											
8207.9010	--- 带有天然或合成金刚石、立方氮化硼制的工作部件	8	20		13	13	千克/件			0	5.2	0
8207.9090	--- 其他	8	20		13	13	千克/件			0	5.2	0
82.08	**机器或机械器具的刀及刀片：**											
	- 金属加工用：											
	--- 硬质合金制的：											
8208.1011	---- 经镀或涂层的	8	20		13	13	千克			0		0
8208.1019	---- 其他	8	20		13	13	千克			0		0
8208.1090	--- 其他	8	20		13	13	千克			0		0

协定税率（%）														特惠税率（%）①/②	Article Description
巴基斯坦	冰岛	哥斯达黎加	秘鲁	新西兰	瑞士	新加坡	韩国	澳大利亚	格鲁吉亚	毛里求斯	日本RCEP	尼加拉瓜	港澳台		
															Tools of two or more of the headings 82.02 to 82.05, put up in sets for retail sale:
4	0	0	0	0	0.9	0	0	0	0	0	7.6	6.4	0/	0/0	Tools of two or more of the headings 82.02 to 82.05, put up in sets for retail sale
															Interchangeable tools for hand tools, whether or not power-operated, or for machine-tools (for example, for pressing, stamping, punching, tapping, threading, drilling, boring, broaching, milling, turning or screw driv-ing), including dies for drawing or extruding metal, and rock drilling or earth boring tools:
															- Rock drilling or earth boring tools:
0	0	0	0	0	0		0	0	0	0	5.8	6.4	0/	0/0	-- With working part of cermets
															-- Other, including parts:
0	0	0	0	0	0		0	0	0	0	5.8	6.4	0/	0/0	--- With working part of natural or synthetic diamonds or cubic boron nitride
0	0	0	0	0	0		0	0	0	0	5.8	6.4	0/	0/0	--- Other
															- Dies for drawing or extruding metal:
0	0	0	0	0	0		0	0	0	0	5.8	6.4	0/0	0/0	--- With working part of natural or synthetic diamonds or cubic boron nitride
0	0	0	0	0	0		0	0	0	0	5.8	6.4	0/0	0/0	--- Other
															- Tools for pressing, stamping or punching
0	0	0	0	0	0		2.6	0	0	0	6.5	6.4	0/0	0/0	Four kinds of key molds used for processing stamping or punching parts of autimotive body (of heading 87.03 frank outer plate, fender, the whole splice frank inner plate, the whole weld frank belaying cleat, used for matrix)
0	0	0	0	0	0		2.6	0	0	0	6.5	6.4	0/0	0/0	Four kinds of special molds used for processing stamping or punching parts of autimotive body of heading 87.03 (σb ≥ 980N/mm², molds of cold stamping, thermoforming, inner high pressure forming and used for aluminium sheet)
0	0	0	0	0	0		2.6	0	0	0	6.5	6.4	0/0	0/0	Other tools for pressing, stamping or punching
0	0	0	0	0	0			0	0	0		6.4	0/0	0/0	- Tools for tapping or threading
															- Tools for drilling, other than for rock drilling:
0	0	0	0	0	0			0	0	0		6.4	0/0	0/0	--- With working part of natural or synthetic diamonds or cubic boron nitride
0	0	0	0	0	0			0	0	0		6.4	0/0	0/0	--- Other
															- Tools for boring or broaching:
0	0	0	0	0	0			0	0	0		6.4	0/0	0/0	--- With working part of natural or synthetic diamonds or cubic boronnitride
0	0	0	0	0	0		2.6	0	0	0	6.5	6.4	0/	0/0	--- Other
															- Tools for milling:
0	0	0	0	0	0			0	0	0		6.4	0/0	0/0	--- With working part of natural or synthetic diamonds or cubic boronnitride
0	0	0	0	0	0			0	0	0		6.4	0/0	0/0	--- Other
															- Tools for turning:
0	0	0	0	0	0		5.2	0	0	0		6.4	0/0	0/0	--- With working part of natural or synthetic diamonds or cubic boronnitride
0	0	0	0	0	0		5.2	0	0	0		6.4	0/0	0/0	--- Other
															- Other interchangeable tools:
0	0	0	0	0	0		5.2	0	0	0		6.4	0/0	0/0	--- With working part of natural or synthetic diamonds or cubic boron nitride
0	0	0	0	0	0		5.2	0	0	0		6.4	0/0	0/0	--- Other
															Knives and cutting blades, for machines or for mechanical appliances:
															- For metal working:
															--- Of metal carbides:
0	0	0	0	0	0		2.6	0	0	0	6.5	6.4	0/	0/0	----Plated or coated
0	0	0	0	0	0		2.6	0	0	0	6.5	6.4	0/	0/0	----Other
0	0	0	0	0	0		2.6	0	0	0	6.5	6.4	0/	0/0	--- Other

税　号	货品名称	进口关税（%）			增值/消费税（%）	出口退税（%）	计量单位	监管证件代码	检验检疫类别	协定税率（%）		
		最惠国	普通	年内暂定						东盟	亚太	智利
8208.2000	- 木器（材）加工用	8	20		13	13	千克			0		0
8208.3000	- 厨房器具或食品工业机器用	8	20		13	13	千克	A	R/	0		0
8208.4000	- 农业、园艺或林业机器用	8	20		9	9	千克			0		0
8208.9000	- 其他	8	20		13	13	千克			0	5.2	0
82.09	**未装配的工具用金属陶瓷板、杆、刀头及类似品：**											
8209.0010	--- 板	8	20		13	13	千克			0	5.2	0
	--- 条、杆：											
8209.0021	---- 晶粒度小于0.8微米的	8	20		13	13	千克			0	5.2	0
8209.0029	---- 其他	8	20		13	13	千克			0	5.2	0
8209.0030	--- 刀头	8	20		13	13	千克			0	5.2	0
8209.0090	--- 其他	8	20		13	13	千克			0	5.2	0
82.10	**用于加工或调制食品或饮料的手动机械器具，重量不超过10千克：**											
8210.0000	用于加工或调制食品或饮料的手动机械器具，重量不超过10千克	8	80		13	13	千克/台	A	R/	0	5.2	0
82.11	**有刃口的刀及其刀片，不论是否有锯齿（包括整枝刀），但税目82.08的刀除外：**											
8211.1000	- 成套货品	8	80		13	13	千克/套			0		0
	- 其他：											
8211.9100	-- 刃面固定的餐刀	7	80		13	13	千克/把	A	R/	0		0
8211.9200	-- 刃面固定的其他刀	7	80		13	13	千克/把			0		0
8211.9300	-- 刃面不固定的刀	7	80		13	13	千克/把			0		0
8211.9400	-- 刀片	7	80		13	13	千克			0		0
8211.9500	-- 贱金属制的刀柄	7	80		13	13	千克			0		0
82.12	**剃刀及其刀片（包括未分开的刀片条）：**											
8212.1000	- 剃刀	7	80		13	13	千克/把			0		0
8212.2000	- 安全刀片，包括未分开的刀片条	7	80		13	13	千克/片			0		0
8212.9000	- 其他零件	7	80		13	13	千克			0		0
82.13	**剪刀、裁缝剪刀及类似品、剪刀片：**											
8213.0000	剪刀、裁缝剪刀及类似品、剪刀片	7	80		13	13	千克			0	4.6	0
82.14	**其他利口器（例如，理发推剪、屠刀、砍骨刀、切肉刀、切菜刀、裁纸刀）；修指甲及修脚用具（包括指甲锉）：**											
8214.1000	- 裁纸刀、开信刀、改错刀、铅笔刀及其刀片	7	80		13	13	千克			0	4.6	0
8214.2000	- 修指甲及修脚用具（包括指甲锉）	7	90		13	13	千克			0	4.6	0
8214.9000	- 其他											
82149000.10	切菜刀等厨房用利口器	7	80		13	13	千克	A	R/	0		0
82149000.90	理发推子等其他利口器	7	80		13	13	千克			0		0
82.15	**餐匙、餐叉、长柄勺、漏勺、糕点夹、鱼刀、黄油刀、糖块夹及类似的厨房或餐桌用具：**											
8215.1000	- 成套货品，至少其中一件物品是镀贵金属的	7	80		13	13	千克	A	R/	0		0
8215.2000	- 其他成套货品	7	80		13	13	千克	A	R/	0		0
	- 其他：											
8215.9100	-- 镀贵金属的	7	80		13	13	千克	A	R/	0		0
8215.9900	-- 其他	7	80		13	13	千克	A	R/	0		0

协定税率（%）巴基斯坦	冰岛	哥斯达黎加	秘鲁	新西兰	瑞士	新加坡	韩国	澳大利亚	格鲁吉亚	毛里求斯	日本RCEP	尼加拉瓜	港澳台	特惠税率（%）①/②	Article Description
0	0	0	0	0	0		0	0	0	0	5.8	6.4	0/0	0/0	- For wood working
0	0	0	0	0	0		0	0	0	0	5.8	6.4	0/	0/0	- For kitchen appliances or for machines used by the food industry
0	0	0	0	0	0		0	0	0	0	5.8	6.4	0/0	0/0	- For agricultural, horticultural or forestry machines
0	0	0	0	0	0		0	0	0	0	5.8	6.4	0/0	0/0	- Other
															Plates, sticks, tips and the like for tools, unmounted, of cermets:
0	0	0	0	0	0		0	0	0	0	5.8	6.4	0/	0/0	--- Plates
															--- Bars, sticks:
0	0	0	0	0	0		0	0	0	0	5.8	6.4	0/	0/0	----Grain size<0.8μm
0	0	0	0	0	0		0	0	0	0	5.8	6.4	0/	0/0	----Other
0	0	0	0	0	0		2.6	0	0	0	6.5	6.4	0/	0/0	--- Tips
0	0	0	0	0	0		0	0	0	0	5.8	6.4	0/	0/0	--- Other
															Hand-operated mechanical appliances, weighing 10kg or less, used in the preparation, conditioning or serving of food or drink:
7.2	0	0	0	0	0	0	0	0	0	0	13.1	6.4	0/	0/0	Hand-operated mechanical appliances, weighing 10kg or less, used in the preparation, conditioning or serving of food or drink
															Knives with cutting blades, serrated or not (including pruning knives), other than knives of heading 82.08, and blades therefor:
0	0	0	0	0	0	0	0	0	0	0	13.1	6.4	0/	0/0	- Sets of assorted articles
															- Other:
0	0	0	0	0	0	0	0	0	0	0	13.1	0	0/	0/0	-- Table knives having fixed blades
0	0	0	0	0	1	0	0	0	0	0	8.7	0	0/	0/0	-- Other knives having fixed blades
0	0	0	0	0	0	0	0	0	0	0	13.1	0	0/	0/0	-- Knives having other than fixed blades
0	0	0	0	0	0	0	0	0	0	0	10.2	0	0/	0/0	-- Blades
0	0	0	0	0	4.8	0	0	0	0	0	8.7	0	0/	0/0	-- Handles of base metal
															Razors and razor blades (including razor blade blanks in strips):
0	0	0	0	0	0	0	0	0	0	0	8.7	0	0/	0/0	- Razors
0	0	0	0	0	0	0	0	0	0	0	10.2	0	0/	0/0	- Safety razor blades, including razor blade blanks in strips
0	0	0	0	0	0	0	0	0	0	0	8.7	0	0/	0/0	- Other parts
															Scissors, tailors shears and similar shears, and blades therefor:
0	0	0	0	0	0	0	0	0	0	0	8.7	0	0/	0/0	Scissors, tailors shears and similar shears, and blades therefor
															Other articles of cutlery (for example, hair clippers, butchers or kitchen cleavers, choppers and mincing knives, paper knives); manicure or pedicure sets and instruments (including nail files):
2.5	0	0	0	0	0	0	0	0	0	0	8.7	0	0/	0/0	- Paper knives, letter openers, erasing knives, pencil sharpeners and blades therefor
0	0	0	0	0	0	0	0	0	0	0	13.1	0	0/	0/0	- Manicure or pedicure sets and instruments (including nail files)
															- Other
	0	0	0	0	0	0	0	0	0	0	13.1	0	0/	0/0	Kitchen cleavers, choppers, mincing knives and other articles of cutlery
	0	0	0	0	0	0	0	0	0	0	13.1	0	0/	0/0	Hair clippers and other articles of cutlery
															Spoons, forks, ladles, skimmers, cakeservers, fish-knives, butter-knives, sugar tongs and similar kitchen or tableware:
0	0	0	0	0	0	0	0	0	0	0	13.1	0	0/	0/0	- Sets of assorted articles containing at least one article plated with precious metal
0	0	0	0	0	0	0	0	0	0	0	13.1	0	0/	0/0	- Other sets of assorted articles
															- Other:
0	0	0	0	0	0	0	0	0	0	0	13.1	0	0/	0/0	-- Plated with precious metal
0	0	0	0	0	0	0	0	0	0	0	13.1	0	0/	0/0	-- Other

第八十三章　贱金属杂项制品

注释：

一、在本章，贱金属零件应与制品一同归类。但税目73.12、73.15、73.17、73.18及73.20的钢铁制品或其他贱金属（第七十四章至第七十六章及第七十八章至第八十一章）制的类似物品不应视为本章制品的零件。

二、税目83.02所称“脚轮”，是指直径（对于有胎的，连胎计算在内，下同）不超过75毫米的或直径虽超过75毫米，但所装轮或胎的宽度必须小于30毫米的脚轮。

税　号	货品名称	进口关税（%）			增值/消费税（%）	出口退税（%）	计量单位	监管证件代码	检验检疫类别	协定税率（%）		
		最惠国	普通	年内暂定						东盟	亚太	智利
83.01	贱金属制的锁（钥匙锁、数码锁及电动锁）；贱金属制带锁的扣环及扣环框架；上述锁的贱金属制钥匙：											
8301.1000	- 挂锁	7	80		13	13	千克/把			0		0
	- 机动车用锁：											
8301.2010	--- 中央控制门锁	9	80		13	13	千克/套			5		0
8301.2090	--- 其他	9	80		13	13	千克/套			5		0
8301.3000	- 家具用锁	7	80		13	13	千克/个			0		0
8301.4000	- 其他锁	9	80		13	13	千克/个			0		0
8301.5000	- 带锁的扣环及扣环框架	9	80		13	13	千克			0		0
8301.6000	- 零件	9	80		13	13	千克			0		0
8301.7000	- 钥匙	7	80		13	13	千克			0		0
83.02	用于家具、门窗、楼梯、百叶窗、车厢、鞍具、衣箱、盒子及类似品的贱金属附件及架座；贱金属制帽架、帽钩、托架及类似品；用贱金属做支架的小脚轮；贱金属制的自动闭门器：											
8302.1000	- 铰链（折叶）	9	80		13	13	千克			0		0
8302.2000	- 小脚轮	9	80		13	13	千克			0		0
8302.3000	- 机动车辆用的其他附件及架座	9	80		13	13	千克			0		0
	- 其他附件及架座：											
8302.4100	-- 建筑用	9	80		13	13	千克			0		0
8302.4200	-- 其他，家具用	9	80		13	13	千克			0		0
8302.4900	-- 其他	9	80		13	13	千克			0		0
8302.5000	- 帽架、帽钩、托架及类似品	7	80		13	13	千克			0		0
8302.6000	- 自动闭门器	9	80		13	13	千克/个			0		0
83.03	装甲或加强的贱金属制保险箱、保险柜及保险库的门和带锁保险储存橱、钱箱、契约箱及类似品：											
8303.0000	装甲或加强的贱金属制保险箱、保险柜及保险库的门和带锁保险储存橱、钱箱、契约箱及类似品	9	50		13	13	千克/个			0		0
83.04	贱金属制的档案柜、卡片索引柜、文件盘、文件篮、笔盘、公章架及类似的办公用具，但税目94.03的办公室家具除外：											
8304.0000	贱金属制的档案柜、卡片索引柜、文件盘、文件篮、笔盘、公章架及类似的办公用具，但税目94.03的办公室家具除外	9	80		13	13	千克			0		0

Chapter 83　Miscellaneous articles of base metal

Chapter Notes:

1. For the purposes of this Chapter, parts of base metal are to be classified with their parent articles. However, articles of iron or steel of heading 73.12, 73.15, 73.17, 73.18 or 73.20, or similar articles of other base metal (Chapters 74 to 76 and 78 to 81) are not to be taken as parts of articles of this Chapter.

2. For the purposes of heading 83.02, the word “castors” means those having a diameter (including, where aPropriate, tyres) not exceeding 75 mm, or those having a diameter (including, where aPropriate, tyres) exceeding 75 mm provided that the width of the wheel or tyre fitted thereto is less than 30 mm.

协定税率（%）														特惠税率（%）①/②	Article Description
巴基斯坦	冰岛	哥斯达黎加	秘鲁	新西兰	瑞士	新加坡	韩国	澳大利亚	格鲁吉亚	毛里求斯	日本RCEP	尼加拉瓜	港澳台		
															Padlocks and locks (key, combination or electrically operated), of base metal;clasps and frames with clasps, incorporating locks, of base metal;keys for any of the foregoing articles, of base metal:
5.6	0	0	0	0	0	0	0	0	0	0	10.2	0	0/	0/0	- Padlocks
															- Locks of a kind used for motor vehicles:
8	0	0	0	0	0		5	0	0	0		8.1	0/	0/0	--- Central control door lock
8	0	0	0	0	0		5	0	0	0		8.1	0/	0/0	--- Other
5.6	0	0	0	0	0	0	0	0	0	0	10.2	0	0/	0/0	- Locks of a kind used for furniture
9	0	0	0	0	0	0	0	0	0	0	10.2		0/	0/0	- Other locks
5.6	0	0	0	0	0	0	0	0	0	0	10.2	8.1	0/	0/0	- Clasps and frames with clasps, incorporating locks
3	0	0	0	0	0	0	0	0	0	0	8.7	8.1	0/	0/0	- Parts
0	0	0	0	0	0		3.3	0	0	0	8.1	0	0/	0/0	- Keys presented separately
															Base metal mountings, fittings and similar articles suitable for furniture, doors, staircases, windows, blinds, coachwork, saddlery, trunks, chests, caskets, or the like; base metal hat-racks, hat-pegs, brackets and similar fixtures; castors with mountings of base metal;automatic door closers of base metal:
2.5	0	0	0	0	0		0	0	0	0	0	8.1	0/	0/0	- Hinges
3	0	0	0	0	0	0	0	0	0	0	8.7	8.1	0/	0/0	- Castors
0	0	0	0	0	0		3.3	0	0	0	8.1	8.1	0/	0/0	- Other mountings, fittings and similar ticles suitable for motor vehicles
															- Other mountings, fittings and similar articles:
5.6	0	0	0	0	0	0	0	0	0	0	10.2	8.1	0/	0/0	-- Suitable for buildings
3	0	0	0	0	0	0	0	0	0	0	8.7	8.1	0/	0/0	-- Other, suitable for furniture
3	0	0	0	0	0	0	0	0	0	0	8.7	8.1	0/	0/0	-- Other
5.6	0	0	0	0	0	0	0	0	0	2.8	10.2	0	0/	0/0	- Hat-racks, hat-pegs, brackets and similar fixtures
3	0	0	0	0	0	0	0	0	0	0	8.7	8.1	0/	0/0	- Automatic door closets
															Armoured or reinforced safes, strongboxes and doors and safe deposit lockers for strong-rooms, cash or deed boxes and the like, of base metal:
5.6	0	0	0	0	0	0	0	0	0	0	10.2	8.1	0/	0/0	Armoured or reinforced safes, strong boxes and doors and safe deposit lockers for strong-rooms, cash or deed boxes and the like, of base metal
															Filing cabinets, card-index cabinets, paper trays, paper rests, pen trays, office-stamp stands and similar office or desk equipment, of base metal, other than office furniture of heading 94.03:
2.5	0	0	0	0	0	0	0	0	0	0	7.6	8.1	0/	0/0	Filing cabinets, card-index cabinets, paper trays, paper rests, pen trays, office-stamp stands and similar office or desk equipment, of base metal, other than office furniture of heading 94.03

税号	货品名称	进口关税（%）			增值/消费税（%）	出口退税（%）	计量单位	监管证件代码	检验检疫类别	协定税率（%）		
		最惠国	普通	年内暂定						东盟	亚太	智利
83.05	活页夹、卷宗夹的贱金属附件，贱金属制的信夹、信角、文件夹、索引标签及类似的办公用品；贱金属制的成条订书钉（例如，供办公室、室内装饰或包装用）：											
8305.1000	- 活页夹或卷宗夹的附件	9	80		13	13	千克			0		0
8305.2000	- 成条订书钉	7	80		13	13	千克			0		0
8305.9000	- 其他，包括零件	7	80		13	13	千克			0		0
83.06	非电动的贱金属铃、钟、锣及类似品；贱金属雕塑像及其他装饰品；贱金属相框或画框及类似框架；贱金属镜子：											
8306.1000	- 铃、钟、锣及类似品	8	80		13	13	千克			0		0
	- 雕塑像及其他装饰品：											
8306.2100	-- 镀贵金属的	7	100		13	13	千克			0		0
	-- 其他：											
8306.2910	--- 景泰蓝的	7	100		13	13	千克			0		0
8306.2990	--- 其他	7	100		13	13	千克			0		0
8306.3000	- 相框、画框及类似框架；镜子	7	100		13	13	千克			0		0
83.07	贱金属软管，不论是否有附件：											
8307.1000	- 钢铁制	8	35		13	13	千克			0		0
8307.9000	- 其他贱金属制	8	35		13	13	千克			0		0
83.08	贱金属制的扣、钩、环、眼及类似品，用于衣着或衣着附件、鞋靴、珠宝首饰、手表、书籍、天篷、皮革制品、旅行用品或马具或其他制成品；贱金属制的管形铆钉及开口铆钉；贱金属制的珠子及亮晶片：											
8308.1000	- 钩、环及眼	9	80		13	13	千克			0		0
8308.2000	- 管形铆钉及开口铆钉	9	80		13	13	千克			0		0
8308.9000	- 其他，包括零件	9	80		13	13	千克			0		0
83.09	贱金属制的塞子、盖子（包括冠形瓶塞、螺口盖及倒水塞）、瓶帽、螺口塞、塞子帽、封志及其他包装用附件：											
8309.1000	- 冠形瓶塞	9	90		13	13	千克			0		0
8309.9000	- 其他	9	80		13	13	千克			0		0
83.10	贱金属制的标志牌、铭牌、地名牌及类似品、号码、字母及类似标志，但税目94.05的货品除外：											
8310.0000	贱金属制的标志牌、铭牌、地名牌及类似品、号码、字母及类似标志，但税目94.05的货品除外	9	80		13	13	千克			0		0
83.11	贱金属或硬质合金制的丝、条、管、板、电极及类似品，以焊剂涂面或以焊剂为芯，用于焊接或沉积金属、硬质合金；贱金属粉粘聚而成的丝或条，供金属喷镀用：											
8311.1000	- 以焊剂涂面的贱金属制电极，电弧焊用	8	30		13	13	千克			0		0
8311.2000	- 以焊剂为芯的贱金属制焊丝，电弧焊用	8	30		13	13	千克			0		0
8311.3000	- 以焊剂涂面的贱金属条和以焊剂为芯的贱金属丝，钎焊或气焊用	8	30		13	13	千克			0		0
8311.9000	- 其他	8	30		13	13	千克			0	5.2	0

协定税率（%）														特惠税率（%）①/②	Article Description
巴基斯坦	冰岛	哥斯达黎加	秘鲁	新西兰	瑞士	新加坡	韩国	澳大利亚	格鲁吉亚	毛里求斯	日本RCEP	尼加拉瓜	港澳台		
															Fittings for loose-leaf binders or files, letter clips, letter corners, paper clips, indexing tags and similar office articles, of base metal; staples in strips (for example, for offices, upholstery, packaging), of base metal:
2.5	0	0	0	0	0	0	0	0	0	0	7.6	8.1	0/	0/0	- Fittings for loose-leaf binders of files
2.5	0	0	0	0	0	0	0	0	0	0	8.5	0	0/	0/0	- Staples in strips
2.5	0	0	0	0	0	0	0	0	0	2.1	7.6	0	0/	0/0	- Other, including parts
															Bells, gongs and the like, non-electric, of base metal;statuettes and other ornaments, of base metal; photograph, picture or similar frames, of base metal; mirrors of base metal:
4	0	0	0	0	0		0	0	0	0	5.8	6.4	0/	0/0	- Bells, gongs and the like
															- Statuettes and other ornaments:
0	0	0	0	0	0		0	0	0	0	5.8	0	0/	0/0	-- Plated with precious metal
															-- Other:
0	0	0	0	0	0		0	0	0	0	5.8	0	0/	0/0	--- Cloisonne
4	0	0	0	0	0	0	0	0	0	0	5.8	0	0/	0/0	--- Other
0	0	0	0	0	0		0	0	0	0	5.8	0	0/	0/0	- Photograph, picture or similar frames; mirrors
															Flexible tubing of base metal, with or without fittings:
0	0	0	0	0	0		0	0	0	0	6.1	6.4	0/	0/0	- Of iron or steel
0	0	0	0	0	0		0	0	0	0	6.1	6.4	0/	0/0	- Of other base metal
															Clasps, frames with clasps, buckles, buckle-clasps, hooks, eyes, eyelets and the like, of base metal, of a kind used for clothing and clothing accessories, footwear, jewellry, wrist watches, books, awnings, leather goods, travel goods, or saddlery or for other made up articles; tubular or bifurcated rivets, of base metal; beads and spangles, of base metal:
0	0	0	0	0	0	0	5.2	0	0	2.1		8.1	0/	0/0	- Hooks, eyes and eyelets
2.5	0	0	0	0	0	0	0	0	0	0	7.6	8.1	0/	0/0	- Tubular or bifurcated rivets
2.5	0	0	0	0	0	0	5.2	0	0	0		8.1	0/	0/0	- Other, including parts
															Stoppers, caps and lids (including crown corks, screw caps and pouring stoppers), capsules for bottles, threaded bungs, bung covers, seals and other packing accessories, of base metal:
11.5	0	0	0	0	0	0	0	0	0	0	13.1	8.1	0/	0/0	- Crown corks
4.8	0	0	0	0	0	0	0	0	0	0	8.7	8.1	0/	0/0	- Other
															Sign-plates, name-plates, address plates and similar plates, numbers, letters and other symbols, of base metal, excluding those of heading 94.05:
	0	0	0	0	0	0	0	0	0	0	13.1	8.1	0/	0/0	Sign-plates, name-plates, address-plates and similar plates, numbers, letters and other symbols, of base metal, excluding those of heading 94.05
															Wire, rods, tubes, plates, electrodes and similar products, of base metal or of metal carbides, coated or cored with flux material, of a kind used for soldering, brazing, welding or deposition of metal or of metal carbides; wire and rods, of agglomerated basemetal powder, used for metal spraying:
0	0	0	0	0	0		0	0	0	0	5.8	6.4	0/	0/0	- Coated electrodes of base metal, for electric arc-welding
0	0	0	0	0	0		2.6	0	0	0	6.5	6.4	0/	0/0	- Cored wire of base metal, for electric arcwelding
0	0	0	0	0	0			0	0	0		6.4	0/	0/0	- Coated rods and cored wire, of base metal, for soldering, brazing or welding by flame
0	0	0	0	0	0		0	0	0	0	5.8	6.4	0/	0/0	- Other

第十六类　机器、机械器具、电气设备及其零件；录音机及放声机、电视图像、声音的录制和重放设备及其零件、附件

注释：

一、本类不包括：

（一）第三十九章的塑料或税目40.10的硫化橡胶制的传动带、输送带及其带料，除硬质橡胶以外的硫化橡胶制的机器、机械器具、电气器具或其他专门技术用途的物品（税目40.16）；

（二）机器、机械器具或其他专门技术用途的皮革、再生皮革（税目42.05）或毛皮（税目43.03）的制品；

（三）各种材料（例如，第三十九章、第四十章、第四十四章、第四十八章及第十五类的材料）制的筒管、卷轴、纡子、锥形筒管、芯子、线轴及类似品；

（四）提花机及类似机器用的穿孔卡片（例如，归入第三十九章、第四十八章或第十五类的）；

（五）纺织材料制的传动带、输送带及其带料（税目59.10）或专门技术用途的其他纺织材料制品（税目59.11）；

（六）税目71.02至71.04的宝石或半宝石（天然、合成或再造）或税目71.16的完全以宝石或半宝石制成的物品，但已加工未装配的唱针用蓝宝石和钻石除外（税目85.22）；

（七）第十五类注释二所规定的贱金属制通用零件（第十五类）及塑料制的类似品（第三十九章）；

（八）钻管（税目73.04）；

（九）金属丝、带制的环形带（第十五类）；

（十）第八十二章或第八十三章的物品；

（十一）第十七类的物品；

（十二）第九十章的物品；

（十三）第九十一章的钟、表及其他物品；

（十四）税目82.07的可互换工具及作为机器零件的刷子（税目96.03）；类似的可互换工具应按其构成工作部件的材料归类（例如，归入第四十章、第四十二章、第四十三章、第四十五章、第五十九章或税目68.04、69.09）；

（十五）第九十五章的物品；或

（十六）打字机色带或类似色带，不论是否带轴或装盒（应按其材料属性归类；如已上油或经其他方法处理能着色的，应归入税目96.12），或税目96.20的独脚架、双脚架、三脚架及类似品。

二、除本类注释一、第八十四章注释一及第八十五章注释一另有规定的以外，机器零件（不属于税目84.84、85.44、85.45、85.46或85.47所列物品的零件）应按下列规定归类：

（一）凡在第八十四章、第八十五章的税目（税目84.09、84.31、84.48、84.66、84.73、84.87、85.03、85.22、85.29、85.38及85.48除外）列名的货品，均应归入该两章的相应税目；

（二）专用于或主要用于某一种机器或同一税目的多种机器（包括税目84.79或85.43的机器）的其他零件，应与该种机器一并归类，或酌情归入税目84.09、84.31、84.48、84.66、84.73、85.03、85.22、85.29或85.38。但能同时主要用于税目85.17和85.25至85.28所列货品的零件应归入税目85.17，专用于或主要用于税目85.24所列货品的零件应归入税目85.29；

（三）所有其他零件应酌情归入税目84.09、84.31、84.48、84.66、84.73、85.03、85.22、85.29或85.38，如不能归入上述税目，则应归入税目84.87或85.48。

SECTION XVI MACHINERY AND MECHANICAL APPLIANCES; ELECTRICAL EQUIPMENT; PARTS THEREOF; SOUND RECORDERS AND REPRODUCERS, TELEVISION IMAGE AND SOUND RECORDERS AND REPRODUCERS, AND PARTS AND ACCESSORIES OF SUCH ARTICLES

Section Notes:

1. This Section does not cover:

(a) Transmission or conveyor belts or belting, of plastics of Chapter 39, or of vulcanised rubber (heading 40.10), or other articles of a kind used in machinery or mechanical or electrical appliances or for other technical uses, of vulcanised rubber other than hard rubber (heading 40.16);

(b) Articles of leather or of composition leather (heading 42.05) or of furskin (heading 43.03), of a kind used in machinery or mechanical appliances or for other technical uses;

(c) Bobbins, spools, cops, cones, cores, reels or similar supports, of any material (for example, Chapter 39, 40, 44 or 48 or Section XV);

(d) Perforated cards for Jacquard or similar machines (for example, Chapter 39 or 48 or Section XV);

(e) Transmission or conveyor belts or belting of textile material (heading 59.10) or other articles of textile material for technical uses (heading 59.11);

(f) Precious or semi-precious stones (natural, synthetic or reconstructed) of headings 71.02 to 71.04, or articles wholly of such stones of heading 71.16, except unmounted worked sapphires and diamonds for styli (heading 85.22);

(g) Parts of general use, as defined in Note 2 to Section XV, of base metal (Section XV), or similar goods of plastics (Chapter 39);

(h) Drill pipe (heading 73.04);

(ij) Endless belts of metal wire or strip (Section XV);

(k) Articles of Chapter 82 or 83;

(l) Articles of Section XVII;

(m) Articles of Chapter 90;

(n) Clocks, watches or other articles of Chapter 91;

(o) Interchangeable tools of heading 82.07 or brushes of a kind used as parts of machines (heading 96.03); similar interchangeable tools are to be classified according to the constituent material of their working part (for example, in Chapter 40, 42, 43, 45 or 59 or heading 68.04 or 69.09);

(p) Articles of Chapter 95;or

(q) Typewriter or similar ribbons, whether or not on spools or in cartridges (classified according to their constituent material, or in heading 96.12 if inked or otherwise prepared for giving impressions), or monopods, bipods, tripods and similar articles, of heading 96.20.

2. Subject to Note 1 to this Section, Note 1 to Chapter 84 and Note 1 to Chapter 85, parts of machines (not being parts of the articles of heading 84.84, 85.44, 85.45, 85.46 or 85.47) are to be classified according to the following rules:

(a) Parts which are goods included in any of the headings of Chapters 84 or 85 (other than headings 84.09, 84.31, 84.48, 84.66, 84.73, 84.87, 85.03, 85.22, 85.29, 85.38 and 85.48) are in all cases to be classified in their respective headings;

(b) Other parts, if suitable for use solely or principally with a particular kind of machine, or with a number of machines of the same heading (including a machine of heading 84.79 or 85.43)are to be classified with the machines of that kind or in heading 84.09,84.31,84.48,84.66,84.73,85.03,85.22,85.29 or 85.38 as appropriate.However, parts which are equally suitable for use principally with the goods of headings 85.17 and 85.25 to 85.28 are to be classified in heading 85.17, and parts which are suitable for use solely or principally with the goods of heading 85.24 are to be classified in heading 85.29;

(c) All other parts are to be classified in heading 84.09, 84.31, 84.48, 84.66, 84.73, 85.03, 85.22, 85.29 or 85.38 as appropriate or, failing that, in heading 84.87 or 85.48.

三、由两部及两部以上机器装配在一起形成的组合式机器，或具有两种及两种以上互补或交替功能的机器，除条文另有规定的以外，应按具有主要功能的机器归类。

四、由不同独立部件（不论是否分开或由管道、传动装置、电缆或其他装置连接）组成的机器（包括机组），如果组合后明显具有一种第八十四章或第八十五章某个税目所列功能，则全部机器应按其功能归入有关税目。

五、上述各注释所称“机器”，是指第八十四章或第八十五章各税目所列的各种机器、设备、装置及器具。

六、

（一）本协调制度所称“电子电气废弃物及碎料”，是指下列电气和电子组件、印刷电路板以及电气或电子产品：

1.因破损、拆解或其他处理而无法用于其原用途，或通过维修、翻新或修理以使其仍用作原用途是不经济的；以及

2.其包装或运输方式不是为了保护单件物品在运输、装卸过程中不受损坏的。

（二）“电子电气废弃物及碎料”与其他废物、废料的混合物归入税目85.49。

（三）本类不包括第三十八章注释四所规定的城市垃圾。

第八十四章　核反应堆、锅炉、机器、机械器具及其零件

注释：

一、本章不包括：

（一）第六十八章的石磨、石碾及其他物品；

（二）陶瓷材料制的机器或器具（例如，泵）及供任何材料制的机器或器具用的陶瓷零件（第六十九章）；

（三）实验室用玻璃器（税目70.17）；玻璃制的机器、器具或其他专门技术用途的物品及其零件（税目70.19或70.20）；

（四）税目73.21或73.22的物品或其他贱金属制的类似物品（第七十四章至第七十六章或第七十八章至第八十一章）；

（五）税目85.08的真空吸尘器；

（六）税目85.09的家用电动器具；税目85.25的数字照相机；

（七）第十七类物品用的散热器；或

（八）非机动的手工操作地板清扫器（税目96.03）。

二、除第十六类注释三及本章注释十一另有规定以外，如果某种机器或器具既符合税目84.01至84.24中一个或几个税号的规定，或符合税目84.86的规定，又符合税目84.25至84.80中一个或几个税号的规定，则应酌情归入税目84.01至84.24中的相应税号或税目84.86，而不归入税目84.25至84.80中的有关税号。

（一）但税目84.19不包括：

1.催芽装置、孵卵器或育雏器（税目84.36）；

2.谷物调湿机（税目84.37）；

3.萃取糖汁的浸提装置（税目84.38）；

4.纱线、织物及纺织制品的热处理机器（税目84.51）；或

5.温度变化（即使必不可少）仅作为辅助功能的机器、设备或实验室设备。

（二）税目84.22不包括：

1.缝合袋子或类似品用的缝纫机（税目84.52）；或

2.税目84.72的办公室用机器。

（三）税目84.24不包括：

3. Unless the context otherwise requires, composite machines consisting of two or more machines fitted together to form a whole and other machines designed for the purpose of performing two or more complementary or alternative functions are to be classified as if consisting only of that component or as being that machine which performs the principal function.

4. Where a machine (including a combination of machines) consists of individual components (whether separate or interconnected by piping, by transmission devices, by electric cables or by other devices) intended to contribute together to a clearly defined function covered by one of the headings in Chapter 84 or Chapter 85, then the whole falls to be classified in the heading appropriate to that function.

5. For the purposes of these Notes, the expression "machine" means any machine, machinery, plant, equipment, apparatus or appliance cited in the headings of Chapter 84 or 85.

6.

(a) Throughout the Nomenclature, the expression "electrical and electronic waste and scrap" means electrical and electronic assemblies, printed circuit boards, and electrical or electronic articles that:

(i) have been rendered unusable for their original purposes by breakage, cutting-up or other processes or are economically unsuitable for repair, refurbishment or renovation to render them fit for their original purposes; and

(ii) are packaged or shipped in a manner not intended to protect individual articles from damage during transportation, loading and unloading operations.

(b) Mixed consignments of "electrical and electronic waste and scrap" and other waste and scrap are to be classified in heading 85.49.

(c) This Section does not cover municipal waste, as defined in Note 4 to Chapter 38.

Chapter 84 Nuclear reactors, boilers, machinery and mechanical appliances; parts thereof

Chapter Notes:

1. This Chapter does not cover:

(a) Millstones, grindstones or other articles of Chapter 68;

(b) Machinery or appliances (for example, pumps) of ceramic material and ceramic parts of machinery or appliances of any material (Chapter 69);

(c) Laboratory glassware (heading 70.17); machinery, appliances or other articles for technical uses or parts thereof, of glass (heading 70.19 or 70.20);

(d) Articles of heading 73.21 or 73.22 or similar articles of other base metals (Chapters 74 to 76 or 78 to 81);

(e) Vacuum cleaners of heading 85.08;

(f) Electro-mechanical domestic appliance of heading 85.09;digital cameras of heading 85.25;

(g) Radiators for the articles of Section XVII; or

(h) Hand-operated mechanical floor sweepers, not motorised (heading 96.03).

2. Subject to the operation of Note 3 to Section XVI and subject to Note 11 to this Chapter, a machine or appliance which answers to a description in one or more of the headings 84.01 to 84.24, or heading 84.86 and at the same time to a description in one or more of the headings 84.25 to 84.80 is to be classified under the appropriate heading of the former group or under heading 84.86, as the case may be, and not the latter group.

(a) Heading 84.19 does not, however, cover:

(i)Germination plant, incubators or brooders (heading 84.36);

(ii)Grain dampening machines (heading 84.37);

(iii)Diffusing apparatus for sugar juice extraction (heading 84.38);

(iv)Machinery for the heat-treatment of textile yarns, fabrics or made up textile articles (heading 84.51); or

(v)Machinery, plant or laboratory equipment, designed for a mechanical operation, in which a change of temperature, even if necessary, is subsidiary.

(b) Heading 84.22 does not cover:

(i)Sewing machines for closing bags or similar containers (heading 84.52); or

(ii)Office machinery of heading 84.72.

(c) Heading 84.24 does not cover:

1. 喷墨印刷（打印）机器（税目84.43）；或

2. 水射流切割机（税目84.56）。

三、如果用于加工各种材料的某种机床既符合税目84.56的规定，又符合税目84.57、84.58、84.59、84.60、84.61、84.64或84.65的规定，则应归入税目84.56。

四、税目84.57仅适用于可以完成下列不同形式机械操作的金属加工机床，但车床（包括车削中心）除外：

（一）按照机械加工程序从刀具库或类似装置中自动更换刀具（加工中心）；

（二）同时或顺序地自动使用不同的动力头对固定不动的工件进行加工（单工位组合机床）；或

（三）自动将工件送向不同的动力头（多工位组合机床）。

五、税目84.62用于板材的"纵剪线"是由开卷机、矫平机、纵剪机和收卷机组成的生产线；用于板材的"定尺剪切线"是由开卷机、矫平机和剪切机组成的生产线。

六、

（一）税目84.71所称"自动数据处理设备"，是指具有以下功能的机器：

1. 存储处理程序及执行程序直接需要的起码的数据；

2. 按照用户的要求随意编辑程序；

3. 按照用户指令进行算术计算；以及

4. 在运行过程中，可不需人为干预而通过逻辑判断，执行一个处理程序，这个处理程序可改变计算机指令的执行。

（二）自动数据处理设备可以是一套由若干单独部件所组成的系统。

（三）除本条注释（四）及（五）另有规定的以外，一个部件如果符合下列所有规定，即可视为自动数据处理系统的一部分：

1. 专用于或主要用于自动数据处理系统；

2. 可以直接或通过一个或几个其他部件同中央处理器相联接；以及

3. 能够以本系统所使用的方式（代码或信号）接收或传送数据。

自动数据处理设备的部件如果单独报验，应归入税目84.71。

但是，键盘、X－Y坐标输入装置及盘（片）式存储部件，只要符合上述注释（三）2、3所列的规定，应一律作为税目84.71的部件归类。

（四）税目84.71不包括单独报验的下述设备，即使它们符合上述注释六（三）的所有规定：

1. 打印机、复印机及传真机，不论是否组合在一起；

2. 发送或接收声音、图像或其他数据的设备，包括无线或有线网络的通信设备（如局域网或广播网）；

3. 扬声器及传声器（麦克风）；

4. 电视摄像机、数字照相机及视频摄录一体机；

5. 监视器及投影机，未装有电视接收装置。

（五）装有自动数据处理设备或与自动数据处理设备连接使用，但却从事数据处理以外的某项专门功能的机器，应按其功能归入相应的税目，对于无法按功能归类的，应归入未列名税目。

七、税目84.82还包括最大直径及最小直径与标称直径相差均不超过1%或0.05毫米（以相差数值较小的为准）的抛光钢珠，其他钢珠归入税目73.26。

八、具有一种以上用途的机器在归类时，其主要用途可作为唯一的用途对待。

除本章注释二、第十六类注释三另有规定的以外，凡任何税目都未列明其主要用途的机器，以及没有哪一种用途是主要用途的机器，均应归入税目84.79。税目84.79还包括将金属丝、纺织纱线或其他各种材料以及它们的混合材料制成绳、缆的机器（例如，捻股机、绞扭机、制缆机）。

(i)Ink-jet printing machines (heading 84.43); or

(ii)Water-jet cutting machines (heading 84.56).

3. A machine-tool for working any material which answers to a description in heading 84.56 and at the same time to a description in heading 84.57, 84.58, 84.59, 84.60, 84.61, 84.64 or 84.65 is to be classified in heading 84.56.

4. Heading 84.57 applies only to machine-tools for working metal, other than lathes (including turning centres), which can carry out different types of machining operations either:

(a) by automatic tool change from a magazine or the like in conformity with a machining programme (machining centres);

(b) by the automatic use, simultaneously or sequentially, of different unit heads working on a fixed position workpiece (unit construction machines, single station); or

(c) by the automatic transfer of the workpiece to different unit heads (multi-station transfer machines).

5. For the purposes of heading 84.62, a "slitting line" for flat products is a processing line composed of an uncoiler, a coil flattener, a slitter and a recoiler. A "cut-to-length line" for flat products is a processing line composed of an uncoiler, a coil flattener, and a shear.

6.

(a) For the purposes of heading 84.71, the expression "automatic data processing machines" means machines capable of:

(i)Storing the processing program or programs and at least the data immediately necessary for the execution of the program;

(ii)Being freely programmed in accordance with the requirements of the user;

(iii)Performing arithmetical computations specified by the user; and

(iv)Executing, without human intervention, a processing program which requires them to modify their execution, by logical decision during the processing run.

(b) Automatic data processing machines may be in the form of systems consisting of a variable number of separate units.

(c) Subject to paragraphs (d) and (e) below, a unit is to be regarded as being part of an automatic data processing system if it meets all of the following conditions:

(i) It is of a kind solely or principally used in an automatic data processing system;

(ii) It is connectable to the central processing unit either directly or through one or more other units; and

(iii)It is able to accept or deliver data in a form (codes or signals) which can be used by the system.

Separately presented units of an automatic data processing machine are to be classified in heading 84.71.

However, keyboards, X-Y co-ordinate input devices and disk storage units which satisfy the conditions of paragraphs (c) (ii) and (c) (iii) above, are in all cases to be classified as units of heading 84.71.

(d) Heading 84.71 does not cover the following when presented separately, even if they meet all of the conditions set forth in Note 6(c)above:

(i)Printers, copying machines, facsimile machines, whether or not combined;

(ii)Apparatus for the transmission or reception of voice, images or other data, including apparatus for communication in a wireless or wired network (such as a local or wide area network);

(iii)Loudspeakers and microphones;

(iv)Television cameras, digital cameras and video camera recorders;

(v)Monitors and projectors, not incorporating television reception apparatus.

(e) Machines incorporating or working in conjunction with an automatic data processing machine and performing a specific function other than data processing are to be classified in the headings appropriate to their respective functions or, failing that, in residual headings.

7. Heading 84.82 applies, *inter alia*, to polished steel balls, the maximum and minimum diameters of which do not differ from the nominal diameter by more than 1% or by more than 0.05 mm, whichever is less. Other steel balls are to be classified in heading 73.26.

8. A machine which is used for more than one purpose is, for the purposes of classification, to be treated as if its principal purpose were its sole purpose.

Subject to Note 2 to this Chapter and Note 3 to Section XVI, a machine the principal purpose of which is not described in any heading or for which no one purpose is the principal purpose is, unless the context otherwise requires, to be classified in heading 84.79. Heading 84.79 also covers machines for making rope or cable (for example, stranding, twisting or cabling machines) from metal wire, textile yarn or any other material or from a combination of such materials.

九、税目84.70所称“袖珍式”，仅适用于外形尺寸不超过170毫米×100毫米×45毫米的机器。

十、税目84.85所称“增材制造”（也称3D打印）指以数字模型为基础，将介质材料（例如，金属、塑料或陶瓷）通过连续添加、堆叠、凝结和固化形成物体。

除第十六类注释一及第八十四章注释一另有规定的以外，符合税目84.85规定的设备，应归入该税号而不归入本协调制度的其他税号。

十一、

（一）第八十五章注释十一（一）及（二）也同样适用于本条注释及税目84.86中所称的“半导体器件”及“集成电路”。但本条注释及税目84.86所称“半导体器件”，也包括光敏半导体器件及发光二极管（LED）。

（二）本条注释及税目84.86所称“平板显示器的制造”，包括将各层基片制造成一层平板，但不包括玻璃的制造或将印刷电路板或其他电子元件装配在平板上。所称“平板显示”不包括阴极射线管技术。

（三）税目84.86也包括下列机器及装置，其专用或主要用于：

1. 制造或修补掩膜版及投影掩膜版；
2. 组装半导体器件或集成电路；
3. 升降、搬运、装卸单晶柱、晶圆、半导体器件、集成电路及平板显示器。

（四）除第十六类注释一及第八十四章注释一另有规定的以外，符合税目84.86规定的设备及装置，应归入该税目而不归入本协调制度的其他税目。

子目注释：

一、子目8465.20所称“加工中心”，仅适用于加工木材、软木、骨、硬质橡胶、硬质塑料或类似硬质材料的加工机床。这些设备可根据机械加工程序，从刀具库或类似装置中自动更换刀具，以完成不同形式的机械加工。

二、子目8471.49所称“系统”，是指各部件符合第八十四章注释六（三）所列条件，并且至少由一个中央处理部件、一个输入部件（例如，键盘或扫描器）及一个输出部件（例如，视频显示器或打印机）组成的自动数据处理设备。

三、子目8481.20所称“油压或气压传动阀”，是指在液压或气压系统中专用于传递“流体动力”的阀门，系统以加压流体（液体或气体）的形式提供能源。这些阀门可以是各种形式的（例如，减压阀、止回阀）。子目8481.20优先于税目84.81的所有其他子目。

四、子目8482.40仅包括滚柱直径相同，最大不超过5毫米，且长度至少是直径三倍的圆滚柱轴承，滚柱的两端可以磨圆。

税　号	货品名称	进口关税（%）			增值/消费税（%）	出口退税（%）	计量单位	监管证件代码	检验检疫类别	协定税率（%）		
		最惠国	普通	年内暂定						东盟	亚太	智利
84.01	核反应堆；核反应堆的未辐照燃料元件（释热元件）；同位素分离机器及装置：											
8401.1000	- 核反应堆	2	8		13	13	千克/台	3		0		0
8401.2000	- 同位素分离机器、装置及其零件	1	8		13	13	个/千克	3		0		0
	- 未辐照燃料元件（释热元件）：											
8401.3010	--- 未辐照燃料元件	2	8	0	13	13	千克	3		0		0
8401.3090	--- 未辐照燃料元件的零件	1	8		13	13	千克			0		0
	- 核反应堆零件：											
8401.4010	--- 未辐照相关组件	1	8		13	13	千克/台			0		0
8401.4020	--- 堆内构件	1	8		13	13	千克/台	3		0		0
8401.4090	--- 其他											
84014090.10	核反应堆压力容器（包括其顶板）（专门设计或制造以用于容纳核反应堆的堆芯）	1	8		13	13	千克/台	3		0		0

9. For the purposes of heading 84.70, the term "pocket-size" applies only to machines the dimensions of which do not exceed 170 mm×100 mm×45 mm.

10. For the purposes of heading 84.85, the expression "additive manufacturing" (also referred to as 3D printing) means the formation of physical objects, based on a digital model, by the successive addition and layering, and consolidation and solidification, of material (for example, metal, plastics or ceramics).

Subject to Note 1 to Section XVI and Note 1 to Chapter 84, machines answering to the description in heading 84.85 are to be classified in that heading and in no other heading of the Nomenclature.

11.

(a) Notes 12 (a) and 12(b) to Chapter 85 also apply with respect to the expressions "semiconductor devices" and "electronic integrated circuits", respectively, as used in this Note and in heading 84.86. However, for the purposes of this Note and of heading 84.86, the expression "semiconductor devices" also covers photosensitive semiconductor devices and light-emitting diodes (LED).

(b) For the purposes of this Note and of heading 84.86, the expression "manufacture of flat panel displays" covers the fabrication of substrates into a flat panel. It does not cover the manufacture of glass or the assembly of printed circuit boards or other electronic components onto the flat panel. The expression "flat panel display" does not cover cathode-ray tube technology.

(c) Heading 84.86 also includes machines and apparatus solely or principally of a kind used for:

(i)the manufacture or repair of masks and reticles;

(ii)assembling semiconductor devices or electronic integrated circuits;

(iii)lifting, handling, loading or unloading of boules, wafers, semiconductor devices, electronic integrated circuits and flat panel displays.

(d) Subject to Note 1 to Section XVI and Note 1 to Chapter 84, machines and apparatus answering to the description in heading 84.86 are to be classified in that heading and in no other heading of the Nomenclature.

Subheading Notes:

1. For the purposes of subheading 8465.20, the term "machining centres" applies only to machine-tools for working wood, cork, bone, hard rubber, hard plastics or similar hard materials, which can carry out different types of machining operations by automatic tool change from a magazine or the like in conformity with a machining programme.
2. For the purposes of subheading 8471.49, the term "systems" means automatic data processing machines whose units satisfy the conditions laid down in Note 6 (c)to Chapter 84 and which comprise at least a central processing unit, one input unit (for example, a keyboard or a scanner), and one output unit (for example, a visual display unit or a printer).
3. For the purposes of subheading 8481.20, the expression "valves for oleohydraulic or pneumatic transmissions" means valves which are used specifically in the transmission of "fluid power" in a hydraulic or pneumatic system, where the energy source is supplied in the form of pressurised fluids (liquid or gas). These valves may be of any type (for example, pressure-reducing type, check type). Subheading 8481.20 takes precedence over all other subheadings of heading 84.81.
4. Subheading 8482.40 applies only to bearings with cylindrical rollers of a uniform diameter not exceeding 5 mm and having a length which is at least three times the diameter. The ends of the rollers may be rounded.

协定税率（%）														特惠税率（%）①/②	Article Description
巴基斯坦	冰岛	哥斯达黎加	秘鲁	新西兰	瑞士	新加坡	韩国	澳大利亚	格鲁吉亚	毛里求斯	日本RCEP	尼加拉瓜	港澳台		
															Nuclear reactors; fuel elements (cartridges), non-irradiated, for nuclear reactors ; machinery and apparatus for isotopic separation:
0	0	0	0	0	0		0	0	0	0	0	0	0/	0/0	- Nuclear reactors
0	0	0	0	0	0		0	0	0	0	0	0	0/	0/0	- Machinery and apparatus for isotopic separation, and parts thereof
															- Fuel elements (cartridges), non-irradiated:
0	0	0	0	0	0		0	0	0	0	0	0	0/	0/0	--- Fuel elements, non-irradiated
0	0	0	0	0	0		0	0	0	0	0	0	0/	0/0	--- Parts for fuel elements non-irradiated
															- Parts of nuclear reactors:
0	0	0	0	0	0		0	0	0	0	0	0	0/	0/0	--- Non-irradiated Associated Assembly
0	0	0	0	0	0		0	0	0	0	0	0	0/	0/0	--- Reactor internals
															--- Other
0	0	0	0	0	0		0	0	0	0	0	0	0/	0/0	Pressure vessels of nuclear reactors (including the top slabs) (specially designed or produced to hold the reactor core of the nuclear reactors)

税 号	货品名称	进口关税（%）			增值/消费税（%）	出口退税（%）	计量单位	监管证件代码	检验检疫类别	协定税率（%）		
		最惠国	普通	年内暂定						东盟	亚太	智利
84014090.20	核反应堆控制棒和设备（专用于核反应堆裂变控制棒、支承结构或悬吊结构等）	1	8		13	13	千克/台	3		0		0
84014090.30	核反应堆压力管（专用于容纳核燃料元件和一次冷却剂的，压力>5.1兆帕）	1	8		13	13	千克/台	3		0		0
84014090.90	其他核反应堆零件	1	8		13	13	千克/台			0		0
84.02	**蒸汽锅炉（能产生低压水蒸气的集中供暖用的热水锅炉除外）；过热水锅炉：**											
	- 蒸汽锅炉：											
	-- 蒸发量超过45吨/时的水管锅炉：											
8402.1110	--- 蒸发量在900吨/时及以上的发电用锅炉	3	11		13	13	台/千克	6A	M/	0	2	0
8402.1190	--- 其他	10	35		13	13	台/千克	6A	M/	0	6.5	0
8402.1200	-- 蒸发量不超过45吨/时的水管锅炉											
84021200.10	纸浆厂废料锅炉（蒸发量≤45吨/时的蒸汽水管锅炉）	5	35		13	13	台/千克	6A	M/	0	3.3	0
84021200.90	其他蒸发量未超45吨/时的水管锅炉	5	35		13	13	台/千克	6A	M/	0	3.3	0
8402.1900	-- 其他蒸汽锅炉，包括混合式锅炉	5	35		13	13	台/千克	6A	M/	0		0
8402.2000	- 过热水锅炉	10	35		13	13	台/千克	6A	M/	0		0
8402.9000	- 零件	2	11		13	13	千克			0		0
84.03	**集中供暖用的热水锅炉，但税目84.02的货品除外：**											
	- 锅炉：											
8403.1010	--- 家用型	8	80		13	13	台/千克	6A	M/	0	5.2	0
8403.1090	--- 其他	8	80		13	13	台/千克	6A	M/	0	5.2	0
8403.9000	- 零件	6	80		13	13	千克			0		0
84.04	**税目84.02或84.03所列锅炉的辅助设备（例如，节热器、过热器、除灰器、气体回收器）；水蒸气或其他蒸汽动力装置的冷凝器：**											
	- 税目84.02或84.03所列锅炉的辅助设备：											
8404.1010	--- 税目84.02所列锅炉的辅助设备											
84041010.10	使用（可再生）生物质燃料的非水管蒸汽锅炉的辅助设备（例如，节热器、过热器、除灰器、气体回收器）	7	35	5	13	13	千克	6		0	3.5	0
84041010.90	其他蒸汽锅炉、过热水锅炉的辅助设备（例如，节热器、过热器、除灰器、气体回收器）	7	35		13	13	千克	6		0	3.5	0
8404.1020	--- 税目84.03所列锅炉的辅助设备	8	80	5	13	13	千克	6		0	4	0
8404.2000	- 水蒸气或其他蒸汽动力装置的冷凝器	8	35	5	13	13	千克	6		0		0
	- 零件：											
8404.9010	--- 税号8404.1020所列设备的零件	7	80	5	13	13	千克			0	0	0
8404.9090	--- 其他											
84049090.10	使用（可再生）生物质燃料的非水管蒸汽锅炉的辅助设备的零件；水蒸汽或其他蒸汽动力装置的冷凝器的零件（税号8404.1010、8404.2000所列辅助设备的）	7	35	5	13	13	千克			0	0	0

协定税率（%）														特惠税率（%）①/②	Article Description
巴基斯坦	冰岛	哥斯达黎加	秘鲁	新西兰	瑞士	新加坡	韩国	澳大利亚	格鲁吉亚	毛里求斯	日本RCEP	尼加拉瓜	港澳台		
0	0	0	0	0	0		0	0	0	0	0	0	0/	0/0	Control rods and devices of nuclear reactors (control rods, supporting structures or suspended structures used solely for nuclear fission)
0	0	0	0	0	0		0	0	0	0	0	0	0/	0/0	Pressure pipes of nuclear reactors (used solely for holding nuclear fuel elements and primary coolant, pressure >5.1MPa)
0	0	0	0	0	0		0	0	0	0	0	0	0/	0/0	Other parts of nuclear reactors
															Steam or other vapour generating boilers (other than central heating hot water boilers capable also of producting low pressure steam); super-heated water boilers:
															- Steam or other vapour generating boilers:
															-- Watertube boilers with a steam production exceeding 45t per hour:
0	0	0	0	0	0		0	0	0	0	0	0	0/	0/0	--- Boilers for generating electricity with a steam production 900t or more per hour
3.5	0	0	0	0	0	0	0	0	0	0	10.2	9	0/	0/0	--- Other
															-- Watertube boilers with a steam production not exceeding 45t per hour
0	0	0	0	0	0		1.6	0	0	0	4.1	0	0/	0/0	Waste material boilers from pulp mills (water tube boilers with a steam production ≤45 tons/hr)
0	0	0	0	0	0		1.6	0	0	0	4.1	0	0/	0/0	Other water tube boilers with a steam production ≤45 tons/hr)
0	0	0	0	0	0		1.6	0	0	0	4.1	0	0/	0/0	-- Other vapour generating boilers, including hybrid boilers
6.4	0	0	0	0	0	0	0	0	0	0	11.6	9	0/	0/0	- Super-heated water boilers
0	0	0	0	0	0		0	0	0	0	0	0	0/	0/0	- Parts
															Central heating boilers other than those of heading 84.02:
															- Boilers:
2.5	0	0	0	0	0		0	0	0	0	7.3	6.4	0/	0/0	--- Household type
0	0	0	0	0	0		0	0	0	0	7.3	6.4	0/	0/0	--- Other
0	0	0	0	0	0		0	0	0	0	4.4	0	0/	0/0	- Parts
															Auxiliary plant for use with boilers of heading 84.02 or 84.03 (for example, economizers, super-heaters, soot removers, gas recoverers); condensers for steam or other vapour power units:
															- Auxiliary plant for use with boilers of heading 84.02 or 84.03:
															--- For use with boilers of heading 84.02
0	0	0	0	0	0		0	0	0	0	5.1	0	0/	0/0	Auxiliary plant for use with non water tube steam boiler using (renewable)biomass fuel (for example, economizers, super-heeater, soot remover, gas recovers)
0	0	0	0	0	0		0	0	0	0	5.1	0	0/	0/0	Auxiliary plant for use with oteher vapour generating boiler and super-heatted water boiler (for example, economizers, super-heeater, soot remover, gas recovers)
0	0	0	0	0	0		0	0	0	0	7.3	6.4	0/	0/0	--- For use with boilers of heading 84.03
5.6	0	0	0	0	0	0	0	0	0	0	10.2	6.4	0/	0/0	- Condensers for steam or other vapour power units
															- Parts:
0	0	0	0	0	0		0	0	0	0	7.3	0	0/	0/0	--- Of the auxiliary plant of subheading 8404.1020
															--- Other
0	0	0	0	0	0		0	0	0	0	0	0	0/	0/0	Parts of auxiliary plant for use with non water tube steam boiler using (renewable)biomass fuel;parts of condensers for steam or other vapour power units (of the auxiliary plant of subheading of 8404.1010, 8404.2000)

税　号	货品名称	进口关税（%）			增值/消费税（%）	出口退税（%）	计量单位	监管证件代码	检验检疫类别	协定税率（%）		
		最惠国	普通	年内暂定						东盟	亚太	智利
84049090.90	其他辅助设备用零件（税号8404.1010、8404.2000所列辅助设备的）	7	35		13	13	千克			0	0	0
84.05	煤气发生器，不论有无净化器；乙炔发生器及类似的水解气体发生器，不论有无净化器：											
8405.1000	- 煤气发生器，不论有无净化器；乙炔发生器及类似的水解气体发生器，不论有无净化器	10	30		13	13	千克	A	M/	0		0
8405.9000	- 零件	6	30		13	13	千克			0		0
84.06	汽轮机：											
8406.1000	- 船舶动力用汽轮机	5	35		13	13	台/千克			0	3.5	0
	- 其他汽轮机：											
	-- 输出功率超过40兆瓦的：											
8406.8110	--- 输出功率不超过100兆瓦的	5	35		13	13	台/千克			0		0
8406.8120	--- 输出功率超过100兆瓦，但不超过350兆瓦的	5	35		13	13	台/千克			0	3.5	0
8406.8130	--- 输出功率超过350兆瓦的	6	11		13	13	台/千克			0	4.2	0
8406.8200	-- 输出功率不超过40兆瓦的	5	35		13	13	台/千克			0	3.5	0
8406.9000	- 零件	2	11		13	13	千克			0		0
84.07	点燃往复式或旋转式活塞内燃发动机：											
	- 航空器发动机：											
8407.1010	--- 输出功率不超过298千瓦											
84071010.10	16千瓦<输出功率≤298千瓦的两用物项管制的无人机专用航空器内燃引擎	2	11		13	13	台/千克	3		0		0
84071010.90	其他输出功率≤298千瓦航空器内燃引擎	2	11		13	13	台/千克			0		0
8407.1020	--- 输出功率超过298千瓦											
84071020.10	输出功率>298千瓦的无人驾驶航空飞行器、无人驾驶飞艇用高效率内燃引擎（设计或改型后用于在15420米以上高空飞行的吸气活塞式或转子式内燃发动机）	2	11		13	13	台/千克	3		0		0
84071020.90	其他输出功率>298千瓦航空器内燃引擎（指点燃往复式或旋转式）	2	11		13	13	台/千克			0		0
	- 船舶发动机：											
8407.2100	-- 舷外发动机	8	35		13	13	台/千克			0		0
8407.2900	-- 其他	8	20		13	13	台/千克			0		0
	- 用于第八十七章所列车辆的往复式活塞发动机：											
8407.3100	-- 气缸容量（排气量）不超过50毫升	10	35		13	13	台/千克	y4xA6	M/	0		0
8407.3200	-- 气缸容量（排气量）超过50毫升，但不超过250毫升	10	35		13	13	台/千克	y4xA6	M/	0		0
8407.3300	-- 气缸容量（排气量）超过250毫升，但不超过1000毫升	10	70		13	13	台/千克	A6	M/	0		0
	-- 气缸容量（排气量）超过1000毫升：											
8407.3410	--- 气缸容量（排气量）超过1000毫升，但不超过3000毫升	10	70		13	13	台/千克	A6	M/	5	6.5	0
8407.3420	--- 气缸容量（排气量）超过3000毫升											
84073420.10	排气量≥5.9升的天然气发动机（第八十七章所列车辆用的点燃往复式活塞发动机）	10	35		13	13	台/千克	6		5	6.5	0
84073420.90	其他超3000毫升车用往复式活塞引擎（第八十七章所列车辆用的点燃往复式活塞发动机）	10	35		13	13	台/千克	6		5	6.5	0
	- 其他发动机：											

协定税率（%）														特惠税率（%）①/②	Article Description
巴基斯坦	冰岛	哥斯达黎加	秘鲁	新西兰	瑞士	新加坡	韩国	澳大利亚	格鲁吉亚	毛里求斯	日本RCEP	尼加拉瓜	港澳台		
0	0	0	0	0	0		0	0	0	0	0	0	0/	0/0	Other parts (of the auxiliary plant of subheading of 8404.1010, 8404.2000)
															Producer gas or water gas generators, with or without their purifiers; acetylene gas generators and similar water process gas generators, with or without their purifiers:
5.6	0	0	0	0	0	0	7	0	0	0		9	0/	0/0	- Producer gas or water gas generators, with or without their purifiers;acetylene gas generators and similar water process gas generators, with or without their purifiers
0	0	0	0	0	0		0	0	0	0	5.8	0	0/	0/0	- Parts
															Steam turbines and other vapour turbines:
0	0	0	0	0	0		0	0	0	0	3.6	0	0/	0/0	- Turbines for marine propulsion
															- Other turbines:
															-- Of an output exceeding 40 MW:
0	0	0	0	0	0		0	0	0	0	4.1	0	0/	0/0	--- Of an output not exceeding 100MW
0	0	0	0	0	0		0	0	0	0	4.3	0	0/	0/0	--- Of an output exceeding 100MW but not exceeding 350 MW
0	0	0	0	0	0		0	0	0	0	0	0	0/	0/0	--- Of an output exceeding 350MW
0	0	0	0	0	2		0	0	0	0	3.6	0	0/	0/0	-- Of an output not exceeding 40MW
0	0	0	0	0	0		0	0	0	0	1.5	0	0/	0/0	- Parts
															Spark-ignition reciprocating or rotary internal combustion piston engines:
															- Aircraft engines:
															--- Of an output not exceeding 298kW
0	0	0	0	0	0		0	0	0	0	0	0	0/	0/0	Internal combustion engines solely used for dual-use item controled unmanned aerial vehicles, 16kW< output power ≤ 298kW
0	0	0	0	0	0		0	0	0	0	0	0	0/	0/0	Other aircraft internal combustion engine with output power ≤ 298kW
															--- Of an output exceeding 298kW
0	0	0	0	0	0		0	0	0	0	0	0	0/	0/0	Push-button aircraft of of an output exceeding 298kw、high efficiency internal combustion engine with an unmanned airship (designed or modified for suction piston or rotor type internal combustion engine 15420 meters altitude flight)
0	0	0	0	0	0		0	0	0	0	0	0	0/	0/0	Other aircraft internal combustiong engines of an output exceeding 298kw (spark-ignition reciprocatingor rotary)
															- Marine propulsion engines:
0	0	0	0	0	0			0	0	0		6.4	0/	0/0	-- Outboard motors
0	0	0	0	0	0			0	0	0		7.2	0/	0/0	-- Other
															- Reciprocating piston engines of a kind used for the propulsion of vehicles of Chapter 87:
0	0	0	0	0	0		5	0	0	0	8.6	9	0/	0/0	-- Of a cylinder capacity not exceeding 50cc
0	0	0	0	0	0		5	0	0	0	0	9	0/	0/0	-- Of a cylinder capacity exceeding 50cc but not exceeding 250cc
4	0	0	0	0	0	0	5	0	0	0	8.6	9	0/	0/0	-- Of a cylinder capacity exceeding 250cc but not exceeding 1000cc
															-- Of a cylinder capacity exceeding 1000cc:
7	0	0		0	0		5	0	0	0		9	0/		--- Of a cylinder capacity exceeding 1000cc but not exceeding 3000cc
															--- Of a cylinder capacity exceeding 3000cc
7	0	0		0	0		5	0	0	0			0/	/0	Natural gas engines of a cylinder capacity ≥ 5.9L (spark-ignition reciprocating piston engines for vehicles of Chapter 87)
7	0	0		0	0		5	0	0	0			0/	/0	Other vehicle reciprocating piston engines of a cylinder capacity exceeding 3000cc (spark-ignition reciprocating piston engines for vehicles of Chapter 87)
															- Other engines:

税　号	货品名称	进口关税（%）			增值/消费税（%）	出口退税（%）	计量单位	监管证件代码	检验检疫类别	协定税率（%）		
		最惠国	普通	年内暂定						东盟	亚太	智利
8407.9010	--- 沼气发动机	10	35		13	13	台/千克			0	7	0
8407.9090	--- 其他											
84079090.10	转速<3600转/分汽油发动机（发电机用，立式输出轴汽油发动机除外）	18	35		13	13	台/千克			0		0
84079090.20	转速<4650转/分汽油发动机（税目84.26、84.28～84.30所列机械用，立式输出轴汽油发动机除外）	18	35		13	13	台/千克			0		0
84079090.31	叉车用汽油发动机（800转/分≤转速≤3400转/分）（立式输出轴汽油发动机除外）	18	35	9	13	13	台/千克			0		0
84079090.39	其他转速<4650转/分汽油发动机（税目84.27所列机械用，立式输出轴汽油发动机除外）	18	35		13	13	台/千克			0		0
84079090.40	立式输出轴汽油发动机（非第八十七章所列车辆用其他往复式活塞发动机）	18	35	9	13	13	台/千克			0		0
84079090.90	其他往复或旋转式活塞内燃引擎（非第八十七章所列车辆用其他点燃往复式或旋转式活塞发动机）	18	35		13	13	台/千克			0		0
84.08	**压燃式活塞内燃发动机（柴油或半柴油发动机）：**											
8408.1000	- 船舶发动机	5	11		13	13	台/千克			0	2.5	0
	- 用于第八十七章所列车辆的发动机：											
8408.2010	--- 输出功率在132.39千瓦（180马力）及以上											
84082010.01	输出功率在441千瓦及以上的柴油发动机（600马力）	9	14	4	13	13	台/千克	6		5	6.3	0
84082010.10	功率≥132.39千瓦拖拉机用柴油机	9	14		9	9	台/千克	6		5	6.3	0
84082010.90	功率≥132.39千瓦其他用柴油机[第八十七章车辆用压燃式活塞内燃发动机（132.39千瓦=180马力）]	9	14		13	13	台/千克	6		5	6.3	0
8408.2090	--- 其他											
84082090.10	功率<132.39千瓦拖拉机用柴油机	25	35		9	9	台/千克	6		5	17.5	0
84082090.90	功率<132.39千瓦其他用柴油机（第八十七章车辆用压燃式活塞内燃发动机）	25	35		13	13	台/千克	6		5	17.5	0
	- 其他发动机：											
8408.9010	--- 机车发动机	6	11		13	13	台/千克			0	3.9	0
	--- 其他：											
8408.9091	---- 输出功率不超过14千瓦											
84089091.11	功率≤14千瓦农业用单缸柴油机[非第八十七章车辆用压燃式活塞内燃发动机（14千瓦=19.05马力）]	5	35		9	9	台/千克			0	3.3	0
84089091.19	功率≤14千瓦农业用柴油发动机[非第八十七章车辆用压燃式活塞内燃发动机（14千瓦=19.05马力）]	5	35		9	9	台/千克			0	3.3	0
84089091.91	功率≤14千瓦其他用单缸柴油机[非第八十七章车辆用压燃式活塞内燃发动机（14千瓦=19.05马力）]	5	35		13	13	台/千克			0	3.3	0

协定税率（%）														特惠税率（%）①/②	Article Description
巴基斯坦	冰岛	哥斯达黎加	秘鲁	新西兰	瑞士	新加坡	韩国	澳大利亚	格鲁吉亚	毛里求斯	日本RCEP	尼加拉瓜	港澳台		
3	0	0	0	0	0	0	0	0	0	0	8.7	9	0/	0/0	--- Firedamp engines
															--- Other
	0	0	0	0	0	0	6	0	0	0	14.6	16.8	0/	0/0	Gasoline engines with rotational speed<3600r/min (for generators, excluding vertical output axis gasoline engines)
	0	0	0	0	0	0	6	0	0	0	14.6	16.8	0/	0/0	Gasoline engines with rotational speed<4650r/min (for machinery listed in Heading 84.26, 84.28 ～ 84.30, excluding vertical output axis gasoline engines)
	0	0	0	0	0	0	6	0	0	0	14.6	16.8	0/	0/0	Gasoline engines with 800r/min ≤ rotational speed ≤ 3400r/min (for fork-lift trucks, excluding vertical output axis gasoline engines)
	0	0	0	0	0	0	6	0	0	0	14.6	16.8	0/	0/0	Other gasoline engines with rotational speed<4650r/min (for machinery listed in Heading 84.27, excluding vertical output axis gasoline engines)
	0	0	0	0	0	0	6	0	0	0	14.6	16.8	0/	0/0	Vertical output axis gasoline engines (other than reciprocating piston engines of vehicles of Chapter 87)
	0	0	0	0	0	0	6	0	0	0	14.6	16.8	0/	0/0	Other reciprocating or rotary internal combustion piston engines (other than spark-ignition reciprocating or rotary piston engines for vehicles of Chapter 87)
															Compression-ignition internal combustion piston engines (diesel or semidiesel engines):
0	0	0	0	0	0	0	2.5	0	0	0		0	0/	0/0	- Marine propulsion engines
															- Engines of a kind used for the propulsion of vehicles of Chapter 87:
															--- Of an output of 132.39kW (180hp) or more
6.3	0	0	0	0	0		3	0	0	0	7.7	8.1	0/	0/0	Diesel engines (600hp) with output power ≥ 441kW
6.3	0	0	0	0	0		3	0	0	0	7.7	8.1	0/	0/0	Diesel engines for tractors with output power ≥ 132.39kW
6.3	0	0	0	0	0		3	0	0	0	7.7	8.1	0/	0/0	Diesel engines for other uses with output power ≥ 132.39kW (compression-ignition internal combustion piston engines of vehicles for Chapter 87 (132.39kW=180hp))
															--- Other
17.5	0	0		0			12.5	0	0	5			0/	/0	Diesel engines for tractors with output power <132.39kW
17.5	0	0		0			12.5	0	0	5			0/	/0	Diesel engines of other uses with output power <132.39kW (compression-ignition internal combustion piston enginesfor vehicles of Chapter 87)
															- Other engines:
0	0	0	0	0	0		0	0	0	0	0	0	0/	0/0	--- Locomotive engines
															--- Other:
															----Of an output not exceeding 14kW
0	0	0	0	0	0		1.6	0	0	0		0	0/	0/0	Single-cylinder diesel engines for agricultural use with output power ≤ 14kW (other than compression-ignition internal combustion piston engines for vehicles of Chapter 87 (14kW=19.05hp))
0	0	0	0	0	0		1.6	0	0	0		0	0/	0/0	Diesel engines for agricultural use of a power ≤ 14kW (other than compression-ignition internal combustion piston engines of vehicles of Chapter 87 (14kW=19.05hp))
0	0	0	0	0	0		1.6	0	0	0		0	0/	0/0	Single-cylinder diesel engines for other uses with output power ≤ 14kW (other than compression-ignition internal combustion piston engines for vehicles of Chapter 87 (14kW=19.05hp))

税号	货品名称	进口关税（%）			增值/消费税（%）	出口退税（%）	计量单位	监管证件代码	检验检疫类别	协定税率（%）		
		最惠国	普通	年内暂定						东盟	亚太	智利
84089091.99	功率≤14千瓦其他用柴油发动机[非第八十七章车辆用压燃式活塞内燃发动机（14千瓦=19.05马力）]	5	35		13	13	台/千克			0	3.3	0
8408.9092	----输出功率超过14千瓦，但小于132.39千瓦（180马力）											
84089092.10	转速<4650转/分柴油发动机，14千瓦<功率<132.39千瓦（税目84.26～84.30所列工程机械用）	8	35		13	13	台/千克			0	7.2	0
84089092.20	14千瓦<功率<132.39千瓦的农业用柴油机[非第八十七章车辆用压燃式活塞内燃发动机（1千瓦=1.36马力）]	8	35		9	9	台/千克			0	7.2	0
84089092.30	16千瓦<功率<132.39千瓦的两用物项管制的无人机专用柴油机	8	35		13	13	台/千克	3		0	7.2	0
84089092.90	14千瓦<功率<132.39千瓦的其他用柴油机[非第八十七章车辆用压燃式活塞内燃发动机（1千瓦=1.36马力）]	8	35		13	13	台/千克			0	7.2	0
8408.9093	----输出功率在132.39千瓦（180马力）及以上											
84089093.10	功率≥132.39千瓦的农业用柴油机[非第八十七章用压燃式活塞内燃发动机（132.39千瓦=180马力）]	5	14		9	9	台/千克			0	3.3	0
84089093.20	功率≥132.39kw两用物项管制的无人机专用柴油发动机（132.39千瓦=180马力）]	5	14		13	13	台/千克	3		0	3.3	0
84089093.90	功率≥132.39千瓦其他用柴油发动机[非第八十七章用压燃式活塞内燃发动机（132.39千瓦=180马力）]	5	14		13	13	台/千克			0	3.3	0
84.09	**专用于或主要用于税目84.07或84.08所列发动机的零件：**											
8409.1000	- 航空器发动机用	2	11		13	13	千克			0		0
	- 其他：											
	-- 专用于或主要用于点燃式活塞内燃发动机的：											
8409.9110	--- 船舶发动机用	6	17		13	13	千克			0	3.9	0
	--- 其他：											
8409.9191	---- 电控燃油喷射装置	5	35		13	13	千克/套			0	3.3	0
8409.9199	---- 其他											
84099199.10	汽车用电子节气门	5	35	3	13	13	千克			0	3.3	0
84099199.20	废气再循环（EGR）装置（专用或主要用于内燃发动机）	5	35		13	13	千克			0	3.3	0
84099199.30	连杆（专用或主要用于内燃发动机）	5	35		13	13	千克			0	3.3	0
84099199.40	喷嘴（专用或主要用于内燃发动机）	5	35		13	13	千克			0	3.3	0
84099199.50	气门摇臂（专用或主要用于内燃发动机）	5	35		13	13	千克			0	3.3	0
84099199.90	其他点燃式活塞内燃发动机用零件	5	35		13	13	千克			0	3.3	0
	-- 其他：											
8409.9910	--- 船舶发动机用	5	11		13	13	千克			0	3.3	0

协定税率（%）														特惠税率（%）①/②	Article Description
巴基斯坦	冰岛	哥斯达黎加	秘鲁	新西兰	瑞士	新加坡	韩国	澳大利亚	格鲁吉亚	毛里求斯	日本RCEP	尼加拉瓜	港澳台		
0	0	0	0	0	0		1.6	0	0	0		0	0/	0/0	Diesel engines for other uses with output power ≤14kW (other than compression-ignition internal combustion piston engines for vehicles of Chapter 87 (14kW=19.05hp))
															----Of an output exceeding 14kW but not exceeding 132.39kW (180hp)
0	0	0	0	0	0		2.8	0	0	0	6.8	6.4	0/	0/0	Diesel engines with rotational speed <4650r/min, 14kW<power<132.39kW (of engineering machinery of heading 84.26 to 84.30)
0	0	0	0	0	0		2.8	0	0	0	6.8	6.4	0/	0/0	Diesel engines for agricultural use, with 14kW< output power<132.39kW (other than compression-ignition internal combustion piston engines for vehicles of Chapter 87 (1kW=1.36hp))
0	0	0	0	0	0		2.8	0	0	0	6.8	6.4	0/	0/0	Dual-use Item Control Special Diesel Engine for UAV, with 14kW< output power<132.39kW (other than compression-ignition internal combustion piston engines for vehicles of Chapter 87 (1kW=1.36hp))
0	0	0	0	0	0		2.8	0	0	0	6.8	6.4	0/	0/0	Diesel engines for other uses, with 14kW<power <132.39kW (other than compression-ignition internal combustion piston engines for vehicles of Chapter 87 (1kW=1.36hp))
															----Of an output of 132.39kW (180hp) or more
0	0	0	0	0	0		1.6	0	0	0	4.1	0	0/	0/0	Diesel engines for agricultural use, with output power ≥132.39kW (other than compression-ignition internal combustion piston engines for vehicles of Chapter 87 (132.93kW=180hp))
0	0	0	0	0	0		1.6	0	0	0	4.1	0	0/	0/0	Dual-use Item Control Special Diesel Engine for UAV, with output power ≥132.39kW (other than compression-ignition internal combustion piston engines for vehicles of Chapter 87 (132.93kW=180hp))
0	0	0	0	0	0		1.6	0	0	0	4.1	0	0/	0/0	Diesel engines for other uses, with output power ≥132.39kW (other than compression-ignition internal combustion piston engines for vehicles of Chapter 87 (132.93kW=180hp))
															Parts suitable for use solely or principally with the engines of heading 84.07 or 84.08:
0	0	0	0	0	0		0	0	0	0	0	0	0/	0/0	- For aircraft engines
															- Other:
															-- Suitable for use solely or principally with spark-ignition internal combustion piston engines:
0	0	0	0	0	0		3.9	0	0	0		0	0/	0/0	--- For marine propulsion engines
															--- Other:
0	0	0	0	0	0	0	1.6	0	0	0	4.1	0	0/	0/0	----Electric fuel injection devices
															----Other
0	0	0	0	0	0	0	0	0	0	0	4.1	0	0/	0/0	Electronic throttle for automobile
0	0	0	0	0	0	0	0	0	0	0	4.1	0	0/	0/0	EGR (Exhaust Gas Recycle) apparatus (used solely or principally for internal combustion engines)
0	0	0	0	0	0	0	0	0	0	0	4.1	0	0/	0/0	Connecting rods (used solely or principally for internal combustion engines)
0	0	0	0	0	0	0	0	0	0	0	4.1	0	0/	0/0	Nozzles (used solely or principally for internal combustion engines)
0	0	0	0	0	0	0	0	0	0	0	4.1	0	0/	0/0	Valve rocker arms (used solely or principally for internal combustion engines)
0	0	0	0	0	0	0	0	0	0	0	4.1	0	0/	0/0	Other parts of spark-ignition internal combustion piston engines
															-- Other:
0	0	0	0	0	0	0	1.6	0	0	0	4.1	0	0/	0/0	--- For marine propulsion engines

税号	货品名称	进口关税（%）			增值/消费税（%）	出口退税（%）	计量单位	监管证件代码	检验检疫类别	协定税率（%）		
		最惠国	普通	年内暂定						东盟	亚太	智利
8409.9920	--- 机车发动机用	2	11		13	13	千克			0	1.3	0
	--- 其他：											
8409.9991	---- 输出功率在132.39千瓦（180马力）及以上的发动机用	2	11		13	13	千克			0	1.3	0
8409.9999	---- 其他											
84099999.10	电控柴油喷射装置及其零件（税目84.08所列的其他发动机用）	8	35	5	13	13	千克			0	5.2	0
84099999.90	其他发动机的专用零件（税目84.07或84.08所列的其他发动机）	8	35		13	13	千克			0	5.2	0
84.10	**水轮机、水轮及其调节器：**											
	- 水轮机及水轮：											
8410.1100	-- 功率不超过1000千瓦	8	35		13	13	台/千克			0		0
8410.1200	-- 功率超过1000千瓦，但不超过10000千瓦	8	35		13	13	台/千克			0		0
	-- 功率超过10000千瓦：											
8410.1310	--- 功率超过30000千瓦的冲击式水轮机及水轮	8	35		13	13	台/千克			0	5.6	0
8410.1320	--- 功率超过35000千瓦的贯流式水轮机及水轮	8	35		13	13	台/千克			0	5.6	0
8410.1330	--- 功率超过200000千瓦的水泵水轮机及水轮	8	35		13	13	台/千克			0	5.6	0
8410.1390	--- 其他	8	35		13	13	台/千克			0	5.6	0
	- 零件，包括调节器：											
8410.9010	--- 调节器	6	35		13	13	千克/套			0	4.2	0
8410.9090	--- 其他	6	35		13	13	千克			0		0
84.11	**涡轮喷气发动机、涡轮螺桨发动机及其他燃气轮机：**											
	- 涡轮喷气发动机：											
	-- 推力不超过25千牛顿：											
8411.1110	--- 涡轮风扇发动机											
84111110.10	两用物项管制的无人机专用涡轮风扇发动机，功率大于16千瓦，且推力≤25千牛顿	1	11		13	13	台/千克	3		0		0
84111110.90	其他涡轮风扇发动机推力≤25千牛顿	1	11		13	13	台/千克	3		0		0
8411.1190	--- 其他											
84111190.10	功率>16千瓦的两用物项管制的无人机专用涡轮喷气发动机	1	11		13	13	台/千克	3		0		0
84111190.90	其他涡轮喷气发动机	1	11		13	13	台/千克			0		0
	-- 推力超过25千牛顿：											
8411.1210	--- 涡轮风扇发动机											
84111210.10	两用物项管制的无人机专用涡轮风扇发动机，功率大于16千瓦，且推力>25千牛顿	1	11		13	13	台/千克	3		0	0	0
84111210.90	涡轮风扇发动机推力>25千牛顿	1	11		13	13	台/千克	3		0	0	0
8411.1290	--- 其他											
84111290.10	小型燃烧率高轻型涡轮喷气发动机（推力大于或等于90千牛顿的涡轮喷气发动机）	1	11		13	13	台/千克	3		0	0.5	0
84111290.20	功率>16kW两用物项管制的无人机专用小型燃烧率高轻型涡轮喷气发动机（推力大于或等于90千牛顿的涡轮喷气发动机）	1	11		13	13	台/千克	3		0	0.5	0
84111290.90	其他涡轮喷气发动机（推力超过25千牛顿）	1	11		13	13	台/千克			0	0.5	0
	- 涡轮螺桨发动机：											
8411.2100	-- 功率不超过1100千瓦											
84112100.10	16千瓦<功率≤1100千瓦的两用物项管制的无人机专用涡轮螺桨发动机	2	11		13	13	台/千克	3		0		0

协定税率（%）														特惠税率（%）①/②	Article Description
巴基斯坦	冰岛	哥斯达黎加	秘鲁	新西兰	瑞士	新加坡	韩国	澳大利亚	格鲁吉亚	毛里求斯	日本RCEP	尼加拉瓜	港澳台		
0	0	0	0	0	0		0	0	0	0	1.5	0	0/	0/0	--- For locomotive engines
															--- Other:
0	0	0	0	0	0		0	0	0	0.4	1.5	0	0/	0/0	----For engines with an output of 132.39kW (180hp) or more
															----Other
4	0	0	0	0	0	0	2.8	0	0	0	6.8	6.4	0/	0/0	Electronically contronlled diesel injection systems (for other engines of heading 84.08)
4	0	0	0	0	0	0	2.8	0	0	0	6.8	6.4	0/	0/0	Special parts for other engines (other engines of headings 84.07 and 84.08)
															Hydraulic turbines, water wheels, and regulators therefor:
															- Hydraulic turbines and water wheels:
0	0	0	0	0	0		0	0	0	0	7.3	6.4	0/	0/0	-- Of a power not exceeding 1000kW
0	0	0	0	0	0	0	0	0	0	0	7.3	6.4	0/	0/0	-- Of a power exceeding 1000kW but not exceeding 10000kW
															-- Of a power exceeding 10000kW:
0	0	0	0	0	0	0	0	0	0	0	7.3	6.4	0/	0/0	--- Impulse hydraulic turbines and water wheels of a power exceeding 30000kW
0	0	0	0	0	0	0	0	0	0	0	7.3	6.4	0/	0/0	--- Radial hydraulic turbines and water wheels of a power exceeding 35000kW
0	0	0	0	0	0		0	0	0	0	7.3	6.4	0/	0/0	--- Pumping hydraulic turbines and water wheels of a power exceeding 200000kW
0	0	0	0	0	0		0	0	0	0	7.3	6.4	0/	0/0	--- Other
															- Parts, including regulators:
0	0	0	0	0	0		0	0	0	0	0	0	0/	0/0	--- Regulators
0	0	0	0	0	0		0	0	0	0	4.4	0	0/	0/0	--- Other
															Turbo-jets, turbo-propellers and other gas turbines:
															- Turbo-jets:
															-- Of a thrust not exceeding 25kN:
															--- Turbofan engines
0	0	0	0	0	0		0	0	0	0	0	0	0/	0/0	Turbofan engine for dual-use item controled unmanned aerial vehicles, with a power greater than 16 kW and a thrust not exceeding 25 kN
0	0	0	0	0	0		0	0	0	0	0	0	0/	0/0	Other turbofan engine of a thrust not exceeding 25 kN
															--- Other
0	0	0	0	0	0		0	0	0	0	0	0	0/	0/0	Turbojet engine for dual-use item controled unmanned aerial vehicles of a power not exceeding 16 kW
0	0	0	0	0	0		0	0	0	0	0	0	0/	0/0	Other turbojet engines
															-- Of a thrust exceeding 25kN:
															--- Turbofan engines
0	0	0	0	0	0		0	0	0	0	0	0	0/	0/0	Turbofan engine for dual-use item controled unmanned aerial vehicles, with a power greater than 16 kW and a thrust exceeding 25 kN
0	0	0	0	0	0		0	0	0	0	0	0	0/	0/0	Turbofan engine of a thrust exceeding 25 kN
															--- Other
0	0	0	0	0	0		0	0	0	0	0	0	0/	0/0	Small light turbo-jets with high combustion efficiency (turbo-jets with propulsive force ≥ 90kN)
0	0	0	0	0	0		0	0	0	0	0	0	0/	0/0	Small light turbo-jets with high combustion efficiency for dual-use item controled unmanned aerial vehicles, with a power greater than 16 kW (turbo-jets with propulsive force ≥ 90kN)
0	0	0	0	0	0		0	0	0	0	0	0	0/	0/0	Other turbo-jets (propulsive force >25kN)
															- Turbo-propellers:
															-- Of a power not exceeding 1100kW
0	0	0	0	0	0		0	0	0	0	0	0	0/	0/0	Turboprop engine for dual-use item controled unmanned aerial vehicles of a power greater than 16 kW but not exceeding 1100 kW

税号	货品名称	进口关税（%）			增值/消费税（%）	出口退税（%）	计量单位	监管证件代码	检验检疫类别	协定税率（%）		
		最惠国	普通	年内暂定						东盟	亚太	智利
84112100.90	功率≤1100千瓦的其他涡轮螺桨发动机	2	11		13	13	台/千克			0		0
	-- 功率超过1100千瓦：											
8411.2210	--- 功率超过1100千瓦，但不超过2238千瓦											
84112210.10	1100千瓦<功率≤2238千瓦的两用物项管制的无人机专用涡轮螺桨引擎	2	11		13	13	台/千克	3		0	1.4	0
84112210.90	1100千瓦<功率≤2238千瓦其他涡轮螺桨引擎	2	11		13	13	台/千克			0	1.4	0
8411.2220	--- 功率超过2238千瓦，但不超过3730千瓦											
84112220.10	2238千瓦<功率≤3730千瓦两用物项管制的无人机专用涡轮螺桨引擎	2	11		13	13	台/千克	3		0	1.4	0
84112220.90	2238千瓦<功率≤3730千瓦其他涡轮螺桨引擎	2	11		13	13	台/千克			0	1.4	0
8411.2230	--- 功率超过3730千瓦											
84112230.10	功率>3730千瓦两用物项管制的无人机专用涡轮螺桨引擎	2	11		13	13	台/千克	3		0	1.4	0
84112230.90	功率>3730千瓦其他涡轮螺桨引擎	2	11		13	13	台/千克			0	1.4	0
	- 其他燃气轮机：											
8411.8100	-- 功率不超过5000千瓦											
84118100.01	涡轮轴航空发动机（功率小于等于5000千瓦）	15	35	1	13	13	台/千克			0		0
84118100.02	两用物项管制的无人机专用涡轮轴航空发动机（功率小于等于5000千瓦）	15	35		13	13	台/千克	3		0		0
84118100.10	功率≥3500千瓦的涡轮轴发动机（航空发动机除外）	15	35	3	13	13	台/千克			0		0
84118100.90	功率小于等于5000千瓦的其他燃气轮机	15	35		13	13	台/千克			0		0
8411.8200	-- 功率超过5000千瓦	3	35		13	13	台/千克			0	2.1	0
	- 零件：											
8411.9100	-- 涡轮喷气发动机或涡轮螺桨发动机用	1	11		13	13	千克			0		0
	-- 其他：											
8411.9910	--- 涡轮轴发动机用											
84119910.10	涡轮轴航空发动机用零件	5	35	1	13	13	千克			0	3.5	0
84119910.90	其他涡轮轴发动机用零件	5	35		13	13	千克			0	3.5	0
8411.9990	--- 其他	5	35		13	13	千克			0		0
84.12	**其他发动机及动力装置：**											
	- 喷气发动机，但涡轮喷气发动机除外：											
8412.1010	--- 航空器及航天器用											
84121010.10	冲压喷气发动机（包括超燃冲压喷气发动机）	3	11		13	13	台/千克	3		0		0
84121010.20	脉冲喷气发动机	3	11		13	13	台/千克	3		0		0
84121010.30	组合循环发动机	3	11		13	13	台/千克	3		0		0
84121010.90	其他航空、航天器用喷气发动机（涡轮喷气发动机除外）	3	11		13	13	台/千克			0		0
8412.1090	--- 其他	10	35		13	13	台/千克			0		0
	- 液压动力装置：											
8412.2100	-- 直线作用（液压缸）的											
84122100.10	飞机发动机用作动筒	12	35	1	13	13	台/千克			0		0
84122100.90	其他直线作用的液压动力装置（液压缸）	12	35		13	13	台/千克			0		0
	-- 其他：											
8412.2910	--- 液压马达	10	35		13	13	台/千克			0		0
8412.2990	--- 其他											
84122990.10	抓桩器（抱桩器）	14	35	7	13	13	台/千克			0		0

协定税率（%）														特惠税率（%）①/②	Article Description
巴基斯坦	冰岛	哥斯达黎加	秘鲁	新西兰	瑞士	新加坡	韩国	澳大利亚	格鲁吉亚	毛里求斯	日本RCEP	尼加拉瓜	港澳台		
0	0	0	0	0	0		0	0	0	0	0	0	0/	0/0	Other turbo-propellers of a power not exceeding 1,100 kW
															-- Of a power exceeding 1100kW:
															--- Of a power exceeding 1100kW but not exceeding 2238kW
0	0	0	0	0	0		0	0	0	0	0	0	0/	0/0	Turboprop engine for dual-use item controled unmanned aerial vehicles of a power greater than 1100 kW but not exceeding 2238 kW
0	0	0	0	0	0		0	0	0	0	0	0	0/	0/0	Other turboprop engine of a power greater than 1100 kW but not exceeding 2238 kW
															--- Of a power exceeding 2238kW but not exceeding 3730kW
0	0	0	0	0	0		0	0	0	0	0	0	0/	0/0	Turboprop engine for dual-use item controled unmanned aerial vehicles of a power greater than 2238 kW but not exceeding 3730 kW
0	0	0	0	0	0		0	0	0	0	0	0	0/	0/0	Other turboprop engine of a power greater than 2238 kW but not exceeding 3730 kW
															--- Of a power exceeding 3730kW
0	0	0	0	0	0		0	0	0	0	0	0	0/	0/0	Turboprop engine for dual-use item controled unmanned aerial vehicles of a power greater than 3730 kW
0	0	0	0	0	0		0	0	0	0	0	0	0/	0/0	Other turboprop engine of a power greater than 3730 kW
															- Other gas turbines:
															-- Of a power not exceeding 5000kW
6	0	0	0	0	0	0	0	0	0	0	10.9	14	0/	0/0	Turbine shaft aircraft engine with output power ≤5000kW
6	0	0	0	0	0	0	0	0	0	0	10.9	14	0/	0/0	Turbine shaft aircraft engine for dual-use item controled unmanned aerial vehicles, with output power ≤5000kW
6	0	0	0	0	0	0	0	0	0	0	10.9	14	0/	0/0	Turbine shaft engines with output power ≥3500kW (except aircraft engines)
6	0	0	0	0	0	0	0	0	0	0	10.9	14	0/	0/0	Other gas turbines with output power ≤5000kW
0	0	0	0	0	0		0	0	0	0	0	0	0/	0/0	-- Of a power exceeding 5000kW
															- Parts:
0	0	0	0	0	0		0	0	0	0	0	0	0/	0/0	-- Of turbo-jets or turbo-propellers
															-- Other:
															--- Of turboshaft engines
0	0	0	0	0	0		0	0	0	0	0	0	0/	0/0	Parts for turboshaft aeroengines
0	0	0	0	0	0		0	0	0	0	0	0	0/	0/0	Other parts for turboshaft engines
0	0	0	0	0	0		0	0	0	0	4.1	0	0/	0/0	--- Other
															Other engines and motors:
															- Jet engines other than turbo-jets:
															--- For aircraft or spacecraft
0	0	0	0	0	0		0	0	0	0	0	0	0/	0/0	Ramjet engines (including scramjet engines)
0	0	0	0	0	0		0	0	0	0	0	0	0/	0/0	Pulse jet engines
0	0	0	0	0	0		0	0	0	0	0	0	0/	0/0	Combined-cycle engines
0	0	0	0	0	0		0	0	0	0	0	0	0/	0/0	Other jet engines for aircraft or spacecraft (other than turbo-jets)
0	0	0	0	0	0		0	0	0	0	7.3	9	0/	0/0	--- Other
															- Hydraulic power engines and motors:
															-- Linear acting (cylinders)
3	0	0	0	0	0	0	6	0	0	0	10.3	11.2	0/0	0/0	Actuators for aircraft engines
3	0	0	0	0	0	0	6	0	0	0	10.3	11.2	0/0	0/0	Other linear acting hydraulic power engines and motors (cylinders)
															-- Other:
2.5	0	0	0	0	0	0	5	0	0	0	8.6	9	0/	0/0	--- Hydraulic motors
															--- Other
5.6	0	0	0	0	0	0	4.6	0	0	0	11.4	13.1	0/	0/0	Pile Grabber (pile gripper)

税号	货品名称	进口关税（%）			增值/消费税（%）	出口退税（%）	计量单位	监管证件代码	检验检疫类别	协定税率（%）		
		最惠国	普通	年内暂定						东盟	亚太	智利
84122990.20	飞机发动机用液压作动器	14	35	1	13	13	台/千克			0		0
84122990.90	其他液压动力装置	14	35		13	13	台/千克			0		0
	- 气压动力装置：											
8412.3100	-- 直线作用（气压缸）的											
84123100.01	三坐标测量机用平衡气缸	14	35	7	13	13	台/千克			0	9.1	0
84123100.10	飞机舱门气动作动筒	14	35	1	13	13	台/千克			0	9.1	0
84123100.90	其他直线作用的气压动力装置（气压缸）	14	35		13	13	台/千克			0	9.1	0
8412.3900	-- 其他											
84123900.10	飞机发动机用气压作动器	14	35	1	13	13	台/千克			0		0
84123900.90	其他气压动力装置	14	35		13	13	台/千克			0		0
8412.8000	- 其他											
84128000.10	液体火箭发动机（推力大于或等于90千牛顿，可贮存推进剂的）	10	35		13	13	台/千克	3		0		0
84128000.20	固体火箭发动机（总冲大于或等于1100千牛顿秒的）	10	35		13	13	台/千克	3		0		0
84128000.90	其他发动机及动力装置	10	35		13	13	台/千克			0		0
	- 零件：											
8412.9010	--- 税号8412.1010所列机器的零件											
84129010.10	燃烧调节装置（冲压或脉冲喷气发动机的）	2	11		13	13	千克	3		0		0
84129010.20	火箭发动机的壳体	2	11		13	13	千克	3		0		0
84129010.90	航空、航天器用喷气发动机的零件（涡轮喷气发动机的零件，编号84129010.10除外）	2	11		13	13	千克			0		0
8412.9090	--- 其他											
84129090.10	风力发动机零件	8	35	5	13	13	千克			0		0
84129090.20	飞机发动机用作动筒壳体	8	35	1	13	13	千克			0		0
84129090.90	其他发动机及动力装置的零件	8	35		13	13	千克			0		0
84.13	**液体泵，不论是否装有计量装置；液体提升机：**											
	- 装有或可装计量装置的泵：											
8413.1100	-- 分装燃料或润滑油的泵，用于加油站或车库	10	30	6	13	13	台/千克			0		0
8413.1900	-- 其他	10	30	6	13	13	台/千克			0		0
8413.2000	- 手泵，但子目8413.11或8413.19的货品除外	10	30		13	13	台/千克			0		0
	- 活塞式内燃发动机用的燃油泵、润滑油泵或冷却剂泵：											
	--- 燃油泵：											
8413.3021	---- 输出功率在132.39千瓦（180马力）及以上的发动机用燃油泵	3	30		13	13	台/千克			0	2	0
8413.3029	---- 其他	3	30		13	13	台/千克			0		0
8413.3030	--- 润滑油泵	3	30		13	13	台/千克			0		0
8413.3090	--- 其他	3	30		13	13	台/千克			0	2	0
8413.4000	- 混凝土泵	8	30		13	13	台/千克			0		0
	- 其他往复式排液泵：											
8413.5010	--- 气动式											
84135010.10	农业用气动往复式排液泵	10	40		9	9	台/千克			0		0
84135010.20	气动式耐腐蚀波纹或隔膜泵（流量大于$0.6m^3/h$，接触表面由特殊耐腐蚀材料制成）	10	40		13	13	台/千克	3		0		0
84135010.90	其他非农业用气动往复式排液泵	10	40		13	13	台/千克			0		0

协定税率（%）														特惠税率（%）①/②	Article Description
巴基斯坦	冰岛	哥斯达黎加	秘鲁	新西兰	瑞士	新加坡	韩国	澳大利亚	格鲁吉亚	毛里求斯	日本RCEP	尼加拉瓜	港澳台		
5.6	0	0	0	0	0	0	4.6	0	0	0	11.4	13.1	0/	0/0	Hydraulic power actuating device for airplane engine
5.6	0	0	0	0	0	0	4.6	0	0	0	11.4	13.1	0/	0/0	Other hydraulic power unit
															- Pneumatic power engines and motors:
															-- Linear acting (cylinders)
3.5	0	0	0	0	0	0	0	0	0	0	10.2	13.1	0/0	0/0	Pneumatic cylinders for three dimensional measuring machines
3.5	0	0	0	0	0	0	0	0	0	0	10.2	13.1	0/0	0/0	Pneumatic actuators for aircraft doors
3.5	0	0	0	0	0	0	0	0	0	0	10.2	13.1	0/0	0/0	Other line-acting pneumatic power engines and motors (pneumatic cylinders)
															-- Other
5.6	0	0	0	0	0	0	0	0	0	0	10.2	13.1	0/	0/0	Pneumatic actuators for aircraft engines
5.6	0	0	0	0	0	0	0	0	0	0	10.2	13.1	0/	0/0	Other pneumatic power engines and motors
															- Other
0	0	0	0	0	0		0	0	0	0	7.3	9	0/	0/0	Liquid- propellant rocket engines (propulsive force ≥90kN, and being able to store propellants)
0	0	0	0	0	0		0	0	0	0	7.3	9	0/	0/0	Solid-propellant rocket engines (total impulse ≥1100kN per second)
0	0	0	0	0	0		0	0	0	0	7.3	9	0/	0/0	Other engines and motors
															- Parts:
															--- For machines of subheading 8412.1010
0	0	0	0	0	0		0	0	0	0	0	0	0/	0/0	Combustion regulating systems (for ramjet engines or pulse jet engines)
0	0	0	0	0	0		0	0	0	0	0	0	0/	0/0	Shells of rocket engines
0	0	0	0	0	0		0	0	0	0	0	0	0/	0/0	Parts of jet engines for aircraft or spacecraft (other than parts of turbo-jets of subheading 8412.9010.10)
															--- Other
0	0	0	0	0	0		2.6	0	0	0	6.5	6.4	0/	0/0	Parts for wind engines
0	0	0	0	0	0		2.6	0	0	0	6.5	6.4	0/	0/0	Actuator housings for aircraft engines
0	0	0	0	0	0		2.6	0	0	0	6.5	6.4	0/	0/0	Parts for other engines and motors
															Pumps for liquids, whether or not fitted with a measuring device; liquid elevators:
															- Pumps fitted or designed to be fitted with a measuring device:
0	0	0	0	0	0	0	0	0	0	0	7.3	9	0/	0/0	-- Pumps for dispensing fuel or lubricants, of the type used in filling-stations or in garages
2.5	0	0	0	0	0	0	5	0	0	0	8.6	9	0/	0/0	-- Other
4	0	0	0	0	0	0	0	0	0	0	7.3	9	0/	0/0	- Hand pumps, other than those of subheading 8413.11 or 8413.19
															- Fuel, lubricating or cooling medium pumps for internal combustion piston engines:
															--- Fuel pumps:
0	0	0	0	0	0		0	0	0	0	0	0	0/	0/0	----Fuel pumps for enginesof an output of 132.39kW (180hp) or more
0	0	0	0	0	0		0	0	0	0	2.6	0	0/	0/0	----Other
0	0	0	0	0	0		0	0	0	0.6	0	0	0/	0/0	--- Lubricating oil pumps
0	0	0	0	0	0		0	0	0	0.6	0	0	0/	0/0	--- Other
0	0	0	0	0	0		0	0	0	0	5.8	6.4	0/	0/0	- Concrete pumps
															- Other reciprocating positive displacement pumps:
															--- Pneumatic
0	0	0	0	0	0	0	3.3	0	0	0	8.1	9	0/	0/0	Pneumatic reciprocating positive displacement pumps for agricultural use
0	0	0	0	0	0	0	3.3	0	0	0	8.1	9	0/	0/0	Pneumatic corrosion-resistent bellows or diaphragm pumps (flow rate >0.6m^3/h, with contact surface being made of special corrosion-resistent materials)
0	0	0	0	0	0	0	3.3	0	0	0	8.1	9	0/	0/0	Other pneumatic reciprocating positive displacement pumps for non-agricultural use

税　号	货品名称	进口关税（%）			增值/消费税（%）	出口退税（%）	计量单位	监管证件代码	检验检疫类别	协定税率（%）		
		最惠国	普通	年内暂定						东盟	亚太	智利
8413.5020	--- 电动式											
84135020.10	农业用电动往复式排液泵	10	40		9	9	台/千克			0		0
84135020.20	电动式耐腐蚀波纹或隔膜泵（流量大于0.6m³/h，接触表面由特殊耐腐蚀材料制成）	10	40		13	13	台/千克	3		0		0
84135020.30	电动往复式排液多重密封泵（两用物项管制）	10	40		13	13	台/千克	3		0		0
84135020.40	电动吸奶器	10	40	5	13	13	台/千克			0		0
84135020.90	其他非农业用电动往复式排液泵	10	40		13	13	台/千克			0		0
	--- 液压式：											
8413.5031	---- 柱塞泵											
84135031.01	农业用柱塞泵	10	40	6	9	9	台/千克			0		0
84135031.10	飞机用液压柱塞泵	10	40	1	13	13	台/千克			0		0
84135031.90	其他非农业用柱塞泵	10	40	6	13	13	台/千克			0		0
8413.5039	---- 其他											
84135039.01	其他农业用液压往复式排液泵	10	40		9	9	台/千克			0		0
84135039.20	液压式耐腐蚀波纹或隔膜泵（流量大于0.6m³/h，接触表面由特殊耐腐蚀材料制成）	10	40		13	13	台/千克	3		0		0
84135039.90	其他非农业用液压往复式排液泵	10	40		13	13	台/千克			0		0
8413.5090	--- 其他											
84135090.10	其他农用往复式排液泵	10	40		9	9	台/千克			0		0
84135090.20	其他耐腐蚀波纹或隔膜泵（流量大于0.6m³/h，接触表面由特殊耐腐蚀材料制成）	10	40		13	13	台/千克	3		0		0
84135090.90	其他非农用往复式排液泵	10	40		13	13	台/千克			0		0
	- 其他回转式排液泵：											
	--- 齿轮泵：											
8413.6021	---- 电动式											
84136021.01	农业用电动齿轮泵（回转式排液泵）	10	40	6	9	9	台/千克			0		0
84136021.10	电动齿轮多重密封泵（非农业用回转式排液泵）	10	40	6	13	13	台/千克	3		0		0
84136021.90	其他非农业用电动齿轮泵（回转式排液泵，多重密封泵除外）	10	40	6	13	13	台/千克			0		0
8413.6022	---- 液压式											
84136022.01	农业用回转式液压油泵（输入转速大于2000转/分，输入功率大于190千瓦，最大流量大于2×280L/min）	10	40	3	9	9	台/千克			0		0
84136022.02	非农业用回转式液压油泵（输入转速>2000转/分，输入功率大于190千瓦，最大流量大于2×280L/min）	10	40	3	13	13	台/千克			0		0
84136022.10	其他农业用液压齿轮泵（回转式排液泵）	10	40	6	9	9	台/千克			0		0
84136022.20	液压齿轮多重密封泵（非农业用回转式排液泵）	10	40	6	13	13	台/千克	3		0		0
84136022.90	其他非农业用液压齿轮泵（回转式排液泵，多重密封泵除外）	10	40	6	13	13	台/千克			0		0
8413.6029	---- 其他											

协定税率（%）														特惠税率（%）①/②	Article Description
巴基斯坦	冰岛	哥斯达黎加	秘鲁	新西兰	瑞士	新加坡	韩国	澳大利亚	格鲁吉亚	毛里求斯	日本RCEP	尼加拉瓜	港澳台		
															--- Electric
2.5	0	0	0	0	0.8	0	0	0	0	0	7.3	9	0/	0/0	Electric reciprocating positive displacement pumps for agricultural use
2.5	0	0	0	0	0.8	0	0	0	0	0	7.3	9	0/	0/0	Electric corrosion-resistent bellows or diaphragm pumps (flow rate >$0.6m^3$/h, of a contact surface made of special corrosion-resistant materials)
2.5	0	0	0	0	0.8	0	0	0	0	0	7.3	9	0/	0/0	Reciprocating highly-sealed positive displacement pumps (dual-use items control)
2.5	0	0	0	0	0.8	0	0	0	0	0	7.3	9	0/	0/0	Electric breast pump
2.5	0	0	0	0	0.8	0	0	0	0	0	7.3	9	0/	0/0	Other electric reciprocating positive displacement pumps for non-agricultural use
															--- Hydraulic:
															----Plunger pumps
2.5	0	0	0	0	0	0	5	0	0	0	8.6	9	0/	0/0	Plunger pumps for agricultural use
2.5	0	0	0	0	0	0	5	0	0	0	8.6	9	0/	0/0	Hydraulic plunger pumps for aircraft
2.5	0	0	0	0	0	0	5	0	0	0	8.6	9	0/	0/0	Other plunger pumps for non-agricultural use
															----Other
0	0	0	0	0	0	0	3.3	0	0	0	8.1	9	0/	0/0	Other hydraulic reciprocating positive displacement pumps for agricultural use
0	0	0	0	0	0	0	3.3	0	0	0	8.1	9	0/	0/0	Hydraulic corrosion-resistant bellows or diaphragm pumps (flow rate >$0.6m^3$/h, with contact surface being made of special corrosion-resistant materials)
0	0	0	0	0	0	0	3.3	0	0	0	8.1	9	0/	0/0	Other hydraulic reciprocating positive displacement pumps for non-agricultural use
															--- Other
2.5	0	0	0	0	0	0	5	0	0	0	8.6	9	0/	0/0	Other reciprocating positive displacement pumps for agricultural use
2.5	0	0	0	0	0	0	5	0	0	0	8.6	9	0/	0/0	Other corrosion-resistant bellows or diaphragm pumps (flow rate >$0.6m^3$/h, of a contact surface made of special corrosion-resistant materials)
2.5	0	0	0	0	0	0	5	0	0	0	8.6	9	0/	0/0	Other reciprocating positive displacement pumps for non-agricultural use
															- Other rotary positive displacement pumps:
															--- Gear pumps:
															----Electric
2.5		0	0	0	0	0	5	0	0	0	8.6	9	0/	0/0	Electric gear pumps for agricultural use (rotary positive displacement pumps)
2.5		0	0	0	0	0	5	0	0	0	8.6	9	0/	0/0	Electric highly-sealed gear pumps (rotary positive displacement pumps for non-agricultural use)
2.5		0	0	0	0	0	5	0	0	0	8.6	9	0/	0/0	Other electric gear pumps for non-agricultural use (other than rotary positive displacement pumps and highly-sealed pumps)
															----Hydraulic
0	0	0	0	0	0		3.3	0	0	0	8.1	9	0/	0/0	Rotary hydraulic oil pump for agricultural use (input speed>2000r/min, input power>190kW, maximum flow rate>2×280L/min)
0	0	0	0	0	0		3.3	0	0	0	8.1	9	0/	0/0	Rotary hydraulic oil pump for non-agricultural use (input speed>2000r/min, input power>190kW, maximum flow rate>2×280L/min)
0	0	0	0	0	0		3.3	0	0	0	8.1	9	0/	0/0	Other hydraulic gear pumps for agricultural use (rotary positive displacement pumps)
0	0	0	0	0	0		3.3	0	0	0	8.1	9	0/	0/0	Hydraulic highly-sealed pumps (rotary positive displacement pumps for non-agricultural use)
0	0	0	0	0	0		3.3	0	0	0	8.1	9	0/	0/0	Other hydraulic gear pumps for non-agricultural use (other than rotary positive displacement pumps and highly-sealed pumps)
															----Other

税 号	货品名称	进口关税（%）			增值/消费税（%）	出口退税（%）	计量单位	监管证件代码	检验检疫类别	协定税率（%）		
		最惠国	普通	年内暂定						东盟	亚太	智利
84136029.01	其他农业用齿轮泵（回转式排液泵）	10	40		9	9	台/千克			0		0
84136029.90	其他非农业用齿轮泵（回转式排液泵）	10	40		13	13	台/千克			0		0
	--- 叶片泵：											
8413.6031	----电动式											
84136031.01	农业用电动叶片泵（回转式排液泵）	10	40		9	9	台/千克			0		0
84136031.10	电动叶片多重密封泵（非农业用回转式排液泵）	10	40		13	13	台/千克	3		0		0
84136031.20	出口管制高压水炮用的电动叶片泵	10	40		13	13	台/千克	3		0		0
84136031.90	其他非农业用电动叶片泵（回转式排液泵，多重密封泵除外）	10	40		13	13	台/千克			0		0
8413.6032	----液压式											
84136032.01	农业用液压叶片泵（回转式排液泵）	10	40	6	9	9	台/千克			0		0
84136032.10	液压叶片多重密封泵（非农业用回转式排液泵）	10	40	6	13	13	台/千克	3		0		0
84136032.90	其他非农业用液压叶片泵（回转式排液泵，多重密封泵除外）	10	40	6	13	13	台/千克			0		0
8413.6039	----其他											
84136039.01	其他农业用叶片泵（回转式排液泵）	10	40	6	9	9	台/千克			0		0
84136039.02	出口管制高压水炮用的其他叶片泵	10	40	6	13	13	台/千克	3		0		0
84136039.90	其他非农业用叶片泵（回转式排液泵）	10	40	6	13	13	台/千克			0		0
8413.6040	--- 螺杆泵											
84136040.01	农业用螺杆泵（回转式排液泵）	10	40		9	9	台/千克			0		0
84136040.10	螺杆多重密封泵（非农业用回转式排液泵）	10	40		13	13	台/千克	3		0		0
84136040.90	其他非农业用螺杆泵（回转式排液泵，多重密封泵除外）	10	40		13	13	台/千克			0		0
8413.6050	--- 径向柱塞泵											
84136050.01	农业用径向柱塞泵（回转式排液泵）	10	40	6	9	9	台/千克			0		0
84136050.90	其他非农业用径向柱塞泵（回转式排液泵）	10	40	6	13	13	台/千克			0		0
8413.6060	--- 轴向柱塞泵											
84136060.01	农业用轴向柱塞泵（回转式排液泵）	10	40	6	9	9	台/千克			0		0
84136060.90	其他非农业用轴向柱塞泵（回转式排液泵）	10	40	6	13	13	台/千克			0		0
8413.6090	--- 其他											
84136090.10	农业用其他回转式排液泵	10	40		9	9	台/千克			0		0
84136090.90	其他回转式排液泵	10	40		13	13	台/千克			0		0
	- 其他离心泵：											
8413.7010	--- 转速在10000转/分及以上											
84137010.10	农业用其他离心泵（转速在10000转/分及以上）	8	40		9	9	台/千克			0	5.2	0
84137010.20	液体推进剂用泵（转速≥10000转/分，出口压力≥7000千帕的）	8	40		13	13	台/千克	3		0	5.2	0
84137010.30	离心泵多重密封泵（两用物项管制）	8	40		13	13	台/千克	3		0	5.2	0

协定税率（%）														特惠税率（%）①/②	Article Description
巴基斯坦	冰岛	哥斯达黎加	秘鲁	新西兰	瑞士	新加坡	韩国	澳大利亚	格鲁吉亚	毛里求斯	日本RCEP	尼加拉瓜	港澳台		
2.5	0	0	0	0	0		0	0	0	0	7.3	9	0/	0/0	Other gear pumps for agricultural use (rotary positive displacement pumps)
2.5	0	0	0	0	0		0	0	0	0	7.3	9	0/	0/0	Other gear pumps for non-agricultural use (rotary positive displacement pumps)
															--- Vane pumps:
															----Electric
0	0	0	0	0	0		0	0	0	0	7.3	9	0/	0/0	Electric blade pumps for agricultural use (rotary positive displacement pumps)
0	0	0	0	0	0		0	0	0	0	7.3	9	0/	0/0	Electric blade highly-sealed pumps (rotary positive displacement pumps for non-agricultural use)
0	0	0	0	0	0		0	0	0	0	7.3	9	0/	0/0	Electric blade pumps for export controled high pressure water cannon
0	0	0	0	0	0		0	0	0	0	7.3	9	0/	0/0	Other electric blade pumps for non-agricultural use (other than rotary positive displacement pumps and highly-sealed pumps)
															----Hydraulic
0	0	0	0	0	0		5	0	0	0	8.6	9	0/	0/0	Hydraulic blade pumps for agricultural use (rotary positive displacement pumps)
0	0	0	0	0	0		5	0	0	0	8.6	9	0/	0/0	Hydraulic blade highly-sealed pumps (rotary positive displacement pumps for non-agricultural use)
0	0	0	0	0	0		5	0	0	0	8.6	9	0/	0/0	Other hydraulic blade pumps for non-agricultural use (other than rotary positive displacement pumps and highly-sealed pumps)
															----Other
0	0	0	0	0	0		5	0	0	0	8.6	9	0/	0/0	Other blade pumps for agricultural use (rotary positive displacement pumps)
0	0	0	0	0	0		5	0	0	0	8.6	9	0/	0/0	Other blade pumps for export controled high pressure water cannon
0	0	0	0	0	0		5	0	0	0	8.6	9	0/	0/0	Other blade pumps for non-agricultural use (rotary positive displacement pumps)
															--- Helicoidal pumps (screw pumps)
0	0	0	0	0	0		5	0	0	0	8.6	9	0/	0/0	Screw pumps for agricultural use (rotary positive displacement pumps)
0	0	0	0	0	0		5	0	0	0	8.6	9	0/	0/0	Screw highly-sealed pumps (rotary positive displacement pumps for non-agricultural use)
0	0	0	0	0	0		5	0	0	0	8.6	9	0/	0/0	Other screw pumps for non-agricultural use (other than rotary positive displacement pumps and highly-sealed pumps)
															--- Radial plunger pumps
0	0	0	0	0	0		5	0	0	0	8.6	9	0/	0/0	Radial piston pumps for agricultural use (rotary positive displacement pumps)
0	0	0	0	0	0		5	0	0	0	8.6	9	0/	0/0	Other radial piston pumps for non-agricultural use (rotary positive displacement pumps)
															--- Axial plunger pumps
2.5	0	0	0	0	0		3.3	0	0	0	8.1	9	0/	0/0	Axial piston pumps for agricultural use (rotary positive displacement pumps)
2.5	0	0	0	0	0		3.3	0	0	0	8.1	9	0/	0/0	Other axial piston pumps for non-agricultural use (rotary positive displacement pumps)
															--- Other
2.5	0	0	0	0	0	0	3.3	0	0	0	8.1	9	0/	0/0	Other rotary positive displacement pumps for agricultural use
2.5	0	0	0	0	0	0	3.3	0	0	0	8.1	9	0/	0/0	Other rotary positive displacement pumps
															- Other centrifugal pumps:
															--- Rotational speed no less than 10000r/min
0	0	0	0	0	0		0	0	0	0	5.8	6.4	0/	0/0	Other centrifugal pumps for agricultural use (rotational speed ⩾ 10000r/min)
0	0	0	0	0	0		0	0	0	0	5.8	6.4	0/	0/0	Liquid-propellant pumps (rotational speed ⩾ 10000r/min, outlet pressure ⩾ 7000kPa)
0	0	0	0	0	0		0	0	0	0	5.8	6.4	0/	0/0	Highly-sealed centrifugal pumps (dual-use items control)

税　号	货品名称	进口关税（%）			增值/消费税（%）	出口退税（%）	计量单位	监管证件代码	检验检疫类别	协定税率（%）		
		最惠国	普通	年内暂定						东盟	亚太	智利
84137010.90	其他非农用离心泵（转速在10000转/分及以上）	8	40		13	13	台/千克			0	5.2	0
	--- 其他：											
8413.7091	---- 电动潜油泵及潜水电泵											
84137091.10	农业用电动潜油泵及潜水电泵（转速在10000转/分以下）	8	40		9	9	台/千克			0		0
84137091.90	其他非农业用电动潜油泵及潜水电泵（转速在10000转/分以下）	8	40		13	13	台/千克			0		0
8413.7099	---- 其他											
84137099.10	其他农业用离心泵（转速在10000转/分以下）	8	40		9	9	台/千克			0	5.2	0
84137099.20	一次冷却剂泵（全密封驱动泵，有惯性质量系统的泵及鉴定为NC-1泵等）	8	40		13	13	台/千克	3		0	5.2	0
84137099.30	转速<10000转/分的离心式屏蔽泵（流量>$0.6m^3/h$，接触表面由特殊耐腐蚀材料制成）	8	40		13	13	台/千克	3		0	5.2	0
84137099.40	转速<10000转/分的离心式磁力泵（流量>$0.6m^3/h$，接触表面由特殊耐腐蚀材料制成）	8	40		13	13	台/千克	3		0	5.2	0
84137099.50	液体推进剂用泵（8000转/分<转速<10000转/分，出口压力≥7000千帕的）	8	40		13	13	台/千克	3		0	5.2	0
84137099.60	其他离心泵多重密封泵（两用物项管制）	8	40		13	13	台/千克	3		0	5.2	0
84137099.70	飞机发动机用燃油泵	8	40	1	13	13	台/千克			0	5.2	0
84137099.90	其他非农业用离心泵（转速在10000转/分以下）	8	40		13	13	台/千克			0	5.2	0
	- 其他泵；液体提升机：											
8413.8100	-- 泵											
84138100.10	农业用其他液体泵	8	40		9	9	台/千克			0	4	0
84138100.20	生产重水用多级泵（专门为利用氨-氢交换法生产重水而设计或制造的多级泵）	8	40		13	13	台/千克	3		0	4	0
84138100.90	其他非农用液体泵	8	40		13	13	台/千克			0	4	0
8413.8200	-- 液体提升机	8	30		13	13	台/千克			0		0
	- 零件：											
8413.9100	-- 泵用	5	30		13	13	千克			0	2.5	0
8413.9200	-- 液体提升机用	6	30		13	13	千克			0		0
84.14	**空气泵或真空泵、空气及其他气体压缩机、风机、风扇；装有风扇的通风罩或循环气罩，不论是否装有过滤器；气密生物安全柜，不论是否装有过滤器：**											
8414.1000	- 真空泵											
84141000.10	耐腐蚀真空泵（流量>$5m^3/h$，接触表面由特殊耐腐蚀材料制成）	8	30		13	13	台/千克	3		0		0
84141000.20	真空泵（抽气口≥38厘米，速度≥$15m^3/s$，产生<10^{-4}托极限真空度）	8	30		13	13	台/千克	3		0		0
84141000.30	能在含UF6气氛中使用的真空泵（用耐UF6腐蚀的材料制成或保护。这些泵可以是旋转式或正压式，可有排代式密封和碳氟化合物密封，并且可以有特殊工作流体存在）	8	30		13	13	台/千克	3		0		0

协定税率（%）														特惠税率（%）①/②	Article Description
巴基斯坦	冰岛	哥斯达黎加	秘鲁	新西兰	瑞士	新加坡	韩国	澳大利亚	格鲁吉亚	毛里求斯	日本RCEP	尼加拉瓜	港澳台		
0	0	0	0	0	0		0	0	0	0	5.8	6.4	0/	0/0	Other centrifugal pumps for non-agricultural use (rotational speed ⩾ 10000r/min)
															--- Other:
															----Electric submersible oil pumps and electric submersible pumps
0	0	0	0	0	0	0	0	0	0	0	7.3	6.4	0/	0/0	Electric submersible pumps and submerged pumps for agricultural use (rotational speed <10000r/min)
0	0	0	0	0	0	0	0	0	0	0	7.3	6.4	0/	0/0	Other electric submersible pumps and submerged pumps for non-agricultural use (rotational speed< 10000r/min)
															----Other
0	0	0	0	0	0		0	0	0	0	6.5	6.4	0/	0/0	Other centrifugal pumps for agricultural use (rotational speed <10000r/min)
0	0	0	0	0	0		0	0	0	0	6.5	6.4	0/	0/0	Primary coolant pumps (completely-sealed driven pumps, pumps with inertia mass system and NC-1 pumps, etc.)
0	0	0	0	0	0		0	0	0	0	6.5	6.4	0/	0/0	Canned centrifugal pumps with rotational speed <10000r/min (flow rate >0.6m^3/h, of a contact surface made of special corrosion-resistant materials)
0	0	0	0	0	0		0	0	0	0	6.5	6.4	0/	0/0	Magnetically-driven centrifugal pumps of a rotational speed <10000r/min (flow rate >0.6m^3/h, with contact surface being made of special corrosion-resistant materials)
0	0	0	0	0	0		0	0	0	0	6.5	6.4	0/	0/0	Liquid-propellant pumps of a 8000r/min <rotational speed <10000r/min, outlet pressure ⩾ 7000kPa)
0	0	0	0	0	0		0	0	0	0	6.5	6.4	0/	0/0	Other centrifugal pumps and highly-sealed pumps (dual-use items control)
0	0	0	0	0	0		0	0	0	0	6.5	6.4	0/	0/0	Fuel pumps for aircraft engines
0	0	0	0	0	0		0	0	0	0	6.5	6.4	0/	0/0	Other centrifugal pumps for non-agricultural use (rotational speed <10000r/min)
															- Other pumps; liquid elevators:
															-- Pumps
0	0	0	0	0	0		0	0	0	0	5.8	6.4	0/0	0/0	Other liquid pumps for agricultural use
0	0	0	0	0	0		0	0	0	0	5.8	6.4	0/0	0/0	Multistage pumps for producing heavy water (multistage pumps specially designed or made to produce heavy water by utilizing the ammonia-hydrogen transformation method)
0	0	0	0	0	0		0	0	0	0	5.8	6.4	0/0	0/0	Other liquid pumps for non-agricultural use
0	0	0	0	0	3.2		0	0	0	0	5.8	6.4	0/	0/0	-- Liquid elevators
															- Parts:
0	0	0	0	0	0		0	0	0	0	4.1	0	0/0	0/0	-- Of pumps
0	0	0	0	0	0		0	0	0	0	0	0	0/	0/0	-- Of liquid elevators
															Air or vacuum pumps, air or other gas compressors and fans; ventilating or recycling hoods incorporating a fan, whether or not fitted with filters; gas-tight biological safety cabinets, whether or not fitted with filters:
															- Vacuum pumps
0	0	0	0	0	0		0	0	0	0	6.9	6.4	0/0	0/0	Corrosion-resistant vacuum pumps (flow rate >5m^3/h, of a contact surface made of special corrosion-resistant materials)
0	0	0	0	0	0		0	0	0	0	6.9	6.4	0/0	0/0	Vacuum pumps (aspirating hole ⩾ 38cm, speed ⩾ 15m^3/s, capacity <10^{-4} absolute vacuum degree)
0	0	0	0	0	0		0	0	0	0	6.9	6.4	0/0	0/0	Vacuum pumps which can be used in UF6 environment (made of or protected by UF6-risistant materials. These pumps can be rotary or positive pressure, sealed with displacement or fluorocarbon, whether or not containing special working fluid)

税 号	货品名称	进口关税（%）			增值/消费税（%）	出口退税（%）	计量单位	监管证件代码	检验检疫类别	协定税率（%）		
		最惠国	普通	年内暂定						东盟	亚太	智利
84141000.40	专门设计或制造的抽气能力≥5m³/min的真空泵（专用于同位素气体扩散浓缩）	8	30		13	13	台/千克	3		0		0
84141000.50	能在含UF6气氛中使用的真空泵（耐UF6腐蚀的，也可用氟碳密封和特殊工作流体）	8	30		13	13	台/千克	3		0		0
84141000.60	专门或主要用于半导体或平板显示屏制造的真空泵	0	30		13	13	台/千克			0		0
84141000.90	其他真空泵	8	30		13	13	台/千克			0		0
8414.2000	- 手动或脚踏式空气泵	8	30		13	13	台/千克			0		0
	- 用于制冷设备的压缩机：											
	--- 电动机驱动的压缩机：											
8414.3011	---- 冷藏箱或冷冻箱用，电动机额定功率不超过0.4千瓦	8	80		13	13	台/千克	A	LM/	0	5.2	0
8414.3012	---- 冷藏箱或冷冻箱用，电动机额定功率超过0.4千瓦，但不超过5千瓦	8	80		13	13	台/千克	A	LM/	0	5.2	0
8414.3013	---- 空气调节器用，电动机额定功率超过0.4千瓦，但不超过5千瓦	8	80		13	13	台/千克	A	LM/	0	5.2	0
8414.3014	---- 空气调节器用，电动机额定功率超过5千瓦	8	80		13	13	台/千克			0	5.2	0
8414.3015	---- 冷冻或冷藏设备用，电动机额定功率超过5千瓦	8	30		13	13	台/千克			0	5.2	0
8414.3019	---- 其他	8	30		13	13	台/千克	A	LM/	0	5.2	0
8414.3090	--- 非电动机驱动的压缩机	8	80		13	13	台/千克			0	5.2	0
8414.4000	- 装在拖车底盘上的空气压缩机	8	30		13	13	台/千克			0		0
	- 风机、风扇：											
	-- 台扇、落地扇、壁扇、换气扇或吊扇，包括风机，本身装有一个输出功率不超过125瓦的电动机：											
8414.5110	--- 吊扇	6	130		13	13	台/千克	A	LM/	0	4.2	0
8414.5120	--- 换气扇	6	130		13	13	台/千克	A	LM/	0	4.8	0
8414.5130	--- 具有旋转导风轮的风扇	6	130		13	13	台/千克		L/	0		0
	--- 其他：											
8414.5191	---- 台扇	6	130		13	13	台/千克	A	LM/	0	4.2	0
8414.5192	---- 落地扇	6	130		13	13	台/千克	A	LM/	0	4.2	0
8414.5193	---- 壁扇	6	130		13	13	台/千克	A	LM/	0	4.8	0
8414.5199	---- 其他	6	130		13	13	台/千克		L/	0		0
	-- 其他：											
8414.5910	--- 吊扇	8	30		13	13	台/千克	A	LM/	0	5.2	0
8414.5920	--- 换气扇	8	30		13	13	台/千克	A	LM/	0	5.2	0
8414.5930	--- 离心通风机	8	30		13	13	台/千克			0	5.2	0
8414.5990	--- 其他											
84145990.10	罗茨式鼓风机	8	30		13	13	台/千克			0	5.2	0
84145990.20	吸气≥1m³UF6/min的耐UF6腐蚀的鼓风机（出口压力高达500千帕，设计成在UF6环境中长期运行。这种鼓风机的压力比为10：1或更低，用耐UF6的材料制成或用这种材料进行保护）	8	30		13	13	台/千克	3		0	5.2	0
84145990.30	吸气≥2m³/min的耐UF6腐蚀的鼓风机（轴向离心式或正排量鼓风机，压力比在1.2:1和6:1之间）	8	30		13	13	台/千克	3		0	5.2	0
84145990.40	吸气≥56m³/s的鼓风机（用于循环硫化氢气体的单级、低压头离心式鼓风机）	8	30		13	13	台/千克	3		0	5.2	0

协定税率（%）														特惠税率（%）①/②	Article Description
巴基斯坦	冰岛	哥斯达黎加	秘鲁	新西兰	瑞士	新加坡	韩国	澳大利亚	格鲁吉亚	毛里求斯	日本RCEP	尼加拉瓜	港澳台		
0	0	0	0	0	0		0	0	0	0	6.9	6.4	0/0	0/0	Specially designed or made vacuum pumps with exhaust capacity ≥ 5m³/min (used solely for diffusion and concentration of isotopic gases)
0	0	0	0	0	0		0	0	0	0	6.9	6.4	0/0	0/0	Vacuum pumps which can be used in UF6 atmosphere (UF6-resistant pumps can be sealed with fluorocarbon or special working fluid)
0	0	0	0	0	0		0	0	0	0	6.9	6.4	0/0	0/0	Vacuum pumps of a kind used solely or principally for the manufacture of semiconductor or flat panel displays
0	0	0	0	0	0		0	0	0	0	6.9	6.4	0/0	0/0	Other vacuum pumps
0	0	0	0	0	0		0	0	0	0	5.8	6.4	0/	0/0	- Hand-or foot-operated pumps
															- Compressors of a kind used in refrigerating equipment:
															--- Driven by a motor:
0	0	0	0	0	0	0	2.6	0	0	0	6.5	6.4	0/	0/0	----For refrigerators or freezers, of a motor power not exceeding 0.4kW
0	0	0	0	0	0	0	5	0	0	0	7.3	6.4	0/	0/0	----For refrigerators or freezers, of a motor power exceeding 0.4kW but not exceeding 5kW
0	0	0	0	0	0	0	0	0	0	0	7.3	6.4	0/0	0/0	----For air conditioning machines, of a motor power exceeding 0.4kW but not exceeding 5kW
0	0	0	0	0	0	0	0	0	0	0	7.3	6.4	0/0	0/0	----For air conditioning machines, of a motor power exceeding 5kW
0	0	0	0	0	0		0	0	0	0	7.3	6.4	0/	0/0	----For refrigerators or freezers, of a motor power exceeding 5kW
0	0	0	0	0	0	0	5	0	0	0	8.6	6.4	0/	0/0	----Other
0	0	0	0	0	0	0	3	0	0	0	7.3	6.4	0/	0/0	--- Driven by a non-motor
0	0	0	0	0	0		0	0	0	0	5.8	6.4	0/	0/0	- Air compressors mounted on a wheeled chassis for towing
															- Fans:
															-- Table, floor, wall, window, ceiling or roof fans, with a self-contained electric motor of an output not exceeding 125W:
16	0	0	0	0	0	0	6.6	0	0	0	14.5	0	0/	0/0	--- Ceiling or roof fans
0	0	0	0	0	0	0	6.6	0	0	0	16.3	0	0/0	0/0	--- Window fans
3	0	0	0	0	0	0	0	0	0	0	8.7	0	0/	0/0	--- Repeating front louver fan
															--- Other:
0	0	0	0	0	0		0	0	0	0	7.3	0	0/	0/0	----Table fans
0	0	0	0	0	0		0	0	0	0	7.3	0	0/	0/0	----Floor fans
0	0	0	0	0	0		0	0	0	0	7.3	0	0/	0/0	----Wall fans
0	0	0	0	0	0	0	0	0	0	0	7.3	0	0/0	0/0	----Other
															-- Other:
0	0	0	0	0	0		0	0	0	0	5.8	6.4	0/	0/0	--- Ceiling or roof fans
0	0	0	0	0	0		0	0	0	0	5.8	6.4	0/	0/0	--- Window fans
2.5	0	0	0	0	0	0	0	0	0	0	7.3	6.4	0/	0/0	--- Centrifugal ventilation fans
															--- Other
0	0	0	0	0	0		0	0	0	0	5.8	6.4	0/0	0/0	Roots blowers
0	0	0	0	0	0		0	0	0	0	5.8	6.4	0/0	0/0	UF6-resistant blowers of a air breathing ≥ 1m³UF6/min (designed for long-time running in UF6 environment with exit pressure up to 500kPa and pressure ratio of 10:1 or lower, made of or protected by UF6-risistant materials)
0	0	0	0	0	0		0	0	0	0	5.8	6.4	0/0	0/0	UF6-resistant blowers with air breathing ≥ 2m³/min (axial centrifugal or positive displacement blowers, with pressure ratio between 1.2:1 and 6:1)
0	0	0	0	0	0		0	0	0	0	5.8	6.4	0/0	0/0	Blowers with air breathing ≥ 56m³/s (one-stage, low-pressure centrifugal blowers used for cycling hydrogen sulphide gas)

税　号	货品名称	进口关税（%）			增值/消费税（%）	出口退税（%）	计量单位	监管证件代码	检验检疫类别	协定税率（%）		
		最惠国	普通	年内暂定						东盟	亚太	智利
84145990.50	电子产品散热用轴流风扇	8	30		13	13	台/千克			0	5.2	0
84145990.60	专门或主要用于微处理器、电信设备、自动数据处理设备或装置的散热扇	0	30		13	13	台/千克			0	5.2	0
84145990.91	其他台扇、落地扇、壁扇（电动机输出功率超过125瓦的）	8	30		13	13	台/千克	A	M/	0	5.2	0
84145990.99	其他风机、风扇	8	30		13	13	台/千克		L/	0	5.2	0
	- 罩的平面最大边长不超过120厘米的通风罩或循环气罩：											
8414.6010	--- 抽油烟机	8	130	6	13	13	台/千克		L/	0		0
8414.6090	--- 其他											
84146090.12	活动（柔软的）隔离装置，手套箱（具有与三级生物安全柜类似标准，罩的最大边长≤120厘米）	8	130		13	13	台/千克	3		0		0
84146090.14	吸收塔（两用物项管制，罩的最大边长≤120厘米）	8	130		13	13	台/千克	3		0		0
84146090.15	带有风扇的高效空气粒子过滤单元的封闭洁净设备[高效空气粒子过滤单元（HEPA），罩的最大边长≤120厘米]	8	130		13	13	台/千克	3		0		0
84146090.90	其他≤120厘米的通风罩或循环气罩（指罩的平面最大边长不超过120厘米，装有风扇的）	8	130		13	13	台/千克			0		0
	- 气密生物安全柜：											
8414.7010	--- 罩的平面最大边长不超过120厘米的											
84147010.10	活动（柔软的）隔离装置；手套箱（具有与三级生物安全柜类似标准，罩的最大边长≤120cm）	8	130		13	13	台/千克	3		0		0
84147010.90	其他气密生物安全柜（符合世界卫生组织规定的生物安全水平三级标准，罩的最大边长≤120cm）	8	130		13	13	台/千克			0		0
8414.7090	--- 其他											
84147090.10	活动（柔软的）隔离装置与其他手套箱（具有与三级生物安全柜类似标准，平面边长>120cm）	7	30		13	13	台/千克	3		0	4.6	0
84147090.90	其他气密生物安全柜（符合世界卫生组织规定的生物安全水平三级标准，平面边长>120cm）	7	30		13	13	台/千克			0	4.6	0
	- 其他：											
8414.8010	--- 燃气轮机用的自由活塞式发生器	8	50		13	13	台/千克			0	5.2	0
8414.8020	--- 二氧化碳压缩机	7	30		13	13	台/千克			0	4.6	0
8414.8030	--- 发动机用增压器											
84148030.01	乘用车机械增压器	7	30	5	13	13	台/千克			0	4.6	0
84148030.90	发动机用增压器	7	30		13	13	台/千克			0	4.6	0
	--- 空气及其他气体压缩机：											
8414.8041	---- 螺杆空压机	7	30		13	13	台/千克			0	4.6	0
8414.8049	---- 其他											
84148049.10	吸气≥$1m^3$UF6/min的耐UF6腐蚀压缩机（出口压力高达500千帕，设计成在UF6环境中长期运行。这种压缩机的压力比为10:1或更低，用耐UF6的材料制成或用这种材料进行保护）	7	30		13	13	台/千克	3		0	4.6	0
84148049.20	MLIS用UF6/载气压缩机（能在UF6环境中长期操作UF6/载气混合气压缩机）	7	30		13	13	台/千克	3		0	4.6	0

协定税率（%）														特惠税率（%）①/②	Article Description
巴基斯坦	冰岛	哥斯达黎加	秘鲁	新西兰	瑞士	新加坡	韩国	澳大利亚	格鲁吉亚	毛里求斯	日本RCEP	尼加拉瓜	港澳台		
0	0	0	0	0	0		0	0	0	0	5.8	6.4	0/0	0/0	Axial-flow fans for heat elimination of electronic products
0	0	0	0	0	0		0	0	0	0	5.8	6.4	0/0	0/0	Radiator fans of a kind used solely or principally for microprocessors, telecommunication apparatus, automatic data processing machines or devices
0	0	0	0	0	0		0	0	0	0	5.8	6.4	0/0	0/0	Other desk fans, floor-standing fans and wall-mounted fans (output of the electric motor >125W)
0	0	0	0	0	0		0	0	0	0	5.8	6.4	0/0	0/0	Other fans
															- Hoods having a maximum horizontal side not exceeding 120cm:
0	0	0	0	0	0		0	0	0	0	7.3	6.4	0/	0/0	--- Range hoods
															--- Other
0	0	0	0	0	0	0	0	0	0	0	7.3	6.4	0/	0/0	Movable (soft) partitions; glove boxes (with a similar standard with Biosafety Level 3 cabinets, the maximum side length of the hood ≤ 120cm)
0	0	0	0	0	0	0	0	0	0	0	7.3	6.4	0/	0/0	Absorption towers (dual-use items control, the maximum side length of the hood ≤ 120cm)
0	0	0	0	0	0	0	0	0	0	0	7.3	6.4	0/	0/0	HEPA closed cleaning equipments with a fan (HEPA: high efficiency particulate air filter, the maximum side length of the hood ≤ 120cm)
0	0	0	0	0	0	0	0	0	0	0	7.3	6.4	0/	0/0	Other ventilating or recycling hoods of a side length ≤ 120cm (the maximum side length ≤ 120cm, fitted with a fan)
															- Gas-tight biological safety cabinets:
															--- Hoods having a maximum horizontal side not exceeding 120cm
0	0	0	0	0	0	0	0	0	0	0	7.3	6.4	0/	0/0	Biosafety Level 3 cabinets (with a similar standard of Biosafety Level 3 cabinets, the maximum side length of the hood ≤ 120cm)
0	0	0	0	0	0	0	0	0	0	0	7.3	6.4	0/	0/0	Other airtight biosafety cabinets (meeting the third-level biosafety standard stipulated by the World Health Organization, with the maximum side length of the cover ≤ 120cm)
															--- Other
0	0	0	0	0	2.8		0	0	0	0	5.7	0	0/0	0/0	Biosafety Level 3 cabinets (with a similar standard of Biosafety Level 3 cabinets, the plane side length>120cm)
0	0	0	0	0	2.8		0	0	0	0	5.7	0	0/0	0/0	Other biosafety cabinets (meet the standard of Biosafety Level 3 prescribed by the World Health Organization, the plane side length>120cm)
															- Other:
0	0	0	0	0	0		0	0	0	0	5.8	6.4	0/	0/0	--- Free piston generators for gas turbines
0	0	0	0	0	0		0	0	0	0	5.1	0	0/	0/0	--- CO_2 compressors
															--- Superchargers for engines
0	0	0		0			2.3	0	0	0	5.7	5.6	0/	/0	Passenger cars mechanical superchargers
0	0	0		0			2.3	0	0	0	5.7	5.6	0/	/0	Turbochargers of engines
															--- Air or other gas compressors:
0	0	0	0	0	2.8		0	0	0	0	5.7	0	0/0	0/0	----Screw air compressor
															----Other
0	0	0	0	0	2.8		0	0	0	0	5.7	0	0/0	0/0	UF6-resistant compressors of a air breathing ≥ $1m^3$UF6/min (designed for long-time running in UF6 environment with exit pressure up to 500kPa and pressure ratio of 10:1 or lower, made of or protected by UF6-risistant materials)
0	0	0	0	0	2.8		0	0	0	0	5.7	0	0/0	0/0	UF6/carrier gas compressors for MLIS (UF6/carrier gas, mixed gases compressors can be operated in UF6 environment in a long-term)

税 号	货品名称	进口关税（%）			增值/消费税（%）	出口退税（%）	计量单位	监管证件代码	检验检疫类别	协定税率（%）		
		最惠国	普通	年内暂定						东盟	亚太	智利
84148049.30	吸气≥$56m^3/s$的压缩机（用于循环硫化氢气体的单级、低压头离心式压缩机）	7	30		13	13	台/千克	3		0	4.6	0
84148049.40	吸气≥$2m^3/min$的耐UF6腐蚀压缩机（轴向离心式或正排量压缩机，压力比在1.2:1和6:1之间）	7	30		13	13	台/千克	3		0	4.6	0
84148049.50	燃料电池增压器	7	30	5	13	13	台/千克			0	4.6	0
84148049.60	飞机用离心式氮气系统压缩机	7	30	1	13	13	台/千克			0	4.6	0
84148049.90	其他空气及气体压缩机	7	30		13	13	台/千克			0	4.6	0
8414.8090	--- 其他											
84148090.52	其他活动（柔软的）隔离装置（具有与三级生物安全柜类似标准）	7	30		13	13	台/千克	3		0	4.6	0
84148090.54	其他吸收塔（两用物项管制）	7	30		13	13	台/千克	3		0	4.6	0
84148090.55	其他带有风扇的高效空气粒子过滤单元的封闭洁净设备[高效空气粒子过滤单元（HEPA）]	7	30		13	13	台/千克	3		0	4.6	0
84148090.57	燃料电池循环泵	7	30	2	13	13	台/千克			0	4.6	0
84148090.90	其他空气泵及通风罩（通风罩指装有风扇的通风罩或循环气罩，平面边长>120cm）	7	30		13	13	台/千克			0	4.6	0
	- 零件：											
	--- 税号8414.3011至8414.3014及8414.3090所列机器的零件：											
8414.9011	---- 压缩机进、排气阀片	8	80	5	13	13	千克			0	5.6	0
8414.9019	---- 其他	8	80	5	13	13	千克			0	5.6	0
8414.9020	--- 税号8414.5110至8414.5199及8414.6000所列机器的零件	7	130		13	13	千克			0	4.6	0
8414.9090	--- 其他											
84149090.10	分子泵（气体离心机的静态部件，专门设计或制造的内部有已加工或挤压的螺纹槽和已加工的腔的泵体）	7	30	4	13	13	千克	3		0	4.6	0
84149090.90	税目84.14其他未列名零件	7	30	4	13	13	千克			0	4.6	0
84.15	**空气调节器，装有电扇及调温、调湿装置，包括不能单独调湿的空调器：**											
	- 窗式、壁式、置于天花板或地板上的，独立的或分体的：											
8415.1010	--- 独立式	8	130		13	13	台/千克	A	LM/	0	5.2	0
	--- 分体式：											
8415.1021	---- 制冷量不超过4000大卡/时	8	130		13	13	台/千克	A	LM/	0	5.2	0
8415.1022	---- 制冷量超过4000大卡/时											
84151022.10	4000大卡/时<制冷量≤12046大卡/时（14000瓦）分体式空调，窗式、壁式、置于天花板或地板上的（装有电扇及调温、调湿装置，包括不能单独调湿的空调器）	8	90		13	13	台/千克	A	LM/	0	5.2	0
84151022.90	其他制冷量>12046大卡/时（14000瓦）分体式空调，窗式、壁式、置于天花板或地板上的（装有电扇及调温、调湿装置，包括不能单独调湿的空调器）	8	90		13	13	台/千克	A	LM/	0	5.2	0
8415.2000	- 机动车辆上供人使用的	10	110		13	13	台/千克			5		0
	- 其他：											
	-- 装有制冷装置及冷热循环换向阀（可逆式热泵）的：											
8415.8110	--- 制冷量不超过4000大卡/时	8	130		13	13	台/千克	A	LM/	0		0

协定税率（%）														特惠税率（%）①/②	Article Description
巴基斯坦	冰岛	哥斯达黎加	秘鲁	新西兰	瑞士	新加坡	韩国	澳大利亚	格鲁吉亚	毛里求斯	日本RCEP	尼加拉瓜	港澳台		
0	0	0	0	0	2.8		0	0	0	0	5.7	0	0/0	0/0	Compressors of a air breathing ≥ 56m³/s (one-stage, low-pressure centrifugal compressors used for cycling H2S gases
0	0	0	0	0	2.8		0	0	0	0	5.7	0	0/0	0/0	UF6-resistant compressors with air breathing ≥ 2m³/min (axial centrifugal or positive displacement compressors, with pressure ratio standing between 1.2:1 and 6:1)
0	0	0	0	0	2.8		0	0	0	0	5.7	0	0/0	0/0	Fuel cell superchargers
0	0	0	0	0	2.8		0	0	0	0	5.7	0	0/0	0/0	Centrifugal nitrogen system compressors for aircraft
0	0	0	0	0	2.8		0	0	0	0	5.7	0	0/0	0/0	Other air or gas compressors
															--- Other
0	0	0	0	0	2.8		0	0	0	0	5.7	0	0/0	0/0	Other movable (soft) partitions (with a similar standard of Biosafety Level 3 cabinets)
0	0	0	0	0	2.8		0	0	0	0	5.7	0	0/0	0/0	Other absorption towers (dual-use items control)
0	0	0	0	0	2.8		0	0	0	0	5.7	0	0/0	0/0	Other HEPA closed cleaning equipments with a fan (HEPA: high efficiency particulate air filter)
0	0	0	0	0	2.8		0	0	0	0	5.7	0	0/0	0/0	Fuel cell circulation pumps
0	0	0	0	0	2.8		0	0	0	0	5.7	0	0/0	0/0	Other air pumps and ventilating hoods (ventilating hoods referring to the ventilating or recycling hoods fitted with a fan, the plane side length > 120cm)
															- Parts:
															--- Of the machines of subheadings 8414.3011 to 8414.3014 and 8414. 3090:
0	0	0	0	0	0		0	0	0	0	5.8	6.4	0/	0/0	----In take valve leaf or discharge valve leaf
0	0	0	0	0	0		0	0	0	0	6.5	6.4	0/0	0/0	----Other
3	0	0	0	0	0	0	0	0	0	0	8.7	0	0/0	0/0	--- Of the machines of subheadings 8414.5110 to 8414.5199 or 8414.6000
															--- Other
2.5	0	0	0	0	2.8		0	0	0	0	5.7	0	0/0	0/0	Molecular pumps (gas centrifuge, with processed or pressed thread grooves and processing cavities inside)
2.5	0	0	0	0	2.8		0	0	0	0	5.7	0	0/0	0/0	Other parts not listed in Heading 84.14
															Air conditioning machines, comprising a motor-driven fan and elements for changing the temperature and humidity, including those machines in which the humidity cannot be separately regulated:
															- Of a kind designed to be fixed to a window, wall, ceiling or floor, self-contained or "split-system" :
0	0	0	0	0	0	0	0	0	0	0	10.9	6.4	0/	0/0	--- Self-contained
															--- Split-systerm:
0	0	0	0	0	0	0	0	0	0	0	10.9	6.4	0/	0/0	----Of a refrigerating effect not exceeding 4000 Cal per hour
															----Of a refrigerating effect exceeding 4000 Cal per hour
0	0	0	0	0	0	0	0	0	0	0	10.9	6.4	0/	0/0	Split-system air conditioning machines, of a 4000 Cal/h < refrigerating effect ≤ 12046 Cal/h(14000W), window or wall types, or types on the ceiling or floor
0	0	0	0	0	0	0	0	0	0	0	10.9	6.4	0/	0/0	Other split-system air conditioning machines, of a refrigerating effect>12046 Cal/h(14000W), window or wall types, or types on the ceiling or floor
	0	0		0	0		10	0	0	0	10	9	0/	/0	- Of a kind used for persons, in motor vehicles
															- Other:
															-- Incorporating a refrigerating unit and a valve for reversal of the cooling/heat cycle (reversible heat pumps):
6	0	0	0	0	0	0	0	0	0	0	10.9	6.4	0/	0/0	--- Of a refrigerating effect not exceeding 4000 Cal per hour

税　号	货品名称	进口关税（%）			增值/消费税（%）	出口退税（%）	计量单位	监管证件代码	检验检疫类别	协定税率（%）		
		最惠国	普通	年内暂定						东盟	亚太	智利
8415.8120	--- 制冷量超过4000大卡/时											
84158120.01	4000大卡/时<制冷量≤12046大卡/时（14000瓦）热泵式空调器（装有制冷装置及一个冷热循环换向阀的）	10	90		13	13	台/千克	A	LM/	0		0
84158120.90	其他制冷量>12046大卡/时（14000瓦）热泵式空调器（装有制冷装置及一个冷热循环换向阀的）	10	90		13	13	台/千克	A	LM/	0		0
	-- 其他，装有制冷装置的：											
8415.8210	--- 制冷量不超过4000大卡/时	8	130		13	13	台/千克	A	LM/	0		0
8415.8220	--- 制冷量超过4000大卡/时											
84158220.01	4000大卡<制冷量≤12046大卡/时（14000瓦）的其他空调（仅装有制冷装置，而无冷热循环装置的）	10	90		13	13	台/千克	A	LM/	0		0
84158220.90	其他制冷量>12046大卡/时（14000瓦）的其他空调（仅装有制冷装置，而无冷热循环装置的）	10	90		13	13	台/千克	A	LM/	0		0
8415.8300	-- 未装有制冷装置的	8	90		13	13	台/千克			0		0
	- 零件：											
8415.9010	--- 税号8415.1010、8415.1021、8415.8110及8415.8210所列设备的零件	8	130	6	13	13	千克			0	5.2	0
8415.9090	--- 其他	8	90	6	13	13	千克			0	5.2	0
84.16	**使用液体燃料、粉状固体燃料或气体燃料的炉用燃烧器；机械加煤机，包括其机械炉篦、机械出灰器及类似装置：**											
8416.1000	- 使用液体燃料的炉用燃烧器	10	35		13	13	千克/台	6		0	6.5	0
	- 其他炉用燃烧器，包括复式燃烧器：											
	--- 气体的：											
8416.2011	---- 使用天然气的											
84162011.01	溴化锂空调用天然气燃烧机	10	35	5	13	13	千克/台	6		0		0
84162011.90	其他使用天然气的炉用燃烧器	10	35		13	13	千克/台	6		0		0
8416.2019	---- 其他	10	35		13	13	千克/台	6		0		0
8416.2090	--- 其他	10	35		13	13	千克/台	6		0		0
8416.3000	- 机械加煤机，包括其机械炉篦、机械出灰器及类似装置	8	35		13	13	千克/台	6		0		0
8416.9000	- 零件	6	35		13	13	千克			0		0
84.17	**非电热的工业或实验室用炉及烘箱，包括焚烧炉：**											
8417.1000	- 矿砂、黄铁矿或金属的焙烧、熔化或其他热处理用炉及烘箱	10	35		13	13	台/千克	6		0		0
8417.2000	- 面包房用烤炉及烘箱，包括做饼干用的	10	35		13	13	台/千克	A	R/	0		0
	- 其他：											
8417.8010	--- 炼焦炉	10	35		13	13	台/千克	6		0		0
8417.8020	--- 放射性废物焚烧炉	5	35		13	13	台/千克	6		0	3.5	0
8417.8030	--- 水泥回转窑	10	35		13	13	台/千克			0	7	0
8417.8040	--- 石灰石分解炉	10	35		13	13	台/千克			0		0
8417.8050	--- 垃圾焚烧炉	10	35	5	13	13	台/千克	6		0		0
8417.8090	--- 其他											
84178090.10	平均温度>1000℃的耐腐蚀焚烧炉（为销毁管制化学品或化学弹药用）	10	35		13	13	台/千克	36		0		0

协定税率（%）														特惠税率（%）①/②	Article Description
巴基斯坦	冰岛	哥斯达黎加	秘鲁	新西兰	瑞士	新加坡	韩国	澳大利亚	格鲁吉亚	毛里求斯	日本RCEP	尼加拉瓜	港澳台		
															--- Of a refrigerating effect exceeding 4000 Cal per hour
	0	0	0	0	0	0	10	0	0	0		9	0/	0/0	Heat pump air conditioning machines, of a 4000 Cal/h<refrigerating effect≤12046 Cal/h(14000W) (comprising a refrigerating unit and a valve for reversal of the cooling/heat cycle)
	0	0	0	0	0	0	10	0	0	0		9	0/	0/0	Other heat pump air conditioning machines of a refrigerating effect >12,046 Cal/h (14000W) (comprising a refrigerating unit and a valve for reversal of the cooling/heat cycle)
															-- Other, incorporating a refrigerating unit:
6	0	0	0	0	0	0		0	0	0		6.4	0/	0/0	--- Of a refrigerating effect not exceeding 4000 Cal per hour
															--- Of a refrigerating effect exceeding 4000 Cal per hour
	0	0	0	0	0	0		0	0	0		9	0/	0/0	Other air conditioning machines of a 4000 Cal/h<refrigerating effect≤12046 Cal/h(14000W) (comprising a refrigerating unit only, without devices for reversal of the cooling/heat cycle)
	0	0	0	0	0	0		0	0	0		9	0/	0/0	Other air conditioning machines of a refrigerating effect >12,046 Cal/h (14000W) (comprising a refrigerating unit only, without devices for reversal of the cooling/heat cycle)
0	0	0	0	0	0	0	0	0	0	0	7.3	6.4	0/	0/0	-- Not incorporating a refrigerating unit
															- Parts:
4	0	0	0	0	0	0	0	0	0	0	7.3	6.4	0/	0/0	--- Of the machines of subheadings 8415.1010, 8415.1021, 8415.8110 and 8415.8210
0	0	0	0	0	0	0	0	0	0	0	8.1	6.4	0/0	0/0	--- Other
															Furnace burners for liquid fuel, for pulverzied solid fuel or for gas; mechanical stokers, including their mechanical grates, mechanical ash dischargers and similar appliances:
0	0	0	0	0	0	0	0	0	0	0	7.3	9	0/	0/0	- Furnace burners for liquid fuel
															- Other furnace burners, including combination burners:
															--- For gas:
															----Of using natural gas
2.5	0	0	0	0	0	0	0	0	0	0	7.6	9	0/	0/0	Natural gas burners for lithium bromide air conditioners
2.5	0	0	0	0	0	0	0	0	0	0	7.6	9	0/	0/0	Other natural gas furnace burners
2.5	0	0	0	0	0	0	0	0	0	0	7.6	9	0/	0/0	----Other
2.5	0	0	0	0	0	0	0	0	0	0	7.6	9	0/	0/0	--- Other
0	0	0	0	0	0		0	0	0	0	6.1	6.4	0/	0/0	- Mechanical stokers, including their mechanical grates, mechanical ash dischargers and similar appliances
0	0	0	0	0	0		0	0	0	0	0	0	0/	0/0	- Parts
															Industrial or laboratory furnaces and ovens, including incinerators, non-electric:
0	0	0	0	0	0	0	0	0	0	0	7.3	9	0/	0/0	- Furnaces and ovens for the roasting, melting or other heat-treatment of ores, pyrites or of metals
0	0	0	0	0	0		0	0	0	0	7.3	9	0/	0/0	- Bakery ovens, including biscuit ovens
															- Other:
0	0	0	0	0	0		0	0	0	0	7.3	9	0/	0/0	--- Coke ovens
0	0	0	0	0	0		0	0	0	0	0	0	0/	0/0	--- Burn furnaces for radioactive waste
0	0	0	0	0	0	0	0	0	0	0	7.3	9	0/	0/0	--- Cement rotary kilns
0	0	0	0	0	0		0	0	0	0	7.3	9	0/	0/0	--- Limestone decomposition furnace
0	0	0	0	0	0.8	0	5	0	0	0	7.3	9	0/0	0/0	--- Incinerators for waste
															--- Other
2.5	0	0	0	0	0.8	0	5	0	0	0	8.6	9	0/0	0/0	Corrosion-resistant incinerators with an average temperature>1000℃ (to destroy controlled chemicals or chemical ammunition)

税　号	货品名称	进口关税（%）			增值/消费税（%）	出口退税（%）	计量单位	监管证件代码	检验检疫类别	协定税率（%）		
		最惠国	普通	年内暂定						东盟	亚太	智利
84178090.90	其他非电热的工业用炉及烘箱（包括实验室用炉、烘箱和焚烧炉）	10	35		13	13	台/千克	6		0		0
	- 零件：											
8417.9010	--- 海绵铁回转窑用	7	35		13	13	千克			0	4.9	0
8417.9020	--- 炼焦炉用	7	35		13	13	千克			0	4.9	0
8417.9090	--- 其他											
84179090.10	垃圾焚烧炉和放射性废物焚烧炉的零件	7	35	5	13	13	千克			0		0
84179090.90	其他非电热工业用炉及烘箱的零件（包括实验室用炉及烘箱的零件和焚烧炉零件）	7	35		13	13	千克			0		0
84.18	**电气或非电气的冷藏箱、冷冻箱及其他制冷设备；热泵，但税目84.15的空气调节器除外：**											
	- 冷藏－冷冻组合机，各自装有单独外门或抽屉，或其组合的：											
8418.1010	--- 容积超过500升	9	100		13	13	台/千克	A	LM/	0		0
8418.1020	--- 容积超过200升，但不超过500升	8	130		13	13	台/千克	A	LM/	0		0
8418.1030	--- 容积不超过200升	8	130		13	13	台/千克	A	LM/	0		0
	- 家用型冷藏箱：											
	-- 压缩式：											
8418.2110	--- 容积超过150升	8	130		13	13	台/千克	A	LMR/	0		0
8418.2120	--- 容积超过50升，但不超过150升	8	130		13	13	台/千克	A	LMR/	0	5.2	0
8418.2130	--- 容积不超过50升	8	130		13	13	台/千克	A	LMR/	0	5.2	0
	-- 其他：											
8418.2910	--- 半导体制冷式	8	130		13	13	台/千克	A	LMR/	0		0
8418.2920	--- 电气吸收式	8	130		13	13	台/千克	A	LR/	0		0
8418.2990	--- 其他	8	130		13	13	台/千克	A	LMR/	0		0
	- 柜式冷冻箱，容积不超过800升：											
8418.3010	--- 制冷温度在-40℃及以下	9	50		13	13	台/千克	A	M/	0		0
	--- 制冷温度在-40℃以上：											
8418.3021	---- 容积超过500升	9	100		13	13	台/千克	A		0		0
8418.3029	---- 其他	8	130		13	13	台/千克	A	LM/	0		0
	- 立式冷冻箱，容积不超过900升：											
8418.4010	--- 制冷温度在-40℃及以下	9	50		13	13	台/千克	A	M/	0		0
	--- 制冷温度在-40℃以上：											
8418.4021	---- 容积超过500升	9	100		13	13	台/千克	A		0	6.3	0
8418.4029	---- 其他	8	130		13	13	台/千克	A	LM/	0		0
8418.5000	- 装有冷藏或冷冻装置的其他设备（柜、箱、展示台、陈列箱及类似品），用于存储及展示	9	100		13	13	台/千克	A	LM/	0		0
	- 其他制冷设备；热泵：											
	-- 热泵，税目84.15的空气调节器除外：											
8418.6120	--- 压缩式											
84186120.10	压缩式制冷机组的热泵（介质为氢或氦，可冷却到≤23K且排热>150瓦）	9	90		13	13	台/千克	3		0	5.9	0

协定税率（%）														特惠税率（%）①/②	Article Description
巴基斯坦	冰岛	哥斯达黎加	秘鲁	新西兰	瑞士	新加坡	韩国	澳大利亚	格鲁吉亚	毛里求斯	日本RCEP	尼加拉瓜	港澳台		
2.5	0	0	0	0	0.8	0	5	0	0	0	8.6	9	0/0	0/0	Other non-electric industrial furnaces and ovens (including laboratory furnaces, ovens and incinerators)
															- Parts:
0	0	0	0	0	0		0	0	0	0	5.1	0	0/	0/0	--- For sponge iron rotary kiln
0	0	0	0	0	0		0	0	0	0	5.1	0	0/	0/0	--- For coke ovens
															--- Other
0	0	0	0	0	0		0	0	0	0	5.1	0	0/	0/0	Parts for incinerators for waste or burn furnaces for radioactive waste
0	0	0	0	0	0		0	0	0	0	5.1	0	0/	0/0	Parts for other non-electric industrail furnaces and ovens (including parts for laboratory furnaces, ovens and incinerators)
															Refrigerators, freezers and other refrigerating or freezing equipment, electric or other; heat pumps other than air conditioning machines of heading 84.15:
															- Combined refrigerator-freezers, fitted with separate external doors or drawers, or combinations thereof:
0	0	0	0	0	0	0	5	0	0	0	7.3	8.1	0/	0/0	--- Of a capacity exceeding 500L
0	0	0	0	0	0	0	0	0	0	0	10.9	6.4	0/	0/0	--- Of a capacity exceeding 200L, not exceeding 500L
0	0	0	0	0	0	0		0	0	0		6.4	0/	0/0	--- Of a capacity not exceeding 200L
															- Refrigerators, household type:
															-- Compression-type:
0	0	0	0	0	0	0	0	0	0	0	7.3	6.4	0/	0/0	--- Of a capacity exceeding 150L
0	0	0	0	0	0	0	0	0	0	0	7.3	6.4	0/	0/0	--- Of a capacity exceeding 50L, not exceeding 150L
0	0	0	0	0	0	0	0	0	0	0	7.3	6.4	0/	0/0	--- Of a capacity not exceeding 50L
															-- Other:
	0	0	0	0	0	0		0	0	6		6.4	0/	0/0	--- Semiconductor freezing type
6	0	0	0	0	0	0	0	0	0	0	10.9	6.4	0/	0/0	--- Absorption-type, electrical
	0	0	0	0	0	0		0	0	6		6.4	0/	0/0	--- Other
															- Freezers of the chest type, not exceeding 800L capacity:
0	0	0	0	0	0			0	0	0		8.1	0/	0/0	--- Of a refrigerating temperature of -40°C or lower
															--- Of a refrigerating temperature higher than -40°C:
18.4	0	0	0	0	0	0	11.5	0	0	4.6	0	8.1	0/	0/0	----Of a capacity exceeding 500L
	0	0	0	0	8	0		0	0	6		6.4	0/	0/0	----Other
															- Freezers of the upright type, not exceeding 900L capacity:
0	0	0	0	0	0			0	0	0		8.1	0/	0/0	--- Of a refrigerating temperature of -40°C or lower
															--- Of a refrigerating temperature higher than -40°C:
6	0	0	0	0	0	0		0	0	0		8.1	0/	0/0	----Of a capacity exceeding 500L
0	0	0	0	0		0		0	0	6		6.4	0/	0/0	----Other
0	0	0	0	0	0	0	0	0	0	0	7.3	8.1	0/	0/0	- Other furniture (chests, cabinets, display counters, show-cases and the like) for storage and display, incorporating refrigerating or freezing equipment
															- Other refrigerating or freezing equipment; heat pumps:
															-- Heat pumps other than air conditioning machines of heading 84.15:
															--- Compression-type
0	0	0	0	0	0	0	0	0	0	0	7.3	8.1	0/	0/0	Heat pumps for compression-type refrigerating units (of a cooling tempreture ≤23K, and heat elimination >150W, with hydrogen and helium as their media)

税　号	货品名称	进口关税（%） 最惠国	普通	年内暂定	增值/消费税（%）	出口退税（%）	计量单位	监管证件代码	检验检疫类别	协定税率（%） 东盟	亚太	智利
84186120.90	其他压缩式热泵，税目84.15的空气调节器除外	9	90		13	13	台/千克			0	5.9	0
8418.6190	--- 其他	9	130		13	13	台/千克			0	4.5	0
	-- 其他：											
8418.6920	--- 制冷机组											
84186920.10	其他压缩式制冷设备（介质为氢或氦，可冷却到≤23K且排热>150瓦）	9	90		13	13	台/千克	3		0	5.9	0
84186920.90	其他制冷机组	9	90		13	13	台/千克			0	5.9	0
8418.6990	--- 其他											
84186990.10	带制冷装置的发酵罐（不发散气溶胶，且容积大于20升）	9	130		13	13	台/千克	3		0	5.9	0
84186990.20	制冰机、冰激凌机	9	130		13	13	台/千克			0	5.9	0
84186990.90	其他制冷设备	9	130		13	13	台/千克			0	5.9	0
	- 零件：											
8418.9100	-- 冷藏或冷冻设备专用的特制家具	9	130		13	13	千克			0	5.9	0
	-- 其他：											
8418.9910	--- 制冷机组及热泵用	9	90	6	13	13	千克			0		0
	--- 其他：											
8418.9991	---- 制冷温度在-40℃及以下的冷冻设备用	9	50	6	13	13	千克			0		0
8418.9992	---- 制冷温度在-40℃以上，但容积超过500升的冷藏或冷冻设备用	9	100	6	13	13	千克			0		0
8418.9999	---- 其他											
84189999.10	耐腐蚀冷凝器（0.15平方米<换热面积<20平方米）	9	130	6	13	13	千克	3		0		0
84189999.90	税目84.18其他制冷设备用零件	9	130	6	13	13	千克			0		0
84.19	**利用温度变化处理材料的机器、装置及类似的实验室设备，例如，加热、烹煮、烘炒、蒸馏、精馏、消毒、灭菌、汽蒸、干燥、蒸发、气化、冷凝、冷却的机器设备，不论是否电热的（不包括税目85.14的炉、烘箱及其他设备），但家用的除外；非电热的快速热水器或贮备式热水器：**											
	- 非电热的快速热水器或贮备式热水器：											
8419.1100	-- 燃气快速热水器	8	100		13	13	台/千克	A	M/	0		0
8419.1200	-- 太阳能热水器	8	100	5	13	13	台/千克	A	LM/	0	6.4	0
8419.1900	-- 其他	8	100		13	13	台/千克	A	M/	0		0
8419.2000	- 医用或实验室用消毒器具	4	30		13	13	台/千克	A	M/	0		0
	- 干燥器：											
	-- 冷冻干燥装置、冷冻干燥单元和喷雾式干燥器：											
8419.3310	--- 农产品干燥用	8	30		9	9	台/千克			0		0
8419.3320	--- 木材、纸浆、纸或纸板干燥用	9	30		13	13	台/千克			0		0
8419.3390	--- 其他											
84193390.10	其他冻干设备（10千克≤24小时凝冰量≤1000千克，并可蒸汽消毒）	9	30		13	13	台/千克	3		0	4.5	0
84193390.20	冷冻或喷雾式烟丝烘干机	9	30		13	13	台/千克	O		0	4.5	0
84193390.30	其他冷冻或喷雾式干燥箱（具有与三级生物安全柜类似标准）	9	30		13	13	台/千克	3		0	4.5	0
84193390.50	冷冻或喷雾式及其他污泥干燥机（冷冻或喷雾式除外）	9	30	5	13	13	台/千克			0	4.5	0

协定税率（%）														特惠税率（%）①/②	Article Description
巴基斯坦	冰岛	哥斯达黎加	秘鲁	新西兰	瑞士	新加坡	韩国	澳大利亚	格鲁吉亚	毛里求斯	日本RCEP	尼加拉瓜	港澳台		
0	0	0	0	0	0	0	0	0	0	0	7.3	8.1	0/	0/0	Other compression-type heat pumps, other than air conditioning machines of heading 84.15
3.5	0	0	0	0	0	0	0	0	0	0	10.9	8.1	0/	0/0	--- Other
															-- Other:
															--- Refrigerating units
2.5	0	0	0	0	0	0	0	0	0	0	7.3	8.1	0/	0/0	Other compression-type refrigeration equipments (of a cooling tempreture ≤23K, and heat elimination >150W, with hydrogen and helium as their media)
2.5	0	0	0	0	0	0	0	0	0	0	7.3	8.1	0/	0/0	Other refrigerating units
															--- Other
0	0	0	0	0	0	0	0	0	0	0	7.3	8.1	0/	0/0	Fermenters with refrigerating appliances (non-divergent aerosol, of a capacity >20L)
0	0	0	0	0	0	0	0	0	0	0	7.3	8.1	0/	0/0	Ice makers and ice cream machines
0	0	0	0	0	0	0	0	0	0	0	7.3	8.1	0/	0/0	Other refrigeration equipments
															- Parts:
14.4	0	0	0	0	0	0	0	0	0	0	13.1	8.1	0/	0/0	-- Furniture designed to receive refrigerating or freezing equipment
															-- Other:
0	0	0	0	0	0	0	0	0	0	0	7.3	8.1	0/	0/0	--- Of refrigerating units and heat pumps
															--- Other:
0	0	0	0	0	0		0	0	0	0	6.9	8.1	0/	0/0	----Of freezing equipment of a refrigerating temperature of -40℃ or lower
0	0	0	0	0	0		0	0	0	0	7.3	8.1	0/	0/0	----Of refrigerating or freezing equipment of a refrigerating temperature higher than -40℃ and a capacity exceeding 500L
															----Other
4	0	0	0	0	0	0	0	0	0	0	7.3	8.1	0/	0/0	Corrosion-resistant condensers($0.15m^2$<heat transfer area<$20m^2$)
4	0	0	0	0	0	0	0	0	0	0	7.3	8.1	0/	0/0	Other parts for refrigeration equipments of heading 84.18
															Machinery, plant or laboratory equipment, whether or not electrically heated (excluding furnaces, ovens and other equipment of heading 85.14), for the treatment of materials by a process involving a change of temperaturesuch as heating, cooking, roasting, distilling, rectifying, sterilizing, pasteurizing, steaming, drying, evaporating, vaporizing, condensing or cooling, other than machinery or plant of a kind used for domestic purposes; instantaneous or storage water heaters, non-electric:
															- Instantaneous or storage water heaters, non-electric:
28	0	0	0	0	8	0	17.5	0	0	7		6.4	0/	0/0	-- Instantaneous gas water heaters
28	0	0	0	0	0	0		0	0	7	25.5	6.4	0/0	0/0	-- Solar water heaters
	0	0	0	0	8	0		0	0	7		6.4	0/0	0/0	-- Other
0	0	0	0	0	0		0	0	0	0	0	0	0/	0/0	- Medical, surgical or laboratory sterilizers
															- Dryers:
															-- Lyophilisation apparatus, freeze drying units and spray dryers:
0	0	0	0	0	0		0	0	0	0	5.8	6.4	0/	0/0	--- For agricultural products
0	0	0	0	0	0		0	0	0	0	6.5	8.1	0/0	0/0	--- For wood, paper pulp, paper or paperboard
															--- Other
0	0	0	0	0	0		0	0	0	0	6.5	8.1	0/0	0/0	Other freeze-drying equipments(10kg≤24 hour ice-freezing capacity≤1000kg, and can be sterilized by steam)
0	0	0	0	0	0		0	0	0	0	6.5	8.1	0/0	0/0	Freeze or spray tobacco dryers
0	0	0	0	0	0		0	0	0	0	6.5	8.1	0/0	0/0	Other freeze or spray drying cabinets (with a similar standard of Biosafety Level 3 cabinets)
0	0	0	0	0	0		0	0	0	0	6.5	8.1	0/0	0/0	Freeze or spray sludge dryers

税　号	货品名称	进口关税（%）			增值/消费税（%）	出口退税（%）	计量单位	监管证件代码	检验检疫类别	协定税率（%）		
		最惠国	普通	年内暂定						东盟	亚太	智利
84193390.90	其他冷冻干燥装置、冷冻干燥单元和喷雾式干燥器	9	30		13	13	台/千克			0	4.5	0
8419.3400	-- 其他，农产品干燥用	8	30		9	9	台/千克			0		0
8419.3500	-- 其他，木材、纸浆、纸或纸板干燥用	9	30		13	13	台/千克			0		0
	-- 其他：											
8419.3910	--- 微空气流动陶瓷坯件干燥器	9	30		13	13	台/千克			0	4.5	0
8419.3990	--- 其他											
84193990.20	其他烟丝烘干机	9	30		13	13	台/千克	O		0	4.5	0
84193990.30	其他干燥箱（具有与三级生物安全柜类似标准）	9	30		13	13	台/千克	3		0	4.5	0
84193990.50	其他污泥干燥机（冷冻式、喷雾式除外）	9	30	5	13	13	台/千克			0	4.5	0
84193990.90	其他用途的干燥器	9	30		13	13	台/千克			0	4.5	0
	- 蒸馏或精馏设备：											
8419.4010	--- 提净塔	10	30		13	13	台/千克	A	R/	0		0
8419.4020	--- 精馏塔	10	30		13	13	台/千克	A	R/	0		0
8419.4090	--- 其他											
84194090.10	氢-低温蒸馏塔（温度≤-238℃，压力为0.5兆帕～5兆帕，内径≥1米等条件）	10	30		13	13	台/千克	3		0		0
84194090.20	耐腐蚀蒸馏塔（内径大于0.1米，接触表面由特殊耐腐蚀材料制成）	10	30		13	13	台/千克	3		0		0
84194090.90	其他蒸馏或精馏设备	10	30		13	13	台/千克			0		0
8419.5000	- 热交换装置											
84195000.10	热交换器（专用于核反应堆的一次冷却剂回路的）	10	30		13	13	台/千克	3		0	6.5	0
84195000.20	蒸汽发生器（专用于核反应堆内生成的热量输送到进水以产生蒸汽的）	10	30		13	13	台/千克	3		0	6.5	0
84195000.30	冷却UF6的热交换器（专门设计或制造的用耐UF6材料制成或保护的热交换器，在压差为100千帕下渗透压力变化率小于10Pa/h）	10	30		13	13	台/千克	3		0	6.5	0
84195000.40	冷却气体用热交换器（用耐UF6腐蚀材料制成或加以保护的）	10	30		13	13	台/千克	3		0	6.5	0
84195000.50	耐腐蚀热交换器（0.15平方米<换热面积<20平方米）	10	30		13	13	台/千克	3A	M/	0	6.5	0
84195000.60	用氟聚合物制造的、入口管和出口管内径不超过3厘米的热交换装置	0	30		13	13	台/千克	A	M/	0	6.5	0
84195000.90	其他热交换装置	10	30		13	13	台/千克	A	M/	0	6.5	0
	- 液化空气或其他气体的机器：											
	--- 制氧机：											
8419.6011	---- 制氧量在15000立方米/小时及以上	12	30		13	13	台/千克	A	M/	0		0
8419.6019	---- 其他	13	30		13	13	台/千克	A	M/	0		0
8419.6090	--- 其他											
84196090.10	液化器（将来自级联的UF6气体压缩并冷凝成液态UF6）	10	30		13	13	台/千克	13		0		0
84196090.20	通过冷凝分离和去除污染物的气体液化设备	10	30	5	13	13	台/千克	A	M/	0		0
84196090.90	其他液化空气或其他气体用的机器	10	30		13	13	台/千克	A	M/	0		0
	- 其他机器设备：											
8419.8100	-- 加工热饮料或烹调、加热食品用	10	30	8	13	13	台/千克	A	LMR/	0		0
	-- 其他：											
8419.8910	--- 加氢反应器	0	30		13	13	台/千克			0		0

协定税率（%）														特惠税率（%）①/②	Article Description
巴基斯坦	冰岛	哥斯达黎加	秘鲁	新西兰	瑞士	新加坡	韩国	澳大利亚	格鲁吉亚	毛里求斯	日本RCEP	尼加拉瓜	港澳台		
0	0	0	0	0	0		0	0	0	0	6.5	8.1	0/0	0/0	Other lyophilisation apparatus, freeze drying units and spray dryers
0	0	0	0	0	0		0	0	0	0	5.8	6.4	0/	0/0	-- Other, for agricultural products
0	0	0	0	0	0		0	0	0	0	6.5	8.1	0/0	0/0	-- Other, for wood, paper pulp, paper or paperboard
															-- Other:
0	0	0	0	0	0		0	0	0	0	6.5	8.1	0/	0/0	--- Breeze pottery blanks dryers
															--- Other
0	0	0	0	0	0		0	0	0	0	6.5	8.1	0/0	0/0	Other tobacco dryers
0	0	0	0	0	0		0	0	0	0	6.5	8.1	0/0	0/0	Other drying cabinets (with a similar standard of Biosafety Level 3 cabinets)
0	0	0	0	0	0		0	0	0	0	6.5	8.1	0/0	0/0	Other sludge dryers other than freeze or spray type
0	0	0	0	0	0		0	0	0	0	6.5	8.1	0/0	0/0	Dryers of other usages
															- Distilling or rectifying plant:
0	0	0	0	0	0	0	0	0	0	0	7.3	9	0/	0/0	--- Stripping towers
0	0	0	0	0	0	0	0	0	0	0	7.3	9	0/	0/0	--- Rectifying towers
															--- Other
0	0	0	0	0	0	0	0	0	0	0	7.3	9	0/	0/0	Hydrogen-cryogenic distillation towers (temperature ≤ −238°C, pressure of 0.5-5 MPa, inner diameter ≥ 1m)
0	0	0	0	0	0	0	0	0	0	0	7.3	9	0/	0/0	Corrosion-resistant distillation towers (inner diameter>0.1m, contact surface made of special corrosion-resistant materials)
0	0	0	0	0	0	0	0	0	0	0	7.3	9	0/	0/0	Other distilling and rectifying plant
															- Heat exchange units
0	0	0	0	0	0.8	0	0	0	0	0	8.1	9	0/0	0/0	Heat exchangers (used solely for nuclear reactor primary coolant loop)
0	0	0	0	0	0.8	0	0	0	0	0	8.1	9	0/0	0/0	Steam generators (used solely to transmit the heat generated in nuclear reactors to the inlet to produce steam)
0	0	0	0	0	0.8	0	0	0	0	0	8.1	9	0/0	0/0	Heat exchangers for cooling UF6 (specially designed, made of or protected by UF6-resistant materials, with osmotic pressure change rate < 10pa/h under the differential pressure of less than 100kPa)
0	0	0	0	0	0.8	0	0	0	0	0	8.1	9	0/0	0/0	Heat exchangers for cooling gases (made of or protected by UF6-resistant materials)
0	0	0	0	0	0.8	0	0	0	0	0	8.1	9	0/0	0/0	Corrosion-resistant heat exchangers ($0.15m^2$<heat transfer area<$20m^2$)
0	0	0	0	0	0.8	0	0	0	0	0	8.1	9	0/0	0/0	Heat exchange units made of fluoropolymers, inside diameters of inlet and outlet tube bores of which not exceeding 3cm
0	0	0	0	0	0.8	0	0	0	0	0	8.1	9	0/0	0/0	Other heat exchanging devices
															- Machinery for liquefying air or other gases:
															--- Oxygen producers:
3	0	0	0	0	0	0	0	0	0	0	8.7	11.2	0/	0/0	----Oxygen preparation volume no less than $15000m^3/h$
3.3	0	0	0	0	0	0	0	0	0	0	9.5	12.1	0/	0/0	----Other
															--- Other
0	0	0	0	0	0	0	0	0	0	0	7.3	9	0/	0/0	Liquefiers (compress and condense cascaded UF6 gases into liquid)
0	0	0	0	0	0	0	0	0	0	0	7.3	9	0/	0/0	Gas liquefiers separating and removing pollutant by condensing
0	0	0	0	0	0	0	0	0	0	0	7.3	9	0/	0/0	Other machines for liquefying air or other gases
															- Other machinery, plant and equipment:
2.5	0	0	0	0	0	0	0	0	0	0	7.3	9	0/	0/0	-- For making hot drinks or for cooking or heating food
															-- Other:
0	0	0	0	0	0		0	0	0	0	0	0	0/	0/0	--- Hydroformer vessels

税　号	货品名称	进口关税（%） 最惠国	普通	年内暂定	增值/消费税（%）	出口退税（%）	计量单位	监管证件代码	检验检疫类别	协定税率（%） 东盟	亚太	智利
8419.8990	--- 其他											
84198990.10	带加热装置的发酵罐（不发散气溶胶，且容积大于20升）	0	30		13	13	台/千克	3		0		0
84198990.21	凝华器（或冷阱）（从扩散级联中取出UF6并可再蒸发转移）	0	30		13	13	台/千克	3		0		0
84198990.22	低温制冷设备（能承受-120℃或更低的温度）	0	30		13	13	台/千克	3A	M/	0		0
84198990.23	UF6冷阱（能冻结分离出UF6的冷阱）	0	30		13	13	台/千克	3		0		0
84198990.90	其他利用温度变化处理材料的机器（包括类似的实验室设备）	0	30		13	13	台/千克	A	M/	0		0
	- 零件：											
8419.9010	--- 热水器用	0	100		13	13	千克			0		0
8419.9090	--- 其他	4	30		13	13	千克			0		0
84.20	**研光机或其他滚压机器及其滚筒，但加工金属或玻璃用的除外：**											
8420.1000	- 研光机或其他滚压机器											
84201000.01	织物研光机	8	30	6	13	13	台/千克			0		0
84201000.20	专门或主要用于印刷电路板基板或印刷电路制造的滚压机（加工金属或玻璃用的除外）	0	30		13	13	台/千克			0		0
84201000.90	其他研光机或滚压机器（加工金属或玻璃用的除外）	8	30		13	13	台/千克			0		0
	- 零件：											
8420.9100	-- 滚筒	8	30		13	13	个/千克			0		0
8420.9900	-- 其他	8	30		13	13	千克			0		0
84.21	**离心机，包括离心干燥机；液体或气体的过滤、净化机器及装置：**											
	- 离心机，包括离心干燥机：											
8421.1100	-- 奶油分离器	8	30		13	13	台/千克	A	R/	0		0
	-- 干衣机：											
8421.1210	--- 干衣量不超过10千克	7	70		13	13	台/千克		L/	0		0
8421.1290	--- 其他	8	30		13	13	台/千克			0		0
	-- 其他：											
8421.1910	--- 脱水机	10	30	6	13	13	台/千克		L/	0		0
8421.1920	--- 固液分离机	10	30		13	13	台/千克			0		0
8421.1990	--- 其他											
84211990.20	液-液离心接触器（为化学交换过程的铀浓缩而专门设计或制造的）	10	30		13	13	台/千克	3		0		0
84211990.30	离心分离器，包括倾析器（不发散气溶胶、可对致病性微生物进行连续分离的）	10	30		13	13	台/千克	3		0		0
84211990.90	其他离心机及离心干燥机	10	30		13	13	台/千克			0		0
	- 液体的过滤、净化机器及装置：											
	-- 过滤或净化水用：											
8421.2110	--- 家用型	7	63	5	13	13	台/千克	A	R/	0	4.6	0
	--- 其他：											
8421.2191	---- 船舶压载水处理设备	5	50		13	13	台/千克			0	3.3	0
8421.2199	---- 其他											
84212199.10	喷灌设备用叠式净水过滤器	5	50	1	13	13	台/千克			0	3.3	0
84212199.20	船舶压载水处理设备用过滤器	5	50	2	13	13	台/千克			0	3.3	0
84212199.90	其他非家用型过滤或净化水的装置	5	50		13	13	台/千克			0	3.3	0

协定税率（%）														特惠税率（%）①/②	Article Description
巴基斯坦	冰岛	哥斯达黎加	秘鲁	新西兰	瑞士	新加坡	韩国	澳大利亚	格鲁吉亚	毛里求斯	日本RCEP	尼加拉瓜	港澳台		
															--- Other
0	0	0	0	0	0		0	0	0	0	0	0	0/	0/0	Fermenters with heating devices (non-divergent aerosol, of a capacity >20L)
0	0	0	0	0	0		0	0	0	0	0	0	0/	0/0	Desublimators (or cold traps) (extract UF6 from diffusion cascade and transfer it by evaporation)
0	0	0	0	0	0		0	0	0	0	0	0	0/	0/0	Low-temperature refrigerating equipment (with the capacity to stand -120°C or lower)
0	0	0	0	0	0		0	0	0	0	0	0	0/	0/0	UF6 cold traps (able to freze and separate UF6)
0	0	0	0	0	0		0	0	0	0	0	0	0/	0/0	Other machines for the treatment of materials by a process involving a change of temperature (including similar laboratory equipments)
															- Parts:
0	0	0	0	0	0		0	0	0	0	0	0	0/	0/0	--- Of water heaters
0	0	0	0	0	0		0	0	0	0	0	0	0/0	0/0	--- Other
															Calendering or other rolling machines, other than for metals or glass, and cylinders therefor:
															- Calendering or other rolling machines
0	0	0	0	0	0		0	0	0	0	7.2	6.4	0/0	0/0	Fabric calenders
0	0	0	0	0	0		0	0	0	0	7.2	6.4	0/0	0/0	Roll laminators of a kind used solely or principally for the maufacture of printed circuit substrates or printed circuits
0	0	0	0	0	0		0	0	0	0	7.2	6.4	0/0	0/0	Other calendering or rolling machines (other than for metals and glass):
															- Parts:
4	0	0	0	0	0		0	0	0	0	5.8	6.4	0/	0/0	-- Cylinders
0	0	0	0	0	0		0	0	0	0	5.8	6.4	0/	0/0	-- Other
															Centrifuges, including centrifugal dryers; filtering or purifying machinery and apparatus, for liquids or gases:
															- Centrifuges, including centrifugal dryers:
0	0	0	0	0	0		0	0	0	0	6.1	6.4	0/	0/0	-- Cream separators
															-- Clothes-dryers:
7	0	0	0	0	0	0	0	0	0	0	12.7	0	0/	0/0	--- Of a dry linen capacity not exceeding 10kg
0	0	0	0	0	0		0	0	0	0	5.8	6.4	0/	0/0	--- Other
															-- Other:
4	0	0	0	0	0		0	0	0	0	7.3	9	0/	0/0	--- Dewaterers
2.5	0	0	0	0	0	0	0	0	0	0	7.3	9	0/	0/0	--- Solid-liquor separators
															--- Other
2.5	0	0	0	0	0	0	0	0	0	0	7.3	9	0/	0/0	Centrifugal liquid-liquid contactors (specially designed or made for uranium enrichment in the chemical exchange process
2.5	0	0	0	0	0	0	0	0	0	0	7.3	9	0/	0/0	Centrifugal separators, including decanters (non-divergent aerosol which can continuously separate pathogenic microorganisms)
2.5	0	0	0	0	0	0	0	0	0	0	7.3	9	0/	0/0	Other centrifuges and centrifugal dryers
															- Filtering or purifying machinery and apparatus for liquids:
															-- For filtering or purifying water:
14	0	0	0	0	7	0	12.5	0	0	5	18.2	0	0/	0/0	--- Of the household type
															--- Other:
0	0	0	0	0	0		1.6	0	0	0	3.6	0	0/0	0/0	----Ship ballast water treatment equipments
															----Other
0	0	0	0	0	0		1.6	0	0	0	3.6	0	0/0	0/0	Stacked water purification filters used in spray irrigation equipment
0	0	0	0	0	0		1.6	0	0	0	3.6	0	0/0	0/0	Filters for ship's ballast water treatment equipment
0	0	0	0	0	0		1.6	0	0	0	3.6	0	0/0	0/0	Other non-household type filtration or water purification devices

税　号	货品名称	进口关税（%）			增值/消费税（%）	出口退税（%）	计量单位	监管证件代码	检验检疫类别	协定税率（%）		
		最惠国	普通	年内暂定						东盟	亚太	智利
8421.2200	-- 过滤或净化饮料（水除外）用	8	40		13	13	台/千克	1A	R/	0		0
8421.2300	-- 内燃发动机的滤油器	8	40		13	13	个/千克			0		0
	-- 其他:											
8421.2910	--- 压滤机											
84212910.10	用氟聚合物制造的厚度不超过140微米的过滤膜或净化膜的压滤机	0	40		13	13	个/千克			0	3.3	0
84212910.90	其他压滤机	5	40		13	13	个/千克			0	3.3	0
8421.2990	--- 其他											
84212990.10	用氟聚合物制造的厚度不超过140微米的过滤膜或净化膜的其他液体过滤或净化机器及装置	0	40		13	13	个/千克			0	3.3	0
84212990.40	液体截流过滤设备（可连续分离致病性微生物、毒素和细胞培养物）	5	40		13	13	个/千克	3		0	3.3	0
84212990.90	其他液体的过滤、净化机器及装置	5	40		13	13	个/千克			0	3.3	0
	- 气体的过滤、净化机器及装置:											
8421.3100	-- 内燃发动机的进气过滤器	10	40		13	13	个/千克			0		0
8421.3200	-- 用于净化或过滤内燃机所排出废气的催化转化器或微粒过滤器，不论是否组合											
84213200.10	摩托车发动机排气过滤及净化装置（装备不锈钢外壳、入口管和出口管内径不超过1.3厘米的气体过滤或净化机器及装置除外）	5	40	3	13	13	个/千克			0	3.3	0
84213200.20	装备不锈钢外壳、入口管和出口管内径不超过1.3厘米的其他内燃发动机排气过滤及净化装置	0	40		13	13	个/千克			0	3.3	0
84213200.30	柴油发动机排气过滤及净化装置（装备不锈钢外壳、入口管和出口管内径不超过1.3厘米的气体过滤或净化机器及装置除外）	5	40	3	13	13	个/千克			0	3.3	0
84213200.40	汽油机颗粒捕集器（装备不锈钢外壳、入口管和出口管内径不超过1.3厘米的气体过滤或净化机器及装置除外）	5	40	3	13	13	个/千克			0	3.3	0
84213200.90	其他用于净化或过滤内燃机所排出废气的催化转化器或微粒过滤器（不论是否组合式）	5	40		13	13	个/千克			0	3.3	0
	-- 其他:											
8421.3910	--- 家用型	7	100	5	13	13	个/千克			0	4.6	0
	--- 工业用除尘器:											
8421.3921	---- 静电除尘器											
84213921.10	装备不锈钢外壳、入口管和出口管内径不超过1.3厘米的工业用静电除尘器	0	40		13	13	个/千克			0	3.3	0
84213921.90	其他工业用静电除尘器	5	40		13	13	个/千克			0	3.3	0
8421.3922	---- 袋式除尘器											

协定税率（%）														特惠税率（%）①/②	Article Description
巴基斯坦	冰岛	哥斯达黎加	秘鲁	新西兰	瑞士	新加坡	韩国	澳大利亚	格鲁吉亚	毛里求斯	日本RCEP	尼加拉瓜	港澳台		
3	0	0	0	0	0	0	0	0	0	0	8.7	6.4	0/	0/0	-- For filtering or purifying beverages other than water
2.5	0	0	0	0	0	0	0	0	0	0	7.3	6.4	0/	0/0	-- Oil or petrol-filters for internal combustion engines
															-- Other:
															--- Press filters
0	0	0	0	0	0		0	0	0	0	3.6	0	0/	0/0	Press filters made of fluoropolymers, with filtering or purifying membrane which thickness not exceeding 140 microns
0	0	0	0	0	0		0	0	0	0	3.6	0	0/	0/0	Other press filters
															--- Other
0	0	0	0	0	0		0	0	0	0	4.1	0	0/0	0/0	Other liquid filtering or purifying machinery and apparatus, with filtering or purifying membrane which thickness not exceeding 140 microns
0	0	0	0	0	0		0	0	0	0	4.1	0	0/0	0/0	Liquid closure filtering equipment (which can continuously separate pathogenic microorganisms, toxins and cell culture)
0	0	0	0	0	0		0	0	0	0	4.1	0	0/0	0/0	Other filtering and purifying machines and apparatuses for other liquids
															- Filtering or purifying machinery and apparatus for gases:
0	0	0	0	0	0		5	0	0	0	8.6	9	0/	0/0	-- Intake air filters for internal combustion engines
															-- Catalytic converters or particulate filters, whether or not combined, for purifying or filtering exhaust gases from internal combustion engines
0	0	0	0	0	0		1.6	0	0	0	4.1	0	0/	0/0	Filtering and purifying apparatuses for motorcycle engines, other than those air filtering or purifying apparatus with stainless steel housing and inlet and outlet tube bores which inside diameters not exceeding 1.3cm
0	0	0	0	0	0		1.6	0	0	0	4.1	0	0/	0/0	Other exhaust air filtering or purifying apparatus for internal combustion engines, with stainless steel housing and inlet and outlet tube bores which inside diameters not exceeding 1.3cm
0	0	0	0	0	0		1.6	0	0	0	4.1	0	0/	0/0	Filtering and purifying apparatuses for diesel engines, other than those air filtering or purifying apparatus with stainless steel housing and inlet and outlet tube bores which inside diameters not exceeding 1.3cm
0	0	0	0	0	0		1.6	0	0	0	4.1	0	0/	0/0	Gasoline engine particle catcher, other than those air filtering or purifying apparatus with stainless steel housing and inlet and outlet tube bores which inside diameters not exceeding 1.3cm
0	0	0	0	0	0		1.6	0	0	0	4.1	0	0/	0/0	Other catalytic converters or particulate filters (whether combined or not) for purifying or filtering exhaust gases from interna combustion engines
															-- Other:
3.8	0	0	0	0	0	0	9.7	0	0	0	10.9	6.5	0/0	0/0	--- Of the household type
															--- Dust collectors for industry uses:
															----Electrostatic
0	0	0	0	0	0		0	0	0	0	0	0	0/0	0/0	Electrostatic dust collectors for industry uses, with stainless steel housing and inlet and outlet tube bores which inside diameters not exceeding 1.3cm
0	0	0	0	0	0		0	0	0	0	0	0	0/0	0/0	Other electrostatic dust collectors for industry uses
															----Baghoused

税　号	货品名称	进口关税（%）最惠国	进口关税（%）普通	进口关税（%）年内暂定	增值/消费税（%）	出口退税（%）	计量单位	监管证件代码	检验检疫类别	协定税率（%）东盟	协定税率（%）亚太	协定税率（%）智利
84213922.10	装备不锈钢外壳、入口管和出口管内径不超过1.3厘米的工业用袋式除尘器	0	40		13	13	个/千克			0	3.3	0
84213922.90	其他工业用袋式除尘器	5	40		13	13	个/千克			0	3.3	0
8421.3923	----旋风式除尘器											
84213923.10	装备不锈钢外壳、入口管和出口管内径不超过1.3厘米的工业用旋风式除尘器	0	40		13	13	个/千克			0	3.3	0
84213923.90	其他工业用旋风式除尘器	5	40		13	13	个/千克			0	3.3	0
8421.3924	----电袋复合除尘器											
84213924.10	装备不锈钢外壳、入口管和出口管内径不超过1.3厘米的电袋复合除尘器	0	40		13	13	个/千克			0	3.3	0
84213924.90	其他电袋复合除尘器	5	40		13	13	个/千克			0	3.3	0
8421.3929	----其他											
84213929.10	装备不锈钢外壳、入口管和出口管内径不超过1.3厘米的其他工业用除尘器	0	40		13	13	个/千克			0	3.3	0
84213929.90	其他工业用除尘器	5	40		13	13	个/千克			0	3.3	0
8421.3940	--- 烟气脱硫装置											
84213940.10	装备不锈钢外壳、入口管和出口管内径不超过1.3厘米的烟气脱硫装置	0	40		13	13	个/千克			0	3.3	0
84213940.90	其他烟气脱硫装置	5	40		13	13	个/千克			0	3.3	0
8421.3950	--- 烟气脱硝装置											
84213950.10	装备不锈钢外壳、入口管和出口管内径不超过1.3厘米的烟气脱硝装置	0	40		13	13	个/千克			0	3.3	0
84213950.90	其他烟气脱硝装置	5	40		13	13	个/千克			0	3.3	0
8421.3990	--- 其他											
84213990.10	装备不锈钢外壳、入口管和出口管内径不超过1.3厘米的其他气体过滤或净化机器及装置	0	40		13	13	个/千克			0	3.3	0
84213990.90	其他气体过滤、净化机器及装置	5	40		13	13	个/千克			0	3.3	0
	- 零件：											
	-- 离心机用，包括离心干燥机用：											
8421.9110	--- 干衣量不超过10千克的干衣机用	0	70		13	13	千克			0		0
8421.9190	--- 其他											
84219190.11	离心机壳/收集器（容纳气体离心机的转筒组件的耐UF6部件）	0	30		13	13	千克	3		0		0
84219190.12	收集器（由内径不同的同心管组成用于供取UF6气体的管件）	0	30		13	13	千克	3		0		0
84219190.13	气体扩散膜（由耐UF6材料制成的多细孔过滤薄膜）	0	30		13	13	千克	3		0		0
84219190.14	扩散室（专门设计或制造的密闭式容器，用于容纳气体扩散膜，由耐UF6的材料制成或用这种材料进行保护）	0	30		13	13	千克	3		0		0
84219190.90	其他离心机用零件	0	30		13	13	千克			0		0
	-- 其他：											
8421.9910	--- 家用型过滤、净化装置用	7	100	5	13	13	千克			0	4.6	0

协定税率（%）														特惠税率（%）①/②	Article Description
巴基斯坦	冰岛	哥斯达黎加	秘鲁	新西兰	瑞士	新加坡	韩国	澳大利亚	格鲁吉亚	毛里求斯	日本RCEP	尼加拉瓜	港澳台		
0	0	0	0	0	0		0	0	0	0	0	0	0/	0/0	Baghoused dust collectors for industry uses, with stainless steel housing and inlet and outlet tube bores which inside diameters not exceeding 1.3cm
0	0	0	0	0	0		0	0	0	0	0	0	0/	0/0	Other baghoused dust collectors for industry uses
															----Cyclone
0	0	0	0	0	0		0	0	0	0	0	0	0/0	0/0	Cyclone dust collectors for industry uses, with stainless steel housing and inlet and outlet tube bores which inside diameters not exceeding 1.3cm
0	0	0	0	0	0		0	0	0	0	0	0	0/0	0/0	Other cyclone dust collectors for industry uses
															----Bag filter electrostatic
0	0	0	0	0	0		1.6	0	0	0	3.6	0	0/0	0/0	Bag filter electrostatic dust collectors for industry uses, with stainless steel housing and inlet and outlet tube bores which inside diameters not exceeding 1.3cm
0	0	0	0	0	0		1.6	0	0	0	3.6	0	0/0	0/0	Other bag filter electrostatic dust collectors for industry uses
															----Other
0	0	0	0	0	0		1.6	0	0	0	3.6	0	0/0	0/0	Other dust collectors for industry uses, with stainless steel housing and inlet and outlet tube bores which inside diameters not exceeding 1.3cm
0	0	0	0	0	0		1.6	0	0	0	3.6	0	0/0	0/0	Other dust collectors for industry uses
															--- Flue gas desulfurization apparatus
0	0	0	0	0	0		0	0	0	0	0	0	0/0	0/0	Flue gas desulfurization apparatus, with stainless steel housing and inlet and outlet tube bores which inside diameters not exceeding 1.3cm
0	0	0	0	0	0		0	0	0	0	0	0	0/0	0/0	Other flue gas desulfurization apparatus
															--- Flue gas denitration apparatus
0	0	0	0	0	0		0	0	0	0	0	0	0/0	0/0	Flue gas denitration apparatus, with stainless steel housing and inlet and outlet tube bores which inside diameters not exceeding 1.3cm
0	0	0	0	0	0		0	0	0	0	0	0	0/0	0/0	Other flue gas denitration apparatus
															--- Other
0	0	0	0	0	0		0	0	0	0	4.3	0	0/0	0/0	Filtering or purifying machinery and apparatus for gases, with stainless steel housing and inlet and outlet tube bores which inside diameters not exceeding 1.3cm
0	0	0	0	0	0		0	0	0	0	4.3	0	0/0	0/0	Other filtering or purifying machinery and apparatus for gases
															- Parts:
															-- Of centrifuges, including centrifugaldryers:
0	0	0	0	0	0		0	0	0	0	0	0	0/	0/0	--- Of clothes-dryers of a dry linen capacity not exceeding 10kg
															--- Other
0	0	0	0	0	0		0	0	0	0	0	0	0/	0/0	Centrifuges chassis/collectors (UF6-resistant components that hold air centrifugal machines)
0	0	0	0	0	0		0	0	0	0	0	0	0/	0/0	Collectors (pipes that consist of concentric tubes with different inner diameters for supplying and extracting UF6 gases)
0	0	0	0	0	0		0	0	0	0	0	0	0/	0/0	Air diffusion membranes (multiple-pore filter membranes made of UF6-resistant materials)
0	0	0	0	0	0		0	0	0	0	0	0	0/	0/0	Difussion rooms (specially designed or produced airtight containers, used to hold air diffusion membranes, made of or protected by UF6-resistant materials)
0	0	0	0	0	0		0	0	0	0	0	0	0/	0/0	Other parts for centrifuges
															-- Other:
0	0	0	0	0	0	0	0	0	0	0	7.3	6.5	0/	0/0	--- Of household-type filtering or purifying machines

税号	货品名称	进口关税（%）最惠国	进口关税（%）普通	进口关税（%）年内暂定	增值/消费税（%）	出口退税（%）	计量单位	监管证件代码	检验检疫类别	协定税率（%）东盟	协定税率（%）亚太	协定税率（%）智利
8421.9990	--- 其他											
84219990.10	用氟聚合物制造的厚度不超过140微米的过滤膜或净化膜的液体过滤或净化机器及装置的零件；装备不锈钢外壳、入口管和出口管内径不超过1.3厘米的气体过滤或净化机器及装置的零件	0	40		13	13	千克			0	3.3	0
84219990.90	其他过滤、净化装置用零件	5	40		13	13	千克			0	3.3	0
84.22	**洗碟机；瓶子及其他容器的洗涤或干燥机器；瓶、罐、箱、袋或其他容器装填、封口、密封、贴标签的机器；瓶、罐、管、筒或类似容器的包封机器；其他包装或打包机器（包括热缩包装机器）；饮料充气机：**											
	- 洗碟机：											
8422.1100	-- 家用型	8	90	4	13	13	台/千克			0		0
8422.1900	-- 其他	8	90		13	13	台/千克			0		0
8422.2000	- 瓶子或其他容器的洗涤或干燥机器	8	35		13	13	台/千克			0		0
	- 瓶、罐、箱、袋或其他容器的装填、封口、密封、贴标签的机器；瓶、罐、管、筒或类似容器的包封机器；饮料充气机：											
8422.3010	--- 饮料及液体食品灌装设备											
84223010.10	乳品加工用自动化灌装设备	12	45	8	13	13	台/千克	A	R/	0	7.8	0
84223010.90	其他饮料及液体食品灌装设备	12	45		13	13	台/千克	A	R/	0	7.8	0
	--- 水泥包装机：											
8422.3021	---- 全自动灌包机	8	45		13	13	台/千克			0	5.2	0
8422.3029	---- 其他	8	45		13	13	台/千克			0	5.2	0
8422.3030	--- 其他包装机											
84223030.01	全自动无菌灌装生产线用包装机（加工速度≥20000只/小时）	8	35	6	13	13	台/千克	A	R/	0	5.2	0
84223030.90	其他包装机	8	35		13	13	台/千克	A	R/	0	5.2	0
8422.3090	--- 其他											
84223090.01	全自动无菌灌装生产线用贴吸管机（加工速度≥22000只/小时）	8	35	6	13	13	台/千克	A	R/	0	5.2	0
84223090.10	充装设备（两用物项管制）	8	35		13	13	台/千克	3		0	5.2	0
84223090.90	其他瓶、罐、箱、袋或其他容器的封口、密封、贴标签的机器；其他瓶、罐、管、筒或类似容器的包封机器；饮料充气机	8	35		13	13	台/千克	A	R/	0	5.2	0
8422.4000	- 其他包装或打包机器（包括热缩包装机器）											
84224000.10	半导体检测分选编带机	8	35	5	13	13	台/千克			0	5.2	0
84224000.90	其他包装或打包机器	8	35		13	13	台/千克			0	5.2	0
	- 零件：											
8422.9010	--- 洗碟机用	8	90	4	13	13	千克			0		0
8422.9020	--- 饮料及液体食品灌装设备用											
84229020.10	乳品加工用自动化灌装设备用零件	8.5	45	4	13	13	千克			0		0

协定税率（%）														特惠税率（%）①/②	Article Description
巴基斯坦	冰岛	哥斯达黎加	秘鲁	新西兰	瑞士	新加坡	韩国	澳大利亚	格鲁吉亚	毛里求斯	日本RCEP	尼加拉瓜	港澳台		
															--- Other
0	0	0	0	0	0		0	0	0	0	0	0	0/0	0/0	Parts of filtering or purifying machinery and apparatus for liquid, made of fluoropolymers, with filtering or purifying membrane which thickness not exceeding 140 microns; parts of filtering or purifying machinary and apparatus for gases, with stainless steel housing and inlet and outlet tube bores which inside diameters not exceeding 1.3cm
0	0	0	0	0	0		0	0	0	0	0	0	0/0	0/0	Parts of other filtering or purifying machinery and apparatus for liquid
															Dish washing machines; machinery for cleaning or drying bottles or other containers; machinery for filling, closing, sealing or labelling bottles, cans, boxes, bags or other containers; machinery for capsuling booties, jars, tubes and similar containers; other packing or wrapping machinery (including heat-shrink wrapping machinery); machinery for aerating beverages:
															- Dish washing machines:
0	0	0	0	0	0			0	0	0		6.4	0/	0/0	-- Of the household type
5.6	0	0	0	0	0	0	0	0	0	0	10.2	6.4	0/	0/0	-- Other
0	0	0	0	0	0	0	0	0	0	0	7.3	6.4	0/	0/0	- Machinery for cleaning or drying bottles or other containers
															- Machinery for filling, closing, sealing, or labelling bottles, cans, boxes, bags or other containers; machinery for capsuling bottles, jars, tubes and similar containers; machinery for aerating beverages:
															--- Bottling or canning machinery for beverages or liquid food
2.5	0	0	0	0	0	0	0	0	0	0	8.7	11.2	0/	0/0	Automatic filing equipments for dairy processing
2.5	0	0	0	0	0	0	0	0	0	0	8.7	11.2	0/	0/0	Other filling equipments for beverages and liquid food
															--- Machinery for packing cement:
2.5	0	0	0	0	0	0	0	0	0	0	8.7	6.4	0/	0/0	----Automatic filling and sacking machines
2.5	0	0	0	0	0	0	0	0	0	0	8.7	6.4	0/	0/0	----Other
															--- Other packing machines
2.5	0	0	0	0	0	0	0	0	0	0	7.3	6.4	0/	0/0	Packaging machines for automatic aseptic filling lines (processing speed ≥20000 pcs/hr)
2.5	0	0	0	0	0	0	0	0	0	0	7.3	6.4	0/	0/0	Other packaging machines
															--- Other
2.5	0	0	0	0	0	0	0	0	0	0	7.3	6.4	0/	0/0	Straw machines for fully automatic aseptic filling lines (processing speed ≥22000 pcs/hr)
2.5	0	0	0	0	0	0	0	0	0	0	7.3	6.4	0/	0/0	Filling equipments (dual-use items control)
2.5	0	0	0	0	0	0	0	0	0	0	7.3	6.4	0/	0/0	Other machinery for closing, sealing or labelling bottles, cans, boxes, bags or other containers; other machinery for capsuling booties, jars, tubes and similar containers; machinery for aerating beverages
															- Other packing or wrapping machinery (including heat-shrink wrapping machinery)
0	0	0	0	0	0	0	0	0	0	0	8.1	6.4	0/	0/0	Machines for semiconductor testing, sorting and tape braiding
0	0	0	0	0	0	0	0	0	0	0	8.1	6.4	0/	0/0	Other packing or wrapping machinery
															- Parts:
2.5	0	0	0	0	0	0	0	0	0	0	7.6	6.4	0/	0/0	--- Of dish washing machines
															--- Of bottling or canning machinery for beverages or liquid food
0	0	0	0	0	0		0	0	0	0	6.2	7.7	0/	0/0	Parts of automatic filing equipments for dairy processing

税　号	货品名称	进口关税（%）最惠国	普通	年内暂定	增值/消费税（%）	出口退税（%）	计量单位	监管证件代码	检验检疫类别	协定税率（%）东盟	亚太	智利
84229020.90	其他饮料及液体食品灌装设备用零件	8.5	45		13	13	千克			0		0
8422.9090	--- 其他											
84229090.10	全自动无菌灌装生产线用包装机（加工速度≥20000只/小时）、贴吸管机（加工速度≥22000只/小时）用零件	8.5	35	4	13	13	千克			0		0
84229090.20	半导体检测分选编带机专用零件	8.5	35	2	13	13	千克			0		0
84229090.90	税目84.22其他未列名机器零件	8.5	35		13	13	千克			0		0
84.23	**衡器（感量为50毫克或更精密的天平除外），包括计数或检验用的衡器；衡器用的各种砝码、秤砣：**											
8423.1000	- 体重计，包括婴儿秤；家用秤	6	80		13	13	台/千克			0		0
	- 输送带上连续称货的秤：											
8423.2010	--- 电子皮带秤	0	80		13	13	台/千克			0		0
8423.2090	--- 其他	10	80		13	13	台/千克			0		0
	- 恒定秤、物料定量装袋或装容器用的秤，包括库秤：											
8423.3010	--- 定量包装秤											
84233010.10	以电子方式称重的定量包装秤	0	80		13	13	台/千克			0		0
84233010.90	其他定量包装秤	10	80		13	13	台/千克			0		0
8423.3020	--- 定量分选秤	10	80		13	13	台/千克			0		0
8423.3030	--- 配料秤											
84233030.10	以电子方式称重的配料秤	0	80		13	13	台/千克			0		0
84233030.90	其他配料秤	10	80		13	13	台/千克			0		0
8423.3090	--- 其他											
84233090.10	以电子方式称重的恒定秤，库秤及其他包装秤，分选秤	0	80		13	13	台/千克			0		0
84233090.90	其他恒定秤，库秤及其他包装秤，分选秤	10	80		13	13	台/千克			0		0
	- 其他衡器：											
	-- 最大称量不超过30千克：											
8423.8110	--- 计价秤	0	80		13	13	台/千克			0		0
8423.8120	--- 弹簧秤	10	80		13	13	台/千克			0		0
8423.8190	--- 其他											
84238190.10	其他以电子方式称重的衡器，最大称量不超过30千克	0	80		13	13	台/千克			0		0
84238190.90	最大称量≤30千克的其他衡器	10	80		13	13	台/千克			0		0
	-- 最大称量超过30千克，但不超过5000千克：											
8423.8210	--- 地中衡											
84238210.10	其他以电子方式称重的地中衡，最大称量大于30千克但不超过5000千克，但对车辆称重的衡器除外	0	80		13	13	台/千克			0		0
84238210.90	30千克<最大称量≤5000千克的其他地中衡	10	80		13	13	台/千克			0		0
8423.8290	--- 其他											

协定税率（%）														特惠税率（%）①/②	Article Description
巴基斯坦	冰岛	哥斯达黎加	秘鲁	新西兰	瑞士	新加坡	韩国	澳大利亚	格鲁吉亚	毛里求斯	日本RCEP	尼加拉瓜	港澳台		
0	0	0	0	0	0		0	0	0	0	6.2	7.7	0/	0/0	Other parts of bottling or canning machinery for beverages or liquid food
															--- Other
0		0	0	0	0		0	0	0	0	6.2	7.7	0/	0/0	Parts of packaging machines (processing speed ≥ 20000 pcs/hr) or straw machines (processing speed ≥ 22000 pcs/hr) for automatic aseptic filling lines
0		0	0	0	0		0	0	0	0	6.2	7.7	0/	0/0	Parts specially designed for semiconductor selected sub-test taping machine
0		0	0	0	0		0	0	0	0	6.2	7.7	0/	0/0	Other machinery parts not elsewhere specified or included in heading 84.22
															Weighing machinery (excluding balances of a sensitivity of 50mg or better), including weight operated counting or checking machines; weighing machine weights of all kinds:
2.5	0	0	0	0	0	0	0	0	0	0	7.6	0	0/	0/0	- Personal weighing machines, including baby scales; household scales
															- Scales for continuous weighing of goods on conveyors:
0	0	0	0	0	0		0	0	0	0	0	0	0/	0/0	--- Electronic belt weighing machines
0	0	0	0	0	0		0	0	0	0	7.3	9	0/	0/0	--- Other
															- Constant weight scales and scales for discharging a predetermined weight of material into a bag or container, including hopper scales:
															--- Rationed packing scales
2.5	0	0	0	0	0	0	0	0	0	0	8.5	9	0/	0/0	Rationed packing scales by electronic means for gauging weight
2.5	0	0	0	0	0	0	0	0	0	0	8.5	9	0/	0/0	Rationed packing scales by other means
2.5	0	0	0	0	0	0	0	0	0	0	7.6	9	0/	0/0	--- Rationed sorting scales
															--- Proporating scales
2.5	0	0	0	0	0	0	0	0	0	0	7.6	9	0/	0/0	Proporating scales by electronic means for gauging weight
2.5	0	0	0	0	0	0	0	0	0	0	7.6	9	0/	0/0	Proporating scales by other means
															--- Other
2.5	0	0	0	0	0	0	0	0	0	0	7.6	9	0/	0/0	Constant weight scales, hopper scales, and other packing scales and sorting scales, by electronic means for gauging weight
2.5	0	0	0	0	0	0	0	0	0	0	7.6	9	0/	0/0	Constant weight scales, hopper scales, and other packing scales and sorting scales by other means
															- Other weighing machinery:
															-- Having a maximum weighing capacity not exceeding 30kg:
2.5	0	0	0	0	0	0	0	0	0	0	0	0	0/	0/0	--- Account balances
2.5	0	0	0	0	0	0	0	0	0	0	7.6	9	0/	0/0	--- Spring balances
															--- Other
2.5	0	0	0	0	4.2	0	0	0	0	0	7.6	9	0/	0/0	Other weighing machinery by electronic means for gauging weight, having a maximum weighing capacity not exceeding 30kg
2.5	0	0	0	0	4.2	0	0	0	0	0	7.6	9	0/	0/0	Other weighing machinery, having a maximum weighing capacity not exceeding 30kg
															-- Having a maximum weighing capacity exceeding 30kg but not exceeding 5,000kg:
															--- Weighbridges
2.5	0	0	0	0	0	0	0	0	0	0	7.6	9	0/	0/0	Other weighbridges by electronic means for gauging weight, having a maximum weighing capacity exceeding 30kg but not exceeding 5,000kg, other than machines for weighing vehicles
2.5	0	0	0	0	0	0	0	0	0	0	7.6	9	0/	0/0	Other weighbridges, having a maximum weighing capacity exceeding 30kg but not exceeding 5,000kg
															--- Other

税号	货品名称	进口关税（%）			增值/消费税（%）	出口退税（%）	计量单位	监管证件代码	检验检疫类别	协定税率（%）		
		最惠国	普通	年内暂定						东盟	亚太	智利
84238290.10	其他以电子方式称重的衡器，最大称量大于30千克但不超过5000千克，但对车辆称重的衡器除外	0	80		13	13	台/千克			0		0
84238290.90	30千克<最大称量≤5000千克的其他衡器	10	80		13	13	台/千克			0		0
	-- 其他：											
8423.8910	--- 地中衡											
84238910.10	其他以电子方式称重的地中衡，最大称量超过5000千克，但对车辆称重的衡器除外	0	80		13	13	台/千克			0		0
84238910.90	最大秤量>5000千克的其他地中衡	10	80		13	13	台/千克			0		0
8423.8920	--- 轨道衡											
84238920.10	其他以电子方式称重的轨道衡，最大称量超过5000千克，但对车辆称重的衡器除外	0	80		13	13	台/千克			0		0
84238920.90	最大秤量>5000千克的其他轨道衡	10	80		13	13	台/千克			0		0
8423.8930	--- 吊秤											
84238930.10	其他以电子方式称重的吊秤，最大称量超过5000千克，但对车辆称重的衡器除外	0	80		13	13	台/千克			0		0
84238930.90	最大秤量>5000千克的其他吊秤	10	80		13	13	台/千克			0		0
8423.8990	--- 其他											
84238990.10	其他以电子方式称重的衡器，最大称量超过5000千克，但对车辆称重的衡器除外	0	80		13	13	台/千克			0		0
84238990.90	最大秤量>5000千克的其他衡器	10	80		13	13	台/千克			0		0
8423.9000	- 衡器用的各种砝码、秤砣；衡器的零件											
84239000.10	以电子方式称重的衡器的零件，但对车辆称重的衡器零件除外	0	80		13	13	千克/台			0		0
84239000.90	其他衡器用的各种砝码、秤砣及其零件	8	80		13	13	千克/台			0		0
84.24	**液体或粉末的喷射、散布或喷雾的机械器具（不论是否手工操作）；灭火器，不论是否装药；喷枪及类似器具；喷汽机、喷砂机及类似的喷射机器：**											
8424.1000	- 灭火器，不论是否装药											
84241000.10	飞机用灭火器（不论是否装药）	8	70	1	13	13	个/千克			0		0
84241000.90	灭火器（不论是否装药）	8	70		13	13	个/千克	A	LM/	0		0
8424.2000	- 喷枪及类似器具	8	40		13	13	个/千克			0	5.2	0
8424.3000	- 喷汽机、喷砂机及类似的喷射机器	8	40		13	13	台/千克			0		0
	- 农业或园艺用喷雾器：											
8424.4100	-- 便携式喷雾器	8	30		9	9	台/千克		L/	0	5.2	0
8424.4900	-- 其他	8	30		9	9	台/千克		L/	0	5.2	0
	- 其他器具：											
8424.8200	-- 农业或园艺用	8	30		9	9	台/千克		L/	0	5.2	0

协定税率（%）														特惠税率（%）①/②	Article Description
巴基斯坦	冰岛	哥斯达黎加	秘鲁	新西兰	瑞士	新加坡	韩国	澳大利亚	格鲁吉亚	毛里求斯	日本RCEP	尼加拉瓜	港澳台		
2.5	0	0	0	0	0	0	0	0	0	0	7.6	9	0/	0/0	Other weighing machinery by electronic means for gauging weight, having a maximum weighing capacity exceeding 30kg but not exceeding 5,000kg, other than machines for weighing vehicles
2.5	0	0	0	0	0	0	0	0	0	0	7.6	9	0/	0/0	Other weighing machinery, having a maximum weighing capacity exceeding 30kg but not exceeding 5,000kg
															-- Other:
															--- Weighbridges
0	0	0	0	0	0		0	0	0	0	7.3	9	0/	0/0	Other weighbridges by electronic means for gauging weight, having a maximum weighing capacity exceeding 5,000kg, other than machines for weighing vehicles
0	0	0	0	0	0		0	0	0	0	7.3	9	0/	0/0	Other weighbridges, having a maximum weighing capacity exceeding 5,000kg
															--- Track scales
0	0	0	0	0	0		0	0	0	0	7.3	9	0/	0/0	Other track scales by electronic means for gauging weight, having a maximum weighing capacity exceeding 5,000kg, other than machines for weighing vehicles
0	0	0	0	0	0		0	0	0	0	7.3	9	0/	0/0	Other track scales, having a maximum weighing capacity exceeding 5,000kg
															--- Hanging scales
0	0	0	0	0	0		0	0	0	0	7.3	9	0/	0/0	Other hanging scales by electronic means for gauging weight, having a maximum weighing capacity exceeding 5,000kg, other than machines for weighing motor vehicles
0	0	0	0	0	0		0	0	0	0	7.3	9	0/	0/0	Other hanging scales, having a maximum weighing capacity exceeding 5,000kg
															--- Other
0	0	0	0	0	0		0	0	0	0	7.3	9	0/	0/0	Other weighing machinery by electronic means for gauging weight, having a maximum weighing capacity exceeding 5,0000kg, other than machines for weighing motor vehicles
0	0	0	0	0	0		0	0	0	0	7.3	9	0/	0/0	Other weighing machinery, having a maximum weighing capacity exceeding 5,000kg
															- Weighing machine weights of all kinds; parts of weighing machinery
0	0	0	0	0	0	0	0	0	0	0	7.3	6.4	0/	0/0	Parts of weighing machinery by electronic means for gauging weight, other than parts of machines for weighing motor vehicles
0	0	0	0	0	0	0	0	0	0	0	7.3	6.4	0/	0/0	Weights of all kinds and parts of other weighing machinery
															Mechanical appliances (whether or not hand-operated) for projecting, dispersing or spraying liquidsor powders; fire extinguishers, whether or not charged; spray guns and similar appliances; steam or sand blasting machines and similar jet projecting machines:
															- Fire extinguishers, whether or not charged
0	0	0	0	0	0		2.8	0	0	0	6.8	6.4	0/	0/0	Fire extinguishers for aircraft, whether or not charged
0	0	0	0	0	0		2.8	0	0	0	6.8	6.4	0/	0/0	Other fire extinguishers, whether or not charged
0	0	0	0	0	0		0	0	0	0	6.1	6.4	0/	0/0	- Spray guns and similar appliances
0	0	0	0	0	0		0	0	0	0	6.1	6.4	0/0	0/0	- Steam or sand blasting machines and similar jet projecting machines
															- Agricultural or horticultural sprayers:
0	0	0	0	0	0		0	0	0	0	5.8	6.4	0/	0/0	-- Portable sprayers
0	0	0	0	0	0		0	0	0	0	5.8	6.4	0/	0/0	-- Other
															- Other appliances:
0	0	0	0	0	0		0	0	0	0	5.8	6.4	0/	0/0	-- Agricultural or horticultural

税号	货品名称	进口关税（%）			增值/消费税（%）	出口退税（%）	计量单位	监管证件代码	检验检疫类别	协定税率（%）		
		最惠国	普通	年内暂定						东盟	亚太	智利
	-- 其他：											
8424.8910	--- 家用型	0	80		13	13	台/千克			0		0
8424.8920	--- 喷涂机器人	0	80		13	13	台/千克			0		0
	--- 其他：											
8424.8991	---- 船用洗舱机	0	30		13	13	台/千克			0		0
8424.8999	---- 其他											
84248999.10	分离喷嘴（由狭缝状、曲率半径极小的弯曲通道组成，内有分离楔尖）	0	30		13	13	台/千克	3		0		0
84248999.20	出口管制的高压水炮	0	30		13	13	台/千克	3		0		0
84248999.90	其他用途的喷射、喷雾机械器具	0	30		13	13	台/千克		L/	0		0
	- 零件：											
8424.9010	--- 税号8424.1000所列器具用的零件	0	70		13	13	千克			0		0
8424.9020	--- 税号8424.8910所列器具用的零件	0	80		13	13	千克			0		0
8424.9090	--- 其他											
84249090.10	出口管制的高压水炮本体	0	30		13	13	千克	3		0		0
84249090.90	其他喷雾器具及喷汽机等用零件（税号8424.2000、8424.3000、8424.8991、8424.8999所列器具的零件）	0	30		13	13	千克			0		0
84.25	**滑车及提升机，但倒卸式提升机除外；卷扬机及绞盘；千斤顶：**											
	- 滑车及提升机，但倒卸式提升机及提升车辆用的提升机除外：											
8425.1100	-- 电动的	6	30		13	13	台/千克			0		0
8425.1900	-- 其他	5	30		13	13	台/千克			0		0
	- 其他卷扬机；绞盘：											
	-- 电动的：											
8425.3110	--- 矿井口卷扬装置；专为井下使用设计的卷扬机	10	30		13	13	台/千克			0	7	0
8425.3190	--- 其他	5	30		13	13	台/千克			0		0
	-- 其他：											
8425.3910	--- 矿井口卷扬装置；专为井下使用设计的卷扬机	10	30		13	13	台/千克			0	7	0
8425.3990	--- 其他	5	30		13	13	台/千克			0		0
	- 千斤顶；提升车辆用的提升机：											
8425.4100	-- 车库中使用的固定千斤顶系统	3	30		13	13	台/千克			0	2	0
	-- 其他液压千斤顶及提升机：											
8425.4210	--- 液压千斤顶	3	30		13	13	台/千克			0		0
8425.4290	--- 其他	5	30		13	13	台/千克			0		0
	-- 其他：											
8425.4910	--- 其他千斤顶	5	30		13	13	台/千克			0		0
8425.4990	--- 其他	10	30		13	13	台/千克			0		0
84.26	**船用桅杆式起重机；起重机，包括缆式起重机；移动式吊运架、跨运车及装有起重机的工作车：**											
	- 高架移动式起重机、桁架桥式起重机、龙门起重机、桥式起重机、移动式吊运架及跨运车：											
	-- 固定支架的高架移动式起重机：											
8426.1120	--- 通用桥式起重机	8	30		13	13	台/千克			0		0
8426.1190	--- 其他	8	30		13	13	台/千克			0		0
8426.1200	-- 带胶轮的移动式吊运架及跨运车	6	30		13	13	台/千克			0		0
	-- 其他：											

协定税率（%）														特惠税率（%）①/②	Article Description
巴基斯坦	冰岛	哥斯达黎加	秘鲁	新西兰	瑞士	新加坡	韩国	澳大利亚	格鲁吉亚	毛里求斯	日本RCEP	尼加拉瓜	港澳台		
															-- Other:
0	0	0	0	0	0		0	0	0	0	0	0	0/	0/0	--- Of the household type
0	0	0	0	0	0		0	0	0	0	0	0	0/	0/0	--- Spray painting robots
															--- Other:
0	0	0	0	0	0		0	0	0	0	0	0	0/	0/0	----Marine cabinet washer
															----Other
0	0	0	0	0	0		0	0	0	0	0	0	0/	0/0	Separated nozzles (consisting of slit-like curved channels of a very small curvature radius, with a separated wedge tip inside)
0	0	0	0	0	0		0	0	0	0	0	0	0/	0/0	Export controled high pressure water cannon
0	0	0	0	0	0		0	0	0	0	0	0	0/	0/0	Mechanical projecting or spraying appliances for use of other purposes
															- Parts:
0	0	0	0	0	0		0	0	0	0	0	0	0/	0/0	--- Of the apparatus of subheading 8424.1000
0	0	0	0	0	0		0	0	0	0	0	0	0/	0/0	--- Of the apparatus of subheading 8424.8910
															--- Other
0	0	0	0	0	0		0	0	0	0	0	0	0/	0/0	Export controled high pressure water cannon body
0	0	0	0	0	0		0	0	0	0	0	0	0/	0/0	Other parts for spraying appliances and steam blasting machines, etc. (parts for appliances of subheadings 8424.2000, 8424.3000, 8424.8991 or 8424.8999)
															Pulley tackle and hoists other than skip hoists; winches and capstans; jacks:
															- Pulley tackle and hoists other than skip hoists or hoists of a kind used for raising vehicles:
0	0	0	0	0	0		2	0	0	0	4.9	0	0/	0/0	-- Powered by electric motor
0	0	0	0	0	0		0	0	0	0	3.6	0	0/	0/0	-- Other
															- Winches; capstans:
															-- Powered by electric motor:
0	0	0	0	0	0		0	0	0	0	7.3	9	0/	0/0	--- Pit-head winding gear; winches specially designed for use underground
0	0	0	0	0	0		1.6	0	0	0	4.1	0	0/	0/0	--- Other
															-- Other:
0	0	0	0	0	0		0	0	0	0	7.3	9	0/	0/0	--- Pit-head winding gear; winches specially designed for use underground
0	0	0	0	0	0		1.6	0	0	0	4.1	0	0/	0/0	--- Other
															- Jacks; hoists of a kind used for raising vehicles:
0	0	0	0	0	0		0	0	0	0	0	0	0/	0/0	-- Built-in jacking systems of a type used in garages
															-- Other jacks and hoists, hydraulic:
0	0	0	0	0	0		0	0	0	0	0	0	0/	0/0	--- Hydraulic jacks
0	0	0	0	0	0		1.6	0	0	0	4.1	0	0/	0/0	--- Other
															-- Other:
0	0	0	0	0	0		0	0	0	0	3.6	0	0/	0/0	--- Other jacks
0	0	0	0	0	0		0	0	0	0	7.3	9	0/	0/0	--- Other
															Ships derricks; cranes, including cable cranes; mobile lifting frames, straddle carriers and works trucks fitted with a crane:
															- Overhead travelling cranes, transporter cranes, gantry cranes, bridge cranes, mobile lifting frames and straddle carriers:
															-- Overhead travelling cranes on fixed support:
0	0	0	0	0	0		2.6	0	0	0	6.5	6.4	0/	0/0	--- Bridge cranes, all-purpose
0	0	0	0	0	0		2.6	0	0	0	6.5	6.4	0/	0/0	--- Other
0	0	0	0	0	0		2	0	0	0	4.9	0	0/	0/0	-- Mobile lifting frames on tyres and straddle carriers
															-- Other:

税 号	货品名称	进口关税（%） 最惠国	普通	年内暂定	增值/消费税（%）	出口退税（%）	计量单位	监管证件代码	检验检疫类别	协定税率（%） 东盟	亚太	智利
8426.1910	--- 装船机	5	30		13	13	台/千克			0	2.5	0
	--- 卸船机：											
8426.1921	---- 抓斗式	5	30		13	13	台/千克			0	3.3	0
8426.1929	---- 其他	5	30		13	13	台/千克	O		0	3.3	0
8426.1930	--- 龙门式起重机	10	30		13	13	台/千克			0	6.5	0
	--- 装卸桥：											
8426.1941	---- 门式装卸桥	10	30		13	13	台/千克			0	6.5	0
8426.1942	---- 集装箱装卸桥	10	30		13	13	台/千克			0	6.5	0
8426.1943	---- 其他动臂式装卸桥	10	30		13	13	台/千克			0	6.5	0
8426.1949	---- 其他	10	30		13	13	台/千克			0	6.5	0
8426.1990	--- 其他	10	30		13	13	台/千克			0	6.5	0
8426.2000	- 塔式起重机	10	30		13	13	台/千克	O		0		0
8426.3000	- 门座式起重机及座式旋臂起重机	6	30		13	13	台/千克			0		0
	- 其他自推进机械：											
	-- 带胶轮的：											
8426.4110	--- 轮胎式起重机	5	30		13	13	台/千克	O		0	3.5	0
8426.4190	--- 其他	5	30		13	13	台/千克			0		0
	-- 其他：											
8426.4910	--- 履带式起重机	8	30		13	13	台/千克	O		0	5.6	0
8426.4990	--- 其他	8	30		13	13	台/千克			0	5.6	0
	- 其他机械：											
8426.9100	-- 供装于公路车辆的	8	30		13	13	台/千克			0		0
8426.9900	-- 其他	6	30		13	13	台/千克			0		0
84.27	**叉车；其他装有升降或搬运装置的工作车：**											
	- 电动机推进的机动车：											
8427.1010	--- 有轨巷道堆垛机	9	30		13	13	台/千克	A	M/	0		0
8427.1020	--- 无轨巷道堆垛机	9	30		13	13	台/千克	A	M/	0		0
8427.1090	--- 其他	9	30		13	13	台/千克	A	M/	0		0
	- 其他机动车：											
8427.2010	--- 集装箱叉车	9	30		13	13	台/千克	A	M/	0	5.9	0
8427.2090	--- 其他	9	30		13	13	台/千克	A	M/	0	5.9	0
8427.9000	- 其他车	9	30		13	13	台/千克	A	M/	0		0
84.28	**其他升降、搬运、装卸机械（例如，升降机、自动梯、输送机、缆车）：**											
	- 升降机及倒卸式起重机：											
8428.1010	--- 载客电梯											
84281010.01	无障碍升降机	8	30	4	13	13	台/千克	A	M/	0	5.2	0
84281010.90	其他载客电梯	8	30		13	13	台/千克	A	M/	0	5.2	0
8428.1090	--- 其他	6	30		13	13	台/千克	A	M/	0	3.9	0
8428.2000	- 气压升降机及输送机	5	30		13	13	台/千克			0		0
	- 其他用于连续运送货物或材料的升降机及输送机：											
8428.3100	-- 地下专用的	5	30		13	13	台/千克			0		0
8428.3200	-- 其他，斗式	5	30		13	13	台/千克			0		0
8428.3300	-- 其他，带式	5	30		13	13	台/千克			0	3.3	0
	-- 其他：											
8428.3910	--- 链式	5	30		13	13	台/千克			0	3.3	0
8428.3920	--- 辊式	5	30		13	13	台/千克			0	3.3	0
8428.3990	--- 其他	5	30		13	13	台/千克			0	3.3	0
8428.4000	- 自动梯及自动人行道	5	30		13	13	台/千克	A	M/	0		0
	- 缆车、座式升降机、滑雪拉索；索道用牵引装置：											
8428.6010	--- 货运架空索道	8	30		13	13	台/千克			0	5.6	0
	--- 客运架空索道：											

协定税率（%）														特惠税率（%）①/②	Article Description
巴基斯坦	冰岛	哥斯达黎加	秘鲁	新西兰	瑞士	新加坡	韩国	澳大利亚	格鲁吉亚	毛里求斯	日本RCEP	尼加拉瓜	港澳台		
0	0	0	0	0	0		1.6	0	0	0	4.1	0	0/	0/0	--- Ship loading cranes
															--- Ship unloading cranes:
0	0	0	0	0	0		1.6	0	0	0	3.6	0	0/	0/0	----Grab ship unloading cranes
0	0	0	0	0	0		1.6	0	0	0	3.6	0	0/	0/0	----Other
0	0	0	0	0	0		3.3	0	0	0	8.1	9	0/	0/0	--- Gantry cranes
															--- Loading and unloading bridges:
0	0	0	0	0	0		3.3	0	0	0	7.3	9	0/	0/0	----Frame loading and unloading bridges
0	0	0	0	0	0		3.3	0	0	0	7.3	9	0/	0/0	----Container loading and unloading bridges
0	0	0	0	0	0		5	0	0	0	0	9	0/	0/0	----Derrick loading and unloading bridges
0	0	0	0	0	0		3.3	0	0	0	7.3	9	0/	0/0	----Other
0	0	0	0	0	0	0	5	0	0	0	0	9	0/	0/0	--- Other
0	0	0	0	0	0		5	0	0	0	0	9	0/	0/0	- Tower cranes
0	0	0	0	0	0		2	0	0	0	4.9	0	0/	0/0	- Portal or pedestal jib cranes
															- Other machinery, self-propelled:
															-- On tyres:
0	0	0	0	0	0		1.6	0	0	0	4.1	0	0/	0/0	--- Wheel-mounted cranes
0	0	0	0	0	0		1.6	0	0	0	4.1	0	0/	0/0	--- Other
															-- Other:
0	0	0	0	0	0		2.6	0	0	0	6.5	6.4	0/	0/0	--- Crawler cranes
3.3	0	0	0	0	0	0	4.3	0	0	0	10.6	6.4	0/	0/0	--- Other
															- Other machinery:
0	0	0	0	0	0		5	0	0	0	0	6.4	0/	0/0	-- Designed for mounting on road vehicles
0	0	0	0	0	0		2	0	0	0	4.9	0	0/	0/0	-- Other
															Fork-lift trucks;other works trucks fitted with lifting or handing equipment:
															- Self-propelled trucks powered by an electric motor:
0	0	0	0	0	0		0	0	0	0	6.5	8.1	0/	0/0	--- Track alleyway stackers
0	0	0	0	0	0		3	0	0	0	7.3	8.1	0/	0/0	--- Trackless alleyway stackers
0	0	0	0	0	0		0	0	0	0	6.5	8.1	0/	0/0	--- Other
															- Other self-propelled trucks:
0	0	0	0	0	0		0	0	0	0	6.5	8.1	0/	0/0	--- Fork-lift trucks cranes
0	0	0	0	0	0		0	0	0	0	6.5	8.1	0/	0/0	--- Other
0	0	0	0	0	0		0	0	0	0	6.5	8.1	0/	0/0	- Other trucks
															Other lifting, handling, loading or unloading machinery (for example, lifts, escalators, conveyors, teleferics):
															- Lifts and skip hoists:
															--- Designed for the transport of persons
0	0	0	0	0	0	0	0	0	0	0	6.9	6.4	0/	0/0	Obstacle-free lifters
0	0	0	0	0	0	0	0	0	0	0	6.9	6.4	0/	0/0	Other elevators designed for the transport of persons
0	0	0	0	0	0		0	0	0	0	0	0	0/0	0/0	--- Other
0	0	0	0	0	0		1.6	0	0	0	4.1	0	0/	0/0	- Pneumatic elevators and conveyors
															- Other continuous-action elevators and conveyors, for goods or materials:
0	0	0	0	0	0		0	0	0	0	0	0	0/	0/0	-- Specially designed for underground use
0	0	0	0	0			0	0	0	0	3.6	0	0/	0/0	-- Other, bucket type
0	0	0	0	0	0		1.6	0	0	0	4.1	0	0/0	0/0	-- Other, belt type
															-- Other:
0	0	0	0	0	0		1.6	0	0	0	4.1	0	0/0	0/0	--- Chain type
0	0	0	0	0	0		0	0	0	0	3.6	0	0/0	0/0	--- Roller type
0	0	0	0	0	2		0	0	0	0	3.6	0	0/0	0/0	--- Other
0	0	0	0	0	0		0	0	0	0	0	0	0/	0/0	- Escalators and moving walkways
															- Teleferics, chair-lifts, ski-draglines; traction mechanisms for funiculars:
0	0	0	0	0	0		0	0	0	0	5.8	6.4	0/	0/0	--- Cargo aerial cableways
															--- Passanger aerial cableways:

税号	货品名称	进口关税（%）最惠国	普通	年内暂定	增值/消费税（%）	出口退税（%）	计量单位	监管证件代码	检验检疫类别	协定税率（%）东盟	亚太	智利
8428.6021	----单线循环式	8	30		13	13	台/千克			0	5.6	0
8428.6029	----其他	8	30		13	13	台/千克			0	5.6	0
8428.6090	---其他	8	30		13	13	台/千克			0		0
8428.7000	-工业机器人	5	30		13	13	台/千克			0		0
	-其他机械:											
8428.9010	---矿车推动机、铁道机车或货车的转车台、货车倾卸装置及类似的铁道货车搬运装置	10	30		13	13	台/千克			0		0
8428.9020	---机械式停车设备	5	30		13	13	台/千克			0		0
	---其他装卸机械:											
8428.9031	----堆取料机械	5	30		13	13	台/千克			0		0
8428.9039	----其他	5	30		13	13	台/千克			0		0
8428.9090	---其他											
84289090.10	放化分离作业和热室用遥控机械手（能贯穿0.6米以上热室壁或壁厚为0.6米以上热室顶）	5	30		13	13	台/千克	3		0		0
84289090.20	核反应堆燃料装卸机（用于在核反应堆中插入或取出燃料的操作设备）	5	30		13	13	台/千克	3		0		0
84289090.90	其他升降、搬运、装卸机械	5	30		13	13	台/千克			0		0
84.29	**机动推土机、侧铲推土机、筑路机、平地机、铲运机、机械铲、挖掘机、机铲装载机、捣固机械及压路机:**											
	-推土机及侧铲推土机:											
	--履带式:											
8429.1110	---发动机输出功率超过235.36千瓦（320马力）的	7	17		13	13	台/千克	A	M/	0	4.9	0
8429.1190	---其他	7	30		13	13	台/千克	A	M/	0	4.9	0
	--其他:											
8429.1910	---发动机输出功率超过235.36千瓦（320马力）的	7	17		13	13	台/千克	A	M/	0		0
8429.1990	---其他	7	30		13	13	台/千克	A	M/	0		0
	-筑路机及平地机:											
8429.2010	---发动机输出功率超过235.36千瓦（320马力）的	5	17		13	13	台/千克	A	M/	0	3.5	0
8429.2090	---其他	5	30		13	13	台/千克	A	M/	0	3.5	0
	-铲运机:											
8429.3010	---斗容量超过10立方米的	3	17		13	13	台/千克	A	M/	0	2.1	0
8429.3090	---其他	5	30		13	13	台/千克	A	M/	0	3.5	0
	-捣固机械及压路机:											
	---机动压路机:											
8429.4011	----机重18吨及以上的振动压路机	7	20		13	13	台/千克	OA	M/	0	4.9	0
8429.4019	----其他	8	40		13	13	台/千克	OA	M/	0	5.6	0
8429.4090	---其他	6	30		13	13	台/千克	A	M/	0	4.2	0
	-机械铲、挖掘机及机铲装载机:											
8429.5100	--前铲装载机	5	30		13	13	台/千克	A	M/	0		0
	--上部结构可旋转360度的机械:											
	---挖掘机:											
8429.5211	----轮胎式	8	30		13	13	台/千克	OA	M/	0	7.2	0
8429.5212	----履带式	8	30		13	13	台/千克	OA	M/	0		0
8429.5219	----其他	8	30		13	13	台/千克	OA	M/	0	5.2	0
8429.5290	---其他	8	30		13	13	台/千克	OA	M/	0	5.2	0
8429.5900	--其他	8	30		13	13	台/千克	OA	M/	0		0

协定税率（%）														特惠税率（%）①/②	Article Description
巴基斯坦	冰岛	哥斯达黎加	秘鲁	新西兰	瑞士	新加坡	韩国	澳大利亚	格鲁吉亚	毛里求斯	日本RCEP	尼加拉瓜	港澳台		
0	0	0	0	0	0		0	0	0	0	5.8	6.4	0/	0/0	----Monocable endless
0	0	0	0	0	0		0	0	0	0	5.8	6.4	0/	0/0	----Other
0	0	0	0	0	0		0	0	0	0	5.8	6.4	0/	0/0	--- Other
0	0	0	0	0	0		1.6	0	0	0	4.1	0	0/0	0/0	- Industrial robots
															- Other machinery:
2.5	0	0	0	0	0		0	0	0	0	7.3	9	0/	0/0	--- Mine wagon pushers, locmotive or wagon traversers, wagon tippers and similar railway wagon handing equipment
0	0	0	0	0	0		0	0	0	0	3.6	0	0/	0/0	--- Mechanical parking equipment
															--- Other loading or unloading machinery:
0	0	0	0	0	0		1.6	0	0	0	4.1	0	0/0	0/0	----Stacker-reclaimers
0	0	0	0	0	0		1.6	0	0	0	4.1	0	0/0	0/0	----Other
															--- Other
0	0	0	0	0	0		1.6	0	0	0	4.1	0	0/0	0/0	Remote control robots for radiochemical separation operations and hot cells (able to run through hot walls or tops of 0.6m and above)
0	0	0	0	0	0		1.6	0	0	0	4.1	0	0/0	0/0	Fuel handling machines for nuclear reactors (used to insert or remove fuel from nuclear reactors)
0	0	0	0	0	0		1.6	0	0	0	4.1	0	0/0	0/0	Other lifting, carrying, loading and unloading machinery
															Self-peopelled bulldozers, angledozers, graders, levellers, scrapers, mechanical shovels, excavators, shovel loaders, tamping machines and road rollers:
															- Bulldozers and angledozers:
															-- Track laying:
0	0	0	0	0	0		0	0	0	0	5.1	6.5	0/	0/0	--- With an engine of an output exceeding 235.36kW (320hp)
0	0	0	0	0	0		0	0	0	0	5.1	6.5	0/	0/0	--- Other
															-- Other:
0	0	0	0	0	0		0	0	0	0	5.1	6.5	0/	0/0	--- With an engine of an output exceeding 235.36kW (320hp)
0	0	0	0	0	0		0	0	0	0	5.1	6.5	0/	0/0	--- Other
															- Graders and levellers:
0	0	0	0	0	0		0	0	0	0	0	0	0/	0/0	--- With an engine of an output exceeding 235.36kW (320hp)
0	0	0	0	0	0		0	0	0	0	0	0	0/	0/0	--- Other
															- Scrapers:
0	0	0	0	0	0		0	0	0	0	0	0	0/	0/0	--- Having a capacity of shovel exceeding $10m^3$
0	0	0	0	0	0		0	0	0	0	0	0	0/	0/0	--- Other
															- Tamping machines and road rollers:
															--- Self-propelled road rollers:
0	0	0	0	0	0		0	0	0	0	5.1	6.5	0/	0/0	----Vibration type, of a deadweight of 18t or more
0	0	0	0	0	0		0	0	0	0	5.8	6.4	0/	0/0	----Other
0	0	0	0	0	0		0	0	0	0	0	0	0/	0/0	--- Other
															- Mechanical shovels, excavators and shovel loaders:
0	0	0	0	0	0		0	0	0	0	3.6	0	0/	0/0	-- Front-end shovel loaders
															-- Machinery with a 360° revolving superstructure:
															--- Excavators:
0	0	0	0	0	0		7.2	0	0	0		6.4	0/	0/0	----Tyre-mounted
0	0	0	0	0	0			0	0	0		6.4	0/	0/0	----Track-mounted
0	0	0	0	0	0		5.2	0	0	0		6.4	0/	0/0	----Other
0	0	0	0	0	0		5.2	0	0	0		6.4	0/	0/0	--- Other
0	0	0	0	0	0		0	0	0	0	5.8	6.4	0/	0/0	-- Other

税　号	货品名称	进口关税（%）			增值/消费税（%）	出口退税（%）	计量单位	监管证件代码	检验检疫类别	协定税率（%）		
		最惠国	普通	年内暂定						东盟	亚太	智利
84.30	泥土、矿物或矿石的运送、平整、铲运、挖掘、捣固、压实、开采或钻探机械；打桩机及拔桩机；扫雪机及吹雪机：											
8430.1000	- 打桩机及拔桩机	10	30		13	13	台/千克			0		0
8430.2000	- 扫雪机及吹雪机	10	30		13	13	台/千克			0		0
	- 截煤机、凿岩机及隧道掘进机：											
	-- 自推进的：											
8430.3110	--- 采（截）煤机	10	30		13	13	台/千克	O		0		0
8430.3120	--- 凿岩机	10	30		13	13	台/千克	O		0		0
8430.3130	--- 隧道掘进机	10	30		13	13	台/千克	O		0		0
8430.3900	-- 其他	6	30		13	13	台/千克			0		0
	- 其他钻探或凿井机械：											
	-- 自推进的：											
	--- 石油及天然气钻探机：											
8430.4111	---- 钻探深度在6000米及以上的	5	11		13	13	台/千克			0	3.5	0
8430.4119	---- 其他	5	17		13	13	台/千克			0	3.5	0
	--- 其他钻探机：											
8430.4121	---- 钻探深度在6000米及以上的	5	11		13	13	台/千克			0	3.5	0
8430.4122	---- 钻探深度在6000米以下的履带式自推进钻机	5	17		13	13	台/千克			0		0
8430.4129	---- 钻探深度在6000米以下的其他钻探机	5	17		13	13	台/千克			0		0
8430.4190	--- 其他	5	30		13	13	台/千克			0		0
8430.4900	-- 其他	5	30		13	13	台/千克			0		0
	- 其他自推进机械：											
8430.5010	--- 其他采油机械	3	17		13	13	台/千克			0	2.1	0
8430.5020	--- 矿用电铲	7	30		13	13	台/千克			0		0
	--- 采矿钻机：											
8430.5031	---- 牙轮直径380毫米及以上	5	30		13	13	台/千克			0	3.5	0
8430.5039	---- 其他	5	30		13	13	台/千克			0	3.5	0
8430.5090	--- 其他	5	30		13	13	台/千克			0		0
	- 其他非自推进机械：											
8430.6100	-- 捣固或压实机械	6	30		13	13	台/千克			0		0
	-- 其他：											
	--- 工程钻机：											
8430.6911	---- 钻筒直径在3米以上	6	30		13	13	台/千克			0	4.2	0
8430.6919	---- 其他	6	30		13	13	台/千克			0		0
8430.6920	--- 铲运机	6	30		13	13	台/千克			0	4.2	0
8430.6990	--- 其他	6	30		13	13	台/千克			0		0
84.31	专用于或主要用于税目84.25至84.30所列机械的零件：											
8431.1000	- 税目84.25所列机械的零件	3	30		13	13	千克			0		0
	- 税目84.27所列机械的零件：											
8431.2010	--- 装有差速器的驱动桥及其零件，不论是否装有其他传动部件	6	30		13	13	千克/个			0	3.9	0
8431.2090	--- 其他	6	30	3	13	13	千克			0	3.9	0
	- 税目84.28所列机械的零件：											
8431.3100	-- 升降机、倒卸式起重机或自动梯的零件											
84313100.01	无障碍升降机的零件	3	30	1	13	13	千克			0		0
84313100.90	其他升降机、倒卸式起重机零件（包括自动梯零件）	3	30		13	13	千克			0		0
8431.3900	-- 其他	5	30		13	13	千克			0	2.5	0
	- 税目84.26、84.29或84.30所列机械的零件：											
8431.4100	-- 戽斗、铲斗、抓斗及夹斗	6	17		13	13	千克/个			0	3.9	0
8431.4200	-- 推土机或侧铲推土机用铲	6	17		13	13	千克/个			0		0

协定税率（%）														特惠税率（%）①/②	Article Description
巴基斯坦	冰岛	哥斯达黎加	秘鲁	新西兰	瑞士	新加坡	韩国	澳大利亚	格鲁吉亚	毛里求斯	日本RCEP	尼加拉瓜	港澳台		
															Other moving, grading, levelling, scraping, excavating, tamping, compacting, extracting or boring machinery, for earth, minerals or ores; piledrivers and pile-extractors; snow-ploughs and snow-blowers:
0	0	0	0	0	0		0	0	0	0	7.3	9	0/	0/0	- Pile-drivers and pile-extractors
0	0	0	0	0	0		0	0	0	0	7.3	9	0/	0/0	- Snow-ploughs and snow-blowers
															- Coal or rock cutters and tunnelling machinery:
															-- Self-propelle:
0	0	0	0	0	0	0	0	0	0	0	7.3	9	0/	0/0	--- Coal cutters
0	0	0	0	0	0	0	0	0	0	0	7.3	9	0/	0/0	--- Rock cutters
0	0	0	0	0	0	0	0	0	0	0	7.3	9	0/	0/0	--- tunnelling machinery
0	0	0	0	0	0		0	0	0	0	4.4	0	0/	0/0	-- Other
															- Other boring or sinking machinery:
															-- Self-propelled:
															--- Oil and natural gas drilling machinery:
0	0	0	0	0	0		0	0	0	0	0	0	0/	0/0	----Of drilling depth of 6000m or more
0	0	0	0	0	0		0	0	0	0	0	0	0/	0/0	----Other
															--- Other drilling machinery:
0	0	0	0	0	0		0	0	0	0	0	0	0/	0/0	----Of drilling depth of 6000m or more
0	0	0	0	0	0		0	0	0	0	3.6	0	0/	0/0	----Crawler boring machinery of drilling depth not exceeding 6000m
0	0	0	0	0	0		0	0	0	0	0	0	0/	0/0	----Other boring machinery of drilling depth exceeding 6000m
0	0	0	0	0	0		0	0	0	0	0	0	0/	0/0	--- Other
0	0	0	0	0	0		0	0	0	0	3.6	0	0/	0/0	-- Other
															- Other machinery, self-propelled:
0	0	0	0	0	0		0	0	0	0	0	0	0/	0/0	--- For oil production
0	0	0	0	0	0		0	0	0	0	5.1	6.5	0/	0/0	--- Mining power shovels
															--- Mining drills:
0	0	0	0	0	0		0	0	0	0	0	0	0/	0/0	----Gear wheel diameter more than 380mm
0	0	0	0	0	0		0	0	0	0	0	0	0/	0/0	----Other
0	0	0	0	0	0		1.6	0	0	0	4.1	0	0/	0/0	--- Other
															- Other machinery, not self-propelled:
0	0	0	0	0	0		0	0	0	0	0	0	0/	0/0	-- Tamping or compacting machinery
															-- Other:
															--- Engineering drills:
0	0	0	0	0	0		0	0	0	0	0	0	0/	0/0	----Boring casing diameter more than 3m
0	0	0	0	0	0		0	0	0	0	4.4	0	0/	0/0	----Other
0	0	0	0	0	0		0	0	0	0	0	0	0/	0/0	--- Scrapers
0	0	0	0	0	0		0	0	0	0	0	0	0/	0/0	--- Other
															Parts suitable for use solely or principally with the machinery of headings 84.25 to 84.30:
0	0	0	0	0	0		0	0	0	0	0	0	0/	0/0	- Of machinery of heading 84.25
															- Of machinery of heading 84.27:
0	0	0	0	0	0		2	0	0	0	4.9	0	0/	0/0	--- Drive-axles with differential and parts thereof, whether or not provided with other transmission components
0	0	0	0	0	0		2	0	0	0	4.9	0	0/	0/0	--- Other
															- Of machinery of heading 84.28:
															-- Of lifts, skip hoists or escalators
0	0	0	0	0	0		0	0	0	0	0	0	0/	0/0	Parts of obstacle-free lifters
0	0	0	0	0	0		0	0	0	0	0	0	0/	0/0	Parts of other Lifts and skip hoists (including parts of escalators)
0	0	0	0	0	0		1.6	0	0	0	4.1	0	0/	0/0	-- Other
															- Of machinery of heading 84.26, 84.29 or 84.30:
0	0	0	0	0	0		0	0	0	0	4.4	0	0/	0/0	-- Buckets, shovels, grabs and grips
0	0	0	0	0	0		0	0	0	0	0	0	0/	0/0	-- Bulldozer or angledozer blades

税　号	货品名称	进口关税（%） 最惠国	普通	年内暂定	增值/消费税（%）	出口退税（%）	计量单位	监管证件代码	检验检疫类别	协定税率（%） 东盟	亚太	智利
	-- 子目8430.41或8430.49所列钻探或凿井机械的零件：											
8431.4310	--- 石油或天然气钻探机用	4	11		13	13	千克			0	2.6	0
8431.4320	--- 其他钻探机用	4	11		13	13	千克			0	2.6	0
8431.4390	--- 其他	5	17		13	13	千克			0	3.3	0
	-- 其他：											
8431.4920	--- 装有差速器的驱动桥及其零件，不论是否装有其他传动部件	5	17		13	13	千克/个			0	3.3	0
	--- 其他：											
8431.4991	---- 矿用电铲用	5	17		13	13	千克			0	3.3	0
8431.4999	---- 其他	5	17		13	13	千克			0	3.3	0
84.32	**农业、园艺及林业用整地或耕作机械；草坪及运动场地滚压机：**											
8432.1000	- 犁	5	30		9	9	台/千克			0		0
	- 耙、松土机、中耕机、除草机及耕耘机：											
8432.2100	-- 圆盘耙	5	30		9	9	台/千克			0		0
8432.2900	-- 其他	4	30		9	9	台/千克			0		0
	- 播种机、种植机及移植机：											
	-- 免耕直接播种机、种植机及移植机：											
	--- 免耕直接播种机：											
8432.3111	---- 谷物播种机	4	30		9	9	台/千克			0	2.6	0
8432.3119	---- 其他	4	30		9	9	台/千克			0	2.6	0
	--- 免耕直接种植机：											
8432.3121	---- 马铃薯种植机	4	30		9	9	台/千克			0	2.6	0
8432.3129	---- 其他	4	30		9	9	台/千克			0	2.6	0
	--- 免耕直接移植机（栽植机）：											
8432.3131	---- 水稻插秧机	4	30		9	9	台/千克			0	2.6	0
8432.3139	---- 其他	4	30		9	9	台/千克			0	2.6	0
	-- 其他：											
	--- 播种机：											
8432.3911	---- 谷物播种机	4	30		9	9	台/千克			0	2.6	0
8432.3919	---- 其他	4	30		9	9	台/千克			0	2.6	0
	--- 种植机：											
8432.3921	---- 马铃薯种植机	4	30		9	9	台/千克			0	2.6	0
8432.3929	---- 其他	4	30		9	9	台/千克			0	2.6	0
	--- 移植机（栽植机）：											
8432.3931	---- 水稻插秧机	4	30		9	9	台/千克			0	2.6	0
8432.3939	---- 其他	4	30		9	9	台/千克			0	2.6	0
	- 施肥机：											
8432.4100	-- 粪肥施肥机	4	30		9	9	台/千克			0		0
8432.4200	-- 化肥施肥机	4	30		9	9	台/千克			0		0
	- 其他机械：											
8432.8010	--- 草坪及运动场地滚压机	7	40		13	13	台/千克			0	5.6	0
8432.8090	--- 其他	4	30		9	9	台/千克			0		0
8432.9000	- 零件	4	17		13	13	千克			0		0
84.33	**收割机、脱粒机，包括草料打包机；割草机；蛋类、水果或其他农产品的清洁、分选、分级机器，但税目84.37的机器除外：**											
	- 草坪、公园或运动场地用的割草机：											
8433.1100	-- 机动的，切割装置在同一水平面上旋转的	6	30		9	9	台/千克			0		0
8433.1900	-- 其他	6	30		13	13	台/千克			0		0
8433.2000	- 其他割草机，包括牵引装置用的刀具杆	4	30		9	9	台/千克			0		0

协定税率（%）														特惠税率（%）①/②	Article Description
巴基斯坦	冰岛	哥斯达黎加	秘鲁	新西兰	瑞士	新加坡	韩国	澳大利亚	格鲁吉亚	毛里求斯	日本RCEP	尼加拉瓜	港澳台		
															-- Parts of boring or sinking machinery of subheading 8430.41 or 8430.49:
0	0	0	0	0	0		0	0	0	0	0	0	0/	0/0	--- Of oil and natural gas drilling machinery
0	0	0	0	0	0		0	0	0	0	0	0	0/	0/0	--- Of other drilling machinery
0	0	0	0	0	0		0	0	0	0	3.6	0	0/	0/0	--- Of sinking machinery
															-- Other:
0	0	0	0	0	0		1.6	0	0	0	4.1	0	0/	0/0	--- Drive-axles with differential and parts thereof, whether or not provided with other transmission components
															--- Other:
0	0	0	0	0	0		0	0	0	0	3.6	0	0/	0/0	----For mining power shovels
0	0	0	0	0	0		1.6	0	0	0	4.1	0	0/	0/0	----Other
															Agricultural, horticultural or forestry machinery for soil preparationor cultivation;lawn or sports-ground rollers:
0	0	0	0	0	0		0	0	0	0	3.6	0	0/	0/0	- Ploughs
															- Harrows, scarifiers, cultivators, weeders and hoes:
0	0	0	0	0	0		0	0	0	0	0	0	0/	0/0	-- Disc harrows
0	0	0	0	0	0		0	0	0	0	0	0	0/	0/0	-- Other
															- Seeders, planters and transplanters:
															-- No-till direct seeders, planters and transplanters:
															--- No-till direct seeders:
0	0	0	0	0	0		0	0	0	0	2.9	0	0/	0/0	----Seeders for grain
0	0	0	0	0	0		0	0	0	0	2.9	0	0/	0/0	----Other
															--- No-till direct planters:
0	0	0	0	0	0		0	0	0	0	2.9	0	0/	0/0	----Planters for potato
0	0	0	0	0	0		0	0	0	0	2.9	0	0/	0/0	----Other
															--- No-till direct transplanters:
0	0	0	0	0	0		0	0	0	0	2.9	0	0/	0/0	----Tansplanters for rice
0	0	0	0	0	0		1.3	0	0	0	3.4	0	0/	0/0	----Other
															-- Other:
															--- Seeders:
0	0	0	0	0	0		0	0	0	0	2.9	0	0/	0/0	----Seeders for grain
0	0	0	0	0	0		0	0	0	0	2.9	0	0/	0/0	----Other
															--- Planters:
0	0	0	0	0	0		0	0	0	0	2.9	0	0/	0/0	----Planters for potato
0	0	0	0	0	0		0	0	0	0	2.9	0	0/	0/0	----Other
															--- Transplanters:
0	0	0	0	0	0		0	0	0	0	2.9	0	0/	0/0	----Tansplanters for rice
0	0	0	0	0	0		1.3	0	0	0	3.4	0	0/	0/0	----Other
															- Manure spreaders and fertilizer distributors:
0	0	0	0	0	0		0	0	0	0	2.9	0	0/	0/0	-- Manure spreaders
0	0	0	0	0	0		0	0	0	0	2.9	0	0/	0/0	-- Fertilizer distributors
															- Other machinery:
0	0	0	0	0	0		2.3	0	0	0	5.7	6.5	0/	0/0	--- Lawn or sports-ground rollers
0	0	0	0	0	0		0	0	0	0	0	0	0/	0/0	--- Other
0	0	0	0	0	0		0	0	0	0	0	0	0/	0/0	- Parts
															Harvesting or threshing machinery, including straw or fodder balers; grass or hay mowers; machines for cleaning, sorting or grading eggs, fruit or other agricultural produce, other than machinery of heading 84.37:
															- Mowers for lawns, parks or sports grounds:
0	0	0	0	0	0		0	0	0	0	0	0	0/	0/0	-- Powered, with the cutting device rotating in a horizontal plane
0	0	0	0	0	0		0	0	0	0	0	0	0/	0/0	-- Other
0	0	0	0	0	0		0	0	0	0	0	0	0/	0/0	- Other mowers, including cutter bars for tractor mounting

税号	货品名称	进口关税（%）最惠国	普通	年内暂定	增值/消费税（%）	出口退税（%）	计量单位	监管证件代码	检验检疫类别	协定税率（%）东盟	亚太	智利
8433.3000	- 其他干草切割、翻晒机器	5	30		9	9	台/千克			0		0
8433.4000	- 草料打包机，包括收集打包机	5	30		9	9	台/千克			0		0
	- 其他收割机；脱粒机：											
8433.5100	-- 联合收割机											
84335100.01	功率≥200马力的联合收割机	8	17	6	9	9	台/千克			0	5.2	0
84335100.90	功率<200马力的联合收割机	8	17		9	9	台/千克			0	5.2	0
8433.5200	-- 其他脱粒机	8	30		9	9	台/千克			0		0
8433.5300	-- 根茎或块茎收获机											
84335300.01	功率≥160马力的土豆、甜菜收获机	8	30		9	9	台/千克			0		0
84335300.90	其他根茎或块茎收获机	8	30		9	9	台/千克			0		0
	-- 其他：											
8433.5910	--- 甘蔗收获机	8	30		9	9	台/千克			0	5.6	0
8433.5920	--- 棉花采摘机	8	30		9	9	台/千克	A	M/	0	5.6	0
8433.5990	--- 其他											
84335990.01	自走式青储饲料收获机	8	30	6	9	9	台/千克			0		0
84335990.90	其他收割机及脱粒机	8	30		9	9	台/千克			0		0
	- 蛋类、水果或其他农产品的清洁、分选、分级机器：											
8433.6010	--- 蛋类清洁、分选、分级机器	5	30		9	9	台/千克			0		0
8433.6090	--- 其他	5	30		9	9	台/千克			0		0
	- 零件：											
8433.9010	--- 联合收割机用	5	11		13	13	千克			0		0
8433.9090	--- 其他	3	17		13	13	千克			0		0
84.34	**挤奶机及乳品加工机器：**											
8434.1000	- 挤奶机	8	20	4	9	9	台/千克			0		0
8434.2000	- 乳品加工机器	6	30	2	13	13	台/千克	A	R/	0	4.2	0
8434.9000	- 零件	5	17	2	13	13	千克			0		0
84.35	**制酒、制果汁或制类似饮料用的压榨机、轧碎机及类似机器：**											
8435.1000	- 机器	8	30		13	13	台/千克	A	R/	0		0
8435.9000	- 零件	6	30		13	13	千克			0		0
84.36	**农业、园艺、林业、家禽饲养业或养蜂业用的其他机器，包括装有机械或热力装置的催芽设备；家禽孵卵器及育雏器：**											
8436.1000	- 动物饲料配制机	7	30		9	9	台/千克			0		0
	- 家禽饲养用的机器；家禽孵卵器及育雏器：											
8436.2100	-- 家禽孵卵器及育雏器	5	30		9	9	台/千克			0		0
8436.2900	-- 其他	8	30		9	9	台/千克			0		0
8436.8000	- 其他机器	8	30		9	9	台/千克			0		0
	- 零件：											
8436.9100	-- 家禽饲养用机器的零件或家禽孵卵器及育雏器的零件	6	17		13	13	千克			0		0
8436.9900	-- 其他	6	17		13	13	千克			0		0
84.37	**种子、谷物或干豆的清洁、分选或分级机器；谷物磨粉业加工机器或谷物、干豆加工机器，但农业用机器除外：**											
	- 种子、谷物或干豆的清洁、分选或分级机器：											
8437.1010	--- 光学色差颗粒选别机（色选机）	8	30		9	9	台/千克			0		0
8437.1090	--- 其他	8	30		9	9	台/千克			0		0

协定税率（%）														特惠税率（%）①/②	Article Description
巴基斯坦	冰岛	哥斯达黎加	秘鲁	新西兰	瑞士	新加坡	韩国	澳大利亚	格鲁吉亚	毛里求斯	日本RCEP	尼加拉瓜	港澳台		
0	0	0	0	0	0		0	0	0	0	0	0	0/	0/0	- Other haymaking machinery
0	0	0	0	0	0		1.6	0	0	0	4.1	0	0/	0/0	- Straw or fodder balers, including pickup balers
															- Other harvesting machinery; threshing machinery:
															-- Combine harvester-threshers
0	0	0	0	0	0		2.6	0	0	0	6.5	6.4	0/	0/0	Combine harvesters of a power ≥160hp
0	0	0	0	0	0		2.6	0	0	0	6.5	6.4	0/	0/0	Combine harvesters of a power <160hp
0	0	0	0	0	0		0	0	0	0	5.8	6.4	0/	0/0	-- Other threshing machinery
															-- Root or tuber harvesting machines
0	0	0	0	0	0		0	0	0	0	5.8	6.4	0/	0/0	Potato or beet harvesters of a power ≥160hp
0	0	0	0	0	0		0	0	0	0	5.8	6.4	0/	0/0	Other root or tuber harvesting machines
															-- Other:
0	0	0	0	0	0		0	0	0	0	5.8	6.4	0/	0/0	--- Sugarcane harvesters
0	0	0	0	0	0		0	0	0	0	5.8	6.4	0/	0/0	--- Cotton picker
															--- Other
0	0	0	0	0	0		0	0	0	0	5.8	6.4	0/	0/0	Self-propelled forage harvesters
0	0	0	0	0	0		0	0	0	0	5.8	6.4	0/	0/0	Other harvesters and threshers
															- Machines for cleaning, sorting or grading eggs, fruit or other agricultural produce:
0	0	0	0	0	0		0	0	0	0	3.6	0	0/		--- Machines for cleaning, sorting or grading eggs
0	0	0	0	0	0		0	0	0	0	3.6	0	0/		--- Other
															- Parts:
0	0	0	0	0	0		1.6	0	0	0	4.1	0	0/	0/0	--- Of combine harvester-threshers
0	0	0	0	0	0		0	0	0	0	0	0	0/	0/0	--- Other
															Milking machines and dairy machinery:
0	0	0		0	0		0	0	0	0	7.3	6.4	0/	0/0	- Milking machines
0	0	0	0	0	0		0	0	0	0	0	0	0/	0/0	- Dairy machinery
0	0	0	0	0	0		0	0	0	0	0	0	0/	0/0	- Parts
															Presses, crushers and similar machinery used in the manufacture of wine, cider, fruit juices or similar beverages:
0	0	0	0	0	0		0	0	0	0	7.3	6.4	0/	0/0	- Machinery
0	0	0	0	0	0		0	0	0	0	0	0	0/	0/0	- Parts
															Other agricultural, horticultural, forestry, poultry-keeping or bee-keepingmachinery, including germination plant fitted with mechanical or thermal equipment; poultry incubators and brooders:
0	0	0	0	0	2.8		2.3	0	0	0	5.7	6.5	0/	0/0	- Machinery for preparing animal feeding stuffs
															- Poultry-keeping machinery; poultry incubators and brooders:
0	0	0	0	0	0		1.6	0	0	0	4.1	0	0/	0/0	-- Poultry incubators and brooders
0	0	0	0	0	0		5	0	0	0	0	6.4	0/	0/0	-- Other
0	0	0	0	0	0		0	0	0	0	7.3	6.4	0/	0/0	- Other machinery
															- Parts:
0	0	0	0	0	0		2	0	0	0	4.9	0	0/	0/0	-- Of poultry-keeping machinery or poultry incubators and brooders
0	0	0	0	0	2.4		0	0	0	0	4.4	0	0/	0/0	-- Other
															Machines for cleaning, sorting or grading seed, grain or dried leguminous vegetables; machinery used in the milling industry or for the working of cereals or dried leguminous vegetables, other than farm-type machinery:
															- Machines for cleaning, sorting or grading seed, grain or dried leguminous vegetables:
0	0	0	0	0	0		0	0	0	0	7.3	6.4	0/	0/0	--- Color sorters
0	0	0	0	0	0		5	0	0	0	8.6	6.4	0/	0/0	--- Other

税　号	货品名称	进口关税（%）			增值/消费税（%）	出口退税（%）	计量单位	监管证件代码	检验检疫类别	协定税率（%）		
		最惠国	普通	年内暂定						东盟	亚太	智利
8437.8000	- 其他机器	8	30		13	13	台/千克	A	R/	0	5.2	0
8437.9000	- 零件	6	30		13	13	千克			0		0
84.38	**本章其他税目未列名的食品、饮料工业用的生产或加工机器，但提取、加工动物油脂、植物固定油脂或微生物油脂的机器除外：**											
8438.1000	- 糕点加工机器及生产通心粉、面条或类似产品的机器											
84381000.10	糕点生产线	7	30		13	13	台/千克	A	R/	0		0
84381000.90	通心粉、面条的生产加工机器（包括类似产品的加工机）	7	30		13	13	台/千克	A	R/	0		0
8438.2000	- 生产糖果、可可粉、巧克力的机器	8	30		13	13	台/千克	A	R/	0		0
8438.3000	- 制糖机器	8	30		13	13	台/千克	A	R/	0		0
8438.4000	- 酿酒机器	7	30		13	13	台/千克	A	R/	0		0
8438.5000	- 肉类或家禽加工机器	7	30		13	13	台/千克	A	R/	0		0
8438.6000	- 水果、坚果或蔬菜加工机器	8	30		13	13	台/千克	A	R/	0		0
8438.8000	- 其他机器	8	30		13	13	台/千克	A	R/	0	5.2	0
8438.9000	- 零件	5	30		13	13	千克			0		0
84.39	**纤维素纸浆、纸及纸板的制造或整理机器：**											
8439.1000	- 制造纤维素纸浆的机器	8	30		13	13	台/千克			0		0
8439.2000	- 纸或纸板的抄造机器	8	30		13	13	台/千克			0	5.6	0
8439.3000	- 纸或纸板的整理机器	8	30		13	13	台/千克			0		0
	- 零件：											
8439.9100	-- 制造纤维素纸浆的机器用	6	30		13	13	千克			0		0
8439.9900	-- 其他	6	30		13	13	千克			0	3	0
84.40	**书本装订机器，包括锁线订书机：**											
	- 机器：											
8440.1010	--- 锁线装订机	10	35		13	13	台/千克			0	7	0
8440.1020	--- 胶订机	12	35		13	13	台/千克			0		0
8440.1090	--- 其他	12	35		13	13	台/千克			0		0
8440.9000	- 零件	8	35		13	13	千克			0		0
84.41	**其他制造纸浆制品、纸制品或纸板制品的机器，包括各种切纸机：**											
8441.1000	- 切纸机	12	50		13	13	台/千克			0		0
8441.2000	- 制造包、袋或信封的机器	12	30		13	13	台/千克			0	7.8	0
	- 制造箱、盒、管、桶或类似容器的机器，但模制成型机器除外：											
8441.3010	--- 制造纸塑铝复合罐的生产设备	12	30		13	13	台/千克			0	7.8	0
8441.3090	--- 其他	12	30		13	13	台/千克			0	7.8	0
8441.4000	- 纸浆、纸或纸板制品模制成型机器	12	30		13	13	台/千克			0		0
	- 其他机器：											
8441.8010	--- 制造纸塑铝软包装的生产设备	12	30		13	13	台/千克			0	7.8	0
8441.8090	--- 其他	12	30		13	13	台/千克			0	7.8	0

协定税率（%）														特惠税率（%）①/②	Article Description
巴基斯坦	冰岛	哥斯达黎加	秘鲁	新西兰	瑞士	新加坡	韩国	澳大利亚	格鲁吉亚	毛里求斯	日本RCEP	尼加拉瓜	港澳台		
4	0	0	0	0	0		5	0	0	0	0	6.4	0/	0/0	- Other machinery
0	0	0	0	0	0		0	0	0	0	4.4	0	0/	0/0	- Parts
															Machinery, not specified or included elsewhere in this Chapter, for the industrial preparation or manufacture of food or drink, other than machinery for the extraction or preparation of animal or fixed vegetable or microbial fats or oils:
															- Bakery machinery and machinery for the manufacture of macaroni, spaghetti or similar products
0	0	0	0	0	0		2.3	0	0	0	5.7	6.5	0/	0/0	Bakery production lines
0	0	0	0	0	0		2.3	0	0	0	5.7	6.5	0/	0/0	Machines for producing and processing macaroni, spaghetti (including machines for processing similar products)
0	0	0	0	0	0		0	0	0	0	5.8	6.4	0/	0/0	- Machinery for the manufacture of confectionery, cocoa or chocolate
0	0	0	0	0			0	0	0	0	7.3	6.4	0/	0/0	- Machinery for sugar manufacture
0	0	0	0	0	0		0	0	0	0	5.1	6.5	0/	0/0	- Brewery machinery
0	0	0	0	0	0		0	0	0	0	5.1	6.5	0/	0/0	- Machinery for the preparation of meat or poultry
0	0	0	0	0	0	0	0	0	0	0	7.3	6.4	0/	0/0	- Machinery for the preparation of fruits, nuts or vegetables
0	0	0	0	0	0		0	0	0	0	6.2	6.4	0/0	0/0	- Other machinery
0	0	0	0	0	0		0	0	0	0	0	0	0/	0/0	- Parts
															Machinery for making pulp of fibrous cellulosic material or for making or finishing paper or paperboard:
0	0	0	0	0	0		0	0	0	0	6.1	6.4	0/	0/0	- Machinery for making pulp of fibrous cellulosic material
0	0	0	0	0	0		0	0	0	0	6.1	6.4	0/0	0/0	- Machinery for making paper or paper board
0	0	0	0	0	0		0	0	0	0	6.1	6.4	0/0	0/0	- Machinery for finishing paper or paper board
															- Parts:
0	0	0	0	0	0		2	0	0	0	4.9	0	0/	0/0	-- Of machinery for making pulp of fibrous cellulosic material
0	0	0	0	0	0		2	0	0	0	4.9	0	0/	0/0	-- Other
															Book-binding machinery, including booksewing machines:
															- Machinery:
0	0	0	0	0	0		0	0	0	0	7.3	9	0/	0/0	--- Sewing bookbinders
3	0	0	0	0	0	0	0	0	0	0	8.7	11.2	0/	0/0	--- Glueing bookbinders
3	0	0	0	0	0	0	0	0	0	0	8.7	11.2	0/	0/0	--- Other
0	0	0	0	0	0		0	0	0	0	5.8	6.4	0/	0/0	- Parts
															Other machinery for making up paper pulp, paper or paperboard, including cutting machines of all kinds:
3	0	0	0	0		0	0	0	0	0	8.7	11.2	0/0	0/0	- Cutting machines
3	0	0	0	0	0	0	0	0	0	0	8.7	11.2	0/	0/0	- Machines for making bags, sacks or envelopes
															- Machines for making cartons, boxes, cases, tubes, drums or similar containers, other than by moulding:
3.4	0	0	0	0	0	0	0	0	0	0	9.8	11.2	0/	0/0	--- Machines for paper, plastic and aluminium composite can manufacture
3.4	0	0	0	0	0	0	6.7	0	0	0		11.2	0/	0/0	--- Other
3	0	0	0	0	0	0	6	0	0	0		11.2	0/	0/0	- Machines for moulding articles in paper pulp, paper or paperboard
															- Other machinery:
3	0	0	0	0	0	0	0	0	0	0	8.7	11.2	0/	0/0	--- Machines for paper plastic and aluminium flexible packaging manufacture
3	0	0	0	0	0	0	0	0	0	0	8.7	11.2	0/0	0/0	--- Other

税号	货品名称	进口关税(%)			增值/消费税(%)	出口退税(%)	计量单位	监管证件代码	检验检疫类别	协定税率(%)		
		最惠国	普通	年内暂定						东盟	亚太	智利
	- 零件:											
8441.9010	--- 切纸机用											
84419010.01	切纸机用弧形辊	8	50	4	13	13	千克			0		0
84419010.02	切纸机用横切刀单元	8	50	3	13	13	千克			0		0
84419010.90	其他切纸机零件	8	50		13	13	千克			0		0
8441.9090	--- 其他	8	30		13	13	千克			0		0
84.42	**制印刷版(片)、滚筒及其他印刷部件用的机器、器具及设备(税目84.56至84.65的机器除外);印刷用版(片)、滚筒及其他印刷部件;制成供印刷用(例如,刨平、压纹或抛光)的板(片)、滚筒及石板:**											
	- 机器、器具及设备:											
8442.3010	--- 铸字机	0	35		13	13	台/千克			0		0
	--- 制版机器、器具及设备:											
8442.3021	---- 计算机直接制版设备											
84423021.10	凹版式计算机直接制版设备(CTP)	0	35		13	13	台/千克			0		0
84423021.90	除凹版式以外的其他计算机直接制版设备(CTP)	0	35		13	13	台/千克			0		0
8442.3029	---- 其他	0	35		13	13	台/千克			0		0
8442.3090	--- 其他	0	35		13	13	台/千克			0		0
8442.4000	- 上述机器、器具及设备的零件											
84424000.10	计算机直接制版机器用零件	0	20		13	13	千克			0		0
84424000.90	其他铸字、排字、制版机器的零件	0	20		13	13	千克			0		0
8442.5000	- 印刷用版(片)、滚筒及其他印刷部件;制成供印刷用(例如,刨平、压纹或抛光)的板(片)、滚筒及石板	0	35		13	13	千克			0		0
84.43	**用税目84.42的印刷用版(片)、滚筒及其他印刷部件进行印刷的机器;其他印刷(打印)机、复印机及传真机,不论是否组合式;上述机器的零件及附件:**											
	- 用税目84.42的印刷用版(片)、滚筒及其他印刷部件进行印刷的机器:											
8443.1100	-- 卷取进料式胶印机	10	35		13	13	台/千克			0	7	0
8443.1200	-- 办公室用片取进料式胶印机(以未折叠计,片尺寸一边长不超过22厘米,另一边长不超过36厘米)	10	35		13	13	台/千克			0		0
	-- 其他胶印机:											
	--- 平张纸进料式:											
8443.1311	---- 单色机	10	35		13	13	台/千克			0	7	0
8443.1312	---- 双色机	10	35		13	13	台/千克			0	7	0
8443.1313	---- 四色机											
84431313.01	四色平张纸胶印机(对开单张单面印刷速度≥17000张/小时)	10	35	7	13	13	台/千克			0	7	0
84431313.02	四色平张纸胶印机(对开单张双面印刷速度≥13000张/小时)	10	35	7	13	13	台/千克			0	7	0
84431313.03	四色平张纸胶印机(全张或超全张单张单面印刷速度≥13000张/小时)	10	35	7	13	13	台/千克			0	7	0

协定税率（%）													特惠税率（%）①/②	Article Description
巴基斯坦	冰岛	哥斯达黎加	秘鲁	新西兰	瑞士	新加坡	韩国	澳大利亚	格鲁吉亚	毛里求斯	日本RCEP	尼加拉瓜	港澳台		
														- Parts:
														--- Of cutting machines
0	0	0	0	0	0		0	0	0	0	5.8	6.4	0/	0/0	Curved roll of paper-cutting machines
0	0	0	0	0	0		0	0	0	0	5.8	6.4	0/	0/0	Cross-cutting knives unit of paper-cutting machines
0	0	0	0	0	0		0	0	0	0	5.8	6.4	0/	0/0	Other parts of paper-cutting machines
0	0	0	0	0			0	0	0	0	6.1	6.4	0/	0/0	--- Other
															Machinery, apparatus and equipment (other than the machine of headings 84.56 to 84.65) for preparing or making plates, cylinders or other printing components; plates, cylinders and other printing components; plates, cylinders and lithographic stones, prepared for printing purposes (for example, planed, grained or polished):
															- Machinery, apparatus and equiment:
0	0	0	0	0	0		0	0	0	0	0	0	0/	0/0	--- Type casters
															--- Other machinery, apparatus and equipment for typesetting:
															----Machines for preparing CTP plates
0	0	0	0	0	0		0	0	0	0	0	0	0/	0/0	Intaglio printing machinery for preparing CTP plates
0	0	0	0	0	0		0	0	0	0	0	0	0/	0/0	Other machines for preparing CTP plates (excluding intaglio printing machinery)
0	0	0	0	0	0		3	0	0	0	0	0	0/	0/0	----Other
0	0	0	0	0	0		3	0	0	0	0	0	0/	0/0	--- Other
															- Parts of the foregoing machinery, apparatus or equipment
0	0	0	0	0	0		0	0	0	0	0	0	0/	0/0	Parts of computer-to-plate machines
0	0	0	0	0	0		0	0	0	0	0	0	0/	0/0	Parts of other typecasting, typesetting and plate making machines
0	0	0	0	0	0		0	0	0	0	0	0	0/	0/0	- Plates, cylinders and other printing components; plates, cylinders and lithographic stones, prepared for printing purposes (for example, planed, grained or polished)
															Printing machinery used for printing by means of plates, cylinders and other printing components of heading 84.42; other printers, copying machines and facsimile machines, whether or not combined; parts and accessories thereof:
															- Printing machinery used for printing by means of plates, cylinders and other printing components of heading 84.42:
0	0	0	0	0	0		0	0	0	0	7.3	9	0/	0/0	-- Offset printing machinery, reel-fed
3	0	0	0	0	0	0	0	0	0	0	8.7	9	0/	0/0	-- Offset printing machinery, sheet-fed, office type (using sheets with one side not exceeding 22cm and the other side not exceeding 36cm in the unfolded state)
															-- Other offset printing machinery:
															--- Sheet fed:
0	0	0	0	0	0		0	0	0	0	8.1	9	0/	0/0	----Single color
0	0	0	0	0	0		0	0	0	0	7.3	9	0/	0/0	----Two colors
															----Four colors
2.5	0	0	0	0	0		0	0	0	0	8.1	9	0/	0/0	Four-color sheet-fed offset printing machinery (Single folio singel side printing speed ≥17000 pcs/hr)
2.5	0	0	0	0	0		0	0	0	0	8.1	9	0/	0/0	Four-color sheet-fed offset printing machinery (Single folio double sides printing speed ≥13000 pcs/hr)
2.5	0	0	0	0	0		0	0	0	0	8.1	9	0/	0/0	Four-color sheet-fed offset printing machinery (Sheet or full-sheet one piece single side printing speed ≥13000 pcs/hr)

税 号	货品名称	进口关税（%）			增值/消费税（%）	出口退税（%）	计量单位	监管证件代码	检验检疫类别	协定税率（%）		
		最惠国	普通	年内暂定						东盟	亚太	智利
84431313.90	其他四色平张纸胶印机（用税目84.42项下商品进行印刷的机器）	10	35		13	13	台/千克			0	7	0
8443.1319	----其他											
84431319.01	五色及以上平张纸胶印机（对开单张单面印刷速度≥17000张/小时）	10	35	7	13	13	台/千克			0	7	0
84431319.02	五色及以上平张纸胶印机（对开单张双面印刷速度≥13000张/小时）	10	35	7	13	13	台/千克			0	7	0
84431319.03	五色及以上平张纸胶印机（全张或超全张单张单面印刷速度≥13000张/小时）	10	35	7	13	13	台/千克			0	7	0
84431319.90	其他平张纸进料式胶印机（用税目84.42项下商品进行印刷的机器）	10	35		13	13	台/千克			0	7	0
8443.1390	--- 其他	10	35		13	13	台/千克			0	7	0
8443.1400	-- 卷取进料式凸版印刷机，但不包括苯胺印刷机	10	35		13	13	台/千克			0		0
8443.1500	-- 除卷取进料式以外的凸版印刷机，但不包括苯胺印刷机	10	35		13	13	台/千克			0		0
8443.1600	-- 苯胺印刷机											
84431600.01	苯胺印刷机，线速度≥350米/分钟，幅宽≥800毫米（柔性版印刷机，用税目84.42项下商品进行印刷的机器）	10	35	3	13	13	台/千克			0		0
84431600.02	机组式柔性版印刷机，线速度≥160米/分钟，250毫米≤幅宽<800毫米（具有烫印或全息或丝网印刷功能单元的）	10	35	5	13	13	台/千克			0		0
84431600.90	其他苯胺印刷机（柔性版印刷机，用税目84.42项下商品进行印刷的机器）	10	35		13	13	台/千克			0		0
8443.1700	-- 凹版印刷机											
84431700.01	凹版印刷机，印刷速度≥350米/分钟（用税目84.42项下商品进行印刷的机器）	10	35	9	13	13	台/千克			0	6.5	0
84431700.90	其他凹版印刷机（用税目84.42项下商品进行印刷的机器）	10	35		13	13	台/千克			0	6.5	0
	-- 其他：											
	--- 网式印刷机：											
8443.1921	----圆网印刷机											
84431921.01	纺织用圆网印花机	10	35	6	13	13	台/千克			0	6.5	0
84431921.90	其他圆网印刷机（用税目84.42项下商品进行印刷的机器）	10	35		13	13	台/千克			0	6.5	0
8443.1922	----平网印刷机											
84431922.01	纺织用平网印花机	10	35	6	13	13	台/千克			0	9	0
84431922.10	用于光盘生产的盘面印刷机（用税目84.42项下商品进行印刷的机器）	10	35		13	13	台/千克			0	9	0
84431922.90	其他平网印刷机（用税目84.42项下商品进行印刷的机器）	10	35		13	13	台/千克			0	9	0
8443.1929	----其他	10	35		13	13	台/千克			0	6.5	0
8443.1980	--- 其他	8	35		13	13	台/千克	O		0	5.2	0
	- 其他印刷（打印）机、复印机及传真机，不论是否组合式：											
	-- 具有印刷（打印）、复印或传真中两种及以上功能的机器，可与自动数据处理设备或网络连接：											
8443.3110	--- 静电感光式											

协定税率（%）														特惠税率（%）①/②	Article Description
巴基斯坦	冰岛	哥斯达黎加	秘鲁	新西兰	瑞士	新加坡	韩国	澳大利亚	格鲁吉亚	毛里求斯	日本RCEP	尼加拉瓜	港澳台		
2.5	0	0	0	0	0		0	0	0	0	8.1	9	0/	0/0	Other four-color sheet-fed offset printing machinery (machines using the goods of heading 84.42 for printing)
															----Other
2.5	0	0	0	0	0		0	0	0	0	7.3	9	0/	0/0	Five-color or more sheet-fed offset printing machinery (Single folio single side printing speed ≥17000 pcs/hr)
2.5	0	0	0	0	0		0	0	0	0	7.3	9	0/	0/0	Five-color or more sheet-fed offset printing machinery (Single folio double sides printing speed ≥13000 pcs/hr)
2.5	0	0	0	0	0		0	0	0	0	7.3	9	0/	0/0	Five-color or more sheet-fed offset printing machinery (Sheet or full-sheet one piece single side printing speed ≥13000 pcs/hr)
2.5	0	0	0	0	0		0	0	0	0	7.3	9	0/	0/0	Other sheet-fed offset printing machinery (machines using the goods of heading 84.42 for printing)
0	0	0	0	0	0		0	0	0	0	7.3	9	0/	0/0	--- Other
3	0	0	0	0	0	0		0	0	0		9	0/	0/0	-- Letterpress printing machinery, reel fed, excluding flexographic printing
3	0	0	0	0	0	0		0	0	0		9	0/	0/0	-- Letterpress printing machinery, other than reel fed, excluding flexographic printing
															-- Flexographic printing machinery
0	0	0	0	0	0			0	0	0		9	0/	0/0	Flexographic printing machinery, linear speed ≥350m/min, breadth ≥800mm (flexographic presses, machines using the goods of heading 84.42 for printing)
0	0	0	0	0	0			0	0	0		9	0/	0/0	Unit-type Flexographic Presses, Linear speed ≥160m /min, 250mm< breadth < 800mm (Supporting thermoprinting, holographic printing or screen printing
0	0	0	0	0	0			0	0	0		9	0/	0/0	Other flexographic printing machinery (flexographic presses, machines using the goods of heading 84.42 for printing)
															-- Gravure printing machinery
11.5	0	0	0	0	0	0	11.7	0	0	0		9	0/	0/0	Gravure printing machinery, linear speed ≥ 350m/min (machines using the goods of heading 84.42 for printing)
11.5	0	0	0	0	0	0	11.7	0	0	0		9	0/	0/0	Other gravure presses (machines using the goods of heading 84.42 for printing)
															-- Other:
															--- Screen printing machinery:
															----Cylinder screen press
0	0	0	0	0	0		0	0	0	0	7.3	9	0/	0/0	Textile cylinder screen printing machines
0	0	0	0	0	0		0	0	0	0	7.3	9	0/	0/0	Other rotary screen printing machines (machines using the goods heading 84.42 for printing)
															----Platen screen press
2.5	0	0	0	0	0		3.3	0	0	0	8.1	9	0/0	0/0	Textile platen screen printing machines
2.5	0	0	0	0	0		3.3	0	0	0	8.1	9	0/0	0/0	Disk presses for producing compact disks (machines using the goods of heading 84.42 for printing)
2.5	0	0	0	0	0		3.3	0	0	0	8.1	9	0/0	0/0	Other platen screen presses (machines using the goods of heading 84.42 for printing)
0	0	0	0	0	0	0	0	0	0	0	7.3	9	0/0	0/0	----Other
0	0	0	0	0	0		0	0	0	0	5.8	6.4	0/0	0/0	--- Other
															- Other printers, copying machines and facsimile machines, whether or not combined:
															-- Machines which perform two or more of the functions of printing, copying or facsimile transmission, capable of connecting to an automatic data processing machine or to a network:
															--- Electrostatic photosensitive-type

税号	货品名称	进口关税（%）			增值/消费税（%）	出口退税（%）	计量单位	监管证件代码	检验检疫类别	协定税率（%）		
		最惠国	普通	年内暂定						东盟	亚太	智利
84433110.10	静电感光式多功能一体加密传真机（可与自动数据处理设备或网络连接）	0	70		13	13	台/千克	2	L/	0		0
84433110.90	其他静电感光式多功能一体机（可与自动数据处理设备或网络连接）	0	70		13	13	台/千克		L/	0		0
8443.3190	--- 其他											
84433190.10	其他具有打印和复印两种功能的机器（可与自动数据处理设备或网络连接）	0	17		13	13	台/千克	A	L/	0		0
84433190.20	其他多功能一体加密传真机（兼有打印、复印中一种及以上功能的机器）	0	17		13	13	台/千克	2A	LM/	0		0
84433190.90	其他具有打印、复印或传真中两种及以上功能的机器（具有打印和复印两种功能的机器除外，可与自动数据处理设备或网络连接）	0	17		13	13	台/千克	A	LM/	0		0
	-- 其他，可与自动数据处理设备或网络连接：											
	--- 专用于税目84.71所列设备的打印机：											
8443.3211	---- 针式打印机	0	14		13	13	台/千克	A	L/	0		0
8443.3212	---- 激光打印机	0	14		13	13	台/千克	A	L/	0		0
8443.3213	---- 喷墨打印机	0	14		13	13	台/千克	A	L/	0		0
8443.3214	---- 热敏打印机	0	14		13	13	台/千克	A	L/	0		0
8443.3219	---- 其他	0	14		13	13	台/千克	A	L/	0		0
	--- 数字式印刷设备：											
8443.3221	---- 喷墨印刷机	0	30		13	13	台/千克			0		0
8443.3222	---- 静电照相印刷机（激光印刷机）	0	35		13	13	台/千克			0	0	0
8443.3229	---- 其他	0	30		13	13	台/千克			0	0	0
8443.3290	--- 其他											
84433290.10	其他加密传真机（可与自动数据处理设备或网络连接）	0	17		13	13	台/千克	2A	LM/	0		0
84433290.90	其他印刷（打印）机、复印机、传真机和电传打字机（可与自动数据处理设备或网络连接）	0	17		13	13	台/千克	A	LM/	0		0
	-- 其他：											
	--- 静电感光复印设备：											
8443.3911	---- 将原件直接复印的（直接法）	0	70		13	13	台/千克			0		0
8443.3912	---- 将原件通过中间体转印的（间接法）	0	70		13	13	台/千克			0		0
	--- 其他感光复印设备：											
8443.3921	---- 带有光学系统的	0	70		13	13	台/千克			0		0
8443.3922	---- 接触式的	0	70		13	13	台/千克			0		0
8443.3923	---- 热敏复印设备	0	70		13	13	台/千克			0		0
8443.3924	---- 热升华复印设备	0	70		13	13	台/千克			0		0
	--- 数字式印刷设备：											
8443.3931	---- 喷墨印刷机	0	30		13	13	台/千克			0		0
8443.3932	---- 静电照相印刷机（激光印刷机）	0	35		13	13	台/千克			0	0	0
8443.3939	---- 其他	0	30		13	13	台/千克			0	0	0
8443.3990	--- 其他	0	30		13	13	台/千克			0		0
	- 零件及附件：											
	-- 用于税目84.42的印刷用版（片）、滚筒及其他印刷部件进行印刷的机器的零件及附件：											

协定税率（%）														特惠税率（%）①/②	Article Description
巴基斯坦	冰岛	哥斯达黎加	秘鲁	新西兰	瑞士	新加坡	韩国	澳大利亚	格鲁吉亚	毛里求斯	日本RCEP	尼加拉瓜	港澳台		
2.5	0	0	0	0	0	0		0	0	0	7.3	0	0/	0/0	Static light-sensitive multi-functional encryption faxes (which can be connected to automatic data processing equipments or networks)
2.5	0	0	0	0	0	0		0	0	0	7.3	0	0/	0/0	Other static light-sensitive multi-functional faxes (which can be connected to automatic data processing equipments or networks)
															--- Other
0	0	0	0	0	0		0	0	0	0	0	0	0/	0/0	Other machines with both printing and copying functions (which can be connected to automatic data processing equipments or networks)
0	0	0	0	0	0		0	0	0	0	0	0	0/	0/0	Other multi-functional encryption facsimile machines (with one or both printing or copying functions)
0	0	0	0	0	0		0	0	0	0	0	0	0/	0/0	Other machines with at least two of printing, copying or faxing functions (other than machines with both printing and copying functions, which can be connected to automatic data processing equipments or networks)
															-- Other, capable of connecting to an automatic data processing machine or to a network:
															--- Printers, of a kind solely used in the machines of heading 84.71:
0	0	0	0	0	0		0	0	0	0	0	0	0/	0/0	----Stylus printers
0	0	0	0	0	0		0	0	0	0	0	0	0/	0/0	----Laser printers
0	0	0	0	0	0		0	0	0	0	0	0	0/	0/0	----Ink-jet printers
0	0	0	0	0	0		0	0	0	0	0	0	0/	0/0	----Thermal printers
0	0	0	0	0	0		0	0	0	0	0	0	0/	0/0	----Other
															--- Digital printing machines:
0	0	0	0	0	0	0	0	0	0	0	5.8	0	0/	0/0	----Ink-jet printing machines
0	0	0	0	0	0		2.6	0	0	0	5.8	0	0/	0/0	----Electrostatic photographic printing machines (laser printing machines)
0	0	0	0	0	0		0	0	0	0	5.8	0	0/	0/0	----Other
															--- Other
0	0	0	0	0	0		0	0	0	0	0	0	0/	0/0	Other encryption facsimile machine (laser presses) (which can be connected to automatic data processing equipments or networks)
0	0	0	0	0	0		0	0	0	0	0	0	0/	0/0	Other presses (printers), copying machine, facsimile machine and teleprinters (which can be connected to automatic data processing equipments or networks)
															-- Other:
															--- Electrostatic photo-copying apparatus:
0	0	0	0	0	0		0	0	0	0	0	0	0/	0/0	----Operating by reproducing the original image directly onto the copy (direct process)
0	0	0	0	0	0	0		0	0	0	7.3	0	0/	0/0	----Operating by reproducing the original image via an intermediate onto the copy (indirect process)
															--- Other photocopying apparatus:
0	0	0	0	0	0		0	0	0	0	0	0	0/	0/0	----Incorporating an optical system
	0	0	0	0	0	0	0	0	0	0	14.5	7.5	0/	0/0	----of the contact type
	0	0	0	0	0	0	0	0	0	0	14.5	7.5	0/	0/0	----Thermo-copying apparatus
	0	0	0	0	0	0	0	0	0	0	14.5	7.5	0/	0/0	----Thermo-sublime copying apparatus
															--- Digital printing machines:
0	0	0	0	0	0	0	0	0	0	0	5.8	0	0/	0/0	----Ink-jet printing machines
0	0	0	0	0	0		0	0	0	0	5.8	0	0/	0/0	----Electrostatic photographic printing machines (laser printing machines)
0	0	0	0	0	0	0	0	0	0	0	5.8	0	0/	0/0	----Other
0	0	0	0	0	0		0	0	0	0	0	0	0/	0/0	--- Other
															- Parts and accessories:
															-- Parts and accessories of printing machinery used for printing by means of plates, cylinders and other printing components of heading 84.42:

税　号	货品名称	进口关税（%） 最惠国	普通	年内暂定	增值/消费税（%）	出口退税（%）	计量单位	监管证件代码	检验检疫类别	协定税率（%） 东盟	亚太	智利
	--- 印刷用辅助机器：											
8443.9111	---- 卷筒料给料机											
84439111.10	卷筒料自动给料机，给料线速度≥12m/s	0	35		13	13	千克/台	O		0		0
84439111.90	其他卷筒料给料机	0	35		13	13	千克/台	O		0		0
8443.9119	---- 其他	0	35		13	13	千克/台	O		0		0
8443.9190	--- 其他											
84439190.10	胶印机用墨量遥控装置（包括墨色控制装置、墨量调节装置、墨斗体等组成部分）	0	20		13	13	千克/个	O		0		0
84439190.90	传统印刷机用零件及附件（胶印机用墨量遥控装置除外）	0	20		13	13	千克/个			0		0
	-- 其他：											
8443.9910	--- 数字印刷设备用辅助机器	0	35		13	13	千克/台	O		0	0	0
	--- 数字印刷设备的零件：											
8443.9921	---- 热敏打印头	0	20		13	13	千克/个			0		0
8443.9929	---- 其他											
84439929.10	压电式喷墨头（非用税目84.42项下商品进行印刷的机器零件）	0	20		13	13	千克			0		0
84439929.90	其他数字印刷设备的零件（非用税目84.42项下商品进行印刷的机器零件）	0	20		13	13	千克			0		0
8443.9990	--- 其他											
84439990.10	其他印刷（打印）机、复印机及传真机的感光鼓和含感光鼓的碳粉盒	0	35		13	13	千克			0		0
84439990.90	其他印刷（打印）机、复印机及传真机的零件和附件	0	35		13	13	千克			0		0
84.44	化学纺织纤维挤压、拉伸、变形或切割机器：											
8444.0010	--- 合成纤维长丝纺丝机	8	30		13	13	台/千克			0	5.6	0
8444.0020	--- 合成纤维短纤纺丝机	8	30		13	13	台/千克			0	5.2	0
8444.0030	--- 人造纤维纺丝机	8	30		13	13	台/千克			0	5.2	0
8444.0040	--- 化学纤维变形机	8	30		13	13	台/千克			0	5.2	0
8444.0050	--- 化学纤维切断机	8	30		13	13	台/千克			0	5.2	0
8444.0090	--- 其他	8	30		13	13	台/千克			0	5.2	0
84.45	纺织纤维的预处理机器；纺纱机、并线机、加捻机及其他生产纺织纱线的机器；摇纱机、络纱机（包括卷纬机）及处理税目84.46或84.47所列机器用的纺织纱线的机器：											
	- 纺织纤维的预处理机器：											
	-- 梳理机：											
	--- 棉纤维型：											
8445.1111	---- 清梳联合机	8	30		13	13	台/千克			0	5.2	0
8445.1112	---- 自动抓棉机	8	30		13	13	台/千克			0	5.2	0
8445.1113	---- 梳棉机	8	30		13	13	台/千克			0	5.2	0
8445.1119	---- 其他	8	30		13	13	台/千克			0	5.2	0
8445.1120	--- 毛纤维型	8	30		13	13	台/千克			0	5.2	0
8445.1190	--- 其他											
84451190.01	宽幅非织造布梳理机（工作幅宽>3.5米，工作速度>120米/分钟）	8	30	6	13	13	台/千克			0	5.2	0
84451190.90	其他纺织纤维梳理机	8	30		13	13	台/千克			0	5.2	0
	-- 精梳机：											
8445.1210	--- 棉精梳机	8	30		13	13	台/千克			0	5.6	0

协定税率(%)														特惠税率(%)①/②	Article Description
巴基斯坦	冰岛	哥斯达黎加	秘鲁	新西兰	瑞士	新加坡	韩国	澳大利亚	格鲁吉亚	毛里求斯	日本RCEP	尼加拉瓜	港澳台		
															--- Machines for uses ancillary to printing:
															----Web feeder
3	0	0	0	0	0	0	0	0	0	0	8.7	0	0/	0/0	Automatic rolling materials feeder, feeding linear velocity ≥ 12m/s
3	0	0	0	0	0	0	0	0	0	0	8.7	0	0/	0/0	Other rolling materials feeder
3	0	0	0	0	0	0	0	0	0	0	8.7	0	0/	0/0	----Other
															--- Other
0	0	0	0	0	0		0	0	0	0	4.4	0	0/	0/0	Remote controllers for controlling the use of ink by offset printers (including ink colour control devices, ink amount regulation devices, and ink fountain containers, etc)
0	0	0	0	0	0		0	0	0	0	4.4	0	0/	0/0	Parts and accessories of traditional printing machines (other than remote controllers of ink amount regulation devices for offset printers)
															-- Other:
3	0	0	0	0	0	0	0	0	0	0	8.7	0	0/	0/0	--- Machines for uses ancillary to digital printing machines
															--- Parts of digital printing machines:
0	0	0	0	0	0		0	0	0	0	4.4	0	0/	0/0	----Thermal print heads
															----Other
0	0	0	0	0	0		3	0	0	0	4.4	0	0/	0/0	Piezoelectric ink gun (parts of machines not using the goods of heading 84.42 for printing)
0	0	0	0	0	0		3	0	0	0	4.4	0	0/	0/0	Parts of other types of digital print equipments (parts of machines not using the goods of heading 84.42 for printing)
															--- Other
0	0	0	0	0	0		0	0	0	0	0	0	0/	0/0	Remote controllers for controlling the use of ink by offset printers (including ink colour control devices, ink amount regulation devices, and ink fountain containers, etc)
0	0	0	0	0	0		0	0	0	0	0	0	0/	0/0	Parts and accessories of traditional printing machines (other than remote controllers of ink amount regulation devices for offset printers)
															Machines for extruding, drawing, texturing or cutting man-made textile materials:
2.5	0	0	0	0			0	0	0	0	8.1	6.4	0/0	0/0	--- Synthetic filaments spinning jets
2.5	0	0	0	0	0		0	0	0	0	7.3	6.4	0/	0/0	--- Synthetic staple fibres spinning jets
2.5	0	0	0	0	0		0	0	0	0	7.3	6.4	0/	0/0	--- Artificial fibres spinning jets
2.5	0	0	0	0	0		0	0	0	0	8.6	6.4	0/	0/0	--- Man-made filaments crimping machinery
2.5	0	0	0	0	0		0	0	0	0	7.3	6.4	0/	0/0	--- Man-made filaments cutting machinery
2.5	0	0	0	0	0		0	0	0	0	8.1	6.4	0/	0/0	--- Other
															Machines for preparing textile fibres; spinning, doubling or twisting machines and other machinery for producing textile yarns; textile reeling or winding (including weft-winding) machines and machines for preparing textile yarns for use on the machines of heading 84.46 or 84.47:
															- Machines for preparing textile fibres:
															-- Carding machines:
															--- For cotton type fibres:
0	0	0	0	0	0		0	0	0	0	7.3	6.4	0/	0/0	----Blowing-carding Machinery
0	0	0	0	0			0	0	0	0	7.3	6.4	0/	0/0	----Bale Plucker
2.5	0	0	0	0	0		0	0	0	0	7.3	6.4	0/	0/0	----Card or Carding Machine
0	0	0	0	0	0		0	0	0	0	7.3	6.4	0/	0/0	----Other
2.5	0	0	0	0	0		0	0	0	0	7.3	6.4	0/	0/0	--- For wool type fibres
															--- Other
2.5	0	0	0	0	0			0	0	0		6.4	0/	0/0	Wide non-woven carding machines (working width >3.5 m, working speed > 120 m/min)
2.5	0	0	0	0	0			0	0	0		6.4	0/	0/0	Other textile fiber carding machines
															-- Combing machines:
0	0	0	0	0			0	0	0	0	7.3	6.4	0/	0/0	--- Cotton Comber

税　号	货品名称	进口关税（%）最惠国	普通	年内暂定	增值/消费税（%）	出口退税（%）	计量单位	监管证件代码	检验检疫类别	协定税率（%）东盟	亚太	智利
8445.1220	--- 毛精梳机	8	30		13	13	台/千克			0	5.6	0
8445.1290	--- 其他	8	30		13	13	台/千克			0	5.6	0
	-- 拉伸机或粗纱机：											
8445.1310	--- 拉伸机	8	30		13	13	台/千克			0		0
	--- 粗纱机：											
8445.1321	---- 棉纺粗纱机	8	30		13	13	台/千克			0	5.6	0
8445.1322	---- 毛纺粗纱机	8	30		13	13	台/千克			0	5.6	0
8445.1329	---- 其他	8	30		13	13	台/千克			0	5.6	0
8445.1900	-- 其他	8	30		13	13	台/千克			0	5.2	0
	- 纺纱机：											
	--- 自由端纺纱机：											
8445.2031	---- 转杯纺纱机											
84452031.01	全自动转杯纺纱机	8	30	5	13	13	台/千克			0	5.2	0
84452031.90	其他自由端转杯纺纱机	8	30		13	13	台/千克			0	5.2	0
8445.2032	---- 喷气纺纱机	8	30	5	13	13	台/千克			0	5.6	0
8445.2039	---- 其他	8	30		13	13	台/千克			0	5.6	0
	--- 环锭细纱机：											
8445.2041	---- 棉细纱机	8	40		13	13	台/千克			0	7.2	0
8445.2042	---- 毛细纱机	8	40		13	13	台/千克			0		0
8445.2049	---- 其他	8	40		13	13	台/千克			0		0
8445.2090	--- 其他	8	30		13	13	台/千克			0	5.2	0
8445.3000	- 并线机或加捻机	8	30		13	13	台/千克			0	5.2	0
	- 络纱机（包括卷纬机）或摇纱机：											
8445.4010	--- 自动络筒机	8	30		13	13	台/千克	O		0	7.2	0
8445.4090	--- 其他	8	30		13	13	台/千克			0	5.2	0
	- 其他：											
8445.9010	--- 整经机	8	30		13	13	台/千克			0	5.2	0
8445.9020	--- 浆纱机	8	30		13	13	台/千克			0	5.2	0
8445.9090	--- 其他	8	30		13	13	台/千克			0	5.2	0
84.46	织机：											
8446.1000	- 所织织物宽度不超过30厘米的织机	8	30		13	13	台/千克			0	5.2	0
	- 所织织物宽度超过30厘米的梭织机：											
	-- 动力织机：											
8446.2110	--- 地毯织机	8	35		13	13	台/千克			0	5.2	0
8446.2190	--- 其他	8	30		13	13	台/千克			0	5.2	0
8446.2900	-- 其他	8	30		13	13	台/千克			0		0
	- 所织织物宽度超过30厘米的无梭织机：											
8446.3020	--- 剑杆织机	8	30		13	13	台/千克			0	5.2	0
8446.3030	--- 片梭织机	8	30		13	13	台/千克			0	5.2	0
8446.3040	--- 喷水织机	8	30		13	13	台/千克	O		0	5.2	0
8446.3050	--- 喷气织机	8	30		13	13	台/千克	O		0	6.8	0
8446.3090	--- 其他	8	30		13	13	台/千克			0	5.2	0
84.47	针织机、缝编机及制粗松螺旋花线、网眼薄纱、花边、刺绣品、装饰带、编织带或网的机器及簇绒机：											
	- 圆型针织机：											
8447.1100	-- 圆筒直径不超过165毫米	8	30		13	13	台/千克			0	7	0
8447.1200	-- 圆筒直径超过165毫米	8	30		13	13	台/千克			0		0
	- 平型针织机；缝编机：											
	--- 经编机：											
8447.2011	---- 特里科经编机	8	30		13	13	台/千克			0	5.2	0
8447.2012	---- 拉舍尔经编机	8	30		13	13	台/千克			0	5.2	0

协定税率（%）														特惠税率（%）①/②	Article Description
巴基斯坦	冰岛	哥斯达黎加	秘鲁	新西兰	瑞士	新加坡	韩国	澳大利亚	格鲁吉亚	毛里求斯	日本RCEP	尼加拉瓜	港澳台		
0	0	0	0	0	0		0	0	0	0	7.3	6.4	0/	0/0	--- Worsted Comber
0	0	0	0	0	0		0	0	0	0	7.3	6.4	0/	0/0	--- Other
															-- Drawing or roving machines:
0	0	0	0	0	0		0	0	0	0	7.3	6.4	0/	0/0	--- Drawing machines
															--- Roving machines:
0	0	0	0	0			0	0	0	0	7.3	6.4	0/	0/0	----Cotton Roving Frames
0	0	0	0	0	0		0	0	0	0	7.3	6.4	0/	0/0	----Worsted Roving Machines
0	0	0	0	0	0		0	0	0	0	7.3	6.4	0/	0/0	----Other
0	0	0	0	0				0	0	0		6.4	0/	0/0	-- Other
															- Textile spinning machines:
															--- Open-end spinner:
															----Rotor Spinning Machine
0	0	0	0	0	0		0	0	0	0	7.3	6.4	0/	0/0	Automatic rotor spinning machine
0	0	0	0	0	0		0	0	0	0	7.3	6.4	0/	0/0	Other free end rotor spinning machine
0	0	0	0	0			0	0	0	0	8.6	6.4	0/	0/0	----Jet spinner
0	0	0	0	0	0		0	0	0	0	8.6	6.4	0/	0/0	----Other
															--- Ring spinning frames:
2.5	0	0	0	0	0	0	0	0	0	0	7.6	6.4	0/	0/0	----Cotton Ring Spinning Frame
0	0	0	0	0	0		0	0	0	0	7.3	6.4	0/	0/0	----Worsted Ring Spinning Frame
0	0	0	0	0	0		0	0	0	0	7.3	6.4	0/	0/0	----Other
0	0	0	0	0			0	0	0	0	7.3	6.4	0/	0/0	--- Other
0	0	0	0	0	0		0	0	0	0	7.3	6.4	0/	0/0	- Textile doubling or twisting machines
															- Textile winding (including weft-winding) or reeling machines:
2.5	0	0	0	0	0		5	0	0	0	8.6	6.4	0/	0/0	--- Automatic bobbin winders
0	0	0	0	0	0		6.5	0	0	0		6.4	0/	0/0	--- Other
															- Other:
0	0	0	0	0			0	0	0	0	7.3	6.4	0/	0/0	--- Warping machines
0	0	0	0	0			0	0	0	0	7.3	6.4	0/	0/0	--- Sizing machines
0	0	0	0	0	0		6.5	0	0	0		6.4	0/	0/0	--- Other
															Weaving machines (looms):
0	0	0	0	0	0		0	0	0	0	5.8	6.4	0/	0/0	- For weaving fabrics of a width not exceeding 30cm
															- For weaving fabrics of width exceeding 30cm, shuttle type:
															-- Power looms:
2.5	0	0	0	0	0	0	0	0	0	0	8.7	6.4	0/	0/0	--- For making carpets or rugs
0	0	0	0	0		0	0	0	0	0	7.3	6.4	0/	0/0	--- Other
0	0	0	0	0	0		0	0	0	0	7.3	6.4	0/	0/0	-- Other
															- For weaving fabrics of a with exceeding 30cm, shuttleless type:
0	0	0	0	0	0		0	0	0	0	5.8	6.4	0/	0/0	--- Rapier looms
0	0	0	0	0			0	0	0	0	5.8	6.4	0/	0/0	--- Carrier looms
0	0	0	0	0	0		0	0	0	0	5.8	6.4	0/0	0/0	--- Water jet looms
0	0	0	0	0	0		2.6	0	0	0	6.5	6.4	0/	0/0	--- Air jet looms
0	0	0	0	0	0		0	0	0	0	5.8	6.4	0/	0/0	--- Other
															Knitting machines, stitch-bonding machines and machines for making gimped yarn, tulle lace, embroidery, trimmings, braid or net and machines for tufting:
															- Circular knitting machines:
0	0	0	0	0	0		0	0	0	0	5.8	6.4	0/0	0/0	-- With cylinder diameter not exceeding 165mm
0	0	0	0	0	0		0	0	0	0	5.8	6.4	0/0	0/0	-- With cylinder diameter exceeding 165mm
															- Flat knitting machines; stitch-bonding machines:
															--- Warp knitting machines:
0	0	0	0	0	0		0	0	0	0	5.8	6.4	0/	0/0	----Tricot machines
0	0	0	0	0	0		0	0	0	0	5.8	6.4	0/	0/0	----Rashel machines

税　号	货品名称	进口关税（%）最惠国	普通	年内暂定	增值/消费税（%）	出口退税（%）	计量单位	监管证件代码	检验检疫类别	协定税率（%）东盟	亚太	智利
8447.2019	----其他	8	30		13	13	台/千克			0	5.2	0
8447.2020	--- 平型纬编机	8	30		13	13	台/千克			0	5.2	0
8447.2030	--- 缝编机	8	30		13	13	台/千克			0	5.2	0
	- 其他：											
	--- 簇绒机：											
8447.9011	----地毯织机	7	35		13	13	台/千克			0	4.6	0
8447.9019	----其他	8	30		13	13	台/千克			0	5.2	0
8447.9020	--- 绣花机	8	30		13	13	台/千克			0	5.2	0
8447.9090	--- 其他	8	30		13	13	台/千克			0	4	0
84.48	税目84.44、84.45、84.46或84.47所列机器的辅助机器（例如，多臂机、提花机、自停装置及换梭装置）；专用于或主要用于税目84.44、84.45、84.46或84.47所列机器的零件、附件（例如，锭子、锭壳、钢丝针布、梳、喷丝头、梭子、综丝、综框、针织机用针）：											
	- 税目84.44、84.45、84.46或84.47所列机器的辅助机器：											
8448.1100	-- 多臂机或提花机及其所用的卡片缩小、复制、穿孔或汇编机器											
84481100.01	多臂机或提花机（转速指标500转/分以上）	8	20	3	13	13	千克			0		0
84481100.90	多臂机或提花机所用卡片缩小、复制、穿孔或汇编机器	8	20		13	13	千克			0		0
8448.1900	-- 其他	8	20		13	13	千克			0		0
	- 税目84.44所列机器及其辅助机器的零件、附件：											
8448.2020	--- 喷丝头或喷丝板	6	14		13	13	个/千克			0		0
8448.2090	--- 其他	6	17		13	13	千克			0		0
	- 税目84.45所列机器及其辅助机器的零件、附件：											
8448.3100	-- 钢丝针布	6	17		13	13	千克			0		0
8448.3200	-- 纺织纤维预处理机器的零件、附件，但钢丝针布除外	6	17		13	13	千克			0		0
	-- 锭子、锭壳、纺丝环、钢丝圈：											
8448.3310	--- 络筒锭	6	17		13	13	个/千克			0	4.8	0
8448.3390	--- 其他	6	17		13	13	千克			0		0
	-- 其他：											
8448.3910	--- 气流杯	6	14		13	13	个/千克			0	4.2	0
8448.3920	--- 电子清纱器	6	17	3	13	13	个/千克			0		0
8448.3930	--- 空气捻接器	6	17	3	13	13	个/千克			0		0
8448.3940	--- 环锭细纱机紧密纺装置	6	17		13	13	个/千克			0	4.8	0
8448.3990	--- 其他	6	17	3	13	13	千克			0		0
	- 织机及其辅助机器的零件、附件：											
8448.4200	-- 织机用筘、综丝及综框	6	50		13	13	千克			0		0
	-- 其他：											
8448.4910	--- 接、投梭箱	6	17		13	13	个/千克			0	4.2	0
8448.4920	--- 引纬、送经装置	6	17	3	13	13	个/千克			0		0
8448.4930	--- 梭子	6	50		13	13	个/千克			0		0
8448.4990	--- 其他	6	17	3	13	13	千克			0		0
	- 税目84.47所列机器及其辅助机器的零件、附件：											
	-- 沉降片、织针及其他成圈机件：											

协定税率（%）														特惠税率（%）①/②	Article Description
巴基斯坦	冰岛	哥斯达黎加	秘鲁	新西兰	瑞士	新加坡	韩国	澳大利亚	格鲁吉亚	毛里求斯	日本RCEP	尼加拉瓜	港澳台		
0	0	0	0	0	0		0	0	0	0	5.8	6.4	0/	0/0	----Other
0	0	0	0	0	0		0	0	0	0	5.8	6.4	0/0	0/0	--- Flat weft knitting machines
0	0	0	0	0	0		0	0	0	0	5.8	6.4	0/	0/0	--- Stitch-bonding machines
															- Other:
															--- Tufting machines:
0	0	0	0	0	0		0	0	0	0	5.1	6.5	0/	0/0	----For making carpets or rugs
0	0	0	0	0	0		0	0	0	0	5.8	6.4	0/	0/0	----Other
0	0	0	0	0			0	0	0	0	5.8	6.4	0/	0/0	--- Embroidery machines
0	0	0	0	0			5	0	0	0		6.4	0/	0/0	--- Other
															Auxiliary machinery for use with machines of heading 84.44, 84.45, 84.46 or 84.47 (for example, dobbies, Jacquards, automatic stop motions, shuttle changing mechanisms); parts and accessories suitable for use solely or principally with the machines of this heading or of heading 84.44, 84.45, 84.46 or 84.47 (for example, spindles and spindle flyers, card clothing, combs, extruding nipples, shuttles, healds and heald-frames, hosiery needles):
															- Auxiliary machinery for machines of heading 84.44,84.45,84.46 or 84.47:
															-- Dobbies and Jacquards; card reducing, copying, punching or assembling machines for use there with
0	0	0	0	0	0		0	0	0	0	5.8	6.4	0/	0/0	Dobbies or Jacquards (speed indicator exceeding 500r/min or above)
0	0	0	0	0	0		0	0	0	0	5.8	6.4	0/	0/0	Card reducing, copying, punching or assembling machines used by Dobbies or Jacquards (including the use of card reducing, copying, punching or assembling machines)
4	0	0	0	0	0		0	0	0	0	5.8	6.4	0/	0/0	-- Other
															- Parts and accessories of machines of heading 84.44 or of their auxiliary machinery:
0	0	0	0	0	0		0	0	0	0	4.4	0	0/	0/0	--- Extruding nipples or spinnerets
0	0	0	0	0	0		2	0	0	0	4.9	0	0/	0/0	--- Other
															- Parts and accessories of machines of heading 84.45 or of their auxiliary machinery:
0	0	0	0	0	1.6		0	0	0	0	4.4	0	0/	0/0	-- Card clothing
0	0	0	0	0	0		2	0	0	0	4.9	0	0/	0/0	-- Of machines for preparing textile fibres, other than card clothing
															-- Spindles, spindle flyers, spinning rings and ring travellers:
0	0	0	0	0	0		0	0	0	0	0	0	0/	0/0	--- Winding spindle
0	0	0	0	0	0		0	0	0	0	4.4	0	0/	0/0	--- Other
															-- Other:
0	0	0	0	0	0		0	0	0	0	0	0	0/	0/0	--- Open-end rotors
0	0	0	0	0	1.6		0	0	0	0	4.4	0	0/	0/0	--- Electronic yarn clearers
0	0	0	0	0	0		0	0	0	0	0	0	0/	0/0	--- Air twisting devices
0	0	0	0	0	2.4		0	0	0	0	4.4	0	0/	0/0	--- Compact set of ring spinning frames
0	0	0	0	0	1.6		2	0	0	0	4.9	0	0/	0/0	--- Other
															- Parts and accessories of weaving machines (looms) or of their auxiliary machinery:
0	0	0	0	0	0		2	0	0	0	4.9	0	0/	0/0	-- Reeds for looms, healds and heald-frames
															-- Other:
0	0	0	0	0	0		0	0	0	0	4.4	0	0/	0/0	--- Catching and throwing shuttle boxes
0	0	0	0	0	0		0	0	0	0	4.4	0	0/	0/0	--- Weft insertion and let-off motions
0	0	0	0	0	0		0	0	0	0	0	0	0/	0/0	--- Shuttles
0	0	0	0	0	0		2	0	0	0	4.9	0	0/	0/0	--- Other
															- Parts and accessories of machines of heading 84.47 or of their auxiliary machinery:
															-- Sinkers, needles and other articles used in forming stitches:

税　号	货品名称	进口关税（%）最惠国	进口关税（%）普通	进口关税（%）年内暂定	增值/消费税（%）	出口退税（%）	计量单位	监管证件代码	检验检疫类别	协定税率（%）东盟	协定税率（%）亚太	协定税率（%）智利
8448.5120	--- 针织机用28号以下的弹簧针、钩针及复合针	6	50		13	13	千克			0		0
8448.5190	--- 其他	6	17		13	13	千克			0		0
8448.5900	-- 其他	6	17	3	13	13	千克			0		0
84.49	**成匹、成形的毡呢或无纺织物制造或整理机器，包括制毡呢帽机器；帽模：**											
8449.0010	--- 针刺机											
84490010.01	高速针刺机，针刺频率>2000次/分钟	8	30	6	13	13	台/千克			0		0
84490010.90	其他针刺机	8	30		13	13	台/千克			0		0
8449.0020	--- 水刺设备	8	30		13	13	台/千克			0		0
8449.0090	--- 其他	8	30		13	13	千克			0		0
84.50	**家用型或洗衣房用洗衣机，包括洗涤干燥两用机：**											
	- 干衣量不超过10千克的洗衣机：											
	-- 全自动的：											
8450.1110	--- 波轮式	7	130		13	13	台/千克	A	LM/	0	4.6	0
8450.1120	--- 滚筒式	7	130		13	13	台/千克	A	LM/	0	4.6	0
8450.1190	--- 其他	7	130		13	13	台/千克	A	LM/	0	4.6	0
8450.1200	-- 其他机器，装有离心甩干机	7	130		13	13	台/千克	A	LM/	0	4.6	0
8450.1900	-- 其他	7	130		13	13	台/千克	A	LM/	0		0
	- 干衣量超过10千克的洗衣机：											
	--- 全自动的：											
8450.2011	---- 波轮式	10	80		13	13	台/千克			0		0
8450.2012	---- 滚筒式	10	80		13	13	台/千克			0		0
8450.2019	---- 其他	10	80		13	13	台/千克			0		0
8450.2090	--- 其他	10	80		13	13	台/千克			0		0
	- 零件：											
8450.9010	--- 干衣量不超过10千克的洗衣机用	5	130		13	13	千克			0	3.3	0
8450.9090	--- 其他	8	80	5	13	13	千克			0	5.2	0
84.51	**纱线、织物及纺织制品的洗涤、清洁、绞拧、干燥、熨烫、挤压（包括熔压）、漂白、染色、上浆、整理、涂布或浸渍机器（税目84.50的机器除外）；列诺伦（亚麻油地毡）及类似铺地制品的布基或其他底布的浆料涂布机器；纺织物的卷绕、退绕、折叠、剪切或剪齿边机器：**											
8451.1000	- 干洗机	10	80		13	13	台/千克			0	6.5	0
	- 干燥机：											
8451.2100	-- 干衣量不超过10千克	8	80		13	13	台/千克			0	5.2	0
8451.2900	-- 其他	8	30		13	13	台/千克			0	5.2	0
8451.3000	- 熨烫机及挤压机（包括熔压机）	8	30		13	13	台/千克			0	5.2	0
8451.4000	- 洗涤、漂白或染色机器	8	20		13	13	台/千克			0	5.2	0
8451.5000	- 纺织物的卷绕、退绕、折叠、剪切或剪齿边机器	8	20		13	13	台/千克			0	5.2	0
8451.8000	- 其他机器											
84518000.01	服装定型焙烘炉、服装液氨整理机、预缩机、罐蒸机	8	30		13	13	台/千克			0	7.2	0

协定税率（%）														特惠税率（%）①/②	Article Description
巴基斯坦	冰岛	哥斯达黎加	秘鲁	新西兰	瑞士	新加坡	韩国	澳大利亚	格鲁吉亚	毛里求斯	日本RCEP	尼加拉瓜	港澳台		
0	0	0	0	0	0		0	0	0	0	4.4	0	0/	0/0	--- Barbered needles, crotchet hooks and complex needles for knitting machines, smaler than gauge No.28
0	0	0	0	0	0		2	0	0	0	4.9	0	0/	0/0	--- Other
4	0	0	0	0	0		0	0	0	0	4.4	0	0/0	0/0	-- Other
															Machinery for the manufacture or finishing of felt or nonwovens in the piece or in shapes, including machinery for making felt hats; blocks for making hats:
															--- Machinery for stitch
0	0	0	0	0	0		0	0	0	0	5.8	6.4	0/	0/0	High-speed needle-punching machines, stroke frequency ＞2000 times/min
0	0	0	0	0	0		0	0	0	0	5.8	6.4	0/	0/0	Other needle-punching machines
0	0	0	0	0	0		0	0	0	0	5.8	6.4	0/	0/0	--- Spunlaced Equipment
0	0	0	0	0	0		2.6	0	0	0	6.5	6.4	0/	0/0	--- Other
															Household or laundry-type washing machines, including machines which both wash and dry:
															- Machines, each of a dry linen capacity not exceeding 10kg:
															-- Fully-automatic machines:
0	0	0	0	0	0	0	0	0	0	0	7.3	0	0/	0/0	--- Of the continuously rotating impeller
0	0	0	0	0	0	0	6.5	0	0	0		0	0/	0/0	--- Of the drum type
0	0	0	0	0	0	0		0	0	0		0	0/	0/0	--- Other
0	0	0	0	0	7	0		0	0	6		0	0/	0/0	-- Other machines, with built-in centrifugal drier
0	0	0	0	0	7	0		0	0	6		0	0/	0/0	-- Other
															- Machines, each of a dry linen capacity exceeding 10kg:
															--- Fully-automatic machines:
0	0	0	0	0	0			0	0	0		9	0/	0/0	---- Of the continuously rotating impeller
0	0	0	0	0	0			0	0	0		9	0/	0/0	---- Of the drum type
0	0	0	0	0	0			0	0	0		9	0/	0/0	----Other
0	0	0	0	0	0			0	0	0		9	0/	0/0	--- Other
															- Parts:
0	0	0	0	0	0		1.6	0	0	0	4.1	0	0/	0/0	--- Of the machines of subheadings 8450.1110 to 8450.1900
6.4	0	0	0	0	0	0	0	0	0	0	11.6	6.4	0/	0/0	--- Other
															Machinery (other than machines of heading 84.50) for washing, cleaning, wringing, drying, ironing, pressing (including fusing presses), bleaching, dyeing, dressing, finishing, coating or impregnating textile yarns, fabrics or made up textile articles and machines for applying the paste to the base fabric or other support used in the manufacture of floor coverings such as linoleum; machines for reeing, unreeling, folding, cutting or pinking textile fabrics:
8	0	0	0	0	0	0	7	0	0	0	17.1	9	0/	0/0	- Dry-cleaning machines
															- Drying machines:
3.8	0	0	0	0	0	0	0	0	0	0	10.9	6.4	0/	0/0	-- Each of a dry linen capacity not exceeding 10kg
0	0	0	0	0	0		0	0	0	0	5.8	6.4	0/	0/0	-- Other
0	0	0	0	0	0	0	0	0	0	0	5.8	6.4	0/	0/0	- Ironing machines and presses (including fusing presses)
0	0	0	0	0	0		0	0	0	0	6.1	6.4	0/0	0/0	- Washing, bleaching or dyeing machines
0	0	0	0	0	0		0	0	0	0	5.8	6.4	0/0	0/0	- Machines for reeling, unreeling, folding, cutting or pinking textile fabrics
															- Other machinery
2.5	0	0	0	0		0	6	0	0	0		6.4	0/0	0/0	Clothing stereotyped baking furnaces, clothes ammonia finishing machines, pre-shrinking machines; pot steaming machine

税　号	货品名称	进口关税（%）			增值/消费税（%）	出口退税（%）	计量单位	监管证件代码	检验检疫类别	协定税率（%）		
		最惠国	普通	年内暂定						东盟	亚太	智利
84518000.02	剪绒、洗缩联合机，剪毛联合机，柔软整理机	8	30		13	13	台/千克			0	7.2	0
84518000.03	定型机、精炼机、丝光机、磨毛机	8	30		13	13	台/千克			0	7.2	0
84518000.04	涂层机	8	30		13	13	台/千克			0	7.2	0
84518000.90	税目84.51未列名的其他机器	8	30		13	13	台/千克			0	7.2	0
8451.9000	- 零件	8	20		13	13	千克			0	5.2	0
84.52	**缝纫机，但税目84.40的锁线订书机除外；缝纫机专用的特制家具、底座及罩盖；缝纫机针：**											
	- 家用型缝纫机：											
8452.1010	--- 多功能家用缝纫机	9	80		13	13	台/千克			0	5.9	0
	--- 其他：											
8452.1091	---- 手动式	9	80		13	13	台/千克			0	5.9	0
8452.1099	---- 其他	9	80		13	13	台/千克			0	5.9	0
	- 其他缝纫机：											
	-- 自动的：											
8452.2110	--- 平缝机	9	40		13	13	台/千克			0	5.9	0
8452.2120	--- 包缝机	9	40		13	13	台/千克			0	5.9	0
8452.2130	--- 绷缝机	9	40		13	13	台/千克			0	5.9	0
8452.2190	--- 其他	9	40		13	13	台/千克			0	5.9	0
8452.2900	-- 其他	9	40		13	13	台/千克			0	5.9	0
8452.3000	- 缝纫机针	9	100		13	13	千克			0	5.9	0
	- 缝纫机专用的特制家具、底座和罩盖及其零件；缝纫机的其他零件：											
	--- 家用型缝纫机用：											
8452.9011	---- 旋梭	8	80		13	13	千克			0	5.2	0
8452.9019	---- 其他	8	80		13	13	千克			0	5.2	0
	--- 其他：											
8452.9091	---- 旋梭	8	80		13	13	千克			0	5.6	0
8452.9092	---- 缝纫机专用的特制家 具、底座和罩盖及其零件	8	100		13	13	千克			0		0
8452.9099	---- 其他	8	80		13	13	千克			0	5.2	0
84.53	**生皮、皮革的处理、鞣制或加工机器，鞋靴、毛皮及其他皮革制品的制作或修理机器，但缝纫机除外：**											
8453.1000	- 生皮、皮革的处理、鞣制或加工机器	8	30		13	13	台/千克			0	5.2	0
8453.2000	- 鞋靴制作或修理机器	8	30		13	13	台/千克			0	5.2	0
8453.8000	- 其他机器	8	30		13	13	台/千克			0		0
8453.9000	- 零件	8	30		13	13	千克			0		0
84.54	**金属冶炼及铸造用的转炉、浇包、锭模及铸造机：**											
8454.1000	- 转炉	8	35		13	13	台/千克			0		0
	- 锭模及浇包：											
8454.2010	--- 炉外精炼设备											
84542010.10	VOD炉（真空脱气炉）	8	35		13	13	台/千克	O		0		0
84542010.90	其他炉外精炼设备	8	35		13	13	台/千克	O		0		0
8454.2090	--- 其他	8	35		13	13	台/千克			0		0
	- 铸造机：											
8454.3010	--- 冷室压铸机	12	35		13	13	台/千克	O		0	7.8	0
	--- 钢坯连铸机：											
8454.3021	---- 方坯连铸机	10	35		13	13	台/千克			0	6.5	0

协定税率（%）														特惠税率（%）①/②	Article Description
巴基斯坦	冰岛	哥斯达黎加	秘鲁	新西兰	瑞士	新加坡	韩国	澳大利亚	格鲁吉亚	毛里求斯	日本RCEP	尼加拉瓜	港澳台		
2.5	0	0	0	0		0	6	0	0	0		6.4	0/0	0/0	Shearing, washing-shrinking combined machines; shearing combined machines; softening machines
2.5	0	0	0	0		0	6	0	0	0		6.4	0/0	0/0	Shaping machines; refining machines; mercerization machines; sanding machines
2.5	0	0	0	0		0	6	0	0	0		6.4	0/0	0/0	Coating machine
2.5	0	0	0	0		0	6	0	0	0		6.4	0/0	0/0	Other machines not listed in heading 84.51
0	0	0	0	0	0		0	0	0	0	5.8	6.4	0/	0/0	- Parts
															Sewing machines, other than book-sewing machines of heading 84.40; furniture, bases and covers specially designed for sewing machines; sewing machine needles:
															- Sewing machines of household type:
13.4	0	0	0	0	0	0	7	0	0	0	17.1	8.1	0/	0/0	--- Multifunctional sewing machines of household type
															--- Other:
13.4	0	0	0	0	0	0	7	0	0	0	15.3	8.1	0/	0/0	----Hand operated
13.4	0	0	0	0	0	0	7	0	0	0	17.1	8.1	0/	0/0	----Other
															- Other sewing machines:
															-- Automatic units:
2.5	0	0	0	0	0	0	0	0	0	0	9.8	8.1	0/	0/0	--- Flatseam
2.5	0	0	0	0	0	0	0	0	0	0	8.7	8.1	0/0	0/0	--- Overlock machine
2.5	0	0	0	0	0	0	0	0	0	0	8.7	8.1	0/0	0/0	--- Interlock machine
2.5	0	0	0	0	0	0	0	0	0	0	8.7	8.1	0/0	0/0	--- Other
2.5	0	0	0	0	0	0	0	0	0	0	8.7	8.1	0/	0/0	-- Other
3.5	0	0	0	0	0	0	0	0	0	0	10.2	8.1	0/	0/0	- Sewing machine needles
															- Furniture, bases and covers for sewing machines and parts thereof;other parts of sewing machines:
															--- Of sewing machines of the household type:
3.5	0	0	0	0	0	0	0	0	0	0	10.2	6.4	0/	0/0	----Rotating shuttles
5.6	0	0	0	0	0	0	0	0	0	0	10.2	6.4	0/	0/0	----Other
															--- Other:
3.5	0	0	0	0	0	0	0	0	0	0		6.4	0/	0/0	----Rotating shuttles
5.6	0	0	0	0	0	0	0	0	0	0	10.2	6.4	0/	0/0	----Furniture, bases and covers for sewing machines and parts thereof
3.5	0	0	0	0	0	0	0	0	0	0	10.2	6.4	0/0	0/0	----Other
															Machinery for preparing, tanning or working hides, skins or leather or for making or repairing footwear or other articles of hides, skins or leather, other than sewing machines:
0	0	0	0	0	0		0	0	0	0	6.1	6.4	0/	0/0	- Machinery for preparing, tanning or working hides, skins or leather
0	0	0	0	0	0		0	0	0	0	6.1	6.4	0/	0/0	- Machinery for making or repairing footwear
0	0	0	0	0	0		0	0	0	0	6.1	6.4	0/	0/0	- Other machinery
2.5	0	0	0	0	0		0	0	0	0	5.8	6.4	0/	0/0	- Parts
															Converters, ladles, ingot moulds and casting machines, of a kind used in metallurgy or in metal foundries:
0	0	0	0	0	0		0	0	0	0	6.1	6.4	0/	0/0	- Converters
															- Ingot moulds and ladles:
															--- Fining equipments, outside of converters
0	0	0	0	0	0		0	0	0	0	6.1	6.4	0/	0/0	VOD furnaces (vacuum degassing furnaces)
0	0	0	0	0	0		0	0	0	0	6.1	6.4	0/	0/0	Other Fining equipments outside of converters
0	0	0	0	0			0	0	0	0	6.1	6.4	0/	0/0	--- Other
															- Casting machines:
3	0	0	0	0	0	0	0	0	0	0		11.2	0/	0/0	--- Cold chamber die-casting machines
															--- Ingot continuous casting machines:
0	0	0	0	0	0		0	0	0	0	7.3	9	0/	0/0	----Ingot block

税　号	货品名称	进口关税（%）			增值/消费税（%）	出口退税（%）	计量单位	监管证件代码	检验检疫类别	协定税率（%）		
		最惠国	普通	年内暂定						东盟	亚太	智利
8454.3022	---- 板坯连铸机	12	35		13	13	台/千克	O		0	7.8	0
8454.3029	---- 其他	12	35		13	13	台/千克	O		0	7.8	0
8454.3090	--- 其他	12	35		13	13	台/千克			0	7.8	0
	- 零件：											
8454.9010	--- 炉外精炼设备用	8	20		13	13	千克			0		0
	--- 钢坯连铸机用：											
8454.9021	---- 结晶器	8	20		13	13	千克			0		0
8454.9022	---- 振动装置	8	20		13	13	千克			0		0
8454.9029	---- 其他	8	20		13	13	千克			0		0
8454.9090	--- 其他	8	20		13	13	千克			0		0
84.55	**金属轧机及其轧辊：**											
	- 轧管机：											
8455.1010	--- 热轧管机	12	35		13	13	台/千克			0	7.8	0
8455.1020	--- 冷轧管机	12	35		13	13	台/千克	O		0	7.8	0
8455.1030	--- 定减径轧管机	12	35		13	13	台/千克	O		0	7.8	0
8455.1090	--- 其他	12	35		13	13	台/千克	O		0	7.8	0
	- 其他轧机：											
	-- 热轧机或冷热联合轧机：											
8455.2110	--- 板材热轧机	15	35		13	13	台/千克			0	9.8	0
8455.2120	--- 型钢轧机	15	35		13	13	台/千克	O		0	9.8	0
8455.2130	--- 线材轧机	15	35		13	13	台/千克	O		0	9.8	0
8455.2190	--- 其他	15	35		13	13	台/千克	O		0	10.5	0
	-- 冷轧机：											
8455.2210	--- 板材冷轧机	10	35		13	13	台/千克	O		0		0
8455.2290	--- 其他											
84552290.10	铝箔粗轧机	15	35		13	13	台/千克			0		0
84552290.90	其他金属冷轧机	15	35		13	13	台/千克			0		0
8455.3000	- 轧机用轧辊	8	20		13	13	个/千克			0		0
8455.9000	- 其他零件	8	20		13	13	千克			0	4	0
84.56	**用激光、其他光、光子束、超声波、放电、电化学法、电子束、离子束或等离子弧处理各种材料的加工机床；水射流切割机：**											
	- 用激光、其他光或光子束处理的：											
8456.1100	-- 用激光处理的											
84561100.10	辐照元件激光切割机（切割燃料包壳以使辐照核材料能溶解，含遥控设备）	0	30		13	13	台/千克	3		0		0
84561100.90	其他用激光处理的机床	0	30		13	13	台/千克			0		0
8456.1200	-- 用其他光或光子束处理的	0	30		13	13	台/千克			0		0
8456.2000	- 用超声波处理的	10	30		13	13	台/千克			0		0
	- 用放电处理的：											
8456.3010	--- 数控的											
84563010.10	数控放电加工机床（2轴或多轴成形控制的无丝型放电加工机床）	9	30		13	13	台/千克	3O		0		0
84563010.90	其他数控的放电处理加工机床	9	30		13	13	台/千克	O		0		0
8456.3090	--- 其他											
84563090.10	非数控放电加工机床（2轴或多轴成形控制的无丝型放电加工机床）	10	30		13	13	台/千克	3		0		0
84563090.90	其他非数控的放电处理加工机床	10	30		13	13	台/千克			0		0
	- 用等离子弧处理的：											
8456.4010	--- 等离子切割机	0	30		13	13	台/千克	A	L/	0		0
8456.4090	--- 其他	0	30		13	13	台/千克			0		0
8456.5000	- 水射流切割机	0	30		13	13	台/千克			0		0

协定税率（%）														特惠税率（%）①/②	Article Description
巴基斯坦	冰岛	哥斯达黎加	秘鲁	新西兰	瑞士	新加坡	韩国	澳大利亚	格鲁吉亚	毛里求斯	日本RCEP	尼加拉瓜	港澳台		
3	0	0	0	0	0	0	0	0	0	0	8.7	11.2	0/	0/0	----Ingot slab
3	0	0	0	0	0	0	0	0	0	0	8.7	11.2	0/	0/0	----Other
3	0	0	0	0	0	0	6	0	0	0	10.3	11.2	0/	0/0	--- Other
															- Parts:
0	0	0	0	0	0		0	0	0	0	5.8	6.4	0/	0/0	--- For the fining equipments outside of converters
															--- For ingot continuous casting machines:
0	0	0	0	0	0		0	0	0	0	5.8	6.4	0/	0/0	----Crystallizers
0	0	0	0	0	0		0	0	0	0	5.8	6.4	0/	0/0	----Vibrating devices
0	0	0	0	0	0		0	0	0	0	5.8	6.4	0/	0/0	----Other
0	0	0	0	0	0		0	0	0	0	5.8	6.4	0/	0/0	--- Other
															Metal-rolling mills and rolls therefor:
															- Tube mills:
2.5	0	0	0	0	0	0	0	0	0	0	8.7	11.2	0/	0/0	--- Tube mills, for hot-rolled
2.5	0	0	0	0	0	0	0	0	0	0		11.2	0/	0/0	--- Tube mills for cold-rolled
2.5	0	0	0	0	0	0	0	0	0	0	8.7	11.2	0/	0/0	--- Fixed and reduced tube mills
2.5	0	0	0	0	0	0	0	0	0	0	8.7	11.2	0/	0/0	--- Other
															- Other rolling mills:
															-- Hot or combination hot and cold:
3.8	0	0	0	0	0	0	0	0	0	0	10.9	14	0/	0/0	--- Sheet mills, hot-rolled
3.8	0	0	0	0	0	0	0	0	0	0	10.9	14	0/	0/0	--- Rolled-steel section mills
3.8	0	0	0	0	0	0	0	0	0	0	10.9	14	0/	0/0	--- Wire mills
3.8	0	0	0	0	0	0	0	0	0	0	10.9	14	0/	0/0	--- Other
															-- Cold:
0	0	0	0	0	0		0	0	0	0	7.3	9	0/	0/0	--- Sheet mills
															--- Other
6	0	0	0	0	0	0	0	0	0	0	10.9	14	0/	0/0	Aluminum foil roughing mills
6	0	0	0	0	0	0	0	0	0	0	10.9	14	0/	0/0	Other metal cold rolling mills
0	0	0	0	0	0		0	0	0	0	6.1	6.4	0/	0/0	- Rolls for rolling mills
0	0	0	0	0	0		0	0	0	0	5.8	6.4	0/	0/0	- Other parts
															Machine-tools for working any material by removal of material, by laser or other light or photon beam, ultrasonic, electro-discharge, electro-chemical, electron beam, ionic-beam or or plasma arc processes; water-jet cutting machines:
															- Operated by laser or other light or photon beam processes:
															-- Operated by laser processes
0	0	0	0	0	0		0	0	0	0	0	0	0/	0/0	Irradiated-component laser cutting machines
0	0	0	0	0	0		0	0	0	0	0	0	0/	0/0	Other machine tools using laser
0	0	0	0	0	0		0	0	0	0	0	0	0/	0/0	-- Operated by other light or photon beam processes
0	0	0	0	0		0		0	0	0			0/	0/0	- Operated by ultrasonic processes
															- Operated by electro-discharge processes:
															--- Numerically controlled
4	0	0	0	0				0		0			0/	0/0	CNC EDM Machine tools (wireless-type EDM machine tools controlled by 2-axis or multi-axis contours)
4	0	0	0	0				0		0			0/	0/0	Other CNC EDM processing machine tools
															--- Other
0	0	0	0	0	0	0		0	0	0		9	0/	0/0	Non-CNC EDM Machine tools (wireless-type EDM machine tools controlled by 2-axis or multi-axis contours)
0	0	0	0	0	0	0		0	0	0		9	0/	0/0	Other non-CNC EDM Machine tools
															- Operated by plasma arc processes:
0	0	0	0	0	0		0	0	0	0	0	0	0/	0/0	--- Cutting machines of plasma arc
0	0	0	0	0	0		0	0	0	0	0	0	0/	0/0	--- Other
0	0	0	0	0	0		0	0	0	0	0	0	0/	0/0	- Water-jet cutting machines

税号	货品名称	进口关税（%）			增值/消费税（%）	出口退税（%）	计量单位	监管证件代码	检验检疫类别	协定税率（%）		
		最惠国	普通	年内暂定						东盟	亚太	智利
8456.9000	- 其他	0	30		13	13	台/千克			0		0
84.57	**加工金属的加工中心、单工位组合机床及多工位组合机床：**											
	- 加工中心：											
8457.1010	--- 立式	9	20		13	13	台/千克	O		0	6.3	0
8457.1020	--- 卧式	9	20		13	13	台/千克	O		0	6.3	0
8457.1030	--- 龙门式	9	20		13	13	台/千克	O		0	6.3	0
	--- 其他：											
8457.1091	---- 铣车复合	9	20		13	13	台/千克	O		0	6.3	0
8457.1099	---- 其他	9	20		13	13	台/千克	O		0	6.3	0
8457.2000	- 单工位组合机床	8	20		13	13	台/千克	O		0		0
8457.3000	- 多工位组合机床	5	20		13	13	台/千克	O		0		0
84.58	**切削金属的车床（包括车削中心）：**											
	- 卧式车床：											
8458.1100	-- 数控的											
84581100.10	两用物项管制的切削金属的卧式数控车床（包括车削中心）	9	20		13	13	台/千克	3O		0		0
84581100.90	其他切削金属的卧式数控车床（包括车削中心）	9	20		13	13	台/千克	O		0		0
8458.1900	-- 其他	9	50		13	13	台/千克			0		0
	- 其他车床：											
	-- 数控的：											
8458.9110	--- 立式											
84589110.10	两用物项管制的切削金属立式数控车床（包括车削中心）	5	20		13	13	台/千克	3O		0		0
84589110.90	其他切削金属的立式数控车床（包括车削中心）	5	20		13	13	台/千克	O		0		0
8458.9120	--- 其他											
84589120.10	其他两用物项管制的切削金属数控车床（包括车削中心）	5	20		13	13	台/千克	3O		0		0
84589120.90	其他切削金属的数控车床（包括车削中心）	5	20		13	13	台/千克	O		0		0
8458.9900	-- 其他	9	50		13	13	台/千克			0		0
84.59	**切削金属的钻床、镗床、铣床、攻丝机床（包括直线移动式动力头机床），但税目84.58的车床（包括车削中心）除外：**											
8459.1000	- 直线移动式动力头机床	9	50		13	13	台/千克			0		0
	- 其他钻床：											
8459.2100	-- 数控的	9	20		13	13	台/千克	O		0		0
8459.2900	-- 其他	9	50		13	13	台/千克			0		0
	- 其他镗铣机床：											
8459.3100	-- 数控的	9	20		13	13	台/千克	O		0		0
8459.3900	-- 其他	9	50		13	13	台/千克			0		0
	- 其他镗床：											
8459.4100	-- 数控的	9	20		13	13	台/千克	O		0		0
8459.4900	-- 其他	9	50		13	13	台/千克			0		0
	- 升降台式铣床：											
8459.5100	-- 数控的	9	20		13	13	台/千克	O		0		0
8459.5900	-- 其他	9	50		13	13	台/千克			0		0
	- 其他铣床：											
	-- 数控的：											
8459.6110	--- 龙门铣床	5	20		13	13	台/千克	O		0		0
8459.6190	--- 其他	5	20		13	13	台/千克	O		0		0
	-- 其他：											
8459.6910	--- 龙门铣床	9	50		13	13	台/千克			0	7.5	0
8459.6990	--- 其他	9	50		13	13	台/千克			0	8.3	0

协定税率（%）巴基斯坦	冰岛	哥斯达黎加	秘鲁	新西兰	瑞士	新加坡	韩国	澳大利亚	格鲁吉亚	毛里求斯	日本RCEP	尼加拉瓜	港澳台	特惠税率（%）①/②	Article Description
0	0	0	0	0	0		0	0	0	0	0	0	0/	0/0	- Other
															Machining centres, unit construction machines (single station) and multistation transfer machines, for working metal:
															- Machining centres:
4	0	0	0	0			6.7	0					0/	0/0	--- Vertical
4	0	0	0	0			6.7	0					0/	0/0	--- Horizontal
4	0	0	0	0	0		6.7	0					0/	0/0	--- Plano
															--- Other:
4	0	0	0	0			6.7	0					0/	0/0	----Mill-Turn centres
4	0	0	0	0			6.7	0					0/	0/0	----Other
0	0	0	0	0	0		4	0			6.9	6.4	0/	0/0	- Unit construction machines (single station)
0	0	0	0	0				0				0	0/	0/0	- Multi-station transfer machines
															Lathes (including turning centres) for removing metal:
															- Horizontal lathes:
															-- Numerically controlled
0	0	0	0	0	3.9			0	0				0/0	0/0	Horizontal CNC lathes (including turning centers) of dual-use items controlled cutting metal
0	0	0	0	0	3.9			0	0				0/0	0/0	Other cutting metal Horizontal CNC lathes (including turning centers)
3	0	0	0	0	0	0	6	0	0			8.1	0/	0/0	-- Other
															- Other lathes:
															-- Numerically controlled:
															--- Vertical
0	0	0	0	0	0			0	0			0	0/0	0/0	Dual-use items controlled cutting metal vertical CNC lathes (including turning centers)
0	0	0	0	0	0			0	0			0	0/0	0/0	Other cutting metal vertical CNC lathes (including turning centers)
															--- Other
0	0	0	0	0	0			0	0			0	0/0	0/0	Other dual-use items controlled cutting metal CNC lathes (including turning centers)
0	0	0	0	0	0			0	0			0	0/0	0/0	Other cutting metal CNC lathes (including turning centers)
3	0	0	0	0	0	0	6	0	0			8.1	0/	0/0	-- Other
															Machine-tools (including way-type unit head machines) for drilling, boring, milling, threading or tapping by removing metal, other than lathes (including turning centres) of heading 84.58:
6	0	0	0	0	0	0	7.5	0	0				0/	0/0	- Way-type unit head machines
															- Other drilling machines:
0	0	0	0	0	0			0	0				0/0	0/0	-- Numerically controlled
6	0	0	0	0	0	0	7.5	0	0			8.1	0/	0/0	-- Other
															- Other boring-milling machines:
4	0	0	0	0	0			0					0/	0/0	-- Numerically controlled
0	0	0	0	0	0			0				8.1	0/	0/0	-- Other
															- Other boring machines:
0	0	0	0	0	0			0					0/	0/0	-- Numerically controlled
6	0	0	0	0	0	0		0	0			8.1	0/	0/0	-- Other
															- Milling machines, knee-type:
0	0	0	0	0				0				8.1	0/	0/0	-- Numerically controlled
6	0	0	0	0	0	0		0	0			8.1	0/	0/0	-- Other
															- Other milling machines:
															-- Numerically controlled:
0	0	0	0	0	0			0				0	0/	0/0	--- Planomilling machines
0	0	0	0	0	0			0				0	0/	0/0	--- Other
															-- Other:
2.5	0	0	0	0	0	0		0	0			8.1	0/	0/0	--- Planomilling machines
3	0	0	0	0	0	0	11	0	0			8.1	0/	0/0	--- Other

税 号	货品名称	进口关税（%） 最惠国	普通	年内暂定	增值/消费税（%）	出口退税（%）	计量单位	监管证件代码	检验检疫类别	协定税率（%） 东盟	亚太	智利
8459.7000	- 其他攻丝机床	9	50		13	13	台/千克			0		0
84.60	**用磨石、磨料或抛光材料对金属或金属陶瓷进行去毛刺、刃磨、磨削、珩磨、研磨、抛光或其他精加工的机床，但税目84.61的切齿机、齿轮磨床或齿轮精加工机床除外：**											
	- 平面磨床：											
	-- 数控的：											
8460.1210	--- 在任一坐标的定位精度至少是0.01毫米	9	20		13	13	台/千克	O		0		0
8460.1290	--- 其他	9	50		13	13	台/千克			0		0
	-- 其他：											
8460.1910	--- 在任一坐标的定位精度至少是0.01毫米	9	50		13	13	台/千克			0		0
8460.1990	--- 其他	9	50		13	13	台/千克			0		0
	- 其他磨床：											
	-- 数控无心磨床：											
8460.2210	--- 在任一坐标的定位精度至少是0.01毫米	9	20		13	13	台/千克	O		0		0
8460.2290	--- 其他	9	50		13	13	台/千克			0		0
	-- 数控外圆磨床：											
	--- 在任一坐标的定位精度至少是0.01毫米：											
8460.2311	---- 曲轴磨床	9	20		13	13	台/千克	O		0		0
8460.2319	---- 其他	9	20		13	13	台/千克	O		0		0
8460.2390	--- 其他	9	50		13	13	台/千克			0		0
	-- 其他，数控的：											
	--- 在任一坐标的定位精度至少是0.01毫米：											
8460.2411	---- 内圆磨床	9	20		13	13	台/千克	O		0		0
8460.2419	---- 其他	9	20		13	13	台/千克	O		0		0
8460.2490	--- 其他	9	50		13	13	台/千克			0		0
	-- 其他：											
	--- 在任一坐标的定位精度至少是0.01毫米：											
8460.2911	---- 外圆磨床	12	50		13	13	台/千克			0		0
8460.2912	---- 内圆磨床	9	50		13	13	台/千克			0		0
8460.2913	---- 轧辊磨床	9	50		13	13	台/千克			0		0
8460.2919	---- 其他	12	50		13	13	台/千克			0		0
8460.2990	--- 其他	9	50		13	13	台/千克			0		0
	- 刃磨（工具或刀具）机床：											
8460.3100	-- 数控的	9	20		13	13	台/千克			0		0
8460.3900	-- 其他	12	50		13	13	台/千克			0		0
	- 珩磨或研磨机床：											
8460.4010	--- 珩磨	12	50	6	13	13	台/千克			0		0
8460.4020	--- 研磨	12	50		13	13	台/千克			0		0
	- 其他：											
8460.9010	--- 砂轮机	12	50		13	13	台/千克			0		0
8460.9020	--- 抛光机床	12	50		13	13	台/千克			0		0
8460.9090	--- 其他	12	50		13	13	台/千克			0		0
84.61	**切削金属或金属陶瓷的刨床、牛头刨床、插床、拉床、切齿机、齿轮磨床或齿轮精加工机床、锯床、切断机及其他税目未列名的切削机床：**											
	- 牛头刨床或插床：											

协定税率（%）														特惠税率（%）①/②	Article Description
巴基斯坦	冰岛	哥斯达黎加	秘鲁	新西兰	瑞士	新加坡	韩国	澳大利亚	格鲁吉亚	毛里求斯	日本RCEP	尼加拉瓜	港澳台		
3	0	0	0	0		0		0	0			8.1	0/	0/0	- Other threading or tapping machines
															Machine-tools for deburring, sharpenling, grinding, honing, lapping, polishing or otherwise finishing metal or cermets by means of grinding stones, abrasives or polishing products, other than gear cutting, gear grinding or gear finishing machines of heading 84.61:
															- Flat-surface grinding machines:
															-- Numerically controlled
0	0	0	0	0	0			0					0/0	0/0	--- The positioning in any one axis can be set up to an accuracy of at least 0.01mm
6	0	0	0	0	0	0	7.5	0	0				0/	0/0	--- Other
															-- Other:
6	0	0	0	0	0	0		0	0				0/	0/0	--- The positioning in any one axis can be set up to an accuracy of at least 0.01mm
6	0	0	0	0	0	0	7.5	0	0				0/	0/0	--- Other
															- Other grinding machines:
															-- Centreless grinding machines, numerically controlled:
0	0	0	0	0	3.9			0					0/	0/0	--- The positioning in any one axis can be set up to an accuracy of at least 0.01mm
6	0	0	0	0	0	0	7.5	0	0				0/	0/0	--- Other
															-- Other cylindrical grinding machines, numerically controlled:
															--- The positioning in any one axis can be set up to an accuracy of at least 0.01mm:
0	0	0	0	0				0					0/	0/0	----Crank shaft grinding machines
0	0	0	0	0				0					0/	0/0	----Other
6	0	0	0	0	0	0	7.5	0	0				0/	0/0	--- Other
															-- Other, numerically controlled:
															--- The positioning in any one axis can be set up to an accuracy of at least 0.01mm:
0	0	0	0	0				0					0/	0/0	----Internal grinding machines
0	0	0	0	0	3.9			0					0/	0/0	----Other
6	0	0	0	0	0	0	7.5	0	0				0/	0/0	--- Other
															-- Other:
															--- The positioning in any one axis can be set up to an accuracy of at least 0.01mm:
6	0	0	0	0	0	0		0					0/	0/0	----Cylindrical grinding machines
6	0	0	0	0	0	0		0					0/	0/0	----Internal grinding machines
3.3	0	0	0	0	0	0		0	0			8.1	0/	0/0	----Grinding machines of roll
3.3	0	0	0	0		0		0					0/	0/0	----Other
6	0	0	0	0		0	7.5	0	0				0/	0/0	--- Other
															- Sharpening (tool or cutter grinding) machines:
4	0	0	0	0				0					0/	0/0	-- Numerically controlled
6	0	0	0	0		0		0	0				0/	0/0	-- Other
															- Honing or lapping machines:
3.3	0	0	0	0	0	0		0	0				0/	0/0	--- Honing
3.3	0	0	0	0	0	0		0	0				0/0	0/0	--- Lapping
															- Other:
6	0	0	0	0	0	0	0	0	0		10.9	11.2	0/0	0/0	--- Grinding wheel machines
6	0	0	0	0	0	0	0	0	0		10.9	11.2	0/0	0/0	--- Polishing machines
6	0	0	0	0	0	0	7.5	0	0				0/	0/0	--- Other
															Machine-tools for planing, shaping, slotting, broaching, gear cutting, gear grinding or gear finishing, sawing, cutting-off and other machine-tools, working by removing metal or cermets, not elsewhere specified or included:
															- Shaping or slotting machines:

税　号	货品名称	进口关税（%）最惠国	普通	年内暂定	增值/消费税（%）	出口退税（%）	计量单位	监管证件代码	检验检疫类别	协定税率（%）东盟	亚太	智利
8461.2010	--- 牛头刨床	12	50		13	13	台/千克			0		0
8461.2020	--- 插床	12	50		13	13	台/千克			0		0
8461.3000	- 拉床	12	50		13	13	台/千克			0		0
	- 切齿机、齿轮磨床或齿轮精加工机床：											
	--- 数控的：											
8461.4011	---- 齿轮磨床	9	20		13	13	台/千克	O		0		0
8461.4019	---- 其他	9	20		13	13	台/千克	O		0		0
8461.4090	--- 其他	9	50		13	13	台/千克			0		0
8461.5000	- 锯床或切断机											
84615000.10	辐照元件刀具切割机［切割燃料包壳以使辐照核材料能溶解（含遥控设备）］	12	50		13	13	台/千克	3		0		0
84615000.90	其他锯床或切断机	12	50		13	13	台/千克			0		0
	- 其他：											
	--- 刨床：											
8461.9011	---- 龙门刨床	12	50		13	13	台/千克			0		0
8461.9019	---- 其他	12	50		13	13	台/千克			0		0
8461.9090	--- 其他	12	50		13	13	台/千克			0		0
84.62	**加工金属的锻造、锻锤或模锻（但轧机除外）机床（包括压力机）；加工金属的弯曲、折叠、矫直、矫平、剪切、冲孔、开槽或步冲机床（包括压力机、纵剪线及定尺剪切线，但拉拔机除外）；其他加工金属或硬质合金的压力机：**											
	- 热锻设备，热模锻设备（包括压力机）及热锻锻锤：											
	-- 闭式锻造机（模锻机）：											
8462.1110	--- 数控的	9	20		13	13	台/千克			0	6.3	0
8462.1190	--- 其他	9	50		13	13	台/千克			0	6.3	0
	-- 其他：											
8462.1910	--- 数控的	9	20		13	13	台/千克			0	6.3	0
8462.1990	--- 其他	9	50		13	13	台/千克			0	6.3	0
	- 用于板材的弯曲、折叠、矫直或矫平机床（包括折弯机）：											
	-- 型材成型机：											
8462.2210	--- 数控的	9	20		13	13	台/千克			0		0
8462.2290	--- 其他	9	50		13	13	台/千克			0		0
8462.2300	-- 数控折弯机	9	20		13	13	台/千克			0		0
8462.2400	-- 数控多边折弯机	9	20		13	13	台/千克			0		0
8462.2500	-- 数控卷板机	9	20		13	13	台/千克			0		0
	-- 其他数控弯曲、折叠、矫直或矫平机床：											
8462.2610	--- 矫直机	9	20		13	13	台/千克			0		0
8462.2690	--- 其他	9	20		13	13	台/千克			0		0
	-- 其他：											
8462.2910	--- 矫直机	9	50		13	13	台/千克			0		0
8462.2990	--- 其他	9	50		13	13	台/千克			0		0
	- 板材用纵剪线、定尺剪切线和其他剪切机床（不包括压力机），但冲剪两用机除外：											
	-- 纵剪线和定尺剪切线：											
8462.3210	--- 数控的	7	20		13	13	台/千克			0		0

协定税率（%）														特惠税率（%）①/②	Article Description
巴基斯坦	冰岛	哥斯达黎加	秘鲁	新西兰	瑞士	新加坡	韩国	澳大利亚	格鲁吉亚	毛里求斯	日本RCEP	尼加拉瓜	港澳台		
6	0	0	0	0	0	0	0	0	0		10.9	11.2	0/	0/0	--- Shaping machines
6	0	0	0	0	0	0	0	0	0		10.9	11.2	0/0	0/0	--- Slotting machines
3	0	0	0	0	0	0	0	0	0		8.7	11.2	0/0	0/0	- Broaching machines
															- Gear cutting, gear grinding or gear finishing machines:
															--- Numerically controlled:
4	0	0	0	0				0					0/	0/0	----Gear grinding machines
4	0	0	0	0				0					0/	0/0	----Other
6	0	0	0	0		0		0	0			8.4	0/	0/0	--- Other
															- Sawing or cutting-off machines
3	0	0	0	0	0	0		0	0			11.2	0/0	0/0	Irradiated-component cutting machine tools (cutting the fuel claddings to make the irradiated nuclear materials to melt down, with a remote control)
3	0	0	0	0	0	0		0	0			11.2	0/0	0/0	Other sawing or cutting machines
															- Other:
															--- Planing machines:
6	0	0	0	0	0	0	0	0	0		10.9	11.2	0/0	0/0	----Double-column (open-side) planing machines
6	0	0	0	0	0	0	0	0	0		10.9	11.2	0/0	0/0	----Other
3	0	0	0	0	0	0	6	0	0			11.2	0/	0/0	--- Other
															Machine-tools (including presses) for working metal by forging, hammering or die forging (excluding rolling mills); machine-tools (including presses, slitting lines and cut-to-length lines) for working metal by bending, folding, straightening, flattening, shearing, punching, notching or nibbling (excluding draw-benches); presses for working metal or metal carbides, not specified above:
															- Hot forming machines for forging, die forging (including presses) and hot hammers:
															-- Closed die forging machines:
0	0	0	0	0	0		6.7	0					0/0	0/0	--- Numerically controlled
2.5	0	0	0	0	0	0	8.4	0	0				0/0	0/0	--- Other
															-- Other:
0	0	0	0	0	0		6.7	0					0/0	0/0	--- Numerically controlled
2.5	0	0	0	0	0	0	8.4	0	0				0/0	0/0	--- Other
															- Bending, folding, straightening or flattening machines (including press brakes) for flat products:
															-- Profile forming machines:
4	0	0	0	0	0			0					0/	0/0	--- Numerically controlled
0	0	0	0	0	0	0		0	0			8.1	0/	0/0	--- Other
4	0	0	0	0	0			0					0/	0/0	-- Numerically controlled press brakes
4	0	0	0	0	0			0					0/	0/0	-- Numerically controlled panel benders
4	0	0	0	0	0			0					0/	0/0	-- Numerically controlled roll forming machines
															-- Other numerically controlled bending, folding, straightening or flattening machines:
4	0	0	0	0	0			0					0/	0/0	--- Straightening machines
4	0	0	0	0	0			0					0/	0/0	--- Other
															-- Other:
0	0	0	0	0	4			0	0			8.1	0/	0/0	--- Straightening machines
0	0	0	0	0	0	0		0	0			8.1	0/	0/0	--- Other
															- Slitting lines, cut-to-length lines and other shearing machines (excluding presses) for flat products, other than combined punching and shearing machines:
															-- Slitting lines and cut-to-length lines:
4	0	0	0	0	0			0					0/	0/0	--- Numerically controlled

税　号	货品名称	进口关税（%）最惠国	普通	年内暂定	增值/消费税（%）	出口退税（%）	计量单位	监管证件代码	检验检疫类别	协定税率（%）东盟	亚太	智利
8462.3290	--- 其他	9	50		13	13	台/千克			0	8.6	0
8462.3300	-- 数控剪切机床	7	20		13	13	台/千克			0		0
8462.3900	-- 其他	9	50		13	13	台/千克			0	8.6	0
	- 板材用冲孔、开槽或步冲机床（不包括压力机），包括冲剪两用机:											
	-- 数控的:											
	--- 冲床:											
8462.4211	---- 自动模式数控步冲压力机	9	20		13	13	台/千克			0		0
8462.4212	---- 其他	9	20		13	13	台/千克			0		0
8462.4290	--- 其他	9	20		13	13	台/千克			0		0
8462.4900	-- 其他	9	50		13	13	台/千克			0		0
	- 金属管道、管材、型材、空心型材和棒材的加工机床（非压力机）:											
8462.5100	-- 数控的											
84625100.10	数控金属管道、管材、型材、空心型材和棒材的锻造或冲压机床及锻锤（压力机除外）	8.5	20		13	13	台/千克			0		0
84625100.90	其他金属管道、管材、型材、空心型材和棒材的数控加工机床（压力机除外）	8.5	20		13	13	台/千克			0		0
8462.5900	-- 其他											
84625900.10	非数控金属管道、管材、型材、空心型材和棒材的锻造或冲压机床及锻锤（压力机除外）	9	50		13	13	台/千克			0		0
84625900.90	其他金属管道、管材、型材、空心型材和棒材的非数控加工机床（压力机除外）	9	50		13	13	台/千克			0		0
	- 金属冷加工压力机:											
	-- 液压压力机:											
8462.6110	--- 数控的											
84626110.10	数控液压式锻造或冲压机床及锻锤（加工金属或硬质合金）	9	40		13	13	台/千克			0	8.3	0
84626110.90	其他数控液压压力机（加工金属或硬质合金）	9	40		13	13	台/千克			0	8.3	0
8462.6190	--- 其他											
84626190.10	非数控液压式锻造或冲压机床及锻锤（加工金属或硬质合金）	9	50		13	13	台/千克			0	8.3	0
84626190.90	其他非数控液压压力机（加工金属或硬质合金）	9	50		13	13	台/千克			0	8.3	0
	-- 机械压力机:											
8462.6210	--- 数控的											
84626210.10	数控机械式锻造或冲压机床及锻锤（加工金属或硬质合金）	9	35		13	13	台/千克			0	8.6	0
84626210.90	其他数控机械压力机（加工金属或硬质合金）	9	35		13	13	台/千克			0	8.6	0
8462.6290	--- 其他											
84626290.10	非数控机械式锻造或冲压机床及锻锤（加工金属或硬质合金）	9	50		13	13	台/千克			0	8.6	0
84626290.90	其他非数控机械压力机（加工金属或硬质合金）	9	50		13	13	台/千克			0	8.6	0
8462.6300	-- 伺服压力机											
84626300.10	伺服锻造或冲压机床及锻锤（加工金属或硬质合金）	9	35		13	13	台/千克			0	8.6	0
84626300.90	其他伺服压力机（加工金属或硬质合金）	9	35		13	13	台/千克			0	8.6	0
	-- 其他:											

协定税率（%）														特惠税率（%）①/②	Article Description
巴基斯坦	冰岛	哥斯达黎加	秘鲁	新西兰	瑞士	新加坡	韩国	澳大利亚	格鲁吉亚	毛里求斯	日本RCEP	尼加拉瓜	港澳台		
0	0	0	0	0	0			0	0			8.1	0/	0/0	--- Other
2.7	0	0	0	0	0			0					0/	0/0	-- Numerically controlled shearing machines
0	0	0	0	0	0			0	0			8.1	0/	0/0	-- Other
															- Punching, notching or nibbling machines (excluding presses) for flat products including combined punching and shearing machines:
															-- Numerically controlled:
															--- Punch press:
0	0	0	0	0	0			0					0/	0/0	----CNC automatic tool change punch press
4	0	0	0	0	0			0					0/	0/0	----Other
0	0	0	0	0	0	0		0					0/	0/0	--- Other
0	0	0	0	0	0	0		0	0				0/0	0/0	-- Other
															- Machines for working tube, pipe, hollow section and bar (excluding presses):
															-- Numerically controlled
1.7	0	0	0	0	0			0					0/	0/0	Numerically controlled forging or die-stamping machines and hammers (excluding presses) for working tube, pipe, hollow section and bar
1.7	0	0	0	0	0			0					0/	0/0	Other numerically controlled machines for working tube, pipe, hollow section and bar (excluding presses)
															-- Other
0.5	0	0	0	0	0.8	0		0	0				0/0	0/0	Non-numerically controlled forging or die-stamping machines and hammers (excluding presses) for working tube, pipe, hollow section and bar
0.5	0	0	0	0	0.8	0		0	0				0/0	0/0	Other non-numerically controlled machines for working tube, pipe, hollow section and bar (excluding presses)
															- Cold metal working presses:
															-- Hydraulic presses:
															--- Numerically controlled
2.7	0	0	0	0	0	0	8.4	0	3.2			8.6	0/	0/0	Numerically controlled hydraulic forging or die-stamping machines and hammers for working metal or metal carbides
2.7	0	0	0	0	0	0	8.4	0	3.2			8.6	0/	0/0	Other numerically controlled hydraulic presse for working metal or metal carbides
															--- Other
3.5	0	0	0	0	0	0	8.9	0	0			8.6	0/	0/0	Non-numerically controlled hydraulic forging or die-stamping machines and hammers for working metal or metal carbides
3.5	0	0	0	0	0	0	8.9	0	0			8.6	0/	0/0	Other non-numerically controlled hydraulic presse for working metal or metal carbides
															-- Mechanical presses:
															--- Numerically controlled
0	0	0	0	0	0	0	8	0					0/0	0/0	Numerically controlled mechanical forging or die-stamping machines and hammers for working metal or metal carbides
0	0	0	0	0	0	0	8	0					0/0	0/0	Other numerically controlled mechanical presses for working metal or metal carbides
															--- Other
1.3	0	0	0	0	0	0	8.8	0	0			8.7	0/0	0/0	Non-numerically controlled mechanical forging or die-stamping machines and hammers for working metal or metal carbides
1.3	0	0	0	0	0	0	8.8	0	0			8.7	0/0	0/0	Other non-numerically controlled mechanical presses for working metal or metal carbides
															-- Servo-presses
0	0	0	0	0	0	0	8	0					0/0	0/0	Servo forging or die-stamping machines and hammers for working metal or metal carbides
0	0	0	0	0	0	0	8	0					0/0	0/0	Other servo-presses for working metal or metal carbides
															-- Other:

税 号	货品名称	进口关税（%）			增值/消费税（%）	出口退税（%）	计量单位	监管证件代码	检验检疫类别	协定税率（%）		
		最惠国	普通	年内暂定						东盟	亚太	智利
8462.6910	--- 数控的											
84626910.10	其他锻造或冲压机床及锻锤（加工金属或硬质合金）	9	35		13	13	台/千克			0	8.6	0
84626910.90	其他数控压力机（加工金属或硬质合金）	9	35		13	13	台/千克			0	8.6	0
8462.6990	--- 其他											
84626990.10	其他非数控锻造或冲压机床及锻锤（加工金属或硬质合金）	9	50		13	13	台/千克			0	8.6	0
84626990.90	其他非数控压力机（加工金属或硬质合金）	9	50		13	13	台/千克			0	8.6	0
	- 其他：											
8462.9010	--- 数控的											
84629010.10	税目84.62的其他数控的金属管道、管材、型材、空心型材和棒材的数控锻造或冲压机床及锻锤	9	35		13	13	台/千克			0	8.6	0
84629010.90	税目84.62的其他数控机床	9	35		13	13	台/千克			0	8.6	0
8462.9090	--- 其他											
84629090.10	税目84.62的其他非数控的金属管道、管材、型材、空心型材和棒材的数控锻造或冲压机床及锻锤	9	50		13	13	台/千克			0	8.6	0
84629090.90	税目84.62的其他非数控机床	9	50		13	13	台/千克			0	8.6	0
84.63	**金属或金属陶瓷的其他非切削加工机床：**											
	- 杆、管、型材、异型材、丝及类似品的拉拔机：											
	--- 冷拔管机：											
8463.1011	---- 拉拔力为300吨及以下	9	50		13	13	台/千克			0		0
8463.1019	---- 其他	9	50		13	13	台/千克			0		0
8463.1020	--- 拔丝机	9	50		13	13	台/千克			0		0
8463.1090	--- 其他	9	50		13	13	台/千克			0		0
8463.2000	- 螺纹滚轧机	9	50		13	13	台/千克			0		0
8463.3000	- 金属丝加工机	9	50		13	13	台/千克			0		0
8463.9000	- 其他											
84639000.10	滚压成形机床（数控，装3个以上压辊）	9	50		13	13	台/千克	3		0		0
84639000.20	具有滚压功能的旋压成形机床（数控，装3个以上压辊）	9	50		13	13	台/千克	3		0		0
84639000.90	其他非切削加工机床（是指加工金属或金属陶瓷的）	9	50		13	13	台/千克			0		0
84.64	**石料、陶瓷、混凝土、石棉水泥或类似矿物材料的加工机床、玻璃冷加工机床：**											
	- 锯床：											
8464.1010	--- 圆盘锯	0	30		13	13	台/千克			0		0
8464.1020	--- 钢丝锯	0	30		13	13	台/千克			0		0
8464.1090	--- 其他	0	30		13	13	台/千克			0		0
	- 研磨或抛光机床：											
8464.2010	--- 玻璃研磨或抛光机床	0	30		13	13	台/千克			0		0
8464.2090	--- 其他	0	30		13	13	台/千克			0		0
	- 其他：											
	--- 玻璃的其他冷加工机床：											
8464.9011	---- 切割机	0	30		13	13	台/千克			0		0
8464.9012	---- 刻花机	0	30		13	13	台/千克			0		0

协定税率（%）														特惠税率（%）①/②	Article Description
巴基斯坦	冰岛	哥斯达黎加	秘鲁	新西兰	瑞士	新加坡	韩国	澳大利亚	格鲁吉亚	毛里求斯	日本RCEP	尼加拉瓜	港澳台		
															--- Numerically controlled
0	0	0	0	0	0	0	8	0					0/	0/0	Other forging or die-stamping machines and hammers for working metal or metal carbides
0	0	0	0	0	0	0	8	0					0/	0/0	Other numerically controlled presses for working metal or metal carbides
															--- Other
1.3	0	0	0	0	0	0	8.8	0	0				0/	0/0	Other non-numerically controlled forging or die-stamping machines and hammers for working metal or metal carbides
1.3	0	0	0	0	0	0	8.8	0	0				0/	0/0	Other non-numerically controlled presses for working metal or metal carbides
															- Other:
															--- Numerically controlled
0	0	0	0	0	0	0	8	0					0/	0/0	Other numerically controlled forging or die-stamping machines and hammers of heading 84.62 for working tube, pipe, hollow section and bar
0	0	0	0	0	0	0	8	0					0/	0/0	Other numerically controlled machine of heading 84.62
															--- Other
1.3	0	0	0	0	0	0	8.8	0	0				0/	0/0	Other non-numerically controlled forging or die-stamping machines and hammers of heading 84.62 for working tube, pipe, hollow section and bar
1.3	0	0	0	0	0	0	8.8	0	0				0/	0/0	Other non-numerically controlled machine of heading 84.62
															Other machine-tools for working metal or cermets, without removing material:
															- Draw-benches for bars, tubes, profiles, wire or the like:
															--- Cold-drawing tube benches:
0	0	0	0	0	0		5	0	0	0	7.3	8.1	0/	0/0	----With drawing force not more than 300t
0	0	0	0	0	0	0		0	0	0		8.1	0/0	0/0	----Other
0	0	0	0	0	0			0	0	0		8.1	0/	0/0	--- Wiredrawing machines
0	0	0	0	0	0			0	0	0			0/	0/0	--- Other
6	0	0	0	0	0	0		0	0	0			0/	0/0	- Thread rolling machines
0	0	0	0	0	0			0	0	0		8.1	0/	0/0	- Machines for working wire
															- Other
4	0	0	0	0	0			0	0	0			0/	0/0	Roll forming machine tools (CNC, fitted with three or more sticks)
4	0	0	0	0	0			0	0	0			0/	0/0	Spin forming machine tools with roll forming functions (CNC, fitted with three or more sticks)
4	0	0	0	0	0			0	0	0			0/	0/0	Other non-cutting machine tools (for processing metals or metal ceramics)
															Machine-tools for working stone, ceramics, concrete, asbestos-cement or like mineral materials or for cold working glass:
															- Sawing machines:
0	0	0	0	0	0		0	0	0	0	0	0	0/	0/0	--- Of disk saw
0	0	0	0	0	0		0	0	0	0	0	0	0/	0/0	--- Of scroll saw
0	0	0	0	0	0		0	0	0	0	0	0	0/	0/0	--- Other
															- Grinding or polishing machines:
0	0	0	0	0	0		0	0	0	0	0	0	0/	0/0	--- Machines for grinding or polishing glass or glassware
0	0	0	0	0	0		0	0	0	0	0	0	0/	0/0	--- Other
															- Other:
															--- Other machines for cold-working glass or glassware:
0	0	0	0	0	0		0	0	0	0	0	0	0/	0/0	----Cutting-off machines
0	0	0	0	0	0		0	0	0	0	0	0	0/	0/0	----Carving machines

税号	货品名称	进口关税(%) 最惠国	普通	年内暂定	增值/消费税(%)	出口退税(%)	计量单位	监管证件代码	检验检疫类别	协定税率(%) 东盟	亚太	智利
8464.9019	----其他	0	30		13	13	台/千克			0		0
8464.9090	---其他	0	30		13	13	台/千克			0		0
84.65	**木材、软木、骨、硬质橡胶、硬质塑料或类似硬质材料的加工机床(包括用打钉或打U形钉、胶粘或其他方法组合前述材料的机器):**											
8465.1000	- 不需更换工具即可进行不同机械加工的机器	9	30		13	13	台/千克			0		0
	- 加工中心:											
8465.2010	---以刨、铣、钻孔、研磨、抛光、凿榫及其他切削为主的加工中心,加工木材及类似硬质材料的	9	30		13	13	台/千克			0		0
8465.2090	---其他	9	30		13	13	台/千克			0		0
	- 其他:											
8465.9100	-- 锯床	9	30		13	13	台/千克			0		0
8465.9200	-- 刨、铣或切削成形机器	9	30		13	13	台/千克			0		0
8465.9300	-- 研磨、砂磨或抛光机器	9	30		13	13	台/千克			0		0
8465.9400	-- 弯曲或装配机器	9	30		13	13	台/千克			0		0
8465.9500	-- 钻孔或凿榫机器	9	30		13	13	台/千克			0		0
8465.9600	-- 剖开、切片或刮削机器	9	30		13	13	台/千克			0		0
8465.9900	-- 其他	9	30		13	13	台/千克			0		0
84.66	**专用于或主要用于税目84.56至84.65所列机器的零件、附件,包括工件或工具的夹具、自启板牙切头、分度头及其他专用于机器的附件;各种手提工具的工具夹具:**											
8466.1000	- 工具夹具及自启板牙切头	7	17		13	13	千克			0		0
8466.2000	- 工件夹具	7	17		13	13	千克			0	4.9	0
8466.3000	- 分度头及其他专用于机器的附件	7	17		13	13	千克			0		0
	- 其他:											
8466.9100	-- 税目84.64所列机器用	0	17		13	13	千克			0		0
8466.9200	-- 税目84.65所列机器用	6	17		13	13	千克			0		0
	-- 税目84.56至84.61所列机器用:											
8466.9310	---刀库及自动换刀装置	0	17		13	13	千克			0		0
8466.9390	---其他	0	17		13	13	千克			0		0
8466.9400	-- 税目84.62或84.63所列机器用											
84669400.10	滚压成形机床用芯轴(转筒成形用的芯轴,内径在75毫米至400毫米之间)	6	17		13	13	千克	3		0		0
84669400.20	有滚压功能的旋压成形机用芯轴(转筒成形用的芯轴,内径在75毫米至400毫米之间)	6	17		13	13	千克	3		0		0
84669400.90	税目84.62～84.63机器用其他零件	6	17		13	13	千克			0		0
84.67	**手提式风动或液压工具及本身装有电动或非电动动力装置的手提式工具:**											
	- 风动的:											
8467.1100	-- 旋转式(包括旋转冲击式的)	8	30		13	13	台/千克			0		0
8467.1900	-- 其他	8	30		13	13	台/千克			0		0
	- 本身装有电动动力装置的:											
8467.2100	-- 各种钻	8	30		13	13	台/千克	A	L/	0	5.2	0
	-- 锯:											

协定税率（%）														特惠税率（%）①/②	Article Description
巴基斯坦	冰岛	哥斯达黎加	秘鲁	新西兰	瑞士	新加坡	韩国	澳大利亚	格鲁吉亚	毛里求斯	日本RCEP	尼加拉瓜	港澳台		
0	0	0	0	0	0		0	0	0	0	0	0	0/	0/0	----Other
0	0	0	0	0	0		0	0	0	0	0	0	0/	0/0	--- Other
															Machine-tools (including machines for nailing, stapling, glueing or otherwise assembling) for working wood, cork, bone, hard rubber, hard plastics or similar hard materials:
0	0	0	0	0	0	0	5	0	0	0	0	8.1	0/	0/0	- Machines which can carry out different types of machining operations without tool change between such operations
															- Machining centres:
0	0	0	0	0	0	0	5	0	0	0	8.6	8.1	0/	0/0	--- Machining centres for working wood and similar hard materials by planing, milling, drilling, grinding, polishing, mortising and mainly cutting
0	0	0	0	0	0	0	5	0	0	0		8.1	0/	0/0	--- Other
															- Other:
0	0	0	0	0	0		5	0	0	0	7.3	8.1	0/	0/0	-- Sawing machines
0	0	0	0	0	0	0	5	0	0	0	8.6	8.1	0/	0/0	-- Planing, milling or moulding (by cutting) machines
0	0	0	0	0	0		5	0	0	0	8.6	8.1	0/	0/0	-- Grinding, sanding or polishing machines
0	0	0	0	0	0	0	5	0	0	0	8.6	8.1	0/	0/0	-- Bending or assembling machines
0	0	0	0	0	0	0	5	0	0	0	8.6	8.1	0/	0/0	-- Drilling or mortising machines
0	0	0	0	0	0	0	5	0	0	0		8.1	0/	0/0	-- Splitting, slicing or paring machines
0	0	0	0	0	0	0	5	0	0	0		8.1	0/	0/0	-- Other
															Parts and accessories suitable for use solely or principally with the machines of headings 84.56 to 84.65, including work or tool holders, self-opening dieheads, dividing heads and other special attachments for machines; tool holders for any type of tool for working in the hand:
0	0	0	0	0	0		2.3	0	0	0	5.7	0	0/	0/0	- Tool holders and self-opening dieheads
0	0	0	0	0	0		0	0	0	0	5.1	0	0/0	0/0	- Work holders
0	0	0	0	0	0		2.3	0	0	0	5.7	0	0/	0/0	- Dividing heads and other special attachments for machines
															- Other:
0	0	0	0	0	0		0	0	0	0	0	0	0/	0/0	-- For machines of heading 84.64
0	0	0	0	0	0		2	0	0	0	4.9	0	0/	0/0	-- For machines of heading 84.65
															-- For machines of headings 84.56 to 84.61:
0	0	0	0	0	0		0	0	0	0	0	0	0/	0/0	--- Tool magazine and tool change device
0	0	0	0	0	0		0	0	0	0	0	0	0/	0/0	--- Other
															-- For machines of heading 84.62 or 84.63
0	0	0	0	0	0		0	0	0	0	4.4	0	0/0	0/0	Mandrels for roll forming machine tools (the inner diameter of the mandrels for rolling formability is between 75mm and 400mm)
0	0	0	0	0	0		0	0	0	0	4.4	0	0/0	0/0	Mandrels for spin forming machine tools with roll forming functions (the inner diameter of the mandrels for rolling formability is between 75mm and 400mm)
0	0	0	0	0	0		0	0	0	0	4.4	0	0/0	0/0	Other parts for the machines of headings 84.62 to 84.63
															Tools for working in the hand, pneumatic and hydraulic and with self-contained electric or non-electric motor:
															- Pneumatic:
0	0	0	0	0	0		2.6	0	0	0	6.5	6.4	0/	0/0	-- Rotary type (including combined rotarypercussion)
0	0	0	0	0	0		0	0	0	0	5.8	6.4	0/	0/0	-- Other
															- With self-contained electric motor:
0	0	0	0	0	0	0	0	0	0	0	7.3	6.4	0/	0/0	-- Drills of all kinds
															-- Saws:

税号	货品名称	进口关税（%） 最惠国	普通	年内暂定	增值/消费税（%）	出口退税（%）	计量单位	监管证件代码	检验检疫类别	协定税率（%） 东盟	亚太	智利
8467.2210	--- 链锯	8	30		13	13	台/千克			0	5.2	0
8467.2290	--- 其他	8	30		13	13	台/千克			0	5.2	0
	-- 其他：											
8467.2910	--- 砂磨工具（包括磨光机、砂光机、砂轮机等）	8	30		13	13	台/千克	A	L/	0	5.2	0
8467.2920	--- 电刨	8	30		13	13	台/千克			0	5.2	0
8467.2990	--- 其他	8	30		13	13	台/千克	A	L/	0	5.2	0
	- 其他工具：											
8467.8100	-- 链锯	8	30		13	13	台/千克			0		0
8467.8900	-- 其他	8	30		13	13	台/千克			0		0
	- 零件：											
	-- 链锯用：											
8467.9110	--- 电动的	6	30		13	13	千克			0	3.9	0
8467.9190	--- 其他	6	30		13	13	千克			0	4.2	0
8467.9200	-- 风动工具用	6	30		13	13	千克			0		0
	-- 其他：											
8467.9910	--- 电动工具用	8	30		13	13	千克			0	5.2	0
8467.9990	--- 其他	6	30		13	13	千克			0		0
84.68	**焊接机器及装置，不论是否兼有切割功能，但税目85.15的货品除外；气体加温表面回火机器及装置：**											
8468.1000	- 手提喷焊器	9	30		13	13	台/千克			0		0
8468.2000	- 其他气体焊接或表面回火机器及装置											
84682000.10	自动焊接机[将端塞焊接于燃料细棒（或棒）的自动焊接机]	9	30		13	13	台/千克	3		0		0
84682000.90	其他气体焊接或表面回火机器及装置	9	30		13	13	台/千克			0		0
8468.8000	- 其他机器及装置	9	30		13	13	台/千克			0		0
8468.9000	- 零件	7	30	3	13	13	千克			0		0
84.70	**计算机器及具有计算功能的袖珍式数据记录、重现及显示机器；装有计算装置的会计计算机、邮资盖戳机、售票机及类似机器；现金出纳机：**											
8470.1000	- 不需外接电源的电子计算器及具有计算功能的袖珍式数据记录、重现及显示机器	0	80		13	13	台/千克			0		0
	- 其他电子计算器：											
8470.2100	-- 装有打印装置的	0	80		13	13	台/千克			0		0
8470.2900	-- 其他	0	80		13	13	台/千克			0		0
8470.3000	- 其他计算机器	0	40		13	13	台/千克			0		0
	- 现金出纳机：											
8470.5010	--- 销售点终端出纳机	0	40		13	13	台/千克		L/	0		0
8470.5090	--- 其他	0	40		13	13	台/千克		L/	0		0
8470.9000	- 其他	0	40		13	13	台/千克			0		0
84.71	**自动数据处理设备及其部件；其他税目未列名的磁性或光学阅读机、将数据以代码形式转录到数据记录媒体的机器及处理这些数据的机器：**											
	- 重量不超过10千克的便携式自动数据处理设备，至少由一个中央处理部件、一个键盘及一个显示器组成：											
8471.3010	--- 平板电脑	0	70		13	13	台/千克	A	L/	0		0

协定税率（%）														特惠税率（%）①/②	Article Description
巴基斯坦	冰岛	哥斯达黎加	秘鲁	新西兰	瑞士	新加坡	韩国	澳大利亚	格鲁吉亚	毛里求斯	日本RCEP	尼加拉瓜	港澳台		
0	0	0	0	0	0		0	0	0	0	7.3	6.4	0/	0/0	--- Chain saws
0	0	0	0	0	0	0	0	0	0	0	7.3	6.4	0/	0/0	--- Other
															-- Other:
0	0	0	0	0	4	0	0	0	0	0	7.3	6.4	0/	0/0	--- Grinding tools (including burnisher, belt sander, wheel-sander)
0	0	0	0	0	0		0	0	0	0	7.3	6.4	0/	0/0	--- Planings
0	0	0	0	0	0	0	0	0	0	0	7.3	6.4	0/	0/0	--- Other
															- Other tools:
0	0	0	0	0	0		0	0	0	0	5.8	6.4	0/	0/0	-- Chain saws
0	0	0	0	0	0		2.6	0	0	0	6.5	6.4	0/	0/0	-- Other
															- Parts:
															-- Of chain saws:
0	0	0	0	0	0		0	0	0	0	0	0	0/	0/0	--- With self-contained electric motor
0	0	0	0	0	0		0	0	0	0	4.4	0	0/	0/0	--- Other
0		0	0	0	0		0	0	0	0	4.4	0	0/	0/0	-- Of pneumatic tools
															-- Other:
2.5	0	0	0	0	0	0	0	0	0	0	7.3	6.4	0/	0/0	--- With self-contained electric motor
0	0	0	0	0	0		0	0	0	0	4.4	0	0/	0/0	--- Other
															Machinery and apparatus for soldering, brazing or welding, whether or not capable of cutting, other than those of heading 85.15; gas-operated surface tempering machines and appliances:
3	0	0	0	0	0	0	0	0	0	0	8.7	8.1	0/	0/0	- Hand-held blow pipes
															- Other gas-operated machinery and apparatus
3	0	0	0	0	0	0	0	0	0	0	8.7	8.1	0/	0/0	Automatic welding machines (that weld the end plug on the thin fuel rods)
3	0	0	0	0	0	0	0	0	0	0	8.7	8.1	0/	0/0	Other gas welding or surface tempering machines and equipments
3	0	0	0	0	0	0		0	0	0		8.1	0/	0/0	- Other machinery and apparatus
0	0	0	0	0	0		0	0	0	0	5.1	0	0/	0/0	- Parts
															Calculating machines and pocket-size data recording, reproducing and displaying machines with calculating functions; accounting machines, postage-franking machines, ticket-is-suing machines and similar machines, incorporating a calculating device; cash registers:
0	0	0	0	0	0		0	0	0	0	0	0	0/	0/0	- Electronic calculators capable of operation without an external source of electric power and pocket-size data recording, reproducing and displaying machines with calculating functions
															- Other electronic calculating machines:
0	0	0	0	0	0		0	0	0	0	0	0	0/	0/0	-- Incorporating a printing device
0	0	0	0	0	0		0	0	0	0	0	0	0/	0/0	-- Other
0	0	0	0	0	0		0	0	0	0	0	0	0/	0/0	- Other calculating machines
															- Cash registers:
0	0	0	0	0	0		0	0	0	0	0	0	0/	0/0	--- Terminal registers for market
0	0	0	0	0	0		0	0	0	0	0	0	0/	0/0	--- Other
0	0	0	0	0	0		0	0	0	0	0	0	0/	0/0	- Other
															Automatic data processing machines and units thereof; magnetic or optical readers, machines for transcribing, data onto data media in coded form and machines for processing such data, not elsewhere specified or included:
															- Portable automatic data processing machines, weighing not more than 10kg, consisting of at least a central processing unit, a keyboard and a display:
0	0	0	0	0	0		0	0	0	0	0	0	0/	0/0	--- Tablet computers

税　号	货品名称	进口关税（%）最惠国	普通	年内暂定	增值/消费税（%）	出口退税（%）	计量单位	监管证件代码	检验检疫类别	协定税率（%）东盟	亚太	智利
8471.3090	--- 其他	0	70		13	13	台/千克	A	L/	0		0
	- 其他自动数据处理设备:											
	-- 同一机壳内至少有一个中央处理部件及一个输入和输出部件，不论是否组合式:											
8471.4110	--- 巨型机、大型机及中型机											
84714110.10	高性能数字计算机[高性能数字计算机是指调整后峰值性能（APP）大于8.0加权每秒万亿次浮点运算的数字计算机]	0	14		13	13	台/千克	3		0		0
84714110.90	其他巨、大、中型自动数据处理设备	0	14		13	13	台/千克			0		0
8471.4120	--- 小型机	0	14		13	13	台/千克		L/	0		0
8471.4140	--- 微型机	0	70		13	13	台/千克	A	L/	0		0
8471.4190	--- 其他	0	70		13	13	台/千克		L/	0		0
	-- 其他，以系统形式进口或出口的:											
8471.4910	--- 巨型机、大型机及中型机											
84714910.10	系统形式报验的高性能数字计算机[计算机指自动数据处理设备，高性能数字计算机是指调整后峰值性能（APP）大于8.0加权每秒万亿次浮点运算的数字计算机]	0	29		13	13	台/千克	3		0		0
84714910.90	其他系统形式报验的巨、大、中型机（计算机指自动数据处理设备）	0	29		13	13	台/千克			0		0
8471.4920	--- 小型机	0	29		13	13	台/千克		L/	0		0
8471.4940	--- 微型机	0	70		13	13	台/千克		L/	0		0
	--- 其他:											
8471.4991	---- 分散型工业过程控制设备	0	70		13	13	台/千克			0		0
8471.4999	---- 其他	0	70		13	13	台/千克		L/	0		0
	- 子目8471.41或8471.49所列以外的处理部件，不论是否在同一机壳内有一个或两个下列部件：存储部件、输入部件、输出部件:											
8471.5010	--- 巨型机、大型机及中型机的											
84715010.10	高性能数字计算机处理部件[不论是否在同一机壳内有一或两个存储，输入或输出部件，高性能数字计算机是指调整后峰值性能（APP）大于8.0加权每秒万亿次浮点运算的数字计算机]	0	14		13	13	台/千克	3		0		0
84715010.90	其他巨、大、中型机处理部件（不论是否在同一机壳内有一或两个存储，输入或输出部件）	0	14		13	13	台/千克			0		0
8471.5020	--- 小型机的	0	14		13	13	台/千克			0		0
8471.5040	--- 微型机的											
84715040.01	含显示器和主机的微型机（不论是否在同一机壳内有一或两个存储，输入或输出部件）	0	70		13	13	台/千克		L/	0		0
84715040.90	其他的微型机的处理部件（不论是否在同一机壳内有一或两个存储，输入或输出部件）	0	70		13	13	台/千克			0		0
8471.5090	--- 其他	0	70		13	13	台/千克			0		0
	- 输入或输出部件，不论是否在同一机壳内有存储部件:											
8471.6040	--- 巨型机、大型机、中型机及小型机用终端	0	14		13	13	台/千克			0		0
8471.6050	--- 扫描仪	0	14		13	13	台/千克		L/	0		0
8471.6060	--- 数字化仪	0	14		13	13	台/千克			0		0
	--- 键盘、鼠标器:											
8471.6071	---- 键盘	0	40		13	13	个/千克			0		0
8471.6072	---- 鼠标器	0	40		13	13	个/千克			0		0
8471.6090	--- 其他	0	14		13	13	台/千克			0		0
	- 存储部件:											

协定税率（%）														特惠税率（%）①/②	Article Description
巴基斯坦	冰岛	哥斯达黎加	秘鲁	新西兰	瑞士	新加坡	韩国	澳大利亚	格鲁吉亚	毛里求斯	日本RCEP	尼加拉瓜	港澳台		
0	0	0	0	0	0		0	0	0	0	0	0	0/	0/0	--- Other
															- Other automatic data processing machines:
															-- Comprising in the same housing at least a central processing unit and an input and output unit, whether or not combined:
															--- Mainframes
0	0	0	0	0	0		0	0	0	0	0	0	0/	0/0	High performance digital computer (of adjusted peak performance (APP) no less than 8.0 Weighted TeraFLOPS)
0	0	0	0	0	0		0	0	0	0	0	0	0/	0/0	Other automatic data processing machines
0	0	0	0	0	0		0	0	0	0	0	0	0/	0/0	--- Mini-computers
0	0	0	0	0	0		0	0	0	0	0	0	0/	0/0	--- Microprocessings
0	0	0	0	0	0		0	0	0	0	0	0	0/	0/0	--- Other
															-- Other, presented in the form of systems:
															--- Mainframes
0	0	0	0	0	0		0	0	0	0	0	0	0/	0/0	High performance digital computer (of adjusted peak performance (APP) no less than 8.0 Weighted TeraFLOPS) presented in the form of systems
0	0	0	0	0	0		0	0	0	0	0	0	0/	0/0	Other mainframes presented in the form of systems (mainframe means automatic data processing machine)
0	0	0	0	0	0		0	0	0	0	0	0	0/	0/0	--- Mini-computers
0	0	0	0	0	0		0	0	0	0	0	0	0/	0/0	--- Microprocessings
															--- Other:
0	0	0	0	0	0		0	0	0	0	0	0	0/	0/0	----Processing machines for the distributed control system
0	0	0	0	0	0		0	0	0	0	0	0	0/	0/0	----Other
															- Processing units other than those of subheading 8471.41 or 8471.49, whether or not containing in the same housing one or two of the following types of unit:storage units, input units, output units:
															--- Mainframes
0	0	0	0	0	0		0	0	0	0	0	0	0/	0/0	Unites of High performance digital computer (of adjusted peak performance (APP) no less than 8.0 Weighted TeraFLOPS)(whether or not in the same housing one or two storage, input or output components)
0	0	0	0	0	0		0	0	0	0	0	0	0/	0/0	Other unites of mainframes (whether or not in the same housing one or two storage, input or output components)
0	0	0	0	0	0		0	0	0	0	0	0	0/	0/0	--- Mini-computers
															--- Microprocessings
0	0	0	0	0	0		0	0	0	0	0	0	0/	0/0	Including monitor and host microcomputer (whether or not in the same housing one or two storages, input or output units)
0	0	0	0	0	0		0	0	0	0	0	0	0/	0/0	Other microcomputers processing unit (whether or not in the same housing one or two storage, input or output components)
0	0	0	0	0	0		0	0	0	0	0	0	0/	0/0	--- Other
															- Input or output units, whether or not containing storage units in the same housing:
0	0	0	0	0	0		0	0	0	0	0	0	0/	0/0	--- Terminating machines for the huge computers, mainframes and minicomputers
0	0	0	0	0	0		0	0	0	0	0	0	0/	0/0	--- Scanner
0	0	0	0	0	0		0	0	0	0	0	0	0/	0/0	--- Digitizer
															--- Keyboards, mouses:
0	0	0	0	0	0		0	0	0	0	0	0	0/	0/0	----Keyboards
0	0	0	0	0	0		0	0	0	0	0	0	0/	0/0	----Mouses
0	0	0	0	0	0		0	0	0	0	0	0	0/	0/0	--- Other
															- Storage units:

税　号	货品名称	进口关税（%）			增值/消费税（%）	出口退税（%）	计量单位	监管证件代码	检验检疫类别	协定税率（%）		
		最惠国	普通	年内暂定						东盟	亚太	智利
	--- 硬盘驱动器：											
8471.7011	---- 固态硬盘（SSD）	0	14		13	13	台/千克			0		0
8471.7019	---- 其他	0	14		13	13	台/千克			0		0
8471.7020	--- 软盘驱动器	0	14		13	13	台/千克			0		0
8471.7030	--- 光盘驱动器	0	14		13	13	台/千克			0		0
8471.7090	--- 其他	0	14		13	13	台/千克			0		0
8471.8000	- 自动数据处理设备的其他部件	0	40		13	13	台/千克			0		0
8471.9000	- 其他											
84719000.10	专用于复制的光盘刻录机（也称光盘复读机）	0	40		13	13	台/千克			0		0
84719000.90	未列名的磁性或光学阅读器（包括将数据以代码形式转录的机器及处理这些数据的机器）	0	40		13	13	台/千克		L/	0		0
84.72	**其他办公室用机器（例如，胶版复印机、油印机、地址印写机、自动付钞机、硬币分类、计数及包装机、削铅笔机、打洞机或订书机）：**											
8472.1000	- 胶版复印机、油印机	0	40		13	13	台/千克		L/	0		0
	- 信件分类或折叠机或信件装封机、信件开封或闭封机、粘贴或盖销邮票机：											
8472.3010	--- 邮政信件分拣及封装设备	8	40		13	13	台/千克			0		0
8472.3090	--- 其他	8	40		13	13	台/千克			0		0
	- 其他：											
8472.9010	--- 自动柜员机	0	40		13	13	台/千克		L/	0		0
	--- 装订用机器：											
8472.9021	---- 打洞机	0	40		13	13	台/千克			0		0
8472.9022	---- 订书机	0	40		13	13	台/千克			0		0
8472.9029	---- 其他	0	40		13	13	台/千克			0		0
8472.9030	--- 碎纸机	0	40		13	13	台/千克			0		0
8472.9040	--- 地址印写机及地址铭牌压印机	0	40		13	13	台/千克			0		0
8472.9050	--- 文字处理机	0	40		13	13	台/千克			0		0
8472.9060	--- 打字机，但税目84.43的打印机除外	8	40		13	13	台/千克			0		0
8472.9090	--- 其他	0	40		13	13	台/千克			0		0
84.73	**专用于或主要用于税目84.70至84.72所列机器的零件、附件（罩套、提箱及类似品除外）：**											
	- 税目84.70所列机器的零件、附件：											
8473.2100	-- 子目8470.10、8470.21或8470.29所列电子计算器的零件、附件	0	50		13	13	千克			0		0
8473.2900	-- 其他	0	35		13	13	千克			0		0
	- 税目84.71所列机器的零件、附件：											
8473.3010	--- 子目8471.4110、8471.4120、8471.4910、8471.4920、8471.5010、8471.5020、8471.6090、8471.7011、8471.7019、8471.7020、8471.7030及8471.7090所列机器及装置的零件、附件	0	14		13	13	千克			0		0
8473.3090	--- 其他	0	40		13	13	千克			0		0
	- 税目84.72所列机器的零件、附件：											
8473.4010	--- 自动柜员机用出钞器和循环出钞器	0	35		13	13	千克			0		0

协定税率（%）														特惠税率（%）①/②	Article Description
巴基斯坦	冰岛	哥斯达黎加	秘鲁	新西兰	瑞士	新加坡	韩国	澳大利亚	格鲁吉亚	毛里求斯	日本RCEP	尼加拉瓜	港澳台		
															--- Rigid disk drivers:
0	0	0	0	0	0		0	0	0	0	0	0	0/	0/0	----Solid state disks
0	0	0	0	0	0		0	0	0	0	0	0	0/	0/0	----Other
0	0	0	0	0	0		0	0	0	0	0	0	0/	0/0	--- Floppy disk drivers
0	0	0	0	0	0		0	0	0	0	0	0	0/	0/0	--- CD drivers
0	0	0	0	0	0		0	0	0	0	0	0	0/	0/0	--- Other
0	0	0	0	0	0		0	0	0	0	0	0	0/	0/0	- Other units of automatic data processing machines
															- Other
0	0	0	0	0	0		0	0	0	0	0	0	0/	0/0	CD-R machines used solely for copying (also called CD repeaters)
0	0	0	0	0	0		0	0	0	0	0	0	0/	0/0	Magnetic or optical readers not elsewhere specified or included (including the machines for transcribing data in coded form and machines for processing such data)
															Other office machines (for example, hectograph or stencil duplicating machines, addressing machines, automatic banknote dispensers, coin-sorting machines, coincounting or wrapping machines, pencil-sharpening machines, perforating or stapling machines):
5.6	0	0	0	0	0	0	0	0	0	0	0	0	0/	0/0	- Duplicating machines
															- Machines for sorting or folding mail or for inserting mail in envelopes or bands, machines for opening, closing or sealing mail and machines for affixing or cancelling postage stamps:
0	0	0	0	0			0	0	0	0	7.3	6.4	0/	0/0	--- Machines for sorting or banding mail
3.5	0	0	0	0	0	0	0	0	0	0	10.2	6.4	0/	0/0	--- Other
															- Other:
0	0	0	0	0	0		0	0	0	0	0	0	0/	0/0	--- Automated teller
															--- Stapling machines:
0	0	0	0	0	0		0	0	0	0	0	0	0/	0/0	----Perforator
0	0	0	0	0	0		0	0	0	0	0	0	0/	0/0	----Stapler
0	0	0	0	0	0		0	0	0	0	0	0	0/	0/0	----Other
0	0	0	0	0	0		0	0	0	0	0	0	0/	0/0	--- Paper shrudders
5.6	0	0	0	0	0	0	0	0	0	0	0	0	0/	0/0	--- Addressing machines and address plate embossing machines
0	0	0	0	0	0		0	0	0	0	0	0	0/	0/0	--- Word-processing machines
3	0	0	0	0	0	0		0	0	0	8.7	6.4	0/	0/0	--- Typewriters other than printers of heading No.84.43
0	0	0	0	0	0		0	0	0	0	0	0	0/	0/0	--- Other
															Parts and accessories (other than covers, carrying cases and the like) suitable for use solely or principally with machines of headings 84.70 to 84.72:
															- Parts and accessories of the machines of heading 84.70:
0	0	0	0	0	0		0	0	0	0	0	0	0/	0/0	-- Of the electronic calculating machines of subheadings 8470.10, 8470.21 or 8470.29
0	0	0	0	0	0		0	0	0	0	0	0	0/	0/0	-- Other
															- Parts and accessories of the machines of heading 84.71:
0	0	0	0	0	0		0	0	0	0	0	0	0/	0/0	--- Of the machines of subheadings 8471.4110, 8471.4120, 8471.4910, 8471.4920, 8471.5010, 8471.5020, 8471.6090, 8471.7011,8471.7019, 8471.7020, 8471.7030 and 8471.7090
0	0	0	0	0	0		0	0	0	0	0	0	0/	0/0	--- Other
															- Parts and accessories of the machines of heading 84.72:
2.5	0	0	0	0	0	0	5.2	0	0	0	0	0	0/	0/0	--- Banknote dispenser of automated teller

税号	货品名称	进口关税（%）最惠国	普通	年内暂定	增值/消费税（%）	出口退税（%）	计量单位	监管证件代码	检验检疫类别	协定税率（%）东盟	亚太	智利
8473.4020	--- 子目8472.9050、8472.9060所列机器的零件、附件	0	35		13	13	千克			0		0
8473.4090	--- 其他											
84734090.10	钞票清分机零附件	0	35		13	13	千克			0		0
84734090.90	其他办公室用机器零附件	0	35		13	13	千克			0		0
8473.5000	- 同样适用于税目84.70至84.72中两个或两个以上税目所列机器的零件、附件	0	35		13	13	千克			0		0
84.74	**泥土、石料、矿石或其他固体（包括粉状、浆状）矿物质的分类、筛选、分离、洗涤、破碎、磨粉、混合或搅拌机器；固体矿物燃料、陶瓷坯泥、未硬化水泥、石膏材料或其他粉状、浆状矿产品的粘聚或成形机器；铸造用砂模的成形机器：**											
8474.1000	- 分类、筛选、分离或洗涤机器	5	30		13	13	台/千克			0		0
	- 破碎或磨粉机器：											
8474.2010	--- 齿辊式	5	30		13	13	台/千克			0		0
8474.2020	--- 球磨式	5	30		13	13	台/千克			0		0
8474.2090	--- 其他	5	30		13	13	台/千克			0		0
	- 混合或搅拌机器：											
8474.3100	-- 混凝土或砂浆混合机器	7	30		13	13	台/千克			0		0
8474.3200	-- 矿物与沥青的混合机器	7	30		13	13	台/千克			0		0
8474.3900	-- 其他	5	30		13	13	台/千克			0		0
	- 其他机器：											
8474.8010	--- 辊压成型机	5	30		13	13	台/千克			0	3.3	0
8474.8020	--- 模压成型机	5	30		13	13	台/千克			0	3.3	0
8474.8090	--- 其他											
84748090.10	纸面角线石膏板搅拌成型机	5	30		13	13	台/千克			0	3.3	0
84748090.90	税目84.74未列名的其他机器（如矿产品的粘聚或成型机器及铸造用砂模的成型机器）	5	30		13	13	台/千克			0	3.3	0
8474.9000	- 零件	5	30		13	13	千克			0		0
84.75	**白炽灯泡、灯管、放电灯管、电子管、闪光灯泡及类似品的封装机器；玻璃或玻璃制品的制造或热加工机器：**											
8475.1000	- 白炽灯泡、灯管、放电灯管、电子管、闪光灯泡及类似品的封装机器	8	30		13	13	台/千克			0		0
	- 玻璃或玻璃制品的制造或热加工机器：											
8475.2100	-- 制造光导纤维及其预制棒的机器	0	30		13	13	台/千克			0		0
	-- 其他：											
	--- 玻璃的热加工设备：											
8475.2911	---- 连续式玻璃热弯炉	8	30		13	13	台/千克			0	5.2	0
8475.2912	---- 玻璃纤维拉丝机（光纤拉丝机除外）	8	30		13	13	台/千克			0	5.2	0
8475.2919	---- 其他	8	30		13	13	台/千克			0		0
8475.2990	--- 其他	8	30		13	13	台/千克			0		0
8475.9000	- 零件											
84759000.10	子目8475.21所列机器的零件	0	30		13	13	千克			0		0

协定税率（%）														特惠税率（%）①/②	Article Description
巴基斯坦	冰岛	哥斯达黎加	秘鲁	新西兰	瑞士	新加坡	韩国	澳大利亚	格鲁吉亚	毛里求斯	日本RCEP	尼加拉瓜	港澳台		
0	0	0	0	0	0		2.6	0	0	0	0	0	0/	0/0	--- Parts and accessories of the subheadings 8472.9050 and 8472.9060
															--- Other
2.5	0	0	0	0	0	0	0	0	0	0	0	0	0/	0/0	Parts and accessories of banknote sorters
2.5	0	0	0	0	0	0	0	0	0	0	0	0	0/	0/0	Parts and accessories of other office machines
0	0	0	0	0	0		0	0	0	0	0	0	0/	0/0	- Parts and accessories equally suitable for use with machines of two or more of the headings 84.70 to 84.72
															Machinery for sorting, screening, separating, washing, crushing, grinding, mixing or kneading earth, stone, ores or other mineral substances, in solid (including powder or paste) form;machinery for agglomerating, shaping or moulding solid mineral fuels, ceramic paste, unhardened cements, plastering materials or other mineral products in powder or paste form; machines for forming foundry moulds of sand:
0	0	0	0	0	0		0	0	0	0	3.6	0	0/	0/0	- Sorting, screening, separating or washing machines
															- Crushing or grinding machines:
0	0	0	0	0	0		0	0	0	0	3.6	0	0/	0/0	--- Toothing roller type
0	0	0	0	0	0		1.6	0	0	0	4.1	0	0/	0/0	--- Em-Peters type
0	0	0	0	0	0		0	0	0	0	3.6	0	0/	0/0	--- Other
															- Mixing or kneading machines:
0	0	0	0	0	0		0	0	0	0	5.1	0	0/	0/0	-- Concrete or mortar mixers
0	0	0	0	0			0	0	0	0	5.1	0	0/	0/0	-- Machines for mixing mineral substances with bitumen
0	0	0	0	0	2		0	0	0	0	3.6	0	0/	0/0	-- Other
															- Other machinery:
0	0	0	0	0	0		0	0	0	0	3.6	0	0/	0/0	--- Rolling forming machines
0	0	0	0	0	0		1.6	0	0	0	4.1	0	0/	0/0	--- Moulding forming machines
															--- Other
0	0	0	0	0	0		0	0	0	0	3.6	0	0/	0/0	Angle line mixing gypsum board paper machines
0	0	0	0	0	0		0	0	0	0	3.6	0	0/	0/0	Other machines not elsewhere specified or included in heading 84.74 (Such as the cohesive, or shaping machines for mineral products and the shaping machines for casting sand mould)
0	0	0	0	0	0		0	0	0	0	3.6	0	0/	0/0	- Parts
															Machines for assembling electric or electronic lamps, tubes or valves or flashbulbs, in glass envelopes; machines for manufacturing or hot working glass or glassware:
0	0	0	0	0	0		0	0	0	0	5.8	6.4	0/	0/0	- Machines for assembling electric or electronic lamps, tubes or valves or flashbulbs, in glass envelopes
															- Machines for manufacturing or hot working glass or glassware:
0	0	0	0	0	0	0	0	0	0	0	7.3	0	0/	0/0	-- Machines for making optical fibres and preforms thereof
															-- Other:
															--- Equipments for hot working glass or glasswares:
0	0	0	0	0	0		0	0	0	0	7.3	6.4	0/	0/0	-----Continuous hot bending furnaces
0	0	0	0	0	0		0	0	0	0	7.3	6.4	0/	0/0	----Fiber glass winder (excluding Opticaefiber winder)
0	0	0	0	0	0	0	0	0	0	0	7.3	6.4	0/	0/0	----Other
0	0	0	0	0	0		0	0	0	0	7.3	6.4	0/	0/0	--- Other
															- Parts
4	0	0	0	0	0		0	0	0	0	5.8	6.4	0/	0/0	Parts of the machines of subheading 8475.21

税　号	货品名称	进口关税（%）			增值/消费税（%）	出口退税（%）	计量单位	监管证件代码	检验检疫类别	协定税率（%）		
		最惠国	普通	年内暂定						东盟	亚太	智利
84759000.90	其他税目84.75所列机器的零件（灯泡等封装机及玻璃等制造机器的零件）	8	30		13	13	千克			0		0
84.76	**自动售货机（例如，出售邮票、香烟、食品或饮料的机器），包括钱币兑换机：**											
	- 饮料自动销售机：											
8476.2100	-- 装有加热或制冷装置的	11	50		13	13	台/千克	A	R/	0		0
8476.2900	-- 其他	12	50		13	13	台/千克	A	R/	0		0
	- 其他机器：											
8476.8100	-- 装有加热或制冷装置的	11	50		13	13	台/千克			0		0
8476.8900	-- 其他											
84768900.10	钱币兑换机	0	50		13	13	台/千克			0		0
84768900.90	其他无加热或制冷装置的自动售货机	12	50		13	13	台/千克			0		0
8476.9000	- 零件											
84769000.10	钱币兑换机的零件	0	50		13	13	千克			0		0
84769000.90	其他税目84.76所列机器的零件	8	50		13	13	千克			0		0
84.77	**本章其他税目未列名的橡胶或塑料及其产品的加工机器：**											
	- 注射机：											
8477.1010	--- 注塑机											
84771010.10	用于光盘生产的精密注塑机（加工塑料的）	0	45		13	13	台/千克			0		0
84771010.90	其他注塑机	0	45		13	13	台/千克			0		0
8477.1090	--- 其他	0	30		13	13	台/千克			0		0
	- 挤出机：											
8477.2010	--- 塑料造粒机	5	30		13	13	台/千克			0	3.3	0
8477.2090	--- 其他	5	30		13	13	台/千克			0	3.3	0
	- 吹塑机：											
8477.3010	--- 挤出吹塑机	5	30		13	13	台/千克			0		0
8477.3020	--- 注射吹塑机	5	30		13	13	台/千克			0		0
8477.3090	--- 其他	5	30		13	13	台/千克			0		0
	- 真空模塑机器及其他热成型机器：											
8477.4010	--- 塑料中空成型机	5	30		13	13	台/千克			0	3.3	0
8477.4020	--- 塑料压延成型机	5	30		13	13	台/千克			0	3.3	0
8477.4090	--- 其他	5	30		13	13	台/千克			0	3.3	0
	- 其他模塑或成型机器：											
8477.5100	-- 用于充气轮胎模塑或翻新的机器及内胎模塑或用其他方法成型的机器	5	30		13	13	台/千克			0		0
8477.5900	-- 其他	5	30		13	13	台/千克			0	3.3	0
8477.8000	- 其他机器	5	30		13	13	台/千克			0	3.3	0
8477.9000	- 零件	0	30		13	13	千克			0		0
84.78	**本章其他税目未列名的烟草加工及制作机器：**											
8478.1000	- 机器	5	30		13	13	台/千克	O		0	2.5	0
8478.9000	- 零件	8	30		13	13	千克	O		0		0
84.79	**本章其他税目未列名的具有独立功能的机器及机械器具：**											
	- 公共工程用机器：											

协定税率（%）														特惠税率（%）①/②	Article Description
巴基斯坦	冰岛	哥斯达黎加	秘鲁	新西兰	瑞士	新加坡	韩国	澳大利亚	格鲁吉亚	毛里求斯	日本RCEP	尼加拉瓜	港澳台		
4	0	0	0	0	0		0	0	0	0	5.8	6.4	0/	0/0	Other parts of the machines of heading 84.75(parts of machines for assembling lamps and machines for manufacturing glass)
															Automatic goods-vending machines (for example, postage stamp, cigarette, food or beverage machines), including money-changing machines:
															- Automatic beverage-vending machines:
5.6	0	0	0	0	0	0	0	0	0	0	10.2	9.9	0/	0/0	-- Incorporating heating or refrigerating devices
6	0	0	0	0	0	0	0	0	0	0	10.9	11.2	0/	0/0	-- Other
															- Other machines:
3.5	0	0	0	0	0	0	0	0	0	0	10.2	9.9	0/	0/0	-- Incorporating heating or refrigerating devices
															-- Other
6	0	0	0	0	0	0	0	0	0	0	10.9	11.2	0/	0/0	Money-changing machines
6	0	0	0	0	0	0	0	0	0	0	10.9	11.2	0/	0/0	Other automatic goods-vending machines, without heating or refrigerating devices
															- Parts
0	0	0	0	0	0		0	0	0	0	7.3	6.4	0/	0/0	Parts of money-changing machines
0	0	0	0	0	0		0	0	0	0	7.3	6.4	0/	0/0	Other parts of the machines of heading 84.76
															Machinery for working rubber or plastics or for the manufacture of products from these materials, not specified or included elsewhere in this Chapter:
															- Injection-moulding machines:
															--- For working plastics
0	0	0	0	0	0		0	0	0	0	0	0	0/	0/0	Precision injection molding machines for producing compact disks (processing plastics)
0	0	0	0	0	0		0	0	0	0	0	0	0/	0/0	Other injection molding machines
0	0	0	0	0	0		0	0	0	0	0	0	0/	0/0	--- Other
															- Extruders:
0	0	0	0	0	0		0	0	0	0	0	0	0/0	0/0	--- Plastic pelletizers
0	0	0	0	0	2		0	0	0	0	3.6	0	0/0	0/0	--- Other
															- Blow moulding machines:
0	0	0	0	0	0		0	0	0	0	3.6	0	0/	0/0	--- Extrusion blow moulding machines
0	0	0	0	0	0		0	0	0	0	0	0	0/	0/0	--- Injection blow moulding machines
0	0	0	0	0	0		0	0	0	0	3.6	0	0/	0/0	--- Other
															- Vacuum moulding machines and other thermoforming machines:
0	0	0	0	0			0	0	0	0	3.6	0	0/0	0/0	--- Plastics brideg-die-forming machines
0	0	0	0	0	0		0	0	0	0	3.6	0	0/0	0/0	--- Plastics calender-forming machines
0	0	0	0	0	2		0	0	0	0	3.6	0	0/0	0/0	--- Other
															- Other machinery for moulding or otherwise forming:
0	0	0	0	0	0		0	0	0	0	3.6	0	0/	0/0	-- For moulding or retreading pneumatic tyres or for moulding or otherwise forming inner tubes
0	0	0	0	0	0		1.6	0	0	0	4.1	0	0/0	0/0	-- Other
0	0	0	0	0	2		0	0	0	0	4.1	0	0/0	0/0	- Other machinery
0	0	0	0	0	0		0	0	0	0	0	0	0/	0/0	- Parts
															Machinery for preparing or making up tobacco, not specified or included elsewhere in this Chapter:
0	0	0	0	0	0					0			0/	0/0	- Machinery
4	0	0	0	0	0					0			0/	0/0	- Parts
															Machines and mechanical appliances having individual functions, not specified or included elsewhere in this Chapter:
															- Machinery for public works, building or the like:

税　号	货品名称	进口关税（%）			增值/消费税（%）	出口退税（%）	计量单位	监管证件代码	检验检疫类别	协定税率（%）		
		最惠国	普通	年内暂定						东盟	亚太	智利
	--- 摊铺机:											
8479.1021	---- 沥青混凝土摊铺机	8	30		13	13	台/千克	O		0	5.2	0
8479.1022	---- 稳定土摊铺机	8	30		13	13	台/千克			0	5.2	0
8479.1029	---- 其他	8	30		13	13	台/千克	O		0	5.2	0
8479.1090	--- 其他	8	30		13	13	台/千克			0	5.2	0
8479.2000	- 提取、加工动物油脂、植物固定油脂或微生物油脂的机器	8	30		13	13	台/千克	A	R/	0		0
8479.3000	- 木碎料板或木纤维板的挤压机及其他木材或软木处理机	8	30		13	13	台/千克			0		0
8479.4000	- 绳或缆的制造机器	7	30		13	13	台/千克			0		0
	- 未列名工业用机器人:											
	--- 多功能工业机器人:											
8479.5011	---- 协作机器人	0	20		13	13	台/千克			0		0
8479.5019	---- 其他	0	20		13	13	台/千克			0		0
8479.5090	--- 其他											
84795090.10	机器人，末端操纵装置[能处理高能炸药或能抗大于5×10^4戈瑞（硅）辐射的]	0	30		13	13	台/千克	3		0		0
84795090.90	其他工业机器人（多功能工业机器人除外）	0	30		13	13	台/千克			0		0
8479.6000	- 蒸发式空气冷却器	8	30		13	13	台/千克			0	5.2	0
	- 旅客登机（船）桥:											
8479.7100	-- 用于机场的	0	30		13	13	台/千克			0		0
8479.7900	-- 其他	0	30		13	13	台/千克	A	M/	0		0
	- 其他机器及机械器具:											
	-- 处理金属的机械，包括线圈绕线机:											
8479.8110	--- 绕线机	9	30		13	13	台/千克			0	6.3	0
8479.8190	--- 其他	9	30		13	13	台/千克			0	5.9	0
8479.8200	-- 混合、搅拌、轧碎、研磨、筛选、均化或乳化机器											
84798200.10	两用物项管制搅拌器（耐腐蚀热交换器、搅拌器用，带搅拌的发酵罐）	7	30		13	13	台/千克	3		0	4.6	0
84798200.20	用于废物和废水处理的混合、搅拌、轧碎、研磨、筛选、均化或乳化机器	7	30	5	13	13	台/千克			0	4.6	0
84798200.90	其他混合、搅拌、轧碎、研磨机器（包括筛选、均化、乳化机器）	7	30		13	13	台/千克			0	4.6	0
	-- 冷等静压机:											
8479.8310	--- 处理金属的											
84798310.10	处理金属的冷等静压机（两用物项管制机器及机械器具）	9	30		13	13	台/千克	3		0	5.9	0
84798310.90	处理金属的冷等静压机	9	30		13	13	台/千克			0	5.9	0
8479.8390	--- 其他											
84798390.10	其他冷等静压压力机（两用物项管制机器及机械器具）	0	30		13	13	台/千克	3		0		0
84798390.90	其他冷等静压压力机	0	30		13	13	台/千克			0		0
	-- 其他:											
8479.8910	--- 船舶用舵机及陀螺稳定器	0	14		13	13	台/千克			0		0
8479.8920	--- 空气增湿器及减湿器	0	70		13	13	台/千克		L/	0		0

协定税率（%）														特惠税率（%）①/②	Article Description
巴基斯坦	冰岛	哥斯达黎加	秘鲁	新西兰	瑞士	新加坡	韩国	澳大利亚	格鲁吉亚	毛里求斯	日本RCEP	尼加拉瓜	港澳台		
															--- Spreading machines:
0	0	0	0	0	0		0	0	0	0	5.8	6.4	0/	0/0	----Machines for spreading bituminous concrete
0	0	0	0	0	0		0	0	0	0	5.8	6.4	0/	0/0	----Stabilizer spreading machines
0	0	0	0	0	0		0	0	0	0	5.8	6.4	0/	0/0	----Other
0	0	0	0	0	0		0	0	0	0	5.8	6.4	0/	0/0	--- Other
0	0	0	0	0	0	0	0	0	0	0	6.2	6.4	0/	0/0	- Machinery for the extraction or preparation of animal or fixed vegetable or microbial fats or oils
0	0	0	0	0	0		0	0	0	0	7.3	6.4	0/	0/0	- Presses for the manufacture of particle board or fibre building board of wood or other ligneous materials and other machinery for treating wood or cork
0	0	0	0	0	0		0	0	0	0	5.1	0	0/	0/0	- Rope or cable-making machines
															- Industrial robots, not elsewhere specified or included:
															--- Industrial robots for multiple uses:
0	0	0	0	0	0		0	0	0	0	0	0	0/	0/0	----Cooperative robots
0	0	0	0	0	0		0	0	0	0	0	0	0/	0/0	----Other
															--- Other
0	0	0	0	0	0		0	0	0	0	0	0	0/	0/0	Robots, end-control devices (capable of handling high-energy explosives or resisting radiation of more than 5×10^4 Gy (Si))
0	0	0	0	0	0		0	0	0	0	0	0	0/	0/0	Other industrial robots (excluding multi-functional industrial robots)
0	0	0	0	0	0		0	0	0	0	7.3	6.4	0/	0/0	- Evaporative air coolers
															- Passenger boarding bridges:
0	0	0	0	0	0		0	0	0	0	0	0	0/	0/0	-- Of a kind used in airports
0	0	0	0	0	0		0	0	0	0	0	0	0/	0/0	-- Other
															- Other machines and mechanical appliances:
															-- For treating metal, including electric wire coil-winders:
0	0	0	0	0	0		0	0	0	0	7.7	8.1	0/0	0/0	--- Filament winding machines
0	0	0	0	0	0		0	0	0	0	7.7	8.1	0/0	0/0	--- Other
															-- Mixing, kneading, crushing, grinding, screening, sifting, homogenizing, emulsifying or stirring machines
0	0	0	0	0			0	0	0	0	5.1	0	0/0	0/0	Sensitive items control blenders (for corrosion-resistant heat exchangers and mixers, fermentors with stirring function)
0	0	0	0	0			0	0	0	0	5.1	0	0/0	0/0	Mixing, kneading, crushing, grinding, screening, sifting, homogenizing, emulsifying machines for treatment of waste and wastewater
0	0	0	0	0			0	0	0	0	5.1	0	0/0	0/0	Other mixing, stirring, rolling, grinding machines (including screening, homogenizing, emulsifying machines)
															-- Cold isostatic presses:
															--- For treating metal
0	0	0	0	0	0		0	0	0	0	7.7	8.1	0/0	0/0	Cold isostatic presses for treating metal (machines and mechanical appliances, dual-use items controlled)
0	0	0	0	0	0		0	0	0	0	7.7	8.1	0/0	0/0	Cold isostatic presses for treating metal
															--- Other
0	0	0	0	0	0		0	0	0	0	0	0	0/	0/0	Other cold isostatic presses (machines and mechanical appliances, dual-use items controlled)
0	0	0	0	0	0		0	0	0	0	0	0	0/	0/0	Other cold isostatic presses
															-- Other:
0	0	0	0	0	0		0	0	0	0	0	0	0/	0/0	--- Steering and rudder equipment or gyroscopic stabilizers for ships
0	0	0	0	0	0		0	0	0	0	0	0	0/	0/0	--- Air humidifiers or dehumidifiers

税　号	货品名称	进口关税（%）			增值/消费税（%）	出口退税（%）	计量单位	监管证件代码	检验检疫类别	协定税率（%）		
		最惠国	普通	年内暂定						东盟	亚太	智利
8479.8940	--- 邮政用包裹、印刷品分拣设备	0	30		13	13	台/千克			0		0
8479.8950	--- 放射性废物压实机	0	30		13	13	台/千克			0		0
	--- 在印刷电路板上装配元器件的机器:											
8479.8961	---- 自动插件机	0	30		13	13	台/千克			0		0
8479.8962	---- 自动贴片机	0	30		13	13	台/千克			0		0
8479.8969	---- 其他	0	30		13	13	台/千克			0		0
	--- 其他:											
8479.8992	---- 自动化立体仓储设备	0	30		13	13	台/千克	A	M/	0		0
8479.8999	---- 其他											
84798999.10	用于光盘生产的金属母盘生产设备（具有独立功能的）	0	30		13	13	台/千克			0		0
84798999.20	用于光盘生产的黏合机（具有独立功能的）	0	30		13	13	台/千克			0		0
84798999.30	用于光盘生产的真空金属溅镀机（具有独立功能的）	0	30		13	13	台/千克			0		0
84798999.40	保护胶涂覆机及染料层旋涂机（光盘生产用，具有独立功能的）	0	30		13	13	台/千克			0		0
84798999.52	生物反应器（两用物项管制机器及机械器具）	0	30		13	13	台/千克	3		0		0
84798999.53	恒化器（两用物项管制机器及机械器具）	0	30		13	13	台/千克	3		0		0
84798999.54	连续灌流系统（两用物项管制机器及机械器具）	0	30		13	13	台/千克	3		0		0
84798999.55	三坐标或多坐标联动和程控的纤维缠绕机（两用物项管制机器及机械器具）	0	30		13	13	台/千克	3		0		0
84798999.59	其他两用物项管制机器及机械器具	0	30		13	13	台/千克	3		0		0
84798999.60	绕线机（能卷绕直径在75毫米至400毫米、长度为600毫米或更长的）	0	30		13	13	台/千克	3		0		0
84798999.90	本章其他未列名机器及机械器具（具有独立功能的）	0	30		13	13	台/千克	A	M/	0		0
	- 零件:											
8479.9010	--- 船舶用舵机及陀螺稳定器用	0	14		13	13	千克			0		0
8479.9020	--- 空气增湿器及减湿器用	0	70		13	13	千克			0		0
8479.9090	--- 其他											
84799090.10	绕线机的精密芯轴（专用于编号84798990.60绕线机的精密芯轴）	0	20		13	13	千克	3		0		0
84799090.90	税目84.79所列机器的其他零件	0	20		13	13	千克			0		0
84.80	**金属铸造用型箱；型模底板；阳模；金属用型模（锭模除外）、硬质合金、玻璃、矿物材料、橡胶或塑料用型模:**											
8480.1000	- 金属铸造用型箱	8	20		13	13	千克			0		0
8480.2000	- 型模底板	8	20		13	13	千克			0		0
8480.3000	- 阳模	8	20		13	13	千克			0		0
	- 金属、硬质合金用型模:											
	-- 注模或压模:											
8480.4110	--- 压铸模	8	20		13	13	千克			0	5.2	0
8480.4120	--- 粉末冶金用压模	8	20		13	13	千克			0	5.2	0
8480.4190	--- 其他	8	20		13	13	千克			0	5.2	0

协定税率（%）														特惠税率（%）①/②	Article Description
巴基斯坦	冰岛	哥斯达黎加	秘鲁	新西兰	瑞士	新加坡	韩国	澳大利亚	格鲁吉亚	毛里求斯	日本RCEP	尼加拉瓜	港澳台		
0	0	0	0	0	0		0	0	0	0	0	0	0/	0/0	--- Bundle and printed matter sortingmachines used in post offices
0	0	0	0	0	0		0	0	0	0	0	0	0/	0/0	--- Presses for radioactive waste material
															--- Machines for assemblying elements on printed circuit boards:
0	0	0	0	0	0		0	0	0	0	0	0	0/	0/0	----Automatic plug-in machines
0	0	0	0	0	0		0	0	0	0	0	0	0/	0/0	----Automatic coreslice adhering machines
0	0	0	0	0	0		0	0	0	0	0	0	0/	0/0	----Other
															--- Other:
0	0	0	0	0	0		0	0	0	0	0	0	0/	0/0	----Three-dimensional automatic warehouse equipment
															----Other
0	0	0	0	0	0		0	0	0	0	0	0	0/	0/0	Metal master disk equipments for producing compact disks (with an independent function)
0	0	0	0	0	0		0	0	0	0	0	0	0/	0/0	Bonders for producing compact disks (with an independent function)
0	0	0	0	0	0		0	0	0	0	0	0	0/	0/0	Vacuum metal sputtering machines for producing compact disks (with an independent function)
0	0	0	0	0	0		0	0	0	0	0	0	0/	0/0	Protective rubber-coated and dye-layer spin-coating machines (for producing compact disks, with an independent function)
0	0	0	0	0	0		0	0	0	0	0	0	0/	0/0	Bioreactor (machines and mechanical appliances under control of dual-use items)
0	0	0	0	0	0		0	0	0	0	0	0	0/	0/0	Chemostat (machines and mechanical appliances under control of dual-use items)
0	0	0	0	0	0		0	0	0	0	0	0	0/	0/0	Successive perfusion system (machines and mechanical appliances under control of dual-use items)
0	0	0	0	0	0		0	0	0	0	0	0	0/	0/0	Three-coordinate or multi-coordinate linkage and program control filament winding machine (machines and mechanical appliances under control of dual-use items)
0	0	0	0	0	0		0	0	0	0	0	0	0/	0/0	Other machines and mechanical appliances under control of dual-use items
0	0	0	0	0	0		0	0	0	0	0	0	0/	0/0	Winding machines (capable of winding the diameters of 75mm to 400mm, or the length of 600mm or more)
0	0	0	0	0	0		0	0	0	0	0	0	0/	0/0	Machines and mechanical appliances having individual functions, not specified or included elsewhere in this Chapter
															- Parts:
0	0	0	0	0	0		0	0	0	0	0	0	0/	0/0	--- Of the machines of subheading 8479.8910
0	0	0	0	0	0		0	0	0	0	0	0	0/	0/0	--- Of the machines of subheading 8479. 8920
															--- Other
0	0	0	0	0	0		0	0	0	0	0	0	0/	0/0	Precision mandrels for winding machines (precision mandrels used solely for winding machines of subheading 8479.8990.60)
0	0	0	0	0	0		0	0	0	0	0	0	0/	0/0	Other parts for the machines listed in heading 84.79
															Moulding boxes for metal foundry; mould bases; moulding patterns; moulds for metal (other than ingot moulds), metal carbides, glass, mineral materials, rubber or plastics:
0	0	0	0	0	0		0	0	0	0	7.3	6.4	0/	0/0	- Moulding boxes for metal foundry
0	0	0	0	0	0		0	0	0	0	5.8	6.4	0/	0/0	- Mould bases
0	0	0	0	0	0	0	0	0	0	0	7.3	6.4	0/	0/0	- Moulding patterns
															- Moulds for metal or metal carbides:
															-- Injection or compression types:
0	0	0	0	0	0		2.6	0	0	0	6.5	6.4	0/0	0/0	--- Pressure-casting moulds
0	0	0	0	0	0		2.6	0	0	0	6.5	6.4	0/0	0/0	--- Moulds for powder metallurgy
0	0	0	0	0	0		2.6	0	0	0	6.5	6.4	0/0	0/0	--- Other

税　号	货品名称	进口关税（%）			增值/消费税（%）	出口退税（%）	计量单位	监管证件代码	检验检疫类别	协定税率（%）		
		最惠国	普通	年内暂定						东盟	亚太	智利
8480.4900	-- 其他	8	20		13	13	千克			0	5.2	0
8480.5000	- 玻璃用型模	8	20		13	13	套/千克			0		0
8480.6000	- 矿物材料用型模	8	20		13	13	套/千克			0		0
	- 塑料或橡胶用型模:											
	-- 注模或压模:											
8480.7110	--- 硫化轮胎用囊式型模	0	20		13	13	套/千克			0		0
8480.7190	--- 其他											
84807190.10	用于光盘生产的专用模具（注模或压模）	0	20		13	13	套/千克			0		0
84807190.90	其他塑料或橡胶用注模或压模	0	20		13	13	套/千克			0		0
8480.7900	-- 其他											
84807900.10	农用双壁波纹管生产线用其他模具	5	20		13	13	套/千克			0	3.3	0
84807900.90	塑料或橡胶用其他型模	5	20		13	13	套/千克			0	3.3	0
84.81	**用于管道、锅炉、罐、桶或类似品的龙头、旋塞、阀门及类似装置，包括减压阀及恒温控制阀:**											
8481.1000	- 减压阀											
84811000.01	喷灌设备用减压阀（用于管道、锅炉、罐、桶或类似品的）	5	30	2	13	13	套/千克			0		0
84811000.90	其他减压阀（用于管道、锅炉、罐、桶或类似品的）	5	30		13	13	套/千克			0		0
	- 油压或气压传动阀:											
8481.2010	--- 油压的											
84812010.10	飞机发动机用液压传动阀（用于管道、锅炉、罐、桶或类似品的）	5	30	1	13	13	套/千克			0		0
84812010.90	其他油压传动阀（用于管道、锅炉、罐、桶或类似品的）	5	30		13	13	套/千克			0		0
8481.2020	--- 气压的											
84812020.10	飞机发动机用气压传动阀（用于管道、锅炉、罐、桶或类似品的）	5	30	1	13	13	套/千克			0		0
84812020.90	其他气压传动阀（用于管道、锅炉、罐、桶或类似品的）	5	30		13	13	套/千克			0		0
8481.3000	- 止回阀	5	30		13	13	套/千克			0		0
8481.4000	- 安全阀或溢流阀	5	30		13	13	套/千克			0		0
	- 其他器具:											
	--- 换向阀:											
8481.8021	---- 电磁式											
84818021.10	两用物项管制的电磁式换向阀	7	30		13	13	套/千克	3		0	4.6	0
84818021.90	其他电磁式换向阀（用于管道、锅炉、罐、桶或类似品的）	7	30		13	13	套/千克			0	4.6	0
8481.8029	---- 其他											
84818029.10	两用物项管制的其他换向阀	7	30		13	13	套/千克	3		0	4.6	0
84818029.90	其他换向阀（用于管道、锅炉、罐、桶或类似品的）	7	30		13	13	套/千克			0	4.6	0
	--- 流量阀:											
8481.8031	---- 电子膨胀阀											
84818031.10	两用物项管制的电子膨胀流量阀	7	30		13	13	套/千克	3		0	4.6	0
84818031.90	其他电子膨胀流量阀（用于管道、锅炉、罐、桶或类似品的）	7	30		13	13	套/千克			0	4.6	0
8481.8039	---- 其他											
84818039.10	两用物项管制的其他流量阀	7	30		13	13	套/千克	3		0	4.6	0

协定税率（%）巴基斯坦	冰岛	哥斯达黎加	秘鲁	新西兰	瑞士	新加坡	韩国	澳大利亚	格鲁吉亚	毛里求斯	日本RCEP	尼加拉瓜	港澳台	特惠税率（%）①/②	Article Description
0	0	0	0	0	0		2.6	0	0	0	6.5	6.4	0/	0/0	-- Other
4	0	0	0	0	0		2.8	0	0	0	6.8	6.4	0/	0/0	- Moulds for glass
4	0	0	0	0	0		0	0	0	0	6.1	6.4	0/	0/0	- Moulds for mineral materials
															- Moulds for rubber or plastics:
															-- Injection or compression types:
0	0	0	0	0	0		0	0	0	0	0	0	0/	0/0	--- "Bladder" moulds for vulcanising tyres
															--- Other
0	0	0	0	0	0		0	0	0	0	0	0	0/	0/0	Special moulds used for optical disk production (injection or compression types)
0	0	0	0	0	0		0	0	0	0	0	0	0/	0/0	Other injection molds or pressed molds for plastic or rubber
															-- Other
0		0	0	0	0		0	0	0	0	3.6	0	0/0	0/0	Other molds for agricultural double-wall corrugated pipe production lines
0		0	0	0	0		0	0	0	0	3.6	0	0/0	0/0	Other molds for producing plastics or rubber
															Taps, cocks, valves and similar appliances for pipes, boilershells, tanks, vats or the like, including pressure-reducing valves and thermostatically controlled valves:
															- Pressure-reducing valves
0	0	0	0	0	0		1.6	0	0	0	4.1	0	0/	0/0	Pressure reducing valves for spray irrigation equipments (used for pipes, boilers, tanks, barrels or similar goods)
0	0	0	0	0	0		1.6	0	0	0	4.1	0	0/	0/0	Other pressure reducing valves (used for pipes, boilers, tanks, barrels or similar goods)
															- Valves for oleohydraulic or pneumatic transmissions:
															--- For oleohydraulic transmissions
0	0	0	0	0	0		1.6	0	0	0	4.1	0	0/0	0/0	Valves for hydraulic transmissions of aircraft engines
0	0	0	0	0	0		1.6	0	0	0	4.1	0	0/0	0/0	Other valves for oleohydraulic transmissions, for pipes, boilers, tanks, barrels or similar goods
															--- For pneumatic transmissions
0	0	0	0	0	0		1.6	0	0	0	4.1	0	0/	0/0	Valves for pneumatic transmissions of aircraft engines
0	0	0	0	0	0		1.6	0	0	0	4.1	0	0/	0/0	Other valves for pneumatic transmissions, for pipes, boilers, tanks, barrels or similar goods
0	0	0	0	0	0		1.6	0	0	0	4.1	0	0/0	0/0	- Check (nonreturn) valves
0	0	0	0	0	0		1.6	0	0	0	4.1	0	0/0	0/0	- Safety or relief valves
															- Other appliances:
															--- Directional control valves:
															----Electromagnetic
0	0	0	0	0	0		2.3	0	0	0	5.7	0	0/0	0/0	Electromagnetic selector valves under control of dual-use items
0	0	0	0	0	0		2.3	0	0	0	5.7	0	0/0	0/0	Other electromagnetic selector valves for pipes, boilers, tanks, barrels or similar goods
															----Other
0	0	0	0	0	0		2.3	0	0	0	5.7	0	0/0	0/0	Other selector valves under control of dual-use items
0	0	0	0	0	0		2.3	0	0	0	5.7	0	0/0	0/0	Other selector valve for pipes, boilers, tanks, barrels or similar goods
															--- Flow control valves:
															----Electronic expansion valves
0	0	0	0	0	0		2.3	0	0	0	5.7	0	0/0	0/0	Electronic expansion flow valves under control of dual-use items
0	0	0	0	0	0		2.3	0	0	0	5.7	0	0/0	0/0	Other electronic expansion flow valves for pipes, boilers, tanks, barrels or similar goods
															----Other
0	0	0	0	0	0		2.3	0	0	0	5.7	0	0/0	0/0	Other flow valves under control of dual-use items

税　号	货品名称	进口关税（%） 最惠国	普通	年内暂定	增值/消费税（%）	出口退税（%）	计量单位	监管证件代码	检验检疫类别	协定税率（%） 东盟	亚太	智利
84818039.20	飞机发动机用流量阀（用于管道、锅炉、罐、桶或类似品的）	7	30	1	13	13	套/千克			0	4.6	0
84818039.90	其他流量阀（用于管道、锅炉、罐、桶或类似品的）	7	30		13	13	套/千克			0	4.6	0
8481.8040	--- 其他阀门											
84818040.10	两用物项管制的其他阀门	7	30	5	13	13	套/千克	3		0	4.6	0
84818040.20	高压涡轮间隙控制阀门	7	30	1	13	13	套/千克			0	4.6	0
84818040.30	废气再循环阀（用于管道、锅炉、罐、桶或类似品的）	7	30	5	13	13	套/千克			0	4.6	0
84818040.40	飞机发动机用预冷控制阀门（用于管道、锅炉、罐、桶或类似品的）	7	30	1	13	13	套/千克			0	4.6	0
84818040.90	其他阀门（用于管道、锅炉、罐、桶或类似品的）	7	30	5	13	13	套/千克			0	4.6	0
8481.8090	--- 其他	5	50		13	13	套/千克			0		0
	- 零件：											
8481.9010	--- 阀门用	8	30	4	13	13	千克			0		0
8481.9090	--- 其他	8	50		13	13	千克			0		0
84.82	**滚动轴承：**											
	- 滚珠轴承：											
8482.1010	--- 调心球轴承											
84821010.10	绝缘调心球轴承（高铁电机用，绝缘电阻>1吉欧姆，直流耐压≥3000伏，额定动载荷≥210000牛顿）	8	20	4	13	13	套/千克			0	5.2	0
84821010.90	其他调心球轴承（滚珠轴承）	8	20		13	13	套/千克			0	5.2	0
8482.1020	--- 深沟球轴承	8	20		13	13	套/千克			0	5.2	0
8482.1030	--- 角接触轴承	8	20		13	13	套/千克			0	5.2	0
8482.1040	--- 推力球轴承											
84821040.11	飞机发动机用外径30厘米的推力球轴承（滚珠轴承）	8	20	1	13	13	套/千克			0	5.2	0
84821040.19	飞机发动机用其他推力球轴承（滚珠轴承）	8	20	1	13	13	套/千克			0	5.2	0
84821040.90	其他推力球轴承（滚珠轴承）	8	20		13	13	套/千克			0	5.2	0
8482.1090	--- 其他	8	20		13	13	套/千克			0	5.2	0
8482.2000	- 锥形滚子轴承，包括锥形滚子组件											
84822000.10	6兆瓦及以上风力发电机用锥形滚子轴承（包括锥形滚子组件）	8	20	5	13	13	套/千克			0		0
84822000.90	其他锥形滚子轴承（包括锥形滚子组件）	8	20		13	13	套/千克			0		0
8482.3000	- 鼓形滚子轴承	8	20	6	13	13	套/千克			0		0
8482.4000	- 滚针轴承，包括保持架和滚针组件											
84824000.10	飞机发动机用滚针轴承（包括保持架和滚针组件）	8	20	1	13	13	套/千克			0		0
84824000.90	其他滚针轴承（包括保持架和滚针组件）	8	20	6	13	13	套/千克			0		0
8482.5000	- 其他圆柱形滚子轴承，包括保持架和滚针组件											
84825000.10	三环、二环偏心滚动轴承，飞机发动机主推进轴用滚子轴承除外（包括保持架和滚子组件）	8	20	4	13	13	套/千克			0		0
84825000.20	飞机发动机主推进轴用滚子轴承（包括保持架和滚子组件）	8	20	1	13	13	套/千克			0		0
84825000.90	其他圆柱形滚子轴承（包括保持架和滚子组件）	8	20		13	13	套/千克			0		0
8482.8000	- 其他，包括球、柱混合轴承	8	20		13	13	套/千克			0	5.2	0

协定税率（%）														特惠税率（%）①/②	Article Description
巴基斯坦	冰岛	哥斯达黎加	秘鲁	新西兰	瑞士	新加坡	韩国	澳大利亚	格鲁吉亚	毛里求斯	日本RCEP	尼加拉瓜	港澳台		
0	0	0	0	0	0		2.3	0	0	0	5.7	0	0/0	0/0	Flow valves for aircraft engines
0	0	0	0	0	0		2.3	0	0	0	5.7	0	0/0	0/0	Other flow valves for pipes, boilers, tanks, barrels or similar goods
															--- Other valves
0	0	0	0	0	0		0	0	0	0	5.7	0	0/0	0/0	Other valves under control of Dual-use Items
0	0	0	0	0	0		0	0	0	0	5.7	0	0/0	0/0	High pressure turbine clearance control valves
0	0	0	0	0	0		0	0	0	0	5.7	0	0/0	0/0	Exhaust gas recirculation valves (used for pipes, boilers, tanks, barrels or similar goods)
0	0	0	0	0	0		0	0	0	0	5.7	0	0/0	0/0	Precooling control valves for aircraft engines
0	0	0	0	0	0		0	0	0	0	5.7	0	0/0	0/0	Other valves (used for pipes, boilers, tanks, barrels or similar goods)
0	0	0	0	0	0		0	0	0	0	4.3	0	0/	0/0	--- Other
															- Parts:
4	0	0	0	0	0		0	0	0	0	6.5	0	0/0	0/0	--- Of valves
0	0	0	0	0	0		0	0	0	0	5.8	6.4	0/0	0/0	--- Other
															Ball or roller bearings:
															- Ball bearings:
															--- Self-aligning ball bearing
0	0	0	0	0	0	0	0	0	0	0	5.8	6.4	0/	0/0	Insulated self-aligning ball bearings (for high-speed railway motors, insulation resistance>1 GΩ, DC withstand voltage ⩾ 3000 V, rated dynamic load ⩾ 210000 N)
0	0	0	0	0	0	0	0	0	0	0	5.8	6.4	0/	0/0	Other self-aligning ball bearing
0	0	0	0	0	0	0	0	0	0	0	6.9	6.4	0/	0/0	--- Deep groove ball bearing
0	0	0	0	0	0	0	0	0	0	0	5.8	6.4	0/	0/0	--- Angular contact bearing
															--- Thrust ball bearing
0	0	0	0	0	0	0	0	0	0	0	5.8	6.4	0/	0/0	Thrust ball bearings (ball bearings) with an outer diameter of 30cm for aircraft engines
0	0	0	0	0	0	0	0	0	0	0	5.8	6.4	0/	0/0	Other thrust ball bearings (ball bearings) for aircraft engines
0	0	0	0	0	0	0	0	0	0	0	5.8	6.4	0/	0/0	Othen thrust ball bearing
4	0	0	0	0	0	0	0	0	0	0	6.9	6.4	0/	0/0	--- Other
															- Tapered roller bearings, including cone and tapered roller assemblies
0	0	0	0	0	0		0	0	0	0	6.9	6.4	0/	0/0	Tapered roller bearings (including cone and tapered roller assemblies) designed for for wind turbine generator set of an output exceeding 6MW
0	0	0	0	0	0		0	0	0	0	6.9	6.4	0/	0/0	Other tapered roller bearings, including cone and tapered roller assemblies
0	0	0	0	0	0		0	0	0	0	5.8	6.4	0/	0/0	- Spherical roller bearings
															- Needle roller bearings, including cage and needle roller assemblies
0		0	0	0	0		0	0	0	0	5.8	6.4	0/0	0/0	Needle roller bearings for aircraft engines (including cage and needle roller assemblies)
0		0	0	0	0		0	0	0	0	5.8	6.4	0/0	0/0	Other needle roller bearings (including cage and needle roller assemblies)
															- Other cylindrical roller bearings, including cage and roller assemblies
0	0	0	0	0	0	0	2.6	0	0	0	6.5	6.4	0/	0/0	Tricyclic or bicyclic eccentric cylindrical roller bearings, except roller bearings for main propulsion shafts of aircraft engines (including cage and needle roller assemblies)
0	0	0	0	0	0	0	2.6	0	0	0	6.5	6.4	0/	0/0	Roller bearings for main propulsion shafts of aircraft engines (including cage and needle roller assemblies)
0	0	0	0	0	0	0	2.6	0	0	0	6.5	6.4	0/	0/0	Other cylindrical roller bearings (including cage and needle roller assemblies)
0	0	0	0	0	0		2.6	0	0	0	6.5	6.4	0/	0/0	- Other, including combined ball/roller bearings

税号	货品名称	进口关税（%） 最惠国	普通	年内暂定	增值/消费税（%）	出口退税（%）	计量单位	监管证件代码	检验检疫类别	协定税率（%） 东盟	亚太	智利
	- 零件：											
8482.9100	-- 滚珠、滚针及滚柱	8	20	6	13	13	千克			0		0
8482.9900	-- 其他	6	20		13	13	千克			0		0
84.83	**传动轴（包括凸轮轴及曲柄轴）及曲柄；轴承座及滑动轴承；齿轮及齿轮传动装置；滚珠或滚子螺杆传动装置；齿轮箱及其他变速装置，包括扭矩变换器；飞轮及滑轮，包括滑轮组；离合器及联轴器（包括万向节）：**											
	- 传动轴（包括凸轮轴及曲柄轴）及曲柄：											
	--- 船舶用传动轴：											
8483.1011	---- 柴油机曲轴	6	14		13	13	个/千克			0	3.9	0
8483.1019	---- 其他	6	14		13	13	个/千克			0	3.9	0
8483.1090	--- 其他											
84831090.10	飞机发动机用传动轴	6	30	1	13	13	个/千克			0	3.9	0
84831090.90	其他传动轴及曲柄（包括凸轮轴及曲柄轴）	6	30		13	13	个/千克			0	3.9	0
8483.2000	- 装有滚珠或滚子轴承的轴承座	6	30		13	13	个/千克			0		0
8483.3000	- 未装有滚珠或滚子轴承的轴承座；滑动轴承											
84833000.10	磁悬浮轴承（轴承组合件，由悬浮在充满阻尼介质的环形磁铁组成）	6	30		13	13	个/千克	3		0		0
84833000.20	轴承/阻尼器（安装在阻尼器上的具有枢轴/盖的轴承）	6	30		13	13	个/千克	3		0		0
84833000.90	其他未装有滚珠或滚子轴承的轴承座，其他滑动轴承	6	30		13	13	个/千克			0		0
	- 齿轮及齿轮传动装置，但单独进口或出口的带齿的轮、链轮及其他传动元件除外；滚珠或滚子螺杆传动装置；齿轮箱及其他变速装置，包括扭矩变换器：											
8483.4010	--- 滚子螺杆传动装置											
84834010.10	飞机水平尾翼螺旋杆	8	30	1	13	13	个/千克			0	5.2	0
84834010.90	滚子螺杆传动装置	8	30		13	13	个/千克			0	5.2	0
8483.4020	--- 行星齿轮减速器	8	30		13	13	个/千克			0	5.2	0
8483.4090	--- 其他											
84834090.10	飞机发动机用齿轮传动装置（齿轮箱）	8	30	1	13	13	个/千克			0	5.2	0
84834090.90	其他传动装置及变速装置（指齿轮及齿轮传动装置，齿轮箱和扭矩变换器）	8	30		13	13	个/千克			0	5.2	0
8483.5000	- 飞轮及滑轮，包括滑轮组	8	30		13	13	个/千克			0		0
8483.6000	- 离合器及联轴器（包括万向节）											
84836000.01	压力机用组合式湿式离合/制动器（离合扭矩为60kNm～300kNm，制动扭矩为30kNm～100kNm）	8	30	4	13	13	个/千克			0		0
84836000.20	高速轴联轴器（风力发电机组用），扭矩保护值为160kNm～1000kNm）	8	30	4	13	13	个/千克			0		0
84836000.90	离合器及联轴器（包括万向节）	8	30		13	13	个/千克			0		0
8483.9000	- 单独进口或出口的带齿的轮、链轮及其他传动元件；零件											
84839000.10	车用凸轮轴相位调节器（汽车发动机用）	8	30	4	13	13	千克			0		0
84839000.20	飞机发动机用齿轮箱用单个齿轮	8	30	1	13	13	千克			0		0

协定税率(%)														特惠税率(%)①/②	Article Description
巴基斯坦	冰岛	哥斯达黎加	秘鲁	新西兰	瑞士	新加坡	韩国	澳大利亚	格鲁吉亚	毛里求斯	日本RCEP	尼加拉瓜	港澳台		
															- Parts:
0	0	0	0	0	0		0	0	0	0	5.8	6.4	0/	0/0	-- Balls, needles and rollers
0	0	0	0	0	0		0	0	0	0	4.9	0	0/0	0/0	-- Other
															Transmission shafts (including cam shafts and crand shafts) and cranks; bearing housings and plain shaft bearings;gears and gearing; ball or roller screws; gear boxes and other speed changers, including torque converters; flywheels and pulleys, including pulley blocks; clutches and shaft couplings (including universal joints):
															- Transmission shafts (including cam shafts and crank shafts) and cranks:
															--- Transmission shafts for ships:
0	0	0	0	0	0		3.9	0	0	0		0	0/	0/0	----Crank shafts of diesel engine
4	0	0	0	0	0		2	0	0	0	4.9	0	0/	0/0	----Other
															--- Other
4	0	0	0	0	0		2	0	0	0	4.9	0	0/	0/0	Transmission shafts for aircraft engines
4	0	0	0	0	0		2	0	0	0	4.9	0	0/	0/0	Other transmission shafts and cranks (including cam shafts and crank shafts)
0	0	0	0	0	0		0	0	0	0	4.4	0	0/	0/0	- Bearing housings, incorporating ball or roller bearings
															- Bearing housings, not incorporating ball or roller bearings; plain shaft bearings
0	0	0	0	0	0		0	0	0	0	4.9	0	0/	0/0	Magnetic suspended bearings (bearing assembly consisting of the ring magnets suspended in resisting medium)
0	0	0	0	0	0		0	0	0	0	4.9	0	0/	0/0	Bearings/dampers (installed on the bearing with a pivot / bearing cover on the damper)
0	0	0	0	0	0		0	0	0	0	4.9	0	0/	0/0	Other bearing seats unfitted with ball or roller bearings; other sliding bearings
															- Gears and gearing, other than toothed wheels, chain sprockets and other transmission elements presented separately; ball or roller screws; gear boxes and other speed changers, including torque converters:
															--- Roller Screws
0	0	0	0	0	0		0	0	0	0	5.8	6.4	0/0	0/0	Horizontal tail screws for aircraft
0	0	0	0	0	0		0	0	0	0	5.8	6.4	0/0	0/0	Other roller screws
0	0	0	0	0	0		5.2	0	0	0		6.4	0/	0/0	--- Planet decelerators
															--- Other
0	0	0	0	0	0		2.6	0	0	0	6.5	6.4	0/0	0/0	Gearing (gear boxes) for aircraft engines
0	0	0	0	0	0		2.6	0	0	0	6.5	6.4	0/0	0/0	Other transmission devices and speed changers (referring to gears and gearing, gearboxes and torque converters)
0	0	0	0	0	0		0	0	0	0	5.8	6.4	0/	0/0	- Flywheels and pulleys, including pulley blocks
															- Clutches and shaft couplings (including universal joints)
4	0	0	0	0	0		2.6	0	0	0	6.5	6.4	0/	0/0	Combined wet clutches/brakes for presses (clutch torque is 60-300kNm, and brake torque 30-100kNm)
4	0	0	0	0	0		2.6	0	0	0	6.5	6.4	0/	0/0	High speed shaft coupling (for wind turbine generator set), with torque protection walue of 160-1000kNm
4	0	0	0	0	0		2.6	0	0	0	6.5	6.4	0/	0/0	Clutches and shaft couplings (including universal joints)
															- Toothed wheels, chain sprockets and other transmission elements presented separately; parts
4	0	0	0	0	0		0	0	0	0	6.5	6.4	0/0	0/0	Cam shafts phasic regulators for car engines
4	0	0	0	0	0		0	0	0	0	6.5	6.4	0/0	0/0	A single gear for gearbox of aircraft engine

税　号	货品名称	进口关税（%）			增值/消费税（%）	出口退税（%）	计量单位	监管证件代码	检验检疫类别	协定税率（%）		
		最惠国	普通	年内暂定						东盟	亚太	智利
84839000.90	税目84.83所列货品用其他零件（包括单独报验的带齿的轮、链轮及其他传动元件）	8	30		13	13	千克			0		0
84.84	**密封垫或类似接合衬垫，用金属片与其他材料制成或用双层或多层金属片制成；成套或各种不同材料的密封垫或类似接合衬垫，装于袋、套或类似包装内；机械密封件：**											
8484.1000	- 密封垫或类似接合衬垫，用金属片与其他材料制成或用双层或多层金属片制成	8	30	5	13	13	千克			0		0
8484.2000	- 机械密封件											
84842000.10	耐UF6腐蚀的转动轴封（专门设计的真空密封装置，缓冲气体泄漏率1000cm³/min）	8	30	5	13	13	千克	3		0		0
84842000.20	转动轴封（专门设计的带有密封式进气口和出气口的转动轴封）	8	30	5	13	13	千克	3		0		0
84842000.30	MLIS用转动轴封（专门设计的带密封式进气口和出气口的转动轴封）	8	30	5	13	13	千克	3		0		0
84842000.90	其他机械密封件	8	30	5	13	13	千克			0		0
8484.9000	- 其他	8	30	5	13	13	千克			0		0
84.85	**增材制造设备：**											
8485.1000	- 用金属材料的	9	50		13	13	台/千克			0		0
8485.2000	- 用塑料或橡胶材料的	5	30		13	13	台/千克			0	3.3	0
	- 用石膏、水泥、陶瓷或玻璃材料的：											
8485.3010	--- 用玻璃材料的	8	30		13	13	台/千克			0		0
8485.3020	--- 用石膏、水泥、陶瓷材料的	5	30		13	13	台/千克			0	3.3	0
	- 其他：											
8485.8010	--- 用纸或纸浆的	12	30		13	13	台/千克			0	7.8	0
8485.8020	--- 用木材、软木的	9	30		13	13	台/千克			0		0
8485.8090	--- 其他	0	30		13	13	台/千克			0		0
	- 零件：											
8485.9010	--- 用金属材料的	6	17		13	13	千克			0		0
8485.9020	--- 用玻璃材料的	8	30		13	13	千克			0		0
8485.9030	--- 用橡胶或塑料材料的	0	30		13	13	千克			0		0
8485.9040	--- 用石膏、水泥、陶瓷材料的	5	30		13	13	千克			0		0
8485.9050	--- 用纸或纸浆的	8	30		13	13	千克			0		0
8485.9060	--- 用木材、软木的	6	17		13	13	千克			0		0
8485.9090	--- 其他	0	20		13	13	千克			0		0
84.86	**专用于或主要用于制造半导体单晶柱或晶圆、半导体器件、集成电路或平板显示器的机器及装置；本章注释十一（三）规定的机器及装置；零件及附件：**											
	- 制造单晶柱或晶圆用的机器及装置：											
8486.1010	--- 利用温度变化处理单晶硅的机器及装置	0	30		13	13	台/千克			0		0
8486.1020	--- 研磨设备	0	30		13	13	台/千克			0		0
8486.1030	--- 切割设备	0	30		13	13	台/千克			0		0
8486.1040	--- 化学机械抛光设备（CMP）	0	30		13	13	台/千克			0		0
8486.1090	--- 其他	0	30		13	13	台/千克			0		0
	- 制造半导体器件或集成电路用的机器及装置：											

协定税率（%）														特惠税率（%）①/②	Article Description
巴基斯坦	冰岛	哥斯达黎加	秘鲁	新西兰	瑞士	新加坡	韩国	澳大利亚	格鲁吉亚	毛里求斯	日本RCEP	尼加拉瓜	港澳台		
4	0	0	0	0	0		0	0	0	0	6.5	6.4	0/0	0/0	Other parts for the goods under headings 84.83, including toothed wheels, chain sprockets and other transmission elements presented separately
															Gaskets and similar joints of metal sheeting combined with other material or of two or more layers of metal; sets or assortments of gaskets and similar joints, dissimilar in composition, put up in pouches, envelopes or similar packings; mechanical seals:
0	0	0	0	0	0		2.6	0	0	0	6.5	6.4	0/0	0/0	- Gaskets and similar joints of metal sheeting combined with other material or of two or more layers of metal
															- Mechanical seals
0	0	0	0	0	0		2.6	0	0	0	6.5	6.4	0/	0/0	UF6-resistant rotary shaft seals (specially designed vacuum airtight devices, the buffer gas leakage rate 1,000cm^3/min)
0	0	0	0	0	0		2.6	0	0	0	6.5	6.4	0/	0/0	Rotary shaft seals (specially designed shaft seals with an airtight inlet and outlet)
0	0	0	0	0	0		2.6	0	0	0	6.5	6.4	0/	0/0	Rotary shaft seals for MLIS (specially designed shaft seals with an airtight inlet and outlet)
0	0	0	0	0	0		2.6	0	0	0	6.5	6.4	0/	0/0	Other mechanical seals
0	0	0	0	0	0		2.6	0	0	0	6.5	6.4	0/	0/0	- Other
															Machines for additive manufacturing:
4	0	0	0	0	0			0	0	0			0/	0/0	- By metal deposit
0	0	0	0	0	0		1.6	0	0	0	4.1	0	0/0	0/0	- By plastics or rubber deposit
															- By plaster, cement, ceramics or glass deposit:
0	0	0	0	0	0	0	0	0	0	0	7.3	6.4	0/	0/0	--- By glass deposit
0	0	0	0	0	0		0	0	0	0	3.6	0	0/	0/0	--- By plaster, cement or ceramics deposit
															- Other:
3	0	0	0	0	0	0	0	0	0	0	8.7	11.2	0/0	0/0	--- By paper or paper pulp deposit
0	0	0	0	0	0	0	5	0	0	0		8.1	0/	0/0	--- By wood or cork deposit
0	0	0	0	0	0		0	0	0	0	0	0	0/	0/0	--- Other
															- Parts:
0	0	0	0	0	0		0	0	0	0	4.4	0	0/0	0/0	--- By metal deposit
4	0	0	0	0	0		0	0	0	0	5.8	6.4	0/	0/0	--- By glass deposit
0	0	0	0	0	0		0	0	0	0	0	0	0/	0/0	--- By rubber or plastics deposit
0	0	0	0	0	0		0	0	0	0	3.6	0	0/	0/0	--- By plaster, cement, ceramics deposit
0	0	0	0	0			0	0	0	0	6.1	6.4	0/	0/0	--- By paper or paper pulp deposit
0	0	0	0	0	0		2	0	0	0	4.9	0	0/	0/0	--- By wood or cork deposit
0	0	0	0	0	0		0	0	0	0	0	0	0/	0/0	--- Other
															Machines and apparatus of a kind used solely or principally for the manufacture of semiconductor boules or wafers, semiconductor devices, electronic integrated circuits or flat panel displays; machines and apparatus specified in Note11 (c) to this chapter; parts and accessories:
															- Machines and apparatus for the manufacture of boules or wafers:
0	0	0	0	0	0		0	0	0	0	0	0	0/	0/0	--- Machines and apparatus for the treatment of monocrystalline sillicon by a process involving a change of temperature
0	0	0	0	0	0		0	0	0	0	0	0	0/	0/0	--- Grinding machines
0	0	0	0	0	0		0	0	0	0	0	0	0/	0/0	--- Sawing machines
0	0	0	0	0	0		0	0	0	0	0	0	0/	0/0	--- Chemical mechanical polishers (CMP)
0	0	0	0	0	0		0	0	0	0	0	0	0/	0/0	--- Other
															- Machines and apparatus for the manufacture of semiconductor devices or of electronic integrated circuits:

税　号	货品名称	进口关税（%） 最惠国	普通	年内暂定	增值/消费税（%）	出口退税（%）	计量单位	监管证件代码	检验检疫类别	协定税率（%） 东盟	亚太	智利
8486.2010	--- 氧化、扩散、退火及其他热处理设备	0	30		13	13	台/千克			0		0
	--- 薄膜沉积设备：											
8486.2021	---- 化学气相沉积装置（CVD）	0	30		13	13	台/千克			0		0
8486.2022	---- 物理气相沉积装置（PVD）	0	30		13	13	台/千克			0		0
8486.2029	---- 其他	0	30		13	13	台/千克			0		0
	--- 将电路图投影或绘制到感光半导体材料上的装置：											
8486.2031	---- 分步重复光刻机（步进光刻机）											
84862031.10	制造半导体器件或集成电路用分布重复光刻机（后道用）	0	100		13	13	台/千克			0		0
84862031.20	制造半导体器件或集成电路用分布重复光刻机（前道用 I 线光刻机）	0	100		13	13	台/千克			0		0
84862031.30	制造半导体器件或集成电路用分布重复光刻机前道用氟化氪[（KrF）光刻机]	0	100		13	13	台/千克			0		0
84862031.90	其他制造半导体器件或集成电路用分布重复光刻机	0	100		13	13	台/千克			0		0
8486.2039	---- 其他											
84862039.10	制造半导体器件或集成电路用的 I 线光刻机（步进式除外）	0	100		13	13	台/千克			0		0
84862039.20	制造半导体器件或集成电路用的氟化氪（KrF）光刻机（步进式除外）	0	100		13	13	台/千克			0		0
84862039.30	制造半导体器件或集成电路用的氟化氩（ArF）光刻机（步进式除外）	0	100		13	13	台/千克			0		0
84862039.40	制造半导体器件或集成电路用的氟化氩浸没式（ArFi）光刻机（步进式除外）	0	100		13	13	台/千克			0		0
84862039.50	制造半导体器件或集成电路用的极紫外（EUV）光刻机（步进式除外）	0	100		13	13	台/千克			0		0
84862039.90	未列名制造半导体器件或集成电路用的光刻机	0	100		13	13	台/千克			0		0
	--- 刻蚀及剥离设备：											
8486.2041	---- 等离子体干法刻蚀机	0	30		13	13	台/千克			0		0
8486.2049	---- 其他	0	30		13	13	台/千克			0		0
8486.2050	--- 离子注入机	0	11		13	13	台/千克			0		0
8486.2090	--- 其他	0	30		13	13	台/千克			0		0
	- 制造平板显示器用的机器及装置：											
8486.3010	--- 扩散、氧化、退火及其他热处理设备	0	30		13	13	台/千克			0		0
	--- 薄膜沉积设备：											
8486.3021	---- 化学气相沉积设备（CVD）	0	30		13	13	台/千克			0		0
8486.3022	---- 物理气相沉积设备（PVD）	0	30		13	13	台/千克			0		0
8486.3029	---- 其他	0	30		13	13	台/千克			0		0

协定税率（%）														特惠税率（%）①/②	Article Description
巴基斯坦	冰岛	哥斯达黎加	秘鲁	新西兰	瑞士	新加坡	韩国	澳大利亚	格鲁吉亚	毛里求斯	日本RCEP	尼加拉瓜	港澳台		
0	0	0	0	0	0		0	0	0	0	0	0	0/	0/0	--- Oxidation, diffusion, annealing and other heat treatment equipment
															--- Film deposition equipment:
0	0	0	0	0	0		0	0	0	0	0	0	0/	0/0	----Chemical Vapour Deposition (CVD) equipment
0	0	0	0	0	0		0	0	0	0	0	0	0/	0/0	----Physical Vapour Deposition (PVD) equipment
0	0	0	0	0	0		0	0	0	0	0	0	0/	0/0	----Other
															--- Apparatus for the projection or drawing of circuit patterns on sensitized semiconductor materials:
															----Step and repeat alignersw
0	0	0	0	0	0		0	0	0	0	0	0	0/	0/0	Distributed repetitive lithography machines for manufacturing semiconductor devices or integrated circuits (for post processing)
0	0	0	0	0	0		0	0	0	0	0	0	0/	0/0	Distributed repetitive lithography machines for manufacturing semiconductor devices or integrated circuits (I-line lithography machines for front-end use)
0	0	0	0	0	0		0	0	0	0	0	0	0/	0/0	Distributed repetitive lithography machines for manufacturing semiconductor devices or integrated circuits (KrF lithography machines for front-end use)
0	0	0	0	0	0		0	0	0	0	0	0	0/	0/0	Distributed repetitive lithography machines for manufacturing semiconductor devices or integrated circuits
															----Other
0	0	0	0	0	0		0	0	0	0	0	0	0/	0/0	I-line lithography machines for manufacturing semiconductor devices or integrated circuits (excluding stepper type)
0	0	0	0	0	0		0	0	0	0	0	0	0/	0/0	KrF lithography machines (excluding stepper type) for manufacturing semiconductor devices or integrated circuits
0	0	0	0	0	0		0	0	0	0	0	0	0/	0/0	Argon fluoride (ArF) lithography machines for manufacturing semiconductor devices or integrated circuits (excluding stepper type)
0	0	0	0	0	0		0	0	0	0	0	0	0/	0/0	Argon fluoride immersion (ArFi) lithography machines for manufacturing semiconductor devices or integrated circuits (excluding stepper type)
0	0	0	0	0	0		0	0	0	0	0	0	0/	0/0	Extreme ultraviolet (EUV) lithography machines for manufacturing semiconductor devices or integrated circuits (excluding stepper type)
0	0	0	0	0	0		0	0	0	0	0	0	0/	0/0	Other lithography machines for manufacturing semiconductor devices or integrated circuits not elsewhere specified or included
															--- Etching and stripping equipment:
0	0	0	0	0	0		0	0	0	0	0	0	0/	0/0	----Dry plasma etching
0	0	0	0	0	0		0	0	0	0	0	0	0/	0/0	----Other
0	0	0	0	0	0		0	0	0	0	0	0	0/	0/0	--- Ion implanters
0	0	0	0	0	0		0	0	0	0	0	0	0/	0/0	--- Other
															- Machines and apparatus for the manufacture of flat panel displays:
0	0	0	0	0	0		0	0	0	0	0	0	0/	0/0	--- Oxidation, diffusion, annealing and other heat treatment equipment
															--- Film deposition equipment:
0	0	0	0	0	0		0	0	0	0	0	0	0/	0/0	----Chemical Vapour Deposition (CVD) equipment
0	0	0	0	0	0		0	0	0	0	0	0	0/	0/0	----Physical Vapour Deposition (PVD) equipment
0	0	0	0	0	0		0	0	0	0	0	0	0/	0/0	----Other

税 号	货品名称	进口关税（%） 最惠国	进口关税（%） 普通	进口关税（%） 年内暂定	增值/消费税（%）	出口退税（%）	计量单位	监管证件代码	检验检疫类别	协定税率（%） 东盟	协定税率（%） 亚太	协定税率（%） 智利
	--- 将电路图投影或绘制到感光半导体材料上的装置：											
8486.3031	---- 分布重复光刻机	0	100		13	13	台/千克			0		0
8486.3039	---- 其他	0	100		13	13	台/千克			0		0
	--- 湿法蚀刻、显影、剥离、清洗装置：											
8486.3041	---- 超声波清洗装置	0	30		13	13	台/千克			0		0
8486.3049	---- 其他	0	30		13	13	台/千克			0		0
8486.3090	--- 其他	0	30		13	13	台/千克			0		0
	- 本章注释十一（三）规定的机器及装置：											
8486.4010	--- 主要用于或专用于制作和修复掩膜版或投影掩膜版的装置	0	70		13	13	台/千克			0		0
	--- 主要用于或专用于装配与封装半导体器件或集成电路的设备：											
8486.4021	---- 塑封机	0	30		13	13	台/千克			0	0	0
8486.4022	---- 引线键合装置	0	30		13	13	台/千克			0	0	0
8486.4029	---- 其他	0	17		13	13	台/千克			0		0
	--- 主要用于或专用于升降、装卸、搬运单晶柱、晶圆、半导体器件、集成电路或平板显示器的装置：											
8486.4031	---- 集成电路工厂专用的自动搬运机器人	0	20		13	13	台/千克			0		0
8486.4039	---- 其他	0	30		13	13	台/千克			0	0	0
	- 零件及附件：											
8486.9010	--- 升降、搬运、装卸机器用（自动搬运设备用除外）	0	30		13	13	千克			0	0	0
8486.9020	--- 引线键合装置用	0	30		13	13	千克			0	0	0
	--- 其他：											
8486.9091	---- 带背板的溅射靶材组件	0	17		13	13	千克			0		0
8486.9099	---- 其他											
84869099.10	制造半导体器件或集成电路用光刻设备用零件及附件	0	17		13	13	千克			0		0
84869099.90	其他税目 84.86 所列设备用零件及附件	0	17		13	13	千克			0		0
84.87	**本章其他税目未列名的机器零件，不具有电气接插件、绝缘体、线圈、触点或其他电气器材特征的：**											
8487.1000	- 船用推进器及桨叶	6	14		13	13	千克			0		0
8487.9000	- 其他	8	30		13	13	千克			0		0

协定税率(%) 巴基斯坦	冰岛	哥斯达黎加	秘鲁	新西兰	瑞士	新加坡	韩国	澳大利亚	格鲁吉亚	毛里求斯	日本RCEP	尼加拉瓜	港澳台	特惠税率(%)①/②	Article Description
															--- Apparatus for the projection or drawing of circuit patterns on sensitized semiconductor materials:
0	0	0	0	0	0		0	0	0	0	0	0	0/	0/0	----Step and repeat alignersw
0	0	0	0	0	0		0	0	0	0	0	0	0/	0/0	----Other
															--- Apparatus for wet etching, developing, stripping or cleaning:
0	0	0	0	0	0	0		0	0	0	7.3	0	0/	0/0	----Ultrasonic apparatus for cleaning
0	0	0	0	0	0		0	0	0	0	0	0	0/	0/0	----Other
0	0	0	0	0	0		0	0	0	0	0	0	0/	0/0	--- Other
															- Machines and apparatus specified in Note 11 (c) to this Chapter:
0	0	0	0	0	0		0	0	0	0	0	0	0/	0/0	--- Apparatus solely or principally of a kind used for the manufacture or repair of masks and reticles
															--- Machines solely or principally of a kind used for assembling or encapsulating semiconductor devices or electronic integrated circuits:
0	0	0	0	0	0		4.5	0	0	0	3.6	0	0/	0/0	----Plastics encapsulating machines
0	0	0	0	0	0			0	0	0	5.8	0	0/	0/0	----Wire bonders
0	0	0	0	0	0		0	0	0	0	0	0	0/	0/0	----Other
															--- Apparatus solely or principally of a kind used for lifting, handling, loading or unloading of boules, wafers, semiconductor devices, electronic integrated circuits and flat panel displays:
0	0	0	0	0	0		0	0	0	0	0	0	0/	0/0	----Automated material handling machines solely or principally of a kind used in the electronic integrated circuits factories
0	0	0	0	0	0		3.5	0	0	0	3.6	0	0/	0/0	----Other
															- Parts and accessories:
0	0	0	0	0	0		0	0	0	0	4.3	0	0/	0/0	--- Of machines for lifting, handling, loading or unloading (other than automated material handling machines)
0	0	0	0	0	0		0	0	0	0	0	0	0/	0/0	--- Of wire bonders
															--- Other:
0	0	0	0	0	0		0	0	0	0	0	0	0/	0/0	----Componets of sputtering target material with backing
															----Other
0	0	0	0	0	0		0	0	0	0	0	0	0/	0/0	Parts and accessories for photolithography equipment used in the manufacturing of semiconductor devices or integrated circuits
0	0	0	0	0	0		0	0	0	0	0	0	0/	0/0	Other parts and accessories for machines of heading 84.86
															Machinery parts, not containing electrical connectors, insulators, coils, contacts or other electrical features, not specified or included elsewhere in this Chapter:
0	0	0	0	0	0		2	0	0	0	4.9	0	0/	0/0	- Ships or boats propellers and blades therefor
0	0	0	0	0	0		0	0	0	0	5.8	6.4	0/0	0/0	- Other

第八十五章　电机、电气设备及其零件；录音机及放声机、电视图像、声音的录制和重放设备及其零件、附件

注释：

一、本章不包括：

（一）电暖的毯子、褥子、足套及类似品，电暖的衣服、靴、鞋、耳套或其他供人穿戴的电暖物品；

（二）税目70.11的玻璃制品；

（三）税目84.86的机器及装置；

（四）用于医疗、外科、牙科或兽医的真空设备（税目90.18）；或

（五）第九十四章的电热家具。

二、税目85.01至85.04不适用于税目85.11、85.12、85.40、85.41或85.42的货品。

但金属槽汞弧整流器仍归入税目85.04。

三、税目85.07所称"蓄电池"，包括与其一同报验的辅助元件，这些辅助元件具有储电及供电功能，或者保护蓄电池免遭损坏，例如，电路连接器、温控装置（例如，热敏电阻）及电路保护装置，也可包括蓄电池的部分保护外壳。

四、税目85.09仅包括通常供家用的下列电动器具：

（一）任何重量的地板打蜡机、食品研磨机及食品搅拌器，水果或蔬菜的榨汁机；

（二）重量不超过20千克的其他机器。

但该税目不适用于风机、风扇或装有风扇的通风罩及循环气罩（不论是否装有过滤器）（税目84.14）、离心干衣机（税目84.21）、洗碟机（税目84.22）、家用洗衣机（税目84.50）、滚筒式或其他形式的熨烫机器（税目84.20或84.51）、缝纫机（税目84.52）、电剪子（税目84.67）或电热器具（税目85.16）。

五、税目85.17所称"智能手机"是指使用蜂窝网络的电话机，其安装有移动操作系统，设计用于实现自动数据处理设备功能，例如，可下载并同时执行多个应用程序（包括第三方应用程序），并且不论是否集成了如数字照相机、辅助导航系统等其他特征。

六、税目85.23所称：

（一）"固态、非易失性存储器件"（例如，"闪存卡"或"电子闪存卡"）是指带有接口的存储器件，其在同一壳体内包含一个或多个闪存（FLASH E^2PROM），以集成电路的形式装配在一块印刷电路板上。它们可以包括一个集成电路形式的控制器及多个分立无源元件，例如，电容器及电阻器；

（二）所称"智能卡"，是指装有一个或多个集成电路［微处理器、随机存取存储器（RAM）或只读存储器（ROM）］芯片的卡。这些卡可带有触点、磁条或嵌入式天线，但不包含任何其他有源或无源电路元件。

七、税目85.24所称"平板显示模组"，是指用于显示信息的装置或器具，至少有一个显示屏，设计为在使用前安装于其他税号所列货品中。平板显示模组的显示屏包括但不限于平面、曲面、柔性、可折叠或可拉伸等类型。平板显示模组可装有附加元件，包括接收视频信号所需并将这些信号分配给显示器像素的元件。但是，税目85.24不包括装有转换视频信号的组件（例如，图像缩放集成电路，解码集成电路或程序处理器）的显示模组，或具有其他税号所列货品特征的显示模组。

本注释所述平板显示模组在归类时，税目85.24优先于其他税目。

八、税目85.34所称"印刷电路"，是指采用各种印制方法（例如，压印、覆镀、腐蚀）或采用"膜电路"工艺，将导线、接点或其他印制元件（例如，电感器、电阻器、电容器）按预定的图形单独或互相连接地印制在绝缘基片上的电路，但能够产生、整流、调制或放大电信号的元件（例如，半导体元件）除外。

所称"印刷电路"，不包括装有非印制元件的电路，也不包括单个的分立式电阻器、电容器及电感器。但印刷电路可配有非经印刷的连接元件。

Chapter 85 Electrical machinery and equipment and parts thereof;sound recorders and reproducers, television image and sound recorders and reproducers, and parts and accessories of such articles

Chapter Notes:

1. This Chapter does not cover:

(a) Electrically warmed blankets, bed pads, foot-muffs or the like; electrically warmed clothing, footwear or ear pads or other electrically warmed articles worn on or about the person;

(b) Articles of glass of heading 70.11;

(c) Machines and apparatus of heading 84.86;

(d) Vacuum apparatus of a kind used in medical, surgical, dental or veterinary sciences (heading 90.18); or

(e) Electrically heated furniture of Chapter 94.

2. Headings 85.01 to 85.04 do not apply to goods described in heading 85.11, 85.12, 85.40, 85.41 or 85.42.

However, metal tank mercury arc rectifiers remain classified in heading 85.04.

3. For the purposes of heading 85.07, the expression "electric accumulators" includes those presented with ancillary components which contribute to the accumulator's function of storing and supplying energy or protect it from damage, such as electrical connectors, temperature control devices (e.g., thermistors) and circuit protection devices. They may also include a portion of the protective housing of the goods in which they are to be used.

4. Heading 85.09 covers only the following electro-mechanical machines of the kind commonly used for domestic purposes:

(a) Floor polishers, food grinders and mixers, and fruit or vegetable juice extractors, of any weight;

(b) Other machines provided the weight of such machines does not exceed 20kg.

The heading does not, however, apply to fans or ventilating or recycling hoods incorporating a fan, whether or not fitted with filters (heading 84.14), centrifugal clothes-dryers (heading 84.21), dish washing machines (heading 84.22), household washing machines (heading 84.50), roller or other ironing machines (heading 84.20 or 84.51), sewing machines (heading 84.52), electric scissors (heading 84.67) or to electrothermic appliances (heading 85.16).

5. For the purposes of heading 85.17, the term "smartphones" means telephones for cellular networks, equipped with a mobile operating system designed to perform the functions of an automatic data processing machine such as downloading and running multiple applications simultaneously, including third-party applications, and whether or not integrating other features such as digital cameras and navigational aid systems.

6. For the purposes of heading 85.23:

(a) "Solid-state non-volatile storage devices" (for example, "flash memory cards" or "flash electronic storage cards") are storage devices with a connecting socket, comprising in the same housing one or more flash memories (for example, "FLASH E^2PROM") in the form of integrated circuits mounted on a printed circuit board. They may include a controller in the form of an integrated circuit and discrete passive components, such as capacitors and resistors;

(b) The term "smart cards" means cards which have embedded in them one or more electronic integrated circuits (a microprocessor, random access memory (RAM) or read-only memory (ROM)) in the form of chips. These cards may contain contacts, a magnetic stripe or an embedded antenna but do not contain any other active or passive circuit elements.

7. For the purposes of heading 85.24, "flat panel display modules" refer to devices or apparatus for the display of information, equipped at a minimum with a display screen, which are designed to be incorporated into articles of other headings prior to use. Display screens for flat panel display modules include, but are not limited to, those which are flat, curved, flexible, foldable or stretchable in form. Flat panel display modules may incorporate additional elements, including those necessary for receiving video signals and the allocation of those signals to pixels on the display. However, heading 85.24 does not include display modules which are equipped with components for converting video signals (e.g., a scaler IC, decoder IC or application processer) or have otherwise assumed the character of goods of other headings.

For the classification of flat panel display modules defined in this Note, heading 85.24 shall take precedence over any other heading in the Nomenclature.

8. For the purposes of heading 85.34 "printed circuits" are circuits obtained by forming on an insulating base, by any printing process (for example, embossing, plating-up, etching) or by the " film circuit " technique, conductor elements, contacts or other printed components (for example, inductances, resistors, capacitors) alone or interconnected according to a pre-established pattern, other than elements which can produce, rectify, modulate or amplify an electrical signal (for example, semiconductor elements).

The expression "printed circuits" does not cover circuits combined with elements other than those obtained during the printing process, nor does it cover individual, discrete resistors, capacitors or inductances. Printed circuits may, however, be fitted with non-printed connecting elements.

用同样工艺制得的无源元件及有源元件组成的薄膜电路或厚膜电路应归入税目85.42。

九、税目85.36所称“光导纤维、光导纤维束或光缆用连接器”，是指在有线数字通讯设备中，简单机械地把光纤端部相连成一线的连接器。它们不具备诸如对信号进行放大、再生或修正等其他功能。

十、税目85.37不包括电视接收机或其他电气设备用的无绳红外遥控器（税目85.43）。

十一、税目85.39所称“发光二极管（LED）光源”包括：

（一）“发光二极管（LED）模块”，是基于发光二极管的电路构成的电光源，模块中包含电气、机械、热力或者光学等其他元件。模块还装有分立的有源或无源元件，或用于提供或控制电源的税目85.36、85.42的物品。发光二极管（LED）模块没有便于在灯具中安装或更换并确保机械和电气连接的灯头设计。

（二）“发光二极管（LED）灯泡（管）”，是由一个或多个带有电气、机械、热力或者光学元件的LED模块组成的电光源。发光二极管（LED）模块与发光二极管（LED）灯泡（管）的区别在于后者有便于在灯具中安装或更换并确保机械和电气连接的灯头设计。

十二、税目85.41及85.42所称：

（一）

1.“半导体器件”是指那些依靠外加电场引起电阻率的变化而进行工作的半导体器件，或半导体基换能器。

半导体器件也可以包括由多个元件组装在一起的组件，无论是否有起辅助功能的有源和无源元件。

本定义所称“半导体基换能器”是指半导体基传感器、半导体基执行器、半导体基谐振器和半导体基振荡器。这些是不同类型的半导体基分立器件，能实现固有的功能，即可以将任何物理、化学现象或活动转换为电信号，或者将电信号转换为任何物理现象或活动。

半导体基换能器内的所有元件都不可分割地组合在一起，它们也包括为实现其结构或功能而不可分割地连接在一起的必要材料。

下列名词的含义是：

（1）“半导体基”是指用半导体技术，在半导体基片上构建、制造或由半导体材料制造。半导体基片或材料在换能器的作用和性能中起到不可替代的关键作用，其工作是基于半导体的物理、电气、化学和光学等特性。

（2）“物理或化学现象”是指诸如压力、声波、加速度、振动、运动、方向、张力、磁场强度、电场强度、光、放射性、湿度、流量和化学浓度等。

（3）半导体基传感器是一种半导体器件，其由在半导体材料内部或表面制作的微电子或机械结构组成，具有探测物理量和化学量并将其转换成电信号（因电特性变化或机械结构位移而产生）的功能。

（4）半导体基执行器是一种半导体器件，其由在半导体材料内部或表面制作的微电子或机械结构组成，具有将电信号转换成物理运动的功能。

（5）半导体基谐振器是一种半导体器件，其由在半导体材料内部或表面制作的微电子或机械结构组成，具有按预先设定的频率产生机械或电振荡的功能，频率取决于响应外部输入的结构的物理参数。

（6）半导体基振荡器是一种半导体器件，其由在半导体材料内部或表面制作的微电子或机械结构组成，具有按预先设定的频率产生机械或电振荡的功能，频率取决于这些结构的物理参数。

2.“发光二极管（LED）”是半导体器件，基于可将电能变成可见光、红外线或紫外线的半导体材料，不论这些器件之间是否通过电路连接以及不论是否带有保护二极管。税目85.41的发光二极管（LED）不装有以提供或控制电源为目的的元件。

（二）“集成电路”，是指：

Thin- or thick-film circuits comprising passive and active elements obtained during the same technological process are to be classified in heading 85.42.

9. For the purpose of heading 85.36, "connectors for optical fibres, optical fibre bundles or cables" means connectors that simply mechanically align optical fibres end to end in a digital line system. They perform no other function, such as the amplification, regeneration or modification of a signal.

10. Heading 85.37 does not include cordless infrared devices for the remote control of television receivers or other electrical equipment (heading 85.43).

11. For the purposes of heading 85.39, the expression "light-emitting diode (LED) light sources" covers:

(a) "Light-emitting diode (LED) modules" which are electrical light sources based on light-emitting diodes (LED) arranged in electrical circuits and containing further elements like electrical, mechanical, thermal or optical elements. They also contain discrete active elements, discrete passive elements, or articles of heading 85.36 or 85.42 for the purposes of providing power supply or power control. Light-emitting diode (LED) modules do not have a cap designed to allow easy installation or replacement in a luminaire and ensure mechanical and electrical contact.

(b) "Light-emitting diode (LED) lamps" which are electrical light sources containing one or more LED modules containing further elements like electrical, mechanical, thermal or optical elements. The distinction between light-emitting diode (LED) modules and light-emitting diode (LED) lamps is that lamps have a cap designed to allow easy installation or replacement in a luminaire and ensure mechanical and electrical contact.

12. For the purposes of headings 85.41 and 85.42:

(a)

(i) "Semiconductor devices" are semiconductor devices the operation of which depends on variations in resistivity on the application of an electric field or semiconductor-based transducers.

Semiconductor devices may also include assembly of plural elements, whether or not equipped with active and passive device ancillary functions.

"Semiconductor-based transducers" are, for the purposes of this definition, semiconductor-based sensors, semiconductor-based actuators, semiconductor-based resonators and semiconductor-based oscillators, which are types of discrete semiconductor-based devices, which perform an intrinsic function, which are able to convert any kind of physical or chemical phenomena or an action into an electrical signal or an electrical signal into any type of physical phenomenon or an action.

All the elements in semiconductor-based transducers are indivisibly combined, and may also include necessary materials indivisibly attached, that enable their construction or function.

The following expressions mean:

(1) "Semiconductor-based" means built or manufactured on a semiconductor substrate or made of semiconductor materials, manufactured by semiconductor technology, in which the semiconductor substrate or material plays a critical and unreplaceable role of transducer function and performance, and the operation of which is based on semiconductor properties including physical, electrical, chemical and optical properties.

(2) "Physical or chemical phenomena" relate to phenomena, such as pressure, acoustic waves, acceleration, vibration, movement, orientation, strain, magnetic field strength, electric field strength, light, radioactivity, humidity, flow, chemicals concentration, etc.

(3) "Semiconductor-based sensor" is a type of semiconductor device, which consists of microelectronic or mechanical structures that are created in the mass or on the surface of a semiconductor and that have the function of detecting physical or chemical quantities and converting these into electric signals caused by resulting variations in electric properties or displacement of a mechanical structure.

(4) "Semiconductor-based actuator" is a type of semiconductor device, which consists of microelectronic or mechanical structures that are created in the mass or on the surface of a semiconductor and that have the function of converting electric signals into physical movement.

(5) "Semiconductor-based resonator" is a type of semiconductor device, which consists of microelectronic or mechanical structures that are created in the mass or on the surface of a semiconductor and that have the function of generating a mechanical or electrical oscillation of a predefined frequency that depends on the physical geometry of these structures in response to an external input.

(6) "Semiconductor-based oscillator" is a type of semiconductor device, which consists of microelectronic or mechanical structures that are created in the mass or on the surface of a semiconductor and that have the function of generating a mechanical or electrical oscillation of a predefined frequency that depends on the physical geometry of these structures.

(ii) "Light-emitting diodes (LED)" are semiconductor devices based on semiconductor materials which convert electrical energy into visible, infra-red or ultra-violet rays, whether or not electrically connected among each other and whether or not combined with protective diodes.Light-emitting diodes (LED) of heading 85.41 do not incorporate elements for the purposes of providing power supply or power control;

(b) "Electronic integrated circuits" are:

1. 单片集成电路，即电路元件（二极管、晶体管、电阻器、电容器、电感器等）主要整体制作在一片半导体材料或化合物半导体材料（例如，掺杂硅、砷化镓、硅锗或磷化铟）基片的表面，并不可分割地连接在一起的电路；

2. 混合集成电路，即通过薄膜或厚膜工艺制得的无源元件（电阻器、电容器、电感器等）和通过半导体工艺制得的有源元件（二极管、晶体管、单片集成电路等）用互连或连接线实际上不可分割地组合在同一绝缘基片（玻璃、陶瓷等）上的电路。这种电路也可包括分立元件；

3. 多芯片集成电路是由两个或多个单片集成电路实际上不可分割地组合在一片或多片绝缘基片上构成的电路，不论是否带有引线框架，但不带有其他有源或无源的电路元件。

4. 多元件集成电路（MCOs）：由一个或多个单片、混合或多芯片集成电路以及下列至少一个元件组成：硅基传感器、执行器、振荡器、谐振器或其组件所构成的组合体，或者具有税目85.32、85.33、85.41所列商品功能的元件，或税目85.04的电感器。其像集成电路一样实际上不可分割地组合成一体，作为一种元件，通过引脚、引线、焊球、底面触点、凸点或导电压点进行连接，组装到印刷电路板（PCB）或其它载体上。

在本定义中：

（1）元件可以是分立的，独立制造后组装到多元件（MCO）的其余部分上，或者集成到其它元件内。

（2）“硅基”是指在硅基片上制造，或由硅材料制造而成，或者制造在集成电路裸片上。

（3）①硅基传感器是由在半导体材料内部或表面制作的微电子或机械结构组成，具有探测物理量和化学量并将其转换成电信号（因电特性变化或机械结构位移而产生）的功能。“物理量或化学量”与现实世界的现象相关，例如，压力、声波、加速度、振动、运动、方向、张力、磁场强度、电场强度、光、放射性、湿度、流量和化学浓度等。

②硅基执行器是由在半导体材料内部或表面制作的微电子或机械结构组成，具有将电信号转换成物理运动的功能。

③硅基谐振器是由在半导体材料内部或表面制作的微电子或机械结构组成，具有按预先设定的频率产生机械或电振荡的功能，频率取决于响应外部输入的结构的物理参数。

④硅基振荡器是有源器件，由在半导体材料内部或表面制作的微电子或机械结构组成，具有按预先设定的频率产生机械或电振荡的功能，频率取决于这些结构的物理参数。

本注释所述物品在归类时，即使本协调制度其他税目涉及到上述物品，尤其是物品的功能，仍应优先考虑归入税目85.41及85.42，但涉及税目85.23的情况除外。

子目注释：

一、子目8525.81仅包括具有以下一项或多项特征的高速电视摄像机、数字照相机及视频摄录一体机：

——写入速度超过0.5毫米/微秒；
——时间分辨率50纳秒或更短；
——帧速率超过225，000帧/秒。

二、子目8525.82所称抗辐射或耐辐射电视摄像机、数字照相机及视频摄录一体机，是指经设计或防护以能在高辐射环境中工作。这些设备可承受至少50×10^3 Gy（Si）[5×10^6 RAD（Si）]的总辐射剂量而不会使其操作性能退化。

三、子目8525.83包括夜视电视摄像机、数字照相机及视频摄录一体机，这些设备通过光阴极将捕获的光转换为电子，再将其放大和转换以形成可见图像。本子目不包括热成像的摄像机或照相机（通常归入子目8525.89）。

四、子目8527.12仅包括有内置放大器但无内置扬声器的盒式磁带放声机，它不需外接电源即能工作，且外形尺寸不超过170毫米×100毫米×45毫米。

(i)Monolithic integrated circuits in which the circuit elements (diodes, transistors, resistors, capacitors, inductances, etc.) are created in the mass (essentially) and on the surface of a semiconductor or compound semiconductor material (for example, doped silicon, gallium arsenide, silicon germanium, indium phosphide) and are inseparably associated;

(ii)Hybrid integrated circuits in which passive elements (resistors, capacitors, inductances, etc.), obtained by thin- or thick-film technology, and active elements (diodes, transistors, monolithic integrated circuits, etc.), obtained by semiconductor technology, are combined to all intents and purposes indivisibly, by interconnections or interconnecting cables, on a single insulating substrate (glass, ceramic, etc.). These circuits may also include discrete components;

(iii)Multichip integrated circuits consisting of two or more interconnected monolithic integrated circuits combined to all intents and purposes indivisibly, whether or not on one or more insulating substrates, with or without leadframes, but with no other active or passive circuit elements.

(iv)Multi-component integrated circuits (MCOs) : a combination of one or more monolithic, hybrid, or multi-chip integrated circuits with at least one of the following components: silicon-based sensors, actuators, oscillators, resonators or combinations thereof, or components performing the functions of articles classifiable under heading 85.32, 85.33, 85.41, or inductors classifiable under heading 85.04, formed to all intents and purposes indivisibly into a single body like an integrated circuit, as a component of a kind used for assembly onto a printed circuit board (PCB) or other carrier, through the connecting of pins, leads, balls, lands, bumps, or pads.

For the purpose of this definition:

i)"Components" may be discrete, manufactured independently then assembled onto the rest of the MCO, or integrated into other components.

ii)"Silicon based" means built on a silicon substrate, or made of silicon materials, or manufactured onto integrated circuit die.

iii)① "Silicon-based sensors" consist of microelectronic or mechanical structures that are created in the mass or on the surface of a semiconductor and that have the function of detecting physical or chemical phenomena and transducing these into electric signals, caused by resulting variations in electric properties or displacement of a mechanical structure. "Physical or chemical phenomena" relates to phenomena, such as pressure, acoustic waves, acceleration, vibration, movement, orientation, strain, magnetic field strength, electric field strength, light, radioactivity, humidity, flow, chemicals concentration, etc.

② "Silicon based actuators" consist of microelectronic and mechanical structures that are created in the mass or on the surface of a semiconductor and that have the function of converting electrical signals into physical movement.

③ "Silicon based resonators" are components that consist of microelectronic or mechanical structures that are created in the mass or on the surface of a semiconductor and have the function of generating a mechanical or electrical oscillation of a predefined frequency that depends on the physical geometry of these structures in response to an external input.

④ "Silicon based oscillators" are active components that consist of microelectronic or mechanical structures that are created in the mass or on the surface of a semiconductor and that have the function of generating a mechanical or electrical oscillation of a predefined frequency that depends on the physical geometry of these structures.

For the classification of the articles defined in this Note, headings 85.41 and 85.42 shall take precedence over any other heading in the Nomenclature, except in the case of heading 85.23, which might cover them by reference to, in particular, their function.

Subheading Notes:

1. Subheading 8525.81 covers only high-speed television cameras, digital cameras and video camera recorders having one or more of the following characteristics:

   – writing speed exceeding 0.5 mm per microsecond;

   – time resolution 50 nanoseconds or less;

   – frame rate exceeding 225,000 frames per second.

2. In respect of subheading 8525.82, radiation-hardened or radiation-tolerant television cameras, digital cameras and video camera recorders are designed or shielded to enable operation in a high-radiation environment. These cameras are designed to withstand a total radiation dose of at least 50×10^3 Gy (silicon) (5×10^6 RAD (silicon)), without operational degradation.

3. Subheading 8525.83 covers night vision television cameras, digital cameras and video camera recorders which use a photocathode to convert available light to electrons, which can be amplified and converted to yield a visible image. This subheading excludes thermal imaging cameras (generally subheading 8525.89).

4. Subheading 8527.12 covers only cassette-players with built-in amplifier, without built-in loudspeaker, capable of operating without an external source of electric power and the dimensions of which do not exceed 170mm×100mm×45mm.

五、子目8549.11至8549.19所称“废原电池、废原电池组及废蓄电池”是指因破损、拆解、耗尽或其他原因而不能再使用或不能再充电的电池。

税号	货品名称	进口关税（%）			增值/消费税（%）	出口退税（%）	计量单位	监管证件代码	检验检疫类别	协定税率（%）		
		最惠国	普通	年内暂定						东盟	亚太	智利
85.01	电动机及发电机（不包括发电机组）:											
	- 输出功率不超过37.5瓦的电动机:											
8501.1010	--- 玩具用	12	80		13	13	台/千克			0	7.8	0
	--- 其他:											
8501.1091	---- 微电机，机座尺寸在20毫米及以上，但不超过39毫米											
85011091.01	激光视盘机机芯用精密微型电机（1瓦≤功率≤18瓦，20毫米≤直径≤30毫米）	9	70	5	13	13	台/千克			0	5.9	0
85011091.02	摄像机、摄录一体机用精密微型电机（0.5瓦≤功率≤10瓦，20毫米≤直径≤39毫米）	9	70	5	13	13	台/千克			0	5.9	0
85011091.90	其他机座尺寸在20毫米至39毫米微电机（输出功率不超过37.5瓦）	9	70		13	13	台/千克			0	5.9	0
8501.1099	---- 其他											
85011099.01	功率≤0.5瓦非用于激光视盘机机芯的微型电机（圆柱形直径≤6毫米，高≤25毫米；扁圆型直径≤15毫米，厚≤5毫米）	9	35	5	13	13	台/千克			0	5.9	0
85011099.02	激光视盘机机芯用精密微型电机（0.5瓦≤功率≤2瓦，5毫米≤直径<20毫米）	9	35	5	13	13	台/千克			0	5.9	0
85011099.03	摄像机、摄录一体机用精密微型电机（0.5瓦≤功率≤10瓦，5毫米≤直径<20毫米或39毫米<直径≤40毫米）	9	35	5	13	13	台/千克			0	5.9	0
85011099.90	其他微电机（输出功率不超过37.5瓦）	9	35		13	13	台/千克			0	5.9	0
8501.2000	- 交直流两用电动机，输出功率超过37.5瓦											
85012000.10	输出功率大于16千瓦的两用物项管制的无人机专用交直两用电动机	12	35		13	13	台/千克	3	L/	0		0
85012000.90	其他输出功率>37.5瓦的交直流两用电动机	12	35		13	13	台/千克		L/	0		0
	- 其他直流电动机；直流发电机；不包括光伏发电机:											
8501.3100	-- 输出功率不超过750瓦	12	35		13	13	台/千克		L/	0	7.8	0
8501.3200	-- 输出功率超过750瓦，但不超过75千瓦											
85013200.10	16千瓦<输出功率≤75千瓦的两用物项管制的无人机专用直流电动机	10	35		13	13	台/千克	3	L/	0		0
85013200.90	其他750瓦<输出功率≤75千瓦的直流电动机、发电机	10	35		13	13	台/千克		L/	0		0
8501.3300	-- 输出功率超过75千瓦，但不超过375千瓦											
85013300.10	75千瓦<输出功率≤375千瓦的两用物项管制的无人机专用直流电动机	5	35		13	13	台/千克	3		0		0
85013300.90	其他75千瓦<输出功率≤375千瓦的直流电动机，发电机	5	35		13	13	台/千克			0		0
8501.3400	-- 输出功率超过375千瓦											
85013400.10	输出功率>375千瓦的两用物项管制的无人机专用直流电动机	10	35		13	13	台/千克	3		0		0

5. For the purposes of subheadings 8549.11 to 8549.19, "spent primary cells, spent primary batteries and spent electric accumulators" are those which are neither usable as such because of breakage, cutting-up, wear or other reasons, nor capable of being recharged.

协定税率（%）														特惠税率（%）①/②	Article Description
巴基斯坦	冰岛	哥斯达黎加	秘鲁	新西兰	瑞士	新加坡	韩国	澳大利亚	格鲁吉亚	毛里求斯	日本RCEP	尼加拉瓜	港澳台		
															Electric motors and generators (excluding generating sets):
															- Motors of an output not exceeding 37.5W:
18.6	0	0	0	0	0	0	12.2	0	0	4.9	21	11.2	0/0	0/0	--- For use in toys
															--- Other:
															----Micromotors with a housing size of 20mm or more but not exceeding 39mm
0	0	0	0	0	0	0	3	0	0	0	7.3	8.1	0/	0/0	Precision micro-motors for the movement of laser disc players (20mm ≤ diameter ≤ 30mm, 1W ≤ power ≤ 18W)
0	0	0	0	0	0	0	3	0	0	0	7.3	8.1	0/	0/0	Precision micro-motors for cameras or video camera recorders (20mm ≤ diameter ≤ 39mm; 0.5W ≤ power ≤ 10W)
0	0	0	0	0	0	0	3	0	0	0	7.3	8.1	0/	0/0	Other kinds of micro-motors with frames sized between 20mm and 39mm (power output no more than 37.5W)
															----Other
2.5	0	0	0	0	0	0	3	0	0	0	7.3	8.1	0/0	0/0	Power ≤ 0.5W, micro-motors not for the movement of laser disc players (cylindrical diameter ≤ 6mm; height ≤ 25mm; oblate diameter ≤ 15mm; thickness ≤ 5mm)
2.5	0	0	0	0	0	0	3	0	0	0	7.3	8.1	0/0	0/0	Precision micro-motors for the movement of laser disc players (5mm ≤ diameter<20mm, 0.5W ≤ power ≤ 2W)
2.5	0	0	0	0	0	0	3	0	0	0	7.3	8.1	0/0	0/0	Precision micro-motors for cameras or video camera recorders (5mm ≤ diameter<20mm or 39mm<diameter ≤ 40mm; 0.5W ≤ power ≤ 10W)
2.5	0	0	0	0	0	0	3	0	0	0	7.3	8.1	0/0	0/0	Other kinds of micro-motors (power output: no more than 37.5W)
															- Universal AC/DC motors of an output exceeding 37.5W
3	0	0	0	0	0	0	0	0	0	0	8.7	11.2	0/	0/0	Universal AC/DC motors solely used for dual use item controlled unmanned aerial vehicles, of an output exceeding 16kW
3	0	0	0	0	0	0	0	0	0	0	8.7	11.2	0/	0/0	Other universal AC/DC motors of an output exceeding 37.5 W
															- Other DC motors; DC generators, other than photovoltaic generators:
4.8	0	0	0	0	0	0	7.8	0	0	0	6	11.2	0/0	0/0	-- Of an output not exceeding 750W
															-- Of an output exceeding 750W but not exceeding 75kW
0	0	0	0	0	0	0	0	0	0	0	7.3	9	0/	0/0	DC motor solely used for dual use item controlled unmanned aerial vehicles, of an output exceeding 16 kW but not exceeding 75 kW
0	0	0	0	0	0	0	0	0	0	0	7.3	9	0/	0/0	Other DC motors and DC generators of an output exceeding 750 W but not exceeding 75 kW
															-- Of an output exceeding 75kW but not exceeding 375kW
0	0	0	0	0	0		0	0	0	0	0	0	0/	0/0	DC motor solely used for dual use item controlled unmanned aerial vehicles, of an output exceeding 75 kW but not exceeding 375 kW
0	0	0	0	0	0		0	0	0	0	0	0	0/	0/0	Other DC motors and DC generators of an output exceeding 75 kW but not exceeding 375 kW
															-- Of an output exceeding 375kW
3	0	0	0	0	0	0	6	0	0	0		9	0/	0/0	DC motor solely used for dual use item controlled unmanned aerial vehicles, of an output exceeding 375 kW

税号	货品名称	进口关税（%）			增值/消费税（%）	出口退税（%）	计量单位	监管证件代码	检验检疫类别	协定税率（%）		
		最惠国	普通	年内暂定						东盟	亚太	智利
85013400.90	其他输出功率>375千瓦的直流电动机、发电机	10	35		13	13	台/千克			0		0
8501.4000	- 其他单相交流电动机											
85014000.10	输出功率大于16千瓦的两用物项管制的无人机专用单相交流电动机	10	35		13	13	台/千克	3	L/	0		0
85014000.90	其他单相交流电动机	10	35		13	13	台/千克		L/	0		0
	- 其他多相交流电动机：											
8501.5100	-- 输出功率不超过750瓦											
85015100.10	发电机（功率≥40瓦特，频率600赫兹至2000赫兹，谐波畸变低于10%等）	5	35		13	13	台/千克	3		0		0
85015100.90	其他输出功率≤750瓦多相交流电动机	5	35		13	13	台/千克		L/	0		0
8501.5200	-- 输出功率超过750瓦，但不超过75千瓦											
85015200.10	750瓦<输出功率≤75千瓦的两用物项管制的无人机专用多相交流电动机	10	35		13	13	台/千克	3	L/	0		0
85015200.90	其他750瓦<输出功率≤75千瓦的多相交流电动机	10	35		13	13	台/千克		L/	0		0
8501.5300	-- 输出功率超过75千瓦											
85015300.10	输出功率>75千瓦的两用物项管制的无人机专用多相交流电动机	10	35		13	13	台/千克	3		0	6.5	0
85015300.90	其他输出功率>75千瓦的多相交流电动机	10	35		13	13	台/千克			0	6.5	0
	- 交流发电机，不包括光伏发电机：											
8501.6100	-- 输出功率不超过75千伏安	5	30		13	13	台/千克			0		0
8501.6200	-- 输出功率超过75千伏安，但不超过375千伏安	10	30		13	13	台/千克			0		0
8501.6300	-- 输出功率超过375千伏安，但不超过750千伏安	10	30		13	13	台/千克			0		0
	-- 输出功率超过750千伏安：											
8501.6410	--- 输出功率超过750千伏安，但不超过350兆伏安											
85016410.10	由使用可再生燃料锅炉和涡轮机组驱动的交流发电机，750千伏安<输出功率≤350兆伏安	10	30	5	13	13	台/千克	O		0		0
85016410.90	其他750千伏安<输出功率≤350兆伏安的交流发电机（不包括光伏发电机）	10	30		13	13	台/千克	O		0		0
8501.6420	--- 输出功率超过350兆伏安，但不超过665兆伏安											
85016420.10	由使用可再生燃料锅炉和涡轮机组驱动的交流发电机，350千伏安<输出功率≤665兆伏安	5.5	14	5	13	13	台/千克			0	3.6	0
85016420.90	其他350MVA<输出功率≤665兆伏安交流发电机（不包括光伏发电机）	5.5	14		13	13	台/千克	O		0	3.6	0
8501.6430	--- 输出功率超过665兆伏安											
85016430.10	由使用可再生燃料锅炉和涡轮机组驱动的交流发电机，输出功率>665兆伏安	6	11	5	13	13	台/千克			0	3.9	0
85016430.90	其他输出功率>665兆伏安交流发电机（不包括光伏发电机）	6	11		13	13	台/千克			0	3.9	0
	- 光伏直流发电机：											
8501.7100	-- 输出功率不超过50瓦	12	35		13	13	台/千克		L/	0	7.8	0
	-- 输出功率超过50瓦：											

协定税率（%）														特惠税率（%）①/②	Article Description
巴基斯坦	冰岛	哥斯达黎加	秘鲁	新西兰	瑞士	新加坡	韩国	澳大利亚	格鲁吉亚	毛里求斯	日本RCEP	尼加拉瓜	港澳台		
3	0	0	0	0	0	0	6	0	0	0		9	0/	0/0	Other DC motors and DC generators of an output exceeding 375 kW
															- Other AC motors, single-phase
3	0	0	0	0	0	0	4	0	0	0	9.8	9	0/	0/0	Single-phase AC motors solely used for dual use item controlled unmanned aerial vehicles, of an output exceeding 16 kW
3	0	0	0	0	0	0	4	0	0	0	9.8	9	0/	0/0	Other AC motors, single-phase
															- Other AC motors, multi-phase:
															-- Of an output not exceeding 750W
0	0	0	0	0	0			0	0	0		0	0/	0/0	Generator (power ≥40W; frequency 600-2000HZ; harmonic distortion rate<10%, etc.)
0	0	0	0	0	0			0	0	0		0	0/	0/0	Other multi-phase AC motors, power output ≤750W
															-- Of an output exceeding 750W but not exceeding 75kW
2.5	0	0	0	0	0	0	5	0	0	0	8.6	9	0/	0/0	Other multi-phase AC motors solely used for dual use item controlled unmanned aerial vehicles, of an output exceeding 750 W but not exceeding 75 kW
2.5	0	0	0	0	0	0	5	0	0	0	8.6	9	0/	0/0	AC motors of an output exceeding 750 W but not exceeding 75 kW
															-- Of an output exceeding 75kW
3	0	0	0	0	0	0	4	0	0	0	9.8	9	0/	0/0	Other multi-phase AC motors solely used for dual use item controlled unmanned aerial vehicles, of an output exceeding 75 kW
3	0	0	0	0	0	0	4	0	0	0	9.8	9	0/	0/0	AC motors of an output exceeding 75 kW
															- AC generators (alternators), other than photovoltaic generators:
0	0	0	0	0	0		0	0	0	0	3.6	0	0/	0/0	-- Of an output not exceeding 75kVA
3	0	0	0	0	0	0	6	0	0	0		9	0/	0/0	-- Of an output exceeding 75kVA but not exceeding 375kVA
3	0	0	0	0	0	0	6	0	0	0		9	0/	0/0	-- Of an output exceeding 375kVA but not exceeding 750kVA
															-- Of an output exceeding 750kVA:
															--- Of an output exceeding 750kVA but not exceeding 350MVA
0	0	0	0	0	0	0	5	0	0	0	8.6	9	0/	0/0	AC generators (alternators) powered by renewable-fuel fired boilers and turbine sets, of an output exceeding 750KVA but not exceeding 350MVA
0	0	0	0	0	0	0	5	0	0	0	8.6	9	0/	0/0	Other AC generators (alternators), of an output exceeding 750KVA but not exceeding 350MVA (excluding photovoltaic generators)
															--- Of an output exceeding 350MVA but not exceeding 665MVA
0	0	0	0	0	0		0	0	0	0	0	0	0/	0/0	AC generators (alternators) powered by renewable-fuel fired boilers and turbine sets, of an output exceeding 350MVA but not exceeding 665MVA
0	0	0	0	0	0		0	0	0	0	0	0	0/	0/0	Other AC generators (alternators), of an output exceeding 350MVA but not exceeding 665MVA (excluding photovoltaic generators)
															--- Of an output exceeding 665MVA
0	0	0	0	0	0		0	0	0	0	4.9	0	0/	0/0	AC generators (alternators) powered by renewable-fuel fired boilers and turbine sets, of an output exceeding 665MVA
0	0	0	0	0	0		0	0	0	0	4.9	0	0/	0/0	Other AC generators (alternators), of an output exceeding 665MVA (excluding photovoltaic generators)
															- Photovoltaic DC generators:
4.8	0	0	0	0	0	0	7.8	0	0	0	6	11.2	0/0	0/0	-- Of an output not exceeding 50W
															-- Of an output exceeding 50W:

税 号	货品名称	进口关税（%） 最惠国	普通	年内暂定	增值/消费税（%）	出口退税（%）	计量单位	监管证件代码	检验检疫类别	协定税率（%） 东盟	亚太	智利
8501.7210	-- 输出功率超过50瓦，但不超过750瓦	12	35		13	13	台/千克		L/	0	7.8	0
8501.7220	-- 输出功率超过750瓦，但不超过75千瓦	10	35		13	13	台/千克		L/	0		0
8501.7230	--- 输出功率超过75千瓦，但不超过375千瓦	5	35		13	13	台/千克			0		0
8501.7240	--- 输出功率超过375千瓦	10	35		13	13	台/千克			0		0
	- 光伏交流发电机：											
8501.8010	--- 输出功率不超过75千伏安	5	30		13	13	台/千克			0		0
8501.8020	--- 输出功率超过75千伏安，但不超过375千伏安	10	30		13	13	台/千克			0		0
8501.8030	--- 输出功率超过375千伏安，但不超过750千伏安	10	30		13	13	台/千克			0		0
	-- 输出功率超过750千伏安：											
8501.8041	---- 输出功率超过750千伏安，但不超过350兆伏安	10	30		13	13	台/千克	O		0		0
8501.8042	---- 输出功率超过350兆伏安，但不超过665兆伏安	5.5	14		13	13	台/千克	O		0	3.6	0
8501.8043	---- 输出功率超过665兆伏安	6	11		13	13	台/千克			0	3.9	0
85.02	**发电机组及旋转式变流机：**											
	- 装有压燃式活塞内燃发动机（柴油或半柴油发动机）的发电机组：											
8502.1100	-- 输出功率不超过75千伏安	10	45		13	13	台/千克			0		0
8502.1200	-- 输出功率超过75千伏安，但不超过375千伏安	10	45		13	13	台/千克	O		0		0
	-- 输出功率超过375千伏安：											
8502.1310	--- 输出功率超过375千伏安，但不超过2兆伏安	10	45		13	13	台/千克	O		0	6.5	0
8502.1320	--- 输出功率超过2兆伏安	10	30		13	13	台/千克	O		0	7	0
8502.2000	- 装有点燃式活塞内燃发动机的发电机组											
85022000.10	以沼气为燃料的装有点燃式活塞内燃发动机的发电机组（功率≥1000千瓦，发电效率≥40%）	10	45	5	13	13	台/千克			0		0
85022000.90	其他装有点燃式活塞发动机的发电机组（内燃的）	10	45		13	13	台/千克			0		0
	- 其他发电机组：											
8502.3100	-- 风力驱动的	8	30	5	13	13	台/千克			0		0
8502.3900	-- 其他											
85023900.10	依靠可再生能源（太阳能、小水电、潮汐、沼气、地热能、生物质/余热驱动的汽轮机）生产电力的发电机组	10	30	5	13	13	台/千克			0		0
85023900.90	其他发电机组（风力驱动除外）	10	30		13	13	台/千克			0		0
8502.4000	- 旋转式变流机	10	30		13	13	台/千克			0		0
85.03	**专用于或主要用于税目85.01或85.02所列机器的零件：**											
8503.0010	--- 税号8501.1010及8501.1091所列电动机用	8	70		13	13	千克			0	5.2	0
8503.0020	--- 税号8501.6420及8501.6430所列发电机用	3	11		13	13	千克			0	2	0
8503.0030	--- 税号8502.3100所列发电机组用	3	30	1	13	13	千克			0	2.5	0
8503.0090	--- 其他											
85030090.10	电动机定子（用于真空中频率600-2000Hz、功率50-1000VA条件下）	8	30		13	13	千克	3		0	5.2	0
85030090.20	由使用可再生燃料锅炉和涡轮机组驱动的输出功率超过750千伏安不超过350兆伏安的交流发电机的零件	8	30	5	13	13	千克			0	5.2	0

协定税率（%）巴基斯坦	冰岛	哥斯达黎加	秘鲁	新西兰	瑞士	新加坡	韩国	澳大利亚	格鲁吉亚	毛里求斯	日本RCEP	尼加拉瓜	港澳台	特惠税率（%）①/②	Article Description
4.8	0	0	0	0	0	0	7.8	0	0	0	6	11.2	0/0	0/0	--- Of an output exceeding 50W but not exceeding 750W
0	0	0	0	0	0	0	0	0	0	0	7.3	9	0/	0/0	--- Of an output exceeding 750W but not exceeding 75kW
0	0	0	0	0	0		0	0	0	0	0	0	0/	0/0	--- Of an output exceeding 75kW but not exceeding 375kW
3	0	0	0	0	0	0	6	0	0	0		9	0/	0/0	--- Of an output exceeding 375kW
															- Photovoltaic AC generators:
0	0	0	0	0	0		0	0	0	0	3.6	0	0/	0/0	--- Of an output not exceeding 75kVA
3	0	0	0	0	0	0	6	0	0	0		9	0/	0/0	--- Of an output exceeding 75kVA but not exceeding 375kVA
3	0	0	0	0	0	0	6	0	0	0		9	0/	0/0	--- Of an output exceeding 375kVA but not exceeding 750kVA
															--- Of an output exceeding 750kVA:
0	0	0	0	0	0	0	5	0	0	0	8.6	9	0/	0/0	----Of an output exceeding 750kVA but not exceeding 350MVA
0	0	0	0	0	0		0	0	0	0	0	0	0/	0/0	----Of an output exceeding 350MVA but not exceeding 665MVA
0	0	0	0	0	0		0	0	0	0	4.9	0	0/	0/0	----Of an output exceeding 665MVA
															Electric generating sets and rotary converters:
															- Generating sets with compression-ignition internal combustion piston engines (diesel or semi-diesel engines):
0	0	0	0	0	0	0	0	0	0	0	7.3	9	0/	0/0	-- Of an output not exceeding 75kVA
0	0	0	0	0	0	0	3.3	0	0	0	8.1	9	0/	0/0	-- Of an output exceeding 75kVA but not exceeding 375kVA
															-- Of an output exceeding 375kVA:
0	0	0	0	0	0	0	5	0	0	0	8.6	9	0/	0/0	--- Of an output exceeding 375kVA but not exceeding 2MVA
0	0	0	0	0	0	0	5	0	0	0	8.6	9	0/	0/0	--- Of an output exceeding 2MVA
															- Generating sets with spark-ignition internal combustion piston engines
2.5	0	0	0	0	0	0	0	0	0	0	7.3	9	0/	0/0	Generating sets with spark-ignition internal combustion piston engines for biogas fuel (power ≥ 1000 kW, power generation efficiency ≥ 40%)
2.5	0	0	0	0	0	0	0	0	0	0	7.3	9	0/	0/0	Other generating sets with spark-ignition internal combustion piston engines
															- Other generating sets:
0	0	0	0	0	0		2.6	0	0	0	5.8	6.4	0/	0/0	-- Wind-powered
															-- Other
0	0	0	0	0	0		3.3	0	0	0	8.1	9	0/	0/0	Reproducible energy-powered (Solar, water, tide, methane, geothermic, drived turbine) electric generating sets
0	0	0	0	0	0		3.3	0	0	0	8.1	9	0/	0/0	Other (other than wind-powered)
0	0	0	0	0	0		0	0	0	0	7.3	9	0/	0/0	- Electric rotary converters
															Parts suitable for use solely or principally with the machines of heading 85.01 or 85.02:
3	0	0	0	0	0	0	7.8	0	0	0		6.4	0/0	0/0	--- Of the motors of subheading 8501.1010 or 8501.1091
0	0	0	0	0	0		0	0	0	0	2.2	0	0/	0/0	--- Of the generators of subheading 8501.6420 or 8501.6430
0	0	0	0	0	0		0	0	0	0	0	0	0/	0/0	--- Of the generating sets of subheading 8502.3100
															--- Other
2.5		0	0	0	0		0	0	0	0	6.5	6.4	0/0	0/0	Motor stator (used when the frequency is between 600-2000Hz and power between 50-1000VA in vacuum)
2.5		0	0	0	0		0	0	0	0	6.5	6.4	0/0	0/0	Parts of AC generators of an output exceeding 350MVA, powered by boilers using reproducible fuel and turbine sets

税号	货品名称	进口关税（%）最惠国	普通	年内暂定	增值/消费税（%）	出口退税（%）	计量单位	监管证件代码	检验检疫类别	协定税率（%）东盟	亚太	智利
85030090.30	依靠可再生能源（太阳能、小水电、潮汐、沼气、地热能、生物质/余热驱动的汽轮机）生产电力的发电机组的零件	8	30	5	13	13	千克			0	5.2	0
85030090.40	飞机发动机用交流发电机定子	8	30	1	13	13	千克			0	5.2	0
85030090.50	燃料电池用膜电极组件（主要由质子交换膜、催化剂和气体扩散层构成）	8	30	4	13	13	千克			0	5.2	0
85030090.60	燃料电池用双极板	8	30	4	13	13	千克			0	5.2	0
85030090.90	其他电动机、发电机（组）零件	8	30		13	13	千克			0	5.2	0
85.04	**变压器、静止式变流器（例如，整流器）及电感器：**											
	- 放电灯或放电管用镇流器：											
8504.1010	--- 电子镇流器	10	35		13	13	个/千克		L/	0		0
8504.1090	--- 其他	10	35		13	13	个/千克		L/	0		0
	- 液体介质变压器：											
8504.2100	-- 额定容量不超过650千伏安	10	50		13	13	个/千克			0		0
8504.2200	-- 额定容量超过650千伏安，但不超过10兆伏安	10	50		13	13	个/千克			0		0
	-- 额定容量超过10兆伏安：											
	--- 额定容量超过10兆伏安，但小于400兆伏安：											
8504.2311	---- 额定容量超过10兆伏安，但小于220兆伏安	10	50		13	13	个/千克			0	6.5	0
8504.2312	---- 额定容量在220兆伏安及以上，但小于330兆伏安	10	50		13	13	个/千克			0	6.5	0
8504.2313	---- 额定容量在330兆伏安及以上，但小于400兆伏安	10	50		13	13	个/千克			0	6.5	0
	--- 额定容量在400兆伏安及以上：											
8504.2321	---- 额定容量在400兆伏安及以上，但小于500兆伏安	6	11		13	13	个/千克			0	3.9	0
8504.2329	---- 其他	6	11		13	13	个/千克			0	3.9	0
	- 其他变压器：											
	-- 额定容量不超过1千伏安：											
8504.3110	--- 互感器	5	50		13	13	个/千克			0	3.3	0
8504.3190	--- 其他	5	50		13	13	个/千克			0	3.3	0
	-- 额定容量超过1千伏安，但不超过16千伏安：											
8504.3210	--- 互感器	5	50		13	13	个/千克			0		0
8504.3290	--- 其他	5	50		13	13	个/千克			0		0
	-- 额定容量超过16千伏安，但不超过500千伏安：											
8504.3310	--- 互感器	5	50		13	13	个/千克			0		0
8504.3390	--- 其他	5	50		13	13	个/千克			0		0
	-- 额定容量超过500千伏安：											
8504.3410	--- 互感器	10	50		13	13	个/千克			0		0
8504.3490	--- 其他	10	50		13	13	个/千克			0		0
	- 静止式变流器：											
	--- 稳压电源：											
8504.4013	---- 税目84.71所列机器用	0	40		13	13	个/千克	A	L/	0		0
8504.4014	---- 其他直流稳压电源，功率小于1千瓦，精度低于万分之一	0	80		13	13	个/千克			0	0	0
8504.4015	---- 其他交流稳压电源，功率小于10千瓦，精度低于千分之一	0	80		13	13	个/千克			0		0

协定税率（%）														特惠税率（%）①/②	Article Description
巴基斯坦	冰岛	哥斯达黎加	秘鲁	新西兰	瑞士	新加坡	韩国	澳大利亚	格鲁吉亚	毛里求斯	日本RCEP	尼加拉瓜	港澳台		
2.5		0	0	0	0		0	0	0	0	6.5	6.4	0/0	0/0	Of the generating sets of subheading 85023900.10
2.5		0	0	0	0		0	0	0	0	6.5	6.4	0/0	0/0	Stators of AC generators (alternators) for aircraft engines
2.5		0	0	0	0		0	0	0	0	6.5	6.4	0/0	0/0	Membrane electrode assembly for fuel cell (mainly composed of proton exchange menbrane, catalyst and gas diffusion layer)
2.5		0	0	0	0		0	0	0	0	6.5	6.4	0/0	0/0	Electrode plate for fuel cell
2.5		0	0	0	0		0	0	0	0	6.5	6.4	0/0	0/0	Other parts of electric motors and generators (sets)
															Electrical transformers, static converters (for example, rectifiers) and inductors:
															- Ballasts for discharge lamps or tubes:
0	0	0	0	0	0	0	0	0	0	0	7.3	9	0/	0/0	--- Electronic ballats
0	0	0	0	0	0		0	0	0	0	7.3	9	0/	0/0	--- Other
															- Liquid dielectric transformers:
2.5	0	0	0	0	0	0	0	0	0	0	7.6	9	0/	0/0	-- Having a power handling capacity not exceeding 650kVA
3.2	0	0	0	0	0	0	0	0	0	0	9.2	9	0/	0/0	-- Having a power handling capacity exceeding 650kVA but not exceeding 10MVA
															-- having a power handling capacity exceeding 10MVA:
															--- Having a power handling capacity exceeding 10MVA but less than 400MVA:
0	0	0	0	0			3.3	0	0	0	8.1	9	0/	0/0	----Having a power handing capacity exceeding 10MVA but less than 220MVA
0	0	0	0	0	0		0	0	0	0	7.3	9	0/	0/0	----Having a power handling capacity exceeding 220MVA but less than 330MVA
0	0	0	0	0	0		0	0	0	0		9	0/	0/0	----Having a power handling capacity exceeding 330MVA but less than 400MVA
															--- Having a power handling capacity of 400MVA or more:
0	0	0	0	0	0		0	0	0	0	0	0	0/	0/0	----Having a power handling capacity exceeding 400MVA but less than 500MVA
0	0	0	0	0	0		0	0	0	0	0	0	0/	0/0	----Other
															- Other transformers:
															-- Having a power handling capacity not exceeding 1kVA:
0	0	0	0	0	0		0	0	0	0	0	0	0/0	0/0	--- Mutual inductor
0	0	0	0	0	0	0	0	0	0	0	0	0	0/0	0/0	--- Other
															-- Having a power handling capacity exceeding 1kVA but not exceeding 16kVA:
0	0	0	0	0	0		1.6	0	0	0	4.1	0	0/	0/0	--- Mutual inductor
0	0	0	0	0	0		0	0	0	0	0	0	0/	0/0	--- Other
															-- Having a power handling capacity exceeding 16kVA but not exceeding 500kVA:
0	0	0	0	0	0		1.6	0	0	0	4.1	0	0/	0/0	--- Mutual inductor
0	0	0	0	0	0		1.6	0	0	0	4.1	0	0/	0/0	--- Other
															-- Having a power handling capacity exceeding 500kVA:
11.2	0	0	0	0	0	0	4.6	0	0	0	11.4	9	0/	0/0	--- Mutual inductor
5.6	0	0	0	0	0	0	4.6	0	0	0	11.4	9	0/	0/0	--- Other
															- Static converters:
															--- Voltage-stabilized suppliers:
0	0	0	0	0	0		0	0	0	0	0	0	0/	0/0	----Of the machines of heading 84.71
0	0	0	0	0	0		2.3	0	0	0	5.1	0	0/	0/0	----Other DC voltage-stabilized suppliers, of a power of less than 1kW and an accuracy of not better than 0.0001
0	0	0	0	0	0		0	0	0	0	0	0	0/	0/0	----Other AC voltage-stabilized suppliers, of a power of less than 10kW and an accuracy of not better than 0.001

税号	货品名称	进口关税（%）			增值/消费税（%）	出口退税（%）	计量单位	监管证件代码	检验检疫类别	协定税率（%）		
		最惠国	普通	年内暂定						东盟	亚太	智利
8504.4019	----其他											
85044019.10	同位素电磁分离器离子源磁体电源（高功率直流型）	0	50		13	13	个/千克	3		0		0
85044019.20	直流高功率电源（能8小时连续产生100伏，500安电流，稳定度优于0.1%）	0	50		13	13	个/千克	3		0		0
85044019.30	高压直流电源（能8小时连续产生20千伏，1安电流，稳定度优于0.2%）	0	50		13	13	个/千克	3		0		0
85044019.40	同位素电磁分离器离子源高压电源	0	50		13	13	个/千克	3		0		0
85044019.90	其他稳压电源	0	50		13	13	个/千克		L/	0		0
8504.4020	--- 不间断供电电源	0	50		13	13	台/千克			0	0	0
8504.4030	--- 逆变器											
85044030.10	两用物项管制的逆变器（功率≥40瓦特，频率600赫兹至2000赫兹，谐波畸变低于10%等）	0	30		13	13	个/千克	3		0		0
85044030.20	纯电动或混合动力汽车用逆变器模块，功率密度≥8千瓦/升	0	30		13	13	个/千克			0		0
85044030.90	其他逆变器	0	30		13	13	个/千克			0		0
	--- 其他：											
8504.4091	----具有变流功能的半导体模块											
85044091.10	具有变流功能的半导体模块（自动数据处理设备机器及组件、电讯设备用的）	0	30		13	13	个/千克			0		0
85044091.90	其他具有变流功能的半导体模块	0	30		13	13	个/千克			0		0
8504.4099	----其他											
85044099.30	专用编号85030090.10电动机定子的频率变换器[1.多相输出600赫兹或更高；2.高稳定性（频率控制优于0.2%）]	0	30		13	13	个/千克	3		0		0
85044099.40	两用物项管制的频率变换器（功率≥40瓦特，频率600赫兹至2000赫兹，谐波畸变低于10%等）	0	30		13	13	个/千克	3		0		0
85044099.50	电源（真空或受控环境感应炉用电源，额定输出功率≥5千瓦）	0	30		13	13	个/千克	3		0		0
85044099.60	模块式电脉冲发生器（在15ms内输出电流>100安，密封在防尘罩内，温宽范围大）	0	30		13	13	个/千克	3		0		0
85044099.70	高速（200km/h及以上）电力机车的牵引变流器	0	30		13	13	个/千克			0		0
85044099.80	汽车冲压线用压力机变频调速装置	0	30		13	13	个/千克			0		0
85044099.92	纯电动汽车或插电式混合动力汽车用车载充电机	0	30		13	13	个/千克			0		0
85044099.99	其他未列名静止式变流器	0	30		13	13	个/千克			0		0
8504.5000	- 其他电感器	0	35		13	13	个/千克			0		0
	- 零件：											
	--- 变压器用：											
8504.9011	----税号8504.2321和8504.2329所列变压器用	0	11		13	13	千克			0	0	0
8504.9019	----其他	0	50		13	13	千克			0	0	0
8504.9020	--- 稳压电源及不间断供电电源用	0	50		13	13	千克			0	0	0
8504.9090	--- 其他											
85049090.10	用于将可再生能源发电机组输出的直流电转换成交流电的逆变器的零件	0	30		13	13	千克			0	0	0

协定税率（%）														特惠税率（%）①/②	Article Description
巴基斯坦	冰岛	哥斯达黎加	秘鲁	新西兰	瑞士	新加坡	韩国	澳大利亚	格鲁吉亚	毛里求斯	日本RCEP	尼加拉瓜	港澳台		
															----Other
0	0	0	0	0	0		0	0	0	0	0	0	0/	0/0	Magnet power for the ion source of electromagnetic isotope separator (high power DC)
0	0	0	0	0	0		0	0	0	0	0	0	0/	0/0	High power DC power supply (be able to generate the 100V, 500A electric current for 8 hours consecutively with its stability higher than 0.1%)
0	0	0	0	0	0		0	0	0	0	0	0	0/	0/0	High voltage DC power supply (able to generate the 20kV, 1A electric current for 8 hours consecutively with its stability higher than 0.2%)
0	0	0	0	0	0		0	0	0	0	0	0	0/	0/0	High voltage power supply for the ion source of electromagnetic isotope separator
0	0	0	0	0	0		0	0	0	0	0	0	0/	0/0	Other kinds of regulated power supplies
2.5	0	0	0	0		0	3.3	0	0	0	7.3	0	0/	0/0	--- Uninterrupted power suppliers
															--- Inverter
2.5	0	0	0	0	0	0	3.3	0	0	0	7.3	0	0/	0/0	Inverter under control of dual-use items(power ⩾40W, frequency 600-2000 Hz, harmonic distortion rate less than 10%)
2.5	0	0	0	0	0	0	3.3	0	0	0	7.3	0	0/	0/0	Inverter module for pure electric power vehicles or hybrid power vehicles (power density ⩾ 8 kW/L)
2.5	0	0	0	0	0	0	3.3	0	0	0	7.3	0	0/	0/0	Other inverter
															--- Other:
															----Semiconductor modules with converting function
2.5	0	0	0	0	0	0	0	0	0	0	7.3	0	0/	0/0	Semiconductor modules with converting function
2.5	0	0	0	0	0	0	0	0	0	0	7.3	0	0/	0/0	Other semiconductor modules with converting function
															----Other
2.5	0	0	0	0	0	0	3.3	0	0	3.6	7.3	0	0/	0/0	Frequency converters (only for motor stators of subheading 85030090.10)
2.5	0	0	0	0	0	0	3.3	0	0	3.6	7.3	0	0/	0/0	Frequency converters under control of dual-use items (power ⩾40W, frequency 600-2000HZ, harmonic distortion rate less than 10%)
2.5	0	0	0	0	0	0	3.3	0	0	3.6	7.3	0	0/	0/0	Power supply (for vacuum or controlled atmosphere induction furnaces; rated power output ⩾ 5kW)
2.5	0	0	0	0	0	0	3.3	0	0	3.6	7.3	0	0/	0/0	Modular electric pulse generator (output current>100A in 15ms, sealed in dust-proof cover; with a wide temperature range)
2.5	0	0	0	0	0	0	3.3	0	0	3.6	7.3	0	0/	0/0	Traction converter for electric express locomotives (for electric locomotives with the speed of 200km/h or above)
2.5	0	0	0	0	0	0	3.3	0	0	3.6	7.3	0	0/	0/0	Frequency and speed control devices for automobile press line
2.5	0	0	0	0	0	0	3.3	0	0	3.6	7.3	0	0/	0/0	Chargers installed in vehicles for electric vehicles and plug-in hybrid vehicles
2.5	0	0	0	0	0	0	3.3	0	0	3.6	7.3	0	0/	0/0	Other kinds of static converters
0	0	0	0	0	0		0	0	0	0	0	0	0/	0/0	- Other inductors
															- Parts:
															--- Of transformers:
0	0	0	0	0	0		1.6	0	0	0	3.6	0	0/	0/0	----Of the transformers of subheadings 8504.2321 and 8504.2329
0	0	0	0	0	0		2.6	0	0	0	5.8	0	0/0	0/0	----Other
0	0	0	0	0	0		2.6	0	0	0	5.8	0	0/0	0/0	--- Of voltage-stabilized suppliers and uninterrupted power suppliers
															--- Other
0	0	0	0	0	0		2.6	0	0	0	5.8	0	0/0	0/0	Parts of DC-to-AC converter for reproducible energy-powered generating sets

税 号	货品名称	进口关税（%） 最惠国	普通	年内暂定	增值/消费税（%）	出口退税（%）	计量单位	监管证件代码	检验检疫类别	协定税率（%） 东盟	亚太	智利
85049090.90	其他静止式变流器及电感器零件	0	30		13	13	千克			0	0	0
85.05	**电磁铁；永磁铁及磁化后准备制永磁铁的物品；电磁铁或永磁铁卡盘、夹具及类似的工件夹具；电磁联轴节、离合器及制动器；电磁起重吸盘：**											
	- 永磁铁及磁化后准备制永磁铁的物品：											
	-- 金属的：											
8505.1110	--- 稀土的稀土永磁体	7	20		13	13	千克			0		0
8505.1190	--- 其他	7	20		13	13	千克			0		0
8505.1900	-- 其他											
85051900.10	磁极块（直径大于2米，用在同位素电磁分离器内）	7	20		13	13	千克	3		0	4.6	0
85051900.90	其他非金属的永磁铁及永磁体	7	20		13	13	千克			0	4.6	0
8505.2000	- 电磁联轴节、离合器及制动器	8	20		13	13	千克			0	5.2	0
	- 其他，包括零件：											
8505.9010	--- 电磁起重吸盘	8	20		13	13	个/千克			0		0
8505.9090	--- 其他											
85059090.10	超导螺线电磁体（产生超过2个泰斯拉磁场，长径比≥2，内径≥300毫米等）	8	20		13	13	个/千克	3		0	5.6	0
85059090.20	专门或主要用于核磁共振成像装置的电磁体，但税目90.18所列其他电磁铁除外	0	20		13	13	个/千克			0	5.6	0
85059090.90	其他电磁铁，电磁铁或永磁铁卡盘、夹具及类似的工件夹具，税目85.05的零件	8	20		13	13	个/千克			0	5.6	0
85.06	**原电池及原电池组：**											
	- 二氧化锰的：											
	--- 碱性锌锰的：											
8506.1011	---- 扣式											
85061011.10	扣式无汞碱性锌锰的原电池及原电池组（汞含量<电池重量的0.0005%）	8	80		13	13	个/千克			0		0
85061011.90	扣式含汞碱性锌锰的原电池及原电池组（汞含量≥电池重量的0.0005%）	8	80		13/4	0	个/千克	89		0		0
8506.1012	---- 圆柱形											
85061012.10	圆柱形无汞碱性锌锰的原电池及原电池组（汞含量<电池重量的0.0001%）	8	80		13	13	个/千克			0		0
85061012.90	圆柱形含汞碱性锌锰的原电池及原电池组（汞含量≥电池重量的0.0001%）	8	80		13/4	0	个/千克	89		0		0
8506.1019	---- 其他											
85061019.10	其他无汞碱性锌锰的原电池及原电池组（汞含量<电池重量的0.0001%）	8	80		13	13	个/千克			0		0

协定税率（%）														特惠税率（%）①/②	Article Description
巴基斯坦	冰岛	哥斯达黎加	秘鲁	新西兰	瑞士	新加坡	韩国	澳大利亚	格鲁吉亚	毛里求斯	日本RCEP	尼加拉瓜	港澳台		
0	0	0	0	0	0		2.6	0	0	0	5.8	0	0/0	0/0	Parts of other kinds of static converters or inductors
															Electro-magnets; permanent magnets and articles intended to become permanent magnets after magnetization; electro-magnetic or permanent magnet chucks, clamps and similar holding devices; electro-magnetic couplings, clutches and brakes; electro-magnetic lifting heads:
															- Permanent magnets and articles intended to become permanent magnets after magnetization:
															-- Of metal:
0	0	0	0	0	0		0	0	0	0	5.1	0	0/0	0/0	--- Of rare-earth metals
0	0	0	0	0	0		0	0	0	0	6	0	0/0	0/0	--- Other
															-- Other
0	0	0	0	0	0		0	0	0	0	5.1	0	0/	0/0	Magnet pole pieces (diameter >2m, used for electromagnetic isotope separator)
0	0	0	0	0	0		0	0	0	0	5.1	0	0/	0/0	Other non-metal permanent magnet and articles intended to be permanent magnets after magnetization
0	0	0	0	0	0		2.6	0	0	0	6.5	6.4	0/	0/0	- Electro-magnetic couplings, clutches and brakes
															- Other, including parts:
0	0	0	0	0	0		0	0	0	0	5.8	6.4	0/	0/0	--- Electro-magnetic lifting heads
															--- Other
0	0	0	0	0	0		0	0	0	0	5.8	6.4	0/	0/0	Superconducting spiral electromagnets (generating more than two Tesla magnetic fields; L/D ratio ⩾2, ID ⩾300mm, etc.)
0	0	0	0	0	0		0	0	0	0	5.8	6.4	0/	0/0	Electromagnets of a kind used solely or principally for magnetic resonance imaging apparatus, other than other electromagnets of heading 90.18
0	0	0	0	0	0		0	0	0	0	5.8	6.4	0/	0/0	Other kinds of magnetic holders and parts of products of heading 85.05
															Primary cells and primary batteries:
															- Manganese dioxide:
															--- Alkaline zinc-manganese dioxide:
															----Button shape
16	0	0	0	0	0	0	10	0	0	0		6.4	0/	0/0	Button shaped alkaline zinc-manganese dioxide primary cells and primary batteris not containing mercury (containing by weight less than 0.0005% mercury)
16	0	0	0	0	0	0	10	0	0	0		6.4	0/	0/0	Button shaped alkaline zinc-manganese dioxide primary cells and primary batteris containing mercury (containing by weight no less than 0.0005% mercury)
															----Cylindrical shape
16	0	0	0	0	0	0	10	0	0	0		6.4	0/	0/0	Cylindrical shaped alkaline zinc-manganese dioxide primary cells and primary batteris not containing mercury (containing by weight less than 0.0001% mercury)
16	0	0	0	0	0	0	10	0	0	0		6.4	0/	0/0	Cylindrical shaped alkaline zinc-manganese dioxide primary cells and primary batteris containing mercury (containing by weight no less than 0.0001% mercury)
															----Other
16	0	0	0	0	0	0		0	0	0		6.4	0/	0/0	Other alkaline zinc-manganese dioxide primary cells and primary batteris not containing mercury (containing by weight less than 0.0001% mercury)

税　号	货品名称	进口关税（%）最惠国	普通	年内暂定	增值/消费税（%）	出口退税（%）	计量单位	监管证件代码	检验检疫类别	协定税率（%）东盟	亚太	智利
85061019.90	其他含汞碱性锌锰的原电池及原电池组（汞含量≥电池重量的0.0001%）	8	80		13/4	13	个/千克	89		0		0
8506.1090	--- 其他											
85061090.10	其他无汞二氧化锰的原电池及原电池组（汞含量<电池重量的0.0001%，扣式电池的汞含量<电池重量的0.0005%）	8	80		13	13	个/千克			0		0
85061090.90	其他含汞二氧化锰的原电池及原电池组（汞含量≥电池重量的0.0001%，扣式电池的汞含量≥电池重量的0.0005%）	8	80		13/4	13	个/千克	89		0		0
8506.3000	- 氧化汞的	8	40		13/4	0	个/千克	89		0		0
8506.4000	- 氧化银的											
85064000.10	氧化银的原电池及原电池组（无汞）（汞含量<电池重量的0.0001%，扣式电池的汞含量<电池重量的0.0005%）	8	40		13	13	个/千克			0	5.2	0
85064000.90	氧化银的原电池及原电池组（含汞）（汞含量≥电池重量的0.0001%，扣式电池的汞含量≥电池重量的0.0005%）	8	40		13/4	13	个/千克	89		0	5.2	0
8506.5000	- 锂的	8	40		13	13	个/千克	A	M/	0		0
8506.6000	- 锌空气的											
85066000.10	锌空气的原电池及原电池组（无汞）（汞含量<电池重量的0.0001%，扣式电池的汞含量<电池重量的0.0005%）	8	40		13	13	个/千克			0		0
85066000.90	锌空气的原电池及原电池组（含汞）（汞含量≥电池重量的0.0001%，扣式电池的汞含量≥电池重量的0.0005%）	8	40		13/4	13	个/千克	89		0		0
8506.8000	- 其他原电池及原电池组											
85068000.11	无汞燃料电池（汞含量<电池重量的0.0001%，扣式电池的汞含量<电池重量的0.0005%）	8	40		13	13	个/千克			0		0
85068000.19	其他无汞原电池及原电池组（汞含量<电池重量的0.0001%，扣式电池的汞含量<电池重量的0.0005%）	8	40		13	13	个/千克			0		0
85068000.91	含汞燃料电池（汞含量≥电池重量的0.0001%，扣式电池的汞含量≥电池重量的0.0005%）	8	40		13/4	13	个/千克	89		0		0
85068000.99	其他含汞原电池及原电池组（汞含量≥电池重量的0.0001%，扣式电池的汞含量≥电池重量的0.0005%）	8	40		13/4	13	个/千克	89		0		0
	- 零件：											
8506.9010	--- 子目8506.10所列电池用	8	80		13	13	千克			0	5.2	0
8506.9090	--- 其他	8	40		13	13	千克			0		0
85.07	**蓄电池，包括隔板，不论是否矩形（包括正方形）：**											
8507.1000	- 铅酸蓄电池，用于启动活塞式发动机	10	90		13/4	0	个/千克			0	6.5	0
8507.2000	- 其他铅酸蓄电池	10	90		13/4	0	个/千克			0	6.5	0
8507.3000	- 镍镉蓄电池											
85073000.10	飞机用镍镉蓄电池	10	40	1	13/4	0	个/千克			0	6.5	0
85073000.90	其他镍镉蓄电池	10	40		13/4	0	个/千克			0	6.5	0

协定税率（%）														特惠税率（%）①/②	Article Description
巴基斯坦	冰岛	哥斯达黎加	秘鲁	新西兰	瑞士	新加坡	韩国	澳大利亚	格鲁吉亚	毛里求斯	日本RCEP	尼加拉瓜	港澳台		
16	0	0	0	0	0	0		0	0	0		6.4	0/	0/0	Other alkaline zinc-manganese dioxide primary cells and primary batteris containing mercury (containing by weight no less than 0.0001% mercury)
															--- Other
16	0	0	0	0	0	0	10	0	0	0		6.4	0/	0/0	Other manganese dioxide primary cells and primary batteris not containing mercury (containing by weight less than 0.0001% mercury, button shaped containing by weight less than 0.0005% mercury)
16	0	0	0	0	0	0	10	0	0	0		6.4	0/	0/0	Other manganese dioxide primary cells and primary batteris not containing mercury (containing by weight not less than 0.0001% mercury, button shaped containing by weight not less than 0.0005% mercury)
5.6	0	0	0	0	0	0	0	0	0	0	10.2	6.4	0/	0/0	- Mercuric oxide
															- Silver oxide
5.6	0	0	0	0	0	0	0	0	0	0		6.4	0/	0/0	Containing mercury less than 0.0001% of the cell's weight, or containing mercury less than 0.0005% of the button cell's weight
5.6	0	0	0	0	0	0	0	0	0	0		6.4	0/	0/0	Containing mercury more than or equal to 0.0001% of the cell's weight, or containing mercury more than or equal to 0.0005% of the button cell's weight
5.6	0	0	0	0	0	0		0	0	0		6.4	0/	0/0	- Lithium
															- Air-zinc
5.6	0	0	0	0		0	0	0	0	0	10.2	6.4	0/	0/0	Containing mercury less than 0.0001% of the cell's weight, or containing mercury less than 0.0005% of the button cell's weight
5.6	0	0	0	0		0	0	0	0	0	10.2	6.4	0/	0/0	Containing mercury more than or equal to 0.0001% of the cell's weight, or containing mercury more than or equal to 0.0005% of the button cell's weight
															- Other primary cells and primary batteries
5.6	0	0	0	0	0	0	0	0	0	0	10.2	6.4	0/	0/0	Fuel cell containing mercury less than 0.0001% of the cell's weight, or containing mercury less than 0.0005% of the button cell's weight
5.6	0	0	0	0	0	0	0	0	0	0	10.2	6.4	0/	0/0	Other primary cells and primary batteries containing mercury less than 0.0001% of the cell's weight, or containing mercury less than 0.0005% of the button cell's weight
5.6	0	0	0	0	0	0	0	0	0	0	10.2	6.4	0/	0/0	Fuel cell containing mercury more than or equal to 0.0001% of the cell's weight, or containing mercury more than or equal to 0.0005% of the button cell's weight
5.6	0	0	0	0	0	0	0	0	0	0	10.2	6.4	0/	0/0	Other primary cells and primary batteries containing mercury more than or equal to 0.0001% of the cell's weight, or containing mercury more than or equal to 0.0005% of the button cell's weight
															- Parts:
5.6	0	0	0	0	0	0		0	0	0		6.4	0/	0/0	--- Of the cells of subheading 8506.10
0	0	0	0	0	0	0	5	0	0	0		6.4	0/	0/0	--- Other
															Electric accumulators, including separators therefor, whether or not rectangular (including square):
0	0	0	0	0	0	0	5	0	0	0	8.6	9	0/	0/0	- Lead-acid, of a kind used for starting piston engines
0	0	0	0	0	0	0	0	0	0	0	7.3	9	0/	0/0	- Other lead-acid accumulators
															- Nickel-cadmium
0	0	0	0	0	0	0	0	0	0	0	7.3	9	0/	0/0	Nickel-cadmium accumulators for aircraft
0	0	0	0	0	0	0	0	0	0	0	7.3	9	0/	0/0	Other nickel-cadmium accumulators

税　号	货品名称	进口关税（%） 最惠国	普通	年内暂定	增值/消费税（%）	出口退税（%）	计量单位	监管证件代码	检验检疫类别	协定税率（%） 东盟	亚太	智利
8507.5000	- 镍氢蓄电池	10	40		13	13	个/千克			0	6.5	0
8507.6000	- 锂离子蓄电池											
85076000.10	纯电动汽车或插电式混合动力汽车用锂离子蓄电池单体（容量≥10Ah，比能量≥110Wh/kg）	10	40		13	13	个/千克	A	M/	0	8	0
85076000.20	纯电动汽车或插电式混合动力汽车用锂离子蓄电池系统（包含蓄电池模块、容器、盖、冷却系统、管理系统等，比能量≥80Wh/kg）	10	40		13	13	个/千克	A	M/	0	8	0
85076000.30	飞机用锂离子蓄电池	10	40	1	13	13	个/千克			0	8	0
85076000.90	其他锂离子蓄电池	10	40		13	13	个/千克	A	M/	0	8	0
	- 其他蓄电池：											
8507.8030	--- 全钒液流电池	10	40		13	13	个/千克			0	6.5	0
8507.8090	--- 其他	10	40		13/4	13	个/千克			0	6.5	0
	- 零件：											
8507.9010	--- 铅酸蓄电池用	10	90		13	0	千克			0		0
8507.9090	--- 其他	8	40	5	13	13	千克			0		0
85.08	**真空吸尘器：**											
	- 电动的：											
8508.1100	-- 功率不超过1500瓦，且带有容积不超过20升的集尘袋或其他集尘容器	8	130		13	13	台/千克			0	5.2	0
8508.1900	-- 其他	0	30		13	13	台/千克			0		0
8508.6000	- 其他真空吸尘器	0	30		13	13	台/千克			0		0
	- 零件：											
8508.7010	--- 税号8508.1100所列吸尘器用	6	100		13	13	千克			0		0
8508.7090	--- 其他	0	20		13	13	千克			0		0
85.09	**家用电动器具，税目85.08的真空吸尘器除外：**											
	- 食品研磨机及搅拌器；水果或蔬菜的榨汁机：											
8509.4010	--- 水果或蔬菜的榨汁机	7	100	5	13	13	台/千克	A	LR/	0		0
8509.4090	--- 其他	7	100	5	13	13	台/千克	A	LR/	0		0
	- 其他器具：											
8509.8010	--- 地板打蜡机	8	100		13	13	台/千克			0		0
8509.8020	--- 厨房废物处理器	8	100		13	13	台/千克			0		0
8509.8090	--- 其他	8	100		13	13	台/千克	A	L/	0		0
8509.9000	- 零件	6	100		13	13	千克			0		0
85.10	**电动剃须刀、电动毛发推剪及电动脱毛器：**											
8510.1000	- 剃须刀	8	100		13	13	个/千克			0		0
8510.2000	- 毛发推剪	8	100		13	13	个/千克			0		0
8510.3000	- 脱毛器	8	100		13	13	个/千克			0		0
8510.9000	- 零件	8	100		13	13	千克			0		0
85.11	**点燃式或压燃式内燃发动机用的电点火及电启动装置（例如，点火磁电机、永磁直流发电机、点火线圈、火花塞、电热塞及启动电机）；附属于上述内燃发动机的发电机（例如，直流发电机、交流发电机）及断流器：**											
8511.1000	- 火花塞	8	30		13	13	个/千克			0		0
	- 点火磁电机；永磁直流发电机；磁飞轮：											
8511.2010	--- 机车、航空器及船舶用	5	11		13	13	个/千克			0		0
8511.2090	--- 其他	8	30		13	13	个/千克			0		0

协定税率（%）														特惠税率（%）①/②	Article Description
巴基斯坦	冰岛	哥斯达黎加	秘鲁	新西兰	瑞士	新加坡	韩国	澳大利亚	格鲁吉亚	毛里求斯	日本RCEP	尼加拉瓜	港澳台		
2.5	0	0	0	0	0	0	0	0	0	0	8.7	9	0/	0/0	- Nickel-metal hydride
															- Lithium-ion
5	0	0	0	0	0	0	9.6	0	0	0			0/0	0/0	Lithium-ion electric accumulator cells for electric vehicles and plug-in hybrid vehicles, capacity ≥ 10Ah, weight-to-energy ratio ≥ 110Wh/kg
5	0	0	0	0	0	0	9.6	0	0	0			0/0	0/0	Lithium-ion electric accumulator systems for electric vehicles and plug-in hybrid vehicles (including electric accumulator modules, containers, lids, cooling systems, managerial systems), weight-to-energy ratio ≥ 80Wh/kg
5	0	0	0	0	0	0	9.6	0	0	0			0/0	0/0	Lithium-ion accumulators for aircraft
5	0	0	0	0	0	0	9.6	0	0	0			0/0	0/0	Other lithium-ion accumulators
															- Other accumulators:
2.5	0	0	0	0	0	0	0	0	0	0	8.7	9	0/	0/0	--- Vanadium redox flow batteries
2.5	0	0	0	0	0	0	0	0	0	0	8.7	9	0/	0/0	--- Other
															- Parts:
0	0	0	0	0	0		0	0	0	0	7.3	9	0/	0/0	--- Of lead-acid accumulators
0	0	0	0	0	0		2.6	0	0	0	6.5	6.4	0/	0/0	--- Other
															Vacuum cleaners:
															- With self-contained electric motor:
0	0	0	0	0	0	0	0	0	0	0	7.3	6.4	0/0	0/0	-- Of a power not exceeding 1500W and having a dust bag or other receptacle capacity not exceeding 20L
0	0	0	0	0	0		0	0	0	0	0	0	0/	0/0	-- Other
0	0	0	0	0	0		0	0	0	0	0	0	0/	0/0	- Other vacuum cleaners
															- Parts:
3	0	0	0	0	0	0	0	0	0	0	8.7	0	0/	0/0	--- of the cleaners of subheading 8508.1100
0	0	0	0	0	0		0	0	0	0	0	0	0/	0/0	--- Other
															Electro-mechanical domestic appliances, with selfcontained electric motor, other than vacuum cleaners of heading 85.08:
															- Food grinders and mixers; fruit or vegetable juice extractors:
0	0	0	0	0	0	0	5	0	0	0		0	0/	0/0	--- Fruit or vegetable juice extractors
0	0	0	0	0	0	0	0	0	0	0	7.3	0	0/0	0/0	--- Other
															- Other appliances:
24	0	0	0	0	8	0		0	0	6		6.4	0/	0/0	--- Floor polishers
16	0	0	0	0	0	0	10	0	0	0		6.4	0/	0/0	--- Kitchen waste disposers
24	0	0	0	0		0		0	0	6		6.4	0/	0/0	--- Other
3	0	0	0	0	0	0	0	0	0	0	8.7	0	0/	0/0	- Parts
															Shavers, hair clippers and hair-removing appliances, with self-contained electric motor:
24		0	0	0	8	0		0	0	6		0	0/	0/0	- Shavers
24	0	0	0	0	8	0		0	0	6		6.4	0/	0/0	- Hair clippers
16	0	0	0	0	0	0	6.6	0	0	0	16.3	6.4	0/	0/0	- Hair-removing appliances
19.6	0	0	0	0	0	0	12.2	0	0	4.9	21	6.4	0/	0/0	- Parts
															Electrical ignition or starting equipment of a kind used for spark-ignition or compression-ignition internal combustion engines (for example, ignition magnetos, magnetodynamos, ignition coils, sparking plugs and glow plugs, starter motors); generators (for example, dynamos, alternators) and cutouts of a kind used in conjunction with such engines:
2.5	0	0	0	0	0	0	0	0	0	0	7.3	6.4	0/	0/0	- Sparking plugs
															- Ignition magnetos; magneto-dynamos; magnetic flywheels:
0	0	0	0	0	0		0	0	0	0	0	0	0/	0/0	--- For locomotives, aircraft or ships
0	0	0	0	0	0		0	0	0	0	7.3	6.4	0/	0/0	--- Other

税　号	货品名称	进口关税（%）			增值/消费税（%）	出口退税（%）	计量单位	监管证件代码	检验检疫类别	协定税率（%）		
		最惠国	普通	年内暂定						东盟	亚太	智利
	- 分电器；点火线圈：											
8511.3010	--- 机车、航空器及船舶用	5	11		13	13	个/千克			0		0
8511.3090	--- 其他	8	30		13	13	个/千克			0		0
	- 启动电机及两用启动发电机：											
8511.4010	--- 机车、航空器及船舶用											
85114010.10	飞机辅助动力装置电源启动马达	5	11	1	13	13	个/千克			0		0
85114010.90	启动电机及两用启动发电机（指机车，航空器，船舶用）	5	11		13	13	个/千克			0		0
	--- 其他：											
8511.4091	---- 输出功率在132.39千瓦（180马力）及以上的发动机用启动电机	8	30		13	13	个/千克			0		0
8511.4099	---- 其他	8	30		13	13	个/千克			0		0
	- 其他发电机：											
8511.5010	--- 机车、航空器及船舶用	5	11		13	13	个/千克			0		0
8511.5090	--- 其他	8	30		13	13	个/千克			0		0
8511.8000	- 其他装置	8	30		13	13	个/千克			0		0
	- 零件：											
8511.9010	--- 本税目所列供机车、航空器及船舶用各种装置的零件											
85119010.10	飞机发动机用三相交流发电机用壳体	4.5	11	1	13	13	千克			0		0
85119010.90	车船飞机用其他电点火，启动装置零件（指税目85.11所列供机车、航空器及船舶用各种装置的零件）	4.5	11		13	13	千克			0		0
8511.9090	--- 其他	5	30		13	13	千克			0		0
85.12	**自行车或机动车辆用的电气照明或信号装置（税目85.39的物品除外）、风挡刮水器、除霜器及去雾器：**											
8512.1000	- 自行车用照明或视觉信号装置	10	45		13	13	个/千克			0		0
	- 其他照明或视觉信号装置：											
8512.2010	--- 机动车辆用照明装置	10	45		13	13	个/千克		L/	5		0
8512.2090	--- 其他	10	45		13	13	个/千克		L/	5		0
	- 音响信号装置：											
	--- 机动车辆用：											
8512.3011	---- 喇叭、蜂鸣器	10	45		13	13	个/千克			5	6.5	0
8512.3012	---- 防盗报警器	10	40		13	13	个/千克			0	6.5	0
8512.3019	---- 其他	10	45		13	13	个/千克			5	6.5	0
8512.3090	--- 其他	10	45		13	13	个/千克			5	6.5	0
8512.4000	- 风挡刮水器、除霜器及去雾器	10	45		13	13	个/千克			5		0
8512.9000	- 零件	8	45		13	13	千克			0		0
85.13	**自供能源（例如，使用干电池、蓄电池、永磁发电机）的手提式电灯，但税目85.12的照明装置除外：**											
	- 灯：											
8513.1010	--- 手电筒	5	100		13	13	个/千克			0	3.3	0
8513.1090	--- 其他	6	70		13	13	个/千克			0		0
	- 零件：											
8513.9010	--- 手电筒用	5	100		13	13	千克			0		0
8513.9090	--- 其他	5	70		13	13	千克			0		0

协定税率（%）														特惠税率（%）①/②	Article Description
巴基斯坦	冰岛	哥斯达黎加	秘鲁	新西兰	瑞士	新加坡	韩国	澳大利亚	格鲁吉亚	毛里求斯	日本RCEP	尼加拉瓜	港澳台		
															- Distributors; ignition coils:
0	0	0	0	0	0		0	0	0	0	0	0	0/	0/0	--- For locomotives, aircraft or ships
0	0	0	0	0	0		2.8	0	0	0	6.8	6.4	0/	0/0	--- Other
															- Starter motors and dual purpose starter generators:
															--- For locomotives, aircraft or ships
0	0	0	0	0	0		0	0	0	0	3.6	0	0/	0/0	Starter motors for aircraft auxiliary motor power supplies
0	0	0	0	0	0		0	0	0	0	3.6	0	0/	0/0	Starter motors and dual purpose starter generators
															--- Other:
0	0	0	0	0	0		0	0	0	0	6.1	6.4	0/	0/0	----Starter motors for engines of an output of 132.39kW (180hp) or more
4	0	0	0	0	0		2.8	0	0	0	6.8	6.4	0/	0/0	----Other
															- Other generators:
0	0	0	0	0	0		0	0	0	0	3.6	0	0/	0/0	--- For locomotives, aircraft or ships
0	0	0	0	0	0			0	0	0		6.4	0/	0/0	--- Other
0	0	0	0	0	0		0	0	0	0	6.1	6.4	0/	0/0	- Other equipment
															- Parts:
															--- Of the equipment of heading 85.11 used for locomotives, aircraft or ships
0	0	0	0	0	0			0	0	0		0	0/	0/0	Three-phase alternator housings for aircraft engines
0	0	0	0	0	0			0	0	0		0	0/	0/0	Other parts of electrical ignition or starting equipment for vehicles, ships and aircraft (referring to parts of the equipment of heading 85.11 used for locomotives, aircraft or ships)
0	0	0	0	0	0		0	0	0	0	4.1	0	0/	0/0	--- Other
															Electrical lighting or signalling equipment (excluding articles of heading 85.39), windscreen wipers, defrosters and demisters, of a kind used for cycles or motor vehicles:
2.5	0	0	0	0	0	0	0	0	0	0	7.6	9	0/	0/0	- Lighting or visual signalling equipment of a kind used on bicycles
															- Other lighting or visual signalling equipment:
8	0	0	0	0	0		5	0	0	0	7.3	9	0/0	0/0	--- Lighting equipment of a kind used for motor vehicles
8	0	0	0	0	0		5	0	0	0	8.6	9	0/	0/0	--- Other
															- Sound signalling equipment:
															--- For motor vehicles:
4.3	0	0	0	0	0		3.3	0	0	0	7.3	9	0/	0/0	----Loudspeaker, buzzers
0	0	0	0	0	0		3.3	0	0	0	8.1	9	0/	0/0	----Burglar alarm
4.3	0	0	0	0	0		3.3	0	0	0	7.3	9	0/	0/0	----Other
4.3	0	0	0	0	0			0	0	0	7.3	9	0/	0/0	--- Other
8	0	0	0	0	0			0	0	0		9	0/	0/0	- Windscreen wipers, defrosters and demisters
4	0	0	0	0	0		0	0	0	0	6.5	6.4	0/0	0/0	- Parts
															Portable electric lamps designed to function by their own source of energy (for example, dry batteries, accumulators, magnetos), other than lighting equipment of heading 85.12:
															- Lamps:
6	0	0	0	0	0	0	0	0	0	0	10.9	0	0/	0/0	--- Portable electric torches designed to function by dry batteries
7	0	0	0	0	0	0	0	0	0	0	12.7	0	0/	0/0	--- Other
															- Parts:
5.6	0	0	0	0	0	0	0	0	0	0	10.2	0	0/	0/0	--- Of the torches of subheading 8513.1010
5.6	0	0	0	0	0	0	0	0	0	0	10.2	0	0/	0/0	--- Other

税 号	货品名称	进口关税（%）			增值/消费税（%）	出口退税（%）	计量单位	监管证件代码	检验检疫类别	协定税率（%）		
		最惠国	普通	年内暂定						东盟	亚太	智利
85.14	工业或实验室用电炉及电烘箱（包括通过感应或介质损耗工作的）；工业或实验室用其他通过感应或介质损耗对材料进行热处理的设备：											
	- 电阻加热的炉及烘箱：											
8514.1100	-- 热等静压机											
85141100.10	热等静压机（两用物项管制机器及机械器具）	0	30		13	13	台/千克	3		0		0
85141100.90	热等静压机	0	30		13	13	台/千克			0		0
	-- 其他：											
8514.1910	--- 可控气氛热处理炉	0	30		13	13	台/千克			0		0
8514.1990	--- 其他	0	30		13	13	台/千克			0		0
8514.2000	- 通过感应或介质损耗工作的炉及烘箱											
85142000.10	真空感应炉或受控环境感应炉（工作温度>850℃，感应线圈直径≤600毫米，功率≥5千瓦）	0	30		13	13	台/千克	3		0		0
85142000.90	其他感应或介质损耗工作炉及烘箱（包括实验室用）	0	30		13	13	台/千克			0		0
	- 其他炉及烘箱：											
8514.3100	-- 电子束炉											
85143100.10	电子束熔化炉（功率≥50千瓦，能在>1200℃的熔化温度工作）	0	30		13	13	台/千克	3		0		0
85143100.90	其他电子束炉（包括实验室用）	0	30		13	13	台/千克			0		0
8514.3200	-- 等离子及真空电弧炉											
85143200.10	真空电弧重熔炉、真空电弧熔炉和真空电弧融化铸造炉（容量1000～20000立方厘米，使用自耗电极，工作温度1700℃以上）	0	30		13	13	台/千克	3		0		0
85143200.20	等离子体雾化炉和等离子体熔化炉（功率≥50千瓦，能在>1200℃的熔化温度工作）	0	30		13	13	台/千克	3		0		0
85143200.90	其他等离子及真空电弧炉（包括实验室用）	0	30		13	13	台/千克			0		0
8514.3900	-- 其他											
85143900.10	其他电弧重熔炉、电弧熔炉和电弧融化铸造炉（容量1000～20000立方厘米，使用自耗电极，工作温度1700℃以上）	0	30		13	13	台/千克	3		0		0
85143900.90	工业用其他电炉及电烘箱（包括实验室用）	0	30		13	13	台/千克			0		0
8514.4000	- 其他通过感应或介质损耗对材料进行热处理的设备											
85144000.01	焊缝中频退火装置	10	30	7	13	13	台/千克			0		0
85144000.90	其他感应或介质损耗的加热设备（包括实验室用）	10	30		13	13	台/千克			0		0
	- 零件：											
8514.9010	--- 炼钢电炉用	8	30		13	13	千克			0		0
8514.9090	--- 其他	0	30		13	13	千克			0		0

协定税率（%）														特惠税率（%）①/②	Article Description
巴基斯坦	冰岛	哥斯达黎加	秘鲁	新西兰	瑞士	新加坡	韩国	澳大利亚	格鲁吉亚	毛里求斯	日本RCEP	尼加拉瓜	港澳台		
															Industrial or laboratory electric furnaces and ovens (including those functioning by induction or dielectric loss); other industrial or laboratory equipment for the heat treatment of materials by induction or dielectric loss:
															- Resistance heated furnaces and ovens:
															-- Hot isostatic presses
0	0	0	0	0	0		0	0	0	0	0	0	0/	0/0	Hot isostatic presses (machines and mechanical appliances, dual-use items controlled)
0	0	0	0	0	0		0	0	0	0	0	0	0/	0/0	Other hot isostatic presses
															-- Other:
0	0	0	0	0	0		0	0	0	0	0	0	0/	0/0	--- Furnaces for heat treatment, atmosphere controllable
0	0	0	0	0	0		0	0	0	0	0	0	0/	0/0	--- Other
															- Furnaces and ovens functioning by induction or dielectric loss
0	0	0	0	0	0		0	0	0	0	0	0	0/	0/0	Vacuum or controlled atmosphere induction furnaces (working temperature >850°C, induction coil diameter ≤600mm, power ≥5kW)
0	0	0	0	0	0		0	0	0	0	0	0	0/	0/0	Other induction furnaces or dielectric losing furnaces and ovens (including those for laboratory use)
															- Other furnaces and ovens:
															-- Electron beam furnaces
0	0	0	0	0	0		0	0	0	0	0	0	0/	0/0	Electron beam melting furnaces (power ≥50kW; of being able to work above the melting temperature of 1200°C)
0	0	0	0	0	0		0	0	0	0	0	0	0/	0/0	Other electron beam furnaces (including those for laboratory use)
															-- Plasma and vacuum arc furnaces
0	0	0	0	0	0		0	0	0	0	0	0	0/	0/0	Vacuum arc remelting furnaces, vacuum arc melting furnace and vacuum arc melting casting furnace (capacity: $1000cm^3$-$20000cm^3$; using consutrode; working temperature: above 1700°C)
0	0	0	0	0	0		0	0	0	0	0	0	0/	0/0	Plasma atomizing furnace and plasma melting furnace (power ≥ 50 kW, working at melting temperature > 1200°C)
0	0	0	0	0	0		0	0	0	0	0	0	0/	0/0	Other plasma and vacuum arc furnaces (including those for laboratory use)
															-- Other
0	0	0	0	0	0		0	0	0	0	0	0	0/	0/0	Other arc remelting furnaces, arc melting furnace and arc melting casting furnace (capacity: $1000cm^3$-$20000cm^3$; using consutrode; working temperature: above 1700°C)
0	0	0	0	0	0		0	0	0	0	0	0	0/	0/0	Other electric furnaces and ovens for industrial use (including those for laboratory use)
															- Other equipment for the heat treatment of materials by induction or dielectric loss
2.5	0	0	0	0	0	0	0	0	0	0	7.3	9	0/	0/0	Equipment of welding intermediate-frequency anneal
2.5	0	0	0	0	0	0	0	0	0	0	7.3	9	0/	0/0	Other kinds of induction furnaces or dielectric losing heating devices (including those for laboratory use)
															- Parts:
0	0	0	0	0	0		0	0	0	0	5.8	6.4	0/	0/0	--- Of steel making electric furnaces
0	0	0	0	0	0		0	0	0	0	0	0	0/	0/0	--- Other

税号	货品名称	进口关税（%）最惠国	进口关税（%）普通	进口关税（%）年内暂定	增值/消费税（%）	出口退税（%）	计量单位	监管证件代码	检验检疫类别	协定税率（%）东盟	协定税率（%）亚太	协定税率（%）智利
85.15	电气（包括电热气体）、激光、其他光、光子束、超声波、电子束、磁脉冲或等离子弧焊接机器及装置，不论是否兼有切割功能；用于热喷金属或金属陶瓷的电气机器及装置：											
	- 钎焊机器及装置：											
8515.1100	-- 烙铁及焊枪	10	30		13	13	个/千克			0		0
8515.1900	-- 其他											
85151900.10	专门或主要用于印刷电路组件制造的其他波峰焊接机器	0	30		13	13	台/千克			0		0
85151900.90	其他钎焊机器及装置	10	30		13	13	台/千克			0		0
	- 电阻焊接机器及装置：											
	-- 全自动或半自动的：											
8515.2120	--- 机器人											
85152120.01	汽车生产线电阻焊接机器人	10	30	5	13	13	台/千克	O		0		0
85152120.90	其他电阻焊接机器人	10	30		13	13	台/千克	O		0		0
	--- 其他：											
8515.2191	---- 直缝焊管机	10	30		13	13	台/千克			0		0
8515.2199	---- 其他	10	30		13	13	台/千克	O		0		0
8515.2900	-- 其他	10	30		13	13	台/千克			0	6.5	0
	- 用于金属加工的电弧（包括等离子弧）焊接机器及装置：											
	-- 全自动或半自动的：											
8515.3120	--- 机器人	10	30		13	13	台/千克	AO	L/	5		0
	--- 其他：											
8515.3191	---- 螺旋焊管机	10	30		13	13	台/千克			0		0
8515.3199	---- 其他	10	30		13	13	台/千克	AO	L/			0
8515.3900	-- 其他	10	30		13	13	台/千克	A	L/	0		0
	- 其他机器及装置：											
8515.8010	--- 激光焊接机器人											
85158010.01	汽车生产线激光焊接机器人	8	30	5	13	13	台/千克			0	5.2	0
85158010.90	其他激光焊接机器人	8	30		13	13	台/千克			0	5.2	0
8515.8090	--- 其他											
85158090.10	电子束、激光自动焊接机[将端塞焊接于燃料细棒（或棒）的自动焊接机]	8	30		13	13	台/千克	13		0	5.2	0
85158090.90	其他焊接机器及装置	8	30		13	13	台/千克		L/	0	5.2	0
8515.9000	- 零件											
85159000.10	专门或主要用于印刷电路组件制造的其他波峰焊接机器的零件	0	30		13	13	千克			0	3.9	0
85159000.90	其他电气等焊接机器及装置零件（包括激光、其他光、光子束、超声波、电子束磁脉冲等）	6	30	3	13	13	千克			0	3.9	0
85.16	电热的快速热水器、储存式热水器、浸入式液体加热器；电气空间加热器及土壤加热器；电热的理发器具（例如，电吹风机、电卷发器、电热发钳）及干手器；电熨斗；其他家用电热器具；加热电阻器，但税目85.45的货品除外：											
	- 电热的快速热水器、储存式热水器、浸入式液体加热器：											
8516.1010	--- 储存式电热水器	7	100		13	13	个/千克	A	L/	0		0

协定税率（%）														特惠税率（%）①/②	Article Description
巴基斯坦	冰岛	哥斯达黎加	秘鲁	新西兰	瑞士	新加坡	韩国	澳大利亚	格鲁吉亚	毛里求斯	日本RCEP	尼加拉瓜	港澳台		
															Electric (including electrically heated gas), laser or other light or photon beam, ultrasonic, electron beam, magnetic pulse or plasma arc soldering, brazing or welding machines and apparatus, whether or not capable of cutting; electric machines and apparatus for hot spraying of metals or cermets:
															- Brazing or soldering machines and apparatus:
0	0	0	0	0	0	0	0	0	0	0	7.3	9	0/	0/0	-- Soldering irons and guns
															-- Other
0	0	0	0	0	2.7	0		0	0	0		9	0/	0/0	Other wave soldering machines of a kind used solely or principally for manufacture of printed circuit assemblies
0	0	0	0	0	2.7	0		0	0	0		9	0/	0/0	Other wave soldering machines and apparatus
															- Machines and apparatus for resistance welding of metals:
															-- Fully or partly automatic:
															--- Robots
2.5	0	0	0	0		0	5	0	0	0		9	0/	0/0	Resistance welding robot for car production line
2.5	0	0	0	0		0	5	0	0	0		9	0/	0/0	Other resistance welding robot
															--- Other:
0	0	0	0	0	0		5	0	0	0		9	0/	0/0	----Aligning tube welding machines
2.5	0	0	0	0		0	5	0	0	0		9	0/	0/0	----Other
0	0	0	0	0	0	0	5	0	0	0		9	0/	0/0	-- Other
															- Machines and apparatus for arc (including plasma arc) welding of metals:
															-- Fully or partly automatic:
8	0	0	0	0	0		5	0	0	0		9	0/	0/0	--- Robots
															--- Other:
0	0	0	0	0	0		0	0	0	0	7.3	9	0/	0/0	----Spiralling tube welding machines
8	0	0	0	0	0		5	0	0	0		9	0/	0/0	----Other
0	0	0	0	0	0		0	0	0	0	7.3	9	0/	0/0	-- Other
															- Other machines and apparatus:
															--- Laser welding robots
0	0	0	0	0	2.1		0	0	0	0	6.9	6.4	0/0	0/0	Car production line laser welding robot
0	0	0	0	0	2.1		0	0	0	0	6.9	6.4	0/0	0/0	Other laser welding robot
															--- Other
0	0	0	0	0	2.1		0	0	0	0	5.8	6.4	0/0	0/0	Electron beam, laser automatic welding machine (automatic welding machine for welding end plug onto fuelpins or rods)
0	0	0	0	0	2.1		0	0	0	0	5.8	6.4	0/0	0/0	Other welding machines and devices
															- Parts
0	0	0	0	0	0		0	0	0	0	4.4	0	0/	0/0	Parts of other wave soldering machines of a kind used solely or principally for manufacture of printed circuit assemblies
0	0	0	0	0	0		0	0	0	0	4.4	0	0/	0/0	Parts of other electric welding machines and apparatus and the like
															Electric instantaneous or storage water heaters and immersion heaters;electric space heating apparatus and soil heating apparatus; electro-thermichair-dressing apparatus (for example, hair dryers, hair curlers, curling tong heaters) and hand dryers; electric smoothing irons; other electro-thermic appliances of a kind used for domestic purposes; electric heating resistors, other than those of heading 85.45:
															- Electric instantaneous or storage waterheaters and immersion heaters:
0	0	0	0	0	0	0	0	0	0	0	7.3	0	0/	0/0	--- Electric storage waterheaters

税　号	货品名称	进口关税（%）			增值/消费税（%）	出口退税（%）	计量单位	监管证件代码	检验检疫类别	协定税率（%）		
		最惠国	普通	年内暂定						东盟	亚太	智利
8516.1020	--- 即热式电热水器	7	100		13	13	个/千克	A	L/	0		0
8516.1090	--- 其他	7	100		13	13	个/千克	A	L/	0		0
	- 电气空间加热器及土壤加热器：											
8516.2100	-- 储存式散热器	7	100		13	13	个/千克			0		0
	-- 其他：											
8516.2910	--- 土壤加热器	7	40		13	13	个/千克			0	5.6	0
8516.2920	--- 辐射式空间加热器	7	100		13	13	个/千克		L/	0		0
	--- 对流式空间加热器：											
8516.2931	---- 风扇式	7	100		13	13	个/千克		L/	0		0
8516.2932	---- 充液式	7	100		13	13	个/千克		L/	0		0
8516.2939	---- 其他	7	100		13	13	个/千克		L/	0		0
8516.2990	--- 其他	7	100		13	13	个/千克		L/	0		0
	- 电热的理发器具及干手器：											
8516.3100	-- 吹风机	7	100	5	13	13	个/千克	A	LM/	0		0
8516.3200	-- 其他理发器具	7	100		13	13	个/千克	A	LM/	0		0
8516.3300	-- 干手器	7	100		13	13	个/千克	A	LM/	0		0
8516.4000	- 电熨斗	7	100		13	13	个/千克	A	LM/	0		0
8516.5000	- 微波炉	7	130		13	13	个/千克	A	LMR/	0	4.6	0
	- 其他炉；电锅、电热板、加热环、烧烤炉及烘烤器：											
8516.6010	--- 电磁炉	7	130		13	13	个/千克	A	L/	0	5.6	0
8516.6030	--- 电饭锅	7	130	5	13	13	个/千克	A	LR/	0		0
8516.6040	--- 电炒锅	7	130		13	13	个/千克	A	R/	0		0
8516.6050	--- 电烤箱	7	130		13	13	个/千克	A	LM/	0		0
8516.6090	--- 其他	7	130		13	13	个/千克	A	LM/	0		0
	- 其他电热器具：											
	-- 咖啡壶或茶壶：											
8516.7110	--- 滴液式咖啡机	7	130	5	13	13	个/千克	A	LR/	0		0
8516.7120	--- 蒸馏渗滤式咖啡机	7	130	5	13	13	个/千克	A	LR/	0		0
8516.7130	--- 泵压式咖啡机	7	130	5	13	13	个/千克	A	LR/	0		0
8516.7190	--- 其他	7	130		13	13	个/千克	A	LR/	0		0
	-- 烤面包器：											
8516.7210	--- 家用自动面包机	7	130		13	13	个/千克	A	LMR/	0		0
8516.7220	--- 片式烤面包机（多士炉）	7	130		13	13	个/千克	A	LMR/	0		0
8516.7290	--- 其他	7	130		13	13	个/千克	A	LMR/	0		0
	-- 其他：											
8516.7910	--- 电热饮水机	7	100		13	13	台/千克	A	L/	0		0
8516.7990	--- 其他	7	100		13	13	个/千克	A	L/	0		0
8516.8000	- 加热电阻器	7	40		13	13	个/千克			0		0
	- 零件：											
8516.9010	--- 土壤加热器及加热电阻器用	6	40		13	13	千克			0		0
8516.9090	--- 其他	6	100		13	13	千克			0		0
85.17	**电话机，包括用于蜂窝网络或其他无线网络的智能手机及其他电话机；其他发送或接收声音、图像或其他数据用的设备，包括有线或无线网络（例如，局域网或广域网）的通信设备，但税目84.43、85.25、85.27或85.28的发送或接收设备除外：**											
	- 电话机，包括蜂窝网络或其他无线网络用智能手机及其他电话机：											
8517.1100	-- 无绳电话机											
85171100.10	无绳加密电话机	0	30		13	13	台/千克	2A	L/	0		0

协定税率（%）														特惠税率（%）①/②	Article Description
巴基斯坦	冰岛	哥斯达黎加	秘鲁	新西兰	瑞士	新加坡	韩国	澳大利亚	格鲁吉亚	毛里求斯	日本RCEP	尼加拉瓜	港澳台		
0	0	0	0	0	0	0	0	0	0	0	7.3	0	0/	0/0	--- Electric instantaneous waterheaters
0	0	0	0	0	0	0		0	0	0		0	0/	0/0	--- Other
															- Electric space heating apparatus and electric soil heating apparatus:
	0	0	0	0	7	0		0	0	7		0	0/0	0/0	-- Storage heating radiators
															-- Other:
0	0	0	0	0	0		0	0	0	0	7.3	0	0/	0/0	--- Electric soil heating apparatus
0	0	0	0	0	0	0	0	0	0	0	7.3	0	0/	0/0	--- Radiant space heating apparatus
															--- Convection space heating apparatus:
0	0	0	0	0	0	0	0	0	0	0	7.3	0	0/	0/0	----Fan type
0	0	0	0	0	0	0	0	0	0	0	7.3	0	0/	0/0	----Oil-filled type
0	0	0	0	0	0	0	0	0	0	0	7.3	0	0/	0/0	----Other
4	0	0	0	0	0	0	0	0	0	0	7.3	0	0/	0/0	--- Other
															- Electro-thermic hair-dressing or hand-drying apparatus:
0	0	0	0	0	0	0	0	0	0	0	7.3	0	0/	0/0	-- Hair dryers
28	0	0	0	0	7	0	17.5	0	0	7		0	0/	0/0	-- Other hair-dressing apparatus
28	0	0	0	0	7	0		0	0	7		0	0/	0/0	-- Hand-drying apparatus
28	0	0	0	0	0	0		0	0	7		0	0/0	0/0	- Electric smoothing irons
3.8	0	0	0	0	0	0	0	0	0	0	10.9	0	0/	0/0	- Microwave ovens
															- Other ovens; cookers, cooking plates, boiling rings, grillers and roasters:
6	0	0	0	0	0	0	0	0	0	0	10.9	0	0/	0/0	--- Electromagnetic ovens
6	0	0	0	0	0	0	0	0	0	0	10.9	0	0/0	0/0	--- Electric rice cookers
6	0	0	0	0	0	0	0	0	0	0	10.9	0	0/	0/0	--- Electric frying pans
6	0	0	0	0	0		0	0	0	0	10.9	0	0/0	0/0	--- Roaster oven
6	0	0	0	0	0	0	0	0	0	0	10.9	0	0/	0/0	--- Other
															- Other electro-thermic appliances:
															-- Coffee or tea makers:
25.6		0	0	0	0	0		0	0	6.4		0	0/	0/0	--- Drip coffee makers
25.6		0	0	0	0	0		0	0	6.4		0	0/	0/0	--- Steam espresso makers
25.6	0	0	0	0	0	0		0	0	6.4		0	0/	0/0	--- Pump espresso makers
25.6	0	0	0	0	0	0		0	0	6.4		0	0/	0/0	--- Other
															-- Toasters:
25.6		0	0	0	7	0		0	0	6.4		0	0/0	0/0	--- Household automated bread makers
25.6		0	0	0	7	0		0	0	6.4		0	0/	0/0	--- Slice pop-up toasters
25.6		0	0	0	7	0		0	0	6.4		0	0/	0/0	--- Other
															-- Other:
25.6		0	0	0	0	0		0	0	6.4		0	0/	0/0	--- Electro-thermic water dispensers
		0	0	0		0		0	0	6.4		0	0/	0/0	--- Other
0	0	0	0	0	0	0	0	0	0	0	7.3	0	0/	0/0	- Electric heating resistors
															- Parts:
0	0	0	0	0	0		0	0	0	0	5.8	0	0/	0/0	--- Of apparatus of subheading 8516. 2910 or 8516. 8000
3	0	0	0	0	0	0	0	0	0	0	8.7	0	0/	0/0	--- Other
															Telephone sets, including smartphones and other telephones for cellular networks or for other wireless networks; other apparatus for the transmission or reception of voice, images or other data, including apparatus for communication in a wired or wireless network (such as a local or wide area network), other than transmission or reception apparatus of heading 84.43, 85.25, 85.27 or 85.28:
															- Telephone sets, including smartphones and other telephones for cellular networks or for other wireless networks:
															-- Line telephone sets with cordless handsets
0	0	0	0	0	0		0	0	0	0	0	0	0/	0/0	Encrypted line telephone sets with cordless handsets

税号	货品名称	进口关税（%）			增值/消费税（%）	出口退税（%）	计量单位	监管证件代码	检验检疫类别	协定税率（%）		
		最惠国	普通	年内暂定						东盟	亚太	智利
85171100.90	其他无绳电话机	0	30		13	13	台/千克	A	L/	0		0
8517.1300	-- 智能手机	0	20		13	13	台/千克	A	L/	0		0
	-- 其他用于蜂窝网络或其他无线网络的电话机：											
8517.1410	--- 手持（包括车载）式无线电话机											
85171410.11	GSM数字式手持无线电话整套散件	0	20		13	13	台/千克			0		0
85171410.19	其他GSM数字式手持无线电话机	0	20		13	13	台/千克	A	L/	0		0
85171410.21	CDMA数字式手持无线电话整套散件	0	20		13	13	台/千克			0		0
85171410.29	其他CDMA数字式手持无线电话机	0	20		13	13	台/千克	A	L/	0		0
85171410.90	其他手持式无线电话机（包括车载式无线电话机）	0	20		13	13	台/千克	A	L/	0		0
8517.1420	--- 对讲机	0	17		13	13	台/千克			0		0
8517.1490	--- 其他	0	14		13	13	台/千克		L/	0		0
8517.1800	-- 其他											
85171800.10	其他加密电话机	0	30		13	13	台/千克	2		0		0
85171800.90	其他电话机	0	30		13	13	台/千克			0		0
	- 其他发送或接收声音、图像或其他数据用的设备，包括有线或无线网络（例如，局域网或广域网）的通信设备：											
	-- 基站：											
8517.6110	--- 移动通信基站											
85176110.10	GSM式移动通信基地站	0	14		13	13	台/千克	O		0		0
85176110.20	CDMA式移动通信基地站	0	14		13	13	台/千克	O		0		0
85176110.30	TACS式移动通信基地站	0	14		13	13	台/千克			0		0
85176110.90	其他移动通信基地站	0	14		13	13	台/千克	O		0		0
8517.6190	--- 其他	0	14		13	13	台/千克	O		0		0
	-- 接收、转换并且发送或再生声音、图像或其他数据用的设备，包括交换及路由设备：											
	--- 数字式程控电话或电报交换机：											
8517.6211	---- 局用电话交换机；长途电话交换机；电报交换机	0	17		13	13	台/千克			0		0
8517.6212	---- 移动通信交换机	0	40		13	13	台/千克	O		0		0
8517.6219	---- 其他电话交换机	0	40		13	13	台/千克			0		0
	--- 光通讯设备：											
8517.6221	---- 光端机及脉冲编码调制设备（PCM）	0	17		13	13	台/千克	O	L/	0		0
8517.6222	---- 波分复用光传输设备	0	30		13	13	台/千克	O	L/	0		0
8517.6229	---- 其他											
85176229.10	光通讯加密路由器	0	30		13	13	台/千克	AO	L/	0		0
85176229.20	其他加密VPN设备、安全网关	0	30		13	13	台/千克	23A	LM/	0		0
85176229.90	其他光通讯设备	0	30		13	13	台/千克	A	L/	0		0
	--- 其他有线数字通信设备：											
8517.6231	---- 通信网络时钟同步设备	0	30		13	13	台/千克		L/	0		0
8517.6232	---- 以太网络交换机	0	30		13	13	台/千克			0		0

协定税率（%）														特惠税率（%）①/②	Article Description
巴基斯坦	冰岛	哥斯达黎加	秘鲁	新西兰	瑞士	新加坡	韩国	澳大利亚	格鲁吉亚	毛里求斯	日本RCEP	尼加拉瓜	港澳台		
0	0	0	0	0	0		0	0	0	0	0	0	0/	0/0	Other kinds of line telephone sets with cordless handsets
0	0	0	0	0	0		0	0	0	0	0	0	0/	0/0	-- Smartphones
															-- Other telephones for cellular networks or for other wireless networks:
															--- Wireless telephone handsets (including installed in the vehicle)
0	0	0	0	0	0		0	0	0	0	0	0	0/	0/0	Full set of parts of GSM digital wireless telephone handsets
0	0	0	0	0	0		0	0	0	0	0	0	0/	0/0	Other kinds of GSM digital wireless telephone handsets
0	0	0	0	0	0		0	0	0	0	0	0	0/	0/0	Full set of parts of CDMA digital wireless telephone handsets
0	0	0	0	0	0		0	0	0	0	0	0	0/	0/0	Other kinds of CDMA digital wireless telephone handsets
0	0	0	0	0	0		0	0	0	0	0	0	0/	0/0	Other kinds of wireless telephone handsets (including installed in the vehicle)
0	0	0	0	0	0		0	0	0	0	0	0	0/	0/0	--- Walkie-talkie
0	0	0	0	0	0		0	0	0	0	0	0	0/	0/0	--- Other
															-- Other
0	0	0	0	0	0		0	0	0	0	0	0	0/	0/0	Other kinds of encrypted telephone sets
0	0	0	0	0	0		0	0	0	0	0	0	0/	0/0	Other kinds of telephone sets
															- Other apparatus for transmission or reception of voice, images or other data, including apparatus for communication in a wired or wireless network (such as a local or wide area network):
															-- Base stations:
															--- Mobile communication base stations
0	0	0	0	0	0		0	0	0	0	0	0	0/	0/0	GSM mobile communication base stations
0	0	0	0	0	0		0	0	0	0	0	0	0/	0/0	CDMA mobile communication base stations
0	0	0	0	0	0		0	0	0	0	0	0	0/	0/0	TACS mobile communication base stations
0	0	0	0	0	0		0	0	0	0	0	0	0/	0/0	Other kinds of mobile communication base stations
0	0	0	0	0	0		0	0	0	0	0	0	0/	0/0	--- Other
															-- Machines for the reception, conversion and transmission or regeneration of voice, images or other data, including switching and routing apparatus:
															--- Digital program-controlled telephonic or telegraphic switching apparatus:
0	0	0	0	0	0		0	0	0	0	0	0	0/	0/0	----Public telephonic switching apparatus;toll telephonic switching apparatus; telegraphic switching apparatus
0	0	0	0	0	0		0	0	0	0	0	0	0/	0/0	----Mobile communication switching system
0	0	0	0	0	0		0	0	0	0	0	0	0/	0/0	----Other telephonic switching apparatus
															--- Optical communication equipments:
0	0	0	0	0	0		0	0	0	0	0	0	0/	0/0	----Optical line terminal equipments and pulse code modulation equipments
0	0	0	0	0	0		0	0	0	0	0	0	0/	0/0	----Optical transmission equipments for wave-division multiplexing
															----Other
0	0	0	0	0	0		0	0	0	0	0	0	0/	0/0	Encrypted optical communication routers
0	0	0	0	0	0		0	0	0	0	0	0	0/	0/0	Other encrypted VPN apparatus and gateways
0	0	0	0	0	0		0	0	0	0	0	0	0/	0/0	Other kinds of optical communication equipments
															--- Other telecommunication apparatus for digital line system:
0	0	0	0	0	0		0	0	0	0	0	0	0/	0/0	----Communication network synchronizing equipments
0	0	0	0	0	0		0	0	0	0	0	0	0/	0/0	----Ethernet exchangers

税 号	货品名称	进口关税（%）			增值/消费税（%）	出口退税（%）	计量单位	监管证件代码	检验检疫类别	协定税率（%）		
		最惠国	普通	年内暂定						东盟	亚太	智利
8517.6233	----IP电话信号转换设备	0	30		13	13	台/千克			0		0
8517.6234	----调制解调器	0	30		13	13	台/千克			0		0
8517.6235	----集线器	0	40		13	13	台/千克	A	L/	0		0
8517.6236	----路由器	0	40		13	13	台/千克			0		0
8517.6237	----有线网络接口卡											
85176237.10	为聚合高性能数字计算机性能而专门设计的有线网络接口卡[单链路单向通信速率超过2GB/s，自定义通信协议。高性能数字计算机是指调整后峰值性能（APP）大于8.0加权每秒万亿次浮点运算的数字计算机]	0	30		13	13	台/千克	3		0		0
85176237.90	其他有线网络接口卡	0	30		13	13	台/千克		L/	0		0
8517.6239	----其他											
85176239.10	为聚合高性能数字计算机性能而专门设计的交换机[单链路单向通信速率超过2GB/s，自定义通信协议。高性能数字计算机是指调整后峰值性能（APP）大于8.0加权每秒万亿次浮点运算的数字计算机]	0	30		13	13	台/千克	3O		0		0
85176239.20	其他加密VPN设备	0	30		13	13	台/千克	23		0		0
85176239.90	其他有线数字通信设备	0	30		13	13	台/千克		L/	0		0
	---其他：											
8517.6292	----无线网络接口卡	0	14		13	13	台/千克		L/	0		0
8517.6293	----无线接入固定台	0	14		13	13	台/千克		L/	0		0
8517.6294	----无线耳机	0	14		13	13	个/千克			0		0
8517.6299	----其他											
85176299.10	两用物项管制的无人机专用有发送且有接收功能的无线通讯设备	0	14		13	13	台/千克	3	L/	0		0
85176299.90	其他接收、转换并发送或再生音像或其他数据用的设备	0	14		13	13	台/千克		L/	0		0
	--其他：											
8517.6910	---其他无线设备											
85176910.01	用于呼叫、提示和寻呼的便携式接收器	0	14		13	13	台/千克			0		0
85176910.02	两用物项管制的无人机专用的无线通讯发送或接收设备	0	14		13	13	台/千克	3		0		0
85176910.91	卫星地球站（含终端地球站）无线电发射设备（无线电广播、电视用卫星地面站设备除外）	0	14		13	13	台/千克	O		0		0
85176910.99	其他无线通信设备	0	14		13	13	台/千克	A	L/	0		0
8517.6990	---其他有线设备	0	30		13	13	台/千克		L/	0		0
	-零件：											
8517.7100	--各种天线和天线反射器及其零件	0	20		13	13	千克			0		0
	--其他：											
8517.7910	---数字式程控电话或电报交换机用	0	14		13	13	千克			0		0
8517.7920	---光端机及脉冲编码调制设备（PCM）用	0	14		13	13	千克			0		0
8517.7930	---智能手机及其他手持（包括车载）式无线电话机用（天线除外）	0	17		13	13	千克			0		0
8517.7940	---对讲机用（天线除外）	0	20		13	13	千克			0	0	0
8517.7950	---光通信设备的激光收发模块	0	30		13	13	千克			0		0

协定税率（%）														特惠税率（%）①/②	Article Description
巴基斯坦	冰岛	哥斯达黎加	秘鲁	新西兰	瑞士	新加坡	韩国	澳大利亚	格鲁吉亚	毛里求斯	日本RCEP	尼加拉瓜	港澳台		
0	0	0	0	0	0		0	0	0	0	0	0	0/	0/0	----IP telephone signal converters
0	0	0	0	0	0		0	0	0	0	0	0	0/	0/0	----Modem
0	0	0	0	0	0		0	0	0	0	0	0	0/	0/0	----Hubs
0	0	0	0	0	0		0	0	0	0	0	0	0/	0/0	----Routers
															----Wired network interface cards
0	0	0	0	0	0		0	0	0	0	0	0	0/	0/0	Wired network interface cards designed solely for clusterd high performace computers (single link unidirection communicating rates exceed 2.0GB/s, High performce computers indicates Automatic Date Processing machines with APP >8.0 Tera floating-point operations per second)
0	0	0	0	0	0		0	0	0	0	0	0	0/	0/0	Other wired network interface cards
															----Other
0	0	0	0	0	0		0	0	0	0	0	0	0/	0/0	Switches designed solely for clusterd high performace computers (single link unidirection communicating rates exceed 2.0GB/s, self-difined communication protocol, High performce computers indicates Automatic Date Processing machines with APP >8.0 Tera floating-point operations per second)
0	0	0	0	0	0		0	0	0	0	0	0	0/	0/0	Other encrypted VPN devices
0	0	0	0	0	0		0	0	0	0	0	0	0/	0/0	Other telecommunication apparatus for digital line system
															--- Other:
0	0	0	0	0	0		0	0	0	0	0	0	0/	0/0	----Wireless network interface cards
0	0	0	0	0	0		0	0	0	0	0	0	0/	0/0	----Fixed wireless access station
0	0	0	0	0	0		0	0	0	0	0	0	0/	0/0	----Wireless headphones
															----Other
0	0	0	0	0	0		0	0	0	0	0	0	0/	0/0	Wireless communication equipment solely used for dual use item controlled unmanned aerial vehicles, with transmission and reception functions
0	0	0	0	0	0		0	0	0	0	0	0	0/	0/0	Other machines for the reception, conversion and transmission or regeneration of voice, images or other data
															-- Other:
															--- Other equipments in a wireless network
0	0	0	0	0	0		0	0	0	0	6.5	0	0/	0/0	Portable receptors for calling, prompting and paging
0	0	0	0	0	0		0	0	0	0	6.5	0	0/	0/0	Wireless communication transmitting or receiving equipment, for dual-use item controled unmanned aerial vehicles
0	0	0	0	0	0		0	0	0	0	6.5	0	0/	0/0	Wireless transmission equipements for Satellite Earth Station(excluding terminal earth station)
0	0	0	0	0	0		0	0	0	0	6.5	0	0/	0/0	Other kinds of wireless telecommunication equipments
0	0	0	0	0	0		0	0	0	0	0	0	0/	0/0	--- Other equipments in a wired network
															- Parts:
0	0	0	0	0	0		0	0	0	0	0	0	0/	0/0	-- Aerials and aerial reflectors of all kinds; parts suitable for use therewith
															-- Other:
0	0	0	0	0	0		0	0	0	0	0	0	0/	0/0	--- Of digital program-controlled telephonic or telegraphic switching apparatus
0	0	0	0	0	0		0	0	0	0	0	0	0/	0/0	--- Of optical line terminal equipments and pulse code modulation equipments
0	0	0	0	0	0		0	0	0	0	0	0	0/	0/0	--- Of smartphones and other wireless telephone handsets (including installed in the vehicle) (Other than aerials)
0	0	0	0	0	0		0	0	0	0	0	0	0/	0/0	--- Of walkie-talkie (Other than aerials)
0	0	0	0	0	0		0	0	0	0	0	0	0/	0/0	--- Laser transmitting and receiving unit of optical communication equipments

税　号	货品名称	进口关税（%）最惠国	普通	年内暂定	增值/消费税（%）	出口退税（%）	计量单位	监管证件代码	检验检疫类别	协定税率（%）东盟	亚太	智利
8517.7990	--- 其他	0	20		13	13	千克			0		0
85.18	**传声器（麦克风）及其座架；扬声器，不论是否装成音箱；耳机及耳塞机，不论是否装有传声器，以及由传声器及一个或多个扬声器组成的组合机；音频扩大器；电气扩音机组：**											
8518.1000	- 传声器（麦克风）及其座架	0	40		13	13	个/千克			0		0
	- 扬声器，不论是否装成音箱：											
8518.2100	-- 单喇叭音箱	0	40		13	13	个/千克			0		0
8518.2200	-- 多喇叭音箱	0	40		13	13	个/千克			0		0
8518.2900	-- 其他	0	40		13	13	个/千克			0		0
8518.3000	- 耳机及耳塞机，不论是否装有传声器，以及由传声器及一个或多个扬声器组成的组合机	0	40		13	13	个/千克			0		0
8518.4000	- 音频扩大器											
85184000.01	电器扩音器（列入ITA的有线电话重复器用的）	0	40		13	13	台/千克			0		0
85184000.90	其他音频扩大器	0	40		13	13	台/千克			0		0
8518.5000	- 电气扩音机组	0	40		13	13	套/千克		L/	0		0
8518.9000	- 零件	0	40		13	13	千克			0		0
85.19	**声音录制或重放设备：**											
8519.2000	- 用硬币、钞票、银行卡、代币或其他支付方式使其工作的设备											
85192000.10	以特定支付方式使其工作的激光唱机（用硬币、钞票、银行卡、代币或其他支付方式使其工作）	12	80		13	13	台/千克			0	7.8	0
85192000.90	其他以特定支付方式使其工作的声音录制或重放设备（用硬币、钞票、银行卡、代币或其他支付方式使其工作）	12	80		13	13	台/千克		L/	0	7.8	0
8519.3000	- 转盘（唱机唱盘）	7	130		13	13	台/千克			0		0
	- 其他设备：											
	-- 使用磁性、光学或半导体媒体的：											
	--- 使用磁性媒体的：											
8519.8111	---- 未装有声音录制装置的盒式磁带型声音重放装置，编辑节目用放声机除外	0	130		13	13	台/千克	A	L/	0		0
8519.8112	---- 装有声音重放装置的盒式磁带型录音机	0	130		13	13	台/千克	A	L/	0		0
8519.8119	---- 其他	0	80		13	13	台/千克	6A	L/	0	0	0
	--- 使用光学媒体的：											
8519.8121	---- 激光唱机，未装有声音录制装置	0	80		13	13	台/千克	A	L/	0	0	0
8519.8129	---- 其他											
85198129.10	具有录音功能的激光唱机	0	80		13	13	台/千克	6A	L/	0	0	0
85198129.90	其他使用光学媒体的声音录制或重放设备	0	80		13	13	台/千克	A	L/	0	0	0
	--- 使用半导体媒体的：											
8519.8131	---- 装有声音重放装置的闪速存储器型声音录制设备	0	80		13	13	台/千克	6A	L/	0		0
8519.8139	---- 其他	0	80		13	13	台/千克	6A	L/	0	0	0
	-- 其他：											

协定税率（%）														特惠税率（%）①/②	Article Description
巴基斯坦	冰岛	哥斯达黎加	秘鲁	新西兰	瑞士	新加坡	韩国	澳大利亚	格鲁吉亚	毛里求斯	日本RCEP	尼加拉瓜	港澳台		
0	0	0	0	0	0		0	0	0	0	0	0	0/	0/0	--- Other
															Microphones and stands therefor; loudspeakers, whether or not mounted in their enclosures; headphones, earphones, whether or not combined with a microphone, and sets consisting of a microphone and one or more loudspeakers; audio-frequency electric amplifiers; electric sound amplifier sets:
2.5	0	0	0	0	0	0	0	0	0	0	7.3	0	0/0	0/0	- Microphones and stands therefor
															- Loudspeakers, whether or not mounted in their enclosures:
0	0	0	0	0	0	0	0	0	0	0	0	0	0/	0/0	-- Single loudspeakers, mounted in their enclosures
0	0	0	0	0	0	0	0	0	0	0	0	0	0/	0/0	-- Multiple loudspeakers, mounted in the same enclosure
0	0	0	0	0	0		0	0	0	0	0	0	0/	0/0	-- Other
0	0	0	0	0	0		0	0	0	0	0	0	0/	0/0	- Headphones and earphones, whether or not combined with a microphone, and sets consisting of a microphone and one or more loudspeakers
															- Audio-frequency electric amplifiers
3	0	0	0	0	0	0	0	0	0	0	8.7	0	0/0	0/0	Audio-frequency electric amplifiers for electrical appliances (for the cable phone repeaters in the ITA list)
3	0	0	0	0	0	0	0	0	0	0	8.7	0	0/0	0/0	Other kinds of audio-frequency electric amplifiers
0	0	0	0	0	0	0	5	0	0	0	0	0	0/	0/0	- Electric sound amplifier sets
4	0	0	0	0	0	0	8.4	0	0	0	7.6	0	0/0	0/0	- Parts
															Sound recording or reproducing apparatus:
															- Apparatus operated by coins, banknotes, bank cards, tokens or by other means of payment
8.2	0	0	0	0	0	0	6.6	0	0	0	16.3	11.2	0/	0/0	Laser disc players operated by specific means of payment (coins, banknotes, bank cards, tokens or other means of payment)
8.2	0	0	0	0	0	0	6.6	0	0	0	16.3	11.2	0/	0/0	Sound recording or replaying devices operated by specific means of payment (coins, banknotes, bank cards, tokens or other means of payment)
24	0	0	0	0	7	0		0	0	6		0	0/	0/0	- Turntables (record-decks)
															- Other apparatus:
															-- Using magnetic, optical or semiconductor media:
															--- Using magnetic media:
6.8	0	0	0	0	0	0	0	0	0	0	0	0	0/	0/0	----Cassette-type sound reproducing apparatus, not incorporating a sound recording device, other than transcribing machines
24	0	0	0	0	0	0	15	0	0	4.5	0	0	0/	0/0	----Cassette-type recorders, incorporating sound reproducing apparatus
8.2	0	0	0	0	0	0	6.6	0	0	0	0	0	0/	0/0	----Other
															--- Using optical media:
20.8	0	0	0	0	0	0	15	0	0	4.5	0	0	0/	0/0	----Compact disc players, not incorporating a sound recording device
															----Other
8	0	0	0	0	0	0	6.6	0	0	0	0	0	0/	0/0	Laser disc players with recording function
8	0	0	0	0	0	0	6.6	0	0	0	0	0	0/	0/0	Other sound recording or replaying devices using optical medias
															--- Using semiconductor media:
16	0	0	0	0	0	0	10	0	0	0	0	0	0/	0/0	----Flash memory type recorders, incorporating sound reproducing apparatus
8.2	0	0	0	0	0	0	6.6	0	0	0	0	0	0/	0/0	----Other
															-- Other:

税　号	货品名称	进口关税（%）			增值/消费税（%）	出口退税（%）	计量单位	监管证件代码	检验检疫类别	协定税率（%）		
		最惠国	普通	年内暂定						东盟	亚太	智利
8519.8910	--- 不带录制装置的其他唱机，不论是否带有扬声器	0	130		13	13	台/千克	A	L/	0		0
8519.8990	--- 其他声音录制或重放设备	0	80		13	13	台/千克	6A	L/	0	0	0
85.21	**视频信号录制或重放设备，不论是否装有高频调谐器：**											
	- 磁带型：											
	--- 录像机：											
8521.1011	---- 广播级	0	[注1]		13	13	台/千克			0	0	0
8521.1019	---- 其他	0	[注1]		13	13	台/千克			0	0	0
8521.1020	--- 放像机	0	[注1]		13	13	台/千克			0	0	0
	- 其他：											
	--- 激光视盘机：											
8521.9011	---- 视频高密光盘（VCD）播放机											
85219011.10	具有录制功能的视频高密光盘（VCD）播放机（不论是否装有高频调谐放大器）	0	130		13	13	台/千克	A	L/	0	0	0
85219011.90	其他视频高密光盘（VCD）播放机（不论是否装有高频调谐放大器）	0	130		13	13	台/千克	A	L/	0	0	0
8521.9012	---- 数字化视频光盘（DVD）播放机											
85219012.10	具有录制功能的数字化视频光盘（DVD）播放机（不论是否装有高频调谐放大器）	0	130		13	13	台/千克	A	L/	0	0	0
85219012.90	其他数字化视频光盘（DVD）播放机（不论是否装有高频调谐放大器）	0	130		13	13	台/千克	A	L/	0	0	0
8521.9019	---- 其他											
85219019.10	具有录制功能的其他激光视盘播放机（不论是否装有高频调谐放大器）	0	130		13	13	台/千克	A	L/	0	0	0
85219019.90	其他激光视盘播放机（不论是否装有高频调谐放大器）	0	130		13	13	台/千克	A	L/	0	0	0
8521.9090	--- 其他											
85219090.10	用于光盘生产的金属母盘生产设备（不论是否装有高频调谐放大器）	0	130		13	13	台/千克			0	0	0
85219090.20	光盘型广播级录像机	0	130		13	13	台/千克	6		0	0	0
85219090.90	其他视频信号录制或重放设备（不论是否装有高频调谐放大器）	0	130		13	13	台/千克	6A	L/	0	0	0
85.22	**专用于或主要用于税目 85.19 或 85.21 所列设备的零件、附件：**											
8522.1000	- 拾音头	12	130		13	13	个/千克			0		0
	- 其他：											
8522.9010	--- 转盘或唱机用	0	130		13	13	千克			0	0	0
	--- 盒式磁带录音机或放声机用：											
8522.9021	---- 走带机构（机芯），不论是否装有磁头	0	100		13	13	千克			0	0	0
8522.9022	---- 磁头	0	100		13	13	个/千克			0	0	0
8522.9023	---- 磁头零件	0	100		13	13	千克			0	0	0

[1] 完税价格不高于 2000 美元/台：130%；完税价格高于 2000 美元/台：6%+20600 元/台。
[2] 完税价格≤ 2000 美元/台：8.0%；完税价格 >2000 美元/台：3.0%+808.8 元。
[3] 完税价格≤ 2000 美元/台：15%；完税价格 >2000 美元/台：1.5%+2187 元/台。
[4] 完税价格≤ 2000 美元/台：12.3%；完税价格 >2000 美元/台：3.0%+1506.6 元。
[5] 完税价格≤ 2000 美元/台：9.0%；完税价格 >2000 美元/台：3.0%+972.0 元。

协定税率（%）														特惠税率（%）①/②	Article Description
巴基斯坦	冰岛	哥斯达黎加	秘鲁	新西兰	瑞士	新加坡	韩国	澳大利亚	格鲁吉亚	毛里求斯	日本RCEP	尼加拉瓜	港澳台		
24	0	0	0	0	0	0	15	0	0	4.5	0	0	0/	0/0	--- Other record-players, not incorporating a sound recording device, with or without loudspeakers
8	0	0	0	0	0	0	6.6	0	0	0	0	0	0/	0/0	--- Other sound recording or reproducing apparatus
															Video recording or reproducing apparatus, whether or not incorporating a video tuner:
															- Magnetic tape-type:
															--- Video tape recorders:
[注2]	0	0	0	0	0	0	[注3]	0	0	4.5	0	0	0/	0/0	----Broadcast quality
[注4]	0	0	0	0	0	0	[注3]	0	0	4.5	0	0	0/	0/0	----Other
[注5]	0	0	0	0	0	0	[注3]	0	0	4.5	0	0	0/	0/0	--- Video tape reproducers
															- Other:
															--- Laser video compact disk player:
															----Video Compact Disc player
8	0	0	0	0	0	0	6.6	0	0	0	0	0	0/	0/0	VCD players with recording function (no matter whether or not incorporated with a high-frequency tuned amplifier)
8	0	0	0	0	0	0	6.6	0	0	0	0	0	0/	0/0	Other VCD players (no matter whether or not incorporated with a high-frequency tuned amplifier)
															----Digital Video Disc player
8	0	0	0	0	0	0	10	0	0	0	0	0	0/	0/0	DVD players with recording function (no matter whether or not incorporated with a high-frequency tuned amplifier)
8	0	0	0	0	0	0	10	0	0	0	0	0	0/	0/0	Other DVD players (no matter whether or not incorporated with a high-frequency tuned amplifier)
															----Other
8	0	0	0	0	0	0	6.6	0	0	0	0	0	0/	0/0	Other laser disc players with recording function (no matter whether or not incorporated with a high-frequency tuned amplifier)
8	0	0	0	0	0	0	6.6	0	0	0	0	0	0/	0/0	Other laser disc players (no matter whether or not incorporated with a high-frequency tuned amplifier)
															--- Other
8	0	0	0	0	0	0	10	0	0	0	0	0	0/	0/0	Metal master disc production equipments (no matter whether or not incorporated with a high-frequency tuned amplifier)
8	0	0	0	0	0	0	10	0	0	0	0	0	0/	0/0	Disc-type broadcast-quality video recorders
8	0	0	0	0	0	0	10	0	0	0	0	0	0/	0/0	Other video recording or reproducing devices (no matter whether or not incorporated with a high- frequency tuned amplifier)
															Parts and accessories suitable for use solely or principally with the apparatus of headings 85.19 to 85.21:
28	0	0	0	0	12	0		0	0	7		11.2	0/	0/0	- Pick-up cartridges
															- Other:
10	0	0	0	0	0	0	8.3	0	0	0	18.2	8.5	0/	0/0	--- Of turntables (record decks) or record-players
															--- Of cassette magnetic tape recorders or reproducers:
18	0	0	0	0	0	0	8.3	0	0	0	18.2	8.5	0/	0/0	----Transport mechanisms, whether or not incorporating a magnetic head
18	0	0	0	0	0	0	16.2	0	0	0	18.2	8.5	0/	0/0	----Magnetic heads
9	0	0	0	0	0	0	6.6	0	0	0	14.5	0	0/	0/0	----Parts of magnetic heads

税　号	货品名称	进口关税（%）			增值/消费税（%）	出口退税（%）	计量单位	监管证件代码	检验检疫类别	协定税率（%）		
		最惠国	普通	年内暂定						东盟	亚太	智利
8522.9029	---- 其他	0	100		13	13	千克			0	0	0
	--- 视频信号录制或重放设备用：											
8522.9031	---- 激光视盘机的机芯											
85229031.10	车载导航仪视频播放机机芯	0	100		13	13	千克			0	0	0
85229031.90	其他激光视盘机的机芯	0	100		13	13	千克			0	0	0
8522.9039	---- 其他	0	100		13	13	千克			0	0	0
	--- 其他：											
8522.9091	---- 车载音频转播器或发射器	0	80		13	13	台/千克			0	0	0
8522.9099	---- 其他	0	80		13	13	千克			0	0	0
85.23	**录制声音或其他信息用的圆盘、磁带、固态非易失性数据存储器件、“智能卡”及其他媒体，不论是否已录制，包括供复制圆盘用的母片及母带，但不包括第三十七章的产品：**											
	- 磁性媒体：											
	-- 磁条卡：											
8523.2110	--- 未录制	0	70		13	13	个/千克			0		0
8523.2120	--- 已录制	0	130		9	9	个/千克			0		0
	-- 其他：											
	--- 磁盘：											
8523.2911	---- 未录制	0	14		13	13	个/千克			0		0
8523.2919	---- 其他	0	14		9	9	个/千克			0		0
	--- 磁带：											
8523.2921	---- 未录制的宽度不超过4毫米的磁带	0	130		13	13	盘/千克			0		0
8523.2922	---- 未录制的宽度超过4毫米，但不超过6.5毫米的磁带	0	130		13	13	盘/千克			0		0
8523.2923	---- 未录制的宽度超过6.5毫米的磁带	0	20		13	13	盘/千克			0		0
8523.2928	---- 重放声音或图像信息的磁带											
85232928.10	含人类遗传资源信息资料的重放声音或图像信息的磁带	0	130		9	9	盘/千克	V		0		0
85232928.20	录有广播电影电视节目的重放声音或图像信息的磁带	0	130		9	9	盘/千克	b		0		0
85232928.90	其他重放声音或图像信息的磁带	0	130		9	9	盘/千克	f		0		0
8523.2929	---- 已录制的其他磁带											
85232929.10	其他含人类遗传资源信息资料的磁带	0	14		13	13	盘/千克	V		0		0
85232929.20	录有广播电影电视节目的其他磁带	0	14		13	13	盘/千克	b		0		0
85232929.90	已录制的其他磁带	0	14		13	13	盘/千克	f		0		0
8523.2990	--- 其他											
85232990.10	其他含人类遗传资源信息资料的磁性媒体	0	14		13	13	盘/千克	V		0		0
85232990.20	其他录有广播电影电视节目的磁性媒体	0	14		13	13	盘/千克	b		0		0
85232990.90	其他磁性媒体	0	14		13	13	盘/千克	f		0		0
	- 光学媒体：											
8523.4100	-- 未录制	0	14		13	13	张/千克			0		0
	-- 其他：											
8523.4910	--- 仅用于重放声音信息的											
85234910.10	含人类遗传资源信息资料的重放声音或图像信息的磁带	0	130		9	9	张/千克	V		0		0

协定税率（%）														特惠税率（%）①/②	Article Description
巴基斯坦	冰岛	哥斯达黎加	秘鲁	新西兰	瑞士	新加坡	韩国	澳大利亚	格鲁吉亚	毛里求斯	日本RCEP	尼加拉瓜	港澳台		
21.6	0	0	0	0	0	0	19.5	0	0	5.3	21.8	10.2	0/	0/0	----Other
															--- Of video recording or reproducing apparatus:
															----Movements for Laser video compact disk player
10.5	0	0	0	0	0	0	19.5	0	0	5.3	21.8	10.2	0/	0/0	Movements for vehicle navigator and video player
10.5	0	0	0	0	0	0	19.5	0	0	5.3	21.8	10.2	0/	0/0	Other movements for Laser video compact disk player
10.5	0	0	0	0		0	19.5	0	0	5.3	21.8	10.2	0/	0/0	----Other
															--- Other:
8	0	0	0	0	0	0	6.6	0	0	0	14.5	0	0/	0/0	----Tone converters or transmission apparatus of a kind used for vehicles
8	0	0	0	0	0	0	6.6	0	0	0	14.5	0	0/	0/0	----Other
															Discs, tapes, solid-state non-volatile storage devices, smart cards and other media for the recording of sound or of other phenomena, whether or not recorded, including matrices and masters for the production of discs, but excluding products of Chapter 37:
															- Magnetic media:
															-- Cards incorporating a magnetic stripe:
7	0	0	0	0	0	0	0	0	0	0	0	0	0/	0/0	--- Unrecorded
6	0	0	0	0	0	0	0	0	0	0	0	0	0/	0/0	--- Recorded
															-- Other:
															--- Magnetic discs:
0	0	0	0	0	0		0	0	0	0	0	0	0/	0/0	----Unrecorded
0	0	0	0	0	0		0	0	0	0	0	0	0/	0/0	----Other
															--- Magnetic tapes:
0	0	0	0	0	0		0	0	0	0	0	0	0/	0/0	----Of a width not exceeding 4mm, unrecorded
0	0	0	0	0	0		0	0	0	0	0	0	0/	0/0	----Of a width exceeding 4mm but not exceeding 6.5mm, unrecorded
0	0	0	0	0	0		0	0	0	0	0	0	0/	0/0	----Of a width exceeding 6.5mm, unrecorded
															----For reproducing sound or image phenomena
0	0	0	0	0	0	0	3.3	0	0	0	0	0	0/	0/0	Magnetic tapes for reproducing sound or image phenomena, containing human genetic resources
0	0	0	0	0	0	0	3.3	0	0	0	0	0	0/	0/0	Magnetic tapes for reproducing sound or image phenomena, containing radio, film or television programs
0	0	0	0	0	0	0	3.3	0	0	0	0	0	0/	0/0	Other magnetic tapes for reproducing sound or image phenomena
															----Other recorded magnetic tapes
0	0	0	0	0	0		0	0	0	0	0	0	0/	0/0	Other magnetic tapes, containing human genetic resources
0	0	0	0	0	0		0	0	0	0	0	0	0/	0/0	Other magnetic tapes, containing radio, film or television programs
0	0	0	0	0	0		0	0	0	0	0	0	0/	0/0	Other recorded magnetic tapes
															--- Other
0	0	0	0	0	0		0	0	0	0	0	0	0/	0/0	Other magnetic media, containing human genetic resources
0	0	0	0	0	0		0	0	0	0	0	0	0/	0/0	Other magnetic media, containing radio, film or television programs
0	0	0	0	0	0		0	0	0	0	0	0	0/	0/0	Other magnetic media
															- Optical media:
0	0	0	0	0	0		0	0	0	0	0	0	0/	0/0	-- Unrecorded
															-- Other:
															--- For reproducing sound only
2.5	0	0	0	0	0		0	0	0	0	0	0	0/	0/0	Optical media for reproducing sound only, containing human genetic resources

税　号	货品名称	进口关税（%） 最惠国	普通	年内暂定	增值/消费税（%）	出口退税（%）	计量单位	监管证件代码	检验检疫类别	协定税率（%） 东盟	亚太	智利
85234910.20	录有广播电影电视节目的重放声音或图像信息的磁带	0	130		9	9	张/千克	b		0		0
85234910.90	其他重放声音或图像信息的磁带	0	130		9	9	张/千克	f		0		0
8523.4920	--- 用于重放声音、图像以外信息的，税目84.71所列机器用											
85234920.10	含人类遗传资源信息资料的用于重放声音、图像以外信息的光学媒体	0	14		9	9	张/千克	V		0		0
85234920.90	其他用于重放声音、图像以外信息的光学媒体(税目84.71所列机器用，已录制)	0	14		9	9	张/千克			0		0
8523.4990	--- 其他											
85234990.10	其他含人类遗传资源信息资料的光学媒体	0	14		13	13	张/千克	V		0		0
85234990.20	其他录有广播电影电视节目的光学媒体	0	14		13	13	张/千克	b		0		0
85234990.30	其他赴境外加工并返回境内的已录制光盘	0	14		13	13	张/千克	Z		0		0
85234990.90	其他已录制光学媒体	0	14		13	13	张/千克	f		0		0
	- 半导体媒体：											
	-- 固态非易失性存储器件（闪速存储器）：											
8523.5110	--- 未录制	0	70		13	13	个/千克			0		0
8523.5120	--- 已录制											
85235120.10	含人类遗传资源信息资料的固态非易失性存储器件(闪速存储器)	0	14		9	9	个/千克	V		0		0
85235120.20	录有广播电影电视节目的固态非易失性存储器件（闪速存储器）	0	14		9	9	个/千克	b		0		0
85235120.30	赴境外加工并返回境内的已录制的固态非易失性存储器件(闪速存储器)	0	14		9	9	个/千克	Z		0		0
85235120.90	其他已录制的固态非易失性存储器件(闪速存储器)	0	14		9	9	个/千克			0		0
	-- "智能卡"：											
8523.5210	--- 未录制	0	21		9	9	个/千克			0		0
8523.5290	--- 其他	0	21		9	9	个/千克			0		0
	-- 其他：											
8523.5910	--- 未录制	0	70		13	13	个/千克			0		0
8523.5920	--- 已录制											
85235920.10	其他含人类遗传资源信息资料的半导体媒体	0	14		9	9	个/千克	V		0		0
85235920.20	其他录有广播电影电视节目的半导体媒体	0	14		9	9	个/千克	b		0		0
85235920.30	其他赴境外加工并返回境内的已录制的半导体媒体	0	14		9	9	个/千克	Z		0		0
85235920.90	其他已录制的半导体媒体	0	14		9	9	个/千克			0		0
	- 其他：											
	--- 唱片：											
8523.8011	---- 已录制											
85238011.10	录有广播电影电视节目的唱片	0	130		9	9	张/千克	b		0		0
85238011.20	赴境外加工并返回境内的已录制唱片	0	130		9	9	张/千克	Z		0		0
85238011.90	其他已录制唱片	0	130		9	9	张/千克	f		0		0
8523.8019	---- 其他	0	70		13	13	张/千克			0		0
	--- 税目84.71所列机器用：											
8523.8021	---- 未录制	0	14		13	13	张/千克			0		0

协定税率（%）														特惠税率（%）①/②	Article Description
巴基斯坦	冰岛	哥斯达黎加	秘鲁	新西兰	瑞士	新加坡	韩国	澳大利亚	格鲁吉亚	毛里求斯	日本RCEP	尼加拉瓜	港澳台		
2.5	0	0	0	0	0		0	0	0	0	0	0	0/	0/0	Optical media for reproducing sound only, containing radio, film or television programs
2.5	0	0	0	0	0		0	0	0	0	0	0	0/	0/0	Other recorded optical media for reproducing sound only
															--- For reproducing phenomena other than sound or image, for the machines of heading 84.71
0	0	0	0	0	0		0	0	0	0	0	0	0/	0/0	Optical media for reproducing phenomena other than sound or image, containing human genetic resources
0	0	0	0	0	0		0	0	0	0	0	0	0/	0/0	Other optical media for reproducing phenomena other than sound or image (recorded, for the machines of heading 84.71)
															--- Other
0	0	0	0	0	0		0	0	0	0	0	0	0/	0/0	Other optical media, containing human genetic resources
0	0	0	0	0	0		0	0	0	0	0	0	0/	0/0	Other optical media, containing radio, film or television programs
0	0	0	0	0	0		0	0	0	0	0	0	0/	0/0	Other compact disc, having worked outside of the customs territory and returned inward
0	0	0	0	0	0		0	0	0	0	0	0	0/	0/0	Other recorded optical media
															- Semiconductor medium
															-- Solid-state non-volatile storage devices:
0	0	0	0	0	0		0	0	0	0	0	0	0/	0/0	--- Unrecorded
															--- Recorded
0	0	0	0	0	0		0	0	0	0	0	0	0/	0/0	Solid-state non-volatile storage device, containing human genetic resources
0	0	0	0	0	0		0	0	0	0	0	0	0/	0/0	Solid-state non-volatile storage device, containing radio, film or television programs
0	0	0	0	0	0		0	0	0	0	0	0	0/	0/0	Solid-state non-volatile storage devices, having worked outside of the customs territory and returned inward
0	0	0	0	0	0		0	0	0	0	0	0	0/	0/0	Other recorded solid-state non-volatile storage device
															-- Smart cards:
0	0	0	0	0	0		0	0	0	0	0	0	0/	0/0	--- Unrecorded
0	0	0	0	0	0		0	0	0	0	0	0	0/	0/0	--- Other
															-- Other:
0	0	0	0	0	0		0	0	0	0	0	0	0/	0/0	--- Unrecorded
															--- Recorded
0	0	0	0	0	0		0	0	0	0	0	0	0/	0/0	Other semiconductor media, containing human genetic resources
0	0	0	0	0	0		0	0	0	0	0	0	0/	0/0	Other semiconductor media, containing radio, film or television programs
0	0	0	0	0	0		0	0	0	0	0	0	0/	0/0	Other semiconductor medium, having worked outside of the customs territory and returned inward
0	0	0	0	0	0		0	0	0	0	0	0	0/	0/0	Other recorded semiconductor media
															- Other:
															--- Gramophone records:
															----Recorded
6	0	0	0	0	0	0	0	0	0	0	0	0	0/	0/0	Gramophone records, containing radio, film or television programs
6	0	0	0	0	0	0	0	0	0	0	0	0	0/	0/0	Recorded gramophone records, having worked outside of the customs territory and returned inward
6	0	0	0	0	0	0	0	0	0	0	0	0	0/	0/0	Other recorded gramophone records
0	0	0	0	0	0		0	0	0	0	0	0	0/	0/0	----Other
															--- For the machines of heading 84.71:
0	0	0	0	0	0		0	0	0	0	0	0	0/	0/0	----Unrecorded

税 号	货品名称	进口关税（%） 最惠国	普通	年内暂定	增值/消费税（%）	出口退税（%）	计量单位	监管证件代码	检验检疫类别	协定税率（%） 东盟	亚太	智利
8523.8029	----其他											
85238029.10	其他含人类遗传资源信息资料的税目84.71所列机器用其他媒体	0	14		13	13	张/千克	V		0		0
85238029.90	其他税目84.71所列机器用其他媒体(磁性、光学或半导体媒体除外)	0	14		13	13	张/千克			0		0
	--- 其他:											
8523.8091	----未录制	0	14		9	9	张/千克			0		0
8523.8099	----其他											
85238099.10	其他含人类遗传资源信息资料的媒体	0	14		9	9	张/千克	V		0		0
85238099.20	其他录有广播电影电视节目的媒体	0	14		9	9	张/千克	b		0		0
85238099.90	其他媒体(磁性、光学或半导体媒体除外)	0	14		9	9	张/千克	f		0		0
85.24	**平板显示模组，不论是否装有触摸屏:**											
	- 不含驱动器或控制电路:											
8524.1100	-- 液晶的	5	50		13	13	个/千克			0		0
8524.1200	-- 有机发光二极管的（OLED）	8	40		13	13	个/千克			0		0
	-- 其他:											
8524.1910	--- 电视机用等离子显像组件	0	80		13	13	个/千克			0	0	0
	--- 发光二极管的:											
8524.1921	----电视机用	5	80		13	13	个/千克			0	3.3	0
8524.1929	----其他	0	64		13	13	个/千克			0		0
8524.1990	--- 其他											
85241990.10	未切割的电子墨水屏（不论是否装有触摸屏）	8	40	0	13	13	个/千克			0		0
85241990.90	不含驱动器或控制电路的其他平板模组（不论是否装有触摸屏）	8	40		13	13	个/千克			0		0
	- 其他:											
	-- 液晶的:											
8524.9110	--- 专用于或主要用于税目85.17所列装置用	0	16		13	13	个/千克			0		0
8524.9120	--- 专用于或主要用于税目85.19、85.21、85.25、85.26或85.27所列设备用											
85249120.10	非特种用途的电视摄像机、视频摄录一体机、数字照相机用液晶平板显示模组（含驱动器或控制电路，不论是否装有触摸屏）	0	67		13	13	个/千克			0	0	0
85249120.20	用于雷达设备及无线电导航设备用的液晶平板显示模组（含驱动器或控制电路，不论是否装有触摸屏）	0	67		13	13	个/千克			0	0	0
85249120.90	其他专用于或主要用于税目85.19、85.21、85.25、85.26或85.27所列设备的液晶模组（含驱动器或控制电路，不论是否装有触摸屏）	0	67		13	13	个/千克			0	0	0
8524.9130	--- 专用于或主要用于税目85.35、85.36或85.37所列装置	7	50		13	13	个/千克			0		0
8524.9140	--- 专用于或主要用于税目87.01至87.05所列车辆用	6	100		13	13	个/千克	6		0	5.4	0
8524.9190	--- 其他											
85249190.10	专用于平板电脑和笔记本电脑的带触摸屏的液晶模组（含驱动器或控制电路，不论是否装有触摸屏）	5	50	0	13	13	个/千克			0		0
85249190.90	其他液晶模组（含驱动器或控制电路，不论是否装有触摸屏）	5	50		13	13	个/千克			0		0

协定税率（%）														特惠税率（%）①/②	Article Description
巴基斯坦	冰岛	哥斯达黎加	秘鲁	新西兰	瑞士	新加坡	韩国	澳大利亚	格鲁吉亚	毛里求斯	日本RCEP	尼加拉瓜	港澳台		
															----Other
0	0	0	0	0	0		0	0	0	0	0	0	0/	0/0	Other media for the machines of heading 84.71, containing human genetic resources
0	0	0	0	0	0		0	0	0	0	0	0	0/	0/0	Other media for the machines of heading 84.71 (other than magnetic, optical and semiconductor media)
															--- Other:
0	0	0	0	0	0		0	0	0	0	0	0	0/	0/0	----Unrecorded
															----Other
0	0	0	0	0	0		0	0	0	0	0	0	0/	0/0	Other media, containing human genetic resources
0	0	0	0	0	0		0	0	0	0	0	0	0/	0/0	Other media, containing radio, film or television programs
0	0	0	0	0	0		0	0	0	0	0	0	0/	0/0	Other media (other than magnetic, optical and semiconductor media)
															Flat panel display modules, whether or not incorporating touch-sensitive screens:
															- Without drivers or control circuits:
0	0			0			0	1.7		0	5	4	0/		-- Of liquid crystals
3	0	0	0	0	0	0	6	0	0	0	10.3	6.4	0/	0/0	-- Of organic light-emitting diodes (OLED)
															-- Other:
3.8	0			0	0		12	0	0	0		6	0/		--- Plasma display modules of television
															--- Of light-emitting diodes (LED) :
3.8	0		0	0	0	0		0		0		14	0/	0/0	----Of television
0	0	0	0	0	0		0	0	0	0	0	0	0/	0/0	----Other
															--- Other
3	0	0	0	0	0	0	6	0	0	0	10.3	6.4	0/	0/0	Uncut e-ink screen, whether or not equipped with touch screen
3	0	0	0	0	0	0	6	0	0	0	10.3	6.4	0/	0/0	Other flat panel display modules without drivers or control circuits
															- Other:
															-- Of liquid crystals:
0	0	0	0	0	0		0	0	0	0	0	0	0/	0/0	--- For use solely or principally with the apparatus of headings 85.17
															--- For use solely or principally with the apparatus of headings 85.19, 85.21, 85.25, 85.26 or 85.27
2.9	0	0	0	0	0	0	3.2	0	0	0	1.1	0	0/0	0/0	Of liquid crystals flat panel display modules for television cameras, video camera recorders and digital cameras without special purposes (including drivers or control circuits, whether or not incorporating touch-sensitive screens)
2.9	0	0	0	0	0	0	3.2	0	0	0	1.1	0	0/0	0/0	Liquid crystals flat panel display modules for navigational radar or radio devices (including drivers or control circuits, whether or not incorporating touch-sensitive screens)
2.9	0	0	0	0	0	0	3.2	0	0	0	1.1	0	0/0	0/0	Of liquid crystals modules for use solely or principally with the apparatus of headings 85.19, 85.21, 85.25, 85.26 or 85.27(including drivers or control circuits, whether or not incorporating touch-sensitive screens)
4	0	0	0	0	1.9		0	0	0	1.4	5.1	0	0/0	0/0	--- For use solely or principally with the apparatus of headings 85.35, 85.36 or 85.37
2.5	0	0	0	0	0	0	9	0	0	4.3	6	0	0/0	0/0	--- For use solely or principally with the vehicles of headings 87.01 to 87.05
															--- Other
0	0			0			0	1.7		0	5	4	0/		LCD modules incorporating touch-sensitive screens with drivers or control circuits, soly used for tablet computers and laptops
0	0			0			0	1.7		0	5	4	0/		Other LCD modules with drivers or control circuits, whether or not incorporating touch-sensitive screens:

税　号	货品名称	进口关税（%）			增值/消费税（%）	出口退税（%）	计量单位	监管证件代码	检验检疫类别	协定税率（%）		
		最惠国	普通	年内暂定						东盟	亚太	智利
	-- 有机发光二极管的（OLED）:											
8524.9210	--- 专用于或主要用于税目85.17所列装置用	0	16		13	13	个/千克			0		0
8524.9220	--- 专用于或主要用于税目85.19、85.21、85.25、85.26或85.27所列设备用											
85249220.10	非特种用途的电视摄像机、视频摄录一体机、数字照相机用有机发光二极管平板显示模组（含驱动器或控制电路，不论是否装有触摸屏）	0	67		13	13	个/千克			0	0	0
85249220.20	用于雷达设备及无线电导航设备用的有机发光二极管平板显示模组（含驱动器或控制电路，不论是否装有触摸屏）	0	67		13	13	个/千克			0	0	0
85249220.90	其他专用于或主要用于税目85.19、85.21、85.25、85.26或85.27所列设备的有机发光二极管（OLED）模组（含驱动器或控制电路，不论是否装有触摸屏）	0	67		13	13	个/千克			0	0	0
8524.9230	--- 专用于或主要用于税目85.35、85.36或85.37所列装置	7	50		13	13	个/千克			0		0
8524.9240	--- 专用于或主要用于税目87.01至87.05所列车辆用	6	100		13	13	个/千克	6		0	5.4	0
8524.9250	--- 电视接收机用	15	80	5	13	13	个/千克			0	9.8	0
8524.9260	--- 专用于或主要用于税目85.28所列其他监视器用	0	57		13	13	个/千克			0		0
8524.9290	--- 其他	8	40		13	13	个/千克			0		0
	-- 其他:											
8524.9910	--- 电视机用等离子显像组件	0	80		13	13	个/千克			0	0	0
	--- 发光二极管的:											
8524.9921	---- 电视机用	5	80		13	13	个/千克			0	3.3	0
8524.9929	---- 其他	0	64		13	13	个/千克			0		0
8524.9990	--- 其他	8	40		13	13	个/千克			0		0
85.25	**无线电广播、电视发送设备，不论是否装有接收装置或声音的录制、重放装置；电视摄像机、数字照相机及视频摄录一体机：**											
8525.5000	- 发送设备	0	30		13	13	台/千克	O		0		0
	- 装有接收装置的发送设备:											
8525.6010	--- 卫星地面站设备	0	14		13	13	台/千克	O		0		0
8525.6090	--- 其他	0	30		13	13	台/千克			0		0
	- 电视摄像机、数字照相机及视频摄录一体机:											
	-- 本章子目注释一所列高速设备:											
8525.8110	--- 电视摄像机	0	17		13	13	台/千克			0	0	0
8525.8120	--- 数字照相机	0	17		13	13	台/千克			0		0
8525.8130	--- 视频摄录一体机	0	17		13	13	台/千克			0		0
	-- 其他，本章子目注释二所列抗辐射或耐辐射设备:											
8525.8210	--- 电视摄像机											
85258210.10	抗辐射电视摄像机（能抗5×10⁴戈瑞(硅)以上辐射而又不会降低使用质量）	0	17		13	13	台/千克	3		0	0	0

协定税率（%）														特惠税率（%）①/②	Article Description
巴基斯坦	冰岛	哥斯达黎加	秘鲁	新西兰	瑞士	新加坡	韩国	澳大利亚	格鲁吉亚	毛里求斯	日本RCEP	尼加拉瓜	港澳台		
															-- Of organic light-emitting diodes (OLED)
0	0	0	0	0	0		0	0	0	0	0	0	0/	0/0	--- For use solely or principally with the apparatus of headings 85.17
															--- For use solely or principally with the apparatus of headings 85.19, 85.21, 85.25, 85.26 or 85.27
2.9	0	0	0	0	0	0	3.2	0	0	0	1.1	0	0/	0/0	Of organic light-emitting diodes (OLED) flat panel display modules for television cameras, video camera recorders and digital cameras without special purposes (including drivers or control circuits, whether or not incorporating touch-sensitive screens)
2.9	0	0	0	0	0	0	3.2	0	0	0	1.1	0	0/	0/0	Organic light-emitting diodes (OLED) flat panel display modules for navigational radar or radio devices (including drivers or control circuits, whether or not incorporating touch-sensitive screens)
2.9	0	0	0	0	0	0	3.2	0	0	0	1.1	0	0/	0/0	Of organic light-emitting diodes (OLED) modules for use solely or principally with the apparatus of headings 85.19, 85.21, 85.25, 85.26 or 85.27(including drivers or control circuits, whether or not incorporating touch-sensitive screens)
4	0	0	0	0	1.9		0	0	0	1.4	5.1	0	0/0	0/0	--- For use solely or principally with the apparatus of headings 85.35, 85.36 or 85.37
2.5	0	0	0	0	0	0	9	0	0	4.3	6	0	0/0	0/0	--- For use solely or principally with the vehicles of headings 87.01 to 87.05
3.8	0		0	0	0	0				0			0/	0/0	----Of television
0	0	0	0	0	0		0	0	0	0	0	0	0/	0/0	--- For use solely or principally with other monitors of headings 85.28
3	0	0	0	0	0	0	6	0	0	0	10.3	6.4	0/	0/0	--- Other
															-- Other:
3.8	0			0	0		12	0	0	0		6	0/		--- Plasma display modules of television
															--- Of light-emitting diodes (LED) :
3.8	0		0	0	0	0		0		0		14	0/	0/0	----Of television
0	0	0	0	0	0		0	0	0	0	0	0	0/	0/0	----Other
3	0	0	0	0	0	0	6	0	0	0	10.3	6.4	0/	0/0	--- Other
															Transmission apparatus for radio-broadcasting or television, whether or not incorporating reception apparatus or sound recording or reproducing apparatus; television cameras, digital cameras and video camera recorders:
0	0	0	0	0	0		0	0	0	0	0	0	0/	0/0	- Transmission apparatus
															- Transmission apparatus incorporating reception apparatus:
0	0	0	0	0	0		0	0	0	0	0	0	0/	0/0	--- Satellite earth station
0	0	0	0	0	0		0	0	0	0	0	0	0/	0/0	--- Other
															- Television cameras, digital cameras and video camera recorders:
															-- High-speed goods as specified in Subheading Note 1 to this Chapter:
0	0	0	0	0	0	0		0	0	0	7.3	0	0/	0/0	--- Television cameras
0	0	0	0	0	0		0	0	0	0	0	0	0/	0/0	--- Digital cameras
0	0	0	0	0	0		0	0	0	0	0	0	0/	0/0	--- Video camera recorders
															-- Other, radiation-hardened or radiation-tolerant goods as specified in Subheading Note 2 to this Chapter:
															--- Television cameras
0	0	0	0	0	0	0		0	0	0	7.3	0	0/	0/0	Radiation resistant TV camera (resisting radiation above 5×10^4 Gy (silicon) , without reducing the service quality)

税　号	货品名称	进口关税（%）			增值/消费税（%）	出口退税（%）	计量单位	监管证件代码	检验检疫类别	协定税率（%）		
		最惠国	普通	年内暂定						东盟	亚太	智利
85258210.90	其他本章子目注释二所列抗辐射或耐辐射电视摄像机	0	17		13	13	台/千克			0	0	0
8525.8220	--- 数字照相机	0	17		13	13	台/千克			0		0
8525.8230	--- 视频摄录一体机	0	17		13	13	台/千克			0		0
	-- 其他，本章子目注释三所列夜视设备：											
8525.8310	--- 电视摄像机	0	17		13	13	台/千克			0	0	0
8525.8320	--- 数字照相机	0	17		13	13	台/千克			0		0
8525.8330	--- 视频摄录一体机	0	17		13	13	台/千克			0		0
	-- 其他：											
	--- 电视摄像机：											
8525.8911	---- 其他，特种用途的											
85258911.10	两用物项管制的无人机专用热成像电视摄像机	0	17		13	13	台/千克	3		0	0	0
85258911.90	其他特种用途电视摄像机	0	17		13	13	台/千克			0	0	0
8525.8912	---- 非特种用途的广播级	0	[注1]		13	13	台/千克			0	0	0
8525.8919	---- 非特种用途的其他类型	0	[注1]		13	13	台/千克			0	0	0
	--- 数字照相机：											
8525.8921	---- 其他，特种用途的											
85258921.10	两用物项管制的无人机专用热成像数字照相机	0	17		13	13	台/千克	3		0		0
85258921.90	其他特种用途的数字照相机	0	17		13	13	台/千克			0		0
8525.8922	---- 非特种用途的单镜头反光型	0	[注1]		13	13	台/千克			0		0
8525.8923	---- 非特种用途的，其他可换镜头的	0	[注1]		13	13	台/千克			0		0
8525.8929	---- 非特种用途的其他类型	0	[注1]		13	13	台/千克			0		0
	--- 视频摄录一体机：											
8525.8931	---- 其他，特种用途的											
85258931.10	两用物项管制的无人机专用热成像摄录一体机	0	17		13	13	台/千克	3		0		0
85258931.90	其他特种用途视频摄录一体机	0	17		13	13	台/千克			0		0
8525.8932	---- 非特种用途的广播级	0	[注1]		13	13	台/千克			0		0
8525.8933	---- 非特种用途的家用型	0	130		13	13	台/千克			0		0
8525.8939	---- 非特种用途的其他类型	0	[注1]		13	13	台/千克			0		0
85.26	**雷达设备、无线电导航设备及无线电遥控设备：**											
	- 雷达设备：											
8526.1010	--- 导航用											
85261010.10	用于导弹、火箭等的导航雷达设备（用于弹道导弹、运载火箭、探空火箭、巡航导弹、无人驾驶航空飞行器的目标探测）	0	8		13	13	台/千克	3		0		0
85261010.90	其他导航用雷达设备	0	8		13	13	台/千克			0		0
8526.1090	--- 其他											
85261090.11	两用物项管制的无人机专用飞机机载雷达	0	14		13	13	台/千克	3		0		0
85261090.19	其他飞机机载雷达	0	14		13	13	台/千克			0		0
85261090.20	雷达生命探测仪	0	14		13	13	台/千克	O		0		0
85261090.30	用于导弹、火箭等的机载雷达设备（用于弹道导弹、运载火箭、探空火箭、巡航导弹、无人驾驶航空飞行器的目标探测）	0	14		13	13	台/千克	3		0		0

1 完税价格不高于5000美元/台：130%；完税价格高于5000美元/台：6%+51500元/台。
2 完税价格≤5000美元/台，14.9%；完税价格>5000美元/台：3.0%+4819.5元。
3 完税价格≤5000美元/台：17.5%；完税价格>5000美元/台：1.5%+6480元/台。

协定税率（%）														特惠税率（%）①/②	Article Description
巴基斯坦	冰岛	哥斯达黎加	秘鲁	新西兰	瑞士	新加坡	韩国	澳大利亚	格鲁吉亚	毛里求斯	日本RCEP	尼加拉瓜	港澳台		
0	0	0	0	0	0	0		0	0	0	7.3	0	0/	0/0	Other radiation-hardened or radiation-tolerant television cameras described in Subheading Note 2 to this Chapter
0	0	0	0	0	0		0	0	0	0	0	0	0/	0/0	--- Digital cameras
0	0	0	0	0	0		0	0	0	0	0	0	0/	0/0	--- Video camera recorders
															-- Other, night vision goods as specified in Subheading Note 3 to this Chapter:
0	0	0	0	0	0	0		0	0	0	7.3	0	0/	0/0	--- Television cameras
0	0	0	0	0	0		0	0	0	0	0	0	0/	0/0	--- Digital cameras
0	0	0	0	0	0		0	0	0	0	0	0	0/	0/0	--- Video camera recorders
															-- Other:
															--- Television cameras:
															----Other, for special purposes
0	0	0	0	0	0	0		0	0	0	7.3	0	0/	0/0	Thermal imaging television camera solely used for dual use item controlled unmanned aerial vehicles
0	0	0	0	0	0	0		0	0	0	7.3	0	0/	0/0	Other purpose television cameras for other special purposes
[注2]	0	0	0	0	0	0		0	0	5.8	25.5	0	0/	0/0	----Broadcast quality, not for special purposes
[注2]	0	0	0	0	0	0	[注3]	0	0	5.8	25.5	0	0/0	0/0	----Other, not for special purposes
															--- Digital cameras:
															----Other, for special purposes
0	0	0	0	0	0		0	0	0	0	0	0	0/	0/0	Thermal imaging digital camera solely used for dual use item controlled unmanned aerial vehicles
0	0	0	0	0	0		0	0	0	0	0	0	0/	0/0	Other digital cameras for special purposes
0	0	0	0	0	0		0	0	0	0	0	0	0/	0/0	----Single lens reflex, not for special purposes
0	0	0	0	0	0		0	0	0	0	0	0	0/	0/0	----Other changeable lens, not for special purposes
0	0	0	0	0	0		0	0	0	0	0	0	0/	0/0	----Other, not for special purposes
															--- Video camera recorders:
															----Other, for special purposes
0	0	0	0	0	0		0	0	0	0	0	0	0/	0/0	Thermal imaging and recording all-in-one machine solely used for dual use item controlled unmanned aerial vehicles
0	0	0	0	0	0		0	0	0	0	0	0	0/	0/0	Other thermal imaging and recording all-in-one machine for special purposes
0	0	0	0	0	0		0	0	0	0	0	0	0/	0/0	----Broadcast quality, not for special purposes
0	0	0	0	0	0		0	0	0	0	0	0	0/	0/0	----Household-type, not for special purposes
0	0	0	0	0	0		0	0	0	0	0	0	0/	0/0	----Other, not for special purposes
															Radar apparatus, radio navigational aid apparatus and radio remote control apparatus:
															- Radar apparatus:
															--- For navigational aid
0	0	0	0	0	0		0.6	0	0	0	0	0	0/	0/0	Navigational radar equipments for missiles and rockets (for ballistic missiles, carrier rockets and sounding rockets, etc. to detect targets)
0	0	0	0	0	0		0.6	0	0	0	0	0	0/	0/0	Other navigational radar equipments
															--- Other
0	0	0	0	0	0		1.6	0	0	0	0	0	0/	0/0	Airborne radar solely used for dual use item controlled unmanned aerial vehicles
0	0	0	0	0	0		1.6	0	0	0	0	0	0/	0/0	Other airborne radar
0	0	0	0	0	0		1.6	0	0	0	0	0	0/	0/0	Radar life detecting instrument
0	0	0	0	0	0		1.6	0	0	0	0	0	0/	0/0	Airborne radars for missiles and rockets

税　号	货品名称	进口关税（%）			增值/消费税（%）	出口退税（%）	计量单位	监管证件代码	检验检疫类别	协定税率（%）		
		最惠国	普通	年内暂定						东盟	亚太	智利
85261090.40	用于导弹、火箭等的其他雷达设备（用于弹道导弹、运载火箭、探空火箭、巡航导弹、无人驾驶航空飞行器的目标探测）	0	14		13	13	台/千克	3		0		0
85261090.90	其他雷达设备	0	14		13	13	台/千克			0		0
	- 其他：											
	-- 无线电导航设备：											
8526.9110	--- 机动车辆用	0	8		13	13	台/千克			0		0
8526.9190	--- 其他											
85269190.10	制导装置（使300千米射程导弹达到≤10千米圆公算偏差）	0	8		13	13	台/千克	3		0		0
85269190.90	其他无线电导航设备	0	8		13	13	台/千克			0		0
8526.9200	-- 无线电遥控设备											
85269200.10	两用物项管制的无人机专用无线电遥控设备	0	14		13	13	台/千克	3O		0		0
85269200.90	无线电遥控设备	0	14		13	13	台/千克	O		0		0
85.27	**无线电广播接收设备，不论是否与声音的录制、重放装置或时钟组合在同一机壳内：**											
	- 不需外接电源的无线电收音机：											
8527.1200	-- 袖珍盒式磁带收放机	0	130		13	13	台/千克			0		0
8527.1300	-- 其他收录（放）音组合机	0	130		13	13	台/千克			0		0
8527.1900	-- 其他	0	130		13	13	台/千克			0		0
	- 需外接电源的汽车用无线电收音机：											
8527.2100	-- 收录（放）音组合机											
85272100.10	具备接收和转换数字广播数据系统信号功能，需外接电源的汽车用收录（放）音组合机	0	130		13	13	台/千克			0		0
85272100.90	其他需外接电源的汽车收录（放）音组合机	15	130		13	13	台/千克			0		0
8527.2900	-- 其他	0	130		13	13	台/千克			0		0
	- 其他：											
8527.9100	-- 收录（放）音组合机	0	130		13	13	台/千克			0		0
8527.9200	-- 带时钟的收音机	0	130		13	13	台/千克			0		0
8527.9900	-- 其他	0	130		13	13	台/千克			0		0
85.28	**监视器及投影机，未装电视接收装置；电视接收装置，不论是否装有无线电收音装置或声音、图像的录制或重放装置：**											
	- 阴极射线管监视器：											
8528.4200	-- 可直接连接且设计用于税目84.71的自动数据处理设备的	0	40		13	13	台/千克	6		0		0
	-- 其他：											
8528.4910	--- 彩色的	0	130		13	13	台/千克	6		0	0	0

协定税率（%）														特惠税率（%）①/②	Article Description
巴基斯坦	冰岛	哥斯达黎加	秘鲁	新西兰	瑞士	新加坡	韩国	澳大利亚	格鲁吉亚	毛里求斯	日本RCEP	尼加拉瓜	港澳台		
0	0	0	0	0	0		1.6	0	0	0	0	0	0/	0/0	Other radars for missiles and rockets
0	0	0	0	0	0		1.6	0	0	0	0	0	0/	0/0	Other radars
															- Other:
															-- Radio navigational aid apparatus:
0	0	0	0	0	0		0	0	0	0	0	0	0/	0/0	--- For motor vehicles
															--- Other
0	0	0	0	0	0		0	0	0	0.3	0	0	0/	0/0	Guidance devices (making the circular error probable of 300km-range missiles ≤ 10km)
0	0	0	0	0	0		0	0	0	0.3	0	0	0/	0/0	Other radio navigation devices
															-- Radio remote control apparatus
0	0	0	0	0	0		0	0	0	0	3.6	0	0/	0/0	Radio remote control apparatus solely used for dual use item controlled unmanned aerial vehicles
0	0	0	0	0	0		0	0	0	0	3.6	0	0/	0/0	Other radio remote control apparatus
															Reception apparatus for radio-broadcasting, whether or not combined, in the same housing, with sound recording or reproducing apparatus or a clock:
															- Radio-broadcast receivers capable of operating without an external source of power:
16	0	0	0	0	0	0	6.6	0	0	0	0	0	0/	0/0	-- Pocket-size radio cassette-players
6	0	0	0	0	0	0	0	0	0	0	0	0	0/	0/0	-- Other apparatus combined with sound recording or reproducing apparatus
6	0	0	0	0	0	0	5	0	0	0	0	0	0/	0/0	-- Other
															- Radio-broadcast receivers not capable of operating without an external source of power, of a kind used in motor vehicles:
															-- Combined with sound recording or reproducing apparatus
6	0	0	0	0	0	0	5	0	0	0	12.2	14	0/	0/0	Reception apparatus for radio-broadcasting not capable of operating without an external source of power, of a kind used in motor vehicles, combined with sound recording or reproducing apparatus capable of receiving and decoding digital radio data system signals
6	0	0	0	0	0	0	5	0	0	0	12.2	14	0/	0/0	Other reception apparatus for radio-broadcasting not capable of operating without an external source of power, of a kind used in motor vehicles, combined with sound recording or reproducing apparatus
6	0	0	0	0	0	0	5	0	0	0	0	0	0/	0/0	-- Other
															- Other:
6	0	0	0	0	0	0	0	0	0	0	0	0	0/	0/0	-- Combined with sound recording or reproducing apparatus
6	0	0	0	0	0	0	0	0	0	0	0	0	0/	0/0	-- Not combined with sound recording or reproducing apparatus but combined with a clock
21.6	0	0	0	0	0	0	13.5	0	0	4.5	0	0	0/	0/0	-- Other
															Monitors and projectors, not incorporating television reception apparatus; reception apparatus for television, whether or not incorporating radio-broadcast receivers or sound or video recording or reproducing apparatus:
															- Cathode-ray tube monitors:
0	0	0	0	0	0		0	0	0	0	0	0	0/	0/0	-- Capable of directly connecting to and designed for use with an automatic data processing machine of heading 84.71
															-- Other:
20.8	0	0	0	0	0	0	15	0	0	4.5	0	0	0/	0/0	--- Colour

税　号	货品名称	进口关税（%）最惠国	进口关税（%）普通	进口关税（%）年内暂定	增值/消费税（%）	出口退税（%）	计量单位	监管证件代码	检验检疫类别	协定税率（%）东盟	协定税率（%）亚太	协定税率（%）智利
8528.4990	--- 单色的	0	100		13	13	台/千克	6		0	0	0
	- 其他监视器：											
	-- 可直接连接且设计用于税目84.71的自动数据处理设备的：											
	--- 液晶的：											
8528.5211	---- 专用于或主要用于税目84.71的自动数据处理设备的	0	40		13	13	台/千克			0		0
8528.5212	---- 其他，彩色的	15	130		13	13	台/千克	6		0	9.8	0
8528.5219	---- 其他，单色的	10	100		13	13	台/千克	6		0	6.5	0
	--- 其他：											
8528.5291	---- 专用于或主要用于税目84.71的自动数据处理设备的，彩色的	0	40		13	13	台/千克			0		0
8528.5292	---- 其他，彩色的	15	130		13	13	台/千克	6		0	9.8	0
8528.5299	---- 其他，单色的	10	100		13	13	台/千克	6		0	6.5	0
	-- 其他：											
8528.5910	--- 彩色的											
85285910.10	车载液晶显示器	20	130	10	13	13	台/千克	6		0	13	0
85285910.20	航空器用显示器	20	130	1	13	13	台/千克	6		0	13	0
85285910.90	其他彩色的监视器	20	130		13	13	台/千克	6		0	13	0
8528.5990	--- 单色的	10	100		13	13	台/千克	6		0	6.5	0
	- 投影机：											
	-- 可直接连接且设计用于税目84.71的自动数据处理设备的：											
8528.6210	---- 专用于或主要用于税目84.71的自动数据处理设备的											
85286210.10	专用或主要用于税目84.71商品的彩色投影机	0	14		13	13	台/千克			0		0
85286210.90	其他专用或主要用于税目84.71商品的投影机	0	14		13	13	台/千克			0		0
8528.6220	---- 其他，彩色的	15	130		13	13	台/千克	6		0	9.8	0
8528.6290	---- 其他，单色的	10	100		13	13	台/千克			0		0
	-- 其他：											
8528.6910	--- 彩色的	15	130		13	13	台/千克	6		0	9.8	0
8528.6990	--- 单色的	10	100		13	13	台/千克			0		0
	- 电视接收装置，不论是否装有无线电收音装置或声音、图像的录制或重放装置：											
	-- 在设计上不带有视频显示器或屏幕的：											
8528.7110	--- 彩色卫星电视接收机	0	130		13	13	台/千克	O			0	0
8528.7180	--- 其他彩色的	0	130		13	13	台/千克			0	0	0
8528.7190	--- 单色的	0	100		13	13	台/千克			0		0
	-- 其他，彩色的：											
	--- 阴极射线显像管的：											
8528.7211	---- 模拟电视接收机	10	130		13	13	台/千克	6			6.5	0
8528.7212	---- 数字电视接收机	10	130		13	13	台/千克	6			6.5	0
8528.7219	---- 其他	10	130		13	13	台/千克	6			6.5	0
	--- 液晶显示器的：											
8528.7221	---- 模拟电视接收机	15	130		13	13	台/千克			5	10.5	0
8528.7222	---- 数字电视接收机	15	130		13	13	台/千克			5	10.5	0
8528.7229	---- 其他	15	130		13	13	台/千克			5	10.5	0
	--- 等离子显示器的：											
8528.7231	---- 模拟电视接收机	10	130		13	13	台/千克			5	7	0

协定税率（%）														特惠税率（%）①/②	Article Description
巴基斯坦	冰岛	哥斯达黎加	秘鲁	新西兰	瑞士	新加坡	韩国	澳大利亚	格鲁吉亚	毛里求斯	日本RCEP	尼加拉瓜	港澳台		
7.6	0	0	0	0	0	0	0	0	0	0	0	0	0/	0/0	--- Monochrome
															- Other monitors:
															-- Capable of directly connecting to and designed for use with an automatic data processing machine of heading 84.71:
															--- Of LCD:
0	0	0	0	0	0		0	0	0	0	0	0	0/	0/0	----Of a kind solely or principally used in an automatic data processing machine of heading 84.71
13	0		0	0		0	19.5	0	0	6		14	0/	0/0	----Other, colour
7.6	0	0	0	0	0	0		0	0	0		9	0/	0/0	----Other, monochrome
															--- Other:
0	0	0	0	0	0		0	0	0	0	0	0	0/	0/0	----Of a kind solely or principally used in an automatic data processing machine of heading 84.71
13	0		0	0		0	19.5	0	0	6		14	0/	0/0	----Other, colour
7.6	0	0	0	0	0	0		0	0	0		9	0/	0/0	----Other, monochrome
															-- Other:
															--- Colour
13	0		0	0		0	19.5	0	0	6		18.7	0/	0/0	LCD for vehicle
13	0		0	0		0	19.5	0	0	6		18.7	0/	0/0	Display for aircraft
13	0		0	0		0	19.5	0	0	6		18.7	0/	0/0	Other color monitors
7.6	0	0	0	0	0	0		0	0	0		9	0/	0/0	--- Monochrome
															- Projectors:
															-- Capable of directly connecting to and designed for use with an automatic data processing machine of heading 84.71:
															----Of a kind solely or principally used in an automatic data processing machine of heading 84.71
0	0	0	0	0	0		0	0	0	0	0	0	0/	0/0	Color video projectors solely or principally used for goods of heading 84.71
0	0	0	0	0	0		0	0	0	0	0	0	0/	0/0	Other projectors solely or principally used for goods of heading 84.71
12.8	0	0	0	0		0	19.5	0	0	6	15	14	0/	0/0	----Other, colour
6	0	0	0	0	0	0		0	0	0		9	0/	0/0	----Other, monochrome
															-- Other:
12.8	0	0	0	0		0	19.5	0	0	6	15	14	0/	0/0	--- Colour
6	0	0	0	0	0	0		0	0	0		9	0/	0/0	--- Monochrome
															- Reception apparatus for television, whether or not incorporating radio-broadcast receivers or sound or video recording or reproducing apparatus:
															-- Not designed to incorporate a video display or screen:
12	0	0		0				0	0	5	21.8	4	0/	/0	--- Colour satellite television receivers
10.5	0	0		0		0		0		5	21.8	4	0/	/0	--- Other, colour
6	0	0	0	0	0	0	0	0	0	0	10.9	0	0/	0/0	--- Monochrome
															-- Other, colour:
															--- Of CRT:
10.5	0	0		0	10			0		6		9	0/	/0	----Analogue
10.5	0	0		0	10			10		6		9	0/	/0	----Digital
10.5	0	0		0	10			0		6		9	0/	/0	----Other
															--- Of LCD:
21	0			0				0		6			0/	/0	----Analogue
21	0			0			21	10		6		14	0/	/0	----Digital
21	0			0				0		6			0/	/0	----Other
															--- Of plasma:
10.5	0			0				0		6		9	0/	/0	----Analogue

税　号	货品名称	进口关税（%）			增值/消费税（%）	出口退税（%）	计量单位	监管证件代码	检验检疫类别	协定税率（%）		
		最惠国	普通	年内暂定						东盟	亚太	智利
8528.7232	----数字电视接收机	15	130		13	13	台/千克			5	10.5	0
8528.7239	----其他	15	130		13	13	台/千克			5	10.5	0
	--- 其他：											
8528.7291	----模拟电视接收机	10	130		13	13	台/千克			5	7	0
8528.7292	----数字电视接收机	15	130		13	13	台/千克			5	10.5	0
8528.7299	----其他	15	130		13	13	台/千克			5	10.5	0
8528.7300	-- 其他，单色的	7	100		13	13	台/千克	6		0		0
85.29	**专用于或主要用于税目85.24至85.28所列装置或设备的零件：**											
	- 各种天线或天线反射器及其零件：											
8529.1010	--- 雷达设备及无线电导航设备用	0	8		13	13	千克			0		0
8529.1020	--- 无线电收音机及其组合机、电视接收机用	0	90		13	13	千克			0		0
8529.1090	--- 其他											
85291090.21	卫星电视接收用天线	0	20		13	13	千克/个	O		0		0
85291090.29	其他无线广播电视用天线（税目85.25至85.28所列其他装置或设备的，包括天线反射器）	0	20		13	13	千克/个	O		0		0
85291090.90	其他无线电设备天线及其零件（税目85.25至85.28所列其他装置或设备的，包括天线反射器）	0	20		13	13	千克/个			0		0
	- 其他：											
8529.9010	--- 电视发送、差转设备及卫星电视地面接收转播设备用											
85299010.11	卫星电视接收用解码器	0	30		13	13	千克/个	O		0		0
85299010.12	卫星电视接收用收视卡	0	30		13	13	千克/个	O		0		0
85299010.13	卫星电视接收用器件板卡	0	30		13	13	千克/个	O		0		0
85299010.14	卫星电视接收用专用零件	0	30		13	13	千克/个	O		0		0
85299010.90	其他电视发送、差转等设备零件（包括其他卫星电视地面接收转播设备零件）	0	30		13	13	千克/个			0		0
8529.9020	--- 税目85.24所列设备用											
85299020.10	税目85.24所列设备用零件，用于雷达设备及无线电导航设备	0	53		13	13	千克/个			0	0	0
85299020.90	其他税目85.24所列设备用零件	0	53		13	13	千克/个			0	0	0
	--- 电视摄像机、其他视频摄录一体机、数字照相机用：											
8529.9041	----特种用途的	0	17		13	13	千克			0	0	0
8529.9042	----非特种用途的取像模块	0	100		13	13	千克			0	0	0
8529.9049	----其他	0	100		13	13	千克			0	0	0
8529.9050	--- 雷达设备及无线电导航设备用	0	8		13	13	千克			0	0	0
8529.9060	--- 无线电收音机及其组合机用	0	130		13	13	千克			0	0	0
	--- 电视接收机用（高频调谐器除外）：											
8529.9081	----彩色电视接收机用	0	80		13	13	千克			0	0	0
8529.9089	----其他	0	50		13	13	千克			0		0
8529.9090	--- 其他											
85299090.11	卫星电视接收用高频调谐器	0	57		13	13	千克/个	O		0		0
85299090.90	税目85.25至85.28所列装置或设备其他零件	0	57		13	13	千克/个			0		0

协定税率（%）														特惠税率（%）①/②	Article Description
巴基斯坦	冰岛	哥斯达黎加	秘鲁	新西兰	瑞士	新加坡	韩国	澳大利亚	格鲁吉亚	毛里求斯	日本RCEP	尼加拉瓜	港澳台		
10.5	0			0				10		6			0/	/0	----Digital
10.5	0			0			21	0		6		14	0/	/0	----Other
															--- Other:
10.5	0	0	0	0				0		6		9	0/	0/0	----Analogue
10.5	0			0				10		6		14	0/	/0	----Digital
10.5	0	0		0				0		6		14	0/	/0	----Other
6	0	0	0	0	0	0	0	0	0	0	10.9	0	0/	0/0	-- Other, monochrome
															Parts suitable for use solely or principally with the apparatus of headings 85.24 to 85.28:
															- Aerials and aerial reflectors of all kinds; parts suitable for use therewith:
0	0	0	0	0	0		0	0	0	0	0	0	0/	0/0	--- For radar apparatus and radio navigational aid apparatus
0	0	0	0	0	0		0	0	0	0	0	0	0/	0/0	--- For radio-broadcast receivers and their combinations, television receivers
															--- Other
0	0	0	0	0	0		0	0	0	0	0	0	0/	0/0	Antenna for satellite TV
0	0	0	0	0	0		0	0	0	0	0	0	0/	0/0	Other radio broadcasting & television antenna (of headings 85.25-85.28, including antenna reflectors)
0	0	0	0	0	0		0	0	0	0	0	0	0/	0/0	Other radio antennas and parts (of headings 85.25-85.28, including antenna reflector)
															- Other:
															--- Of television transmission or translation apparatus, satellite television ground receiving and relaying apparatus
0	0	0	0	0	0		0	0	0	0	0	0	0/	0/0	Decoder for satellite TV
0	0	0	0	0	0		0	0	0	0	0	0	0/	0/0	Access cards for satellite television receivers
0	0	0	0	0	0		0	0	0	0	0	0	0/	0/0	CRD card for satellite television receivers
0	0	0	0	0	0		0	0	0	0	0	0	0/	0/0	Parts exclusively for satellite television receivers
0	0	0	0	0	0		0	0	0	0	0	0	0/	0/0	Other parts for TV transmission or transposing devices (including other parts of ground receiving and relaying equipments for satellite television)
															--- Of apparatus of heading 85.24
1.8	0	1.8	0.9	0	0	0	3.6	0	0.3	0.3	0	1.6	0/	0/0	Parts of the devices of headings 85.24, for navigational radar or radio devices
1.8	0	1.8	0.9	0	0	0	3.6	0	0.3	0.3	0	1.6	0/	0/0	Other parts of the devices of headings 85.24
															--- Of television cameras, video camera recorders and digital cameras:
0	0	0	0	0	0		5.2	0	0	0		0	0/	0/0	----Of special purposes
2.5	0	0	0	0	0	0	0	0	0	0	8.7	0	0/0	0/0	----Camera modules without special purposes
2.5	0	0	0	0	0	0	4	0	0	0	9.8	0	0/0	0/0	----Other
0	0	0	0	0	0		0	0	0	0	1.1	0	0/	0/0	--- Of radar apparatus and radio navigational aid apparatus
3.8	0	0	0	0	0	0	0	0	0	0	10.9	0	0/	0/0	--- Of radio-broadcast receivers and their combinations
															--- Of television receivers (Other than H. F. turners):
3.8	0		0	0	0	0		0		0		14	0/	0/0	----Of colour television receivers
0	0	0	0	0	0		0	0	0	0	0	0	0/	0/0	----Other
															--- Other
0	0	0	0	0	0		0	0	0	0	0	0	0/	0/0	High-frequency tuners for satellite television receivers
0	0	0	0	0	0		0	0	0	0	0	0	0/	0/0	Other parts of the apparatus of headings 85.25 to 85.28

税　号	货品名称	进口关税（%）			增值/消费税（%）	出口退税（%）	计量单位	监管证件代码	检验检疫类别	协定税率（%）		
		最惠国	普通	年内暂定						东盟	亚太	智利
85.30	铁道、电车道、道路或内河航道、停车场、港口或机场用的电气信号、安全或交通管理设备（税目86.08的货品除外）:											
8530.1000	- 铁道或电车道用的设备	8	20		13	13	个/千克			0	5.2	0
8530.8000	- 其他设备	8	20		13	13	个/千克			0		0
8530.9000	- 零件	6	20		13	13	千克			0		0
85.31	电气音响或视觉信号装置（例如，电铃、电笛、显示板、防盗或防火报警器），但税目85.12或85.30的货品除外:											
8531.1000	- 防盗或防火报警器及类似装置	10	40		13	13	个/千克	A	L/	0		0
8531.2000	- 装有液晶装置（LCD）或发光二极管（LED）的显示板	0	70		13	13	个/千克			0		0
	- 其他装置:											
8531.8010	--- 蜂鸣器											
85318010.01	音量不超过110db的小型蜂鸣器	10	70	7.5	13	13	个/千克			0		0
85318010.90	其他蜂鸣器	10	70		13	13	个/千克			0		0
8531.8090	--- 其他	0	70		13	13	个/千克			0		0
	- 零件:											
8531.9010	--- 防盗或防火报警器及类似装置用	0	40		13	13	千克			0		0
8531.9090	--- 其他	0	70		13	13	千克			0		0
85.32	固定、可变或可调（微调）电容器:											
8532.1000	- 固定电容器，用于50／60赫兹电路，其额定无功功率不低于0.5千瓦（电力电容器）	0	20		13	13	千克/千个			0		0
	- 其他固定电容器:											
	-- 钽电容器:											
8532.2110	--- 片式	0	35		13	13	千克/千个			0		0
8532.2190	--- 其他	0	35		13	13	千克/千个			0		0
	-- 铝电解电容器:											
8532.2210	--- 片式	0	35		13	13	千克/千个			0		0
8532.2290	--- 其他	0	35		13	13	千克/千个			0		0
8532.2300	-- 单层瓷介电容器	0	35		13	13	千克/千个			0		0
	-- 多层瓷介电容器:											
8532.2410	--- 片式	0	35		13	13	千克/千个			0		0
8532.2490	--- 其他	0	35		13	13	千克/千个			0		0
	-- 纸介质或塑料介质电容器:											
8532.2510	--- 片式	0	35		13	13	千克/千个			0		0
8532.2590	--- 其他	0	35		13	13	千克/千个			0		0
8532.2900	-- 其他	0	35		13	13	千克/千个			0		0
8532.3000	- 可变或可调（微调）电容器	0	35		13	13	千克/千个			0		0
	- 零件:											
8532.9010	--- 子目8532.1000所列电容器用	0	20		13	13	千克			0		0
8532.9090	--- 其他	0	35		13	13	千克			0		0

协定税率(%)														特惠税率(%)①/②	Article Description
巴基斯坦	冰岛	哥斯达黎加	秘鲁	新西兰	瑞士	新加坡	韩国	澳大利亚	格鲁吉亚	毛里求斯	日本RCEP	尼加拉瓜	港澳台		
															Electrical signalling, safety or traffic control equipment for railways, tramways, roads, inland waterways, parking facilities, port installations or airfields (other than those of heading 86.08):
0	0	0	0	0	0		0	0	0	0	7.3	6.4	0/	0/0	- Equipment for railways or tramways
0	0	0	0	0	0		0	0	0	0	5.8	6.4	0/	0/0	- Other equipment
0	0	0	0	0	0		0	0	0	0	5.8	0	0/	0/0	- Parts
															Electric sound or visual signalling apparatus (for example, bells, sirens, indicator panels, burglar or fire alarms), other than those of heading 85.12 or 85.30:
0	0	0	0	0	0	0	0	0	0	0	7.3	9	0/	0/0	- Burglar or fire alarms and similar apparatus
0	0	0	0	0	0		0	0	0	0	0	0	0/	0/0	- Indicator panels incorporating liquid crystal devices (LCD) or light-emitting diodes (LED)
															- Other apparatus:
															--- Buzzers
6	0	0	0	0	0	0	7.5	0	0	0		9	0/	0/0	Small-sized buzzers with volume not more than 110db
6	0	0	0	0	0	0	7.5	0	0	0		9	0/	0/0	Other buzzers
0	0	0	0	0	0	0	0	0	0	0	7.3	0	0/	0/0	--- Other
															- Parts:
0	0	0	0	0	0		0	0	0	0	0	0	0/	0/0	--- Of burglar or fire alarms and similar apparatus
0	0	0	0	0	0		0	0	0	0	0	0	0/	0/0	--- Other
															Electrical capacitors, fixed, variable or adjustable (pre-set):
0	0	0	0	0	0		0	0	0	0	0	0	0/	0/0	- Fixed capacitors designed for use in 50/60 Hz circuits and having a reactive power handling capacity of not less than 0.5kW (power capacitors)
															- Other fixed capacitors:
															-- Tantalum:
0	0	0	0	0	0		0	0	0	0	0	0	0/	0/0	--- Laminate
0	0	0	0	0	0		0	0	0	0	0	0	0/	0/0	--- Other
															-- Aluminium electrolytic:
0	0	0	0	0	0		0	0	0	0	0	0	0/	0/0	--- Laminate
0	0	0	0	0	0		0	0	0	0	0	0	0/	0/0	--- Other
0	0	0	0	0	0		0	0	0	0	0	0	0/	0/0	-- Ceramic dielectric, single layer
															-- Ceramic dielectric, multilayer:
0	0	0	0	0	0		0	0	0	0	0	0	0/	0/0	--- Laminate
0	0	0	0	0	0		0	0	0	0	0	0	0/	0/0	--- Other
															-- Dielectric of paper or plastics:
0	0	0	0	0	0		0	0	0	0	0	0	0/	0/0	--- Laminate
0	0	0	0	0	0		0	0	0	0	0	0	0/	0/0	--- Other
0	0	0	0	0	0		0	0	0	0	0	0	0/	0/0	-- Other
0	0	0	0	0	0		0	0	0	0	0	0	0/	0/0	- Variable or adjustable (pre-set) capacitors
															- Parts:
0	0	0	0	0	0		0	0	0	0	0	0	0/	0/0	--- Of the capacitors of subheading 8532.1000
0	0	0	0	0	0		0	0	0	0	0	0	0/	0/0	--- Other

税　号	货品名称	进口关税（%）最惠国	进口关税（%）普通	进口关税（%）年内暂定	增值/消费税（%）	出口退税（%）	计量单位	监管证件代码	检验检疫类别	协定税率（%）东盟	协定税率（%）亚太	协定税率（%）智利
85.33	**电阻器（包括变阻器及电位器），但加热电阻器除外：**											
8533.1000	- 固定碳质电阻器，合成或薄膜式	0	50		13	13	千克/千个			0		0
	- 其他固定电阻器：											
	-- 额定功率不超过20瓦：											
8533.2110	--- 片式	0	50		13	13	千克/千个			0		0
8533.2190	--- 其他	0	50		13	13	千克/千个			0		0
8533.2900	-- 其他	0	50		13	13	千克/千个			0		0
	- 线绕可变电阻器，包括变阻器及电位器：											
8533.3100	-- 额定功率不超过20瓦	0	50		13	13	千克/千个			0		0
8533.3900	-- 其他	0	50		13	13	千克/千个			0		0
8533.4000	- 其他可变电阻器，包括变阻器及电位器	0	50		13	13	千克/千个			0		0
8533.9000	- 零件	0	50		13	13	千克			0		0
85.34	**印刷电路：**											
8534.0010	--- 4层以上的	0	35		13	13	块/千克			0		0
8534.0090	--- 其他	0	50		13	13	块/千克			0		0
85.35	**电路的开关、保护或连接用的电气装置（例如，开关、熔断器、避雷器、电压限幅器、电涌抑制器、插头及其他连接器、接线盒），用于电压超过1000伏的线路：**											
8535.1000	- 熔断器	10	50		13	13	个/千克	A	L/	0		0
	- 自动断路器：											
8535.2100	-- 用于电压低于72.5千伏的线路	10	50		13	13	个/千克	A	L/	0		0
	-- 其他：											
8535.2910	--- 用于电压在72.5千伏及以上，但不高于220千伏的线路	10	50		13	13	个/千克			0		0
8535.2920	--- 用于电压高于220千伏，但不高于750千伏的线路	10	50		13	13	个/千克			0		0
8535.2990	--- 其他	10	50		13	13	个/千克			0		0
	- 隔离开关及断续开关：											
8535.3010	--- 用于电压在72.5千伏及以上，但不高于220千伏的线路											
85353010.10	72.5千伏≤电压≤220千伏的隔离开关及断续开关，含汞	10	50		13	13	个/千克	89		0	8	0
85353010.90	其他72.5千伏≤电压≤220千伏的隔离开关及断续开关	10	50		13	13	个/千克			0	8	0
8535.3020	--- 用于电压高于220千伏，但不高于750千伏的线路											
85353020.10	220千伏＜电压≤750千伏的隔离开关及断续开关，含汞	10	50		13	13	个/千克	89		0		0
85353020.90	其他220千伏＜电压≤750千伏的隔离开关及断续开关	10	50		13	13	个/千克			0		0
8535.3090	--- 其他											

协定税率(%) 巴基斯坦	冰岛	哥斯达黎加	秘鲁	新西兰	瑞士	新加坡	韩国	澳大利亚	格鲁吉亚	毛里求斯	日本RCEP	尼加拉瓜	港澳台	特惠税率(%)①/②	Article Description
															Electrical resistors (including rheostats and potentiometers), other than heating resistors:
0	0	0	0	0	0		0	0	0	0	0	0	0/	0/0	- Fixed carbon resistors, composition or film types
															- Other fixed resistors:
															-- For a power handling capacity not exceeding 20W:
0	0	0	0	0	0		0	0	0	0	0	0	0/	0/0	--- Laminate
0	0	0	0	0	0		0	0	0	0	0	0	0/	0/0	--- Other
0	0	0	0	0	0		0	0	0	0	0	0	0/	0/0	-- Other
															- Wirewound variable resistors, including rheostats and potentiometers:
0	0	0	0	0	0		0	0	0	0	0	0	0/	0/0	-- For a power handling capacity not exceeding 20W
0	0	0	0	0	0		0	0	0	0	0	0	0/	0/0	-- Other
0	0	0	0	0	0		0	0	0	0	0	0	0/	0/0	- Other variable resistors, including rheostats and potentiometers
0	0	0	0	0	0		0	0	0	0	0	0	0/	0/0	- Parts
															Printed circuits:
0	0	0	0	0	0		0	0	0	0	0	0	0/	0/0	--- Of more than 4 layers
0	0	0	0	0	0		0	0	0	0	0	0	0/	0/0	--- Other
															Electrical apparatus for switching or protecting electrical circuits, or for making connections to or in electrical circuits (for example, switches, fuses, lightning arresters, voltage limiters, surge suppressors, plugs and other connectors, junction boxes), for a voltage exceeding 1000V:
5.6	0	0	0	0	0	0	0	0	0	0	10.2	9	0/	0/0	- Fuses
															- Automatic circuit breakers:
5.6	0	0	0	0	0	0	0	0	0	0	10.2	9	0/	0/0	-- For a voltage of less than 72.5kV
															-- Other:
2.5	0	0	0	0	0		0	0	0	0	7.3	9	0/	0/0	--- For a voltage of 72.5kV or more, but not exeeding 220kV
2.5	0	0	0	0	0		0	0	0	0	7.3	9	0/	0/0	--- For a voltage exceeding 220kV, but not exeeding 750kV
0	0	0	0	0	0		0	0	0	0		9	0/	0/0	--- Other
															- Isolating switches and make-and-break switches:
															--- For a voltage of 72.5kV or more, but not exeeding 220kV
0	0	0	0	0	0.8		0	0	0	0	7.3	9	0/	0/0	Isolating switches and make-and-break switches, for a voltage of 72.5kV or more, but not exeeding 220kV, containing mercury
0	0	0	0	0	0.8		0	0	0	0	7.3	9	0/	0/0	Other isolating switches and make-and-break switches, for a voltage of 72.5kV or more, but not exeeding 220kV
															--- For a voltage exceeding 220kV, but not exeeding 750kV
0	0	0	0	0	0.8		0	0	0	0	7.3	9	0/	0/0	Isolating switches and make-and-break switches, for a voltage exceeding 220kV, but not exeeding 750kV, containing mercury
0	0	0	0	0	0.8		0	0	0	0	7.3	9	0/	0/0	Other isolating switches and make-and-break switches, for a voltage exceeding 220kV, but not exeeding 750kV
															--- Other

税号	货品名称	进口关税（%）			增值/消费税（%）	出口退税（%）	计量单位	监管证件代码	检验检疫类别	协定税率（%）		
		最惠国	普通	年内暂定						东盟	亚太	智利
85353090.10	其他隔离开关及断续开关，含汞（用于电压超过1000伏的线路）	10	50		13	13	个/千克	89		0		0
85353090.90	其他隔离开关及断续开关（用于电压超过1000伏的线路）	10	50		13	13	个/千克		L/	0		0
8535.4000	- 避雷器、电压限幅器及电涌抑制器	10	50		13	13	个/千克			0		0
8535.9000	- 其他											
85359000.10	触发式火花隙（阳极延迟时间≤15微秒，阳极峰值额定电流≥500安）	10	50		13	13	千克	3		0	6.5	0
85359000.20	具有快速开关功能的模件或组件（阳极峰值电压≥2千伏，电流≥500安，接通时间为1微秒或更短）	10	50		13	13	千克	3		0	6.5	0
85359000.30	受电弓	10	50	5	13	13	千克			0	6.5	0
85359000.40	250千米/小时及以上高速动车组用高压电缆接头	10	50	6	13	13	千克			0	6.5	0
85359000.90	其他电压>1000伏电路开关等电气装置	10	50		13	13	千克			0	6.5	0
85.36	**电路的开关、保护或连接用的电器装置（例如，开关、继电器、熔断器、电涌抑制器、插头、插座、灯座及其他连接器、接线盒），用于电压不超过1000伏的线路；光导纤维、光导纤维束或光缆用连接器：**											
8536.1000	- 熔断器	10	50		13	13	个/千克	A	L/	0		0
8536.2000	- 自动断路器	9	50		13	13	个/千克	A	L/	0		0
8536.3000	- 其他电路保护装置	0	50		13	13	个/千克	A	L/	0		0
	- 继电器：											
	-- 用于电压不超过60伏的线路：											
8536.4110	--- 用于电压不超过36伏的线路											
85364110.10	电压≤36伏的继电器，含汞	10	50		13	13	个/千克	89		0		0
85364110.90	其他电压≤36伏的继电器	10	50		13	13	个/千克			0		0
8536.4190	--- 其他											
85364190.10	36伏<电压≤60伏的继电器，含汞	10	50		13	13	个/千克	89		0		0
85364190.90	36伏<电压≤60伏的继电器	10	50		13	13	个/千克		L/	0		0
8536.4900	-- 其他											
85364900.10	电压大于60伏的继电器，含汞（用于电压不超过1000伏的线路）	10	50		13	13	个/千克	89		0		0
85364900.90	其他电压大于60伏的继电器（用于电压不超过1000伏的线路）	10	50		13	13	个/千克		L/	0		0
8536.5000	- 其他开关											
85365000.10	电压≤1000伏的其他开关，含汞	0	50		13	13	个/千克	89		0		0
85365000.90	其他电压≤1000伏的其他开关	0	50		13	13	个/千克		L/	0		0
	- 灯座、插头及插座：											
8536.6100	-- 灯座	10	50		13	13	个/千克			0		0
8536.6900	-- 其他	0	50		13	13	个/千克		L/	0		0
8536.7000	- 光导纤维、光导纤维束或光缆用连接器	8	30		13	13	千克			0		0
	- 其他装置：											
	--- 接插件：											
8536.9011	---- 工作电压不超过36伏的	0	50		13	13	千克			0		0
8536.9019	---- 其他	0	50		13	13	千克	A	L/	0		0
8536.9090	--- 其他	0	50		13	13	千克	A	L/	0		0

协定税率（%）														特惠税率（%）①/②	Article Description
巴基斯坦	冰岛	哥斯达黎加	秘鲁	新西兰	瑞士	新加坡	韩国	澳大利亚	格鲁吉亚	毛里求斯	日本RCEP	尼加拉瓜	港澳台		
0	0	0	0	0	0.8		0	0	0	0	7.3	9	0/	0/0	Other isolating switches and make-and-break switches, for a voltage exceeding 1000V, containing mercury
0	0	0	0	0	0.8		0	0	0	0	7.3	9	0/	0/0	Other isolating switches and make-and-break switches, for a voltage exceeding 1000V
14.4	0	0	0	0	0	0	0	0	0	0	13.1	9	0/	0/0	- Lightning arresters, voltage limiters and surge suppressors
															- Other
2.5	0	0	0	0	0	0	5	0	0	0	8.6	9	0/	0/0	Triggered spark gap (anode delay-time ≤ 15ms, Anode peak rated current ≥ 500A)
2.5	0	0	0	0	0	0	5	0	0	0	8.6	9	0/	0/0	Modules or assemblies with swift ON/OFF switch (anode peak voltage ≥ 2kV; current ≥ 500A; turn-on time ≤ 1ms)
2.5	0	0	0	0	0	0	5	0	0	0	8.6	9	0/	0/0	Pantograph
2.5	0	0	0	0	0	0	5	0	0	0	8.6	9	0/	0/0	Electric cable joints of high voltage for high-speed EMUs of 250 km/h and above
2.5	0	0	0	0	0	0	5	0	0	0	8.6	9	0/	0/0	Other electrical apparatuses such as circuit switches for a voltage >1000V
															Electrical apparatus for switching or protecting electrical circuits, or for making connections to or in electrical circuits (for example, switches, relays, fuses, surge suppressors, plugs, sockets, lamp-holders and other connectors, junction boxes), for a voltage not exceeding 1000 volts; connectors for optical fibres, optical fibre bundles or cables:
2.5	0	0	0	0	0	0		0	0	0		9	0/0	0/0	- Fuses
0	0	0	0	0	0		0	0	0	0	6.5	8.1	0/	0/0	- Automatic circuit breakers
0	0	0	0	0	0		3	0	0	0	6.5	0	0/	0/0	- Other apparatus for protecting electrical circuits
															- Relays:
															-- For a voltage not exceeding 60V:
															--- For a voltage not exceeding 36V
2.5	0	0	0	0	0	0	3.3	0	0	0	8.1	9	0/	0/0	Relays, for a voltage not exceeding 36V, containing mercury
2.5	0	0	0	0	0	0	3.3	0	0	0	8.1	9	0/	0/0	Other relays, for a voltage not exceeding 36V
															--- Other
0	0	0	0	0	0	0	5	0	0	0		9	0/	0/0	Relays, for a voltage exceeding 36V, but not exceeding 60V, containing mercury
0	0	0	0	0	0	0	5	0	0	0		9	0/	0/0	Other relays, for a voltage exceeding 36V, but not exceeding 60V
															-- Other
2.5	0	0	0	0	0	0	3.3	0	0	0	8.1	9	0/	0/0	Relays, for a voltage exceeding 60V, containing mercury
2.5	0	0	0	0	0	0	3.3	0	0	0	8.1	9	0/	0/0	Other relays, for a voltage exceeding 60V
															- Other switches
0	0	0	0	0	0		0	0	0	0	0	0	0/	0/0	Other switches, for a voltage not exceeding 1000V, containing mercury
0	0	0	0	0	0		0	0	0	0	0	0	0/	0/0	Other switches, for a voltage not exceeding 1000V
															- Lamp-holders, plugs and sockets:
0	0	0	0	0	0	0	3.3	0	0	0	8.1	9	0/	0/0	-- Lamp-holders
0	0	0	0	0	0		0	0	0	0	0	0	0/	0/0	-- Other
0	0	0	0	0	0			0	0	0		6.4	0/	0/0	- Connectors for optical fibres, optical fibre bundles or cables
															- Other apparatus:
															--- Connectors:
0	0	0	0	0	0		0	0	0	0	0	0	0/	0/0	----For a voltage not exceeding 36V
0	0	0	0	0	0		0	0	0	0	0	0	0/	0/0	----Other
0	0	0	0	0	0		0	0	0	0	0	0	0/	0/0	--- Other

税号	货品名称	进口关税(%) 最惠国	普通	年内暂定	增值/消费税(%)	出口退税(%)	计量单位	监管证件代码	检验检疫类别	协定税率(%) 东盟	亚太	智利
85.37	**用于电气控制或电力分配的盘、板、台、柜及其他基座，装有两个或多个税目85.35或85.36所列的装置，包括装有第九十章所列的仪器或装置，以及数控装置，但税目85.17的交换机除外：**											
	- 用于电压不超过1000伏的线路：											
	--- 数控装置：											
8537.1011	---- 可编程序控制器											
85371011.01	机床用可编程序控制器（PLC）	5	14	3	13	13	个/千克			0	2.5	0
85371011.10	调节和编程控制器（商品编码84798999.60绕线机用）	5	14		13	13	个/千克	3		0	2.5	0
85371011.90	其他可编程控制器（用于电压不超过1000伏的线路）	5	14		13	13	个/千克			0	2.5	0
8537.1019	---- 其他											
85371019.01	机床用其他数控单元（包括单独进口的CNC操作单元）	5	14	3	13	13	个/千克			0	2.5	0
85371019.90	其他非机床用数控装置（用于电压不超过1000伏的线路）	5	14		13	13	个/千克			0	2.5	0
8537.1090	--- 其他											
85371090.01	电梯用控制柜及控制柜专用印刷电路板（用于电压不超过1000伏的线路）	8	50	4	13	13	个/千克			0	4	0
85371090.21	控制器[用于机器人或末端操纵装置（详见核两用清单）]	8	50		13	13	个/千克	3		0	4	0
85371090.22	数字控制器（专用于编号84798999.59电动式振动试验系统）	8	50		13	13	个/千克	3		0	4	0
85371090.30	飞机用控制模块（电压不超过1000伏的线路）	8	50	1	13	13	个/千克			0	4	0
85371090.40	出口管制的高压水炮操控系统（用于电压不超过1000伏的线路）	8	50		13	13	个/千克	3A	L/	0	4	0
85371090.90	其他电力控制或分配的装置（用于电压不超过1000伏的线路）	8	50		13	13	个/千克	A	L/	0	4	0
	- 用于电压超过1000伏的线路：											
8537.2010	--- 全封闭组合式高压开关装置，用于电压在500千伏及以上的线路	8	30		13	13	台/千克			0	4	0
8537.2090	--- 其他	8	50		13	13	千克			0	4	0
85.38	**专用于或主要用于税目85.35、85.36或85.37所列装置的零件：**											
	- 税目85.37所列货品用的盘、板、台、柜及其他基座，但未装有关装置：											
8538.1010	--- 税号8537.2010所列货品用	0	50		13	13	千克			0	0	0
8538.1090	--- 其他	0	50		13	13	千克			0	0	0
8538.9000	- 其他	7	50		13	13	千克			0		0
85.39	**白炽灯泡、放电灯管，包括封闭式聚光灯及紫外线灯管或红外线灯泡；弧光灯；发光二极管（LED）光源：**											
8539.1000	- 封闭式聚光灯	8	45		13	13	只/千克			0		0
	- 其他白炽灯泡，但不包括紫外线灯管或红外线灯泡：											
	-- 卤钨灯：											
8539.2110	--- 科研、医疗专用	8	20		13	13	只/千克			0		0

协定税率（%）														特惠税率（%）①/②	Article Description
巴基斯坦	冰岛	哥斯达黎加	秘鲁	新西兰	瑞士	新加坡	韩国	澳大利亚	格鲁吉亚	毛里求斯	日本RCEP	尼加拉瓜	港澳台		
															Boards, panels, consoles, desks, cabinets and other bases, equipped with two or more apparatus of heading 85.35 or 85.36, for electric control or the distribution of electricity, including those incorporating instruments or apparatus of Chapter 90, and numerical control apparatus, other than switching apparatus of heading 85.17:
															- For a voltage not exceeding 1000V:
															--- Numerical control panels:
															----Programmable logic controller (PLC)
0	0	0	0	0	0		2.5	0	0	0		0	0/0	0/0	Programmable logic controllers for machine tools
0	0	0	0	0	0		2.5	0	0	0		0	0/0	0/0	Conditioning controllers and Programmable logic controllers for winding machines (for winding machines of subheading 84798999.60)
0	0	0	0	0	0		2.5	0	0	0		0	0/0	0/0	Other programmable logic controllers (for the circuit with its voltage no more than 1000V)
															----Other
0	0	0	0	0	2		2.5	0	0	0		0	0/0	0/0	Other digital control units for machine tools (including operating unit of CNC, presented seperately)
0	0	0	0	0	2		2.5	0	0	0		0	0/0	0/0	Digital control apparatuses not for machine tools (for the circuit for a voltage no more than 1000V)
															--- Other
0	0	0	0	0	3.4		2.8	0	0	0	6.8	6.4	0/	0/0	Control cabinet for elevators (electric cabinet) and printed circuit boards for control cabinets (for a voltage no more than 1000V)
0	0	0	0	0	3.4		2.8	0	0	0	6.8	6.4	0/	0/0	Controllers (for robots or end effectors, see the dual-use nuclear goods control list for details)
0	0	0	0	0	3.4		2.8	0	0	0	6.8	6.4	0/	0/0	Digital controllers (exclusively for electrodynamic vibration test systems of subheading 84798990.59)
0	0	0	0	0	3.4		2.8	0	0	0	6.8	6.4	0/	0/0	Control module for aircraft, for a voltage exceeding 1000V
0	0	0	0	0	3.4		2.8	0	0	0	6.8	6.4	0/	0/0	Control systems for export controled high pressure water cannon (for a voltage not exceeding 1000V)
0	0	0	0	0	3.4		2.8	0	0	0	6.8	6.4	0/	0/0	Other devices for electric control or the distribution of ecectricity (for the circuit with its voltage no more than 1000V)
															- For a voltage exceeding 1000V:
0	0	0	0	0	0.7		2.8	0	0	0	6.8	6.4	0/	0/0	--- Gas insulated switch gear, for a voltage of 500kV or more
0	0	0	0	0	0		2.8	0	0	0	6.8	6.4	0/	0/0	--- Other
															Parts suitable for use solely or principally with the apparatus of heading 85.35, 85.36 or 85.37:
															- Boards, panels, consoles, desks, cabinets and other bases for the goods of heading 85.37, not equipped with their apparatus:
0	0	0	0	0	0		0	0	0	0	6.1	0	0/	0/0	--- For the goods of heading 8537.2010
0	0	0	0	0	0		3.5	0	0	0	5.1	0	0/	0/0	--- Other
4	0	0	0	0	1.9		0	0	0	1.4	5.1	0	0/0	0/0	- Other
															Electric filament or discharge lamps, including sealed beam lamp units and ultra-violet or infra-red lamps; arclamps; light-emitting diode (LED) light sources:
0	0	0	0	0	0		0	0	0	0	7.3	6.4	0/	0/0	- Sealed beam lamp units
															- Other filament lamps, excluding ultraviolet or infra-red lamps:
															-- Tungsten halogen:
4	0	0	0	0	0		0	0	0	0	5.8	6.4	0/	0/0	--- For scientific or medical uses only

税号	货品名称	进口关税（%）			增值/消费税（%）	出口退税（%）	计量单位	监管证件代码	检验检疫类别	协定税率（%）		
		最惠国	普通	年内暂定						东盟	亚太	智利
8539.2120	--- 火车、航空器及船舶用	8	20		13	13	只/千克			0		0
8539.2130	--- 机动车辆用	8	45		13	13	只/千克			0		0
8539.2190	--- 其他	6	70		13	13	只/千克			0		0
	-- 其他灯，功率不超过200瓦，但额定电压超过100伏：											
8539.2210	--- 科研、医疗专用	5	20		13	13	只/千克			0		0
8539.2290	--- 其他	5	70		13	13	只/千克			0		0
	-- 其他：											
8539.2910	--- 科研、医疗专用	5	20		13	13	只/千克			0	4	0
8539.2920	--- 火车、航空器及船舶用	5	20		13	13	只/千克			0		0
8539.2930	--- 机动车辆用	5	45		13	13	只/千克			0		0
	--- 其他：											
8539.2991	----12伏及以下的	6	70		13	13	只/千克			0		0
8539.2999	---- 其他	6	70		13	13	只/千克			0		0
	- 放电灯管，但紫外线灯管除外：											
	-- 热阴极荧光灯：											
8539.3110	--- 科研、医疗专用	8	20		13	13	只/千克			0	6.4	0
8539.3120	--- 火车、航空器及船舶用	8	20		13	13	只/千克			0		0
	--- 其他：											
8539.3191	---- 紧凑型											
85393191.10	紧凑型热阴极荧光灯（不超过30瓦、单支含汞量超过5毫克的）	8	70		13	13	只/千克	89		0		0
85393191.90	其他紧凑型热阴极荧光灯	8	70		13	13	只/千克			0		0
8539.3199	---- 其他											
85393199.10	直管型热阴极荧光灯［低于60瓦、单支含汞量超过5毫克的直管型荧光灯（使用三基色荧光粉）］	8	70		13	13	只/千克	89		0		0
85393199.20	直管型热阴极荧光灯［低于40瓦（含40瓦）、单支含汞量超过10毫克的直管型荧光灯（使用卤磷酸盐荧光粉）］	8	70		13	13	只/千克	89		0		0
85393199.90	其他用途用热阴极荧光灯	8	70		13	13	只/千克			0		0
	-- 汞或钠蒸气灯；金属卤化物灯：											
8539.3230	--- 钠蒸气灯	8	20		13	13	只/千克			0		0
8539.3240	--- 汞蒸气灯											
85393240.01	彩色投影机用的照明光源（汞蒸汽灯）	8	20	3	13	13	只/千克			0		0
85393240.10	用于普通照明用途的高压汞灯	8	20		13	13	只/千克	89		0		0
85393240.20	光刻机用高压汞灯（功率≥1千瓦）	8	20	4	13	13	只/千克			0		0
85393240.90	其他汞蒸汽灯	8	20		13	13	只/千克			0		0
8539.3290	--- 其他	8	70		13	13	只/千克			0		0
	-- 其他：											
8539.3910	--- 科研、医疗专用	8	20		13	13	只/千克			0	6.4	0
8539.3920	--- 火车、航空器及船舶用	8	20		13	13	只/千克			0		0
8539.3990	--- 其他											
85393990.11	用于电子显示的冷阴极管荧光灯（长度≤500毫米的，单支含汞量超过3.5毫克；500毫米<长度≤1500毫米的，单支含汞量超过5毫克；长度>1500毫米的，单支含汞量超过13毫克）	0	70		13	13	只/千克	89		0		0

协定税率（%）														特惠税率（%）①/②	Article Description
巴基斯坦	冰岛	哥斯达黎加	秘鲁	新西兰	瑞士	新加坡	韩国	澳大利亚	格鲁吉亚	毛里求斯	日本RCEP	尼加拉瓜	港澳台		
0	0	0	0	0	0		0	0	0	0	5.8	6.4	0/	0/0	--- For locomotives and rolling-stock, aircraft or ships
2.5	0	0	0	0	0		5	0	0	0		6.4	0/	0/0	--- For motor vehicles
8.4	0	0	0	0	0	0	0	0	0	0	7.6	0	0/	0/0	--- Other
															-- Other, of a power not exceeding 200W and for a voltage exceeding 100V:
2.5	0	0	0	0	0	0		0	0	0		0	0/	0/0	--- For scientific or medical uses only
0	0	0	0	0	0		0	0	0	0	0	0	0/	0/0	--- Other
															-- Other:
0	0	0	0	0	0		0	0	0	0	0	0	0/	0/0	--- For scientific or medical uses only
2.5	0	0	0	0	0	0	0	0	0	0	7.6	0	0/	0/0	--- For locomotives and roiling-stock, aircraft or ships
0	0	0	0	0	0		1.6	0	0	0	4.1	0	0/	0/0	--- For motor vehicles
															--- Other:
3	0	0	0	0	0	0	0	0	0	0	8.7	0	0/	0/0	----Of a voltage 12V or less
3	0	0	0	0	0	0	0	0	0	0	8.7	0	0/	0/0	----Other
															- Discharge lamps, other than ultra-violet lamps:
															-- Fluorescent, hot cathode:
0	0	0	0	0	0			0	0	0		6.4	0/	0/0	--- For scientific or medical uses only
0	0	0	0	0	0			0	0	0		6.4	0/	0/0	--- For locomotives and rolling-stock, aircraft or ships
															--- Other:
															----Compact type
4	0	0	0	0	0		0	0	0	0	5.8	6.4	0/	0/0	Compact hot-cathode fluorescent, not exceeding 30W, which contains more than 5 milligrams of mercury
4	0	0	0	0	0		0	0	0	0	5.8	6.4	0/	0/0	Other compact hot-cathode fluorescent
															----Other
0	0	0	0	0	0		0	0	0	0	5.8	6.4	0/	0/0	Straight tube hot-cathode fluorescent, less than 60W, which contains more than 5 milligrams of mercury, with tricolor fluorescent powders
0	0	0	0	0	0		0	0	0	0	5.8	6.4	0/	0/0	Straight tube hot-cathode fluorescent, not exceeding 40W, which contains more than 10 milligrams of mercury, with halophosphate fluorescent salt powders
0	0	0	0	0	0		0	0	0	0	5.8	6.4	0/	0/0	Hot-cathode fluorescent for other purposes
															-- Mercury or sodium vapour lamps; metal halide lamps:
0	0	0	0	0	0		0	0	0	0	5.8	6.4	0/	0/0	--- Sodium vapour lamps
															--- Mercury vapour lamps
0	0	0	0	0	0		0	0	0	0	5.8	6.4	0/	0/0	Mercury vapor lamp used for Color LCD projector
0	0	0	0	0	0		0	0	0	0	5.8	6.4	0/	0/0	High pressure mercury lamps for common purposes
0	0	0	0	0	0		0	0	0	0	5.8	6.4	0/	0/0	High pressure mercury lamp for lithography machine (power ≥ 1 kW)
0	0	0	0	0	0		0	0	0	0	5.8	6.4	0/	0/0	Other mercury vapor lamp
4	0	0	0	0	0		0	0	0	0	5.8	6.4	0/	0/0	--- Other
															-- Other:
0	0	0	0	0	0			0	0	0		6.4	0/	0/0	--- For scientific or medical uses only
0	0	0	0	0	0			0	0	0		6.4	0/	0/0	--- For locomotives and rolling-stock, aircraft or ships
															--- Other
0	0	0	0	0	0		2.6	0	0	0	6.5	6.4	0/0	0/0	Cold-cathode fluorescent lamp for panel display, of a length not exceeding 500mm, which contains more than 3.5 milligrams of mercury; of a length more than 500mm, but not exceeding 1500mm, which contains more than 5 milligrams of mercury; of a length more than 1500mm, which contains more than 13 milligrams of mercury

税　号	货品名称	进口关税（%）			增值/消费税（%）	出口退税（%）	计量单位	监管证件代码	检验检疫类别	协定税率（%）		
		最惠国	普通	年内暂定						东盟	亚太	智利
85393990.19	其他用于平板显示器背光源的冷阴极管荧光灯	0	70		13	13	只/千克			0		0
85393990.20	其他紧凑型冷阴极管荧光灯（不超过30瓦、单支含汞量超过5毫克的）	8	70		13	13	只/千克	89		0		0
85393990.30	其他直管型荧光灯（低于60瓦、单支含汞量超过5毫克的直管型荧光灯（使用三基色荧光粉））	8	70		13	13	只/千克	89		0		0
85393990.40	其他直管型荧光灯（低于40瓦（含40瓦）、单支含汞量超过10毫克的直管型荧光灯（使用卤磷酸盐荧光粉））	8	70		13	13	只/千克	89		0		0
85393990.50	用于电子显示的外置电极荧光灯（长度≤500毫米的，单支含汞量超过3.5毫克；500毫米<长度≤1500毫米的，单支含汞量超过5毫克；长度>1500毫米的，单支含汞量超过13毫克）	8	70		13	13	只/千克	89		0		0
85393990.90	其他用途的其他放电灯管	8	70		13	13	只/千克			0		0
	- 紫外线灯管或红外线灯泡；弧光灯：											
8539.4100	-- 弧光灯	8	20		13	13	只/千克			0		0
8539.4900	-- 其他	8	20		13	13	只/千克			0		0
	- 发光二极管（LED）光源：											
8539.5100	-- 发光二极管（LED）模块	6	80		13	13	个/千克			0		0
	-- 发光二极管(LED)灯泡(管)：											
8539.5210	--- 发光二极管（LED）灯泡	8	80		13	13	只/千克			0		0
8539.5220	--- 发光二极管（LED）灯管	8	80		13	13	只/千克			0		0
	- 零件：											
8539.9010	--- 发光二极管（LED）模块的	8	70		13	13	千克			0		0
8539.9090	--- 其他	8	20		13	13	千克			0		0
85.40	**热电子管、冷阴极管或光阴极管（例如，真空管或充气管、汞弧整流管、阴极射线管、电视摄像管）：**											
	- 阴极射线电视显像管，包括视频监视器用阴极射线管：											
8540.1100	-- 彩色的	8	40		13	13	只/千克	6		0		0
8540.1200	-- 单色的	8	40		13	13	只/千克	6		0		0
	- 电视摄像管；变像管及图像增强管；其他光阴极管：											
8540.2010	--- 电视摄像管	8	35		13	13	只/千克			0		0
8540.2090	--- 其他											
85402090.10	电子条纹相机的条纹显像管	8	17		13	13	只/千克			0		0
85402090.90	其他电视摄像管，其他变像管及图像增强管，其他光阴极管	8	17		13	13	只/千克			0		0
	- 单色的数据/图形显示管；彩色的数据/图形显示管，屏幕荧光点间距小于0.4毫米：											
8540.4010	--- 彩色的数据/图形显示管，屏幕荧光点间距小于0.4毫米	8	17		13	13	只/千克	6		0		0
8540.4020	--- 单色的数据/图形显示管	8	17		13	13	只/千克	6		0		0
	- 其他阴极射线管：											
8540.6010	--- 雷达显示管	6	14		13	13	只/千克			0	3.9	0
8540.6090	--- 其他	8	17		13	13	只/千克	6		0		0
	- 微波管（例如，磁控管、速调管、行波管、返波管），但不包括栅控管：											
8540.7100	-- 磁控管	8	17		13	13	只/千克			0		0

协定税率（%）														特惠税率（%）①/②	Article Description
巴基斯坦	冰岛	哥斯达黎加	秘鲁	新西兰	瑞士	新加坡	韩国	澳大利亚	格鲁吉亚	毛里求斯	日本RCEP	尼加拉瓜	港澳台		
0	0	0	0	0	0		2.6	0	0	0	6.5	6.4	0/0	0/0	Other cold-cathode fluorescent lamps (CCFLs) for backlighting of flat panel displays
0	0	0	0	0	0		2.6	0	0	0	6.5	6.4	0/0	0/0	Other compact cold-cathode fluorescent, not exceeding 30W, which contains more than 5 milligrams of mercury
0	0	0	0	0	0		2.6	0	0	0	6.5	6.4	0/0	0/0	Other straight tube fluorescent, less than 60W, which contains more than 5 milligrams of mercury, with tricolor fluorescent powders
0	0	0	0	0	0		2.6	0	0	0	6.5	6.4	0/0	0/0	Other straight tube fluorescent, not exceeding 40W, which contains more than 10 milligrams of mercury, with halophosphate fluorescent salt powders
0	0	0	0	0	0		2.6	0	0	0	6.5	6.4	0/0	0/0	External electrode fluorescent lamp for panel display, of a length not exceeding 500mm, which contains more than 3.5 milligrams of mercury; of a length more than 500mm, but not exceeding 1500mm, which contains more than 5 milligrams of mercury; of a length more than 1500mm, which contains more than 13 milligrams of mercury
0	0	0	0	0	0		2.6	0	0	0	6.5	6.4	0/0	0/0	Discharge lamps for other uses
															- Ultra-violet or infra-red lamps; arc-lamps:
0	0	0	0	0	0			0	0	0		6.4	0/	0/0	-- Arc-lamps
0	0	0	0	0	0			0	0	0		6.4	0/	0/0	-- Other
															- Light-emitting diode (LED) light sources:
0	0	0	0	0	0	0	0	0	0	0	7.3	0	0/	0/0	-- Light-emitting diode (LED) modules
															-- Light-emitting diode (LED) lamps:
0	0	0	0	0	0	0	0	0	0	0	7.3	6.4	0/	0/0	--- Light-emitting diode (LED) bulbs
0	0	0	0	0	0	0	0	0	0	0	7.3	6.4	0/	0/0	--- Light-emitting diode (LED) lamps
															- Parts:
	0	0	0	0	0	0	6.6	0	0	0	16.3	6.4	0/	0/0	--- Of light-emitting diode (LED) modules
4	0	0	0	0	0			0	0	0		6.4	0/0	0/0	--- Other
															Thermionic, cold cathode or photocathode valves and tubes (for example, vacuum or vapour or gas filled valves and tubes, mercury arc rectifying valves and tubes, cathode-ray tubes, television camera tubes):
															- Cathode-ray television picture tubes, including video monitor cathode-ray tubes:
3	0	0	0	0	0	0	4	0	0	0	9.8	6.4	0/	0/0	-- Colour
6	0	0	0	0	0	0	0	0	0	0	10.9	6.4	0/	0/0	-- Monochrome
															- Television camera tubes; image converters and intensifiers; other photocathode tubes:
3	0	0	0	0	0	0	0	0	0	0	9.8	6.4	0/	0/0	--- Television camera tubes
															--- Other
0	0	0	0	0	0		0	0	0	0	5.8	6.4	0/	0/0	Streak kinescopes for electronic streak cameras
0	0	0	0	0	0		0	0	0	0	5.8	6.4	0/	0/0	Other television camera tubes; other image converter tubes and image intensifier tubes; other photocathode tubes
															- Data/graphic display tubes, monochrome; data/graphic displaytubes, colour, with a phosphor dot screen pitch smaller than 0.4mm:
0	0	0	0	0	0		0	0	0	0	5.8	6.4	0/	0/0	--- Data/graphic displaytubes, colour, with a phosphor dot screen pitch smaller than 0.4mm
0	0	0	0	0	0		0	0	0	0	5.8	6.4	0/	0/0	--- Data/graphic display tubes, monochrome
															- Other cathode-ray tubes:
0	0	0	0	0	0		0	0	0	0	0	0	0/	0/0	--- Radar display tubes
0	0	0	0	0	0		0	0	0	0	5.8	6.4	0/	0/0	--- Other
															- Microwave tubes (for example, magnetrons, klystrons, travelling wave tubes, carcinotrons), excluding gridcontrolled tubes:
0	0	0	0	0	0		2.6	0	0	0	6.5	6.4	0/	0/0	-- Magnetrons

税　号	货品名称	进口关税（%）最惠国	进口关税（%）普通	进口关税（%）年内暂定	增值/消费税（%）	出口退税（%）	计量单位	监管证件代码	检验检疫类别	协定税率（%）东盟	协定税率（%）亚太	协定税率（%）智利
	-- 其他：											
8540.7910	--- 速调管	8	17		13	13	只/千克			0		0
8540.7990	--- 其他	8	17		13	13	只/千克			0		0
	- 其他管：											
8540.8100	-- 接收管或放大管	8	17		13	13	只/千克			0		0
8540.8900	-- 其他											
85408900.10	光电倍增管（光电阴极面积大于20平方厘米，并且阳极脉冲上升时间小于1纳秒）	8	17		13	13	只/千克	3		0		0
85408900.90	其他电子管（包括光阴极管或汞弧整流管）	8	17		13	13	只/千克			0		0
	- 零件：											
	-- 阴极射线管用：											
8540.9110	--- 电视显像管用	6	40		13	13	千克			0		0
8540.9120	--- 雷达显示管用	5	14		13	13	千克			0	3.3	0
8540.9190	--- 其他	8	17		13	13	千克			0		0
	-- 其他：											
8540.9910	--- 电视摄像管用	8	35		13	13	千克			0	5.2	0
8540.9990	--- 其他	8	17		13	13	千克			0		0
85.41	**半导体器件（例如，二极管、晶体管，半导体基换能器）；光敏半导体器件，包括不论是否装在组件内或组装成块的光电池；发光二极管（LED），不论是否与其他发光二极管（LED）组装；已装配的压电晶体：**											
8541.1000	- 二极管，但光敏二极管或发光二极管除外	0	30		13	13	个/千克			0		0
	- 晶体管，但光敏晶体管除外：											
8541.2100	-- 耗散功率小于1瓦的	0	30		13	13	个/千克			0		0
8541.2900	-- 其他	0	30		13	13	个/千克			0		0
8541.3000	- 半导体开关元件、两端交流开关元件及三端双向可控硅开关元件，但光敏器件除外	0	30		13	13	个/千克			0		0
	- 光敏半导体器件，包括不论是否装在组件内或组装成块的光电池；发光二极管：											
8541.4100	-- 发光二极管（LED）	0	30		13	13	个/千克			0		0
8541.4200	-- 未装在组件内或组装成块的光电池	0	30		13	13	个/千克			0		0
8541.4300	-- 已装在组件内或组装成块的光电池	0	30		13	13	个/千克			0		0
8541.4900	-- 其他	0	30		13	13	个/千克			0		0
	- 其他半导体器件：											
	-- 半导体基换能器：											
	--- 传感器：											
8541.5111	---- 检测湿度、气压及其组合指标的	11	30		13	13	个/千克			0		0
8541.5112	---- 用于检测温度、电量、理化指标的；利用光学检测其他指标的											
85415112.10	用于检测温度的半导体基传感器	0	31		13	13	个/千克			0	0	0
85415112.90	用于检测电量、理化指标的半导体基传感器；利用光学检测其他指标的半导体基传感器	0	31		13	13	个/千克			0	0	0
8541.5113	---- 液体或气体的流量、液位、压力或其他变化量的	0	17		13	13	个/千克			0		0
8541.5119	---- 其他	0	17		13	13	台/千克			0	0	0

协定税率（%）														特惠税率（%）①/②	Article Description
巴基斯坦	冰岛	哥斯达黎加	秘鲁	新西兰	瑞士	新加坡	韩国	澳大利亚	格鲁吉亚	毛里求斯	日本RCEP	尼加拉瓜	港澳台		
															-- Other:
0	0	0	0	0	0		0	0	0	0	5.8	6.4	0/	0/0	--- Klystrons
0	0	0	0	0	0		0	0	0	0	5.8	6.4	0/	0/0	--- Other
															- Other valves and tubes:
0	0	0	0	0	0			0	0	0		6.4	0/	0/0	-- Receiver or amplifier valves and tubes
															-- Other
0	0	0	0	0	0		0	0	0	0	5.8	6.4	0/0	0/0	Photomultiplier (optoelectronic cathode area of more than 20 square centimeters, and anode pulse rise of less than 1ns)
0	0	0	0	0	0		0	0	0	0	5.8	6.4	0/0	0/0	Other electron tube (photocathode tubes or mercury-arc rectifier)
															- Parts:
															-- Of cathode-ray tubes:
0	0	0	0	0	0		0	0	0	0	0	0	0/	0/0	--- Of television picture tubes
0	0	0	0	0	0		0	0	0	0	0	0	0/	0/0	--- Of radar display tubes
0	0	0	0	0	0			0	0	0		6.4	0/	0/0	--- Other
															-- Other:
0	0	0	0	0	0		0	0	0	0	5.8	6.4	0/	0/0	--- Of television camera tubes
0	0	0	0	0	0			0	0	0		6.4	0/	0/0	--- Other
															Semiconductor devices (for example, diodes, transistors, semiconductor based transducers); photosensitive semiconductor devices, including photovoltaic cells whether or not assembled in modules or made up into panels; light-emitting diodes (LED), whether or not assembled with other light-emitting diodes (LED); mounted piezo-electric crystals:
0	0	0	0	0	0		0	0	0	0	0	0	0/	0/0	- Diodes, other than photosensitive or light-emitting diodes (LED)
															- Transistors, other than photosensitive transistors:
0	0	0	0	0	0		0	0	0	0	0	0	0/	0/0	-- With a dissipation rate of less than 1W
0	0	0	0	0	0		0	0	0	0	0	0	0/	0/0	-- Other
0	0	0	0	0	0		0	0	0	0	0	0	0/	0/0	- Thyristors, diacs and triacs, other than photosensitive devices
															- Photosensitive semiconductor devices, including photovoltaic cells whether or not assembled in modules or made up into panels; light-emitting diodes (LED):
0	0	0	0	0	0		0	0	0	0	0	0	0/	0/0	-- Light-emitting diodes (LED)
0	0	0	0	0	0		0	0	0	0	0	0	0/	0/0	-- Photovoltaic cells not assembled in modules or made up into panels
0	0	0	0	0	0		0	0	0	0	0	0	0/	0/0	-- Photovoltaic cells assembled in modules or made up into panels
0	0	0	0	0	0		0	0	0	0	0	0	0/	0/0	-- Other
															- Other semiconductor devices:
															-- Semiconductor-based transducers:
															--- Sensors:
2.5	0	0	0	0	0	0	5.5	0	0	0		9.9	0/	0/0	----For measuring humidity, gas pressure and combination parameters
															----For measuring temperature, electrical quantities physical and chemical parameters;for measuring other parameters by optical method
0	0	0	0	0	0		2.1	0	0	0	0	0	0/	0/0	Semiconductor-based sensors for measuring temperature
0	0	0	0	0	0		2.1	0	0	0	0	0	0/	0/0	Semiconductor-based sensors for measuring electrical quantities, physical and chemical parameters;Semiconductor-based sensors for measuring other parameters by optical method
0	0	0	0	0	0		0	0	0	0	0	0	0/	0/0	----For measuring the flow, level, pressure or other variables of liquids or gases
0		0	0	0	0		0	0	0	0	4.1	0	0/0	0/0	----Other

税号	货品名称	进口关税（%）			增值/消费税（%）	出口退税（%）	计量单位	监管证件代码	检验检疫类别	协定税率（%）		
		最惠国	普通	年内暂定						东盟	亚太	智利
	--- 执行器：											
8541.5121	---- 电动机	9	35		13	13	台/千克			0	5.9	0
8541.5129	---- 其他	0	30		13	13	台/千克			0		0
8541.5130	--- 振荡器	8	40		13	13	个/千克			0		0
8541.5140	--- 谐振器											
85415140.10	满足谐振器定义的半导体基滤波器	8	40	4	13	13	个/千克			0		0
85415140.90	其他半导体基谐振器	8	40		13	13	个/千克			0		0
8541.5900	-- 其他	0	30		13	13	个/千克			0		0
8541.6000	- 已装配的压电晶体	0	30		13	13	个/千克			0		0
8541.9000	- 零件	0	30		13	13	千克			0		0
85.42	**集成电路：**											
	- 集成电路：											
	-- 处理器及控制器，不论是否带有存储器、转换器、逻辑电路、放大器、时钟及时序电路或其他电路											
	--- 多元件集成电路：											
8542.3111	---- 具有变流功能的半导体模块	0	30		13	13	个/千克			0		0
8542.3119	---- 其他											
85423119.10	安全芯片（不论是否带有存储器、转换器、逻辑电路、放大器、时钟及时序电路或其他电路）	0	46		13	13	个/千克	3		0	0	0
85423119.90	其他用作处理器及控制器的多元件集成电路（不论是否带有存储器、转换器、逻辑电路、放大器、时钟及时序电路或其他电路）	0	46		13	13	个/千克			0	0	0
8542.3190	--- 其他											
85423190.10	安全芯片（不论是否带有存储器、转换器、逻辑电路、放大器、时钟及时序电路或其他电路）	0	24		13	13	个/千克	3		0		0
85423190.90	其他用作处理器及控制器的集成电路（不论是否带有存储器、转换器、逻辑电路、放大器、时钟及时序电路或其他电路）	0	24		13	13	个/千克			0		0
	-- 存储器：											
8542.3210	--- 多元件集成电路	0	45		13	13	个/千克			0	0	0
8542.3290	--- 其他	0	24		13	13	个/千克			0		0
	-- 放大器：											
8542.3310	--- 多元件集成电路	0	45		13	13	个/千克			0	0	0
8542.3390	--- 其他	0	24		13	13	个/千克			0		0
	-- 其他：											
8542.3910	--- 多元件集成电路	0	45		13	13	个/千克			0	0	0
8542.3990	--- 其他	0	24		13	13	个/千克			0		0
8542.9000	- 零件	0	30		13	13	千克			0		0
85.43	**本章其他税目未列名的具有独立功能的电气设备及装置：**											
8543.1000	- 粒子加速器											
85431000.10	脉冲电子加速器（峰值能量为500千电子伏或更高）	5	11		13	13	台/千克	3		0		0
85431000.20	中子发生器系统，包括中子管（真空下，利用静电加速来诱发氚-氘核反应）	5	11		13	13	台/千克	3		0		0
85431000.90	其他粒子加速器	5	11		13	13	台/千克			0		0
	- 信号发生器：											
8543.2010	--- 输出信号频率在1500兆赫兹以下的通用信号发生器	0	80		13	13	台/千克			0		0
8543.2090	--- 其他											
85432090.10	高速脉冲发生器（脉冲上升时间小于500ps）	0	20		13	13	台/千克	3		0		0

协定税率（%）														特惠税率（%）①/②	Article Description
巴基斯坦	冰岛	哥斯达黎加	秘鲁	新西兰	瑞士	新加坡	韩国	澳大利亚	格鲁吉亚	毛里求斯	日本RCEP	尼加拉瓜	港澳台		
															--- Actuators:
2.5	0	0	0	0	0	0	3	0	0	0	7.3	8.1	0/0	0/0	----Electrical motors
0	0	0	0	0	0		0	0	0	0	0	0	0/	0/0	----Other
3	0	0	0	0	0	0	6	0	0	0	10.3	6.4	0/	0/0	--- Oscillators
															--- Resonators
3	0	0	0	0	0	0	6	0	0	0	10.3	6.4	0/	0/0	Semiconductor based filter meeting the definition of resonator
3	0	0	0	0	0	0	6	0	0	0	10.3	6.4	0/	0/0	Other semiconductor based Resonators
0	0	0	0	0	0		0	0	0	0	0	0	0/	0/0	-- Other
0	0	0	0	0	0		0	0	0	0	0	0	0/	0/0	- Mounted piezo-electrie crystals
0	0	0	0	0	0		0	0	0	0	0	0	0/	0/0	- Parts
															Electronic integrated circuits:
															- Electronic integrated circuits:
															-- Processors and controllers, whether or not combined with memories, converters, logic circuits, amplifiers, clock and timing circuits, or other circuits
															--- Multi-component integrated circuits:
2.5	0	0	0	0	0	0	0	0	0	0	7.3	0	0/	0/0	----Semiconductor modules with converting function
															----Other
0	0	0	0	0	0	0	0	0	0	0	0	0	0/	0/0	Security chip (whether or not with memory, converter, logic circuit, amplifier, clock and timing circuit or other circuits)
0	0	0	0	0	0	0	0	0	0	0	0	0	0/	0/0	Other multi-element integrated circuits used as processors and controllers (whether or not with memories, converters, logic circuits, amplifiers, clock and timing circuits or other circuits)
															--- Other
0	0	0	0	0	0		0	0	0	0	0	0	0/	0/0	Security chip (whether or not with memory, converter, logic circuit, amplifier, clock and timing circuit or other circuits)
0	0	0	0	0	0		0	0	0	0	0	0	0/	0/0	Other integrated circuits used as processors and controllers (whether or not with memories, converters, logic circuits, amplifiers, clock and timing circuits or other circuits)
															-- Memories:
0	0	0	0	0	0	0	0	0	0	0	0	0	0/	0/0	--- Multi-component integrated circuits
0	0	0	0	0	0		0	0	0	0	0	0	0/	0/0	--- Other
															-- Amplifiers:
0	0	0	0	0	0	0	0	0	0	0	0	0	0/	0/0	--- Multi-component integrated circuits
0	0	0	0	0	0		0	0	0	0	0	0	0/	0/0	--- Other
															-- Other:
0	0	0	0	0	0	0	0	0	0	0	0	0	0/	0/0	--- Multi-component integrated circuits
0	0	0	0	0	0		0	0	0	0	0	0	0/	0/0	--- Other
0	0	0	0	0	0		0	0	0	0	0	0	0/	0/0	- Parts
															Electrical machines and apparatus, having individual functions, not specified or included elsewhere in this Chapter:
															- Particle accelerators
0	0	0	0	0	0		0	0	0	0	3.6	0	0/	0/0	Pulsed electron accelerators (with the peak energy of or above 500 KEV)
0	0	0	0	0	0		0	0	0	0	3.6	0	0/	0/0	Neutron generator systems, including neutron tubes (evoking tritium-deuterium reaction through electrostatic acceleration in vacuum)
0	0	0	0	0	0		0	0	0	0	3.6	0	0/	0/0	Other particle accelerators
															- Signal generators:
6	0	0	0	0	0	0		0	0	0	10.9	0	0/0	0/0	--- Universal signal generators, with a frequency range of less than 1500MHz
															--- Other
0	0	0	0	0	0		0	0	0	0	0	0	0/0	0/0	High-speed pulse generators (pulse rise time less than 500ps)

税　号	货品名称	进口关税（%）			增值/消费税（%）	出口退税（%）	计量单位	监管证件代码	检验检疫类别	协定税率（%）		
		最惠国	普通	年内暂定						东盟	亚太	智利
85432090.90	其他输出信号频率≥1500兆赫兹的通用信号发生器	0	20		13	13	台/千克			0		0
8543.3000	- 电镀、电解或电泳设备及装置											
85433000.10	电化学还原槽，锂汞齐电解槽（电化学还原槽为化学交换过程的铀浓缩设计的）	0	35		13	13	台/千克	3		0		0
85433000.20	产氟电解槽（每小时产250克以上）	0	35		13	13	台/千克	3		0		0
85433000.90	其他电镀、电解或电泳设备及装置	0	35		13	13	台/千克			0		0
8543.4000	- 电子烟及类似的个人电子雾化设备											
85434000.10	可将税目24041200所列产品中的雾化物雾化为可吸入气溶胶的设备及装置，无论是否配有烟弹	0	35		13/36	13	台/千克			0		0
85434000.90	其他电子烟及类似的个人电子雾化设备	0	35		13	13	台/千克			0		0
	- 其他设备及装置：											
8543.7091	----金属、矿藏探测器	0	17		13	13	台/千克			0		0
8543.7092	----高、中频放大器	0	17		13	13	台/千克			0		0
8543.7093	----电篱网激发器	8	35		13	13	台/千克			0		0
8543.7099	----其他											
85437099.10	飞行数据记录器、报告器	0	35		13	13	台/千克			0		0
85437099.20	无线广播电视用激励器（具有独立功能）	0	35		13	13	台/千克	O		0		0
85437099.30	模/数转换器（能设计或改进成军用，或设计成抗辐射的）	0	35		13	13	台/千克	3		0		0
85437099.40	质谱仪用的离子源（原子质量单位≥230，分辨率>2/230）	0	35		13	13	台/千克	3		0		0
85437099.50	密码机、密码卡、密钥管理产品（不包括数字电视智能卡、蓝牙模块、用于知识产权保护的加密狗）	0	35		13	13	台/千克	23		0		0
85437099.60	两用物项管制的民用反无人机系统专用电子干扰设备	0	35		13	13	台/千克	3		0		0
85437099.90	其他未列名的具有独立功能的电气设备及装置	0	35		13	13	台/千克			0		0
	- 零件：											
8543.9010	--- 粒子加速器用	0	11		13	13	千克			0		0
	--- 信号发生器用：											
8543.9021	----输出信号频率在1500兆赫兹以下的通用信号发生器用	0	80		13	13	千克			0		0
8543.9029	----其他	0	20		13	13	千克			0		0
8543.9030	--- 金属、矿藏探测器用	0	17		13	13	千克			0		0
8543.9040	--- 高、中频放大器用	0	17		13	13	千克			0		0
8543.9090	--- 其他	0	35		13	13	千克			0		0
85.44	**绝缘（包括漆包或阳极化处理）电线、电缆（包括同轴电缆）及其他绝缘电导体，不论是否有接头；由多根具有独立保护套的光纤组成的光缆，不论是否与电导体装配或装有接头：**											
	- 绕组电线：											
8544.1100	-- 铜制	10	70		13	13	千克/米			0	6.5	0
8544.1900	-- 其他	10	70		13	13	千克/米			0		0

协定税率（%）														特惠税率（%）①/②	Article Description
巴基斯坦	冰岛	哥斯达黎加	秘鲁	新西兰	瑞士	新加坡	韩国	澳大利亚	格鲁吉亚	毛里求斯	日本RCEP	尼加拉瓜	港澳台		
0	0	0	0	0	0		0	0	0	0	0	0	0/0	0/0	Other versatile signal generators with the output signal frequency ≥1500MHz
															- Machines and apparatus for electroplating, electrolysis or electrophoresis
0	0	0	0	0	0		0	0	0	0	0	0	0/	0/0	Electrochemical reduction cells; electrolytic cell for lithium-amalgam (with the former designed for uranium enrichment in chemical exchange processes)
0	0	0	0	0	0		0	0	0	0	0	0	0/	0/0	Fluorine-generating electrolytic cells (above 250g of fluorine per hour)
0	0	0	0	0	0		0	0	0	0	0	0	0/	0/0	Other electroplating, electrolysis or electrophoresis equipments or apparatuses
															- Electronic cigarettes and similar personal electric vaporising devices
0	0	0	0	0	0		0	0	0	0	0	0	0/	0/0	Devices can vaporise the vaporisiable substance in the products of subheading 2404.1200 into inhalable aerosol, whether or not equipped with cartridges
0	0	0	0	0	0		0	0	0	0	0	0	0/	0/0	Other electronic cigarettes and similar personal electric vaporising devices
															- Other machines and apparatus:
0	0	0	0	0	0		0	0	0	0	0	0	0/	0/0	----Metal or mine detectors
0	0	0	0	0	0		0	0	0	0	0	0	0/	0/0	----High or intermediate frequency amplifiers
0	0	0	0	0	0	0	0	0	0	0	7.3	6.4	0/	0/0	----Electric fence energizers
															----Other
0	0	0	0	0	0		0	0	0	0	0	0	0/	0/0	Flight data recorders and reporters
0	0	0	0	0	0		0	0	0	0	0	0	0/	0/0	Exciters for wireless television broadcasting (having individual functions)
0	0	0	0	0	0		0	0	0	0	0	0	0/	0/0	Analog-to-digital converters (can be designed or improved for military use or designed to be radiation-resistant)
0	0	0	0	0	0		0	0	0	0	0	0	0/	0/0	Ion source for mass spectrometers (atomic mass unit ≥230; resolution >2/230)
0	0	0	0	0	0		0	0	0	0	0	0	0/	0/0	Cipher machines, crypto-cards and key management products (not including smart cards for digital television, bluetooth module, softdog for intellectual property rights protection)
0	0	0	0	0	0		0	0	0	0	0	0	0/	0/0	Used for dual use item controlled electronic jamming equipments solely used for civil anti-drone system
0	0	0	0	0	0		0	0	0	0	0	0	0/	0/0	Other electrical machines and apparatus, having individual functions, not specified or included elsewhere
															- Parts:
0	0	0	0	0	0		0	0	0	0	0	0	0/	0/0	--- Of particle accelerators
															--- Of signal generators:
0	0	0	0	0	0		0	0	0	0	0	0	0/	0/0	----Of the generators of subheading 8543.2010
0	0	0	0	0	0		0	0	0	0	0	0	0/	0/0	----Other
0	0	0	0	0	0		0	0	0	0	0	0	0/	0/0	--- Of metal or mine detectors
0	0	0	0	0	0		0	0	0	0	0	0	0/	0/0	--- Of high or intermediate frequency amplifiers
0	0	0	0	0	0		0	0	0	0	0	0	0/	0/0	--- Other
															Insulated (including enamelled or anodized) wire, cable (including co-axial cable) and other insulated electric conductors, whether or not fitted with connectors; optical fibre cables, made up of individually sheathed fibres, whether or not assembled with electric conductors or fitted with connectors:
															- Winding wire:
0	0	0	0	0	0	0	3.3	0	0	0	8.1	9	0/0	0/0	-- Of copper
16	0	0	0	0	0	0	10	0	0	0		9	0/	0/0	-- Other

税　号	货品名称	进口关税（%）			增值/消费税（%）	出口退税（%）	计量单位	监管证件代码	检验检疫类别	协定税率（%）		
		最惠国	普通	年内暂定						东盟	亚太	智利
8544.2000	- 同轴电缆及其他同轴电导体	10	20		13	13	千克			0	6.5	0
	- 车辆、航空器、船舶用点火布线组及其他布线组：											
8544.3020	--- 机动车辆用											
85443020.01	车辆用电控柴油机的线束	10	20	5	13	13	千克			5		0
85443020.90	机动车辆用其他点火布线组及其他布线组	10	20		13	13	千克			5		0
8544.3090	--- 其他	5	70		13	13	千克					0
	- 其他电导体，额定电压不超过1000伏：											
	-- 有接头：											
	--- 额定电压不超过80伏：											
8544.4211	---- 电缆	0	20		13	13	千克/米			0		0
8544.4219	---- 其他	0	70		13	13	千克			0		0
	--- 额定电压超过80伏，但不超过1000伏：											
8544.4221	---- 电缆	0	20		13	13	千克/米	A	L/	0		0
8544.4229	---- 其他	0	70		13	13	千克	A	L/	0		0
	-- 其他：											
	--- 额定电压不超过80伏：											
8544.4911	---- 电缆	0	20		13	13	千克/米			0		0
8544.4919	---- 其他	0	70		13	13	千克			0		0
	--- 额定电压超过80伏，但不超过1000伏：											
8544.4921	---- 电缆	6	20		13	13	千克/米	A	L/	0	3.9	0
8544.4929	---- 其他	8	70		13	13	千克			0	5.2	0
	- 其他电导体，额定电压超过1000伏：											
	--- 电缆：											
8544.6012	---- 额定电压不超过35千伏											
85446012.10	250千米/小时及以上高速动车组用高压电缆	8	50	4	13	13	千克/米			0	5.2	0
85446012.90	其他1千伏<额定电压≤35千伏的电缆	8	50		13	13	千克/米			0	5.2	0
8544.6013	---- 额定电压超过35千伏，但不超过110千伏	8	20		13	13	千克/米			0	5.2	0
8544.6014	---- 额定电压超过110千伏，但不超过220千伏	8	20		13	13	千克/米			0	5.2	0
8544.6019	---- 其他	8	20		13	13	千克/米			0	5.2	0
8544.6090	--- 其他											
85446090.01	额定电压≥500千伏的气体绝缘金属封闭输电线	15	70	10	13	13	千克			0	9.8	0
85446090.90	额定电压>1千伏的其他电导体	15	70		13	13	千克			0	9.8	0
8544.7000	- 光缆	0	20		13	13	千克/米			0		0
85.45	**碳电极、碳刷、灯碳棒、电池碳棒及电气设备用的其他石墨或碳精制品，不论是否带金属：**											
	- 碳电极：											
8545.1100	-- 炉用	8	35		13	0	千克			0		0
8545.1900	-- 其他											
85451900.10	燃料电池用碳电极片（不论是否带金属）	10	35	5	13	0	千克			0		0
85451900.90	其他碳电极（不论是否带金属）	10	35		13	0	千克			0		0
8545.2000	- 碳刷	10	35		13	13	千克			0		0
8545.9000	- 其他	10	35		13	13	千克			0		0
85.46	**各种材料制的绝缘子：**											

协定税率（%）														特惠税率（%）①/②	Article Description
巴基斯坦	冰岛	哥斯达黎加	秘鲁	新西兰	瑞士	新加坡	韩国	澳大利亚	格鲁吉亚	毛里求斯	日本RCEP	尼加拉瓜	港澳台		
0	0	0	0	0	2.7	0	0	0	0	0	7.3	9	0/0	0/0	- Co-axial cable and other co-axial electric conductors
															- Ignition wiring sets and other wiring sets of a kind used in vehicles, aircraft or ships:
															--- For motor vehicles
8	0	0	0	0	0		3.3	0	0	0	7.3	0	0/	0/0	Wiring harness for electronic diesel engines for vehicles
8	0	0	0	0	0		3.3	0	0	0	7.3	0	0/	0/0	Other ignition wiring sets and other wiring sets for motor vehicles
4	0	0	0	0	0		1.6	0	0	0		0	0/	0/0	--- Other
															- Other electric conductors, for a voltage not exceeding 1000V:
															-- Fitted with connectors:
															--- For a voltage not exceeding 80V:
0	0	0	0	0	0		0	0	0	0	0	0	0/	0/0	----Electric cable
0	0	0	0	0	0		0	0	0	0	0	0	0/	0/0	----Other
															--- For a voltage exceeding 80V but not exceeding 1000V:
0	0	0	0	0	0		0	0	0	0	0	0	0/	0/0	----Electric cable
0	0	0	0	0	0		0	0	0	0	0	0	0/	0/0	----Other
															-- Other:
															--- For a voltage not exceeding 80V:
0	0	0	0	0	0		0	0	0	0	0	0	0/	0/0	----Electric cable
0	0	0	0	0	0		0	0	0	0	0	0	0/	0/0	----Other
															--- For a voltage exceeding 80V but not exceeding 1000V:
0	0	0	0	0	0		3.9	0	0	0		0	0/	0/0	----Electric cable
0	0	0	0	0	0	0	0	0	0	0	9.8	0	0/0	0/0	----Other
															- Other electric conductors, for a voltage exceeding 1000V:
															--- Electric cable:
															----For a voltage not exceeding 35kV
0	0	0	0	0	0	0	0	0	0	0	7.3	0	0/	0/0	Electric cable of high voltage for high-speed EMUs of 250 km/h and above
0	0	0	0	0	0	0	0	0	0	0	7.3	0	0/	0/0	Electric cable for a voltage exceeding 1kV but not exceeding 35kV
0	0	0	0	0	0		0	0	0	0	6.1	0	0/	0/0	----For a voltage exceeding 35kV but not exceeding 110kV
0	0	0	0	0	0		0	0	0	0	6.1	0	0/	0/0	----For a voltage exceeding 110kV but not exceeding 220kV
0	0	0	0	0			5.4	0	0	0		0	0/	0/0	----Other
															--- Other
10	0	0	0	0	0	0	10.5	0	0	0	18	0	0/	0/0	Gas insulation metal close transmission line with rated voltage ≥ 500kV
10	0	0	0	0	0	0	10.5	0	0	0	18	0	0/	0/0	Other electric conductor with a rated voltage >1kV
0	0	0	0	0	0		0	0	0	0	0	0	0/	0/0	- Optical fibre cables
															Carbon electrodes, carbon brushes, lamp carbons, battery carbons and other articles of graphite or other carbon, with or without metal, of a kind used for electrical purposes:
															- Electrodes:
0	0	0	0	0	0		0	0	0	0	5.8	6.4	0/	0/0	-- Of a kind used for furnaces
															-- Other
2.5	0	0	0	0	0	0	0	0	0	0	7.6	9	0/	0/0	Carbon electrodes for fuel cells, with or without metal
2.5	0	0	0	0	0	0	0	0	0	0	7.6	9	0/	0/0	Other carbon electrodes, with or without metal
2.5	0	0	0	0	0	0	0	0	0	0	7.6	9	0/	0/0	- Brushes
2.5	0	0	0	0	0	0	0	0	0	0	7.6	9	0/	0/0	- Other
															Electrical insulators of any material:

税　号	货品名称	进口关税（%）			增值/消费税（%）	出口退税（%）	计量单位	监管证件代码	检验检疫类别	协定税率（%）		
		最惠国	普通	年内暂定						东盟	亚太	智利
8546.1000	- 玻璃制	10	35		13	13	千克			0		0
	- 陶瓷制：											
8546.2010	--- 输变电线路绝缘瓷套管	6	35		13	13	千克			0		0
8546.2090	--- 其他											
85462090.01	输变电架空线路用长棒形瓷绝缘子瓷件	12	35	3	13	13	千克			0		0
85462090.90	其他陶瓷制绝缘子（包括非输变电线路绝缘瓷套管）	12	35		13	13	千克			0		0
8546.9000	- 其他	10	35		13	13	千克			0		0
85.47	**电气机器、器具或设备用的绝缘零件，除了为装配需要而在模制时装入的小金属零件（例如，螺纹孔）以外，全部用绝缘材料制成，但税目85.46的绝缘子除外；内衬绝缘材料的贱金属制线路导管及其接头：**											
8547.1000	- 陶瓷制绝缘零件	7	35		13	13	千克			0		0
8547.2000	- 塑料制绝缘零件	7	35		13	13	千克			0		0
	- 其他：											
8547.9010	--- 内衬绝缘材料的贱金属制线路导管及其接头	7	50		13	13	千克			0		0
8547.9090	--- 其他	7	35		13	13	千克			0		0
85.48	**机器或设备的本章其他税目未列名的电气零件：**											
8548.0000	机器或设备的本章其他税目未列名的电气零件											
85480000.01	电磁干扰滤波器	8	40	1	13	13	千克			0		0
85480000.02	非电磁干扰滤波器	8	40	1	13	13	千克			0		0
85480000.10	可调脉冲单模染料振荡器（平均输出功率>lW，重复率>1kHz，脉宽<100ns 可见光范围）	8	40		13	13	千克	3		0		0
85480000.20	可调脉冲染料激光放大器和振荡器（不包括单模振荡器）（平均输出功率>30W，重复率>1kHz，脉宽<100ns 可见光范围）	8	40		13	13	千克	3		0		0
85480000.30	触摸感应数据输入装置（即触摸屏）无显示的性能，安装于有显示屏的设备中，通过检测显示区域内触摸动作的发生及位置进行工作。触摸感应可通过电阻、静电电容、声学脉冲识别、红外光或其他触摸感应技术来获得	0	40		13	13	千克			0		0
85480000.90	85章其他编号未列名的电气零件	8	40		13	13	千克			0		0
85.49	**电子电气废弃物及碎料：**											
	- 原电池、原电池组及蓄电池的废物、废料；废原电池、废原电池组及废蓄电池：											
8549.1100	-- 铅酸蓄电池的废物、废料；废铅酸蓄电池	8	36		13	13	千克	9		0		0
8549.1200	-- 其他，含铅、镉或汞的	8	36		13	13	千克	9		0		0
8549.1300	-- 按化学类型分拣且不含铅、镉或汞的	8	36		13	13	千克	9		0		0

协定税率（%）														特惠税率（%）①/②	Article Description
巴基斯坦	冰岛	哥斯达黎加	秘鲁	新西兰	瑞士	新加坡	韩国	澳大利亚	格鲁吉亚	毛里求斯	日本RCEP	尼加拉瓜	港澳台		
2.5	0	0	0	0	0	0	0	0	0	0	7.6	9	0/	0/0	- Of glass
															- Of ceramics:
0	0	0	0	0	0		0	0	0	0	4.4	0	0/	0/0	--- Power transmission and converting ceramic bushings
															--- Other
3	0	0	0	0	0	0	0	0	0	0	8.7	11.2	0/	0/0	Porcelain parts of long-rod porcelain insulators for electric transmission and transformation overhead lines (length of a single rod from 1m to 2m; solid)
3	0	0	0	0	0	0	0	0	0	0	8.7	11.2	0/	0/0	Other porcelain insulators (including porcelain bushing insulators for non-electric transmission
2.5	0	0	0	0	0	0	0	0	0	0	7.3	9	0/	0/0	- Other
															Insulating fittings for electrical machines, appliances or equipment, being fittings wholly of insulating material apart from any minor components of metal (for example, threaded sockets) incorporated during moulding solely for purposes of assembly, other than insulators of heading 85.46; electrical conduit tubing and joints therefor, of base metal lined with insulating material:
0	0	0	0	0	0		2.6	0	0	0	6.5	0	0/	0/0	- Insulating fittings of ceramics
0	0	0	0	0	0		2.6	0	0	0	6.5	0	0/	0/0	- Insulating fittings of plastics
															- Other:
0	0	0	0	0	0	0	0	0	0	0	7.3	0	0/	0/0	--- Electrical conduit tubing and joints therefor, of base metal lined with insulating material
0	0	0	0	0	0		0	0	0	0	5.8	0	0/	0/0	--- Other
															Electrical parts of machinery or apparatus, not specified or included elsewhere in this Chapter:
															Electrical parts of machinery or apparatus, not specified or included elsewhere in this Chapter
3	0	0	0	0	0	0	6	0	0	0	10.3	6.4	0/	0/0	EMI filter
3	0	0	0	0	0	0	6	0	0	0	10.3	6.4	0/	0/0	Non-electro-magnetic interference filters
3	0	0	0	0	0	0	6	0	0	0	10.3	6.4	0/	0/0	Adjustable pulsed single-mode dye oscillators (average output power >1W, repetition rate >1kHz, pulse width <100ns of Wavelength range of visible light)
3	0	0	0	0	0	0	6	0	0	0	10.3	6.4	0/	0/0	Tunable pulsed dye amplifiers and oscillators (excluding single-mode oscillators)(average output power >30W; repetition rate >1kHz; pulse width < 100ns of Wavelength range of visible light)
3	0	0	0	0	0	0	6	0	0	0	10.3	6.4	0/	0/0	Touch-sensitive data input devices (touch screens) without display capabilities, for incorporation into apparatus having a display, which function by detecting the presence and location of a touch within the display area. The sensing of touch may be obtained by means of resistance, electrostatic capacity, acoustic pulse recognition, infra-red lights, or other touch-sensitive technology
3	0	0	0	0	0	0	6	0	0	0	10.3	6.4	0/	0/0	Other electrical parts not elsewhere specified or included in Chapter 85
															Electrical and electronic waste and scrap:
															- Waste and scrap of primary cells, primary batteries and electric accumulators; spent primary cells, spent primary batteries and spent electric accumulators:
0	0	0	0	0	0		0	0	0	0	5.8	6.4	0/	0/0	-- Waste and scrap of lead-acid accumulators; spent lead-acid accumulators
0	0	0	0	0	0		0	0	0	0	5.8	6.4	0/	0/0	-- Other, containing lead, cadmium or mercury
0	0	0	0	0	0		0	0	0	0	5.8	6.4	0/	0/0	-- Sorted by chemical type and not containing lead, cadmium or mercury

税　号	货品名称	进口关税（%）最惠国	普通	年内暂定	增值/消费税（%）	出口退税（%）	计量单位	监管证件代码	检验检疫类别	协定税率（%）东盟	亚太	智利
8549.1400	-- 未分拣且不含铅、镉或汞的	8	36		13	13	千克	9		0		0
8549.1900	-- 其他	8	36		13	13	千克	9		0		0
	- 主要用于回收贵金属的：											
8549.2100	-- 含有原电池、原电池组、蓄电池、汞开关、源于阴极射线管的玻璃或其他活化玻璃，或含有镉、汞、铅或多氯联苯（PCBs）的电气或电子元件	5	31		13	13	千克	9		0		0
8549.2900	-- 其他	4	21		13	13	千克	9		0		0
	- 其他电气、电子组件及印刷电路板：											
8549.3100	-- 含有原电池、原电池组、蓄电池、汞开关、源于阴极射线管的玻璃或其他活化玻璃，或含有镉、汞、铅或多氯联苯（PCBs）的电气或电子元件	8	40		13	13	千克	9		0		0
8549.3900	-- 其他	6.5	35		13	13	千克	9		0		0
	- 其他：											
8549.9100	-- 含有原电池、原电池组、蓄电池、汞开关、源于阴极射线管的玻璃或其他活化玻璃，或含有镉、汞、铅或多氯联苯（PCBs）的电气或电子元件	8	40		13	13	千克	9		0		0
8549.9900	-- 其他	6.5	35		13	13	千克	9		0		0

协定税率（%）														特惠税率（%）①/②	Article Description
巴基斯坦	冰岛	哥斯达黎加	秘鲁	新西兰	瑞士	新加坡	韩国	澳大利亚	格鲁吉亚	毛里求斯	日本RCEP	尼加拉瓜	港澳台		
0	0	0	0	0	0		0	0	0	0	5.8	6.4	0/	0/0	-- Unsorted and not containing lead, cadmium or mercury
0	0	0	0	0	0		0	0	0	0	5.8	6.4	0/	0/0	-- Other
															- Of a kind used principally for the recovery of precious metal:
0.6	0	0	0	0	0	0	0	0	0	0	0	2.7	0/	0/0	-- Containing primary cells, primary batteries, electric accumulators, mercury-switches, glass from cathode ray tubes or other activated glass, or electrical or electronic components containing cadmium, mercury, lead or polychlorinated biphenyls (PCBs)
0	0	0	0	0	0		0	0	0	0	0	1.3	0/	0/0	-- Other
															- Other electrical and electronic assemblies and printed circuit boards:
2	0	0	0	0	0	0	0	0	0	0	4.7	3.7	0/	0/0	-- Containing primary cells, primary batteries, electric accumulators, mercury-switches, glass from cathode ray tubes or other activated glass, or electrical or electronic components containing cadmium, mercury, lead or polychlorinated biphenyls (PCBs)
0	0	0	0	0	0		0	0	0	0	4.7	0	0/	0/0	-- Other
															- Other:
2	0	0	0	0	0	0	0	0	0	0	4.7	3.7	0/	0/0	-- Containing primary cells, primary batteries, electric accumulators, mercury-switches, glass from cathode ray tubes or other activated glass, or electrical or electronic components containing cadmium, mercury, lead or polychlorinated biphenyls (PCBs)
0	0	0	0	0	0		0	0	0	0	4.7	0	0/	0/0	-- Other

第十七类　车辆、航空器、船舶及有关运输设备

注释：

一、本类不包括税目95.03或95.08的物品以及税目95.06的长雪橇、平底雪橇及类似品。

二、本类所称“零件”及“零件、附件”，不适用于下列货品，不论其是否确定为供本类货品使用：

（一）各种材料制的接头、垫圈或类似品（按其构成材料归类或归入税目84.84）或硫化橡胶（硬质橡胶除外）的其他制品（税目40.16）；

（二）第十五类注释二所规定的贱金属制通用零件（第十五类）或塑料制的类似品（第三十九章）；

（三）第八十二章的物品（工具）；

（四）税目83.06的物品；

（五）税目84.01至84.79的机器或装置及其零件，但供本类所列货品使用的散热器除外；税目84.81或84.82的物品及税目84.83的物品（这些物品是构成发动机或其他动力装置所必需的）；

（六）电机或电气设备（第八十五章）；

（七）第九十章的物品；

（八）第九十一章的物品；

（九）武器（第九十三章）；

（十）税目94.05的灯具、照明装置及其零件；或

（十一）作为车辆零件的刷子（税目96.03）。

三、第八十六章至第八十八章所称“零件”或“附件”，不适用于那些非专用于或非主要用于这几章所列物品的零件、附件。同时符合这几章内两个或两个以上税目规定的零件、附件，应按其主要用途归入相应的税目。

四、在本类中：

（一）既可在道路上，又可在轨道上行驶的特殊构造的车辆，应归入第八十七章的相应税目；

（二）水陆两用的机动车辆，应归入第八十七章的相应税目；

（三）可兼作地面车辆使用的特殊构造的航空器，应归入第八十八章的相应税目。

五、气垫运输工具应按本类最相似的运输工具归类，其规定如下：

（一）在导轨上运行的（气垫火车），归入第八十六章；

（二）在陆地行驶或水陆两用的，归入第八十七章；

（三）在水上航行的，不论能否在海滩或浮码头登陆及能否在冰上行驶，一律归入第八十九章。

气垫运输工具的零件、附件，应按照上述规定，与最相类似的运输工具的零件、附件一并归类。

气垫火车的导轨固定装置及附件应与铁道轨道固定装置及附件一并归类。气垫火车运行系统的信号、安全或交通管理设备应与铁路的信号、安全或交通管理设备一并归类。

第八十六章　铁道及电车道机车、车辆及其零件；铁道及电车道轨道固定装置及其零件、附件；各种机械（包括电动机械）交通信号设备

注释：

一、本章不包括：

SECTION XVII VEHICLES, AIRCRAFT, VESSELS AND ASSOCIATED TRANSPORT EQUIPMENT

Section Notes:

1. This Section does not cover articles of heading 95.03 or 95.08, or bobsleighs, toboggans or the like of heading 95.06.
2. The expressions "parts" and "parts and accessories" do not apply to the following articles, whether or not they are identifiable as for the goods of this Section:

(a) Joints, washers or the like of any material (classified according to their constituent material or in heading 84.84) or other articles of vulcanised rubber other than hard rubber (heading 40.16);

(b) Parts of general use, as defined in Note 2 to Section XV, of base metal (Section XV), or similar goods of plastics (Chapter 39);

(c) Articles of Chapter 82 (tools);

(d) Articles of heading 83.06;

(e) Machines or apparatus of headings 84.01 to 84.79, or parts thereof, other than the radiators for the articles of this Section; articles of heading 84.81 or 84.82 or, provided they constitute integral parts of engines or motors, articles of heading 84.83;

(f) Electrical machinery or equipment (Chapter 85);

(g) Articles of Chapter 90;

(h) Articles of Chapter 91;

(ij) Arms (Chapter 93);

(k) Luminaires and lighting fittings and parts thereof of heading 94.05; or

(l) Brushes of a kind used as parts of vehicles (heading 96.03).

3. References in Chapters 86 to 88 to "parts" or "accessories" do not apply to parts or accessories which are not suitable for use solely or principally with the articles of those Chapters. A part or accessory which answers to a description in two or more of the headings of those Chapters is to be classified under that heading which corresponds to the principal use of that part or accessory.
4. For the purposes of this Section:

(a) Vehicles specially constructed to travel on both road and rail are classified under the appropriate heading of Chapter 87;

(b) Amphibious motor vehicles are classified under the appropriate heading of Chapter 87;

(c) Aircraft specially constructed so that they can also be used as road vehicles are classified under the appropriate heading of Chapter 88.

5. Air-cushion vehicles are to be classified within this Section with the vehicles to which they are most akin as follows:

(a) In Chapter 86 if designed to travel on a guide-track (hovertrains);

(b) In Chapter 87 if designed to travel over land or over both land and water;

(c) In Chapter 89 if designed to travel over water, whether or not able to land on beaches or landing-stages or also able to travel over ice.

Parts and accessories of air-cushion vehicles are to be classified in the same way as those of vehicles of the heading in which the air-cushion vehicles are classified under the above provisions.

Hovertrain track fixtures and fittings are to be classified as railway track fixtures and fittings, and signalling, safety or traffic control equipment for hovertrain transport systems as signalling, safety or traffic control equipment for railways.

Chapter 86 Railway or tramway locomotives, rolling-stock and parts thereof; railway or tramway track fixtures and fittings and parts thereof; mechanical (including electro-mechanical) traffic signalling equipment of all kinds

Chapter Notes:

1. This Chapter does not cover:

（一）木制或混凝土制的铁道或电车道轨枕及气垫火车用的混凝土导轨（税目44.06或68.10）；

（二）税目73.02的铁道及电车道铺轨用钢铁材料；或

（三）税目85.30的电气信号、安全或交通管理设备。

二、税目86.07主要适用于：

（一）轴、轮、行走机构、金属轮箍、轮圈、毂及轮子的其他零件；

（二）车架、底架、转向架；

（三）轴箱；制动装置；

（四）车辆缓冲器；钩或其他联结器及车厢走廊联结装置；

（五）车身。

三、除上述注释一另有规定的以外，税目86.08包括：

（一）已装配的轨道、转车台、站台缓冲器、量载规；

（二）铁道、电车道、道路、内河航道、停车设施、港口装置或机场用的臂板信号机、机械信号盘、平交道口控制器、信号及道岔控制器，及其他机械（包括电动机械）信号、安全或交通管理设备，不论其是否装有电力照明装置。

税号	货品名称	进口关税（%）			增值/消费税（%）	出口退税（%）	计量单位	监管证件代码	检验检疫类别	协定税率（%）		
		最惠国	普通	年内暂定						东盟	亚太	智利
86.01	铁道电力机车，由外部电力或蓄电池驱动：											
	- 由外部电力驱动：											
	--- 直流电机驱动的：											
8601.1011	---- 微型机控制的	3	11		13	13	辆/千克			0	2	0
8601.1019	---- 其他	3	11		13	13	辆/千克			0	2	0
8601.1020	--- 交流电机驱动的	3	11		13	13	辆/千克			0	2	0
8601.1090	--- 其他	3	11		13	13	辆/千克			0	2	0
8601.2000	- 由蓄电池驱动	3	11		13	13	辆/千克			0		0
86.02	其他铁道机车；机车煤水车：											
	- 柴油电力机车：											
8602.1010	--- 微型机控制的	3	11		13	13	辆/千克			0	2	0
8602.1090	--- 其他	3	11		13	13	辆/千克			0	2	0
8602.9000	- 其他	3	11		13	13	辆/千克			0		0
86.03	铁道或电车道用的机动客车、货车、敞车，但税目86.04的货品除外：											
8603.1000	- 由外部电力驱动	3	11		13	13	辆/千克			0	2	0
8603.9000	- 其他	3	11		13	13	辆/千克			0		0
86.04	铁道或电车道用的维修或服务车，不论是否机动（例如，工场车、起重机车、道碴捣固车、轨道校正车、检验车及查道车）：											
	--- 检验车及查道车：											
8604.0011	---- 隧道限界检查车	3	14		13	13	辆/千克			0	2	0
8604.0012	---- 钢轨在线打磨列车	3	14		13	13	辆/千克			0	2	0
8604.0019	---- 其他	5	14		13	13	辆/千克			0	3.3	0
	--- 其他：											
8604.0091	---- 电气化接触网架线机（轨行式）	5	20		13	13	辆/千克			0	3.3	0
8604.0099	---- 其他	5	20		13	13	辆/千克			0		0

(a) Railway or tramway sleepers of wood or of concrete, or concrete guide-track sections for hovertrains (heading 44.06 or 68.10);

(b) Railway or tramway track construction material of iron or steel of heading 73.02; or

(c) Electrical signalling, safety or traffic control equipment of heading 85.30.

2. Heading 86.07 applies, inter alia, to:

(a) Axles, wheels, wheel sets (running gear), metal tyres, hoops and hubs and other parts of wheels;

(b) Frames, underframes, bogies and bissel-bogies;

(c) Axle boxes; brake gear;

(d) Buffers for rolling-stock; hooks and other coupling gear and corridor connections;

(e) Coachwork.

3. Subject to the provisions of Note 1 above, heading 86.08 applies, inter alia, to:

(a) Assembled track, turntables, platform buffers, loading gauges;

(b) Semaphores, mechanical signal discs, level crossing control gear, signal and point controls, and other mechanical (including electro-mechanical) signalling, safety or traffic control equipment, whether or not fitted for electric lighting, for railways, tramways, roads, inland waterways, parking facilities, port installations or airfields.

协定税率（%）														特惠税率（%）①/②	Article Description
巴基斯坦	冰岛	哥斯达黎加	秘鲁	新西兰	瑞士	新加坡	韩国	澳大利亚	格鲁吉亚	毛里求斯	日本RCEP	尼加拉瓜	港澳台		
															Rail locomotives powered from an external source of electricity or by electric accumulators:
															- Powered from an external source of electricity:
															--- Drived by DC motors:
0	0	0	0	0	0		0	0	0	0	0	0	0/	0/0	----Controlled by microprocess-ings
0	0	0	0	0	0		0	0	0	0	0	0	0/	0/0	----Other
0	0	0	0	0	0		0	0	0	0	0	0	0/	0/0	--- Drived by AC motors
0	0	0	0	0	0		0	0	0	0	0	0	0/	0/0	--- Other
0	0	0	0	0	0		0	0	0	0	0	0	0/	0/0	- Powered by electric accumulators
															Other rail locomotives; locomot-ive tenders:
															- Diesel-electric locomotives:
0	0	0	0	0	0		0	0	0	0	0	0	0/	0/0	--- Controled by microprocessings
0	0	0	0	0	0		0	0	0	0	0	0	0/	0/0	--- Other
0	0	0	0	0	0		0	0	0	0	0	0	0/	0/0	- Other
															Self-propelled railway or trainway coaches, vans and trucks, other than those of heading 86.04:
0	0	0	0	0	0		0	0	0	0	0	0	0/	0/0	- powered frow an external source of electricity
0	0	0	0	0	0		0	0	0	0	0	0	0/	0/0	- Other
															Railway or trainway maintenance or service vehicles, whether or not self-propelled (for example, workshops, cranes, ballast tampers, trackliners, testing coaches and track inspection vehicles):
															--- Testing coaches and track inspection vehicles:
0	0	0	0	0	0		0	0	0	0	0	0	0/	0/0	----Inspection vehicles for tunnel clearance
0	0	0	0	0	0		0	0	0	0	0	0	0/	0/0	----Sanding vehicles for on-line rails
0	0	0	0	0	0		0	0	0	0	0	0	0/	0/0	----Other
															--- Other:
0	0	0	0	0	0		0	0	0	0	0	0	0/	0/0	----Installing vehicles for suspension of contact wire (running on rails)
0	0	0	0	0	0		0	0	0	0	5.1	0	0/	0/0	----Other

税　号	货品名称	进口关税（%）			增值/消费税（%）	出口退税（%）	计量单位	监管证件代码	检验检疫类别	协定税率（%）		
		最惠国	普通	年内暂定						东盟	亚太	智利
86.05	**铁道或电车道用的非机动客车；行李车、邮政车和其他铁道或电车道用的非机动特殊用途车辆（税目86.04的货品除外）：**											
8605.0010	--- 铁道客车	5	14		13	13	辆/千克			0		0
8605.0090	--- 其他	5	14		13	13	辆/千克			0		0
86.06	**铁道或电车道用的非机动有篷及无篷货车：**											
8606.1000	- 油罐货车及类似车	5	14		13	13	辆/千克			0		0
8606.3000	- 自卸货车，但子目8606.10的货品除外	5	14		13	13	辆/千克			0		0
	- 其他：											
8606.9100	-- 带篷及封闭的	5	14		13	13	辆/千克			0		0
8606.9200	-- 敞篷的，厢壁固定且高度超过60厘米	5	14		13	13	辆/千克			0		0
8606.9900	-- 其他	5	14		13	13	辆/千克			0		0
86.07	**铁道或电车道机车或其他车辆的零件：**											
	- 转向架、轴、轮及其零件：											
8607.1100	-- 驾驶转向架	3	11		13	13	套/千克			0		0
8607.1200	-- 其他转向架	3	11		13	13	套/千克			0	2	0
	-- 其他，包括零件：											
8607.1910	--- 轴	3	11		13	13	根/千克			0		0
8607.1990	--- 其他	3	11		13	13	千克			0		0
	- 制动装置及其零件：											
8607.2100	-- 空气制动器及其零件	3	11		13	13	千克			0		0
8607.2900	-- 其他	3	11		13	13	千克			0		0
8607.3000	- 钩、其他联结器、缓冲器及其零件	3	11		13	13	千克			0		0
	- 其他：											
8607.9100	-- 机车用	3	11		13	13	千克			0		0
	-- 其他：											
8607.9910	--- 铁道或电车道车辆用车体及端墙、侧墙、底架、车顶、脚蹬、翻板	3	11		13	13	千克			0		0
8607.9990	--- 其他	3	11		13	13	千克			0		0
86.08	**铁道或电车道轨道固定装置及附件；供铁道、电车道、道路、内河航道、停车场、港口或机场用的机械（包括电动机械）信号、安全或交通管理设备；上述货品的零件：**											
8608.0010	--- 轨道自动计轴设备	3	20		13	13	千克/台			0	2	0
8608.0090	--- 其他	4	20		13	13	千克			0		0
86.09	**集装箱（包括运输液体的集装箱），经特殊设计、装备适用于各种运输方式：**											
	--- 20英尺的：											
8609.0011	---- 保温式	10	35		13	13	个/千克	AB	P/Q	0		0
8609.0012	---- 罐式	10	35		13	13	个/千克	AB	P/Q	0	6.5	0
8609.0019	---- 其他	10	35		13	13	个/千克	AB	P/Q	0	6.5	0
	--- 40英尺的：											
8609.0021	---- 保温式	10	35		13	13	个/千克	AB	P/Q	0		0
8609.0022	---- 罐式	10	35		13	13	个/千克	AB	P/Q	0		0
8609.0029	---- 其他	10	35		13	13	个/千克	AB	P/Q	0		0
8609.0030	--- 45、48、53英尺的	10	35		13	13	个/千克	AB	P/Q	0		0
8609.0090	--- 其他	10	35		13	13	个/千克	AB	P/Q	0		0

协定税率（%）														特惠税率（%）①/②	Article Description
巴基斯坦	冰岛	哥斯达黎加	秘鲁	新西兰	瑞士	新加坡	韩国	澳大利亚	格鲁吉亚	毛里求斯	日本RCEP	尼加拉瓜	港澳台		
															Railway or trainway passenger coaches, not self-propelled; luggage vans, post office coaches and other special purpose railway or trainway coaches, not self-propelled (excluding those of heading 86.04):
0	0	0	0	0	0		0	0	0	0	0	0	0/	0/0	--- Railway passenger coaches
0	0	0	0	0	0		0	0	0	0	0	0	0/	0/0	--- Other
															Railway or trainway goods vans and wagons, not self-propelled:
0	0	0	0	0	0		0	0	0	0	0	0	0/	0/0	- Tank wagons and the like
0	0	0	0	0	0		0	0	0	0	0	0	0/	0/0	- Self-discharging wans and wagons, other than those of subheading 8606.10
															- Other:
0	0	0	0	0	0		0	0	0	0	0	0	0/	0/0	-- Covered and closed
0	0	0	0	0	0		0	0	0	0	0	0	0/	0/0	-- Open, with non-removable sides of a height exceeding 60cm
0	0	0	0	0	0		0	0	0	0	0	0	0/	0/0	-- Other
															Parts of railway or trainway locomotives or rolling-stock:
															- Bogies, bissel-bogies, axles and wheels, and parts thereof:
0	0	0	0	0	0		0	0	0	0	0	0	0/	0/0	-- Driving bogies and bissel-bogies
0	0	0	0	0	0		0	0	0	0	0	0	0/	0/0	-- Other bogies and bissel-bogies
															-- Other, including parts:
0	0	0	0	0	0		0	0	0	0	0	0	0/	0/0	--- Axles
0	0	0	0	0	0		0	0	0	0	0	0	0/	0/0	--- Other
															- Brakes and parts thereof:
0	0	0	0	0	0		0	0	0	0	0	0	0/	0/0	-- Air brakes and parts thereof
0	0	0	0	0	0		0	0	0	0	0	0	0/	0/0	-- Other
0	0	0	0	0	0		0	0	0	0	2.4	0	0/	0/0	- Hooks and other coupling devices, uffers, and parts there of
															- Other:
0	0	0	0	0	0		0	0	0	0	0	0	0/	0/0	-- Of locomotives
															-- Other:
0	0	0	0	0	0		0	0	0	0	2.2	0	0/	0/0	--- Car body, end wall, side wall, underframe, roof, foot step and platform trap door of railway or trainway rolling-stock
0	0	0	0	0	0		0	0	0	0	2.2	0	0/	0/0	--- Other
															Railway or trainway track fixtures and fittings; mechanical (including electro-mechanical) signalling, safety or traffic control equipment for railways, trainways, roads, inland water-ways, parking facilities, port installations or airfields; parts of the foregoing:
0	0	0	0	0	0		0	0	0	0	0	0	0/	0/0	--- Rail automatic axle counting equipments
0	0	0	0	0	0		0	0	0	0	0	0	0/	0/0	--- Other
															Containers (including containers for the transport of fluids) specially designed and equipped for carriage by one or more modes of transport:
															--- Of 20 feet:
2.5	0	0	0	0	0	0	0	0	0	0	7.6	9	0/	0/0	----Insulated
2.5	0	0	0	0	0	0	0	0	0	0	7.6	9	0/	0/0	----Tank type
2.5	0	0	0	0	0	0	0	0	0	0	7.6	9	0/	0/0	----Other
															--- Of 40 feet:
2.5	0	0	0	0	0	0	0	0	0	0	7.6	9	0/	0/0	----Insulated
2.5	0	0	0	0	0	0	0	0	0	0	7.6	9	0/	0/0	----Tank type
2.5	0	0	0	0	0	0	0	0	0	0	7.6	9	0/	0/0	----Other
2.5	0	0	0	0	0	0	0	0	0	0	7.6	9	0/	0/0	--- Of 45, 48, 53 feet
2.5	0	0	0	0	0	0	0	0	0	0	7.6	9	0/	0/0	--- Other

第八十七章 车辆及其零件、附件，但铁道及电车道车辆除外

注释：

一、本章不包括仅可在钢轨上运行的铁道及电车道车辆。

二、本章所称“牵引车、拖拉机”，是指主要为牵引或推动其他车辆、器具或重物的车辆。除了上述主要用途以外，不论其是否还具有装运工具、种子、肥料或其他货品的辅助装置。

用于安装在税目87.01的牵引车或拖拉机上，作为可替换设备的机器或作业工具，即使与牵引车或拖拉机一同报验，不论其是否已安装在车（机）上，仍应归入其各自相应的税目。

三、装有驾驶室的机动车辆底盘，应归入税目87.02至87.04，而不归入税目87.06。

四、税目87.12包括所有儿童两轮车，其他儿童脚踏车归入税目95.03。

子目注释：

一、子目8708.22包括：

（一）带框的前挡风玻璃、后窗及其他窗；以及

（二）装有加热器件或者其他电气或电子装置的前挡风玻璃、后窗及其他窗，不论是否带框。

上述货品专用于或主要用于税目87.01至87.05的机动车辆。

税号	货品名称	进口关税（%）			增值/消费税（%）	出口退税（%）	计量单位	监管证件代码	检验检疫类别	协定税率（%）		
		最惠国	普通	年内暂定						东盟	亚太	智利
87.01	牵引车、拖拉机（税目87.09的牵引车除外）：											
8701.1000	- 单轴拖拉机	9	20		9	9	辆/千克	6		0		0
	- 半挂车用的公路牵引车：											
8701.2100	-- 仅装有压燃式活塞内燃发动机（柴油或半柴油发动机）的车辆	6	20		13	13	辆/千克	46Axy	LM/	5		0
8701.2200	-- 同时装有压燃式活塞内燃发动机（柴油或半柴油发动机）及驱动电动机的车辆	6	20		13	13	辆/千克	46Axy	LM/	5		0
8701.2300	-- 同时装有点燃式活塞内燃发动机及驱动电动机的车辆	6	20		13	13	辆/千克	46Axy	LM/	5		0
8701.2400	-- 仅装有驱动电动机的车辆	6	20		13	13	辆/千克	46Axy	LM/	5		0
8701.2900	-- 其他	6	20		13	13	辆/千克	46Axy	LM/	5		0
8701.3000	- 履带式牵引车、拖拉机											
87013000.10	履带式拖拉机	6	20		9	9	辆/千克	6A	M/	0		0
87013000.90	履带式牵引车	6	20		13	13	辆/千克	6A	M/	0		0
	- 其他，其发动机功率：											
	-- 不超过18千瓦：											
8701.9110	--- 拖拉机	8	20		13	13	辆/千克	6A	LM/	0		0
8701.9190	--- 其他	8	20		13	13	辆/千克	6A	LM/	0		0
	-- 超过18千瓦，但不超过37千瓦：											
8701.9210	--- 拖拉机	8	20		13	13	辆/千克	6A	LM/	0		0
8701.9290	--- 其他	8	20		13	13	辆/千克	6A	LM/	0		0
	-- 超过37千瓦，但不超过75千瓦：											
8701.9310	--- 拖拉机	8	20		13	13	辆/千克	6A	M/	0		0
8701.9390	--- 其他	8	20		13	13	辆/千克	6A	LM/	0		0
	-- 超过75千瓦，但不超过130千瓦：											
8701.9410	--- 拖拉机											
87019410.10	发动机功率超过110千瓦但不超过130千瓦的轮式拖拉机	8	20	5	13	13	辆/千克	6A	M/	0		0
87019410.90	发动机功率超过75千瓦但不超过130千瓦的其他拖拉机	8	20		13	13	辆/千克	6A	M/	0		0
8701.9490	--- 其他	8	20		13	13	辆/千克	6A	LM/	0		0
	-- 超过130千瓦：											
8701.9510	--- 拖拉机											

Chapter 87 Vehicles other than railway or tramway rolling-stock, and parts and accessories thereof

Chapter Notes:

1. This Chapter does not cover railway or tramway rolling-stock designed solely for running on rails.
2. For the purposes of this Chapter, "tractors" means vehicles constructed essentially for hauling or pushing another vehicle, appliance or load, whether or not they contain subsidiary provision for the transport, in connection with the main use of the tractor, of tools, seeds, fertilisers or other goods.

   Machines and working tools designed for fitting to tractors of heading 87.01 as interchangeable equipment remain classified in their respective headings even if presented with the tractor, and whether or not mounted on it.
3. Motor chassis fitted with cabs fall in headings 87.02 to 87.04, and not in heading 87.06.
4. Heading 87.12 includes all children's bicycles. Other children's cycles fall in heading 95.03.

Subheading Notes:

1. Subheading 8708.22 covers:

   (a) front windscreens (windshields), rear windows and other windows, framed; and

   (b) front windscreens (windshields), rear windows and other windows, whether or not framed, incorporating heating devices or other electrical or electronic devices,

   when suitable for use solely or principally with the motor vehicles of headings 87.01 to 87.05.

协定税率（%）														特惠税率（%）①/②	Article Description
巴基斯坦	冰岛	哥斯达黎加	秘鲁	新西兰	瑞士	新加坡	韩国	澳大利亚	格鲁吉亚	毛里求斯	日本RCEP	尼加拉瓜	港澳台		
															Tractors (other than tractors of heading 87.09):
0	0	0	0	0	0		0	0	0	0	6.5	8.1	0/	0/0	- Single axle tractors
															- Road tractors for semi-trailers:
4.8	0	0		0	0		2	0	0	0		4.8	0/	/0	-- With only compression-ignition internal combustion piston engine (diesel or semidiesel)
4.8	0	0		0	0		2	0	0	0		4.8	0/	/0	-- With both compression-ignition internal combustion piston engine (diesel or semi-diesel) and electric motor as motors for propulsion
4.8	0	0		0	0		2	0	0	0		4.8	0/	/0	-- With both spark-ignition internal combustion piston engine and electric motor as motors for propulsion
4.8	0	0		0	0		2	0	0	0		4.8	0/	/0	-- With only electric motor for propulsion
4.8	0	0		0	0		2	0	0	0		4.8	0/	/0	-- Other
															- Track-laying tractors
0	0	0	0	0	0		0	0	0	0	0	0	0/	0/0	Track-laying tractors
0	0	0	0	0	0		0	0	0	0	0	0	0/	0/0	Other track-laying tractors
															- Other, of an engine power:
															-- Not exceeding 18kW:
0	0	0	0	0	0		0	0	0	0	5.8	6.4	0/	0/0	--- Tractors
0	0	0	0	0	0		0	0	0	0	5.8	6.4	0/	0/0	--- Other
															-- Exceeding 18kW, but not exceeding 37kW:
0	0	0	0	0	0		0	0	0	0	5.8	6.4	0/	0/0	--- Tractors
0	0	0	0	0	0		0	0	0	0	5.8	6.4	0/	0/0	--- Other
															-- Exceeding 37kW, but not exceeding 75kW:
0	0	0	0	0	0		0	0	0	0	5.8	6.4	0/	0/0	--- Tractors
0	0	0	0	0	0		0	0	0	0	5.8	6.4	0/	0/0	--- Other
															-- Exceeding 75kW, but not exceeding 130kW:
															--- Tractors
0	0	0	0	0	0		0	0	0	0	5.8	6.4	0/	0/0	Wheeled tractors, power exceeding 110kW but not exceeding 130kW
0	0	0	0	0	0		0	0	0	0	5.8	6.4	0/	0/0	Other tractors, power exceeding 75kW but not exceeding 130kW
0	0	0	0	0	0		0	0	0	0	5.8	6.4	0/	0/0	--- Other
															-- Exceeding 130kW:
															--- Tractors

税　号	货品名称	进口关税（%）			增值/消费税（%）	出口退税（%）	计量单位	监管证件代码	检验检疫类别	协定税率（%）		
		最惠国	普通	年内暂定						东盟	亚太	智利
87019510.10	发动机功率超过130千瓦的轮式拖拉机	8	20	5	13	13	辆/千克	6A	M/	0		0
87019510.90	发动机功率超过130千瓦的其他拖拉机	8	20		13	13	辆/千克	6A	M/	0		0
8701.9590	--- 其他	8	20		13	13	辆/千克	6A	LM/	0		0
87.02	**客运机动车辆，10座及以上（包括驾驶座）：**											
	- 仅装有压燃式活塞内燃发动机（柴油或半柴油发动机）的车辆：											
8702.1020	--- 机坪客车	4	90		13	13	辆/千克	6AO	M/	0		0
	--- 其他：											
8702.1091	----30座及以上（大型客车）	15	90		13	13	辆/千克	46AOxy	LM/			0
8702.1092	----20座及以上，但不超过29座											
87021092.10	20≤座≤23仅装有压燃式活塞内燃发动机（柴油或半柴油发动机）的客车	15	230		13/5	13	辆/千克	46AOxy	LM/			0
87021092.90	24≤座≤29仅装有压燃式活塞内燃发动机（柴油或半柴油发动机）的客车	15	230		13	13	辆/千克	46AOxy	LM/			0
8702.1093	----10座及以上，但不超过19座	15	230		13/5	13	辆/千克	46AOxy	LM/			0
	- 同时装有压燃式活塞内燃发动机（柴油或半柴油发动机）及驱动电动机的车辆：											
8702.2010	--- 机坪客车	4	90		13	13	辆/千克	6AO	M/	0		0
	--- 其他：											
8702.2091	----30座及以上（大型客车）	15	90		13	13	辆/千克	46AOxy	LM/			0
8702.2092	----20座及以上，但不超过29座											
87022092.10	20≤座≤23同时装有压燃式活塞内燃发动机（柴油或半柴油发动机）及驱动电动机的客车	15	230		13/5	13	辆/千克	46AOxy	LM/			0
87022092.90	24≤座≤29同时装有压燃式活塞内燃发动机（柴油或半柴油发动机）及驱动电动机的客车	15	230		13/5	13	辆/千克	46AOxy	LM/			0
8702.2093	----10座及以上，但不超过19座	15	230		13/5	13	辆/千克	46AOxy	LM/			0
	- 同时装有点燃式活塞内燃发动机及驱动电动机的车辆：											
8702.3010	----30座及以上（大型客车）	15	90		13	13	辆/千克	46AOxy	LM/	5		0
8702.3020	----20座及以上，但不超过29座											
87023020.10	20≤座≤23同时装有点燃式活塞内燃发动机及驱动电动机的客车	15	230		13/5	13	辆/千克	46AOxy	LM/	5		0
87023020.90	24≤座≤29同时装有点燃式活塞内燃发动机及驱动电动机的客车	15	230		13/5	13	辆/千克	46AOxy	LM/	5		0
8702.3030	----10座及以上，但不超过19座	15	230		13/5	13	辆/千克	46AOxy	LM/	5		0
	- 仅装有驱动电动机的车辆：											
8702.4010	----30座及以上（大型客车）											
87024010.10	纯电动机坪客车	15	90	4	13	13	辆/千克	6AO	M/	5		0
87024010.90	30座及以上仅装有驱动电动机的大型客车	15	90		13	13	辆/千克	46AOxy	M/	5		0

协定税率（%）														特惠税率（%）①/②	Article Description
巴基斯坦	冰岛	哥斯达黎加	秘鲁	新西兰	瑞士	新加坡	韩国	澳大利亚	格鲁吉亚	毛里求斯	日本RCEP	尼加拉瓜	港澳台		
0	0	0	0	0	0		0	0	0	0	5.8	6.4	0/	0/0	Wheeled tractors, power exceeding 130kW
0	0	0	0	0	0		0	0	0	0	5.8	6.4	0/	0/0	Other tractors, power exceeding 130kW
0	0	0	0	0	0		0	0	0	0	5.8	6.4	0/	0/0	--- Other
															Motor vehicles for the transport of ten or more persons, including the driver:
															- With only compression-ignition internal combustion piston engine (diesel or semidiesel):
0	0	0	0	0	0		1.3	0	0	0	2.9	0	0/	0/0	--- Buses for transport passengers at airport
															--- Other:
	0	0		0			12.5	0	0	10.7			0/	/0	----With 30 seats or more
															----With 20 seats or more, but not exceeding 29 seats
	0	0		0			12.5	0	0	10.7			0/	/0	With only compression-ignition internal combustion piston engine (diesel or semidiesel);20 seats or more, but not exceeding 23 seats
	0	0		0			12.5	0	0	10.7			0/	/0	Passenger buses, 24-29 seats, with compression ignition internal combustion piston engine
	0	0		0			12.5	0	0	10.7			0/	/0	----With 10 seats or more, but not exceeding 19 seats
															- With both compression-ignition internal combustion piston engine (diesel or semi-diesel) and electric motor as motors for propulsion:
0	0	0	0	0	0		1.3	0	0	0	2.9	0	0/	0/0	--- Buses for transport passengers at airport
															--- Other:
	0	0		0			12.5	0	0	10.7			0/	/0	----With 30 seats or more
															----With 20 seats or more, but not exceeding 29 seats
	0	0		0			12.5	0	0	10.7			0/	/0	With both compression-ignition internal combustion piston engine (diesel or semi-diesel) and electric motor as motors for propulsion;20 seats or more, but not exceeding 23 seats
	0	0		0			12.5	0	0	10.7			0/	/0	Buses for transport passengers with both compression-ignition internal combustion piston engine (diesel or semi-diesel) and electric motor as motors for propulsion;24 seats or more, but not exceeding 29 seats
	0	0		0			12.5	0	0	10.7			0/		----With 10 seats or more, but not exceeding 19 seats
															- With both spark-ignition internal combustion piston engine and electric motor as motors for propulsion:
	0	0		0			12.5	0	0	10.7			0/	/0	----With 30 seats or more
															----With 20 seats or more, but not exceeding 29 seats
	0	0		0			12.5	0	0	10.7			0/	/0	With both spark-ignition internal combustion piston engine and electric motor as motors for propulsion;20 seats or more, but not exceeding 23 seats
	0	0		0			12.5	0	0	10.7			0/	/0	With both spark-ignition internal combustion piston engine and electric motor as motors for propulsion;24 seats or more, but not exceeding 29 seats
	0	0	0	0			12.5	0	0	10.7		14	0/	0/0	----With 10 seats or more, but not exceeding 19 seats
															- With only electric motor for propulsion:
															----With 30 seats or more
	0	0		0			12.5	0	0	10.7			0/	/0	Pure electric buses for transport passengers at airport
	0	0		0			12.5	0	0	10.7			0/	/0	Large buses with 30 seats or more and with only electric motor for propulsion

税　号	货品名称	进口关税（%）			增值/消费税（%）	出口退税（%）	计量单位	监管证件代码	检验检疫类别	协定税率（%）		
		最惠国	普通	年内暂定						东盟	亚太	智利
8702.4020	----20座及以上，但不超过29座											
87024020.10	20≤座≤23仅装有驱动电动机的客车	15	230		13/5	13	辆/千克	46AOxy	LM/	5		0
87024020.90	24≤座≤29仅装有驱动电动机的客车	15	230		13/5	13	辆/千克	46AOxy	LM/	5		0
8702.4030	----10座及以上，但不超过19座	15	230		13/5	13	辆/千克	46AOxy	LM/	5		0
	- 其他：											
8702.9010	--- 30座及以上（大型客车）	15	90		13	13	辆/千克	46AOxy	LM/	5		0
8702.9020	--- 20座及以上，但不超过29座											
87029020.01	20≤座≤23装有非压燃式活塞内燃发动机的客车	15	230		13/5	13	辆/千克	46AOxy	LM/	5		0
87029020.90	24≤座≤29装有非压燃式活塞内燃发动机的客车	15	230		13	13	辆/千克	46AOxy	LM/	5		0
8702.9030	--- 10座及以上，但不超过19座	15	230		13/5	13	辆/千克	46AOxy	LM/	5		0
87.03	**主要用于载人的机动车辆（税目87.02的货品除外），包括旅行小客车及赛车：**											
	- 雪地行走专用车；高尔夫球车及类似车辆：											
	--- 高尔夫球车及类似车辆：											
8703.1011	---- 全地形车	15	150		13	13	辆/千克	46xy		0		0
8703.1019	---- 其他	15	150		13	13	辆/千克	6		0		0
8703.1090	--- 其他	15	150		13	13	辆/千克	6		0		0
	- 仅装有点燃式活塞内燃发动机的其他车辆：											
	-- 气缸容量（排气量）不超过1000毫升：											
8703.2130	--- 小轿车											
87032130.10	仅装有排量≤1升的点燃式活塞内燃发动机的小轿车	15	230		13/1	13	辆/千克	46AOxy	LM/		13.5	0
87032130.90	仅装有排量≤1升的点燃式活塞内燃发动机小轿车的成套散件	15	230		13	13	辆/千克	46Oxy			13.5	0
8703.2140	--- 越野车（4轮驱动）											
87032140.10	仅装有排量≤1升的点燃式活塞内燃发动机的越野车(四轮驱动)	15	230		13/1	13	辆/千克	46AOxy	LM/		13.5	0
87032140.90	仅装有排量≤1升的点燃式活塞内燃发动机的越野车(四轮驱动)的成套散件	15	230		13	13	辆/千克	46Oxy			13.5	0
8703.2150	--- 9座及以下的小客车											
87032150.10	仅装有排量≤1升的点燃式活塞内燃发动机的小客车（9座及以下）	15	230		13/1	13	辆/千克	46AOxy	LM/		13.5	0
87032150.90	仅装有排量≤1升的点燃式活塞内燃发动机的小客车的成套散件（9座及以下）	15	230		13	13	辆/千克	46Oxy			13.5	0
8703.2190	--- 其他											
87032190.10	仅装有排量≤1升的点燃式活塞内燃发动机的其他载人车辆	15	230		13/1	13	辆/千克	46AOxy	LM/		13.5	0

协定税率（%）														特惠税率（%）①/②	Article Description
巴基斯坦	冰岛	哥斯达黎加	秘鲁	新西兰	瑞士	新加坡	韩国	澳大利亚	格鲁吉亚	毛里求斯	日本RCEP	尼加拉瓜	港澳台		
															----With 20 seats or more, but not exceeding 29 seats
	0	0		0			12.5	0	0	10.7			0/	/0	With only electric motor as motors for propulsion;20 seats or more, but not exceeding 23 seats
	0	0		0			12.5	0	0	10.7			0/	/0	Buses for transport passengers with only electric motor as motors for propulsion;24 seats or more, but not exceeding 29 seats
	0	0	0	0			12.5	0	0	10.7		14	0/	0/0	----With 10 seats or more, but not exceeding 19 seats
															- Other:
	0	0		0			12.5	0	0	10.7			0/	/0	--- With 30 seats or more
															--- With 20 seats or more, but not exceeding 29 seats
	0	0		0			12.5	0	0	10.7			0/	/0	Passenger buses, ,20-23 seats with non compression-ignition internal combustion piston engine
	0	0		0			12.5	0	0	10.7			0/	/0	Passenger buses, ,24-29 seats with non compression-ignition internal combustion piston engine
	0	0	0	0			12.5	0	0	10.7		14	0/	0/0	--- With 10 seats or more, but not exceeding 19 seats
															Motor cars and other motor vehicles principally designed for the transport of persons (other than those of heading 87.02), including station wagons and racing cars:
															- Vehicles specially designed for travelling on snow; golf cars and similar vehicles:
															--- golf cars and similar vehicles:
	0	0	0	0		0	12.5	0	0	10.7		14	0/	0/0	----All terrain vehicles
20	0	0	0	0		0		0	0	10.7		14	0/	0/0	----Other
	0	0	0	0		0		0	0	10.7		14	0/	0/0	--- Other
															- Other vehicles, with only spark-ignition internal combustion piston engine:
															-- Of a cylinder capacity not exceeding 1000cc:
															--- Saloon cars
22.5	0	0		0				0		10.7		14	0/		Saloon cars with only spark-ignition internal combustion piston engine of which the cylinder capacity not exceeding 1L
22.5	0	0		0				0		10.7		14	0/		Complete sets of parts of Saloon cars with only spark-ignition internal combustion piston engine of which the cylinder capacity not exceeding 1L
															--- Cross-country cars (4WD)
22.5	0	0		0				0		10.7		14	0/		Cross-country cars(4WD) with only spark-ignition internal combustion piston engine of which the cylinder capacity not exceeding 1L
22.5	0	0		0				0		10.7		14	0/		Complete sets of parts of cross-country cars (4WD) of cylinder capacity not exceeding 1L, with only spark-ignition internal combustion piston engine
															--- Station wagons (with 9 seats or less)
22.5	0	0		0				0		10.7		14	0/		Station wagons with only spark-ignition internal combustion piston engine of which the cylinder capacity not exceeding 1L
22.5	0	0		0				0		10.7		14	0/		Complete kits of parts of station wagons of cylinder capacity not exceeding 1L, with only spark-ignition internal combustion piston engine
															--- Other
22.5	0	0		0				0		10.7		14	0/		Other motor vehicles principally designed for the transport of persons with only spark-ignition internal combustion piston engine of which the cylinder capacity not exceeding 1L

税　号	货品名称	进口关税（%）最惠国	进口关税（%）普通	进口关税（%）年内暂定	增值/消费税（%）	出口退税（%）	计量单位	监管证件代码	检验检疫类别	协定税率（%）东盟	协定税率（%）亚太	协定税率（%）智利
87032190.90	仅装有排量≤1升的点燃式活塞内燃发动机的其他载人车辆的成套散件	15	230		13	13	辆/千克	46Oxy			13.5	0
	-- 气缸容量（排气量）超过1000毫升，但不超过1500毫升：											
8703.2230	--- 小轿车											
87032230.10	仅装有1升<排量≤1.5升点燃式活塞内燃发动机小轿车	15	230		13/3	13	辆/千克	46AOxy	LM/		13.5	0
87032230.90	仅装有1升<排量≤1.5升点燃式活塞内燃发动机小轿车的成套散件	15	230		13	13	辆/千克	46Oxy			13.5	0
8703.2240	--- 越野车（4轮驱动）											
87032240.10	仅装有1升<排量≤1.5升点燃式活塞内燃发动机四轮驱动越野车	15	230		13/3	13	辆/千克	46AOxy	LM/		13.5	0
87032240.90	仅装有1升<排量≤1.5升点燃式活塞内燃发动机四轮驱动越野车的成套散件	15	230		13	13	辆/千克	46Oxy			13.5	0
8703.2250	--- 9座及以下的小客车											
87032250.10	仅装有1升<排量≤1.5升点燃式活塞内燃发动机小客车（≤9座）	15	230		13/3	13	辆/千克	46AOxy	LM/		13.5	0
87032250.90	仅装有1升<排量≤1.5升点燃式活塞内燃发动机小客车的成套散件（≤9座）	15	230		13	13	辆/千克	46Oxy			13.5	0
8703.2290	--- 其他											
87032290.10	仅装有1升<排量≤1.5升点燃式活塞内燃发动机其他载人车辆	15	230		13/3	13	辆/千克	46AOxy	LM/		13.5	0
87032290.90	仅装有1升<排量≤1.5升点燃式活塞内燃发动机其他载人车辆的成套散件	15	230		13	13	辆/千克	46Oxy			13.5	0
	-- 气缸容量（排气量）超过1500毫升，但不超过3000毫升：											
	--- 气缸容量（排气量）超过1500毫升，但不超过2000毫升：											
8703.2341	---- 小轿车											
87032341.10	仅装有1.5升<排量≤2升的点燃式活塞内燃发动机小轿车	15	230		13/5	13	辆/千克	46AOxy	LM/		13.5	0
87032341.90	仅装有1.5升<排量≤2升的点燃式活塞内燃发动机小轿车的成套散件	15	230		13	13	辆/千克	46Oxy			13.5	0
8703.2342	---- 越野车（4轮驱动）											
87032342.10	仅装有1.5升<排量≤2升的点燃式活塞内燃发动机越野车（4轮驱动）	15	230		13/5	13	辆/千克	46AOxy	LM/		13.5	0
87032342.90	仅装有1.5升<排量≤2升的点燃式活塞内燃发动机越野车的成套散件（四轮驱动）	15	230		13	13	辆/千克	46Oxy			13.5	0
8703.2343	---- 9座及以下的小客车											

协定税率（%）														特惠税率（%）①/②	Article Description
巴基斯坦	冰岛	哥斯达黎加	秘鲁	新西兰	瑞士	新加坡	韩国	澳大利亚	格鲁吉亚	毛里求斯	日本RCEP	尼加拉瓜	港澳台		
22.5	0	0		0				0		10.7		14	0/		Complete kits of parts of Others vehicles of cylinder capacity not exceeding 1L with only spark-ignition internal combustion piston engine
															-- Of a cylinder capacity exceeding 1000cc but not exceeding 1500cc:
															--- Saloon cars
22.5	0	0		0			22.5	0		10.7		14	0/		Saloon cars with only spark-ignition internal combustion piston engine of which the cylinder capacity exceeding 1L but not exceeding 1.5L
22.5	0	0		0			22.5	0		10.7		14	0/		Complete kits of parts of saloon cars of a cylinder capacity from 1L to 1.5L, with only spark-ignition internal combustion piston engine
															--- Cross-country cars (4WD)
22.5	0	0		0				0		10.7		14	0/		Cross-country cars(4WD) with only spark-ignition internal combustion piston engine of which the cylinder capacity exceeding 1L but not exceeding 1.5L
22.5	0	0		0				0		10.7		14	0/		Complete kits of parts of cross-country cars of a cylinder capacity from 1L to 1.5L, with only spark-ignition internal combustion piston engine
															--- Station wagons (with 9 seats or less)
22.5	0	0		0				0		10.7		14	0/		Station wagons (with 9 seats or less) with only spark-ignition internal combustion piston engine of which the cylinder capacity exceeding 1L but not exceeding 1.5L
22.5	0	0		0				0		10.7		14	0/		Complete kits of parts, Station wagons, 9 seats or less of a cylinder capacity from 1L to 1.5L, with only spark-ignition internal combustion piston engine
															--- Other
22.5	0	0		0				0		10.7		14	0/		Other motor vehicles principally designed for the transport of persons with only spark-ignition internal combustion piston engine of which the cylinder capacity exceeding 1L but not exceeding 1.5L
22.5	0	0		0				0		10.7		14	0/		Complete kits of parts, other vehicles of a cylinder capacity from 1L to 1.5L, with only spark-ignition internal combustion piston engine
															-- Of a cylinder capacity exceeding 1500cc but not exceeding 3000cc:
															--- Of a cylinder capacity exceeding 1500cc but not exceeding 2000cc:
															----Saloon cars
22.5	0	0		0			22.5	0		10.7			0/		Saloon cars with only spark-ignition internal combustion piston engine of which the cylinder capacity exceeding 1.5L but not exceeding 2L
22.5	0	0		0			22.5	0		10.7			0/		Complete kits of parts of saloon cars of a cylinder capacity from 1.5L to 2L, with only spark-ignition internal combustion piston engine
															----Cross-country cars (4WD)
22.5	0	0		0			22.5	0		10.7			0/		Cross-country cars(4WD) with only spark-ignition internal combustion piston engine of which the cylinder capacity exceeding 1.5L but not exceeding 2L
22.5	0	0		0			22.5	0		10.7			0/		Complete kits of parts of cross-country cars (4WD) of a cylinder capacity from 1.5L to 2L, with only spark-ignition internal combustion piston engine
															----Station wagons (with 9 seats or less)

税号	货品名称	进口关税（%）最惠国	进口关税（%）普通	进口关税（%）年内暂定	增值/消费税（%）	出口退税（%）	计量单位	监管证件代码	检验检疫类别	协定税率（%）东盟	协定税率（%）亚太	协定税率（%）智利
87032343.10	仅装有1.5升<排量≤2升的点燃式活塞内燃发动机小客车（9座及以下的）	15	230		13/5	13	辆/千克	46AOxy	LM/		13.5	0
87032343.90	仅装有1.5升<排量≤2升的点燃式活塞内燃发动机小客车的成套散件（9座及以下的）	15	230		13	13	辆/千克	46Oxy			13.5	0
8703.2349	----其他											
87032349.10	仅装有1.5升<排量≤2升的点燃式活塞内燃发动机的其他载人车辆	15	230		13/5	13	辆/千克	46AOxy	LM/		13.5	0
87032349.90	仅装有1.5升<排量≤2升的点燃式活塞内燃发动机的其他载人车辆的成套散件	15	230		13	13	辆/千克	46Oxy			13.5	0
	--- 气缸容量（排气量）超过2000毫升，但不超过2500毫升：											
8703.2351	----小轿车											
87032351.10	仅装有2升<排量≤2.5升的点燃式活塞内燃发动机小轿车	15	230		13/9	13	辆/千克	46AOxy	LM/		13.5	0
87032351.90	仅装有2升<排量≤2.5升的点燃式活塞内燃发动机小轿车的成套散件	15	230		13	13	辆/千克	46Oxy			13.5	0
8703.2352	----越野车（4轮驱动）											
87032352.10	仅装有2升<排量≤2.5升的点燃式活塞内燃发动机越野车（四轮驱动）	15	230		13/9	13	辆/千克	46AOxy	LM/		13.5	0
87032352.90	仅装有2升<排量≤2.5升的点燃式活塞内燃发动机越野车的成套散件（四轮驱动）	15	230		13	13	辆/千克	46Oxy			13.5	0
8703.2353	----9座及以下的小客车											
87032353.10	仅装有2升<排量≤2.5升的点燃式活塞内燃发动机小客车（9座及以下的）	15	230		13/9	13	辆/千克	46AOxy	LM/		13.5	0
87032353.90	仅装有2升<排量≤2.5升的点燃式活塞内燃发动机的小客车的成套散件（9座及以下的）	15	230		13	13	辆/千克	46Oxy			13.5	0
8703.2359	----其他											
87032359.10	仅装有2升<排量≤2.5升的点燃式活塞内燃发动机的其他载人车辆	15	230		13/9	13	辆/千克	46AOxy	LM/		13.5	0
87032359.90	仅装有2升<排量≤2.5升的点燃式活塞内燃发动机的其他载人车辆的成套散件	15	230		13	13	辆/千克	46Oxy			13.5	0
	--- 气缸容量（排气量）超过2500毫升，但不超过3000毫升：											
8703.2361	----小轿车											
87032361.10	仅装有2.5升<排量≤3升的点燃式活塞内燃发动机小轿车	15	270		13/12	13	辆/千克	46AOxy	LM/		13.5	0
87032361.90	仅装有2.5升<排量≤3升的点燃式活塞内燃发动机小轿车的成套散件	15	270		13	13	辆/千克	46Oxy			13.5	0

协定税率（%）														特惠税率（%）①/②	Article Description
巴基斯坦	冰岛	哥斯达黎加	秘鲁	新西兰	瑞士	新加坡	韩国	澳大利亚	格鲁吉亚	毛里求斯	日本RCEP	尼加拉瓜	港澳台		
22.5	0	0		0			22.5	0		10.7			0/		Station wagons (with 9 seats or less) with only spark-ignition internal combustion piston engine of which the cylinder capacity exceeding 1.5L but not exceeding 2L
22.5	0	0		0			22.5	0		10.7			0/		Complete kits of parts, of a cylinder capacity from 1.5L to 2L, with only spark-ignition internal combustion piston engine (9 seats or less)
															----Other
22.5	0	0		0				0		10.7		14	0/		Other motor vehicles principally designed for the transport of persons with only spark-ignition internal combustion piston engine of which the cylinder capacity exceeding 1.5L but not exceeding 2L
22.5	0	0		0				0		10.7		14	0/		Complete kits of parts, other vehicles of a cylinder capacity from 1.5L to 2L, with only spark-ignition internal combustion piston engine
															--- Of a cylinder capacity exceeding 2000cc but not exceeding 2500cc:
															----Saloon cars
22.5	0	0		0			22.5	0		10.7			0/		Saloon cars with only spark-ignition internal combustion piston engine of which the cylinder capacity exceeding 2L but not exceeding 2.5L
22.5	0	0		0			22.5	0		10.7			0/		Complete kits of parts of saloon cars of a cylinder capacity from 2L to 2.5L, with only spark-ignition internal combustion piston engine
															----Cross-country cars (4WD)
22.5	0	0		0			22.5	0		10.7			0/		Cross-country cars(4WD) with only spark-ignition internal combustion piston engine of which the cylinder capacity exceeding 2L but not exceeding 2.5L
22.5	0	0		0			22.5	0		10.7			0/		Complete kits of parts of cross-country cars (4WD) of a cylinder capacity from 2L to 2.5L, with only spark-ignition internal combustion piston engine
															----Station wagons (with 9 seats or less)
22.5	0	0		0			22.5	0		10.7			0/		Station wagons (with 9 seats or less) with only spark-ignition internal combustion piston engine of which the cylinder capacity exceeding 2L but not exceeding 2.5L
22.5	0	0		0			22.5	0		10.7			0/		Complete kits of parts, 9 seats or less, of a cylinder capacity from 2L to 2.5L, with only spark-ignition internal combustion piston engine
															----Other
22.5	0	0		0				0		10.7		14	0/		Other motor vehicles principally designed for the transport of persons with only spark-ignition internal combustion piston engine of which the cylinder capacity exceeding 2L but not exceeding 2.5L
22.5	0	0		0				0		10.7		14	0/		Complete kits of parts, of a cylinder capacity from 2L to 2.5L, with only spark-ignition internal combustion piston engine
															--- Of a cylinder capacity exceeding 2500cc but not exceeding 3000cc:
															----Saloon cars
22.5	0	0		0			22.5	0		10.7	15		0/		Saloon cars with only spark-ignition internal combustion piston engine of which the cylinder capacity exceeding 2.5L but not exceeding 3L
22.5	0	0		0			22.5	0		10.7	15		0/		Complete kits of parts of saloon cars of a cylinder capacity from 2.5L to 3L, with only spark-ignition internal combustion piston engine

税 号	货品名称	进口关税(%)			增值/消费税(%)	出口退税(%)	计量单位	监管证件代码	检验检疫类别	协定税率(%)		
		最惠国	普通	年内暂定						东盟	亚太	智利
8703.2362	----越野车(4轮驱动)											
87032362.10	仅装有2.5升<排量≤3升的点燃式活塞内燃发动机越野车(四轮驱动)	15	270		13/12	13	辆/千克	46AOxy	LM/	0	13.5	0
87032362.90	仅装有2.5升<排量≤3升的点燃式活塞内燃发动机越野车的成套散件(四轮驱动)	15	270		13	13	辆/千克	46Oxy		0	13.5	0
8703.2363	----9座及以下的小客车											
87032363.10	仅装有2.5升<排量≤3升的点燃式活塞内燃发动机小客车(9座及以下的)	15	270		13/12	13	辆/千克	46AOxy	LM/	0	13.5	0
87032363.90	仅装有2.5升<排量≤3升的点燃式活塞内燃发动机小客车的成套散件(9座及以下的)	15	270		13	13	辆/千克	46Oxy		0	13.5	0
8703.2369	----其他											
87032369.10	仅装有2.5升<排量≤3升的点燃式活塞内燃发动机的其他载人车辆	15	270		13/12	13	辆/千克	46AOxy	LM/	0	13.5	0
87032369.90	仅装有2.5升<排量≤3升的点燃式活塞内燃发动机的其他载人车辆的成套散件	15	270		13/12	13	辆/千克	46Oxy		0	13.5	0
	-- 气缸容量(排气量)超过3000毫升:											
	--- 气缸容量(排气量)超过3000毫升,但不超过4000毫升:											
8703.2411	----小轿车											
87032411.10	仅装有3升<排量≤4升的点燃式活塞内燃发动机小轿车	15	270		13/25	13	辆/千克	46AOxy	LM/		13.5	0
87032411.90	仅装有3升<排量≤4升的点燃式活塞内燃发动机小轿车的成套散件	15	270		13	13	辆/千克	46Oxy			13.5	0
8703.2412	----越野车(4轮驱动)											
87032412.10	仅装有3升<排量≤4升的点燃式活塞内燃发动机越野车(四轮驱动)	15	270		13/25	13	辆/千克	46AOxy	LM/		13.5	0
87032412.90	仅装有3升<排量≤4升的点燃式活塞内燃发动机越野车的成套散件(四轮驱动)	15	270		13	13	辆/千克	46Oxy			13.5	0
8703.2413	----9座及以下的小客车											
87032413.10	仅装有3升<排量≤4升的点燃式活塞内燃发动机的小客车(9座及以下的)	15	270		13/25	13	辆/千克	46AOxy	LM/		13.5	0
87032413.90	仅装有3升<排量≤4升的点燃式活塞内燃发动机的小客车的成套散件(9座及以下的)	15	270		13	13	辆/千克	46Oxy			13.5	0
8703.2419	----其他											
87032419.10	仅装有3升<排量≤4升的点燃式活塞内燃发动机的其他载人车辆	15	270		13/25	13	辆/千克	46AOxy	LM/		13.5	0

协定税率（%）														特惠税率（%）①/②	Article Description
巴基斯坦	冰岛	哥斯达黎加	秘鲁	新西兰	瑞士	新加坡	韩国	澳大利亚	格鲁吉亚	毛里求斯	日本RCEP	尼加拉瓜	港澳台		
															----Cross-country cars (4WD)
22.5	0	0		0		0		0		10.7	15		0/		Cross-country cars(4WD) with only spark-ignition internal combustion piston engine of which the cylinder capacity exceeding 2.5L but not exceeding 3L
22.5	0	0		0		0		0		10.7	15		0/		Complete kits of parts of cross-country cars (4WD) of a cylinder capacity from 2.5L to 3L, with only spark-ignition internal combustion piston engine
															----Station wagons (with 9 seats or less)
22.5	0	0		0		0	22.5	0		10.7	15		0/		Station wagons (with 9 seats or less) with only spark-ignition internal combustion piston engine of which the cylinder capacity exceeding 2.5L but not exceeding 3L
22.5	0	0		0		0	22.5	0		10.7	15		0/		Complete kits of parts, of a cylinder capacity from 2.5L to 3L, with only spark-ignition internal combustion piston engine (9 seats or less)
															----Other
22.5	0	0		0		0		0		10.7	15	14	0/		Other motor vehicles principally designed for the transport of persons with only spark-ignition internal combustion piston engine of which the cylinder capacity exceeding 2.5L but not exceeding 3L
22.5	0	0		0		0		0		10.7	15	14	0/		Complete kits of parts of other motor vehicles principally designed for the transport of persons with only spark-ignition internal combustion piston engine of which the cylinder capacity exceeding 2.5L but not exceeding 3L
															-- Of a cylinder capacity exceeding 3000cc:
															--- Of a cylinder capacity exceeding 3000cc, but not exceeding 4000cc:
															----Saloon cars
22.5	0	0		0			22.5	0		10.7	15	14	0/	/0	Saloon cars with only spark-ignition internal combustion piston engine of which the cylinder capacity exceeding 3L but not exceeding 4L
22.5	0	0		0			22.5	0		10.7	15	14	0/	/0	Complete kits of parts of saloon cars of a cylinder capacity from 3L to 4L, with only spark-ignition internal combustion piston engine
															----Cross-country cars (4WD)
22.5	0	0		0			22.5	0		10.7	15	14	0/	/0	Cross-country cars(4WD) with only spark-ignition internal combustion piston engine of which the cylinder capacity exceeding 3L but not exceeding 4L
22.5	0	0		0			22.5	0		10.7	15	14	0/	/0	Complete kits of parts of cross-country cars (4WD) of a cylinder capacity from 3L to 4L, with only spark-ignition internal combustion piston engine
															----Station wagons (with 9 seats or less)
22.5	0	0		0				0		10.7	15	14	0/	/0	Station wagons (with 9 seats or less) with only spark-ignition internal combustion piston engine of which the cylinder capacity exceeding 3L but not exceeding 4L
22.5	0	0		0				0		10.7	15	14	0/	/0	Complete parts, of a cylinder capacity from 3L to 4L, with only spark-ignition internal combustion piston engine (9 seats or less)
															----Other
22.5	0	0		0				0		10.7	15	14	0/	/0	Other motor vehicles principally designed for the transport of persons with only spark-ignition internal combustion piston engine of which the cylinder capacity exceeding 3L but not exceeding 4L

税　号	货品名称	进口关税（%）			增值/消费税（%）	出口退税（%）	计量单位	监管证件代码	检验检疫类别	协定税率（%）		
		最惠国	普通	年内暂定						东盟	亚太	智利
87032419.90	仅装有3升<排量≤4升的点燃式活塞内燃发动机的其他载人车辆的成套散件	15	270		13/25	13	辆/千克	46Oxy			13.5	0
	--- 气缸容量（排气量）超过4000毫升：											
8703.2421	----小轿车											
87032421.10	仅装有排气量>4升的点燃式活塞内燃发动机小轿车	15	270		13/40	13	辆/千克	46AOxy	LM/		13.5	0
87032421.90	仅装有排气量>4升的点燃式活塞内燃发动机小轿车的成套散件	15	270		13	13	辆/千克	46Oxy			13.5	0
8703.2422	----越野车（4轮驱动）											
87032422.10	仅装有排气量>4升的点燃式活塞内燃发动机越野车（四轮驱动）	15	270		13/40	13	辆/千克	46AOxy	LM/		13.5	0
87032422.90	仅装有排气量>4升的点燃式活塞内燃发动机越野车的成套散件（四轮驱动）	15	270		13	13	辆/千克	46Oxy			13.5	0
8703.2423	----9座及以下的小客车											
87032423.10	仅装有排气量>4升的点燃式活塞内燃发动机的小客车（9座及以下的）	15	270		13/40	13	辆/千克	46AOxy	LM/		13.5	0
87032423.90	仅装有排气量>4升的点燃式活塞内燃发动机的小客车的成套散件（9座及以下的）	15	270		13	13	辆/千克	46Oxy			13.5	0
8703.2429	----其他											
87032429.10	仅装有排气量>4升的点燃式活塞内燃发动机的其他载人车辆	15	270		13/40	13	辆/千克	46AOxy	LM/		13.5	0
87032429.90	仅装有排气量>4升的点燃式活塞内燃发动机的其他载人车辆的成套散件	15	270		13/40	13	辆/千克	46Oxy			13.5	0
	- 仅装有压燃式活塞内燃发动机（柴油或半柴油发动机）的其他车辆：											
	-- 气缸容量（排气量）不超过1500毫升：											
	--- 气缸容量（排气量）不超过1000毫升：											
8703.3111	----小轿车											
87033111.10	仅装有排气量≤1升的压燃式活塞内燃发动机的小轿车	15	230		13/1	13	辆/千克	46AOxy	LM/			0
87033111.90	仅装有排气量≤1升的压燃式活塞内燃发动机的小轿车的成套散件	15	230		13	13	辆/千克	46Oxy				0
8703.3119	----其他											
87033119.10	仅装有排气量≤1升的压燃式活塞内燃发动机的其他载人车辆	15	230		13/1	13	辆/千克	46AOxy	LM/	0		0
87033119.90	仅装有排气量≤1升的压燃式活塞内燃发动机的其他载人车辆的成套散件	15	230		13	13	辆/千克	46Oxy		0		0

协定税率（%）														特惠税率（%）①/②	Article Description
巴基斯坦	冰岛	哥斯达黎加	秘鲁	新西兰	瑞士	新加坡	韩国	澳大利亚	格鲁吉亚	毛里求斯	日本RCEP	尼加拉瓜	港澳台		
22.5	0	0		0				0		10.7	15	14	0/	/0	Complete kits of parts of other motor vehicles principally designed for the transport of persons with only spark-ignition internal combustion piston engine of which the cylinder capacity exceeding 3L but not exceeding 4L
															--- Of a cylinder capacity exceeding 4000cc:
															----Saloon cars
22.5	0	0		0			22.5	0		10.7		14	0/	/0	Saloon cars with only spark-ignition internal combustion piston engine of which the cylinder capacity exceeding 4L
22.5	0	0		0			22.5	0		10.7		14	0/	/0	Complete kits of parts of saloon cars of a cylinder capacity exceeding 4L, with only spark-ignition internal combustion piston engine
															----Cross-country cars (4WD)
22.5	0	0		0				0		10.7		14	0/	/0	Cross-country cars(4WD) with only spark-ignition internal combustion piston engine of which the cylinder capacity exceeding 4L
22.5	0	0		0				0		10.7		14	0/	/0	Complete kits of parts of cross-country cars (4WD) of a cylinder capacity exceeding 4L, with only spark-ignition internal combustion piston engine
															----Station wagons (with 9 seats or less)
22.5	0	0		0				0		10.7		14	0/	/0	Station wagons (with 9 seats or less) with only spark-ignition internal combustion piston engine of which the cylinder capacity exceeding 4L
22.5	0	0		0				0		10.7		14	0/	/0	Complete parts of the station wagons (with 9 seats or less) of a cylinder capacity>4L, with only spark-ignition internal combustion piston engine
															----Other
22.5	0	0		0				0		10.7		14	0/	/0	Other motor vehicles principally designed for the transport of persons with only spark-ignition internal combustion piston engine of which the cylinder capacity exceeding 4L
22.5	0	0		0				0		10.7		14	0/	/0	Complete kits of parts of other motor vehicles principally designed for the transport of persons with only spark-ignition internal combustion piston engine of which the cylinder capacity exceeding 4L
															- Other vehicles, with only compression-ignition internal combustion piston engine (diesel or semi-diesel):
															-- Of a cylinder capacity not exceeding 1500cc:
															--- Of a cylinder capacity not exceeding 1000cc:
															----Saloon cars
	0	0		0				0	0	10.7		14	0/	/0	Saloon cars with compression-ignition internal combustion reciprocating piston engine of which the cylinder capacity not exceeding 1L
	0	0		0				0	0	10.7		14	0/	/0	Complete parts of saloon cars of a cylinder capacity ≤1L, with compression-ignition internal combustion reciprocating piston engine
															----Other
	0	0	0	0		0		0	0	10.7		14	0/	0/0	Other motor vehicles principally designed for the transport of persons with compression-ignition internal combustion reciprocating piston engine of which the cylinder capacity not exceeding 1L
	0	0	0	0		0		0	0	10.7		14	0/	0/0	Complete parts of other vehicles for the transport of persons, of a cylinder capacity ≤1L, with compression-ignition internal combustion reciprocating piston engine

税　号	货品名称	进口关税（%）			增值/消费税（%）	出口退税（%）	计量单位	监管证件代码	检验检疫类别	协定税率（%）		
		最惠国	普通	年内暂定						东盟	亚太	智利
	--- 气缸容量（排气量）超过1000毫升，但不超过1500毫升：											
8703.3121	---- 小轿车											
87033121.10	仅装有1升<排气量≤1.5升的压燃式活塞内燃发动机的小轿车	15	230		13/3	13	辆/千克	46AOxy	LM/			0
87033121.90	仅装有1升<排气量≤1.5升的压燃式活塞内燃发动机的小轿车的成套散件	15	230		13	13	辆/千克	46Oxy				0
8703.3122	---- 越野车（4轮驱动）											
87033122.10	仅装有1升<排气量≤1.5升的压燃式活塞内燃发动机的越野车（4轮驱动）	15	230		13/3	13	辆/千克	46AOxy	LM/			0
87033122.90	仅装有1升<排气量≤1.5升的压燃式活塞内燃发动机的越野车的成套散件（4轮驱动）	15	230		13	13	辆/千克	46Oxy				0
8703.3123	---- 9座及以下的小客车											
87033123.10	仅装有1升<排气量≤1.5升的压燃式活塞内燃发动机的小客车（9座及以下的）	15	230		13/3	13	辆/千克	46AOxy	LM/			0
87033123.90	仅装有1升<排气量≤1.5升的压燃式活塞内燃发动机的小客车的成套散件（9座及以下的）	15	230		13	13	辆/千克	46Oxy				0
8703.3129	---- 其他											
87033129.10	仅装有1升<排气量≤1.5升的压燃式活塞内燃发动机的其他载人车辆	15	230		13/3	13	辆/千克	46AOxy	LM/	0		0
87033129.90	仅装有1升<排气量≤1.5升的装压燃式活塞内燃发动机的其他载人车辆的成套散件	15	230		13	13	辆/千克	46Oxy		0		0
	-- 气缸容量（排气量）超过1500毫升，但不超过2500毫升：											
	--- 气缸容量（排气量）超过1500毫升，但不超过2000毫升：											
8703.3211	---- 小轿车											
87033211.10	仅装有1.5升<排量≤2升的压燃式活塞内燃发动机的小轿车	15	230		13/5	13	辆/千克	46AOxy	LM/		13.5	0
87033211.90	仅装有1.5升<排量≤2升的压燃式活塞内燃发动机的小轿车的成套散件	15	230		13	13	辆/千克	46Oxy			13.5	0
8703.3212	---- 越野车（4轮驱动）											
87033212.10	仅装有1.5升<排量≤2升的压燃式活塞内燃发动机的越野车（4轮驱动）	15	230		13/5	13	辆/千克	46AOxy	LM/		13.5	0
87033212.90	仅装有1.5升<排量≤2升的压燃式活塞内燃发动机的越野车的成套散件（4轮驱动）	15	230		13	13	辆/千克	46Oxy			13.5	0
8703.3213	---- 9座及以下的小客车											
87033213.10	仅装有1.5升<排量≤2升的装压燃式活塞内燃发动机的小客车（9座及以下的）	15	230		13/5	13	辆/千克	46AOxy	LM/		13.5	0

协定税率（%）巴基斯坦	冰岛	哥斯达黎加	秘鲁	新西兰	瑞士	新加坡	韩国	澳大利亚	格鲁吉亚	毛里求斯	日本RCEP	尼加拉瓜	港澳台	特惠税率（%）①/②	Article Description
															--- Of a cylinder capacity exceeding 1000cc but not exceeding 1500cc:
															----Saloon cars
	0	0		0				0	0	10.7		14	0/		Saloon cars with compression-ignition internal combustion reciprocating piston engine of which the cylinder capacity exceeding 1L but not exceeding 1.5L
	0	0		0				0	0	10.7		14	0/		Complete parts of saloon cars (1L<cylinder capacity ≤1.5L), with compression-ignition internal combustion reciprocating piston engine
															----Cross-country cars (4WD)
	0	0		0				0	0	10.7		14	0/		Cross-country cars(4WD) with compression-ignition internal combustion reciprocating piston engine of which the cylinder capacity exceeding 1L but not exceeding 1.5L
	0	0		0				0	0	10.7		14	0/		Complete parts of cross-county cars (4WD, 1L<cylinder capacity≤1.5 ating piston engine
															----Station wagons (with 9 seats or less)
	0	0		0				0	0	10.7		14	0/		Station wagons (with 9 seats or less) with compression-ignition internal combustion reciprocating piston engine of which the cylinder capacity exceeding 1L but not exceeding 1.5L
	0	0		0				0	0	10.7		14	0/		Complete parts of station wagons (9 seats or less, 1L <cylinder capacity ≤1.5L), with compression-ignition internal combustion reciprocating piston engine
															----Other
	0	0	0	0		0		0	0	10.7		14	0/	0/0	Other motor vehicles principally designed for the transport of persons with compression-ignition internal combustion reciprocating piston engine of which the cylinder capacity exceeding 1L but not exceeding 1.5L
	0	0	0	0		0		0	0	10.7		14	0/	0/0	Complete parts of other cars for the transport of persons (1L<cylinder capacity≤1.5L), with compression-ignition internal combustion reciprocating piston engine
															-- Of a cylinder capacity exceeding 1500cc but not exceeding 2500cc:
															--- Of a cylinder capacity exceeding 1500cc but not exceeding 2000cc:
															----Saloon cars
22.5	0	0		0				0	0	10.7		14	0/		Saloon cars with compression-ignition internal combustion reciprocating piston engine of which the cylinder capacity exceeding 1.5L but not exceeding 2L
22.5	0	0		0				0	0	10.7		14	0/		Complete parts of saloon cars (1.5L<cylinder capacity≤2L), with compression-ignition internal combustion reciprocating piston engine
															----Cross-country cars (4WD)
22.5	0	0		0			22.5	0	0	10.7		14	0/		Cross-country cars(4WD) with compression-ignition internal combustion reciprocating piston engine of which the cylinder capacity exceeding 1.5L but not exceeding 2L
22.5	0	0		0			22.5	0	0	10.7		14	0/		Complete parts of cross-county cars (4WD, 1.5L<cylinder capacity≤2L), with compression-ignition internal combustion reciprocating piston engine
															----Station wagons (with 9 seats or less)
22.5	0	0		0			22.5	0	0	10.7		14	0/		Station wagons (with 9 seats or less) with compression-ignition internal combustion reciprocating piston engine of which the cylinder capacity exceeding 1.5L but not exceeding 2L

税号	货品名称	进口关税（%）			增值/消费税（%）	出口退税（%）	计量单位	监管证件代码	检验检疫类别	协定税率（%）		
		最惠国	普通	年内暂定						东盟	亚太	智利
87033213.90	仅装有1.5升<排量≤2升的压燃式活塞内燃发动机的小客车的成套散件（9座及以下的）	15	230		13	13	辆/千克	46Oxy			13.5	0
8703.3219	----其他											
87033219.10	仅装有1.5升<排量≤2升的压燃式活塞内燃发动机的其他载人车辆	15	230		13/5	13	辆/千克	46AOxy	LM/		13.5	0
87033219.90	仅装有1.5升<排量≤2升的压燃式活塞内燃发动机的其他载人车辆的成套散件	15	230		13	13	辆/千克	46Oxy			13.5	0
	--- 气缸容量（排气量）超过2000毫升，但不超过2500毫升：											
8703.3221	----小轿车											
87033221.10	仅装有2升<排量≤2.5升的压燃式活塞内燃发动机的小轿车	15	230		13/9	13	辆/千克	46AOxy	LM/		13.5	0
87033221.90	仅装有2升<排量≤2.5升的压燃式活塞内燃发动机的小轿车的成套散件	15	230		13	13	辆/千克	46Oxy			13.5	0
8703.3222	----越野车（4轮驱动）											
87033222.10	仅装有2升<排量≤2.5升的压燃式活塞内燃发动机的越野车（4轮驱动）	15	230		13/9	13	辆/千克	46AOxy	LM/		13.5	0
87033222.90	仅装有2升<排量≤2.5升的压燃式活塞内燃发动机的越野车的成套散件（4轮驱动）	15	230		13	13	辆/千克	46Oxy			13.5	0
8703.3223	----9座及以下的小客车											
87033223.10	仅装有2升<排量≤2.5升的压燃式活塞内燃发动机的小客车（9座及以下的）	15	230		13/9	13	辆/千克	46AOxy	LM/		13.5	0
87033223.90	仅装有2升<排量≤2.5升的压燃式活塞内燃发动机的小客车的成套散件（9座及以下的）	15	230		13	13	辆/千克	46Oxy			13.5	0
8703.3229	----其他											
87033229.10	仅装有2升<排量≤2.5升的压燃式活塞内燃发动机的其他载人车辆	15	230		13/9	13	辆/千克	46AOxy	LM/		13.5	0
87033229.90	仅装有2升<排量≤2.5升的压燃式活塞内燃发动机的其他载人车辆的成套散件	15	230		13	13	辆/千克	46Oxy			13.5	0
	-- 气缸容量（排气量）超过2500毫升：											
	--- 气缸容量（排气量）超过2500毫升，但不超过3000毫升：											
8703.3311	----小轿车											
87033311.10	仅装有2.5升<排量≤3升的压燃式活塞内燃发动机的小轿车	15	270		13/12	13	辆/千克	46AOxy	LM/	0	13.5	0
87033311.90	仅装有2.5升<排量≤3升的压燃式活塞内燃发动机的小轿车的成套散件	15	270		13	13	辆/千克	46Oxy		0	13.5	0

协定税率（%）														特惠税率（%）①/②	Article Description
巴基斯坦	冰岛	哥斯达黎加	秘鲁	新西兰	瑞士	新加坡	韩国	澳大利亚	格鲁吉亚	毛里求斯	日本RCEP	尼加拉瓜	港澳台		
22.5	0	0		0			22.5	0	0	10.7		14	0/		Complete parts of station wagons (9 seats or less, 1.5L <cylinder capacity≤2L), with compression-ignition internal combustion reciprocating piston engine
															----Other
22.5	0	0		0				0	0	10.7		14	0/		Other motor vehicles principally designed for the transport of persons with compression-ignition internal combustion reciprocating piston engine of which the cylinder capacity exceeding 1.5L but not exceeding 2L
22.5	0	0		0				0	0	10.7		14	0/		Complete parts of other cars for the transport of persons (1.5L<cylinder capacity≤2L), with compression-ignition internal combustion reciprocating piston engine
															--- Of a cylinder capacity exceeding 2000cc but not exceeding 2500cc:
															----Saloon cars
22.5	0	0		0				0	0	10.7		14	0/		Saloon cars with compression-ignition internal combustion reciprocating piston engine of which the cylinder capacity exceeding 2L but not exceeding 2.5L
22.5	0	0		0				0	0	10.7		14	0/		Complete parts of saloon cars (2L<cylinder capacity ≤2.5L), with compression-ignition internal combustion reciprocating piston engine
															----Cross-country cars (4WD)
22.5	0	0		0				0	0	10.7		14	0/		Cross-country cars(4WD) with compression-ignition internal combustion reciprocating piston engine of which the cylinder capacity exceeding 2L but not exceeding 2.5L
22.5	0	0		0				0	0	10.7		14	0/		Complete parts of cross-county cars (4WD, 2L<cylinder capacity≤2.5L), with compression-ignition internal combustion reciprocating piston engine
															----Station wagons (with 9 seats or less)
22.5	0	0		0			22.5	0	0	10.7		14	0/		Station wagons (with 9 seats or less) with compression-ignition internal combustion reciprocating piston engine of which the cylinder capacity exceeding 2L but not exceeding 2.5L
22.5	0	0		0			22.5	0	0	10.7		14	0/		Complete parts of station wagons (9 seats or less, 2L< cylinder capacity≤2.5L), with compression-ignition internal combustion reciprocating piston engine
															----Other
22.5	0	0		0				0	0	10.7		14	0/		Other motor vehicles principally designed for the transport of persons with compression-ignition internal combustion reciprocating piston engine of which the cylinder capacity exceeding 2L but not exceeding 2.5L
22.5	0	0		0				0	0	10.7		14	0/		Complete parts of other cars for the transport of persons (2L<cylinder capacity≤2.5L), with compression-ignition internal combustion reciprocating piston engine
															-- Of a cylinder capacity exceeding 2500cc:
															--- Of a cylinder capacity exceeding 2500cc, but not exceeding 3000cc:
															----Saloon cars
22.5	0	0		0		0		0	0	10.7		14	0/		Saloon cars with compression-ignition internal combustion reciprocating piston engine of which the cylinder capacity exceeding 2.5L but not exceeding 3L
22.5	0	0		0		0		0	0	10.7		14	0/		Complete parts of saloon cars (2.5L<cylinder capacity≤3L), with compression-ignition internal combustion reciprocating piston engine

税　号	货品名称	进口关税（%）			增值/消费税（%）	出口退税（%）	计量单位	监管证件代码	检验检疫类别	协定税率（%）		
		最惠国	普通	年内暂定						东盟	亚太	智利
8703.3312	----越野车（4轮驱动）											
87033312.10	仅装有2.5升<排量≤3升的压燃式活塞内燃发动机的越野车（4轮驱动）	15	270		13/12	13	辆/千克	46AOxy	LM/	0	13.5	0
87033312.90	仅装有2.5升<排量≤3升的压燃式活塞内燃发动机的越野车的成套散件（4轮驱动）	15	270		13	13	辆/千克	46Oxy		0	13.5	0
8703.3313	----9座及以下的小客车											
87033313.10	仅装有2.5升<排量≤3升的压燃式活塞内燃发动机的小客车（9座及以下的）	15	270		13/12	13	辆/千克	46AOxy	LM/	0	13.5	0
87033313.90	仅装有2.5升<排量≤3升的压燃式活塞内燃发动机的小客车的成套散件（9座及以下的）	15	270		13	13	辆/千克	46Oxy		0	13.5	0
8703.3319	----其他											
87033319.10	仅装有2.5升<排量≤3升的压燃式活塞内燃发动机的其他载人车辆	15	270		13/12	13	辆/千克	46AOxy	LM/	0	13.5	0
87033319.90	仅装有2.5升<排量≤3升的压燃式活塞内燃发动机的其他载人车辆的成套散件	15	270		13/12	13	辆/千克	46Oxy		0	13.5	0
	---气缸容量（排气量）超过3000毫升，但不超过4000毫升：											
8703.3321	----小轿车											
87033321.10	仅装有3升<排量≤4升的压燃式活塞内燃发动机的小轿车	15	270		13/25	13	辆/千克	46AOxy	LM/	0	13.5	0
87033321.90	仅装有3升<排量≤4升的压燃式活塞内燃发动机的小轿车的成套散件	15	270		13	13	辆/千克	46Oxy		0	13.5	0
8703.3322	----越野车（4轮驱动）											
87033322.10	仅装有3升<排量≤4升的压燃式活塞内燃发动机的越野车（4轮驱动）	15	270		13/25	13	辆/千克	46AOxy	LM/	0	13.5	0
87033322.90	仅装有3升<排量≤4升的压燃式活塞内燃发动机的越野车的成套散件（4轮驱动）	15	270		13	13	辆/千克	46Oxy		0	13.5	0
8703.3323	----9座及以下的小客车											
87033323.10	仅装有3升<排量≤4升的压燃式活塞内燃发动机的小客车（9座及以下的）	15	270		13/25	13	辆/千克	46AOxy	LM/	0	13.5	0
87033323.90	仅装有3升<排量≤4升的压燃式活塞内燃发动机的小客车的成套散件（9座及以下的）	15	270		13	13	辆/千克	46Oxy		0	13.5	0
8703.3329	----其他											

协定税率（%）														特惠税率（%）①/②	Article Description
巴基斯坦	冰岛	哥斯达黎加	秘鲁	新西兰	瑞士	新加坡	韩国	澳大利亚	格鲁吉亚	毛里求斯	日本RCEP	尼加拉瓜	港澳台		
															----Cross-country cars (4WD)
22.5	0	0		0		0	22.5	0	0	10.7		14	0/		Cross-country cars(4WD) with compression-ignition internal combustion reciprocating piston engine of which the cylinder capacity exceeding 2.5L but not exceeding 3L
22.5	0	0		0		0	22.5	0	0	10.7		14	0/		Complete parts of cross-county cars (4WD, 2.5L<cylinder capacity ≤3L), with compression-ignition internal combustion reciprocating piston engine
															----Station wagons (with 9 seats or less)
22.5	0	0		0		0		0	0	10.7		14	0/		Station wagons (with 9 seats or less) with compression-ignition internal combustion reciprocating piston engine of which the cylinder capacity exceeding 2.5L but not exceeding 3L
22.5	0	0		0		0		0	0	10.7		14	0/		Complete parts of station wagons (9 seats or less, 2.5L<cylinder capacity ≤3L), of a cylinder capacity exceeding 2.5L but not exceeding 3L, with compression-ignition internal combustion reciprocating piston engine
															----Other
22.5	0	0		0		0		0	0	10.7		14	0/		Other motor vehicles principally designed for the transport of persons with compression-ignition internal combustion reciprocating piston engine of which the cylinder capacity exceeding 2.5L but not exceeding 3L
22.5	0	0		0		0		0	0	10.7		14	0/		Complete kits of parts of other motor vehicles principally designed for the transport of persons with compression-ignition internal combustion reciprocating piston engine of which the cylinder capacity exceeding 2.5L but not exceeding 3L
															--- Of a cylinder capacity exceeding 3000cc, but not exceeding 4000cc:
															----Saloon cars
22.5	0	0		0		0		0	0	10.7		14	0/	/0	Saloon cars with compression-ignition internal combustion reciprocating piston engine of which the cylinder capacity exceeding 3L but not exceeding 4L
22.5	0	0		0		0		0	0	10.7		14	0/	/0	Complete parts of saloon cars (3L<cylinder capacity≤4L), with compression-ignition internal combustion reciprocating piston engine
															----Cross-country cars (4WD)
22.5	0	0		0		0		0	0	10.7		14	0/	/0	Cross-country cars(4WD) with compression-ignition internal combustion reciprocating piston engine of which the cylinder capacity exceeding 3L but not exceeding 4L
22.5	0	0		0		0		0	0	10.7		14	0/	/0	Complete parts of cross-county cars (4WD, 3L<cylinder capacity≤4L), with compression-ignition internal combustion reciprocating piston engine
															----Station wagons (with 9 seats or less)
22.5	0	0		0		0		0	0	10.7		14	0/	/0	Station wagons (with 9 seats or less) with compression-ignition internal combustion reciprocating piston engine of which the cylinder capacity exceeding 3L but not exceeding 4L
22.5	0	0		0		0		0	0	10.7		14	0/	/0	Complete parts of station wagons (9 seats or less, 3L< cylinder capacity≤4L), with compression-ignition internal combustion reciprocating piston engine
															----Other

税 号	货品名称	进口关税（%）			增值/消费税（%）	出口退税（%）	计量单位	监管证件代码	检验检疫类别	协定税率（%）		
		最惠国	普通	年内暂定						东盟	亚太	智利
87033329.10	仅装有3升<排量≤4升的压燃式活塞内燃发动机的其他载人车辆	15	270		13/25	13	辆/千克	46AOxy	LM/	0	13.5	0
87033329.90	仅装有3升<排量≤4升的压燃式活塞内燃发动机的其他载人车辆的成套散件	15	270		13/25	13	辆/千克	46Oxy		0	13.5	0
	--- 气缸容量（排气量）超过4000毫升：											
8703.3361	---- 小轿车											
87033361.10	仅装有排量>4升的压燃式活塞内燃发动机的小轿车	15	270		13/40	13	辆/千克	46AOxy	LM/	0	13.5	0
87033361.90	仅装有排量>4升的压燃式活塞内燃发动机的小轿车的成套散件	15	270		13	13	辆/千克	46Oxy		0	13.5	0
8703.3362	---- 越野车（4轮驱动）											
87033362.10	仅装有排量>4升的压燃式活塞内燃发动机的越野车（4轮驱动）	15	270		13/40	13	辆/千克	46AOxy	LM/	0	13.5	0
87033362.90	仅装有排量>4升的压燃式活塞内燃发动机的越野车的成套散件（4轮驱动）	15	270		13	13	辆/千克	46Oxy		0	13.5	0
8703.3363	----9座及以下的小客车											
87033363.10	仅装有排量>4升的压燃式活塞内燃发动机的小客车（9座及以下的）	15	270		13/40	13	辆/千克	46AOxy	LM/	0	13.5	0
87033363.90	仅装有排量>4升的压燃式活塞内燃发动机的小客车的成套散件（9座及以下的）	15	270		13	13	辆/千克	46Oxy		0	13.5	0
8703.3369	---- 其他											
87033369.10	仅装有排量>4升的压燃式活塞内燃发动机的其他载人车辆	15	270		13/40	13	辆/千克	46AOxy	LM/	0	13.5	0
87033369.90	仅装有排量>4升的压燃式活塞内燃发动机的其他载人车辆的成套散件	15	270		13/40	13	辆/千克	46Oxy		0	13.5	0
	- 同时装有点燃式活塞内燃发动机及驱动电动机的其他车辆，可通过接插外部电源进行充电的除外：											
	--- 气缸容量（排气量）不超过1000毫升：											
8703.4011	---- 小轿车											
87034011.10	同时装有点燃式活塞内燃发动机（排量≤1升）及驱动电动机的小轿车（可通过接插外部电源进行充电的除外）	15	230		13/1	13	辆/千克	46AOxy	LM/		13.5	0

协定税率（%）														特惠税率（%）①/②	Article Description
巴基斯坦	冰岛	哥斯达黎加	秘鲁	新西兰	瑞士	新加坡	韩国	澳大利亚	格鲁吉亚	毛里求斯	日本RCEP	尼加拉瓜	港澳台		
22.5	0	0		0		0		0	0	10.7		14	0/	/0	Other motor vehicles principally designed for the transport of persons with compression-ignition internal combustion reciprocating piston engine of which the cylinder capacity exceeding 3L but not exceeding 4L
22.5	0	0		0		0		0	0	10.7		14	0/	/0	Complete kits of parts of other motor vehicles principally designed for the transport of persons with compression-ignition internal combustion reciprocating piston engine of which the cylinder capacity exceeding 3L but not exceeding 4L
															--- Of a cylinder capacity exceeding 4000cc:
															----Saloon cars
22.5	0	0		0		0		0	0	10.7		14	0/	/0	Saloon cars with compression-ignition internal combustion reciprocating piston engine of which the cylinder capacity exceeding 4L
22.5	0	0		0		0		0	0	10.7		14	0/	/0	Complete parts of saloon cars (cylinder capacity>4L), with compression-ignition internal combustion reciprocating piston engine
															----Cross-country cars (4WD)
22.5	0	0		0		0		0	0	10.7		14	0/	/0	Cross-country cars(4WD) with compression-ignition internal combustion reciprocating piston engine of which the cylinder capacity exceeding 4L
22.5	0	0		0		0		0	0	10.7		14	0/	/0	Complete parts of cross-county cars (4WD, cylinder capacity>4L), with compression-ignition internal combustion reciprocating piston engine
															----Station wagons (with 9 seats or less)
22.5	0	0		0		0		0	0	10.7		14	0/	/0	Station wagons (with 9 seats or less) with compression-ignition internal combustion reciprocating piston engine of which the cylinder capacity exceeding 4L
22.5	0	0		0		0		0	0	10.7		14	0/	/0	Complete parts of station wagons (9 seats or less, cylinder capacity>4L), with compression-ignition internal combustion reciprocating piston engine
															----Other
22.5	0	0		0		0		0	0	10.7		14	0/	/0	Other motor vehicles principally designed for the transport of persons with compression-ignition internal combustion reciprocating piston engine of which the cylinder capacity exceeding 4L
22.5	0	0		0		0		0	0	10.7		14	0/	/0	Complete kits of parts of other motor vehicles principally designed for the transport of persons with compression-ignition internal combustion reciprocating piston engine of which the cylinder capacity exceeding 4L
															- Other vehicles, with both spark-ignition internal combustion piston engine and electric motor as motors for propulsion, other than those capable of being charged by plugging to external source of electric power:
															--- Of a cylinder capacity not exceeding 1000cc:
															----Saloon cars
22.5	0	0		0				0		10.7			0/		Saloon cars with both spark-ignition internal combustion piston engine of which the cylinder capacity not exceeding 1L and electric motor as motors for propulsion, other than those capable of being charged by plugging to external source of electric power

税　号	货品名称	进口关税（%）			增值/消费税（%）	出口退税（%）	计量单位	监管证件代码	检验检疫类别	协定税率（%）		
		最惠国	普通	年内暂定						东盟	亚太	智利
87034011.90	同时装有点燃式活塞内燃发动机（排量≤1升）及驱动电动机的小轿车的成套散件（可通过接插外部电源进行充电的除外）	15	230		13	13	辆/千克	46Oxy			13.5	0
8703.4012	----越野车（4轮驱动）											
87034012.10	同时装有点燃式活塞内燃发动机（排量≤1升）及驱动电动机的越野车（四轮驱动）（可通过接插外部电源进行充电的除外）	15	230		13/1	13	辆/千克	46AOxy	LM/		13.5	0
87034012.90	同时装有点燃式活塞内燃发动机（排量≤1升）及驱动电动机的越野车(四轮驱动)的成套散件（可通过接插外部电源进行充电的除外）	15	230		13	13	辆/千克	46Oxy			13.5	0
8703.4013	----9座及以下的小客车											
87034013.10	同时装有点燃式活塞内燃发动机（排量≤1升）及驱动电动机的小客车（9座及以下，可通过接插外部电源进行充电的除外）	15	230		13/1	13	辆/千克	46AOxy	LM/		13.5	0
87034013.90	同时装有点燃式活塞内燃发动机（排量≤1升）及驱动电动机的小客车的成套散件（9座及以下，可通过接插外部电源进行充电的除外）	15	230		13/1	13	辆/千克	46Oxy			13.5	0
8703.4019	----其他											
87034019.10	同时装有点燃式活塞内燃发动机（排量≤1升）及驱动电动机的其他载人车辆（可通过接插外部电源进行充电的除外）	15	230		13/1	13	辆/千克	46AOxy	LM/		13.5	0
87034019.90	同时装有点燃式活塞内燃发动机（排量≤1升）及驱动电动机的其他载人车辆的成套散件（可通过接插外部电源进行充电的除外）	15	230		13/1	13	辆/千克	46Oxy			13.5	0
	---气缸容量（排气量）超过1000毫升，但不超过1500毫升：											
8703.4021	----小轿车											
87034021.10	同时装有点燃式活塞内燃发动机（1升<排量≤1.5升）及驱动电动机的小轿车（可通过接插外部电源进行充电的除外）	15	230		13/3	13	辆/千克	46AOxy	LM/		13.5	0
87034021.90	同时装有点燃式活塞内燃发动机（1升<排量≤1.5升）及驱动电动机的小轿车的成套散件（可通过接插外部电源进行充电的除外）	15	230		13/3	13	辆/千克	46Oxy			13.5	0

协定税率（%）														特惠税率（%）①/②	Article Description
巴基斯坦	冰岛	哥斯达黎加	秘鲁	新西兰	瑞士	新加坡	韩国	澳大利亚	格鲁吉亚	毛里求斯	日本RCEP	尼加拉瓜	港澳台		
22.5	0	0		0				0		10.7			0/		Complete kits of parts of saloon cars with both spark-ignition internal combustion piston engine of which the cylinder capacity not exceeding 1L and electric motor as motors for propulsion, other than those capable of being charged by plugging to external source of electric power
															----Cross-country cars (4WD)
22.5	0	0		0				0		10.7			0/		Cross-country cars(4WD) with both spark-ignition internal combustion piston engine of which the cylinder capacity not exceeding 1L and electric motor as motors for propulsion, other than those capable of being charged by plugging to external source of electric power
22.5	0	0		0				0		10.7			0/		Complete kits of parts of cross-country cars(4WD) with both spark-ignition internal combustion piston engine of which the cylinder capacity not exceeding 1L and electric motor as motors for propulsion, other than those capable of being charged by plugging to external source of electric power
															----Station wagons (with 9 seats or less)
22.5	0	0		0				0		10.7			0/		Station wagons (with 9 seats or less) with both spark-ignition internal combustion piston engine of which the cylinder capacity not exceeding 1L and electric motor as motors for propulsion, other than those capable of being charged by plugging to external source of electric power
22.5	0	0		0				0		10.7			0/		Complete kits of parts of station wagons (with 9 seats or less) with both spark-ignition internal combustion piston engine of which the cylinder capacity not exceeding 1L and electric motor as motors for propulsion, other than those capable of being charged by plugging to external source of electric power
															----Other
22.5	0	0		0				0		10.7		14	0/		Other motor vehicles principally designed for the transport of persons with both spark-ignition internal combustion piston engine of which the cylinder capacity not exceeding 1L and electric motor as motors for propulsion, other than those capable of being charged by plugging to external source of electric power
22.5	0	0		0				0		10.7		14	0/		Complete kits of parts of other motor vehicles principally designed for the transport of persons with both spark-ignition internal combustion piston engine of which the cylinder capacity not exceeding 1L and electric motor as motors for propulsion, other than those capable of being charged by plugging to external source of electric power
															--- Of a cylinder capacity exceeding 1000cc, but not exceeding 1500cc:
															----Saloon cars
22.5	0	0		0			22.5	0		10.7			0/		Saloon cars with both spark-ignition internal combustion piston engine of which the cylinder capacity exceeding 1L but not exceeding 1.5L and electric motor as motors for propulsion, other than those capable of being charged by plugging to external source of electric power
22.5	0	0		0			22.5	0		10.7			0/		Complete kits of parts of saloon cars with both spark-ignition internal combustion piston engine of which the cylinder capacity exceeding 1L but not exceeding 1.5L and electric motor as motors for propulsion, other than those capable of being charged by plugging to external source of electric power

税　号	货品名称	进口关税（%）			增值/消费税（%）	出口退税（%）	计量单位	监管证件代码	检验检疫类别	协定税率（%）		
		最惠国	普通	年内暂定						东盟	亚太	智利
8703.4022	----越野车（4轮驱动）											
87034022.10	同时装有点燃式活塞内燃发动机（1升<排量≤1.5升）及驱动电动机的四轮驱动越野车（可通过接插外部电源进行充电的除外）	15	230		13/3	13	辆/千克	46AOxy	LM/		13.5	0
87034022.90	同时装有点燃式活塞内燃发动机（1升<排量≤1.5升）及驱动电动机的四轮驱动越野车的成套散件（可通过接插外部电源进行充电的除外）	15	230		13/3	13	辆/千克	46Oxy			13.5	0
8703.4023	----9座及以下的小客车											
87034023.10	同时装有点燃式活塞内燃发动机（1升<排量≤1.5升）及驱动电动机的小客车（9座及以下，可通过接插外部电源进行充电的除外）	15	230		13/3	13	辆/千克	46AOxy	LM/		13.5	0
87034023.90	同时装有点燃式活塞内燃发动机（1升<排量≤1.5升）及驱动电动机的小客车的成套散件（9座及以下，可通过接插外部电源进行充电的除外）	15	230		13/3	13	辆/千克	46Oxy			13.5	0
8703.4029	----其他											
87034029.10	同时装有点燃式活塞内燃发动机（1升<排量≤1.5升）及驱动电动机的其他载人车辆（可通过接插外部电源进行充电的除外）	15	230		13/3	13	辆/千克	46AOxy	LM/		13.5	0
87034029.90	同时装有点燃式活塞内燃发动机（1升<排量≤1.5升）及驱动电动机的其他载人车辆的成套散件（可通过接插外部电源进行充电的除外）	15	230		13/3	13	辆/千克	46Oxy			13.5	0
	---气缸容量（排气量）超过1500毫升，但不超过2000毫升：											
8703.4031	----小轿车											
87034031.10	同时装有点燃式活塞内燃发动机（1.5升<排量≤2升）及驱动电动机的小轿车（可通过接插外部电源进行充电的除外）	15	230		13/5	13	辆/千克	46AOxy	LM/		13.5	0
87034031.90	同时装有点燃式活塞内燃发动机（1.5升<排量≤2升）及驱动电动机的小轿车的成套散件（可通过接插外部电源进行充电的除外）	15	230		13/5	13	辆/千克	46Oxy			13.5	0
8703.4032	----越野车（4轮驱动）											

协定税率（%）														特惠税率（%）①/②	Article Description
巴基斯坦	冰岛	哥斯达黎加	秘鲁	新西兰	瑞士	新加坡	韩国	澳大利亚	格鲁吉亚	毛里求斯	日本RCEP	尼加拉瓜	港澳台		
															----Cross-country cars (4WD)
22.5	0	0		0				0		10.7			0/		Cross-country cars(4WD) with both spark-ignition internal combustion piston engine of which the cylinder capacity exceeding 1L but not exceeding 1.5L and electric motor as motors for propulsion, other than those capable of being charged by plugging to external source of electric power
22.5	0	0		0				0		10.7			0/		Complete kits of parts of cross-country cars(4WD) with both spark-ignition internal combustion piston engine of which the cylinder capacity exceeding 1L but not exceeding 1.5L and electric motor as motors for propulsion, other than those capable of being charged by plugging to external source of electric power
															----Station wagons (with 9 seats or less)
22.5	0	0		0				0		10.7		14	0/		Station wagons (with 9 seats or less) with both spark-ignition internal combustion piston engine of which the cylinder capacity exceeding 1L but not exceeding 1.5L and electric motor as motors for propulsion, other than those capable of being charged by plugging to external source of electric power
22.5	0	0		0				0		10.7		14	0/		Complete kits of parts of station wagons (with 9 seats or less) with both spark-ignition internal combustion piston engine of which the cylinder capacity exceeding 1L but not exceeding 1.5L and electric motor as motors for propulsion, other than those capable of being charged by plugging to external source of electric power
															----Other
22.5	0	0		0				0		10.7		14	0/		Other motor vehicles principally designed for the transport of persons with both spark-ignition internal combustion piston engine of which the cylinder capacity exceeding 1L but not exceeding 1.5L and electric motor as motors for propulsion, other than those capable of being charged by plugging to external source of electric power
22.5	0	0		0				0		10.7		14	0/		Complete kits of parts of other motor vehicles principally designed for the transport of persons with both spark-ignition internal combustion piston engine of which the cylinder capacity exceeding 1L but not exceeding 1.5L and electric motor as motors for propulsion, other than those capable of being charged by plugging to external source of electric power
															--- Of a cylinder capacity exceeding 1500cc, but not exceeding 2000cc:
															----Saloon cars
22.5	0	0		0			22.5	0		10.7		14	0/		Saloon cars with both spark-ignition internal combustion piston engine of which the cylinder capacity exceeding 1.5L but not exceeding 2L and electric motor as motors for propulsion, other than those capable of being charged by plugging to external source of electric power
22.5	0	0		0			22.5	0		10.7		14	0/		Complete kits of parts of saloon cars with both spark-ignition internal combustion piston engine of which the cylinder capacity exceeding 1.5L but not exceeding 2L and electric motor as motors for propulsion, other than those capable of being charged by plugging to external source of electric power
															----Cross-country cars (4WD)

税　号	货品名称	进口关税（%）			增值/消费税（%）	出口退税（%）	计量单位	监管证件代码	检验检疫类别	协定税率（%）		
		最惠国	普通	年内暂定						东盟	亚太	智利
87034032.10	同时装有点燃式活塞内燃发动机（1.5升<排量≤2升）及驱动电动机的四轮驱动越野车（可通过接插外部电源进行充电的除外）	15	230		13/5	13	辆/千克	46AOxy	LM/		13.5	0
87034032.90	同时装有点燃式活塞内燃发动机（1.5升<排量≤2升）及驱动电动机的四轮驱动越野车的成套散件（可通过接插外部电源进行充电的除外）	15	230		13/5	13	辆/千克	46Oxy			13.5	0
8703.4033	----9座及以下的小客车											
87034033.10	同时装有点燃式活塞内燃发动机（1.5升<排量≤2升）及驱动电动机的小客车（9座及以下，可通过接插外部电源进行充电的除外）	15	230		13/5	13	辆/千克	46AOxy	LM/		13.5	0
87034033.90	同时装有点燃式活塞内燃发动机（1.5升<排量≤2升）及驱动电动机的小客车的成套散件（9座及以下，可通过接插外部电源进行充电的除外）	15	230		13/5	13	辆/千克	46Oxy			13.5	0
8703.4039	----其他											
87034039.10	同时装有点燃式活塞内燃发动机（1.5升<排量≤2升）及驱动电动机的其他载人车辆（可通过接插外部电源进行充电的除外）	15	230		13/5	13	辆/千克	46AOxy	LM/		13.5	0
87034039.90	同时装有点燃式活塞内燃发动机（1.5升<排量≤2升）及驱动电动机的其他载人车辆的成套散件（可通过接插外部电源进行充电的除外）	15	230		13/5	13	辆/千克	46Oxy			13.5	0
	---气缸容量（排气量）超过2000毫升，但不超过2500毫升：											
8703.4041	----小轿车											
87034041.10	同时装有点燃式活塞内燃发动机（2升<排量≤2.5升）及驱动电动机的小轿车（可通过接插外部电源进行充电的除外）	15	230		13/9	13	辆/千克	46AOxy	LM/		13.5	0
87034041.90	同时装有点燃式活塞内燃发动机（2升<排量≤2.5升）及驱动电动机的小轿车的成套散件（可通过接插外部电源进行充电的除外）	15	230		13/9	13	辆/千克	46Oxy			13.5	0
8703.4042	----越野车（4轮驱动）											

协定税率（%）														特惠税率（%）①/②	Article Description
巴基斯坦	冰岛	哥斯达黎加	秘鲁	新西兰	瑞士	新加坡	韩国	澳大利亚	格鲁吉亚	毛里求斯	日本RCEP	尼加拉瓜	港澳台		
22.5	0	0		0			22.5	0		10.7			0/		Cross-country cars(4WD) with both spark-ignition internal combustion piston engine of which the cylinder capacity exceeding 1.5L but not exceeding 2L and electric motor as motors for propulsion, other than those capable of being charged by plugging to external source of electric power
22.5	0	0		0			22.5	0		10.7			0/		Complete kits of parts of cross-country cars(4WD) with both spark-ignition internal combustion piston engine of which the cylinder capacity exceeding 1.5L but not exceeding 2L and electric motor as motors for propulsion, other than those capable of being charged by plugging to external source of electric power
															----Station wagons (with 9 seats or less)
22.5	0	0		0			22.5	0		10.7			0/		Station wagons (with 9 seats or less) with both spark-ignition internal combustion piston engine of which the cylinder capacity exceeding 1.5L but not exceeding 2L and electric motor as motors for propulsion, other than those capable of being charged by plugging to external source of electric power
22.5	0	0		0			22.5	0		10.7			0/		Complete kits of parts of station wagons (with 9 seats or less) with both spark-ignition internal combustion piston engine of which the cylinder capacity exceeding 1.5L but not exceeding 2L and electric motor as motors for propulsion, other than those capable of being charged by plugging to external source of electric power
															----Other
22.5	0	0		0				0		10.7		14	0/		Other motor vehicles principally designed for the transport of persons with both spark-ignition internal combustion piston engine of which the cylinder capacity exceeding 1.5L but not exceeding 2L and electric motor as motors for propulsion, other than those capable of being charged by plugging to external source of electric power
22.5	0	0		0				0		10.7		14	0/		Complete kits of parts of other motor vehicles principally designed for the transport of persons with both spark-ignition internal combustion piston engine of which the cylinder capacity exceeding 1.5L but not exceeding 2L and electric motor as motors for propulsion, other than those capable of being charged by plugging to external source of electric power
															--- Of a cylinder capacity exceeding 2000cc, but not exceeding 2500cc:
															----Saloon cars
22.5	0	0		0			22.5	0		10.7			0/		Saloon cars with both spark-ignition internal combustion piston engine of which the cylinder capacity exceeding 2L but not exceeding 2.5L and electric motor as motors for propulsion, other than those capable of being charged by plugging to external source of electric power
22.5	0	0		0			22.5	0		10.7			0/		Complete kits of parts of saloon cars with both spark-ignition internal combustion piston engine of which the cylinder capacity exceeding 2L but not exceeding 2.5L and electric motor as motors for propulsion, other than those capable of being charged by plugging to external source of electric power
															----Cross-country cars (4WD)

税　号	货品名称	进口关税（%）			增值/消费税（%）	出口退税（%）	计量单位	监管证件代码	检验检疫类别	协定税率（%）		
		最惠国	普通	年内暂定						东盟	亚太	智利
87034042.10	同时装有点燃式活塞内燃发动机（2升<排量≤2.5升）及驱动电动机的四轮驱动越野车（可通过接插外部电源进行充电的除外）	15	230		13/9	13	辆/千克	46AOxy	LM/		13.5	0
87034042.90	同时装有点燃式活塞内燃发动机（2升<排量≤2.5升）及驱动电动机的四轮驱动越野车的成套散件（可通过接插外部电源进行充电的除外）	15	230		13/9	13	辆/千克	46Oxy			13.5	0
8703.4043	----9座及以下的小客车											
87034043.10	同时装有点燃式活塞内燃发动机（2升<排量≤2.5升）及驱动电动机的小客车（9座及以下，可通过接插外部电源进行充电的除外）	15	230		13/9	13	辆/千克	46AOxy	LM/		13.5	0
87034043.90	同时装有点燃式活塞内燃发动机（2升<排量≤2.5升）及驱动电动机的小客车的成套散件（9座及以下，可通过接插外部电源进行充电的除外）	15	230		13/9	13	辆/千克	46Oxy			13.5	0
8703.4049	----其他											
87034049.10	同时装有点燃式活塞内燃发动机（2升<排量≤2.5升）及驱动电动机的其他载人车辆（可通过接插外部电源进行充电的除外）	15	230		13/9	13	辆/千克	46AOxy	LM/		13.5	0
87034049.90	同时装有点燃式活塞内燃发动机（2升<排量≤2.5升）及驱动电动机的其他载人车辆的成套散件（可通过接插外部电源进行充电的除外）	15	230		13/9	13	辆/千克	46Oxy			13.5	0
	---气缸容量（排气量）超过2500毫升，但不超过3000毫升：											
8703.4051	----小轿车											
87034051.10	同时装有点燃式活塞内燃发动机（2.5升<排量≤3升）及驱动电动机的小轿车（可通过接插外部电源进行充电的除外）	15	270		13/12	13	辆/千克	46AOxy	LM/		13.5	0
87034051.90	同时装有点燃式活塞内燃发动机（2.5升<排量≤3升）及驱动电动机的小轿车的成套散件（可通过接插外部电源进行充电的除外）	15	270		13/12	13	辆/千克	46Oxy			13.5	0
8703.4052	----越野车（4轮驱动）											

协定税率（%）														特惠税率（%）①/②	Article Description
巴基斯坦	冰岛	哥斯达黎加	秘鲁	新西兰	瑞士	新加坡	韩国	澳大利亚	格鲁吉亚	毛里求斯	日本RCEP	尼加拉瓜	港澳台		
22.5	0	0		0			22.5	0		10.7			0/		Cross-country cars(4WD) with both spark-ignition internal combustion piston engine of which the cylinder capacity exceeding 2L but not exceeding 2.5L and electric motor as motors for propulsion, other than those capable of being charged by plugging to external source of electric power
22.5	0	0		0			22.5	0		10.7			0/		Complete kits of parts of cross-country cars(4WD) with both spark-ignition internal combustion piston engine of which the cylinder capacity exceeding 2L but not exceeding 2.5L and electric motor as motors for propulsion, other than those capable of being charged by plugging to external source of electric power
															----Station wagons (with 9 seats or less)
22.5	0	0		0			22.5	0		10.7		14	0/		Station wagons (with 9 seats or less) with both spark-ignition internal combustion piston engine of which the cylinder capacity exceeding 2L but not exceeding 2.5L and electric motor as motors for propulsion, other than those capable of being charged by plugging to external source of electric power
22.5	0	0		0			22.5	0		10.7		14	0/		Complete kits of parts of station wagons (with 9 seats or less) with both spark-ignition internal combustion piston engine of which the cylinder capacity exceeding 2L but not exceeding 2.5L and electric motor as motors for propulsion, other than those capable of being charged by plugging to external source of electric power
															----Other
22.5	0	0		0				0		10.7		14	0/		Other motor vehicles principally designed for the transport of persons with both spark-ignition internal combustion piston engine of which the cylinder capacity exceeding 2L but not exceeding 2.5L and electric motor as motors for propulsion, other than those capable of being charged by plugging to external source of electric power
22.5	0	0		0				0		10.7		14	0/		Complete kits of parts of other motor vehicles principally designed for the transport of persons with both spark-ignition internal combustion piston engine of which the cylinder capacity exceeding 2L but not exceeding 2.5L and electric motor as motors for propulsion, other than those capable of being charged by plugging to external source of electric power
															--- Of a cylinder capacity exceeding 2500cc, but not exceeding 3000cc:
															----Saloon cars
22.5	0	0		0			22.5	0		10.7	15	14	0/		Saloon cars with both spark-ignition internal combustion piston engine of which the cylinder capacity exceeding 2.5L but not exceeding 3L and electric motor as motors for propulsion, other than those capable of being charged by plugging to external source of electric power
22.5	0	0		0			22.5	0		10.7	15	14	0/		Complete kits of parts of saloon cars with both spark-ignition internal combustion piston engine of which the cylinder capacity exceeding 2.5L but not exceeding 3L and electric motor as motors for propulsion, other than those capable of being charged by plugging to external source of electric power
															----Cross-country cars (4WD)

税　号	货品名称	进口关税（%）			增值/消费税（%）	出口退税（%）	计量单位	监管证件代码	检验检疫类别	协定税率（%）		
		最惠国	普通	年内暂定						东盟	亚太	智利
87034052.10	同时装有点燃式活塞内燃发动机（2.5升<排量≤3升）及驱动电动机的四轮驱动越野车（可通过接插外部电源进行充电的除外）	15	270		13/12	13	辆/千克	46AOxy	LM/	0	13.5	0
87034052.90	同时装有点燃式活塞内燃发动机（2.5升<排量≤3升）及驱动电动机的四轮驱动越野车的成套散件（可通过接插外部电源进行充电的除外）	15	270		13/12	13	辆/千克	46Oxy		0	13.5	0
8703.4053	----9座及以下的小客车											
87034053.10	同时装有点燃式活塞内燃发动机（2.5升<排量≤3升）及驱动电动机的小客车（9座及以下，可通过接插外部电源进行充电的除外）	15	270		13/12	13	辆/千克	46AOxy	LM/	0	13.5	0
87034053.90	同时装有点燃式活塞内燃发动机（2.5升<排量≤3升）及驱动电动机的小客车的成套散件（9座及以下，可通过接插外部电源进行充电的除外）	15	270		13/12	13	辆/千克	46Oxy		0	13.5	0
8703.4059	----其他											
87034059.10	同时装有点燃式活塞内燃发动机（2.5升<排量≤3升）及驱动电动机的其他载人车辆（可通过接插外部电源进行充电的除外）	15	270		13/12	13	辆/千克	46AOxy	LM/	0	13.5	0
87034059.90	同时装有点燃式活塞内燃发动机（2.5升<排量≤3升）及驱动电动机的其他载人车辆的成套散件（可通过接插外部电源进行充电的除外）	15	270		13/12	13	辆/千克	46Oxy		0	13.5	0
	--- 气缸容量（排气量）超过3000毫升，但不超过4000毫升：											
8703.4061	----小轿车											
87034061.10	同时装有点燃式活塞内燃发动机（3升<排量≤4升）及驱动电动机的小轿车（可通过接插外部电源进行充电的除外）	15	270		13/25	13	辆/千克	46AOxy	LM/		13.5	0
87034061.90	同时装有点燃式活塞内燃发动机（3升<排量≤4升）及驱动电动机的小轿车的成套散件（可通过接插外部电源进行充电的除外）	15	270		13/25	13	辆/千克	46Oxy			13.5	0
8703.4062	----越野车（4轮驱动）											

协定税率（%）														特惠税率（%）①/②	Article Description
巴基斯坦	冰岛	哥斯达黎加	秘鲁	新西兰	瑞士	新加坡	韩国	澳大利亚	格鲁吉亚	毛里求斯	日本RCEP	尼加拉瓜	港澳台		
22.5	0	0		0		0		0		10.7	15	14	0/		Cross-country cars(4WD) with both spark-ignition internal combustion piston engine of which the cylinder capacity exceeding 2.5L but not exceeding 3L and electric motor as motors for propulsion, other than those capable of being charged by plugging to external source of electric power
22.5	0	0		0		0		0		10.7	15	14	0/		Complete kits of parts of cross-country cars(4WD) with both spark-ignition internal combustion piston engine of which the cylinder capacity exceeding 2.5L but not exceeding 3L and electric motor as motors for propulsion, other than those capable of being charged by plugging to external source of electric power
															----Station wagons (with 9 seats or less)
22.5	0	0		0		0	22.5	0		10.7	15	14	0/		Station wagons (with 9 seats or less) with both spark-ignition internal combustion piston engine of which the cylinder capacity exceeding 2.5L but not exceeding 3L and electric motor as motors for propulsion, other than those capable of being charged by plugging to external source of electric power
22.5	0	0		0		0	22.5	0		10.7	15	14	0/		Complete kits of parts of station wagons (with 9 seats or less) with both spark-ignition internal combustion piston engine of which the cylinder capacity exceeding 2.5L but not exceeding 3L and electric motor as motors for propulsion, other than those capable of being charged by plugging to external source of electric power
															----Other
22.5	0	0		0		0		0		10.7	15	14	0/		Other motor vehicles principally designed for the transport of persons with both spark-ignition internal combustion piston engine of which the cylinder capacity exceeding 2.5L but not exceeding 3L and electric motor as motors for propulsion, other than those capable of being charged by plugging to external source of electric power
22.5	0	0		0		0		0		10.7	15	14	0/		Complete kits of parts of other motor vehicles principally designed for the transport of persons with both spark-ignition internal combustion piston engine of which the cylinder capacity exceeding 2.5L but not exceeding 3L and electric motor as motors for propulsion, other than those capable of being charged by plugging to external source of electric power
															--- Of a cylinder capacity exceeding 3000cc, but not exceeding 4000cc:
															----Saloon cars
22.5	0	0		0			22.5	0		10.7	15	14	0/	/0	Saloon cars with both spark-ignition internal combustion piston engine of which the cylinder capacity exceeding 3L but not exceeding 4L and electric motor as motors for propulsion, other than those capable of being charged by plugging to external source of electric power
22.5	0	0		0			22.5	0		10.7	15	14	0/	/0	Complete kits of parts of saloon cars with both spark-ignition internal combustion piston engine of which the cylinder capacity exceeding 3L but not exceeding 4L and electric motor as motors for propulsion, other than those capable of being charged by plugging to external source of electric power
															----Cross-country cars (4WD)

税　号	货品名称	进口关税（%）			增值/消费税（%）	出口退税（%）	计量单位	监管证件代码	检验检疫类别	协定税率（%）		
		最惠国	普通	年内暂定						东盟	亚太	智利
87034062.10	同时装有点燃式活塞内燃发动机（3升<排量≤4升）及驱动电动机的四轮驱动越野车（可通过接插外部电源进行充电的除外）	15	270		13/25	13	辆/千克	46AOxy	LM/		13.5	0
87034062.90	同时装有点燃式活塞内燃发动机（3升<排量≤4升）及驱动电动机的四轮驱动越野车的成套散件（可通过接插外部电源进行充电的除外）	15	270		13/25	13	辆/千克	46Oxy			13.5	0
8703.4063	----9座及以下的小客车											
87034063.10	同时装有点燃式活塞内燃发动机（3升<排量≤4升）及驱动电动机的小客车（9座及以下，可通过接插外部电源进行充电的除外）	15	270		13/25	13	辆/千克	46AOxy	LM/		13.5	0
87034063.90	同时装有点燃式活塞内燃发动机（3升<排量≤4升）及驱动电动机的小客车的成套散件（9座及以下，可通过接插外部电源进行充电的除外）	15	270		13/25	13	辆/千克	46Oxy			13.5	0
8703.4069	----其他											
87034069.10	同时装有点燃式活塞内燃发动机（3升<排量≤4升）及驱动电动机的其他载人车辆（可通过接插外部电源进行充电的除外）	15	270		13/25	13	辆/千克	46AOxy	LM/		13.5	0
87034069.90	同时装有点燃式活塞内燃发动机（3升<排量≤4升）及驱动电动机的其他载人车辆的成套散件（可通过接插外部电源进行充电的除外）	15	270		13/25	13	辆/千克	46Oxy			13.5	0
	---气缸容量（排气量）超过4000毫升：											
8703.4071	----小轿车											
87034071.10	同时装有点燃式活塞内燃发动机（排量>4升）及驱动电动机的小轿车（可通过接插外部电源进行充电的除外）	15	270		13/40	13	辆/千克	46AOxy	LM/		13.5	0
87034071.90	同时装有点燃式活塞内燃发动机（排量>4升）及驱动电动机的小轿车的成套散件（可通过接插外部电源进行充电的除外）	15	270		13/40	13	辆/千克	46Oxy			13.5	0
8703.4072	----越野车（4轮驱动）											
87034072.10	同时装有点燃式活塞内燃发动机（排量>4升）及驱动电动机的四轮驱动越野车（可通过接插外部电源进行充电的除外）	15	270		13/40	13	辆/千克	46AOxy	LM/		13.5	0

协定税率（%）														特惠税率（%）①/②	Article Description
巴基斯坦	冰岛	哥斯达黎加	秘鲁	新西兰	瑞士	新加坡	韩国	澳大利亚	格鲁吉亚	毛里求斯	日本RCEP	尼加拉瓜	港澳台		
22.5	0	0		0			22.5	0		10.7	15	14	0/	/0	Cross-country cars(4WD) with both spark-ignition internal combustion piston engine of which the cylinder capacity exceeding 3L but not exceeding 4L and electric motor as motors for propulsion, other than those capable of being charged by plugging to external source of electric power
22.5	0	0		0			22.5	0		10.7	15	14	0/	/0	Complete kits of parts of cross-country cars(4WD) with both spark-ignition internal combustion piston engine of which the cylinder capacity exceeding 3L but not exceeding 4L and electric motor as motors for propulsion, other than those capable of being charged by plugging to external source of electric power
															----Station wagons (with 9 seats or less)
22.5	0	0		0				0		10.7	15	14	0/	/0	Station wagons (with 9 seats or less) with both spark-ignition internal combustion piston engine of which the cylinder capacity exceeding 3L but not exceeding 4L and electric motor as motors for propulsion, other than those capable of being charged by plugging to external source of electric power
22.5	0	0		0				0		10.7	15	14	0/	/0	Complete kits of parts of station wagons (with 9 seats or less) with both spark-ignition internal combustion piston engine of which the cylinder capacity exceeding 3L but not exceeding 4L and electric motor as motors for propulsion, other than those capable of being charged by plugging to external source of electric power
															----Other
22.5	0	0		0				0		10.7	15	14	0/	/0	Other motor vehicles principally designed for the transport of persons with both spark-ignition internal combustion piston engine of which the cylinder capacityexceeding 3L but not exceeding 4L and electric motor as motors for propulsion, other than those capable of being charged by plugging to external source of electric power
22.5	0	0		0				0		10.7	15	14	0/	/0	Complete kits of parts of other motor vehicles principally designed for the transport of persons with both spark-ignition internal combustion piston engine of which the cylinder capacity exceeding 3L but not exceeding 4L and electric motor as motors for propulsion, other than those capable of being charged by plugging to external source of electric power
															--- Of a cylinder capacity exceeding 4000cc:
															----Saloon cars
22.5	0	0		0			22.5	0		10.7		14	0/	/0	Saloon cars with both spark-ignition internal combustion piston engine of which the cylinder capacity exceeding 4L and electric motor as motors for propulsion, other than those capable of being charged by plugging to external source of electric power
22.5	0	0		0			22.5	0		10.7		14	0/	/0	Complete kits of parts of saloon cars with both spark-ignition internal combustion piston engine of which the cylinder capacity exceeding 4L and electric motor as motors for propulsion, other than those capable of being charged by plugging to external source of electric power
															----Cross-country cars (4WD)
22.5	0	0		0				0		10.7		14	0/	/0	Cross-country cars(4WD) with both spark-ignition internal combustion piston engine of which the cylinder capacity exceeding 4L and electric motor as motors for propulsion, other than those capable of being charged by plugging to external source of electric power

税　号	货品名称	进口关税（%）			增值/消费税（%）	出口退税（%）	计量单位	监管证件代码	检验检疫类别	协定税率（%）		
		最惠国	普通	年内暂定						东盟	亚太	智利
87034072.90	同时装有点燃式活塞内燃发动机（排量>4升）及驱动电动机的四轮驱动越野车的成套散件（可通过接插外部电源进行充电的除外）	15	270		13/40	13	辆/千克	46Oxy			13.5	0
8703.4073	----9座及以下的小客车											
87034073.10	同时装有点燃式活塞内燃发动机（排量>4升）及驱动电动机的小客车（9座及以下，可通过接插外部电源进行充电的除外）	15	270		13/40	13	辆/千克	46AOxy	LM/		13.5	0
87034073.90	同时装有点燃式活塞内燃发动机（排量>4升）及驱动电动机的小客车的成套散件（9座及以下，可通过接插外部电源进行充电的除外）	15	270		13/40	13	辆/千克	46Oxy			13.5	0
8703.4079	----其他											
87034079.10	同时装有点燃式活塞内燃发动机（排量>4升）及驱动电动机的其他载人车辆（可通过接插外部电源进行充电的除外）	15	270		13/40	13	辆/千克	46AOxy	LM/		13.5	0
87034079.90	同时装有点燃式活塞内燃发动机（排量>4升）及驱动电动机的其他载人车辆的成套散件（可通过接插外部电源进行充电的除外）	15	270		13/40	13	辆/千克	46Oxy			13.5	0
	- 同时装有压燃式活塞内燃发动机（柴油或半柴油发动机）及驱动电动机的其他车辆，可通过接插外部电源进行充电的除外：											
	---气缸容量（排气量）不超过1000毫升：											
8703.5011	----小轿车											
87035011.10	同时装有压燃式活塞内燃发动机（柴油或半柴油发动机，排量≤1升）及驱动电动机的小轿车（可通过接插外部电源进行充电的除外）	15	230		13/1	13	辆/千克	46AOxy	LM/			0
87035011.90	同时装有压燃式活塞内燃发动机（柴油或半柴油发动机，排量≤1升）及驱动电动机的小轿车的成套散件（可通过接插外部电源进行充电的除外）	15	230		13/1	13	辆/千克	46Oxy				0
8703.5019	----其他											

协定税率（%）														特惠税率（%）①/②	Article Description
巴基斯坦	冰岛	哥斯达黎加	秘鲁	新西兰	瑞士	新加坡	韩国	澳大利亚	格鲁吉亚	毛里求斯	日本RCEP	尼加拉瓜	港澳台		
22.5	0	0		0				0		10.7		14	0/	/0	Complete kits of parts of cross-country cars(4WD) with both spark-ignition internal combustion piston engine of which the cylinder capacity exceeding 4L and electric motor as motors for propulsion, other than those capable of being charged by plugging to external source of electric power
															----Station wagons (with 9 seats or less)
22.5	0	0		0				0		10.7		14	0/	/0	Station wagons (with 9 seats or less) with both spark-ignition internal combustion piston engine of which the cylinder capacity exceeding 4L and electric motor as motors for propulsion, other than those capable of being charged by plugging to external source of electric power
22.5	0	0		0				0		10.7		14	0/	/0	Complete kits of parts of station wagons (with 9 seats or less) with both spark-ignition internal combustion piston engine of which the cylinder capacity exceeding 4L and electric motor as motors for propulsion, other than those capable of being charged by plugging to external source of electric power
															----Other
22.5	0	0		0				0		10.7		14	0/	/0	Other motor vehicles principally designed for the transport of persons with both spark-ignition internal combustion piston engine of which the cylinder capacity exceeding 4L and electric motor as motors for propulsion, other than those capable of being charged by plugging to external source of electric power
22.5	0	0		0				0		10.7		14	0/	/0	Complete kits of parts of other motor vehicles principally designed for the transport of persons with both spark-ignition internal combustion piston engine of which the cylinder capacity exceeding 4L and electric motor as motors for propulsion, other than those capable of being charged by plugging to external source of electric power
															- Other vehicles, with both compression-ignition internal combustion piston engine (diesel or semi-diesel) and electric motor as motors for propulsion, other than those capable of being charged by plugging to external source of electric power:
															--- Of a cylinder capacity not exceeding 1000cc:
															----Saloon cars
	0	0		0				0	0	10.7			0/	/0	Saloon cars with both compression-ignition internal combustion piston engine (diesel or semidiesel) of which the cylinder capacity not exceeding 1L and electric motor as motors for propulsion, other than those capable of being charged by plugging to external source of electric power
	0	0		0				0	0	10.7			0/	/0	Complete kits of parts of saloon cars with both compression-ignition internal combustion piston engine (diesel or semidiesel) of which the cylinder capacity not exceeding 1L and electric motor as motors for propulsion, other than those capable of being charged by plugging to external source of electric power
															----Other

税　号	货品名称	进口关税（%）			增值/消费税（%）	出口退税（%）	计量单位	监管证件代码	检验检疫类别	协定税率（%）		
		最惠国	普通	年内暂定						东盟	亚太	智利
87035019.10	同时装有压燃式活塞内燃发动机（柴油或半柴油发动机，排量≤1升）及驱动电动机的其他载人车辆（可通过接插外部电源进行充电的除外）	15	230		13/1	13	辆/千克	46AOxy	LM/	0		0
87035019.90	同时装有压燃式活塞内燃发动机（柴油或半柴油发动机，排量≤1升）及驱动电动机的其他载人车辆的成套散件（可通过接插外部电源进行充电的除外）	15	230		13/1	13	辆/千克	46Oxy		0		0
	--- 气缸容量（排气量）超过1000毫升，但不超过1500毫升：											
8703.5021	---- 小轿车											
87035021.10	同时装有压燃式活塞内燃发动机（柴油或半柴油发动机，1升<排量≤1.5升）及驱动电动机的小轿车（可通过接插外部电源进行充电的除外）	15	230		13/3	13	辆/千克	46AOxy	LM/			0
87035021.90	同时装有压燃式活塞内燃发动机（柴油或半柴油发动机，1升<排量≤1.5升）及驱动电动机的小轿车的成套散件（可通过接插外部电源进行充电的除外）	15	230		13/3	13	辆/千克	46Oxy				0
8703.5022	---- 越野车（4轮驱动）											
87035022.10	同时装有压燃式活塞内燃发动机（柴油或半柴油发动机，1升<排量≤1.5升）及驱动电动机的4轮驱动越野车（可通过接插外部电源进行充电的除外）	15	230		13/3	13	辆/千克	46AOxy	LM/			0
87035022.90	同时装有压燃式活塞内燃发动机（柴油或半柴油发动机，1升<排量≤1.5升）及驱动电动机的4轮驱动越野车的成套散件（可通过接插外部电源进行充电的除外）	15	230		13/3	13	辆/千克	46Oxy				0
8703.5023	---- 9座及以下的小客车											
87035023.10	同时装有压燃式活塞内燃发动机（柴油或半柴油发动机，1升<排量≤1.5升）及驱动电动机的小客车（9座及以下，可通过接插外部电源进行充电的除外）	15	230		13/3	13	辆/千克	46AOxy	LM/			0

协定税率（%）														特惠税率（%）①/②	Article Description
巴基斯坦	冰岛	哥斯达黎加	秘鲁	新西兰	瑞士	新加坡	韩国	澳大利亚	格鲁吉亚	毛里求斯	日本RCEP	尼加拉瓜	港澳台		
	0	0	0	0		0		0	0	10.7		14	0/	0/0	Other motor vehicles principally designed for the transport of persons with both compression-ignition internal combustion piston engine (diesel or semidiesel) of which the cylinder capacity not exceeding 1L and electric motor as motors for propulsion, other than those capable of being charged by plugging to external source of electric power
	0	0	0	0		0		0	0	10.7		14	0/	0/0	Complete kits of parts of other motor vehicles principally designed for the transport of persons with both compression-ignition internal combustion piston engine (diesel or semidiesel) of which the cylinder capacity not exceeding 1L and electric motor as motors for propulsion, other than those capable of being charged by plugging to external source of electric power
															--- Of a cylinder capacity exceeding 1000cc, but not exceeding 1500cc:
															----Saloon cars
	0	0		0				0	0	10.7			0/		Saloon cars with both compression-ignition internal combustion piston engine (diesel or semidiesel) of which the cylinder capacity exceeding 1L but not exceeding 1.5L and electric motor as motors for propulsion, other than those capable of being charged by plugging to external source of electric power
	0	0		0				0	0	10.7			0/		Complete kits of parts of saloon cars with both compression-ignition internal combustion piston engine (diesel or semidiesel) of which the cylinder capacity exceeding 1L but not exceeding 1.5L and electric motor as motors for propulsion, other than those capable of being charged by plugging to external source of electric power
															----Cross-country cars (4WD)
	0	0		0				0	0	10.7			0/		Cross-country cars(4WD) with both compression-ignition internal combustion piston engine (diesel or semidiesel) of which the cylinder capacity exceeding 1L but not exceeding 1.5L and electric motor as motors for propulsion, other than those capable of being charged by plugging to external source of electric power
	0	0		0				0	0	10.7			0/		Complete kits of parts of cross-country cars(4WD) with both compression-ignition internal combustion piston engine (diesel or semidiesel) of which the cylinder capacity exceeding 1L but not exceeding 1.5L and electric motor as motors for propulsion, other than those capable of being charged by plugging to external source of electric power
															----Station wagons (with 9 seats or less)
	0	0		0				0	0	10.7			0/		Station wagons (with 9 seats or less) with both compression-ignition internal combustion piston engine (diesel or semidiesel) of which the cylinder capacity exceeding 1L but not exceeding 1.5L and electric motor as motors for propulsion, other than those capable of being charged by plugging to external source of electric power

税　号	货品名称	进口关税（%）最惠国	普通	年内暂定	增值/消费税（%）	出口退税（%）	计量单位	监管证件代码	检验检疫类别	协定税率（%）东盟	亚太	智利
87035023.90	同时装有压燃式活塞内燃发动机（柴油或半柴油发动机，1升<排量≤1.5升）及驱动电动机的小客车的成套散件（9座及以下，可通过接插外部电源进行充电的除外）	15	230		13/3	13	辆/千克	46Oxy				0
8703.5029	----其他											
87035029.10	同时装有压燃式活塞内燃发动机（柴油或半柴油发动机，1升<排量≤1.5升）及驱动电动机的其他载人车辆（可通过接插外部电源进行充电的除外）	15	230		13/3	13	辆/千克	46AOxy	LM/	0		0
87035029.90	同时装有压燃式活塞内燃发动机（柴油或半柴油发动机，1升<排量≤1.5升）及驱动电动机的其他载人车辆的成套散件（可通过接插外部电源进行充电的除外）	15	230		13/3	13	辆/千克	46Oxy		0		0
	--- 气缸容量（排气量）超过1500毫升，但不超过2000毫升：											
8703.5031	----小轿车											
87035031.10	同时装有压燃式活塞内燃发动机（柴油或半柴油发动机，1.5升<排量≤2升）及驱动电动机的小轿车（可通过接插外部电源进行充电的除外）	15	230		13/5	13	辆/千克	46AOxy	LM/		13.5	0
87035031.90	同时装有压燃式活塞内燃发动机（柴油或半柴油发动机，1.5升<排量≤2升）及驱动电动机的小轿车的成套散件（可通过接插外部电源进行充电的除外）	15	230		13/5	13	辆/千克	46Oxy			13.5	0
8703.5032	----越野车（4轮驱动）											
87035032.10	同时装有压燃式活塞内燃发动机（柴油或半柴油发动机，1.5升<排量≤2升）及驱动电动机的4轮驱动越野车（可通过接插外部电源进行充电的除外）	15	230		13/5	13	辆/千克	46AOxy	LM/		13.5	0
87035032.90	同时装有压燃式活塞内燃发动机（柴油或半柴油发动机，1.5升<排量≤2升）及驱动电动机的4轮驱动越野车的成套散件（可通过接插外部电源进行充电的除外）	15	230		13/5	13	辆/千克	46Oxy			13.5	0
8703.5033	----9座及以下的小客车											

协定税率（%）														特惠税率（%）①/②	Article Description
巴基斯坦	冰岛	哥斯达黎加	秘鲁	新西兰	瑞士	新加坡	韩国	澳大利亚	格鲁吉亚	毛里求斯	日本RCEP	尼加拉瓜	港澳台		
	0	0		0				0	0	10.7			0/		Complete kits of parts of station wagons (with 9 seats or less) with both compression-ignition internal combustion piston engine (diesel or semidiesel) of which the cylinder capacity exceeding 1L but not exceeding 1.5L and electric motor as motors for propulsion, other than those capable of being charged by plugging to external source of electric power
															----Other
	0	0	0	0		0		0	0	10.7		14	0/	0/0	Other motor vehicles principally designed for the transport of persons with both compression-ignition internal combustion piston engine (diesel or semidiesel) of which the cylinder capacity exceeding 1L but not exceeding 1.5L and electric motor as motors for propulsion, other than those capable of being charged by plugging to external source of electric power
	0	0	0	0		0		0	0	10.7		14	0/	0/0	Complete kits of parts of other motor vehicles principally designed for the transport of persons with both compression-ignition internal combustion piston engine (diesel or semidiesel) of which the cylinder capacity exceeding 1L but not exceeding 1.5L and electric motor as motors for propulsion, other than those capable of being charged by plugging to external source of electric power
															--- Of a cylinder capacity exceeding 1500cc, but not exceeding 2000cc:
															----Saloon cars
22.5	0	0		0				0	0	10.7			0/		Saloon cars with both compression-ignition internal combustion piston engine (diesel or semidiesel) of which the cylinder capacity exceeding 1.5L but not exceeding 2L and electric motor as motors for propulsion, other than those capable of being charged by plugging to external source of electric power
22.5	0	0		0				0	0	10.7			0/		Complete kits of parts of saloon cars with both compression-ignition internal combustion piston engine (diesel or semidiesel) of which the cylinder capacity exceeding 1.5L but not exceeding 2L and electric motor as motors for propulsion, other than those capable of being charged by plugging to external source of electric power
															----Cross-country cars (4WD)
22.5	0	0		0			22.5	0	0	10.7			0/		Cross-country cars(4WD) with both compression-ignition internal combustion piston engine (diesel or semidiesel) of which the cylinder capacity exceeding 1.5L but not exceeding 2L and electric motor as motors for propulsion, other than those capable of being charged by plugging to external source of electric power
22.5	0	0		0			22.5	0	0	10.7			0/		Complete kits of parts of cross-country cars(4WD) with both compression-ignition internal combustion piston engine (diesel or semidiesel) of which the cylinder capacity exceeding 1.5L but not exceeding 2L and electric motor as motors for propulsion, other than those capable of being charged by plugging to external source of electric power
															----Station wagons (with 9 seats or less)

税　号	货品名称	进口关税（%）			增值/消费税（%）	出口退税（%）	计量单位	监管证件代码	检验检疫类别	协定税率（%）		
		最惠国	普通	年内暂定						东盟	亚太	智利
87035033.10	同时装有压燃式活塞内燃发动机（柴油或半柴油发动机，1.5升<排量≤2升）及驱动电动机的小客车（9座及以下，可通过接插外部电源进行充电的除外）	15	230		13/5	13	辆/千克	46AOxy	LM/		13.5	0
87035033.90	同时装有压燃式活塞内燃发动机（柴油或半柴油发动机，1.5升<排量≤2升）及驱动电动机的小客车的成套散件（9座及以下，可通过接插外部电源进行充电的除外）	15	230		13/5	13	辆/千克	46Oxy			13.5	0
8703.5039	----其他											
87035039.10	同时装有压燃式活塞内燃发动机（柴油或半柴油发动机，1.5升<排量≤2升）及驱动电动机的其他载人车辆（可通过接插外部电源进行充电的除外）	15	230		13/5	13	辆/千克	46AOxy	LM/		13.5	0
87035039.90	同时装有压燃式活塞内燃发动机（柴油或半柴油发动机，1.5升<排量≤2升）及驱动电动机的其他载人车辆的成套散件（可通过接插外部电源进行充电的除外）	15	230		13/5	13	辆/千克	46Oxy			13.5	0
	---气缸容量（排气量）超过2000毫升，但不超过2500毫升：											
8703.5041	----小轿车											
87035041.10	同时装有压燃式活塞内燃发动机（柴油或半柴油发动机，2升<排量≤2.5升）及驱动电动机的小轿车（可通过接插外部电源进行充电的除外）	15	230		13/9	13	辆/千克	46AOxy	LM/		13.5	0
87035041.90	同时装有压燃式活塞内燃发动机（柴油或半柴油发动机，2升<排量≤2.5升）及驱动电动机的小轿车的成套散件（可通过接插外部电源进行充电的除外）	15	230		13/9	13	辆/千克	46Oxy			13.5	0
8703.5042	----越野车（4轮驱动）											
87035042.10	同时装有压燃式活塞内燃发动机（柴油或半柴油发动机，2升<排量≤2.5升）及驱动电动机的4轮驱动越野车（可通过接插外部电源进行充电的除外）	15	230		13/9	13	辆/千克	46AOxy	LM/		13.5	0

协定税率（%）														特惠税率（%）①/②	Article Description
巴基斯坦	冰岛	哥斯达黎加	秘鲁	新西兰	瑞士	新加坡	韩国	澳大利亚	格鲁吉亚	毛里求斯	日本RCEP	尼加拉瓜	港澳台		
22.5	0	0		0			22.5	0	0	10.7			0/		Station wagons (with 9 seats or less) with both compression-ignition internal combustion piston engine (diesel or semidiesel) of which the cylinder capacity exceeding 1.5L but not exceeding 2L and electric motor as motors for propulsion, other than those capable of being charged by plugging to external source of electric power
22.5	0	0		0			22.5	0	0	10.7			0/		Complete kits of parts of station wagons (with 9 seats or less) with both compression-ignition internal combustion piston engine (diesel or semidiesel) of which the cylinder capacity exceeding 1.5L but not exceeding 2L and electric motor as motors for propulsion, other than those capable of being charged by plugging to external source of electric power
															----Other
22.5	0	0		0				0	0	10.7		14	0/		Other motor vehicles principally designed for the transport of persons with both compression-ignition internal combustion piston engine (diesel or semidiesel) of which the cylinder capacity exceeding 1.5L but not exceeding 2L and electric motor as motors for propulsion, other than those capable of being charged by plugging to external source of electric power
22.5	0	0		0				0	0	10.7		14	0/		Complete kits of parts of other motor vehicles principally designed for the transport of persons with both compression-ignition internal combustion piston engine (diesel or semidiesel) of which the cylinder capacity exceeding 1.5L but not exceeding 2L and electric motor as motors for propulsion, other than those capable of being charged by plugging to external source of electric power
															--- Of a cylinder capacity exceeding 2000cc, but not exceeding 2500cc:
															----Saloon cars
22.5	0	0		0				0	0	10.7			0/		Saloon cars with both compression-ignition internal combustion piston engine (diesel or semidiesel) of which the cylinder capacity exceeding 2L but not exceeding 2.5L and electric motor as motors for propulsion, other than those capable of being charged by plugging to external source of electric power
22.5	0	0		0				0	0	10.7			0/		Complete kits of parts of saloon cars with both compression-ignition internal combustion piston engine (diesel or semidiesel) of which the cylinder capacity exceeding 2L but not exceeding 2.5L and electric motor as motors for propulsion, other than those capable of being charged by plugging to external source of electric power
															----Cross-country cars (4WD)
22.5	0	0		0				0	0	10.7			0/		Cross-country cars(4WD) with both compression-ignition internal combustion piston engine (diesel or semidiesel) of which the cylinder capacity exceeding 2L but not exceeding 2.5L and electric motor as motors for propulsion, other than those capable of being charged by plugging to external source of electric power

税　号	货品名称	进口关税（%）			增值/消费税（%）	出口退税（%）	计量单位	监管证件代码	检验检疫类别	协定税率（%）		
		最惠国	普通	年内暂定						东盟	亚太	智利
87035042.90	同时装有压燃式活塞内燃发动机（柴油或半柴油发动机，2升<排量≤2.5升）及驱动电动机的4轮驱动越野车的成套散件（可通过接插外部电源进行充电的除外）	15	230		13/9	13	辆/千克	46Oxy			13.5	0
8703.5043	----9座及以下的小客车											
87035043.10	同时装有压燃式活塞内燃发动机（柴油或半柴油发动机，2升<排量≤2.5升）及驱动电动机的小客车（9座及以下，可通过接插外部电源进行充电的除外）	15	230		13/9	13	辆/千克	46AOxy	LM/		13.5	0
87035043.90	同时装有压燃式活塞内燃发动机（柴油或半柴油发动机，2升<排量≤2.5升）及驱动电动机的小客车的成套散件（9座及以下，可通过接插外部电源进行充电的除外）	15	230		13/9	13	辆/千克	46Oxy			13.5	0
8703.5049	----其他											
87035049.10	同时装有压燃式活塞内燃发动机（柴油或半柴油发动机，2升<排量≤2.5升）及驱动电动机的其他载人车辆（可通过接插外部电源进行充电的除外）	15	230		13/9	13	辆/千克	46AOxy	LM/		13.5	0
87035049.90	同时装有压燃式活塞内燃发动机（柴油或半柴油发动机，2升<排量≤2.5升）及驱动电动机的其他载人车辆的成套散件（可通过接插外部电源进行充电的除外）	15	230		13/9	13	辆/千克	46Oxy			13.5	0
	---气缸容量（排气量）超过2500毫升，但不超过3000毫升：											
8703.5051	----小轿车											
87035051.10	同时装有压燃式活塞内燃发动机（柴油或半柴油发动机，2.5升<排量≤3升）及驱动电动机的小轿车（可通过接插外部电源进行充电的除外）	15	270		13/12	13	辆/千克	46AOxy	LM/	0	13.5	0
87035051.90	同时装有压燃式活塞内燃发动机（柴油或半柴油发动机，2.5升<排量≤3升）及驱动电动机的小轿车的成套散件（可通过接插外部电源进行充电的除外）	15	270		13/12	13	辆/千克	46Oxy		0	13.5	0
8703.5052	----越野车（4轮驱动）											

协定税率（%）														特惠税率（%）①/②	Article Description
巴基斯坦	冰岛	哥斯达黎加	秘鲁	新西兰	瑞士	新加坡	韩国	澳大利亚	格鲁吉亚	毛里求斯	日本RCEP	尼加拉瓜	港澳台		
22.5	0	0		0				0	0	10.7			0/		Complete kits of parts of cross-country cars(4WD) with both compression-ignition internal combustion piston engine (diesel or semidiesel) of which the cylinder capacity exceeding 2L but not exceeding 2.5L and electric motor as motors for propulsion, other than those capable of being charged by plugging to external source of electric power
															----Station wagons (with 9 seats or less)
22.5	0	0		0			22.5	0	0	10.7			0/		Station wagons (with 9 seats or less) with both compression-ignition internal combustion piston engine (diesel or semidiesel) of which the cylinder capacity exceeding 2L but not exceeding 2.5L and electric motor as motors for propulsion, other than those capable of being charged by plugging to external source of electric power
22.5	0	0		0			22.5	0	0	10.7			0/		Complete kits of parts of station wagons (with 9 seats or less) with both compression-ignition internal combustion piston engine (diesel or semidiesel) of which the cylinder capacity exceeding 2L but not exceeding 2.5L and electric motor as motors for propulsion, other than those capable of being charged by plugging to external source of electric power
															----Other
22.5	0	0		0				0	0	10.7		14	0/		Other motor vehicles principally designed for the transport of persons with both compression-ignition internal combustion piston engine (diesel or semidiesel) of which the cylinder capacity exceeding 2L but not exceeding 2.5L and electric motor as motors for propulsion, other than those capable of being charged by plugging to external source of electric power
22.5	0	0		0				0	0	10.7		14	0/		Complete kits of parts of other motor vehicles principally designed for the transport of persons with both compression-ignition internal combustion piston engine (diesel or semidiesel) of which the cylinder capacity exceeding 2L but not exceeding 2.5L and electric motor as motors for propulsion, other than those capable of being charged by plugging to external source of electric power
															--- Of a cylinder capacity exceeding 2500cc, but not exceeding 3000cc:
															----Saloon cars
22.5	0	0		0		0		0	0	10.7			0/		Saloon cars with both compression-ignition internal combustion piston engine (diesel or semidiesel) of which the cylinder capacity exceeding 2.5L but not exceeding 3L and electric motor as motors for propulsion, other than those capable of being charged by plugging to external source of electric power
22.5	0	0		0		0		0	0	10.7			0/		Complete kits of parts of saloon cars with both compression-ignition internal combustion piston engine (diesel or semidiesel) of which the cylinder capacity exceeding 2.5L but not exceeding 3L and electric motor as motors for propulsion, other than those capable of being charged by plugging to external source of electric power
															----Cross-country cars (4WD)

税　号	货品名称	进口关税（%）			增值/消费税（%）	出口退税（%）	计量单位	监管证件代码	检验检疫类别	协定税率（%）		
		最惠国	普通	年内暂定						东盟	亚太	智利
87035052.10	同时装有压燃式活塞内燃发动机（柴油或半柴油发动机，2.5升<排量≤3升）及驱动电动机的4轮驱动越野车（可通过接插外部电源进行充电的除外）	15	270		13/12	13	辆/千克	46AOxy	LM/	0	13.5	0
87035052.90	同时装有压燃式活塞内燃发动机（柴油或半柴油发动机，2.5升<排量≤3升）及驱动电动机的4轮驱动越野车的成套散件（可通过接插外部电源进行充电的除外）	15	270		13/12	13	辆/千克	46Oxy		0	13.5	0
8703.5053	----9座及以下的小客车											
87035053.10	同时装有压燃式活塞内燃发动机（柴油或半柴油发动机，2.5升<排量≤3升）及驱动电动机的小客车（9座及以下，可通过接插外部电源进行充电的除外）	15	270		13/12	13	辆/千克	46AOxy	LM/	0	13.5	0
87035053.90	同时装有压燃式活塞内燃发动机（柴油或半柴油发动机，2.5升<排量≤3升）及驱动电动机的小客车的成套散件（9座及以下，可通过接插外部电源进行充电的除外）	15	270		13/12	13	辆/千克	46Oxy		0	13.5	0
8703.5059	----其他											
87035059.10	同时装有压燃式活塞内燃发动机（柴油或半柴油发动机，2.5升<排量≤3升）及驱动电动机的其他载人车辆（可通过接插外部电源进行充电的除外）	15	270		13/12	13	辆/千克	46AOxy	LM/	0	13.5	0
87035059.90	同时装有压燃式活塞内燃发动机（柴油或半柴油发动机，2.5升<排量≤3升）及驱动电动机的其他载人车辆的成套散件（可通过接插外部电源进行充电的除外）	15	270		13/12	13	辆/千克	46Oxy		0	13.5	0
	---气缸容量（排气量）超过3000毫升，但不超过4000毫升：											
8703.5061	----小轿车											
87035061.10	同时装有压燃式活塞内燃发动机（柴油或半柴油发动机，3升<排量≤4升）及驱动电动机的小轿车（可通过接插外部电源进行充电的除外）	15	270		13/25	13	辆/千克	46AOxy	LM/	0	13.5	0

协定税率（%）														特惠税率（%）①/②	Article Description
巴基斯坦	冰岛	哥斯达黎加	秘鲁	新西兰	瑞士	新加坡	韩国	澳大利亚	格鲁吉亚	毛里求斯	日本RCEP	尼加拉瓜	港澳台		
22.5	0	0		0		0	22.5	0	0	10.7			0/		Cross-country cars(4WD) with both compression-ignition internal combustion piston engine (diesel or semidiesel) of which the cylinder capacity exceeding 2.5L but not exceeding 3L and electric motor as motors for propulsion, other than those capable of being charged by plugging to external source of electric power
22.5	0	0		0		0	22.5	0	0	10.7			0/		Complete kits of parts of cross-country cars(4WD) with both compression-ignition internal combustion piston engine (diesel or semidiesel) of which the cylinder capacity exceeding 2.5L but not exceeding 3L and electric motor as motors for propulsion, other than those capable of being charged by plugging to external source of electric power
															----Station wagons (with 9 seats or less)
22.5	0	0		0		0		0	0	10.7			0/		Station wagons (with 9 seats or less) with both compression-ignition internal combustion piston engine (diesel or semidiesel) of which the cylinder capacity exceeding 2.5L but not exceeding 3L and electric motor as motors for propulsion, other than those capable of being charged by plugging to external source of electric power
22.5	0	0		0		0		0	0	10.7			0/		Complete kits of parts of station wagons (with 9 seats or less) with both compression-ignition internal combustion piston engine (diesel or semidiesel) of which the cylinder capacity exceeding 2.5L but not exceeding 3L and electric motor as motors for propulsion, other than those capable of being charged by plugging to external source of electric power
															----Other
22.5	0	0		0		0		0	0	10.7		14	0/		Other motor vehicles principally designed for the transport of persons with both compression-ignition internal combustion piston engine (diesel or semidiesel) of which the cylinder capacity exceeding 2.5L but not exceeding 3L and electric motor as motors for propulsion, other than those capable of being charged by plugging to external source of electric power
22.5	0	0		0		0		0	0	10.7		14	0/		Complete kits of parts of other motor vehicles principally designed for the transport of persons with both compression-ignition internal combustion piston engine (diesel or semidiesel) of which the cylinder capacity exceeding 2.5L but not exceeding 3L and electric motor as motors for propulsion, other than those capable of being charged by plugging to external source of electric power
															--- Of a cylinder capacity exceeding 3000cc, but not exceeding 4000cc:
															----Saloon cars
22.5	0	0		0		0		0	0	10.7		14	0/	/0	Saloon cars with both compression-ignition internal combustion piston engine (diesel or semidiesel) of which the cylinder capacity exceeding 3L but not exceeding 4L and electric motor as motors for propulsion, other than those capable of being charged by plugging to external source of electric power

税　号	货品名称	进口关税（%）			增值/消费税（%）	出口退税（%）	计量单位	监管证件代码	检验检疫类别	协定税率（%）		
		最惠国	普通	年内暂定						东盟	亚太	智利
87035061.90	同时装有压燃式活塞内燃发动机（柴油或半柴油发动机，3升<排量≤4升）及驱动电动机的小轿车的成套散件（可通过接插外部电源进行充电的除外）	15	270		13/25	13	辆/千克	46Oxy		0	13.5	0
8703.5062	----越野车（4轮驱动）											
87035062.10	同时装有压燃式活塞内燃发动机（柴油或半柴油发动机，3升<排量≤4升）及驱动电动机的4轮驱动越野车（可通过接插外部电源进行充电的除外）	15	270		13/25	13	辆/千克	46AOxy	LM/	0	13.5	0
87035062.90	同时装有压燃式活塞内燃发动机（柴油或半柴油发动机，3升<排量≤4升）及驱动电动机的4轮驱动越野车的成套散件（可通过接插外部电源进行充电的除外）	15	270		13/25	13	辆/千克	46Oxy		0	13.5	0
8703.5063	----9座及以下的小客车											
87035063.10	同时装有压燃式活塞内燃发动机（柴油或半柴油发动机，3升<排量≤4升）及驱动电动机的小客车（9座及以下，可通过接插外部电源进行充电的除外）	15	270		13/25	13	辆/千克	46AOxy	LM/	0	13.5	0
87035063.90	同时装有压燃式活塞内燃发动机（柴油或半柴油发动机，3升<排量≤4升）及驱动电动机的小客车的成套散件（9座及以下，可通过接插外部电源进行充电的除外）	15	270		13/25	13	辆/千克	46Oxy		0	13.5	0
8703.5069	----其他											
87035069.10	同时装有压燃式活塞内燃发动机（柴油或半柴油发动机，3升<排量≤4升）及驱动电动机的其他载人车辆（可通过接插外部电源进行充电的除外）	15	270		13/25	13	辆/千克	46AOxy	LM/	0	13.5	0
87035069.90	同时装有压燃式活塞内燃发动机（柴油或半柴油发动机，3升<排量≤4升）及驱动电动机的其他载人车辆的成套散件（可通过接插外部电源进行充电的除外）	15	270		13/25	13	辆/千克	46Oxy		0	13.5	0
	--- 气缸容量（排气量）超过4000毫升：											
8703.5071	----小轿车											

协定税率（%）														特惠税率（%）①/②	Article Description
巴基斯坦	冰岛	哥斯达黎加	秘鲁	新西兰	瑞士	新加坡	韩国	澳大利亚	格鲁吉亚	毛里求斯	日本RCEP	尼加拉瓜	港澳台		
22.5	0	0		0		0		0	0	10.7		14	0/	/0	Complete kits of parts of saloon cars with both compression-ignition internal combustion piston engine (diesel or semidiesel) of which the cylinder capacity exceeding 3L but not exceeding 4L and electric motor as motors for propulsion, other than those capable of being charged by plugging to external source of electric power
															----Cross-country cars (4WD)
22.5	0	0		0		0		0	0	10.7		14	0/	/0	Cross-country cars(4WD) with both compression-ignition internal combustion piston engine (diesel or semidiesel) of which the cylinder capacity exceeding 3L but not exceeding 4L and electric motor as motors for propulsion, other than those capable of being charged by plugging to external source of electric power
22.5	0	0		0		0		0	0	10.7		14	0/	/0	Complete kits of parts of cross-country cars(4WD) with both compression-ignition internal combustion piston engine (diesel or semidiesel) of which the cylinder capacity exceeding 3L but not exceeding 4L and electric motor as motors for propulsion, other than those capable of being charged by plugging to external source of electric power
															----Station wagons (with 9 seats or less)
22.5	0	0		0		0		0	0	10.7		14	0/	/0	Station wagons (with 9 seats or less) with both compression-ignition internal combustion piston engine (diesel or semidiesel) of which the cylinder capacity exceeding exceeding 3L but not exceeding 4L and electric motor as motors for propulsion, other than those capable of being charged by plugging to external source of electric power
22.5	0	0		0		0		0	0	10.7		14	0/	/0	Complete kits of parts of station wagons (with 9 seats or less) with both compression-ignition internal combustion piston engine (diesel or semidiesel) of which the cylinder capacity exceeding 3L but not exceeding 4L and electric motor as motors for propulsion, other than those capable of being charged by plugging to external source of electric power
															----Other
22.5	0	0		0		0		0	0	10.7		14	0/	/0	Other motor vehicles principally designed for the transport of persons with both compression-ignition internal combustion piston engine (diesel or semidiesel) of which the cylinder capacity exceeding 3L but not exceeding 4L and electric motor as motors for propulsion, other than those capable of being charged by plugging to external source of electric power
22.5	0	0		0		0		0	0	10.7		14	0/	/0	Complete kits of parts of other motor vehicles principally designed for the transport of persons with both compression-ignition internal combustion piston engine (diesel or semidiesel) of which the cylinder capacity exceeding 3L but not exceeding 4L and electric motor as motors for propulsion, other than those capable of being charged by plugging to external source of electric power
															--- Of a cylinder capacity exceeding 4000cc:
															----Saloon cars

税　号	货品名称	进口关税（%）			增值/消费税（%）	出口退税（%）	计量单位	监管证件代码	检验检疫类别	协定税率（%）		
		最惠国	普通	年内暂定						东盟	亚太	智利
87035071.10	同时装有压燃式活塞内燃发动机（柴油或半柴油发动机，排量>4升）及驱动电动机的小轿车（可通过接插外部电源进行充电的除外）	15	270		13/40	13	辆/千克	46AOxy	LM/	0	13.5	0
87035071.90	同时装有压燃式活塞内燃发动机（柴油或半柴油发动机，排量>4升）及驱动电动机的小轿车的成套散件（可通过接插外部电源进行充电的除外）	15	270		13/40	13	辆/千克	46Oxy		0	13.5	0
8703.5072	----越野车（4轮驱动）											
87035072.10	同时装有压燃式活塞内燃发动机（柴油或半柴油发动机，排量>4升）及驱动电动机的4轮驱动越野车（可通过接插外部电源进行充电的除外）	15	270		13/40	13	辆/千克	46AOxy	LM/	0	13.5	0
87035072.90	同时装有压燃式活塞内燃发动机（柴油或半柴油发动机，排量>4升）及驱动电动机的4轮驱动越野车的成套散件（可通过接插外部电源进行充电的除外）	15	270		13/40	13	辆/千克	46Oxy		0	13.5	0
8703.5073	----9座及以下的小客车											
87035073.10	同时装有压燃式活塞内燃发动机（柴油或半柴油发动机，排量>4升）及驱动电动机的小客车（9座及以下，可通过接插外部电源进行充电的除外）	15	270		13/40	13	辆/千克	46AOxy	LM/	0	13.5	0
87035073.90	同时装有压燃式活塞内燃发动机（柴油或半柴油发动机，排量>4升）及驱动电动机的小客车的成套散件（9座及以下，可通过接插外部电源进行充电的除外）	15	270		13/40	13	辆/千克	46Oxy		0	13.5	0
8703.5079	----其他											
87035079.10	同时装有压燃式活塞内燃发动机（柴油或半柴油发动机，排量>4升）及驱动电动机的其他载人车辆（可通过接插外部电源进行充电的除外）	15	270		13/40	13	辆/千克	46AOxy	LM/	0	13.5	0
87035079.90	同时装有压燃式活塞内燃发动机（柴油或半柴油发动机，排量>4升）及驱动电动机的其他载人车辆的成套散件（可通过接插外部电源进行充电的除外）	15	270		13/40	13	辆/千克	46Oxy		0	13.5	0

协定税率（%）														特惠税率（%）①/②	Article Description
巴基斯坦	冰岛	哥斯达黎加	秘鲁	新西兰	瑞士	新加坡	韩国	澳大利亚	格鲁吉亚	毛里求斯	日本RCEP	尼加拉瓜	港澳台		
22.5	0	0		0		0		0	0	10.7		14	0/	/0	Saloon cars with both compression-ignition internal combustion piston engine (diesel or semidiesel) of which the cylinder capacity exceeding 4L and electric motor as motors for propulsion, other than those capable of being charged by plugging to external source of electric power
22.5	0	0		0		0		0	0	10.7		14	0/	/0	Complete kits of parts of saloon cars with both compression-ignition internal combustion piston engine (diesel or semidiesel) of which the cylinder capacity exceeding 4L and electric motor as motors for propulsion, other than those capable of being charged by plugging to external source of electric power
															----Cross-country cars (4WD)
22.5	0	0		0		0		0	0	10.7		14	0/	/0	Cross-country cars(4WD) with both compression-ignition internal combustion piston engine (diesel or semidiesel) of which the cylinder capacity exceeding 4L and electric motor as motors for propulsion, other than those capable of being charged by plugging to external source of electric power
22.5	0	0		0		0		0	0	10.7		14	0/	/0	Complete kits of parts of cross-country cars(4WD) with both compression-ignition internal combustion piston engine (diesel or semidiesel) of which the cylinder capacity exceeding 4L and electric motor as motors for propulsion, other than those capable of being charged by plugging to external source of electric power
															----Station wagons (with 9 seats or less)
22.5	0	0		0		0		0	0	10.7		14	0/	/0	Station wagons (with 9 seats or less) with both compression-ignition internal combustion piston engine (diesel or semidiesel) of which the cylinder capacity exceeding exceeding 4L and electric motor as motors for propulsion, other than those capable of being charged by plugging to external source of electric power
22.5	0	0		0		0		0	0	10.7		14	0/	/0	Complete kits of parts of station wagons (with 9 seats or less) with both compression-ignition internal combustion piston engine (diesel or semidiesel) of which the cylinder capacity exceeding 4L and electric motor as motors for propulsion, other than those capable of being charged by plugging to external source of electric power
															----Other
22.5	0	0		0		0		0	0	10.7		14	0/	/0	Other motor vehicles principally designed for the transport of persons with both compression-ignition internal combustion piston engine (diesel or semidiesel) of which the cylinder capacity exceeding 4L and electric motor as motors for propulsion, other than those capable of being charged by plugging to external source of electric power
22.5	0	0		0		0		0	0	10.7		14	0/	/0	Complete kits of parts of other motor vehicles principally designed for the transport of persons with both compression-ignition internal combustion piston engine (diesel or semidiesel) of which the cylinder capacity exceeding 4L and electric motor as motors for propulsion, other than those capable of being charged by plugging to external source of electric power

税　号	货品名称	进口关税（%）			增值/消费税（%）	出口退税（%）	计量单位	监管证件代码	检验检疫类别	协定税率（%）		
		最惠国	普通	年内暂定						东盟	亚太	智利
	- 同时装有点燃式活塞内燃发动机及驱动电动机、可通过接插外部电源进行充电的其他车辆：											
	--- 气缸容量（排气量）不超过1000毫升：											
8703.6011	---- 小轿车	15	270		13/1	13	辆/千克	46AO	LM/		13.5	0
8703.6012	---- 越野车（4轮驱动）	15	270		13/1	13	辆/千克	46AO	LM/		13.5	0
8703.6013	----9座及以下的小客车	15	270		13/1	13	辆/千克	46AO	LM/		13.5	0
8703.6019	---- 其他	15	270		13/1	13	辆/千克	46AO	LM/		13.5	0
	--- 气缸容量（排气量）超过1000毫升，但不超过1500毫升：											
8703.6021	---- 小轿车	15	270		13/3	13	辆/千克	46AO	LM/		13.5	0
8703.6022	---- 越野车（4轮驱动）	15	270		13/3	13	辆/千克	46AO	LM/		13.5	0
8703.6023	----9座及以下的小客车	15	270		13/3	13	辆/千克	46AO	LM/		13.5	0
8703.6029	---- 其他	15	270		13/3	13	辆/千克	46AO	LM/		13.5	0
	--- 气缸容量（排气量）超过1500毫升，但不超过2000毫升：											
8703.6031	---- 小轿车	15	270		13/5	13	辆/千克	46AO	LM/		13.5	0
8703.6032	---- 越野车（4轮驱动）	15	270		13/5	13	辆/千克	46AO	LM/		13.5	0
8703.6033	----9座及以下的小客车	15	270		13/5	13	辆/千克	46AO	LM/		13.5	0
8703.6039	---- 其他	15	270		13/5	13	辆/千克	46AO	LM/		13.5	0
	--- 气缸容量（排气量）超过2000毫升，但不超过2500毫升：											
8703.6041	---- 小轿车	15	270		13/9	13	辆/千克	46AO	LM/		13.5	0
8703.6042	---- 越野车（4轮驱动）	15	270		13/9	13	辆/千克	46AO	LM/		13.5	0
8703.6043	----9座及以下的小客车	15	270		13/9	13	辆/千克	46AO	LM/		13.5	0
8703.6049	---- 其他	15	270		13/9	13	辆/千克	46AO	LM/		13.5	0
	--- 气缸容量（排气量）超过2500毫升，但不超过3000毫升：											
8703.6051	---- 小轿车	15	270		13/12	13	辆/千克	46AO	LM/		13.5	0
8703.6052	---- 越野车（4轮驱动）	15	270		13/12	13	辆/千克	46AO	LM/		13.5	0
8703.6053	----9座及以下的小客车	15	270		13/12	13	辆/千克	46AO	LM/		13.5	0
8703.6059	---- 其他	15	270		13/12	13	辆/千克	46AO	LM/		13.5	0
	--- 气缸容量（排气量）超过3000毫升，但不超过4000毫升：											
8703.6061	---- 小轿车	15	270		13/25	13	辆/千克	46AO	LM/		13.5	0
8703.6062	---- 越野车（4轮驱动）	15	270		13/25	13	辆/千克	46AO	LM/		13.5	0
8703.6063	----9座及以下的小客车	15	270		13/25	13	辆/千克	46AO	LM/		13.5	0
8703.6069	---- 其他	15	270		13/25	13	辆/千克	46AO	LM/		13.5	0
	--- 气缸容量（排气量）超过4000毫升：											
8703.6071	---- 小轿车	15	270		13/40	13	辆/千克	46AO	LM/		13.5	0
8703.6072	---- 越野车（4轮驱动）	15	270		13/40	13	辆/千克	46AO	LM/		13.5	0
8703.6073	----9座及以下的小客车	15	270		13/40	13	辆/千克	46AO	LM/		13.5	0
8703.6079	---- 其他	15	270		13/40	13	辆/千克	46AO	LM/		13.5	0
	- 同时装有压燃式活塞内燃发动机（柴油或半柴油发动机）及驱动电动机、可通过接插外部电源进行充电的其他车辆：											
	--- 气缸容量（排气量）不超过1000毫升：											
8703.7011	---- 小轿车	15	270		13/1	13	辆/千克	46AO	LM/	0	13.5	0
8703.7012	---- 越野车（4轮驱动）	15	270		13/1	13	辆/千克	46AO	LM/	0	13.5	0
8703.7013	----9座及以下的小客车	15	270		13/1	13	辆/千克	46AO	LM/	0	13.5	0
8703.7019	---- 其他	15	270		13/1	13	辆/千克	46AO	LM/	0	13.5	0
	--- 气缸容量（排气量）超过1000毫升，但不超过1500毫升：											
8703.7021	---- 小轿车	15	270		13/3	13	辆/千克	46AO	LM/	0	13.5	0

协定税率（%）														特惠税率（%）①/②	Article Description
巴基斯坦	冰岛	哥斯达黎加	秘鲁	新西兰	瑞士	新加坡	韩国	澳大利亚	格鲁吉亚	毛里求斯	日本RCEP	尼加拉瓜	港澳台		
															- Other vehicles, with both spark-ignition internal combustion piston engine and electric motor as motors for propulsion, capable of being charged by plugging to external source of electric power:
															--- Of a cylinder capacity not exceeding 1000cc:
22.5	0	0		0				0		10.7		14	0/		----Saloon cars
22.5	0	0		0				0		10.7		14	0/		----Cross-country cars (4WD)
22.5	0	0		0				0		10.7		14	0/		----Station wagons (with 9 seats or less)
22.5	0	0		0				0		10.7		14	0/		----Other
															--- Of a cylinder capacity exceeding 1000cc, but not exceeding 1500cc:
22.5	0	0		0				0		10.7		14	0/		----Saloon cars
22.5	0	0		0				0		10.7		14	0/		----Cross-country cars (4WD)
22.5	0	0		0				0		10.7		14	0/		----Station wagons (with 9 seats or less)
22.5	0	0		0				0		10.7		14	0/		----Other
															--- Of a cylinder capacity exceeding 1500cc, but not exceeding 2000cc:
22.5	0	0		0				0		10.7		14	0/		----Saloon cars
22.5	0	0		0				0		10.7		14	0/		----Cross-country cars (4WD)
22.5	0	0		0				0		10.7		14	0/		----Station wagons (with 9 seats or less)
22.5	0	0		0				0		10.7		14	0/		----Other
															--- Of a cylinder capacity exceeding 2000cc, but not exceeding 2500cc:
22.5	0	0		0				0		10.7		14	0/		----Saloon cars
22.5	0	0		0				0		10.7		14	0/		----Cross-country cars (4WD)
22.5	0	0		0				0		10.7		14	0/		----Station wagons (with 9 seats or less)
22.5	0	0		0				0		10.7		14	0/		----Other
															--- Of a cylinder capacity exceeding 2500cc, but not exceeding 3000cc:
22.5	0	0		0				0		10.7	15	14	0/		----Saloon cars
22.5	0	0		0				0		10.7	15	14	0/		----Cross-country cars (4WD)
22.5	0	0		0				0		10.7	15	14	0/		----Station wagons (with 9 seats or less)
22.5	0	0		0				0		10.7	15	14	0/		----Other
															--- Of a cylinder capacity exceeding 3000cc, but not exceeding 4000cc:
22.5	0	0		0				0		10.7	15	14	0/		----Saloon cars
22.5	0	0		0				0		10.7	15	14	0/		----Cross-country cars (4WD)
22.5	0	0		0				0		10.7	15	14	0/		----Station wagons (with 9 seats or less)
22.5	0	0		0				0		10.7	15	14	0/		----Other
															--- Of a cylinder capacity exceeding 4000cc:
22.5	0	0		0				0		10.7		14	0/		----Saloon cars
22.5	0	0		0				0		10.7		14	0/		----Cross-country cars (4WD)
22.5	0	0		0				0		10.7		14	0/		----Station wagons (with 9 seats or less)
22.5	0	0		0				0		10.7		14	0/		----Other
															- Other vehicles, with both compression-ignition internal combustion piston engine (diesel or semi-diesel) and electric motor as motors for propulsion, capable of being charged by plugging to external source of electric power:
															--- Of a cylinder capacity not exceeding 1000cc:
	0	0	0	0		0	22.5	0	0	10.7		14	0/	0/0	----Saloon cars
	0	0	0	0		0	22.5	0	0	10.7		14	0/	0/0	----Cross-country cars (4WD)
	0	0	0	0		0	22.5	0	0	10.7		14	0/	0/0	----Station wagons (with 9 seats or less)
	0	0	0	0		0	22.5	0	0	10.7		14	0/	0/0	----Other
															--- Of a cylinder capacity exceeding 1000cc, but not exceeding 1500cc:
	0	0	0	0		0	22.5	0	0	10.7		14	0/	0/0	----Saloon cars

税 号	货品名称	进口关税（%）			增值/消费税（%）	出口退税（%）	计量单位	监管证件代码	检验检疫类别	协定税率（%）		
		最惠国	普通	年内暂定						东盟	亚太	智利
8703.7022	---- 越野车（4轮驱动）	15	270		13/3	13	辆/千克	46AO	LM/	0	13.5	0
8703.7023	----9座及以下的小客车	15	270		13/3	13	辆/千克	46AO	LM/	0	13.5	0
8703.7029	---- 其他	15	270		13/3	13	辆/千克	46AO	LM/	0	13.5	0
	--- 气缸容量（排气量）超过1500毫升，但不超过2000毫升：											
8703.7031	---- 小轿车	15	270		13/5	13	辆/千克	46AO	LM/	0	13.5	0
8703.7032	---- 越野车（4轮驱动）	15	270		13/5	13	辆/千克	46AO	LM/	0	13.5	0
8703.7033	----9座及以下的小客车	15	270		13/5	13	辆/千克	46AO	LM/	0	13.5	0
8703.7039	---- 其他	15	270		13/5	13	辆/千克	46AO	LM/	0	13.5	0
	--- 气缸容量（排气量）超过2000毫升，但不超过2500毫升：											
8703.7041	---- 小轿车	15	270		13/9	13	辆/千克	46AO	LM/	0	13.5	0
8703.7042	---- 越野车（4轮驱动）	15	270		13/9	13	辆/千克	46AO	LM/	0	13.5	0
8703.7043	----9座及以下的小客车	15	270		13/9	13	辆/千克	46AO	LM/	0	13.5	0
8703.7049	---- 其他	15	270		13/9	13	辆/千克	46AO	LM/	0	13.5	0
	--- 气缸容量（排气量）超过2500毫升，但不超过3000毫升：											
8703.7051	---- 小轿车	15	270		13/12	13	辆/千克	46AO	LM/	0	13.5	0
8703.7052	---- 越野车（4轮驱动）	15	270		13/12	13	辆/千克	46AO	LM/	0	13.5	0
8703.7053	----9座及以下的小客车	15	270		13/12	13	辆/千克	46AO	LM/	0	13.5	0
8703.7059	---- 其他	15	270		13/12	13	辆/千克	46AO	LM/	0	13.5	0
	--- 气缸容量（排气量）超过3000毫升，但不超过4000毫升：											
8703.7061	---- 小轿车	15	270		13/25	13	辆/千克	46AO	LM/	0	13.5	0
8703.7062	---- 越野车（4轮驱动）	15	270		13/25	13	辆/千克	46AO	LM/	0	13.5	0
8703.7063	----9座及以下的小客车	15	270		13/25	13	辆/千克	46AO	LM/	0	13.5	0
8703.7069	---- 其他	15	270		13/25	13	辆/千克	46AO	LM/	0	13.5	0
	--- 气缸容量（排气量）超过4000毫升：											
8703.7071	---- 小轿车	15	270		13/40	13	辆/千克	46AO	LM/	0	13.5	0
8703.7072	---- 越野车（4轮驱动）	15	270		13/40	13	辆/千克	46AO	LM/	0	13.5	0
8703.7073	----9座及以下的小客车	15	270		13/40	13	辆/千克	46AO	LM/	0	13.5	0
8703.7079	---- 其他	15	270		13/40	13	辆/千克	46AO	LM/	0	13.5	0
8703.8000	- 仅装有驱动电动机的其他车辆											
87038000.10	旧的仅装有驱动电动机的其他车辆	15	270		13	13	辆/千克	46Axy	M/	0	13.5	0
87038000.90	其他仅装有驱动电动机的其他车辆	15	270		13	13	辆/千克	6AO	LM/	0	13.5	0
8703.9000	- 其他											
87039000.21	其他型排气量≤1升的其他载人车辆	15	270		13/1	13	辆/千克	46AOxy	LM/	0	13.5	0
87039000.22	其他型1升<排气量≤1.5升的其他载人车辆	15	270		13/3	13	辆/千克	46AOxy	LM/	0	13.5	0
87039000.23	其他型1.5升<排气量≤2升的其他载人车辆	15	270		13/5	13	辆/千克	46AOxy	LM/	0	13.5	0
87039000.24	其他型2升<排气量≤2.5升的其他载人车辆	15	270		13/9	13	辆/千克	46AOxy	LM/	0	13.5	0
87039000.25	其他型2.5升<排气量≤3升的其他载人车辆	15	270		13/12	13	辆/千克	46AOxy	LM/	0	13.5	0
87039000.26	其他型3升<排气量≤4升的其他载人车辆	15	270		13/25	13	辆/千克	46AOxy	LM/	0	13.5	0
87039000.27	其他型排气量>4升的其他载人车辆	15	270		13/40	13	辆/千克	46AOxy	LM/	0	13.5	0

协定税率（%）巴基斯坦	冰岛	哥斯达黎加	秘鲁	新西兰	瑞士	新加坡	韩国	澳大利亚	格鲁吉亚	毛里求斯	日本RCEP	尼加拉瓜	港澳台	特惠税率（%）①/②	Article Description
	0	0	0	0		0	22.5	0	0	10.7		14	0/	0/0	----Cross-country cars (4WD)
	0	0	0	0		0	22.5	0	0	10.7		14	0/	0/0	----Station wagons (with 9 seats or less)
	0	0	0	0		0	22.5	0	0	10.7		14	0/	0/0	----Other
															--- Of a cylinder capacity exceeding 1500cc, but not exceeding 2000cc:
	0	0	0	0		0	22.5	0	0	10.7		14	0/	0/0	----Saloon cars
	0	0	0	0		0	22.5	0	0	10.7		14	0/	0/0	----Cross-country cars (4WD)
	0	0	0	0		0	22.5	0	0	10.7		14	0/	0/0	----Station wagons (with 9 seats or less)
	0	0	0	0		0	22.5	0	0	10.7		14	0/	0/0	----Other
															--- Of a cylinder capacity exceeding 2000cc, but not exceeding 2500cc:
	0	0	0	0		0	22.5	0	0	10.7		14	0/	0/0	----Saloon cars
	0	0	0	0		0	22.5	0	0	10.7		14	0/	0/0	----Cross-country cars (4WD)
	0	0	0	0		0	22.5	0	0	10.7		14	0/	0/0	----Station wagons (with 9 seats or less)
	0	0	0	0		0	22.5	0	0	10.7		14	0/	0/0	----Other
															--- Of a cylinder capacity exceeding 2500cc, but not exceeding 3000cc:
	0	0	0	0		0	22.5	0	0	10.7		14	0/	0/0	----Saloon cars
	0	0	0	0		0	22.5	0	0	10.7		14	0/	0/0	----Cross-country cars (4WD)
	0	0	0	0		0	22.5	0	0	10.7		14	0/	0/0	----Station wagons (with 9 seats or less)
	0	0	0	0		0	22.5	0	0	10.7		14	0/	0/0	----Other
															--- Of a cylinder capacity exceeding 3000cc, but not exceeding 4000cc:
	0	0	0	0		0	22.5	0	0	10.7		14	0/	0/0	----Saloon cars
	0	0	0	0		0	22.5	0	0	10.7		14	0/	0/0	----Cross-country cars (4WD)
	0	0	0	0		0	22.5	0	0	10.7		14	0/	0/0	----Station wagons (with 9 seats or less)
	0	0	0	0		0	22.5	0	0	10.7		14	0/	0/0	----Other
															--- Of a cylinder capacity exceeding 4000cc:
	0	0	0	0		0	22.5	0	0	10.7		14	0/	0/0	----Saloon cars
	0	0	0	0		0	22.5	0	0	10.7		14	0/	0/0	----Cross-country cars (4WD)
	0	0	0	0		0	22.5	0	0	10.7		14	0/	0/0	----Station wagons (with 9 seats or less)
	0	0	0	0		0	22.5	0	0	10.7		14	0/	0/0	----Other
															- Other vehicles, with only electric motor for propulsion
22.5	0	0	0	0		0	22.5	0	0	10.7	15	14	0/	0/0	Other used vehicles, with only electric motor for propulsion
22.5	0	0	0	0		0	22.5	0	0	10.7	15	14	0/	0/0	Other vehicles, with only electric motor for propulsion
															- Other
22.5	0	0	0	0		0	22.5	0	0	10.7	15	14	0/	0/0	Other motor vehicles principally designed for the transport of persons with a cylinder capacity not exceeding 1L
22.5	0	0	0	0		0	22.5	0	0	10.7	15	14	0/	0/0	Other motor vehicles principally designed for the transport of persons with a cylinder capacity exceeding 1L but not exceeding 1.5L
22.5	0	0	0	0		0	22.5	0	0	10.7	15	14	0/	0/0	Other motor vehicles principally designed for the transport of persons with a cylinder capacity exceeding 1.5L but not exceeding 2L
22.5	0	0	0	0		0	22.5	0	0	10.7	15	14	0/	0/0	Other motor vehicles principally designed for the transport of persons with a cylinder capacity exceeding 2L but not exceeding 2.5L
22.5	0	0	0	0		0	22.5	0	0	10.7	15	14	0/	0/0	Other motor vehicles principally designed for the transport of persons with a cylinder capacity exceeding 2.5L but not exceeding 3L
22.5	0	0	0	0		0	22.5	0	0	10.7	15	14	0/	0/0	Other motor vehicles principally designed for the transport of persons with a cylinder capacity exceeding 3L but not exceeding 4L
22.5	0	0	0	0		0	22.5	0	0	10.7	15	14	0/	0/0	Other motor vehicles principally designed for the transport of persons with a cylinder capacity exceeding 4L

税 号	货品名称	进口关税（%） 最惠国	普通	年内暂定	增值/消费税（%）	出口退税（%）	计量单位	监管证件代码	检验检疫类别	协定税率（%） 东盟	亚太	智利
87039000.29	其他无法区分排气量的载人车辆	15	270		13	13	辆/千克	6AO	LM/	0	13.5	0
87039000.90	税号8703.9000所列车辆的成套散件	15	270		13	13	辆/千克	6O		0	13.5	0
87.04	货运机动车辆:											
	- 非公路用自卸车:											
8704.1030	--- 电动轮货运自卸车	6	20		13	13	辆/千克	6A	M/	0		0
8704.1090	--- 其他	6	20		13	13	辆/千克	6A	M/	0		0
	- 仅装有压燃式活塞内燃发动机（柴油或半柴油发动机）的其他货车:											
8704.2100	-- 车辆总重量不超过5吨	15	70		13	13	辆/千克	46AOxy	LM/			0
	-- 车辆总重量超过5吨，但不超过20吨:											
8704.2230	--- 车辆总重量超过5吨，但小于14吨	15	70		13	13	辆/千克	46Axy	LM/	5	13.5	0
8704.2240	--- 车辆总重量在14吨及以上，但不超过20吨	15	40		13	13	辆/千克	46Axy	LM/	5	13.5	0
8704.2300	-- 车辆总重量超过20吨											
87042300.10	固井水泥车、压裂车、混砂车、连续油管车、液氮泵车用底盘（动力装置仅装有压燃式活塞内燃发动机，车辆总重量>35吨，装驾驶室）	15	40	10	13	13	辆/千克	46AOxy	LM/	5		0
87042300.20	起重≥55吨汽车起重机用底盘（动力装置仅装有压燃式活塞内燃发动机）	15	40		13	13	辆/千克	46AOxy	LM/	5		0
87042300.30	车辆总重量≥31吨清障车专用底盘（动力装置仅装有压燃式活塞内燃发动机）	15	40	10	13	13	辆/千克	46AOxy	LM/	5		0
87042300.90	柴油型的其他超重型货车（仅装有压燃式活塞内燃发动机，超重型指车辆总重量>20吨）	15	40		13	13	辆/千克	46AOxy	LM/	5		0
	- 仅装有点燃式活塞内燃发动机的其他货车:											
8704.3100	-- 车辆总重量不超过5吨	15	70		13	13	辆/千克	46AOxy	LM/	5		0
	-- 车辆总重量超过5吨:											
8704.3230	--- 车辆总重量超过5吨，但不超过8吨	15	70		13	13	辆/千克	46Axy	LM/	5		0
8704.3240	--- 车辆总重量超过8吨	15	70		13	13	辆/千克	46Axy	LM/	5		0
	- 同时装有压燃式活塞内燃发动机（柴油或半柴油发动机）及驱动电动机的其他货车:											
8704.4100	-- 车辆总重量不超过5吨	15	70		13	13	辆/千克	46AOxy	LM/			0
	-- 车辆总重量超过5吨，但不超过20吨:											
8704.4210	--- 车辆总重量超过5吨，但小于14吨	15	70		13	13	辆/千克	46Axy	LM/	5	13.5	0
8704.4220	--- 车辆总重量在14吨及以上，但不超过20吨	15	40		13	13	辆/千克	46Axy	LM/	5	13.5	0
8704.4300	-- 车辆总重量超过20吨											
87044300.10	固井水泥车、压裂车、混砂车、连续油管车、液氮泵车用底盘[（动力装置为同时装有压燃式活塞内燃发动机（柴油或半柴油发动机）及驱动电动机，车辆总重量>35吨，装驾驶室]	15	40	10	13	13	辆/千克	46AOxy	LM/	5		0

协定税率（%）														特惠税率（%）①/②	Article Description
巴基斯坦	冰岛	哥斯达黎加	秘鲁	新西兰	瑞士	新加坡	韩国	澳大利亚	格鲁吉亚	毛里求斯	日本RCEP	尼加拉瓜	港澳台		
22.5	0	0	0	0		0	22.5	0	0	10.7	15	14	0/	0/0	Other motor vehicles principally designed for the transport of persons with a cylinder capacity can not be distinguished
22.5	0	0	0	0		0	22.5	0	0	10.7	15	14	0/	0/0	Complete parts of the motor vehicles of 8703.9000
															Motor vehicles for the transport of goods:
															- Dumpers designed for off-highway use:
0	0	0	0	0	0		0	0	0	0	4.9	0	0/	0/0	--- Electromobile dumpers for the transport of goods
0	0	0	0	0	0		0	0	0	0	4.4	0	0/	0/0	--- Other
															- Other, with only compression-ignition internal combustion piston engine (diesel or semi-diesel):
	0	0		0			12.5	0	0	10.7		14	0/	/0	-- G.v.w. not exceeding 5 tonnes
															-- G.v.w. exceeding 5 tonnes but not exceeding 20 tonnes:
18	0	0	0	0	0		6.6	0	0	8.6		14	0/	0/0	--- G.v.w.exceeding 5 tonnes but less than 14 tonnes
18	0	0	0	0	0		6.6	0	0	8.6		14	0/	0/0	--- G.v.w.of 14 tonnes or more but not exceeding 20 tonnes
															-- G.v.w. exceeding 20 tonnes
	0	0		0	0		5	0	0	0		14	0/	/0	Chassis of cementing unit trucks, fracturing unit trucks, mixing sand trucks, coiled tubing unit trucks and liquid nitrogen pump trucks (with only compression-ignition internal combustion piston engine, g.v.w>35t, incorapating cabs)
	0	0		0	0		5	0	0	0		14	0/	/0	Chassis for crane lorries (lifting capacity≥55 tons, with only compression-ignition internal combustion piston engine)
	0	0		0	0		5	0	0	0		14	0/	/0	Chassis for wrecker truck (g. v. w≥31 tons, with only compression-ignition internal combustion piston engine)
	0	0		0	0		5	0	0	0		14	0/	/0	Other super-heavy truck with only compression-ignition internal combustion piston engine (diesel, g. v. w.>20 tons)
															- Other, with only spark ignition internal combustion piston engine:
	0	0		0			12.5	0	0	10.7		14	0/	/0	-- G.v.w. not exceeding 5 tonnes
															-- G.v.w. exceeding 5 tonnes:
	0	0	0	0	0		6.6	0	0	8.6		14	0/	0/0	--- G.v.w.exceeding 5 tons, but not exceeding 8 tonnes
	0	0	0	0	0		6.6	0	0	8.6		14	0/	0/0	--- G.v.w.exceeding 8 tonnes
															- Other, with both compression-ignition internal combustion piston engine (diesel or semi-diesel) and electric motor as motors for propulsion:
	0	0		0			12.5	0	0	10.7		14	0/	/0	-- G.v.w. not exceeding 5 tonnes
															-- G.v.w. exceeding 5 tonnes but not exceeding 20 tonnes:
18	0	0	0	0	0		6.6	0	0	8.6		14	0/	0/0	--- G.v.w.exceeding 5 tonnes but less than 14 tonnes
18	0	0	0	0	0		6.6	0	0	8.6		14	0/	0/0	--- G.v.w.of 14 tonnes or more but not exceeding 20 tonnes
															-- G.v.w. exceeding 20 tonnes
	0	0		0	0		5	0	0	0		14	0/	/0	Chassis of cementing unit trucks, fracturing unit trucks, mixing sand trucks, coiled tubing unit trucks and liquid nitrogen pump trucks (with both compression-ignition internal combustion piston engine (diesel or semi diesel engine) and electric motor as motors for propulsion, g.v.w>35t, incorapating cabs)

税　号	货品名称	进口关税（%）最惠国	普通	年内暂定	增值/消费税（%）	出口退税（%）	计量单位	监管证件代码	检验检疫类别	协定税率（%）东盟	亚太	智利
87044300.20	起重≥55吨汽车起重机用底盘[动力装置为同时装有压燃式活塞内燃发动机（柴油或半柴油发动机）及驱动电动机]	15	40	8	13	13	辆/千克	46AOxy	LM/	5		0
87044300.30	车辆总重量≥31吨清障车专用底盘[动力装置为同时装有压燃式活塞内燃发动机（柴油或半柴油发动机）及驱动电动机]	15	40	10	13	13	辆/千克	46AOxy	LM/	5		0
87044300.90	同时装有压燃式活塞内燃发动机（柴油或半柴油发动机）及驱动电动机的其他货车，车辆总重量超过20吨	15	40		13	13	辆/千克	46AOxy	LM/	5		0
	- 同时装有点燃式活塞内燃发动机及驱动电动机的其他货车：											
8704.5100	-- 车辆总重量不超过5吨	15	70		13	13	辆/千克	46AOxy	LM/	5		0
	-- 车辆总重量超过5吨：											
8704.5210	--- 车辆总重量超过5吨，但不超过8吨	15	70		13	13	辆/千克	46Axy	LM/	5		0
8704.5220	--- 车辆总重量超过8吨	15	70		13	13	辆/千克	46Axy	LM/	5		0
8704.6000	- 仅装有驱动电动机的其他货车	15	70		13	13	辆/千克	46Axy	LM/	0		0
8704.9000	- 其他	15	70		13	13	辆/千克	46Axy	LM/	0		0
87.05	**特殊用途的机动车辆（例如，抢修车、起重车、救火车、混凝土搅拌车、道路清洁车、喷洒车、流动工场车及流动放射线检查车），但主要用于载人或运货的车辆除外：**											
	- 起重车：											
	--- 全路面起重车：											
8705.1021	---- 最大起重重量不超过50吨	15	30		13	13	辆/千克	6A	LM/	0		0
8705.1022	---- 最大起重重量超过50吨，但不超过100吨	10	30		13	13	辆/千克	6A	LM/	0		0
8705.1023	---- 最大起重重量超过100吨	10	30		13	13	辆/千克	6A	LM/	0		0
	--- 其他：											
8705.1091	---- 最大起重重量不超过50吨	15	30		13	13	辆/千克	6A	LM/	0		0
8705.1092	---- 最大起重重量超过50吨，但不超过100吨	10	30		13	13	辆/千克	6A	LM/	0		0
8705.1093	---- 最大起重重量超过100吨	10	30		13	13	辆/千克	6A	LM/	0		0
8705.2000	- 钻探车	12	17		13	13	辆/千克	6A	LM/	0		0
	- 救火车：											
8705.3010	--- 装有云梯的救火车	3	8		13	13	辆/千克	6A	M/	0		0
8705.3090	--- 其他	3	8		13	13	辆/千克	6A	M/	0		0
8705.4000	- 混凝土搅拌车	15	35		13	13	辆/千克	6A	LM/	0	13.5	0
	- 其他：											
8705.9010	--- 无线电通信车	9	35		13	13	辆/千克	6A	LM/	0	8.1	0
8705.9020	--- 放射线检查车	9	14		13	13	辆/千克	6A	LM/	0	8.1	0
8705.9030	--- 环境监测车	12	20		13	13	辆/千克	6A	LM/	0	10.8	0
8705.9040	--- 医疗车	12	30		13	13	辆/千克	6A	LM/	0	10.8	0
	--- 电源车：											
8705.9051	---- 航空电源车（频率为400赫兹）	12	30		13	13	辆/千克	6		0	10.8	0
8705.9059	---- 其他	12	30		13	13	辆/千克	6A	LM/	0	10.8	0

协定税率（%）														特惠税率（%）①/②	Article Description
巴基斯坦	冰岛	哥斯达黎加	秘鲁	新西兰	瑞士	新加坡	韩国	澳大利亚	格鲁吉亚	毛里求斯	日本RCEP	尼加拉瓜	港澳台		
	0	0		0	0		5	0	0	0		14	0/	/0	Chassis for crane lorries (lifting capacity≥55 tons, with both compression-ignition internal combustion piston engine (diesel or semi diesel engine) and electric motor as motors for propulsion)
	0	0		0	0		5	0	0	0		14	0/	/0	Chassis for wrecker truck (g. v. w≥31 tons, with both compression-ignition internal combustion piston engine (diesel or semi diesel engine) and electric motor as motors for propulsion)
	0	0		0	0		5	0	0	0		14	0/	/0	Other truck with both compression-ignition internal combustion piston engine (diesel or semi diesel engine) and electric motor as motors for propulsion (g. v. w.>20 tons)
															- Other, with both spark-ignition internal combustion piston engine and electric motor as motors for propulsion:
	0	0		0			12.5	0	0	10.7		14	0/	/0	-- G.v.w. not exceeding 5 tonnes
															-- G.v.w. exceeding 5 tonnes:
	0	0	0	0	0		6.6	0	0	8.6		14	0/	0/0	--- G.v.w.exceeding 5 tonnes but not exceeding 8 tonnes
	0	0	0	0	0		6.6	0	0	8.6		14	0/	0/0	--- G.v.w. exceeding 8 tonnes
	0	0	0	0		0	12.5	0	0	10.7		14	0/	0/0	- Other with only electric motor for propulsion
	0	0	0	0		0	12.5	0	0	10.7		14	0/	0/0	- Other
															Special purpose motor vehicles, other than those principally designed for the transport of persons or goods (for example, breakdown lorries, crane lorries, fire fighting vehicles, concrete mixer lorries, road sweeper lorries, spraying lorries, mobile workshops, mobile radiological units):
															- Crane lorries:
															--- All-road crane lorries:
6	0	0	0	0	0	0	5	0	0	0	12.2	14	0/	0/0	----Of maxium lifting capacity not more than 50 tons
0	0	0	0	0	0	0	3.3	0	0	0	7.3	9	0/	0/0	----Of a maxium lifting capacity exceeding 50 tons but not exceeding 100 tons
0	0	0	0	0	0	0	3.3	0	0	0	7.3	9	0/	0/0	----Of a maxium lifting capacity exceeding 100 tons
															--- Other:
6	0	0	0	0	0	0	5	0	0	0	12.2	14	0/	0/0	----Of maxium lifting capacity not more than 50 tons
0	0	0	0	0	0	0	3.3	0	0	0	8.1	9	0/	0/0	----Of a maxium lifting capacity exceeding 50 tons but not exceeding 100 tons
0	0	0	0	0	0	0	3.3	0	0	0	7.3	9	0/	0/0	----Of a maxium lifting capacity exceeding 100 tons
3	0	0	0	0	0	0	4	0	0	0	9.8	11.2	0/	0/0	- Mobile drilling derricks
															- Fire fighting vehicles:
0	0	0	0	0	0		1	0	0	0	2.4	0	0/	0/0	--- Mounted with scaling ladder
0	0	0	0	0	0		1	0	0	0	2.4	0	0/	0/0	--- Other
3.8	0	0	0	0	0	0	5	0	0	0	12.2	14	0/	0/0	- Concrete mixer lorries
															- Other:
0	0	0	0	0	0	0	3	0	0	0	6.5	8.1	0/	0/0	--- Radio communication vans
0	0	0	0	0	0		3	0	0	0	6.5	8.1	0/	0/0	--- Mobile radiological units
2.5	0	0	0	0	0	0	4	0	0	0	8.7	11.2	0/	0/0	--- Mobile environmental monitoring units
2.5	0	0	0	0	0	0	6	0	0	0		11.2	0/	0/0	--- Mobile clinics
															--- Mobile electric generator sets:
2.5	0	0	0	0	0	0	4	0	0	0	8.7	11.2	0/	0/0	----Airplane charging vehicles (frequency 400Hz)
2.5	0	0	0	0	0	0	4	0	0	0	8.7	11.2	0/	0/0	----Other

税号	货品名称	进口关税（%）			增值/消费税（%）	出口退税（%）	计量单位	监管证件代码	检验检疫类别	协定税率（%）		
		最惠国	普通	年内暂定						东盟	亚太	智利
8705.9060	--- 飞机加油车、调温车、除冰车	12	35		13	13	辆/千克	6A	M/	0	10.8	0
8705.9070	--- 道路（包括跑道）扫雪车	12	35		13	13	辆/千克	6A	LM/	0	10.8	0
8705.9080	--- 石油测井车、压裂车、混砂车	12	35		13	13	辆/千克	6A	LM/	0	10.8	0
	--- 其他：											
8705.9091	---- 混凝土泵车	12	35		13	13	辆/千克	6A	LM/	0	10.8	0
8705.9099	---- 其他											
87059099.01	跑道除冰车	12	35	10	13	13	辆/千克	6A	M/	0	10.8	0
87059099.30	用于导弹、火箭等的车辆（为弹道导弹、运载火箭等运输、装卸和发射而设计的）	12	35		13	13	辆/千克	36		0	10.8	0
87059099.90	其他特殊用途的机动车辆（主要用于载人或运货的车辆除外）	12	35		13	13	辆/千克	6A	LM/	0	10.8	0
87.06	**装有发动机的机动车辆底盘，税目87.01至87.05所列车辆用：**											
8706.0010	--- 非公路用自卸车底盘	6	14		13	13	台/千克	6		0		0
	--- 货车底盘：											
8706.0021	---- 车辆总重量在14吨及以上的	6	30		13	13	台/千克	46AOxy	LM/	5		0
8706.0022	---- 车辆总重量在14吨以下的	6	45		13	13	台/千克	46AOxy	LM/	5		0
8706.0030	--- 大型客车底盘	6	70		13	13	台/千克	46Oxy		0		0
8706.0040	--- 汽车起重机底盘	6	100		13	13	台/千克	6AO	LM/	0		0
8706.0090	--- 其他	6	100		13	13	台/千克	46AOxy	LM/	0		0
87.07	**机动车辆的车身（包括驾驶室），税目87.01至87.05所列车辆用：**											
8707.1000	- 税目87.03所列车辆用	6	100		13	13	台/千克	6		0		0
	- 其他：											
8707.9010	--- 税号8702.1092、8702.1093、8702.9020及8702.9030所列车辆用	6	70		13	13	台/千克	6		0	5.4	0
8707.9090	--- 其他	6	70		13	13	台/千克	6		0	5.4	0
87.08	**机动车辆的零件、附件，税目87.01至87.05所列车辆用：**											
8708.1000	- 缓冲器（保险杠）及其零件	6	100		13	13	千克	6		0	5.8	0
	- 车身（包括驾驶室）的其他零件、附件：											
8708.2100	-- 座椅安全带	6	100		13	13	千克	6A	LM/	0		0
	-- 本章子目注释一所列的前挡风玻璃、后窗及其他车窗：											
	--- 天窗：											
8708.2211	---- 电动的	6	100		13	13	千克/套	6	L/	0	5.4	0
8708.2212	---- 手动的	6	100		13	13	千克/套	6	L/	0	5.4	0
8708.2290	--- 其他	6	100		13	13	千克/套	6	L/	0	5.4	0
	-- 其他：											
8708.2930	--- 车窗玻璃升降器	6	100		13	13	千克	6		5	5.4	0
	--- 其他车身覆盖件：											
8708.2951	---- 侧围	6	100		13	13	千克	6		0	5.4	0
8708.2952	---- 车门	6	100		13	13	千克/个	6		0	5.4	0
8708.2953	---- 发动机罩盖	6	100		13	13	千克	6		0	5.4	0
8708.2954	---- 前围	6	100		13	13	千克	6		0	5.4	0
8708.2955	---- 行李箱盖（或背门）	6	100		13	13	千克	6		0	5.4	0
8708.2956	---- 后围	6	100		13	13	千克	6		0	5.4	0
8708.2957	---- 翼子板（或叶子板）	6	100		13	13	千克	6		0	5.4	0
8708.2959	---- 其他	6	100		13	13	千克	6		0	5.4	0

协定税率（%）														特惠税率（%）①/②	Article Description
巴基斯坦	冰岛	哥斯达黎加	秘鲁	新西兰	瑞士	新加坡	韩国	澳大利亚	格鲁吉亚	毛里求斯	日本RCEP	尼加拉瓜	港澳台		
2.5	0	0	0	0	0	0	4	0	0	0	8.7	11.2	0/	0/0	--- Mobile vehicles for aircraft refuelling, air-conditioning or deicing
2.5	0	0	0	0	0	0	4	0	0	0	8.7	11.2	0/	0/0	--- Snow sweep vehicles for cleaning streets or airfield runways
2.5	0	0	0	0	0	0	4	0	0	0	8.7	11.2	0/	0/0	--- Petroleum well logging trucks, fracturing unit trucks and mixing sand trucks
															--- Other:
2.5	0	0	0	0	0	0	4	0	0	0	9.8	11.2	0/	0/0	----Concrete pump lorries
															----Other
2.5	0	0	0	0	0	0	4	0	0	0	9.8	11.2	0/	0/0	Deicing vehicle for runway
2.5	0	0	0	0	0	0	4	0	0	0	9.8	11.2	0/	0/0	Vehicles for missiles or rockets (specially designed for transportation, loading, unloading and firing of ballistic missiles, carrier rockets and so on)
2.5	0	0	0	0	0	0	4	0	0	0	9.8	11.2	0/	0/0	Other special purpose motor vehicles (other than vehicles mainly used for the transport of persons or goods)
															Chassis fitted with engines, for the motor vehicles of headings 87.01 to 87.05:
0	0	0	0	0	0		2.6	0	0	3.4	5.8	0	0/	0/0	--- For the vehicles of subheading 8704.1030 or 8704.1090
															--- For the vehicles of subheadings 8704.2100 to 8704.9000:
	0	0		0	0		3.3	0	0	4.3		4.8	0/	/0	----For vehicles g.v.w of 14 tons or more
	0	0	0	0	0		3.3	0	0	4.3		0	0/	0/0	----For vehicles g.v.w less than 14 tons
	0	0		0	0	0	6.6	0	0	8.6	16.3	4.8	0/	/0	--- For passenger motor vehicles with 30 seats or more
	0	0	0	0	0	0	6.6	0	0	8.6	16.3	0	0/	0/0	--- For crane lorries
	0	0	0	0	0	0	3.3	0	0	4.3		0	0/	0/0	--- Other
															Bodies (including cabs), for the motor vehicles of headings 87.01 to 87.05:
	0	0	0	0	0	0	3.3	0	0	4.3	8.1	0	0/	0/0	- For the vehicles of heading 87.03
															- Other:
2.5	0	0	0	0	0	0	3.3	0	0	4.3	8.1	0	0/	0/0	--- For the vehicles of subheadings 8702.1092, 8702.1093, 8702.9020 or 8702.9030
2.5	0	0	0	0	0	0	3.3	0	0	4.3	8.1	0	0/	0/0	--- Other
															Parts and accessories of the motor vehicles of headings 87.01 to 87.05:
0	0	0	0	0	0	0	5	0	0	4.3	8.6	0	0/0	0/0	- Bumpers and parts thereof
															- Other parts and accessories of bodies (including cabs):
2.5	0	0	0	0	0	0	3.3	0	0	4.3	8.1	0	0/	0/0	-- Safety seat belts
															-- Front windscreens (windshields), rear windows and other windows specified in Subheading Note 1 to this Chapter:
															--- Sunroofs:
4	0	0	0	0	0	0	9	0	0	4.3		0	0/0	0/0	----Electric
0	0	0	0	0	0	0	3.3	0	0	4.3	8.1	0	0/0	0/0	----Hand-operated
0	0	0	0	0	0	0	5	0	0	4.3	8.6	0	0/0	0/0	--- Other
															-- Other:
4.5	0	0	0	0	0		3.3	0	0	4.3	8.6	0	0/0	0/0	--- Windowpane raiser
															--- Other covered parts of bodies:
0	0	0	0	0	0	0	5	0	0	4.3	8.6	0	0/0	0/0	----Side appearance of bodies
0	0	0	0	0	0	0	5	0	0	4.3	8.6	0	0/0	0/0	----Doors
0	0	0	0	0	0	0	5	0	0	4.3	8.6	0	0/0	0/0	----Bonnets
0	0	0	0	0	0	0	5	0	0	4.3	8.6	0	0/0	0/0	----Frontal appearance of bodies
0	0	0	0	0	0	0	5	0	0	4.3	8.6	0	0/0	0/0	----Rear compartment covers (or rear door)
0	0	0	0	0	0	0	5	0	0	4.3	8.6	0	0/0	0/0	----Rear appearance of bodies
4	0	0	0	0	0	0	5	0	0	4.3	8.6	0	0/0	0/0	----Running-boards
0	0	0	0	0	0	0	5	0	0	4.3	8.6	0	0/0	0/0	----Other

税　号	货品名称	进口关税（%） 最惠国	普通	年内暂定	增值/消费税（%）	出口退税（%）	计量单位	监管证件代码	检验检疫类别	协定税率（%） 东盟	亚太	智利
8708.2990	--- 其他	6	100		13	13	千克	6		0	5.4	0
	- 制动器、助力制动器及其零件：											
8708.3010	--- 装在蹄片上的制动摩擦片	6	100		13	13	千克	6	L/	0		0
	--- 防抱死制动系统（ABS）：											
8708.3021	---- 税目87.01和税号8704.1030及8704.1090所列车辆用	6	11		13	13	千克	6		0	5.4	0
8708.3029	---- 其他	6	100		13	13	千克	6		5	5.4	0
	--- 其他：											
8708.3091	---- 税目87.01所列车辆用	6	14		13	13	千克	6	L/	0	5.4	0
8708.3092	---- 税号8702.1091及8702.9010所列车辆用	6	70		13	13	千克	6	L/	5	5.4	0
8708.3093	---- 税号8704.1030及8704.1090所列车辆用	6	11		13	13	千克	6		0	5.4	0
8708.3094	---- 税号8704.2100、8704.2230、8704.3100及8704.3230所列车辆用	6	45		13	13	千克	6	L/	5	5.4	0
8708.3095	---- 税号8704.2240、8704.2300及8704.3240所列车辆用	6	30		13	13	千克	6	L/	0	5.4	0
8708.3096	---- 税目87.05所列车辆用	6	100		13	13	千克	6	L/	0	5.4	0
8708.3099	---- 其他											
87083099.11	纯电动或混合动力汽车用电动制动器（由制动器电子控制单元、踏板行程模拟器、制动执行器等组成）	6	100	5	13	13	千克/个	6		5	5.4	0
87083099.19	其他机动车辆用制动器（包括助力制动器）	6	100		13	13	千克/个	6		5	5.4	0
87083099.20	燃油汽车用电动制动器(由制动器电子控制单元、踏板行程模拟器、制动执行器等组成)	6	100	5	13	13	千克/个	6		5	5.4	0
87083099.90	其他机动车辆用制动器（包括助力制动器）的零件	6	100		13	13	千克/个	6	L/	5	5.4	0
	- 变速箱及其零件：											
8708.4010	--- 税目87.01所列车辆用											
87084010.10	发动机功率65千瓦及以上的动力换挡拖拉机用变速箱	6	14	3	13	13	个/千克	6		0		0
87084010.90	其他牵引车、拖拉机用变速箱及其零件	6	14		13	13	个/千克	6		0		0
8708.4020	--- 税号8702.1091及8702.9010所列车辆用	6	70		13	13	个/千克	6		5		0
8708.4030	--- 税号8704.1030及8704.1090所列车辆用											
87084030.01	扭矩>1500Nm非公路自卸车用变速箱	6	11	3	13	13	个/千克	6		0		0
87084030.90	其他非公路自卸车用变速箱及其零件	6	11		13	13	个/千克	6		0		0
8708.4040	--- 税号8704.2100、8704.2230、8704.3100及8704.3230所列车辆用	6	45		13	13	个/千克	6		5		0
8708.4050	--- 税号8704.2240、8704.2300及8704.3240所列车辆用	6	30		13	13	个/千克	6		5		0
8708.4060	--- 税目87.05所列车辆用	6	100		13	13	个/千克	6		0		0
	--- 其他：											
8708.4091	---- 税目87.03所列车辆用自动换挡变速箱及其零件											
87084091.10	税目87.03所列车辆用自动换挡变速箱的液力变矩器	6	100	3	13	13	个/千克	6		5		0
87084091.20	税目87.03所列车辆用自动换挡变速箱的铝阀芯	6	100	3	13	13	个/千克	6		5		0
87084091.30	税目87.03所列车辆用无级变速箱用钢带	6	100	3	13	13	个/千克	6		5		0
87084091.91	税目87.03所列车辆用自动换挡变速箱	6	100		13	13	个/千克	6		5		0
87084091.99	其他税目87.03所列车辆用自动换挡变速箱的零件	6	100		13	13	个/千克	6		5		0

协定税率（%）														特惠税率（%）①/②	Article Description
巴基斯坦	冰岛	哥斯达黎加	秘鲁	新西兰	瑞士	新加坡	韩国	澳大利亚	格鲁吉亚	毛里求斯	日本RCEP	尼加拉瓜	港澳台		
2.5	0	0	0	0	0	0	9	0	0	4.3	6	0	0/0	0/0	--- Other
															- Brakes and servo-brakes; parts thereof:
2.5	0	0	0	0	0	0	0	0	0	4.3	7.3	0	0/	0/0	--- Mounted brake linings
															--- Anti-slid brake system:
0	0	0	0	0	0		2	0	0	0	4.9	0	0/	0/0	----Of the vehicles of heading 87.01 and subheadings 8704.1030 and 8704.1090
4.5	0	0	0	0	0		9	0	0	4.3	6	0	0/	0/0	----Other
															--- Other:
0	0	0	0	0	0		2	0	0	0	4.9	0	0/	0/0	----Of the vehicles of heading 87.01
4.5	0	0	0	0	0		5	0	0	4.3	6	0	0/	0/0	----Of the vehicles of subheadings 8702.1091 and 8702.9010
0	0	0	0	0	0		2	0	0	0	4.9	0	0/	0/0	----Of the vehicles of subheadings 8704.1030 and 8704.1090
4.5	0	0	0	0	0		5	0	0	4.3	6	0	0/	0/0	----Of the vehicles of subheadings 8704.2100, 8704.2230, 8704.3100 and 8704.3230
4	0	0	0	0	0	0	0	0	0	4.3	7.3	0	0/	0/0	----Of the vehicles of subheadings 8704.2240, 8704.2300 and 8704.3240
0	0	0	0	0	0	0	3.3	0	0	4.3	8.1	0	0/	0/0	----Of the vehicles of heading 87.05
															----Other
9	0	0	0	0	0		5	0	0	4.3	6	0	0/	0/0	Electric brakes (composed of control units, pedal stroke simulator and brake actuator) for electric vehicles and hybrid vehicles
9	0	0	0	0	0		5	0	0	4.3	6	0	0/	0/0	Brakes and servo-brakes for other motor vehicles
9	0	0	0	0	0		5	0	0	4.3	6	0	0/	0/0	Electric brake for fuel vehicle (composed of brake electronic control unit, pedal stroke simulator, brake actuator, etc.)
9	0	0	0	0	0		5	0	0	4.3	6	0	0/	0/0	Parts of brakes and servo-brakes for other motor vehicles
															- Gear boxes and parts thereof:
															--- Of the vehicles of heading 87.01
0	0	0	0	0	0			0	0	0		0	0/0	0/0	Gear boxes of power-shifted tractors, power 65kW or above
0	0	0	0	0	0			0	0	0		0	0/0	0/0	Gear boxes and parts there of for other tractors
	0	0		0	0			0	0	4.3	6	4.8	0/0	/0	--- Of the vehicles of subheadings 8702.1091 and 8702.9010
															--- Of the vehicles of subheadings 8704.1030 and 8704.1090
0	0	0		0	0		4.8	0	0	0		4.8	0/0	/0	Gear boxes for off-highway dumpers use, of the torque>1500 Nm
0	0	0		0	0		4.8	0	0	0		4.8	0/0	/0	Other gear boxes and parts for off-highway dumpers
	0	0		0	0			0	0	4.3	6	4.8	0/0	/0	--- Of the vehicles of subheadings 8704.2100, 8704.2230, 8704.3100 and 8704.3230
	0	0		0	0			0	0	4.3	6	4.8	0/0	/0	--- Of the vehicles of subheadings 8704.2240, 8704.2300 and 8704.3240
2.5	0	0	0	0	0	0		0	0	4.3	6	0	0/0	0/0	--- Of the vehicles of heading 87.05
															--- Other:
															----Automatic gearshift for the vehicles of heading 87.05 and Parts thereof
	0	0		0	0		8	0	0	4.3	6	4.8	0/	/0	Hydraulic torque converters for automatic gear boxes of vehicles listed in heading 87.03
	0	0		0	0		8	0	0	4.3	6	4.8	0/	/0	Aluminum valve cores for automatic gear boxes of vehicles listed in heading 87.03
	0	0		0	0		8	0	0	4.3	6	4.8	0/	/0	Aluminum valve cores for automatic gear boxes of vehicles listed in heading 87.03
	0	0		0	0		8	0	0	4.3	6	4.8	0/	/0	Automatic gear boxes for vehicles listed in heading 87.03
	0	0		0	0		8	0	0	4.3	6	4.8	0/	/0	Parts of automatic gear boxes for vehicles listed in heading 87.03

税　号	货品名称	进口关税（%）			增值/消费税（%）	出口退税（%）	计量单位	监管证件代码	检验检疫类别	协定税率（%）		
		最惠国	普通	年内暂定						东盟	亚太	智利
8708.4099	----其他											
87084099.10	其他未列名机动车辆用变速箱	6	100		13	13	个/千克	6		0		0
87084099.90	其他未列名机动车辆用变速箱的零件	6	100		13	13	个/千克	6		0		0
	- 装有差速器的驱动桥及其零件，不论是否装有其他传动部件；非驱动桥及其零件：											
	--- 装有差速器的驱动桥及其零件，不论是否装有其他传动部件：											
8708.5071	----税目87.01所列车辆用											
87085071.10	发动机功率65千瓦及以上的动力换挡拖拉机用驱动桥（装有差速器的，不论是否装有其他传动件）	6	14	3	13	13	个/千克	6		0	5.4	0
87085071.90	其他牵引车、拖拉机用驱动桥及其零件（装有差速器的，不论是否装有其他传动件）	6	14		13	13	个/千克	6		0	5.4	0
8708.5072	----税号8702.1091及8702.9010所列车辆用											
87085072.01	轴荷≥10吨的中后驱动桥的零件	6	70		13	13	个/千克	6		5	5.4	0
87085072.91	其他大型客车用驱动桥（装有差速器的，不论是否装有其他传动件）	6	70		13	13	个/千克	6		5	5.4	0
87085072.99	其他大型客车用驱动桥的零件（装有差速器的，不论是否装有其他传动件）	6	70		13	13	个/千克	6		5	5.4	0
8708.5073	----税号8704.1030及8704.1090所列车辆用	6	11		13	13	个/千克	6		0	5.4	0
8708.5074	----税号8704.2100、8704.2230、8704.3100及8704.3230所列车辆用											
87085074.10	柴、汽油型轻型货车用驱动桥（税号8704.2100、8704.2230、8704.3100、8704.3230所列总重量≤14吨车辆用，装差速器）	6	45		13	13	个/千克	6		5	5.4	0
87085074.90	柴、汽油型轻型货车用驱动桥的零件（税号8704.2100、8704.2230、8704.3100、8704.3230所列总重量≤14吨车辆用，装差速器）	6	45		13	13	个/千克	6		5	5.4	0
8708.5075	----税号8704.2240、8704.2300及8704.3240所列车辆用											
87085075.10	其他柴、汽油型重型货车用驱动桥（税号8704.2240、8704.2300、8704.3240所列车辆用）	6	30		13	13	个/千克	6		5	5.4	0
87085075.90	其他柴、汽油型重型货车用驱动桥的零件（税号8704.2240、8704.2300、8704.3240所列车辆用）	6	30		13	13	个/千克	6		5	5.4	0
8708.5076	----税目87.05所列车辆用											
87085076.10	特种车用驱动桥（税目87.05所列车辆用，装有差速器，不论是否装有其他传动件）	6	100		13	13	个/千克	6		0	5.4	
87085076.90	特种车用驱动桥的零件（税目87.05所列车辆用，装有差速器，不论是否装有其他传动件）	6	100		13	13	个/千克	6		0	5.4	0
8708.5079	----其他											
87085079.10	未列名机动车辆用驱动桥（装有差速器的，不论是否装有其他传动件）	6	100		13	13	个/千克	6		5	5.4	0

协定税率（%）														特惠税率（%）①/②	Article Description
巴基斯坦	冰岛	哥斯达黎加	秘鲁	新西兰	瑞士	新加坡	韩国	澳大利亚	格鲁吉亚	毛里求斯	日本RCEP	尼加拉瓜	港澳台		
															----Other
0	0	0		0	0	0		0	0	4.3	6	4.8	0/0	/0	Gear boxes for other motor vehicles not elswhere specified or included
0	0	0		0	0	0		0	0	4.3	6	4.8	0/0	/0	Parts of gear boxes for other motor vehicles not elswhere specified or included
															- Drive-axles with differential, whether or not provided with other transmission components, and non-driving axles; parts thereof:
															--- Drive-axles with differential and parts thereof, whether or not provided with other transmission components:
															----Of the vehicles of heading 87.01
0	0	0	0	0	0		2	0	0	0	4.9	0	0/	0/0	Drive-axles of power-shifted tractors, power 65kW or above
0	0	0	0	0	0		2	0	0	0	4.9	0	0/	0/0	Drive-axles with differential and parts thereof for tractors, whether or not provided with other transmission components
															----Of the vehicles of subheadings 8702.1091 and 8702.9010
9	0	0	0	0	0		9	0	0	4.3		0	0/	0/0	Middle and rear drive-axles and parts thereof, axle load ≥10 tons
9	0	0	0	0	0		9	0	0	4.3		0	0/	0/0	Drive-axles for other large bus, with differential, whether or not provided with other transmission components
9	0	0	0	0	0		9	0	0	4.3		0	0/	0/0	Parts of drive-axles for other large bus, with differential, whether or not provided with other transmission components
0	0	0	0	0	0		2	0	0	0	4.9	0	0/	0/0	----Of the vehicles of subheadings 8704.1030 and 8704.1090
															----Of the vehicles of subheadings 8704.2100, 8704.2230, 8704.3100 and 8704.3230
9	0	0	0	0	0		5	0	0	4.3		0	0/	0/0	Drive-axles with differential for diesel or gasoline light vehicles, (used for vehicles, weighing ≤14 tons, of subheadings 8704.2100, 8704.2230, 8704.3100 or 8704.3230)
9	0	0	0	0	0		5	0	0	4.3		0	0/	0/0	Parts of drive-axles with differential for diesel or gasoline light vehicles (used for the vehicles, weighing ≤14 tons, of subheadings 8704.2100, 8704.2230, 8704.3100 or 8704.3230)
															----Of the vehicles of subheadings 8704.2240, 8704.2300 and 8704.3240
9	0	0	0	0	0		5	0	0	4.3		0	0/	0/0	Drive-axles for other diesel or gasoline heavy vehicles (used for vehicles of subheadings 8704.2240, 8704.2300 or 8704.3240)
9	0	0	0	0	0		5	0	0	4.3		0	0/	0/0	Parts of drive-axles for other diesel or gasoline heavy vehicles (used for vehicles of subheadings 8704.2240, 8704.2300 or 8704.3240)
															----Of the vehicles of heading 87.05
0	0	0	0	0	0	0	3.3	0	0	4.3	8.1	0	0/	0/0	Drive-axles with differential for special vehicles, whether or not provided with other transmission components (of vehicles of heading 87.05)
0	0	0	0	0	0	0	3.3	0	0	4.3	8.1	0	0/	0/0	Parts of drive-axles with differential for special vehicles, whether or not provided with other transmission components (of vehicles of heading 87.05)
															----Other
9	0	0	0	0	2.7		9	0	0	4.3	6	0	0/	0/0	Drive-axles with differential for motor vehicles, not elswhere specified or included, whether or not provided with other transmission components

税号	货品名称	进口关税（%）最惠国	进口关税（%）普通	进口关税（%）年内暂定	增值/消费税（%）	出口退税（%）	计量单位	监管证件代码	检验检疫类别	协定税率（%）东盟	协定税率（%）亚太	协定税率（%）智利
87085079.90	未列名机动车辆用驱动桥的零件（装有差速器的，不论是否装有其他传动件）	6	100		13	13	个/千克	6		5	5.4	0
	--- 非驱动桥及其零件：											
8708.5081	---- 税目87.01所列车辆用	6	14		13	13	千克	6		0		0
8708.5082	---- 税号8702.1091及8702.9010所列车辆用	6	70		13	13	千克	6		0		0
8708.5083	---- 税号8704.1030及8704.1090所列车辆用	6	11		13	13	千克	6		0		0
8708.5084	---- 税号8704.2100、8704.2230、8704.3100及8704.3230所列车辆用	6	45		13	13	千克	6		0		0
8708.5085	---- 税号8704.2240、8704.2300及8704.3240所列车辆用	6	30		13	13	千克	6		0		0
8708.5086	---- 税目87.05所列车辆用	6	100		13	13	千克	6		0		0
8708.5089	---- 其他											
87085089.10	未列名机动车辆用非驱动桥	6	100		13	13	千克/个	6		0		0
87085089.90	未列名机动车辆用非驱动桥的零件	6	100		13	13	千克/个	6		0		0
	- 车轮及其零件、附件：											
8708.7010	--- 税目87.01所列车辆用	6	14		13	13	千克	6		0		0
8708.7020	--- 税号8702.1091及8702.9010所列车辆用	6	70		13	13	千克	6		0		0
8708.7030	--- 税号8704.1030及8704.1090所列车辆用	6	11		13	13	千克	6		0		0
8708.7040	--- 税号8704.2100、8704.2230、8704.3100及8704.3230所列车辆用	6	45		13	13	千克	6		0		0
8708.7050	--- 税号8704.2240、8704.2300及8704.3240所列车辆用	6	30		13	13	千克	6		0		0
8708.7060	--- 税目87.05所列车辆用	6	100		13	13	千克	6		0		0
	--- 其他：											
8708.7091	---- 铝合金制的	6	100		13	13	千克	6		0		0
8708.7099	---- 其他	6	100		13	13	千克	6		0		0
	- 悬挂系统及其零件（包括减震器）：											
8708.8010	--- 税目87.03所列车辆用	6	100		13	13	千克	6		0	5.4	0
8708.8090	--- 其他	6	100		13	13	千克	6		0	5.4	0
	- 其他零件、附件：											
	-- 散热器及其零件：											
8708.9110	--- 水箱散热器	6	100		13	13	个/千克	6		0		0
8708.9120	--- 机油冷却器	6	100		13	13	个/千克	6		0		0
8708.9190	--- 其他	6	100		13	13	个/千克	6		0		0
8708.9200	-- 消声器（消音器）、排气管及其零件	6	100		13	13	千克	6		0		0
	-- 离合器及其零件：											
8708.9310	--- 税目87.01所列车辆用											
87089310.10	发动机功率65千瓦及以上的动力换挡拖拉机用离合器	6	14	3	13	13	千克	6		0		0
87089310.90	其他牵引车、拖拉机用离合器及其零件	6	14		13	13	千克	6		0		0
8708.9320	--- 税号8702.1091及8702.9010所列车辆用	6	70		13	13	千克	6		0		0
8708.9330	--- 税号8704.1030及8704.1090所列车辆用	6	11		13	13	千克	6		0		0
8708.9340	--- 税号8704.2100、8704.2230、8704.3100及8704.3230所列车辆用	6	45		13	13	千克	6		0		0
8708.9350	--- 税号8704.2240、8704.2300及8704.3240所列车辆用	6	30		13	13	千克	6		0		0
8708.9360	--- 税目87.05所列车辆用	6	100		13	13	千克	6		0		0
8708.9390	--- 其他	6	100		13	13	千克	6		0		0

协定税率(%)														特惠税率(%)①/②	Article Description
巴基斯坦	冰岛	哥斯达黎加	秘鲁	新西兰	瑞士	新加坡	韩国	澳大利亚	格鲁吉亚	毛里求斯	日本RCEP	尼加拉瓜	港澳台		
9	0	0	0	0	2.7		9	0	0	4.3	6	0	0/	0/0	Parts of drive-axles with differential for motor vehicles, not elswhere specified or included, whether or not provided with other transmission components
															--- Non-driving axles and parts thereof:
5	0	0	0	0	0		2	0	0	0	4.9	0	0/	0/0	----Of the vehicles of heading 87.01
4.9	0	0	0	0	0	0	7.5	0	0	6.4		0	0/	0/0	----Of the vehicles of subheadings 8702.1091 and 8702.9010
5	0	0	0	0	0		2	0	0	0	4.9	0	0/	0/0	----Of the vehicles of subheadings 8704.1030 and 8704.1090
2.5	0	0	0	0	0	0	3.3	0	0	4.3	8.1	0	0/	0/0	----Of the vehicles of subheadings 8704.2100, 8704.2230, 8704.3100 and 8704.3230
4	0	0	0	0	0	0	3.3	0	0	4.3		0	0/	0/0	----Of the vehicles of subheadings 8704.2240, 8704.2300 and 8704.3240
0	0	0	0	0	0	0	3.3	0	0	4.3	8.1	0	0/	0/0	----Of the vehicles of heading 87.05
															----Other
2.5	0	0	0	0	0	0		0	0	4.3	6	0	0/	0/0	Non-driving axles for motor vehicles, not elswhere specified or included
2.5	0	0	0	0	0	0		0	0	4.3	6	0	0/	0/0	Parts of non-driving axles for motor vehicles, not elswhere specified or included
															- Road wheels and parts and accessories thereof:
5	0	0	0	0	0		2	0	0	0	4.9	0	0/0	0/0	--- Of the vehicles of heading 87.01
2.5	0	0	0	0	0	0	3.3	0	0	4.3	8.1	0	0/0	0/0	--- Of the vehicles of subheadings 8702.1091 and 8702.9010
5	0	0	0	0	0		2	0	0	0	4.9	0	0/0	0/0	--- Of the vehicles of subheadings 8704.1030 and 8704.1090
2.5	0	0	0	0	0	0	0	0	0	4.3	7.3	0	0/0	0/0	--- Of the vehicles of subheadings 8704.2100, 8704.2230, 8704.3100 and 8704.3230
4	0	0	0	0	0	0	3.3	0	0	4.3	8.1	0	0/0	0/0	--- Of the vehicles of subheadings 8704.2240, 8704.2300 and 8704.3240
0	0	0	0	0	0	0	3.3	0	0	4.3	8.1	0	0/0	0/0	--- Of the vehicles of heading 87.05
															--- Other:
0	0	0	0	0	0	0		0	0	4.3		0	0/0	0/0	----Of aluminium alloys
2.5	0	0	0	0	0	0		0	0	4.3		0	0/0	0/0	----Other
															- Suspension systems and parts thereof (including shock-absorbers):
0	0	0	0	0	0	0	0	0	0	4.3	8.1	0	0/	0/0	--- Of the vehicles of heading 87.03
2.5	0	0	0	0	0	0	0	0	0	4.3	7.3	0	0/	0/0	--- Other
															- Other parts and accessories:
															-- Radiators and parts thereof:
0	0	0	0	0	0	0	3.3	0	0	4.3	8.1	0	0/	0/0	--- Water tank radiators
0	0	0	0	0	0	0	3.3	0	0	4.3	8.1	0	0/	0/0	--- Oil coolers
0	0	0	0	0	0	0	3.3	0	0	4.3	8.1	0	0/	0/0	--- Other
0	0	0	0	0	0	0		0	0	4.3	6	0	0/	0/0	-- Silencers (mufflers) and exhaust pipes; parts thereof
															-- Clutches and parts thereof:
															--- Of the vehicles of heading 87.01
5	0	0	0	0	0		2	0	0	0	4.9	0	0/	0/0	Clutches of power-shifted tractors, power 65kW or above
5	0	0	0	0	0		2	0	0	0	4.9	0	0/	0/0	Clutches and parts thereof for other tractors
2.5	0	0	0	0	0	0	5	0	0	4.3		0	0/	0/0	--- Of the vehicles of subheadings 8702.1091 and 8702.9010
5	0	0	0	0	0		2	0	0	0	4.9	0	0/	0/0	--- Of the vehicles of subheadings 8704.1030 and 8704.1090
2.5	0	0	0	0	0	0	3.3	0	0	4.3	8.1	0	0/	0/0	--- Of the vehicles of subheadings 8704.2100, 8704.2230, 8704.3100 and 8704.3230
0	0	0	0	0	0	0	5	0	0	4.3		0	0/	0/0	--- Of the vehicles of subheadings 8704.2240, 8704.2300 and 8704.3240
0	0	0	0	0	0	0	5	0	0	4.3		0	0/	0/0	--- Of the vehicles of heading 87.05
5	0	0	0	0	0	0		0	0	4.3	6	0	0/	0/0	--- Other

税　号	货品名称	进口关税（%）最惠国	进口关税（%）普通	进口关税（%）年内暂定	增值/消费税（%）	出口退税（%）	计量单位	监管证件代码	检验检疫类别	协定税率（%）东盟	协定税率（%）亚太	协定税率（%）智利
	-- 转向盘、转向柱、转向器及其零件：											
8708.9410	--- 税目87.01所列车辆用	6	14		13	13	千克	6		0		0
8708.9420	--- 税号8702.1091及8702.9010所列车辆用											
87089420.01	座位≥30的客车用转向器零件	6	70		13	13	千克	6		0		0
87089420.90	大型客车用其他转向盘、转向柱及其零件（包括转向器）	6	70		13	13	千克	6		0		0
8708.9430	--- 税号8704.1030及8704.1090所列车辆用	6	11		13	13	千克	6		0		0
8708.9440	--- 税号8704.2100、8704.2230、8704.3100及8704.3230所列车辆用	6	45		13	13	千克	6		0		0
8708.9450	--- 税号8704.2240、8704.2300及8704.3240所列车辆用											
87089450.01	总重≥14吨柴油型货车转向器的零件	6	30		13	13	千克	6		0		0
87089450.90	其他重型货车用转向盘、转向柱、转向器及其零件（税号8704.2240、8704.2300、8704.3240所列车辆用）	6	30		13	13	千克	6		0		0
8708.9460	--- 税目87.05所列车辆用	6	100		13	13	千克	6		0		0
8708.9490	--- 其他											
87089490.01	采用电动转向系统的转向盘、转向柱、转向器及其零件	6	100		13	13	千克	6		0		0
87089490.90	其他未列名机动车辆用转向盘、转向柱及其零件（包括转向器）	6	100		13	13	千克	6		0		0
8708.9500	-- 带充气系统的安全气囊及其零件	6	100		13	13	千克	6		5	5.4	0
	-- 其他：											
8708.9910	--- 税目87.01所列车辆用	6	14		13	13	千克	6		0		0
	--- 税号8702.1091及8702.9010所列车辆用：											
8708.9921	---- 车架	6	70		13	13	千克	6		0		0
8708.9929	---- 其他	6	70		13	13	千克	6		0		0
	--- 税号8704.1030及8704.1090所列车辆用：											
8708.9931	---- 车架	6	11		13	13	千克	6		0		0
8708.9939	---- 其他	6	11	3	13	13	千克	6		0		0
	--- 税号8704.2100、8704.2230、8704.3100及8704.3230所列车辆用：											
8708.9941	---- 车架	6	45		13	13	千克	6		0		0
8708.9949	---- 其他	6	45		13	13	千克	6		0		0
	--- 税号8704.2240、8704.2300及8704.3240所列车辆用：											
8708.9951	---- 车架	6	30		13	13	千克	6		0		0
8708.9959	---- 其他	6	30		13	13	千克	6	L/	0		0
8708.9960	--- 税目87.05所列车辆用	6	100		13	13	千克	6		0		0
	--- 其他：											
8708.9991	---- 车架	6	100		13	13	千克/个	6		0		0
8708.9992	---- 传动轴	6	100		13	13	千克	6		0		0
8708.9999	---- 其他											
87089999.10	混合动力汽车动力传动装置及其零件（由发电机、电动机和动力分配装置等组成，税目8701至8704所列车辆用）	6	100		13	13	千克	6		0		0
87089999.90	机动车辆用未列名零件、附件（税目87.01至87.04所列车辆用）	6	100		13	13	千克	6		0		0

协定税率（%）														特惠税率（%）①/②	Article Description
巴基斯坦	冰岛	哥斯达黎加	秘鲁	新西兰	瑞士	新加坡	韩国	澳大利亚	格鲁吉亚	毛里求斯	日本RCEP	尼加拉瓜	港澳台		
															-- Steering wheels, steering columns and steering boxes; parts thereof:
0	0	0	0	0	0		2	0	0	0	4.9	0	0/	0/0	--- Of the vehicles of heading 87.01
															--- Of the vehicles of subheadings 8702.1091 and 8702.9010
2.5	0	0	0	0	0	0	3.3	0	0	4.3	8.1	0	0/	0/0	Parts of steering boxes for the buses with 30 seats or more
2.5	0	0	0	0	0	0	3.3	0	0	4.3	8.1	0	0/	0/0	Other steering wheels, steering columns and parts thereof for big buses (including steering boxes)
0	0	0	0	0	0		2	0	0	0	4.9	0	0/	0/0	--- Of the vehicles of subheadings 8704.1030 and 8704.1090
2.5	0	0	0	0	0	0	3.3	0	0	4.3		0	0/	0/0	--- Of the vehicles of subheadings 8704.2100, 8704.2230, 8704.3100 and 8704.3230
															--- Of the vehicles of subheadings 8704.2240, 8704.2300 and 8704.3240
2.5	0	0	0	0	0	0	3.3	0	0	4.3	8.1	0	0/	0/0	Parts of steering boxes for diesel trucks weighing ≥14 tons
2.5	0	0	0	0	0	0	3.3	0	0	4.3	8.1	0	0/	0/0	Other steering wheels, steering columns, steering boxes and parts thereof for vehicles of subheadings 8704.2240, 8704.2300 or 8704.3240
2.5	0	0	0	0	0	0	3.3	0	0	4.3	8.1	0	0/	0/0	--- Of the vehicles of heading 87.05
															--- Other
2.5	0	0	0	0	2.7	0		0	0	4.3	6	0	0/	0/0	Steering wheels, steering columns, steering boxes and parts thereof with power steering system
2.5	0	0	0	0	2.7	0		0	0	4.3	6	0	0/	0/0	Steering wheels, steering columns and parts thereof for other motor vehicles, not elswhere specified or included (including steering boxes)
9	0	0		0	0		9	0	0	4.3	6	4.8	0/	/0	-- Safety airbags with inflater system; parts thereof
															-- Other:
0	0	0	0	0	0		0	0	0	0	4.4	0	0/	0/0	--- Of the vehicles of heading 87.01
															--- Of the vehicles of subheadings 8702.1091 and 8702.9010:
20	0	0	0	0		0	12.5	0	0	10.7	18.2	0	0/	0/0	----Frames
20	0	0	0	0		0	12.5	0	0	10.7	21.4	0	0/	0/0	----Other
															--- Of the vehicles of subheadings 8704.1030 and 8704.1090:
0	0	0	0	0	0		2	0	0	0	4.9	0	0/	0/0	----Frames
0	0	0	0	0	0		2	0	0	0	4.9	0	0/	0/0	----Other
															--- Of the vehicles of subheadings 8704.2100, 8704.2230, 8704.3100 and 8704.3230:
	0	0	0	0		0	12.5	0	0	10.7	21.4	0	0/	0/0	----Frames
0	0	0	0	0		0	12.5	0	0	10.7	21.4	0	0/	0/0	----Other
															--- Of the vehicles of subheadings 8704.2240, 8704.2300 and 8704.3240:
0	0	0	0	0	0	0	3.3	0	0	4.3	8.1	0	0/	0/0	----Frames
2.5	0	0	0	0	0	0	3.3	0	0	4.3	8.1	0	0/	0/0	----Other
6	0	0	0	0	0	0	0	0	0	6.4	10.9	0	0/	0/0	--- Of the vehicles of heading 87.05
															--- Other:
2.5	0	0	0	0	0	0	3.3	0	0	4.3	8.1	0	0/0	0/0	----Frames
2.5	0	0	0	0	0	0	3.3	0	0	4.3	8.1	0	0/0	0/0	----Transmission shafts
															----Other
0	0	0	0	0	0	0	3.3	0	0	4.3	8.1	0	0/0	0/0	Transmission device of vehicles with engines using electricity and gasoline, whole set and there parts or accessories (for the use of the vehicles of headings 87.01-87.04)
0	0	0	0	0	0	0	3.3	0	0	4.3	8.1	0	0/0	0/0	Parts and accessories not elsewhere specified or included, of motor vehicles (for vehicles of headings 87.01 to 87.04)

税号	货品名称	进口关税（%）			增值/消费税（%）	出口退税（%）	计量单位	监管证件代码	检验检疫类别	协定税率（%）		
		最惠国	普通	年内暂定						东盟	亚太	智利
87.09	**短距离运输货物的机动车辆，未装有提升或搬运设备，用于工厂、仓库、码头或机场；火车站台上用的牵引车；上述车辆的零件：**											
	- 车辆：											
	-- 电动的：											
8709.1110	--- 牵引车	10	30		13	13	辆/千克	6		0		0
8709.1190	--- 其他	10	30		13	13	辆/千克	6		0		0
	-- 其他：											
8709.1910	--- 牵引车	10	30		13	13	辆/千克	6		0		0
8709.1990	--- 其他	10	30		13	13	辆/千克	6		0		0
8709.9000	- 零件	8	17		13	13	千克	6		0		0
87.10	**坦克及其他机动装甲战斗车辆，不论是否装有武器；上述车辆的零件：**											
8710.0010	--- 整车	15	100		13	0	辆/千克	6		0		0
8710.0090	--- 零件	15	100		13	0	千克	6		0		0
87.11	**摩托车（包括机器脚踏两用车）及装有辅助发动机的脚踏车，不论有无边车；边车：**											
8711.1000	- 装有活塞内燃发动机，气缸容量（排气量）不超过50毫升											
87111000.10	微马力摩托车及脚踏两用车（装有活塞发动机，微马力指排气量=50毫升）	45	150		13	13	辆/千克	46Axy	LM/	0		0
87111000.90	微马力摩托车及脚踏两用车（装有活塞发动机，微马力指排气量<50毫升）	45	150		13	13	辆/千克	6A	LM/	0		0
	- 装有活塞内燃发动机，气缸容量（排气量）超过50毫升，但不超过250毫升：											
8711.2010	--- 气缸容量（排气量）超过50毫升，但不超过100毫升	45	150		13	13	辆/千克	46Axy	LM/	0		0
8711.2020	--- 气缸容量（排气量）超过100毫升，但不超过125毫升	45	150		13	13	辆/千克	46Axy	LM/	0		0
8711.2030	--- 气缸容量（排气量）超过125毫升，但不超过150毫升	45	150		13	13	辆/千克	46Axy	LM/	0		0
8711.2040	--- 气缸容量（排气量）超过150毫升，但不超过200毫升	45	150		13	13	辆/千克	46Axy	LM/	0		0
8711.2050	--- 气缸容量（排气量）超过200毫升，但不超过250毫升											
87112050.10	200毫升<排量<250毫升装有活塞内燃发动机摩托车及脚踏两用车	45	150		13	13	辆/千克	46Axy	LM/	0		0
87112050.90	排量=250毫升装有活塞内燃发动机摩托车及脚踏两用车	45	150		13/3	13	辆/千克	46Axy	LM/	0		0
	- 装有活塞内燃发动机，气缸容量（排气量）超过250毫升，但不超过500毫升：											
8711.3010	--- 气缸容量（排气量）超过250毫升，但不超过400毫升	45	150		13/10	13	辆/千克	46Axy	LM/	0	32.9	0
8711.3020	--- 气缸容量（排气量）超过400毫升，但不超过500毫升	45	150		13/10	13	辆/千克	46Axy	LM/	0	32.9	0
8711.4000	- 装有活塞内燃发动机，气缸容量（排气量）超过500毫升，但不超过800毫升	40	150		13/10	13	辆/千克	46Axy	LM/	0		0
8711.5000	- 装有活塞内燃发动机，气缸容量（排气量）超过800毫升	30	150		13/10	13	辆/千克	46Axy	LM/	0		0

协定税率（%）巴基斯坦	冰岛	哥斯达黎加	秘鲁	新西兰	瑞士	新加坡	韩国	澳大利亚	格鲁吉亚	毛里求斯	日本RCEP	尼加拉瓜	港澳台	特惠税率（%）①/②	Article Description
															Works trucks, self-propelled, not fitted with lifting or handling equipment, of the type used in factories, warehouses, dock areas or airports for short distance transport of goods; tractors of the type used on railway station platforms; parts of the foregoing vehicles:
															- Vehicles:
															-- Electrical:
4	0	0	0	0	0	0	0	0	0	0	7.3	9	0/	0/0	--- Tractors
4	0	0	0	0	0	0	0	0	0	0	7.3	9	0/	0/0	--- Other
															-- Other:
2.5	0	0	0	0	0	0	3.5	0	0	0		9	0/	0/0	--- Tractors
2.5	0	0	0	0	0	0	3.5	0	0	0		9	0/	0/0	--- Other
0	0	0	0	0	0		0	0	0	0	6.1	6.4	0/	0/0	- Parts
															Tanks and other armoured fighting vehicles, motorized, whether or not fitted with weapons, and parts of such vehicles:
6	0	0	0	0	0	0	0	0	0	0	10.9	14	0/	0/0	--- Assembled
6	0	0	0	0	0	0	0	0	0	0	10.9	14	0/	0/0	--- Parts and accessories
															Motorcycles (including mopeds) and cycles fitted with an auxiliary motor, with or without side-cars; side-cars:
															- With internal combustion piston engine of a cylinder capacity not exceeding 50cc
36	0	0	0	0	18	0	22.5	0	0	9		42	0/	0/0	Motorcycles and mopeds, with internal combustion piston engine, of a cylinder capacity equal to 50cc
36	0	0	0	0	18	0	22.5	0	0	9		42	0/	0/0	Motorcycles and mopeds, with internal combustion piston engine (cylinder capacity <50cc)
															- With internal combustion piston engine of a cylinder capacity exceeding 50cc but not exceeding 250cc:
	0	0	0	0	18	0	22.5	0	0	9		42	0/	0/0	--- Of a cylinder capacity exceeding 50cc but not exceeding 100cc
	0	0	0	0	18	0	22.5	0	0	9			0/	0/0	--- Of a cylinder capacity exceeding 100cc but not exceeding 125cc
	0	0	0	0	18	0	22.5	0	0	9		42	0/	0/0	--- Of a cylinder capacity exceeding 125cc but not exceeding 150cc
	0	0		0	18	0	22.5	0	0	9		42	0/	/0	--- Of a cylinder capacity exceeding 150cc but not exceeding 200cc
															--- Of a cylinder capacity exceeding 200cc but not exceeding 250cc
	0	0		0	18	0	22.5	0	0	9		42	0/	/0	Motorcycles (including mopeds) with internal combustion piston engine of a cylinder capacity exceeding 200cc but not exceeding 250cc
	0	0		0	18	0	22.5	0	0	9		42	0/	/0	Motorcycles (including mopeds) with internal combustion piston engine of a cylinder capacity of 250cc
															- With internal combustion piston engine of a cylinder capacity exceeding 250cc but not exceeding 500cc:
32.8	0	0		0		0	22.5	0	0	9		42	0/	/0	--- Of a cylinder capacity exceeding 250cc but not exceeding 400cc
32.8	0	0		0		0	22.5	0	0	9		42	0/	/0	--- Of a cylinder capacity exceeding 400cc but not exceeding 500cc
	0	0		0		0	20	0	0	8		37.3	0/	/0	- With internal combustion piston engine of a cylinder capacity exceeding 500cc but not exceeding 800cc
	0	0		0		0	15	0	0	6	25.7	28	0/	/0	- With internal combustion piston engine of a cylinder capacity exceeding 800cc

税 号	货品名称	进口关税（%） 最惠国	普通	年内暂定	增值/消费税（%）	出口退税（%）	计量单位	监管证件代码	检验检疫类别	协定税率（%） 东盟	亚太	智利
8711.6000	- 装有驱动电动机的											
87116000.10	电动自行车（包括机器脚踏两用车，脚踏车）	45	150		13	13	辆/千克	6A	M/	0		0
87116000.90	其他装有电驱动电动机的摩托车	45	150		13	13	辆/千克	6A	LM/	0		0
8711.9000	- 其他											
87119000.10	其他排气量≤250毫升的摩托车及脚踏两用车	45	150		13/3	13	辆/千克	6A	LM/	0		0
87119000.20	其他排气量>250毫升的摩托车及脚踏两用车	45	150		13/10	13	辆/千克	6A	LM/	0		0
87119000.30	其他无法区分排气量的摩托车及脚踏两用车	45	150		13/3	13	辆/千克	6A	LM/	0		0
87119000.90	装有其他辅助发动机的脚踏车，边车	45	150		13	13	辆/千克	6A	LM/	0		0
87.12	**自行车及其他非机动脚踏车（包括运货三轮脚踏车）：**											
8712.0020	--- 竞赛型自行车	7	130		13	13	辆/千克	6		0	4.9	0
8712.0030	--- 山地自行车	7	130		13	13	辆/千克	6		0	4.9	0
	--- 越野自行车：											
8712.0041	----16、18、20英寸	7	130		13	13	辆/千克	6		0	4.9	0
8712.0049	---- 其他	7	130		13	13	辆/千克	6		0	4.9	0
	--- 其他自行车：											
8712.0081	----16英寸及以下											
87120081.10	12英寸～16英寸的未列名自行车	5	130		13	13	辆/千克	6	L/	0	3.5	0
87120081.90	11英寸及以下的未列名自行车	5	130		13	13	辆/千克	6	L/	0	3.5	0
8712.0089	---- 其他	5	130		13	13	辆/千克	6	L/	0	3.5	0
8712.0090	--- 其他	5	130		13	13	辆/千克	6	L/	0	3.5	0
87.13	**残疾人用车，不论是否机动或其他机械驱动：**											
8713.1000	- 非机械驱动	5	20		0	0	辆/千克	6		0		0
8713.9000	- 其他	4	20		0	0	辆/千克	6		0		0
87.14	**零件、附件，供税目87.11至87.13所列车辆用：**											
8714.1000	- 摩托车（包括机器脚踏两用车）用											
87141000.01	星型轮及碟刹件	15	100	10	13	13	千克	6		0		0
87141000.10	摩托车架	15	100		13	13	千克	46xy		0		0
87141000.20	摩托车用防抱死制动系统（ABS）及其零件	15	100	8	13	13	千克	6		0		0
87141000.90	摩托车其他零件、附件（包括机动脚踏两用车的零件、附件）	15	100		13	13	千克	6		0		0
8714.2000	- 残疾人车辆用	5	17		13	13	千克	6		0		0
	- 其他：											
8714.9100	-- 车架、轮叉及其零件	5	80		13	13	千克	6		0		0
	-- 轮圈及辐条：											
8714.9210	--- 轮圈	5	80		13	13	千克	6		0		0
8714.9290	--- 辐条	5	80		13	13	千克	6		0		0
	-- 轮毂（倒轮制动毂及毂闸除外）；飞轮、链轮：											
8714.9310	--- 轮毂	5	80		13	13	千克	6		0		0
8714.9320	--- 飞轮	5	80		13	13	千克	6		0		0
8714.9390	--- 其他	5	80		13	13	千克	6		0		0
8714.9400	-- 制动器（包括倒轮制动毂及毂闸）及其零件	5	80		13	13	千克	6		0		0
8714.9500	-- 鞍座	5	80		13	13	千克/个	6		0		0
	-- 脚蹬、曲柄链轮及其零件：											
8714.9610	--- 脚蹬及其零件	5	80		13	13	千克	6		0		0
8714.9620	--- 曲柄链轮及其零件	5	80		13	13	千克	6		0		0
8714.9900	-- 其他	5	80		13	13	千克	6		0	3.5	0
87.15	**婴孩车及其零件：**											
8715.0000	婴孩车及其零件											

协定税率（%）														特惠税率（%）①/②	Article Description
巴基斯坦	冰岛	哥斯达黎加	秘鲁	新西兰	瑞士	新加坡	韩国	澳大利亚	格鲁吉亚	毛里求斯	日本RCEP	尼加拉瓜	港澳台		
															- With electric motor for propulsion
	0	0		0		0		0	0	9			0/	/0	Electric bicycles
	0	0		0		0		0	0	9			0/	/0	Motorcycles with electric motor for propulsion
															- Other
	0	0		0		0		0	0	9			0/	/0	Motorcycles and mopeds (cylinder capacity ≤250ml)
	0	0		0		0		0	0	9			0/	/0	Motorcycles and mopeds (cylinder capacity>250ml)
	0	0		0		0		0	0	9			0/	/0	Motorcycles and mopeds of which the cylinder capacity can not be distinguished
	0	0		0		0		0	0	9			0/	/0	Mopeds and side-cars fitted with other auxiliary motor
															Bicycles and other cycles (including delivery tricycles), not motorized:
2.5	0	0	0	0	0	0	0	0	0	0	9.5	0	0/0	0/0	--- Racing bicycle
2.5	0	0	0	0	0	0	0	0	0	0	9.5	0	0/0	0/0	--- Mountain bicycle
															--- Cross-country bicycles:
2.5	0	0	0	0	0	0	0	0	0	0	9.5	0	0/0	0/0	----16", 18"or 20"
2.5	0	0	0	0	0	0	0	0	0	0	9.5	0	0/0	0/0	----Other
															--- Other bicycles:
															----Not larger than 16"
2.5	0	0	0	0	0	0	0	0	0	0	9.5	0	0/0	0/0	Unlisted bicycles, 12" - 16"
2.5	0	0	0	0	0	0	0	0	0	0	9.5	0	0/0	0/0	Unlisted bicycles, not larger than 11"
2.5	0	0	0	0	0	0	0	0	0	0	9.5	0	0/0	0/0	----Other
8.1	0	0	0	0	0	0		0	0	4.6		0	0/0	0/0	--- Other
															Carriages for disabled persons, whether or not motorized or otherwise mechanically propelled:
5	0	0	0	0	0		0	0	0	0	0	0	0/	0/0	- Not mechanically propelled
0	0	0	0	0	0		0	0	0	0	2.9	0	0/	0/0	- Other
															Parts and accessoris of vehicles of headings 87.11 to 87.13:
															- Of motorcycles (including mopeds)
0	0	0	0	0		0	15	0	0	6	25.7	14	0/	0/0	Star wheels and disk brake parts
0	0	0	0	0		0	15	0	0	6	25.7	14	0/	0/0	Motorcycle frame
0	0	0	0	0		0	15	0	0	6	25.7	14	0/	0/0	Anti-slid brake systems (ABS) for motorcycles and parts thereof
0	0	0	0	0		0	15	0	0	6	25.7	14	0/	0/0	Other parts and accessories of motorcycles
0	0	0	0	0	0		0	0	0	0	0	0	0/	0/0	- Of carriages for disabled persons
															- Other:
3	0	0	0	0	0	0	0	0	0	0	8.7	0	0/0	0/0	-- Frames and forks, and parts thereof
															-- Wheel rims and spokes:
4.8	0	0	0	0	0	0	0	0	0	0	8.7	0	0/0	0/0	--- Wheel rims
3	0	0	0	0	0	0	0	0	0	0	8.7	0	0/0	0/0	--- Spokes
															-- Hubs, other than coaster braking hubs and hub brakes; and freewheel, sprocket wheels:
3	0	0	0	0	0	0	0	0	0	0	8.7	0	0/0	0/0	--- Hubs
3	0	0	0	0	0	0	0	0	0	0	8.7	0	0/0	0/0	--- Free wheel
3	0	0	0	0	0	0	0	0	0	0	8.7	0	0/0	0/0	--- Other
4.8	0	0	0	0	0	0	0	0	0	0	8.7	0	0/0	0/0	-- Brakes, including coaster braking hubs and hub brakes, and parts thereof
3	0	0	0	0	0	0	0	0	0	0	8.7	0	0/0	0/0	-- Saddles
															-- Pedals and crank-gear, and parts thereof:
3	0	0	0	0	0	0	0	0	0	0	8.7	0	0/0	0/0	--- Pedals and parts thereof
4.8	0	0	0	0	0	0	0	0	0	0	8.7	0	0/0	0/0	--- Crank-gear and parts thereof
0	0	0	0	0	0	0	0	0	0	0	8.7	0	0/0	0/0	-- Other
															Baby carriages and parts thereof:
															Baby carriages and parts thereof

税　号	货品名称	进口关税（%） 最惠国	普通	年内暂定	增值/消费税（%）	出口退税（%）	计量单位	监管证件代码	检验检疫类别	协定税率（%） 东盟	亚太	智利
87150000.10	婴孩车	6	80		13	13	千克	6A	LM/	0		0
87150000.90	婴孩车零件	6	80		13	13	千克	6A	LM/	0		0
87.16	**挂车及半挂车或其他非机械驱动车辆及其零件：**											
8716.1000	- 供居住或野营用厢式挂车及半挂车	10	35		13	13	辆/千克	6A	LM/	0		0
8716.2000	- 农用自装或自卸式挂车及半挂车	10	35		13	13	辆/千克	6		0		0
	- 其他货运挂车及半挂车：											
	-- 罐式挂车及半挂车：											
8716.3110	--- 油罐挂车及半挂车	10	20		13	13	辆/千克	6A	LM/	0		0
8716.3190	--- 其他	10	35		13	13	辆/千克	6A	LM/	0		0
	-- 其他：											
8716.3910	--- 货柜挂车及半挂车	10	20		13	13	辆/千克	6A	LM/	0		0
8716.3990	--- 其他	10	35		13	13	辆/千克	6A	LM/	0		0
8716.4000	- 其他挂车及半挂车	10	35		13	13	辆/千克	6A	LM/	0		0
8716.8000	- 其他车辆	10	80		13	13	辆/千克	6		0		0
8716.9000	- 零件	10	35		13	13	千克	6		0		0

协定税率（%）														特惠税率（%）①/②	Article Description
巴基斯坦	冰岛	哥斯达黎加	秘鲁	新西兰	瑞士	新加坡	韩国	澳大利亚	格鲁吉亚	毛里求斯	日本RCEP	尼加拉瓜	港澳台		
16	0	0	0	0	0	0	6.6	0	0	0	16.3	0	0/	0/0	Baby carriages
16	0	0	0	0	0	0	6.6	0	0	0	16.3	0	0/	0/0	Parts of baby carriages
															Trailers and semi-trailers; other vehicles, not mechanically propelled; parts thereof:
0	0	0	0	0	0	0	3.3	0	0	0	8.1	9	0/	0/0	- Trailers and semi-trailers of the caravan type, for housing or camping
0	0	0	0	0	0		3.3	0	0	0	8.1	9	0/	0/0	- Self-loading or self-unloading trailers and semi-trailers for agricultural purposes
															- Other trailers and semi-trailers for the transport of goods:
															-- Tanker trailers and tanker semi-trailers:
0	0	0	0	0	0	0	3.3	0	0	0	7.3	9	0/	0/0	--- Oil tanker trailers and semi-trailers
0	0	0	0	0	0		0	0	0	0	7.3	9	0/	0/0	--- Other
															-- Other:
0	0	0	0	0	0		0	0	0	0	7.3	9	0/	0/0	--- Van trailers and semi-trailers
0	0	0	0	0	0		0	0	0	0	7.3	9	0/	0/0	--- Other
0	0	0	0	0	0		0	0	0	0	7.3	9	0/	0/0	- Other trailers and semi-trailers
2.5	0	0	0	0	0	0	0	0	0	0	7.3	9	0/	0/0	- Other vehicles
0	0	0	0	0	0	0	0	0	0	0	7.3	9	0/	0/0	- Parts

第八十八章　航空器、航天器及其零件

注释：

一、本章所称“无人驾驶航空器”是指除税目88.01的航空器以外，没有飞行员驾驶的任何航空器，它们可设计用于载物或安装永久性集成的数码相机或其他能在飞行中发挥实用功能的设备。

但“无人驾驶航空器”不包括专供娱乐用的飞行玩具（税目95.03）。

子目注释：

一、子目8802.11至8802.40所称“空载重量”，是指航空器在正常飞行状态下，除去机组人员、燃料及非永久性安装设备后的重量。

二、子目8806.21至8806.24及8806.91至8806.94所称“最大起飞重量”，是指航空器在正常飞行状态下起飞时的最大重量，包括有效载荷、设备和燃料的重量。

税号	货品名称	进口关税（%）			增值/消费税（%）	出口退税（%）	计量单位	监管证件代码	检验检疫类别	协定税率（%）		
		最惠国	普通	年内暂定						东盟	亚太	智利
88.01	**气球及飞艇；滑翔机、悬挂滑翔机及其他无动力航空器：**											
8801.0010	--- 滑翔机及悬挂滑翔机	3	11		13	13	架/千克			0		0
8801.0090	--- 其他											
88010090.10	自然视距以外可控飞行的无人驾驶飞艇（在30分钟≤最大续航时间<1小时，阵风≥46.3千米/小时条件下具有起飞和稳定飞行能力；或者最大续航时间≥1小时）	3	11		13	13	架/千克	3		0		0
88010090.90	气球、其他飞艇及无动力航空器（滑翔机除外）	3	11		13	13	架/千克			0		0
88.02	**其他航空器（例如，直升机、飞机），税目88.06的无人驾驶航空器除外；航天器（包括卫星）及其运载工具、亚轨道运载工具：**											
	- 直升机：											
8802.1100	-- 空载重量不超过2000千克	2	11		13	13	架/千克	O		0	1.3	0
	-- 空载重量超过2000千克：											
8802.1210	--- 空载重量超过2000千克，但不超过7000千克	2	11		13	13	架/千克	O		0	1.3	0
8802.1220	--- 空载重量超过7000千克	2	11		13	13	架/千克	O		0	1.3	0
8802.2000	- 飞机及其他航空器，空载重量不超过2000千克	5	11		13	13	架/千克	O		0		0
8802.3000	- 飞机及其他航空器，空载重量超过2000千克，但不超过15000千克	4	11		13	13	架/千克	O		0		0
	- 飞机及其他航空器，空载重量超过15000千克：											
8802.4010	--- 空载重量超过15000千克，但不超过45000千克	5	11		13	13	架/千克	O		0	3.5	0
8802.4020	--- 空载重量超过45000千克	1	11		13	13	架/千克	O		0	0.7	0
8802.6000	- 航天器（包括卫星）及其运载工具、亚轨道运载工具											
88026000.10	通信卫星	0	11		13	13	架/千克			0		0
88026000.90	航天器（包括卫星，通信卫星除外）及其运载工具（包括亚轨道运载工具）	2	11		13	13	架/千克			0		0
88.04	**降落伞（包括可操纵降落伞及滑翔伞）、旋翼降落伞及其零件、附件：**											
8804.0000	降落伞（包括可操纵降落伞及滑翔伞）、旋翼降落伞及其零件、附件	2	11		13	13	千克			0		0

Chapter 88 Aircraft, spacecraft, and parts thereof

Chapter Note:

1. For the purposes of this Chapter, the expression "unmanned aircraft" means any aircraft, other than those of heading 88.01, designed to be flown without a pilot on board. They may be designed to carry a payload or equipped with permanently integrated digital cameras or other equipment which would enable them to perform utilitarian functions during their flight.

The expression "unmanned aircraft", however, does not cover flying toys, designed solely for amusement purposes (heading 95.03).

Subheading Notes:

1. For the purposes of subheadings 8802.11 to 8802.40, the expression "unladen weight" means the weight of the machine in normal flying order, excluding the weight of the crew and of fuel and equipment other than permanently fitted items of equipment.
2. For the purposes of subheadings 8806.21 to 8806.24 and 8806.91 to 8806.94, the expression "maximum take-off weight" means the maximum weight of the machine in normal flying order, at take-off, including the weight of payload, equipment and fuel.

协定税率（%）														特惠税率（%）①/②	Article Description
巴基斯坦	冰岛	哥斯达黎加	秘鲁	新西兰	瑞士	新加坡	韩国	澳大利亚	格鲁吉亚	毛里求斯	日本RCEP	尼加拉瓜	港澳台		
															Balloons and dirigibles; gliders, hang gliders and other non-powered aircraft:
0	0	0	0	0	0		0	0	0	0	0	0	0/	0/0	--- Gliders and hang gliders
															--- Other
0	0	0	0	0	0		0	0	0	0	0	0	0/	0/0	Pilotless dirigibles, control range exceed viewable distance (30min≤flying time<1 hour, with stable flying capability when taking off and flying at wind speed exceed ≥46.3Km/h ; or flying time≥1 hour)
0	0	0	0	0	0		0	0	0	0	0	0	0/	0/0	Balloons, dirigibles and other non-powered aircraft, other than gliders
															Other aircraft (for example, helicopters, aeroplanes), except unmanned aircraft of heading 88.06; spacecraft (including satellites) and suborbital and spacecraft launch vehicles:
															- Helicopters:
0	0	0	0	0	0		0	0	0	0	0	0	0/	0/0	-- Of an unladen weight not exceeding 2000kg
															-- Of an unladen weight exceeding 2000kg:
0	0	0	0	0	0		0	0	0	0	0	0	0/	0/0	--- Of an unladen weight exceeding 2000kg but not exceeding 7000kg
0	0	0	0	0	0		0	0	0	0	0	0	0/	0/0	--- Of an unladen weight exceeding 7000kg
0	0	0	0	0	0		0	0	0	0	3.6	0	0/	0/0	- Aeroplanes and other aircraft, of an unladen weight not exceeding 2000kg
0	0	0	0	0	0		0	0	0	0	0	0	0/	0/0	- Aeroplanes and other aircraft, of an unladen weight exceeding 2000kg but not exceeding 15000kg
															- Aeroplanes and other aircraft, of an unladen weight exceeding 15000kg:
0	0	0	0	0	0		0	0	0	0	0	0	0/	0/0	--- Of an unladen weight exceeding 15000kg but not exceeding 45000kg
0	0	0	0	0	0		0	0	0	0	0	0	0/	0/0	--- Of an unladen weight exceeding 45000kg
															- Spacecraft (including satellites) and suborbital and spacecraft launch vehicles
0	0	0	0	0	0		0	0	0	0	0	0	0/	0/0	Telecommunications satellites
0	0	0	0	0	0		0	0	0	0	0	0	0/	0/0	Spacecraft (including satellites, other than telecommunications satellites) and spacecraft launch vehicles
															Parachutes (including dirigible parachutes and paragliders) and rotoehutes; parts thereof and accessories thereto:
0	0	0	0	0	0		0	0	0	0	0	0	0/	0/0	Parachutes (including dirigible parachutes and paragliders) and rotochutes; parts thereof and accessories thereto

税 号	货品名称	进口关税（%）			增值/消费税（%）	出口退税（%）	计量单位	监管证件代码	检验检疫类别	协定税率（%）		
		最惠国	普通	年内暂定						东盟	亚太	智利
88.05	**航空器的发射装置、甲板停机装置或类似装置和地面飞行训练器及其零件：**											
8805.1000	- 航空器的发射装置及其零件；甲板停机装置或类似装置及其零件	1.5	11		13	13	千克			0		0
	- 地面飞行训练器及其零件：											
8805.2100	-- 空战模拟装置及其零件	0	11		13	13	千克			0		0
8805.2900	-- 其他	0	11		13	13	千克	O		0	0	0
88.06	**无人驾驶航空器：**											
8806.1000	- 设计用于旅客运输的											
88061000.10	设计用于旅客运输的两用物项管制无人驾驶航空器	3	11		13	13	架/千克	3O		0		0
88061000.90	设计用于旅客运输的其他无人驾驶航空器	3	11		13	13	架/千克	O		0		0
	- 其他，仅使用遥控飞行的：											
	-- 最大起飞重量不超过250克：											
8806.2110	--- 航拍无人机											
88062110.10	仅使用遥控飞行的最大起飞重量≤250克的其他无人驾驶航空器（用于特种用途的电视摄像机或数字照相机）	0	99		13	13	台/千克			0		0
88062110.90	仅使用遥控飞行的最大起飞重量≤250克的其他无人驾驶航空器	0	99		13	13	台/千克			0		0
8806.2190	--- 其他	3.5	11		13	13	架/千克	O		0		0
	-- 最大起飞重量超过250克，但不超过7千克：											
8806.2210	--- 航拍无人机											
88062210.11	仅使用遥控飞行的250克<最大起飞重量≤7千克的两用物项管制航拍无人机	0	99		13	13	台/千克	3		0		0
88062210.19	仅使用遥控飞行的250克<最大起飞重量≤7千克的其他航拍无人机	0	99		13	13	台/千克			0		0
88062210.90	仅使用遥控飞行的250克<最大起飞重量≤7千克的其他无人驾驶航空器	0	99		13	13	台/千克			0		0
8806.2290	--- 其他											
88062290.10	仅使用遥控飞行的250克<最大起飞重量≤7千克的其他无人驾驶航空器（两用物项和技术出口管制的）	3.5	11		13	13	架/千克	3O		0		0
88062290.90	仅使用遥控飞行的250克<最大起飞重量≤7千克的其他无人驾驶航空器	3.5	11		13	13	架/千克	O		0		0
	-- 最大起飞重量超过7千克，但不超过25千克：											
8806.2310	--- 航拍无人机											
88062310.11	仅使用遥控飞行的7千克<最大起飞重量≤25千克的两用物项管制航拍无人机	0	99		13	13	台/千克	3		0		0
88062310.19	仅使用遥控飞行的7千克<最大起飞重量≤25千克的其他航拍无人机	0	99		13	13	台/千克			0		0
88062310.90	仅使用遥控飞行的7千克<最大起飞重量≤25千克的其他无人驾驶航空器	0	99		13	13	台/千克			0		0
8806.2390	--- 其他											

协定税率（%）														特惠税率（%）①/②	Article Description
巴基斯坦	冰岛	哥斯达黎加	秘鲁	新西兰	瑞士	新加坡	韩国	澳大利亚	格鲁吉亚	毛里求斯	日本RCEP	尼加拉瓜	港澳台		
															Aircraft launching gear; deck-arrestor or similar gear; ground flying trainers; parts of the foregoing articles:
0	0	0	0	0	0		0	0	0	0	0	0	0/	0/0	- Aircraft launching gear and parts thereof; deck-arrestor or similar gear and parts thereof
															- Ground flying trainers and parts thereof:
0	0	0	0	0	0		0	0	0	0	0	0	0/	0/0	-- Air combat simulators and parts thereof
0	0	0	0	0	0		0	0	0	0	0	0	0/	0/0	-- Other
															Unmanned aircraft:
															- Designed for the carriage of passengers
0	0	0	0	0	0		0	0	0	0	0	0	0/	0/0	Dual use item controlled unmanned aircraft, designed for the carriage of passengers
0	0	0	0	0	0		0	0	0	0	0	0	0/	0/0	Other unmanned aircraft, designed for the carriage of passengers
															- Other, for remote-controlled flight only:
															-- With maximum take-off weight not more than 250g:
															--- Unmanned aircrafe for aerial photography
2.7	0	0	0	0	0	0	5.7	0	0	1.1	0	0	0/	0/0	Other unmanned aircraft, for remote-controlled flight only, with maximum take-off weight not more than 250g (of television cameras or digital cameras for special purposes)
2.7	0	0	0	0	0	0	5.7	0	0	1.1	0	0	0/	0/0	Other unmanned aircraft, for remote-controlled flight only, with maximum take-off weight not more than 250g
0	0	0	0	0	0		0	0	0	0	0	0	0/	0/0	--- Other
															-- With maximum take-off weight more than 250g but not more than 7kg:
															--- Unmanned aircrafe for aerial photography
2.7	0	0	0	0	0	0	5.7	0	0	1.1	0	0	0/	0/0	Dual use item controlled unmanned aircraft with a maximum take-off weight of exceeding 250g but not exceeding 7kg, only using remote control flight
2.7	0	0	0	0	0	0	5.7	0	0	1.1	0	0	0/	0/0	Dual use item controlled unmanned aircraft with a maximum take-off weight of exceeding 250g but not exceeding 7kg, only using remote control flight
2.7	0	0	0	0	0	0	5.7	0	0	1.1	0	0	0/	0/0	Other unmanned aircraft, for remote-controlled flight only, with maximum take-off weight more than 250g but not more than 7kg
															--- Other
0	0	0	0	0	0		0	0	0	0	0	0	0/	0/0	Other unmanned aircraft, for remote-controlled flight only, with maximum take-off weight more than 250g but not more than 7kg (of dual-use items controlled)
0	0	0	0	0	0		0	0	0	0	0	0	0/	0/0	Other unmanned aircraft, for remote-controlled flight only, with maximum take-off weight more than 250g but not more than 7kg
															-- With maximum take-off weight more than 7kg but not more than 25kg:
															--- Unmanned aircrafe for aerial photography
2.7	0	0	0	0	0	0	5.7	0	0	1.1	0	0	0/	0/0	Dual use item controlled unmanned aircraft with a maximum take-off weight of exceeding 7kg but not exceeding 25kg, only using remote control flight
2.7	0	0	0	0	0	0	5.7	0	0	1.1	0	0	0/	0/0	Other unmanned aircraft with a maximum take-off weight of exceeding 7kg but not exceeding 25kg, only using remote control flight
2.7	0	0	0	0	0	0	5.7	0	0	1.1	0	0	0/	0/0	Other unmanned aircraft, for remote-controlled flight only, with maximum take-off weight more than 7kg but not more than 25kg
															--- Other

税　号	货品名称	进口关税（%）			增值/消费税（%）	出口退税（%）	计量单位	监管证件代码	检验检疫类别	协定税率（%）		
		最惠国	普通	年内暂定						东盟	亚太	智利
88062390.10	仅使用遥控飞行的7千克<最大起飞重量≤25千克的其他无人驾驶航空器（两用物项和技术出口管制的）	3.5	11		13	13	架/千克	3O		0		0
88062390.90	仅使用遥控飞行的7千克<最大起飞重量≤25千克的其他无人驾驶航空器	3.5	11		13	13	架/千克	O		0		0
	-- 最大起飞重量超过25千克，但不超过150千克：											
8806.2410	--- 航拍无人机											
88062410.11	仅使用遥控飞行的25千克<最大起飞重量≤150千克的两用物项管制航拍无人机（用于特种用途的电视摄像机或数字照相机）	0	99		13	13	台/千克	3		0		0
88062410.19	仅使用遥控飞行的25千克<最大起飞重量≤150千克的其他航拍无人机（用于特种用途的电视摄像机或数字照相机）	0	99		13	13	台/千克			0		0
88062410.90	仅使用遥控飞行的25千克<最大起飞重量≤150千克的其他无人驾驶航空器	0	99		13	13	台/千克			0		0
8806.2490	--- 其他											
88062490.10	仅使用遥控飞行的25千克<最大起飞重量≤150千克的其他无人驾驶航空器（两用物项和技术出口管制的）	3.5	11		13	13	架/千克	3O		0		0
88062490.90	仅使用遥控飞行的25千克<最大起飞重量≤150千克的其他无人驾驶航空器	3.5	11		13	13	架/千克	O		0		0
	-- 其他：											
8806.2910	--- 航拍无人机											
88062910.11	仅使用遥控飞行的最大起飞重量>150千克的两用物项管制航拍无人机（用于特种用途的电视摄像机或数字照相机）	0	99		13	13	台/千克	3		0		0
88062910.19	仅使用遥控飞行的最大起飞重量>150千克的其他航拍无人机（用于特种用途的电视摄像机或数字照相机）	0	99		13	13	台/千克			0		0
88062910.90	仅使用遥控飞行的最大起飞重量>150千克的其他无人驾驶航空器	0	99		13	13	台/千克			0		0
8806.2990	--- 其他											
88062990.10	仅使用遥控飞行的最大起飞重量>150千克的其他无人驾驶航空器（两用物项和技术出口管制的）	3	11		13	13	架/千克	3O		0		0
88062990.90	仅使用遥控飞行的最大起飞重量>150千克的其他无人驾驶航空器	3	11		13	13	架/千克	O		0		0
	- 其他：											
	-- 最大起飞重量不超过250克：											
8806.9110	--- 航拍无人机											
88069110.10	最大起飞重量≤250克的其他无人驾驶航空器（用于特种用途的电视摄像机或数字照相机）	0	99		13	13	台/千克			0		0
88069110.90	最大起飞重量≤250克的其他无人驾驶航空器	0	99		13	13	台/千克			0		0
8806.9190	--- 其他	3.5	11		13	13	架/千克	O		0		0

协定税率（%）														特惠税率（%）①/②	Article Description
巴基斯坦	冰岛	哥斯达黎加	秘鲁	新西兰	瑞士	新加坡	韩国	澳大利亚	格鲁吉亚	毛里求斯	日本RCEP	尼加拉瓜	港澳台		
0	0	0	0	0	0		0	0	0	0	0	0	0/	0/0	Other unmanned aircraft, for remote-controlled flight only, with maximum take-off weight more than 7kg but not more than 25kg (of dual-use items controlled)
0	0	0	0	0	0		0	0	0	0	0	0	0/	0/0	Other unmanned aircraft, for remote-controlled flight only, with maximum take-off weight more than 7kg but not more than 25kg
															-- With maximum take-off weight more than 25kg but not more than 150kg:
															--- Unmanned aircrafe for aerial photography
2.7	0	0	0	0	0	0	5.7	0	0	1.1	0	0	0/	0/0	Dual use item controlled unmanned aircraft, for remote-controlled flight only, with maximum take-off weight more than 25kg but not more than 150kg (of television cameras or digital cameras for special purposes)
2.7	0	0	0	0	0	0	5.7	0	0	1.1	0	0	0/	0/0	Other unmanned aircraft, for remote-controlled flight only, with maximum take-off weight more than 25kg but not more than 150kg (of television cameras or digital cameras for special purposes)
2.7	0	0	0	0	0	0	5.7	0	0	1.1	0	0	0/	0/0	Other unmanned aircraft, for remote-controlled flight only, with maximum take-off weight more than 25kg but not more than 150kg
															--- Other
0	0	0	0	0	0		0	0	0	0	0	0	0/	0/0	Other unmanned aircraft, for remote-controlled flight only, with maximum take-off weight more than 25kg but not more than 150kg (of dual-use items controlled)
0	0	0	0	0	0		0	0	0	0	0	0	0/	0/0	Other unmanned aircraft, for remote-controlled flight only, with maximum take-off weight more than 25kg but not more than 150kg
															-- Other:
															--- Unmanned aircrafe for aerial photography
2.7	0	0	0	0	0	0	5.7	0	0	1.1	0	0	0/	0/0	Dual use item controlled unmanned aircraft with a maximum take-off weight of exceeding 150kg, only using remote control flight (of television cameras or digital cameras for special purposes)
2.7	0	0	0	0	0	0	5.7	0	0	1.1	0	0	0/	0/0	Other unmanned aircraft with a maximum take-off weight of exceeding 150kg, only using remote control flight (of television cameras or digital cameras for special purposes)
2.7	0	0	0	0	0	0	5.7	0	0	1.1	0	0	0/	0/0	Other unmanned aircraft, for remote-controlled flight only, with maximum take-off weight more than 150kg
															--- Other
0	0	0	0	0	0		0	0	0	0	0	0	0/	0/0	Other unmanned aircraft, for remote-controlled flight only, with maximum take-off weight more than 150kg (of dual-use items controlled)
0	0	0	0	0	0		0	0	0	0	0	0	0/	0/0	Other unmanned aircraft, for remote-controlled flight only, with maximum take-off weight more than 150kg
															- Other:
															-- With maximum take-off weight not more than 250g:
															--- Unmanned aircrafe for aerial photography
2.7	0	0	0	0	0	0	5.7	0	0	1.1	0	0	0/	0/0	Other unmanned aircraft, with maximum take-off weight not more than 250g (of television cameras or digital cameras for special purposes)
2.7	0	0	0	0	0	0	5.7	0	0	1.1	0	0	0/	0/0	Other unmanned aircraft, with maximum take-off weight not more than 250g
0	0	0	0	0	0		0	0	0	0	0	0	0/	0/0	--- Other

税号	货品名称	进口关税（%）			增值/消费税（%）	出口退税（%）	计量单位	监管证件代码	检验检疫类别	协定税率（%）		
		最惠国	普通	年内暂定						东盟	亚太	智利
	-- 最大起飞重量超过250克，但不超过7千克：											
8806.9210	--- 航拍无人机											
88069210.11	其他250克<最大起飞重量≤7千克的两用物项管制航拍无人机（用于特种用途的电视摄像机或数字照相机）	0	99		13	13	台/千克	3		0		0
88069210.19	其他250克<最大起飞重量≤7千克的其他航拍无人机（用于特种用途的电视摄像机或数字照相机）	0	99		13	13	台/千克			0		0
88069210.90	250克<最大起飞重量≤7千克的其他无人驾驶航空器	0	99		13	13	台/千克			0		0
8806.9290	--- 其他											
88069290.10	250克<最大起飞重量≤7千克的其他无人驾驶航空器（两用物项和技术出口管制的）	3.5	11		13	13	架/千克	3O		0		0
88069290.90	250克<最大起飞重量≤7千克的其他无人驾驶航空器	3.5	11		13	13	架/千克	O		0		0
	-- 最大起飞重量超过7千克，但不超过25千克：											
8806.9310	--- 航拍无人机											
88069310.11	其他7千克<最大起飞重量≤25千克的两用物项管制航拍无人机（用于特种用途的电视摄像机或数字照相机）	0	99		13	13	台/千克	3		0		0
88069310.19	其他7千克<最大起飞重量≤25千克的其他航拍无人机（用于特种用途的电视摄像机或数字照相机）	0	99		13	13	台/千克			0		0
88069310.90	7千克<最大起飞重量≤25千克的其他无人驾驶航空器	0	99		13	13	台/千克			0		0
8806.9390	--- 其他											
88069390.10	7千克<最大起飞重量≤25千克的其他无人驾驶航空器（两用物项和技术出口管制的）	3.5	11		13	13	架/千克	3O		0		0
88069390.90	7千克<最大起飞重量≤25千克的其他无人驾驶航空器	3.5	11		13	13	架/千克	O		0		0
	-- 最大起飞重量超过25千克，但不超过150千克：											
8806.9410	--- 航拍无人机											
88069410.11	其他25千克<最大起飞重量≤150千克的两用物项管制航拍无人机（用于特种用途的电视摄像机或数字照相机）	0	99		13	13	台/千克	3		0		0
88069410.19	其他25千克<最大起飞重量≤150千克的其他航拍无人机（用于特种用途的电视摄像机或数字照相机）	0	99		13	13	台/千克			0		0
88069410.90	25千克<最大起飞重量≤150千克的其他无人驾驶航空器	0	99		13	13	台/千克			0		0
8806.9490	--- 其他											
88069490.10	25千克<最大起飞重量≤150千克的其他无人驾驶航空器（两用物项和技术出口管制的）	3.5	11		13	13	架/千克	3O		0		0
88069490.90	25千克<最大起飞重量≤150千克的其他无人驾驶航空器	3.5	11		13	13	架/千克	O		0		0

协定税率（%）														特惠税率（%）①/②	Article Description
巴基斯坦	冰岛	哥斯达黎加	秘鲁	新西兰	瑞士	新加坡	韩国	澳大利亚	格鲁吉亚	毛里求斯	日本RCEP	尼加拉瓜	港澳台		
															-- With maximum take-off weight more than 250g but not more than 7kg:
															--- Unmanned aircrafe for aerial photography
2.7	0	0	0	0	0	0	5.7	0	0	1.1	0	0	0/	0/0	Other dual use item controlled unmanned aircraft, with maximum take-off weight more than 250g but not more than 7kg (of television cameras or digital cameras for special purposes)
2.7	0	0	0	0	0	0	5.7	0	0	1.1	0	0	0/	0/0	Other unmanned aircraft, with maximum take-off weight more than 250g but not more than 7kg (of television cameras or digital cameras for special purposes)
2.7	0	0	0	0	0	0	5.7	0	0	1.1	0	0	0/	0/0	Other unmanned aircraft, with maximum take-off weight more than 250g but not more than 7kg
															--- Other
0	0	0	0	0	0		0	0	0	0	0	0	0/	0/0	Other unmanned aircraft, with maximum take-off weight more than 250g but not more than 7kg (of dual-use items controlled)
0	0	0	0	0	0		0	0	0	0	0	0	0/	0/0	Other unmanned aircraft, with maximum take-off weight more than 250g but not more than 7kg
															-- With maximum take-off weight more than 7kg but not more than 25kg:
															--- Unmanned aircrafe for aerial photography
2.7	0	0	0	0	0	0	5.7	0	0	1.1	0	0	0/	0/0	Other dual use item controlled unmanned aircraft, with maximum take-off weight more than 7kg but not more than 25kg (of television cameras or digital cameras for special purposes)
2.7	0	0	0	0	0	0	5.7	0	0	1.1	0	0	0/	0/0	Other unmanned aircraft, with maximum take-off weight more than 7kg but not more than 25kg (of television cameras or digital cameras for special purposes)
2.7	0	0	0	0	0	0	5.7	0	0	1.1	0	0	0/	0/0	Other unmanned aircraft, with maximum take-off weight more than 7kg but not more than 25kg
															--- Other
0	0	0	0	0	0		0	0	0	0	0	0	0/	0/0	Other unmanned aircraft, with maximum take-off weight more than 7kg but not more than 25kg (of dual-use items controlled)
0	0	0	0	0	0		0	0	0	0	0	0	0/	0/0	Other unmanned aircraft, with maximum take-off weight more than 7kg but not more than 25kg
															-- With maximum take-off weight more than 25kg but not more than 150kg:
															--- Unmanned aircrafe for aerial photography
2.7	0	0	0	0	0	0	5.7	0	0	1.1	0	0	0/	0/0	Other dual use item controlled unmanned aircraft, with maximum take-off weight more than 25kg but not more than 150kg (of television cameras or digital cameras for special purposes)
2.7	0	0	0	0	0	0	5.7	0	0	1.1	0	0	0/	0/0	Other unmanned aircraft, with maximum take-off weight more than 25kg but not more than 150kg (of television cameras or digital cameras for special purposes)
2.7	0	0	0	0	0	0	5.7	0	0	1.1	0	0	0/	0/0	Other unmanned aircraft, with maximum take-off weight more than 25kg but not more than 150kg
															--- Other
0	0	0	0	0	0		0	0	0	0	0	0	0/	0/0	Other unmanned aircraft, with maximum take-off weight more than 25kg but not more than 150kg (of dual-use items controlled)
0	0	0	0	0	0		0	0	0	0	0	0	0/	0/0	Other unmanned aircraft, with maximum take-off weight more than 25kg but not more than 150kg

税号	货品名称	进口关税（%）			增值/消费税（%）	出口退税（%）	计量单位	监管证件代码	检验检疫类别	协定税率（%）		
		最惠国	普通	年内暂定						东盟	亚太	智利
8806.9900	-- 其他											
88069900.10	最大起飞重量>150千克的其他无人驾驶航空器（两用物项和技术出口管制的）	3	11		13	13	架/千克	3O		0		0
88069900.90	最大起飞重量>150千克的其他无人驾驶航空器	3	11		13	13	架/千克	O		0		0
88.07	税目88.01、88.02或88.06所列货品的零件：											
8807.1000	- 推进器、水平旋翼及其零件	1	11		13	13	千克			0		0
8807.2000	- 起落架及其零件	1	11		13	13	千克			0		0
8807.3000	- 飞机、直升机及无人驾驶航空器的其他零件	1	11		13	13	千克			0		0
8807.9000	- 其他											
88079000.10	两用物项管制的火箭及其零部件（指税目88.01、88.02或88.06所列货品用的）	0	11		13	13	千克	3		0		0
88079000.90	其他未列名的航空器、航天器零件（指税目88.01、88.02或88.06所列货品用的）	0	11		13	13	千克			0		0

协定税率（%）														特惠税率（%）①/②	Article Description
巴基斯坦	冰岛	哥斯达黎加	秘鲁	新西兰	瑞士	新加坡	韩国	澳大利亚	格鲁吉亚	毛里求斯	日本RCEP	尼加拉瓜	港澳台		
															-- Other
0	0	0	0	0	0		0	0	0	0	0	0	0/	0/0	Other unmanned aircraft, with maximum take-off weight more than 150kg (of dual-use items controlled)
0	0	0	0	0	0		0	0	0	0	0	0	0/	0/0	Other unmanned aircraft, with maximum take-off weight more than 150kg
															Parts of goods of heading 88.01, 88.02 or 88.06:
0	0	0	0	0	0		0	0	0	0	0	0	0/	0/0	- Propellers and rotors and parts thereof
0	0	0	0	0	0		0	0	0	0	0	0	0/	0/0	- Under-carriages and parts thereof
0	0	0	0	0	0		0	0	0	0	0	0	0/	0/0	- Other parts of airplanes, helicopters or unmanned aircraft
															- Other
0	0	0	0	0	0		0	0	0	0	0	0	0/	0/0	The rockets and parts thereof (for goods of heading 88.01, 88.02 or 88.06), under dual-use items control
0	0	0	0	0	0		0	0	0	0	0	0	0/	0/0	Other parts of aircraft and spacecraft (for goods of heading 88.01, 88.02 or 88.06), not elsewhere specified or included

第八十九章　船舶及浮动结构体

注释：

已装配、未装配或已拆卸的船体、未完工或不完整的船舶以及未装配或已拆卸的完整船舶，如果不具有某种船舶的基本特征，应归入税目89.06。

税　号	货品名称	进口关税（%）			增值/消费税（%）	出口退税（%）	计量单位	监管证件代码	检验检疫类别	协定税率（%）		
		最惠国	普通	年内暂定						东盟	亚太	智利
89.01	巡航船、游览船、渡船、货船、驳船及类似的客运或货运船舶：											
	- 巡航船、游览船及主要用于客运的类似船舶；各式渡船：											
8901.1010	--- 机动船舶											
89011010.10	高速客船（包括主要用于客运的类似船舶）	5	14		13	13	艘/千克	O		0		0
89011010.90	其他机动巡航船、游览船及各式渡船（包括主要用于客运的类似船舶）	5	14		13	13	艘/千克	O		0		0
8901.1090	--- 非机动船舶	8	30		13	13	艘/千克			0		0
	- 液货船：											
	--- 成品油船：											
8901.2011	---- 载重量不超过10万吨	9	14		13	13	艘/千克	O		5		0
8901.2012	---- 载重量超过10万吨，但不超过30万吨	9	14		13	13	艘/千克			5		0
8901.2013	---- 载重量超过30万吨	6	14		13	13	艘/千克			5		0
	--- 原油船：											
8901.2021	---- 载重量不超过15万吨	9	14		13	13	艘/千克	O		5		0
8901.2022	---- 载重量超过15万吨，但不超过30万吨	9	14		13	13	艘/千克			5		0
8901.2023	---- 载重量超过30万吨	6	14		13	13	艘/千克			5		0
	--- 液化石油气船：											
8901.2031	---- 容积在20000立方米及以下	9	14		13	13	艘/千克	O		5		0
8901.2032	---- 容积在20000立方米以上	6	14		13	13	艘/千克			5		0
	--- 液化天然气船：											
8901.2041	---- 容积在20000立方米及以下	9	14		13	13	艘/千克			5		0
8901.2042	---- 容积在20000立方米以上	6	14		13	13	艘/千克			5		0
8901.2090	--- 其他	9	14		13	13	艘/千克	O		5		0
8901.3000	- 冷藏船，但子目8901.20的船舶除外	9	14		13	13	艘/千克			0		0
	- 其他货运船舶及其他客货兼运船舶：											
	--- 机动集装箱船：											
8901.9021	---- 可载标准集装箱在6000箱及以下	9	14		13	13	艘/千克	O		5		0
8901.9022	---- 可载标准集装箱在6000箱以上	6	14		13	13	艘/千克			5		0
	--- 机动滚装船：											
8901.9031	---- 载重量在2万吨及以下	9	14		13	13	艘/千克	O		5		0
8901.9032	---- 载重量在2万吨以上	6	14		13	13	艘/千克			5		0
	--- 机动散货船：											
8901.9041	---- 载重量不超过15万吨											
89019041.10	特殊民用物项管制的自航自卸式泥驳	9	14		13	13	艘/千克	3O		5		0
89019041.90	其他载重量不超过15万吨散货船	9	14		13	13	艘/千克	O		5		0
8901.9042	---- 载重量超过15万吨，但不超过30万吨	9	14		13	13	艘/千克			5		0

Chapter 89　Ships, boats and floating structures

Chapter Notes:

A hull, an unfinished or incomplete vessel, assembled, unassembled or disassembled, or a complete vessel unassembled or disassembled, is to be classified in heading 89.06 if it does not have the essential character of a vessel of a particular kind.

协定税率（%）														特惠税率（%）①/②	Article Description
巴基斯坦	冰岛	哥斯达黎加	秘鲁	新西兰	瑞士	新加坡	韩国	澳大利亚	格鲁吉亚	毛里求斯	日本RCEP	尼加拉瓜	港澳台		
															Cruise ships, excursion boats, ferryboats, cargo ships, barges and similar vessels for the transport of persons or goods:
															- Cruise ships, excursion boats and similar vessels principally designed for the transport of persons;ferryboats of all kinds:
															--- Motor vessels
0	0	0	0	0	0	0	1.6	0	0	0	4.1	0	0/	0/0	High-speed passenger ships (including similar vessels principally designed for transportation of persons)
0	0	0	0	0	0	0	1.6	0	0	0	4.1	0	0/	0/0	Other motor cruise ships, motor excursion boats and motor ferry-boats of all kinds (including similar vessels principally used for transportation of persons)
0	0	0	0	0	0		2.6	0	0	0	5.8	6.4	0/	0/0	--- Other
															- Tankers:
															--- Finished oil tankers:
	0	0	0	0	0		3	0	0	0		8.1	0/	0/0	----Loading not exceeding 100000t
	0	0	0	0	0		3	0	0	0		8.1	0/	0/0	----Loading exceeding 100000t, but not exceeding 300000t
	0	0	0	0	0		2	0	0	0		0	0/	0/0	----Loading exceeding 300000t
															--- Crude oil tankers:
	0	0	0	0	0		3	0	0	0		8.1	0/	0/0	----Loading not exceeding 150000t
	0	0	0	0	0		3	0	0	0		8.1	0/	0/0	----Loading exceeding 150000t, but not exceeding 300000t
	0	0	0	0	0		2	0	0	0		0	0/	0/0	----Loading exceeding 300000t
															--- Liquified petroleum gas carriers:
	0	0	0	0	0		3	0	0	0		8.1	0/	0/0	----Volume with 20000m³ or less
	0	0	0	0	0		2	0	0	0		0	0/	0/0	----Volume more than 20000m³
															--- Liquified natural gas carriers:
	0	0	0	0	0		3	0	0	0		8.1	0/	0/0	----Volume with 20000m³ or less
	0	0	0	0	0		2	0	0	0		0	0/	0/0	----Volume more than 20000m³
	0	0	0	0	0		3	0	0	0		8.1	0/	0/0	--- Other
0	0	0	0	0	0	0	3	0	0	0	7.3	8.1	0/	0/0	- Refrigerated vessels, other than those of subheading 8901.20
															- Other vessels for the transport of goods and other vessels for the transport of both persons and goods:
															--- Motor container vessels:
	0	0	0	0	0		3	0	0	0		8.1	0/	0/0	----Capable loading standard containers with 6000 or less
	0	0	0	0	0		2	0	0	0		0	0/	0/0	----Capable loading standard containers more than 6000
															--- Motor Ro-Ro carriers:
	0	0	0	0	0		3	0	0	0		8.1	0/	0/0	----Loading with 20000t or less
	0	0	0	0	0		2	0	0	0		0	0/	0/0	----Loading more than 20000t
															--- Motor bulk carriers:
															----Loading not exceeding 150000t
	0	0	0	0	0		3	0	0	0		8.1	0/	0/0	Self-propelled dump barge, under control of Special Items for Civil Use
	0	0	0	0	0		3	0	0	0		8.1	0/	0/0	Other bulk carriers, loading not exceeding 150000t
	0	0	0	0	0		3	0	0	0		8.1	0/	0/0	----Loading exceeding 150000t, not exceeding 300000t

税 号	货品名称	进口关税（%）最惠国	普通	年内暂定	增值/消费税（%）	出口退税（%）	计量单位	监管证件代码	检验检疫类别	协定税率（%）东盟	亚太	智利
8901.9043	----载重量超过30万吨	9	14		13	13	艘/千克			5		0
8901.9050	---机动多用途船	9	14		13	13	艘/千克			5		0
8901.9080	---其他机动船舶	9	14		13	13	艘/千克	O		0		0
8901.9090	---其他非机动船舶	8	30		13	13	艘/千克	O		0		0
89.02	**捕鱼船；加工船及其他加工保藏鱼类产品的船舶：**											
8902.0010	---机动船舶	7	14		13	13	艘/千克	O		0		0
8902.0090	---非机动船舶	8	30		13	13	艘/千克			0		0
89.03	**娱乐或运动用快艇及其他船舶；划艇及轻舟：**											
	-充气船（包括刚性外壳的）：											
8903.1100	--装有或设计装有发动机，空载（净）重量（不包括发动机）不超过100千克	10	30		13	13	艘/千克			0		0
8903.1200	--未设计装有发动机且空载（净）重量不超过100千克	10	30		13	13	艘/千克			0		0
8903.1900	--其他	10	30		13	13	艘/千克			0		0
	-帆船，充气船除外，不论是否装有辅助发动机：											
8903.2100	--长度不超过7.5米	8	30		13	13	艘/千克			0		0
8903.2200	--长度超过7.5米但不超过24米											
89032200.10	长度超过8米，但不超过24米的机动帆船（娱乐或运动用，充气船除外）	8	30		13/10	13	艘/千克			0		0
89032200.90	其他帆船，长度超过7.5米，但不超过24米（娱乐或运动用，充气船除外，不论是否装有辅助发动机）	8	30		13	13	艘/千克			0		0
8903.2300	--长度超过24米											
89032300.10	长度超过24米，但小于90米的机动帆船（娱乐或运动用，充气船除外，不论是否装有辅助发动机）	8	30		13/10	13	艘/千克			0		0
89032300.90	长度超过24米的其他帆船（娱乐或运动用，充气船除外，不论是否装有辅助发动机）	8	30		13	13	艘/千克			0		0
	-汽艇，非充气的，但装有舷外发动机的除外：											
8903.3100	--长度不超过7.5米	10	30		13	13	艘/千克			0		0
8903.3200	--长度超过7.5米但不超过24米											
89033200.10	长度超过8米，但不超过24米的汽艇（娱乐或运动用，非充气的，但装有舷外发动机的除外）	10	30		13/10	13	艘/千克			0		0
89033200.90	其他汽艇，长度超过7.5米，但不超过8米（娱乐或运动用，非充气的，但装有舷外发动机的除外）	10	30		13	13	艘/千克			0		0
8903.3300	--长度超过24米											
89033300.10	长度超过24米，但小于90米的汽艇（娱乐或运动用，非充气的，但装有舷外发动机的除外）	10	30		13/10	13	艘/千克			0		0
89033300.90	长度≥90米的其他汽艇（娱乐或运动用，非充气的，但装有舷外发动机的除外）	10	30		13	13	艘/千克			0		0
	-其他：											
8903.9300	--长度不超过7.5米	10	30		13	13	艘/千克			0		0
8903.9900	--其他											
89039900.10	8米<长度<90米的娱乐或运动用其他机动船舶或快艇	10	30		13/10	13	艘/千克			0		0

协定税率（%）														特惠税率（%）①/②	Article Description
巴基斯坦	冰岛	哥斯达黎加	秘鲁	新西兰	瑞士	新加坡	韩国	澳大利亚	格鲁吉亚	毛里求斯	日本RCEP	尼加拉瓜	港澳台		
	0	0	0	0	0		3	0	0	0		8.1	0/	0/0	----Loading exceeding 300000t
	0	0	0	0	0		3	0	0	0		8.1	0/	0/0	--- Multi-purposes motor vessels
0	0	0	0	0	0	0	3	0	0	0	6.5	8.1	0/	0/0	--- Other motor vessels
0	0	0	0	0	0	0	2.6	0	0	0	5.8	6.4	0/	0/0	--- Other non-motor vessels
															Fishing vessels;factory ships and other vessels for processing or preserving fishery products:
0	0	0	0	0	0	0	2.3	0	0	0	5.7	0	0/	0/0	--- Motor vessels
0	0	0	0	0	0		2.6	0	0	0	6.5	6.4	0/	0/0	--- Other
															Yachts and other vessels for pleasure or sports;rowing boats and canoes:
															- Inflatable (including rigid hull inflatable) boats:
0	0	0	0	0	0		3.3	0	0	0	8.1	9	0/	0/0	-- Fitted or designed to be fitted with a motor, unladen (net) weight (excluding the motor) not exceeding 100kg
0	0	0	0	0	0		3.3	0	0	0	8.1	9	0/	0/0	-- Not designed for use with a motor and unladen (net) weight not exceeding 100kg
0	0	0	0	0	0		3.3	0	0	0	8.1	9	0/	0/0	-- Other
															- Sailboats, other than inflatable, with or without auxiliary motor:
0	0	0	0	0	0		2.6	0	0	0	6.5	6.4	0/	0/0	-- Of a length not exceeding 7.5m
															-- Of a length exceeding 7.5m but not exceeding 24m
0	0	0	0	0	0		2.6	0	0	0	6.5	6.4	0/	0/0	Motor sailboats, of a length exceeding 8m but not exceeding 24m (for pleasure or sports, other than inflatable)
0	0	0	0	0	0		2.6	0	0	0	6.5	6.4	0/	0/0	Other sailboats, of a length exceeding 7.5m but not exceeding 24m (for pleasure or sports, other than inflatable, with or without auxiliary motor)
															-- Of a length exceeding 24m
0	0	0	0	0	0		2.6	0	0	0	6.5	6.4	0/	0/0	Motor sailboats, of a length exceeding 24m but less than 90m (for pleasure or sports, other than inflatable, with or without auxiliary motor)
0	0	0	0	0	0		2.6	0	0	0	6.5	6.4	0/	0/0	Other sailboats, of a length exceeding 24m (for pleasure or sports, other than inflatable, with or without auxiliary motor)
															- Motor boats, other than inflatable, not including outboard motor boats:
2.5	0	0	0	0	0	0	3.5	0	0	0	8.5	9	0/	0/0	-- Of a length not exceeding 7.5m
															-- Of a length exceeding 7.5m but not exceeding 24m
2.5	0	0	0	0	0	0	3.5	0	0	0	8.5	9	0/	0/0	Motorboats, of a length exceeding 8m but not exceeding 24m (for pleasure or sports, other than inflatable, not including outboard motor boats)
2.5	0	0	0	0	0	0	3.5	0	0	0	8.5	9	0/	0/0	Other motorboats, of a length exceeding 7.5m but not exceeding 24m (for pleasure or sports, other than inflatable, not including outboard motor boats)
															-- Of a length exceeding 24m
2.5	0	0	0	0	0	0	3.5	0	0	0	8.5	9	0/	0/0	Motorboats, of a length exceeding 24m but less than 90m (for pleasure or sports, other than inflatable, not including outboard motor boats)
2.5	0	0	0	0	0	0	3.5	0	0	0	8.5	9	0/	0/0	Other motorboats, of a length not less than 90m (for pleasure or sports, other than inflatable, not including outboard motor boats)
															- Other:
0	0	0	0	0	0			0	0	0		9	0/	0/0	-- Of a length not exceeding 7.5m
															-- Other
0	0	0	0	0	0			0	0	0		9	0/	0/0	Other powered vessels or yachts for pleasure or sports, of a length exceeding 8m but less than 90m

税 号	货品名称	进口关税（%）			增值/消费税（%）	出口退税（%）	计量单位	监管证件代码	检验检疫类别	协定税率（%）		
		最惠国	普通	年内暂定						东盟	亚太	智利
89039900.90	其他长度超过7.5米的娱乐或运动用船舶或快艇（包括划艇及轻舟）	10	30		13	13	艘/千克			0		0
89.04	**拖轮及顶推船：**											
8904.0000	拖轮及顶推船	9	14		13	13	艘/千克			0		0
89.05	**灯船、消防船、挖泥船、起重船及其他不以航行为主要功能的船舶；浮船坞；浮动或潜水式钻探或生产平台：**											
8905.1000	- 挖泥船											
89051000.10	耙吸式挖泥船、绞吸式挖泥船、斗式挖泥船、吸沙船	3	11		13	13	艘/千克	3		0		0
89051000.90	其他挖泥船	3	11		13	13	艘/千克			0		0
8905.2000	- 浮动或潜水式钻探或生产平台	6	11		13	13	座/千克			0		0
	- 其他：											
8905.9010	--- 浮船坞	8	30		13	13	个/千克			5		0
8905.9090	--- 其他	3	11		13	13	个/千克			0		0
89.06	**其他船舶，包括军舰及救生船，但划艇除外：**											
8906.1000	- 军舰	5	14		13	13	艘/千克			0		0
	- 其他：											
8906.9010	--- 机动船舶	5	14		13	13	艘/千克			0		0
8906.9020	--- 非机动船舶	8	30		13	0	艘/千克			0		0
8906.9030	--- 未制成或不完整的船舶，包括船舶分段	8	30		13	0	艘/千克			0		0
89.07	**其他浮动结构体（例如，筏、柜、潜水箱、浮码头、浮筒及航标）：**											
8907.1000	- 充气筏	8	30		13	13	艘/千克			0		0
8907.9000	- 其他	8	30		13	13	个/千克			0		0
89.08	**供拆卸的船舶及其他浮动结构体：**											
8908.0000	供拆卸的船舶及其他浮动结构体	3	11		13	13	艘/千克	9AB	P/Q	0		0

协定税率（%）														特惠税率（%）①/②	Article Description
巴基斯坦	冰岛	哥斯达黎加	秘鲁	新西兰	瑞士	新加坡	韩国	澳大利亚	格鲁吉亚	毛里求斯	日本RCEP	尼加拉瓜	港澳台		
0	0	0	0	0	0			0	0	0		9	0/	0/0	Other vessels or yachts for pleasure or sports, of a length exceeding 7.5m (including rowing boats and canoes)
															Tugs and pusher craft:
0	0	0	0	0	0	0	3	0	0	0	7.3	8.1	0/	0/0	Tugs and pusher craft
															Light-vessels, fire-floats, dredgers, floating cranes, and other vessels the navigability of which is subsidiary to their main function; floating docks; floating or submersible drilling or production platforms:
															- Dredgers
0	0	0	0	0	0		1	0	0	0	2.4	0	0/	0/0	Trailing suction hopper dredger, cutter suction dredger, bucket dredger and sand dredger
0	0	0	0	0	0		1	0	0	0	2.4	0	0/	0/0	Other dredgers
0	0	0	0	0	0		2	0	0	0	4.9	0	0/	0/0	- Floating or submersible drilling or production platforms
															- Other:
	0	0	0	0	0		2.6	0	0	0		6.4	0/	0/0	--- Floating docks
0	0	0	0	0	0		1	0	0	0	2.4	0	0/	0/0	--- Other
															Other vessels, including warships and lifeboats other than rowing boats:
0	0	0	0	0	0		1.6	0	0	0	3.6	0	0/	0/0	- Warships
															- Other:
0	0	0	0	0	0			0	0	0		0	0/	0/0	--- Motor vessels
0	0	0	0	0	0		2.6	0	0	0	6.5	6.4	0/	0/0	--- Not-motorized vessels
0	0	0	0	0	0		2.6	0	0	0	6.5	6.4	0/	0/0	--- Unfinished or incomplete vessels, including segments of vessels
															Other floating structures (for example, rafts, tanks, coffer-dams, landingstages, buoys and beacons):
0	0	0	0	0	0		2.6	0	0	0	6.5	6.4	0/	0/0	- Inflatable rafts
0	0	0	0	0	0		2.6	0	0	0	6.5	6.4	0/	0/0	- Other
															Vessels and other floating structures for breaking up:
0	0	0	0	0	0		1	0	0	0	2.4	0	0/	0/0	Vessels and other floating structures for breaking up

第十八类　光学、照相、电影、计量、检验、医疗或外科用仪器及设备、精密仪器及设备；钟表；乐器；上述物品的零件、附件

第九十章　光学、照相、电影、计量、检验、医疗或外科用仪器及设备、精密仪器及设备；上述物品的零件、附件

注释：

一、本章不包括：

（一）机器、设备或其他专门技术用途的硫化橡胶（硬质橡胶除外）制品（税目40.16）、皮革或再生皮革制品（税目42.05）或纺织材料制品（税目59.11）；

（二）纺织材料制的承托带及其他承托物品，其承托器官的作用仅依靠自身的弹性（例如，孕妇用的承托带，用于胸部、腹部、关节或肌肉的承托绷带）（第十一类）；

（三）税目69.03的耐火材料制品；税目69.09的实验室、化学或其他专门技术用途的陶瓷器；

（四）税目70.09的未经光学加工的玻璃镜及税目83.06或第七十一章的非光学元件的贱金属或贵金属制的镜子；

（五）税目70.07、70.08、70.11、70.14、70.15或70.17的货品；

（六）第十五类注释二所规定的贱金属制通用零件（第十五类）或塑料制的类似品（第三十九章）；但专用于医疗、外科、牙科或兽医的植入物应归入税目90.21；

（七）税目84.13的装有计量装置的泵；计数和检验用的衡器或单独报验的天平砝码（税目84.23）；升降、起重及搬运机械（税目84.25至84.28）；纸张或纸板的各种切割机器（税目84.41）；税目84.66的用于机床或水射流切割机上调整工件或工具的附件，包括具有读度用的光学装置的附件（例如，"光学"分度头），但其本身主要是光学仪器的除外（例如，校直望远镜）；计算机器（税目84.70）；税目84.81的阀门及其他装置；税目84.86的机器及装置（包括将电路图投影或绘制到感光半导体材料上的装置）；

（八）自行车或机动车辆用探照灯或聚光灯（税目85.12）；税目85.13的手提式电灯；电影录音机、还音机及转录机（税目85.19）；拾音头或录音头（税目85.22）；电视摄像机、数字照相机及视频摄录一体机（税目85.25）；雷达设备、无线电导航设备或无线电遥控设备（税目85.26）；光导纤维、光导纤维束或光缆用连接器（税目85.36）；税目85.37的数字控制装置；税目85.39的封闭式聚光灯；税目85.44的光缆；

（九）税目94.05的探照灯及聚光灯；

（十）第九十五章的物品；

（十一）税目96.20的独脚架、双脚架、三脚架及类似品；

（十二）容量的计量器具（按其构成的材料归类）；或

（十三）卷轴、线轴及类似芯子（按其构成材料归类，例如，归入税目39.23或第十五类）。

二、除上述注释一另有规定的以外，本章各税目所列机器、设备、仪器或器具的零件、附件，应按下列规定归类：

（一）凡零件、附件本身已构成本章或第八十四章、第八十五章或第九十一章各税目（税目84.87、85.48或90.33除外）所包括的货品，应一律归入其相应的税目；

（二）其他零件、附件，如果专用于或主要用于某种或同一税目项下的多种机器、仪器或器具（包括税目90.10、90.13或90.31的机器、仪器或器具），应归入相应机器、仪器或器具的税目；

（三）所有其他零件、附件均应归入税目90.33。

SECTION XVIII OPTICAL, PHOTOGRAPHIC, CINEMATOGRAPHIC, MEASURING, CHECKING, PRECISION, MEDICAL OR SURGICAL INSTRUMENTS AND APPARATUS; CLOCKS AND WATCHES; MUSICAL INSTRUMENTS; PARTS AND ACCESSORIES THEREOF

Chapter 90 Optical, photographic, cinematographic, measuring, checking, precision, medical or surgical instruments and apparatus; parts and accessories thereof

Chapter Notes:

1. This Chapter does not cover:

(a) Articles of a kind used in machines, appliances or for other technical uses, of vulcanised rubber other than hard rubber (heading 40.16), of leather or of composition leather (heading 42.05) or of textile material (heading 59.11);

(b) Supporting belts or other support articles of textile material, whose intended effect on the organ to be supported or held derives solely from their elasticity (for example, maternity belts, thoracic support bandages, abdominal support bandages, supports for joints or muscles) (Section XI);

(c) Refractory goods of heading 69.03; ceramic wares for laboratory, chemical or other technical uses, of heading 69.09;

(d) Glass mirrors, not optically worked, of heading 70.09, or mirrors of base metal or of precious metal, not being optical elements (heading 83.06 or Chapter 71);

(e) Goods of heading 70.07, 70.08, 70.11, 70.14, 70.15 or 70.17;

(f) Parts of general use, as defined in Note 2 to Section XV, of base metal (Section XV) or similar goods of plastics (Chapter 39); however, articles specially designed for use exclusively in implants in medical, surgical, dental or veterinary sciences are to be classified in heading 90.21;

(g) Pumps incorporating measuring devices, of heading 84.13; weight-operated counting or checking machinery, or separately presented weights for balances (heading 84.23); lifting or handling machinery (headings 84.25 to 84.28); paper or paperboard cutting machines of all kinds (heading 84.41); fittings for adjusting work or tools on machine-tools or water-jet cutting machines, of heading 84.66, including fittings with optical devices for reading the scale (for example, "optical" dividing heads) but not those which are in themselves essentially optical instruments (for example, alignment telescopes); calculating machines (heading 84.70); valves or other appliances of heading 84.81; machines and apparatus (including apparatus for the projection or drawing of circuit patterns on sensitised semiconductor materials) of heading 84.86;

(h) Searchlights or spotlights of a kind used for cycles or motor vehicles (heading 85.12); portable electric lamps of heading 85.13; cinematographic sound recording, reproducing or re-recording apparatus (heading 85.19); sound-heads (heading 85.22);television cameras, digital cameras and video camera recorders (heading 85.25) radar apparatus, radio navigational aid apparatus or radio remote control apparatus (heading 85.26); connectors for optical fibres, optical fibre bundles or cables (heading 85.36); numerical control apparatus of heading 85.37; sealed beam lamp units of heading 85.39; optical fibre cables of heading 85.44;

(ij) Searchlights or spotlights of heading 94.05;

(k) Articles of Chapter 95;

(l) Monopods, bipods, tripods and similar articles, of heading 96.20;

(m) Capacity measures, which are to be classified according to their constituent material; or

(n) Spools, reels or similar supports (which are to be classified according to their constituent material, for example, in heading 39.23 or Section XV).

2. Subject to Note 1 above, parts and accessories for machines, apparatus, instruments or articles of this Chapter are to be classified according to the following rules:

(a) Parts and accessories which are goods included in any of the headings of this Chapter or of Chapter 84, 85 or 91 (other than heading 84.87, 85.48 or 90.33) are in all cases to be classified in their respective headings;

(b) Other parts and accessories, if suitable for use solely or principally with a particular kind of machine, instrument or apparatus, or with a number of machines, instruments or apparatus of the same heading (including a machine, instrument or apparatus of heading 90.10, 90.13 or 90.31) are to be classified with the machines, instruments or apparatus of that kind;

(c) All other parts and accessories are to be classified in heading 90.33.

三、第十六类注释三及四的规定也适用于本章。

四、税目90.05不包括武器用望远镜瞄准具、潜艇或坦克上的潜望镜式望远镜及本章或第十六类的机器、设备、仪器或器具用的望远镜；这类望远镜瞄准具及望远镜应归入税目90.13。

五、计量或检验用的光学仪器、器具或机器，如果既可归入税目90.13，又可归入税目90.31，则应归入税目90.31。

六、税目90.21所称“矫形器具”，是指下列用途的器具：

预防或矫正躯体畸变；或

生病、手术或受伤后人体部位的支撑或固定。

矫形器具包括用于矫正畸形的鞋及特种鞋垫，但需符合下列任一条件：

（一）定制的；

（二）成批生产的，单独报验、且不成双的，设计为左右两脚同样适用。

七、税目90.32仅适用于：

（一）液体或气体的流量、液位、压力或其他变化量的自动控制仪器及装置或温度自动控制装置，不论其是否依靠要被自控的因素所发生的电现象来进行工作，这些仪器或装置将被自控因素调到并保持在一设定值上，通过持续或定期测量实际值来保持稳定，修正偏差；

（二）电量自动调节器及自动控制非电量的仪器或装置，依靠要被控制的因素所发生的电现象来进行工作，这些仪器或装置将被控制的因素调到并保持在一设定值上，通过持续或定期测量实际值来保持稳定，修正偏差。

税　号	货品名称	进口关税（%）			增值/消费税（%）	出口退税（%）	计量单位	监管证件代码	检验检疫类别	协定税率（%）		
		最惠国	普通	年内暂定						东盟	亚太	智利
90.01	**光导纤维及光导纤维束；光缆，但税目85.44的货品除外；偏振材料制的片及板；未装配的各种材料制透镜（包括隐形眼镜片）、棱镜、反射镜及其他光学元件，但未经光学加工的玻璃制上述元件除外：**											
9001.1000	- 光导纤维、光导纤维束及光缆											
90011000.01	非色散位移单模光纤（G.652，包括G652A、G652B、G652C、G652D等）	5	20		13	13	千克			0	4.5	0
90011000.02	其他单模光纤	5	20		13	13	千克			0	4.5	0
90011000.90	光导纤维束、光缆及其他光导纤维（税目85.44的货品除外）	5	20		13	13	千克			0	4.5	0
9001.2000	- 偏振材料制的片及板											
90012000.10	液晶投影仪用偏光板	0	20		13	13	千克			0	0	0
90012000.20	数字电影放映机用偏光板	0	20		13	13	千克			0	0	0
90012000.90	其他偏振材料制的片及板	0	20		13	13	千克			0	0	0
9001.3000	- 隐形眼镜片	7	70	6	13	13	片/千克			0		0
	- 玻璃制眼镜片：											
9001.4010	--- 变色镜片	7	90		13	13	片/千克			0		0
	--- 其他：											
9001.4091	---- 太阳镜片	7	90		13	13	片/千克			0		0
9001.4099	---- 其他	7	70		13	13	片/千克			0		0
	- 其他材料制眼镜片：											
9001.5010	--- 变色镜片	7	90		13	13	片/千克			0		0
	--- 其他：											
9001.5091	---- 太阳镜片	7	90		13	13	片/千克			0		0
9001.5099	---- 其他	7	70		13	13	片/千克			0		0
	- 其他：											
9001.9010	--- 彩色滤光片	0	20		13	13	千克/片			0	0	0

3. The provisions of Notes 3 and 4 to Section XVI apply also to this Chapter.

4. Heading 90.05 does not apply to telescopic sights for fitting to arms, periscopic telescopes for fitting to submarines or tanks, or to telescopes for machines, appliances, instruments or apparatus of this Chapter or Section XVI; such telescopic sights and telescopes are to be classified in heading 90.13.

5. Measuring or checking optical instruments, appliances or machines which, but for this Note, could be classified both in heading 90.13 and in heading 90.31 are to be classified in heading 90.31.

6. For the purpose of heading 90.21, the expression "orthopaedic appliances" means appliances for:

Preventing or correcting bodily deformities; or

Supporting or holding parts of the body following an illness, operation or injury.

Orthopaedic appliances include footwear and special insoles designed to correct orthpaedic conditions, provided that they are either:

(a) made to measure or

(b) mass-produced presented singly and not in pairs and designed to fit either foot equally.

7. Heading 90.32 applies only to:

(a) Instruments and apparatus for automatically controlling the flow, level, pressure or other variables of liquids or gases, or for automatically controlling temperature, whether or not their operation depends on an electrical phenomenon which varies according to the factor to be automatically controlled, these instruments and apparatus are designed to bring this factor to, and maintain it at, a desired value, stabilized against disturbances, by constantly or periodically measuring its actual value; and

(b) Automatic regulators of electrical quantities, and instruments or apparatus for automatically controlling non-electrical quantities the operation of which depends on an electrical phenomenon varying according to the factor to be controlled, these instruments and apparatus are designed to bring this factor to, and maintain it at, a desired value, stabilized against disturbances, by constantly or periodically measuring its actual value.

协定税率（%）														特惠税率（%）①/②	Article Description
巴基斯坦	冰岛	哥斯达黎加	秘鲁	新西兰	瑞士	新加坡	韩国	澳大利亚	格鲁吉亚	毛里求斯	日本RCEP	尼加拉瓜	港澳台		
															Optical fibres and optical fibre bundles; optical fibre cables, other than those of heading 85.44; sheets and plates of polarizing material; lenses (including contact lenses), prisms, mirrors and other optical elements, of any material, unmounted, other than such elements of glass not optically worked:
															- Optical fibres, optical fibre bundles and cables
0	0	0	0	0	0		4.5	0	0	0		0	0/	0/0	Non-dispersive displacement single-mode optical fibers (G.652 including G652A, G652B, G652C, G652D)
0	0	0	0	0	0		4.5	0	0	0		0	0/	0/0	Other single-mode optical fibers
0	0	0	0	0	0		4.5	0	0	0		0	0/	0/0	Optical fiber bundles and cables (other than goods of heading 85.44)
															- Sheets and plates of polarizing material
0	0	0	0	0	0		0	0		0	5.8	0	0/	0/0	Polarizer for LCD Projectors
0	0	0	0	0	0		0	0		0	5.8	0	0/	0/0	Polarizer for digital movie projector
0	0	0	0	0	0		0	0		0	5.8	0	0/	0/0	Other sheets and plates of polarizing material
0	0	0	0	0	0	0	5	0	0	0		0	0/	0/0	- Contact lenses
															- Spectacle lenses of glass:
16	0	0	0	0	0	0	6.6	0	0	0	16.3	0	0/	0/0	--- Photochromic
															--- Other:
16	0	0	0	0	0	0	6.6	0	0	0	16.3	0	0/	0/0	----For sunglasses
16	0	0	0	0	0	0	6.6	0	0	0	16.3	0	0/	0/0	----Other
															- Spectacle lenses of other materials:
16	0	0	0	0	0	0	6.6	0	0	0	16.3	0	0/	0/0	--- Photochromic
															--- Other:
16	0	0	0	0	0	0	6.6	0	0	0	16.3	0	0/	0/0	----For sunglasses
16	0	0	0	0	0	0	0	0	0	0	14.5	0	0/	0/0	----Other
															- Other:
0	0	0	0	0	0		2.6	0	0	0	5.8	0	0/	0/0	--- Color filters

税号	货品名称	进口关税（%）			增值/消费税（%）	出口退税（%）	计量单位	监管证件代码	检验检疫类别	协定税率（%）		
		最惠国	普通	年内暂定						东盟	亚太	智利
9001.9090	--- 其他											
90019090.10	光通信用微光组件的光学元件（包括波长800～1700nm薄膜滤光片、自聚焦透镜、法拉第旋转片）	0	20		13	13	千克			0	0	0
90019090.20	微型镜片（激光视盘机激光收发装置用）	0	20		13	13	千克			0	0	0
90019090.30	非涅耳透镜投影屏（屏幕对角线≥80英寸，投射比≤0.26，增益比≥0.8，镜头间距≤100微米）	0	20		13	13	千克			0	0	0
90019090.40	液晶显示屏背光模组的光学元件（包括导光板、反射板、扩散片、增亮片）	0	20		13	13	千克			0	0	0
90019090.50	液晶投影仪用偏光元件	0	20		13	13	千克			0	0	0
90019090.60	数字电影放映机用偏光元件	0	20		13	13	千克			0	0	0
90019090.90	税目90.01未列名的其他光学元件（未经光学加工的玻璃制元件除外）	0	20		13	13	千克			0	0	0
90.02	**已装配的各种材料制透镜、棱镜、反射镜及其他光学元件，作为仪器或装置的零件、配件，但未经光学加工的玻璃制上述元件除外：**											
	- 物镜：											
	-- 照相机、投影仪、照片放大机及缩片机用：											
9002.1110	--- 税号9006.1010至9006.3000所列照相机用	6	14		13	13	千克/个			0	4.8	0
9002.1120	--- 缩微阅读机用	6	14		13	13	千克/个			0	3.9	0
	--- 其他照相机用：											
9002.1131	---- 单反相机镜头											
90021131.10	单反相机镜头（整机）	6	80	3	13	13	千克/个			0		0
90021131.90	单反相机镜头的零件及附件	6	80	3	13	13	千克/个			0		0
9002.1139	---- 其他	6	80	3	13	13	千克/个			0		0
9002.1190	--- 其他											
90021190.10	彩色投影机和数字光处理器的镜头及镜头组件	10	80	3	13	13	千克/个			0		0
90021190.90	其他投影仪等用物镜	10	80		13	13	千克/个			0		0
	-- 其他：											
9002.1910	--- 摄影机或放映机用	0	40		13	13	千克/个			0		0
9002.1990	--- 其他											
90021990.10	摄像机、摄录一体机的镜头	0	50		13	13	千克/个			0		0
90021990.20	手机、平板电脑用物镜（800万像素及以上）	0	50		13	13	千克/个			0		0
90021990.90	税目90.02未列名的其他物镜	0	50		13	13	千克/个			0		0
	- 滤光镜：											
9002.2010	--- 照相机用	0	80		13	13	千克/个			0	0	0
9002.2090	--- 其他	0	40		13	13	千克/个			0	0	0
	- 其他：											
9002.9010	--- 照相机用											
90029010.10	照相机用带屈光度调节装置的目镜（但物镜，滤色镜除外）	0	80		13	13	千克/个			0		0
90029010.90	其他照相机用未列名光学元件（但物镜，滤色镜除外）	0	80		13	13	千克/个			0		0
9002.9090	--- 其他											

协定税率（%）														特惠税率（%）①/②	Article Description
巴基斯坦	冰岛	哥斯达黎加	秘鲁	新西兰	瑞士	新加坡	韩国	澳大利亚	格鲁吉亚	毛里求斯	日本RCEP	尼加拉瓜	港澳台		
															--- Other
0	0	0	0	0	0		0	0	0	0	5.8	0	0/	0/0	Optical elements of low-light optical components for optical communication (including wavelength 800-1700nm thin film filters, autofocus lenses, Faraday spinning sheets)
0	0	0	0	0	0		0	0	0	0	5.8	0	0/	0/0	Micro-lenses (for video CD players and laser transceiver devices)
0	0	0	0	0	0		0	0	0	0	5.8	0	0/	0/0	Fresnel lens projection screens (Screen diagonal≥80 inches, project ratio≤0.26, plus ratio≥0.8, lens spacing≤100μm)
0	0	0	0	0	0		0	0	0	0	5.8	0	0/	0/0	Optical components of LCD backlight units (including light guide plates, reflectors, diffusion sheets, and brightening sheets)
0	0	0	0	0	0		0	0	0	0	5.8	0	0/	0/0	Polariser for LED projector
0	0	0	0	0	0		0	0	0	0	5.8	0	0/	0/0	Polariser for digital cinematographic projectors
0	0	0	0	0	0		0	0	0	0	5.8	0	0/	0/0	Other optical elements not elsewhere specified or included in heading 90.01 (other than such elements of glass not optically worked)
															Lenses, prisms, mirrors and other optical elements, of any material, mounted, being parts of or fittings for instruments or apparatus, other than such elements of glass not optically worked:
															- Objective lenses:
															-- For cameras, projectors or photographic enlargers or reducers:
0	0	0	0	0	0		0	0	0	0	5.8	0	0/	0/0	--- For the photographic cameras of subheadings 9006.1010 to 9006.3000
0	0	0	0	0	0		0	0	0	0	5.8	0	0/	0/0	--- For microfilm, microfiche or other microform readers
															--- For other cameras:
															----Lens for single lens reflex cameras
6	0	0	0	0	0	0		0	0	0	7.5	0	0/	0/0	Lens for single lens reflex cameras (whole set)
6	0	0	0	0	0	0		0	0	0	7.5	0	0/	0/0	Parts and accessories of single lens reflex cameras lens
6	0	0	0	0	0	0	0	0	0	0	10.9	0	0/	0/0	----Other
															--- Other
6	0	0	0	0	0	0	5	0	0	0	12.2	9	0/0	0/0	Lenses and lens components of colored projectors and digital light processors (DLP)
6	0	0	0	0	0	0	5	0	0	0	12.2	9	0/0	0/0	Other objective lenses for projectors
															-- Other:
6	0	0	0	0	0	0	0	0	0	0	10.9	0	0/	0/0	--- For cinematographic cameras or projectors
															--- Other
6	0	0	0	0	0	0	5	0	0	0	10.9	0	0/0	0/0	Lenses for cameras or camera recorders
6	0	0	0	0	0	0	5	0	0	0	10.9	0	0/0	0/0	Objective lenses for cellphones and tablet computors (with resolution not less than 8 million pixels)
6	0	0	0	0	0	0	5	0	0	0	10.9	0	0/0	0/0	Other objective lenses not elsewhere specified or included in heading 90.02
															- Filters:
6	0	0	0	0	0	0	5	0	0	0	10.9	0	0/	0/0	--- For cameras
6	0	0	0	0	0	0	5	0	0	0	10.9	0	0/	0/0	--- Other
															- Other:
															--- For cameras
6	0	0	0	0	0	0	5	0	0	0	10.9	0	0/0	0/0	Camera eyepieces with diopter adjustment device (other than objective lenses and color filters)
6	0	0	0	0	0	0	5	0	0	0	10.9	0	0/0	0/0	Other unlisted optical elements for camera (other than objective lenses and color filters)
															--- Other

税号	货品名称	进口关税（%）			增值/消费税（%）	出口退税（%）	计量单位	监管证件代码	检验检疫类别	协定税率（%）		
		最惠国	普通	年内暂定						东盟	亚太	智利
90029090.10	抗辐射镜头[能抗5×10^4戈瑞（硅）以上辐射而又不会降低使用质量]	0	40		13	13	千克/个	3		0		0
90029090.20	其他带屈光度调节装置的目镜	0	40		13	13	千克/个			0		0
90029090.30	掩模版	0	40		13	13	千克/个			0		0
90029090.90	其他光学仪器用未列名光学元件（但物镜，滤色镜除外）	0	40		13	13	千克/个			0		0
90.03	**眼镜架及其零件：**											
	- 眼镜架：											
9003.1100	-- 塑料制	7	70		13	13	千克/副			0		0
	-- 其他材料制：											
9003.1910	--- 金属材料制	7	70	6	13	13	千克/副			0		0
9003.1920	--- 天然材料制											
90031920.10	濒危动植物产品制眼镜架	7	70		13	0	千克/副	FE		0		0
90031920.90	其他天然材料制眼镜架	7	70		13	13	千克/副			0		0
9003.1990	--- 其他	7	70		13	13	千克/副			0		0
9003.9000	- 零件	6	70		13	13	千克			0		0
90.04	**矫正视力、保护眼睛或其他用途的眼镜、挡风镜及类似品：**											
9004.1000	- 太阳镜	7	100	6	13	13	千克/副			0		0
	- 其他：											
9004.9010	--- 变色镜	7	100		13	13	千克/副			0		0
9004.9090	--- 其他	7	90		13	13	千克/副			0		0
90.05	**双筒望远镜、单筒望远镜、其他光学望远镜及其座架；其他天文仪器及其座架，但不包括射电天文仪器：**											
9005.1000	- 双筒望远镜	10	50		13	13	个/千克			0		0
	- 其他仪器：											
9005.8010	--- 天文望远镜及其他天文仪器	3	8		13	13	台/千克			0		0
9005.8090	--- 其他	10	50		13	13	台/千克			0		0
	- 零件、附件（包括座架）：											
9005.9010	--- 天文望远镜及其他天文仪器用	2	8		13	13	千克			0	1.6	0
9005.9090	--- 其他	6	30		13	13	千克			0		0
90.06	**照相机（电影摄影机除外）；照相闪光灯装置及闪光灯泡，但税目85.39的放电灯泡除外：**											
9006.3000	- 水下、航空测量或体内器官检查用的特种照相机；法庭或犯罪学用的比较照相机	9	17		13	13	台/千克			0		0
9006.4000	- 一次成像照相机	5	70		13	13	台/千克			0		0
	- 其他照相机：											
	-- 使用胶片宽度为35毫米：											
9006.5310	--- 通过镜头取景[单镜头反光式（SLR）]	9	100		13	13	架/千克			0		0
9006.5390	--- 其他	9	100		13	13	架/千克			0		0
	-- 其他：											
9006.5910	--- 激光照相排版设备	9	35		13	13	台/千克			0		0
	--- 制版照相机：											
9006.5921	---- 电子分色机	9	20		13	13	台/千克			0		0
9006.5929	---- 其他	9	20		13	13	台/千克			0		0

协定税率（%）														特惠税率（%）①/②	Article Description
巴基斯坦	冰岛	哥斯达黎加	秘鲁	新西兰	瑞士	新加坡	韩国	澳大利亚	格鲁吉亚	毛里求斯	日本RCEP	尼加拉瓜	港澳台		
6	0	0	0	0	0	0	5	0	0	0	10.9	0	0/0	0/0	Radiation-resistant lenses (be able to resisting the radiation of 5×10⁴ Gy (Si) or more without any service quality deduction)
6	0	0	0	0	0	0	5	0	0	0	10.9	0	0/0	0/0	Other eyepieces with diopter adjustment device
6	0	0	0	0	0	0	5	0	0	0	10.9	0	0/0	0/0	Mask
6	0	0	0	0	0	0	5	0	0	0	10.9	0	0/0	0/0	Unlisted optical elements for other optical instruments (other than objective lenses and color filters)
															Frames and mountings for spectacles, goggles or the like, and parts thereof:
															- Frames and mountings:
14.4	0	0	0	0	0	0	0	0	0	0	13.1	0	0/	0/0	-- Of plastics
															-- Of other materials:
0	0	0	0	0	0		0	0	0	0	7.3	0	0/	0/0	--- of metal materials
															--- of natural materials
0	0	0	0	0	0		0	0	0	0	7.3	0	0/	0/0	Frames and mountings for spectacles, made of endangered animals or plants
0	0	0	0	0	0		0	0	0	0	7.3	0	0/	0/0	Frames and mountings for spectacles, of other natural materials
0	0	0	0	0	0		0	0	0	0	7.3	0	0/	0/0	--- Other
0	0	0	0	0	0		0	0	0	0	7.3	0	0/	0/0	- Parts
															Spectacles, goggles and the like, corrective, protective or other:
16	0	0	0	0	0	0	6.6	0	0	0	16.3	0	0/	0/0	- Sunglasses
															- Other:
6.4	0	0	0	0	0	0	0	0	0	0	11.6	0	0/	0/0	--- Photochromic spectacles
	0	0	0	0	0	0	0	0	0	0	14.5	0	0/	0/0	--- Other
															Binoculars, monoculars, other optical telescopes, and mountings therefor; other astronomical instruments and mountings therefor, but not including instruments for radio-astronomy:
6	0	0	0	0	0	0	0	0	0	0	10.9	9	0/	0/0	- Binoculars
															- Other instruments:
0	0	0	0	0	0		0	0	0	0	0	0	0/	0/0	--- Astronomical telescopes and other astronomical instruments
3	0	0	0	0	0	0	0	0	0	0	8.7	9	0/	0/0	--- Other
															- Parts and accessories (including mountings):
0	0	0	0	0	0		0	0	0	0	0	0	0/	0/0	--- Of instruments Of subheading 9005.8010
0	0	0	0	0	0		0	0	0	0	5.8	0	0/	0/0	--- Other
															Photographic (other than cine-matographic) cameras; photographic flashlight apparatus and flashbulbs, other than discharge lamps of heading 85.39:
0	0	0	0	0	0			0	0	0		8.1	0/	0/0	- Cameras specially designed for under-water use, for aerial survey or for medical or surgical examination of internal organs; comparison cameras for forensic or criminological purposes
0	0	0	0	0	0		0	0	0	0	3.6	0	0/	0/0	- Instant print cameras
															- Other cameras:
															-- For roll film of a width of 35mm:
	0	0		0	9	0	12.5	0	0	5	21.4	8.1	0/	/0	--- With a through-the-lens viewfinder (single lens reflex (SLR))
	0	0	0	0	0	0	6.6	0	0	0	16.3	8.1	0/	0/0	--- Other
															-- Other:
0	0	0	0	0	0	0	3	0	0	0	7.3	8.1	0/	0/0	--- Laser photo typesetting equipments
															--- Cameras of a kind used for preparing printing plates or cylinders:
3	0	0	0	0	0	0	0	0	0	0	8.7	8.1	0/	0/0	----Electronic colour scanners
0	0	0	0	0	0		0	0	0	0	7.3	8.1	0/	0/0	----Other

税号	货品名称	进口关税（%）			增值/消费税（%）	出口退税（%）	计量单位	监管证件代码	检验检疫类别	协定税率（%）		
		最惠国	普通	年内暂定						东盟	亚太	智利
9006.5930	--- 通过镜头取景[单镜头反光式（SLR）]，使用胶片宽度小于35毫米	9	100		13	13	架/千克			0		0
	--- 其他，使用胶片宽度小于35毫米：											
9006.5941	---- 缩微照相机，使用缩微胶卷、胶片或其他缩微品的	9	17		13	13	架/千克			0		0
9006.5949	---- 其他	9	100		13	13	架/千克			0		0
9006.5990	--- 其他											
90065990.10	分幅相机（记录速率超过每秒225000帧）	9	100		13	13	台/千克	3		0	5.9	0
90065990.20	分幅相机（记录速率超过每秒225000帧的分幅相机；帧曝光时间为50纳秒或更短）	9	100		13	13	架/千克	3		0	5.9	0
90065990.90	使用胶片宽>35毫米的其他照相机	9	100		13	13	架/千克			0	5.9	0
	- 照相闪光灯装置及闪光灯泡：											
9006.6100	-- 放电式（电子式）闪光灯装置											
90066100.01	照相手机用闪光灯组件	9	80	4	13	13	个/千克			0		0
90066100.02	照相机外置式电子闪光灯（闪光指数GN≥30，具有无线闪光功能，支持自动变焦）	9	80		13	13	个/千克			0		0
90066100.90	其他放电式（电子式）闪光灯装置	9	80		13	13	个/千克			0		0
	-- 其他：											
9006.6910	--- 闪光灯泡	9	80		13	13	个/千克			0		0
9006.6990	--- 其他	9	80		13	13	个/千克			0		0
	- 零件、附件：											
	-- 照相机用：											
9006.9110	--- 税号9006.3000、9006.5921、9006.5929所列照相机用	8	17		13	13	千克			0	5.2	0
9006.9120	--- 一次成像照相机用	5	100		13	13	千克			0	3.3	0
	--- 其他：											
9006.9191	---- 自动调焦组件	8	100	6	13	13	千克/套			0	5.2	0
9006.9192	---- 快门组件	8	100	6	13	13	千克/套			0	5.2	0
9006.9199	---- 其他	8	100	6	13	13	千克			0	5.2	0
9006.9900	-- 其他	8	80		13	13	千克			0		0
90.07	**电影摄影机、放映机，不论是否带有声音的录制或重放装置：**											
	- 摄影机：											
9007.1010	--- 高速摄影机	12	40		13	13	台/千克			0		0
9007.1090	--- 其他	12	40		13	13	台/千克			0		0
	- 放映机：											
9007.2010	--- 数字式											
90072010.01	2K及以上分辨率的硬盘式数字电影放映机	8	40		13	13	台/千克			0		0
90072010.90	其他数字式放映机	8	40		13	13	台/千克			0		0
9007.2090	--- 其他	8	40		13	13	台/千克			0	5.2	0
	- 零件、附件：											
9007.9100	-- 摄影机用	8	40	5	13	13	千克			0		0
9007.9200	-- 放映机用											
90079200.10	2K及以上分辨率的硬盘式数字电影放映机用零附件	8	40	3	13	13	千克			0		0

协定税率（%）														特惠税率（%）①/②	Article Description
巴基斯坦	冰岛	哥斯达黎加	秘鲁	新西兰	瑞士	新加坡	韩国	澳大利亚	格鲁吉亚	毛里求斯	日本RCEP	尼加拉瓜	港澳台		
	0	0		0	9	0	12.5	0	0	5	21.4	8.1	0/	/0	--- With a through-the-lens viewfinder (single lens reflex (SLR)), for roll film of a width less than 35mm
															--- Other, for roll film of a width less than 35mm:
0	0	0	0	0	0		0	0	0	0	6.5	8.1	0/	0/0	----Cameras of a kind used for recording documents on microfilm, microfiche or other microforms
		0		0	9	0	12.5	0	0	5	21.4	8.1	0/	/0	----Other
															--- Other
	0	0		0		0	12.5	0	0	5		8.1	0/	/0	Framing cameras (with the recording rate of 225,000 or more frames per second)
	0	0		0		0	12.5	0	0	5		8.1	0/	/0	Framing cameras (with the recording rate of 225,000 or more frames per second; with the globle shutter time less then 51 nanosecond or less)
	0	0		0		0	12.5	0	0	5		8.1	0/	/0	Other cameras using the films of more than 35mm in width
															- Photographic flashlight apparatus and flashbulbs:
															-- Discharge lamp (electronic) flashlight apparatus
	0	0	0	0	0	0	0	0	0	0	13.1	8.1	0/	0/0	Flashlight assemblies of camera-phone
	0	0	0	0	0	0	0	0	0	0	13.1	8.1	0/	0/0	External electronic flashlight apparatus for cameras (GN≥30, with wireless flashing function, support automatic zooming)
	0	0	0	0	0	0	0	0	0	0	13.1	8.1	0/	0/0	Other discharge lamp (electronic) flashlight apparatus
															-- Other:
7.2	0	0	0	0	0	0	9	0	0	0		8.1	0/	0/0	--- Flashbulbs
7.2	0	0	0	0	0	0	0	0	0	0	13.1	8.1	0/	0/0	--- Other
															- Parts and accessories:
															-- For cameras:
0	0	0	0	0	0		0	0	0	0	5.8	6.4	0/	0/0	--- For cameras of subheadings 9006.3000, 9006.5921 and 9006.5929
0	0	0	0	0	0		0	0	0	0	0	0	0/	0/0	--- For instant print cameras
															--- Other:
0	0	0	0	0	0	0	0	0	0	0	7.3	6.4	0/	0/0	----Automatic focal setting units
0	0	0	0	0	0	0	0	0	0	0	7.3	6.4	0/	0/0	----Shutter units
0	0	0	0	0	0	0	0	0	0	0	7.3	6.4	0/	0/0	----Other
3	0	0	0	0	0	0	0	0	0	0	8.7	6.4	0/	0/0	-- Other
															Cinematographic cameras and projectors, whether or not incorporating sound recording or reproducing apparatus:
															- Cameras:
3.5	0	0	0	0	0	0	0	0	0	0	10.2	11.2	0/	0/0	--- High speed cameras
5.6	0	0	0	0	0	0	0	0	0	0	10.2	11.2	0/	0/0	--- Other
															- Projectors:
															--- Digital
5.6	0	0	0	0	0	0	0	0	0	0	10.2	6.4	0/	0/0	Hard disk digital film cinematographic projectors with the resolution ratio of 2K or above
5.6	0	0	0	0	0	0	0	0	0	0	10.2	6.4	0/	0/0	Other digital cinematographic projectors
5.6	0	0	0	0	0	0	0	0	0	0	10.2	6.4	0/	0/0	--- Other
															- Parts and accessories:
0	0	0	0	0	0		0	0	0	0	6.1	6.4	0/	0/0	-- For cameras
															-- For projectors
0	0	0	0	0	0		0	0	0	0	6.1	6.4	0/	0/0	Hard disk digital film cinematographic projectors with the resolution ratio of 2K or above

税　号	货品名称	进口关税（%）			增值/消费税（%）	出口退税（%）	计量单位	监管证件代码	检验检疫类别	协定税率（%）		
		最惠国	普通	年内暂定						东盟	亚太	智利
90079200.90	电影放映机（不包括2K及以上分辨率的硬盘式）用零附件	8	40	5	13	13	千克			0		0
90.08	**影像投影仪，但电影用除外；照片（电影片除外）放大机及缩片机：**											
	- 投影仪、放大机及缩片机：											
9008.5010	--- 幻灯机	10	40		13	13	台/千克			0		0
9008.5020	--- 缩微胶卷、缩微胶片或其他缩微品的阅读机，不论是否可以进行复制	10	17		13	13	台/千克			0		0
	--- 其他影像投影仪：											
9008.5031	---- 正射投影仪	12	40		13	13	台/千克			0		0
9008.5039	---- 其他	12	40		13	13	台/千克			0		0
9008.5040	--- 照片（电影片除外）放大机及缩片机	12	80		13	13	台/千克			0		0
	- 零件、附件：											
9008.9010	--- 缩微阅读机用	8	17		13	13	千克			0	5.2	0
9008.9020	--- 照片放大机及缩片机用	8	80		13	13	千克			0	5.2	0
9008.9090	--- 其他	8	40		13	13	千克			0		0
90.10	**本章其他税目未列名的照相（包括电影）洗印用装置及设备；负片显示器；银幕及其他投影屏幕：**											
	- 照相（包括电影）胶卷或成卷感光纸的自动显影装置及设备或将已冲洗胶卷自动曝光到成卷感光纸上的装置及设备：											
9010.1010	--- 电影用	12	40		13	13	台/千克			0	7.8	0
9010.1020	--- 特种照相用	8	20		13	13	台/千克			0	5.2	0
	--- 其他：											
9010.1091	---- 彩色胶卷用	12	100		13	13	台/千克			0		0
9010.1099	---- 其他	12	100		13	13	台/千克			0		0
	- 照相（包括电影）洗印用其他装置及设备；负片显示器：											
9010.5010	--- 负片显示器	0	50		13	13	台/千克			0		0
	--- 其他：											
9010.5021	---- 电影用	0	40		13	13	台/千克			0	0	0
9010.5022	---- 特种照相用	0	20		13	13	台/千克			0		0
9010.5029	---- 其他	0	100		13	13	台/千克			0		0
9010.6000	- 银幕及其他投影屏幕	0	50		13	13	个/千克			0		0
	- 零件、附件：											
9010.9010	--- 电影用	0	40		13	13	千克			0		0
9010.9020	--- 特种照相用	0	20		13	13	千克			0		0
9010.9090	--- 其他	0	100		13	13	千克			0		0
90.11	**复式光学显微镜，包括用于显微照相、显微电影摄影及显微投影的：**											
9011.1000	- 立体显微镜	0	14		13	13	台/千克			0		0
9011.2000	- 显微照相、显微电影摄影及显微投影用的其他显微镜	0	14		13	13	台/千克			0		0
9011.8000	- 其他显微镜											
90118000.10	高倍测量显微镜，放大倍数≥1000倍，分辨率≤0.08微米	0	14		13	13	台/千克			0		0

协定税率（%）														特惠税率（%）①/②	Article Description
巴基斯坦	冰岛	哥斯达黎加	秘鲁	新西兰	瑞士	新加坡	韩国	澳大利亚	格鲁吉亚	毛里求斯	日本RCEP	尼加拉瓜	港澳台		
0	0	0	0	0	0		0	0	0	0	6.1	6.4	0/	0/0	Parts and accessories of film cinematographic projectors except those hard disk digital with the resolution ratio of 2K or above
															Image projectors, other than cinematographic; photographic (other than cinematographic) enlargers and reducers:
															- Projectors, enlargers and reducers:
3.5	0	0	0	0	0	0	0	0	0	0	10.2	9	0/	0/0	--- Slide projectors
0	0	0	0	0	0		0	0	0	0	7.3	9	0/	0/0	--- Microfilm, microfiche or other microform readers, whether or not capable of producing copies
															--- Other image projectors:
	0	0	0	0	0	0		0	0	0		11.2	0/	0/0	----Orthographical projectors
	0	0	0	0	0	0		0	0	0		11.2	0/	0/0	----Other
	0	0	0	0	0	0	6.6	0	0	0	16.3	11.2	0/	0/0	--- Photographic (other than cinematographic) enlargers and reducers
															- Parts and accessories:
0	0	0	0	0	0		0	0	0	0	5.8	6.4	0/	0/0	--- Of microfilm, microfiche or other microform readers
3.5	0	0	0	0	0	0	0	0	0	0	10.2	6.4	0/	0/0	--- Of photographic enlargers and reducers
5.6	0	0	0	0	0	0	0	0	0	0	10.2	6.4	0/	0/0	--- Other
															Apparatus and equipment for photographic (including cinematographic) laboratories, not specified or included elsewhere in this Chapter; negatoscopes; projection screens:
															- Apparatus and equipment for automatically developing photographic (including cinematographic) film or paper in rolls or for automatically exposing developed film to rolls of photographic paper:
3.5	0	0	0	0	0	0	0	0	0	0	10.2	11.2	0/	0/0	--- Of a kind used in cinematographic film
0	0	0	0	0	0		0	0	0	0	6.1	6.4	0/	0/0	--- Of a kind used in special photographic film or paper
															--- Other:
	0	0	0	0	10	0	12.5	0	0	5		11.2	0/	0/0	----For the colour photographic film in rolls
6	0	0	0	0	0	0	7.5	0	0	0		11.2	0/	0/0	----Other
															- Other apparatus and equipment for photographic (including cine-matographic) laboratories; negatoscope:
3.5	0	0	0	0	0	0	0	0	0	0	0	0	0/	0/0	--- Negatoscopes
															--- Other:
5.6	0	0	0	0	0	0	0	0	0	0	0	0	0/	0/0	----Of a kind used in cinematographic film
0	0	0	0	0	0		0	0	0	0	0	0	0/	0/0	----Of a kind used in special photographic film or paper
6.8	0	0	0	0	0	0	0	0	0	0	0	0	0/	0/0	----Other
5.6	0	0	0	0	0	0	0	0	0	0	10.2	0	0/	0/0	- Projection screens
															- Parts and accessories:
0	0	0	0	0	0		0	0	0	0	0	0	0/	0/0	--- Of a kind used in cinematographic film
0	0	0	0	0	0		0	0	0	0	0	0	0/	0/0	--- Of a kind used in special photographic film or paper
0	0	0	0	0	0		0	0	0	0	0	0	0/	0/0	--- Other
															Compound optical microscopes, including those for photomicrography, cinephotomicrography or microprojection:
0	0	0	0	0	0		0	0	0	0	0	0	0/	0/0	- Stereoscopic microscopes
0	0	0	0	0	0		0	0	0	0	0	0	0/	0/0	- Other microscopes, for photomicro graphy, cinephotomicrography or microprojection
															- Other microscopes
0	0	0	0	0	0		0	0	0	0	5.1	0	0/	0/0	High-powered microscope, magnification ≥1000 times, distinguishability ≤0.08 micrometer

税　号	货品名称	进口关税（%） 最惠国	普通	年内暂定	增值/消费税（%）	出口退税（%）	计量单位	监管证件代码	检验检疫类别	协定税率（%） 东盟	亚太	智利
90118000.90	其他显微镜	0	14		13	13	台/千克			0		0
9011.9000	- 零件、附件	0	14		13	13	千克			0		0
90.12	**显微镜，但光学显微镜除外；衍射设备：**											
9012.1000	- 显微镜，但光学显微镜除外；衍射设备	0	14		13	13	台/千克			0		0
9012.9000	- 零件、附件	0	14		13	13	千克			0		0
90.13	**激光器，但激光二极管除外；本章其他税目未列名的光学仪器及器具：**											
9013.1000	- 武器用望远镜瞄准具；潜望镜式望远镜；作为本章或第十六类的机器、设备、仪器或器具部件的望远镜											
90131000.10	设计用为本章或第十六类的机器、设备、仪器或器具部件的望远镜	0	14		13	13	个/千克			0		0
90131000.90	武器用望远镜瞄准具及潜望镜式望远镜	8	14		13	13	个/千克			0		0
9013.2000	- 激光器，但激光二极管除外											
90132000.10	激光切割机用气体激光发生器，切割功率≥2千瓦	0	11		13	13	个/千克			0		0
90132000.20	AVLIS、MLIS和CRISLA激光系统	0	11		13	13	个/千克	3		0		0
90132000.30	氩离子激光器（平均输出功率≥40瓦特，工作波长400纳米～515纳米）	0	11		13	13	个/千克	3		0		0
90132000.40	紫翠玉激光器（带宽≤0.005纳米，重复率>125赫兹，功率>30瓦特等）	0	11		13	13	个/千克	3		0		0
90132000.50	脉冲二氧化碳激光器（重复率>250赫兹，功率>500瓦，脉冲宽度<200纳秒等）	0	11		13	13	个/千克	3		0		0
90132000.60	脉冲受激准分子激光器（XeF、XeCl、KrF型，重复率>250赫兹，功率>500瓦等）	0	11		13	13	个/千克	3		0		0
90132000.70	铜蒸汽激光器（平均输出功率≥40瓦特，工作波长500纳米～600纳米）	0	11		13	13	个/千克	3		0		0
90132000.80	掺钕激光器（非玻璃激光器）（两用物项管制商品）	0	11		13	13	个/千克	3		0		0
90132000.91	用于2.5GB/S及以上SDH、波分复用光传输设备的980纳米、1480纳米的泵浦激光器	0	11		13	13	个/千克			0		0
90132000.92	用于2.5GB/S及以上光通信设备的850纳米、1260纳米～1625纳米，且功率≤200毫瓦的激光器（泵浦激光器除外）	0	11		13	13	个/千克			0		0
90132000.93	两用物项管制的无人机专用激光器、民用反无人机系统专用高功率激光器	0	11		13	13	个/千克	3		0		0
90132000.99	其他激光器（激光二极管除外）	0	11		13	13	个/千克			0		0
	- 其他装置、仪器及器具：											
9013.8010	--- 放大镜	12	50		13	13	个/千克			0	7.8	0
9013.8020	--- 光学门眼	12	50		13	13	个/千克			0	7.8	0
9013.8090	--- 其他											
90138090.10	光刻机用光斑调节装置	5	17	2	13	13	个/千克			0		0
90138090.90	其他装置，仪器及器具	5	17		13	13	个/千克			0		0
	- 零件、附件：											
9013.9010	--- 税号9013.1000及9013.2000所列货品用											
90139010.10	武器用望远镜瞄准器具或潜望镜式望远镜用零件及附件	6	11		13	13	千克			0		0

协定税率（%）														特惠税率（%）①/②	Article Description
巴基斯坦	冰岛	哥斯达黎加	秘鲁	新西兰	瑞士	新加坡	韩国	澳大利亚	格鲁吉亚	毛里求斯	日本RCEP	尼加拉瓜	港澳台		
0	0	0	0	0	0		0	0	0	0	5.1	0	0/	0/0	Other microscopes
0	0	0	0	0	0		0	0	0	0	0	0	0/	0/0	- Parts and accessories
															Microscopes other than optical microscopes; diffraction apparatus:
0	0	0	0	0	0		0	0	0	0	0	0	0/	0/0	- Microscopes other than optical microscopes; and diffraction apparatus
0	0	0	0	0	0		0	0	0	0	0	0	0/	0/0	- Parts and accessories
															Lasers, other than laser diodes; other optical appliances and instruments, not specified or included elsewhere in this Chapter:
															- Telescopic sights for fitting to arms; periscopes;telescopes designed to form parts of machines, appliances, instruments or apparatus of this Chapter or Section XVI
0	0	0	0	0	0		0	0	0	0	5.8	6.4	0/	0/0	Telescopes designed to be parts of machines, appliances, instruments or apparatus of this Chapter or Section XVI
0	0	0	0	0	0		0	0	0	0	5.8	6.4	0/	0/0	Telescopic sights for fitting to arms and periscopes
															- Lasers, other than laser diodes
0	0	0	0	0	0		0	0	0	0	4.4	0	0/	0/0	Gas laser generators for laser cutting machines, cutting power ≥2kW
0	0	0	0	0	0		0	0	0	0	4.4	0	0/	0/0	Laser systems use for AVLIS, MLIS and CRISLA
0	0	0	0	0	0		0	0	0	0	4.4	0	0/	0/0	Argon ion lasers (average output power ≥40 watts, operating wavelength standing between 400nm and 515nm)
0	0	0	0	0	0		0	0	0	0	4.4	0	0/	0/0	Alexandrite lasers (bandwidth≤0.005nm, repetition rate>125Hz, power>30W, etc.)
0	0	0	0	0	0		0	0	0	0	4.4	0	0/	0/0	Pulsed carbon dioxide lasers (repetition rate>250Hz, power>500W, pulse width <200 ns, etc.)
0	0	0	0	0	0		0	0	0	0	4.4	0	0/	0/0	Pulsed excimer lasers (XeF, XeCl, KrF type, repetition rate>250Hz, powe>500W, etc.)
0	0	0	0	0	0		0	0	0	0	4.4	0	0/	0/0	Copper-vapor lasers (average output power>40W, operating wavelength standing: 500nm-600nm)
0	0	0	0	0	0		0	0	0	0	4.4	0	0/	0/0	Neodymium-doped lasers (non-glass laser, Dual-use items controlled)
0	0	0	0	0	0		0	0	0	0	4.4	0	0/	0/0	Pump lasers, including optical transmission equipments of 980nm-1480nm for SDH and WDM of 2.5GB/S and above
0	0	0	0	0	0		0	0	0	0	4.4	0	0/	0/0	850nm and 1260-1625nm lasers (exception to pump lasers), power≤200mW, for optical communication equipments with transmission rate≥2.5GB/s
0	0	0	0	0	0		0	0	0	0	4.4	0	0/	0/0	Special laser for UAV controlled by dual-use items and special high-power laser for civil anti-UAV system
0	0	0	0	0	0		0	0	0	0	4.4	0	0/	0/0	Other lasers (excluding laser diodes)
															- Other devices, appliances and instruments:
2.5	0	0	0	0	0	0	0	0	0	0	8.7	11.2	0/	0/0	--- Hand magnifying glasses
2.5	0	0	0	0	0	0	0	0	0	0	8.7	11.2	0/	0/0	--- "Door eyes"
															--- Other
0	0	0	0	0	0			0		0		0	0/	0/0	Spot tuner used for lithography machine
0	0	0	0	0	0			0		0		0	0/	0/0	Other devices, appliances and instruments
															- Parts and accessories:
															--- For goods of subheadings 9013.1000 and 9013.2000
0	0	0	0	0	0		0	0	0	0	4.4	0	0/	0/0	Parts and accessories of telescopic sights for fitting to arms and periscopes

税号	货品名称	进口关税（%）			增值/消费税（%）	出口退税（%）	计量单位	监管证件代码	检验检疫类别	协定税率（%）		
		最惠国	普通	年内暂定						东盟	亚太	智利
90139010.90	激光器以及作为本章或第十六类的机器、设备、仪器或器具部件的望远镜用的零件及附件（武器用望远镜瞄准器具或潜望镜式望远镜用零件及附件除外）	0	11		13	13	千克			0		0
9013.9090	--- 其他											
90139090.10	太阳能定日镜的零件	0	17		13	13	千克			0		0
90139090.90	税目90.13所列其他货品的零附件	0	17		13	13	千克			0		0
90.14	**定向罗盘；其他导航仪器及装置：**											
9014.1000	- 定向罗盘	0	8		13	13	个/千克			0		0
	- 航空或航天导航仪器及装置（罗盘除外）：											
9014.2010	--- 自动驾驶仪											
90142010.10	无人航空飞行器的自动驾驶仪	0	8		13	13	个/千克	3		0	0	0
90142010.90	其他自动驾驶仪	0	8		13	13	个/千克			0	0	0
9014.2090	--- 其他											
90142090.11	航空惯性导航仪	0	8		13	13	个/千克	3		0	0	0
90142090.12	其他航天惯性导航仪（天文陀螺盘及其他利用天体或卫星进行导航的装置）	0	8		13	13	个/千克	3		0	0	0
90142090.13	陀螺稳定平台	0	8		13	13	个/千克	3		0	0	0
90142090.15	陀螺仪（额定漂移率小于0.5度/小时的陀螺仪）	0	8		13	13	个/千克	3		0	0	0
90142090.16	专门设计的导航信息处理机（用于弹道导弹、运载火箭、探空火箭等的目标探测）	0	8		13	13	个/千克	3		0	0	0
90142090.17	地形等高线绘制设备（用于弹道导弹、运载火箭、探空火箭、巡航导弹、无人驾驶航空飞行器的目标探测）	0	8		13	13	个/千克	3		0	0	0
90142090.18	场景绘图及相关设备（用于弹道导弹、运载火箭、探空火箭等的目标探测）	0	8		13	13	个/千克	3		0	0	0
90142090.90	其他航空或航天导航仪器及装置（罗盘除外）	0	8		13	13	个/千克			0	0	0
9014.8000	- 其他仪器及装置											
90148000.10	比例误差小于0.25%的加速度表	0	8		13	13	个/千克	3		0		0
90148000.20	高度表（用于弹道导弹、运载火箭、探空火箭、巡航导弹、无人驾驶航空飞行器的目标探测）	0	8		13	13	个/千克	3		0		0
90148000.90	其他导航仪器及装置	0	8		13	13	个/千克			0		0
	- 零件、附件：											
9014.9010	--- 自动驾驶仪用	0	8		13	13	千克			0		0
9014.9090	--- 其他	0	8		13	13	千克			0		0
90.15	**大地测量（包括摄影测量）、水道测量、海洋、水文、气象或地球物理用仪器及装置，不包括罗盘；测距仪：**											
	- 测距仪：											
9015.1010	--- 激光雷达	0	14		13	13	台/千克			0		0
9015.1090	--- 其他	0	14		13	13	台/千克			0		0
9015.2000	- 经纬仪及视距仪	0	14		13	13	台/千克			0		0
9015.3000	- 水平仪	9	14		13	13	台/千克			0		0
9015.4000	- 摄影测量用仪器及装置	0	14		13	13	台/千克			0		0

协定税率（%）														特惠税率（%）①/②	Article Description
巴基斯坦	冰岛	哥斯达黎加	秘鲁	新西兰	瑞士	新加坡	韩国	澳大利亚	格鲁吉亚	毛里求斯	日本RCEP	尼加拉瓜	港澳台		
0	0	0	0	0	0		0	0	0	0	4.4	0	0/	0/0	Lasers and parts and accessories of telescopes designed to be parts of machines, appliances, instruments or apparatus of this Chapter or Section XVI
															--- Other
0	0	0	0	0	0		8	0		0	0	0	0/	0/0	Parts of solar heliostats
0	0	0	0	0	0		8	0		0	0	0	0/	0/0	Other parts and accessories for the commodities of heading 90.13
															Direction finding compasses; other navigational instruments and appliances:
0	0	0	0	0	0		0.6	0	0	0	0	0	0/	0/0	- Direction finding compasses
															- Instruments and appliances for aeronautical or space navigation (other than compasses):
															--- Automatic pilots
0	0	0	0	0	0		0.6	0	0	0	0	0	0/	0/0	Automatic pilots for unmanned aerial vehicles (UAV)
0	0	0	0	0	0		0.6	0	0	0	0	0	0/	0/0	Other automatic pilots
															--- Other
0	0	0	0	0	0		0	0	0	0	0	0	0/	0/0	Aeronautical inertial navigational instruments
0	0	0	0	0	0		0	0	0	0	0	0	0/	0/0	Other aeronautical inertial navigational instruments (Gyro-astro compasses and other devices which derive position or orientation by means of automatically tracking celestrial bodies or satellites)
0	0	0	0	0	0		0	0	0	0	0	0	0/	0/0	Gyro stability platform
0	0	0	0	0	0		0	0	0	0	0	0	0/	0/0	Gyros with a rated drift rate stability of less than 0.5 degree per hour
0	0	0	0	0	0		0	0	0	0	0	0	0/	0/0	Specially-designed navigation information processors (used for target detection of ballistic missiles, launch vehicles, and sounding rockets)
0	0	0	0	0	0		0	0	0	0	0	0	0/	0/0	Terrain contour mapping equipments (used for target detection of ballistic missiles, launch vehicles, and sounding rockets)
0	0	0	0	0	0		0	0	0	0	0	0	0/	0/0	Scene mapping and correlation equipments (used for target detection of ballistic missiles, launch vehicles, and sounding rockets)
0	0	0	0	0	0		0	0	0	0	0	0	0/	0/0	Other instruments and appliances for aeronautical or space navigation (other than compasses)
															- Other instruments and appliances
0	0	0	0	0	0		0	0	0	0	0	0	0/	0/0	Accelerometers with a proportional error of 0.25 percent or less
0	0	0	0	0	0		0	0	0	0	0	0	0/	0/0	Altimeters (used for target detection of ballistic missiles, launch vehicles, and sounding rockets)
0	0	0	0	0	0		0	0	0	0	0	0	0/	0/0	Other navigational instruments and appliances
															- Parts and accessories:
0	0	0	0	0	0		0	0	0	0	0	0	0/	0/0	--- For automatic pilots
0	0	0	0	0	0		0	0	0	0.5	0	0	0/	0/0	--- Other
															Surveying (including photogram-metrical surveying), hydrographic, oceanographic, hydrological, meteorological or geophysical instruments and appliances, excluding compasses; rangefinders:
															- Rangefinders
0	0	0	0	0	0		0	0	0	0	6.5	0	0/	0/0	--- Lidar (Light Detection and Ranging)
0	0	0	0	0	0		0	0	0	0	6.5	0	0/	0/0	--- Other
0	0	0	0	0	0		0	0	0	0	6.5	0	0/	0/0	- Theodolites and tachymeters (tacheometers)
0	0	0	0	0	0		0	0	0	0	6.5	8.1	0/	0/0	- Levels
0	0	0	0	0	0		0	0	0	0	6.5	0	0/	0/0	- Photogrammetrical surveying instruments and appliances

税号	货品名称	进口关税（%）			增值/消费税（%）	出口退税（%）	计量单位	监管证件代码	检验检疫类别	协定税率（%）		
		最惠国	普通	年内暂定						东盟	亚太	智利
9015.8000	- 其他仪器及装置											
90158000.10	机载或舰载重力仪（精度为1毫伽或更好，稳态记录时间至多为2分钟的）	0	14		13	13	台/千克	3		0	0	0
90158000.20	机载或舰载重力梯度仪（精度为1毫伽或更好，稳态记录时间至多为2分钟的）	0	14		13	13	台/千克	3		0	0	0
90158000.90	其他测量仪器及装置	0	14		13	13	台/千克			0	0	0
9015.9000	- 零件、附件											
90159000.10	用于机、舰载重力仪和重力梯度仪的部件	0	14		13	13	千克	3		0		0
90159000.90	其他税目90.15所列仪器及装置的零、附件	0	14		13	13	千克			0		0
90.16	**感量为50毫克或更精密的天平，不论是否带有砝码：**											
9016.0010	--- 感量为0.1毫克或更精密的天平	9	14		13	13	台/千克			0		0
9016.0090	--- 其他	9	30		13	13	台/千克			0		0
90.17	**绘图、划线或数学计算仪器及器具（例如，绘图机、比例缩放仪、分度规、绘图工具、计算尺及盘式计算器）；本章其他税目未列名的手用测量长度的器具（例如，量尺、量带、千分尺及卡尺）：**											
9017.1000	- 绘图台及绘图机，不论是否自动	8	20		13	13	台/千克			0		0
9017.2000	- 其他绘图、划线或数学计算器具	0	70		13	13	个/千克			0		0
9017.3000	- 千分尺、卡尺及量规	8	20		13	13	个/千克			0		0
9017.8000	- 其他仪器及器具	8	20		13	13	个/千克			0		0
9017.9000	- 零件、附件	0	20		13	13	千克			0		0
90.18	**医疗、外科、牙科或兽医用仪器及器具，包括闪烁扫描装置、其他电气医疗装置及视力检查仪器：**											
	- 电气诊断装置（包括功能检查或生理参数检查用装置）：											
9018.1100	-- 心电图记录仪	0	17		13	13	台/千克	6O		0		0
	-- 超声波扫描装置：											
9018.1210	--- B型超声波诊断仪	0	35		13	13	台/千克	6OA	M/	0	0	0
	--- 其他：											
9018.1291	---- 彩色超声波诊断仪											
90181291.10	彩色超声波诊断仪（整机）	0	17		13	13	台/千克	6OA	M/	0	0	0
90181291.90	彩色超声波诊断仪的零件及附件	0	17		13	13	台/千克	6		0	0	0
9018.1299	---- 其他	0	17		13	13	台/千克	6A	M/	0	0	0
	-- 核磁共振成像装置：											
9018.1310	--- 成套装置	0	17		13	13	套/千克	6OA	M/	0		0
9018.1390	--- 零件	0	17		13	13	个/千克	6		0		0
9018.1400	-- 闪烁摄影装置	5	17		13	13	台/千克	6A	M/	0		0
	-- 其他：											
9018.1930	--- 病员监护仪											
90181930.10	病员监护仪（整机）	0	17		13	13	台/千克	6A	M/	0	0	0
90181930.90	病员监护仪的零件及附件	0	17		13	13	台/千克	6		0	0	0
	--- 听力诊断装置：											

协定税率（%）														特惠税率（%）①/②	Article Description
巴基斯坦	冰岛	哥斯达黎加	秘鲁	新西兰	瑞士	新加坡	韩国	澳大利亚	格鲁吉亚	毛里求斯	日本RCEP	尼加拉瓜	港澳台		
															- Other instruments and appliances
0	0	0	0	0			0	0	0	0	3.6	0	0/	0/0	Air-borne or ship-borne gravity meters (with the accuracy of 1mgal or higher, steady-state recording time ≤2 min)
0	0	0	0	0			0	0	0	0	3.6	0	0/	0/0	Airborne or ship-borne gravity gradiometers (with the accuracy of 1 mgal or higher, steady-state recording time ≤2 min)
0	0	0	0	0			0	0	0	0	3.6	0	0/	0/0	Other measuring instruments and devices
															- Parts and accessories
0	0	0	0	0	0		0	0	0	0	3.6	0	0/	0/0	Parts and components of airborne or ship-borne gravity meters and gradiometers
0	0	0	0	0	0		0	0	0	0	3.6	0	0/	0/0	Parts and components of other geodetic measuring instruments and devices
															Balances of a sensitivity of 50mg or better, with or without weights:
0	0	0	0	0			0	0	0	0	6.5	8.1	0/	0/0	--- Of a sensitivity of 0.1mg or better
2.5	0	0	0	0	0	0	0	0	0	0	7.6	8.1	0/	0/0	--- Other
															Drawing, marking-out or mathematical calculating instruments (for example, drafting machines, pantographs protractors, drawing sets, slide rules, disc calculators); instruments for measuring length, for use in the hand (for example, measuring rods and tapes, micrometers, callipers), not specified or included else-where in this Chapter:
0	0	0	0	0	0		0	0	0	0	5.8	6.4	0/	0/0	- Drafting tables and machines, whether or not automatic
0	0	0	0	0	0		0	0	0	0	0	0	0/	0/0	- Other drawing, marking-out or mathematical calculating instruments
4	0	0	0	0	0		0	0	0	0	5.8	6.4	0/	0/0	- Micrometers, callipers and gauges
0	0	0	0	0	0		0	0	0	0	5.8	6.4	0/	0/0	- Other instruments
0	0	0	0	0	0		0	0	0	0	0	0	0/	0/0	- Parts and accessories
															Instruments and appliances used in medical, surgical, dental or veterinary sciences, including scintigraphic appatatus, other electro-medical apparatus and sight-testing instruments:
															- Electro-diagnostic apparatus (including apparatus for functional exploratory examination or for checking physiological parameters):
0	0	0	0	0	0		0	0	0	0	0	0	0/	0/0	-- Electro-cardiographs
															-- Ultrasonic scanning apparatus:
0	0	0	0	0	0		2.3	0	0	0	5.1	0	0/	0/0	--- B-ultrasonic diagnostic equipment
															--- Other:
															----Chromoscope ultrasonic diagnostic equipment
0	0	0	0	0	0		4.5	0	0	0	3.6	0	0/	0/0	Chromoscope ultrasonic diagnostic equipment (complete articles)
0	0	0	0	0	0		4.5	0	0	0	3.6	0	0/	0/0	Parts and accessories of chromoscope ultrasonic diagnostic equipment
0	0	0	0	0	0		4.5	0	0	0	3.6	0	0/	0/0	----Other
															-- Magnetic resonance imaging apparatus:
0	0	0	0	0	0		1.3	0	0	0	2.9	0	0/	0/0	--- Complete equipments
0	0	0	0	0	0		1.3	0	0	0	2.9	0	0/	0/0	--- Parts
0	0	0	0	0	0		1.6	0	0	0	4.1	0	0/	0/0	-- Scintigraphic apparatus
															-- Other:
															--- Patient monitors
0	0	0	0	0	0		0	0	0	0	0	0	0/	0/0	Patient monitor (whole set)
0	0	0	0	0	0		0	0	0	0	0	0	0/	0/0	Parts and accessories of patient monitor
															--- Hearing diagnostic apparatus:

税　号	货品名称	进口关税（%） 最惠国	普通	年内暂定	增值/消费税（%）	出口退税（%）	计量单位	监管证件代码	检验检疫类别	协定税率（%） 东盟	亚太	智利
9018.1941	----听力计	0	17		13	13	台/千克	6A	M/	0	0	0
9018.1949	----其他	0	17		13	13	台/千克	6A	M/	0	0	0
9018.1990	--- 其他	0	17		13	13	台/千克	6A	M/	0	0	0
9018.2000	- 紫外线及红外线装置	0	17		13	13	台/千克	6A	M/	0		0
	- 注射器、针、导管、插管及类似品：											
9018.3100	-- 注射器，不论是否装有针头	8	50		13	13	个/千克	6A	M/	0	5.2	0
	-- 管状金属针头及缝合用针：											
9018.3210	--- 管状金属针头	8	50		13	13	千克	6A	M/	0	5.2	0
9018.3220	--- 缝合用针	4	17		13	13	千克	6A	M/	0	2.6	0
9018.3900	-- 其他	4	17		13	13	个/千克	6A	M/	0		0
	- 牙科用其他仪器及器具：											
9018.4100	-- 牙钻机，不论是否与其他牙科设备组装在同一底座上	4	17		13	13	台/千克	6A	M/	0		0
	-- 其他：											
9018.4910	--- 装有牙科设备的牙科用椅	4	17		13	13	台/千克	6A	M/	0		0
9018.4990	--- 其他	4	17		13	13	台/千克	6A	M/	0		0
9018.5000	- 眼科用其他仪器及器具	0	17		13	13	千克	6A	M/	0	0	0
	- 其他仪器及器具：											
9018.9010	--- 听诊器	4	17		13	13	个/千克	6		0	2.6	0
9018.9020	--- 血压测量仪器及器具											
90189020.10	电血压测量仪器及器具	0	17		13	13	个/千克	6A	M/	0	2.6	0
90189020.20	含汞的非电子血压测量仪器及器具	4	17		13	13	个/千克	89		0	2.6	0
90189020.90	其他血压测量仪器及器具	4	17		13	13	个/千克	6A	M/	0	2.6	0
9018.9030	--- 内窥镜											
90189030.10	内窥镜（整机）	0	17		13	13	台/千克	6A	M/	0	0	0
90189030.90	内窥镜的零件及附件	0	17		13	13	台/千克	6		0	0	0
9018.9040	--- 肾脏透析设备（人工肾）	0	17		13	13	台/千克	6A	M/	0	0	0
9018.9050	--- 透热疗法设备	0	17		13	13	台/千克	6A	M/	0	0	0
9018.9060	--- 输血设备	0	17		13	13	台/千克	6A	M/	0	0	0
9018.9070	--- 麻醉设备											
90189070.10	电麻醉设备	0	17		13	13	台/千克	6A	M/	0	2.6	0
90189070.90	其他麻醉设备	4	17		13	13	台/千克	6A	M/	0	2.6	0
9018.9080	--- 手术机器人	0	17		13	13	台/千克	6A	M/	0	0	0
	--- 其他：											
9018.9091	---- 宫内节育器	4	17		0	0	个/千克	6A	M/	0	2	0
9018.9099	---- 其他											
90189099.11	电子的其他医疗、外科用仪器器具（整机）	0	17		13	13	台/千克	6A	M/	0	2.6	0
90189099.12	医用可解脱弹簧圈（整机）	4	17	1	13	13	台/千克	6A	M/	0	2.6	0
90189099.13	颅内取栓支架（整机）	4	17	2	13	13	台/千克	6A	M/	0	2.6	0
90189099.14	伞形下腔静脉滤器（整机）	4	17	2	13	13	台/千克	6A	M/	0	2.6	0
90189099.19	其他医疗、外科或兽医用仪器器具（整机）	4	17		13	13	台/千克	6A	M/	0	2.6	0
90189099.91	电子的其他医疗、外科用仪器器具的零件及附件	0	17		13	13	台/千克	6A	M/	0	2.6	0
90189099.99	其他医疗、外科或兽医用仪器器具的零件及附件	4	17		13	13	台/千克	6		0	2.6	0

协定税率（%）														特惠税率（%）①/②	Article Description
巴基斯坦	冰岛	哥斯达黎加	秘鲁	新西兰	瑞士	新加坡	韩国	澳大利亚	格鲁吉亚	毛里求斯	日本RCEP	尼加拉瓜	港澳台		
0	0	0	0	0	0		0	0	0	0	0	0	0/	0/0	----Andiometers
0	0	0	0	0	0			0	0	0	2.9	0	0/	0/0	----Other
0	0	0	0	0	0		0	0	0	0	0	0	0/	0/0	--- Other
0	0	0	0	0	0		0	0	0	0	0	0	0/	0/0	- Ultra-violet or infra-red ray apparatus
															- Syringes, needles, catheters, cannulae and the like:
0	0	0	0	0	0		0	0	0	0	5.8	6.4	0/	0/0	-- Syringes, with or without needles
															-- Tubular metal needles and needles for sutures:
0	0	0	0	0	0		0	0	0	0	5.8	6.4	0/	0/0	--- Tubular metal needles
0	0	0	0	0	0		0	0	0	0	0	0	0/	0/0	--- Needles for sutures
0	0	0	0	0	0		0	0	0	0	3.3	0	0/	0/0	-- Other
															- Other instruments and appliances, used in dental sciences:
0	0	0	0	0	0		0	0	0	0	0	0	0/	0/0	-- Dental drill engines, whether or not combined on a single base with other dental equipment
															-- Other:
0	0	0	0	0	0		0	0	0	0	2.9	0	0/	0/0	--- Dentists chairs incorporating dental equipment
0	0	0	0	0	0		0	0	0	0	2.9	0	0/	0/0	--- Other
0	0	0	0	0	0		2.6	0	0	0	2.9	0	0/	0/0	- Other ophthalmic instruments and appliances
															- Other instruments and appliances:
0	0	0	0	0	0		0	0	0	0	0	0	0/	0/0	--- Stethoscopes
															--- Sphygmomanometers and appliances
0	0	0	0	0	0		0	0	0	0	0	0	0/	0/0	Electronic sphygmomanometers and appliances
0	0	0	0	0	0		0	0	0	0	0	0	0/	0/0	Non-electronic sphygmomanometers and appliances, containing mercury
0	0	0	0	0	0		0	0	0	0	0	0	0/	0/0	Other sphygmomanometers and appliances
															--- Endoscopes
0	0	0	0	0	0		0	0	0	0	0	0	0/	0/0	Endoscope (whole set)
0	0	0	0	0	0		0	0	0	0	0	0	0/	0/0	Parts and accessories of endoscope
0	0	0	0	0	0		0	0	0	0	0	0	0/	0/0	--- Artificial kidney (dialysis) apparatus
0	0	0	0	0	0		0	0	0	0	0	0	0/	0/0	--- Diathermy apparatus
0	0	0	0	0	0		0	0	0	0	2.9	0	0/	0/0	--- Blood transfusion apparatus
															--- Anaesthetic apparatus and instruments
0	0	0	0	0	0		0	0	0	0	0	0	0/	0/0	Electro-anaesthetic instruments and apparatus
0	0	0	0	0	0		0	0	0	0	0	0	0/	0/0	Other anaesthetic instruments and apparatus
0	0	0	0	0	0		0	0	0	0	2.9	0	0/	0/0	--- Surgical robots
															--- Other:
0	0	0	0	0	0		0	0	0	0	0	0	0/	0/0	----Intrauterine contraceptive device
															----Other
0	0	0	0	0	0		0	0	0	0	2.9	0	0/	0/0	Other electronic instruments and appliances used in medical or surgical sciences (complete articles)
0	0	0	0	0	0		0	0	0	0	2.9	0	0/	0/0	Detachable coils for medical use
0	0	0	0	0	0		0	0	0	0	2.9	0	0/	0/0	Stent for intracranial thrombus removal (complete articles)
0	0	0	0	0	0		0	0	0	0	2.9	0	0/	0/0	Umbrella inferior vena cava (IVC) filter (complete articles)
0	0	0	0	0	0		0	0	0	0	2.9	0	0/	0/0	Other instruments and appliances used in medical, surgical or veterinary sciences (complete articles)
0	0	0	0	0	0		0	0	0	0	2.9	0	0/	0/0	Parts and accessories of other electronic instruments and appliances used in medical or surgical sciences
0	0	0	0	0	0		0	0	0	0	2.9	0	0/	0/0	Parts and accessories of other instruments and appliances used in medical, surgical or veterinary sciences

税 号	货品名称	进口关税（%）最惠国	进口关税（%）普通	进口关税（%）年内暂定	增值税/消费税（%）	出口退税（%）	计量单位	监管证件代码	检验检疫类别	协定税率（%）东盟	协定税率（%）亚太	协定税率（%）智利
90.19	**机械疗法器具；按摩器具；心理功能测验装置；臭氧治疗器；氧气治疗器、喷雾治疗器、人工呼吸器及其他治疗用呼吸器具：**											
	- 机械疗法器具；按摩器具；心理功能测验装置：											
9019.1010	--- 按摩器具	10	40		13	13	台/千克	A	M/	0		0
9019.1090	--- 其他	4	30		13	13	台/千克			0		0
	- 臭氧治疗器、氧气治疗器、喷雾治疗器、人工呼吸器或其他治疗用呼吸器具：											
9019.2010	--- 有创呼吸机											
90192010.10	有创呼吸机（整机）	4	17		13	13	台/千克	A	M/	0		0
90192010.90	有创呼吸机的零件及附件	4	17		13	13	台/千克	A	M/	0		0
9019.2020	--- 无创呼吸机											
90192020.11	具有自动人机同步追踪功能或自动调节呼吸压力功能的无创呼吸机（整机）	4	17		13	13	台/千克	A	M/	0		0
90192020.19	具有自动人机同步追踪功能或自动调节呼吸压力功能的无创呼吸机的零件及附件	4	17		13	13	台/千克	A	M/	0		0
90192020.91	其他无创呼吸机（整机）	4	17		13	13	台/千克	A	M/	0		0
90192020.99	其他无创呼吸机的零件及附件	4	17		13	13	台/千克	A	M/	0		0
9019.2090	--- 其他	4	17		13	13	台/千克	A	M/	0		0
90.20	**其他呼吸器具及防毒面具，但不包括既无机械零件，又无可互换过滤器的防护面具：**											
9020.0000	其他呼吸器具及防毒面具，但不包括既无机械零件又无可互换过滤器的防护面具	8	30	4	13	13	千克		L/	0		0
90.21	**矫形器具，包括支具、外科手术带、疝气带；夹板及其他骨折用具；人造的人体部分；助听器及为弥补生理缺陷或残疾而穿戴、携带或植入人体内的其他器具：**											
9021.1000	- 矫形或骨折用器具											
90211000.10	钢铁制自攻螺钉（不包括不锈钢紧固件）	4	57		13	13	千克			0		0
90211000.20	抗拉强度≥800兆帕，杆径>6毫米的其他钢铁制螺钉及螺栓（不包括不锈钢紧固件）（不论是否带有螺母或垫圈，不包括方头螺钉、钩头螺钉、环头螺钉）	4	57		13	13	千克			0		0
90211000.30	杆径>6毫米的其他钢铁制螺钉及螺栓（不包括不锈钢紧固件）（不论是否带有螺母或垫圈）	4	57		13	13	千克			0		0
90211000.40	钢铁制垫圈（不包括不锈钢紧固件）（不包括弹簧垫圈及其他防松垫圈）	4	57		13	13	千克			0		0
90211000.50	矫形或骨折用钛管	4	57		13	13	千克			0		0
90211000.90	其他矫形或骨折用器具（但不包括人造关节）	4	57		13	13	千克			0		0

协定税率（%）														特惠税率（%）①/②	Article Description
巴基斯坦	冰岛	哥斯达黎加	秘鲁	新西兰	瑞士	新加坡	韩国	澳大利亚	格鲁吉亚	毛里求斯	日本RCEP	尼加拉瓜	港澳台		
															Mechano-therapy appliances; massage apparatus;psychological aptitudetesting apparatus; ozone therapy, oxygen therapy, aerosol therapy, artificial respiration or other therapeutic respiration apparatus:
															- Mechano-therapy appliances; massage apparatus;psychological aptitudetesting apparatus:
6	0	0	0	0	0	0	0	0	0	0	10.9	9	0/	0/0	--- Massage apparatus
0	0	0	0	0	0		0	0	0	0	2.9	0	0/	0/0	--- Other
															- Ozone therapy, oxygen therapy, aerosol therapy, artificial respiration or other therapeutic respiration apparatus:
															--- Invasive ventilator
0	0	0	0	0	0		1.3	0	0	0	3.3	0	0/	0/0	Invasive ventilator (complete articles)
0	0	0	0	0	0		1.3	0	0	0	3.3	0	0/	0/0	Parts and accessories of invasive ventilator
															--- Noninvasive ventilator
0	0	0	0	0	0		1.3	0	0	0	3.3	0	0/	0/0	Non-invasion ventilation with functions of automatic man-machine synchronous tracking or automatic regulation of respiratory pressure (complete articles)
0	0	0	0	0	0		1.3	0	0	0	3.3	0	0/	0/0	Parts and accessories of non-invasion ventilation with functions of automatic man-machine synchronous tracking or automatic regulation of respiratory pressure
0	0	0	0	0	0		1.3	0	0	0	3.3	0	0/	0/0	Other non-invasion ventilation (complete articles)
0	0	0	0	0	0		1.3	0	0	0	3.3	0	0/	0/0	Parts and accessories of other non-invasion ventilation
0	0	0	0	0	0		1.3	0	0	0	3.3	0	0/	0/0	--- Other
															Other breathing appliances and gas masks, excluding protective masks having neither mechanical parts nor replaceable filters:
0	0	0	0	0	0		0	0	0	0	5.8	6.4	0/	0/0	Other breathing appliances and gas masks, excluding protective masks having neither mechanical parts nor replaceable filters
															Orthopaedic appliances, including crutches, surgical belts and trusses; splints and other fracture appliances; artificial parts of the body; hearing aids and other appliances which are worn or carried, or implanted in the body, to compensate for a defect or disability:
															- Orthopaedic or fracture appliances
0	0	0	0	0	1.6	0	1.3	0	0	0	0	0	0/	0/0	Self-tapping screws, of iron or steel (excluding stainless steel fastener), for orthopedics or fractures
0	0	0	0	0	1.6	0	1.3	0	0	0	0	0	0/	0/0	Other screws and bolts, of iron or steel (excluding stainless steel fastener), with tensile strength ≥800MPa and rod diameter>6mm, for orthopedics or fractures (whether or not with their nuts or washers, other than coach screws, screw hooks and screw rings)
0	0	0	0	0	1.6	0	1.3	0	0	0	0	0	0/	0/0	Other screws and bolts, of iron or steel (excluding stainless steel fastener), with rod diameter>6mm, for orthopedics or fractures (whether or not with their nuts or washers)
0	0	0	0	0	1.6	0	1.3	0	0	0	0	0	0/	0/0	Washers, of iron or steel (excluding stainless steel fastener), for orthopedics or fractures (other than spring washers and other lock washers)
0	0	0	0	0	1.6	0	1.3	0	0	0	0	0	0/	0/0	Titanium tube for orthopedic or fracture
0	0	0	0	0	1.6	0	1.3	0	0	0	0	0	0/	0/0	Other orthopaedic or fracture appliances (excluding artificial joints)

税号	货品名称	进口关税（%） 最惠国	普通	年内暂定	增值/消费税（%）	出口退税（%）	计量单位	监管证件代码	检验检疫类别	协定税率（%） 东盟	亚太	智利
	- 假牙及牙齿固定件：											
9021.2100	-- 假牙	4	17	2	13	13	千克			0		0
9021.2900	-- 其他											
90212900.10	钢铁制自攻螺钉（不包括不锈钢紧固件）	4	57	2	13	13	千克			0		0
90212900.20	抗拉强度≥800兆帕，杆径>6毫米的其他钢铁制螺钉及螺栓（不包括不锈钢紧固件）（不论是否带有螺母或垫圈，不包括方头螺钉、钩头螺钉、环头螺钉）	4	57	2	13	13	千克			0		0
90212900.30	杆径>6毫米的其他钢铁制螺钉及螺栓（不包括不锈钢紧固件）（不论是否带有螺母或垫圈）	4	57	2	13	13	千克			0		0
90212900.40	钢铁制垫圈（不包括不锈钢紧固件）（不包括弹簧垫圈及其他防松垫圈）	4	57	2	13	13	千克			0		0
90212900.90	其他牙齿固定件	4	57	2	13	13	千克			0		0
	- 其他人造的人体部分：											
9021.3100	-- 人造关节	4	17	2	13	13	千克/套			0		0
9021.3900	-- 其他											
90213900.10	人工心脏瓣膜	4	17	1	13	13	千克/个			0		0
90213900.90	其他人造的人体部分	4	17		13	13	千克/个			0		0
9021.4000	- 助听器，不包括零件、附件	4	17	1	13	13	个/千克			0		0
9021.5000	- 心脏起搏器，不包括零件、附件	0	17		13	13	个/千克	A	M/	0	0	0
	- 其他：											
	--- 支架：											
9021.9011	---- 血管支架	0	17		13	13	千克/个			0		0
9021.9019	---- 其他	0	17		13	13	千克/个			0		0
9021.9090	--- 其他											
90219090.10	人工耳蜗植入装置	0	17		13	13	千克			0		0
90219090.90	其他弥补生理缺陷、残疾用器具等（包括穿戴、携带或植入人体内的器具及零件）	0	17		13	13	千克			0		0
90.22	**X射线或α射线、β射线、γ射线或其他离子射线的应用设备，不论是否用于医疗、外科、牙科或兽医，包括射线照相及射线治疗设备、X射线管及其他X射线发生器、高压发生器、控制板及控制台、荧光屏、检查或治疗用的桌、椅及类似品：**											
	- X射线的应用设备，不论是否用于医疗、外科、牙科或兽医，包括射线照相或射线治疗设备：											
9022.1200	-- X射线断层检查仪	0	11		13	13	台/千克	6OA	M/	0	0	0
9022.1300	-- 其他，牙科用	0	11		13	13	台/千克	6OA	M/	0		0
9022.1400	-- 其他，医疗、外科或兽医用											
90221400.10	医用直线加速器	0	11		13	13	台/千克	6OA	M/	0		0
90221400.90	其他医疗或兽医用X射线应用设备	0	11		13	13	台/千克	6OA	M/	0		0
	-- 其他：											
9022.1910	--- 低剂量X射线安全检查设备											

协定税率（%）														特惠税率（%）①/②	Article Description
巴基斯坦	冰岛	哥斯达黎加	秘鲁	新西兰	瑞士	新加坡	韩国	澳大利亚	格鲁吉亚	毛里求斯	日本RCEP	尼加拉瓜	港澳台		
															- Artificial teeth and dental fittings:
0	0	0	0	0	0		0	0	0	0	0	0	0/	0/0	-- Artificial teeth
															-- Other
0	0	0	0	0	0	0	0	0	0	0	0	0	0/	0/0	Self-tapping screws, of iron or steel (excluding stainless steel fastener), for dental fixation
0	0	0	0	0	0	0	0	0	0	0	0	0	0/	0/0	Other screws and bolts, of iron or steel (excluding stainless steel fastener), with tensile strength ≥800MPa and rod diameter>6mm, for dental fixation (whether or not with their nuts or washers, other than coach screws, screw hooks and screw rings)
0	0	0	0	0	0	0	0	0	0	0	0	0	0/	0/0	Other screws and bolts, of iron or steel (excluding stainless steel fastener), with rod diameter>6mm, for dental fixation (whether or not with their nuts or washers)
0	0	0	0	0	0	0	0	0	0	0	0	0	0/	0/0	Washers, of iron or steel (excluding stainless steel fastener), for dental fixation (other than spring washers and other lock washers)
0	0	0	0	0	0	0	0	0	0	0	0	0	0/	0/0	Other tooth fixings
															- Other artificial parts of the body:
0	0	0	0	0	0		0	0	0	0	2.9	0	0/0	0/0	-- Artificial joints
															-- Other
0	0	0	0	0	0		0	0	0	0	2.9	0	0/	0/0	Artificial heart valve prosthesis
0	0	0	0	0	0		0	0	0	0	2.9	0	0/	0/0	Other artificial parts of the body
0	0	0	0	0	0		0	0	0	0	2.9	0	0/	0/0	- Hearing aids, excluding parts and accessories
0	0	0	0	0	0		0	0	0	0	2.9	0	0/	0/0	- Pacemakers for stimulating heart muscles, excluding parts and accessories
															- Other:
															--- Stents:
0	0	0	0	0	0		0	0	0	0	2.9	0	0/	0/0	----Stents in blood vessel
0	0	0	0	0	0		0	0	0	0	2.9	0	0/	0/0	----Other
															--- Other
0	0	0	0	0	0		0	0	0	0	2.9	0	0/	0/0	Cochlear implant devices
0	0	0	0	0	0		0	0	0	0	2.9	0	0/	0/0	Other appliances for physical defects and disabilities redeeming (including apparatuses and parts for wearing and carrying or those implanted in the human body)
															Apparatus based on the use of X-rays or of alpha, beta, gamma or other ionising radiations, whether or not for medical, surgical, dental or veterinary uses, including radiography or radiotherapy apparatus, X-ray tubes and other X-ray generators, high tension genera-tors, control panels and desks, screens, examination or treatment tables, chairs and the like:
															- Apparatus based on the use of X-rays, whether or not for medical, surgical, dental or veterinary uses, including radiography or radiotherapy apparatus:
0	0	0	0	0	0		1.3	0	0	0	2.9	0	0/	0/0	-- Computed tomography apparatus
0	0	0	0	0	0		0	0	0	0	0	0	0/	0/0	-- Other, for dental uses
															-- Other, for medical, surgical or veterinary uses
0	0	0	0	0	0		0	0	0	0	0	0	0/	0/0	Medical linear accelerators
0	0	0	0	0	0		0	0	0	0	0	0	0/	0/0	Other medical or veterinary X-ray applications
															-- For other uses:
															--- Low dosage X-ray security inspecting equipment

税号	货品名称	进口关税（%） 最惠国	普通	年内暂定	增值/消费税（%）	出口退税（%）	计量单位	监管证件代码	检验检疫类别	协定税率（%） 东盟	亚太	智利
90221910.10	采用X光机技术或X射线加速器技术的X射线安全检查设备（能量大于100千电子伏，不包括采用X射线交替双能加速器技术的第二代X射线安全检查设备）	0	11		13	13	台/千克	A	M/	0		0
90221910.90	其他低剂量X射线安全检查设备	0	11		13	13	台/千克	A	M/	0		0
9022.1920	--- X射线无损探伤检测仪	0	11		13	13	台/千克	A	M/	0		0
9022.1990	--- 其他											
90221990.10	X射线全自动燃料芯块检查台（专门设计或制造用于检验燃料芯块的最终尺寸和表面缺陷）	0	11		13	13	台/千克	3A	M/	0		0
90221990.20	X射线晶圆制造厚度测量设备	0	11		13	13	台/千克	A	M/	0		0
90221990.90	其他X射线应用设备	0	11		13	13	台/千克	6A	M/	0		0
	- α射线、β射线、γ射线或其他离子射线的应用设备，不论是否用于医疗、外科、牙科或兽医，包括射线照相或射线治疗设备：											
	-- 医疗、外科、牙科或兽医用：											
9022.2110	--- 应用α射线、β射线、γ射线的	0	11		13	13	台/千克	6A	M/	0		0
9022.2190	--- 其他	4	17		13	13	台/千克	6A	M/	0	2.6	0
	-- 其他：											
9022.2910	--- γ射线无损探伤检测仪	0	11		13	13	台/千克	A	M/	0		0
9022.2990	--- 其他											
90222990.10	γ射线全自动燃料芯块检查台（专门设计或制造用于检验燃料芯块的最终尺寸和表面缺陷）	0	11		13	13	台/千克	3A	M/	0		0
90222990.90	其他非医疗用α、β、γ射线设备	0	11		13	13	台/千克			0		0
9022.3000	- X射线管	0	11		13	13	个/千克	A	M/	0		0
	- 其他，包括零件、附件：											
9022.9010	--- X射线影像增强器	0	11		13	13	个/千克	AO	M/	0		0
9022.9090	--- 其他											
90229090.20	闪光X射线发生器（峰值能量≥500千电子伏）	4.5	14		13	13	个/千克	3O		0		0
90229090.30	X射线断层检查仪专用探测器	4.5	14	3	13	13	个/千克	O		0		0
90229090.40	数字化X射线摄影系统平板探测器	4.5	14	3	13	13	个/千克			0		0
90229090.50	应用除α、β、γ射线以外离子射线的医用设备的零件（医疗、外科、牙科或兽医用）	0	14		13	13	台/千克	6A	M/	0		0
90229090.60	其他射线发生器的零部件	4.5	14	1	13	13	个/千克			0		0
90229090.70	X射线断层检查仪专用闪烁体、准直器	4.5	14	3	13	13	个/千克			0		0
90229090.90	税目90.22所列其他设备及零件（包括高压发生器、控制板及控制台、荧光屏等）	4.5	14		13	13	个/千克			0		0
90.23	**专供示范（例如，教学或展览）而无其他用途的仪器、装置及模型：**											
9023.0010	--- 教习头	0	20		13	13	千克			0		0
9023.0090	--- 其他	0	20		13	13	千克			0		0

协定税率(%)														特惠税率(%)①/②	Article Description
巴基斯坦	冰岛	哥斯达黎加	秘鲁	新西兰	瑞士	新加坡	韩国	澳大利亚	格鲁吉亚	毛里求斯	日本RCEP	尼加拉瓜	港澳台		
0	0	0	0	0	0		1.3	0	0	0	2.9	0	0/	0/0	X-ray security inspection equipments adopting the technology of X-ray apparatuses or X-ray accelerators (energies greater than 100 kV, excluding second-generation X-ray safety screening equipment with X-ray alternating dual-energy accelerator technology)
0	0	0	0	0	0		1.3	0	0	0	2.9	0	0/	0/0	Other types of low dose X-ray security inspection equipments
0	0	0	0	0	0			0	0	0	2.9	0	0/	0/0	--- X-ray nondestructive inspection apparatus
															--- Other
0	0	0	0	0	0			0	0	0	2.9	0	0/	0/0	X-ray fully-automatic fuel pellet inspection stations (specially designed or manufactured to examine the final dimensions and surface defects of the fuel pellets)
0	0	0	0	0	0			0	0	0	2.9	0	0/	0/0	X-ray thickness measuring apparatus of wafer manufacture
0	0	0	0	0	0			0	0	0	2.9	0	0/	0/0	Other apparatus based on the use of X-rays
															- Apparatus based on the use of alpha, beta, gamma or other ionising radiations, whether or not for medical, surgical, dental or veterinary uses, including radiography or radiotherapy apparatus:
															-- For medical, surgical, dental or veterinary uses:
0	0	0	0	0	0		0	0	0	0	0	0	0/	0/0	--- Based on the use of alpha, beta or gamma radiation
0	0	0	0	0	0		0	0	0	0	2.9	0	0/	0/0	--- Other
															-- For other uses:
4	0	0	0	0	0		0	0	0	0	0	0	0/	0/0	--- Gamma ray nondestructive inspection apparatus
															--- For other uses
4	0	0	0	0	0		0	0	0	0	0	0	0/	0/0	γ-ray fully-automatic fuel pellet inspection stations (specially designed or manufactured to examine the final dimensions and surface defects of the fuel pellets)
4	0	0	0	0	0		0	0	0	0	0	0	0/	0/0	Other apparatus based on the use of alpha, beta or gamma radiations, not for medical uses
0	0	0	0	0	0		0	0	0	0	1.5	0	0/	0/0	- X-ray tubes
															- Other, including parts and accessories:
0	0	0	0	0	0		2	0	0	0	0	0	0/	0/0	--- X-ray intensifiers
															--- Other
0	0	0	0	0	0		1	0	0	0	2.9	0	0/	0/0	Flash X-ray generators (peak energy ≥500 keV)
0	0	0	0	0	0		1	0	0	0	2.9	0	0/	0/0	Detectors of a kind solely used in X-ray tomography instruments
0	0	0	0	0	0		1	0	0	0	2.9	0	0/	0/0	Digital X-ray radiographic flat panel detectors
0	0	0	0	0	0		1	0	0	0	2.9	0	0/	0/0	Parts and accessories of apparatus based on ionising radiations (other than alpha, beta or gamma radiations), for medical, surgical, dental or veterinary uses
0	0	0	0	0	0		1	0	0	0	2.9	0	0/	0/0	Parts and components of other ray generators
0	0	0	0	0	0		1	0	0	0	2.9	0	0/	0/0	Scintillators and collimators, of a kind solely used in X-ray tomography instruments
0	0	0	0	0	0		1	0	0	0	2.9	0	0/	0/0	Other apparatus and parts listed in heading 90.22 (including high-voltage generators, control panels and consoles, and screens, etc.)
															Instruments, apparatus and models, designed for demonstrational purposes (for example, in education or exhibitions), unsuitable for other uses:
4	0	0	0	0	0		0	0	0	0	0	0	0/	0/0	--- Training mannequin
4	0	0	0	0	0		0	0	0	1.1	0	0	0/	0/0	--- Other

税　号	货品名称	进口关税（%）			增值/消费税（%）	出口退税（%）	计量单位	监管证件代码	检验检疫类别	协定税率（%）		
		最惠国	普通	年内暂定						东盟	亚太	智利
90.24	**各种材料（例如，金属、木材、纺织材料、纸张、塑料）的硬度、强度、压缩性、弹性或其他机械性能的试验机器及器具：**											
	- 金属材料的试验用机器及器具：											
9024.1010	--- 电子万能试验机	0	20		13	13	台/千克			0	0	0
9024.1020	--- 硬度计	0	20		13	13	台/千克			0	0	0
9024.1090	--- 其他	0	20		13	13	台/千克			0	0	0
9024.8000	- 其他机器及器具	0	20		13	13	台/千克			0		0
9024.9000	- 零件、附件	0	20		13	13	千克			0		0
90.25	**记录式或非记录式的液体比重计及类似的浮子式仪器、温度计、高温计、气压计、湿度计、干湿球湿度计及其组合装置：**											
	- 温度计及高温计，未与其他仪器组合：											
9025.1100	-- 液体温度计，可直接读数											
90251100.10	含汞的可直接读数的非电子液体温度计	4	40		13	13	个/千克	89		0		0
90251100.90	可直接读数的液体温度计	4	40		13	13	个/千克			0		0
	-- 其他：											
9025.1910	--- 工业用											
90251910.10	温度传感器	0	20		13	13	个/千克			0	0	0
90251910.20	其他含汞的非液体的工业用非电子温度计及高温计	0	20		13	13	个/千克	89		0	0	0
90251910.90	其他非液体的工业用温度计及高温计	0	20		13	13	个/千克			0	0	0
9025.1990	--- 其他											
90251990.10	红外线人体测温仪	0	80		13	13	个/千克			0	0	0
90251990.20	其他含汞的非液体的非电子温度计及高温计	0	80		13	13	个/千克	89		0	0	0
90251990.90	非液体的其他温度计、高温计	0	80		13	13	个/千克			0	0	0
9025.8000	- 其他仪器											
90258000.10	含汞的非电子温度计和气压计	11	30		13	13	个/千克	89		0		0
90258000.90	其他温度计、比重计、湿度计等仪器	11	30		13	13	个/千克			0		0
9025.9000	- 零件、附件											
90259000.10	红外线测温仪传感器元件	0	20		13	13	千克/个			0	0	0
90259000.90	其他比重计，温度计等类似仪器的零件	0	20		13	13	千克/个			0	0	0
90.26	**液体或气体的流量、液位、压力或其他变化量的测量或检验仪器及装置（例如，流量计、液位计、压力表、热量计），但不包括税目90.14、90.15、90.28或90.32的仪器及装置：**											
9026.1000	- 测量、检验液体流量或液位的仪器及装置	0	17		13	13	个/千克			0		0
	- 测量、检验压力的仪器及装置：											
9026.2010	--- 压力/差压变送器											
90262010.10	锰铜压力计（压力超过10GPa）	0	17		13	13	个/千克	3		0		0
90262010.20	镱制成的压力计（流体动力学实验专用仪器仪表，测量压力超过10GPa的）	0	17		13	13	个/千克	3		0		0

协定税率（%）														特惠税率（%）①/②	Article Description
巴基斯坦	冰岛	哥斯达黎加	秘鲁	新西兰	瑞士	新加坡	韩国	澳大利亚	格鲁吉亚	毛里求斯	日本RCEP	尼加拉瓜	港澳台		
															Machines and appliances for testing the hardness, strength, compressibility, elasticity or other mechanical properties of materials (for example, metals, wood, textiles, paper, plastics):
															- Machines and appliances for testing metals:
0	0	0	0	0	0		0	0	0	0	5.1	0	0/	0/0	--- Electric multitesting machines
0	0	0	0	0	0		0	0	0	0	5.1	0	0/	0/0	--- Machines and applinances for testing hardness
4	0	0	0	0	0		4.5	0	0	0	5.1	0	0/	0/0	--- Other
0	0	0	0	0	0		1.6	0	0	0	3.6	0	0/	0/0	- Other machines and appliances
0	0	0	0	0	0			0	0	0	4.4	0	0/	0/0	- Parts and accessories
															Hydrometers and similar floating instruments, thermometers and pyrometers, barometers, hygrometers and psychrometers, recording or not, and any combination of these instruments:
															- Thermometers and pyrometers, not combined with other instruments:
															-- Liquid-filled, for direct reading
0	0	0	0	0	0		0	0	0	0	0	0	0/	0/0	Non-electronic liquid-filled thermometers, for direct reading, containing mercury
0	0	0	0	0	0		0	0	0	0	0	0	0/	0/0	Other liquid-filled thermometers, for direct reading
															-- Other:
															--- For industrial use
0	0	0	0	0	0		0	0	0	0	6.1	0	0/	0/0	Temperature sensor
0	0	0	0	0	0		0	0	0	0	6.1	0	0/	0/0	Other non-fluid non-electronic thermometers and pyrometers for industrial use, containing mercury
0	0	0	0	0	0		0	0	0	0	6.1	0	0/	0/0	Other non-liquid-filled thermometers and pyrometers for industrial use
															--- Other
0	0	0	0	0	0		0	0	0	0	6.1	0	0/	0/0	Infrared body thermometer
0	0	0	0	0	0		0	0	0	0	6.1	0	0/	0/0	Other non-fluid non-electronic thermometers and pyrometers, containing mercury
0	0	0	0	0	0		0	0	0	0	6.1	0	0/	0/0	Other non-liquid thermometers and pyrometers
															- Other instruments
2.5	0	0	0	0	0	0	5.5	0	0	0		9.9	0/	0/0	Non-electronic thermometers and barometers, containing mercury
2.5	0	0	0	0	0	0	5.5	0	0	0		9.9	0/	0/0	Other thermometers, hydrometers, hygrometers and other instruments
															- Parts and accessories
0	0	0	0	0	0		0	0	0	2.9	5.8	0	0/	0/0	Sensor capacitor elements of infrared thermometer
0	0	0	0	0	0		0	0	0	2.9	5.8	0	0/	0/0	Parts of other densimeter and thermometer or the like
															Instruments and apparatus for measuring or checking the flow, level, pressure or other variables of liquids or gases (for example, flow meters, level gauges, manometers, heat meters), excluding instruments and apparatus of heading 90.14, 90.15, 90.28 or 90.32:
0	0	0	0	0	0		0	0	0	0	0	0	0/	0/0	- For measuring or checking the flow or level of liquids
															- For measuring or checking pressure:
															--- Pressure/differential pressure transmitters
0	0	0	0	0	0		0	0	0	0	0	0	0/	0/0	Manganese-copper manometer (pressure>10GPa)
0	0	0	0	0	0		0	0	0	0	0	0	0/	0/0	Ytterbium manometer (pressure>10Gpa)

税　号	货品名称	进口关税（%）			增值/消费税（%）	出口退税（%）	计量单位	监管证件代码	检验检疫类别	协定税率（%）		
		最惠国	普通	年内暂定						东盟	亚太	智利
90262010.30	聚偏二氟乙烯制成的压力计（流体动力学实验专用仪器仪表，测量压力超过10GPa的）	0	17		13	13	个/千克	3		0		0
90262010.90	其他压力、差压变送器	0	17		13	13	个/千克			0		0
9026.2090	--- 其他											
90262090.10	压力传感器（两用物项管制商品）	0	17		13	13	个/千克	3		0		0
90262090.20	含汞的非电子压力表	0	17		13	13	个/千克	89		0		0
90262090.90	其他测量、检验压力的仪器及装置	0	17		13	13	个/千克			0		0
	- 其他仪器及装置：											
9026.8010	--- 测量气体流量的仪器及装置	0	17		13	13	个/千克			0		0
9026.8090	--- 其他	0	17		13	13	个/千克			0		0
9026.9000	- 零件、附件											
90269000.10	液位仪用探棒	0	17		13	13	千克			0		0
90269000.90	其他液体或气体的测量或检验仪器零件	0	17		13	13	千克			0		0
90.27	**理化分析仪器及装置（例如，偏振计、折光仪、分光仪、气体或烟雾分析仪）；测量或检验黏性、多孔性、膨胀性、表面张力及类似性能的仪器及装置；测量或检验热量、声量或光量的仪器及装置（包括曝光表）；检镜切片机：**											
9027.1000	- 气体或烟雾分析仪											
90271000.10	用于连续操作的气体检测器（可用于出口管制的化学品或有机化合物(含有磷、硫、氟或氯，其浓度低于0.3mg/m^3)的检测，或为检测受抑制的胆碱酯酶的活性而设计）	0	17		13	13	台/千克	3		0		0
90271000.90	其他气体或烟雾分析仪	0	17		13	13	台/千克			0		0
	- 色谱仪及电泳仪：											
	--- 色谱仪：											
9027.2011	---- 气相色谱仪	0	17		13	13	台/千克			0		0
9027.2012	---- 液相色谱仪	0	17		13	13	台/千克			0		0
9027.2019	---- 其他	0	17		13	13	台/千克			0		0
9027.2020	--- 电泳仪	0	17		13	13	台/千克			0		0
9027.3000	- 使用光学射线（紫外线、可见光、红外线）的分光仪、分光光度计及摄谱仪											
90273000.10	傅立叶红外光谱仪	0	17		13	13	台/千克			0		0
90273000.20	近红外光谱仪	0	17		13	13	台/千克			0		0
90273000.30	台式和手持拉曼光谱仪	0	17		13	13	台/千克			0		0
90273000.90	其他分光仪、分光光度计及摄谱仪[使用光学射线(紫外线、可见光、红外线)的]	0	17		13	13	台/千克			0		0
	- 使用光学射线（紫外线、可见光、红外线）的其他仪器及装置：											
9027.5010	--- 基因测序仪	0	17		13	13	台/千克	6		0		0
9027.5090	--- 其他											
90275090.10	流式细胞仪	0	17		13	13	台/千克	6		0		0
90275090.90	其他使用光学射线的其他仪器及装置（光学射线是指紫外线、可见光、红外线）	0	17		13	13	台/千克	6		0		0
	- 其他仪器及装置：											
	-- 质谱仪：											
9027.8110	--- 集成电路生产用氦质谱检漏台	0	17		13	13	台/千克			0		0

协定税率（%）														特惠税率（%）①/②	Article Description
巴基斯坦	冰岛	哥斯达黎加	秘鲁	新西兰	瑞士	新加坡	韩国	澳大利亚	格鲁吉亚	毛里求斯	日本RCEP	尼加拉瓜	港澳台		
0	0	0	0	0	0		0	0	0	0	0	0	0/	0/0	Polyvinylidene fluoride manometer (pressure>10Gpa)
0	0	0	0	0	0		0	0	0	0	0	0	0/	0/0	Other pressures, differential pressure transducers
															--- Other
0	0	0	0	0	0		0	0	0	0	0	0	0/	0/0	Pressure sensor (Dual-use items controlled)
0	0	0	0	0	0		0	0	0	0	0	0	0/	0/0	Non-electronic manometer, containing mercury
0	0	0	0	0	0		0	0	0	0	0	0	0/	0/0	Other instruments or apparatus for measuring or checking pressure
															- Other instruments or apparatus:
0	0	0	0	0	0		0	0	0	0	0	0	0/	0/0	--- Instruments or apparatus for measuring the flow of gases
0	0	0	0	0	0		0	0	0	0	0	0	0/	0/0	--- Other
															- Parts and accessories
0	0	0	0	0	0		0	0	0	0	0	0	0/	0/0	Probe of liquid level meter
0	0	0	0	0	0		0	0	0	0	0	0	0/	0/0	Other parts and accessories of Instruments or apparatus for measuring the flow of gases
															Instruments and apparatus for physical or chemical analysis (for example, polarimeters, refractometers, spectrometers, gas or smoke analysis apparatus); instruments and apparatus for measuring or checking viscosity, porosity, expansion, surface tension or the like; instruments and apparatus for measuring or checking quantities of heat, sound or light (including exposure meters); microtomes:
															- Gas or smoke analysis apparatus
0	0	0	0	0	0		2.3	0	0	0	5.1	0	0/	0/0	Gas detectors for continuous operations (used to detect the chemicals or organic compounds with export control (containing phosphorus, sulfur, fluorine or chlorine, with the concentration lower than 0.3 mg/m^3), or detect the activity of inhibited cholinesterase)
0	0	0	0	0	0		2.3	0	0	0	5.1	0	0/	0/0	Other gas or smoke analysis apparatus
															- Chromatographs and electrophoresis instruments:
															--- Chromatographs instruments:
0	0	0	0	0	0		0	0	0	0	0	0	0/	0/0	----Gas chromatographs instruments
0	0	0	0	0	0		0	0	0	0	0	0	0/	0/0	----Liquid chromatographs instruments
0	0	0	0	0	0		0	0	0	0	0	0	0/	0/0	----Other
0	0	0	0	0	0		0	0	0	0	0	0	0/	0/0	--- Electrophoresis instruments
															- Spectrometers, spectrophotometers and spectrographs using optical radiations (UV, visible, IR)
0	0	0	0	0	0		0	0	0	0	0	0	0/	0/0	Fourier transform infrared spectrometer
0	0	0	0	0	0		0	0	0	0	0	0	0/	0/0	Near infrared spectrum instrument
0	0	0	0	0	0		0	0	0	0	0	0	0/	0/0	Desktop or handheld Raman spectrometer
0	0	0	0	0	0		0	0	0	0	0	0	0/	0/0	Other spectrometers, spectrophotometers and spectrographs using optical radiations (UV, visible, IR)
															- Other instruments and apparatus using optical radiations (UV, visible, IR)
0	0	0	0	0	0		0	0	0	0	0	0	0/	0/0	--- Gene sequencer
															--- Other
0	0	0	0	0	0		0	0	0	0	0	0	0/	0/0	Flow cytometry
0	0	0	0	0	0		0	0	0	0	0	0	0/	0/0	Other instruments and apparatus using optical radiations (optical radiations refer to UV, visible, IR)
															- Other instruments and apparatus:
															-- Mass spectrometers:
0	0	0	0	0	0		0	0	0	0	0	0	0/	0/0	--- Helium spectra leak detectors of a kind used in integrated circuit manufacture

税号	货品名称	进口关税（%）			增值/消费税（%）	出口退税（%）	计量单位	监管证件代码	检验检疫类别	协定税率（%）		
		最惠国	普通	年内暂定						东盟	亚太	智利
9027.8120	--- 质谱联用仪	0	17		13	13	台/千克			0		0
9027.8190	--- 其他											
90278190.10	两用物项管制的UF6质谱仪/离子源	0	17		13	13	台/千克	3		0		0
90278190.20	测大于230质量单位离子质谱仪（分辨率高于2/230）	0	17		13	13	台/千克	3		0		0
90278190.90	其他质谱仪	0	17		13	13	台/千克			0		0
	-- 其他：											
9027.8910	--- 曝光表	0	70		13	13	个/千克			0		0
9027.8990	--- 其他											
90278990.10	转矩流变仪	0	17		13	13	台/千克	6		0		0
90278990.90	其他理化分析仪器及装置（包括测量或检验粘性及类似性能的仪器及装置）	0	17		13	13	台/千克	6		0		0
9027.9000	- 检镜切片机；零件、附件	0	17		13	13	千克			0		0
90.28	**生产或供应气体、液体及电力用的计量仪表，包括它们的校准仪表：**											
	- 气量计：											
9028.1010	--- 煤气表	10	30		13	13	个/千克			0		0
9028.1090	--- 其他	10	30		13	13	个/千克			0		0
	- 液量计：											
9028.2010	--- 水表	10	30		13	13	个/千克			0		0
9028.2090	--- 其他	10	30		13	13	个/千克			0		0
	- 电量计：											
	--- 电度表：											
9028.3011	---- 单相感应式	0	30		13	13	个/千克			0		0
9028.3012	---- 三相感应式	0	30		13	13	个/千克			0		0
9028.3013	---- 单相电子式（静止式）	0	30		13	13	个/千克			0		0
9028.3014	---- 三相电子式（静止式）	0	30		13	13	个/千克			0		0
9028.3019	---- 其他	0	30		13	13	个/千克			0		0
9028.3090	--- 其他	0	30		13	13	个/千克			0		0
	- 零件、附件：											
9028.9010	--- 工业用	0	30		13	13	千克			0		0
9028.9090	--- 其他	0	50		13	13	千克			0		0
90.29	**转数计、产量计数器、车费计、里程计、步数计及类似仪表；速度计及转速表，税目90.14及90.15的仪表除外；频闪观测仪：**											
	- 转数计、产量计数器、车费计、里程计、步数计及类似仪表：											
9029.1010	--- 转数计	12	50		13	13	个/千克			0		0
9029.1020	--- 车费计、里程计	12	35		13	13	个/千克			0		0
9029.1090	--- 其他	12	35		13	13	个/千克			0		0
	- 速度计及转速表，频闪观测仪：											
9029.2010	--- 车辆用速度计	10	35		13	13	个/千克			0		0
9029.2090	--- 其他	10	35		13	13	个/千克			0		0
9029.9000	- 零件、附件	6	35		13	13	千克			0		0
90.30	**示波器、频谱分析仪及其他用于电量测量或检验的仪器和装置，不包括税目90.28的各种仪表；α射线、β射线、γ射线、X射线、宇宙射线或其他离子射线的测量或检验仪器及装置：**											

协定税率（%）巴基斯坦	冰岛	哥斯达黎加	秘鲁	新西兰	瑞士	新加坡	韩国	澳大利亚	格鲁吉亚	毛里求斯	日本RCEP	尼加拉瓜	港澳台	特惠税率（%）①/②	Article Description
0	0	0	0	0	0		0	0	0	0	0	0	0/	0/0	--- Mass spectrometers combined with other instruments
															--- Other
0	0	0	0	0	0		0	0	0	0	0	0	0/	0/0	UF6 mass spectrometers/ion sources (of dual-use items controlled)
0	0	0	0	0	0		0	0	0	0	0	0	0/	0/0	Mass spectrometers used to measure ions of more than 230 mass units (resolution: higher than 2/230)
0	0	0	0	0	0		0	0	0	0	0	0	0/	0/0	Other mass spectrometers
															-- Other:
5.6	0	0	0	0	0	0	0	0	0	0	10.2	0	0/	0/0	--- Exposure meters
															--- Other
0	0	0	0	0	0		0	0	0	0	0	0	0/	0/0	Torque rheometer
0	0	0	0	0	0		0	0	0	0	0	0	0/	0/0	Other instruments and apparatus for physical or chemical analysis inculding instruments and apparatus for measuring or checking viscosity or the like
0	0	0	0	0	0		0	0	0	0	0	0	0/	0/0	- Microtomes; parts and accessories
															Gas, liquid or electricity supply or production meters, including calibrating meters thereof:
															- Gas meters:
0	0	0	0	0	0		0	0	0	0	7.3	9	0/	0/0	--- Coal gas meters
0	0	0	0	0	0	0	0	0	0	0	7.3	9	0/	0/0	--- Other
															- Liquid meters:
0	0	0	0	0	0	0	0	0	0	0	7.3	9	0/	0/0	--- Water meters
0	0	0	0	0	0	0		0	0	0		9	0/	0/0	--- Other
															- Electricity meters:
															--- Watt-hour meter:
0	0	0	0	0	0		0	0	0	0	0	0	0/	0/0	----Single-phase induction types
0	0	0	0	0	0		0	0	0	0	0	0	0/	0/0	----Three-phase induction types
0	0	0	0	0	0		0	0	0	0	0	0	0/	0/0	----Single-phase electronic types (Static)
0	0	0	0	0			0	0	0	0	0	0	0/	0/0	----Three-phase electronic types (Static)
0	0	0	0	0	0		5	0	0	0	0	0	0/	0/0	----Other
0	0	0	0	0	0	0	0	0	0	0	0	0	0/	0/0	--- Other
															- Parts and accessories:
0	0	0	0	0	0		0	0	0	0	0	0	0/	0/0	--- For industrial use
0	0	0	0	0	0		0	0	0	0	0	0	0/	0/0	--- Other
															Revolution counters, production counters, taximeters, mileometers, pedometers and the like; speed indicators and tachometers, other than those of headings 90.14 and 90.15; stroboscopes:
															- Revolution counters, production counters, taximeters, mileometers, pedometers and the like:
6	0	0	0	0	4	0	0	0	0	0	10.9	11.2	0/	0/0	--- Revolution counters
6	0	0	0	0	0	0		0	0	0		11.2	0/	0/0	--- Taximeters and mileometers
6	0	0	0	0	0	0		0	0	0		11.2	0/	0/0	--- Other
															- Speed indicators and tachometers; stroboscopes:
4	0	0	0	0	0		5	0	0	0	8.6	9	0/	0/0	--- Speed indicators for motor vehicles
2.5	0	0	0	0	0		0	0	0	0	7.3	9	0/	0/0	--- Other
0	0	0	0	0	0			0	0	0		0	0/	0/0	- Parts and accessories
															Oscilloscopes, spectrum analysers and other instruments and apparatus for measuring or checking electrical quantities, excluding meters of heading 90.28; instruments and apparatus for measuring or detecting alpha, beta, gamma, X-ray, cosmic or other ionizing radiations:

税号	货品名称	进口关税（%）			增值/消费税（%）	出口退税（%）	计量单位	监管证件代码	检验检疫类别	协定税率（%）		
		最惠国	普通	年内暂定						东盟	亚太	智利
9030.1000	- 离子射线的测量或检验仪器及装置	0	20		13	13	台/千克			0		0
	- 示波器：											
9030.2010	--- 测试频率在300兆赫兹以下的通用示波器	0	80		13	13	台/千克			0		0
9030.2090	--- 其他	0	20		13	13	台/千克			0		0
	- 检测电压、电流、电阻或功率（用于测试或检验半导体晶圆或器件用的除外）的其他仪器及装置：											
	-- 万用表，不带记录装置：											
9030.3110	--- 量程在五位半及以下的数字万用表	0	130		13	13	台/千克			0		0
9030.3190	--- 其他	0	20		13	13	台/千克			0		0
9030.3200	-- 万用表，带记录装置	0	20		13	13	台/千克			0		0
	-- 其他，不带记录装置：											
9030.3310	--- 量程在五位半及以下的数字电流表、电压表	0	130		13	13	台/千克			0		0
9030.3320	--- 电阻测试仪	10	80		13	13	台/千克			0		0
9030.3390	--- 其他	0	20		13	13	台/千克			0		0
9030.3900	-- 其他，带记录装置	0	20		13	13	台/千克			0		0
	- 通信专用的其他仪器及装置（例如，串音测试器、增益测量仪、失真度表、噪声计）：											
9030.4010	--- 测试频率在12.4千兆赫兹以下的数字式频率计	0	80		13	13	台/千克			0		0
9030.4090	--- 其他	0	20		13	13	台/千克			0		0
	- 其他仪器及装置：											
9030.8200	-- 测试或检验半导体晶圆或器件（包括集成电路）用	0	20		13	13	台/千克			0		0
	-- 其他，带记录装置：											
9030.8410	--- 电感及电容测试仪	0	80		13	13	台/千克			0		0
9030.8490	--- 其他	0	20		13	13	台/千克			0		0
	-- 其他：											
9030.8910	--- 电感及电容测试仪	0	80		13	13	台/千克			0		0
9030.8990	--- 其他											
90308990.10	中子探测和测量仪表（专用于测定核反应堆堆芯内中子通量的）	0	20		13	13	台/千克	3		0		0
90308990.90	其他电量的测量或检验仪器及装置（未装有记录装置的）	0	20		13	13	台/千克			0		0
9030.9000	- 零件、附件											
90309000.10	用于声表面滤波器测试的测试头（频率带宽在81千兆赫兹以上，且探针最小间距在周围排列下为50微米，阵列下为180微米）	0	17		13	13	千克			0		0
90309000.90	税目90.30所属货品的零件及附件	0	17		13	13	千克			0		0
90.31	**本章其他税目未列名的测量或检验仪器、器具及机器；轮廓投影仪：**											
9031.1000	- 机械零件平衡试验机											
90311000.10	陀螺动态平衡测试仪	0	17		13	13	台/千克	3		0	0	0
90311000.90	其他机械零件平衡试验机	0	17		13	13	台/千克			0	0	0
9031.2000	- 试验台											
90312000.10	陀螺/马达运转试验台	7	17		13	13	台/千克	3		0		0
90312000.20	加速度表测试台	7	17		13	13	台/千克	3		0		0

协定税率（%）														特惠税率（%）①/②	Article Description
巴基斯坦	冰岛	哥斯达黎加	秘鲁	新西兰	瑞士	新加坡	韩国	澳大利亚	格鲁吉亚	毛里求斯	日本RCEP	尼加拉瓜	港澳台		
0	0	0	0	0	0			0	0	0	3.6	0	0/	0/0	- Instruments and apparatus for measuring or detecting ionizing radiations
															- Oscilloscopes and oscillographs:
0	0	0	0	0	0	0	0	0	0	0	0	0	0/	0/0	--- For general use, of test frequency less than 300 MHz
0	0	0	0	0	0		0	0	0	0	0	0	0/	0/0	--- Other
															- Other instruments and apparatus, for measuring or checking voltage, current, resistance orpower (other than those for measuring or checking semiconductor wafers or devices):
															-- Multimeters without a recording device:
6	0	0	0	0	0	0	0	0	0	0	0	0	0/	0/0	--- Digital, of measuring range of 5.5 or less
0	0	0	0	0	0		1.6	0	0	0	0	0	0/	0/0	--- Other
0	0	0	0	0	0		0	0	0	0	5.8	0	0/	0/0	-- Multimeters with a recording device
															-- Other, without a recording device:
6	0	0	0	0	0	0	0	0	0	0	10.9	0	0/	0/0	--- Digital ammeters or voltmeters, of measuring range of 5.5 or less
9	0	0	0	0	0	0		0	0	0		9	0/	0/0	--- Resistance measuring instruments
4	0	0	0	0	0			0	0	0		0	0/	0/0	--- Other
0	0	0	0	0	0			0	0	0	5.8	0	0/	0/0	-- Other, with a recording device
															- Other instruments and apparatus, specially designed for telecommunications (for example, cross-talk meters, gain measuring instruments, distortion factor meters, psophometers):
0	0	0	0	0	0		0	0	0	0	0	0	0/	0/0	--- Digital frequency meters, of test frequency less than 12.4 GHz
0	0	0	0	0	0		0	0	0	0	0	0	0/	0/0	--- Other
															- Other instruments and apparatus:
0	0	0	0	0	0		0	0	0	0	0	0	0/	0/0	-- For measuring or checking semiconductor wafers or devices (including integrated circuits)
															-- Other, with a recording device:
0	0	0	0	0	0	0		0	0	0	7.3	0	0/	0/0	--- For measuring inductances or capacitances
0	0	0	0	0	0		2.6	0	0	0	5.8	0	0/	0/0	--- Other
															-- Other:
5.6	0	0	0	0	0	0		0	0	0	10.2	0	0/	0/0	--- For measuring inductances or capacitances
															--- Other
0	0	0	0	0	0			0	0	0	5.8	0	0/	0/0	Instruments for neutron detection and measurement (used exclusively to measure the neutron flux of the reactor cores)
0	0	0	0	0	0			0	0	0	5.8	0	0/	0/0	Other instruments and apparatus for measuring or checking electricity (not fitted with recording devices)
															- Parts and accessories
0	0	0	0	0	0		0	0	0	0	5.1	0	0/	0/0	Probe for testing surface acoustic wave (SAW) filter (whose frequency bandwidth is more than 81GHz and the minimun distance between probes is 50μm for around or 180μm for array)
0	0	0	0	0	0		0	0	0	0	5.1	0	0/	0/0	Parts and accessories of the goods of heading 90.30
															Measuring or checking instruments, appliances and machines, not specified or included elsewhere in this Chapter; profile projectors:
															- Machines for balancing mechanical parts
0	0	0	0	0	0		0	0	0	0	5.1	0	0/	0/0	Tester for gyro dynamic balance
0	0	0	0	0	0		0	0	0	0	5.1	0	0/	0/0	Other machines for balancing mechanical parts
															- Test benches
0	0	0	0	0	2.8		2.3	0	0	0	5.7	0	0/	0/0	Gyro run-in/motor test stations
0	0	0	0	0	2.8		2.3	0	0	0	5.7	0	0/	0/0	Accelerometer test stations

税　号	货品名称	进口关税（%） 最惠国	普通	年内暂定	增值/消费税（%）	出口退税（%）	计量单位	监管证件代码	检验检疫类别	协定税率（%） 东盟	亚太	智利
90312000.30	试车台（能试推力>90KN火箭发动机的或同时测量三个推力分量的）	7	17		13	13	台/千克	3		0		0
90312000.40	惯性平台测试台（测试平台包括高精度离心机和转台）	7	17		13	13	台/千克	3		0		0
90312000.90	其他试验台	7	17		13	13	台/千克			0		0
	- 其他光学仪器及器具：											
9031.4100	-- 制造半导体器件（包括集成电路）时检验半导体晶圆、器件（包括集成电路）或检测光掩模或光栅用	0	17		13	13	台/千克			0		0
	-- 其他：											
9031.4910	--- 轮廓投影仪	0	20		13	13	台/千克			0		0
9031.4920	--- 光栅测量装置	0	17		13	13	台/千克			0		0
9031.4990	--- 其他											
90314990.10	光盘质量在线检测仪及离线检测仪	0	17		13	13	台/千克			0		0
90314990.90	其他光学测量或检验仪器和器具（第九十章其他税目未列名的）	0	17		13	13	台/千克			0		0
	- 其他仪器、器具及机器：											
9031.8010	--- 光纤通信及光纤性能测试仪	0	17		13	13	台/千克			0	0	0
9031.8020	--- 坐标测量仪	0	17		13	13	台/千克			0		0
	--- 无损探伤检测仪器（射线探伤仪除外）：											
9031.8031	---- 超声波探伤检测仪	0	17		13	13	台/千克			0	0	0
9031.8032	---- 磁粉探伤检测仪	0	17		13	13	台/千克			0	0	0
9031.8033	---- 涡流探伤检测仪	0	17		13	13	台/千克			0	0	0
9031.8039	---- 其他	0	17		13	13	台/千克			0	0	0
9031.8090	--- 其他											
90318090.10	惯性测量单元测试仪	0	17		13	13	台/千克	3		0	0	0
90318090.20	陀螺调谐测试仪	0	17		13	13	台/千克	3		0	0	0
90318090.30	跑道摩擦系数测试仪	0	17		13	13	台/千克			0	0	0
90318090.40	音频生命探测仪	0	17		13	13	台/千克			0	0	0
90318090.50	音视频生命探测仪	0	17		13	13	台/千克			0	0	0
90318090.70	飞机发动机用电磁线性位移传感器	0	17		13	13	台/千克			0	0	0
90318090.90	其他测量、检验仪器、器具及机器（第90章其他税目未列名的）	0	17		13	13	台/千克			0	0	0
9031.9000	- 零件、附件											
90319000.20	惯性测量单元稳定元件加工夹具	0	17		13	13	千克	3		0		0
90319000.30	惯性平台平衡夹具	0	17		13	13	千克	3		0		0
90319000.90	税目90.31的仪器及器具的其他零件（第九十章其他税目未列名的）	0	17		13	13	千克			0		0
90.32	**自动调节或控制仪器及装置：**											
9032.1000	- 恒温器	7	17		13	13	台/千克			0		0
9032.2000	- 恒压器	0	17		13	13	台/千克			0		0
	- 其他仪器及装置：											
9032.8100	-- 液压或气压的	0	17		13	13	台/千克			0	0	0
	-- 其他：											
	--- 列车自动控制系统（ATC）车载设备：											
9032.8911	---- 列车自动防护系统（ATP）车载设备	7	17		13	13	台/千克			0		0

协定税率（%）														特惠税率（%）①/②	Article Description
巴基斯坦	冰岛	哥斯达黎加	秘鲁	新西兰	瑞士	新加坡	韩国	澳大利亚	格鲁吉亚	毛里求斯	日本RCEP	尼加拉瓜	港澳台		
0	0	0	0	0	2.8		2.3	0	0	0	5.7	0	0/	0/0	Test benches, which have the capacity to handle solid or liquid propellant rocket motors of more than 90 KN of thrust, or which are capable of simultaneously measuring the three axial thrust components.
0	0	0	0	0	2.8		2.3	0	0	0	5.7	0	0/	0/0	Test benchs for inertial platform (including high-accuracy centrifuges and rotating table)
0	0	0	0	0	2.8		2.3	0	0	0	5.7	0	0/	0/0	Other test benches
															- Other optical instruments and appliances:
0	0	0	0	0	0		0	0	0	0	0	0	0/	0/0	-- For inspecting semiconductor wafers or devices (including integrated circuits) or for inspecting photomasks or reticles used in manufacturing semiconductor devices (including integrated circuits)
															-- Other:
0	0	0	0	0	0		3.3	0	0	0	7.3	0	0/	0/0	--- Profile projectors
0	0	0	0	0	0		0	0	0	0	0	0	0/	0/0	--- Optical grating measuring device
															--- Other
0	0	0	0	0	0		0	0	0	0	0	0	0/	0/0	CD quality online and offline detectors
0	0	0	0	0	0		0	0	0	0	0	0	0/	0/0	Other optical measuring or testing instruments and apparatus (not elsewhere specified or included in Chapter 90)
															- Other instruments, appliances and machines:
0	0	0	0	0	0		1.6	0	0	0	3.6	0	0/	0/0	--- Optical telecommunication and optical fibre performance testing instruments
0	0	0	0	0	0		1.6	0	0	0	3.6	0	0/	0/0	--- Coordinate measuring machine
															--- Apparatus for examinations, without damaging structure (other than apparatus for radiological examinations):
0	0	0	0	0	0		3.2	0	0	0	3.6	0	0/	0/0	----Apparatus for ultrasonic examinations
0	0	0	0	0	0		3.2	0	0	0	3.6	0	0/	0/0	----Apparatus for magnetic examinations
0	0	0	0	0	0		3.2	0	0	0	3.6	0	0/	0/0	----Apparatus for eddy examinations
0	0	0	0	0	0			0	0	0	3.6	0	0/	0/0	----Other
															--- Other
0		0	0	0	0		0	0	0	0	4.1	0	0/0	0/0	Inertial Measurement Unit (IMU) tester
0		0	0	0	0		0	0	0	0	4.1	0	0/0	0/0	Tester for gyro tuning
0		0	0	0	0		0	0	0	0	4.1	0	0/0	0/0	Runway friction coefficient tester
0		0	0	0	0		0	0	0	0	4.1	0	0/0	0/0	Audio life-detection instrument
0		0	0	0	0		0	0	0	0	4.1	0	0/0	0/0	Audio-video life-detection instrument
0		0	0	0	0		0	0	0	0	4.1	0	0/0	0/0	Electromagnetic linear displacement sensor for engines of aircraft
0		0	0	0	0		0	0	0	0	4.1	0	0/0	0/0	Other measuring and testing equipments, apparatus and machines (not elsewhere specified or included in Chapter 90)
															- Parts and accessories
0	0	0	0	0	0		0	0	0	0	0	0	0/	0/0	Inertial Measurement Unit (IMU) stable element handling holders
0	0	0	0	0	0		0	0	0	0	0	0	0/	0/0	Inertial Measurement Unit (IMU) platform balance holders
0	0	0	0	0	0		0	0	0	0	0	0	0/	0/0	Other parts of the instruments and appliances of heading 90.31 (not elsewhere specified or included in Chapter 90)
															Automatic regulating or controlling instruments and apparatus:
0	0	0	0	0	0		0	0	0	0	5.1	0	0/	0/0	- Thermostats
0	0	0	0	0	0		0	0	0	0	5.1	0	0/	0/0	- Manostats
															- Other instruments and apparatus:
0	0	0	0	0	0		4.5	0	0	0	5.1	0	0/	0/0	-- Hydraulic or pneumatic
															-- Other:
															--- Devices of Automatic Train Control System (ATC), installed on trains:
0	0	0	0	0			2.3	0	0	0	5.7	0	0/	0/0	----Devices of Automatic Train Protection System (ATP), installed on trains

税　号	货品名称	进口关税（%）			增值/消费税（%）	出口退税（%）	计量单位	监管证件代码	检验检疫类别	协定税率（%）		
		最惠国	普通	年内暂定						东盟	亚太	智利
9032.8912	----列车自动运行系统（ATO）车载设备	7	17		13	13	台/千克			0		0
9032.8919	----其他	7	17		13	13	台/千克			0		0
9032.8990	--- 其他											
90328990.10	具有可再生能源和智能电网应用的自动电压和电流调节器；非液压或气压的自动调控流量、液位和湿度的仪器（自动控制、调节装置）	7	17	5	13	13	台/千克			0		0
90328990.20	超燃冲压喷气或组合循环发动机的燃烧调节装置（自动控制、调节装置）	7	17		13	13	台/千克	3		0		0
90328990.30	三坐标测量机用自动控制柜	7	17	3	13	13	台/千克			0		0
90328990.40	飞机自动驾驶系统（包括自动驾驶、电子控制飞行、自动故障分析、警告系统配平系统及推力监控设备及其相关仪表）	7	17	1	13	13	台/千克			0		0
90328990.50	机床用成套数控伺服装置（包括CNC操作单元，带有配套的伺服放大器和伺服电机）	7	17	3	13	13	台/千克			0		0
90328990.60	电喷点火程序控制单元（自动控制、调节装置）	7	17	3	13	13	台/千克			0		0
90328990.70	印刷机用成套数控伺服传动装置（包括运动控制器或可编程序自动控制器、人机界面单元，带有配套的伺服驱动器和伺服电机）	7	17	3	13	13	台/千克			0		0
90328990.80	纯电动或混合动力汽车用电机控制器总成（自动控制、调节装置）	7	17	4	13	13	台/千克			0		0
90328990.91	发动机气门正时控制（VTC）模块	7	17	3	13	13	台/千克			0		0
90328990.92	出口管制的高压水炮操控系统	7	17		13	13	台/千克	3		0		0
90328990.93	光刻机用电机控制器	7	17	3	13	13	台/千克			0		0
90328990.99	其他自动调节或控制仪器及装置	7	17		13	13	台/千克			0		0
9032.9000	- 零件、附件											
90329000.01	飞机自动驾驶系统的零件（包括自动驾驶、电子控制飞行、自动故障分析、警告系统配平系统及推力监控设备及其相关仪表的零件）	5	17	1	13	13	千克			0		0
90329000.10	飞机发动机燃油控制器用电路板	5	17	1	13	13	千克			0		0
90329000.90	其他自动调节或控制仪器零件、附件	5	17		13	13	千克			0		0
90.33	**第九十章所列机器、器具、仪器或装置用的本章其他税目未列名的零件、附件：**											
9033.0000	第九十章所列机器、器具、仪器或装置用的本章其他税目未列名的零件、附件											
90330000.10	用于第九十章环境产品的其他税目未列名的零件、附件[太阳能定日镜、子目9015.80的商品，税目90.26的商品，税目90.27的商品（税号9027.8011和9027.8091除外），子目9031.49的商品，测振仪，手振动仪，可再生能源和智能电网应用的自动电压和电流调节器，自动调控流量、液位和湿度的仪器]	6	17	5	13	13	千克			0		0
90330000.90	第九十章其他编号未列名零、附件（第九十章所列机器、器具、仪器或装置用）	6	17		13	13	千克			0		0

协定税率（%）														特惠税率（%）①/②	Article Description
巴基斯坦	冰岛	哥斯达黎加	秘鲁	新西兰	瑞士	新加坡	韩国	澳大利亚	格鲁吉亚	毛里求斯	日本RCEP	尼加拉瓜	港澳台		
0	0	0	0	0			2.3	0	0	0	5.1	0	0/	0/0	----Devices of Automatic Train Operation System (ATO), installed on trains
0	0	0	0	0			2.3	0	0	0	5.1	0	0/	0/0	----Other
															--- Other
4	0	0	0	0			2.3	0	0	0	5.7	0	0/	0/0	Automatic voltage and current regulator for renewable energy and smart grid, instrument for adjusting the flow, level and humidity (automatic controlling and regulating devices, not hydraulic pressure and air pressure)
4	0	0	0	0			2.3	0	0	0	5.7	0	0/	0/0	Combustion regulator for scramjet engines or combined-cycle engines
4	0	0	0	0			2.3	0	0	0	5.7	0	0/	0/0	Automatic control cabinets for Coordinate Measuring Machine (CMM)
4	0	0	0	0			2.3	0	0	0	5.7	0	0/	0/0	Aircraft autopilot system (including autopilot system, electronic flight control system, automatic trouble analysis system, warning system, trimming system, thrust monitoring devices and its related meters)
4	0	0	0	0			2.3	0	0	0	5.7	0	0/	0/0	Numerical control servo set for machine tools (including CNC operation units, with matched servo amplifiers and servo motors)
4	0	0	0	0			2.3	0	0	0	5.7	0	0/	0/0	Control unit for electrojet ignition procedure (automatic controlling and regulating devices)
4	0	0	0	0			2.3	0	0	0	5.7	0	0/	0/0	Sets of CNC servo gear for printing machinery (including the motion controller or programmable automation controllers, human-machine interface unit, with matching servo drive and servo motor)
4	0	0	0	0			2.3	0	0	0	5.7	0	0/	0/0	Motor controller assembly for blade electric vehicles and hybrid power vehicles (automatic control device)
4	0	0	0	0			2.3	0	0	0	5.7	0	0/	0/0	Engine valve timing control (VTC) module
4	0	0	0	0			2.3	0	0	0	5.7	0	0/	0/0	Control systems for export controled high pressure water cannon
4	0	0	0	0			2.3	0	0	0	5.7	0	0/	0/0	Motor controller for lithography machines
4	0	0	0	0			2.3	0	0	0	5.7	0	0/	0/0	Other automatic regulating and controlling apparatuses and devices
															- Parts and accessories
0	0	0	0	0	0		1.6	0	0	0	4.1	0	0/	0/0	Parts of aircraft autopilot system (including parts, of autopilot, electronically controlled, automatic fault analysis, the flight warning system, balancing the system, thrust monitoring equipment)
0	0	0	0	0	0		1.6	0	0	0	4.1	0	0/	0/0	Circuit boards for aircraft engine fuel controllers
0	0	0	0	0	0		1.6	0	0	0	4.1	0	0/	0/0	Parts and accessories of other automatic regulating or controlling instruments
															Parts and accessories (not specified or included elsewhere in this Chapter) for machines, appliances, instruments or apparatus of Chapter 90:
															Parts and accessories (not specified or included elsewhere in this Chapter) for machines, appliances, instruments or apparatus of Chapter 90
4	0	0	0	0	0		0	0	0	0	4.9	0	0/	0/0	Parts and accessories (not specified or included elsewhere in this Chapter) for subheading 9031.49, vibration meters, hand vibration meters, automatic voltage and current regulator for renewable energy and smart grid, instrument for adjusting the flow, level and humidity (not including those of solar heliostats, subheading 9015.80, heading 90.27 except subheading 9027.8011 and 9027.8091)
4	0	0	0	0	0		0	0	0	0	4.9	0	0/	0/0	Parts and accessories (not specified or included elsewhere in this Chapter) for machines, appliances, instruments or apparatus of Chapter 90

第九十一章　钟表及其零件

注释：

一、本章不包括：

（一）钟表玻璃及钟锤（按其构成材料归类）；

（二）表链（根据不同情况，归入税目71.13或71.17）；

（三）第十五类注释二所规定的贱金属制通用零件（第十五类）、塑料制的类似品（第三十九章）及贵金属或包贵金属制的类似品（一般归入税目71.15）；但钟、表发条则应作为钟、表的零件归类（税目91.14）；

（四）轴承滚珠（根据不同情况，归入税目73.26或84.82）；

（五）税目84.12的物品，不需擒纵器可以工作的；

（六）滚珠轴承（税目84.82）；或

（七）第八十五章的物品，本身未组装在或未与其他零件组装在钟、表机芯内，也未组装成专用于或主要用于钟、表机芯零件的（第八十五章）。

二、税目91.01仅包括表壳完全以贵金属或包贵金属制的表，以及用贵金属或包贵金属与税目71.01至71.04的天然、养殖珍珠或宝石、半宝石（天然、合成或再造）合制的表。用贱金属上镶嵌贵金属制成表壳的表应归入税目91.02。

三、本章所称"表芯"，是指由摆轮及游丝、石英晶体或其他能确定时间间隔的装置来进行调节的机构，并带有显示器或可装机械指示器的系统。表芯的厚度不超过12毫米，长、宽或直径不超过50毫米。

四、除注释一另有规定的以外，钟、表的机芯及其他零件，既适用于钟或表，又适用于其他物品（例如，精密仪器）的，均应归入本章。

税　号	货品名称	进口关税（%）			增值/消费税（%）	出口退税（%）	计量单位	监管证件代码	检验检疫类别	协定税率（%）		
		最惠国	普通	年内暂定						东盟	亚太	智利
91.01	手表、怀表及其他表，包括秒表，表壳用贵金属或包贵金属制成的：											
	- 电力驱动的手表，不论是否附有秒表装置：											
9101.1100	-- 仅有机械指示器的	8	100		13/[注[1]]	13	只/千克			0	5.2	0
	-- 其他：											
9101.1910	--- 仅有光电显示器的	8	100		13/[注[1]]	13	只/千克			0		0
9101.1990	--- 其他	8	100		13/[注[1]]	13	只/千克			0		0
	- 其他手表，不论是否附有秒表装置：											
9101.2100	-- 自动上弦的											
91012100.10	含濒危动物皮自动上弦贵金属机械手表（表壳用贵金属或包贵金属制成的）	8	80		13/[注[1]]	0	只/千克	EF		0	5.2	0
91012100.90	其他自动上弦贵金属机械手表（表壳用贵金属或包贵金属制成的）	8	80		13/[注[1]]	13	只/千克			0	5.2	0
9101.2900	-- 其他											
91012900.10	含濒危动物皮非自动上弦贵金属机械手表（表壳用贵金属或包贵金属制成的）	8	80		13/[注[1]]	0	只/千克	EF		0	5.2	0
91012900.90	其他非自动上弦贵金属机械手表（表壳用贵金属或包贵金属制成的）	8	80		13/[注[1]]	13	只/千克			0	5.2	0

[1] 完税价格≥1万元人民币的，税率20%。

Chapter 91 Clocks and watches and parts thereof

Chapter Notes:

1. This Chapter does not cover:

   (a) Clock or watch glasses or weights (classified according to their constituent material);

   (b) Watch chains (heading 71.13 or 71.17, as the case may be);

   (c) Parts of general use defined in Note 2 to Section XV, of base metal (Section XV), or similar goods of plastics (Chapter 39) or of precious metal or metal clad with precious metal (generally heading 71.15); clock or watch springs are, however, to be classified as clock or watch parts (heading 91.14);

   (d) Bearing balls (heading 73.26 or 84.82, as the case may be);

   (e) Articles of heading 84.12 constructed to work without an escapement;

   (f) Ball bearings (heading 84.82); or

   (g) Articles of Chapter 85, not yet assembled together or with other components into watch or clock movements or into articles suitable for use solely or principally as parts of such movements (Chapter 85).

2. Heading 91.01 covers only watches with case wholly of precious metal or of metal clad with precious metal, or of the same materials combined with natural or cultured pearls, or precious or semi-precious stones (natural, synthetic or reconstructed) of headings 71.01 to 71.04. Watches with case of base metal inlaid with precious metal fall in heading 91.02.

3. For the purposes of this Chapter, the expression "watch movements" means devices regulated by a balance-wheel and hairspring, quartz crystal or any other system capable of determining intervals of time, with a display or a system to which a mechanical display can be incorporated. Such watch movements shall not exceed 12 mm in thickness and 50 mm in width, length or diameter.

4. Except as provided in Note 1, movements and other parts suitable for use both in clocks or watches and in other articles (for example, precision instruments) are to be classified in this Chapter.

协定税率（%）														特惠税率（%）①/②	Article Description
巴基斯坦	冰岛	哥斯达黎加	秘鲁	新西兰	瑞士	新加坡	韩国	澳大利亚	格鲁吉亚	毛里求斯	日本RCEP	尼加拉瓜	港澳台		
															Wrist-watches, pocket-watches and other watches, including stop-watches, with case of precious metal or of metal clad with precious metal:
															- Wrist-watches, electrically operated whether or not incorporating a stop-watch facility:
2.5	0	0	0	0	4.4	0	0	0	0	0	8	6.4	0/	0/0	-- With mechanical display only
															-- Other:
6.4	0	0	0	0	0	0	0	0	0	0	11.6	6.4	0/	0/0	--- With optoelectronic display only
6	0	0	0	0	6	0	0	0	0	0	10.9	6.4	0/	0/0	--- Other
															- Other wrist-watches, whether or not incorporating a stop-watch facility:
															-- Automatic winding
2.5	0	0	0	0	4.4	0	0	0	0	0	8	6.4	0/	0/0	Mechanical wrist watches of precious metal, automatic winding, with endangered animal skin (with case of precious metal or of metal clad with precious metal)
2.5	0	0	0	0	4.4	0	0	0	0	0	8	6.4	0/	0/0	Other mechanical wrist watches of precious metal, automatic winding (with case of precious metal or of metal clad with precious metal)
															-- Other
6	0	0	0	0	6	0	0	0	0	0	10.9	6.4	0/	0/0	Mechanical wrist watches of precious metal, non-automatic winding, with endangered animal skin (with case of precious metal or of metal clad with precious metal)
6	0	0	0	0	6	0	0	0	0	0	10.9	6.4	0/	0/0	Other mechanical wrist watches of precious metal, non-automatic winding (with case of precious metal or of metal clad with precious metal)

税　号	货品名称	进口关税（%）			增值/消费税（%）	出口退税（%）	计量单位	监管证件代码	检验检疫类别	协定税率（%）		
		最惠国	普通	年内暂定						东盟	亚太	智利
	- 其他：											
9101.9100	-- 电力驱动的	8	100		13	13	只/千克			0		0
9101.9900	-- 其他	15	80		13	13	只/千克			0		0
91.02	**手表、怀表及其他表，包括秒表，但税目91.01的货品除外：**											
	- 电力驱动的手表，不论是否附有秒表装置：											
9102.1100	-- 仅有机械指示器的	10	100		13/[注1]	13	只/千克			0	6.5	0
9102.1200	-- 仅有光电显示器的	15	100		13/[注1]	13	只/千克			0		0
9102.1900	-- 其他	8	100		13/[注1]	13	只/千克			0		0
	- 其他手表，不论是否装有秒表装置：											
9102.2100	-- 自动上弦的											
91022100.10	含濒危动物皮其他自动上弦的机械手表（用贵金属或包贵金属制壳的除外）	11	80		13/[注1]	0	只/千克	EF		0		0
91022100.90	其他自动上弦的机械手表（用贵金属或包贵金属制壳的除外）	11	80		13/[注1]	13	只/千克			0		0
9102.2900	-- 其他											
91022900.10	含濒危动物皮其他非自动上弦机械手表（用贵金属或包贵金属制壳的除外）	10	80		13/[注1]	0	只/千克	EF		0		0
91022900.90	其他非自动上弦的机械手表（用贵金属或包贵金属制壳的除外）	10	80		13/[注1]	13	只/千克			0		0
	- 其他：											
9102.9100	-- 电力驱动的	10	100		13	13	只/千克			0		0
9102.9900	-- 其他	15	80		13	13	只/千克			0		0
91.03	**以表芯装成的钟，但不包括税目91.04的钟：**											
9103.1000	- 电力驱动的	15	100		13	13	只/千克			0		0
9103.9000	- 其他	15	80		13	13	只/千克			0		0
91.04	**仪表板钟及车辆、航空器、航天器或船舶用的类似钟：**											
9104.0000	仪表板钟及车辆、航空器、航天器或船舶用的类似钟	10	100		13	13	只/千克			0		0
91.05	**其他钟：**											
	- 闹钟：											
9105.1100	-- 电力驱动的	15	100		13	13	只/千克			0		0
9105.1900	-- 其他	10	100		13	13	只/千克			0		0
	- 挂钟：											
9105.2100	-- 电力驱动的	15	100		13	13	只/千克			0		0
9105.2900	-- 其他	10	100		13	13	只/千克			0		0
	- 其他：											
	-- 电力驱动的：											
9105.9110	--- 天文钟	2	8		13	13	只/千克			0		0
9105.9190	--- 其他	15	100		13	13	只/千克			0		0
9105.9900	-- 其他	10	100		13	13	只/千克			0		0
91.06	**时间记录器以及测量、记录或指示时间间隔的装置，装有钟、表机芯或同步电动机的（例如，考勤钟、时刻记录器）：**											

协定税率（%）														特惠税率（%）①/②	Article Description
巴基斯坦	冰岛	哥斯达黎加	秘鲁	新西兰	瑞士	新加坡	韩国	澳大利亚	格鲁吉亚	毛里求斯	日本RCEP	尼加拉瓜	港澳台		
															- Other:
6	0	0	0	0	0	0	0	0	0	0	10.9	6.4	0/	0/0	-- Electrically operated
	0	0	0	0	8	0	6.6	0	0	0	16.3	14	0/	0/0	-- Other
															Wrist-watches, pocket-watches and other watches, including stop-watches, other than those of heading 91.01:
															- Wrist-watches, electrically operated, whether or not incorporating a stop-watch facility:
3.1	0	0	0	0	5	0	0	0	0	0	9.1	9	0/	0/0	-- With mechanical display only
	0	0	0	0	0	0	11.5	0	0	4.6		14	0/	0/0	-- With optoelectronic display only
6	0	0	0	0	0	0	0	0	0	0	10.9	6.4	0/	0/0	-- Other
															- Other wrist-watches, whether or not incorporating a stop-watch facility:
															-- Automatic winding
2.5	0	0	0	0	4.4	0	0	0	0	0	8	9.9	0/	0/0	Other mechanical wrist watches, automatic winding, with endangered animal skin (other than with case of precious metal or of metal clad with precious metal)
2.5	0	0	0	0	4.4	0	0	0	0	0	8	9.9	0/	0/0	Other mechanical wrist watches, automatic winding (other than with case of precious metal or of metal clad with precious metal)
															-- Other
6	0	0	0	0	6	0	0	0	0	0	10.9	9	0/	0/0	Mechanical wrist watches, non-automatic winding, with endangered animal skin (other than with case of precious metal or of metal clad with precious metal)
6	0	0	0	0	6	0	0	0	0	0	10.9	9	0/	0/0	Other mechanical wrist watches, non-automatic winding (other than with case of precious metal or of metal clad with precious metal)
															- Other:
6	0	0	0	0	6	0	0	0	0	0	10.9	9	0/	0/0	-- Electrically operated
	0	0	0	0	8	0	6.6	0	0	0	16.3	14	0/	0/0	-- Other
															Clocks with watch movements, excluding clocks of heading 91.04:
	0	0	0	0	9.2	0	11.5	0	0	4.6	19.7	14	0/	0/0	- Electrically operated
	0	0	0	0	8	0	6.6	0	0	0	16.3	14	0/	0/0	- Other
															Instrument panel clocks and clocks of a similar type for vehicles, aircraft, spacecraft or vessels:
0	0	0	0	0	0		0	0	0	0	7.3	9	0/	0/0	Instrument panel clocks and clocks of a similar type for vehicles, aircraft, spacecraft or vessels
															Other clocks:
															- Alarm clocks:
18.4	0	0	0	0	9.2	0	11.5	0	0	4.6	19.7	14	0/	0/0	-- Electrically operated
16	0	0	0	0	0	0	6.6	0	0	0	16.3	9	0/	0/0	-- Other
															- Wall clocks:
18.4	0	0	0	0	0	0	11.5	0	0	4.6	19.7	14	0/	0/0	-- Electrically operated
	0	0	0	0	0	0	6.6	0	0	0	16.3	9	0/	0/0	-- Other
															- Other:
															-- Electrically operated:
0	0	0	0	0	0		0	0	0	0	2.2	0	0/	0/0	--- Astronomical chronometer
	0	0	0	0	0	0	11.5	0	0	4.6	19.7	14	0/	0/0	--- Other
6.4	0	0	0	0	6.4	0	0	0	0	0	11.6	9	0/	0/0	-- Other
															Time of day recording apparatus and apparatus for measuring, recording or otherwise indicating intervals of time, with clock or watch movement or with synchronous motor (for example, time-registers, time-recorders):

税　号	货品名称	进口关税（%）			增值/消费税（%）	出口退税（%）	计量单位	监管证件代码	检验检疫类别	协定税率（%）		
		最惠国	普通	年内暂定						东盟	亚太	智利
9106.1000	- 考勤钟、时刻记录器	10	50		13	13	只/千克			0		0
9106.9000	- 其他	10	50		13	13	只/千克			0		0
91.07	**装有钟、表机芯或同步电动机的定时开关：**											
9107.0000	装有钟、表机芯或同步电动机的定时开关	8	50		13	13	个/千克			0		0
91.08	**已组装的完整表芯：**											
	- 电力驱动的：											
9108.1100	-- 仅有机械指示器或有可装机械指示器的装置的	16	80	10	13	13	只/千克			0		0
9108.1200	-- 仅有光电显示器的	16	80		13	13	只/千克			0		0
9108.1900	-- 其他	16	80		13	13	只/千克			0	10.4	0
9108.2000	- 自动上弦的	16	80		13	13	只/千克			0	10.4	0
	- 其他：											
9108.9010	--- 表面尺寸在33.8毫米及以下	16	80		13	13	只/千克			0		0
9108.9090	--- 其他	16	80		13	13	只/千克			0		0
91.09	**已组装的完整钟芯：**											
9109.1000	- 电力驱动的	16	100		13	13	只/千克			0		0
9109.9000	- 其他	16	100		13	13	只/千克			0		0
91.10	**未组装或部分组装的完整钟、表机芯（机芯套装件）；已组装的不完整钟、表机芯；未组装的不完整钟、表机芯：**											
	- 表的：											
9110.1100	-- 未组装或部分组装的完整机芯（机芯套装件）	16	80		13	13	只/千克			0		0
9110.1200	-- 已组装的不完整机芯	16	70		13	13	千克			0		0
9110.1900	-- 未组装的不完整机芯	16	70		13	13	千克			0		0
	- 其他：											
9110.9010	--- 未组装或部分组装的完整机芯	16	100		13	13	千克/只			0		0
9110.9090	--- 其他	16	80		13	13	千克			0		0
91.11	**表壳及其零件：**											
9111.1000	- 贵金属表壳或包贵金属表壳											
91111000.10	按重量计含金量在80%及以上的黄金表壳	14	80		13	0	只/千克	J		0		0
91111000.90	其他贵金属或包贵金属制的表壳	14	80		13	0	只/千克			0		0
9111.2000	- 贱金属表壳，不论是否镀金或镀银	14	80		13	13	只/千克			0	9.1	0
9111.8000	- 其他表壳	14	80		13	13	只/千克			0		0
9111.9000	- 零件	14	80		13	0	千克			0		0
91:12	**钟壳和本章所列其他货品的类似外壳及其零件：**											
9112.2000	- 壳	14	80		13	13	只/千克			0		0
9112.9000	- 零件	12	80		13	13	千克			0		0
91.13	**表带及其零件：**											
9113.1000	- 贵金属或包贵金属制											
91131000.10	按重量计含金量在80%及以上的黄金表带	20	130		13	0	千克	J		0		0
91131000.90	其他贵金属或包贵金属制的表带及零件	20	130		13	0	千克			0		0
9113.2000	- 贱金属制，不论是否镀金或镀银	14	100		13	13	千克			0		0

协定税率（%）														特惠税率（%）①/②	Article Description
巴基斯坦	冰岛	哥斯达黎加	秘鲁	新西兰	瑞士	新加坡	韩国	澳大利亚	格鲁吉亚	毛里求斯	日本RCEP	尼加拉瓜	港澳台		
6.4	0	0	0	0	0	0	0	0	0	0	11.6	9	0/	0/0	- Time-registers, time-recorders
6.4	0	0	0	0	6.4	0	0	0	0	0	11.6	9	0/	0/0	- Other
															Time switches with clock or watch movement or with synchronous motor:
3	0	0	0	0	0	0	0	0	0	0	8.7	6.4	0/	0/0	Time switches with clock or watch movement or with synchronous motor
															Watch movements, complete and assembled:
															- Electrically operated:
6.4	0	0	0	0	0	0	0	0	0	0		14.9	0/	0/0	-- With mechanical display only or with a device to which a mechanical display can be incorporated
6.4	0	0	0	0	6.4	0	0	0	0	0	11.6	14.9	0/	0/0	-- With optoelectronic display only
4	0	0	0	0	6.4	0	0	0	0	0	11.6	14.9	0/	0/0	-- Other
6.4	0	0	0	0	6.4	0	0	0	0	0		14.9	0/	0/0	- Automatic winding
															- Other:
6.4	0	0	0	0	6.4	0	0	0	0	0	11.6	14.9	0/	0/0	--- Measuring 33.8mm or less
6.4	0	0	0	0	6.4	0	0	0	0	0	11.6	14.9	0/	0/0	--- Other
															Clock movements, complete and assembled:
6.4	0	0	0	0	0	0	0	0	0	0	11.6	14.9	0/	0/0	- Electrically operated
6.4	0	0	0	0	0	0	0	0	0	0	11.6	14.9	0/	0/0	- Other
															Complete watch or clock movements, unassembled or partly assembled (movement sets); incomplete watch or clock movements, assembled; rough watch or clock movements:
															- Of watches:
6.4	0	0	0	0	6.4	0	0	0	0	0		14.9	0/	0/0	-- Complete movements, unassembled or partly assembled (movement sets)
6.4	0	0	0	0	0	0	0	0	0	0	11.6	14.9	0/	0/0	-- Incomplete movements, assembled
6.4	0	0	0	0	0	0	0	0	0	0	11.6	14.9	0/	0/0	-- Rough movements
															- Other:
6.4	0	0	0	0	0	0	0	0	0	0	11.6	14.9	0/	0/0	--- Complete movements, unassembled or partly assembled
6.4	0	0	0	0	0	0	0	0	0	0	11.6	14.9	0/	0/0	--- Other
															Watch cases and parts thereof:
															- Cases of precious metal or of metal clad with precious metal
5.6	0	0	0	0	5.6	0	0	0	0	0	10.2	13.1	0/	0/0	Watch cases of gold, containing 80% or more by weight of gold
5.6	0	0	0	0	5.6	0	0	0	0	0	10.2	13.1	0/	0/0	Other watchcases of precious metal or of metal clad with precious metal
3.5	0	0	0	0	0	0	0	0	0	0	10.2	13.1	0/	0/0	- Cases of base metal, whether or not gold-plated or silver-plated
5.6	0	0	0	0	0	0	0	0	0	0	10.2	13.1	0/	0/0	- Other cases
5.6	0	0	0	0	0	0	0	0	0	6	10.2	13.1	0/	0/0	- Parts
															Clock cases and cases of a similar type for other goods of this Chapter, and parts thereof:
5.6	0	0	0	0	0	0	0	0	0	0	10.2	13.1	0/	0/0	- Cases
3	0	0	0	0	0	0	0	0	0	0	8.7	11.2	0/	0/0	- Parts
															Watch straps, watch bands and watch bracelets, and parts thereof:
															- Of precious metal or of metal clad with precious metal
16	0	0	0	0		0	6.6	0	0	0	16.3	18.7	0/	0/0	Gold watch straps, containing 80% or more by weight of gold
16	0	0	0	0		0	6.6	0	0	0	16.3	18.7	0/	0/0	Watch bands and parts thereof, of other precious metal or of metal clad with other precious metal
5.6	0	0	0	0	0	0	0	0	0	0	10.2	13.1	0/	0/0	- Of base metal, whether or not gold-plated or silver-plated

税　号	货品名称	进口关税（%）			增值/消费税（%）	出口退税（%）	计量单位	监管证件代码	检验检疫类别	协定税率（%）		
		最惠国	普通	年内暂定						东盟	亚太	智利
9113.9000	- 其他											
91139000.10	濒危动物皮制的表带及其零件	14	100		13	0	千克	FE		0		0
91139000.90	其他非金属制的表带及其零件	14	100		13	13	千克			0		0
91.14	**钟、表的其他零件：**											
9114.3000	- 钟面或表面	14	50		13	13	千克			0		0
9114.4000	- 夹板及横担（过桥）	14	50		13	13	千克			0	9.1	0
	- 其他：											
9114.9010	--- 宝石轴承	14	50		13	13	千克			0		0
9114.9020	--- 发条，包括游丝	14	50		13	13	千克			0		0
9114.9090	--- 其他	14	70		13	13	千克			0		0

协定税率（%）														特惠税率（%）①/②	Article Description
巴基斯坦	冰岛	哥斯达黎加	秘鲁	新西兰	瑞士	新加坡	韩国	澳大利亚	格鲁吉亚	毛里求斯	日本RCEP	尼加拉瓜	港澳台		
															- Other
5.6	0	0	0	0	0	0	0	0	0	6	10.2	13.1	0/	0/0	Watch straps and bands, and parts thereof, of endangered animal skin
5.6	0	0	0	0	0	0	0	0	0	6	10.2	13.1	0/	0/0	Other nonmetal watch straps, watch bands and watch bracelets, and parts thereof
															Other clock or watch parts:
5.6	0	0	0	0	5.6	0	0	0	0	6	10.2	13.1	0/	0/0	- Dials
5.6	0	0	0	0	0	0	0	0	0	0	10.2	13.1	0/	0/0	- Plates and bridges
															- Other:
3.5	0	0	0	0	0	0	0	0	0	0	10.2	13.1	0/	0/0	--- Jewel bearings
3.5	0	0	0	0	0	0	0	0	0	0	11.4	13.1	0/	0/0	--- Springs, including hairsprings
5.6	0	0	0	0	5.6	0	0	0	0	2.8		13.1	0/	0/0	--- Other

第九十二章　乐器及其零件、附件

注释：

一、本章不包括：

（一）第十五类注释二所规定的贱金属制通用零件（第十五类）或塑料制的类似品（第三十九章）；

（二）第八十五章或第九十章的传声器、扩大器、扬声器、耳机、开关、频闪观测仪及其他附属仪器、器具或设备，虽用于本章物品但未与该物品组成一体或安装在同一机壳内；

（三）玩具乐器或器具（税目95.03）；

（四）清洁乐器用的刷子（税目96.03），或独脚架、双脚架、三脚架及类似品（税目96.20）；或

（五）收藏品或古物（税目97.05或97.06）。

二、用于演奏税目92.02、92.06所列乐器的弓、槌及类似品，如果与该乐器一同报验，数量合理，用途明确，应归入有关乐器的相应税目。

税目92.09的卡片、盘或卷，即使与乐器一同报验，也不视为该乐器的组成部分，而应作为单独报验的物品对待。

税　号	货品名称	进口关税（%）			增值/消费税（%）	出口退税（%）	计量单位	监管证件代码	检验检疫类别	协定税率（%）		
		最惠国	普通	年内暂定						东盟	亚太	智利
92.01	**钢琴，包括自动钢琴、拨弦古钢琴及其他键盘弦乐器：**											
9201.1000	- 竖式钢琴	10	70		13	13	台/千克			0		0
9201.2000	- 大钢琴											
92012000.01	完税价格≥5万美元的大钢琴	10	70	1	13	13	台/千克			0		0
92012000.90	其他大钢琴	10	70		13	13	台/千克			0		0
9201.9000	- 其他	10	70		13	13	台/千克			0		0
92.02	**其他弦乐器（例如，吉他、小提琴、竖琴）：**											
9202.1000	- 弓弦乐器											
92021000.11	完税价格≥1.5万美元的含濒危动物皮及濒危木的弓弦乐器	10	70	1	13	0	只/千克	FE		0		0
92021000.19	其他含濒危动物皮及濒危木的弓弦乐器	10	70		13	0	只/千克	FE		0		0
92021000.91	完税价格≥1.5万美元的不含野生动物皮的弓弦乐器	10	70	1	13	13	只/千克			0		0
92021000.99	其他弓弦乐器	10	70		13	13	只/千克			0		0
9202.9000	- 其他											
92029000.10	含濒危物种成分的其他弦乐器	10	70		13	0	只/千克	FE		0		0
92029000.90	其他弦乐器	10	70		13	13	只/千克			0		0
92.05	**管乐器（例如，键盘管风琴、手风琴、单簧管、小号、风笛），但游艺场风琴及手摇风琴除外：**											
9205.1000	- 铜管乐器											
92051000.01	完税价格≥2000美元的铜管乐器	10	70	1	13	13	只/千克			0		0
92051000.90	其他铜管乐器	10	70		13	13	只/千克			0		0
	- 其他：											
9205.9010	--- 键盘管风琴；簧风琴及类似的游离金属簧片键盘乐器	10	80		13	13	只/千克			0		0
9205.9020	--- 手风琴及类似乐器	10	80		13	13	只/千克			0		0

Chapter 92 Musical instruments; parts and accessories of such articles

Chapter Notes:

1. This Chapter does not cover:

(a) Parts of general use, as defined in Note 2 to Section XV, of base metal (Section XV), or similar goods of plastics (Chapter 39);

(b) Microphones, amplifiers, loud-speakers, head-phones, switches, stroboscopes or other accessory instruments, apparatus or equipment of Chapter 85 or 90, for use with but not incorporated in or housed in the same cabinet as instruments of this Chapter;

(c) Toy instruments or apparatus (heading 95.03);

(d) Brushes for cleaning musical instruments (heading 96.03), or monopods, bipods, tripods and similar articles (heading 96.20); or

(e) Collectors' pieces or antiques (heading 97.05 or 97.06).

2. Bows and sticks and similar devices used in playing the musical instruments of heading 92.02 or 92.06 presented with such instruments in numbers normal thereto and clearly intended for use therewith, are to be classified in the same heading as the relative instruments.

Cards, discs and rolls of heading 92.09 presented with an instrument are to be treated as separate articles and not as forming a part of such instrument.

协定税率（%）														特惠税率（%）①/②	Article Description
巴基斯坦	冰岛	哥斯达黎加	秘鲁	新西兰	瑞士	新加坡	韩国	澳大利亚	格鲁吉亚	毛里求斯	日本RCEP	尼加拉瓜	港澳台		
															Pianos, including automatic pianos; harpsichords and other keyboard stringed instruments:
7	0	0	0	0	0	0	0	0	0	0	12.7	9	0/	0/0	- Upright pianos
															- Grand pianos
7	0	0	0	0	0	0	0	0	0	0	12.7	9	0/	0/0	Grand pianos, customs value ≥$ 50000 each
7	0	0	0	0	0	0	0	0	0	0	12.7	9	0/	0/0	Other grand pianos
7	0	0	0	0	0	0	0	0	0	0	14.2	9	0/	0/0	- Other
															Other string musical instruments (for example, guitars, violins, harps):
															- Played with a bow
7	0	0	0	0	0	0	0	0	0	0	12.7	9	0/	0/0	Musical instruments played with a bow, duty-payed value ≥ $15000 each, with skin of endangered animals and wood of endangered species
7	0	0	0	0	0	0	0	0	0	0	12.7	9	0/	0/0	Other musical instruments played with a bow, with skin of endangered animals and wood of endangered species
7	0	0	0	0	0	0	0	0	0	0	12.7	9	0/	0/0	Musical instruments played with a bow, without skin of endangered animals, customs value ≥$15000 each
7	0	0	0	0	0	0	0	0	0	0	12.7	9	0/	0/0	Others musical instruments played with a bow
															- Other
11.2	0	0	0	0	0	0	0	0	0	0	12.7	9	0/	0/0	Other string musical instruments, with parts of endangered species
11.2	0	0	0	0	0	0	0	0	0	0	12.7	9	0/	0/0	Other string musical instruments
															Wind musical instruments (for example, keyboard pipe organs, accordions, clarinets, trumpets, bagpipes), other than fairground organs and mechanical street organs:
															- Brass-wind instruments
7	0	0	0	0	0	0	0	0	0	0	12.7	9	0/	0/0	Brass-wind musical instruments, customs value ≥$2000 each
7	0	0	0	0	0	0	0	0	0	0	12.7	9	0/	0/0	Other brass-wind musical instruments
															- Other:
16	0	0	0	0	0	0	6.6	0	0	0	16.3	9	0/	0/0	--- Keyboard pipe organs; harmoniums and similar keyboard instruments with free metal reeds
16.8	0	0	0	0	0	0	7	0	0	0	17.1	9	0/	0/0	--- Accordions and similar instruments

税号	货品名称	进口关税（%）			增值/消费税（%）	出口退税（%）	计量单位	监管证件代码	检验检疫类别	协定税率（%）		
		最惠国	普通	年内暂定						东盟	亚太	智利
9205.9030	--- 口琴	10	80		13	13	只/千克			0		0
9205.9090	--- 其他											
92059090.01	完税价格≥1万美元的其他管乐器（游艺场风琴及手摇风琴除外）	10	70	1	13	13	只/千克			0		0
92059090.91	其他含濒危物种成分的管乐器（游艺场风琴及手摇风琴除外）	10	70		13	0	只/千克	EF		0		0
92059090.99	其他管乐器（游艺场风琴及手摇风琴除外）	10	70		13	13	只/千克			0		0
92.06	**打击乐器（例如，鼓、木琴、钹、响板、响葫芦）：**											
9206.0000	打击乐器（例如，鼓、木琴、钹、响板、响葫芦）											
92060000.10	含濒危动物皮及濒危木的打击乐器（例如，鼓、木琴、钹、响板）	10	70		13	0	只/千克	EF		0		0
92060000.90	其他打击乐器（例如，鼓、木琴、钹、响板）	10	70		13	13	只/千克			0		0
92.07	**通过电产生或扩大声音的乐器（例如，电风琴、电吉他、电手风琴）：**											
9207.1000	- 键盘乐器，但手风琴除外	12	100		13	13	只/千克		L/	0		0
9207.9000	- 其他											
92079000.10	其他通过电产生或扩大声音的含濒危物种成分的乐器	12	100		13	0	个/千克	EF		0		0
92079000.90	其他通过电产生或扩大声音的乐器	12	100		13	13	个/千克			0		0
92.08	**百音盒、游艺场风琴、手摇风琴、机械鸣禽、乐锯及本章其他税目未列名的其他乐器；各种媒诱音响器、哨子、号角、口吹音响信号器：**											
9208.1000	- 百音盒	10	80		13	13	个/千克			0		0
9208.9000	- 其他	10	80		13	13	个/千克			0		0
92.09	**乐器的零件（例如，百音盒的机械装置）、附件（例如，机械乐器用的卡片、盘及带卷）；节拍器、音叉及各种定音管：**											
9209.3000	- 乐器用的弦	10	70		13	13	千克			0		0
	- 其他：											
9209.9100	-- 钢琴的零件、附件											
92099100.10	钢琴含濒危物种成分的零件、附件	10	70		13	0	千克	EF		0		0
92099100.90	钢琴的其他零件、附件	10	70		13	13	千克			0		0
9209.9200	-- 税目92.02所列乐器的零件、附件											
92099200.10	税目92.02所列乐器含濒危物种成分的零件、附件	10	70		13	0	千克	EF		0		0
92099200.90	税目92.02所列乐器的其他零件、附件	10	70		13	13	千克			0		0

协定税率（%）														特惠税率（%）①/②	Article Description
巴基斯坦	冰岛	哥斯达黎加	秘鲁	新西兰	瑞士	新加坡	韩国	澳大利亚	格鲁吉亚	毛里求斯	日本RCEP	尼加拉瓜	港澳台		
16.8	0	0	0	0	0	0	7	0	0	0	17.1	9	0/	0/0	--- Mouth organs
															--- Other
7	0	0	0	0	0	0	0	0	0	0	12.7	9	0/	0/0	Other wind musical instruments, customs value ≥$10000 each (other than fairground organs and mechanical street organs)
7	0	0	0	0	0	0	0	0	0	0	12.7	9	0/	0/0	Other wind musical instruments (other than fairground organs and mechanical street organs), with parts of which containing endangered species
7	0	0	0	0	0	0	0	0	0	0	12.7	9	0/	0/0	Other wind musical instruments (other than fairground organs and mechanical street organs)
															Percussion musical instruments (for example, drums, xylophones, cymbals, castanets, maracas):
															Percussion musical instruments (for example, drums, xylophones, cymbals, castanets, maracas)
11.2	0	0	0	0	0	0	0	0	0	0	12.7	9	0/	0/0	Percussion musical instruments, with skin of endangered animals and wood of endangered species (for example, drums, xylophones, cymbals, castanets)
11.2	0	0	0	0	0	0	0	0	0	0	12.7	9	0/	0/0	Other percussion musical instruments (for example, drums, xylophones, cymbals, castanets)
															Musical instruments, the sound of which is produced or must be amplified electrically (for example, organs, guitars, accordions):
24	0	0	0	0	12	0		0	0	6		11.2	0/	0/0	- Keyboard instruments, other than accordions
															- Other
24	0	0	0	0	12	0		0	0	6		11.2	0/	0/0	Other musical instruments, with parts of which containing endangered species, the sound of which is produced or must be amplified electrically
24	0	0	0	0	12	0		0	0	6		11.2	0/	0/0	Other musical instruments, the sound of which is produced or must be amplified electrically
															Musical boxes, fairground organs, mechanical street organs, mechanical singing birds, musical saws and other musical instruments not falling within any other heading of this Chapter; decoy calls of all kinds; whistles, call horns and other mouth-blown sound signalling instruments:
17.6	0	0	0	0	0	0	11	0	0	4.4	18.9	9	0/	0/0	- Musical boxes
	0	0	0	0	0	0	11	0	0	4.4	18.9	9	0/	0/0	- Other
															Parts (for example, mechanisms for musical boxes) and accessories (for example, cards, discs and rolls for mechanical instruments) of musical instruments; metronomes, tuning forks and pitch pipes of all kinds:
7	0	0	0	0	0	0	0	0	0	0	12.7	9	0/	0/0	- Musical instrument strings
															- Other:
															-- Parts and accessories for pianos
7	0	0	0	0	0	0	0	0	0	0	12.7	9	0/	0/0	with parts and accessories of endangered species for pianos
7	0	0	0	0	0	0	0	0	0	0	12.7	9	0/	0/0	Other parts and accessories for pianos
															-- Parts and accessories for the musical instruments of heanding 92.02
7	0	0	0	0	0	0	0	0	0	0	12.7	9	0/	0/0	Parts and accessories for the musical instruments of heanding 92.02, with parts of endangered species
7	0	0	0	0	0	0	0	0	0	0	12.7	9	0/	0/0	Other parts and accessories for the musical instruments of heanding 92.02

税号	货品名称	进口关税（%）			增值/消费税（%）	出口退税（%）	计量单位	监管证件代码	检验检疫类别	协定税率（%）		
		最惠国	普通	年内暂定						东盟	亚太	智利
9209.9400	-- 税目92.07所列乐器的零件、附件											
92099400.10	税目92.07所列乐器含濒危物种成分的零件、附件	10	70		13	0	千克	EF		0		0
92099400.90	品目92.07所列乐器的其他零件、附件	10	70		13	13	千克			0		0
	-- 其他：											
9209.9910	--- 节拍器、音叉及定音管	10	70		13	13	千克			0		0
9209.9920	--- 百音盒的机械装置	10	70		13	13	千克			0	6.5	0
9209.9990	--- 其他											
92099990.10	本章其他编号未列名的含濒危物种成分的乐器零件	10	70		13	0	千克	EF		0		0
92099990.90	本章其他编号未列名的其他乐器零件	10	70		13	13	千克			0		0

协定税率（%）														特惠税率（%）①/②	Article Description
巴基斯坦	冰岛	哥斯达黎加	秘鲁	新西兰	瑞士	新加坡	韩国	澳大利亚	格鲁吉亚	毛里求斯	日本 RCEP	尼加拉瓜	港澳台		
															-- Parts and accessories for the musical instruments of heading 92.07
7	0	0	0	0	0	0	5.8	0	0	0	14.2	9	0/	0/0	Parts and accessories for the musical instruments of heading 92.07, with parts of endangered species
7	0	0	0	0	0	0	5.8	0	0	0	14.2	9	0/	0/0	Other parts and accessories for the musical instruments of heading 92.07
															-- Other:
7	0	0	0	0	0	0	0	0	0	0	12.7	9	0/	0/0	--- Metronomes, tuning forks and pitch pipes
7	0	0	0	0	0	0	0	0	0	0	12.7	9	0/	0/0	--- Mechanisms for musical boxes
															--- Other
7	0	0	0	0	0	0	0	0	0	0	12.7	9	0/	0/0	Parts for the musical instruments, not specified or included in other headingds of this Chapter, with parts of endangered species
7	0	0	0	0	0	0	0	0	0	0	12.7	9	0/	0/0	Parts for the musical instruments, not specified or included in other headingds of this Chapter

第十九类　武器、弹药及其零件、附件

第九十三章　武器、弹药及其零件、附件

注释：

一、本章不包括：

（一）第三十六章的货品（例如，火帽、雷管、信号弹）；

（二）第十五类注释二所规定的贱金属制通用零件（第十五类）或塑料制的类似品（第三十九章）；

（三）装甲战斗车辆（税目87.10）；

（四）武器用的望远镜瞄准具及其他光学装置（第九十章），但安装在武器上或与武器一同报验以备安装在该武器上的除外；

（五）弓、箭、钝头击剑或玩具（第九十五章）；或

（六）收藏品或古物（税目97.05或97.06）。

二、税目93.06所称“零件”，不包括税目85.26的无线电设备及雷达设备。

税　号	货品名称	进口关税（%）			增值/消费税（%）	出口退税（%）	计量单位	监管证件代码	检验检疫类别	协定税率（%）		
		最惠国	普通	年内暂定						东盟	亚太	智利
93.01	**军用武器，但左轮手枪、其他手枪及税目93.07的兵器除外：**											
	- 火炮武器（例如，大炮、榴弹炮及迫击炮）：											
9301.1010	--- 自推进的	13	80		13	0	座/千克			0		0
9301.1090	--- 其他	13	80		13	0	座/千克			0		0
9301.2000	- 火箭发射器；火焰喷射器；手榴弹发射器；鱼雷发射管及类似的发射装置	13	80		13	0	个/千克			0		0
9301.9000	- 其他	13	80		13	0	支/千克			0		0
93.02	**左轮手枪及其他手枪，但税目93.03或93.04的货品除外：**											
9302.0000	左轮手枪及其他手枪，但税目93.03或93.04的货品除外	13	80		13	0	支/千克			0		0
93.03	**靠爆炸药发射的其他火器及类似装置（例如，运动用猎枪及步枪、前装枪、维利式信号枪及其他专为发射信号弹的装置、发射空包弹的左轮手枪和其他手枪、弩枪式无痛捕杀器、抛缆枪）：**											
9303.1000	- 前装枪	13	80		13	13	支/千克			0		0
9303.2000	- 其他运动、狩猎或打靶用猎枪，包括组合式滑膛来复枪	13	80		13	13	支/千克			0		0
9303.3000	- 其他运动、狩猎或打靶用步枪	13	80		13	13	支/千克			0		0
9303.9000	- 其他											
93039000.10	复核射孔器（已装配）	13	80		13	13	支/千克	k		0		0
93039000.90	其他火器及类似装置	13	80		13	13	支/千克			0		0
93.04	**其他武器（例如，弹簧枪、气枪、气手枪、警棍），但不包括税目93.07的货品：**											
9304.0000	其他武器（例如，弹簧枪、气枪、气手枪、警棍），但不包括税目93.07的货品	13	80		13	13	支/千克			0		0
93.05	**税目93.01至93.04所列物品的零件、附件：**											
9305.1000	- 左轮手枪或其他手枪用	13	80		13	13	千克			0		0
9305.2000	- 税目93.03的猎枪或步枪用	13	80		13	0	千克			0		0

SECTION XIX ARMS AND AMMUNITION; PARTS AND ACCESSORIES THEREOF

Chapter 93 Arms and ammunition; parts and accessories thereof

Chapter Notes:

1. This Chapter does not cover:

(a) Goods of Chapter 36 (for example, percussion caps, detonators, signalling flares);

(b) Parts of general use, as defined in Note 2 to Section XV, of base metal (Section XV), or similar goods of plastics (Chapter 39);

(c) Armoured fighting vehicles (heading 87.10);

(d) Telescopic sights and other optical devices suitable for use with arms, unless mounted on a firearm or presented with the firearm on which they are designed to be mounted (Chapter 90);

(e) Bows, arrows, fencing foils or toys (Chapter 95); or

(f) Collectors' pieces or antiques (heading 97.05 or 97.06).

2. In heading 93.06, the reference to "parts thereof" does not include radio or radar apparatus of heading 85.26.

协定税率（%）														特惠税率（%）①/②	Article Description
巴基斯坦	冰岛	哥斯达黎加	秘鲁	新西兰	瑞士	新加坡	韩国	澳大利亚	格鲁吉亚	毛里求斯	日本RCEP	尼加拉瓜	港澳台		
															Military weapons, other than revolvers, pistols and the arms of heading 93.07:
															- Artillery weapons (for example, howitzers and mortars):
3.3	0	0	0	0	0	0	0	0	0	0	9.5	11.7	0/	0/0	--- Self-propelled
3.3	0	0	0	0	0	0	0	0	0	0	9.5	11.7	0/	0/0	--- Other
3.3	0	0	0	0	0	0	0	0	0	0	9.5	11.7	0/	0/0	- Rocket launchers;flame-throwers;grenade launchers; torpedo tubes and similar projectors
3.3	0	0	0	0	0	0	0	0	0	0	9.5	11.7	0/	0/0	- Other
															Revolvers and pistols, other than those of heading 93.03 or 93.04:
3.3	0	0	0	0	0	0	0	0	0	0	9.5	11.7	0/	0/0	Revolvers and pistols, other than those of heading 93.03 or 93.04
															Other firearms and similar devices which operate by the firing of an explosive charge (for example, sporting shotguns and rifles, muzzle-loading firearms, Very pistols and other devices designed to project only signal flares, pistols and revolvers for firing blank ammunition, captive-bolt humane killers, line throwing guns):
3.3	0	0	0	0	0	0	0	0	0	0	9.5	11.7	0/	0/0	- Muzzle-loading firearms
3.3	0	0	0	0	5.2	0	0	0	0	0	9.5	11.7	0/	0/0	- Other sporting, hunting or target shooting shotguns, including combination shotgun rifles
3.3	0	0	0	0	0	0	0	0	0	0	9.5	11.7	0/	0/0	- Other sporting, hunting or target shooting rifles
															- Other
3.3	0	0	0	0	0	0	0	0	0	0	9.5	11.7	0/	0/0	Review of perforator (equipped)
3.3	0	0	0	0	0	0	0	0	0	0	9.5	11.7	0/	0/0	Other firearms and similar devices
															Other arms (for example, spring, air or gas guns and pistols, truncheons), excluding those of heading 93.07:
3.3	0	0	0	0		0	0	0	0	0	9.5	11.7	0/	0/0	Other arms (for excample, spring, air or gas guns and pistols, truncheons), excluding those of heading 93.07
															Parts and accessories of articles of headings 93.01 to 93.04:
3.3	0	0	0	0	0	0	0	0	0	0	9.5	11.7	0/	0/0	- Of revolvers or pistols
3.3	0	0	0	0	0	0	0	0	0	0	9.5	11.7	0/	0/0	- Of shotguns or rifles of heading 93.03

税号	货品名称	进口关税（%）最惠国	普通	年内暂定	增值/消费税（%）	出口退税（%）	计量单位	监管证件代码	检验检疫类别	协定税率（%）东盟	亚太	智利
	- 其他：											
9305.9100	-- 税目93.01的军用武器用	13	80		13	0	千克			0		0
9305.9900	-- 其他	13	80		13	13	千克			0		0
93.06	**炸弹、手榴弹、鱼雷、地雷、水雷、导弹及类似武器及其零件；子弹、其他弹药和射弹及其零件，包括弹丸及弹垫：**											
	- 猎枪子弹及其零件；气枪弹丸：											
9306.2100	-- 猎枪子弹	13	80		13	13	千克			0		0
9306.2900	-- 其他	13	80		13	13	千克			0		0
	- 其他子弹及其零件：											
9306.3080	--- 铆接机或类似工具用及弩枪式无痛捕杀器用子弹及其零件	13	80		13	13	千克			0		0
9306.3090	--- 其他	13	80		13	13	千克			0		0
9306.9000	- 其他											
93069000.10	两用物项管制的导弹及其零件（能把500千克以上有效载荷投掷到300千米以上的）	13	80		13	0	千克	3		0		0
93069000.20	运载火箭（能把500千克以上有效载荷投掷到300千米以上的）	13	80		13	0	千克	3		0		0
93069000.30	探空火箭（能把500千克以上有效载荷投掷到300千米以上的）	13	80		13	0	千克	3		0		0
93069000.40	巡航导弹（能把500千克以上有效载荷投掷到300千米以上的）	13	80		13	0	千克	3		0		0
93069000.50	聚能射孔弹、聚能切割弹、高能气体压裂弹等油气井用射弹	13	80		13	13	千克	k		0		0
93069000.90	其他弹药和射弹及其零件（包括炸弹、手榴弹、鱼雷、地雷、水雷、导弹等）	13	80		13	13	千克			0		0
93.07	**剑、短弯刀、刺刀、长矛和类似的武器及其零件；刀鞘、剑鞘：**											
9307.0010	--- 军用											
93070010.10	军用刀鞘、剑鞘，濒危动物制	13	80		13	0	千克/件	FE		0		0
93070010.90	其他军用剑、刀、长矛和类似的武器及其零件（包括刀鞘、剑鞘）	13	80		13	0	千克/件			0		0
9307.0090	--- 其他											
93070090.10	其他濒危动物制的刀鞘、剑鞘	13	80		13	0	千克/件	FE		0		0
93070090.90	其他剑、刀、长矛和类似的武器及其零件（包括刀鞘、剑鞘）	13	80		13	13	千克/件			0		0

协定税率（%）														特惠税率（%）①/②	Article Description
巴基斯坦	冰岛	哥斯达黎加	秘鲁	新西兰	瑞士	新加坡	韩国	澳大利亚	格鲁吉亚	毛里求斯	日本RCEP	尼加拉瓜	港澳台		
															- Other:
3.3	0	0	0	0	0	0	0	0	0	0	9.5	11.7	0/	0/0	-- Of military weapons of heading 93.01
3.3	0	0	0	0	0	0	0	0	0	0	9.5	11.7	0/	0/0	-- Other
															Bombs, grenades, torpedoes, mines, missiles, and similar munitions of war and parts thereof; cartridges and other ammunition and projectiles and parts thereof, including shot and cartridge wads:
															- Shotgun cartridges and parts thereof; air gun pellets:
3.3	0	0	0	0	0	0	0	0	0	0	9.5	11.7	0/	0/0	-- Cartridges
3.3	0	0	0	0	0	0	0	0	0	0	9.5	11.7	0/	0/0	-- Other
															- Other cartridges and parts thereof:
3.3	0	0	0	0	0	0	0	0	0	0	9.5	11.7	0/	0/0	--- Cartridges for riveting or similar tools or for captive-bolt humane killers and parts thereof
3.3	0	0	0	0	0	0	0	0	0	0	9.5	11.7	0/	0/0	--- Other
															- Other
3.3	0	0	0	0	0	0	0	0	0	0	9.5	11.7	0/	0/0	Missiles and its parts under dual-use items control (can be used to deliver at least a 500kg payload to a range of at least 300km)
3.3	0	0	0	0	0	0	0	0	0	0	9.5	11.7	0/	0/0	Carrier rockets (can be used to deliver at least a 500kg payload to a range of at least 300 km)
3.3	0	0	0	0	0	0	0	0	0	0	9.5	11.7	0/	0/0	Sounding rockets (can be used to deliver at least a 500kg payload to a range of at least 300km)
3.3	0	0	0	0	0	0	0	0	0	0	9.5	11.7	0/	0/0	Cruise missiles (can be used to deliver at least a 500kg payload to a range of at least 300km)
3.3	0	0	0	0	0	0	0	0	0	0	9.5	11.7	0/	0/0	Oil gas sharing projectile such as shaped charges, shaped charge cutting bomb, high enengy gas fracture bullet
3.3	0	0	0	0	0	0	0	0	0	0	9.5	11.7	0/	0/0	Other ammunitions, projectiles and parts thereof (including bombs, grenades, torpedoes, mines, missiles, etc.)
															Swords, cutlasses, bayonets, lances and similar arms and parts thereof; scabbards and sheaths therefor:
															--- For military use
3.3	0	0	0	0	0	0	0	0	0	0	9.5	11.7	0/	0/0	Military scabbards and sheaths, made of endangered animals
3.3	0	0	0	0	0	0	0	0	0	0	9.5	11.7	0/	0/0	Other military swords, knifes, lances and similar arms and parts thereof (including scabbards and sheaths therefor)
															--- Other
3.3	0	0	0	0	0	0	0	0	0	0	9.5	11.7	0/	0/0	Other scabbards and sheaths, made of endangered animals
3.3	0	0	0	0	0	0	0	0	0	0	9.5	11.7	0/	0/0	Other swords, knifes, lances and similar arms and parts thereof (including scabbards and sheaths therefor)

第二十类　杂项制品

第九十四章　家具；寝具、褥垫、弹簧床垫、软座垫及类似的填充制品；未列名灯具及照明装置；发光标志、发光铭牌及类似品；活动房屋

注释：

一、本章不包括：

（一）第三十九章、第四十章或第六十三章的充气或充水的褥垫、枕头及座垫；

（二）落地镜［例如，税目70.09的试衣镜（旋转镜）］；

（三）第七十一章的物品；

（四）第十五类注释二所规定的贱金属制通用零件（第十五类）、塑料制的类似品（第三十九章）或税目83.03的保险箱；

（五）冷藏或冷冻设备专用的特制家具（税目84.18）；缝纫机专用的特制家具（税目84.52）；

（六）第八十五章的灯或光源及其零件；

（七）税目85.18、85.19、85.21或税目85.25至85.28所列装置专用的特制家具（应分别归入税目85.18、85.22或85.29）；

（八）税目87.14的物品；

（九）装有税目90.18所列牙科用器具或漱口盂的牙科用椅（税目90.18）；

（十）第九十一章的物品（例如，钟及钟壳）；

（十一）玩具家具、玩具灯具或玩具照明装置（税目95.03）、台球桌或其他供游戏用的特制家具（税目95.04）、魔术用的特制家具或中国灯笼及类似的装饰品（灯串除外）（税目95.05）；或

（十二）独脚架、双脚架、三脚架及类似品（税目96.20）。

二、税目94.01至94.03的物品（零件除外），只适用于落地式的物品。

对下列物品，即使是悬挂的、固定在墙壁上的或叠摞的，仍归入上述各税目：

（一）碗橱、书柜、其他架式家具（包括与将其固定于墙上的支撑物一同报验的单层搁架）及组合家具；

（二）坐具及床。

三、

（一）税目94.01至94.03所列货品的零件，不包括玻璃（包括镜子）、大理石或其他石料以及第六十八章及第六十九章所列任何其他材料的片、块（不论是否切割成形，但未与其他零件组装）。

（二）税目94.04的货品，如果单独报验，不能作为税目94.01、94.02或94.03所列货品的零件归类。

四、税目94.06所称“活动房屋”，是指在工厂制成成品或制成部件并一同报验，供以后在有关地点上组装的房屋，例如，工地用房、办公室、学校、店铺、工作棚、车房或类似的建筑物。

活动房屋包括钢结构“模块建筑单元”，它们通常具有标准集装箱的形状和尺寸，其内部已部分或者全部进行了预装配。这种模块建筑单元通常设计用于组装为永久的建筑物。

SECTION XX MISCELLANEOUS MANUFACTURED ARTICLES

Chapter 94 Furniture; bedding, mattresses, mattress supports, cushions and similar stuffed furnishings; luminaires and lighting fittings, not elsewhere specified or included; illuminated signs, illuminated name-plates and the like; prefabricated buildings

Chapter Notes:

1. This Chapter does not cover:

(a) Pneumatic or water mattresses, pillows or cushions, of Chapter 39, 40 or 63;

(b) Mirrors designed for placing on the floor or ground (for example, cheval-glasses (swing-mirrors)) of heading 70.09;

(c) Articles of Chapter 71;

(d) Parts of general use as defined in Note 2 to Section XV, of base metal (Section XV), or similar goods of plastics (Chapter 39), or safes of heading 83.03;

(e) Furniture specially designed as parts of refrigerating or freezing equipment of heading 84.18; furniture specially designed for sewing machines (heading 84.52);

(f) Lamps or light sources and parts thereof of Chapter 85;

(g) Furniture specially designed as parts of apparatus of heading 85.18 (heading 85.18), of heading 85.19 or 85.21 (heading 85.22) or of headings 85.25 to 85.28 (heading 85.29);

(h) Articles of heading 87.14;

(ij) Dentists' chairs incorporating dental appliances of heading 90.18 or dentists' spittoons (heading 90.18);

(k) Articles of Chapter 91 (for example, clocks and clock cases);

(l) Toy furniture or toy luminaires and lighting fittings (heading 95.03), billiard tables or other furniture specially constructed for games (heading 95.04), furniture for conjuring tricks or decorations (other than lighting strings) such as Chinese lanterns (heading 95.05); or

Monopods, bipods, tripods and similar articles (heading 96.20).

2. The articles (other than parts) referred to in headings 94.01 to 94.03 are to be classified in those headings only if they are designed for placing on the floor or ground.

The following are, however, to be classified in the above-mentioned headings even if they are designed to be hung, to be fixed to the wall or to stand one on the other:

(a) Cupboards, bookcases, other shelved furniture (including single shelves presented with supports for fixing them to the wall) and unit furniture;

(b) Seats and beds.

3.

(a) In headings 94.01 to 94.03 references to parts of goods do not include references to sheets or slabs (whether or not cut to shape but not combined with other parts) of glass (including mirrors), marble or other stone or of any other material referred to in Chapter 68 or 69.

(b) Goods described in heading 94.04, presented separately, are not to be classified in heading 94.01, 94.02 or 94.03 as parts of goods.

4. For the purpose of heading 94.06, the expression "prefabricated buildings" means buildings which are finished in the factory or put up as elements, presented together, to be assembled on site, such as housing or worksite accommodation, offices, schools, shops, sheds, garages or similar buildings.

Prefabricated buildings include "modular building units" of steel, normally presented in the size and shape of a standard shipping container, but substantially or completely pre-fitted internally. Such modular building units are normally designed to be assembled together to form permanent buildings.

税 号	货品名称	进口关税（%）			增值/消费税（%）	出口退税（%）	计量单位	监管证件代码	检验检疫类别	协定税率（%）		
		最惠国	普通	年内暂定						东盟	亚太	智利
94.01	坐具（包括能作床用的两用椅，但税目94.02的货品除外）及其零件：											
9401.1000	- 飞机用坐具	0	100		13	13	个/千克			0		0
	- 机动车辆用坐具：											
9401.2010	--- 皮革或再生皮革面的	6	100		13	13	个/千克		L/	5		0
9401.2090	--- 其他	6	100		13	13	个/千克		L/	5		0
	- 可调高度的转动坐具：											
9401.3100	-- 木制的											
94013100.10	濒危木制可调高度的转动坐具	0	100		13	0	个/千克	EF		0		0
94013100.90	其他木制可调高度的转动坐具	0	100		13	13	个/千克			0		0
9401.3900	-- 其他	0	100		13	13	个/千克			0		0
	- 能作床用的两用椅，但庭园坐具或野营设备除外：											
	-- 木制的：											
9401.4110	--- 皮革或再生皮革面的											
94014110.10	皮革或再生皮革面的能作床用的濒危木制两用椅（但庭园坐具或野营设备除外）	0	100		13	0	个/千克	EF		0		0
94014110.90	皮革或再生皮革面的能作床用的其他木制两用椅（但庭园坐具或野营设备除外）	0	100		13	13	个/千克			0		0
9401.4190	--- 其他											
94014190.10	其他能作床用的濒危木制两用椅（但庭园坐具或野营设备除外）	0	100		13	0	个/千克	EF		0		0
94014190.90	其他能作床用的木制两用椅（但庭园坐具或野营设备除外）	0	100		13	13	个/千克			0		0
	-- 其他：											
9401.4910	--- 皮革或再生皮革面的	0	100		13	13	个/千克		L/	0		0
9401.4990	--- 其他	0	100		13	13	个/千克		L/	0		0
	- 藤、柳条、竹及类似材料制的坐具：											
9401.5200	-- 竹制的											
94015200.10	濒危野生竹制的坐具（不包括人工培植的）	0	100		13	0	个/千克	ABE	P/Q	0		0
94015200.90	其他竹制的坐具	0	100		13	13	个/千克	AB	P/Q	0		0
9401.5300	-- 藤制的											
94015300.10	濒危藤制的坐具	0	100		13	0	个/千克	ABEF	P/Q	0		0
94015300.90	其他藤制的坐具	0	100		13	13	个/千克	AB	P/Q	0		0
9401.5900	-- 其他	0	100		13	13	个/千克	AB	P/Q	0		0
	- 木框架的其他坐具：											
	-- 装软垫的：											
9401.6110	--- 皮革或再生皮革面的											
94016110.10	皮革或再生皮革面的装软垫的濒危木框架的其他坐具	0	100		13	0	个/千克	ABEF	P/Q	0		0
94016110.90	皮革或再生皮革面的装软垫的其他木框架的其他坐具	0	100		13	13	个/千克	AB	P/Q	0		0
9401.6190	--- 其他											
94016190.10	其他装软垫的濒危木框架的坐具	0	100		13	0	个/千克	ABEF	P/Q	0		0

协定税率（%）巴基斯坦	冰岛	哥斯达黎加	秘鲁	新西兰	瑞士	新加坡	韩国	澳大利亚	格鲁吉亚	毛里求斯	日本RCEP	尼加拉瓜	港澳台	特惠税率（%）①/②	Article Description
															Seats (other than those of heading 94.02, whether or not convertible into beds), and parts thereof:
0	0	0	0	0	0		0	0	0	0	0	0	0/	0/0	- Seats of a kind used for aircraft
															- Seats of a kind used for motor vehicles:
8	0	0	0	0	0		5	0	0	0		0	0/	0/0	--- With outer surface of leather or composition leather
8	0	0	0	0	0		3.3	0	0	0		0	0/	0/0	--- Other
															- Swivel seats with variable height adjustment:
															-- Of wood
0	0	0	0	0	0		0	0	0	0	0	0	0/	0/0	Swivel seats with variable height adjustment, of endangered wood
0	0	0	0	0	0		0	0	0	0	0	0	0/	0/0	Swivel seats with variable height adjustment, of other wood
0	0	0	0	0	0		0	0	0	0	0	0	0/	0/0	-- Other
															- Seats other than garden seats or camping equipment, convertible into beds:
															-- Of wood:
															--- With outer surface of leather or composition leather
0	0	0	0	0	0		0	0	0	0	0	0	0/	0/0	Seats convertible into beds, of endangered wood, with outer surface of leather or composition leather (other than garden seats or camping equipment)
0	0	0	0	0	0		0	0	0	0	0	0	0/	0/0	Seats convertible into beds, of other wood, with outer surface of leather or composition leather (other than garden seats or camping equipment)
															--- Other
0	0	0	0	0	0		0	0	0	0	0	0	0/	0/0	Other seats convertible into beds, of endangered wood (other than garden seats or camping equipment)
0	0	0	0	0	0		0	0	0	0	0	0	0/	0/0	Other seats convertible into beds, of wood (other than garden seats or camping equipment)
															-- Other:
0	0	0	0	0	0		0	0	0	0	0	0	0/	0/0	--- With outer surface of leather or composition leather
0	0	0	0	0	0		0	0	0	0	0	0	0/	0/0	--- Other
															- Seats of cane, osier, bamboo or similar materials:
															-- Of bamboo
0	0	0	0	0	0		0	0	0	0	0	0	0/	0/0	Seats of endangered wild bamboo (other than those artificially cultivated)
0	0	0	0	0	0		0	0	0	0	0	0	0/	0/0	Seats of other bamboo
															-- Of rattan
0	0	0	0	0	0		0	0	0	0	0	0	0/	0/0	Seats of endangered rattan
0	0	0	0	0	0		0	0	0	0	0	0	0/	0/0	Seats of other rattan
0	0	0	0	0	0		0	0	0	0	0	0	0/	0/0	-- Other
															- Other seats, with wooden frames:
															-- Upholstered:
															--- With outer surface of leather or composition leather
0	0	0	0	0	0		0	0	0	0	0	0	0/	0/0	Other seats, upholstered, with endangered wood frames and outer surface of leather or composition leather
0	0	0	0	0	0		0	0	0	0	0	0	0/	0/0	Other seats, upholstered, with other wood frames and outer surface of leather or composition leather
															--- Other
0	0	0	0	0	0		0	0	0	0	0	0	0/	0/0	Other seats, upholstered, with endangered wood frames

税号	货品名称	进口关税（%）			增值/消费税（%）	出口退税（%）	计量单位	监管证件代码	检验检疫类别	协定税率（%）		
		最惠国	普通	年内暂定						东盟	亚太	智利
94016190.90	其他装软垫的其他木框架的坐具	0	100		13	13	个/千克	AB	P/Q	0		0
9401.6900	-- 其他											
94016900.10	其他濒危木框架的坐具	0	100		13	0	个/千克	ABEF	P/Q	0		0
94016900.90	其他木框架的坐具（不包括税号9401.1000～9401.5000的坐具）	0	100		13	13	个/千克	AB	P/Q	0		0
	- 金属框架的其他坐具：											
	-- 装软垫的：											
9401.7110	--- 皮革或再生皮革面的	0	100		13	13	个/千克			0		0
9401.7190	--- 其他	0	100		13	13	个/千克			0		0
9401.7900	-- 其他	0	100		13	13	个/千克			0		0
	- 其他坐具：											
9401.8010	--- 石制的	0	100		13	13	个/千克			0		0
9401.8090	--- 其他											
94018090.10	其他濒危木制坐具	0	100		13	0	个/千克	EF		0		0
94018090.91	儿童用汽车安全座椅	0	100		13	13	个/千克	A	LM/	0		0
94018090.99	其他坐具	0	100		13	13	个/千克		L/	0		0
	- 零件：											
9401.9100	-- 木制的											
94019100.10	坐具的濒危木制零件	0	100		13	0	千克	EF		0		0
94019100.90	坐具的其他木制零件	0	100		13	13	千克			0		0
	-- 其他：											
9401.9910	--- 动车辆用座椅调角器	6	100		13	13	套/千克			5		0
9401.9990	--- 其他	0	100		13	13	千克		L/	0		0
94.02	**医疗、外科、牙科或兽医用家具（例如，手术台、检查台、带机械装置的病床、牙科用椅）；有旋转、倾斜、升降装置的理发用椅及类似椅；上述物品的零件：**											
	- 牙科、理发及类似用途的椅及其零件：											
9402.1010	--- 理发用椅及其零件	0	100		13	13	个/千克			0		0
9402.1090	--- 其他	0	30		13	13	个/千克			0		0
9402.9000	- 其他	0	30		13	13	件/千克			0		0
94.03	**其他家具及其零件：**											
9403.1000	- 办公室用金属家具	0	100		13	13	件/千克			0		0
9403.2000	- 其他金属家具	0	100		13	13	件/千克			0		0
9403.3000	- 办公室用木家具											
94033000.10	濒危木制办公室用木家具	0	100		13	0	件/千克	ABFE	P/Q	0		0
94033000.90	其他办公室用木家具	0	100		13	13	件/千克	AB	MP/Q	0		0
9403.4000	- 厨房用木家具											
94034000.10	濒危木制厨房用木家具	0	100		13	0	件/千克	ABFE	P/Q	0		0
94034000.90	其他厨房用木家具	0	100		13	13	件/千克	AB	MP/Q	0		0
	- 卧室用木家具：											
9403.5010	--- 红木制											
94035010.10	卧室用濒危红木制家具	0	100		13	0	件/千克	ABFE	P/Q	0		0
94035010.90	其他卧室用红木制家具	0	100		13	13	件/千克	AB	P/Q	0		0
	--- 其他：											
9403.5091	---- 天然漆（大漆）漆木家具	0	100		13	13	件/千克	AB	MP/Q	0		0
9403.5099	---- 其他											

协定税率（%）														特惠税率（%）①/②	Article Description
巴基斯坦	冰岛	哥斯达黎加	秘鲁	新西兰	瑞士	新加坡	韩国	澳大利亚	格鲁吉亚	毛里求斯	日本RCEP	尼加拉瓜	港澳台		
0	0	0	0	0	0		0	0	0	0	0	0	0/	0/0	Other seats, upholstered, with other wood frames
															-- Other
0	0	0	0	0	0		0	0	0	0	0	0	0/	0/0	Seats, with other endangered wood frames
0	0	0	0	0	0		0	0	0	0	0	0	0/	0/0	Seats, with other wood frames (other than those of subheadings 9401.1000 to 9401.5000)
															- Other seats, with metal frames:
															-- Upholstered:
0	0	0	0	0	0		0	0	0	0	0	0	0/	0/0	--- With outer surface of leather or composition leather
0	0	0	0	0	0		0	0	0	0	0	0	0/	0/0	--- Other
0	0	0	0	0	0		0	0	0	0	0	0	0/	0/0	-- Other
															- Other seats:
0	0	0	0	0	0		0	0	0	0	0	0	0/	0/0	--- Of stone
															--- Other
0	0	0	0	0	0		0	0	0	0	0	0	0/	0/0	Seats, of other endangered wood
0	0	0	0	0	0		0	0	0	0	0	0	0/	0/0	Child safety seats
0	0	0	0	0	0		0	0	0	0	0	0	0/	0/0	Other seats
															- Parts:
															-- Of wood
0	0	0	0	0	0		0	0	0	0	0	0	0/	0/0	Parts of seats, of endangered wood
0	0	0	0	0	0		0	0	0	0	0	0	0/	0/0	Parts of seats, of other wood
															-- Other:
8	0	0	0	0	0			0	0	0		0	0/	0/0	--- Seat angle regulating devices
0	0	0	0	0	0		0	0	0	0	0	0	0/	0/0	--- Other
															Medical, surgical, dental or veterinary furniture (for example, operating tables, examination tables, hospital beds with mechanical fittings, dentists chairs); barbers chairs and similar chairs, having rotating as well as both reclining and elevating movements; parts of the foregoing articles:
															- Dentists, barbers or similar chairs and parts thereof:
0	0	0	0	0	0		0	0	0	0	0	0	0/	0/0	--- Barbers chairs and parts thereof
0	0	0	0	0	0		0	0	0	0	0	0	0/	0/0	--- Other
0	0	0	0	0	0		0	0	0	0	0	0	0/	0/0	- Other
															Other furniture and parts thereof:
0	0	0	0	0	0		0	0	0	0	0	0	0/	0/0	- Metal furniture of a kind used in offices
0	0	0	0	0	0		0	0	0	0	0	0	0/	0/0	- Other metal furniture
															- Wooden furniture of a kind used in offices
0	0	0	0	0	0		0	0	0	0	0	0	0/	0/0	Furniture of endangered wood, used in offices
0	0	0	0	0	0		0	0	0	0	0	0	0/	0/0	Other wooden furniture of a kind used in offices
															- Wooden furniture of a kind used in the kitchen
0	0	0	0	0	0		0	0	0	0	0	0	0/	0/0	Furniture of endangered wood, used in the kitchen
0	0	0	0	0	0		0	0	0	0	0	0	0/	0/0	Other wooden furniture of a kind used in the kitchen
															- Wooden furniture of a kind used in the bedroom:
															--- Of rose wood
0	0	0	0	0	0		0	0	0	0	0	0	0/	0/0	Furniture of endangered rose wood, used in the bedroom
0	0	0	0	0	0		0	0	0	0	0	0	0/	0/0	Other furniture of rose wood, used in the bedroom
															--- Other:
0	0	0	0	0	0		0	0	0	0	0	0	0/	0/0	----Of lacquered wood
															----Other

税号	货品名称	进口关税（%）最惠国	进口关税（%）普通	进口关税（%）年内暂定	增值/消费税（%）	出口退税（%）	计量单位	监管证件代码	检验检疫类别	协定税率（%）东盟	协定税率（%）亚太	协定税率（%）智利
94035099.10	卧室用其他濒危木家具	0	100		13	0	件/千克	ABFE	P/Q	0		0
94035099.90	卧室用其他木家具	0	100		13	13	件/千克	AB	MP/Q	0		0
	- 其他木家具:											
9403.6010	--- 红木制											
94036010.10	濒危红木制其他家具（非卧室用）	0	100		13	0	件/千克	ABFE	P/Q	0		0
94036010.90	其他红木制家具（非卧室用）	0	100		13	13	件/千克	AB	P/Q	0		0
	--- 其他:											
9403.6091	---- 天然漆（大漆）漆木家具	0	100		13	13	件/千克	AB	MP/Q	0		0
9403.6099	---- 其他											
94036099.10	濒危木制其他家具（非卧室用）	0	100		13	0	件/千克	ABFE	P/Q	0		0
94036099.90	其他木家具（非卧室用）	0	100		13	13	件/千克	AB	P/Q	0		0
9403.7000	- 塑料家具	0	100		13	13	件/千克			0		0
	- 其他材料制的家具，包括藤、柳条、竹或类似材料制的:											
9403.8200	-- 竹制的											
94038200.10	濒危野生竹制的家具（不包括人工培植的）	0	100		13	0	件/千克	ABE	P/Q	0		0
94038200.90	其他竹制的家具	0	100		13	13	件/千克	AB	P/Q	0		0
9403.8300	-- 藤制的											
94038300.10	濒危藤制的家具	0	100		13	0	件/千克	ABEF	P/Q	0		0
94038300.90	其他藤制的家具	0	100		13	13	件/千克	AB	P/Q	0		0
	-- 其他:											
9403.8910	--- 柳条及类似材料制的	0	100		13	13	件/千克	AB	P/Q	0		0
9403.8920	--- 石制的	0	100		13	13	件/千克			0		0
9403.8990	--- 其他	0	100		13	13	件/千克			0		0
	- 零件:											
9403.9100	-- 木制的											
94039100.10	税目94.03所列物品的濒危木制零件	0	100		13	0	千克	EF		0		0
94039100.90	税目94.03所列物品的其他木制零件	0	100		13	13	千克			0		0
9403.9900	-- 其他	0	100		13	0	千克			0		0
94.04	弹簧床垫；寝具及类似用品，装有弹簧、内部用任何材料填充、衬垫或用海绵橡胶、泡沫塑料制成，不论是否包面（例如，褥垫、被子、羽绒被、靠垫、座垫及枕头）:											
9404.1000	- 弹簧床垫	10	100		13	13	个/千克			0		0
	- 褥垫:											
9404.2100	-- 海绵橡胶或泡沫塑料制，不论是否包面											
94042100.10	蔺草包面的垫子（单件面积大于1平方米，无论是否包边）	10	100		13	13	个/千克	4ABxy	P/Q	0		0
94042100.90	海绵橡胶或泡沫塑料制褥垫（不论是否包面）	10	100		13	13	个/千克			0		0
9404.2900	-- 其他材料制	10	100		13	13	个/千克			0	6.5	0
	- 睡袋:											
9404.3010	--- 羽毛或羽绒填充的											
94043010.10	濒危野禽羽毛或羽绒填充的睡袋	10	130		13	0	个/千克	FE		0		0
94043010.90	其他羽毛或羽绒填充的睡袋	10	130		13	13	个/千克			0		0
9404.3090	--- 其他	10	100		13	13	个/千克			0		0

协定税率（%）														特惠税率（%）①/②	Article Description
巴基斯坦	冰岛	哥斯达黎加	秘鲁	新西兰	瑞士	新加坡	韩国	澳大利亚	格鲁吉亚	毛里求斯	日本RCEP	尼加拉瓜	港澳台		
0	0	0	0	0	0		0	0	0	0	0	0	0/	0/0	Furniture of other endangered wood, used in the bedroom
0	0	0	0	0	0		0	0	0	0	0	0	0/	0/0	Furniture of other wood, used in bedroom
															- Other wooden furniture:
															--- Of rose wood
0	0	0	0	0	0		0	0	0	0	0	0	0/	0/0	Other furniture of endangered rose wood (not used in the bedroom)
0	0	0	0	0	0		0	0	0	0	0	0	0/	0/0	Other furniture of rose wood (not used in bedroom)
															--- Other:
0	0	0	0	0	0		0	0	0	0	0	0	0/	0/0	----Of lacquered wood
															----Other
0	0	0	0	0	0		0	0	0	0	0	0	0/	0/0	Other furniture of endangered wood (not use in the bedroom)
0	0	0	0	0	0		0	0	0	0	0	0	0/	0/0	Other furniture of wood (not used in the bedroom)
0	0	0	0	0	0		0	0	0	0	0	0	0/	0/0	- Furniture of plastics
															- Furniture of other materials, including cane, osier, bamboo or similar materials:
															-- Of bamboo
0	0	0	0	0	0		0	0	0	0	0	0	0/	0/0	Furniture of endangered wild bamboo (other than those artificially cultivated)
0	0	0	0	0	0		0	0	0	0	0	0	0/	0/0	Furniture of other bamboo
															-- Of rattan
0	0	0	0	0	0		0	0	0	0	0	0	0/	0/0	Furniture of endangered rattan
0	0	0	0	0	0		0	0	0	0	0	0	0/	0/0	Furniture of other rattan
															-- Other:
0	0	0	0	0	0		0	0	0	0	0	0	0/	0/0	--- Of osier or similar materials
0	0	0	0	0	0		0	0	0	0	0	0	0/	0/0	--- Of stone
0	0	0	0	0	0		0	0	0	0	0	0	0/	0/0	--- Other
															- Parts:
															-- Of wood
0	0	0	0	0	0		0	0	0	0	0	0	0/	0/0	Parts of products specified in heading 94.03, of endangered woods
0	0	0	0	0	0		0	0	0	0	0	0	0/	0/0	Other parts of products specified in heading 94.03, of wood
0	0	0	0	0	0		0	0	0	0	0	0	0/	0/0	-- Other
															Mattress supports; articles of bedding and similar furniture (for example, mattresses, quilts, eiderdowns, cushions, pouffes and pillows) fitted with springs or stuffed or internally fitted with any material or of cellular rubber or plastics, whether or not covered:
16	0	0	0	0	0	0	6.6	0	0	0	16.3	9	0/	0/0	- Mattress supports
															- Mattresses:
															-- Of cellular rubber or plastics, whether or not covered
16	0	0	0	0	0	0	6.6	0	0	0	16.3	9	0/	0/0	Mattresses covered with rush (the area of one piece exceeding l m², whether or not edged)
16	0	0	0	0	0	0	6.6	0	0	0	16.3	9	0/	0/0	Mattresses fitted with cellular rubber or plastics (whether or not covered)
0	0	0	0	0	0	0	6.6	0	0	0	16.3	9	0/	0/0	-- Of other materials
															- Sleeping bags:
															--- Stuffed with feathers or down
16	0	0	0	0	0	0	6.6	0	0	0	16.3	9	0/	0/0	Sleeping bags stuffed with feathers or down of endangered wild birds
16	0	0	0	0	0	0	6.6	0	0	0	16.3	9	0/	0/0	Sleeping bags stuffed with other feathers or down
	0	0	0	0	0	0	6.6	0	0	0	16.3	9	0/	0/0	--- Other

税　号	货品名称	进口关税（%）			增值/消费税（%）	出口退税（%）	计量单位	监管证件代码	检验检疫类别	协定税率（%）		
		最惠国	普通	年内暂定						东盟	亚太	智利
	- 被子（包括羽绒被）、床罩：											
9404.4010	--- 羽毛或羽绒填充的											
94044010.10	濒危鸟类羽绒或羽毛填充的被子、床罩	10	130		13	0	千克/件	EF		0		0
94044010.90	其他羽绒或羽毛填充的被子、床罩	10	130		13	13	千克/件			0		0
9404.4020	--- 兽毛填充的											
94044020.10	濒危兽毛填充的被子、床罩	10	130		13	0	千克/件	EF		0		0
94044020.90	其他兽毛填充的被子、床罩	10	130		13	13	千克/件			0		0
9404.4030	--- 丝棉填充的	10	130		13	13	千克/件			0		0
9404.4040	--- 化纤棉填充的	10	130		13	13	千克/件			0		0
9404.4090	--- 其他	10	130		13	13	千克/件			0		0
	- 其他：											
9404.9010	--- 羽毛或羽绒填充的											
94049010.10	濒危鸟类羽绒或羽毛填充的其他寝具及类似品	10	130		13	0	千克	EF		0		0
94049010.90	其他羽绒或羽毛填充的其他寝具及类似品	10	130		13	13	千克			0		0
9404.9020	--- 兽毛填充的											
94049020.10	濒危兽毛填充的其他寝具及类似品	10	130		13	0	千克	EF		0		0
94049020.90	其他兽毛填充的其他寝具及类似品	10	130		13	13	千克			0		0
9404.9030	--- 丝棉填充的	10	130		13	13	千克			0		0
9404.9040	--- 化纤棉填充的	10	130		13	13	千克			0		0
9404.9090	--- 其他	10	130		13	13	千克			0		0
94.05	**其他税目未列名的灯具及照明装置，包括探照灯、聚光灯及其零件；装有固定光源的发光标志、发光铭牌及类似品，以及其他税目未列名的这些货品的零件：**											
	- 枝形吊灯及天花板或墙壁上的其他电气照明装置，但不包括公共露天场所或街道上的电气照明装置：											
9405.1100	-- 设计为仅使用发光二极管（LED）光源的	5	80		13	13	个/千克		L/	0		0
9405.1900	-- 其他	5	80		13	13	个/千克		L/	0		0
	- 电气的台灯、床头灯或落地灯：											
9405.2100	-- 设计为仅使用发光二极管（LED）光源的											
94052100.10	设计为仅使用发光二极管（LED）光源的含濒危物种成分的电气台灯、床头灯、落地灯	10	80		13	0	台/千克	EF	L/	0		0
94052100.90	设计为仅使用发光二极管（LED）光源的其他电气台灯、床头灯、落地灯	10	80		13	13	台/千克		L/	0		0
9405.2900	-- 其他											
94052900.10	其他含濒危物种成分的电气台灯、床头灯、落地灯	10	80		13	0	台/千克	EF	L/	0		0

协定税率（%）														特惠税率（%）①/②	Article Description
巴基斯坦	冰岛	哥斯达黎加	秘鲁	新西兰	瑞士	新加坡	韩国	澳大利亚	格鲁吉亚	毛里求斯	日本RCEP	尼加拉瓜	港澳台		
															- Quilts, bedspreads, eiderdowns and duvets (comforters):
															--- Stuffed with feathers or down
0		0	0	0	0	0	6.6	0	0	0	16.3	9	0/	0/0	Quilts, bedspreads, eiderdowns and duvets (comforters), stuffed with feathers or down of endangered birds
0		0	0	0	0	0	6.6	0	0	0	16.3	9	0/	0/0	Quilts, bedspreads, eiderdowns and duvets (comforters), stuffed with other feathers or down
															--- Stuffed with animal hair
0	0	0	0	0	0	0	6.6	0	0	0	16.3	9	0/	0/0	Quilts, bedspreads, eiderdowns and duvets (comforters), stuffed with endangered animal hair
0	0	0	0	0	0	0	6.6	0	0	0	16.3	9	0/	0/0	Quilts, bedspreads, eiderdowns and duvets (comforters), stuffed with other animal hair
0	0	0	0	0	0	0	6.6	0	0	0	16.3	9	0/	0/0	--- Stuffed with silk wadding
0	0	0	0	0	0	0	6.6	0	0	0	16.3	9	0/	0/0	--- Stuffed with man-made fibres
0	0	0	0	0	0	0	6.6	0	0	0	16.3	9	0/	0/0	--- Other
															- Other:
															--- Stuffed with feathers or down
0		0	0	0	0	0	6.6	0	0	0	16.3	9	0/	0/0	Articles of bedding and similar furnishing, stuffed with feathers or down of endangered birds
0		0	0	0	0	0	6.6	0	0	0	16.3	9	0/	0/0	Articles of bedding and similar furnishing, stuffed with other feathers or down
															--- Stuffed with animal hair
0	0	0	0	0	0	0	6.6	0	0	0	16.3	9	0/	0/0	Articles of bedding and similar furnishing, stuffed with endangered animal hair
0	0	0	0	0	0	0	6.6	0	0	0	16.3	9	0/	0/0	Articles of bedding and similar furnishing, stuffed with other animal hair
0	0	0	0	0	0	0	6.6	0	0	0	16.3	9	0/	0/0	--- Stuffed with silk wadding
0	0	0	0	0	0	0	6.6	0	0	0	16.3	9	0/	0/0	--- Stuffed with man-made fibres
0	0	0	0	0	0	0	6.6	0	0	0	16.3	9	0/	0/0	--- Other
															Luminaires and lighting fittings including searchlights and spotlights and parts thereof, not elsewhere specified or included; illuminated signs, illuminated name-plates and the like, having a permanently fixed light source, and parts thereof not elsewhere specified or included:
															- Chandeliers and other electric ceiling or wall lighting fittings, excluding those of a kind used for lighting public open spaces or thoroughfares:
0	0	0	0	0	0		0	0	0	0	7.3	0	0/	0/0	-- Designed for use solely with light-emitting diode (LED) light sources
0	0	0	0	0	0		0	0	0	0	7.3	0	0/	0/0	-- Other
															- Electric table, desk, bedside or floor-standing luminaires:
															-- Designed for use solely with light-emitting diode (LED) light sources
16	0	0	0	0	0	0	10	0	0	0		9	0/	0/0	Electric table, desk, bedside or floor-standing luminaires, designed for use solely with light-emitting diode (LED) light sources, with component of endangered animals
16	0	0	0	0	0	0	10	0	0	0		9	0/	0/0	Other electric table, desk, bedside or floor-standing luminaires, designed for use solely with light-emitting diode (LED) light sources
															-- Other
16	0	0	0	0	0	0	10	0	0	0		9	0/	0/0	Other electric table, desk, bedside or floor-standing luminaires, with component of endangered animals

税　号	货品名称	进口关税（%）			增值/消费税（%）	出口退税（%）	计量单位	监管证件代码	检验检疫类别	协定税率（%）		
		最惠国	普通	年内暂定						东盟	亚太	智利
94052900.90	其他电气台灯、床头灯、落地灯	10	80		13	13	台/千克		L/	0		0
	- 圣诞树用的灯串：											
9405.3100	-- 设计为仅使用发光二极管（LED）光源的	8	100		13	13	套/千克			0		0
9405.3900	-- 其他	8	100		13	13	套/千克			0		0
	- 其他电气灯具及照明装置：											
9405.4100	-- 光伏的，且设计为仅使用发光二极管（LED）光源的	8.5	73		13	13	台/千克			0		0
	-- 其他，设计为仅使用发光二极管（LED）光源的：											
9405.4210	--- 探照灯和聚光灯	10	70		13	13	台/千克			0		0
9405.4290	--- 其他	6	80		13	13	千克			0		0
	-- 其他：											
9405.4910	--- 探照灯和聚光灯	10	70		13	13	台/千克			0		0
9405.4990	--- 其他	6	80		13	13	千克			0		0
9405.5000	- 非电气的灯具及照明装置	10	80		13	13	千克			0		0
	- 发光标志、发光铭牌及类似品：											
9405.6100	-- 设计为仅使用发光二极管（LED）光源的	10	80		13	13	千克		L/	0		0
9405.6900	-- 其他	10	80		13	13	千克		L/	0		0
	- 零件：											
9405.9100	-- 玻璃制	8	70		13	13	千克			0		0
9405.9200	-- 塑料制	8	70		13	13	千克			0		0
9405.9900	-- 其他	8	70		13	13	千克			0		0
94.06	活动房屋：											
9406.1000	- 木制的	8	70		13	13	千克/套	AB	P/Q	0	5.2	0
9406.2000	- 钢结构模块建筑单元	8	70		13	13	千克/套			0	5.2	0
9406.9000	- 其他											
94069000.10	用动植物材料制作的活动房屋（木制的除外）	8	70		13	13	千克/套	AB	P/Q	0	5.2	0
94069000.20	带有风扇的高效空气粒子过滤单元（HEPA）的封闭洁净室	8	70		13	13	千克/套	3		0	5.2	0
94069000.90	其他活动房屋	8	70		13	13	千克/套			0	5.2	0

协定税率（%）														特惠税率（%）①/②	Article Description
巴基斯坦	冰岛	哥斯达黎加	秘鲁	新西兰	瑞士	新加坡	韩国	澳大利亚	格鲁吉亚	毛里求斯	日本RCEP	尼加拉瓜	港澳台		
16	0	0	0	0	0	0	10	0	0	0		9	0/	0/0	Other electric table, desk, bedside or floor-standing luminaires
															- Lighting strings of a kind used for Christmas trees:
6.4	0	0	0	0	0	0	0	0	0	0	11.6	6.4	0/	0/0	-- Designed for use solely with light-emitting diode (LED) light sources
6.4	0	0	0	0	0	0	0	0	0	0	11.6	6.4	0/	0/0	-- Other
															- Other electric luminaires and lighting fittings:
4.7	0	0	0	0	0	0	0	0	0	0	7.3	6	0/	0/0	-- Photovoltaic, designed for use solely with light-emitting diode (LED) light sources
															-- Other, designed for use solely with light-emitting diode (LED) light sources:
7	0	0	0	0	0	0	0	0	0	0	12.7	9	0/	0/0	--- Searchlights and spotlights
0	0	0	0	0	0	0	0	0	0	0	7.3	0	0/	0/0	--- Other
															-- Other:
7	0	0	0	0	0	0	0	0	0	0	12.7	9	0/	0/0	--- Searchlights and spotlights
0	0	0	0	0	0	0	0	0	0	0	7.3	0	0/	0/0	--- Other
	0	0	0	0	0	0	10	0	0	0		9	0/	0/0	- Non-electrical luminaires and lighting fittings
															- Illuminated signs, illuminated nameplates and the like:
16	0	0	0	0	0	0	6.6	0	0	0	16.3	9	0/	0/0	-- Designed for use solely with light-emitting diode (LED) light sources
16	0	0	0	0	0	0	6.6	0	0	0	16.3	9	0/	0/0	-- Other
															- Parts:
16	0	0	0	0	0	0	10	0	0	0		6.4	0/	0/0	-- Of glass
16	0	0	0	0	0	0	6.6	0	0	0	16.3	6.4	0/	0/0	-- Of plastics
	0	0	0	0	0	0	6.6	0	0	0	16.3	6.4	0/	0/0	-- Other
															Prefabricated buildings:
0	0	0	0	0	0	0	0	0	0	0	7.3	6.4	0/	0/0	- Of wood
0	0	0	0	0	0	0	0	0	0	0	7.3	6.4	0/	0/0	- Modular building units, of steel
															- Other
0	0	0	0	0	0	0	0	0	0	0	7.3	6.4	0/	0/0	Prefabricated buildings of animal or plant materials (other than those of wood)
0	0	0	0	0	0	0	0	0	0	0	7.3	6.4	0/	0/0	Sealed clean room with fan and filtering unit of high efficiency particulate air (HEPA)
0	0	0	0	0	0	0	0	0	0	0	7.3	6.4	0/	0/0	Other prefabricated buildings

第九十五章 玩具、游戏品、运动用品及其零件、附件

注释：

一、本章不包括：

（一）蜡烛（税目34.06）；

（二）税目36.04的烟花、爆竹或其他烟火制品；

（三）已切成一定长度但未制成钓鱼线的纱线、单丝、绳、肠线及类似品（第三十九章、税目42.06或第十一类）；

（四）税目42.02、43.03或43.04的运动用袋或其他容器；

（五）第六十一章或第六十二章的纺织品制的化装舞会服装；第六十一章或第六十二章的纺织品制的运动服装或特殊衣着(例如，击剑服或足球守门员球衣)，无论是否附带保护配件(例如肘部、膝部或腹股沟部位的保护垫或填充物)；

（六）第六十三章的纺织品制的旗帜及帆板或滑行车用帆；

（七）第六十四章的运动鞋靴（装有冰刀或滑轮的溜冰鞋除外）或第六十五章的运动用帽；

（八）手杖、鞭子、马鞭或类似品（税目66.02）及其零件（税目66.03）；

（九）税目70.18的未装配的玩偶或其他玩具用的玻璃假眼；

（十）第十五类注释二所规定的贱金属制通用零件（第十五类）或塑料制的类似货品（第三十九章）；

（十一）税目83.06的铃、钟、锣及类似品；

（十二）液体泵（税目84.13）、液体或气体的过滤、净化机器及装置（税目84.21）、电动机（税目85.01）、变压器（税目85.04）；录制声音或其他信息用的圆盘、磁带、固态非易失性数据存储器件、"智能卡"及其他媒体，不论是否已录制（税目85.23）；无线电遥控设备（税目85.26）或无绳红外线遥控器件（税目85.43）；

（十三）第十七类的运动用车辆（长雪橇、平底雪橇及类似品除外）；

（十四）儿童两轮车（税目87.12）；

（十五）无人驾驶航空器（税目88.06）；

（十六）运动用船艇，例如，轻舟、赛艇（第八十九章）及其桨、橹和类似品（木制的归入第四十四章）；

（十七）运动及户外游戏用的眼镜、护目镜及类似品（税目90.04）；

（十八）媒诱音响器及哨子（税目92.08）；

（十九）第九十三章的武器及其他物品；

（二十）各种电气彩灯串（税目94.05）；

（二十一）独脚架、双脚架、三脚架及类似品（税目96.20）；

（二十二）球拍线、帐篷或类似的野营用品、分指手套、连指手套及露指手套（按其构成材料归类）；或

(二十三)餐具、厨房用具、盥洗用品、地毯及纺织材料制的其他铺地制品、服装、床上及餐桌用织物制品、盥洗及厨房用织物制品及具有实用功能的类似货品(按其构成材料归类)。

二、本章包括天然或养殖珍珠、宝石或半宝石（天然、合成或再造）、贵金属或包贵金属只作为小零件的物品。

三、除上述注释一另有规定的以外，凡专用于或主要用于本章各税目所列物品的零件、附件，应与有关物品一并归类。

四、除上述注释一另有规定的以外，税目95.03主要适用于该税目所列的物品与一项或多项其他货品组合而成的物品，只要这些物品为零售包装，且组合后具有玩具的基本特征。这些组合物品不能视为归类总规则三（二）所指的成套货品，如果单独报验，应归入其他税目。

五、税目95.03不包括因其设计、形状或构成材料可确认为专供动物使用的物品，例如，"宠物玩具"（归入其适当税目）。

Chapter 95 Toys, games and sports requisites; parts and accessories thereof

Chaptre Notes:

1. This Chapter does not cover:

(a) Candles (heading 34.06);

(b) Fireworks or other pyrotechnic articles of heading 36.04;

(c) Yarns, monofilament, cords or gut or the like for fishing, cut to length but not made up into fishing lines, of Chapter 39, heading 42.06 or Section XI;

(d) Sports bags or other containers of heading 42.02, 43.03 or 43.04;

(e) Fancy dress of textiles, of Chapter 61 or 62; sports clothing and special articles of apparel of textiles, of Chapter 61 or 62, whether or not incorporating incidentally protective components such as pads or padding in the elbow, knee or groin areas (for example, fencing clothing or soccer goalkeeper jerseys).

(f) Textile flags or bunting, or sails for boats, sailboards or land craft, of Chapter 63;

(g) Sports footwear (other than skating boots with ice or roller skates attached) of Chapter 64, or sports headgear of Chapter 65;

(h) Walking-sticks, whips, riding-crops or the like (heading 66.02), or parts thereof (heading 66.03);

(ij) Unmounted glass eyes for dolls or other toys, of heading 70.18;

(k) Parts of general use, as defined in Note 2 to Section XV, of base metal (Section XV), or similar goods of plastics (Chapter 39);

(l) Bells, gongs or the like of heading 83.06;

(m) Pumps for liquids (heading 84.13), filtering or purifying machinery and apparatus for liquids or gases (heading 84.21), electric motors (heading 85.01), electric transformers (heading 85.04) , discs, tapes, solid-state non-volatile storage devices, "smart cards" and other media for the recording of sound or of other phenomena, whether or not recorded (heading 85.23), radio remote control apparatus (heading 85.26) or cordless infrared remote control devices (heading 85.43);

(n) Sports vehicles (other than bobsleighs, toboggans and the like) of Section XVII;

(o) Children's bicycles (heading 87.12);

(p) Unmanned aircraft (heading 88.06);

(q) Sports craft such as canoes and skiffs (Chapter 89), or their means of propulsion (Chapter 44 for such articles made of wood);

(r) Spectacles, goggles or the like, for sports or outdoor games (heading 90.04);

(s) Decoy calls or whistles (heading 92.08);

(t) Arms or other articles of Chapter 93;

(u) Electric garlands of all kinds (heading 94.05);

(v) Monopods, bipods, tripods and similar articles (heading 96.20);

(w) Racket strings, tents or other camping goods, or gloves, mittens and mitts (classified according to their constituent material);or

(x) Tableware, kitchenware, toilet articles, carpets and other textile floor coverings, apparel, bed linen, table linen, toilet linen, kitchen linen and similar articles having a utilitarian function (classified according to their constituent material).

2. This Chapter includes articles in which natural or cultured pearls, precious or semi-precious stones (natural, synthetic or reconstructed), precious metal or metal clad with precious metal constitute only minor constituents.

3. Subject to Note 1 above, parts and accessories which are suitable for use solely or principally with articles of this Chapter are to be classified with those articles.

4. Subject to the provisions of Note 1 above, heading 95.03 applies, *inter alia*, to articles of this heading combined with one or more items, which cannot be considered as sets under the terms of General Interpretative Rule 3 (b), and which, if presented separately, would be classified in other headings, provided the articles are put up together for retail sale and the combinations have the essential character of toys.

5. Heading 95.03 does not cover articles which, on account of their design, shape or constituent material, are identifiable as intended exclusively for animals, for example, "pet toys" (classification in their own appropriater heading).

六、税目95.08中：

（一）“游乐场乘骑游乐设施”是指主要目的为游乐或娱乐的装置、组合装置或设备，用于运载、传送、导引一人或多人越过或穿行某一固定或限定的路径（包括水道），或者特定区域，这些设施不包括通常安装在住宅区或操场内的设备；

（二）“水上乐园娱乐设备”是指特征为特定的涉水区域且无设定路径的装置、组合装置或设备。这些设备仅包括专为水上乐园设计的设备；及

（三）“游乐场娱乐设备”是指凭借运气、力量或技巧来玩的游戏设备，通常需要操作员或服务员，可安装在永久性建筑物或独立的摊位，这些设备不包括税目95.04的设备。

本税号不包括在本协调制度其他税目中列名更为具体的设备。

子目注释：

子目9504.50包括：

（一）在电视机、监视器或其他外部屏幕或表面上重放图像的视频游戏控制器；或

（二）自带显示屏的视频游戏设备，不论是否便携式。

本子目不包括用硬币、钞票、银行卡、代币或任何其他支付方式使其工作的视频游戏控制器或设备（子目9504.30）。

税号	货品名称	进口关税（%）			增值/消费税（%）	出口退税（%）	计量单位	监管证件代码	检验检疫类别	协定税率（%）		
		最惠国	普通	年内暂定						东盟	亚太	智利
95.03	**三轮车、踏板车、踏板汽车和类似的带轮玩具；玩偶车；玩偶；其他玩具；缩小（按比例缩小）的模型及类似的娱乐用模型，不论是否活动；各种智力玩具：**											
9503.0010	--- 供儿童乘骑的带轮玩具（例如，三轮车、踏板车、踏板汽车）；玩偶车	0	80		13	13	辆/千克		L/	0		0
	--- 玩偶，不论是否着装；玩具动物：											
9503.0021	---- 动物	0	80		13	13	个/千克	A	LM/	0		0
9503.0029	---- 其他	0	80		13	13	个/千克	A	LM/	0		0
9503.0060	--- 智力玩具	0	80		13	13	套/千克	A	LM/	0		0
	--- 其他玩具：											
9503.0083	---- 带动力装置的玩具及模型											
95030083.10	玩具无人机	0	80		13	13	套/千克	A	LM/	0		0
95030083.90	带动力装置的玩具及模型	0	80		13	13	套/千克	A	LM/	0		0
9503.0089	---- 其他	0	80		13	13	个/千克	A	LM/	0		0
9503.0090	--- 零件、附件	0	80		13	13	千克	A	LM/	0		0
95.04	**视频游戏控制器及设备，桌上或室内游戏用品，包括弹球机、台球、娱乐专用桌及保龄球自动球道设备，用硬币、钞票、银行卡、代币或任何其他支付方式使其工作的游乐机器：**											
9504.2000	- 台球用品及附件											
95042000.10	濒危木制的台球用品及附件	0	80		13	0	千克	EF		0		0
95042000.90	其他台球用品及附件	0	80		13	13	千克			0		0
	- 用硬币、钞票、银行卡、代币或任何其他支付方式使其工作的其他游戏用品，但保龄球自动球道设备除外：											
9504.3010	--- 电子游戏机	0	130		13	13	台/千克			0		0
9504.3090	--- 其他	0	80		13	13	台/千克			0		0
9504.4000	- 游戏纸牌	0	80		13	13	副/千克			0		0

6. For the purposes of heading 95.08:

(a) The expression "amusement park rides" means a device or combination of devices or equipment that carry, convey, or direct a person or persons over or through a fixed or restricted course, including watercourses, or within a defined area for the primary purposes of amusement or entertainment. Such rides may be combined within an amusement park, theme park, water park or fairground. These amusement park rides do not include equipment of a kind commonly installed in residences or playgrounds;

(b) The expression "water park amusements" means a device or combination of devices or equipment that are characterized by a defined area involving water, with no purposes built path. Water park amusements only include equipment designed specifically for water parks; and

(c) The expression "fairground amusements" means games of chance, strength or skill, which commonly employ an operator or attendant and may be installed in permanent buildings or independent concession stalls. Fairground amusements do not include equipment of heading 95.04.

This heading does not include equipment more specifically classified elsewhere in the Nomenclature.

Subheading Note:

Subheading 9504.50 covers:

(a) Video game consoles from which the image is reproduced on a television receiver, a monitor or other external screen or surface; or

(b) Video game machines having a self-contained video screen, whether or not portable.

This subheading does not cover video game consoles or machines operated by coins, banknotes, bank cards, tokens or by any other means of payment (subheading 9504.30).

协定税率（%）														特惠税率（%）①/②	Article Description
巴基斯坦	冰岛	哥斯达黎加	秘鲁	新西兰	瑞士	新加坡	韩国	澳大利亚	格鲁吉亚	毛里求斯	日本RCEP	尼加拉瓜	港澳台		
															Tricycles, scooters, pedal cars and similar wheeled toys; dolls carriages; dolls; other toys; reduced-size ("scale") models and similar recreational models, working or not; puzzles of all kinds:
0	0	0	0	0	0		0	0	0	0	0	0	0/	0/0	--- Tricycles, scooters, pedal cars and similar wheeled toys; dolls carriages
															--- Dolls, whether or not dressed; toy representing animals or non-human creatures:
0	0	0	0	0	0		0	0	0	0	0	0	0/	0/0	----Animals
0	0	0	0	0	0		0	0	0	0	0	0	0/	0/0	----Other
0	0	0	0	0	0		0	0	0	0	0	0	0/	0/0	--- Puzzles
															--- Other toys:
															----Toys and models, incorporating a motor
0	0	0	0	0	0		0	0	0	0	0	0	0/	0/0	Toys drone
0	0	0	0	0	0		0	0	0	0	0	0	0/	0/0	Toys and models, incorporating a motor
0	0	0	0	0	0		0	0	0	0	0	0	0/	0/0	----Other
0	0	0	0	0	0		0	0	0	0	0	0	0/	0/0	--- Parts and accessories
															Video game consoles and machines, table or parlour games, including pintables, billiards, special tables for casino games and automatic bowling equipment, amusement machines operated by coins, bank notes, bank cards, tokens or by any other means of payment:
															- Articles and accessories for billiards of all kinds
0	0	0	0	0	0		0	0	0	0	0	0	0/	0/0	Articles and accessories for billiards of endangered wood
0	0	0	0	0	0		0	0	0	0	0	0	0/	0/0	Other articles and accessories for billiards
															- Other games, operated by coins, banknotes, bank cards, tokens or by any other means of payment, other than automatic bowling alley equipment:
0	0	0	0	0	0		0	0	0	0	0	0	0/	0/0	--- Video games
0	0	0	0	0	0		0	0	0	0	0	0	0/	0/0	--- Other
0	0	0	0	0	0		0	0	0	0	0	0	0/	0/0	- Playing cards

税　号	货品名称	进口关税（%）最惠国	普通	年内暂定	增值/消费税（%）	出口退税（%）	计量单位	监管证件代码	检验检疫类别	协定税率（%）东盟	亚太	智利
	- 视频游戏控制器及设备，但子目9504.30的货品除外：											
9504.5020	--- 自带视频显示装置的视频游戏控制器及设备	0	130		13	13	个/千克			0		0
9504.5030	--- 其他视频游戏控制器及设备	0	130		13	13	个/千克			0		0
9504.5080	--- 零件及附件	0	130		13	13	个/千克			0		0
	- 其他：											
9504.9010	--- 其他电子游戏机	0	130		13	13	台/千克			0		0
	--- 保龄球自动球道设备及器具：											
9504.9021	---- 保龄球自动分瓶机	0	80		13	13	台/千克			0		0
9504.9022	---- 保龄球	0	80		13	13	个/千克			0		0
9504.9023	---- 保龄球瓶	0	80		13	13	个/千克			0		0
9504.9029	---- 其他	0	80		13	13	台/千克			0		0
9504.9030	--- 中国象棋、国际象棋、跳棋等棋类用品	0	80		13	13	副/千克			0		0
9504.9040	--- 麻将及类似桌上游戏用品	0	80		13	13	副/千克			0		0
9504.9090	--- 其他	0	80		13	13	台/千克			0		0
95.05	**节日（包括狂欢节）用品或其他娱乐用品，包括魔术道具及嬉戏品：**											
9505.1000	- 圣诞节用品											
95051000.10	含动植物性材料的圣诞用品（不包括成套圣诞节灯具）	0	100		13	13	千克	AB	P/Q	0		0
95051000.90	其他圣诞节用品（不包括成套圣诞节灯具）	0	100		13	13	千克			0		0
9505.9000	- 其他	0	100		13	13	千克			0		0
95.06	**一般的体育活动、体操、竞技及其他运动（包括乒乓球运动）或户外游戏用的本章其他税目未列名用品及设备；游泳池或戏水池：**											
	- 滑雪屐及其他滑雪用具：											
9506.1100	-- 滑雪屐	6	50	3	13	13	双/千克			0		0
9506.1200	-- 滑雪屐扣件（滑雪屐带）	6	50	3	13	13	千克			0		0
9506.1900	-- 其他	6	50	3	13	13	千克			0		0
	- 滑水板、冲浪板、帆板及其他水上运动用具：											
9506.2100	-- 帆板	6	50		13	13	个/千克			0		0
9506.2900	-- 其他	6	50		13	13	个/千克			0		0
	- 高尔夫球棍及其他高尔夫球用具：											
9506.3100	-- 棍，全套	6	50		13/10	13	根/千克			0		0
9506.3200	-- 球	6	50		13/10	13	个/千克			0		0
9506.3900	-- 其他	6	50		13	13	千克			0		0
	- 乒乓球运动用品及器械：											
9506.4010	--- 乒乓球	6	50		13	13	百个/千克			0		0
9506.4090	--- 其他	6	50		13	13	千克			0		0
	- 网球拍、羽毛球拍或类似的球拍，不论是否装弦：											
9506.5100	-- 草地网球拍，不论是否装弦	6	50		13	13	支/千克			0		0
9506.5900	-- 其他	6	50		13	13	支/千克			0		0
	- 球，但高尔夫球及乒乓球除外：											
9506.6100	-- 草地网球	6	50		13	13	个/千克			0		0
	-- 可充气的球：											

协定税率(%)															特惠税率(%) ①/②	Article Description
巴基斯坦	冰岛	哥斯达黎加	秘鲁	新西兰	瑞士	新加坡	韩国	澳大利亚	格鲁吉亚	毛里求斯	日本 RCEP	尼加拉瓜	港澳台			
																- Video game consoles and machines, other than those of subheading 9504.30:
0	0	0	0	0	0		0	0	0	0	0	0	0/		0/0	--- Video game consoles and machines with video display device
0	0	0	0	0	0		0	0	0	0	0	0	0/		0/0	--- Other video game consoles and machines
0	0	0	0	0	0		0	0	0	0	0	0	0/		0/0	--- Parts and accessories
																- Other:
0	0	0	0	0	0		0	0	0	0	0	0	0/		0/0	--- Other video games
																--- Automatic bowling alley equipments and appliances:
0	0	0	0	0	0		0	0	0	0	0	0	0/		0/0	----Automatic bowling pin distributing machines
0	0	0	0	0	0		0	0	0	0	0	0	0/		0/0	----Bowling balls
0	0	0	0	0	0		0	0	0	0	0	0	0/		0/0	----Bowling pins
0	0	0	0	0	0		0	0	0	0	0	0	0/		0/0	----Other
0	0	0	0	0	0		0	0	0	0	0	0	0/		0/0	--- Chess and other board games, including Chinese chess, international chess, Chinese cherkers and draughts
0	0	0	0	0	0		0	0	0	0	0	0	0/		0/0	--- Mahjong and similiar table games
0	0	0	0	0	0		0	0	0	0	0	0	0/		0/0	--- Other
																Festive, carnival or other entertainment articles, including conjuring tricks and novelty jokes:
																- Articles for Christmas festivities
0	0	0	0	0	0		0	0	0	0	0	0	0/		0/0	Articles for Christmas festivities containing animals or plant materials (other than complete sets of Christmas lights)
0	0	0	0	0	0		0	0	0	0	0	0	0/		0/0	Other articles for Christmas festivities (other than complete sets of Christmas lights)
0	0	0	0	0	0		0	0	0	0	0	0	0/		0/0	- Other
																Articles and equipment for general physical exercise, gymnastics, athletics, other sports (including table-tennis) or outdoor games, not specified or included elsewhere in this Chapter; swimming pools and paddling pools:
																- Snow-skis and other snow-ski equipment:
0		0	0	0	0	0	0	0	0	0	10.2	0	0/		0/0	-- Skis
0	0	0	0	0	0	0	0	0	0	0	10.2	0	0/		0/0	-- Ski-fastenings (ski-bindings)
0	0	0	0	0	0	0	0	0	0	0	10.2	0	0/		0/0	-- Other
																- Water-skis, surf-boards, sailboards and other water-sport equipment:
0	0	0	0	0	0	0	0	0	0	0	8.7	0	0/		0/0	-- Sailboards
0	0	0	0	0	0	0	0	0	0	0	10.2	0	0/		0/0	-- Other
																- Golf clubs and other golf equipment:
0		0	0	0	0	0	0	0	0	0	10.2	0	0/		0/0	-- Clubs, complete
0	0	0	0	0	0	0	0	0	0	0	8.7	0	0/		0/0	-- Balls
0		0	0	0	0	0	0	0	0	0	10.2	0	0/0		0/0	-- Other
																- Articles and equipment for table-tennis:
0	0	0	0	0	0	0	0	0	0	0	8.7	0	0/		0/0	--- Table-tennis balls
0	0	0	0	0	0	0	0	0	0	0	10.2	0	0/		0/0	--- Other
																- Tennis, badminton or similar rackets, whether or not strung:
0	0	0	0	0	0	0	0	0	0	0	10.2	0	0/		0/0	-- Lawn-tennis rackets, whether or not strung
0	0	0	0	0	0	0	0	0	0	0	10.2	0	0/		0/0	-- Other
																- Balls, other than golf balls and table-tennis balls:
0	0	0	0	0	0	0	0	0	0	0	8.7	0	0/		0/0	-- Lawn-tennis balls
																-- Inflatable:

税 号	货品名称	进口关税（%）最惠国	普通	年内暂定	增值/消费税（%）	出口退税（%）	计量单位	监管证件代码	检验检疫类别	协定税率（%）东盟	亚太	智利
9506.6210	--- 篮球、足球、排球	6	50		13	13	个/千克			0		0
9506.6290	--- 其他	6	50		13	13	个/千克			0		0
9506.6900	-- 其他	6	50		13	13	个/千克			0		0
	- 溜冰鞋及旱冰鞋，包括装有冰刀的溜冰靴：											
9506.7010	--- 溜冰鞋	6	50		13	13	双/千克			0	3.9	0
9506.7020	--- 旱冰鞋	6	50		13	13	双/千克			0	3.9	0
	- 其他：											
	-- 一般的体育活动、体操或竞技用品及设备：											
	--- 健身及康复器械：											
9506.9111	---- 跑步机											
95069111.10	跑步机（整机）	6	50		13	13	台/千克			0		0
95069111.90	跑步机的零件及附件	6	50		13	13	台/千克			0		0
9506.9119	---- 其他	6	50		13	13	千克			0		0
9506.9190	--- 其他	6	50		13	13	千克			0		0
	-- 其他：											
9506.9910	--- 滑板	6	50		13	13	个/千克			0		0
9506.9990	--- 其他	6	50		13	13	个/千克			0		0
95.07	**钓鱼竿、钓鱼钩及其他钓鱼用品；捞鱼网、捕蝶网及类似网；囮子“鸟”（税目92.08或97.05的货品除外）以及类似的狩猎用品：**											
9507.1000	- 钓鱼竿											
95071000.10	用植物性材料制作的钓鱼竿	6	80		13	13	副/千克	AB	P/Q	0		0
95071000.90	其他钓鱼竿	6	80		13	13	副/千克			0		0
9507.2000	- 钓鱼钩，不论有无系钩丝	6	80		13	13	千克			0		0
9507.3000	- 钓线轮	6	80		13	13	个/千克			0		0
9507.9000	- 其他	6	80		13	13	千克			0	3.9	0
95.08	**流动马戏团及流动动物园；游乐场乘骑游乐设施和水上乐园娱乐设备；游乐场娱乐设备，包括射击用靶；流动剧团：**											
9508.1000	- 流动马戏团及流动动物园											
95081000.10	有濒危动物的流动马戏团（包括流动动物园）	6	100		13	0	千克	FEAB	P/Q	0		0
95081000.90	其他流动马戏团及流动动物园	6	100		13	13	千克	AB	P/Q	0		0
	- 游乐场乘骑游乐设施和水上乐园娱乐设备：											
9508.2100	-- 过山车	6	100		13	13	千克	AB	P/Q	0		0
9508.2200	-- 旋转木马，秋千和旋转平台	6	100		13	13	千克	AB	P/Q	0		0
9508.2300	-- 碰碰车	6	100		13	13	千克	AB	P/Q	0		0
9508.2400	-- 运动模拟器和移动剧场	6	100		13	13	千克	AB	P/Q	0		0
9508.2500	-- 水上乘骑游乐设施	6	100		13	13	千克	AB	P/Q	0		0
9508.2600	-- 水上乐园娱乐设备	6	100		13	13	千克	AB	P/Q	0		0
9508.2900	-- 其他	6	100		13	13	千克	AB	P/Q	0		0
9508.3000	- 游乐场娱乐设备	6	100		13	13	千克	AB	P/Q	0		0
9508.4000	- 流动剧团	6	100		13	13	千克	AB	P/Q	0		0

协定税率（%）														特惠税率（%）①/②	Article Description
巴基斯坦	冰岛	哥斯达黎加	秘鲁	新西兰	瑞士	新加坡	韩国	澳大利亚	格鲁吉亚	毛里求斯	日本RCEP	尼加拉瓜	港澳台		
0	0	0	0	0	0	0	0	0	0	0	8.7	0	0/	0/0	--- Basketballs, footballs or volleyballs
0	0	0	0	0	0	0	0	0	0	0	8.7	0	0/	0/0	--- Other
0	0	0	0	0	0	0	0	0	0	0	8.7	0	0/	0/0	-- Other
															- Ice skates and roller skates, including skating boots with skates attached:
0	0	0	0	0	0	0	0	0	0	0	10.2	0	0/	0/0	--- Ice skates
0	0	0	0	0	0	0	0	0	0	0	10.2	0	0/	0/0	--- Roller skates
															- Other:
															-- Articles and equipment for general physical exercise, gymnastics or athletics:
															--- Equipment for exercise and recovery:
															----Running machines
0	0	0	0	0	0	0	0	0	0	0	8.7	0	0/0	0/0	Running machine (whole set)
0	0	0	0	0	0	0	0	0	0	0	8.7	0	0/0	0/0	Parts and accessories of running machine
0	0	0	0	0	0	0	0	0	0	0	8.7	0	0/0	0/0	----Other
0	0	0	0	0	0	0	0	0	0	0	8.7	0	0/	0/0	--- Other
															-- Other:
0	0	0	0	0	0	0	0	0	0	0	8.7	0	0/	0/0	--- Skateboards
0	0	0	0	0	0	0	0	0	0	0	8.7	0	0/	0/0	--- Other
															Fishing rods, fish-hooks and other linefishing tackle; fish landing nets, butterfly nets and similar nets; decoy"birds" (other than those of heading 92.08 or 97.05) and similar hunting or shooting requisites:
															- Fishing rods
16.8		0	0	0	0	0		0	0	0		0	0/	0/0	Fishing rods of vegetable materials
16.8		0	0	0	0	0		0	0	0		0	0/	0/0	Other fishing rods
16.8		0	0	0	0	0	10.5	0	0	0		0	0/	0/0	- Fish-hooks, whether or not snelled
16.8		0	0	0	0	0	10.5	0	0	0		0	0/	0/0	- Fishing reels
15.1	0	0	0	0	0	0	10.5	0	0	4.2		0	0/	0/0	- Other
															Travelling circuses and travelling menageries; amusement park rides and water park amusements; fairground amusements, including shooting galleries; travelling theatres:
															- Travelling circuses and travelling menageries
6	0	0	0	0	0	0	0	0	0	0	10.9	0	0/	0/0	Traveling circuses with endangered animals (including traveling menageries)
6	0	0	0	0	0	0	0	0	0	0	10.9	0	0/	0/0	Other travelling circuses and traveling menageries
															- Amusement park rides and water park amusements:
9.6	0	0	0	0	0	0	0	0	0	0	10.9	0	0/	0/0	-- Roller coasters
9.6	0	0	0	0	0	0	0	0	0	0	10.9	0	0/	0/0	-- Carousels, swings and roundabouts
9.6	0	0	0	0	0	0	0	0	0	0	10.9	0	0/	0/0	-- Dodge'em cars
9.6	0	0	0	0	0	0	0	0	0	0	10.9	0	0/	0/0	-- Motion simulators and moving theatres
9.6	0	0	0	0	0	0	0	0	0	0	10.9	0	0/	0/0	-- Water rides
9.6	0	0	0	0	0	0	0	0	0	0	10.9	0	0/	0/0	-- Water park amusements
9.6	0	0	0	0	0	0	0	0	0	0	10.9	0	0/	0/0	-- Other
9.6	0	0	0	0	0	0	0	0	0	0	10.9	0	0/	0/0	- Fairground amusements
9.6	0	0	0	0	0	0	0	0	0	0	10.9	0	0/	0/0	- Travelling theatres

第九十六章　杂项制品

注释：

一、本章不包括：

（一）化妆盥洗用笔（第三十三章）；

（二）第六十六章的制品（例如，伞或手杖的零件）；

（三）仿首饰（税目71.17）；

（四）第十五类注释二所规定的贱金属制通用零件（第十五类）或塑料制的类似品（第三十九章）；

（五）第八十二章的利口器及其他物品，其柄或其他零件是雕刻或模塑材料制的；但税目96.01或96.02适用于单独报验的上述物品的柄或其他零件；

（六）第九十章的物品，例如，眼镜架（税目90.03）、数学绘图笔（税目90.17）、各种牙科、医疗、外科或兽医专用刷子（税目90.18）；

（七）第九十一章的物品（例如，钟壳或表壳）；

（八）乐器及其零件、附件（第九十二章）；

（九）第九十三章的物品（武器及其零件）；

（十）第九十四章的物品（例如，家具、灯具及照明装置）；

（十一）第九十五章的物品（玩具、游戏品、运动用品）；或

（十二）艺术品、收藏品及古物（第九十七章）。

二、税目96.02所称“植物质或矿物质雕刻材料”，是指：

（一）用于雕刻的硬种子、硬果核、硬果壳、坚果及类似植物材料（例如，象牙果及棕榈子）；

（二）琥珀、海泡石、粘聚琥珀、粘聚海泡石、黑玉及其矿物代用品。

三、税目96.03所称“制帚、制刷用成束、成簇的材料”，仅指未装配的成束、成簇的兽毛、植物纤维或其他材料。这些成束、成簇的材料无需分开即可安装在帚、刷之上，或只需经过简单加工（例如，将顶端修剪成形）即可安装的。

四、除税目96.01至96.06或96.15的货品以外，本章的物品还包括全部或部分用贵金属、包贵金属、天然或养殖珍珠、宝石或半宝石（天然、合成或再造）制成的物品。而且，税目96.01至96.06及96.15包括天然或养殖珍珠、宝石或半宝石（天然、合成或再造）、贵金属或包贵金属只作为小零件的物品。

税　号	货品名称	进口关税（%）			增值/消费税（%）	出口退税（%）	计量单位	监管证件代码	检验检疫类别	协定税率（%）		
		最惠国	普通	年内暂定						东盟	亚太	智利
96.01	已加工的兽牙、骨、龟壳、角、鹿角、珊瑚、珍珠母及其他动物质雕刻材料及其制品（包括模塑制品）：											
9601.1000	- 已加工的兽牙及其制品											
96011000.10	已加工的濒危兽牙及其制品	20	100		13	0	千克	AFEB	P/Q	0		0
96011000.90	其他已加工的兽牙及其制品	20	100		13	13	千克	AB	P/Q	0		0
9601.9000	- 其他											
96019000.10	其他已加工濒危动物质雕刻料（包括其制品）	20	100		13	0	千克	AFEB	P/Q	0		0
96019000.20	牛角纽扣坯圆片（濒危动物制除外）	20	100	6	13	13	千克	AB	P/Q	0		0
96019000.90	其他已加工动物质雕刻料及其制品	20	100		13	13	千克	AB	P/Q	0		0
96.02	已加工的植物质或矿物质雕刻材料及其制品；蜡、硬脂、天然树胶、天然树脂或塑型膏制成的模塑或雕刻制品以及其他税目未列名的模塑或雕刻制品；已加工的未硬化明胶（税目35.03的明胶除外）及未硬化明胶制品：											

Chapter 96 Miscellaneous manufactured articles

Chapter Notes:

1. This Chapter does not cover:

   (a) Pencils for cosmetic or toilet uses (Chapter 33);

   (b) Articles of Chapter 66 (for example, parts of umbrellas or walking-sticks);

   (c) Imitation jewellery (heading 71.17);

   (d) Parts of general use, as defined in Note 2 to Section XV, of base metal (Section XV), or similar goods of plastics (Chapter 39);

   (e) Cutlery or other articles of Chapter 82 with handles or other parts of carving or moulding materials; heading 96.01 or 96.02 applies, however, to separately presented handles or other parts of such articles;

   (f) Articles of Chapter 90 (for example, spectacle flames (heading 90.03), mathematical drawing pens (heading 90.17), brushes of a kind specialised for use in dentistry or for medical, surgical or veterinary purposes (heading 90.18);

   (g) Articles of Chapter 91 (for example, clock or watch cases);

   (h) Musical instruments or parts or accessories thereof (Chapter 92);

   (ij) Articles of Chapter 93 (arms and pans thereof);

   (k) Articles of Chapter 94 (for example, furniture, luminaires and lighting fittings);

   (l) Articles of Chapter 95 (toys, games, sports requisites); or

   (m) Works of art, collectors' pieces or antiques (Chapter 97).

2. In heading 96.02 the expression "vegetable or mineral carving material" means:

   (a) Hard seeds, pips, hulls and nuts and similar vegetable materials of a kind used for carving (for example, corozo and dom);

   (b) Amber, meerschaum, agglomerated amber and agglomerated meerschaum, jet and mineral substitutes for jet.

3. In heading 96.03 the expression "prepared knots and tufts for broom or brush making" applies only to unmounted knots and tufts of animal hair, vegetable fibre or other material, which are ready for incorporation without division in brooms or brushes, or which require only such further minor processes as trimming to shape at the top, to render them ready for such incorporation.

4. Articles of this Chapter, other than those of headings 96.01 to 96.06 or 96.15, remain classified in the Chapter whether or not composed wholly or partly of precious metal or metal clad with precious metal, of natural or cultured pearls, or precious or semi-precious stones (natural, synthetic or reconstructed). However, headings 96.01 to 96.06 and 96.15 include articles in which natural or cultured pearls, precious or semi-precious stones (natural, synthetic or reconstructed), precious metal or metal clad with precious metal constitute only minor constituents.

协定税率（%）														特惠税率（%）①/②	Article Description
巴基斯坦	冰岛	哥斯达黎加	秘鲁	新西兰	瑞士	新加坡	韩国	澳大利亚	格鲁吉亚	毛里求斯	日本RCEP	尼加拉瓜	港澳台		
															Worked ivory, bone, tortoise-shell, horn, antlers, coral, mother-of-pearl and other animal carving material and articles of these materials (including articles obtained by moulding):
															- Worked ivory and articles of ivory
16	0	0	0	0	0	0	6.6	0	0	0	14.5	18.7	0/	0/0	Worked ivory and articles of ivory, of endangered animals
16	0	0	0	0	0	0	6.6	0	0	0	14.5	18.7	0/	0/0	Other worked ivory and articles of ivory
															- Other
16	0	0	0	0	0	0	6.6	0	0	0	16.3	18.7	0/	0/0	Other worked carving material and articles of these materials of endangered animals
16	0	0	0	0	0	0	6.6	0	0	0	16.3	18.7	0/	0/0	Cattle horn button blank discs (other than those made of endangered animal)
16	0	0	0	0	0	0	6.6	0	0	0	16.3	18.7	0/	0/0	Other worked animal carving material, and articles of these materials
															Worked vegetable or mineral carving material and articles of these materials; moulded or carved articles of wax, of stearin, of natural gums or natural resins or of modelling pastes, and other moulded or carved articles, not elsewhere specified or included; worked, unhardened gelatin (except gelatin of heading 35.03) and articles of unhardened gelatin:

税号	货品名称	进口关税（%）			增值/消费税（%）	出口退税（%）	计量单位	监管证件代码	检验检疫类别	协定税率（%）		
		最惠国	普通	年内暂定						东盟	亚太	智利
9602.0010	--- 装药用胶囊	5	40		13	13	千克			0		0
9602.0090	--- 其他	12	100		13	13	千克	AB	P/Q	0		0
96.03	**帚、刷（包括作为机器、器具、车辆零件的刷）、非机动的手工操作地板清扫器、拖把及毛掸；供制帚、刷用的成束或成簇的材料；油漆块垫及滚筒；橡皮扫帚（橡皮辊除外）：**											
9603.1000	- 用枝条或其他植物材料捆扎而成的帚及刷，不论是否有把	12	100		13	13	把/千克	AB	P/Q	0		0
	- 牙刷、剃须刷、发刷、指甲刷、睫毛刷及其他人体化妆用刷，包括作为器具零件的上述刷：											
9603.2100	-- 牙刷，包括齿板刷	8	100		13	13	把/千克	A	M/	0		0
9603.2900	-- 其他											
96032900.10	濒危动物毛制剃须刷、发刷（包括睫毛刷等人体化妆刷）	6	100		13	0	支/千克	FE		0	3.9	0
96032900.90	其他剃须刷、发刷、睫毛刷等人体化妆刷（包括作为器具零件的子目9603.29所属的刷）	6	100		13	13	支/千克			0	3.9	0
	- 画笔、毛笔及化妆用的类似笔：											
9603.3010	--- 画笔											
96033010.10	濒危动物毛制的画笔	8	100		13	0	支/千克	FE		0	4.8	0
96033010.90	其他画笔	8	100		13	13	支/千克			0	4.8	0
9603.3020	--- 毛笔											
96033020.10	濒危动物毛制的毛笔	8	100		13	0	支/千克	FE		0	5.2	0
96033020.90	其他毛笔	8	100		13	13	支/千克			0	5.2	0
9603.3090	--- 其他											
96033090.10	濒危动物毛制化妆用的类似笔	6	100		13	0	支/千克	FE		0	3.9	0
96033090.90	其他化妆用的类似笔	6	100		13	13	支/千克			0	3.9	0
	- 油漆刷、涂料刷、清漆刷及类似的刷（子目9603.30的货品除外）；油漆块垫及滚筒：											
	--- 漆刷及类似刷：											
9603.4011	---- 猪鬃制	6	100		13	13	把/千克			0		0
9603.4019	---- 其他	6	100		13	13	把/千克			0		0
9603.4020	--- 油漆块垫及滚筒	6	100		13	13	个/千克			0		0
	- 其他作为机器、器具、车辆零件的刷：											
	--- 金属丝刷：											
9603.5011	---- 作为机器、器具零件的刷	8	50		13	13	个/千克			0		0
9603.5019	---- 其他	8	100		13	13	个/千克			0		0
	--- 其他：											
9603.5091	---- 作为机器、器具零件的刷											
96035091.10	濒危动物毛制作为机器零件的其他刷（包括器具零件的其他刷）	8	50		13	0	个/千克	FE		0		0
96035091.90	其他作为机器、器具零件的其他刷	8	50		13	13	个/千克			0		0
9603.5099	---- 其他											
96035099.10	濒危动物毛制作为车辆零件的其他刷	8	100		13	0	个/千克	FE		0		0
96035099.90	其他作为车辆零件的其他刷	8	100		13	13	个/千克			0		0

协定税率（%）														特惠税率（%）①/②	Article Description
巴基斯坦	冰岛	哥斯达黎加	秘鲁	新西兰	瑞士	新加坡	韩国	澳大利亚	格鲁吉亚	毛里求斯	日本RCEP	尼加拉瓜	港澳台		
2.5	0	0	0	0	0	0	0	0	0	0	7.6	0	0/	0/0	--- Pharmaceutical capsules
20	0	0	0	0	0	0	12.5	0	0	5	21.4	10.8	0/	0/0	--- Other
															Brooms, brushes (including brushes constituting parts of machines, appliances or vehicles), hand-operated mechanical floor sweepers, not motorized, mops and feather dusters; prepared knots and tufts for broom or brush making; paint pads and rollers; squeegees (other than roller squeegees):
20	0	0	0	0	0	0	12.5	0	0	5	21.4	10.8	0/	0/0	- Brooms and brushes, consisting of twigs or other vegetable materials bound together, with or without handles
															- Tooth brushes, shaving brushes, hair brushes, nail brushes, eyelash brushes and other toilet brushes for use on the person, including such brushes constituting parts of appliances:
20	0	0	0	0	0	0	12.5	0	0	5		6.4	0/	0/0	-- Tooth brushes, including dentalplate brushes
															-- Other
3.8	0	0	0	0	0	0	0	0	0	0	10.9	0	0/	0/0	Shaving brushes or hair brushes of endangered animal hair (including eyelash brushes and other toilet brushes for use on the person)
3.8	0	0	0	0	0	0	0	0	0	0	10.9	0	0/	0/0	Other shaving brushes, hair brushes, eyelash brushes and other toilet brushes for use on the person, including such brushes constituting parts of appliances (including brushes of subheading 9603.29 used as parts of appliances)
															- Artists brushes, writing brushes and similar brushes for the application of cosmetics:
															--- Artists brushes
7.5	0	0	0	0	0	0	12.5	0	0	5	21.4	6.4	0/	0/0	Artists' brushes, of endangered animal hair
7.5	0	0	0	0	0	0	12.5	0	0	5	21.4	6.4	0/	0/0	Other artists' brushes
															--- Writing brushes
9	0	0	0	0	0	0	6.6	0	0	0	16.3	6.4	0/	0/0	Writing brushes, of endangered animal hair
9	0	0	0	0	0	0	6.6	0	0	0	16.3	6.4	0/	0/0	Other writing brushes
															--- Other
11.3	0	0	0	0	0	0	12.5	0	0	5		0	0/	0/0	Similar brushes for the application of cosmetics, of endangered animal hair
11.3	0	0	0	0	0	0	12.5	0	0	5		0	0/	0/0	Other similar brushes for the application of cosmetics
															- Paint, distemper, varnish or similar brushes (other than brushes of subheading 9603.30); paint pads and rollers:
															--- Paint, distemper, varnish or similar brushes:
16	0	0	0	0	0	0	6.6	0	0	0	16.3	0	0/	0/0	----Of pigs, hogs or boars bristle
18.4	0	0	0	0	0	0	11.5	0	0	4.6	19.7	0	0/	0/0	----Other
18.4	0	0	0	0	0	0	11.5	0	0	4.6	19.7	0	0/	0/0	--- Paint pads and rollers
															- Other brushes constituting parts of machines, appliances or vehicles:
															--- Brushes of metal wire:
5.6	0	0	0	0	0	0	0	0	0	0	10.2	6.4	0/	0/0	----Constituting parts of machines or appliances
3.5	0	0	0	0	5.6	0	0	0	0	0	10.2	6.4	0/	0/0	----Other
															--- Other:
															----Constituting parts of machines or appliances
5.6	0	0	0	0	0	0	0	0	0	0	10.2	6.4	0/	0/0	Other brushes constituting parts of machines and appliances, of endangered animal hair
5.6	0	0	0	0	0	0	0	0	0	0	10.2	6.4	0/	0/0	Other brushes constituting parts of machines or appliances
															----Other
3.5	0	0	0	0	0	0	0	0	0	0	10.2	6.4	0/	0/0	Other brushes constituting parts of vehicles, of endangered animal hair
3.5	0	0	0	0	0	0	0	0	0	0	10.2	6.4	0/	0/0	Other brushes constituting parts of vehicles

税　号	货品名称	进口关税（%）			增值/消费税（%）	出口退税（%）	计量单位	监管证件代码	检验检疫类别	协定税率（%）		
		最惠国	普通	年内暂定						东盟	亚太	智利
	- 其他:											
9603.9010	--- 羽毛掸											
96039010.10	濒危野禽羽毛掸	6	130		13	0	个/千克	AFEB	P/Q	0	3.9	0
96039010.90	其他羽毛掸	6	130		13	13	个/千克	AB	P/Q	0	3.9	0
9603.9090	--- 其他											
96039090.10	濒危动物毛、鬃、尾制其他帚、刷（包括拖把及其他毛掸）	6	100		13	0	个/千克	AFEB	P/Q	0		0
96039090.20	其他动植物材料制帚、刷、拖把等（包括动植物材料制非机动的手工操作地板清扫器、毛掸）	6	100		13	13	个/千克	AB	P/Q	0		0
96039090.90	其他材料制帚、刷、拖把及毛掸（包括其他材料制非机动的手工操作地板清扫器等）	6	100		13	13	个/千克			0		0
96.04	**手用粗筛、细筛:**											
9604.0000	手用粗筛、细筛	6	100		13	13	个/千克	AB	P/Q	0		0
96.05	**个人梳妆、缝纫或清洁鞋靴、衣服用的成套旅行用具:**											
9605.0000	个人梳妆、缝纫或清洁鞋靴、衣服用的成套旅行用具	6	100		13	13	套/千克			0		0
96.06	**纽扣、揿扣、纽扣芯及纽扣和揿扣的其他零件；纽扣坯:**											
9606.1000	- 揿扣及其零件	6	100		13	13	千克			0		0
	- 纽扣:											
9606.2100	-- 塑料制，未用纺织材料包裹	6	100		13	13	千克			0		0
9606.2200	-- 贱金属制，未用纺织材料包裹	6	100		13	13	千克			0		0
9606.2900	-- 其他											
96062900.10	含濒危动物成分的其他纽扣	6	100		13	0	千克	FE		0		0
96062900.90	其他纽扣	6	100		13	13	千克			0		0
9606.3000	- 纽扣芯及纽扣的其他零件；纽扣坯	6	100		13	13	千克			0		0
96.07	**拉链及其零件:**											
	- 拉链:											
9607.1100	-- 装有贱金属制齿的	6	130		13	13	米/千克			0		0
9607.1900	-- 其他	6	130		13	13	米/千克			0	3.9	0
9607.2000	- 零件	6	130		13	13	千克			0		0
96.08	**圆珠笔；毡尖和其他渗水式笔尖笔及唛头笔；自来水笔、铁笔型自来水笔及其他钢笔；蜡纸铁笔；活动铅笔；钢笔杆、铅笔套及类似的笔套；上述物品的零件（包括帽、夹），但税目96.09的货品除外:**											
9608.1000	- 圆珠笔	8	80		13	13	支/千克			0	5.2	0
9608.2000	- 毡尖和其他渗水式笔尖笔及唛头笔	12	80		13	13	支/千克			0		0
	- 自来水笔、铁笔型自来水笔及其他钢笔:											
9608.3010	--- 墨汁画笔	12	80		13	13	支/千克			0		0
9608.3020	--- 自来水笔	12	80		13	13	支/千克			0		0
9608.3090	--- 其他	12	80		13	13	支/千克			0		0
9608.4000	- 活动铅笔	12	80		13	13	支/千克			0		0

协定税率（%）														特惠税率（%）①/②	Article Description
巴基斯坦	冰岛	哥斯达黎加	秘鲁	新西兰	瑞士	新加坡	韩国	澳大利亚	格鲁吉亚	毛里求斯	日本RCEP	尼加拉瓜	港澳台		
															- Other:
															--- Feather dusters
9.5	0	0	0	0	0	0	7	0	0	0	17.1	0	0/	0/0	Feather dusters, of feathers of endangered wild birds
9.5	0	0	0	0	0	0	7	0	0	0	17.1	0	0/	0/0	Other feather dusters
															--- Other
12	0	0	0	0	0	0	0	0	0	0	10.9	0	0/	0/0	Other brooms, brushes, mops and feather dusters of endangered animal hair, bristles or tails
12	0	0	0	0	0	0	0	0	0	0	10.9	0	0/	0/0	Other brooms, brushes, mops, of other animal or vegetable materials (including hand-operated mechanical floor sweepers and feather dusters, not motorized)
12	0	0	0	0	0	0	0	0	0	0	10.9	0	0/	0/0	Other brooms, brushes, mops and feather dusters, of other materials (including hand-operated mechanical floor sweepers, not motorized)
															Hand sieves and hand riddles:
16.8	0	0	0	0	0	0	10.5	0	0	0	18	0	0/	0/0	Hand sieves and hand riddles
															Travel sets for personal toilet, sewing or shoe or clothes cleaning:
6	0	0	0	0	0	0	0	0	0	0	10.9	0	0/	0/0	Travel sets for personal toilet, sewing or shoe or clothes cleaning
															Buttons, press-fasteners, snap-fasteners and press-studs, button moulds and other parts of these articles; button blanks:
16.8	0	0	0	0	0	0	10.5	0	0	0		0	0/	0/0	- Press-fasteners, snap-fasteners and press-studs and parts thereof
															- Buttons:
16.8	0	0	0	0	0	0	10.5	0	0	0		0	0/0	0/0	-- Of plastics, not covered with textile material
6	0	0	0	0	0	0	0	0	0	0	10.9	0	0/0	0/0	-- Of base metal, not covered with textile material
															-- Other
6	0	0	0	0	0	0	0	0	0	0	10.9	0	0/	0/0	Other buttons containing component of endangered animals
6	0	0	0	0	0	0	0	0	0	0	10.9	0	0/	0/0	Other buttons
6	0	0	0	0	0	0	0	0	0	0	10.9	0	0/	0/0	- Button moulds and other parts of buttons; button blanks
															Slide fasteners and parts thereof:
															- Slide fasteners:
16.8	0	0	0	0	0	0	10.5	0	0	0		0	0/	0/0	-- Fitted with chain scoops of base metal
7.4	0	0	0	0	0	0	10.5	0	0	0	18	0	0/	0/0	-- Other
16.8	0	0	0	0	0	0	10.5	0	0	0	18	0	0/	0/0	- Parts
															Ball point pens; felt tipped and other porous-tipped pens and markers; fountain pens, stylograph pens and other pens; duplicating stylos; propelling or sliding pencils; pen-holders, pencil-holders and similar holders; parts (including caps and clips) of the foregoing articles, other than those of heading 96.09:
3.8	0	0	0	0	0	0	0	0	0	0	10.9	6.4	0/	0/0	- Ball point pens
16.8	0	0	0	0	0	0	10.5	0	0	0		10.8	0/	0/0	- Felt tipped and other porous-tipped pens and markers
															- Fountain pens, stylograph pens and other pens:
16.8	0	0	0	0	0	0	7	0	0	0	17.1	10.8	0/	0/0	--- Indian ink drawing pens
16.8	0	0	0	0	0	0	10.5	0	0	0		10.8	0/	0/0	--- Fountain pens
16.8	0	0	0	0	0	0	10.5	0	0	0	18	10.8	0/	0/0	--- Other
16.8	0	0	0	0	0	0	10.5	0	0	0		10.8	0/	0/0	- Propelling or sliding pencils

税　号	货品名称	进口关税（%）			增值/消费税（%）	出口退税（%）	计量单位	监管证件代码	检验检疫类别	协定税率（%）		
		最惠国	普通	年内暂定						东盟	亚太	智利
9608.5000	- 由上述两个或多个子目所列物品组成的成套货品	12	80		13	13	套/千克			0		0
9608.6000	- 圆珠笔芯，由圆珠笔头和墨芯构成	12	80		13	13	支/千克			0		0
	- 其他：											
9608.9100	-- 钢笔头及笔尖粒	8	70		13	13	支/千克			0		0
	-- 其他：											
9608.9910	--- 机器、仪器用笔	8	40		13	13	支/千克			0		0
9608.9920	--- 蜡纸铁笔；钢笔杆、铅笔杆及类似的笔杆	12	80		13	13	支/千克			0		0
9608.9990	--- 其他	10	80		13	13	千克			0		0
96.09	**铅笔（税目96.08的铅笔除外）、颜色铅笔、铅笔芯、蜡笔、图画碳笔、书写或绘画用粉笔及裁缝划粉：**											
	- 铅笔及颜色铅笔，笔芯包裹在外壳中：											
9609.1010	--- 铅笔	12	80		13	13	千克/百支			0		0
9609.1020	--- 颜色铅笔	12	80		13	13	千克			0		0
9609.2000	- 铅笔芯，黑的或其他颜色的	12	80		13	13	千克			0		0
9609.9000	- 其他	6	80		13	13	千克			0		0
96.10	**具有书写或绘画面的石板、黑板及类似板，不论是否镶框：**											
9610.0000	具有书写或绘画面的石板、黑板及类似板，不论是否镶框	6	80		13	13	千克			0		0
96.11	**手用日期戳、封缄戳、编号戳及类似印戳（包括标签压印器）；手工操作的排字盘及带有排字盘的手印器：**											
9611.0000	手用日期戳、封缄戳、编号戳及类似印戳（包括标签压印器）；手工操作的排字盘及带有排字盘的手印器											
96110000.10	含濒危动物成分的手用日期戳（包括封缄戳及类似印戳）	8	80		13	0	千克	FE		0		0
96110000.90	手用日期戳、封缄戳及类似印戳（包括编号戳、标签压印器，手工排字盘及带有字盘的手印器）	8	80		13	13	千克			0		0
96.12	**打字机色带或类似色带，已上油或经其他方法处理能着色的，不论是否装轴或装盒；印台，不论是否已加印油或带盒子：**											
9612.1000	- 色带	8	35		13	13	个/千克			0		0
9612.2000	- 印台	10	100		13	13	个/千克			0		0
96.13	**香烟打火机和其他打火器（不论是机械的，还是电气的）及其零件，但打火石及打火机芯除外：**											
9613.1000	- 袖珍气体打火机，一次性的	10	130		13	13	个/千克	B	/N	0		0
9613.2000	- 袖珍气体打火机，可充气的	10	130		13	13	个/千克	B	/N	0		0
9613.8000	- 其他打火器	10	130		13	13	个/千克	B	/N	0		0
9613.9000	- 零件	10	130		13	13	千克			0		0

协定税率（%）														特惠税率（%）①/②	Article Description
巴基斯坦	冰岛	哥斯达黎加	秘鲁	新西兰	瑞士	新加坡	韩国	澳大利亚	格鲁吉亚	毛里求斯	日本RCEP	尼加拉瓜	港澳台		
16.8	0	0	0	0	0	0	10.5	0	0	0	18	10.8	0/	0/0	- Sets of articles from two or more of the foregoing subheadings
16.8	0	0	0	0	0	0	10.5	0	0	0		10.8	0/	0/0	- Refills for ball point pens, comprising the ball point and ink-reservoir
															- Other:
3	0	0	0	0	0	0	0	0	0	0	8.7	6.4	0/	0/0	-- Pen nibs and nib points
															-- Other:
7	0	0	0	0	0	0	0	0	0	0	12.7	6.4	0/	0/0	--- Of a kind used on machines or instruments
16.8	0	0	0	0	0	0	10.5	0	0	0	18	10.8	0/	0/0	--- Duplicating stylos; pen-holders, pencil-holders and similar holders
16.8	0	0	0	0	0	0	10.5	0	0	0		9	0/	0/0	--- Other
															Pencils (other than pencils of heading 96.08), crayons, pencil leads, pastels, drawing charcoals, writing or drawing chalks and tailors chalks:
															- Pencils and crayons, with leads encased in a sheath:
16.8	0	0	0	0	0	0	10.5	0	0	0	18	10.8	0/	0/0	--- Pencils
16.8	0	0	0	0	0	0	10.5	0	0	0		10.8	0/	0/0	--- Crayons
16.8	0	0	0	0	0	0	10.5	0	0	0		10.8	0/	0/0	- Pencil leads, black or coloured
6	0	0	0	0	0	0	0	0	0	3	10.9	0	0/	0/0	- Other
															Slates and boards, with writing or drawing surfaces, whether or not framed:
6	0	0	0	0	0	0	0	0	0	0	10.9	0	0/	0/0	Slates and boards, with writing or drawing surfces, whether or not tramed
															Date, sealing or numbering stamps, and the like (including devices for printing or embossing labels), designed for operating in the hand; hand-operated composing sticks and hand printing sets incorporating such composing sticks:
															Date, sealing or numbering stamps, and the like (including devices for printing or embossing labels), designed for operating in the hand; hand-operated composing sticks and hand printing sets incorporating such composing sticks
16.8	0	0	0	0	0	0	10.5	0	0	0		6.4	0/	0/0	Date, sealing, and the like, designed for operating in the hand, containing component of endangered animals
16.8	0	0	0	0	0	0	10.5	0	0	0		6.4	0/	0/0	Date, sealing or numbering stamps, and the like (including devices for printing or embossing labels, designed for operating in the hand; hand-operated composing sticks and hand printing sets incorporating such composing sticks)
															Typewriter or similar ribbons, inked or otherwise prepared for giving impressions, whether or not on spools or in cartridges; ink-pads, whether or not inked, with or without boxes:
2.5	0	0	0	0	0	0	3.5	0	0	0	8.5	6.4	0/	0/0	- Inked ribbons
20	0	0	0	0	0	0	12.5	0	0	5	21.4	9	0/	0/0	- Ink-pads
															Cigarette lighters and other lighters, whether or not mechanical or electrical, and parts thereof other than flints and wicks:
20	0	0	0	0	0	0	12.5	0	0	5		9	0/	0/0	- Pocket lighters, gas fuelled, non-refillable
20	0	0	0	0	0	0	12.5	0	0	5	21.4	9	0/	0/0	- Pocket lighters, gas fuelled, refillable
20	0	0	0	0	0	0	12.5	0	0	5		9	0/	0/0	- Other lighters
20	0	0	0	0	0	0	12.5	0	0	5		9	0/	0/0	- Parts

税号	货品名称	进口关税（%）			增值/消费税（%）	出口退税（%）	计量单位	监管证件代码	检验检疫类别	协定税率（%）		
		最惠国	普通	年内暂定						东盟	亚太	智利
96.14	**烟斗（包括烟斗头）和烟嘴及其零件：**											
9614.0010	--- 烟斗及烟斗头											
96140010.10	含濒危动物成分的烟斗及烟斗头（仅指哺乳类牙齿制产品）	10	130		13	0	个/千克	ABEF	P/Q	0		0
96140010.20	用植物性材料制作的烟斗及烟斗头	10	130		13	13	个/千克	AB	P/Q	0		0
96140010.90	其他烟斗及烟斗头	10	130		13	13	个/千克			0		0
9614.0090	--- 其他											
96140090.10	含濒危野生动物成分的烟嘴及其零件（仅指哺乳类牙齿制产品）	10	130		13	0	千克	FE		0		0
96140090.90	其他烟嘴及其零件	10	130		13	13	千克			0		0
96.15	**梳子、发夹及类似品；发卡、卷发夹、卷发器或类似品及其零件，但税目85.16的货品除外：**											
	- 梳子、发夹及类似品：											
9615.1100	-- 硬质橡胶或塑料制	6	130		13	13	千克			0	3.9	0
9615.1900	-- 其他											
96151900.10	含濒危动物成分的其他材料制梳子（包括角质发夹等，金属、塑料及家畜来源的产品除外）	6	130		13	0	千克	FE		0		0
96151900.90	其他材料制梳子、发夹及类似品（硬质橡胶、塑料制的除外）	6	130		13	13	千克			0		0
9615.9000	- 其他	6	130		13	13	千克			0	3.9	0
96.16	**香水喷雾器或类似的化妆用喷雾器及其座架、喷头；粉扑及粉拍，施敷脂粉或化妆品用：**											
9616.1000	- 香水喷雾器或类似的化妆用喷雾器及其座架、喷头	6	130		13	13	千克			0	3.9	0
9616.2000	- 粉扑及粉拍，施敷脂粉或化妆品用	6	130		13	13	千克			0	3.9	0
96.17	**保温瓶和其他真空容器及其零件，但玻璃瓶胆除外：**											
	--- 保温瓶：											
9617.0011	---- 玻璃内胆制	8	130		13	13	个/千克			0		0
9617.0019	---- 其他	8	130		13	13	个/千克			0		0
9617.0090	--- 其他	8	130		13	13	千克/个			0		0
96.18	**裁缝用人体模型及其他人体活动模型；橱窗装饰用的自动模型及其他活动陈列品：**											
9618.0000	裁缝用人体模型及其他人体活动模型；橱窗装饰用的自动模型及其他活动陈列品											
96180000.10	用植物性材料制作的人体模型	10	80		13	13	千克	AB	P/Q	0		0
96180000.90	裁缝用其他人体模型（包括橱窗装饰用的自动模型及其他活动陈列品）	10	80		13	13	千克			0		0
96.19	**任何材料制的卫生巾（护垫）及卫生棉条、尿布及尿布衬里和类似品：**											
	--- 尿裤及尿布：											
9619.0011	---- 供婴儿使用的	4	80	0	13	13	千克	A	M/	0		0
9619.0019	---- 其他	4	80	0	13	13	千克	A	M/	0		0

协定税率（%）														特惠税率（%）①/②	Article Description
巴基斯坦	冰岛	哥斯达黎加	秘鲁	新西兰	瑞士	新加坡	韩国	澳大利亚	格鲁吉亚	毛里求斯	日本RCEP	尼加拉瓜	港澳台		
															Smoking pipes (including pipe bowls) and cigar or cigarette holders, and parts thereof:
															--- Pipes and pipe bowls
20	0	0	0	0	0	0		0	0	5		9	0/	0/0	Smoking pipes and pipe bowls, containing component of endangered animals (only referring to articles of ivory of wild mammals)
20	0	0	0	0	0	0		0	0	5		9	0/	0/0	Smoking pipes and pipe bowls, of plant materials
20	0	0	0	0	0	0		0	0	5		9	0/	0/0	Other smoking pipes and pipe bowls
															--- Other
20	0	0	0	0	0	0		0	0	5		9	0/	0/0	Cigar or cigarette holders, and parts thereof, containing component of endangered wild animals (only referring to articles of ivory of wild mammals)
20	0	0	0	0	0	0		0	0	5		9	0/	0/0	Other cigar or cigarette holders, and parts thereof
															Combs, hair-slides and the like; hair-pins, curling pins, curling grips, haircurlers and the like, other than those of heading 85.16, and parts thereof:
															- Combs, hair-slides and the like:
7.2	0	0	0	0	0	0	0	0	0	0	13.1	0	0/	0/0	-- Of hard rubber or plastics
															-- Other
14.4	0	0	0	0	0	0	0	0	0	0	13.1	0	0/	0/0	Combs of other materials containing component of endangered animal (including horn made hair-slides, excluding articles of metal, plastic or materials of domestic animal)
14.4	0	0	0	0	0	0	0	0	0	0	13.1	0	0/	0/0	Combs, horn made hair-slides and the like (other than articles made of rubber or plastics materials)
7.2	0	0	0	0	0	0	0	0	0	0	13.1	0	0/	0/0	- Other
															Scent sprays and similar toilet sprays, and mounts and heads thereof; powder puffs and pads for the application of cosmetics or toilet preparations:
7.2	0	0	0	0	0	0	0	0	0	0	13.1	0	0/	0/0	- Scent sprays and similar toilet sprays, and mounts and heads thereof
7.2	0	0	0	0	0	0	0	0	0	0	13.1	0	0/	0/0	- Powder puffs and pads for the application of cosmetics or toilet preparations
															Vacuum flasks and other vacuum vessels, complete; parts thereof other than glass inners:
															--- Vacuum flasks:
19.2	0	0	0	0	0	0	12	0	0	4.8		6.4	0/	0/0	----Of glass internal liner
19.2	0	0	0	0	0	0	12	0	0	4.8		6.4	0/	0/0	----Other
14.4	0	0	0	0	0	0	0	0	0	0	13.1	6.4	0/	0/0	--- Other
															Tailors' dummies and other lay figures; automata and other animated displays used for shop window dressing:
															Tailors' dummies and other lay figures;automata and other animated displays used for shop window dressing
16.8	0	0	0	0	0	0	10.5	0	0	0		9	0/	0/0	Tailors' dummies and other lay figures, of vegetable materials
16.8	0	0	0	0	0	0	10.5	0	0	0		9	0/	0/0	Other tailors' dummies and lay figures (including automatons and other animated displays used for shop window dressing)
															Sanitary towels (pads) and tampons, napkins (diapers), napkin liners and similar articles, of any material:
															--- Diapers and napkins:
0				0				0	0	0		3.2	0/0	0/0	----For babies
0				0				0	0	0		3.2	0/0	0/0	----Other

税　号	货品名称	进口关税（%）			增值/消费税（%）	出口退税（%）	计量单位	监管证件代码	检验检疫类别	协定税率（%）		
		最惠国	普通	年内暂定						东盟	亚太	智利
9619.0020	--- 卫生巾（护垫）及卫生棉条	4	80	2	13	13	千克	A	M/	0		0
9619.0090	--- 其他	6	80		13	13	千克	A	M/	0	3.9	0
96.20	**独脚架、双脚架、三脚架及类似品**											
	独脚架、双脚架、三脚架及类似品：											
9620.0010	--- 专用于税目85.19、85.21，子目8525.8、9006.3、9006.5、9007.1或9007.2所列设备的独脚架、双脚架、三脚架及类似品	8	80		13	13	千克					
9620.0090	--- 其他	8	80		13	13	千克					

协定税率（%）														特惠税率（%）①/②	Article Description
巴基斯坦	冰岛	哥斯达黎加	秘鲁	新西兰	瑞士	新加坡	韩国	澳大利亚	格鲁吉亚	毛里求斯	日本RCEP	尼加拉瓜	港澳台		
3.8	0	0	0	0	0		0	0	0	0	7.3	0	0/0	0/0	--- Sanitary towels (pads) and tampons
3.8	0	0	0	0	0	0	0	0	0	0	10.2	0	0/0	0/0	--- Other
															Monopods, bipods, tripods and similar articles
															Monopods, bipods, tripods and similar articles:
0	0	0	0	0	0		0	0	0	0	5.8	6.4	0/	0/0	--- Monopods, bipods, tripods and similar articles, principally designed for the devices of heading 85.19, 85.21, subheading 8525.8, 9006.3, 9006.5, 9007.1 or 9007.2
0	0	0	0	0	0		0	0	0	0	0	6.4	0/	0/0	--- Other

第二十一类　艺术品、收藏品及古物

第九十七章　艺术品、收藏品及古物

注释：

一、本章不包括：

（一）税目49.07的未经使用的邮票、印花税票、邮政信笺（印有邮票的纸品）及类似的票证；

（二）作舞台、摄影的布景及类似用途的已绘制画布（税目59.07），但可归入税目97.06的除外；或

（三）天然或养殖珍珠、宝石或半宝石（税目71.01至71.03）。

二、税目97.01不适用于成批生产的镶嵌画复制品、铸造品及具有商业性质的传统工艺品，即使这些物品是由艺术家设计或创造的。

三、税目97.02所称"雕版画、印制画、石印画的原本"，是指以艺术家完全手工制作的单块或数块印版直接印制出来的黑白或彩色原本，不论艺术家使用何种方法或材料，但不包括使用机器或照相制版方法制作的。

四、税目97.03不适用于成批生产的复制品及具有商业性质的传统手工艺品，即使这些物品是艺术家设计或创造的。

五、

（一）除上述注释一至四另有规定的以外，可归入本章各税目的物品，均应归入本章的相应税目而不归入本协调制度的其他税目；

（二）税目97.06不适用于可以归入本章其他各税目的物品。

六、已装框的油画、粉画及其他绘画、版画、拼贴画及类似装饰板，如果框架的种类及价值与作品相称，应与作品一并归类。如果框架的种类及价值与作品不相称，应分别归类。

税　号	货品名称	进口关税（%）			增值/消费税（%）	出口退税（%）	计量单位	监管证件代码	检验检疫类别	协定税率（%）		
		最惠国	普通	年内暂定						东盟	亚太	智利
97.01	油画、粉画及其他手绘画，但带有手工绘制及手工描饰的制品或税目49.06的图纸除外；拼贴画、镶嵌画及类似装饰板：											
	- 超过100年的：											
9701.2100	-- 油画、粉画及其他手绘画	4	50	0	13	0	幅/千克			0		0
9701.2200	-- 镶嵌画											
97012200.10	含濒危动物成分的超过100年的镶嵌画（指一切源自濒危动物的产品）	6	50	0	13	0	幅/千克	ABFE		0		0
97012200.20	用其他动植物材料制作的超过100年的镶嵌画（指一切源自野生动物的产品）	6	50	0	13	0	幅/千克	AB		0		0
97012200.90	其他超过100年的镶嵌画	6	50	0	13	0	幅/千克			0		0
9701.2900	-- 其他											
97012900.10	超过100年的含濒危动物成分的拼贴画（包括类似装饰板，指一切源自濒危动物的产品）	6	50	0	13	0	幅/千克	ABFE	P/Q	0		0
97012900.20	超过100年的用其他动植物材料制作的拼贴画（包括类似装饰板，指一切源自野生动物的产品）	6	50	0	13	0	幅/千克	AB	P/Q	0		0

SECTION XXI WORKS OF ART, COLLECTORS' PIECES AND ANTIQUES

Chapter 97 Works of art, collectors' pieces and antiques

Chapter Notes:

1. This Chapter does not cover:

   (a) Unused postage or revenue stamps, postal stationery (stamped paper) or the like, of heading 49.07;

   (b) Theatrical scenery, studio back-cloths or the like, of painted canvas (heading 59.07) except if they may be classified in heading 97.06; or

   (c) Pearls, natural or cultured, or precious or semi-precious stones (headings 71.01 to 71.03).

2. Heading 97.01 does not apply to mosaics that are mass-produced reproductions, casts or works of conventional craftsmanship of a commercial character, even if these articles are designed or created by artists.

3. For the purposes of heading 97.02, the expression "original engravings, prints and lithographs" means impressions produced directly, in black and white or in colour, of one or of several plates wholly executed by hand by the artist, irrespective of the process or of the material employed by him, but not including any mechanical or photomechanical process.

4. Heading 97.03 does not apply to mass-produced reproductions or works of conventional craftsmanship of a commercial character, even if these articles are designed or created by artists.

5.

   (a) Subject to Notes 1 to 4 above, articles of this Chapter are to be classified in this Chapter and not in any other Chapter of the Nomenclature;

   (b) Heading 97.06 does not apply to articles of the preceding headings of this Chapter.

6. Frames around paintings, drawings, pastels, collages or similar decorative plaques, engravings, prints or lithographs are to be classified with those articles, provided they are of a kind and of a value normal to those articles. Frames which are not of a kind or of a value normal to the articles referred to in this Note are to be classified separately.

协定税率（%）														特惠税率（%）①/②	Article Description
巴基斯坦	冰岛	哥斯达黎加	秘鲁	新西兰	瑞士	新加坡	韩国	澳大利亚	格鲁吉亚	毛里求斯	日本RCEP	尼加拉瓜	港澳台		
															Paintings, drawings and pastels, executed entirely by hand, other than drawings of heading 49.06 and other than hand-painted or hand-decorated manufactured articles; collages, mosaics and similar decorative plaques:
															- Of an age exceeding 100 years:
3.9	0	0	0	0	0	0	0	0	0	0	8.7	0	0/	0/0	-- Paintings, drawings and pastels
															-- Mosaics
5.6	0	0	0	0	0	0	0	0	0	0	10.2	0	0/	0/0	Mosaics of an age exceeding 100 years, with component of endangered animals (referring to articles all kinds from endangered animals)
5.6	0	0	0	0	0	0	0	0	0	0	10.2	0	0/	0/0	Mosaics of an age exceeding 100 years, with component of other animal or vegetable materials (referring to articles all kinds from wild animals)
5.6	0	0	0	0	0	0	0	0	0	0	10.2	0	0/	0/0	Other mosaics of an age exceeding 100 years
															-- Other
5.6	0	0	0	0	0	0	0	0	0	0	10.2	0	0/	0/0	Collages and similar decorative plaques, of an age exceeding 100 years, with component of endangered animals (referring to articles all kinds from endangered animals)
5.6	0	0	0	0	0	0	0	0	0	0	10.2	0	0/	0/0	Collages and similar decorative plaques, of an age exceeding 100 years, with component of other animal or vegetable materials (referring to articles of all kinds from wild animals)

税　号	货品名称	进口关税（%） 最惠国	进口关税（%） 普通	进口关税（%） 年内暂定	增值/消费税（%）	出口退税（%）	计量单位	监管证件代码	检验检疫类别	协定税率（%） 东盟	协定税率（%） 亚太	协定税率（%） 智利
97012900.90	超过100年的其他拼贴画及类似装饰板	6	50	0	13	0	幅/千克			0		0
	- 其他:											
	-- 油画、粉画及其他手绘画											
	--- 原件:											
9701.9111	---- 唐卡	6	50		13	0	幅/千克			0		0
9701.9119	---- 其他	1	50		13	0	幅/千克			0		0
9701.9120	--- 复制品	6	50		13	0	幅/千克			0		0
9701.9200	-- 镶嵌画											
97019200.10	含濒危动物成分的其他镶嵌画（指一切源自濒危动物的产品）	6	50		13	0	幅/千克	ABFE	P/Q	0		0
97019200.20	用其他动植物材料制作的其他镶嵌画（指一切源自野生动物的产品）	6	50		13	0	幅/千克	AB	P/Q	0		0
97019200.90	其他镶嵌画	6	50		13	0	幅/千克			0		0
9701.9900	-- 其他											
97019900.10	含濒危动物成分的其他拼贴画（包括类似装饰板，指一切源自濒危动物的产品）	6	50		13	0	幅/千克	ABFE	P/Q	0		0
97019900.20	用其他动植物材料制作的其他拼贴画（包括类似装饰板，指一切源自野生动物的产品）	6	50		13	1	幅/千克	AB	P/Q	0		0
97019900.90	其他拼贴画及类似装饰板	6	50		13	0	幅/千克			0		0
97.02	**雕版画、印制画、石印画的原本:**											
9702.1000	- 超过100年的	1	50		13	0	幅/千克			0		0
9702.9000	- 其他	1	50		13	0	幅/千克			0		0
97.03	**各种材料制的雕塑品原件:**											
9703.1000	- 超过100年的											
97031000.10	超过100年的濒危动植物材料制的雕塑品原件（指一切源自濒危动植物的产品）	1	50		13	0	幅/千克	FE		0		0
97031000.90	超过100年的其他各种材料制的雕塑品原件	1	50		13	0	幅/千克			0		0
9703.9000	- 其他											
97039000.10	其他濒危动植物材料制的雕塑品原件（指一切源自濒危动植物的产品）	1	50		13	0	幅/千克	FE		0		0
97039000.90	其他各种材料制的雕塑品原件	1	50		13	0	幅/千克			0		0
97.04	**使用过或未使用过的邮票、印花税票、邮戳印记、首日封、邮政信笺（印有邮票的纸品）及类似品，但税目49.07的货品除外:**											
9704.0010	--- 邮票	4	50		13	0	千克			0		0
9704.0090	--- 其他	6	50		13	0	千克			0		0
97.05	**具有考古学、人种学、历史学、动物学、植物学、矿物学、解剖学、古生物学或钱币学意义的收集品及珍藏品:**											
9705.1000	- 具有考古学、人种学或历史学意义的收集品及珍藏品											
97051000.10	具有考古学、人种学或历史学意义的含濒危动植物的收藏品	0	0		13	0	千克	ABFE	P/Q	0		0

协定税率（%）														特惠税率（%）①/②	Article Description
巴基斯坦	冰岛	哥斯达黎加	秘鲁	新西兰	瑞士	新加坡	韩国	澳大利亚	格鲁吉亚	毛里求斯	日本RCEP	尼加拉瓜	港澳台		
5.6	0	0	0	0	0	0	0	0	0	0	10.2	0	0/	0/0	Other collages and similar decorative plaques, of an age exceeding 100 years
															- Other:
															-- Paintings, drawings and pastels
															--- The orginals:
3	0	0	0	0	0	0	0	0	0	0	8.7	0	0/	0/0	----Thangkas
3	0	0	0	0	0	0	0	0	0	0	8.7	0	0/	0/0	----Other
5.6	0	0	0	0	0	0	0	0	0	0	10.2	0	0/	0/0	--- Reproductions
															-- Mosaics
5.6	0	0	0	0	0	0	0	0	0	0	10.2	0	0/	0/0	Other mosaics with component of endangered animals (referring to articles all kinds from endangered animals)
5.6	0	0	0	0	0	0	0	0	0	0	10.2	0	0/	0/0	Other mosaics with component of other animal or vegetable materials (referring to articles of all kinds from wild animals)
5.6	0	0	0	0	0	0	0	0	0	0	10.2	0	0/	0/0	Other mosaics
															-- Other
5.6	0	0	0	0	0	0	0	0	0	0	10.2	0	0/	0/0	Other collages and similar decorative plaques, with component of endangered animals (referring to articles all kinds from endangered animals)
5.6	0	0	0	0	0	0	0	0	0	0	10.2	0	0/	0/0	Other collages and similar decorative plaques, with component of other animal or vegetable materials (referring to articles of all kinds from wild animals)
5.6	0	0	0	0	0	0	0	0	0	0	10.2	0	0/	0/0	Other collages and similar decorative plaques
															Original engravings, prints and lithographs:
3	0	0	0	0	0	0	0	0	0	0	8.7	0	0/	0/0	- Of an age exceeding 100 years
3	0	0	0	0	0	0	0	0	0	0	8.7	0	0/	0/0	- Other
															Original sculptures and statuary, in any material:
															- Of an age exceeding 100 years
4.8	0	0	0	0	0	0	0	0	0	2.4	8.7	0	0/	0/0	Original sculptures and statuary, of an age exceeding 100 years, in endangered animals or vegetable material (referring to articles of all kinds from endangered animals and plants)
4.8	0	0	0	0	0	0	0	0	0	2.4	8.7	0	0/	0/0	Original sculptures and statuary, of an age exceeding 100 years, in other materials
															- Other
4.8	0	0	0	0	0	0	0	0	0	2.4	8.7	0	0/	0/0	Other original sculptures and statuary in endangered animals or vegetable material (referring to articles of all kinds from endangered animals and plants)
4.8	0	0	0	0	0	0	0	0	0	2.4	8.7	0	0/	0/0	Original sculptures and statuary in other materials
															Postage or revenue stamps, stamp-post-marks, first-day covers, postal stationery (stamped paper), and the like, used or unused, other than those of heading 49.07:
0	0	0	0	0	0		0	0	0	0	5.8	0	0/	0/0	--- Postage
3.5	0	0	0	0	0	0	0	0	0	0	10.2	0	0/	0/0	--- Other
															Collections and collectors' pieces of archaeological, ethnographic, historical, zoological, botanical, mineralogical, anatomical, paleontological, or numismatic interest:
															- Collections and collectors' pieces of archaeological, ethnographic or historical interest
0	0	0	0	0	0		0	0	0	0	0	0	0/	0/0	Collections and collectors' pieces containing endangered animals or plants, of archaeological, ethnographic or historical interest

税 号	货品名称	进口关税（%）			增值/消费税（%）	出口退税（%）	计量单位	监管证件代码	检验检疫类别	协定税率（%）		
		最惠国	普通	年内暂定						东盟	亚太	智利
97051000.20	具有考古学、人种学或历史学意义的含有人类遗传资源的组织标本、手术样本	0	0		13	0	千克	ABV	V/W	0		0
97051000.90	其他具有考古学、人种学或历史学意义的收藏品	0	0		13	0	千克	AB	P/Q	0		0
	- 具有动物学、植物学、矿物学、解剖学或古生物学意义的收集品及珍藏品：											
9705.2100	-- 人类标本及其部分											
97052100.10	含有人类遗传资源的组织标本、手术样本	0	0		13	0	千克	ABV	V/W	0		0
97052100.90	其他人类标本及其部分	0	0		13	0	千克	AB	P/Q	0		0
9705.2200	-- 灭绝或濒危物种及其部分											
97052200.10	含濒危动植物的收藏品（具有动植物学意义的）	0	0		13	0	千克	ABFE	P/Q	0		0
97052200.20	古生物化石	0	0		13	0	千克	ABz	P/Q	0		0
97052200.90	其他灭绝物种及其部分	0	0		13	0	千克	AB	P/Q	0		0
9705.2900	-- 其他											
97052900.10	其他古生物化石	0	0		13	0	千克	ABz	P/Q	0		0
97052900.20	有矿物学研究价值、可供收集和珍藏的钟乳石	0	0		13	0	千克	ABu	P/Q	0		0
97052900.90	其他具有动、植、矿物学意义的收藏品（还包括具有解剖、古生物学意义的收藏品）	0	0		13	0	千克	AB	P/Q	0		0
	- 具有钱币学意义的收集品及珍藏品：											
9705.3100	-- 超过100年的	0	0		13	0	千克	AB	P/Q	0		0
9705.3900	-- 其他	0	0		13	0	千克	AB	P/Q	0		0
97.06	超过100年的古物：											
9706.1000	- 超过250年的											
97061000.10	超过250年的濒危动植古物（具收藏或文史价值的）	0	0		13	0	件/千克	ABFE	P/Q	0		0
97061000.90	其他超过250年的古物	0	0		13	0	件/千克			0		0
9706.9000	- 其他											
97069000.10	其他超过100年的濒危动植古物（具收藏或文史价值的）	0	0		13	0	件/千克	ABFE	P/Q	0		0
97069000.90	其他超过100年的古物	0	0		13	0	件/千克			0		0

协定税率（%）														特惠税率（%）①/②	Article Description
巴基斯坦	冰岛	哥斯达黎加	秘鲁	新西兰	瑞士	新加坡	韩国	澳大利亚	格鲁吉亚	毛里求斯	日本RCEP	尼加拉瓜	港澳台		
0	0	0	0	0	0		0	0	0	0	0	0	0/	0/0	Tissue specimen and operative specimen containing human genetic resources, of archaeological, ethnographic or historical interest
0	0	0	0	0	0		0	0	0	0	0	0	0/	0/0	Other collections and collectors' pieces of archaeological, ethnographic or historical interest
															- Collections and collectors' pieces of zoological, botanical, mineralogical, anatomical or paleontological interest:
															-- Human specimens and parts thereof
0	0	0	0	0	0		0	0	0	0	0	0	0/	0/0	Tissue specimen and operative specimen containing human genetic resources
0	0	0	0	0	0		0	0	0	0	0	0	0/	0/0	Other human specimens and parts thereof
															-- Extinct or endangered species and parts thereof
0	0	0	0	0	0		0	0	0	0	0	0	0/	0/0	Collections and collectors' pieces containing endangered animals or plants (of zoological and botanical interest)
0	0	0	0	0	0		0	0	0	0	0	0	0/	0/0	Paleontological fossils
0	0	0	0	0	0		0	0	0	0	0	0	0/	0/0	Other extinct species and parts thereof
															-- Other
0	0	0	0	0	0		0	0	0	0	0	0	0/	0/0	Other paleontological fossils
0	0	0	0	0	0		0	0	0	0	0	0	0/	0/0	Stalagmites worth to be collected and stored, which have a study value on mineralogical examination
0	0	0	0	0	0		0	0	0	0	0	0	0/	0/0	Other collections and collectors' pieces of zoological, botanical and mineralogical interest (also including those of anatomical, historical, archaeological and palaeontological interest)
															- Collections and collectors' pieces of numismatic interest:
0	0	0	0	0	0		0	0	0	0	0	0	0/	0/0	-- Of an age exceeding 100 years
0	0	0	0	0	0		0	0	0	0	0	0	0/	0/0	-- Other
															Antiques of an age exceeding one hundred years:
															- Of an age exceeding 250 years
0	0	0	0	0	0		0	0	0	0	0	0	0/	0/0	Endangered animal and plant antiquities of an age exceeding 250 years (with collection or cultural and historical value)
0	0	0	0	0	0		0	0	0	0	0	0	0/	0/0	Other antiques of an age exceeding 250 years
															- Other
0	0	0	0	0	0		0	0	0	0	0	0	0/	0/0	Other endangered ancient wild animals and vegetable of an age exceeding 100 years (those having literary or historical collection value)
0	0	0	0	0	0		0	0	0	0	0	0	0/	0/0	Other antiques of an age exceeding 100 years

出口税则

出口关税税率、暂定税率一览表 ①

ex	税 号	货品名称（简称）	出口税率(%)	暂定税率(%)	Article Description
	03.01				
	0301.9210	鳗鱼苗	20		Live eels fry
	05.06				
	0506.1000	经酸处理的骨胶原及骨	40		Ossein and bones treated with acid
	0506.9011	含牛羊成分的骨粉及骨废料	40		Powder and waste of bones, of bovine and sheep
	0506.9019	其他骨粉及骨废料	40		Other powder and waste of bones
ex②	0506.9090	其他骨及角柱(已脱胶骨、角柱除外)	40		Other bones and horn-cores, not degelatinized
ex	0506.9090	已脱胶骨、角柱	40	0	Bones and horn-cores, degelatinized
	26.07				
	2607.0000	铅矿砂及其精矿	30		Lead ores and concentrates
	26.08				
ex	2608.0000	锌矿砂及其精矿（氧化锌含量＞80%的灰色饲料氧化锌除外）	30		Other zinc ores and concentrates, except for grey zinc oxide feed (containing by weight more than 80% of ZnO)
ex	2608.0000	灰色饲料氧化锌（氧化锌含量＞80%）	30	0	Grey zinc oxide feed (containing by weight more than 80% of ZnO)
	26.09				
	2609.0000	锡矿砂及其精矿	50	20	Tin ores and concentrates
	26.11				
	2611.0000	钨矿砂及其精矿	20		Tungsten ores and concentrates
	26.15				
	2615.9010	水合钽铌原料（钽铌富集物）	30		Hydrated Tantalum/Niobium materials (enriched materials from Tantalum/Niobium Ore)
	2615.9090	其他铌钽钒矿砂及其精矿	30		Other niobium, tantalum or vanadium ores and concentrates
	26.17				
	2617.1010	生锑（锑精矿，选矿产品）	20		Crude antimony (Antimony concentrates which are mineral products)
	28.04				
	2804.7010	黄磷(白磷)	20		Yellow phosphorus (white phosphorus)
	2804.7090	其他磷	20		Other phosphorus
	28.26				
ex	2826.9090	氟钽酸钾	30		Potassium fluotantalate
	29.02				
	2902.2000	苯	40	0	Benzene
	41.03				
	4103.9011	经退鞣处理的山羊板皮	20		Raw hides and skins of goats, have undergone a reversible tanning process
	4103.9019	山羊板皮，经退鞣处理的除外	20		Raw hides and skins of goats, other than those have undergone a reversible tanning process
	72.01				

① 出口税则亦采用进口税则目录，进口税则的归类总规则同样适用于出口税则。

② “ex”表示应税商品范围以“货品名称”描述为准，其余的以税号为准。其他各表中的“ex”所表示意义同此。

ex	税 号	货品名称（简称）	出口税率(%)	暂定税率(%)	Article Description
	7201.1000	非合金生铁，含磷量小于或等于0.5%	20		Non-alloy pig iron containing by weight 0.5% or less of phosphorus
	7201.2000	非合金生铁，含磷量＞0.5%	20		Non-alloy pig iron containing by weight more than 0.5% of phosphorus
	7201.5000	合金生铁；镜铁	20		Alloy pig iron; spiegeleisen
	72.02				
	7202.1100	锰铁，含碳量＞2%	20		Ferro-manganese, containing by weight more than 2% of carbon
	7202.1900	锰铁，含碳量≤2%	20		Ferro-manganese, containing by weight 2% or less of carbon
	7202.2100	硅铁，含硅量＞55%	25		Ferro-silicon, containing by weight more than 55% of silicon
	7202.2900	硅铁，含硅量≤55%	25		Ferro-silicon, containing by weight 55% or less of silicon
	7202.3000	硅锰铁	20		Ferro-silicon-manganese
	7202.4100	铬铁，含碳量＞4%	40		Ferro-chromium, containing by weight more than 4% of carbon
	7202.4900	铬铁，含碳量≤4%	40		Ferro-chromium, containing by weight 4% or less of carbon
	72.04				
	7204.1000	铸铁废碎料	40		Waste and scrap of cast iron
	7204.2100	不锈钢废碎料	40		Waste and scrap of stainless steel
	7204.2900	其他合金钢废碎料	40		Other waste and scrap of alloy steel
	7204.3000	镀锡钢铁废碎料	40		Waste and scrap of tinned iron or steel
	7204.4100	机械加工中产生的废料	40		Ferrous waste and scrap from the mechanical working process
	7204.4900	其他钢铁废碎料	40		Other ferrous waste and scrap
	7204.5000	供再熔的碎料钢铁锭	40		Remelting scrap ingots
	74.02				
	7402.0000	未精炼铜，电解精炼用的铜阳极	30		Unrefined copper, copper anodes for electrolytic refining
	74.03				
ex	7403.1111	高纯阴极铜（铜含量≥99.9999%）	30	0	Purity copper cathodes (copper content 99.9999% or more)
ex	7403.1111	高纯阴极铜（99.9935%＜铜含量＜99.9999%）	30	5	Purity copper cathodes (copper content more than 99.9935% but less than 99.9999%)
	7403.1119	其他阴极精炼铜	30	10	Other cathodes of refined copper
	7403.1190	其他精炼铜的阴极型材	30	10	Other sections of cathodes of refined copper
	7403.1200	精炼铜的线锭	30	10	Wire-bars of refined copper
	7403.1300	精炼铜的坯段	30	10	Billets of refined copper
	7403.1900	其他未锻轧的精炼铜	30	10	Other refined copper, unwrought
	7403.2100	未锻轧的铜锌合金(黄铜)	30	5	Copper-zinc base alloys (brass), unwrought
	7403.2200	未锻轧的铜锡合金(青铜)	30	5	Copper-tin base alloys (bronze), unwrought
	7403.2900	其他未锻轧的铜合金（税目74.05的铜母合金除外）	30	5	Other copper alloys other than master alloys of (heading 74.05)
	74.04				
	7404.0000	铜废碎料	30	15	Copper waste and scrap
	74.07				
	7407.1010	铬锆铜制条、杆、型材及异型材	30	0	Bars, rods and profiles of chromium zirconium copper

ex	税 号	货品名称（简称）	出口税率(%)	暂定税率(%)	Article Description
	7407.1090	其他精炼铜制条、杆、型材及异型材	30	0	Other bars, rods and profiles of refined copper
	7407.2111	直线度≤0.5毫米/米的铜锌合金条、杆	30	0	Bars and rods of copper-zinc base alloys (brass), of a straightness not more than 0.5mm/m
	7407.2119	其他铜锌合金条、杆	30	0	Other bars and rods of copper-zinc base alloys (brass)
	7407.2190	其他铜锌合金型材及异型材	30	0	Other profiles of copper-zinc base alloys (brass)
	7407.2900	其他铜合金条杆、型材及异型材	30	0	Other bars, rods and profiles of copper alloys
	74.08				
	7408.1100	最大截面尺寸＞6毫米的精炼铜丝	30	0	Refining copper wire, of which the maximum cross-sectional dimension exceeds 6mm
	7408.1900	其他精炼铜丝	30	0	Other refining copper wire
	7408.2100	铜锌合金丝	30	0	Wire of copper-zinc base alloys (brass)
	7408.2210	铜镍锌铅合金（加铅德银）丝	30	0	Wire of copper-nickel-zinc-lead base alloys (leaded nickel silver)
	7408.2290	其他白铜或德银丝	30	0	Other wire of copper-nickel base alloys (cupronickel) or copper-nickel-zinc base alloys (nickel silver)
	7408.2900	其他铜合金丝	30	0	Other wire of copper alloys
	74.09				
	7409.1110	含氧量≤10PPM的成卷的精炼铜板、片、带	30	0	Plates, sheets and strip of refined copper, in coil, containing oxygen not exceeding 10PPM
	7409.1190	其他成卷的精炼铜板、片、带	30	0	Other plates, sheets and strip of refined copper, in coil
	7409.1900	其他精炼铜板、片、带	30	0	Other plates, sheets and strip of refined copper
	7409.2100	成卷的铜锌合金板、片、带	30	0	Plates, sheets and strip of copper-zinc base alloys (brass), in coil
	7409.2900	其他铜锌合金板、片、带	30	0	Other plates, sheets and strip of copper-zinc base alloys (brass)
	7409.3100	成卷的铜锡合金板、片、带	30	0	Plates, sheets and strip of copper-tin base alloys (bronze), in coil
	7409.3900	其他铜锡合金板、片、带	30	0	Other plates, sheets and strip of copper-tin base alloys (bronze)
	7409.4000	铜镍合金或铜镍锌合金板、片、带	30	0	Plates, sheets and strip of copper-nickel base alloys (cupronickel) or copper-nickel-zinc base alloys (nickel silver)
	7409.9000	其他铜合金板、片、带	30	0	Other plates, sheets and strip of copper alloys
	75.02				
	7502.1010	按重量计镍、钴总量在99.99%及以上的，但钴含量不超过0.005%的非合金镍	40	5	Nickel, not alloyed, containing 99.99% or more by total weight of nickel and cobalt, but containing cobalt not exceeding 0.005%
	7502.1090	未锻轧的非合金镍	40	15	Unwrought nickel, not alloyed
	7502.2000	未锻轧镍合金	40	15	Unwrought nickel, alloyed
	75.08				
	7508.9010	电镀用镍阳极	40	15	Electroplating anodes of nickel
	76.01				
ex	7601.1010	未锻轧非合金铝（按重量计含铝量在99.995%及以上）	30	0	Aluminium, not alloyed, containing by weight 99.995% or more of aluminium
ex	7601.1010	未锻轧非合金铝（按重量计含铝量在99.95%及以上，但小于99.995%的）	30		Aluminium, not alloyed, containing by weight 99.95% or more of aluminium, but not exceeding 99.9955%
	7601.1090	其他未锻轧非合金铝	30		Aluminium, not alloyed, containing by weight less than 99.95% of aluminium

ex	税 号	货品名称（简称）	出口税率(%)	暂定税率(%)	Article Description
	7601.2000	未锻轧铝合金	30	15	Unwrought aluminium alloys
	76.02				
	7602.0000	铝废碎料	30	15	Aluminium waste and scrap
	76.04				
	7604.1010	非合金铝条、杆	20	0	Bars and rods, of aluminium, not alloyed
	7604.1090	非合金铝型材及异型材	20	0	Profiles of aluminium, not alloyed
	7604.2100	铝合金制空心异型材	20	0	Hollow profiles of aluminium alloys
	7604.2910	铝合金条、杆	20	0	Bars and rods
	7604.2990	铝合金制其他型材及异型材	20	0	Other profiles of aluminium alloys
	76.05				
	7605.1100	最大截面尺寸＞7毫米的非合金铝丝	20	0	Aluminium wire, not alloyed, of which the maximum cross-sectional dimension exceeding 7mm
	7605.1900	其他非合金铝丝	20	0	Other aluminium wire, not alloyed
	7605.2100	最大截面尺寸＞7毫米的铝合金丝	20	0	Wire of aluminium alloys, of which the maximum cross-sectional dimension exceeding 7mm
	7605.2900	其他铝合金丝	20	0	Other wire of aluminium alloys
	76.06				
	7606.1121	0.3毫米≤厚度≤0.36毫米的非合金铝与塑料复合的矩形铝板、片、带	20	0	Plates, sheets and strip, of not alloyed aluminium -plastic composite, of rectangular (including square), of a thickness of 0.30mm or more but not exceeding 0.36mm
	7606.1129	0.3毫米≤厚度≤0.36毫米的其他非合金铝制矩形铝板、片、带	20	0	Other plates, sheets and strip, of not alloyed aluminium, of rectangular (including square), of a thickness of 0.30mm or more but not exceeding 0.36mm
	7606.1191	非合金铝与塑料复合的矩形的其他板、片、带	20	0	Other plates, sheets and strip, of not alloyed aluminium -plastic composite, of rectangular (including square)
	7606.1199	非合金铝制矩形的其他板、片、带	20	0	Other plates, sheets and strip, of not alloyed aluminium, of rectangular (including square)
	7606.1220	厚度＜0.28毫米的铝合金制矩形铝板、片、带	20	0	Plates, sheets and strip, of aluminium alloys, of rectangular (including square), of a thickness less than 0.28mm
	7606.1230	0.28毫米≤厚度≤0.35毫米的铝合金制矩形铝板、片、带	20	0	Plates, sheets and strip, of aluminium alloys, of rectangular (including square), of a thickness of 0.28mm or more but not exceeding 0.35mm
	7606.1251	0.35毫米＜厚度≤4毫米的铝合金与塑料复合的矩形铝板、片、带	20	0	Plates, sheets and strip, of aluminium alloys -plastic composite, of rectangular (including square), of a thickness of 0.35mm or more but not exceeding 4mm
	7606.1259	0.35毫米＜厚度≤4毫米的其他铝合金制矩形铝板、片、带	20	0	Other plates, sheets and strip, of aluminium alloys, of rectangular (including square), of a thickness of 0.35mm or more but not exceeding 4mm
	7606.1290	厚度＞4毫米的铝合金制矩形铝板、片、带	20	0	Other plates, sheets and strip, of aluminium alloys, of rectangular (including square), of a thickness more than 4mm
	7606.9100	非合金铝制非矩形的板、片、带	20	0	Plates, sheets and strip, of not alloyed aluminium, not of rectangular (including square)
	7606.9200	铝合金制非矩形的板、片、带	20	0	Other plates, sheets and strip, of aluminium alloys, not of rectangular (including square)
	79.01				

ex	税 号	货品名称（简称）	出口税率(%)	暂定税率(%)	Article Description
	7901.1110	按重量计含锌量≥99.995%的未锻轧锌	20	0	Unwrought zinc, containing by weight 99.995% or more of zinc
	7901.1190	99.99≤含锌量<99.995%的未锻轧锌	20	5	Unwrought zinc, containing by weight 99.99% or more, but less than 99.995% of zinc
	7901.1200	含锌量<99.99%的未锻轧锌	20	15	Unwrought zinc, containing by weight less than 99.99% of zinc
	7901.2000	未锻轧锌合金	20	0	Zinc alloys, unwrought
	81.10				
	8110.1010	未锻轧锑	20	5	Unwrought antimony
	8110.1020	锑粉末	20		Antimony powders
	8110.2000	锑废碎料	20		Antimony waste and scrap

附 表

附表1 《对照使用手册》使用上的常见问题

1.“货品名称”栏目下的小横杠“-”代表什么意思？

答：《对照使用手册》源于《进出口税则》；而《进出口税则》是以《协调制度》为基础制定的，商品编码的5、6位必须遵循《协调制度》的编码规则。《协调制度》构建了科学的结构性国际贸易商品分类体系。《协调制度》将国际贸易商品分为21类97章；在每一章节项下分为若干个4位数税目；在每个品目项下再细分为若干个6位数子目。在每个4位数税目与其项下细分的6位数子目之间划分为若干个商品组。此类商品组称为“一级子目”，用“-”表示；6位数子目称为“二级子目”，用“--”表示。

我国《进出口税则》根据实际需要编制了7、8位子目，称为本国子目。参照《协调制度》的编码规则，《进出口税则》在每个6位数子目与其项下细分的8位数子目之间划分为若干个商品组。此类商品组未再细分的，称为“三级子目”，用“---”表示；此类商品组再予细分的，称为“四级子目”用“----”表示。例如：

01.06	其他活动物：	税目
	- 哺乳动物：	一级子目
	-- 灵长目：	二级子目
0106.1110	--- 改良种用	三级子目
0106.1190	--- 其他	三级子目
	--鲸、海豚及鼠海豚（鲸目哺乳动物）；海牛及儒艮（海牛目哺乳动物）；海豹、海狮及海象（鳍足亚目哺乳动物）：	二级子目
	--- 鲸、海豚及鼠海豚（鲸目哺乳动物）；海牛及儒艮（海牛目哺乳动物）：	三级子目
0106.1211	---- 改良种用	四级子目
0106.1219	---- 其他	四级子目

2.为什么有些货品名称前面的税号是空的？

答：如上。当某个一级子目需再细分若干个二级子目，或者某个三级子目需再细分若干个四级子目时，该商品组并未指向具体的商品编号（即7、8位税号）因此，货品名称前面的商品编号为空，代表这一层级的子目下面有细分的子目，其税号应从下级子目倒推。例如：

01.03	猪：	税目
0103.1000	- 改良种用	一级子目
	- 其他：	一级子目
	-- 重量在50千克以下：	二级子目
0103.9110	--- 重量在10千克以下	三级子目
0103.9120	--- 重量在10千克及以上，但在50千克以下	三级子目
0103.9200	-- 重量在50千克及以上	二级子目

上表有两个税号是空的，其税号应从下级子目倒推，推导过程为：先看三级子目是0103.911，那么，“-- 重量在50千克以下：”应为二级子目0103.91，“- 其他：”应为一级子目0103.9，而不是一级子目0103.2。

3.子目的层级有何作用？如何运用？

答：子目层级的划分不仅能够清晰地反映4位数税目项下的每个5、6位数子目之间，5、6位子目项下每个7、8位数子目之间的关系，而且，根据《归类总规则》规则六的规定，子目的比较只能在同一数级上进行。就是说，当某一商品可能归入多个税号，在比较哪个子目列名得更为具体时，只能在同一个税目项下的一级子目之间或同一个一级子目项下的二级子目之间进行比较，而不能用不同税目项下的一级子目或不同一级子目项下的二级子目来进行比较。换言之，归类时，应首先考虑归入哪个税目，然后是该税目项下的哪个一级子目，最后才是该一级子目项下的哪个二级子目、三级子目或四级子目。例如，一头重量在10千克以下的改良种用猪，归类时首先应在一级子目（改良种用、其他）中比较，归入税号0103.1000，而不是直接归入税号0103.9110。

4. 有的进出口商品同时设有多栏税率，如暂定税率、最惠国税率、特惠税率、协定税率等，应按哪个税率计征？

答：根据《中华人民共和国进出口关税条例》第十一条的规定，适用最惠国税率的进口货物有暂定税率的，应当适用暂定税率；适用协定税率、特惠税率的进口货物有暂定税率的，应当从低适用税率；适用普通税率的进口货物，不适用暂定税率。适用出口税率的出口货物有暂定税率的，应当适用暂定税率。

5. 为什么计量单位会出现如“千克/升、千克/头、米/千克”？

答：这说明该项下的商品有两个法定计量单位，如“千克/升”表示第一法定计量单位为“千克”，第二法定计量单位为“升”。如果存在两种法定计量单位，在填制报关单过程中，应同时将进出口货物换算为第一计量单位和第二计量单位，同时申报。

6.《对照使用手册》的英文描述有法律效力吗？

答：《对照使用手册》5、6位子目，7、8位税号项下货品名称的英文描述完全依据《进出口税则》；9、10位商品编号项下货品名称的英文描述仅供参考，当其表述的商品范围与中文有不一致时，应以中文为准。

附表2 相关文件

中华人民共和国海关进出口货物商品归类管理规定

（2021年9月6日海关总署令第252号公布，自2021年11月1日起施行）

第一条 为了规范进出口货物的商品归类，保证商品归类的准确性和统一性，根据《中华人民共和国海关法》（以下简称《海关法》）、《中华人民共和国进出口关税条例》（以下简称《关税条例》）以及其他有关法律、行政法规的规定，制定本规定。

第二条 本规定所称的商品归类，是指在《商品名称及编码协调制度公约》商品分类目录体系下，以《中华人民共和国进出口税则》为基础，按照《进出口税则商品及品目注释》《中华人民共和国进出口税则本国子目注释》以及海关总署发布的关于商品归类的行政裁定、商品归类决定的规定，确定进出口货物商品编码的行为。

进出口货物相关的国家标准、行业标准等可以作为商品归类的参考。

第三条 进出口货物收发货人或者其代理人（以下简称收发货人或者其代理人）对进出口货物进行商品归类，以及海关依法审核确定商品归类，适用本规定。

第四条 进出口货物的商品归类应当遵循客观、准确、统一的原则。

第五条 进出口货物的商品归类应当按照收发货人或者其代理人向海关申报时货物的实际状态确定。以提前申报方式进出口的货物，商品归类应当按照货物运抵海关监管区时的实际状态确定。法律、行政法规和海关总署规章另有规定的，依照有关规定办理。

第六条 由同一运输工具同时运抵同一口岸并且属于同一收货人、使用同一提单的多种进口货物，按照商品归类规则应当归入同一商品编码的，该收货人或者其代理人应当将有关商品一并归入该商品编码向海关申报。法律、行政法规和海关总署规章另有规定的，依照有关规定办理。

第七条 收发货人或者其代理人应当依照法律、行政法规以及其他相关规定，如实、准确申报其进出口货物的商品名称、规格型号等事项，并且对其申报的进出口货物进行商品归类，确定相应的商品编码。

第八条 海关在审核确定收发货人或者其代理人申报的商品归类事项时，可以依照《海关法》和《关税条例》的规定行使下列权力，收发货人或者其代理人应当予以配合：

（一）查阅、复制有关单证、资料；

（二）要求收发货人或者其代理人提供必要的样品及相关商品资料，包括外文资料的中文译文并且对译文内容负责；

（三）组织对进出口货物实施化验、检验。

收发货人或者其代理人隐瞒有关情况，或者拖延、拒绝提供有关单证、资料的，海关可以依法审核确定进出口货物的商品归类。

第九条 必要时，海关可以要求收发货人或者其代理人补充申报。

第十条 收发货人或者其代理人向海关提供的资料涉及商业秘密、未披露信息或者保密商务信息，要求海关予以保密的，应当以书面方式向海关提出保密要求，并且具体列明需要保密的内容。收发货人或者其代理人不得以商业秘密为理由拒绝向海关提供有关资料。

海关按照国家有关规定承担保密义务。

第十一条 必要时，海关可以依据《中华人民共和国进出口税则》《进出口税则商品及品目注释》《中华人民共和国进出口税则本国子目注释》和国家标准、行业标准，以及海关化验方法等，对进出口货物的属性、成分、含量、结构、品质、规格等进行化验、检验，并将化验、检验结果作为商品归类的依据。

第十二条 海关对进出口货物实施取样化验、检验的，收发货人或者其代理人应当到场协助，负责搬移货物，开拆和重封货物的包装，并按照海关要求签字确认。

收发货人或者其代理人拒不到场，或者海关认为必要时，海关可以径行取样，并通知货物存放场所的经营人或者运输工具负责人签字确认。

第十三条　收发货人或者其代理人应当及时提供化验、检验样品的相关单证和技术资料，并对其真实性和有效性负责。

第十四条　除特殊情况外，海关技术机构应当自收到送检样品之日起15日内作出化验、检验结果。

第十五条　除特殊情况外，海关应当在化验、检验结果作出后的1个工作日内，将相关信息通知收发货人或者其代理人。收发货人或者其代理人要求提供化验、检验结果纸本的，海关应当提供。

第十六条　其他化验、检验机构作出的化验、检验结果与海关技术机构或者海关委托的化验、检验机构作出的化验、检验结果不一致的，以海关认定的化验、检验结果为准。

第十七条　收发货人或者其代理人对化验、检验结果有异议的，可以在收到化验、检验结果之日起15日内向海关提出书面复验申请，海关应当组织复验。

已经复验的，收发货人或者其代理人不得对同一样品再次申请复验。

第十八条　海关发现收发货人或者其代理人申报的商品归类不准确的，按照商品归类的有关规定予以重新确定，并且按照报关单修改和撤销有关规定予以办理。

收发货人或者其代理人发现其申报的商品归类需要修改的，应当按照报关单修改和撤销有关规定向海关提出申请。

第十九条　海关对货物的商品归类审核确定前，收发货人或者其代理人要求放行货物的，应当按照海关事务担保的有关规定提供担保。

国家对进出境货物有限制性规定，应当提供许可证件而不能提供的，以及法律、行政法规规定不得担保的其他情形，海关不得办理担保放行。

第二十条　收发货人或者其代理人就其进出口货物的商品归类提出行政裁定、预裁定申请的，应当按照行政裁定、预裁定管理的有关规定办理。

第二十一条　海关总署可以依据有关法律、行政法规规定，对进出口货物作出具有普遍约束力的商品归类决定，并对外公布。

进出口相同货物，应当适用相同的商品归类决定。

第二十二条　作出商品归类决定所依据的法律、行政法规以及其他相关规定发生变化的，商品归类决定同时失效。

商品归类决定失效的，应当由海关总署对外公布。

第二十三条　海关总署发现商品归类决定需要修改的，应当及时予以修改并对外公布。

第二十四条　海关总署发现商品归类决定存在错误的，应当及时予以撤销并对外公布。

第二十五条　因商品归类引起退税或者补征、追征税款以及征收滞纳金的，依照有关法律、行政法规以及海关总署规章的规定办理。

第二十六条　违反本规定，构成走私行为、违反海关监管规定行为或者其他违反《海关法》行为的，由海关依照《海关法》《中华人民共和国海关行政处罚实施条例》等有关规定予以处理；构成犯罪的，依法追究刑事责任。

第二十七条　本规定所称商品编码是指《中华人民共和国进出口税则》商品分类目录中的编码。

同一商品编码项下其他商品编号的确定，按照相关规定办理。

第二十八条　本规定由海关总署负责解释。

第二十九条　本规定自2021年11月1日起施行。2007年3月2日海关总署令第158号公布、2014年3月13日海关总署令第218号修改的《中华人民共和国海关进出口货物商品归类管理规定》，2008年10月13日海关总署令第176号公布的《中华人民共和国海关化验管理办法》同时废止。

附表3 计量单位代码表

代码	单位名称	对应单位	换算率
001	台		
002	座		
003	辆		
004	艘		
005	架		
006	套		
007	个		
008	只		
009	头		
010	张		
011	件		
012	支		
013	枝		
014	根		
015	条		
016	把		
017	块		
018	卷		
019	副		
020	片		
021	组		
022	份		
023	幅		
025	双		
026	对		
027	棵		
028	株		
029	井		
030	米		
031	盘		
032	平方米		
033	立方米		
034	筒		
035	千克		
036	克		
037	盆		
038	万个	个	10000
039	具		
040	百副		
041	百支		
042	百把		
043	百个		
044	百片		
045	刀		
046	疋		
047	公担	千克	100
048	扇		
049	百枝		
050	千只		
051	千块		
052	千盒		
053	千枝		
054	千个		
055	亿支		
056	亿个		
057	万套	套	10000
058	千张	张	1000
059	万张	张	10000
060	千伏安		
061	千瓦		
062	千瓦时		
063	千升		
067	英尺	米	0.3048
070	吨	千克	1000
071	长吨	千克	1016
072	短吨	千克	907.2
073	司马担	千克	60.5
074	司马斤	千克	0.605
075	斤	千克	0.5
076	磅	千克	0.4536
077	担	千克	100
078	英担	千克	50.8024
079	短担	千克	45.36
080	两	千克	0.05
081	市担	千克	50
083	盎司	克	31.1
084	克拉	克	0.2
085	市尺	米	0.3333
086	码	米	0.9144
088	英寸	米	0.0254
089	寸	米	0.0333
095	升		
096	毫升	升	0.001
097	英加仑	立方米	0.0045
098	美加仑	立方米	0.0037
099	立方英尺	立方米	0.0283
101	立方尺	立方米	0.037
110	平方码	平方米	0.8361
111	平方英尺	平方米	0.0929
112	平方尺	平方米	0.111
115	英制马力	千瓦	0.7463
116	公制马力	千瓦	0.7353
118	令		
120	箱		
121	批		
122	罐		
123	桶		
124	扎		
125	包		
126	箩		
127	打	件	12
128	筐		
129	罗	个	144
130	匹		
131	册		
132	本		
133	发		
134	枚		
135	捆		
136	袋		
139	粒		
140	盒		
141	合		
142	瓶		
143	千支		
144	万双	双	10000
145	万粒		
146	千粒		
147	千米	米	1000
148	千英尺	米	304.8
149	百万贝可	千升	1
163	部	台	1
164	亿株	长吨	1

附表4 监管证件代码表

证件代码	证件名称	证件代码	证件名称
1	进口许可证	U	合法捕捞产品通关证明
2	两用物项和技术进口许可证	V	人类遗传资源材料出口、出境证明
3	两用物项和技术出口许可证	W	麻醉药品进出口准许证（废止）
4	出口许可证	X	有毒化学品环境管理放行通知单
5	纺织品临时出口许可证	Y	原产地证明
6	旧机电产品禁止进口	Z	赴境外加工光盘进口备案证明
7	自动进口许可证	a	保税核注清单
8	禁止出口商品	b	进口广播电影电视节目带(片)提取单
9	禁止进口商品	c	内销征税联系单
A	检验检疫	d	援外项目任务通知函
B	电子底账	e	关税配额外优惠税率进口棉花配额证
D	金伯利进程证书	f	音像制品（成品）进口批准单
E	濒危物种允许出口证明书	g	技术出口合同登记证
F	濒危物种允许进口证明书	h	核增核扣表
G	两用物项和技术出口许可证(定向)	i	技术出口许可证
H	港澳OPA纺织品证明	k	民用爆炸物品进出口审批单
I	麻醉精神药品进出口准许证	m	银行调运人民币现钞进出境证明
J	黄金及黄金制品进出口准许证	n	音像制品（版权引进）批准单
K	深加工结转申请表	q	国别关税配额证明
L	药品进出口准许证	r	预归类标志
M	密码产品和设备进口许可证	s	适用ITA税率的商品用途认定证明
O	自动进口许可证(新旧机电产品)	t	关税配额证明
P	固体废物进口许可证	u	钟乳石出口批件
Q	进口药品通关单	v	自动进口许可证(加工贸易)
R	进口兽药通关单	x	出口许可证(加工贸易)
S	进出口农药登记证明	y	出口许可证(边境小额贸易)
T	银行调运现钞进出境许可证（废止）	z	古生物化石出境批件

附表5 检验检疫类别代码表

类别代码	类别名称	类别代码	类别名称
L	民用商品入境验证	R	进口食品卫生监督检验
M	进口商品检验	S	出口食品卫生监督检验
N	出口商品检验	V	进境卫生检疫
P	进境动植物、动植物产品检疫	W	出境卫生检疫
Q	出境动植物、动植物产品检疫	D	金伯利进程国际证书

附表6 征减免税方式代码表

方式代码	方式名称	说　明
1	照章征税	对进出口货物依照法定税率计征各类税、费。
2	折半征税	依照主管海关签发的“征免税证明”或海关总署的通知，对进出口货物依照法定税率折半计征关税和增值税，但照章征收消费税。
3	全免	依照主管海关签发的“征免税证明”或海关总署的通知，对进出口货物免征关税和增值税，消费税一般不予免征。

方式代码	方式名称	说 明
4	特案	依照主管海关签发的"征免税证明"或海关总署的通知规定的税率计征各类税、费。
5	随征免性质	对某些监管方式下进出口的货物按照征免性质规定的特殊计税公式或税率计征税、费。
6	保证金	经海关批准具保放行的货物，由担保人向海关交纳现金的一种担保形式。
7	保证函	担保人根据海关的要求，向海关提交的订有明确权利义务的一种担保文书。
8	折半补税	对已征半税的供特区内销售的市场物资，经海关核准运往特区外时，补征另一半相应税款。
9	全额退税	对计划内出口的丝绸、山羊绒实行出口全额退税时，凭"计划内出口证明"开具出口全额退税税单，并计征关务费。

附表7　征免性质代码表

性质代码	性质简称	性 质 全 称
101	一般征税	一般征税进出口货物
118	整车征税	构成整车特征的汽车零部件纳税
119	零部件征税	不构成整车特征的汽车零部件纳税
201	无偿援助	无偿援助进出口物资
299	其他法定	其他法定减免税进出口货物
301	特定区域	特定区域进口自用物资及出口货物
307	保税区	保税区进口自用物资
399	其他地区	其他执行特殊政策地区出口货物
401	科教用品	大专院校及科研机构进口科教用品
402	示范平台用品	
403	技术改造	企业技术改造进口货物
405	科技开发用品	科学研究、技术开发机构进口科技开发用品
406	重大项目	国家重大项目进口货物
407	动漫用品	动漫开发生产用品
408	重大技术装备	生产重大技术装备进口关键零部件及原材料
409	科技重大专项	科技重大专项进口关键设备、零部件和原材料
412	基础设施	通信、港口、铁路、公路、机场建设进口设备
413	残疾人专用品	残疾人专用品
417	远洋渔业	远洋渔业自捕水产品
418	国产化	国家定点生产小轿车和摄录机企业进口散件
419	整车特征	构成整车特征的汽车零部件进口
420	远洋船舶	远洋船舶及设备部件
421	内销设备	内销远洋船用设备及关键部件
423	新型显示器件	新型显示器件生产企业进口物资
426	集成电路和软件企业进口设备	软件生产企业、集成电路设计企业和集成电路生产企业进口设备
428	集成电路产业进口货物	集成电路生产企业先进封装测试企业和关键原材料及零配件生产企业进口货物
499	ITA产品	非全税号信息技术产品
501	加工设备	加工贸易外商提供的不作价进口设备
502	来料加工	来料加工装配和补偿贸易进口料件及出口成品
503	进料加工	进料加工贸易进口料件及出口成品
506	边境小额	边境小额贸易进口货物
510	港澳OPA	港澳在内地加工的纺织品获证出口
601	中外合资	中外合资经营企业进出口货物

性质代码	性质简称	性质全称
602	中外合作	中外合作经营企业进出口货物
603	外资企业	外商独资企业进出口货物
605	勘探开发煤层气	勘探开发煤层气
606	海洋石油	勘探、开发海洋石油进口货物
608	陆上石油	勘探、开发陆上石油进口货物
609	贷款项目	利用贷款进口货物
611	贷款中标	国际金融组织贷款、外国政府贷款中标机电设备零部件
698	公益收藏	国有公益性收藏单位进口藏品
704	花卉种子	花卉种子
705	科普影视	科普影视
707	博览会留购展品	博览会留购展品
710	民用卫星	民用卫星
711	救助船舶设备	救助船舶设备
789	鼓励项目	国家鼓励发展的内外资项目进口设备
799	自有资金	外商投资额度外利用自有资金进口设备、备件、配件
801	救灾捐赠	救灾捐赠进口物资
802	慈善捐赠	境外向我境内无偿捐赠用于扶贫慈善的免税进口物资
803	抗艾滋病药物	进口抗艾滋病病毒药物
811	种子种源	进口种子(苗)、种畜(禽)、鱼种(苗)和种用野生动植物种源
818	中央储备粮油	中央储备粮油免征进口环节增值税政策
819	科教图书	进口科研教学用图书资料
888	航材减免	经核准的航空公司进口维修用航空器材
898	国批减免	国务院特准减免税的进出口货物
899	选择征税	选择征税
901	科研院所	科研院所进口科学研究、科技开发和教学用品
902	高等学校	高等学校进口科学研究、科技开发和教学用品
903	工程研究中心	国家工程研究中心进口科学研究、科技开发和教学用品
904	国家企业技术中心	国家企业技术中心进口科学研究、科技开发和教学用品
905	转制科研机构	转制科研机构进口科学研究、科技开发和教学用品
906	重点实验室	国家重点实验室及企业国家重点实验室进口科学研究、科技开发和教学用品
907	国家工程技术研究中心	国家工程技术研究中心进口科学研究、科技开发和教学用品
908	科技民非单位	科技类民办非企业单位进口科学研究、科技开发和教学用品
909	示范平台	国家中小企业公共服务示范平台（技术类）进口科学研究、科技开发和教学用品
910	外资研发中心	外资研发中心进口科学研究、科技开发和教学用品
911	科教图书	出版物进口单位进口用于科研、教学的图书、文献、报刊及其他资料
921	大型客机	
927	进口钻石	自上海钻石交易所销往国内市场的毛坯钻石和成品钻石
928	三代核电	三代核电项目进口设备
997	自贸协定	
998	内部暂定	享受内部暂定税率的进出口货物
999	例外减免	例外减免税进出口货物

附表8 监管方式代码表

方式代码	方式简称	方式全称
0110	一般贸易	一般贸易
0130	易货贸易	易货贸易
0139	旅游购物商品	用于旅游者5万美元以下的出口小批量订货
0200	料件销毁	加工贸易料件、残次品(折料)销毁
0214	来料加工	来料加工装配贸易进口料件及加工出口货物
0245	来料料件内销	来料加工料件转内销
0255	来料深加工	来料深加工结转货物
0258	来料余料结转	来料加工余料结转
0265	来料料件复出	来料加工复运出境的原进口料件
0300	来料料件退换	来料加工料件退换
0314	加工专用油	国营贸易企业代理来料加工企业进口柴油
0320	不作价设备	加工贸易外商提供的不作价进口设备
0345	来料成品减免	来料加工成品凭征免税证明转减免税
0400	边角料销毁	加工贸易边角料、副产品(按状态)销毁
0420	加工贸易设备	加工贸易项下外商提供的进口设备
0444	保区进料成品	按成品征税的保税区进料加工成品转内销货物
0445	保区来料成品	按成品征税的保税区来料加工成品转内销货物
0446	加工设备内销	加工贸易免税进口设备转内销
0456	加工设备结转	加工贸易免税进口设备结转
0466	加工设备退运	加工贸易免税进口设备退运出境
0500	减免设备结转	用于监管年限内减免税设备的结转
0513	补偿贸易	补偿贸易
0544	保区进料料件	按料件征税的保税区进料加工成品转内销货物
0545	保区来料料件	按料件征税的保税区来料加工成品转内销货物
0615	进料对口	进料加工(对口合同)
0642	进料以产顶进	进料加工成品以产顶进
0644	进料料件内销	进料加工料件转内销
0654	进料深加工	进料深加工结转货物
0657	进料余料结转	进料加工余料结转
0664	进料料件复出	进料加工复运出境的原进口料件
0700	进料料件退换	进料加工料件退换
0715	进料非对口	进料加工(非对口合同)
0744	进料成品减免	进料加工成品凭征免税证明转减免税
0815	低值辅料	低值辅料
0844	进料边角料内销	进料加工项下边角料转内销
0845	来料边角料内销	来料加工项下边角料内销
0864	进料边角料复出	进料加工项下边角料复出口
0865	来料边角料复出	来料加工项下边角料复出口
1039	市场采购	市场采购
1139	国轮油物料	中国籍运输工具境内添加的保税油料、物料
1200	保税间货物	海关保税场所及保税区域之间往来的货物
1210	保税电商	保税跨境贸易电子商务
1215	保税工厂	保税工厂
1233	保税仓库货物	保税仓库进出境货物

方式代码	方式简称	方式全称
1234	保税区仓储转口	保税区进出境仓储转口货物
1239	保税电商A	保税跨境贸易电子商务A
1300	修理物品	进出境修理物品
1371	保税维修	保税维修
1427	出料加工	出料加工
1500	租赁不满1年	租期不满1年的租赁贸易货物
1523	租赁贸易	租期在1年及以上的租赁贸易货物
1616	寄售代销	寄售、代销贸易
1741	免税品	免税品
1831	外汇商品	免税外汇商品
2025	合资合作设备	合资合作企业作为投资进口设备物品
2210	对外投资	境内企业在境外投资以实物投资出口的设备、物资
2225	外资设备物品	外资企业作为投资进口的设备物品
2439	常驻机构公用	外国常驻机构进口办公用品
2600	暂时进出货物	暂时进出口货物
2700	展览品	进出境展览品
2939	陈列样品	驻华商业机构不复运出口的进口陈列样品
3010	货样广告品	进出口的货样广告品
3100	无代价抵偿	无代价抵偿进出口货物
3339	其他进出口免费	其他进出口免费提供货物
3410	承包工程进口	对外承包工程进口物资
3422	对外承包出口	对外承包工程出口物资
3511	援助物资	国家和国际组织无偿援助物资
3611	无偿军援	无偿军援
3612	捐赠物资	进出口捐赠物资
3910	军事装备	军事装备
4019	边境小额	边境小额贸易(边民互市贸易除外)
4039	对台小额	对台小额贸易
4139	对台小额商品交易市场	进入对台小额商品交易专用市场的货物
4200	驻外机构运回	我驻外机构运回旧公用物品
4239	驻外机构购进	我驻外机构境外购买运回国的公务用品
4400	来料成品退换	来料加工成品退换
4500	直接退运	直接退运
4539	进口溢误卸	进口溢卸、误卸货物
4561	退运货物	因质量不符、延误交货等原因退运进出境货物
4600	进料成品退换	进料成品退换
5000	料件进出区	料件进出海关特殊监管区域
5010	特殊区域研发货物	海关特殊监管区域与境外之间进出的研发货物
5014	区内来料加工	海关特殊监管区域与境外之间进出的来料加工货物
5015	区内进料加工货物	海关特殊监管区域与境外之间进出的进料加工货物
5033	区内仓储货物	加工区内仓储企业从境外进口的货物
5034	区内物流货物	海关特殊监管区域与境外之间进出的物流货物
5100	成品进出区	成品进出海关特殊监管区域
5200	区内边角调出	用于区内外非实际进出境货物
5300	设备进出区	设备及物资进出海关特殊监管区域
5335	境外设备进区	海关特殊监管区域从境外进口的设备及物资

方式代码	方式简称	方式全称
5361	区内设备退运	海关特殊监管区域设备及物资退运境外
6033	物流中心进出境货物	保税物流中心与境外之间进出仓储货物
9500	特许权使用费后续征税	特许权使用费后续征税
9600	内贸货物跨境运输	内贸货物跨境运输
9610	电子商务	跨境贸易电子商务
9639	海关处理货物	海关变卖处理的超期未报货物、走私违规货物
9700	后续补税	无原始报关单的后续补税
9710	跨境电商B2B直接出口	跨境电商B2B直接出口
9739	其他贸易	其他贸易
9800	租赁征税	租赁期1年及以上的租赁贸易货物的租金
9810	跨境电商出口海外仓	跨境电商出口海外仓
9839	留赠转卖物品	外交机构转售境内或国际活动留赠放弃特批货物
9900	其他	其他

附表9　运输方式代码表

方式代码	方式名称	方式代码	方式名称
0	非保税区	G	固定设施
1	监管仓库	H	边境特殊海关作业区
2	水路运输	L	旅客携带
3	铁路运输	P	洋浦保税港区
4	公路运输	S	特殊综合保税区
5	航空运输	T	综合实验区
6	邮件运输	W	物流中心
7	保税区	X	物流园区
8	保税仓库	Y	保税港区
9	其它运输	Z	出口加工区

附表10　结汇方式代码表

方式代码	方式名称	方式代码	方式名称	方式代码	方式名称
1	信汇	4	付款交单	7	先出后结
2	电汇	5	承兑交单	8	先结后出
3	票汇	6	信用证	9	其他

附表11　用途代码表

用途代码	用途名称	用途代码	用途名称	用途代码	用途名称
01	外贸自营内销	05	加工返销	09	作价提供
02	特区内销	06	借用	10	货样，广告品
03	其它内销	07	收保证金	11	其它
04	企业自用	08	免费提供	13	以产顶进

附表12　货币代码表

货币代码	货币名称	海关原用代码	货币代码	货币名称	海关原用代码
AUD	澳大利亚元	601	KRW	韩国圆	133
CAD	加拿大元	501	MOP	澳门元	121
CHF	瑞士法郎	331	NOK	挪威克朗	326
CNY	人民币	142	NZD	新西兰元	609
DKK	丹麦克朗	302	PHP	菲律宾比索	129
EUR	欧元	300	SGD	新加坡元	132
GBP	英镑	303	SEK	瑞典克朗	330
HKD	港币	110	THB	泰国铢	136
JPY	日本元	116	USD	美元	502
IDR	印度尼西亚卢比	112	MYR	马来西亚林吉特	122
TWD	新台币	143	RUB	俄罗斯卢布	344

附表13　成交方式代码表

方式代码	方式名称	方式代码	方式名称
1	CIF	5	市场价
2	C&F	6	垫仓
3	FOB	7	EXW
4	C&I		

附表14　地区性质代码表

地区代码	地区名称	地区代码	地区名称
1	经济特区	7	广东省
2	沿海开放城市	8	福建省
3	经济技术开发区	9	北京市、新疆
4	经济开放区	A	保税工业区
5	海南省	B	新技术开发园区
6	西藏自治区		

附表15　机构性质代码表

机构代码	机构名称	机构代码	机构名称
1	国有	6	私营
2	合作	7	个体工商户
3	合资	8	报关
4	独资	9	其他
5	集体		

附表16　关区代码表

代码	名称
0000	海关总署
0100	北京关区
0101	京机场关
0102	京监管处
0103	京关展览
0104	京西城关
0105	京会展关
0106	大兴机场
0107	机场库区
0108	京综合处
0109	机场旅检
0110	平谷海关
0111	京车站关
0112	京邮局关
0113	京中关村
0114	海淀海关
0115	京东城关
0116	大兴旅检
0117	亦庄海关
0118	京朝阳关
0119	通州海关
0121	京稽查处
0123	机场调技
0124	北京站
0125	西客站
0126	丰台海关
0127	京快件
0128	顺义海关
0129	天竺海关
0130	亦庄物流
0200	天津海关
0201	津南开关
0202	新港海关
0203	塘沽海关
0204	东港海关
0205	津塘沽办
0206	津邮局关
0207	津机场办
0208	津保税区
0209	津蓟州关
0210	武清海关
0211	津加工区
0212	津物流园
0213	天津东疆
0214	津滨综保
0215	津机快件
0216	津开物流
0217	东疆港区
0218	静海海关
0219	津北辰关
0220	津关税处
0221	津宁河关

代码	名称
0222	津大港关
0223	津临港关
0224	津南疆关
0225	津西青关
0226	津北塘关
0227	津河西关
0228	津东丽关
0229	津蓟物流
0400	石家庄区
0401	鹿泉海关
0402	秦皇岛关
0403	唐山海关
0404	廊坊海关
0405	保定海关
0406	邯郸海关
0407	秦加工区
0408	沧州海关
0409	廊坊综保
0410	石机场关
0411	张家口关
0412	曹妃甸关
0413	邢台海关
0414	曹综保区
0415	衡水海关
0416	石关快件
0417	承德海关
0418	石综保区
0419	武安物流
0420	京唐物流
0421	正定海关
0422	京唐港关
0423	雄安海关
0424	黄骅港关
0425	辛集物流
0426	北戴河关
0500	太原关区
0501	晋阳海关
0502	并机场关
0503	大同海关
0504	临汾海关
0505	方略物流
0506	太原综保
0507	运城海关
0508	晋城海关
0509	兰花物流
0510	太原邮件
0511	武宿海关
0512	长治海关
0513	阳泉海关
0514	朔州海关
0515	忻州海关

代码	名称
0600	满洲里关
0601	海拉尔关
0602	额尔古纳
0603	满十八里
0604	赤峰海关
0605	通辽海关
0606	满哈沙特
0607	满室韦
0608	满互贸区
0609	满铁路
0610	满市区
0611	满机场
0612	阿尔山关
0613	赤峰物流
0614	额布都格
0615	满综保区
0616	满关邮办
0700	呼特关区
0701	赛罕海关
0702	二关铁路
0703	包头海关
0704	呼关邮办
0705	二关公路
0706	包头箱站
0707	额济纳关
0708	乌拉特关
0709	满达口岸
0710	东乌海关
0711	机场海关
0712	呼综保区
0713	鄂尔多斯
0714	集宁海关
0715	乌海海关
0716	鄂综保区
0717	包头保B
0718	巴市保B
0719	二关公直
0720	七苏保B
0800	沈阳关区
0801	浑南海关
0802	锦州海关
0803	沈邮局关
0804	抚顺海关
0805	铁西海关
0806	辽阳海关
0807	沈机场关
0808	辽中海关
0809	沈快件
0810	葫芦岛关
0811	辽宁朝阳
0812	沈抚新区
0813	铁岭海关

代码	名称
0814	铁保（B型）
0815	阜新海关
0900	大连海关
0901	大连港湾
0902	大连机场
0903	连开发区
0904	连加工区
0905	北良港关
0906	连保税区
0907	连物流园
0908	连大窑湾
0909	连邮局关
0910	连保税港
0911	长兴岛关
0912	大连快件
0915	庄河海关
0916	七贤岭关
0917	旅顺海关
0919	金石滩关
0930	丹东海关
0931	本溪海关
0932	丹太平湾
0940	营口海关
0941	盘锦海关
0942	盘港物流
0943	营口综保
0950	鲅鱼圈关
0951	营港物流
0953	仙人岛办
0960	大东港关
0980	鞍山海关
1500	长春关区
1501	绿园海关
1502	兴隆海关
1503	长白海关
1504	临江口岸
1505	图们海关
1506	通化海关
1507	珲春海关
1508	吉林海关
1509	延吉海关
1510	长春综保
1511	龙嘉机场
1512	松原海关
1513	白城海关
1514	白山海关
1515	图们车办
1516	通海关村
1517	珲长岭子
1518	吉关车办
1519	图们三合
1521	一汽场站

代码	名称
1522	长白山海关
1523	四平海关
1524	辽源海关
1525	图们桥办
1526	通集青石
1527	珲春圈河
1528	吉林物流
1529	延吉南坪
1531	兴隆铁路
1536	通集铁路
1537	珲沙坨子
1539	图开山屯
1546	通集公路
1547	珲综保区
1549	延吉城里
1557	珲春车办
1559	延吉邮办
1569	延吉机办
1579	延关快件
1589	延吉保B
1591	长邮海关
1593	长白邮办
1595	图们邮办
1596	通集邮办
1900	哈尔滨区
1901	哈尔滨关
1902	绥关铁路
1903	黑河海关
1904	同江海关
1905	佳木斯海关
1906	牡丹江关
1907	东宁海关
1908	逊克海关
1909	齐齐哈尔
1910	大庆海关
1911	密山海关
1912	虎林海关
1913	同江富锦
1914	抚远海关
1915	漠河海关
1916	萝北海关
1917	嘉荫海关
1918	饶河海关
1919	冰城香办
1920	哈开发区
1921	绥综保区
1922	冰城邮办
1923	哈关车办
1924	哈机场关
1925	绥关公路
1926	哈综保区
1927	哈综口岸
1928	绥综口岸
1929	牡保B型
1930	冰城海关

代码	名称
1931	鹤岗海关
1932	黑河保B
2200	上海海关
2201	浦江海关
2202	吴淞海关
2203	虹桥机场
2204	闵开发区
2205	车站海关
2206	邮局海关
2207	洋山海关
2208	宝山海关
2209	龙吴海关
2210	浦东海关
2211	卢湾监管
2212	奉贤海关
2213	莘庄海关
2214	漕河泾发
2215	西北物流
2216	浦机综保
2217	嘉定海关
2218	外高桥关
2219	沪杨浦关
2220	金山海关
2221	松江海关
2222	青浦海关
2223	沪科创关
2224	崇明海关
2225	外港海关
2226	贸易网点
2227	普陀区站
2228	沪会展关
2229	航交办
2230	沪徐汇关
2231	洋山市内
2232	嘉定出口
2233	浦东机场
2234	沪钻交所
2235	松江综A
2236	洋山芦潮
2237	松江综B
2238	青浦综保
2239	奉贤综保
2240	漕河泾综
2241	沪黄浦关
2242	沪业二处
2243	沪虹口关
2244	上海快件
2245	金桥综保
2246	保税物流
2247	沪化工区
2248	洋山港区
2249	洋山特综
2250	沪空港办
2251	沪金桥办
2252	虹桥B保

代码	名称
2300	南京海关
2301	连云港关
2302	南通海关
2303	苏州海关
2304	无锡海关
2305	张家港关
2306	常州海关
2307	镇江海关
2308	新生圩关
2309	盐城海关
2310	扬州海关
2311	徐州海关
2312	江阴海关
2313	张保税区
2314	苏工业区
2315	淮安海关
2316	泰州海关
2317	禄口机场
2318	金陵江北
2319	如皋海关
2320	锡关机办
2321	常溧阳办
2322	镇丹阳办
2323	金陵海关
2324	常熟海关
2325	昆山海关
2326	吴江海关
2327	太仓海关
2328	苏吴中办
2329	启东海关
2330	泰泰兴办
2331	宜兴海关
2332	锡锡山办
2333	南通关办
2334	新沂保B
2335	昆山加工
2336	苏园加工
2337	徐州综保
2338	苏关邮办
2339	南通加工
2340	无锡加工
2341	连关加工
2342	连赣榆办
2343	宁南加工
2344	苏高加工
2345	镇江加工
2346	连关综保
2347	苏园B区
2348	金港海关
2349	金陵邮办
2350	苏高物流
2351	金陵江宁
2352	宁空保B
2353	常关出加
2354	扬关出加

代码	名称
2355	常熟出加
2356	吴江出加
2357	常关武办
2358	苏园保税
2359	吴中出加
2360	盐关港办
2361	淮关出加
2362	澄关物流
2363	太仓物流
2364	武进出加
2365	张保税港
2366	宿迁海关
2367	泰出加区
2368	苏高综保
2369	昆山综保
2370	连关物流
2371	盐机场办
2372	盐城综保
2373	淮安综保
2374	锡高综保
2375	靖江海关
2376	南通综保
2377	龙潭综保
2378	江宁综保
2379	苏相城办
2380	太仓综保
2381	苏园贸易
2382	苏虎丘办
2383	如东海关
2384	如皋物流
2385	泰州综保
2386	镇江综保
2387	常州综保
2388	武进综保
2389	常熟综保
2390	吴江综保
2391	徐州物流
2392	通海门办
2393	通海安办
2394	吴中综保
2395	大丰物流
2396	海安物流
2397	江阴综保
2398	扬州综保
2900	杭州关区
2901	钱综三处
2902	钱江海关
2903	温州海关
2904	舟山海关
2905	台州海关
2906	绍兴海关
2907	湖州海关
2908	嘉兴海关
2909	钱关下沙
2910	杭州机场

代码	名称
2911	钱关邮办
2912	钱关萧办
2915	丽水海关
2916	杭州快件
2917	衢州海关
2918	钱关余办
2919	钱关富办
2920	金华海关
2921	义乌海关
2922	金关永办
2923	义乌物流
2924	金义综保
2927	义关机办
2928	杭关电商
2929	钱关建办
2931	温关邮办
2932	温经开关
2933	温关机办
2934	温关鳌办
2935	温关瑞办
2936	温关乐办
2937	温州物流
2938	温州综保
2941	嵊泗海关
2942	舟关金塘
2943	舟关综保
2951	台关临办
2952	台关温办
2953	台关玉办
2961	绍关虞办
2962	绍关诸办
2963	绍关新办
2971	湖关安办
2972	湖关德办
2979	湖州保B
2981	嘉关乍办
2982	嘉关善办
2983	嘉兴综保
2984	嘉关宁办
2985	嘉兴桐办
2986	嘉综B区
2991	杭州综保
2992	杭州物流
3100	宁波关区
3101	海曙海关
3102	镇海海关
3103	甬北城办
3104	北仑海关
3105	甬保税区
3106	大榭海关
3107	余姚海关
3108	慈溪海关
3109	甬机场关
3110	象山海关
3111	甬加工区

代码	名称
3112	甬物流区
3113	慈加工区
3114	鄞州海关
3115	栎社海关
3116	梅山港区
3117	梅山保税
3118	宁波快件
3119	甬邮局关
3120	镇海物流
3121	甬北港办
3122	甬北穿办
3123	甬江海关
3124	奉化海关
3125	宁海海关
3126	甬新区关
3300	合肥海关
3301	芜湖海关
3302	安庆海关
3303	马鞍山关
3304	黄山海关
3305	蚌埠海关
3306	铜陵海关
3307	阜阳海关
3308	池州海关
3309	滁州海关
3310	庐州海关
3311	新桥机场
3312	芜湖综保
3313	经开综保
3315	宣城海关
3316	蚌埠物流
3317	合肥综保
3318	淮南海关
3319	宿州海关
3320	合关快件
3321	安庆物流
3322	宣城物流
3323	空港物流
3324	马综保区
3325	六安海关
3326	淮北海关
3327	亳州海关
3328	铜陵物流
3500	福州关区
3501	马尾海关
3502	榕福清办
3503	宁德海关
3504	三明海关
3505	榕罗源办
3506	莆田海关
3507	机场海关
3508	福州新港
3509	榕邮局办
3510	南平海关

代码	名称
3511	武夷山关
3512	黄岐监管
3513	榕快安办
3515	平潭港区
3516	平潭海关
3520	福州加工
3521	翔福保B
3522	福物流园
3523	福保税港
3700	厦门关区
3701	厦门海关
3702	泉刺桐办
3703	漳州海关
3704	东山海关
3705	泉石狮办
3706	龙岩海关
3707	泉泉港办
3708	海沧港区
3709	海沧保税
3710	高崎海关
3711	东渡海关
3712	海沧海关
3713	邮局海关
3714	象屿保税
3715	机场海关
3716	集同海关
3717	厦物流园
3718	泉综保区
3719	厦门加工
3720	厦门物流
3722	大嶝监管
3723	泉晋江办
3724	邮轮海关
3725	翔安海关
3726	泉陆地港
3727	古雷海关
3728	泉安溪办
3729	泉南安办
3730	厦五通办
3731	漳招银办
3732	泉州海关
3733	漳州保B
3777	厦稽查处
3788	厦侦查局
4000	南昌关区
4001	赣江海关
4002	九江海关
4003	赣州海关
4004	景德镇关
4005	吉安海关
4006	昌北机场
4007	青山湖关
4008	龙南海关
4009	新余海关

代码	名称
4010	浔关区办
4011	洪关区办
4012	虔关区办
4013	上饶海关
4014	南昌物流
4015	吉井加工
4016	鹰潭海关
4017	赣州综保
4018	宜春海关
4019	南昌综保
4020	龙南物流
4021	萍乡海关
4022	抚州海关
4023	九江综保
4024	南昌快件
4025	南昌邮件
4200	青岛海关
4201	烟台海关
4202	日照海关
4203	龙口海关
4204	威海海关
4205	济南海关
4206	潍坊海关
4207	淄博海关
4208	烟加B区
4209	荣成海关
4210	青保税区
4211	济宁海关
4212	泰安海关
4213	临沂海关
4214	青前湾港
4215	菏泽海关
4216	东营海关
4217	枣庄海关
4218	青开发区
4219	蓬莱海关
4220	青机场关
4221	烟机场办
4222	莱州海关
4223	青岛邮关
4224	烟关长办
4225	威海港办
4226	青聊城办
4227	青岛大港
4228	烟关快件
4229	德州海关
4230	前湾保税
4231	烟开发区
4232	日岚山办
4233	济机场办
4234	济加工区
4235	济邮局办
4236	荣龙眼办
4237	现场业务
4238	威邮局办

代码	名称
4239	潍诸城办
4240	青关快件
4241	烟加工区
4242	威综保北
4243	济曲阜办
4244	青滨州办
4245	烟台邮办
4246	青胶综保
4247	威机场办
4248	青莱芜办
4249	潍加工区
4250	青西综区
4251	淄博物流
4253	日照物流
4254	青岛物流
4255	潍寿光办
4256	威港快件
4257	临综保区
4258	前湾口岸
4259	黄关快件
4260	青港快件
4261	烟港快件
4262	威综保南
4263	海阳海关
4264	烟莱阳办
4265	胶州海关
4266	即墨海关
4267	烟招远办
4268	青董港关
4269	石港快件
4270	威文登办
4271	日照综保
4272	大港快件
4273	即墨综保
4274	烟福保B
4277	青西保B
4288	烟八角办
4300	济南海关
4301	泉城海关
4302	济机场关
4303	济综保区
4305	济邮局关
4306	章锦综保
4310	潍坊海关
4311	潍诸城办
4312	潍综保区
4313	潍寿光办
4315	诸城物流
4320	淄博海关
4321	淄博物流
4330	泰安海关
4341	济机快件
4342	济邮快件
4350	东营海关
4351	东营综保

代码	名称
4360	聊城海关
4370	德州海关
4380	滨州海关
4381	滨州物流
4390	莱芜海关
4600	郑州关区
4601	金水海关
4602	洛阳海关
4603	南阳海关
4604	郑机场关
4605	郑邮局关
4606	郑车站关
4607	安阳海关
4608	新区海关
4609	商丘海关
4610	周口海关
4611	经开综保
4612	新郑海关
4613	郑州空港
4614	焦作海关
4615	三门峡关
4616	新乡海关
4617	信阳海关
4618	鹤壁海关
4619	德众物流
4620	郑航空港
4621	许昌海关
4622	南阳综保
4623	商丘物流
4624	漯河海关
4625	濮阳海关
4626	民权办
4627	民权保B
4628	济源海关
4629	驻马店海关
4630	平顶山海关
4631	开封海关
4700	武汉海关
4701	宜昌海关
4702	荆州海关
4703	襄阳海关
4704	黄石海关
4705	汉阳海关
4706	宜三峡办
4707	鄂加工区
4708	现场一处
4709	武江物流
4710	武关货管
4711	武关快件
4712	武关机场
4713	邮局海关
4714	新港海关
4715	汉口海关
4716	十堰海关

代码	名称
4718	武昌海关
4719	东湖综保
4720	黄石物流
4721	仙桃海关
4722	东湖陆港
4723	宜昌物流
4724	襄阳物流
4725	空港综保
4726	新港综保
4727	荆门海关
4728	鄂州海关
4729	随州海关
4730	恩施海关
4731	经开综保
4732	仙桃物流
4733	荆门保B
4734	宜昌综保
4900	长沙关区
4901	衡阳海关
4902	岳阳海关
4903	郴州海关
4904	常德海关
4905	星关霞办
4906	株洲海关
4907	韶山海关
4908	湘机场关
4909	株关醴办
4910	郴州综保
4911	永州海关
4913	金霞物流
4914	张家界关
4915	衡阳综保
4916	星沙海关
4917	湘潭综保
4918	星关浏办
4919	岳阳综保
4920	湘邮海关
4921	黄花综保
4922	株洲物流
4923	邵阳海关
4924	益阳海关
4925	怀化海关
4926	湘西海关
4927	星关铁运
4928	娄底海关
5000	广东分署
5100	广州海关
5101	内港新风
5102	越秀海关
5103	清远海关
5104	清远英德
5105	天河保税
5106	南沙散货

代码	名称
5107	肇庆大旺
5108	肇庆德庆
5109	海珠滘心
5110	南海海关
5111	南海陆港
5112	南海九江
5113	南海北村
5114	南海平洲
5115	荔湾海关
5116	南海业务
5117	桂江车场
5118	平洲旅检
5119	南海三山
5120	海珠海关
5121	内港芳村
5122	内港洲嘴
5123	内港四仓
5124	双东车场
5125	从化海关
5126	内港赤航
5130	广州萝岗
5131	花都海关
5132	花都码头
5133	穗知识城
5134	穗保税处
5135	天河海关
5136	穗统计处
5137	穗价格处
5138	高明食出
5139	穗监管处
5140	穗关税处
5141	广州机场
5142	民航快件
5143	广州车站
5144	穗机综保
5145	广州邮办
5146	穗关会展
5147	穗邮办监
5148	穗大郎站
5149	大铲海关
5150	顺德海关
5151	顺德保税
5152	顺德食出
5153	顺德车场
5154	北窖车场
5155	顺德旅检
5157	陈村车场
5158	顺德勒流
5160	番禺海关
5161	沙湾车场
5162	番禺旅检
5163	番禺货柜
5164	番禺船舶
5165	南沙保税
5166	南沙新港
5167	南沙货港

代码	名称
5168	南沙汽车
5169	南沙海关
5170	肇庆海关
5171	肇庆高要
5172	肇庆车场
5173	肇庆新港
5174	肇庆旅检
5175	肇庆码头
5176	肇庆四会
5177	肇庆三榕
5178	云浮海关
5179	罗定海关
5180	佛关禅办
5181	高明海关
5182	佛山澜石
5183	三水码头
5184	佛山窖口
5185	佛山快件
5186	佛山保税
5187	佛山车场
5188	佛山海关
5189	佛山新港
5190	韶关海关
5191	韶关乐昌
5192	三水海关
5193	三水车场
5194	三水港
5195	审单中心
5196	云浮新港
5197	白云电商
5198	穗河源关
5199	穗技术处
5200	黄埔关区
5201	埔老港关
5202	埔新港关
5203	增城海关
5204	东莞海关
5205	太平海关
5206	惠州海关
5207	凤岗海关
5208	穗东海关
5209	埔东海关
5210	埔红海办
5211	河源海关
5212	新沙海关
5213	埔长安关
5214	常平海关
5216	沙田海关
5217	寮步车场
5218	江龙车场
5219	埔物流园
5220	东莞物流
5221	埔荔城办
5222	清溪物流
5223	东莞邮办

代码	名称
5224	萝岗海关
5225	虎门综保
5300	深圳海关
5301	皇岗海关
5302	罗湖海关
5303	沙头角关
5304	蛇口海关
5305	福强海关
5306	笋岗海关
5307	南头海关
5308	龙岗海关
5309	布吉海关
5310	淡水办
5311	深关车站
5312	深监管处
5313	深调查局
5314	深关邮局
5315	惠东海关
5316	大鹏海关
5317	深机场关
5318	梅林海关
5319	同乐海关
5320	文锦渡关
5321	福田海关
5322	沙保税关
5323	深审单处
5324	深审价办
5325	深关税处
5326	深数统处
5327	深法规处
5328	深规范处
5329	深保税处
5330	盐保税关
5331	三门岛办
5332	深财务处
5333	深侦查局
5334	深稽查处
5335	深技术处
5336	深办公室
5337	大亚湾核
5338	惠州港关
5339	坪山海关
5340	沙湾海关
5341	深惠州关
5342	深红海办
5343	深盐物流
5344	惠石化办
5345	深圳湾关
5346	深机快件
5348	深关大铲
5349	前海港区
5350	大运通关
5351	前海保税
5352	梅沙海关
5353	西九龙关

代码	名称
5354	莲塘海关
5355	福中海关
5356	前海海关
5357	观澜海关
5358	西沥海关
5700	拱北关区
5701	拱稽查处
5710	闸口海关
5720	中山海关
5721	中山港
5724	中石岐办
5725	坦洲货场
5726	中山物流
5727	小榄港
5728	神湾港
5729	中山快件
5730	香洲海关
5740	湾仔海关
5741	湾仔船舶
5750	九洲海关
5760	拱白石办
5770	斗门海关
5771	斗井岸办
5772	斗平沙办
5780	高栏海关
5782	宏达码头
5788	大桥海关
5790	拱监管处
5791	拱跨工区
5792	拱保税区
5793	万山海关
5794	桂山中途
5795	横琴海关
5796	澳大校区
5798	拱关邮检
5799	南屏快件
6000	汕头海关
6001	汕关货一
6002	汕关货二
6003	汕关行邮
6004	潮汕机场
6006	汕关保税
6007	汕关业务
6008	濠江海关
6009	汕关邮包
6010	汕保物流
6011	揭阳海关
6012	普宁海关
6013	澄海海关
6014	广澳海关
6015	南澳海关
6016	濠江现场
6018	揭关惠来
6019	龙湖海关

代码	名称
6020	汕港海关
6021	潮州海关
6022	饶平海关
6023	饶平快件
6026	汕头综保
6028	潮阳海关
6031	汕尾海关
6032	海城海关
6033	尾关陆丰
6038	汕关快件
6041	梅州海关
6042	梅州兴宁
6046	梅州综保
6400	海口关区
6401	海口港
6402	三亚海关
6403	八所海关
6404	洋浦区关
6405	海保税区
6406	文昌海关
6407	美兰机场
6408	洋浦港
6409	海口综保
6410	马村港
6411	椰城海关
6412	三沙海关
6413	博鳌机场
6700	湛江关区
6701	湛江海关
6702	茂名海关
6703	徐闻海关
6704	海东海关
6705	茂名水东
6706	湛江吴川
6707	廉江海关
6708	茂名高州
6709	茂名信宜
6710	东海岛关
6711	霞山海关
6712	霞海海关
6713	湛江机场
6714	湛江博贺
6715	湛江快件
6716	湛江物流
6717	湛江调顺
6718	湛江遂溪
6800	江门关区
6810	江门海关
6811	高沙海关
6812	外海海关
6813	江门旅检
6815	外海电商
6816	江门车场

代码	名称
6817	江门保税
6820	新会海关
6821	新会港
6827	新会稽查
6830	台山海关
6831	台公益港
6837	台山稽查
6840	开平海关
6841	开平码头
6847	开平电商
6850	恩平海关
6851	恩平港
6857	恩平稽查
6860	鹤山海关
6861	鹤山码头
6866	南方电商
6867	鹤松电商
6870	阳江海关
6871	阳江港
6872	阳江车场
6877	阳江稽查
7200	南宁关区
7201	邕州海关
7202	北海海关
7203	梧州海关
7204	桂林海关
7205	柳州海关
7206	防城海关
7207	东兴海关
7208	凭祥海关
7209	贵港海关
7210	水口海关
7211	龙邦海关
7212	钦州海关
7213	桂林机办
7214	北海综保
7215	南关钦保
7216	南宁综保
7217	钦州港关
7218	玉林海关
7219	南凭综保
7220	友谊关
7221	邕机场关
7222	邕邮局关
7223	贺州海关
7224	河池海关
7225	爱店海关
7226	峒中海关
7227	防港保B
7228	硕龙海关
7229	平孟海关
7230	柳州保B
7900	成都关区
7901	蓉青关

代码	名称
7902	蓉机双流
7903	蓉乐关
7904	蓉攀关
7905	蓉绵关
7906	蓉邮关
7907	蓉盐关
7908	蓉内关
7909	公路场站
7910	蓉机快件
7911	蓉泸关
7912	蓉戎关
7913	蓉南关
7914	蓉绵加工
7915	蓉锦关
7916	蓉锦西区
7917	蓉遂关
7918	蓉旌关
7919	蓉通关
7920	蓉机保B
7921	蓉泸保B
7922	蓉锦双流
7923	蓉戎保B
7924	蓉青保B
7925	蓉新关
7926	蓉利关
7927	蓉新物流
7928	蓉青综保
7929	蓉泸综保
7930	蓉戎综保
7931	蓉锦综保
7932	蓉绵综保
7933	蓉南保B
8000	重庆关区
8001	重庆海关
8002	两江海关
8003	重庆机场
8004	重庆邮局
8005	万州海关
8006	渝州海关
8007	重庆水港
8008	渝加工区
8009	涪陵海关
8010	寸滩水港
8011	渝关快件
8012	两寸海关
8013	西永综保
8014	西永海关
8015	渝贸园区
8016	渝铁物流
8017	渝公物流
8018	黔江海关
8019	江津综保
8020	永川海关
8021	涪陵综保
8022	果园保B

代码	名称
8300	贵阳海关
8301	筑城海关
8302	黔机场关
8303	遵义海关
8304	贵阳综保
8305	贵阳现场
8306	贵安综保
8307	贵安海关
8308	六盘水关
8309	遵义综保
8310	凯里海关
8311	毕节海关
8312	兴义海关
8313	铜仁海关
8600	昆明关区
8601	滇中海关
8602	畹町海关
8603	瑞丽海关
8604	章凤海关
8605	盈江海关
8606	孟连海关
8607	南伞海关
8608	孟定海关
8609	打洛海关
8610	腾冲海关
8611	沧源海关
8612	勐腊海关
8613	河口海关
8614	金水河关
8615	天保海关
8616	田蓬海关
8617	大理海关
8618	芒市海关
8619	腾驻隆阳
8620	昆明机场
8621	邮局海关
8622	西双版纳
8623	丽江海关
8624	思茅海关
8625	河口山腰
8626	怒江海关
8627	昆明高新
8628	昆明加工
8629	香格里拉
8631	勐康海关
8632	昆明快件
8633	红河综保
8634	昆明综保
8635	昆综口岸
8636	高新物流
8637	红综口岸
8638	磨憨快件
8639	机场电商
8640	腾俊物流

代码	名称
8641	都龙海关
8642	瑞驻姐告
8643	瑞驻弄岛
8644	孟驻临翔
8645	西驻关累
8646	蒙自海关
8647	曲靖海关
8648	玉溪海关
8800	拉萨海关
8801	聂拉木关
8802	日喀则关
8803	狮泉河关
8804	机场海关
8805	八廓海关
8806	普兰海关
8807	亚东海关
8808	吉隆海关
8809	林芝海关
8810	拉萨综保
9000	西安关区
9001	关中海关
9002	咸阳机场
9003	宝鸡海关
9004	邮局海关
9005	陕加工A
9006	陕加工B
9007	西安综保
9008	高新综保
9009	车站海关
9010	延安海关
9011	渭南海关
9012	榆林海关
9013	西咸物流
9014	汉中海关
9015	商洛海关
9016	航空综保
9017	宝鸡综保
9400	乌关区
9401	乌昌公路
9402	霍尔果斯
9403	吐尔尕特
9404	阿拉山口
9405	塔城海关
9406	伊宁海关
9407	吉木乃关
9408	喀什海关
9409	红其拉甫
9410	阿勒泰关
9411	塔克什肯
9412	乌拉斯太
9413	哈密关
9414	红山嘴
9415	伊尔克什

代码	名称
9416	库尔勒关
9417	乌机场关
9418	乌加工区
9419	都拉塔关
9420	乌昌关
9421	霍中心A
9422	石河子关
9423	山口综保
9424	喀什综保
9425	卡拉苏关
9426	奎屯物流

代码	名称
9427	中哈合作中心配套区
9428	乌邮局关
9429	乌综保区
9430	阿克苏关
9500	兰州关区
9501	金城海关
9502	酒泉海关
9503	中川机场
9504	武威物流
9505	天水海关

代码	名称
9506	金昌海关
9507	兰州综保
9508	敦煌机场
9509	平凉海关
9600	银川海关
9601	兴庆海关
9602	河东机场
9603	石嘴山关
9604	银川综保
9605	银关快件
9606	石嘴山物流

代码	名称
9607	中卫海关
9700	西宁关区
9701	西海海关
9702	青海物流
9703	西宁机场
9704	格尔木海关
9705	西宁综保
9900	政法司

附表17　进境物品进口税率表

序号	物品名称	税率（%）
1	国家规定减按3%征收进口环节增值税的抗癌药品	3
2	食品、饮料、药品，金银，电话机、视频摄录一体机、数字照相机、存储卡等信息技术产品及其配件、附件，家具，耳机及耳塞机、磁盘、磁带、光学媒体、半导体媒体以及其他影音类信息技术产品及其配件、附件，计算机及其外围设备，书报、刊物及其他各类印刷品，教育用影视资料，玩具、游戏品、节日或其他娱乐用品	13
3	纺织品及其制成品、皮革服装及配饰、箱包及鞋靴，表、钟及其配件、附件（高档手表除外），钻石及钻石首饰，家用医疗、保健及美容器材，厨卫用具及其他小家电，空调、电冰箱、洗衣设备、电视机、其他摄影（像）设备、其他影音设备及其配件、附件，文具用品，邮票、艺术品、收藏品，乐器，除高尔夫球以外各种运动用品、钓鱼用品，自行车，本表1、2、4不包含的其他商品	20
4	化妆品、洗护用品	50或20
5	烟、酒，高档手表，贵重首饰及珠宝玉石（不含钻石），高尔夫球及球具	50

注：所列各项物品的具体范围参见海关总署2019年第63号公告附件《中华人民共和国进境物品归类表》有关规定。

附表18 应征进口反倾销、反补贴税产品清单

税号	商品名称	国家(地区)	生产厂商	税率(%)
反倾销				
0207.1100 0207.1200 0207.1311 0207.1319 0207.1321 0207.1329 0207.1411 0207.1419 0207.1421 0207.1422 0207.1429 0504.0021	白羽肉鸡产品(Broiler Products or Chicken Products)	巴西	SEARAALIMENTOS LTDA	17.8
			JBS AVES LTDA	17.8
			SEARA COMERCIO DE ALIMENTOS LTDA	17.8
			AGRICOLA JANDELLE S/A	17.8
			BRF S.A.	25.8
			SHB COMERCIO E INDUSTRIA DE ALIMENTOS S.A.(初裁中为BRF S.A.)	25.8
			COMPANHIA MINUANO ALIMENTOS(初裁中为BRF S.A.)	25.8
			C.Vale-Cooperativa Agroindustrial	32.4
			Cooperativa Central Aurora Alimentos	20.2
			LAR COOPERATIVA AGROINDUSTRIAL	20.2
			Copacol-CooperativaAgroindustrialConsolata	20.2
			COOPAVEL COOPERATIVA AGROINDUSTRIAL	20.2
			Sao Sslvador Alimentos S/A	20.2
			RICELLI ALIMENTOS S/A(初裁中为NOGUEIRA RIBELLI IRMAOS LTDA.)	20.2
			GONCALVES& TORTOLA S/A	20.2
			COOPERATIVA AGROINDUSTRIAL COPAGRIL(初裁中为Cooperativa Agroindustrial Copagril)	20.2
			VIBRA AGROINDUSTRIAL S/A(初裁中为 VibraAgroindustrial S.A.)	20.2
			AGROSUL AGROAVICOLA INDUSTRIAL., S.A.	20.2
			KAEFER AGRO INDUSTRIAL LTDA	20.2
			VOSSKO DO BRASIL ALIMENTOS CONGELADOS LTDA	20.2
			AVENORTE AVICOLA CIANORTE LTDA	20.2
			ADORO S/A	20.2
			BONASA ALIMENTOS S/A	20.2
			FLAMBOIA ALIMENTOS LTDA	20.2
			FRIGORIFICO NOVA ARACA LTDA(初裁中为FRIGORIFICO NOVA ARACA LTDA.)	20.2
			RIO BRANCO ALIMENTOS S.A.(初裁中为Rio Branco Alimentos S.A.(PifPaf))	20.2
			ZANCHETTA ALIMENTOS LTDA(初裁中为Zanchetta Alimentos Ltda)	20.2
			AGRODANIELI INDUSTRIA E COMERCIO LTDA.(初裁中为 AgrodanieliIndustria e ComercioLtda)	20.2
			BELLOALIMENTOS LTDA.	20.2
			COASUL COOPERATIVE AGROINDUSTRIAL	20.2
			COOPERATIVA LANGUIRU LTDA	20.2
			其他巴西公司(All Others)	32.4
		国(地)别不详	国(地)别不详	32.4
1108.1300	马铃薯淀粉	欧盟	皇家艾维贝合作社公司(Cooperatie Koninklijke Avebe U.A.)	12.6
			德国艾维贝马铃薯淀粉工厂(AvebeKartoffelstarkefabrikPrignitz/Wendland GmbH)	12.6
			法国罗盖特公司(ROQUETTE FRERES)	56.7
			其他欧盟公司(All Others)	56.7
		国(地)别不详	国(地)别不详	56.7
2204.2100	葡萄酒	澳大利亚	富豪葡萄酒产业酒商有限公司(Treasury Wine Estates Vintners Limited)	175.6
			卡塞拉酒业私人有限公司(Casella Wines Pty.Limited)	170.9
			天鹅酿酒有限公司(Australia Swan Vintage Pty Ltd)	116.2
			澳大利亚依恋森林酒庄(AUSTRALIA FARM AND LAND INVESTMENT PTY LTD)	167.1
			澳大利亚誉加葡萄酒有限公司(Accolade Wines Australia Limited)	167.1
			澳塔瓦酒庄(OCTTAVA WINES PTY LTD)	167.1
			澳洲佳酿集团(Australian Vintage Limited)	167.1
			保乐力加酿酒师有限公司(Pernod Ricard Winemakers Pty Ltd)	167.1
			博格丹投资有限公司(Bogdan Investments Pty Ltd)	167.1

税号	商品名称	国家（地区）	生产厂商	税率(%)
			布朗兄弟米拉瓦葡萄园有限公司（BROWN BROTHERS MILAWA VINEYARD PTY. LIMITED）	167.1
			丹歌酒庄（AGREEN PTY LTD）	167.1
			德灵酒庄（Dorrien Estate Winery Pty Ltd）	167.1
			芬格富酒业集团（FERNGROVE VINEYARDS LTD）	167.1
			福莱斯葡萄酒有限公司（FOWLES WINE PTY LTD）	167.1
			福润德酒业有限公司（FURUNDE WINE CO. PTY LTD）	167.1
			歌浓葡萄酒有限责任公司（Kilikanoon Wines Pty Ltd）	167.1
			红袋鼠葡萄酒有限公司（THE RED KANGAROO WINE COMPANY PTY. LTD.）	167.1
			礼拜山酒庄（Chapel Hill Winery Pty Ltd）	167.1
			珀缇雅谷葡萄酒有限公司（Portia Valley Wines Pty Ltd）	167.1
			绅士酒庄（ZILZIE WINES PTY LTD）	167.1
			史密斯父子有限公司（S. SMITH & SON PTY. LIMITED）	167.1
			泰勒飞力士（TERRA FELIX PTY. LTD.）	167.1
			腾达堡（AUSTRALIAN FOOD & BEVERAGE GROUP PTY LTD）	167.1
			温加拉葡萄酒集团有限公司（WINGARA WINE GROUP PTY. LTD.）	167.1
			其他澳大利亚公司（All others）	218.4
		国(地)别不详	国(地)别不详	218.4
2303.3000	干玉米酒糟（又称干谷物酒糟、干酒精糟）	美国	TCE有限责任公司(TCE, LLC)	50.0
			阿格拉资源有限责任公司(AGRA RESOURCES, LLC)	50.0
			阿奇尔丹尼斯米德兰公司(Archer-Daniels-Midland Company)	49.8
			埃尔克霍恩谷乙醇有限公司(Elkhorn Valley Ethanol, Limited Liability Company)	49.8
			爱国者可再生燃料有限责任公司(Patriot Renewable Fuels, LLC)	49.8
			爱荷华乙醇有限责任公司(IOWA ETHANOL, LLC)	50.0
			安德森阿尔比恩乙醇公司(The Andersons Albion Ethanol LLC)	49.8
			安德森丹尼森乙醇公司(The Andersons Denison Ethanol LLC)	49.8
			安德森克里默思乙醇公司(The Andersons Clymers Ethanol LLC)	49.8
			安德森马拉松乙醇公司(The Andersons Marathon Ethanol LLC)	49.8
			北极光乙醇有限责任公司(NORTHERN LIGHTS ETHANOL, LLC)	50.0
			北极星乙醇有限责任公司(NORTHSTAR ETHANOL, LLC)	50.0
			博伊特生物精炼-北曼彻斯特有限责任公司(POET BIOREFINING - NORTH MANCHESTER, LLC)	50.0
			博伊特生物精炼-波特兰有限责任公司(POET BIOREFINING - PORTLAND, LLC)	50.0
			博伊特生物精炼-福斯托里亚有限责任公司(POET BIOREFINING - FOSTORIA, LLC)	50.0
			博伊特生物精炼-克洛弗代尔有限责任公司(POET BIOREFINING - CLOVERDALE, LLC)	50.0
			博伊特生物精炼-利普西克有限责任公司(POET BIOREFINING - LEIPSIC, LLC)	50.0
			博伊特生物精炼-马里昂有限责任公司(POET BIOREFINING - MARION, LLC)	50.0
			博伊特生物精炼-亚历山德里亚有限责任公司(POET BIOREFINING - ALEXANDRIA, LLC)	50.0
			博伊特研究中心公司(POET RESEARCH CENTER, INC.)	50.0
			大草原乙醇有限责任公司(PRAIRIE ETHANOL, LLC)	50.0
			大河资源有限责任公司(Big River Resources, LLC)	53.7
			大平原乙醇有限责任公司(GREAT PLAINS ETHANOL, LLC)	50.0
			地平线乙醇有限责任公司(HORIZON ETHANOL, LLC)	50.0
			恩思乙醇有限责任公司(Ace Ethanol, LLC)	49.8
			弗林特希尔斯资源有限合伙(Flint Hills Resources, LP)	49.8
			高峰乙醇有限责任公司(PINNACLE ETHANOL, LLC)	50.0
			航行者乙醇有限责任公司(VOYAGER ETHANOL, LLC)	50.0
			金谷能源有限责任公司(Golden Grain Energy, LLC)	49.8
			领先-玉米有限责任公司(PRO-CORN, LLC)	50.0

税号	商品名称	国家（地区）	生产厂商	税率(%)
			路易达孚大章克申有限公司(Louis Dreyfus Commodities Grand Junction LLC）	49.8
			马奎斯能源（威斯康星）有限责任公司(Marquis Energy - Wisconsin, LLC）	42.2
			马奎斯能源有限责任公司(Marquis Energy LLC）	42.2
			密苏里东北粮食有限责任公司(NORTHEAST MISSOURI GRAIN, LLC）	50.0
			密苏里乙醇有限责任公司(MISSOURI ETHANOL, LLC）	50.0
			密歇根乙醇有限责任公司(MICHIGAN ETHANOL, LLC）	50.0
			前沿乙醇有限责任公司(FRONTIER ETHANOL, LLC）	50.0
			水獭溪乙醇有限责任公司(OTTER CREEK ETHANOL, LLC）	50.0
			苏河乙醇有限责任公司(SIOUX RIVER ETHANOL, LLC）	50.0
			瓦莱罗可再生燃料有限责任公司(Valero Renewable Fuels Company, LLC）	49.8
			伊利诺斯河能源公司(Illinois River Energy, LLC）	49.8
			乙醇2000有限责任合伙(ETHANOL2000 LIMITED LIABILITY PARTNERSHIP）	50.0
			詹姆斯谷乙醇有限责任公司(JAMES VALLEY ETHANOL, LLC）	50.0
			卓越能源有限责任公司(Absolute Energy, LLC）	49.8
			其他美国公司(All Others）	53.7
		国(地)别不详	国(地)别不详	53.7
2804.6190	太阳能级多晶硅	美国	REC太阳能级硅有限责任公司（REC Solar Grade Silicon LLC）	57
			REC先进硅材料有限责任公司（REC Advanced Silicon Materials LLC）	57
			赫姆洛克半导体公司（Hemlock Semiconductor Corporation）	53.3
			MEMC帕萨迪纳有限公司（MEMCPasadena，Inc.）	53.6
			AE Polysillcon Corporation	57
			其他美国公司（All Others）	57
		韩国	熊津多晶硅有限公司（Woongjin Polysilicon Co.,Ltd.）	113.8
			OCI株式会社（OCI Company Ltd.）	4.4
			SMP株式会社（SMP Ltd.）	88.7
			韩国硅业株式会社（Hankook Silicon Co.,Ltd.）	9.5
			韩华思路信株式会社（Hanwha Solutions Corporation）	8.9
			KCC Corp. and Korean Advanced Materials KAM Corp.	113.8
			Innovation Silicon Co.,Ltd.	113.8
			其他韩国公司（All others）	88.7
		国(地)别不详	国(地)别不详	113.8
28111990.10	氢碘酸	美国	艾菲纳化工有限公司（Iofina Chemical, Inc.）	123.4
			其他美国公司（All others）	123.4
		日本	所有日本公司	41.1
		国(地)别不详	国(地)别不详	123.4
2902.5000	苯乙烯	韩国	韩国道达尔株式会社（HANWHA TOTAL PETROCHEMICAL CO.,LTD.）	6.2
			丽川NCC株式会社（YeochunNCC Co.,Ltd）	6.2
			乐天化学株式会社（LOTTE CHEMICAL CORPORATION）	7.5
			（株）LG化学（LGChem，Ltd.）	6.6
			SK综合化学株式会社（SK global chemical Co.,Ltd.）	6.6
			其他韩国公司（All others）	7.5
		中国台湾地区	台湾化学纤维股份有限公司	3.8
			其他中国台湾地区公司（All others）	4.2
		美国	利安德化学品公司（Lyondell Chemical Company）	13.9
			美国华美苯乙烯公司（Westlake Styrene LLC）	13.7
			英力士苯领美国有限责任公司（INEOS Styrolution America LLC）	13.9
			美洲苯乙烯公司（Americas StyrenicsLLC）	13.9
			其他美国公司（All others）	55.7
		国(地)别不详	国(地)别不详	55.7

税号	商品名称	国家（地区）	生产厂商	税率(%)
2903.2300	四氯乙烯	欧盟	陶氏德国设施有限公司 Dow Deutschland AnlagengesellschaftmbH	27.6
			法国苏威公司 SOLVAY BENVIC EUROPE-FRANCE S.A.S.	27.6
			其他欧盟公司 All others	27.6
		美国	西方化学公司 Occidental Chemical Corporation	76.2
			埃克塞尔公司 Axiall Corporation	71.8
			陶氏化学公司 The Dow Chemical Company	71.8
			美国PPG工业公司 PPG Industries	71.8
			其他美国公司 All others	71.8
		国(地)别不详	国(地)别不详	71.8
2903.9110	邻二氯苯	日本	株式会社吴羽（KUREHA CORPORATION）	70.4
			其他日本公司（All Others）	70.4
		印度	印度的公司	31.9
		国(地)别不详	国(地)别不详	70.4
2905.1210	正丙醇	美国	OQ化学公司（OQ Chemicals Corporation）（初裁中为OXEA Corporation）	267.4
			陶氏化学公司（The Dow Chemical Company）	254.4
			其他美国公司（All Others）	267.4
		国(地)别不详	国(地)别不详	267.4
2905.1300	正丁醇	中国台湾地区	台湾塑胶工业股份有限公司（FORMOSA PLASTICS CORPORATION）	6.0
			其他中国台湾地区公司（All Others）	56.1
		马来西亚	国油石化衍生公司/马石化营销（纳闽）有限公司（PETRONAS CHEMICALS DERIVATIVES SDN BHD/PETRONAS CHEMICALS MARKETING(LABUAN) LTD）①	12.7
			巴斯夫马来西亚国油化学私人有限公司（BASF PETRONAS Chemicals Sdn Bhd）	26.7
			奥伯帝莫马来西亚化学公司（Optimal Chemicals <Malaysia>Sdn Bhd）	26.7
			其他马来西亚公司（All Others）	26.7
		美国	欧季亚公司（OXEA CORPORATION）	52.2
			伊士曼化学公司（Eastman Chemical Company）	139.3
			道化学公司（The Dow Chemical Company）	139.3
			巴斯夫公司（BASF Corporation）	139.3
			其他美国公司（All Others）	139.3
		国(地)别不详	国(地)别不详	139.3
2907.1110	苯酚	美国	英力士美国公司（INEOS Americas LLC）	287.2
			美国兰科运营有限责任公司（Blue Cube Operations LLC）	244.3
			其他美国公司（All Others）	287.2
		欧盟	欧盟公司	30.4
		韩国	锦湖P&B化学株式会社（KUMHO P&B CHEMICALS, INC.）	12.5
			（株）LG化学（LG CHEM, LTD.）	12.6
			其他韩国公司（All Others）	23.7
		日本	三井化学株式会社（Mitsui Chemicals, Inc.）	19.3
			其他日本公司（All Others）	27.0
		泰国	泰国国家石油全球化学股份有限公司（PTT Global Chemical Public Company Limited）	10.6
			其他泰国公司（All Others）	28.6
		国(地)别不详	国(地)别不详	287.2

① 仅适用于马石化营销（纳闽）有限公司向中国出口销售国油石化衍生公司所生产被调查产品，其他任何情况下均适用“其他马来西亚公司”的反倾销税税率。

税号	商品名称	国家(地区)	生产厂商	税率(%)
2907.1211	间甲酚	美国	北美沙索化学有限公司(Sasol Chemicals North America LLC)	131.7
			美国沙索化学有限公司(Sasol Chemicals(USA)LLC)	131.7
			其他美国公司(All Others)	131.7
		欧盟	朗盛德国有限责任公司(LANXESS Deutschland GmbH)	27.9
			其他欧盟公司(All Others)	49.5
		日本	三井化学株式会社(Mitsui Chemicals, Inc.)	54.8
			本州化学工业株式会社(Honshu Chemical Industry Co., Ltd.)	54.8
			其他日本公司(All Others)	54.8
		国(地)别不详	国(地)别不详	131.7
2907.1310	壬基酚(壬基苯酚)	印度	印度十拿—赫蒂利亚有限公司(SI GROUP-INDIA LIMITED)	12.22
			其他印度公司(All Others)	20.38
		中国台湾地区	和益化学工业股份有限公司(Formosan Union Chemical Corporation)	6.87
			中国人造纤维股份有限公司(China Man-Made Fiber Corporation)	4.08
			其他中国台湾地区公司(All Others)	20.38
		国(地)别不详	国(地)别不详	20.38
2907.2100	间苯二酚	日本	住友化学株式会社(Sumitomo Chemical Company,Limited)	40.5
			三井化学株式会社(MitsuiChemicals,INC.)	40.5
			其他日本公司(All Others)	40.5
		美国	茵蒂斯派克化学公司(INDSPEC Chemical Corporation)	30.1
			其他美国公司(All Others)	30.1
		国(地)别不详	国(地)别不详	40.5
29072300.01	双酚A	日本	三井化学株式会社(Mitsui Chemicals, Inc.)	6.1
			三菱化学株式会社(Mitsubishi Chemical Corporation)	7.9
			其他日本公司(All Others)	37.1
		韩国	锦湖P&B化学株式会社(KUMHO P&B CHEMICALS, INC.)	5.8
			(株)LG化学(LGChem, Ltd.)	4.7
			其他韩国公司(All Others)	37.1
		新加坡	英力士酚类新加坡有限公司(INEOS PHENOL SINGAPORE PTE. LTD.)	5.0
			其他新加坡公司(All Others)	37.1
		中国台湾地区	南亚塑胶工业股份有限公司(NanYa Plastics Corporation)	6.0
			长春人造树脂厂股份有限公司(CHANG CHUN PLASTICS CO., LTD.)	6.0
			信昌化学工业股份有限公司(Taiwan Prosperity Chemical Corporation)	5.3
			其他中国台湾地区公司(All Others)	37.1
		国(地)别不详	国(地)别不详	37.1
2909.4300	乙二醇和二甘醇的单丁醚	美国	伊士曼化工公司(Eastman Chemical Company)	46.9
			陶氏化学公司(The Dow Chemical Company)	75.5
			益科斯达化学产品有限公司(EquistarChemicals,LP)	37.5
			其他美国公司(All others)	75.5
		欧盟	沙索德国有限责任公司(Sasol Germany GmbH)	10.8
			沙索溶剂德国有限责任公司(Sasol Solvents Germany GmbH)	10.8
			英力士化学拉瓦拉有限公司(INEOS Chemicals Lavera SAS)	43.5
			巴斯夫欧洲公司(BASF SE)	18.8
			其他欧盟公司(All others)	43.5
		国(地)别不详	国(地)别不详	75.5
29094400.10 29094990.10	相关乙二醇和丙二醇的单烷基醚	美国	陶氏化学公司(The Dow Chemical Company)	57.4
			其他美国公司(All others)	65.3
		国(地)别不详	国(地)别不详	65.3

税号	商品名称	国家（地区）	生产厂商	税率(%)
2912.4990	间苯氧基苯甲醛	印度	BHARAT RASAYAN LIMITED	56.4
			赫曼尼工业有限公司（Hemani Industries Limited）	36.4
			古吉拉特杀虫剂有限公司（Gujarat Insecticedes Limited）	52.0
			其他印度公司（All Others）	56.9
2914.1100	丙酮（又称二甲基甲酮，简称二甲酮，或称醋酮、木酮）	韩国	（株）LG化学（LGChem, Ltd.）	5.0
			锦湖P&B化学株式会社（KUMHO P&B CHEMICALS,INC.）	4.3
			其他韩国公司（All Others）	51.6
		日本	三井化学株式会社（Mitsui Chemicals, Inc.）	7.2
			三菱化学株式会社（MITSUBISHI CHEMICAL CORPORATION）	12.1
			其他日本公司（All Others）	51.6
		中国台湾地区	台湾化学纤维股份有限公司（FORMOSA CHEMICALS & FIBRE CORPORATION）	6.2
			信昌化学工业股份有限公司（Taiwan Prosperity Chemical Corporation）	6.5
			长春人造树脂厂股份有限公司①（CHANG CHUN PLASTICS CO., LTD.）	
			其他中国台湾地区公司（All Others）	51.6
		新加坡	英力士酚类新加坡有限公司（INEOS PHENOL SINGAPORE PTE. LTD.）	6.7
			其他新加坡公司（All Others）	51.6
		国(地)别不详	国(地)别不详	51.6
2914.1300	甲基异丁基（甲）酮	韩国	锦湖P&B化学株式会社（KUMHO P&B CHEMICAL, INC.）	18.5
			其他韩国公司（All Others）	32.3
		日本	三井化学株式会社（Mitsui Chemicals,Inc.）	45.0
			三菱化学株式会社（Mitsubishi Chemical Corporation）	47.8
			其他日本公司（All Others）	190.4
		南非	沙索南非有限公司（Sasol South Africa（Pty）Ltd.）	15.9
			其他南非公司（All Others）	34.1
		国(地)别不详	国(地)别不详	190.4
2921.4200	邻氯对硝基苯胺	印度	阿迪工业有限公司（Aarti Industries Limited）	31.4
			其他印度公司（All Others）	49.9
		国(地)别不详	国(地)别不详	49.9
29214300.01 29214300.20	甲苯胺	欧盟	朗盛德国有限责任公司（LANXESS Deutschland GmbH）	19.6
			其他欧盟公司（All Others）	36.9
		国(地)别不详的	国(地)别不详的	36.9
29221100.01 29221200.01 29221500.00	乙醇胺	美国	陶氏化学公司（The Dow Chemical Company）	76.0
			英力士美国公司（INEOS Americas LLC）	97.1
			亨斯迈石化有限公司（Huntsman Petrochemical LLC）	97.1
			其他美国公司（All Others）	97.1
		沙特阿拉伯	沙特基础工业公司（Saudi Basic Industries Corporation）	10.1
			其他沙特阿拉伯公司（All Others）	27.9
		马来西亚	国油石化衍生公司/马石化营销（纳闽）有限公司（PETRONAS CHEMICALS DERIVATIVES SDN BHD/PETRONAS CHEMICALS MARKETING(LABUAN) LTD）	18.3②
			其他马来西亚公司（All Others）	20.3
		泰国	TOC乙二醇有限公司（TOC GLYCOL COMPANY LIMITED）	37.6
			其他泰国公司（All Others）	37.6
		国(地)别不详	国(地)别不详	97.1

① 该公司与商务部签订了丙酮的价格承诺协议，相关监管规定参见商务部2020年第13号公告、海关总署税管函字2020年第19号。

② 该税率仅适用于马石化营销（纳闽）有限公司向中国出口销售国油石化衍生公司所生产被调查产品，其他任何情况下均使用“其他马来西亚公司”的反倾销税税率。

税号	商品名称	国家（地区）	生产厂商	税率(%)
32041700.20 32129000.10	酞菁类颜料	印度	万民利有机物有限公司（Meghmani Organics Limited）	18.7
			拉姆德夫化学工业（Ramdev Chemical Industries）	11.9
			丹文颜料私人有限公司（Dhanveen Pigments Pvt. Ltd.）	14.1
			霍巴赫色彩私人有限公司（HEUBACH COLOUR PRIVATE LIMITED）	16
			朝日松原颜料有限公司（Asahi Songwon Colors Limited）	16
			乔克思颜色私人有限公司（Choksi Colours Pvt Ltd）	16
			乔克思出口（Choksi Exports）	16
			乔克思有机私人有限公司（Choksi Organics Pvt Ltd）	16
			罗纳工业有限公司（Lona Industries Limited）	16
			马自达颜料有限公司（Mazda Colours Ltd）	16
			纳拉扬有机物私人有限公司（Narayan Organics Pvt Ltd）	16
			纳伍帕德颜料有限公司（Navpad Pigments Pvt Ltd）	16
			法塔罗颜料和化学品（印度）有限公司（Phthalo Colours & Chemicals（India）Limited）	16
			河滨工业有限公司（Riverside Industries Ltd）	16
			苏巴斯颜料私人有限公司（Subhasri pigments Pvt Ltd）	16
			苏打山化工有限公司（Sudarshan Chemical Industries Limited）	16
			联合利克斯颜色和化学品有限公司（Unilex Colours and Chemicals Ltd）	16
			阿克沙尔化学（印度）有限公司（AksharChem（India）Limited）	16
			凯撒石油产品有限公司（Kesar Petroproducts Limited）	16
			其他印度公司（All others）	30.7
		国(地)别不详的	国(地)别不详的	30.7
3703.1010 3703.2010 3703.9010	相纸	欧盟	富士胶片制造（欧洲）有限公司（FUJIFILM Manufacturing Europe B.V.）	23.5
			其他欧盟公司（All others）	19.4
		美国	富士胶片制造（美国）有限公司（FUJIFILM Manufacturing U.S.A.，Inc.）	23.6
			其他美国公司（All others）	28.8
		日本	所有日本公司	28.8
		国(地)别不详的	国(地)别不详的	28.8
39045000.10	偏二氯乙烯一氯乙烯共聚树脂（又称VDC-VC共聚树脂、氯偏树脂）	日本	旭化成株式会社（ASAHI KASEI CHEMICALS CORP.）	47.1
			株式会社吴羽（KUREHA CORPORATION）	47.1
			其他日本公司（All Others）	47.1
		国(地)别不详	国(地)别不详	47.1
39071010.10 39071090.10	共聚聚甲醛（又称聚氧亚甲基共聚物、或聚氧化甲烯共聚物）	马来西亚	宝理塑料（亚太）公司（Polyplastics Asia Pacific Sdn.Bhd.）	8
			其他马来西亚公司（All others)	9.5
		韩国	(株)可隆塑胶股份有限公司（KOLON PLASTICS,INC.）	6.2
			韩国工程塑料株式会社（KOREA ENGINEERING PLASTICS CO.,LTD）	30
			其他韩国公司（All others)	30.4
		泰国	泰国聚甲醛有限公司（THAI POLYACETAL CO.,LTD.）	18.5
			其他泰国公司（All others)	34.9
		国(地)别不详	国(地)别不详	34.9
39072990.10	聚苯醚	美国	特创工程塑料美国有限公司（SHPP US LLC）	17.3
			其他美国公司（All others)	48.6
		国(地)别不详	国(地)别不详	48.6

税号	商品名称	国家（地区）	生产厂商	税率(%)
3907.4000	聚碳酸酯	中国台湾地区	台湾化学纤维股份有限公司(FORMOSA CHEMICALS & FIBRE CORP.)	16.9
			台湾出光石油化学股份有限公司(IDEMITSU CHEMICALS TAIWAN CORPORATION)	16.9
			奇美实业股份有限公司(CHIMEI CORPORATION)	17
			奇菱科技股份有限公司(CHILIN TECHNOLOGY CO.,LTD.)	17
			其他中国台湾地区公司（All others）	22.4
		国(地)别不详	国(地)别不详	22.4
39081011.01	聚酰胺-6,6切片①	美国	奥升德功能材料有限公司（Ascend Performance Materials Operations LLC）	31.4
			英威达有限责任公司（INVISTA S.A.R.L.）	25.2
			其他美国公司（ALL Others）	37.5
		国(地)别不详	国(地)别不详	37.5
3908.1012	锦纶6切片（学名聚己内酰胺，又称聚酰胺-6切片或尼龙6切片；简称PA6）	美国	巴斯夫美国公司（BASF Corporation.）	29.3
			艾德凡斯树脂和化学品责任有限公司（AdvanSixResins&Chemical LLC）	36.2
			其他美国公司（All Others）	96.5
		欧盟	波兰阿佐提塔诺股份公司（ZakladyAzotowe w Tarnowie-Moscicach,S.A.）	9.7
			巴斯夫安特卫普公司（BASF ANTWERPEN N.V.）	8.0
			道默有限公司（DOMO Caproleuna GmbH）	8.2
			帝斯曼工程材料公司（DSM Engineering Materials B.V.）	8.2
			巴斯夫欧洲公司（BASF SE）	8.2
			朗盛比利时有限公司（LANXESS N.V.）	8.2
			朗盛德国高性能材料有限公司（LANXESS Performance Materials GmbH）	8.2
			其他欧盟公司（ALL Others）	23.9
		俄罗斯	古比雪夫氮公众股份公司（Public Joint Stock Company "KuibyshevAzot"）	5.9
			其他俄罗斯公司（ALL Others）	23.9
		中国台湾地区	台湾化学纤维股份有限公司（FORMOSA CHEMICALS&FIBER CORPORATION）	4.0
			力鹏企业股份有限公司（Li Peng Enterprise Co.,Ltd.）	4.3
			集盛实业股份有限公司（Zig sheng Industrial Co.,Ltd.）	4.2
			华隆股份有限公司（HUALON CORPORATION）	4.2
			中国石油化学工业开发股份有限公司（China Petrochemical Development Corporation）	4.2
			太洋尼龙股份有限公司（Tai-Young Nylon Co., Ltd.）	4.2
			展颂股份有限公司（CHAIN YARN CO., LTD.）	4.2
			其他中国台湾地区公司（ALL Others）	23.9
		国(地)别不详	国(地)别不详	96.5

① 不包括："39081011.90"经螺杆二次混炼加入玻璃纤维、矿物质、增韧剂、阻燃剂的改性聚酰胺-6,6切片。

税号	商品名称	国家（地区）	生产厂商	税率(%)
39119000.04	聚苯硫醚	日本	DIC株式会社(DIC Corporation)	27.3
			宝理塑料株式会社(POLYPLASTICS CO., LTD.)	25.2
			出光复合材料株式会社（IDEMITSU FINE COMPOSITES CO., LTD.）	33.6
			东曹株式会社(Tosoh Corporation)	25.6
			东丽株式会社(Toray Industries, Inc.)	26.9
			住友电木株式会社(Sumitomo Bakelite Co., Ltd.)	34.5
			其他日本公司(All Others)	69.1
		马来西亚	宝理塑料（亚太）公司(Polyplastics Asia Pacific Sdn. Bhd.)	23.3
			迪爱生复合物（马来西亚）有限公司(DIC Compounds(Malaysia) Sdn. Bhd.)	40.5
			其他马来西亚公司(All Others)	40.5
		韩国	HDC聚合物株式会社(HDC POLYALL Co., Ltd.)	32.7
			东丽尖端素材株式会社(Toray Advanced Materials Korea Inc.)	26.4
			其他韩国公司(All Others)	46.8
		美国	富特朗实业有限公司(Fortron Industries LLC)	220.9
			苏威特种聚合物美国有限公司(Solvay Specialty Polymers USA, LLC)	214.1
			其他美国公司(All Others)	220.9
		国(地)别不详	国(地)别不详	220.9
4002.3910 4002.3990	卤化丁基橡胶	美国	埃克森美孚公司（Exxon Mobil Corporation）	75.5
			其他美国公司（ALL Others）	75.5
		欧盟	阿朗新科比利时有限公司（ARLANXEO Belgium NV）	27.4
			其他欧盟公司（ALL Others）	71.9
		英国	埃克森美孚化工有限公司（ExxonMobil Chemical Limited）	71.9
			其他英国公司（ALL Others）	71.9
		新加坡	阿朗新科新加坡私人有限公司（ARLANXEO SINGAPORE PTE.LTD.）	23.1
			其他新加坡公司（ALL Others）	45.2
		国(地)别不详	国(地)别不详	75.5
4002.4910 4002.4990	氯丁橡胶（Chloroprene Rubber）	日本	日本电化株式会社（Denka Company Limited）	20.8
			东曹株式会社（TOSOH CORPORATION）	10.2
			昭和电工株式会社（SHOWA DENKO K.K.）	20.8
			其他日本公司（All Others）	43.9
		美国	所有美国公司	151
		欧盟	阿朗新科德国责任有限公司（ARLANXEO Deutschland GmbH）	11
			埃尼橡胶法国有限公司（Polimeri Europa Elastomères France S.A.）	53
			其他欧盟公司（All Others）	151
		国(地)别不详	国(地)别不详	151
4002.5910 4002.5990	丁腈橡胶	韩国	锦湖石油化学株式会社（KUMHO PETROCHEMICAL CO.,LTD.）	12.0
			（株）LG化学（LG CHEM,LTD.）	15.0
			其他韩国公司（All Others）	37.3
		日本	日本瑞翁株式会社（Zeon Corporation）	28.1
			株式会社引能仕材料（ENEOS Materials Corporation）	16.0
			其他日本公司（All Others）	56.4
		国(地)别不详	国(地)别不详	56.4

税号	商品名称	国家（地区）	生产厂商	税率(%)
4002.7010 4002.7090	三元乙丙橡胶	美国	陶氏化学公司（The Dow Chemical Company）	222
			埃克森美孚公司（Exxon Mobil Corporation）	214.9
			阿朗新科美国有限公司（ARLANXEO USA LLC）	219.8
			美国狮子弹性体有限公司（Lion Copolymer Geismar,LLC）	219.8
			其他美国公司（All Others）	222
		韩国	锦湖POLYCHEM株式会社（KUMHO POLYCHEM Co.,Ltd.）	12.5
			乐天玮萨黎司弹性体有限公司（Lotte Versalis Elastomers Co.,Ltd.)	21.1
			其他韩国公司（All Others）	24.5
		欧盟	阿朗新科荷兰有限公司（ARLANXEO Netherlands B.V.）	18.1
			埃克森美孚化工法国公司（ExxonMobil Chemical France (ExxonMobil Chemical France Société par Actions Simplifiée)）	14.7
			意大利玮萨黎司有限公司（Versalis S.p.A.）	16.5
			其他欧盟公司（All Others）	31.7
		国(地)别不详	国(地)别不详	222
4804.2100 48043100.20	未漂白纸袋纸	美国	开思通牛皮纸公司（Kapstone Kraft Paper Corporation）	14.9
			其他美国公司(All Others)	14.9
		欧盟	蒙迪弗兰特沙赫有限公司（Mondi Frantschach GmbH）	26.2
			蒙迪斯坦博利斯基有限公司(Mondi Stambolijski EAD)	29
			毕瑞芬兰公司(BillerudKorsnas Finland Oy)	26.2
			毕瑞瑞典公司(BillerudKorsnas Sweden AB)	23.5
			蒙迪狄娜股份公司(Mondi DynasAktiebolag)	26.2
			蒙迪斯特缇股份公司(Mondi Stetia.s.)	26.2
			其他欧盟公司(All Others)	29
		日本[1]	大王制纸株式会社	20.5
			日本制纸株式会社（Nippon Paper Industries Co.,Ltd.）	20.5
			王子Materia株式会社（Oji MateriaCo.,Ltd）	20.5
			王子制纸株式会社（Oji Paper Co.,Ltd）	20.5
			中越纸浆工业株式会社（Chuetsu Pulp Paper Co.,Ltd）	20.5
			其他日本公司(All Others)	20.5
		国(地)别不详	国(地)别不详	29
4805.9110	电解电容器纸	日本	日本高度纸工业株式会社（NIPPON KODOSHI CORPORATION）	22
			日本大福制纸株式会社（Daifuku Seishi Co,Ltd）	15
			其他日本公司（All others）	40.83
		国(地)别不详	国(地)别不详	40.83
55013000.10 55033000.10 55063000.10	腈纶	日本	东丽株式会社（Toray Industries,Inc.）	16
			日本依克丝兰工业株式会社（JAPAN EXLAN CO.,LTD）	16.1
			三菱化学株式会社（Mitsubishi Chemical Corporation）	15.8
			其他日本公司（All Others）	16.1
		韩国	泰光产业株式会社（TAEKWANG INDUSTRIAL CO.,LTD.）	8.6
			其他韩国公司（All Others）	21.7
		土耳其	阿克萨丙烯酸化学工业公司（Aksa Akrilik Kimya Sanayii A.S.）	8.2
			其他土耳其公司（All Others）	16.1
		国(地)别不详	国(地)别不详	16.1

① 对日本的征收范围仅包括48043100.20的未漂白纸袋纸。

税号	商品名称	国家（地区）	生产厂商	税率(%)
7002.2010	光纤预制棒	日本	信越化学株式会社（Shin-Etsu Chemical Co., Ltd.）	17
			住友电气工业株式会社（Sumitomo Electric Industries, Ltd.）	31.2
			株式会社藤仓（Fujikura Ltd.）	14.4
			古河电气工业株式会社（Furukawa Electric Co., Ltd.）	31.2
			其他日本公司（ALL Others）	31.2
		美国	康宁公司（Corning Incorporated）	41.7
			OFS-费特有限责任公司（OFS Fitel, LLC.）	17.4
			其他美国公司（All others）	41.7
		国(地)别不详	国(地)别不详	41.7
7218.9100 7218.9900 7219.1100 7219.1200 7219.1312 7219.1319 7219.1322 7219.1329 7219.1412 7219.1419 7219.1422 7219.1429 7219.2100 7219.2200 7219.2300 7219.2410 7219.2420 7219.2430 7220.1100 7220.1200	不锈钢钢坯和不锈钢热轧板/卷	欧盟	欧盟公司	43.0
		日本	日本冶金工业株式会社（NIPPON YAKIN KOGYO CO., LTD）	18.1
			其他日本公司（All others）	29.0
		韩国	株式会社POSCO（POSCO）	23.1
			其他韩国公司（All others）	103.1
		印度尼西亚	印度尼西亚公司	20.2
		国(地)别不详	国(地)别不详	103.1
72251100.10 72261100.10	取向电工钢（又称冷轧取向硅钢）	日本	JFE钢铁株式会社（JFE Steel Corporation）	39
			日本制铁株式会社（NIPPON STEEL CORPORATION）	45.7
			其他日本公司（All Others）	45.7
		韩国	株式会社POSCO（POSCO）（申报价格低于参考价格CIF中国港口1850美元/吨）	37.3
			其他韩国公司（All Others）	37.3
		欧盟	欧盟公司（All Others）	46.3
		国(地)别不详	国(地)别不详	46.3
73045110.01 73045190.01 73045910.01 73045990.01	高温承压用合金钢无缝钢管	欧盟	瓦卢瑞克德国公司Vallourec Deutschland GmbH	57.9
			瓦卢瑞克法国钢管公司VALLOUREC TUBES FRANCE	57.9
			意大利IBF公司IBF S.P.A.	60.8
			其他欧盟公司All others	60.8
		美国	美国威曼高登锻造有限公司Wyman-Gordon Forgings,Inc.	101
			其他美国公司（All Others）	147.8
		国(地)别不详	国(地)别不详	147.8
73181200.01 73181400.01 73181510.01 73181590.01 73182100.01 73182200.01 90211000.10 90211000.20 90211000.30 90211000.40 90212900.10 90212900.20 90212900.30 90212900.40	碳钢紧固件（Certain Iron or Steel Fasteners）	欧盟	卡马克斯有限两合公司（KAMAX GmbH & Co.KG）	6.1
			内德史罗夫阿尔特纳有限公司（NedschroefAltena GmbH）	5.5
			内德史罗夫贝京根有限公司（NedschroefBeckingen GmbH）	5.5
			内德史罗夫福罗劳顿有限公司（NedschroefFraulautern GmbH）	5.5
			皇家内德史罗夫控股有限公司（KoninklijkeNedschroef Holding B.V.）	5.5
			内德史罗夫海尔蒙德有限公司（Nedschroef Helmond B.V.）	5.5
			内德史罗夫巴塞罗那有限公司（Nedschroef Barcelona SAU）	5.5
			其他欧盟公司（All others）	26
		英国	英国公司	26
		国(地)别不详	国(地)别不详	26

税号	商品名称	国家（地区）	生产厂商	税率(%)
90011000.01	非色散位移单模光纤①	美国	OFS-费特有限责任公司（OFS Fitel,LLC）	33.3
			康宁公司（Corning Incorporated）	37.9
			德拉克通信美国公司（Draka Communications Americas,Inc.）	78.2
			其他美国公司（All others）	78.2
		欧盟	德拉克通信法国集团公司（Draka Comteq France SAS）	12.9
			德拉克通信纤维有限公司（Draka Comteq Fibre B.V.）	12.9
			丹麦OFS-费特有限责任公司（OFS Fitel Denmark ApS）	29.1
			菲布里奥蒂切苏德有限责任公司（Fibre Ottiche Sud-F.O.S.S.r.l.）	24.7
			其他欧盟公司（All others）	29.1
		日本	所有日本公司	46
		韩国	韩国LS电线株式会社（LS Cable&System Ltd.）	9.1
			韩国大韩光通信株式会社（TAIHAN Fiberoptics Co.，LTD.）	7.9
			其他韩国公司（All others）	46
		国(地)别不详	国(地)别不详	78.2
9001.1000	单模光纤	印度	斯德雷特科技有限公司（STERLITE TECHNOLOGIES LIMITED）	7.4
			贝拉古河光纤有限公司（Birla Furukawa Fibre Optics Limited）	11.4
			康宁技术印度有限公司（CorningTechnlogiesIndia Private Limited）	24.5
			阿克什光纤有限公司（AkshOptifibre Limited）	30.6
			菲诺莱克斯电缆有限公司（Finolex Cables Limited）	30.6
			其他印度公司（All Othes）	24.5
		国(地)别不详	国(地)别不详	30.6
反补贴				
1108.1300	马铃薯淀粉	欧盟	法国罗盖特公司（ROQUETTE FRERES）	7.5
			皇家艾维贝合作社公司（Cooperatie Koninklijke Avebe U.A.）	12.4
			德国艾维贝马铃薯淀粉工厂（AvebeKartoffelstarkefabrikPrignitz/Wendland GmbH）	12.4
			其他欧盟公司（All Others）	12.4
		国(地)别不详	国(地)别不详	12.4

① 对美国、欧盟、韩国和日本的征收范围仅包括税号90011000.01的非色散位移单模光纤。对印度的征收范围包括税号90011000.01的非色散位移单模光纤和税号90011000.02的其他单模光纤。

税号	商品名称	国家（地区）	生产厂商	税率(%)
2303.3000	干玉米酒糟（又称干谷物酒糟、干酒精糟）	美国	TCE有限责任公司（TCE, LLC）	11.2
			阿格拉资源有限责任公司（AGRA RESOURCES, LLC）	11.2
			阿奇尔丹尼斯米德兰公司（Archer-Daniels-Midland Company）	11.4
			埃尔克霍恩谷乙醇有限公司（Elkhorn Valley Ethanol, Limited Liability Company）	11.4
			爱国者可再生燃料有限责任公司（Patriot Renewable Fuels, LLC）	11.4
			爱荷华乙醇有限责任公司（IOWA ETHANOL, LLC）	11.2
			安德森阿尔比恩乙醇公司（The Andersons Albion Ethanol LLC）	11.4
			安德森丹尼森乙醇公司（The Andersons Denison Ethanol LLC）	11.4
			安德森克里默思乙醇公司（The Andersons Clymers Ethanol LLC）	11.4
			安德森马拉松乙醇公司（The Andersons Marathon Ethanol LLC）	11.4
			北极光乙醇有限责任公司（NORTHERN LIGHTS ETHANOL, LLC）	11.2
			北极星乙醇有限责任公司（NORTHSTAR ETHANOL, LLC）	11.2
			博伊特生物精炼-北曼彻斯特有限责任公司（POET BIOREFINING - NORTH MANCHESTER, LLC）	11.2
			博伊特生物精炼-波特兰有限责任公司（POET BIOREFINING - PORTLAND, LLC）	11.2
			博伊特生物精炼-福斯托里亚有限责任公司（POET BIOREFINING - FOSTORIA, LLC）	11.2
			博伊特生物精炼-克洛弗代尔有限责任公司（POET BIOREFINING - CLOVERDALE, LLC）	11.2
			博伊特生物精炼-利普西克有限责任公司（POET BIOREFINING - LEIPSIC, LLC）	11.2
			博伊特生物精炼-马里昂有限责任公司（POET BIOREFINING - MARION, LLC）	11.2
			博伊特生物精炼-亚历山德里亚有限责任公司（POET BIOREFINING - ALEXANDRIA, LLC）	11.2
			博伊特研究中心公司（POET RESEARCH CENTER, INC.）	11.2
			大草原乙醇有限责任公司（PRAIRIE ETHANOL, LLC）	11.2
			大河资源有限责任公司（Big River Resources, LLC）	11.5
			大平原乙醇有限责任公司（GREAT PLAINS ETHANOL, LLC）	11.2
			地平线乙醇有限责任公司（HORIZON ETHANOL, LLC）	11.2
			恩思乙醇有限责任公司（Ace Ethanol, LLC）	11.4
			弗林特希尔斯资源有限合伙（Flint Hills Resources, LP）	11.4
			高峰乙醇有限责任公司（PINNACLE ETHANOL, LLC）	11.2
			航行者乙醇有限责任公司（VOYAGER ETHANOL, LLC）	11.2
			金谷能源有限责任公司（Golden Grain Energy, LLC）	11.4
			领先-玉米有限责任公司（PRO-CORN, LLC）	11.2
			路易达孚大章克申有限公司（Louis Dreyfus Commodities Grand Junction LLC）	11.4
			马奎斯能源（威斯康星）有限责任公司（Marquis Energy - Wisconsin, LLC）	11.6
			马奎斯能源有限责任公司（Marquis Energy LLC）	11.6
			密苏里东北粮食有限责任公司（NORTHEAST MISSOURI GRAIN, LLC）	11.2
			密苏里乙醇有限责任公司（MISSOURI ETHANOL, LLC）	11.2
			密歇根乙醇有限责任公司（MICHIGAN ETHANOL, LLC）	11.2
			前沿乙醇有限责任公司（FRONTIER ETHANOL, LLC）	11.2
			水獭溪乙醇有限责任公司（OTTER CREEK ETHANOL, LLC）	11.2
			苏河乙醇有限责任公司（SIOUX RIVER ETHANOL, LLC）	11.2
			瓦莱罗可再生燃料有限责任公司（Valero Renewable Fuels Company, LLC）	11.4
			伊利诺斯河能源公司（Illinois River Energy, LLC）	11.4
			乙醇2000有限责任合伙（ETHANOL2000 LIMITED LIABILITY PARTNERSHIP）	11.2
			詹姆斯谷乙醇有限责任公司（JAMES VALLEY ETHANOL, LLC）	11.2
			卓越能源有限责任公司（Absolute Energy, LLC）	11.4
			其他美国公司（All Others）	12
		国(地)别不详	国(地)别不详	12.0

税号	商品名称	国家（地区）	生产厂商	税率(%)
2804.6190	太阳能级多晶硅	美国	赫姆洛克半导体公司（Hemlock Semiconductor Corporation）	2.1
			REC太阳能级硅有限责任公司（REC Solar Grade Silicon LLC）	0
			REC先进硅材料有限责任公司（REC Advanced Silicon Materials LLC）	0
			MEMC帕萨迪纳有限公司（MEMCPasadena, Inc.）	0
			AE Polysilicon Corporation	2.1
			其他美国公司（All Others）	2.1
		国(地)别不详	国(地)别不详	2.1
2905.1210	正丙醇	美国	陶氏化学公司（The Dow Chemical Company）	37.7
			OQ化学公司（OQ Chemicals Corporation）（初裁中为OXEA Corporation）	34.2
			其他美国公司（All Others）	37.7
		国(地)别不详	国(地)别不详	37.7

注：商务部决定自2023年8月15日起对进口原产于中国台湾地区的聚碳酸脂（税号3907.4000）实施临时反倾销措施（详见商务部公告2023年第30号）。

附表19 国家（地区）代码及可适用关税税率表

代码	国家（地区）中文名称	国家(地区)英文名称	字母代码	可适用关税税率	船舶吨税优/普标记
100	亚洲	Asia			
101	阿富汗	Afghanistan	AFG	特惠、最惠国	H
102	巴林	Bahrian	BHR	最惠国	H
103	孟加拉国	Bangladesh	BGD	亚太协定、特惠、最惠国	L
104	不丹	Bhutan	BTN	普通	H
105	文莱	Brunei	BRN	东盟协定、最惠国、RCEP	H
106	缅甸	Myanmar	MMR	东盟协定、特惠、最惠国、RCEP	L
107	柬埔寨	Cambodia	KHM	东盟协定、中柬协定、特惠、最惠国、RCEP	H
108	塞浦路斯	Cyprus	CYP	最惠国	L
109	朝鲜	Korea, DPR	PRK	最惠国	L
110	中国香港	Hong Kong，China	HKG	零关税、最惠国	L
111	印度	India	IND	亚太协定、最惠国	L
112	印度尼西亚	Indonesia	IDN	东盟协定、最惠国、RCEP	H
113	伊朗	Iran	IRN	最惠国	L
114	伊拉克	Iraq	IRQ	最惠国	H
115	以色列	Israel	ISR	最惠国	L
116	日本	Japan	JPN	最惠国、RCEP	L
117	约旦	Jordan	JOR	最惠国	H
118	科威特	Kuwait	KWT	最惠国	H
119	老挝	Laos, PDR	LAO	东盟协定、亚太协定、特惠、最惠国、RCEP	L
120	黎巴嫩	Lebanon	LBN	最惠国	L
121	中国澳门	Macau，China	MAC	零关税、最惠国	L
122	马来西亚	Malaysia	MYS	东盟协定、最惠国、RCEP	L
123	马尔代夫	Maldives	MDV	最惠国	H
124	蒙古国	Mongolia	MNG	亚太协定、最惠国	L
125	尼泊尔	Nepal	NPL	最惠国、特惠	H
126	阿曼	Oman	OMN	最惠国	L
127	巴基斯坦	Pakistan	PAK	中巴协定、最惠国	L
128	巴勒斯坦	Palestine	PSE	普通	H
129	菲律宾	Philippines	PHL	东盟协定、最惠国、RCEP	L
130	卡塔尔	Qatar	QAT	最惠国	H
131	沙特阿拉伯	Saudi Arabia	SAU	最惠国	H
132	新加坡	Singapore	SGP	东盟协定、中新协定、最惠国、RCEP	L
133	韩国	Korea Rep.	KOR	亚太协定、最惠国、中韩协定、RCEP	L
134	斯里兰卡	Sri Lanka	LKA	亚太协定、最惠国	L
135	叙利亚	Syrian	SYR	最惠国	H
136	泰国	Thailand	THA	东盟协定、最惠国、RCEP	L
137	土耳其	Turkey	TUR	最惠国	L
138	阿联酋	United Arab Emirates	ARE	最惠国	H
139	也门共和国	Republic of Yemen	YEM	特惠、最惠国	L

代码	国家（地区）中文名称	国家(地区)英文名称	字母代码	可适用关税税率	船舶吨税优/普标记
141	越南	Vietnam	VNM	东盟协定、最惠国、RCEP	L
142	中国	China	CHN	最惠国	L
143	中国台澎金马关税区	Taiwan prov.	TWN	最惠国	H
144	东帝汶	EastTimor	TMP	特惠、最惠国	H
145	哈萨克斯坦	Kazakhstan	KAZ	最惠国	H
146	吉尔吉斯斯坦	Kirghizia	KGZ	最惠国	H
147	塔吉克斯坦	Tadzhikistan	TJK	最惠国	H
148	土库曼斯坦	Turkmenistan	TKM	最惠国	H
149	乌兹别克斯坦	Uzbekstan	UZB	最惠国	H
199	亚洲其他国家（地区）	Oth. Asia nes			
200	非洲	Africa			
201	阿尔及利亚	Algeria	DZA	最惠国	L
202	安哥拉	Angora	AGO	特惠、最惠国	H
203	贝宁	Benin	BEN	特惠、最惠国	H
204	博茨瓦那	Botswana	BWA	最惠国	H
205	布隆迪	Burundi	BDI	特惠、最惠国	H
206	喀麦隆	Cameroon	CMR	最惠国	H
207	加那利群岛	Canary Is.		普通	H
208	佛得角	Cape Vrde	CPV	特惠、最惠国	H
209	中非共和国	Central African Rep.	CAF	特惠、最惠国	H
210	塞卜泰（休达）	Ceuta		普通	H
211	乍得	Chad	TCD	特惠、最惠国	H
212	科摩罗	Comoros	COM	特惠、普通	H
213	刚果	Congo	COG	特惠、最惠国	L
214	吉布提	Djibouti	DJI	特惠、最惠国	H
215	埃及	Egypt	EGY	最惠国	H
216	赤道几内亚	Eq. Guinea	GNQ	最惠国	H
217	埃塞俄比亚	Ethiopia	ETH	特惠、最惠国	L
218	加蓬	Gabon	GAB	最惠国	H
219	冈比亚	Gambia	GMB	最惠国、特惠	H
220	加纳	Ghana	GHA	最惠国	L
221	几内亚	Guinea	GIN	特惠、最惠国	H
222	几内亚（比绍）	Guinea Bissau	GNB	特惠、最惠国	H
223	科特迪瓦	Cote d’lvoir	CIV	最惠国	H
224	肯尼亚	Kenya	KEN	最惠国	L
225	利比里亚	Liberia	LBR	特惠、最惠国	H
226	利比亚	Libyan Arab Jm	LBY	最惠国	H
227	马达加斯加	Madagascar	MDG	特惠、最惠国	H
228	马拉维	Malawi	MWI	特惠、最惠国	H
229	马里	Mali	MLI	特惠、最惠国	H
230	毛里塔尼亚	Mauritania	MRT	特惠、最惠国	H
231	毛里求斯	Mauritius	MUS	最惠国、中毛协定	H
232	摩洛哥	Morocco	MAR	最惠国	L
233	莫桑比克	Mozambique	MOZ	特惠、最惠国	H
234	纳米比亚	Namibia	NAM	最惠国	H
235	尼日尔	Niger	NER	特惠、最惠国	H

代码	国家（地区）中文名称	国家(地区)英文名称	字母代码	可适用关税税率	船舶吨税优/普标记
236	尼日利亚	Nigeria	NGA	最惠国	H
237	留尼汪	Reunion	REU	普通	H
238	卢旺达	Rwanda	RWA	特惠、最惠国	H
239	圣多美和普林西比	Sao Tome & Principe	STP	最惠国、特惠	H
240	塞内加尔	Senegal	SEN	特惠、最惠国	H
241	塞舌尔	Seychelles	SYC	最惠国	H
242	塞拉利昂	Sierra Leone	SLE	特惠、最惠国	H
243	索马里	Somalia	SOM	特惠、最惠国	H
244	南非	S. Africa	ZAF	最惠国	H
245	西撒哈拉	Western Sahara	ESH	普通	H
246	苏丹	Sudan	SDN	特惠、最惠国	L
247	坦桑尼亚	Tanzania	TZA	特惠、最惠国	H
248	多哥	Togo	TGO	特惠、最惠国	H
249	突尼斯	Tunisia	TUN	最惠国	L
250	乌干达	Uganda	UGA	特惠、最惠国	H
251	布基纳法索	Burkina Faso	BFA	最惠国、特惠	H
252	民主刚果	Congo, DR	COD	最惠国	L
253	赞比亚	Zambia	ZMB	特惠、最惠国	H
254	津巴布韦	Zimbabwe	ZWE	最惠国	H
255	莱索托	Lesotho	LSO	特惠、最惠国	H
256	梅利利亚	Melilla		普通	H
257	斯威士兰	Swaziland	SWZ	最惠国	H
258	厄立特里亚	Eritrea	ERI	特惠、最惠国	H
259	马约特岛	Mayotte	MYT	最惠国	H
260	南苏丹共和国	Republic of South Sudan		特惠、普通（暂定最惠国）	H
299	非洲其他国家（地区）	Oth. Afr. nes			
300	欧洲	Europe			
301	比利时	Belgium	BEL	最惠国	L
302	丹麦	Denmark	DNK	最惠国	L
303	英国	United Kingdom	GBR	最惠国	L
304	德国	Germany	DEU	最惠国	L
305	法国	France	FRA	最惠国	L
306	爱尔兰	Ireland	IRL	最惠国	H
307	意大利	Italy	ITA	最惠国	L
308	卢森堡	Luxembourg	LUX	最惠国	L
309	荷兰	Netherlands	NLD	最惠国	L
310	希腊	Greece	GRC	最惠国	L
311	葡萄牙	Portugal	PRT	最惠国	H
312	西班牙	Spain	ESP	最惠国	H
313	阿尔巴尼亚	Albania	ALB	最惠国	L
314	安道尔	Andorra	AND	普通	H
315	奥地利	Austria	AUT	最惠国	H
316	保加利亚	Bulgaria	BGR	最惠国	L
318	芬兰	Finland	FIN	最惠国	L
320	直布罗陀	Gibraltar	GIB	普通	L

代码	国家（地区）中文名称	国家(地区)英文名称	字母代码	可适用关税税率	船舶吨税优/普标记
321	匈牙利	Hungary	HUN	最惠国	H
322	冰岛	Iceland	ISL	最惠国、中冰协定	H
323	列支敦士登	Liechtenstein	LIE	最惠国	H
324	马耳他	Malta	MLT	最惠国	L
325	摩纳哥	Monaco	MCO	最惠国	H
326	挪威	Norway	NOR	最惠国	L
327	波兰	Poland	POL	最惠国	L
328	罗马尼亚	Romania	ROM	最惠国	L
329	圣马力诺	San Marino	SMR	最惠国	H
330	瑞典	Sweden	SWE	最惠国	L
331	瑞士	Switzerland	CHE	最惠国、中瑞（士）协定	H
334	爱沙尼亚	Estonia	EST	最惠国	H
335	拉脱维亚	Latvia	LVA	最惠国	H
336	立陶宛	Lithuania	LTU	最惠国	L
337	格鲁吉亚	Georgia	GEO	最惠国、中格协定	L
338	亚美尼亚	Armenia	ARM	最惠国	H
339	阿塞拜疆	Azerbaijan	AZE	最惠国	H
340	白俄罗斯	Byelorussia	BLR	最惠国	H
343	摩尔多瓦	Moldavia	MDA	最惠国	H
344	俄罗斯联邦	Russia	RUS	最惠国	L
347	乌克兰	Ukraine	UKR	最惠国	L
350	斯洛文尼亚	Slovenia Rep	SVN	最惠国	H
351	克罗地亚	Croatia Rep	HRV	最惠国	L
352	捷克共和国	Czech Rep	CZE	最惠国	H
353	斯洛伐克	Slovak Rep	SVK	最惠国	H
354	马其顿	Macedonia Rep	MKD	最惠国	H
355	波斯尼亚-黑塞哥维那共和国（波黑）	Bosnia & Hercegovina	BIH	最惠国	H
356	梵蒂冈城国	Vatican City State	VAT	普通	H
357	法罗群岛	the Faroe Islands	FRO	最惠国	H
358	塞尔维亚	the Republic of Serbia	SRB	最惠国	H
359	黑山	Montenegro		最惠国	H
399	欧洲其他国家（地区）	Oth. Eur. nes			
400	拉丁美洲	Latin America			
401	安提瓜和巴布达	Antigua & Barbuda	ATG	最惠国	H
402	阿根廷	Argentina	ARG	最惠国	L
403	阿鲁巴岛	Aruba	ABW	普通	H
404	巴哈马	Bahamas	BHS	普通	L
405	巴巴多斯	Barbados	BRB	最惠国	H
406	伯利兹	Belize	BLZ	最惠国	H
408	多民族玻利维亚国	Estado Plurinacional de Bolivia	BOL	最惠国	H
409	博内尔	Bonaire		普通	H
410	巴西	Brazil	BRA	最惠国	L
411	开曼群岛	Cayman Is	CYM	普通	L
412	智利	Chile	CHL	中智协定、最惠国	L

代码	国家（地区）中文名称	国家(地区)英文名称	字母代码	可适用关税税率	船舶吨税优/普标记
413	哥伦比亚	Colombia	COL	最惠国	H
414	多米尼亚共和国	Dominica	DMA	最惠国	H
415	哥斯达黎加	Costa Rica	CRI	中哥协定、最惠国	H
416	古巴	Cuba	CUB	最惠国	L
417	库腊索岛	Curacao		普通	H
418	多米尼加共和国	Dominican Rep.	DOM	最惠国	H
419	厄瓜多尔	Ecuador	ECU	最惠国	H
420	法属圭亚那	French Guyana	GUF	普通	H
421	格林纳达	Grenada	GRD	最惠国	H
422	瓜德罗普	Guadeloupe	GLP	普通	H
423	危地马拉	Guatemala	GTM	最惠国	H
424	圭亚那	Guyana	GUY	最惠国	H
425	海地	Haiti	HTI	最惠国	H
426	洪都拉斯	Honduras	HND	最惠国	H
427	牙买加	Jamaica	JAM	最惠国	H
428	马提尼克	Martinique	MTQ	普通	H
429	墨西哥	Mexico	MEX	最惠国	L
430	蒙特塞拉特	Montserrat	MSR	普通	H
431	尼加拉瓜	Nicaragua	NIC	最惠国	H
432	巴拿马	Panama	PAN	最惠国	H
433	巴拉圭	Paraguay	PRY	最惠国	H
434	秘鲁	Peru	PER	最惠国、中秘协定	L
435	波多黎各	Puerto Rico	PRI	最惠国	H
436	萨巴	Saba		普通	H
437	圣卢西亚	Saint Lucia	LCA	最惠国	H
438	圣马丁岛	Saint Martin Is		普通	H
439	圣文森特和格林纳丁斯	Saint Vincent & Grenadines	VCT	最惠国	H
440	萨尔瓦多	El Salvador	SLV	普通	H
441	苏里南	Suriname	SUR	最惠国	H
442	特立尼达和多巴哥	Trinidad & Tobago	TTO	最惠国	H
443	特克斯和凯科斯群岛	Turks & Caicos Is	TCA	普通	H
444	乌拉圭	Uruguay	URY	最惠国	H
445	委内瑞拉	Venezuela	VEN	最惠国	H
446	英属维尔京群岛	Br. Virgin Is	VGB	普通	H
447	圣其茨-尼维斯	St. Kitts-Nevis		最惠国	H
448	圣皮埃尔和密克隆	St. Pierre and Miquelon	SPM	最惠国	H
449	荷属安地列斯群岛	the Netherlands Antilles	ANT	普通	H
499	拉丁美洲其他国家（地区）	Oth. L.Amer. nes			
500	北美洲	North America			
501	加拿大	Canada	CAN	最惠国	L
502	美国	United States	USA	最惠国	L
503	格陵兰	Greenland	GRL	最惠国	H
504	百慕大	Bermuda	BMU	普通	L
599	北美洲其他国家（地区）	Oth. N.Amer. nes			
600	大洋洲	Oceania			
601	澳大利亚	Australia	AUS	最惠国、中澳协定、RCEP	H

代码	国家（地区）中文名称	国家(地区)英文名称	字母代码	可适用关税税率	船舶吨税优/普标记
602	库克群岛	Cook Is	COK	最惠国	H
603	斐济	Fiji	FJI	最惠国	H
604	盖比群岛	Gambier Is.		普通	H
605	马克萨斯群岛	Marquesas Is.		普通	H
606	瑙鲁	Nauru	NRU	普通	H
607	新喀里多尼亚	New Caledonia	NCL	最惠国	H
608	瓦努阿图	Vanuatu	VUT	最惠国	H
609	新西兰	New Zealand	NZL	中新协定、最惠国、RCEP	L
610	诺福克岛	Norfolk Is	NFK	普通	H
611	巴布亚新几内亚	Papua New Guinea	PNG	最惠国	H
612	社会群岛	Society Is	CXR	普通	H
613	所罗门群岛	Solomon Is	SLB	最惠国、特惠	H
614	汤加	Tonga	TON	最惠国	H
615	土阿莫土群岛	Tuamotu Is		普通	H
616	土布艾群岛	Tubai Is		普通	H
617	萨摩亚	Samoa	WSM	特惠、最惠国	H
618	基里巴斯	Kiribati	KIR	普通、特惠	H
619	图瓦卢	Tuvalu	TUV	普通	H
620	密克罗尼西亚联邦	Micronesia Fs	FSM	最惠国	H
621	马绍尔群岛	Marshall Is Rep	MHL	普通	H
622	帕劳共和国	Palau	PLW	普通	H
623	法属波利尼西亚	French Polynesia	PYF	最惠国	H
625	瓦利斯和浮图纳	Wallis and Futuna	WLF	最惠国	H
699	大洋洲其他国家（地区）	Oth. Ocean. nes			
701	国（地）别不详的	Countries（reg.）unknown		普通	H
702	联合国及机构和国际组织	UN and other international			
999	中性包装原产国别	Countries of Neutral Package		普通	H

注："船舶吨税优/普标记"栏中的"H"表示"普通"，"L"表示"优惠"。

附表20 不适用市场化排除措施的对美加征关税清单

税则号列	商品名称	加征关税税率(%)
02031200	鲜、冷的带骨猪前腿、后腿及其肉块	25
02031900	其他鲜、冷猪肉	25
02032190	其他冻整头及半头猪肉	25
02032200	冻的带骨猪前腿、后腿及其肉块	25
02032900	其他冻猪肉	25
02064100	冻猪肝	25
02064900	其他冻猪杂碎	25
08011100	干的椰子	15
08011200	未去内壳的鲜椰子	15
08011990	其他鲜椰子	15
08012100	鲜或干的未去壳巴西果	15
08012200	鲜或干的去壳巴西果	15
08013100	鲜或干的未去壳腰果	15
08013200	鲜或干的去壳腰果	15
08021100	鲜或干的扁桃核	15
08021200	鲜或干的扁桃仁	15
08022100	鲜或干的未去壳榛子	15
08022200	鲜或干的去壳榛子	15
08023100	鲜或干的未去壳核桃	15
08023200	鲜或干的去壳核桃	15
08024110	未去壳板栗	15
08024290	去壳其他栗子	15
08025100	未去壳阿月浑子果	15
08025200	去壳阿月浑子果	15
08026190	未去壳其他马卡达姆坚果	15
08026200	去壳马卡达姆坚果	15
08028000	槟榔果	15
08029100	未去壳松子	15
08029200	去壳松子	15
08029990	其他鲜或干坚果	15
08031000	鲜或干的芭蕉	15
08039000	鲜或干的其他香蕉	15
08041000	鲜或干的椰枣	15
08042000	鲜或干的无花果	15
08043000	鲜或干菠萝	15
08044000	鲜或干鳄梨	15
08045010	鲜或干番石榴	15
08045020	鲜或干芒果	15
08045030	鲜或干山竹果	15
08051000	鲜或干橙	15
08052190	鲜或干其他柑橘	15
08052200	鲜或干克里曼丁橘	15
08052900	其他鲜或干的韦尔金橘及杂交柑橘	15
08054000	鲜或干的葡萄柚，包括柚	15

税则号列	商品名称	加征关税税率(%)
08055000	鲜或干的柠檬及酸橙	15
08059000	其他鲜或干的柑橘属水果	15
08061000	鲜葡萄	15
08062000	葡萄干	15
08071100	鲜西瓜	15
08071910	鲜哈密瓜	15
08072000	鲜木瓜	15
08081000	鲜苹果	15
08083010	鲜鸭梨及雪梨	15
08083090	其他鲜梨	15
08092100	鲜欧洲酸樱桃	15
08092900	其他鲜樱桃	15
08093000	鲜桃，包括鲜油桃	15
08094000	鲜梅及李	15
08101000	鲜草莓	15
08102000	鲜的木莓、黑莓、桑葚及罗甘莓	15
08104000	鲜蔓越橘及越橘	15
08105000	鲜猕猴桃	15
08106000	鲜榴莲	15
08107000	鲜柿子	15
08109010	鲜荔枝	15
08109030	鲜龙眼	15
08109040	鲜红毛丹	15
08109050	鲜蕃荔枝	15
08109060	鲜杨桃	15
08109070	莲雾	15
08109080	火龙果	15
08109090	其他鲜果	15
08111000	冷冻草莓	15
08112000	冷冻其他浆果	15
08119090	其他冷冻水果及坚果	15
08121000	暂时保藏的樱桃	15
08129000	暂时保藏的其他水果及坚果	15
08131000	杏干	15
08132000	梅干及李干	15
08133000	苹果干	15
08134010	龙眼干、肉	15
08134020	柿饼	15
08134030	干红枣	15
08134040	荔枝干	15
08134090	其他干果	15
08135000	本章的什锦坚果或干果	15
12112011	鲜或干的西洋参	15
12112019	其他西洋参	15
12112091	其他鲜人参	15
12112092	其他干人参	15

税则号列	商品名称	加征关税税率(%)
12112099	其他冷或冻的人参	15
22041000	葡萄汽酒	15
22042100	小包装的鲜葡萄酿造的酒	15
22042200	装入2升以上但不超过10升容器的鲜葡萄酿造的酒	15
22042900	其他包装的鲜葡萄酿造的酒	15
22043000	其他酿酒葡萄汁	15
22072000	任何浓度的改性乙醇及其他酒精	15
73041110	外径大于等于215.9毫米，但不超过406.4毫米的不锈钢制石油或天然气套管	15
73041120	外径大于114.3毫米，但小于215.9毫米的不锈钢制石油或天然气套管	15
73041130	外径不超过114.3毫米的不锈钢制石油或天然气套管	15
73041190	其他不锈钢制石油或天然气套管	15
73041910	外径大于等于215.9毫米，但不超过406.4毫米的非不锈钢制石油或天然气套管	15
73041920	外径大于114.3毫米，但小于215.9毫米的非不锈钢制石油或天然气套管	15
73041930	外径不超过114.3毫米的非不锈钢制石油或天然气套管	15
73041990	其他非不锈钢制石油或天然气套管	15
73042210	外径不超过168.3毫米的不锈钢制钻管	15
73042290	其他不锈钢制钻管	15
73042310	外径不超过168.3毫米的非不锈钢制钻管	15
73042390	其他非不锈钢制钻管	15
73042400	其他不锈钢制钻探石油用天然气套管、导管	15
73042910	屈服强度小于552兆帕的钻探石油及天然气用的套管、导管及钻管	15
73042920	屈服强度大于等于552兆帕，但小于758兆帕的钻探石油及天然气用的套管、导管及钻管	15
73042930	屈服强度大于等于758兆帕的钻探石油及天然气用的套管、导管及钻管	15
73043110	冷轧的钢铁制无缝锅炉管	15
73043120	冷轧的铁制无缝地质钻管、套管	15
73043190	其他冷轧的铁制无缝圆形截面管	15
73043910	非冷轧的铁制无缝锅炉管	15
73043920	非冷轧的铁制无缝地质钻管套管	15
73043990	非冷轧的铁制其他无缝管	15
73044110	冷轧的不锈钢制无缝锅炉管	15
73044190	冷轧的不锈钢制的其他无缝管	15
73044910	非冷轧的不锈钢制无缝锅炉管	15
73044990	非冷轧的不锈钢制其他无缝管	15
73045110	冷轧的其他合金钢无缝锅炉管	15
73045120	冷轧的其他合金钢无缝地质钻套管	15
73045190	冷轧的其他合金钢制其他无缝管	15
73045910	非冷轧其他合金钢无缝锅炉管	15
73045920	非冷轧其他合金钢无缝地质钻套管	15
73045990	非冷轧其他合金钢制无缝圆形截面	15
73049000	未列名无缝钢铁管及空心异型材	15
76020000	铝废碎料	25

注：本表依据税委会〔2018〕13号及〔2021〕18号文件通知整理。“加征关税”只包含对美中止关税减让义务的加征关税（即对美232措施反制关税），不包含可适用市场化采购排除措施的加征关税（即对美301措施反制关税）。

附表21　对美加征关税排除延期清单

一、第十二次排除延期清单

税则号列/海关商品编号	商品名称
25070010	高岭土
25120010	硅藻土
25199091	化学纯氧化镁
25262020	已破碎或已研粉的天然滑石
25309020	稀土金属矿
26161000	银矿砂及其精矿
26169000.01	黄金矿砂
27101999.10	白油［液体烃类混合物组成的无色透明油状液体，由原油分馏所得。商品成分为100%白矿油，40℃时该产品粘度为$65mm^2/s$,闪点为225℃,倾点为–10℃,比重（20℃/20℃）为0.885］
27129010.10	食品级微晶石蜡，相应指标符合《食品级微晶蜡》（GB22160-2008）的要求
28046190.19	其他含硅量＞99.9999999%的多晶硅（太阳能级多晶硅、多晶硅废碎料除外）
28100020	硼酸
28181090	其他人造刚玉
28401100	无水四硼酸钠
28401900	其他四硼酸钠
28439000.91	贵金属汞齐
28439000.99	其他贵金属化合物（不论是否已有化学定义），氯化钯、铂化合物除外
28444100.90	氚、氚化物和氚的混合物，以及含有上述任何一种物质的产品［氚-氢原子比不超过千分之一的或含氚（任何形态）量小于1.48×10^3GBq的产品］
28444290.90	锕-225、锕-227、锎-253、锔-240、锔-241、锔-242、锔-243、锔-244、锿-253、锿-254、钆-148、钋-208、钋-209、钋-210、铀-230或铀-232及其化合物；含这些元素、同位素及其化合物的合金、分散体（包括金属陶瓷）、陶瓷产品及混合物。以下除外：发射α粒子，其α半衰期为10天或更长但小于200年的放射性核素（1.单质；2.含有α总活度为37GBq/kg或更大的任何这类放射性核素的化合物；3.含有α总活度为37GBq/kg或更大的任何这类放射性核素的混合物；4.含有任何上述物质的产品，不包括所含α活度小于3.7GBq的产品）
28444390.21 28444390.29 28444390.90	其他放射性元素、同位素及其化合物（子目2844.10、2844.20、2844.30以外的放射性元素，同位素），含这些元素、同位素及其化合物的合金、分散体（包括金属陶瓷）、陶瓷产品及混合物。以下除外：铀-233及其化合物（包括呈金属、合金、化合物或浓缩物形态的各种材料）；发射α粒子，其α半衰期为10天或更长但小于200年的放射性核素（1.单质；2.含有α总活度为37GBq/kg或更大的任何这类放射性核素的化合物；3.含有α总活度为37GBq/kg或更大的任何这类放射性核素的混合物；4.含有任何上述物质的产品，不包括所含α活度小于3.7GBq的产品）
28452000	硼-10浓缩硼及其化合物
28453000	锂-6浓缩锂及其化合物
28454000	氦-3
28459000	税目28.44以外的其他同位素及其化合物
28500012	氮化硼
29032990	其他无环烃的不饱和氯化衍生物
29034100	三氟甲烷（HFC-23）
29034200	二氟甲烷（HFC-32）
29034300	一氟甲烷（HFC-41）、1,2-二氟乙烷（HFC-152）及1,1-二氟乙烷（HFC-152a）
29034400	五氟乙烷（HFC-125）、1,1,1-三氟乙烷（HFC-143a）及1,1,2-三氟乙烷（HFC-143）
29034500	1,1,1,2-四氟乙烷（HFC-134a）及1,1,2,2-四氟乙烷（HFC-134）
29034600	1,1,1,2,3,3,3-七氟丙烷（HFC-227ea）、1,1,1,2,2,3-六氟丙烷（HFC-236cb）、1,1,1,2,3,3-六氟丙烷（HFC-236ea）、1,1,1,3,3,3-六氟丙烷（HFC-236fa）
29034700	1,1,1,3,3-五氟丙烷（HFC-245fa）及1,1,2,2,3-五氟丙烷（HFC-245ca）
29034800	1,1,1,3,3-五氟丁烷（HFC-365mfc）及1,1,1,2,2,3,4,5,5,5-十氟戊烷（HFC-43-10mee）
29034900	其他无环烃的饱和氟化衍生物

税则号列/海关商品编号	商品名称
29035100	2,3,3,3-四氟丙烯（HFO-1234yf）、1,3,3,3-四氟丙烯（HFO-1234ze）及(Z)-1,1,1,4,4,4-六氟-2-丁烯（HFO-1336mzz）
29035990	其他无环烃的不饱和氟化衍生物
29036100	甲基溴（溴甲烷）
29036900	其他无环烃的溴化或碘化衍生物
29051990	其他饱和一元醇
29053990.01	1.3-丙二醇
29054400	山梨醇
29159000.90	其他饱和无环一元羧酸及其酸酐[（酰卤、过氧）化物,过氧酸及其卤化、硝化、磺化、亚硝化衍生物]，茅草枯、抑草蓬、四氟丙酸和氟乙酸钠除外
29182900	其他含酚基但不含其他含氧基羧酸及其酸酐等衍生物
29269090.20	已二腈
29319000.17	硫酸三乙基锡，二丁基氧化锡等（包括氧化二丁基锡，乙酸三乙基锡，三乙基乙酸锡）
29333100	吡啶及其盐
29336990.11	西玛津、莠去津、扑灭津、草达津等（包括特丁津、氰草津、环丙津、甘扑津、甘草津）
29371210	重组人胰岛素及其盐
38030000	妥尔油
38089400.10	医用消毒剂
38112100	含有石油或从沥青矿物提取的油类的润滑油添加剂
38180019	经掺杂用于电子工业的，已切成圆片等形状，直径＞15.24cm的单晶硅片
38180090	其他经掺杂用于电子工业的化学元素，已切成圆片等形状；经掺杂用于电子工业的化合物
39012000.11 39012000.19	茂金属高密度聚乙烯，密度0.962g/cm^3，熔流率0.85g/10min
39014010.10	粘指剂（一种乙烯丙烯共聚物，成分为乙烯65%,丙烯35%,比重小于0.94）
39014020.10	线性低密度的乙烯与1-辛烃共聚物
39021000.20	共聚抗冲等级聚丙烯，熔融指数MI＜0.5g/10min,UL认证黄卡中RTI（相当于长期工作温度）115℃，悬臂梁缺口冲击强度（测量方法ISO180）：23℃时为64KJ/m^2，-40℃时为4.0KJ/m^2
56031290	25g＜每平方米重≤70g其他化纤长丝无纺织物
56031310	70g＜每平方米重≤150g浸渍化纤长丝无纺织物
56031390	70g＜每平方米重≤150g其他化纤长丝无纺织物
59119000.10	半导体晶圆制造用自粘式圆形抛光垫
68042110	粘聚合成或天然金刚石制的砂轮
68042190	粘聚合成或天然金刚石制的其他石磨、石碾及类似品
68151900	非电气用的石墨或其他碳精制品
69091100	实验室、化学或其他技术用陶瓷器
69091200	莫氏硬度为9或以上的实验室、化学或其他技术用品
70071110	航空航天器及船舶用钢化安全玻璃
73181510	抗拉强度在800兆帕及以上的其他螺钉及螺栓
74101100	无衬背的精炼铜箔
74101210	无衬背的白铜或德银铜箔
74102110	印刷电路用覆铜板
75052200	镍合金丝
75062000	镍合金板、片、带、箔
75071200	镍合金管
76082010	外径不超过10厘米的铝合金管
81089040	钛管

税则号列/ 海关商品编号	商品名称
85013100	输出功率不超过750瓦的直流电动机、发电机，不包括光伏发电机
85015200	输出功率超过750瓦，但不超过75千瓦的多相交流电动机
85017100	输出功率不超过50瓦的光伏直流发电机
85017210	输出功率超过50瓦，但不超过750瓦的光伏直流发电机
85044014	功率小于1千瓦，精度低于万分之一的直流稳压电源
85044091	具有变流功能的半导体模块（静止式变流器）
85052000	电磁联轴节、离合器及制动器
85073000	镍镉蓄电池
85112010	机车、航空器及船舶用点火磁电机、永磁直流发电机、磁飞轮
85113010	机车、航空器及船舶用分电器及点火线圈
85143200.10	真空电弧重熔炉、电弧熔炉和电弧融化铸造炉（容量1000～20000立方厘米,使用自耗电极，工作温度1700℃以上）
85143900.10	非真空电弧重熔炉、电弧熔炉和电弧融化铸造炉（容量1000～20000立方厘米，使用自耗电极,工作温度1700℃以上）
85168000	加热电阻器
85177950	光通信设备的激光收发模块
85249120.20	用于雷达设备及无线电导航设备用的液晶平板显示模组，含驱动器和控制电路
85249220.20	用于雷达设备及无线电导航设备用的有机发光二极管平板显示模组，含驱动器和控制电路
85258110	高速电视摄像机
85258120	高速数字照相机
85258210	抗辐射或耐辐射电视摄像机
85258220	抗辐射或耐辐射数字照相机
85258310	夜视电视摄像机
85258320	夜视数字照相机
85258911	其他特种用途电视摄像机
85258921	其他特种用途的数字照相机
85261010	导航用雷达设备
85261090.11 85261090.19	飞机机载雷达（包括气象雷达，地形雷达和空中交通管制应答系统）
85291010	雷达及无线电导航设备用天线或天线反射器及其零件
85299020.10	税目85.24所列设备用零件，用于雷达设备及无线电导航设备
85299050	雷达设备及无线电导航设备用的其他零件
85371011	用于电压不超过1000伏线路的可编程序控制器
85371090.22	数字控制器（专用于编号84798999.59电动式振动试验系统）
85392120	火车、航空器及船舶用卤钨灯
85392190	其他卤钨灯
85394900	紫外线灯管或红外线灯泡
85407910	调速管
85437099.10	飞行数据记录器、报告器
85439021	输出信号频率小于1500兆赫兹的通用信号发生器用零件
85480000.02	非电磁干扰滤波器
88062110.10	最大起飞重量≤250克的遥控航拍无人机，用于特种用途的电视摄像或数字照相
88062210.11 88062210.19	250克＜最大起飞重量≤7千克的遥控航拍无人机，用于特种用途的电视摄像或数字照相
88062310.11 88062310.19	7千克＜最大起飞重量≤25千克的遥控航拍无人机，用于特种用途的电视摄像或数字照相

税则号列/海关商品编号	商品名称
88062410.11 88062410.19	25千克＜最大起飞重量≤150千克的遥控航拍无人机，用于特种用途的电视摄像或数字照相
88062910.11 88062910.19	最大起飞重量＞150千克的遥控航拍无人机，用于特种用途的电视摄像或数字照相
88069110.10	最大起飞重量≤250克的其他航拍无人机，用于特种用途的电视摄像或数字照相
88069210.11 88069210.19	250克＜最大起飞重量≤7千克的其他航拍无人机，用于特种用途的电视摄像或数字照相
88069310.11 88069310.19	7千克＜最大起飞重量≤25千克的其他航拍无人机，用于特种用途的电视摄像或数字照相
88069410.11 88069410.19	25千克＜最大起飞重量≤150千克的其他航拍无人机，用于特种用途的电视摄像或数字照相
90211000.20 90211000.50	矫形或骨折用钛管；矫形或骨折用抗拉强度在800兆帕及以上的螺钉及螺栓，不论是否带有螺母或垫圈

二、第十三次排除延期清单

税则号列/海关商品编号	商品名称
03063610	其他小虾及对虾种苗
04041000.10	饲料用乳清（按重量计蛋白含量2%～7%，乳糖含量76%～88%）
12141000	紫苜蓿粗粉及团粒
12149000.01	其他紫苜蓿（粗粉及团粒除外）
23012010	饲料用鱼粉
27101299.20	脱模剂（按重量计石油及从沥青提取的油≥70%）
27101919.20	异构烷烃溶剂（初沸点225摄氏度，闪点92摄氏度，密度0.79g/cm^3，黏度3.57mm^2/s）
27101991	润滑油
27101992	润滑脂
27101993.10	润滑油基础油（产品黏度100摄氏度时37～47，黏度指数80及以上，颜色实测2.0左右，倾点实测-8摄氏度左右）
29349990.22	环线威、杀虫环、杀虫钉、多噻烷等（包括甲基硫环磷、噻嗪酮、恶虫酮、茚虫威）
29349990.91	地西他滨、氟脲苷、环磷酰胺、吉非替尼、卡培他滨、雷替曲塞、磷酸氟达拉滨、替加氟、盐酸阿糖胞苷、盐酸吉西他滨、盐酸埃克替尼、异环磷酰胺
34024200	非离子型有机表面活性剂
34031900	矿物油＜70%的润滑剂
34039900	不含石油或从沥青矿物提取油类的润滑剂
44039100.90	其他栎木（橡木）原木（用油漆、着色剂、杂酚油或其他防腐剂处理的除外）
44039960	北美硬阔叶木原木
44079100.19	端部接合的其他栎木（橡木）厚板材（经纵锯、纵切、刨切或旋切的，厚度超过6毫米）
44079100.99	非端部接合的其他栎木（橡木）厚板材（经纵锯、纵切、刨切或旋切的，厚度超过6毫米）
44079400	樱桃木木材，经纵锯、纵切、刨切或旋切，不论是否刨平、砂光或端部接合，厚度超过6毫米
44079500	白蜡木木材，经纵锯、纵切、刨切或旋切，不论是否刨平、砂光或端部接合，厚度超过6毫米
44079930	其他北美硬阔叶木木材，经纵锯、纵切、刨切或旋切，不论是否刨平、砂光或端部接合，厚度超过6毫米
47032100.90	其他漂白针叶木碱木浆或硫酸盐木浆（包括半漂白的，溶解级的除外）
47062000	从回收（废碎）纸或纸板提取的纤维浆
49019900	其他书籍、小册子及类似印刷品
49021000	每周至少出版四次的报纸、杂志及期刊
49029000	其他报纸、杂志及期刊
84122100	直线作用的液压动力装置

税则号列/海关商品编号	商品名称
84122910	液压马达
84123100	直线作用的气压动力装置
84135010.20	气动式耐腐蚀波纹或隔膜泵（流量大于0.6立方米/小时，接触表面由特殊耐腐蚀材料制成）
84135020.20	电动式耐腐蚀波纹或隔膜泵（流量大于0.6立方米/小时，接触表面由特殊耐腐蚀材料制成）
84135031.90	其他非农业用柱塞泵
84136021.90	其他非农业用电动齿轮泵（回转式排液泵，多重密封泵除外）
84136022.90	其他非农业用液压齿轮泵（回转式排液泵，多重密封泵除外）
84136031	电动式叶片回转泵
84136040.90	其他非农业用螺杆泵（回转式排液泵，多重密封泵除外）
84141000.60	专门或主要用于半导体或平板显示屏制造的真空泵
84212300	内燃发动机的燃油过滤器
84212990.10	用氟聚合物制造的厚度不超过140微米的过滤膜或净化膜的其他液体过滤或净化机器及装置
84212990.40	液体截流过滤设备（可连续分离致病性微生物、毒素和细胞培养物）
84219990.10	用氟聚合物制造的厚度不超过140微米的过滤膜或净化膜的液体过滤或净化机器及装置的零件；装备不锈钢外壳、入口管和出口管内径不超过1.3厘米的气体过滤或净化机器及装置的零件
84254210	其他液压千斤顶
84335920	棉花采摘机
84561100	用激光处理各种材料的加工机床
84564010	等离子切割机
84615000	锯床或切断机
84621110	数控的闭式锻造机（模锻机）
84621190	非数控的闭式锻造机（模锻机）
84621910	数控的热锻设备，热模锻设备（包括压力机）及热锻锻锤，闭式锻造机（模锻机）除外
84621990	其他非数控的热锻设备，热模锻设备（包括压力机）及热锻锻锤，闭式锻造机（模锻机）除外
84625100.10	数控金属管道、管材、型材、空心型材和棒材的锻造或冲压机床及锻锤
84625900.10	非数控金属管道、管材、型材、空心型材和棒材的锻造或冲压机床及锻锤
84626110.10	数控锻造或冲压机床及锻锤
84626190.10	非数控锻造或冲压机床及锻锤
84626210.10	数控锻造或冲压机床及锻锤
84626290.10	非数控锻造或冲压机床及锻锤
84626300.10	数控锻造或冲压机床及锻锤
84626910.10	数控锻造或冲压机床及锻锤
84626990.10	非数控锻造或冲压机床及锻锤
84629010.10	其他数控锻造或冲压机床及锻锤
84629090.10	其他非数控锻造或冲压机床及锻锤
84798999.52	生物反应器（两用物项管制机器及机械器具）
84805000	玻璃用型模
84812010	油压传动阀
84821010	调心球轴承
84821040.11	飞机发动机用外径30厘米的推力球轴承（滚珠轴承）
85076000.20	纯电动汽车或插电式混合动力汽车用锂离子蓄电池系统（包含蓄电池模块、容器、盖、冷却系统、管理系统等，比能量≥80Wh/kg）
85415112.10	检测温度的半导体传感器
90121000	显微镜（光学显微镜除外）及衍射设备
90129000	显微镜（光学显微镜除外）及衍射设备的零件、附件
90132000	激光器

税则号列/海关商品编号	商品名称
90139010.90	激光器以及作为本章或第十六类的机器、设备、仪器或器具部件的望远镜用的零件及附件（武器用望远镜瞄准器具或潜望镜式望远镜用零件及附件除外）
90149010	自动驾驶仪用零件、附件
90181291.90	彩色超声波诊断仪的零件及附件
90181390	核磁共振成像装置零件
90189030.90	内窥镜的零件及附件
90192020.11 90192020.19	具有自动人机同步追踪功能或自动调节呼气压力功能的无创呼吸机
90213900	其他人造的人体部分
90221400.10	医用直线加速器
90221990	其他非医疗用的X射线应用设备
90223000	X射线管
90251910.10	温度传感器（半导体传感器除外）
90269000.10	液位仪用探棒
90271000.10	用于连续操作的气体检测器［可用于出口管制的化学品或有机化合物（含有磷、硫、氟或氯，其浓度低于0.3毫克/立方米）的检测，或为检测受抑制的胆碱酯酶的活性而设计］
90273000.10	傅里叶红外光谱仪
90273000.20	近红外光谱仪
90273000.30	台式与手持拉曼光谱仪
90275010	基因测序仪
90275090.10	流式细胞仪
90278990.10	转矩流变仪
90309000.10	频率带宽在81GHz以上，且探针最小间距在周围排列下为50微米，阵列下为180微米的用于声表面波滤波器测试的测试头
90318031	超声波探伤检测仪
90328100	液压或气压自动调节或控制仪器及装置
90329000.01	飞机自动驾驶系统的零件（包括自动驾驶、电子控制飞行、自动故障分析、警告系统配平系统及推力监控设备及其相关仪表的零件）

附表22　98%、97%、95%税目产品特惠税率表

2024年1月1日起继续对东帝汶、缅甸实施95%税目产品零关税的特惠税率。2024年1月1日起继续对多哥等41国实施98%税目产品零关税的特惠税率，具体情况，扫描下方二维码获取。